BIBLIOGRAPHIE GÉNÉRALE

DES

TRAVAUX HISTORIQUES ET ARCHÉOLOGIQUES

PUBLIÉS

PAR LES SOCIÉTÉS SAVANTES DE LA FRANCE

SE TROUVE À PARIS

A LA LIBRAIRIE ERNEST LEROUX

RUE BONAPARTE, N° 28

BIBLIOGRAPHIE GÉNÉRALE

DES

TRAVAUX HISTORIQUES ET ARCHÉOLOGIQUES

PUBLIÉS

PAR LES SOCIÉTÉS SAVANTES DE LA FRANCE

DRESSÉE SOUS LES AUSPICES

DU MINISTÈRE DE L'INSTRUCTION PUBLIQUE

PAR

ROBERT DE LASTEYRIE

MEMBRE DE L'INSTITUT

AVEC LA COLLABORATION

DE MM. EUG. LEFÈVRE-PONTALIS ET E.-S. BOUGENOT

TOME II

HÉRAULT. — HAUTE-SAVOIE

(Nos 21397 À 40066)

PARIS

IMPRIMERIE NATIONALE

M DCCC XCIII

AVERTISSEMENT.

Je n'ai pas besoin d'un long préambule pour présenter au public le second volume de cette *Bibliographie*. Il contient l'indication de tous les articles d'histoire et d'archéologie publiés par les sociétés savantes de France, de l'Hérault à la Haute-Savoie inclusivement.

Le premier volume a paru en 1885, et comprenait tous les articles publiés jusqu'à cette date par les sociétés de l'Ain à la Gironde. Quoique huit années se soient écoulées depuis lors, je n'ai pas cru devoir donner ici le dépouillement des volumes imprimés postérieurement à cette date. Il m'a semblé préférable d'arrêter le travail au même point pour toutes les sociétés, et d'attendre le complet achèvement de l'ouvrage pour le mettre à jour à l'aide d'un supplément. Mon intention est de comprendre dans ce supplément tout ce qui aura paru de 1885 à 1900. On aura de la sorte, s'il m'est permis d'achever la tâche que j'ai assumée, le tableau fidèle de tout ce que nos sociétés historiques et archéologiques auront produit depuis leur origine jusqu'au xxe siècle.

Un auteur qui entreprend une tâche aussi lourde ne peut jamais être assuré de s'en acquitter jusqu'au bout. Aussi n'ai-je jamais compté sur mes seules forces pour mener à bonne fin une entreprise d'aussi longue haleine. J'ai déjà dit en tête de mon premier volume quelles précieuses collaborations j'avais pu m'assurer. Je suis heureux de reconnaître ici que les mêmes bonnes volontés m'ont assisté pour la publication de ce second volume. Malheureusement tous mes auxiliaires de la première heure ne sont plus là pour recevoir l'expression de ma reconnaissance. Camille Rivain, archiviste aux Archives nationales, a été enlevé par une mort prématurée, au moment où il me prêtait un concours de plus en plus actif. Les premières feuilles de ce volume sont en grande partie son œuvre. Il a apporté à les préparer la conscience qu'il mettait à tous ses travaux. Le penchant naturel qui le poussait à s'acquitter avec soin des besognes les plus ingrates était stimulé par l'amitié qui nous liait, une amitié née sur les bancs de l'École des chartes, excitée par l'émulation, fortifiée par l'estime qui en découle. Je ne puis assez dire tous les services que m'a rendus cet excellent travailleur, ni exprimer assez chaudement le pieux souvenir que je conserve de cet ami dévoué.

Un de mes anciens élèves de l'École des chartes, M. Bougenot, a bien voulu remplacer auprès de moi l'auxiliaire inappréciable que j'avais perdu en Camille Rivain, et depuis trois ans il a consacré à cette *Bibliographie* le meilleur de son temps. La reconnaissance que je lui dois est d'autant plus grande que mon collaborateur habituel, M. Eugène Lefèvre-Pontalis, s'étant vu obligé, par d'importants travaux personnels, de restreindre sensiblement l'assistance qu'il me donnait, j'aurais, sans M. Bougenot, risqué d'être seul pour achever ce volume, et de sérieux retards en eussent sans doute été la conséquence. Toutefois une bonne partie du volume a encore été revue par M. Eugène Lefèvre-Pontalis, et je suis heureux de lui en exprimer ici ma gratitude.

Toute l'intelligence, tout le zèle des collaborateurs que je viens de nommer n'auraient cependant pas suffi à rendre cette *Bibliographie* digne du bon accueil que les savants ont daigné lui faire, si je n'avais trouvé en province des correspondants bénévoles, grâce auxquels j'ai pu corriger bien des erreurs, éviter bien des omissions, combler bien des lacunes. Je ne puis remercier tous ceux qui ont eu l'obligeance de me venir en aide, mais je ne saurais passer sous silence le concours empressé que j'ai reçu de MM. Grandmaison, pour l'Indre-et-Loire; Maître, pour la Loire-Inférieure; Demaison, pour la Marne; Maxe-Werly, pour la Meuse; Finot, Dodanthun et Mgr Dehaisnes, pour le Nord; Duval, pour l'Orne; Loriquet, pour le Pas-de-Calais; Gomot, pour le Puy-de-Dôme; Tardieu, pour les Basses-Pyrénées; Labrouche, pour les Hautes-Pyrénées; Guigue, Desvernay et Saint-Lager, pour le Rhône; de La Barthe, pour la Haute-Saône; de Charmasse et Lex, pour Saône-et-Loire; Triger, pour la Sarthe, etc.

Je prie ces messieurs d'agréer ici tous mes remerciements, et je souhaite de pouvoir rencontrer encore, pour la dernière partie de cet ouvrage, un aussi bienveillant concours et des aides aussi désintéressés.

R. DE LASTEYRIE.

15 novembre 1893.

HÉRAULT. — BÉZIERS.

ACADÉMIE DE BÉZIERS.

Une *Académie royale des sciences et belles-lettres* fut fondée à Béziers en 1723, mais elle se borna aux recherches scientifiques et ne publia aucun travail d'archéologie ou d'histoire. Elle disparut à la Révolution. On trouvera des renseignements sur ses origines et ses premiers travaux dans l'ouvrage suivant :

21397. Bouillet. — Recueil de lettres, mémoires et autres pièces pour servir à l'histoire de l'Académie de Béziers. (Béziers, 1736, in-4°.)

HÉRAULT. — BÉZIERS.

SOCIÉTÉ ARCHÉOLOGIQUE DE BÉZIERS.

Une société archéologique fut fondée à Béziers le 28 octobre 1834, elle fut autorisée par arrêté ministériel du 6 avril 1835 et prit en 1859 le titre de *Société archéologique, scientifique et littéraire*. Elle a été reconnue d'utilité publique par décret du 14 octobre 1874. Elle a publié deux séries de *Bulletins* formant 21 volumes de 1836 à 1885, et l'ouvrage suivant :

21398. Azaïs (Gabriel). — Le breviari d'amor de Matfre Ermengaud, suivi de sa lettre à sa sœur. (Béziers, 1861-1881, 2 vol. in-8°, 557 et 772 p.)

I. — **Bulletin de la Société archéologique de Béziers**, t. I. (Béziers, 1836, in-8°, 368 p.)

21399. S[abatier]. — Notice [archéologique] sur l'église Saint-Aphrodise, de Béziers [xiiie s.], 3 *pl.*, p. 11.

21400. Anonyme. — Entrée du roy François, premier de ce nom, et de madame Alienor d'Espaigne, seur de Charles, cinquiesme empereur et roy des Espaignes, royne de France, et de Mgr de Montmorancy, grand maistre et maréchal de France, faicte en la ville de Béziers, en l'an 1533, p. 25.

21401. Azaïs (J.). — De Roger II, vicomte de Béziers, et d'un acte portant reconnaissance des droits du vicomte, de l'évêque et des habitants de Béziers [1185], p. 45.

21402. Anonyme. — Note sur Jacques Mascaro [xive s.]. — *Lo libre de Memorias*, de Jacques Mascaro [chronique du consulat de Béziers, 1336-1390], *fac-similé*, p. 67.

21403. Azaïs (J.). — Paul Pélisson-Fontanier est-il né à Béziers ou à Castres? [né à Béziers en 1624 † 1693], p. 147.

21404. L. D. [Domairon (Louis)?] — De l'entrée des évêques de Béziers [entrée de Thomas de Bonsy, 1626], p. 173. — Cf. n°s 21431, 21434 et 21435.

21405. R. — Rapport sur l'église Saint-Nazaire, de Béziers [xie-xvie s.], 6 *pl.*, p. 201.

21406. Mazel. — Notice sur quelques monnaies du moyen âge, inédites ou peu connues, *pl.*, p. 225.

21407. G[uibal] (Félix). — Registre de la maison consulaire de Béziers [1435 et 1436], p. 237.

21408. F[abrégat] et S[abatier]. — La fête de *Caritachs* [à Béziers, au moyen âge], p. 323.

21409. Azaïs (J.). — Des esclaves, des serfs et des actes d'affranchissement [xiie-xiiie s.], p. 345.

II. — **Bulletin de la Société archéologique**, etc., t. II. (Béziers, 1837, in-8°, 364 p.)

21410. Ladurelle (T.-A.). — Statue de Pépézuc, *pl.*, p. 23.

[Pépézuc ou Montpézuc chef élu par les Biterrois pour repousser les Anglais en 1355; la statue dite de Pépézuc est celle de l'empereur Auguste.]

21411. G[UIBAL] (F.). — La Leude mage et menue de la ville de Béziers (extrait de la chronique de Mercier et Régis, etc.) [en provençal], p. 43.

21412. AZAÏS (J.). — Les États de Languedoc, le duc Henri II de Montmorenci et l'édit donné à Béziers par Louis XIII, le 11 octobre 1632, p. 79.

21413. S[ABATIER (Étienne)]. — Les vieilles maisons de Béziers, *pl.*, p. 165.

21414. AZAÏS (J.). — Notice sur les sœurs Minorettes ou de Sainte-Claire de Béziers [1240-1789, pièces justificatives], p. 191.

21415. REBOUL (H.). — De l'ancien lac Rubresus et des atterrissements de l'Aude [jusqu'au XIVe s.], p. 227.

21416. DOMAIRON (L.). — Mosaïque de Thézan [1er s.], *pl.*, p. 235.

21417. S[ABATIER (Étienne)]. — Un torse [gallo-romain], *pl.*, p. 245.

21418. AZAÏS (J.). — Dissertation sur le Roumani [divertissement du carnaval à Béziers], p. 247.

21419. AZAÏS (J.). — Documents inédits du XIVe siècle sur les filles ou femmes de mauvaise vie et sur certaines formalités de justice, p. 255.

21420. DOMAIRON (Louis). — Notice sur la vie et les ouvrages de Jean-Jacques Perret [artiste coutelier, 1730 † 1784], p. 325.

III. — Bulletin de la Société archéologique, etc., t. III. (Béziers, 1839, in-8°, 274 p.)

21421. SABATIER (Étienne). — Cazouls-lès-Béziers et ses environs, *pl.*, p. 11.

21422. GUIBAL (F.). — Acte d'inféodation de la forteresse de Pregnes [1202], p. 23.

21423. DOMAIRON (L.). — De la charte constitutive d'une foire dans Béziers [1341], p. 27.

21424. S[ABATIER (Étienne)]. — Sœur Jacquette de Bachelier [1559 † 1635], *portrait*, p. 33.

21425. CASSAN (H.). — Nomination des consuls de la ville de Béziers, en 1332, p. 44.

21426. S[ABATIER (Étienne)]. — Saint Aphrodise [premier évêque de Béziers], p. 59.

21427. AZAÏS (J.). — Acte relatif à la nourriture des ouvriers employés aux travaux de la campagne [1357], p. 67.

21428. HENRIC. — Chronique de Mercier et Régis [chronique consulaire de Béziers, 1352-1648], p. 75.

21429. ANONYME. — Extrait de la transaction faite entre les habitants de Murviel et le seigneur dudit lieu en l'an 1501 [en provençal], p. 154.

21430. ANONYME. — Documents [chronologiques] consignés dans un registre de la paroisse Saint-Jacques de Béziers [1622-1648], p. 150.

21431. [DOMAIRON (Louis)]. — Acte de l'entrée du cardinal de Strosse, évêque de Béziers [1557], p. 173. — Cf. n° 21404.

21432. CAROU. — Précis historique sur la statue de Pierre-Paul Riquet (érigée à Béziers en 1838], p. 177.

IV. — Bulletin de la Société archéologique, etc., t. IV. (Béziers, 1841[-1845], in-8°, 288-202 p.)

21433. DOMAIRON (L.). — Notice sur Joseph-Bruno de Bausset, évêque et seigneur de Béziers [1702 † 1771], p. 5.

21434. [DOMAIRON (Louis)]. — L'Intrado de Mossenhor Jehan de Narbonne, évêque de Béziers [1554], p. 25. — Cf. n° 21404.

21435 [DOMAIRON (Louis)]. — Entrée de Mgr le cardinal de Bonzy, évêque de Béziers [1605], p. 27. — Cf. n° 21404.

21436. SABATIER (Étienne). — Les fontaines de Béziers [XIIIe-XIXe s.], *pl.*, p. 35.

21437. ANONYME. — Charte de commune de Thézan [en provençal, XIIIe s.; pièces justificatives, 1334-1363], p. 101.

21438. SABATIER (Étienne). — Quelques monuments antiques, *pl.*, p. 131.

[Les tours de Causses, époque romaine; borne milliaire; tombeau du IVe siècle; arènes de Béziers.]

21439. PORTALON (Louise DE). — Notice sur l'église Sainte-Madeleine de Béziers [XIIIe-XIVe s.], *pl.*, p. 147.

21440. [E. FABRE]. — Notice sur M. Reboul, de Pézénas [1763 † 1839], p. 175.

21441. S[ABATIER (Étienne)]. — L'église Saint-Jacques [de Béziers, 2, XIe-XIIe s.], *pl.*, p. 193.

21442. ANONYME. — Notice sur l'église Saint-Félix [de Béziers, XIIIe s.], p. 211.

21443. S[ABATIER (Étienne)]. — La tour de Puissalicon, *pl.* [fondation d'une vicairie, 1232], p. 223.

21444. HENRIC. — Des diverses manières de compter le jour dans l'antiquité, et de l'origine des deux les plus usitées, p. 235.

21445. ANONYME. — Notice sur M. Mazel [1774 † 1841], p. 258.

21446. MAZEL. — Mémoire sur l'inscription de Régimont [commune de Montady; Ve s.], p. 258.

21447. AZAÏS (J.). — Éloge funèbre de M. le prince de Chimay [1771-1843], p. 261.

21448. AZAÏS (J.). — Des noms propres [de famille], p. 277.

21449. AZAÏS (J.). — Essai sur la formation et sur le développement du langage des hommes, p. 1 à 202.

V. — Bulletin de la Société archéolo-

gique, etc., t. V. (Béziers, 1844-1846, in-8°, 424 p.)

21450. Anonyme. — Le théâtre de Béziers, ou recueil des plus belles pastorales et autres pièces historiées, représentées au jour de l'Ascension en ladite ville et composées par divers auteurs en langue vulgaire, 1616-1657, p. 1 à 424; et VI, p. 1 à 324.

VI. — Bulletin de la Société archéologique, etc. [t. VI]. (Béziers, 1847-1851, in-8°, 324 p.)

[21450]. Le théâtre de Béziers, p. 1 à 324.

VII. — Bulletin de la Société archéologique, etc. [t. VII]. (Béziers, 1852, in-8°, 270 p.)

21451. Boudard (P.). — Études sur l'alphabet ibérien et sur quelques monnaies autonomes d'Espagne, *pl.*, p. 1. — Cf. n° 21457.

21452. Anonyme. — Procès-verbal de la visite faite, en 1633, par Clément de Bonsi, évêque de Béziers, de l'église collégiale de Saint-Aphrodise, p. 137.

21453. Anonyme. — Table des noms de lieux de l'ancien diocèse de Béziers, dans le moyen âge, d'après les chartes et autres documents de cette époque, p. 173.

21454. Anonyme. — 28 novembre 1332. — Nomination, présentation et prestation de serment des consuls de la ville de Béziers, p. 179.

21455. Anonyme. — Notice sur le poème de Théotrope [imprimé en 1686], p. 185.

21456. Azaïs (J.). — L'hébreu et l'anglais, ou recueil des mots appartenant à la langue primitive qui sont restés dans la langue anglaise, p. 193.

VIII. — Bulletin de la Société archéologique, etc. [t. VIII]. (Béziers, 1857, in-8°, 80 p.)

21457. Boudard (P.). — Deuxième note sur l'alphabet ibérien, p. 1. — Cf. n° 21451.

21458. Bonnet (Louis). — Notes sur les fouilles faites à Béziers [monnaies ibériennes et massaliotes], *pl.*, p. 47.

21459. Crouzat (Alfred). — Le prieuré de Cassan (près Béziers], monographie locale, p. 53.

IX. — Bulletin de la Société archéologique, etc., 2ᵉ série, t. I. (Béziers, 1858 [1860], in-8°, 388 p.)

21460. Giniers (L'abbé). — Notice sur l'étang de Montady [son desséchement en 1247], p. 5.

21461. Anonyme. — Mémoire présenté par les consuls de Béziers dans un procès entre lesdits consuls d'une part et les consuls de Gignac, d'autre part [1462], p. 18.

21462. Camp. — Lettres inédites de Mairan [† 1771], p. 56; X, p. 1 et 237.

21463. Azaïs (Gabriel). — Les troubadours de Béziers, p. 80.— Cf. 2ᵉ édition, n° 21478.

[xiiiᵉ s. : Raimond Gaucelm, Bernard d'Auriac, Jean Estève, Maffre Ermengaud, Azalais de Porcairagues, Raimond Menudet, Guillaume de Balaun, Floquet de Lunel, Giraud Riquier, Bernard Alahan.]

21464. Fabregat (Auguste). — Notice biographique sur J.-M. Cordier, ingénieur-mécanicien [† 1859], p. 359.

X. — Bulletin de la Société archéologique, scientifique et littéraire de Béziers, etc., 2ᵉ série, t. II. (Béziers, 1860-1863, in-8°, 328 p.)

[21462]. Camp. — Lettres inédites de Mairan à Bouillet [1717-1765], p. 1 et 237.

XI. — Bulletin de la Société archéologique, etc., 2ᵉ série, t. III. (Béziers, 1863-1865, in-8°, 366 p.)

21465. Carou (E.). — Géographie de l'arrondissement de Béziers, p. 107.

XII. — Bulletin de la Société archéologique, etc., 2ᵉ série, t. IV. (Béziers, 1866-1868, in-8°, 348 p.)

21466. Soucaille (Antonin). — Notice biographique et littéraire sur l'académicien [Jacques] Esprit, de Béziers [1611 † 1678], p. 45.

21467. Soucaille (Antonin). — Document historique. — Chronique d'[Étienne] Estoriac [de Béziers] (1209-1521), p. 93.

21468. Carou (E.). — Compte et répartition des décimes perçus sur le clergé du diocèse de Béziers en 1322 et 1323, p. 113.

21469. Noguier (Louis). — Rapport à la Société archéologique sur divers monuments et inscriptions antiques trouvés à Béziers, *pl.*, p. 145 et 323.

21470. Sabatier (Étienne). — Des premières prédications et de l'établissement du christianisme dans la Gaule Narbonnaise, p. 205.

21471. Anonyme. — Contrat d'échange de l'ancien couvent des Augustins de Béziers en 1480. — Tableau pour 1680 des habitants taillables de Béziers, p. 275.

XIII. — Bulletin de la Société archéolo-

gique, etc., 2e série, t. V. (Béziers, 1869-1870, in-8°, 314-LXXVI-159 p.)

21472. Soucaille (Antonin). — Notice historique sur le collège de Béziers, d'après les archives municipales (1594-1868), p. 5.

21473. Noguier (L.). — Chronique archéologique. Acquisitions du musée lapidaire [médailles et poteries romaines, etc.], *pl.*, p. 175. — Cf. nos 21482, 21487, 21496, 21506, 21510, 21516, 21525, 21529 et 21532.

21474. Anonyme. — Épisode de la vie municipale à Béziers en 1646, p. 188.

21475. Noguier (L.). — Notes archéologiques sur quelques églises romanes du midi de la France, p. 209; XIV, p. 293; et XV, p. 212.

[Saint-Aphrodise et la Madeleine à Béziers, Espondeilhan, autels romans, *pl.* — Saint-Martin des Sales, Beissan, Saint-Jean d'Aureilhan, Villeneuve-lez-Béziers, Gargailhan, Saint-Jacques et Saint-Nazaire de Béziers, *pl.* — Saint-Pierre de Rèdes.]

21476. Carou. — Mémoire [sur l'origine et les sources des langues romanes], p. 228.

21477. Azaïs (Gabriel). — Séance tenue à Béziers le 28 novembre 1868 par la Société française d'archéologie, p. 240.

[Notes de M. de Verneilh sur la cathédrale de Saint-Nazaire de Béziers; mémoire de M. Maffre sur une inscription grecque découverte à Béziers.]

Appendice.

21478. Azaïs (Gabriel). — Les troubadours de Béziers, 2e édition, p. 1 à LXXVI et 1 à 159. — Cf. no 21463.

XIV. — Bulletin de la Société archéologique, etc., 2e série, t. VI. (Béziers, 1871-1872, in-8°, IV-288 p.)

21479. Azaïs (Gabriel). — Catalogue botanique (synonymie languedocienne, provençale, gasconne, quercinoise, etc.), p. 1.

21480. Maffre. — Établissements agricoles du Midi sous la domination romaine, p. 193.

[En appendice : tableau des villages de l'Aude, du Gard et de l'Hérault se terminant en *an*, en *ac* et en *argues*.]

21481. Sabatier (Étienne). — Une maison [à Béziers, datée de 1529], *pl.*, p. 269.

21482. Noguier (L.). — Chronique archéologique, *pl.*, p. 277. — Cf. no 21473.

[Médailles gauloises, inscriptions gallo-romaines, pierre tumulaire du IVe s., enseignes sculptées.]

[21475]. Noguier (L.). — Notes archéologiques sur quelques églises romanes du midi de la France, *pl.*, p. 293.

XV. — Bulletin de la Société archéologique, etc., 2e série, t. VII. (Béziers, 1873-1874, in-8°, 438 p.)

21483. Carou (E.). — Documents relatifs aux guerres anglaises du XIVe siècle dans le diocèse de Béziers, p. 5.

21484. Azaïs (Gabriel). — Journal de Charbonneau sur les guerres de Béziers pendant la Ligue (1583-1586), p. 39.

21485. Noguier (Louis). — Rapport sur le concours des mémoires historiques, *pl.*, p. 150.

[Notice archéologique sur l'église Saint-Étienne d'Agde.]

21486. Sabatier (Étienne). — Variétés archéologiques, *pl.*, p. 169.

[Villeneuve-lez-Béziers, Alignan-du-Vent, fresque du XVIIe s. à Béziers, rue *Capus* à Béziers, monument cosmogonique de la commune du Fraise, culte du serpent, dolmens de l'Hérault.]

21487. Noguier (Louis). — Chronique archéologique, p. 197 et 365. — Cf. no 21473.

[Inscription plombée des premiers siècles de notre ère; poteries samiennes; tombeau de Puissalicon, XIIe s.; urne funéraire gallo-romaine; inscriptions hébraïques; château féodal de Valros, près Pézénas; acte de baptême du peintre Étienne Loys, 1716; fenêtres des XIVe-XVe s.; formule du serment prêté par un abbé de Saint-Aphrodise, XVIe s.]

[21475]. Noguier (Louis). — Notes archéologiques sur quelques églises romanes du midi de la France, *pl.*, p. 212.

21488. Noguier (Louis). — Ensérune et Montady. — Stations gauloises, gallo-romaines, château féodal, *pl.*, p. 233.

21489. Noguier (Louis). — Enceinte murale de Béziers à l'époque gallo-romaine et au moyen âge, *pl.*, p. 253.

21490. Soucaille (A.). — Origine de la procession votive du dimanche de la Passion [à Béziers en 1552], p. 291.

XVI. — Bulletin de la Société archéologique, etc., 2e série, t. VIII. (Béziers, 1874-1876, in-8°, 448 p.)

21491. Azaïs (Gabriel). — Ordonnance de Robert de Caylus, sénéchal de Carcassonne et de Béziers, sur l'élection des consuls et conseillers de la ville de Béziers [1411, en provençal], p. 11.

21492. S[abatier (Étienne)]. — La porte de Grindes et le palais du roi [à Béziers], p. 35.

21493. S[abatier (Étienne)]. — Saint Aphrodise [premier évêque de Béziers] et le chameau [légende hagiographique], p. 59.

21494. Noguier (Louis). — Rapport sur le concours des mémoires historiques, p. 90 et 272.

[Histoire des communes et des cantons de Roujan et de Servian.]

21495. Noguier (Louis). — Notice historique sur le chapitre de Saint-Nazaire de Béziers, 2 *plans*, p. 131.

21496. Noguier (Louis). — Chronique archéologique, *pl.*, p. 174 et 375. — Cf. n° 21473.

[Autel du IXe s.; inscriptions romaines; pierre tombale, XIIIe s.; poteries samiennes; campanile de Cassan et porche de Saint-Nazaire, près Roujan; inscriptions romaines et du moyen âge; église Saint-Nazaire; autels romans; château féodal de Capestang.]

21497. Tamizey de Larroque (Ph.). — Trois lettres inédites de deux évêques, p. 305.

[Dominique, Jean et Pierre de Bonsy, 1616, 1621 et 1697.]

21498. Anonyme. — Procès-verbaux des entrées à Béziers des rois Louis XIII et Louis XIV [1622 et 1659], p. 309.

21499. Sabatier (Étienne). — Les fiefs ou seigneuries du diocèse de Béziers, au XVIIe siècle, p. 318.

21500. Faniez (De). — Armorial de d'Hozier [bureaux de Béziers, Agde et Pézénas], p. 323.

21501. Maffre. — Notice sur le buste de Henri Ier, duc de Montmorency-Damville, connétable de France et gouverneur de Languedoc, récemment découvert à Béziers, et sur le séjour en cette ville de Marie-Félice des Ursins, duchesse de Montmorency, sa belle-fille, en août et septembre 1632, p. 399.

XVII. — Bulletin de la Société archéologique, etc., 2e série, t. IX. (Béziers, 1877-1878, in-8°, 374 p.)

21502. Noguier (L.). — Chartes romanes, p. 5.

[Le livre des franchises et libertés des habitants de la ville de Saint-Pons de Thomières, 1442.]

21503. S[abatier (Étienne)]. — Les bourgs de Béziers, p. 129.

[Déclaration des bourgs et quartiers de Béziers, 1690.]

21504. Maffre (J.-B.). — Étude sur le poème roman de la croisade contre les hérétiques albigeois, p. 177.

[Appendice : Notices biographiques sur les principaux chefs de la croisade contre les hérétiques albigeois.]

21505. Noguier (L.). — Inscription juive de Béziers [1144], *fac-similé*, p. 247.

21506. Noguier (L.). — Chronique archéologique, *pl.*, p. 311. — Cf. n° 21473.

[Objets mérovingiens; inscription du *Terentius Potitus*, église romane de Sérignan; église de Capestang.]

21507. F.-D. [Frédéric Donnadieu]. — Arrêts de règlement du consulat de Béziers [1633-1658], p. 325.

XVIII. — Bulletin de la Société archéologique, etc., 2e série, t. X. (Béziers, 1879-1880, in-8°, 384 p.)

21508. Faniez (A. de). — Notice sur Charles Le Pul, consul, puis viguier de Béziers [né vers 1640, † avant 1713, poète], p. 56.

21509. Fabrégat (A.). — Mgr Aymard Claude de Nicolay, dernier évêque particulier de Béziers [† 1815], p. 81.

21510. Noguier (L.). — Chronique archéologique, *pl.*, p. 148 et 344. — Cf. n° 21473.

[Médailles grecques et romaines; cippes de Régimont, de Joncels et de Céleyran et tables d'autel avec inscription; sarcophages chrétiens; verrières de Saint-Nazaire de Béziers, XIVe s.; inscription de 1670 : dolmen de Roudanergues; inscription de Saint-Jacques de Béziers (XIIe s.), chevet de cette église, *pl.*; stalles de Saint-Nazaire de Béziers.]

21511. S[abatier (Étienne)]. — Statistique des églises et chapelles dans la ville de Béziers et son territoire, en 1789, p. 221.

21512. Noguier (Louis). — Recherches sur les anciennes judicatures de la ville de Béziers, p. 241. — Cf. n° 21514.

XIX. — Bulletin de la Société archéologique, etc., 2e série, t. XI. (Béziers, 1881-1882, in-8°, 438 p.)

21513. Faniez (A. de). — Grimod de la Reynière à Béziers, p. 40.

21514. Noguier (Louis). — Sénéchaussée et viguerie de Béziers. — Renseignements nouveaux, p. 61. — Cf. n° 21512.

21515. Faniez (A. de). [Paul Bernard] Rosier [1798 † 1886] et son théâtre, p. 95.

21516. Noguier (L.). — Chronique archéologique, *pl.*, p. 125. — Cf. n° 21473.

[Incinérations gallo-romaines; inscription du XIIe s.; têtes antiques de Bacchus et de Jupiter, église Saint-Nazaire de Béziers, XIVe s.]

21517. Noguier (Louis). — La colonie romaine de Béziers. — Épigraphie et monuments, *plan*, *pl.*, p. 203.

[Sarcophage de Sauvian; statues antiques, etc.]

21518. Sabatier-Desarnauds. — Aperçu sur la confédération des Volkes Tectosages pendant la conquête romaine, p. 321.

21519. Sabatier-Desarnauds. — Pech de Montauri [près de Maureilhan, camp retranché], p. 327.

21520. Soucaille (Antonin). — Notice sur l'Hôtel-Dieu Saint-Jacques ou hôpital mage de Béziers, p. 331. — Cf. n° 21527.

XX. — Bulletin de la Société archéologique, etc., 2e série, t. XII. (Béziers, 1883-1884, in-8°, 461 p.)

21521. Anonyme. — Le pape Innocent III dans ses rapports avec la croisade contre les hérétiques albigeois, p. 57.

21522. Soucaille (Antonin). — Recherches sur les anciennes pestes ou contagions à Béziers, p. 68.

21523. Sabatier-Desarnauds. — Étude sur le préhistorique et le protohistorique de l'ancienne province de Languedoc et des territoires limitrophes, p. 119.

21524. Louriac (L'abbé F.). — Le Plo-de-Bru, oppidum-refuge gaulois, *plans*, p. 143.

21525. Noguier (Louis) et Bonnet (Louis). — Chronique archéologique, *pl.*, p. 157. — Cf. n° 21473.

[Monnaies ibériennes et romaines; la rivière le *Ledus*, inscription du XIIe s.; Lamalou-les-Bains, piscine antique et bénitier du XVIe s.; Saint-Pierre de Rédes, XIIe s.]

21526. Azaïs (Gabriel). — De l'orthographe de la langue des troubadours appliquée à nos idiomes modernes, p. 239.

21527. Soucaille (Antonin). — Notice sur l'hôpital général Saint-Joseph de Béziers, depuis son origine jusqu'à sa réunion à l'Hôtel-Dieu (1647-1797), p. 245. — Cf. n° 21520.

21528. Donnadieu (Frédéric). — Le budget de Béziers en 1620, p. 369.

21529. Noguier [Louis]. — Chronique archéologique, *pl.*, p. 425. — Cf. n° 21473.

[Un nouvel évêque de Béziers, Macaire, IXe s.; médailles romaines et monnaies volsques trouvées à Béziers; croix de cimetière des XIIIe-XVe s., *pl.*]

XXI. — Bulletin de la Société archéologique, etc., 2e série, t. XIII. (Béziers, 1885, in-8°, 315 p. parues.)

21530. Faniez (A. de). — Notice sur le R. P. Cléric, jésuite [1661 † 1740], p. 65.

21531. Soucaille (Antonin). — Notice sur la maison du Refuge ou du Bon Pasteur de Béziers (1686-1791), p. 95.

21532. Noguier (Louis). — Chronique archéologique, *pl.*, p. 130. — Cf. n° 21473.

[Statue romaine trouvée à Colombiers, autels romans; poteries trouvées à Nebian; inscriptions romaines.]

21533. Soucaille (Antonin). — Les Templiers et les Hospitaliers à Béziers, p. 139.

21534. Noguier (Louis). — Les vicomtes de Béziers, p. 212.

HÉRAULT. — BÉZIERS.

SOCIÉTÉ LITTÉRAIRE ET ARTISTIQUE DE BÉZIERS.

Cette Société fondée en 1878 et autorisée le 26 juin de la même année n'a publié qu'un seul *Bulletin*, imprimé en 1880, qui renferme ses statuts et les procès-verbaux de ses séances.

Société littéraire et artistique de Béziers, Bulletin, année 1879. (Béziers, 1880, in-8°, 90 p.)

HÉRAULT. — MONTPELLIER.

ACADÉMIE DES SCIENCES ET LETTRES DE MONTPELLIER.

Fondée en 1706 sous le titre de *Société royale des sciences de Montpellier*, cette Académie fut d'abord rattachée à l'Académie des sciences de Paris dont elle se considérait comme une section. Supprimée en 1793, reconstituée en 1795 sous le nom de *Société libre des sciences et belles-lettres de Montpellier*, elle fut dissoute en 1815, réorganisée le 7 décembre 1846 sous sa dénomination actuelle et autorisée le 28 mars 1847. La *Société royale des sciences* a publié, de 1706 à 1793, 2 volumes in-4° qui portent le titre d'*Histoire et mémoires de la Société*. Elle a fait également imprimer 35 comptes rendus de ses séances publiques et ses membres ont inséré 62 mémoires dans le recueil de l'Académie des sciences de Paris. La *Société libre des sciences et belles-lettres* a publié 6 volumes de *Mémoires*, de 1803 à 1815. Enfin l'*Académie des sciences et lettres* est actuellement divisée en trois classes : section de médecine, section des sciences et section des lettres. La première section a déjà fait paraître 6 volumes, la seconde 11 et la troisième 7. Cette dernière section, dont les publications rentrent seules dans le cadre de notre travail, a fait également éditer sous ses auspices l'ouvrage suivant :

21535. Castelnau (Junius) et Thomas (Eugène). — Mémoire historique et biographique sur l'ancienne Société royale des sciences de Montpellier suivi d'une notice historique sur la Société des sciences et belles-lettres de la même ville. (Montpellier, 1858, in-4°, xxiv-308 p.)

I. — Académie des sciences et lettres de Montpellier. Mémoires de la section des lettres, année 1847. (Montpellier, 1847-1853, in-4°, 867 p.)

21536. Taillandier. — Novalis, p. 1.

[Fréderic de Hardenberg, dit Novalis, philosophe allemand, 1772 † 1801.]

21537. Thomas (E.). — Dissertation historique sur la mer Érythrée ou mer Rouge, *carte*, p. 41.

21538. Renouvier (J.). — Idées pour une classification générale des monuments, p. 91.

21539. Bonald (Victor de). — Notice sur M. Sicard [magistrat, 1765 † 1850], p. 207.

21540. Thomas (Eugène). — Essai sur la géographie astronomique du Prométhée d'Eschyle, *carte*, p. 235. — Cf. n°s 21546 et 21550.

21541. Thomas (Eugène). — Narcissa ou la fille adoptive d'Young, p. 349.

21542. Grasset. — Les États généraux au xve siècle, p. 379.

21543. Renouvier (J.). — Des types et des manières des graveurs, p. 422, 587; II, p. 27 et 151.

[Étude sur les graveurs français et étrangers des xvie et xviie s.]

21544. Germain. — Catherine Sauve. Éclaircissement relatif à un fait spécial d'hérésie survenu à Montpellier au commencement du xve siècle, p. 539.

21545. Grasset. — J.-J. Rousseau à Montpellier [1737], p. 553.

[Lettre inédite de J.-J. Rousseau.]

21546. Thomas (Eugène). — Des différentes interprétations du Prométhée d'Eschyle [étude de géographie ancienne], p. 809. — Cf. n° 21540.

21547. Bonald (Victor de). — Notice sur M. P. Roche [1765 † 1854], p. 855.

II. — Académie ... de Montpellier. Mémoires de la section des lettres, t. II. (Montpellier, 1855-1857, in-4°, 551 *lisez* 576 p.)

[21543]. Renouvier (J.). — Des types et des manières des graveurs, p. 27 et 151.

21548. Germain. — Un professeur de mathématiques sous Louis XIV, p. 153.

[Nicolas Fizes, professeur à l'université de Montpellier.]

21549. Germain. — Relation inédite de Joseph de la Baume contenant le journal des opérations des députés de la province de Languedoc à la cour de Louis XIV en 1696, p. 317.

21550. Thomas (Eugène). — Les fragments de la Prométhéide d'Eschyle [étude de mythologie], p. 339. — Cf. n° 21540.

21551. Cambouliu. — Étude sur Vauvenargues, p. 369.

21552. Germain. — Nouvelles recherches sur la secte des Multipliants [xviiie s.], p. 401.

21553. Cambouliu. — Essai sur l'histoire de la littérature catalane, p. 481.

III. — Académie ... de Montpellier. Mémoires de la section des lettres, t. III. (Montpellier, 1859-1863, in-4°, 609 p.)

21554. Thomas (Eugène). — Un agent des alliés chez les Camisards, p. 15.

21555. Germain. — Une vie inédite de François Bosquet [évêque de Montpellier, † 1676], p. 71.

21556. Mondot. — Histoire de la vie et des écrits de lord Byron, p. 81.

21557. Germain. — Charles de Grefeuille et sa famille, p. 195.

[Chanoine de Montpellier, 1668 † 1743.]

21558. Germain. — Le président Jean-Pierre d'Aigrefeuille, bibliophile et antiquaire [† 1744], p. 289.

21559. Faucillon. — Les professeurs de droit français de la Faculté de Montpellier (1681-1791), p. 331. — Cf. n°s 21560 et 21562.

21560. Faucillon. — Les docteurs agrégés de la Faculté de droit de Montpellier (1681-1791), p. 355. — Cf. n°s 21559 et 21562.

21561. Cambouliu. — Recherches sur les origines étymologiques de l'idiome catalan, p. 487; et IV, p. 1.

21562. Faucillon. — Les professeurs de droit civil et canonique de la Faculté de Montpellier (1510-1789), p. 505. — Cf. n°s 21559 et 21560.

21563. Germain. — Les commencements du règne de Louis XIV et la Fronde à Montpellier, p. 579.

21564. Germain. — Relation inédite concernant le complot de Nimes et de Montpellier de 1705, avec une notice, p. 603.

IV. — Académie ... de Montpellier. Mémoires de la section des lettres, t. IV. (Montpellier, 1864-1869, in-4°, 597 p.)

[21561]. Cambouliu. — Recherches sur les origines étymologiques de l'idiome catalan, p. 1.

21565. Grasset (J.). — Pline le Jeune, sa vie et ses œuvres, p. 13.

21566. GERMAIN. — Les dernières années de la Cour des comptes, aides et finances de Montpellier, p. 127.

21567. CORBIÈRE (Ph.). — Histoire du siège de Montpellier en 1622 sous Louis XIII, p. 187.

21568. GERMAIN. — Un psaume en l'honneur de Louis XIV, p. 283.

21569. THOMAS (Eugène). — Le séminaire de Montpellier, p. 289.

21570. BÉDARRIDE. — Étude sur le *Guide des égarés* de Maimonide [rabbin juif; XIIe s.], p. 409.

21571. MANDON (L.). — Ce que l'histoire de France doit surtout au duc de Saint-Simon, p. 449.

21572. GERMAIN. — Notice sur le manuscrit original de l'histoire de la ville de Montpellier du chanoine Charles de Grefeuille, *fac-similé,* p. 473.

21573. BÉDARRIDE. — Étude sur le Talmud, p. 485.

21574. SIGAUDY. — Étude sur Montesquieu, p. 569.

21575. PAULINIER. — Notice littéraire sur l'abbé Martin d'Agde, p. 585.

V. — Académie ... de Montpellier. Mémoires de la section des lettres, t. V. (Montpellier, 1870-1873, in-4°, 663 p.)

21576. PAULINIER. — Saint Benoît d'Aniane et la fondation du monastère de ce nom, p. 1.

21577. CORBIÈRE (Ph.). — Daniel Encontre considéré comme savant, littérateur et théologien, p. 89.

21578. PAULINIER. — Gui, de Montpellier, fondateur de l'ordre du Saint-Esprit, p. 133.

21579. GERMAIN. — Isaac Casaubon à Montpellier, p. 207.

21580. MANDON (L.). — De la valeur des mémoires secrets de Duclos, p. 245.

21581. TOURTOULON (Charles DE). — Une session des États de Languedoc [1764], p. 297.

21582. RÉVILLOUT (Ch.). — Mme d'Heudicourt et Mme de Maintenon, p. 395.

21583. GERMAIN. — De la médecine et des sciences occultes à Montpellier dans leurs rapports avec l'astrologie et la magie, p. 453.

21584. CORBIÈRE (Ph.). — Études bibliques. Les élohistes et les jéhovistes, p. 499.

21585. PÉGAT (F.). — Des consuls de Montpellier sous l'autorité des fonctionnaires royaux et notamment pendant les années 1640 à 1657, p. 567.

21586. DU BOYS (Albert). — Deux récits de procès criminels au moyen âge [XIIIe et XVe s.], p. 609.

21587. MANDON (L.). — De l'influence française en Espagne sous Philippe V (1700-1713), p. 623.

VI. — Académie ... de Montpellier. Mémoires de la section des lettres, t. VI. (Montpellier, 1876-1880, in-4°, 671 p.)

21588. GERMAIN. — Relation du siège de Saint-Affrique, fait en 1628 par le prince de Condé et le duc d'Épernon, p. 1.

21589. RÉVILLOUT. — Un lexicographe du second siècle de notre ère [Julius Pollux], p. 41.

21590. GERMAIN. — Les Camisards à Calvisson (1704), p. 71.

21591. POUJOL (Amédée). — Un épisode du XVIIIe siècle. D'Alembert et Julie de l'Espinasse, p. 87.

21592. CORBIÈRE (Ph.). — Dans quelle langue ont été prononcés les discours de Jésus, p. 107.

21593. GERMAIN. — Une loge maçonnique d'étudiants à Montpellier, p. 125.

21594. CROISET (Maurice). — Parthénius de Nicée, p. 161.

21595. GERMAIN. — L'école de droit de Montpellier (1160-1793), p. 183.

21596. PÉGAT (F.). — La cour du petit scel royal de Montpellier, p. 303.

21597. CROISET (Maurice). — Un épisode de la vie de Lucien. Le Nigrinus, p. 357.

21598. GERMAIN. — Notice sur le cérémonial de l'Université de médecine de Montpellier, p. 383.

21599. CROISET (Maurice). — Un ascète païen au siècle des Antonins. Peregrinus Protée, p. 455.

21600. RÉVILLOUT (Ch.). — Un maître de conférences au milieu du XVIIe siècle. Jean Soudier de Richesource, p. 493, 669; et VII, p. 41.

21601. GERMAIN (A.). — Les maîtres chirurgiens de l'école de chirurgie de Montpellier, p. 539.

21602. ARAGON (V.). — Un poète catalan du XVIIe siècle. Vicens Garcia, rector de Vallfogona, p. 633.

21603. ARAGON (V.). — Voltaire et le dernier gouverneur du château de Salses, p. 659.

VII. — Académie ... de Montpellier. Mémoires de la section des lettres, t. VII. (Montpellier, 1882-1886, in-4°, 691 p.)

21604. VOISIN (J.-B.). — Étude sur des mémoires manuscrits de la Société royale de Montpellier, p. 1.

21605. GERMAIN (A.). — Du principe démocratique dans les anciennes écoles de Montpellier, p. 19.

[21600]. RÉVILLOUT (Ch.). — Un maître de conférences au milieu du XVIIe siècle, p. 41.

21606. ARAGON. — Le Roussillon aux premiers temps de sa réunion à la France, chronique du XVIIe siècle (1659-1674), p. 93.

21607. GERMAIN (A.). — Deux lettres inédites de Henri IV concernant l'école de médecine de Montpellier, p. 177.

21608. GERMAIN (A.). — La faculté des arts et l'ancien collège de Montpellier (1242-1789), p. 185.

21609. RÉVILLOUT (Ch.). — Le jurisconsulte Jules Pacius de Beriga avant son établissement à Montpellier (1550-1602), p. 251.

21610. Germain (A.). — La faculté de théologie de Montpellier, p. 279.
21611. Aragon (V.). — Notice sur le premier président Massot-Reynier, p. 351.
21612. Germain (A.). — Souvenirs religieux des Cévennes. Le père Joseph et l'abbé de Florian, p. 369.
21613. Germain (A.). — Le sixième centenaire de l'Université de Montpellier, p. 415.
21614. Aragon (V.). — Dix lettres inédites de Voltaire à son neveu de la Houlière, p. 421.
21615. Germain (A.). — Les anciennes thèses de l'école de médecine de Montpellier, p. 499.

HÉRAULT. — MONTPELLIER.

SOCIÉTÉ ARCHÉOLOGIQUE DE MONTPELLIER.

La Société archéologique de Montpellier fut fondée le 22 septembre 1833. Elle commença, en 1835, à faire paraître sous le titre de *Publications de la Société archéologique de Montpellier* une série de fascicules contenant, les uns des mémoires et les autres des documents historiques. Ces 45 fascicules ont paru de 1835 à 1885, mais depuis 1840 la Société résolut de grouper ces fascicules en volumes sous le titre de *Mémoires*. Toutefois les fascicules 2, 4, 5, 8, 9, 11 et 17 forment deux volumes à part. (Voir nos n°s 21616 et 21617.)

21616. Pégat, Thomas (Eugène) et Desmazes. — Le petit *Thalamus* de Montpellier. (Montpellier, [1836-]1840, in-4°, LXIX-653 p.)
21617. Massot-Reynier (J.). — Les coutumes de Perpignan suivies des usages sur la dîme, des plus anciens privilèges de la ville et de documents complémentaires. (Montpellier, 1848, in-4°, LXVII-95 p.)
21618. Chabaneau (Camille) et Germain (A.). — *Liber instrumentorum memoralium*. Cartulaire des Guillems de Montpellier. (Montpellier, 1884-1886, in-8°, LXX-850 p.)

I. — Mémoires de la Société archéologique de Montpellier, t. I. (Montpellier, [1835-]1840, in-4°, 537 p.)

21619. Saint-Paul (Philippe de). — Substantion [histoire et archéologie], p. 5.
21620. Renouvier (Jules). — Des vieilles maisons de Montpellier, 2 *pl.*, p. 37.
21621. Thomas (Eugène). — Sur l'ancienne Mesua [identifiée à Maguelonne], p. 51.
21622. Renouvier (Jules). — Anciennes églises du département de l'Hérault, 5 *pl.*, p. 83 et 321.
21623. Thomas (Eugène). — Recherches sur la position des Celtes-Volces ou introduction à la géographie ancienne du département de l'Hérault, *carte*, p. 119. — Cf. n° 21627.
21624. Saint-Paul (Philippe de). — Discours sur la constitution de l'esclavage en Occident durant les derniers siècles de l'ère païenne, p. 165.
21625. Pégat (Ferdinand). — Notice sur les Guillems, seigneurs de Montpellier (990-1204) [généalogie], *pl.*, p. 293.
21626. Daudé de Lavalette. — Recherches sur l'histoire du passage d'Annibal d'Espagne en Italie à travers les Gaules, *carte*, p. 347.
21627. Thomas (Eugène). — Géographie ancienne du département de l'Hérault, p. 427. — Cf. n° 21623.
21628. Castelnau (J.). — Notice sur la vie et les ouvrages du jurisconsulte Placentin [† 1192], p. 471.
21629. Ricard (Adolphe). — Notice sur quelques sépultures antiques découvertes à Altimurium [près de Murviel], 2 *pl.*, p. 517.

II. — Mémoires de la Société archéologique, etc., t. II. (Montpellier, [1841-]1850, in-4°, 587 p.)

21630. Pégat (Ferdinand). — Mémoires sur les anciennes églises Sainte-Croix et sur la place de la Canourgue de Montpellier, *pl.*, p. 1.
21631. Renouvier (Jules). — Sur les fenêtres de la rue du Baille [à Montpellier], *pl.*, p. 33.
21632. Renouvier (Jules). — Notice littéraire sur M. Ph[ilippe] de Saint-Paul [1805 † 1841], p. 41.
21633. Castelnau (J.). — Notice sur le *Liber Rectorum*, manuscrit qui faisait partie des archives de l'ancienne Université de droit de Montpellier, p. 55.
21634. Thomas (Eugène). — Vocabulaire des mots romans-languedociens dérivant directement du grec, précédé de quelques observations historiques et grammaticales, p. 89.
21635. Renouvier (Jules). — Des fonts [baptismaux en plomb] de Vias [XIIIe s.], *pl.*, p. 129.
21636. Renouvier (Jules) et Ricard (Ad.). — Des maîtres

de pierre et des autres artistes gothiques de Montpellier, *pl.*, p. 135.

[Glossaire des termes d'art romans et latins.]

21637. Thomas (Eugène). — Comput ecclésiastique (xiiie s.) [en vers provençaux et latins], p. 351.

21638. Kuhnholtz (H.). — Recherches archéologiques sur les druides et les druidesses considérés principalement dans leurs rapports sociaux, p. 375.

21639. Blanc (Paulin). — Nouvelle prose sur le dernier jour composée, avec le chant noté, vers l'an mille, et publiée pour la première fois d'après un antique manuscrit de l'abbaye d'Aniane, *pl.*, p. 451.

21640. Le Ricque de Monchy (Adolphe). — Symbolique des monuments chrétiens aux premiers siècles de l'église, 3 *pl.*, p. 511.

21641. Thomas (Eugène). — Essai sur la géographie astronomique de Ptolémée considérée dans le département de l'Hérault [2 *cartes*], p. 553.

III. — Mémoires de la Société archéologique, etc., t. III. (Montpellier, 1850-1854, in-4°, 734 p.)

21642. Germain (A.). — De l'organisation administrative de Montpellier au moyen âge [pièces justificatives, 1221-1342], p. 1.

21643. Thomas (Eugène). — Sur un psautier et un missel manuscrits de Maguelonne [xve s.], p. 79.

21644. Thomas (Eugène). — Sommaires historiques sur les anciennes archives ecclésiastiques du diocèse de Montpellier, p. 101.

21645. Germain (A.). — Mémoire sur les anciennes monnaies seigneuriales de Melgueil et de Montpellier, *pl.*, p. 133. — Cf. n° 21655.

21646. Castelnau (J.). — Document inédit. Charte de l'an 908 environ concernant l'ancienne abbaye de Jocou, p. 257.

21647. Pégat (Ferdinand). — Sur un tombeau gallo-romain découvert à Saint-Georges-d'Orques, p. 265.

21648. Germain (A.). — Villeneuve-lez-Maguelonne; ses origines, ses privilèges et ses libertés [pièces justificatives], p. 273.

21649. Renouvier (J.). — Sur une figurine en terre cuite [Isis, Junon ou Cérès] du cabinet archéologique de Montpellier, *pl.*, p. 333.

21650. Castelnau (J.). — Charte de l'an 1209 en roman [en faveur de l'église de Marcillac], p. 343.

21651. Germain (A.). — Chronique inédite de Maguelonne [1030-1158], p. 357.

21652. Thomas (Eugène). — Introduction bibliographique à l'histoire générale du Languedoc [pièces justificatives], p. 371.

21653. Germain (A.). — Essai historique sur les comtes de Maguelonne, de Substantion et de Melgueil, p. 523.

21654. Thomas (Eugène). — Le concile d'Agde en 506, p. 641.

21655. Germain (A.). — De la monnaie mahométane attribuée à un évêque de Maguelonne, p. 683. — Cf. n° 21645.

21656. Thomas (Eugène). — Le collège de Pézénas établi sous le nom de collège de Bresse à Montpellier [1347-1358], p. 705.

IV. — Mémoires de la Société archéologique, etc., t. IV. (Montpellier, 1855-[1859], in-4°, 552 p.)

21657. Germain (A.). — Le consulat de Cournonterral [près de Montpellier], p. 1.

21658. Thomas (Eugène). — Examen critique des anciens noms de l'île de Corse, p. 115.

21659. Germain (A.). — Notice sur une bague d'or [ve s.] du musée archéologique de Montpellier, *fig.*, p. 137.

21660. Renouvier (Jules). — Une passion de 1446, suite de gravures au burin, les premières avec date, p. 145.

21661. Germain (A.). — Le couvent des Dominicains de Montpellier, *pl.*, p. 155.

21662. Faucillon. — La Faculté des arts de Montpellier (1242 à 1790), p. 247.

21663. Germain (A.). — Inventaire inédit concernant les archives de l'inquisition de Carcassonne [1241-1547], p. 287.

21664. Germain (A.). — Une consultation inquisitoriale au xive siècle [1357], p. 309.

21665. Renouvier (Jules). — Les peintres et les enlumineurs du roi René, p. 345.

21666. Germain (A.). — Donation inédite de Louis XI en faveur d'Étienne de Vesc [1483], p. 375.

21667. Le Ricque de Monchy (Adolphe). — Notice sur l'autel de Saint-Guillem-du-Désert [xiie s.], *pl.*, p. 381.

21668. Germain (A.). — Projet de descente en Angleterre concerté entre le gouvernement français et le roi de Danemark Valdemar III pour la délivrance du roi Jean [1359], p. 409. — Cf. n° 21691.

21669. Puiggari (Ant.). — Description d'une coupe arabe trouvée à Montpellier, *pl.*, p. 435.

21670. Germain (A.). — Notice sur un cartulaire seigneurial inédit [seigneurie de Poussan, xive s.], p. 439.

21671. Germain (A.). — De la charité publique et hospitalière à Montpellier au moyen âge [*plan* de l'hôpital de Saint-Lazare], p. 481.

V. — Mémoires de la Société archéologique, etc., t. IV. (Montpellier, 1860-1869, in-4°, 669 p.)

21672. Germain (A.). — La paroisse à Montpellier au

moyen âge [paroisse Saint-Firmin, détruite en 1568], p. 1.

21673. Germain (A.). — Une nouvelle charte inédite de Marie de Montpellier [vers 1205], p. 57.

21674. Germain (A.). — Les inscriptions de l'ancienne Université de médecine de Montpellier [xve-xviie s.], 3 *pl.*, p. 69.

21675. Aurès. — Détermination de l'unité métrique linéaire en usage à Carthage avant l'époque de la conquête romaine, 3 *pl.*, p. 97.

21676. Germain (A.). — Statuts inédits des Repenties du couvent de Saint-Gilles [et de Sainte-Catherine] de Montpellier [1339; en provençal], p. 123.

21677. Germain (A.). — Un feuillet inédit de l'histoire du règne de Charles VI [1397; croisade de Nicopolis], p. 155.

21678. Germain (A.). — L'œuvre de la Rédemption des captifs à Montpellier [religieux Trinitaires et de la Merci], p. 165.

21679. Germain (A.). — Privilèges et franchises de Balaruc [1257-1345], p. 199.

21680. Blanc (Paulin). — Un manuscrit de l'ancien monastère de Saint-Germain à Montpellier [collectaire du xive s.], p. 227.

21681. Germain (A.). — Le registre de la Chandelle de [Notre-Dame de] Castelnau [près Montpellier], p. 233.

21682. Thomas (Eugène). — Des étymologies des noms géographiques dans le département de l'Hérault, p. 239.

21683. Germain (A.). — Études archéologiques sur Montpellier, *plan*, p. 261; et VIII, p. 141.

21684. Pech (Louis) et Puiggari (A.). — Deux inscriptions romaines sur un même monument du musée de Narbonne, 2 *pl.*, p. 311.

21685. Révillout (C.). — Mémoire sur le quarantième des Gaules à propos d'une inscription du département des Pyrénées-Orientales ayant trait à la perception de cet impôt, p. 331.

21686. Germain (A.). — Maguelonne sous ses évêques et ses chanoines, p. 357. — Cf. n°s 21702 et 21707.

VI. — Mémoires de la Société archéologique, etc., t. VI. (Montpellier, 1870-1876, in-4°, 643 p.)

21687. Dulaurier (Ed.). — Notice sur deux privilèges accordés par les rois de la Petite-Arménie aux marchands de Montpellier [1314 et 1321; texte arménien], 2 *facsimilés*, p. 1.

21688. Germain (A.). — La Renaissance à Montpellier, p. 9.

[Pièces justificatives relatives à l'Université de médecine, de droit, et à la Faculté de théologie, 1494-1557.]

21689. Germain (A.). — Deux lettres du concile de Bâle aux consuls de Montpellier [1438 et 1440], p. 165.

21690. Germain (A.). — Statuts inédits de la confrérie de Saint-Denis de Ginestet [près de Lunel; texte provençal, 1514-1537], p. 171.

21691. Germain (A.). — L'alliance franco-danoise au moyen âge, p. 181. — Cf. n° 21668.

21692. Germain (A.). — Pierre Gariel, sa vie et ses travaux [1584 † 1674], p. 193.

[Réimpression du Discours dressé par M. Gariel, chanoine de Montpellier, de la guerre faite contre ceux de la religion prétendue réformée, de 1619 à 1622.]

21693. Germain (A.). — Journal de Louis Charbonneau, chronique biterroise-languedocienne, publié selon son texte primitif (1583-1586), p. 413.

21694. Révillout (C.). — Étude historique et littéraire sur l'ouvrage latin intitulé : *Vie de saint Guillaume* [composée vers 1122], p. 495.

21695. Germain (A.). — Une fête de chevalerie à Marsillargues en 1332, p. 577.

21696. Bézine. — Revision de la liste des monuments historiques du département de l'Hérault, p. 583.

21697. Cazalis de Fondouce (P.). — Bornes milliaires du département de l'Hérault, p. 597.

21698. Ricard (Adolphe). — Réconciliation de l'église de Maguelonne [1875], p. 621.

VII. — Mémoires de la Société archéologique, etc., t. VII. (Montpellier, [1877]-1881, in-4°, 853 p.)

21699. Germain (A.). — Chronique inédite de Mauguio [près Montpellier, 1610-1638], p. 1.

21700. Germain (A.). — Statut accordant aux habitants de Frontignan et à ceux de la vallée de Montferrand, le droit de siéger aux États du Languedoc par tour de représentation [1459], p. 101.

21701. Germain (A.). — Lettre de Manuel de Fiesque concernant les dernières années du roi d'Angleterre Édouard II [vers 1337], p. 109.

21702. Germain (A.). — Le temporel des évêques de Maguelonne et de Montpellier [1395-1699], p. 129. — Cf. n° 21686.

21703. Germain (A.). — La médecine arabe et la médecine grecque à Montpellier [1488-1567], p. 227.

21704. Grasset. — Notice sur M. Pégat [† 1879], p. 267.

21705. Cazalis de Fondouce (P.). — Ébauche d'une carte archéologique du département de l'Hérault, *carte*, p. 273.

21706. Germain (A.). — L'école de médecine de Montpellier, ses origines, sa constitution, son enseignement, p. 293.

[Réimpression de l'*Appolinare sacrum* de François Ranchin, et de l'*Historia Monspeliensis* d'Étienne Strobelberger.]

21707. Germain (A.). — Arnaud de Verdale, évêque et chroniqueur, p. 441. — Cf. n° 21686.

[Texte du *Catalogus episcoporum Magalonensium*. Appendice et pièces justificatives; 1000-1350.]

VIII. — Mémoires de la Société archéologique, etc., t. VIII. (Montpellier, 1882[-1884], in-8°, LXIV-386 p. parues.)

21708. Grasset. — La Société archéologique de Montpellier, ses travaux et ses collections, p. 1 à XLIV.

[Table des articles parus par ordre de matières.]

21709. Aragon (V.). — Les anciens châteaux forts des Corbières roussillonnaises, frontière du Languedoc. Études d'archéologie historique, p. 1.

[Châteaux de Salses, Castell-Vell, Castell-d'Opol, la Torre del Far, Tautavel.]

21710. Germain (A.). — L'apothicairerie à Montpellier sous l'ancien régime universitaire, p. 53.

21711. Vigié (A.). — Du cautionnement d'après la coutume de Montpellier, p. 131.

[21683]. Germain (A.). — Études archéologiques sur Montpellier, p. 141.

21712. Germain (A.). — Jacques Primerose, historien de l'école de médecine de Montpellier, p. 281.

[Réédition de l'*Academia Monspeliensis*, 1631.]

21713. Cauvet (E.). — Condition des enfants des serfs [au moyen âge], p. 293.

21714. Germain (A.). — Pierre Hamenchi [abbé de Saint-Victor de Marseille, † 1434]. Étude d'après ses manuscrits autographes entièrement inédits, p. 307.

21715. Germain (A.). — Notice sur un recueil d'incunables de la bibliothèque de la Faculté de médecine de Montpellier, p. 377.

HÉRAULT. — MONTPELLIER.

SOCIÉTÉ DES BIBLIOPHILES LANGUEDOCIENS.

S'il faut en croire des renseignements que nous tenons de bonne source, cette Société n'aurait jamais existé que de nom. Ce serait une simple entreprise de librairie, dont un éditeur aurait fait tous les frais en s'aidant d'une seule personne qui a publié la plupart des volumes sous des pseudonymes tels que Devars, Sainctyon, Fraisse, etc. Cette prétendue société fondée en concurrence avec celle des Bibliophiles de Montpellier que nous mentionnons ci-après, a réimprimé plusieurs des ouvrages publiés par cette dernière. Pour éviter toute confusion nous donnons ici la liste exacte des volumes publiés par l'une et par l'autre :

21716. Devars (A.). — Discours de la gloire de la France par Gariel, publié d'après le seul exemplaire connu de l'édition de Jacques Roussin. (Montpellier, 1872, in-8°, 73-20 p.)

21717. Saint-Maur (Cte de). — L'entrée à Montpellier, le 18 juin 1617, de la duchesse de Montmorency. Reproduction textuelle de la première édition. Montpellier, 1872, in-8°, XXXII-76 p.)

21718. Sainctyon (P.). — Les gouverneurs de Languedoc, par P. Gariel; préface par P. Sainctyon. (Montpellier, 1873, in-8°, XVIII-70 p.)

[Reproduction de l'édition de Daniel Pech, Montpellier, 1669.]

21719. Seeker (John). — Un projet gigantesque en Languedoc au XVIIIe siècle, publié [d'après le manuscrit des archives de l'ancienne Intendance] par John Seeker. (Montpellier, 1873, in-8°, 63 p.)

21720. Fraisse (Élie). — Requête des enfans à naître [contre les sages-femmes]. Facétie [envoyée en 1782 aux États de Languedoc et réimprimée avec une préface], publiée par Élie Fraisse. (Montpellier, 1873, in-8°, 52 p.)

21721. Devars (A.). — Maguelonne suppliante par P. Gariel. Réimpression textuelle de la très rare édition de Montpellier, 1633. (Montpellier, 1873, in-8° x-46 p.)

21722. La Pijardière (De). — Recueil de pièces rarissimes relatives au siège de Montpellier par Louis XIII, en 1622, réunies pour la première fois et précédées d'une préface. (Montpellier, 1875, in-8°, XX-103 p.)

21723. La Pijardière (De). — Histoire de la ville de Montpellier depuis son origine jusqu'à notre temps, par Charles d'Aigrefeuille. Nouvelle édition. (Montpellier, 1875-1882, 4 vol. in-4°.)

HÉRAULT. — MONTPELLIER.

SOCIÉTÉ DES BIBLIOPHILES DE MONTPELLIER.

Cette association a été fondée en 1872. Ses publications paraissent à des intervalles très irréguliers. Elles ne doivent pas être confondues avec celles de la Société des Bibliophiles languedociens que nous avons mentionnées ci-dessus. La collection des Bibliophiles de Montpellier comptait sept volumes, au 31 décembre 1885. En voici la liste :

21724. GAUDIN (Léon). — L'entrée de Mme de Montmorency à Montpellier. Réimpression de l'édition originale de 1617. (Montpellier, 1873, in-8°, VIII-76 p.)

21725. GAUDIN (Léon). — Les gouverneurs anciens et modernes du Languedoc, par P. Gariel; reproduction textuelle de l'édition de 1669, accompagnée de notes par M. Gaudin et suivie de la liste chronologique des commandants militaires de la province jusqu'en 1789. (Montpellier, 1874, in-8°, VIII-112 p.)

21726. AYGER. — Le Harlan ou pillage et desmolissement des églises de Montpellier, d'après le seul exemplaire connu de l'édition de 1622. (Montpellier, 1874, in-8°, XXII-50 p.)

21727. GAUDIN (Léon). — Mémoires sur ce qui s'est passé de plus remarquable dans Montpellier depuis 1622 jusqu'en 1691. (Montpellier, 1876-1878, 2 vol. in-8°.]

21728. GAUDIN (Léon). — Histoire de la Cour des comptes, aides et finances de Montpellier par Pierre Serres, publiée sur le manuscrit original de Montpellier. (Montpellier, 1878, in-8°, 124-96 p.)

21729. GAUDIN (Léon). — Mémoires de Jean Philipe, touchant les choses advenues pour le faict de la religion à Montpellier et dans le bas Languedoc (1560-1600), publiés d'après le manuscrit de la Bibliothèque nationale. (Montpellier, 1880, in-8°, 287 p.)

HÉRAULT. — MONTPELLIER.

SOCIÉTÉ POUR L'ÉTUDE DES LANGUES ROMANES.

Fondée en janvier 1869 et autorisée le 24 mai 1870, cette société publie la *Revue des langues romanes*, qui forme un volume par an de 1870 à 1874, et deux volumes depuis cette époque. En outre elle a fait paraître sous ses auspices les ouvrages suivants :

21730. MILA Y FONTANALS. — Poètes catalans, les Noves rimades, la Codolada. (Montpellier, 1875, in-8°, 72 p.)

21731. LESPY (V.). — Proverbes du pays de Béarn, énigmes et contes populaires. (Montpellier, 1876, in-8°, 111 p.)

21732. NOULET (Dr J.). — Ordenansas et coustumas del libre blanc, publiées avec une introduction, des notes et un glossaire. (Montpellier, 1876, in-8°, 199 p.)

21733. DONIOL (Henri). — Les patois de la basse Auvergne, leur grammaire et leur littérature. (Montpellier, 1877, in-8°, 114 p.)

21734. AZAÏS (Gabriel). — Dictionnaire des idiomes romans du midi de la France. (Montpellier, 1877-1878, 3 vol. in-8°.)

21735. NOULET (Dr J.). — Las nonpareilhas Receptas per far las femnas tindentas, risentas, plasentas, polidas et bellas, etc., publiées avec une introduction, des notes et un glossaire. (Montpellier, 1880, in-8°, VIII-101 p.)

21736. CASTETS (Ferdinand). — Turpini historia Karoli magni et Rotholandi, texte revu et complété. (Montpellier, 1880, in-8°, XII-92 p.)

21737. THÉNARD. — Mémoires ou livre de raison d'un bourgeois de Marseille, publiés avec une préface et des notes. (Montpellier, 1880, in-8°.)

21738. CASTETS (Ferdinand). — Il Fiore, poème italien du XIIIe siècle en CCXXXII sonnets, imité du Roman de la Rose, par Durante, *fac-similé*. (Montpellier, 1881, in-8°, XXIV-184 p.)

21739. Rivière (M.). — Mucreglio, traduction en dialecte dauphinois de Mireille, précédée de notes sur le langage de Saint-Maurice-de-l'Exil (Isère). (Montpellier, 1881, in-8°, VIII-187 p.)

21740. Constans (L.). — Le livre de l'Épervier, cartulaire de la commune de Milhau (Aveyron), suivi d'autres documents relatifs au Rouergue. (Montpellier, 1882, in-8°, XVI-320 p.)

21741. Azaïs (Jacques). — Verses bezieirencs. Nouvelo edicien des *Berses patoises*, revisto, courrijado et seguido de la Pouezio de Bruno Azaïs sur l'inauguracien de l'estatuo da Riquet. (Paris, 1882, in-8°, XII-269 p.)

I. — Revue des langues romanes, publiée par la Société pour l'étude des langues romanes. t. I. (Montpellier, 1870, in-8°, 352 p.)

21742. Tourtoulon (C. de). — La *chirurgie* d'Albucasis [† v. 1106], traduite en dialecte toulousain du XIVe siècle, p. 1 et 301.

21743. Boucherie (A.). — La passion du Christ, poème écrit en dialecte franco-vénitien du XIVe siècle, p. 18, 108 et 208.

21744. Tourtoulon (C. de). — Note sur le dialecte provençal [moderne] et ses sous-dialectes, p. 42.

21745. Montel (Achille). — F. Cambouliu [professeur à Montpellier, 1820 † 1869], p. 74.

21746. Vinas (L'abbé Léon). — Proclamations faites à Assas, près Montpellier, par ordre des seigneurs du lieu, en 1483 [règlements de police], p. 97.

21747. Tn. [Tourtoulon (Ch. de)]. — Certificat en langue d'oc [Gévaudan; vente par Isabelle Romieu, 1539], p. 118.

21748. Tourtoulon (Ch. de). — Note sur le sous-dialecte [moderne] de Montpellier, p. 119.

[Appendice: La baga d'or, romance populaire. — Cf. n° 21767.]

21749. Révillout (Ch.). — La littérature du moyen âge et le romantisme, p. 168.

21750. Vinas (L'abbé L.). — Crides de la court de M. de Lauzière, au diocèse de Lodève, en 1610, p. 193.

[Règlements de police. Notice généalogique sur la famille de Lauzière.]

21751. Tourtoulon (Ch. de). — Les prétérits en *egui*, dans la langue d'oc, p. 232.

21752. Montel (Achille). — Études sur la langue des troubadours, p. 234.

21753. L. G. [Gaudin (Léon)]. — Œuvres choisies de Roudil [poète, † 1684], p. 248 et 334.

21754. Rouquet (Léon). — Notice sur le poète potier J.-A. Peyrottes [né en 1813], p. 268.

21755. Glaize (Paul). — La vigne et le vin chez les Sémites et les Ariens primitifs, p. 270.

21756. Vinas (L'abbé Léon). — Documents relatifs aux guerres du XVe siècle, p. 289.

[Règlements de police de Gignac, 1465; paix avec l'Angleterre, 1470; réquisitions pour l'armée du Roussillon, 1474.]

21757. Cantagrel (B.). — Notes sur le sous-dialecte carcassonnais et les sous-dialectes limitrophes, p. 312.

II. — Revue des langues romanes, t. II. (Montpellier, 1871, in-8°, 322 p.)

21758. Vinas (L'abbé Léon). — Documents relatifs à l'hiver de 1470 à 1471 [extraits des registres de Gignac, en provençal], p. 5.

21759. Boucherie (A.). — La vie de sainte Euphrosyne. Texte romano-latin du VIIIe-IXe siècle, p. 23 et 109.

21760. Montel (Achille). — Archives de Montpellier, p. 85; III, p. 9, 146, 292; IV, p. 5, 481; V, p. 40, 237; VI, p. 39, 70 et 384.

[Le livre des privilèges de la Commune clôture (1264-1369). — Inventaire des archives du consulat (XIVe s.) en langue romane. — Inventaire des archives de la Commune clôture, en 1377. — Catalogue des chapellenies. Le mémorial des nobles (1130-1204). — Le cérémonial des consuls.]

21761. Boucherie (A.). — Gesta Francorum. Pseudo-Turpin. Textes poitevins du XIIIe siècle, p. 118.

21762. Gaudin (Léon). — Épitres farcies inédites de la Saint-Étienne en langue romane, *fac-similé*, p. 133.

21763. Tourtoulon (C. de). — Une assemblée nationale au XIIIe siècle (extrait de la chronique catalane du roi Jacques Ier d'Aragon) [texte et traduction], p. 143.

21764. Chabaneau [Camille]. — Grammaire limousine [étude philologique sur ce dialecte], p. 167; III, p. 369; IV, p. 62, 407, 650; V, p. 171, 435; VI, p. 171, 462; VII, p. 145; VIII, p. 159; et XI, p. 13.

21765. Gaudin (Léon). — L'opéra de Frontignan, suivi d'autres poésies patoises de la fin du XVIIe siècle [attribués à Nicolas Fizes, réimpression], p. 223. — Cf. n° 21762.

21766. Montel (Achille). — Contes populaires rythmés, p. 290; III, p. 205, 386; et IV, p. 112.

21767. Lambert (L.). — La bago d'or. Chant populaire, p. 310. — Cf. n° 21748.

21768. Glaize (A.). — Balthazar Floret [† 1871], p. 314.

III. — Revue des langues romanes, t. III. (Montpellier, 1872, in-8°, 456 p.)

21769. Alart (A.). — Charte albigeoise, p. 5.

[Donation de Granoillet (Graulhet), Marlanas et Ambres aux Templiers, 1211.]

[21760]. Montel (Achille). — Archives de Montpellier, p. 9, 146 et 292.

21770. Boucherie (A.). — Explication du surnom de *Bonacio* donné à Arnaud, comte d'Angoulême, p. 68.

21771. Boucherie (A.). — Quel est le sens du mot *diger*, employé par les praticiens de l'époque mérovingienne? p. 71.

21772. Vayssier (L'abbé). — Le dialecte rouergat, p. 78 et 354.

21773. Gaudin (Léon). — Poésies patoises de Nicolas Fizes [1679 † 1716], p. 89 et 220.

21774. Lambert (Louis). — Chant des crieurs de nuit en Languedoc, p. 122.

21775. Boucherie (A.). — Un almanach au xe siècle [étude philologique], p. 132.

21776. Tourtoulon (Ch. de). — Prédictions astronomiques pour les années 1290 à 1295 [d'après un manuscrit catalan du xive s.], p. 175 et 350.

21777. Donnodevie (Adrien). — Cortète de Prades, poète agenais du xviie siècle, p. 181.

21778. Bringuier (Octave). — Lou Roumieu, legenda dau tems das comtes de Prouvença [poème en provençal moderne]; p. 191, 360; IV, p. 95 et 338.

[21766]. Montel (A.). — Contes populaires, p. 205 et 386.

21779. Alart (A.). — Documents sur la langue catalane des anciens comtés de Roussillon et de Cerdagne, p. 265; IV, p. 44, 244, 353, 502; V, p. 80, 305; VII, p. 42; VIII, p. 48; X, p. 57, 241; et XI, p. 173.

[Aveu de Saint-Jean-Pla-de-Corts, fait à Oliba, comte de Cerdagne, 976; convention relative aux abbayes de Besalu et de Banyoles, v. 1050; serments féodaux des xie et xiie siècles.

Capbreu ou terrier de la vallée de Ribas, 1283-1284; leude de Collioure, 1249; ordonnances du bailli de Perpignan, 1275-1285; leudes de Perpignan, de Puycerda et de la Viel-de-Quérol, 1288; ordonnances de Jacques Ier de Majorque, 1276-1311; ordonnances de police, 1295-1303; ordonnances des rois de Majorque, 1304-1311.]

21780. Boucherie (A.). — Fragment d'une anthologie picarde (xiiie s.), p. 311.

21781. Barbe. — Acte de fondation de la confrérie du Saint-Sacrement érigée en l'église Saint-Martin de Buzet, en mai 1344, p. 337.

21782. Chabaneau (Camille). — Phonétique française [des diphtongues *oi* et *iu*], p. 341.

[21764]. Chabaneau (Camille). — Grammaire limousine, p. 369.

21783. Glaize (A.). — Hippolyte Roch [poète, † 1872], p. 432.

21784. Azaïs (Gabriel). — Vincent de Bataille-Furé, poète béarnais [† 1873], p. 89.

[21778]. Bringuier (Octave). — Lou Romieu, p. 95 et 338.

[21766]. Montel (A.) et Lambert (L.). — Contes populaires, p. 112.

21785. Lieutard (L'abbé). — Contes populaires provençaux, p. 124, 293, 459 et 558.

21786. Charvet (G.). — Les coutumes de Remoulins [1358-1583], p. 209.

21787. Alart (A.). — Un fragment de poésie provençale du xiiie siècle, p. 228.

21788. Barbe (P.). — Règlement [en provençal] sur la conduite des consuls de Bessières (Haute-Garonne) lorsqu'ils porteront la livrée [1480], p. 240.

21789. Alart (A.). — Annonces et avis de la foire de Montagnac (Hérault), p. 257.

[Avis des consuls de Montagnac à la corporation des pareurs de Perpignan, 1470 et 1480.]

21790. Donnodevie (Adrien). — Arnaud Daubasse, ouvrier et poète du xviiie siècle [† 1727], p. 261.

21791. Gaudin (Léon). — Lettres inédites de l'abbé Favre [à Mgr Renaud de Villeneuve, 1761; et au chevalier Favre de Saint-Castor, 1774-1782], p. 277.

21792. Tourtoulon (Ch. de). — Les derniers troubadours de la Provence, p. 386.

21793. Charvet (G.). — Deux quittances en langue romane délivrées par les abbesses du monastère de Sainte-Claire d'Alais au xive siècle [1366 et 1374], p. 404.

21794. Tourtoulon (Ch. de). — Note sur une variété de sous-dialecte de Montpellier [parlée à Lansargues], p. 424.

21795. Alart (A.). — Certificat délivré par les jurats de Pau (1411) [en béarnais], p. 515.

21796. Tourtoulon (Ch. de). — De quelques formes de l'ancienne langue d'oc [l'article *li* et *los* en Provence; *neimais* et *jamais*; *quint* et *quin*], p. 522.

21797. Boucherie (A.). — Étymologies françaises et patoises [rectifications au dictionnaire de Littré], p. 527; et V, p. 340.

21798. Espagne (A.). — Proverbes et dictons populaires recueillis à Aspiran, p. 600.

[Appendice: proverbes recueillis dans les environs de Nimes, par M. Ardouin.]

21799. Azaïs (Gabriel). — M. Adrien Donnoderie [† 1873], p. 707.

IV. — Revue des langues romanes, t. IV. (Montpellier, 1873, in-8°, 724 p.)

[21760]. Montel (Achille). — Archives de Montpellier, p. 5 et 481.

[21779]. Alart (A.). — Documents sur la langue catalane des anciens comtés de Roussillon et de Cerdagne, p. 44, 244, 353 et 502.

[21764]. Chabaneau (Camille). — Grammaire limousine, p. 62, 407 et 650.

V. — Revue des langues romanes, t. V [1er semestre]. (Montpellier. 1874, in-8°, 528 p.)

21800. Boucherie (A.). — La vie de saint Alexis, poème du xie siècle [observations philologiques], p. 5.

21801. Montel (Achille) et Roque-Ferrier (A.). — Épigraphie romane, p. 38, 274 et 411.

[Inscription de 1513, relative aux verrières d'Auch.]

[21760]. Montel (Achille). — Archives de Montpellier, p. 40 et 237.

[21779]. Alart (A.). — Documents sur la langue catalane des anciens comtés de Roussillon et de Cerdagne, p. 80 et 305.

21802. Boucherie (A.). — Formules de conjuration antérieures au IXe siècle [grammaire du bas latin en France], p. 103.

21803. Boucherie (Achille). — Quelques traces de la langue romane avant le IXe siècle, p. 114.

21804. Pin y Soler (J.). — Les jeux d'enfants en Catalogne, p. 115.

21805. [Hubac (Julien)]. — Jeux et sournetas du bas Languedoc [environs de Gignac], p. 125 et 357.

21806. Gaudin (Léon). — Traduction du deuxième chant de l'Énéide par Jourdan [1800-1810, dialecte des environs de Montpellier], p. 143, 393; et VI, p. 148.

[21764]. Chabaneau (Camille). — Grammaire limousine, p. 171 et 435.

21807. Roque-Ferrier (Alphonse). — Un recueil de poésies rumousches [dialecte de la haute Engadine (Suisse)], p. 197.

21808. Alart (A.). — Observations sur la langue du roman de Blandin de Cornouailles et de Guillot Ardit de Miramar, p. 275.

21809. Chabaneau (C.). — Du z final en français et en langue d'oc, p. 330; et VI, p. 94.

[21797]. Boucherie (A.). — Étymologies françaises et patoises, p. 340.

21810. Tourtoulon (Ch. de). — De quelques formes de l'ancienne langue d'oc [existence simultanée d'une langue littéraire et d'une langue parlée], p. 355.

21811. Mazel (E.) et Vigouroux (H.). — Poésies de dom Guérin, de Nant [XVIIe s.; *carte* des environs de Nant (Aveyron)], p. 377; VI, p. 135; VII, p. 82; XXI, p. 5; XXIII, p. 221; XXIV, p. 167; et XXV, p. 273.

21812. Gazier (A.). — Lettres à [l'abbé] Grégoire sur les patois de la France [1790-1794], p. 418; VI, p. 575; VII, p. 107; VIII, p. 71; IX, p. 274; X, p. 28; XI, p. 178, 230; XII, p. 213; XIII, p. 9, 237; XIV, p. 51, 169; XV, p. 53 et 183.

21813. Montel (A.) et Lambert (L.). — Chants populaires du Languedoc [introduction et textes], p. 482; VI, p. 476; VII, p. 236; IX, p. 139, 317; X, p. 169, 281; XI, p. 73; XII, p. 14; et XIV, p. 73.

21814. Roque-Ferrier (Alphonse). — Aimé Atger [poète, † 1874], *portrait*, p. 514.

VI. — Revue des langues romanes, t. VI [2e semestre 1874]. (Montpellier, 1874, in-8°, 648 p.)

21815. Egger. — Les substantifs verbaux formés par apocope de l'infinitif, p. 5 et 333.

[21760]. Montel (Achille). — Archives de Montpellier, p. 39, 70 et 384.

21816. Alart (A.). — Acte de procuration. Dialecte béarnais (1409), p. 68.

[21809]. Chabaneau (Camille). — Du z final en français et en langue d'oc, p. 94.

21817. Fesquet (Le pasteur). — Proverbes et dictons populaires recueillis à Colognac (Gard), p. 103.

[21811]. Mazel (H.) et Vigouroux (E.). — Poésies de dom Guérin, de Nant, p. 135.

[21806]. Gaudin (Léon). — Traduction du deuxième chant de l'Énéide, par Jourdan, p. 148.

21818. Espagne (A.). — Épigraphie romane [moderne; traduction du *Pater;* quatrain gravé sur une tirelire], p. 168.

[21764]. Chabaneau (Camille). — Grammaire limousine, p. 171 et 462.

21819. Noulet (Dr). — Histoire littéraire des patois du midi de la France au XVIIIe siècle, p. 206, 556; VII, p. 179; IX, p. 60; X, p. 113; XI, p. 57; et XII, p. 62.

[Abbés poètes : Claude Peyrot, Favre, Cléric, Martin, Coste, Sage, Lacombe, Brugié, Girardeau, Vigne, Gravières, de Pujoo. — Poésies légères et poésies burlesques. — Pièces de théâtre en patois. — Noëls et chants religieux. — Pièces sur la Révolution. — Catalogue des ouvrages écrits en patois du Midi au XVIIIe s.]

21820. Atger (A.). — Poésies populaires [du bas Languedoc], p. 244.

21821. Alart (A.). — Duels et défis (textes catalans) [fin du XIVe s.], p. 361.

21822. Boucherie (A.). — Fragment d'un commentaire sur Virgile [bas latin du Xe s.], p. 415.

[21813]. Montel (A.) et Lambert (L.). — Chants populaires du Languedoc, p. 476.

21823. Léotard (S.). — Une inscription montalbanaise du XVIIe siècle [1659; sur Pierre de Berthier, évêque de Montauban], p. 573.

[21812]. Gazier (A.). — Lettres à Grégoire sur les patois de France, p. 575.

21824. Noulet (Dr). — Une lettre inédite en vers de l'abbé [Antoine] Nérie [†1824], p. 590.

VII. — Revue des langues romanes, t. VII [1er semestre 1875]. (Montpellier, 1875, in-8°, 476 p.)

21825. Boucherie (Anatole). — Mélanges latins et bas latins; *fac-similé*, p. 5.

[21779]. Alart (A.). — Documents sur la langue catalane des anciens comtés de Roussillon et de Cerdagne, p. 42.

21826. Boucherie (A.). — Petit traité de médecine en

langue vulgaire [dialecte normand du XIVe s.], p. 62 et 474.

21827. Chabaneau [Camille]. — Notes critiques sur quelques textes provençaux, p. 72; VIII, p. 31; IX, p. 24 et 259.

[Les derniers troubadours de la Provence. — Blandin de Cornouailles. — Le roman de Flamenca.]

[21811]. Mazel et Vigouroux. — Poésies de dom Guérin, de Nant, p. 82.

[21812]. Gazier. — Lettres à Grégoire sur les patois de France, p. 107.

21828. Lagarenne (Pierre). — Notice sur le patois saintongeais, p. 134; et IX, p. 44.

[21764]. Chabaneau (C.). — Grammaire limousine, p. 145.

[21819]. Noulet (Dr). — Histoire littéraire des patois du midi de la France au XVIIIe siècle, p. 179.

21829. Pin y Soler (J.). — Poésies populaires religieuses de la Catalogne, p. 227.

[21813]. Montel et Lambert. — Chants populaires du Languedoc, p. 236.

21830. Roque-Ferrier (Alphonse). — Énigmes populaires du Languedoc, p. 313.

21831. Chabvet (G.). — Maximin d'Hombres [† 1873], p. 456.

VIII. — Revue des langues romanes, t. VIII [2e semestre de 1875]. (Montpellier, 1875, in-8°, 264 p.)

21832. Revillout (Ch.). — De la date possible du roman de *Flamenca* [année 1234], p. 5.

21833. Alart. — Étude sur quelques mots nouveaux d'une charte landaise de 1268 ou 1269, p. 19.

[21827]. Chabaneau (C.). — Notes critiques sur quelques textes provençaux, p. 31.

[21779]. Alart. — Documents sur la langue des anciens comtés de Roussillon et de Cerdagne, p. 48.

[21812]. Gazier (A.). — Lettres à Grégoire sur les patois de France, p. 71.

21834. Léotard (S.). — Lettres et poésies inédites de l'abbé Nérie [† 1824], p. 139; et IX, p. 36.

[21764]. Chabaneau (C.). — Grammaire limousine, p. 159.

21835. Noulet (Dr). — Quelques proverbes languedociens recueillis par F.-R. Martin, p. 209.

IX. — Revue des langues romanes, 2e série, t. I [1er semestre de 1876], t. IX de la collection. (Montpellier, 1876, in-8°, 372 p.)

21836. Boucherie (Anatole). — Une nouvelle revision des poëmes de Clermont, p. 5 et 258.

[*Passion du Christ* et *Vie de saint Léger*, en provençal.]

[21827]. Chabaneau (C.). — Notes critiques sur quelques textes provençaux, p. 24 et 259.

[21834]. Léotard. — Lettres et poésies inédites de l'abbé Nérie, p. 36.

[21828]. Lagarenne (P.). — Notice sur le patois saintongeais, p. 44.

[21819]. Noulet (Dr). — Histoire littéraire des patois du midi de la France au XVIIIe siècle, p. 60.

21837. Roque-Ferrier (Alphonse). — De la double forme de l'article et des pronoms en langue d'oc, p. 125; et X, p. 254.

[21813]. Montel et Lambert. — Chants populaires du Languedoc, p. 139 et 317.

21838. Roque-Ferrier (Alphonse). — L'abbé Léon Vinas [† 1875], p. 240.

21839. Boucherie. — Une colonie limousine en Saintonge (Saint-Eutrope) [étude philologique], p. 261.

[21812]. Gazier (A.). — Lettres à Grégoire sur les patois de France, p. 274.

21840. Roque-Ferrier (Alphonse). — Octavien Bringuier [poète, 1829 † 1875], p. 306.

X. — Revue des langues romanes, 2e série. t. II [2e semestre de 1876], t. X de la collection. (Montpellier, 1876, in-8°, 336 p.)

21841. Mazel (E.). — Poésies inédites de l'abbé Favre [prieur de Celleneuve, XVIIIe s.], p. 5.

21842. Constans. — L'épître du Languedoc (l'*Epitro del Lengodoc*), p. 15 et 112.

[Attribuée au poète-jardinier Delfau, de Soubès, près Lodève.]

21843. Mila y Fontanals. — Énigmes populaires catalanes [recueillies à Barcelone], p. 22; et XI, p. 5.

[21812]. Gazier. — Lettres à Grégoire sur les patois de la France, p. 28.

[21779]. Alart. — Documents sur la langue des anciens comtés de Roussillon et de Cerdagne, p. 57 et 241.

21844. Espagne (Adolphe). — Des formes provençales dans Molière, p. 70.

[21819]. Noulet (Dr). — Histoire littéraire des patois du midi de la France, p. 113.

21845. Mila y Fontanals. — Phonétique catalane [le son œ], p. 148. — Cf. n° 21850.

21846. Chabaneau. — Mélanges. Changement de *z* (*s*) en *r* et de *r* en *z* entre deux voyelles dans la langue d'oc, p. 148.

[21813]. Montel et Lambert. — Chants populaires en Languedoc, p. 169 et 281.

21847. Mila y Fontanals. — Notice sur trois manuscrits, p. 225.

[Chansonnier provençal du XVIIe siècle. — *Curial e Guelfa*, roman catalan : du XVe siècle. — Traduction de la *Discipline cléricale*, XIVe siècle.]

[21837]. Roque-Ferrier (Alphonse). — De la double

forme de l'article et des pronoms en langue d'oc, p. 254.

21848. BOUCHERIE. — Une question de prononciation [au sujet des mots terminés en *tion* et en *tie*], p. 303.

XI. — Revue des langues romanes, 2e série, t. III [1er semestre de 1877], t. XI de la collection. (Montpellier, 1877, in-8°, 276 p.)

[21843]. MILA Y FONTANALS. — Anciennes énigmes catalanes, p. 5.

21849. ALART. — Trois formules de conjuration en catalan (1397), p. 9.

[21764]. CHABANEAU. — Grammaire limousine, p. 13.

[21819]. NOULET (Dr). — Histoire littéraire des patois du midi de la France, p. 57.

[21813]. MONTEL et LAMBERT. — Chants populaires du Languedoc, p. 73.

[21779]. ALART. — Documents sur la langue des anciens comtés de Roussillon et de Cerdagne, p. 173.

[21812]. GAZIER. — Lettres à Grégoire sur les patois de France, p. 178 et 230.

21850. MILA Y FONTANALS. — Mélanges de langue catalane [phonétique], p. 225. — Cf. n° 21845.

XII. — Revue des langues romanes, 2e série, t. IV [2e semestre de 1877], t. XII de la collection. (Montpellier, 1877, in-8°, 312 p.)

21851. ALART. — Documents divers appartenant aux dialectes du midi de la France (XIVe et XVe s.), p. 5.

[Billet à ordre, 1361. — Inventaire des meubles d'un tailleur, 1370. — Testaments de 1380 et 1397. — Lettres en dialectes béarnais et narbonnais, 1411-1423.]

[21813]. MONTEL et LAMBERT. — Chants populaires du Languedoc, p. 14.

21852. VASCHALDE. — Une inscription en langue d'oc du XVe siècle, p. 57.

[Donation de la chaire à prêcher du couvent des Frères mineurs de Largentière (Ardèche), 1490.]

[21819]. NOULET (Dr). — Histoire littéraire des patois du midi de la France, p. 62.

21853. ALART. — Études historiques sur quelques particularités de la langue catalane [formation des diphtongues], p. 109.

21854. BALAGUER Y MERINO (André). — Un document inédit relatif à la chronique catalane du roi Jacme Ier [1371], p. 161.

21855. GLAIZE (A.). — Notice sur Auguste Guiraud [poète, 1778 † 1849], p. 167.

21856. ROUX (L'abbé Joseph). — Énigmes populaires du Limousin [recueillies à Saint-Hilaire-Peyroux (Corrèze)], p. 172.

[21812]. GAZIER (A.). — Lettres à Grégoire sur les patois de la France, p. 213.

XIII. — Revue des langues romanes, 2e série, t. V [1er semestre de 1878], t. XIII de la collection. (Montpellier, 1878, in-8°, 312 p.)

21857. ALART. — Études sur l'histoire de quelques mots romans [*damejane*], p. 5.

[21812]. GAZIER (A.). — Lettres à Grégoire sur les patois de France, p. 9 et 237.

21858. MILA Y FONTANALS. — Poètes lyriques catalans, p. 53.

[Poésies de Guillem de Bergadan, la reyna de Mallorques, Bacet, Pau de Belliure, Jaume March, Pere March, Jordi, X. de Velhat, Andreu Febrer.]

21859. FOERSTER (W.). — L'évangile selon saint Jean [texte provençal du XIIIe siècle], p. 105 et 157.

21860. MARTINO (M. DI). — Énigmes populaires siciliennes [dialecte moderne], p. 126.

21861. ROQUE-FERRIER (Alph.). — L'r des infinitifs en langue d'oc, p. 180.

21862. CHABANEAU (Camille). — Extrait d'une traduction catalane de la Légende dorée [*De senta Anastasia*], p. 209.

XIV. — Revue des langues romanes, 2e série, t. VI [2e semestre de 1878], t. XIV de la collection. (Montpellier, 1878, in-8°, 316 p.)

21863. C. C. [CHABANEAU (Camille)]. — Cantique provençal sur la résurrection [composé vers l'an 1300], p. 1.

[21812]. GAZIER (A.). — Lettres à Grégoire sur les patois de France, p. 51 et 169.

[21813]. MONTEL et LAMBERT. — Chants populaires du Languedoc, p. 73.

21864. C. C. [CHABANEAU (Camille)]. — Inscription provençale en vers du XVIe siècle conservée dans l'église paroissiale de Bar (Alpes-Maritimes) [sur une danse macabre], p. 161.

21865. BOUCHERIE (A.). — L'enseignement de la philologie romane en France, p. 213.

21866. BAUQUIER (J.). — De quelques pronoms provençaux, p. 239.

XV. — Revue des langues romanes, 3e série, t. I [1er semestre de 1879], t. XV de la collection). (Montpellier, 1879, in-8°, 312 p.)

21867. AFFRE (H.). — Documents sur le langage de Rodez et le langage de Milhau, du XIIe au XVIe siècle, p. 5.

[Actes de vente et de donation, comptes, extraits des fonds de l'hôpital de Milhau et de Notre-Dame-du-Pas de Rodez.]

21868. BALAGUER Y MERINO (A.). — Ordinacions y bans del comtat d'Empurias, p. 18 et 179.

[Texte catalan du XIVe siècle. — Notice préliminaire sur les comtes de Castille de 1321 à 1420.]

21869. CASTETS (F.). — Dante philologue, p. 48.
[21812]. GAZIER (A.). — Lettres à Grégoire sur les patois de France, p. 53 et 183.
21870. CHABANEAU (Camille). — La langue et la littérature provençales, p. 157.
21871. FESQUET (P.). — Le provençal de Nimes et le languedocien de Colognac comparés [glossaire], p. 250.

XVI. — Revue des langues romanes, 3e série, t. II [2e semestre de 1879], t. XVI de la collection. (Montpellier, 1879, in-8°, 312 p.)

21872. FOERSTER (W.). — Épître farcie de la Saint-Étienne, en vieux français du XIIe siècle, *fac-similé*, p. 5.
21873. ALART. — Études sur l'histoire de quelques mots romans : *rana, ran, ranar*, p. 15.
21874. BOUCHERIE (A.). — Vieur [comparatif de *vieil*], p. 28.
21875. LANGLADE. — Les noms de la pierre à bâtir à Lansargues [Hérault], p. 31.
21876. PASQUIER (F.). — Leudaire de Saverdun [Ariège, 1327], p. 105. — Cf. n° 21891.
21877. ROQUE-FERRIER (Alphonse). — Vestiges d'un article archaïque roman conservé dans les dialectes du midi de la France, p. 114. — Cf. nos 21894 et 21901.
21878. REVILLOUT (Ch.). — Le *pauvre drille* de La Fontaine [diverses acceptions de ce mot], p. 38.
21879. ESPAGNE. — A-nuit = aujourd'hui, interprété au moyen des notions de l'histoire et de la linguistique, p. 156.
21880. FESQUET (P.). — Énigmes populaires recueillies à Colognac [Gard], p. 175.
21881. CHABANEAU (C.). — Aire. Sur un vers de Pierre Cardinal. Deux vers de danse provençale [étymologie du mot *aire* = ager], p. 180.
21882. CONSTANS (L.). — Quelques mots sur la topographie du poème provençal intitulé : Vie de sainte Énimie [Sainte-Énimie (Lozère)], p. 209.
21883. SMITH. — Deux complaintes du Velay [Les prisonniers. La courte paille, dialecte moderne], p. 247.
21884. BOUCHERIE (A.). — Le chevalier aux deux épées [observations philologiques sur ce poème], p. 292.
21885. MILA Y FONTANALS. — Lo sermo d'en Muntaner [composé en 1322], p. 218; et XIX, p. 5.

XVII. — Revue des langues romanes, 3e série, t. III [1er semestre de 1880], t. XVII de la collection. (Montpellier, 1880, in-8°, 312 p.)

21886. BOUCHERIE (A.). — La langue et la littérature françaises au moyen âge [et réponse à M. Brunetière], p. 5, 156; et XVIII, p. 209.
21887. MÉZEL. — Les *Proverbes du Languedoc*, de Rulman [recueil formé en 1627], p. 42.
21888. BAUQUIER. — Les provençalistes du XVIIIe siècle, p. 65, 179; et XVIII, p. 179.

[Lettres inédites de Caumont (1738), de La Bastie (1732), de La Curne de Sainte-Palaye et de Mazaugues (1736-1742).]

21889. CLÉMENT-SIMON. — Proverbes recueillis dans le bas Limousin, p. 84; et XVIII, p. 80.
21890. SMITH (V.). — Chansons populaires historiques, p. 104.
21891. NOULET (Dr). — Observations sur le leudaire de Saverdun, p. 117. — Cf. n° 21876.
21892. BOUCHERIE. — Oster, esfraer, oncle, Roland, p. 118.
21893. ROQUE-FERRIER. — Trois formes négligées du substantif *diable*, p. 144.
21894. ROQUE-FERRIER (Alph.). — L'article archaïque dans la vallée de Larboust (Haute-Garonne), p. 145. — Cf. nos 21877 et 21901.
21895. ROQUE-FERRIER. — Poésies languedociennes de Guiraldenc [† 1869], p. 220.
21896. BAUQUIER (J.). — Une lettre d'Aubanel de Nimes à Pierquin de Gembloux [1835?], p. 229.
21897. CHABANEAU [Camille]. — Omne que an = chaque année, p. 277.
21898. CHABANEAU [Camille]. — Corrections aux fragments du poème sur Alexandre d'Albéric de Besançon [édités par Bartsch], p. 279.

XVIII. — Revue des langues romanes, 3e série, t. IV [2e semestre de 1880], t. XVIII de la collection. (Montpellier, 1880, in-8°, 312 p.)

21899. SMITH. — Chansons populaires : Femmes-soldats, p. 5.
21900. CHABANEAU [Camille]. — A(n) fara = flamme. — Un planh catalan, p. 18.
21901. ROQUE-FERRIER. — Les pluriels de l'article archaïque, p. 40. — Cf. nos 21877 et 21894.
21902. ROQUE-FERRIER. — Le pater-noster du poète Gervais, p. 41.
21903. CONSTANS. — Le dialecte rouergat. Réponse à M. Aymeric, p. 42.
21904. CASTETS (Ferdinand). — Le romant de la vie des pères Hermites. Un miracle de Notre-Dame [légendes en vers du XIVe s.], p. 53.
21905. CASTETS (Ferdinand). — Sonnet contenant une recette d'alchimie attribuée à Dante et au frère Helyas, p. 76.
[21889]. CLÉMENT-SIMON. — Proverbes recueillis dans le bas Limousin, p. 80.
21906. CHABANEAU (Camille). — Sermons et préceptes religieux en langue d'oc du XIIIe siècle [les sorts des apôtres], p. 157, 264; XIX, p. 63; XXII, p. 157; XXIII, p. 53 et 157.
[21888]. BAUQUIER. — Les provençalistes du XVIIIe siècle, p. 179.

21907. Bauquier. — Corrections au trésor de Brunetto Latino [noms des vents en langue d'oc], p. 193.

[21886]. Boucherie. — La langue et la littérature françaises au moyen âge. Réponse à M. Brunetière, p. 209.

21908. Noulet (Dr). — Un texte roman de la légende religieuse l'Ange et l'Ermite, p. 261.

21909. Accarias. — Actes de décès à Saint-Paul-Trois-Châteaux, p. 275.

21910. Mir (A.). — Glossaire des comparaisons populaires du Narbonnais et du Carcassez, p. 277; XIX, p. 105; XX, p. 15, 221; XXI, p. 36; XXII, p. 29, 116, 243, 261; XXIII, p. 81, 170 et 237.

21911. Boucherie. — Sur la description des pays habités par le Sarrasin Chernuble, p. 291.

XIX. — Revue des langues romanes, 3e série, t. V [1er semestre de 1881], t. XIX de la collection. (Montpellier, 1881, in-8°, 312 p.)

[21885]. Mila y Fontanals (M.). — Lo sermo d'en Muntaner, p. 5.

21912. Guillaume (L'abbé Paul). — Spécimen du langage parlé dans le département des Hautes-Alpes vers la fin du xiie siècle, p. 53.

21913. Balaguer y Merino. — La traduccio catalana del Flos sanctorum, p. 56.

21914. Clédat (L.). — Note sur la déclinaison du pronom relatif français, p. 70. — Cf. n° 21931.

21915. Bauquier (J.). — Izalar Azilar, p. 62.

[21906]. Chabaneau (C.). — Les sorts des apôtres, p. 63.

[21910]. Mir (A.). — Glossaire des comparaisons populaires du Narbonnais et du Carcassez, p. 105.

21916. Boucherie (A.). — Technologie botanique [glossaire], p. 118.

21917. Chabaneau (C.). — Comput [rimé du xiiie s.] en vers provençaux, p. 157.

21918. Vallat (C. de). — Poésies languedociennes de Léon Rouvière [† 1848], p. 180.

21919. Chabaneau (C.). — Traduction des psaumes de la pénitence en vers provençaux, p. 209 et 310. — Cf. n° 21926.

21920. Constans (L.). — Les manuscrits provençaux de Cheltenham [Angleterre], p. 261; XX, p. 105, 121, 157, 209, 231 et 261. — Cf. n° 21935.

[Chansonnier provençal du xvie siècle; le chansonnier Mac-Carthy; la Cour d'amour : extraits.]

21921. Rigal (E.). — Je ne sache pas : que je sache [origine de cette locution], p. 296.

21922. Devic (Marcel). — L'origine arabe du mot *alkekenge* [= coqueret], p. 302.

21923. Chabaneau (C.) et Millet (A.). — Sur un vers de na Gormonda, p. 303.

XX. — Revue des langues romanes, 3e série, t. VI [2e semestre de 1881], t. XX de la collection. (Montpellier, 1881, in-8°, 312 p.)

21924. Guillaume (L'abbé Paul). — Le langage de Savines [Hautes-Alpes], en 1442, p. 5.

[Rôle des cens et services dus aux héritiers de noble Antoine Abriva.]

[21910]. Mir (A.). — Glossaire des comparaisons populaires du Narbonnais et du Carcassez, p. 15 et 221.

21925. Chabaneau (Camille). — Poésies inédites des troubadours du Périgord, p. 53; XXI, p. 157; XXV, p. 209; et XXVII, p. 157.

[Arnaut de Mareuil. — Giraut de Borneil.]

21926. Chabaneau (Camille). — Paraphrase des psaumes de la pénitence [en vers provençaux], p. 69; et XXVIII, p. 105. — Cf. n° 21919.

[21920]. Constans (L.). — Les manuscrits provençaux de Cheltenham, p. 105, 121, 157, 209, 231 et 261.

21927. Roque-Ferrier (Alph.). — La comparaison populaire : *es poulido coumo un sou*, p. 189. — Cf. n° 21941.

21928. Roque-Ferrier (Alph.). — Sur un miracle de la *Vida de sant Honorat* et sur la date probable du *Sant Hermentari* [entre 1300 et 1325, par Raymond Féraud], p. 236.

21929. Vincent (Dr F.). — Études sur le patois de la Creuse, p. 277.

21930. Pépratx (Justin). — Comparaisons populaires les plus usitées dans le dialecte catalan-roussillonnais. p. 286.

XXI. — Revue des langues romanes, 3e série, t. VII [1er semestre de 1882], t. XXI de la collection. (Montpellier, 1881, in-8°, 312 p.)

[21811]. Mazel (E.) et Vigouroux (H.). — Poésies de dom Guérin, de Nant, p. 5.

[21910]. Mir (A.). — Glossaire des comparaisons populaires du Narbonnais et du Carcassez, p. 36.

21931. Clédat (L.). — Les cas régimes des pronoms personnels et du pronom relatif, p. 47. — Cf. n° 21914.

21932. Pasquier (F.). — Ratification par Madeleine, princesse de Viane, d'une vente faite par les religieuses des Salenques, d'un territoire situé dans la Barguillère, près Foix [1484, dialecte béarnais], p. 53.

21933. Lévy (Émile). — Une pastourelle provençale [corrections au texte publié par M. P. Meyer], p. 57.

21934. Durand (J.-P.). — Notes de philologie rouergate, p. 62, 218; XXII, p. 20; XXIV, p. 157, 209; XXV, p. 77 et 189; XXVII, p. 85; et XXVIII, p. 44.

21935. Chabaneau (Camille). — La Cour d'amour (corrections), p. 90 et 238. — Cf. n° 21920.

[Appendice : Corrections aux textes publiés par M. Paul Meyer dans les *Derniers troubadours de la Provence*.]

21936. Guillaume (L'abbé P.). — Le mystère de saint Eustache, p. 105, 290; XXII, p. 5, 53, 180 et 209.

[En provençal, fin du XVe s., suivi d'un fragment d'un mystère de saint André.]

21937. Chabaneau (Camille). — Mélanges de grammaire française [verbes inchoatifs], p. 149.

[21925]. Chabaneau (Camille). — Poésies inédites d'Arnaut de Mareuil, p. 157.

21938. Devic (L.-Marcel). — Les pluriels brisés en arabe, p. 168.

21939. Chabaneau (Camille). — Sur quelques manuscrits provençaux perdus ou égarés, p. 209; XXIII, p. 5, 70, 115; XXVII, p. 43; et XXVIII, p. 72.

[Manuscrits du marquis de Cambis-Velleron, du connétable de Lesdiguières, de Dominicy, de l'auteur de la Léandréide, de Mario Equicola, de Velutello, de Benedetto Varchi, de Francesco Redi. — Vies de sainte Madeleine, de saint Sacerdos, de saint Castor, de sainte Rossoline. — Chansonniers, poèmes et chroniques.]

21940. Lévy (Émile). — Le troubadour Paulet de Marseille [XVIIe s.], p. 261.

XXII. — Revue des langues romanes, 3e série, t. VIII [2e semestre de 1882], t. XXII de la collection. (Montpellier, 1882, in-8°, 312 p.)

[21936]. Guillaume (L'abbé P.). — Le mystère de saint Eustache, p. 5, 53, 180 et 209.

[21934]. Durand (J.-P.). — Notes de philologie rouergate, p. 20.

[21910]. Mir (A.). — Glossaire des comparaisons populaires du Narbonnais et du Carcassez, p. 29, 116, 243 et 261.

21941. Roque-Ferrier (A.). — De l'emploi de l'article dans la comparaison *es poulida couma un soù*, p. 44. — Cf. n° 21927.

21942. C. C. [Chabaneau (Camille)]. — Sur le roman français de Joufroy [Guillaume VII, de Poitiers], p. 49.

21943. Barthès (Melchior). — Mémoire ou récit général des malheurs arrivats ongan (1709) et del ravatge que l'aigat de la neit del 26 al 27 de septembre a fait à Sant-Pons, per Guiraud dit Saquet, p. 71.

21944. Roque-Ferrier (A.). — Le nom provençal de l'aubépine, p. 97.

21945. Clédat (L.). — Sur un dicton auxerrois du XIIIe siècle, p. 99.

21946. C. C. [Chabaneau (Camille)]. — Fragments d'une traduction provençale du roman de Merlin, p. 105 et 237.

21947. Brunet (Jean). — Étude de mœurs provençales par les proverbes et dictons, p. 125; et XXVI, p. 5.

21948. Rigal (E.). — Variétés : elocher = ex-luxare, p. 145.

[21906]. C. C. [Chabaneau (Camille)]. — Sermons et préceptes religieux en langue d'oc du XIIe siècle, p. 157.

21949. Boucherie (A.). — A M. Gaidoz, directeur de la *Revue celtique* [sur différents manuscrits d'une prose de san Columba], p. 293.

21950. Boucherie (A.). — Variétés : *A dolor et a glaive* [sens de ces deux locutions], p. 297.

XXIII. — Revue des langues romanes, 3e série, t. IX [1er semestre de 1883], t. XXIII de la collection. (Montpellier, 1883, in-8°, 312 p.)

[21939]. Chabaneau (Camille). — Sur quelques manuscrits provençaux perdus ou égarés, p. 5, 70 et 115.

[21906]. Chabaneau (C.). — Sermons et préceptes religieux en langue d'oc du XIIe siècle, p. 53 et 157.

[21910]. Mir (A.). — Glossaire des comparaisons populaires du Narbonnais et du Carcassez, p. 81, 170 et 237.

21951. Chabaneau (C.). — Variétés : I. Une nouvelle conjecture concernant Guillaume VII. — II. Le chevalier Raimbaud et la comtesse de Flandre, p. 98.

21952. Chabaneau (C.). — Sainte Marie-Madeleine dans la littérature provençale [jusqu'à la fin du XVIe s.], p. 105; XXIV, p. 53; XXV, p. 105, 157; XXVI, p. 105; XXVII, p. 105, 261; XXVIII, p. 5 et 53; XXIX, p. 261; et XXXI, p. 5.

21953. Westphal-Castelnau. — Termes de marine et de pêche en usage au grau de Palavas, près Montpellier [lexique], p. 130.

21954. Anonyme. — Nécrologie. Anatole Boucherie [† 1883], p. 195 et 257.

21955. La Combe (Henry de). — Fragments d'une traduction de la Bible en langue romane [XIIIe s.], p. 211.

[21811]. Mazel et Vigouroux. — Poésies de dom Guérin, de Nant, p. 221.

XXIV. — Revue des langues romanes, 3e série, t. X [2e semestre de 1883], t. XXIV de la collection. (Montpellier, 1883, in-8°, 312 p.)

[21952]. Chabaneau [Camille]. — Sainte Marie-Madeleine dans la littérature provençale, p. 53.

[21934]. Durand (J.-P.). — Notes de philologie rouergate, p. 157 et 209.

[21811]. Mazel et Vigouroux. — Poésies de dom Guérin, de Nant, p. 167.

21956. Roque-Ferrier (Alphonse). — De la substitution du *d* à l'*l*, p. 187.

21957. Roque-Ferrier (Alphonse). — Le langage de Villeneuve-d'Agen, p. 261.

21958. Rieux (L'abbé Xavier). — Trois formes provençales du verbe *tuer*, p. 289. — Cf. n° 21963.

XXV. — Revue des langues romanes, 3e sé-

rie, t. XI [1er semestre de 1884], t. XXV de la collection. (Montpellier, 1884, in-8°, 312 p.)

21959. Fesquet. — Monographie du sous-dialecte languedocien du canton de la Salle-Saint-Pierre (Gard), p. 53, 239; et XXVI, p. 53.

[21934]. Durand (J.-P.). — Notes de philologie rouergate, p. 77 et 189.

[21952]. C. C. [Chabaneau (Camille)]. — Sainte Marie-Madeleine dans la littérature provençale, p. 105 et 157.

21960. Obédénare. — L'article dans la langue roumaine. Notes sur la phonétique roumaine, p. 133.

[21925]. Chabaneau (Camille). — Poésies inédites des troubadours du Périgord : Giraut de Borneil, p. 209.

21961. Rigal (E.). — Les participes *osé, avisé, entendu*, dans les locutions un homme osé, un homme avisé, un homme entendu, p. 257.

[21811]. Mazel et Vigouroux. — Poésies de dom Guérin, de Nant, p. 273.

21962. Mila y Fontanals (M.). — Nécrologie : N'Audreu Balaguer y Merino [1848 † 1883], p. 307.

XXVI. — Revue des langues romanes, 3e série, t. XII [2e semestre de 1884], t. XXVI de la collection. (Montpellier, 1884, in-8°, 312 p.)

[21947]. Brunet (Jean). — Étude de mœurs provençales par les proverbes et les dictons, p. 5.

21963. Michel (Alphonse). — Une quatrième forme provençale du verbe *tuer*, p. 49. — Cf. n° 21958.

[21959]. Fesquet. — Monographie du sous-dialecte languedocien du canton de la Salle-Saint-Pierre (Gard), p. 53.

21964. Roque-Ferrier (Alphonse). — L'origine des Vilains et celle des Gavots, p. 82.

21965. Roque-Ferrier (Alphonse). — Une poésie [sur le printemps] du père Martin, de Béziers (xviiie s.), écrite en langage de Montpellier, p. 84 et 150.

21966. Roque-Ferrier (Alphonse). — Quelques cas d'emprunt religieux à la poésie profane et à la poésie populaire, p. 97.

[21952]. Chabaneau (Camille). — Sainte Marie-Madeleine dans la littérature provençale, p. 105.

21967. Roque-Ferrier (Alphonse). — Deux traditions languedociennes sur saint Guilhem de Gellone, p. 145.

21968. Chabaneau (Camille). — Cantique périgourdin en l'honneur de saint Jean-Baptiste [xviie s.], p. 157.

XXVII. — Revue des langues romanes, 3e série, t. XIII [1er semestre de 1885], t. XXVII de la collection. (Montpellier, 1885, in-8°, 312 p.)

21969. Castets (Ferdinand). — Recherches sur les rapports des chansons de geste et de l'épopée chevaleresque italienne, p. 5; XXIX, p. 5; et XXX, p. 61.

[21939]. C. C. [Chabaneau (Camille)]. — Sur quelques manuscrits provençaux perdus ou égarés, p. 43.

[21934]. Durand (J.-P.). — Notes de philologie rouergate, p. 85.

21970. Devic (L.-Marcel). — Étymologies latines et françaises [ador, loriot, rasade], p. 93 et 252.

[21952]. C. C. [Chabaneau (Camille)]. — Sainte Marie-Madeleine dans la littérature provençale, p. 105 et 261.

21971. Lambert. — Contes populaires du Languedoc, p. 184; XXVIII, p. 47, 124; XXIX, p. 143; XXXI, p. 554; XXXII, p. 24 et 234.

[21925]. Chabaneau (Camille). — Poésies inédites des troubadours du Périgord, p. 157.

21972. Tamizey de Larroque. — Lettres inédites adressées à Peiresc, par G. d'Abbatia, capitoul de Toulouse [1619-1633], p. 209 et 269.

XXVIII. — Revue des langues romanes, 3e série, t. XIV [2e semestre de 1885], t. XXVIII de la collection. (Montpellier, 1885, in-8°, 312 p.)

[21952]. Chabaneau (Camille). — Sainte Marie-Madeleine dans la littérature provençale, p. 5 et 53.

[21971]. Lambert. — Contes populaires du Languedoc, p. 47 et 124.

[21934]. Durand (J.-P.). — Notes de philologie rouergate, p. 44.

[21939]. Chabaneau (Camille). — Sur quelques manuscrits provençaux perdus ou égarés, p. 72.

[21926]. Chabaneau (Camille). — Paraphrase des psaumes de la pénitence, p. 105.

21973. Chabaneau (Camille). — Le romanz de saint Fanuel et de sainte Anne et de Nostre Dame et de Nostre Segnor et de ses apostres [texte], p. 118 et 157.

21974. Chabaneau (Camille). — Deux lettres inédites de Pierre de Chasteuil-Gallaup [sur les troubadours et les cours d'amour, vers 1701 et 1712], p. 259.

21975. Clédat (L.). — Une correction au texte des serments de Strasbourg, p. 309.

ILLE-ET-VILAINE. — REDON.

SOCIÉTÉ DES LETTRES ET SCIENCES DE REDON.

Cette Société, fondée en 1865 et autorisée le 24 mars 1866, ne semble avoir eu qu'une existence éphémère. Elle n'a publié qu'un seul *Bulletin*.

Bulletin de la Société des lettres et sciences de Redon. Première année, 1865. (Redon, 1866, in-8°, 120 p.)

21976. Ledoux (F.). — Étude sur Rieux, p. 9.

[Monographie de Rieux (Morbihan) et histoire de ses seigneurs.]

21977. Guilhaire (L.). — M. l'abbé Marot, chanoine honoraire, curé doyen de Rochefort [1791 † 1865], p. 27.

21978. Guilhaire (L.). — Le pays de Redon avant le IXe siècle, p. 37.

[Époques celtique, gallo-romaine et chrétienne.]

ILLE-ET-VILAINE. — RENNES.

ASSOCIATION BRETONNE.

L'Association bretonne ayant fixé son siège à Saint-Brieuc depuis 1873, nous l'avons classée au département des Côtes-du-Nord. (Voir ci-dessus, t. I, p. 410, n°s 13111 à 13434.)

ILLE-ET-VILAINE. — RENNES.

SOCIÉTÉ ARCHÉOLOGIQUE DU DÉPARTEMENT D'ILLE-ET-VILAINE.

Cette Société fut fondée en 1846 par les membres de la classe d'archéologie de l'*Association bretonne* résidant dans le département d'Ille-et-Vilaine. Elle n'eut d'autre organe jusqu'en 1857 que le *Bulletin de l'Association bretonne*. En 1857, elle publia un volume d'extraits de ses procès-verbaux de 1844 à 1857. La suite de ces procès-verbaux se trouve dans les *Mémoires* dont la Société entreprit la publication en 1861 et qui formaient 17 volumes à la fin de 1885. Elle a publié en outre :

21979. Bézier (P.). — Inventaire des monuments mégalithiques du département d'Ille-et-Vilaine. (Rennes, 1883, in-8°, XVII-280 p. avec *pl.*)

21980. Bézier (P.). — Supplément à l'inventaire des monuments mégalithiques du département d'Ille-et-Vilaine. (Rennes, 1886, in-8°, VIII-144 p. avec *pl.*)

Société archéologique du département d'Ille-et-Vilaine. Extrait des procès-verbaux [de l'année 1844 à l'année 1857]. (Rennes, 1857, in-8°, 184 p.)

21981. Brune (L'abbé), Ramé (Alfred) et Renaud. — Sur la cathédrale de Saint-Malo, p. 11, 12, 16. — Cf. n° 13170.

21982. La Borderie (De). — Sur la bataille de Ballon gagnée par Nominoë sur Charles le Chauve, en 845, p. 13. — Cf. n° 13181.

21983. Aussant. — Sur des monnaies bretonnes et autres découvertes à Rennes et aux environs, p. 18.

21984. Renaud. — Sur les remparts et forteresses de Saint-Malo, p. 20.

21985. La Monneraye (De). — Essai sur l'histoire de l'architecture religieuse en Bretagne, pendant la durée des XIe et XIIe siècles, p. 20. — Cf. *id.* n° 13148.

21986. Ramé (Alfred). — Sur l'église du prieuré de Béré (Loire-Inférieure) [XIe s.], p. 25.

21987. La Bigne-Villeneuve (De). — Sur les foires et marchés de Rennes, p. 34.

21988. Aussant (D[r]). — Sur un diptyque du XIIIe siècle, attribué à Guy de Sienne, p. 38.

21989. Langlois. — Sur une croix processionnelle de Saint-Sulpice-la-Forêt, attribuée au XIIIe siècle, p. 40.

21990. La Borderie (A. de). — Sur les serfs en Bretagne avant et après le Xe siècle, p. 104.

21991. Divers. — Sur le véritable auteur de la décoration de la grand'chambre du Palais, à Rennes, attribuée à Coypel, p. 121.

21992. [Audren] de Kerdrel (Vincent). — Sur la défaite de Louis le Débonnaire par les Bretons [vers 818], p. 125.

21993. Ramé. — Sur l'ancien retable de la cathédrale de Rennes [XVe s.], p. 136.

I. — Bulletin et Mémoires de la Société archéologique du département d'Ille-et-Vilaine, année 1861. (Rennes, 1862, in-8°, 294 p.)

21994. Brune (L'abbé). — Répertoire archéologique. — Département d'Ille-et-Vilaine, p. 45.

21995. André (Auguste). — Notice sur les monuments celtiques de la province d'Alger, *pl.*, p. 83.

21996. Morin (E.). — De l'état des forces romaines en Bretagne vers le Ve siècle, d'après la Notice des dignités de l'empire, p. 89. — Cf. n° 22011.

21997. La Borderie (Arthur de). — Mémoire sur le servage en Bretagne avant et depuis le Xe siècle, p. 101.

21998. Brune (L'abbé). — Observations sur une particularité de construction de la cathédrale de Dol (Ille-et-Vilaine), p. 159.

21999. La Bigne-Villeneuve (Paul de). — Du droit d'asile en Bretagne au moyen âge. Minihis, p. 164.

[Liste des anciens *Minihis*, ou asiles spéciaux de Bretagne.]

22000. Morin (E.). — Note sur un manuscrit de la bibliothèque publique de Rennes. Voyage à la Terre-Sainte, au mont Sinaï et au couvent de Sainte-Catherine [vers 1497], p. 216.

22001. Lapaume (J.). — Étude sur le bas-relief d'Éleusis [Déméter, Triptolème et Coré, *fig.*], p. 233.

22002. André (Auguste). — Notice sur le sculpteur Jean Girouard [† en 1720], p. 275.

II. — Bulletin et Mémoires de la Société archéologique, etc., année 1862. (Rennes, 1863, in-8°, 316 p.)

22003. La Bigne-Villeneuve (De). — Inscriptions tumulaires de Saint-Germain de Rennes [XVIe-XVIIIe s.], p. 18.

22004. Danjou de la Garenne (Th.). — Statistique des monuments celtiques de l'arrondissement de Fougères, p. 28.

22005. Morin (E.). — Les Britanni, essai d'ethnographie, p. 84.

22006. La Borderie (Arthur de). — Essais de géographie féodale. — Le régaire [seigneurie] de Dol et la baronnie de Combour [1218-1401], p. 150.

22007. La Bigne-Villeneuve (Paul de). — Une date historique retrouvée. Mariage d'Anne de Bretagne avec Maximilien d'Autriche [19 décembre 1490], p. 220.

22008. Audren de Kerdrel (Vincent). — Documents inédits relatifs à l'histoire de la Ligue en Bretagne, p. 235.

22009. La Bigne-Villeneuve (Paul de). — Les anciennes stalles de la cathédrale de Rennes et le privilège du sire d'Épinay [1520], p. 261.

22010. Morin (E.). — Plan d'un oratoire ou église chrétienne de la fin du IVe siècle, décrit par saint Grégoire de Nysse, p. 276.

22011. La Borderie (Arthur de). — Observations sur l'état des forces romaines dans la Péninsule Armorique, d'après la Notice des dignités de l'empire, p. 284. — Cf. n° 21995.

22012. Pijon. — Lettres inédites du duc de Mercœur et des rois Henri III et Henri IV aux habitants de Rennes en 1589 et 1590, p. 296.

III. — Bulletin et Mémoires de la Société archéologique, etc., année 1863. (Rennes, 1865, in-8°, 256 p.)

22013. Morin (E.). — Remarques sur les contes et les traditions populaires des Gaëls de l'Écosse occidentale, p. 102.

22014. Aussant (J.). — Étude de numismatique bretonne, *pl.*, p. 134.

22015. Maupillé (Léon). — Lettre sur la voie romaine connue sous le nom de Chemin Chasle, p. 146.

[Communes de Luitré à Vendel, etc.]

22016. La Borderie (Arthur de). — Étude critique sur l'*Historia Britonum*, vulgairement attribuée à Nennius, p. 158.

22017. La Bigne-Villeneuve (Paul de). — Documents inédits concernant la fondation du couvent de Bonne-Nouvelle de Rennes [1367-1373], p. 221.

22018. Pijon (V.). — Inventaire du mobilier de la maison commune de la ville de Rennes en 1599, p. 239.

22019. Audren de Kerdrel (Vincent). — Inventaire du

mobilier de deux châteaux bretons au XVIe siècle, p. 247.

IV. — Bulletin et Mémoires de la Société archéologique, etc., t. IV. (Rennes, 1866, in-8°, 328 p.)

22020. André (Auguste). — Catalogue raisonné du musée archéologique de la ville de Rennes, p. 1; et VI, p. 1.

22021. Guillotin de Corson (L'abbé). — Statistique historique et monumentale du canton de Bain, arrondissement de Redon (Ille-et-Vilaine), p. 211; des cantons du Grand-Fougeray, V, p. 297; de Pipriac, VII, p. 159; de Maure, VIII, p. 35; de Guichen, IX, p. 1; de Redon, XII, p. 1; du Sel, XVII, p. 205.

22022. La Borderie (Arthur de). — Choix de documents inédits sur le règne de la duchesse Anne en Bretagne (1488-1491), p. 253; et VI, p. 243.

22023. Maupillé (L.). — Mobilier d'un gouverneur de Fougères au XVIIe siècle [comte de La Haye de Saint-Hilaire, † 1666], p. 285.

22024. La Borderie (Arthur de). — Armements maritimes des Malouins au XVIe siècle (extraits des registres municipaux de la ville de Saint-Malo en 1573 et 1575), p. 298.

22025. Pijon (V.). — Frais d'un procès criminel à Rennes en 1554, p. 316.

22026. Pijon (V.). — Deux chartes inédites de l'abbaye de Bonrepos [XIIIe s.], p. 319.

V. — Bulletin et Mémoires de la Société archéologique, etc., t. V. (Rennes, 1867, in-8°, 344 p.)

22027. Duplessis. — Recherches historiques et archéologiques sur l'origine de la ferrure du cheval, p. 1.

22028. Morin (E.). — L'Armorique au Ve siècle, p. 159.

[22021]. Guillotin de Corson (L'abbé). — Statistique historique et monumentale du canton du Grand-Fougeray, p. 297.

22029. Pijon (V.). — Documents inédits. Lettre missive de Henri IV aux habitants de Rennes [1605]. Instructions données à M. de La Meilleraie par le cardinal de Richelieu [1634], p. 340.

VI. — Bulletin et Mémoires de la Société archéologique, etc., t. VI. (Rennes, 1868, in-8°, 356 p.)

[22020]. André (Auguste). — Catalogue raisonné du musée archéologique de la ville de Rennes, 2e partie, p. 1.

22030. La Bigne-Villeneuve (Paul de). — Promenade archéologique dans l'ancien Rennes, p. 101.

22031. Maupillé (L.). — Notices historiques et archéologiques sur les paroisses du canton d'Antrain, p. 140; des deux cantons de Fougères, VIII, p. 213; des cantons de Louvigné-du-Désert, XI, p. 257; et de Saint-Brice, XIII, p. 221.

[22022]. La Borderie (Arthur de). — Choix de documents inédits sur le règne de la duchesse Anne en Bretagne, p. 243.

VII. — Bulletin et Mémoires de la Société archéologique, etc., t. VII. (Rennes, 1870, in-8°, CXXII-326 p.)

22032. La Borderie (Arthur de). — Sur un triptyque de l'église de Vitré [XVIe s.], p. IV.

22033. Morin (E.). — Esquisse comparative des dialectes néoceltiques. Première partie : dialectes britanniques, p. 1.

22034. André (Auguste). — Antiquités arabes de la Normandie [cassette en ivoire du trésor de Bayeux], *fig.*, p. 81.

22035. Ropartz (S.). — Le Lapidaire, poème traduit du latin de Marbode, évêque de Rennes, en l'année 1096, p. 91. — Cf. n° 22042.

[22021]. Guillotin de Corson (L'abbé). — Statistique historique et monumentale du canton de Pipriac (arrondissement de Redon, Ille-et-Vilaine), p. 159.

22036. Morin (E.). — Note sur deux passages des Annales de Saint-Bertin, expliqués à l'aide des Chroniques de l'Irlande, p. 239.

22037. André (Auguste). — Grande charte de don Henri de Transtamarre, roi de Castille et de Léon, conférant à messire Bertrand Du Guesclin, comte de Longueville, le duché de Molina (4 mai 1369), p. 251.

22038. Mowat (Robert). — Études philologiques sur les inscriptions gallo-romaines de Rennes : le nom de peuple *Redones*, *pl.*, p. 290.

VIII. — Bulletin et Mémoires de la Société archéologique, etc., t. VIII. (Rennes, 1873, in-8°, 550 p.)

22039. Aussant. — Fabriques de poteries artistiques à Fontenay, près de Rennes, au XVIe et au XVIIe siècle, p. 1.

[22021]. Guillotin de Corson (L'abbé). — Statistique historique et monumentale du canton de Maure (arrondissement de Redon, Ille-et-Vilaine), p. 35.

22040. Matty de Latour (De). — Voie romaine de la capitale des Andes à celle des Rhedones, et ses stations Conbaristum et Sipia, avec une carte des principales voies romaines de la partie nord-ouest de la Gaule, *carte*, p. 109.

22041. Morin (E.). — Saliens et Ripuaires. Formation de la monarchie des Francs, p. 155.

[22031]. Maupillé (L.). — Notices historiques et archéologiques sur les paroisses des deux cantons de Fougères, p. 213.

22042. Ropartz (S.). — Poèmes choisis de Marbode,

IMPRIMERIE NATIONALE.

évêque de Rennes [1040-1123], traduits en vers français, p. 411. — Cf. n° 22035.

22043. ANDRÉ [Auguste]. — Notice biographique sur M. le docteur Aussant [1805 † 1872], p. 515.

IX. — Bulletin et Mémoires de la Société archéologique, etc., t. IX. (Rennes, 1875, in-8°, LXVIII-328 p.)

[22021]. GUILLOTIN DE CORSON (L'abbé). — Statistique historique et monumentale du canton de Guichen (arrondissement de Redon, Ille-et-Vilaine), p. 1.

22044. MOWAT (Robert). — Notice sur quelques inscriptions grecques observées dans diverses collections, p. 77.

22045. MASPÉRO (G.). — Lettre à M. le commandant Mowat sur la stèle égyptienne du musée de Rennes, *fig.*, p. 115.

22046. LA BIGNE-VILLENEUVE (Paul DE). Cartulaire de l'abbaye de Saint-Georges de Rennes, p. 127; et X, p. 1.

22047. ROPARTZ (S.). — Vases [de l'époque gallo-romaine] trouvés dans des tombeaux près de Carhaix, *pl.*, p. 313.

22048. ROPARTZ (S.). — Anciennes peintures murales du Mont-Dol [XV° s.], *pl.*, p. 315.

X. — Bulletin et Mémoires de la Société archéologique, etc., t. X. (Rennes, 1876, in-8°, XLIV-380 p.)

[22046]. LA BIGNE-VILLENEUVE (Paul DE). — Cartulaire de l'abbaye de Saint-Georges de Rennes, p. 1.

22049. PARIS-JALLOBERT (L'abbé Paul). — Anciennes croix processionnelles [du diocèse de Rennes, XVI°-XVIII° s.], p. 329.

22050. DECOMBE (Lucien). — Notice biographique sur Rallier du Baty, maire de Rennes, de 1695 à 1734, p. 343.

XI. — Bulletin et Mémoires de la Société archéologique, etc., t. XI. (Rennes, 1877, in-8°, XVIII-402 p.)

22051. ANDRÉ (Auguste). — Étude sur le serment judiciaire et le serment promissoire, suivant l'ancien droit coutumier de la province de Bretagne, p. 1.

22052. BREHIER (Ernest DE). — Les fortifications [époque mérovingienne] de la vallée de Baulon-Campel [canton de Maure], p. 137.

22053. ROPARTZ (S.). — La journée des Barricades et la Ligue à Rennes (mars et avril 1589), p. 147.

22054. DECOMBE (Lucien). — Recherches d'histoire locale. Deux fêtes à Rennes, p. 231.

[Fête en l'honneur de Louis XV (18 novembre 1744). Fête à l'occasion du retour du Parlement (16 août 1769).]

[22031]. MAUPILLÉ (L.). — Notices historiques et archéologiques sur les paroisses du canton de Louvigné-du-Désert, p. 257.

XII. — Bulletin et Mémoires de la Société archéologique, etc., t. XII. (Rennes, 1878, in-8°, XXII-414 p.)

[22021]. GUILLOTIN DE CORSON (L'abbé). — Statistique historique et monumentale du canton de Redon, p. 1.

22055. ANDRÉ (Auguste). — De la verrerie et des vitraux peints dans l'ancienne province de Bretagne, p. 119. — Cf. n° 22071.

XIII. — Bulletin et Mémoires de la Société archéologique, etc., t. XIII. (Rennes, 1879, in-8°, LXIV-336 p.)

22056. DECOMBE (Lucien). — Notice sur la vie et les travaux de M. Auguste André [1804 † 1878], *portrait*, p. I.

22057. GUILLOT (L'abbé). — Note sur une pierre tombale provenant de l'abbaye de Saint-Georges [1609], p. LIV.

22058. QUESNET. — Lettre de Louis de Bourbon, gouverneur de Bretagne, aux habitants de Saint-Malo [au sujet de la Saint-Barthélemy, 1572], p. LVII.

22059. PARIS[-JALLOBERT] (L'abbé). — Les sépultures des seigneurs du Plessis-Pillet dans l'église de Dourdain [1615], *pl.*, p. LIX. — Cf. n° 22065.

22060. ROBIOU (Félix). — Observations critiques sur l'archéologie dite *préhistorique*, spécialement en ce qui concerne la race des Celtes, p. 1.

22061. DECOMBE (Lucien). — La patère de Rennes [coupe d'or ciselé attribuée au III° siècle], *pl.*, p. 113.

22062. DECOMBE (Lucien). — Excursion à Saint-Briac (Ille-et-Vilaine). L'alignement mégalithique de la Croix-des-Marins, *pl.* et *carte*, p. 171.

22063. HAMARD (L'abbé). — Fouilles faites à Carnac en 1874-1876 [édifices gallo-romains], *plan*, p. 181.

22064. PARIS-JALLOBERT (L'abbé Paul). — Registres de comptes de la paroisse d'Izé, des XV° et XVI° siècles [et épitaphes des XVII° et XVIII° s.], p. 197.

[22031]. MAUPILLÉ (L.). — Notices historiques et archéologiques sur les paroisses du canton de Saint-Brice, p. 221.

XIV. — Bulletin et Mémoires de la Société archéologique, etc., t. XIV. (Rennes, 1880, in-8°, XXVI-358 p.)

22065. SAULNIER père. — Note rectificative sur les seigneurs du Plessis-Pillet, p. XXII. — Cf. n° 22059.

22066. LA BORDERIE (Arthur DE). — Derniers jours et obsèques de Jean II, duc de Bretagne († 1305), p. 1.

22067. QUESNET (E.). — Répertoire alphabétique des archives de l'Intendance de Bretagne, p. 75.

22068. DECOMBE (Lucien). — Notes et documents concernant la grosse Horloge de Rennes [1468-1745], *pl.*, p. 175.

22069. Charil des Mazures (Ad.). — Note sur la voie romaine d'Avranches à Corseul, *carte*, p. 223.

22070. Hamard (L'abbé). — Découverte d'objets romains près de Pontorson, p. 227.

22071. Paris-Jallobert (L'abbé Paul). — Verreries et vitraux peints (additions et corrections à l'étude de M. André), p. 229. — Cf. n° 22055.

22072. Pinczon du Sel. — Note relative à la démolition [en 1878] de l'ancienne église [romane] de Guignen, *pl.*, p. 233.

22073. Saulnier (Norbert). — François-Joachim Descartes et ses deux mariages (1690-1729), p. 245.

22074. Saulnier (F.). — Les comédiens à Rennes au XVIIe siècle (1663-1685). Documents inédits, p. 259.

22075. Saulnier (F.). — La marquise de Créqui et ses origines bretonnes. Documents inédits [1706-1733], p. 271.

22076. Saulnier (F.). — Pierre Hévin [jurisconsulte] et sa famille à Rennes (1620-1775). Notice généalogique, p. 287. — Cf. n° 22082.

22077. La Bigne-Villeneuve (Paul de). — Extrait d'une relation manuscrite de l'entrée et couronnement du duc François IIIe de ce nom, en la ville de Rennes, capitale du duché de Bretagne (1532), p. 307.

22078. Decombe (Lucien). — Jean Thurel, épisode du séjour à Rennes du régiment de Touraine (1788), p. 321.

XV. — Bulletin et Mémoires de la Société archéologique, etc., t. XV. (Rennes, 1881, in-8°, XX-520 p.)

22079. La Borderie (Arthur de). — Mémoire de dom Antoine Le Gallois [réfutation de la fable de Conan Mériadec], p. 1.

22080. Pijon (V.). — Choix de pièces inédites tirées des archives de la ville de Rennes [fortifications, voirie, etc., 1428-1484], p. 53.

22081. Dupuy (Ant.). — Le régime parlementaire en Bretagne au XVIIIe siècle. — Les États provinciaux en 1776, p. 83.

22082. La Borderie (Arthur de). — Pierre Hévin [jurisconsulte]. Documents pour sa biographie (1684-1710), p. 127. — Cf. n° 22076.

22083. La Borderie (Arthur de). — Saint-Lunaire, son église [XIe s.], ses monuments, *fig.*, *pl.*, p. 145.

[Tombes des seigneurs de Pontual et de Pontbriant, XIIIe s.]

22084. Robiou (Félix). — De quelques publications relatives à l'archéologie préhistorique du nord-est de l'Europe [Finlande], p. 189.

22085. Saulnier (F.). — La maison de Poix et la seigneurie de Fouesnel en Bretagne, d'après des documents inédits [1247-1785], *plan*, p. 205; et XVI, p. 67.

22086. Decombe (Lucien). — Notice sur les trouvailles faites dans le jardin de la préfecture à Rennes, en septembre et octobre 1881, p. 317.

[Urnes cinéraires, poteries, bagues, cuiller et bracelets de l'époque gallo-romaine, 10 *pl.*]

XVI. — Bulletin et Mémoires de la Société archéologique, etc., t. XVI. (Rennes, 1883, in-8°, LIX-368 p.)

22087. Guillotin de Corson (L'abbé). — Plaque commémorative de la fondation de la chapelle de Notre-Dame de Bon-Port, près de Guipry [1663], p. I.

22088. Hamard (L'abbé). — Enceinte retranchée à Trans [VIe s. environ], p. XXVII.

22089. Robiou (Félix). — Attribution d'un sceau languedocien à Guillaume IV de Toulouse [XIe s.], *fig.*, p. XXXVIII.

22090. Dupuy (Ant.). — La Bretagne au XVIIIe siècle, p. 1, 75, 313; et XVII, p. 89.

[Les prisons. — Les trente et un, épisode de l'histoire de la ville de Dinan. — Les tribulations de l'abbé Kerret de Kéravel, 1731-1733. — Les Chaignart de La Gaudinaye, grandeur et décadence d'une dynastie municipale à Malestroit.]

22091. Decombe (Lucien). — Description de divers objets anciens et notamment de haches et épées [gauloises] en bronze trouvés à Rennes, *pl.*, p. 55.

[22085]. Saulnier (F.). — La maison de Poix et la seigneurie de Fouesnel, en Bretagne, d'après des documents inédits. Additions et corrections, p. 67.

22092. Saulnier (F.). — Les Sévigné en Bretagne. La terre de Sévigné en Cesson [XVe-XVIIIe s.], p. 97.

22093. Ernault (Dr L.). — Des idées et connaissances médicales chez les Celtes, p. 107.

22094. La Borderie (Arthur de). — Vie inédite de saint Malo, évêque d'Aleth (510-621?), par saint Bili, évêque de Vannes et martyr, p. 137.

22095. Chénon (Émile). — Les Bretons en bas Berry [468, 1110-1117 et 1372], *carte*, p. 351.

XVII. — Bulletin et Mémoires de la Société archéologique, etc., t. XVII. (Rennes, 1885, in-8°, LXXXIV-444 p.)

22096. Harvut. — Sur une croix gravée en creux à Saint-Malo, p. LII et 194.

[Mort de Mgr Des Laurents, évêque de Saint-Malo, 1785.]

22097. Barbier de Montault (Mgr). — Inscriptions du diocèse de Rennes, à Rome, dans l'église Saint-Yves-des-Bretons, p. LVI.

[Épitaphes de Hère Guiridec, † 1471; de Jean Chaune, † 1550; de Pierre Amect, † 1510.]

22098. Salmon-Laubourgère. — Sur les sarcophages découverts à Domagné [XVIe s.], p. LXXX.

22099. La Borderie (Arthur de). — Recueils d'actes inédits des ducs et princes de Bretagne [1108-1237], p. 1 et 341.

[22090]. Dupuy (Ant.). — La Bretagne au XVIIIe siècle, p. 89.

22100. Saulnier (F.). — Rennes au XVIIe siècle. Documents de la vie privée, p. 113.

[Vente après décès de Mathieu Fourché, 1624. — Établissement d'une maison de santé temporaire, 1631-1632. — Contrat d'apprentissage d'un chirurgien. — Baux et ventes.]

22101. Chénon (Émile). — Un monastère breton à Châteauroux (Saint-Gildas-en-Berry), *carte*, p. 147.

22102. Guillotin de Corson (L'abbé). — Les comptes de la corporation des gantiers, à Rennes, en 1642. p. 177.

22103. Harvut. — Note sur la croix de mi-grève près Saint-Malo [attribuée à la fin du XIVe s.], p. 194.

22104. Guillotin de Corson (L'abbé). — Note sur la croix de mi-grève élevée entre Saint-Malo et Paramé, p. 198.

[Écusson aux armoiries des Du Guesclin et du chapitre de Saint-Malo, XIVe s.]

[22021]. Guillotin de Corson (L'abbé). — Statistique historique et monumentale du canton du Sel, p. 205.

22105. Saulnier (F.). — Seigneurs et seigneuries. Notes et documents inédits, p. 297.

[Seigneuries de la Rivaudière en Chevaigné; des Loges en Chantepie; Chancé, Montbouan en Moulins; du Plessis-Giffart, Chapelles-Valaize et Brérond en Irodouer.]

INDRE. — CHÂTEAUROUX.

SOCIÉTÉ ACADÉMIQUE DU CENTRE.

Cette Société a été fondée en 1878. Elle n'a fait paraître jusqu'à ce jour aucun recueil de ses travaux. Mais quelques mois après sa fondation, son secrétaire, M. l'abbé Huguenot, entreprit la publication de la *Revue du Centre,* dans laquelle furent insérés une partie des mémoires écrits par ses membres, et le compte rendu de ses séances annuelles (Séance du 20 mai 1879, *Revue du Centre,* t. I, p. 347. — Séance du 25 avril 1880, *ibid.,* t. II, p. 325. — Séance du 5 octobre 1880, *ibid.,* t. II, p. 582. — Séance du 30 octobre 1882, *ibid.,* t. IV, p. 387). M. l'abbé Huguenot ayant cédé en 1883 la propriété de la *Revue du Centre* à M. Majesté, imprimeur à Châteauroux, la Société académique n'eut plus d'organe attitré. Mais en 1886 un traité intervint entre elle et M. Majesté, et la *Revue du Centre* recommença à publier les principaux travaux de la Société. Toutefois cette *Revue* n'ayant jamais cessé d'être une entreprise privée, nous n'avons point à en donner ici le dépouillement.

INDRE. — CHÂTEAUROUX.

SOCIÉTÉ D'AGRICULTURE DU DÉPARTEMENT DE L'INDRE.

Le département de l'Indre possède depuis le début de ce siècle une autre association scientifique, c'est la *Société libre d'agriculture, commerce, sciences et arts du département de l'Indre,* fondée vers l'an X, et qui prit vers 1806 le nom de *Société d'agriculture du département de l'Indre* qu'elle porte encore. Elle a publié : 1° entre l'an X et 1806 plusieurs comptes rendus de ses séances publiques; 2° de 1806 à 1858 ou 1859 un mince fascicule annuel intitulé *Éphémérides;* 3° de 1859 ou 1860 jusqu'en 1876, un volume annuel d'*Annales;* 4° enfin depuis 1877 un *Bulletin.* Nous n'avons pu nous procurer la collection absolument complète de ces diverses publications; mais nous croyons qu'il suffit de les mentionner pour mémoire, car tous les volumes ou fascicules que nous avons pu examiner traitent exclusivement d'agriculture.

INDRE-ET-LOIRE. — TOURS.

SOCIÉTÉ D'AGRICULTURE, SCIENCES, ARTS ET BELLES-LETTRES DU DÉPARTEMENT D'INDRE-ET-LOIRE.

Cette Société fut fondée par arrêt du Conseil du 24 février 1761, sous le titre de *Société royale d'agriculture de la généralité de Tours*. Elle fut dissoute à la Révolution et tint sa dernière séance le 20 décembre 1790.

Un arrêté de l'administration centrale du département, en date du 3 pluviôse an VI, institua une nouvelle société sous le titre de *Société des sciences, arts et belles-lettres de Tours*. Un autre arrêté de la même administration autorisa, le 11 floréal an VII, la fondation d'une *Société d'agriculture, arts et commerce d'Indre-et-Loire*. Ces deux compagnies fusionnèrent, le 1er nivôse an XIV, sous le nom de *Société d'agriculture, sciences, arts et belles-lettres du département d'Indre-et-Loire*. Un seul volume, exclusivement consacré à l'agriculture, a été publié par la première de ces associations. Nous l'avons mentionné sous le n° 22107.

La Société des sciences, arts et belles-lettres de Tours a publié quatre petits cahiers contenant les comptes rendus de ses séances publiques tenues le 25 thermidor an VIII, le 15 prairial an IX, le 8 fructidor an X, le 10 thermidor an XI. Malgré toutes nos recherches, nous n'avons pu découvrir aucun exemplaire des trois premiers de ces cahiers.

La Société d'agriculture a tenu chaque année, de l'an IX à l'an XIII, une séance publique dont elle a sans doute publié des comptes rendus, mais nous n'en connaissons aucun. Elle continua à se réunir dans une séance annuelle après sa fusion avec la Société des sciences. Les six réunions de ce genre tenues par elle, de l'an XIV (1806) à 1810, ont donné matière à six petits cahiers que nous avons indiqués sous les nos 22109 à 22115. Enfin, depuis 1821, elle a publié annuellement un volume d'*Annales*. L'ensemble de cette collection comprend 63 volumes divisés en deux séries in-8°, la seconde de format un peu plus grand que la première. Il faut y ajouter deux volumes publiés à part, l'un est une *Flore d'Indre-et-Loire*, l'autre a pour titre :

22106. Chevalier (L'abbé C.). — Tableau de la province de Touraine [1762-1766], administration, agriculture, industrie, commerce, impôts, publié pour la première fois d'après un manuscrit de la Bibliothèque municipale de Tours. (Tours, 1863, in-8°, VI-323 p.)

22107. Divers. — Recueil des délibérations et des mémoires de la Société royale d'agriculture de la généralité de Tours, pour l'année 1761. (Tours, 1763, in-8°, 136-68-182 p.)

Recueil des séances publiques de la Société des sciences, arts et belles-lettres de Tours, n° 4. (Tours, s. d. [an XI], II-83 p.)

22108. [Chalmel]. — Notice sur l'église de Saint-Martin de Tours, p. 51.

I. — Recueil des séances publiques de la Société d'agriculture, sciences, arts et belles-lettres du département d'Indre-et-Loire, 1er cahier. (Tours, s. d. [1806], in-8°, 56 p.)

22109. Veau-Delaunay (P.). — Rapport sur la formation, l'existence actuelle et la correspondance de la Société, p. 2.

22110. Chalmel. — Notice sur l'église de Saint-Gatien [de Tours] et sur les archevêques de Tours, p. 24.

II. — Recueil des séances publiques de la Société d'agriculture . . . d'Indre-et-Loire, 2e cahier. (Tours, s. d. [1807], in-8°, 61 p.)

22111. Veau-Delaunay (P.). — Notice sur M. Courtin [1729 † 1807], p. 9.

III. — Recueil des séances publiques de la Société d'agriculture . . . d'Indre-et-Loire, 3e cahier. (Tours, s. d. [1807], in-8°, 53 p.)

22112. [Veau-Delaunay (P.)]. — Notice sur Louis-Joseph-Charles-Amable Albert de Luynes, sénateur [† 1807], p. 14.

IV. — Recueil des séances publiques de la Société d'agriculture . . . d'Indre-et-Loire, 4e cahier. (Tours, s. d. [1808], in-8°, 121 p.)

22113. Calmelet. — Notice historique sur le château d'Amboise, p. 55.

V. — Recueil des séances publiques de la Société d'agriculture . . . d'Indre-et-Loire, 5e cahier. (Tours, s. d. [1809], in-8°, 154 p.)

22114. Dufour. — Coup d'œil sur les rochers qui bordent la Loire et le Cher, sur le lit de ces deux rivières et sur la commune de Saint-Avertin, p. 109.

VI. — Recueil des séances publiques de la Société d'agriculture . . . d'Indre-et-Loire, 6e cahier. (Tours, s. d. [1810], in-8°, 69 p.)

22115. Vauquer-Simon. — Notice sur quelques monuments du département d'Indre-et-Loire, p. 40.

[Tombeau de Turnus; pile de Cinq-Mars; lanterne de Rochecorbon, etc.]

I. — Annales de la Société d'agriculture, sciences, arts et belles-lettres du département d'Indre-et-Loire, t. I. (Tours, 1821, in-8°, 288 p.)

22116. Anonyme. — Notice sur Racan [poète, 1589 † 1670], p. 93.

22117. Anonyme. — Antiquités [sépultures découvertes à Saint-Martin de Tours], p. 127.

II. — Annales de la Société d'agriculture, etc., t. II. (Tours, 1822, in-8°, 240 p.)

III. — Annales de la Société d'agriculture, etc., t. III. (Tours, 1824, in-8°, 120 p.)

IV. — Annales de la Société d'agriculture, etc., t. IV. (Tours, 1825, in-8°, 244 p.)

V. — Annales de la Société d'agriculture, etc., t. V. (Tours, 1826, in-8°, 240 p.)

22118. Anonyme. — Notice sur M. le baron A.-E.-G. Destouches [ancien préfet, † 1826], p. 82.

22119. Anonyme. — Notice sur M. J.-R.-D. Riffault [† 1826], p. 84.

22120. Anonyme. — Notice sur M. Claude-Jean Veau-Delaunay [1755 † 1826], p. 88.

VI. — Annales de la Société d'agriculture, etc., t. VI. (Tours, 1827, in-8°, 240 p.)

22121. Anonyme. — Nécrologie [M. Dreux, bibliothécaire de la ville de Tours, 1756 † 1827], p. 1.

VII. — Annales de la Société d'agriculture, etc., t. VII-VIII. (Tours, 1828, in-8°, 235 p.)

VIII. — Annales de la Société d'agriculture, etc., t. IX. (Tours, 1829, in-8°, 220 p.)

22122. Champoiseau (Noël). — Notice sur les voyages de M. Diard, naturaliste français, aux Indes orientales, p. 22.

22123. Champoiseau (Noël). — Dissertation sur la tête de vermeil renfermant un crâne humain, trouvée [à Esvres] près de Tours, en 1827, p. 161. — Cf. nos 22124 et 22125.

IX. — Annales de la Société d'agriculture, etc., t. X. (Tours, 1830, in-8°, 240 p.)

22124. Cartier (Étienne). — Observations sur la tête de vermeil trouvée près de Tours, en 1827, et sur la dissertation de M. Champoiseau sur ce monument, p. 87. — Cf. nos 22123 et 22125.

22125. Lenoir (Alexandre). — Lettre à M. Champoiseau sur la tête découverte à Esvres, p. 96. — Cf. nos 22123 et 22124.

X. — Annales de la Société d'agriculture, etc., t. XI. (Tours, 1831, in-8°, 240 p.)

22126. Anonyme. — Essai sur les ruines romaines qui existent encore à Tours et dans les environs, p. 164.

XI. — Annales de la Société d'agriculture, etc., t. XII. (Tours, 1832, in-8°, 224 p.)

22127. Jeuffrain (A.). — Observations numismatiques à l'occasion de quelques monnaies françaises des xie et xiie siècles, *pl.*, p. 46.

[Monnaies d'Étienne de Guingamp, de Conan IV de Bretagne, de Foulques d'Anjou, des comtes du Maine, de Saint-Martin de Tours, de Châteaudun, et des sires de Gien et de Châteauroux.]

22128. Anonyme. — Recherches sur l'origine et les différents systèmes de notre calendrier, p. 139.

22129. Anonyme. — Essai sur les monnaies chartraines, *pl.*, p. 210; et XII, p. 32.

XII. — Annales de la Société d'agriculture, etc., t. XIII. (Tours, 1833, in-8°, 223 p.)

[22129]. Anonyme. — Suite de l'essai sur les monnaies chartraines, p. 32.

22130. Villoteau. — Esquisse d'un tableau de l'Égypte et des Égyptiens, p. 148.

22131. Lesourd. — Notice sur les voies romaines et les grands chemins qui ont traversé le 2e arrondissement d'Indre-et-Loire [Loches], p. 172.

XIII. — Annales de la Société d'agriculture, etc., t. XIV. (Tours, 1834, in-8°, 234 p.)

22132. [Villoteau]. — Explication du sens naturel de l'allégorie qui faisait l'objet de la fête des Pamylies ou de la naissance des dieux en Égypte, où se trouvent renfermés les principes du système philosophique et religieux des anciens Égyptiens, p. 103 et 176.

22133. Odart. — Souvenirs de vingt-quatre heures de séjour à Chenonceaux, p. 145.

XIV. — Annales de la Société d'agriculture, etc., t. XV. (Tours, 1835, in-8°, 229 p.)

22134. Egron (A.). — Histoire anecdotique de la pomme de terre, p. 96.

XV. — Annales de la Société d'agriculture, etc., t. XVI. (Tours, 1836, in-8°, 227 p.)

22135. Anonyme. — Description de l'église et du bénitier de Sainte-Radegonde [xvie s.], p. 160.

XVI. — Annales de la Société d'agriculture, etc., t. XVII. (Tours, 1837, in-8°, 233 p.)

22136. Sourdeval (Charles de). — Mémoire sur les noms propres français, p. 5.

22137. Massé (Édouard). — Description de la vignette d'un manuscrit conservé dans la Bibliothèque de Tours [représentant Louis XI], p. 48.

22138. Sourdeval (Charles de). — Coup d'œil géologique sur la côte de la Vendée. Restes du château de Beauvais, ruines romaines à Saint-Gervais (Vendée), p. 197.

XVII. — Annales de la Société d'agriculture, etc., t. XVIII. (Tours, 1838, in-8°, 236 p.)

22139. Montlivault (de). — Notice nécrologique sur M. Calmelet, p. 5.

22140. Anonyme. — Du génie satirique en France depuis le xie jusqu'au xviie siècle. Esquisse littéraire, p. 104.

22141. Johanneau (Éloi). — Lettre sur les inscriptions de l'église de Saint-Julien [de Tours, xiiie s.], p. 143.

22142. Seytre. — Notice historique sur le château de Loches, p. 195.

XVIII. — Annales de la Société d'agriculture, etc., t. XIX. (Tours, 1839, in-8°, 230 p.)

22143. Seytre. — Rapport sur l'atelier de M. Noriet [sculpteur, † 1833], p. 12.

22144. Sourdeval (Charles de). — Études gothiques [histoire des pays scandinaves, philologie], p. 93, 129, 211; et XIX, p. 47.

22145. Sourdeval (Ch. de). — Notice sur la vie et les ouvrages de M. G.-A. [Guillaume-André] Villoteau [1759 † 1839], p. 172.

22146. Miton. — Promenade pittoresque dans la Touraine. Château de Villandry (villa Andriaca), p. 189.

XIX. — Annales de la Société d'agriculture, etc., t. XX. (Tours, 1841, in-8°, 364 p.)

[22144]. Sourdeval (Ch. de). — Études gothiques, p. 47.

22147. Anonyme. — Fouilles du palais de justice, p. 289.

[A Tours : monnaies, moulins à bras, poteries, verroteries, ivoires, bronze gallo-romains.]

22148. Jeuffrain. — Rapport sur les médailles apportées par M. l'abbé Suchet, p. 306.

XX. — Annales de la Société d'agriculture, etc., t. XXI. (Tours, 1842, in-8°, 262 p.)

22149. Sourdeval (Charles de). — Lettre à M. de Saunay sur les moyens de prévenir la destruction de Chambord, p. 10.

XXI. — Annales de la Société d'agriculture, etc., t. XXII. (Tours, 1843, in-8°, 305 p. [plus 2 p. de tables].)

XXII. — Annales de la Société d'agriculture, etc., t. XXIII. (Tours, 1844, in-8°, 276 p. [plus 2 p. de tables].)

22150. Pételard (J.). — Histoire de la médecine vétérinaire depuis les temps les plus reculés jusqu'à nos jours, p. 154.

22151. Sourdeval (Ch. de). — Le voyage d'Ulysse en Germanie [d'après un passage de Tacite], p. 257.

XXIII. — Annales de la Société d'agriculture, etc., t. XXIV, année 1844. (Tours, 1844, in-8°, 252 p.)

22152. [Sourdeval (Charles de).] — Rapport de M. le secrétaire perpétuel, p. 124.

[Note biographique sur MM. Chauveau (Anselme-Léopold), 1773 † 1844; Cornier (Marie-François), 1769 † 1844; Mignon (Philippe-Julien), 1778 † 1844; Mme Céleste Vien, † 1843.]

22153. Lambron de Lignim (H.). — Église cathédrale de Tours (Indre-et-Loire). Description de la rosace qui décore l'entrée principale de cette basilique [vitrail, XVe s.], p. 227.

XXIV. — Annales de la Société d'agriculture, etc., t. XXV, année 1845. (Tours, 1845, in-8°, 288 p.)

22154. SOURDEVAL (Ch. DE). — Notice sur la Société d'agriculture, des sciences, arts et belles-lettres du département d'Indre-et-Loire, p. 267. — Cf. n° 22158.

XXV. — Annales de la Société d'agriculture, etc., t. XXVI, année 1846. (Tours, 1846, in-8°, 292 p.)

22155. SOURDEVAL (Ch. DE). — Vie et correspondance du chevalier de Nonainville. — Épisode de mœurs du XVIIIe siècle [Alexandre Blondel, 1753 † 1794], p. 184.

XXVI. — Annales de la Société d'agriculture, etc., t. XXVII, année 1847. (Tours, 1847, in-8°, 267 p.)

22156. BOILLEAU. — Recherches sur les archers, arbalestriers et arquebusiers, *fig.*, p. 134.
22157. GIRAUDET (Dr). — Éloge de Dutrochet, membre de l'Institut [1776 † 1847], p. 183.
22158. SOURDEVAL (Charles DE). — Notice historique sur l'origine et les travaux de la Société d'agriculture, sciences, arts et belles-lettres du département d'Indre-et-Loire, p. 248. — Cf. n° 22154.

XXVII. — Annales de la Société d'agriculture, etc., t. XXVIII, année 1848. (Tours, 1848, in-8°, 178 p.)

22159. CHEVALIER (L'abbé C.). — La Touraine avant les hommes, p. 97.
22160. BOILLEAU. — Essai sur divers vestiges de l'époque gallo-romaine, p. 118.

XXVIII. — Annales de la Société d'agriculture, etc., t. XXIX, année 1849. (Tours, s. d., in-8°, 291 p.)

22161. BORGNES (A.). — Note historique sur la géométrie de la sphère, p. 47.
22162. MANUEL (Eugène). — Des révolutions de l'esprit français avant Molière, p. 170.
22163. SOURDEVAL (Charles DE). — Production et éducation du cheval chez les anciens, p. 190.
22164. CHEVALIER (L'abbé C.). — Rapport sur les verrières de la cathédrale de Tours, p. 259.

XXIX. — Annales de la Société d'agriculture, etc., t. XXX, année 1850. (Tours, 1850, in-8°, 240 p.)

22165. SAUCIÉ. — Introduction de l'histoire de la littérature française, p. 159.

XXX. — Annales de la Société d'agriculture, etc., t. XXX[1], année 1851. (Tours, 1851, in-8°, 308 p.)

XXXI. — Annales de la Société d'agriculture, etc., t. XXXI, année 1852. (Tours, 1852, in-8°, 147 p.)

22166. BOILLEAU. — Notice historique et biographique sur les Roches-Saint-Quentin (Touraine), *pl.*, p. 152.
22167. SOURDEVAL (Ch. DE). — Promenade dans la vallée du Loir. Lavardin, Montoire, Troô, p. 162.

XXXII. — Annales de la Société d'agriculture, etc., t. XXXIII, année 1853. (Tours, 1853, in-8°, 168 p.)

XXXIII. — Annales de la Société d'agriculture, etc., t. XXXIV, année 1854. (Tours, 1854, in-8°, 289 p.)

22168. GIRAUDET (Dr). — Recherches sur les anciennes pestes de Tours, p. 32.
22169. PROFF. — De la musique chez les Grecs, p. 122.
22170. CHARLOT (G.). — Essai historique sur la meunerie et la boulangerie en Touraine, p. 134.

XXXIV. — Annales de la Société d'agriculture, etc., t. XXXV, année 1855. (Tours, 1855, in-8°, 189 p.)

22171. BERRIAT-SAINT-PRIX (Ch.). — De l'organisation judiciaire et surtout des juridictions du petit criminel, en 1789, p. 48.

XXXV. — Annales de la Société d'agriculture, etc., t. XXXVI, année 1856. (Tours, 1856, in-8°, 321 p.)

XXXVI. — Annales de la Société d'agricul-

[1] Il y a deux tomes XXX, deux tomes LX et pas de tome XXXII. Nous n'avons pas tenu compte de ces erreurs de tomaison dans le numérotage des volumes.

IMPRIMERIE NATIONALE.

ture, etc., t. XXXVII, année 1857. (Tours, 1857, in-8°, 216 p.)

22172. Anonyme. — Jules Haime [† 1856], p. 28.
22173. Sourdeval (Ch. de). — Éloge de M. le baron Angellier [1778 † 1857], p. 179.

XXXVII. — Annales de la Société d'agriculture, etc., t. XXXVIII, années 1858-1859. (Tours, 1860, in-8°, 135 p.)

22174. Sourdeval (Ch. de). — Jean-Anthyme Margueron, fondateur du Jardin botanique de Tours. — Notice biographique [1771 † 1858], p. 50.

XXXVIII. — Annales de la Société d'agriculture, etc., t. XXXIX, année 1860. (Tours, 1860, in-8°, 212 p.)

22175. Charlot. — Essai historique sur la sériciculture de Chenonceaux [xve-xixe s.], p. 35.
22176. Chevalier (L'abbé C.). — La vigne, les jardins et les vers à soie à Chenonceaux, au xvie siècle, p. 117.

XXXIX. — Annales de la Société d'agriculture, etc., 100e année, t. XL, année 1861. (Tours, 1861, in-8°, 276 p.)

22177. Sourdeval (Ch. de). — Émile Boulard [1800 † 1860, poète], p. 56.
22178. Chevalier (L'abbé C.). — Tableau séculaire de la Société d'agriculture de Tours, 1761-1861, p. 128.
22179. Porgnet (A.). — Notice historique sur le théorème de Pythagore et sur ses analogies dans la géométrie de l'espace et dans la géométrie de la sphère, p. 211.
22180. Sourdeval (Ch. de). — Charles-Jean Avisseau [céramiste, 1796 † 1861], p. 233.

XL. — Annales de la Société d'agriculture, etc., 2e série, 101e année, t. XLI, année 1862. (Tours, 1862, in-8°, 178 p.)

22181. Chevalier (L'abbé C.). — Nécrologie. M. le marquis de la Roche-Aymon [1779 † 1862], p. 119.

XLI. — Annales de la Société d'agriculture, etc., 2e série, 102e année, t. XLII, année 1863. (Tours, 1863, in-8°, 166 p.)

22182. Sourdeval (Ch. de). — Pierre-Fidèle Bretonneau [1778 † 1862], p. 1. — Cf. n° 22185.

XLII. — Annales de la Société d'agriculture, etc., 2e série, 103e année, t. XLIII, année 1864. (Tours, 1864, in-8°, liv-320 p.)

22183. Sourdeval (Ch. de). — Le château de la Roche-Racan [xiiie-xixe s.], p. 139.
22184. Bourassé (L'abbé). — Nécrologie. J.-Léopold Lobin [peintre, 1814 † 1864], p. 299.
22185. Sourdeval (Ch. de). — Rectification à la notice sur le docteur Bretonneau, p. 307. — Cf. n° 22182.

XLIII. — Annales de la Société d'agriculture, etc., 2e série, 104e année, t. XLIV, année 1865. (Tours, 1865, in-8°, lxvii-108 p.)

22186. Ladevèze. — Nécrologie. Rodolphe d'Ornano [1817 † 1865], p. 94.

XLIV. — Annales de la Société d'agriculture, etc., 2e série, 105e année, t. XLV, année 1866. (Tours, 1866, in-8°, 500 p.)

22187. Malagutti. — Vie scientifique du professeur Dujardin [1801 † 1860], p. 85.
22188. Ladevèze. — Nécrologie. M. Étienne Giraudeau, maire de Tours [1776 † 1865], p. 260.

XLV. — Annales de la Société d'agriculture, etc., 2e série, 106e année, t. XLVI, année 1867. (Tours, 1867, in-8°, 408 p.)

22189. Juge-Navelet. — Étude sur le droit d'aînesse; ce qu'il était dans les coutumes, ce qu'il a produit dans nos codes, p. 20.
22190. Drouyn de Lhuys. — Historique de la pomme de terre, p. 189.
22191. Sourdeval (Ch. de). — Le comte Odard [1778 † 1866], p. 334.

XLVI. — Annales de la Société d'agriculture, etc., 2e série, 107e année, t. XLVII, année 1868. (Tours, 1868, in-8°, 404 p.)

22192. Mège (D^r). — Essai sur les causes qui ont retardé ou favorisé les progrès de la médecine depuis la plus haute antiquité jusqu'à notre époque, p. 26 et 72.
22193. Chevalier (L'abbé C.). — Histoire des jardins en Touraine. Le parterre de Diane de Poitiers à Chenonceaux (1551-1555). Les jardins de Catherine de Médicis, à Chenonceaux (1563-1565), p. 44 et 86.
22194. Delphis de la Cour. — Étude sur Ingres et sur les peintres de son temps, p. 321.

XLVII. — Annales de la Société d'agriculture, etc., 2e série, 108e année, t. XLVIII, année 1869. (Tours, 1869, in-8°, 432 p.)

22195. Wilson (Daniel). — Note sur les tentures en toile peinte de Chenonceaux, p. 81.
22196. Sourdeval (Ch. de). — Origines et noms de quelques plantes d'agrément, p. 121 et 410.
22197. Belle. — Histoire anecdotique de la tulipe, p. 144.
22198. Duclaud (G.). — Étude sur La Quintinye [horticulteur, XVIIe s.], p. 176.
22199. Delphis de la Cour. — Éloge de l'abbé Pasquier-Bouray, fondateur de l'hôpital et de l'ordre des Augustines de Loches [† v. 1651], p. 417.

XLVIII. — Annales de la Société d'agriculture, etc., 2e série, 109e année, t. XLIX, année 1870. (Tours, 1870, in-8°, 368 p.)

22200. Belle. — Une visite à la Bourdaisière [vers 1691]; découverte d'un immortel [Étienne Pavillon, poète], p. 24.
22201. Chevalier (L'abbé C.). — De l'apostolicité des églises de France, p. 45.
22202. Paris (Paulin). — Lettre [sur l'apostolicité des églises de France], p. 73.
22203. Sourdeval (Ch. de). — Étude historique sur le cheval, p. 117.

XLIX. — Annales de la Société d'agriculture, etc., 2e série, 110e année, t. L, année 1871. (Tours, 1871, in-8°, 160 p.)

L. — Annales de la Société d'agriculture, etc., 2e série, 111e année, t. LI, année 1872. (Tours, 1872, in-8°, 304 p.)

LI. — Annales de la Société d'agriculture, etc., 2e série, 112e année, t. LII, année 1873. (Tours, 1873, in-8°, 328 p.)

22204. Delphis de la Cour. — Le R. P. Lacordaire, p. 23.

LII. — Annales de la Société d'agriculture, etc., 2e série, 113e année, t. LIII, année 1874. (Tours, 1874, in-8°, 311 p.)

22205. Houssard (G.). — Éloge de M. de Metz [1796 † 1873, fondateur de la colonie pénitentiaire de Mettray], p. 56.
22206. Juteau (L'abbé A.-H.). — Étude historique et littéraire sur Castelnau-Mauvissière [1518 † 1592] et sur ses mémoires publiés en 1659 par Le Laboureur, p. 92.

LIII. — Annales de la Société d'agriculture, etc., 2e série, 114e année, t. LIV, année 1875. (Tours, 1875, in-8°, 340 p.)

LIV. — Annales de la Société d'agriculture, etc., 2e série, 115e année, t. LV, année 1876. (Tours, 1876, in-8°, 355 p.)

LV. — Annales de la Société d'agriculture, etc., 2e série, 116e année, t. LVI, année 1877. (Tours, 1877, in-8°, 376 p.)

22207. Diard (H.). — Pierre-Médard Diard, naturaliste [1794 † 1863], p. 198.

LVI. — Annales de la Société d'agriculture, etc., 2e série, 117e année, t. LVII, année 1878. (Tours, 1878, in-8°, 324 p.)

LVII. — Annales de la Société d'agriculture, etc., 2e série, 118e année, t. LVIII, année 1879. (Tours, 1879, in-8°, 332 p.)

LVIII. — Annales de la Société d'agriculture, etc., 2e série, 119e année, t. LIX, année 1880. (Tours, 1880, in-8°, 364 p.)

22208. Chauvigné (Auguste). — L'art céramique à l'époque de la Renaissance, p. 99.
22209. Chauvigné (Auguste). — Étude historique sur Gutenberg, p. 225.

LIX. — Annales de la Société d'agriculture, etc., 2e série, 120e année, t. LX, année 1881. (Tours, 1881, in-8°, 178 p.)

LX. — Annales de la Société d'agriculture, etc., 2e série, 121e année, t. LX, année 1882. (Tours, 1882, in-8°, 276 p.)

LXI. — Annales de la Société d'agriculture, etc., 2e série, 121e année, t. LXI, année 1883. (Tours, 1883, in-8°, 334 p.)

22210. Chauvigné (Auguste). — Étude historique et littéraire sur la vie et les œuvres de Roland Brisset, sieur Du Sauvage, gentilhomme tourangeau [1560 † 1643], p. 172.

LXII. — Annales de la Société d'agriculture, etc., 2e série, 122e année, t. LXII, année 1884. (Tours, 1884, in-8°, 340 p.)

22211. Roulliet (Antony). — Michel Colombe et son œuvre [sculpteur du xvie s.], p. 115, 143 et 196.

22212. Vallée (L'abbé). — Les télégraphes électriques à cadran au xvie siècle, p. 232.

22213. Chauvigné (Auguste). — Histoire des corporations d'arts et métiers de Touraine, p. 254.

LXIII. — Annales de la Société d'agriculture, etc., 2e série, 123e année, t. LXIII, année 1885. (Tours, 1885, in-8°, 168 p.)

INDRE-ET-LOIRE. — TOURS.

SOCIÉTÉ ARCHÉOLOGIQUE DE TOURAINE.

Cette Société a été fondée en 1842. Elle a publié : 1° deux séries de mémoires, l'une de format in-8°, qui comprend 33 volumes, l'autre de format in-4° qui ne comptait encore que 2 volumes à la fin de 1887; 2° un bulletin semestriel; 3° un recueil de documents sur l'histoire de Touraine, qui semble interrompu, car le second volume de cette collection, dont la première partie a paru en 1856, n'a jamais été terminé. Enfin, elle a fait paraître le catalogue de son musée et elle a encouragé de son patronage la publication d'un ouvrage que nous avons mentionné sous le n° 22215 :

22214. Palustre (Léon). — Catalogue du musée archéologique. (Tours, 1871, in-8°, viii-79 p.)

22215. Delaville le Roulx (J.). — Registres des comptes municipaux de la ville de Tours. (Tours, 1878 et 1881, 2 vol. in-8° de x-440 p. avec *fac-similé*, et de 424 p. avec *pl.*)

I. — Mémoires de la Société archéologique de Touraine, t. I, 1842. (Tours, s. d., in-8°, 206 p.)

22216. Lesourd (H.). — La forêt de Loches et ses environs [camp romain], *fig.*, p. 31.

22217. Sourdeval (Charles de). — Sur le véritable nom de la reine Clothilde, p. 49.

22218. Bourassé (L'abbé). — Monuments celtiques de Touraine, p. 53.

22219. Bourassé (L'abbé). — Rapports entre les monuments celtiques et les monuments des plus anciens peuples de l'Asie, p. 67.

22220. Manceau (L'abbé). — Verrières du chœur de la sainte église métropolitaine de Tours. — Légende de saint Eustache [xiiie s.], p. 89.

22221. Rabion (L'abbé). — Origine de l'église de Saint-Martin-le-Beau, de l'église de la Basoche et de la fête de la subvention de Saint-Martin, p. 107.

22222. Péan (A.) et Charlot. — Excursion de Saint-Aignan à Aiguevive par la rive méridionale du Cher, p. 115.

[Église d'Aiguevive, *pl.*; itinéraire gallo-romain, *carte*.]

22223. Bourassé (L'abbé). — Rapport de la commission chargée d'étudier l'ancienne église de Saint-Clément [de Tours, *fig.*], p. 142.

22224. Cartier (F.). — Document historique sur les monnaies du xiiie siècle, or et argent, monnayé ou non monnayé, envoyé en Terre-Sainte à Alfonse, comte de Poitiers, frère de saint Louis, dans l'année 1250, *pl.*, p. 147.

22225. Ornano (Rodolphe d'). — Notice sur les trois Boucicaut [xive et xve s.], p. 167.

II. — Mémoires de la Société archéologique, etc., t. II, 1843-1844. (Tours, 1845, in-8°, xxx-282 p.)

22226. Anonyme. — Cérémonies d'intronisation des archevêques de Tours, p. xi.

22227. Chauveau. — Notice historique sur l'abbaye de Marmoutier, p. 1.

22228. Sourdeval (Charles de). — L'abbaye de Ferrières en Gatinais, p. 16.
22229. Plailly. — Notice sur le prieuré de Saint-Cosme, près Tours, p. 23.
22230. Sourdeval (Charles de). — Les sires de Retz et le château de Machecoul, p. 27.
22231. Fellowes. — Esquisses historiques de 1702, p. 71.

[Prise de Vigo. Traduit de l'anglais par M. Louis Jeuffrain.]

22232. Ladevèze. — Le vagabondage et la mendicité au xvie siècle, p. 79.
22233. Bourassé (L'abbé). — Rapport de la commission chargée de dresser un catalogue des monuments historiques de la Touraine [énumération des principaux monuments], p. 94.
22234. Bourassé (L'abbé). — Mémoire sur les haches celtiques, *pl.*, p. 98.
22235. Meffre. — Notice sur l'église et la crypte de Sainte-Radegonde [près Tours], p. 126.
22236. Bourassé (L'abbé). — Notice sur l'église paroissiale de Cravant [xie s.], p. 132.
22237. Bourassé (L'abbé). — Notice archéologique sur l'église collégiale de Loches [xiie s.], p. 137.
22238. Bourassé (L'abbé).— Notice historique et archéologique sur l'église de Candes [xiiie s.], p. 111.
22239. Vicart (L'abbé). — Mémoire sur les verrières du chœur de l'église de Notre-Dame-la-Riche, de Tours [xive, xve et xvie s.], p. 148.
22240. Guérin. — Notice sur l'église de Vernou [xie et xiie s.], p. 178.
22241. Meffre. — Pile de Saint-Mars ou Cinq-Mars [époque romaine, *pl.*], p. 180.
22242. Bourassé (L'abbé). — Note sur la restauration d'un autel gothique pour l'église de Sainte-Catherine de Fierbois [bois sculpté, xve s.], p. 191.
22243. Bourassé (L'abbé). — Promenade archéologique à Chançay, Reugny, Noizay et Vernou, p. 195.
22244. Giraudet. — Verrières de Saint-Étienne-de-Chigny [xvie s.], p. 221.
22245. Boilleau. — L'origine des armoiries interprétées par la numismatique, p. 225.
22246. Boilleau. — Méthode pour empreindre des médailles, p. 233.
22247. Anonyme. — Rapport sur un fac-similé de musique ancienne offert à la Société archéologique par M. Baric, p. 237.
22248. Bourassé (L'abbé). — Notice sur le moine Théophile Delahaye et sur son livre intitulé : *Diversarum artium schedula*, p. 240.
22249. Chaudeau. — Notice historique sur Racan [1589 † 1670], p. 248.
22250. Choisnet.— Notice sur Mgr de Montblanc [† 1845], p. 255.
22251. Ladevèze. — Notice sur M. Chauveau père [1773 † 1844], p. 260.

III. — Mémoires de la Société archéologique, etc., t. III, 1845-1846-1847. (Tours, 1847, in-8°, 343 p.)

22252. Salmon (André). — Recherches sur les chroniques de Touraine, p. 25.
22253. Aubineau (Léon). — Notice sur Thibaut le Tricheur et sur Eudes Ier, comtes de Tours [xe s.], p. 41.
22254. Todière. — Charles VIII en Touraine, p. 97.
22255. Bourassé (L'abbé). — Notice sur l'église de Preuilly [xie s.], *pl.*, p. 138.
22256. Lambron de Lignim. — Notice sur l'église paroissiale de Saint-François-de-Paule [Tours, fin du xviie s.], p. 151.
22257. Bourassé (L'abbé). — Notice historique et archéologique sur Faye-la-Vineuse et sur l'église collégiale de Saint-Georges, p. 161.
22258. Boilleau (Louis). — Aqueduc [gallo-romain] de Fontenay, *pl.*, p. 176.
22259. Vicart (L'abbé). — Mémoire sur l'emplacement présumé de la basilique dite de Saint-Sidoire, bâtie par cet évêque sur le terrain de la maison d'un sénateur vers l'an 350, p. 182.
22260. Lambron de Lignim (H.). — Recherches historiques sur l'origine et les ouvrages de Michel Colombe, tailleur d'ymaiges du Roy [xve-xvie s.], p. 261.
22261. Sourdeval (Charles de). — Unité historique des peuples de l'Europe, p. 307.
22262. Sourdeval (Charles de). — Old-Nick [surnom du diable en Angleterre], p. 316.
22263. Sourdeval (Charles de). — Chambord, p. 322.
22264. Lambron de Lignim (H.). — Nécrologie [M. Thomas Cauvin, † 1846], p. 330.
22265. Bourassé (L'abbé). — Monuments celtiques, p. 332.
22266. N. C. — Objets antiques d'armement et d'équipement et vases funéraires de l'époque gallo-romaine trouvés dans la commune de Saint-Genoulph, p. 337.

IV. — Mémoires de la Société archéologique, etc., t. IV. (Tours, 1855, in-8°, 278 p.)

22267. Lambron de Lignim. — Extraits des manuscrits de dom Housseau sur les anciennes murailles de Tours, p. 59.
22268. Salmon (A.). — Notes sur quelques manuscrits concernant la Touraine, qui se trouvent en Angleterre, p. 67.
22269. Argenson (D'). — Note sur la famille de Descartes et l'origine de son nom, p. 87.
22270. Luzarche (Victor). — Note sur une rareté bibliographique relative à l'histoire de Touraine : *Dessein de l'histoire du pays et duché de Touraine* [par Pierre Carreau de la Pérée], p. 96.
22271. Luzarche (Victor). — Note sur les acquisitions de

manuscrits faites par la bibliothèque de la ville de Tours en 1850, p. 106.

22272. GUYOT. — Monographie de l'église de Nouans, canton de Montrésor (Indre-et-Loire) [XIIIe s.], p. 110.

22273. LUZARCHE (Victor). — Copie d'un brouillon de compte faite sur l'original donné à la Société archéologique de Touraine [1511-1512, travaux de maçonnerie aux murs d'enceinte de Tours], p. 114.

22274. BOURASSÉ (L'abbé). — Dépenses faites par la paroisse de Bueil, pour la guerre de Bretagne en 1486, p. 119.

22275. SALMON (A.). — Documents sur quelques architectes et artistes de l'église cathédrale de Tours [1279], p. 130.

22276. SALMON (A.). — Notice sur Simon de Quingey et sa captivité dans une cage de fer [1479], p. 139.

22277. LAMBRON DE LIGNIM. — Pierres tombales de la famille Chauvel [1401 et 1547], p. 167.

22278. LAMBRON DE LIGNIM. — Autel de l'église de Saint-Maximin (Var) donné par Jacques de Beaune-Semblançay en 1520 [peintures sur bois], p. 171.

22279. PÉCARD. — La Touraine en 1638. Extrait d'un manuscrit intitulé : «Relation d'un voyage faict depuis la ville de Thoulonze inclusivement jusques à Amboise qui cy près se doibt continuer jusques à la ville de Paris», par Léon Godefroy, p. 175.

22280. CARRÉ DE BUSSEROLLE (X.). — Recherches historiques sur l'ancienne baronnie de Preuilly, première baronnie de Touraine, p. 210.

22281. LUZARCHE (Victor). — Livre des vœux des religieuses de l'abbaye de Beaumont-lez-Tours [liste des abbesses, 1020-1690], p. 250.

22282. CARRÉ DE BUSSEROLLE (X.). — Recherches historiques sur l'ancien fief de Bossay (Indre-et-Loire), p. 265.

22283. GRANDMAISON (Ch. DE). — Don de 2,000 francs fait par Charles VI pour l'achèvement de Saint-Gatien [1408], p. 272.

V. — Mémoires de la Société archéologique, etc., t. V. (Tours, 1855, in-8°, 304 p.)

22284. BOURASSÉ (L'abbé). — Églises mentionnées par saint Grégoire de Tours, p. 1.

22285. ORNANO (Rodolphe D'). — Promenade dans la vallée du Brignon et notice sur le Chatelier [commune de Paulmy], p. 14.

22286. COURTIGIS (Le général DE). — Notes sur les anciennes constructions romaines de Tours, p. 28.

22287. SOURDEVAL (Charles DE). — Discours prononcé à l'inauguration de la statue de Descartes, p. 45.

22288. CAHIER (Auguste). — Note sur le dolmen de Marcilly-sur-Maulne, p. 53.

22289. SOURDEVAL (Charles DE). — Notice sur Sainte-Catherine de Fierbois et sur Comacre [château des Boucicaut], p. 55.

22290. GUÉRIN (G.). — Note sur l'église de Rivière [XIe s.], p. 59.

22291. BOURASSÉ (L'abbé). — Excursion archéologique à Azay-le-Rideau, Chinon, Champigny et l'Ile-Bouchard, p. 62.

22292. GALEMBERT (DE). — Notice sur les peintures murales de l'église Notre-Dame de Rivière (Indre-et-Loire) [XIe et XIVe s., *pl.*], p. 94.

22293. MANCEAU (F.-G.). — Chapelle de Saint-Laurent [Indre-et-Loire], p. 112.

22294. LAMBRON DE LIGNIM. — Notice sur un bas-relief de l'ancienne église de Notre-Dame de l'Écrignole [aux armes des de La Rue, XIVe s.], p. 115.

22295. SALMON (A.). — Notes sur une excursion à Nouâtre, Pouzay et Marcilly, p. 120.

22296. SALMON (A.). — Église Saint-Georges à Tours, p. 129.

[Donations faites par le prêtre Vivien, 966.]

22297. BOURASSÉ (L'abbé). — Excursion archéologique, p. 136.

[Forteresse gallo-romaine de Larçay. — Monument de Thésée près de Montrichard. — Villa du Ru. — Donjon de Montrichard. — Église Notre-Dame de Nanteuil. — Abbaye d'Aiguevive. — Vrigny. — Bléré.]

22298. GALEMBERT (DE). — Mémoire sur les peintures murales de l'église Saint-Mesme de Chinon [XVe s.], *pl.*, p. 145.

22299. CARRÉ DE BUSSEROLLE (X.). — Notice historique sur l'ancienne baronnie du Grand-Pressigny (Indre-et-Loire), p. 204.

22300. GALEMBERT (DE). — Peintures murales du Grand-Pressigny [XVIIe siècle], p. 226.

22301. BOILLEAU (L.). — Castellum de Larçay [gallo-romain], p. 234.

22302. GALEMBERT (DE). — Rapport de la commission chargée d'examiner les substructions présumées appartenir à l'ancien amphithéâtre de Tours, *plan*, p. 237.

22303. LA PONCE (A. DE). — Examen critique de la première partie du tome III de l'histoire de Touraine intitulée *Antiquités des villes et terres titrées de la province* et publiée en 1843, par J.-L. Chalmel, p. 256.

22304. LA PONCE (A. DE). — Observations sur le cippe funéraire faisant partie du musée de la ville de Tours, p. 300.

VI. — Mémoires de la Société archéologique, etc., t. VI. (Tours, 1855, in-8°, 308 p.)

22305. LAMBRON DE LIGNIM. — Armorial des archevêques de Tours [*fig.*], p. 11.

22306. LEGALLAIS. — Études d'histoire et de jurisprudence sur les formules de Sirmond usitées dans la Touraine au VIIIe siècle, p. 25, 101, 213; VII, p. 11, 50 et 71.

22307. GALEMBERT (DE). — Rapport sur une excursion

à Saint-Paterne avec station à Charentilly et à Semblançay, *pl.*, p. 36.

22308. La Ponce (A. de). — Recherches généalogiques sur la maison de Sainte-Maure [xie-xviiie s.], p. 54, 273; et VIII, 60.

22309. Carré de Busserolle (X.). — Recherches historiques sur l'ancienne châtellenie de Montrésor (Indre-et-Loire), p. 74.

22310. Carré de Busserolle (X.). — Notice historique sur l'ancien fief de Boussay (Indre-et-Loire), p. 90.

22311. Grandmaison (Ch. de). — Accord fait en 1155 entre Hugues de Sainte-Maure et le chapitre de Saint-Martin, p. 134.

22312. Galembert (De). — Notice sur un crucifix découvert à Charentilly [cuivre doré, xiie-xiiie s., *fig.*], p. 138.

22313. Cartier (E.). — Notice sur la mairie d'Amboise, sur les formes successives de son administration communale et sur les divers édifices où elle a siégé, *pl.*, p. 148.

22314. La Ponce (A. de). — Recherches généalogiques sur la série régulière des seigneurs de Semblançay depuis le milieu du xie siècle jusqu'à la fin du xviiie, p. 169. — Cf. n° 22330.

22315. Carré de Busserolle (X.). — Recherches historiques sur l'ancienne abbaye de Saint-Pierre de Preuilly (Indre-et-Loire), p. 193.

22316. Grandmaison (Ch. de). — Translation du tombeau d'Agnès Sorel en 1777, p. 209.

22317. Bourassé (L'abbé). — Tombeaux de l'époque mérovingienne découverts en Touraine, p. 244.

22318. Galembert (De). — Antiquités de Luynes [aqueduc romain. — Chapelle du château], *fig.*, p. 245.

22319. Grandmaison (Charles de). — Le baron et les religieux de Preuilly en 1432, p. 252.

[Enquête contre Pierre Frottier, baron de Preuilly.]

22320. Carré de Busserolle (X.). — Notice sur l'ancien fief de Ris (Indre-et-Loire), p. 301.

VII. — Mémoires de la Société archéologique, etc., t. VII. (Tours, 1855. in-8°, 305 p.)

[22306]. Legallais (A.). — Études d'histoire et de jurisprudence sur les formules de Sirmond usitées dans la Touraine au viiie siècle, p. 11, 50 et 71.

22321. Carré de Busserolle (X.). — Recherches historiques sur l'ancienne châtellenie de Paulmy (Indre-et-Loire), p. 32.

22322. Grandmaison (Ch. de). — Procès-verbal de l'ouverture du tombeau des Sept-Dormants à Marmoutier en 1769, p. 45.

22323. Salmon (A.). — Description de la ville de Tours sous le règne de Louis XI, par F[rancesco] Florio, p. 82.

22324. Salmon (A.). — Essai de poison sur un chien, fait par ordre de Louis XI [1480], p. 109.

22325. Argenson (D'). — Isoré de Plumartin, seigneur d'Airvault, Plumartin, Larochepozay, Touffou, Bossée en Touraine, marquis de Plumartin en Poitou, par érection de 1652, p. 114.

22326. La Ponce (A. de). — Documents historiques et généalogiques sur les seigneurs, châtelains, marquis, puis ducs de Montgauger, depuis la fin du xive siècle jusqu'à la fin du xviiie, p. 125. — Cf. n° 22334.

22327. Grandmaison (Ch. de). — Notice historique sur les archives du département d'Indre-et-Loire, p. 144.

22328. Lambron de Lignim (H.). — Recherches historiques sur Girard d'Athée, gouverneur de Tours et de Loches en 1204, p. 172.

22329. Bourassé (L'abbé). — Notice historique et archéologique sur l'ancienne église collégiale de Bueil [pièces justificatives], p. 183.

22330. La Ponce (A. de). — Rectifications sur quelques degrés de la série des seigneurs de Semblançay en Touraine, p. 259. — Cf. n° 22314.

22331. Lambron de Lignim. — Notice sur le château de Grillemont [près de Loches], *pl.*, p. 270.

22332. Ladevèze. — Notice nécrologique sur M. l'abbé Manceau [† 1855], p. 290.

VIII. — Mémoires de la Société archéologique, etc., t. VIII. (Tours, 1856, in-8°, 158 p.)

22333. Cartier (E.). — Lettre de dom Colomban Lefay, moine de Marmoutier, au R. P. dom Prosper Petit, prieur claustral au monastère de Cluny, du 17 août 1641, contenant le récit de la réception solennelle à Marmoutier d'une relique de saint Martin, donnée par l'abbaye de Cluny à celle de Marmoutier, et la mention de plusieurs miracles arrivés à cette occasion, p. 15.

22334. Cartier (E.). — Lettres patentes de Louis XIII pour l'érection de la terre de Montgauger en marquisat au profit de Roger de Gast [1623], p. 34. — Cf. n° 22326.

22335. Cartier (E.). — Une réception princière municipale en 1466. Extrait des archives de la mairie d'Amboise (Indre-et-Loire), p. 40.

[Réception de Marguerite de Savoie, comtesse de Wurtemberg.]

22336. Cartier (E.). — Bulle d'Alexandre VI en faveur de Charles VIII (24 février 1495), p. 48.

22337. Boilleau (L.). Excursion archéologique à Larçay, Véretz et Azay-sur-Cher, p. 56.

[22308]. La Ponce (A. de). — Recherches généalogiques sur la maison de Sainte-Maure. Isabeau de Craon [† 1394], p. 60.

22338. Lambron de Lignim (H.). — Notice sur l'abbaye royale d'Aiguevive ou Aiguevives, *Aqua viva*, au diocèse de Tours et de l'ordre de Saint-Augustin [XIIe-XVIIIe s.], *pl.*, p. 68.

22339. GRANDMAISON (Charles DE). — Aperçus historiques sur les travaux destinés à défendre la ville de Tours contre les inondations de la Loire et du Cher, *plan*, p. 82.

22340. LAMBRON DE LIGNIM (H.). — Entrées solennelles à Loches [1204-1643], p. 91.

22341. GALEMBERT (DE). — Excursion archéologique à Langeais, Saint-Michel, Lignières, Vallères et Villandry, *pl.*, p. 119; et X, 38.

22342. GALEMBERT (DE). — Tombeau du XIVe siècle découvert en 1855 dans la cathédrale de Tours [Hugues de Pesch], *fig.*, p. 133.

22343. CARRÉ DE BUSSEROLLE (X.). — La Chastre aux Grolles [commanderie, c^{ne} de Verneuil], p. 140.

22344. CARRÉ DE BUSSEROLLE (X.). — Notice sur l'ancienne châtellenie de Chambon (Indre-et-Loire), p. 142.

22345. CARRÉ DE BUSSEROLLE (X.). — L'ancien château du Roulet [près de Saint-Flovier] et ses seigneurs, p. 151.

IX. — Mémoires de la Société archéologique, etc., t. IX. (Tours, 1857, in-8°, 390 p.)

22346. LAMBRON DE LIGNIM (H.). — Peintures murales exécutées à Saint-Martin, par Coppin Delf, peintre du roi Louis XI, p. 17.

22347. LA PONCE (A. DE). — Mémoire et documents sur la détermination de la mesure longimétrique du mille romain et de la *leuca* des anciens gaulois [*fig.*], p. 28.

22348. LA PONCE (A. DE). — Notice sur une inscription conservée à Bueil, canton de Neuvy-le-Roi [construction du château du Bois, par Pierre de Bueil, 1380], p. 38.

22349. LUZARCHE (Victor). — Notice sur l'évangéliaire de l'abbaye de Saint-Martin conservé dans la bibliothèque communale de Tours [IXe s.], p. 43.

22350. LA PONCE (A. DE). — Documents relatifs à un donjon du XIIe siècle [à Tours] et à quelques immeubles qui l'avoisinent, p. 49.

[Tour Faubert ou la Tabagie. — Maison de saint Benoît ou saint Pierre de Rome. — Tour Saint-Martin. — Maison du Concert à Tours, *fig.*]

22351. SOURDEVAL (Charles DE). — Promenade [archéologique] à Couzié, Veigné, Montbazon, p. 57.

22352. GRANDMAISON (Ch. DE). — Notice sur l'abbaye de Marmoutier et la Loire [inondations aux XVe et XVIe s.], p. 63.

22353. CARRÉ DE BUSSEROLLE (X.). — Thaix et ses châtelains (commune d'Yzeures), p. 75.

22354. GALEMBERT (DE). — Notice sur le château du fief de Grand-Pressigny [XIIe s. en partie], p. 83.

22355. CARRÉ DE BUSSEROLLE (X.). — Notice sur l'ancien Thais (commune de Sorigny), p. 87.

22356. LUZARCHE (Victor). — Acte d'acquisition intervenu entre le chapitre de Saint-Martin de Tours et Gérard-Billon de Saint-Épain, en 1192, p. 90.

22357. GRANDMAISON (Ch. DE). — Le siège d'Orléans et Charles VII (1428), p. 94.

22358. SOURDEVAL (Ch. DE). — Acte de baptême de Loys de Bueil (1438), p. 97.

22359. GALITZIN (Augustin). — Discours historique sur la châtellenie et le château de Chenonceaux, p. 102.

[Écrit en 1745 par M. de la Chauvinière, receveur dudit château. — Appendice, par Émile Deschamps.]

22360. LA PONCE (A. DE). — Recueil de documents destinés à faciliter la rédaction d'une géographie ecclésiastique et politique de l'ancienne province de Touraine, depuis le IVe siècle jusqu'à la fin du XIIIe siècle, p. 147.

X. — Mémoires de la Société archéologique, etc., t. X, 1858. (Tours, 1858, in-8°, 267 p.)

22361. CHEVALIER (L'abbé C.). — Sur l'histoire hydrographique de la vallée de la Loire, p. 13.

22362. LA PONCE (A. DE). — Note sur une bombarde appartenant à la Société archéologique [1477], p. 15.

22363. BOURASSÉ (L'abbé). — Prise et pillage du château de Chavigny par les protestants en 1568, p. 17.

[22341]. GALEMBERT (DE). — Excursion à Lignières, Villandry et Vallères, *pl.*, p. 38.

22364. GRANDMAISON (Ch. DE). — Délibération prise à l'hôtel de ville [de Tours] le 16 février 1784, à l'occasion d'une débâcle des glaces de la Loire, p. 58.

22365. GRANDMAISON (Ch. DE). — Notice sur un manuscrit de la bibliothèque royale de Munich contenant des miniatures de Jean Fouquet, artiste tourangeau [XVe s.], p. 72.

22366. LAMBRON DE LIGNIM (H.). — Dernière assemblée de la noblesse de Touraine, p. 77.

[1789. Procès-verbal des séances et recherches historiques sur la noblesse ancienne et moderne de la Touraine.]

22367. CHEVALIER (L'abbé C.). — Note sur un aqueduc gallo-romain existant à Chisseaux, p. 257; et XI, p. 23.

XI. — Mémoires de la Société archéologique, etc., t. XI. (Tours, 1859, in-8°, 340 p.)

[22367]. CHEVALIER (L'abbé C.). — Aqueduc gallo-romain de Chisseaux, p. 23.

22368. Carré de Busserolle (X.). — Notice sur les monuments religieux de la ville de Preuilly (Indre-et-Loire), p. 25.

22369. Chevalier (L'abbé C.). — Du climat de la Touraine au vi^e siècle, p. 55.

22370. Galembert (De). — Travaux de Saint-Julien [de Tours], p. 69.

22371. Grandmaison (Ch. de). — Restauration de l'église de Saint-Julien [de Tours], p. 84.

22372. Lambron de Lignim (H.). — L'île Saint-Jacques [près Tours], p. 89.

22373. Bourassé (L'abbé). — Discours sur les monuments élevés en Touraine par les Gaulois, les Romains, les Mérovingiens, p. 107.

22374. Giraud (Alfred). — Église Saint-Libert [à Tours], p. 118.

22375. Bourret (L'abbé). — Le formulaire du pape Benoît XII, p. 122.

22376. Galitzin (Augustin). — Manuscrits relatifs au château de Chenonceaux, p. 130.

[Inventaire du mobilier, 1603.]

22377. Le Gallais (A.). — De l'amélioration progressive du droit criminel en Touraine, p. 137.

22378. Grandmaison (Ch. de). — Mémoire inédit sur l'administration judiciaire en Touraine au milieu du xviiie siècle, p. 155.

22379. Loiseleur (J.). — Étude sur Gilles Berthelot, constructeur du château d'Azay-le-Rideau [† 1529], p. 180.

22380. Cougny (De). — Saint-Louand [église, crypte, sépultures], p. 210.

22381. Sourdeval (Ch. de). — Promenade archéologique : le castellum de Larçay, l'aqueduc d'Athée, la tour des Brandons, Courçay et Cormery, p. 221.

22382. Grandmaison (Ch. de). — Note sur la construction de l'enceinte antique de Tours, p. 232.

22383. Chevalier (L'abbé). — Testament de Pierre d'Amboise (17 décembre 1409), p. 236.

22384. Salmon (André). — Marmoutier [histoire de l'abbaye], p. 248.

22385. Lambron de Lignim (H.). — Joutes et tournois [pièces justificatives, 1213-1498], p. 276.

XII. — Mémoires de la Société archéologique, etc., t. XII. (Tours, 1861, in-8°, cxliv-325 p.)

22386. Bourassé (L'abbé). — Cartulaire de Cormery précédé de l'histoire de l'abbaye et de la ville de Cormery d'après les chartes, p. 1 à cxliv et 1 à 325.

XIII. — Mémoires de la Société archéologique, etc., t. XIII. 1860. (Tours, 1861, in-8°, 350 p.)

22387. Carré de Busserolle (X.). — Notice sur un rituel de l'ancienne abbaye de Saint-Paul de Cormery en Touraine [xie s.], p. 30.

22388. Bourret (L'abbé). — Notes sur la correspondance et les travaux littéraires des derniers bénédictins de Saint-Maur, p. 35.

22389. Sourdeval (Ch. de). — Fers de chevaux antiques trouvés à Reignac (Indre-et-Loire), p. 39; et XVII, p. 133.

22390. Grandmaison (Ch. de). — Notice sur les fouilles exécutées dans l'abside de l'ancienne basilique de Saint-Martin de Tours, en 1860 et 1861, p. 51.

22391. Bourassé (L'abbé). — Essai sur les voies romaines en Touraine, *carte*, p. 57.

22392. Carré de Busserolle (X.). — Recherches historiques sur l'ancienne vicomté de la Guerche en Touraine et sur les fiefs qui en relevaient : Availles, Barrou, la Boutelaye, Buxeuil, Méré, p. 73.

22393. Salmon (André). — Vie et légendes de saint Mexme, p. 132.

22394. Carré de Busserolle (X.). — Notice sur le prieuré de Sainte-Marie de Rives, en Touraine, paroisse d'Abilly, p. 182.

22395. Carré de Busserolle (X.). — Notice sur l'ancien prieuré de Hauterives, de l'ordre de Grandmont, commune d'Yseures, canton de Preuilly, p. 188.

22396. Salmon (André). — Nouveaux documents sur Girard d'Athée [sénéchal de Touraine, 1204-1224], p. 193.

22397. Carré de Busserolle (X.). — Notice sur la commune de Chaumussay, canton de Preuilly (Indre-et-Loire), p. 212.

22398. Chevalier (L'abbé C.). — Piscine baptismale à immersion du vi^e siècle à Civray-sur-Cher, p. 217.

22399. Carré de Busserolle (X.). — Le château de Cingé, commune de Bossay (Indre-et-Loire). Notice historique et archéologique, p. 226.

22400. Chevalier (L'abbé C.). — La fabrique de l'église de Souvigné (1477-1761), p. 239.

22401. Grandmaison (Ch. de). — Des inconvénients de la propriété au xie siècle [charte du cartulaire de Marmoutier], p. 260.

22402. Chevalier (L'abbé C.). — Le château de la Carte, à Ballan [ayant appartenu à la famille de Semblançay], p. 265.

22403. Grandmaison (Ch. de). — Notice historique sur le prieuré de Saint-Laurent-en-Gastine et sur l'édifice appelé la Grand'maison [pièces justificatives, 1062-1494], p. 273.

22404. Grandmaison (Ch. de). — La grille d'argent de Saint-Martin de Tours donnée par Louis XI et enlevée par François Ier, d'après des documents inédits, p. 297.

22405. Grandmaison (Ch. de). — Destruction du pilier

IMPRIMERIE NATIONALE.

de Notre-Dame-la-Riche [à Tours, 1783-1789], p. 333.

22406. GRANDMAISON (Ch. DE). — La ville de Tours en 1426 et 1427. Épisode de la guerre de Cent ans, p. 339.

XIV. — Mémoires de la Société archéologique, etc., t. XIV. (Tours, 1863, in-8°, VI-746 p.)

22407. MABILLE (Émile). — Catalogue analytique des diplômes, chartes et actes relatifs à l'histoire de Touraine contenus dans la collection de dom Housseau, p. I à VI et 1 à 746.

XV. — Mémoires de la Société archéologique, etc., t. XV. (Tours, 1864, in-8°, XXX-269 p.)

22408. CHEVALIER (L'abbé). — Table analytique des mémoires de la Société archéologique de Touraine du t. Ier au t. XIV [précédée d'un essai sur les noms géographiques en Touraine], p. I à XXX et 1 à 269.

XVI. — Mémoires de la Société archéologique, etc., t. XVI, 1864. (Tours, 1864, in-8°, XLIV-245 p.)

22409. GRANDMAISON (Ch. DE) et SALMON (André). — Le livre des serfs de Marmoutier suivi de chartes sur le même sujet et précédé d'un essai sur le servage en Touraine, *fac-similé*, p. I à XLIV et 1 à 245.

XVII. — Mémoires de la Société archéologique, t. XVII. (Tours, 1865, in-8°, LVIII-CXIX-592 p.)

22410. GRANDMAISON (Ch. DE). — Note sur les découvertes récentes faites dans le sous-sol de la ville de Tours, p. XXIII.

[Amphores; poteries gallo-romaines.]

22411. CARRÉ DE BUSSEROLLE (X.). — Notice sur le château d'Harembure, commune d'Yseures, canton de Preuilly, p. XXIX. — Cf. n° 22395.

22412. CHEVALIER (L'abbé). — De l'antiquité du morcellement du sol en Touraine, p. VI*.

22413. CHEVALIER (L'abbé). — Fouilles à Mazières près d'Azay-le-Rideau [études romaines], *fig.*, p. XXXIX*.

22414. CHEVALIER (L'abbé). — Ateliers de l'âge de pierre découverts aux environs du Grand-Pressigny, p. LXXIII*.

22415. CHEVALIER (L'abbé). — Curieux épisode de l'histoire de Chenonceaux (XXIe s.), p. LXXXIII*.

22416. VIOLLET (Paul). — Sur Hélie de Bourdeille, archevêque de Tours, et la Pragmatique de saint Louis, p. XCVII*.

22417. GAUTIER (Edmond). — Note sur l'administration municipale de Loches, p. CIX*.

22418. BOURASSÉ (L'abbé). — Martyrologe obituaire de l'église métropolitaine de Tours, p. 1. — Cf. n° 22443.

22419. GAUTIER (Edmond). — Construction de l'hôtel de ville de Loches, projet de fontaines (XVIe s.), *pl.*, p. 83.

22420. SOURDEVAL (Charles DE). — Trois passages de Louis XIII à Tours (1614, 1616, 1619), p. 106.

22421. GALEMBERT (DE). — Voyage [archéologique] à Saint-Christophe, 16 juillet 1863, p. 127.

[22389]. SOURDEVAL (Charles DE). — Fers antiques de chevaux trouvés à Reignac, *fig.*, p. 133.

22422. PÉAN. — Le roi Hugon [personnage fabuleux, probablement Odin], p. 141.

22423. PROUST (Clément). — Notes sur deux églises construites à Neuvy-le-Roi, au commencement du VIe siècle, et des saintes reliques dont elles furent alors enrichies, p. 149.

22424. SOURDEVAL (Charles DE). — Une statue tombale du XIIIe siècle. Jean d'Alluye, p. 154.

22425. PROUST (Clément). — Notes historiques sur l'abbaye de Villeloin, p. 161.

22426. BODIN (L'abbé). — Couteaux et nucléus de silex, p. 167.

22427. SOURDEVAL (Ch. DE). — Note sur la famille Du Bois de Fontaine-Maran [XVe-XVIIIe s.], p. 173.

22428. SALMON (A.). — Notice historique sur Rivière [près Chinon], p. 185.

22429. BOILLEAU (Louis). — Castellum de Larçay, *pl.*, p. 197.

22430. MALARDIER. — Notes sur la terre et seigneurie de Bouferré, p. 212.

22431. CHEVALIER (L'abbé C.). — De la navigation commerciale de la Loire aux XVe et XVIe siècles [pièces justificatives, 1544-1546], p. 226.

22432. BOURASSÉ (L'abbé). — Anecdotes historiques des temps mérovingiens en Touraine, p. 248.

22433. MABILLE (Émile). — La Pancarte noire de Saint-Martin de Tours, brûlée en 1793 et restituée d'après les textes imprimés et manuscrits [chartes de 806 à 1131], p. 318.

22434. MEFFRE (J.-A.). — Tablette chronologique de l'histoire de l'abbaye de Marmoutier [IVe s.-1864], p. 544.

XVIII. — Mémoires de la Société archéologique, etc., t. XVIII. (Tours, 1866, in-8°, 576 p.)

22435. CARRÉ DE BUSSEROLLE (X.). — Armorial général de la Touraine, p. 1 à 576; et XIX, p. 577 à 1208.

[Un supplément a été publié en 1884 par l'auteur sans le concours de la Société en 1 vol. in-8° de 308 p.]

XIX. — Mémoires de la Société archéologique, etc., t. XIX. (Tours, 1867, in-8°, paginé de 577 à 1208.)

[22435]. Carré de Busserolle (X.). — Armorial général de la Touraine, p. 577 à 1208.

XX. — Mémoires de la Société archéologique, etc., t. XX. (Tours, 1870, in-8°, xxxiv-369 p.)

22436. Grandmaison (Ch. de). — Documents inédits pour servir à l'histoire des arts en Touraine, p. 1 à xxxiv et 1 à 369.

XXI. — Mémoires de la Société archéologique, etc., t. XXI. (Tours, 1871, in-8°, xii-757 p.)

22437. Chevalier (L'abbé C.). — Origines de l'église de Tours, p. 1. — Cf. n° 22438.

22438. Jehan de Saint-Clavien (L.-F.). — Saint Gatien, premier évêque de Tours, époque de sa mission dans les Gaules, p. 645. — Cf. n° 22437.

XXII. — Mémoires de la Société archéologique, etc., t. XXII. (Tours, 1872, in-8°, viii-815 p.)

22439. Chevalier (L'abbé C.). — Cartulaire de l'abbaye de Noyers, p. 1 à viii, 1 à 815; et XXIII, p. iii à clvii.

XXIII. — Mémoires de la Société archéologique, etc., t. XXIII. (Tours, 1873, in-8°, clvii-351 p.)

[22439]. Chevalier (L'abbé C.). — Histoire de l'abbaye de Noyers aux xie et xiie siècles, d'après les chartes, p. iii à clvii.

22440. Boulay de la Meurthe (A.). — Monuments funéraires de Descartes [1650-1799], *fig.*, p. 1.

22441. Fougeron (J.). — Statuts synodaux du diocèse de Tours en 1396, p. 50.

22442. Chevalier (L'abbé C.) et Quincarlet. — Le couvent de Saint-François-de-Paule au Plessis-lès-Tours, p. 123.

[Compte des édifices et bâtiments, 1490-1498.]

22443. Quincarlet (L'abbé Ed.). — Martyrologe obituaire de Saint-Julien de Tours [1469-1489], p. 213. — Cf. n° 22418.

XXIV. — Mémoires de la Société archéologique, etc., t. XXIV. (Tours, 1874, in-8°, xii-591 p.)

22444. Chevalier (L'abbé C.). — Histoire de l'abbaye de Marmoutier par dom Edmond Martène, religieux bénédictin de la congrégation de Saint-Maur, *pl.*, p. 1 à xii, 1 à 591; XXV, p. 1 à viii, 1 à x et 1 à 771.

XXV. — Mémoires de la Société archéologique, etc., t. XXV. (Tours, 1875, in-8°, viii-x-771 p.)

[22444]. Chevalier (L'abbé C.). — Histoire de l'abbaye de Marmoutier [xiie-xviiie s.], p. 1 à viii, 1 à x et 1 à 771.

XXVI. — Mémoires de la Société archéologique, etc., t. XXVI. (Tours, 1877, in-8°, 312 p.)

22445. Grandmaison (Ch. de). — Chronique de l'abbaye de Beaumont-lès-Tours, p. 1 à 312.

XXVII. — Mémoires de la Société archéologique, etc., t. XXVII. (Tours, 1878, in-8°, viii-480 p.)

22446. Carré de Busserolle (X.). — Dictionnaire géographique, historique et biographique d'Indre-et-Loire et de l'ancienne province de Touraine, p. 1 à viii, 1 à 480; XXVIII, p. 1 à 489; XXIX, p. 1 à 420; XXX, p. 1 à 430; XXXI, p. 1 à 440; et XXXII, p. 1 à 444.

XXVIII. — Mémoires de la Société archéologique, etc., t. XXVIII. (Tours, 1879, in-8°, 489 p.)

[22446]. Carré de Busserolle (X.). — Dictionnaire géographique, historique et biographique d'Indre-et-Loire [t. II], p. 1 à 489.

XXIX. — Mémoires de la Société archéologique, etc., t. XXIX. (Tours, 1881, in-8°, 420 p.)

[22446]. Carré de Busserolle (X.). — Dictionnaire géographique, historique et biographique d'Indre-et-Loire [t. III], p. 1 à 420.

XXX. — Mémoires de la Société archéologique, etc., t. XXX. (Tours, 1882, in-8°, 440 p.)

[22446]. Carré de Busserolle (X.). — Dictionnaire

géographique, historique et biographique d'Indre-et-Loire [t. IV], p. 1 à 430.

XXXI. — Mémoires de la Société archéologique, etc., t. XXXI. (Tours, 1883, in-8°, 440 p.)

[22446]. Carré de Busserolle (X.). — Dictionnaire géographique, historique et biographique d'Indre-et-Loire [t. V], p. 1 à 440.

XXXII. — Mémoires de la Société archéologique, etc., t. XXXII. (Tours, 1884, in-8°, 444 p.)

[22446]. Carré de Busserolle (X.). — Dictionnaire géographique, historique et biographique d'Indre-et-Loire [t. VI], p. 1 à 444.

XXXIII. — Mémoires de la Société archéologique, etc., t. XXXIII. (Tours, 1885, in-8°, civ-419 p.)

22447. Giraudet (Dr E.). — Les artistes tourangeaux : architectes, armuriers, brodeurs, émailleurs, graveurs, orfèvres, peintres, sculpteurs, tapissiers de haute lice. Notes et documents inédits, p. i à civ et 1 à 419.

I. — Mémoires de la Société archéologique de Touraine, série in-4°, t. I. (Tours, 1869, in-4°, 136 p.)

22448. Bourassé (L'abbé) et Chevalier (L'abbé C.). — Recherches historiques et archéologiques sur les églises romanes en Touraine du vie au xie siècle, 45 *pl.*, p. 1 à 136.

II. — Mémoires de la Société archéologique, etc., série in-4°, t. II. (Tours, 1887, in-4°, iv-139 p.)

22449. Palustre (Léon) et Lhuillier (Léon). — Monographie de l'église Saint-Clément de Tours, 15 *pl.*, p. 1 à 139.

I. — Bulletin de la Société archéologique de Touraine, t. I, 1868-1870. (Tours, 1871, in-8°, 423 p.)

22450. Dorange. — Notice sur Jean-Joseph Abrassard [1759 † 1800], p. 7.

22451. Carré de Busserolle (X.). — Les jésuites et le collège de Tours aux xvie, xviie et xviiie siècles, p. 13.

22452. Chevalier (L'abbé C.). — Le fief de la Vallière, situé à Négron [appartenant aux Scarron], p. 35.

22453. Grandmaison (Ch. de). — Maison de Jehan Foucquet, peintre de Louis XI [à Tours], p. 46.

22454. Grandmaison (Ch. de). — Guillaume Brassefort, sculpteur tourangeau du xve siècle chargé de travaux à la Sainte-Chapelle de Paris, p. 52.

22455. Dupré (A.). — Deux pierres tumulaires des xive et xve siècles de plusieurs membres de la famille Chauvel, p. 54.

22456. Dupré (A.). — Documents inédits sur la Touraine, extraits des archives de Loir-et-Cher, p. 71.

[Legs de Mathilde, comtesse de Chartres, à l'abbaye de Notre-Dame-du-Lieu, 1256. — Fondations à Notre-Dame-du-Lieu, par Robert de l'Isle, seigneur de Chissé, 1237-1246; par Jean de Brenne, seigneur de Rochecorbon, 1248. — Jean l'Italien, relieur de Marmoutier, xiie ou xiiie s.]

22457. Malardier. — Peste de 1632. Ses ravages au Grand-Pressigny et à Barrou. Drame du Champ-Buisson. Institution des Frères de la mort. Relevé des victimes, p. 76.

22458. Nobilleau (P.). — Cuve de pierre à l'église Saint-Martin de Tours, p. 84.

22459. Grandmaison (Ch. de). — Notice sur les brodeurs tourangeaux du moyen âge et de la Renaissance, p. 84.

22460. Grandmaison (Ch. de). — Erreurs sur le monument de Candes dans une lettre adressée à M. de Caumont, insérée au *Bulletin monumental*, p. 87. — Cf. n° 8269.

22461. Verger (L'abbé). — Mission de saint Gatien en Touraine, p. 96.

22462. Chevalier (L'abbé C.). — Objets d'art d'origine tourangelle en Allemagne et en Belgique, p. 101.

[Miniatures de Jean Foucquet. — Peintures de Clouet. — Vitraux attribués à Pinaigrier à Montfort-l'Amaury.]

22463. Grandmaison (Ch. de). — Tombeau supposé de Jeanne de Maillé morte en 1414 découvert sur l'emplacement de l'ancienne église des Cordeliers à Tours, p. 104.

22464. Grandmaison (Ch. de). — Notice sur les anciennes châsses de Saint-Martin de Tours, p. 110.

22465. Dupré (A.). — Aperçu des renseignements historiques sur la Touraine que l'on pourrait trouver aux archives de la préfecture de Loir-et-Cher, p. 124.

22466. Nobilleau (P.). — Inventaire des châsses et reliques trouvées à l'abbaye de Beaulieu-lès-Loches en 1663, p. 135.

22467. Malardier. — Note sur la Celle-Draon (Indre-et-Loire), p. 138.

22468. Sourdeval (Charles de). — Jacques Gélu, archevêque de Tours de 1414 à 1427, p. 164.

22469. Gautier (Edmond). — Un juge qui bat son justiciable, p. 172.

[Anecdote relative au bailli de Preuilly, 1647.]

22470. Grandmaison (Ch. de). — Notice sur l'hôtel de Beaune-Semblançay [à Tours], p. 179.

22471. Guyot. — Rapport sur le tombeau des Bastarnay à Montrésor [xvie s.], *pl.*, p. 187.

22472. Nobilleau (P.). — Monuments funéraires en Touraine, p. 212.

22473. Galembert (De). — Procès-verbal de la découverte d'une tombe rue de Fleury au pied de la tour méridionale de la cathédrale de Tours, le 26 avril 1869, p. 214.

22474. Sourdeval (Charles de). — Les titres de Marmoutier aux archives de la Vendée et de la Loire-Inférieure [analyse], p. 218. — Cf. n° 22501.

22475. Pécard. — Communication sur les monnaies trouvées à Genillé et sur les fouilles faites dans les rues de la Caserne et Colbert, p. 232.

[Monnaies romaines; voie romaine; inscription; égout, etc.]

22476. Anonyme. — Notices nécrologiques : MM. Raverot [1793 † 1869], Meffre [1795 † 1869], Luzarche [1805 † 1869], p. 237.

22477. Gautier (Edmond). — Procès-verbal des fouilles faites pour retrouver le tombeau de Foulque-Nerra dans l'ancienne église des Bénédictins de Beaulieu, *fig.*, p. 213.

22478. Grandmaison (Ch. de). — Conspectus particularis pagamenti ornamentorum et aliorum ustensilium castri Ambasie in anno mccccivxxxiii, p. 253.

22479. Chevalier (L'abbé C.). — Sur les pérégrinations du corps de saint Gatien, p. 328.

22480. Galembert (De). — Note sur les statues de Bueil, p. 338. — Cf. n° 22504.

[Tombeaux de plusieurs membres de la famille de Bueil, xve s.]

22481. Chevalier (L'abbé C.). — Origines de la Renaissance française, p. 343.

22482. Dupré (A.). — Recherches historiques sur le prieuré de Notre-Dame de Mesland-les-Blois, membre dépendant de Marmoutier, p. 358.

22483. Nobilleau (P.). — Abbaye de la Clarté-Dieu. Tombeau de Geoffroy de Coureillan [† 1395], p. 402.

22484. Nobilleau (P.). — Legs fait par Jean et Louis Le Meingre-Boucicaut au chapitre de Saint-Martin de Tours en 1490, p. 404. — Cf. n° 22505.

22485. Ladevèze. — Notice nécrologique sur M. André Salmon [1818 † 1870], p. 408.

22486. Ladevèze. — Notice nécrologique sur M. de Villiers du Terrage [1774 † 1870], p. 413.

II. — Bulletin de la Société archéologique, etc., t. II, 1871-1872-1873. (Tours, 1871-1873, in-8°, viii-545 p.)

22487. Chevalier (L'abbé C.). — La sépulture de Ronsard [† 1585] au prieuré de Saint-Cosme-lès-Tours, *pl.*, p. 12.

22488. Péan (A.). — Un nouveau document sur Michel Colombe, p. 25.

[Marché de 1511 pour les maquettes du tombeau de Philibert de Savoie, à Brou.]

22489. Dupré (A.). — Essai sur l'histoire littéraire de Marmoutier au moyen âge, p. 29.

22490. Dupré (A.). — Aveu rendu en 1366 au comte de Blois pour les droits féodaux perçus à Villedomer, p. 54.

22491. Ladevèze. — Notice nécrologique sur MM. Champoiseau [an iv † 1859], Gouin [† vers 1860], Lambron de Lignim [† 1863], Voyer d'Argenson [1796 † 1862], p. 56.

22492. Giraudet (Dr). — Histoire de l'assistance publique à Tours, p. 78.

[Pièces justificatives, 1159-1792. — Hôtel-Dieu, *plan.*]

22493. La Ponce (A. de). — Détermination de la lieue gauloise; rectification essentielle, p. 157.

22494. Chevalier (L'abbé C.). — Deux peintres verriers ayant travaillé aux vitraux de la Sainte-Chapelle de Champigny : René Grezil et Arnoul Ferrant [xvie s.], p. 181.

22495. Chevalier (L'abbé C.). — Note sur l'origine tourangelle de Descartes, p. 186.

[Pièces justificatives, 1596-an xi.]

22496. Ladevèze. — Notices biographiques sur MM. de Vonne [† 1871], Pécard [† 1871], Jehan de Saint-Clavien [† 1871], p. 213.

22497. Chevalier (L'abbé C.). — Éloge funèbre de l'abbé J.-J. Bourassé [† 1871], p. 222. — Cf. n° 22510.

22498. Gautier (Edmond). — La chapelle du château de Reignac, 1717, p. 227.

[Procès-verbal de pose de la première pierre.]

22499. Bourassé (L'abbé). — Le testament de saint Perpet, évêque de Tours [ve s.; analyse], p. 256.

22500. Anthoine. — Saché et le Pont-de-Ruan. Les grottes-refuges du Château-Robin [antiquités préhistoriques], p. 262.

22501. Sourdeval (Charles de). — Marmoutier et le prieuré de Machecoul, p. 280. — Cf. n° 22474.

22502. Farcy (De). — Procès-verbal des serments de Jehan Quetier, Ernoul Ruzé, Guillaume de Beaune et Thomas de Saint-Paoul, marchands de Tours (1481), p. 283.

22503. Fougeron (J.). — Agnès Sorel, p. 284.

[Extrait d'une note de 1778 sur l'église de Loches, relatif à son tombeau.]

22504. Galembert (De). — Notes d'un voyage à Bueil le 7 juillet 1870, p. 288. — Cf. n° 22480.

[Tombeaux de la famille de Bueil, xve s., *fig.*]

22505. Nobilleau (P.). — La chapelle de Notre-Dame-du-Chevet en la basilique de Saint-Martin et la famille Le Meingre-Boucicaut [xive-xve s.], *fig.*, p. 302. — Cf. n° 22484.

22506. Palustre (Léon). — Pèlerinage aux lieux fréquentés par la bienheureuse Jeanne-Marie de Maillé, p. 324.

22507. Palustre (Léon). — Les d'Amboise en Poitou, d'après la récente histoire de Thouars de M. Hugues Imbert, p. 335.

22508. Bourassé (L'abbé). — Camp de l'époque gallo-romaine à Sainte-Maure, p. 344.

22509. Ladevèze. — Notices nécrologiques sur MM. Boilleau [1791 † 1871] et Bourassé [† 1871], p. 346.

22510. Chevalier (L'abbé C.). — L'abbé Bourrassé et le mouvement intellectuel en Touraine depuis quarante ans [bibliographie de ses œuvres], p. 376, 414 et 424. — Cf. n° 22497.

22511. Anonyme. — Extraits des manuscrits de M. Phelippes-Beaulieux sur la famille Descartes, p. 426.

22512. Chevalier (L'abbé C.). — Généalogie de la maison de Bohier, par Blanchard, p. 428.

22513. Grandmaison (Ch. de). — Exposition rétrospective de Tours, p. 433.

22514. Palustre (Léon). — Compte de lingerie du roi Louis XI (1462), p. 444.

22515. Dupré (A.). — Notes historiques sur l'abbaye d'Aiguevive (de l'ancien diocèse de Tours) [xie-xviiie s.], p. 466.

22516. Chevalier (L'abbé C.). — La ville d'Azay-le-Rideau aux xve et xvie siècles, p. 464.

22517. Dupré (A.). — Renseignements sur le protestantisme en Touraine [xvie-xviie s.], p. 492.

22518. Dupré (A.). — Note sur le cartulaire de Fontaines-les-Blanches [xiiie s.], p. 506.

22519. Grandmaison (Ch. de). — Château de Chenonceaux, fin des constructions, janvier 1521 (1522, n. s.), p. 508.

22520. Grandmaison (Ch. de). — Liste des monuments de la Touraine à classer comme monuments historiques, p. 535.

22521. Chevalier (L'abbé C.). — Mémoire sur les artistes d'Amboise, p. 541.

[Pierre Nepveu et Jacques Coqueau, architectes de Chambord.]

III. — Bulletin de la Société archéologique, etc., t. III, 1874-1875-1876. (Tours, 1877, in-8°, viii-488 p.)

22522. Chevalier (L'abbé C.). — La forteresse de Montboyau élevée par Foulques-Nerra, comte d'Anjou, p. 4.

22523. Blaive (L'abbé). — Inscription funéraire de Charlotte Coustely au cimetière de Limeray [† 1565], p. 11.

22524. Brizard. — Inscription en vers latins au presbytère de Chançay [s. d.], p. 11.

22525. Chevalier (L'abbé C.). — Châsse de sainte Marthe donnée à Tarascon par Louis XI et exécutée par André Mangot, orfèvre de Tours, *fig.*, p. 13.

22526. Chevalier (L'abbé C.). — Documents nouveaux sur la construction d'Azay-le-Rideau par Gilles Berthelot et sa femme Philippe Lesbahy [1518-1519], p. 20.

22527. Gautier (E.). — Les souterrains du château de Loches, 4 *pl.*, p. 29.

22528. Dorange (A.). — Les reliques de saint Martin aux xvie et xviie siècles, p. 59.

[Procès-verbal de la reconnaissance des reliques. 1636.]

22529. Boulay de la Meurthe (A.). — Pièce relative à la construction du château d'Amboise, p. 66.

[Traité pour l'indemnité due pour les maisons abattues pour la construction du château, 1497.]

22530. Boulay de la Meurthe (A.). — Procès-verbal de l'ouverture des tombeaux ou sépulcres des saints Ours, Senoc et Gratien [à Loches, 1651-1654], p. 70.

22531. Boulay de la Meurthe (A.). — Extraits du nécrologe de l'église collégiale de Notre-Dame de Loches. p. 81.

22532. Chiboct. — Deux pierres sculptées trouvées dans l'église de Montreuil [xvie s.], *fig.*, p. 89.

22533. Zotenberg (H.). — M. Émile Mabille [1828 † 1874], p. 100.

22534. Deservillers (De). — Hildebert de Lavardin, archevêque de Tours [1125-1134], p. 103.

22535. Nobilleau (P.). — Hardouin de Bueil, évêque d'Angers et baron de Châteaux (1398-1439), p. 172.

22536. Anonyme. — M. Taschereau [1801 † 1874; bibliographie], p. 195.

22537. Lèques. — Notes militaires extraites des archives d'Amboise, p. 205.

[De l'*ordinaire* et de l'*extraordinaire* des guerres.]

22538. Dupré (A.). — Renseignements sur la Grèneterie de Marmoutier à Blois, p. 212.

22539. Mégret-Ducoudray. — Notes sur les sires de Bueil. p. 223.

22540. Farcy (L. de). — Hans Mangot, orfèvre tourangeau (xvie s.), p. 236.

22541. Péan (A.). — Sur quelques termes composés de l'ancienne topographie de la France. Le centre, p. 239.

22542. Buchet (L'abbé). — Inscription au château de Montrésor [cœur de Claude de Bastarnay, 1567], p. 260.

22543. Gautier (Edmond). — Note sur Antoine d'Anglerays dit Chicot [† 1591] et sa famille, p. 262.

22544. Dorange (Aug.). — Vie de Mgr Gelu, archevêque de Tours au xve siècle, écrite par lui-même, p. 266.

22545. Giraudet (D^r). — Documents inédits sur les prisonniers du roi Louis XI à Tours [pièces justificatives, Simon de Quingey], p. 281.

22546. Pasquier. — Testament de maître Jehan Dupuy-Dufou [1441], p. 292.

22547. Crosnier. — Extrait des archives de Saint-Michel et de Saint-Pierre de Chédigny, paroisses réunies en 1792 [1553-an x], p. 296.

22548. Dupré (A.). — Extraits d'un voyage de John Évelyn en France au xviie siècle, p. 311.

22549. Malardier. — De l'ancien caveau sépulcral des seigneurs barons du Grand-Pressigny. Ossements qu'il contenait en 1867. Personnages auxquels ils appartiennent, p. 339.

22550. Chevalier (L'abbé C.). — Construction du château de Montpensier [1483], p. 366.

22551. Dorange (A.). — Bibliographie. Henri Lambron de Lignim [1799 † 1863], p. 369.

22552. Dorange (A.). — Bibliographie. André Salmon et ses ouvrages [1818 † 1857], p. 375.

22553. Archambault (A.). — Notice sur Jacques-Élie Lamblardie, inspecteur général, directeur de l'École des ponts et chaussées et créateur de l'École polytechnique, né à Loches le 2 novembre 1747 [† 1798], p. 382.

22554. Housseau (D.). — Procès-verbal d'une découverte de monuments romains à Tours en 1752, p. 398.

22555. Gautier (Edmond). — Inscriptions dans les églises de Nouans et de Châtillon-sur-Indre [xiie s.], p. 402.

22556. Chevalier (L'abbé C.). — L'architecture religieuse en Touraine depuis trente ans, p. 413.

22557. Dorange (A.). — Les deux marquis de Dangeau, gouverneurs de Touraine (1667-1712), p. 420.

22558. Quincarlet (Ed.). — Les protestants en Touraine, 1568, p. 432.

[Information faite à Loudun, 1570.]

22559. Luce (Siméon). — Bertrand et Olivier du Guesclin en Touraine dans les premiers mois de 1359, p. 455.

22560. Grandmaison (Ch. de). — Nouveaux documents sur les Juste [1521-1527], p. 463. — Cf. n° 22630.

22561. Giraudet (D^r). — Nouveaux documents sur la famille de Michel Colombe [1531-1535], p. 476.

IV. — Bulletin de la Société archéologique, etc., t. IV, 1877-1878-1879. (Tours, 1879, in-8°, viii-456 p.)

22562. Chevalier (L'abbé C.). — Relevé d'actes relatifs à la famille du Plessis-Richelieu sur les registres paroissiaux de Braye-sous-Faye, p. 1.

22563. Chevalier (L'abbé C.). — Fouilles exécutées sur l'emplacement de l'église de l'ancien couvent de Saint-François-de-Paule près du Plessis-les-Tours [sépultures], p. 9.

22564. Anonyme. — Cahiers de remontrances du Tiers État des villes et plat pays de Touraine pour les États généraux assignés à Tours en 1651, p. 24.

22565. Juteau (L'abbé). — Inscription trouvée à Tours [Jacques de Beaune de Semblançay, 1527], p. 109.

22566. Painparé (L'abbé E.). — Le prieuré de Benais, p. 111.

22567. Chevalier (L'abbé C.). — Note sur les fouilles exécutées à Saint-François, p. 133.

22568. Grandmaison (Ch. de). — Nouveaux documents sur les États généraux du xve siècle [1420-1424], p. 139.

22569. Vincent. — Contrat de mariage de messire Honorat de Bueil-Racan et de damoiselle Magdelaine Du Bois (29 février 1628), p. 156.

22570. Delaville le Roulx (J.). — Note sur les prieurés de Marmoutier et de Cormery au diocèse de Coutances, p. 166.

22571. Archambault (L.). — Notes et documents sur quelques familles lochoises du xve au xixe siècle, p. 204.

[De Gueldres, du Min, Gigault de Bellefond, Sauvage, Quentin; inscriptions.]

22572. Delaville le Roulx (J.). — Note sur la mission de Jean Bonin à Tours (1425), p. 220.

22573. Grandmaison (Ch. de). — Les grilles du chœur de la cathédrale de Tours (1519), p. 225.

22574. Grandmaison (Ch. de). — Guillaume Courcicault, peintre verrier [xvie s.], p. 228.

22575. Juteau (L'abbé). — Notice biographique de M. Oscar Lesèble, conservateur des collections de la Société [1821 † 1878], p. 230.

22576. Quincarlet (Ed.). — Les protestants en Touraine (1562), p. 238.

22577. Anonyme. — Extrait des registres des baptêmes, mariages, etc. de la paroisse de Druye [1562], p. 240.

22578. Boulay de la Meurthe (A.). — Un dessin original de la pyramide de l'abbaye de Beaulieu [annexes, 1575-1774], *fig.*, p. 243.

22579. Chevalier (L'abbé C.). — Un baptême royal à Amboise, p. 267.

[Baptême du dauphin François, fils de François Ier, 1517.]

22580. Nobilleau (P.). — L'archidiacre Bérenger et le prieuré de Saint-Côme-lez-Tours [1088], p. 275.

22581. Malardier. — Menus détails de ménage et d'administration au château de la Celle-Guenand, 1476-1502, p. 286.

22582. Archambault (L.). — Note sur la naissance d'Alfred de Vigny à Loches [1797], p. 298.

22583. Juteau (L'abbé). — Note biographique sur M. Hilaire Cormier de la Picardière, notaire à Rochecorbon [† 1878], p. 310.

22584. Juteau (L'abbé). — Note biographique sur M. Georges Proff [† 1878], p. 312.

22585. Juteau (L'abbé). — Notice nécrologique sur M. le marquis de Lussac [† 1878], p. 315.

22586. Delaville le Roulx (J.). — Chartes tourangelles relatives à la Touraine antérieures à l'an mille, p. 334.

[Diplôme de Louis le Pieux relatif à Coussay, 837. — Dédicace de la basilique de Villeloin par Hérard, archevêque de Tours, 859. — Accord entre l'abbaye de Marmoutier et le chapitre de Saint-Martin, 908. — Rétablissement de l'indépendance de Marmoutier, 912. — Abbaye de Saint-Loup, 939-941. — Fragment d'une charte de Joseph, archevêque de Tours, 949. — Donation aux moines de Saint-Julien de biens situés dans les varennes de Tours, 959. — Concession par Hugues Capet à son vassal Haymon des biens appartenant à Marmoutier, 970. — Donation en précaire au diacre Rainaud, 979 ou 980. — Fondation de Tavant, 987. — Le Lavoir, 991. — Donation de terres aux moines de Saint-Julien, 994. — Chartes de Bourgueil, 990-994-995-999. — Donation au monastère de Bourgueil de biens à Lerné, 999. — Donation à Saint-Julien d'un moulin à Sonnay, x^e-xie s. — Châteaux de Mirebeau et de Montbazon, v. 1000. — Fondation du prieuré de Beaumont-la Chartre, 1002. — Charte en faveur de Beaumont-la Chartre, 1004. — Charte en faveur de Beaumont-la Chartre, 1005.]

22587. Juteau (L'abbé). — Monographie de l'église des Minimes du petit couvent de Saint-Grégoire de Tours (chapelle du lycée), p. 375.

22588. Dorange (A.). — Sur les différents locaux où le maire et les échevins de Tours tinrent successivement leurs séances, p. 390.

22589. Quincarlet (Ed.). — Excursion de la Société archéologique à Loches, le 5 août 1879, p. 401.

22590. Dorange (A.). — Julien Le Roy, célèbre horloger tourangeau, 1686-1759, p. 413.

22591. Malardier. — Notes sur le Grand-Pressigny et ses environs, p. 424; VI, p. 342 et 409.

22592. Nobilleau (P.). — Dom Huymes. Le prieuré de Saint-Christophe en Touraine, p. 449.

V. — Bulletin de la Société archéologique, etc., t. V, 1880-1881-1882. (Tours, 1883, in-8°, viii-476 p.)

22593. Chevalier (L'abbé C.). — Le tombeau de saint Martin à Tours [ve s.], p. 9.

22594. Sourdeval (Charles de). — Un psautier de saint Louis et de la reine Ingeburge, p. 65.

22595. Juteau (L'abbé). — Notice biographique sur M. Donatien Millet [1840 † 1880], p. 78.

22596. Juteau (L'abbé). — M. de Sourdeval. Notice nécrologique [1800 † 1880], p. 82.

22597. Quincarlet (Ed.). — Excursion de la Société archéologique à Chinon le 20 juillet 1881. Rapport, p. 94.

22598. Gautier (L.) et Seheult (J.). — Comptes municipaux de la ville de Loches, p. 114 et 203.

[Compte de Colin Lemaye (1441-1443). — Compte de Lorin Chabuz (1488-1491).]

22599. Quincarlet (L'abbé). — Notice sur J.-B. Nini, sculpteur [1717 † 1785], p. 181.

22600. Dorange (A.). — Notice sur Dutens, philosophe antiquaire anglais [1730 † 1812], p. 184.

22601. Dorange (A.). — Entrée de Louis XI à Tours en 1461, p. 191.

22602. Juteau (L'abbé). — Discours prononcé sur la tombe de M. Guérin [architecte, 1814 † 1880], p. 234.

22603. Chevalier (Mgr C.). — Gustave Guérin et le mouvement architectural en Touraine depuis quarante ans [1840-1880], p. 239.

22604. Chevalier (Mgr C.). — Le plan du chevet de Saint-Martin au vi^e siècle, p. 286.

22605. Quincarlet (Ed.). — Une excursion à Crissay (19 avril 1882) [église, château], p. 290.

22606. Roulliet (Antony). — Saint Avertin [† 1180], p. 303.

22607. Épinay (G. d'). — Notice sur Marçay (Indre-et-Loire), p. 326.

22608. Grandmaison (Ch. de). — Notice sur l'hôtel où est née à Tours, en août 1644, Mlle de la Vallière, p. 336.

22609. Grandmaison (Ch. de). — Crosse trouvée dans l'église des Jacobins [cuivre doré; xiiie s.], p. 351.

22610. Palustre (Léon). — Inscription sur cuivre dans l'église de Saint-Quentin près de Loches [fondations; 1500], p. 356.

22611. Chevalier (Mgr C.). — La décadence de la manufacture de soierie à Tours, p. 361.

[Pièces justificatives, 1652-1730.]

22612. Quincarlet (Ed.). — Excursion [archéologique] à Chaumont et à Amboise, p. 380.

22613. Chevalier (Mgr C.). — Les architectes de Chambord, p. 405.

22614. Salin (Patrice). — Inscription trouvée à Honfleur (Calvados), p. 407.

[Louis Bodet de Heurtebize, 1651.]

VI. — Bulletin de la Société archéologique, etc., t. VI, 1883-1884-1885. (Tours, 1885, in-8°, viii-487 p.)

22615. Barbier de Montault (X.). — Le râteau à trois cierges de la cathédrale de Tours [xviiie s.], *pl.*, p. 17.

22616. Faye (Henri). — Excursion au château de Marolles et aux grottes de Marsin [commune de Genillé. La famille de Marolles aux xvie et xviie s.], p. 39.

22617. Grandmaison (Ch. de). — Plaintes et doléances présentées aux États généraux du royaume par les députés de Touraine aux xvie et xviie siècles, p. 53 et 136.

22618. Ladevèze. — M. Ernest Mame [† 1883]. Notice nécrologique, p. 64.

22619. Pic-Paris. — Épitaphe de dame Louise de Saint-Georges [† 1690], p. 88.
22620. Arnault (L'abbé). — Testament de Seguin d'Authon, patriarche d'Antioche et administrateur du diocèse de Tours, † 1395, p. 119.
22621. Delaville le Roulx (J.). — Note sur quelques sceaux tourangeaux, p. 131.
22622. L. P. [Palustre (Léon)]. — Une galerie du xvie siècle, rue Banchereau, n° 8 [à Tours], *pl.*, p. 159.
22623. Delaville le Roulx (J.). — Jetons de Jacques Gaultier, maire de Tours [1619-1621], *fig.*, p. 161.
22624. Lhuillier (L.). — Quel est le nom actuel de Calatonnum ? [Saint-Cyr-sur-Loire], p. 166.
22625. Faye (H.). — Le statut municipal de Tours d'après de récents travaux, p. 187.
22626. Palustre (Léon). — Maison du xvie siècle à Luynes, *pl.*, p. 229.
22627. Quincarlet (Ed.). — Excursion de la Société archéologique à Châtillon-sur-Indre, p. 252.

[Église de Châtillon, *pl.*; château de l'Ile-Savary, *pl.*; lampadaire d'Estrées, *pl.*]

22628. Lhuillier (L.). — Biens donnés en Touraine au chapitre métropolitain par l'archevêque Adalard [874-890], p. 289.
22629. Grandmaison (Ch. de). — Chartes françaises de Touraine [1260-1292], p. 297.
22630. L. P. [Palustre (Léon)]. — Recherches relatives aux Juste [sculpteurs du xvie s.], p. 324. — Cf. n° 22560.
22631. Chauvigné (Auguste). — Origine, importance et durée des anciennes foires de Tours, p. 332.
[22591]. Malardier. — Notes sur le Grand-Pressigny et ses environs, p. 342 et 409.
22632. Faye (H.). — Les boucles-bornes de la rue des Carmes [à Tours], p. 378.
22633. Palustre (Léon). — La crosse des Jacobins [cuivre doré; xiiie s.], *pl.*, p. 370.
22634. Lépinaist (De). — Inscription sur une plaque de plomb trouvée à Fontgombault (Indre) [attribuée au xiie s.], p. 391.
22635. Quincarlet (Ed.). — Excursion de la Société archéologique à Candes, Montsoreau et Fontevrault le 11 mai 1885, p. 433.

[Reliques des martyrs Thébains trouvées à Candes dans deux petits vases en verre.]

22636. Chevalier (Mgr C.). — Le testament de saint Perpet [475; son authenticité], p. 481.
22637. Palustre (Léon). — Anneau de saint Leubais, abbé de Sennevières (vi^e s.), *pl.*, p. 484.

COLLECTION DE DOCUMENTS SUR L'HISTOIRE DE TOURAINE.

22638. Salmon (André). — Recueil de chroniques de Touraine. (Tours, 1854, in-8°, clii-491 p.) — Cf. n° 22639.

[Chronique de Pierre Béchin. — Grande chronique de Tours. — Chronique des archevêques de Tours, de Saint-Martin et de Saint-Julien de Tours, de Marmoutier, de l'abbaye de Gatine, de Notre-Dame de Loches, de l'abbaye de Fontaines-les-Blanches.]

22639. Salmon (André). — Supplément aux chroniques de Touraine. (Tours, 1856, in-8°, xxxix-67 p.) — Cf. n° 22638.

[Libellus cujusdam episcopi Trajectensis Radbodi nomine de quodam sancti Martini miraculo. — De reversione beati Martini a Burgundia tractatus. — De eversione et restitutione Cormariceni cœnobii templique dedicatione. — Chronique de Saint-Pierre de Bourgueil.]

INDRE-ET-LOIRE. — TOURS.

SOCIÉTÉ DES BIBLIOPHILES DE TOURAINE.

Cette Société ne paraît avoir eu qu'une existence nominale. M. Mame, l'imprimeur bien connu, en a, croyons-nous, édité toutes les publications à ses frais. Elles forment une collection de 8 volumes in-8°, tirés à grandes marges, dont le dernier date de 1869.

22640. Galitzin (Augustin). — Quelques lettres de Henri IV relatives à la Touraine (Tours, 1860, in-8°, 76 p.)
22641. Bourassé (L'abbé). — Vie de monseigneur saint Martin de Tours, par Péan Gatineau, poète du xiiie siècle, publiée d'après un manuscrit de la Bibliothèque impériale. (Tours, 1860, in-8°, xvi-184 p.)

IMPRIMERIE NATIONALE.

22642. Monteil (Alexis). — Promenades dans la Touraine. (Tours, 1861, petit in-8°, xvi-208 p.)

[L'introduction est signée J. T. (Jules Taschereau).]

22643. Bourassé (L'abbé). — Les dévotes epistres de Katherine d'Amboise, publiées pour la première fois. (Tours, 1861, in-8°, lx p.)

22644. Luzarche (Victor). — Lettres historiques des archives communales de la ville de Tours depuis Charles VI jusqu'à la fin du règne de Henri IV (1416-1594). (Tours, 1861, in-8°, xi-204 p.)

[Lettres du dauphin Jean, fils de Charles VI; de Charles VI; du comte de Vertus; d'Yolande d'Aragon; de Charles VII; de Louis XI; de Charles VIII; de François Ier; de Jean de La Curée; de Catherine de Médicis; de Charles IX; de Louis de Bourbon, duc de Montpensier; de François de Bourbon, duc de Montpensier; de Henri III; de Ronsard; d'Anne de Montmorency; de Henri IV; de Martin Ruzé; de François de Bourbon-Conti et de sa femme; de M. de Souvré; de Pierre Donadieu, sénéchal d'Anjou.]

22645. Sourdeval (Ch. de). — Rapport au roi sur la province de Touraine, par Charles Colbert de Croissy, commissaire-député en 1664. (Tours, 1863, in-8°, 172 p.)

22646. Grandmaison (Ch. de). — Procès-verbal du pillage par les Huguenots des reliques et joyaux de Saint-Martin de Tours en mai et juin 1562. (Tours, 1863, in-8°, xli-96 p.)

22647. Galembert (L. de). — Funérailles de Henri II : rooles des parties et somme de deniers pour le faict desdits obsèques et pompes funèbres. (Tours, 1869, in-8°, 77 p.)

ISÈRE. — GRENOBLE.

ACADÉMIE DELPHINALE.

Il existait à Grenoble, dès 1772, une *Société littéraire de Grenoble* ou *Académie delphinale* qui publia, de 1787 à 1789, 3 volumes ou fascicules de *Mémoires*.

En floréal an IV, une nouvelle société fut fondée sous le nom de *Lycée de Grenoble* et autorisée peu après. En l'an VIII, ces deux sociétés se réunirent en une seule qui prit, en prairial an X, le nom de *Société des sciences et des arts de Grenoble*, et qui publia, de 1798 à 1806, 3 fascicules de procès-verbaux de ses séances. Cette société reprit, en 1844, le nom d'*Académie delphinale* qu'elle porte encore aujourd'hui. La collection de son *Bulletin* formait, au 31 décembre 1885, 29 volumes divisés en trois séries. Il faut y joindre 3 volumes de documents inédits publiés à part que nous avons mentionnés sous les n°s 22877 à 22885.

I. — **Mémoires de la Société littéraire de Grenoble**, 1re partie. (Grenoble, 1787, in-8°, 244 p. — Autre édition, 1787, in-4°, 176 p.)

II. — **Mémoires de la Société littéraire de Grenoble**, 2e partie. (Grenoble, 1788, in-8°, 225-69 p. — Autre édition, 1788, in-4°, 171-48 p.)

III. — **Mémoires de la Société littéraire de Grenoble**, 3e partie. (Grenoble, 1789, in-8°, 102-76-78 p. — Autre édition, 1789, in-4°, XXIV-185 p.)

I. — **Recueil des règlements et titres du Lycée des sciences et arts de la commune de Grenoble**, auxquels on a joint la notice des mémoires lus jusqu'à l'an VIII et le tableau des membres ordinaires associé (*sic*), étrangers, etc. (S. l. n. d. [Grenoble, an VII], 2 feuillets non chiffrés, 14-4-32 feuillets.)

II. — **Société des sciences et arts de la ville de Grenoble** (ci-devant le Lycée). Recueil contenant le règlement, le tableau des membres ordinaires ou correspondants, celui des officiers de la Société, la notice de leurs ouvrages, etc. (Grenoble, an X, in-8°, 72 p.)

III. — **Société des sciences et des arts de la ville de Grenoble**, instituée en l'an IV (1796) sous le nom de Lycée. Recueil contenant le règlement, le tableau des membres résidants et correspondants, une notice des ouvrages lus et envoyés à la Société, etc., 1er avril 1807. (Grenoble, s. d., in-8°, 98 p.)

22648. Anonyme. — Notice sur la formation de la Société des sciences et des arts de la ville de Grenoble, p. 1.

I. — **Bulletin de la Société des sciences et des arts de Grenoble**, t. I [1836-1845]. (Grenoble, 1842-1846, in-8°, 720-28 p.)

22649. Michal (Louis). — Notice historique sur la Société des sciences et arts (Académie delphinale) [de 1772 à 1836], p. 5.

22650. Anonyme. — Compte rendu des séances de la Société [1836-1845], p. 33.

22651. Ducoin. — Considérations sur l'orthographe du nom de Vaucanson, p. 37.

[Acte de baptême de Jacques Vocanson, 1709.]

22652. Ducoin. — Biographie du poète Gentil-Bernard [1710 † 1775], p. 42.

22653. Taulier (Frédéric). — Les progrès de la jurisprudence en France [au XIXe s.], p. 50.

22654. Pilot. — Notice sur les antiquités de l'arrondissement de Grenoble [monuments historiques], p. 62.

22655. Imbert-Desgranges. — Dissertation sur le passage d'Annibal à travers les Alpes, p. 123. — Cf. n°s 22691 et 22692.

22656. Fauché-Prunelle (A.). — Documents relatifs aux derniers temps de la Ligue et à l'avènement de Henri IV, p. 210, 232, 329, 409, 478, 546, 653, 675 et 686. — Cf. n° 22666.

[Analyse du *Livre du Roy* (1569-1602) de la commune de

Briançon. — Lettres de Lesdiguières. — Entrevue du duc de la Force avec Henri IV au sujet de la condamnation de Biron. — Lettre de Biron.]

22657. Leroy. — Souvenirs de l'île d'Elbe [1814], p. 239.

22658. Fauché-Prunelle (A.). — Cérémonial de la rentrée des cours de justice après les vacances, origine et établissement de l'antique usage de la messe du Saint-Esprit, p. 282.

22659. Fauché-Prunelle (A.). — Dissertation sur un antique tombeau [gaulois] découvert en 1834 à Ristolas, p. 321.

22660. Fauché-Prunelle (A.). — Note sur le siège du château d'Exilles en 1569, p. 409.

22661. Taulier (Frédéric). — Rapport demandant que la Société reprenne le titre d'*Académie delphinale* [adopté en 1844], p. 427.

22662. Fauché-Prunelle (A.). — Antiquités du Briançonnais [notes de voyage], p. 433.

22663. Hermenous (Louis). — Glossologie et système d'alphabet universel avec quelques idées sur l'Orient, p. 535. — Cf. n° 22665.

II. — Bulletin de l'Académie delphinale, t. II [1846-1849]. (Grenoble, 1847-1850, in-8°, 852 p. et supplément de 36 p.)

22664. Du Boys (Albert). — Rapport sur les progrès des sciences archéologiques et historiques en France [en 1845-1846], p. 11.

22665. Hermenous (Louis). — Quelle langue pourrait devenir universelle [étude de linguistique], p. 26; et III, p. 58 et 307. — Cf. n° 22663.

22666. Fauché-Prunelle (A.). — Analyse et extraits des documents contenus dans le *Livre du Roy*, relatifs aux guerres de religion [en Dauphiné], p. 136, 272, 305 et 318. — Cf. n° 22656.

22667. Fauché-Prunelle (A.). — Mémoire sur les invasions des Sarrasins dans les contrées de la rive gauche du Rhône et plus particulièrement dans le Dauphiné et dans les Alpes [du VIII° au X° s.], p. 216, 276, 410, 474, 497, 806; et III, p. 141.

22668. Gournay (De). — Mémoire sur la découverte du temple de Jupiter Olympien à Olympie (Morée) [1829], p. 242 et 740. — Cf. n° 22686.

22669. Du Boys (Albert). — Mémoire sur les jugements des gouverneurs de province et des préfets du prétoire sous les empereurs païens ou chrétiens, p. 365.

22670. Fauché-Prunelle (A.). — Lettres des rois et reines de France extraites des archives de l'évêché de Grenoble, p. 452.

[Lettres de Louis XI, Marguerite de Valois, François Ier Charles VII.]

22671. Gournay (De). — Lettre et rapport sur la crypte de l'église de Saint-Laurent [à Grenoble, attribuée au VIII° s.], p. 98, 120 et 460. — Cf. n°s 22688, 22694, 22702, 22703 et 22731.

22672. Du Boys (Albert). — Des diverses espèces de paix chez les Germains, p. 539.

22673. Fauché-Prunelle (A.). — Communication de documents sur les guerres de Charles le Téméraire, p. 639.

[Lettres du comte de Comminges, gouverneur du Dauphiné, et de Jean de Ventes, conseiller au Parlement de Grenoble (1471); fragments de chronique.]

22674. Fauché-Prunelle (A.). — Communication de documents extraits des archives de la Chambre des comptes de Grenoble, p. 845.

[Lettre de Bayard sur la bataille de Ravenne, 1512.]

22675. Duchesne. — Notice sur la vie et les ouvrages de M. Jacques Berriat Saint-Prix, professeur de droit à Paris [1769 † 1845], p. 197; et supplément, p. 1-36.

III. — Bulletin de l'Académie delphinale, t. III [1850-1851]. (Grenoble, 1850-1851, in-8°, 784 p.)

[22665]. Hermenous (Louis). — Quelle langue possède le plus de titres à l'universalité, p. 58 et 307.

22676. Du Boys (Albert). — Histoire du droit criminel des peuples modernes, considéré dans ses rapports avec l'histoire des progrès de la civilisation, p. 96.

[Procédure inquisitoriale et tribunaux de l'Inquisition.]

[22667]. Fauché-Prunelle (A.). — Mémoire sur les invasions des Sarrasins, p. 141.

22677. Duchesne. — Éloge de Mme de Staël-Holstein [1766 † 1817], p. 193.

22678. Fauché-Prunelle (A.). — Cérémonial du baptême d'un dauphin de France [1492], p. 257.

22679. Du Boys (Albert). — Coutumes inédites de Perpignan, p. 295.

[Critique d'un ouvrage de M. Massot.]

22680. Parisot. — Spécimen d'une traduction française complète du Ramayana, p. 362, 612; et IV, p. 27.

[Travaux faits sur le Ramayana en Europe.]

22681. Auzias. — Communication sur un manuscrit historique du XVIII° siècle, p. 536.

[Mémoire sur l'origine de la réalité des tailles en Dauphiné, dressé en 1728. — Réflexions sur le traité de la dîme royale de Vauban, par M. de La Gennière. — Ouverture du testament de Louis XIV. — Mémoire de 1775 sur la suppression des parlements; sur la manière d'enseigner l'architecture. — Sur l'esprit des lois. — Anecdotes sur Voltaire. — Mort de Mgr Caulet, évêque de Grenoble en 1771. — Lettre de Louis XV à son fils, 1744. — Projet d'établissement d'une Société littéraire à Moulins, 1741.]

22682. Fauché-Prunelle (A.). — Un épisode de l'histoire du Parlement de Grenoble, p. 587.

[Lutte au sujet de l'enregistrement des édits contre les Jésuites, 1763-1764.]

22683. Ducoin (Amédée). — Souvenirs sur Chépy [histoire de Grenoble pendant la Révolution], p. 767. — Cf. n° 22685.

IV. — Bulletin de l'Académie delphinale, t. IV [1852]. (Grenoble, 1856, in-8°, 706 p.)

22684. Macé (Antonin). — Dissertation sur le billet de François Ier à sa mère après la bataille de Pavie, p. 10.
[22680]. Parisot. — Traduction française du Ramayana, p. 27.
22685. Ducoin. — Souvenirs du théâtre de Grenoble pendant 1793 et 1794, p. 183. — Cf. n° 22683.
22686. Gournay (De). — Expédition scientifique en Morée [1829], p. 230, 281 et 314. — Cf. n° 22668.
22687. Revillout (Charles). — Note sur les travaux académiques de M. Ducoin [1777 † 1851], p. 226.
22688. Gournay (De). — Sur les fouilles faites autour de l'église Saint-Laurent, p. 572. — Cf. n° 22671.
22689. Du Boys (Albert). — De l'Allemagne en 1846 et en 1852, p. 676.

V. — Bulletin de l'Académie delphinale, t. V [1853-1855]. (Grenoble, 1859, in-8°, 304 p.)

22690. Du Boys (Albert). — Étude [historique] sur Domène [Isère], p. 50.
22691. Imbert-Desgranges. — Nouvelle lecture sur le passage d'Annibal, p. 61. — Cf. n° 22655.
22692. Macé (Antonin). — Mémoire sur le passage d'Annibal, p. 82. — Cf. n° 22655.

[Itinéraire d'Annibal à travers les Alpes.]

22693. Parisot. — A propos du mémoire d'Henri Lawes Long sur la marche d'Annibal, du Rhône aux Alpes, p. 97.
22694. Gournay (De). — Nouveaux documents sur la crypte de Saint-Laurent, p. 110. — Cf. n° 22671.
22695. Gournay (De). — Notice sur Sainte-Marie-d'en-Haut, p. 137 et 141.

[Ordre de la Visitation fondé au XVIIe siècle à Grenoble.]

22696. Auzias (Théodose). — Lecture sur le capitaine Paulin, baron de La Garde [† 1578], p. 142.
22697. Revillout (Charles). — Mémoire sur la politique des Romains dans le Dauphiné, p. 224.

VI. — Bulletin de l'Académie delphinale, 2e série, t. I, 1856-1860. (Grenoble, 1861, in-8°, 736 p.)

22698. Réal (Félix). — Essai biographique sur Hugues de Lionne [† 1671; généalogie de la famille de Lionne], p. 104.
22699. Marchegay (Paul) et Revillout (Charles). — Lettre de M. Jouffrey de Montchenu [XVIe s.], p. 137.

[Note sur le sieur de Montchenu et le seigneur de Mauléon.]

22700. Macé (Antonin). — Dissertation sur une inscription [romaine] de la Chapelle-Blanche (Savoie), p. 149.
22701. Burdet (Victor). — De l'ancienne organisation féodale du Dauphiné [en 1349], p. 163.
22702. Gournay (De). — Dissertation sur l'effigie [d'évêque] incrustée à l'extérieur du pourtour de l'abside de Saint-Laurent [de Grenoble], p. 216. — Cf. n° 22671.
22703. Gournay (De). — Découverte de la partie inférieure de la figure de saint Thibaut sur le mur en saillie de la rotonde de Saint-Laurent, p. 224. — Cf. n° 22671.
22704. Macé (Antonin). — Cippe funéraire trouvé à Romagnieu (Isère) [attribué au IIe s.; inscription], p. 229.
22705. Revillout (Charles). — Notice sur l'ancienne Académie delphinale [1772-1793], p. 327.
22706. Macé (Antonin). — La Grande Chartreuse, fragment traduit de Gölnitz, p. 406.

[Esquisse historique et description du monastère.]

22707. Maignien. — Étude sur la correspondance de Lafontaine [† 1695], p. 439.
22708. Revillout (Charles). — Donation à la maladrerie de Saint-Étienne de Crossey par Amédée V de Savoie [1311], p. 502.
22709. Blanchet (Hector). — Lettre relative à la maladrerie de Saint-Aupre, p. 519.
22710. Du Boys (Albert). — Notice biographique sur le docteur Joffre [† 1858], p. 545.
22711. Revillout (Charles). — Dissertation sur l'occupation de Grenoble au Xe siècle par une nation païenne [probablement les Sarrasins], p. 551.
22712. Gautier (Louis). — Notice biographique sur M. l'abbé Génevey [† 1859], p. 577.
22713. Saint-Andéol (Fernand de). — Notice sur les églises [romanes] de Penol et du Mottier [XIe et XIIe s.], *pl.*, p. 597.
22714. Fauché-Prunelle (A.). — Les élections municipales dans le Briançonnais, p. 607.
22715. Saint-Andéol (Fernand de). — Aperçu géographique sur le pays des Helviens, p. 642.

[Depuis la conquête romaine jusqu'au VIIIe siècle, *carte*.]

22716. Burdet (Victor). — Notice sur M. Auguste Gautier [† 1860], p. 701.

VII. — Bulletin de l'Académie delphinale, 2e série, t. II, 1861-1862. (Grenoble, 1863, in-8°, 688 p.)

22717. Auvergne (L'abbé). — Lecture sur Mgr de Saint-Vallier, deuxième évêque de Québec [† 1727], p. 17.

22718. Du Boys (Albert). — Notice historique sur Sébastien de Planta, membre de l'Académie delphinale [1770 † 1839], p. 30.

22719. Fauché-Prunelle (A.). — Recherches des anciens vestiges germaniques en Dauphiné, p. 252 et 439.

[Caractère des fiefs en Dauphiné; le droit public et le droit privé en Dauphiné.]

22720. Macé (Antonin). — Notes inédites de Villars sur quelques botanistes dauphinois, p. 353.

[Pierre Bérard, André Borel, Dominique Chaix, Clapier, Pierre et Claude Liottard, Dominique Villar.]

22721. Macé (Antonin). — Mémoire sur quelques points controversés de la géographie des pays qui ont constitué le Dauphiné et la Savoie avant et pendant la domination romaine, p. 386.

[Études ethnographiques; voies romaines; notice bibliographique.]

22722. Vallier (Gustave). — Lettres inédites de Jean-Jacques Rousseau [1768-1769], p. 509.

22723. Trépier (L'abbé). — Notes et observations sur l'origine de la domination des comtes Guigues à Grenoble et dans le Graisivaudan, et sur la valeur historique des cartulaires de Saint-Hugues [IXe-XIIe s.], p. 535.

22724. Saint-Andéol (Fernand de). — Un oppidum gaulois retrouvé [à Pampelone (Ardèche)], *pl.*, p. 662.

VIII. — Bulletin de l'Académie delphinale, 2e série, t. III. 1862-1863. (Grenoble, 1864, in-8°, 388 p.)

22725. Taulier (Jules). — Quelques mots relatifs à la journée des Tuiles, à Grenoble, le 7 juin 1788, p. 40. — Cf. n° 22809.

22726. Vallier (Gustave). — Archéologie de contrebande à propos de Mandrin, p. 44.

[Chaussure du cheval de Mandrin vers 1755.]

22727. Du Boys (Albert). — Fernand de Talavera, premier archevêque de Grenade depuis l'expulsion des Mores [† 1507], p. 56.

22728. Du Boys (Albert). — Rivalités du Dauphiné et de la Savoie jusqu'en 1349, p. 124.

22729. Auvergne. — Une inscription du clocher de Saint-Donat (Drôme) [XVe s.], p. 173.

22730. Saint-Andéol (Fernand de). — Le trophée de Quintus Fabius Maximus Æmilianus, *pl.*, p. 213.

[Découvert à Sarras (Ardèche), érigé 121 ans avant J.-C.]

22731. Saint-Andéol (Fernand de). — Note sur la crypte de Saint-Laurent de Grenoble, p. 223 et 245. — Cf. n° 22671.

22732. Du Boys (Albert). — De l'esprit du gouvernement chez les femmes dans l'ancienne Bourgogne et l'ancien Dauphiné, p. 224.

[Hermengarde, Marguerite d'Albon, XIIe s. — Les trois dauphines Béatrix. — Les femmes aux États du Dauphiné.]

22733. Mallein (Jules-Casimir). — Éloge de M. Adolphe Blanchet [1799 † 1863], p. 280.

22734. Gariel (Hyacinthe). — Notice et bio-bibliographie de M. Alexandre Fauché-Prunelle [1795 † 1863], p. 329.

22735. Galbert (Oronce de). — Notice sur M. Mathieu de Ventavon [1800 † 1863], p. 352.

IX. — Bulletin de l'Académie delphinale, 3e série, t. I, 1865. (Grenoble, 1866, in-8°. XLIV-460 p.)

22736. Du Boys (Albert). — Philis de La Charce ou une héroïne du Dauphiné au XVIIe siècle, p. 3. — Cf. n° 22758.

[Signatures de Philis et de son frère le vicomte de La Charce de La Tour du Pin, *fac-similé*.]

22737. Chaper (Eugène). — Notes sur les restes d'un tombeau celtique situé près de Tallard (Hautes-Alpes), p. 45.

22738. Trépier (L'abbé). — Observations sur un passage de l'éloge de M. Fauché-Prunelle, prononcé par M. Gariel, p. 54. — Cf. n° 22740 et 22759.

[Sur l'origine des comtes d'Albon et de Graisivaudan.]

22739. Caillemer (Exupère). — Antoine de Govéa fut-il conseiller au Parlement de Grenoble [sous Henri II]? p. 77.

22740. Gariel (Hyacinthe). — Réponse à la protestation de M. l'abbé Trépier à propos de la charte 16 du deuxième cartulaire de l'église de Grenoble, p. 94. — Cf. n° 22738 et 22759.

22741. Albert (Aristide). — Le mont Viso [percement de cette montagne sous Louis XI], p. 117.

22742. Vallier (Gustave). — Réflexions sur les excès commis pendant les guerres de religion. Un autographe du baron des Adrets [1562]. Une lettre inédite de Henri III [1575], *fac-similé*, p. 178.

22743. Saint-Andéol (Fernand de). — Découverte d'objets antiques à Moirans, *pl.*, p. 206. — Cf. n° 22745.

[Poteries et verreries de l'époque gallo-romaine.]

22744. Lapaume (J.). — Dangers d'une méthode uniforme dans l'enseignement des langues, p. 211.

22745. Macé (Antonin). — Observations à propos d'une lecture de M. de Saint-Andéol, p. 267. — Cf. n° 22743.

22746. Petit (Auguste). — Loisirs littéraires. Louis Bertrand [1807 † 1865]; souvenirs de Dijon, p. 283.

22747. Lapaume (J.). — Mémoire sur divers usages de la vie commune chez les anciens, p. 311.

22748. AUVERGNE (L'abbé). — Une découverte historique, p. 338, 386 et 435. — Cf. n° 22752.

[Jean de Bernin et non Jean de Bournin, archevêque de Vienne en 1262.]

22749. TAULIER (Jules). — M. Paul Simian [1839 † 1865], p. 346.

22750. VALLIER (Gustave). — Dissertation sur une colonne militaire au nom de Constantin [le Grand], découverte récemment à Saint-Paul d'Izeau [inscription], p. 349.

22751. BÉRENGER. — Récit de la visite faite par la cour de Grenoble à Napoléon Ier lors de son retour de l'île d'Elbe, le 8 mars 1815, p. 366.

22752. GARIEL (Hyacinthe). — Note servant de complément à la traduction de la charte de Jean de Bernin, p. 386. — Cf. n° 22748.

22753. DU BOYS (Albert). — Notice sur M. Barthélemy d'Orbanne, avocat consultant au Parlement de Grenoble [XVIIIe s.], p. 409.

X. — Bulletin de l'Académie delphinale, 3e série, t. II, 1866. (Grenoble, 1867, in-8°, XL-480 p.)

22754. CAILLEMER (Exupère). — Le Parlement de Grenoble et l'arrêt du 13 février 1637, p. 3.

[Lettres de l'avocat général Boffin au procureur général du Parlement de Paris, *fac-similé*.]

22755. VEYRON-LACROIX (Joseph). — Notice sur le mariage du chevalier Bayart, p. 21.

[Généalogie de la famille de Trèques.]

22756. MACÉ (Antonin). — Le passage du Guildo ou un Léonidas breton; épisode de la guerre de Sept ans [Rioust des Villaudrens], p. 37.

22757. BURDET (Victor). — Mémoire relatif à un point d'histoire locale, p. 74.

[Établissement du cadastre en Dauphiné dès le moyen âge.]

22758. AUZIAS (Théodose). — Notes sur Philis de La Tour La Charce, p. 182. — Cf. n° 22736.

22759. TRÉPIER (L'abbé). — La vérité sur saint Hugues et ses cartulaires, p. 204. — Cf. n°s 22738 et 22740.

[Authenticité des cartulaires de l'église de Grenoble.]

22760. ADVIEILLE (Victor). — La ganterie de Millau [en Bourgogne] d'origine grenobloise [importée vers 1750], p. 277.

22761. MAIGNIEN (Edmond). — Notice historique sur l'abbaye des Ayes, près Grenoble, de l'ordre de Cîteaux, p. 424.

XI. — Bulletin de l'Académie delphinale, 3e série, t. III, 1867. (Grenoble, 1868, in-8°, XXVIII-586 p.)

22762. MAIGNIEN (Edmond). — Un nécrologe de la ville de Grenoble [XIVe s.], p. 3.

22763. TROUILLER. — Éloge de l'abbé Rousselot [† 1866] et analyse d'un manuscrit relatif à une officialité du moyen âge [en Normandie, de 1314 à 1457], p. 9.

22764. CAILLEMER. — Notes sur la propriété littéraire à Athènes, p. 47.

22765. SERVONNET (L'abbé). — Saint François de Sales à Grenoble [1616-1618], p. 61.

22766. CHEVALIER (L'abbé Ulysse). — Notice sur un cartulaire des Dauphins de Viennois en partie inédit, p. 127.

[Rédigé au XIVe s. Diplômes des empereurs d'Allemagne et autres princes de 1009 à 1357.]

22767. CROZET (Félix). — Observations sur un ouvrage de M. Lapaume intitulé l'*Anthologie nouvelle* (ou Recueil complet des poésies patoises des bords de l'Isère), p. 136. — Cf. n° 22769.

22768. VALLIER (Gustave). — Une inscription du XVIIe siècle, p. 173.

[Relative au curé Aymon de Charansonnay en 1600.]

22769. LAPAUME (J.). — Réponse à M. Crozet ou défense du patois de l'Isère par un étranger contre un Grenoblois, p. 176. — Cf. n° 22767.

22770. BURDET (Victor). — Études sur les mesures employées pour prévenir les dommages résultant des eaux nuisibles dans l'ancienne législation dauphinoise, p. 213.

22771. LAPAUME (J.). — Le prieuré de Joigny et Jeanne d'Arc, p. 239.

[Donations à ce prieuré par les comtes de Joigny en 1080, 1082, 1085. — Levée du siège de Joigny par les Anglais, 1429; inscription commémorative.]

22772. SAINT-ANDÉOL (Fernand DE). — Les cathédrales du Dauphiné (analyses archéologiques) [Notre-Dame d'Embrun], *pl.*, p. 256.

22773. BRUN-DURAND (J.). — Petite discussion historique à propos d'un nom dauphinois [*Gueliscus*], p. 318.

22774. CHEVALIER (L'abbé Ulysse). — Charte de fondation de l'abbaye de Beaulieu au diocèse de Grenoble [1240], p. 332.

22775. CHEVALIER (L'abbé Ulysse). — Notice sur un cartulaire inédit de la ville de Grenoble, p. 341.

[Recueil des franchises et libertés de la ville de Grenoble rédigé en 1404.]

22776. CHEVALIER (L'abbé Ulysse). — Catalogue des évêques de Grenoble, par Mgr le cardinal Le Camus, p. 359.

22777. CROZET (Félix). — Mémoires de Nicolas Chorier, de Vienne [1636 † 1681], sur sa vie et ses affaires, traduits des trois livres en texte latin, insérés dans le volume de la Société de statistique de l'Isère (1848), p. 381.

XII. — Bulletin de l'Académie delphinale, 3e série, t. IV, 1868. (Grenoble, 1869, in-8°, XXXII-160 p.)

22778. BOISSIEU (DE). — Éloge de M. J. Mallein [1787 † 1867], p. 10.

22779. Valson. — Éloge de M. le docteur Camille Leroy [1794 † 1869], p. 35.
22780. Vallier (Gustave). — Le poète Jean Millet [† 1675] et l'abbaye de Bongouvert, p. 41.

[Sceau, *pl.* et *fac-similé* d'une nomination de grand lieutenant de l'abbaye, 1662.]

22781. Crozet (Félix). — Notice sur les archives de l'ancienne Chambre des comptes de Grenoble, p. 72.
22782. Boissieu (De). — Études sur les monuments de l'archéologie et de la littérature hébraïques, p. 95; et XIII, p. 3.
22783. Vallier (Gustave). — Deux tiers de sol mérovingiens au nom de Gratianopolis, *fig.*, p. 135.
22784. Crozet (Félix). — Recherche sur la musique ancienne [des Hébreux et des Grecs], p. 138; et XIII, p. 320.

XIII. — Bulletin de l'Académie delphinale, 3e série, t. V, 1869. (Grenoble, 1870, in-8°, XXVIII-340 p.)

22785. Saint-Andéol (Fernand de). — Ce qu'est l'Alaise de Novalaise [près de Pont-de-Beauvoisin (Ain)], p. 31.
22786. Macé (Antonin). — Les poésies de Clotilde de Surville [1801-1824], p. 75.
22787. Burdet (V.). — De la condition civile et politique des femmes [au moyen âge], p. 262; et XIV, p. 161.
[22784]. Crozet (Félix). — Recherches sur la musique ancienne, p. 320.

XIV. — Bulletin de l'Académie delphinale, 3e série, t. VI, 1870. (Grenoble, 1871, in-8°, XV-210 p.)

22788. Gautier (Louis). — Sur la prérogative du commandement dans la province, attribuée à la présidence du Parlement de Grenoble en l'absence du gouverneur et du lieutenant général au gouvernement de Dauphiné; étude historique et critique [1337-1790], p. 3.
22789. Maignien (Edmond). — Sceaux du prieuré de Saint-Robert de Cornillon, p. 87.

[Épitaphe de Guigues le Gras, fondateur de ce prieuré, † 1419.]

[22787]. Burdet (V.). — De la condition civile et politique des femmes, p. 161.

XV. — Bulletin de l'Académie delphinale, 3e série, t. VII, 1871. (Grenoble, 1872, in-8°, XX-208 p.)

22790. Crozet (Félix). — Résumé de l'histoire du Dauphiné sous les Dauphins [1040-1349], p. 3.
22791. Chérias (Jules-Louis-Joseph). — Événements du VIIe et du VIIIe siècle relatifs à l'histoire dauphinoise et surtout particuliers aux annales de l'église et du diocèse de Gap, p. 52.
22792. Arnaud (E.). — Histoire de l'Académie protestante de Die en Dauphiné au XVIIe siècle [1593-1685], p. 92.

XVI. — Bulletin de l'Académie delphinale, 3e série, t. VIII, 1872. (Grenoble, 1873, in-8°, XXIV-208 p.)

22793. Rochas d'Aiglun (De). — Notice historique sur les fortifications de Grenoble, *plan*, p. 3.
22794. Fialon (E.). — L'école d'Athènes au IVe siècle, p. 33.
22795. Fialon (E.). — Étude sur François de Maucroix [poète du XVIIe s.], p. 52.
22796. Berger (E.). — Notice biographique sur M. [Ferdinand de Malmazet] de Saint-Andéol [1810 † 1870], p. 66.

XVII. — Bulletin de l'Académie delphinale, 3e série, t. IX, 1873. (Grenoble, 1874, in-8°, XXIII-216 p.)

22797. Rochas d'Aiglun (De). — Négociations relatives au rappel du Parlement de Dauphiné en 1764, p. 78.
22798. Fialon (E.). — Alexandrie et l'Égypte pendant les trois premiers siècles de l'ère chrétienne, p. 87.
22799. Crozet (Félix). — Essai sur l'histoire de la romance, p. 113.

XVIII. — Bulletin de l'Académie delphinale, 3e série, t. X, 1874. (Grenoble, 1875, in-8°, LXXIX-422 p.)

22800. Petit (Auguste). — Diodore Rahoult et son œuvre [peintre, 1819 † 1874], p. 10.
22801. Dugit (E.). — Naxos et les établissements latins de l'Archipel [jusqu'à nos jours], p. 81.
22802. Caillemer (Exupère). — Épisodes de l'histoire des Burgondes, p. 392.

[Bataille de Vézeronce et règne de Gondomar, 524-532.]

22803. Gautier (Louis). — Éloge funèbre de M. [Victor] Burdet [1803 † 1875], p. 117.

XIX. — Bulletin de l'Académie delphinale, 3e série, t. XI, 1875. (Grenoble, 1876, in-8°, XCIV-192 p.)

22804. Gautier (Louis). — Notice historique sur l'Académie delphinale [1787-1875], p. LXXVI. — Cf. n° 22813.
22805. Villars (Maxime). — Mgr Raillon; notice biographique [archevêque d'Aix, † 1835], p. 6.
22806. Burdet (Victor). — Étude sur les origines et les

progrès de la maison de Savoie, à propos de l'histoire de la Savoie de M. de Saint-Genis, p. 74.

22807. Burdet (Victor). — Notice historique sur les États généraux de Savoie à propos de la réimpression de la chronique de Paradin, p. 92.

22808. Gautier (Louis). — Éloge funèbre de M. Imbert-Desgranges [† 1875], p. 113.

22809. Rochas d'Aiglun (A. de). — Communication, p. 115. — Cf. n° 22725.

[Lettre du général Dode relative à la journée des Tuiles à Grenoble, le 7 juin 1788.]

XX. — Bulletin de l'Académie delphinale, 3ᵉ série, t. XII, 1876. (Grenoble, 1877, in-8°, xxvi-292 p.)

22810. Chabrand (Dʳ). — Discours de réception à l'Académie delphinale, p. 82.

[Opérations des armées françaises dans les Alpes, de 1792 à 1797.]

22811. Guirimand (Casimir). — Notice sur l'inscription funéraire de Publicus Calistus, à Die, p. 113.

22812. Vallentin (Florian). — Essai sur les divinités indigètes du *Vocontium*, d'après les monuments épigraphiques, p. 171; et XXI, p. 365.

22813. Gautier (L.). — Notice sur l'Académie delphinale, p. 250. — Cf. n° 22804.

XXI. — Bulletin de l'Académie delphinale, 3ᵉ série, t. XIII, 1877. (Grenoble, 1878, in-8°, xxv-378 p.)

22814. Périer (Ennemond). — Essai historique sur l'emplacement du couvent des Jacobins et la place Grenette [à Grenoble, du xiiiᵉ s. à 1790], p. 10.

22815. La Bonnardière (J.). — Monographie historique, archéologique et artistique de l'église Notre-Dame (cathédrale de Grenoble), p. 100.

22816. Macé (Antonin). — Le comte de Plélo [† 1734] et le général Lamotte de Lapeyrouse [† 1738], p. 216.

22817. Vallentin (Florian). — La voie romaine de l'Oisans [entre Grenoble et Briançon, vallée de la Romanche], p. 263.

22818. Macé (Antonin). — Hugues de Lionne d'après des publications récentes, p. 333.

[22812]. Vallentin (Florian). — Essai sur les divinités indigètes du *Vocontium*, errata et addenda, p. 365.

XXII. — Bulletin de l'Académie delphinale, 3ᵉ série, t. XIV, 1878. (Grenoble, 1879, in-8°, xxvii-370 p.)

22819. Vallentin (Florian). — L'arrondissement de Montélimar avant l'histoire [âges de pierre et de bronze], p. 3.

22820. Géry (Régis). — Antiquités trouvées à Villette. Temple de Romulus [statuette de bronze émaillé], 5 *pl.*, p. 35.

22821. Maignien (Edmond). — Les marques de notaires en Dauphiné [xiiiᵉ-xivᵉ s.], 3 *pl.*, p. 46.

22822. La Bonnardière (J.). — Ermenonville en 1807, p. 57.

[Détails sur le séjour de Jean-Jacques Rousseau dans ce château.]

22823. Ferrand (Henri). — La Vaudaine; étude sur le vallon de la Vaux-Daine (*Vallis damnata*) et excursions aux pics qui le dominent (Oisans), p. 91.

22824. Thibaud (Paul). — Études sur l'histoire de Grenoble et du département de l'Isère pendant la Terreur, p. 111.

22825. Taillas (De). — Étude historique sur le pouvoir temporel des évêques de Gap, p. 201.

22826. Ferrand (Henri). — Itinéraire descriptif, historique et archéologique de la Maurienne et de la Tarentaise [inscriptions romaines], *carte*, p. 257 et 365.

22827. La Bonnardière (J.). — Portrait ethnologique et physiologique des Gaulois; coup d'œil historique sur leurs institutions hygiéniques et médicales, p. 340.

XXIII. — Bulletin de l'Académie delphinale, 3ᵉ série, t. XV, 1879. (Grenoble, 1880, in-8°, xxiii-404 p.)

22828. Chaper (Eugène). — Discours prononcé en prenant la présidence de l'Académie, p. 3.

[Mémoires autobiographiques de Championnet; conquête de Naples en 1799.]

22829. Vallentin (Florian). — Découvertes archéologiques faites en Dauphiné pendant l'année 1879, p. 41.

[Monnaies gauloises; inscriptions romaines; monument élevé en l'honneur de Claude; milliaire de Valence; tombeaux.]

22830. Révillout (Charles). — Un voyageur dauphinois resté inconnu. Antoine de Brunel, seigneur de Saint-Maurice-en-Trièves (1622-1696), p. 127.

22831. Chabrand (Dʳ). — La famille Videl, p. 165.

[Louis Videl, biographe du connétable de Lesdiguières, xviiᵉ s.]

22832. Roman (J.). — Jetons du Dauphiné, *fig.*, p. 175. — Cf. n° 22844.

22833. Vallentin (Florian). — De l'ancienneté de l'homme dans la province de Dauphiné, p. 211.

22834. Guirimand (Casimir). — Inscription funéraire romaine découverte à Die (Drôme), p. 243.

22835. La Bonnardière (J.). — Coup d'œil historique sur les Quatre-Vallées (Aure, Neste, Mageac, Barousse) au pays d'Armagnac (Hautes-Pyrénées), p. 256.

22836. Accarias (Joseph). — Une famille parlementaire

IMPRIMERIE NATIONALE.

du Dauphiné. Notice sur les Chalvet [1587-1826], p. 282.

22837. Vallentin (Florian). — Notices [nécrologiques] sur MM. Patru, Casimir de Ventavon et de Bournet-Laval [† 1879], p. 396.

XXIV. — Bulletin de l'Académie delphinale, 3e série, t. XVI, 1880. (Grenoble, 1881, in-8°, xxiv-413 p.)

22838. Maignien (Edmond). — Raoul de Vienne, sire de Louppy, gouverneur du Dauphiné [1361-1369], p. 35.

22839. Fière (Paul). — De l'ancienneté de l'homme en Dauphiné. Les troglodytes de l'époque néolithique dans la vallée du Graisivaudan [grottes de l'Ermitage et de Fontabert], p. 200.

22840. Taillas (A. de). — Essai sur l'état monastique de l'ancien diocèse de Gap [avant 1789], p. 205.

22841. Chabrand (Dr). — De l'état de l'instruction primaire dans le Briançonnais avant 1790, p. 252.

22842. Golléty (Paul). — Étude sur Étienne Boyleau, prévôt des marchands, et sur les registres des métiers et marchandises de la ville de Paris [xiiie s.], p. 281.

22843. Rochas d'Aiglun (A. de). — Notes sur quelques documents inédits relatifs à la révocation de l'édit de Nantes dans les Alpes, p. 336.

[Correspondance entre Louvois et MM. d'Herleville, de Pignerol, Catinat, de Tessé, de Sainte-Rhue, 1685-1687.]

22844. Roman (J.). — Méreaux et jetons ecclésiastiques du Dauphiné, p. 376. — Cf. n° 22832.

XXV. — Bulletin de l'Académie delphinale, 3e série, t. XVII, 1881-1882. (Grenoble, 1883, in-8°, xxiv-351 p.)

22845. Piou. — Condillac et sa philosophie, p. 13.

22846. Piaget. — Le décanat de Savoie [subdivision de l'évêché de Grenoble jusqu'en 1777], p. 67.

22847. Auzias. — Note relative aux biens séquestrés, en Dauphiné, sur les protestants émigrés à la suite de la révocation de l'édit de Nantes, p. 91.

22848. Mutelet. — Le château de Chouas [xve s.], *fig.*, p. 98.

22849. Charvet (Dr B.). — Plaques de bride muletière au xviie siècle, *pl.*, p. 102.

22850. Prudhomme (A.). — Les juifs en Dauphiné aux xive et xve siècles [pièces justificatives], p. 129.

22851. Rey. — Une page inédite de la vie du cardinal Le Camus, évêque et prince de Grenoble [1671-1707], p. 248.

22852. Charvet (Dr B.). — Armes et autres objets gaulois trouvés à Rives (Isère) en 1882, *pl.*, p. 295.

22853. Roman (J.). — Catherine de Médecis en Dauphiné (1579), p. 316.

XXVI. — Bulletin de l'Académie delphinale, 3e série, t. XVIII, 1883. (Grenoble, 1884, in-8°, xxii-208-cxiv-602 p.)

22854. Chaper (Eugène). — Étude sur les Bacquelier, citoyens de Grenoble aux xve et xvie siècles, p. 3.

22855. Fournier (Paul). — Le royaume d'Arles et de Vienne sous les premiers empereurs de la maison de Souabe sous le règne de Frédéric II (1214-1250), p. 17; et XXVII, p. 251.

22856. Bernard. — Antoine Mulet, conseiller au Parlement de Dauphiné et président du Parlement de Provence [† 1509], p. 101.

22857. Piou. — Le marquisat d'Ornacieu et sa destruction en 1789 [près de la Côte-Saint-André], p. 138.

22858. Charvet (Dr B.). — Essai de reconstitution d'époque et d'origine d'une lame d'épée trouvée à Renage, près Rives [xve s., d'origine espagnole], *fig.*, p. 163.

22859. Roman (J.). — L'ordre de Saint-Jean de Jérusalem dans les Hautes-Alpes, p. 171.

22860. Maignien (Edmond). — L'imprimerie, les imprimeurs et les libraires à Grenoble, du xve au xviiie siècle, *fig.*, 1 à cxiv et 1 à 602.

[Bibliographie grenobloise, 1490-1877.]

XXVII. — Bulletin de l'Académie delphinale, 3e série, t. XIX, 1884. (Grenoble, 1885, in-8°, xxxi-368 p.)

22861. Pellet (L'abbé). — Pie VII à travers le Dauphiné en 1804 et 1809, p. 18.

22862. Prudhomme (A.). — Le trésor de Saint-Pierre de Vienne [en 1664, inventaire], p. 119.

22863. Charvet (Dr B.). — Découverte d'une station préhistorique au gros mamelon de Rochefort [près Grenoble, en 1884], p. 136.

22864. Chabran (Dr). — Un épisode de l'histoire des Vaudois (1489), p. 147.

22865. Roman (J.). — Les aventures du capitaine Jean-Baptiste Gentil de Florac (1585-1650), p. 173.

22866. Delachenal (Roland). — Documents relatifs aux États de Dauphiné tenus à Romans au mois de mars 1438, p. 198.

[22855]. Fournier (Paul). — Le royaume d'Arles et de Vienne sous le règne de Frédéric II (1214-1250), p. 251.

XXVIII. — Bulletin de l'Académie delphinale, 3e série, t. XX, 1885. (Grenoble, 1886, in-8°, xxvi-400 p.)

22867. Crozals (J. de). — L'esprit public en France et le moyen âge, p. 19.

22868. GIRAUD (J.). — L'hellénisme en Italie [au moyen âge], p. 53.
22869. CHABRAND (D^r^). — Les grandes épidémies dans le Briançonnais [XIVe-XIXe s.], p. 174.
22870. CHARVET (D^r^). — Les harnachements des chevaux de selle au moyen âge et avant cette époque, *pl.*, p. 199.
22871. GUICHARD. — Le Rigaudon dans le Trièves [danses populaires avec chants en patois], p. 244.
22872. PRUDHOMME (A.). — Mémoire historique sur la partie du comté de Valentinois située sur la rive droite du Rhône [rédigé au XVIIIe s.], p. 260.
22873. DELACHENAL (Roland). — Charte communale de Crémieu [1315], p. 281.
22874. DELACHENAL (Roland). — Les gentilshommes dauphinois à la bataille de Verneuil [1424], p. 347.
22875. ROMAN (J.). — Deux chartes dauphinoises inédites du XIe siècle, p. 359.

[Transaction entre l'évêque de Gap et le comte de Provence au sujet de leurs droits sur la ville de Gap. — Contrat de mariage de Guigues le Gras, comte d'Albon.]

22876. CHAPELLE (L'abbé). — Rapport sur des fouilles archéologiques faites sur le territoire de la commune de Pact (Isère), *pl.*, p. 375.

[Antiquités gauloises et gallo-romaines; tumuli de Mauphié.]

I. — Académie delphinale. — Documents inédits relatifs au Dauphiné, t. I [1re et 2e livraisons]. (Grenoble, 1865, in-8°, XXIV-296 p.)

22877. AUVERGNE (L'abbé). — Cartulaire du prieuré de Saint-Robert de Grenoble, de l'ordre de Saint-Benoît [1209-1356], p. 1 à XXIV et 1 à 80.
22878. AUVERGNE (L'abbé). — Cartulaire de l'ancienne chartreuse des Écouges, diocèse de Grenoble [1104-1464, sceaux de la chartreuse et des évêques de Grenoble], *fig.*, p. 81 à 296.

II. — Académie delphinale. — Documents inédits, etc., t. II [comprenant les 3e, 4e, 5e, 6e et 7e livraisons ayant chacune une pagination spéciale]. (Grenoble, 1868, in-8°, XLVIII-194, XX-84, VIII-46, X-60 et X-70 p.)

22879. CHEVALIER (L'abbé Ulysse). — Tituli ecclesiæ Beatæ Mariæ Diensis [1145-1238] et chartularium civitatis Diensis [1217-1441], 3e livraison, p. 1 à XLVIII et 1 à 194.
22880. CHEVALIER (L'abbé Ulysse). — Necrologium prioratus Sancti Roberti Cornilionis, Gratianopolitanæ diocesis, ordinis sancti Benedicti [XIIIe s.], 4e livraison, p. 1 à XX et 1 à 84.
22881. CHEVALIER (L'abbé Ulysse). — I. Hagiologium Viennense, seu de sanctis episcopis ecclesiæ Viennensis. — II. Fundatio sanctæ Viennensis ecclesiæ. — III. Chronicon antistitum Viennensium, anno 1339 conscriptum. — IV. Chronicon episcoporum Valentinensium, 5e livraison, p. 1 à VIII et 1 à 46.
22882. CHEVALIER (L'abbé Ulysse). — Extraits du cartulaire de Saint-Chaffre [près du Puy-en-Velay, en ce qui concerne les diocèses de Vienne, Valence, Die et Grenoble, Xe-XIIIe s.], 6e livraison, p. 1 à X et 1 à 60.
22883. CHEVALIER (L'abbé Ulysse). — Polyptycha, id est regesta taxationis beneficiorum diocesium Viennensis, Valentinensis, Diensis, et Gratianopolitanæ [pouillé du XVIe s.], 7e livraison, p. 1 à X et 1 à 70.

III. — Académie delphinale. — Documents inédits, etc., t. III. (Grenoble, 1875, in-8°, LII-576 p.)

22884. ROCHAS D'AIGLUN (A. DE). — Notice historique sur les travaux de topographie relatifs aux Alpes franco-italiennes, p. 1 à LII.
22885. MONTANNEL (DE). — Mémoire local et militaire [écrit vers 1753] sur la frontière des Alpes [depuis le petit Saint-Bernard jusqu'à la Méditerranée], p. 1 à 576.

ISÈRE. — GRENOBLE.

SOCIÉTÉ DE STATISTIQUE DES SCIENCES NATURELLES ET DES ARTS INDUSTRIELS DU DÉPARTEMENT DE L'ISÈRE.

La *Société de statistique, des sciences naturelles et des arts industriels du département de l'Isère,* fondée en 1838, a été reconnue comme établissement d'utilité publique par décret du 16 mars 1874.

Le Bulletin qu'elle publie depuis sa fondation forme trois séries : la première (1838 à 1849) est composée de 4 volumes petit in-8°; la deuxième (1850 à 1864) est formée de 7 volumes grand in-8°; la troisième, commencée en 1865, comprenait au 31 décembre 1885 13 volumes grand in-8° et un album de 15 planches.

I. — Bulletin de la Société de statistique des sciences naturelles et des arts industriels du département de l'Isère, t. I. (Grenoble, 1838, in-8°, 485 p.)

22886. Gras (Scipion). — Note sur les restes de voie romaine qui existent dans l'Oisans, p. 104.

22887. Berriat-Saint-Prix et Champollion-Figeac. — Rapport sur les diverses contrées du département de l'Isère, connues sous des noms particuliers.

[Graisivaudan, Oisans, Valbonnais, Rattier, Beaumont, Trièves, Terres-Froides, Terres-Basses, plaine de Bièvre, Valloire et Royannais. — Extrait de *l'Annuaire du département de l'Isère*, an 1811.]

22888. Ollivier (Jules). — Introduction à l'étude de la statistique du département de l'Isère [bibliographie], p. 147.

22889. Bougy (Alfred). — Essai historique et statistique sur l'ancien mandement d'Allevard, p. 182.

[Étude sur les sires d'Allevard, XIIe-XVIIIe s.]

22890. Pilot (J.). — Notice sur les médailles et les figures trouvées dans l'une des piles de l'ancien pont de pierre à Grenoble, p. 224.

[Médailles de Lesdiguières et de Louis XIII.]

II. — Bulletin de la Société de statistique, etc., t. II [1840-1842]. (Grenoble, 1841, in-8°, 504 p.)

22891. Gras (Albin). — Notice historique sur les enfants trouvés et abandonnés du département de l'Isère, p. 26.

22892. Gras (Albin). — Notice historique sur [Dominique] Villars [botaniste, 1745 † 1814], p. 177.

22893. Pilot (J.). — Notice sur des ossements humains et des armes de silex, trouvés dans une grotte du rocher des Balmes, commune de la Buisse, p. 191, 202, 207 et 213.

[Découverte de ruines de bains romains à la Buisse. Observations de MM. Charvet et de Galbert].

22894. Pilot (J.). — Documents et extraits divers, p. 214.

[Ordonnances et lettres inédites de Charles IX sur les troubles religieux en Dauphiné de 1562 à 1564. Réduction de Grenoble en 1590.]

22895. Pilot (J.). — Lettre à M. Berriat, maire, renfermant des recherches sur les maisons où sont nés ou qu'ont habitées plusieurs hommes célèbres à Grenoble, p. 231, 237.

[Vaucanson, Mably, Condillac, Mounier, Barnave. Lettres inédites de Vaucanson, *fac-similés.*]

22896. Gras (Albin). — Notice sur les anciens remparts romains de Grenoble, p. 243.

22897. Héricart de Thury. — Exploitations immémoriales des montagnes d'Huez-en-Oisans (Isère), p. 248.

[Mines de Brandes, du Lac-Blanc, de l'Herpie.]

22898. Pilot (J.). — Notice sur les anciennes rues et sur un ancien plan de la ville de Grenoble, avant son agrandissement par Lesdiguières, en 1592, *plan*, p. 285.

22899. Bernard (D^r). — Notice historique sur la découverte et l'utilisation des eaux minérales d'Uriage [antiquités romaines], p. 357.

22900. Quinon. — Notice sur le canton de Meyzieu [monnaies romaines], p. 400.

22901. Pilot (J.). — Recherches sur l'histoire municipale de Grenoble, *pl.*, p. 427; III, p. 342; V, p. 313; VI, p. 247, 377; VII, p. 233, 344; et VIII, p. 47.

III. — Bulletin de la Société de statistique, etc., t. III [1843-1845]. (Grenoble, 1845, in-8°, 506 p.)

22902. Pilot (J.). — Notice sur la cathédrale de Grenoble, p. 45.

22903. Gras (Albin). — Note sur le plan de deux anciennes portes de Cularo [à Grenoble], *plan*, p. 87.

22904. Soulié. — Rapport sur les fouilles archéologiques exécutées à Vienne en 1838, 1841 et 1842 [constructions romaines], p. 88.

22905. Pilot (J.). — Précis statistique des antiquités du département de l'Isère [inscriptions romaines], p. 116.

22906. Gariel. — Notice biographique [*sic*] des ouvrages de D. Villars [botaniste], p. 168.

22907. Pilot (J.). — Notice sur l'ancien couvent de Chalais, p. 175.

22908. Gras (Albin). — Historique des institutions médicales de la ville de Grenoble [règlements de 1608 et 1614], p. 244.

22909. Mermet aîné. — Sceau d'Hugues Capet trouvé en 1844 à Estrablin, près de Vienne (Isère), *pl.*, p. 330.

22910. Saint-Ferréol. — Note sur un chauffoir romain découvert à Uriage en 1844, p. 331.

[22901]. Pilot (J.). — Recherches sur l'histoire municipale de Grenoble, p. 342.

IV. — Bulletin de la Société de statistique, etc., t. IV [1845-1847]. (Grenoble, 1849, in-8°, 452 p.)

22911. Quinon. — Dissertation sur la *gens* et le droit de gentilité chez les Romains, p. 6.

22912. Pilot (J.). — Indication de quelques lieux du département de l'Isère qui ont eu à souffrir de la peste et des épidémies à une époque ancienne [suivi de réflexions par le docteur Michaud], p. 59 et 64.

22913. ROUSSILLON (Dr). — Essai historique et statistique sur l'Oisans, p. 82.

22914. GARIEL. — Mémoires inédits de [Nicolas] Chorier, écrits par lui-même [en latin, XVIIe s.], p. 145. — Cf. n° 22915.

22915. VALLENTIN (Ludovic). — Notes biographiques sur les mémoires qui précèdent, p. 262. — Cf. n° 22914.

22916. BLANCHET (Victor). — Notice sur l'origine des mots patois et locaux du Voironnais, p. 410.

22917. VALLENTIN (Ludovic). — Notice sur quelques médailles d'Expilly, président au Parlement de Grenoble [1601-1636], *pl.*, p. 441.

V. — Bulletin de la Société de statistique, etc., 2e série, t. I. (Grenoble, 1851, in-8°, 428 p.)

22918. CHEVRIER (Jules). — Notice sur des restes d'antiquités gallo-romaines trouvés à la Motte-les-Bains, p. 1.

22919. GRAS (Albin). — Deux années de l'histoire de Grenoble du 10 août 1792 au 27 juillet 1794, p. 48.

22920. CHARVET (Dr). — D'une caverne à ossements à Laval-en-Royans (Drôme), p. 225.

22921. PILOT (J.). — Recherches historiques sur le séjour de Chépy à Grenoble [1793-1794], p. 262.

22922. PILOT (J.). — Entrée et séjour de Charles VII à Vienne en 1490, avec les histoires jouées en cette ville à l'occasion de l'arrivée de ce prince, p. 274.

[22901]. PILOT (J.). — Recherches sur l'histoire municipale de Grenoble, p. 313.

22923. ANONYME. — Mémoire et titres à l'appui remis à MM. du Parlement [de Grenoble] sur le droit du commandement, et pour lui servir quand il trouvera à propos de réclamer contre l'autorité que les commandants usurpent [1385-1690], p. 377.

[Rédigé par Joseph Arthus de La Poype Saint-Jullien de Gramont, second président du Parlement de Grenoble, vers 1780.]

VI. — Bulletin de la Société de statistique, etc., 2e série, t. II. (Grenoble, 1854, in-8°, 456 p.)

22924. PILOT (J.). — Notice sur les anciens cimetières de Grenoble.

22925. GRAS (Albin). — Notice sur les matériaux employés dans la construction des anciens monuments de Grenoble, p. 209.

[22901]. PILOT (J.). — Recherches sur l'histoire municipale de Grenoble, p. 247 et 377.

22926. GALLOIS (L'abbé). — Recherches archéologiques sur le bourg de Domène, p. 295.

22927. PILOT (J.). — Rapport sur une pierre tumulaire chrétienne [VIe s.], trouvée à Saint-Marcel près de Barraux en 1852, *pl.*, p. 432.

VII. — Bulletin de la Société de statistique, etc., 2e série, t. III. (Grenoble, 1856, in-8°, 468 p.)

22928. GRAS (Albin). — Grenoble en 1814 et 1815, p. 1.

22929. VALLIER (Gustave). — Notice sur Edmond Badon [auteur dramatique et romancier, 1808 † 1849], p. 86.

22930. VALLIER (Gustave). — Notice sur Augustin Blanchet [manufacturier, † 1843], p. 90.

22931. VITU (Auguste). — Note sur la restauration de la crypte Saint-Laurent [à Grenoble], p. 92.

22932. PILOT (J.). — Bienheureux et saints du Dauphiné, p. 111.

22933. MACÉ (Antonin). — Études sur la géographie et l'histoire du Dauphiné depuis les temps les plus reculés jusqu'à l'établissement des barbares au Ve siècle de notre ère, p. 122.

22934. VITU (Auguste). — Note sur une inscription chrétienne trouvée récemment à Vienne [attribuée au VIIe s.], p. 145.

22935. ANONYME. — Notice biographique et bibliographique sur Hugues Berriat, ancien maire de Grenoble [1778 † 1854], p. 229.

22936. THIERRIOT (Augustin). — Note sur le triptyque de la Tour-du-Pin [attribué au peintre Georges Penez, † 1550], p. 231.

[22901]. PILOT (J.). — Recherches sur l'histoire municipale de Grenoble, p. 233 et 344.

22937. VALLIER (Gustave). — Notice sur les découvertes archéologiques faites à Réaumont (Isère) [motte féodale], p. 269.

22938. PILOT (J.). — Recherches sur les anciennes universités du Dauphiné et de la généralité de Grenoble [Grenoble, Valence et Orange], p. 287.

22939. PILOT (J.). — Notice sur des inscriptions trouvées depuis peu à Grenoble [XVIe s.], p. 338.

22940. GALLOIX (L'abbé). — Extrait d'une notice historique [sur Jean Esmé, sire de Mollines, † 1359], p. 353.

22941. GARIEL (H.). — Documents historiques inédits. Procès criminel fait contre Jean de Poitiers de Saint-Vallier (1523-1527), p. 369.

22942. PILOT (J.). — Ancienne maison de prostitution à Grenoble, p. 391.

22943. PILOT (J.). — Noms donnés anciennement aux médecins, p. 394.

VIII. — Bulletin de la Société de statistique, etc., 2e série, t. IV. (Grenoble, 1860, in-8°, 422 p.)

22944. VALLIER (Gustave). — Relation de l'exécution à

mort d'un ministre protestant, à Grenoble, en 1745; précédée de quelques notes sur la situation des calvinistes en Dauphiné à la même époque, p. 1.

22945. PILOT (J.). — Notice sur Richier [sculpteur attitré de Lesdiguières, † v. 1641] et sur quelques-uns de ses ouvrages, p. 14.

22946. GALLOIX (L'abbé). — Biographie d'André Mazet [1793 † 1822], p. 23.

22947. GALLOIX (L'abbé). — La Frette en 1814, p. 39.

[22901]. PILOT (J.). — Recherches sur l'histoire municipale de Grenoble, p. 47.

22948. VALLIER (Gustave). — Notice sur Albin Gras [1808 † 1856], p. 73.

22949. PILOT (J.). — Notice sur la méridienne qui est dans l'escalier du lycée de Grenoble [construite en 1673], p. 194.

22950. PILOT (J.). — Sur quelques actes et procédures d'excommunication en Dauphiné [XIVe et XVe s.], p. 204; et X, 408.

22951. PILOT (J.). — Des archives et des joyaux des dauphins [1277 et 1346, inventaires], p. 215.

22952. PILOT (J.). — Ordre et règlement pour l'escole de Grenoble [1559], p. 256.

22953. PILOT (J.). — Aymar Du Rivail [historien du Dauphiné au XVIe s. — Généalogie de sa famille], p. 269.

22954. PILOT (J.). — Inscriptions gallo-romaines de Grenoble, p. 321, 366.

22955. PILOT (J.). — Documents inédits sur Dominique Villar, p. 357.

IX. — Bulletin de la Société de statistique, etc., 2e série, t. V. (Grenoble, 1860, in-8°, 400 p.)

22956. PILOT (J.). — Notice de l'église de Saint-Laurent de Grenoble [pièces justificatives], p. 251, 386.

22957. MÉHIER et PILOT (J.). — Épitaphe de François Bernard, chef d'état-major à Rome [† 1812], et détails biographiques, p. 369.

22958. PILOT (J.) et RÉVILLOUT (Ch.). — Découvertes archéologiques à Grenoble [inscriptions romaines], p. 388.

X. — Bulletin de la Société de statistique, etc., 2e série, t. VI. (Grenoble, 1861, in-8°, 447 p.)

22959. RÉAL (Félix). — M. le comte Bérenger [1767 † 1850], p. 261.

22960. PILOT (J.). — Recherches sur les noms de famille, principalement en Dauphiné, p. 371.

22961. PILOT (J.). — Origine et emploi de quelques titres nobiliaires et honorifiques, principalement en Dauphiné, p. 396.

[22950]. PILOT (J.). — Additions à la notice sur quelques actes et procédures d'excommunication en Dauphiné, p. 408.

22962. GUEYMARD (Émile). — Nécrologie de M. Louis-Joseph Vicat [1776 † 1861], p. 433.

22963. PILOT (J.). — Sur un édit d'Aurélien et le chemin de l'empereur dans la vallée du Graisivaudan, p. 437.

XI. — Bulletin de la Société de statistique, etc., 2e série, t. VII. (Grenoble, 1864, in-8°, 472 p.)

22964. MACÉ (Antonin). — Note sur les travaux publics exécutés en Dauphiné au XVIIe siècle, p. 337.

22965. SIMIAN (Alfred-Paul). — La charte de Saint-Marcellin [1343], p. 352.

22966. PILOT (J.). — Mausolée de Giraud d'Ancezune, dans l'église des Saints-Apôtres à Rome [1505], p. 413.

22967. PILOT (J.). — Autel gallo-romain trouvé dans les fondations d'un caveau de la cathédrale de Grenoble, p. 424.

22968. VALSON. — Sur l'astronome Tycho-Brahé [1546 † 1601], p. 451.

XII. — Bulletin de la Société de statistique, etc., 3e série, t. I. (Grenoble, 1867, in-8°, 483 p.)

22969. PILOT (J.). — Notice sur les églises de Saint-Louis et de Saint-Joseph, à Grenoble [1696-1865], p. 26.

22970. PILOT (J.). — Note sur la fondation de l'hôpital général de Grenoble [1627-1635], p. 49.

22971. PILOT (J.). — Note sur une inscription [relative à l'achat du cimetière des pauvres de Grenoble, par Jean de Boffin, 1656], p. 102.

22972. PILOT (J.). — Note sur la démolition de quelques anciens châteaux en Dauphiné, détruits en 1793, p. 105.

22973. PILOT (J.). — Note sur l'ancienne exploitation des carrières de l'Échaillon [IIe s., monnaies romaines], p. 110.

22974. LAPAUME (J.). — Un mot de plus sur l'épigraphie du jour, p. 118 et 138.

[Inscriptions latines de Richelieu à la Sorbonne; inscription grecque découverte à Beaucaire en 1809.]

22975. CAILLEMER (Exupère). — Le papier à Athènes, p. 226.

XIII. — Bulletin de la Société de statistique, etc., 3e série, t. II. (Grenoble, 1870, in-8°, 492 p.)

22976. VALLIER (G.). — Le bras de saint Arnould et les bulles des évêques de Gap, *pl.*, p. 107.

22977. Bourgey (Eugène). — Notice ethnologique sur la Nouvelle-Calédonie et ses dépendances. Mœurs et coutumes des habitants, p. 130.

22978. Caillemer (E.). — Les limites de la Sapaudia au ve siècle : Grenoble et Calarona, p. 307.

22979. Vallier (G.). — Découverte de monnaies romaines et d'un bracelet d'argent à Saint-Vincent-de-Mercuze (Isère), p. 336.

22980. Vallier (G.). — Numismatique féodale du Dauphiné. (Pièces inédites), p. 353.

22981. Chantre (Ernest). — Les palafittes ou constructions lacustres du lac de Paladru, près Voiron (Isère), p. 397.

22982. Rochas d'Aiglun (Albert de). — Archéologie militaire, p. 439.

[L'enceinte d'Aurélien à Rome, *pl.* — Les tombeaux-forteresses, *pl.*]

XIV. — Bulletin de la Société de statistique, etc., 3e série, t. III. (Grenoble, 1872, in-8°, VIII-408 p.)

XV. — Bulletin de la Société de statistique, etc., 3e série, t. IV. (Grenoble, 1875, in-8°, 483 p.)

22983. Rochas d'Aiglun (Albert de). — Notice historique sur la tour Rabot et le jardin Dolle [à Grenoble], p. 275.

22984. Rochas d'Aiglun (Albert de). — Documents inédits relatifs à l'histoire de Grenoble, p. 282.

[*Plan* de 1575. — Extrait d'un mémoire de Vauban, 1692.]

22985. Caillemer (E.). — Notes pour servir à l'archéologie du département de l'Isère, p. 316.

[Vases antiques trouvés à Entraigues; inscriptions romaines.]

XVI. — Bulletin de la Société de statistique, etc., 3e série, t. V. (Grenoble, 1876, in-8°, 435 p.)

22986. Rochas d'Aiglun (Albert de). — Documents inédits relatifs à l'histoire et à la topographie militaire des Alpes. La campagne de 1692 dans le haut Dauphiné, *pl.*, p. 18.

[Lettres de Catinat, de Vauban. Relations des sièges. Mémoires du capitaine Le Clair et de J.-D. de Rochas. *Plan* d'Embrun.]

22987. Villars (Maxime). — Gueymard (Émile) [ingénieur, 1788 † 1869]. Notice biographique, p. 229.

22988. Guigonnet. — Relation par Me Marchand, notaire à Grenoble, d'un déluge arrivé dans cette ville le 15 septembre 1733, p. 269.

XVII. — Bulletin de la Société de statistique, etc., 3e série, t. VI. (Montbéliard, 1874, in-8°, VIII-400 p.)

22989. [Chevalier (Ulysse).] — Choix de documents historiques inédits sur le Dauphiné [1248-1483, 110 pièces], p. I-VIII et 1 à 400.

[Testaments d'Alix de Royan, 1249; d'Agnès de La Tour, 1298. — Quittance pour le prix d'acquisition d'un terrain pour duel, 1304. — Compte des dépenses du dauphin Guigues, 1327-1329. — État des chevaux perdus à la bataille de Cassel par les chevaliers dauphinois, 1328. — Statuts de l'ordre de chevalerie de Sainte-Catherine, XIVe siècle. — Revenus des châteaux de Viennois, 1333. — Compte des revenus du dauphin Humbert en Normandie, 1333-1334. — États des nobles et prieurs qui doivent l'hommage au dauphin. — Projets d'accord entre le dauphin et l'archevêque de Vienne, 1339. — Montre des gens du dauphin et état des officiers de justice du Dauphiné, 1339. — Inféodation d'une partie du Dauphiné à l'Église romaine, 1342. — État des fiefs en Dauphiné, 1343. — Lettre de Béatrix, mère du dauphin Humbert II, à la femme de ce dernier, 1343, p. 1 à 92.

22990. — Actes relatifs à des assignations de rentes faites par le roi de France en faveur du dauphin, 1344. — Achat de chevaux, états de la maison du dauphin, emprunts, lettre de Henri de Villars au sujet de la croisade contre les Turcs que devait commander le dauphin Humbert, 1345-1346. — Convention entre les délégués des communautés juives du Graisivaudan pour le payement de l'impôt, texte hébreu, 1346. — États des gens de l'hôtel du dauphin, 1347-1348; inventaire des joyaux de sa chapelle, 1348. — Lettres au dauphin de la prieure de Montfleury, 1349; d'Anne de Viennois, 1349. — Valeur du florin d'or, de 1345 à 1350. — Mémoire sur des réclamations à adresser à l'Empereur de la part du dauphin, v. 1350, 1355 et 1365. — Revenus des différentes châtellenies du Dauphiné, 1352-1355. — Convocations du ban pour une guerre contre le comte de Savoie, 1353-1354, et montres, 1357. — Confirmations des privilèges, monnaies et péages du Dauphiné par l'empereur Charles IV, 1357, p. 92 à 155.

22991. — Mémoire sur les fiefs à réunir au domaine, v. 1360; sur les fiefs occupés par le pape, 1361. — Lettres du sieur de Louppy, gouverneur du Dauphiné, et de l'évêque de Gap, v. 1362. — Montres faites à Grenoble en 1368. — Mémoire du comte de Valentinois, Aymar VI, contre son arrestation en 1368. — Plaintes des habitants du Dauphiné contre les Provençaux, 1369. — Valeur des péages et gabelles du Dauphiné, 1364-1370. — Révocation des privilèges de la ville de Romans, 1373. — Convocation des chevaliers du Dauphiné, 1375. — États du Dauphiné tenus à Romans en 1375. — Prix du blé dans différentes châtellenies, de 1377 à 1381. — État des châteaux et forteresses dans le Viennois et le Valentinois; des prieurés dans l'Embrunois et le Champsaur, v. 1380. — États tenus à Romans en 1386; à Vienne en 1388; à Grenoble en 1393 et 1398 et réclamations adressées par ces États, p. 155 à 232.

22992. — Estimation des revenus du Dauphiné en 1400-1402. — Lettre du dauphin au sujet d'une tentative du roi de Sicile sur la ville de Gap, 1415. — Saisie de livres hébreux faite à Chabeuil en 1416. — Sur l'entrée de la reine et du duc de Bourgogne à Paris, 1418. — Mémoires sur les affaires du Dauphiné lus au Conseil du dauphin en 1420. — Guerre contre les Bourguignons en 1420. — Villes et châteaux du Dauphiné vers 1424. — Proclamation du capitaine de Grenoble aux habitants, v. 1428. — Compte du garde des monnaies de Montélimar, 1428. — État des fiefs du Dauphiné en 1429, p. 232 à 300.

22993. — Guerre d'Authon entre le gouverneur du Dauphiné et Louis de Châlon, prince d'Orange, et provocation adressée par Louis de Maupré, de Bourgogne, à Pierre Pellerin, du Dauphiné, 1430; pièces justificatives. — Requête adressée par les gens du conseil du Dauphiné, 1434. — Avis sur le fait des monnaies, 1436. — Hommages reçus par François Nicollet, 1390-1437. — Châteaux aliénés en Dauphiné de 1420 à 1440 environ. — Lettre au lieutenant du Dauphiné sur la guerre contre les Anglais en 1441. — Compte d'emploi de la dot de Charlotte de Savoie, 1451-1455. — Fourniture de lances pour la guerre de Catalogne, 1473. — Bataille de Bussy en Bourgogne. — Chronique de 1471-1477. — Mort de Charles le Téméraire, 1477. — Service funèbre de Louis XI à Grenoble, 1483, p. 300 à 400.]

XVIII. — Bulletin de la Société de statistique, etc., 3e série, t. VII. (Grenoble, 1878, in-8°, 459 p.)

22994. Brun-Durand (Justin). — Pouillé historique du diocèse de Die en 1449 et 1450, p. 5.
22995. Chabrand (J.-A.) et Rochas d'Aiglun (A. de). — Patois du Queyras, p. 49.
22996. Pilot (J.). — Sur les anciennes galeries de tableaux des ducs de Lesdiguières, à Grenoble et à Vizille, p. 420.

XIX. — Bulletin de la Société de statistique, etc., 3e série, t. VIII. (Grenoble, 1879, in-8°, 467 p.)

22997. Pilot de Thorey (E.). — Cartulaire de l'abbaye bénédictine de Notre-Dame et Saint-Jean-Baptiste de Chalais, au diocèse de Grenoble, p. 160.
22998. Macé (Antonin). — Église Sainte-Marie-d'En-Haut, à Grenoble [notice archéologique], 2 *pl.*, p. 285.
22999. La Bonnardière (D[r]). — Description historique, archéologique et artistique de l'église de Notre-Dame, cathédrale de Grenoble, p. 288.
23000. Pilot (J.). — Description de l'église et de la crypte de Saint-Laurent de Grenoble, 3 *pl.*, p. 345.
23001. Pilot (J.). — Postes et relais en Dauphiné [XIVe-XVIIIe s.], p. 417.
23002. Pilot (J.). — Établissement d'un bureau de messagerie et de voitures publiques à Grenoble [1623), p. 439.

XX. — Bulletin de la Société de statistique, etc., 3e série, t. IX. (Grenoble, 1879, in-8°, 494 p.)

23003. Pilot de Thorey (E.). — Étude sur la sigillographie du Dauphiné, 28 *pl.*, p. 42.
23004. Guigonnet (T.). — L'institution du notariat à Grenoble et dans le Dauphiné, p. 428.

XXI. — Bulletin de la Société de statistique, etc., 3e série, t. X. (Grenoble, 1880, in-8°, 325 p.)

23005. Pilot de Thorey (E.). — Sur une inscription relative à l'empereur Claude le Gothique érigée en 269 [découverte à Grenoble], p. 5.
23006. Pilot de Thorey (E.). — Sur deux inscriptions gallo-romaines découvertes à Villette, p. 12.
23007. Gautier. — Nécrologie [Alex. Charvet, 1799 † 1879], p. 18.
23008. Pilot de Thorey (E.). — Documents et renseignements historiques sur le musée [1790-1820], p. 143.

XXII. — Bulletin de la Société de statistique, etc., 3e série, t. XI. (Grenoble, 1882, in-8°, 383 p.)

23009. Rochas d'Aiglun (Albert de). — La science des philosophes et l'art des thaumaturges dans l'antiquité, 24 *pl.*, p. 91.

XXIII. — Bulletin de la Société de statistique, etc., 3e série, t. XII. (Grenoble, 1884, in-8°, x-510 p.)

23010. Pilot de Thorey (E.). — Les prieurés de l'ancien diocèse de Grenoble, compris dans les limites du Dauphiné, p. I à X et 1 à 510.

XXIV. — Bulletin de la Société de statistique, etc., 3e série, t. XIII. (Grenoble, 1885, in-8°, 209 p.)

23011. Penet (Léon). — Note sur une station préhistorique découverte récemment à Fontaine, près Grenoble, *pl.*, p. 88.

ISÈRE. — GRENOBLE.

SOCIÉTÉ DES TOURISTES DU DAUPHINÉ.

Fondée à Grenoble en 1875, cette Société n'est point à proprement parler une société savante; toutefois, dans l'*Annuaire* qu'elle publie annuellement, se trouvent quelques articles relatifs à l'histoire ou à la topographie, que nous avons cru devoir mentionner.

I. — Annuaire de la Société des touristes du Dauphiné, 1re année, 1875. (Grenoble, 1876, in-8°, 174 p.)

II. — Annuaire de la Société des touristes du Dauphiné, 2e année, 1876. (Grenoble, 1877, in-8°, 208 p.)

23012. Chaper (Eugène). — A propos de quelques monuments celtiques du Dauphiné, p. 167.

III. — Annuaire de la Société des touristes du Dauphiné, 3e année, 1877. (Grenoble, 1878, in-8°, 251 p.)

IV. — Annuaire de la Société des touristes du Dauphiné, 4e année, 1878. (Grenoble, 1879, in-8°, 168 p.)

V. — Annuaire de la Société des touristes du Dauphiné, 5e année, 1879. (Grenoble, 1880, in-8°, 164 p.)

VI. — Annuaire de la Société des touristes du Dauphiné, 6e année, 1880. (Grenoble, 1881, in-8°, 216 p.)

23013. Rochas d'Aiglun (A. de). — Topographie des vallées vaudoises, accompagnée d'une carte historique des vallées, p. 149.

VII. — Annuaire de la Société des touristes du Dauphiné, 7e année, 1881. (Grenoble, 1882, in-8°, 240 p.)

23014. Vallentin (Florian). — Excursions archéologiques dans les Alpes Cottiennes et Graies [géographie ancienne, voies romaines], *carte*, p. 163.

VIII. — Annuaire de la Société des touristes du Dauphiné, 8e année, 1882. (Grenoble, 1883, in-8°, 268 p.)

23015. Rabot (Charles). — Notes sur le massif du Pelvoux au XVIIIe siècle, p. 237.

23016. Anonyme. — Précis d'un voyage fait à la Bérarde en Oysans, dans les grandes montagnes du Dauphiné, en 1786 [attribué à Dominique Villar], p. 245.

IX. — Annuaire de la Société des touristes du Dauphiné, 9e année, 1883. (Grenoble, 1884, in-8°, 274 p.)

23017. L. — Notice sur les principales cartes topographiques et géologiques de la région des Alpes comprise entre le mont Blanc et la Méditerranée, p. 241.

X. — Annuaire de la Société des touristes du Dauphiné, 10e année, 1884. (Grenoble, 1885, in-8°, 222 p.)

23018. Mercheron. — Description des passages des Alpes en 1515, par Jacques Signot, *carte*, p. 175.

XI. — Annuaire de la Société des touristes du Dauphiné, 11e année, 1885. (Grenoble, 1886, in-8°, 244 p.)

23019. Mercheron. — Les dix premières années de la Société des touristes du Dauphiné, p. 188.

IMPRIMERIE NATIONALE.

JURA. — LONS-LE-SAUNIER.

SOCIÉTÉ D'ÉMULATION DU JURA.

Cette association a été autorisée le 8 août 1817. Elle a publié : 1° de 1818 à 1835, une série de petites brochures contenant les procès-verbaux de ses séances annuelles; 2° de 1836 à 1865, un certain nombre de volumes sous le titre de *Travaux de la Société d'émulation du Jura;* 3° une collection de *Mémoires* commençant à l'année 1866 et comprenant, au 31 décembre 1885, 18 volumes divisés en trois séries.

La Société d'émulation du Jura a publié en outre les volumes suivants :

23020. Jacques (L'abbé). — Histoire d'un village franc-comtois. Ménotey depuis l'époque gauloise jusqu'à la Révolution. (Lons-le-Saunier, 1883, in-8°.)

23021. Prost (Bernard) et Clos (Louis). — Notice sur les anciens vitraux de l'église de Saint-Julien (Jura) et incidemment sur ceux de Notre-Dame de Brou (Ain). (Lons-le-Saunier, 1885, in-4°, 24 p., 6 *pl.*)

I. Société d'émulation du département du Jura. (Lons-le-Saunier, 1819, in-8°, 32 p.)

II. — Société d'émulation, etc. (Lons-le-Saunier, 1820, in-8°, 96 p.)

III. — Société d'émulation, etc. (Lons-le-Saunier, 1821, in-8°, 22 p.)

23022. Anonyme. — Éloge de M. Marion, curé de Lons-le-Saunier [† 1817], p. 1.

IV. — Société d'émulation, etc. (Lons-le-Saunier, 1821, in-8°, 102 p.)

23023. Monnier. — Vocabulaire de langue rustique et populaire du Jura, p. 15.

23024. Abry d'Arcier. — Mémoire historique sur la ville de Saint-Amour [autrefois Vincennes-la-Jolie], p. 44.

V. — Société d'émulation, etc. (Lons-le-Saunier, 1822, in-8°, 112 p.)

23025. Monnier. — Sur les voies romaines de la Séquanie et sur l'emplacement probable du dernier combat livré à Vercingétorix par César [dans les plaines de Clairvaux], p. 41.

23026. Abry d'Arcier. — Notice sur le comte de Saint-Germain, général des armées françaises et impériales, feld-maréchal et généralissime des armées danoises, et ministre de la guerre sous Louis XVI [1707 † 1778], p. 61.

VI. — Société d'émulation, etc. (Lons-le-Saunier, 1824, in-8°, 23 et 27 p.)

VII. — Société d'émulation, etc. (Lons-le-Saunier, 1826, in-8°, 54 p.)

VIII. — Société d'émulation, etc. (Lons-le-Saunier, 1827, in-8°, 49 p.)

IX. — Société d'émulation, etc. (Lons-le-Saunier, 1828, in-8°, 52 p.)

23027. Maillard de Chambure. — Mémoire sur un fragment d'une statue du dieu Apis trouvé en 1822 sur le plateau du mont Auxois, près Semur, à Alesia, p. 17.

23028. Dumont (Dr). — Découverte de squelettes humains et d'un couteau en bronze à Arbois, p. 19.

X. — Société d'émulation, etc. (Lons-le-Saunier, 1828, in-8°, 118 p.)

XI. — Société d'émulation, etc. (Lons-le-Saunier, 1830, in-8°, 79, 8 et 7 p.)

XII. — Société d'émulation, etc. (Lons-le-Saunier, 1831, in-8°, 147 p.)

23029. Anonyme. — Notices nécrologiques sur M. J.-B.

Béchet [1759 † 1830] et M. Fr.-Emmanuel Molard, [1774 † 1830], p. 29.

23030. Trémeaud. — Sur cinq médailles trouvées dans le département du Jura, et frappées au coin de l'empereur Néron, p. 118.

23031. Monnier. — Promenade archéologique et pittoresque à Montmorot, p. 127.

XIII. — Société d'émulation, etc. (Lons-le-Saunier, 1832, in-8°, 140 p.)

23032. Monnier. — Sur le culte des rochers dans la Séquanie, p. 98.

XIV. — Société d'émulation, etc. (Lons-le-Saunier, 1834, in-8°, 128 p.)

23033. Trémeaud. — Sur une inscription romaine et sur des médailles trouvées à Arinthod. Tombeaux de pierre découverts à Macornay, p. 13.

23034. Guyétant (Dr). — Notice biographique sur l'abbé Pierre-Charles Répécaud, p. 58.

23035. Guyétant (Dr). — Notice biographique sur M. Joseph Bailly [1779 † 1832], p. 60.

23036. Anonyme. — Érection de la pierre monumentale destinée à consacrer la maison dans laquelle est né, à Thoirette, le célèbre Bichat, le 11 novembre 1771, p. 66. — Cf. n° 23059.

23037. Houry. — Recherches historiques et archéologiques sur le canton de Clairvaux, p. 82.

XV. — Société d'émulation, etc. (Lons-le-Saunier, 1835, in-8°, 142 p.)

23038. Anonyme. — Sur une inscription romaine et des médailles romaines trouvées à Tavaux, p. 33.

23039. Capitan. — Notice sur un tumulus ouvert près la ville d'Orgelet, lieu-dit à l'Étang d'École [découverte de boucles de ceinturon, agrafes et poteries], p. 94.

23040. Monnier. — Une ville encore inconnue [Villars-d'Héria, ruines et inscriptions romaines], p. 99.

XVI. — Société d'émulation, etc. (Lons-le-Saunier, 1836, in-8°, 192 p.)

23041. Marquiset. — Notice biographique sur Jean-Joseph-Antoine Courvoisier [1775 † 1835], p. 99.

23042. Trémeaud. — Découverte d'antiques débris de la domination romaine [sur les bords du lac d'Antre, près Moirans], p. 129.

23043. Monnier (Désiré). — Antiquités trouvées au mont Afrique, à Marnoz, etc. [époque gallo-romaine], p. 132.

XVII. — Travaux de la Société d'émulation du département du Jura pendant l'année 1836. (Lons-le-Saunier, 1837, in-8°, 180 p.)

23044. Chevillard. — Éloge de M. Heim [préfet du Jura, 1773 † 1836], p. 45.

23045. Monnier (Désiré). — Éclaircissements historiques sur deux incendies de la ville de Lons-le-Saunier en 1509 et 1536, p. 111.

23046. Trémeaud. — Sur des médailles [romaines] trouvées à Villars-d'Héria, Trenal, Crançot et Cuiseaux, *fig.*, p. 119.

23047. Bousson de Mairet. — Le prisonnier de Bracon [René d'Anjou, en 1431], p. 125.

23048. Robin (L'abbé). — Note sur la légende du prisonnier de Bracon, p. 139. — Cf. n° 23053.

XVIII. — Travaux de la Société d'émulation ... pendant l'année 1837. (Lons-le-Saunier, 1838, in-8°, 224 p.)

23049. Trémeaud. — Découvertes numismatiques, p. 29.

[Monnaies romaines et monnaies du XIVe au XVIe siècle découvertes à la Marre et à Mont-sous-Vaudrey.]

23050. Gindre de Mancy. — Notice biographique sur Rouget de Lisle [† 1837], *fac-similé,* p. 34.

23051. Monnier (Désiré). — Lacuson, épisode des guerres de la Franche-Comté, p. 126. — Cf. n° 23105.

[Claude Prost, dit Lacuson, XVIIe s.]

23052. Prot. — Tumuli découverts dans le canton de Clairvaux, p. 145.

23053. Robin (L'abbé). — Notice sur René d'Anjou, [prisonnier de Bracon, 1436], *fac-similé,* p. 197. — Cf. n° 23048.

23054. Anonyme. — Notice biographique sur M. Lemare [1766 † 1835], p. 205.

XIX. — Travaux de la Société d'émulation ... pendant les années 1838 et 1839. (Lons-le-Saunier, 1840, in-8°, 254 p.)

23055. Recy (L'abbé). — Sur les antiquités [gauloises] de Condes, p. 16.

23056. Trémeaud. — Notice sur les médailles d'Auguste, trouvées dans le Jura, p. 33.

23057. Monnier (Désiré). — De la taille gigantesque de nos pères, p. 82.

23058. Mallard. — D'une ville ancienne et détruite qui parait être la ville de *Didatium* de Ptolémée, p. 96.

[Commune de Dommartin, canton de Montmirey.]

23059. Houry. — Procès-verbal de la pose de la première pierre du monument Bichat, p. 123. — Cf. n° 23036.

[François-Xavier Bichat, né à Thoirette, 1771 † 1802.]

23060. Valdenuit (De). — Notice biographique sur M. [Joseph] Mouchet [† 1838], p. 150.

23061. Robin (L'abbé). — Chronique sur Philibert Pourtier de Salins, p. 168.

[Défense de Salins contre les Anglais, en 1362.]

23062. Chevillard. — Éloge historique de Bichat [† en 1802], p. 178.

23063. Thévenin. — Éloge relatif aux travaux de Bichat [† 1802], p. 186.

23064. Jousserandot. — Discours prononcé à l'inauguration du buste de Bichat, le 5 mai 1839, p. 197.

23065. Houry. — Notice biographique sur M. Godefin [1767 † 1839], p. 216.

23066. Fourquet. — Notice biographique sur M. Étienne Bobilier [† 1839], p. 221.

23067. Roux de Rochelle. — Notice biographique du général [Simon] Bernard [1779 † 1839], p. 223.

23068. Anonyme. — Notice biographique du général Lepin [† 1839], p. 225.

23069. Anonyme. — Notice biographique de M. Lepasquier [1788 † 1839], p. 226.

XX. — Travaux de la Société d'émulation ... pendant les années 1840-1841. (Lons-le-Saunier, 1842, in-8°, 428 p.)

23070. Monnier (Désiré). — Le Sauvement, tradition historique, p. 273.

[Fondation de l'abbaye du Sauvement, en 1235, par Mahaz, fille de Jean de Châlon.]

23071. Ferrand. — Notice historique sur la navigation de l'Ain, p. 292.

23072. Thiboudet. — Lutte religieuse au XVI° siècle [guerres de religion], p. 321.

XXI. — Travaux de la Société d'émulation ... pendant les années 1841-1842. (Lons-le-Saunier, 1843, in-8°, 284 p.)

23073. Monnier (Désiré). — Autorité des femmes en Franche-Comté (mœurs et usages anciens), p. 101.

23074. Thiboudet. — Les deux Aventuriers, chronique franc-comtoise, p. 122.

[Légende relative à Louis de Châlon, en 1413.]

XXII. — Travaux de la Société d'émulation ... pendant l'année 1843. (Lons-le-Saunier, 1844, in-8°, 224 p.)

23075. Champay. — Recherches historiques sur la ville d'Antre [antiquités celtiques et romaines de la ville d'Héria et des environs], p. 162; XXIII, p. 162; et XXV, p. 77.

XXIII. — Travaux de la Société d'émulation ... pendant l'année 1844. (Lons-le-Saunier, 1845, in-8°, 224 p.)

[23075]. Champay. — Recherches sur les antiquités celtiques et romaines de la ville d'Antre, p. 162.

XXIV. — Travaux de la Société d'émulation ... pendant l'année 1845. (Lons-le-Saunier, 1846, in-8°, 112 p.)

23076. Champay. — Recherches sur l'origine de Moirans et sur celle de ses premiers habitants, p. 52.

[Notice historique sur Moirans.]

23077. Laumier (Ch.). — Nécrologie, p. 91.

[M. Houry, 1774 † 1846. Bibliographie de ses travaux.]

XXV. — Travaux de la Société d'émulation ... pendant l'année 1846. (Lons-le-Saunier, 1847, in-8°, 188 p.)

23078. Perrin. — Éloge de M. le conseiller d'État, baron Janet [† 1841], p. 30.

23079. Monnier (Désiré). — Les Francs-Comtois à Milan [XVII° s.], p. 57.

23080. Rousset. — Histoire et description de l'église de Bletterans [XIV° s.], p. 63.

[23075]. Champay. — Les portes de la ville haute d'Héria, et les murs de son enceinte, p. 77.

23081. Poirier-Chappuis. — Mémoire historique et statistique sur les papeteries dans le Jura [de 1830 à 1840], p. 98.

XXVI. — Travaux de la Société d'émulation ... pendant les années 1848, 1849 et 1850. (Lons-le-Saunier, 1851, in-8°, 228 p.)

23082. Perrin. — Notice sur Pierre-Gabriel Ébrard [† 1799], p. 10.

23083. Monnier (Désiré). — Lettre sur deux monuments de la Bretagne, p. 66.

[Menhir de Kerveacton près Plouarzel, et Vénus de Quinipily sur la montagne de Castanet près Bieuzy.]

23084. Munier. — Notice historique sur les fromageries, p. 120.

XXVII. — Travaux de la Société d'émulation ... pendant l'année 1852. (Lons-le-Saunier, 1853, in-8°, 88 p.)

23085. Monnier (Désiré). — Des rapports qui ont existé, sous la domination romaine, entre la grande Grèce et les provinces méridionales de la Gaule, notamment avec la Séquanie, p. 12.

23086. Gaspard. — Notice sur la fondation du hameau de Châtel, p. 23.

[Notice historique sur l'église et le prieuré de Châtel-Chevrel, du x° au xvii° s.]

23087. Oudet. — Notice sur l'église de Maynal et sur son patron [Saint-Claude], p. 26.

23088. Bonjour (Jacques). — Notice biographique sur François-Joseph Bonjour [1754 † 1811], p. 49.

XXVIII. — Travaux de la Société d'émulation du Jura pendant les années 1853-1854. (Lons-le-Saunier, 1855, in-8°, 156 p.)

23089. Perrin. — Notice sur Jean-Baptiste Chevillard [† 1853], p. 28.

23090. Gaspard (B.). — Des mœurs, des usages et de la langue de l'Espagne dans la Franche-Comté, p. 42.

23091. Rousset. — Notice sur Philibert de Châlon [1502 † 1530], p. 48 et 51.

[Relation de ses obsèques dans l'église des Cordeliers de Lons-le-Saunier, le 23 octobre 1530; son épitaphe.]

23092. Rousset. — Compte rendu des fouilles dans la rue du Collège [à Lons-le-Saunier], p. 127.

[Découverte de poteries et de médailles romaines.]

XXIX. — Travaux de la Société d'émulation du Jura pendant l'année 1863. (Lons-le-Saunier, 1864, in-8°, 324 p.)

23093. Fourtier (A.). — Mémoire sur la Franche-Comté en 1698, p. 23.

23094. Fourtier (A.). — Notice sur Pierre de Saint-Julien de Balleure [doyen de Châlon, † 1593], p. 39.

23095. Thiboudet (D.). — Notice sur la commanderie de Saint-Antoine de Ruffey [xii°-xviii° s.], p. 55.

23096. Toubin (Édouard). — Études archéologiques sur le cadastre du Jura [étymologies des noms de lieux], p. 125. — Cf. n° 23112.

23097. Saint-Marc (Corneille). — Notice sur l'histoire de l'instruction publique en Franche-Comté, et plus particulièrement dans le Jura depuis les temps les plus reculés [universités de Dôle et de Besançon], p. 135.

XXX. — Travaux de la Société d'émulation du Jura pendant l'année 1864. (Lons-le-Saunier, 1864, in-8°, 398 p.)

23098. Junca (J.-M.). — Lettres inédites du cardinal de Granvelle (1582-1583), p. 5.

[Lettres adressées à Jean Froissard, sieur de Broissia, sur les affaires de Bourgogne et des Pays-Bas.]

23099. Junca (J.-M.). — Rapport sur un groupe d'antiquités celtiques découvertes à Publy, p. 375.

XXXI. — Travaux de la Société d'émulation du Jura pendant l'année 1865. (Lons-le-Saunier, 1865, in-8°, 453 p.)

23100. Chereau (Dr Achille). — Journal de Jean Grivel, seigneur de Perrigny, contenant ce qui s'est passé dans le comté de Bourgogne pendant l'invasion française et lorraine de l'année 1595, p. 1.

23101. Finot (Jules). — Compte original des revenus de la saunerie de Salins en 1308, p. 181. — Cf. n° 23103.

23102. Thiboudet (D.-A.). — Notice sur le village de Mosnay, p. 197.

[Relation d'un différend entre le prieur de Vaux et l'église de Mosnay, qui en dépendait (xvii° s.).]

XXXII. — Mémoires de la Société d'émulation du Jura, année 1866. (Lons-le-Saunier, 1867, in-8°, xxvi-621 p.)

23103. Finot (Jules). — Essai historique sur les origines de la gabelle et sur l'exploitation des salines de Lons-le-Saunier et de Salins jusqu'au xiv° siècle, p. 1. — Cf. n° 23101.

[Usages, commerce et fabrication du sel dans l'antiquité et au moyen âge. — Origine de l'impôt sur le sel. — Salines de Lons-le-Saunier, Salins, Grozon, Scey-sur-Saône, Arc.]

23104. Chéreau (Dr Achille) et Thiboudet (D.-A.). — Abrégé de l'histoire du prieuré conventuel de Notre-Dame de Vaulx-sur-Poligny, dressé l'an 1708 par le R. P. D. Chassignet, p. 165.

23105. [Perraud (B.)]. — Lacuzon, d'après de nouveaux documents, par un membre de la Société, p. 359. — Cf. n° 23051.

[Biographie de Claude Prost dit Lacuzon (1607 † 1681), défenseur de la Franche-Comté, *portrait*.]

XXXIII. — Mémoires de la Societé d'émulation du Jura, année 1867. (Lons-le-Saunier, 1868, in-8°, xxiv et 484 p.)

23106. Saint-Marc (Corneille). — Origine de la ville de Saint-Amour, p. 17. — Cf. n° 23111.

[Fondée en 585 par le roi Gontran sur l'emplacement de Vincennes-la-Jolie.]

23107. Dalloz (Charles). — M. Désiré Monnier et son œuvre, p. 25.

23108. Monnier (Désiré). — Souvenirs d'un octogénaire de province, p. 69; et XXXIV, p. 485.

[La Révolution à Lons-le-Saunier, 1789-1799.]

23109. Reboul (G.). — Découverte d'une fonderie celtique à Larnaud [âge de bronze], p. 223.

23110. Clos (Louis). — Vallée de Baume (Jura) [rapports sur les fouilles exécutées dans cette vallée], p. 247; XXXIV, p. 599; et XXXV, p. 153.

XXXIV. — Mémoires de la Société d'émulation du Jura, année 1868. (Lons-le-Saunier, 1869, in-8°, 634 p.)

23111. Saint-Marc (Corneille). — Tablettes historiques, biographiques et statistiques de la ville de Saint-Amour, p. 1. — Cf. n° 23106.

23112. Toubin (Édouard). — Extrait des cadastres des communes du Jura, p. 377. — Cf. n° 23096.

[Catalogue alphabétique des lieux-dits.]

23113. Toubin (Édouard). — Cahiers de doléances du bailliage de Salins [cahiers des paroisses], p. 456.

[23108]. Monnier (Désiré). — Souvenirs d'un octogénaire en province, p. 485.

[23110]. Clos (Louis). — Rapport sur les fouilles scientifiques de la vallée de Baume, *pl.*, p. 599.

XXXV. — Mémoires de la Société d'émulation du Jura, années 1869-1870. (Lons-le-Saunier, 1871, in-8°, 278 p.)

23114. Toubin (Charles). — Rapport sur les fouilles faites près des Moidons [fibule en bronze], *pl.*, p. 25. — Cf. n° 23124.

23115. Toubin (Charles). — Histoire de la betterave dans le Jura [depuis 1776], p. 29.

23116. Perraud (Philippe). — Mémoire sur la lutte entre les gouverneurs de Franche-Comté et le Parlement [1610-1668], p. 41.

23117. Finot (Jules). — Dissertation sur l'authenticité de la charte attribuée à Charlemagne et accordant les terres du haut Jura à l'abbaye de Saint-Claude, p. 130.

[Charte, datée de 790 et fabriquée au xe s.]

[23110]. Clos (Louis). — Quatrième rapport sur les fouilles de la vallée de Baume, *pl.*, p. 153.

23118. Perraud (Ph.). — Émeutes en Franche-Comté, p. 203.

[En 1668, à Dôle, à Salins et à Gray.]

23119. Toubin (Édouard). — Supplément au dictionnaire des patois jurassiens [publié par M. Monnier dans les Annuaires du Jura de 1857 et de 1859], p. 231.

XXXVI. — Mémoires de la Société d'émulation du Jura, années 1871-1872. (Lons-le-Saunier, 1872, in-8°, 312 p.)

23120. Prost (Bernard). — Essai historique sur les origines de l'abbaye de Baume-les-Moines [vi^e^-xiiie s.], p. 21.

23121. Perraud (Ph.). — Une mission franc-comtoise à Paris (1668), p. 133.

23122. Girard. — Un diplomate franc-comtois sous Marguerite d'Autriche, p. 157.

[Mercurin de Gattinara, chancelier de l'empereur d'Allemagne et cardinal. Son rôle lors de la conclusion du traité de Cambrai, en 1508, contre Venise.]

23123. Prost (Bernard). — Documents inédits relatifs à l'histoire de la Franche-Comté, p. 191; XXXVII, p. 257; XXXVIII, p. 114; XXXIX, p. 281; et XL, p. 38:.

[Statuta collegii Sancti Hyeronini Dolami, 1528. — Manuel d'administration de l'abbaye de Baume-les-Moines, 1550. — Ordonnances politiques de la ville de Salins, 1492-1549. — Discours prononcé en 1690 par Ant. Brun aux obsèques de M. Cleriadus de Vergy, gouverneur de Bourgogne. — Dôle dolente à la clémence royale, vers 1668. — Mémoire sur la prise de Salins, en 1668. — Chartes de franchises de Monnet-la-Ville, 1292; de Montmirey, 1323; — de Châtillon, 1342. — «Les choses mémorables», chronique franc-comtoise de 1535 à 1559 par le sieur Godard, de Chevreaux (Jura). — Annales de Franche-Comté, 1582-1739, extraites d'une histoire manuscrite des Capucins de Franche-Comté. — Chartes de franchises accordées aux communes de Chaussin, 1260; de Saint-Aubin, 1293; de Frasnois, 1323; de Saint-Amour, 1328; de Crillat, 1350; de Moirans, 1352.]

23124. Clos (L.) et Toubin (Édouard). — Fouilles dans la forêt des Moidons [tumulus], p. 291; et XXXVIII, p. 52.

[Découvertes de poteries, de bracelets et d'objets en bronze, *pl.*]

XXXVII. — Mémoires de la Société d'émulation du Jura, année 1873. (Lons-le-Saunier, 1873, in-8°, 437 p.)

23125. Girard (Ernest). — L'instruction primaire dans le Jura, p. 1.

23126. Thiboudet (D.-A.). — Trois recès inédits des États de Franche-Comté, p. 153.)

[Procès-verbaux des séances des États de Franche-Comté, 1498, 1507 et 1538.]

23127. Thiboudet (D.-A.). — Traduction d'un fragment du procès-verbal de réforme fait en 1563 au couvent des Cordeliers de Lons-le-Saunier, p. 221.

23128. Clerc (E.). — Reddition de la ville de Lons-le-Saunier en 1595. Enquête contemporaine sur cet événement, p. 245.

[23123]. Prost (Bernard). — Documents inédits relatifs à l'histoire de la Franche-Comté, 2e série, p. 257.

XXXVIII. — Mémoires de la Société d'émulation du Jura, année 1874. (Lons-le-Saunier, 1874, in-8°, 202 p.)

23129. Toubin. — Sorciers dans le bailliage de Salins, p. 17.

[Procès intenté en 1658 à Gasparde Falain.]

[23124]. Toubin. — Nouvelles fouilles dans la forêt des Moidons, p. 52.

23130. Rousseaux (F.). — Sorcellerie. Terre de Saint-Oyan-de-Joux (Saint-Claude) [1598], p. 57.

23131. Vaissière (A.). — Étude archéologique sur les stalles de la cathédrale de Saint-Claude [xv° s.], *pl.*, p. 77. — Cf. n° 23151.

[23123]. Prost (Bernard). — Documents inédits relatifs à l'histoire de la Franche-Comté, p. 114.

XXXIX. — Mémoires de la Société d'émulation du Jura, 2° série, 1er vol., 1875. (Lons-le-Saunier, 1876, in-8°, XIII-447 p.)

23132. Toubin. — Sur une pièce de vers latins appartenant à la bibliothèque de Salins.

[Vers en l'honneur de Charles II, d'Espagne, xvi° s.]

23133. Anonyme. — Fouilles dans les Moidons (août 1874) [tumulus], p. 7.

23134. Perraud (Philippe). — Un document inédit sur Lacuson, p. 11.

[Interdit du procureur général Dagay contre Lacuson (1659).]

23135. Le Mire (Jules). — Notice sur les fouilles faites dans les ruines de la ville gallo-romaine de Vicourt, commune de Poitte (Jura), *fig.*, p. 89.

23136. Vayssière (A.). — Obituarium abbatiæ Castri Caroli, ou notice des abbesses, religieuses et bienfaiteurs de l'abbaye noble de Château-Chalon, p. 117 et 425.

23137. Clerc (E.). — Notice historique sur le baron d'Arnans, accompagnée de quarante lettres inédites, p. 233.

[César du Saix, baron d'Arnans, † vers 1650.]

[23123]. Prost (Bernard). — Documents inédits relatifs à l'histoire de la Franche-Comté, p. 281.

23138. Prost (Bernard). — Notice sur trois dalles funéraires franc-comtoises, *fig.*, p. 375.

[Dalles funéraires de Girard Brassier, recteur de l'hôpital de Lons-le-Saunier, † 1324; de Guillaume de Vaudray, bailli d'Aval, et de Marguerite de Villers-la-Faye, sa femme, † vers 1470; de Pierre Nivers de Conliège, prêtre, † 1542.]

23139. Prost (Bernard). — Notice sur une statue de sainte Catherine de l'église de Baume-les-Messieurs (Jura) [xvi° s.], *fig.*, p. 407.

XL. — Mémoires de la Société d'émulation du Jura, 2° série, 2° vol., 1876. (Lons-le-Saunier, 1877, in-8°, 596 p.)

23140. Robert (Ulysse). — Catalogue des manuscrits relatifs à la Franche-Comté, qui sont conservés dans les bibliothèques publiques de Paris, p. 3, et XLII, p. 3.

[Appendice : Inventaire sommaire des documents relatifs à la Franche-Comté, conservés aux Archives nationales.]

23141. Guillermet (F.). — Trois mois de l'année 1795 à Lons-le-Saunier [réaction après thermidor], p. 163.

23142. Benoit (Léon). — Note sur la découverte [en 1876] à Saint-Lupicin (Jura) d'un soc de charrue antique, *pl.*, p. 233.

23143. Baudy (J.-E.) et Poirier (C.-D.). — Notice historique sur le village de Saint-Georges-des-Champs, près Lons-le-Saunier [pièces justificatives], p. 241.

23144. Perraud (Ph.). — Deux années de la vie municipale à Lons-le-Saunier (1673-1674), p. 315.

[Lettres d'institution de la mairie, 1587.]

23145. Le Mire (Paul). — Étude archéologique sur Grégoire de Tours, p. 381.

23146. Clos (L.). — Le camp de Coldres [oppidum gaulois], *pl.*, p. 451.

23147. Clerc (E.) et Le Mire (Jules). — Le tumulus de la Combe d'Ain, 2 *pl.*, p. 471.

23148. Prost (Bernard). — Les dalles funéraires de l'ancienne église abbatiale de Baume-les-Messieurs (Jura), 7 *pl.*, p. 487.

[Épitaphes et documents relatifs à : Jean de Molpré, abbé de Baume, † 1389; Henri, bâtard de Châlon, † 1400; Jean, bâtard de Châlon, † 1412; Jacques Sarrazin, † vers 1473; Louis de Chassal, abbé de Baume, † 1481; Claude Morel, abbé de Baume, † 1488; Catherin Le Guignaire, doyen, † 1516. — Inscriptions funéraires du xv° au xviii° s.]

XLI. — Mémoires de la Société d'émulation du Jura, 2° série, 3° vol., 1877. (Lons-le-Saunier, 1878, in-8°, 458 p.)

23149. Clerc (E.). — Histoire des États généraux et des libertés publiques en Franche-Comté [de 1384 à 1679], p. 21; XLII, p. 141; XLIII, p. 3; et XLIV, p. 3.

23150. Salis-Marschlins (Charles-Ulysse de). — Le Jura français [coutumes de Salins et des environs], p. 283.

23151. Prost (Bernard). — Note sur Jean de Vitry, auteur des stalles de l'église de Saint-Claude (Jura) [quittance de 1449], p. 373. — Cf. n° 23131.

[23123]. Prost (Bernard). — Documents inédits relatifs à l'histoire de la Franche-Comté, p. 381.

XLII. — Mémoires de la Société d'émulation du Jura, 2° série, 4° vol., 1878. (Lons-le-Saunier, 1879, in-8°, 586 p.)

[23140]. Robert (Ulysse). — Catalogue des manuscrits relatifs à la Franche-Comté qui sont conservés dans les bibliothèques publiques de Paris, p. 3.

23152. Bordier (Henri). — Lectionnaire de Luxeuil [vii° s.], *pl.*, p. 116.

23153. Bordier (Henri). — *Liber evangeliorum* de Saint-Lupicin [ix° s.], 2 *pl.*, p. 126.

[23149]. Clerc (E.). — Histoire des États généraux et des libertés publiques en Franche-Comté, p. 141.

23154. Girard. — Le siège d'Arbois en 1674, p. 469.

23155. Girard. — Relation de la bataille de Dournon, 17-18 janvier 1493, p. 509.

[Relation attribuée à Estienne Maistret, prédicateur de la ville de Salins, 1624.]

23156. Prost (Bernard). — Notice sur sept dalles funéraires franc-comtoises, 7 *pl.*, p. 523.

[Gilles Jourdain, † 1438; N. d'Arlay, † 1446; Bénétru de Chassal, † 1461; Guillaume de Villersexel, † 1472; Jeanne de La Fontaine, † 1482; Anne de Gaignaire, dame de Publy, † 1557; Oudot Gille de Poligny, † 1585.]

23157. Prost (Bernard). — Notice sur deux inscriptions du XIIe siècle, de l'ancienne église abbatiale de Baume-les-Messieurs (Jura), p. 561.

[Réédification de l'église de Baume, par l'abbé Albéric, épitaphe de l'ermite Renaud, † 1104.]

XLIII. — Mémoires de la Société d'émulation du Jura, 2e série, 5e vol., 1879. (Lons-le-Saunier, 1880, in-8°, 406 p.)

[23149]. Clerc (E.). — Histoire des États généraux et des libertés publiques en Franche-Comté, p. 3.

23158. Challe (M.). — La campagne des frontières du Jura en 1815 par le général Lecourbe. Souvenir d'un jeune volontaire, p. 109.

23159. Guillermet (F.) et Prost (Bernard). — Champagnolle et ses environs [étude historique], 16 *pl.*, p. 147.

23160. Girardot (Louis-Abel). — Études d'archéologie préhistorique, de géologie et de botanique dans les environs de Châtelneuf (Jura), 7 *pl.*, p. 233.

23161. Vingtrinier (Emmanuel). — Le crime de Balthazar Gérard, 1584 [assassinat de Guillaume d'Orange], p. 347.

23162. Vayssière (A.). — Lettres de rémission accordées à Lacuzon et à des Francs-Comtois pour crimes et délits commis pendant la guerre de Trente ans [1645 et 1646], p. 359.

XLIV. — Mémoires de la Société d'émulation du Jura, 3e série, 1er vol., 1880. (Lons-le-Saunier, 1881, in-8°, 332 p.)

[23149]. Clerc (E.). — Histoire des États généraux et des libertés publiques en Franche-Comté, p. 3.

23163. Toubin (Ed.). — Fouilles sur le territoire de Cernans, près Salins [silex taillés], 4 *pl.*, p. 213.

23164. Clos (L.). — Description du camp antique de Serme-sur-Baume (Jura) [époque gauloise], 2 *pl.*, p. 245.

23165. Abry d'Arcier. — Mémoire historique sur dom Jean de Watteville, abbé de Baume [† 1702], p. 261.

[Notice sur M. Abry d'Arcier, † 1824.]

XLV. — Mémoires de la Société d'émulation du Jura, 3e série, 2e vol., 1881. (Lons-le-Saunier, 1882, in-8°, 414 p.)

23166. Robert (Ulysse). — État des monastères francs-comtois de l'ordre de Cluny, aux XIIIe, XIVe et XVe siècles, d'après les actes de visites et des chapitres généraux, p. 3.

23167. Girod (Ernest). — L'industrie morézienne pendant la Révolution, p. 53.

[Notice historique sur Morez (Jura). Notes et pièces justificatives sur J.-B. Dolard, † 1740; acte de mariage du grand-père de Lamartine, † 1749; Pierre-Alexis Perrad, † 1821; Antide Janvier, † 1835; Pierre-Claude Raguet, † 1810.]

23168. Anonyme. — Étude sur un manuscrit du XVe siècle, appartenant à la ville de Salins [contenant des *joca monastica* et un dictionnaire latin-français], p. 165.

23169. Béchet. — Notes historiques sur Cernans et ses environs, p. 183.

23170. Abry d'Arcier. — Histoire du bourg d'Arlay, p. 247; et XLVI, p. 111.

[Notice sur la vie et les travaux de M. Abry d'Arcier, † 1824.]

XLVI. — Mémoires de la Société d'émulation du Jura, 3e série, 3e vol., 1882. (Lons-le-Saunier, 1883, in-8°, 356 p.)

23171. Briot (D^r). — Annales de Chaussin depuis les origines jusqu'à 1790, pour servir d'introduction à l'inventaire des délibérations de la chambre de ville, p. 1. — Cf. n° 23174.

[23170]. Abry d'Arcier. — Histoire du bourg d'Arlay, p. 111.

XLVII. — Mémoires de la Société d'émulation du Jura, 3e série, 4e vol., 1883. (Lons-le-Saunier, 1884, in-8°, XVI-263 p.)

23172. Clos (L.) et Robert (Z.). — Rapport sur les fouilles des tumulus de la nécropole gauloise de Gevingey (Jura), *pl.*, p. 1.

23173. Morgan (Jacques de). — Archéologie préhistorique du Jura, *pl.*, p. 13.

[Fouilles dans la forêt des Moidons, fibules, bracelets.]

23174. Briot (D^r). — Inventaire des délibérations de la chambre de ville de Chaussin [1621-1693], p. 75; [1695-1790]; et XLVIII, p. 1. — Cf. n° 23171.

23175. Cretin (L'abbé Édouard). — De l'authenticité des reliques de saint Maur, disciple de saint Benoit, qui reposent dans l'église du village de son nom, près de Lons-le-Saunier, p. 113.

XLVIII. — Mémoires de la Société d'émulation du Jura, 3e série, 5e vol., 1884. (Lons-le-Saunier, 1885, in-8°, xxvi-251 p.)

[23174]. Briot (Dr). — Inventaire des délibérations de la chambre de ville de Chaussin [1695-1790], *pl.*, p. 1.
23176. Girod (Ernest). — Essai historique sur les écoles de Morez-du-Jura [pièces justificatives, 1791-an v], p. 79.
23177. Vayssière (A.). — Le livre d'or ou livre des vassaux de l'abbaye de Saint-Claude [xive s.; chartes de 1084 à 1259], p. 171.

XLIX. — Mémoires de la Société d'émulation du Jura, 3e série, 5e vol. (*sic*), 1885. (Lons-le-Saunier, 1886, in-8°, xxii-433 p.)

23178. Finot (Jules). — Les sires de Faucogney, vicomtes de Vesoul. Notice et documents [xie-xive s.], p. 1.
23179. Vayssière (A.). — Le dernier siège de Dôle par les Français, en 1674; étude suivie de plusieurs pièces relatives à la conquête de la Franche-Comté, en 1674, p. 319.

JURA. — POLIGNY.

SOCIÉTÉ D'AGRICULTURE, SCIENCES ET ARTS DE POLIGNY.

Fondée et autorisée au mois de décembre 1859, la *Société d'agriculture, sciences et arts de Poligny* a été reconnue comme établissement d'utilité publique en 1869. Elle publie depuis 1860 un Bulletin mensuel formant un volume chaque année. Cette collection comprenait 26 volumes au 31 décembre 1885.

I. — Bulletin de la Société d'agriculture, sciences et arts de Poligny (Jura), 1re année, 1860. (Poligny, 1860, in-8°, 260 p.)

23180. Reffray de Sulignan (L'abbé). — Ruines de l'abbaye de Vaucluse [généralités], p. 35.
23181. Bourgeois (Léon). — Le poète bourguignon Charles Brugnot [poète romantique du xixe s.], p. 41.
23182. Munier. — Notice sur l'horlogerie dans les montagnes du Jura, p. 64 et 107.

[Horlogerie de Foncine aux xve, xvie, xviie et xviiie s.]

23183. Sauria (Ch.). — Notice sur Amaudru [professeur de dessin, 1799 † 1860], p. 70.
23184. Bertherand (Dr E.). — Recherches historiques sur l'état du commerce, de l'industrie, des lettres et des beaux-arts à Poligny, depuis les temps les plus reculés jusqu'à nos jours, p. 82 et 114.

II. — Bulletin de la Société d'agriculture, sciences, etc., 2e année, 1861. (Poligny, 1861, in-8°, 252 p.)

23185. Charton (H.). — La mosaïque des Chambrettes de Tourmont (Jura), p. 1.
23186. Gindre (Prosper). — Recherches archéologiques sur Molain et sur le véritable emplacement de Brainé [topographie de Molain et des environs], p. 17.
23187. Chéreau (Dr A.). — Jacques Coitier, médecin de Louis XI, roi de France [† 1506], p. 33, 57 et 81.
23188. Gindre. — La grotte de Sinbyllebalbo [prétendu séjour d'une druidesse], p. 89.
23189. Bel (A.). — Le Pont-des-Arches et le lac d'Antre, p. 129.

[Ancien centre d'habitations gauloises.]

23190. Vionnet (J.-D.). — Recherches sur Grozon, avant et pendant la domination romaine, p. 161 et 189.
23191. Toubin (Charles). — Étude sur les champs sacrés de la Gaule et de la Grèce et en particulier sur celui des Séquanes [à Molain], p. 165. — Cf. n° 23193.
23192. Chénier (Gabriel de). — Antide Janvier. Notice historique sur sa vie et ses travaux [1751 † 1835], p. 157, 185, 237; III, p. 1 et 33.
23193. Gindre. — Les champs sacrés de la Gaule [observations critiques], p. 196. — Cf. n° 23191.

III. — Bulletin de la Société d'agriculture, sciences, etc., 3e année, 1862. (Poligny, 1862, in-8°, 216 p.)

[23192]. Chénier (Gabriel de). — Antide Janvier, p. 1 et 33.
23194. Vionnet (J.-D.). — Description d'une médaille trouvée en 1859 sur l'emplacement de l'ancien couvent de Rosières (Jura) [xiie s.], p. 37.
23195. Perron (Dr). — La peste à Poligny en 1636, p. 43.
23196. Javel (Émile). — Le lac de Chalain, légende jurassienne, p. 46.
23197. Cottiez (Ernest). — Henri IV devant Poligny (1595), p. 57 et 73.
23198. Bertherand (Dr E.). — Un voyage de Marguerite de Flandre dans le Jura (1385), p. 89.

23199. Bousson de Mairet (E.). — L'Alésia de César. Résumé de la question [Alaise en Franche-Comté], p. 129.
23200. M. — Notice archéologique [château, église et hôtel de ville de Grozon], p. 156.

IV. — Bulletin de la Société d'agriculture, sciences, etc., 4e année, 1863. (Poligny, 1863, in-8°, 360 p.)

23201. Bergère (Désiré). — Histoire du monastère de Vaux [xie-xviiie s.], p. 1 et 33.
23202. Gindre. — Les clès du Jura [anciens abreuvoirs], p. 39.
23203. Cler (Henri). — L'agriculteur Brune [1762 † 1839], p. 67.
23204. Cler (Henri). — Le général Sauria [1753 † 1832], p. 97 et 137.
23205. Huard (Adolphe). — Le général Travot [1767 † 1836], p. 204.
23206. Regnault. — Benjamin Constant de Rebecque [1767 † vers 1830], p. 313.

V. — Bulletin de la Société d'agriculture, sciences, etc., 5e année, 1864. (Poligny, 1864, in-8°, 384 p.)

23207. Saint-Marc (Corneille). — Le siège de Saint-Amour en 1637, p. 21 et 33.
23208. Bertherand (Dr E.). — Quelques mots sur la sorcellerie dans le Jura [du xiiie au xixe s.], p. 86.
23209. Niobey (Dr). — Charte de la fin du xiiie siècle [1278] relative à Château-Chalon, p. 97.
23210. Gindre. — Études sur les patois du Jura, p. 102.
23211. Regnault. — Notices sur les grands chanceliers de la Légion d'honneur, p. 129, 161, 193, 225, 257, 289 et 337.

[Lacépède, † 1825; l'abbé de Pradt, † après 1830; Macdonald, duc de Tarente, † 1840; Mortier, duc de Trévise, † 1835; maréchal Gérard, † 1852; maréchal Oudinot, duc de Reggio, † 1847; général Subervie, † après 1853; maréchal Molitor, † 1849; maréchal Exelmans, † 1852; maréchal Ornano; Lebrun, duc de Plaisance; maréchal Pélissier, duc de Malakoff; amiral Hamelin; général de Flahaut; maisons de Saint-Denis, Écouen et les Loges.]

23212. Maillard (Armand). — Notice sur la vie de Pierre-Adrien Paris [architecte, † 1819], p. 139.
23213. Gindre. — Dissertation sur le monosyllabe *ca* [dans les noms de lieu], p. 145. — Cf. n° 23221.
23214. Marminia (A.). — Mœurs et coutumes des habitants de Lons-le-Saunier, p. 199.
23215. Cler (Henri). — Notice sur Mgr Gerbet [† 1864], p. 210.
23216. Bourilhon (Dr de). — Notice sur le tremblement de terre d'Oran en 1790, p. 299, 354; VI, p. 1, 33 et 65.

VI. — Bulletin de la Société d'agriculture, sciences, etc., 6e année, 1865. (Poligny, 1865, in-8°, 368 p.)

[23216]. Bourilhon (Dr de). — Notice sur le tremblement de terre d'Oran en 1790, p. 1, 33 et 65.
23217. Bel (A.). — Notice sur la Tour-du-Meix (Jura), à propos du mot Meix et de Calvin, p. 7.
23218. Perron (Dr). — Du régime intérieur des hôpitaux au xviiie siècle, p. 24.

[Inspection de l'hôpital de Saint-Claude en 1758 par le chirurgien-major Bernier.]

23219. Bel (A.). — Y aurait-il lieu d'admettre une troisième Alize [Alièze (Jura)]? p. 37.
23220. Marminia. — L'historien Chevalier (de Poligny) [1705 † 1800], p. 52.
23221. Bel (A.). — Observations sur le sens des syllabes *ca*, *cha*, *chau*, dans les noms où elles entrent et sur les mots Jura et Joux, p. 84. — Cf. n° 23213.
23222. Sauria (Ch.). — L'abbaye de Château-Chalon, p. 173.

[Épitaphe de Claude Merceret de Frontenay, † 1570.]

23223. Mirabeau (De). — Lettre autographe du comte de Mirabeau [18 avril 1788], p. 230.
23224. Vionnet. — Description d'un sceau de Grégoire IX, pape, au xiiie siècle [bulle], p. 241.
23225. Berge (Hector). — Une scène du passé, p. 344.

[Origine attribuée aux noms des rues de *Lalande* et *Labirat*, à Bordeaux.]

23226. Bel (A.). — Nouvelles données sur la ville d'Antre et le Pont-des-Arches, à l'est de Moirans, p. 347; et VII, p. 19.

VII. — Bulletin de la Société d'agriculture, sciences, etc., 7e année, 1866. (Poligny, 1866, in-8°, 368 p.)

[23226]. Bel (A.). — Nouvelles données sur la ville d'Antre et le Pont-des-Arches, à l'est de Moirans, p. 19.
23227. Bousson de Mairet. — Le château de Vadans (Jura) [manoir du xie s.], p. 22.
23228. Gindre. — Biographie de Mgr Gabet [1806 † 1853], p. 33, 65, 101, 132, 173, 203, 232, 263 et 293.
23229. Bel (A.). — Extrait des libertés et franchises concédées, en 1266, à la ville d'Orgelet (Jura), par Jehan de Chalon (Jean le Sage), prince d'Orange, seigneur de Rochefort, sire de Salins et baron d'Orgelet, p. 97, 129 et 161.

[Traduction des chartes de coutumes d'Orgelet et faits relatifs à l'histoire de cette ville jusqu'au xviiie s.]

23230. Marminia. — Mariages dans le Jura aux xviie et xviiie siècles, p. 168.
23231. Anonyme. — Nécrologie. Notice sur M. Grillet [1816 † 1866], p. 287.

23232. Vionnet. — Bulletin archéologique [bulle en plomb de l'antipape Clément VII, xive s.], p. 306.

23233. Chéreau (Dr Achille). — Un hippophage en l'année 1629, p. 321.

[Henri Boguet, grand juge de la terre de Saint-Oyan-de-Joux, † 1619.]

VIII. — Bulletin de la Société d'agriculture, sciences, etc., 8e année, 1867. (Poligny, 1867, in-8°, 368 p.)

23234. Chéreau (Dr Achille). — Abrégé de l'histoire du prieuré de Château-sur-Salins, écrit en 1708 et 1709, par dom Albert Chassignet, religieux de ce couvent, et publié pour la première fois, d'après le manuscrit original, p. 1, 33, 65, 97, 129 et 225.

[Notice sur la vie et les œuvres de dom Chassignet.]

23235. Marminia. — Lons-le-Saunier, p. 46.

[Événements mémorables relatifs à l'histoire de cette ville.]

23236. Prost (Bernard). — Abrégé de l'histoire du prieuré conventuel de Saint-Désiré de Lons-le-Saunier [prieuré de Cluny], par dom Albert Chassignet, p. 193, 225, 257, 289, 321; IX, p. 1, 33, 65 et 97.

23237. Chéreau (Dr Achille). — Un illustre enfant de Poligny jusqu'ici oublié, p. 327.

[Jean Voignon, médecin de Jean sans Peur.]

IX. — Bulletin de la Société d'agriculture, sciences, etc., 9e année, 1868. (Poligny, 1868, in-8°, 384 p.)

[23236]. Prost (Bernard). — Abrégé de l'histoire du prieuré conventuel de Saint-Désiré de Lons-le-Saunier, p. 1, 33, 65 et 97.

23238. Gindre. — Besain, p. 8.

[Dissertation sur l'étymologie de ce nom et sur l'existence de cette ville à l'époque celtique.]

23239. Chéreau (Dr A.) — Lettres de naturalité de maître Jacques de Coitier, écuyer, docteur en médecine, natif de Poligny au comté de Bourgogne, p. 10.

23240. Regnault (A.). — Notice biographique sur le maréchal Moncey, duc de Conegliano [1754 † 1841], p. 167 et 198.

23241. Gauthier (Jules). — La Franche-Comté au roi d'Espagne, pièce de vers composée, en 1643, par un patriote franc-comtois, p. 233 et 268.

23242. Rouget (Dr A.). — Notice biographique sur J.-D. Vionnet [† 1868], p. 289.

23243. Vionnet. — Vauxy-sur-Artois, son origine celtique, p. 328 et 353.

X. — Bulletin de la Société d'agriculture, sciences, etc., 10e année, 1869. (Poligny, in-8°, 384 p.)

23244. Girod (Ed.). — Monuments et traditions druidiques. Culte de Bel ou Belin, dans le Jura, notamment dans les environs de Pontarlier, p. 10.

23245. Prost (Bernard). — Lettres de grâce accordées par Philippe III le Bon, duc de Bourgogne, à Catherine, veuve d'Humbert Hugon, de Pupillin, le 20 mars 1458, p. 37.

23246. Cler (Henri). — Le capitaine Guyétant [† 1869], p. 50.

23247. Cler (Henri). — M. Chevassu [maire de Poligny, † 1869], p. 152.

23248. Vayssière (A.). — Droits curiaux du curé de Vers, p. 171.

[Règlement arrêté en 1686 par l'official de Besançon.]

23249. Vayssière. — Mémoires concernant la bâtisse de l'église Saint-Hippolyte de Poligny, son érection en collégiale, l'union de la cure et du prieuré [xviiie s.], p. 201.

23250. Chéreau (Dr A.). — Un pendu à Orgelet [en 1766], p. 233.

23251. Prost (Bernard). — Notice historique sur l'abbaye de Rosières (Jura), de l'ordre de Cîteaux (xiie-xviiie s.], p. 296, 327 et 360.

23252. Faure (Raymond). — Souvenirs de la campagne de Russie [passage du Niémen], p. 305.

XI. — Bulletin de la Société d'agriculture, sciences, etc., 11e année, 1870. (Poligny, 1870, in-8°, 320 p.)

23253. Vayssière (A.). — Les stalles de l'église cathédrale de Saint-Claude [exécutées en 1465 par Jean de Vitry], p. 6.

23254. Prost (Bernard). — Biens et droits seigneuriaux des ducs de Bourgogne, à Fraisans et à Dampierre (1506-1509) [extrait de terrier], p. 97 et 198.

23255. Brunet de Presle. — Origine des monticules appelés tumuli, p. 100.

23256. Rouget (Dr A.). — Les anciennes familles de Levier (Doubs), p. 101. — Cf. n° 23257.

[Taxes des maisons, terres et jardins au xviiie s.]

23257. Rouget (Dr A.). — Les échevins, commis et messiers de la commune de Levier (Doubs), au siècle dernier, p. 242. — Cf. n° 23256.

23258. Vayssière (A.). — Chapelle-Voland [église du xve s.], p. 244.

23259. Prost (Bernard). — Expédition dirigée contre la Corne de Rougemont (1403-1404), p. 257.

[Lettres du duc de Bourgogne aux gens de ses comptes à Dijon; compte relatif à cette expédition.]

23260. Vayssière (A.). — Le couvent de Cordeliers de Sellières, p. 289.

[Extrait des œuvres du P. Jacques Fodéré avec notice sur sa vie et ses œuvres.]

23261. Chopard (S.). — M. Pidancet [† 1871], p. 304.

XII. — Bulletin de la Société d'agriculture, sciences, etc., 12e année, 1871. (Poligny, 1872, in-8°, 288 p.)

23262. Baille (Ch.). — Communication sur Chevalier, historien de Poligny [† 1801], p. 1, 7, 121; et XIII, 313.

[Détails biographiques. Extraits des mémoires manuscrits de Chevalier sur l'histoire de Poligny.]

23263. Rouget (Dr A.). — Étude sur Pierre Maginet, de Salins [pharmacien-poète au xviie s.], p. 24.
23264. Prost (Bernard). — Notice historique sur les chevaliers du noble jeu de l'arquebuse de la ville de Poligny [xive-xviiie s.], p. 49, 97, 145, 193 et 242.
23265. Baille (Ch.). — Poligny au xvie siècle, p. 115.

[Lettre et poésie de Claude Luc, poète et savant au xvie s.]

23266. Rouget (Dr A.). — M. Emmanuel Bousson de Mairet [1796 † 1871], p. 168.
23267. Chéreau (Dr A.). — Note supplémentaire sur Gilbert Cousin, de Nozeroy [élève d'Érasme, † vers 1600], p. 207.
23268. Mouchot. — La peinture pendant la Renaissance, et la musique au xviiie et au xixe siècle, p. 217.

XIII. — Bulletin de la Société d'agriculture, sciences, etc., 13e année, 1872. (Poligny, 1872, in-8°, 380 p.)

23269. Rouget (Dr A.). — Le poète Armand Vuillaume [† 1871], p. 25.
23270. Prost (Bernard). — Ordonnances et statuts du noble jeu de l'arc de la ville de Cuiseau (1583), p. 33.
23271. Anonyme. — Notice nécrologique sur M. Gindre [† 1872; bibliographie de ses œuvres], p. 55.
23272. Baille (Ch.). — La guerre de Trente ans à Poligny, p. 101 et 129.
23273. Prost (Bernard). — «Despance faite et supportée par Messieurs de la ville de Poligny, pour la venue de Monsieur le Soufragant, évesque d'Andreville, à la bénédiction de l'église des pères capucins dudit lieu» [août 1617], p. 282.
[23262]. Baille (Ch.). — Extraits des mémoires manuscrits de Chevalier, p. 313.
23274. Prost (Bernard). — Nicolas de Watteville et Anne de Joux, seigneur et dame de Château-Vilain, affranchissent de la mainmorte Hugues Maigna, de Lent, leur sujet (1603), p. 317.

[Diplôme de maître chirurgien accordé au sieur François Grenaud, 1663.]

23275. Vayssière (A.). — Renaut de Louens, poète franc-comtois du xive siècle, p. 345.

[Sa traduction en vers français du *Traité de la consolation philosophique* de Boèce.]

XIV. — Bulletin de la Société d'agriculture, sciences, etc., 14e année, 1873. (Poligny, 1874, in-8°, 400 p.)

23276. Prost (Bernard). — «Règles et status du noble jeu de l'arbalette de la cité impériale de Besançon (1608)» [et règlement de 1772], p. 169, 203 et 234.
23277. Sauria (Charles). — Le Dr Bonnet [† 1872], p. 174.
23278. Prost (Bernard). — Inventaires des reliques et ornements de la chapelle de Tournay, fondée en l'église collégiale de Poligny [1477], p. 240.
23279. Vayssière (A.). — Les châteaux royaux de Franche-Comté, en 1731, p. 265.

[Montmirey, Rochefort, Santans, Gray, Port-sur-Saône, Montjustin, Châtillon-le-Duc, Baume, Ornans, Joux, Pontarlier, Quingey, Salins, la Châtelaine, Poligny, Montmorot.]

23280. Vayssière (A.). — Huit ans de l'histoire de Salins et de la Franche-Comté, p. 329; XV, p. 1, 33, 97, 129, 209, 242, 305, 356; XVI, p. 15, 88, 163, 201, 305; et XVII, p. 1.

[Mémoires anonymes, 1668-1675.]

23281. Prost (Bernard). — Une sorcière en 1657 [Catherine Le Doux], p. 335.
23282. Perraud. — Lettres de Monsieur de Mouslier, p. 361.

[Correspondance échangée en 1670 entre M. de Mouslier, résident de France auprès des Cantons suisses, et un conseiller de Fribourg, au sujet des affaires de Franche-Comté.]

XV. — Bulletin de la Société d'agriculture, sciences, etc., 15e année, 1874. (Poligny, 1874, in-8°, 404 p.)

[23280]. Vayssière (A.). — Huit ans de l'histoire de Salins et de la Franche-Comté, p. 1, 33, 97, 129, 209, 242, 305, 356.
23283. Monin (M.). — M. Henri Cler [† 1874], p. 15.
23284. Prost (Bernard). — Aventuriers espagnols ravageant le Bailliage d'aval, en 1526, p. 44.

[Délibérations de l'assemblée des échevins et députés des villes du Bailliage d'aval.]

23285. Coucalon. — M. Corneille Saint-Marc [† 1874], p. 116.
23286. Rouget (Dr A.). — Le quart livre du Rustican [sur les propriétés de la vigne et du vin], p. 83 et 138.

23287. Prost (Bernard). — Inventaire mobilier d'une famille franc-comtoise, en 1531 [des sieurs et dame Du Tartre], p. 177.
23288. Rouget (Dr A.). — Une pierre sigillaire inédite [trouvée à Champvans, inscription romaine], p. 220.
23289. Chevalier (F.-F.). — Mémoires de 1773, p. 337.

[Avantages de l'exportation des grains en Franche-Comté.]

XVI. — Bulletin de la Société d'agriculture, sciences, etc., 16e année, 1875. (Poligny, 1875, in-8°, 461 p.)

23290. Bertherand (Dr). — Les secours d'urgence, p. 1, 33, 73, 121, 153, 185, 233, 273, 321 et 361.

[Notice historique sur les sociétés de sauvetage et de secours aux blessés.]

[23280]. Vayssière (A.). — Huit ans de l'histoire de Salins et de la Franche-Comté, p. 15, 88, 163, 201 et 305.
23291. Vaissier (A.). — Un concours sur la maladie de la vigne en Franche-Comté en 1777, p. 54, 110, 141 et 173.
23292. Faivre. — M. Claude Clerc [1799 † 1875], p. 97.
23293. Thuriet (Ch.). — Traditions populaires [du Jura, du Doubs et de la Haute-Saône], p. 289, 336; XVII, p. 97, 129, 161, 163, 193, 234, 265; XVIII, p. 1, 33, 72, 105, 137, 169 et 201.

XVII. — Bulletin de la Société d'agriculture, sciences, etc., 17e année, 1876. (Poligny, 1876, in-8°, 432 p.)

[23280]. Vayssière (A.). — Huit ans de l'histoire de Salins et de la Franche-Comté, p. 1.
23294. Duboz (Félix). — Fouilles aux Moidons, p. 72.

[Plan du village préhistorique de Parençot, forêt des Moidons, commune de Mesnay-Arbois (Jura).]

[23293]. Thuriet (Ch.). — Traditions populaires, p. 97, 129, 161, 163, 193, 234 et 265.
23295. Coste (L.). — Nécrologie [Augustin Darlay, † 1876; Eugène Blondeau, † 1876], p. 115, 412.
23296. Vayssière (A.). — Un document sur l'invasion française de 1595, p. 145.

[«La deffaicte de huict cens chevaux et quatre cens harquebusiers espagnols auprès de Gray, le 12e jour de juillet 1595.»]

23297. Vayssière (A.). — Documents relatifs à la révolte des barons franc-comtois contre le duc Eudes [1336-1337], p. 275.

[Fragment d'un poème de Renaud de Louens; pièces relatives à Girard de Grandmont.]

23298. Laubespin (Léonel de). — Extraits des mémoires de La Huguerie [passages relatifs aux dernières années de Charles IX et de Coligny], p. 297, 345 et 393.

23299. Blanc (Charles). — Jean-Joseph Perraud [né en 1819], p. 327.

XVIII. — Bulletin de la Société d'agriculture, sciences, etc., 18e année, 1877. (Poligny, 1877, in-8°, 416 p.)

[23293]. Thuriet (Ch.). — Traditions populaires, p. 1, 33, 72, 105, 137, 169 et 201.
23300. Anonyme. — Installation d'un lieutenant général du Bailliage d'aval au siège et ressort de Poligny, en 1665, p. 65.
23301. Vayssière (A.). — Louis XI et la Franche-Comté, p. 176.

[Mandements de Louis relatifs à l'armée envoyée à la conquête de la Franche-Comté, 1479-1480.]

23302. Pingaud. — Béatrix de Cusance, princesse de Cantecroix [femme de Charles IV, duc de Lorraine, 1614 † 1663], p. 241 et 282.
23303. Anonyme. — Contrat de mariage de messire Jean de Chalon et de damoiselle Marie d'Enghien [1455], p. 258.
23304. Baille (Ch.). — Documents inédits relatifs à l'histoire de la Franche-Comté, p. 321.

[Description du château de Grimont-sur-Poligny, xvie s. Lettre d'Anatole Chevalier sur l'occupation française de la Franche-Comté en 1668.)

23305. Prost (Bernard). — Extraits d'un livre-journal tenu par une famille bourgeoise de Bletterans (1542-1661), p. 353.

[Le notaire Claude Millerans et ses descendans. Épitaphe de Jacques Millerans, † 1614.]

23306. Perraud (B.). — La bataille de Lützen d'après des correspondances franc-comtoises (1632), p. 385.

XIX. — Bulletin de la Société d'agriculture, sciences, etc., 19e année, 1878. (Poligny, 1878, in-8°, 424 p.)

23307. Anonyme. — Documents inédits relatifs à l'histoire de la Franche-Comté, p. 1 et 46.

[Notes et documents pour servir à la généalogie des maisons de Bourgogne, de Bauffremont, de Chalon et Rolin. Lettres relatives à la mort de Clériadus de Vergy, † 1630.]

23308. Thuriet (Ch.). — Chevalerie de Saint-Georges, en Franche-Comté [liste des chevaliers, 1300-1825], p. 33, 65, 105, 152 et 186.
23309. Baille (Ch.). — Du rôle politique et militaire de la chevalerie de Saint-Georges en Franche-Comté, p. 137.
23310. Sauria (Charles). — Pièces et documents historiques extraits de la correspondance et des papiers de Jean-Charles Sauria, général de brigade, administrateur

du département du Jura, inspecteur des eaux et forêts (1791-1821), p. 177, 218, 264, 305, 335 et 361.

[Composition des douze bataillons de Volontaires du Jura. Correspondance des généraux Malet, Pichegru, Michaud, Rome, etc., relative aux événements militaires de 1792-1799.]

23311. Laubespin (Léonel de). — Le maréchal de Tavanes et l'amiral de Coligny, d'après de récentes publications, p. 209, 243, 290 et 329.

XX. — Bulletin de la Société d'agriculture, sciences, etc., 20e année, 1879. (Poligny, 1879, in-8°, 384 p.)

23312. Pingaud (L.). — L'abbé Sanderet de Valonne, curé de Poligny, et son voyage en Westphalie et en Hollande (1794), p. 1 et 33.

[Extrait d'un récit manuscrit composé par M. Gaurard, chanoine de Darney.]

23313. Prost (Bernard). — Cahiers de doléances du clergé et des «gens de bien» du Bailliage d'aval [1789], p. 65 et 97.

23314. Montrichard (De). — Lettre de M. le marquis de Montrichard [† 1765] à l'historien Chevalier, au sujet de la seigneurie de Frontenay, et des tombeaux celtiques que l'on découvre sur son territoire, p. 129.

23315. Quantin (Max.). — Quelques notes sur la captivité et la mort, à Poligny, de Jean IV, fils aîné de Jean III, dernier comte d'Auxerre (1369-1370), p. 162.

23316. Prost (Bernard). — Droits curiaux de la paroisse de Chaux-des-Crotenay [accord de 1577], p. 193.

23317. Prost (Bernard). — Traité entre la commune de Rahon et un maître d'école [1768], p. 225.

23318. Prost (Bernard). — État ancien de la noblesse et du clergé de Franche-Comté [mémoire du XVIIIe s.], p. 321.

XXI. — Bulletin de la Société d'agriculture, sciences, etc., 21e année, 1880. (Poligny, 1880, in-8°, 352 p.)

23319. Prost (Bernard). — Mémoire d'un curé franc-comtois, du siècle dernier, sur les réformes à introduire dans l'agriculture, p. 65 et 97.

[Réponses faites par le curé de Besain à un questionnaire adressé en 1785 par l'intendant de Franche-Comté.]

23320. Chevalier. — Extraits de ses mémoires manuscrits. Raisons pour lesquelles la ville d'Arbois ne doit pas être admise à disputer la préséance sur celle de Poligny, p. 129 et 335.

23321. Baille (Ch.). — Considérations sur l'histoire du comté de Bourgogne, de 1595 à 1674, avec notes et éclaircissements, p. 153, 193, 225, 258 et 305.

XXII. — Bulletin de la Société d'agriculture, sciences, etc., 22e année, 1881. (Poligny, 1881, in-8°, 332 p.)

23322. Anonyme. — Le peintre A. Brune et ses œuvres [1807 † 1880], p. 1.

23323. Perraud (Ph.). — Une mission franc-comtoise à Madrid en 1626, p. 33 et 65.

[Mission destinée à obtenir le maintien à Dôle de la capitale de la Franche-Comté, du siège du Parlement, de l'Université et de la Chambre des comptes.]

23324. Sauria (Charles). — Nécrologie [Alphonse Tamisier, 1809 † 1880; Louis Bergère, 1806 † 1880], p. 82 et 97.

23325. Prost (Bernard). — Journal de Guillaume Durand, chirurgien à Poligny, de 1610 à 1623, p. 121, 145, 177, 225, 281; XXIII, p. 1, 33, 65, 97 et 329.

XXIII. — Bulletin de la Société d'agriculture, sciences, etc., 23e année, 1882. (Poligny, 1882, in-8°, 368 p.)

[23325]. Prost (Bernard). — Journal de Guillaume Durand, chirurgien à Poligny, de 1610 à 1623, p. 1, 33, 65, 97 et 329.

23326. Prost (Bernard). — Contribution à l'histoire de l'instruction primaire en Franche-Comté (1633-1790), p. 129 et 161.

23327. Prost (Bernard). — Contribution à l'histoire de la médecine en Franche-Comté [notes et documents sur les médecins, chirurgiens, apothicaires, etc., du XIIe au XVIIIe s.], p. 258, 289, 321; XXIV, p. 1, 66, 98, 162, 226, 290, 322; XXV, p. 2, 34, 98, 131 et 194.

XXIV. — Bulletin de la Société d'agriculture, sciences, etc., 24e année, 1883. (Poligny, 1883, in-8°, 382 p.)

[23327]. Prost (Bernard). — Contribution à l'histoire de la médecine en Franche-Comté, p. 1, 66, 98, 162, 226, 290 et 322.

23328. Warren (De). — Marguerite de Lorraine, duchesse d'Orléans (1615-1672), p. 320 et 338.

XXV. — Bulletin de la Société d'agriculture, sciences, etc., 25e année, 1884. (Poligny, 1884, in-8°, 376 p.)

[23327]. Prost (B.). — Contribution à l'histoire de la médecine en Franche-Comté, p. 2, 34, 98, 131 et 194.

23329. Anonyme. — Lettre de l'empereur Maximilien Ier à sa fille Marguerite d'Autriche [1514], p. 14.

23330. Baille (Ch.). — Une élection municipale à Poligny en 1673, p. 162.

23331. SAURIA (Charles). — Nécrologie : Auguste Hodery [1818 † 1884], p. 226.

XXVI. — Bulletin de la Société d'agriculture, sciences, etc., 26e année, 1885. (Poligny, 1885, in-8°, 384 p.)

23332. SAUNOIS (L'abbé). — Une excursion en Franche-Comté en 1667 [par Joseph Meglinger, sous-prieur de l'abbaye cistercienne de Wettingen], p. 33.

[Rétablissement du Parlement de Besançon.]

23333. ANONYME. — Une lettre authentique de Louis XVI [1775], p. 78.
23334. SAURIA (Charles). — Une statue au général Malet [1754 † 1812], p. 175 et 211.
23335. VAYSSIÈRE (A.). — Dom Jean de Watteville [abbé de Baume, † 1702], p. 274 et 289.

LANDES. — DAX.

SOCIÉTÉ DE BORDA.

La Société de Borda a été fondée le 25 janvier 1876. Elle a pris le nom du naturaliste Jacques-François de Borda d'Oro, qui légua en mourant à la ville de Dax une importante collection d'histoire naturelle. Elle a publié un *Bulletin* trimestriel qui formait 9 volumes à la fin de l'année 1885. On lui doit encore un compte rendu du Congrès scientifique tenu à Dax en 1882 (voir, ci-après, n°s 23452 et 23453) et l'ouvrage suivant en cours de publication :

23336. Tamizey de la Roque (Philippe). — Documents inédits pour servir à l'histoire de la ville de Dax. (Dax, 1887, in-8°.)

I. — **Bulletin de la Société de Borda**, 1re et 2e années, 1876 et 1877. (Dax, 1876-1877, in-8°, 474 p.)

23337. Du Boucher (Henry). — Note sur une framée mérovingienne trouvée à Uza (Landes), p. 45.
23338. Dufourcet (Eugène). — Station troglodytique à Lourdes, p. 79.
23339. Chasteigner (Alexis de). — Dax vu le samedi par un archéologue [mœurs et coutumes], p. 97.
23340. Serres (Hector). – Notes sur l'origine et la destination de certaines poteries trouvées dans le lit de l'Adour à Dax, p. 105 et 133.
[Boules creuses ayant servi au jeu de la *Toupiade*.]
23341. Du Boucher (Henry) et Thore (J.). — Une station de l'âge de bronze aux environs de Dax, *pl.*, p. 115.
23342. Aubé. — Note sur deux vases trouvés à Soorts (Landes) [amphores gallo-romaines], *fig.*, p. 161.
23343. Dufourcet (Eugène). — Monuments mégalithiques dans la région subpyrénéenne occidentale. Dolmen d'Uzès. Tumulus-dolmen d'Ets-Mourts, *fig.*, p. 167.
23344. Abadie (François). — Épisode des guerres de religion en Chalosse. Incendie du monastère de Divielle [1569], p. 211.
23345. Du Boucher (Henry). — Les Aquenses primitifs ou Dax avant l'histoire, *pl.*, p. 239, 273, 423; II, p. 143 et 255.
23346. Serres (Hector). — Vestiges de la chapelle de Saubagnac [statuette en bois de saint Martin], *pl.*, p. 289.
23347. Du Boucher (Henry). — Le squelette de la grotte du Saumon à Saint-Jean-de-Lier (Landes) [bijoux attribués au ve s.], p. 307.
23348. Gabarra (L'abbé). — Lettre inédite de Henri IV aux consuls de Tartas [1585]. Lettre inédite de l'évêque d'Aire, Charles d'Anglure, au cardinal Mazarin, en faveur de la ville de Mont-de-Marsan [1654], p. 329.
23349. Dufourcet (Eugène). — Matériaux pour servir à l'histoire des Landes. Quelques notes archéologiques et historiques sur le pays du Marensin, p. 345.
23350. Chasteigner (Alexis de). — Note sur un fragment de poterie à lustre métallique trouvé en avril 1877 dans les anciens fossés de la ville de Dax, *fig.*, p. 379.
23351. Taillebois (Émile). — Note numismatique [médailles et monnaies romaines et gallo-romaines offertes au musée de Dax], p. 391.
23352. Dufourcet (E.). — Histoire sommaire de la municipalité dacquoise. Noms des maires et autres officiers municipaux depuis 1189 jusqu'à 1877, p. 455.

II. — **Bulletin de la Société de Borda**, etc., 3e année, 1878. (Dax, 1878, in-8°, 346 p.)

23353. Folin (De). — Lettre sur la création des musées cantonaux, p. 49.
23354. Du Boucher (Henry). — Quelques nouvelles trouvailles préhistoriques landaises, p. 55.
23355. Olce (Gustave d'). — La baronnie de Magescq et le chapitre d'Acqs [1397-1751], p. 73, 237; III, p. 175; et VI, p. 207.
23356. Abbadie (François). — L'île des Faisans et la paix des Pyrénées [1659-1660], p. 81, 317; et III, p. 281.
23357. Grolous (J.). — Quelques remarques sur le poème anglo-saxon de Beovulf, p. 123.
[23345]. Du Boucher (Henry). — Les Aquenses primitifs ou Dax avant l'histoire, p. 143 et 255.
23358. Taillebois (Émile). — Description de 83 médailles que j'ai données au musée de Dax, p. 159.
23359. Webster et Abbadie (Antoine d'). — Sur la carte de l'état-major dans les Basses-Pyrénées [notes critiques], p. 209.
23360. Dufourcet (Eugène). — Annales dacquoises [IIe-XIXe s.]. Manuscrit de M. J.-B. Thore, médecin en chef de l'hôpital militaire de Dax sous le premier Empire,

publié et annoté, p. 283; IV, p. 219; et IX, p. 163. — Cf. n° 23372.

23361. Taillebois (Émile). — La vérité sur le trésor du Leuy [près de Saint-Sever, monnaies du III° s.], p. 307; et III, p. 53.

23362. Du Boucher (Henry). — Les fouilles de Gouts (Landes) [antiquités gallo-romaines], p. 313.

III. — Bulletin de la Société de Borda, etc., 4° année, 1879. (Dax, 1879, in-8°, 346 p.)

[23361]. Taillebois (Émile). — La vérité sur le trésor du Leuy, p. 53.

23363. Taillebois (Emile). — Note sur le monnayage de Dax, *fig.*, p. 65.

23364. Olce (Gustave d'). — Une lettre inédite du vicomte d'Orthe (1569), p. 71.

[23355]. Olce (Gustave d'). — La baronnie de Magescq et le chapitre d'Acqs, p. 175.

23365. Dufourcet (Eugène). — A propos des fouilles faites au mois d'avril dernier sous le porche de la cathédrale, p. 187.

[Notes historiques et archéologiques sur les églises, chapelles, monastères et congrégations de Dax.]

23366. Dufourcet (Eugène). — Les évêques de Dax depuis saint Vincent de Sentes [253] jusqu'à Mgr Le Quien de Laneuville [† 1813], p. 205.

23367. Du Boucher (H.). — Le chêne de Quillacq et quelques traditions populaires, p. 231.

23368. Taillebois (Émile). — Le trésor de Barcus. Découverte de 1,750 deniers celtibériens, p. 243.

[23356]. Abbadie (François). — L'île des Faisans et la paix des Pyrénées, p. 281.

23369. Du Boucher (Henry). — Catalogue raisonné des vicomtes de Dax, p. 303.

23370. Du Boucher (Henry). — Matériaux pour un catalogue des stations préhistoriques landaises, p. 307.

23371. Pothier (Ed.). — Fouilles des tumuli des environs de Tarbes, p. 341.

IV. — Bulletin de la Société de Borda, etc., 5° année, 1880. (Dax, 1880, in-8°, LXXIII-308 p.)

23372. Dufourcet (Eugène). — Relevé météorologique [117 av. J.-C.-1809] pour faire suite aux Annales dacquoises [extrait des manuscrits inédits de J.-B. Thore], p. 39. — Cf. n° 23360.

23373. Taillebois (Émile). — Trouvaille d'Aurimont (Gers). — Description de 3,624 monnaies royales et baronales de Louis VI à Philippe IV (1108-1314), p. 97.

23374. Chasteigner (Comte Alexis de). — Note sur le cachet de la Société des pharmaciens de la ville de Dax [XVIII° s.], p. 131.

23375. Chasteigner (Comte Alexis de). — Fouilles de deux tumuli, commune de Mimbaste (Landes), p. 137.

23376. Abbadie (F.). — Procès-verbaux de l'assemblée des trois ordres de la sénéchaussée des Landes en 1789, p. 151, 255; et VI, p. 119.

23377. Taillebois (Émile). — Quelques mots sur deux sépultures gallo-romaines découvertes à Saint-Vincent-de-Xaintes, p. 187.

23378. Dufourcet (Eugène). — Essai sur l'histoire de la Gascogne (extrait des manuscrits inédits de J.-B. Thore), p. 197.

[23360]. Dufourcet (Eugène). — Annales dacquoises, p. 219.

V. — Bulletin de la Société de Borda, etc., 6° année, 1881. (Dax, 1881, in-8°, XCII-346 p.)

23379. Du Boucher (Henry). — Les quartzites taillés des Landes [étude préhistorique], *pl.*, p. 61.

23380. Taillebois (Émile). — Notice sur une inscription gallo-romaine et sur un autel gaulois à divinité tricéphale, *pl.*, p. 69.

23381. Taillebois (Émile). — Recherches sur les bijoux vandales en mauvais argent de Donzacq et du Leuy (Landes), 4 *pl.*, *fig.*, p. 105. — Cf. n° 23390.

[23376]. Abbadie (F.). — Procès-verbaux de l'assemblée des trois ordres de la sénéchaussée des Landes en 1789, p. 119.

23382. Pottier (Raimond). — Les remparts gallo-romains de Dax, p. 141.

23383. Brezets (Arthur de). — Deux lettres inédites de Burie ou Burye, lieutenant général pour le roi en Guyenne, à Léon de Belsunce [1562], p. 155.

23384. Du Boucher (Henry). — Quelques mots sur un vase cinéraire découvert à Vicq (Landes), p. 165.

23385. Dufourcet (Eugène). — OEyre-Luy et la porte romane de son église, *pl.*, p. 175; et VI, p. 29.

23386. Taillebois (Ém.). — Épigraphie dacquoise. Les inscriptions gallo-romaines du musée de Dax, *pl.*, p. 213.

23387. Départ (L'abbé). — Procès-verbaux de l'assemblée des trois ordres de la sénéchaussée d'Albret, au siège de Tartas (1789), p. 259; et VI, p. 1.

23388. Départ (L'abbé) et Lavergne (Adrien). — Les Sauvetats [*salvitates*] de Guyenne, p. 309.

VI. — Bulletin de la Société de Borda, etc., 7° année, 1882. (Dax, 1882, in-8°, LXXXIII-293 p.)

[23387]. Départ (L'abbé). — Procès-verbaux de l'assemblée des trois ordres de la sénéchaussée d'Albret, au siège de Tartas (1789), p. 1.

[23385]. Dufourcet (Eugène). — OEyre-Luy et la porte romane de son église. Note complémentaire, p. 29.

23389. Du Boucher (Henry). — Note sur certaines particularités de quelques haches néolithiques, p. 35.

IMPRIMERIE NATIONALE.

23390. Taillebois (Émile). — Description de 37 monnaies romaines en argent provenant de la trouvaille de Donzacq (Landes), p. 39. — Cf. n° 23381.

23391. Taillebois (Émile). — Quelques sigles figulins trouvés chez les Ausci, p. 167.

[23355]. Olce (Gustave d'). — La baronnie de Magescq et le chapitre d'Acqs, p. 207.

23392. Taillebois (Émile). — Le trésor de Laujuzan (Gers), 980 deniers des Élusates, *fig.*, p. 223.

23393. Brutails (Auguste). — Compte des travaux exécutés au château de Dax en 1456 et 1457, p. 229.

23394. Taillebois (Émile). — Numismatique. Variétés inédites [monnaies romaines, byzantines et du moyen âge], p. 237; et VIII, p. 121.

23395. Olce (Gustave d'). — Statuts de la vicomté de Maremne [1300], p. 279; VII, 57, 107 et 231.

VII. — **Bulletin de la Société de Borda**, etc., 8e année, 1883. (Dax, 1883, in-8°, xcvi-284 p.)

23396. Dufourcet (Eugène). — De Dax à Castel-Sarrasin. Excursion archéologique, historique et géologique [tumulus de Mimbaste, *pl.*], p. 9.

23397. Duverger (J.). — Numismatique. Nouvelle lecture de la légende d'une médaille d'Euphémie, *fig.*, p. 35.

23398. Du Boucher (Henry). — Détermination de l'âge du silex de Sabres, *pl.*, p. 39.

23399. Départ (L'abbé). — Mimizan. Notice historique, p. 45, 89, 213; VIII, p. 145, 185; X, p. 85 et 219.

[23395]. Olce (Gustave d'). — Statuts de la vicomté de Maremne [1300], p. 57, 107 et 231.

23400. Taillebois (Émile). — La monnaie morlane au nom de Centulle, à propos de la découverte de 707 deniers et oboles faite à Pessan (Gers), p. 65.

23401. Brutails (Auguste). — Simon de Montfort, comte de Leicester, et les bourgeois de Dax [1252], p. 83.

23402. Gabarra (J.-B.). — Une alerte à Capbreton en 1587, p. 143.

23403. Olce (Gustave d'). — Lettre du capitaine Jean de La Planche (1549), p. 211.

23404. Sorbets (Dr L.). — Origine des noms de lieux pour le département des Landes, p. 249; et IX, p. 111.

23405. Testut (Dr L.). — Fouilles pratiquées dans les tumuli de Lavigne et de Pébousquet, commune et canton de Garlin (Basses-Pyrénées), p. 269.

23406. Légé (L'abbé). — Archives tirées du fonds du duc d'Épernon, p. 273.

[Lettres du gouverneur de Dax, 1557; de Mgr de Sansac, archevêque de Bordeaux, 1585.]

VIII. — **Bulletin de la Société de Borda**, etc., 9e année, 1884. (Dax, 1884, in-8°, xcvi-312 p.)

23407. Taillebois (Émile). — Quelques mots sur les prétendues inscriptions des Convenæ trouvées en Écosse, p. 1.

23408. Taillebois (Émile). — L'inscription tarbellienne du Vieux-Poitiers (Vienne), *pl.*, p. 11.

23409. Cazauran (L'abbé). — Pouillé du diocèse d'Aire, p. 21, 97, 201; X, 131, 229 et 255.

23410. Lavieille (Dr Ch.). — Quelques mots sur l'ethnographie landaise, p. 35.

23411. Brézets (Arthur de). — Mémoire sur la situation des paysans des Landes des environs de Dax en 1768, p. 41.

23412. Olce (Gustave d'). — Trois lettres de Jehan de Sanct-Estaban, gouverneur d'Acqs (1584), à M. Dolco, son cousin, p. 47.

23413. Xambeu. — Le collège de Saint-Sever avant 1791, p. 63; de 1791 à 1867, p. 77.

[23394]. Taillebois (Émile). — Numismatique. Variétés inédites, p. 121.

23414. Sorbets (Dr Léon). — Le cardinal Pierre de Foix, évêque d'Aire, p. 135.

[23399]. Départ (L'abbé). — Mimizan. Notice historique, p. 145 et 185.

23415. Sorbets (Dr Léon), Martres (Léon) et Taillebois (Émile). — Deux autels votifs romains découverts à Aire-sur-l'Adour (Landes), 2 *pl.*, p. 153, 157 et 159.

23416. Camiade (Georges). — Note sur une urne gallo-romaine en pierre et sur le lieu de sa provenance, Breith, près la Souterraine (Creuse), *pl.*, p. 217.

23417. Taillebois (Émile). — Recherches sur la numismatique de la Novempopulanie [monnaies, poids et sceaux], p. 227; et IX, p. 1.

23418. Dufourcet (Eugène) et Testut (L.). — Les tumulus des premiers âges du fer dans la région sous-pyrénéenne, p. 291; et IX, p. 307.

IX. — **Bulletin de la Société de Borda**, etc., 10e année, 1885. (Dax, 1885, in-8°, lxxxv-330 p.)

[23417]. Taillebois (Émile). — Recherches sur la numismatique de la Novempopulanie, p. 1.

23419. Behr (L. de). — Acquêt de la baronnie de Gamarde et de la seigneurie d'Onard, par Charlot de Poyanne sur Alain de Labret [1486], p. 55.

23420. Camiade (Georges). — Découverte de nouveaux tumulus sur les landes de Clermont, Estibeaux et Pomarez, *carte*, p. 65.

23421. Camiade (Georges). — Un coup de pioche sur l'emplacement de la ville gallo-romaine de Tastoa, p. 73.

[23399]. Départ (L'abbé). — Mimizan. Notice historique, p. 85 et 219.
[23404]. Sorbets (Dr L.). — Origine des noms de lieux pour le département des Landes, p. 111.
[23409]. Cazauran (L'abbé). — Pouillé du diocèse d'Aire, p. 131, 229 et 255.
[23360]. Dufourcet (Eugène). — Annales dacquoises, p. 163.
23422. Sorbets (Dr L.). — Vingt-sept autels votifs gallo-romains découverts à Aire (Landes) les 15 et 18 juin 1885, p. 169.
23423. Taillebois (Émile). — Le temple de Mars Lelhunnus à Aire-sur-l'Adour et les inscriptions aturiennes, p. 177.
23424. Vallée (E.). — Saint Vincent de Xaintes, premier évêque de Dax et martyr, est-il Saintongeais? [Oui], p. 191.
23425. Abbadie (Fr.). — Note sur les fouilles de deux tumulus du plateau de Lannemezan, *pl.*, p. 201.
23426. Sorbets (Dr L.). — Trois évêques d'Aire non mentionnés dans le catalogue du diocèse, p. 205.

[Palladius, VIIe s.; Ursus, VIIe s.; Usk, XIVe s.]

23427. Batcave. — Description d'une villa gallo-romaine [à Saint-Boès], p. 209.
23428. Du Boucher (H.). — Notes anthropologiques. L'homme de Sorde, p. 213.
23429. Dufourcet (E.) et Testut (L.). — Note topographique sur les groupes tumulaires d'Agès, canton de Hagetmau (Landes), *carte*, p. 287. — Cf. n° 23431.
23430. Cardaillac (Xavier de). — Les tumulus-sépultures d'Arzacq et de Thèze, p. 291.
23431. Testut (L.) et Taillebois (Émile). — Nouvelles fouilles dans les tumulus d'Agès, p. 301. — Cf. n° 23429.
[23418]. Dufourcet (E.) et Testut (L.). — Les tumulus des premiers âges du fer dans la région sous-pyrénéenne, p. 307.
23432. Martres (Léon). — Monuments épigraphiques d'Aire [époque gallo-romaine], p. 313.

Congrès scientifique de Dax, 1re session, mai 1882. (Dax, 1882, in-8°, CXXXVII-383 p.)

23433. Chasteigner (Comte de). — Sur les poteries gallo-romaines, p. CIX.
23434. Sorbets (Dr). — Sur l'homme tertiaire, p. CX.
23435. Vaussenat. — Sur les *tumuli* de l'ancienne Aquitaine, p. CXV.
23436. Chasteigner (Comte de). — Sur la cassure et la taille des silex, p. CXXIV.
23437. Ledain (B.). — Sur les camps romains, p. CXXVII.
23438. Vaussenat. — Sur les camps romains des Hautes-Pyrénées, p. CXXIX.
23439. Palustre (Léon). — Sur quelques artistes français du XIVe et du XVIe siècle, p. CXXXII.
23440. Gabarra (L'abbé). — Quelques mots sur Capbreton et son ancien port, *pl.*, p. 1.
23441. Testut (Dr L.). — La nécropole préhistorique de Nauthéry, canton d'Aire (Landes), p. 35.
23442. Lartigau (L'abbé). — Étude supplémentaire sur Beneharnum, *plan*, p. 47.
23443. Dejeanne (J.-M.). — Iter ab Aquis Tarbellicis Tolosam. Note sur la partie de la voie comprise entre Dax (Aquæ Tarbellicæ) et Saint-Bertrand-de-Comminges (Lugdunum Convenarum), *carte*, p. 57 et 380.
23444. Lartigau (L'abbé). — Les voies romaines et l'ancien Beneharnum, réponse à M. Dejeanne, p. 83.
23445. Louis (Ed.). — Notes d'un vieux Béarnais sur le patois de son pays, p. 93.
23446. Taillebois (Émile). — Inscriptions gallo-romaines découvertes dans le département des Landes, *pl.*, p. 105.
23447. Dufourcet (E.). — Église de Saint-Paul-lès-Dax et son abside romane [XIe s.], *pl.*, p. 127.
23448. Taillebois (Émile). — Recherches sur la numismatique de la Novempopulanie depuis les premiers temps jusqu'à nos jours, p. 147.
23449. Pothier (Colonel). — Les tumulus de Tarbes, p. 201.
23450. Poydenot (Henry). — Note sur la date probable de l'inscription romaine de Hasparren, p. 209.
23451. Bonnore (G.). — Les Boii du bassin d'Arcachon, p. 223.
23452. Lavergne (Adrien). — Origine des cagots, capots ou christians [donation de 1291], p. 227.
23453. Martres (Léon). — Les colonnes de Sauvetat de Vielle-Saint-Girons [époque gallo-romaine], p. 231.

LANDES. — MONT-DE-MARSAN.

SOCIÉTÉ DES LETTRES, SCIENCES ET ARTS DU DÉPARTEMENT DES LANDES.

Une *Société d'agriculture des Landes* fut fondée en 1798 à Mont-de-Marsan; malgré diverses réorganisations en 1801, en 1804, en 1810, en 1814, elle n'eut qu'une existence pénible, interrompue par de longues périodes d'inaction jusqu'en 1827. Elle fut reconstituée à cette époque sous le titre de *Société économique d'agriculture, commerce, arts et manufactures du département des Landes*, qu'elle a conservé jusqu'en 1859. Elle commença en même temps la publication d'une série d'*Annales* qui ne contient aucun article rentrant dans notre cadre. En 1859, elle modifia légèrement son titre et s'appela : *Société d'agriculture, commerce, arts et manufactures des Landes.*

Au mois de mai 1867 fut fondée sous le nom de *Société des lettres, sciences et arts du département des Landes*, une autre association qui publia une petite série de *Bulletins*, interrompue dès 1868. Nous en donnons le dépouillement sous les nos 23454 à 23459.

Les deux sociétés fusionnèrent le 11 avril 1872 sous le titre de *Société d'agriculture, commerce, sciences, lettres et arts du département des Landes.* Elles commencèrent la publication d'*Annales* qui furent considérées comme la 2e série des publications de la Société d'agriculture. Cette collection se continue encore, mais nous n'y avons trouvé à relever aucun travail d'histoire ou d'archéologie.

I. — **Société des lettres, sciences et arts du département des Landes**, bulletin n° 1, mai-juillet 1867. (Mont-de-Marsan, 1867, in-8°, 33 p.)

23454. Sorbets (Dr Léon). — Épigraphie. A propos de quelques inscriptions des XIIe, XIVe et XVe siècles, recueillies dans les Landes, p. 8.

23455. Tardière (H.). — Courses de taureaux [en Gascogne au XVIIe et au XVIIIe s.], p. 17.

II. — **Société des lettres, sciences**, etc., bulletin n° 2, novembre 1867-janvier 1868. (Mont-de-Marsan, 1868, in-8°, 16 p.)

23456. Vigneau. — Aperçu historique du cheval considéré dans ses rapports avec les mœurs hippiques de diverses époques, p. 5.

III. — **Société des lettres, sciences**, etc., bulletin n° 3, février 1868. (Mont-de-Marsan, 1868, in-8°, 24 p.)

IV. — **Société des lettres, sciences**, etc., bulletin n° 4, mars 1868. (Mont-de-Marsan, 1868, in-8°, 59 p.)

23457. Foncin (P.). — Jeanne d'Arc depuis ses premières années jusqu'à sa captivité, p. 9.

V. — **Société des lettres, sciences**, etc., bulletin n° 5, avril et mai 1868. (Mont-de-Marsan, 1868, 30 p.)

23458. Plieux (Amable). — Étude historique sur les franchises du barreau et en particulier sur le droit de la libre défense des accusés, p. 5.

VI. — **Société des lettres, sciences**, etc., bulletin n° 6, juin 1868. (Mont-de-Marsan, 1868, in-8°, 24 p.)

23459. Fierville (Ch.). — Note historique sur les origines du collège de Saint-Sever, p. 5.

LOIR-ET-CHER. — BLOIS.

SOCIÉTÉ D'EXCURSIONS ARTISTIQUES DE LOIR-ET-CHER.

Cette Société a été fondée en 1879. Elle a plutôt un but artistique que scientifique. Elle organise chaque année un certain nombre d'excursions d'où elle rapporte des dessins et des photographies qu'elle publie ensuite à intervalles irréguliers sous forme de livraisons in-folio d'un nombre variable de planches accompagnées d'un texte très sommaire. Elle a commencé en 1882 la publication d'un *Bulletin* dont livraisons avaient paru à la fin de 1885. Les livraisons de planches publiées jusqu'ici par cette Société n'étant ni datées, ni paginées, ni numérotées, nous ne pouvons en garantir l'ordre et la composition. Nous les mentionnons dans l'ordre où elles se trouvent dans l'exemplaire que M. Mieusement, président de la Société depuis son origine, a bien voulu nous communiquer.

I. — Publications de la Société d'excursions artistiques de Loir-et-Cher.

23460. Anonyme. — Église paroissiale de Saint-Aignan (Loir-et-Cher), chapiteau du XIe siècle, *pl.*, 1 p.

23461. Anonyme. — Maison du XVe siècle à Montrichard, *pl.*, pas de texte.

23462. Anonyme. — Blois, faubourg de Vienne. Cimetière monumental du XVIe siècle, 5 *pl.*, 3 p.

23463. Anonyme. — Commune de Lassay (Loir-et-Cher). Le château du Moulin (XVe s.), 3 *pl.*, 1 p.

23464. Anonyme. — Commune de Mur (Loir-et-Cher). Château de la Morinière (XVIe s.), *pl.*, 1 p.

23465. Anonyme. — Commune des Meslands (Loir-et-Cher). Portail de l'église (XIIe s.), *pl.*, 1 p.

23466. Anonyme. — Église de Troô (Loir-et-Cher), *pl.*, 1 p.

23467. Anonyme. — Commune de Lavardin (Loir-et-Cher). Maison du XVIe siècle, *pl.*, 1 p.

23468. Anonyme. — Ruines du château de Lavardin (Loir-et-Cher). Donjon du XIe siècle, *pl.*, 1 p.

23469. Anonyme. — Commune de Montrichard (Loir-et-Cher). Donjon du XIe siècle, *pl.*, 1 p.

23470. Anonyme. — Commune de Montrichard (Loir-et-Cher). Église de Nanteuil, *pl.*, 1 p.

23471. Anonyme. — Commune de Suèvres (Loir-et-Cher). Église Saint-Lubin, 2 *pl.*, 1 p.

23472. Anonyme. — Mennetou-sur-Cher. Ses fortifications du XIIe siècle, 2 *pl.*, 1 p.

23473. Anonyme. — Commune de Faverolles (Loir-et-Cher). Abbaye d'Aygues-Vives (XIIe s.), 8 *pl.*, 2 p.

23474. Anonyme. — Église Saint-Laumer [ou Saint-Nicolas] à Blois, 4 *pl.*, pas de texte.

II. — Publications de la Société d'excursions artistiques de Loir-et-Cher.

23475. Anonyme. — Le château de Blois, 24 *pl.*, 7 p.

III. — Société d'excursions artistiques de Loir-et-Cher. Bulletin n° 1, mars 1882. (Blois, 1882, in-8°, VII-40 p.)

23476. Belton (Louis). — Le progrès des arts dans le Blésois, ses causes, ses manifestations [musée de Blois], p. 1 à 40.

LOIR-ET-CHER. — BLOIS.

SOCIÉTÉ DES SCIENCES ET LETTRES DE LOIR-ET-CHER.

Fondée au mois de décembre 1832, cette Société ne fut autorisée que le 27 mai 1861. Elle publia d'abord ses travaux sous le titre de *Mémoires de la Société des sciences et lettres de la ville de Blois*, puis à partir du tome VII sous le titre de *Mémoires de la Société des sciences et lettres de Loir-et-Cher;* le tome VIII porte accidentellement le titre de *Bulletin*. Les publications de cette Société comprenaient 11 volumes au 31 décembre 1885 auxquels il faut ajouter le volume suivant qui a été publié à part.

23477. Dupré. — Histoire du royal monastère de Sainct-Lomer de Blois, par dom Noël Mars. (Blois, 1869, in-8°, 474 p.)

I. — Mémoires de la Société des sciences et lettres de la ville de Blois, t. I. (Blois, 1833-1834, in-8°, xviii-504 p.)

23478. Marin-Desbrosses (Dr). — Analyse critique de l'Histoire chronologique de la médecine et des médecins, de Bernier [né à Blois en 1622, † 1698], p. 257.
23479. La Saussaye (De). — Essai sur l'origine de la ville de Blois et sur ses accroissements jusqu'au xe siècle, p. 312.
23480. Du Plessis. — Notice sur la vie et les ouvrages de Pierre de Blois [né vers 1130, † vers 1200], p. 373.
23481. Beaussier fils (Dr). — Statuts du collège des médecins de Blois au xviie siècle [1626], p. 437.

II. — Mémoires de la Société des sciences et lettres, etc., t. II. (Blois, 1836, in-8°, xcvi-296 p.)

23482. Marin-Desbrosses. — Notice sur les aqueducs et fontaines de la ville de Blois [du xvie au xixe s.], p. 3.
23483. Pétigny (De). — Origine et progrès de la féodalité [du vie au xiiie s.], p. 95.
23484. Naudin. — Notes historiques sur le château de Bury [commune de Saint-Secondin, près de Blois], p. 143.
23485. La Saussaye (De). — Précis de l'histoire des sciences et des lettres dans le Blésois [xie-xixe s.], p. 179.
23486. Leroux. — Notice sur Denys Du Pont [auteur et commentateur de la coutume de Blois, xvie s.], p. 217.

III. — Mémoires de la Société des sciences et lettres, etc., t. III. (Blois, 1840, in-8°, lxxvi-520 p.)

23487. Gillot de Kerhardine. — Course de Bethléem aux ruines d'Engaddi [extrait d'un voyage en Orient], p. 81.
23488. Salaberry (Comte de). — Études littéraires pour servir à l'histoire de Blois et du Blésois, p. 209.
23489. Du Plessis (A.). — Note à l'occasion d'une collection de pièces autographes, p. 238.

[Lettres du cardinal de Richelieu, du duc de Beaufort, Eug. de Beauharnais, Louis XIV, duc de Beauvillier. La Condamine, président Hénault, Gerbier, Ducis, Montesquieu, Talma, Walter Scott.]

23490. Johanneau (Éloi). — Mémoire sur deux inscriptions latines de la ville de Blois du xie et du xiie siècle [relatives à Étienne et à Thibaut, comtes de Blois] p. 295.
23491. Godin (E.). — Notice historique sur la vie et les écrits du père Jean Morin, né à Blois en 1591 [† 28 février 1659], p. 332.
23492. Pétigny (J. de). — Notice sur la vie et les ouvrages d'Abel Brunyer [médecin, 1573 † 1665], p. 381.

IV. — Mémoires de la Société des sciences et lettres, etc., t. IV. (Blois, 1852, in-8°, 597 p.)

23493. Postansque. — État de la France au commencement du règne de Charles IX, d'après les relations des ambassadeurs vénitiens, p. 277.
23494. Vallon. — Conspiration de Babœuf [an v; lettre de Babœuf, *fac-similé*], p. 304.
23495. Naudin. — Histoire des chaussures à la poulaine en France [xiie-xvie s.], p. 350.
23496. Naudin. — Notice sur l'hôpital général de Blois, p. 416.

[Pièces justificatives, 1657-1659.]

23497. Plée (Léon). — Notice sur la première *Henriade*, publiée en 1593, par Sébastien Garnier, p. 460.

[Procureur général au bailliage de Blois; notes généalogiques sur sa famille.]

23498. Du Plessis. — Les Robertet, p. 512.

[Florimond Robertet, baron d'Alluye et de Brou, seigneur de Bury et ses descendants, xve-xvie s.]

V. — Mémoires de la Société des sciences et lettres, etc., t. V. (Blois, 1856, in-8°, cxv-570 p.)

23499. Dupré (A.). — Notice sur la partie ancienne des archives départementales de Loir-et-Cher, p. 3.
23500. Martonne (A. de). — Les grandes écoles et le collège de Blois, p. 23.

[Organisation; biens et revenus; chapelle du collège, *pl.*]

23501. Reber. — Notice sur Paul Phelypeaux de Pontchartrain [1569 † 1621]; sa vie et ses mémoires [sur la régence de Marie de Médicis et les conférences de Loudun], p. 109.
23502. Du Plessis (A.). — Les Arabes à Amboise [en 1850, famille d'Abd-el-Kader], p. 217.
23503. Cler. — Éloge du chancelier d'Aguesseau, p. 180.
23504. Dupré (A.). — Le château et les seigneurs de Chaumont-sur-Loire [du xie au xixe s.], p. 251.

23505. La Saussaye (De). — Chronique de l'église de Tremblevif en Sologne, p. 359.

[Légende de saint Viâtre, patron de l'église. Détails sur la construction de l'église au XIIe s. et aux siècles suivants.]

23506. Reber. — Le comte Louis de Blois et ses vassaux à la quatrième croisade [1201-1208], p. 399.

23507. Dupré (A.). — Essais biographiques sur quelques médecins blésois, p. 447.

[Louis Bourgeois, † 1556; Pierre Beschebien, † 1459; Paul de Boisgautier, † 1652; Paul Reneaulme, † 1614; et M. Louis Renaulme de la Garanne, † 1789.]

VI. — Mémoires de la Société des sciences et lettres, etc., t. VI. (Blois, 1860, in-8°, CVI-322 p.)

23508. Martonne (A. de). — Notice historique sur l'église de Saint-Martin de Vendôme, p. 3.

[Construction de cette église au XVIe s.; histoire de la paroisse; liste des curés, des bienfaiteurs; biens et revenus.]

23509. Dupré (A.). — Recherches historiques sur le château, les seigneurs et la paroisse de Ménars-lès-Blois, p. 99.

[Pièces justificatives : 1628-1792. Notes généalogiques sur la famille Charron.]

23510. Péan (A.). — Notice sur Notre-Dame de Nanteuil [église des XIe et XIIe s.], p. 179.

23511. Brocheton (D^r). — Notice historique sur les enfants trouvés, suivie de la partie statistique et administrative qui les concerne dans le département de Loir-et-Cher, p. 251.

VII. — Mémoires de la Société des sciences et lettres de Loir-et-Cher, t. VII. (Blois, 1867, in-8°, VIII-250 p.)

23512. Dupré (A.). — Études et documents sur le servage dans le Blésois, p. 1.

23513. Bourgouin (D^r). — Étude sur la Sologne ancienne et moderne et particulièrement sur le pont du Cher (Caro Brivæ) [Chabris, Gièvres], p. 145.

23514. Suilliot. — Notice sur la commune de Coutres et charte d'affranchissement de cette commune [1260], p. 185.

23515. Suilliot. — Notice sur la commune de Feings et sur son maire féodal [transaction avec l'abbaye de Pontlevoy, 1225], p. 204.

VIII. — Mémoires de la Société des sciences et lettres, etc., t. VIII. (Blois, 1870-1873, in-8°, 104-50-36 p.)

23516. Martonne (A. de). — Légende de Saint-Dié-sur-Loire, p. 1.

[Chronique du bourg et légende du saint patron. Sa vie publiée en 1658.]

23517. Blanc (F.). — Recherches sur l'histoire des comtes de Blois et sur la monographie communale de Blois [XIVe-XVe s.], p. 49.

23518. [Blanc (F.)]. — Notice sur la communauté des barbiers, perruquiers, baigneurs-étuvistes de Blois, [XVIIIe s.], p. 74.

23519. Suilliot. — Bornage entre les comtés de Blois et de Vendôme [1347], p. 3.

23520. Belton (Louis). — Tombeaux mérovingiens trouvés à Saint-Dié-sur-Loire, *pl.*, p. 41.

23521. Dupré (A.). — Le château et les seigneurs d'Onzain [XIVe-XIXe s.], p. 3.

IX. — Mémoires de la Société des sciences et lettres, etc., t. IX [1874-1877]. (Blois, 1875-1877, in-8°, 368 p.)

23522. Dupré (A.). — Notice sur Guillaume Ribier, magistrat blésois [† 1663. Son rôle aux États généraux de 1614], p. 1.

23523. Picot (A.). — Essai biographique sur Palma Cayet [† 1610], p. 53.

23524. Du Plessis. — Antoine Contel et Mme Des Houlières [plagiat au sujet de l'idylle «les Moutons»], p. 113.

23525. La Saussaie (L. de). — Le château du Moulin et l'église de Lassay (XVe s.), p. 137.

[Liste des seigneurs du Moulin; pièces justificatives.]

23526. Vogel. — Augustin Thierry, esquisse biographique [traduit de l'allemand, par V. Reber], p. 209.

23527. Belton. — Recherches sur les reliques de saint Victor, le tombeau de saint Victor, l'ermitage de Notre-Dame-des-Roches, la grange des dîmes de Marmoutier, p. 299.

[Histoire de la paroisse de la Chaussée-Saint-Victor.]

X. — Mémoires de la Société des sciences et lettres, etc., t. X [1877-1883]. (Blois, 1884, in-8°, XVI-380 p.)

23528. Belton (Louis). — Les anciennes communautés d'arts et métiers à Blois, p. 1.

23529. Badaire (Anatole). — Numismatique blésoise, p. 109.

23530. Bournon (Fernand). — Étude sur l'ancien château de Blois, le donjon et les oubliettes, les chapelles [pièces justificatives, XIIe-XVIIe s.], p. 147.

23531. Rochas d'Aiglun (A. de). — La science et l'industrie chez les Grecs avant l'école d'Alexandrie, p. 259.
23532. Badaire (Anatole). — Médailles romaines trouvées à Soings (Loir-et-Cher), p. 331.

XI. — Mémoires de la Société des sciences et lettres, etc., t. XI [1884-1885]. (Blois, 1886, in-8°, xv-652 p.)

23533. Rochas d'Aiglun (A. de). — Les buttes et la télégraphie optique [dans l'antiquité et au moyen âge d'après les buttes du département de Loir-et-Cher], *carte*, *pl.* p. 1.
23534. Belton (Louis). — Notes sur l'histoire des protestants dans le Blésois, p. 61.
23535. Bournon (Fernand). — Notes sur les armes de Blois, *pl.*, p. 219.
23536. Anonyme. — Voyage de Marie-Louise, archiduchesse d'Autriche, à Blois, pendant le changement de gouvernement en 1814, p. 225.
23537. Roussel (Ernest). — La noblesse de Champagne dans le Blésois au xviii° siècle. Joseph Brunier et Pierre Graffard, d'après un livre de comptes, p. 243.

LOIR-ET-CHER. — VENDÔME.

SOCIÉTÉ ARCHÉOLOGIQUE, SCIENTIFIQUE ET LITTÉRAIRE DU VENDÔMOIS.

Fondée le 1er janvier 1862 sous le titre de *Société archéologique du Vendômois*, cette association fut autorisée le 11 mars 1867 et prit alors le nom de *Société archéologique, scientifique et littéraire du Vendômois.* Elle a été reconnue comme établissement d'utilité publique le 15 mars 1877, et n'a cessé de publier, chaque année, depuis son origine, un *Bulletin,* dont la collection formait 24 volumes au 31 décembre 1885. Le tome X contient une table des dix premiers volumes et le tome XX une table des dix suivants que nous mentionnons sous les nos 23633 et 23733. Enfin la Société a fait paraître sous ses auspices l'ouvrage suivant :

23538. Divers. — Guide du touriste dans le Vendômois. (Vendôme, 1883, in-12, v-428-xxiii p.)

I. — Bulletin de la Société archéologique du Vendômois, 1re année, 1862. (Vendôme, 1863, in-8°, 116 p.)

23539. Neilz. — Rapport sur des fouilles au lieu dit Tourteline (commune de Naveil), p. 14.

[Aqueducs, ruines, poteries et fours en brique.]

23540. Bouchet. — Provisions d'assesseur du prévôt des maréchaux de Vendômois pour Fr. Olivier (1666); de procureur fiscal de l'abbaye de la Trinité de Vendôme pour Fr. Lecomte (1727), p. 24.
23541. Launay. — Rapport sur une excursion archéologique à Pezou [Belfogium des Romains], p. 25.
23542. Neilz. — Rapport sur un monument gallo-romain [château du Bignon, commune de Mazangé], p. 28. — Cf. n° 23552.
23543. Launay. — Rapport sur une excursion archéologique à Thoré [puits funéraires], *pl.*, p. 29.
23544. Tremblay (L'abbé). — Notice sur la découverte d'un monument gallo-romain [villa] auprès de Landes, p. 50.
23545. Rochambeau (Achille de). — Procès-verbal de la cérémonie de translation de plusieurs reliques de la collégiale de Saint-Georges dans les principales églises de Vendôme [1682], p. 55.
23546. Bouchet (Ch.). — Des sépultures en forme de puits [puits de Thoré], p. 76.
23547. Chautard (Jules). — Notice sur des pièces de monnaie en argent trouvées à Authon (Loir-et-Cher) [esterlings anglais des xiii° et xiv° s.], *pl.*, p. 99.
23548. Chautard (Jules). — Notice sur une découverte de petites pièces de monnaie à Hottot-en-Auge (Calvados), p. 105.

[Pièces du prieuré de Souvigny; de Louis VI et des sires de Bourbon.]

II. — Bulletin de la Société archéologique, etc., 2e année, 1863. (Vendôme, 1863, in-8°, 208 p.)

23549. Launay. — Rapport sur la découverte d'un théâtre gallo-romain à Areines près Vendôme, *pl.*, p. 24.
23550. La Hautière (De). — Causerie sur Ronsard, p. 31.
23551. Bouchet (Ch.). — Lettre à M. de La Hautière, p. 43. — Cf. n° 23577.

[Sur l'hôtel occupé par Ronsard à Paris et sur l'hôtel de Guillaume et Martin Du Bellay connu sous le nom d'hôtel de Longey.]

23552. Launay. — Rapport sur les fouilles faites à Mazangé [château du Bignon], p. 56. — Cf. n° 23542.

23553. Martellière-Bourgogne. — Une vue de Rabelais, p. 59.

[Notice biographique sur Rabelais. — Origine du type de Gargantua.]

23554. Caron (Émile). — Dissertation sur une monnaie de Dreux au type chartrain, *pl.*, p. 67.

[Histoire du château de Dreux du xe au XIIe s.]

23555. Déservillers (De). — Vie d'Hildebert, né à Lavardin en 1057, évêque du Mans, puis archevêque de Tours. Étude sur le XIe siècle, p. 97; III, p. 32; IV, p. 74; VI, p. 16; VII, p. 66; VIII, p. 84; IX, p. 94; X, p. 95; XI, p. 255; et XII, p. 14.

23556. Chautard (Ch.). — Des relations de Jean de La Fontaine avec Louis-Joseph, duc de Vendôme, et Philippe, grand prieur de Malte [1684-1689], p. 117.

23557. Bouchet (Ch.). — Les Anglais dans le Vendômois en 1380, p. 152.

23558. Trémault (A. de). — Le fief de Villeprouvaire [1571], p. 177; et III, p. 72.

[Anciens possesseurs de ce fief du XVe au XVIIIe s.]

23559. Rochambeau (Achille de). — Étude sur les origines de la Gaule appliquée à la vallée du Loir, dans le Vendômois, p. 179.

[Grotte appelée la Prison, commune de Lunay, *plan.*]

III. — Bulletin de la Société archéologique, etc., 3e année, 1864. (Vendôme, s. d., in-8°, 242 p.)

23560. Nadaillac (Marquis de). — Mémoire sur les silex taillés antédiluviens et celtiques, p. 11.

[23555]. Déservillers (De). — Vie d'Hildebert, p. 32.

[23558]. Trémault (A. de). — Le fief de Villeprouvaire, p. 72.

23561. Pétigny (De). — Mémoire sur les monuments celtiques du Vendômois, p. 94, 148 et 193.

23562. Neilz et Martellière-Bourgogne. — Notice sur Beaufou. Recherches sur le lieu où fut livrée la bataille dite de Fréteval (1194) [à Pezou], p. 104.

23563. Devaux. — Une médaille et une étymologie, p. 159. — Cf. n° 23567.

[Étymologie du mot *huis* et médaille commémorative de la visite du tzarewitch, plus tard Alexandre II, à Saardam (Hollande).]

23564. Launay. — Rapport sur le cimetière gallo-romain de Pezou, *pl.*, p. 170. — Cf. n° 23571.

23565. Bouchet (Ch.). — Notice sur une charte vendômoise du XVIe siècle, p. 179.

[Partage de la succession d'André Arrondeau, 1557.]

23566. Bourgeois (L'abbé). — Notice sur l'âge des instruments de pierre du Grand-Pressigny, p. 214.

23567. Martonne (De). — Observations sur l'étymologie du mot *huis*, p. 220. — Cf. n° 23563.

IV. — Bulletin de la Société archéologique, etc., 4e année, 1865. (Vendôme, s. d., in-8°, 276 p.)

23568. Nouel. — Rapport sur une découverte de silex taillés [aux Diorières, commune de Chauvigny], p. 26.

23569. Trémault (Auguste de). — Trois chartes du XIIIe siècle et une du XIVe siècle relatives à une ancienne maison de Vendôme [rue Guesnault], p. 34.

23570. Dupré. — Renseignements sur la statistique religieuse (avant 1789) des paroisses de l'arrondissement de Vendôme, p. 52, 135, 194 et 248.

23571. Launay. — Note supplémentaire relative aux fouilles de Pézou, p. 60. — Cf. n° 23564.

[23555]. Déservillers (De). — Vie d'Hildebert, p. 74.

23572. Bouchet (Ch.). — Nouveaux documents sur l'histoire du Vendômois, p. 95.

[Protestation contre la nomination d'un gouverneur de Vendôme, 1515. — Accord entre le prieur de Lancôme et Pierre Sauvage, 1531. — Lettres patentes relatives au collège de Vendôme, 1578-1595; à l'assiette d'un impôt sur le Vendômois, 1593-1594.]

23573. Launay. — Rapport sur une excursion archéologique à Sargé [ruines gallo-romaines], p. 173.

23574. Bouchet (Ch.). — Note sur une arme de l'âge de bronze découverte à Naveil, p. 176.

23575. Bourgogne (L'abbé C.). — La légende de la vierge noire de Villavard [XIe s.], p. 183.

23576. Bourgeois (L'abbé C.). — Note sur le diluvium de Vendôme, p. 187.

23577. Rochambeau (Achille de). — Nouveaux renseignements sur la maison de Ronsard à Paris, p. 230. — Cf. n° 23551.

V. — Bulletin de la Société archéologique, etc., 5e année, 1866. (Vendôme, s. d., in-8°, 246 p.)

23578. Nadaillac (Marquis de). — Une excursion à Palmyre [en 1844], p. 17.

23579. Bouchet (Ch.). — Texte d'une charte de MCCXVII, p. 47.

[Confirmation par Jean, comte de Vendôme, d'une donation faite à l'abbaye de Vendôme par Pierre de Turne.]

23580. Maude (De). — Essai sur l'armorial du Vendômois, p. 49, 109, 167 et 210.

23581. Rochambeau (Achille de). — Rapport sur la découverte d'une construction gallo-romaine dans la commune de Thoré (Loir-et-Cher), p. 101.

23582. Bouchet (Ch.). — Note sur un jeton de Charles, duc de Vendôme [XVIe s.], p. 138.

23583. Trémault (Auguste de). — Le Vendômois à la fin du XVIIe siècle, p. 141 et 194.

[Extraits du mémoire sur la généralité d'Orléans dressé en 1698 par M. de Bouville.]

23584. Dupré (A.). — Renseignements sur l'ancienne paroisse Saint-Lubin à Vendôme [1692], p. 156.

23585. Dupré (A.). — Documents sur la chapelle Saint-Jacques-du-Bourbier, à Vendôme [déclaration de revenus, 1705], p. 164.

23586. Lalande (Ph.). — Sépultures gallo-romaines de la Corrèze, *pl.*, p. 229.

VI. — Bulletin de la Société archéologique, scientifique et littéraire du Vendômois, 6e année, 1867. (Vendôme, s. d., in-8°, 248 p.)

[23555]. Déservillers (De). — Vie d'Hildebert, p. 16.

23587. Nouel (E.). — Rapport sur deux découvertes de bois de cerfs fossiles [aux Ponts de Braye], p. 34.

23588. Rochambeau (Achille de). — Quelques vers inédits de Ronsard; lettre de M. Blanchemain, p. 40.

23589. Hinglais (Ulysse). — De la poésie lyrique des Minnesinger (chantres d'amour), p. 50 et 136.

23590. Bouchet (Ch.). — Note sur une découverte de monnaies carlovingiennes [à Nourray], *pl.*, p. 62.

23591. Rochambeau (Achille de). — Trois chartes inédites du xie siècle relatives à l'église de Naveil [vers 1020, 1030 et 1073], p. 86.

23592. H. (E.). — Notice sur Galimart [figure grotesque jadis aux Augustins de Montoire], p. 94.

23593. Salies (De). — Lettre sur une tête automatique autrefois attachée à l'orgue des Augustins de Montoire, *pl.*, p. 97.

23594. Rochambeau (Achille de). — Généalogie de la famille de Ronsard [1328-1810], p. 119.

23595. Dupré (A.). — Notice sur les poésies inédites de Me Forest, procureur vendômois [fin du xviie s.], p. 163.

23596. Rochambeau (Achille de). — Le château de la Poissonnière [où naquit Ronsard; ses possesseurs successifs], *pl.*, p. 198.

23597. Gatien-Arnoult. — Extrait du livre des délibérations de la maison de ville de Toulouse (1586), p. 209.

[Pension accordée à Jean-Antoine de Baïf après la mort de Pierre de Ronsard.]

23598. Trémault (F.-C.-G. de). — Essai généalogique et chronologique sur la famille Racine [xvie-xixe s.], p. 212.

VII. — Bulletin de la Société archéologique, scientifique, etc., 7e année, 1868. (Vendôme, s. d., in-8°, 278 p.)

23599. Arrondeau. — Un chapitre de l'histoire de l'instruction publique dans le Vendômois; le collège de Sougé [xviie et xviiie s.], p. 18.

23600. Thillier (J.). — Un budget municipal au xvie siècle, p. 24 et 113.

[Comptes de Philippe Fleurin, receveur municipal de Vendôme, 1559-1560.]

23601. Gatien-Arnoult. — Lettre relative à Ronsard, lauréat des Jeux floraux, et extraits du registre des procès-verbaux des séances de l'Académie des Jeux floraux de Toulouse [1554-1555], p. 64.

[23555]. Déservillers (De). — Vie d'Hildebert, p. 66.

23602. Dupré (A.). — Anciennes circonscriptions du Vendômois [paroisses, élection, bailliage], p. 90.

23603. Neilz. — Rapport sur des fouilles faites à Villarceau-en-Vendômois [villa gallo-romaine], p. 151.

23604. Blanchemain (Prosper). — Philippe Girard, vendômois, et Louis Coquelet de Péronne, p. 170.

[Réédition de son *Éloge de Rien.*]

VIII. — Bulletin de la Société archéologique, scientifique, etc., 8e année, 1869. (Vendôme, s. d., in-8°, 296 p.)

23605. Salies (A. de). — La représentation satirique a-t-elle existé dans les monuments religieux du moyen âge? p. 25.

23606. Bouchet (Ch.). — Obole duno-vendômoise inédite, p. 52.

[Accord relatif à la monnaie et aux mesures de Vendôme, entre le comte de Vendôme et le seigneur de l'Isle, 1269.]

[23555]. Déservillers (De). — Vie d'Hildebert, p. 84.

23607. Rochambeau (Achille de). — Le dolmen de Vaugouffard ou Pierre Brau, *pl.*, p. 101.

23608. Rochambeau (Achille de). — Charte de donation de la métairie de Villiers (1165) [par Richilde, comtesse de Vendôme], p. 104.

23609. Launay. — Rapport sur la découverte d'un tombeau gaulois dans la commune de Saint-Rimay, *pl.*, p. 107.

23610. Bouchet (Ch.). — Transcription ou analyse de six chartes originales relatives à l'abbaye de la Trinité de Vendôme [1456-1565], p. 117.

23611. Bouchet (Ch.). — Une médaille et un livre vendômois, p. 140. — Cf. n° 23617.

[Médaille de Marie de Luxembourg, xvie s., et traduction par Pierre Solomeau d'une *Vie de Théodore de Bèze.*]

23612. Rochambeau (Achille de). — René Macé et la chronique rimée de la maison de Vendôme, p. 146.

23613. Salies (A. de). — Note sur quelques particularités de construction du château de Vendôme, 5 *pl.*, p. 159; et IX, p. 78.

23614. Bouchet (Ch.). — Journal d'un ouvrier vendômois (1789-1810); notice de l'auteur, p. 184 et 227.

[Par Jean Clément, charpentier, † 1810. — Pièces justificatives : délibérations de la municipalité de Vendôme en 1793 et notes sur les caveaux des Bourbons à Vendôme.]

23615. Nouel (E.). — Compte rendu d'une excursion archéologique faite à Pontlevoy et Thenay, p. 247.

23616. Trémault (Auguste de). — Note sur les archives de l'ancien duché de Vendôme, p. 255.

IX. — Bulletin de la Société archéologique, scientifique, etc., 9ᵉ année, 1870. (Vendôme, s. d., in-8°, 230 p.)

23617. Bouchet (Ch.). — Nouveaux détails sur Pierre Solomeau, p. 14. — Cf. n° 23611.

23618. Hucher (E.). — Enquête relative au droit de foire dont jouissaient à Vendôme les religieux de l'Épau (du Mans) [1444], p. 21.

23619. La Vallière (H. de). — Note sur la publication et appel du ban et arrière-ban en 1689 dans le Vendômois, et en 1691 dans le pays chartrain, p. 33.

23620. Dupré (A.). — Bribes historiques sur le Vendômois, p. 68.

[Séjour du pape Urbain II à Vendôme, 1096. — Verrière des seigneurs de Vendôme dans la cathédrale de Tours. — Quittance de Nicolas Gallet et Claude Boullet, sieur de Langeron, 1680-1681. — Visite des Oratoriens de Vendôme aux Bénédictins de Pontlevoy, 1696. — Marché pour la confection d'un tableau, 1661.]

[23613]. Salies (De). — Étude sur le château de Vendôme, p. 78.

23621. Trémault (A. de). — Sur le portrait de [François de] Bassompierre [maréchal de France, xviiᵉ s.], p. 89.

[23555]. Déservillers (De). — Vie d'Hildebert, p. 94.

23622. Rochambeau (De). — Deux sceaux inédits du xviᵉ siècle, p. 116.

[Sceaux de Charles de Latouche, abbé de Saint-Georges-des-Bois, 1515, et du chapitre de cette abbaye, sur les cloches de Saint-Martin-des-Bois et de Mazangé.]

23623. Landau (L'abbé). — Notice sur [le prieuré de] Sainte-Radegonde de l'Écotière, p. 125.

23624. Chevalier (L'abbé). — Rapport sur la recherche des restes de Ronsard au prieuré de Saint-Cosme-lès-Tours [son épitaphe], p. 170.

23625. Bouchet (Ch.). — Un recueil de miracles de la Vierge, du xiiiᵉ siècle, p. 182.

23626. Bouchet (Ch.) et Launay (G.). — Notice [historique et archéologique] sur le Rouillis, arrondissement de Vendôme, *fig.*, p. 200.

X. — Bulletin de la Société archéologique, scientifique, etc., t. X, 1871. (Vendôme, s. d., in-8°, 156 p.)

23627. Trémault (Auguste de). — Biographie de Louis Servin [avocat au Parlement de Paris, † 1626], p. 12.

23628. Bouchet (Ch.). — Privilèges du pape Urbain IV en faveur de l'abbaye de Vendôme [1261-1262], p. 75.

23629. Bouchet (Ch.). — Fondation de douze messes en la chapelle du château de la Voûte, paroisse de Trôo, 1678 [par Joseph le Lièvre, seigneur de la Voûte], p. 79.

23630. Anonyme. — Cinq objets du musée archéologique de Vendôme [agrafes de baudrier, lame de poignard, petit mascaron et poids romain], p. 84.

[23555]. Déservillers (De). — Vie d'Hildebert, p. 95.

23631. Rochambeau (Achille de). — Notice sur Robert de Wilughby [comte de Vendôme, 1424-1435], p. 107.

[Pièces justificatives : donations à Robert de Wilughby, par le duc de Bedford et Henri VI d'Angleterre, du comté de Vendôme, 1424; de l'hôtel de Behaigue à Paris, 1425; du comté de Beaumont-sur-Oise, terres et seigneuries d'Asnières et Luzarches, 1430.]

23632. Bouchet (Ch.). — Contrat d'échange entre le roi et M. le comte de Belle-Isle (2 octobre 1718), p. 128.

23633. Anonyme. — Table décennale par ordre de matières du *Bulletin* (1862-1871), p. 147.

XI. — Bulletin de la Société archéologique, scientifique, etc., t. XI, 1872. (Vendôme, s. d., in-8°, 364 p.)

23634. Salies (A. de). — Document nouveau sur le sac de Vendôme en 1589, p. 19.

23635. Dupré (A.). — Excommunication d'un comte de Vendôme au xiiᵉ siècle, p. 54.

23636. Balzac (Honoré de). — [Trois] lettres inédites à M. Fontémoing, avocat à Dunkerque [1843-1845], p. 59.

23637. Bouchet (Ch.). — Documents originaux, p. 65.

[Concession d'indulgences en faveur de la reconstruction de l'église de Huisseau-en-Beauce, 1448.]

23638. Bouchet (Ch.). — Note critique sur la rivière du Boisle, p. 70.

23639. Bouchet (Ch.). — Cahiers du tiers état vendômois aux États généraux de 1614 [*fac-similé* des signatures], p. 80 et 145.

23640. Bourgoin. — Antiquités du Pont-du-Cher (Caro Brivæ), *pl.*, p. 102, 165; et XII, p. 100.

[Voies romaines aboutissant à ce pont, *carte*. — Les Étrechys, histoire et philologie.]

23641. Salies (A. de). — Rapport sur les fouilles du château de Lavardin, p. 231.

[23555]. Déservillers (De). — Vie d'Hildebert, p. 255.

23642. Fleury (P. de). — Notice historique et généalogique sur les Fillet, seigneurs de la Curée et de la Roche-Turpin [xvᵉ-xviiiᵉ s.], p. 276.

XII. — Bulletin de la Société archéologique, scientifique, etc., t. XII, 1873. (Vendôme, 1873, in-8°, 318 p.)

23643. Nouel (E.). — Art et antiquité, *pl.*, p. 6.

[Collier gallo-romain et pendants d'oreilles découverts à Pezou.]

[23555]. Déservillers (De). — Vie d'Hildebert, p. 14.

23644. Bouchet (Ch.). — Sur le triptyque et la gravure représentant Jeanne de Bourbon-Vendôme [1494-1501], p. 74.

23645. Bouchet (Ch.). — Le château et la chapelle de Mondoubleau [pièces justificatives, xie-xiiie s.], p. 78.

[23640]. Bourgouin. — Antiquités du Pont-du-Cher, p. 100.

23646. Martellière (P.). — Note sur la découverte d'une caverne à silex taillés dans la vallée de l'Essonne (Seine-et-Marne), p. 154.

23647. Rochambeau (A. de). — Voyage à la Sainte-Larme de Vendôme [médailles et ampoules commémoratives; pièces justificatives], *pl.*, p. 157.

23648. Bouchet (Ch.). — Les portraits de Louis, duc de Vendôme [† 1669] et le graveur Ant. Masson, p. 213.

23649. Bouchet (Ch.). — Le prieuré de Morée [en Vendômois] au xvie siècle, p. 203.

XIII. — Bulletin de la Société archéologique, scientifique, etc., t. XIII, 1874. (Vendôme, 1874, in-8°, 342 p.)

23650. Dupré (A.). — Relations du Tasse avec Ronsard, p. 21.

23651. Trémault (Aug. de). — Mémoire sur l'église et les chapelles de la paroisse de Lunay [xiie-xvie s.], p. 34.

23652. Maricourt (L. de). — La butte de Pouline, station de l'âge de la pierre polie, *pl.*, p. 58.

23653. Bouchet (Ch.). — Documents originaux, p. 74.

[Remise de rente par Philippe VI à Macé Bertrand, son sergent en la forêt de Long-Aunay, 1329. — Confirmation par Geoffroi, vicomte de Châteaudun, aux religieux de Vendôme de l'église de Cormenon, de la terre des Perrières, etc., s. d.]

23654. Rochambeau (A. de). — Une lettre de recommandation pour M. de Ronsard [de Marguerite de France à Charles IX vers 1564], p. 82.

23655. Duvau (A.). — Le jugement du duc d'Alençon, 1458, *pl.*, p. 132.

[Miniature attribuée à Jean Fouquet.]

23656. Rochambeau (A. de). — Fouilles, trouvailles et excursions, *pl.*, p. 217 et 286.

[A Pezou; au puits de Villelaumoy, commune d'Espéreuse; à Thoré; à Nourray (pierres tombales); au prieuré de Courtozé.]

23657. Nouel (E.). — L'hiver de 1709 à Vendôme et aux environs, p. 227.

23658. Bouchet (Ch.). — Lettres adressées à M. de Parassis par François II, Charles IX, Henri III et Henri de Guise [1550-1577], p. 279.

23659. Rochambeau (A. de). — Le prieuré de Courtozé et ses peintures murales [xiie s.], 6 *pl.*, p. 299. — Cf. n° 23681.

23660. Salies (A. de). — Invention des restes de Bouchard le Vénérable, premier comte de Vendôme, et de sa femme Élisabeth, dans les ruines de Saint-Maur-des-Fossés, p. 317.

XIV. — Bulletin de la Société archéologique, scientifique, etc., t. XIV, 1875. (Vendôme, 1875, in-8°, 410 p.)

23661. Launay (G.). — Rapport sur la découverte d'un polissoir faite dans la commune de Villerable en 1874, *pl.*, p. 20.

23662. Sabatier. — Aperçu historique sur le séjour du duc de Mercœur, cardinal de Vendôme, gouverneur de Provence, dans la ville d'Aix [1652-1659], p. 24.

23663. Bouchet (Ch.). — Lettres de rois de France aux habitants de Vendôme [xvie et xviie s.], p. 34 et 138.

23664. Blanchemain (P.). — Description d'un volume ayant appartenu à Ronsard; particularité tirée de son oraison funèbre et pièce de vers inédite [sur la bataille de Montcontour, 1569], p. 58.

23665. Dupré (A.). — Documents sur l'église Saint-Laurent de Montoire [1491-1636], p. 154. — Cf. n° 23671.

23666. Launay (G.). — Rapport sur la découverte d'une ancienne sépulture [gallo-romaine] à Villavard, *pl.*, p. 219.

23667. Nouel (E.). — Le clocher de Saint-Martin [de Vendôme; inscription, 1784], p. 311.

23668. Rochambeau (A. de). — Charles IX à Vendôme, p. 315.

[1562. Mandat de payement et procès-verbal des élus du Vendômois.]

23669. Nouel (E.). — Journal d'un vigneron vendômois [par François Lattron, 1756 † 1810], p. 321.

XV. — Bulletin de la Société archéologique, scientifique, etc., t. XV, 1876. (Vendôme, 1876, in-8°, 328 p.)

23670. Duvau (A.). — Blanche de Castille à Vendôme (mars 1227), p. 22.

[Traité avec les comtes de Bretagne et de la Marche.]

23671. Dupont (L'abbé). — Supplément aux documents sur l'église de Saint-Laurent de Montoire, p. 60. — Cf. n° 23665.

23672. Salies (A. de). — Les prieurés de Marmoutier dans le Vendômois. Études historiques et archéologiques, p. 99, 200, 269; XVI, p. 24, 148; et XVII, p. 78.

[Prieurés de Saint-Martin de Lancé et de Saint-Mars.]

23673. La Vallière (H. de). — Quelques notes sur la seigneurie de Savigny-sur-Braye et les droits seigneuriaux, p. 119.

[Épitaphe de Georges-Louis de Maumeschin. — Accord entre ce seigneur et messire Desnoyers de l'Orme, seigneur de Montoire, 1731.]

23674. P. M. [Martellière (Paul)]. — Notice relative à l'ardoise trouvée dans les travaux de la tour Saint-Martin [à Vendôme; inscription relative à la construction de l'église, 1597], *fac-similé*, p. 195.

23675. Rigollot. — Note sur les lettres de saint Yves, évêque de Chartres [1091-1115], p. 219.
23676. Thillier (Joseph). — Vente par Henri IV de deux fours à ban à Vendôme et d'une coupe de bois dans la forêt de Champrond (8 octobre 1594), p. 286.
23677. La Vallière (H. de). — Une simple remarque héraldique sur la famille Robertet, *pl.*, p. 305.

XVI. — Bulletin de la Société archéologique, scientifique, etc., t. XVI, 1877. (Vendôme, 1877, in-8°, xvi-316 p.)

[23672]. Salies (A. de). — Les prieurés de Marmoutier dans le Vendômois, p. 24 et 148.
23678. Launay (G.). — Note sur l'église [xiie s.] et la commanderie d'Arville (Loir-et-Cher), *pl.*, p. 45 et 102.
23679. Rochambeau (A. de). — Les pierres tombales du Vendômois [Anne de Warmaise, dame de Grenaisie, † 1611], p. 80.
23680. Martellière (P.). — Peigne en buis du xve siècle, *pl.*, p. 92.
23681. Bourgogne (L'abbé L.). — La légende probable des peintures du prieuré de Courtozé, p. 139. — Cf. n° 23659.
23682. Préville (L'abbé de). — Les deux anciennes paroisses d'Espéreuse et du Rouillis, p. 197 et 270.

[Fresque de l'église d'Espéreuse, xive s.]

23683. Trémault (Gédéon de). — La seigneurie de Villelanmoy [1593-1844], p. 226.
23684. Trémault (A. de). — Note sur l'horloge de Saint-Martin de Vendôme [marché avec Guillaume Couldrey, 1534], p. 229.
23685. Launay (G.). — Notice historique et archéologique sur Marchenoir, *pl.*, p. 235.
23686. Charles (L'abbé Robert). — Un atelier de peintres-verriers à Montoire au xvie siècle, p. 297.
23687. Martellière (Louis). — Note sur la porte de la rue Ferme à Vendôme [xive s.], 2 *pl.*, p. 301.

XVII. — Bulletin de la Société archéologique, scientifique, etc., t. XVII, 1878. (Vendôme, 1878, in-8°, 406 p.)

23688. Rochambeau (A. de). — Antoine de Bourbon, duc de Vendôme et roi de Navarre, et Jeanne d'Albret, *portraits*, p. 24 et 100.

[Généalogie de la maison de Vendôme. — Pièces justificatives : contrat de mariage, 20 octobre 1548. — Don au duc du comté de Charolais et principauté d'Orange, 1552. — Mémoire sur l'assaut de Thérouanne. — Prétentions sur les biens de la maison d'Armagnac. — Transaction au sujet des châtellenies d'Aixe et Rochechouart, 1555. — Entrée à Limoges. — Plan de campagne de 1558.]

23689. Launay (G.). — Quelques notes sur l'ancienne chapelle Saint-Denis et sur la plaine de Lislette en 1709, *plan*, p. 70.
23690. Roy (Flavien). — L'auteur du carillon de Vendôme [François Monyer, † vers 1815], p. 94.
[23672]. Salies (A. de). — Les prieurés de Marmoutier dans le Vendômois. Études historiques et archéologiques, p. 78.
23691. Launay (G.). — Dolmens, pierres levées et polissoirs du Vendômois, *pl.*, p. 166.
23692. Martellière (L.). — Une maison du xve siècle à Vendôme, *pl.*, p. 217.
23693. Nouel (E.). — Chronique de Michel Garault, chanoine de Trôo (1543-1598), p. 222 et 394.

[Événements du Vendômois. Épidémie de 1581.]

23694. Préville (L'abbé de). — L'hospice et les écoles de Morée au xviie siècle [fondation de la marquise de Boutteville, 1658], p. 385.

XVIII. — Bulletin de la Société archéologique, scientifique, etc., t. XVIII, 1879. (Vendôme, 1879, in-8°, 330 p.)

23695. Robin (O.). — Fouilles dans la chapelle de Saint-Gilles à Montoire, p. 25.
23696. Trémault (Auguste de). — Une question de voirie au xviiie siècle [le chemin Voisinet à Asnières, paroisse de Lunay (Loir-et-Cher)], p. 27.
23697. Thillier (Joseph). — Compte de la recette de Vendôme pour l'année 1583, p. 36, 74, 172, 311; XIX, p. 54, 138 et 255.
23698. Valabrègue (Le général de). — Notice se rattachant au mouvement artistique dans la Touraine et le Vendômois aux xvie et xviie siècles, p. 130.
23699. Bouchet (Ch.). — De la présence du «Lambda» (λ) sur certains objets d'art, p. 148.
23700. Robin. — Notes sur les réparations du clocher de la Trinité [à Vendôme, xixe s.], 3 *pl.*, p. 156.
23701. Bouchet (Ch.). — Le peintre Vialy [† 1770], p. 248.
23702. Caron. — Sur Pierre de Montoire, comte de Vendôme [xviiie s.], p. 258.
23703. Martellière (L.). — La cloche de Marray (Indre-et-Loire) [inscription de 1601 relative à Jean de Ronsard], p. 258; et XIX, p. 93.
23704. Rochambeau (A. de). — Les imprimeurs vendômois et leurs œuvres (1623-1879), p. 260. — Cf. n° 23715.
23705. Launay (G.). — Découverte d'un nouveau polissoir, p. 291.
23706. Nouel (E.). — Procès-verbaux dressés en 1687 constatant les examens et la réception de Charles Brée comme maître en l'art de chirurgie à Montoire, p. 294.

XIX. — Bulletin de la Société archéologique, scientifique, etc., t. XIX, 1880. (Vendôme, 1880, in-8°, 292 p.)

23707. Chautard (Ch.). — Prosper Blanchemain [† 1879], p. 14.

23708. Launay (G.). — Notice sur la chapelle de Notre-Dame de Fierboys [duel de Jehan du Chastel contre un Anglais, 1427], p. 23.

23709. Maricourt (L. de). — Perche et Percherons [mœurs, coutumes et légendes], p. 26.

22710. Rigollot (G.). — Essai d'onomastique. Les noms de famille de Vendôme au XVI° siècle, p. 45.

[23697]. Thillier (Joseph). — Compte de la recette de Vendôme pour l'année 1583, p. 54, 138 et 255.

23711. Bouchet (Ch.). — Médaille gauloise [trouvée à Veretz en Touraine], p. 89.

[23703]. Martellière (L.). — La cloche de Marray, p. 93.

23712. Isnard. Les miracles de la Sainte-Larme et le bailli de Vendôme [procès-verbaux dressés de 1700 à 1702], p. 96.

23713. Rigollot (G.). — Étude sur le cartulaire inédit de la Trinité de Vendôme [XI° et XII° s.], p. 120.

23714. Bouchet (Ch.). — Une petite église et deux grandes abbayes, à propos d'une charte du XII° siècle, *plan, fig.*, p. 172.

[Abandon de l'église de Rouan (Loir-et-Cher) à l'abbaye de Tiron et aux chanoines de la Madeleine de Châteaudun en 1132.]

23715. Rochambeau (A.). — Nouveaux documents sur l'imprimerie vendômoise Latheron-Rousset-Gryne, p. 189. — Cf. n° 23704.

23716. Launay (G.). — Notice sur la découverte d'une sépulture gallo-romaine à Fosse-Darde, commune de Saint-Firmin (Loir-et-Cher), *pl.*, p. 246. — Cf. n° 23722.

23717. Chabas (De). — Essais sur l'origine des noms locaux dans la Touraine et le Vendômois, p. 273. — Cf. n°° 23726 et 23727.

XX. — Bulletin de la Société archéologique, scientifique, etc., t. XX, 1881. (Vendôme, 1881, in-8°, 364-x p.)

23718. Bouchet (Ch.). — Sceaux de l'oratoire de Vendôme [XVII°-XVIII° s.], p. 19.

23719. Rochambeau (A.). — Biographie vendômoise, p. 31.

[Jacques Adam, † 1735. — Le père Agathange, né vers 1599. — L.-Fr.-Joseph Alboy, † 1826.]

23720. L. M. [Martellière (L.)]. — Deux artisans vendômois du XVI° siècle [Louis Petit, orfèvre, et Guillaume, marchand], p. 96.

23721. Froger (L'abbé). — Les écoles de Saint-Cyr de Sargé [1679], p. 98.

23722. Launay (G.). — Nouvelles découvertes de sépultures à Fosse-Darde, commune de Saint-Firmin, p. 122. — Cf. n° 23716.

23723. Isnard. — Les bouchers de Vendôme et le prix de la viande en 1754 et 1761, p. 128.

23724. L. M. [Martellière (L.)]. — L'ex-baron de Courtiras et ses poésies [Fr. Monyer, † vers 1815], p. 199.

23725. Trémault (Auguste de). — Notice sur les circonstances qui ont amené la décadence et la ruine du château de Vendôme [1712-1819], p. 307.

23726. Martellière (Paul). — Sur l'étymologie du nom de Vendôme, p. 231. — Cf. n°° 23717 et 23727.

23727. Chabas (De). — Réponse aux objections de M. Martellière sur l'étymologie de Vendôme et autres, p. 244. — Cf. n° 23726.

23728. Bouchet (Ch.). — Nécrologie [P. Ferrant, † 1881. — Nonce Rocca, † 1881], p. 257.

23729. Bouchet (Ch.). — De la transcription des chartes et des manuscrits, p. 264.

23730. Métais (L'abbé Ch.). — Inventaire des bijoux et reliquaires enlevés par Jeanne d'Albret à l'église collégiale Saint-Georges de Vendôme (16 mai 1562), p. 297; XXI, p. 28 et 59.

23731. Chautard (Jules). — Notice sur les jetons des galères frappés au nom et aux armes de Louis-Joseph, duc de Vendôme, p. 329. — Cf. n°° 23736 et 23739.

23732. L. M. [Martellière (L.)]. — Pierre de grès percée trouvée à Crucheray (Loir-et-Cher), *pl.*, p. 192 et 359.

23733. Anonyme. — Table décennale par ordre de matières du *Bulletin* (1872-1881), p. 1.

XXI. — Bulletin de la Société archéologique, scientifique, etc., t. XXI, 1882. (Vendôme, 1882, in-8°, 278 p.)

23734. Bouchet (Ch.). — Le droit de sauce, p. 23.

[Reconnaissance à Mathurin Goudé, curé de la Chapelle-Vicomtesse, 1653.]

[23730]. Métais (L'abbé Ch.). — Inventaire des bijoux et reliquaires enlevés par Jeanne d'Albret à l'église collégiale Saint-Georges de Vendôme, p. 28 et 59.

23735. Trémault (Aug. de). — L'assistance publique dans la ville de Vendôme avant 1789, p. 47.

23736. Chautard (Jules). — Jetons de César, duc de Vendôme, *pl.*, p. 98. — Cf. n°° 23731 et 23739.

23737. Bouchet (Ch.). — Un chanoine du XVIII° siècle, l'abbé Simon, historien du Vendômois [† 1781], p. 147; et XXII, p. 20.

23738. Chautard (Ch.). — M. Richard de La Hautière [† 1882]. Notice nécrologique, p. 271.

XXII. — Bulletin de la Société archéologique, scientifique, etc., t. XXII, 1883. (Vendôme, 1883, in-8°, 309 p.)

[23737]. Bouchet (L'abbé). — Un chanoine du

XVIIIe siècle. L'abbé Simon, historien du Vendômois, p. 20.

23739. Chautard (Jules). — Jetons d'Alexandre, de Louis et de François, princes de Vendôme [XVIIe s.], *pl.*, p. 41. — Cf. n°s 23731 et 23736.

23740. Bouchet (Ch.). — Nécrologie. M. Alexandre de Salies [1816 † 1883], p. 71 et 150.

23741. Isnard. — La procession du Lazare [à Vendôme] et la grâce d'un criminel, p. 80.

[Liste des criminels graciés de 1681 à 1788.]

23742. Métais (L'abbé Ch.). — Union du titre abbatial de la Trinité de Vendôme à la collégiale de Saint-Georges (1780-1789), suivi d'une biographie de Mgr de Bourdeilles, 34e et dernier abbé de la Trinité, et de pièces justificatives, p. 115.

23743. Rochambeau (A. de). — Biographie vendômoise. René-François-Xavier Beaunier [1772 † 1852], p. 166.

23744. Bourgogne (L'abbé Ch.). — Notes sur les inscriptions des cloches des églises de Crucheray et de Sainte-Anne [1624 et 1691], p. 245.

23745. Malardier. — Notes sur le canton de Montoire, [1610-1792], p. 270.

XXIII. — Bulletin de la Société archéologique, scientifique, etc., t. XXIII, 1884. (Vendôme, 1884, in-8°, 225 p.)

23746. Launay (G.). — Note sur le dolmen récemment découvert à Fréteval, *fig.*, p. 20.

23747. Nouel (E.). — Sur une découverte d'ossements fossiles de la période quaternaire faite à Sargé (Loir-et-Cher), p. 23.

23748. Bouchet (Ch.). — Une lettre inédite du pape Calixte II [s. d., relative à l'abbaye de Vendôme], p. 28 et 86.

23749. Isnard. — Lettres patentes portant changement du nom de la terre de Montoire et son érection en marquisat sous la dénomination de Querhoent, en faveur du sieur Jean-Sébastien de Querhoent [1743], p. 41.

23750. Trémault (Auguste de). — Note sur les archives de la collégiale de Saint-Georges de Vendôme et sur leur destruction [en 1793], p. 69.

23751. Métais (L'abbé Ch.). — Le temple de Saint-Jean-des-Aizes et ses tombeaux, commune de Villavard [époque mérovingienne], p. 75.

23752. Trémault (Aug. de). — Bénédiction des drapeaux de la milice bourgeoise de la ville de Vendôme en 1790, p. 135.

23753. Bouchet (Ch.). — Une miniature de manuscrit du XIIe siècle, *pl.*, p. 146.

23754. Launay (G.). — L'ancien fort de Fontenailles, commune de Nourray, canton de Saint-Amand [Xe s.], *pl.*, p. 184.

23755. Launay (G.). — Historique du polissoir de Nourray, *pl.*, p. 189.

23756. Martellière (L.). — Les dernières restaurations du clocher de la Trinité [de Vendôme, XVIIIe et XIXe s.], p. 193; et XXIV, p. 186.

XXIV. — Bulletin de la Société archéologique, scientifique, etc., t. XXIV, 1885. (Vendôme, 1885, in-8°, 345 p.)

23757. Rochambeau (De). — Épigraphie et iconographie vendômoise, *pl.*, p. 31.

[Église de Saint-Georges et abbaye de la Trinité : pierres tombales.]

23758. Bouchet (Ch.). — M. Charles Chautard [1814 † 1884], p. 57 et 117.

23759. Nouel (E.). — Victor Dessaignes [1800 † 1885], p. 66.

23760. Métais (L'abbé Ch.). — Les derniers jours de la collégiale Saint-Georges. Inventaire des titres et objets précieux dressé en 1790, p. 91 et 198.

23761. Bournon (Fernand). — Documents relatifs au pèlerinage de la Sainte-Larme de Vendôme (1574-1666), p. 127.

[23756]. Martellière (Louis). — Les dernières restaurations du clocher de la Trinité, *pl.*, p. 186.

23762. Nouel (E.). — Ce qu'on trouve dans les anciens registres d'une paroisse (Souday) [XVIIe et XVIIIe s. Événements divers], p. 219.

23763. Malardier. — Le grand Breuil, commune de Saint-Gourgon, ses mutations, ses seigneurs, p. 253.

23764. Trémault (A. de) et Nouel (E.). — Journal d'un vicaire de Souday, de 1580 à 1632, p. 269.

LOIRE. — MONTBRISON.

LA DIANA, SOCIÉTÉ HISTORIQUE ET ARCHÉOLOGIQUE DU FOREZ.

Fondée en 1862, reconnue d'utilité publique par décret du 13 février 1868, la Société de la Diana ne publia pendant les premières années de son existence que deux volumes de procès-verbaux de ses séances et le catalogue de sa bibliothèque, que nous mentionnons sous les nos 23769 à 23771. Ce fut seulement en 1874 qu'elle commença la publication d'un *Recueil de mémoires et documents sur le Forez* qui comptait 8 volumes au 31 décembre 1885. La Diana fait paraître en outre depuis 1876 un *Bulletin* trimestriel. A ces diverses publications il faut joindre :

23765. Gonnard (Henry). — Monographie de la Diana, ancienne salle des états de la province de Forez, 20 *pl.* (Vienne, 1875, in-4°, xiv-205 p.)

[Peintures béraldiques.]

23766. Benoit (A.). — Comédie françoyse intitulée l'*Enfer poétique*, publiée à Lyon en 1586, par Benoît Voron, recteur aux écoles de Saint-Chamond. (Vienne, 1878, in-8°, 67 p.)

23767. Benoit (A.). — La mort de Silvandre, poème pastoral du xviie siècle, dédié en 1660 à Marguerite de Savoie, par D. Palerne, forézien. (Saint-Étienne, 1878, in-8°, 33 p.)

23768. Meaux (De). — Éloge de M. Victor de Laprade, de l'Académie française. (Montbrison, 1884, in-8°.)

I. — La Diana. Société historique et archéologique du Forez. Séances de 1862-1863. (Montbrison, 1863, in-8°, 152 p.)

23769. Divers. — Historique. Acquisition [en 1862] et projet de restauration de la salle de la Diana, p. 69.

II. — La Diana. Société historique et archéologique du Forez. Séances de 1863-1864. (Montbrison, 1865, in-8°, 108 p.)

23770. Bernard (Aug.). — Note sur l'armorial de Guillaume Revel, p. 97.

[Liste des vues du Forez qui s'y trouvent.]

III. — La Diana. Société historique et archéologique du Forez. (Montbrison, 1865, in-8°, 119 p.)

23771. Anonyme. — Catalogue de la bibliothèque de la Diana, p. 1 à 119.

I. — Recueil de mémoires et documents sur le Forez, publiés par la Société de la Diana, t. I. (Vienne, 1874, in-8°, 215 p.)

23772. Durand (Vincent). — Recherches sur la station gallo-romaine de Mediolanum, dans la cité des Lyonnais, p. 38.

23773. Durand (Vincent). — Description d'une tessère d'hospitalité trouvée à Jullien, p. 105.

23774. Durand (Vincent). — Publication de documents inédits relatifs à l'histoire du Forez, p. 111 ; et II, p. 166.

[Ancien pont de Feurs, 1433 ; construction d'un château à Magnien-Hauterive (1493) et note sur cette seigneurie ; ordre donné par François de Mandelot au sieur du Peyrat, 1564. Lettres d'érection de la terre d'Urfé en comté, 1578.]

23775. Bernard (Auguste). — Histoire territoriale du Lyonnais, publiée par les soins de M. Testenoire-Lafayette, p. 133 ; II, p. 227 ; III, p. 1 ; IV, p. 1 ; et V, p. 17.

23776. Anonyme. — Notice nécrologique sur le statuaire Guillaume Bonnet [† 1873], p. 185.

23777. Viry (Octave de). — Découvertes [archéologiques] faites à Roanne en 1873, p. 195.

II. — Recueil de mémoires et documents sur le Forez, etc., t. II. (Vienne, 1875, in-8°, 359 p.)

23778. Gallier (Anatole de). — Une page de l'histoire du Viennois. Les Pagan et les Retourtour, p. 12.

23779. Durand (Vincent). — Aquæ Segestæ et la voie Bolène en Forez, p. 103.

23780. Vachez (A.). — Pierre Gras [† 1874]; sa vie et ses œuvres, p. 136.

[23774]. Durand (Vincent). — Publication de documents inédits relatifs à l'histoire du Forez : lettres d'érection de la terre d'Urfé en comté (1578), p. 166.

23781. Barban (A.). — Documents inédits : bref de vente de la Diana (8 août 1791); procès-verbal de l'incendie du couvent des Cordeliers de Montbrison (6 août 1731); officiers de la baronnie de Roannais en 1569, p. 175.

23782. Durand (Vincent). — Fouilles récentes à Feurs, p. 186.

23783. Turge (Honoré de). — Sépultures antiques au mont d'Uzore, p. 192.

23784. Gonnard (Henry). — Découvertes de monnaies anciennes à Montbrison, p. 196.

[23775]. Bernard (Auguste). — Histoire territoriale du Lyonnais, p. 227.

23785. Anonyme. — Un mot sur La Bâtie, p. 345.

III. — Recueil de mémoires et documents sur le Forez, etc., t. III. (Vienne, 1876, in-8°, XII-259 p.)

[23775]. Bernard (Auguste). — Histoire territoriale du Lyonnais, p. 1.

23786. Durand (Vincent). — De la véritable situation du Tractus Rodunensis et Alaunorum, mentionné dans la notice des dignités de l'Empire, p. 158.

[Virodunensis et Catalaunorum, Verdun et Châlons-sur-Marne.]

23787. Barban (A.). — Hôtel et clos des comtes de Forez à Montbrison, p. 174.

23788. Vachez (A.). — Destruction du château de Nervieu en Forez et de la maison forte de Foris près de Montbrison, p. 182.

[Compte des dépenses de l'expédition, 1350.]

23789. Vachez (A.). — Transaction entre Briand, seigneur de Rochebaron et de Montarcher, et Falcon Verd, prieur d'Estivarelles, touchant la juridiction dudit prieuré (1295), p. 198.

23790. Testenoire-Lafayette. — Sentence entre Anne de Norry, veuve de Gauthier du Chastel, et Jean du Chastel, leur fils, et Guillaume de Lavieu, touchant l'héritage de Jean de Norry, archevêque de Bourges, 23 janvier 1453 (n. st.), p. 202.

23791. Gonnard (Henry) et Testenoire (Philippe). — Bulletin numismatique, p. 226. — Cf. n° 23809.

[Deniers archiépiscopaux de Lyon, *fig.*, monnaies romaines, seigneuriales, françaises et espagnoles découvertes à Chalmazel, Saint-Romain-les-Atheux, Cezay, Marcilly, Saint-Just-en-Bas, Trelins, Saint-Sauveur, Pelussin et à Roche (Loire).]

IV. — Recueil de mémoires et documents sur le Forez, etc., t. IV. (Vienne, 1877, in-8°, XV-273 p.)

[23775]. Bernard (Auguste). — Histoire territoriale du Lyonnais, p. 1.

23792. Testenoire-Lafayette. — La Galiney [porche ou parvis] de l'église de la Tour en Jarez, p. 125.

23793. Benoit (A.). — Reliques littéraires du Forez, p. 145.

[Réédition du dialogue en vers français : *Réjouissance sur la France désolée pour l'heureux retour du très chrestien Henry III, roy de France et de Pologne*, imprimé à Lyon en 1574.]

23794. Durand (Vincent). — L. Mandrin à Saint-Bonnet-le-Château, p. 161.

[Procès-verbaux dressés en 1754, *fac-similé*.]

23795. Delaroa (J.). — Oraison funèbre de Florimond Robertet, forézien [prononcée en 1532], par Mgr Allemon, évêque de Grenoble, *pl.*, p. 173.

23796. Durand (Vincent). — Bulletin archéologique, *pl.*, p. 229.

[Colonnes itinéraires de Pommiers; puits antique découvert à Trelins; ancien établissement céramique de Montverdun; habitations gallo-romaines à Nollieu, Pralong, Saint-Just-en-Chevalet.]

V. — Recueil de mémoires et documents sur le Forez, etc., t. V. (Saint-Étienne, 1879, in-8°, XVI-344 p.)

[23775]. Bernard (Auguste). — Histoire territoriale du Lyonnais, *pl.*, p. 18.

23797. Benoit (A.). — Lettre de la nimphe du Danube à la princesse Adelaïde de Savoie, 1651 [en vers], p. 257.

23798. Testenoire-Lafayette. — Henri III en Forez [lettre de Henri III à M. de la Forest, 1580], p. 269.

23799. Noëlas (F.). — Funérailles d'une fille noble au XVe siècle, p. 277.

[Françoyse, fille de Guillaume Gouffier, † 1465.]

23800. Durand (Vincent) et Vachez (A.). — Étude archéologique et historique sur le prieuré de Rosiers [Rosiers-Côtes-d'Aurec], *pl.*, p. 299.

[Marc-Antoine Gaiffier, prieur de Rosiers, *portrait*.]

VI. — Recueil de mémoires et documents sur le Forez, etc., t. VI. (Saint-Étienne, 1880, in-8°, XVIII-400 p.)

23801. Durand (Vincent). — Feurs. Mémoire inédit de l'abbé Jean-François Duguet, curé de Feurs [† 1724], suivi de l'histoire de la famine de 1709 par le même, p. 1 à 400.

VII. — Recueil de mémoires et documents

sur le Forez, etc., t. VII. (Saint-Étienne, 1881, in-8°, XXII-350 p.)

23802. Vachez (A.). — Les vieux châteaux du Forez. Bellegarde et la Liègue. Étude historique, *pl.*, p. 1 et 343.

23803. Guillemot (Antoine). — Charte de franchises de Vallore, donnée par Louis de Thiers, seigneur de Vallore et de Montguerlhe, 1er juin 1312 [sceau], *fig.*, p. 65.

23804. Le Conte (J.). — Recherches sur les anciennes religieuses et sur les syndics du monastère de Sainte-Claire de Montbrison, p. 121.

[Épitaphe des seigneurs d'Urfé, XVIIIe s., *pl.*]

23805. Brassart (Éleuthère). — La grotte des fées, commune du Sail de Cousan [époque préhistorique], *pl.*, p. 207.

23806. Durand (Vincent). — Lettre du conseiller Moissonnier, procureur du roi au bailliage de Chauffour, à l'abbé Peyrichon, prévôt de Saint-Salvadour en Limousin [† 1742, sur les anciens usages de Bonnet-le-Château], p. 217.

23807. Testenoire-Lafayette et Durand (Vincent). — Compromis, sentence arbitrale et accords entre les seigneurs de Feugerolles et de Malmont (1312 et 1314), p. 243.

23808. Coste (A.). — Inventaires du mobilier des châteaux de Saint-André et d'Ouches aux XVIe et XVIIe siècles, 1324, p. 273.

23809. Testenoire (Philippe). — Bulletin numismatique, p. 315. — Cf. n° 23791.

[Monnaies diverses découvertes en Forez, de 1876 à 1880.]

VIII. — Recueil de mémoires et documents sur le Forez, etc., t. VIII. (Saint-Étienne, 1885, in-8°. XXV-573 p.)

23810. Barban (André). — Recueil d'hommages, aveux et dénombrements de fiefs relevant du comté de Forez du XIIIe au XVIe siècle, p. 1 à 573.

I. — Bulletin de la Diana, t. I, décembre 1876-mai 1881. (Montbrison, 1877-1881, in-8°, 471-XV p.)

23811. Jeannez (Édouard). — Sur les églises de Charlieu, de la Bénissons-Dieu, le triptyque d'Ambierle, p. 42, 69, 99 et 145.

23812. Durand (Vincent). — Sur une inscription [romaine] relative aux Ségusiaves trouvée à Moind, p. 46.

23813. Durand (Vincent). — Sur le culte de saint Martin, p. 49, 55 et 57.

23814. Durand (Vincent). — Sur l'église, les fresques et la ville de Saint-Bonnet-le-Château, p. 50, 104, 107, 112, 116 et 156.

23815. Poidebard (William). — Rapport sur l'excursion archéologique à Saint-Bonnet-le-Château et lieux circonvoisins, p. 103.

[Saint-Nizier de Fornas, Rosiers-Côtes-d'Aurec, Périgneu, Miribel et Montarcher.]

23816. Durand (Vincent). — Sur une inscription [romaine] découverte à Bussy, et sur la colonne itinéraire de Pommiers, p. 139, 151, 157 et 253.

23817. Vachez (A.). — Inscription découverte dans la chapelle du cimetière de Néronde [1309], p. 153.

23818. Révérend du Mesnil (E.). — Rapport sur l'excursion archéologique faite par la Société de la Diana à Moingt, Champdieu, Chalain d'Uzore et Montbrison, p. 171.

23819. Brassart (Éleuthère). — Note sur l'ancienne église de Marcoux, p. 265.

23820. Révérend du Mesnil (E.). — Les Ségusiaves, origine et étymologie, p. 269 et 326.

23821. Vial (L'abbé). — Documents sur la famille du Mazel [XIVe-XVe s.], p. 296.

23822. Révérend du Mesnil (E.). — La fabrique de faïences de Roanne [XVIe s.], p. 303.

23823. Durand (Vincent). — Sur une colonne itinéraire à Balbigny, p. 317.

23824. Remontet (D.). — Antiquités [gallo-romaines] découvertes sur l'emplacement de l'ancienne garenne du Rosier, à Feurs, p. 320.

23825. Durand (Vincent). — Sur un établissement présumé d'Alains dans les environs de Roanne, p. 325.

23826. Jeannez (Édouard). — Rapport sur la visite faite par la Société de la Diana à l'église et au château de Sury-le-Comtal [XVe s.], p. 331.

23827. Révérend du Mesnil (E.). — Rapport sur l'excursion archéologique faite par la Société de la Diana à Saint-Romain-le-Puy et à Sury-le-Comtal, *pl.*, p. 343.

II. — Bulletin de la Diana, t. II, mai 1881-août 1884. (Montbrison, 1881-1884, in-8°, 495-XVI p.)

23828. Durand (Vincent). — Sur l'ancienne église de Chalmazel [XVe s.], *pl.*, p. 3.

23829. Durand (Vincent). — Ciseaux attribués à Anne de France, duchesse de Bourbon, comtesse de Forez, *fig.*, p. 21.

23830. Steyert. — Sceau des Machabées [XVe s.], *fig.*, p. 23.

23831. Girardon et Durand (Vincent). — Sur les fouilles de Moind, p. 33, 72, 84, 102, 297 et 321.

[Époque gallo-romaine, théâtre, inscription de Julius Priscus. Charte de franchise de 1272.]

23832. Testenoire-Lafayette. — Changements dans le

relief du sol observés à Saint-Bonnet et aux environs [mémoire du XVIIIe s.], p. 38.

23833. DURAND (Vincent). — Anciennes cloches de Saint-Marcel et Saint-Romain d'Urfé [1406 et 1596], *fig.*, p. 45.

23834. RÉVÉREND DU MESNIL. — La lieue gauloise de la Table de Peutinger, p. 51.

23835. BRASSARD (Éleuthère). — Église du Moutier de Thiers [chapiteaux romans], *fig.*, p. 89 et 117.

23836. DURAND (Vincent). — Ordonnance de police rendue par le juge de la commanderie de Saint-Jean-des-Prés, à Montbrison [1741], p. 96.

23837. DURAND (Vincent). — Inscriptions à Saint-Germain-Laval [1559], à Saint-Polgue [1584], à Saint-André de Montbrison [1594], p. 117.

23838. RELAVE (L'abbé). — Statue et inscription à Essertines-en-Châtelneuf [moyen âge], *fig.*, p. 122.

23839. DURAND (Vincent). — Croix de cimetière avec garniture de lumières, à Saint-Didier-sur-Rochefort [XIIe ou XIIIe s.], *fig.*, p. 125.

23840. VIRY (Octave DE). — Urne funéraire et fibules de bronze [époque gauloise] trouvées à Pilon, commune de Villeret, *fig.*, p. 145.

23841. TESTENOIRE-LAFAYETTE. — Excursion de la Société de la Diana à Moulins, Saint-Menoux, Bourbon-l'Archambault et Souvigny, p. 152.

23842. BRASSART (Eleuthère). — Station préhistorique du bas Vizézy, *pl.* [silex taillés], p. 184.

23843. DURAND (Vincent). — Invention du tombeau de Sainte-Prève à Pommiers [XVe ou XVIe s], *pl.*, p. 215.

23844. ROCHIGNEUX. — Fouilles de Chaysieu, commune de Saint-Romain-le-Puy [antiquités gallo-romaines], p. 222.

23845. DURAND (Vincent). — Deux chartes apocryphes de Guy VI et Jean II de Bourbon, comtes de Forez, p. 234.

[1277 et 1477. *Carte* du pays de Roannais au XIIIe s.]

23846. GIRARDON et BRASSART (Éleuthère). — Outils en silex trouvés dans la commune de Sury-le-Comtal, *fig.*, p. 270 et 303.

23847. MAUSSIER et JOULIN. — Antiquités préhistoriques à Poncins et à Amiens, p. 274 et 299.

23848. JEANNEZ (Édouard). — Note sur les landiers de la Bénissons-Dieu [XVe s.], *fig.*, p. 283.

23849. JOULIN. — Michel Goyet, notaire à Montbrison [† 1793], p. 305.

23850. DURAND (Vincent). — Bas-relief commémoratif du séjour de François Ier à Montbrison en 1536, et sculptures de la Renaissance, p. 324.

23851. DURAND (Vincent). — Compte de deux tailles imposées au pays de Forez en 1406, p. 353.

23852. JEANNEZ (Édouard). — Notes archéologiques sur l'église et le prieuré d'Ambierle, p. 375.

23853. DURAND (Vincent). — Vases antiques en bronze trouvés à Limes, commune de Saint-Sixte, *pl.*, p. 408.

23854. ANONYME. — Chartes du Forez, p. 423.

[Limites entre la châtellenie de Viverols et celle de Saint-Bonnet le Château, 1340-1346; sommes dues par le roi à Guy VII, comte de Forez, pour sa participation à l'expédition de Gascogne en 1346. — Payement fait en 1553 pour le comte de Forez, à Jean Maillart, bourgeois de Paris.]

23855. JEANNEZ (Édouard). — Les fortifications de l'abbaye et de la ville fermée de Charlieu-en-Lyonnais, histoire et monographie, *plan*, p. 445.

III. — Bulletin de la Diana, t. III, janvier 1885-janvier 1886. (Montbrison, 1885-1886, in-8°, 253 p.) [Ce tome III se continue en 1886; nous n'avons analysé que l'année 1885.]

23856. COIFFET. — Bague d'or trouvée à Boën, *fig.*, p. 12.

23857. DURAND (Vincent). — Devis et prix fait de réparations au château d'Urfé en 1704, p. 13.

23858. DURAND (Vincent). — Charte de Marie de Berry relative à la garde du château de Chenereilles [1429], p. 44.

23859. ROCHIGNEUX. — Ancien hospice de la Charité à Montbrison, p. 46.

23860. DURAND (Vincent). — Anciens retables de l'église de Cesay. Dufour et Chabrerias, sculpteurs de Montbrison au XVIIe siècle, p. 51.

23861. GONNARD (Henry). — Renseignements sur plusieurs artistes foréziens [les Parrocel], p. 55.

23862. ROUSTAN. — Vue de Saint-Maurice-sur-Loire, *pl.*, p. 67.

23863. DURAND (Vincent). — Découverte de sarcophages du moyen âge à Saint-Germain-Laval, *pl.*, p. 95.

23864. DURAND (Vincent). — Fouilles sur l'emplacement de l'ancien cimetière de Saint-Clément, commune de Montverdun [vases funéraires], *fig.*, p. 99.

23865. DURAND (Vincent). — Charte inédite concernant les églises de Saint-Victor-sur-Loire et du Châtelet [1145-1147], p. 126.

23866. BRASSART (Éleuthère). — Cachet d'oculiste romain trouvé dans la commune de Saint-Étienne-le-Molard, p. 131.

23867. SAINTE-COLOMBE (Rodolphe DE). — Chartes relatives à la seigneurie de Chirassimont [XIIIe-XVIe s.], p. 138.

23868. ANONYME. — Terrier du prieuré d'Ambierle [analyse, 1385-1421], p. 154.

23869. FAVRE. — Sur des vases gallo-romains découverts à Moind et à Feurs, p. 167.

23870. CHARPIN-FEUGEROLLES (DE). — Le capitaine Heus [† à Montbrison vers 1512], p. 175.

23871. Joulin. — Fouilles dans la chapelle de la sainte Vierge de l'église Notre-Dame de Montbrison, *pl.*, p. 177.

23872. Durand (Vincent). — Inscription tumulaire à Chagnon [1555], p. 180.

23873. Durand (Vincent), Jeannez (E.) et Rechigneux. — Rapport sur la 52ᵉ session du congrès archéologique de France tenue à Montbrison en 1885, p. 195.

[Visites et excursions à Notre-Dame de Montbrison, à Moind, Chaudieu, Cousan, Montverdun, à la commanderie de Saint-Jean-des-Prés, au musée d'Allard, à Saint-Romain-le-Puy, Sury-le-Comtal, Saint-Rambert-sur-Loire, Saint-Bonnet-le-Château, Charlieu, la Bénissons-Dieu, l'Espinasse, Ambierle, Boisy et Saint-André d'Apchon.]

LOIRE. — SAINT-ÉTIENNE.

SOCIÉTÉ D'AGRICULTURE, INDUSTRIE, SCIENCES, ARTS ET BELLES-LETTRES DU DÉPARTEMENT DE LA LOIRE.

En 1822 fut fondée à Saint-Étienne une *Société d'agriculture, arts et commerce de l'arrondissement de Saint-Étienne*, dont nous n'avons pas à nous occuper ici, car les 27 volumes qu'elle a publiés sous le titre de *Bulletin d'industrie agricole et manufacturière* ne contiennent aucun article d'histoire ou d'archéologie. En 1856, cette Société se réunit à la *Société des sciences naturelles et des arts de Saint-Étienne*, fondée en 1847. Elle prit alors le nom de *Société d'agriculture, industrie, sciences, arts et belles-lettres du département de la Loire* et commença la publication d'*Annales* qui comprenaient, à la fin de 1885, 29 volumes divisés en 2 séries. Nous en avons mentionné les tables sous les nᵒˢ 23882 et 23900.

I. — Annales de la Société d'agriculture, industrie, sciences, arts et belles-lettres du département de la Loire, t. I. (Saint-Étienne, 1857, in-8°, 416 p.)

23874. Anonyme. — Notice sur la Société agricole et industrielle et sur la Société des sciences naturelles et des arts de Saint-Étienne, p. 5.

23875. La Tour-Varan (De). — Bibliothèque forézienne. Catalogue raisonné des ouvrages imprimés, manuscrits, chartes, titres, plans et gravures pouvant servir à l'histoire du Forez, p. 37, 342, 403; II, p. 19, 70, 111; III, p. 35, 63, 205; IV, p. 87, 227; V, p. 91, 155; et VI, p. 59. — Cf. nº 23884.

23876. Michalowsky (Félix). — Unité et confusion des langues, p. 49 à 249.

23877. Barban (André). — Étude archéologique sur le château de Saint-Priest, près Saint-Étienne, p. 323.

[Inventaire du mobilier du château, 1654.]

23878. Barban (André). — Notice sur la bibliothèque de Saint-Bonnet-le-Château, p. 378.

II. — Annales de la Société d'agriculture, etc., t. II. (Saint-Étienne, 1858, in-8°, 128 p.)

[23875]. La Tour-Varan (De). — Bibliothèque forézienne, p. 19, 70 et 111.

III. — Annales de la Société d'agriculture, etc., t. III. (Saint-Étienne, 1859, in-8°, 231 p.)

[23875]. La Tour-Varan (De). — Bibliothèque forézienne, p. 35, 63 et 205.

23879. Smith (V.). — Notice sur M. Bayon [magistrat, 1788 † 1859], p. 81.

23880. La Tour-Varan (De). — Dissertation sur le pays de Jarez, ses seigneurs et les noms de Lavieu et de Jarez, p. 169.

IV. — Annales de la Société d'agriculture, etc., t. IV. (Saint-Étienne, 1860, in-8°, 244 p.)

[23875]. La Tour-Varan (De). — Bibliothèque forézienne, p. 87 et 227.

23881. Michalowski (Félix). — Le slave et le breton, p. 105.

V. — Annales de la Société d'agriculture, etc., t. V. (Saint-Étienne, 1861, in-8°, 174 p.)

[23875]. La Tour-Varan (De). — Bibliothèque forézienne, p. 91 et 155.

VI. — Annales de la Société d'agricul-

ture, etc., t. VI. (Saint-Étienne, 1862, in-8°, 163 p.)

[23875]. La Tour-Varan (De). — Bibliothèque forézienne, p. 59.

23882. Anonyme. — Table des matières contenues dans les six premiers volumes, p. 132.

VII. — Annales de la Société d'agriculture, etc., t. VII. (Saint-Étienne, 1863, in-8°, 474 p.)

VIII. — Annales de la Société d'agriculture, etc., t. VIII. (Saint-Étienne, 1864, in-8°, 392 p.)

IX. — Annales de la Société d'agriculture, etc., t. IX. (Saint-Étienne, 1865, in-8°, 315 p.)

23883. Noëlas (Frédéric). Essai d'un Romancero forézien, p. 209.

X. — Annales de la Société d'agriculture, etc., t. X. (Saint-Étienne, 1866, in-8°, 351 p.)

23884. Chaverondier et Maurice. — Catalogue des ouvrages relatifs au Forez et au département de la Loire [publiés de 1864 à 1884], p. 152, 165, 289; XI, p. 240; XII, p. 275; XIII, p. 207; XIV, p. 153; XV, p. 259; XVI, p. 237; XVII, p. 443; XVIII, p. 216; XIX, p. 340; XX, p. 388; XXI, p. 342; XXII, p. 284; XXIII, p. 413; XXIV, p. 278; XXV, p. 397; XXVI, p. 383; et XXVII, p. 489. — Cf. n° 23875.

23885. Noëlas (Frédéric). — Dictionnaire géographique ancien et moderne du canton de Saint-Haon-le-Châtel (Loire), p. 211; XIV, p. 184; XV, p. 24, 91 et 210.

XI. — Annales de la Société d'agriculture, etc., t. XI. (Saint-Étienne, 1867, in-8°, 293 p.)

23886. Maussier. — L'industrie houillère à Saint-Étienne il y a cent ans, p. 41.

[Procès-verbaux d'ouvertures de mines, 1768-1774.]

[23884]. Chaverondier et Maurice. — Catalogue des ouvrages relatifs au Forez et au département de la Loire, p. 240.

XII. — Annales de la Société d'agriculture, etc. t. XII. (Saint-Étienne, 1868, in-8°, 338 p.)

[23884]. Chaverondier et Maurice. — Catalogue des ouvrages relatifs au Forez et au département de la Loire, p. 275.

XIII. — Annales de la Société d'agriculture, etc., t. XIII. (Saint-Étienne, 1869, in-8°, 312 p.)

[23884]. Chaverondier et Maurice. — Catalogue des ouvrages relatifs au Forez et au département de la Loire, p. 207.

23887. Michalowski. — Origines celtiques, p. 231.

[Mots celtiques existant dans les langues de l'Europe.]

XIV. — Annales de la Société d'agriculture, etc., t. XIV. (Saint-Étienne, 1870, in-8°, 244 p.)

23888. Peyret. — Notes statistiques sur la commune de la Fouillouse, près Saint-Étienne, p. 91.

[23884]. Chaverondier et Maurice. — Catalogue des ouvrages relatifs au Forez et au département de la Loire, p. 153.

[23885]. Noëlas (Frédéric). — Dictionnaire géographique ancien et moderne du canton de Saint-Haon-le-Châtel, p. 184.

XV. — Annales de la Société d'agriculture, etc., t. XV. (Saint-Étienne, 1871, in-8°, 293 p.)

[23885]. Noëlas (Frédéric). — Dictionnaire géographique ancien et moderne du canton de Saint-Haon-le-Châtel, p. 24, 91 et 210.

[23884]. Chaverondier et Maurice. — Catalogue des ouvrages relatifs au Forez et au département de la Loire, p. 259.

XVI. — Annales de la Société d'agriculture, etc., t. XVI. (Saint-Étienne, 1872, in-8°, 308 p.)

23889. Rimaud (Dr). — Saint-Priest-la-Roche et son château, p. 30.

23890. Euverte. — Notice biographique sur M. Francisque Balay [† 1872], p. 59.

23891. Rimaud (Dr). — Les charères et les rues de Saint-Étienne, p. 229.

[23884]. Chaverondier et Maurice. — Catalogue des ouvrages relatifs au Forez et au département de la Loire, p. 237.

XVII. — Annales de la Société d'agriculture, etc., t. XVII. (Saint-Étienne, 1873, in-8°, 512 p.)

23892. Testenoire-Lafayette. — Notice sur la vie et les ouvrages de M. Étienne Peyret-Lallier [1780 † 1871], p. 222.

[23884]. Chaverondier et Maurice. — Catalogue des ouvrages relatifs au Forez et au département de la Loire, p. 443.

XVIII. — Annales de la Société d'agriculture, etc., t. XVIII. (Saint-Étienne, 1874, in-8°, 268 p.)

23893. Rimaud (Dr). — Salt-en-Donzy, ses eaux thermales et ses ruines, p. 68.

[23884]. Chaverondier et Maurice. — Catalogue des ouvrages relatifs au Forez et au département de la Loire, p. 216.

XIX. — Annales de la Société d'agriculture, etc., t. XIX. (Saint-Étienne, 1875, in-8°, 395 p.)

23894. Lastic-Saint-Jal (De). — Le registre des maistres mareschaulx et confrères de la confrairie de Sainct-Heloy, de Saint-Galmier [xvie s.], p. 26.

23895. Rimaud (Dr). — Excursions foréziennes, historiques et archéologiques, p. 49, 92, 201, 303; XX, p. 97; XXII, p. 21; XXIII, p. 45, 105; XXVI, p. 59; XXVII, p. 30, 184 et 330.

[La Tour-en-Jarez, Saint-Priest, Villars, la Fouillouse, Saint-Just, Saint-Rambert, Sury-le-Comtal, Saint-Romain-le-Puy, Saint-Thomas-la-Garde, Moind-Chandieu, Chalain-d'Uzore, Marcilly-le-Châtel, Marcoux, Montverdun, Boën, Leigneux, Sail-sous-Couzan, Couzan, *pl.*

Saint-Georges, Chalmazel, l'Hôpital-sous-Rochefort, Saint-Laurent, Saint-Thurin, Saint-Julien, Noirétable, Cervières, Champoly, Thiers.

Bonson, Saint-Marcellin, Périgneux, Aboin, Luriecq, Valenches, Marols, Chenereilles, Saint-Bonnet-le-Château.

La Tourette, Rozier, Merle, Apinac, Leynier, Valprivas, Montarcher, Usson.

Sail-sous-Couzan, Couzan, Palogneux, Leigneux, Boën, Arthun, Bussy-Albieux.

Saint-Germain-Laval, Saint-Julien-d'Oddes, Grezolles, Bully, Saint-Georges-de-Baroille, Pommiers, Verrières, Montrouge, Veauche, Cuzieu, Meylieu, Montrond, Saint-André-le-Puy, Bellegarde, Saint-Laurent, Feurs, Donzy, Jas, Saint-Galmier, Saint-Priest.]

[23884]. Chaverondier et Maurice. — Catalogue des ouvrages relatifs au Forez et au département de la Loire, p. 340.

XX. — Annales de la Société d'agriculture, etc., t. XX. (Saint-Étienne, 1876, in-8°, 440 p.)

[23895]. Rimaud (Dr). — Excursions foréziennes, p. 97.

23896. Dulac. Les ruines de Sainte-Eugénie à Moingt, près Montbrison, p. 194.

[23884]. Chaverondier et Maurice. — Catalogue des ouvrages relatifs au Forez et au département de la Loire, p. 388.

XXI. — Annales de la Société d'agriculture, etc., t. XXI. (Saint-Étienne, 1877, in-8°, 390 p.)

23897. Textor de Ravisi. — Invasion de la France en 1707 ou chronique de la campagne de Provence et du siège de Toulon, d'après des documents contemporains, *plan*, p. 3 et 177.

[23884]. Chaverondier et Maurice. — Catalogue des ouvrages relatifs au Forez et au département de la Loire, p. 342.

XXII. — Annales de la Société d'agriculture, etc., t. XXII. (Saint-Étienne, 1878, in-8°, 332 p.)

[23895]. Rimaud (Dr). — Excursions foréziennes, p. 21.

[23884]. Chaverondier et Maurice. — Catalogue des ouvrages relatifs au Forez et au département de la Loire, p. 284.

XXIII. — Annales de la Société d'agriculture, etc., t. XXIII. (Saint-Étienne, 1879, in-8°, 466 p.)

[23895]. Rimaud (Dr). — Excursions foréziennes, p. 45 et 105.

[23884]. Chaverondier et Maurice. — Catalogue des ouvrages relatifs au Forez et au département de la Loire, p. 413.

XXIV. — Annales de la Société d'agriculture, etc., t. XXIV. (Saint-Étienne, 1880, in-8°, 355 p.)

23898. Rimaud (Dr). — Acte de prise de possession du prieuré de Montverdun par le séminaire de Saint-Charles de Lyon en 1701, p. 99.

23899. Rimaud (Dr). — Demande en payement de portion congrue par un curé de Saint-Bonnet-le-Château en 1741, p. 137.

[23884]. Chaverondier et Maurice. — Catalogue des ouvrages relatifs au Forez et au département de la Loire, p. 278.

23900. Maurice. — Index alphabétique pour faciliter les recherches dans les 24 volumes de la première série des *Annales* de 1857 à 1880, p. 337.

XXV. — Annales de la Société d'agricul-

ture, etc., 2e série, t. I. (Saint-Étienne, 1881, in-8°, 472 p.)

[23884]. Chaveroxdier et Maurice. — Catalogue des ouvrages relatifs au Forez et au département de la Loire, p. 397.

XXVI. — Annales de la Société d'agriculture, etc., 2e série, t. II. (Saint-Étienne, 1882, in-8°, 495 p.)

[23895]. Rimaud (Dr). — Excursions foréziennes, p. 59.
23901. Textor de Ravisi. — Notice nécrologique sur François Chabas, égyptologue, p. 242.
[23884]. Chaverondier et Maurice. — Catalogue des ouvrages relatifs au Forez et au département de la Loire, p. 383.

XXVII. — Annales de la Société d'agriculture, etc., 2e série, t. III. (Saint-Étienne, 1883, in-8°, 591 p.)

[23895]. Rimaud (Dr). — Excursions foréziennes, p. 30, 184 et 330.
23902. Maussier (B.). — Les anciens habitants du Forez [époque préhistorique], p. 167.
23903. Textor de Ravisi. — Résumé d'une conférence faite sur Jean Dupuis et le fleuve Rouge, p. 405.
23904. Noëlas (Frédéric). — Station de silex taillés considérable au Perron, sur la Loire, faisant suite à celles de Villeret, Poncins, Sury-le-Comtal, p. 496.
23905. Michalowski (Félix). — Étude sur le dictionnaire basque, p. 431.
[23884]. Chaverondier et Maurice. — Catalogue des ouvrages relatifs au Forez et au département de la Loire, p. 489.

XXVIII. — Annales de la Société d'agriculture, etc., 2e série, t. IV. (Saint-Étienne, 1884, in-8°, 499 p.)

23906. Maussier (B.). — De la réfection de la carte du pays des Ségusiaves par la Commission forézienne de l'histoire des Gaules, p. 303.
23907. Noëlas (Frédéric). — Recherches géologiques au point de vue des vestiges de l'homme primitif dans l'arrondissement de Roanne, *pl.*, p. 396 et 409.

XXIX. — Annales de la Société d'agriculture, etc., 2e série, t. V. (Saint-Étienne, 1885, in-8°, 446 p.)

23908. Textor de Ravisi. — L'architecture dans l'Hindoustan, p. 188.

LOIRE. — SAINT-ÉTIENNE.

SOCIÉTÉ DES SCIENCES NATURELLES ET DES ARTS DE SAINT-ÉTIENNE.

Fondée en 1847, cette Société n'avait encore publié qu'un seul volume, lorsqu'elle fusionna, en 1856, avec la *Société d'agriculture de la Loire* dont nous avons donné le dépouillement ci-dessus.

Bulletin de la Société des sciences naturelles et des arts de Saint-Étienne (Loire), comprenant les comptes rendus de ses travaux depuis sa fondation, le 22 juin 1847, jusqu'au 9 juillet 1856, époque de sa fusion avec la Société agricole et industrielle. (Saint-Étienne, 1856, in-8°, 334-70 p.)

23909. Jalabert aîné. — Notice sur une arquebuse trouvée au Bessac, près Saint-Étienne [xvie s.]; *pl.*, p. 40.
23910. La Tour-Varan (De). — Notice historique sur la défaite des huguenots, au Bessac, par les troupes catholiques, à l'occasion d'une arquebuse trouvée à l'endroit même où la tradition place le lieu du combat [1570], p. 49.
23911. Blancsubé (Dr). — Notice nécrologique sur M. Pinjon [1815 † 1849], p. 59.
23912. Courbon. — Le musée d'artillerie de Saint-Étienne, p. 95.
23913. La Tour-Varan (De). — Notice nécrologique sur M. Barthélemy Courbon [1793 † 1854], p. 5.

LOIRE (HAUTE-). — LE PUY.

SOCIÉTÉ AGRICOLE ET SCIENTIFIQUE DE LA HAUTE-LOIRE.

Cette Société fut fondée au mois de février 1878 et fut approuvée par arrêté préfectoral du 9 mars suivant. Elle porta d'abord le nom de *Société des amis des sciences, de l'industrie et des arts de la Haute-Loire,* mais elle le changea dès l'année suivante pour celui qu'elle porte encore aujourd'hui. Elle n'a publié que 4 volumes de *Mémoires,* de 1878 à 1885.

I. — **Société des amis des sciences, de l'industrie et des arts de la Haute-Loire. Mémoires et procès-verbaux,** 1re année, 1re série, 1878. (Le Puy, 1878, in-8°, XII-376 p.)

23914. Rocher (Ch.). — La Ligue en Velay [pièces justificatives, 1572 à 1596], p. 1.
23915. Lascombe (A.). — Lettre des consuls de Saugues aux États du Gévaudan (1586), p. 26.
23916. Jacotin (A.). — Documents sur la maison de Polignac [XIIIe s.], p. 31.
23917. Rocher (Ch.). — Documents et notes sur le Velay, p. 46, 153; et II, p. 1. — Cf. n° 23934.

[Le seigneur de La Roche-en-Régnier, 1494; Rodrigue de Villandrando; ligue du bien public; révolte de l'évêque Jean de Bourbon et le vicomte de Polignac, 1465; chapitre du Puy; consulat du Puy; Noël vellave; élection d'un évêque du Puy en 1485; les Protestants du Chambon en 1683; le présidial du Puy en 1689.
Seigneurie de Saint-Julien-Chapteuil; accord entre l'évêque Frédol et Pons de Goudet, 1289; hommage de Pons de Bonneville à l'évêque Bernard de Castanet, 1309; Guy Falcodi, évêque du Puy, 1257; octroi du Puy.]

23918. Jacotin (A.). — Bertrand de Chalançon, évêque du Puy [1202-1213], p. 219.
23919. Lascombe (A.). — Une pénitence publique en Gévaudan (1378), p. 239.
23920. Lascombe (A.). — Soumission de la ville de Saugues à Henri IV (1594), p. 246.
23921. Aymard. — Lettres de bourgeoisie accordées à des habitants de la ville du Puy aux XVIIe et XVIIIe siècles, p. 249.
23922. Jacotin (A.). — Procès-verbaux de l'ouverture des chasses de Saint-Vosy (1711-1712), p. 268.
23923. Mosnier (Henry). — Notice sur Le More de la Faye [1759 † 1814], p. 284.
23924. Le Blanc (Paul). — Une inscription de l'église Saint-Julien de Brioude [XIe s.], *pl.*, p. 287.
23925. Mosnier (Henry). — Prix fait d'un tableau commandé au peintre Guy-François, pour la cathédrale du Puy [1632], p. 290.
23926. Hedde (Isidore). — Statue de Marguerite de Valois à Angoulême [biographie], *pl.*, p. 303.

II. — **Société agricole et scientifique de la Haute-Loire. Mémoires et procès-verbaux,** 1879-1880, t. II. (Le Puy, 1881, in-8°, 472 p.)

[23917]. Rocher (Ch.). — Documents et notes sur le Velay, p. 1.
23927. Mosnier (Henry). — L'enseignement secondaire au Puy-en-Velay, de l'an VI à l'an XII (1798-1804). L'école centrale de la Haute-Loire, p. 107.
23928. Lascombe (A.). — Notice sur le couvent du Refuge ou Saint-Maurice au Puy [1687-1794], p. 183.
23929. Mosnier (Henry). — Attaque d'un détachement de gardes françaises entre la Chaise-Dieu et Dore-l'Église (1641), p. 206.
23930. Lascombe (A.). — Contes et légendes de la Haute-Loire, p. 214.
23931. Lascombe (A.). — Un mot d'archéologie sur le rocher d'Espaly [ancien manoir des évêques du Puy], p. 219.
23932. Lascombe (A.). — Un procès au XVIIIe siècle à propos du saumon de la Loire, p. 228.
23933. Rocher (Ch.). — Notes sur les évêques du Puy, p. 233.
23934. Rocher (Ch.). — Encore les Chapteuils [acte de 1270], p. 271. — Cf. n° 23917.
23935. Roger (Ch.). — Les Rochebaron [généalogie, pièces justificatives], p. 273.
23936. Lascombe (A.). — Sur une découverte de monnaies romaines en or à Malrevers, p. 425.
23937. Jacotin (A.). — Sur une crise de la fabrique de dentelles [XVIIIe s.], p. 432.
23938. Jacotin (A.). — Sur un sceau de la collégiale de Saint-Agrève du Puy [XIIIe s.], *fig.*, p. 444.

III. — **Société agricole et scientifique,** etc.,

1881-1882, t. III. (Le Puy, 1885, in-8°, 438 p.)

23939. Mosnier (Henry). — Le château de Chavaniac-Lafayette [souvenirs relatifs au général de Lafayette, pièces justificatives], 4 *pl.*, p. 1.

23940. Le Blanc (Paul). — Variétés historiques et biographiques, *pl.*, p. 77.

[Robert Michel, sculpteur, 1720-1786; la papeterie de Prades, 1657; Alex.-Marie Bienvenu, chanoine du Puy, † 1783; le château du Thiolent et ses possesseurs; Timothée de Chillac et Gabriel Ranquet, poètes vellaviens; voyage de Jean-Marie Roland au Puy, en 1778; Michel Boyer, peintre, né en Velay, XVIIIe s.; le maréchal de camp de Lormet, † 1804; statuts de la communauté des chaudronniers du Puy, 1623; Jean Chassanion, protestant, † 1598; les pierres précieuses du Riou Pezouliou; les origines de la chartreuse de Villeneuve, près le Puy (1626-1628); le cardinal de Polignac, poète français, XVIIIe s.; Jean Viallenc, sculpteur, baptisé en 1698; discours du siège de Saint-Agrève par M. Du Figon, 1580.]

23941. Lascombe (Adrien). — Foires et marchés au Monastier [1495 et 1602, lettres patentes], p. 181.

23942. Mosnier (Henry). — Inauguration de l'hôpital général du Puy (26 mai 1687), p. 191.

23943. Blanc (Henri). — Notice sur la chapelle de Saint-Maurice d'Orzilhac, p. 197.

23944. Mosnier (Henry). — Une sédition à Pradelles [en 1709], p. 200.

23945. Lascombe (Adrien). — Rapport sur une découverte d'antiquités romaines à Vorey, p. 206.

23946. Lascombe (Adrien). — Testament de Claude Yves, marquis d'Alègre (1664) [notes généalogiques], p. 214.

23947. Vernière (Ant.). — Don de reliques de saint Julien fait par le noble chapitre de Brioude à l'église de Luyères en Champagne (30 mai 1660), p. 231.

23948. Anonyme. — Testament de noble Jean de Sugères, chanoine de Brioude (1370), p. 237.

23949. Anonyme. — Prestation de serment des consuls de Langeac à leur seigneur (1765-1766), p. 247.

23950. Anonyme. — Testament de Guillaume de Rochefort d'Ally (1742), p. 251.

23951. Vernière (Antoine). — Une visite de Mgr de Maupas du Tour à l'église de Brioude (1647), p. 256.

23952. Fournier-Latouraille. — Établissement des Minimes à Brioude [1608], p. 265.

23953. Fournier-Latouraille et Lachenal. — Fondation du monastère de la Visitation de Brioude [1658-1659], p. 278.

23954. Fournier-Latouraille et Lachenal. — Les Capucins à Brioude (1685), p. 290.

23955. Lachenal. — Testament de Marc Falcimaigne, chanoine de Brioude (1673), p. 294.

23956. Lachenal. — Procès-verbal et acte de notoriété de l'incendie et bruslement de la chambre capitulaire de l'église de Brioude [1697], p. 316.

23957. Lachenal. — Nommée ou dénombrement du fief de la Franconnière, autrement dit de Chabannes [1607], p. 325.

23958. Lascombe (Adrien). — État des revenus du collège du Puy en 1792, p. 327.

23959. Mosnier (Henry). — Traité passé entre les poudriers et les gardes-poudres de la ville du Puy [1567], p. 381.

23960. Le Blanc (P.). — Sur des poutres du plafond peint à fresque du château de Beauzac [1593], *pl.*, p. 400.

23961. Mosnier (Henry). — Acte concernant la corporation des maçons et charpentiers de la ville du Puy (1632), p. 409.

23962. Jacotin (A.). — Sur le serment prêté, en 1589, par A. de Senecterre, évêque du Puy, p. 428.

IV. — Société agricole et scientifique, etc., 1883-1885, t. IV. (Le Puy, 1886, in-8°, 440 p.)

23963. Lascombe (A.). — Procès-verbal de visite des églises de l'archiprêtré de Saugues (1650), p. 24.

23964. Lascombe (A.). — Une exécution au Puy en 1707, p. 150.

23965. Saint-Charles. — L'hôpital Notre-Dame du Puy à Toulouse [XIIIe-XVIe s.], p. 176.

23966. Lachenal. — Testament de Guérin Bertet, chanoine de Brioude (1654), p. 185.

23967. Lascombe (Mme E.). — Jeanne Beraud ou un mariage à Montasclard-sur-Saint-Uze [1526], p. 190.

23968. Damien. — Étude sur l'éloquence de la chaire en France au commencement du XVIIe siècle. André Valladier [† 1638], *pl.*, p. 195.

23969. Lascombe (Mme E.). — Les seigneurs de Poinsac (XIIIe-XVIIIe s.), *pl.*, p. 224.

23970. Mosnier (Henry). — Le livre de raison d'un chirurgien apothicaire au XVIIIe siècle, p. 277.

23971. Lascombe (A.). — Une rébellion à Vorey en 1709, p. 281.

23972. Mosnier (Henry). — Inventaire du mobilier de l'église de Saint-Paulien en 1792, p. 290.

23973. Fabre (L'abbé). — Sur les *Fachinières du Villeret* [légende des environs de Saugues], p. 334.

23974. Fabre (L'abbé). — Sur les inscriptions des cloches de la ville de Saugues [XIVe-XVIIIe s.], p. 353.

23975. Lascombe (A.). — Sur les saphirs du Puy, p. 375.

23976. Lascombe (A.). — Sur une découverte de sépultures gallo-romaines à Cheyrac, commune de Saint-Vincent, et à Chamalières, p. 410.

23977. Lascombe (A.). — Sur une dalle funéraire du cimetière du Brignon [XIVe s.], *pl.*, p. 422.

23978. Coiffier (D^r). — Notice sur M. le docteur Langlois [1816 † 1885], p. 427.

LOIRE (HAUTE-). — LE PUY.

SOCIÉTÉ D'AGRICULTURE, SCIENCES, ARTS ET COMMERCE DU PUY.

Une *Société libre d'agriculture* fut instituée au Puy le 14 ventôse an VII, mais elle n'eut qu'une existence nominale. Elle fut reconstituée en 1817, mais sans plus de succès. Enfin en 1823 fut établie la *Société d'agriculture, sciences, arts et commerce du Puy*. Chargée de la surveillance du Musée du Puy, qu'elle a conservée jusqu'en 1878, elle a commencé en 1826 la publication de ses *Annales* dont la collection comprend 33 volumes et une table que nous avons mentionnée sous le n° 24111. Il faut y joindre un *Bulletin agronomique et industriel*, formant cinq volumes, dont le premier a paru en 1837, et dont les deux derniers (1846 et 1847) portent le titre de *Bulletin des séances de la Société d'agriculture, sciences, arts et commerce du Puy*. Ces cinq volumes ne contiennent aucun article rentrant dans notre cadre. La même Société a encore publié, de 1851 à 1865, un *Almanach de la Haute-Loire*, et, en dernier lieu, un *Recueil des chroniqueurs du Puy-en-Velay*, qui comprend les trois ouvrages suivants :

23979. Chassaing (Augustin). — Le livre de Podio ou Chroniques d'Étienne Médicis, bourgeois du Puy (1475-1565). (Le Puy, 1869-1874, 2 vol. in-4°, LVI-564 p., et 664 p.)

23980. Chassaing (Augustin). — Mémoires de Jean Burel, bourgeois du Puy [1560-1623]. (Le Puy, 1875, in-4°, XXXVI-584 p.)

23981. Chassaing (Augustin). — Mémoires d'Antoine Jacmon, bourgeois du Puy [1620-1650]. (Le Puy, 1885, in-4°, XIV-XII-308 p.)

I. — Annales de la Société d'agriculture, sciences, arts et commerce du Puy, 1826, rédigées par les secrétaires de la Société. (Le Puy [1827], in-8°, VI-236 p.)

23982. Becdelièvre (Auguste de). — Notice des tableaux, antiquités, monuments et curiosités du Musée Caroline au Puy, p. 196; III, p. 248; IV, p. 170; VI, p. 249; VII, p. 272; VIII, p. 203; X, p. 347; XI, p. 308; et XII, p. 323.

II. — Annales de la Société d'agriculture, etc., 1827. (Le Puy [1828], in-8°, IV-212 p.)

23983. Tardy. — Notice historique sur le baron Roquelan de Lestrade, lieutenant général des armées du Roi [† 1801], p. 201.

III. — Annales de la Société d'agriculture, etc., 1828. (Le Puy [1829], in-8°, 256 p.)

23984. Bastard (De). — Éloge de M. de Galard, ancien évêque du Puy [dernier évêque avant 1789], p. 219.

[23982]. [Becdelièvre (Auguste de)]. — Deuxième notice des tableaux, antiquités, monuments et objets de curiosités du Musée Caroline, p. 248.

IV. — Annales de la Société d'agriculture, etc., 1829. (Le Puy, s. d. [1829], in-8°, 182 p.)

23985. Robert (Félix). — Mémoire sur les ossements fossiles des environs de Cussac, commune de Polignac (Haute-Loire), *pl.*, p. 68.

[23982]. [Becdelièvre (Auguste de)]. — Troisième notice des tableaux, antiquités, monuments et objets de curiosité du Musée de la ville du Puy, p. 170.

V. — Annales de la Société d'agriculture, etc., 1830-1831. (Le Puy, 1831, in-8°, 216 p.)

23986. Deribier de Cheissac. — Rapport sur le résultat des fouilles faites dans un tumulus près Borne, route du Puy à Brioude, p. 81.

VI. — Annales de la Société d'agricul-

ture, etc., 1832-1833. (Le Puy, 1833, in-8°, 300 p.)

23987. Richond des Brus (Dr). — Notice biographique des médecins de la Haute-Loire, p. 117.

[Chaumette, Lyonnet, Dufieu, Solléliages, Barrès, Pissis, Meyronenc et Siclerc, Lami, Chapot, Lanthenas, Gardès, Balme, Dance, Arnaud.]

23988. Aymard (A.). — Notice sur un tombeau antique [époque gallo-romaine] trouvé à Solignac-sur-Loire, *pl.*, p. 160.

23989. Pomier. — Notice sur M. Arnaud, docteur en médecine, ancien président de la Société [† 1831], p. 233.

23990. Pomier. — Notice sur M. O'Farrell [† 1831], p. 239.

[23982]. [Becdelièvre (Auguste de)]. — Quatrième notice des tableaux, dessins, antiquités, médailles et objets de curiosité du Musée de la ville du Puy, p. 249.

VII. — Annales de la Société d'agriculture, etc., 1834. (Le Puy, 1834, in-8°, 304 p.)

23991. Aymard (A.). — Monument élevé au connétable Bertrand Duguesclin dans l'église Saint-Laurent au Puy [xive s.], p. 119.

23992. Pomier. — Sur les idiotismes [de langage] de l'ancien Velay et d'une partie de l'Auvergne, p. 215.

[23982]. [Becdelièvre (Auguste de)]. — Cinquième notice des tableaux, dessins, antiquités, médailles, objets de curiosité et collections d'histoire naturelle du Musée de la ville du Puy, p. 274.

VIII. — Annales de la Société d'agriculture, etc., 1835-1836. (Le Puy, 1836, in-8°, 239 p.)

23993. Becdelièvre (Auguste de). — Notice sur les antiquités de Margeaix [époque romaine], p. 38.

23994. Pissis (Victor). — Discours sur les études historiques [essai sur l'histoire d'Auvergne], p. 93.

23995. Hedde (Philippe). — Considérations générales sur l'art de se vêtir et le tissage depuis leur origine jusqu'à nos jours, p. 125.

23996. Aymard (Auguste). — Notice sur quelques médailles [romaines] trouvées à Lissac, près Saint-Paulien, p. 157.

23997. Sauzet. — Notice historique sur J. Baudouin, de l'Académie française [† 1650], p. 161.

23998. Laboriette (De). — Notice historique sur les généraux Frévol [† 1808] et Lacoste [† 1809], p. 174.

[23982]. [Becdelièvre (Auguste de)]. — Sixième notice des tableaux, dessins, antiquités, médailles, objets de curiosité, etc., du Musée de la ville du Puy, p. 203.

IX. — Annales de la Société d'agriculture, etc., 1837-1838. (Le Puy, 1839, in-8°, 528 p.)

23999. Sauzet. — Mémoire sur les origines étymologiques [celtiques et latines] du Velay, p. 121.

24000. Hedde (Ph.). — Notice sur le manuscrit de Théodulphe [bible du ixe siècle avec commentaires, conservée à la cathédrale du Puy], *pl.*, p. 168.

24001. Aymard (A.). — Notice sur une découverte de monnaies du moyen âge [à Espaly], p. 225.

24002. Becdelièvre (Auguste de). — Quelques notes en réponse à celles publiées par M. Mérimée sur Polignac, ses antiquités et le Musée du Puy, p. 248. — Cf. n° 24008.

24003. Mandet (Francisque). — Guerres civiles, politiques et religieuses dans le Velay [1560-1596], p. 301; et X, p. 65.

X. — Annales de la Société d'agriculture, etc., 1839-1840. (Le Puy, 1840, in-8°, 396 p.)

[24003]. Mandet (Francisque). — Guerres civiles, politiques et religieuses dans le Velay, p. 65.

24004. Vaux (De). — Discours à l'occasion de l'inauguration du buste de M. le maréchal de Vaux [† 1788] dans le Musée du Puy, p. 225.

24005. Grellet (Félix). — Meillan, marquis d'Allègre [† 1592], p. 245.

24006. Grellet (Félix). — Chanteuges. Son histoire, ses antiquités et ses traditions, p. 273.

24007. Mandet (Francisque). — Vanneau, Michel, Julien, sculpteurs du Velay [xviiie s.], p. 303.

24008. Becdelièvre (Auguste de). — Archéologie [Polignac et ses antiquités], p. 333. — Cf. n° 24002.

[23982]. [Becdelièvre (Auguste de)]. — Musée du Puy. Notice des tableaux, antiquités, monuments, sculptures, objets de curiosité, etc., p. 347.

XI. — Annales de la Société d'agriculture, etc., 1841-1842. (Le Puy, 1843, in-8°, 356 p.)

24009. Sauzet. — Archéologie. Découverte d'une nouvelle pierre milliaire [à Saint-Jean-de-Nay], p. 131.

24010. Anonyme. — Extrait des registres du conseil d'État [relatif à l'élection des consuls du Puy, 1683-1783], p. 216.

24011. Anonyme. — Statuts de Messieurs les chevaliers de l'ordre du glorieux Saint-Hubert, établis dans la ville du Puy, le 22 février 1762, p. 238.

24012. Becdelièvre (Auguste de). — Becdelièvre [Gabriel-François-Louis, *dit* le chevalier de B., † 1808], p. 267.

[23982]. [Becdelièvre (Auguste de)]. — Huitième notice des tableaux, dessins, sculptures, antiquités, médailles, objets de curiosité, etc., du Musée de la ville du Puy, p. 308.

XII. — Annales de la Société d'agriculture, etc., t. XII, 1842-1846. (Le Puy, 1846, in-8°, 388 p.)

24013. Sauzet (L'abbé). — Extrait de mémoires historiques sur la vie, les travaux et la mort de Mgr Armand de Béthune, 88e évêque du Puy, et sur quelques événements contemporains [1655-1659], p. 123.

24014. Aymard. — Recherches sur des inscriptions inédites ou peu connues [IIIe-VIIIe s.], *fig.*, p. 161.

24015. Robert (Félix). — De l'homme fossile de Denise (Haute-Loire), p. 209.

[23982]. [Becdelièvre (Auguste de)]. — Neuvième notice des tableaux, dessins, sculptures, antiquités, médailles, etc., du Musée de la ville du Puy, p. 323.

XIII. — Annales de la Société d'agriculture, etc., t. XIII, 1847-1848. (Le Puy, 1849, in-8°, 512 p.)

24016. Enjubault. — Mémoire sur les usages locaux de l'arrondissement du Puy, p. 317.

XIV. — Annales de la Société d'agriculture, etc., t. XIV, 1849. (Le Puy, 1850, in-8°, 588 p.)

24017. Aymard. — Archéologie, p. 41, 57, 72 et 232. — Cf. n° 24022.

[Peintures murales dans une dépendance de la cathédrale du Puy; sépultures antiques, *fig.*]

24018. Labretoigne. — Notes historiques sur la ville de Saugues et son chapitre, p. 157.

[Amortissement de cens en 1396; établissement des consuls, 1434 et 1484; doléances du chapitre aux États généraux de 1789.]

24019. Aymard. — Église du XVe siècle et porte sculptée du XIe siècle à la Voûte-Chilhac (Haute-Loire], *pl.*, p. 191.

24020. Sauzet (L'abbé). — Bibliographie du département de la Haute-Loire, p. 417.

XV. — Annales de la Société d'agriculture, etc., t. XV, 1850. (Le Puy, 1850, in-8°, 866 p.)

24021. Du Molin (R.). — Biographie des officiers généraux de la Haute-Loire, p. 229.

24022. Aymard. — Université de l'église cathédrale du Puy et école capitulaire. Rapport et notes historiques, *pl.*, p. 561; XVI, p. 275; et XVII, p. 223.

24023. Aymard. — Documents sur l'histoire du Velay, p. 604.

[Inventaire des titres de la maison consulaire de la ville du Puy; confirmation de ces privilèges en 1654.]

XVI. — Annales de la Société d'agriculture, etc., t. XVI, 1851. (Le Puy, 1853, in-8°, 504 p.)

[24022]. Aymard. — L'Université de l'église cathédrale du Puy, p. 275.

24024. Marthory (P.). — Notice historique sur les grands-jours tenus au Puy en 1548 et 1666, p. 334.

XVII. — Annales de la Société d'agriculture, etc., t. XVII, 1852. (Le Puy, 1854, in-8°, 592 p.)

[24022]. Aymard. — L'Université de l'église cathédrale du Puy, p. 223.

24025. Falcon (Théodore). — Galerie pour l'industrie de la dentelle fondée au Musée du Puy [notes historiques], p. 351.

24026. Maitrias (L'abbé). — Esquisse historique sur la ville de Craponne [Haute-Loire], p. 369.

XVIII. — Annales de la Société d'agriculture, etc., t. XVIII, 1853. (Le Puy, 1854, in-8°, 586 p.)

24027. Aymard. — Archéologie [colonnes milliaires de Beaune], *fig.*, p. 315.

24028. Doniol (Henri). — Documents historiques concernant les villes, bourgs et villages du département de la Haute-Loire. Des coutumes seigneuriales de la châtellenie de la Roche en 1291, p. 457.

24029. Aymard. — Notes historiques sur le bourg de Fay-le-Froid et les coutumes seigneuriales de son mandement en 1517, p. 489.

24030. Sauzet (L'abbé). — Inventaire du mobilier d'une dame châtelaine en 1361. Lettre à M. Aymard, p. 539.

24031. Aymard. — Fragment de sarcophage chrétien du Ve siècle. Notes archéologiques, *pl.*, p. 551.

XIX. — Annales de la Société d'agricul-

ture, etc., t. XIX, 1854. (Le Puy, 1855, in-8°, 620 p.)

24032. Dunglas. — Notice sur les béates de la Haute-Loire [xviii°-xix° s.], p. 163.
24033. Aymard. — Notice sur les anciennes maisons hospitalières, dites *aumônes* ou *charités*, dans la ville du Puy, p. 306.
24034. Vinols (Louis de). — Documents sur la seigneurie et le château de Merqueurre-[en-Velay] [xv° s.], p. 519.

XX. — Annales de la Société d'agriculture, etc., t. XX, 1855-1856. (Le Puy, 1859, in-8°, 758 p.)

24035. Aymard. — Plan de la ville du Puy en 1607, *pl.*, p. 99.
24036. Aymard. — Notices relatives à des découvertes d'inscriptions gallo-romaines au village de Polignac et au Puy, *fig.*, p. 345, 429, 468 et 543.
24037. Bonnet (Oscar). — Sur le camp romain de Mont-Milau, près Langogne et sur le village de Condres (Lozère), p. 524.

XXI. — Annales de la Société d'agriculture, etc., t. XXI, 1857-1858. (Le Puy, 1859, in-8°, 638-ccxiv p.)

24038. Aymard. — Sur les fouilles de la place du For [au Puy, sculptures du moyen âge, inscriptions], *fig.*, p. 42 et 142.
24039. Robert (Félix). — Rapport sur le résultat des fouilles faites au puits de Polignac, p. 44.
24040. Aymard. — Sur la chape de Pébrac [attribuée au xi° s.], *fig.*, p. 82.
24041. Béliben. — Sur un terrier de la ville du Puy [1408], p. 277.
24042. Vinols (Jules de). — Communication au sujet des titres originaux du marquisat d'Allègre, p. 379.
24043. Fontpertuis (De). — Considérations sur les municipes, les colonies et les préfectures romaines, p. 441.
24044. Aymard. — Inscription lapidaire du château de Saint-Vidal [1563], *fig.*, p. 595.
24045. [Béliben]. — Nécrologie [Jean-Claude-Philippe Hedde, † 1858], p. 609.
24046. Payan-Dumoulin (E. de). — Antiquités gallo-romaines découvertes à Toulon-sur-Allier et réflexions sur la céramique antique [marques de potiers], *pl.*, p. 1.
24047. Robert (Félix). — Observations sur l'homme fossile de Denise, p. cxv.

XXII. — Annales de la Société d'agriculture, etc., t. XXII, 1859. (Le Puy, 1861, in-8°, 432 p.)

24048. Payan-Dumoulin (De). — Le château de Grignan (Drôme), p. 201.
24049. Du Molin. — Des Polignac dans la ligue du Bien public (1461-1510), p. 225.
24050. Vissaguet (Ernest). — Essai sur l'histoire municipale du Puy [xiii°-xviii° s.], p. 253.
24051. Aymard. — Le géant du rocher de Corneille au Puy-en-Velay, p. 315.
24052. Aymard. — Notes sur les roches à bassins dans la Haute-Loire, p. 341.

XXIII. — Annales de la Société d'agriculture, etc., t. XXIII, 1860. (Le Puy, 1862, in-8°, 230-clxii p.)

24053. Vinay. — Communication sur les fouilles effectuées par lui dans sa propriété de Corsac, commune de Brives-Charensac [découverte de ruines romaines], p. 28 et 84.
24054. Balme. — Liste des consuls de la ville du Puy de 1770 à 1775, p. 51.
24055. Chaulnes (Gabriel de). — Transaction entre les habitants du mandement d'Aguilhe et la collégiale de Saint-Agrève au sujet des dîmes [1669], p. 132.
24056. Aymard. — Communication sur des découvertes archéologiques faites au couvent des dames de l'Instruction [au Puy; méreaux, monnaies, etc.], p. 147.

XXIV. — Annales de la Société d'agriculture, etc., t. XXIV, 1861. (Le Puy, 1862, in-8°, 340-clviii p.)

24057. Aymard. — Mémoire sur des fouilles archéologiques exécutées au lac du Bouchet (Haute-Loire), p. 20.
24058. Du Molin. — Étude critique des lettres d'érection du marquisat d'Allègre [1576], p. 164. — Cf. n° 24070.
24059. Herbert. — L'inscription de l'arc de triomphe d'Orange, *pl.*, p. 1.
24060. Balme. — Épisode de la vie communale au Puy en 1706 [exactions commises par des dragons], p. 79.

XXV. — Annales de la Société d'agriculture, etc., t. XXV, 1862. (Le Puy, 1864, in-8°, 392 p.)

24061. Calemard de La Fayette (Ch.). — Nécrologie [MM. Joyeux, Bertrand de Doue et Mgr de Morlhon, † 1862], p. 152.
24062. Vissaguet (Dr A.). — Des épidémies au Puy, de 1481 à 1646, p. 247.

24063. Perroud (Cl.). — Notice biographique sur Antoine Le Blanc de Guillet [1730 † 1799], p. 273.

XXVI. — Annales de la Société d'agriculture, etc., t. XXVI, 1863. (Le Puy, 1865, in-8°, 432 p.)

24064. Aymard. — Mémoire historique sur les armoiries et le sceau de la ville du Puy, *fig.*, p. 30.

24065. Sauzet (L'abbé). — Mémoire sur un document du xiv° siècle, p. 83.

[Décharge de succession par Étienne de Coyssac à Jean Bravard d'Ayssac.]

24066. Perroud (Cl.). — Essai sur la vie et les œuvres de Mathieu de Morgues, abbé de Saint-Germain [1582 † 1670], p. 205.

XXVII. — Annales de la Société d'agriculture, t. XXVII, 1864-1865. (Le Puy, 1867, in-8°, 534 p.)

24067. Aymard. — Note sur l'introduction de la pomme de terre en France, p. 67.

24068. Sauzet (L'abbé). — Communication sur les divers sanctuaires de Notre-Dame du Puy, p. 199.

24069. Vissaguet (E.). — Observations sur un document du xiv° siècle [lettres de rémission accordées aux habitants du Puy], p. 219.

24070. Du Molin. — Les d'Allègre au xvi° siècle [armoiries], *pl.*, p. 291.

24071. Du Causans (Maxime). — Mémoire sur un cachet d'oculiste romain, quelques médailles et objets antiques trouvés à Saint-Privat-d'Allier (Haute-Loire), *pl.*, p. 339.

24072. Aymard. — Fouilles au Puy et recherches historiques sur cette ville, *pl.*, p. 355.

XXVIII. — Annales de la Société d'agriculture, etc., t. XXVIII, 1866-1867. (Le Puy, 1867, in-8°, 656 et cxvi p.)

24073. Chassaing (Augustin). — Texte [provençal] et traduction de la confrérie de Notre-Dame-du-Puy, à Limoges, de l'an 1274, p. 187.

24074. Chassaing (Augustin). — Prise de possession d'une prébende par messire François de Donet (1610), p. 190.

24075. Chaulnes (Gabriel de). — Communication sur dom Hugues Lantenas [† 1701], p. 228.

24076. Lascombe. — Note sur un ouvrage de Bringerius, prieur mage de la Chaise-Dieu [xvi° s.], p. 231.

24077. Lascombe. — Note sur Guinamandus, moine de la Chaise-Dieu, artiste émailleur du xi° siècle, p. 254.

24078. Delisle (Léopold). — Recherches sur l'ancienne bibliothèque de la cathédrale du Puy, p. 439.

24079. Aymard. — Rapport sur une villa gallo-romaine dont les murs de fondation ont été découverts au terroir de la Dreit, commune d'Espaly-Saint-Marcel, près le Puy, *plan*, p. 461.

24080. Chassaing (Augustin). — Notice sur un denier carlovingien frappé au Puy et portant le nom du roi Raoul, p. 485.

24081. Lascombe (Ad.). — Testament de Jean de Langeac, évêque de Limoges (1533-1541) et statuts de la confrérie de Notre-Dame-du-Puy à Limoges en 1425, p. 497.

24082. Chassaing (Augustin). — Choix de pièces inédites relatives à l'histoire du Velay, p. 565.

[Inventaire du mobilier de Pierre Gogueil, évêque du Puy, 1327; quittance de 1377 par Étienne de Goysse.]

24083. Aymard. — Découverte d'antiquités effectuée à la cathédrale du Puy en 1865 et 1866, p. 599.

XXIX. — Annales de la Société d'agriculture, etc., t. XXIX, 1868. (Le Puy, 1869, in-8°, 810 p.)

24084. Chassaing (Augustin). — Lettres de rémission pour Jean Baratier [faux-monnayeur, 1447], p. 12.

24085. Chassaing (Augustin). — Lettre relative à une visite faite au Musée du Puy par le R. P. Rafaële Garrucci [et observations de M. Aymard sur les antiquités de cette ville], *pl.*, p. 48.

24086. Lascombe (A.). — Lettres patentes pour l'établissement des foires du bourg de Vourey (1625), p. 121.

24087. Aymard. — Liste des offrandes faites aux musées d'archéologie et des dentelles depuis le mois de mai 1868, p. 169.

24088. Saint-Poncy (Léo de). — Notice historique sur Blesle et l'abbaye de Saint-Pierre-de-Blesle (Haute-Loire), p. 385.

24089. Aymard. — Les premiers évêques du Puy. Étude critique sur leur ordre de succession et sur la date de la translation du siège épiscopal de Saint-Paulien au Puy, *fig.*, p. 531.

24090. Aymard. — Ancienne route [romaine] ou estrade du Puy au Forez. Étude historique, p. 587.

XXX. — Annales de la Société d'agriculture, t. XXX, etc., 1869. (Le Puy, 1870, in-8°, 252-xxviii-304 p.)

24091. Mosnier (Henry). — Note sur Jean de Cardaillac, considéré à tort comme évêque du Puy en 1360, p. 34.

24092. Chassaing (Augustin). — Lettres de rémission accordées en 1447 à Pierre Mandonnier, receveur des aides au bas pays d'Auvergne, p. 83.

24093. Aymard. — Fragments lapidaires antiques provenant de la cathédrale du Puy, p. 91.

24094. Chassaing (Augustin). — Communication sur des

armes de l'époque barbare trouvées près de Metz et acquises par le Musée [du Puy], p. 148.

24095. Le Blanc (Paul). — Journal de J. Baudouin sur les grands-jours du Languedoc [tenus au Puy et à Nimes] (1666-1667), p. I à xxviii et 1 à 304.

XXXI. — Annales de la Société d'agriculture, etc., t. XXXI, 1870-1871. (Le Puy, 1874, in-8°, 422-436 p.)

24096. Aymard. — Découverte d'antiquités au Puy [poteries], p. 94 et 235.

24097. Lascombe. — Confirmation en 1579 de foires et marchés à Roche-en-Reynier [Haute-Loire], p. 196.

24098. Aymard. — Colonnes milliaires de Fontanes et Saint-Paulien. Pierres sculptées romaines dans les murs de la cathédrale [du Puy], p. 208 et 263.

24099. Chassaing (Augustin). — Sceau de Jeanne de Jambes, dame de Luguet, *pl.*, p. 264.

24100. Aymard. — Nécrologie [Édouard Lartet, † 1871], p. 274.

24101. Brive (De). — Notice nécrologique [sur M. J.-N. Vibert, † 1871], p. 301.

24102. Aymard. — Archéologie préhistorique [silex taillés, vases, etc.], outillage d'orfèvrerie, bois sculpté, vieille tasse de muletier, instruments de peuplades sauvages [donnés au Musée], *pl.*, p. 306.

Deuxième partie :

24103. Frugère (L'abbé). — Apostolicité des églises de France. Historique de la question dans la seconde moitié du XIXe siècle, p. 1.

24104. Chassaing (Augustin). — Notes sur l'orfèvrerie du Puy au moyen âge et à la Renaissance, et prix-fait passé, en 1458, entre Jean de Bourbon, évêque du Puy, et deux orfèvres du Puy, pour la façon d'une statue de saint Pierre, en argent doré, p. 41.

24105. Aymard. — Antiquités préhistoriques gauloises et gallo-romaines du Cheylounet, commune de Saint-Vidal (Haute-Loire) [fibules, flèches, etc.], 3 *pl.*, p. 59.

XXXII. — Annales de la Société d'agriculture, etc., t. XXXII, 1872-1873-1874-1875. (Le Puy, 1877, in-8°, 372 et 292 p.)

24106. Brive (De). — Note sur l'arrestation et la mort du marquis Étienne de Surville [† 1798], p. 134.

Deuxième partie :

24107. Truchard du Molin. — Les Chambaud, les [Hautefort] de Lestrange, les Saint-Nectaire [histoire de ces familles au XVIe s.], p. 3.

24108. Le Blanc (Paul). — Les inondations de l'Allier dans l'arrondissement de Brioude [580 à 1875], p. 95.

24109. Bruel (Alexandre). — Note sur le tombeau d'Odilon, sire de Mercœur, conservé au Musée municipal de Turin [XIIe s.], p. 137.

24110. Rivier (Alphonse). — Jean Barbier, d'Yssingeaux, sieur de Saint-Come, et son *Viatorium juris* [XVIe s.], p. 149.

24111. Gerbier. — Table des matières contenues dans les 30 premiers volumes des *Annales*. (Le Puy, 1876, in-8°.)

XXXIII. — Annales de la Société d'agriculture, etc., t. XXXIII, 1876-1877. (Le Puy, 1877, in-8°, 162 et 310 p.)

24112. Frugère (L'abbé). — Étude sur les deux familles d'Allègre et leurs trois châteaux successifs [XIIe-XVIIIe s.], p. 25.

24113. Frugère (L'abbé). — Documents originaux et inédits relatifs à l'histoire de la ville de Langeac, p. 134.

[Chapitre de Saint-Gal de Langeac, 1309. Liste de chanoines de 1656 à 1747.]

Deuxième partie :

24114. Delisle (Léopold). — Les bibles de Théodulfe [IXe s.], p. 73.

24115. Chassaing (Augustin). — Cartulaire des Templiers du Puy-en-Velay [1170-1291. Introduction], p. 139.

24116. Chassaing (Augustin). — Calendrier de l'église du Puy-en-Velay [tiré de deux missels du Puy imprimés en 1511 et en 1543], p. 265.

I. — Almanach historique et agricole de la Haute-Loire pour 1851, publié par les soins de la Société académique du Puy et sous les auspices du conseil général du département, 1re année. (Le Puy, 1851, in-12, 246 p.)

24117. Anonyme. — Éphémérides locales [1848-1850], p. 181. — Cf. n°s 24119 à 24121 et 24123 à 24133.

II. — Almanach historique et agricole de la Haute-Loire pour 1852, etc., 2e année. (Le Puy, 1852, in-12, 300 p.)

24118. Brive (De). — Société d'agriculture, sciences, arts et commerce du Puy [historique], p. 161.

24119. Anonyme. — Éphémérides locales [1851], p. 270. — Cf. n° 24117.

III. — Almanach historique et agricole de la Haute-Loire pour 1853, etc., 3e année. (Le Puy, 1853, in-12, 300 p.)

24120. Anonyme. — Éphémérides locales [1851-1852], p. 280. — Cf. n° 24117.

IV. — Almanach historique et agricole de la Haute-Loire pour 1854, etc., 4e année. (Le Puy, s. d., in-12, 377 p.)

24121. Anonyme. — Éphémérides locales [1852-1853], p. 353. — Cf. n° 24117.

V. — Almanach historique et agricole de la Haute-Loire pour 1855, etc., 5e année. (Le Puy, s. d., in-12, 237, *lisez* 336 p.)

24122. Anonyme. — Depuis quelle époque l'année a-t-elle commencé le 1er janvier? p. 316.

[Extrait du *Bulletin monumental*; et notice sur le calendrier de la chapelle de Pritz.]

24123. Anonyme. — Éphémérides du département de la Haute-Loire [1853-1854], p. 321. — Cf. n° 24117.

VI. — Almanach historique et agricole de la Haute-Loire pour 1856, etc., 6e année. (Le Puy, s. d., in-12, 342 p.)

24124. Anonyme. — Éphémérides du département de la Haute-Loire [1854-1855], p. 312. — Cf. n° 24117.

VII. — Almanach historique et agricole de la Haute-Loire pour 1857, etc., 7e année. (Le Puy, s. d., in-12, 292 p.)

24125. Anonyme. — Éphémérides du département de la Haute-Loire [1855-1856], p. 254. — Cf. n° 24117.

VIII. — Almanach historique et agricole de la Haute-Loire pour 1858, etc., 8e année. (Le Puy, s. d., in-12, 309 p.)

24126. Anonyme. — Éphémérides du département de la Haute-Loire [1856-1857], p. 278. — Cf. n° 24117.

IX. — Almanach historique et agricole de la Haute-Loire pour 1859, etc., 8e [*lisez* 9e] année. (Le Puy, s. d., in-12, 321 p.)

24127. Anonyme. — Éphémérides du département de la Haute-Loire [1857-1858], p. 290. — Cf. n° 24117.

X. — Almanach historique et agricole de la Haute-Loire pour 1860, etc., 10e année. (Le Puy, s. d., in-12, 336 p.)

24128. Anonyme. — Éphémérides du département de la Haute-Loire [1858-1859], p. 309. — Cf. n° 24117.

XI. — Almanach historique et agricole de la Haute-Loire pour 1861, etc., 11e année. (Le Puy, s. d., in-12, 371 p.)

24129. Anonyme. — Éphémérides du département de la Haute-Loire [1859-1860], p. 334. — Cf. n° 24117.

XII. — Almanach historique et agricole de la Haute-Loire pour 1862, etc., 12e année. (Le Puy, s. d., in-12, 336 p.)

24130. Anonyme. — Éphémérides du département de la Haute-Loire [1861], p. 308. — Cf. n° 24117.

XIII. — Almanach historique et agricole de la Haute-Loire pour 1863, etc., 13e année. (Le Puy, s. d., in-12, 324 p.)

24131. Anonyme. — Éphémérides du département de la Haute-Loire [1861-1862), p. 292. — Cf. n° 24117.

XIV. — Almanach historique et agricole de la Haute-Loire pour 1864, etc., 14e année. (Le Puy, s. d., in-12, 340 p.)

24132. Anonyme. — Éphémérides du département de la Haute-Loire [1863], p. 313. — Cf. n° 24117.

XV. — Almanach historique et agricole de la Haute-Loire pour 1865, etc., 15e année. (Le Puy, s. d., in-12, 341 p.)

24133. Anonyme. — Éphémérides du département de la Haute-Loire [1864], p. 314. — Cf. n° 24117.

LOIRE-INFÉRIEURE. — NANTES.

SOCIÉTÉ ACADÉMIQUE DE NANTES ET DU DÉPARTEMENT DE LA LOIRE-INFÉRIEURE.

Une *Société d'agriculture, commerce et arts* fut fondée à Nantes en 1791, la Révolution la fit disparaître avant qu'elle ait eu le temps de rien publier. Elle fut remplacée le 18 août 1798 par l'*Institut départemental des sciences et des arts*, qui dut changer de nom en 1802 et prit celui de *Société des sciences et des arts du département de la Loire-Inférieure*. Les événements de 1815 empêchèrent pendant deux ans les réunions de la Société. Enfin elle fut reconstituée par décision ministérielle du 19 juillet 1817, sous le nom de *Société académique du département de la Loire-Inférieure*, qu'elle garda jusqu'en 1831. A cette époque elle prit le titre de *Société académique de Nantes et du département de la Loire-Inférieure* qu'elle n'a plus quitté.

La Société académique de Nantes a publié, de 1798 à 1828, 16 *Comptes rendus* de ses séances publiques. Elle commença à faire paraître en 1830 des *Annales* dont la collection formait 56 volumes au 31 décembre 1885. Une table de ces diverses publications a été dressée en 1879 par M. Doucin, nous l'avons mentionnée sous le n° 24392. En 1825, une section de médecine fut constituée et fit imprimer le *Journal de médecine de l'Ouest* qui paraît par livraisons trimestrielles. Enfin c'est sous les auspices de la Société académique de Nantes qu'a été publié l'ouvrage suivant :

24134. Lejean. — La Bretagne, son histoire et ses historiens. (Nantes, 1850, in-8°.)

I. — Institut départemental des sciences et des arts séant à Nantes (Loire-Inférieure), 9 fructidor an vi (26 août 1798). (Nantes, s. d. [an vi], in-8°, 36 p.)

24135. Degay. — Discours expositif de l'objet de l'Institut départemental de la Loire-Inférieure, p. 5.

II. — Séance publique de l'Institut départemental de la Loire-Inférieure [20 germinal an x]. (Nantes [1802], in-8°, 61 p.)

24136. Richard. — Sur le dieu Voljanus, p. 29. — Cf. n° 24139.

III. — Procès-verbal de la séance publique de la Société des sciences et des arts du département de la Loire-Inférieure, du 5 mai 1808. (Nantes, 1808, in-8°, 130 p.)

24137. Pallois. — Notice nécrologique [Émile Nouel, médecin, † 1808], p. 45.

24138. Athénas. — Rapport sur les fouilles faites à Nantes en 1805, 1806 et 1807 sous la direction de M. Fournier, p. 55.

[Inscriptions, sculptures, médailles romaines.]

24139. Richard. — Sur le dieu Voljanus, p. 63. — Cf. n° 24136.

24140. Fournier. — Inscriptions romaines trouvées à Nantes, p. 66.

24141. Kérivalant. — Essai sur l'origine, les progrès et le génie de la langue française, p. 94.

IV. — Société des lettres, sciences et arts de Nantes, séance du 1er juillet 1813. (Nantes, 1813, in-8°, 108 p.)

24142. Lafond et Fréteau. — Notice nécrologique sur M. Ulliac [chirurgien, 1759 † 1812], p. 45.

V. — Précis analytique des travaux de la Société des lettres, sciences et arts du département de la Loire-Inférieure, séante à Nantes pendant les années 1814 et 1815. (Nantes, 1816, in-8°, 74 p.)

24143. Le Boyer. — Notice biographique sur M. Renou [1763 † 1815], p. 24.

24144. Fréteau (Dr). — Notice biographique sur M. de Kérivalant, homme de lettres [1750 † 1815], p. 29.

24145. Athénas. — Notice sur l'interprétation étymologique d'une inscription découverte dans la Belgique en 1813 sur un autel dédié à la déesse Sandraudiga, p. 42.

24146. Fréteau (Dr). — Recherches historiques sur l'origine des émissions sanguines artificielles, p. 69.

IMPRIMERIE NATIONALE.

VI. — Société académique du département de la Loire-Inférieure, séance publique tenue le 28 janvier 1818. (Nantes, in-8°, 67 p.)

24147. Blanchard de la Musse. — Notice nécrologique concernant M. Jean Delisle de Sales, membre de l'Institut [1739 † v. 1818], p. 25.

24148. Le Boyer. — Observations sur le calendrier des Celtes, p. 39.

24149. La Serre (De). — Notice biographique sur Alexis Chataigner [graveur, 1772 † 1817], p. 57.

VII. — Séance publique de la Société académique de Nantes, tenue le 29 juillet 1819. (Nantes, 1819, in-8°, 179 p.)

24150. Le Boyer (J.). — Notices nécrologiques sur MM. Peloutier [Ulrich-Auguste, 1767 † v. 1819], de la Serrie [1770 † 1819], et Taillé [† 1819], p. 110.

24151. Fréteau. — Notice biographique sur Bacqua [chirurgien, † v. 1819], p. 159.

VIII. — Séance publique de la Société académique du département de la Loire-Inférieure, tenue le 3 août 1820. (Nantes, 1820, in-8°, 96 p.)

[Ce volume devait se terminer par une table comme les autres, mais sur quatre exemplaires que nous avons pu vérifier aucun ne possède de table et tous les quatre s'arrêtent à la page 96.]

IX. — Société académique du département de la Loire-Inférieure, séance publique tenue le 3 septembre 1821. (Nantes, 1821, in-8°, 119 p.)

24152. Tollemare (L.-F. de). — Rapport sur les travaux de la Société depuis le 3 août 1820 jusqu'au 9 août 1821, p. 26.

24153. Le Boyer. — Histoire des calendriers de tous les peuples, p. 68.

24154. Athénas. — Mémoire sur la cathédrale de Nantes, p. 72.

24155. Athénas. — Mémoire sur des armes celtiques, p. 79.

X. — Procès-verbal de la séance publique de la Société académique du département de la Loire-Inférieure, tenue le 19 décembre 1822. (Nantes, 1823, in-8°, 163 p.)

24156. Tollemare (L.-F. de). — Rapport sur les travaux de la Société depuis le 9 août 1821 jusqu'au 19 décembre 1822, p. 24.

[Analyse des mémoires suivants : Précis de l'histoire de Bretagne, par Ed. Richer. — Traité historique du calendrier, par Le Boyer. — Mémoire sur un glaive de bronze trouvé dans les marais de Montoire. — Notes critiques sur l'histoire de Bretagne, par M. Athénas. — Antiquité de la langue gauloise, par M. Simonin. — Observations sur la langue des Bretons et des Gaulois, par M. Le Boyer, etc.]

XI. — Procès-verbal de la séance publique de la Société, etc., tenue le 18 décembre 1823. (Nantes, 1824, in-8°, 126 p.)

24157. Bar (François-Auguste). — Rapport sur les travaux de la Société académique du département de la Loire-Inférieure pendant l'année 1823, p. 23 à 100.

[Antiquités, p. 71 à 81.]

XII. — Séance publique de la Société académique, etc., tenue à Nantes le 19 décembre 1824. (Nantes, 1825, in-8°, 124 p.)

24158. Mareschal. — Compte rendu des travaux de la Société académique pendant l'année 1824, p. 24 à 98.

[Sur la tour d'Elven (Morbihan). — Sur l'origine des peuples de l'Armorique et du pays de Galles. — Sur le champ de bataille où Alain Barbe-Torte défit les Normands au xe s., p. 77 à 88.]

XIII. — Séance publique de la Société académique, etc., tenue à Nantes, le 18 décembre 1825. (Nantes, 1826, in-8°, 176 p.)

24159. Tollemare (L.-F. de). — Rapport sur les travaux de la Société académique pendant l'année 1825, p. 23.

24160. Le Boyer. — Sur diverses monnaies trouvées près de Savenay, p. 109.

24161. Cottin de Melville. — Notice nécrologique sur M. Rapatel [Joseph-Marie, ingénieur, 1763 † 1825], p. 139.

XIV. — Séance publique de la Société académique, etc., 1826. (Nantes, 1826, in-8°, 184 p.)

XV. — Séance publique de la Société académique, etc., 1827. (Nantes, 1828, in-8°, 132 p.)

24162. Blanchard de la Musse. — Notice sur M. Graslin [receveur général des fermes à Nantes], p. 99.

24163. Mellinet. — Notice sur M. Lemot [statuaire, † 1827], p. 102.

24164. Le Cadre. — Antiquités [romaines] trouvées à Nantes, au pied du coteau de la rue de la Boucherie, dans les fouilles du canal de Bretagne, p. 104.

XVI. — Séance publique de la Société académique, etc., 1828. (Nantes, 1828, in-8°, 137 p.)

24165. Ursin. — Discours prononcé à la séance publique de la Société académique le 30 novembre 1828, p. 7.

[Antiquité et caractère des monuments littéraires de l'Armorique.]

I. — Annales de la Société académique du département de la Loire-Inférieure, t. I. (Nantes, 1830, in-8°, 464 p.)

24166. Chaillou. — Notices nécrologiques, p. 80.

[MM. Thomas Daubrée (1781 † 1829); Pierre Athénas; Vilmain; Pierre Grelier (1754 † 1829); docteur Richard jeune; Antoine-Marie Labouchère (1775 † 1829); docteur Louis Valentin.]

24167. Le Boyer. — Rapport sur un souterrain découvert à Saint-Similien [à Nantes], p. 163.

II. — Annales de la Société royale académique de Nantes et du département de la Loire-Inférieure, t. II. (Nantes, 1831, in-8°, 464 p.)

24168. Cornan. — Pièces trouvées [paroisse de Fay, à l'effigie de Louis XIII], p. 122.

24169. Guilbaud (P.-A.). — Notice [statistique] sur la Russie, p. 153.

24170. Priou (J.-B.). — Notice historique et biographique sur le docteur Desgranges [† 1831], p. 286.

24171. Ursin. — Sur Mélusine, p. 404.

[Sa légende; statues du temple de Montmorillon, *pl.*]

24172. Chabyau. — Notice biographique sur M. Darbefeuille [Michel, chirurgien, 1756 † 1831], p. 419.

24173. Le Sant. — Notice biographique sur M. Mabé, chanoine de Vannes [1760 † 1831], p. 430.

III. — Annales de la Société royale académique de Nantes, etc., t. III. (Nantes, 1832, in-8°, 399 p.)

24174. Ursin. — Considérations sur le roman de Mélusine, par Jean d'Arras, secrétaire du duc de Berry, frère de Charles V (1381), p. 41.

24175. Huette. — Notice biographique sur M. Levrault, horloger mécanicien [1764 † 1831], p. 62.

24176. Charryau. — Notice biographique sur M. Darbefeuille [1756 † 1801], p. 64.

24177. Priou. — Biographie de M. Desgranges, doyen des médecins de Lyon, p. 67.

24178. Le Sant. — Notice biographique sur M. Mabé, chanoine de Vannes [1760 † v. 1831], p. 69.

24179. Anonyme. — Notice biographique sur M. Sarrazin [† v. 1831], p. 73.

24180. La Pylaie (De). — Lettre à M. Huette sur les antiquités de Noirmoutier [dolmens et menhirs, antiquités romaines], p. 168.

24181. Palois. — Notice sur le docteur Camin [† 1832], p. 216.

24182. Penhouet (De). — Rapport sur l'ophiolâtrie appliquée aux monuments de Carnac, *carte* et *pl.*, p. 245. — Cf. n° 24184.

24183. Verger (F.-J.). — M. J.-B. Say [économiste, † 1832], p. 361.

IV. — Annales de la Société royale académique de Nantes, etc., t. IV. (Nantes, 1833, in-8°, 570 p.)

24184. Penhouet (De). — Examen d'un monument [relatif au culte du serpent] qui se voit gravé dans l'*Antiquité expliquée* du Père Montfaucon, *pl.*, p. 17. — Cf. n° 24182.

24185. Guépin (A.). — Le passé et l'avenir du commerce de Nantes, p. 29.

24186. Bizeul. — Mémoire sur un dépôt d'armes antiques trouvé dans les fouilles du canal de Nantes à Brest, commune de Puceul, 24 *pl.*, p. 334.

24187. Mellinet (C.). — Précis sur la Société académique depuis sa fondation en 1798 sous le titre d'Institut départemental jusqu'en 1833, p. 413.

V. — Annales de la Société royale académique de Nantes, etc., t. V. (Nantes, 1834, in-8°, 500 p.)

24188. Plihon. — Compte rendu des travaux de la Société royale académique pendant l'année 1833, p. 19.

[Nécrologie : MM. Thinat († 1833); Douillard (J.-F.), ancien maire de Nantes († 1833), etc.]

VI. — Annales de la Société royale académique de Nantes, etc., t. VI. (Nantes, 1835, in-8°, 540 p.)

24189. Amondieu. — Notice sur le personnel de la Société royale académique de Nantes en 1834, p. 61.

[Notices biographiques sur MM. Édouard Richer, Heyrisson, Ferdinand Viau, 1765 † 1834.]

24190. Mellinet (C.). — Élisa Mercœur [femme poète, 1809 † 1835], p. 109.

24191. Billaut (Ad.). — Recherches historiques de législation, p. 269.

[Voies de transport aux XVIIe, XVIIIe et XIXe s.]

24192. Chapplain (Ludovic). — Notice sur un grand

nombre de manuscrits et documents inédits trouvés dans les diverses archives du département de la Loire-Inférieure, p. 317.

[Archives du château de Nantes. — Procès de Gilles de Rays. — Archives de la chambre des comptes, de l'évêché et de la cathédrale.]

24193. Chapplain (Ludovic). — Notice sur des documents inédits concernant l'histoire de la ville de Nantes, extraits des archives de la mairie, p. 415.

VII. — Annales de la Société royale académique de Nantes, etc., t. VII. (Nantes, 1836, in-8°, 576 p.)

24194. Chaillou. — Notices nécrologiques, p. 100.

[Jean-François Le Boyer († 1835); Félix-Marie Éven de Vinci; Pierre-Emmanuel Wiotte (1777 † 1835); Élisa Mercœur; docteur Caillot; Charles Galbaud-Dufort; François-Louis Busseuil (1791 † 1835).]

24195. Priou. — Notice biographique sur M. le docteur François-Louis Busseuil [1791 † 1835], p. 126.

24196. Fouré (Dr). — Notice sur M. le docteur Cailliot [† 1835], p. 142.

24197. Bizeul. — De Conradianus [de Salisbury] et de l'ouvrage qu'on lui attribue sous le titre de *Descriptio utriusque Britanniæ* [xiie s.], p. 153.

24198. Ducrest de Villeneuve (E.). — Notice sur des médailles gallo-romaines découvertes près d'Amanlis (Ille-et-Vilaine), p. 163.

24199. Pihan-Dufeillay (Dr). — Notice biographique sur F.-R.-A. Dubuisson, conservateur du Muséum d'histoire naturelle de Nantes [1761 † v. 1835], p. 197.

24200. Priou. — Notice historique sur M. [Ch.] Haentjens, négociant [† 1836], p. 213.

24201. Billault. — Considérations [historiques] sur l'organisation administrative et civile de la commune en France, p. 222.

24202. Chapplain (Ludovic). — Procès de Pierre de Rohan, maréchal de Gié [1504], p. 249.

24203. Mellinet [Camille]. — Une conversation avec Talma à Nantes en 1813, p. 288.

24204. Mellinet (Camille). — David à Nantes en 1790, p. 419.

24205. Mellinet (Camille). — Français de Nantes [1756 † 1836], p. 497.

VIII. — Annales de la Société royale académique de Nantes, etc., t. VIII. (Nantes, 1837, in-8°, 576 p.)

24206. Chapplain (Ludovic). — Documents historiques sur les guerres civiles de l'Ouest dans le département de la Loire Inférieure [1793], p. 96.

24207. Bizeul. — Voies romaines, p. 135.

[Voies de Nantes à Angers et de Nantes à Saumur.]

24208. Driollet. — Essai sur l'origine raisonnée de la forme des temples, chez les anciens et chez les modernes, suivi d'un document archéologique sur la déviation remarquée dans les arêtes des voûtes de certaines églises gothiques, p. 262.

[Observation relative à l'église de Rougé (Loire-Inférieure).]

24209. Pacqueteau. — De l'architecture religieuse [généralités], p. 308.

24210. Nuaud (P.). — Notice biographique sur M. Vigneron de la Jousselandière [1777 † 1837], p. 324.

24211. Guillet. — Notes sur M. Blanchard de la Musse [1752 † 1837], p. 331.

24212. Priou. — De l'état de situation des écoles primaires à Nantes et dans le département de la Loire-Inférieure en 1834, 1835 et 1836, p. 357.

IX. — Annales de la Société royale académique de Nantes, etc., t. IX. (Nantes, 1838, in-8°, 566 p.)

24213. Pacqueteau. — Notice sur M. Ogée fils [1790 † 1837], p. 50.

24214. Chapplain (Ludovic). — Rapport sur les anciens monuments qui existent dans le département de la Loire-Inférieure et sur les souvenirs qui s'y rattachent, p. 109.

[Nantes, Saint-Gildas, Guérande, le Croisic, Châteaubriant.]

24215. Darttey. — La linguistique [son histoire], p. 444.

24216. Chapplain (Ludovic). — Notice sur le livre des *Lunettes des princes de Meschinot* [1493], p. 484.

X. — Annales de la Société royale académique de Nantes, etc., t. X. (Nantes, 1839, in-8°, 478 p.)

24217. Chapplain (Ludovic). — Notice sur la bibliothèque publique de Nantes, p. 74. — Cf. n° 24218.

24218. Chapplain (Ludovic). — Notice sur les manuscrits de la bibliothèque publique de Nantes, p. 222. — Cf. n° 24217.

24219. Anonyme. — M. de Penhouet [1764 † 1839], p. 284.

24220. Ducrest de Villeneuve (E.). — Mémoire sur l'histoire de Bretagne, p. 311.

24221. Sainte-Hermine (H. de). — Notice sur M. Carvoleau [1754 † 1839], p. 381.

XI. — Annales de la Société royale académique

mique de Nantes, etc., 2ᵉ série, t. I. (Nantes, 1840, in-8°, 580 p.)

24222. Macé (Antonin). — Notice sur M. Querret [professeur, 1783 † 1839], p. 243.
24223. Pacqueteau. — Notice sur M. Gandon, ancien président du tribunal civil de Nantes, p. 263.
24224. Lorieux. — Du commerce et de la production du sel dans le département de la Loire-Inférieure [historique], p. 304.

XII. — Annales de la Société royale académique de Nantes, etc., 2ᵉ série, t. II. (Nantes, 1841, in-8°, 514 p.)

24225. Bouchet (Dʳ). — Quelques mots sur Esquirol [médecin, † 1840], p. 185.

XIII. — Annales de la Société royale académique de Nantes, etc., 2ᵉ série, t. III. (Nantes, 1842, in-8°, 485 p.)

24226. Phelippe-Beaulieux. — Essai historique et statistique de la commune de Sautron, en 1832, p. 22.
24227. Neveu-Derotrie (E.). — Statistique de la consommation de la viande de boucherie à Nantes de 1810 à 1840, p. 45.
24228. Padioleau (Dʳ). — Notice nécrologique sur M. le docteur Ladmirault [† 1842], p. 129.
24229. Dartiey. — Extrait d'une dissertation sur les Ibères, p. 160.
24230. Mellinet (Camille). — Notice sur M. Pâquer [vétérinaire, 1779 † 1842], p. 180.
24231. Phelippe-Beaulieux. — Dissertation sur les jardins anglais et sur l'invention réclamée par l'Italie, présentée à l'Académie des sciences de Padoue en 1792, par le chevalier Hippolyte Pindemonte [traduit de l'italien], p. 241.
24232. Priou (Dʳ). — Notice sur Théophile-Malo de La Tour d'Auvergne-Corret, premier grenadier des armées de la République, p. 304.
24233. Mellinet (Camille). — Notices biographiques, p. 347.

[Louis Lévesque, 1774 † 1840; Robinot-Bertrand, sculpteur, † 1840; François-Léonard Seheult, architecte, † 1840; Louis Say, † 1840; docteur Danilo, 1761 † 1840; J.-M. Carou, 1798 † 1841.]

XIV. — Annales de la Société royale académique de Nantes, etc., 2ᵉ série, t. IV. (Nantes, 1843, in-8°, 580 p.)

24234. Priou (Dʳ). — Quelques réflexions sur la vie et les ouvrages de Le Sage, écrivain breton, créateur du roman de caractère [1668 † 1747], p. 28.
24235. Mellinet (Camille). — Quelques réflexions sur l'histoire de la musique et l'exécution musicale, p. 291.
24236. Desvaux. — Sur la véritable position du Brivates portus de Ptolémée ou Geso Brivate [près de Pontchâteau], p. 352.
24237. Bizeul. — De quelques voies romaines du Poitou [de Poitiers à Nantes], p. 448. — Cf. nᵒˢ 24242, 24245, 24248, 24252, 24256 et 24262.
24238. Colombel (Évariste). — Sur les ateliers publics au xviᵉ siècle, p. 471.
24239. Halgan (E.). — Notices biographiques, p. 509.

[P. Chaillou, † 1842; Thomine, † 1842; Ferrari, † 1842; baron Dufour, † 1842; J. Graham et A. Lorieux, † 1842; Prosper Rouamy, † 1842.]

XV. — Annales de la Société royale académique de Nantes, etc., 2ᵉ série, t. V. (Nantes, 1844, in-8°, 486 p.)

24240. Halgan. — Notices nécrologiques, p. 43.

[M. Soulzmain, † 1843; baron Bertrand-Geslin, † 1843; Le Cadre, † 1843; Lamaignère, † 1843.]

24241. Mareschal (Dʳ). — Recherches historiques sur les anciens établissements hospitaliers de Nantes, suivies de réflexions sur l'utilité des réformes à opérer dans ceux d'aujourd'hui, p. 56, 162 et 311.
24242. Bizeul. — Voie romaine de Nantes vers Limoges et par embranchement vers Angoulême, p. 258. — Cf. n° 24237.
24243. Colombel (Évariste). — Du duel [au moyen âge], p. 402.

XVI. — Annales de la Société royale académique de Nantes, etc., 2ᵉ série, t. VI. (Nantes, 1845, in-8°, 530 p.)

24244. Colombel (Évariste). — Satire Ménippée, suite d'études sur le xviᵉ siècle, p. 15.
24245. Bizeul. — Voies romaines de Blain à Nantes et de Blain vers Saint-Nazaire, p. 171 et 227. — Cf. n° 24237.
24246. Dugast (Charles). — Notice sur Goupilleau de Fontenay [conventionnel, † 1819]. Extrait d'une histoire inédite de Montaigu (Vendée), p. 272.
24247. Colombel (Évariste). — Jean Bodin [v. 1530 † 1596], suite d'études sur le xviᵉ siècle, p. 326.

XVII. — Annales de la Société royale académique de Nantes, etc., 2ᵉ série, t. VII. (Nantes, 1846, in-8°, 504 p.)

24248. Bizeul. — Voie romaine de Blain vers Angers, de Blain vers Rennes, p. 22 et 365. — Cf. n° 24237.
24249. Colombel (Évariste). — De l'instruction publique au xviᵉ siècle, p. 65.

24250. Duchâtellier (A.). — Du commerce et de l'industrie des anciens Indous, p. 82 et 87.
24251. Colombel (Évariste). — Études juridiques et politiques sur le xvie siècle, p. 215.

XVIII. — Annales de la Société royale académique de Nantes, etc., 2e série, t. VIII. (Nantes, 1847, in-8°, 518 p.)

24252. Bizeul. — Voie romaine de Blain à Rennes, de Blain vers Châteaubriant et le bas Maine, p. 8 et 84. — Cf. n° 24237.
24253. Sainte-Hermine (De). — Notice sur l'Île-Dieu, p. 53.
24254. Grégoire. — Du système féodal, p. 156.
24255. Simon (C.-G.). — Littérature persane. Recherches critiques, analyses et citations relatives à la littérature des peuples de l'Asie centrale et orientale, p. 212; XIX, p. 26, 178, 281, 370; XXI, p. 214; XXII, p. 71; XXIII, p. 36, 282 et 425.

[Littérature de la Perse. — Firdousi et la satire contre Mahmoud. — Le livre des rois. — Épopée de Kourroglou.]

XIX. — Annales de la Société académique de Nantes, etc., 2e série, t. IX. (Nantes, 1848, in-8°, 514 p.)

24256. Bizeul. — Voie romaine de Rennes vers Avranches, p. 16 et 156. — Cf. n° 24237.
[24255]. Simon (C.-G.). — Littérature persane, p. 26, 178, 281 et 370.
24257. Foulon (Joseph). — Notice sur Alexis Transon, charcutier, philosophe et antiquaire [† 1847], p. 105.
24258. Goupilleau (Ph.). — Journée du 20 juin 1792, p. 168.

[Lettre de Ph.-Ch.-A. Goupilleau, député à l'Assemblée législative, à la Société populaire de Nantes, du 20 juin 1792.]

24259. Guéraud (Armand). — Excursion à Saint-Gilles-les-Boucheries, département du Gard, p. 354.

[Église des xiie et xive s.]

24260. Dugast-Matifeux. — Bibliographie révolutionnaire de Nantes, suivie de notes et extraits servant à l'appréciation des auteurs et des écrits, p. 409.

XX. — Annales de la Société académique de Nantes, etc. (Nantes, 1849, in-8°, 518 p.)

24261. Callaud. — Histoire de la division du temps, p. 327, 412; et XXI, p. 441.

[Chronologie : ères et calendriers, etc.; clepsydres, *pl.*; horloges.]

XXI. — Annales de la Société académique de Nantes, etc., 3e série, t. I. (Nantes, 1850, in-8°, 622 p.)

24262. Bizeul. — Voie romaine de Rennes vers le Mont Saint-Michel, p. 140. — Cf. n° 24237.
24263. Ducrest de Villeneuve (E.). — Mémoire sur le lieu de la naissance de Duguesclin, p. 187 et 208. — Cf. n° 24264.

[Au château de la Motte-Broons (Ille-et-Vilaine).]

24264. Habasque. — Réponse à quelques objections de M. E. Ducrest de Villeneuve sur le lieu de la naissance du connétable Bertrand Duguesclin, p. 198. — Cf. n° 24263.
[24255]. Simon (C.-G.). — Littérature persane, p. 214.
24265. Delalande (L'abbé). — Hœdic et Houat. Histoire, mœurs, productions naturelles de ces deux îles du Morbihan, p. 263.
24266. Gély. — Notice nécrologique sur M. Souët d'Ermigny [1772 † 1850], p. 383.
[24261]. Callaud. — Histoire de la division du temps, p. 441.

XXII. — Annales de la Société académique de Nantes, etc., 3e série, t. II. (Nantes, 1851, in-8°, 316-lii p.)

24267. Bizeul. — Des Nannètes et de leur ancienne capitale, p. 32.
[24255]. Simon (C.-G.). — Littérature persane, p. 71.
24268. Vandier. — Alain Chartier et son époque, p. 127.
24269. Colombel (Évariste). — Communisme au xvie siècle, p. 146.
24270. Dauban. — Des commencements du théâtre chez les Grecs et des comédies d'Aristophane, p. 189.
24271. Dugast-Matifeux. — Note sur le peintre Portail [† 1759], p. 242.
24272. Grégoire. — Notice nécrologique sur M. Christophe-Martial Simonin [† 1851], p. xvi.
24273. Grégoire. — Notice nécrologique sur M. Paul-Lucas Championnière [† 1851], p. xxxv.

XXIII. — Annales de la Société académique de Nantes, etc., 3e série, t. III. (Nantes, 1852, in-8°, 566-xxxvi p.)

[24255]. Simon (C.-G.). — Littérature persane, p. 36, 282 et 425.
24274. Mareschal. — Notice nécrologique sur M. l'abbé Delalande [† 1851], p. 87.
24275. Mareschal. — Notice nécrologique sur M. Vallin [† 1851], p. 92.
24276. Mareschal. — Notice nécrologique sur M. Nuaud [† 1852], p. 203.
24277. Le Borgne (Dr G.). — Recherches historiques sur les grandes épidémies qui ont régné à Nantes depuis le vi^e jusqu'au xixe siècle, p. 76 et 213.

24278. Livet (Ch.-L.). — Études sur la littérature française à l'époque de Richelieu et de Mazarin [Bois-Robert, 1592 † 1662], p. 236.
24279. Dugast-Matifeux. — Notice sur l'abbé René Lebreton de Gaubert [† 1794], p. 410.

XXIV. — Annales de la Société académique de Nantes, etc., t. XXIV. (Nantes, 1853, in-8°, 492-xi p.)

24280. Colombel (Évariste). — La chanson au xvi° siècle, p. 3.
24281. Livet (Ch.-L.). — La chanson en France pendant la première moitié du xvii° siècle, p. 21.
24282. Dugast-Matifeux. — Notice sur Jean-Baptiste Lefeuvre, ancien curé de Saint-Nicolas de Nantes [† 1813], p. 38.
24283. Simon (C.-G.). — Étude historique et morale sur le compagnonnage en France, p. 131.
24284. Dugast-Matifeux. — Mémoire relatif au séjour du duc de Mercœur à Nantes [de 1590 à 1595], rédigé par Vincent Dupas en 1758, p. 366.

XXV. — Annales de la Société académique de Nantes, etc., t. XXV. (Nantes, 1854, in-8°, 494-xiv p.)

24285. Colombel (Évariste). — Les lettrés latins, p. 55; XXVI, p. 171; et XXVII, p. 3.
24286. Dugast-Matifeux. — Le *Commerce honorable* et son auteur, suivi des édits d'établissement de la compagnie de commerce du Morbihan en 1626, p. 73.

[Vie du père Mathias de Saint-Jean, † 1681.]

24287. Guéraud (Armand). — Documents biographiques sur Pierre Grelier, p. 145.

[Biographie de Grelier écrite en 1824; bibliographie de ses œuvres.]

24288. Colombel (Évariste). — Notice nécrologique sur M. Mareschal [1786 † 1853], p. 258.
24289. Colombel (Évariste). — Notice nécrologique sur M. Cottin de Melville [† 1853], p. 264.
24290. Grégoire. — La Bretagne au xvi° siècle, après la réunion, p. 393; et XXVI, p. 3.

XXVI. — Annales de la Société académique de Nantes, etc., t. XXVI. (Nantes, 1855, in-8°, 444-xviii p.)

[24290]. Grégoire. — La Bretagne au xvi° siècle, après la réunion, p. 3.
24291. Vandier. — Étude sur les grands-jours, p. 53.
[24285]. Colombel (Évariste). — Les lettrés latins, p. 171.
24292. Bonamy (Dr Eug.). — Notice nécrologique sur M. le docteur Ménard [† 1855], p. 235.
24293. Dugast-Matifeux. — Notice sur Ripault de La Châtelinière, chef vendéen [1768 † 1794; pièces justificatives], p. 287.
24294. Bonamy (D^r). — Notice nécrologique sur M. le docteur Dominique Leroux [† 1855], p. 387.

XXVII. — Annales de la Société académique de Nantes, etc., t. XXVII. (Nantes, 1856. in-8°, 422-xvi p.)

[24285]. Colombel (Évariste). — Les lettrés latins, p. 3.
24295. Bobierre (Adolphe). — Note nécrologique sur M. le docteur Fouré [† 1855], p. 41.
24296. Comte (Mme Achille). — Éloge de Constance de Théis, princesse de Salm Dick, née à Nantes le 7 novembre 1767, p. 223.
24297. Dugast-Matifeux. — Nicolas Travers, historien de Nantes et théologien [† 1750], p. 250.

XXVIII. — Annales de la Société académique de Nantes, etc., t. XXVIII. (Nantes. 1857, in-8°, 616-x p.)

24298. Dugast-Matifeux. — Le château d'Aux en 1794. Rectification historique concernant la Révolution [pièces justificatives], p. 103.
24299. Renoul. — Explosion de la poudrière au château de Nantes [an viii], p. 139.
24300. Bobierre (Adolphe). — Éloge d'Évariste Colombel [1813 † 1856], p. 179.
24301. Cornulier (Ernest de). — Dictionnaire des terres et des seigneuries comprises dans l'ancien comté Nantais et dans le territoire actuel du département de la Loire-Inférieure, p. 222, 447; XXIX, p. 323; XXX, p. 479: et XXXI, p. 66.
24302. Fournier (L'abbé). — Étude sur saint Ambroise, p. 269.
24303. Girardot (de). — Les fêtes de la Révolution [à Nantes] de 1790 à l'an viii, p. 311.

XXIX. — Annales de la Société académique de Nantes, etc., t. XXIX. (Nantes, 1858, in-8°, 656-x p.)

24304. Girardot (de). — Procès de Renée de France, dame de Montargis, contre Charles IX [1570], p. 3.
24305. Renoul (J.-C.). — Colonne de la place Louis XVI [érigée à Nantes en 1790], p. 29.
[24301]. Cornulier (Ernest de). — Dictionnaire des terres et des seigneuries du comté Nantais et de la Loire-Inférieure, p. 323.

24306. Le Beuf (E.-B.). — Études historiques sur la politique commerciale de la France, p. 384.
24307. Renoul (J.-C.). — Incendie du grand théâtre de Nantes [1796], p. 404.
24308. Girardot (De). — L'ordre américain de Cincinnatus en France [xviiie s.], p. 447.
24309. Fournier (L'abbé). — MM. Frédéric Braheix et Charles de Tollemare [† 1858], p. 495.
24310. Fournier (L'abbé). — Notice sur M. Jacques-Olivier Urvoy de Saint-Bedan [† 1858], p. 304.

XXX. — Annales de la Société académique de Nantes, etc., t. XXX. (Nantes, 1859, in-8°, 718-xvii p.)

24311. Renoul (J.-C.). — Passage à Nantes de S. M. l'empereur Napoléon Ier [1808], p. 3.
[24301]. Cornulier (Ernest de). — Dictionnaire des terres et seigneuries du comté Nantais et de la Loire-Inférieure, p. 479.

XXXI. — Annales de la Société académique de Nantes, etc., t. XXXI. (Nantes, 1860, in-8°, 668-viii p.)

24312. Malherbe. — Notice sur le docteur Germain-Auguste Marcé [† 1859], p. 6.
[24301]. Cornulier (Ernest de). — Dictionnaire des terres et seigneuries du comté Nantais et de la Loire-Inférieure, p. 66.
24313. Guérand (Armand). — Notice sur l'abbé Ch. Gaignard [† 1801], p. 177.
[24267]. Bizeul. — Des Nannètes aux époques celtique et romaine, p. 237.
24314. Renoul (J.-C.). — Les cours Saint-Pierre et Saint-André de Nantes, p. 269.

[Travaux exécutés à Nantes de 1727 à 1790.]

24315. Dugast-Matifeux. — Complément inédit d'une lacune de l'histoire de Nantes, par Travers, comprenant les années 1693 à 1717 et supplément aux années suivantes jusqu'en 1750, p. 405.

[Cession des manuscrits sur l'histoire de Nantes à la ville de Nantes en 1751.]

24316. Sévigné (Charles de). — Lettre du marquis Charles de Sévigné, lieutenant du roi à Nantes, à Arnauld de Pomponne, ministre, secrétaire d'État sous Louis XIV [1697], p. 441.
24317. Guérand (Armand). — Notice sur Claude-Gabriel Simon [† 1860], p. 445.
24318. Renoul (J.-C.). — Graslin et le quartier de Nantes qui porte son nom, p. 467.

[Jean-Joseph-Louis Graslin, receveur des finances du roi, † 1790; quartier construit par lui de 1778 à 1790.]

24319. Hubans (Mlle). — Biographie de Mennechet [poète, † 1845], p. 579.

XXXII. — Annales de la Société académique de Nantes, etc., t. XXXII. (Nantes, 1861, in-8°, 630 p.)

24320. Phelippe-Beaulieux (Emmanuel). — Essai biographique et littéraire sur Mellin de Saint-Gelais [† 1558], p. 3.
24321. Renoul (J.-C.). — L'île Feydeau, p. 52.

[Création de ce quartier de Nantes, de 1721 à 1803.]

24322. Renoul (J.-C.). — Les quais Brancas et Flesselles, p. 96.

[Historique de la construction de ces quais à Nantes au xviiie s.]

24323. Dugast-Matifeux. — Les gentilshommes verriers de Mouchamps en bas Poitou (1399), p. 207.

[Les Sarode; anoblissement de Philippon Bertrand en 1399; les Bertrand de Saint-Fulgent.]

24324. Dugast-Matifeux. — Duchaffault, marin laboureur, p. 221.

[Louis-Charles Duchaffault, amiral de France, 1708 † 1794.]

24325. Girardot (De). — Correspondance de Louis XIV avec le marquis Amelot, son ambassadeur en Portugal (1685-1688), p. 277; XXXIII, p. 179, 313; et XXXIV, p. 3.

[Mariages du roi dom Pedro II et de sa fille l'infante Isabelle de Portugal. — Généalogie de la famille Amelot. — Instructions données à M. de Saint-Romain, ambassadeur en Portugal, 1683.]

24326. Luminais (R.-M.). — Recherches sur la vie, les doctrines économiques et les travaux de Louis Graslin [1728 † 1770], p. 377.
24327. Renoul (J.-C.). — J.-B. Ceineray [architecte de la ville de Nantes, † 1811], p. 451.
24328. Sourdeval (Ch. de). — Louis XIII à Nantes en 1614 et 1622, p. 514.

[Extraits du journal manuscrit de Jean Héroard, son médecin.]

24329. Gautier (E.). — Notice sur Armand-Laurent Guéraud [1824 † 1861], p. 491.

XXXIII. — Annales de la Société académique de Nantes, etc., t. XXXIII. (Nantes, 1862, in-8°, 608-viii p.)

24330. Rostaing de Rivas (De). — Notice sur Eugène Bonamy [† 1861], p. 27.
24331. Rostaing de Rivas. — Documents inédits sur le magnolia de la Maillardière [introduit en France en 1731], p. 58.
24332. Bizeul. — Les poètes du Croisic et de Blain, p. 94.

24333. Bureau (Léon). — Note sur les langues et la littérature des Hindous, p. 156.
[24325]. Girardot (De). — Correspondance de Louis XIV avec le marquis Amelot (1685-1688), p. 179 et 313.
24334. Ledoux. — Savenay au 12 mars 1793, p. 399.
24335. Viaud-Grand-Marais. — Biographie de Lubin Impost connu sous le pseudonyme de Lidener [1790 † 1861], p. 431.
24336. Renoul (J.-C.). — Danyel de Kervegan [1735 † 1817], p. 451.

XXXIV. — Annales de la Société académique de Nantes, etc., t. XXXIV. (Nantes, 1863, in-8°, 624-vi p.)

[24325]. Girardot (De). — Correspondance de Louis XIV avec le marquis Amelot (1685-1688), p. 3.
24337. Renoul (J.-C.). — Le quai et le port Maillard [à Nantes], p. 133.
24338. Rozières (De). — Considérations sur la guerre et sur la paix dans l'histoire des peuples, p. 273.
24339. Eudel (Paul). — Études pittoresques sur le quartier Saint-Pierre [île de la Réunion], p. 343.

XXXV. — Annales de la Société académique de Nantes, etc., t. XXXV. (Nantes, 1864, in-8°, 542-vi p.)

24340. Ducrest de Villeneuve. — Notice sur Möser [historien allemand, né vers 1720], p. 80.
24341. Renoul (J.-C.). — Le Bouffay [histoire de ce quartier de Nantes], p. 249.
24342. Orieux (Eugène). — Études archéologiques dans la Loire-Inférieure, p. 401.

[Menhirs; voies romaines; hypocauste gallo-romain de Rozé; églises de Saint-Philbert de Grandlieu, de Saint-Laurent du Loroux, de Machecoul, de Clisson, de Basse-Goulaine, 16 *pl.* et 2 *cartes*.]

XXXVI. — Annales de la Société académique de Nantes, etc., t. XXXVI. (Nantes, 1865, in-8°, 864-viii p.)

24343. Bougouin (Ch.). — Notice historique sur le château de Nantes, p. 341.

XXXVII. — Annales de la Société académique de Nantes, etc., t. XXXVII. (Nantes, 1866, in-8°, xii-366 p.)

24344. Renoul (J.-C.). — La paroisse et le quartier de Saint-Similien [à Nantes; étude historique], p. 3.
24345. Bougouin. — La forteresse de Pirmil (en Bretagne), p. 207.

24346. Ducrest de Villeneuve. — La Fronde en Bretagne (1648-1653), p. 251.

XXXVIII. — Annales de la Société académique de Nantes, etc., t. XXXVIII. (Nantes, 1867, in-8°, 372-xii p.)

24347. Dugast-Matifeux. — Notice sur Pierre Garcie Ferrande et son *Routier de la mer* [xve s.], p. 3.
24348. Dufour (Ed.). — Notice sur le sénateur Ferdinand Favre [† 1867], p. 78.
24349. Proust de la Gironnière. — Continuation inédite de l'histoire de Nantes de l'abbé Nicolas Travers [1750-1783], p. 141.
24350. Dugast-Matifeux. — Dissertation sur Ratiatum, par l'abbé Belley (réimpression), p. 246. — Cf. n° 24351.

[Notice biographique sur l'abbé Belley, † 1771.]

24351. Dugast-Matifeux. — Essai sur la position précise de Ratiatum, par D. Lagedant (réimpression), p. 268. — Cf. n° 24350.
24352. Dugast-Matifeux. — Notes de géographie ancienne, p. 274.

[Géographie de la Bretagne et du Poitou à l'époque gallo-romaine.]

24353. Dugast-Matifeux. — Lettre inédite de Henri IV [à Samuel de l'Espinay, 1582], p. 285.
24354. Dugast-Matifeux. — Documents inédits, p. 288.

[Extrait d'un journal inédit de Philippe du Bec, évêque de Nantes, xvie s.; épitaphe de Ch. Eschallard de la Boulaye, † 1594; arrêt du Parlement de Bretagne contre David de la Muce-Ponthus et André Le Noir, sieur de Beauchamp, 1622.]

24355. Mercier du Rocher. — Hillerin de la Groix, avocat du roi en la sénéchaussée de Fontenay [1710 † 1777], p. 298.

XXXIX. — Annales de la Société académique de Nantes, etc., t. XXXIX. (Nantes, 1868, in-8°, 358-viii p.)

24356. Levot (Prosper). — Notices biographiques, p. 40.

[Roland-Michel Barrin, marquis de la Galissonnière, † 1756; Augustin-Félix-Élisabeth Barrin, comte de la Galissonnière, † 1828.]

24357. Dugast-Matifeux. — Notice sur Duboneix [† 1793], p. 95.

[Épisode des guerres de Vendée à Clisson; pièces justificatives.]

24358. Duboneix (Michel). — Topographie de la ville de Clisson et des communes environnantes, p. 131.

[Mouzillon, Vallet, le Loroux-Bottereau, Haute-Goulaine, Saint-Fiacre, Château-Thébaud, Maisdon, la Haye-Fouassière, Monnière, le Pallet, Gorges, Saint-Lumine, Remouillé, Aigrefeuille, Viellevigne, Montbert, Cugand, la Bernardière, Gétigné, Boussay, Saint-Crépin.]

IMPRIMERIE NATIONALE.

XL. — Annales de la Société académique de Nantes, etc., t. XL. (Nantes, 1869, in-8°, 460-L p.)

24359. Prével (L.). — Le château de Blain, sa description, son histoire [pièces justificatives], p. 7.
24360. Merland (C.). — Joseph-Marie Goudin [député à la Convention, 1754 † 1818], p. 165.
24361. Foulon (Auguste). — Étude sur l'origine des octrois, p. 221.
24362. Fillon (Benjamin). — Nécrologie. M. l'abbé Eugène Aillery [† 1869], p. 209.
24363. Delamare. — Notice biographique sur Frédéric Cailliaud [1787 † 1869], p. 212 et 390.

XLI. — Annales de la Société académique de Nantes, etc., t. XLI. (Nantes, 1870, in-8°, 480-VI p.)

24364. Lambert (Eugène). — Étude sur Béranger d'après sa correspondance, p. 15.
24365. Girardot (Baron de). — Lettres de l'ambassadeur français à Rome, de 1744 à 1748, p. 183, 291; et XLIII, p. 5.

[Lettres du cardinal Frédéric-Jérôme de Roye de La Rochefoucauld, † 1757.]

XLII. — Annales de la Société académique de Nantes, etc., 5e série, t. I. (Nantes, 1871, in-8°, 290-LXIII p.)

[24365]. Girardot (De). — Correspondance de M. de La Rochefoucauld, p. 5.
24366. Doucin. — Notice biographique sur Frédéric Huette [† 1871], p. 185.

XLIII. — Annales de la Société académique de Nantes, etc., 5e série, t. II. (Nantes, 1872, in-8°, 242-X p.)

24367. Merland (C.). — Charles de Hillerin et Baudry de Saint-Gilles d'Asson, religieux de Port-Royal [XVIIe s.], p. 25.

XLIV. — Annales de la Société académique de Nantes, etc., 5e série, t. III. (Nantes, 1873, 410-LXXVI p.)

24368. Maître (Léon). — Histoire des hôpitaux de Nantes, p. 88, 337; XLV, p. 210 et 445.
24369. Dugast-Matifeux. — Bas-relief de la rue de la Juiverie [XVIe s.], p. 370.
24370. Demangeat (G.). — Étude sur l'alphabet, sur les sons et sur les caractères de la langue française, p. 162.

XLV. — Annales de la Société académique de Nantes, etc., 5e série, t. IV. (Nantes, 1874, in-8°, 682-LXXVI p.)

24371. Prevel. — La corporation des apothicaires de Nantes, p. 55.

[Lettres patentes approuvant les statuts en 1563 et 1672.]

24372. Le Houx. — Notices biographiques, p. 40 et 50.

[MM. Émile Pradal et de Sesmaisons, † 1874.]

[24368]. Maître (Léon). — Histoire des hôpitaux de Nantes, p. 210 et 445.
24373. Merland (C.). — Catherine de Parthenay [XVIe s.], p. 354.

XLVI. — Annales de la Société académique de Nantes, etc., 5e série, t. V. (Nantes, 1875, in-8°, 486-LXXII p.)

24374. Lambert (Eugène). — Notices nécrologiques, p. 13, 18 et 22.

[Georges Demangeat, Louis-Joseph Prevel, Emmanuel Phelippe-Beaulieux, † 1875.]

24375. Doucin. — Histoire des vingt premières années de la Société académique, p. 25.
24376. Lefeuvre (Dr). — Notice nécrologique sur M. le docteur Allard [† 1875], p. 347.
24377. Merland (C.). — Un grand jurisconsulte du XVIe siècle, André Tiragneau, p. 351.

XLVII. — Annales de la Société académique de Nantes, etc., 5e série, t. VI. (Nantes, 1876, in-8°, 306-VI p.)

24378. Lefeuvre (Dr). — Notice nécrologique sur le docteur Letenneur [† 1876], p. 83.
24379. Colombert (G.). — Étude sur Condorcet [1743 † 1794], p. 157.

XLVIII. — Annales de la Société académique de Nantes, etc., 5e série, t. VII. (Nantes, 1877, in-8°, 374-LXXIV p.)

24380. Merland (C.). — Notice sur Mgr Fournier [évêque de Nantes, 1803 † 1877], p. 11.
24381. Lambert (Eugène). — Charles Nodier et sa correspondance, p. 61.
24382. Merland (Julien). — Quelques considérations sur le droit de chasse en 1775, p. 92.

24383. Merland (C.). — Pierre Bersuire, secrétaire du roi Jean le Bon [† 1362], p. 229.

24384. Maître (Léon). — Examen d'un chirurgien en 1656, p. 341.

XLIX. — Annales de la Société académique de Nantes, etc., 5e série, t. VIII. (Nantes, 1878, in-8°, 358 p.)

24385. Merland (C.). — Édouard Richer [poète et historien, 1792 † 1834], p. 78.

L. — Annales de la Société académique de Nantes, etc., 5e série, t. IX. (Nantes, 1879, in-8°, 894 p.)

24386. Prevel. — Odette de Champdivers et Marguerite de Valois [xve s.], p. 24.

24387. Biou. — Notices nécrologiques sur MM. Pihan-Dufeillay et Eug. Lambert [† 1879], p. 11 et 17.

24388. Linyer (Louis). — Les idées économiques au moyen âge, p. 81.

24389. Maître (Léon). — L'assistance publique dans la Loire-Inférieure avant 1789, comprenant les léproseries, les aumôneries et les hôpitaux, les hôpitaux généraux, les bureaux de charité, p. 103.

24390. Biou. — Notices nécrologiques sur le docteur Walczynski et sur M. Blanchard Mervaux [† 1879], p. 711.

24391. Merland (C.). — Philippe Chabot, amiral de France [† 1543], p. 725.

24392. Doucin. — Table alphabétique des noms d'auteurs et des matières contenues dans les *Annales* depuis la fondation en 1798 jusqu'en 1878 inclusivement. (Nantes, 1879, in-8°, 146 p.)

LI. — Annales de la Société académique de Nantes, etc., 6e série, t. I. (Nantes, 1880, in-8°, 316-LXVIII p.)

24393. Malherbe. — Notices nécrologiques sur M. Goupilleau et sur M. Pinson [† 1880], p. 38 et 42.

24394. Merland (C.). — Pierre Brissot, professeur de philosophie à la Sorbonne, puis professeur à la Faculté de médecine de Paris [xvie s.], p. 88.

LII. — Annales de la Société académique de Nantes, etc., 6e série, t. II. (Nantes, 1881, in-8°, 538 p.)

24395. Maître (Léon). — Notice nécrologique sur le docteur Armand Le Pelletier, docteur-médecin [† 1881], p. 9.

24396. Maître (Léon). — L'instruction publique dans les villes et les campagnes du comté Nantais avant 1789, p. 109; et LIII, p. 11.

24397. Merland (C.). — Séverin Pervinquière [1760 † 1828], p. 387.

24398. Maître (Léon). — Notice nécrologique sur Ad. Bobierre [† 1881], p. 455.

LIII. — Annales de la Société académique de Nantes, etc., 6e série, t. III. (Nantes, 1882, in-8°, 514 p.)

[24396]. Maître (Léon). — L'instruction publique dans les villes et dans les campagnes du comté Nantais avant 1789, p. 11.

24399. Linyer (Louis). — Notice biographique sur M. Gautret [† 1882], p. 105.

24400. Morel (Ch.). — Étude sur l'école centrale de Nantes [1796-1804], p. 129.

24401. Rouaud. — Quelques mots sur la répression de la mendicité à Nantes avant la Révolution, p. 218.

24402. Linyer (Louis). — Notices biographiques sur M. Charles Dufour et sur M. Alcide Thomas [† 1882], p. 285.

LIV. — Annales de la Société académique de Nantes, etc., 6e série, t. IV. (Nantes, 1883, in-8°, 192-LX p.)

24403. Lapeyre (Dr). — Notice nécrologique sur M. Daniel Lacombe [1811 † 1883], p. 9.

24404. Lapeyre (Dr). — Notice nécrologique sur M. le docteur Petit [† 1883], p. 15.

24405. Leroux (Alcide). — Notice sur les travaux de M. Gustave Bourgerel, architecte, p. 20.

LV. — Annales de la Société académique de Nantes, etc., 6e série, t. V. (Nantes, 1884, in-8°, 520-LXXIX p.)

24406. Fargues (H.). — Tanneguy Duchâtel ou réhabilitation d'un Breton [† 1419], p. 10.

LVI. — Annales de la Société académique de Nantes, etc., 6e série, t. VI. (Nantes, 1885, in-8°, 366 p.)

24407. Guénel (Dr). — Notice nécrologique sur le docteur Ch. Merland [1808 † 1885], p. 10.

24408. Orieux (E.). — Étude sur le complot breton en 1492, p. 28.

24409. Rousse (Joseph). — M. Charles Robinot-Bertrand [1833 † 1885], p. 268.

LOIRE-INFÉRIEURE. — NANTES.

SOCIÉTÉ ARCHÉOLOGIQUE DE NANTES ET DE LA LOIRE-INFÉRIEURE.

Fondée le 9 août 1845, réorganisée et autorisée le 15 mai 1855, cette Société a publié de 1859 à 1885 25 volumes de *Bulletins*. En outre, elle a fait paraître à ses frais l'ouvrage suivant :

24410. Maître (Léon). — Essai sur l'histoire de la ville et du comté de Nantes, par Gérard Mellier, maire de Nantes, trésorier de France, général des finances, subdélégué de l'intendance de Bretagne. (Nantes, 1872, in-8°.)

I. — **Bulletin de la Société archéologique de Nantes**, t. I. (Nantes, 1861-1859, in-8°, 566 p.)

24411. Rathonis. — Entrée du roi Henri II à Nantes, le 12 juillet 1551. — Extrait d'un manuscrit inédit, p. 41.

[Par Claude Juchault, sieur du Perron, échevin de Nantes de 1645 à 1648.]

24412. Vandier. — Rapport sur les antiquités de Nantes [époque romaine, du moyen âge et de la Renaissance], p. 72.

24413. Mauduit (Alexandre). — Notice sur le colonel du génie Boutin (de Nantes) et sur une statuette funéraire égyptienne, *pl.*, p. 97.

24414. Bizeul (L.-J.-M.). — Des Namnètes aux époques celtique et romaine [inscriptions romaines], p. 114, 151, 209, 276, 335, 537; et II, p. 77.

24415. Cornulier (Ernest de). — Note sur le château d'Alon, p. 149.

[Commune de Joué, château attribué au x° s.]

24416. Parenteau (F.). — Fouilles de Pouzauges (Vendée). Attributions gauloises, *pl.*, p. 191.

[Armes et ustensiles en fer.]

24417. Gauthier (Émile). — Chronique, p. 248.

[Notice nécrologique sur Tampon Lajarriette, † 1859.]

24418. La Nicollière-Teijeiro (S. de). — Une pierre tombale de l'abbaye de Villeneuve-lez-Nantes. — Olivier de Machecoul, XIII° siècle, *pl.*, p. 259.

[Notice historique sur les sires de Machecoul, † 1279.]

24419. La Nicollière-Teijeiro (S. de). — Rapport sur une pierre tombale mérovingienne du VIII° siècle de l'abbaye d'Aindre (Loire-Inférieure), *pl.*, p. 323.

24420. La Nicollière-Teijeiro (S. de). — Le collier d'Antoinette de Magnelais, document inédit sur l'histoire de Bretagne au XV° siècle, p. 330.

[Hypothèque donnée par le duc François II, sur le comté des Vertus et la seigneurie de Champtocé jusqu'à la restitution du collier engagé pour lui par la dame de Villequier, 5 juillet 1468.]

24421. Bizeul (L.-J.-M.). — Des moules monétaires, p. 385.

24422. La Nicollière-Teijeiro (S. de). — Description du chapeau ducal, de l'épée de parement, de la nef de table et d'un grand nombre de bijoux du trésor des ducs de Bretagne d'après des titres originaux et inédits, p. 395.

[Inventaires dressés de 1488 à 1501 par Jehan Boudet.]

24423. Parenteau (F.). — Fouilles archéologiques, *pl.*, p. 459.

[Description de divers objets : framée, lances, éperons, haches d'armes, monnaies, etc.]

24424. Martin (Tristan). — Notice sur la Statio Segora, cité romaine, p. 483.

[Dans la commune du Fief-Sauvin (Maine-et-Loire); *plan*. — Description des médailles gauloises et romaines trouvées dans l'arrondissement de Beaupréau.]

24425. Béjarry (A. de). — Mœurs et usages du bas Poitou [à l'occasion d'un mariage], p. 529.

II. — **Bulletin de la Société archéologique de Nantes et du département de la Loire-Inférieure**, t. II. (Nantes, 1862, in-8°, 232 p.)

24426. La Nicollière-Teijeiro (S. de). — Notice historique et archéologique sur l'église paroissiale de Saint-Saturnin de Nantes [VI°-XIX° s.], *pl.*, p. 17.

24427. Le Lièvre de la Morinière. — Les rois à Vannes; représentation bretonne [de ce mystère], p. 57.

24428. Marchegay (P.). — Amende payée à la comtesse d'Étampes, p. 71.

[Dame de Clisson, pour injures contre un de ses serviteurs, par Aimery Fresneau, 1438.]

24429. Kersabiec (E. de). — Deux lettres de Henri IV et Louis XV, p. 74.

[Adressées à Menaud de Bats, en 1577, et à M. Rouquet de Saint-Pol, 1745.]

[24414]. Bizeul (L.-J.-M.). — Des Namnètes aux époques celtique et romaine [inscriptions romaines], *pl.*, p. 77.

24430. Parenteau (F.). — Essai sur les monnaies des Namnètes, p. 103.

24431. La Nicollière-Teijeiro (S. de). — Église royale et collégiale de Notre-Dame de Nantes, p. 125, 184; III, 41; IV, 13, 91, 157, 235; V, 23 et 95.

[Monographie historique et archéologique. Tableau généalogique des ascendants et descendants d'Alain Barbe-Torte, du IXe au XIIe s. Sceaux de la collégiale et du prieuré de Toute-Joie. Tombeau de Pierre II, duc de Bretagne et de Françoise d'Amboise (XVe s.), *pl.*, de la famille Le Roy, XVIe s. — *Plan* de ladite église. — Liste des dignitaires, 1325-1790. Pièces justificatives, 1325-1790.]

24432. Marionneau. — Notes d'excursion archéologique dans le canton de Vertou (Loire-Inférieure), p. 169.

[Haches en pierre; pierre frite de Basse-Goulaine, dolmen de la Salmonnière.]

24433. Marchegay (P.). — États de Bretagne de 1614. Lettres de Louis XIII et Gabriel de Polignac, seigneur de Saint-Germain, p. 225.

III. — **Bulletin de la Société archéologique de Nantes**, etc., t. III. (Nantes, 1863, in-8°, 280 p.)

24434. Brehier (De). — Chartes relatives au prieuré de Pontchâteau (diocèse de Nantes) [XIe-XIIIe s.], p. 17.

[Cercueils et objets divers découverts à Béné (Loire-Inférieure), *pl.*]

[24431]. La Nicollière-Teijeiro (S. de). — Église royale et collégiale de Notre-Dame de Nantes, p. 41.

24435. Parenteau (F.). — Introduction à l'étude des bijoux, p. 73.

24436. Kersabiec (E. de). — Notre-Dame des Dons en Treillières, p. 93.

[Construction attribuée à François II de Bretagne vers 1460.]

24437. Travers (L'abbé). — Princes et comtes seigneurs de Nantes, depuis les Romains jusqu'à l'an 1750 avec la date de l'entrée de plusieurs de ces princes dans ladite ville de Nantes, p. 124.

[Réimpression d'une plaquette publiée à Nantes en 1750.]

24438. Le Lièvre de la Morinière. — Notice historique sur les Postes en France, depuis leur origine jusqu'en 1789, p. 165.

24439. Baudry (L'abbé Ferd.). — Nouvelles fosses gallo-romaines de Troussepoil (Vendée), *pl.*, p. 191.

24440. La Nicollière-Teijeiro (S. de). — Une charte de Conan III et le prieuré de la Madeleine sur le pont de Nantes [1118], p. 196.

24441. Kersabiec (E. de). — Lettre inédite de Charles, duc de Guyenne, frère de Louis XI, à la duchesse [de Bretagne] Françoise d'Amboise [1466-1467], p. 207.

24442. Sourdeval (Mourain de). — Lettre de Duquesne à Colbert, p. 210.

[Au sujet des vaisseaux appartenant au surintendant Fouquet, 15 octobre 1661.]

24443. La Nicollière-Teijeiro (S. de). — Considérations sur les origines religieuses du diocèse et de la cathédrale de Nantes [au IIIe s.], p. 221.

24444. Marionneau. — Souvenirs de la Roberdière, lieu de naissance du général Bedeau, p. 234.

[Généalogie de la famille Bedeau du XVIIe au XIXe s. Histoire de la terre de la Roberdière, commune de Vertou, du XVe au XVIIIe s.]

24445. Le Ray. — Considérations générales sur les rangées de pierres en lignes parallèles dans le département du Morbihan, et en particulier sur les figures et les caractères gravés sur les pierres du grand dolmen de Locmariaquer, 5 *pl.*, p. 256.

IV. — **Bulletin de la Société archéologique de Nantes**, etc., t. IV. (Nantes, 1864, in-8°, 308 p.)

[24431]. La Nicollière-Teijeiro (S. de). — Église royale et collégiale de Notre-Dame de Nantes, 4 *pl.*, p. 13, 91, 157 et 235.

24446. La Borderie (Arthur de). — Inventaire des meubles et bijoux de Marguerite de Bretagne, première femme du duc de Bretagne, François II [1469], p. 45.

24447. Gobert. — Monuments celtiques des environs de la Châtaigneraie (Vendée), p. 65.

24448. Bizeul (Ch.) et Guéraud (Armand). — Oudon, ses seigneurs et son château, *plan*, p. 69.

[Monographie : église du XIIe s., château du XVIe s. — Engagement pris par Alain de Malestroit, sire d'Oudon, pour la fortification de son château, 1392.]

24449. La Nicollière-Teijeiro (S. de). — État de la vaisselle du garde-meuble de la couronne déposée au château de Nantes [en 1720], p. 141.

24450. Belley (L'abbé). — *Ratiatum*, ancienne ville de la Gaule, dissertation, p. 209.

[Réimpression accompagnée de notes par S. de La Nicollière du mémoire de l'abbé Belley, publié t. XIX, p. 722, des Mémoires de l'Académie des inscriptions.]

V. — **Bulletin de la Société archéologique de Nantes**, etc., t. V. (Nantes, 1865, in-8°, 159 p.)

[24431]. La Nicollière-Teijeiro (S. de). — Église royale et collégiale de Notre-Dame de Nantes, monographie historique et archéologique [pièces justificatives], p. 23 et 95.

24451. Kersabiec (E. de). — Note sur des débris gallo-romains, trouvés au Saz, commune de la Chapelle-sur-Erdre [ruines d'une villa], p. 71.

24452. Marionneau (Charles). — Fouilles de la chapelle Saint-Martin de Couëron, *pl.*, p. 75.

[L'une des premières fondations chrétiennes du pays des Namnètes.]

24453. Spalz. — Notes historiques sur la commune de Couëron, canton de Saint-Étienne-de-Mont-Luc, département de la Loire-Inférieure. — Origine, histoire jusqu'à la fin du xve siècle, p. 113; VI, p. 37, 141, 245 et 269.

VI. — Bulletin de la Société archéologique de Nantes, etc., t. VI. (Nantes, 1866, in-8°, 336 p.)

24454. Anonyme. — Notice sur Théodore Nau, architecte diocésain [† 1865], p. 17.

[24453]. Spalz. — Notes historiques sur la commune de Couëron, canton de Saint-Étienne-de-Mont-Luc (Loire-Inférieure). — Origines, histoire jusqu'à la fin du xve siècle, p. 37, 141, 245 et 269.

24455. La Borderie (Arthur de). — Inventaire analytique des titres des prieurés de Marmoutier, situés dans l'évêché de Nantes, p. 101, 165, 319; VII, p. 35, 115, 157 et 273.

[Beré, Donge, Liré, Machecoul, Sainte-Croix de Nantes, Nort, le Pellerin, Pontchâteau et Varade.]

24456. La Nicollière-Teijeiro (S. de). — Une paroisse poitevine, essai historique et archéologique sur la paroisse de Mazerolles (Vienne), 2 *pl.*, p. 119 et 215.

[Église du xiiie s. — Monument commémoratif de la mort de Chandos, † 1370.]

24457. Trémeau de Rochebrune (Alphonse). — Recherches sur le Puy du Chalard (Corrèze) et sur les restes qui y ont été découverts, *pl.*, p. 185.

[Fibules, anneaux, monnaies mérovingiennes.]

24458. Guillotin de Corson (L'abbé A.). — Les églises et les chapelles de [la baronnie de] Châteaubriant en 1663, p. 193; et VII, p. 73.

[Procès-verbal de visite par les officiers de Condé.]

24459. Marchegay (P.). — Notes sur deux prieurés de l'abbaye de Nyoiseau, diocèse d'Angers, situés en Bretagne, p. 223.

[Prieurés d'Anguillers et du Dou-Gislard.]

24460. Bougouin (Charles). — Liste par ordre chronologique des officiers du château de Nantes [*plan* du château], p. 231.

24461. Bougouin (Charles). — Les capitaines de la forteresse de Pirmil, *pl.*, p. 241.

24462. Cahour (L'abbé). — Étude sur la provenance des pierres dites *haches celtiques*, trouvées dans les dolmens et spécialement de celles en jade, p. 291.

24463. Bougouin (Charles). — La chapelle du Pordo, commune de Blain (Loire-Inférieure), p. 313.

[Fondation par Louis de Domaigné, seigneur du Fremiou, 1699.]

VII. — Bulletin de la Société archéologique de Nantes, etc., t. VII. (Nantes, 1867, in-8°, 312 p.)

24464. Barmont (De). — La chapelle de Saint-Jacques-en-Fégréac près la garenne de ce nom vis-à-vis des ruines du château de Rieux [construite vers le xvie s.], p. 21.

24465. Petit (Louis). — Prise du corsaire le *Pitt* appartenant au vaisseau du roi anglais le *Dragon*, croisant devant Belle-Isle, 2 juillet 1761, p. 27.

[Correspondance échangée à ce sujet entre le général de Carcado et M. de La Chapelle, commandant de la capitainerie de l'Isle de Bouin.]

[24455]. La Borderie (A. de). — Inventaire analytique des titres des prieurés de Marmoutier, situés dans l'évêché de Nantes, p. 35, 115, 157 et 273.

24466. Bougouin (Charles). — La chapelle de Saint-Marc et le prieuré de Merquelle, commune de Mesquer (Loire-Inférieure), p. 61.

[24458]. Guillotin de Corson (L'abbé A.). — Les églises rurales sous la baronnie de Châteaubriant en 1663-1664, p. 73 et 155.

24467. Kersabiec (E. de). — Un mot sur la collégiale de Nantes, p. 109.

[Protestation contre la démolition de la chapelle en 1865.]

24468. Cahour (L'abbé Abel). — L'état actuel de la Tour de Babel et les deux barils du colonel Rawlinson, p. 137.

[Résumé du rapport sur une mission faite en 1851 sur les ruines de Babylone.]

24469. Anonyme. — «Les Osts du duc de Bretagne», p. 187.

[Reconnaissances par les seigneurs de Bretagne en 1294 du nombre des hommes de guerre qu'ils devaient à leur duc.]

24470. Anonyme. — Inscriptions gravées sur le piédestal de la statue de M. Billault à Nantes [† 1863], p. 199.

24471. Bougouin (Charles). — La chapelle de Notre-Dame au château du Jaunay, commune de Landreau, canton du Loroux-Bottereau (Loire-Inférieure) [fondée en 1659], p. 201.

24472. Bougouin (Charles). — Une chanson et une paire de gants de rente. Documents inédits du xvie siècle, p. 211.

[Aveux de 1516 et 1542 pour la seigneurie de Coyaud-en-Blain, et le château de la Violaye.]

24473. La Nicollière-Teijeiro (S. de). — Le prieuré des Couëts [près de Nantes] en 1554, déclaration des terres, rentes et revenus de cette communauté, suivie de l'état des dépenses nécessaires à son entretien, p. 231.

24474. Lukis et Marionneau (Charles). — Tumulus de la Bimboire, commune de Maisdon [fragments de poteries], p. 295.

VIII. — Bulletin de la Société archéolo-

gique de Nantes, etc., t. VIII. (Nantes, 1868, in-8°, 328 p.)

24475. Parenteau (F.). — Découverte du Jardin des plantes de Nantes. Attributions celtiques [armes, objets en bronze, poteries], *pl.*, p. 19.

24476. Des Dorides (Louis). — Notice sur une faïence d'Oyron, p. 47.

[Épi attribué au commencement du XVIIe s.]

24477. Bougouin (Charles). — Titres inédits du XVIIe siècle. Aveu rendu à l'évêque de Nantes (1683). Aveu rendu à la congrégation de l'Oratoire de Nantes (1687), p. 49 et 51.

24478. Kersabiec (E. de). — Corbilon, Samnites, Venètes, Namnètes, Bretons de la Loire, *carte*, p. 53, 173, 281; et IX, p. 17.

[Étude historique et géographique sur l'Armorique avant le Ve s.]

24479. Foulon. — Notes archéologiques. Territoire de Guérande. Moulin primitif, *pl.*, p. 103, 263; et IX, p. 147. — Cf. n° 24492.

[Les moulins primitifs de l'âge de pierre. Télégraphie gallo-romaine. Tours de Tréveday en Escoublac et de Saint-Donatien près Nantes, 2 *pl.*]

24480. Marionneau (Charles). — Les vacances d'un archéologue, etc., p. 151.

[Notes d'excursions dans les communes de Château-Thébaud, Aigrefeuille, Remouillé, Maisdon, Saint-Lumine-de-Clisson et Saint-Hilaire-du-Bois.]

24481. Marchegay (Paul). — Documents inédits, p. 239; IX, p. 195 et 215.

[Deux lettres missives du connétable de Richemont, 1427. — Fondation du couvent des Frères mineurs d'Olonnes, 1428. — Débats entre le duc de Bretagne François II et l'évêque de Nantes, 1462. — Acquisition de la Forêt-sur-Sèvre par Duplessis-Mornay, 1612.]

IX. — Bulletin de la Société archéologique de Nantes, etc., t. IX. (Nantes, 1869, in-8°, 272 p.)

[24478]. Kersabiec (E. de). — Corbilon, Samnites, Venètes, Namnètes, Bretons de la-Loire, p. 17.

24482. Barmont (L. de). — Prégent du Bidoux, chevalier de Rhodes [XVIe s.]. Prégent de Kermeno, châtelain de la Haultière [1720], p. 61.

[Vue du château de la Haultière, *pl.*]

24483. Guillotin de Corson (L'abbé). — Les seigneurs et la châtellenie de Sion, p. 71 et 105.

[Histoire des seigneurs de Sion et des guerres de religion en Bretagne à la fin du XVIe s.]

24484. Kersabiec (E. de). — Le gibet de la Trémissinière, p. 91.

24485. La Nicollière-Teijeiro (S. de). — Jeanne de Rays, biographie nantaise inédite, p. 123.

[1340 † 1406. Contrat de mariage avec Jean Larcevesque, 1379.]

[24479]. Foulon. — Télégraphie gallo-romaine. Territoire de Guérande, p. 147.

24486. Lukis (W.-C.). — Sur la dénomination des dolmens ou cromlechs, *pl.*, p. 175.

24487. Petit (Louis). — La robe rouge portée par les maires de Nantes au XVIIe siècle, p. 185.

[Mémoire des officiers du présidial de Nantes à ce sujet.]

[24481]. Marchegay (Paul). — Documents inédits, p. 195 et 215.

[Fromage et fruits étrangers à Nantes en 1554. — Fondation d'un prieuré à Veris (Vritz), vers 1133. — Prieuré de Saint-Nazaire, 1157. — Captivité d'Aliénor de Bretagne en Angleterre, 1202-1241. — Henri II d'Angleterre, 1230. — Seigneurie de la Roche-sur-Yon, 1308; prieuré de Liré. — Philippe Chabot, seigneur de Puyraveau, 1598. — Séjour de Henri IV à Nantes en 1598. — Les comédiens du prince d'Orange à Nantes, 1618.]

24488. Des Dorides (L.). — Vultaconnum, fouilles faites à Voultegon, *pl.*, p. 229.

24489. Bougouin (Charles). — Descente des Anglais en Bretagne et siège de Lorient en 1746, p. 235.

X. — Bulletin de la Société archéologique de Nantes, etc., t. X. (Nantes, 1870-1871, in-8°, 200 p.)

24490. Parenteau (F.). — Inscriptions et tombeaux chrétiens, *pl.*, p. 15 et 119.

[Attribués aux Ve et VIe s., 3 *pl.* — Vases chrétiens du VIe s.; tombeaux avec inscription. — Statère d'or. — Sceau de Jean Beaumont, prêtre, XIIIe s.]

24491. La Nicollière-Teijeiro (S. de). — Promenade à travers les registres de l'état civil [des anciennes paroisses de Nantes], p. 21.

24492. Parenteau (F.). — Documents, p. 64. — Cf. n° 24479.

[Lettre de M. N. Muterse relative au moulin primitif découvert à Guérande par le docteur Foulon.]

24493. Parenteau (F.). — Segora (statio), *pl.*, p. 81.

[Plans de retranchements, armes et ornements divers découverts à la ferme de Segourie, commune de Saint-Remy-en-Mauges, 4 *pl.*]

24494. Kervégan (De). — Liste des citoyens de la ville de Nantes qui ont fait le sacrifice de leurs boucles d'argent pour l'approvisionnement de la ville en 1789, p. 93.

24495. Bougouin (Charles). — Documents inédits, p. 107 et 189.

[Enquête pour la translation de la chapelle de Barbechat, paroisse de la chapelle de Basse-Mer en 1769. — Inventaire des meubles et ornements de la chapelle Rohard en 1753.]

24496. Baudry (L'abbé). — Fouilles de puits funéraires au Bernard [époque gallo-romaine], p. 128.

24497. Parenteau. — Un canon de bronze du siège d'Orléans (1428), *pl.*, p. 133.

24498. Bougouin (Charles). — Le prieuré de Quinquénavent, p. 141.

[Commune de Machecoul (Loire-Inférieure). Inventaire de documents du xviiie s. relatifs à ce prieuré.]

24499. Marchegay (Paul). — Lettres missives du chartrier de Thouars, xve siècle, p. 149; XI, p. 47, 107, 183; et XII, p. 31.

[Lettres de Philippe du Bois, Georges de la Trémoille, Guy de Laval, Catherine de l'Ile-Bouchard, Charles de Bourgogne; des échevins de la Rochelle; de Marie de Rieux; de Marie, reine d'Aragon; de Prégent de Coétivy, de la dame de Brezé, de Pierre II de Bretagne, Charles VII, Jean Talbot, Louis d'Amboise, Antoinette de Maignelais, Pierre de Pocquières, Claude de Voutenay, Marie de Valois, de la dame de Taillebourg, des Nobles, Alain de Coétivy et autres de la même famille, Jean Bardelot, Tanneguy du Chastel, Anne de Tranchelyon, Jean du Chastel, d'Aubeterre, Louis Ier de la Trémoille et autres; de Jean Girard, Pierre Labbé, Renault d'Autreville, R. de Giresme, P. de Boisy, Jeanne de Raguenel, Louis XI, B. de la Vallée, Jacques de Beaumont, Guillaume de Sully, Macé Coursier, Mathurin de la Voyrie, Claude de La Verdonnière, Pierre Furgon, N. de Bracquemont, M. des Feulx, Du Douhet, Fr. de La Rochefoucault-Bayers, Charles VIII, Louis de Graville, Merlin de Cordebeuf, Eustache de Montberon, P. de Masgésir, Julienne de Polignac, Guy de Laval, P. d'Aux, Charles d'Orléans-Angoulême, Montigny; des échevins de Saumur, Saintes, etc.; d'André Paumier, de Courbon, etc., de Chiros, Jacques d'Estouteville, Fr. Lesné, Jacques Bouhier, Jeanne d'Orléans, Jean Ferron, Jean Bodin, Amaury de l'Herbergement, Madeleine de Luxembourg, des princes de Talmont, de Jeanne de Dampierre, Jacques de Vouhet, Louis XII, Gabrielle de Bourbon, du maréchal de Gié, de Hans Jansy Houpeman, Ph. de Menou, Tristan de Salazar, Ph. Borromée, Pierre Coutelier.]

XI. — Bulletin de la Société archéologique de Nantes, etc., t. XI. (Nantes, 1872, in-8°, 244 p.)

24500. Lukis (W.-C.). — Monuments mégalithiques en Algérie, *pl.*, p. 41.

24501. Wismes (De). — Fouilles du tumulus dit de *Sainte-Marie*, près de Pornic, p. 35.

[24499]. Marchegay (Paul). — Lettres missives du chartrier de Thouars, p. 47, 107 et 183.

24502. Marionneau (Charles). — Confirmation du droit de haute justice de la seigneurie de Goulaine, p. 67.

[Par Jean IV de Bretagne à Jean de Goulaine, 1398.]

24503. Prevel (Louis). — Le château du Goust, p. 89.

[Commune de Malleville, Loire-Inférieure. Histoire du château et de la seigneurie du Goust, particulièrement au xvie s.]

24504. Galles (René). — Notes rétrospectives sur les monuments mégalithiques du Morbihan, *pl.*, p. 131. — Cf. n° 24505.

24505. Cahour. — Réponse posthume du docteur Leray aux notes rétrospectives de M. Galles, p. 165. — Cf. n° 24504.

24506. Thenaisie (Charles). — Derval [histoire de la seigneurie et du château], p. 175.

24507. La Nicollière-Teijeiro (S. de). — Bulle d'institution de Jean de Plédran, curé de Saint-Nicolas de Nantes en 1503, p. 226.

XII. — Bulletin de la Société archéologique de Nantes, etc., t. XII. (Nantes, 1873, in-8°, 230 p.)

24508. Parenteau (F.). — Odyssée de la bécasse en Gaule [statères au type de la bécasse], *pl.*, p. 25.

24509. Parenteau (F.) — Les Cabournes, les Bourniers et les Bournigals, p. 29.

[Noms des anciennes habitations celtiques dans le dialecte poitevin.]

[24499]. Marchegay (Paul). — Lettres missives originales du chartrier de Thouars, p. 31.

24510. La Nicollière-Teijeiro (S. de). — Un registre illisible. Notes sur Noirmoutier [1577-1589]. Crypte de Saint-Philibert, *pl.*, p. 75.

24511. Thenaisie (Charles). — Sur la pierre tombale d'Antoinette de Magnelais [† 1470] retrouvée à Cholet, p. 103.

24512. Marchegay (Paul). — État des revenus de l'évêché de Dol en 1459, p. 127.

24513. La Nicollière-Teijeiro (S. de). — Titres de l'abbaye de Geneston. Évêché de Nantes, p. 141.

[Analyse de 32 chartes et extrait de nécrologe.]

24514. Martin (A.). — Un mot sur Clis, p. 159. — Cf. n° 24522.

[Objets trouvés dans les fouilles du puits du Yosquet près de Guérande : vases en terre, poteries, *pl.*]

24515. Anonyme. Procès-verbaux des séances, p. 1 et 88.

[Extraits relatifs à un barbier de Pillemil, à un reliquaire du xviie s., trouvé à Thouaré, au combat naval de l'île du Haut-Dumet en 1709, à une croix processionnelle de Pouzauges, au chirurgien Claude Viard en 1568, à Saint-Père en Retz, aux fontaines et chênes druidiques du pays des Mauges, au tombeau de Guillaume Guéguen, aux ponts de Nantes, aux plateaux émaillés de l'église de Bouée.]

24516. G. (L'abbé). — Famille Descartes à Sucé, p. 168.

[Signatures de René Descartes sur les registres de l'état civil de cette paroisse.]

24517. Martin (A.). — Fouilles du tumulus de Signac [en Saint-Nazaire], p. 173. — Cf. n° 24518.

24518. Kerviler (René). — Suite des fouilles du tumulus de Signac, p. 187. — Cf. n° 24517.

[Signac ou Dissignac en Saint-Nazaire, plans détaillés des deux chambres et galeries, 6 *pl.*]

24519. Prevel (L.). — Histoire de Tiffauges, p. 193; XIII, p. 169, 231; XIV, 67, 151; et XV, p. 175.

XIII. — Bulletin de la Société archéologique de Nantes, etc., t. XIII. (Nantes, 1874, in-8°, 300 p.)

24520. Cahour. — Compte rendu des fouilles faites à

Saint-Donatien en 1873 avec le concours de MM. Petit, Kerviler et Anizon, p. 19.

[A Nantes sur l'emplacement de l'église et des cimetières de Saint-Donatien. — Inscriptions relatives à cette église. — Relation par Jean Méat de l'ouverture des châsses contenant les reliques des saints Donatien et Rogatien en 1456, 12 *pl.*]

24521. Martin (A.). — Inscriptions antiques de Meniscoul, 5 *pl.*, p. 145.

[Monuments mégalithiques du pays de Guérande.]

24522. Martin. — Sur une inscription phénicienne trouvée à Guérande, p. 160.

[24519]. Prevel. — Histoire de Tiffauges, p. 169 et 231.

24523. Mowat (Robert). — Sur deux inscriptions romaines [trouvées à Nantes], p. 222.

24524. La Laurencie (De). — Sur des lampes funéraires antiques et des poids féodaux, p. 225.

24525. Cahour (L'abbé). — Sur l'église de Basse-Goulaine, p. 226.

24526. Martin (A.). — Fouilles faites dans le pays Guérandais, à Clis, p. 293. — Cf. n° 24514.

XIV. — Bulletin de la Société archéologique de Nantes, etc., t. XIV. (Nantes, 1875, in-8°, 278 p.)

24527. Martin (A.). — Notes critiques sur les rochers et dolmens à bassins de la presqu'île guérandaise, p. 27.

24528. Leroux (A.). — Notes sur quelques vases gallo-romains découverts à Saffré, *pl.*, p. 49.

24529. Marionneau (Ch.). — Documents inédits sur Louis de Foix [ingénieur-architecte du XVI° s.], p. 53.

24530. Ledoux (F.). — Notes sur deux voies romaines traversant la commune de Savenay, p. 57.

24531. Maître (Léon). — Lettre à M. Ségou sur le culte de saint Nicolas [dans le diocèse de Nantes], p. 61.

[24519]. Prevel (L.). — Histoire de Tiffauges, p. 67 et 151.

24532. La Nicollière-Teijeiro (S. de). — Insurrection de Saint-Domingue, p. 91.

[Journal du lieutenant du navire *le Charles*, de Nantes, 1793.]

24533. La Nicollière-Teijeiro (S. de). — Chef-d'œuvre des maîtres chirurgiens de Nantes [requête au Parlement en 1569], p. 101.

24534. Anizon (D^r^). — Quelques mots sur les tonnelles, tournelles, etc., à propos d'une ruine dans la commune de Bouguenais (Loire-Inférieure), *pl.*, p. 107.

24535. Kerviler (René). — Note sur une villa gallo-romaine, récemment découverte à Clis, p. 115. — Cf. n° 24514.

[Près Guérande et sur les établissements gallo-romains de cette contrée.]

24536. Galles (René). — De la motte de Touvois. — De celle de Pornic et d'une leçon d'archéologie mégalithique donnée par le sire de Joinville en 1252, p. 123.

24537. Kersabiec (E. de). — Observations en réponse à un article de M. le comte L. Clément de Ris sur Corbilon, p. 131.

24538. Thenaisie (Charles). — Montrevault. — Tombelles de Saint-Antoine et du Petit-Montrevault, p. 143.

24539. Parenteau (Fortuné). — Fouilles du lac de Grand-Lieu, p. 147.

24540. Lukis (W.-C.). — Sur la série des monuments en pierre brute [cromlechs et dolmens], p. 181.

24541. La Nicollière-Teijeiro (S. de). — Documents inédits. — Jacques Cassard [marin, 1679 † 1740], p. 221.

24542. Kerviler (René). — Un chapitre inédit de l'histoire de Saint-Nazaire, du XV° au XVIII° siècle, p. 245; XV, p. 66 et 119.

XV. — Bulletin de la Société archéologique de Nantes, etc., t. XV. (Nantes, 1876, in-8°, 378 p.)

24543. Maître (Léon). — Les confréries bretonnes, leur origine, leur rôle, leurs usages et leur influence sur les mœurs au moyen âge, p. 17.

[Statuts des confréries de Saint-Pierre et Saint-Paul de Nantes, de Toussaint de Nantes, et de Toussaint de Vannes, XIV° et XV° s.]

[24542]. Kerviler (René). — Un chapitre de l'histoire de Saint-Nazaire du XV° au XVIII° siècle, p. 66 et 119.

24544. Marchegay (Paul). — Le sabre de l'école de Mars, au Musée archéologique de Nantes, p. 101.

[Documents relatifs à Félix Marchegay, † 1853.]

24545. Petit (Louis). — Sur les anciens ponts de Nantes, p. 161.

24546. Souliard (Paul). — Lettre du duc de Mercœur, p. 174.

[Relative aux fortifications de la ville d'Hennebont, 1596.]

[24519]. Prevel (Louis). — Histoire de Tiffauges, p. 175.

24547. Wismes (De). — Le tumulus des trois squelettes à Pornic [fouilles exécutées en 1875], p. 199, 231 et 246.

[Supplément : fouilles exécutées en 1876; rapports anatomiques et géologiques de MM. les Drs Paris et Leroy sur les fouilles précédentes. *Carte* des environs de Pornic et 8 *pl.*]

24548. Cahour (L'abbé). — Découverte du baptistère primitif de la cathédrale de Nantes [attribué au VI° s.], p. 273.

24549. Kerviler (René). — L'âge de bronze et les Gallo-Romains à Saint-Nazaire-sur-Loire, 9 *pl.*, p. 287.

24550. Marionneau (Charles). — Collection archéologique du canton de Vertou, 2 *pl.*, p. 317.

[Chapiteaux de l'église primitive de Vertou, VI° s., et inscriptions attribuées au IX° s.]

XVI. — Bulletin de la Société archéolo-

gique de Nantes, etc., t. XVI. (Nantes, 1877, in-8°, 222 p.)

24551. Divers. — Sur un temple romain trouvé à Nantes, p. 6.

24552. Marionneau. — Sur les substructions gallo-romaines de la rue de Strasbourg à Nantes, p. 12.

24553. Blanchard (R.). — Observations sur quelques dates du cartulaire des sires de Rays [publié par M. P. Marchegay], p. 15.

24554. Barthélemy (Édouard de). — Documents sur l'histoire de Bretagne au xvi siècle, tirés des archives impériales de Russie, p. 49.

[Correspondance de Sébastien de Luxembourg, Henri et Jean de Rohan, 1560-1568.]

24555. Marchegay (P.). — Chartes nantaises du monastère de Saint-Florent, près Saumur, de 1070 environ à 1186, p. 65.

[Chartes relatives à Bonnœuvre, Teillé, Escoublac, le Loroux-Bottereau, Saint-Julien-de-Vouvantes, la Chapelle-Glain, la Poitevinière, Nozay, Moisdon, Saint-Herblon. Liste des prieurés nantais de Saint-Florent.]

24556. Parenteau (Fortuné). — Sur les monnaies d'or de Corbilon, p. 117.

24557. Baudry (L'abbé). — Rapport sur le vingt-cinquième puits funéraire du Bernard (Vendée) [attribué à l'époque gallo-romaine], p. 121.

24558. Leroux (A.). — Notes sur quelques vases gallo-romains découverts à Saffré (Loire-Inférieure), p. 127.

24559. La Nicollière-Teijeiro (S. de). — Essai historique sur l'église des Cordeliers de Nantes, démolie en 1874, *pl.*, p. 137.

[Tombeaux et épitaphes des seigneurs de Rieux (xiv s.), de Jean de Richemond.]

24560. Grégoire (L'abbé P.). — Étude historique et littéraire sur saint Félix et saint Fortunat (vi s.), p. 173.

24561. Marionneau (Ch.). — Éloge funèbre de Mgr Fournier, évêque de Nantes [† 1877], p. 201.

XVII. — Bulletin de la Société archéologique de Nantes, etc., t. XVII. (Nantes, 1878, in-8°, 172 p.)

24562. Petit (Louis). — Sur l'ancienne église de Saint-Saturnin à Nantes, p. 10.

24563. Maître (Léon). — Sur l'établissement des hôpitaux et des prieurés le long des voies romaines, p. 14.

24564. Pitre de l'Isle. — Stations paléolithiques et néolithiques de la Loire-Inférieure, p. 45.

[A l'Étranglar, commune de Saint-Géréon; la Haye-Palais en Mouzillon; Bégrol, commune de la Haie-Fouassière; la Canterie en Saint-Fiacre.]

24565. Blanchard (Gustave). — Usages anciens conservés au pays de Guérande, p. 57.

24566. Cahour (L'abbé). — Recherches archéologiques et hagiographiques sur [le prieuré de] Saint-Lupien de Rezé, *pl.*, p. 75.

24567. Blanchard (G.). — Le dialecte breton de Vannes au pays de Guérande, p. 107; et XVIII, p. 121.

24568. Ledoux (F.). — Note sur la voie romaine allant de Nantes à Vannes, p. 153.

24569. Dominique (L'abbé). — Document pour servir à l'histoire de l'Église de Nantes, p. 159.

[Actes relatifs à la réédification de l'église et du presbytère de Saint-Saturnin, 1592-1597.]

XVIII. — Bulletin de la Société archéologique de Nantes, etc., t. XVIII. (Nantes, 1879, in-8°, 262 p.)

24570. Wismes (De). — Sur des objets gallo-romains découverts à Nantes, p. 8.

24571. Divers. — Sur l'aumônerie de Toussaint à Nantes, p. 21 et 24.

24572. Parenteau (Fortuné). — Sur les anciens vases à double goulot, p. 29.

24573. Gallard (L'abbé). — Les trouvères guérandais en la fête de saint Nicolas, au xiv siècle, p. 31; et XX, p. 91.

[Chronique rimée inédite relative à l'histoire de Bretagne et chronique en vers de Guillaume de Saint-André sur le règne du duc Jean IV.]

24574. Maître (Léon). — La corporation des potiers d'Herbignac [règlement de 1754], p. 44.

24575. Béjarry (A. de). — Pierres gravées trouvées dans la commune de Saint-Aubin-de-Baubigné (Deux-Sèvres), *pl.*, p. 49.

24576. La Nicollière-Teijeiro (S. de). — L'abbaye de Notre-Dame de la Chaume, près Machecoul [xi-xviii s.], 3 *pl.*, p. 52.

[24567]. Blanchard (G.). — Le dialecte breton de Vannes au pays de Guérande, p. 121.

24577. Brémond d'Ars. — Un registre du présidial, p. 155.

[Extraits du registre des délibérations du présidial de Nantes, 1609-1786, relatifs à l'arrivée du comte d'Artois, de l'empereur Joseph, de M. de Cornulier, au pont de l'île Feydeau, à la Fête-Dieu, à la prairie de Mauves, aux octrois de Nantes, à un projet de retraite et aux tapisseries de la salle d'audience.]

24578. Petit (Louis). — Tombe gallo-romaine, cimetière de Saint-Donatien [à Nantes], *pl.*, p. 235.

24579. Sebillot (Paul). — Les limites du breton et du français, et les limites des dialectes bretons, p. 251.

XIX. — Bulletin de la Société archéologique de Nantes, etc., t. XIX. (Nantes, 1880, in-8°, 192 p.)

24580. Evellin. — Sur un ostensoir du xv siècle, p. 12.

24581. Mercier (Amédée). — Sur le suffixe celtique *ac*, p. 13.
24582. Divers. — Sur les menhirs et les dolmens de la Loire-Inférieure, p. 24 et 29.
24583. Petit (Louis). — Sur des sculptures antiques trouvées à Nantes, p. 28.
24584. Rochebrune (Raoul de). — Sur la caverne des Cottés [silex taillés], p. 32.
24585. Orieux (Eugène). — César chez les Venètes, 4 *cartes*, p. 37; et XXI, p. 177.

[Étude géographique, historique et archéologique.]

24586. Dominique (L'abbé J.). — Une visite aux menhirs de la Riveraie à Saint-Père-en-Retz, p. 71.
24587. L'Estourbeillon (Régis de). — Notice sur le prieuré de la Papillaye en Anjou, p. 77.

[Inventaire des ornements et autres meubles, 1683.]

24588. L'Estourbeillon (Régis de). — Groupement des populations de l'Armorique d'après les terminaisons des noms de lieux, *cartes*, p. 87.
24589. Pitre de Lisle. — Notes sur Caranda et les poteries mérovingiennes, offertes au Musée de Nantes par M. F. Moreau, p. 107.
24590. Dominique (L'abbé J.). — Note sur quelques monuments mégalithiques récemment fouillés dans le Cornwall anglais, p. 113.
24591. Pitre de Lisle. — Dictionnaire archéogique de la Loire-Inférieure (époque primitive, celtique, gauloise et gallo-romaine), 2 *pl.*, p. 119; XXI, p. 93; XXII, p. 38; et XXIV, p. 1.
24592. Parenteau (Fortuné). — Le culte du veau d'or dans l'antiquité et jusqu'à nos jours, p. 183.

XX. — Bulletin de la Société archéologique, etc., t. XX. (Nantes, 1881, in-8°, LIV-252 p.)

24593. Pitre de Lisle. — Sur les fouilles du tumulus de la Roche, p. XV.
24594. L'Estourbeillon (Régis de). — Le cabinet de travail d'un seigneur breton, en 1625, p. 1.

[Inventaire des meubles de la bibliothèque de Samuel d'Avaugour.]

24595. Dominique (L'abbé J.). — Odin l'homme, étude historique et littéraire [traduction de sa légende], p. 49.
24596. Pitre de Lisle. — Une arme historique en pierre polie [provenant de la Nouvelle-Calédonie], p. 69.
24597. Pitre de Lisle. — Fouille du tumulus de la Roche, commune de Donges (Loire-Inférieure), *pl.*, p. 75.
[24573]. Gallard (L'abbé). — Les trouvères guérandais en la fête de saint Nicolas, au XIVe siècle, p. 91.
24598. Maître (Léon). — Les paradis sont-ils des cimetières mérovingiens? p. 103.

[Relevé des lieux-dits portant le nom de *Paradis* dans la Loire-Inférieure.]

24599. Grégoire (L'abbé P.) — Monasticon nantais. Statistique des communautés religieuses établies dans le diocèse de Nantes en 1790, p. 119.
24600. Blanchard (Gustave). — Venètes, Namnètes et Samnites, p. 193.

[Étude sur le territoire occupé par chacun de ces peuples à l'époque de Jules César.]

XXI. — Bulletin de la Société archéologique de Nantes, etc., t. XXI. (Nantes, 1882, in-8°, XXXII-244 p.)

24601. Petit (Louis). — Sur les anciens plans de Nantes et sur l'ancienne enceinte de la ville, p. XI.
24602. Kerviler (René). — Les Venètes, César et le Brivates portus [Saint-Nazaire], p. 5.
24603. Dominique (L'abbé J.). — Le jour de l'an en Angleterre : mœurs, coutumes et superstitions, p. 47.
24604. L'Estourbeillon (Régis de). — Légendes bretonnes du pays d'Avessac, p. 57.
24605. Maître (Léon). — La seigneurie des évêques de Nantes, p. 66.
[24591]. Pitre de Lisle. — Dictionnaire archéologique de la Loire-Inférieure, arrondissement de Saint-Nazaire, p. 93.
[24585]. Orieux (Eugène). — César chez les Venètes, p. 177.

XXII. — Bulletin de la Société archéologique de Nantes, etc., t. XXII. (Nantes, 1883, in-8°, 247 p.)

24606. Marionneau. — Monnaies gauloises et mérovingiennes découvertes à Vertou, p. 25.
24607. Laurent (Aug.). — Étude sur les différents niveaux du lit de la Loire appréciables depuis le commencement de l'ère chrétienne, dans la traversée de la vieille cité de Nantes, *pl.*, p. 29.
[24591]. Pitre de Lisle. — Dictionnaire archéologique de la Loire-Inférieure, arrondissement de Saint-Nazaire, p. 38.
24608. Blanchard (Gustave). — César sur les côtes guérandaises, p. 118.
24609. Poirier (P.). — Note sur les constructions vitrifiées, p. 172.
24610. La Touche (Xavier de). — Monnaies du XIIIe siècle découvertes à Bégaune (Morbihan), p. 174.
24611. Biardant (Ch.). — Une bague en argent du VIIe siècle, p. 175.
24612. Kerviler (René). — Des projectiles cylindro-coniques ou en olive depuis l'antiquité jusqu'à nos jours, *pl.*, p. 176.
24613. Dominique (L'abbé J.). — La fête de la Saint-Jean dans les deux Bretagnes. Coutumes populaires, p. 187.

24614. Leroux (Alcide). — Découverte de tombeaux du moyen âge à Nort et à Nozay, p. 198.

24615. Anonyme. — Nécrologie. M. F. Parenteau [† 1883], p. 204.

24616. Rougé (Jacques de). — Notes sur la collection égyptienne du Musée départemental archéologique de la Loire-Inférieure, p. 210.

24617. L'Estourbeillon (Régis de). — Les fouilles de Saint-Urbain [objets celtiques et romains], p. 225.

24618. Gallard (L'abbé). — De la nouvelle assiette de l'église Saint-Similien [notes historiques], p. 228.

XXIII. — Bulletin de la Société archéologique de Nantes, etc., t. XXIII. (Nantes, 1884, in-8°, LXVII-204 p.)

24619. Petit (Louis). — Sur le sculpteur Michel Colombe, p. XLVIII.

24620. Montfort (J.). — Compte rendu des fouilles faites par la ville de Nantes dans le chœur de la cathédrale, *pl.*, p. 1.

24621. L'Estourbeillon (Régis de). — La noblesse de France à Jersey pendant la Révolution, p. 10.

24622. Maître (Léon). — Note sur une lettre adressée par l'abbé Raguideau à dom Audren, prieur de Redon [1689], p. 30.

24623. Orieux (E.). — De la station gallo-romaine de Grannone, p. 35.

24624. Gallard (L'abbé). — Le trait armoricain. Grannonum et Grannona, p. 53.

24625. Bastard (G.). — Le trésor du bourg de Talmont (Vendée) et du château de Blain (Loire-Inférieure) [monnaies du XVIe s.], p. 61.

24626. La Nicollière-Teijeiro (S. de). — La collection Ch. Seidler, au Musée archéologique de Nantes [monnaies féodales], p. 68.

24627. Petit (Louis). — Deux sièges du château de Limours [XVIe s.], p. 88.

24628. Verger (G.). — Notes sur Sigaud de Lafond [chirurgien, 1730 † 1812], p. 95.

24629. Couffon de Kerdellec'h (A. de). — Demeures fortifiées, ou maisons fortes en France [XIIe-XVIe s.], p. 98.

24630. Chaillou (F.). — Rapport sur les fouilles de la station gallo-romaine des Cléons, p. 120.

24631. La Nicollière-Teijeiro (S. de). — Un chapitre de l'histoire des évêques de Nantes, XVIe siècle, p. 129.

[François Hamon, évêque († 1532). Pièces justificatives, 1353-1636.]

24632. Pitre de Lisle. — Bibliographie bretonne. Œuvres de M. Paul Du Chatellier, p. 187.

24633. Sécillon (De). — Les premières entrées des évêques de Nantes en la ville de Guérande [sentence de 1506], p. 191.

XXIV. — Bulletin de la Société archéologique de Nantes, etc., t. XXIV. (Nantes, 1885, in-8°, XXXI-113-XVIII-114 p.)

[24591]. Pitre de Lisle. — Dictionnaire archéologique de la Loire-Inférieure, arrondissement de Paimbœuf, p. 1.

24634. Poirier (P.). — De l'antiquité de la connaissance du fer, p. 82.

24635. Maître (Léon). — Grand-Champ et ses origines, p. 91.

24636. Maître (Léon). — La station gallo-romaine de Vieille-Cour à Mauves, p. 101.

24637. Chaillou (Félix). — Note sur une flûte champêtre provenant de la station des Cléons, p. IX.

24638. Maître (Léon). — Sainte-Marie de Pornic : souvenirs, monuments et impressions, p. 1.

24639. Granges de Surgères (De). — Fondations pieuses à Nantes, 1549-1691; Sainte-Croix, les Jacobins, la chapelle de Miséricorde, hôpital du Sanitat [titres], p. 29.

24640. La Nicollière-Teijeiro (S. de). — Une visite à Champtoceaux [Maine-et-Loire; histoire et archéologie], p. 70.

24641. Josnin (L'abbé). — La terre de Sion (Loire-Inférieure) et ses seigneurs [XIe-XIXe s.], p. 89.

LOIRE-INFÉRIEURE. — NANTES.

SOCIÉTÉ DES BIBLIOPHILES BRETONS ET DE L'HISTOIRE DE BRETAGNE.

Cette Société, fondée en 1877, a fait paraître jusqu'au 31 décembre 1885, 9 volumes de *Bulletins*, 2 volumes de *Mélanges historiques*, 3 volumes d'*Archives*, ainsi que les ouvrages suivants :

24642. La Borderie (Arthur de). — Œuvres françaises d'Olivier Maillard. Sermons et poésies. (Nantes, 1877, in-8°, XXI-192 p.)

24643. La Borderie (Arthur de). — L'imprimerie en Bretagne au XVe siècle. Étude sur les incunables bretons avec fac-similés contenant la reproduction intégrale de la plus ancienne impression bretonne. (Nantes, 1878, in-8°, XII-156 p.)

24644. La Grimaudière (Hippolyte de). — Documents sur l'histoire de la Révolution en Bretagne. La commission Brutus Magnier à Rennes. (Nantes, 1879, in-8°, VII-180 p.)

24645. Jouon des Longrais (F.). — Le roman d'Aquin ou la conqueste de la Bretaigne par le roy Charlemaigne. (Nantes, 1880, in-8°, CXXVII-244 p.)

24646. Delaville Le Roulx (J.). — L'hôpital des Bretons à Saint-Jean-d'Acre au XIII° siècle. (Nantes, 1880, in-8°.)

24647. Barthélemy (Anatole de). — Choix de documents inédits pour l'histoire de la Ligue en Bretagne. (Nantes, 1880, in-8°, 269 p.)

[Rançon imposée par le duc de Mercœur à Georges du Guémadeuc, 1589; relation du siège de Vitré, 1589; relation de la mission de deux délégués du Parlement de Bretagne, 1590; lettres du duc de Mercœur aux habitants de Saint-Malo, 1590; procès-verbal relatif aux archives du château du Tymeur, 1590; requêtes aux États de la Ligue par les habitants de Carhaix, 1591; état des dépenses des garnisons royales, 1591, etc.]

24648. La Borderie (Arthur de). — Chronique de Bretagne de Jean de Saint-Paul, chambellan du duc François II. (Nantes, 1881, in-8°, XXXII-148 p.)

24649. La Borderie (Arthur de) et Kerviler (René). — Œuvres nouvelles de Des Forges Maillard, précédées d'une étude biographique. (Nantes, 1882-1887, 2 vol. in-8°.)

24650. Halgan, Saint-Jean (De), Gourcuff (Olivier de) et Kerviler (René). — Anthologie des poètes bretons du XVII° siècle. (Nantes, 1884, in-8°, XVI-288 p.)

[Nicolas Dadier (1533 † 1628); Baudeville (XVII° s.); François Auffroy († 1652); Anne de Rohan (1584 † 1646); Alexandre de Rivière (1561 † 1618); Paul Hay du Chastelet (1592 † 1636); René Gentilhomme, sieur de l'Espine (1610 † 1671); René de Ceriziers (1609 † 1662); Du Bois Hus (XVII° s.); Philippe Lenoir (XVII° s.); Jean-Baptiste Babin (XVII° s.); Jean Barrin de La Galissonnière (1640 † 1718); René de Bruc de Montplaisir (1610 † 1682); Catherine Descartes (1637 † 1706); René Le Pays (1634 † 1690); Jean de Montigny (1636 † 1671); l'abbé de Francheville (XVII° s.); le P. Grignon de Montfort (1673 † 1716); comtesse de Murat (1670 † 1716); Julienne Cuquenielle (XVII° s.).]

24651. La Borderie (Arthur de). — Le bombardement et la machine infernale des Anglais contre Saint-Malo en 1693. Récits contemporains en vers et en prose. (Nantes, 1885, in-8°, XI-100 p.)

I. — Bulletin de la Société des bibliophiles bretons et de l'histoire de Bretagne, 1re année, 1878. (Nantes, 1878, in-8°, 63 p.)

24652. La Borderie (Arthur de). — Représentations dramatiques en Bretagne aux XV° et XVI° siècles, p. 49.

24653. La Borderie (Arthur de). — Lettres du cardinal de Rohan à dom Morice (1729-1730), p. 56.

II. — Bulletin de la Société des bibliophiles bretons, etc., 2° année, 1878-1879. (Nantes, 1879, in-8°, 69 p.)

24654. Rousse. — Liste des poètes bretons qui ont fait des vers français [XII°-XIX° s.], p. 36.

24655. Laurant (Auguste). — Documents inédits sur la mort du maréchal d'Ancre, sur la cathédrale de Nantes et les théâtres de Nantes de 1796 à 1800, *plan*, p. 61.

III. — Bulletin de la Société des bibliophiles bretons, etc., 3° année, 1879-1880. (Nantes, 1880, in-8°, 77 p.)

24656. Anonyme. — Nécrologie, p. 55.

[Le cardinal Saint-Marc (1803 † 1878), MM. Sigismond Ropartz (1822 † 1878), de Kergariou (1807 † 1878), Édouard Bonamy (1828 † 1877), Barthélemi Prouzat (1818 † 1878), Henri de Lespinay (1809 † 1878), Halléguen (1813 † 1879).]

24657. La Borderie (Arthur de). — Sur l'histoire de l'imprimerie à Nantes au XVI° siècle, p. 32.

24658. Grimaud (Émile). — Rapport sur les œuvres de J.-B.-O. Bonnet de la Verdière, p. 41.

24659. Anonyme. — Documents inédits, p. 58.

[Règlement pour les vivres des troupes, 1557; union de l'abbaye de Geneston à la Congrégation des chanoines réguliers de France, 1657; conte inédit de Desforges-Maillard; autographe de Brizeux.]

IV. — Bulletin de la Société des bibliophiles bretons, etc., 4° année, 1880-1881. (Nantes, 1881, in-8°, 87 p.)

24660. Anonyme. — Nécrologie, p. 53.

[MM. Joseph Foulon (1808 † 1879), François Moreau (1841 † 1880). Louis de Kerjégu (1812 † 1880), de Goulaine († 1880). Henri Laloy (1815 † 1880), Amédée Clerc († 1879).]

24661. Anonyme. — Archives de Bretagne, p. 49.

[Fondation du prieuré de Gahard, 1015; charte mentionnant Astralabe, fils d'Abailard, 1153; ancienne charte française de l'abbaye du Trouchet, 1246; institution d'une flotte ducale, 1372; don fait à Pierre d'Argentré, 1413; ordre donné aux habitants de Quimperlé pour le pavage des rues, 1460; redevance singulière en la seigneurie de Quintin, 1555.]

24662. Anonyme. — Nécrologie. M. Benjamin Fillon [1819 † 1881], p. 64.

24663. La Borderie (Arthur de). — Pamphlet breton contre le Régent (1719), p. 71.

V. — Bulletin de la Société des bibliophiles bretons, etc., 5° année, 1881-1882. (Nantes, 1882, in-8°, 68 p.)

24664. Anonyme. — Nécrologie, p. 37.

[MM. Stephane Halgan (1828 † 1882); Jules de La Pilorgerie († 1881); Auguste Fontaine († 1882); James de Rothschild (1844 † 1881), *portrait*; le commandant Romignon (1836 † 1881); M. du Laurens de la Barre (1819 † 1881).]

24665. GRANGES DE SURGÈRES (DE). — Strophes sur la Noël demandées par Marguerite d'Autriche à Olivier de la Marche, d'après un sermon d'Olivier Maillard, p. 49.

24666. MELLINET (Général). — M. le capitaine Meunier [1840 † 1881], p. 63.

VI. — Bulletin de la Société des bibliophiles bretons, etc., 6e année, 1882-1883. (Nantes, 1883, in-8°, 63 p.)

24667. ANONYME. — Nécrologie, p. 37.

[MM. Charles Fatout (1839 † 1882); Fortuné Parenteau (1818 † 1882); l'abbé Cyprien Lévêque (1845 † 1882).]

24668. LA NICOLLIÈRE-TEIJEIRO (S. DE). — Librairie et imprimerie nantaises en 1622, p. 44.

24669. GOURCUFF (Olivier DE). — Une poésie sur un Rohan, p. 52.

[Le cardinal Armand de Rohan (1674 † 1749).]

24670. FRAIN (Édouard). — La Milice des filles, canard nantais, p. 55.

24671. DU BOIS SAINT-SÉVRIN (Félix). — Le Bardit ou chant des Bretons, p. 59.

VII. — Bulletin de la Société des bibliophiles bretons, etc., 7e année, 1883-1884. (Nantes, 1884, in-8°, 81 p.)

24672. ANONYME. — Nécrologie, p. 56.

[MM. Auguste Garnier († 1883); Léon Maupillé († 1883); Léon Verdier († 1883); Louis Jeffredo (1840 † 1883); Joachim Gaultier du Mottay († 1883); Victor de Laprade (1812 † 1883).]

24673. GOURCUFF (Olivier DE). — Horace traduit par un officier breton, p. 65.

[Étude sur les poésies d'Amédée Hocquart († 1862).]

24674. LA BORDERIE (Arthur DE). — Note bibliographique sur les œuvres de René Le Pays [1634 † 1690], p. 69.

VIII. — Bulletin de la Société des bibliophiles bretons, etc., 8e année, 1884-1885. (Nantes, 1885, in-8°, 84 p.)

24675. ANONYME. — Nécrologie, p. 46.

[MM. François Audran (1828 † 1884); le comte Hector († 1884); Le Mercier de Morière († 1885); Constant Merland († 1885).]

24676. DIVERS. — Documents inédits, p. 84.

[Mentions inédites du Roman d'Aquin aux XVe et XVIe siècles; l'écurie du duc de Bretagne en 1481; inauguration de la statue du roi à Rennes en 1754; lettre inédite de Blanchard de la Musse; 1802.]

I. — Mélanges historiques, littéraires et bibliographiques, publiés par la Société des bibliophiles bretons, t. I. (Nantes, 1878, in-8°, 260 p.)

24677. FOULON-MENARD (J.). — Traditions populaires des Bretons; tradition de Merlin dans la forêt de Brocéliande, p. 1.

24678. LA NICOLLIÈRE-TEIJEIRO (S. DE). — Les clefs de la ville de Nantes depuis le XVe siècle, p. 23.

24679. ROPARTZ (Sigismond). — Le jeu de saint Maxent, mystère composé et représenté en Bretagne en 1537 [analyse], p. 51.

24680. LA BORDERIE (Arthur DE). — Le livre de Marguerite de Bretagne, dame de Goulaine (1585-1599), p. 83.

24681. KERVILER (René). — L'art de l'ingénieur et le clergé en Bretagne au commencement du XVIIe siècle, p. 161.

24682. MELLINET (Général). — Descente des Anglais à Camaret (1694), p. 205.

24683. QUESNET (Ed.). — Réception d'un maître libraire à Rennes (1782), p. 215.

24684. LA SICOTIÈRE (Léon DE). — Vieux livres et vieux papiers, p. 223.

[Mention de pièces concernant la Révolution en Bretagne et la famille de Doublart; biographie de Pierre-Julien Lelièvre (1749 † 1820).]

II. — Mélanges historiques, littéraires et bibliographiques, etc., t. II. (Nantes, 1883, in-8°, VII-260 p.)

24685. LA SICOTIÈRE (Léon DE). — L'association des étudiants en droit de Rennes avant 1790, p. 1.

24686. GOURCUFF (Olivier DE). — Un poète breton, disciple de Ronsard, François Auffray [† 1614], p. 75.

24687. BRÉHIER (Ernest DE). — Le manuscrit du sieur de Caillon [XVIIe s.], p. 133.

24688. CANTENAC. — Le Cours de Rennes au XVIIe siècle, p. 147.

24689. DU BOIS-SAINT-SEVRIN (Félix). — Les imprimeurs de Quimper au XVIIIe siècle, p. 161.

24690. AUDRAN (François). — Les livres et leur valeur dans l'évêché de Quimper avant 1789, p. 173.

24691. LA BORDERIE (Arthur DE). — Documents inédits, p. 189.

[Prix des livres en Bretagne au XIVe siècle; les deux saints Caradec; légendes latines; documents sur Gilles de Bretagne et sur la fête des orfèvres à Nantes en 1508; instructions adressées à l'intendant de Bretagne au XVIIIe siècle au sujet des monuments de la province.]

I. — Archives de Bretagne, recueil d'actes, de chroniques et de documents historiques rares ou inédits, t. I. (Nantes, 1883, in-4°, XXIX-207 p.)

24692. LA NICOLLIÈRE-TEIJEIRO (S. DE). — Privilèges accordés par les ducs de Bretagne et les rois de France aux bourgeois de la ville de Nantes [xive-xviiie s.], p. 1 à 207.

II. — Archives de Bretagne, etc., t. II. (Nantes, 1884, in-4°, xliv-159 p.)

24693. La Borderie (Arthur de). — Le complot breton de 1492, p. 1 à 159.

[Lettres de Henri VII, roi d'Angleterre; compte du béguin de François II, duc de Bretagne, 1488; inventaire du château de Nantes, 1492; inventaire de l'artillerie de Bretagne, 1495, etc.]

III. — Archives de Bretagne, etc., t. III. (Nantes, 1885, in-4°, xi-404 p.)

24694. Ernault (Émile). — Le mystère de sainte Barbe, tragédie bretonne, texte de 1557 avec traduction française et dictionnaire étymologique du breton moyen, p. 1 à 404.

LOIRET. — MONTARGIS.

SOCIÉTÉ D'ÉMULATION DE MONTARGIS.

Cette Société, fondée en 1853, n'a eu qu'une existence éphémère. Elle a publié un certain nombre de plaquettes dont voici le détail.

24695. Anonyme. — Inauguration du musée de Montargis. (Montargis, 1853, in-8°, 14 p.)
24696. Girardot (De). — Billets de confiance de Montargis pendant la Révolution. (Montargis, 1853, in-8°, 7 p.)
24697. Girardot (De). — Réclamations de la ville de Montargis en 1789-1790 contre la formation du département du Loiret. (Montargis, 1854, in-8°, 16 p.)
24698. Girardot (De). — Lettres de Bernardin de Saint-Pierre adressées à Girodet. (Montargis, 1854, in-8°, 15 p.)
24699. Ballot (Dr). — Notice biographique et nécrologique sur le docteur Gastellier, ancien maire. (Montargis, 1854, in-8°, 15 p.)
24700. Girardot (De). — Notice sur l'organisation municipale en 1552. (Montargis, 1854, in-8°, 24 p.)
24701. Levain (Auguste). — Girodet considéré comme écrivain, p. 11. (Montargis, 1854, in-8°.)
24702. Dumeis (Alexandre). — Notice sur un reliquaire trouvé dans le chœur de Triguères (Loiret). (Montargis, 1854, in-8°, 4 *pl.*)

LOIRET. — ORLÉANS.

ACADÉMIE DE SAINTE-CROIX D'ORLÉANS.

Fondée en 1863, sur l'initiative de Mgr Dupanloup, évêque d'Orléans, et autorisée le 5 novembre 1869, cette Académie a publié, de 1865 à 1886, cinq volumes de *Lectures et Mémoires*.

I. — Académie de Sainte-Croix d'Orléans. Lectures et Mémoires, t. I. (Orléans, 1865-1872, in-8°, 579 p.)

24703. Bougaud (L'abbé). — Sainte Monique et saint Augustin à Cassiacum, p. 201.
24704. Quinton. — L'instruction criminelle à Rome, p. 241.
24705. Baguenault de Puchesse. — Étude sur Chateaubriand, p. 327.
24706. La Rocheterie (Maxime de). — Un abbé au IXe siècle. Étude sur Loup de Ferrières, p. 371.
24707. La Rocheterie (Maxime de). — Chute et captivité de Fouquet, p. 467.
24708. Baguenault de Puchesse. — Le P. Lacordaire et Mme Swetchine, p. 497.
24709. Lagrange (L'abbé). — Saint Jérôme et les dames romaines au IVe siècle, p. 511.

II. — Académie de Sainte-Croix d'Orléans. Lectures et Mémoires, t. II. (Orléans, 1872, in-8°, LXIV-532 p.)

24710. Anonyme. — L'Académie de Sainte-Croix de 1863 à 1872, p. V.
24711. Johanet (A.). — Le P. Lacordaire et Frédéric Ozanam, p. 30.
24712. Mantellier. — De deux inscriptions tumulaires qui se lisent en l'église de Saint-Pierre-le-Puellier d'Orléans, p. 63.

[Épitaphes de Foy Bornésienne et de Renée de Palis, XVIe s.]

24713. Isnard (H.). — Coup d'œil sur la justice criminelle en France avant 1789, p. 174.
24714. La Rocheterie (Maxime de). — Trois mois de captivité en Hongrie, p. 233.

[Récit de la captivité du général de Pimodan à Peterwardein en 1849.]

24715. Vauzelles (Ludovic de). — Le prieuré de la Magdeleine-lès-Orléans au XVe siècle ou la réforme de l'ordre de Fontevrault, p. 272.

24716. Beaucorps (Maxime de). — L'assistance publique, son origine, ses phases successives, p. 361.

24717. Lacombe (H. de). — La dernière campagne du maréchal de Villars [1733-1734], p. 425.

24718. Boucher de Molandon. — La première expédition de Jeanne d'Arc. Blois, Chécy, Orléans (27, 28 et 29 avril 1429) [pièces justificatives], p. 456.

III. — Académie de Sainte-Croix d'Orléans. Lectures et Mémoires, t. III. (Orléans, 1877, in-8°, 470 p.)

24719. La Rocheterie (Maxime de). — L'église et l'école dans une commune du Loiret pendant la Révolution [à Dry], p. 23.

24720. Bouchet (Émile). — La personnalité d'Homère, p. 47.

24721. Cochard (L'abbé). — Micy, son histoire, son influence sociale au vie siècle, p. 76.

[Histoire du monastère de Micy (Loiret).]

24722. La Rocheterie (Maxime de). — Les dernières lectures des prisonniers du Temple, p. 327.

[Étude sur la captivité de la famille royale au Temple.]

24723. Deschamps (H.). — Étude sur la chanson de Roland, p. 359.

24724. Cuissard. — Richesse des manuscrits de Fleury-sur-Loire, p. 407.

24725. Jarry (L.). — Note sur l'imprimerie orléanaise, p. 433.

24726. Bimbenet (Daniel). — Le chancelier d'Aguesseau, p. 439.

IV. — Académie de Sainte-Croix d'Orléans. Lectures et Mémoires, t. IV. (Orléans, 1880, in-8°, 548 p.)

24727. Johanet (A.). — Mgr Dupanloup dans la chaire de Sainte-Croix, p. 1.

24728. Cochard (L'abbé). — Les Minimes d'Orléans, p. 29.

24729. Jarry (L.). — Dom Gérou, sa vie et ses travaux littéraires, d'après une correspondance inédite [1700 † 1767], p. 137.

24730. Bimbenet (Daniel). — Étude sur Jacques Delalande, docteur régent de l'Université d'Orléans [1622 † 1703], p. 189.

24731. La Rocheterie (Maxime de). — Trianon, Marie-Antoinette, les arts et le théâtre, p. 232.

24732. Cuissard. — Mystères joués à Fleury et à Orléans, p. 284.

24733. Bouchet (E.). — Fondation de l'ordre des Bénédictines réformées de Notre-Dame-du-Calvaire. Mme Antoinette d'Orléans et le père Joseph, p. 315.

24734. Quinton (A.). — La conjuration de Catilina, p. 409.

V. — Académie de Sainte-Croix d'Orléans. Lectures et Mémoires, t. V. (Orléans, 1886, in-8°, 560 p.)

24735. Bimbenet (Daniel). — Notice sur M. Paul Homberg [magistrat, 1832 † 1880], p. 1.

24736. Cuissard. — Étude sur les jours égyptiens des calendriers, p. 9.

24737. Raguenet de Saint-Albin (Octave). — Joseph-Étienne Vaslin, annaliste de l'Église de Beauvais [1690 † 1771], p. 139.

24738. Chapon (L'abbé). — Mgr Dupanloup, polémiste, p. 181.

24739. Laurent de Saint-Aignan (L'abbé). — Vie de saint Sophrone, patriarche de Jérusalem [vie s.], p. 229.

24740. Cuissard. — Les feux de la Saint-Jean, p. 245.

24741. Hautin (L'abbé). — La voie Prénestine, p. 364.

24742. Laurent de Saint-Aignan (L'abbé). — Le voyage de Jacques Le Saige à Jérusalem [xvie s.], p. 424.

24743. Cuissard. — Étude [historique] sur la musique dans l'Orléanais, p. 444.

24744. Laurent de Saint-Aignan (L'abbé). — Les crocodiles en Palestine [renseignements historiques], p. 534.

LOIRET. — ORLÉANS.

SOCIÉTÉ D'AGRICULTURE, SCIENCES, BELLES-LETTRES ET ARTS D'ORLÉANS.

Nous n'avons pas à rappeler ici les diverses Sociétés savantes qui ont existé à Orléans avant la Révolution. L'histoire en a été faite par M. Jules Loiseleur. (Voir notre n° 24861. — Cf. nos 24810 et 24820.) Aucune d'elles n'a d'ailleurs produit autre chose que des publications individuelles. Les deux plus importantes de ces associations, la *Société royale d'agriculture* fondée en 1762, et l'*Académie royale des sciences, arts et belles-*

IMPRIMERIE NATIONALE.

lettres fondée en 1781, disparurent en 1793. Un effort fut fait sous l'Empire, pour réunir dans une société nouvelle les membres encore vivants de ces deux associations. De cette tentative naquit en 1809 la *Société des sciences physiques et médicales*, qui vécut jusqu'en 1813, et fut rétablie en 1818 sous le titre de *Société des sciences, belles-lettres et arts d'Orléans*. Elle fut reconnue d'utilité publique le 5 mars 1875 sous le titre de *Société d'agriculture, sciences, belles-lettres et arts d'Orléans*. Cette société a publié de 1809 à 1880, cinquante-six volumes divisés en quatre séries. La première série comprend : le *Bulletin de la Société des sciences physiques et médicales d'Orléans*, 7 vol. publiés de 1809 à 1813; la seconde les *Annales de la Société des sciences, belles-lettres et arts*, 14 volumes, de 1818 à 1836; la troisième les *Mémoires de la Société royale des sciences, belles-lettres*, etc., 10 volumes, de 1837 à 1852, enfin la quatrième les *Mémoires de la Société d'agriculture, sciences, belles-lettres et arts d'Orléans* dont le vingt-cinquième volume a été publié en 1885. Une table générale des 46 premiers volumes a été publiée en 1874, nous l'avons mentionnée sous le n° 24871.

I. — **Annales de la Société des sciences, belles-lettres et arts d'Orléans**, t. I. (Orléans [1818], 1819, in-8°, 284 p.)

24745. La Place de Montévray (De). — Dissertation sur les armoiries de la ville d'Orléans, p. 81.

24746. La Place de Montévray (De). — Notice sur la vie et les ouvrages de Jacques de La Lande, jurisconsulte du XVIIe siècle [† 1703], p. 193.

24747. Le Brun (J.). — Dissertation sur les monuments des anciens Romains, p. 237.

II. — **Annales de la Société royale des sciences, belles-lettres**, etc., t. II. (Orléans, 1819, in-8°, 272 p.)

24748. Blanvillain (J.-F.-C.). — Sur la langue italienne [origine et formation], p. 9.

24749. Passac (De). — Précis historique sur les Bourbons-Vendôme, ancêtres de Henri IV, et sur Jeanne d'Albret, sa mère, p. 97.

24750. La Place de Montévray (De). — Notice sur la vie et les ouvrages de Jean-Pyrrhus d'Anglebermes, jurisconsulte et littérateur des XVe et XVIe siècles [† 1521], p. 185.

24751. Galisset. — Notice sur la vie et les ouvrages de M. Lebrun, architecte [† 1819], p. 264.

III. — **Annales de la Société royale des sciences, belles-lettres**, etc., t. III. (Orléans, 1821, in-8°, 288 p.)

24752. Jallon (D[r]). — Notice biographique sur Nicolas-Marie, marquis de Tristan, ancien maire de la ville d'Orléans [† 1820], p. 141.

24753. Benoist-Latour. — Essai [historique] sur la musique et projet de rétablissement des maîtrises près des cathédrales, p. 257.

IV. — **Annales de la Société royale des sciences, belles-lettres**, etc., t. IV. (Orléans, 1822, in-8°, 288 p.)

24754. La Place de Montévray (De). — Notice sur la vie et les ouvrages de Durzy, conseiller à la cour royale d'Orléans [† 1822], p. 157.

24755. Pellieux (J.-N.). — Dissertation sur les monuments celtiques en général et en particulier sur les pierres de Ver et de Feularde situées dans la commune de Tavers près de la ville de Beaugency, p. 210.

24756. Pagot. — Notice sur des restes de constructions romaines découvertes à Orléans, en 1821, et qui ont appartenu à un théâtre, *pl.*, p. 276.

V. — **Annales de la Société royale des sciences, belles-lettres**, etc., t. V. (Orléans, 1823, in-8°, 312 p.)

24757. Jallon (D[r]). — Notice biographique sur M. le docteur Payen [† 1822], p. 5.

VI. — **Annales de la Société royale des sciences, belles-lettres**, etc., t. VI. (Orléans, 1823, in-8°, 290 p.)

24758. Boscheron des Portes. — Notice historique et biographique ou éloge de Mgr Pierre-Marin Rouph de Varicourt, évêque d'Orléans [† 1822], p. 40.

24759. Le Brun (J.). — Essai sur l'origine de la nudité des statues héroïques et sur l'abus qu'on en fait dans les monuments français, p. 74.

24760. Benoist-Latour. — Notice sur la ville d'Orléans en 1823, p. 93.

24761. Anonyme. — Notice nécrologique sur M. Ripault [† 1823], p. 191.

VII. — **Annales de la Société royale des sciences, belles-lettres**, etc., t. VII. (Orléans, 1824, in-8°, 284 p.)

24762. Jollois. — Notice sur un coffre ancien qui se voit

dans la sacristie de l'église Saint-Aignan [xve s.], *pl.*, p. 81.

24763. LATOUR. — Notice biographique sur M. le docteur Gable [† 1824], p. 129.

24764. JOLLOIS. — Notice sur les nouvelles fouilles entreprises dans l'emplacement de la fontaine l'Étuvée et sur les antiquités [romaines] qu'on y a découvertes, p. 143.

24765. VERGNAUD-ROMAGNÉSI. — Notice sur M. J. Riffault [† 1826], p. 267.

VIII. — Annales de la Société royale des sciences, belles-lettres, etc., t. VIII. (Orléans, 1826, in-8°, 300 p.)

24766. BOSCHERON DES PORTES. — Rapport sur un manuscrit de la fin du XVIe siècle, p. 89.

[Mémoires de Groulard.]

IX. — Annales de la Société royale des sciences, belles-lettres, etc., t. IX. (Orléans, 1828, in-8°, 306 p.)

X. — Annales de la Société royale des sciences, belles-lettres, etc., t. X, 1829. (Orléans, s. d., in-8°, 268 p.)

24767. LANOIX. — Éloge historique de M. Dominique Latour, médecin [1749 † 1829], p. 190.

XI. — Annales de la Société royale des sciences, belles-lettres, etc., t. XI, 1830. (Orléans, s. d., in-8°, 292 p.)

24768. JOLLOIS. — Mémoire sur l'exploration d'un cimetière romain situé à Gièvres (Loir-et-Cher), et sur la découverte de l'emplacement de l'ancienne Gabris, p. 49.

24769. VERGNAUD-ROMAGNÉSI. — Notice sur la restauration du mausolée de Philippe Ier, sur la découverte et l'ouverture de son tombeau à Saint-Benoît-sur-Loire, *pl.*, p. 141.

24770. VERGNAUD-ROMAGNÉSI. — Sur l'emplacement du fort des Tourelles à Orléans, p. 257.

24771. VERGNAUD-ROMAGNÉSI. — Notice historique sur la découverte du cimetière primitif de la ville d'Orléans, *plan*, p. 267.

XII. — Annales de la Société royale des sciences, belles-lettres, etc., t. XII, 1832. (Orléans, s. d., in-8°, 298 p.)

24772. VERGNAUD-ROMAGNÉSI. — Notice sur le château de Chambord, p. 70.

24773. VERGNAUD-ROMAGNÉSI. — Notice historique sur le fort des Tourelles de l'ancien pont de la ville d'Orléans et sur la découverte de ses restes en juillet 1831, 2 *pl.*, p. 153.

24774. JOLLOIS. — Notice sur une figurine en terre cuite découverte à Tigy (Loiret) [époque gallo-romaine], p. 221.

24775. VERGNAUD-ROMAGNÉSI. — Rapport sur la figurine de Tigy, *pl.*, p. 227.

24776. VERGNAUD-ROMAGNÉSI. — Notice sur la vie et les ouvrages de M. Pellieux aîné, de Beaugency [médecin, † 1832], p. 272.

24777. VERGNAUD-ROMAGNÉSI. — Mémoire sur des instruments antiques en bronze trouvés près de Gien (Loiret) [haches celtiques], *pl.*, p. 281. — Cf. n° 24781.

XIII. — Annales de la Société royale des sciences, belles-lettres, etc., t. XIII, 1833. (Orléans, s. d., in-8°, 300 p.)

24778. VERGNAUD-ROMAGNÉSI. — Mémoire sur la porte Saint-Jean d'Orléans, *pl.*, p. 5.

24779. LEJEUNE. — Notice historique sur la maladrerie du Grand-Beaulieu au diocèse de Chartres, p. 30.

24780. VERGNAUD-ROMAGNÉSI. — Mémoire sur des médailles romaines, divers objets antiques et une statuette trouvés près du chemin de Meung à Charsonville et dans les communes de Bacon, Cravant, Josne et Orléans, *pl.*, p. 49.

24781. VERGNAUD-ROMAGNÉSI. — Addition au mémoire sur des instruments antiques en bronze trouvés à Gien (Loiret), p. 77. — Cf. n° 24777.

24782. VERGNAUD-ROMAGNÉSI. — Mémoire sur des sculptures antiques trouvées à Orléans, *pl.*, p. 106.

24783. VERGNAUD-ROMAGNÉSI. — Mémoire sur une mosaïque et des antiquités romaines trouvées près de Châteaudun, 5 *pl.*, p. 192 et 293.

24784. VERGNAUD-ROMAGNÉSI. — Notice historique et description de l'église de Saint-Pierre-en-Pont d'Orléans, *pl.*, p. 213. — Cf. n° 24789.

XIV. — Annales de la Société royale des sciences, belles-lettres, etc., t. XIV, 1836-1837. (Orléans, s. d., in-8°, 316 p.)

24785. VERGNAUD-ROMAGNÉSI. — Mémoire [historique] sur l'ancienne porte de Saint-Laurent ou le jardin de ville d'Orléans destiné aux constructions de l'entrepôt, *pl.*, p. 5.

24786. VERGNAUD-ROMAGNÉSI. — Notice sur une ancienne

bannière de la ville d'Orléans portée jadis aux processions de la délivrance de la ville le 8 mai [xve ou xvie s.], p. 25.

24787. Boscheron des Portes. — Éloge historique de M. l'abbé Mérault [1744 † 1835], p. 193.

24788. La Place de Montévray (De). — Recherches historiques et littéraires sur les almanachs orléanais, p. 227.

24789. Vergnaud-Romagnési. — Supplément à la notice historique et descriptive de l'église de Saint-Pierre-en-Pont d'Orléans, p. 283. — Cf. n° 24784.

I. — Mémoires de la Société royale des sciences, belles-lettres et arts d'Orléans, t. I. (Orléans, 1837-1838, in-8°, 298 p.)

24790. Vergnaud-Romagnési. — Document sur le siège d'Orléans par les Anglais en 1429, p. 134.

[Extrait du compte de messire Raguier, trésorier des guerres, 1424-1433.]

24791. Guyot (P.). — Dissertation sur cette question historique : Si l'empereur Aurélien a donné son nom à la ville d'Orléans? p. 197.

II. — Mémoires de la Société royale des sciences, belles-lettres, etc., t. II. (Orléans, 1838, in-8°, 300 p.)

III. — Mémoires de la Société royale des sciences, belles-lettres, etc., t. III. (Orléans, 1840, in-8°, 290 p.)

24792. Lemolt-Phalary. — Du chien de Montargis d'abord, en second lieu d'un roman pseudonyme et de ses vrais date et nom d'auteur, p. 188.

[Le roman du *Vray et parfait amour* composé entre 1440 et 1450 et attribué à l'architecte Philander.]

IV. — Mémoires de la Société royale des sciences, belles-lettres, etc., t. IV. (Orléans, 1842, in-8°, 288 p.)

24793. Billy (E. de). — Essai sur les noms de lieux [de l'arrondissement d'Orléans], p. 5.

24794. A. R. — Figurine [en terre cuite] trouvée dans l'isthme de Panama, *pl.*, p. 142.

24795. Vassal (De). — Recherches [historiques] sur le monastère de Notre-Dame-de-Bonne-Nouvelle [à Orléans], p. 169.

[Diplômes et lettres de Robert le Pieux, Ives, évêque de Chartres, Jean, évêque d'Orléans, Simon et Lancelin de Beaugency, Urbain II, Philippe Auguste, etc., *fac-similés* et *plans*.]

V. — Mémoires de la Société royale des sciences, belles-lettres, etc., t. V. (Orléans, 1843, in-8°, 292 p.)

24796. Du Faur de Pibrac (A.). — Mémoire sur quelques antiquités de Beaune-la-Rolande en Gâtinais, *pl.*, p. 233.

[Église de 1538 : cloche.]

VI. — Mémoires de la Société royale des sciences, belles-lettres, etc., t. VI. (Orléans, 1845, in-8°, 300 p.)

24797. Lemolt-Phalary. — Extrait d'une relation des opérations de la flotte française dans les mers de l'Inde depuis le 14 octobre 1780 jusqu'au 12 février 1781, p. 100.

VII. — Mémoires de la Société royale des sciences, belles-lettres, etc., t. VII. (Orléans, 1846, in-8°, 292 p.)

24798. Aufrère-Duvernay (Charles). — Notice historique et biographique sur M. l'abbé Dubois [† 1824], p. 5.

24799. Denys (D[r]). — Mémoire sur le sépulcre de Saint-Mihiel [Meuse] et sur Richier (Léger ou Ligier), son auteur [xvie s.], *pl.*, p. 18; et X, p. 160.

24800. Jacob (A.). — Rapport de la commission d'archéologie sur l'église de Germigny-des-Prés [inscription du ixe s.], *pl.*, p. 130.

24801. Denys. — Notice biographique sur M. Ranque [† 1847], p. 168.

24802. Lepage (D[r]). — Nécrologie. M. le docteur Lanoix père [† 1847], p. 177.

24803. Vassal (De). — Rapport au nom de la commission d'archéologie sur l'inscription de la mosaïque [romaine] découverte à Mienne, près de Châteaudun, p. 182 et 213.

24804. Du Faur de Pibrac. — Rapport sur l'histoire architecturale d'Orléans, p. 262. — Cf. n° 24805.

24805. Buzonnière (De). — Observations sur le rapport ci-dessus, p. 279. — Cf. n° 24804.

VIII. — Mémoires de la Société des sciences, belles-lettres, etc., t. VIII. (Orléans, 1849, in-8°, 298 p.)

24806. Vassal (De). — La Croix-Blon et la Croix-Faron, *pl.*, p. 187.

[Légende du xive siècle relative au passage de Jeanne d'Arc dans l'Orléanais. — Notes sur l'étendard de Jeanne d'Arc, la prise de Beaugency et sur Saint-Péravy-la-Colombe.]

24807. Vassal (De). — Punition d'un calomniateur au xive siècle, p. 282.

[Procès intenté en 1370 à Jean Bréviende.]

IX. — Mémoires de la Société des sciences, belles-lettres, etc., t. IX. (Orléans, 1849, in-8°, 288 p.)

24808. Vassal (De). — Légendes de l'Orléanais; Colin et Jeanne, p. 176.

[Partages de serfs et de serves, 1400 et 1412.]

X. — Mémoires de la Société des sciences, belles-lettres, etc., t. X. (Orléans, 1852, in-8°, 292 p.)

24809. Vergnaud-Romagnési. — Notice sur la vie et les ouvrages de M. Éloi Johanneau [† 1851], p. 144.
24810. Lecomte. — D'une Société académique qui existait à Orléans au commencement du xviie siècle et vers la fin du xvie siècle [Société de Saint-Aignan], p. 148.
[24799]. Denys (D[r]). — Mémoire sur le sépulcre de Saint-Mihiel et sur Richier (Léger ou Ligier), son auteur, p. 160.
24811. Jacob (Alex.). — Deux épîtres de Théodulphe, ancien abbé de Saint-Benoît-sur-Loire et évêque d'Orléans [ixe s.; traduction en vers], p. 174.
24812. Watson. — Appréciation du système métrique des anciens, comparé avec la versification des peuples modernes, p. 185.
24813. Delaitre. — Recherches [historiques] sur l'industrie des bains et lavoirs publics, *pl.*, p. 253.

XI. — Mémoires de la Société d'agriculture, sciences, belles-lettres et arts d'Orléans, 2e série, t. I. (Orléans, 1853, in-8°, 288 p.)

24814. Vergnaud-Romagnési. — Mémoire sur une crypte découverte en décembre 1852 dans le jardin du séminaire d'Orléans, rue de l'Évêché [crypte de Saint-Avit], *pl.*, p. 10 et 24.
24815. Buzonnière (De). — Note sur la destination des deux compartiments de la crypte de Saint-Avit, p. 20.
24816. Vergnaud-Romagnési. — Mémoire sur les fausses Jeanne d'Arc, p. 92. — Cf. n° 24819.
24817. Rabourdin (A.). — Notice nécrologique sur M. Fougeron [† 1853], p. 111.
24818. La Pylaie (De). — Recherches archéologiques sur l'abbaye de Saint-Benoît et sur les antiquités de la contrée, p. 156.
24819. Vergnaud-Romagnési. — Portraits de Jeanne d'Arc et de la fausse Jeanne d'Arc, p. 251. — Cf. n° 24816.

XII. — Mémoires de la Société d'agriculture, sciences, belles-lettres, etc., 2e série, t. II. (Orléans, 1855, in-8°, 304 p.)

24820. Dupuis (F.). — Recherches sur les sociétés littéraires et scientifiques à Orléans [du xviie s. à 1850], p. 68.
24821. Baguenault de Viéville (G.). — Deux poètes orléanais au xixe siècle, p. 246.

[MM. Deloynes d'Autroche et Deloynes de Gautray.]

XIII. — Mémoires de la Société d'agriculture, sciences, belles-lettres, etc., 2e série, t. III. (Orléans, 1857, in-8°, 280 p.)

24822. Du Faur de Pibrac (A.). — Mémoire sur les ruines gallo-romaines de Verdes (Loir-et-Cher), 9 *pl.*, p. 5.
24823. Boutet de Monvel. — Notice sur la ruine gallo-romaine découverte en 1856 par l'abbé Guiot, près de la ferme de la Mardelle, commune de Triguères, canton de Châteaurenard, arrondissement de Montargis [théâtre], p. 41. — Cf. n° 24840.
24824. Baguenault de Viéville (G.). — Orléans et ses panégyristes au xvie siècle, p. 70.

[Pyrrhus d'Angleberme, Léon Tripault, Raoul Boutrays, Raymond de Massac et Simon Rouzeau.]

24825. Bimbenet (Eugène). — Notice sur John Watson, bibliothécaire communal d'Orléans [† 1856], p. 181.

XIV. — Mémoires de la Société d'agriculture, sciences, belles-lettres, etc., 2e série, t. IV. (Orléans, 1859, in-8°, 292 p.)

24826. Du Faur de Pibrac. — Mémoire sur un cimetière celtique découvert à Beaugency, *pl.*, p. 97.
24827. Loiseleur (Jules). — Mémoire [historique et archéologique] sur le château de Gien-sur-Loire [xve s.], p. 213.

XV. — Mémoires de la Société d'agriculture, sciences, belles-lettres, etc., 2e série, t. V. (Orléans, 1860, in-8°, 324 p.)

24828. Baguenault de Viéville (G.). — Germain Audebert, le Virgile orléanais [† 1598], p. 56.
24829. Torquat (De). — Notice historique sur M. Alexandre Désiré de Gaigneau de Champvallins [† 1860], p. 87.
24830. Baillet (Auguste). — Histoire du royaume d'Orléans [vi[e]-viie s.], p. 241.

XVI. — Mémoires de la Société d'agricul-

ture, sciences, belles-lettres, etc., 2ᵉ série, t. VI, 37ᵉ vol. (Orléans, 1861, in-8°, 288 p.)

24831. Du Faur de Pibrac. — Le tombeau de saint Ay, *pl.*, p. 5 et 137.

24832. Loiseleur (Jules). — Sur un droit qui appartenait autrefois à l'exécuteur des hautes œuvres d'Orléans [droit de havée], p. 47.

24833. Torquat (De). — Notice biographique sur M. Jules-Marie Claude, marquis de Tristan [† 1861], p. 65.

24834. Dupuis (F.). — Notice sur M. Pailliet [† 1861], p. 130.

24835. Loiseleur (Jules). — Notice sur des manuscrits inédits de Lavoisier existant à la bibliothèque d'Orléans et sur ses travaux dans l'assemblée provinciale de l'Orléanais tenue en 1787, p. 215.

24836. Dupuis. — Du nom de Guépin donné aux Orléanais, p. 239.

24837. Buzonnière (De). — Discussion sur la religion des druides et sur le pont de Genabum, p. 248.

24838. Houdas. — Les maîtres écrivains orléanais [histoire de l'écriture en Orléanais], p. 257.

XVII. — Mémoires de la Société d'agriculture, sciences, belles-lettres, etc., 2ᵉ série, t. VII, 38ᵉ vol. de la collection. (Orléans, 1863, in-8°, 292 p.)

24839. Boutet de Monvel. — Étude sur les expéditions de Jules César chez les Carnutes, *cartes*, p. 5.

24840. Boutet de Monvel. — Nouvelle étude sur les ruines celtiques et gallo-romaines de la commune de Triguères [monnaies], p. 137. — Cf. n° 24823.

24841. Baguenault de Viéville (G.). — Notice sur François Chevillard [poète du XVIIᵉ s.], p. 211.

24842. Pibrac (De). — Mémoire sur les fouilles du puits des Minimes [à Orléans; poteries romaines], p. 244.

XVIII. — Mémoires de la Société d'agriculture, sciences, belles-lettres, etc., 2ᵉ série, t. VIII, 39ᵉ vol. de la collection. (Orléans, 1864, in-8°, 276 p.)

24843. Bimbenet (Eugène). — Origine et sens du mot Orléans, p. 5.

24844. Desnoyers (L'abbé). — Mémoire sur la tombe en pierre trouvée dans la rue Muzaine [à Orléans], *plan*, p. 129.

24845. Desnoyers (L'abbé). — Une visite aux archives de la mairie [d'Orléans], p. 186.

24846. Boutet de Monvel. — Notice biographique sur M. Lecomte [† 1864], p. 223.

24847. Desnoyers (L'abbé). — Cordier [poète orléanais, † 1772] et Virgile, p. 252.

XIX. — Mémoires de la Société d'agriculture, sciences, belles-lettres, etc., 2ᵉ série, t. IX, 40ᵉ vol. (Orléans, 1866, in-8°, 280 p.)

24848. Loiseleur (Jules). — Essai d'interprétation de l'inscription [romaine] trouvée à Orléans où figure le mot *Cenab*, p. 265.

XX. — Mémoires de la Société d'agriculture, sciences, belles-lettres, etc., 2ᵉ série, t. X, 41ᵉ vol. (Orléans, 1867, in-8°, 322 p.)

24849. Sainte-Marie (L. de). — Notice nécrologique sur M. Lemolt-Phalary [† 1867], p. 89.

24850. Charpignon (Dʳ). — Étude sur l'abbé Gendron [† 1688], p. 212.

XXI. — Mémoires de la Société d'agriculture, sciences, belles-lettres, etc., 2ᵉ série, t. XI, 42ᵉ vol. (Orléans, 1868, in-8°, 352 p.)

24851. Loiseleur (Jules). — Monographie du château de Sully-sur-Loire [généalogie des seigneurs], p. 81.

24852. Bimbenet (Eugène). — Recherches philologiques sur le sens de la double dénomination de *Gen-ab* et d'*Aurelia* donnée dans l'antiquité gaélique à la ville d'Orléans et sur la dénomination de *Gienus* ou *Giennum* donnée à la ville de Gien à la même époque, p. 234.

XXII. — Mémoires de la Société d'agriculture, sciences, belles-lettres, etc., 2ᵉ série, t. XII, 43ᵉ vol. (Orléans, 1869, in-8°, 356 p.)

24853. Maulde (René de). — Notes historiques sur l'ancien prieuré de Flotin dans la forêt d'Orléans, p. 79.

24854. Loiseleur (Jules). — Le château du Hallier [XVIᵉ s.], 3 *pl.*, p. 177.

24855. Charpignon (Dʳ). — Notice sur les maîtres en chirurgie de la ville d'Orléans jusqu'en 1789, p. 251.

XXIII. — Mémoires de la Société d'agriculture, sciences, belles-lettres, etc., 2ᵉ série, t. XIII, 44ᵉ vol. (Orléans, 1870, in-8°, 340 p.)

24856. Charpignon (Dʳ). — Vers [d'Ovide] gravés en 1670 sur une vitre trouvée dans une maison d'Orléans [par William Waller], *fac-similé*, p. 166.

24857. La Touanne (De). — Sur les jubés à propos de celui qu'on propose d'élever dans l'église de Notre-Dame de Cléry [Loiret], p. 176.

24858. Sainte-Marie (L. de). — Notice nécrologique [François-Joseph Pensée, † 1871], p. 229.
25859. Bailly (Anatole). — Étymologie et histoire des mots Orléans et Orléanais, p. 238.

XXIV. — Mémoires de la Société d'agriculture, sciences, belles-lettres, etc., 2e série, t. XIV, 45e vol. (Orléans, 1872, in-8°, 290 p.)

24860. Desnoyers (L'abbé). — Fouilles de Pompéï et découverte de la destination des tubes appelés flûtes, sifflets, p. 5.
24861. Loiseleur (Jules). — Les archives de l'Académie d'Orléans, histoire de son passé et condition de son avenir, p. 39; XXV, p. 27, 40 et 53.

[Histoire des sociétés scientifiques et littéraires à Orléans depuis le xvii° s.]

24862. Bimbenet (Eugène). — La bataille de Saint-Quentin, livrée le 10 août 1557, racontée en l'année 1559, par un écolier allemand [Herman Frisius], étudiant à l'Université d'Orléans, p. 129.
24863. Bimbenet (Eugène). — Recherches sur l'origine de la bibliothèque d'Orléans, p. 225.
24864. Charpignon (Dr). — Coup d'œil archéologique sur le sol de l'ancien Orléans, *pl.*, p. 246.

XXV. — Mémoires de la Société d'agriculture, sciences, belles-lettres, etc., 2e série, t. XV, 46e vol. (Orléans, 1873, in-8°, 322 p.)

[24861]. Loiseleur (Jules). — Note complémentaire du mémoire sur les archives de l'Académie d'Orléans, p. 27, 40 et 53.
24865. Bimbenet (Eugène). — Recherches sur l'origine et l'évolution de l'enseignement et de la pratique de la médecine en France. Examen de deux registres concernant le collège de médecine d'Orléans, p. 168.

XXVI. — Mémoires de la Société d'agriculture, sciences, belles-lettres, etc., 2e série, t. XVI, 47e vol. (Orléans, 1874, in-8°, 360 p.)

24866. Bailly. — De la transformation des sens dans les mots de la langue française, p. 43.
24867. Bimbenet (Eugène). — Examen critique de la charte octroyée par le roi Louis VII aux habitants d'Orléans en l'année 1137, p. 67.
24868. Girardot (De). — Catalogue de l'œuvre du baron Henri de Triqueti, précédé d'une notice sur ce sculpteur [† 1873], p. 129. — Cf. n° 24885.
24869. Baguenault de Viéville (G.). — Notice nécrologique sur M. de Sainte-Marie [† 1874], p. 181.
24870. Bimbenet (Eugène). — Chronique historique extraite des registres des écoliers allemands étudiant à l'Université d'Orléans [1444-1670], p. 185.

24871. Charpignon (Dr). — Table générale des matières contenues dans les Bulletins, Annales, Mémoires de la Société d'agriculture, sciences, belles-lettres et arts d'Orléans de 1810 à 1874. (Orléans, 1874, in-8°, 86 p.)

XXVII. — Mémoires de la Société d'agriculture, sciences, belles-lettres, etc., 2e série, t. XVII, 48e vol. (Orléans, 1875, in-8°, 360 p.)

24872. Charpignon (Dr). — Notice sur Louis Gaudefroy, médecin à Orléans [1657 † 1725], p. 5.
24873. Charpignon (Dr). — Notice biographique sur M. François-Albin Lepage [† 1875], p. 223.
24874. Czajewski (Cyprien). — Nouvelle découverte [haches en silex] faite au hameau de Quatre-Clefs, p. 227.
24875. Desnoyers (L'abbé). — Ateliers de charnières romaines découvert à Orléans [en 1875], p. 336.

XXVIII. — Mémoires de la Société d'agriculture, sciences, belles-lettres, etc., 2e série, t. XVIII, 49e vol. de la collection. (Orléans, 1876, in-8°, 364 p.)

24876. Sainjon (H.). — Origine gallo-romaine du pont de l'Archet [commune de Saint-Hilaire-Saint-Mesmin (Loiret)], *pl.*, p. 38.
24877. Czajewski (Cyprien). — Notice sur l'aqueduc du faubourg Bannier [à Orléans], p. 75.
24878. Charpignon (Dr). — Souvenirs du vieil Orléans, 5 *pl.*, p. 87.

[Le glas du curé de Saint-Victor. — Saint-Benoît-du-Retour et Martin Legendre, † 1580, épitaphe. — Le corps enseignant en l'Université d'Orléans. — Le pavillon de la rue Guillaume. — L'inscription de la prison Saint-Hilaire (xvi° s.).]

24879. Bimbenet (Eugène). — Essai sur la jeunesse de Molière et sur les mémoires de Charles Perrault, p. 122.
24880. Desnoyers (L'abbé). — Note sur une tête de Vénus trouvée à Bazoches-les-Hautes, *pl.*, p. 173.
24881. Patay (Dr). — Notice biographique sur Nicolas Beauvais de Préau, médecin à Orléans de 1774 à 1785, p. 177.
24882. Baguenault de Viéville (G.). — Poètes latins orléanais, p. 211.

[Michel Viole, Euverte Jollyvet (xvi° s.).]

24883. Baguenault de Viéville (G.). — Notice biographique sur M. de Buzonnière [† 1876], p. 226.

24884. Patay (Dr). — Notice biographique sur Arnault de Nobleville, doyen du collège de médecine, administrateur de l'Hôtel-Dieu d'Orléans [† 1778], p. 234.
24885. Girardot (De). — Supplément au catalogue de l'œuvre du baron Henri de Triqueti, p. 254. — Cf. n° 24868.

XXIX. — Mémoires de la Société d'agriculture, sciences, belles-lettres, etc., 2e série, t. XIX, 50e vol. (Orléans, 1877, in-8°, 300 p.)

24886. Bimbenet (Eugène). — Fuite de l'Université d'Orléans à Nevers, son retour [1316], p. 5.
24887. Desnoyers (L'abbé). — Notice sur dom Fabre, bibliothécaire des Bénédictins de Bonne-Nouvelle à Orléans [xviiie s.], p. 25.
24888. Desnoyers (L'abbé). — Quelques erreurs archéologiques [au sujet des ruines d'Herculanum et Pompéi], p. 70.
24889. Davoust (Émile). — La gravure à l'eau-forte et les peintres graveurs, p. 84.
24890. Czajewski (Cyprien) et Barbou. — Note sur une filaire trouvée près de Saran dans les tranchées du chemin de fer de Pithiviers à Orléans, p. 111.
24891. Charpignon (Dr). — Étude historique sur l'opération de la taille à Orléans, p. 116.
24892. Bimbenet (Eugène). — Université d'Orléans. Maîtres grammairiens tenant *tutelle* [pension], docteurs en médecine, docteurs régents, écoliers et suppôts de l'Université. Privilèges généraux, p. 141.
24893. Baguenault de Viéville (G.). — Notice sur M. de Laage de Meux [† 1878], p. 204.
24894. Baillet (Auguste). — Notice sur la collection égyptienne de M. l'abbé Desnoyers, 5 *pl.*, p. 213.

XXX. — Mémoires de la Société d'agriculture, sciences, belles-lettres, etc., 2e série, t. XX, 51e vol. (Orléans, 1878, in-8°, 304 p.)

24895. Bimbenet (Eugène). — Recherches sur l'origine et la fondation définitive de la bibliothèque publique d'Orléans [1411-1874], p. 5.
24896. Charpignon (Dr). — Notice historique sur les maîtres en chirurgie d'Orléans, p. 126.
24897. Guerrier. — Une civilité du xiiie siècle [miroir de la discipline par saint Bonaventure], p. 177.

XXXI. — Mémoires de la Société d'agriculture, sciences, belles-lettres, etc., 2e série, t. XXI, 52e vol. (Orléans, 1879, in-8°, 292 p.)

24898. Arlon (D'). — Notice biographique sur M. Du Pré de Saint-Maur [† 1879], p. 52.
24899. Desnoyers (L'abbé). — Poillot de Marolle, gouverneur d'Artenay [† 1779], p. 68.
24900. Desnoyers (L'abbé). — Un guéridon et Charles de La Saussaye, annaliste d'Orléans [inscription gravée en 1830], p. 105.
24901. Debrou (Dr). — Notice biographique sur le docteur Vallet [† 1879], p. 111.
24902. Desnoyers (L'abbé). — Une page d'histoire dans le fourneau de cuisine du collège, p. 124.

[Épitaphe de Jean-Bonnet, prieur de Flottin (xvie s.).]

24903. Baillet (Auguste). — Le roi Horemhou et la dynastie thébaine au iiie siècle avant notre ère [égyptologie], p. 133.
24904. Bimbenet (Eugène). — Notice biographique sur M. E. Boutet de Monvel [† 1880], p. 173.
24905. Dumuys (Léon). — Une excursion archéologique à Neuilly-en-Sullias [sarcophages gallo-romains], *carte* et *pl.*, p. 193.
24906. Desnoyers (L'abbé). — Jupiter Labrandéen à Saint-Cyr-en-Val [hache en bronze], p. 218.
24907. Baillet (Auguste). — Hippalos, fonctionnaire égyptien de l'époque ptolémaïque, p. 232.
24908. Charpignon (Dr). — Rebouteurs, bandagistes, secours aux indigents malades avant 1800, p. 245.
24909. Patay (Dr). — Résumé des statuts et règlements des maîtres chirurgiens d'Orléans au xviiie siècle, p. 252.

XXXII. — Mémoires de la Société d'agriculture, sciences, belles-lettres, etc., 2e série, t. XXII, 53e vol. (Orléans, 1881, in-8°, 364 p.)

24910. Jarry (Louis). — Guillaume de Lorris et le testament d'Alphonse de Poitiers, p. 5. — Cf. n° 24920.
24911. Dumuys (Léon). — Le chant de la Passion dans la Sologne orléanaise, *pl.*, p. 93.
24912. Desnoyers (L'abbé). — Mémoire sur des médailles romaines trouvées à Saint-Cyr-en-Val en 1880, p. 139.
24913. Du Faur de Pibrac (A.). — Histoire de l'abbaye de Voisins [xiiie-xviiie s.], 2 *pl.*, p. 177.

XXXIII. — Mémoires de la Société d'agriculture, sciences, belles-lettres, etc., 2e série, t. XXIII, 54e vol. (Orléans, 1882, in-8°, 408 p.)

24914. Bimbenet (Daniel). — Étude de littérature étrangère. Washington Irving et une visite à l'auteur de Waverley [Walter Scott], p. 5.
24915. Desnoyers (L'abbé). — Vieux souvenirs et vieux types orléanais, p. 66.

[Métiers disparus et cris de marchands dans les rues.]

24916. Guerrier (L.). — Le divorce de Louis VII et d'Éléonore d'Aquitaine au deuxième concile de Beaugency (1152), p. 201.
24917. Bimbenet (Eugène). — Montaigne et Montesquieu, p. 313; et XXXIV, p. 15.
24918. Baillet (Auguste). — Cléopâtre, fille de Ptolémée

Épiphane et femme de Philométor et d'Évergète II, p. 361.

24919. Baillet (Auguste). — L'Égypte pendant les premières années du roi Épiphane, p. 385.

24920. Jarry (Louis). — Note supplémentaire pour le mémoire intitulé : Guillaume de Lorris et le testament d'Alphonse de Poitiers, p. 189. — Cf. n° 24910.

XXXIV. — Mémoires de la Société d'agriculture, sciences, belles-lettres, etc., 2e série, t. XXIV, 54e vol. (Orléans, 1883, in-8°, 294 p.)

[24917]. Bimbenet (Eugène). — Montaigne et Montesquieu, p. 15.

24921. Bimbenet (Eugène). — Essai sur le culte du lundi de chaque semaine, p. 65.

24922. Charpignon (Dr). — Histoire de la fontaine de l'Étuvée [à Orléans], p. 116.

24923. Bimbenet (Daniel). — Une polémique savante au xviiie siècle. Les Pandectes de Pothier et la presse de Leipsick, p. 213.

XXXV. — Mémoires de la Société d'agriculture, sciences, belles-lettres, etc., 2e série, t. XXV, 56e [*lisez* 55e] vol. (Orléans, 1884-1885, in-8°, 362 p.)

24924. Jarry (Louis). — Les dépêches royales sur la Saint-Barthélemy, p. 84.

24925. Charpignon (Dr). — Le quartier du Châtelet [à Orléans], p. 99.

24926. Bimbenet (Daniel). — La délimitation des terres et le culte du dieu Terme chez les Romains, p. 119.

24927. Loiseleur (Jules). — L'Université d'Orléans pendant sa période de décadence, p. 141.

24928. Dumuys (Léon). — Documents d'épigraphie orléanaise, p. 233.

[Droit de litre de Germain Le Rebours; épitaphe de Joseph de Jarente de la Bruyère, † 1772, *pl.*; borne de sauvegarde; borne de juridiction du chapitre de Chartres; épitaphes de l'église de Saint-Benoît-du-Retour, xviie s.; fondation faite par la famille de Brochet en faveur du monastère de Sainte-Croix d'Orléans, 1661; fondation en faveur de l'église de Viglain; fragments d'inscriptions romaines, *pl.*; généalogie de diverses familles orléanaises. xviie-xviiie s.]

LOIRET. — ORLÉANS.

SOCIÉTÉ ARCHÉOLOGIQUE ET HISTORIQUE DE L'ORLÉANAIS.

Fondée le 25 janvier 1848 et reconnue d'utilité publique en 1865, cette Société porta le nom de *Société archéologique de l'Orléanais* jusqu'en 1875, époque où elle prit son titre actuel. Elle a publié une série de *Mémoires* dont la collection formait 20 volumes à la fin de 1885 et un *Bulletin* dont le 8e volume a été terminé en 1886. En outre elle a fait paraître sous ses auspices l'ouvrage suivant :

24929. Anonyme. — Étude sur le roman de la Rose. (Orléans, 1853, in-8°.)

I. — Mémoires de la Société archéologique de l'Orléanais, t. I. (Orléans, 1851, in-8°, viii-380 p.)

24930. Witte (J. de). — Notice sur l'église de Celles-Saint-Eusice [en Berry, d'après un manuscrit de 1665, de Pierre Poichevin], p. 1.

24931. Dupuis (F.). — Rapport sur les manuscrits de Polluche [† 1768, relatifs à l'histoire de l'Orléanais], p. 13.

24932. Leber (C.). — Des estampes et de leur étude, depuis l'origine de la gravure jusqu'à nos jours, p. 29.

24933. Dumesnil. — Notice historique sur la ville et l'église de Puiseaux [pièces justificatives, 1112-1224], *pl.*, p. 75.

24934. Leber (C.). — Un sceau du xiiie siècle [abbaye Saint-Germain d'Auxerre], p. 145.

24935. Bimbenet (Eugène). — Monographie de l'hôtel de la mairie d'Orléans [construit en 1530], p. 152.

24936. Duchalais (Adolphe). — Un triens mérovingien frappé à Dourdan, *fig.*, p. 198.

24937. Jacob (Alexandre). — L'épitaphe de noble homme Jacques de Thou [† 1447], *pl.*, p. 204.

24938. Duchalais (Adolphe). — Les antiquités gauloises et gallo-romaines de Suèvres (Loir-et-Cher), p. 208.

24939. Caussade (L. de). — Traces de l'occupation romaine dans la province d'Alger, *carte*, p. 234.

24940. Mantellier (P.). — Un atelier de faux-monnayeurs du xvie siècle découvert à Pithiviers en 1837, *pl.*, p. 321.

[Contrefaçon de monnaies espagnoles de 1589 à 1652.]

24941. Laurand (Jules). — Notice archéologique sur l'église [romane] de Saint-Bohaire (Loir-et-Cher) [vie de saint Bohaire, † v. 623], p. 367.

24942. Lalrand (Jules). — Notice sur les débris de constructions gallo-romaines découverts à Suèvres en 1849, p. 364.

II. — **Mémoires de la Société archéologique de l'Orléanais**, t. II. (Orléans, 1853, in-8°, 512 p. et atlas in-fol. de 11 *pl.*)

24943. Quicherat (Jules). — Du lieu où mourut Henri Ier [Vitry-aux-Loges], p. 1.
24944. Quicherat (Jules). — Histoire de Vitry-aux-Loges, p. 7.
24945. Torquat (L'abbé de). — Le château de l'Isle [xvie s.] et la famille Grolot, p. 18.
24946. Girardot (De). — Histoire du chapitre de Saint-Étienne de Bourges [ixe-xviiie s.], p. 37.
24947. Huot (Paul). — Bulle du pape Anastase V en faveur de l'abbaye de Fontevrault [1153], p. 131.
24948. Caussade (L. de). — Monnaies algériennes [des pachas et d'Abd el-Kader], p. 142; et atlas, pl. XI.
24949. Buzonnière (De). — Notice archéologique sur la crypte de Saint-Avit d'Orléans [vie s.], p. 159.
24950. Mantellier (P.). — Sceau de la Sainte-Chapelle de Châteaudun [xve s.], p. 175.
24951. Dupuis (F.). — Du siège de Montargis en 1427, p. 187; et atlas, pl. I et II.
24952. Vassal (De). — Coutumes fiscales d'Orléans à la fin du xiiie siècle, p. 204.
24953. Delisle (Léopold). — Vie de Gauzlin, abbé de Fleury et archevêque de Bourges, par André de Fleury [† 1030], p. 257.
24954. Torquat (L'abbé de). — Histoire de l'église et du chapitre de Saint-Avit d'Orléans, p. 323; et atlas, pl. III.

[Histoire de l'abbaye de Poissy-lès-Châteaudun.]

24955. Pillon (E.). — Excursion à Lavardin et notice sur l'église de Lavardin [Loir-et-Cher], p. 345, 353; et atlas, pl. IV à IX.
24956. Dupré (A.). — Histoire du royal monastère de Sainct-Lomer de Blois de l'ordre de Sainct-Benoît, par frère Noël Mars, religieux bénédictin de la Congrégation de Sainct-Maur [xviie s.], p. 361.
24957. Lalrand (Jules). — Notice archéologique sur l'église [romane] abbatiale de Saint-Laumer de Blois, p. 445.
24958. Vincent. — Pierre de La Brosse, chambellan de Philippe le Hardi. En quoi ce personnage se rattache à l'Orléanais en général et particulièrement à Janville-en-Beauce, p. 460.
24959. Cosson (L'abbé). — Ruines de Vellaunodunum [commune de Sceaux (Loiret)], p. 478; et atlas, pl. X. — Cf. n° 24969.

[Aqueduc et médailles romaines.]

24960. Jacob (Alexandre). — Lettres majuscules du xiiie siècle, 21 *pl.*, p. 487.

III. — **Mémoires de la Société archéologique de l'Orléanais**, t. III. (Orléans, 1855, in-8°, xx-356 p.)

24961. Merlet (Lucien). — Lettres des rois de France, des reines, princes et hauts personnages du royaume aux évêque, chapitre, gouverneur, bailli, maire, échevins, habitants et commune de Chartres (1296-1715), p. 1 à xx et 1 à 356.

[Lettres tirées des archives départementales d'Eure-et-Loir, des archives communales de Chartres et de la collection Lejeune.]

IV. — **Mémoires de la Société archéologique de l'Orléanais**, t. IV. (Orléans, 1858, in-8°, 464 p. et atlas in-fol. de 14 *pl.*)

24962. Dupuis (F.). — Du lieu où François de Guise a été assassiné par Poltrot en 1563 [logis des Valins], p. 1.
24963. Langallerie (Charles de). — Le château de Chemault [xvie s.], p. 12.
24964. Bimbenet (Eugène). — Recherches sur l'administration de la justice dans l'intérieur de la ville d'Orléans, p. 29, 57, 79; V, p. 53, 81; VI, p. 1, 110, 161, 241, 316; IX, p. 330 et 400.

[Justice du chapitre et de l'église collégiale de Saint-Pierre-Empont, de Saint-Pierre-le-Puellier et de Saint-Aignan, IV, p. 29, 57 et 79.
Justice de Notre-Dame-des-Forges et de Saint-Euverte, V, p. 53 et 81.
Justice temporelle de l'évêché, du chapitre de Sainte-Croix, de l'alleu Saint-Mesmin, de Saint-Samson, de Saint-Sauveur, VI, p. 1, 110, 161, 241 et 316.
Justice de Saint-Paterne, de Saint-Laurent et de Saint-Benoît-du-Retour, IX, p. 330 et 400.]

24965. Marchand (L.-A.). — Découverte des ruines romaines de Brivodurum à Ouzouer-sur-Trézée, p. 159; et atlas, pl. I à III.
24966. Laurand (Jules). — Notice historique et archéologique de l'ancienne abbaye de Notre-Dame-de-la-Garde dite la Guiche [près du village de Coulanges], p. 184.
24967. Pillon (E.). — Le château d'Arablay [près de Gien], p. 199.
24968. Marchand (L.-A.). — La ville et les seigneurs de Gien, p. 205.
24969. Cosson (L'abbé). — L'aqueduc de Vellaunodunum, p. 237. — Cf. n° 24959.
24970. Pillon (E.). — Étude sur le pignon; fantaisie archéologique, p. 242; et atlas, pl. IV à IX.
24971. Langallerie (Charles de). — Chaumont-sur-Loire [château du xve s.], p. 249.
24972. Loiseleur (Jules). — Nielles. Découverte intéressante, p. 311; et atlas, pl. X.

[Premiers essais de gravure sur métal par les orfèvres florentins au xve siècle.]

24973. Boucher de Molandon. — Une bastille anglaise du

XVe siècle retrouvée en la commune de Fleury, près Orléans, p. 320, 367; et atlas, pl. XI et XII.

[Note de Guillaume Giraud, notaire à Orléans en 1429, sur la levée du siège, *fac-similé*.]

24974. Dupuis (F.). — Découverte d'un théâtre romain à Triguères, en 1857, p. 390; et atlas, pl. XIII.

24975. Rocher (L'abbé). — Notes historiques et liturgiques sur un ciborium trouvé à Laqueuvre [XVIIe s.], p. 406; et atlas, pl. XIV.

24976. Pillon (E.). — Rapport sur des fouilles à Cléry qui ont amené la découverte des restes de Dunois, p. 414.

[Testament de Dunois et de Marie d'Harcourt, sa femme, 1463.]

24977. Torquat (L'abbé de). — Micy-Saint-Mesmin, p. 430.

[Histoire de l'abbaye, du Ve siècle jusqu'à nos jours.]

V. — Mémoires de la Société archéologique de l'Orléanais, t. V. (Orléans, 1862, in-8°, 502 p.)

24978. Lenormand (Charles). — Le tombeau de saint Euverte, *plan*, p. 1.

[Dans l'église Saint-Euverte à Orléans (VIe s.).]

24979. Pillon (E.). — Le droit d'asile, p. 26.

24980. Renard (A.). — Jeanne d'Arc [ses voyages avant son départ de Vaucouleurs], p. 38.

[24964]. Bimbenet (Eugène). — Recherches sur l'administration de la justice dans l'intérieur de la ville d'Orléans, p. 53 et 81.

24981. Dupuis (F.). — Une excursion à Terminiers (Eure-et-Loir), p. 99.

[Villa romaine, monnaies et mosaïque.]

24982. Mantellier (P.). — Mémoire sur la valeur des principales denrées et marchandises qui se vendaient ou se consommaient en la ville d'Orléans au cours des XIVe, XVe, XVIe, XVIIe et XVIIIe siècles, p. 103.

VI. — Mémoires de la Société archéologique de l'Orléanais, t. VI. (Orléans, 1863, in-8°, 478 p.)

[24964]. Bimbenet (Eugène). — Recherches sur l'administration de la justice dans l'intérieur de la ville d'Orléans, p. 1, 110, 161, 241 et 316.

24983. Buzonnière (De). — La seigneurie et le château de Cormes [près d'Orléans], p. 372.

24984. Martonne (De). — Notice historique sur l'ancien pont de Blois et sa chapelle, p. 415.

[Appendice : accord de 1467 entre la duchesse d'Orléans et les habitants de Blois.]

24985. Vignat (Gaston). — Testament de Raoul Grosparmi, évêque d'Orléans [† 1311], p. 444.

24986. Baudry (L'abbé). — Fosses gallo-romaines de Troussepoil, commune du Bernard (Vendée), p. 460.

VII. — Mémoires de la Société archéologique de l'Orléanais, t. VII. (Orléans, 1867, in-8°, 500 p.)

24987. Mantellier (P.). — Histoire de la communauté des marchands fréquentant la rivière de Loire et fleuves descendant en icelle, p. 1 à 500; VIII, p. 1 à 558; X, p. 1 à 390 et 1 à 88.

VIII. — Mémoires de la Société archéologique de l'Orléanais, t. VIII. (Orléans, 1864, in-8°, 558 p.)

[24987]. Mantellier (P.). — Histoire de la communauté des marchands fréquentant la rivière de Loire. Documents, p. 1 à 558.

IX. — Mémoires de la Société archéologique de l'Orléanais, t. IX. (Orléans, 1866, in-8°, 510 p., et atlas in-fol. de 23 *pl.*)

24988. Gastines (L. de). — La trêve de Dieu, p. 1.

24989. Rocher (L'abbé). — Recherches historiques sur la commanderie de Boigny et sur l'ordre des chevaliers de Saint-Lazare de Jérusalem, p. 34.

24990. Vignat (Gaston). — Une des chapelles absidales de la basilique de Sainte-Croix d'Orléans, p. 100.

[Chapelle Saint-Louis ou des ducs ou Notre-Dame-la-Blanche. — Fondation d'anniversaire par Blanche, duchesse d'Orléans, 1384. — Testament de ladite Blanche, 1392.]

24991. Desnoyers (L'abbé). — Sceau de Saint-Aignan [XVe s.], p. 145; et atlas, pl. I.

24992. Pelletier (L'abbé V.). — Gien-sur-Loire et le Genabum des Commentaires de César, p. 159.

24993. Mantellier (P.). — Bronzes antiques [gallo-romains] trouvés à Neuvy-en-Sullias, le 27 mai 1865, p. 171 ; et atlas, pl. II à XVI.

24994. Marchand. — Gien-le-Vieux et ses abords [ruines gallo-romaines], p. 234; et atlas, pl. XIX.

24995. Collin. — Question de Genabum. Existe-t-il des vestiges apparents d'un pont dans le lit de la Loire en face de Gien-le-Vieux? p. 253; et atlas, pl. XVIII.

24996. Bimbenet (Eugène). — Genabum [Orléans et non Gien]. Essai sur quelques passages des Commentaires de César, p. 291; et atlas, pl. XX et XXI.

[24964]. Bimbenet (Eugène). — Recherches sur l'administration de la justice dans l'intérieur de la ville d'Orléans, p. 330 et 400.

24997. Rocher (L'abbé). — Les châtelliers de Saint-Hilaire-Saint-Mesmin, p. 472.

[Léproserie sécularisée en 1703. — Inventaire de titres d'après le cartulaire de Saint-Mesmin.]

24998. Vignat (Gaston). — Une inscription du xvie siècle, p. 497; et atlas, pl. XXII.

[Provenant de la propriété de la Gode construite au xvie siècle par Thomas Le Piffre, chanoine d'Orléans, † 1583.]

24999. Torquat (L'abbé de). — Vallum de Neung-sur-Beuvron, *plan*, p. 504; et atlas, pl. XXIII.

X. — Mémoires de la Société archéologique de l'Orléanais, t. X. (Orléans, 1869, in-8°, 390 et 88 p.)

[24987]. Mantellier (P.). — Histoire de la communauté des marchands fréquentant la rivière de Loire. Documents et glossaire, p. 1 à 390 et 1 à 88.

XI. — Mémoires de la Société archéologique de l'Orléanais, t. XI. (Orléans, 1868, in-8°, 540 p., et atlas in-fol. de 14 *pl.*)

25000. Loiseleur (Jules). — Compte des dépenses faites par Charles VII pour secourir Orléans pendant le siège de 1428, précédé d'études sur l'administration des finances, le recrutement et le pied de solde des troupes à cette époque, p. 1 et 537.

[Extrait du compte de Me Hémon Raguier, trésorier des guerres, de 1424 à 1433.]

25001. Buzonnière (L. de). — Quatre colliers et plusieurs autres objets gallo-romains trouvés dans la commune de Saint-Viatre [autrefois Tremblevif en Sologne], p. 210; et atlas, pl. I et II.

25002. Beaucorps (Maxime de). — Les Montils [près Blois]; ses ruines, son Hôtel-Dieu au xiiie siècle [règlement de 1290], p. 221.

25003. Boucher de Molandon. — Nouvelles études sur l'inscription romaine récemment découverte à Mesves (Nièvre) [antique Masava], p. 236; et atlas, pl. III et IV.

25004. Desnoyers (L'abbé). — Notice sur une urne funéraire trouvée dans la commune de Saint-Jean-de-Braye [iiie s.], p. 274; et atlas, pl. V.

25005. Cosson (L'abbé). — Mosaïque découverte au Pré-Haut, commune de Sceaux (Loiret), p. 281; et atlas, pl. VI à IX. — Cf. n° 25013.

25006. Jarry (Louis). — Renée de France à Montargis. Pillage de la Madeleine, 9 mai 1562, p. 294; et atlas, pl. X.

[Enquête sur la conduite tenue par Renée de 1558 à 1573. — Jetons frappés au nom de Renée et de ses officiers, *pl.*]

25007. Torquat (L'abbé de). — Notice historique et archéologique sur la baronnie de Chevilly, p. 351; et atlas, pl. XI.

25008. Dupré (A.). — Documents inédits sur l'Orléanais, p. 379.

[Hommage pour Beaugency, 1222. — Donation d'une maison à Orléans, 1240. — Inventaire de titres relatifs à l'Orléanais provenant des archives Joursanvault et des archives départementales du Loir-et-Cher, 1222-1500. — Pièces relatives à la première guerre de religion.]

25009. Pelletier (L'abbé Victor). — La maison des Franciscains dits Cordeliers de Bellegarde (Loiret) (1618-1677), p. 428.

25010. Mantellier (P.). — Vase antique [en terre rouge] appartenant au Musée historique d'Orléans, p. 447; et atlas, pl. XII.

25011. Boucher de Molandon. — Charte d'Agius, évêque d'Orléans au ixe siècle. Ancienne chapelle Saint-Aignan, depuis église Notre-Dame-du-Chemin [ixe-xixe s.]. Étude archéologique et historique, p. 449; *fac-similé* et *plan*, atlas, pl. XIII et XIV.

XII. — Mémoires de la Société archéologique de l'Orléanais, t. XII. (Orléans, 1873, in-8°, 550 p., et atlas de 16 *pl.*)

25012. Loiseleur (Jules). — La doctrine secrète des Templiers, p. 1; et atlas, pl. I à III.

[Pièces justificatives : Chronologie des pièces relatives à la suppression de l'ordre; enquête inédite de Florence; bulle de suppression, mars 1317.]

25013. Cosson (L'abbé). — Recherches et fouilles archéologiques sur le territoire de la commune de Sceaux (Loiret) en un lieu nommé le Pré-Haut, p. 229; et atlas, pl. IV et V. — Cf. n° 25005.

[Théâtre gallo-romain.]

25014. Desnoyers (L'abbé). — Objets trouvés dans la Loire durant l'été de 1870, *pl.*, p. 245; et atlas, pl. VI à IX. — Cf. n° 25032.

[Monnaies gauloises et romaines, objets mérovingiens, enseignes religieuses, méreaux.]

25015. Boucher de Molandon. — La Salle des thèses de l'Université d'Orléans, *pl.*, p. 296; et atlas, pl. X à XIV.

[Monument du xve siècle; histoire de la fondation de l'Université; pièces justificatives.]

25016. Jarry (Louis). — Le Châtelet d'Orléans au xve siècle et la librairie de Charles d'Orléans en 1455, p. 387; et atlas, pl. XV et XVI. — Cf. n° 25017.

25017. Jarry (Louis). — La librairie de l'Université d'Orléans, p. 422 et 490. — Cf. n° 25016.

[Vie et testament du cardinal Amédée de Saluces, fondateur de la Salle des thèses, 1419.]

25018. Loiseleur (Jules). — Examen interprétatif du testament du cardinal de Saluces, p. 471.

25019. Baguenault de Puchesse (Gustave). — La Saint-Barthélemy à Orléans, p. 509.
25020. Witte (J. de). — Note sur un vase de terre décoré de reliefs conservé au Musée historique d'Orléans, *pl.*, p. 540.

XIII. — Mémoires de la Société archéologique de l'Orléanais, t. XIII. (Orléans, 1874, in-8°, lxxii-408 p.)

25021. Loiseleur (Jules) et Baguenault de Puchesse (G.). — L'expédition du duc de Guise à Naples. Lettres et instructions diplomatiques de la cour de France (1647-1648). Documents inédits, p. 1 à lxxii et 1 à 408.

XIV. — Mémoires de la Société archéologique de l'Orléanais, t. XIV. (Orléans, 1875, in-8°, xxxii-724 p.)

25022. Dupré (A.). — Recherches historiques sur Romorantin [pièces justificatives; 1178-1669], p. 3.
25023. Foulques de Villaret (Mlle A. de). — Élection de Thibaut d'Aussigny au siège épiscopal d'Orléans [1448-1450], p. 65.
25024. Cochard (L'abbé Théophile). — Châtillon-sur-Loire; son histoire avant 1789, p. 115.
25025. Maulde (René de). — De la condition des hommes libres dans l'Orléanais au xiie siècle, p. 197. — Cf. n° 25040.
25026. Monvel (De). — Étude historique sur la ville de Jargeau, p. 227.
25027. Foulques de Villaret (Mlle A. de). — L'enseignement des lettres et des sciences dans l'Orléanais depuis les premiers siècles du christianisme jusqu'à la fondation de l'Université d'Orléans, p. 299.
25028. Dupré (A.). — Étude sur les institutions municipales de Blois, p. 441. — Cf. n° 25036.

[Extraits du Cartulaire municipal de Blois, de 1273 à 1751.]

25029. Cuissard-Gaucheron. — L'école de Fleury-sur-Loire à la fin du xe siècle et son influence, p. 551.
25030. Salies (A. de). — Monographie de Trôo (Loir-et-Cher). Étude topographique, historique et archéologique, p. 717. — Cf. n° 25041.

XV. — Mémoires de la Société archéologique de l'Orléanais, t. XV. (Orléans, 1876, in-8°, xx-552 p., avec atlas de 9 *pl.*)

25031. Boucher de Molandon. — Première expédition de Jeanne d'Arc : Blois, Chécy, Orléans, 27, 28 et 29 avril 1429, p. 1; et atlas, pl. I *bis*.

[Pièces justificatives : quittances de Dunois.]

25032. Desnoyers (L'abbé). — Nouveaux objets trouvés dans la Loire pendant les années 1872, 1873 et une partie de 1874, p. 114; et atlas, pl. I à V. — Cf. n° 25014.
25033. Chabouillet (A.). — Notice sur une médaille inédite de Ronsard par Jacques Primavera, suivie de recherches sur la vie et les œuvres de cet artiste [fin du xvie s.], p. 197; et atlas, pl. VI.
25034. Baguenault de Puchesse (Gustave). — Tombes mérovingiennes trouvées à Bazoches-les-Gallerandes (Loiret), p. 259; et atlas, pl. VII.
25035. Dupré (A.). — Les ponts chartrains et Saint-Michel-lès-Blois [xvie-xixe s.], p. 268.
25036. Dupré (A.). — Administration de la ville de Blois sous le règne de Louis XIV (1643-1715), p. 280. — Cf. n° 25028.
25037. Imbault. — Façade occidentale de l'ancien hôtel de ville d'Orléans. Restitution de la galerie supérieure de cette façade par la découverte de deux pilastres aujourd'hui déposés au Musée historique, p. 310; et atlas, pl. VIII.

[Rachat de rente aux héritiers de Jean Renart, 1444.]

25038. Jarry (L.). — Une correspondance littéraire au xvie siècle. Pierre Daniel et les érudits de son temps, d'après les documents inédits de la bibliothèque de Berne, p. 343.
25039. Desnoyers (L'abbé). — Statue de Bacchus-Hercule trouvée à Lailly (Loiret) [en 1867], *pl.*, p. 431; et atlas, pl. IX.
25040. Maulde (René de). — Quelques documents relatifs à la condition des hommes libres dans l'Orléanais au moyen âge, p. 441. — Cf. n° 25025.

[Chartes d'affranchissement (xiiie s.). — Élections de députés aux États généraux de 1302 et de 1308.]

25041. Salies (Alexandre de). — Deux arrêts du parlement de saint Louis, p. 469. — Cf. n° 25030.

[Relatifs à l'église de Trôo (Loir-et-Cher), 1261 et 1270.]

25042. Vignat (G.). — Inventaire du mobilier de la chapelle de Tous-les-Saints en l'église Sainte-Croix d'Orléans [v. 1360], p. 482.
25043. Doinel (Jules). — Note sur une maison de Jeanne d'Arc [à Orléans, rue des Petits-Souliers], p. 494.
25044. Doinel (Jules). — Mémoire sur la maison de la famille de Pierre d'Arc, frère de la Pucelle, à Orléans, p. 501. — Cf. n° 25049.

[Documents relatifs à Pierre et à Jean du Lys, 1456 à 1502.]

XVI. — Mémoires de la Société archéologique de l'Orléanais, t. XVI. (Orléans, 1879-1887, in-8°, lxviii-274 et xl-240 p.)

25045. Vignat (G.). — Cartulaire de l'abbaye de Notre-Dame de Beaugency, p. 1 à lxviii et 1 à 274.

[Introduction, liste d'abbés; chartes de 1104 à 1316.]

25046. Doinel (Jules). — Cartulaire de Notre-Dame de Voisins, p. I à XL et 1 à 240.

[Introduction historique; chartes de 1207 à 1220.]

XVII. — Mémoires de la Société archéologique et historique de l'Orléanais, t. XVII. (Orléans, 1880, in-8°, 542 p., avec atlas de 15 *pl.*)

25047. Boucher de Molandon. — La famille de Jeanne d'Arc; son séjour dans l'Orléanais, d'après des titres authentiques récemment découverts, p. 1.

[Généalogies des familles d'Arc, du Lys, de Vouthon, Le Vauseul.]

25048. La Rocheterie (Maxime de). — Une pièce de théâtre inédite : *la Reine des vertus*, p. 167.

[Attribuée à Dromgold, 1778; détail sur la cour et Marie-Antoinette.]

25049. Doinel (Jules). — Nouveaux documents sur Jean du Lys, neveu de Jeanne d'Arc [1461-1539], p. 188. — Cf. n° 25044.

25050. Patay. — Les enseignes, emblèmes et inscriptions [XVIIe-XVIIIe s.] du vieil Orléans, p. 215; et atlas, pl. I à XV.

25051. Desnoyers (L'abbé). — Chevilly archéologique [monnaies gauloises et romaines], p. 303.

25052. Buchet. — Mariage d'Anne d'Orléans, petite-fille de Dunois avec André de Chauvigny, seigneur de Châteauroux, etc., p. 310.

[Contrat de 1494. — Donation à Ch. de Gaucourt par Louis XI des biens confisqués sur Hugues de Chamborant, 1474.]

25053. Félice (Paul de). — Un étudiant bâlois [Thomas Platter] à Orléans en 1599, p. 324.

25054. Tranchau. — Pierre Vallet, graveur orléanais [1575 † 1642], p. 338.

25055. Jarry (Louis). — Les suites de la Fronde. Guerre des sabotiers de Sologne et assemblées de la noblesse (1653-1660), p. 368.

[Lettres de Séguier, Mazarin, Pommereu, Colbert.]

XVIII. — Mémoires de la Société archéologique et historique de l'Orléanais, t. XVIII. (Orléans, 1881, in-8°, 602 p., et atlas de 13 *pl.*)

25056. Desnoyers (L'abbé). — Un bijou cypriote, p. 1; et atlas, pl. I.

25057. Boucher de Molandon. — Les comptes de ville d'Orléans des XIVe et XVe siècles, p. 15.

[Transcription de ces registres historiques, 1384 à 1460. — Défense contre l'invasion anglaise. — Jeanne d'Arc et sa famille.]

25058. Doinel (Jules). — Note sur une charte secrète d'Isabeau de Bavière et sur le passage de cette reine à Orléans en 1417, p. 38.

25059. Doinel (Jules). — Notice sur le décanat du bienheureux Réginald de Saint-Aignan d'Orléans [pièces justificatives, 1212-1217], p. 47.

25060. Buchet. — Marie-Casimire d'Arquian, femme de Jean Sobieski, reine de Pologne [1640 † 1716], p. 70.

25061. Boucher de Molandon. — Documents orléanais du règne de Philippe Auguste, p. 76.

[Statuts donnés aux tisserands d'Orléans. — Limites de la juridiction de l'évêque d'Orléans à Pithiviers. — Enquête sur des droits d'usage dans la forêt. — Le donjon royal dit *la Tour-Neuve* à Orléans.]

25062. Jarry (Louis). — Une tombe du XIVe siècle à Saint-Euverte [épitaphe de Talu le fou], *fig.*, p. 104.

25063. Bonnardot (François). — Essai historique sur le régime municipal à Orléans d'après les documents conservés aux archives de la ville (1389-1790), p. 113.

25064. Dumuys (Léon). — Rapport sur les découvertes faites en 1880 dans les fouilles des rues de la Bretonnerie et des Huguenots à Orléans, p. 161; et atlas, pl. II.

25065. Dumuys (Léon). — Puits funéraires de Genabum, p. 179 et 591.

25066. Berton (Augustin). — Notice sur Chantecoq (Loiret), p. 209.

25067. Boucher de Molandon. — La délivrance d'Orléans et l'institution de la fête du 8 mai, p. 241.

[Chronique anonyme du XVe siècle attribuée à Jean de Mascon, chanoine d'Orléans.]

25068. Dumuys (Léon). — Notice sur l'ancienne chapelle du château de Germonville et sur une dalle funéraire du XVIe siècle qui y a été trouvée [famille de Champgirault], *pl.*, p. 347; et atlas, pl. III.

25069. Desnoyers (L'abbé). — Note sur une sonnette du XVIe siècle trouvée à Orléans, rue de l'Ételon, *pl.*, p. 407; et atlas, pl. IV.

25070. Doinel (Jules). — Relation de la mort et de quelques circonstances qui suivirent la mort de Concino Concini, marquis d'Ancre, maréchal de France [† 1617], d'après un Orléanais, témoin oculaire [Jean Boucher de Guilleville], p. 411 et 575.

[Arrêts du Parlement contre la mémoire du marquis d'Ancre et de sa femme.]

25071. Desnoyers (L'abbé). — Les armes du siège [d'Orléans] de 1428, p. 449.

25072. Doinel (Jules). — Anne Du Bourg à l'Université d'Orléans; sa régence, son habitation, ses trois rectories (1549-1557), p. 453.

25073. Tamizey de Larroque (Philippe). — Lettres inédites de Gabriel de l'Aubespine à Peiresc [1627], p. 487.

25074. Dumuys (Léon). — Description du château de Chantecoq (Loiret) [XIIe s.], *pl.*, p. 515; et atlas, pl. V à VII.

25075. Boucher de Molandon. — Inscriptions tumulaires des XIe et XIIe siècles à Saint-Benoît-sur-Loire [épitaphes d'abbés], *pl.*, p. 527; et atlas, pl. VIII à XIII.

XIX. — Mémoires de la Société archéologique et historique de l'Orléanais, t. XIX. (Orléans, 1883, in-8°, LXII-842 p.)

25076. Merlet (Lucien). — Bibliothèque chartraine, p. 1-447.

[Biographies et bibliographies des auteurs du pays chartrain jusqu'au XIXe siècle.]

25077. Foulques de Villaret (Mlle A. de). — Recherches historiques sur l'ancien chapitre cathédral de l'église d'Orléans depuis son origine jusqu'au XVIe siècle, p. 447.

[Le cloître Sainte-Croix (1779), *plan*. — Personnel de l'Hôtel-Dieu d'Orléans (XIVe-XVe s.).]

25078. Cuissard-Gaucheron. — L'étude du grec à Orléans, depuis le IXe siècle jusqu'au milieu du XVIIIe siècle, p. 645.

XX. — Mémoires de la Société archéologique et historique de l'Orléanais, t. XX. (Orléans, 1885, in-8°, 472 et XII-95 p., et atlas de 7 *pl.*)

25079. Jarry (L.). — Les débuts de l'imprimerie à Orléans, *fig.*, p. 1.

25080. Dumuys (Léon). — Mémoire sur un moule mérovingien [moule à patène], p. 25; et atlas, pl. I et II.

25081. Besnard (E.). — Les antiquités de Courbanton [commune de Montrieux (Loir-et-Cher), cimetière et villa de l'époque gallo-romaine], p. 87; et atlas, pl. III à VI.

25082. Crochet (L'abbé Louis). — Recherches historiques sur saint Paterne d'Avranches et sur la translation de ses reliques à Paris et à Orléans [VIe-Xe s.], p. 131.

25083. Thillier (J.). — Le champ aux Nonnains à Chanteau (1237-1514), p. 163.

[Procès au sujet d'une dîme dans la forêt d'Orléans.]

25084. Baguenault de Puchesse (G.). — La campagne du duc de Guise dans l'Orléanais en octobre et novembre 1587, p. 187; *carte*, atlas, pl. VII.

25085. Tranchau. — Un contrat d'apprentissage (1771), p. 213.

[Note sur la corporation des boulangers d'Orléans et des trois élections de la généralité d'Orléans au XVIIIe siècle.]

25086. Bimbenet (Eugène). — Restitution de la librairie de l'Université d'Orléans ou Salle des thèses [1411-1789], p. 243.

25087. Boucher de Molandon. — Jacques d'Arc, père de la Pucelle; sa notabilité personnelle d'après les textes déjà connus et des documents récemment découverts, p. 301.

25088. Bimbenet (Eugène). — De la nation de Picardie et de Champagne à l'Université d'Orléans, p. 327.

Appendice :

25089. Anonyme. — Orléans. L'Université et la typographie. Exposition organisée par la Société archéologique et historique de l'Orléanais (mai-juin 1884), *pl.*, annexe au t. XX, p. I à XII et 1-95.

[Documents relatifs aux docteurs et étudiants de l'Université. — Histoire de la typographie orléanaise : sceaux, blasons, marques d'imprimeurs, *fig.*]

I. — Bulletins de la Société archéologique de l'Orléanais, t. I, n°s 1 à 15, 1848-1853. (Orléans, 1854, in-8°, 430 p.)

25090. Anonyme. — Sur des bijoux romains trouvés à Danzé (Loir-et-Cher), p. 16.

25091. Anonyme. — Inventaire des objets antiques découverts dans les communes de Briare et de Beaulieu (Loiret), p. 23.

25092. Torquat (L'abbé de). — Sur la Salle des thèses de l'Université d'Orléans, p. 29.

25093. Torquat (L'abbé de). — Tombes découvertes dans le préau de la prison de Pithiviers, p. 39.

25094. Huot. — Sur le château de Villebon (Eure-et-Loir), p. 71.

25095. Mantellier. — Sur des cercueils en pierre trouvés à Semoy, p. 79.

25096. Torquat (L'abbé de). — Église et château de Loury, p. 84.

25097. Torquat (L'abbé de). — Ancien couvent des Dominicaines à Montargis, p. 96.

25098. Torquat (L'abbé de). — Excursion archéologique à Chaussy, Audeville, Toury, Bazoches-les-Hautes, p. 101.

25099. Dupuis (F.). — Mosaïque romaine de Montbouy, p. 105. — Cf. n° 25117

25100. Dupuis (F.). — Fouilles de Loury, p. 108.

25101. Pillon. — L'église et la chapelle Saint-Mesmin, p. 124.

25102. Pétigny (J. de). — Note sur les monuments celtiques, p. 129.

25103. Torquat (L'abbé de). — Jouy-le-Pothier (Loiret), p. 139.

25104. Vassal (De). — Visite à la chapelle de Saint-Genou (Loir-et-Cher), p. 165.

25105. Laurand (J.). — Découvertes de constructions romaines à Suèvres (Loir-et-Cher), p. 168.

25106. Mauge. — Sur M. Demadières, directeur du Musée [1779 † 1852], p. 174.

25107. Laurand (J.). — Église de Saint-Georges-des-Bois (Loir-et-Cher), p. 182 et 205.

25108. Mauge. — Lettre de Gresset, p. 185.

25109. Pétigny (De). — M. Hippolyte de la Porte [1771 † 1852], p. 190.

25110. Laurand (J.). — Découverte de monnaies royales à Blois, p. 196.

25111. Cosson (L'abbé) et Jarry (Louis). — Découverte de monnaies romaines à Sceaux (Loiret), p. 206.

25112. Mantellier. — Sur l'hôtel de ville d'Orléans, p. 210.

25113. Pillon. — Porte Santerre de l'église d'Ingré, p. 251.

25114. Dupuis (F.). — L'église de Celles-Saint-Denis et la chapelle de Saint-Genou (Loir-et-Cher), p. 255.

25115. Vincent. — Lettres inédites du poète Colardeau [1773-1776], p. 265.

25116. Anonyme. — Empreintes de sceaux concernant la province d'Orléanais, p. 278.

25117. Dupuis (F.). — Sur la mosaïque romaine de Montbouy, p. 301. — Cf. n° 25099.

25118. Anonyme. — Crypte de Saint-Avit au grand séminaire [à Orléans], p. 305.

25119. Rocher (L'abbé). — Le chapitre de Saint-Pierre-le-Puellier d'Orléans, p. 326.

25120. Mantellier et Tristan (Comte de). — Sépultures de l'église Saint-Euverte, p. 340.

25121. Girardot (De). — Sur des monnaies romaines trouvées à Ouzouer, p. 348.

25122. Clouet. — Voie romaine dans le jardin du grand séminaire [à Orléans], p. 350.

25123. Girardot (De). — Nouvelles à la main de l'année 1652, p. 352.

25124. Mantellier. — Tombes découvertes près de Cléry, p. 370.

25125. Grouchy (De). — Découverte de médailles à Chartres, p. 405.

25126. Merlet (Lucien). — Trois lettres inédites de Coligny, p. 407.

25127. Mantellier. — Le château de Chaumont, p. 413.

II. — Bulletins de la Société archéologique de l'Orléanais, t. II, n° 16 à 31, 1854-1858. (Orléans, 1859, in-8°, 532 p.)

25128. Dupuis (F.) et Huot. — Église et château de Boiscommun, p. 24 et 47.

25129. Mantellier. — Médaille commémorative de l'inauguration de la statue de Jeanne d'Arc [en 1855], p. 30.

25130. Ballot. — Découverte de monnaies du XVe siècle à Montargis, p. 44.

25131. Desnoyers (L'abbé). — Monnaies romaines trouvées à Cerdon, p. 58.

25132. Maître (L'abbé). — Le cimetière aux Anglais à Bricy, p. 60.

25133. Certain (De). — *Le Mystère du siège d'Orléans*, p. 65.

25134. Mantellier. — Monnaies des XVIe et XVIIe siècles découvertes à Boisgibault, p. 75.

25135. Pétigny (De). — Description de l'église Saint-Martin de Vendôme, p. 81.

25136. Langalerie (Charles de). — Excursion à Beaune-la-Rolande, p. 106.

25137. Barbé. — Lettre de Henri III aux habitants de Châteaudun [1588], p. 118.

25138. Duleau. — Découverte d'objets antiques [vases funéraires] à Pithiviers, p. 146.

25139. Rocher (L'abbé). — Découverte [en 1854] des tombeaux de Dunois et de sa famille dans l'église de Cléry, p. 149.

25140. Mantellier. — Monnaies orléanaises de la collection Poey d'Avant, p. 182.

25141. Dupré (A.). — Église et hôpital de Tremblevif [Saint-Viâtre (Loir-et-Cher)], p. 190.

25142. Bimbenet (Eugène). — Procès fait, en la prévôté d'Orléans, au cadavre d'un suicidé [1737], p. 196.

25143. Anonyme. — Acte notarié passé à Sully par Voltaire [1719], p. 197.

25144. Dupuis (F.). — Sur un bas-relief et une inscription [XVe s.] d'une maison du faubourg Bourgogne [à Orléans], p. 212 et 289.

25145. Torquat (L'abbé de). — Découverte de substructions [féodales] à Estouy près de Pithiviers, p. 217.

25146. Barthélemy (Anatole de). — Le joyeux avènement de Mgr Joseph de Paris, évêque d'Orléans [1734], p. 219.

25147. Torquat (L'abbé de). — Excursion archéologique dans l'arrondissement de Pithiviers [château de Rougemont; églises d'Aschères, Jouy-en-Pithiverais, Crottes, Atray], p. 224.

25148. Mantellier. — Rapport sur le Musée historique de l'Orléanais, p. 250. — Cf. n° 25215.

25149. Dupuis (F.). — Théâtre [romain] de Triguères, p. 250.

25150. Pillon. — Notice sur la corporation des apothicaires [à Orléans], p. 254.

25151. Pillon et Mantellier. — Découverte de la grotte de Saint-Mesmin, à la Chapelle, p. 264 et 455.

25152. Dupuis (F.). — Lettre de l'abbé Cordier [1745]. Lettre et testament de Colardeau [1775], p. 284.

25153. Torquat (L'abbé de). — Restauration de l'église Saint-Euverte d'Orléans, p. 312.

25154. Martonne (De). — Sur la découverte de bains romains à Herbault, p. 323.

25155. Pelletier (L'abbé). — Note sur le régiment de Navarre et règlement pour les pensionnaires de Pontlevoy en 1722, p. 327.

25156. Desnoyers (L'abbé) et Torquat (L'abbé de). — Médailles trouvées à Cléry [monnaies romaines], p. 337 et 340.

25157. Pillon. — Étude sur le château et l'église de Bellegarde, p. 343.

25158. Torquat (L'abbé de). — Sur la crypte de l'église de Saint-Aignan, p. 367.

25159. Pillon. — Sur les tours féodales, p. 382.

25160. Maître (L'abbé). — Notes sur la maison des Templiers de la Neuville et sur les pâtés de Pithiviers, p. 408.

25161. Pillon. — Sur les derniers restes de l'abbaye de Mici, p. 422.

25162. Dupuis (F.). — Tombes [gallo-romaines] découvertes à Cravant, p. 432.

25163. Pillon. — Excursion archéologique à Beaugency, p. 441.

25164. Mantellier. — Rapport sur la grotte de Saint-Mesmin, p. 454.

25165. Torquat (L'abbé de). — Sur la nouvelle flèche de la cathédrale d'Orléans, p. 483.

25166. Cosson (L'abbé). — Sur un tombeau du xviie siècle trouvé à Saint-Maurice, p. 493.

25167. Hiver. — Sur des titres de l'abbaye de Saint-Benoît conservés aux Archives du Cher, p. 497.

III. — Bulletins de la Société archéologique de l'Orléanais, t. III, n°s 32 à 39, 1859-1861. (Orléans, 1862, in-8°, 484 p.)

25168. Pillon. — Excursion à Montbouy, p. 2.

25169. Langalerie (Charles de). — Excursion dans l'arrondissement de Montargis, p. 10.

[Montargis, Châtillon-sur-Loing, Ferrières, Château-Renard, Triguères, Château-Landon.]

25170. Dupuis (F.). — Fers à cheval trouvés près de Play, p. 41.

25171. Torquat (L'abbé de). — Notice sur l'ancienne église de Saint-Sulpice [d'Orléans] et sur une substruction voisine, p. 42.

25172. Mantellier. — Sur des monnaies du xvie siècle trouvées à Vannes (Loiret), p. 45.

25173. Bimbenet (Eugène). — Le fief de Bondaroy et le droit féodal dans le Gâtinois, p. 50.

25174. Loiseleur. — Sur le chanoine Hubert [† 1694] et ses écrits, p. 73.

25175. Dupuis (F.). — Restes des murailles de l'enceinte romaine d'Orléans, p. 87.

25176. Jourdain-Pellieux. — Église Notre-Dame de Beaugency, p. 98.

25177. Bimbenet (Eugène). — Étude de procédure canonique [réitération de grades, 1778], p. 107.

25178. Baguenault de Viéville (G.). — Notice nécrologique sur M. Jacob [imprimeur, † 1859], p. 144.

25179. Torquat (L'abbé de). — Sur les ruines de la Cour-Dieu, p. 148.

25180. Baguenault de Viéville (G.). — Chapelle de Saint-Jacques à Orléans, p. 154.

25181. Mantellier. — Sur une tapisserie et une peinture du xve siècle représentant Jeanne d'Arc, p. 259.

25182. Maître (L'abbé). — Bray, Bricy et Terminiers, p. 181.

25183. Buzonnière (De). — Notes sur les restaurations opérées dans les églises d'Orléans, p. 202.

25184. Duleau. — Vidimus d'une charte de Charles d'Orléans [1443] en faveur de Pierre Du Lys, p. 222.

25185. Pillon. — Des *tumulus* ou tombelles, p. 227.

25186. Dupuis (F.). — Notice sur M. Leber [† 1859], p. 235.

25187. Buzonnière (De). — L'hôtel de la prévôté et le nouveau logis des tambours de la ville, p. 244.

25188. Mantellier. — Statue tumulaire du xiiie siècle, p. 248.

25189. La Tour (De). — Notice sur la ville et le château de Malesherbes, p. 253.

25190. Torquat (L'abbé de). — Une visite dans l'arrondissement de Gien, p. 265.

25191. Marchand. — Monnaies baronnales du xiie siècle découvertes à la Bussière (Loiret), p. 269.

25192. Girardot (De). — Inventaire de l'artillerie d'Orléans en 1599, p. 276.

25193. Dupuis (F.). — Guillaume Léonard, poète latin orléanais [xviie s.], p. 279.

25194. Torquat (L'abbé de). — Tombes découvertes à Tavers; tombeau de saint Ay, p. 288.

25195. Cosson (L'abbé). — Note sur l'aqueduc de Vellaunodunum, p. 291 et 370.

25196. Dupuis (F.). — Acte de 1676 concernant l'hôpital général d'Orléans, p. 301.

25197. Dupuis (F.). — Documents sur le logement des gens de guerre [1677-1684], p. 309.

25198. Torquat (L'abbé de). — Église de Montargis, p. 329.

25199. Dupuis (F.). — Armes gauloises trouvées à Montargis, p. 334.

25200. Basseville. — Pierre tumulaire de l'église de Boigny [xive s.], p. 338.

25201. Beauvilliers (Max.). — Auxy, Gaubertin, Barville (Loiret), p. 349.

25202. Gastines (De). — Généalogies de familles orléanaises, p. 302.

25203. Guillon. — Sur les seigneurs de Beaune-la-Rolande et de Montpipeau, p. 324.

25204. Mantellier. — Rapport sur les objets en bronze trouvés à Neuvy-en-Sullias, *fig.*, p. 373.

25205. Dupuis (F.). — Passage de Louis XIV à Orléans [1664]; visite des murs [1684]; privilèges de bourgeoisie à Orléans [1682]; documents, p. 382.

25206. Pillon. — Relation d'une visite aux antiquités de Neuvy [inscription romaine], *pl.*, p. 404.

25207. Basseville. — Notice historique sur le château de Chenailles et ses seigneurs, p. 420.

25208. Martonne (De). — Sur un manuscrit de la vie de saint Victor, évêque du Mans, p. 431.

25209. Rocher (L'abbé). — Notes historiques sur les principales restaurations de l'église de Saint-Benoît-sur-Loire depuis le xiiie siècle, p. 435.

25210. Pillon. — La maison de l'*Ardoise* à la Chapelle-

Saint-Mesmin. Épisode des guerres de la Ligue, p. 453.

25211. La Tour (De). — Actes sur l'occupation de Pithiviers en 1562 et 1568, p. 459.

25212. Imbault. — Notice sur les ruines romaines de Montbouy, p. 466.

IV. — Bulletins de la Société archéologique de l'Orléanais, t. IV, n° 40 à 58, 1862-1867. (Orléans, 1870, in-8°, 486 p.)

25213. Pillon. — Étude historique sur la Chapelle-Saint-Mesmin, p. 7.

25214. Dupuis (F.). — Rapport sur une visite aux ruines romaines de Triguères, p. 17.

25215. Mantellier. — Rapport sur la situation du Musée historique de l'Orléanais, p. 30. — Cf. n° 25148.

25216. Loiseleur. — Note sur l'ancienne ville de Chènevières, p. 39.

25217. Delisle (Léopold). — Note sur le *dictamen* de Poncius Provincialis [traité de l'art épistolaire, fin du XIIIe s.], p. 42.

25218. Vignat (G.). — Note sur deux manuscrits de la Bibliothèque du Vatican [cartulaire de Saint-Pierre-en-Pont et catalogue des évêques d'Orléans], p. 52.

25219. Pillon. — Le portereau Tudèle [à Orléans], p. 57.

25220. Dupuis (F.). — Michel Bourdin, statuaire orléanais [XVIIe s.], p. 61.

25221. Cosson (L'abbé). — Note sur quelques découvertes faites à Tavers [tombes gallo-romaines], p. 67.

25222. Conestabile. — Sur une interprétation de l'inscription latine du cheval de bronze trouvé à Neuvy-en-Sullias, p. 72.

25223. L'Hermite (M. de). — Les chapelles de Notre-Dame de Cléry et le couronnement de la statue de la Vierge, p. 86 et 193.

25224. Sourdeval (De). — Extraits du journal manuscrit d'Hérouard, médecin de Louis XIII, pour les passages de ce prince à Orléans [1615, 1619, 1621], p. 91.

25225. Dupuis (F.). — Rapport sur un diplôme délivré au XVIIIe siècle à un étudiant [allemand] de l'Université de Bourges, p. 96.

25226. Buchet. — Découverte de tombeaux mérovingiens à Beaune-la-Rolande, p. 113.

25227. Desnoyers (L'abbé) et Collin. — Notice biographique sur M. Dupuis [† 1863], p. 126 et 141.

25228. Torquat (L'abbé de). — Notice nécrologique sur M. de Vassal [† 1863], p. 132.

25229. Cosson (L'abbé). — Découverte d'une tombe [antérieure au IXe s.] dans la rue Muzaine [à Orléans], p. 154.

25230. Loiseleur. — Note sur le tumulus de la Ronce [près de Châtillon-sur-Loing] et sur une ligne de signaux télégraphiques gaulois, p. 168.

25231. Loiseleur. — Note sur le cimetière [gallo-romain] découvert près d'Adou, p. 172.

25232. Quicherat. — Note sur l'ancienne Université d'Orléans, p. 184.

25233. Collin. — Note sur un silex trouvé à Beaugency, *pl.*, p. 198.

25234. Du Faur de Pibrac. — Inscription romaine du faubourg de Saint-Vincent [près Orléans, relative à Genabum], *pl.*, p. 234.

25235. Loiseleur. — Essai d'interprétation de l'inscription [romaine] trouvée à Orléans où figure le mot *Cenab*, p. 244.

25236. Cosson (L'abbé). — Découvertes d'objets antiques dans le tumulus de Villemoutiers, p. 263 et 316.

25237. Cosson (L'abbé). — Note sur quelques objets découverts dans l'ancien monastère de Villemoutiers [sceaux en plomb], p. 316.

25238. Boucher de Molandon. — Camp vitrifié de Péran (Côtes-du-Nord), p. 327.

25239. Dupré. — Notes historiques sur les Daniel d'Orléans et de Blois, p. 333.

25240. Torquat (L'abbé de). — Fouilles rue Jeanne-d'Arc [à Orléans; substructions romaines], *pl.*, p. 346.

25241. Torquat (L'abbé de). — La Neuville et l'église de Saint-Sulpice [1692], p. 360.

25242. Bimbenet (Eugène). — Notice nécrologique sur M. Lemolt-Phalary [1803 † 1867], p. 382.

25243. Anonyme. — Inscription commémorative du passage de Jeanne d'Arc à Chécy [en 1429], p. 427.

25244. Mantellier. — Le sceau du bâtard d'Orléans [Dunois] et ses supports, p. 432.

25245. Cosson (L'abbé). — Découverte de monnaies romaines à Chambon, p. 442.

25246. Desnoyers (L'abbé). — Documents offerts à la Société relatifs à l'Orléanais [1380-1622], p. 457.

V. — Bulletins de la Société archéologique de l'Orléanais, t. V, n° 59 à 79, 1868-1873. (Orléans, 1876, in-8°, 490 p.)

25247. Desnoyers (L'abbé). — Notice nécrologique sur M. Clément Carette [† 1868], p. 21.

25248. Cosson (L'abbé). — Découvertes de sépultures [du moyen âge] à Yèvre-le-Châtel, p. 27.

25249. Dupré. — Christophe Morlière, horloger émailleur orléanais au XVIIe siècle, p. 44.

25250. Flattet. — Description de monnaies romaines trouvées à Châteauneuf, p. 47.

25251. Desnoyers (L'abbé). — Revue de l'exposition rétrospective d'Orléans, p. 52.

25252. Boucher de Molandon. — Notice nécrologique sur M. l'abbé Rocher [1807 † 1868], p. 87.

25253. Torquat (L'abbé de). — Découverte d'anciennes mosaïques à Germigny, p. 97.

25254. Desnoyers (L'abbé). — Monnaies romaines trouvées à Coinces et à Pannes, p. 107.

25255. Basseville. — Notice nécrologique sur M. Vincent [† 1868], p. 125.
25256. Beaucorps (Maxime de). — Les dolmens d'Ardillères (Charente-Inférieure), p. 141.
25257. Beaucorps (Maxime de). — Antiquités [gallo-romaines] découvertes à Montchène, commune de Chevilly, p. 146.
25258. Baguenault de Puchesse (Gustave). — Notice sur M. le comte de Brosses [† 1869], p. 156.
25259. Desnoyers (L'abbé). — Monnaies carlovingiennes trouvées à la porte Bourgogne [à Orléans], p. 166.
25260. Dupré. — Sur les objets d'art du château de Ménars-lez-Blois, p. 177.
25261. Vignat (Gaston). — Notice sur le *dies æger* [dans les calendriers], p. 198.
25262. Mauge. — Notice sur M. de Langalerie [† 1870], p. 213.
25263. Buchet. — Note sur la statue [d'un seigneur] de Juranville [† 1540], p. 229.
25264. Desnoyers (L'abbé). — Haches celtiques découvertes à Vannes (Loiret), p. 232 et 234.
25265. Buzonnière (De). — Restauration d'une maison [du xvi° s. à Orléans], p. 235.
25266. Jarry (L.). — Contre-scel de la Ferté-Hubert [xvi° s.], p. 254.
25267. Maupré. — Diplômes carlovingiens [840 et 843 aux archives départementales], p. 261.
25268. Bimbenet (Daniel). — Rapport sur une bannière commémorative de la délivrance d'Orléans par Jeanne d'Arc [du xvi° s.], p. 263.
25269. Patay (Dr). — Une maison du xv° siècle à Orléans, p. 284.
25270. Buchet. — Moulages de sceaux orléanais, p. 288.
25271. Dupré. — Lettres de Jérôme Groslot fils [† 1621] à Jacques Lectius, p. 292.
25272. Maulde (R. de). — Jacobus Guilloti, savant orléanais [xv° s.], p. 307.
25273. Torquat (L'abbé de). — Découvertes faites au chemin de César, commune de Chevilly, p. 310.
25274. Desnoyers (L'abbé). — Restes d'une tour de la première enceinte d'Orléans et boulets en pierre du siège de 1429, p. 315.
25275. Desnoyers (L'abbé). — Tiers de sou d'or mérovingien [trouvé à Chaon (Loir-et-Cher)], p. 321.
25276. Vignat (Gaston). — Note sur plusieurs manuscrits provenant des Archives du Loiret et aujourd'hui déposés à la Bibliothèque nationale, p. 324.
25277. Rancourt de Mimerand (Achille de). — Sur un scel de la châtellenie de Cernoy [1368], p. 335.
25278. Vernon (De). — Monnaies [du moyen âge] trouvées à Cléry, Chevilly, Artenay et Sougy, p. 361, 363 et 380.
25279. Baguenault de Puchesse (Gustave). — Lettres inédites de Henri II au duc de Nevers (1552), p. 367.
25280. Vernon (De). — Découverte du cœur de Charles VIII dans l'église de Cléry, *plan*, p. 381.
25281. Desnoyers (L'abbé). — Sur des monnaies romaines trouvées à Trinay, p. 390.
25282. Patay (Dr). — Notice sur l'exposition rétrospective de Tours en 1873, p. 400.
25283. Desnoyers (L'abbé). — Visite aux églises de Germigny et de Saint-Benoît, p. 428.
25284. Delaune. — Découverte de monnaies du moyen âge près de Romorantin, p. 437.
25285. Desnoyers (L'abbé). — Inscriptions funéraires de deux évêques d'Orléans, p. 440.
25286. Boucher de Molandon. — Station préhistorique aux bords de l'Essonne, p. 446.

VI. — Bulletins de la Société archéologique et historique de l'Orléanais, t. VI, n°s 80 à 95, 1874-1877. (Orléans, 1879, in-8°, 614 p.)

25287. Degrasse (Dom). — Notice sur la chapelle de Sainte-Scholastique à Saint-Benoît-sur-Loire [consacrée en 1873], p. 14.
25288. Pillard. — La montagne de Chévry [à Saint-Maurice-sur-Fessard, sépultures et objets antiques], p. 18.
25289. Desnoyers (L'abbé). — Inscription tumulaire de M. de Poudeux, premier supérieur sulpicien du grand séminaire [d'Orléans, † 1727], p. 24.
25290. Desnoyers (L'abbé). — Sépulture trouvée sur la commune de Meung-sur-Loire [xvii° s.], p. 26.
25291. Cosson (L'abbé). — Sur quelques découvertes récentes [monnaies romaines] faites à Sceaux (*Vellaunodunum*), p. 34.
25292. Divers. — Sur les erreurs historiques commises dans un des bas-reliefs de la statue équestre de Jeanne d'Arc [à Orléans], p. 43 et 46.
25293. Cochard (L'abbé Th.). — Note sur Raoul de Grosparmi, évêque d'Orléans [1308-1311], p. 49.
25294. Imbault. — Notice biographique sur M. Ernest Pillon [† 1874], p. 53.
25295. Pérot (J.). — Les silex de Neusy, p. 62.
25296. Desnoyers (L'abbé). — Sur une médaille de Jean Bockelson, roi de Munster [xvi° s.]; divers objets gallo-romains trouvés à Villeneuve-sur-Conie et à Ruan, p. 64.
25297. Beaucorps (Maxime de). — Fouilles de Vitry-aux-Loges et de Seichebrières [poteries romaines], p. 86.
25298. Boucher de Molandon. — Sur un gros tournois de saint Louis trouvé à Reuilly, commune de Chécy, *fig.*, p. 88.
25299. G. V. [Vignat (G.)]. — Le frère Martellange, jésuite, architecte des transepts de la cathédrale d'Orléans [1625-1630], p. 101.
25300. Cosson (L'abbé). — Découverte de tombes en pierre sur le territoire de la commune de Boynes (Loiret), p. 109.

25301. Boucher de Molandon. — Reconstruction dans les dépendances du Musée historique de la façade en bois sculpté d'une maison du xvie siècle, p. 127.

25302. Cosson (L'abbé). — Quelques mots sur une découverte de jetons [du xvie s.] à Orléans, p. 132.

25303. Cosson (L'abbé). — Découverte de monnaies gallo-romaines et d'une tombe antique à Lorcy, p. 149.

25304. Vignat (G.). — La Curne de Sainte-Palaye et Le Clerc de Douy, procureur du roi au présidial d'Orléans [† 1760; lettres], p. 190.

25305. Boucher de Molandon. — Lettre de dom Nageon à dom Mabillon, relative à deux pierres tombales de l'église de Saint-Benoît-sur-Loire [1704], *pl.*, p. 205.

25306. Patay (D^r). — Coup d'œil sur l'exposition rétrospective de Blois en 1875, p. 218.

25307. Cochard (L'abbé Th.). — Sur un cartouche en pierre sculptée à Châtillon-sur-Loire, p. 265.

25308. Rancourt (Ach. de). — Note rectificative sur un scel de la châtellenie de Cernoy (Loiret), p. 268.

25309. Baguenault de Viéville. — Notice nécrologique sur M. Mauge du Bois des Entes [† 1875], p. 276.

25310. Doinel (Jules). — Conclusions capitulaires du vénérable chapitre de Sainte-Croix d'Orléans relatives à la procession annuelle de Jeanne d'Arc du 8 mai, p. 279.

25311. Maître (L'abbé). — Le cimetière de Coinces, p. 288.

25312. Boucher de Molandon. — M. François Maupré, archiviste du Loiret [† 1875], p. 300.

25313. Desnoyers (L'abbé). — M. L. de Buzonnière [1797 † 1875], p. 311.

25314. Boucher de Molandon. — Sur les noms des rues d'Orléans, p. 320.

25315. Girardot (De). — Sur des silex trouvés à Girolles (Loiret), *pl.*, p. 366.

25316. Foulques de Villaret (Mlle A. de). — Quelques pages inédites de l'histoire d'Orléans [en 1567 et 1568], p. 368.

25317. Desnoyers (L'abbé). — Notice sur les fouilles de Coinces, p. 406.

25318. Doinel (Jules). — Note sur un acte notarié par Jean Du Lys, neveu de la Pucelle [1476], p. 412.

25319. Patay. — Revue de l'exposition rétrospective d'Orléans [1876], p. 418 et 498.

25320. Desnoyers (L'abbé). — Notice nécrologique sur M. l'abbé Bouloy [1821 † 1877], p. 477.

25321. Anonyme. — Célébration à Montargis de la paix avec l'Espagne et du mariage de Louis XIV (1660), p. 483.

25322. Baguenault de Puchesse (G.). — Une lettre inédite de Henri III [1589], p. 485.

25323. Patay. — Notice biographique sur M. Charles Pierre [1834 † 1877], p. 489.

25324. Vignat (G.). — Sur un authentique des reliques de saint Donatien et de saint Rogatien [1618], p. 550.

25325. Doinel (Jules). — Extrait de l'information sur la noblesse de Jean de Vouthon devant le prévôt de Vitry [1476; renseignements sur la famille de Jeanne d'Arc], p. 555.

25326. Rancourt de Mimérand (Achille de). — Briare-sur-Loire [en 1652], p. 559.

25327. Pelletier (L'abbé). — Anoblissement de Jean Daneau, homme d'armes de la compagnie de Xaintrailles [1438; ses descendants en 1655], p. 574.

VII. — Bulletins de la Société archéologique et historique de l'Orléanais, t. VII, n°s 96 à 115, 1878-1882. (Orléans, 1882, in-8°, 622 p.)

25328. Girardot (De). — Atelier de silex taillés trouvés à Giroles (Loiret), p. 10.

25329. Cochard (L'abbé Th.). — Note relative à la destruction de l'église des Capucins d'Orléans [1578-1877], p. 19.

25330. Perrot (F.). — Mémoire sur de nouvelles statuettes et objets gaulois en terre cuite trouvés dans l'Allier, p. 34.

25331. Imbault. — Conservation des maisons remarquables du côté des halles [à Orléans], p. 52.

25332. Davoust. — Insignes d'un capitaine ou roi de confrérie de tir à l'oiseau [fin du xvie s.], p. 85.

25333. Danton. — Note sur la maison dite des Papegaux [à Orléans], p. 90.

25334. Tranchau. — Inscription de noms d'écoliers allemands dans une maison du marché Saint-Étienne [à Orléans, 1592-1641], p. 95.

25335. Anonyme. — Sur une boucle [mérovingienne] trouvée à Neuville (Loiret), *pl.*, p. 102.

25336. Boucher de Molandon. — La citadelle de la porte Bannier à Orléans et le capitaine Caban [sous Charles IX], p. 110.

25337. Barthélemy (Édouard de). — Documents inédits sur l'Orléanais tirés des archives impériales de Russie, p. 130.

[Lettres de M. de Morvillier, évêque d'Orléans, de MM. d'Entragues, Gaspard de Schomberg, de Cossé, relatives aux guerres de religion, 1562-1570.]

25338. [Desnoyers (L'abbé)]. — Sur des acquisitions récentes du Musée d'Orléans, *fig.*, p. 159.

25339. Desnoyers (L'abbé). — Sur des plaques de fondations faites par les dames de Châtillon-le-Roy dans l'église d'Izy [1637], p. 163.

25340. Desnoyers (L'abbé). — Les collectionneurs orléanais, p. 174.

[Aux xviiie et xixe siècles. — Testaments de Guillaume Prousteau et de François Morel, 1714.]

25341. [Desnoyers (L'abbé)]. — Sur des monnaies romaines trouvées à Boisseaux, Ruan et Triguères, etc., p. 201, 284, 418, 473, 496, 533 et 537.

25342. Dumuys (L.). — Note sur une pierre sculptée trouvée à Orléans [moyen âge], *pl.*, p. 226.

25343. Imbault. — Notes sur la Motte-Bureau et sur le moulin de l'hôpital [à Orléans], *pl.*, p. 229.

25344. Doinel (Jules). — Notes sur les deux Bérauld et quelques-uns de leurs contemporains [protestants du XVIe s.], p. 242.

25345. Boucher de Molandon. — Notice nécrologique sur M. Alfred Giraud [† 1880], p. 260.

25346. Bimbenet (Eugène). — Souvenir de quelques monuments et de quelques inscriptions funéraires [François de Marle, † 1512; Antoine Dequoy, † 1642], p. 268.

25347. Boucher de Molandon. — Notice sur Antoine Brachet [† 1504], p. 287.

25348. Champion. — Notice sur [la paroisse de] Traînou [1584-1789], *fig.*, p. 334.

25349. Desnoyers (L'abbé). — Notice biographique sur M. Imbault [1822 † 1881], p. 362.

25350. Bimbenet (Eugène). — Notice sur M. Henri-Gabriel Petau [1810 † 1881], p. 372.

25351. Boucher de Molandon. — Notice nécrologique sur l'abbé Patron [1810 † 1881], p. 428.

25352. Jarry (L.). — Note concernant Guillaume de Lorris et le testament d'Alphonse de Poitiers, p. 477.

25353. Davoust. — Découverte d'un trésor [monnaies du moyen âge] aux ventes Saint-Martin, p. 498.

25354. Maître (L'abbé). — Une page de l'histoire de Courtempierre [Jacques Amyot, † 1593], p. 504.

25355. Pénot. — Esquisse biographique sur Pierre de Belleperche [1230 † 1307], p. 510.

25356. Doinel (J.). — Inventaire des meubles et des monuments de la nation germanique. Université d'Orléans [XVIIe s.], p. 527.

25357. Pelletier (L'abbé). — Sur le billet d'enterrement du jurisconsulte Pothier (1772), *fac-similé*, p. 539.

25358. Bimbenet (Eugène). — Note sur François-Jacques Fleury, curé de Notre-Dame-des-Ormes-Saint-Victor [† 1719 à la Bastille], p. 540.

25359. Pérot (F.). — Notice sur une cloche de 1732 et une fibule romaine, p. 567.

VIII. — Bulletins de la Société archéologique et historique de l'Orléanais, t. VIII, n°s 116 à 131, 1883-1886. (Orléans, 1886, in-8°, 622 p. avec un appendice de 243 p.)

25360. Bimbenet (Eugène). — Note sur le plan de l'ancien cloître Sainte-Croix [à Orléans], p. 27.

25361. Berton (Aug.). — Notice sur Courtemaux [XVIIIe-XIXe s.], p. 35.

25362. Doinel (Jules). — Liste des dominicains d'Orléans reconstituée à l'aide des documents [1544-1775], p. 59.

25363. Doinel (Jules). — Liste des étudiants scandinaves à l'Université d'Orléans [1384-1687], p. 63.

25364. Desnoyers (L'abbé). — Notice sur un contrepoids gallo-romain, p. 79.

25365. Doinel (Jules). — Documents concernant le Livre rouge de Sainte-Croix [1116], p. 81.

25366. Desnoyers (L'abbé). — Découverte [d'un vase du XVIIIe s.] faite à Saint-Jacques [à Orléans], 2 *pl.*, p. 91.

25367. Boucher de Molandon. — La maison de Jeanne d'Arc à Domrémy et Nicolas Gérardin son dernier possesseur [en 1818], p. 95.

25368. Loiseleur (J.) et Delisle (Léopold). — Les larcins de M. Libri à la bibliothèque d'Orléans, p. 117, 312 et 495.

25369. Tranchau. — Note sur une peinture murale du grand cimetière d'Orléans [XVIIIe s.], *pl.*, p. 127.

25370. Pérot. — Communication sur la nécropole de Cé (Allier), [fourche romaine], *pl.*, p. 181.

25371. Tranchau. — Chevaliers de l'ordre du Saint-Esprit qui se rattachent à l'histoire de l'Orléanais, p. 195.

25372. Boucher de Molandon. — Le bas-relief de la rue du Poirier [à Orléans, hôtel de l'Annonciade], *pl.*, p. 201.

25373. Stein (Henri) et Tranchau. — Un voyageur orléanais au XIVe siècle [Jean Godeffroy], p. 205.

25374. Delaune (J.). — Sentence du bailli de Vouzon relative au droit seigneurial de banvin [1324], p. 209.

25375. Tranchau. — Adieux au vieux quartier d'Orléans démoli pour l'établissement des marchés couverts [hôtellerie Sainte-Catherine, XIIe et XIIIe s.], *pl.*, p. 215.

25376. Vignat (G.). — Note sur une vue à vol d'oiseau de l'abbaye de Ferrières [1680], p. 229.

25377. Doinel (Jules). — Les Audran à Louzouer [1720-1722], p. 234.

25378. Desnoyers (L'abbé). — Récentes découvertes [de monnaies antiques à Santeau (Loiret)], p. 247.

25379. Besnard (E.). — Les antiquités de Courbanton [monnaies carolingiennes], p. 284.

25380. Tranchau. — Sur un catalogue des manuscrits de Saint-Benoît[-sur-Loire] (1763), p. 288.

25381. Barthélemy (Édouard de). — Le collège de Champagne à Orléans, p. 295.

25382. Tranchau. — Une thèse de droit au XVIIe siècle, p. 299.

25383. Dumuys (V.). — Sur la découverte d'un *æquipondium* [gallo-romain] faite à Marcilly (Loiret), p. 326.

25384. Boucher de Molandon. — La tour du Heaume et la seconde enceinte d'Orléans, *pl.*, p. 329.

25385. Jarry (L.). — Sépultures anciennes de Sully-la-Chapelle [XVe s.], p. 342.

25386. Delisle (Léopold). — Complainte orléanaise du XIIIe siècle avec sa notation musicale retrouvée dans un manuscrit de la Bibliothèque Laurentienne à Florence, *fac-similé*, p. 349.

25387. Tranchau. — Sur M. le comte Du Faur de Pibrac [† 1885], p. 405.

25388. Tranchau. — Sur M. Edmond Michel [† 1886], p. 427.

25389. Boucher de Molandon. — Janville, son donjon, son château, ses souvenirs du xve siècle, monument érigé à Jeanne d'Arc [en 1886], p. 445.

25390. Boucher de Molandon. — Germain-Philippe-Anatole Du Faur de Pibrac [1812 † 1886]. Notice nécrologique, p. 457.

25391. Doinel (Jules). — Hugues le Boutellier et le massacre des clercs à Orléans en 1236, p. 501.

25392. Jarry (L.). — Jean Grancher de Trainou dit Jean d'Orléans, peintre de Charles VI, Charles VII et de Jean de Berry. Documents inédits, p. 515.

25393. Desnoyers (L'abbé). — Objets antiques trouvés à Saint-Aignan-des-Gués, à Viglain et à Isdes, p. 529.

25394. Desnoyers [L'abbé]. — Note sur deux découvertes faites à Orléans [antiquités romaines], p. 545.

25395. Pérot (Francis). — Notes [sur des silex, sur le dolmen de la Pierre-Hachée], p. 546.

25396. Moreau (C.). — Notes [acte d'inhumation de la mère de Girodet, menhirs de Chuelles], p. 549.

25397. Boucher de Molandon. — Sur les limites de la juridiction des évêques d'Orléans, p. 551.

25398. Desnoyers (L'abbé). — Notice sur M. Mantellier de Montrachy [† 1886], p. 555.

Appendice :

25399. Bailly (A.). — Émile Egger, sa vie et ses travaux [† 1885], *portrait*, p. 1 à 243.

LOIRET. — ORLÉANS.

SOCIÉTÉ LITTÉRAIRE DE L'ORLÉANAIS.

Cette Société, fondée en 1856, disparut en 1859 après avoir publié un *Bulletin* dont il n'a paru, croyons-nous, que quatre fascicules; nous n'avons pu nous en procurer que trois.

Société littéraire de l'Orléanais. Bulletin. (Orléans, 1856-1859, in-8°, 168 p.)

25400. Basseville (Anatole). — Délivrance d'Orléans, 14 juin 451, p. 121.

25401. Monteyremar (Henri de). — Existait-il deux Iles-aux-Bœufs en la rivière de Loire? p. 157.

LOT. — CAHORS.

SOCIÉTÉ DES ÉTUDES LITTÉRAIRES, SCIENTIFIQUES ET ARTISTIQUES DU LOT.

Fondée le 17 août 1872 et autorisée le 10 décembre suivant, cette Société commença dès 1873 la publication d'un *Bulletin* dont la collection formait 10 volumes au 31 décembre 1885. De 1875 à 1878 elle publia en quatre fascicules distincts les procès-verbaux de ses séances, qui furent ensuite insérés dans les volumes du *Bulletin*. Une table de ses travaux est insérée à la fin du *Bulletin* de 1885.

I. — **Procès-verbaux des séances de la Société des études littéraires, scientifiques et artistiques du Lot**, depuis sa fondation jusqu'au 1er janvier 1875. (Cahors, 1875, in-8°, 80 p.)

II. — **Procès-verbaux des séances**, etc., pendant l'année 1875. (Cahors, 1876, in-8°, 68 p.)

III. — **Procès-verbaux des séances**, etc., pendant l'année 1876. (Cahors, 1877, in-8°, 88 p.)

IV. — **Procès-verbaux des séances**, etc., pendant l'année 1877. (Cahors, 1878, in-8°, 80 p.)

I. — **Bulletin de la Société des études littéraires, scientifiques et artistiques du Lot**, t. I. (Cahors, 1873, in-8°, 340 p.)

25402. Bessières de Combayrac (J.). — Notes sur les anciens seigneurs de Luzech [XIIe-XIXe s.], p. 21. — Cf. n° 25408.

25403. Ayma (L.). — Du patois quercytain et de ses rapports avec la langue celtique, p. 41.

25404. Malinowski (J.). — Découvertes archéologiques à Cahors en 1872 [tombeaux des anciens évêques, figurines et statuettes romaines], p. 49.

25405. Baudel (J.). — L'Université de Cahors et la communauté d'Albi [1751-1778], p. 55. — Cf. n° 25419.

25406. Combarieu (Louis). — Documents tirés des archives de la préfecture du Lot, p. 63.

[Nomination de l'évêque de Cahors en 1493. — Procès pour sorcellerie, 1661.]

25407. Ayma (L.). — Proverbes quercinois, p. 75, 134, 208, 260 et 331.

25408. Bessières de Combayrac (J.). — Les coutumes de Luzech, texte et traduction [1270 et 1534], p. 87 et 150. — Cf. n° 25402.

25409. Dols. — Lettre sur la collection Doat [documents relatifs au Quercy], p. 128.

25410. Dufour (Émile). — Notes [historiques] sur Cahors, p. 189.

25411. Rouméjoux (A. de). — Rapport sur la découverte de peintures murales du XIVe siècle à la cathédrale de Cahors, *pl.*, p. 221.

25412. Lacombe (Paul) et Combarieu (Louis). — Quelques mots sur le *Te igitur*. Documents contenus dans le *Te igitur* [premier registre du consulat de Cahors. Texte et traduction, XIIIe s. à 1665], p. 227, 264; II, p. 77, 111, 193, 321; III, 65, 95 et 241.

25413. Baudel (J.). — Scatabrouda, comédie patoise du XVIIe siècle, p. 240.

25414. Malinowski (J.). — Le pape Jean XXII et la Pologne; étude historique du XIVe siècle, p. 251.

25415. Lacarrière (L'abbé Cyprien). — Évêques, saints et monastères du Quercy [vies des saints Martial et Amadour], p. 282; et II, p. 53.

25416. Deloncle (Charles). — Notice sur Joseph Bessières (de Combayrac) [1795 † 1875], p. 321.

25417. Anonyme. — Documents inédits, p. 328.

[Lettre du pape Jean XXII aux consuls de Cahors, XIVe s. — Lettre de l'abbé de Fénelon, vers 1690.]

II. — **Bulletin de la Société des études littéraires**, etc., t. II. (Cahors, 1875, in-8°, 352 p.)

[25415]. Lacarrière (L'abbé Cyprien). — Évêques, saints et monastères du Quercy, p. 53.

[25412]. Lacombe (P.) et Combarieu (Louis). — Documents contenus dans le *Te igitur*, p. 77, 111, 193 et 321.

25418. Fontenilles (Paul de). — Rapport sur les fouilles

faites pendant les mois d'août, de septembre, d'octobre et de novembre 1875 à la caserne d'infanterie de Cahors, 4 *pl.*, p. 103.

[Poteries, dessins par M. Cyprien Calmon.]

25419. Baudel (M.-J.) et Malinowski (J.). — Histoire de l'Université de Cahors, p. 135, 169, 288; III, p. 201, 273; et IV, p. 129. — Cf. n° 25405 et 25460.

[Fondation, privilèges et règlements, xiv°-xviii° s.]

25420. Martin (L'abbé). — Collection Doat. Table des volumes qui concernent le département du Lot, p. 233.

III. — **Bulletin de la Société des études littéraires**, etc., t. III. (Cahors, 1876, in-8°, 316 p.)

25421. Combarieu (L.). — Charges et revenus de la cathédrale et des communautés religieuses de Cahors en 1790, p. 5.

25422. Combarieu (L.). — Deux lettres de Henri IV [adressées au baron de La Valette-Parisot (1580 et 1581), p. 55.

[25412]. Lacombe (P.) et Combarieu (L.). — Documents contenus dans le *Te igitur*, p. 65, 95 et 241.

25423. Combarieu (L.). — Réunion à Cahors des trois états de la Guyenne (1470), p. 69.

25424. Lieutaud (V.). — La Vida de S. Amador, texte provençal inédit du xiv° siècle (dialecte catalan) publié d'après le manuscrit de la Bibliothèque de Marseille, *fac-similé*, p. 109.

25425. Malinowski (J.). — Monographie des bâtiments composant actuellement le lycée de Cahors, p. 142.

[Couvent des Cordeliers et collège des Jésuites. Inscriptions de 1259 et 1260.]

25426. Anonyme. — Documents inédits sur le Quercy [lettres de J. Murat, roi de Naples], p. 170.

25427. Baudel (M.-J.). — François Roaldès, docteur, régent de l'Université de Cahors (1519-1589), biographie, p. 190.

[25419]. Baudel (M.-J.) et Malinowski (J.). — Histoire de l'Université de Cahors, p. 201 et 273.

IV. — **Bulletin de la Société des études littéraires**, etc., t. IV. (Cahors, 1878, in-8°, 268 p.)

25428. Dangé d'Orsay (A.) et Calmon (C.). — Ancienne église paroissiale de Saint-Géry à Cahors [église romane du xii° siècle avec additions postérieures], 6 *pl.*, p. 5.

25429. Nadal. — Études sur le texte d'Hirtius, livre VIII, ch. xxxii, xxxiii, xl, xli, xlii, xliii des Commentaires de César [situation d'Uxellodunum], p. 17.

25430. Malinowski (J.). — Nécrologie. M. le docteur Jean-Baptiste Vidaillet [† 1877], p. 31.

25431. Maria (L'abbé). — Le château de Saignes en Quercy. Monographie et souvenirs historiques, p. 57.

25432. Combarieu (L.). — Le mobilier d'un évêque de Cahors au xviii° siècle, p. 71.

[Inventaire dressé en 1766 à la mort de B.-René Duguesclin.]

25433. Daymard. — Collection de vieilles chansons [du Quercy], p. 85 et 209.

[25419]. Baudel (M.-J.) et Malinowski (J.). — Histoire de l'Université de Cahors, p. 129.

V. — **Bulletin de la Société des études littéraires**, etc., t. V. (Cahors, 1879, in-8°, 344 p.)

25434. Combarieu (Louis) et Cangardel (François). — Coutumes de Cajarc [concédées par l'évêque de Cahors, Géraud de Barsac, de 1236 à 1250], p. 5.

25435. Baudel (M.-J.). — Lettre à l'Académie de Cortone sur les antiquités de Cahors, par Jean-Jacques Le Franc [de Pompignan], [suivie de] notes et éclaircissements, p. 48.

25436. Duc. — Extrait de l'inventaire des archives municipales de Caylus concernant le sénéchal du Quercy et Cahors en particulier, p. 61.

25437. Malinowski (J.). — Prodrome de l'histoire monétaire du Quercy, p. 93.

25438. Baudel (M.-J.). — Les écoles d'Albi de 1380 à 1623, p. 113.

25439. Bessière (J.). — Notice sur Guillaume Du Breuil, avocat au Parlement de Paris, né à Figeac [† v. 1344], p. 153.

25440. Valette (H.). — Nécrologie. [François Valet de Reganhac, † 1879], p. 203.

25441. Baudel (M.-J.). — Nicolas-Joseph Foucault [intendant] et la généralité de Montauban, de 1674 à 1684, p. 217.

VI. — **Bulletin de la Société des études littéraires**, etc., t. VI. (Cahors, 1880, in-8°, 314 p.)

25442. Malinowski (J.). — Dormunda, dame quercynoise, poète du xiii° siècle. Étude littéraire [ses poésies, texte et traduction], p. 5.

25443. Combarieu (Louis). — Testaments de trois évêques de Cahors, p. 26.

[Nicolas de Sevin, 1674; Henri-Guill. Lejay, 1693; Henri de Briqueville de La Luzerne, 1740.]

25444. Malinowski (J.). — Testament de l'évêque Antoine Hébrard de Saint-Sulpice, comte et baron de Cahors de 1577 à 1602 [1599], p. 93.

25445. Massabie (L'abbé). — Nécrologie de M. d'Arnaldy-Destroa [1831 † 1880], p. 123.

25446. Combarieu (L.) et Cangardel (F.). — Gourdon et ses seigneurs du xe au xive siècle, p. 141.

[Coutumes de 1244; accord avec le curé, 1288; avec Guill. de Thémines, 1361; pariage avec le comte d'Armagnac, 1383.]

25447. Massabie (L'abbé). — Douelle [Lot], d'après les registres de l'état civil et les traditions locales, p. 195.

25448. Albessard (L'abbé V.) et Baudel (M.-J.). — Anciens statuts du chapitre cathédral de Cahors, promulgués en 1566, p. 217.

VII. — Bulletin de la Société des études littéraires, etc., t. VII. (Cahors, 1882, in-8°, 344 p.)

25449. Massabie (L'abbé). — Recherches sur la langue patoise du bas Quercy, ses origines, son orthographe, p. 39 et 281.

25450. Greil (L.). — Un budget de la ville de Cahors en 1650, p. 81.

25451. Roumejoux (A. de). — Notes sur la chapelle de Saint-Ambroise (Lot), p. 145.

25452. Pezet (A.). — Notice historique sur la commune de Corn (Lot), p. 148.

[Châteaux de Roquefort, de Goudou, de Mandens.]

25453. Malinowski (J.). — Testament de Jacques de Ginouillac dit Galiot, grand maître de l'artillerie de France [1466 † 1546], p. 154.

25454. Valette et Pouzergues. — Noms géographiques employés dans le patois du Quercy, p. 208.

25455. Malinowski (J.) et Cangardel (F.). — Esbats de Guyon de Maleville sur le pays de Quercy, *cartes*, p. 216; VIII, p. 49, 133, 185, 265; IX, p. 33, 105, 161, 241; X, p. 121, 197 et 245.

[Histoire du Quercy composée de 1600 à 1614 et continuée jusqu'en 1662.]

25456. La Roussilhe (Ferdinand). — Note sur l'origine de Pierre Montmaur le Parasite [1576 † 1648], p. 298.

VIII. — Bulletin de la Société des études littéraires, etc., t. VIII. (Cahors, 1883, in-8°, 368 p.)

25457. Combarieu (L.). — Rapport sur une liasse de documents anciens envoyés à la *Société des études*, par Léon Gambetta [relatifs à la vicomté de Turenne et particulièrement à Lignerac, Chavanac], p. 21.

[25455]. Malinowski (J.) et Cangardel (F.).—Esbats de Guyon de Maleville sur le pays de Quercy, p. 49, 133, 185 et 265.

25458. Pradelle (Gustave de). — Notes sur les origines du château de Bretenoux [Lot], p. 129.

25459. Mommézat. — Notes sur la commune de Carlucet, canton de Gramat, p. 201.

25460. Malinowski (J.). — Tableau synoptique représentant l'organisation de l'Université de Cahors vers la fin de son existence [1700 à 1751], p. 235. — Cf. n° 25419.

25461. Fontenilles (P. de). — Mémoire adressé à MM. les Ministres des Cultes et des Beaux-arts [pour la conservation des peintures murales de la cathédrale de Cahors], p. 304.

25462. Dangé d'Orsay (A.). — Notice nécrologique sur M. le baron Emmanuel de Roussy [† 1883], p. 315.

IX. — Bulletin de la Société des études littéraires, etc., t. IX. (Cahors, 1884, in-8°, 319 p.)

[25455]. Malinowski (J.) et Cangardel (F.). — Esbats de Guyon de Maleville sur le pays de Quercy, p. 33, 105, 161 et 241.

25463. Leboeuf (Dr). — Statistique des décès de la commune de Cahors (1872-1881), p. 121, 205 et 257. — Cf. n° 25472.

25464. Malinowski (J.). — Vers authentiques de la reine Marie Stuart, p. 129.

25465. Gary (J.). — Notice sur M. l'abbé Layral, curé du Bourg [† 1884], p. 137.

25466. Lacombe (P.). — Nécrologie. M. Lacabane, ancien directeur de l'École des chartes [1798 † 1884], p. 275.

X. — Bulletin de la Société des études littéraires, etc., t. X. (Cahors, 1885, in-8°, 335 p.)

25467. Fontenilles (Paul de). — Le budget de la ville de Cahors en 1684, p. 5.

25468. Gary (L'abbé). — Gordon, p. 112.

[Étude sur la famille Gordon, originaire du Quercy.]

[25455]. Malinowski (J.) et Cangardel (F.). — Esbats de Guyon de Maleville sur le pays de Quercy, p. 121, 197 et 245.

25469. Gary (L'abbé). — Notice biographique sur M. Charles Deloncle [1823 † 1884], p. 232.

25470. Malinowski (J.). — Notice biographique sur M. l'abbé A. Guilhou [1808 † 1885], p. 270.

25471. Gary (L'abbé). — Notice nécrologique sur M. Gabriel Ruch [1805 † 1885], p. 275.

25472. Leboeuf (Dr). — Statistique des décès de la commune de Cahors en 1883-1884, p. 281. — Cf. n° 25463.

25473. Malinowski (J.). — Table générale des travaux contenus dans les dix premiers tomes du *Bulletin*, p. 310.

LOT-ET-GARONNE. — AGEN.

SOCIÉTÉ D'AGRICULTURE, SCIENCES ET ARTS D'AGEN.

Fondée le 1er février 1784, autorisée le 5 juillet 1788, dissoute à la Révolution et reconstituée sous le Consulat, cette Société commença en 1804 la publication d'un *Recueil* dont la première série (1804-1859) comprend 9 volumes et dont la seconde, commencée en 1860, comprenait également 9 volumes au 31 décembre 1885.

Cette Société a publié de plus une série de comptes rendus de ses séances publiques dont nous n'avons pu retrouver qu'un petit nombre. Enfin, elle a pris depuis 1879 la direction de la *Revue de l'Agenais*, dont la publication avait commencé en 1873.

I. — Recueil des travaux de la Société d'agriculture, sciences et arts d'Agen, pendant le cours de l'an XII, 1er cahier. (Agen, an XIII-1804, in-8°, 260 p.)

25474. Anonyme. — Introduction. Liste des ouvrages lus dans les séances de la Société depuis 1784 jusqu'en l'an XII et dont les auteurs lui ont fait hommage, p. 3.

25475. Saint-Amans. — Notice sur la vie et les ouvrages de Justin Duburga [† 1803], p. 56.

25476. Saint-Amans. — Observations sur quelques monnaies anciennes [XIVe et XVe s.] trouvées dans la commune de Castelculier près d'Agen, p. 212; II, p. 220 et 230.

II. — Second recueil des travaux de la Société d'agriculture, sciences et arts d'Agen. (Agen, 1812, in-8°, 458 p.)

25477. Briquet. — Éloge de Jules-César Scaliger [XVIe s.], p. 1.

25478. Villeneuve-Bargemont (Christophe de). — Rapport présenté au nom de la commission chargée de diriger les fouilles faites à Fréjus, en floréal an XI, par ordre de M. Fauchet, préfet du département du Var, p. 35.

25479. Lafont du Cujula. — Notice sur le langage et les usages particuliers des habitants du département de Lot-et-Garonne, p. 154.

25480. Villeneuve-[Bargemont] (Christophe de). — Fragment d'un voyage dans les Basses-Alpes [inscription romaine découverte près de Sisteron], p. 180.

[25476]. Saint-Amans (De). — Seconde et troisième notice sur les monnaies anciennes trouvées aux environs d'Agen, p. 220 et 230.

25481. Saint-Amans (De). — Rapport sur un manuscrit intitulé : *Antiquités de la ville d'Agen*, etc. [par Dumesnil, XVIIIe s.], p. 243.

25482. Villeneuve (Christophe de). — Recherches sur le lieu qu'occupait dans l'Aquitaine le peuple désigné par César sous le nom de *Sotiates* [à Sos], p. 275.

25483. Lacoste (J.-J.). — Éloge d'Emmanuel le Grand, roi de Portugal [† 1521], p. 300.

III. — Recueil des travaux de la Société d'agriculture, sciences et arts d'Agen, t. III. (Agen, 1834, in-8°, 312 p.)

25484. Bartayrès (A.). — Éloge de M. de Saint-Amans [† 1832], p. 139.

25485. Labat. — Le château de la Brède [où naquit Montesquieu], p. 175.

IV. — Recueil des travaux de la Société d'agriculture, etc., t. IV. (Agen, 1842, in-8°, VIII-420 p.)

V. — Recueil des travaux de la Société d'agriculture, etc., t. V. (Agen, 1850, in-8°, IV-392 p.)

25486. Moullié (Amédée). — Notice historique sur M. Justin Maurice [poète, † 1849], p. 81.

25487. Calvet. — Prise de possession par le roi d'Angleterre de la ville de Cahors et du Quercy en 1361 [pouvoirs donnés à Chandos et au maréchal Boucicaut], p. 167.

25488. Moullié (Amédée). — Coutumes, privilèges et franchises de la ville d'Agen [texte, XIIIe s.], p. 235. — Cf. n° 25491.

VI. — Recueil des travaux de la Société d'agriculture, etc., t. VI. (Agen, 1852, in-8°, 478 p.)

25489. Chaudruc de Crazannes. — Nouvelles considérations au sujet d'un passage du troisième livre de la guerre des Gaules des Commentaires de César relatif à la position géographique des *Sotiates* dans l'Aquitaine et à l'expédition de P. Crassus contre ce peuple, p. 58.

25490. Labat. — Les illustres Agenais. Blaise de Montluc [† 1577], p. 94, 280; et IX, p. 71.

25491. Moullié (Amédée). — Notice sur les divers exemplaires manuscrits des coutumes de la ville d'Agen, p. 154. — Cf. n° 25488.

25492. Bourrousse de Laffore (Jules de). — Études historiques sur le xve siècle composées sur des actes manuscrits et authentiques de cette époque, p. 191.

[Actes relatifs à la ville et seigneurie de Saumont, 1415, dépendant de la famille d'Albret.]

25493. Labat. — La magistrature sous Louis XIII, p. 247. — Cf. n° 25508.

25494. Magen (Adolphe). — Un trafiquant littéraire au xviie siècle [Rangouze, † avant 1670], p. 282.

25495. Bourrousse de Laffore (Jules de). — La bannière d'Agen [armoiries], p. 332.

25496. Platelet (P.). — Notice biographique et bibliographique sur Claude Le Petit [poète, † 1666], p. 363.

25497. Moullié (Amédée). — La ville d'Agen et son enceinte extérieure après la Saint-Barthélemy, d'après un registre de l'hôtel de ville d'Agen [enceinte intérieure], p. 390; et VII, p. 375.

VII. — Recueil des travaux de la Société d'agriculture, etc., t. VII, 1854-1855. (Agen, 1855, in-8°, 656 p.)

25498. Bourrousse de Laffore (Jules de). — Divisions ecclésiastiques de l'Agenais du xie au xvie siècle [diocèses d'Agen et de Condom, pouillés], p. 86.

25499. Pécantin (Charles). — Le dégât de Montauban (1625) [guerres de religion], p. 190.

25500. Magen (Adolphe). — Une émeute à Agen en 1635 [pour le fait de la gabelle], publiée d'après le manuscrit de Malebaysse, p. 196.

25501. Magen (Adolphe). — La chapelle de l'hospice Saint-Jacques à Agen [peintures murales exécutées vers 1850 par Bézard], p. 260.

25502. Bourrousse de Laffore (Jules de). — François de Cours, seigneur de Pauilhac, mestre de camp sous Charles IX, chevalier de l'ordre du roi et gentilhomme ordinaire de Henri, duc d'Anjou, p. 313.

[25497]. Moullié (Amédée). — La ville d'Agen et son enceinte intérieure après la Saint-Barthélemy d'après un registre de l'hôtel de ville d'Agen, p. 375.

25503. Magen (Adolphe). — Notice sur la vie et les travaux de J.-F.-A. Ancelot, de l'Académie française, [1794 † 1854], p. 381.

25504. Duplessy (Camille). — Étude sur la vie et les travaux de Bernard Palissy, p. 433.

25505. Saint-Amans (Casimir de). — De la monnaie dite arnaldèse des évêques d'Agen, p. 566.

[Ordonnances des évêques, transactions avec la ville d'Agen, 1207-1593.]

VIII. — Recueil des travaux de la Société d'agriculture, etc., t. VIII. (Agen, 1856-1857, in-8°, 406 p.)

25506. Moullié (Amédée). — Les dernières années de Montluc, d'après les anciens registres de la ville d'Agen, xvie s. [1574-1575], p. 15.

25507. Bessières. — Simples notices sur des hommes et des ouvrages ignorés ou peu connus [Pierre Grosnet, d'Auxerre; le chanoine Jacques Merlin], p. 25.

25508. Labat. — Esquisses historiques sur l'ancienne magistrature française. La magistrature sous Richelieu, p. 32. — Cf. n° 25493.

25509. Bourrousse de Laffore (Jules de). — Lettres autographes de Louis XVI, de Marie-Antoinette, de Philippe, duc d'Orléans, de Kléber, etc., p. 43.

25510. Magen (Adolphe). — Extraits des Essais historiques et critiques d'Argenton [né en 1723] sur l'Agenais, par J. Labrunie, p. 96; et X, p. 215.

[Les Nitiobriges. — Inscriptions trouvées sur l'emplacement d'Aginnum. — Difficultés géographiques relatives au martyre et à l'inhumation de saint Vincent et au lieu où est né Louis le Débonnaire. — Les livres liturgiques de l'église d'Agen.]

25511. Bessières. — Quelques notes sur les Gavachs [cantons de Duras et de Seyches] et leur idiome, p. 252.

25512. Labat. — Les souvenirs du château de Nérac [historiques, archéologiques et poétiques], p. 266.

25513. Magen (Adolphe). — Notice biographique [et bibliographique] sur M. le docteur de Laffore [† 1855], p. 330.

IX. — Recueil des travaux de la Société d'agriculture, etc., t. IX. (Agen, 1858-1859, in-8°, 442 p.)

25514. Magen (Adolphe). — Du droit de monnayage à propos de lettres patentes de Charles VI aux consuls et habitants d'Agen sur les monnaies étrangères [1414], p. 63.

[25490]. Labat. — Les illustres Agenais. Godefroy d'Estrades [† 1717], p. 70.

25515. Dedeaux. — Notice sur un bas-relief antique de Lusignan-Grand, *pl.*, p. 146.

25516. Chaudruc de Crazannes (Baron). — Notice sur une inscription et un buste antiques découverts près d'Aiguillon, *fig.*, p. 215. — Cf. n° 25528.

25517. Thenon (Léon). — Polyrrhénie [ville crétoise], p. 220. — Cf. n° 25532.

25518. Crozet (Ernest). — Notice historique et archéologique sur la commune de Lamontjoie, p. 331.

25519. Samazeuilh (J.-F.). — Adiram d'Aspremont, vicomte d'Orte et gouverneur de Bayonne [en 1572], p. 359.

25520. Anonyme. — Table des mémoires et documents publiés dans la première série du Recueil des travaux de la Société, p. 415.

X. — Recueil des travaux de la Société d'agriculture, etc., 2e série, t. I, 1860-1861. (Agen, 1861-1863, in-8°, VIII-490 p.)

25521. Bourrousse de Laffore (Jules de). — Jules-César de Lescale (Scaliger), p. 24.

[Documents inédits sur son mariage, ses enfants, son testament; lettres diverses, XVIe s.]

25522. Paillard (Alphonse). — Histoire de l'hôtel de la préfecture d'Agen [XVIIIe et XIXe s.], p. 70.

25523. Pichard (Théodore de). — Réfutation d'un passage de l'histoire complète de Bordeaux relatif au *Cassinogilum* de Charlemagne, p. 132.

25524. Croset (Ernest). — Troubles démocratiques à Agen au XVe siècle, p. 153.

25525. Chaudruc de Crazannes (Baron). — Notice sur la voie antique de Toulouse à Agen non décrite dans les itinéraires romains, p. 157.

25526. Croset (Ernest). — Catalogue indicatif des documents intéressant le département de Lot-et-Garonne conservés aux Archives de l'Empire et aux Archives du département de la Gironde, p. 201.

[25510]. Magen (Adolphe). — Extraits des Essais historiques et critiques d'Argenton sur l'Agenais, par J. Labrunie, p. 215.

25527. Tamizey de Larroque (Philippe). — Quelques pages inédites de Blaise de Montluc [siège de la Rochelle en 1573], p. 317.

25528. Chaudruc de Crazannes (Baron). — Notice sur un marbre votif [romain] découvert à Aiguillon, p. 363. — Cf. n° 25516.

25529. Moullié (Amédée). — Coutumes de Layrac [1259 et 1273; texte], p. 389.

25530. Tamizey de Larroque (Philippe). — Notes pour servir à la biographie de Mascaron, évêque d'Agen, écrites par lui-même et publiées pour la première fois, p. 435.

25531. Chaudruc de Crazannes (Baron). — Numismatique agenaise. Lettre à M. Adolphe Magen [relative à un triens], p. 448.

25532. Thenon (Léon). — Une cité primitive. Les Achéens en Crète, p. 456. — Cf. n° 25517.

XI. — Recueil des travaux de la Société d'agriculture, etc., 2e série, t. II. (Agen, 1872, in-8°, 504 p.)

25533. Tamizey de Larroque (Philippe). — Inventaire des meubles du château de Nérac en 1598, p. 92.

25534. Samazeuilh (J.-F.). — Note sur une découverte archéologique faite à Saint-Crabary, près Lavardac [mosaïques et médailles], p. 157.

25535. Moullié (Amédée). — Notice sur le diplôme de Pépin le Bref en faveur de l'abbaye de Clairac [756], p. 162.

25536. Langsdorff (G.-V. de). — Le théâtre en France aux XVIIe et XVIIIe siècles, p. 238.

25537. Combes. — L'homme dans la vallée du Lot antérieurement à l'âge de pierre, p. 254.

25538. Famin (F.). — La charte de Frédéric Barberousse confirmative des privilèges de l'Église de Marseille [1164], p. 259.

25539. Capot (Anastase). — Mgr de Belzunce. Souvenirs du château de Born (Lot-et-Garonne), p. 281.

25540. Tamizey de Larroque (Ph.). — Vie des poètes agenais, par Guillaume Colletet, publiée d'après les manuscrits du Louvre [Antoine de la Pujade, Guillaume du Sable, XVIe et XVIIe s.], p. 303.

25541. Tholin (G.). — Le siège du château de Madaillan par le maréchal de Montluc [1572-1575], p. 347.

25542. Clément-Simon (G.). — Le testament du maréchal de Montluc publié en entier pour la première fois avec un codicille inédit [1576], p. 363.

25543. Magen (Adolphe). — Deux lettres de rémission inédites [accordées à Guillaume du Lyon, en 1497, et à Jean du Lyon, en 1648], p. 461.

25544. Magen (Adolphe). — Chartes inédites du XIVe siècle recueillies dans les archives municipales d'Agen, p. 483.

[Annulation de procédure dans une affaire de meurtre, 1319. — Délai pour payer leurs dettes accordé aux drapiers et teinturiers d'Agen, 1339. — Fabrication des oboles agenaises, 1340. — Répression du brigandage, 1343.]

XII. — Recueil des travaux de la Société d'agriculture, etc., 2e série, t. III. (Agen, 1873, in-8°, 324 p.)

25545. Tholin (G.). — Notice sur les sépultures anciennes [préhistoriques] découvertes dans le département de Lot-et-Garonne, p. 37.

25546. Magen (Adolphe). — Notice sur deux fours à poterie de l'époque gallo-romaine [sur le plateau de Bellevue près d'Agen], *pl.*, p. 55.

25547. Tamizey de Larroque (Philippe). — Lettres inédites de Janus Frégose, évêque d'Agen [† 1586], p. 68.

25548. Magen (Adolphe). — Une course en Quercy, p. 100; et XIII, p. 466.

[Cambayrac; translation des cendres de saint Perdoux, 1843. Chansons et légendes; littérature populaire; prières.]

25549. Magen (Adolphe). — Documents sur Jules-César Scaliger [† 1558] et sa famille, p. 161.

XIII. — Recueil des travaux de la Société d'agriculture, etc., 2e série, t. IV. (Agen, 1875, in-8°, 536 p.)

25550. Moulenq (François). — La justice au xviie siècle; épisode de l'histoire de la ville d'Auvillars [notes sur le siège de Miradoux par Condé en 1652], p. 1.

25551. Tholin (G.). — Des tailles et des impositions au pays d'Agenais durant le xvie siècle jusqu'aux réformes de Sully, p. 91.

[Lettres patentes autorisant les assemblées du pays d'Agenais, 1486. — Lettres écrites aux consuls par Selves, député à Paris, en 1605.]

25552. Moullié (Amédée). — Le comté d'Agenais au xe siècle. Gombaud [évêque d'Agen] et son épiscopat, p. 136.

25553. Tamizey de Larroque (Philippe). — Documents inédits relatifs à l'histoire de l'Agenais, p. 171.

[106 chartes, lettres patentes, mémoires, de 1254 à 1687, relatifs aux familles et aux communes de l'Agenais.]

[25548]. Magen (Adolphe). — Une course en Quercy, p. 466.

XIV. — Recueil des travaux de la Société d'agriculture, etc., 2e série, t. V. (Agen, 1877, in-8°, 410 p.)

25554. Tholin (G.). — Aperçus généraux sur le régime municipal de la ville d'Agen au xvie siècle [instructions pour les consuls, 1609], p. 1.

25555. Bourrousse de Laffore (Jules de). — Le duc Gombaud, évêque de Gascogne, fondateur du monastère de la Réole-sur-Garonne en 977 et le duché de Gascogne au xe siècle, p. 70.

25556. Magen (Adolphe). — Un essai d'organisation démocratique dans la ville d'Agen en 1481, p. 115.

[Enquête par le Parlement de Bordeaux.]

25557. Bladé (Jean-François). — Trois contes populaires recueillis à Lectoure [texte patois et traduction], p. 151. — Cf. nos 25560, 25580, 25607, 25688 et 25696.

25558. Tamizey de Larroque (Philippe). — Notes sur la vie et les ouvrages de l'abbé Jean-Jacques Boileau [1649 † 1735], p. 223.

[Lettres et documents inédits, de 1696 à 1726. — Fragments de la vie de Mlle d'Épernon, carmélite, xviie s.]

25559. Tholin (G.). — Notes sur les stations, les oppidum, les camps et les refuges du département de Lot-et-Garonne, p. 370.

XVI. — Recueil des travaux de la Société d'agriculture, etc., 2e série, t. VII. (Agen, 1881, in-8°, 404 p.)

25560. Bladé (Jean-François). — Proverbes et devinettes populaires recueillis dans l'Armagnac et l'Agenais, p. 1. — Cf. n° 25557.

25561. Tamizey de Larroque (Philippe). — Lettres françaises inédites de Joseph Scaliger, p. 125.

25562. Magen (Ad.) et Tholin (G.). — Trois diplômes d'honneur du ive siècle [inscriptions sur plaques de bronze], *pl.*, p. 386.

XVII. — Recueil des travaux de la Société d'agriculture, etc., 2e série, t. VIII. (Agen, 1883, in-8°, 304 p.)

25563. Hébrard (L'abbé). — Un ancien évêque d'Agen inconnu jusqu'à nos jours [Flavardus, en 615], p. 1.

25564. Bladé (Jean-François). — Épigraphie antique de la Gascogne [106 inscriptions romaines et gallo-romaines], p. 35; et XVIII, p. 1.

25565. Lacroix (Léon). — Des sigles EC sur quelques tiers de sol mérovingiens, p. 201.

25566. Tholin (G.). — Supplément aux études sur l'architecture religieuse de l'Agenais [période romane], p. 211.

25567. Cabié (Edmond). — Coutumes de Lafox octroyées par Sicard Alaman en 1254 [texte], p. 257.

25568. Magen (Adolphe). — François Philon et son *Virgile evangelizant* [imprimé en 1638], p. 278.

XVIII. — Recueil des travaux de la Société d'agriculture, etc., 2e série, t. IX. (Agen, 1885, in-8°, 356 p.)

[25564]. Bladé (J.-F.). — Épigraphie antique de la Gascogne, p. 1.

25569. Tholin (G.). — Documents inédits pour servir à l'histoire de l'Agenais, p. 125.

[Lettres du maréchal de Biron aux consuls d'Agen, 1577-1581.]

25570. Dubois (A.). — Quelques mots sur le monosyllabisme des racines, p. 245.

25571. Lacroix (Léon). — Les médailles de Nimes au pied de sanglier, p. 263.

25572. Tholin (G.). — Essai sur les limites de la juridiction d'Agen au moyen âge et sur la condition des forains de cette juridiction, p. 279.

I. — Revue de l'Agenais et des anciennes provinces du Sud-Ouest, historique, littéraire, scientifique et artistique, publiée à

Agen sous la direction de M. Fernand Lamy, par une Société de savants et d'hommes de lettres de la région, t. I, année 1874. (Agen, 1874, in-8°, 579 p.)

25573. Trévenret (A. de). — Un train de plaisir à l'Escurial en 1869, p. 9.

[Description rapide du monastère de l'Escurial.]

25574. Magen (Ad.). — Souvenirs d'un Agenais. Les vieux médecins, bustes et figures. La tour Saint-Côme. Une expédition nocturne, p. 20.

[Biographie du docteur Jean Belloc, 1766 † 1852.]

25575. Lacoste (Jean). — L'Agenais à vol d'oiseau, p. 33, 59, 134 et 193.

25576. Villepreux (Louis de). — L'archevêque de Bordeaux [Henri de Sourdis] et le duc d'Épernon [1633], p. 49, 121, 414, 470, 521 et 558.

25577. Capot (Anastase). — Un prêtre agenais massacré en Chine. L'abbé Dominique Deluc [† 1860], p. 82.

25578. Tholin (G.). — A travers les archives d'Agen, p. 97.

25579. Magen (Ad.). — Molière à Agen, d'après un document inédit [1650], p. 131.

25580. Bladé (Jean-François). — Contes populaires recueillis en Agenais, p. 145. — Cf. n° 25557.

[Les deux Jumeaux; les deux Présents; l'Homme aux dents rouges.]

25581. Lamy (Fernand). — Jasmin chez lui, p. 172.

25582. Delrieu. — Les puits Richard Cœur-de-Lion et Montluc à Penne (Lot-et-Garonne) retrouvés et déblayés en 1856 et 1864, p. 181.

25583. Gaube (D^r^). — Lettres sur l'île de la Réunion, p. 207, 310; II, p. 23, 299; III, p. 270; IV, p. 428, 508; V, p. 296, 359 et 457.

25584. Serret (Jules). — Les débordements de la Garonne dans l'Agenais depuis les temps anciens jusqu'à nos jours, p. 241.

25585. Anonyme. — Le congrès archéologique d'Agen [1874], p. 278.

25586. Tholin (G.). — La villa gallo-romaine de Bapteste, p. 289.

25587. Moullié (A.). — Une succession féodale au xiie siècle. Étude historique [et juridique à propos de la succession de Hugues de Gournai, seigneur de Montaigut], p. 337; et II, p. 110.

25588. Ayma (L.). — Olivier Goldsmith, sa vie et ses œuvres, p. 367, 396, 461 et 494.

25589. Plieux (A.). — Recherches sur les origines de la ville de Condom, p. 385.

25590. Mouleno (François). — M. de Bellecombe, général agenais, et les colonies françaises au xviiie siècle, p. 433; et III, p. 325.

25591. Marcenac (A.). — Voyage en Palestine, séjour à Jérusalem pendant les semaines saintes, latine et grecque, de l'année 1873, p. 481, 532; II, p. 38, 63 et 97.

25592. Gauban (Octave). — Des coutumes du moyen âge dans leur rapport avec le droit municipal de l'Empire, p. 504.

II. — Revue de l'Agenais, etc., t. II, année 1875. (Agen, 1875, in-8°, 584 p.)

25593. Lacoste (Jean). — Mme Cottin [Sophie Risteau, 1773 † 1807], p. 1.

[25583]. Gaube (D^r^). — Lettres sur l'île de la Réunion, p. 23 et 299.

[25591]. Marcenac (A.). — Voyage en Palestine, p. 38, 63 et 97.

25594. Tholin (G.). — Variétés historiques et archéologiques sur l'Agenais, p. 49.

[Promenades du Gravier; foires d'Agen; les culottes de Gargantua.]

[25587]. Moullié (A.). — Une succession féodale au xiie siècle. Étude historique, p. 110.

25595. Jasmin (Jacques). — Poésies inédites [en provençal], p. 131, 324; et III, p. 94.

25596. Lauzun (Philippe). — Une fête et une émeute à Agen pendant la Fronde (1651-1652), p. 145 et 193.

25597. Lacoste (Jean). — L'abbaye de Clairac au xive siècle, p. 181.

25598. Capot (Anastase). — Une visite à Saint-Émilion (Gironde), p. 217.

25599. Malinowski (J.). — Notice sur les monnaies des évêques et des consuls de Cahors, frappées sous la troisième race des rois de France, p. 224, 263 et 293.

25600. Lacoste (Jean). — Les ruines de Montmajour (Bouches-du-Rhône), p. 317.

25601. Lamy (Fernand). — Le mois; simple causerie [inondation de la Garonne, juin 1875], p. 328.

25602. Tholin (G.). — Le Musée de Montauban et la collection Devals, p. 347.

25603. Courtois (Henry). — Notice historique et descriptive sur la région du Sud-Ouest. Ligne de Bordeaux à Cette, p. 356, 460; et III, p. 180.

25604. G. (A. de). — Le soldat gascon aux grandes époques de l'histoire de France, p. 381; et III, p. 105.

25605. Moullié (A.). — L'Agenais et le Némausan aux ixe, x^e^ et xie siècles. Le cartulaire du chapitre cathédral de Nîmes. Étude historique, p. 392.

25606. Malinowski (J.). — Les inondations du Lot, p. 429.

25607. Bladé (Jean-François). — L'homme de toutes couleurs; conte gascon (traduction littérale), p. 448. — Cf. n° 25557.

25608. Lamy (Fernand). — Pierre Corneille, père du théâtre français; ses prédécesseurs et ses détracteurs, p. 471.

25609. Lacoste (Jean). — Un Agenais illustre. Le comte

d'Estrades [maréchal de France, 1607 † 1686], p. 481; et III, p. 25.

25610. MOULLIÉ (Amédée). — Le doyenné de Moirax au XIe siècle. Étude historique, p. 515 et 537.

25611. COUYBA (L.). — A tire d'aile de Bordeaux à Soulac-les-Bains, p. 546.

III. — Revue de l'Agenais, etc., t. III, année 1876. (Agen, 1876, in-8°, 595 p.)

25612. LAUZUN (Philippe). — Les députés du Lot-et-Garonne aux anciens États généraux et aux assemblées modernes (1484-1871), p. 3 et 57.

[25609]. LACOSTE (Jean). — Un Agenais illustre. Le comte d'Estrades, p. 25.

[25595]. JASMIN (Jacques). — Poésies inédites, p. 94.

[25604]. G. (A. DE). — Le soldat gascon aux grandes époques de l'histoire de France, p. 105.

25613. MAGEN (Adolphe). — Souvenirs d un bibliophile [anecdotes sur Nodier; J.-B. Pérès], p. 117 et 201.

25614. BLADÉ (Jean-François). — Esquisse d'une géographie historique de l'Agenais et du Condomois, p. 135 et 231. — Cf. n° 25619.

25615. THOLIN (G.). — Un voyage d'Agen à Paris au XVIe siècle [Alain de Vaurs, bourgeois d'Agen, 1585], p. 153.

25616. FORESTIÉ (Édouard). — Les anciennes faïenceries de la région. Auvillar (Tarn-et-Garonne), p. 160.

[25603]. COURTOIS (Henry). — Notice historique et descriptive sur la région du Sud-Ouest, p. 180.

[25583]. GAUBE (Dr). — Lettres sur l'île de la Réunion, p. 270.

25617. DELPECH-BUYTET. — Une tapisserie du XVIe siècle [d'Évrard Leynier, de Bruxelles], p. 287.

25618. LACOSTE (Jean). — Pierre Darquey [médecin, 1758 † 1843], p. 305.

25619. BLADÉ (Jean-François). — Géographie militaire de la Gascogne aux XVIIe et XVIIIe siècles, p. 320. — Cf. nos 25614, 25622 et 25633.

[25590]. MOULENQ (François). — M. de Bellecombe, général agenais, et les colonies françaises au XVIIIe siècle, p. 325.

25620. LAUZUN (Philippe). — Vingt-quatre heures au Mont-Cassin, p. 345.

25621. MEINDRE (E.). — Quelques notions de comput ecclésiastique, p. 360.

25622. BLADÉ (Jean-François). — Géographie judiciaire de la Gascogne aux XVIIe et XVIIIe siècles, p. 393 et 471. — Cf. nos 25619 et 25633.

25623. ANONYME. — Georges Sand dans le Lot-et-Garonne, p. 431.

25624. LACOTE (Jean). — Une excursion au Pech de Bère, p. 445.

25625. FISTON (Cyrille). — Clémence Isaure et l'Académie des Jeux floraux, p. 493.

25626. TRÉVERRET (A. DE). — L'ensemble du Roland furieux, p. 503; IV, p. 25, 84, 134, 145, 199 et 258.

25627. MAGEN (Adolphe). — Du droit de grâce dans l'ancienne monarchie à propos de lettres de rémission conservées aux Archives du département de Lot-et-Garonne et de la ville d'Agen, p. 574. — Cf. n° 25643.

IV. — Revue de l'Agenais, etc., t. IV, année 1877. (Agen, 1877, in-8°, 524 p.)

25628. LAUZUN (Philippe). — Une chapelle perdue [chapelle de la Loge et le prieuré de Renaud, à Agen], p. 1.

[25626]. TRÉVERRET (A. DE). — L'ensemble du Roland furieux, p. 25, 84, 134, 145, 199 et 258.

25629. BLADÉ (Jean-François). — Les exécuteurs des arrêts criminels d'Agen depuis la création jusqu'à la suppression de leur emploi [1793-1850], p. 49.

25630. DELPECH-BUYTET. — Excursion au pays de Valois, p. 119, 165 et 208.

[La forêt de Compiègne; Pierrefonds; Saint-Jean-aux-Bois; la Brévière; Puits-du-Roi; le château de Compiègne.]

25631. BRUNET (H.). — Le mécanisme du langage ou les vrais éléments des langues avec leurs modifications, p. 181.

25632. LACOSTE (Jean). — Le château de Nérac, p. 193.

25633. BLADÉ (Jean-François). — Géographie juive, albigeoise et calviniste de la Gascogne, p. 220 et 266. — Cf. nos 25619 et 25622.

25634. THOLIN (G.). — Notes sur la chasse dans l'Agenais, p. 241 et 289.

25635. DELPECH-BUYTET. — Une visite à la manufacture nationale des Gobelins (novembre 1876), p. 311.

25636. AUDIAT (Louis). — Un petit neveu de Châteaubriand, sous-préfet de Marmande. M. E. de Blossac [1789 † 1877], p. 333.

25637. ANDRIEU (Jules). — Bibliographie générale. Classification systématique des connaissances et des œuvres, p. 375.

[25583]. GAUBE (Dr). — Lettres sur l'île de la Réunion, p. 428 et 508.

25638. BLADÉ (Jean-François). — Notice sur la vicomté de Bezaume, le comté de Benauges, les vicomtés de Bruilhois et d'Auvillars, et les pays de Villandraut et de Cayran, p. 465; et V, p. 44.

V. — Revue de l'Agenais, etc., t. V, année 1878. (Agen, 1878, in-8°, 514 p.)

25639. THOLIN (G.). — Les Archives départementales de Lot-et-Garonne, p. 1 et 115.

25640. MAGEN (Adolphe). — J.-B.-Auguste Bosvieux [1831 † 1871]. Souvenirs et correspondance, p. 12.

25641. Bosvieux (A.). — Lettres d'Espagne et d'Allemagne [1866-1867], p. 21.

[Épitaphe d'Étienne de Monluc, à Landau.]

[25638]. Bladé (Jean-François). — Notice sur la vicomté de Bezaume, le comté de Benauges, les vicomtés de Bruilhois et d'Auvillars, et les pays de Villandraut et de Cayran, p. 44.

25642. Magen (Adolphe). — Honneurs funèbres rendus à la mémoire de Charles VIII par l'évêque, les consuls et les habitants d'Agen [1499], p. 86.

25643. Coutra (L.). — Correspondance [réponse à M. Magen; lettres de M. et de Mme de Lescazes, 1722], p. 93. — Cf. n° 25627.

25644. Tréverret (A. de). — Walter Scott et le roman historique, p. 106.

25645. Bladé (Jean-François). — Poésies populaires en langue française recueillies dans l'Armagnac et l'Agenais, p. 129, 239 et 372.

25646. Tamizey de Larroque (Ph.). — Inventaire des meubles d'Anne de Maurès, maîtresse du duc d'Épernon, p. 152.

25647. Tholin (G.). — Les anciens hôtels de ville et le local du Musée d'Agen, p. 177.

25648. Habasque (F.). — La cour de France à Agen (1564-1565), p. 195.

25649. Faugère-Dubourg. — Un jour de fête à Nérac [rétablissement des officiers de justice du sénéchal-présidial d'Albret, 1788], p. 221.

25650. Magen (Adolphe). — Notes pour l'histoire du couvent des religieuses de Notre-Dame, à Agen [1619-an vi], p. 285.

[25583]. Gaube (D[r]). — Lettres sur l'île de la Réunion, p. 296, 359 et 457.

25651. Lauzun (Ph.). — Le sceau du prieuré de Saint-Antoine d'Agen [notice historique], *fig.*, p. 307.

25652. Tamizey de Larroque (Ph.). — Deux lettres inédites de Lacépède et de Lacuée [13 brumaire an viii et 12 frimaire an xiii], p. 326.

25653. Faugère-Dubourg. — Le maréchal-duc de Richelieu, à Nérac [3 décembre 1763], p. 347.

25654. Deloncle (Ch.). — Le félibrige et les langues romanes, p. 412.

25655. Lagarde (L.-F.). — Le captalat de Puychagut, p. 420.

25656. Magen (Adolphe). — Bibliographie et chronique régionales, p. 427.

[Arnaud Daubasse et l'édition de Currius; Paul-Raymond Lechien (1833 † 1878); J.-L.-Jules de Gères (1817 † 1878).]

25657. Tholin (G.). — Les ponts sur la Garonne. Extrait de l'*Abrégé chronologique des antiquités d'Agen*, par Labrunie, p. 439.

25658. Magen (Ad.). — Documents historiques, p. 470.

[Arrivée à Agen de François d'Épinay, marquis de Saint-Luc. — Réjouissances publiques à l'occasion de la nomination du prince de Condé comme gouverneur de la Guyenne (2 mai-15 juin 1651).]

25659. Magen (Adolphe). — Un autographe de Jasmin [lettre sur Paris, 1842], p. 484.

VI. — Revue de l'Agenais et des anciennes provinces du Sud-Ouest, publiée sous la direction de la Société des sciences, lettres et arts d'Agen, t. VI, année 1879. (Agen, 1879, in-8°, 579 p.)

25660. Bladé (J.-F.). — Révolutions andorranes. Histoire d'une maison de jeu, p. 3 et 97.

[Histoire du val d'Andorre, de 1866 à 1868.]

25661. Lesueur de Perès. — Chronique d'Isaac de Perès, p. 22, 193, 326, 420, 498; VII, p. 29, 119, 212, 326, 387, 501; VIII, p. 57, 160 et 235.

[Histoire de l'Agenais, de 1586 à 1611.]

25662. Bourrousse de Laffore (Jules de). — Notices historiques sur des monuments féodaux et religieux du département de Lot-et-Garonne, p. 53, 120, 250, 289, 385, 481; VII, p. 1, 81, 232, 277, 400; VIII, p. 194 et 289.

[Estillac, Aubiac, la Plume, Cazaux, Brimont, Moirax, Layrac, Sainte-Colombe, Roquefort, le Buscon, Plaichac, Moncaut, Fontarède, le Nom-Dieu, Bax, Beaulens, Auvignon, Montagnac, Saint-Loup, Espiens, Galard, le Saumont, Calignac, Autièges, Fieux, Francescas, Saint-Barthélemy, Saint-Cirice, Gardère, Vialère, Moncrabeau, Marcadis, Charrin, Artigues, Mauvezin, Pouy-sur-Osse, la Hitte, Lescout, la Serre, Bapteste, Lasserre, le Fraichou, Bédeyssan, Asquets, Tauzièda, Puy-Fort-Aiguille, Nazareth, Nérac, Barbaste, Lausseignan, Estussan, Xaintrailles, Lavardac, etc.]

25663. Tholin (G.). — Musée d'Agen, p. 78.

25664. Valat. — Pierre Balguerie, sa vie et ses travaux [† 1825], p. 156.

25665. Tamizey de Larroque (Ph.). — Les correspondants de Peiresq. Dubernard, p. 164.

25666. Philippes (Léopold). — L'exposition des beaux-arts à Agen. Les maîtres anciens, p. 177 et 264.

25667. Gazier (A.). — Documents inédits pour servir à l'histoire du département de Lot-et-Garonne pendant la Révolution française, p. 225 et 303.

[Lettres de l'évêque constitutionnel Constans.]

25668. Bladé (J.-F.). — État militaire et politique de la Gascogne en 1814 et 1815, p. 341, 410, 522; et VII, p. 47.

25669. Duvignau (Général). — Le général Laffitte-Clavé [1740 † 1795], p. 415.

25670. Magen (A.). — Une lettre inédite de Henri IV [à Bernard de Montaut, 1579], p. 457.

25671. Bouyssy. — Un inventaire judiciaire en 1606, p. 550.

25672. Servières (L'abbé). — L'histoire de sainte Foy d'Agen, p. 568. — Cf. n° 25675.

VII. — Revue de l'Agenais, etc., t. VII, année 1880. (Agen, 1880, in-8°, 564 p.)

[25662]. Bourrousse de Laffore (Jules de). — Notes historiques sur des monuments féodaux et religieux du département de Lot-et-Garonne, p. 1, 81, 232, 277 et 400.

[25661]. Lesueur de Perès. — Chronique d'Isaac de Perès, p. 29, 119, 212, 326, 387 et 501.

[25668]. Bladé (J.-F.). — État militaire et politique de la Gascogne en 1814 et 1815, p. 47.

25673. Goux (J.-B.). — L'aubade des œufs dans l'Agenais, p. 54.

25674. Maître (Abel). — Le casque en fer du Musée d'Agen, p. 58.

25675. Tholin (G.). — Réponse à M. l'abbé Servières, à propos de l'histoire de sainte Foy d'Agen, p. 64. — Cf. n° 25672.

25676. Magen (A.). — Le Musée d'Agen, p. 74.

25677. Lacroix (Léon). — La monnaie retrouvée des évêques d'Agen, p. 144.

25678. Brunet (Gustave). — La chevauchée de l'âne à Aiguillon, p. 171.

25679. Tholin (G.). — Quarante jours en Italie : Gênes, Pise et Florence, p. 181 et 474.

25680. Bladé (J.-F.). — Éloge de Clémence Isaure, p. 248.

25681. Magen (A.). — Une lettre de M. Félix de Verneilh, p. 264.

25682. Verneilh (De). — Observations sur la date du moulin de Barbaste, p. 269.

25683. Tholin (G.). — De quelques livres de raison des anciennes familles agenaises, p. 297 à 373.

25684. Magen (A.). — Le maréchal de camp Antoine Descrime, p. 335.

25685. Lagarde (A.). — La reconstruction de la ville de Tonneins en 1622, p. 346.

25686. Lacroix (Léon). — Ce que coûtait la reconstruction d'un pont sur la Garonne à Agen, au XIIIe siècle, p. 359.

25687. Lagarde (A.). — Note sur la monnaie Arnaldèse, p. 356.

25688. Bladé (J.-F.). — Trois nouveaux contes populaires recueillis à Lectoure, p. 416. — Cf. n° 25557.

25689. Tréverret (A. de). — Vasari, André del Sarto et Raphaël, p. 446 et 538.

VIII. — Revue de l'Agenais, etc., t. VIII, année 1881. (Agen, 1881, in-8°, 576 p.)

25690. Thermes-Dubroca. — Note pour l'histoire des familles et des mœurs dans le duché-pairie d'Aiguillon, p. 22 et 120.

25691. Coutba (Dr). — Quelques chansons populaires de l'Agenais, p. 46.

[25661]. Lesueur de Perès. — Chronique d'Isaac de Perès, p. 57, 160 et 235.

25692. Samazeuil (J.-F.). — L'abbaye du Paravis, p. 88.

25693. Magen (A.). — Autorisation par Henri IV d'établir des jeux de billard et autres jeux publics, p. 94.

25694. Magen (A.). — Jean-François Samazeuilh [1790 † 1875], p. 97.

25695. Bladé (J.-F.). — Superstitions populaires de la Gascogne, p. 144 et 255.

[25662]. Bourrousse de Laffore (Jules de). — Notes historiques sur des monuments féodaux et religieux du département de Lot-et-Garonne, p. 194 et 289.

25696. Bladé (J.-F.). — Deux contes populaires de la Gascogne, p. 333. — Cf. n° 25557.

25697. Raignac (A. de). — Pierre Galin [1785 † 1822], p. 358 et 430.

25698. Bourrousse de Laffore (Jules de). — Les Lusignans du Poitou et de l'Agenais, p. 403 et 481.

25699. Tréverret (A. de). — L'art en Italie au XVIe siècle. Michel-Ange, p. 442 et 530.

25700. Magen (A.). — Un conflit de préséance à Agen au XVIIe siècle, p. 465.

25701. Tholin (G.). — Documents pour servir à l'histoire de la Fronde dans l'Agenais, p. 474.

[Lettres et ordonnances du comte d'Harcourt, 1652. — Certificat délivré à Bernard de Faure par les consuls d'Agen, 1652. — Note sur le siège de Villeneuve.]

25702. Magen (A.). — Annales de la ville d'Agen par J.-N. Proché, p. 535; IX, p. 1, 109, 212, 341, 428, 529; X, p. 32, 104, 197, 356 et 443.

25703. Tholin (G.). — Documents pour servir à l'histoire du Brulhois, p. 553.

[Lettres de Catherine de Navarre et du roi de Navarre.]

IX. — Revue de l'Agenais, etc., t. IX, année 1882. (Agen, 1882, in-8°, 580 p.)

[25702]. Magen (A.). — Annales de la ville d'Agen, par J.-N. Proché, p. 1, 109, 212, 341, 428 et 529.

25704. Lauzun (Philippe). — Excursion de la Société française d'archéologie dans le département du Gers, p. 25 et 138.

[La Montjoye de Roquebrune, Bassoues, Marciac, sarcophage chrétien de Saint-Clamens, Mirande, pile de Biran, château de Saint-Blancard, église de Simorre, Fleurance, Lectoure, château de Sainte-Mère, la Roumieu, Condom, châteaux de Larresingle et du Tauzia, église de Flaran, Mouchan, Eauze, oppidum d'Esbérous.]

25705. Tholin (G.). — Documents pour servir à l'histoire des guerres de religion dans l'Agenais, p. 41.

[Procès-verbal de la prise d'Agen par les Huguenots, 1562.]

25706. Magen (A.) et Tholin (G.). — La place de la Halle à Agen, édifices qui ont existé sur son emplacement, cloche de l'ancienne horloge [1497], p. 80.

25707. Lacroix (Léon). — Trouvaille de monnaies du XVIe siècle à Astaffort, p. 93.

25708. Magen (A.). — Documents originaux, p. 169.

[Lettres de naturalisation accordées par François II à Vincent Piscilla, 1560.]

25709. Tholin (G.). — Documents sur le mobilier du château d'Aiguillon, confisqué en 1792, p. 193 et 310.

25710. Tholin (G.). — La tour de Hautefage [XVIe s.], p. 258.

25711. Couyba (Dr). — Les emblèmes patriotiques [révolutionnaires], p. 261.

25712. Magen (A.). — Les memorandums des consuls d'Agen, p. 264.

25713. Magen (A.). — L'instruction publique à Agen en 1794, p. 277.

25714. Cabié (E.) et Mazens (L.). — Notice concernant les domaines agenais des Alamans et de leurs successeurs immédiats d'après des documents inédits [XIIIe-XIVe s.], p. 293.

25715. Magen (A.). — Deux montres d'armes du XVIe siècle, p. 369.

25716. Magen (A.). — La Ligue au Port-Sainte-Marie en 1591, p. 389.

25717. Galard (De). — Inventaire d'un mobilier de grande dame en Gascogne en l'an 1677, p. 417.

25718. Lagarde (A.). — Notice sur la ville de Tonneins, p. 461, 562; X, p. 58, 161, 228, 340, 470 et 528.

25719. Andrieu (Jules). — Introduction à une bibliographie des journaux et revues de l'Agenais, p. 485.

25720. Bladé (J.-F.). — Quatorze superstitions populaires de la Gascogne, p. 492; X, p. 17 et 127.

X. — Revue de l'Agenais et des anciennes provinces du Sud-Ouest. Bulletin de la Société des sciences, lettres et arts d'Agen, t. X, année 1883. (Agen, 1883, in-8°, 567 p.)

25721. Tholin (G.). — Les cahiers du pays d'Agenais aux États généraux, p. 5, 145, 244, 321, 408, 507; XI, p. 112, 330, 396, 462; et XII, p. 33.

[25720]. Bladé (J.-F.). — Quatorze superstitions populaires de la Gascogne, p. 17 et 127.

[25702]. Magen (A.). — Annales de la ville d'Agen, par J.-N. Proché, p. 32, 104, 197, 356 et 443.

[25718]. Lagarde (A.). — Histoire de la ville de Tonneins, p. 58, 161, 228, 340, 470 et 528.

25722. Du Bernet (A.). — Note archéologique sur Moncaut, p. 72.

25723. Gragnon-Lacoste. — La famille Toussaint-Louverture à Agen (1803-1816), p. 97.

25724. Magen (A.). — Le duc d'Épernon et le clergé, p. 262.

25725. Tholin (G.). — Les prétendus ancêtres Néraçais du P. de La Chaise, confesseur de Louis XIV, p. 265.

25726. Tholin (G.). — Les processions des confréries aux environs d'Agen avant 1789, p. 267.

25727. Prugnières. — L'aérolithe du 5 septembre 1814, p. 269.

25728. Tamizey de Larroque (Ph.). — Joseph Gonin et le vignoble de Saint-Joseph, p. 293.

25729. Faugère-Dubourg. — Un procès entre religieux au XVIIe siècle. La grange de Lannes de Mézin, p. 302.

25730. Anonyme. — La mort de Le Fèvre d'Étaples, p. 383.

25731. Andrieu (J.). — Origine agenaise des concours agricoles, p. 485.

25732. Anonyme. — Mémoires du consul Trinque (1570-1615), p. 531.

25733. Tholin (G.). — Documents inédits pour servir à l'histoire de l'Agenais, p. 545.

[Lettres de Henri IV, roi de Navarre, aux consuls et aux habitants d'Agen.]

XI. — Revue de l'Agenais, etc., 11e année, 1884. (Agen, 1884, in-8°, 552 p.)

25734. Andrieu (J.). — La censure et la police des livres en France sous l'ancien régime. Une saisie de livres à Agen en 1775, p. 5 et 102.

25735. Tholin (G.). — Les archives de l'hôtel de ville d'Agen. Introduction à l'inventaire sommaire, p. 29.

25736. Tamizey de Larroque (Ph.). — Trois lettres inédites du président de Sevin à Peiresc (1617), p. 48.

25737. Lauzun (Philippe). — Documents inédits relatifs à l'entrée du duc d'Aiguillon à Agen et à Condom en 1751, p. 56, 223, 353, 411 et 494.

25738. Anonyme. — Le carnet d'un franc-tireur [1870-1871], p. 69 et 126.

25739. Anonyme. — Acte de décès de Rode le violoniste [† 1830], p. 86.

25740. Anonyme. — Note sur l'Agenais de Savinien d'Alquié, p. 87.

25741. Tamizey de Larroque (Ph.). — Récit de la conversion d'un ministre de Gontaud, p. 93.

[25721]. Tholin (G.). — Les cahiers du pays d'Agenais aux États généraux, p. 112, 330, 396 et 462.

25742. Martinaud. — Note sur les barons de Valenx au XIVe siècle, p. 145.

25743. M. et F. — Précis d'un mémoire sur les écrivains de l'histoire de l'Agenais par Labrunie, p. 148.

25744. Bladé (J.-F.). — La fleur, conte populaire recueilli en Armagnac, p. 173.

25745. Locard (A.). — Correspondance inédite entre le comte d'Agenais, duc d'Aiguillon, le comte de Seignelay et le comte de Polignac sur la divisibilité de la matière, p. 193 et 303.

25746. M. et F. — Traité chronologique des antiquités d'Agen par feu Joseph Labrunie, p. 243; XII, p. 66 et 334.

25747. Faugère-Dubourg. — Nos pères sous Louis XIV.

Extraits des Mémoires sur la généralité de Bordeaux concernant l'Agenois, l'Albret et les parties du Bazadois et du Condomois qui forment aujourd'hui le département de Lot-et-Garonne, p. 273, 369, 514; et XII, p. 43.

25748. Pasquier. — Le poète Jasmin dans l'Ariège en 1854, p. 436.

25749. Bladé (J.-F.). — Quatre superstitions populaires de la Gascogne, p. 457.

XII. — Revue de l'Agenais, etc., 12e année, 1885. (Agen, 1885, in-8°. 576 p.)

25750. Bourrousse de Laffore (Jules de). — État de la noblesse et des vivant noblement de la sénéchaussée d'Agenois en 1717, p. 5, 113, 193, 289, 385 et 481; XIII, p. 33, 193, 290, 386, 481; XIV, p. 185, 377, 473; et XV, p. 5.

[25721]. Tholin (G.). — Les cahiers du pays d'Agenais aux États généraux, p. 33.

[25747]. Faugère-Dubourg. — Nos pères sous Louis XIV. Extrait des Mémoires sur la généralité de Bordeaux, p. 43.

[25746]. M. et F. — Abrégé chronologique des antiquités d'Agen par feu Joseph Labrunie, p. 66 et 334.

25751. Magen (A.). — M. Édouard Jasmin [† 1885], p. 96.

25752. Tamizey de Larroque (Ph.). — La bibliothèque de Mlle Gonin, p. 97 et 209.

25753. Tholin (G.). — Condé et La Rochefoucauld à Agen, p. 145 et 245.

25754. Andrieu (J.). — Capchicot. Légende et histoire, p. 160.

25755. Faugère-Dubourg. — Observations géographiques sur un passage de la Chronique normande, p. 175.

25756. Gaussen (Émile). — Quelques défauts des anciens Agenais, p. 178.

25757. Andrieu (J.). — Histoire de l'imprimerie en Agenais depuis l'origine jusqu'à nos jours, p. 226, 305, 401 et 497.

25758. Habasque (F.). — Comment Agen mangeait au temps des derniers Valois. Le marché, les aliments, le pain, p. 255 et 435; XIII, p. 153; XIV, p. 46 et 165.

25759. Bladé (J.-F.). — Mémoire sur l'histoire religieuse de la Novempopulanie romaine, p. 355 et 465.

25760. Tréverret (A. de). — Les peintres de mœurs espagnols au xixe siècle, p. 532; XIII, p. 49, 173, 330, 438 et 531.

25761. Dubois (A.). — Les Celtes et les Germains d'après la critique allemande, p. 546.

25762. Anonyme. — Mémoires sur les différends entre la France et l'Angleterre sous le règne de Charles le Bel par de Bréquigny, p. 560; XIII, p. 61 et 187.

LOZÈRE. — MENDE.

SOCIÉTÉ D'AGRICULTURE, INDUSTRIE, SCIENCES ET ARTS DU DÉPARTEMENT DE LA LOZÈRE.

Fondée en 1819, cette Société porta d'abord le nom de *Société d'agriculture, commerce, sciences et arts de la ville de Mende;* elle adopta en 1850 le nom qu'elle porte encore aujourd'hui et fut reconnue d'utilité publique le 3 décembre 1856. De 1827 à 1849, elle publia une série de ses *Mémoires* qui comprend 16 volumes. Son *Bulletin*, qui fait suite aux *Mémoires*, commence avec l'année 1850 et comprenait, au 31 décembre 1885, 36 volumes. Il existe des tables à la fin de chacune des périodes décennales de ce *Bulletin*. Il faut signaler, en outre, une table générale (voir n° 25763) des publications de la Société de 1827 à 1865 et un ouvrage en 5 volumes publié à part (voir n° 25764).

25763. [André (Ferdinand)]. — Table générale des Mémoires et Bulletins de la Société d'agriculture, industrie, sciences et arts du département de la Lozère, partie historique, scientifique et littéraire, de 1827 à 1865. (Mende, 1867, in-8°, 71 p.)

25764. André (Ferdinand). — Délibérations de l'administration départementale de la Lozère et de son directoire de 1790 à 1800. (Mende, 1882-1886, 5 vol. in-8°.)

I. — Mémoires et analyse des travaux de la Société d'agriculture, commerce, sciences et arts de la ville de Mende. (Mende, 1827, in-8°, 200 p.)

25765. Ignon (J.-J.-M.). — Éloge funèbre de M. Crouzon [† 1823], p. 184.

25766. Blanquet. — Éloge funèbre de M. Boissonnade [† 1824], p. 187.

25767. Ignon (J.-J.-M.). — Éloge funèbre de M. Charpentier [† 1824], p. 189.

25768. Ignon (J.-J.-M.). — Éloge funèbre de M. Barbut [† 1827], p. 192.

II. — Mémoires et analyse des travaux, etc. (Mende, 1828, in-8°, 216 p.)

25769. Ignon (J.-J.-M.). — Notice sur l'ancienne existence d'une colonie juive dans le Gévaudan [arrondissement de Marvejols, dès le XIV° s.], p. 188.

III. — Mémoires et analyse des travaux, etc. (Mende, 1829, in-8°, 152 p.)

IV. — Mémoires et analyse des travaux, etc. (Mende, 1830, in-8°, 216 p.)

25770. Ignon (J.-J.-M.). — Fouilles de Javols [inscription du III° s. et médailles], p. 28; V, p. 33; et VI, p. 32.

V. — Mémoires et analyse des travaux, etc. (Mende, 1831, in-8°, 200 p.)

[25770]. Ignon (J.-J.-M.). — Fouilles de Javols, p. 33.

25771. Ignon (J.-J.-M.). — Notice sur les monnaies des évêques de Mende et sur celles qui ont eu cours en Gévaudan antérieurement au XV° siècle, p. 121.

25772. Ignon (J.-J.-M.). — Éloge funèbre de M. Bonnel [† 1832], p. 188.

VI. — Mémoires et analyse des travaux, etc., 1832-1833. (Mende, s. d., in-8°, 208 p.)

[25770]. Ignon (J.-J.-M.). — Fouilles de Javols, p. 32.

25773. Ignon (J.-J.-M.). — Monument érigé [en 1820] à la mémoire du connétable Bertrand Du Guesclin, dans la commune de Châteauneuf-Randon, p. 101.

25774. Ignon (J.-J.-M.). — Notices biographiques sur quelques écrivains et personnages remarquables nés dans le département de la Lozère, ancien Gévaudan, p. 129.

VII. — Mémoires et analyse des travaux, etc., 1833-1834. (Mende, s. d., in-8°, 200 p.)

25775. Ignon (J.-J.-M.). — Notice sur la bibliothèque de la ville de Mende, p. 170.

VIII. — Mémoires et analyse des travaux, etc., 1834-1835. (Mende, s. d., in-8°, 216 p.)

25776. Ignon (J.-J.-M.). — Notices historiques sur quelques édifices religieux du département de la Lozère, p. 153. — Cf. n° 25779.

[Anciens établissements supprimés en 1792.]

IX. — Mémoires et analyse des travaux, etc., 1835-1836. (Mende, s. d., in-8°, 204 p.)

25777. Ignon (J.-J.-M.). — Quelques recherches historiques sur l'église cathédrale de Mende [chronologie des évêques], p. 153.

X. — Mémoires et analyse des travaux, etc., 1837-1838. (Mende, s. d., in-8°, 220 p.)

25778. Ignon (J.-J.-M.). — Recherches sur l'étymologie des noms propres de lieu du département de la Lozère, p. 121.

XI. — Mémoires et analyse des travaux, etc., 1839-1840. (Mende, s. d., in-8°, 200 p.)

25779. Ignon (J.-J.-M.). — Notice sur les monuments antiques et du moyen âge du département de la Lozère [répertoire archéologique], p. 137; XII, p. 129; et XIII, p. 137. — Cf. n° 25776.

XII. — Mémoires et analyse des travaux, etc., 1840-1841. (Mende, s. d., in-8°, 212 p.)

25780. Ignon (J.-J.-M.). — Éloge funèbre de M. Levrault [† 1842], p. 121.
25781. Ignon (J.-J.-M.). — Éloge funèbre de M. de Lescure [† 1842], p. 124.
25782. Ignon (J.-J.-M.). — Éloge funèbre de M. le baron Florens [† 1842], p. 126.
[25779]. Ignon (J.-J.-M.). — Notice sur les monuments antiques et du moyen âge du département de la Lozère, p. 129.

XIII. — Mémoires et analyse des travaux, etc., 1841-1843. (Mende, s. d., in-8°, 212 p.)

25783. Ignon (J.-J.-M.). — Éloge funèbre de M. Bouyon [† 1843], p. 123.
25784. Ignon (J.-J.-M.). — Notice nécrologique sur M. le comte Pelet, de la Lozère [† 1842], p. 127.
[25779]. Ignon (J.-J.-M.). — Notice sur les monuments antiques et du moyen âge du département de la Lozère, p. 137.

XIV. — Mémoires et analyse des travaux, etc., 1843-1844. (Mende, s. d., in-8°, 206 p.)

25785. Ignon (J.-J.-M.). — Éloge funèbre de M. F.-A. Blanquet [† 1844], p. 180.
25786. Ignon (J.-J.-M.). — Notice nécrologique communiquée à l'occasion du décès de M. le général baron Brun de Villeret [† 1845], p. 182.

XV. — Mémoires et analyse des travaux, etc., 1845-1846. (Mende, s. d., in-8°, 200 p.)

25787. Ignon (J.-J.-M.). — Notice biographique sur Mgr [François-Placide de Baudry] de Piencourt, évêque de Mende [† 1707; son testament], p. 153.
25788. Ignon (J.-J.-M.). — Notice nécrologique sur M. le docteur Chazot [† 1845], p. 175.
25789. Ignon (J.-J.-M.). — Notice nécrologique sur M. le lieutenant général comte Meynadier [† 1847], p. 177.
25790. Ignon (J.-J.-M.). — Notice sur l'usage de la bénédiction des pains dits de l'Ascension à Mende, p. 179.

XVI. — Mémoires et analyse des travaux, etc., 1847, 1848, 1849. (Mende, s. d., in-8°, 200 p.)

25791. Ignon (J.-J.-M.). — Nécrologie, p. 18, 176, 181 et 182.

[MM. Joseph Moreau; Louis Chevalier; François-Martial Bourrillon; Mgr Fayet († 1849); Prost; Ch.-René Duparc; docteur Hippolyte Blanquet; Martial Guillemont († 1848); Louis Crouzon († 1847).]

25792. Ignon (J.-J.-M.). — Notice biographique sur Mgr de Choiseul, évêque de Mende [† 1767; son testament], p. 105.
25793. Ignon (J.-J.-M.). — Carte de France. Voies romaines et emplacement de la capitale des *Gabali*, p. 153.

I. — Bulletin de la Société d'agriculture, industrie, sciences et arts du département de la Lozère, t. I, 1850. (Mende, s. d., in-8°, 224 p.)

25794. Ignon (J.-J.-M.). — Archéologie, p. 112.

[Pierre aux armes de Pierre Baglion de la Salle, évêque de Mende, de 1707 à 1723.]

II. — Bulletin de la Société d'agriculture, etc., t. II, 1851. (Mende, s. d., in-8°, 108 p.)

III. — Bulletin de la Société d'agricul-

ture, etc., t. III, 1852. (Mende, s. d., in-8°, 196 p.)

25795. Baldit (L'abbé). — Documents historiques. Extraits des archives du département de la Lozère, p. 19, 57, 74, 98; IV, p. 57, 117; V, p. 88; VI, p. 190; VII, p. 460; VIII, p. 59 et 325.

[Don à l'église cathédrale de Mende par les religieux de Saint-Denis d'une relique du corps de saint Hilaire, évêque de Mende, 1608. — Codicilles de Mgr Fr.-Placide de Baudry de Piancourt, évêque de Mende, 1705 et 1707. — Lettre sur la prise de Mende par Merle, 1580. — Déposition dans l'inquisition faite au sujet des ravages, incendies, meurtres commis dans le Gévaudan à la fin du XVIe siècle, III, p. 19, 57, 74 et 98.

Observations sur le martyre et les miracles de saint Privat, de 1171 à 1360. — Limites du Rouergue et du Gévaudan en 1288, IV, p. 57 et 117.

Soumission du château de Peyre, 1615. — Résignation du gouvernement de Marvejols, 1575, V, p. 88.

Hommages à l'évêque de Mende, 1134-1293, VI, p. 190.

Destruction des églises du Gévaudan pendant les guerres de religion, 1587, VII, p. 460.

Sur la peste de 1722 en Gévaudan. — Règlement de police à Mende, 1643, VIII, p. 59 et 325.]

25796. Anonyme. — Note sur les armoiries de la ville et du chapitre de Mende, p. 64.

25797. Pascal (L'abbé J.-B.-E.). — Étude de géographie ancienne du pays de Gabalum ou Gévaudan dans le poème du *Propempticon* de Sidoine Apollinaire, p. 122.

IV. — Bulletin de la Société d'agriculture, etc., t. IV, 1853. (Mende, s. d., in-8°, 132 p.)

[25795]. Baldit (L'abbé). — Documents historiques. Extraits des archives du département de la Lozère, p. 57 et 117.

V. — Bulletin de la Société d'agriculture, etc., t. V, 1854. (Mende, s. d., in-8°, 176 p.)

25798. Baldit (L'abbé). — Recueil de proverbes agricoles, p. 20.

25799. Couderc (L'abbé). — Notice sur la découverte du tombeau du père et de la mère du pape Urbain V, p. 78.

[Dans l'église de Bedouès. — Famille de Grimoard.]

[25795]. Baldit (L'abbé). — Documents historiques. Extraits des archives du département de la Lozère, p. 88.

25800. Doriac (Eugène). — Document historique sur l'église cathédrale de Mende extrait d'un manuscrit de la Bibliothèque impériale [fondation et dotation, XIIe-XIVe s.], p. 112.

25801. Baldit (L'abbé). — Recherches sur l'épiscopat des saints Martial, Sévérien et Privat [apôtres du Gévaudan], p. 123.

VI. — Bulletin de la Société d'agriculture, etc., t. VI, 1855. (Mende, 1855, in-8°, 300 p.)

25802. Roussel (Théophile). — Notice historique sur le collège de Saint-Mathieu ou le collège des Douze médecins du Gévaudan fondé à Montpellier par le pape Urbain V, p. 68.

25803. Ignon (J.-J.-M.). — Note sur les documents relatifs au Gévaudan qui se trouvent aux archives de la préfecture de Rodez (Aveyron), p. 83.

[Titres du prieuré de Monastier-lez-Chirac.]

25804. Baldit (L'abbé). — Document sur l'hospice de Mende [lettres patentes de 1713], p. 140.

[25795]. Baldit (L'abbé). — Documents historiques. Extraits des archives du département de la Lozère, p. 190.

25805. Gaydou (L'abbé). — Études critiques sur l'origine de l'église de Mende et ses premiers évêques, p. 249, 282; et VII, p. 85.

VII. — Bulletin de la Société d'agriculture, etc., t. VII, 1856. (Mende, 1856, in-8°, 476 p.)

25806. Roussel (Théophile). — Notes sur les restes d'un cénotaphe du pape Urbain V conservé au Musée d'Avignon et sur le tombeau de ce pontife et son épitaphe, p. 69.

[25805]. Gaydou (L'abbé). — Études critiques sur l'origine de l'église de Mende et ses premiers évêques, p. 85.

25807. Baldit (L'abbé). — Tarif pour le péage et autres droits du seigneur évêque de Mende de l'année 1622, p. 121.

25808. Roussel (Théophile). — Documents relatifs au pape Urbain V et au Gévaudan qui se trouvent dans les archives de Montpellier, p. 346. — Cf. nos 25809, 25811, 25815, 25817, 25819, 25823, 25824, 25827 et 25843.

[Notes sur les bienfaits d'Urbain V envers cette ville.]

[25795]. Baldit (L'abbé). — Documents historiques. Extraits des archives du département de la Lozère, p. 460.

VIII. — Bulletin de la Société d'agriculture, etc., t. VIII, 1857. (Mende, 1857, in-8°, 640 p.)

25809. Roussel (Théophile). — De la cathédrale de Mende et du pape Urbain V, p. 15. — Cf. n° 25808.

25810. Laurens. — Discours prononcé sur la tombe de M. J.-J.-M. Ignon [† 1857], p. 30.

[25795]. Baldit (L'abbé). — Documents historiques. Extraits des archives du département de la Lozère, p. 59 et 325.

25811. Roussel (Théophile). — Notice historique sur le monastère et le collège de Saint-Benoît et Saint-Germain fondés à Montpellier par le pape Urbain V, p. 89. — Cf. n° 25808.

25812. Ducros-Parisse. — Notes sur la vie et les travaux de Prost [botaniste; xviiie s.], p. 132.

25813. Pagès (L'abbé). — Inscriptions tumulaires à Mende, p. 141.

[Pierre tombale de Pierre Baglion de la Salle, évêque de Mende, xviiie s.]

25814. Roussel (Théophile). — Des monnaies frappées en Gévaudan et particulièrement à Banassac sous la dynastie mérovingienne et quelques mots sur l'origine de la puissance temporelle des évêques de Mende, p. 449.

25815. Roussel (Théophile). — Dernier chapitre de l'histoire du pape Urbain V [1370], p. 516. — Cf. n° 25808.

25816. Gaydou (L'abbé) et Baldit (L'abbé). — Discussion sur l'origine du pouvoir temporel des évêques de Mende, p. 593.

IX. — Bulletin de la Société d'agriculture, etc., t. IX, 1858. (Mende, 1858, in-8°, 512 p.)

25817. Roussel (Théophile). — De l'abbaye de Saint-Germain d'Auxerre et des services rendus aux Auxerrois par le pape Urbain V, p. 32. — Cf. n° 25808.

[Vol des joyaux de l'abbaye, 1366, et quittance de Robert Kanole, 1366.]

25818. Ollier (L'abbé). — Notice sur l'église paroissiale de Langogne, p. 45.

25819. Roussel (Théophile). — Le pape Urbain V et Pétrarque, p. 71. — Cf. n° 25808.

25820. Baldit (L'abbé). — Hymne en l'honneur du pape Urbain V, p. 120.

25821. Tourrette. — Fouilles exécutées à Mende à l'occasion du déblaiement de l'ancien évêché, p. 303.

25822. Roussel (Théophile). — Des anciennes monnaies gabalitaines et en particulier de la monnaie de l'empereur Justin II attribuée au Gévaudan, p. 305.

25823. Roussel (Théophile). — Le pape Urbain V, ce qu'il a fait pour la ville de Rome, pour l'état ecclésiastique et pour l'Italie, p. 311. — Cf. n° 25808.

25824. Roussel (Théophile). — Urbain V et Toulouse. Translation dans cette ville des reliques de saint Thomas d'Aquin, p. 374. — Cf. n° 25808.

25825. Girou (Ch.). — Notice [archéologique] sur l'église de Saint-Martin de la Canourgue (xiie s.), p. 383.

25826. Roussel (Théophile). — Sur la Gavacherie, le pays des Gavach et leur idiome, p. 424.

25827. Roussel (Théophile). — Urbain V et Auxerre, p. 156 et 469. — Cf. n° 25808.

[Histoire de l'abbaye de Saint-Germain d'Auxerre sous l'abbé Guill. de Grimoard et sous le pontificat d'Urbain V.]

X. — Bulletin de la Société d'agriculture, etc., t. X, 1859. (Mende, 1859, in-8°, 558 p.)

25828. Roussel (Théophile). — Notes sur le monument romain de Lanuéjols, p. 27.

25829. Tourrette. — Rapport sur le monument de Lanuéjols, p. 39.

25830. Moré (Émile de). — Notice sur les fouilles exécutées à Javols en 1857, p. 48.

[Bracelets, fibules, médailles et monnaies romaines.]

25831. Baldit (L'abbé). — Notice sur la souveraineté temporelle des évêques de Mende, extraite de divers documents qui se trouvent dans les archives de la préfecture de la Lozère, p. 72.

25832. Roussel (Théophile). — De l'exécution testamentaire de Robert de Bosc ou du Bois, évêque de Mende [† 1407], p. 153.

25833. Bosse (L'abbé). — Documents historiques, p. 170.

[Actes de fondation des collégiales de Marvejols (1311), Bedouès (1363) et Quézac (1365).]

25834. Baldit (L'abbé). — Notice sur le séminaire et le collège de Mende pour servir à l'histoire du Gévaudan, extraite des archives de la préfecture de la Lozère, p. 228.

[Union du prieuré de Chadenet, 1676.]

25835. Baldit (L'abbé). — Notice sur le séminaire de Chirac, extraite des archives de la préfecture de la Lozère [fondation en 1682], p. 280.

25836. Tourrette. — Rapport sur les travaux d'agrandissement et de grosses réparations de l'hôtel de la préfecture de Mende [ancien palais épiscopal, description] et sur le projet d'érection d'une statue à la Vierge immaculée et au pape Urbain V, p. 301.

25837. Baldit (L'abbé). — Notice sur le collège de Toussaint [fondé à Mende, en 1312, par Mgr Guill. Durand], p. 427. — Cf. n°s 25838, 25844 et 25850.

25838. Baldit (L'abbé). — Notices sur les collèges de Saint-Privat-la-Roche et de Saint-Lazare [en l'église cathédrale de Mende, fondés au xive s.], p. 463. — Cf. n° 25837.

25839. Bosse (L'abbé). — Souveraineté temporelle des évêques du Gévaudan [procès avec le fermier du domaine royal en 1683], p. 482.

25840. Cazalis (Frédéric). — Notice sur un manuscrit du xviie siècle concernant la ville de Meyrueis [statuts, privilèges, coutumes], p. 542. — Cf. n° 25858.

XI. — Bulletin de la Société d'agriculture, etc., t. XI, 1860. (Mende, 1860, in-8°, 578 p.)

25841. Roussel (Théophile). — Documents historiques

concernant le prieuré de Saint-Pierre de Vebron [1370], p. 34.

25842. Baldit (L'abbé). — Notice sur les baronnies de Châteauneuf-Randon, p. 64.

[Randonat, Luc, Mercoire et dépendances.]

25843. Roussel (Théophile). — Des relations du pape Urbain V avec la ville et le diocèse de Marseille [privilèges accordés à l'abbaye de Saint-Victor], p. 87. — Cf. n° 25808.

25844. Baldit (L'abbé). — Notices sur le collège des Cinq-Plaies fondé à Mende en 1514 et sur le collège de la Trinité [également fondé à Mende en 1554], p. 146. — Cf. n° 25837.

25845. Baldit (L'abbé). — Lettres de grands personnages extraites des Archives départementales, p. 173, 262, 515, 547; XII, p. 217; XIII, p. 22, 317; et XIV, p. 27.

[Lettres de François Ier, Catherine de Médicis, Henri III et Henri IV, 1529-1598; du duc de Montmorency, de Mayenne, du duc d'Amboise, de MM. de Ventadour, des évêques de Mende, Adam de Heurtelou, Charles de Rousseau (1596-1607), relatives à l'histoire générale et au Gévaudan.]

25846. Delapierre. — Note sur l'emplacement d'Anderitum ou civitas Gabalorum, p. 374.

25847. Charbonnel (L'abbé). — Notice sur trois jésuites gévaudanais, extraite de la Bibliothèque des écrivains de la Compagnie, p. 511.

[François Bonald, † 1614; Bernard Dangles, † 1658; Joseph Gibalin de Villard, † 1671.]

XII. — Bulletin de la Société d'agriculture, etc., t. XII, 1861. (Mende, 1861, in-8°, 400 p.)

25848. Laurens. — Anciens règlements ayant pour objet de modérer l'exercice du parcours des bestiaux dans les terrains communaux [usages de Bramonas, 1680], p. 25.

24849. Roussel (Théophile). — Notes sur quelques points relatifs à l'ancienne liturgie du diocèse de Mende et à un ouvrage inédit de Guillaume Duranti [Pontifical], p. 38.

25850. Baldit (L'abbé). — Statuts du collège des Douze médecins fondé à Montpellier par le pape Urbain V [1369], p. 42. — Cf. n° 25837.

25851. Bosse (L'abbé). — Jubilé de 1500 à Mende, p. 149.

[25845]. Baldit (L'abbé). — Lettres de grands personnages, p. 217.

25852. Roussel (Théophile). — Document concernant le commerce du bétail entre le Gévaudan et le bas Languedoc en l'an 1587, p. 274.

25853. Baldit (L'abbé). — Extrait des procès-verbaux faits dans les communautés du diocèse de Mende, concernant la capitation, avec la liste des principaux seigneurs desdites communautés à l'époque de la Révolution de 1789, p. 277.

25854. Baldit (L'abbé). — Analyse d'un procès entre l'évêque de Rodez et le dom d'Aubrac [1458], p. 292.

25855. Roussel (Théophile). — Note sur les mesures de capacité anciennement en usage dans le pays de Gévaudan, p. 332.

25856. Baldit (L'abbé). — Droits prélevés à Villefort, en 1587, sur les marchandises qui passaient dans cette localité, p. 341.

25857. Bosse (L'abbé). — Reconstruction de la cathédrale de Mende en 1599 [marché], p. 344; et XIII, p. 139.

XIII. — Bulletin de la Société d'agriculture, etc., t. XIII, 1862. (Mende, 1862, in-8°, 522 p.)

[25845]. Baldit (L'abbé). — Lettres de grands personnages, p. 22 et 317.

[25857]. Bosse (L'abbé). — Reconstruction de la cathédrale de Mende, p. 139.

25858. Cazalis (Frédéric). — «Thalamus dans lequel reposent et sont contenus les estatutz, privilèges, anciennes coustumes, donation du consulat et autres actes de la ville et communauté de Meyrueis, recueillis de divers lieux, et translatés en iceluy, èz années 1619, 1620, 1621 et 1622 et autres années suivantes, par Me Jean de Gely», p. 262 et 439. — Cf. n° 25840.

25859. Bosse (L'abbé). — Disette de 1750 en Gévaudan, p. 415.

[Correspondance entre Mgr de Choiseul, évêque de Mende, et les intendants du Languedoc.]

25860. Bosse (L'abbé). — Lettres extraites des archives de l'hospice de Mende, p. 479.

[Adressées à Mgr de Choiseul-Beaupré, évêque de Saint-Papoul, par M. de La Vrillière, le chancelier d'Aguesseau.]

XIV. — Bulletin de la Société d'agriculture, etc., t. XIV, 1863. (Mende, 1863, in-8°, 342 p.)

[25845]. Baldit (L'abbé). — Lettres de grands personnages, p. 27.

25861. Benoit. — Communications, p. 71.

[Prise de Villefort en 1585 par les catholiques. — Lettre du duc de Montmorency. — Démolition du temple protestant. — Titres de 1255 et 1269 relatifs à la baronnie de Randon. — Dénombrement de 1261 pour Chirac.]

25862. Anonyme. — Vidimus d'une charte de Charles V, roi de France [1364. Dénombrement des feux du diocèse de Mende], p. 106.

25863. Liotard (Ch.). — Armoiries attribuées à diverses communes ou communautés du Gévaudan, p. 148.

25864. Bosse (L'abbé). — Documents tirés des archives de l'hospice de Mende concernant les usages des nuits de fumature dans les mandements d'Albuges et de Cénaret [1542, 1621], p. 194. — Cf. n° 25860.

25865. Charbonnel (L'abbé). — Discours du voyage de Mgr le duc de Joyeuse, pair et admiral de France, en Auvergne, Givodan et Rouergue, et de la prise des villes de Malziou, Maruèges et Peyre, escrit par un gentilhomme de l'armée dud. seigneur à un sien amy, 1586 [réimpression], p. 205.

25866. Charbonnel (L'abbé). — Prise du château de Montvalat, près de Chaudesaigues (Cantal), le 31 mars 1584, p. 216.

25867. Charbonnel (L'abbé). — Quelques notabilités du Gévaudan au moyen âge et dans les derniers siècles, p. 267.

25868. Bosse (L'abbé). — Nomenclature détaillée des actes concernant les prieurés, situés dans le diocèse de Mende, dépendant de notre abbaye Saint-Victor [de Marseille], p. 302.

25869. Bosse (L'abbé). — Péage de Mirandol [tarif de 1325], p. 311.

XV. — Bulletin de la Société d'agriculture, etc., t. XV, 1864. (Mende, 1864, in-8°, 644 p.)

25870. Charbonnel (L'abbé). — Note relative à l'épiscopat de Mgr de Marcillac. Les Lazaristes au diocèse de Mende (xvii° s.), p. 30.

25871. Charbonnel (L'abbé). — Notice sur la vie et l'épiscopat de Mgr de Serrony, évêque de Mende [† 1687], p. 31.

25872. Charbonnel (L'abbé). — De la domination des rois d'Aragon en Gévaudan. Note relative à la construction de l'ancienne église de Notre-Dame-de-la-Carce, à Marvejols [1220-1225], p. 36.

25873. Bosse (L'abbé). — 1° Procès-verbal d'adjudication de levée de tailles, 1512; 2° Libertates concessæ per magnificum baronium de Tornello, universitati hominum de vallis de Cezarencha mandamenti Montisfortis [Villefort, 1270], p. 38.

25874. Bosse (L'abbé). — Le Gévaudan pendant la deuxième guerre civile dite religieuse, p. 59, 163, 235, 348, 412 et 549.

[Journal de Jean des Estrets, secrétaire du baron de Cénaret, gouverneur du Gévaudan, 1567 à 1569.]

25875. Bosse (L'abbé). — Un cimetière ancien à Lanuéjols, *fig.*, p. 153.

25876. Charbonnel (L'abbé). — Dissertation historique sur sainte Énimie, vierge, fille de Clotaire II, p. 305.

25877. Delapierre. — Fouilles de Javols [antiquités romaines], *fig.*, p. 337.

25878. André (Ferdinand). — Notice historique sur la commanderie de Gap-Francès et chronologie de ses commandeurs [1179-1787; actes de 1179 et 1187], p. 393.

XVI. — Bulletin de la Société d'agriculture, etc., t. XVI, 1865. (Mende, 1865, in-8°, 636 p.)

25879. André (Ferdinand). — Église cathédrale de Mende [prix-fait pour la rose, 1608], p. 23.

25880. Charbonnel (L'abbé). — Légende de saint Hilaire, évêque de Mende, au vi° siècle, p. 30.

[Texte suivi de notes sur l'histoire ecclésiastique du diocèse de Mende, sur saint Frézal, saint Firmin, évêque d'Uzès, saint Lubin, évêque de Chartres.]

25881. Planchon. — Notice sur la vie et les travaux de Jacques Cambessèdes [† 1863], p. 53.

25882. Delaruelle. — Procès-verbal d'arpentement des murs et fossés de la ville de la Canourgue [1762], p. 138.

25883. Delaruelle (E.). — L'ancien monastère du Chambon près Marvejols. Notes, p. 141.

25884. Benoît (E.). — 1° Refus par les habitants de Villefort des subsides demandés par le baron des Adrets, 1562; 2° Délibération des habitants de Villefort relative à la vente des joyaux de l'église, 1567; copie d'un manuscrit d'un habitant de Prévenchères relatif à la peste de 1720, p. 148.

25885. Boissonade (L'abbé). — Notice sur les monuments de l'époque celtique à Chirac ou dans ses environs, p. 170.

25886. Charbonnel (L'abbé). — Mende a été, même dès le principe, le siège des évêques du Gévaudan. Notice, p. 180.

25887. André (Ferdinand). — Notice sur la léproserie de Mende, p. 186.

25888. André (Ferdinand). — Notice sur l'imprimerie à Mende, p. 241.

25889. Bosse (L'abbé). — Dolmens du «causse» de Saint-Georges de Lévejac, p. 413.

25890. André (Ferdinand). — Vie de l'abbé Jean Louis, de Mende [† 1772], p. 417.

25891. André (Ferdinand). — Notice sur les armoiries de la ville de Mende, *pl.*, p. 424.

25892. André (Ferdinand). — Les évêques de Mende, comtes du Gévaudan, en vertu de l'acte de pariage en 1307 et le sceau de la cour commune, *pl.*, p. 433.

25893. André (Ferdinand). — Notice sur le Gévaudan [manuscrit anonyme du xvii° s.], p. 468.

25894. André (Ferdinand). — Document relatif au rétablissement de la ville de Marvejols [requête de 1589], p. 574.

25895. André (Ferdinand). — Dalle funéraire du xv° siècle [de Simonet de la Fécange, † 1415], p. 592.

25896. André (Ferdinand). — Mlle de Lescure, fondatrice

et supérieure du couvent de l'Union chrétienne à Mende [† 1737], p. 595.

XVII. — Bulletin de la Société d'agriculture, etc., t. XVII, 1866. (Mende, 1866, in-8°, 524-366 p.)

25897. André (Ferdinand). — Notice sur le notariat à Mende, p. 1.

[Forma que servabatur in notariis creandis (XIII° s.). — Liste des chapelains de la chapelle des notaires.]

25898. André (Ferdinand). — Les comtes de Barcelone, rois d'Aragon, vicomtes du Gévaudan et dénombrement de leur vicomté [XII° et XIII° s.], p. 20.

25899. Benoît (E.) et Bosse (l'abbé). — Procès-verbal des cérémonies du mariage de Guigon de Beauvoir, damoiseau, seigneur du château du Roure, et de noble Anthonie de Gardies, etc. [1426], p. 34.

25900. André (Ferdinand). — Criées publiques et règlements de police municipale dans le Gévaudan [XV°-XVII° s.], p. 41.

25901. Benoît (E.). — Mode de nomination des notaires [1412], p. 54.

25902. André (Ferdinand). — Patriotisme des Gévaudanois pendant l'occupation anglaise au XIV° siècle, p. 63.

25903. Delaruelle (E.). — Notices historiques, p. 67.

[Chirac, ses fossés et ses remparts. — Principauté de Dombes.]

25904. Albanès (L'abbé J.-H.). — Recherches sur la famille de Grimoard et sur ses possessions territoriales au XIV° siècle, p. 79.

25905. Dr B. P. [Prunières]. — L'ancienne baronnie de Peyre, d'après des documents originaux et inédits, p. 159.

[Généalogies des maisons de Peyre, de Cardaillac, de Grollée, de Moret.]

25906. Delapierre. — Victorius, poète gabalitain [V° s.], p. 363.

XVIII. — Bulletin de la Société d'agriculture, etc., t. XVIII, 1867. (Mende, 1867, in-8°, 384-328 p.)

25907. André (Ferdinand). — Histoire du monastère et prieuré de Sainte-Énimie au diocèse de Mende [VII°-XVIII° s.], *pl.*, p. 1.

25908. Delaruelle (E.). — Notice sur le petit séminaire de Chirac [XVII° et XVIII° s.], p. 141.

25909. Bosse (L'abbé). — Notes pour servir à l'histoire de Marvejols [XIII°-XVIII° s.], p. 152.

25910. Delaruelle (E.). — Notice sur l'église de Saint-Jean de Chirac, p. 236.

25911. Delaruelle (E.). — Abrégé de l'histoire de la ville de Chirac d'après les délibérations de la communauté, p. 249.

25912. Boissonade (L'abbé). — Extrait d'une lettre sur les grottes de Meyrueis, p. 260.

25913. André (Ferdinand). — Des voies romaines dans le Gévaudan. Station de Condate. Rapport, p. 295.

25914. [André (Ferdinand)]. — Acte de la baronnie de la Gorce, châtellenie de Salavas, en faveur de Mathieu de Merle, en 1561, p. 311.

XIX. — Bulletin de la Société d'agriculture, etc., t. XIX, 1868. (Mende, 1868, in-8°, 396-258 p.)

25915. Anonyme. — Notice historique sur le couvent des dames de l'Union chrétienne à Mende [fondé par Mlle Anne de Lescure, XVIII° et XIX° s.], p. 5.

25916. Prunières (D[r]). — Lettre [relative à ses recherches historiques et archéologiques sur Marvejols et le plateau d'Aubrac], p. 85. — Cf. n° 25917.

25917. André (Ferdinand). — Réponse à M. le docteur Prunières [sur l'oppidum gaulois du Bord et la station romaine *Ad Silanum*], p. 141. — Cf. n° 25916.

25918. André (Ferdinand). — L'Église-mage et l'église Notre-Dame-de-la-Carce de Marvejols, p. 148.

25919. Bosse (L'abbé). — Note sur la chronique d'E. Veyron [sur l'église de la Carce], p. 164.

25920. Delaruelle (E.). — Notes sur quelques couvents de Marvejols, p. 169 et 213.

[Capucins, Cordeliers, Jacobins, Frères mineurs, Frères prêcheurs, Augustins.]

25921. Charbonnel (L'abbé). — Compte rendu et critique de la vie de saint Hilaire, évêque de Mende, p. 191.

25922. Delaruelle (E.). — Documents sur la paroisse de Chirac, p. 223.

25923. André (Ferdinand). — L'église Notre-Dame de Vallée-Française [époque carlovingienne, commune de Moissac], *pl.*, p. 242.

25924. André (Ferdinand). — Découverte d'anciennes monnaies [de Charles VI, à Châteauneuf], p. 74.

25925. André (Ferdinand). — Musée départemental à Mende [gravure représentant Guill. Périer; cippes avec inscriptions romaines], *pl.*, p. 75.

XX. — Bulletin de la Société d'agriculture, etc., t. XX, 1869. (Mende, 1869, in-8°, 510-80 p.)

25926. Malafosse (L. de). — Étude sur les dolmens du département de la Lozère, *fig.*, p. 5.

25927. Delapierre. — Les Sarrasins dans le Gévaudan, p. 41.

[Observations sur une notice publiée dans le *Bulletin de la Société des sciences historiques de l'Ardèche*, par M. de Saint-Andéol. — Cf. n° 2314.]

25928. Anonyme. — Résultat des fouilles dans les grottes

de Saint-Georges de Lévéjac [époque préhistorique], p. 49.

25929. André (Ferdinand). — La Garde-Guérin et ses consuls, p. 55.

[xiie-xviiie s. — Appendice : chapelle du château de la Garde-Guérin, hôpital; pièces justificatives, xiiie-xive s.; sceau des consuls, *pl.*]

XXI. — Bulletin de la Société d'agriculture, etc., t. XXI, 1870. (Mende, 1870, in-8°, 354-102-xii p.)

25930. André (Ferdinand). — Lettre du xviie siècle relative à l'établissement des moulins d'après un nouveau système [d'un sieur Brugeiron, 1615], p. 5.

25931. [André (Ferdinand)]. — Acte de prix-fait des tapisseries de l'église cathédrale de Mende [1706, Aubusson], p. 10.

25932. Etiévant (E.). — Voies romaines de la Lozère. Rapport sur les fouilles exécutées à l'emplacement de l'ancienne station romaine de Condate, 2 *plans*, p. 15.

25933. [André (Ferdinand)]. — Quelques mots sur le médaillier de la Société d'agriculture, industrie, sciences et arts de la Lozère [méreaux de l'église de Mende], p. 23.

25934. [André (Ferdinand)]. — Poteries romaines de Banassac, p. 27.

25935. Solanet (L'abbé). — Habitations celtiques à Saint-Préjet-du-Tarn, p. 29.

25936. Benoît (E.). — Titres sur le Randonat, p. 31. — Cf. n°s 25945 et 25950.

[Acte pour Louis de Montlaur, 1506. — Sentence arbitrale pour Étienne et Jean Masmegha, 1492. — Notes sur certains droits seigneuriaux. — Actes pour les syndics de Villefort, 1515; pour le vicomte de Polignac contre les syndics de Genouillac, 1515; pour le seigneur des Tournels, 1515.]

25937. Benoît (E.). — Recrutement de la noblesse du midi de la France pour les armées du roi en 1471, p. 47.

25938. [André (Ferdinand)]. — Notice sur le papier-monnaie émis dans le département de la Lozère en 1792, p. 53.

25939. Moulin. — Notice sur M. Louis Lecocq, originaire de Meyrueis [1770 † 1870], p. 98.

XXII. — Bulletin de la Société d'agriculture, etc., t. XXII, 1872. (Mende, 1871, in-8°, 316-116 p.)

25940. André (Ferdinand). — Archéologie [inscription de 1412 sur une maison à Mende], p. 5.

25941. André (Ferdinand). — Un souvenir de la Bastille [modèle de la Bastille. Lettres de Palloy, 1790], p. 7.

25942. André (Ferdinand). — Notice sur les orgues de l'église cathédrale de Mende, p. 15.

[Marché fait avec André Eustache, de Marseille, 1654; marché de 1518.]

25943. André (Ferdinand). — Les évêques de Mende pendant le xive siècle, p. 29.

25944. Benoît (E.). — Documents relatifs à la Garde-Guérin [1411-1435], p. 46.

25945. Benoît (E.). — Titres sur le Randonnat, p. 50. — Cf. n°s 25936 et 25950.

[Sur les seigneuries du Champ, 1445; du Cheylar et d'Alteyrac, 1472.]

25946. Benoît (E.). — Transaction et hommages passés entre messeigneurs le vicomte de Polignac et de Morangiès [1635], p. 81.

25947. Anonyme. — Cromlech, dolmen et tumuli sur le causse de Sauveterre, commune de Sainte-Énimie, p. 105.

25948. [André (Ferdinand)]. — Lettres patentes du roi François Ier portant création d'un marché et de quatre foires à Châteauneuf-de-Randon en 1542, p. 106.

XXIII. — Bulletin de la Société d'agriculture, etc., t. XXIII, 1872. (Mende, 1872, in-8°, 364-16 p.)

25949. André (Ferdinand). — Saint-Gervais, ancienne église paroissiale de la ville de Mende [xiiie-xixe s.], p. 5.

25950. Benoît (E.). — Suite des documents communiqués par M. Benoît, notaire à Villefort [relatifs aux consuls et habitants de Villefort, 1524 et 1748], p. 63. — Cf. n°s 25936 et 25945.

25951. André (Ferdinand). — Notice sur les juifs en Gévaudan, p. 85.

25952. André (Ferdinand). — La bête du Gévaudan [1764, relation d'un curé d'Aumont, l'abbé Trocellier], *fig.*, p. 91. — Cf. n° 25971.

XXIV. — Bulletin de la Société d'agriculture, etc., t. XXIV, 1873. (Mende, 1873, in-8°, 372-286 p.)

25953. Denisy (L.). — Notice historique sur la ville de Marvejols, p. 57.

25954. André (Ferdinand). — Les anciens pèlerins du Gévaudan, p. 279.

XXV. — Bulletin de la Société d'agriculture, etc., t. XXV, 1874. (Mende, 1874, in-8°, 882-xii-106 p.)

25955. Malafosse (L. de). — Notice sur de nouvelles

fouilles dans les dolmens de la Lozère [os et silex], *fig.*, p. 5.

25956. Anonyme. — Le pape Urbain V [biographie]. Discours prononcé pour l'érection de sa statue à Mende, le 28 juin 1874, par Mgr l'évêque de Mende, p. 67.

25957. Delaruelle (E.). — Documents sur l'histoire de Chirac [le consulat de 1698 à 1745], p. 89.

25958. Lorois. — Discours prononcé sur la tombe de M. Martinet, maire de Mende [† 1874], p. 103.

XXVI. — Bulletin de la Société d'agriculture, etc., t. XXVI, 1875. (Mende, 1876, in-8°, 420-x-232 p.)

25959. Fabre (G.). — Observations sur les poteries gallo-romaines de Banassac, p. 33.

25960. Anonyme. — Renseignements sur l'origine de la Société d'agriculture, etc., de la Lozère, sa composition, ses travaux, sa bibliothèque et ses collections, p. 37.

25961. André (Ferdinand). — Découverte d'objets en bronze [âge du bronze] sur le causse Méjean, commune de Saint-Chély-du-Tarn, *fig.*, p. 41.

25962. André (Ferdinand). — Documents relatifs à l'histoire du Gévaudan, p. 47 à 232; XXVII, p. 1 à 568; XXVIII, p. 1 à 594; XXIX, p. 1 à 730; XXX, p. 1 à 686; XXXI, p. 1 à 728; XXXII, p. 1 à 658; et XXXIII, p. 1 à 192.

[Remontrances et doléances du tiers État. — Procès-verbaux des délibérations des États du Gévaudan, de 1360 à 1789.]

XXVII. — Bulletin de la Société d'agriculture, etc., t. XXVII, 1876. (Mende, 1876, in-8°, 412-xiv-xxii-568-376 p.)

25963. Moré (E. de). — Numismatique [deux monnaies mérovingiennes attribuées au Gévaudan], *fig.*, p. 1.

25964. Kothen (Ch.). — Les deux tombeaux d'Urbain V à Saint-Victor-les-Marseille, p. v.

[25962]. André (Ferdinand). — Documents relatifs à l'histoire du Gévaudan, p. 1 à 568.

XXVIII. — Bulletin de la Société d'agriculture, etc., t. XXVIII, 1877. (Mende, 1877, in-8°, 384-xii-594 p.)

[25962]. André (Ferdinand). — Documents relatifs à l'histoire du Gévaudan, p. 1 à 594.

XXIX. — Bulletin de la Société d'agriculture, etc., t. XXIX, 1878. (Mende, 1878, in-8°, 308-viii-730 p.)

[25962]. André (Ferdinand). — Documents relatifs à l'histoire du Gévaudan, p. 1 à 730.

XXX. — Bulletin de la Société d'agriculture, etc., t. XXX, 1879. (Mende, 1879, in-8°, xiv-238-686 p.)

25965. Malafosse (Louis de). — Notice sur les roches à bassins et les roches à godets du département de la Lozère [temps préhistoriques], *fig.*, p. 1.

[25962]. André (Ferdinand). — Documents relatifs à l'histoire du Gévaudan, p. 1 à 686.

XXXI. — Bulletin de la Société d'agriculture, etc., t. XXXI, 1880. (Mende, 1880, in-8°, 264-xii-728 p.)

[25962]. André (Ferdinand). — Documents relatifs à l'histoire du Gévaudan, p. 1 à 728.

XXXII. — Bulletin de la Société d'agriculture, etc., t. XXXII, 1881. (Mende, 1881, in-8°, 298-xii-658 p.)

25966. Germer-Durand (F.). — Note sur le monument [romain] de Lanuéjols [inscription], p. 113 et 170.

[25962]. André (Ferdinand). — Documents relatifs à l'histoire du Gévaudan, p. 1 à 658.

XXXIII. — Bulletin de la Société d'agriculture, etc., t. XXXIII, 1882. (Mende, 1882, in-8°, 558-lxxxviii-xiv-lxxxviii-556-192 p.)

25967. Germer-Durand (F.). — Notes archéologiques [sur une pierre sculptée du IVe siècle, une pierre tombale du XVe siècle et les fouilles exécutées à Javols], p. 141.

25968. Béchamp (A.). — Éloge historique de J.-A. Chaptal [ancien ministre du premier Empire], p. 234.

25969. André (Ferdinand). — L'invasion anglaise en Gévaudan. Notice historique, p. 1 à lxxxviii.

[25962]. André (Ferdinand). — Documents relatifs à l'histoire du Gévaudan, p. 1 à 192.

XXXIV. — Bulletin de la Société d'agriculture, etc., t. XXXV, 1883. (Mende, 1883, in-8°, 404-xii p.)

22970. André (Ferdinand). — La vicomté de Grèzes, p. 394.

XXXV. — Bulletin de la Société d'agriculture, etc., t. XXXV, 1884. (Mende, 1884, in-8°, 544-XIV p.)

25971. André (Auguste). — La bête du Gévaudan. Notice historique, p. 189. — Cf. n° 25952.

25972. Moré (E. de). — Monnaies mérovingiennes du Gévaudan. Monastères de Sainte-Énimie et de Banassac, p.

25973. Moulin (A.). — Guy de Chauliac ou de Chaulhiac [XIVe s.], p. 282.

XXXVI. — Bulletin de la Société d'agriculture, etc., t. XXXVI, 1885. (Mende, 1885, in-8°, 374-XV p.)

25974. Moulin (A.). — Charles Comte [1782 † 1837], p. 185.

25975. Moulin (A.). — Le cardinal Bragosse [† 1367], p. 198.

25976. Benoît (E.). — Notice sur l'abbé Ranc, p. 245.

25977. Ignon. — Extrait de naissance et baptême du ministre Chaptal, p. 362.

MAINE-ET-LOIRE. — ANGERS.

COMITÉ HISTORIQUE ET ARTISTIQUE DE L'OUEST.

Ce Comité a été fondé le 13 octobre 1873. Son but principal est d'étudier l'art et l'histoire dans les départements de l'Ouest. Les membres font chaque année une excursion dans une des provinces de la région. La Société a publié les comptes rendus de deux de ces excursions.

25978. Anonyme. — Excursions en Touraine. (Angers, 1875, in-8°.)

25979. Anonyme. — Excursions en basse Bretagne. (Angers, 1876, in-8°.)

MAINE-ET-LOIRE. — ANGERS.

SOCIÉTÉ ACADÉMIQUE DE MAINE-ET-LOIRE.

Fondée le 28 janvier 1857 et autorisée le 6 février suivant, la Société académique de Maine-et-Loire a publié depuis cette époque une série de *Mémoires* qui comprenait 38 volumes au 31 décembre 1885. Elle a également publié sous forme de tirages à part en deux fascicules ses procès-verbaux des années 1877 à 1881.

I. — Mémoires de la Société académique de Maine-et-Loire, 1er vol. (Angers, 1857, in-8°, 204 p.)

25980. Dumont (Dr). — Gilles Ménage considéré comme poète, p. 106.

II. — Mémoires de la Société académique, etc., 2e vol. (Angers, 1858, in-8°, 187 p.)

25981. Planchenault (Nicolas). — Études sur Jean Bodin [1530-1596], p. 11, 75; V, p. 155; et VII, p. 124.

25982. Gidel (Ch.). — La Fontaine, La Motte-Houdard et Florian, p. 106.

III. — Mémoires de la Société académique, etc., 3e vol. Travaux divers. (Angers, 1858, in-8°, 162 p.)

25983. Mourin (Ernest) et Poirson (A.). — Note relative à [Pierre] Charron [1541 † 1589], à sa conduite et à ses écrits au temps de la Ligue, p. 52.

25984. Gidel (Ch.). — Étude sur la poésie française au xive siècle [Eustache Deschamps, Olivier Basselin, Charles d'Orléans], p. 101.

IV. — Mémoires de la Société académique, etc., 4e vol. Travaux de la section des sciences physiques et naturelles. (Angers, 1858, in-8°, 178 p.)

V. — Mémoires de la Société académique, etc., 5e vol. (Angers, 1859, in-8°, 248 p.)

25985. Boreau (Alexandre). — Notice sur la position de la station romaine Robrica [près le pont Fouchard, à Saumur], p. 5. — Cf. n° 25993.

25986. Ouvrard (Dr J.-P.). — Notice sur une crypte [gauloise] découverte à Richebourg, près Beauvau, p. 62.

25987. Menière (Charles). — Notes pour servir à l'histoire des pharmaciens d'Angers [1550 à 1800; statuts de 1629], p. 67.

[25981]. Planchenault (Nicolas). — Études sur Jean Bodin, p. 155.

VI. — Mémoires de la Société académique, etc., 6e vol. Travaux de la section des sciences, etc. (Angers, 1859, in-8°, 336 p.)

VII. — Mémoires de la Société académique, etc., 7ᵉ vol. Travaux divers. (Angers, 1860, in-8°, 215 p.)

25988. Bodard (De). — Antiquités [gallo-romaines] des environs de Craon, *fig.*, p. 29; et XIII, p. 85.
[25981]. Planchenault (Nicolas). — Études sur Jean Bodin, p. 124.
25989. Bodard (De). — Notice [historique et archéologique] sur l'église [et le prieuré] de Saint-Clément de Craon, p. 136.

VIII. — Mémoires de la Société académique, etc., 8ᵉ vol. Travaux de la section des sciences, etc. (Angers, 1860, in-8°, 196 p.)

25990. Boreau (Alexandre). — Notice historique sur la vie et les travaux de P.-H.-H. Bodard de La Jacopière [médecin et botaniste, 1758 † 1826], p. 24.
25991. Menière (Ch.). — Observations sur d'anciens gîtes métallifères de l'Anjou [et sur leur exploitation aux XVIIᵉ et XVIIIᵉ siècles], p. 109.

IX. — Mémoires de la Société académique, etc., 9ᵉ vol. Travaux divers. (Angers, 1861, in-8°, 273 p.)

25992. Boreau (Alexandre). — Histoire de l'Académie des sciences et belles-lettres d'Angers (1685-1789), p. 1.
25993. Boreau (A.). — Nouveaux documents sur la station romaine Robrica, p. 44.

X. — Mémoires de la Société académique, etc., 10ᵉ vol. Travaux de la section des sciences, etc. (Angers, 1861, in-8°, 279 p.)

25994. Malaguti (Dʳ). — Vie scientifique du professeur [Félix] Dujardin [zoologiste, 1801 † 1860], p. 5.
25995. Bodard (De). — Sur l'exploitation des mines de fer en Anjou au XIIᵉ siècle, p. 38.

XI. — Mémoires de la Société académique, etc., 11ᵉ vol. Travaux divers. (Angers, 1862, in-8°, 219 p.)

25996. Dumont (Dʳ). — Histoire de l'Académie de Saumur [1600 à 1684], p. 1.
25997. Béraud (T.-C.). — Hôtel-Dieu d'Angers [1153 à 1789], p. 113.
25998. Bodard (De). — Notice sur l'église Saint-Nicolas de Craon, *fig.*, p. 146.

XII. — Mémoires de la Société académique, etc., 12ᵉ vol. Travaux de la section des sciences, etc. (Angers, 1862, in-8°, 159 p.)

25999. Menière (Ch.). — Parmentier et le professeur Renou [1740-1809; correspondance], p. 1.
26000. Boreau (A.). — Document pour l'histoire de l'horticulture en Anjou au XVIIIᵉ siècle, p. 57.

XIII. — Mémoires de la Société académique, etc., 13ᵉ vol. Travaux divers. (Angers, 1863, in-8°, 179 p.)

26001. Dumont (Dʳ). — Jean Olivier, évêque d'Angers de 1532 à 1540, poète de la Renaissance, auteur d'un petit poème latin intitulé *Pandora*. — Études de mœurs au XVIᵉ siècle, p. 1.
[25988]. Bodard (De). — Antiquités des environs de Craon, *fig.*, p. 85.
26002. Mourin (Ernest). — Observations sur une explication nouvelle de la révolution de 987, p. 94.
26003. Biéchy (Armand). — Les francs-maçons du moyen âge, p. 114.

XIV. — Mémoires de la Société académique, etc., 14ᵉ vol. Travaux de la section des sciences, etc. (Angers, 1863, in-8°, 167 p.)

26004. Malaguti (Dʳ). — Éloge du professeur [Joseph] Durocher [minéralogiste, 1817 † 1860], p. 5.

XV. — Mémoires de la Société académique, etc., 15ᵉ vol. Travaux divers. (Angers, 1864, in-8°, 288 p.)

26005. Dumont (Dʳ). — L'Oratoire et le cartésianisme en Anjou, p. 1.

[Histoire du collège des Oratoriens à Angers et de ses professeurs, XVIIᵉ-XIXᵉ s.]

26006. Larevellière (V.). — Les fédéralistes de Maine-et-Loire en 1793, p. 232.

[Notes biographiques sur J.-B.-Louis Larevellière, 1751 † 1794; et sur J.-B.-Joseph Maillocheau, 1756 † 1847.]

XVI. — Mémoires de la Société académique, etc., 16ᵉ vol. Travaux de la section des sciences, etc. (Angers, 1864, in-8°, 100 p.)

XVII. — Mémoires de la Société académique, etc., 17ᵉ vol. Travaux divers. (Angers, 1865, in-8°, 271 p.)

26007. Parrot (Armand). — Monographie des abbayes

royales de Saint-Florent en Anjou, p. 5; et XIX, p. 119.

26008. Parrot (Armand). — Histoire de l'école épiscopale et de l'Université d'Angers au moyen âge [sceaux et armoiries, *pl.*], p. 194.

26009. Boreau (Alexandre). — Un ancien peuple de la Gaule centrale [les Ambivarètes], *carte*, p. 216.

XVIII. — Mémoires de la Société académique, etc., 18ᵉ vol. Travaux de la section des sciences, etc. (Angers, 1865, in-8°, 264 p.)

XIX. — Mémoires de la Société académique, etc., 19ᵉ vol. Travaux divers. (Angers, 1866, in-8°, 224 p.)

26010. Parrot (Armand). — Messire Guillaume Poyet, chancelier de France [1474 † 1548; *portrait et armoiries*, 2 *pl.*], p. 1.

26011. Planchenault (Nicolas). — Notice historique et pratique sur la culture de la vigne, spécialement en Anjou, p. 41.

[26007]. Parrot (Armand). — Monographie des abbayes royales de Saint-Florent en Anjou, *carte*, p. 119.

XX. — Mémoires de la Société académique, etc., 20ᵉ vol. Travaux de la section des sciences, etc. (Angers, 1866, in-8°, 191 p.)

26012. Anonyme. — Nécrologie, p. 162.

[Jean-Pierre Ouvrard, 1786 † 1866; Hunault de La Peltrie, 1794 † 1866.]

XXI. — Mémoires de la Société académique, etc., 21ᵉ vol. Lettres et arts. (Angers, 1867, in-8°, 317 p.)

26013. Diez (C.). — Les Germains [origines, mœurs et croyances], p. 1.

26014. Loiseau (Arthur). — Rapports de la langue de Rabelais avec les patois de la Touraine et de l'Anjou, p. 70.

26015. Diez (C.). — Monuments littéraires du vieux haut-allemand. Sens qu'il faut donner au mot *deutsch*, p. 107.

26016. Mourin (Ernest). — La rive gauche du Rhin au xᵉ siècle. Fragment d'une étude sur l'avènement des Capétiens, p. 169.

26017. Parrot (Armand). — Abolition du droit de tierçage en Anjou [en 1402], p. 195.

26018. Dumont (Dʳ). — De la versification latine en Anjou pendant les xiᵉ et xiiᵉ siècles, p. 223.

XXII. — Mémoires de la Société académique, etc., 22ᵉ vol. Sciences. (Angers, 1868, in-8°, 280 p.)

26019. Boreau (A.). — Nécrologie, p. 273.

[Victorin Larevellière, 1791 † 1857; Jacques Gazeau, † 1867; docteur Dumont, 1797 † 1867.]

XXIII. — Mémoires de la Société académique, etc., 23ᵉ vol. Lettres et arts. (Angers, 1868, in-8°, 191 p.)

26020. Dumont (Dʳ). — Étude du grec en France pendant les xviᵉ, xviiᵉ, xviiiᵉ siècles. Œuvre posthume, p. 1.

26021. Planchenault (Nicolas). — Lettre sur Fontevrault, p. 14.

[Histoire de cette abbaye, 1100 à 1790. — Épitaphes et tombeaux des rois et reines d'Angleterre, xiiᵉ et xiiiᵉ s.]

26022. Diez (C.). — Causes qui ont contribué au développement de la littérature allemande sous les Hohenstaufen [xiiᵉ et xiiiᵉ s.] et classification des productions poétiques de cette époque, p. 71.

26023. Parrot (Armand). — Erreur de Sprengel relative à l'éducation de René Descartes [au sujet du collège de la Flèche], p. 86.

26024. Mourin (Ernest). — Le concile de Saint-Basle [991]. Récits du xᵉ siècle, p. 90.

26025. Parrot (Armand). — Note relative à une inscription carlovingienne inédite découverte dans les fouilles de la place du Ralliement [à Angers], p. 173.

XXIV. — Mémoires de la Société académique, etc., 24ᵉ vol. Sciences. (Angers, 1868, in-8°, 367 p.)

XXV. — Mémoires de la Société académique, etc., 25ᵉ vol. Lettres et arts. (Angers, 1871, in-8°, 103 p.)

26026. Port (Célestin). — Questions angevines. La belle Agnès, p. 1.

[Servante du chanoine Frétard mise à mort pour avoir tué son maître, puis reconnue innocente; statue élevée à ce sujet.]

26027. Antoine (B.). — La fondation d'une république au temps de la Ligue. Notice sur l'*Histoire de Saint-Malo* [1578 à 1591] de Nicolas Frottet de La Landelle, ligueur, p. 28.

26028. Biéchy (A.). — Du serment [forme et usage du serment chez les différents peuples], p. 67.

XXVI. — Mémoires de la Société académique

mique, etc., 26e vol. Sciences. (Angers, 1871, in-8°, 91 ou 220 p.)

XXVII. — Mémoires de la Société académique, etc., 27e vol. Lettres et arts. (Angers, 1873, in-8°, 335 p.)

26029. Cornilleau (E.). — Essai sur le canton de Longué et sur le bassin du Lathan, p. 1; XXIX, p. 1; et XXXI, p. 1.
26030. Loiseau (Arthur). — Progrès de la grammaire en France depuis la Renaissance jusqu'à nos jours, p. 205; XXIX, p. 63; et XXXI, p. 167.
26031. Champneuf (Dr). — Lettre du cardinal de Richelieu [au marquis de Brezé, gouverneur de Saumur, 1631], p. 321.

XXVIII. — Mémoires de la Société académique, etc., 28e vol. Sciences. (Angers, 1872, in-8°, 265 p.)

XXIX. — Mémoires de la Société académique, etc., 29e vol. Lettres et arts. (Angers, 1874, in-8°, 192 p.)

[26029]. Cornilleau (E.). — Essai sur le canton de Longué et sur le bassin du Lathan, p. 1.
[26030]. Loiseau (Arthur). — Progrès de la grammaire en France depuis la Renaissance jusqu'à nos jours, p. 63.

XXX. — Mémoires de la Société académique, etc., 30e vol. Sciences. (Angers, 1874, in-8°, 151 p.)

26032. Boreau (Alexandre). — Notice biographique sur M. Millet, naturaliste [Pierre-Aimé, 1783 † 1873], p. 1.
26033. [Boreau (A.).] — Table méthodique des matières contenues dans les trente volumes des Mémoires de la Société académique de Maine-et-Loire (1857-1874), p. 137.

XXXI. — Mémoires de la Société académique, etc., 31e vol. Lettres et arts. (Angers, 1875, in-8°, 265 p.)

[26029]. Cornilleau (E.). — Essai sur le canton de Longué et sur le bassin du Lathan, p. 1.
26034. Menière (Ch.). — Observations sur le serment professionnel des anciens pharmaciens, p. 133.
[26030]. Loiseau (Arthur). — Progrès de la grammaire en France depuis la Renaissance jusqu'à nos jours, p. 167.

XXXII. — Mémoires de la Société académique, etc., 32e vol. Sciences. (Angers, 1875, in-8°, 137 p.)

26035. Decharme (C.) et Bouché (Al.). — Nécrologie [Alexandre Boreau, botaniste, 1803 † 1875], p. 129.

XXXIII. — Mémoires de la Société académique, etc., 33e vol. Lettres et arts. (Angers, 1878, in-8°, 165 p.)

26036. Egger (Victor). — Sur une médaille frappée en l'honneur d'un philosophe de l'école de Padoue [Marc-Antoine Passera, xvie s.], p. 1 et 14.
26037. Menière (Ch.). — Recherches sur les minerais de fer et les anciennes mines en Anjou, p. 108.

XXXIV. — Mémoires de la Société académique, etc., 34e vol. Sciences. (Angers, 1878, in-8°, 129 p.)

XXXV. — Mémoires de la Société académique, etc., 35e vol. Sciences. (Angers, 1880, in-8°, 278 p.)

26038. Ménière (Ch.). — Rôle des charités et aumônes de la paroisse de Saint-Maurille d'Angers pour la nourriture et entretien des pauvres renfermés de la ville en 1621, p. 224.
26039. Parrot (Armand). — Histoire du trésor de l'abbaye royale de Saint-Florent de Saumur, p. 231 et 233.
26040. Anonyme. — Documents relatifs aux découvertes archéologiques faites en novembre et décembre 1877 sur la place du Ralliement, à Angers [bain liturgique et baptistère], p. 243.

XXXVI — Mémoires de la Société académique, etc., 36e vol. Lettres et arts. (Angers, 1881, in-8°, 565 p.)

26041. Parrot (Armand). — Mémorial des abbesses de Fontevrault issues de la maison royale de France, accompagné de notes historiques et archéologiques [1491-1670], 2 *pl.*, p. 1.
26042. Menière (Ch.). — Glossaire angevin étymologique comparé avec différents dialectes, p. 191.

XXXVII. — Mémoires de la Société acadé-

IMPRIMERIE NATIONALE.

mique, etc., 37e vol. Lettres et arts. (Angers, 1882, in-8°, 239 p.)

26043. Queruau-Lamerie (E.). — Notices sur quelques députés du département de la Mayenne pendant la Révolution, p. 1.

[Maupetit, 1742 + 1831; Delalande, 1725 + 1830; Gournay, 1749 + 1815; Enjubault La Roche, 1737 + 1793.]

26044. Cormeray (Émile). — De l'architecture religieuse chez les Indous, p. 83.

26045. Parrot (Armand). — Numismatique gauloise. Monnaies de Sedullus, chef des Lémoviques, p. 107.

26046. Parrot (Armand). — Orfèvrerie gallo-romaine. Anneau d'or enrichi d'une améthyste entaillée [découvert en 1880 à Andigné (Maine-et-Loire)], p. 113.

26047. Parrot (Armand). — Épigraphie angevine. Notice sur une croix funéraire en plomb du XIe siècle, p. 115.

26048. Du Châtellier (Armand). — Étude sur quelques anciens couvents de la Bretagne [abbaye de Landevénnec], p. 125.

26049. Parrot (Armand). — Redevance au maire d'Angers [1612], p. 191.

26050. Menière (Ch.). — Privilège du droit de banvin accordé à l'Hôtel-Dieu d'Angers, p. 199.

26051. Parrot (Armand). — Dépêche du roi Henri IV aux Angevins (1594), accompagnée de notes historiques, p. 207.

26052. Queruau-Lamerie (E.). — Un autographe de Volney [au sujet de sa démission de membre de l'Assemblée constituante (1790)], p. 232.

XXXVIII. — Mémoires de la Société académique, etc., 38e vol. Sciences. (Angers, 1883, in-8°, 305 p.)

26053. Parrot (Armand). — Documents inédits concernant le comte de Beaurepaire, chef vendéen, p. 270.

26054. Anonyme. — Documents relatifs au projet de changement de destination de l'ancienne chapelle Saint-Jean [XIIe s.] à Saumur, p. 277.

I. — Procès-verbaux de la Société académique de Maine-et-Loire, années 1877-1878-1879. (Angers, 1880, in-8°, 79 p.)

[Extrait des *Mémoires de la Société académique*, t. XXXV, p. 197 à 278. — Voir ci-dessus.]

II. — Procès-verbaux de la Société académique de Maine-et-Loire, années 1880-1881. (Angers, 1883, in-8°, 109 p.)

[Extrait des *Mémoires de la Société académique*, t. XXXVIII, p. 197 à 305. — Voir ci-dessus.]

MAINE-ET-LOIRE. — ANGERS.

SOCIÉTÉ NATIONALE D'AGRICULTURE, SCIENCES ET ARTS D'ANGERS.

L'*Académie royale d'Angers* fut instituée par lettres patentes de juin 1685. Elle prit en 1760 le nom d'*Académie des sciences, belles-lettres et arts d'Angers*. L'année suivante, une *Société d'agriculture* fut fondée à Tours; elle se composait de trois bureaux, correspondant entre eux, dont l'un fut établi à Angers, les autres à Tours et au Mans. L'Académie et la Société d'agriculture disparurent à la Révolution sans avoir rien publié.

Une tentative éphémère fut faite en l'an VI pour reconstituer ces associations sous le nom de *Société libre d'agriculture*; mais l'essai n'eut pas de succès, et il fallut attendre près de trente ans pour le voir repris sous le titre de *Société d'agriculture, sciences et arts d'Angers*. Fondée le 18 janvier 1828, cette nouvelle association fut autorisée par arrêté ministériel du 25 juin 1831; elle a été reconnue d'utilité publique par ordonnance royale du 5 mai 1833. (Voir nos 26061, 26162 et 26349.)

La Société a commencé à publier en 1831 une collection de *Mémoires* qui formait, au 31 décembre 1885, quarante volumes in-8° divisés en trois séries : la première, de 1831 à 1848, comprenant 6 volumes; la seconde, de 1849 à 1856, 8 volumes; la troisième, commencée en 1857, comprenant 27 volumes à la fin de 1885. Une table générale a été imprimée à la fin du tome XXVIII de la troisième série publié en 1886. Elle a commencé en 1846 à imprimer les procès-verbaux de ses séances. Mais ceux de l'année 1846 forment seuls un fascicule spécial. [Voir n° 26114.] Les autres ont été insérés dans les volumes de *Mémoires* et tirés à part.

La *Société d'agriculture* fonda en 1838 un *Comice agricole* qui a également publié un certain nombre de volumes. Enfin, en 1846, elle institua une *Commission archéologique*, dont nous reparlerons ci-après (voir

p. 197 et suiv.). En dehors de ces divers recueils, la Société d'agriculture a encore fait paraître les volumes suivants :

26055. Millet (P.-A.). — Projet de statistique ou observations pour servir aux recherches de la statistique générale du département de Maine-et-Loire. (Angers, 1832, in-8°, 107 p.)
26056. [Beauregard (Jean-Frédéric de)]. — Statistique du département de Maine-et-Loire. (Angers, 1842, in-8°, 290 p.; 2e édition, Angers, 1850, 296 p.)
26057. Anonyme. — Souvenirs de l'exposition de peinture et sculpture anciennes de 1839, dessinés et lithographiés par P. Hawke. (Angers, 1840, in-8°, 102 p. et 50 *pl.*)
26058. Godard-Faultrier (V.). — Souvenirs de l'exposition de 1842, dessins de P. Hawke avec une notice de M. Godard-Faultrier. (Angers, 1842, in-4°, 90 p.)
26059. Lambron de Lignim. — Armorial des maires d'Angers. (Angers, 1845, in-4°.)
26060. Godard-Faultrier (V.). — Tapisserie de Saint-Florent dessinée par P. Hawke, avec une notice de V. Godard-Faultrier. (Angers, 1847, in-4°, 20 p. et 11 *pl.*)

I. — Mémoires de la Société d'agriculture, sciences et arts d'Angers, t. I. (Angers, 1831-1834, in-8°, XXVIII-463 p.)

26061. Blordier-Langlois. — Introduction historique aux Mémoires de la Société d'agriculture, sciences et arts d'Angers [histoire de l'Académie royale d'Angers, 1686-1793], p. v.
26062. Grille (Toussaint). — Mémoire relatif à des médailles gauloises trouvées près d'Angers [en 1828], p. 82.
26063. Lachèse (Dr Grégoire). — Notice biographique sur M. Billard [anatomiste, 1800 † 1832], p. 121.
26064. Blordier-Langlois. — Quelques réflexions sur l'histoire et les principaux historiens des différents siècles, p. 127.
26065. Blordier-Langlois. — Le chevalier de la Tour-Landry [XIVe s.] et quelques réflexions sur le moyen âge, p. 267.
26066. Blordier-Langlois. — Nouvelles réflexions sur le moyen âge [mœurs et coutumes], p. 284.
26067. Blordier-Langlois. — Sur quelques écrivains de l'Anjou, p. 423.

[Joachim Du Bellay, Jean Bodin, Ménage, Volney.]

II. — Mémoires de la Société d'agriculture, etc., t. II. (Angers, 1834-1837, in-8°, 356 p.)

[La table formant 2 pages non chiffrées a été publiée en 1839 en appendice de la 1re livraison du tome IV.]

26068. Blordier-Langlois. — Du théâtre en France au moyen âge, p. 57.
26069. Beauregard (J.-F. de). — Mémoire sur le confluent du Thouet et l'emplacement de Mûrs confondu avec Saumur, p. 147.
26070. Desvaux (Nicaise). — Notice nécrologique sur M. Gontard [1756 † 1835], p. 185.
26071. Courtiller (A.). — Note relative à des objets d'antiquité trouvés dans l'arrondissement de Saumur, p. 347.

[Bronzes romains, trompette romaine, instruments de charpentier trouvés à Saint-Just-sur-Dives.]

26072. Beauregard (J.-F. de). — Notice sur un monument sépulcral [gaulois] découvert récemment dans la commune de Saint-Hilaire-Saint-Florent, arrondissement de Saumur, p. 349.

III. — Mémoires de la Société d'agriculture, etc., t. III. (Angers, 1835-1837, in-8°, 222 p.)

[La table formant 2 pages non chiffrées a été publiée en 1839 en appendice de la 1re livraison du tome IV.]

IV. — Mémoires de la Société d'agriculture, etc., t. IV. (Angers, 1839-1841, in-8°, 323 p.)

26073. Blordier-Langlois. — De l'autorité municipale à Angers [privilèges octroyés en 1474], p. 15.
26074. Beauregard (J.-F. de). — Recherches sur le tombeau du roi René, duc d'Anjou [dans la cathédrale d'Angers], p. 28.
26075. Chanlouineau (Louis). — Renseignements divers sur les inhumations de princes et de princesses de la deuxième maison royale d'Anjou-Sicile qui ont eu lieu dans la cathédrale d'Angers [1384-1480], p. 37.
26076. Huttemin (Charles-François). — Notice sur Abraham Launay, mathématicien angevin au XVIe siècle, p. 54.
26077. Planchenault (N.). — Pierre Ayrault et les Jésuites [enlèvement de son fils René par les Jésuites en 1586], p. 62.
26078. Blordier-Langlois. — Des femmes angevines qui se sont fait connaître dans les sciences, la littérature et les arts, p. 71.
26079. Divers. — Revue de l'exposition de peinture et de sculpture anciennes [à Angers en 1839], p. 106.
26080. Pavie (Victor). — Rapport général sur l'exposition de peinture et de sculpture anciennes, p. 186.
26081. Blordier-Langlois. — Éloge de Henri-Pierre De-

laage, baron de Saint-Cyr, maréchal de camp, etc. [1766 † 1840], p. 225.

26082. Beauregard (J.-F. de). — Rapport sur un monument romain découvert dans la commune de Bagneux, arrondissement de Saumur, p. 234.

26083. Pavie (Louis). — L'Illustre Hospitalier (chronique angevine du xii° s.) [nouvelle historique], p. 254.

26084. Blordier-Langlois. — Discours prononcés par François Prévost à l'ouverture du Présidial et de l'Université, avec appendice sur quelques autres discours [1745 à 1780], p. 277.

26085. Pavie (Victor). — Pierre Le Loyer, auteur angevin [1550 † 1634], p. 294.

V. — Mémoires de la Société d'agriculture, etc., t. V. (Angers, 1842-1846, in-8°, 449 p. avec un appendice de 84 p.)

26086. Falloux (Alfred de). — Notice sur Olivier de Serres [1539 † 1619; son *Théâtre d'agriculture*], p. 45.

26087. Pavie (Victor). — Un artiste de plus [Sébastien Leysner, sculpteur, 1728 † 1781], p. 82.

26088. Godard-Faultrier (V.). — Note relative à une cheminée de l'évêché [xv° s.], *pl.*, p. 133.

26089. Soland (Aimé de). — Cromlech de la commune de la Boutouchère, *pl.*, p. 135.

26090. Soland (Aimé de). — Antiquités romaines découvertes dans l'enclos de la Visitation d'Angers [lampe de bronze], *pl.*, p. 137.

26091. Anonyme. — Peintures murales de l'ancienne église Saint-Julien d'Angers [xv° s.], p. 139.

26092. Soland (Aimé de). — Le surintendant Fouquet et sa famille [depuis le xv° s.], p. 143.

26093. Soland (Aimé de). — Tigné, faits historiques qui s'y rattachent, p. 181.

26094. Godard-Faultrier (V.). — Manuscrit inédit de Denis Chevallier, curé de Saint-Aubin des Ponts-de-Cé [xviii° s.], p. 183.

26095. Godard-Faultrier (V.). — Notice sur deux tombeaux découverts à Toussaint [à Angers; abbés des xiii° et xiv° s.], p. 217.

26096. Beauregard (J.-F. de). — Sur l'hôtel [de Pincé] vulgairement appelé le palais des ducs d'Anjou à Angers [xvi° s.], p. 251.

26097. Beauregard (J.-F. de). — Notice sur le présidial d'Angers [analyse d'un registre de 1649 à 1782], p. 256.

26098. Godard-Faultrier (V.). — Girard, fondateur de Toussaint, à Angers; son tombeau [xi° s.], p. 273.

26099. Godard-Faultrier (V.). — Rex Tusenos [inscription sur une figurine gallo-romaine en terre de pipe], p. 279.

26100. Godard-Faultrier (V.). — Lion gallo-romain en pierre de taille découvert à Angers en 1813], p. 284.

26101. Godard-Faultrier (V.). — Huet de La Chenaye [† 1436] et sa femme [† 1484; leurs tombeaux à Linières], p. 287.

26102. Godard-Faultrier (V.). — Jacques Éveillon, théologien [1572 † 1651], p. 290.

26103. Godard-Faultrier (V.). — Note sur Rogue [jurisconsulte angevin du xviii° s.], p. 301.

26104. Godard-Faultrier (V.). — Sudatorium romain découvert à Mûrs en 1845, *pl.*, p. 304.

26105. Cosnier (Léon). — De l'étude des patois et de l'utilité d'un glossaire angevin, p. 312.

26106. Sorin (Jean). — Notice sur M. Cyprien Robert, [professeur au Collège de France], p. 335.

26107. Godard-Faultrier (V.). — Réclamation au Ministre de l'intérieur au sujet de l'enlèvement des statues de Fontevrault, p. 348.

26108. Béraud (T.-C.). — Mémoire sur le camp romain de Frémur et ses moyens de communication avec les voies romaines au delà de la Loire et de la Maine, p. 363.

26109. Dainville (E.). — Recherches sur l'origine des stalles de Saint-Maurille des Ponts-de-Cé (xvi° s.), *pl.*, p. 378.

26110. Godard-Faultrier (V.). — Notice sur Guillaume Legangneur [calligraphe du xvi° s.], 2 *pl.*, p. 392.

26111. Godard Faultrier (V.). — Note sur Claude de Rueil [évêque d'Angers, † 1649] et sur son tombeau, p. 397.

26112. Godard-Faultrier (V.). — Peintures murales du xii° siècle à la Haie-aux-Bons-Hommes, près d'Angers. *pl.*, p. 399.

26113. Godard-Faultrier (V.). — Un peu de tout à propos d'archéologie, *pl.*, p. 402.

[Découvertes à la cathédrale d'Angers : châsse de G. Fournier, trésorier, xv° s.; tombeau de l'évêque Raoul de Beaumont, xii° s.; tombe de Geoffroy de Verneuil, xiii° s.]

Appendice :

26114. T.-C. B. [Béraud (T.-C.).] — Procès-verbaux de la Société d'agriculture, sciences et arts d'Angers, année 1846. (Angers, 1846, in-8°, 81 p.)

VI. — Mémoires de la Société d'agriculture, etc., t. VI. (Angers, 1847, in-8°, 196 et 284 p.)

26115. Godard-Faultrier (V.). — Manuscrit de Lehoreau de 1692. Blasons et armoiries de huit évêques d'Angers. *pl.*, p. 110.

26116. Matty de La Tour (De). — Ruines romaines de Membrey (Haute-Saône), *pl.*, p. 117.

26117. Cosnier (Léon). — Note sur une clef des œuvres de Rabelais, p. 168.

26118. Raimbault (Louis). — Notes sur les objets trouvés

au lieu des Chartres, près Notre-Dame d'Allençon [Maine-et-Loire, vases et masques d'argent de l'époque romaine], *plan*, p. 173.

26119. Godard-Faultrier (V.). — Chapiteau romain d'ordre composite [dans l'église d'Épiré], 2 *pl.*, p. 177.

26120. Dainville (E.). — Étude d'architecture au XVIe siècle. Église de Saint-Maurille des Ponts-de-Cé. Stalles. Église de Saint-Serge à Angers, *fig.*, p. 183 et 189.

26121. Courtiller. — Sur les haches de bronze, *fig.*, p. 193.

Deuxième partie :

26122. Godard-Faultrier (V.). — Découverte de deux tombeaux gallo-romains aux Terres-Noires, près d'Angers, *pl.*, p. 49 et 86.

26123. Soland (Aimé de). — De la puissance féodale des seigneurs de Briollay en Anjou [église et château, chapiteaux romans], *pl.*, p. 68.

26124. Godard-Faultrier (V.). — L'abbé Antoine Arnauld [1616 † 1698], p. 89.

26125. Godard-Faultrier (V.). — Note sur un tombeau découvert dans l'enceinte du camp romain de Frémur, p. 113.

26126. Beauregard (J.-F. de). — Observations sur l'origine des dolmens, p. 117.

26127. Allaume (L'abbé). — Notice sur un dolmen [commune de Corzé, Maine-et-Loire], *pl.*, p. 121.

26128. Béclard [Philippe]. — Notice sur les roulers [pierres branlantes] de la Davière et du moulin de Normandeau, près Montfaucon[-sur-Moine], p. 128.

26129. Godard-Faultrier (V.). — Restes d'aqueduc et de voies romaines découverts en 1847, près d'Angers, *pl.*, p. 134.

26130. Godard-Faultrier (V.). — Évêché d'Angers (façade du Nord), p. 137.

26131. Godard-Faultrier (V.). — Une sépulture de l'époque mérovingienne découverte en Anjou [à Morannes], p. 140.

26132. Beauregard (J.-F. de). — Notice sur la population protestante de Saumur à la fin du XVIIe siècle, p. 145.

26133. Matty de La Tour (De). — Pile de Cinq-Mars [borne de l'époque romaine], *pl.*, p. 174.

26134. Godard-Faultrier (V.). — Ancien manuscrit sur la composition du clergé d'Angers [liste des prélats sortis de l'église d'Angers, XIIe-XVIIIe s.], p. 214.

26135. Godard-Faultrier (V.). — Note sur des fouilles pratiquées au tertre Saint-Laurent d'Angers [chaire à prêcher en plein air], p. 222.

26136. Godard-Faultrier (V.). — Note sur des tombeaux gallo-romains trouvés dans la gare du chemin de fer à Angers, *pl.*, p. 229.

26137. Coulon (L'abbé F.). — Monographie ou notice architectonique de Notre-Dame de Chemillé (Maine-et-Loire) [XIe s.], *plan*, p. 232.

26138. Soland (Aimé de). — Études sur l'Anjou [histoire de l'Anjou écrite par François Ranchin, en 1637], p. 240.

VII. — Mémoires de la Société nationale d'agriculture, sciences et arts d'Angers, 2e série, t. I. (Angers, 1850, in-8°, XXIV-352 p.)

26139. Godard-Faultrier (V.). — Théodégisille monétaire sous les Mérovingiens du Ve au VIIIe siècle [et histoire de la monnaie angevine], p. 5.

26140. Textoris. — Coup d'œil général sur l'origine des principales sociétés savantes, p. 14.

26141. Béclard (Ph.). — Recherches sur le sculpteur Biardeau [XVIIe s.], p. 43.

26142. Lachèse (Éliacin). — Siège de la Rochelle en 1573, p. 51.

26143. Soland (Aimé de). — Notice sur un calice [de la fabrique de Thouarcé, XVe s.], p. 63.

26144. Pavie (Victor). — M. Henri-Aubin de Nerbonne. Notice nécrologique [† 1849], p. 73.

26145. Soland (Aimé de). — Marie d'Anjou [femme de Charles VII], p. 111.

26146. Godard-Faultrier (V.). — Le vicomte Alexandre de Senonnes [1781 † 1840], p. 206.

26147. Soland (Aimé de). — Église abbatiale de Saint-Serge et Saint-Bach [à Angers], p. 219.

26148. Godard-Faultrier (V.). — Forget (Anselme) [† 1788; son tombeau, son épitaphe], p. 249.

26149. Textoris. — Précis historique sur les études générales au moyen âge en Occident, p. 259.

VIII. — Mémoires de la Société nationale d'agriculture, etc., 2e série, t. II. (Angers, 1851, in-8°, 587 p.)

26150. Godard-Faultrier (V.). — Construction de l'aile de la chapelle des évêques, à la cathédrale d'Angers. Charte de 1236, p. 32.

26151. Godard-Faultrier (V.). — Rapport sur la pierre tumulaire récemment placée [en 1850] dans le chœur de la cathédrale d'Angers en mémoire des ducs et duchesses de la deuxième maison d'Anjou-Sicile, sur le tombeau présumé de Marie de Bretagne [XIVe s.] et sur la statue de Claude de Rueil [évêque d'Angers, XVIIe s.], p. 34.

26152. Godard-Faultrier (V.). — Échange du château d'Angers et de l'évêché au IXe siècle, p. 49.

26153. Godard-Faultrier (V.). — Tombeaux de Henri Arnauld [† 1692] et de Jean Olivier [† 1540], évêques d'Angers, p. 58.

26154. Godard-Faultrier (V.). — Anciennes reliques de la cathédrale d'Angers [notes rédigées de 1693 à 1706], p. 66.

26155. Coulon (L'abbé F.). — Notice sur Vaulandry (Maine-et-Loire) [église des XIe, XIIe et XVe s.], p. 75.
26156. Joubert (L'abbé). — Rapport sur les tapisseries de la cathédrale de Saint-Maurice [d'Angers], p. 101.
26157. Textoris. — Souvenirs d'une visite à l'abbaye de Solesmes en janvier 1851, p. 111.
26158. Chevalier (L'abbé Pierre). — Notice historique sur l'abbaye de Mélinais [près de la Flèche], p. 157.
26159. Godard-Faultrier (V.). — Deux lettres inédites de Henri III et de Henri IV [aux maire et échevins d'Angers, 1585 et 1595], p. 176.
26160. Godard-Faultrier (V.). — Note sur la tricquoterie [émeute à Angers en 1461], p. 180.
26161. Textoris. — Études sur le mouvement intellectuel en Europe au XVIe siècle, p. 385.

IX. — Mémoires de la Société nationale d'agriculture, etc., 2e série, t. III. (Angers, 1852, in-8°, 376 p.)

26162. Beauregard (J.-F. de). — Sur l'ancienne Académie d'Angers, p. 5.
26163. Godard-Faultrier (V.). — Agathoclès [inscription gallo-romaine], p. 40.
26164. Textoris. — Considérations sur l'antique origine du système hebdomadaire et sur la période septénaire en général, p. 45.
26165. Godard-Faultrier (V.). — Extrait d'un inventaire des saintes reliques conservées dans le trésor de l'église d'Angers [XVIIIe s.], p. 95.
26166. Godard-Faultrier (V.). — Une lettre de [Jean-François] Bodin [1825], p. 105.
26167. Godard-Faultrier (V.). — Defensor [évêque d'Angers, 350-372], p. 111.
26168. Faye (Léon). — Rabelais botaniste [XVIe s.], p. 193.
26169. Joannis (Daniel de). — Notice sur les peintures murales et les arts et métiers des Égyptiens, p. 208.
26170. Marchegay (Paul). — Chartes et titres concernant les possessions de l'abbaye de Savigny [diocèse d'Avranches] à Angers et dans les environs [inventaire], p. 220.
26171. Chevalier (L'abbé P.). — Notice historique sur la Vraie-Croix des Incurables de Baugé, p. 242.
26172. Faye (Léon). — Examen des recherches faites jusqu'à ce jour sur la mansion romaine Segora, p. 305.

X. — Mémoires de la Société impériale d'agriculture, sciences et arts d'Angers, 2e série, t. IV. (Angers, 1853, in-8°, 132 p.)

26173. Godard-Faultrier (V.). — Cercueil gallo-romain découvert dans la gare du chemin de fer le 6 août 1853, p. 31. — Cf. n° 26182.
26174. Godard-Faultrier (V.). — Notes biographiques sur trente prélats se rattachant à l'histoire d'Anjou, classés par ordre alphabétique, p. 34.
26175. Boreau (A.). — Notice sur la position de la mansion romaine Combaristum [Combrée ou Châtelais], p. 43.
26176. Lemarchand (A.). — Note sur quelques instruments de la musique des Hébreux, d'après un manuscrit du IXe siècle, *pl.*, p. 57.
26177. Cosnier (Léon). — Pierre-Joseph Bourgeois [général, 1769 † 1852], p. 68.

XI. — Mémoires de la Société impériale d'agriculture, etc., 2e série, t. V. (Angers, 1854, in-8°, 244 p.)

26178. Godard-Faultrier (V.). — Porte romane de la préfecture [restes de l'abbaye de Saint-Aubin], p. 9.
26179. Godard-Faultrier (V.). — Baldericus, Balderic, ou Baudry [abbé de Bourgueil, puis évêque de Dol, † 1028], p. 19.
26180. Godard-Faultrier (V.). — Renard (Urbain) [poète angevin, XVIIe s.], p. 22.
26181. Godard-Faultrier (V.). — Sculpture symbolique. La grappe de raisin et la sauterelle de l'Apocalypse, p. 29.

[Bas-reliefs du Pont-de-Varennes, près d'Angers, et de la préfecture d'Angers.]

26182. Godard-Faultrier (V.). — Septième cercueil gallo-romain trouvé à la gare d'Angers et résumé des autres découvertes faites au même lieu, p. 36. — Cf. n° 26173.
26183. Godard-Faultrier (V.). — Blaison, Blinon (Thibaud de) [troubadours du XIIIe s.], p. 44.
26184. Godard-Faultrier (V.). — Serment de François II, duc de Bretagne, sur la Vraie-Croix de Saint-Laud [1470], p. 48. — Cf. n°s 26185, 26188 et 26193.
26185. Godard-Faultrier (V.). — Cédule en vertu de laquelle Louis XI fait notifier par deux chanoines de Saint-Laud d'Angers, au duc de Bretagne, François II, qu'il se considère comme délié de son serment envers ledit duc [1472], p. 63. — Cf. n°s 26184 et 26188.
26186. Ouvrard (Dr J.-P.). — Notice sur le village de Beauvau [voie et ruines romaines], p. 71.
26187. Chevalier (L'abbé P.). — Notice sur l'abbaye de la Boissière [commune de Dencé-sous-le-Lude, Maine-et-Loire], p. 92.
26188. Godard-Faultrier (V.). — Troisième serment de François II, duc de Bretagne, sur la Vraie-Croix de Saint-Laud [1477], p. 115. — Cf. n°s 26184 et 26185.
26189. Joubert (L'abbé). — Portail de l'église cathédrale d'Angers. Inscriptions hébraïques, p. 129.
26190. Belleuvre (Paul). — La Vierge de Nozé [statue de Pierre Biardeau, XVIIe s.], p. 133.

26191. Godard-Faultrier (V.). — De quelques usages féodaux en Anjou, p. 144.

26192. Adville. — Villes et voies romaines de l'Anjou, ou détermination de l'emplacement des stations du pays des Andes mentionnées sur les routes antiques de la Table théodosienne, p. 159.

XII. — Mémoires de la Société impériale d'agriculture, etc., 2e série, t. VI. (Angers, 1855, in-8°, IV-222 p.)

26193. Godard-Faultrier (V.) — Serment de Jacques d'Armagnac sur la Vraie-Croix de Saint-Laud [1470], p. 20. — Cf. n° 26184.

26194. Godard-Faultrier (V.). — Brevet de comédien pour le sieur Desmarest et compagnie [1777], p. 58.

26195. Ouvrard (J.-P.). — Notice historique sur les hommes qui ont illustré le nom de Beauvau [XIe-XIXe s.], p. 61.

26196. Port (Célestin). — Le théâtre à Doué [en 1634], p. 128.

26197. Godard-Faultrier (V.). — Tombeau du baron de Charnacé et de son épouse Jeanne de Maillé-Brezé [† 1620 et 1637], p. 136.

26198. Béraud (T.-C.). — Souvenirs pittoresques, scientifiques et artistiques d'un voyage dans le midi de la France, en octobre 1854 [à Lyon, Avignon, Valence, Marseille], p. 137.

XIII. — Mémoires de la Société impériale d'agriculture, etc., 2e série, t. VII. (Angers, 1856, in-8°, 262 p.)

26199. Textoris. — Coup d'œil sur quelques antiquités de Thasos, île de l'Archipel, p. 46.

26200. Belleuvre (P.). — Promenade en Touraine [châteaux de Langeais, Ussé, Azay-le-Rideau, le Plessis-lès-Tours, Chenonceaux], p. 73.

26201. Chevalier (L'abbé Pierre). — Peintures sur voûte de quelques églises du diocèse [Durtal et Fougeré], p. 115.

26202. Béraud (T.-C.). — Établissements scientifiques et artistiques d'Angers [bibliothèque, jardin botanique et musées], p. 129.

XIV. — Mémoires de la Société impériale d'agriculture, etc., 2e série, t. VIII. (Angers, 1857, in-8°, 218 p.)

26203. Beauregard (De). — Construction gallo-romaine, découverte dans le camp de Chênehutte [en 1856, bassin en pierre, *fig.*], p. 51.

26204. Belleuvre (Paul). — Note sur un trésor [gallo-romain] découvert à Veillon (Vendée), p. 61.

26205. Sorin (Élie). — Meuble de la danse macabre, au Musée d'Angers [XVIe s.], p. 71.

26206. Textoris. — Une visite au monastère des Arméniens à l'île Saint-Lazare, près de Venise. Coup d'œil sur les Arméniens anciens et modernes, p. 79.

26207. Godard-Faultrier (V.). — Les cryptes du Ronceray; massif présumé de l'autel primitif [attribué au VIe s.], p. 110.

XV. — Mémoires de la Société impériale d'agriculture, etc., nouvelle période, t. I. (Angers, 1858, in-8°, 380 p.)

26208. Godard-Faultrier (V.). — L'oliphant du musée d'Angers, *pl.*, p. 1.

26209. Négrier (L'abbé). — Des lampes ardentes dans les cimetières [fanal de Moulihernc], p. 11.

26210. Barbier de Montault (L'abbé). — Projet iconographique et symbolique, en style du XIIIe siècle, pour la décoration des verrières absidales, dites de la Légion d'honneur, dans l'église paroissiale de Longué, p. 15.

26211. Godard-Faultrier (V.). — François de La Boullaye-Le Gouz [1610-1664], p. 29.

26212. Chevalier (L'abbé P.). — Notice historique sur l'abbaye de Saint-Georges-sur-Loire [1180-1789], *plan*, p. 58.

26213. Barbier de Montault (L'abbé). — Observations liturgiques et iconographiques sur un livre d'heures du XVe siècle, p. 90.

26214. Bourdeille (A.). — Monnaies seigneuriales [antérieures à 1314] découvertes au Puits Anceau [près d'Angers], p. 99.

26215. Godard-Faultrier (V.). — Note sur Fontevrault, p. 104.

[Passage en franchise par la Loire des denrées et provisions destinées à l'abbaye, 1788.]

26216. Lemarchand (Albert). — Un poème inédit du XVe siècle, p. 116.

[*Éloge des femmes*, par Jean Petit.]

26217. Espinay (Gustave d'). — Les formules angevines [recueil composé vers 681], p. 133.

26218. Godard-Faultrier (V.). — Audouin, évêque d'Angers (VIe s.), p. 201.

26219. Chevalier (L'abbé P.). — Note sur le tombeau d'André Le Porc de La Porte de Vezins, évêque de Saint-Brieuc [† 1631], p. 205.

26220. Chevalier (L'abbé P.). — Enlèvement des reliques de saint Apothème, évêque d'Angers, par les religieux de l'abbaye de Redon [au IXe s.], p. 211.

26221. Lemarchand (Albert). — La cathédrale d'Angers en 1692, p. 219.

26222. Lemarchand (Albert). — Le siège d'Angers en 1652, p. 241.

26223. Godard-Faultrier (V.). — Nouvelles archéologiques, p. 252.

[Sépulture franque; monnaies angevines; pourpoint de Charles de Blois; fers à cheval; inscriptions des cloches de Candes et de Saint-Nicolas de Saumur.]

26224. Lemarchand (Albert). — Beaupréau [histoire de ses seigneurs du xe au xviiie s.], p. 266.
26225. Farge (Dr Émile). — La peste et la police de santé à Angers [1582-1584], p. 282.

XVI. — **Mémoires de la Société impériale d'agriculture**, etc., nouvelle période, t. II. (Angers, 1859, in-8°, 286 p.)

26226. Barbier de Montault (L'abbé). — Étude sur deux livres d'heures des xive et xve siècles, p. 93.
26227. Lachèse (Éliacin). — La chapelle du Bon-Pasteur d'Angers [xixe s.], p. 140.
26228. Bonneserre de Saint-Denis (Eugène). — Notice sur Château-Gontier [xie-xixe s.], p. 189.
26229. Ouvrard (J.-P.). — Le dolmen des Mollières, près de Beauvau, p. 253.
26230. Lachèse (Éliacin). — Note sur M. Lucien Ayraud [1813 † 1859], p. 270.

XVII. — **Mémoires de la Société impériale d'agriculture**, etc., nouvelle période, t. III. (Angers, 1860, in-8°, 344 p.)

26231. Lachèse (Éliacin). — Notice sur Louis Pavie [1782 † 1859], p. 16.
26232. Lachèse (Adolphe). — Observations médico-légales sur la mort de M. de Beaurepaire, commandant du 1er bataillon des volontaires de Maine-et-Loire [mort à Verdun en 1792], p. 39.
26233. Courtiller. — Notice sur M. le président [Sourdeau] de Beauregard [1785 † 1859], p. 29.
26234. Crépon (Théophile). — Du droit d'anoblissement et de l'usurpation de la noblesse avant 1789, p. 106.

XVIII. — **Mémoires de la Société impériale d'agriculture**, etc., nouvelle période, t. IV. (Angers, 1861, in-8°, 252 p.)

26235. Courtiller. — Note sur un procès criminel jugé à Saumur en 1714, p. 48.
26236. Textoris. — Quelques considérations sur l'imposition des noms et de leur influence, p. 61.
26237. Godard-Faultrier (V.). — Antiquités celtiques. Numismatique angevine, *pl.*, p. 87. — Cf. n°s 26243, 26249 et 26250.
26238. Godard-Faultrier (V.) et Barbier de Montault (l'abbé Xavier). — Lettres relatives à la restauration de Saint-Maurice, adressées à Son Excellence M. le Ministre d'État et à Son Excellence M. le Ministre de l'instruction publique et des cultes, p. 159.
26239. Dainville (Ernest). — Études sur la construction des voûtes en briques, 14 *pl.*, p. 173.
26240. Belleuvre (Paul). — Un dernier mot sur la Roche-de-Mûrs [1793], p. 125.
26241. Lachèse (Adolphe). — Dernier passage du général Charrette à Angers [germinal an iv], p. 216.

XIX. — **Mémoires de la Société impériale d'agriculture**, etc., nouvelle période, t. V. (Angers, 1862, in-8°, 326 p.)

26242. Textoris. — Doutes sur quelques récits historiques [relatifs à Charlemagne, Duguesclin, Louis XI], p. 5.
26243. Godard-Faultrier (V.). — Antiquités mérovingiennes. Numismatique angevine, *pl.*, p. 33. — Cf. n°s 26237, 26249 et 26250.
26244. Espinay (G. d'). — Note sur le cartulaire de Saint-Robert de Cornillon, en Dauphiné [xiiie et xive s.], p. 46.
26245. Espinay (G. d'). — Les cartulaires angevins. Étude historique sur la législation féodale en Anjou [extraits], p. 281.

XX. — **Mémoires de la Société impériale d'agriculture**, etc., nouvelle période, t. VI. (Angers, 1863, in-8°, 370 p.)

26246. Bougler (Édouard). — Sur la polémique qui s'est élevée à l'occasion de Henri Arnauld, évêque d'Angers au xviie siècle [accusé de jansénisme], p. 5.
26247. Lachèse (Éliacin). — Note sur un personnage figurant parmi les statues appelées ordinairement Saints de Solesmes [René d'Anjou, † 1480], p. 67.
26248. Espinay (G. d'). — Note sur des fragments du cartulaire de la Chapelle-Aude [diocèse de Bourges], p. 76.
26249. Godard-Faultrier (V.). — Antiquités carlovingiennes. Numismatique angevine, *pl.*, p. 135. — Cf. n°s 26237, 26243 et 26250.
26250. Godard-Faultrier (V.). — Antiquités féodales : comtes Ingelgériens et Plantagenets. Numismatique angevine, p. 150. — Cf. n°s 26237, 26243 et 26249.
26251. Lachèse (Paul). — Défaite de Dumnacus et émigration qui la suivit [d'après Jules César], p. 211.
26252. Lemarchand (Albert). — Note sur René Benoist, à propos de la réimpression de l'oraison funèbre prononcée en son honneur par Pierre-Victor Cayet [le 10 mars 1608], p. 236.
26253. Barbier de Montault (L'abbé). — Appendice aux

actes de saint Florent, prêtre et confesseur [reliques de ce saint], p. 251.

XXI. — Mémoires de la Société impériale d'agriculture, etc., nouvelle période, t. VII. (Angers, 1864, in-8°, 288 p.)

26254. PLETTEAU (L'abbé T.). — Évêques et moines angevins ou l'Anjou ecclésiastique, p. 5 et 129.
26255. COSNIER (Léon). — La première représentation d'Esther à Saint-Cyr [en 1689], p. 81.
26256. GALITZIN (Auguste). — Le tombeau de René Benoist [plaquette imprimée en 1608], p. 147.
26257. LACHÈSE (Adolphe). — M. Vallon [1819 † 1864], p. 153.
26258. AFFICHARD (Émile). — Maine de Biran et son journal intime [1816-1824], p. 193.

XXII. — Mémoires de la Société impériale d'agriculture, etc., nouvelle période, t. VIII. (Angers, 1865, in-8°, 290 p.)

26259. SOURDEVAL (Charles DE). — Passage de Louis XIII à Angers [en 1614 et 1620], p. 74.
26260. ESPINAY (G. D'). — Note sur le cartulaire d'Autun, p. 88.
26261. LACHÈSE (Paul). — Un marin angevin. Le commandant Moucousu [1756 † 1801], p. 171.

XXIII. — Mémoires de la Société impériale d'agriculture, etc., nouvelle période, t. IX. (Angers, 1866, in-8°, 502 p.)

26262. GODARD-FAULTRIER (V.). — Le château d'Angers au temps du roi René. Les manoirs de ce prince à Chanzé, la Ménitré et Reculée, d'après quatre inventaires [de meubles] inédits provenant des Archives de l'Empire, p. 5.
26263. GODARD-FAULTRIER (V.). — Dessins inédits concernant l'Anjou ; mausolée de René d'Anjou; tombeau dit de Jeanne de Laval; sépulture de la nourrice Tiephaine [à Nantilly près Saumur]; plan de la cathédrale [d'Angers] avant 1699, *pl.*, p. 110.
26264. GODARD-FAULTRIER (V.). — La cathédrale d'Angers; ancien narthex; anciens usages; monument funèbre de Gabriel Constantin, doyen de l'église d'Angers et du Parlement de Bretagne [† 1661]; note sur Jehan Bourdigné [† 1546], p. 140.
26265. PRÉVOST (F.). — Notice sur le murus gaulois de Cinais (Indre-et-Loire), vulgairement appelé le Camp des Romains, *plan*, p. 213.
26266. PAVIE (Victor). — Westminster et Fontevrault, p. 229.

[A propos de la réclamation par l'Angleterre des tombeaux des Plantagenets.]

26267. RAIMBAULT (Louis). — Note sur Chanzé et la Rive, maisons de plaisance du roi René [communes de Sainte-Gemmes-sur-Loire et de Bouchemaine], p. 238.
26268. LACHÈSE (Paul). — Translation d'Angevins et de Tourangeaux à Arras sous Louis XI [1480], p. 257.
26269. GODARD-FAULTRIER (V.). — Tombeau de la nourrice Tiephaine [† 1458; son épitaphe à Nantilly de Saumur], p. 294.
26270. RATOUIS (Paul). — Les richesses [d'art] du château de Richelieu [inventaire en 1788], p. 296.

XXVI. — Mémoires de la Société impériale d'agriculture, etc., nouvelle période, t. X. (Angers, 1867, in-8°, 422 p.)

26271. FALLOUX (A. DE). — Notice nécrologique sur M. Bougler [magistrat et historien, 1800 † 1866], p. 5.
26272. GODARD-FAULTRIER (V.). — La tour Saint-Aubin à Angers [XIIe s.], p. 15.
26273. GODARD-FAULTRIER (V.). — Les statues de Fontevrault [statues des Plantagenets; protestation contre leur enlèvement], p. 23 et 70.
26274. ANONYME. — Jean de Rely, évêque d'Angers [† 1498], p. 129.
26275. GODARD-FAULTRIER (V.). — Vase en plomb trouvé dans les ruines de Carthage, *fig.*, p. 197.
26276. PRÉVOST (F.) et CHOYER (L'abbé). — Notes sur une peinture murale d'une salle du XIIe siècle à l'ancien hôpital Saint-Jean à Angers, p. 275.
26277. CHOYER (L'abbé). — Étude sur Henri II, roi d'Angleterre, comte d'Anjou et fondateur de l'aumônerie Saint-Jean d'Angers, p. 317.
26278. PRÉVOST (F.). — Réfutation de l'erreur qui consiste à attribuer aux soldats romains une supériorité sur les soldats des nations modernes, p. 341.
26279. RATOUIS (Paul). — La bataille de Baugé [1421], d'après un ancien manuscrit, p. 370.
26280. GODARD-FAULTRIER (V.). — Inscription découverte en la commune du Louroux-Béconnais [XVIe s.], p. 384.

XXV. — Mémoires de la Société impériale d'agriculture, etc., nouvelle période, t. XI. (Angers, 1868, in-8°, 420 p.)

26281. FARCY (L. DE). — Peintures murales de l'ancien couvent de la Baumette [près d'Angers; fin du XVe s.], p. 32.
26282. SAUVAGE (Hippolyte). — Note sur l'inscription [de 1763] du grand autel de l'église du Louroux-Béconnais incendiée vers 1797. Note sur les deniers trouvés au Louroux-Béconnais, p. 36.
26283. CHOYER (L'abbé). — L'église Saint-Serge à Angers [XIIe s.], p. 173.

IMPRIMERIE NATIONALE.

26284. Joly-Leterme (Eugène). — Peinture murale de l'aumônerie Saint-Jean à Angers [xve s.], *pl.*, p. 265.

26285. Rondeau (Louis). — L'église Saint-Pierre d'Angers et le curé Robin [† 1793], p. 373.

XXVI. — Mémoires de la Société impériale d'agriculture, etc., nouvelle période, t. XII. (Angers, 1869, in-8°, 478 p.)

26286. Choyer (L'abbé). — Peinture murale de l'aumônerie Saint-Jean d'Angers [xiie ou xiiie s.], p. 95.

26287. Levoyer (L'abbé Louis). — Le château de Marchais [près de Laon], p. 165.

26288. Jouin (Henry). — Les peintures murales de M. J.-E. Lenepveu à l'église Sainte-Marie (Hospice général d'Angers) [xixe s.], p. 218.

26289. Lachèse (Adolphe). — Notice nécrologique sur le comte Élie Janvier de la Motte, conseiller honoraire à la cour impériale d'Angers, ancien député [1798 † 1869], p. 247.

XXVII. — Mémoires de la Société impériale d'agriculture, etc., nouvelle période, t. XIII. (Angers, 1870, in-8°, 182 p.)

26290. Jouin (Henry). — Alphonse Legeay, poète angevin [1837 † 1858], p. 5.

27291. Lachèse (Éliacin). — Mme la baronne Du Verger [† 1870], p. 37.

26292. Espinay (G. d'). — Découverte d'un tombeau attribué à Foulques Nerra, à Beaulieu, près Loches (Indre-et-Loire), p. 48.

26293. Farcy (Louis de). — Pyxide du xiiie siècle, p. 91.

XXVIII. — Mémoires de la Société impériale d'agriculture, etc., nouvelle période, t. XIV. (Angers, 1871, in-8°, 462 p.)

26294. Lachèse (Adolphe). — Typhus des prisonniers de guerre à Angers en 1814, p. 240.

26295. Lachèse (Éliacin). — Note sur l'histoire de l'Hôtel-Dieu de Beaufort [xve-xixe s.], p. 266.

26296. Lens (L. de). — Nécrologie. F.-A. Morren, doyen de la Faculté des sciences de Marseille [1804 † 1870], p. 300.

26297. Jouin (Henry). — Tableau de la sculpture historique à notre époque : la statue de Greuze, par Bénédict Rougelet, à Tournus (Saône-et-Loire); le monument des Carlovingiens, par Louis Jébotte, à Liège (Belgique), p. 422. — Cf. n° 26303.

XXIX. — Mémoires de la Société nationale d'agriculture, sciences et arts d'Angers (ancienne Académie d'Angers), nouvelle période, t. XV. (Angers, 1872, in-8°, 466 p.)

26298. Mieulle (Joseph de). — Notice sur M. St. de Vauguion, ancien officier de marine [1823 † 1871], p. 33.

26299. Falloux (Alfred de). — Notice sur M. le comte de Quatrebarbes [1803 † 1871], p. 77.

26300. Lens (L. de). — Les correspondants de François Bernier pendant son voyage dans l'Inde. Lettres inédites de Chapelain [1661-1669], p. 129.

26301. Sauvage (H.). — Le roi René d'Anjou et sa famille, d'après trois manuscrits lorrains, p. 279.

26302. Jouin (Henry). — Documents pour servir à l'histoire de David d'Angers, p. 289.

26303. Jouin (Henry). — Tableau de la sculpture historique à notre époque : la statue de Bernard Palissy, par F. Taluet, à Saintes (Charente-Inférieure), p. 385. — Cf. n° 26297.

26304. Rondeau (Louis). — Les bains romains à Angers, p. 433.

XXX. — Mémoires de la Société nationale d'agriculture, etc., nouvelle période, t. XVI. (Angers, 1873, in-8°, 516 p. et album gr. in-8°, de 22 *pl.*)

26305. Espinay (G. d'). — Notice nécrologique sur M. de Caumont [† 1873], p. 156.

26306. Anonyme. — Notice nécrologique sur M. Legeard de La Diryais [curé de la Trinité, à Angers, 1811 † 1873], p. 253.

26307. Espinay (G. d'). — La controverse sur l'époque de la mission de saint Gatien dans les Gaules, p. 377.

26308. Godard-Faultrier (Victor). — Les Châtelliers de Frémur. Fouilles (1871-1873), p. 445, 22 *pl.*; XXXI, p. 225; et XXXII, p. 133.

[Commune de Sainte-Gemmes-sur-Loire; antiquités romaines.]

26309. Marsy (Arthur de). — Des grands officiers du royaume de Sicile sous le règne de Charles d'Anjou [1265-1285], p. 464.

XXXI. — Mémoires de la Société nationale d'agriculture, etc., nouvelle période, t. XVII. (Angers, 1874, in-8°, 286 p.)

26310. Lachèse (Paul). — Notice sur Philibert de Nérestan tué au combat des Ponts-de-Cé [7 août 1620], p. 1.

26311. Barbier de Montault (Mgr Xavier). — Inventaires des églises de Jarzé et de Marcé (Maine-et-Loire) [1500 et 1536], p. 33.

26312. Barbier de Montault (Mgr Xavier). — Les comptes de fabrique de l'église de Marcé [1407-1789], p. 48.

26313. Espinay (G. d'). — Voie romaine de la capitale des Andes à celle des Rhedones, p. 73.

[26308]. Godard-Faultrier (V.). — Les Châtelliers de Frémur, p. 225.

26314. Lachèse (Adolphe). — Notice nécrologique sur Frédéric Parage [1818 † 1874], p. 245.

XXXII. — Mémoires de la Société nationale d'agriculture, etc., nouvelle période, t. XVIII. (Angers, 1875, in-8°, 188 p.)

26315. Espinay (G. d'). — Les enceintes d'Angers [du Ier au XVIIIe s.], *plan*, p. 5.

[26308]. Godard-Faultrier (V.). — Les Châtelliers de Frémur, p. 133.

XXXIII. — Mémoires de la Société nationale d'agriculture, etc., nouvelle période, t. XIX. (Angers, 1876, in-8°, 76 p.)

26316. Godard-Faultrier (V.). — Note sur une statuette romaine de Mercure [IVe s.], *pl.*, p. 34.

XXXIV. — Mémoires de la Société nationale d'agriculture, etc., nouvelle période, t. XX, 1877-1878. (Angers, 1879, in-8°, 212 p.)

26317. Godard-Faultrier (V.). — Inscription chrétienne antérieure au VIIIe siècle [épitaphe trouvée à Angers], p. 57.

26318. Godard-Faultrier (V.). — Note sur les croix en X de divers cercueils en plomb au IVe siècle, *pl.*, p. 69.

26319. Cosnier (Léon). — M. Prosper Barbot [peintre, 1798 † 1877], p. 79.

26320. Pavie (Victor). — Nécrologie. Paul Belleuvre [† 1877], p. 89.

26321. Lachèse (Paul). — Chantoceaux siège d'un évêché au VIe siècle et résidence royale sous Pépin le Bref, p. 93.

26322. Rondeau (Louis). — Saint-Michel-du-Tertre d'Angers [histoire et archéologie], p. 97; XXXV, p. 179; XXXVI, p. 233; XXXVII, p. 328; XXXVIII, p. 441; XXXIX, p. 313; et XL, p. 253.

XXXV. — Mémoires de la Société nationale d'agriculture, etc., nouvelle période, t. XXI, 1879. (Angers, 1880, in-8°, 300 p.)

26323. Cosnier (Léon). — Mlle Rosalie Barbot [1771 † 1862]; souvenirs du vieil Angers, p. 65.

26324. Godard-Faultrier (V.). — Place du Ralliement à Angers. Fouilles de 1878-1879, *pl.*, p. 148.

[Antiquités romaines et chrétiennes.]

[26322]. Rondeau (Louis). — Saint-Michel-du-Tertre d'Angers, p. 179.

XXXVI. — Mémoires de la Société nationale d'agriculture, etc., nouvelle période, t. XXII, 1880. (Angers, 1881, in-8°, 284 p.)

26325. Maisonneuve (Dr Paul). — Notice biographique sur M. Henry Hermite [1847 † 1880], p. 1.

26326. Espinay (G. d'). — La fée Mélusine [prise pour emblème par la maison de Lusignan], p. 181.

26327. Bourgain (L'abbé L.). — Les sermons latins rimés au moyen âge, p. 215.

[26322]. Rondeau (Louis). — Saint-Michel-du-Tertre d'Angers, p. 233.

XXXVII. — Mémoires de la Société nationale d'agriculture, etc., nouvelle période, t. XXIII, 1881. (Angers, 1882, in-8°, 518 p.)

26328. Cosnier (Léon). — Les sœurs hospitalières, souvenirs de Saint-Jean et de Sainte-Marie d'Angers [XVIIIe-XIXe s.], p. 145.

26329. Faligan (Ernest). — Notice biographique sur Antoine-Napoléon Wolski, ingénieur civil [1808 † 1880], p. 241.

26330. Ratouis (Paul). — Chroniques saumuroises [souvenirs et légendes], p. 257; XXXVIII, p. 138, 320; XXXIX, p. 307; XL, p. 160, 198; et XLI, p. 59.

[Les moulins à vent du Coteau Charrier; la Butte à Ricassaut; l'Arche du moulin Pendu; le Trou du Diable, XXXVII, p. 257.
La montée du Château; la rue de la Fidélité; la rue de l'Écu et l'enseigne de l'Écu de Bretagne, XXXVIII, p. 138 et 320.
Les démolitions de la place Saint-Pierre; la maison Dacier en 1881, XXXIX, p. 307.
Le château de la Coutancière à Brain-sur-Allonnes en 1699; la ferme de Vauzelles, à Brain-sur-Allonnes; le logis du sieur de Montsoreau en 1553, XL, p. 160 et 198.
La médaille au crocodile du camp romain de Chênehutte-les-Tuffeaux. La chapelle du prieuré de Saint-Étienne de la Breille, XIIIe-XVIe s. La maison du Jagueneau, près de Saumur, et Mme de Montespan, XLI, p. 59.]

26331. Cosnier (Léon). — Nécrologie. M. Jean Sorin, président de la Société [† 1881], p. 284.

26332. Godard-Faultrier (V.). — Deux statues sépulcrales du XIVe siècle, *pl.*, p. 314.

[Guillaume de La Porte, fondateur de l'aumônerie de Fils-de-Prêtre, à Angers, et sa femme Marthe.]

26333. Farcy (L. de). — La nef de l'église de Saint-Jean-Baptiste, à Château-Gontier [XIe s.], *pl.*, p. 320.

26334. Farcy (L. de). — Restes des plus anciennes constructions de la cathédrale d'Angers [IXe et XIe s.], p. 323.

26335. Farcy (L. de). — Remarques sur les escaliers des piliers du transept de Saint-Maurice [XIIe s.], *pl.*, p. 325.

[26322]. Rondeau (Louis). — Saint-Michel-du-Tertre d'Angers, p. 328.

XXXVIII. — Mémoires de la Société nationale d'agriculture, etc., t. XXIV, 1882. (Angers, 1883, in-8°, 520 p.)

26336. Espinay (G. d'). — La liberté de tester et la copropriété familiale [étude de droit historique], p. 1.
26337. Faligan (Ernest). — La fée Mélusine, p. 51.
26338. Faligan (Ernest). — Note sur une légende attribuant une origine satanique aux Plantagenets, p. 65.
26339. Bricard (Georges). — Oberammergau et le Mystère de la Passion, p. 93.
[26330]. Ratouis (Paul). — Chroniques saumuroises, p. 138 et 320.
26340. Godard-Faultrier (V.). — Découvertes archéologiques, *pl.*, p. 193.

[Découverte du cœur de Guillaume Le Maire, évêque d'Angers, XIIIe siècle, *pl.*; d'un membre de la maison de Châteaubriant, XVIe siècle; de Mgr d'Aubigné, archevêque de Rouen, XVIIIe siècle, 2 *pl.*]

26341. Faligan (Ernest). — La légende de Faust, p. 209.

[Le Miracle de Théophile et la légende de Faust.]

26342. Godard-Faultrier (V.). — Découverte d'un puits funéraire à Vern, *pl.*, p. 341.
26343. Castonnet-Desfosses (H.). — Une lettre inédite de La Boullaye le Gouz [adressée de Surate à Colbert, 1666], p. 353.
[26322]. Rondeau (L.). — Saint-Michel-du-Tertre d'Angers, p. 441.

XXXIX. — Mémoires de la Société nationale d'agriculture, etc., nouvelle période, t. XXV, 1883. (Angers, 1884, in-8°, 438 p.)

26344. Cosnier (Léon). — M. de Lens, philosophe et historien [1809 † 1882], p. 1.
26345. Godard-Faultrier (V.). — Fouilles à Cartigné, commune de Trélazé [antiquités romaines], *plan*, p. 45.
26346. Espinay (G. d'). — La légende des comtes d'Anjou [jusqu'au milieu du Xe s.], p. 49.
26347. Cosnier (Léon). — Léon Boré [1806 † 1882], et ses deux premiers amis [Éloi Jourdain, † 1861, et Cyprien Robert], p. 117.
[26330]. Ratouis (Paul). — Chroniques saumuroises, p. 307.
[26322]. Rondeau (L.). — Saint-Michel-du-Tertre d'Angers, p. 313.
26348. Castonnet-Desfosses (H.). — M. de Durfort de Civrac, maire de Pondichéry (XVIIIe s.), p. 362.
26349. Lelong (Eugène). — Notice historique sur la Société nationale d'agriculture, sciences et arts d'Angers (ancienne Académie d'Angers), p. 397.

XL. — Mémoires de la Société nationale d'agriculture, etc., nouvelle période, t. XXVI, 1884. (Angers, 1885, in-8°, 422 p.)

26350. Espinay (G. d'). — Le docteur [Adolphe] Lachèse, président honoraire de la Société d'agriculture [1800 † 1883], p. 1.
26351. Joly-Leterme (E.). — Substructions du XIe au XIIe siècle près de la place Saint-Pierre, à Saumur, p. 20.
26352. Michel (Auguste). — Notes archéologiques [mosaïque et sépultures mérovingiennes; estampilles de potier], p. 24.
26353. Espinay (G. d'). — Coutumes et institutions de l'Anjou et du Maine, par Beautemps-Beaupré, p. 129.
[26330]. Ratouis (Paul). — Chroniques saumuroises, p. 160 et 198.
26354. Loir-Mongazon (Arthur). — Enseignes et devises des magasins d'Angers, p. 171.
26355. Godard-Faultrier (V.). — Notice sur deux statuettes [romaines] en bronze, provenant de l'ancien amphithéâtre d'Angers, et sur un étalon de capacité en pierre [XIIe s.], p. 203.
26356. Castonnet-Desfosses (H.). — François Bernier [1620 † 1688]. Documents inédits sur son séjour dans l'Inde, p. 209.

[Son mémoire sur l'établissement du commerce dans les Indes, 1668.]

26357. Godard-Faultrier (V.). — Le général Prévost [archéologue, † 1883], p. 243.
[26322]. Rondeau (L.). — Saint-Michel-du-Tertre d'Angers, p. 253.

XLI. — Mémoires de la Société nationale d'agriculture, etc., nouvelle période, t. XXVII, 1885. (Angers, 1886, in-8°, 408 p.)

26358. Espinay (G. d'). — Le gouvernement militaire de Saumur, *carte*, p. 1.
26359. Lemarchand (Albert). — La rose d'or en Anjou [décernée par Urbain II à Foulques IV le Réchin (1096) et par Urbain V à Jeanne Ire, reine de Sicile, en 1368], p. 19.
26360. Joubert (André). — Le château du Plessis-Bourré sous la Ligue, d'après les archives anciennes de la mairie d'Angers (1593-1596), p. 31.
[26330]. Ratouis (Paul). — Chroniques saumuroises, p. 59.
26361. Farcy (L. de). — Les écoles d'art chrétien ou de Saint-Luc, p. 76.
26362. Maisonneuve (Dr Paul). — Notice biographique sur M. J. Barrande [géologue, 1779 † 1861], p. 90.
26363. Joubert (André). — Coblentz et Quiberon. Souvenirs du comte de Contades, p. 104.

26364. Cosnier (Léon). — Mémoires de Mme la comtesse de La Bouteticre [sur l'émigration], p. 135.

26365. Farge (Dr Émile). — A propos du centenaire de Michel-Eugène Chevreul [né en 1786. Biographie], p. 173.

26366. Espinay (G. d'). — La coutume d'Anjou en 1411, p. 199.

26367. Godard-Faultrier (V.). — Mémoire sur la Vierge au livre [tableau du XVIe s.], p. 253.

26368. Beautemps-Beaupré. — Les juges ordinaires d'Anjou et du Maine, 1371-1508, p. 276.

26369. Castonnet-Desfosses (H.). — Les origines de Saint-Domingue, p. 324.

COMMISSION ARCHÉOLOGIQUE.

En avril 1846, la Société d'agriculture d'Angers institua une *Commission archéologique* chargée de veiller à la conservation des monuments de l'Anjou, de rassembler et de publier les renseignements et les documents relatifs aux œuvres d'art que renferme le département de Maine-et-Loire. Cette Commission n'est pas une société distincte, mais une section de la Société d'agriculture dont elle ne s'est jamais séparée. Elle a depuis sa fondation fait paraître trois séries de publications :

1° Les *Procès-verbaux* de ses séances, qui n'ont commencé à paraître qu'en 1847. Mais en 1852 la Commission fit imprimer les procès-verbaux de 1846. Cette série s'arrête à 1854; elle forme une suite de 13 fascicules à pagination distincte;

2° Des *Nouvelles archéologiques*. Cette série comprend 54 numéros formant 56 fascicules à pagination distincte; elle est l'œuvre personnelle de M. Godard-Faultrier, mais a été publiée par les soins de la Commission: le premier numéro a paru en 1847, le dernier en 1857;

3° Le *Répertoire archéologique de l'Anjou*, qui a remplacé en 1858 les *Procès-verbaux* et les *Nouvelles*, et qui s'est continué jusqu'en 1869.

I. — Société nationale d'agriculture, sciences et arts d'Angers. Commission archéologique. [Procès-verbaux du 29 mai au 7 décembre 1846.] (Angers, 1852, in-8°, 16 p.)

II. — Société royale d'agriculture, etc. **Commission archéologique.** [Procès-verbal du 12 février 1847.] (Angers, 1847, in-8°, 6 p.)

III. — Société royale d'agriculture, etc. **Commission archéologique.** [Procès-verbal du 15 mars 1847.] (Angers, 1847, in-8°, 7 p.)

IV. — Société royale d'agriculture, etc. **Commission archéologique.** [Procès-verbal du 7 avril 1847.] (Angers, 1847, in-8°, 5 p.)

V. — Société royale d'agriculture, etc. **Commission archéologique.** [Procès-verbal du 7 mai 1847.] (Angers, 1847, in-8°, 8 p.)

VI. — Société royale d'agriculture, etc. **Commission archéologique.** [Procès-verbal du 2 juillet 1847.] (Angers, 1847, in-8°, 7 p.)

26370. Matty de La Tour (De). — Combaristum [Candé et non Châtelais] et Sipia, p. 5.

VII. — Société royale d'agriculture, etc. **Commission archéologique.** [Procès-verbal du 6 août 1847.] (Angers, 1847, in-8°, 9 p.)

VIII. — Société royale d'agriculture, etc. **Commission archéologique.** [Procès-verbal du 3 décembre 1847.] (Angers, 1847, in-8°, 7 p.)

IX. — Société nationale d'agriculture, etc. **Commission archéologique.** [Procès-verbaux du 7 janvier au 9 juin 1848.] (Angers, 1850, in-8°, 24 p.)

X. — Société nationale d'agriculture, etc. **Commission archéologique.** [Procès-verbal du 11 août 1848.] (Angers, 1847, in-8°, 8 p.)

XI. — Société nationale d'agriculture, etc. **Commission archéologique.** [Procès-verbaux du 1er décembre 1848 au 3 août 1849.] (Angers, 1850, in-8°, 24 p.)

26371. Galard (L'abbé). — Le bourg de Ménil [Mayenne] et René de La Bouvraye, sieur de Bressault [xvie s.], p. 21.

XII. — Société nationale d'agriculture, etc. **Commission archéologique.** [Procès-verbaux du 7 décembre 1849 au 5 novembre 1852.] (Angers, 1852, in-8°, 77 p.)

26372. Martin (Tristan). — Sur la ferme de Ségourie, identifiée avec l'ancienne Segora, p. 19.
26373. Briau (Dr René). — Sur la voie romaine d'Angers à Rennes, p. 35.
26374. Godard-Faultrier (V.). — Inscriptions de Saint-Macé [commune de Trèves-Cunault], p. 76.

XIII. — Société nationale d'agriculture, etc. **Commission archéologique.** [Procès-verbaux du 20 décembre 1852 au 9 juin 1854.] (Angers, 1854, in-8°, paginé 79 à 140.)

26375. Divers. — La tour d'Évrault, à Fontevrault [cuisine ou lanterne des morts], p. 35.
26376. Béclard (Ph.). — Peintures murales de la Haye-aux-Bons-Hommes, près d'Angers [xiie s.], p. 88.
26377. Lemarchand (Albert). — Analyse de deux lettres de Louis XI à l'évêque d'Angers et à MM. de Maillé et d'Argenton [1461], p. 110.
26378. Rondeau (Louis). — Bains romains de l'Esvière, à Angers, p. 110.
26379. Godard-Faultrier (V.). — Liste des dolmens de l'Anjou, p. 114.
26380. Lemarchand (A.). — Sur les miniatures d'un manuscrit des décrétales de Grégoire IX conservé à la Bibliothèque d'Angers, p. 117.
26381. Divers. — Souterrain du château d'Angers, p. 133 et 189.

Commission archéologique. Procès-verbaux et nouvelles depuis sa fondation jusqu'en 1854. (Angers, 1854, in-8°, 63 fasc.)

[Ce volume se compose des 13 fascicules des procès-verbaux indiqués ci-dessus, et réunis après coup sous un même titre avec les 50 premiers fascicules de *Nouvelles archéologiques*, dont nous donnons ci-après le détail. Chaque fascicule à sa pagination spéciale.]

I. — Nouvelles archéologiques. (Angers, s. d., in-8°, 12 p.)

26382. Godard-Faultrier (V.). — Projets de restauration de la cathédrale d'Angers; statues sépulcrales dans l'église de Juigné-sur-Loire [xiiie s.]; chapelle de Lorette, à Saint-Jean-des-Mauvrets [xvie s.]; église de Saint-Saturnin [statue agenouillée du xvie s.]

II. — Nouvelles archéologiques. (Angers, s. d., in-8°, 12 p.)

26383. Godard-Faultrier (V.). — Projet de restauration de l'église Saint-Martin, à Angers; vierge du xive siècle en marbre; bains gallo-romains de Bagneux, près Saumur; croix processionnelle de l'hôpital de Bouillé, commune de Grugé-l'Hôpital, attribuée au xve siècle.

III. — Nouvelles archéologiques. (Angers, s. d., in-8°, 12 p.)

26384. Godard-Faultrier (V.). — Les Châteliers de Frémur [ruines romaines]; lettres de Henri IV à Du Plessis-Mornay (1595); trésor de Quiquère [monnaies romaines trouvées à Corné].

IV. — Nouvelles archéologiques. (Angers, s. d., in-8°, 15 p.)

26385. Godard-Faultrier (V.). — Restes d'aqueduc et de voies romaines dans l'emplacement de la gare d'Angers; lettres de Marie de Médicis [1615] et de Catherine de Parthenay [1623] à Du Plessis-Mornay; découverte de peintures murales [xvie s.] dans l'église Saint-Aubin des Ponts-de-Cé.

V. — Nouvelles archéologiques. (Angers, s. d., in-8°, 8 p.)

26386. Godard-Faultrier (V.). — Gladiateur en bronze trouvé aux Châteliers de Frémur; chappe de Saint-Mesme à Chinon attribuée au ixe siècle.

VI. — Nouvelles archéologiques. (Angers, s. d., in-8°, 10 p.)

26387. Godard-Faultrier (V.). — Avocats d'Angers depuis le xiiie siècle.

VII. — Nouvelles archéologiques. (Angers, s. d., in-8°, 10 p.)

26388. Godard-Faultrier (V.). — Ruines de l'abbaye du Ronceray et de l'hôpital Saint-Jean, xie et xiie siècles, à Angers; muraille gallo-romaine découverte dans la cité.

VIII. — Nouvelles archéologiques. (Angers, s. d., in-8°, 8 p.)

26389. Godard-Faultrier (V.). — L'ex-église Saint-Martin, à Angers; vitraux de la cathédrale Saint-Maurice.

IX. — Nouvelles archéologiques. (Angers, s. d., in-8°, 8 p.)

26390. Godard-Faultrier (V.). — Voyage d'un seigneur bohême [Léon de Rosmital] en Anjou au xv° siècle; notes sur le château de Boumois, près Saumur [xv° s.].

X. — Nouvelles archéologiques. (Angers, s. d., in-8°, 7 p.)

26391. Godard-Faultrier (V.). — Manuscrit relatif à quelques faits qui se sont passés à Château-Gontier au xvii° siècle.

XI. — Nouvelles archéologiques. (Angers, s. d., in-8°, 6 p.)

26392. Godard-Faultrier (V.). — Découverte de l'appareil architectonique dit *Opus quadratum* aux Châteliers de Frémur.

XII. — Nouvelles archéologiques. (Angers, s. d., in-8°, 8 p.)

26393. Godard-Faultrier (V.). — Le castel de Monriou, en la commune de Feneu (xiii°-xiv° siècles); acte de 1405 relatif à la procession des Rogations à Feneu; découverte de deux cercueils de plomb dans les terrains de la Visitation à Angers.

XIII. — Nouvelles archéologiques. (Angers, s. d., in-8°, 8 p.)

26394. Godard-Faultrier (V.). — Dolmen près de Montsabert [commune de Coutures]; démolition du portail carlovingien de Saint-Martin, à Angers.

XIV. — Nouvelles archéologiques. (Angers, s. d., in-8°, 8 p.)

26395. Godard-Faultrier (V.). — Cercueils en plomb du iv° siècle trouvés dans la gare d'Angers; découverte d'un cimetière gallo-romain à Angers.

XV. — Nouvelles archéologiques. (Angers, s. d., in-8°, 12 p.)

26396. Godard-Faultrier (V.). — Murs vitrifiés de Sainte-Suzanne; antiquités du pays des Mauges; information faite en 1562 sur le pillage de l'abbaye de Saint-Florent, près de Saumur, par les Huguenots; antiquités d'Anjou de Jean Hiret [né en 1562].

XVI. — Nouvelles archéologiques. (Angers, s. d., in-8°, 8 p.)

26397. Godard-Faultrier (V.). — Soixante-quatre lettres de Fénelon [1701 à 1714]; réintégration des statues des Plantagenets à Fontevrault.

XVII. — Nouvelles archéologiques. (Angers, s. d., in-8°, 6 p.)

26398. Godard-Faultrier (V.). — Monuments iconographiques concernant les comtes et ducs d'Anjou.

XVIII. — Nouvelles archéologiques. (Angers, s. d., in-8°, 8 p.)

26399. Godard-Faultrier (V.). — Salle synodale de l'évêché d'Angers; piles gallo-romaines aux Ponts-de-Cé.

XIX. — Nouvelles archéologiques. (Angers, s. d., in-8°, 8 p.)

26400. Godard-Faultrier (V.). — Manuscrit de François de Roye [canoniste, xvii° s.].

XX. — Nouvelles archéologiques. (Angers, s. d., in-8°, 13 p.)

26401. Godard-Faultrier (V.). — Poinçons des orfèvres en Anjou; plateau en cuivre doré avec inscription en allemand [attribué aux xiii°-xiv° s.].

XX *bis*. — Nouvelles archéologiques. Supplément au n° 20. (Angers, 1850, in-8°, 7 p.)

26402. Godard-Faultrier (V.). — Tombeaux gallo-romains découverts dans la commune de Saint-Mathurin.

XXI. — Nouvelles archéologiques. (Angers, s. d., in-8°, 22 p.)

26403. Godard-Faultrier (V.). — Tombeaux de la Prieullerie dans la forêt de Monnoie [attribués au xiv° s.]; ossuaire, église et motte féodale de Mouliherne [xii° s.]; lettres de Henri III [1580-1589], *fac-similé;* mystère de la Passion de Jésus-Christ par Jean Michel, imprimé en 1532; abbaye du Louroux et château de Jalesnes, près Vernantes; église de Cuon; tour de Parpacé; église et dolmen de Pontigné; ruines gallo-romaines du grand Buzo, près de Beaufort; don des ruines du château de Beaufort [1727].

XXII. — Nouvelles archéologiques. (Angers, s. d., in-8°, 8 p.)

26404. GODARD-FAULTRIER (V.). — Vitraux, chapelle et dolmen au château de la Coleterie, commune de Saint-Lambert-de-la-Potherie; Toussaint Grille et son cabinet.

XXIII. — Nouvelles archéologiques. (Angers, s. d., in-8°, 14 p.)

26405. GODARD-FAULTRIER (V.). — Tombeau présumé de Marie de Bretagne [† 1404] et pierre tumulaire placée dans la cathédrale d'Angers en mémoire des ducs et duchesses de la deuxième maison d'Anjou-Sicile.

XXIV. — Nouvelles archéologiques. (Angers, s. d., in-8°, 10 p.)

26406. GODARD-FAULTRIER (V.). — Muséum d'Angers.

XXV. — Nouvelles archéologiques. (Angers, s. d., in-8°, 8 p.)

26407. GODARD-FAULTRIER (V.). — Médailles romaines trouvées dans la commune de Seiches.

XXVI. — Nouvelles archéologiques. (Angers, s. d., in-8°, 9 p.)

26408. GODARD-FAULTRIER (V.). — Christ et chapelle du château de la Bourgonnière [XVI° s.]; église et chapelle du cimetière de Saint-Florent-le-Vieil; tombe de Cathelineau; le curé Robin [1715 † 1794].

XXVII. — Nouvelles archéologiques. (Angers, s. d., in-8°, 8 p.)

26409. GODARD-FAULTRIER (V.). — Réparations de la salle basse de l'évêché, à Angers.

XXVIII et XXVIII *bis*. — Nouvelles archéologiques. (Angers, s. d., in-8°, 4 et 8 p.)

26410. GODARD-FAULTRIER (V.). — Accident du pont d'Angers (16 avril 1850).

XXIX. — Nouvelles archéologiques. (Angers, s. d., in-8°, 4 p.)

26411. GODARD-FAULTRIER (V.). — Description de la collection de M. Pierre Quelin [1787 † 1851].

XXX. — Nouvelles archéologiques. (Angers, s. d., 11 p.)

26412. GODARD-FAULTRIER (V.). — Vente de la collection Toussaint Grille.

XXXI. — Nouvelles archéologiques. (Angers, s. d., in-8°, 12 p.)

26413. GODARD-FAULTRIER (V.). — Église Saint-Joseph d'Angers.

XXXII. — Nouvelles archéologiques. (Angers, s. d., in-8°, 12 p.)

26414. GODARD-FAULTRIER (V.). — Sur l'art de la statuaire.

XXXIII. — Nouvelles archéologiques. (Angers, s. d., in-8°, 8 p.)

26415. GODARD-FAULTRIER (V.). — Salle synodale de l'évêché d'Angers.

XXXIV. — Nouvelles archéologiques. (Angers, s. d., in-8°, 16 p.)

26416. GODARD-FAULTRIER (V.). — Excursion archéologique dans le Maine; abbaye de Nyoiseau; église d'Avesnières [XI° s.]; Jublains, ses ruines gallo-romaines; église d'Évron; donjon de Sainte-Suzanne; murs vitrifiés; Vagoritum, capitale des Arviens; tableaux du château de Sablé, etc.

XXXV. — Nouvelles archéologiques. (Angers, s. d., in-8°, 12 p.)

26417. GODARD-FAULTRIER (V.). — Peintures murales de l'église du Lion-d'Angers, p. 1.

26418. LEMARCHAND (Albert). — Notes sur les armoiries découvertes dans l'église du Lion-d'Angers, p. 8.

XXXVI. — Nouvelles archéologiques. (Angers, s. d., in-8°, 22 p.)

26419. GODARD-FAULTRIER (V.). — Reliques de saint Laud, évêque de Coutances; fondation du chapitre de Saint-Laud au château d'Angers; sa translation dans l'église de Saint-Germain; la Vraie-Croix de l'église Saint-Laud d'Angers; Notre-Dame-de-sous-Terre, etc.

XXXVII. — Nouvelles archéologiques. (Angers, s. d., in-8°, 10 p.)

26420. Godard-Faultrier (V.). — La tour d'Évrault à Fontevrault; lanternes des morts dans les cimetières.

XXXVIII. — Nouvelles archéologiques. (Angers, s. d., in-8°, 10 p.)

26421. Godard-Faultrier (V.). — Commerce des Hollandais en Anjou et canalisation du Layon avant la Révolution.

XXXIX. — Nouvelles archéologiques. (Angers, s. d., in-8°, 18 p.)

26422. Godard-Faultrier (V.). — Châteaux de Montreuil-Bellay, de Thouars et d'Oyron; monogrammes et chiffres des haras royaux au XVIe siècle.

XL. — Nouvelles archéologiques. (Angers, s. d., in-8°, 15 p.)

26423. Godard-Faultrier (V.). — Jean Frain du Tremblay [1641 † 1724].

XLI. — Nouvelles archéologiques. (Angers, s. d., in-8°, 29 p.)

26424. Godard-Faultrier (V.). — Rapport sur les monuments historiques de Maine-et-Loire.

XLII. — Nouvelles archéologiques. (Angers, s. d., in-8°, 8 p.)

26425. Godard-Faultrier (V.). — Découverte de cercueils et autres antiquités gallo-romaines dans la gare du chemin de fer d'Angers.

XLIII. — Nouvelles archéologiques. (Angers, s. d., in-8°, 8 p.)

26426. Godard-Faultrier (V.). — Sculptures symboliques de l'époque romane, au château du Pont-de-Varennes et à l'hôtel de la préfecture à Angers.

XLIV. — Nouvelles archéologiques. (Angers, s. d., in-8°, 11 p.)

26427. Godard-Faultrier (V.). — Porte romane de la préfecture à Angers.

XLV. — Nouvelles archéologiques. (Angers, s. d., in-8°, 12 p.)

26428. Godard-Faultrier (V.). — Souterrain du château du Verger; canon du XVIe siècle; relique de la Vraie-Croix en l'église de la Trinité d'Angers; statue de la Vierge du XIIe siècle.

XLVI. — Nouvelles archéologiques. (Angers, s. d., in-8°, 16 p.)

26429. Godard-Faultrier (V.). — Antiquités romaines découvertes aux Châteliers de Frémur; Claude Robin [curé de Saint-Pierre d'Angers, 1715 † 1794]. — Cf. n° XLVII.

XLVII. — Nouvelles archéologiques. (Angers, s. d., in-8°, 17 p.)

[26429]. Godard-Faultrier (V.). — Claude Robin.

XLVIII. — Nouvelles archéologiques. (Angers, s. d., in-8°, 16 p.)

26430. Godard-Faultrier (V.). — Vallée, ville et château de Beaufort-en-Vallée. — Cf. n° XLIX.

XLIX. — Nouvelles archéologiques. (Angers, s. d., in-8°, 16 p.)

[26430]. Godard-Faultrier (V.). — Vallée, ville et château de Beaufort-en-Vallée.

L. — Nouvelles archéologiques. (Angers, s. d., in-8°, 16 p.)

26431. Godard-Faultrier (V.). — Saint Maur, abbé de Glannefeuille ou Glanfeuil en Anjou [VIe s.].

Commission archéologique. Nouvelles archéologiques et diverses, par V. Godard-Faultrier, 2e vol. (Angers, 1855-1858, in-8°.)

[Il a paru seulement 4 fascicules de cette seconde série des *Nouvelles archéologiques*. Chacun d'eux a sa pagination distincte.]

IMPRIMERIE NATIONALE.

LI. — Nouvelles archéologiques. (Angers, s. d., in-8°, 41 p.)

26432. Godard-Faultrier (V.). — Henri Arnauld, évêque d'Angers [1597 † 1692].

LII. — Nouvelles archéologiques. (Angers, s. d., in-8°, 4 p.)

26433. Godard-Faultrier (V.). — Inauguration des nouvelles salles du Musée archéologique [11 mai 1855].

LIII. — Nouvelles archéologiques. (Angers, s. d., in-8°, 11 p.)

26434. Godard-Faultrier (V.). — Mlle Charlotte-Louise-Jacquine Blouin, institutrice des sourds-muets à Angers (1758 † 1829); la chapelle de la Forêt, à Angers.

LIV. — Nouvelles archéologiques. (Angers, 1857, in-8°, 4 p.)

26435. Godard-Faultrier (V.). — Note sur un tombeau découvert à Saint-Serge en 1857.

[Tombeau de François d'Orignai, abbé de Saint-Serge, xve s.; *pl.*, crosse et autres objets trouvés dans ce tombeau.]

I. — Société impériale d'agriculture, sciences et arts. (Ancienne Académie d'Angers.) Commission archéologique du département de Maine-et-Loire. Répertoire archéologique de l'Anjou, années 1858-1859. (Angers, 1860, in-8°, 320 p.)

26436. Godard-Faultrier (V.). — Oliphant du musée d'Angers, *pl.* [lettre de Félix Lajard], p. 5.

26437. Négrier (L'abbé). — Des lampes ardentes dans les cimetières [à Mouliherne et à Montsoreau, en Anjou], p. 15.

26438. Chevallier (L'abbé P.). — Notice historique sur l'abbaye de Saint-Georges-sur-Loire, *pl.*, p. 19.

26439. Barbier de Montault (L'abbé). — Observations liturgiques et iconographiques sur un livre d'heures du xve siècle, p. 51.

26440. Bourdeille (A.). — Monnaies seigneuriales découvertes au Puits-Anceau [près d'Angers, en 1858], p. 60.

26441. Godard-Faultrier (V.). — Note sur l'abbaye de Fontevrault [sauf-conduit pour les provisions de l'abbaye en 1788], p. 65.

26442. Godard-Faultrier (V.). — Nouvelles archéologiques, p. 71, 129, 135 et 195.

[Découverte d'une sépulture franque; monnaies angevines ecclésiastiques; pourpoint de Charles de Blois; fers à cheval à bords ondulés; un écu creux; inscription à Fontevrault; inscriptions de la cloche de Candes, de celle de Saint-Nicolas de Saumur; inscription du xviie s., *pl.*; médaille du pape Innocent XI; chaussures et croix d'absolution; le cœur de Henri II, comte d'Anjou et roi d'Angleterre; abbaye d'Asnières, arrondissement de Saumur.]

26443. Barbier de Montault (L'abbé). — Le château, la terre, le prieuré et les châtellenies de Boumois [commune de Saint-Martin-de-la-Place], p. 85.

26444. Tardif (L'abbé). — Bas-relief en bois doré du xve siècle, représentant la récompense promise aux œuvres de miséricorde [église de la Trinité à Angers], p. 118.

26445. [Lecoy]. — Bardoul, architecte angevin [1752 † 1806], p. 127.

26446. Godard-Faultrier (V.). — Monuments gaulois de l'Anjou ou Mémoire sur la topographie celtique du département de Maine-et-Loire, *pl.* et *carte*, p. 237, 282; II, p. 18, 35, 67, 103, 133, 171, 234, 290 et 323. — Cf. n° 26506.

26447. Barbier de Montault (L'abbé). — Le cardinal d'Estouteville, bienfaiteur des églises de Rome, p. 253.

[Inventaires de reliquaires et ornements de Sainte-Marie-Majeure et Saint-Louis-des-Français, xve et xvie s.]

26448. Barbier de Montault (L'abbé). — Découverte archéologique à Chalonnes-sur-Loire [sépulture franque], p. 313.

26449. Barbier de Montault (L'abbé). — Inscription commémorative de la consécration de l'église de Notre-Dame de Cheffes, par Geoffroy III la Mouschc, évêque d'Angers, le 18 août 1267, p. 315.

II. — Société impériale d'agriculture, etc. Répertoire archéologique de l'Anjou, année 1860. (Angers, 1860, in-8°, 408 p.)

26450. Barbier de Montault (L'abbé). — Études ecclésiologiques sur le diocèse d'Angers, p. 8, 52, 115, 133, 290, 323; III, p. 79, 116, 263; IV, p. 59, 115, 151 et 177.

[Communes de Saint-Aubin-de-Luigné, de Chaudefonds, de Chalonnes-sur-Loire, *pl.*, de Corné, de Trélazé, de Restigné, du Pin-en-Mauges.]

[26446]. Godard-Faultrier (V.). — Monuments gaulois de l'Anjou, ou Mémoire sur la topographie celtique du département de Maine-et-Loire, *pl.*, p. 18, 35, 67, 103, 133, 171, 234, 290 et 323.

26451. Raimbault (Louis). — Acte de baptême de l'historien Claude Ménard (1er septembre 1574), p. 126.

26452. Godard-Faultrier (V.). — Églises de Saint-Georges des Sept-Voies, Saint-Pierre-en-Vaux, le Toureil, Bessé, Saint-Maur [commune de Saint-Georges-le-Toureil], p. 149.

26453. Godard-Faultrier (V.). — Hôpital Saint-Jean [à Angers], p. 187.

26454. Godard-Faultrier (V.). — M. Charles Thierry [peintre-verrier, 1791 † 1860], p. 193.

26455. Godard-Faultrier (V.). — Chapelle de l'ancien cimetière du tertre Saint-Laurent [à Angers], p. 198.

26456. Barbier de Montault (L'abbé). — Reliques du B. Robert d'Arbrissel, 2 *pl.*, p. 207.

26457. Godard-Faultrier (V.). — Commune de Saint-Georges-du-Bois [inscriptions, xvie-xviiie s.], p. 210.

26458. Barbier de Montault (L'abbé). — Pèlerinage de Notre-Dame-de-Guérison à Russé, *pl.*, p. 247.

26459. Godard-Faultrier (V.). — Toussaint (ancienne abbaye devenue Musée à Angers); histoire et catalogue [crosses des xiie et xiiie s., 2 *pl.*], p. 249.

26460. Godard-Faultrier (V.). — Commune de Saint-Remy-la-Varenne. Traces celtiques, gallo-romaines, église, prieuré, le chancelier Poyet, le Père Tranquille [*pl.*, portrait de G. Poyet], p. 273.

26461. Godard-Faultrier (V.). — Famille Lanier au foyer de son logis de la rue Saint-Julien à Angers [généalogie du xiiie au xviiie s.], *portrait*, p. 305 et 345.

26462. Godard-Faultrier (V.). — Cartes celtiques des arrondissements d'Angers et Baugé [par A. Regnault], 2 *cartes*, p. 339 et 377. — Cf. n° 26473.

26463. [Godard-Faultrier]. — Chronique, p. 341.

[Inscriptions des xviie et xviiie s. dans les églises de Brion, Cheffes, Fontevrault et Durtal.]

26464. Godard-Faultrier (V.). — Jean Michel, évêque d'Angers, 1438-1447, *portrait*, p. 377.

26465. Godard-Faultrier (V.). — Crypte des évêques de la cathédrale [d'Angers], *plan*, p. 399.

26466. Barbier de Montault (L'abbé). — Topographie de Maine-et-Loire au cabinet des estampes de la Bibliothèque impériale, p. 403.

III. — Société impériale d'agriculture, etc. **Répertoire archéologique de l'Anjou,** année 1861. (Angers, 1861, in-8°, 384 p.)

26467. Béclard (Ph.). — Armand de Maillé-Brezé, amiral de France [1619 † 1646], *portrait*, p. 1.

26468. Godard-Faultrier (V.). — Commune de Villevêque. Paschal Robin du Fauz [1538 † 1593], p. 8.

26469. Voisin (L'abbé). — Monuments de pierre. Que la plupart de nos monuments de pierre seraient des fins ou limites de fiefs, p. 21.

26470. Godard-Faultrier (V.) et Cochet (l'abbé). — Sépultures dites *ponnes* à Tigné, p. 28 et 94.

26471. Faugeron (Hector). — Légende rimée de sainte Marguerite [xive s.], p. 44.

26472. Barbier de Montault (L'abbé). — Épitaphes des seigneurs de Maulévrier à Oyron [xvie s.], p. 58.

26473. Regnault et Raimbault. — Cartes des arrondissements de Cholet, de Saumur et de Segré indiquant les traces celtiques constatées par M. Godard-Faultrier, *carte*, p. 64, 160 et 224. — Cf. n° 26462.

26474. Godard-Faultrier (V.). — Commune des Ulmes [hostie miraculeuse en 1668], *pl.*, p. 65.

[26450]. Barbier de Montault (L'abbé). — Études ecclésiologiques sur le diocèse d'Angers, p. 79, 116 et 263.

26475. Bloudeau (Henri). — La lanterne funéraire de l'ancien cimetière Saint-Nicolas de Saumur, p. 85.

26476. Anonyme. — Inscriptions [xve-xvie s.] à Trélazé et Écouflant (Maine-et-Loire) et à Saint-Gervais (Charente), p. 89 et 95.

26477. Raimbault (Louis). — Balthazard Pavillon, écrivain saumurois [son acte de baptême en 1620], p. 92.

26478. Godard-Faultrier (V.). — Jean-Baudouin de Resly, plus communément de Rely, évêque d'Angers [1491-1499], *portrait*, p. 97.

26479. Godard-Faultrier (V.). — Commune de Morannes. Sépulture mérovingienne. Georges du Tronchay [1540-1582]. Le cardinal Mathieu Cointerel [† 1590], *portrait*, François Gilbert, sieur de la Brosse, p. 129.

26480. Barbier de Montault (L'abbé). — Bréviaire manuscrit de l'abbaye de Saint-Florent-lès-Saumur [xve s.], p. 146.

26481. Godard-Faultrier (V.). — Jeanne-Baptiste de Bourbon, trente-deuxième abbesse de Fontevrault [1637-1670], *portrait*, p. 161.

26482. Rosenzweig (L.). — Le tombeau de Pierre de Broërec [† 1340], p. 168.

26483. Soland (A. de). — Antiquités celtiques [bracelets celtiques découverts à Pouillé, commune des Ponts-de-Cé], p. 171.

26484. Godard-Faultrier (V.). — Sceau de la Faculté de médecine d'Angers, *fig.*, p. 178.

26485. Godard-Faultrier (V.). — Commune de Fontevrault. L'abbaye et Robert d'Arbrissel, *pl.*, p. 193.

26486. Godard-Faultrier (V.). — Antiquités celtiques. Numismatique angevine, 3 *pl.*, p. 225.

26487. Godard-Faultrier (V.). — Découverte à Saint-Maurice d'Angers du cercueil de Jean du Mas, évêque nommé de Dol [† 1557], p. 241.

26488. Godard-Faultrier (V.). — Le logis de Bel-Air, p. 257.

[Près d'Angers, xviie s., *portrait* de René Breslay, évêque de Troyes, † 1641.]

26489. Godard-Faultrier (X.) et Barbier de Montault (l'abbé X.). — Cathédrale d'Angers [lettres sur sa restauration projetée], p. 275 et 373.

26490. Godard-Faultrier (V.). — Peulvan de Villedieu, *pl.*, p. 289.

26491. Godard-Faultrier (V.). — Commune de Luigné [étude historique], p. 291.

26492. Barbier de Montault (L'abbé). — Pièces détachées des archives de la collégiale de Saint-Maimbœuf à Angers [1396-1699; analyses], p. 297.

26493. Godard-Faultrier (V.). — Découvertes [à Bécon et à Angers], p. 309.

[Deniers d'argent; sépulture romaine, statuette romaine.]

26494. Godard-Faultrier (V.). — Commune du Plessis-Grammoire, p. 321.

[Pierre de La Garde (peulvan), commune de Cholet, *pl.*]

26495. Lachèse (Paul). — Une colonie angevine [à Dijon; inscriptions romaines], p. 329.

26496. Barbier de Montault (L'abbé). — Chapelle royale de Notre-Dame des Ardilliers [à Saumur, XVIIe s.], p. 338.

26497. Godard-Faultrier (V.). — Pierre Breslay [chantre d'Angers, † 1583], *portrait*, p. 353.

26498. Thierry (C.) et Godard-Faultrier. — Un vitrail de l'abside de la cathédrale d'Angers, p. 358.

26499. Lallement (Louis). — Note sur le lieu de naissance de René II [de Vaudémont, en 1451, au château de Joinville], p. 379.

IV. — Société impériale d'agriculture, etc. **Répertoire archéologique de l'Anjou,** année 1862. (Angers, 1862, in-8°, 422 p.)

26500. Godard-Faultrier (V.). — Communes de Linières-Bouton, de Chambellay, de Champigné, de Saint-Mathurin-sur-Loire, p. 3, 40 et 64.

26501. Raimbault (Louis). — Documents sur l'amphithéâtre romain de Grohan, à Angers [XVe et XVIe s.], p. 26.

26502. Godard-Faultrier (V.). — François Balduin ou Baudouin, professeur de droit à Angers, vers le milieu du XVIe siècle, *portrait*, p. 33.

26503. R. D. et Baugé (l'abbé). — Commune de Tiercé [lettre de l'abbé Janin, 1815], p. 46 et 127.

26504. R. D. — La Chambre au denier, p. 52.

[Ferme et chapelle près d'Angers.]

26505. Barbier de Montault (L'abbé). — Charte de l'an 1096 relative à l'abbaye de Saint-Nicolas-lès-Angers, p. 53.

[26450]. Barbier de Montault (L'abbé). — Études ecclésiologiques sur le diocèse d'Angers. Comptes de la fabrique de l'église du Pin-en-Mauges au XVIIIe siècle, p. 59, 115, 151 et 177.

26506. Godard-Faultrier (V.). — Monuments antiques de l'Anjou ou mémoire sur la topographie gallo-romaine du département de Maine-et-Loire, d'après les inscriptions, les médailles, les sépultures, les débris d'architecture, de sculpture et enfin les noms de lieux, 5 *pl.*, p. 65, 97, 129, 161, 193, 257, 289, 321, 389; V, p. 5, 49, 205 et 385. — Cf. n° 26446.

[Angers : arrondissements d'Angers, de Baugé, de Cholet, de Saumur et de Segré.]

26507. Raimbault (Louis). — Les échevins ou anciens administrateurs de la ville de Saumur [1608-1789], p. 81.

26508. Millet (P.-A.). — Église de Béhuard et portraits de Louis XI et de Rabelais, 3 *pl.*, p. 96, 128 et 159.

26509. Lemarchand (A.). — Ordonnance du sieur de la Varanne, lieutenant général au gouvernement d'Anjou, qui oblige les ecclésiastiques d'Angers à partager la garde de cette ville avec les autres habitants (1615), p. 113.

26510. Belleuvre (P.). — Rabelais en Anjou, *portrait*, p. 145.

26511. Godard-Faultrier (V.). — Congrès archéologique à Saumur, *pl.*, p. 209 et 225.

[Excursions à Gennes, Cunault, Trèves et Chinon. — Morceau de la chappe de saint Mesme.]

26512. Dainville (Ernest). — Église Saint-Laurent à Angers, *pl.*, p. 257.

26513. Lachèse (Paul). — Antiquités antédiluviennes, p. 273.

26514. Dainville (E.). — Coupole et transept de Fontevrault, 2 *pl.*, p. 289 et 321.

26515. Anonyme. — Chapelle Saint-Jean, commune de Saint-Rémy-la-Varenne [XIIe s.] et chapelle de Saulgé-l'Hôpital, p. 305 et 309.

26516. Raimbault (Louis). — Cloches anciennes [XVe-XVIIe s.], p. 312.

[A Blou, Souzigné, Notre-Dame d'Allençon, Saint-Georges-Châtelaison, Distré, Notre-Dame de Nantilly.]

26517. Lachèse (Paul). — Établissement des reverbères à Angers [en 1785], p. 314.

26518. Pletteau (L'abbé T.). — Le jansénisme dans l'Université d'Angers [Henri Arnauld], p. 337.

26519. Dainville (E.). — Église Saint-Martin, à Angers [IXe-XIIIe s.], *pl.*, p. 389.

26520. Renault (E.). — Notes biographiques sur le docteur Renou [Joseph-Étienne, 1740 † 1809], p. 405.

V. — Société impériale d'agriculture, etc. **Répertoire archéologique de l'Anjou,** année 1863. (Angers, 1863, in-8°, 524 p.)

[26506]. Godard-Faultrier (V.). — Monuments antiques de l'Anjou, p. 5, 49, 205 et 385.

26521. Godard-Faultrier (V.). — Numismatique angevine [VIe au XIIIe s.], *pl.*, p. 21, 417 et 432.

26522. Dainville (E.). — Tour Saint-Aubin, à Angers, *pl.*, p. 49.

26523. Raimbault (Louis). — Notice historique sur le château et la commune de Brezé, p. 65 et 221.

[Pièces justificatives sur les seigneurs de Brezé, 1160, 1302, 1363, 1422.]

26524. Bougler (Ed.). — Sur la polémique qui s'est élevée à l'occasion de Henri Arnauld, évêque d'Angers au XVIIe siècle, p. 37 et 81.

26525. Barbier de Montault (L'abbé). — Actes de saint Maxentiol, prêtre et confesseur, p. 153.

26526. Barbier de Montault (L'abbé). — Armorial des évêques et administrateurs de l'insigne église d'Angers, p. 249.

26527. V. G.-F. [Godard-Faultrier (V.).] — Numismatique [gauloise], p. 306.

26528. J. B. — La maison du roi, à Saumur, p. 296. — Cf. n° 26558.

26529. Dainville (E.). — Transept sud de la cathédrale d'Angers, *plan*, p. 313; et VI, p. 5.

26530. Barbier de Montault (L'abbé). — Étude hagiographique sur Robert d'Arbrissel, fondateur de l'ordre de Fontevrault, p. 313.

26531. Barbier de Montault (L'abbé). — Actes de saint Francaire, confesseur [translations de ses reliques], p. 453.

VI. — Société impériale d'agriculture, etc. Répertoire archéologique de l'Anjou, année 1864. (Angers, 1864, in-8°, 340 p.)

26532. Godard-Faultrier (V.). — Quelques statues [mythologiques] du château de Richelieu récemment transportées dans la commune de Bouzillé (Maine-et-Loire), p. 5.

25533. Raimbault (Louis). — La famille de Châteaubriant en Anjou [xiiie-xviie s.], p. 10.

26534. Godard-Faultrier (V.). — Crosse de saint Aubin [xiie s., conservée à Écouis (Eure)], p. 24.

26535. Cottereau (M.). — Échemiré-Rigné. Traces gallo-romaines, p. 31.

26536. [Godard-Faultrier (V.)]. — Tombeaux du maréchal de Rieux et de Suzanne de Bourbon à Ancenis [xvie s.], p. 35.

26537. Couchot (Gustave). — Notice sur Ermengarde d'Anjou, duchesse de Bretagne [xiie s.], p. 39.

26538. Dainville (E.). — Hôpital Saint-Jean, à Angers [xiiie s.], *plan*, p. 53.

26539. Chambers (G.-T.). — Les orgues de la cathédrale de Saint-Maurice d'Angers, p. 53.

26540. Couchot (Gustave). — Notice sur saint Gohard, évêque de Nantes [ixe s.], p. 61.

26541. Corblet (L'abbé J.). — Coup d'œil sur la sculpture et la peinture au xiie siècle, p. 71.

26542. Godard-Faultrier (V.). — Chronique, p. 85.

[Monnaies angevines : deniers de Charles Ier et triens d'or.]

26543. Pletteau (L'abbé T.). — Évêques et moines angevins ou l'Anjou ecclésiastique, p. 93.

26544. Barbier de Montault (L'abbé). — Appendice aux actes de saint Florent, prêtre et confesseur, p. 133 et 337.

26545. Godard-Faultrier (V.). — Découvertes archéologiques, p. 241, 293, 325 et 333.

[Acte de baptême de Claude-Maur d'Aubigné, archevêque de Rouen, 1658-1719; fouilles à l'amphithéâtre romain de Gennes; cercueils en plomb du xvie siècle à Saint-Jean-des-Mauvrets, *pl.*; tableau attribué au roi René.]

26546. Anonyme. — Catalogue de l'exposition archéologique d'Angers [1864], p. 257.

26547. Godard-Faultrier (V.). — Conservation des monuments [tour dite *des Druides* et ses annexes à Angers, xiie s.], *pl.*, p. 307.

26548. V. G.-F. [Godard-Faultrier (V.).] — Noël Taillepied [capucin, 1540 † 1589], p. 325.

VII. — Société impériale d'agriculture, etc. Répertoire archéologique de l'Anjou, année 1865. (Angers, 1865, in-8°, 344 p.)

26549. Martin (Tristan). — Médailles gauloises et romaines rencontrées dans l'arrondissement de Cholet et spécialement dans l'ancienne statio Segora, p. 1 et 209.

26550. Cochet (L'abbé). — Noël Taillepied [1540 † 1589, capucin], p. 39.

26551. Godard-Faultrier (V.). — La cathédrale d'Angers, de 1451 à 1619 [devis de travaux et mémoires], p. 41, 117 et 217.

26552. Godard-Faultrier (V.). — Découverte à Angers de monnaies d'or du xve siècle, p. 86.

26553. Anonyme. — Seconde enceinte d'Angers [restes découverts en 1865], p. 87.

26554. Anonyme. — Mosaïques romaines [découvertes près de l'Esvière, à Angers], p. 88.

26555. Anonyme. — Ancien pont des Ponts-de-Cé, p. 89.

26556. Godard-Faultrier (V.). — Aumônerie de *Fils de prêtre* [xive s., à Angers], p. 89.

26557. Godard-Faultrier (V.). — Églises souterraines à Doué-la-Fontaine et à Soulanger; souterrain-refuge à Douces, p. 93.

26558. Briffault (L'abbé). — La maison du roi à Saumur [contrat d'acquisition, 1720], p. 106. — Cf. n° 26528.

26559. Godard-Faultrier (V.). — Ancien mobilier de la cathédrale d'Angers, p. 140, 165 et 327.

26560. R. D. — Enseigne de pèlerin [xive ou xve s.], p. 156.

26561. Baugé (L'abbé). — Note sur l'ancien narthex de la cathédrale [d'Angers], p. 210.

26562. Godard-Faultrier (V.). — Reliquaire en plomb [xviie s., inscriptions relatives à Henri Arnaud, évêque d'Angers], p. 262.

26563. Godard-Faultrier (V.). — La cathédrale d'Angers, p. 265; VIII, p. 5, 33, 42, 81 et 280.

[Saint Serené, sa châsse; bienfaiteurs de l'église; tapisseries; enlumineurs; orfèvres; ancien narthex, *pl.*; drame liturgique des Marie; monument funèbre de Gabriel Constantin, † 1661; note sur Jean Bourdigné.]

28564. Raimbault (Louis). — Notice historique sur le château et la commune de Montsoreau, p. 304.

26565. Prevost (F.). — Notice sur les Arvii [peuple gaulois], voisins de l'Anjou, p. 315.

26566. Anonyme. — Pierre Ayrault [lieutenant criminel et maire d'Angers, † 1601, *portrait*], p. 325.

26567. Barbier de Montault (Charles). — Document inédit sur Fontevrault [bref de 1754], p. 334.

VIII. — Société impériale d'agriculture, etc. **Répertoire archéologique de l'Anjou,** année 1866. (Angers, 1866, in-8°, 386 p.)

26563]. Godard-Faultrier (V.). — La cathédrale d'Angers, *pl.*, p. 5, 33, 42, 81 et 280.

26568. Anonyme. — Voie romaine, près Cholet, p. 31.

26569. Raimbault (Louis). — Notice historique sur le château de Marson et la commune de Rou-Marson, p. 60.

26570. Anonyme. — Épitaphe d'Antoinette de Magnelais, dame de Villequier, p. 93.

26571. Anonyme. — Dissertation sur les forts vitrifiés dont on trouve les ruines en Écosse, en France et en Allemagne, p. 96.

26572. Godard-Faultrier (V.). — Le château d'Angers, au temps du roi René; les manoirs de ce prince à Chanzé, la Menitré et Reculée [inventaires du xv° s.], p. 143.

26573. Prevost (F.). — Notice sur le murus gaulois de Cinais (Indre-et-Loire), vulgairement appelé camp des Romains, *plan*, p. 317.

26574. Raimbault (Louis). — Notes sur Chanzé et la Rive, maisons de plaisance du roi René, p. 333.

26575. Godard-Faultrier (V.). — Tombeau de la nourrice Tiephaine [à Nantilly-de-Saumur, † 1458], p. 336.

26576. Martin (Alfred). — Ancienne fonderie de cloches à Angers, p. 338.

26577. Raimbault (Louis). — Chapelle de Behuard [inventaire de 1527], p. 344.

26578. Godard-Faultrier (V.). — Une église oubliée [Saint-Augustin, près d'Angers], p. 356.

26579. Godard-Faultrier (V.). — Statues de Fontevrault, p. 360 et 377.

26580. Fourcault (J.-B.). — Carte gallo-romaine du département de Maine-et-Loire, *carte*, p. 370.

IX. — Société impériale d'agriculture, etc. **Répertoire archéologique de l'Anjou,** année 1867. (Angers, 1867, in-8°, 380 p.)

26581. Ratouis (Paul). — Les armes de Saumur, p. 20.

26582. Godard-Faultrier (V.). — La tour Saint-Aubin à Angers, p. 23.

26583. Divers. — Protestation de la Société d'agriculture et consultation des avocats d'Angers contre l'enlèvement des statues de Fontevrault; adhésions et documents divers, p. 31 et 59.

26584. Métivier. — Eugène Appert [peintre, 1814 † 1867], p. 77.

26585. Godard-Faultrier (V.). — Inventaire raisonné des principaux objets du Musée des antiquités d'Angers, p. 89, 139, 201, 263 et 292.

26586. Godard-Faultrier (V.). — François d'Orignai, *alias* d'Orignac, abbé de Saint-Serge [† 1483], p. 124.

26587. Godard-Faultrier (V.). — Cloches du Ronceray [xviii° s.], p. 130.

26588. Godard-Faultrier. — M. Tristan Martin [archéologue, † 1867], p. 131.

26589. Lachèse (Éliacin). — Édouard Mangeon, maître de chapelle de la cathédrale d'Angers [† 1867], p. 132.

26590. N. D. — Jean Soreth [inhumé en 1471 dans l'église des Carmes, à Angers], p. 136.

26591. Godard-Faultrier (V.). — Vase en plomb trouvé dans les ruines de Carthage [avec inscriptions grecques], 2 *pl.*, p. 169.

26592. Godard-Faultrier (V.). — Note sur un retranchement [gallo-romain] situé commune de la Breille, arrondissement de Saumur, *plan*, p. 249. — Cf. n° 26599.

26593. Raimbault (Louis). — Notice historique sur la commune de Faveraye, p. 325.

26594. Farcy (L. de). — Notice sur le couvent des Carmes d'Angers, *pl.*, p. 334.

25595. Godard-Faultrier (V.). — Inscription découverte en la commune du Louroux-Béconnais [relative à l'histoire de la Ligue en Bretagne, 1593], p. 348.

26596. Godard-Faultrier (V.). — Peintures murales trouvées dans l'ancien hôpital Saint-Jean à Angers, p. 356.

26597. Godard-Faultrier (V.). — Inscription du xv° siècle [1488, relative à Jehan Joubert et Jehanne de Vitry], à la Trinité d'Angers, p. 361.

26598. Godard-Faultrier (V.). — Épitaphe de l'abbé Alo [† 835], p. 370.

X. — Société impériale d'agriculture, etc. **Répertoire archéologique de l'Anjou,** année 1868. (Angers, 1868, in-8°, 515 p.)

26599. Ratouis (Paul) et Bruas (Albert). — Camp de la Breille, *carte*, p. 1, 401 et 429. — Cf. n° 26592.

26600. Godard-Faultrier (V.). — Documents inédits sur la Révolution, p. 18 et 365.

[Translation des prêtres détenus de Laval à Doué, et de Laval à Rambouillet, 1793; relation de l'abbé Lemercier de La Rivière † 1816.]

26601. Godard-Faultrier (V.). — Parures des tombes des rois et reines de Naples, ducs et duchesses d'Anjou, dans la cathédrale d'Angers [xiv° et xv° s.], p. 65.

26602. Raimbault (Louis). — Notice historique sur la commune de Beaulieu, p. 81.

26603. Martin (Tristan). — Le logis de Joachim Du Bellay, à Liré, p. 93.

26604. Martin (Tristan). — Découverte de monnaies d'or de Ferdinand et d'Isabelle, souverains d'Espagne, p. 98.

26605. Barbier de Montault (L'abbé). — Épigraphie du

département de Maine-et-Loire, p. 105, 161, 433; XI, p. 1, 89 et 121.
26606. Godard-Faultrier (V.). — Thouarcé en 1588 [incendie des églises Saint-Pierre et Saint-Jean], p. 354.
26607. Godard-Faultrier (V.). — Chronique, p. 406.

[Autographes et sceaux de J. de Vaugirard, évêque d'Angers, 1743; diplôme du sacristain de Brion en 1762.]

26608. Denais (Joseph). — Notes sur les cloches de Beauné, p. 409.
26609. Mougenot. — Note sur le mariage de Marguerite d'Anjou avec Henri VI, roi d'Angleterre, p. 413.
26610. Sauvage (H.). — Note sur les deniers trouvés au Louroux-Béconnais, p. 416.
26611. Baugé (L'abbé). — Maison de la Pie-qui-parle, à Angers, p. 417.
26612. Farcy (L. de). — Peintures murales de l'ancien couvent de la Baumette [xvie s.], p. 418.
26613. Anonyme. — Établissement de la communauté des filles de la Trinité à Angers [1685], p. 422.
26614. Raimbault (Louis). — Fondation du prieuré de Thouarcé [1093], p. 426.

XI. — Société impériale d'agriculture, etc. **Répertoire historique et archéologique de l'Anjou,** année 1869. (Angers, 1869, in-8°, 296 p.)

[26605]. Barbier de Montault (L'abbé). — Épigraphie du département de Maine-et-Loire, 2 *pl.*, p. 1, 89 et 121.
26615. Anonyme. — Flabellum de Cunault, p. 141.
26616. Anonyme. — Le mobilier des Rohan au château du Verger en 1757, p. 147.
26617. Anonyme. — L'aumône du Guilanleu, p. 155.
26618. Anonyme. — Ordonnance de Charles VII, p. 159.
26619. Rochambeau (Achille de). — La famille de Ronsard, p. 176.
26620. Godard-Faultrier (V.). — Histoire de Notre-Dame-de-sous-Terre [en l'église Saint-Laud à Angers, écrite vers 1655 par un moine anonyme], p. 189.
26621. Sauvage (H.) et Godard-Faultrier (V.). — Gabriel de Boylesve, évêque d'Avranches [† 1667], *portrait*, p. 226 et 261.
26622. Colomb. — Notes sur quatre communes de l'arrondissement de Baugé [Montpollin, Vieil-Baugé, Fougeré, Échemiré], p. 228.
26623. Sauvage (H.). — Inscriptions relevées en la commune du Louroux-Béconnais [xviie et xviiie s.], p. 232.
26624. Farcy (L. de). — Le caveau de la cathédrale d'Angers, p. 242.
26625. Denais (Joseph). — Bibliographie angevine, p. 247.
26626. Denais (J.). — Chronique, p. 254.

[Découverte de monnaies romaines à Bouzillé et Freigné; de briques romaines à Bauné; cloches d'Écuillé.]

26627. Godard-Faultrier (V.). — Gravures [du xviie s. représentant des comtes d'Anjou], 3 *pl.*, p. 257.
26628. Raimbault (Louis). — Histoire des voies de communication et itinéraire de nos rois dans le canton de Thouarcé, p. 272.

MAINE-ET-LOIRE. — ANGERS.

SOCIÉTÉ INDUSTRIELLE ET AGRICOLE D'ANGERS ET DU DÉPARTEMENT DE MAINE-ET-LOIRE.

La *Société industrielle d'Angers et du département de Maine-et-Loire,* fondée et autorisée en 1830, prit, par délibération du 13 avril 1871, le titre de *Société industrielle et agricole.* Elle publie, depuis sa fondation, un *Bulletin* qui comprenait, à la fin de 1885, 55 volumes divisés en trois séries. Une table de la première série comprenant les 20 premiers volumes a paru en 1850. Nous l'avons mentionnée sous le n° 26677.

I. — Bulletin de la Société industrielle d'Angers et du département de Maine-et-Loire, 1re année. (Angers, 1830, in-8°, 188 p.)

II. — Bulletin de la Société industrielle d'Angers, etc., 2e année. (Angers, 1831, in-8°, 188 p.)

III. — Bulletin de la Société industrielle d'Angers, etc., 3e année. (Angers, 1832, in-8°, 294 p.)

26629. Millet. — Projet de statistique du département de Maine-et-Loire, p. 14.

IV. — Bulletin de la Société industrielle

d'Angers, etc., 4e année, 1833. (Angers, 1834, in-8°, 128 p.)

V. — Bulletin de la Société industrielle d'Angers, etc., 5e année, 1834. (Angers, 1835, in-8°, 179 p.)

VI. — Bulletin de la Société industrielle d'Angers, etc., 6e année, 1835. (Angers, 1835, in-8°, 264 p.)

VII. — Bulletin de la Société industrielle d'Angers, etc., 7e année, 1836. (Angers, 1836, in-8°, 231 p.)

26630. Guillory aîné. — Esquisse d'une statistique industrielle de la ville d'Angers, p. 104.

VIII. — Bulletin de la Société industrielle d'Angers, etc., 8e année, 1837. (Angers, 1837, in-8°, 313-2 p.)

26631. Berger (F.). — Aperçu sur la statistique morale, intellectuelle et industrielle de l'arrondissement de Saint-Claude (Jura), p. 207.

IX. — Bulletin de la Société industrielle d'Angers, etc., 9e année, 1838. (Angers, 1838, in-8°, 508 p.)

26632. Yvart. — Notice sur Louis Maillet, chef de service à l'école d'Alfort [xixe s.], p. 31.

26633. Bellouard. — Fouilles et recherches archéologiques [à Angers; inscription romaine], p. 205.

26634. Maillard (Adrien). — Étude sur la vie et les ouvrages de David d'Angers, statuaire, p. 401. — Cf. n° 26653.

X. — Bulletin de la Société industrielle d'Angers, etc., 10e année, 1839. (Angers, 1839, in-8°, 454 p.)

26635. Godard-Faultrier (Victor). — Henry Arnaud et le Mont-de-Piété [d'Angers, 1684], p. 116.

26636. Maillard (Adrien). — Barra, par M. David d'Angers, statuaire, p. 209.

26637. Godard-Faultrier (Victor). — Maison de Cossé-Brissac [généalogie et description du château], p. 236.

26638. Grille (F.). — Coup d'œil sur la vie de Jeanne de Laval, seconde femme du roi René d'Anjou, p. 249.

26639. Joly (Charles). — Notice sur l'église de Cunault, p. 269.

26640. Grille (F.). — Extrait des lettres patentes du 29 août 1350, dans lesquelles sont rapportées les limites du comté de Beaufort, p. 291.

26641. David d'Angers. — Notice sur Pierre-Louis David [1760 † 1821], communiquée par M. Guillory aîné, *pl.*, p. 292.

26642. Divers. — Inauguration de la galerie David, créée au Muséum d'Angers et consacrée spécialement à la sculpture [*portrait* de David d'Angers], p. 329. — Cf. nos 26643 et 26644.

26643. Maillard (Adrien). — Rapport fait à la Société industrielle d'Angers sur l'inauguration de la galerie David, p. 355. — Cf. n° 26642.

26644. Grille (F.). — Rapport sur le même sujet [l'inauguration de la galerie David], p. 360. — Cf. n° 26642.

XI. — Bulletin de la Société industrielle d'Angers, etc., 11e année, 1840. (Angers, 1840, in-8°, 424-vi p.)

26645. Guillory aîné. — Sur M. Félix Guérin, jardinier-fleuriste [1756 † 1839], p. 19.

26646. Boreau (A.). — Note sur quelques objets antiques récemment découverts à Angers [urne antique en cuivre, chaîne, etc.], p. 38.

26647. La Tousche (Camille de). — Rapport sur le charlatanisme et l'exercice illégal de la médecine dans le département de Maine-et-Loire, p. 129.

26648. Grille (E.). — Mémoire sur quelques ouvrages relatifs à l'Anjou et principalement sur le registre manuscrit du présidial d'Angers [1649-1782], p. 150.

26649. Godard-Faultrier (Victor). — Causeries historiques sur les châteaux d'Anjou, p. 348.

XII. — Bulletin de la Société industrielle d'Angers, etc., 12e année, 1841. (Angers, 1841, in-8°, 372 p.)

26650. Guillory aîné. — Discours prononcé à la Société industrielle d'Angers, p. 33.

[David d'Angers. — Napoléon Ier à Angers.]

26651. Godard-Faultrier (Victor). — Rapport sur des manuscrits relatifs à l'Anjou offerts par M. F.-J. Verger, p. 59.

[Droit canon; église du Ronceray; éloge du P. Pagnat; mémoire de M. F. Prévost sur la gabelle, etc.]

26652. Lens (De). — Mémoire sur l'exercice et l'enseignement de la chirurgie à Angers avant le xixe siècle, p. 115.

26653. Maillard (A.). — Notice sur quelques œuvres

récentes de M. David d'Angers, statuaire, p. 316. — Cf. n° 26634.

XIII. — Bulletin de la Société industrielle d'Angers, etc., 13° année, 1842. (Angers, 1842, in-8°, 608 p.)

26654. Hawke (P.). — Notice sur deux artistes angevins [Mlle Maxime, tragédienne, et le peintre David], *pl.*, p. 194.
26655. Marchegay (P.). — Extraits de quelques chartes de Fontevrault, prieuré de Sainte-Catherine de la Rochelle, sur la culture de la vigne en Aunis au XIII° siècle, p. 261.
26656. Pau. — Pratiques superstitieuses du moyen âge considérées les unes comme révélatrices de l'avenir, les autres comme moyen judiciaire. Leur origine, leur usage dans la suite des siècles, l'époque de leur disparition, p. 316.

XIV. — Bulletin de la Société industrielle d'Angers, etc., 14° année, 1843. (Angers, 1843, in-8°, 470 p.)

26657. Grille (F.). — Notice sur M. Besnard, savant agronome [1752 † 1842], p. 72.
26658. Verger (F.-J.). — Les affiches d'Angers, de 1773 à 1794, et notice sur deux artistes angevins du XVII° siècle [Gaspard Robelot, architecte, et Pluvier, peintre ou sculpteur], p. 77.
26659. Boré (E.). — Fragment d'un voyage en Arménie, p. 152.

XV. — Bulletin de la Société industrielle d'Angers, etc., 15° année, 1844. (Angers, 1844, in-8°, 340 p.)

26660. Perrey (A.). — Notice sur les tremblements de terre ressentis à Angers et dans le département de Maine-et-Loire, p. 172.

XVI. — Bulletin de la Société industrielle d'Angers, etc., 16° année, 1845. (Angers, 1845, in-8°, 328 p.)

26661. Maillard (A.). — Rapport sur le monument du cardinal de Cheverus, dû au ciseau de M. David [d'Angers], p. 49.
26662. Boreau (A.). — Notice sur la vie et les travaux du botaniste Aubert du Petit-Thouars [1758 † 1831], p. 55.

XVII. — Bulletin de la Société industrielle d'Angers, etc., 17° année, 1846. (Angers, 1846, in-8°, 348 p.)

26663. Guettier (A.). — Notice sur l'École royale des arts et métiers d'Angers, p. 164.
26664. Marchegay (P.). — Rapport sur les documents historiques reçus de M. F.-J. Verger, p. 215.

[Extraits du chartrier de la baronnie de Châteauceaux et de celui de Saint-Florent-le-Vieil.]

26665. Marchegay (P.). — Documents du XI° siècle sur les peintures de l'abbaye de Saint-Aubin [d'Angers], p. 218.
26666. Godard-Faultrier (Victor). — Note archéologique sur des pavés mosaïques découverts à Toussaint [d'Angers], p. 223.
26667. Bonnemère (E.). — Sur une prétendue abjuration de l'historien Bodin [XIX° s.], p. 235.
26668. David d'Angers. — Quelques notes écrites sur les bords du Rhin, p. 291.

XVIII. — Bulletin de la Société industrielle d'Angers, etc., 18° année, 1847. (Angers, 1847, in-8°, 540 p.)

26669. Bonnemère (E.). — État de la dépense extraordinaire qu'une femme doit occasionner dans un ménage pendant le courant de chaque année, dressé pour l'instruction d'un homme à marier (XVIII° s.), p. 80.
26670. Marchegay (P.). — Le trésor de Quiquère [médailles romaines], p. 85.
26671. Anonyme. — Hommage à la mémoire de Christophe Colomb. Monument élevé par la ville de Gênes sur les plans de M. Michel Canzio, professeur d'ornement à l'Académie ligurienne des beaux-arts [lettres de Michel Canzio, 1847], *pl.*, p. 389.
26672. Marchegay (P.). — Recherches et observations sur quelques moulins de la Sarthe et de la Mayenne, p. 480.

XIX. — Bulletin de la Société industrielle d'Angers, etc., 19° année, 1848. (Angers, 1848, in-8°, 344 p.)

26673. Marchegay (P.). — Note sur Jean Bourré et ses descendants placée en tête d'une copie de son testament, p. 94. — Cf. n°s 26711 et 26714.
26674. Marchegay (P.). — Diplôme de maistre barbier et chirurgien à Beaufort (15 septembre 1664) [en faveur de Jacques Renault], p. 177.

XX. — Bulletin de la Société industrielle d'Angers, etc., 20° année, 1849. (Angers, 1849, in-8°, 387 p.)

26675. Marchegay (P.). — Les terres vaines et vagues

IMPRIMERIE NATIONALE.

de l'Anjou avant 1789, d'après un manuscrit sans date et sans nom d'auteur trouvé dans les archives de la préfecture de Maine-et-Loire, p. 106.

26676. Guillory aîné. — Notice sur le marquis de Turbilly, agronome angevin du XVIIIe siècle [1717 † 1776], p. 173. — Cf. n° 26682, 26689, 26695, 26701, 26721 et 26730.

26677. Anonyme. — Table générale et analytique des matières contenues dans les vingt volumes des *Bulletins* de la Société industrielle d'Angers et du département de Maine-et-Loire (1830 à 1850). (Angers, 1850, in-8°, 108 p.)

XXI. — Bulletin de la Société industrielle d'Angers, etc., 21e année, 2e série, t. I, 1850. (Angers, 1850, in-8°, 408 p.)

26678. Boreau (A.). — Notice sur la vie et les travaux de P. Fleurot [botaniste, 1801 † 1849], *pl.*, p. 50.

26679. Salmon père. — De l'état de l'agriculture dans la partie de l'arrondissement de Baugé qu'on appelle les Terres fortes [fondation d'un service, 1530], p. 106.

26680. Guillory aîné. — Communication relative aux archives de l'ancienne Société d'agriculture d'Angers, p. 138.

XXII. — Bulletin de la Société industrielle d'Angers, etc., 22e année, 2e série, t. II, 1851. (Angers, 1851, in-8°, 464 p.)

26681. Cosnier (L.). — Notice sur feu M. T. Grille, bibliothécaire honoraire de la ville d'Angers [1766 † 1850], p. 75.

26682. Guillory aîné. — Le marquis de Turbilly, membre de la Société d'agriculture de la généralité de Paris [XVIIIe s.], p. 92. — Cf. n° 26676.

26683. Guillory aîné. — Sur M. U.-R. Pilastre de La Brardière, agriculteur [1752 † 1830], p. 119.

26684. Marchegay (P.). — Extrait d'un projet d'aveu à rendre par le prieur de Carbay, en Anjou, au roi de France, en 1621, p. 215.

26685. Bédié (H.). — Notice sur Adrien Balbi, traduite de l'italien [1782 † 1847], p. 218.

26686. Cosnier (L.). — Notice sur la vente des collections de feu M. Grille, bibliothécaire honoraire de la ville [d'Angers, 1851], p. 290.

26687. Boreau (A.). — Notice historique sur le Jardin des plantes d'Angers et sur les progrès de la botanique en Anjou, p. 341. — Cf. n° 26690.

XXIII. — Bulletin de la Société industrielle d'Angers, etc., 23e année, 2e série, t. III, 1852. (Angers, 1852, in-8°, 316 p.)

26688. Godard-Faultrier (Victor). — Notice biographique sur le chimiste J.-L. Proust [1754 † 1826], p. 17.

26689. Guillory aîné. — Nouvelles notes historiques sur le marquis de Turbilly [XVIIIe s.], p. 84. — Cf. n° 26676.

26690. Boreau (A.). — Additions à la notice historique sur le Jardin des plantes d'Angers, p. 163. — Cf. n° 26687.

XXIV. — Bulletin de la Société industrielle d'Angers, etc., 24e année, 2e série, t. IV, 1853. (Angers, 1853, in-8°, 422 p.)

26691. Marchegay (P.). — Les fontaines du roi René au château d'Angers [1451-1453], p. 52.

26692. Salmon père. — Pièce de vers composée par le marquis de Turbilly, p. 389.

XXV. — Bulletin de la Société industrielle d'Angers, etc., 25e année, 2e série, t. V, 1854. (Angers, 1854, in-8°, 288 p.)

26693. Tavernier (Louis). — Une page d'histoire municipale; notes extraites des archives de la commune du Plessis-Grammoire [1620-1770], p. 15.

26694. Guillory aîné. — Notes historiques sur l'Anjou [anecdotes du XVIIIe s.], p. 19.

26695. Guillory aîné. — Études historiques sur le marquis de Turbilly [XVIIIe s.], p. 105. — Cf. n° 26676.

26696. Guillory aîné. — Maladie de la vigne en Alsace et en Franche-Comté vers 1777, p. 150.

26697. Raimbault (Louis). — L'industrie au moyen âge. Statuts et franchises des bouchers de Thouarcé (Maine-et-Loire), en 1413, p. 158.

26698. Guillory aîné. — Analyse des observations pratiques sur la culture de la vigne et la fabrication du vin, dans le coteau de Saumur, présentées au Bureau d'agriculture d'Angers, le 25 mars 1765, par M. Drapeau, de Saumur, associé de ce bureau, p. 183.

26699. Marchegay (P.). — Légende de Saint-Nicolas d'Angers [IXe s.], p. 215.

XXVI. — Bulletin de la Société industrielle d'Angers, etc., 26e année, 2e série, t. VI, 1855. (Angers, 1855, in-8°, 354 p.)

26700. Raimbault (Louis). — Statistique des moulins d'une partie de l'Anjou au XVe siècle et détails curieux sur quelques droits féodaux [quintaine], p. 18 et 116.

26701. Guillory aîné. — Le marquis de Turbilly à

l'Académie de Stanislas à Nancy [1760-1762], p. 27. — Cf. n° 26676.

26702. MARCHEGAY (P.). — Recherches historiques sur l'exploitation des ardoisières [en Anjou, 1457-1787], p. 216.

26703. MARCHEGAY (P.). — La garde de l'abbaye de Saint-Maur-sur-Loire en 1615 et 1616, p. 287.

26704. DEBEAUVOYS (Charles). — Note sur d'anciennes conduites d'eau souterraines en bois [au château du Verger, en Anjou], p. 293.

XXVII. — Bulletin de la Société industrielle d'Angers, etc., 27e année, 2e série, t. VII, 1856. (Angers, 1856, in-8°, 362 p.)

26705. MARCHEGAY (P.). — Le ministre de Louis XI et le chapelain de Châteaugontier [Jean Bourré et son cousin Étienne Thebault, 1461-1462], p. 43.

26706. GUILLORY aîné. — École supérieure des lettres et des sciences. Ancienne Faculté de droit d'Angers [extraits d'examens soutenus au XVIIIe s.], p. 50.

26707. OTTMANN père. — Prix des vins, extrait de la *Chronique d'Alsace* [1755-1780], p. 56.

26708. MARCHEGAY (P.). — Chartes et tarif de la cloison [octroi] d'Angers en 1373, p. 156.

26709. RAIMBAULT (Louis). — Prix des grains en Anjou depuis le XIe siècle jusqu'en 1855, p. 171 et 268.

XXVIII. — Bulletin de la Société industrielle d'Angers, etc., 28e année, 2e série, t. VIII, 1857. (Angers, 1857, in-8°, 404 p.)

26710. GUILLORY aîné. — Documents inédits pour servir à l'histoire professionnelle de la ville d'Angers, p. 23, 83; et XXXIII, p. 100.

[Contrats d'apprentissage; maîtrises; chefs-d'œuvre, etc., XVIIe-XVIIIe s.]

26711. MARCHEGAY (P.). — Jean Bourré, gouverneur du Dauphin, depuis Charles VIII, p. 136. — Cf. nos 26673, et 26714.

[Lettres de Louis XI, Charles VIII, Charlotte de Savoie, René de Freschal, Bourré.]

26712. GUILLORY aîné. — Documents historiques relatifs à la création de la Galerie David au Muséum d'Angers, extraits des procès-verbaux du conseil municipal [1832-1840], p. 244.

26713. PORT (Célestin). — Brevets d'invention octroyés par Henri IV et Louis XIII, p. 330.

26714. MARCHEGAY (P.). — Addition à la notice historique intitulée: Jean Bourré, gouverneur du Dauphin, depuis Charles VIII, p. 332. — Cf. n° 26711.

[Lettres de Charles VIII, de Claude de Molins, médecin du Dauphin; inventaire d'Anne de Beaujeu.]

XXIX. — Bulletin de la Société industrielle d'Angers, etc., 29e année, 2e série, t. IX, 1858. (Angers, 1858, in-8°, 468 p.)

26715. GUILLORY aîné. — Note sur des ruines romaines découvertes près de Chalonnes-sur-Loire [médaille romaine], p. 24.

26716. PORT (Célestin). — Privilège octroyé par le roi Louis XIV pour des recherches minéralogiques en Anjou [1641], p. 29.

26717. MARCHEGAY (P.). — Actes d'affranchissement de serfs aux XIe et XIIe siècles [en Anjou], p. 65.

26718. MAYET (Édouard). — Rapport sur plusieurs médailles romaines suivi de leur détermination [à la suite, médailles et jetons français], p. 70.

26719. MARCHEGAY (P.). — Dépense faite pour l'entrée solennelle de Louis XI à Angers [1462], p. 73.

26720. PORT (Célestin). — Note sur les Lagouz, artistes angevins des XVIe et XVIIe siècles, p. 81.

XXX. — Bulletin de la Société industrielle d'Angers, etc., 30e année, 2e série, t. X, 1859. (Angers, 1859, in-8°, 224 p.)

26721. GUILLORY aîné. — Le marquis de Turbilly et les campagnes au XVIIIe siècle, p. 54. — Cf. n° 26676.

XXXI. — Bulletin de la Société industrielle d'Angers, etc., 31e année, 3e série, t. I, 1860. (Angers, 1860, in-8°, 304 p.)

26722. DELALANDE. — Études statistiques sur la population de la commune de Trélazé [près Angers, 1846-1856], p. 41.

26723. TAVERNIER (Louis). — Étude sur la statistique industrielle et commerciale de la ville d'Angers [XIXe s.], p. 65.

26724. GUILLORY aîné. — Les vins blancs d'Anjou et de Maine-et-Loire; les vignobles de la rive droite de la Loire [XIIe-XIXe s.], p. 161.

26725. RAIMBAULT (L.). — Sur les ruines romaines de Chalonnes-sur-Loire, p. 242.

XXXII. — Bulletin de la Société industrielle d'Angers, etc., 32e année, 3e série, t. II, 1861. (Angers, 1861, in-8°, 388 p.)

26726. JEANNIN (F.). — Rapport au nom d'une commission spéciale chargée d'examiner les mémoires sur les institutions hippiques de l'Anjou présentés pour le concours au prix fondé par le conseil général de Maine-et-Loire, p. 5.

[Notes sur l'Académie d'équitation d'Angers, l'École d'équitation de Saumur, le haras d'Angers et les courses d'Angers et de Saumur.]

26727. Guillory aîné. — Les vignes rouges et les vins rouges en Maine-et-Loire. Le vignoble rouge du Saumurois [vi^e-xixe s.], 2 *pl.*, p. 47.

26728. Raimbault (L.). — Documents historiques sur la circulation des vins destinés aux colonies françaises, suivis d'une note sur l'époque des vendanges et le prix des vins en Anjou [1533-1621], p. 193.

26729. Raimbault (Louis). — Itinéraire historique d'Angers à Niort, p. 258.

[Les Ponts-de-Cé, Thouarcé, Vihiers, Argenton-Château, Bressuire, Secondigny.]

XXXIII. — Bulletin de la Société industrielle d'Angers, etc., 33e année, 3e série, t. III, 1862. (Angers, 1862, in-8°, 325 p.)

26730. Guillory aîné. — La famille de Menon de Turbilly [notes généalogiques, xve-xviiie s.], p. 30. — Cf. n° 26676.

26731. Saulnier. — Notice historique et statistique sur la caisse d'épargne d'Angers [xixe s.], p. 97.

[26710]. Guillory aîné. — Documents pour servir à l'histoire professionnelle de la ville d'Angers, p. 100.

[Lettre de provision de l'office de changeur des monnaies, 1697.]

26732. Chénuau (Aug.). — Note bibliographique sur les ouvrages de M. H. Chevreul, membre correspondant de la Société industrielle, p. 158.

XXXIV. — Bulletin de la Société industrielle d'Angers, etc., 34e année, 3e série, t. IV, 1863. (Angers, 1863, in-8°, 379 p.)

26733. Blavier (A.). — Essai [historique et scientifique] sur l'industrie ardoisière d'Angers, *fig.*, p. 93.

26734. Guillory aîné. — Catalogue des journaux et recueils périodiques, anciens et rares, offerts à la Société industrielle, p. 269.

26735. Port (Célestin). — Sur les archives civiles du département de Maine-et-Loire, antérieures à 1790, p. 314.

XXXV. — Bulletin de la Société industrielle d'Angers, etc., 35e année, 3e série, t. V, 1864. (Angers, 1864, in-8°, 320 p.)

26736. Guillory aîné. — Essai historique sur le canal de Monsieur en Anjou [xviiie-xixe s.], p. 5.

26737. Lachèse (Paul). — Note sur la culture de la vigne au xe siècle [d'après le Cartulaire de Sauxillanges], p. 42.

26738. Port (Célestin). — Documents inédits sur le sculpteur Biardeau [xviie s.], p. 97.

26739. Cosnier (Léon). — Rapport sur la récente découverte d'un mémoire manuscrit de M. de Voglie, sur la généralité de Tours [1762-1766], p. 174.

XXXVI. — Bulletin de la Société industrielle d'Angers, etc., 36e année, 3e série, t. VI. 1865. (Angers, 1865, in-8°, 218 p.)

26740. Delalande (F.). — La population du département de Maine-et-Loire, de 1801 à 1861, p. 128.

XXXVII. — Bulletin de la Société industrielle d'Angers, etc., 37e année, 3e série, t. VII, 1866. (Angers, 1866, in-8°, 187 p.)

XXXVIII. — Bulletin de la Société industrielle d'Angers, etc., 38e et 39e années, 3e série, t. VIII et IX, 1867-1868. (Angers, 1868, in-8°, 225 p.)

XXXIX. — Bulletin de la Société industrielle d'Angers, etc., 40e année, 3e série, t. X, 1869. (Angers, 1869, in-8°, 227 p.)

XL. — Bulletin de la Société industrielle d'Angers, etc., 41e année, 3e série, t. XI, 1870. (Angers, 1870, in-8°, 124 p.)

XLI. — Bulletin de la Société industrielle et agricole d'Angers et du département de Maine-et-Loire, 42e année, 3e série, t. XII, 1871. (Angers, 1871, in-8°, 156 p.)

XLII. — Bulletin de la Société industrielle et agricole d'Angers, etc., 43e année, 3e série, t. XIII, 1872. (Angers, 1872, in-8°, 194 p.)

XLIII. — Bulletin de la Société industrielle et agricole d'Angers, etc., 44e année, 3e série, t. XIV, 1873. (Angers, 1873, in-8°, 178 p.)

XLIV. — Bulletin de la Société industrielle et agricole d'Angers, etc., 45e année,

3ᵉ série, t. XV, 1874. (Angers, 1874, in-8°, 206 p.)

XLV. — Bulletin de la Société industrielle et agricole d'Angers, etc., 46ᵉ année, 3ᵉ série, t. XVI, 1875. (Angers, 1875, in-8°, 258 p.)

XLVI. — Bulletin de la Société industrielle et agricole d'Angers, etc., 47ᵉ année, 3ᵉ série, t. XVII, 1876. (Angers, 1876, in-8°, 220 p.)

XLVII. — Bulletin de la Société industrielle et agricole d'Angers, etc., 48ᵉ année, 3ᵉ série, t. XVIII, 1877. (Angers, 1877, in-8°, 112 p.)

XLVIII. — Bulletin de la Société industrielle et agricole d'Angers, etc., 49ᵉ année, 3ᵉ série, t. XIX, 1878. (Angers, 1878, in-8°, 227 p.)

26741. Chéneau (A.). — Hommage à la mémoire de M. Guillory aîné, fondateur et président de la Société industrielle [† 1878], p. 17.

26742. Guillory aîné. — Notice sur M. Édouard Moll, d'Angers (architecte à Paris) [1797 † 1876], p. 22.

26743. Demoget (Ch.). — Mosaïque trouvée à Angers [1878], p. 210.

XLIX. — Bulletin de la Société industrielle et agricole d'Angers, etc., 50ᵉ année, 3ᵉ série, t. XX, 1879. (Angers, 1879, in-8°, 212 p.)

L. — Bulletin de la Société industrielle et agricole d'Angers, etc., 51ᵉ année, 3ᵉ série, t. XXI, 1880. (Angers, 1880, in-8°, 254 p.)

26744. Bouchard (A.). — Origine et travaux de la Société industrielle et agricole de Maine-et-Loire, p. 55.

LI. — Bulletin de la Société industrielle et agricole d'Angers, etc., 52ᵉ année, 3ᵉ série, t. XXII, 1881. (Angers, 1881, in-8°, 280 p.)

LII. — Bulletin de la Société industrielle et agricole d'Angers, etc., 53ᵉ année, 3ᵉ série, t. XXIII, 1882. (Angers, 1882, in-8°, 226 p.)

LIII. — Bulletin de la Société industrielle et agricole d'Angers, etc., 54ᵉ année, 3ᵉ série, t. XXIV, 1883. (Angers, 1883, in-8°, 159 p.)

26745. Chéneau (A.). — Rapport sur la sculpture au musée Saint-Jean d'Angers et les dons de M. A. Giffard, p. 118.

LIV. — Bulletin de la Société industrielle et agricole d'Angers, etc., 55ᵉ année, 3ᵉ série, t. XXV, 1884. (Angers, 1884, in-8°, 103 p.)

LV. — Bulletin de la Société industrielle et agricole d'Angers, etc., 56ᵉ année, 3ᵉ série, t. XXVI, 1885. (Angers, 1885, in-8°, 244 p.)

26746. Bouchard (A.). — Origine et importance des anciennes foires de l'Anjou, p. 32.

26747. Bouchard (A.). — Le Layon. Le rôle économique de sa canalisation sous le nom de canal de Monsieur, p. 123.

MAINE-ET-LOIRE. — CHOLET.

SOCIÉTÉ DES SCIENCES, LETTRES ET BEAUX-ARTS DE CHOLET ET DE L'ARRONDISSEMENT.

Cette Société a été fondée en juillet 1880 et définitivement constituée le 23 janvier 1881. Elle a entrepris en 1883 la publication d'un *Bulletin* dont le premier volume comprenant les travaux faits par ses membres de 1881 à 1886 n'est pas encore terminé. Nous donnons ici le dépouillement de tout ce qui en avait paru jusqu'à la fin de 1887.

Bulletin de la Société des sciences, lettres et beaux-arts de Cholet et de l'arrondissement, 1881-1886. (Cholet, 1883-1887, in-4°, 290 p. *parues.*)

26748. Pissot (Léon). — Fouilles et recherches entreprises par la Société dans le courant des années 1881 et 1882, p. 22.

[Atelier préhistorique du Carteron; cimetière gallo-romain de la rue du Paradis; ancienne église Saint-Pierre.]

26749. Anonyme. — Catalogue du Musée de la ville de Cholet, inventaire clos le 31 décembre 1882, p. 31. — Cf. n°s 26756, 26765, 26766, 26770 et 26776.

26750. Delhumeau (F.). — Une exposition artistique, rétrospective et d'art industriel à Cholet [1882], p. 65.

26751. Pissot (Léon). — Note relative à un objet préhistorique [fragment d'os avec entailles], p. 68.

26752. L. P. [Pissot (Léon)]. — Note sur une monnaie de Charlemagne trouvée à la Tessoualle, p. 69.

26753. L. P. [Pissot (Léon)]. — Autre note sur un linteau de porte armorié existant à la ferme de la Boulinière, commune de Cholet [écusson des La Haye-Montbault], p. 70.

26754. Pissot (Léon). — Excursion archéologique à Saint-André-de-la-Marche, p. 70.

26755. Pissot (Léon). — De quelques droits seigneuriaux dans le pays choletais, p. 73.

26756. Renard (L.). — Catalogue des objets et des ouvrages offerts au Musée ou acquis par la Société en 1883, p. 89. — Cf. n° 26749.

26757. Espérandieu (Émile). — Quelques mots sur plusieurs basiliques romaines de la subdivision du Kef (Tunisie) [le Kef, Macteur, Lorbeuss], p. 99.

26758. Pissot (Léon). — Note sur une poterie allégorique de la fin du XVIe siècle, p. 105.

26759. Pissot (Léon). — Deuxième note sur une meule à main de la période néolithique, p. 106.

26760. [Pissot (Léon)]. — Mémoire relatif à la dénomination à donner à certaines rues de la ville de Cholet, p. 113.

26761. Pissot (Léon). — Recherches étymologiques et historiques sur les rues, places et quartiers de la ville de Cholet, p. 120, 201 et 247.

26762. L. P. [Pissot (Léon)]. — Recherches [historiques] sur la culture de la vigne dans le pays choletais, p. 131.

26763. Renard (L.). — Documents divers relatifs à la guerre vendéenne dont les originaux sont aux archives de la Société, p. 133.

[Lettre du général Travot (15 thermidor an VII); ordre du jour du commandant Lyrot de La Patouillière (1793); règlement sur le gouvernement du pays par Stofflet (1794); règlement sur l'administration des biens nationaux par Stofflet (1794).]

26764. Renard (L.). — Un monitoire [de 1759 pour découvrir l'identité d'un cadavre], p. 139.

26765. Renard (L.). — Catalogue des objets offerts au Musée ou acquis par la Société en 1884, p. 152. — Cf. n° 26749.

26766. Pissot (Léon). — Rapport sur les objets offerts au Musée par M. Jean-Augustin Ayrault [trouvés en Tunisie], p. 169. — Cf. n° 26749.

26767. Baguenier-Desormaux (H.). — Les collections de M. le comte de La Béraudière [peintures, émaux, miniatures, sculptures, livres], p. 170.

26768. Baguenier-Desormeaux (H.). — État des esprits en Vendée en 1789, p. 175.

26769. Spal (J.). — Monographie de la commune de Cossé, arrondissement de Cholet (Maine-et-Loire), p. 178.

26770. Renard (Louis). — Catalogue des objets offerts au Musée ou acquis par la Société en 1885, p. 217. — Cf. n° 26749.

26771. Spal (J.). — Étude sur les assemblées ou communautés d'habitants en Anjou, p. 233.

26772. Pissot (Léon). — Note sur une monnaie parthe offerte au Musée [de Cholet], p. 255.

26773. Pissot (Léon). — Les ardoises sculptées de l'Anjou, p. 262.

26774. Pissot (Léon). — David d'Angers et le buste du général Travot, p. 263.

26775. Pissot (Léon). — Une boite à sel du XVIe siècle, *pl.*, p. 266.

26776. Renard (Louis). — Catalogue des objets offerts au Musée ou acquis par la Société en 1886, p. 276. — Cf. n° 26749.

MANCHE. — AVRANCHES.

SOCIÉTÉ D'ARCHÉOLOGIE, DE LITTÉRATURE, SCIENCES ET ARTS.

Cette Société, fondée à Avranches le 16 juillet 1834, a publié successivement 4 fascicules de *Bulletins* renfermant le compte rendu de ses séances mensuelles, 7 *Bulletins* de ses séances publiques, 6 volumes de *Mémoires* et 2 volumes d'une revue intitulée *Revue de l'Avranchin.*

I. — **Bulletin de la Société d'archéologie, de littérature, sciences et arts des arrondissements d'Avranches et de Mortain.** (Avranches, 1844-1845, in-8°, 8-4-4-7-4-4-7-4-7-7-8 p.)

II. — **Bulletin de la Société d'archéologie,** etc. (Avranches, 1845-1846, in-8°, 4-4-8-7-12-3-6-6-6-4 p.)

III. — **Bulletin de la Société d'archéologie,** etc. (Avranches, 1846-1847, in-8°, 4-3-3-3-4-4-3 p.)

IV. — **Bulletin de la Société d'archéologie,** etc. (Avranches, 1847, in-8°, 3-4-4-3-3 p.)

I. — **Société d'archéologie des arrondissements d'Avranches et de Mortain.** Bulletin de la séance publique annuelle du 23 mai 1844. (Avranches, 1844, in-8°, 62 p.)

26777. Loyer. — Étude biographique sur Raoul de Villedieu, vingtième abbé du Mont Saint-Michel, p. 32.
26778. Boyssou (T.). — Notice sur Jean de Vitel, poète avranchois [xvie s.], p. 44.

II. — **Société d'archéologie,** etc. Bulletin de la séance publique annuelle du 22 mai 1845. (Avranches, 1845, in-8°, 36 p.)

26779. Desroches (L'abbé). — Recherches sur les monnaies gauloises, p. 26.

III. — **Société d'archéologie,** etc. Bulletin de la séance publique annuelle du 28 mai 1846. (Avranches, 1846, in-8°, 67 p.)

26780. Pirch (De). — Henri d'Avranches et ses ouvrages [xiiie s.], p. 32.

IV. — **Société d'archéologie,** etc. Bulletin de la séance publique annuelle du 27 mai 1847. (Avranches, 1847, in-8°, 60 p.)

26781. Clinchamp (G. de). — Histoire des fils de Guillaume le Conquérant, p. 2.
26782. Motet (Alexandre). — Saint Aubert, p. 28.

V. — **Société d'archéologie,** etc. Bulletin de la séance publique annuelle du 24 mai 1849. (Avranches, 1849, in-8°, 78 p.)

VI. — **Société d'archéologie,** etc. Bulletin de la séance publique annuelle du 6 juin 1850. (Avranches, 1850, in-8°, 83 p.)

VII. — **Société d'archéologie,** etc. Bulletin de la séance publique annuelle du 22 mai 1851. (Avranches, 1851, in-8°, 91-10 p.)

26783. Renault (Émile). — Rapport sur la découverte de Notre-Dame de Livoye [sépultures gauloises], p. 35.
26784. Laisné. — Notice sur Guillaume de Saint-Pair [xiie s.], p. 1.

I. — **Mémoires de la Société archéologique d'Avranches,** t. I. (Avranches, 1842, in-8°, viii-258 p.)

26785. Clinchamp (Gustave de). — Introduction aux Mémoires de la Société archéologique d'Avranches [importance des études archéologiques et haute antiquité de l'architecture], p. 1.

26786. BOUDENT aîné. — Notice sur l'hospice d'Avranches [XIIIe-XIXe s.], p. 1.

26787. FOLLAIN (D^r). — Recherches historiques sur Granville, p. 19.

26788. MOTET (Alexandre). — Avranches, ses rues et ses environs, p. 43.

26789. LEMAISTRE. — Notes statistiques sur l'arrondissement de Mortain [avant 1789], p. 97.

26790. TANGUY. — Notice sur la ville de Pontorson, p. 129.

26791. GIRARD (Fulgence). — Mémoire sur le camp romain dont les ruines couronnent la hauteur dite *le Châtellier* dans la commune du Petit-Celland (Manche), p. 161.

26792. GUITON DE LA VILLEBERGE. — Mémoire sur le château de Charruel [commune de Sacy], p. 193.

26793. CLINCHAMP (DE). — Essai archéologique et artistique sur l'ancien monastère du Mont Saint-Michel, p. 207.

26794. LUCAS-GIRARDVILLE. — Notice biographique sur l'épiscopat de Pierre-Daniel Huet, évêque d'Avranches [1692-1699], p. 231.

26795. HANTRAYE (L'abbé). — Notice archéologique sur l'église de Saint-Pair [tour du XIIe s.], p. 241.

II. — Mémoires de la Société d'archéologie, de littérature, sciences et arts d'Avranches, t. II. (Avranches, 1859, in-8°, 582 p.)

26796. CLINCHAMP (G. DE). — Discours d'ouverture [Henri II et Thomas Becket], p. 1.

26797. ROBILLARD DE BEAUREPAIRE (Eugène DE). — Notes pour servir à l'histoire archéologique de l'ancien diocèse d'Avranches, p. 25.

26798. LE HÉRICHER (Ed.). — Rapport sur le dessèchement de la baie du Mont-Saint-Michel envisagé au triple point de vue de l'archéologie, de l'art et de l'histoire, p. 61.

26799. LAISNÉ (A.-M.). — Notice sur le *Psalterium juste litigantium* de Jacques de Camp-Ront [publié en 1597], p. 71.

26800. LAISNÉ (A.-M.). — Notice biographique sur François des Rues [commencement du XVIIe s.], p. 77.

26801. LAISNÉ (A.-M.). — Notice biographique sur Alexandre de Villedieu [† v. 1240], p. 87.

26802. ROBILLARD DE BEAUREPAIRE (Eug. DE). — Étude sur la poésie populaire en Normandie et spécialement dans l'Avranchin, p. 95.

26803. ROBILLARD DE BEAUREPAIRE (Eug. DE). — La Vierge de Staccony [tableau du Rosaire signé de Staccony et daté de 1336 dans l'église de Saint-Quentin], p. 179.

26804. LAISNÉ (A.-M.). — Notice sur l'origine du dicton «être tout évêque d'Avranches», p. 187.

26805. LAISNÉ (A.-M.). — Explication des mots «per cultellum, cum cultello, per capellum, cum missali, etc.» employés dans diverses chartes de donation au moyen âge, p. 191.

26806. CLINCHAMP (G. DE). — Recherches archéologiques sur l'établissement de la monarchie française dans les Gaules, p. 201.

26807. ROBILLARD DE BEAUREPAIRE (Ch. DE). — Notice sur l'hospice d'Avranches [XIIIe-XIXe s.], p. 297.

[Note sur l'hôpital du Gué-de-l'Épine. — Dix pièces justificatives. — Donation par l'abbé du Mont Saint-Michel de 1082, etc.]

26808. DURAND (Gustave). — Note sur les moulins à eau chez les Romains, p. 399.

26809. ROBILLARD DE BEAUREPAIRE (Eugène DE). — Les sermons de Maurice de Sully d'après un manuscrit français de l'abbaye de Jumièges [XIIIe s.], p. 411.

26810. LAISNÉ (A.-M.). — Notice sur l'abbé Fleurye, fondateur des maîtresses d'écoles dites Bonnes-Sœurs dans le diocèse d'Avranches [1627 † 1705], p. 433.

26811. TESSON (Louis DE). — Notice biographique sur Mme de la Conté, supérieure de l'hospice d'Avranches [1803 † 1857], p. 459.

26812. ROBILLARD DE BEAUREPAIRE (Eugène DE). — Rapport sur quelques communications faites à la Société, relativement à des objets d'art, à des documents historiques et à certaines découvertes locales, p. 535.

[Ciboire du XIIe siècle; custode et reliquaires de Saint-Gervais d'Avranches. — Envoi de reliques au Mont Saint-Michel, 1235. — Aveux rendus à Jehan du Homme, seigneur de Saint-Quentin, 1478. — Découvertes de monnaies bretonnes et françaises et de carreaux vernissés.]

26813. LOYER (Ph.). — Histoire de la Société, p. 559. — Cf. n° 26834.

III. — Mémoires de la Société d'archéologie, etc., t. III. (Avranches, 1864, in-8°, 568 p.)

26814. LE HÉRICHER (Ed.). — Histoire et glossaire du normand, de l'anglais et de la langue française, p. 1.

26815. LAISNÉ (A.-M.). — Recherches sur les agitations de la Fronde en Normandie et sur les violences qu'exercèrent les soldats en 1649 aux environs d'Avranches, p. 483.

IV. — Mémoires de la Société d'archéologie, etc., t. IV. (Avranches, 1873, in-8°, 606 p.)

26816. LAISNÉ (A.-M.). — Notice nécrologique sur M. Gustave de Clinchamp, président de la Société d'archéologie d'Avranches, etc. [1775 † 1861], p. 1.

26817. ROBILLARD DE BEAUREPAIRE [Eug. DE]. — Les miracles du Mont Saint-Michel, fragment d'un mystère du XIVe siècle [texte et introduction], p. 17.

26818. Helland (G.). — Notice biographique sur M. Pierre-Aimé Lair [1769 † 1853], p. 61.

26819. Deschamps du Manoir (L'abbé J.). — Les élections qui comprenaient l'Avranchin en 1697, d'après les Mémoires de M. Foucault, intendant de la généralité de Caen, p. 99.

[Élections d'Avranches, de Vire, de Mortain et de Coutances. — Statistique civile et religieuse.]

26820. Robillard de Beaurepaire (Eug. de). — Les manuscrits du docteur Cousin [l'abbé Pierre Cousin, curé de Saint-Gervais d'Avranches, 1705-1794], p. 133.

26821. Deschamps du Manoir (L'abbé J.). — L'archipel de Chausey, p. 159.

26822. Lebreton (Ch.). — Le château de Saint-Jean-le-Thomas. Son histoire et sa légende, p. 171.

[Charte de 1172 relative à la lande de Beuvais.]

26823. Robillard de Beaurepaire (Eug. de). — De quelques pièces dramatiques jouées sur le théâtre du collège d'Avranches, dans le courant des XVIIe et XVIIIe siècles, p. 213.

26824. Le Héricher (Édouard). — Notes sur l'histoire et les monuments de l'Avranchin et spécialement du Mont Saint-Michel, p. 229.

26825. Guiton-Villeberge (De). — Le château de Montaigu [commune de Montanel (Manche)], p. 329.

26826. Le Héricher (Éd.). — Rapport sur les fouilles faites au Châtelier et dans d'autres localités de l'Avranchin [en 1862; camp romain], p. 335.

26827. Moulin (Henri). — L'île d'Herm [près de Guernesey], p. 349.

26828. Lebreton (Ch.). — André de Coutances, trouvère du XIIIe siècle. Étude littéraire sur son temps et son œuvre, p. 359.

26829. Deschamps du Manoir (L'abbé). — Mgr Godart de Belbœuf, dernier évêque d'Avranches [1730 † 1808], p. 399.

26830. Robillard de Beaurepaire (E. de). — Antoine Garaby de La Luzerne, d'après de nouveaux documents [1617 † 1679], p. 439.

26831. Guiton-Villeberge (De). — Notice sur un tombeau découvert à Vessey [(Manche), attribué à l'époque carolingienne], p. 491.

26832. Lebreton (Ch.). — L'école d'Avranches au XIe siècle sous Lanfranc et saint Anselme, p. 493.

26833. Sauvage (H.). — Arnaud, évêque du Mans [† 1081], et Johel, abbé de la Couture, au Mans [† 1096], p. 521.

26834. Loyer (Ph.). — Histoire de la Société depuis 1864, p. 582. — Cf. n° 26813.

V. — Mémoires de la Société d'archéologie, littérature, sciences et arts des arrondissements d'Avranches et de Mortain, t. V. (Avranches, 1882, in-8°, 304 et 168 p.)

26835. Robillard de Beaurepaire (E. de). — L'union d'amour et de chasteté d'Aubin Gautier, apothicaire avranchois [† 1633; pastorale composée en 1606], p. 1.

26836. Besnou (Léon). — Esquisse biographique sur M. Chastelain, ancien premier pharmacien en chef de la marine à Brest [1780-1842 (?)], p. 27.

26837. Le Héricher (E.). — Étymologies familiales des noms de lieu de la Manche, p. 49 et 277.

26838. Moulin (Henri). — Le prieuré de Saint-Cyr du Bailleul et quelques découvertes récentes [tombeaux du XIIe s.], p. 191.

26839. Pigeon (L'abbé). — L'église de Brécey au XVe siècle, p. 193.

Deuxième partie :

26840. Anonyme. — Histoire de la Société [procès-verbaux de 1881 et 1882], p. 1-168.

VI. — Mémoires de la Société d'archéologie, etc., t. VI. (Avranches, 1884, in-8°, 318 p.)

26841. Lebreton (Charles). — Étude sur la vie et les écrits de Robert de Tombelaine, moine du XIe siècle, p. 1.

26842. Rimasson (P.). — Note sur la paroisse de Cendres, p. 74.

26843. Duncois (Em.). — Le Teilleul [notice historique], p. 81.

26844. Besnard (Aug.). — La Haye de Terre et la forteresse de Saint-Jamais, *plan*, p. 105.

26845. Carpentier (Charles). — Le prince Oscar de Suède et saint Augustin [sermon sur la peine de mort], p. 155.

26846. Le Héricher (Édouard). — Essai de morale populaire. Socrate, Marc-Aurèle, Senèque, Fénelon, p. 161.

26847. Fleury (J.). — Une théorie de linguistique, p. 217.

26848. Lebreton (Ch.). — Lettres archéologiques.

26849. Le Héricher (Édouard). — Glossaire germanique, scandinave et hébraïque des noms d'hommes français et anglais, p. 235.

26850. [Bouvattier (Gustave)]. — Henri II, roi d'Angleterre, à Avranches. La pierre de la plate-forme, p. 281.

VII. — Mémoires de la Société d'archéologie, etc., t. VII. (Avranches, 1885, in-8°, 399 p.)

26851. Le Héricher (Édouard). — Littérature populaire

IMPRIMERIE NATIONALE.

de la Normandie [introduction. Légendaire normand. Poésie populaire], p. 1, 43 et 91.

26852. PIGEON (L'abbé). — Chronique d'Avranches aux XVIIe et XVIIIe siècles, p. 193. — Cf. n° 26863.

[Appendice : notes philologiques de M. Le Héricher sur cette chronique.]

26853. MOULIN (H.). — Notice sur Saint-Georges-de-Rouelley et ses chapelles, p. 237.

26854. ROBILLARD DE BEAUREPAIRE (Charles DE). — Revenu temporel de la royale abbaye du Mont Saint-Michel au péril de la mer, p. 245.

[Fragment d'aveu sans date baillé par l'abbé Étienne Texier d'Authefeuille.]

26855. TROCHON. — Documents relatifs à Daniel Huet et à L. de Vicques [1678-1696], p. 265.

26856. TESSON (Alfred DE). — Le cadran astronomique du Bois-Adam [1759], p. 277.

26857. LAUNAY. — Alain Blanchard, d'après de nouveaux documents [1419], p. 313.

26858. MOULIN (Henri). — Notice sur l'ancien prieuré d'Yvrande, p. 335.

26859. BOUTRY (L'abbé). — Lettres [sur le Brésil], p. 359.

I. — **Revue trimestrielle de la Société d'archéologie, de littérature, sciences et arts d'Avranches et de Mortain**, t. I. (Avranches, 1882-1883, in-8°, 376 p.)

[Ce volume, composé de 8 fascicules, ne contient que les procès-verbaux des séances des années 1882 et 1883 et fait suite en quelque sorte à la seconde partie du tome V des *Mémoires*.]

II. — **Revue trimestrielle de la Société d'archéologie, de littérature, etc.**, t. II, 1884. (Avranches, 1884, in-8°, 568 p.)

26860. MAUDUIT. — Sur les registres paroissiaux de l'église Saint-Martin-des-Champs [près d'Avranches], p. 33.

26861. THÉBAULT. — Sur le registre paroissial de la Chaise-Baudoin [en 1793-1794], p. 51.

26862. DURAND (Jules). — Glossaire des typographes de province, p. 77.

26863. PIGEON (L'abbé). — Chronique d'Avranches aux XVIIe et XVIIIe siècles [notes et introduction], p. 109. — Cf. n° 26852.

26864. LE HÉRICHER (Édouard). — Origine, signification et formes successives des noms de lieu, p. 132.

26865. GORON (L'abbé). — Notice sur la paroisse de Montanel, des origines à la fin de la Révolution, p. 149.

26866. ANONYME. — Découverte de statues tombales à l'église d'Yquelon [XIIe et XVe s.], p. 538.

MANCHE. — CARENTAN.

ACADÉMIE NORMANDE DE CARENTAN.

Cette association, fondée en 1883, ne paraît s'être occupée jusqu'ici que de littérature. Elle fait paraître depuis le 1er avril 1883 la *Revue normande et parisienne, littéraire et artistique* et le *Livre d'or des poètes de l'Académie normande*, mais nous n'y avons trouvé aucun article rentrant dans le cadre de notre travail.

MANCHE. — CHERBOURG.

SOCIÉTÉ ACADÉMIQUE DE CHERBOURG.

Une *Société académique* fut fondée à Cherbourg en 1755. Elle reçut, en 1773, l'autorisation de tenir des séances publiques, mais nous n'avons pu retrouver aucune trace de ses travaux. Elle interrompit ses séances en 1793 et ne fut rétablie qu'en 1807. Elle commença à publier en 1833 des *Mémoires* dont le treizième et dernier volume paru date de 1879-1880. Elle avait fait paraître, de 1807 à 1812, un certain nombre de petites notices sur ses travaux dont voici la liste complète :

I. — **Notice des principaux ouvrages** présentés à la Société académique de Cherbourg depuis le 9 septembre 1807. (Cherbourg, s. d., in-4°, 8 p.)

II. — **Notice des principaux ouvrages** présentés à la Société académique de Cherbourg depuis le 19 mai jusqu'au 27 septembre 1808. (Cherbourg, s. d., in-4°, 4 p.)

III. — **Ouvrages** présentés à la Société académique de Cherbourg depuis le 27 septembre 1808 jusqu'au 4 mai 1809. (Cherbourg, s. d., in-4°, 4 p.)

IV. — **Notice des principaux ouvrages** présentés à la Société académique de Cherbourg depuis le 4 mai 1809. (Cherbourg, s. d., in-4°, 3 p.)

V. — **Notice des principaux ouvrages** présentés à la Société académique de Cherbourg, depuis le 12 octobre 1809. (Cherbourg, s. d., in-4°, 3 p.)

VI. — **Ouvrages** lus aux séances tant publiques que particulières de la Société académique de Cherbourg, depuis le 7 juin 1810 jusqu'au 14 novembre 1811. (Cherbourg, s. d., in-4°, 4 p.)

VII. — **Ouvrages** présentés à la Société académique de Cherbourg, depuis le 14 novembre 1811 jusqu'au 29 octobre 1812 inclusivement. (Cherbourg, s. d., in-4°, 4 p.)

I. — **Mémoires de la Société royale académique de Cherbourg.** (Cherbourg, 1833, in-8°, 260 p. et 20 p. non chiffrées.)

26867. Couppey. — Extrait d'une suite de mémoires sur l'état des sciences et des lettres en Normandie dans les XIe et XIIe siècles : des études et spécialement des écoles monastiques, p. 9.

26868. Asselin (Aug.). — Mémoire sur le temple gaulois de Kerkeville, arrondissement de Cherbourg, *fig.*, p. 131.

26869. Anonyme. — Extrait d'un essai historique sur l'invention des armes, p. 159.

26870. Ragonde (L.). — Description d'une témène ou enceinte druidique qui se trouve dans la lande des Pieux, *pl.*, p. 204.

26871. Anonyme [Ragonde (?)]. — Autres monuments celtiques dans les communes de Flamanville, Vauville, Digôville, Briquebec, Tourlaville, Martinvast et Teurtéville-Hague, p. 213.

26872. Noël-Agnès. — Rapport à la Société académique sur les anciens membres de cette Société, p. 237; et II, p. 157.

II. — **Mémoires de la Société royale académique de Cherbourg.** (Cherbourg, 1835, in-8°, 414 p.)

26873. Couppey. — Tableau de l'administration de la justice criminelle en Normandie dans le cours du moyen âge et spécialement dans le temps de l'empire anglo-normand, p. 73.

[26872]. Noël-Agnès. — Suite des notices sur les anciens membres de la Société académique de Cherbourg [Dumouriez], p. 157.

26874. Asselin (Aug.). — Mémoire sur la grande cheminée de Quinéville, *pl.*, p. 179.

26875. Asselin (Aug.). — Biographie de M. Victor Avoine de Chantereyne, conseiller à la Cour de cassation [1762 † 1835], p. 345.

III. — **Mémoires de la Société royale académique de Cherbourg.** (Cherbourg, 1838, in-8°, 352 p.)

26876. Couppey. — Du jury en Normandie dans le moyen âge appliqué tant aux affaires civiles qu'aux affaires criminelles, p. 1.

26877. Vérusmor. — Éloge historique de Gilbert [† 1780], p. 125.

26878. Asselin (Aug.). — Notice sur la découverte des restes d'une habitation romaine dans la mielle de Cherbourg [en 1829] et sur d'autres antiquités trouvées de nos jours dans les arrondissements de Cherbourg et de Valognes [médailles romaines trouvées à Sottevast], p. 157.

IV. — **Mémoires de la Société royale académique de Cherbourg.** (Cherbourg, 1843, in-8°, XVI-348 p.)

26879. Noël-Agnès. — Notice sur M. Javain [Paul-Honoré, 1770 † 1840], p. IX.

26880. Le Chanteur de Pontaumont. — Tourville. Combat naval de Beveziers [1690], p. 47.

26881. Couppey. — Recherches historiques concernant Thomas-Hélie de Biville, connu communément sous le nom du bienheureux Thomas [XIIIe s.], p. 93.

26882. Lamarche. — Extrait d'un dictionnaire du vieux langage ou patois des habitants des campagnes des arrondissements de Cherbourg, Valognes et Saint-Lô, p. 125.

26883. Ménant (Joachim). — Notice sur les livres sacrés de la Perse, p. 245.

26884. Vérusmor. — De la marine militaire sur les côtes du département de la Manche sous le Consulat et l'Empire, p. 285.

V. — Mémoires de la Société royale académique de Cherbourg. (Cherbourg, 1847, in-8°, XXXVIII-434 p.)

26885. Noël-Agnès. — Notice sur M. Pinel [Julien-Nicolas-François, 1777 † 1843], p. XXIII.

26886. Delachapelle (A.-E.). — Notice sur M. Asselin [Augustin, 1756 † 1845], p. XXXI.

26887. Digard de Lousta (J.-B.). — Coup d'œil sur la Hague, p. 1; et VI, p. 227.

26888. Couppey. — De la preuve judiciaire au moyen âge en Normandie, p. 43.

26889. Lesdos (Alexandre). — Les derniers Girondins. Histoire extraite de la relation d'un voyage à Saint-Émilion en 1845, p. 95.

26890. Menant (Joachim). — Organisation de la famille d'après les lois de Manou (Inde), p. 141.

26891. Le Chanteur de Pontaumont. — Rapport sur la maison natale de M. de Beauvais, évêque de Senez [né à Cherbourg en 1731], p. 264.

26892. Le Chanteur de Pontaumont. — De la littérature espagnole et de Calderon, p. 297.

26893. Vérusmor. — Considérations sur l'état de l'esprit humain chez les Hébreux au temps des patriarches, p. 311.

26894. Barmon (L. de). — Tunis et ses environs, p. 389.

VI. — Mémoires de la Société nationale académique de Cherbourg. (Cherbourg, 1852, in-8°, XXIV-428 p.)

26895. L. de P. [Le Chanteur de Pontaumont.] — Notice sur M. Lamarche [Jérôme-Frédéric, 1779 † 1847], M. Bogaerts [Félix-Guillaume-Marie, 1805 † 1851], M. l'abbé Legoupils [† 1851], p. XVII.

26896. Ménant (Joachim). — Notice sur Vauban et les fortifications de l'ancien Cherbourg [1686], p. 1.

26897. Couppey. — Charte de Guillaume le Bâtard, duc de Normandie, et ensuite roi d'Angleterre [relative à Cherbourg], p. 153.

26898. Le Chanteur de Pontaumont. — Précis historique sur l'hôpital de la marine à Cherbourg, p. 169.

26899. Lesdos (Alexandre). — Notice historique sur les deux ermitages du haut et du bas de la montagne du Roule, à Cherbourg [Notre-Dame-de-Protection et Notre-Dame-de-Grâce], p. 178.

26900. Lefebvre. — Notice sur les réclamations faites au dey d'Alger en 1802, par le Gouvernement français, p. 221.

[26887]. Digard de Lousta (J.-B.). — Coup d'œil sur la Hague, p. 227.

26901. Digard de Lousta (J.-B.). — Histoire du comte Antoine-René Du Bel, seigneur de Saint-Germain-des-Vaux [XVIe s.], p. 241.

26902. Le Jolis (Aug.). — Procédure du XVe siècle relative à la confiscation des biens saisis sur un Anglais et à leur adjudication en faveur d'un capitaine de Cherbourg, Jean Du Fou, grand échanson de Louis XI [1479], p. 251.

26903. Delachapelle (Édouard). — Études sur les poètes de la Grande-Bretagne [Thomas Gray et Robert Burns], p. 277.

26904. Le Chanteur de Pontaumont. — Notice sur les rosières de Bricquebec [1776-1789], p. 315.

VII. — Mémoires de la Société impériale académique de Cherbourg. (Cherbourg, 1856, in-8°, XXXII-372 p.)

26905. Le Chanteur de Pontaumont. — Notice sur M. P.-A. Delachapelle [1780 † 1854], p. XIX.

26906. Le Chanteur de Pontaumont. — Notice sur M. l'abbé Auger [1784 † 1854], p. XXIII.

26907. Dufour (D^r). — Notice sur M. Obet, ancien médecin en chef de la marine [1777 † 1854], p. XXVI.

26908. Noël-Agnès. — Notice historique sur la Société académique de Cherbourg, p. 1.

26909. Noël-Agnès. — Discussion historique sur la digue de Cherbourg, p. 29.

26910. Le Chanteur de Pontaumont. — Paléographie de Cherbourg et de ses environs [notices historiques sur les communes de l'arrondissement], p. 45.

26911. Denis-Lagarde. — Médailles et monnaies recueillies dans le département de la Manche pendant les années 1852-1853, p. 85.

26912. Le Sens (Victor). — Fragments d'histoire locale [bourgeois de Cherbourg, église de la Sainte-Trinité, MM. Freret, sculpteurs et peintres], p. 97.

26913. Lesdos (Alexandre). — Notice historique sur Barthélemy Picquerey, prêtre de Cherbourg au XVIIe siècle et sur les ermitages de Saint-Sauveur et de Saint-Achard, p. 107.

26914. Le Jolis (Auguste). — Notice sur l'origine et l'établissement de la foire de Saint-Clair de Querqueville [1255 à 1556], p. 127.

26915. Le Jolis (Auguste). — Notice sur les anciennes fabriques de draps de Cherbourg, p. 157.

26916. Le Chanteur de Pontaumont. — Recherches biographiques sur M. Deshayes, commissaire général de la marine [1731 † 1816], p. 239.

26917. Le Sens (Victor). — Renseignements [archéologiques] sur l'église Sainte-Trinité de Cherbourg avant 1794, p. 259.

VIII. — Mémoires de la Société impériale académique de Cherbourg. (Cherbourg, 1861, in-8°, XVI-524 p.)

26918. Lechanteur de Pontaumont. — M. Laimant [Amédée, 1790 † 1858], p. XV.

26919. Noël. — Notes sur l'administration municipale de Cherbourg [1799-1860], p. 1; et IX, p. 1.

26920. Lechanteur de Pontaumont. — Les *olim* du château de Tourlaville près Cherbourg, p. 40. — Cf. n° 26983.

[Généalogie des seigneurs : Ravallet de Tourlaville, Franquetot, etc. — Notables de cette commune au XVII° s.]

26921. Bertrand-Lachênée. — Notice sur la galerie couverte à Bretteville-en-Saire (Manche), p. 92.

26922. Bertrand-Lachênée. — Description de la Table aux fées de Lorion, p. 95.

26923. Lechanteur de Pontaumont. — Le général Jouan [Jacques-Casimir, 1767 † 1847], p. 97.

26924. Delisle (Léopold). — Vie du bienheureux Thomas Hélie, de Biville, composée au XIII° siècle par Clément [texte, introduction et notes], p. 173.

26925. Le Pelley (L'abbé). — Béatification de saint Thomas Hélye, à Biville, p. 243.

26926. Rostaing (E. de). — De l'anse Saint-Martin-Hague, près Cherbourg, p. 248.

26927. Denis-Lagarde. — Monnaies romaines découvertes à Cherbourg en 1857, p. 289.

26928. Le Sens (Victor). — Essai historique sur le blason de Cherbourg, p. 295.

26929. Besnard (L'abbé). — De l'église Notre-Dame-du-Vœu de Cherbourg, p. 315; IX, p. 306; et X, p. 265.

26930. Barmon (De). — Visite au château de Scalloway [aux îles Shetland, Écosse], p. 349.

26931. Lechanteur de Pontaumont. — Études sur M° Mangon, sieur du Houguet et de la Lande, historiographe du Cotentin au XVII° siècle, p. 492.

26932. Gilbert (L'abbé). — Traditions relatives au bienheureux Thomas Hélie [de Biville], p. 499.

IX. — Mémoires de la Société impériale académique de Cherbourg. (Cherbourg, 1867, in-8°, XLVIII-372 p.)

26933. Frigoult (Ch.). — Notice sur M. Nicolas-Jacques Noël [1794 † 1866], p. XXIII.

26934. Lechanteur de Pontaumont. — Notice sur M. [Louis-André Le Vaillant] de Folleville [1782 † 1866], p. XXXVII.

26935. Lechanteur de Pontaumont. — Notice sur M. [Jean-Thomas] Claston [1773 † 1866], p. XXXIX.

[26919]. Noël. — Suite des notes sur l'administration municipale [de Cherbourg] depuis le commencement de ce siècle, p. 1.

26936. Lechanteur de Pontaumont. — Histoire de l'ancienne élection de Carentan, p. 22.

26937. Le Roy (L'abbé A.). — Cherbourg dans les trois derniers siècles, p. 115.

26938. Le Sens (Victor). — Notice sur les armoiries de l'ancienne abbaye de Notre-Dame-du-Vœu de Cherbourg, p. 127.

26939. Jardin. — Un monitoire dans la Hague en 1729 [excommunication pour pillage d'un navire naufragé], p. 129.

26940. Lesdos (A.-E.). — Les Anglais à Urville-Hague. Mort de Maccarty [1758], p. 139.

26941. Ternissien (De). — Mémoire sur les voies romaines par rapport à la position géographique de Coriallum (Cherbourg), p. 141. — Cf. n° 26989.

26942. Lechanteur de Pontaumont. — Histoire anecdotique du vieux Cherbourg, p. 151. — Cf. n° 26946.

[Le château de Tourlaville en 1666. — Banc de Dumouriez à l'église Sainte-Trinité, 1778. — Le théâtre du Becquet en 1786. — L'abbaye du Vœu en 1787. — Le général Jubé à Cherbourg, 1786.]

26943. Delisle (Léopold). — Aurigny, p. 236.

[Sauf-conduit accordé aux habitants de Gréville en 1518 par l'amiral de France Louis Malet, seigneur de Graville.]

26944. Dumouriez (Général). — Naufrage [d'un vaisseau parlementaire anglais] sur le rocher Saint-Martin [1782], p. 241.

26945. Barmon (De). — La glacerie de Tourlaville [lettres patentes de décembre 1670], p. 244.

26946. Lechanteur de Pontaumont. — Documents pour servir à l'histoire des ville et château de Cherbourg [XIII°-XVIII° s.], p. 253; et X, p. 285. — Cf. n° 26942.

[26929]. Besnard (L'abbé). — De l'église Notre-Dame-du-Vœu de Cherbourg, p. 306.

X. — Mémoires de la Société nationale académique de Cherbourg. (Cherbourg, 1871, in-8°, LVI-508 p.)

26947. Digard de Lousta. — Victor Le Sens [1815 † 1868], p. XXXIII.

26948. Lechanteur de Pontaumont. — Le docteur Norbert [1789 † 1868], p. XLIX.

26949. Lechanteur de Pontaumont. — M. l'abbé Le Cardonnel [1811 † 1871], p. LIII.

26950. Lechanteur de Pontaumont. — Pouillés inédits [des doyennés] de la Hague et de Carentan, p. 1.

26951. Jouan (H.). — L'expédition de Corée en 1866,

épisode d'une station navale dans les mers de Chine, p. 145.

26952. Delisle (Léopold). — Note sur Robert de Saint-Pair, pénitencier de Rouen, vers l'année 1200, p. 229.

[26929]. Besnard (L'abbé). — De l'église Notre-Dame-du-Vœu de Cherbourg, p. 265.

26953. Digard de Lousta. — Le chevalier Charles de Brucan [1777 † 1868], p. 276.

[26946]. Lechanteur de Pontaumont. — Documents pour servir à l'histoire de la ville de Cherbourg [concessions royales de 1474 à 1718], p. 285.

26954. Geufroy. — Notice sur les restaurations de l'église Sainte-Trinité de Cherbourg [bâtie aux xve et xvie s.], p. 311.

26955. Carlet. — De la marine des pirates saxons, p. 351.

26956. Lechanteur de Pontaumont. — Nouvelles recherches sur les prétendues possessions diaboliques survenues dans la vicomté de Carentan et en particulier dans la sieurie de Leaupartie pendant les xviie et xviiie siècles, p. 452.

26957. Lechanteur de Pontaumont. — Legouvé à Carentan en 1807, p. 492.

26958. Digard de Lousta. — Deux célébrités de village, p. 494. — Cf. n° 26961.

[Jean, le voyeur d'Anges, † vers 1750. — Jacques le Rimeur, xixe s.]

XI. — Mémoires de la Société nationale académique de Cherbourg. (Cherbourg, 1873, in-8°, xxviii-570 p.)

26959. Digard de Lousta. — Nicolas du Bosc, sieur des Gruberts [1638 † 1709], p. xix.

26960. Lechanteur de Pontaumont. — M. d'Auvers [lieutenant au régiment de Bourgogne, † au commencement du xixe s.], p. xxii.

26961. Digard de Lousta. — Célébrités de village, p. 13. — Cf. n° 26958.

[Sir Richard, baron d'Oxford; Pierre le Terrible; Grégoire le Conteur; Blaise le Latineux; cousin Luc et cousin Zacharie.]

26962. Lechanteur de Pontaumont. — Récits d'une soirée d'hiver dans la Hague, p. 60.

[Le chevalier Desber, † 1768. — Liste des détenus en la maison d'arrêt de Sainte-Marie-du-Mont, 1792. — Inhumation de M. Anne-César de La Luzerne, ambassadeur à Londres, † 1791. — Liste des sociétaires du lycée dramatique de Cherbourg en 1798.]

26963. Thierry (Édouard). — Quatre mois du théâtre de Molière (novembre 1664 à mars 1665), p. 145.

26964. Lechanteur de Pontaumont. — Le roi Louis [de Hollande] au pavillon de Harlem [1809], p. 171.

26965. Digard de Lousta. — Le poète Michel Legoupil [† 1872], p. 176.

26966. Pluquet (Adrien). — Bibliographie du département de la Manche, p. 182.

XII. — Mémoires de la Société nationale académique de Cherbourg. (Cherbourg, 1875, in-8°, xxxvi-518 p.)

26967. Lechanteur de Pontaumont. — M. Jouanne [Ant.-Louis], sa vie et ses travaux [1783 † 1874], p. xvii.

26968. La Chapelle (Édouard de). — Notice sur M. Eugène Liais [1800 † 1873], p. xxix.

26969. Digard de Lousta. — Notice nécrologique sur Gébyn Vérusmor [Alexis, 1806 † 1873], p. 1.

26970. Digard de Lousta. — Pièces inédites relatives à l'histoire de la ville de Cherbourg, p. 17.

[Lettres de noblesse pour Nicolas Dorange, 1653. — Nomination d'un chapelain de la chapelle Saint-Benoist au château de Cherbourg, Bernardin Birette, 1707. — Lettres de Mme Reteau du Fresne, 1760. — Lettres de Proteau, 1818.]

26971. Lechanteur de Pontaumont. — Livre de raison des filles de la congrégation de Notre-Dame à Carentan [1737-1783], p. 29.

26972. Lechanteur de Pontaumont. — M. Malouet à Cherbourg. Essai biographique [† 1814], p. 103.

26973. Jouan (H.). — Normandie et Provence. Trois semaines de vacances dans le canton des Pieux [Manche], p. 136.

26974. Caligny (De). — De la fondation de l'ancien port de Cherbourg d'après les documents conservés au dépôt des fortifications et à la mairie de cette ville, p. 204.

26975. Delisle (Léopold). — Jacques Cœur à Cherbourg en 1450, p. 212.

26976. Thierry (Édouard). — La seconde interdiction de *Tartuffe*, 5 août 1667. Lettre sur la comédie de l'*Imposteur*, p. 218.

26977. Lechanteur de Pontaumont. — La duchesse Mazarin [Hortense Mancini] et le chevalier de Courbeville, p. 252.

26978. Lechanteur de Pontaumont. — Les ouvriers militaires de la marine à la Grande Armée [1813], p. 295.

26979. Jouan (H.). — Les sépultures franques à la lande Saint-Gabriel, à Tourlaville, p. 302.

26980. Lechanteur de Pontaumont. — Un mot sur Barfleur et Gatteville, p. 365.

26981. Leroy (L'abbé). — Le vieux Cherbourg d'après les archives des xvie, xviie et xviiie siècles [topographie, archéologie, histoire, biographie], p. 369.

XIII. — Mémoires de la Société nationale académique de Cherbourg. (Cherbourg, 1879, in-8°, xviii-550 p.)

26982. Moulin. — Mgr de Beauvais, évêque de Senez; sa vie et ses œuvres [1731 † 1790], p. xiii.

26983. Lechanteur de Pontaumont. — Les *olim* de l'arrondissement de Cherbourg [répertoire historique et archéologique des communes], p. 24. — Cf. n° 26920.

26984. Carlet. — L'invasion des barbares dans la Deuxième Lyonnaise, p. 147.

26985. Chantereyne (Ed. de). — Notice biographique sur M. Pierre de Chantereyne [1728 † 1789], p. 237.

26986. Fleury (J.). — Notions de linguistique comparée, p. 241.

26987. Jouan (H.). — Zigzags aux environs de Cherbourg [excursions archéologiques], p. 321.

26988. La Chapelle (Henry de). — Les îles anglo-normandes (Channel Islands), p. 465.

26989. Ternissien (De). — Note rectificative et complémentaire d'une notice sur Coriallum, p. 530. — Cf. n° 26941.

MANCHE. — CHERBOURG.

SOCIÉTÉ ARTISTIQUE ET INDUSTRIELLE DE CHERBOURG.

La *Société artistique et industrielle de Cherbourg*, fondée en 1871, fut approuvée le 22 janvier 1872 et reconnue d'utilité publique en 1883. Elle a publié 8 *Bulletins* de 1872 à 1885.

I. — **Bulletin de la Société artistique et industrielle de Cherbourg**, n° 1, année 1872. (Cherbourg, s. d. [1872], in-8°, 64 p.)

II. — **Bulletin de la Société artistique**, etc., n° 2, années 1873-1877. (Cherbourg, 1877, in-8°, 36 p.)

III. — **Bulletin de la Société artistique**, etc., n° 3, année 1878. (Cherbourg, 1878, in-8°, 71 p.)

IV. — **Bulletin de la Société artistique**, etc., n° 4, années 1879-1880. (Cherbourg, 1880, in-8°, 16 p.)

V. — **Bulletin de la Société artistique**, etc., n° 5, années 1881-1882. (Cherbourg, 1882, in-8°, 80 p.)

VI. — **Bulletin de la Société artistique**, etc., n° 6, années 1882-1883. (Cherbourg, 1883, in-8°, 42 p.)

VII. — **Bulletin de la Société artistique**, etc., n° 7, années 1883-1884. (Cherbourg, 1884, in-8°, 70 p.)

*26990. Didier (E.). — Rapport sur les travaux de la Société depuis sa fondation, p. 1.

26991. Didier (E.). — Causeries sur l'origine de la construction, p. 31, 38 et 48. — Cf. n° 26993.

26992. Anonyme. — Notice nécrologique. A. Hartel, président de la Société artistique et industrielle de Cherbourg [† 1883], p. 59.

VIII. — **Bulletin de la Société artistique**, etc., n° 8, années 1884-1885. (Cherbourg, 1885, in-8°, 109 p.)

26993. Didier (E.). — Causeries sur l'histoire de la construction, p. 33, 38 et 49. — Cf. n° 26991.

26994. Didier (E.). — Note sur la génération des voûtes ogivales, p. 66. — Cf. id. n° 27065.

26995. Menut (H.). — Conférence à la Société artistique et industrielle [sur l'âge de l'homme], p. 84.

26996. Anonyme. — Notice nécrologique. M. Mangin fils [† 1884], p. 97.

MANCHE. — COUTANCES.

SOCIÉTÉ ACADÉMIQUE DU COTENTIN.

La *Société académique du Cotentin* fut fondée le 23 février 1872; elle a publié, jusqu'à la fin de 1885, 4 volumes de *Mémoires*.

I. — Mémoires de la Société académique du Cotentin (archéologie, belles-lettres, sciences et beaux-arts), t. I. (Coutances, 1875, in-8°, XXXII-232 p.)

26997. Pigeon (L'abbé). — Origines des Unelli, des Ambibari et de la cité gallo-romaine de Coutances, p. 1.
26998. Quénault (L.). — Nouvelles études archéologiques sur l'arrondissement de Coutances, p. 45.
26999. Fierville (Ch.). — Étude sur le marquisat de Marigny, p. 81.
27000. Leloup (R.). — Circonscription du grand bailliage du Cotentin, p. 185.
27001. Lemare (Jules). — Notice nécrologique sur M. Harivel (Eugène-Constant-Casimir) [1824 † 1872], p. 190.
27002. Hersent (L'abbé). — Notice sur Livre Noir du Chapitre, le Livre Noir de l'Évêché et le Livre Blanc du chapitre de l'église cathédrale de Coutances [XIIIe-XIVe s.], p. 198.
27003. Quénault (L.). — La ville de Coutances en 1770, p. 212.
27004. Leganu (L'abbé). — Observations sur le travestissement de quelques noms de lieu, p. 226.

[Troisgots, la Chapelle-en-Juger, Octeville-la-Venelle, Saint-Jean-des-Baisants, Saint-Jean-du-Corail.]

II. — Mémoires de la Société académique du Cotentin, t. II. (Coutances, 1877, in-8°, XXXVI-452 p.)

27005. Quénault (L.). — L'Hôtel-Dieu de Coutances [règlement de 1217 et compte de 1713], p. 1.
27006. Lemare (Jules). — Corporations industrielles à Coutances [statuts des tisserands en 1612], p. 23.
27007. Quénault (L.). — Extinction de la mendicité à Coutances en 1726, p. 36. — Cf. n° 27009.

[Lettres patentes de juillet 1719 en faveur de l'hôpital général.]

27008. Quénault (L.). — Le vase d'Urville (Manche) [bronze de l'époque gauloise], *fig.*, p. 56.
27009. Quénault (L.). — L'hôpital général [de Coutances, au XVIIIe s.], p. 61. — Cf. n° 27007.
27010. Quénault (L.). — Débats entre les frères Augustins et l'évêché de Coutances [XVIIe s., règlement de 1704], p. 65.
27011. Quénault (L.). — Quelques documents nouveaux sur la cathédrale pendant l'époque révolutionnaire, p. 85.
27012. Sarot (E.). — La chouannerie devant la juridiction répressive et en particulier devant la juridiction militaire de la Manche pendant la première Révolution [*fac-similé* de signatures], p. 97.
27013. Le Héricher (Ed.). — Influence des Scandinaves en Normandie d'après les noms propres d'hommes, p. 158.
27014. Levé (A.). — Rapport présenté au nom de la commission chargée d'étudier certaines sculptures de la cathédrale [chapiteaux du XIIIe s.], *pl.*, p. 165.
27015. Deschamps de Vadeville. — Liste des inhumations faites dans l'église cathédrale de Coutances ou dans son cimetière, du 30 octobre 1742 au 24 mars 1790, p. 179.
27016. Bravard (Mgr). — Lettre à la Société académique du Cotentin, p. 193.

[Sur une thèse de théologie de 1664 gravée par Pierre van Schupper.]

27017. Deschamps de Vadeville. — Rôle de la capitation des nobles dans l'élection de Coutances, en 1776, p. 199.
27018. Hersent (L'abbé L.-F.). — Mémoire sur un manuscrit curieux des archives diocésaines [trésors cachés en Normandie par les Anglais vers 1450], p. 212.
27019. Quénault (L.). — Buste antique du Musée de Coutances, *fig.*, p. 217.
27020. Deschamps de Vadeville. — Tableaux des appréciés de différentes denrées vendues au marché de Coutances de 1684 à 1778, p. 225.
27021. Quénault (L.). — Journal des dépenses pour les pauvres de Coutances tenu à l'Hôtel-Dieu de 1763 à 1794, p. 248.
27022. Quénault (L.). — La chapelle de la Roquelle [près Coutances] et son pèlerinage, *pl.*, p. 250.
27023. Deschamps de Vadeville. — Causerie vadevillaise sur les Gaulois et sur leurs règles des mutes [règles de prononciation des Gaulois], p. 296.
27024. Quénault (L.). — Combat de la Fosse [contre les

Chouans] (12 brumaire an VIII-9 novembre 1799) [commune de Marigny (Manche)], p. 309.

27025. Deschamps de Vadeville. — Roolle des gentilshommes de la compagnie des chevaulx-légers du sieur baron de Tourville [1635], p. 328.

27026. Moulin (Henri). — Notice sur l'allée couverte de Saint-Symphorien, p. 331.

27027. Quenault (L.). — Mémoire sur l'aqueduc de Coutances, *pl.*, p. 335.

27028. Pigeon (L'abbé). — Le docteur Bienvenu, sa vie, son manuscrit et ses légendes historiques [1774-1840; *cartes* du Cotentin], p. 339.

27029. Quenault (L.). — Notice nécrologique sur Mgr Bravard [1811 † 1876], p. 368.

27030. Leloup (R.). — Le Verrier [† 1876], p. 373.

III. — Mémoires de la Société académique, etc., t. III. (Coutances, 1880, in-8°, XVI-570 p.)

27031. Lefaverais. — Mémoire sur Tinchebray, son château et son bailliage ayant fait partie, au point de vue administratif et judiciaire, depuis le XIe siècle jusqu'en 1789, du pays qui forme aujourd'hui le département de la Manche, p. 1.

27032. Pigeon (L'abbé). — Le grand bailliage de Mortain en 1789, p. 35 et 497.

[*Carte* des bailliages de Normandie. — Administration de Pierre Nicolas-Rémond de Géraldin au XVIIIe s. — Assemblées et cahiers des trois ordres pour les États de 1789.]

27033. Sarot (E.). — De l'organisation des pouvoirs publics dans le département de la Manche pendant la première Révolution, p. 254 et 406.

27034. Levé (A.). — Guy Chrétien, grand bailli de Cotentin (1371-1375), p. 535.

27035. Quenault (L.). — Notice biographique sur M. Richard Le Loup [1808 † 1878], p. 542.

27036. Pigeon (L'abbé). — Le musée Dolley [dispersion de la collection de ce savant, † 1879], p. 562.

IV. — Mémoires de la Société académique, etc., t. IV. (Coutances, 1884, in-8°, VII-260 p.)

27037. Lecanu. — Causerie sur l'ancien Coutances, p. 209.

27038. Pigeon (L'abbé). — Les anciens livres liturgiques dans les diocèses de Coutances et d'Avranches, p. 216.

27039. Lecanu. — Causerie sur la grande bataille de la Fosse, qui ne fut point une bataille, ni même un combat, ni une escarmouche [1799], p. 235.

27040. Lecanu. — Carantilly (Manche), p. 243.

27041. Monthuchon (Michel de). — Les Michel de Vesly, l'un chanoine de Coutances [† 1572], l'autre général des Chartreux [† 1600], p. 249.

27042. Goulet (A.). — M. l'abbé Lecanu [† 1884], sa vie et ses œuvres, p. 253.

MANCHE. — SAINT-LÔ.

SOCIÉTÉ D'AGRICULTURE, D'ARCHÉOLOGIE ET D'HISTOIRE NATURELLE DU DÉPARTEMENT DE LA MANCHE.

Depuis son établissement en 1840 jusqu'à la fin de 1885, la *Société d'agriculture, d'archéologie et d'histoire naturelle du département de la Manche* a fait paraître 6 volumes de *Notices, mémoires et documents* et l'ouvrage suivant :

27043. Anonyme. — Mémoires sur l'histoire du Cotentin et de ses villes, par messire René Toustain de Billy, prêtre, docteur en théologie, curé du Mesnil-Opac. Première partie : ville de Saint-Lô et Carentan. (Saint-Lô, 1864, in-8°, 193 p.)

I. — Notices, mémoires et documents publiés par la Société d'agriculture, d'archéologie et d'histoire naturelle du département de la Manche, t. I. (Saint-Lô, 1851-1857, 224-226 p.)

27044. Houel (E.). — Rapport sur une pierre funéraire trouvée à Valognes [inscription romaine], p. 11.

27045. Olivier (C.). — Rapport sur l'ancien fort d'Ardevon [arrondissement d'Avranches], p. 13.

27046. Parey. — La roche Bottin [menhir à Cerisy-la-Salle], p. 16.

IMPRIMERIE NATIONALE.

27047. Houel (E.). — Notice sur une découverte d'anciennes monnaies [xve s.] faite à Saint-Lô au mois de février 1836, p. 20.

27048. Dubosc. — Notice sur l'église Notre-Dame de Saint-Lô [xve s.], p. 23.

27049. Parey. — De la navigation de la Vire au moyen âge [ordonnance du lieutenant de l'amirauté de 1754], p. 32.

27050. Lamarche. — Extrait d'un dictionnaire du vieux langage ou patois des habitants des campagnes des arrondissements de Cherbourg, Valognes et Saint-Lô, p. 87.

27051. Dubosc. — Notes pour servir à l'histoire du prieuré de la Perrine [commune du Dezert, Manche], p. 111.

27052. Parey. — Cheminées ornées du moyen âge [à Quinéville, Saint-Lô, Bayeux, etc.], p. 132.

27053. Dubosc. — Recherches historiques sur la famille de Panthou [sceaux des xiie et xiiie s.], p. 147.

27054. Parey. — Rapport sur le style d'architecture le plus convenable pour la construction des églises, sur le mode d'entretien et de restauration qui doit être adopté pour les anciens monuments, p. 177.

27055. Parey. — De la sculpture dans les églises, p. 203.

Deuxième partie :

27056. Dubosc. — Recueil de notes historiques sur la paroisse d'Agneaux [doyenné de Saint-Lô, église, château et fiefs], p. 65 et 185.

II. — Notices, mémoires et documents, etc., t. II. (Saint-Lô, 1864, in-8°, 214 p.)

27057. Lepingard (Éd.). — Mont-Castre et Champrepus. Étude sur l'emplacement du camp de Quintus Titurius Sabinus, lieutenant de César, p. 21.

27058. Delaunay (L'abbé). — Notice sur l'église Notre-Dame de Saint-Lô [xive-xve s.], p. 59.

27059. Didier (E.). — La cathédrale de Coutances et l'architecture ogivale, p. 148.

27060. Lepingard (Éd.). — Château et abbaye de Hambye [légendes], p. 168.

27061. Dubosc. — Fiefs des vicomtés de Coutances et d'Avranches au xive siècle [1327], p. 173.

27062. Houel (E.). — M. Feuillet [1788 † 1858], p. 201.

III. — Notices, mémoires et documents, etc., t. III. (Saint-Lô, 1868, in-8°, 224 p.)

27063. Lepingard (Édouard). — Une page de l'histoire de Saint-Lô ou notes sur l'établissement de l'administration départementale à Saint-Lô [1790-an xii], p. 31.

27064. Bottin (C.). — Du domaine maritime aux xie, xiie, xiiie et xive siècles sur le littoral normand et spécialement dans la baie de Lessay, p. 51.

27065. Didier (E.). — Note sur la génération des voûtes ogivales, *pl.*, p. 176. — Cf. id. n° 26994.

27066. Denis. — François Ier à Saint-Lô [1532], p. 187.

IV. — Notices, mémoires et documents, etc., t. IV. (Saint-Lô, 1878, in-8°, 164 p.)

27067. Didier (E.). — La cathédrale de Coutances et les moines celtiques, *plan*, p. 1.

27068. Houel (E.). — Le Bon-Sauveur de Saint-Lô [fondé en 1706 par Élisabeth de Surville], p. 81.

V. — Notices, mémoires et documents, etc., t. V. (Saint-Lô, 1879-1880, in-8°, 208 p.)

27069. Lepingard (Édouard). — Notice sur la manufacture d'armes de Saint-Lô (1793-1794), p. 1.

27070. Tauxier (H.). — Hypothèse sur l'existence d'un poème géographique dorien antérieur de trois cents ans à Homère, p. 63.

27071. Anonyme. — Une polémique à propos du marbre de Torigny [stèle de T. Solemnis; iiie s.], p. 103.

27072. Kanapell (V.). — Notice sur un vase gallo-romain trouvé dans la Vire près de Saint-Lô, *fig.*, p. 148.

27073. Gachet. — Rapport sur quelques objets [xvie-xviie s.] trouvés dans les fouilles du réservoir d'eau de la place de la préfecture à Saint-Lô, p. 149.

27074. Tauxier (H.). — Le continuateur de Skylax. Corrections proposées au texte de ce géographe, p. 159.

27075. Tauxier (H.). — Une émigration arabe dans l'Afrique du Nord entre l'époque de Jésus-Christ et celle de Mahomet, p. 172.

27076. Lepingard (Édouard). — Notice biographique sur MM. Denis [1809 † 1877] et Le Mennicier [1809 † 1879], p. 187.

VI. — Notices, mémoires et documents, etc., t. VI. (Saint-Lô, 1885, in-8°, 359 p.)

27077. Tauxier (H.). — Les cinq premières lignes du marbre de Torigny, p. 1.

27078. Lepingard (Éd.). — Sceau et plaque de Guy de Mauny trouvés dans la Vire [xive s.], *fig.*, p. 8.

27079. Gachet (A.). — Requête en vers latins présentée en 1695 au corps de ville de Saint-Lô par messire Esnouf, prêtre principal du collège. Réponse du corps de ville en vers latins, p. 17.

27080. Lepingard (Éd.). — Prieuré de Saint-Fromond. Investiture du prieur par le baron du Hommet [1391, 1451 et 1499], p. 31.

27081. Derbois (Prosper). — Choisnerie normande.

(Étude sur les mots : choîne, simenet, garreau, cônuels, fallue, etc.), p. 50.

27082. Lepingard (Éd.). — Notice biographique de M. Kanapell [1839 † 1881], conservateur du Musée de Saint-Lô, p. 75.

27083. Matinée (A.). — René Toustain de Billy, historien du Cotentin [† 1709], p. 83.

27084. Tauxier (H.). — Voies et villes romaines de la Manche (Cosedia, Fanum Martis, Legedia), p. 122.

27085. Lepingard (Éd.). — Les anciennes orgues de Notre-Dame de Saint-Lô [1663], p. 139.

27086. Matinée (A.). — Anecdotes de la révolution de Saint-Domingue racontées par Guillaume Mauviel, évêque de la colonie (1799-1804), p. 150.

MANCHE. — VALOGNES.

SOCIÉTÉ ARCHÉOLOGIQUE, ARTISTIQUE, LITTÉRAIRE ET SCIENTIFIQUE DE L'ARRONDISSEMENT DE VALOGNES.

Fondée le 7 novembre 1878, cette Société a publié, de 1880 à 1887, 4 volumes de *Mémoires*.

I. — **Mémoires de la Société archéologique, artistique, littéraire et scientifique de l'arrondissement de Valognes**, t. I, 1878-1879. (Valognes, 1880, in-8°, 184 p.)

27087. Duval (E.). — Note sur une trouvaille de coins gallo-romains faite à Portbail, p. 33.

27088. Le Cacheux (L'abbé L.). — Un seigneur bas normand à l'époque de la Révolution, 1780-1792 [Ch. Dancel, seigneur de Quinéville], p. 35.

27089. Leroy (A.). — Notice sur l'église de Valognes [xive-xve s.], p. 59.

27090. Fierville (Ch. de). — Découverte archéologique faite à Alleaume (Alauna) d'un tombeau présumé gallo-romain, p. 157.

27091. Le Biez (A.). — Quelques mots sur l'autel du Ham [époque mérovingienne], p. 161.

II. — **Mémoires de la Société archéologique**, etc., t. II, 1880-1881. (Valognes, 1882, in-8°, 264 p.)

27092. Fierville (Ch. de). — Défense des forts et du littoral de la Hougue, 1708, p. 37.

27093. Fagart (A.). — Les engagements [du domaine royal] du Cotentin, p. 107.

27094. Le Biez (A.). — Quelques mots à propos de la bataille de la Hougue [1692; instructions adressées au comte de Tourville], p. 127.

27095. Le Joly-Sénoville. — Le patois parlé dans la presqu'île du Cotentin, p. 139.

27096. Fagart (A.). — Les anciennes forêts du Cotentin [forêts de Valognes, Saint-Sauveur-le-Vicomte, de Bricquebec], p. 185.

27097. Le Biez (A.). — Notice biographique sur M. [Folliot] de Fierville [1819 † 1881], p. 243.

III. — **Mémoires de la Société archéologique**, etc., t. III, 1882-1884. (Valognes, 1885, in-8°, 139 p.)

27098. Marie (J.). — Étude littéraire sur Vicq-d'Azyr [† 1794], p. 5.

27099. Fagart (A.). — Le dernier siège de Valognes (1649), p. 37.

27100. Grou (Auguste). — Le Tourneur [† 1788], p. 49.

27101. Fagart (A.). — Turcaret et Valognes au commencement du xviiie siècle, p. 61.

27102. Anonyme. — Relation intercalée dans les actes de mariage et sépulture de la paroisse de Saint-Malo de fêtes et cérémonies qui eurent lieu à Valognes de 1687 à 1715, p. 85.

27103. Benoist (A.). — Les îles Saint-Marcouf. Étude historique et géographique, p. 94.

27104. Fagart (A.). — La Victoire [temple de l'ancienne cité d'Alauna], p. 115.

27105. Caligny (De). — Lettre de M. de Matignon à la noblesse du Cotentin faisant partie de l'armée d'observation sur nos côtes en 1709, p. 125.

IV. — **Mémoires de la Société archéologique**, etc., t. IV, 1885-1886. (Valognes, 1887, in-8°, 143 p.)

27106. Fagart (A.). — L'amiral de Bourbon et Valognes au xve siècle, p. 5.

27107. Benoist (A.). — B.-J. Dacier [1742 † 1833], p. 17.

27108. Fagart (A.). — Les armes de la ville de Valognes, p. 23.

27109. Anonyme. — Les anciens privilèges de Valognes, p. 29.

27110. Benoist (A.). — Les Cordeliers de Valognes, 1477-1790, p. 37.

27111. Guimond (J.). — Les derniers jours du bailliage de Valognes [1788], p. 55.

27112. Anonyme. — Fondation de la bibliothèque de Valognes [1719], p. 85.

27113. Fagart (A.). — Les impôts directs payés à Valognes au xviiie siècle. Étude de l'impôt sur le revenu avant la Révolution, p. 93.

MARNE. — CHÂLONS-SUR-MARNE.

SOCIÉTÉ D'AGRICULTURE, COMMERCE, SCIENCES ET ARTS DU DÉPARTEMENT DE LA MARNE.

Une Société littéraire fut fondée à Châlons-sur-Marne au milieu du XVIIIe siècle. Elle commença à tenir des séances régulières en 1753 et fut transformée en *Académie des sciences, arts et belles-lettres de Châlons,* par lettres patentes d'août 1775. Cette académie disparut en 1792 en même temps que tous les autres corps analogues. Il ne paraît pas qu'elle ait rien publié (voir notre n° 27186).

Elle fut remplacée en 1798 par une association nouvelle qui prit le titre de *Société d'agriculture, commerce, sciences et arts du département de la Marne* qu'elle porte encore. Jusqu'en 1855 cette Société n'a publié que des *Comptes rendus annuels* de ses travaux ou des procès-verbaux de ses *Séances publiques,* sauf pendant les années 1815 et 1844. Elle a commencé depuis à publier un *Recueil de mémoires* dont le 29e volume correspondant aux années 1884-1885 a paru en 1886. Une table de tous les volumes publiés de 1807 à 1873 a été donnée par M. Nicaise (voir le n° 27194).

I. — Compte annuel et sommaire des travaux de la Société d'agriculture, commerce, sciences et arts du département de la Marne, année 1807. (Châlons, s. d., in-8°, 22 p.)

27114. Moignon. — Compte annuel et sommaire ... lu à la séance publique du 16 août 1807 [Sabathier, † 1807; Filion], p. 3.

II. — Compte annuel et sommaire, etc., année 1808. (Châlons, s. d., in-8°, 31 p.)

27115. Moignon. — Compte annuel et sommaire ... lu à la séance publique du 16 août 1808 [Grojean, † 1808], p. 3.

III. — Compte annuel et sommaire, etc., année 1809. (Châlons, s. d., in-8°, 14 p.)

IV. — Compte annuel et sommaire, etc., année 1810. (Châlons, s. d., in-8°, 16 p.)

V. — Compte annuel et sommaire, etc., année 1811. (Châlons, s. d., in-8°, 20 p.)

VI. — Compte rendu par la Société d'agriculture, commerce, sciences et arts du département de la Marne, de ses travaux pendant l'année 1812. (Châlons, 1812, in-8°, 78 p.)

VII. — Séance publique de la Société d'agriculture, commerce, sciences et arts du département de la Marne, etc., tenue à Châlons le 17 août 1813. (Châlons, 1813, in-8°, 116 p.)

27116. Moignon. — Éloge historique de M. Auger, docteur en médecine [1746 † 1813], p. 40.

27117. Sein. — Essai historique sur le règne de Charles VI [simple extrait], p. 63.

VIII. — Compte rendu sommaire des travaux de la Société d'agriculture, etc., depuis le 2 novembre 1813 jusqu'au 25 août 1814. (Châlons, 1814, in-8°, 83 p.)

27118. Mathieu. — Compte sommaire des travaux de la Société [éloge de Parmentier], p. 3.

27119. [Vanzut]. — Discours sur les travaux de l'ancienne Académie de Châlons et sur ceux de la Société d'agriculture de la Marne qui l'a remplacée, p. 52.

IX. — Séance publique de la Société d'agriculture, etc., tenue à Châlons le 26 août 1816. (Châlons, 1816, in-8°, 84 p.)

27120. Gobet. — Notice sur feu M. Joseph-Simon Tisset [pharmacien, 1761 † 1816], p. 48.

27121. Turpin. — Notice sur M. Philippe-Louis-Hérard Ducauzé, comte de Nazelle [† 1815], p. 69.

X. — Séance publique de la Société d'agri-

culture, etc., tenue à Châlons le 26 août 1817. (Châlons, 1817, in-8°, 101 p.)

27122. Gobet. — Éloge de M. François-Xavier-Jean Turpin [juge, 1764 † 1816], p. 53.

XI. — Séance publique de la Société d'agriculture, etc., tenue à Châlons le 26 août 1818. (Châlons, 1818, in-8°, 104 p.)

XII. — Séance publique de la Société d'agriculture, etc., tenue à Châlons le 30 août 1819. (Châlons, 1819, in-8°, 119 p.)

27123. Caquot. — Compte rendu des travaux de la Société pendant l'année 1819 [notes historiques sur Courtisols], p. 11.

XIII. — Séance publique de la Société d'agriculture, etc., tenue à Châlons le 5 septembre 1820. (Châlons, 1820, in-8°, 96 p.)

XIV. — Séance publique de la Société d'agriculture, etc., tenue à Châlons le 27 août 1821. (Châlons, 1821, in-8°, 88 p.)

XV. — Séance publique de la Société d'agriculture, etc., tenue à Châlons le 26 août 1822. (Châlons, 1822, in-8°, 72 p.)

XVI. — Séance publique de la Société d'agriculture, etc., tenue à Châlons. le 27 août 1823. (Châlons, 1823, in-8°, 48 p.)

XVII. — Séance publique de la Société d'agriculture, etc., tenue à Châlons le 27 août 1824. (Châlons, 1824, in-8°, 75 p.)

27124. Becquey (L'abbé). — Sur l'architecture sacrée, p. 3.

XVIII. — Séance publique de la Société d'agriculture, etc., tenue à Châlons le 29 août 1825. (Châlons, 1825, in-8°, 78 p.)

XIX. — Séance publique de la Société d'agriculture, etc., tenue à Châlons le 28 août 1826. (Châlons, 1826, in-8°, 88 p.)

XX. — Séance publique de la Société d'agriculture, etc., tenue à Châlons le 28 août 1827. (Châlons, 1827, in-8°, 100 p.)

27125. Moignon. — Notice sur M. l'abbé Delacourt [1738 † 1826], p. 63.

27126. Gobet-Boisselle. — Notice nécrologique sur M. Augustin-Joseph Becquey [1755 † 1827], p. 79.

XXI. — Séance publique de la Société d'agriculture, etc., tenue à Châlons le 11 septembre 1828. (Châlons, 1828, in-8°, 110 p.)

XXII. — Séance publique de la Société d'agriculture, etc., tenue à Châlons le 9 septembre 1829. (Châlons, 1829, in-8°, 100 p.)

27127. Prin. — Notice sur M. Basile-Pierre Chamorin [médecin, 1755 † 1829], p. 33.

XXIII. — Séance publique de la Société d'agriculture, etc., tenue à Châlons le 23 septembre 1830. (Châlons, 1830, in-8°, 116 p.)

27128. Garinet (Jules). — Notice biographique sur M. [l'abbé] Ambroise Périn [1758 † 1830], p. 51.

XXIV. — Séance publique de la Société d'agriculture, etc., tenue à Châlons le 31 août 1831. (Châlons, 1831, in-8°, 116 p.)

27129. Gobet-Boisselle. — Vézins et Regnier [épisode des massacres de la Saint-Barthélemy], p. 73.

XXV. — Séance publique de la Société d'agriculture, etc., tenue à Châlons le 12 août 1833. (Châlons, 1833, in-8°, 168 p.)

27130. Garinet (Jules). — Sur les assemblées nationales antérieures aux États généraux de 1789, p. 3.

XXVI. — Séance publique de la Société d'agriculture, etc., tenue à Châlons le 4 septembre 1834. (Châlons, 1834, in-8°, 93 p.)

27131. Garinet (J.). — Notice biographique sur le lieutenant général baron Abbé [1764 † 1834], p. 40.

XXVII. — Séance publique de la Société d'agriculture, etc., tenue à Châlons le 10 septembre 1835. (Châlons, 1835, in-8°, 84 p.)

XXVIII. — Séance publique de la Société d'agriculture, etc., tenue à Châlons le 3 septembre 1836. (Châlons, 1837, in-8°, 160 p.)

27132. Garinet (Jules). — Mémoire sur l'établissement du christianisme à Châlons et sur les institutions qui s'y rattachent [paroisses, abbayes, hôpitaux, etc.], p. 99.

XXIX. — Séance publique de la Société d'agriculture, etc., tenue à Châlons le 12 septembre 1837. (Châlons, 1837, in-8°, 136 p.)

27133. Materne. — Comparaison des mœurs et des usages de la Grèce dans les temps héroïques avec les mœurs et les usages des barbares qui envahirent l'empire romain, p. 44.

XXX. — Séance publique de la Société d'agriculture, etc., tenue à Châlons le 1er septembre 1838. (Châlons, 1838, in-8°, 192 p.)

27134. Garinet (Jules). — Notice biographique sur M. l'abbé Pierre Brisson [1758 † 1838], p. 125.

27135. Maupassant. — Notice sur l'abbaye de Notre-Dame de Vertus, p. 133.

XXXI. — Séance publique de la Société d'agriculture, etc., tenue à Châlons le 30 août 1839. (Châlons, 1839, in-8°, 356 p.)

27136. Maupassant. — Notice sur l'abbaye de Saint-Sauveur de Vertus [1081-1793], p. 211.

[Chartes de Henri, comte de Troyes (1179), de Guy, évêque de Châlons (1187), etc.]

27137. Garinet (J.). — Notice biographique sur M. Jacques-Martin Dupuis [1757 † 1838], p. 244.

XXXII. — Séance publique de la Société d'agriculture, etc., tenue à Châlons le 3 septembre 1840. (Châlons, 1840, in-8°, 308 p.)

27138. Garinet (Jules). — Histoire de l'église cathédrale de Châlons et de son chapitre, p. 39.

27139. Perrier (Eugène). — Notice biographique sur M. Théodore Pein [1756 † 1839], p. 213.

XXXIII. — Séance publique de la Société d'agriculture, etc., tenue à Châlons le 30 septembre 1841. (Châlons, 1841, in-8°, 168 p.)

27140. Pein (Dr P.-F.). — Notice sur M. L.-A. Gobet [1768 † 1840], p. 117.

XXXIV. — Séance publique de la Société d'agriculture, etc., tenue à Châlons le 20 octobre 1842. (Châlons, 1842, in-8°, 356 p.)

27141. Dartey (C.-J.-V.). — Fragments extraits des considérations sur l'origine et les progrès des ligues helvétiques [Appenzell], p. 272.

XXXV. — Séance publique de la Société d'agriculture, etc., tenue à Châlons le 5 septembre 1843. (Châlons, 1843, in-8°, 158 p.)

XXXVI. — Séance publique de la Société d'agriculture, etc., tenue à Châlons le 3 septembre 1845. (Châlons, 1846, in-8°, 148 p.)

27142. Perrier (Eugène). — Notice biographique sur M. le docteur Moignon [Ch.-Pierre-Narcisse, 1761 † 1844], p. 114.

XXXVII. — Séance publique de la Société d'agriculture, etc., tenue à Châlons le 16 septembre 1846. (Châlons, 1847, in-8°, 152 p.)

XXXVIII. — Séance publique de la Société d'agriculture, etc., tenue à Châlons le 21 décembre 1847. (Châlons, 1848, in-8°, 156 p.)

XXXIX. — Séance publique de la Société d'agriculture, etc., tenue à Châlons le 23 novembre 1848. (Châlons, 1849, in-8°, 136 p.)

XL. — Séance publique de la Société d'agriculture, etc., tenue à Châlons le 2 décembre 1849. (Châlons, 1850, in-8°, 180 p.)

27143. Caquot. — Notice biographique sur M. Louis Becquey [1760 † 1849], p. 103.

XLI. — Séance publique de la Société d'a-

griculture, etc., tenue à Châlons le 4 septembre 1850. (Châlons, 1850, in-8°, 160 p.)

27144. Garbeur Le Brun (Ant.). — Notice sur M. Gay-Lussac [1778 † 1850], p. 82.

XLII. — Séance publique de la Société d'agriculture, etc., tenue à Châlons le 25 septembre 1851. (Châlons, 1852, in-8°, 252 p.)

27145. Prin (Dr). — Notice sur Claude-Joseph Garinet [1766 † 1851], p. 132.

XLIII. — Séance publique de la Société d'agriculture, etc., tenue à Châlons le 27 septembre 1852. (Châlons, 1852, in-8°, 148 p.)

XLIV. — Séance publique de la Société d'agriculture, etc., tenue à Châlons le 19 novembre 1853. (Châlons, 1854, in-8°, 136 p.)

27146. Garbeur Le Brun (Ant.). — Notice sur M. Vincent, ancien directeur de l'École d'arts et métiers de Châlons, etc. [1793 † 1853], p. 110.

XLV. — Séance publique de la Société d'agriculture, etc., tenue à Châlons le 24 avril 1854. (Châlons, 1854, in-8°, 132 p.)

27147. Sellier. — Notice biographique sur M. le vicomte de Jessaint, ancien préfet du département de la Marne [1764 † 1853], p. 25.

XLVI. — Société d'agriculture, commerce, sciences et arts du département de la Marne. — Séance publique tenue à Châlons le 29 août 1855. — Travaux divers de 1855. — Rapport sur les travaux du Congrès des délégués des sociétés savantes de France (session de 1856). [Châlons, 1856, in-8°, 344 p.]

27148. Barthélemy (Éd. de). — Note sur le passage du roi Louis VII à Châlons en 1163, p. 248.

27149. Caquot. — De la poésie au XVIe siècle à l'occasion d'un mémoire de M. de Gournay intitulé *Malherbe, sa vie et ses ouvrages* [tableau généalogique de la famille Malherbe], p. 250.

I. — Mémoires de la Société d'agriculture, commerce, sciences et arts du département de la Marne, année 1855-1856. (Châlons, 1857, in-8°, 335 p.)

27150. Sellier. — Notice historique sur la compagnie du noble jeu de l'arc ou des arquebusiers de la ville de Châlons-sur-Marne et sur la fête donnée par elle en 1754 [inscriptions funéraires du XIIIe et du XIVe s.], p. 139.

27151. Chaubry de Troncenord. — Recherches sur les peintres-verriers champenois, p. 213.

27152. Caquot. — Usages locaux encore en vigueur dans le département de la Marne constatés par des commissions cantonales, p. 231.

27153. Caquot. — Nécrologie. M. le comte de Dampierre [général de division, 1786 † 1856], p. 327.

II. — Mémoires de la Société d'agriculture, etc., séance publique tenue à Châlons le 25 août 1857. (Châlons, s. d., in-8°, 232 p.)

27154. Boulard (Le capitaine). — Notice biographique sur M. le général comte Aug.-Ph.-Henry de Dampierre [1786 † 1856; généalogie de sa famille], p. 53.

27155. Chaubry de Troncenord. — Notice sur les artistes graveurs de la Champagne [XVe-XIXe s.], p. 97.

27156. Perrier (Charles). — Notice sur la vie et les œuvres du chevalier Delatouche [† 1781; sa correspondance avec M. de Flavigny, 1766-1774], p. 177.

III. — Mémoires de la Société d'agriculture, etc., séance publique tenue à Châlons en 1858. (Châlons, s. d., in-8°, 190 p.)

27157. Perrier (Eugène). — Notice biographique sur M. Caquot [1789 † 1857], p. 81.

27158. Salle. — Rapport sur un mémoire de M. Louis Perrier sur l'histoire des vins de Champagne, p. 109.

22159. Profillet (A.). — Le tombeau de Lafontaine [à Paris], p. 131.

IV. — Mémoires de la Société d'agriculture, etc., année 1859. (Châlons, s. d., in-8°, 326 p.)

27160. Savy (A.). — Mémoire topographique jusqu'au Ve siècle de la partie des Gaules occupée aujourd'hui par le département de la Marne, 4 *pl.*, p. 65. — Cf. nos 27165 et 27393.

[Voies romaines, enceintes fortifiées, tumulus, bataille de Châlons (451).]

27161. Chaubry de Troncenord. — Étude historique sur la statuaire au moyen âge, *pl.*, p. 171; et VII, p. 259.

[Sculpteurs champenois : Hugues Lallement, les Jacques, Girardon, Jean Jolly, Fournier, Bouchardon, Laurent Guyart, Petitot, Simart.]

27162. Trémolière. — Étude sur les monuments celtiques en général et sur ceux de la Marne en particulier, p. 197.

27163. Remy (Jules). — Récits d'un vieux sauvage pour servir à l'histoire ancienne de Havaï. Notes d'un voyageur, p. 245.

V. — Mémoires de la Société d'agriculture, etc., année 1860. (Châlons, s. d., in-8°, 242 p.)

27164. Gabinet (Jules). — Notice biographique sur Mgr Monier de Prilly, évêque de Châlons-sur-Marne [1775 † 1860], p. 73.

27165. Savy (A.). — Réponse aux observations critiques de M. Ch. Loriquet sur le mémoire topographique jusqu'au ve siècle de la partie des Gaules occupée aujourd'hui par le département de la Marne, p. 103. — Cf. n° 27393.

27166. [Gillet (Ch.).] — Extraits des comptes de dépenses du roi Charles VI et de la reine [1407-1408], de Mgr de Beaujeu et de Mgr de Valois [1463-1464], p. 191.

27167. Savy (A.). — Vieux fers à cheval romains [trouvés au Meix-Tiercelin], *pl.*, p. 209.

VI. — Mémoires de la Société d'agriculture, etc., année 1861. (Châlons, s. d., in-8°, 292 et 382 p.)

27168. Gillet (Ch.). — Notice biographique sur M. Joppé [Jean-Maurice, 1791 † 1860], p. 69.

27169. Gillet (Ch.). — Notice biographique sur M. Charles Perrier [1835 † 1860], p. 91.

27170. Aubert (L'abbé A.). — La chaire de l'église Notre-Dame de Juvigny, diocèse de Châlons [style Louis XIII], p. 113.

27171. Remy (D^r). — Étude sur la caverne contenant des ossements humains et des armes en silex découverte à Mizy, 2 *pl.*, p. 151.

Deuxième partie :

27172. [Salle.] — Notions sur les communes du département de la Marne pour servir au Dictionnaire géographique, historique et archéologique de la France [1re partie : arrondissements de Châlons, Épernay, Sainte-Menehould et Vitry], p. 1 à 382.

VII. — Mémoires de la Société d'agriculture, etc., année 1862. (Châlons, s. d., in-8°, 640 p.)

27173. Gillet (Ch.). — Notice biographique sur Charles Picot [1799 † 1861], p. 113.

27174. Trémolière. — Essai sur l'origine du notariat et de l'art de l'écriture, p. 179; et X, p. 63.

27175. Boulland. — De quelques manières d'acheter un champ. Symboles et formalités juridiques qui, chez divers peuples, accompagnaient autrefois la vente de la terre, p. 217.

[27161]. Chaubry de Troncenord. — Étude historique sur la statuaire au moyen âge. — Sculpteurs champenois, p. 259.

27176. Georges (L'abbé Étienne). — Coup d'œil sur les progrès de la langue française en Champagne depuis les temps les plus reculés jusqu'à nos jours, p. 301.

VIII. — Mémoires de la Société d'agriculture, etc., année 1863. (Châlons, s. d., in-8°, 232 p.)

27177. Perrier (Émile). — Notice biographique sur M. de Maupassant [Marc-Antoine, 1802 † 1863], p. 195.

IX. — Mémoires de la Société d'agriculture, etc., année 1864. (Châlons, s. d., in-8°, 182 p.)

27178. Bailly (L'abbé). — Notice biographique sur Mgr Jean-Honoré Bara, évêque de Châlons [1798 † 1864], p. 73.

27179. Gabinet (J.). — Notice biographique sur le docteur Pierre-Félicité Prin [1791 † 1864], p. 113.

X. — Mémoires de la Société d'agriculture, etc., année 1865. (Châlons, s. d., in-8°, 108 p.)

27180. Faure (Hippolyte). — Pierre Bayen, chimiste, né à Châlons le 7 février 1725 [† 1798], p. 47.

[27174]. Trémolière. — Essai sur l'origine du notariat et de l'art de l'écriture, p. 63.

XI. — Mémoires de la Société d'agriculture, etc., année 1866. (Châlons, s. d., in-8°, 302 p.)

27181. Lahirée (Jules). — Étude historique sur l'hospice Sainte-Menehould, p. 61.

27182. Gabinet (Jules). — Étude sur l'invasion des Gaules par Attila en 451, *pl.*, p. 211.

XII. — Mémoires de la Société d'agriculture, etc., année 1867. (Châlons, s. d., in-8°, 78 p.)

IMPRIMERIE NATIONALE.

XIII. — Mémoires de la Société d'agriculture, etc., année 1868. (Châlons, s. d., in-8°, 318 p.)

27183. Faure (H.). — E. Millon. Notice biographique [1812 † 1867, chimiste], p. 63.
27184. Remy (Ch.). — Notice nécrologique sur Claude-Nicolas Gayot [1777 † 1868, vétérinaire], p. 103.
27185. Hequet (Ch.). — Essai biographique. Le sire Jean de Joinville [1223 † 1318], p. 147.
27186. Menu (Henri). — La Société littéraire et l'Académie des sciences, arts et belles-lettres de Châlons-sur-Marne [1750-1792], p. 189.

XIV. — Mémoires de la Société d'agriculture, etc., année 1869. (Châlons, s. d., in-8°, 144 p.)

27187. Perrier (Émile). — Notice biographique sur M. le docteur Nicaise [1799 † 1869], p. 81.

XV. — Mémoires de la Société d'agriculture, etc., années 1870-1871. (Châlons, s. d., in-8°, 236 p.)

27188. Denis (Aug.). — Essai sur la numismatique de la partie de la Champagne représentée aujourd'hui par le département de la Marne, 7 *pl.*, p. 133.

XVI. — Mémoires de la Société d'agriculture, etc., année 1872. (Châlons, s. d., in-8°, 92 p.)

27189. Barthélemy (Édouard de). — Les volontaires républicains à Châlons en 1792, p. 61.

XVII. — Mémoires de la Société d'agriculture, etc., années 1872-1873. (Châlons, s. d., in-8°, 220 p.)

27190. Nicaise (Auguste). — Rapport de la commission nommée pour visiter les grottes préhistoriques de Coizard-Joches et de Courjonnet ainsi que le musée [préhistorique] fondé par M. Joseph de Baye, p. 41.
27191. Savy (A.-Camille). — Notice sur M. Julius Brenchley [naturaliste anglais, 1816 † 1873], p. 143.
27192. Barthélemy (Édouard de). — Châlons au xve siècle, p. 151.

XVIII. — Mémoires de la Société d'agriculture, etc., années 1873-1874. (Châlons, 1875, in-8°, 350 p.)

27193. Morel. — Rapport sur la découverte de sépultures gauloises au territoire de Marson, 6 *pl.*, p. 179.
27194. Nicaise (Auguste). — Table des travaux publiés dans les Mémoires de la Société d'agriculture, commerce, sciences et arts du département de la Marne, 1807-1873, p. 207.

XIX. — Mémoires de la Société d'agriculture, etc., années 1874-1875. (Châlons, 1876, in-8°, 290 p.)

27195. Nicaise (Auguste). — Études paléoethnologiques. Les puits funéraires de Tours-sur-Marne; époque de la pierre polie, 2 *pl.*, p. 61.
27196. Morel. — Découverte de Somme-Bionne. Gaulois sur son char et objets étrusques, 6 *pl.*, p. 77.
27197. Maxe-Werly (Léon). — Études sur les monnaies antiques [gauloises] recueillies au châtel de Boviolles de 1802 à 1874, *carte* et *fig.*, p. 109.
27198. Lucot (L'abbé). — Sainte Hélène, mère de l'empereur Constantin, d'après des documents inédits; sa vie, son culte en Champagne, son suaire à Châlons [*pl.*], son corps à Paris, p. 183.

[Procès-verbaux de translation de ses reliques en 1343 et 1410.]

XX. — Mémoires de la Société d'agriculture, etc., années 1875-1876. (Châlons, 1877, in-8°, 256 p.)

27199. Lucot (L'abbé). — L'abbaye de Notre-Dame de Boulancourt et le monastère du Lieu-des-Dames de Boulancourt de l'ordre de Cîteaux en Champagne, p. 49.

[Appendice : sur le culte de sainte Asceline à l'abbaye de Boulancourt.]

27200. Pizard (A.). — Le marquis Albert de Brandebourg. Épisode du siège de Metz (1552), p. 99.
27201. Fourdrignier (Ed.). — Double sépulture gauloise de la Gorge-Meillet, 4 *pl.*, p. 125.
27202. Fourdrignier (Ed.). — Les chars gaulois dans la Marne, *pl.*, p. 135.
27203. Lucot (L'abbé). — Le cardinal de Bérulle à propos du livre de M. Houssaye, p. 159.
27204. Barthélemy (Édouard de). — Le chevalier de la Touche d'après sa correspondance inédite avec le président Morel (1729-1779), p. 171.

XXI. — Mémoires de la Société d'agriculture, etc., années 1876-1877. (Châlons, 1878, in-8°, 260 p.)

27205. Nicaise (Auguste). — La station de Saint-Martin-sur-le-Pré (Marne); commencement de la pierre polie, 2 *pl.*, p. 107.

27206. Perrier (Eugène). — Note sur un manuscrit champenois du XIIIe siècle [récits d'un ménestrel de Reims], p. 143.

27207. Nicaise (Auguste). — La chambre de justice. Épisode de l'histoire du XVIIIe siècle [1716-1717], p. 185.

27208. Gillet (Ch.). — Notice biographique sur M. le docteur Titon [1825 † 1877], p. 211.

XXII. — Mémoires de la Société d'agriculture, etc., années 1877-1878. (Châlons, 1879, in-8°, 332 p.)

27209. Lucot (L'abbé). — La vierge de Boulancourt, statue de bois sculpté de 1535 conservée en l'église de Montier-en-Der, *pl.*, p. 67.

27210. Maxe-Werly (Léon). — Essai sur le type de la monnaie de Provins, *fig.*, p. 217.

27211. Nicaise (Auguste). — Le cimetière franco-mérovingien de Hancourt (Marne), *pl.*, p. 243.

27212. Nicaise (Auguste). — Note sur une coupe en terre de l'époque du bronze découverte près de Châlons-sur-Marne en octobre 1878, *pl.*, p. 267.

XXIII. — Mémoires de la Société d'agriculture, etc., années 1878-1879. (Châlons, 1880, in-8°, 466 p.)

27213. Sale (D[r]). — Notice biographique sur Eugène Perrier [1810 † 1879], p. 141.

27214. Perrier (Eugène). — Rapport sur un manuscrit d'Étienne de Bourbon, dominicain du XIIIe siècle, p. 217.

27215. Boureulle (P. de). — Souvenirs lorrains et champenois, p. 235.

[La ville de Neufchâteau et les premiers Valois. — Les villes de Lorraine et la *loi de Beaumont*.]

27216. Vagny (A.). — Rapport sur la galerie nord du grand comble de la cathédrale de Reims dont l'Académie de cette ville demande la conservation, p. 247.

27217. Lucot (L'abbé). — Jeanne d'Arc en Champagne. Note inédite d'un contemporain de la Pucelle sur la campagne du sacre (1429), p. 257.

27218. Huet (Félix). — Étude sur les différentes écoles de violon depuis Corelli jusqu'à Baillot, précédée d'un examen sur l'art de jouer des instruments à archet au XVIIe siècle, p. 275.

XXIV. — Mémoires de la Société d'agriculture, etc., années 1879-1880. (Châlons, 1881, in-8°, 532 p.)

27219. Lucot (L'abbé). — La procession des châsses à Châlons les lundi et mardi de la Pentecôte. Origine, caractère et cérémonial de cette procession d'après les documents du XIIe au XVIIIe siècle, p. 199.

[Ordo ecclesie Cathalaunensis, XIIIe s. — Anciennes châsses des églises de Saint-Étienne, de Toussaints, Saint-Pierre-aux-Monts, de l'abbaye de Saint-Memmie. — Châsse du XIIe s., *pl.*]

27220. Puiseux (L'abbé). — L'instruction primaire dans le diocèse ancien de Châlons-sur-Marne avant 1789, p. 305. — Cf. n° 27231.

27221. Aubrion (C.). — Le menhir de la forêt du Gault (Marne), *pl.*, p. 387.

27222. Nicaise (Auguste). — Le cimetière des Varennes près Dormans (Marne); époque de la pierre polie, *pl.*, p. 401.

27223. Nicaise (Auguste). — La grotte-dolmen de la garenne de Verneuil (Marne); époque de la pierre polie, *pl.*, p. 409.

27224. Nicaise (Auguste). — L'époque du bronze dans le département de la Marne, *pl.*, p. 417.

27225. Nicaise (Auguste). — Découvertes faites à Saint-Memmie et à Châlons-sur-Marne, *pl.*, p. 437.

[Époque gallo-romaine et XIIIe s. — Stations gallo-romaines du Chatelat de Bussy-Lettrée, de la Madeleine de Somme-Vesle (Marne).]

XXV. — Mémoires de la Société d'agriculture, etc., années 1880-1881. (Châlons, 1882, in-8°, 364 p.)

27226. Nicaise (Auguste). — La sépulture de Champigny (Aube); première époque du fer, *pl.*, p. 109.

27227. Nicaise (Auguste). — Le cimetière mérovingien de l'Académie, commune de Saint-Quentin-sur-Coole (Marne), p. 117.

27228. Lucot (L'abbé). — L'église de Binson et sainte Posenne, d'après une inscription du XIe siècle [*fac-similé*] et d'autres documents inédits, p. 125.

27229. Barthélemy (Éd. de). — Cartulaire de l'abbaye Saint-Pierre d'Oyes (canton de Sézanne) [XII-XIIIe s.], suivi d'une note sur les anciens seigneurs de Broyes, p. 151.

27230. Boureulle (P. de). — Les corporations d'arts à Florence au temps de Dante Alighieri, p. 193.

27231. Puiseux (L'abbé). — L'instruction primaire dans le département de la Marne pendant la Révolution (1789-1800), p. 213. — Cf. n° 27220.

27232. Lucot (L'abbé). — Le pape saint Urbain II et son monument à Châtillon-sur-Marne, p. 321.

27233. Perrier (Émile). — Paroles prononcées sur les tombes de M. Lebreton, de M. le docteur Salle, de M. Masson-Ouriet, de M. l'abbé Boitel [† 1881], p. 339 et 351.

XXVI. — Mémoires de la Société d'agriculture, etc., années 1882-1883 [*lisez* 1881-1882]. (Châlons, 1883, in-8°, 228 p.)

27234. Perrier (Émile). — Notice biographique sur M. le docteur Salle [1799 † 1881], p. 47.

27235. Nicaise (Auguste). — Découverte d'ossements humains associés à des silex taillés et à la faune quaternaire dans les alluvions quaternaires de la vallée de la Marne à Châlons-sur-Marne, p. 57.

27236. Nicaise (Auguste). — Le cimetière gallo-romain de la fosse Jean Fat à Reims [poteries, stèles romaines], p. 73.

27237. Barthélemy (Éd. de). — Cartulaires des prieurés d'Ulmoy et de Mathons du chapitre de Tours-sur-Marne et recueil de chartes de l'abbaye d'Andecy [textes et analyses de pièces du XIIe au XVIe s.], p. 89.

27238. Puiseux (L'abbé). — La condition des maîtres d'école aux XVIIe et XVIIIe siècles. Monographie d'une famille [famille Gauthier], p. 139.

27239. Lucot (L'abbé). — Le P. Charles Rapine, annaliste châlonnais [1594 † 1648], p. 161.

27240. Duguet (P.). — Discours prononcé sur la tombe de M. le docteur Dorin [1789 † 1882], p. 181.

XXVII. — Mémoires de la Société d'agriculture, etc., années 1882-1883. (Châlons, 1884, in-8°, 440 p.)

27241. Puiseux (L'abbé J.). — Les cahiers de doléances du Tiers état rural du bailliage de Châlons-sur-Marne en 1789, p. 107.

27242. Grignon (Louis). — Notre-Dame-en-Vaux. Description, 2 *pl.*, p. 147; et XXVIII, p. 125.

[Église de Châlons-sur-Marne, attribuée aux XIIe et XIIIe s.]

27243. Lucot (L'abbé). — Les verrières de la cathédrale de Châlons en général et plus particulièrement les verrières des collatéraux, p. 297. — Cf. n°s 27246 et 27252.

27244. Desjardins (L'abbé). — Jehan Vittement, né à Dormans, recteur de l'Université de Paris, lecteur des enfants de France et sous-précepteur de Louis XV [1655 † 1731], p. 309.

XXVIII. — Mémoires de la Société d'agriculture, etc., années 1883-1884. (Châlons, 1885, in-8°, 368 p. avec *pl.*)

27245. Nicaise (Auguste). — L'époque gauloise dans le département de la Marne, 4 *pl.*, p. 51.

[La sépulture à char de Sept-Saulx; le cimetière des Varilles, commune de Bouy; la sépulture à char et le vase à griffons de la Cheppe; le cimetière du Mont-Coutant (Fontaine-sur-Coole).]

27246. Lucot (L'abbé). — L'ancien vitrail de Saint-Étienne de l'époque de la Renaissance (cathédrale de Châlons), p. 111 et 118. — Cf. n°s 27243 et 27252.

[27242]. Grignon (Louis). — Notre-Dame-en-Vaux. Historique [pièces justificatives], p. 125.

XXIX. — Mémoires de la Société d'agriculture, etc., années 1884-1885. (Châlons, 1886, in-8°, p. 255.)

27247. Nicaise (Auguste). — Le port féminin du torque chez certaines tribus de l'est de la Gaule. Étude d'archéologie gauloise, p. 75.

27248. Nicaise (Auguste). — Note sur des bracelets gaulois découverts dans le département de la Marne, p. 91.

27249. Nicaise (Auguste). — Étude sur un buste antique en marbre, p. 97.

27250. Neymark (Alfred). — Turgot et ses doctrines, p. 107.

27251. Huet (Félix). — La musique liturgique. L'art moderne dans ses rapports avec le culte, p. 123.

27252. Lucot (L'abbé). — Les vitraux de l'église Saint-Étienne (église cathédrale de Châlons), sanctuaire, transepts, chœur et nef principale, p. 205. — Cf. n°s 27243 et 27246.

MARNE. — REIMS.

ACADÉMIE NATIONALE DE REIMS.

L'*Académie de Reims* a été fondée le 15 mai 1841, elle fut autorisée à se constituer définitivement par arrêté ministériel du 6 décembre de la même année, elle fut reconnue d'utilité publique par ordonnance du 15 décembre 1846. Les travaux de cette Société forment plusieurs séries. La première, sous le nom d'*Annales*, comprend deux volumes seulement pour les années 1842-1843 et 1843-1844. La deuxième qui se continue encore comprenait 78 volumes à la fin de 1885. Les seize premiers volumes (années 1844-1852) portent le titre de *Séances et travaux;* les volumes 17 et suivants portent le titre de *Travaux* seulement. Une table générale des matières a été publiée en 1883 par M. Henri Jadart (voir le n° 27537). L'Académie de Reims a publié en outre une série de *Documents inédits*, et les ouvrages suivants :

27253. Marlot (Dom Guillaume). — Histoire de la ville, cité et université de Reims, métropolitaine de la Gaule-Belgique, divisée en douze livres, contenant l'estat ecclésiastique et civil du païs [avec notes de dom Marlot, de Lacourt, de Lasalle et des éditeurs]. (Reims, 4 vol. in-4°, t. I, 1843, xii-729 p. et 6 *pl.*; t. II, 1845, 852 p. et 3 *pl.*; t. III, 1846, 848 p. et 4 *pl.*; t. IV, 1846, xxvi-796 p. et 4 *pl.*)

27254. Lejeune. — *Flodoardi Historia Remensis Ecclesiæ.* Histoire de l'Église de Reims, par Flodoard, publiée par l'Académie impériale de Reims, et traduite, avec le concours de l'Académie, par M. Lejeune, professeur au lycée de la même ville. (Reims, 1854, 2 vol. in-8°, t. I, xxxvii-369 p.; t. II, 639 p.)

27255. Bandeville (L'abbé). — *Flodoardi Chronicon.* Chronique de Flodoard, de l'an 919 à l'an 976, avec un appendice de quelques années, publiée par l'Académie impériale de Reims, avec une traduction nouvelle et des notes; suivie d'un *Index* pour l'Histoire de Reims et la Chronique, par feu l'abbé Bandeville, chanoine de Reims, membre de l'Académie. (Reims, 1855, t. III, in-8°, vii-305 p.)

[Ce volume fait suite aux deux précédents. L'index et l'erratum sont communs à tous les trois.]

27256. Poinsignon (A.-M.). — *Richeri Historiarum quatuor libri.* Histoire de Richer en quatre livres, publiée par l'Académie impériale de Reims, avec traduction, notes, cartes géographiques et *fac-similé* du manuscrit de Richer, par A.-M. Poinsignon, ancien professeur d'histoire et censeur des études, docteur ès lettres et membre de l'Académie. (Reims, 1855, in-8°, xxii-604 p.)

27257. Henry (E.) et Loriquet (Ch.). — Journalier ou mémoires de Jean Pussot, maître charpentier en la Couture de Reims [1568-1626], publiés, pour la première fois, sur le manuscrit autographe de la Bibliothèque de cette ville, par E. Henry, professeur d'histoire au lycée et membre de l'Académie, et Ch. Loriquet, bibliothécaire de la ville et secrétaire général de l'Académie, avec reproduction des morceaux de musique contenus dans le manuscrit. (Reims, 1858, in-8°, lxix-327 p.) — Cf. id. n° 27370.

[Tirage à part des tomes XXIII et XXV des *Travaux de l'Académie.*]

27258. Henry (E.) et Loriquet (Ch.). — Correspondance de Philibert Babou de La Bourdaisière, évêque d'Angoulême, depuis cardinal, ambassadeur de France à Rome [1560-1564], publiée sur le manuscrit de la Bibliothèque de Reims. (Reims, 1859, in-8°, xii-236 p.) — Cf. id. n° 27382.

[Tirage à part du tome XXVII des *Travaux de l'Académie.*]

27259. Henry (E.) et Loriquet (Ch.). — Correspondance du duc de Mayenne [Charles de Lorraine, 1590-1591], publiée sur le manuscrit de la Bibliothèque de Reims. (Reims, 1860-1862, 2 vol. in-8°, t. I, xiv-326 p.; t. II, 411 p.) — Cf. id. n° 27392.

[Tirage à part des tomes XXIX, XXXIII et XXXV des *Travaux de l'Académie.*]

27260. Loriquet (Ch.). — Mémoires de Oudard Coquault, bourgeois de Reims (1649-1668), publiés, pour la première fois, sur le manuscrit de la Bibliothèque de cette ville, avec une introduction, un appendice et des notes. (Reims, 1875, 2 vol. in-8°, paginés xc-265 et 266-706 p.) — Cf. id. n° 27457.

[Tirage à part des tomes L, LII et LV des *Travaux de l'Académie.*]

27261. Hérelle (G.). — Mémoire des choses plus notables advenues en la province de Champagne (1585-1598), publié sur le manuscrit de la Bibliothèque nationale, avec une introduction et des notes. (Reims, 1882, in-8°, 224 p.) — Cf. id. n° 27511.

[Tirage à part du tome LXVIII des *Travaux de l'Académie.*]

I. — Annales de l'Académie de Reims, 1er vol., 1842-1843. (Reims, 1843, in-8°, 494 p.)

27262. Paris (L.), Fanart (L.) et Herlé. — Des anciennes tapisseries et toiles peintes de la cathédrale de Reims. Discussion sur les avantages et les inconvénients d'appliquer ces sortes de tableaux à la décoration intérieure des églises chrétiennes, p. 269, 301 et 328.

27263. Louis-Lucas. — Notice sur quelques découvertes d'objets d'antiquité et de médailles romaines, faites à Reims et dans le pays rémois, de 1820 à 1840 [aigles romaines, figurines, taureau en bronze, monnaies, etc.], p. 339.

27264. Duquénelle. — Quelques réflexions sur l'atelier monétaire de Damery, p. 349.

27265. Dérodé (P.-A.). — Notice sur [Simon-Nicolas-Henry] Linguet [avocat et littérateur, 1736 † 9 messidor an ii], p. 405.

27266. Philippe (D[r]). — Essai historique, critique et littéraire sur la vie et les ouvrages de Jean Goulin, médecin, né à Reims [1728 † 11 floréal an vii], p. 419.

II. — Annales de l'Académie de Reims, 2e vol., 1843-1844. (Reims, 1844, in-8°, 383 p.)

27267. Lévesque de Pouilly. — Notes historiques sur le commerce des Indes orientales, p. 63.

27268. Fanart (L.). — Discours sur la nécessité d'étudier la musique dans son histoire, p. 217.

27269. Nanquette (L'abbé). — Monographie de Saint-Nicaise [de Reims, XIIIe-XIXe s.], p. 239.

27270. Maquart. — Notice sur deux portes sculptées du XVIe siècle découvertes en 1843 [à la Foulerie, Reims], 2 *pl.*, p. 266.

27271. Paris (L.). — Saint-Trésain-d'Avenay [Marne]. Histoire de son église, p. 275.

I. — Séances et travaux de l'Académie de Reims, 1er vol., 5 juillet 1844-7 mars 1845 faisant suite au 2e vol. des *Annales*. (Reims, 1845. in-8°, 496 p.)

27272. Sutaine (Max.). — Biographie de Robert Nanteuil [graveur, 1630 † 1678], p. 4.

27273. Géruzez (Eug.). — Essai sur Mme de Sévigné, p. 38.

27274. Monnot des Angles. — Essai sur Colbert, p. 145.

27275. Louis-Lucas. — Fouilles de l'ancien cimetière Saint-Nicaise [à Reims, médailles romaines], p. 165.

27276. Wagner. — Éloge de M. Maillefer-Coquebert [† 1844], p. 182.

27277. Duquénelle. — Notice biographique et historique sur M. Houzeau-Muiron [1801 † 1844], p. 192.

27278. Maquart. — Notice sur une sépulture découverte à Saint-Remi de Reims [attribuée au XIIe s.], p. 212.

27279. Périn (A.). — Notice biographique sur M. Louis Périn, peintre rémois [1753 † 1817], p. 261.

27280. Leroux. — Notice sur la chaussée romaine de Corbeny, p. 281.

27281. Gallois (Étienne). — Lettre [relative à un capitaine de flibustiers nommé Champagne, né à Vitry en 1636], p. 298.

27282. Pinon (F.). — De la chanson en France, p. 367, 423 et 458.

27283. Sutaine (Max.). — Notice sur J.-B. Deperthes, peintre rémois [1761 † 1833], p. 447.

II. — Séances et travaux de l'Académie de Reims, 2e vol., 28 mars 1845-16 mai 1845. (Reims, 1845. in-8°. 310 p.)

27284. Duquénelle. — Nomenclature d'objets d'antiquité récemment découverts à Reims [vases antiques, couteaux de sacrifice, etc., 2 *pl.*], p. 35.

27285. Arnould (Ernest). — Voltaire et Lévesque de Pouilly [1749-1750. Séjour de Voltaire à Reims], p. 69.

27286. Gousset (Mgr). — Discours d'ouverture [Gerbert, archevêque de Reims, pape sous le nom de Sylvestre II], p. 102.

27287. Géruzez (Eug.). — Fénelon et le duc de Bourgogne, p. 157.

27288. Jolibois (Émile). — Mémoire sur quelques monnaies de Champagne [trouvées à Bar-sur-Aube en 1844], p. 274.

III. — Séances et travaux de l'Académie de Reims, 3e vol., 23 mai 1845-16 janvier 1846. (Reims, 1846, in-8°, 444 p.)

27289. Guillemin. — Influence de la maison de Lorraine au XVIe siècle [fragment d'une histoire du cardinal Jean], p. 4. — Cf. n° 27293.

27290. Sutaine (Max.). — Essai sur l'histoire des vins de Champagne, p. 34, 92, 159 et 199.

27291. Duquénelle. — Note sur un denier inédit de Manassès Ier, archevêque de Reims, p. 110 et 113.

27292. Querry. — Notice sur la découverte d'anciennes sépultures [gauloises] à Saint-Masmes [Marne], p. 321.

27293. Guillemin. — Traité de Càteau-Cambrésis. Rôle du cardinal de Lorraine dans les négociations relatives à ce traité [1557-1559], p. 356. — Cf. n° 27289.

27294. Courmeaux (Eugène). — Quelques mots sur la situation des classes ouvrières au moyen âge, p. 434.

IV. — Séances et travaux de l'Académie de Reims, 4e vol., 6 février-7 mai 1846. (Reims, 1846, in-8°, 272 p.)

27295. Duquénelle. — Note sur des sépultures de l'époque gallo-romaine, découvertes à Reims en 1846, p. 109.

27296. Pinon (F.). — Poètes champenois aux XIIIe, XIVe, XVe, XVIe et XVIIe siècles, p. 142.

27297. Tourneur (L'abbé). — Notes sur les vitraux de la cathédrale de Reims, p. 224.

V. — Séances et travaux de l'Académie de Reims, 5e vol., 8 mai-21 août 1846. (Reims, 1847, in-8°, 340 p.)

27298. Tourneur (L'abbé). — De la peinture sur verre, p. 33.

27299. Brissaud. — Essai sur la vie politique de Henri IV, avant son avènement à la couronne, d'après sa correspondance particulière, p. 51; et VI, p. 209.

27300. Sutaine (Max.). — Jean Hélart, peintre rémois [1625 † vers 1700], p. 226.

27301. Kozienowski. — Les monuments historiques de l'ancienne Pologne peuvent-ils offrir de l'intérêt aux archéologues français? p. 241.

VI. — Séances et travaux de l'Académie de

Reims, 6ᵉ vol., 20 novembre 1846-27 mai 1847. (Reims, 1847, in-8°, 646 p.)

27302. Guillemin. — Influence de Charles de Lorraine sur le mouvement philosophique et littéraire de son temps [xviᵉ s.], p. 66.
27303. Rondot (Natalis) et Henriot-Delamotte. — La manufacture de Reims au commencement du xviiiᵉ siècle [notes sur un carnet d'échantillons de laines], p. 108.
[27299]. Brissaud. — Essai sur la vie politique de Henri IV, avant son avènement, d'après sa correspondance particulière, p. 209.
27304. Philippe. — Archéologie médicale. Cachets des oculistes romains, p. 246.
27305. Pinon (F.). — Eustache Deschamps, poète champenois du xivᵉ siècle, p. 259, 365 et 423.
27306. Brissaud. — Étude sur Hincmar [archevêque de Reims, ixᵉ s.], p. 571.
27307. Paris (Henri). — Thibault le chansonnier [xiiiᵉ s.], p. 583.

VII. — Séances et travaux de l'Académie de Reims, 7ᵉ vol., 13 juin 1847-7 janvier 1848. (Reims, 1848, in-8°, 406 p.)

27308. Courmeaux (Eugène). — Sur la découverte d'une bague en or, trouvée dans la démolition des remparts [attribuée à la fin du xvᵉ s.], p. 62.
27309. Duchesne (A.). — Notice sur deux dalles tumulaires existant à Reims, rue Saint-Guillaume, 17 [pierres tombales d'Haideric et de Guibert, abbés de Saint-Nicaise, xiiiᵉ s., 2 *pl.*], p. 175.
27310. Sutaine (Max.). — Notes biographiques sur les artistes rémois [peintres et sculpteurs du xixᵉ s.], p. 184; et X, p. 104.
27311. Aubert (L'abbé). — Rapport sur les inscriptions du nouveau tombeau de saint Remi [à Reims], p. 228.
27312. Liénard et Courmeaux (Eugène). — Notice sur les Jacques, sculpteurs rémois [xviᵉ s.] p. 287.
27313. Duquénelle. — Découvertes archéologiques à Reims, pendant l'année 1847 [poteries, médailles et monnaies romaines], p. 394.

VIII. — Séances et travaux de l'Académie de Reims, 8ᵉ vol., 18 février-10 août 1848. (Reims, 1848, in-8°, 264-xxviii p.)

27314. Wint (De). — Visite à l'abbaye de Saint-Ricquier, p. 44.
27315. Say (J.-B.-Léon). — Histoire de la Caisse d'escompte (1776 à 1793), p. 80.

IX. — Séances et travaux de l'Académie de Reims, 9ᵉ vol., 27 octobre 1848-7 mars 1849. (Reims, 1849, in-8°, 252 p.)

27316. Bandeville. — Épître [farcie] de M. Saint-Estienne [chantée à Reims jusqu'en 1686], p. 142.
27317. Duquénelle. — Notice sur une médaille gauloise inédite, p. 224.

X. — Séances et travaux de l'Académie de Reims, 10ᵉ vol., 20 avril-28 juin 1849. (Reims, 1849, in-8°, 260 p.)

27318. Roisin (Ferdinand de). — De l'influence française sur les mœurs et la littérature en Allemagne [au moyen âge], p. 85.
[27310]. Sutaine (Maxime). — Notes biographiques sur les artistes rémois, p. 104.
27319. Arnould (Ernest). — Appréciation des œuvres inédites d'Eustache Deschamps et des œuvres de Guillaume de Machault, p. 132.

XI. — Séances et travaux de l'Académie de Reims, 11ᵉ vol., 6 juillet 1849-22 mars 1850. (Reims, 1850, in-8°, 412 p.)

27320. Tourneur (V.). — De l'archéologie à l'Académie de Reims, p. 117.
27321. Loriquet (Ch.). — Essai sur l'éclairage chez les Romains, p. 179, 204, 223 et 347.
27322. Sutaine (Max.). — Jacques Cellier, dessinateur, xviᵉ siècle, p. 250.
27323. Pinon (F.). — Archéologie. Sept-Saulx [église et château féodal], p. 318.
27324. Duchesne. — Notice sur un manuscrit des poésies latines de Nicolas Chesneau, doyen et chanoine de Saint-Symphorien de Reims en 1580, p. 394.
27325. Brière-Valigny. — Le quadrilogue invectif d'Alain Chartier [xvᵉ s.], p. 403 et 412.

XII. — Séances et travaux de l'Académie de Reims, 12ᵉ vol., 12 avril-25 juillet 1850. (Reims, 1850, in-8°, 366-xxviii p.)

27326. Tourneur (V.). — Rapport sur un vitrail [moderne] de l'église de Trigny, p. 156.
27327. Liénard. — Notice sur le Fanum Minervæ [Vieil-Châlons ou camp d'Attila entre Reims et Bar-le-Duc], p. 188.

XIII. — Séances et travaux de l'Académie de Reims, 13ᵉ vol., 4ᵉ trimestre 1850-1ᵉʳ trimestre 1851. (Reims, 1851, in-8°, 300 p.)

27328. Sornin. — Ruines de l'abbaye d'Orval [fondée au xiᵉ s.], p. 210.

27329. Azaïs. — Recherches sur les Ligures, p. 235.

27330. Oppert. — De l'importance historique des inscriptions asiatiques nouvellement déchiffrées, p. 248; et XIV, p. 42.

27331. Loriquet (Charles). — Quelques mots sur les sépultures des rois de Castille, à propos d'une pièce d'étoffe ancienne déposée au Musée de la ville de Reims, p. 259.

27332. Duquénelle. — Examen de pièces de monnaie du XVe siècle [Henri VI d'Angleterre et Philippe le Bon], p. 285.

27333. Sutaine (Max.). — Notice sur G. Baussonnet, de Reims, dessinateur et poète [XVIe-XVIIe s.], p. 291.

XIV. — Séances et travaux de l'Académie de Reims, 14e vol., 2e-3e trimestres 1851. (Reims, 1851, in-8°, 188 p.)

27334. Sutaine (Max.). — Notice sur Edme Moreau, graveur [XVIe-XVIIe s.], p. 17.

27335. Mourin. — Études biographiques [Gerbert et Richer] (IXe-Xe siècles), p. 24.

[27330]. Oppert. — De l'importance historique des inscriptions asiatiques nouvellement déchiffrées, p. 42.

27336. Loriquet (Ch.). — Note au sujet d'une lampe antique trouvée à Grand (Vosges), *pl.*, p. 70.

XV. — Séances et travaux de l'Académie de Reims, 15e vol., 4e trimestre 1851-1er trimestre 1852. (Reims, 1852, in-8°, 232 p.)

27337. Tourneur (L'abbé V.) et Loriquet (Ch.). — Sur l'achèvement des tours de la cathédrale de Reims, p. 33 et 54.

27338. Barthélemy (Éd. [de]). — Statistique des seigneuries de l'élection de Sainte-Menehould et des familles qui les ont possédées, p. 63.

27339. Fornerod. — Visite aux ruines de la Motte [château démoli en 1645], p. 83.

27340. Gérardin. — Comment Henri III fut élu roi de Pologne, p. 98.

27341. Detouche (L.). — Notice biographique sur la vie et les ouvrages de Paolo Caliari Veronensis, dit *Paul Véronèse*, peintre vénitien [1532 † 1588], p. 164.

27342. Gainet. — Le voyage de Gerbert en Espagne [Xe s.], p. 218.

XVI. — Séances et travaux de l'Académie de Reims, 16e vol., 2e-3e trimestres 1852. (Reims, 1852, in-8°, 344 p.)

27343. Barthélemy (Éd. [de]). — Essai sur les abbayes du département de la Marne, p. 10.

[Abbayes de : Saint-Pierre-aux-Monts, Toussaints, Saint-Memmie, Huiron, Montcetz, Saint-Jacques de Vitry, Moustiers-en-Argonne, Trois-Fontaines, Haute-Fontaine, Cheminon, Chatrices, Moiremont; Sainte-Marie et Saint-Sauveur de Vertus, Notre-Dame d'Andecy, la Charmoie des Bois.]

XVII. — Travaux de l'Académie impériale de Reims, 17e vol., 4e trimestre 1852-1er trimestre 1853. (Reims, 1853, in-8°, 260 p.)

27344. Tourneur (V.). — Notice sur un manuscrit du XIIIe siècle renfermant des dessins de la cathédrale de Reims, par Wilars de Honnecourt, p. 50.

27345. Hubert (J.). — Statistique monumentale du diocèse de Reims (département des Ardennes), p. 64, 211; et XVIII, p. 72.

27346. Duquénelle. — Note sur quelques antiquités [gauloises et romaines] trouvées à Reims, p. 200.

XVIII. — Travaux de l'Académie impériale de Reims, 18e vol., 2e-3e trimestres 1853. (Reims, 1853, in-8°, 262 p.)

27347. Poinsignon. — État politique et religieux de l'Empire à la mort de Théodose le Grand (395), p. 28; et XIX, p. 132.

27348. Mourin. — Communication [sur la patrie de Jeanne d'Arc], p. 58.

[27345]. Hubert (J.). — Statistique monumentale du diocèse de Reims (département des Ardennes), p. 72.

27349. Paris (Louis). — Mémoire sur la vie et les ouvrages de François Mancroix, chanoine de Reims [1619 † 1708], p. 143 et 176.

XIX. — Travaux de l'Académie impériale de Reims, 19e vol., 4e trimestre 1853-1er trimestre 1854. (Reims, 1854, in-8°, 296 p.)

27350. Lorin (Th.). — Essai sur l'étymologie du vieux français *anuit* et sur l'ancien usage de donner au jour civil le nom de *nuit*, p. 37.

[27347]. Poinsignon. — État politique et religieux de l'Empire à la mort de Théodose le Grand (395), p. 132.

27351. Tourneur (V.). — Notice sur M. l'abbé Clair Bandeville, chanoine titulaire de la Métropole de Reims [1799 † 1853], p. 171.

XX. — Travaux de l'Académie impériale de Reims, 20e vol., 2e-3e trimestres 1854. (Reims, 1854, in-8°, 274 p.)

27352. Poussin. — Études sur la forme des autels, des vêtements sacerdotaux et des autres objets nécessaires au culte, pendant le XIIIe siècle, p. 40.

27353. Lorin (Th.). — Les œufs de Pâques, p. 83.
27354. Lorin (Th.). — Quelques conjectures sur le nom d'Arnolphe appliqué par dérision aux maris trompés, p. 88.
27355. Poinsignon. — Étude sur l'église franke au temps des Mérovingiens (fragment), p. 171.
27356. Chevallet (Émile). — Étude sur Royer-Collard [1763 † 1845], p. 195.

XXI. — Travaux de l'Académie impériale de Reims, 21ᵉ vol., 1854-1855, nᵒˢ 1 et 2. (Reims, 1855, in-8°, 302 p.)

27357. Henry (E.). — Essai sur la vie politique de Gerson [1363 † 1429]. Analyse d'un de ses discours, p. 146. — Cf. n° 27378.
27358. Tourneur (V.). — Le siège et la destruction du très fort château de Linchamps, par Jean-Louis Micqueau, de Reims [opuscule publié en 1555], p. 179.
27359. Barthélemy (Éd. [de]). — Royer-Collard, sa vie et ses ouvrages [1761-1845], p. 75.

XXII. — Travaux de l'Académie impériale de Reims, 22ᵉ vol., 1854-1855, nᵒˢ 3 et 4. (Reims, 1855, in-8°, 400 p.)

27360. Poussin. — Étude sur le xiiiᵉ siècle considéré surtout au point de vue de la philosophie, de la littérature et des beaux-arts, p. 97.
27361. Ponsinet. — Bourg-en-Bresse. Église de Brou [xviᵉ s.], p. 115.
27362. Ponsinet. — Une excursion à Cluny, p. 122.
27363. Lorin (Th.). — Essai sur la locution proverbiale : «Bâtir des châteaux en Espagne», p. 128.
27364. Lorin (Th.). — Essai sur les mystifications nommées vulgairement «Poissons d'avril», p. 134.
27365. Poussin. — Les écoles de Reims au moyen âge, p. 173.
27366. Loriquet (Ch.). — Rapport sur le concours d'histoire littéraire [biographie de l'abbé Pluche, 1688 † 1761], p. 202.

XXIII. — Travaux de l'Académie impériale de Reims, 23ᵉ vol., 1855-1856, nᵒˢ 1 et 2. (Reims, 1856, in-8°, 296 p.)

27367. Lorin (Th.). — Essai sur les déesses Mères ou Maires, *Deæ Mairæ*, p. 1.
27368. Lorin (Th.) — Essai sur la fête Huil ou Iul [fête de Noël chez les peuples du Nord], p. 8.
27369. Goguel. — Les Maires du palais, p. 20.
27370. Henry (E.). — Journalier ou Mémoires de Jehan Pussot [1544-1626]. — Notice biographique et bibliographique, p. 106 à 180; et XXV, p. 1 à 276. — Cf. id. n° 27257.

XXIV. — Travaux de l'Académie impériale de Reims, 24ᵉ vol., 1855-1856, nᵒˢ 3 et 4. (Reims, 1856, in-8°, 248 p.)

27371. Sutaine (Maxime). — Philippe Lallemant, peintre de Reims [xviiᵉ s.], p. 65.
27372. Sutaine (Maxime). — Nicolas Regnesson, graveur [xviiᵉ s.], p. 68.
27373. Tourneur (V.). — Mémoire sur l'iconographie intérieure de la cathédrale de Reims, p. 123.

XXV. — Travaux de l'Académie impériale de Reims, 25ᵉ vol., 1856-1857, nᵒˢ 1 et 2. (Reims, 1857, in-8°, 424 p.)

[27370]. Henry (E.). — Mémoires ou Journalier de Jean Pussot, p. 1 à 276.
27374. Lorin (Th.). — Essai sur le Labarum et plus spécialement sur l'étymologie de ce mot, p. 277.
27375. Lorin (Th.). — Conjectures sur les Duses ou Dusiens des anciens Gaulois et sur l'étymologie de leur nom, p. 293.
27376. Ravenez (L.-W.). — Est-ce bien à Tolbiac que Clovis a remporté la victoire à la suite de laquelle il s'est fait chrétien? Ne serait-ce pas plutôt sous les murs de Strasbourg qu'elle a eu lieu? p. 305.
27377. Barthélemy (Éd. [de]). — Le Dormois [Pagus Dulcomensis ou Dolomensis], p. 328.
27378. Henry (E.). — Gerson dans l'exil, du 15 mai 1418 au 15 novembre 1419, p. 335. — Cf. n° 27357.

XXVI. — Travaux de l'Académie impériale de Reims, 26ᵉ vol., 1856-1857, nᵒˢ 3 et 4. (Reims, 1858, in-8°, 620 p.)

27379. Barthélemy (Éd. [de]). — Les vitraux des églises de Châlons-sur-Marne; étude et description, *pl.*, p. 213.
27380. Givelet (Ch.). — Rapport sur la réparation des émaux de l'église Saint-Remi [de Reims, la plupart signés Laudin], p. 257.
27381. Ravenez (L.-W.). — Origine des églises de Reims, de Soissons et de Châlons, *pl.*, p. 326.

[Peintures antiques du caveau de Saint-Martin, à Reims.]

XXVII. — Travaux de l'Académie impériale de Reims, 27ᵉ vol., 1857-1858, nᵒˢ 1 et 2. (Reims, 1859, in-8°, 320 p.)

27382. Henry (E.) et Loriquet (Charles). — Correspondance de Philibert Babou de La Bourdaisière, ambassadeur de France à Rome [1560-1564]. Notice sur Philibert Babou de La Bourdaisière [1512-1570] et sur le manuscrit qui contient sa correspondance, p. 1 à 236. — Cf. id. n° 27258.

IMPRIMERIE NATIONALE.

27383. Henry (E.). — État et déclarations de la ville de Reims après les assassinats de Blois [1588-1589, la Ligue à Reims], p. 237.
27384. Collery. — Note sur les statuettes qui décorent les piliers du chœur de Saint-Remi, de Reims, p. 265.
27385. Sutaine (Maxime). — Pierre et Nicolas Jacques, sculpteurs [xvie-xviie s.], p. 290.

XXVIII. — Travaux de l'Académie impériale de Reims, 28e vol., 1857-1858, n°s 3 et 4. (Reims, 1859, in-8°, 216 p.)

27386. Duchateaux. — Marguerite d'Angoulême [sœur de François Ier], et ses œuvres, p. 99.

XXIX. — Travaux de l'Académie impériale de Reims, 29e vol., 1858-1859, n°s 1 et 2. (Reims, 1860, in-8°, 446 p.)

27387. Givelet (Charles). — Notice sur un évangéliaire provenant de l'abbaye de Saint-Pierre-aux-Nonnes, aujourd'hui conservé dans l'église de Saint-Remi, à Reims, et sur les émaux qui le décorent [1591], p. 22.
27388. Sutaine (Maxime). — Un mot sur la gravure et cet art en Champagne, à propos de la brochure de M. le baron Chaubry de Troncenord, intitulée : *Notice sur les artistes graveurs de la Champagne*, p. 32.
27389. Sutaine (Maxime). — Jean Colin, graveur rémois au xviie siècle, p. 43.
27390. Tourneur (V.). — La cathédrale de Reims, p. 53.
[Édifices qui ont précédé la cathédrale actuelle.]
27391. Henry (E.). — Siège et prise d'Épernay [1592], p. 91.
27392. Henry (E.) et Loriquet (Charles). — Correspondance du duc de Mayenne [1590-1591], publiée sur le manuscrit de la Bibliothèque de Reims, p. 109 à 444; XXXIII, p. 25 à 206; et XXXV, p. 1 à 124. — Cf. id. n° 27259.

XXX. — Travaux de l'Académie impériale de Reims, 30e vol., 1859-1860, n°s 3 et 4. (Reims, 1860, in-8°, 524 p.)

27393. Loriquet. — Examen d'un ouvrage de M. Savy, intitulé : *Mémoire topographique jusqu'au ve siècle de la partie de la Gaule occupée aujourd'hui par le département de la Marne*, p. 1. — Cf. n° 27165.
27394. Loriquet (Charles). — Reims pendant la domination romaine, d'après les inscriptions, avec une dissertation sur le tombeau de Jovin, 4 *pl.*, p. 46.
27395. Martin (Henri). — Étude sur Linguet [1736 † 1794], p. 341; et XXXI, p. 81.

XXXI. — Travaux de l'Académie impériale de Reims, 31e vol., 1860-1861, n°s 1 et 2. (Reims, 1861, in-8°, 238 p.)

[27395]. Martin (Henri). — Étude sur Linguet, p. 81.
27396. Sutaine (Maxime). — Boba, dit maître George, peintre [xvie s.], p. 183.
27397. Clerc (L'abbé). — Réponse à ces deux questions : 1° Quel était le costume des moines de Luxeuil? 2° En quoi la tonsure irlandaise différait-elle de la forme générale des tonsures? p. 191.
27398. Robert (Charles). — Notes sur les monnaies frappées à Provins, de 1125 à 1270, par les comtes de Champagne, p. 200. — Cf. n°s 27399, 27400 et 27401.
27399. Maxe-Werly (L.). — Lettre à M. Ch. Robert, sur l'origine du type des monnaies de Provins, *pl.*, p. 209. — Cf. n°s 27398 et 27401.
27400. Robert (Charles). — [Lettre sur le même sujet], p. 216. — Cf. n° 27398.
27401. Maxe-Werly (L.). — Deuxième lettre à M. Robert, p. 219. — Cf. n°s 27398 et 27399.

XXXII. — Travaux de l'Académie impériale de Reims, 32e vol., 1859-1860, n°s 3 et 4. (Reims, 1862, in-8°, x-510 p.)

27402. Loriquet (Charles). — La mosaïque des promenades et autres trouvées à Reims. Études sur les mosaïques et sur les jeux de l'amphithéâtre, 17 *pl.*, p. 1 à 422.
27403. Sutaine (Maxime). — Eustache Deschamps, poète champenois du xvie siècle, p. 423.

XXXIII. — Travaux de l'Académie impériale de Reims, 33e vol., 1860-1861, n°s 1 et 2. (Reims, 1862, in-8°, 218 p.)

27404. Paris (Paulin). — De la particule dite *Nobiliaire*, p. 1.
[27392]. Henry (E.) et Loriquet (Charles). — Correspondance du duc de Mayenne, publiée sur le manuscrit de la Bibliothèque de Reims, p. 25 à 206.
27405. Maxe-Werly (L.). — Recherches sur un méreau du mont Olympe [xviie s., *fig.*], p. 212.

XXXIV. — Travaux de l'Académie impériale de Reims, 34e vol., 1860-1861, n°s 3 et 4. (Reims, 1862, in-8°, 192 p.)

27406. Sutaine (Maxime.) — [J.-B.-Louis] Germain. Notice biographique [peintre, 1782 † 1842], p. 43.
27407. Sutaine (Maxime). — J.-B. Liénard, peintre rémois. Notice biographique [1782 † 1858], p. 55.
27408. Givelet (Charles). — Sur les vitraux récemment

placés dans la chapelle absidale de la cathédrale de Reims, p. 62.

27409. Bouché (L'abbé). — De l'auteur de l'Imitation de Jésus-Christ, p. 75.

XXXV. — Travaux de l'Académie impériale de Reims, 35e vol., 1861-1862, nos 1 et 2. (Reims, 1863, in-8°, 274 p.)

[27392]. Henry (E.) et Loriquet (Charles). — Correspondance du duc de Mayenne, publiée d'après le manuscrit de la Bibliothèque de Reims, p. 1.

27410. Loriquet (Charles). — Papiers provenant de J.-B. Colbert, et récemment acquis par la Bibliothèque impériale et par la Bibliothèque de Reims, p. 217.

[Documents relatifs aux affaires personnelles de Colbert et de sa famille, textes, 1679-1685.]

XXXVI. — Travaux de l'Académie impériale de Reims, 36e vol., 1861-1862, nos 3 et 4. (Reims, 1863, in-8°, 226 p.)

27411. Loriquet (Charles). — Marque pharmaceutique inscrite sur une fiole en verre appartenant au Musée de Reims [époque romaine], p. 1.

27412. Givelet (Charles). — Visite aux anciennes maisons de Reims, à l'occasion du Congrès archéologique, en juillet 1861, p. 14.

27413. Jullien (Théodore). — La rose, étude historique, physiologique, horticole et entomologique, p. 49.

27414. Sutaine (Maxime). — Nicolas de Son, graveur [† avant 1637], p. 122.

27415. Loriquet (Charles). — Des mots *grigner, grincer, grimacer* et *rechigner*, à propos de l'enseigne des Quatre-Chats grignants et de celle de Rechignechat, à Reims, p. 130.

XXXVII. — Travaux de l'Académie impériale de Reims, 37e vol., 1862-1863, nos 1 et 2. (Reims, 1864, in-8°, 320 p.)

27416. Goguel. — Le premier consulat de Jules César, p. 1.

27417. Defourny (L'abbé). — Beaumont-en-Argonne et la loi de Beaumont, ou histoire d'une commune et d'une coutume depuis le XIIe siècle jusqu'à la Révolution de 1789, p. 63.

[Plan cavalier de Beaumont au XIIIe s., chapiteaux, arcades de la place, 4 *pl.*; *fac-similé* de l'en-tête de la loi de Beaumont.

Charte de Guillaume aux Blanches-Mains, 1182; loi de Beaumont; élection du mayeur et des jurés, 1217; communes mises à la loi de Beaumont; charte de Létanne, 1237; Beaudouin de Beaumont, abbé de Belval, XIVe s.; échange entre Charles V et Richard, archevêque de Reims, des villes de Mouzon et de Beaumont-en-Argonne avec la seigneurie de Vailly, 1379; confirmation des franchises de Beaumont. 1379.]

XXXVIII. — Travaux de l'Académie impériale de Reims, 38e vol., 1862-1863, nos 3 et 4. (Reims, 1864, in-8°, 336 p.)

27418. Givelet (Charles). — Le Mont Notre-Dame. Histoire et description [église des XIIe, XIVe et XVe s. et château, 5 *pl.*], p. 10.

27419. Ponsinet (H.). — Note sur un titre de 1499, relatif à Robert de Lenoncourt, alors archevêque de Tours et plus tard de Reims, p. 42.

27420. Loriquet (Charles). — Les artistes rémois. Notes et documents recueillis dans les archives de la ville de Reims, p. 108; et XLII, p. 145.

XXXIX. — Travaux de l'Académie impériale de Reims, 39e vol., 1863-1864. nos 1 et 2. (Reims, 1865, in-8°, 246 p.)

XL. — Travaux de l'Académie impériale de Reims, 40e vol., 1863-1864, nos 3 et 4. (Reims, 1866, in-8°, 468 p.)

27421. Tarbé (Prosper). — Le *Miroir de Mariage*, d'Eustache Deschamps [texte et préface], p. 1. — Cf. n° 27445.

27422. Valentin (L'abbé). — Notice historique et descriptive des monuments civils et religieux du canton de Fismes, p. 215.

27423. Givelet (Charles). — Saint-André de Reims. Histoire et description [archéologique, 3 *pl.*], p. 329.

27424. Sutaine (Maxime). — Claude Helart, peintre au XVIIe siècle, p. 425.

27425. Sutaine (Maxime). — Tisserand, peintre au XVIIe siècle, p. 429.

27426. Postansque. — Des mots historiques, p. 433.

XLI. — Travaux de l'Académie impériale de Reims, 41e vol., 1864-1865, nos 1 et 2. (Reims, 1866-1867, in-8°, 368 p.)

27427. Maldan (Dr). — Lettre sur l'éclairage public par les lanternes à Reims [1697 à 1751], p. 139.

XLII. — Travaux de l'Académie impériale de Reims, 42e vol., 1864-1865, nos 3 et 4. (Reims, 1867, 228 p.)

27428. Black. — Mémoire sur un ancien rouleau du livre d'Esther, conservé dans la Bibliothèque publique de la ville de Reims, et son rapport à la chronologie sacrée et profane, p. 1.

27429. Goguel. — De la politique d'Athènes pendant les trente années qui suivirent la bataille de Platée, p. 5.

27430. Oppert (J.). — Inscription de Nabuchodonosor à Babylone, p. 73.

27431. Cerf (L'abbé). — Violation, inhumation, exhumation des reliques de saint Remi en 1793 et vérification de ces mêmes reliques depuis cette époque jusqu'à nos jours, p. 96.

27432. Barthélemy (Édouard de). — Notes sur les possessions de la commanderie du Temple à Reims, p. 125.

[27420]. Loriquet (Ch.). — Les artistes rémois, p. 145.

XLIII. — Travaux de l'Académie impériale de Reims, 43e vol., 1865-1866, nos 1 et 2. (Reims, 1867, in-8°, 332 p.)

27433. Fialon (E.). — Fragments sur saint Grégoire de Naziance, p. 191.

27434. Cerf (L'abbé). — Du toucher des écrouelles par les rois de France, p. 224.

[Relation de ce qui s'est passé à l'hospice de Saint-Marcoul, le 31 mai 1825, au sacre du roi Charles X.]

27435. Duquénelle (V.). — Catalogue de monnaies romaines découvertes à Signy-l'Abbaye (Ardennes), p. 295.

XLIV. — Travaux de l'Académie impériale de Reims, 44e vol., 1865-1866, nos 3 et 4. (Reims, 1869, in-8°, 456 p.)

27436. Loupot (L'abbé). — Vie de Gerbert, p. 1. — Cf. n° 27455.

27437. Paris (H.). — Documents pour servir à l'histoire des États généraux de 1789, p. 201. — Cf. n° 27440.

[Bailliage de Reims. — Assemblées primaires. — Assemblées de chaque ordre, procès-verbaux, cahiers, etc.]

XLV. — Travaux de l'Académie impériale de Reims, 45e vol., 1866-1867, nos 1 et 2. (Reims, 1869, in-8°, 336 p.)

27438. Jobert des Closières. — Discours prononcé aux obsèques du cardinal Gousset, archevêque de Reims, le 29 décembre 1866, p. 100.

27439. Loriquet (Charles). — A-t-on calomnié le P. Loriquet en lui attribuant la phrase : «Le marquis de Buonaparte, etc.»? p. 194.

27440. Paris (H.). — Les cahiers du bailliage de Reims aux États généraux de 1789, p. 217. — Cf. n° 27437.

XLVI. — Travaux de l'Académie impériale de Reims, 46e vol., 1866-1867, nos 3 et 4. (Reims, 1870, in-8°, 604 p.)

27441. Loupot (L'abbé). — Vie d'Hincmar [806 † 882], p. 1.

27442. Dessailly (L'abbé). — Histoire de Witry-lès-Reims et des villages détruits qui relevaient de son église ou étaient compris dans son territoire, *carte*, p. 328.

XLVII. — Travaux de l'Académie impériale de Reims, 47e vol., 1867-1868, nos 1 et 2. (Reims, 1870, in-8°, 336 p.)

27443. Fialon (E.). — Alexandre Postansque. Notice biographique [† 1868], p. 86.

27444. Lasserre. — La légende du vin de Champagne, p. 194.

27445. Tarbé (Prosper). — Le *Lay des douze estats du monde* et le *Lay de vaillance*, par Eustache Deschamps [† 1416, textes], p. 205. — Cf. n° 27421.

27446. Cerf (L'abbé). — Maison où dut naître le bienheureux Jean-Baptiste de la Salle [à Reims, en 1651], p. 256.

27447. Loriquet (Charles). — Le cardinal de Bouillon, Baluze, Mabillon et Th. Ruinart dans l'affaire de l'Histoire générale de la maison d'Auvergne, p. 265.

27448. Cerf (L'abbé). — L'évangéliaire slave, manuscrit dit *texte du sacre*, conservé à la Bibliothèque de la ville de Reims, p. 309.

XLVIII. — Travaux de l'Académie impériale de Reims, 48e vol., 1867-1868, nos 3 et 4. (Reims, 1873, in-8°, 392 p.)

27449. Genet (L'abbé). — Histoire de Trigny, p. 1.

27450. Marcq (L'abbé). — Aussonce, la Neuville-en-Tourne-à-Fuy, Germigny-Pend-la-Pie, Merlan : topographie et histoire de ces communes, p. 250.

XLIX. — Travaux de l'Académie impériale de Reims, 49e vol., 1868-1869, nos 1 et 2. (Reims, 1870, in-8°, 174 p.)

27451. Reimbeau (Auguste). — De l'achèvement de l'hôtel de ville de Reims, p. 80.

27452. Fialon (E.). — Lettre inédite de Marmontel à Diderot [s. d.], p. 98.

27453. Gainet. — Comment écrivait-on l'histoire dans la haute antiquité? p. 127.

27454. Cerf (L'abbé). — Citadelle et capitole de la ville de Reims, p. 145.

27455. Loupot (L'abbé). — Gerbert jugé par M. Olleris, p. 156. — Cf. n° 27436.

L. — Travaux de l'Académie impériale de

Reims, 50e vol., 1868-1869, nos 3 et 4. (Reims, 1874, in-8°, 364 p.)

27456. Vanier. — Les anciennes juridictions de Reims [leur histoire avant 1789], p. 1.

27457. Loriquet (Charles). — Mémoires de Oudard Coquault, bourgeois de Reims (1649-1668), publiés pour la première fois sur le manuscrit original, p. 97 à 361; LII, p. 1 à 412; et LV, p. 249 à 338. — Cf. n° 27260.

[En appendice : Lettres de Louis XIV, du prince de Condé; pièces concernant la famille d'Orléans, marquis de Rothelin; testament et succession d'Oudard Coquault; reproduction de plaquettes du temps.]

LI. — Travaux de l'Académie impériale de Reims, 51e vol., 1869-1870, nos 1 et 2. (Reims, 1873, in-8°, 252 p.)

27458. Loriquet (Ch.). — Discours prononcé aux obsèques de M. Saubinet, p. 77.

27459. Dauphinot. — Discours prononcé aux obsèques de M. Robillard, p. 81.

27460. Fialon. — Maucroix [chanoine du xviie s.], p. 157.

27461. Barthélemy (E. de). — Lettre de Linguet à d'Alembert [1774], p. 172.

27462. Cerf (L'abbé). — Saint Nicaise a-t-il été martyrisé en 407 par les Vandales ou en 451 par les Huns? p. 178.

27463. Champsaur. — Monographie de Rimogne [canton de Rocroi], p. 215.

LII. — Travaux de l'Académie impériale de Reims, 52e vol., 1869-1870, nos 3 et 4. (Reims, 1875, in-8°, 412 p.)

[27457]. Loriquet (Charles). — Mémoires de Oudard Coquault, bourgeois de Reims, p. 1 à 412.

LIII. — Travaux de l'Académie nationale de Reims, 53e vol., 1871-1872, nos 1 à 4. (Reims, 1874, in-8°, 500 p.)

27464. Loriquet (Charles). — L'instruction primaire à Reims; notes pour servir à l'histoire du progrès de l'instruction primaire en France, p. 249.

27465. Gainet (L'abbé). — Les secrets de la grande pyramide, p. 304.

27466. Soullié. — Mots du patois d'Aunis que l'on retrouve en Champagne, p. 333.

LIV. — Travaux de l'Académie nationale de Reims, 54e vol., 1872-1873. (Reims, 1874, in-8°, 564 p.)

27467. Barthélemy (Édouard de). — Autographes rémois ou relatifs à Reims, p. 1.

[Lettres de Charles VI, 1415; d'André Du Chesne, 1627; de Linguet; relation de la mort de Colbert, 1683.]

27468. Barbat de Bignicourt (Arthur). — Les petits mensonges de l'histoire [mots historiques attribués à divers], p. 11.

27469. Barbat de Bignicourt (Arthur). — Simple note sur le droit du seigneur, p. 28.

27470. Tourneur (V.). — Le siège et la destruction du très fort château de Linchamps (Ardennes), par Jean-Louis Micqueau, de Reims [1670], p. 46.

27471. Barbat de Bignicourt (Arthur). — Les massacres à Reims en 1792, p. 71.

27472. Mercier (P.-M.-R.). — Précis historique et statistique de la commune d'Arcy-le-Ponsart, suivi de l'histoire de l'abbaye d'Igny [Marne, 1126-1792. Pièces justificatives], p. 102.

27473. Portagnier (L'abbé Th.). — Histoire du Châtelet-sur-Retourne, de Bergnicourt, Alincourt, Mondrégicourt et Épinois [Ardennes], 2 *plans*, p. 241.

LV. — Travaux de l'Académie nationale de Reims, 55e vol., 1873-1874, nos 1 et 2. (Reims, 1875, in-8°, 340 p.)

27474. Piéton. — Discours prononcé aux obsèques de Mgr Landriot, p. 61.

27475. Gainet (L'abbé). — Découverte d'une habitation lacustre en France [à Clairvaux (Jura)], p. 153.

27476. Loriquet (Charles). — Un gouverneur de province au xviie siècle. Le comte de Soissons à Reims [en 1665], p. 169.

27477. Loriquet (Charles). — Le bureau des incendiés et les autres établissements de charité de M. de Talleyrand, archevêque de Reims [1766-1790], p. 199.

27478. Loriquet (Charles). — Lettre de Linguet au comte de Merci-Argenteau, ministre de l'Empereur à la cour de France, relativement à l'ouverture de l'Escaut [1785], p. 226.

[27457]. Loriquet (Charles). — Introduction aux Mémoires de Oudard Coquault [journal des faits accomplis à Reims de 1649 à 1668], p. 249 à 338.

LVI. — Travaux de l'Académie nationale de Reims, 56e vol., 1873-1874, nos 3 et 4. (Reims, 1876, in-8°, 412 p.)

27479. Loriquet (Charles). — Les tapisseries de Notre-Dame de Reims [description précédée d'une histoire de la tapisserie à Reims du XIIIe au XVIIIe s.], p. 115 à 408.

LVII. — Travaux de l'Académie nationale de Reims, 57e vol., 1874-1875, nos 1 et 2. (Reims, 1876, in-8°, 386 p.)

27480. HAMON (L'abbé). — Margut [Ardennes. Histoire de ce village], p. 219 à 382.

LVIII. — Travaux de l'Académie nationale de Reims, 58e vol., 1874-1875, nos 3 et 4. (Reims, 1876, in-8°, 472 p.)

27481. PÉCHENARD (L'abbé). — Jean Juvénal des Ursins, archevêque de Reims [1388 † 1473], p. 1 à 472.

[Catalogue de ses ouvrages.]

LIX. — Travaux de l'Académie nationale de Reims, 59e vol., 1875-1876, nos 1 et 2. (Reims, 1879, in-8°, 356 p.)

27482. MALDAN (Dr). — Lévesque de Pouilly [lieutenant des habitants de Reims, de 1746 à 1750], p. 32.
27483. SOUILLIÉ (R.). — Étude sur Jean Racine, p. 177.
27484. BUZY. — Notice historique et littéraire sur Modique Andrade, chorévêque de Sens [IXe s.], p. 243.
27485. BARTHÉLEMY (Édouard DE). — Cartulaires de l'abbaye royale de Notre-Dame de Signy et du prieuré de Saint-Oricle de Senuc, p. 261.
27486. DESSAILLY. — Authenticité du grand testament de saint Remi [fin du Ve s.], p. 325.

LX. — Travaux de l'Académie nationale de Reims, 60e vol., 1875-1876, nos 3 et 4. (Reims, 1880, in-8°, 480 p.)

27487. TOURNEUR (L'abbé V.). — Étude sur les reliques de saint Remi [† 533, procès-verbaux dressés de 1793 à 1795], p. 1.
27488. JADART (Henri). — Robert de Sorbon, son origine, sa vie, ses écrits [† 1274], p. 40.
27489. PORTAGNIER (L'abbé). — L'enseignement dans l'archidiocèse de Reims, depuis l'établissement du christianisme jusqu'à sa proscription [liste des recteurs de l'Université de Reims, 1550-1790], p. 99 à 477.

LXI. — Travaux de l'Académie nationale de Reims, 61e vol., 1876-1877, nos 1 et 2. (Reims, 1878, in-8°, 468 p.)

27490. DUCHATAUX. — Éphèse, le temple d'Artémis et les fouilles de M. Wood, p. 120.
27491. PARIS (Louis). — Histoire de l'abbaye d'Avenay, p. 150 à 466; LXII, p. 1 à 530; et LXIII, p. 201 à 386.

LXII. — Travaux de l'Académie nationale de Reims, 62e vol., 1876-1877, nos 3 et 4. (Reims, 1878, in-8°, 534 p.)

[27491]. PARIS (Louis). — Histoire de l'abbaye d'Avenay, p. 1 à 530.

LXIII. — Travaux de l'Académie nationale de Reims, 63e vol., 1877-1878, nos 1 et 2. (Reims, 1880, in-8°, 388 p.)

27492. ANONYME. — Lettre adressée par l'Académie de Reims à M. le Ministre de l'intérieur au sujet du partage des archives antérieures à la Révolution [1878], p. 60.
27493. GAINET (L'abbé). — Étude sur la Chine, p. 83.
27494. FIALON. — La démocratie athénienne, p. 153.
27495. LORIQUET (Charles). — Triens mérovingiens du pays de Reims à la légende *Vico sancti Remi* ou *sancti Remidi*, p. 175.
[27491]. PARIS (Louis). — Histoire de l'abbaye d'Avenay, p. 201 à 386.

LXIV. — Travaux de l'Académie nationale de Reims, 64e vol., 1877-1878, nos 3 et 4. (Reims, 1880, in-8°, 378 p.)

27496. DEMAISON (Louis). — Étude critique sur la vie de saint Sigebert III, roi d'Austrasie, par Sigebert de Gembloux, p. 1.
27497. JADART (Henri). — Du lieu natal d'Urbain II [à Châtillon-sur-Marne, extraits inédits de Pierre Coquault et du chanoine Lacourt à ce sujet], p. 31.
27498. JADART (Henri). — Étude sur la vie, les œuvres et la mémoire de dom Jean Mabillon [† 1707], p. 49 à 324.

[Appendice : lettres de divers bénédictins du pays rémois, dom Alaydon, dom Jean Daret, etc. — Inscriptions composées par Mabillon, épitaphe d'Ant. Faure, etc. — Actes divers sur la famille de Mabillon. — Itinéraires des voyages d'Allemagne, d'Italie, etc. — Notice sur Saint-Pierremont, etc.]

LXV. — Travaux de l'Académie nationale de Reims, 65e vol., 1878-1879, nos 1 et 2. (Reims, 1881, in-8°, 460 p.)

27499. JULLIEN. — Discours d'ouverture [sur l'abbé de Lattaignant, chanoine de Notre-Dame de Reims et poète, 1740 † 1776], p. 1.
27500. SAUVILLE (E. DE). — Notice sur M. Anot de Maizière [1792 † 1879], p. 141.
27501. [GOSSET (Alphonse)]. — Rapport de la Commission chargée d'examiner la proposition ayant pour objet

la conservation de la galerie qui couronne la façade septentrionale de la cathédrale de Reims, p. 393 et 410.

27502. Demaison (Louis). — Les portes antiques de Reims et la captivité d'Ogier le Danois, p. 433.

LXVI. — Travaux de l'Académie nationale de Reims, 66e vol., 1878-1879, nos 3 et 4. (Reims, 1881, in-8°, 480 p.)

27503. Genet (L'abbé). — Étude sur la vie, l'administration et les travaux littéraires de Louis-Jean Lévesque de Pouilly [1691 † 1750, *portrait*], p. 1.

27504. Genet (L'abbé). — Étude historique sur Jean Lévesque de Burigny [1718 † 1785], p. 201.

27505. Genet (L'abbé). — Étude sur Gérard Lévesque de Champeaux [1694 † 1778], p. 337.

27506. Genet (L'abbé). — Étude sur Jean-Simon Lévesque de Pouilly [1734 † 1820], p. 389.

27507. Boullaire (J.). — Étude sur Chaix d'Est-Ange [† 1876], p. 409.

LXVII. — Travaux de l'Académie nationale de Reims, 67e vol., 1879-1880, nos 1 et 2. (Reims, 1881, in-8°, 308 p.)

27508. Fanart. — Notice historique sur un tableau appartenant à la basilique de Saint-Remi de Reims, et sur la chapelle pontificale qui y est représentée [attribué au XVIIe s.], *pl.*, p. 137.

LXVIII. — Travaux de l'Académie nationale de Reims, 68e vol., 1879-1880, nos 3 et 4. (Reims, 1881, in-8°, 528 p.)

27509. Durand des Aulnois. — Études sur les mœurs du Ve siècle [d'après le poème sur la chasteté d'Avitus, archevêque de Vienne], p. 1.

27510. Jadart (Henri). — Recherche sur le village natal et la famille du chancelier Gerson [† 1429, né en 1363 au village de Gerson, comté de Rethel], *portrait*, p. 17 à 288. — Cf. n° 27527.

[Appendice : pièces justificatives sur l'église de Barby, le village de Gerson, 1258, 1261, 1264, etc.; le prieuré de Rethel, XVIe s., etc. L'ABC des simples gens. Bibliographie gersonienne.)

27511. Hérelle (G.). — Mémoire des choses plus notables advenues en la province de Champagne (1585-1598), p. 289 à 500. — Cf. id. n° 27261.

[En appendice : douze pièces intéressant Châlons, Godet de Renneville, L. de Nettancourt, Nicolas Bazan sieur de Flamainville, Claude Roussel, le nonce Landriano, le poète David Jossier, etc.]

27512. Demaison (Louis). — Explication d'un passage de la vie de saint Rigobert [sur la topographie de Reims au IXe s.], p. 501.

27513. Vincent (H.). — Les sceaux communaux de Manre, canton de Monthois (Ardennes), 4 *fig.*, p. 508.

27514. Cerf (L'abbé). — Souterrains conservés sous plusieurs villages de Champagne et même de la Marne, p. 521.

LXIX. — Travaux de l'Académie nationale de Reims, 69e vol., 1880-1881, nos 1 et 2. (Reims, 1882, in-8°, 526 p.)

27515. Tourneur (V.). — Discours d'ouverture [biographie de Jean Bardou, curé de Billy-aux-Oies, 1729 † 1803], p. 1.

LXX. — Travaux de l'Académie nationale de Reims, 70e vol., 1880-1881, nos 3 et 4. (Reims, 1882, in-8°, 368 p.)

27516. Barthélemy (Éd. de). — Notes sur les établissements des ordres religieux et militaires du Temple, de Saint-Jean de Jérusalem et de Saint-Antoine de Viennois, dans l'ancien archidiocèse de Reims, p. 1.

27517. [Genet (L'abbé)]. — Histoire du village ardennais les Mazures, p. 67.

[Chartes relatives à la seigneurie de Montcornet, XIIe-XVIIIe s.]

27518. Demaison (Louis). — Les housses ou buttes artificielles de la Champagne [attribuées à l'époque romaine], p. 303.

27519. Jadart (Henri). — Saint-Lié, Villedommange et Jouy. Notice sur les curiosités historiques et artistiques de leurs églises, p. 320.

27520. Givelet (Charles). — Les vitraux de Longueval (Aisne) [XIIIe s.], et les objets d'art dans les églises rurales, p. 355.

LXXI. — Travaux de l'Académie nationale de Reims, 71e vol., 1881-1882, nos 1 et 2. (Reims, 1883, in-8°, 414 p.)

27521. Jadart (Henri). — La population de Reims et de son arrondissement [XIVe-XIXe s.], p. 143.

27522. Demaison (Louis). — La mosaïque romaine de Nennig [Prusse rhénane], p. 279.

27523. Demaison (Louis). — Rapport sur les manuscrits de la Bibliothèque de Carpentras relatifs à l'histoire de Reims, p. 288.

27524. Demaison (Louis). — Date de l'église de Saint-Remi de Reims [vers 1005 pour la partie la plus ancienne], p. 298.

27525. Jadart (Henri). — Notice historique sur Emond du Boullay, héraut d'armes de France et de Lorraine [† avant 1577]. Recherches sur sa noblesse, ses alliances et sa postérité, avec documents tirés des archives de Reims et *fac-similé* de ses armoiries, *pl.*, p. 309.

27526. Lefort (F.). — Le premier pont construit sur le

Rhône à Avignon; étude historique et critique, p. 373. — Cf. n° 27559.

27527. Jadart (Henri). — Nouvelles recherches sur le village natal et la famille du chancelier Gerson, p. 400. — Cf. n° 27510.

LXXII. — Travaux de l'Académie nationale de Reims, 72e vol., 1881-1882, nos 3 et 4, avec tables générales des *Annales* et *Travaux*. (Reims, 1883, in-8°, 208 et iv-184 p. pour les tables.)

27528. Cerf (L'abbé). — D'un groupe de la porte nord de la cathédrale de Reims. Saint Remi ressuscite un mort qui avait fait un testament en faveur d'une église, p. 1.

27529. Tourneur (L'abbé). — Interprétation d'un groupe de statues du portail nord de la cathédrale de Reims [histoire de Job], p. 6.

27530. Lebourq (A.). — La démolition de l'église Saint-Nicaise de Reims (1791-1805); documents extraits des archives de Reims et de Châlons, p. 37.

[Pierres tombales; estampe de Nicolas de Son (1625).]

27531. Demaison (Louis). — Trois inventaires du xiiie et du xve siècle, p. 115.

[De l'abbaye de Saint-Remi, de la léproserie de Saint-Éloy de Reims (1349), et de Mabeline de Lougchamp (xive s.).]

27532. Vincent (H.). — Le voyage du bon duc Antoine de Lorraine à Valenciennes en 1543 avec récit du parcours à travers les Ardennes par Emond de Boullay, p. 127.

27533. Loriquet (Ch.). — Fouilles exécutées autour de Reims en 1881, 1882 et 1883, p. 137.

[Vases à encens, cachets d'oculistes.]

27534. Givelet (Ch.). — Les toiles brodées, anciennes mantes ou courtes-pointes conservées à l'Hôtel-Dieu de Reims [xiiie et xviie s.], p. 163.

27535. Demaison (Louis). — Étude comparée entre les toiles de Reims et celles des Musées de Suisse et d'Allemagne, p. 189.

27536. Barthélemy (Édouard de). — Statistique des élections de Reims, Rethel et Sainte-Menehould dressée en 1657, par le sieur Terruel, en vue du projet de cadastre général de la généralité de Châlons en suite du projet du maréchal de Fabert, p. 195; et LXXIV, p. 273.

27537. Jadart (Henri). — Table générale des travaux de l'Académie de Reims depuis sa fondation (1841-1882); répertoire alphabétique et analytique des Documents inédits, Annales, Séances et Travaux, formant une collection de 89 volumes, avec renseignements bibliographiques sur cet ensemble de publications. (Reims, 1883, in-8°, iv-184 p.)

[Il en a été publié un tirage à part.]

LXXIII. — Travaux de l'Académie nationale de Reims, 73e vol., 1882-1883, nos 1 et 2. (Reims, 1884, in-8°, 426 p.)

27538. Demaison (Louis). — Recherche sur la soie que les anciens tiraient de l'île de Cos, *pl.*, p. 100.

27539. Jadart (Henri). — Jean-Baptiste Buridan, jurisconsulte du xviie siècle [† 1633], professeur en droit à l'Université de Reims, commentateur des coutumes de Vermandois. Recherches sur sa famille, ses fonctions et ses travaux avec des documents tirés des archives de Reims, *pl.*, p. 153.

27540. Loriquet (Ch.). — Discours prononcé sur la tombe de M. Louis Fanart [1807 † 1883], p. 225.

27541. Cerf (L'abbé). — Feuille de diptyque en ivoire, conservée au Musée d'Amiens, où sont représentés trois miracles opérés par saint Remi de Reims, p. 229.

27542. Poquet (L'abbé). — Copies des épitaphes de la famille de Vergeur dans l'église Saint-Hilaire de Reims [actuellement à Passy-en-Valois, xvie-xviiie s.], p. 239.

27543. Jadart (Henri). — Le bourdon de Notre-Dame de Reims, œuvre du rémois Pierre Deschamps (1570-1883), 10 *fig.*, p. 251.

27544. Demaison (Louis). — Document inédit sur une assemblée d'États convoquée à Amiens en 1424, p. 351.

[Doléances des habitants de Reims, 3 mars 1424.]

27545. Gosset (Alphonse). — Essai sommaire sur l'architecture religieuse, 4 *pl.*, p. 371.

LXXIV. — Travaux de l'Académie nationale de Reims, 74e vol., 1882-1883, nos 2 et 3. (Reims, 1884, in-8°, 437 p.)

27546. Gillet (L'abbé). — Camille Le Tellier de Louvois, bibliothécaire du roi, chanoine et vicaire général de Reims, 1675-1718 [*portrait*], p. 1 à 271.

[27536]. Barthélemy (Édouard de). — Statistique des élections de Reims, Rethel et Sainte-Menehould dressée en 1657, p. 273.

27547. Duquénelle et Jadart (Henri). — Les objets mérovingiens trouvés à Luternay en 1882, œuvre posthume de M. Duquénelle [1807 † 1883], précédée d'une notice nécrologique [par M. Henri Jadart] et suivie des discours prononcés sur sa tombe le 24 décembre 1883 [*portrait* de M. Duquénelle], p. 377 à 433.

LXXV. — Travaux de l'Académie nationale

de Reims, 75ᵉ vol., 1883-1884, nᵒˢ 1 et 2. (Reims, 1885, in-8°, 401 p.)

27548. Loriquet (Ch.). — Séance publique du 17 juillet 1884. Discours d'ouverture [Robert Nanteuil, graveur, XVIIᵉ s.; *portrait* de Nanteuil], p. 1. — Cf. n° 27558.

27549. Jadart (Henri). — Discours prononcé aux obsèques de M. Elambert, membre titulaire de l'Académie, le 14 mai 1884, p. 156.

27550. Lefort (F.). — Éléments de chronologie astronomique, p. 159; et LXXVI, p. 173.

27551. Carré (Gustave). — Les pensionnaires de collège chez les Oratoriens de Troyes au XVIIIᵉ siècle, p. 205.

27552. Jadart (Henri). — Séjour à Reims de Louis XIII et de Richelieu du 13 au 26 juillet 1641, p. 223.

[Inventaire des meubles de Claude Thiret (1621).]

27553. Demaison (Louis). — Documents inédits tirés de la Bibliothèque et des archives de Reims, p. 307.

[Présents faits au chapitre de Reims (XIᵉ s.); mobilier de Ydéron, bourgeoise de Reims (1334); meubles vendus après le décès de Jean Doynet, chapelain de Saint-Éloi (1459).]

27554. Demaison (Louis). — Note sur trois bagues [romaine et du moyen âge] à inscriptions trouvées, à Reims, *fig.*, p. 316.

27555. Demaison (Louis). — Les Thermes de Reims, p. 321.

27556. Diancourt (V.). — Deux originaux rémois, les Hédoin de Pons Ludon, 1739-1866 [Joseph-Antoine Hédoin de Pons Ludon Malavois, 1739 † 1817, et Aubin-Louis Hédoin de Pons Ludon, 1784 † 1866], 2 *pl.*, p. 335.

[Lettre de Grosley (1768), de Linguet (1784), ex-libris de Hédoin de Pons Ludon.]

LXXVI. — Travaux de l'Académie nationale de Reims, 76ᵉ vol., 1885-1886 (*lisez* 1883-1884), nᵒˢ 3 et 4. (Reims, 1885, in-8°, 312 p.)

27557. Givelet (Ch.), Demaison (Louis) et Jadart (Henri). — Répertoire archéologique de l'arrondissement de Reims. Communes rurales des trois cantons de Reims, 7 *pl.*, p. 1.

[Églises de Bezannes, *pl.*; Ormes; Thillois, *pl.*; Tinqueux; Bétheny; Champigny, 3 *pl.*; Saint-Brice et Courcelles; la Neuvillette; Cormontreuil; Saint-Léonard; Taissy; château de Challerange, *pl.*; Trois-Puits.]

27558. Loriquet (Ch.). — Nouveaux documents relatifs à Robert Nanteuil [graveur, XVIIᵉ s.], p. 111. — Cf. n° 27548.

[27550]. Lefort (F.). — Éléments de chronologie astronomique, p. 173.

27559. Lefort (F.). — Un manuscrit du XIIIᵉ siècle relatif à la construction des premiers ponts sur le Rhône à Avignon et à Lyon [conservé à la bibliothèque de l'École de médecine de Montpellier], p. 206. — Cf. n° 27526.

27560. Barbier de Montault (X.). — Le grand sceau de Raoul du Fou, trente-cinquième abbé de Saint-Thierry [Marne], p. 242. — Cf. n° 27561.

27561. Jadart (H.). — Appendice [Extrait de la *Chronique de D. Cotron* relatif à Raoul du Fou], p. 250. — Cf. n° 27560.

27562. Cerf (L'abbé). — Note sur la cathédrale de Reims [construction, incendie de 1481; dédicace], p. 271.

27563. Givelet (Ch.) et Jadart (H.). — La chaire de l'église de Champigny, près Reims, et les dessins de Georges Baussonnet, artiste rémois du XVIIᵉ siècle, *pl.*, p. 299.

LXXVII. — Travaux de l'Académie nationale de Reims, 77ᵉ vol., 1884-1885, t. I. (Reims, 1886, in-8°, 209 et VI-194 p.)

27564. Jadart (Henri). — Allocution prononcée le 26 août 1885 aux obsèques de M. le comte Adrien de Brimont, membre titulaire de l'Académie de Reims, p. 73.

27565. Paris (Gaston). — Un récit de la chronique de Reims. La loi de l'Oiselet, p. 101.

27566. Diancourt (V.). — Une philippique inconnue et une strophe inédite de Lagrange-Chancel [1719, *fac-similé*, 3 *pl.*], p. 106.

27567. Ponsinet. — Noël de l'Argonne, p. 134.

27568. Lamy (Ed.). — École primaire de la paroisse Saint-Pierre-le-Viel en 1783 [à Reims], 3 *pl.*, p. 155.

27569. Durant des Aulnois (Albert). — Les clefs d'Orthez, épisode de la vie municipale aux XVIIᵉ et XVIIIᵉ siècles, p. 168.

27570. Contant (Paul). — Monnaies du moyen âge [de Jean II, Charles V et Charles VI] trouvées à Reims en 1885, près de l'église Saint-Jacques, p. 207.

27571. Jadart (Henri). — Dom Thierry Ruissart (1657 † 1709). Notice sur sa famille, son origine et ses travaux, suivie de lettres et de documents inédits, tirés des archives et de la Bibliothèque de Reims, 5 *fig.*, p. VI et 190.

[Correspondance inédite de dom Mabillon et dom Ruinart (1668-1709).]

LXXVIII. — Travaux de l'Académie nationale de Reims, 78ᵉ vol., 1884-1885, t. II. (Reims, 1887, in-8°, VII-400 p.)

27572. Jadart (Henri). — Jeanne d'Arc à Reims. Son arrivée et son séjour au mois de juillet 1429; ses lettres aux habitants de Reims [pièces justificatives], 7 *pl.* et *fig.*, p. 1 à 134.

27573. Givelet (Ch.). — Armorial des lieutenants des

habitants de Reims, précédé de recherches sur les armoiries de cette ville et suivi de documents sur ces magistrats et leurs fonctions, 3 *pl.* et *fig.*, p. 135.

LXXIX. — Travaux de l'Académie nationale de Reims, 79ᵉ vol., 1885-1886, t. I. (Reims, 1887, in-8°, 323 p.)

27574. Luton (Dʳ). — Discours d'ouverture [l'œuvre des médecins du moyen âge], p. 1.

27575. Bertinet. — Éloge de M. Jamin, membre de l'Institut, membre honoraire de l'Académie de Reims [1818 † 1886], p. 101.

27576. Barthélemy (E. de). — Lettres inédites du cardinal de Lorraine, archevêque de Reims, et du duc de Guise [François de Lorraine] (1558-1572), p. 111.

27577. Demaison (Louis). — Fragments d'un sarcophage chrétien autrefois dans l'église Saint-Nicaise conservé au Musée de Reims, *pl.*, p. 143.

27578. Gosset (Alphonse). — Aperçu sur les théâtres antiques, p. 151.

[Théâtres de Valognes et d'Orange; danseuse antique, 3 *pl.*]

27579. Cerf (L'abbé). — Une question à propos de la restauration de la cathédrale de Reims : la statuaire, p. 175.

27580. Cerf (L'abbé). — Statues des transepts de la cathédrale de Reims. Statue de saint Louis au transept nord, *portrait* du saint roi, p. 175.

27581. Jadart (Henri). — *Les monuments historiques de la ville de Reims*, par Eugène Leblan, architecte; compte rendu, p. 213.

[En appendice : l'œuvre de Leblan à la Bibliothèque de Reims.]

27582. Jadart (Henri). — Académie de Reims. Inventaire des archives (1841-1886), p. 227.

27583. Lebourq. — Les anciennes fortifications de Reims, 2 *pl.*, p. 249.

LXXX. — Travaux de l'Académie nationale de Reims, 80ᵉ vol., 1885-1886, t. II. (Reims, 1888, in-8°, XII-82 et III-260 p.)

27584. Jadart (Henri). — Robert de Sorbon et le village de Sorbon, 3 *pl.* et *fig.*, p. IX et 82.

[Chronologie des seigneurs de Sorbon; généalogie de la famille de Rémont.]

27585. Loriquet (Ch.). — Épisode de l'histoire du Jansénisme à Reims, Jean Lacourt, chanoine de Reims, à la Bastille. Sa vie, ses ouvrages, sa détention, sa mort et sa succession [1669 † 1730], p. 1 et 255.

[Poésies, lettres du marquis de Torcy; plan de la Bastille, *pl.*, etc.]

MARNE. — REIMS.

SOCIÉTÉ DES ARCHITECTES DE LA MARNE.

Cette Société, fondée en 1875 et autorisée l'année suivante, publie depuis 1876 un *Bulletin* dont le 5ᵉ fascicule a paru en 1886.

I. — Société des architectes de la Marne, fondée en 1875, autorisée en 1876. Bulletin n° 1. Compte rendu des travaux de la Société, années 1876-1877. (Reims, 1878, in-8°, 48-8-11 p.)

II. — Société des architectes de la Marne, etc. Bulletin n° 2. Compte rendu des travaux de la Société, années 1878-1879. (Reims, 1882, in-8°, 40 p.)

27586. Gosset. — Rapport de la commission chargée par l'Académie nationale de Reims d'examiner la proposition ayant pour objet la conservation de la galerie qui couronne la façade septentrionale de la cathédrale de Reims, 2 *fig.* et 3 *pl.*, p. 31.

[Extrait des *Travaux de l'Académie nationale de Reims*, t. LXV.]

III. — Société des architectes de la Marne, etc. Bulletin n° 3, années 1880-1881. (Reims, 1882, in-8°, 125 p.)

27587. Gozier (Ch.). — Étude sur les travaux de restauration de la cathédrale de Reims. Mémoire lu à la réunion du 10 février 1881 en réponse au rapport de l'Académie de Reims publié le 13 décembre 1878, 2 *pl.*, p. 43. — Cf. nᵒˢ 27588 et 27590.

27588. Gosset (Alphonse). — Réponse aux observations

de Ch. Gozier sur la galerie et la face septentrionale de la cathédrale, p. 67. — Cf. n°s 27587 et 27590.

27589. Thiérot (Ed.). — Réponse à M. A. Gosset sur la galerie haute de la cathédrale, p. 79. — Cf. n° 27590.

27590. Gozier (Ch.). — Réplique aux observations de M. Alph. Gosset, p. 85. — Cf. n° 27588.

IV. — Société des architectes de la Marne, etc. Bulletin n° 4, années 1882-1883. (Reims, 1885, in-8°, 50 p.)

27591. Gozier (Ch.). — Excursion du 19 juillet 1883 [à Bugny, Montmort, Baye et Orbais], p. 33.

V. — Société des architectes de la Marne, etc. Bulletin n° 5, années 1884-1885. (Reims, 1886, in-8°, 48 p.)

27592. Gaillandre. — Excursion de la vallée de la Marne, p. 12.

[Églises de Binson et de Châtillon.]

27593. Georges (P.). — Rapport sur l'excursion du jeudi 13 août 1885 [à Saint-Martin-sur-le-Pré et à Châlons-sur-Marne], p. 29.

MARNE. — REIMS.

SOCIÉTÉ DES BIBLIOPHILES DE REIMS.

Cette Société a été fondée le 8 août 1841 dans le but de réimprimer un certain nombre de pièces rares et curieuses. Elle devait aux termes de ses statuts se dissoudre le 8 août 1844. Elle a publié 11 plaquettes, ou 12 si l'on doit comprendre dans ses publications un opuscule édité par M. Tarbé, dans le format adopté pour les autres pièces, mais qui ne porte point comme les autres au faux titre la mention *Société des bibliophiles de Reims*.

27594. [Tarbé (Prosper).] — Discours de ce qu'a fait en France le héraut d'Angleterre et de la réponse que lui a faite le roi le 7 juin 1557. (Reims, 1841, in-12, xii-33 p.)

27595. [Tarbé (Prosper).] — Le noble et gentil jeu de l'arbaleste à Reims. (Reims, 1841, in-12, xxv-40 p.)

27596. [Tarbé (Prosper).] — Louis XI et la Sainte-Ampoule. (Reims, 1842, in-12, xxiv-25 p.)

27597. [Tarbé (Prosper).] — Histoire chronologique, pathologique, politique, économique, artistique, soporifique et melliflue du très noble, très excellent et très vertueux pain d'épice de Reims. (Reims, 1842, in-12, vi-42 p.)

27598. [Paris (Louis).] — Une émeute en 1649. Mazarinade. (Reims, 1842, in-12, xxiv-53 p.)

27599. [Paris (Louis).] — Mémoires de M. Fr. Maucroix, chanoine et sénéchal de l'église de Reims. (Reims, 1842, in-12, xxii-54 p.)

27600. [Louis-Lucas.] — L'entrée du roy nostre sire en la ville et cité de Paris [entrée de Charles VIII le 8 juillet 1484]. (Reims, 1842, in-12, xxv-33 p.)

27601. [Tarbé (Prosper).] — Le purgatoire de Saint-Patrice. Légende du xiiie siècle publiée d'après un manuscrit de la Bibliothèque de Reims. (Reims, 1842, in-12, xiv-58 p.)

27602. [Tarbé (Prosper).] — Inventaire après le décès de Richard Picque, archevêque de Reims, 1389. (Reims, 1842, in-12, xvii-168 p.)

27603. [Tarbé (Prosper).] — Les lépreux à Reims, xve siècle. Formulaire pour le bannissement des lépreux extrait d'un missel de Reims imprimé en 1491. (Reims, 1842, in-12, xx-23 p.)

27604. [Tarbé (Prosper) et Maquart (J.).] — Miniatures d'une bible du xive siècle (1378) et *fac-similé* du texte, 21 *pl.* (Reims, 1842, in-12, xi p.)

27605. [Tarbé (Prosper).] — Les sépultures de l'église Saint-Remi de Reims. (Reims, 1842, in-12, 118 p.)

MARNE. — VITRY-LE-FRANÇOIS.

SOCIÉTÉ DES SCIENCES ET ARTS DE VITRY-LE-FRANÇOIS.

La *Société des sciences et arts de Vitry-le-François* a été fondée en 1861. Elle a publié depuis cette époque jusqu'à la fin de 1885, 13 volumes.

I. — **Société des sciences et arts de Vitry-le-François**, t. I, 19 février 1861-14 février 1867. (Vitry-le-François, 1867, in-8°, 284 p.)

27606. Bertrand (Jean). — Médailles romaines trouvées à Marolles, p. 123.
27607. Bertrand (Jean). — Médailles diverses trouvées sur une voie romaine de Bar-le-Duc à Reims, p. 125.
27608. Morel. — Cimetière gaulois de Somsois, 2 *pl.* et *fig.*, p. 169.
27609. Valentin (Dr). — Échevinage de la ville de Vitry-le-François [de 1603 à 1789], p. 187.
27610. Bertrand (Jean). — Le Meixtiercelin et son église [xiie s.], p. 238.
27611. Jacquier (Edme). — Notice sur le géomètre Moivre [1667 † 1754], p. 256.

II. — **Société des sciences et arts de Vitry-le-François**, t. II, 1867-1868. (Vitry-le-François, 1868, in-8°, 138 p.)

27612. Bertrand (Jean). — Notice sur les pierres sigillaires des oculistes romains [d'après le docteur Sichel], p. 43.
27613. Valentin (Dr). — La statue de la Liberté sur la place d'armes de Vitry-le-François [en 1794], p. 50.
27614. Pestre (G.). — L'église de Vitry-en-Perthois et la chapelle Sainte-Geneviève [xvie s.], 2 *pl.*, p. 54.
27615. Bertrand (Jean). — Rapport sur les fouilles faites à Heiltz-l'Évêque [sépultures gallo-romaines], p. 66.
27616. Jacquier (Edme). — Notice sur la vie et les travaux mathématiques du R. P. Jacquier de l'ordre des Minimes [1711 † 1788], p. 76.
27617. Barbat de Bignicourt (A.). — Les portes de Reims, p. 87.

III. — **Société des sciences et arts de Vitry-le-François**, t. III, 1868-1869. (Vitry-le-François, 1869, in-8°, 172 p.)

27618. Bertrand (Jean). — Notice biographique sur Jean Jacobé de Frémont d'Ablancourt [1621 † 1696], p. 75.
27619. Deschiens (E.). — Lignon dans les temps anciens [xiie-xviiie s., son église, ses seigneurs], 3 *pl.*, p. 84.
27620. Morel. — Sépulture de Lignon [âge de la pierre polie], *pl.*, p. 96.
27621. Valentin (Dr). — Notice généalogique sur le R. P. François Jacquier [† 1788], p. 104.
27622. Barbat de Bignicourt (A.). — Sur le droit du seigneur, p. 122.

IV. — **Société des sciences et arts de Vitry-le-François**, t. IV, 1869-1870. (Vitry-le-François, 1870, in-8°, 272 p.)

27623. Michaut. — Les Aryas en Grèce et dans l'Inde au ixe siècle avant Jésus-Christ, p. 57.

V. — **Société des sciences et arts de Vitry-le-François**, t. V, 1870-1872. (Vitry-le-François, 1872, in-8°, 224 p.)

27624. Martin (Dr). — Discours prononcé sur la tombe de M. Valentin [† 18 octobre 1870], p. 149.
27625. Étienne-Gallois. — Quelques regards sur le passé [lettres de d'Estrées et de Duquesne], p. 153.

VI. — **Société des sciences et arts de Vitry-le-François**, t. VI, 1873-1874. (Vitry-le-François, s. d., in-8°, 248 p.)

27626. Deschiens (E.). — Notice biographique sur M. Jacobé de la Franchecurt [1794 † 1873], p. 73.
27627. Denis (Auguste). — Notice sur les communautés laïques de la ville de Vitry-le-François [avocats, tanneurs, apothicaires, médecins, orfèvres, etc., 2 *pl.*, armoiries], p. 95.
27628. Denis (Auguste). — Notice sur l'introduction et l'exercice de l'imprimerie dans la ville de Vitry-le-François [xviie-xviiie s.], p. 109.
27629. Valentin (Dr). — Fondation de Vitry-le-François avec l'arpentage des places à bâtir fait par Estienne Marchant, mesureur juré de Cheppes [de 1545 à 1557], p. 123 et 153.

VII. — **Société des sciences et arts de Vitry-**

le-François, t. VII, 1875-1876. (Vitry-le-François, 1876, in-8°, 252 p.)

27630. Pergant. — Simples notes pour servir à une statistique historique du canton de Vitry, p. 61.
27631. Leroy. — Notice sur quelques objets antiques trouvés dans le village de Faveresse [poteries, bronzes, monnaies], *pl.*, p. 77.
27632. Legrand. — Notice sur la coutume de Vitry-en-Perthois, p. 83.
27633. Vast (Dr L.). — Notice biographique sur Mlle Moreau [1788 † 1871], p. 125.
27634. Barbat de Bignicourt (A.). — Notice sur M. Jean-Antoine Gillet, p. 130.
27635. Hérelle (Georges). — A propos des manuscrits de la bibliothèque de Vitry-le-François [provenant des abbayes de Cheminon et Trois-Fontaines], p. 150.
27636. Denis (Ate). — Variétés numismatiques sur le département de la Marne, 2 *pl.*, p. 224.

[Monnaies, méreaux et jetons de la Champagne, le papier-monnaie et les assignats dans le département de la Marne.]

VIII. — Société des sciences et arts de Vitry-le-François, t. VIII, 1877. (Vitry-le-François, 1877, in-8°, 304 p.)

27637. Mougin (Dr). — Foyers gaulois de Plichancourt [époque de la pierre], *pl.*, p. 157.
27638. Denis (Auguste). — Notice historique et biographique sur la vie et les écrits de François-Joseph Deschiens [1769 † 1843], *pl.*, p. 173.
27639. Hérelle (Georges). — Charte de Possesse et autres documents inédits (1222-1540), p. 223.

[Chartes de coutumes et de privilèges des habitants de Possesse, Changy, Merlaut, Outrepont et Bassuet (1231); d'Huiron (1270), d'Etréchy (1540).]

27640. Mougin (Dr). — Fouilles du cimetière gaulois de Charvais, territoire d'Heiltz-l'Évêque (premier âge de pierre), 3 *pl.*, p. 245.
27641. Pestre (G.). — Note sur l'église de Plichancourt [attribuée au XIIe s.], *pl.*, p. 294.
27642. Anonyme. — Épitaphe posée en l'église de la Chaussée (1624), p. 298.
27643. Anonyme. — Pierre conservée dans les archives de l'Hôtel-Dieu de Châlons [inscription relative à Gilles Porte, prêtre, † 1654], p. 301.

IX. — Société des sciences et arts de Vitry-le-François, t. IX, 1878. (Vitry-le-François, 1878, in-8°, 618 p.)

27644. Barbat de Bignicourt (A.). — L'ancien Ponthion en Perthois, p. 63.
27645. Hérelle (Georges). — Documents inédits sur les États généraux (1482-1789) tirés des archives de Vitry-le-François [avec introduction et notes], p. 115.
27646. Moulé (L.). — Recherches historiques et chronologiques sur les villages de l'arrondissement de Vitry-le-François. Étude sur la seigneurie et les villages de Changy, Merlaut et Outrepont, p. 375.

[Chronologie des seigneurs, procès avec les habitants, et pièces justificatives, XIIIe-XIIe s.]

27647. Barbat de Blignicourt (A.). — Quelques mots à propos de la pierre tombale de Jean de Mutigny [† 1590] en l'église Notre-Dame de Vitry, *pl.*, p. 498.
27648. Pestre (G.). — L'église de Changy et ses défenses militaires [XIIIe-XVe s.], p. 532.
27649. Mougin (Dr). — Cimetières de la Marne. Études archéologiques, 3 *pl.*, p. 537.

[Bois-Legras; Doncourt; Heiltz-l'Évêque; Charvois; le Tumois. — Bijoux, agrafes, colliers de l'époque gallo-romaine.]

X. — Société des sciences et arts de Vitry-le-François, t. X, 1879-1880. (Vitry-le-François, 1881, in-8°, 192 p.)

27650. Hérelle (Georges). — Notice sur la création de l'échevinage de Vitry-le-François, d'après des documents inédits [1603-1604; liste de quelques gouverneurs et comptables de 1233 à 1633], p. 45.

XI. — Société des sciences et arts de Vitry-le-François, t. XI, 1881. (Arcis-sur-Aube, 1883, in-8°, 188 p.)

27651. Barthélemy (Édouard de). — Recueil des chartes de l'abbaye de Notre-Dame de Cheminon [1100-1387; sceaux], 2 *pl.*, p. 3.

XII. — Société des sciences et arts de Vitry-le-François, t. XII, 1882. (Vitry-le-François, 1882, in-8°, 678 p.)

27652. Paillard (Ch.). — L'invasion allemande en 1544. Fragments d'une histoire militaire et diplomatique de l'expédition de Charles-Quint écrite sur les documents originaux inédits des archives de Bruxelles, ouvrage posthume de Charles Paillard mis en ordre et publié avec l'autorisation de la famille par G. Hérelle, 3 *cartes*, p. 209 à 636.
27653. Jacquier. — Discours prononcé sur la tombe de M. Alphonse Picart, ancien professeur à la Faculté des sciences de Poitiers, ancien député de la Marne, le 19 mai 1884 [1829 † 1884], p. 637.

XIII. — Société des sciences et arts de Vitry-

le-François, t. XIII, 1883-1884. (Vitry-le-François, 1887, in-8°, 619 p.)

27654. Mougin (L.). — Les épidémies dans la ville de Vitry-le-François et son arrondissement [1631, 1638, 1832, 1849 et 1854], p. 1.

27655. Hérelle (Georges). — La Réforme et la Ligue en Champagne. Documents. Lettres conservées en original ou en copie authentique dans les archives municipales de Châlons-sur-Marne, Reims, Sainte-Menehould, Saint-Dizier et Vitry-le-François, p. 77.

[Lettres de Catherine de Médicis; François II; Henri II; Henri III; Henri IV; Bussy d'Amboise; Claude, duc d'Aumale; le maréchal d'Aumont; le sieur de Barbezieux; Théodore de Bèze; Anne et Antoine de Bourbon; le sieur de Bourdillon; Hiérosme de Burges et Cosme Clausse, évêques de Châlons; le Conseil de ville de Châlons; Catherine et Henriette de Clèves; Joachim de Dinteville; Adolphe de Lyons, sieur d'Espaux; Renée de France; le duc de Guise; Louis, cardinal de Guise; Catherine de Lorraine; Charles, duc de Lorraine; Charles de Lorraine, évêque de Metz; Charles de Guise, dit le cardinal de Lorraine; Claude de Lorraine; Claude de Lorraine, chevalier d'Aumale; Claude de Lorraine, prince de Joinville; François de Lorraine, duc de Guise; Henri de Lorraine, duc de Guise; Renée de Lorraine; Charles de Lorraine, duc de Mayenne; le connétable de Montmorency; Charles de Gonzague, duc de Nevers; François de Clèves, duc de Nevers; Louis de Gonzague, duc de Nevers; Alphonse d'Ornano; le Conseil de ville de Reims et de Sainte-Menehould, etc.]

MARNE (HAUTE-). — LANGRES.

SOCIÉTÉ HISTORIQUE ET ARCHÉOLOGIQUE DE LANGRES.

Cette Société fut fondée le 17 juillet 1836. Son principal objet était de recueillir les antiquités découvertes dans la ville ou les environs et de les réunir dans un musée. Autorisée d'abord pour trois ans seulement, elle ne fut organisée définitivement qu'en 1841, et prit alors le nom de *Société historique et archéologique de Langres.* Elle a été reconnue d'utilité publique par décret du 24 décembre 1859.

Ses publications se composent de 3 volumes de *Mémoires* publiés de 1847 à 1885, et d'un *Bulletin* qui a commencé à paraître en 1872 et ne formait encore que 2 volumes à la fin de 1886. Elle a fait imprimer aussi les deux ouvrages suivants et quatre éditions du catalogue de son Musée ont paru sous ses auspices.

27656. Simonnet (J.). — Essai sur l'histoire et la généalogie des sires de Joinville (1008-1386), accompagné de chartes et documents inédits, *pl.* (Langres, 1876, in-8°, xxxiii-342 p.)

27657. Arbaumont (J. d'). — Cartulaire du prieuré de Saint-Étienne de Vignory publié sous les auspices de la Société historique et archéologique de Langres avec une introduction, un appendice et des tables, 11 *pl.* (Langres, 1882, in-8°, ccl-314 p.)

27658. Péchin d'Autebois. — Catalogue provisoire du Musée fondé par la Société historique et archéologique de Langres. (Langres, 1847, in-12, 44 p.)

27659. Brocard (Henry). — Catalogue du Musée fondé et administré par la Société historique et archéologique de Langres. (Langres, 1861, in-8°, 102 p.)

27660. Brocard (Henry). — Catalogue du Musée fondé et administré par la Société historique et archéologique de Langres. (Langres, 1873, in-8°, 156 p.)

27661. Brocard (Henry). — Catalogue du Musée fondé et administré par la Société historique et archéologique de Langres. (Langres, 1886, in-12, 162 p.)

I. — Mémoires de la Société historique et archéologique de Langres, t. I. (Langres, 1847[-1860], in-4°, xx-28 et 334 p.)

27662. Girault de Prangey. — Origine et constitution de la Société historique et archéologique de Langres, p. i.

27663. Péchin d'Autebois. — État des diverses collections composant le Musée fondé par la Société [inscriptions romaines], p. x.

27664. Anonyme. — Sur M. de Chambrulard [1764 † 1847], p. 1.

27665. Divers. — Chronique, p. 2 et 19.

[Débris et cippes gallo-romains; démolition de la porte des Moulins à Langres (xive s.); sculptures antiques trouvées à Langres, inscription romaine, monnaies du xive s. trouvées à Chaumont, travaux faits à la cathédrale de Langres, cimetière gallo-romain. Notices nécrologiques sur MM. le colonel Aubert (1778 † 1855); Jules Ziégler (1804 † 1856); Mgr Huguet (1810 † 1858).]

27666. Girault de Prangey. — Langres. Porte gallo-romaine, 3 *pl.* et *fig.*, p. 3. — Cf. n°s 27669 et 27680.

27667. Fériel (J.). — Joinville. Tombeau de Claude de Lorraine et sépulture des ducs de Guise [xvie s.], *pl.*, p. 12. — Cf. n°s 27678 et 27695.

27668. Pistollet de Saint-Ferjeux (Th.). — Notice historique sur Nogent-le-Roi [*pl.* et *plan* de l'ancien château], p. 18.

27669. Girault de Prangey. — Langres. Portes des Moulins, *fig.* et *pl.*, p. 29. — Cf. n° 27666.

27670. Pistollet de Saint-Ferjeux (Th.). — Clôture de chapelle du xvie siècle au Musée, *pl.*, p. 34.

27671. Favrel (L'abbé P.). — Recherches historiques sur les Lingons. Les Lingons durant l'ère celtique, leur antiquité et leur puissance, p. 36.

27672. Girault de Prangey. — Fragments gallo-romains au Musée [chapiteaux et inscription romaine], *pl.* et *fig.*, p. 40.

27673. Fériel (J.). — Vignory. Ruines du château, le prieuré, *pl.*, p. 47.

27674. Godard (L'abbé). — Chaumont. Les murs d'enceinte, porte Saint-Michel, *fig.*, p. 55.

27675. Péchiné (Paul). — Notice sur les costumes des Gaulois en général et des Lingons en particulier, à propos de quelques monuments de l'ère gallo-romaine, p. 59.

27676. Godard (L'abbé). — Dolmen de Vitry-lès-Nogent, *pl.*, p. 65.

27677. Daguin (L'abbé) et Godard (l'abbé). — Langres. Cathédrale Saint-Mammès, 8 *pl.*, p. 67.

27678. Fériel (J.). — Joinville. Château du Grand-Jardin [xvie-xixe s.], *pl.*, p. 110. — Cf. n° 27667.

27679. Godard (L'abbé). — Esquisse de l'histoire de Chaumont-en-Bassigny, 2 *pl.*, p. 115.

27680. Girault de Prangey. — Langres. Longue-Porte

[fragments gallo-romains], 2 *pl.*, p. 135. — Cf. n° 27666.

27681. Boitouzet (L'abbé J.). — Études héraldiques dans la Haute-Marne [armoiries des villes du département], *pl.*, p. 142.

27682. Girault de Prangey. — Vignory. Église Saint-Étienne, 3 *pl.*, p. 154.

27683. Fériel (J.). — Andelot. Épitaphe métrique du XIIIe siècle [de Guillaume dit *Loubart*], *pl.*, p. 159.

27684. Renard (Athanase). — Souvenirs du Bassigny champenois. Jeanne d'Arc et Domremi, p. 163. — Cf. n° 27752.

27685. Chezjean. — Andelot. Notice sur cette ville et sur quelques objets trouvés au Mont-Éclair [statuettes, inscriptions gallo-romaines], *pl.* et *fig.*, p. 177.

27686. Daguin (L'abbé). — Langres. Église Saint-Martin [XIIIe s.], *pl.*, p. 182.

27687. Royer. — Notice sur les monnaies de Langres, *pl.*, p. 196.

27688. Fériel (J.). — Poissons. Portail de l'église Saint-Agnan [XVe s.], p. 203.

27689. Carnandet (J.). — Châteauvillain, p. 206.

[Notice historique et archéologique. — Tombe de Jean Ier, sire de Châteauvillain, † 1313. — Sceaux du XIIIe s., *pl.*]

27690. Pistollet de Saint-Ferjeux (Th.). — Le château et les seigneurs du Pailly (Haute-Marne], 6 *pl.*, p. 212.

27691. Pistollet de Saint-Ferjeux (Th.). — Tombe de Guibert de Celsoy [† 1394; église du XIVe s.], 3 *pl.*, p. 243.

27692. Pistollet de Saint-Ferjeux (Th.). — Torques et bracelets [du Musée de Langres], *pl.*, p. 253.

27693. Daguin (L'abbé C.-C.). — Les tombeaux de l'église Saint-Mammès [cathédrale de Langres], *plan*, p. 259.

27694. Van Hoorebeke (Gustave). — Charte d'Odon de Giey [en faveur de l'abbaye d'Auberive, 1280], p. 282.

27695. Fériel (J.). — Joinville. Église Notre-Dame [XIIIe s.], 2 *pl.*, p. 286. — Cf. n° 27667.

27696. Pistollet de Saint-Ferjeux (Th.). — Notice sur les voies romaines, les camps romains et les mardelles du département de la Haute-Marne [inscriptions antiques], *pl.*, p. 293.

II. — Mémoires de la Société historique, etc., t. II. (Langres, 1862, in-4°, 15 et 370 p.)

27697. Divers. — Chronique, p. 1 et 9.

[Tumulus de Choilley, cercueils et cippes gallo-romains; médailles romaines et gauloises trouvées à Langres et à la Villeneuve-au-Roi; substructions antiques.

Notices nécrologiques sur MM. Fériel (1810 † 1865); Pernot, peintre (1798 † 1865); Mgr Parisis, évêque de Langres (1795 † 1866); MM. Voillemier (1787 † 1865); Jean-François Delage (1795 † 1844); Pierre Durand (1808 † 1867); Charles de Piépape (1818 † 1867).]

27698. Pistollet de Saint-Ferjeux (Th.). — Langres. Cloître de la cathédrale [XIIIe s.], *pl.*, p. 1.

27699. Pothier. — Antiquités découvertes dans le canton d'Andelot [bains de l'époque gallo-romaine, pierres celtiques, etc.], *pl.* et *fig.*, p. 17.

27700. Pinard. — Église Saint-Louvent [Andelot, XIIe-XVIe s.], 2 *pl.*, p. 26.

27701. Fériel (J.). — Chaumont. Arbre de Jessé à l'église Saint-Jean, *pl.*, p. 29.

27702. Chabas (F.). — Observations sur le chapitre VI du *Rituel égyptien* à propos d'une statuette funéraire du Musée de Langres, 2 *pl.* et *fig.*, p. 37.

27703. Simonnet (J.). — Église Notre-Dame de Wassy [attribuée au XIe s.], 5 *pl.*, p. 49.

27704. Brocard (Henry). — Notice sur quelques autels gallo-romains du Musée de Langres, 3 *pl.*, p. 58.

27705. Pothier. — Aqueduc de construction romaine sur les territoires de Fontaines et de Gourzon [Haute-Marne], 2 *pl.*, p. 68.

27706. Pistollet de Saint-Ferjeux (Th.). — Langres pendant la Ligue [*portrait* de Jean Roussat, maire de Langres, † 1613], 2 *pl.*, p. 77.

27707. Daguin (L'abbé C.-C.). — Église de Saint-Geosmes [près Langres], p. 191.

27708. Brocard (Henry). — Monographie de l'église de Saint-Geosmes, 8 *pl.*, p. 215.

27709. Pothier. — Étude sur une antique sépulture, sur son épitaphe métrique et sur les vers léonins [tombe d'Émeline, dame de Reynel, XIIIe s.], *pl.*, p. 223.

27710. Pistollet de Saint-Ferjeux (Th.). — Anciennes fortifications de Langres, 5 *pl.*, p. 230.

27711. Simonnet (J.). — L'église Notre-Dame de Sommevoire [XIIe-XIIIe s.], 4 *pl.*, p. 253.

27712. Pistollet de Saint-Ferjeux (Th.). — Limites de la province lingonnaise, p. 261.

[*Carte* de la province et du diocèse de Langres avant 1731.]

27713. Régel (Stanislas de). — Notice sur les carrières des Creux-d'Anjou et sur le monticule appelé le Feu-de-la-Motte [près de Langres], p. 271.

27714. La Boullaye (Julien de). — Priviléges de la ville de Langres [1498], p. 275.

27715. Pistollet de Saint-Ferjeux (Th.). — Le château et les seigneuries de Chalencey [bas-relief gallo-romain], 4 *pl.*, p. 277.

27716. Renard (Athanase). — Bourbonne. Son nom, ses origines, ses antiquités gallo-romaines, ses établissements thermaux, son ancien château et sa seigneurie; la ville comme commune et comme paroisse [inscriptions et autels gallo-romains], 5 *pl.* et *fig.*, p. 309.

27717. Brocard (Henry). — Église Notre-Dame de Bourbonne, 5 *pl.* et *fig.*, p. 339.

27718. Mulson (L'abbé). — L'abbaye de Vaux-la-Douce, *fig.*, p. 351.

III. — Mémoires de la Société historique, etc.,

t. III [en cours de publication]. (Langres, 1880-1885, 7 livraisons, in-4°, 283 p.)

27719. Daguin (A.). — Les évêques de Langres. Étude épigraphique, sigillographique et héraldique, *fig.* et 2 *pl.*, p. 1.

27720. Grancher (L'abbé P.-J.). — L'église de Ceffonds et ses vitraux, 3 *pl.*, p. 189.

27721. Brocard (Henry). — Un bas-relief [gallo-romain] du Musée de Langres, *fig.*, p. 231.

27722. Louis (L'abbé A.). — Notre-Dame-la-Blanche et l'évêque Guy Baudet. Deux statues du XIVe siècle à la cathédrale de Langres, 2 *pl.*, p. 233.

27723. Royer (Camille), Royer (Joseph) et Flouest (Éd.). — Le tumulus de Montsaugeon (Haute-Marne), *pl.* et *fig.*, p. 257.

I. — Bulletin de la Société historique et archéologique de Langres, t. I, 1872-1879. (Langres, s. d., in-8°, 464 p.)

27724. Pistollet de Saint-Ferjeux (Th.). — M. B. Guidel [peintre, † 1870], p. 18.

27725. Pistollet de Saint-Ferjeux (Th.). — M. Stanislas de Régel [1815 † 1871], p. 21.

27726. Durand (Adrien). — Juridiction municipale de Langres sous l'ancien régime. Capitaines à masses [XVIIe-XVIIIe s.], p. 24.

27727. Pistollet de Saint-Ferjeux (Th.). — M. [Marie-Joseph Monny] de Mornay [directeur de l'agriculture, 1804 † 1868], p. 44.

27728. Pistollet de Saint-Ferjeux (Th.). — J. Lescorné, sculpteur [1799 † 1872], p. 52.

27729. La Boullaye (Julien de). — Entrées et séjours de François Ier à Langres, p. 68.

27730. Pistollet de Saint-Ferjeux (Th.). — M. l'abbé Dubois [1810 † 1857], p. 115.

27731. Barthélemy (Édouard de). — *Les promenades printanières* de A. L. T. M. C. [ouvrage d'Adrien Le Tartrier, médecin champenois, publié en 1536], p. 119.

27732. Pistollet de Saint-Ferjeux (Th.). — Les faïences d'Aprey [Haute-Marne], p. 131.

27733. Bonvallet (Adrien). — Notice épigraphique et archéologique sur les seigneurs de la Neuvelle-lès-Coiffy et du Beuillon [famille du Han, etc.], p. 144.

27734. Brocard (Henry). — Inventaire des reliques et autres curiosités de l'église cathédrale de Langres, dressé le 30 août 1768, p. 152.

27735. Royer (Charles). — Nicolas Jenson, de Langres, l'un des premiers imprimeurs connus [† vers 1481], p. 179.

27736. Gelin (L'abbé P.-Félix). — Essai sur un aqueduc de construction romaine à la montagne du Châtelet près de Fontaines-sur-Marne et de Gourzon, p. 200.

27737. Descaves (A.). — Condes [substructions gallo-romaines], *fig.*, p. 244.

27738. Brocard (Henry). — Origines de la Société historique et archéologique de Langres [1836-1878], p. 258.

27739. Barthélemy (Anatole de). — Une monnaie inédite de Langres [XIIe s.; actes de 1185 et de 1238 relatifs aux monnaies de Langres], *fig.*, p. 267.

27740. Royer (Charles). — Registre de la confrérie de Saint-Didier établie à Langres où sont inscrits tous les confrères selon l'ordre de leur réception [1541-1787], p. 271.

27741. Barrois (H.). — Description de quelques monnaies anciennes recueillies sur le territoire de Perthes [Haute-Marne], p. 301.

[Monnaies gauloises, monnaies grecques et monnaies impériales.]

27742. Brocard (Henry). — Sur M. Eugène Babeau (1805 † 1878), p. 325.

27743. Brocard (Henry). — Sur le Christ de Saint-Martin de Langres (XVIe s.), p. 328.

27744. Daguin (A.). — Marnay, ses seigneurs. La famille Le Tartier [XVe-XVIIIe s.], p. 332.

27745. Anonyme. — Fronton de la porte du château d'Aigremont, p. 344.

27746. Anonyme. — Monnaies françaises du XVIe siècle, p. 346.

27747. Anonyme. — Nicolas Lescornel, peintre [1806 † 1879], p. 346.

27748. Brocard (Henry). — Un émail bysantin, baiser de paix [appartenant à l'église de Meuvy], p. 338.

27749. Brocard (Henry). — Les beaux-arts et l'enseignement du dessin à Langres [de 1782 à 1879; artistes langrois antérieurs au XVIIIe s.], p. 356.

27750. Briffaut (L'abbé). — La Ferté-sur-Amance [Haute-Marne. Notice historique et archéologique], p. 378.

27751. Brocard (Henry). — Sur l'exploration de l'aqueduc romain de la montagne du Châtelet, p. 414.

27752. Renard (Athanase). — L'état civil de Jeanne d'Arc, p. 418. — Cf. n° 27684.

27753. Saint-Ferjeux (G. de). — Notice sur les tombes des militaires décédés dans la Haute-Marne pendant la campagne de 1870-1871, *fig.*, p. 432.

27754. Brocard (Henry). — Sur M. Jean-Baptiste-Alphonse Chevallier, chimiste [1793 † 1879], p. 451.

27755. Brocard (Henry). — Une page de l'histoire de Langres [serment de fidélité à Henri IV, 1589], p. 457.

II. — Bulletin de la Société historique, etc., t. II. (Langres, s. d. [1880-1885], in-8°, 464 p.)

27756. Anonyme. — Chronique, p. 13, 74 et 103.

[François-Hippolyte Walferdin, né en 1795. — Tombes des militaires décédés dans la Haute-Marne pendant la guerre de 1870. — Cimetière gallo-romain de Sexfontaine. — Grosse cloche de Lanty.]

IMPRIMERIE NATIONALE.

A. Guérey, † 1881. — Cercueil du moyen âge. — Tuyaux en terre romains. — Objets antiques trouvés à Corlée. — Briques romaines et mosaïque.
Claude-Marie-Nicolas Pechin d'Autebois, † 1881. — Objets antiques trouvés à Semoutiers. — Objets divers découverts dans la construction du canal de la Marne à la Saône.]

27757. Arbaumont (Jules d'). — M. Henry Baudot [1799 † 1880], p. 19.
27758. Brocard (Henry). — Joseph Berger [peintre, 1798 † 1870], p. 22.
27759. Anonyme. — Portrait de Racine, p. 40.
27760. Anonyme. — Inscription de l'église d'Isômes, p. 42.
27761. Anonyme. — Fouilles à l'aqueduc du Châtelet, p. 43.
27762. Massin (J.). — Un sceau de Guillaume Ier de Vergy [xiiie s.], *fig.*, p. 48.
27763. Massin (J.). — Plaque commémorative et piscine trouvées à Fayl-Billot dans la démolition du portail de l'ancienne église, p. 81.
27764. Bonvallet (Adrien). — Jean de Coiffy et sa famille [xive s.], p. 86.
27765. Brocard (Henry). — La crypte de l'église de Saint-Geosmes, p. 114.
27766. Royer (Ch.). — Chartes concernant l'abbaye d'Auberive [1224-1239], p. 124.
27767. Marchal (J.). — État civil de la Mothe [1641-1645], p. 139.
27768. A. D. [Daguin (A.) et F. A.]. — L'imprimerie et la librairie dans la Haute-Marne et dans l'ancien diocèse de Langres [xve-xixe s.], p. 146.
27769. Anonyme. — Chronique, p. 194.

[Tombeau gallo-romain; statue et médailles romaines découvertes à Dampierre.]

27770. Roussel (L'abbé). — Sur les chartes relatives à l'abbaye d'Auberive, p. 196.
27771. Gelin (L'abbé P.-F.). — Sépultures gallo-romaines du Châtelet [inscriptions antiques], p. 197. — Cf. nos 27778 et 27781.
27772. [Coupévron (E. de)]. — Sceau de Philippe de Choiseul découvert à Nogent-le-Roi (Haute-Marne) [xvie s.], p. 202.
27773. Pingenet (E.). — Mgr Duvoisins, évêque de Nantes [1744 † 1813], p. 204.
27774. Mulson (L'abbé). — Une période historique de l'ancien doyenné de Pierrefite, 1340-1598, p. 213.
27775. Brocard (H.). — La Foraine de Langres [sceau], *fig.*, p. 249.
27776. Louis (L'abbé A.). — Testament d'un Langrois à l'époque de la domination romaine, 2 *pl.*, p. 251.
27777. Divers. — Chronique, p. 277.

[Cloches de Silvarouvres. — Librairies de Langres. — Sceau de Philippe de Choiseul. — Marie-Guillaume-Frédéric Bouange, évêque de Langres, 1814 † 1884.]

27778. Gelin (L'abbé P.-F.). — Fontaines-sur-Marne, p. 304. — Cf. n° 27771.

[Fouilles du Châtelet; cimetière gallo-romain; monnaies et objets divers.]

27779. Bonvallet (Adrien). — La tombe de Jeanne de Fouchier, femme de Philippe d'Anglure, seigneur de Guyonvelle (1583), p. 317.
27780. Bougard (Dr). — M. Athanase Renard [médecin, 1796 † 1885], p. 330.
27781. Gelin (L'abbé P.-F.). — Le cimetière gallo-romain près du Châtelet, p. 336. — Cf. n° 27771.
27782. Chabeuf (H.). — Marques de tâcherons dans la cathédrale de Langres, *pl.*, p. 345.
27783. Barthélemy (Édouard de). — Obituaire de Saint-Mammès de Langres [rédigé au xvie siècle par Richard Roussat], p. 348.
27784. Anonyme. — Les jetons de présence du corps des notaires de l'arrondissement de Langres, p. 397.
27785. Lacordaire (A.). — Aigremont [tombeaux du xve et du xvie s.], p. 398.
27786. Royer (Ch.). — Champigny-lès-Langres [débris d'un monument romain], p. 409.
27787. Lacordaire (A.). — Anselme Petit, écrivain langrois [xviie s.], p. 415.
27788. Divers. — Chronique, p. 434.

[Rectifications à l'obituaire de Saint-Mammès; Anselme Petit; Frère Asclépiade, † 1886; Alfred Mettrier, avocat, † 1886.]

27789. Royer (Joseph) et Royer (Camille). — Le tumulus sur Vesvres-sous-Prangey [sépulture gauloise], p. 438.
27790. Royer (Camille). — Tombe de Richard Trestondam à Montormentier [1466], *pl.*, p. 450.
27791. Royer (Camille). — Tombe de Girard de Barro à Foulain [1283], *pl.*, p. 454.

MARNE (HAUTE-). — SAINT-DIZIER.

SOCIÉTÉ DES LETTRES, DES SCIENCES, DES ARTS, DE L'AGRICULTURE ET DE L'INDUSTRIE DE SAINT-DIZIER.

La *Société des lettres, des sciences, des arts, de l'agriculture et de l'industrie de Saint-Dizier* a été fondée en 1879 et autorisée le 19 janvier 1880. Elle a publié 4 volumes de *Mémoires*.

I. — **Mémoires de la Société des lettres, des sciences, des arts, de l'agriculture et de l'industrie de Saint-Dizier,** t. I, années 1880-1881. (Saint-Dizier, 1882, in-8°, 335 p.)

27792. Anonyme. — Charte d'affranchissement accordée aux bourgeois et habitants de Saint-Dizier par Guillaume de Dampierre et Marguerite de Flandre, son épouse, en 1228 et confirmée par Louis X en 1314, p. 9.

27793. Hédouville (Ch. de). — Notice sur le village d'Éclaron (Haute-Marne), p. 25.

27794. Cornuel (J.). — Notice sur un ancien cours d'eau à Saint-Dizier [estuaire du Puits-Royot], *carte*, p. 173. — Cf. n°s 27795, 27796, 27797 et 27798.

27795. Royer (Ernest). — Rapport sur la notice de M. Cornuel relative à un ancien cours d'eau à Saint-Dizier, p. 185. — Cf. n°s 27794 et 27796.

27796. Cornuel (J.). — Réponse [au rapport précédent], p. 199. — Cf. n° 27795.

27797. Royer (Ernest). — Second rapport, p. 211. — Cf. n° 27795.

27798. Cornuel (E.). — Deuxième réponse, p. 231. — Cf. n° 27794.

II. — **Mémoires de la Société des lettres,** etc., t. II, années 1882-1883. (Saint-Dizier, 1884, in-8°, 304 p.)

27799. Hédouville (Ch. de). — Une visite au musée [préhistorique du château] de Baye, p. 29.

27800. Lescuyer (Paul). — La garde nationale mobilisée de Saint-Dizier pendant la guerre de 1870-1871, p. 121.

27801. Royer (Ernest) et Royer (Henri). — Mémoire sur les camps et enceintes fortifiées antiques existant sur le sol du département de la Haute-Marne, p. 161.

[Camp romain de Roocourt-la-Côte, *plan*. — Ancienne ville de Darté.]

27802. Royer (Ernest). — Quelques notes sur Beurville, Blinfey et la fontaine de Ceffonds aux XII° et XIII° siècles, p. 205.

27803. Fèvre (Mgr Justin). — Notice biographique sur Joachim Gaudry, jurisconsulte [1790 † après 1860], bâtonnier de l'ordre des avocats, p. 243.

III. — **Mémoires de la Société des lettres,** etc., t. III, année 1884. (Saint-Dizier, 1885, in-8°, 562 p.)

IV. — **Mémoires de la Société des lettres,** etc., t. IV, années 1885-1886. (Saint-Dizier, 1887, in-8°, VIII-453 p.)

27804. Fourot (L'abbé A.). — L'oppidum du Châtelet avec plan des fouilles de Grignon et chromolithographies représentant les principaux objets trouvés au Châtelet, *plan* et 8 *pl.*, p. 1.

27805. Fèvre (Mgr Justin). — Notice historique et biographique sur la maison de Rarécourt la Vallée Pimodan, p. 204.

27806. Millard. — Note sur le village de Flammerécourt [(Haute-Marne); seigneurs], p. 219.

27807. Royer (Ernest) et Royer (Henri). — Camp dit «le château des Sarrasins» à Cirey-sur-Blaise, *plan*, p. 229.

27808. Royer (Ernest) et Royer (Henri). — Camp de Saint-Roch [auprès de Chaumont], *plan*, p. 239.

27809. Villeroi (A.). — Une page d'histoire locale [fête du 14 juillet 1790 à Moëslains, Valcourt et Hoéricourt], p. 255.

27810. Guillemin (P.). — Saint-Dizier pendant la période révolutionnaire, 1789-1794. Fragment d'une histoire de la ville de Saint-Dizier, p. 263.

MAYENNE. — LAVAL.

COMMISSION HISTORIQUE ET ARCHÉOLOGIQUE DE LA MAYENNE.

La *Commission historique et archéologique de la Mayenne* a été établie par un arrêté préfectoral en date du 17 janvier 1878. Elle a fait paraître en 1880 le premier volume de ses procès-verbaux. Le quatrième, comprenant ses travaux de 1884-1885, n'a été terminé qu'en 1887.

I. — Commission historique et archéologique de la Mayenne. Procès-verbaux et documents, t. I, 1878-1879. (Laval, 1880, in-8°, 168 p.)

27811. Anonyme. — Procès-verbaux des séances [1878 et 1879], p. 15 et 81.

[Vases mérovingiens, *fig.*, p. 26. — Découvertes de monnaies, p. 30. — Statue tombale de Jublains (xiii° s.), *fig.*, p. 33. — Grotte de Voutré, *fig.*, p. 34. — Retranchements de Launay-Villiers, p. 41. — Allée couverte de la Contrie, *fig.*, p. 45. — Monuments historiques de la Mayenne, p. 45. — Murs vitrifiés de Sainte-Suzanne, p. 52. — Acte d'inhumation de Réaumur, p. 53 et 149. — Peintures de Saint-Martin de Laval (xii° s.), p. 55. — Cercueil mérovingien de Torcé, p. 60. — Dolmen de Brossard, *fig.*, p. 61. — Découverte de monnaies romaines, à Jublains, p. 69. — Église Saint-Jean de Château-Gontier, *pl.*, p. 73. — Pommeau d'épée, d'Ernée, *fig.*, p. 76.]

27812. Verneau (Dr R.). — Sur la grotte de Voutré (Mayenne) [squelette], *fig.*, p. 85.

27813. Moreau (Émile). — Études préhistoriques sur les environs d'Ernée, *fig.*, p. 101.

[Fouilles du dolmen de la Perche, commune de Montenay; polissoir de la Bertellière; moitié d'anneau en pierre trouvée à Ernée.]

27814. Moreau (Émile). — Le bronze aux environs de Craon, p. 114.

27815. Delaunay (Édouard). — Notes historiques sur la commune de Montenay, canton d'Ernée, p. 119.

27816. Abraham (Tancrède). — Le château de Montjan [attribué au ix° s.], *pl.*, p. 135.

27817. Lefizelier (Jules). — Église de Montaudin, arrondissement de Mayenne, canton de Landivy [cuve baptismale, xiv° s.], *fig.*, p. 138.

27818. Duchemin (Victor). — Rapport sur les personnages historiques du département de la Mayenne dont les noms pourraient être donnés à des rues ou à des places publiques, p. 141.

27819. Cornée. — Acte d'inhumation de René-Antoine de Jerchaut, seigneur de Réaumur [19 octobre 1757], p. 149.

II. — Commission historique et archéologique, etc., t. II, 1880-1881. (Laval, 1883, in-8°, 258 p.)

27820. Anonyme. — Procès-verbaux des séances [1880 et 1881], p. 17 et 103.

[Statuette en bois du xv° s. au Musée de Château-Gontier, *pl.*, p. 24. — Inscription de l'église d'Ambrières, xvi° s., p. 28. — Camp et fosses aux Sarrasins, à Hardanges, p. 35. — Tableaux de Boucher et de J.-B. Huet, trouvés à Saint-Martin-du-Limet, p. 49. — Sceau des notaires de Laval, *fig.*; agrafes mérovingiennes, *pl.*, p. 53. — Bas-relief à Saulges, xv° s., p. 62. — Église de Pritz; les travaux des mois, *fig.*, p. 73. — Église de la Cassine, *fig.*, p. 81. — Maison Renaissance, à Laval, *pl.*, p. 84. — Château de Mortier-Crolle, à Saint-Quentin, *fig.*, p. 84. — Château du Rocher, à Mézangers, *fig.*, p. 86. — Statuette en ivoire de la Renaissance, *pl.*, p. 96. — Château de Foulletorte, à Saint-Georges-sur-Erve, p. 101. — Église de la Selle-Craonnaise, p. 101. — Château de Montécler, à Châtres, p. 101. — Prieuré de la Haie aux Bonshommes, p. 102.]

27821. Lefizelier (Jules). — Le préhistorique au congrès de Vannes, p. 107.

27822. Martonne (A. de). — Les seigneurs de Mayenne et le cartulaire de Savigny, p. 118.

27823. Joubert (André). — Les épitaphes latines du mausolée de Catherine de Chivré [† 1599] au château de la Barre de Bierné, *pl.* et *fig.*, p. 140.

27824. Joubert (André). — Les épitaphes de l'enfeu des Gaultier de Brullon au xvii° siècle, 3 *pl.*, p. 151.

27825. Pointeau (L'abbé Ch.). — L'héritage et les héritiers des Du Bellay, p. 175.

[Testament de Guillaume Du Bellay, 1542, et du cardinal Jean Du Bellay, 1555; sceau et *fac-similés*, *fig.*]

27826. Queruau-Lamerie (E.). — Titres et documents concernant la commanderie de Thévalles, de l'ordre de Malte, *pl.*, p. 235.

[Épitaphe du commandeur Gabriel du Bois de La Ferté, † 1702, *pl.*]

27827. Anonyme. — Note sur les fresques de Saint-Martin à Laval [attribuées au xi° s.], *pl.*, p. 249.

27828. Anonyme. — Inscription à la mémoire de l'abbé Bernier [† 1806] à Daon, p. 251.

27829. Anonyme. — Inscription commémorative de la fondation des Capucins à Château-Gontier [1611], p. 252.

III. — Commission historique et archéolo-

gique, etc., t. III, 1882-1883. (Laval, 1885, in-8°, 376 p.)

27830. Anonyme. — Procès-verbaux des séances [année 1882], p. 17 à 44.

[Enseigne de la rue du Pilier-Vert à Laval, p. 20. — Haches en bronze à Saint-Pierre-des-Landes, *fig.*, p. 21. — Hiver de 1709, à Cigné, p. 23. — Pierres tombales de la Baroche-Gondouin, p. 27 et 40. — Fonts baptismaux de Saint-Julien-du-Terroux, p. 37. — Château du Frouloy (commune de Couesmes), p. 38. — Camp de Gênes (commune de Saint-Loup-du-Gast), p. 39. — Croix de Couesmes, p. 39. — Église du Pas, p. 40. — Saint-Fraimbault-de-Lassay, p. 40. — Tombes de Huet et Alis Courtin, à Saint-Pierre-sur-Erve, p. 41. — Statuettes du château de Neuville, par David d'Angers père, p. 43.]

27831. Anonyme. — Procès-verbaux des séances [1er semestre 1883], p. 45 à 79.

[Vitrifications au Château-Meignan, *fig.*, p. 45. — Église d'Avesnières, p. 53. — Manoir de Pierre-Fontaine, p. 55. — Église de Commer, p. 56. — Prieuré de Gesnes, p. 56. — Tombes de Saint-Christophe-du-Luat, p. 58. — M. Marchal, † 1883, p. 65. — Jules Lefizelier, † 1883, p. 66. — Le général Prévost, † 1883, p. 68. — Statues d'Ambroise Paré et du cardinal de Cheverus, p. 70. — Pierres tombales de la famille Courtin, p. 72.]

27832. Anonyme. — Procès-verbaux des séances [2e semestre 1883], p. 80 à 107.

[Triptyque de la cathédrale de Laval, p. 74. — Église de Montflours, p. 83. — Fonts baptismaux de l'église de Molière, p. 84. — Aveu de Bourgon, 1663, p. 84. — Cuiller gallo-romaine trouvée à Hardanges, *fig.*, p. 85. — Abbaye de Fontaine-Daniel, p. 86. — Retable de Châtillon-sur-Colmont, p. 88. — Manoir de Bignon, p. 88. — Sceaux du chartrier de Goué, *pl.*, p. 94. — Jeton de Simon Testu (XVIe s.), *fig.*, p. 100. — Inscription de Commer, p. 102. — Croix de Laubrières, p. 103. — Château de Saint-Brice, p. 104. — Abbaye de Bellebranche, p. 104. — Château de Boisjourdan, commune de Jouère, p. 104. — Retables et médaillons de Saint-Loup-du-Dorat ou du Doigt, p. 105. — Hache en bronze, *fig.*, p. 106.]

27833. Anonyme. — Liste des monuments historiques classés dans le département de la Mayenne, p. 109.

27834. Anonyme. — Aulerces Diablintes et Cénomans; note sur quelques-unes de leurs voies de communication, p. 113.

27835. Lefizelier (J.) et Moreau (E.). — Essai sur les sépultures mérovingiennes et les objets de la même époque dans le département de la Mayenne, *pl.* et *fig.*, p. 119.

27836. Farcy (P. de). — Sépulture mérovingienne d'Argentré (carrière des Roches), *fig.*, p. 154.

27837. Abraham (Tancrède). — Un talisman de Catherine de Médicis trouvé à Laval, *pl.* et *fig.*, p. 159.

27838. Leblanc (E.). — Villaines-la-Juhel et la fondation de son collège (1656), p. 168.

27839. Joubert (André). — Histoire de Saint-Denis d'Anjou [Xe-XVIIIe s.], 16 *pl.*, p. 201; et IV, p. 113.

27840. Martonne (A. de). — Généalogie des seigneurs de Château-Gontier, p. 281.

27841. Savary (G.). — Les noms romains dans le pays des Cénomans, p. 305.

27842. Pointeau (L'abbé Ch.). — Certificats de l'état religieux de la noblesse du bas Maine en 1577, p. 321; et IV, p. 233.

27843. Joubert (André). — Épitaphe de l'abbé J.-B.-E.-A. Bernier, p. 369.

IV. — Commission historique et archéologique, etc., t. IV, 1884-1885. (Laval, 1887, in-8°, 376 p.)

27844. Anonyme. — Procès-verbaux des séances [année 1884], p. 17 à 46.

[Brique ayant servi de pierre d'autel, à Beaumont-Pied-de-Bœuf, *fig.*, p. 19. — La Butte de Balisson, Saint-Michel-de-la-Roë, p. 28. — Poteries antiques, p. 29. — Camp dit des *Sarrasins*, à Hardanges, p. 31. — Château de Carelles, p. 34. — Sculptures de Saint-Berthevin-la-Tanière, p. 34. — Seigneurie du Bois-au-Parc, à Commer, p. 35. — Dolmen de Niort (Mayenne), p. 36. — Temple protestant, à Marigné-Peuton, p. 36. — Peintures murales de l'église de Maisoncelles, p. 38. — Maison ancienne, à Château-Gontier, p. 40. — Chapelle de Viaunay, à Loigné, p. 42. — Sépulture mérovingienne de la Françoisière, p. 43. — Agrafe mérovingienne d'Argentré, *fig.*, p. 44.]

27845. Anonyme. — Procès-verbaux des séances [1er semestre 1885], p. 47 à 72.

[Le prieuré de Saint-Ursin, à Lignières-la-Doucelle, p. 48. — Sépultures de la famille de Madaillon, p. 51. — Les amphithéâtres de Coussol et de Breil en Petit-Mars (Loire-Inférieure), p. 52. — Église de Bourg-Philippe, p. 59. — Châteaux de Saint-Ouen-en-Chemazé et de Saint-Ouen-des-Toits, p. 61. — Tombe de Jean Hémery, à Houssay, *fig.*, p. 62. — Dolmen de Hercé, *fig.*, p. 65. — Menhir de la Roche, près Gorron, *fig.*, p. 66. — Château de Favières, à Brecé, p. 67. — Inscriptions de l'église d'Ambrières, p. 68. — Cachette de l'époque du bronze, à Argentré, *fig.*, p. 69.]

27846. Anonyme. — Procès-verbaux des séances [2e semestre 1885], p. 73 à 104.

[Dolmen de Mirwault, p. 75. — Inscriptions de Villaines-la-Juhel, p. 76. — Dictionnaire du Maine de l'abbé Le Paige, p. 79. — Vase mérovingien trouvé à Laval, p. 81. — Noëls anciens, p. 83. — Château de Bois-Thibault, près Launay, p. 88. — Tombes de Cigné, p. 91. — Érection de la baronnie de Château-Gonthier en marquisat (1656); famille de Racappé de Magnannes, p. 92. — Urne gauloise, p. 97. — Carrière gallo-romaine de Pierre-Aiguë, p. 98. — Monnaie de Louis le Débonnaire, p. 100. — Tombe de Marie de Montesson, p. 100. — Drapeau offert par les dames de Laval et de Mayenne aux Suisses du régiment de Châteauvieux, p. 101.]

27847. Anonyme. — Liste des monuments historiques classés dans le département de la Mayenne, p. 105.

27848. Sauvage (H.). — Charte de fondation du prieuré de Saint-Ursin à Lignières-la-Doucelle, novembre 1316, p. 109.

[27839]. Joubert (André). — Histoire de Saint-Denis d'Anjou, 8 *pl.*, p. 113.

27849. Raulin (J.). — La procession de la Fête-Dieu et les corporations de Laval, p. 201.

27850. Farcy (P. de). — Noëls lavallois, p. 215.

[27842]. Pointeau (L'abbé Ch.). — Certificats de l'état religieux de la noblesse du bas Maine en 1577, p. 233.

27851. Planté (J.). — Les tapisseries du château de

Saint-Amadour (Mayenne) [amours de Gombault et de Macée, fin XVIIe s., etc.], *pl.*, p. 305.

27852. M[OREAU] (Émile). — Projet d'établissement à Laval d'un arsenal d'artillerie et d'une fonderie de canons, 6 novembre 1779, p. 315.

27853. PLANTÉ (J.). — Une charte originale de Maurice II, seigneur de Craon (XIIe s.) [Poiltrée et le moulin de Barillé], *fac-similé*, p. 320.

27854. RICHARD (Jules-Marie). — Charte de Guy VIII [de Laval] concernant [le manoir de] la Perrine [à Laval, 3 mars 1293, n. st.], p. 335.

27855. QUERUAU-LAMERIE (E.). — Notes pour servir à l'histoire de la corporation des orfèvres de Laval. — Statuts et documents divers (1661-1791), *fig.*, p. 340.

MAYENNE. — LAVAL.

SOCIÉTÉ DE L'INDUSTRIE DE LA MAYENNE.

La *Société de l'industrie de la Mayenne*, fondée en 1850 et autorisée l'année suivante, a publié 4 volumes de *Bulletins* de 1853 à 1868. Elle n'a plus donné signe de vie depuis lors.

I. — **Bulletin de la Société de l'industrie de la Mayenne. Agriculture, manufactures, sciences et arts**, t. Ier. (Laval, 1853, in-8°, 434 p.)

27856. LA BEAULUÈRE (L. DE). — Recherches sur les corporations d'arts et métiers du comté-pairie de Laval avant 1789, p. 109, 185; et II, p. 19.

27857. SEGRETAIN (E.-A.). — Rapport sur l'état de l'église d'Avesnières [XIe s.], p. 141.

II. — **Bulletin de la Société de l'industrie de la Mayenne**, etc., t. II. (Laval, 1855, in-8°, 428 p.)

[27856]. LA BEAULUÈRE (L. DE). — Recherches sur les corporations d'arts et métiers du comté de Laval avant 1789, p. 19.

27858. VOISIN (L'abbé). — Déductions résultant des études faites jusqu'à ce jour sur les établissements romains dans le Maine, p. 77.

27859. OZONVILLE (D^r^). — Notes sur les Arviens et les Diablintes, p. 83 et 94.

27860. LA BEAULUÈRE (L. DE). — Estampages de pierres tombales [inscriptions de 876, XIIIe-XVIe s.], p. 89.

27861. LEFIZELIER (Jules). — Notice sur le calendrier de la chapelle de Prisce, près Laval, p. 215.

27862. LEFIZELIER (Jules). — Notice sur une cuve baptismale [XIVe s.] et un vitrail [de 1544] de l'église de Montaudin, canton de Landivy (Mayenne), p. 287.

27863. LA BEAULUÈRE (L. DE). — Notice historique sur la commune d'Entramnes, p. 342.

III. — **Bulletin de la Société de l'industrie de la Mayenne**, etc., t. III. Travaux de la section des lettres, sciences et arts, pendant l'année 1866. (Laval, 1867, in-8°, 204 p.)

27864. DELAUNAY (D.). — Littérature ancienne. De la critique littéraire dans Aristophane, p. 43.

27865. LEFIZELIER (Jules). — Le voyageur François Pyrard est-il né à Laval? [à la fin du XVIe s.], p. 57.

27866. MAÎTRE (Léon). — La Maison-Dieu de M. Saint-Julien à Laval, p. 81.

27867. LEFIZELIER (Jules). — Un épisode des guerres de la Ligue dans le Maine. La bataille de Mayenne (1590), p. 91.

27868. ANONYME. — Vocabulaire des mots populaires et rustiques usités dans le bas Maine [A à B], p. 113.

27869. ANONYME. — Cahiers des remontrances et doléances de 1789 [Laval et Avesnières], p. 176.

IV. — **Bulletin de la Société de l'industrie de la Mayenne**, etc., t. IV, année 1867. (Laval, 1868, in-8°, 330 p.)

27870. LEFIZELIER (Jules). — Essais d'histoire locale, p. 57.

[Le cimetière Saint-Vénérand, à Laval, 1499, p. 57. — Épisode des guerres de la Ligue dans le Maine, le drame de Montjean, octobre 1591, p. 63. — L'année 1790 dans le département de la Mayenne, p. 79.]

27871. MAÎTRE (Léon). — Tableau du Maine pendant les assemblées provinciales de 1787 et la convocation des députés aux États généraux, p. 99.

27872. LA BROISE (Henri DE). — Essai sur l'histoire de l'armement en France depuis la fin de l'époque gallo-romaine jusqu'au XVIIIe siècle, p. 153.

27873. ANONYME. — Documents inédits sur l'histoire locale, p. 251.

[I. Abrégé de l'histoire des seigneurs de la ville de Laval avec l'analyse des événements les plus remarquables (1605 à 1776), par Guitet de La Houllerie, p. 251. — II. Extrait d'un registre des recettes et dépenses de Mᵉ René Le Ray, notaire royal à Laval, 1777-1789. — III. Ordonnance de Charles VII sur la levée des deniers de guerre dans l'Anjou et le Maine et les garnisons à entretenir dans le pays, 1443, p. 307.]

MAYENNE. — MAYENNE.

SOCIÉTÉ D'ARCHÉOLOGIE, SCIENCES, ARTS ET BELLES-LETTRES DE LA MAYENNE.

La *Société d'archéologie, sciences, arts et belles-lettres de la Mayenne,* dont les statuts ont été approuvés le 12 juillet 1865, n'a eu qu'une existence éphémère. Elle n'a fait paraître qu'un volume de *Bulletin.*

Bulletin de la Société d'archéologie, sciences, arts et belles-lettres de la Mayenne, année 1865. (Mayenne, 1865, in-4°, 134 p.)

27874. Chedeau et Sarcus (De). — Mémoire sur les découvertes archéologiques faites en 1864 dans le lit de la Mayenne au gué de Saint-Léonard, 5 *pl.*, p. 11.

27875. Sauvage (H.). — Histoire du canton de Couptrain (Mayenne) et de ses communes, p. 57.

27876. Trouillard (Ch.). — Étude sur Oisseau, Loré, la chapelle de Toutes-Aides et la Haye-Traversaine, p. 81.

27877. Blois (A. de). — Ancienne justice royale de Bourgnouvel [Mayenne], p. 99.

27878. Sarcus (De). — Rapport sur une fouille faite à Jublains en 1865 [vases, médailles antiques, etc.], *pl.*, p. 111.

27879. Lambert (F.). — Recherches de voies romaines autour de Jublains, 2 *cartes* et 6 *pl.*, p. 117.

MEURTHE-ET-MOSELLE. — BRIEY.

SOCIÉTÉ D'ARCHÉOLOGIE ET D'HISTOIRE DE BRIEY.

En 1871, après que Metz eut été séparée de la France, la *Société d'archéologie et d'histoire de la Moselle* eut l'idée de transporter son siège à Briey. Mais il ne semble point que ce projet ait été réalisé et que la *Société d'archéologie et d'histoire de Briey* ait jamais eu une existence effective. En tout cas la *Société d'archéologie et d'histoire de la Moselle* n'a jamais quitté Metz, elle existe encore et on trouvera plus loin ses publications classées au département de la Moselle.

MEURTHE-ET-MOSELLE. — NANCY.

ACADÉMIE DE STANISLAS.

Le roi Stanislas institua à Nancy en 1750, pour examiner les ouvrages envoyés aux concours qu'il avait institués, un corps de censeurs qui se transforma peu de mois après en *Société royale des sciences et belles-lettres.* Cette compagnie tint ses séances jusqu'en 1792, elle fut dissoute en même temps que toutes les autres Académies après avoir publié 4 volumes de *Mémoires.* Elle reparut en 1802 sous le nom de *Société libre des sciences, lettres et arts de Nancy,* qu'elle conserva sauf de légères modifications de détail jusqu'en 1851. Elle prit alors le nom d'*Académie de Stanislas* qu'elle n'a plus quitté. Elle a publié en 1802 et 1803 deux *Comptes rendus* de ses travaux, qu'elle a continués de 1804 à 1832 sous le titre de *Précis.* En 1833 elle commença à publier des *Mémoires* qui se continuent encore et qui comptaient, à la fin de l'année 1885, 54 volumes divisés en cinq séries. Une table de toutes les publications de la Société de 1750 à 1866 a paru en 1867 (voir notre n° 28099). On peut consulter pour l'histoire de cette Société les n°s 27880, 27998 et 28168.

I. — Mémoires de la Société royale des sciences et belles-lettres de Nancy, t. I. (Nancy, 1754, in-12, XIII-154-207 p.)

27880. Anonyme. — Histoire de l'Académie des sciences et belles-lettres de Nancy, p. 1 et 146.

27881. Menoux (Le R. P. de). — Discours prononcé à la séance tenue à Lunéville devant le roy le 11 mars 1751 [bibliothèques et censeurs], p. 53.

27882. Heguerty (D'). — Discours prononcé devant le roi à la séance du 26 mars 1751 [description de l'île de Bourbon], p. 73. — Cf. n° 27887.

27883. Montesquieu (De). — Lysimaque, p. 118.

II. — Mémoires de la Société royale des sciences et belles-lettres de Nancy, t. II. (Nancy, 1755, in-12, IV-353 p.)

27884. Heguerty (D'). — Discours [sur l'établissement des bibliothèques], p. 55.

27885. Beauchamps (De). — Discours [sur la tactique], p. 74.

27886. Solignac (De). — Discours [sur les anciens auteurs romains], p. 105.

III. — Mémoires de la Société royale des sciences et belles-lettres de Nancy, t. III. (Nancy, 1755, in-12, 370 p.)

27887. Heguerty (D'). — Observations sur le volcan de l'île de Bourbon, p. 218. — Cf. n° 27882.

27888. Solignac (De). — Lettre à M. Fréron sur les tableaux du sieur Roxin, p. 236.

27889. Menoux (Le R. P. de). — Discours [sur l'*Histoire civile, ecclésiastique, littéraire et naturelle de la Lorraine et du Barrois* de dom Calmet], p. 299.

**IV. — Mémoires de la Société royale des

sciences, etc., t. IV. (Nancy, 1759, in-12, IV-333 p.)

27890. Solignac (De). — Discours sur l'utilité des académies, p. 3.

27891. Solignac (De). — Éloge historique de M. le président de Montesquieu [1689 † 1755], p. 247.

I. — **Rapport sur l'établissement, la correspondance et les travaux de la Société libre des sciences, lettres et arts de Nancy,** par le citoyen Haldat, lu à la séance publique du mercredi 1er nivôse an XI [1803]. (Nancy, s. d., in-8°, 24 p.)

II. — **Séance publique de la Société des sciences, lettres et arts de Nancy,** le jeudi 25 août 1803, 7 fructidor an XI. (Nancy, an XI, in-8°, 39 p.)

27892. Plonquer. — Mémoire sur les progrès de l'art de bâtir les ponts, p. 7.

27893. Blau. — Sur l'importance des monuments, p. 15.

27894. Vautrin. — Sur les erreurs de l'histoire par rapport à l'origine des peuples, p. 22.

III. — **Précis analytique des travaux de la Société des sciences, lettres et arts de Nancy,** pendant le cours de l'an XII. (Nancy, an XII, 1804, in-8°, 32 p.)

IV. — **Précis analytique des travaux de la Société académique des sciences, lettres et arts de Nancy,** pendant le cours de l'an XIII. (Nancy, an XIII-1805, in-8°, 48 p.)

V. — **Précis analytique des travaux de la Société des sciences, lettres et arts de Nancy,** pendant le cours de l'année 1806. (Nancy, 1806, in-8°, 59 p.)

27895. Coster. — Bataille de Nancy [1477], p. 25.

VI. — **Précis analytique des travaux de la Société des sciences,** etc., pendant le cours de l'année 1807. (Nancy, 1807, in-8°, 67 p.)

VII. — **Précis analytique des travaux de la Société des sciences,** etc., pendant le cours des années 1808 et 1809. (Nancy, 1809, in-8°, 75 p.)

27896. Lescure. — Sur les anciens gouvernements des Hébreux, p. 40.

27897. Haldat [De]. — Sur M. Willemet, directeur du Jardin botanique de Nancy, p. 47.

27898. Blau. — Sur M. Michel, professeur, p. 50.

27899. Serrières. — Sur M. Lafitte, médecin, p. 53.

27900. Berr (Michel). — Sur la vie et les ouvrages de Bitaubé, p. 55.

VIII. — **Précis analytique des travaux de la Société des sciences, lettres, arts et agriculture de Nancy,** pendant le cours de l'année 1810. (Nancy, 1811, in-8°, 96 p.)

27901. Plonquer. — Sur les avantages des voûtes surbaissées, p. 8.

27902. Haldat [De]. — Nécrologie, p. 45.

[L'abbé Pellet de Bonneville, p. 45; François Nicolas, évêque, p. 46; Nicolas Durival, 1713 † 1795, p. 49; Claude Durival, 1728 † 1805, p. 53; Jean Durival, 1725 † 1810, p. 54.]

27903. Lescure. — Sur la nature du gouvernement des Français et les progrès de leur législation, p. 70.

IX. — **Précis analytique des travaux de la Société académique des sciences, lettres, arts et agriculture de Nancy,** pendant le cours de 1811 et 1812. (Nancy, 1813, in-8° 164 p.)

27904. Haldat [De]. — Sur Charles-Nicolas-Sigisbert Sonnini, voyageur naturaliste [† 1811], p. 58.

27905. Lamoureux (Jean-Baptiste). — Sur M. Jadelot, médecin [1738 † 1793], p. 62.

27906. Haldat [De]. — Sur Jean Girardet, peintre [XVIIIe s.], p. 69.

27907. Berr. — Sur M. de Toulongeon, p. 74.

27908. Berr. — Sur le chevalier Méhégan, historien [XVIIIe s.], p. 78.

27909. Blau. — Sur un poème du XVIe siècle [dialogue entre un amant, la Fortune et l'amante], p. 107.

X. — **Précis des travaux de la Société royale des sciences, lettres, arts et agriculture de Nancy,** pendant les années 1813, 1814 et 1815. (Nancy, 1817, in-8°, 151 p.)

27910. Haldat (De). — Sur Nicolas Saucerotte, chirurgien [† 1814], p. 79.

IMPRIMERIE NATIONALE.

27911. HALDAT (DE). — Sur Pierre-François Thouvenel, chirurgien [XVIIIe-XIXe s.], p. 84.

27912. BLAU. — Sur Joseph-François Coster, premier commis des finances [1729 † 1813], p. 96.

27913. LAMOUREUX (Justin). — Sur Claude Fachot, bibliothécaire [XVIIIe-XIXe s.], p. 101.

XI. — **Précis des travaux de la Société royale des sciences**, etc., pendant les années 1816, 1817 et 1818. (Nancy, 1819, in-8°, 175 p.)

27914. LAMOUREUX (Justin). — Sur M. le baron Henry, premier président honoraire de la cour de Nancy [XVIIIe-XIXe s.], p. 88.

27915. MATHIEU (Charles-Léopold). — Sur M. François-Dominique de Mory d'Elvange [1738 † 1794], p. 96.

27916. HALDAT (DE). — Sur Antoine-Henri de Bourbon-Condé, duc d'Enghien, p. 105.

XII. — **Précis des travaux de la Société royale des sciences**, etc., de 1819 à 1823. (Nancy, 1825, in-8°, 309 p.)

27917. VALENTIN (Louis). — Sur son voyage en Italie [découvertes du cardinal Angelo Maï], p. 137.

27918. VALENTIN (Louis). — Sur son voyage en Allemagne, p. 150.

27919. DELVÈRE. — Sur la Croatie militaire, p. 157.

27920. HALDAT (DE). — Sur les monuments consacrés à la gloire de Jeanne d'Arc dans la commune de Domremy, p. 162.

27921. LAMOUREUX (Justin). — Éloge de M. Jean-Hyacinthe de Bouteiller, premier président de la cour royale de Nancy [1746 † 1820], p. 177.

27922. HALDAT (DE). — [Éloges de Jeanne d'Arc; de François Mandel, pharmacien, † 1820; de l'abbé Vautrin, naturaliste, † 1822], p. 195.

XIII. — **Précis des travaux de la Société royale des sciences, lettres et arts de Nancy**, de 1824 à 1828. (Nancy, 1829, in-8°, 280 p.)

27923. HALDAT (DE). — Sur un autel votif et une inscription consacrés à Hercule Saxane par une légion romaine, trouvés à Norroy, *pl.*, p. 175.

27924. MINET. — Sur d'anciennes sépultures trouvées à Foug, p. 176.

27925. HALDAT (DE). — Sur la fondation de la Société royale de Nancy, p. 202.

XIV. — **Précis des travaux de la Société royale des sciences**, etc., de 1829 à 1832. (Nancy, 1833, in-8°, 288 p.)

27926. ALLONVILLE (Comte D'). — Sur trois inscriptions dédiées à Hercule Saxanus et trouvées à Norroy, p. 197.

27927. BONNAIRE-MANSUY. — Sur les antiquités [médailles, figurines, etc.] découvertes à Pannes (Meurthe), p. 202.

27928. GUERRIER DE DUMAST. — Sur Saint-Lambert, p. 221.

27929. HALDAT (DE). — Sur le mystère de saint Étienne, pape et martyr, par Nicolas Loupevant (XVIe s.), p. 238.

XV. — **Compte rendu des travaux de l'Académie**, pendant les deux années écoulées depuis la séance publique de 1831. (Nancy, 1833, in-8°, 24-20 p.)

I. — **Mémoires de la Société royale des sciences, lettres et arts de Nancy**, 1833-1834. (Nancy, 1835, in-8°, XCI-168 p.)

27930. GUIBAL. — Mémoire sur les nouvelles mesures [et les mesures anciennes de Lorraine], p. 59.

27931. HALDAT (DE). — Observations sur l'autel votif possédé par la ville de Nancy et dédié à Hercule des rochers (*Hercule Saxanus*), à l'occasion d'un monument analogue conservé au Musée de l'Université de Bonn, p. 83.

27932. HALDAT (DE). — Notice sur la chapelle de Bermont [près Goussaincourt], célèbre dans l'histoire de Jeanne d'Arc, p. 96.

27933. SAULCY (DE). — Examen de quelques monnaies des premiers ducs de Lorraine, p. 103.

II. — **Mémoires de la Société royale des sciences**, etc., 1835. (Nancy, 1836, in-8°, XCIII-140 p.)

27934. LAMOUREUX aîné. — Éloge de M. Gaillardot [médecin, 1774 † 1833], p. XXVII.

27935. BLAU. — Mémoire sur deux monuments géographiques conservés à la Bibliothèque publique de Nancy, 2 *pl.*, p. LIII. — Cf. n° 27936.

[Manuscrit de Ptolémée; globe de vermeil.]

27936. BLAU. — Supplément de mémoire sur deux monuments géographiques conservés à la Bibliothèque publique de Nancy, p. 67. — Cf. n° 27935.

27937. SAULCY (DE). — Médailles de l'impératrice Anastasie, femme de Tibère Constantin [VIe s.], *fig.*, p. 106

III. — Mémoires de la Société royale des sciences, etc., 1836. (Nancy, 1837, in-8°, LXXX-178 p.)

27938. HALDAT (DE). — Notice sur les ouvrages de Jacques Callot considéré comme peintre, p. XLVIII.
27939. GUIBAL. — Sur quelques généralités de la géographie physique, p. LIV.
27940. HALDAT (DE). — Réflexions et observations sur la peinture en mosaïque, p. 106.
27941. VILLENEUVE-TRANS (DE). — Notice sur la tapisserie de la Cour royale de Nancy [xv° s.], p. 121.

IV. — Mémoires de la Société royale des sciences, etc., 1837. (Nancy, 1838, in-8°, CXVI-162-37 p.)

27942. GUIBAL. — Notice biographique sur [François-Antoine] Devaux, lecteur du roi de Pologne [1712 † 1796], p. LXXIII.
27943. FRANCK. — Fragment d'une histoire de la logique, p. 1.
27944. BLAU. — Éloge de M. Coster [premier commis au contrôle général des finances, 1729 † 1813], p. 113.

V. — Mémoires de la Société royale des sciences, etc., 1838. (Nancy, 1839, in-8°, XCVIII-385 p.)

27945. SIMONIN père (Dr). — Coup d'œil sur les épidémies qui ont régné en Lorraine [1315-1832], p. XL.
27946. HALDAT (DE). — Observations sur les cascades de l'Anio, à Tivoli, et sur les travaux exécutés pour arrêter les dégâts causés par ses inondations, *pl.*, p. 275.
27947. BEAULIEU. — Savonière-lès-Toul [antiquités mérovingiennes], 2 *pl.*, p. 291.
27948. LAURENT (Paul). — Extrait du rapport sur les ruines découvertes dans la forêt d'Amancé par M. Poirson, et sur celles qui ont été trouvées par M. le comte de Rutant fils, dans un champ, dit l'*Averseau* (commune de Cercueil, canton Est de Nancy) [briques, armes, etc.], p. 299.
27949. ROHRBACHER (L'abbé). — Anecdotes sur Marc Aurèle, pour servir de correctif à l'Éloge de cet empereur par Thomas, p. 303.
27950. HALDAT (DE). — Nouvelle notice sur Jacques Callot, considéré comme peintre, p. 316.
27951. VOÏART. — Éloge historique de Claude Gelée, dit *le Lorrain* [peintre, 1600 † 1682], p. 320.

VI. — Mémoires de la Société royale des sciences, etc., 1839. (Nancy, 1840, in-8°, XCVIII-296 p.)

27952. ROHRBACHER (L'abbé). — Sur le mot *scholastique*, p. LXXXIII.
27953. VILLENEUVE-TRANS (DE). — Notice sur les travaux de Charles le Téméraire à Nancy et à Bruges [tombeau de Marie de Bourgogne], 1477-1562, p. 179.
27954. HALDAT (DE). — Visites au Colisée, en 1836, p. 209.
27955. VOÏART. — Notice historique et biographique sur M. Lefébure, ancien sous-préfet à Verdun [1754 † XIX° s.], p. 228.

VII. — Mémoires de la Société royale des sciences, etc., 1840. (Nancy, 1841, in-8°, LXX-320 p.)

27956. ROLIN (Gabriel). — Mémoire sur les monnaies lorraines du XI° et du XII° siècle trouvées à Charmes (*ad Carpinos*)-sur-Moselle, en novembre 1840, 3 *pl.*, p. 137.
27957. MAGGIOLO (L.). — Quelques mots sur François Pétrarque, p. 161.
27958. HALDAT (DE). — Notice sur le laurier du tombeau de Virgile, p. 179.
27959. JOGUET (V.-L.). — Fénelon, p. 189.
27960. LAMOUREUX (Justin). — Notice historique et littéraire sur la vie et les écrits du comte N.-L.-François de Neufchâteau [1752 † 1828], p. 220.

VIII. — Mémoires de la Société royale des sciences, etc., 1841. (Nancy, 1842, in-8°, XXXIX-360 p.)

27961. SIMONIN père (Dr). — Notice sur François-Charles Simonin, homme de lettres [1745 † 1822], p. 255.
27962. DIGOT (Aug.). — Éloge historique de Jean-Léonard, baron de Bourcier, premier président de la Cour souveraine de Lorraine et Barrois, et conseiller d'État du duc Léopold [1649 † 1726], p. 264.

IX. — Mémoires de la Société royale des sciences, etc., 1842. (Nancy, 1843, in-8°, XCIV-310 p.)

27963. SCHÜTZ (F.). — Lorraine et France (1460 et 1788), p. XXXVII.
27964. GUERRIER DE DUMAST (P.). — Éloge de M. [Jean] Blau [1767 † 1842], p. LXXVI.
27965. DIGOT (Aug.). — Éloge historique de Charles-Louis Hugo, évêque de Ptolémaïde et abbé d'Étival [1667 † 1739], p. 100.

27966. Schütz (F.). — Tableau de l'histoire constitutionnelle et législative du peuple lorrain, p. 170.

27967. Jaquiné. — Notice nécrologique sur M. Mengin, ancien ingénieur en chef, directeur des ponts et chaussées [1760 † 1842], p. 278.

X. — Mémoires de la Société royale des sciences, etc., 1843. (Nancy, 1844, in-8°, 375 p.)

27968. Magin-Marrens. — De l'influence de l'élément germanique dans la civilisation moderne, p. xlvi.

27969. Beaupré. — Essai historique et bibliographique sur la rédaction officielle et la publication des principales coutumes de la Lorraine ducale et du Barrois, p. 89.

27970. Digot (Aug.). — Éloge historique de François-Dominique de Mory d'Elvange [1738 † 1794], p. 273.

XI. — Mémoires de la Société royale des sciences, etc., 1844. (Nancy, 1845, in-8°, xciv-326 p.)

27971. Digot (Aug.). — Éloge historique du R. P. Benoît [Gille] Picart, gardien des capucins de Toul [1663 † 1720], p. 116.

XII. — Mémoires de la Société royale des sciences, etc., 1845. (Nancy, 1846, in-8°, lxxxvi-262 p.)

27972. Schütz (Ferdinand). — Louis XI et René II, page oubliée de l'histoire de France, p. lii.

27973. Robin (G.). — Description de monnaies [principalement lorraines] du xiv° siècle, découvertes à Buissoncourt (Meurthe), 2 *pl.*, p. 1.

27974. Digot (Aug.). — Éloge historique de François de Riguet, grand prévôt de l'église collégiale de Saint-Dié [1618 † 1701], p. 93.

XIII. — Mémoires de la Société royale des sciences, etc., 1846. (Nancy, 1847, in-8°, cxxxiv-343 p.)

27975. Digot (Aug.). — Notice biographique et littéraire sur Valentin Jamerai-Duval [bibliothécaire et numismate, 1695 † 1775], p. xxxix.

27976. Maggiolo. — De l'influence des races sur les langues de l'Europe, au ix° siècle, à propos du serment prononcé en 842 par les fils de Louis le Débonnaire, p. 25.

27977. Digot (Aug.). — Notice sur les anciennes salines de Moyen-Moutier, p. 97.

27978. Levallois. — Observations au sujet de la notice précédente [salines de Moyen-Moutier], p. 105.

27979. Haldat (De). — Histoire tragique de Jeanne Darc, en cinq actes et en vers, par le père Fronton du Duc [1581], p. 245.

27980. Beaupré. — Un pamphlet au xvi° siècle. Notice, p. 262.

[Désaveu d'un seigneur de Haynault de la lettre escripte en son nom par Monsieur le cardinal de Lorraine, 1565.]

27981. Rolin (Gabriel). — Sardonix-intaille appartenant à Remiremont (Vosges), *pl.*, p. 285.

XIV. — Mémoires de la Société des sciences, lettres et arts de Nancy, 1847. (Nancy, 1848, in-8°, 502 p.)

27982. Rolin (Gabriel). — Mémoire sur un médaillon de bronze inédit de la Ligue et du parti des Guises [vers 1590], *pl.*, p. 1.

27983. Digot (Aug.). — Observation sur le mémoire précédent [médaillon de bronze de la Ligue], p. 9.

27984. Digot (Aug.). — Essai sur l'histoire de la commune de Neufchâteau, p. 59.

27985. Braconnot. — Examen d'une matière grasse et d'une mèche trouvées dans une lampe antique, p. 175.

27986. Archambault (Th.). — Mémoire historique, statistique et médical sur l'asile d'aliénés de Maréville [1597-1848], p. 329.

XV. — Mémoires de la Société des sciences, etc., 1848. (Nancy, 1849, in-8°, xliv-466 p.)

27987. Beaulieu. — De l'emplacement de la station romaine d'Andesina [Laneuveville-lès-Nancy. Statuettes et bas-reliefs antiques], 4 *pl.*, p. 55.

27988. Digot (Aug.). — Notice biographique et littéraire sur Nicolas Volcyr, historiographe et secrétaire du duc Antoine [vers 1480 † vers 1541], p. 80.

27989. Lepage (Henri). — Études sur le théâtre en Lorraine [xv°-xviii° s.] et sur Pierre Gringore [† 1538], p. 187.

XVI. — Mémoires de la Société des sciences, etc., 1849. (Nancy, 1850, in-8°, xxxv-468 p.)

27990. Digot (Aug.). — Inventaire des objets contenus dans le trésor de l'église de Saint-Nicolas-de-Port, publié avec des notes [1584], p. 1.

27991. Lepage (Henri). — Recherches sur l'industrie en Lorraine et principalement dans le département de la Meurthe [verreries; papeterie et cartes à jouer; mines], 3 *pl.*, p. 22; XVII, p. 1; et XVIII, p. 228.

27992. Lepage (Henri). — Explication de quelques sujets

de la peinture murale de l'église Saint-Epvre, à Nancy, p. 79.
27993. Haldat (De). — Examen d'un tableau attribué à Jacques Callot [la *Grande Passion*, à Nancy], p. 167.
27994. Haldat (De). — Essai historique sur le magnétisme et sur l'universalité de son influence dans la nature, p. 183.
27995. Digot (Aug.). — Notice biographique et littéraire sur Florentin Le Thierrat [jurisconsulte et historien, † vers 1631], p. 239.
27996. Lepage (Henri). — Sur l'époque de la construction de l'église de Munster (Meurthe) [vers 1270], p. 396.
27997. Richard. — L'Echapenoises, ou transaction faite entre le duc de Lorraine Ferry III et le chapitre de Remiremont, le 18 juillet 1295, p. 403.

XVII. — Mémoires de la Société des sciences, etc., 1850. (Nancy, 1851, in-8°, CLXXVIII-388 p.)

27998. Simonin (Dr Edmond). — Coup d'œil sur l'histoire de la *Société des sciences, lettres et arts de Nancy*, pendant un siècle [1750-1850], p. v.
27999. Haldat (De). — Fragments historiques sur la suppression et le rétablissement de la *Société des sciences*, fondée par Stanislas, p. XLVII.
28000. Guerrier de Dumast (P.). — Cent ans de l'Académie de Stanislas, p. LXXXVI.
[27991]. Lepage (Henri). — Recherches sur l'industrie en Lorraine et principalement dans le département de la Meurthe, p. 1.
28001. Lepage (Henri). — Le château d'Amance, p. 126.
28002. Digot (Aug.). — Recherches sur le véritable nom et l'emplacement de la ville que la Table théodosienne appelle *Andesina* ou *Indesina* [Grand], *carte* et *pl.*, p. 232.
28003. Digot (Aug.). — Note sur une ancienne représentation des symboles des quatre Évangélistes [d'après un évangéliaire du IXe s.], p. 334.
28004. Digot (Aug.). — Note sur l'époque de la fondation de l'église de Saint-Nicolas[-du-Port, 1481], p. 339.

XVIII. — Académie de Stanislas. Mémoires de la Société royale des sciences, lettres et arts de Nancy, 1851. (Nancy, 1852, in-8°, XXXV-482 p.)

28005. Meaume (E.). — Recherches sur quelques artistes lorrains. Claude Henriet [vers 1540 † vers 1603]; Israël Henriet [vers 1590 † 1661]; Israël Sylvestre [1621 † 1691] et ses descendants [*tableau généalogique*], p. 96.
28006. Clesse. — Dissertation sur un ouvrage édité en 1539 par C. Prudhomme, de Bar-le-Duc [poésies latines de Basinius, Parcellius et Trebanus], p. 184. — Cf. n° 28021.
[27991]. Lepage (Henri). — Recherches sur l'industrie en Lorraine, p. 228.

XIX. — Mémoires de l'Académie de Stanislas (Société royale des sciences, lettres et arts de Nancy), 1852. (Nancy, 1853, in-8°, CXV-516 p.)

28007. Paillart. — Éloge de M. F.-L. Bresson, conseiller à la Cour de cassation [1771 † 1848], 2 *pl.*, p. XVI.
28008. Guillemin. — De la nécessité d'élargir le cadre de l'histoire ancienne, p. XLIX.
28009. Warren (Comte de). — La vie et les œuvres de Victor Jacquemont [botaniste, 1801 † 1832], p. 1.
28010. Digot (Aug.). — Notes sur l'ancienne population de la Lorraine, p. 101.
28011. Haldat (De). — Sur la particule héraldique attribuée à Jacques Darc [père de Jeanne d'Arc], p. 131.
28012. Lepage (Henri). — Jeanne Darc est-elle lorraine? *pl.*, p. 139. — Cf. n° 28026.
28013. Meaume (E.). — Recherches sur la vie et les ouvrages de Jacques Callot [1592 † 1635], *tableau généalogique* et *pl.*, p. 191; XX, p. 81; XXI, p. 363; XXII, p. 297; XXIII, p. 275; et XXVI, p. 58. — Cf. n° 28172.
28014. Soyer-Willemet. — Quand et comment le comté de Guise échut à la maison de Lorraine, p. 328.
28015. Beaupré. — Nouvelles recherches de bibliographie lorraine [imprimeurs lorrains, 1500-1700], p. 345; XX, p. 221; XXI, p. 185; et XXII, p. 387.
28016. Saucerotte (C). — Étude sur Bichat [médecin], p. 373.

XX. — Mémoires de l'Académie de Stanislas, 1853. (Nancy, 1854, in-8°, CXXXVII-566 p.)

28017. Morey (P.). — Découvertes archéologiques dans la Troade ou fragment d'un voyage fait dans le courant de l'année 1838 sous les auspices de M. de Salvandy, ministre de l'Instruction publique, p. v.
28018. Marchal (L'abbé). — Considérations sur les origines de la maison de Lorraine, p. XXI.
28019. Saint-Vincent (Baron de). — Considérations sur l'histoire des académies [de province], p. XL.
[28013]. Meaume (E.). — Recherches sur la vie et les ouvrages de Jacques Callot, p. 81.
[28015]. Beaupré. — Nouvelles recherches de bibliographie lorraine, p. 221.
28020. Saucerotte (Constant). — Éloge historique de Charles Le Pois (*Carolus Piso*), célèbre médecin lorrain au XVIIe siècle [1563 † 1633], p. 305.
28021. Clesse. — Addition à la dissertation sur un ouvrage

édité en 1539 par C. Prudhomme, de Bar-le-Duc, p. 459. — Cf. n° 28006.

28022. Digot (Aug.). — Mémoire sur la masculinité du duché de Lorraine, p. 478.

XXI. — Mémoires de l'Académie de Stanislas, 1854. (Nancy, 1855, in-8°, c-572 p.)

28023. Paillart. — Éloge de M. le baron Zangiacomi [Joseph, magistrat, 1766 † 1846], *pl.*, p. 1.

28024. Digot (Aug.). — Mémoire sur les États généraux de Lorraine, p. 29.

28025. Clesse. — Du quatrain de la violette [de la *Guirlande de Julie*] et de sa fausse attribution à un poëte lorrain [Reboucher], p. 176.

[28015]. Beaupré. — Nouvelles recherches de bibliographie lorraine, p. 185.

28026. Lepage (Henri). — Jeanne Darc est-elle lorraine? Seconde dissertation, accompagnée de documents inédits, notamment sur la maison de la Pucelle, p. 273. — Cf. n° 28012.

[28013]. Meaume (E.). — Recherches sur la vie et les ouvrages de Jacques Callot, p. 363.

XXII. — Mémoires de l'Académie de Stanislas, 1855. (Nancy, 1856, in-8°, ccxx-606 p.)

28027. Metz-Noblat (A. de). — Sâti, souvenirs d'Orient [Trébizonde et Constantinople], p. xxiii.

28028. Meaume (E.). — Étude sur la vie privée de Bernardin de Saint-Pierre (1792-1800), p. 3.

28029. Saucerotte (C.). — Pinel et son époque, p. 39.

28030. Burnouf (Émile). — Nala, épisode du Mahâbhârata, traduit du sanscrit en français, p. 189.

[28013]. Meaume (E.). — Recherches sur la vie et les ouvrages de Jacques Callot, p. 297.

[28015]. Beaupré. — Nouvelles recherches de bibliographie lorraine, p. 387.

28031. Guerrier de Dumast (P.). — De la véritable orthographe du nom de Jeanne d'Arc, p. 543.

XXIII. — Mémoires de l'Académie de Stanislas, 1856. (Nancy, 1857, in-8°, lxxxiii-414 p.)

28032. Parisot (Léon). — Considérations sur quelques points de l'histoire de la médecine, p. v.

28033. Lacroix (L.). — Souvenirs d'un voyage en Égypte, p. xxi.

28034. Paillart. — Éloge de M. le baron Henrion de Pansey [magistrat, 1742 † 1829], p. 1.

28035. Levallois (J.). — Éloge du général Drouot, [† 1847], p. 115.

28036. Guibal. — Note sur l'exil d'Ovide [Tomes, vers Kustendsché], p. 132.

28037. Schütz (Ferdinand). — Propagation des sciences européennes dans l'Extrême Orient, nouveau syllabaire et alphabet chinois phonétique, p. 139.

[A la fin du volume, *syllabaire*, 25 p.]

28038. Benoit (Ch.). — Des chants populaires dans la Grèce antique, p. 187.

28039. Clesse. — Une remarque bibliographique, p. 251.

[2e édition du *Moyen de rendre nos religieuses utiles...*, par l'abbé Huel, 1761.]

28040. Stiévenart. — Hermias [étude sur les *Philosophes païens raillés*], p. 261.

[28013]. Meaume (E.). — Recherches sur la vie et les ouvrages de Jacques Callot, p. 275.

XXIV. — Mémoires de l'Académie de Stanislas, 1857. (Nancy, 1858, in-8°, xcvi-318 p.)

28041. Chautard. — Éloge de M. de Haldat [Nicolas-Charles-Alexandre de Haldat du Lys, 1769 † 1852], p. xxix.

28042. Mézières (Alfred). — Le général Fabvier en Grèce [1825-1827], p. lxi.

28043. Burnouf (Émile). — Note sur le panthéon buddhique au royaume de Siam, p. 174; et XXVI, p. 430.

28044. Salmon (C.-A.). — Étude sur M. Pierre de Caumont [ancien recteur de l'Académie de Nancy, 1781 † 1855], p. 261.

XXV. — Mémoires de l'Académie de Stanislas, 1858. (Nancy, 1859, in-8°, cv-374 p.)

28045. Paillart. — Éloge de M. Fabvier [magistrat, 1772 † 1844], 3 *pl.*, p. lx.

28046. Gomont (Henri). — Fragment d'un travail inédit intitulé : *Rome au temps de Néron et cour de Néron*, p. 163.

28047. Schütz (Ferdinand). — De l'alphabet universel : examen des essais de Ch. de Brosses, de Volney et de M. Lepsius, p. 259.

XXVI. — Mémoires de l'Académie de Stanislas, 1859, t. I. (Nancy, 1860, in-8°, lxxix-474 p.)

28048. Margerie (Amédée de). — De l'union de la philosophie et de la littérature au xviie siècle, p. xiv.

28049. Duchesne (J.). — Éloge de M. Pierre de Caumont [1781 † 1855], p. xli.

28050. CLESSE. — Quel est le premier livre imprimé en Lorraine? [Missel, 15 mars 1501, v. st.], p. 20.

[28013]. MEAUME (E.). — Recherches sur la vie et les ouvrages de Jacques Callot, p. 58.

28051. METZ-NOBLAT (DE). — Mémoire sur la chute des Jésuites, p. 311.

[28043]. BURNOUF (Émile). — Note sur le panthéon buddhique au royaume de Siam, p. 430.

28052. [GUERRIER DE] DUMAST (P.). — Réplique imaginaire adressée par l'un des vétérans de l'Académie à M. Duchesne [éloge de M. de Caumont], p. 469.

XXVII. — Mémoires de l'Académie de Stanislas, 1859, t. II. (Nancy, 1860, in-8°, 422 p.)

28053. SCHÜTZ (Ferdinand). — L'esprit de Moïse [étude historique et philosophique], p. 301.

XXVIII. — Mémoires de l'Académie de Stanislas, 1860, t. I. (Nancy, 1861, in-8°, CXX-374 p.)

28054. LAFON (A.). — Gergouine, sa vie et ses travaux [1771 † 1859], p. XXV.

28055. GUIBAL (Charles). — Notice biographique sur Barthélemy Guibal, sculpteur [1699 † 1757], p. 158.

28056. LALLEMENT (Louis). — Éloge de Portalis [1746 † 1807], p. 241.

XXIX. — Mémoires de l'Académie de Stanislas, 1860, t. II. (Nancy, 1861, in-8°, 416 p.)

28057. NICKLÈS (J.). — Les mines de cuivre de la Lorraine allemande, p. 1.

28058. BURNOUF (Émile). — Le divin chant du Bienheureux [La Bhagavad Gîtâ], p. 17.

28059. LAFON (A.). — Nouveau calendrier perpétuel, *fig.*, p. 373.

XXX. — Mémoires de l'Académie de Stanislas, 1861. (Nancy, 1862, in-8°, XCIX-422 p.)

28060. RENARD (N.-A.). — Notice historique sur la vie et les travaux de Gustave de Coriolis [1792 † 1843], p. XII.

28061. ALEXANDRE. — Du caractère de la législation lorraine : sa marche et son histoire, p. XL.

28062. LEUPOL (L.). — De l'influence qu'exerceraient les études sanscrites sur la littérature française, p. LXI.

28063. PAILLART. — Un poète inconnu : notice sur M. J. de Lacourt [1799 † 1851], p. 57.

28064. MONNIER. — Mémoire sur les monnaies des ducs bénéficiaires de Lorraine [895-1048], 4 *pl.*, p. 85.

28065. NICKLÈS (J.). — Discours prononcé sur la tombe de M. Charles Guibal [1781 † 1861], p. 123.

28066. HENRY. — Reims au XVIe siècle : assassinat du maréchal de Saint-Paul (25 avril 1594), p. 201.

28067. LOMBARD. — André Chénier, p. 219.

XXXI. — Mémoires de l'Académie de Stanislas. Documents pour servir à la description scientifique de la Lorraine. (Nancy, 1862, in-8°, 645 p.)

28068. GODRON (D.-A.). — Étude ethnologique sur les origines des populations lorraines, p. 302.

XXXII. — Mémoires de l'Académie de Stanislas, 1862. (Nancy, 1863, in-8°, LVI-488 p.)

28069. CHASLES (Émile). — Garin le Lorrain [chanson de geste de Jean de Flagy], p. XVII.

28070. GUERRIER DE DUMAST (P.). — Un mot sur les langues de l'Orient, p. 1.

28071. MOREY (P.). — Emmanuel Héré, sa vie et ses œuvres [architecte, 1705 † 1763], 2 *pl.*, p. 299.

28072. HENRY. — La Réforme à Reims (1525-1585), p. 365.

XXXIII. — Mémoires de l'Académie de Stanislas, 1863. (Nancy, 1864, in-8°, CXIX-686 p.)

28073. LOMBARD. — Étude sur Joubert [XVIIIe-XIXe s.], p. LXXVII.

28074. GILLET. — Notice historique et bibliographique sur Chevrier [historien, 1721 † 1762], p. 135.

28075. MEAUME (E.). — Palissot et les philosophes, p. 455.

28076. HEGEWALD. — Essai sur la langue gauloise, p. 575.

28077. MAGGIOLO (L.). — De la philosophie morale de Pétrarque, p. 589.

[Étude sur le traité : *De contemptu mundi colloquiorum liber quem secretum suum inscripsit.*]

28078. CHAUTARD. — Description de différentes monnaies trouvées en Lorraine, *pl.*, p. 609.

[Découvertes faites à Marbache (Meurthe); Diarville, Haillainville et Damas-aux-Bois (Vosges); monnaies de Metz, Épinal et Toul, XIIe-XIIIe s.; monnaies françaises, XVIe-XVIIe s.]

XXXIV. — Mémoires de l'Académie de Sta-

nislas, 1864. (Nancy, 1865, in-8°, CXI-IV-439 p.)

28079. Lacroix. — Discours prononcé aux funérailles de M. Monnier, le 10 mai 1864, p. XCV.

28080. Lacroix. — Discours prononcé sur la tombe de M. Digot, le 31 mai 1864, p. XCVIII.

28081. Lacroix. — Discours prononcé sur la tombe de M. Parade, le 7 décembre 1864, p. CIII.

28082. Regneault. — Discours prononcé sur la tombe de M. Gillet, le 1er avril 1865, p. CVIII.

28083. Godron (D.-A.). — Examen ethnologique des têtes de saint Mansuy et de saint Gérard, évêques de Toul, 2 *pl.*, p. 49.

28084. Godron (D.-A.). — De l'existence ancienne du castor en Lorraine, p. 104.

28085. Saucerotte (Dr C.). — Dernière maladie et ouverture du corps du roi Stanislas [1766], p. 118.

28086. Godron (D.-A.). — Mémoires sur des ossements humains trouvés dans une caverne des environs de Toul, p. 166.

28087. Nicklès (J.). — L'Atlantide de Platon expliquée scientifiquement, p. 304.

XXXV. — Mémoires de l'Académie de Stanislas, 1865. (Nancy, 1866, in-8°, XLV-480 p.)

28088. Godron (D.-A.). — Recherches sur les animaux sauvages qui habitaient autrefois la chaine des Vosges, p. 154. — Cf. n° 28135.

28089. Morey (P.). — Notice sur la vie et les œuvres de Germain Boffrand, premier architecte de Léopold, duc de Lorraine et de Bar [1667 † 1754], p. 203.

28090. Paillart. — J. Prugnon, avocat, député de Nancy à l'Assemblée nationale, défenseur des naufragés de Calais. Étude biographique [1745 † 1828], p. 283.

28091. Gillet. — Notice historique et littéraire sur M. Auguste Digot [1815 † 1864], p. 420.

28092. Soyer-Willemet. — Note sur les anciens plans de la ville de Nancy, conservés dans la Bibliothèque publique, *pl.*, p. 443.

XXXVI. — Mémoires de l'Académie de Stanislas, 1866. (Nancy, 1867, in-8°, XCIX-471 p.)

28093. Saint-Vincent (De). — La légende de Maxéville [détention du duc Ferry III, XIIIe s.], p. LXXII.

28094. Parisot (Léon). — Allocution prononcée sur la tombe de M. Soyer-Willemet [† 1867], p. XCIII.

28095. Warren (De). — Discours prononcé sur la tombe de M. Gérard-Granville [† 1867], p. XCVI.

28096. Lacroix (Louis). — Les opuscules inédits de Stanislas [roi de Lorraine], p. 47.

28097. Margerie (A. de). — De la poétique du drame et de l'émotion dramatique, fragment d'une étude sur Corneille, p. 330.

28098. Lacroix (Louis). — Questions économiques. Le papier-monnaie en France et en Chine, p. 365.

28099. Simonin père. — Tables alphabétiques des matières et des noms d'auteurs contenus dans les trois premières séries des *Mémoires* de l'Académie de Stanislas (1750-1866). (Nancy, 1867, in-8°, 300 p.)

XXXVII. — Mémoires de l'Académie de Stanislas, 1867. (Nancy, 1868, in-8°, CXXXIV-448 p.)

28100. La Ménardière (C. de). — Un épisode de l'histoire du Nord au XVIIe siècle, 1648-1660 [histoire de la Pologne], p. XVII.

28101. Vaugeois (A.). — François Guinet, jurisconsulte lorrain [1604 † 1681], 2 *pl.*, p. XLIX.

28102. Morey (P.). — La Vénus de Milo, *pl.*, p. 1.

28103. Foucaux (Ph.-Ed.). — *La guirlande précieuse* [texte sanscrit et traduction], p. 54.

28104. Morey (P.). — Notice sur la vie et les œuvres du R. P. Francois Derand, architecte lorrain [1588 † 1644], p. 116.

28105. Morey (P.). — De quelques antiquités gauloises en Lorraine, particulièrement du briquetage de la Seille [statues d'Hercule, anneaux, sarcophages, etc.], *pl.*, p. 133.

28106. Godron (D.-A.). — L'Atlantide et le Sahara, p. 161.

28107. Paillart. — L'abbé Bexon, étude biographique et littéraire [collaborateur de Buffon, 1747 † 1784], *pl.*, p. 195.

28108. Godron (D.-A.). — L'âge de pierre en Lorraine, *pl.*, p. 266.

28109. Chautard (J.). — Monnaies au type esterlin, 30 *pl.*, p. 315; XXXVIII, p. 335; et XXXIX, p. 337.

[Flandre, Hainaut, Namur, Hollande, Limbourg, Brabant, Liège; Herstal, Vorst, Looz et Chiny, Rummeu, Bunde, Agimont, Hornes, Luxembourg, Lorraine, Bar, Toul, Cambrai, Saint-Pol, Arleux, Ligny, Réthel, Porcien, Sancerre, Aquitaine, Calais, Empire d'Allemagne, Trèves, Metz, Strasbourg, Cologne, Osnabruck, Munster, Mayence, Brème, Corvey, Werden, Helmershausen, Arnsberg, Buren, Swallenberg, Waldeck, Pyrmont, Lippe, Schoneck, Schoonvort, Hinsberg, Fauquemont, Clèves, Moers, Juliers, Berg, Ravensberg, La Marck, Isenburg.]

XXXVIII. — Mémoires de l'Académie de Stanislas, 1868. (Nancy, 1869, in-8°, CCXLVI-596 p.)

28110. Leclerc (L.). — Notice sur Nicolas Remy [jurisconsulte, † 1612], *fac-similé* et *portrait*, 2 *pl.*, p. XXXIX.

28111. Benoit (Louis). — Éloge de Mme Élise Voïart

[Anne-Élisabeth Petitpain, écrivain, 1786 † 1866], p. CXLIV.

28112. Guerrier de Dumast (P.). — Le petit château de Lunéville, historiette en deux journées, *pl.*, p. CLXXX.

28113. Morey (P.) et Metz-Noblat (A. de). — Discours prononcés le 30 août 1868 sur la tombe de M. le comte V. de Saint-Maurice, p. CCXXIX.

28114. Morey (P.). — Richard Mique, architecte de Stanislas, roi de Pologne, et de la reine Marie-Antoinette [1728 † 1794], *portrait* et *plan*, p. 49.

28115. Guerrier de Dumast (P.). — Sur la question de l'Atlantide, quelques remarques linguistiques, *carte*, p. 77.

28116. Goguel. — L'hercule grec [étude historique], p. 237.

28117. Gindre de Mancy père. — Mme Élise Voïart [1786 † 1866], p. 306.

[28109]. Chautard (J.). — Monnaies au type esterlin, p. 335.

28118. Margerie (A. de). — La grande Mademoiselle [Anne-Marie-Louise d'Orléans, duchesse de Montpensier, XVIIe s.], p. 469.

XXXIX. — Mémoires de l'Académie de Stanislas, 1869. (Nancy, 1870, in-8°, LXVIII-560 p.)

28119. Godron (D.-A.). — Les perles de la [rivière de la] Vologne et le Château-sur-Perle, p. 10.

28120. Meaume (E.). — Histoire de l'ancienne chevalerie lorraine, p. 31; et XL, p. 130.

[28109]. Chautard (J.). — Monnaies au type esterlin, p. 337.

28121. Margerie (A. de). — Mme de La Fayette [XVIIe s.], p. 469.

XL. — Mémoires de l'Académie de Stanislas, 1870. (Nancy, 1872, in-8°, CCXXVIII-406 p.)

28122. Vaugeois. — Compte rendu de l'année 1871-1872, p. XX.

[Jean-Baptiste Simonin, 1785 † 1871, p. XXI. — L'abbé Marchal, † 1871, p. XXIV. — Léon Parisot, † 1871, p. XXVI. — L'abbé Clouet, † 1871, p. XXVIII.]

28123. Dubois (Ernest). — Guillaume Barclay, jurisconsulte écossais, professeur à Pont-à-Mousson et à Angers, [1546 † 1608], *pl.*, p. LVIII.

28124. Leupol (L.). — Discours prononcé sur la tombe de M. Regneault, le 21 août 1870, p. CXCVII.

28125. Chautard. — Discours prononcé sur la tombe de M. de Metz-Noblat [1820 † 1871], p. CC.

28126. Leupol (L.). — Notice nécrologique sur le docteur J.-B. Simonin père [1785 † 1871], p. CCXIV.

28127. Leupol (L.). — Paroles prononcées sur la tombe de M. l'abbé Marchal, le 14 novembre 1871, p. CCXXII.

28128. Leupol (L.). — Paroles prononcées sur la tombe de M. le docteur Léon Parisot, le 6 décembre 1871, p. CCXXIV.

28129. Godron (D.-A.). — Notice historique sur les Jardins des plantes de Pont-à-Mousson et de Nancy, 2 *plans*, p. 26.

[28120]. Meaume (E.). — Histoire de l'ancienne chevalerie lorraine, p. 130.

28130. Lacroix (Louis). — L'organisation du travail dans l'empire romain, p. 300.

28131. Clesse. — La lieue romaine, p. 355.

XLI. — Mémoires de l'Académie de Stanislas, 1872, CXXIII^e^ année, 4e série, t. V. (Nancy, 1873, in-8°, CLIII-311 p.)

28132. Maggiolo (L.). — L'abbé Grégoire (1750-1789), p. XXX. — Cf. n° 28221.

28133. Jalabert (Ph.). — Les professeurs de droit à l'Académie de Stanislas, p. CIII.

28134. Blanc (F.). — Art et poésie, souvenirs de Metz, p. CXXXVIII.

28135. Godron (D.-A.). — Des animaux sauvages indiqués au VIe siècle par Fortunatus comme existant dans les Ardennes et dans les Vosges, p. 204. — Cf. n° 28088.

28136. Chautart (J.). — Notice sur Claude de Lorraine, dit le chevalier d'Aumale, à propos d'un jeton [de 1583], *fig.*, p. 222.

XLII. — Mémoires de l'Académie de Stanislas, 1873, CXXIV^e^ année, 4e série, t. VI. (Nancy, 1874, in-8°, CLX-297 p.)

28137. Didion (Général). — Progrès des sciences et de l'industrie appliqués à l'artillerie, p. XCVI.

28138. Michel (Em.). — Des arts du dessin dans leurs rapports avec l'industrie, p. 1.

28139. Adam (Lucien). — De l'harmonie des voyelles dans les langues ouralo-altaïques, p. 96.

28140. Clesse. — Dorothée de Lorraine [1545 † 1621], p. 152.

28141. Meaume (E.). — Les assises de l'ancienne chevalerie lorraine, p. 161.

XLIII. — Mémoires de l'Académie de Stanislas, 1874, CXXV^e^ année, 4e série, t. VII. (Nancy, 1875, in-8°, CLXXVI-391 p.)

28142. Pierrot. — Étude sur Saint-Lambert, poète [1716 † 1803], p. XXVII.

28143. Tourdes (G.). — Origine de l'enseignement médical en Lorraine. La faculté de médecine de Pont-à-Mousson [XVIe-XVIIIe s.], p. LXIII.

IMPRIMERIE NATIONALE.

28144. Maggiolo (L.). — Pièces d'archives et documents inédits pour servir à l'histoire de l'instruction publique en Lorraine, de 1789 à 1802, p. 100.

28145. [Guerrier de] Dumast (P.). — Notice sur la vie et le rôle historique de Jacques Callot [1592 † 1635], p. 273.

XLIV. — Mémoires de l'Académie de Stanislas, 1875, CXXVIe année, 4e série, t. VIII. (Nancy, 1876, in-8°, xcvi-365 p.)

28146. Renauld (Jules). — Les études historiques en province et la Société d'archéologie lorraine, p. xxxvi.

28147. Maggiolo (L.). — L'instruction publique dans le district de Lunéville, de 1789 à 1802, p. 53.

28148. Rambaud (A.). — Souvenirs de Crimée, une capitale tatare, un monastère orthodoxe et une citadelle juive, Batchi-Séraï, l'Ouspienski Skit et Tchoufout-Kalé, p. 101.

28149. Renauld (Jules). — Nancy en 1790. Esquisse des commencements de la période révolutionnaire, p. 159.

28150. Campaux (Antoine). — Étude sur l'abbé Bautain [1796 † 1867], p. 236.

28151. Lombard (A.). — Jeanne d'Arc, p. 279.

28152. Clesse. — Essai sur le patois lorrain. Patois de Fillières (canton de Longwy), p. 308; et XLVI, p. 398.

XLV. — Mémoires de l'Académie de Stanislas, 1876, CXXVIIe année, 4e série, t. IX. (Nancy, 1877, in-8°, cxiii-366 p.)

28153. Gérard (Charles). — Les patois lorrains, p. xii.

28154. Liégeois. — La monnaie et le billet de banque, p. xxxvii.

28155. Poincarré. — Discours prononcé sur la tombe de M. Blondlot [professeur à la Faculté de médecine], p. lxxxix.

28156. Godron (D.-A.). — Du passage des eaux et des alluvions anciennes de la Moselle dans les bassins de la Meurthe en amont de Nancy et de la Meuse par la vallée de l'Ingressin, p. 46.

28157. Maggiolo (L.). — Les archives scolaires de la Beauce et du Gâtinais (1560-1808), p. 68.

28158. Renaud (Jules). — Le commerce lorrain au xviiie siècle, p. 181.

[Jean-Baptiste Villiez, 1690 † 1789; Jean-François Villiez, 1722 † 1774, marchands à Nancy.]

28159. Jalabert (Ph.). — Notice sur l'enseignement du droit à l'École centrale de la Meurthe, de l'an v à l'an xii (1796-1804), p. 238.

28160. Clesse. — Notes relatives aux armoiries de la ville de Commercy, p. 282.

28161. Godron (D.-A.). — La bibliothèque publique de Nancy et l'Académie de Stanislas, p. 301.

28162. Michel. — Notice sur Henri Maguin [avocat, † 1876], p. 313.

28163. Divers. — Enquête sur les patois de la région du Nord-Est [programme], p. 322.

XLVI. — Mémoires de l'Académie de Stanislas, 1877, CXXVIIIe année, 4e série, t. X. (Nancy, 1878, in-8°, cxlii-471 p.)

28164. Jacquemin. — Éloge du professeur Blondlot, [1808 † 1877], p. xxiv.

28165. Jacquinet (P.). — François[-Benoît] Hoffman, sa vie, ses œuvres [1760 † 1828], p. xlv.

28166. Jalabert. — Discours prononcé sur la tombe de M. [Jules] Gérard, le 26 juillet 1877, p. cxx.

28167. Jalabert. — Discours prononcé sur la tombe de M. Gérolt, le 20 mars 1878, p. cxxiv.

28168. Anonyme. — Réponses aux questions en date du 24 janvier 1875 de S. E. le Ministre de l'instruction publique concernant l'Académie de Stanislas (Société royale des sciences et belles-lettres de Nancy [historique de la Société]), p. cxxx.

28169. Bonvalot. — Les plus principalles et générales coustumes du duchié de Lorraine [xvie s.], p. 1.

28170. Maggiolo (L.). — Du droit public et de la législation des petites écoles, de 789 à 1808, p. 132.

28171. Benoît. — Quelques vues sur l'histoire et le génie de la langue française, p. 197.

28172. Meaume (E.). — Tableaux faussement attribués à Jacques Callot, p. 237. — Cf. n° 28013.

28173. Renauld (Jules). — École lorraine, le peintre Senémont [1720 † 1782], p. 369.

[28152]. Clesse. — Essai sur le patois lorrain, p. 398.

XLVII. — Mémoires de l'Académie de Stanislas, 1878, CXXIXe année, 4e série, t. XI. (Nancy, 1879, in-8°, 458 p.)

28174. Dubois (Ernest). — Questions d'ethnographie gauloise et de linguistique [Ananes, Anauni, Senones], p. 28.

28175. Maggiolo (L.). — De la condition de l'instruction publique dans les hautes Cévennes avant et après 1789, p. 46.

28176. Godron (D.-A.). — Le rôle politique des fleurs, p. 88.

28177. Adam (Lucien). — Du parler des hommes et du parler des femmes dans la langue caraïbe, p. 142.

28178. Hecht (Dr L.). — Les colonies lorraines et alsaciennes en Hongrie [xviiie s.], p. 219.

28179. Tourdes. — Discours prononcé sur la tombe du général Didion [1798 † 1878], p. 288.

28180. Duvernoy (Frédéric). — La chute et le relèvement de la Lorraine [xviie s.], p. 321.

28181. Tourdes. — La réunion de la Lorraine à la France, p. 382.

XLVIII. — Mémoires de l'Académie de Stanislas, 1879, CXXX^{e} année, 4e série, t. XII. (Nancy, 1880, in-8°, civ-404 p.)

28182. Duvernoy (Frédéric). — Compte rendu de l'année 1879-1880, p. i.

[A. Renard (1823 † 1880), p. i et xxi; François-Paul de Guaita (1825 † 1880), p. iii et xxii; Fanny Dénoix des Vergnes (Marie-Françoise Descampeaux, dame Lavergnat), p. vii; Boulangé, ingénieur (1817 † 1880), p. viii; Violette, commissaire en chef des poudres, p. ix; Claude Collignon, professeur (1800 † 1878), p. ix; Paul-Antoine Gratacap, dit *Cap*, p. x; Léonard Chodzko (1800 † 1871), p. xi et xxiii.]

28183. Fliche. — J.-B. Mougeot [botaniste, 1776 † 1858], p. xxiv.

28184. Boulangé. — Notice sur S.-J. Bexon [jurisconsulte, 1750 † 1825], p. lxiii.

28185. [Guerrier de] Dumast (P.). — Un chapitre de l'histoire littéraire française. Renaissance de la rime riche, p. 1.

28186. Viansson. — Le dictionnaire de l'Académie française et l'agriculture, p. 29.

28187. Morey (P.). — Ex-voto du duc Antoine de Lorraine en reconnaissance des victoires qu'il remporta en Alsace sur les Rustauds en 1525, *pl.*, p. 34.

28188. Debidour. — Le général Bigarré, aide de camp de Joseph Bonaparte, d'après ses mémoires inédits [1775 † 1838], p. 62.

28189. Renaud (Jules). — La céramique péruvienne de la Société d'études américaines, fondée à Nancy, notice descriptive, 4 *pl.*, p. 200.

28190. Maggiolo (L.). — Pouillé scolaire ou inventaire des écoles dans les paroisses et annexes des diocèses de Toul et de Verdun, avant 1789 et de 1789 à 1833, p. 221; XLIX, p. 181; et L, p. 244. — Cf. n° 28215.

XLIX. — Mémoires de l'Académie de Stanislas, 1880, CXXXI^{e} année, 4e série, t. XIII. (Nancy, 1881, in-8°, cxxviii-253 p.)

28191. Gouy. — Considérations philosophiques et archéologiques [sur une façade construite par Florent Drouin, vers 1600], p. xiv.

28192. Viansson (L.). — Le siège de Metz en 1870, p. xxix.

28193. Lejeune (Jules). — Les institutions ouvrières dans la haute Alsace, p. 37.

28194. Viansson (L.). — Le néologisme et le dictionnaire de l'Académie française, p. 75.

28195. Clesse. — Les premiers sceaux connus des seigneurs de Commercy et le titre de damoiseau que ceux-ci portèrent [xive s.], p. 80.

28196. Clesse. — Quelques sceaux employés par différentes administrations de la ville de Commercy pendant le cours des xviie et xviiie siècles, p. 93.

28197. Creutzer (J.). — Des intendants de Lorraine et leur action sur l'instruction primaire dans cette province, p. 113.

28198. Lallement (Louis). — Restitution au roi Stanislas d'un ouvrage anonyme faussement attribué par les bibliographes au mécanicien Lavocat, de Champigneulles, p. 159.

[*Nouvelles découvertes pour l'avantage et l'utilité du public.*]

[28190]. Maggiolo (L.). — Pouillé scolaire des diocèses de Toul et de Verdun, p. 181.

L. — Mémoires de l'Académie de Stanislas, 1881, CXXXII^{e} année, 4e série, t. XIV. (Nancy, 1882, in-8°, cxxi-348 p.)

28199. Guerle (De). — Mme de Graffigny [Françoise d'Isembourg d'Hopponcourt, 1695 † 1758], p. lxxiii.

28200. Fliche. — Discours prononcé sur la tombe de M. Volland, le 18 janvier 1882, p. cix.

28201. Lombard. — Discours prononcé sur la tombe de M. E. Dubois, professeur à la Faculté de droit, p. cxiii.

28202. Fliche. — Dicours prononcé sur la tombe de M. le premier président Leclerc [1811 † 1881], p. cxvi.

28203. Mathieu (D.). — Un prédicateur contemporain [Tom Burke], p. 1.

28204. Guerle (De). — Guillaume Tell dans la légende et dans l'histoire, p. 63.

28205. Hecht (L.). — Les lépreux en Lorraine, p. 110.

[28190]. Maggiolo (L.). — Pouillé scolaire des diocèses de Toul et de Verdun, p. 244.

LI. — Mémoires de l'Académie de Stanislas, 1882, CXXXIII^{e} année, 4e série, t. XV. (Nancy, 1883, in-8°, cxxxii-411 p.)

28206. Mathieu (L'abbé). — L'abbé Rohrbacher [historien, 1789 † 1856], p. i.

28207. Bleicher. — Nancy avant l'histoire, p. xxx.

28208. Guerle (De). — Discours prononcé aux obsèques de M. Guerrier de Dumast, président d'honneur de l'Académie de Nancy, le 29 janvier 1883, p. cxvii.

28209. Adam (Lucien). — Notice sur M. Guerrier de Dumast, p. cxxvi.

28210. Adam (Lucien). — Du genre dans les diverses langues, p. 29.

28211. Viansson (L.). — Sur l'agriculture lorraine [xviiie-xixe s.], p. 62.

28212. Guerle (De). — Don Juan et ses origines littéraires. Fragment de la vie de Mozart, p. 102.

28213. Morey (P.). — Les artistes lorrains à l'étranger [peintres, graveurs, sculpteurs et architectes, xvie-xviiie s.], p. 143.

28214. MATHIEU (L'abbé). — Un romancier lorrain du XIIe siècle [Jean, moine de la Haute-Seille, auteur du *Dolopathos*], p. 188.

28215. MAGGIOLO (L.). — Pouillé scolaire ou inventaire des écoles dans les paroisses et annexes de l'ancien diocèse de Metz, avant 1789 et de 1789 à 1833, p. 279. — Cf. n° 28190.

LII. — Mémoires de l'Académie de Stanislas, 1883, CXXXIVe année, 5e série, t. I. (Nancy, 1884, LXXXVIII-235 p.)

28216. CHASSIGNET. — Souvenirs du Liban, p. 1.

28217. LEJEUNE (Jules). — Compte rendu de l'année 1883-1884 [biographie de Jules Renauld], p. LII.

28218. LALLEMENT (Ed.). — Discours prononcé aux obsèques de M. Ballon [Félix-Arthur, 1816 † 1883], p. LXXV.

28219. BOULANGÉ. — Discours prononcé aux funérailles de M. Edmond Simonin, secrétaire perpétuel [1812 † 1884], p. LXXXIV.

28220. ADAM (Lucien). — Les idiomes négro-aryen et maléo-aryen, essai d'hybridologie linguistique, p. 1.

28221. MAGGIOLO (L.). — La vie et les œuvres de l'abbé Grégoire (1789-1831), p. 75, et LIII, p. 1. — Cf. n° 28132.

28222. CHASSIGNET. — Quelques mots sur l'institution des invalides de l'armée, p. 148.

28223. MOREY (P.). — La vapeur d'eau utilisée comme force motrice en Lorraine dans le cours du XVIIIe siècle, p. 160.

28224. CUVIER (O.). — Les réformés de la Lorraine et du pays messin, p. 175.

LIII. — Mémoires de l'Académie de Stanislas, 1884, CXXXVe année, 5e série, t. II. (Nancy, 1885, in-8°, CXLIII-354 p.)

28225. DEBIDOUR (A.). — Le général Fabvier, 1782 † 1855, p. XXIX.

28226. LALLEMENT (Ed.). — Discours prononcé aux obsèques de M. Piroux [1800 † 1884], p. CIV.

28227. DIVERS. — Inauguration du buste du baron Guerrier de Dumast [1796 † 1883], p. CIX.

[28221]. MAGGIOLO (L.). — La vie et les œuvres de l'abbé Grégoire, p. 1.

28228. MOREY (P.). — Maison de campagne de Schifflique dans la principauté des Deux-Ponts construite pour le roi de Pologne, Stanislas Leczinski, d'après des dessins manuscrits, *pl.*, p. 153.

28229. DES ROBERT (F.). — Siège de Thionville (juin 1639), p. 172.

28230. GERMAIN (Léon). — Le chardon lorrain sous les ducs René II et Antoine, *fig.*, p. 207.

28231. ANTOINE (F.). — Étymologie des noms des rois de Rome, p. 237.

LIV. — Mémoires de l'Académie de Stanislas, 1885, CXXXVIe année, 5e série, t. III. (Nancy, 1886, in-8°, CXXIV-272 p.)

28232. DRUON. — Le chevalier de Boufflers [1738 † 1815], p. 1.

28233. METZ-NOBLAT (A. DE). — L'or et l'argent, p. XXVI.

28234. MATHIEU (L'abbé). — Compte rendu de l'année 1884-1885 [E. Meaume, † 1886], p. C.

28235. MEAUME (E.). — Jean Nocret, peintre lorrain, né à Nancy en 1617, mort à Paris en 1672, p. 1.

28236. CHASSIGNET. — Un soldat lorrain dans la seconde moitié du XVIIIe siècle. Général Houdard [1758-1793], *pl.*, p. 59.

28237. GUERLE (DE). — Un pèlerinage à la maison de Mozart [à Salzbourg], p. 113.

28238. MAGGIOLO (L.). — Les collèges dirigés en Lorraine par les chanoines réguliers de Notre-Sauveur, 1623 à 1789, p. 143.

28239. FOURNIER (A.). — La commune de la Bresse en Vosges, p. 166.

28240. BARBIER (J.-V.). — Essai d'un lexique géographique, p. 197.

MEURTHE-ET-MOSELLE. — NANCY.

SOCIÉTÉ D'ARCHÉOLOGIE LORRAINE ET DU MUSÉE HISTORIQUE LORRAIN.

Cette Société fut fondée en 1848 sous le titre de *Société d'archéologie lorraine*, elle fut autorisée par arrêté préfectoral du 28 octobre de la même année, et reconnue d'utilité publique par décret du 9 janvier 1861. D'autre part le préfet de la Meurthe institua le 30 mars 1850 une Commission chargée d'organiser à Nancy un Musée régional; cette Commission prit le nom de *Comité du Musée historique lorrain*. Elle réussit à rassembler une précieuse collection de tableaux et d'objets de toute nature dont une grande partie fut malheureusement anéantie par le feu dans la nuit du 16 au 17 septembre 1871. A la suite de ce désastre, le Comité du Musée fusionna avec la Société qui prit le nom de *Société d'archéologie lorraine et du Musée historique lorrain*.

Les publications de la Société d'archéologie lorraine se composent de 35 volumes de *Bulletins* ou *Mémoires* (1849-1885), de 34 volumes d'un *Journal* mensuel (1852-1885), et enfin d'un *Recueil de documents rares ou inédits* commencé en 1855 et interrompu depuis les événements de 1870 et qui compte 16 volumes. Nous avons mentionné sous le n° 28439 une table des 22 premiers volumes de *Bulletins et Mémoires* et des 15 premiers volumes des *Documents*, parue en 1874.

I. — **Bulletins de la Société d'archéologie lorraine,** t. I. (Nancy, 1849, in-8°, 356-LXXVI p.)

28241. Lepage (Henri). — Notice sur des découvertes faites à Fraquelfing et Lorquin (communications de M. le docteur Marchal, de Lorquin), p. 9.

[Poteries et statuettes antiques, monnaies, etc.]

28242. Klein (L'abbé). — Mémoire sur deux bas-reliefs de Mercure appartenant à l'époque gallo-romaine, *pl.*, p. 17.

28243. Bonnaire (Justin). — Les ruines de [l'abbaye de] Clairlieu [Meurthe-et-Moselle], p. 29.

28244. Guillaume (L'abbé). — Notice historique sur les forteresses de Maizières-lès-Toul (Meurthe) et de Brixey-les-Chanoines (Meuse), p. 36.

28245. Guillaume (L'abbé). — Tour antique et portail de l'église de Hattigny (Meurthe), *pl.*, p. 46.

28246. Lepage (Henri). — Archéologie religieuse [saints locaux, leurs attributs; pèlerinages, etc.], p. 51.

28247. Lepage (Henri). — Le palais ducal de Nancy. Galerie des Cerfs, p. 89.

28248. Richard. — Ancien voyage dans une partie de l'arrondissement de Remiremont [dom Reinart, 1696], p. 121.

28249. Klein (L'abbé). — Recherches sur quelques monnaies mérovingiennes et carlovingiennes pour la plupart inédites, frappées ou trouvées à Vic-sur-Seille, Marsal, Moyenvic et Lezey (Meurthe), *pl.*, p. 127.

28250. Guillaume (L'abbé). — Tombeau de Hugues des Hazards dans l'église de Blénod-lès-Toul [XVI° s.], *pl.*, p. 147.

28251. Lepage (Henri). — L'insigne église collégiale Saint-Georges de Nancy [XIV° s.], *plan* et 5 *pl.*, p. 157, et I-LXXVI.

28252. Klein (L'abbé). — Mémoire sur l'origine des briquetages de la Seille [à Marsal], p. 285.

28253. Klein (L'abbé). — Notice sur le Chatry, ancien château situé au milieu des marais de la Seille, p. 297.

28254. Divers. — Documents officiels relatifs à la création du Comité du Musée historique lorrain [1849-1850], p. 336.

II. — **Bulletins de la Société d'archéologie lorraine,** t. II. (Nancy, 1851, in-8°, 358-LXIV p.)

28255. Digot (Aug.). — Notice sur l'évangéliaire, le calice et la patène de saint Gauzlin, évêque de Toul [† 962], *fig.*, p. 3.

28256. Digot (Aug.). — Notice sur le font baptismal de Mousson [fin du XI° s.], *fig.*, p. 23.

28257. Digot (Aug.). — Notice sur l'église prieurale de Blanzey [XII° s.], p. 36.

28258. Lepage (Henri). — Mansuy Gauvain, biographie artistique [XVI° s.], p. 55.

28259. Gouy (Jules). — Notice sur la galerie Lunati-Visconti qui existe aujourd'hui à Renémont, commune de Jarville, *pl.*, p. 61.

28260. Guillaume (L'abbé). — Cordeliers et chapelle ducale de Nancy [1482-XIX° s.], 2 *pl.*, p. 65 et I-LXIV.

III. — **Bulletins de la Société d'archéologie lorraine,** t. III. (Nancy, 1852, in-8°, 444 p.)

28261. Lepage (Henri). — Le palais ducal de Nancy [1329-1851], *pl.*, p. 1.

28262. Digot (Aug.). — Notice sur l'église de Laître-sous-Amance, *pl.*, p. 193.

28263. Lallement (Louis). — Le château de la Malgrange. Notice historique et descriptive [XIV°-XIX° s.], 2 *pl.*, p. 210.

28264. Arbois de Jubainville (Henri d'). — Quelques *pagi* de la première Belgique d'après les diplômes de l'abbaye de Gorze, p. 252.

IV. — **Bulletins de la Société d'archéologie lorraine,** t. IV. (Nancy, 1853, in-8°, 564 p.)

28265. Lepage (Henri). — Quelques notes sur des peintres lorrains des XV°, XVI° et XVII° siècles, p. 5.

28266. Guillaume (L'abbé). — La rosière de Réchicourt [établie en 1778], p. 104.

28267. Digot (Aug.). — Note sur le véritable auteur du plan de l'abbaye de Saint-Gall [Frothaire, évêque de Toul], p. 127.

28268. Meaume (E.). — Recherches sur la vie et les ouvrages de Claude Deruet, peintre et graveur lorrain (1588 † 1660), p. 135.

28269. Mardigny (Paul de). — Notice sur la collégiale de Mars-la-Tour, *pl.*, p. 251.

28270. Thorelle. — Notice sur la façade de la maison sculptée par [Jacob-Sigisbert] Adam en 1718 [à Nancy], *pl.*, p. 265.

28271. Lacroix (Mgr Pierre). — La Lorraine chrétienne

à Rome [confréries, épitaphes], p. 269. — Cf. n° 28332.

28272. Anonyme. — Poésies populaires de la Lorraine [airs notés], 7 *pl.*, p. 383.

V. — Bulletins de la Société d'archéologie lorraine, t. V. (Nancy, 1855, in-8°, 391 p.)

28273. Marchand. — Des juridictions anciennement établies en la ville de Saint-Mihiel, p. 5.

28274. Linas (Ch. de). — Translation des restes de Charles le Téméraire de Nancy à Luxembourg [1550]. Manuscrit d'Antoine de Beaulaincourt, roi d'armes de la Toison d'Or, publié pour la première fois avec notes et pièces justificatives et précédé d'une introduction historique et d'une dissertation sur le tombeau du duc de Bourgogne dans la collégiale Saint-Georges, *pl.*, p. 36.

28275. Lepage (Henri). — L'abbaye de Clairlieu, ordre de Cîteaux [xii° s.], *fig.*, p. 98.

28276. Lepage (Henri). — Notice sur Jean Lud et Chrétien [Simonin], secrétaire du duc de Lorraine René II [xv° s.], p. 216.

28277. Grand-Eury (L'abbé P.) et Lallement (Louis). — L'église Saint-Epvre à Nancy. Notice historique et archéologique, *pl.*, p. 256.

28278. Guerrier de Dumast. — Coup d'œil sur l'état de la Lorraine au commencement du xvii° siècle, traduit du latin de Jocondus Sincerus, p. 269.

28279. Widranges (De). — Notice sur Rosières-en-Blois, canton de Gondrecourt (Meuse) [objets gaulois, monnaies romaines, etc.], *pl.*, p. 287.

28280. Guillaume (L'abbé). — Une sculpture du xvii° siècle, p. 299.

[Retable de la cathédrale de Toul, par Joseph Dieudonné.]

28281. Richard. — Notes historiques relatives aux anciennes fortifications, à la défense et aux différents sièges subis par la ville de Remiremont [1210-1723], p. 326.

28282. Masson (L'abbé). — Dictionnaire iconographique. Étude de l'art monumental au point de vue du symbolisme chrétien, p. 361.

28283. Guillaume (L'abbé). — Notice sur plusieurs éditions de la Vie de Philippe de Gueldres [† 1547] et sur divers objets qui ont appartenu à cette princesse, 2 *pl.*, p. 373.

VI. — Bulletins de la Société d'archéologie lorraine, t. VI. (Nancy, 1856, in-8°, 224-136-14 p.)

28284. Deblaye (L'abbé L.-F.). — Reliques de l'église de Moyenmoutier; leur vérité, cérémonie de leur reconnaissance solennelle le 6 août 1854, p. 1.

28285. Deblaye (L'abbé L.-F.). — Description et histoire de l'oratoire Saint-Grégoire et du tombeau de saint Hydulphe à Moyenmoutier, *pl.*, p. 21.

28286. Arbois de Jubainville (Henri d'). — Église Saint-Christophe de Neufchâteau, 2 *pl.*, p. 34. — Cf. n° 28291.

28287. Bourgon (Dieudonné). — Journal d'un bourgeois de Nancy [Claude-Joseph Baudouin], de 1693 à 1713, p. 41.

28288. Guerrier de Dumast. — Sur les vraies armoiries de la ville de Nancy, *pl.*, p. 65.

28289. Deblaye (L'abbé L.-F.). — Essai historique sur les reliques et le culte de saint Siméon, septième évêque de Metz et patron secondaire de l'abbaye de Senones, p. 81.

28290. Lepage (Henri). — Un dernier mot sur cette question : Jeanne d'Arc est-elle Lorraine? *plan*, p. 113.

28291. Humbert. — Église Saint-Christophe à Neufchâteau. Appendice au travail de M. d'Arbois de Jubainville, p. 127. — Cf. n° 28286.

28292. Lepage (Henri). — Recherches sur l'origine et les premiers temps de Nancy, p. 135.

28293. Faucheux. — Notice sur la vie d'Israël Silvestre [catalogue de son œuvre], p. 1 à 136; VII, p. 137 à 192; et VIII, p. 193 à 336.

VII. — Bulletins de la Société d'archéologie lorraine, t. VII. (Nancy, 1857, in-8°, 244 et 137 à 192 p.)

28294. Lepage (Henri). — André des Bordes; épisode de l'histoire des sorciers en Lorraine [xvii° s.], *fac-similé*, p. 5.

28295. Marchal (L'abbé). — Discours sommaire du siège de Metz fait par l'empereur Charles-Quint en l'an 1552, p. 57.

28296. Anonyme. — Généalogie de la maison de Heu établie à Metz et dans le pays de Liège, précédée de l'horoscope dressé pour Nicolas de Heu par l'astrologue Laurent le Frison [1528], 4 *pl.*, p. 65.

28297. Lepage (Henri). — Le Trésor des chartes de Lorraine, p. 99.

28298. Beaupré. — Documents inédits sur la rédaction des coutumes de Vaudémont [1603], sur les causes qui l'ont empêchée d'aboutir à un texte officiel, sur la féauté de Vaudémont et les singularités de cette juridiction, p. 281.

28299. Digot (Aug.) et Chatelain. — L'abbaye de Sainte-Marie-au-Bois [fondée au xii° s.], 4 *pl.*, p. 315.

[28293]. Faucheux. — Catalogue de l'œuvre d'Israël Silvestre, p. 137 à 192.

VIII. — Bulletins de la Société d'archéologie lorraine, t. VIII. (Nancy, 1858, in-8°, 262-193 à 336 p.)

28300. Marchal (L'abbé). — Notice historique et descriptive sur le faubourg et la paroisse Saint-Pierre de Nancy, p. 5.

28301. Simonin père (J.-B.). — Esquisse de l'histoire de la médecine et de la chirurgie en Lorraine depuis les temps anciens jusqu'à la réunion de cette province à la France, p. 57.

28302. Humbert. — Notice sur l'église de Rollainville, dessins par A. Humbert fils, 5 *pl.*, p. 161.

28303. Lepage (Henri). — Le livre des enquéreurs de la cité de Toul [1498-1757], p. 177.

[28293]. Faucheux. — Catalogue de l'œuvre d'Israël Silvestre, p. 193 à 336.

IX. — Mémoires de la Société d'archéologie lorraine, 2e série, t. I. (Nancy, 1859, in-8°, 438 p.)

28304. Bagard (L'abbé). — Notice historique et descriptive de l'église Saint-Gengoult de Toul, 4 *pl.*, p. 5.

28305. Benoît (Louis). — Notes pour servir à la statistique monumentale de la Lorraine allemande. La maison dite de Landsberg [à Fénétrange; XVIe s.], 4 *pl.*, p. 93.

28306. Guérard. — Notice sur le Mont-de-piété de Nancy [XVIe-XIXe s.], p. 99.

28307. Lepage (Henri). — L'abbaye de Bouxières [fondée au Xe s.], 3 *pl.*, p. 129.

28308. Lepage (Henri). — Commentaires sur la *Chronique de Lorraine* au sujet de la guerre entre René II et Charles le Téméraire, p. 301.

X. — Mémoires de la Société d'archéologie lorraine, 2e série, t. II. (Nancy, 1860, in-8°, 268-176-1 p.)

28309. Lepage (Henri). — Dictionnaire géographique de la Meurthe, p. 1 à 176; et XI, p. 177 à 372.

28310. Digot (Aug.). — Notice biographique et littéraire sur dom Augustin Calmet, abbé de Senones [1672 † 1757], p. 5.

28311. Bretagne. — Quelques recherches sur les peignes liturgiques, 2 *pl.*, p. 158.

28312. Mougenot (Léon). — Recherches sur le véritable auteur du plan des fortifications de la Ville-Neuve de Nancy, *pl.*, p. 181.

XI. — Mémoires de la Société d'archéologie lorraine, 2e série, t. III. (Nancy, 1861, in-8°, XII-312-XVI p.)

28313. Benoît (Louis). — La pierre tombale de Mathias Kilburger (1621), *pl.*, p. 1.

28314. Beaupré. — Notice sur quelques graveurs nancéiens du XVIIIe siècle, p. 7, 49; XVII, p. 169 et 217. — Cf. nos 28322, 28366 et 28370.

[Hœrpin ou Harpin, 1783 † 1796; Dominique Collin, 1725 † 1781; Yves-Dominique Collin, né en 1753, XI, p. 7 et 49. Claude-François Nicolle père, † vers 1783; Claude-François Nicolle fils, 1729 † 1760; Sébastien Antoine; Claude Charles; Nicolas Derlange; le père Engramelle; Quirin Fonbonne; Jean Girardet, 1709 † 1778; Claude Jacquart, 1683 † 1736; G.-F. Villiez; XVII, p. 169 et 217.]

28315. Benoît (Louis). — Le Westrich, 2 *pl.*, p. 22.

28316. Benoît (Louis). — La chapelle castrale de Fénétrange, 3 *pl.*, p. 106.

28317. Digot (Aug.). — Sur quelques méreaux du chapitre de Toul, *pl.*, p. 163.

[28309]. Lepage (Henri). — Dictionnaire géographique de la Meurthe, *carte*, p. 177 à 372.

XII. — Mémoires de la Société d'archéologie lorraine, 2e série, t. IV. (Nancy, 1862, in-8°, 219-52-CII-XXIV p.)

28318. Lepage (Henri). — Le bienheureux Bernard de Bade [† 1458], *pl.*, p. 5.

28319. Widranges (De). — Notes archéologiques sur l'ancienne localité gallo-romaine qui existait sur les territoires des villages d'Autrécourt, Berthaucourt et Lavoye, département de la Meuse [statuettes, monnaies, vases, etc.], 3 *pl.*, p. 37.

28320. Digot (Aug.). — Sur un *ordo* du XIIe siècle, p. 59.

28321. Monnier. — Notice sur une trouvaille de monnaies faite près de Dieulouard [pièces de Verdun, de Trèves, etc.; XIIe s.], 2 *pl.*, p. 76.

28322. Beaupré. — Supplément à la notice sur Dominique Collin et Yves-Dominique Collin et au catalogue descriptif des estampes, vignettes, fleurons, culs-de-lampe, etc., qu'ils ont gravés, p. 106. — Cf. nos 28314 et 28366.

28323. Lepage (Henri). — Cinq chartes inédites de l'abbaye de Bouxières [923-1137], p. 121.

28324. Benoît (Louis). — Les sires de Fénétrange au commencement du XIVe siècle et la pierre tombale de Henry le Vieux [† 1335], 3 *pl.*, p. 149.

28325. Lepage (Henri). — Dombasle, son château, son prieuré, son église, 3 *pl.*, p. 194.

28326. Benoît (Louis). — Répertoire archéologique du département de la Meurthe [arrondissement de Sarrebourg], p. 1 à 52. — Cf. nos 28361, 28363 et 28399.

28327. Anonyme. — Inauguration de la galerie des Cerfs le 20 mai 1862, p. I.

28328. Lepage (Henri). — Du passé, du présent et de l'avenir du Musée lorrain, p. IX.

XIII. — Mémoires de la Société d'archéo-

logie lorraine, 2ᵉ série, t. V. (Nancy, 1863, in-8°, 442-XVII p.)

28329. Bretagne. — Représentation d'Hercule, vainqueur des géants, dans le nord-est de la Gaule, *pl.*, p. 5.

28330. Benoît (Louis). — La pierre tombale d'Arnould Souart, bailli du prince de Vaudémont [† 1698], *pl.*, p. 13.

28331. Lepage (Henri). — Une famille de sculpteurs lorrains [les Drouin; XVIᵉ-XVIIIᵉ s.], p. 27.

[Monument du vœu de Nancy à Bon-Secours, *pl.*]

28332. Lacroix (Mgr Pierre). — Monuments lorrains à Rome, p. 75. — Cf. n° 28271.

28333. Morey. — Tombeau de Henri de Lorraine, comte d'Harcourt [† 1666], à Asnières-sur-Oise (Seine-et-Oise), *pl.*, p. 82.

28334. Guillaume (L'abbé). — La cathédrale de Toul, *plan*, p. 91.

28335. Laprevote (Charles). — Quelques détails inédits sur la vie et la mort de Florentin Le Thierrat [avocat, † 1608], p. 285.

28336. Lepage (Henri). — Sur un ancien pouillé du diocèse de Toul [1402; étude sur le diocèse de Toul], p. 303.

XIV. — Mémoires de la Société d'archéologie lorraine, 2ᵉ série, t. VI. (Nancy, 1864, in-8°, 277-XVII p.)

28337. Digot (Aug.). — Mémoire sur les décorations des chapitres de Lorraine, 4 *pl.*, p. 5.

28338. Benoît (Louis). — Les corporations de Fénétrange, 7 *pl.*, p. 42.

28339. Henry. — Intervention de Charles III, duc de Lorraine, dans les affaires de la Ligue en Champagne (1562-1596), p. 72.

28340. Ancelon (E.-A.). — Note sur l'origine de Dieuze, *carte*, p. 137.

28341. Joly (Alexandre). — Notice biographique sur P.-L. Cyfflé, sculpteur du roi de Pologne [1724 † 1806], p. 147.

28342. Deblaye (L'abbé J.-F.). — Inventaire du trésor de l'église de Mattaincourt en 1684, *pl.*, p. 165.

28343. Guérard. — Notice sur la compagnie des arquebusiers de Nancy [XVIᵉ-XVIIIᵉ s.], p. 191.

28344. Digot (Aug.). — Note sur deux sceaux inédits, *pl.*, p. 225.

[Amaury, grand prieur du Temple en France, 1269; commissaire pour lever les décimes.]

28345. Guillaume (L'abbé). — Détails sur la décoration de la chapelle ducale, p. 230.

28346. Guillaume (L'abbé). — Relation de l'enterrement de la princesse Charlotte de Lorraine [1773], p. 242.

28347. Lepage (Henri). — Sur le vœu de la ville de Nancy à Notre-Dame-de-Bon-Secours [XVIIᵉ s.], p. 254.

28348. Lepage (Henri). — Sur la date de la mort d'Antoine de Lorraine, comte de Vaudémont [1457], p. 273.

XV. — Mémoires de la Société d'archéologie lorraine, 2ᵉ série, t. VII. (Nancy, 1865, in-8°, 278-53-108-XVIII p.)

28349. Olry (E.). — L'église d'Allamps, 2 *pl.*, p. 5.

28350. Benoît (Louis). — Les voies romaines de l'arrondissement de Sarrebourg, *carte*, p. 14.

28351. Digot (Aug.). — Mémoire sur l'emplacement de la bataille gagnée par Jovin sur les Germains dans la Lorraine [366], *carte*, p. 30.

28352. Anonyme. — Poésies populaires de la France [airs notés], 2 *pl.*, p. 43.

28353. Digot (Aug.). — Le bienheureux Jean de Vandières [† 963], p. 110.

28354. Guillaume (L'abbé). — Traduction en patois du pays de Toul d'une bulle du souverain pontife Pie IX [Immaculée Conception], p. 125.

28355. Morey (P.). — Recherches sur l'emplacement et la disposition d'ensemble du château du duc Raoul à Nancy, 3 *pl.*, p. 166.

28356. Benoît (Louis). — Numismatique de la Lorraine allemande, 2 *pl.*, p. 181.

[Atelier des dames de Remiremont à Fénétrange et d'Henriette de Phalsbourg à Lixheim, XVIIᵉ s.]

28357. Digot (Aug.). — La première tragédie de Jeanne d'Arc [par le P. Fronton; Pont-à-Mousson, 1580], p. 205.

28358. Gaudé (J.). — L'hôpital de Révigny [Meuse, fondé en 1338], p. 229.

28359. Digot (Aug.). — Inventaire du trésor de l'abbaye de Prum [1003], p. 249.

28360. Digot (Aug.). — Notice sur l'église de Champ-le-Duc, département des Vosges, *pl.*, p. 261.

28361. Olry (E.). — Répertoire archéologique du département de la Meurthe, p. 55 à 108; XVI, p. 109, 192; XX, p. 193, 284; XXI, p. 285 et 395. — Cf. n° 28326.

XVI. — Mémoires de la Société d'archéologie lorraine, 2ᵉ série, t. VIII. (Nancy, 1866, in-8°, 368-109-192-XVIII p.)

28362. Digot (Aug.). — Note sur des carreaux de terre cuite employés au pavage de deux églises du XIᵉ siècle [chapelle de Mousson et église de Laitre-sous-Amance], *pl.*, p. 5.

28363. Joly (Alexandre). — Statistique monumentale de l'arrondissement de Lunéville. Les pierres tombales, 6 *pl.*, p. 9; et XVII, p. 99. — Cf. nᵒˢ 28326 et 28399.

[Claude de Grimoard, † 1547; Jeanne de Parroy, † 1281; famille de Haraucourt, etc.]

28364. Guillaume (L'abbé) et Dufresne. — Chroniques touloises inédites ou mémoires de Jean Dupasquier et annales de Demange Bussy, annotés par M. Dufresne et publiés par l'abbé Guillaume [xvii° s.], p. 14.
28365. Joly (Alexandre). — Légende historique du plan de Lunéville en 1638, *pl.*, p. 145.
28366. Beaupré. — Second supplément à la notice sur Dominique Collin et Yves-Dominique Collin, p. 153. — Cf. n°s 28314 et 28322.
28367. Benoit (Louis). — Études sur les institutions communales du Westrich et sur le livre du vingtième jour de Fénétrange, 2 *pl.*, p. 174.
28368. Jouve (Louis). — Bibliographie du patois lorrain, p. 260.
28369. Lepage (Henri). — Ferdinand de Saint-Urbain [graveur, 1658 † 1738], 2 *pl.*, p. 289.
[28361]. Olry (E.). — Répertoire archéologique du département de la Meurthe, p. 109 et 192.

XVII. — Mémoires de la Société d'archéologie lorraine, 2° série, t. IX. (Nancy, 1867, in-8°, 453-xviii p.)

28370. Beaupré. — Catalogue descriptif des ouvrages de Ferdinand de Saint-Urbain et de Claude-Augustin de Saint-Urbain, graveurs en médailles, p. 1. — Cf. n° 28314.
[28363]. Joly (Alexandre). — Statistique monumentale de l'arrondissement de Lunéville. Les pierres tombales, p. 99. — Cf. n° 28961.
28371. Olry (E.). — Recherches sur les caractères des églises romanes en Lorraine (cantons de Colombey, Haroué, Toul-Sud et Vézelise), 8 *pl.*, p. 107.

[Églises de Battigny, Lalœuf, Autreville, Bagneux, Forcelles-Saint-Gorgon, Gibeaumeix, Barisey-la-Côte, Mont-l'Étroit, Thelod, Allamps, Voinémont.]

28372. Benoit (Louis). — Élisabeth de Lorraine, régente de Nassau-Sarrebruck [† 1455] et le burgfrid de Niederstinzel, *pl.*, p. 137.
[28314]. Beaupré. — Notice sur quelques graveurs nancéiens du xviii° siècle et sur leurs ouvrages, p. 169 et 217.
28373. Lepage (Henri). — L'abbaye de Belchamp, ordre de Saint-Augustin [xii°-xviii° s.], 3 *pl.*, p. 251.
28374. Gaspard. — Inventaire des biens provenant de la succession d'African de Bassompierre, marquis de Removille (1632-1637), p. 300.
28375. Jouve (Louis). — Recueil nouveau de vieux noëls inédits en patois de la Meurthe et des Vosges [airs notés], 2 *pl.*, p. 365.

XVIII. — Mémoires de la Société d'archéologie lorraine, 2° série, t. X. (Nancy, 1868, in-8°, 388-xix p.)

28376. Lepage (Henri). — La juridiction consulaire de Lorraine et Barrois et la confrérie des marchands de Nancy [xiv°-xviii° s.], *pl.*, p. 1.
28377. Olry (E.). — Topographie de la montagne de Sion-Vaudémont et de ses environs, 3 *plans*, p. 44.
28378. Kuhn (L'abbé Hermann). — L'ancienne abbaye Notre-Dame de Lixheim, p. 89.
28379. Joly (Alexandre). — Recherches historiques sur la ville de Lunéville. La commune (1265-1589). Droits et usages de Lunéville et villages voisins, p. 127.
28380. Doyotte (L'abbé). — Abrégé de la biographie de M. [Nicolas] de Clévy [grand vicaire de Toul, 1697 † 1767], p. 152.
28381. Pierson (L'abbé G.). — L'abbaye de Salival [fondée au xii° s.], *pl.*, p. 170.
28382. Lepage (Henri). — Quelques questions de géographie du moyen âge [les *pagi Salinensis* et *Saruensis*], *carte*, p. 193.
28383. Benoit (Louis). — Notice sur l'église de Fénétrange, 5 *pl.*, p. 233.
28384. Digot (Aug.). — Mémoire sur les établissements de l'ordre du Temple en Lorraine (duchés de Lorraine et de Bar, évêchés de Metz, Toul et Verdun), p. 258.
28385. Lang. — Notice sur l'église d'Essey-lès-Nancy, 7 *pl.*, p. 292.
28386. Benoit (Arthur). — Notice sur Philippe-Egenolff de Lutzelbourg et sur la date de sa mort [† 1617], p. 302.
28387. Schmit (J.-A.). — Catalogue descriptif des estampes relatives à la guerre de Trente ans en Lorraine pendant la période dite Suédoise (1631-1648), p. 310.
28388. Schmit (J.-A.). — Les campagnes de Louis XIII en Lorraine écrites de sa propre main, p. 346.
28389. Benoit (Louis). — Notice sur des antiquités du département de la Meurthe et des cimetières de la période gallo-romaine [stèles funéraires, statuettes, inscriptions romaines], 5 *pl.*, p. 361.

XIX. — Mémoires de la Société d'archéologie lorraine, 2° série, t. XI. (Nancy, 1869, in-8°, 594-xviii p.)

28390. Marchal (L'abbé). — Conjectures sur l'origine et les commencements du *Castrum nanciacum* ou *nanceium*, *fig.*, p. 5.
28391. Lepage (Henri) et Bonneval (Alexandre de). — Les offices des duchés de Lorraine et de Bar et la maison des ducs de Lorraine, p. 17. — Cf. n° 28408.
28392. Morey (P.). — Notice sur un ancien tableau [de N. Bellot, 1626] représentant la ville d'Épinal, 3 *pl.*, p. 441.

28393. Schmit (J.-A.). — La route de France ou la route de la Reine dans le Saulnois, *carte*, p. 446.

28394. Guillaume (L'abbé). — Les écoles épiscopales de Toul pendant toute la durée du siège fondé par saint Mansuy, p. 488.

28395. Pierson (L'abbé G.). — Le prieuré de Saint-Christophle à Vic, *pl.*, p. 524.

28396. Benoît (Arthur). — Essai sur les limites du diocèse de Strasbourg dans le département de la Meurthe, *carte*, p. 539.

XX. — Mémoires de la Société d'archéologie lorraine, 2e série, t. XII. (Nancy, 1870, in-8°, 329-193-284-xviii p.)

28397. Renauld (J.). — Le château, l'église et la maison seigneuriale de Charmes-sur-Moselle, 3 *pl.*, p. 1.

28398. Schmit (J.-A.). — État de la Lorraine avant la guerre (1631) dressé par ses envahisseurs après la conquête (1634), p. 40.

28399. Joly (Alexandre). — Répertoire archéologique des cantons Nord et Sud de Lunéville, p. 69. — Cf. nos 28326 et 28363.

28400. Lepage (Henri). — Sur la noblesse et le nombre des membres du tribunal des échevins de Nancy, p. 105.

28401. Pierson (L'abbé G.). — Le prieuré de Salonne [fondé au viiie s.], *pl.*, p. 116.

28402. Benoît (Louis). — Pierres bornales armoriées (Meurthe, Bas-Rhin, Vosges), 15 *pl.*, p. 139.

28403. Depautaine (Dr) et Lepage (Henri). — Notice sur Gondrecourt-le-Château, *pl.*, p. 193.

28404. Angelon (Dr). — Note sur le briquetage des marais de la Seille, p. 277.

28405. Olry (E.). — Note sur le comté de Vaudémont, son étendue, ses enclaves, sa population en 1477, et sur Vézelise, sa capitale, *carte* et *plan*, p. 290.

28406. Benoît (Arthur). — Phalsbourg et ses monuments, 2 *pl.*, p. 305.

[28361]. Olry (E.). — Répertoire archéologique du département de la Meurthe, p. 193 et 284.

[Ville, faubourgs et territoire de Toul.]

XXI. — Mémoires de la Société d'archéologie lorraine, 2e série, t. XIII. (Nancy, 1871, in-8°, 247-285-395-xvi p.)

28407. Morey (P.). — Les statuettes dites de terre de Lorraine avec un exposé de la vie et des œuvres de leurs principaux auteurs : [Paul-Louis] Cyfflé [† 1806], Sauvage dit Lemire [† xixe s.], [Barthélemy] Guibal [1699 † 1759], [Claude Michel dit] Clodion [1738 † 1814], p. 5.

28408. Du Hautoy. — Notes additionnelles au travail de M. Henri Lepage intitulé : *Les offices des duchés de Lorraine et de Bar*, p. 49. — Cf. n° 28391.

28409. Cournault (Charles). — Sépulture du cimetière mérovingien de Liverdun (Meurthe) [inscriptions mérovingiennes], 2 *pl.*, p. 65.

28410. Gaspard (Émile). — Abbaye et chapitre de Poussay [xie-xviiie s.], p. 88.

28411. Benoît (Arthur). — Nouvelles recherches historiques sur Phalsbourg et ses environs, 2 *pl.*, p. 130.

28412. Fischer (Dagobert). — Lutzelbourg, le château et le village, p. 159.

28413. Pierson (L'abbé G.). — Le monastère de Notre-Dame de Bethléem (religieuses dominicaines) à Vic [fondé en 1618], 3 *pl.*, p. 199.

28414. Meaume (E.). — Claude Gellée dit le Lorrain [peintre, 1600 † 1682], p. 222.

[28361]. Olry (E.). — Répertoire archéologique du département de la Meurthe, p. 285 et 395.

[Cantons de Domèvre, Toul-Nord et Thiaucourt.]

XXII. — Mémoires de la Société d'archéologie lorraine, 2e série, t. XIV. (Nancy, 1872, in-8°, 382-xvi p.)

28415. Lepage (Henri). — L'ancien diocèse de Metz et pouillés de ce diocèse, p. 5.

28416. Chautard (J.). — Imitation des monnaies lorraines, 16 *pl.*, p. 179; et XXIII, p. 152.

28417. Schmit (J.-A.). — Promenades antiques aux alentours de Château-Salins [villas romaines des Noires Corvées, des Cressottes, de Séraincourt, etc.], *cartes*, p. 259; XXIV, p. 448; XXV, p. 282; XXVI, p. 309; XXVII, p. 329; et XXIX, p. 51.

28418. Benoît (Arthur). — Enseignes et insignes, médailles et décorations se rattachant à la Lorraine, 7 *pl.*, p. 277; et XXIV, p. 235.

28419. Fischer (Dagobert). — L'ancien prieuré de Dürrenstein, près de Walscheid [comté de Dabo], p. 301.

28420. Mengin (L.). — Notice historique sur le barreau lorrain, suivie du tableau général et chronologique des avocats reçus en la Cour souveraine de Lorraine, au Parlement, en la cour d'appel de Nancy, à partir du 10 mai 1661, d'après le registre des matricules et les tableaux successifs de l'ordre, *pl.*, p. 323; et XXIII, p. 1.

XXIII. — Mémoires de la Société d'archéologie lorraine et du Musée historique lorrain, 3e série, t. I. (Nancy, 1873, in-8°, ix-405-xvi p.)

[28420]. Mengin (L.). — Notice historique sur le barreau lorrain, p. 1.

28421. Guillaume (L'abbé). — Documents inédits sur les

correspondances de dom Calmet et de dom Frangé, p. 94. — Cf. n° 28431.

[Claude-Augustin de Saint-Urbain, graveur; inscription antique, etc.]

[28416]. Chautard (J.). — Imitations des monnaies lorraines et des provinces limitrophes, *pl.*, p. 152.

28422. Schmit (J.-A.). — Sept actes inédits relatifs à la première occupation de la Lorraine [1632-1633], p. 240.

[Commission d'intendant de finances et de justice, de gouverneur; estimation de Clermont, etc.]

28423. Lepage (Henri). — La Lorraine allemande, sa réunion à la France, son annexion à l'Allemagne [1766-1871], *carte*, p. 255. — Cf. n° 28438.

28424. Meaume (E.). — Les seigneurs de Ribeaupierre, famille de la chevalerie lorraine, en Alsace et en Suisse, *tableau généalogique*, p. 302.

28425. Bretagne. — Le reliquaire de Saint-Nicolas-du-Port [détruit en 1792; mémoire de Mary d'Elvange], 3 *pl.*, p. 330.

28426. Benoît (Arthur). — M. de Couvonge, de la maison de Stainville [† 1646], p. 368.

28427. Hyver (L'abbé). — L'église des claristes de Pont-à-Mousson et la sépulture des doyens de la Faculté de droit, *fig.*, p. 382.

XXIV. — Mémoires de la Société d'archéologie lorraine, etc., 3e série, t. II. (Nancy, 1874, in-8°, 504-XVI p.)

28428. Fischer (Dagobert). — Notice historique sur le couvent de Renting (près de Sarrebourg) [XVe-XVIIIe s.], p. 5.

28429. Lepage (Henri). — La Madelaine-lès-Nancy [léproserie], p. 33.

28430. Renauld (Jules). — Le corps des perruquiers de Nancy, *fig.*, p. 67.

28431. Guillaume (L'abbé). — Nouveaux documents inédits sur la correspondance de dom Calmet [liste des correspondants principaux], p. 124. — Cf. n° 28421.

[28418]. Benoît (Arthur). — Enseignes et insignes, médailles et décorations se rattachant à la Lorraine, p. 235.

28432. Godron. — Étude sur la Lorraine dite Allemande, le pays Messin et l'ancienne province d'Alsace, p. 252.

28433. Renauld (Jules). — L'ermitage de Sainte-Valdrée, près de Laneuveville-devant-Nancy, 2 *pl.*, p. 324.

28434. Schmit (J.-A.). — Une chanson politique de 1634, épisode de l'invasion française en Lorraine, p. 344.

28435. Bretagne. — Découverte de monnaies lorraines à Sionviller, *pl.*, p. 366.

28436. Olry (E.). — Notice sur le château de Tumejus et sur la Blaissière, 2 *pl.*, p. 386.

[28417]. Schmit (J.-A.). — Promenades antiques aux alentours de Château-Salins, p. 448.

28437. Bonnabelle. — Notice sur Dun-sur-Meuse, *fig.*, p. 470.

28438. [Lepage (Henri).] — Note additionnelle au travail intitulé : *La Lorraine allemande*, p. 503. — Cf. n° 28423.

28439. Benoît (Arthur). — Tables des vingt-deux premiers volumes de *Bulletins* et *Mémoires* et des quinze volumes de *Documents sur l'histoire de Lorraine*, revues et complétées par MM. Ch. Laprevote et H. Lepage. (Nancy, 1874, in-8°, 92 p.)

XXV. — Mémoires de la Société d'archéologie lorraine, etc., 3e série, t. III. (Nancy, 1875, in-8°, 100-344-XVI p.)

28440. Lepage (Henri). — Notes et documents sur les graveurs de monnaies et médailles et la fabrication des monnaies des ducs de Lorraine, depuis la fin du XVe siècle, p. 5 à 110.

28441. Renauld (J.). — L'office du roi de Pologne et les mets nationaux lorrains, p. 1.

28442. Olry (E.). — Station antique découverte dans la forêt communale d'Allain, *pl.*, p. 35.

28443. Fischer (Dagobert). — Le prieuré de Saint-Quirin, p. 54.

28444. Benoît (Arthur). — Notice historique sur le couvent de la Congrégation de Notre-Dame de Saar-Union [XVIIe-XIXe s.], p. 103.

28445. Cahen. — Les juifs de Metz, budget de la communauté, p. 111.

28446. Schmidt (C.). — Mathias Ringmann (Philésius), humaniste alsacien et lorrain [1482 † 1511], p. 165.

28447. Godron (D.-A.). — De l'origine des noms de plusieurs villes et villages de la Lorraine, du pays Messin et de l'arrondissement de Thionville [Metz, Gorge, Nancy, Toul, Lunéville, etc.], p. 234.

[28417]. Schmit (J.-A.). — Promenades antiques aux alentours de Château-Salins, p. 282.

[Coutures, villa du Haut-de-Crevé, du Haut-de-la-Côte, des Bourguignons, Amelécourt, Lubécourt, Gerbécourt.]

28448. Meaume (E.). — Le prisonnier de Maxéville [Ferry III, duc de Lorraine, 1270], p. 313.

XXVI. — Mémoires de la Société d'archéologie lorraine, etc., 3e série, t. IV. (Nancy, 1876, in-8°, 420-XVIII p.)

28449. Fischer (Dagobert). — Saint-Quirin, ses verreries, p. 5.

28450. Renauld (J.). — Les doulces procedures de l'occupation. Épisode de la guerre de Trente ans, p. 23.

28451. Meaume (E.). — Georges Lalleman [1575 † 1640] et Jean Le Clerc [1588 † 1633], peintres et graveurs lorrains, p. 29.

28452. Hyver (L'abbé). — La Faculté de médecine de l'Université de Pont-à-Mousson [1592-1768], *pl.* et *fig.*, p. 91.

28453. Benoît (Arthur). — Un voyage en Lorraine au commencement du XVIIe siècle, traduit de l'allemand, p. 152.

[Voyage de Jean-Ernest de Saxe-Weimar, 1613 et 1614.]

28454. Lepage (Henri). — Opinion de dom Calmet sur l'emprisonnement de Ferry III. Catalogue des actes du règne de ce prince [1260-1269], p. 165.

[28417]. Schmit (J.-A.). — Promenades antiques aux alentours de Château-Salins, p. 309.

[Vaxy, Domèvre, Vannecourt, Gossoncourt, Puttigny, Vertignécourt, Hédival, la Grève, Morville, la villa des Rampants, la Bergerie.]

28455. Bretagne. — Notice sur des poids antiques, *pl.*, p. 337.

28456. Laprevote (Ch.). — Note sur un bronze antique [Mercure assis], *fig.*, p. 346.

28457. Quintard (L.). — Restitution au duc Mathieu II de deniers attribués jusqu'alors à son successeur Ferry III, *pl.*, p. 351.

28458. Rouyer (J.). — De Pierre de Blarru [1437 † 1510], et de son poème la Nancéide, à propos d'un manuscrit de cette œuvre appartenant au Musée historique lorrain, *pl.*, p. 360. — Cf. n° 28529.

XXVII. — Mémoires de la Société d'archéologie lorraine, etc., 3e série, t. V. (Nancy, 1877, in-8°, 480-XVIII p.)

28459. Renauld (Jules). — La Cour de l'Enfer à Nancy, *pl.*, p. 5.

28460. Laprevote (Charles). — Notice historique sur la ville de Mirecourt, depuis son origine jusqu'en 1766, *pl.*, p. 30.

28461. Vincent (H.). — La maison des Armoises, originaire de Champagne, *pl.*, p. 199.

28462. Guillaume (L'abbé). — Notice sur le prieuré de Flavigny-sur-Moselle, et sur quelques personnages qui l'ont illustré [dom Ceillier, † 1761, etc.], 3 *pl.*, p. 223.

[28417]. Schmit (J.-A.). — Promenades antiques aux alentours de Château-Salins, p. 329.

[Hampont, station celtique de la Motte, Obreck, Dédeling, Château-Voué, Bérange, Vuisse, Bride.]

28463. Quintard (Léopold). — La commanderie de Xugney (Vosges), 3 *pl.*, p. 355.

28464. Benoît (Arthur). — Notice sur les monuments funéraires des évêques de Toul, Jean de Chevrot [† 1460], Pierre du Châtelet [† 1580], 2 *pl.*, p. 370.

28465. Olry (E.). — Notice sur le village de Germiny, 2 *pl.*, p. 379.

28466. Lepage (Henri). — Varin Doron, de Bruyères [XVe s.], et les gentilshommes de Laveline, *fig.*, p. 417.

XXVIII. — Mémoires de la Société d'archéologie lorraine, etc., 3e série, t. VI. (Nancy, 1878, in-8°, 411-XIX p.)

28467. Quintard (Léopold). — Le cimetière franc de Champ des Tombes à Pompey (Meurthe-et-Moselle), 2 *pl.*, p. 5.

28468. Quintard (Léopold). — Un teston de Nicolas de Vaudémont [1552], *pl.*, p. 23.

28469. Schmit (J.-A.). — Simples notes pour servir à la géographie ancienne du territoire de Contrexéville, *carte*, p. 26.

28470. Bretagne. — Médaille de Renée de Bourbon, duchesse de Lorraine [1515-1539], *pl.*, p. 45.

28471. Thomas (Stanislas). — Courte notice sur Malzéville, 2 *pl.*, p. 60.

28472. Bonnabelle. — Notice sur la ville d'Étain, *fig.*, p. 73.

28473. Lepage (Henri). — L'abbaye de Saint-Martin-devant-Metz, 10 *pl.*, p. 109.

[Vignettes et lettres initiales du manuscrit de la vie de saint Martin, à Épinal, *portrait* de Lothaire.]

28474. Des Robert (F.). — Un pensionnaire des rois de France à Metz. Richard de la Pôle, duc de Suffolk, chevalier de la Jarretière (1492-1525), p. 239.

28475. Chanteau (F. de). — Notice historique et archéologique sur le château de Montbras (Meuse), 3 *pl.*, p. 269.

28476. Favier (J.). — Mœurs et usages des étudiants de l'Université de Pont-à-Mousson (1572-1768), 2 *pl.*, p. 299. — Cf. n° 28496.

28477. Renauld (J.). — Henri de Lorraine, duc de Guise [1550-1588] et Catherine de Clèves, comtesse d'Eu [1548-1633], son épouse, *pl.*, p. 361.

28478. Dupeux (F.-R.). — Sur l'autel consacré à Hercule Saxanus placé d'abord à la porte de la Bibliothèque de Nancy et maintenant au Musée lorrain, 3 *pl.*, p. 394.

XXIX. — Mémoires de la Société d'archéologie lorraine, etc., 3e série, t. VII. (Nancy, 1879, in-8°, 436-XX p.)

28479. Guillaume (L'abbé). — Notice sur l'abbaye de Saint-Mansui-lès-Toul, ordre de Saint-Benoît, 3 *pl.*, p. 5.

[28417]. Schmit (J.-A.). — Promenades antiques aux alentours de Château-Salins, p. 51.

[Burlioncourt, Dalhain, Bellange, Haboudange, Riche, Sotzeling.]

28480. Lepage (Henri). — Le val Saint-Barthélemy, 2 *cartes*, p. 81.
28481. Bretagne. — L'église de Vézelise [Renaissance], 3 *pl.*, p. 130.
28482. Laprevote (Ch.). — Numismatique lorraine. Monnaies de Lunéville, *pl.*, p. 149.
28483. Dupeux. — Notice critique sur Jean Bayon [historiographe, † xive s.], *pl.*, p. 155.
28484. Maxe-Werly (L.). — Numismatique de Remiremont et de Saint-Dié, 6 *pl.*, p. 204.
28485. Chanteau (F. de). — Anciennes sépultures de l'église du prieuré de Saint-Pierre de Châtenois (Vosges). Le cartulaire de dom Claude Grandidier [xviiie s.], 2 *pl.*, p. 283.
28486. Des Robert (F.). — Voyage de Renée de Bourbon à Metz, en 1523, *pl.*, p. 319.
28487. Germain (Léon). — Jean de Bourgogne et Pierre de Genève, comtes de Vaudémont [1368-1392], p. 357.

XXX. — Mémoires de la Société d'archéologie lorraine, etc., 3e série, t. VIII. (Nancy, 1880, in-8°, 494-xx p.)

28488. Favier. — Notice sur Nicolas Durival [1713 † 1795], *pl.*, p. 5.
28489. Bretagne. — Inscriptions métalliques sur les édifices publics des *Leuci* à l'époque gallo-romaine, 2 *pl.*, p. 37.
28490. Bonnabelle. — Notice sur Moutiers-sur-Saulx [Meuse, et l'abbaye d'Écurey], p. 47.
28491. Ancelon (E.-A.). — Recherches historiques et archéologiques sur les salines d'Amelécourt et de Château-Salins, 2 *pl.*, p. 98.
28492. Lepage (Henri). — La centaine de Pont-à-Mousson, p. 135.
28493. Guillaume (L'abbé). — Mobilier artistique des églises de Toul, *pl.*, p. 181.
28494. Rouyer (J.). — Fragments d'études de bibliographie lorraine, p. 202.

[Mémoires du marquis de Beauvau, imprimés pseudo-lorrains, imprimés lorrains publiés sous des noms de lieux supposés.]

28495. Chanteau (F. de). — Collections lorraines aux xvie et xviie siècles, p. 281.

[Le cabinet des armes de l'hôtel de Salm, à Nancy (1614); bibliothèque du duc Antoine (1508-1544); bibliothèques de Nicolas de Lorraine (1577).]

28496. Favier (J.). — Nouvelle étude sur l'Université de Pont-à-Mousson. Comment on y devenait maître ès arts [ex-libris], 15 *pl.*, p. 359. — Cf. n° 28476.
28497. Ring (De). — Anciennes sépultures de l'abbaye de Beaupré d'après des manuscrits inédits de dom Calmet avec des notes et additions par M. Paul Delorme [famille ducale de Lorraine], p. 426.

XXXI. — Mémoires de la Société d'archéologie lorraine, etc., 3e série, t. IX. (Nancy, 1881, in-8°, 362-xxi p.)

28498. Lepage (Henri). — Le village de Saint-Dizier-lès-Nancy, *plan*, p. 5.
28499. Germain (Léon). — Ferry Ier de Lorraine, comte de Vaudémont (1393-1415), *pl.*, p. 73.
28500. Guillaume (L'abbé). — Généalogie et journal de famille de Mory d'Elvange [† 1794], p. 123.
28501. Guyot (Ch.). — L'église de Domjulien (Vosges) et la pierre tombale d'Antoine de Ville [1427], 2 *pl.*, p. 145.
28502. Rouyer (J.). — Un rosaire lorrain du xviie siècle, *pl.* et *fig.*, p. 154.
28503. Dupeux. — Notice critique sur Jean de Bayon [abbé de Moyenmoutier au xvie s.], p. 172.
28504. Chanteau (F. de). — Notice historique sur l'hôpital du Saint-Esprit de Vaucouleurs (Meuse) [fondé en 1270], *pl.*, p. 198.
28505. Dupeux. — Relation et rapport circonstancié de la manière dont les troupes françaises ont attaqué Son Altesse le duc de Lorraine et sa résidence de Nancy, imprimé en l'an 1670, traduit de l'allemand par M. Dupeux, p. 256.
28506. Bretagne. — Monnaie, sceau et foyer aux armes de Diane de Dommartin, baronne de Fontenoy et dame en partie de Fénétrange [† après 1620], 2 *pl.*, p. 262.
28507. Chapellier. — L'hiver de 1709 et celui de 1880, p. 273.
28508. Richard (Alfred). — La justice à Remiremont avant 1789, p. 281.
28509. Le Mercier de Morière (L.). — Recherches sur la famille des Armoises et en particulier sur la branche de Neuville, *pl.*, p. 306.
28510. Fournier (D^r). — L'instruction publique à Rambervillers au xviiie siècle, p. 323.
28511. Lepage (Henri). — La famille du chancelier de l'Hospital en Lorraine [Jean de l'Hospital, père du chancelier, et Pierre, son frère, xve-xvie s.], p. 333. — Cf. n° 28514.

XXXII. — Mémoires de la Société d'archéologie lorraine, etc., 3e série, t. X. (Nancy, 1882, in-8°, 404-xxiii p.)

28512. Germain (Léon). — Notes historiques sur la maison de Lorraine tirées d'une publication récente [du P. Hip. Goffinet: *Les comtes de Chiny, étude historique*], p. 5.
28513. Renauld (J.). — L'ermitage de Saint-Joseph de Messein, près de Nancy [fondé en 1676], *fig.*, p. 61.
28514. Lepage (Henri). — Une rectification à propos du travail intitulé : *La famille du chancelier Michel de l'Hospital en Lorraine*, p. 97. — Cf. n° 28511.

28515. Jacolot (L'abbé). — Notice sur l'abbaye d'Évaux [ou des Vaux, 1130-1790], p. 103.

28516. Sailly (De). — Anciennes paroisses et cure de Coinville, *fig.*, p. 155.

28517. Germain (Léon). — Les tombeaux [et inscriptions] de l'église de Senoncourt [Meurthe-et-Moselle], *pl.*, p. 186.

[Jean de Maugiron († 1542), Grégoire de Lisseras († 1551), Grégoire du Châtelet († 1569), N. de Saulx († 1573), Marie du Maret († 1587), Henry de Lisseras († 1572), Louis de Lisseras († 1624), Catherine de Ludre († 1611).

28518. Des Robert (F.). — Journal historique de Barthélemy Philbert, receveur des deniers patrimoniaux et de l'octroi à Saint-Nicolas-du-Port (1709-1717), p. 221.

28519. Lepage (Henri). — Melchior de la Vallée [† 1631] et une gravure de Jacques Bellange, 2 *pl.*, p. 257.

28520. Bretagne. — Monnaies gauloises inédites de Strasbourg, *pl.*, p. 311.

28521. Souhesmes (Raymond de). — La vérité sur la naissance du lieutenant général François de Chevert [1695 † 1769], p. 317.

28522. Le Mercier de Morière. — L'origine de la maison de Chambley [famille de Brixey], p. 337.

28523. Germain (Léon). — La croix d'affranchissement de Frouard [Meurthe-et-Moselle; XIIIe s.], 3 *pl.*, p. 358.

XXXIII. — Mémoires de la Société d'archéologie lorraine, etc., 3e série, t. XI. (Nancy, 1883, in-8°, XIII-405-XXIII p.)

28524. Anonyme. — Documents officiels concernant la Société d'archéologie lorraine [1860-1861], p. 1.

28525. Riocour (De). — Les monnaies lorraines, p. 1; et XXXIV, p. 5.

28526. Guyot (Ch.). — Les villes neuves en Lorraine, p. 107.

28527. Favier (J.). — Coup d'œil sur les bibliothèques du district de Nancy pendant la Révolution, p. 139.

28528. Müntz (Eugène). — Les fabriques de tapisseries de Nancy [XVIe-XVIIIe s.], p. 195.

28529. Rouyer (Jules). — Nouvelles recherches bibliographiques sur Pierre de Blarru [XVe s.], p. 213. — Cf. n° 28458.

[Appendice : Note sur ce qu'on doit entendre par les mots *magister et fratres piæ Domus Dei Parisiensis*, dans une formule de lettres d'indulgences sortie en 1511 des presses de Saint-Nicolas-du-Port.]

28530. Lepage (Henri). — L'assassinat de Pierre Egloff de Lutzelbourg [1617], p. 237.

28531. Wiener (Lucien). — Jean Volay et les cartiers lorrains [XVIe-XVIIIe s.], 7 *pl.*, p. 259.

28532. Authelin. — Notice sur le village de Sanzey, *carte*, p. 321.

28533. Germain (Léon). — Le pèlerinage de la ville de Nancy à Notre-Dame de Benoite-Vaux en 1642, p. 336.

28534. Bretagne. — Description d'un laraire antique trouvé à Naix, 2 *pl.*, p. 370.

28535. Lepage (Henri). — Les globes du lorrain Jean L'Hoste [XVIIe s.], *pl.*, p. 377.

XXXIV. — Mémoires de la Société d'archéologie lorraine, etc., 3e série, t. XII. (Nancy, 1884, in-8°, 458-XXIV-X p.)

[28525]. Riocour (De). — Les monnaies lorraines [et anciennes mesures], p. 5.

28536. Souhesmes (Raymond de). — Notice sur Souhesmes, p. 44.

28537. Quintard (Léon). — Monnaie inédite d'un maître échevin de Metz [XVIe s.], *fig.*, p. 104.

28538. Courbe (Ch.). — Du projet d'un hôpital général au faubourg Saint-Pierre de Nancy en 1769, p. 107.

28539. Le Mercier de Morière. — Les testaments au profit de l'église de Toul [1290-1755; testament d'Hector d'Ailly, évêque de Toul, 1533], p. 141.

28540. Lepage (Henri). — La guerre de Sedan. Épisode du règne de René II (1493-1496), p. 183.

28541. Germain (Léon). — Fragment d'études historiques sur le comté de Vaudémont. Ancel, sire de Joinville [XIIIe-XIVe s.], p. 225.

28542. Guyot (Ch.). — Les forêts lorraines, p. 258; et XXXV, p. 5.

28543. Germain (Léon). — L'étole de saint Charles Borromée dans le trésor de la cathédrale de Nancy, p. 372.

28544. Bretagne (A.) et Briard (Emm.). — Notice sur une trouvaille de monnaies lorraines des XIIe et XIIIe siècles faite à Saulxures-lès-Vannes (canton de Colombey), 2 *pl.*, p. 385.

28545. Mellier. — Un graveur liégeois à Nancy, Jean Valdor [1580 † 1640], *pl.*, p. 438.

XXXV. — Mémoires de la Société d'archéologie lorraine, etc., 3e série, t. XIII. (Nancy, 1885, in-8°, 459-XXVI p.)

[28542]. Guyot (Ch.). — Les forêts lorraines, p. 5.

28546. Des Robert (Ferdinand). — Correspondance inédite de Nicolas-François, duc de Lorraine et de Bar (1634-1644), p. 81.

28547. Stein (A.). — Notice sur le vieux collège de Bar-le-Duc, 3 *pl.*, p. 153.

28548. Huart (G. d'). — Le colonel Jean de Croonders, gouverneur de Hombourg (1644-1671). Notice historique, p. 166.

28549. Barbier de Montault (Mgr X.). — Le saint clou à la cathédrale de Toul, 2 *pl.*, p. 200. — Cf. n° 28550.

28550. GERMAIN (Léon). — Appendice [sur le saint clou], *fig.*, p. 220. — Cf. n° 28549.
28551. DURAND (Georges). — Église de Relanges (Vosges), *plan* et 3 *pl.*, p. 229.
28552. MEAUME (E.). — L'hôtel des fermes à Nancy (l'évêché) [XVIII° s.], p. 243.
28553. BARBIER DE MONTAULT (Mgr X.). — Le buste de saint Adelphe [évêque de Metz, III° s. Le surhuméral], *pl.*, p. 279.
28554. BRIARD (E.) et LEPAGE (Henri). — Des titres et prétentions des ducs héréditaires de Lorraine, p. 301.

JOURNAL DE LA SOCIÉTÉ D'ARCHÉOLOGIE LORRAINE.

I. — Journal de la Société d'archéologie et du Comité du Musée lorrain, 1re année, 1852-1853. (Nancy, 1853, in-8°, 236-IV p.)

28555. LEPAGE (Henri). — Note sur un sceau de Charles le Téméraire, duc de Bourgogne [1473], *pl.*, p. 7.
28556. BOULANGÉ (Georges). — Notice sur les tombes gallo-romaines découvertes autour de l'ermitage Saint-Eucaire, commune de Pompey (Meurthe), et sur la tradition des martyrs leucois, compagnons de saint Eucaire, p. 22.
28557. DIGOT (Aug.). — Observations sur les sépultures antiques récemment découvertes près de Pompey, au confluent de la Meurthe et de la Moselle, p. 44.
28558. CHABERT (Michel). — Quelques passages d'une lettre inédite de Henri de Bourbon, évêque de Metz, à Charles IV, duc de Lorraine, en date du camp de la Rochelle, 27 janvier 1627, p. 63.
28559. VIGAN (Gabriel DE). — Lettres de la reine Marie Leczinska au président Hénault [1766], p. 65.
28560. LEPAGE (Henri). — Notice sur quelques peintures à fresque découvertes dans l'église de Laxou (Meurthe), p. 77.
28561. UHRICH (E.). — Note sur plusieurs monuments antiques trouvés aux environs de Phalsbourg (Meurthe) [bas-reliefs de Mercure, cippe, etc.], *pl.*, p. 93.
28562. MASSON (L'abbé). — Inscription [romaine] trouvée à Tarquimpol (Meurthe), p. 94.
28563. MASSON (L'abbé). — Note sur un bénitier qui se trouve dans l'église de Lindre-Haute (Meurthe), *pl.*, p. 96.
28564. COLLENOT (Louis). — Renseignements sur une pierre de grande dimension, creusée en forme d'auge, trouvée sur le territoire d'Amance (Meurthe), *pl.*, p. 97.
28565. DIGOT (Aug.). — Note sur une inscription qui fait partie du Musée lorrain [concernant Fouquet de la Routte, † 1589], p. 113.
28566. LEPAGE (Henri). — Sur l'origine et le véritable nom de la Croix-Gagnée [près de Nancy; XVI° s.], p. 121.
28567. ANONYME. — Sur les ruines d'une villa romaine à Bouxières-aux-Dames, p. 126.
28568. DEBLAYE (L'abbé). — Description de la procession de la ville de Ramberviller à l'abbaye d'Estival, ordre de Prémontré, le 15 aoust de l'an 1643, par messire L. de Vomécourt, prestre et chapellain audit Ramberviller, p. 129.
28569. CHABERT (F.-M.). — Note sur plusieurs monnaies anciennes [lorraines du XIV° s.] trouvées aux environs de Preische (Moselle), p. 139.
28570. JEANTIN. — Sur des objets gallo-romains et une tombelle scandinave trouvés au plateau de Géromont, p. 148.
28571. BARTHÉLEMY (Édouard DE). — Sur les carreaux émaillés de l'église de Laître-sous-Amance, p. 150.
28572. ARBOIS DE JUBAINVILLE (Henri D'). — Note sur trois chartes carlovingiennes originales, l'une de Charlemagne (777), la seconde de Charles le Simple (896), la troisième de Louis d'Outremer (950), conservées aux archives du département de la Meurthe, p. 154.
28573. ANONYME. — Boîte à reliques (1136), p. 167.
28574. LEPAGE (Henri). — Notice sur le village de Morville-sur-Seille, p. 171.
28575. DROUET. — Sur quelques anciens noëls avec les airs notés, 2 *pl.*, p. 187.
28576. DIGOT (Aug.). — Notice sur l'église de Saint-Nicolas-des-Lorrains, à Rome, p. 204.
28577. LEPAGE (Henri). — Notes pour servir à l'histoire de la cathédrale de Toul [inventaire de reliques, 1662], p. 212.

II. — Journal de la Société d'archéologie et du Comité du Musée lorrain, 2e année, 1853. (Nancy, 1853, in-8°, 218 p.)

28578. LEPAGE (Henri). — Le médaillier de Saint-Urbain [XVIII° s.], *fig.*, p. 7.
28579. GÉNY (Alex.). — Notice sur le peintre J.-B.-C. Claudot [XVIII° s.], *portrait*, p. 19.
28580. JEANTIN. — Sur des tombes des abbés de Saint-Pierremont, p. 30.
28581. ANONYME. — Sur le prix d'une licorne, p. 32.
28582. DIGOT (Aug.). — Note sur une cloche du XV° siècle [à Bouxières-aux-Chênes], p. 34.
28583. GUILLAUME (L'abbé). — Fribourg [arrondissement de Sarrebourg] et sa châtellenie, p. 38.
28584. MASSON (L'abbé). — Sur une cloche de l'abbaye de Vergaville, p. 49.
28585. BEAULIEU. — Observations sur le mémoire de M. Digot, intitulé : Recherches sur le véritable nom et l'emplacement de la ville que la Table théodosienne

appelle *Audesina* ou *Indesina* [ce n'est pas Grand], p. 52.

28586. Digot (Aug.). — Sur quelques stalles de la collégiale Saint-Georges de Nancy (xv° s.), *pl.*, p. 67.

28587. Duplessis (Georges). — Description du tableau allégorique de la réunion de la Lorraine à la France, peint par Nicolas Delobel [réimpression d'une plaquette de 1738], p. 73.

28588. Clesse. — Inventaire des trésors, meubles et ornements des églises de Commercy (Meuse), de 1612 à 1792, p. 89.

28589. Guillaume (L'abbé). — Pierre tumulaire à Fénétrange [Charles-Philippe de Croy, † avant 1615], p. 100.

28590. Guillaume (L'abbé). — Fresque de l'église de Postroff [fin du xv° s.], p. 103.

28591. Lepage (Henri). — Sur le peintre Claude Jacquard (vers 1685 † 1736), p. 108.

28592. Anonyme. — Sur des peintures de l'église des Cordeliers de Nancy, p. 117.

28593. Georges (L'abbé). — Note sur la cathédrale de Toul [inscriptions], p. 124.

28594. Lepage (Henri). — Sur des marchés passés pour la décoration de la cathédrale de Toul (1624-1761), p. 127.

28595. Lepage (Henri). — Rôle des habitants de Nancy en 1551-1552, p. 139, 172 et 196.

28596. Garo (L'abbé). — Sur un moulin gallo-romain trouvé à Lanfroicourt et un autel païen découvert à Blanzy, p. 194.

III. — Journal de la Société d'archéologie et du Comité du Musée lorrain, 3° année, 1854. (Nancy, 1854, in-8°, 218 p.)

28597. Marchal (L'abbé). — Charte de franchise pour les chanoines de la cathédrale de Toul par le pape Léon IX [1051], p. 7.

28598. Boulangé (Georges). — Mélanges d'archéologie lorraine. [Églises de] Vicherey [et d'Aboncourt; xii°-xiii° s.], p. 20.

28599. Lepage (Henri). — Inventaires du trésor de l'église de Saint-Nicolas-du-Port [1604 et 1792], p. 33. — Cf. n° 28628.

28600. Marchal (L'abbé). — Chartes et prérogatives de la terre et seigneurie de Parroye, p. 67.

28601. Deblaye (L'abbé). — Dissertation sur une dalmatique très ancienne conservée dans la châsse de saint Hydulphe, archevêque de Trèves et fondateur de l'église de Moyenmoutier, *pl.*, p. 83.

28602. Digot (Aug.). — Note sur le tombeau d'un comte de Salm donné au Musée lorrain [Jean II, † 1351, et son épouse Marguerite de Chiny?], *pl.*, p. 108.

28603. Lallement (Louis). — De la prétendue servitude imposée autrefois aux paysannes de Laxou d'aller battre l'eau de la mare qui avoisinait le palais ducal de Nancy la nuit des noces des ducs de Lorraine, p. 114.

28604. Lepage (Henri). — Le droit du seigneur, p. 131.

28605. Lepage (Henri). — Dialogue de Jean Lud [sur les affaires du temps, 1498 ou 1499], p. 139.

IV. — Journal de la Société d'archéologie et du Comité du Musée lorrain, 4° année, 1855. (Nancy, 1855, in-8°, 216 p.)

28606. Lepage (Henri). — Sur le droit d'asile en Lorraine, p. 5. — Cf. n° 29011.

28607. Lepage (Henri). — Les rois des ribauds du duché de Lorraine, p. 19.

28608. Barthélemy (Édouard de). — Note sur le château de Tumejus, commune de Bulligny, arrondissement de Toul (Meurthe), p. 27.

28609. Lepage (Henri). — Notice sur Emond Du Boullay, héraut d'armes de Lorraine sous les ducs Antoine, François Ier et Charles III [xvi° s.], p. 36.

28610. Anonyme. — Sur des sépultures de princes de la maison de Lorraine dans l'abbaye de Royaumont, p. 49.

28611. Lallement (Louis). — Le Montet [Meurthe-et-Moselle. Notice historique; famille Fisson], p. 54.

28612. Maud'heux et Bourgon. — Poésies populaires [lorraines], p. 71.

28613. Lepage (Henri). — Note sur le graveur Claude-Augustin Saint-Urbain [xviii° s.], p. 75.

28614. Lepage (Henri). — Notes sur le mécanicien Philippe Vayringe [1684 † 1746], p. 79.

28615. Lepage (Henri). — Note sur le sculpteur Charles Chassel [1649], p. 83.

28616. Lepage (Henri). — Note sur le graveur Jacques Callot [1628], p. 84.

28617. Bonneval (Alexandre de). — Sur la tombe de Jean-Blaise de Mauléon découverte à Saint-Élophe (Vosges) [xvi° s.], p. 90.

28618. Digot (Aug.). — Note sur une petite plaque d'argent trouvée près de la chapelle Saint-Euchaire [à Pompey. Inscription latine, vii° s.], p. 93.

28619. Lepage (Henri). — Charles Herbel, peintre et héraut d'armes de Lorraine [† 1702, et Claude-Joseph Voirin, peintre, xviii° s.], p. 95.

28620. Servais (Victor). — Recherches sur l'origine et la situation du service médical dans le Barrois et principalement à Bar-le-Duc pendant les xiv°, xv° et xvi° siècles, p. 107.

28621. Lepage (Henri). — Extrait du compte du trésorier général de Lorraine pour l'année 1580 [dépense du duc Charles III], p. 123.

28622. Lallement (Louis). — Une héroïne oubliée des biographes lorrains [Marguerite d'Anjou, reine d'Angleterre, 1429 † 1482], p. 137.

28623. Lallement (Louis). — Relation des derniers moments et des funérailles de Stanislas par un auteur contemporain [1766], p. 173.

28624. Lepage (Henri). — Note [de M. Charles de Linas] sur la chape dite de Charlemagne conservée à la cathédrale de Metz [et anciens vêtements ecclésiastiques à Maizières-lès-Vic, Moutrot et Vic], p. 191.

28625. Marchal (L'abbé). — Note sur les discussions élevées entre le P. Benoît Picart et le P. Hugo touchant l'Histoire de Lorraine de ce dernier [xviiie s.], p. 203.

V. — Journal de la Société d'archéologie et du Comité du Musée lorrain, 5e année, 1856. (Nancy, 1856, in-8°, 223 p.)

28626. Arbois de Jubainville (Henri d'). — Sur la capitulation de Moyen (1635), p. 6.

28627. Lepage (Henri). — Revue rétrospective [histoire de la Société d'archéologie lorraine], p. 7.

28628. Lepage (Henri). — Note pour servir de complément aux inventaires du trésor de l'église de Saint-Nicolas-du-Port [bras de saint Nicolas, 1475], p. 13. — Cf. n° 28599.

28629. Laprevote (C.). — Lettre sur trois monnaies lorraines inédites [Simon II et René Ier, ducs de Lorraine, Henri III, comte de Vaudémont], *pl.*, p. 22.

28630. Lepage (Henri). — Le lundi gras à l'abbaye de Lisle-en-Barrois, p. 26.

28631. Marchal (L'abbé). — Note sur le séjour du P. Bourdaloue dans la maison du noviciat des Jésuites de Nancy et sur sa prédication dans l'église de Malzéville [1665], p. 36.

28632. Lepage (Henri). — Sur le catalogue des confrères de la congrégation de Notre-Dame de Nancy [relevé des noms d'artistes lorrains du xviie s.], p. 43.

28633. Lepage (Henri). — Claude Jacquard. La coupole de la cathédrale de Nancy [xviiie s.], p. 50.

28634. Arbois de Jubainville (Henri d'). — Lettres relatives aux affaires de Lorraine pendant l'année 1655 [mission du baron Du Châtelet et de M. Du Bois de Riocour], p. 58.

28635. Lepage (Henri). — Un dernier mot sur cette question : Jeanne d'Arc est-elle Lorraine? *plan*, p. 82.

28636. Lepage (Henri). — Sur le lieu de naissance de Claude de Lorraine, premier duc de Guise [Condé-sur-la-Moselle, 1496], p. 99.

28637. Anonyme. — Note sur une statue déposée au Musée lorrain [Jean des Porcelets de Maillane, évêque de Toul, xviie s.], *pl.*, p. 102.

28638. Bourgon (Dieudonné). — Sur le tombeau du duc Raoul [tué à Crécy] à Beaupré, p. 103.

28639. Bourgon (Dieudonné). — Procès-verbal de l'entrée de Léopold à Nancy [1698], p. 105.

28640. Jacquot de Vallois. — Lettre inédite du B. P. Fourier [1632], p. 107.

28641. La Lance (Gustave de). — De quelques vestiges romains en Lorraine, spécialement dans le département de la Meuse [camp des Romains près de Saint-Mihiel, etc.], p. 114.

28642. Lallement (Louis). — Relation de la mort et de la pompe funèbre de Stanislas, par Coster [et dialogue en vers inédit, etc., 1766], p. 129.

28643. Guillaume (L'abbé). — Ouverture du palais ducal et cérémonie funèbre du 12 novembre 1856, p. 171.

28644. Lepage (Henri). — Claude Charles, peintre ordinaire de Léopold et héraut d'armes de Lorraine [1661 † 1744], p. 201.

VI. — Journal de la Société d'archéologie et du Comité du Musée lorrain, 6e année, 1857. (Nancy, 1857, in-8°, 247 p.)

28645. Buvignier (Ch.). — Statuts des médecins, chirurgiens et apothicaires de la cité de Verdun [1602], p. 11 et 38.

28646. Digot (Aug.). — Note sur un voyage en Lorraine [de M. Henry de Rouvière, 1702], p. 22.

28647. Anonyme. — Sur les lettres d'anoblissement de Claude Christophe, peintre (1726), p. 28.

28648. Lepage (Henri). — Note sur l'époque de la construction de l'église de Munster (Meurthe) [et tombeau de Wilhelm de Torcheville, 1335], *pl.*, p. 56.

28649. Digot (Aug.). — Pièces relatives à l'histoire du Barrois, p. 71.

[Inventaire des meubles d'Yolande de Flandre, comtesse de Bar, 1332; menu des repas donnés par Robert, duc de Bar, à l'occasion des funérailles de Marie de France, son épouse, 1404.]

28650. Guerrier du Mast (P.). — Hodographie nancéienne sur les nouveaux noms à donner aux rues de Nancy, p. 84 et 115. — Cf. n° 28657.

28651. Bourgon (Dieudonné). — Condamnation du *Pouillé ecclésiastique de Toul* [arrêt de 1712], p. 106.

28652. Marchal (Dr). — Antiquités découvertes à Lorquin [tombes franques, armes, etc.], p. 108.

28653. Buvignier (Charles). — Le palais épiscopal de Verdun, 2 *pl.*, p. 148.

28654. Bourgon (Dieudonné). — Fontaine miraculeuse dite Belle-Fontaine, près Phalsbourg [1775], p. 155.

28655. Buvignier (Charles). — Le jansénisme dans l'évêché de Verdun, p. 167.

[Adhésion de M. de Béthune, évêque de Verdun, à l'appel de la constitution *Unigenitus*.]

28656. Lepage (Henri). — État des effets appartenant à la maison de Lorraine sous la responsabilité des ci-devant Cordeliers de Nancy [1792], p. 174.

28657. Guerrier du Mast (P.). — Sur les noms historiques réclamés pour les rues de Nancy, p. 177. — Cf n° 28650.

28658. Beaupré. — Sur Pierre Woeiriot, graveur du xvie siècle, p. 187.

28659. Bourgon (Dieudonné). — Serment du premier

IMPRIMERIE NATIONALE.

évêque de Nancy [Louis-Apollinaire de La Tour du Pin Montauban, 1778], p. 190.

28660. Deblaye (L'abbé J.-F.). — Quelle est l'origine des congrégations, sous le patronage de la sainte Vierge, établies surtout dans les églises de Lorraine? Confrérie de la Conception de Notre-Dame dans l'église de Lagney [1565], p. 213.

28661. Buvignier (Charles). — Le journal de Pierre Vuarin [1587-1665], p. 228.

28662. Anonyme. — Trouvaille faite près du village de Bainville-sur-Madon [sépultures gallo-romaines], p. 233.

28663. Lallement (Louis). — Note sur un tableau du Musée lorrain [tableau de la confrérie de saint Yves et de saint Nicolas, par Rémond Constant], p. 235.

VII. — Journal de la Société d'archéologie et du Comité du Musée lorrain, 7e année, 1858. (Nancy, 1858, in-8°, 218 p.)

28664. Lepage (Henri). — Catalogue de la bibliothèque du duc de Lorraine Henri II avec des notes pour servir à l'histoire de la bibliographie lorraine [xviie s.], p. 6. — Cf. n° 28680.

28665. Lepage (Henri). — Jean Bleyer de Bariscord, peintre lorrain [† 1615], p. 27.

28666. Guillaume (L'abbé). — Confréries à Gondreville et à Rosières-aux-Salines [xive-xviie s.], p. 44.

28667. Lepage (Henri). — Journal de l'entrée de l'empereur Maximilien Ier dans la ville de Toul [1498], p. 65.

28668. Guillaume (L'abbé). — Confréries à Lenoncourt [xviie s.], p. 73.

28669. Guillaume (L'abbé). — Un des cerfs de la galerie de ce nom au Palais ducal de Nancy, p. 81.

28670. Boulangé (Georges). — Archives de la ville de Toul. Bulle d'or de l'empereur Charles IV [1367], *pl.*, p. 92.

28671. Lepage (Henri). — Diplôme inédit du roi Arnou [relatif à Mairy, près Briey, 894], p. 94.

28672. Widranges (De). — Sur Jean Lud, p. 97.

28673. Chapellier. — Poésie de dom Ambroise Colin sur le départ de la princesse Charlotte (1745), p. 98.

28674. Lepage (Henri). — Note sur le manuscrit donné au Musée par M. Alexandre de Metz-Noblat [l'*Origine de bataille et chevallerie*, d'Émond Du Boullay], p. 99.

28675. Liébeault (A.-A.). — Sur des sépultures antiques découvertes à Bainville-sur-Madon, p. 103.

28676. Humbert. — Notice sur le portail de l'ancien prieuré Notre-Dame de Nancy, *pl.*, p. 106.

28677. Anonyme. — Sur l'annonce d'un médecin oculiste, xviiie siècle, p. 116.

28678. Lallement (Louis). — Études sur la législation lorraine. Notes historiques sur le droit à une indemnité qu'avait autrefois en Lorraine l'inculpé indûment poursuivi et détenu préventivement et sur l'urphède ou renonciation à ce droit, p. 122. — Cf. n° 28681.

28679. Lepage (Henri). — La ban-cloche de Toul, p. 137.

28680. Lepage (Henri). — Supplément au catalogue de la bibliothèque du duc de Lorraine Henri II, p. 152. — Cf. n° 28664.

28681. Lallement (Louis). — Rectification au mémoire sur l'urphède, p. 154. — Cf. n° 28678.

28682. Anonyme. — Sur des fragments de statues et des inscriptions découvertes à Bruyères (Vosges), p. 155.

28683. Guerrier du Mast (P.). — Sur l'étymologie des noms de Noviant et de Marbache, p. 157.

28684. Lepage (Henri). — Les cadets-dauphin et la médaille du papegai [à Toul; xviiie s.], *pl.*, p. 158.

28685. Barbier de Montault (L'abbé X.). — Souvenirs historiques et épigraphiques de la Lorraine à Rome, p. 175.

28686. Lepage (Henri). — Nicolas Briot, graveur des monnaies du duc de Lorraine Henri II [† xviie s.], *pl.*, p. 188.

28687. Anonyme. — Une lettre de l'abbé Lionnois, tirée de la collection de M. Gillet [9 nivôse an xiii], p. 202.

28688. Lallement (Louis). — Note sur deux tableaux qui se trouvent au château de Châtillon près de Cirey (Meurthe) [défense de Blâmont, 1636; capitulation de Mandre-aux-Quatre-Tours, 1633], p. 203.

28689. Bourgon (Dieudonné). — Trait d'humanité de Joseph Gilles dit Provençal, peintre [1724], p. 207.

VIII. — Journal de la Société d'archéologie et du Comité du Musée lorrain, 8e année, 1857. (Nancy, 1859, in-8°, 299 p.)

28690. Mougenot (Léon). — Des noms à donner aux rues de Nancy, p. 6 et 39.

28691. Anonyme. — Sur la tombe de Jean-Blaise de Mauléon († vers 1613), *pl.*, p. 58 et 108.

28692. Marchal (L'abbé). — Y a-t-il eu sur le territoire du faubourg Saint-Pierre de Nancy deux châteaux du nom de Saulru? p. 96.

28693. Lepage (Henri). — Sur quelques artistes lorrains du xve siècle, p. 102.

[Bertrand Maillet, peintre, † 1481; Bernard de Heidelberg, peintre, † 1475; François Allemand, peintre-verrier, † 1474; Jehannin le peintre, de Toul, † 1475.]

28694. Guerrier du Mast (P.). — Sur l'origine du nom de la Croix-Gagnée [près Nancy], p. 104.

28695. Anonyme. — Sur des sépultures romaines découvertes à Fontaines-devant-Dun (Meuse)], p. 110.

28696. Digot (Aug.). — Notice biographique et littéraire sur François-Xavier Breyé, avocat à la cour souveraine de Lorraine et Barrois et garde des livres de S. A. R. Léopold Ier [1694 † 1736], p. 121.

28697. Lallement (Louis). — Note sur les sépultures des

princes et princesses de la maison d'Anjou-Lorraine inhumés dans la cathédrale d'Angers, p. 139.

28698. Lallement (Louis). — Les maisons historiques de Nancy, p. 149, 180 et 221.

28699. Barbier de Montault (L'abbé X.). — Sur l'inscription funéraire de Claude-Éléonore de Lorraine († 1654), p. 175.

28700. Digot (Aug.). — Note sur d'anciens chandeliers conservés dans l'église de Laître-sous-Amance, *pl.*, p. 197.

28701. Guillaume (L'abbé). — Des pèlerinages en Lorraine. Comment ils sont traités dans le *Dictionnaire des pèlerinages* [de la collection Migne], p. 202.

28702. Anonyme. — Lettres de noblesse accordées à Nicolas Dupuy, peintre (1706), p. 217.

28703. Lepage (Henri). — Les archives du notariat à Nancy [xvie-xviiie s.], *pl.*, p. 225.

[Recettes diverses, poésies, notes historiques, xvie-xviie s.; traités d'histoire naturelle médicale et de physionomie, fin du xive s.]

28704. Widranges (De). — Notice sur la découverte faite en 1828 sur le territoire de Martigny-lès-la-Marche, département des Vosges, de cinq *compedes* ou entraves servant à accoupler deux à deux, par les pieds, les captifs ou vaincus que les Romains employaient à leurs travaux publics, *pl.*, p. 270.

28705. Mougenot (Léon). — De la conservation de la porte Saint-Nicolas de Nancy, p. 279.

IX. — Journal de la Société d'archéologie et du Comité du Musée lorrain, 9e année, 1860. (Nancy, 1860, in-8°, 244 p.)

28706. Lallement (Louis). — Le départ de la famille ducale de Lorraine (6 mars 1737), *pl.*, p. 6 et 24.

28707. Arbois de Jubainville (Henri d'). — Note prouvant qu'on pêchait autrefois le saumon dans la Moselle [1341], p. 39.

28708. Buvignier (Charles). — Jehan Parizet de Saint-Mihiel [chanoine de Verdun, 1385], p. 43.

28709. Guillaume (L'abbé). — Sur un monument romain à personnages trouvé à Hérange, p. 54.

28710. Lepage (Henri). — Le dernier roi des ribauds du duché de Lorraine [Pierre du Rozet, 1615], p. 59.

28711. Anonyme. — Troubles en l'abbaye de Beaupré à l'occasion de la constitution *Unigenitus* [1727], p. 62.

28712. Clapellier. — Sur un monument relatif à la Lorraine conservé à Épinal, p. 65.

28713. Anonyme. — Sur l'ordre de chevalerie conféré à Symphorien Champier (1515), p. 68.

28714. Barbier de Montault (L'abbé X.). — Sur les services concernant la famille de Lorraine fondés en la chapelle de Notre-Dame des Ardilliers, à Saumur (xvie-xviie siècle), p. 70.

28715. Benoît (Louis). — Notes sur la Lorraine allemande. Les rhingraves et les reîtres pendant les guerres de religion du xvie siècle [tombe d'Otto, rhingrave de Kyrbourg, † 1607], 2 *pl.*, p. 75, 91, 122 et 227.

28716. Lallement (Louis). — Note sur le lieu de naissance de René II [né à Joinville], p. 138.

28717. Anonyme. — Une note sur Valentin Jamerai-Duval [1714], p. 141.

28718. Anonyme. — Jean Mansuy, l'imagier [1542], p. 143.

28719. Meaume (E.). — Légende du siège de Bréda [pour les gravures de Callot, 1628], p. 144.

28720. Gillet (M.). — Réponse de dom Calmet aux attaques dirigées contre lui dans les *Mémoires* de Chevrier, p. 153. — Cf. n° 29185.

28721. Lepage (Henri). — Étude biographique et bibliographique sur Symphorien Champier, par M. P. Allut [† vers 1539], p. 208.

X. — Journal de la Société d'archéologie et du Comité du Musée lorrain, 10e année, 1861. (Nancy, 1861, in-8°, 252 p.)

28722. Widranges (De). — Un mot sur la découverte de six cercueils en pierre trouvés en 1859 à Sorbey, ancien hameau détruit dépendant de Ménil-la-Horgne (Meuse) [vi^e au ixe s.; statuette], *pl.*, p. 8.

28723. Stadler (Eugène de). — Note sur un manuscrit des Archives impériales [concernant le duc Henri, † 1624], p. 14.

28724. Mougenot (Léon). — Observations sur un projet de rectification du quartier Saint-Epvre, à Nancy, p. 19.

28725. Joly (A.). — Notice sur des sépultures gallo-romaines découvertes au mois d'octobre 1860 à Einville près Lunéville, p. 37.

28726. Meaume (E.). — Note sur une découverte xylographique faite à Metz [estampe antérieure à 1461], p. 43.

28727. Joly (A.). — Dissertation sur les armoiries de la ville de Lunéville, p. 46 et 83.

28728. Benoît (Arthur). — Notes sur la Lorraine allemande. Weigaud de Lutzelbourg [procès-verbal pour délit de chasse, 1616], p. 53.

28729. Meaume (E.). — Actes de naissance et de décès du peintre Girardet (1709 † 1778), p. 55.

28730. Ancelon. — Sur un tableau peint par le roi Stanislas, p. 162.

28731. Ancelon. — Sur des objets gallo-romains trouvés à Vergaville, p. 62.

28732. Lallement (Louis). — Sur le lieu de naissance du poète [Jean-François] Saint-Lambert [Nancy, 1716], p. 67.

28733. Digot (Aug.). — Note sur la pêche du saumon dans la Moselle supérieure, p. 87.

28734. Ancelon. — Note sur le bénitier de Lindre-Haute, p. 98.

28735. Lallement (Louis). — Quelques notes biographiques sur Heré [architecte, 1705 † 1763] et Lamour [serrurier, 1698 † 1771], p. 110.

28736. Anonyme. — La tente de Charles le Téméraire au Musée lorrain, p. 133 et 243.

28737. Benoît (Arthur). — Souvenirs lorrains à Baden-Baden [tombe de Catherine de Lorraine, † 1439], p. 152.

28738. Anonyme. — Nécrologie [Dugas de Beaulieu, 1768 † 1861], p. 156.

28739. Marchal (L'abbé). — Quelques observations à propos d'un manuscrit [concernant l'histoire de la Lorraine, conservé à Épinal et attribué à Richard de Wassebourg], p. 159.

28740. Joly (A.). — Le duc Léopold poète. Les grenadiers de Lunéville à Mesdames de France [poésies; XVIIIe s.], p. 168.

28741. Deblaye (L'abbé J.). — Œuvre des sépultures des évêques de Toul [indication de leurs sépultures], p. 173.

28742. G. D. [Guerrier de Dumast (P.)]. — Sur les grands et petits *chevaux* de Lorraine [titre donné à de nobles familles], p. 201.

28743. Lepage (Henri). — Mémoires d'ouvrages faits au château de Lunéville par le peintre Charles-Louis Chéron [1719 et 1724], p. 205.

28744. Bourgon (Dieudonné). — Sur une annonce de médecin-charlatan au XVIIIe siècle, p. 209.

28745. Marchal (L'abbé). — A propos des *Chroniques* et des *Mémoires* de Philippe de Vigneulles [lettres de dom Théodore Brocq, 1749 et 1750], p. 217.

28746. Olry (E.). — Quelques notes archéologiques et historiques sur le village d'Allain-aux-Bœufs [hiver de 1709, etc.], p. 233.

28747. Laprevote (C.). — Sur un imprimeur de Mirecourt [Ambroise, XVIIe s.], p. 241.

XI. — Journal de la Société d'archéologie et du Comité du Musée lorrain, 11e année, 1862. (Nancy, 1862, in-8°, 308 p.)

28748. Lepage (Henri). — Petites trouvailles archéologiques et historiques, p. 6.

[Médailles et objets antiques trouvés à Lucey, 1522; au Chippal (Vosges), 1573; à Mossoux (Vosges), 1605; hydroscopes, 1560; musique du duc Charles IV, 1630 et 1631; mandement de l'évêque de Toul ordonnant des prières pour le Roi, 1682; Barthélemy Guibal, sculpteur, 1724; théâtre populaire, 1730; le peintre Duvigeon, 1730; usage à tirer des palais et autres bâtiments de la vieille ville de Nancy, 1737.]

28749. Lallement (Louis). — Le trictrac de Stanislas, p. 21.

28750. Joly (A.). — La chronique d'Einville, par messire Joseph Géneval, prêtre, curé d'Einville [1622-1698], p. 29.

28751. Lepage (Henri). — Jugement arbitral rendu par saint Louis [entre Thibaud, comte de Bar, et Renaud, son frère, 1268], p. 36.

28752. Benoît (Arthur). — Charte de Sarraltroff [1672]. Du service des femmes en terme de féodalité, p. 43.

28753. Lepage (Henri). — Le château d'Haroué, p. 46.

28754. Joly (A.). — Sur des fouilles faites à l'abbaye de Beaupré (pierres tombales, etc.), p. 55.

28755. Guérard. — Le Bethléem [spectacle de figures mouvantes établi à Nancy en 1752], p. 59.

28756. Charlot (L'abbé). — Dépôt du cœur de la reine Marie Leczinska dans l'église de Bon-Secours [à Nancy, 1768], p. 65.

28757. Benoît (Arthur). — Le couvent des Dominicaines de Viviers [près Sarrebourg], p. 70.

28758. Lepage (Henri). — Notes sur le peintre Philippe Lamoureux [1734-1735], p. 73.

28759. Digot (Aug.). — Saint Guérin, évêque de Sion [† 1158], p. 118.

28760. Benoît (Arthur). — Les Cordeliers de Sarrebourg, p. 132.

28761. Anonyme. — Prestation de serment de la garnison de la Mothe [1640], p. 144.

28762. Joly (A.). — Lettre de Colin, cuisinier de M. de Kinicle, au cuisinier de M. de Spada, p. 147.

28763. Schmidt (J.-D.). — Un souvenir du siège de Nancy en 1633 [poésies de François Tristan l'Hermite de Souliers au sujet de l'évasion de Marguerite de Lorraine], p. 155.

28764. Lallement (Louis). — Quelques notes biographiques. Le poète Gilbert [† 1780 à l'Hôtel-Dieu de Paris], le littérateur Hoffman [né à Nancy, 1760] et le ministre Choiseul [né à Nancy, 1719], p. 159.

28765. Joly (A.). — [Le peintre Jean] Girardet. Sa famille, la maison où il est né, son œuvre à Lunéville [XVIIIe s.], p. 170.

28766. Mangenot (L'abbé). — Sur la dépopulation de la Lorraine (1655), p. 178.

28767. Anonyme. — Patente du duc René II justifiant d'où vient le bras de saint Nicolas et comme il est enrichi [1475], p. 180.

28768. Anonyme. — Découverte de monnaies du XVIe siècle à Oberstinzel, p. 184.

28769. Guillaume (L'abbé). — Antiquité de l'église de Toul, p. 186.

28770. Guillaume (L'abbé). — Cathédrale de Toul [portail, XVe s.; orgue, 1751, etc.], p. 250.

28771. Lepage (Henri). — Les archives de la cour impériale de Nancy, p. 261.

28772. Flamm (P.). — Sur des découvertes à Phlin [vaisselle en étain, bagues, épingles], p. 285.

28773. Olry (E.). — Sur des objets en bronze découverts à Crézilles, p. 286.

28774. Benoît (Arthur). — Prise de possession de la ville de Sarrebourg par les commissaires du roi, le 18 octobre 1661, p. 294.

XII. — Journal de la Société d'archéologie et du Comité du Musée lorrain, 12ᵉ année, 1863. (Nancy, 1863, in-8°, 239 p.)

28775. Hequet (Ch.). — Essai biographique. Claude Gelée dit le Lorrain (1600 † 1782], p. 6.

28776. Laprevote (Ch.). — Sur la première édition de la vie du B. P. Fourier [Paris, S. Piquet, 1635], p. 27.

28777. Mougenot (Léon). — L'hôtel et l'épitaphe de Balthazar d'Haussonville [Nancy, xviᵉ s.], p. 29.

28778. Benoît (Arthur). — La ville de Lixheim pendant la guerre dite de Turenne [1674 et 1675], p. 37.

28779. Olry (E.). — Note sur les constructions romaines découvertes aux Thermes, territoire de Crézilles [bains], *pl.*, p. 43.

28780. Barbier de Montault (L'abbé X.). — Inscriptions lorraines à Rome [xvᵉ-xviiiᵉ s.], p. 50 et 110.

28781. Gillet (M.). — Notices bibliographiques sur des livres peu connus [impression lorraine du commencement du xviiᵉ s.], p. 63.

28782. Anonyme. — Extrait de l'inventaire des titres de la commanderie de Saint-Antoine de Pont-à-Mousson, 1712 [reliques et trésor], p. 72.

28783. Mougenot (Léon). — Les hôtelleries du vieux Nancy, *pl.*, p. 79.

28784. Joly (Alex.). — [Georges] Du Ménil-la-Tour, peintre [† 1652], p. 90.

28785. Joly (Alex.). — Sur les manuscrits concernant l'histoire de Lorraine conservés à Lunéville, p. 99.

28786. Anonyme. — Extrait des registres de la mairie royale, siège de municipalité de la ville de Bourmont et police de la même ville [1775; étendard arboré à la capitulation de la ville de la Mothe], p. 115.

28787. Olry (E.). — Quelques notes archéologiques et historiques sur le village de Bagneux (Meurthe), p. 127.

28788. Bagré. — Sur les bouchers et boulangers de Vic (1573), p. 136.

28789. Guillaume (L'abbé). — Sur les peintures murales et les inscriptions commémoratives découvertes dans l'ancienne église Saint-Epvre de Nancy [xviᵉ-xviiiᵉ s.], p. 143.

28790. Lepage (Henri). — Histoire du prieuré de Lay-Saint-Christophe, par dom Augustin Calmet, p. 161.

28791. Caze (Camille). — Sur la découverte d'un cimetière gallo-romain à Raville, p. 207.

28792. Guillaume (L'abbé). — Archéologie religieuse [reconnaissance des reliques de l'église Saint-Gengoult de Toul, 1863], p. 211.

28793. Olry (E.). — Recherches archéologiques aux environs de Colombey, p. 215; XIII, p. 85 et 126.

[Ochey, Allamps, Barisey-la-Côte, Housselmont, Barisey-au-Plain, Autreville, Germiny, Saulxures-lès-Vannes, Taprey, Côte-de-Chapion, château de Marigny.]

28794. Lepage (Henri). — Placard [1732] aux armes de Pont-à-Mousson [gravées en 1596], p. 228.

28795. Saint-Vincent (De). — Noms des Lorrains qui ont fait partie de l'Académie des Arcades, p. 231.

28796. Saint-Vincent (De). — Épitaphe de Jeannot de Bidoz [1508], p. 232.

28797. Saint-Vincent (De). — Croix dans la forêt de Haye [1631], p. 232.

XIII. — Journal de la Société d'archéologie et du Comité du Musée lorrain, 13ᵉ année, 1864. (Nancy, 1864, in-8°, 235 p.)

28798. Beaupré. — Les armoiries de Melchior de La Vallée [par Jacques Bellange, 1613], p. 5.

28799. Digot (Aug.). — Souvenirs du martyre de saint Eliphius [église de Saint-Élophe], 4 *pl.*, p. 18.

28800. Jaxel. — Notes sur la chapelle de Lhor, *pl.*, p. 36.

28801. Benoît (Arthur). — La terre de Sarreck sous la famille de Custine; dénombrement de 1381, p. 44.

28802. Du Hautoy. — Sur les armoiries de la famille François d'Aubouey, p. 55.

28803. Guillaume (L'abbé). — Découverte d'un cimetière mérovingien à Maizières-lès-Vic, *pl.*, p. 60.

28804. Anonyme. — Sur Charles-Sigisbert Sonnini et l'Académie des Arcades, p. 67.

28805. Lepage (Henri). — Documents inédits sur deux artistes lorrains du xviiiᵉ siècle (Charles Marote; Jean-Joseph Chamant), p. 69.

28806. Gaudé (J.-F.). — Les voies romaines de la partie occidentale de la cité des *Leuci*, p. 75; XIV, p. 63 et 80.

28807. Morey (P.). — Quelques tableaux trouvés dans les combles du bâtiment de l'Université, à Nancy [doyens et professeurs de la Faculté de médecine de Pont-à-Mousson], p. 80.

[28793]. Olry (E.). — Recherches archéologiques aux environs de Colombey, p. 85 et 126.

28808. Lepage (Henri). — Auguste Digot [avocat, 1815 † 1864], p. 92.

28809. Barbier de Montault (L'abbé X.). — Sur une inscription relative au duc de Lorraine Charles V [1683], p. 117.

28810. Barthélemy (Édouard de). — Jean-Charles François, graveur ordinaire du duc de Lorraine et de Bar [1717 † 1759], p. 122.

28811. Héquet (Ch.). — Fragments historiques sur le démembrement et la suppression du diocèse de Toul, p. 138.

28812. Lepage (Henri). — Brevet de sculpteur ordinaire du duc Charles IV pour César Bagard [1669], p. 149.

28813. Mougenot (Léon). — Succincte description de la Lorraine et de la ville de Nancy, capitale de ce duché, par Georges Aulbery [1616], p. 153.

28814. Benoit (Arthur). — Notes d'un voyage en Suisse. Inscriptions lapidaires lorraines [Bâle, Berne, Königsfelden; Muri], p. 206.

28815. Gillet (M.). — Lettre de M. de Chevrier à dom Pelletier [1756], p. 210.

28816. Bourgon (Dieudonné). — [Lettre d'Auguste Mauger, 1793], p. 212.

28817. Marchal (L'abbé). — Du lieu de la véritable sépulture de la duchesse de Lorraine, Isabelle d'Autriche [Königsfelden], p. 220.

28818. Olry (E.). — Sépultures gallo-romaines trouvées sur le territoire de Barisey-au-Plain, p. 227.

XIV. — Journal de la Société d'archéologie et du Comité du Musée lorrain, 14ᵉ année, 1865. (Nancy, 1865, in-8°, 235 p.)

28819. Lepage (Henri). — Mémoire d'ouvrages faits pour le duc Léopold par le peintre Gobert [1707-1709], p. 21.

28820. Mougenot (Léon). — Sur une inscription de Boudonville (1565), p. 23.

28821. Benoit (Arthur). — Description de la tombe d'Isabelle d'Autriche, duchesse de Lorraine, à Kœnigsfelden [Suisse], p. 27.

28822. Benoit (Arthur). — Voyage de l'abbé [Regnier] Desmarais en Lorraine, en 1680, p. 31.

28823. Olry (E.). — Note sur Claude-Joseph Voirin, peintre ordinaire de Léopold [né en 1686], p. 37.

28824. Lepage (Henri). — Pierre Gringore [† 1538], p. 44.

[28806]. Gaudé (J.-F.). — Les voies romaines de la partie occidentale de la cité des *Leuci*, *carte*, p. 63 et 80.

28825. Joly (Alex.). — Sur un cimetière gallo-romain découvert près de Blainville, p. 97.

28826. Gouy (Jules). — Sur la reconnaissance par Nicolas-François de Lorraine des enfants nés de lui et de Sabine-Marie de Bron [1633], p. 99. — Cf. n° 29148.

28827. Gillet (M.). — Biographie [Jean Leurechon, jésuite; xviiᵉ s.], p. 101.

28828. Lepage (Henri). — La commanderie de Saint-Jean du Vieil-Aître [à Nancy], *pl.*, p. 115.

28829. Cournault (Charles). — De l'usage des rouelles chez les Gaulois, *pl.*, p. 139.

28830. Ancelon. — Sur une découverte faite près de Vergaville [colonne gallo-romaine, etc.], *pl.*, p. 142.

28831. Benoit (L.). — Inscriptions lapidaires lorraines [à Strasbourg], p. 148.

28832. Olry (E.). — Le *promptuaire* de Germiny [notes historiques; xvᵉ-xviiiᵉ s.], p. 153.

28833. Benoit (Louis). — Les pierres tombales de l'église paroissiale de Vic-sur-Seille [xvᵉ-xviᵉ s.], 2 *pl.*, p. 198.

28834. Schmit (J.-A.). — Une fondation d'Anne de Lorraine [couvent des Bénédictines de Charenton, 1713], p. 201.

28835. Olry (E.). — Incendie de la flèche du clocher de Vézelise en 1726, p. 202.

28836. Guillaume (L'abbé). — Sur quelques changements opérés en dernier lieu dans l'église des Cordeliers [de Nancy], p. 209.

28837. Digot (Aug.). — Note sur un manuscrit ayant appartenu à Philippe de Gueldres [*Vie de Jésus-Christ*, 1506], p. 214.

XV. — Journal de la Société d'archéologie et du Comité du Musée lorrain, 15ᵉ année, 1866. (Nancy, 1866, in-8°, 224 p.)

28838. Beaupré. — Dom Calmet aux prises avec la censure à l'occasion de la réimpression de son *Histoire de Lorraine*, p. 6.

28839. Olry (E.). — Engagement d'un régent d'école [à Bagneux] au commencement du xviiiᵉ siècle, p. 28.

28840. Benoit (Arthur). — Les Capucins de Sarrebourg [1629-1790], p. 35.

28841. Bourgon (Dieudonné). — Sur le peintre Martin dit des Batailles [1713], p. 42.

28842. Olry (E.). — Sur une plaque de cheminée de 1603 représentant la bataille de Nancy, p. 47.

28843. Barbier de Montault (L'abbé X.). — [Inscription au-dessous du portrait de Renée de Lorraine, prieure de Fontevrault, xviᵉ s.], p. 48.

28844. Lepage (Henri). — Sur la sépulture du cardinal Charles de Lorraine et de quelques autres personnages à la cathédrale de Nancy [Nicolas de Ludre, André-Joseph-Marc des Iles, etc.], p. 51.

28845. Anonyme. — Fondation faite à [Notre-Dame de] Bon-Secours par S. M. Stanislas (1759), p. 61.

28846. Marchal (L'abbé). — Saint Eucaire, sa parenté, son épiscopat à Grand, son martyre à Pompey [ivᵉ s.] et ses reliques à Liverdun, p. 69.

28847. Anonyme. — Sur les armoiries des mineurs de la Croix-aux-Mines (xvᵉ s.), *fig.*, p. 86.

28848. Meaume (E.). — Lamour (Jean-Baptiste), serrurier du roi de Pologne [1698 † 1771], p. 90.

28849. Rozières (Ch. de). — Note sur une trouvaille de monnaies [lorraines] faite près de Marsal, *pl.*, p. 95.

28850. G. D. [Guerrier de Dumast (P.)]. — Ancienne étendue du territoire lorrain, p. 99.

28851. Anonyme. — Sur une statue de Mars découverte dans la forêt de Haye; inscription, p. 103.

28852. Morey (P.). — Description d'anciens dessins inédits de peintres, sculpteurs et architectes lorrains, p. 108.

[Nicolas Renard, Remy-François Chassel, Demange, Le Menuet, Mesny et Dieudonné; Joseph Provençal, Bibiena, Baligaud, Antoine, Goupy, Heré et Grillot.]

28853. Olry (E.). — A propos d'un procès jugé aux assises de Nancy de 1524 à 1528 [concernant les bois d'Allain et de Colombey], p. 131.

28854. Olry (E.). — La Croix-fait-la-Guerre [près de Germiny], p. 134.

28855. Anonyme. — État de la dépense ordinaire de l'abbaye de Senones [avril-juin 1735], p. 138.

28856. Anonyme. — Inventaire des effets dont le Roy [Stanislas] a enrichi l'église et l'autel de Notre-Dame de Bon-Secours [1752], p. 140.

28857. Marchal (L'abbé). — Étude pour servir de supplément aux Recherches sur les sépultures des premiers ducs de la maison de Lorraine dans l'abbaye de Stuzelbronn, par M. Georges Boulangé, p. 146.

28858. Benoît (Arthur). — Épisode du blocus de Marsal en 1652 [sauvegarde pour la seigneurie de Sarreck], p. 155.

28859. Anonyme. — Rente de 75,000 livres touchée par la maison de Lorraine en vertu du traité de réunion de la Lorraine à la France, p. 158.

28860. Lepage (Henri). — Épisodes de l'histoire des Routiers en Lorraine [1362-1440], p. 161.

28861. Benoît (Arthur). — L'église de Hesse sous les derniers abbés de Hauteseille, p. 186.

28862. Gaudé (J.-F.). — Boncourt et Rignécourt, monastères près de Vouthon-Haut (Meuse), p. 195.

28863. Guérin (Raoul). — Le Noirval [découverte de silex], p. 202.

28864. Olry (E.). — Tuiles creuses du moyen âge, p. 213.

28865. Olry (E.). — Quelques trouvailles près de Barisey-au-Plain [fers de chevaux du moyen âge], p. 214.

28866. Olry (E.). — Sur la topographie de la montagne de Sion-Vaudémont, p. 216.

XVI. — Journal de la Société d'archéologie et du Comité du Musée lorrain, 16e année, 1867. (Nancy, 1867, in-8°, 208 p.)

28867. Benoît (L.). — Jean IX, comte de Salm [1548 † 1600], *pl.*, p. 6.

28868. Benoît (Arthur). — Albecheau. La chapelle Sainte-Anne, p. 21.

28869. Benoît (A.). — Démêlés des religieuses de Renting [commune de Bébing] et des habitants de Haut-Clocher [1703], p. 25.

28870. Benoît (L.). — Tombeau de René de Beauvau [† 1548] et de Claude de Baudoche [sa femme] au Musée lorrain, *pl.*, p. 39.

28871. Benoît (L.). — Inscriptions funèbres dans l'église de Noviant-aux-Prés [famille de Beauvau; xviie s.], p. 45.

28872. Bourgon (Dieudonné). — Sur une supplique à l'Empereur en faveur de Charles IV, prisonnier à Tolède de 1654 à 1659, p. 47.

28873. Benoît (Arthur). — Inscriptions lapidaires en Alsace [Saverne, Sainte-Odile, Niederhaslach], p. 50. — Cf. n° 28875.

28874. Barthélemy (Édouard de). — Pièces inédites de Charles-Léopold de Lorraine et Éléonore d'Autriche [lettres du duc et des princes Joseph et Léopold, ses fils, etc., xviie s.], p. 56.

28875. Benoît (Arthur). — Inscriptions lapidaires dans quelques localités des vallées de la Seille et de la Sarre, p. 62; XVII, p. 131, 149; XIX, p. 28 et 44.

[Marsal, Gelucourt, Bassing, Domnom, Albestroff, Saint-Jean-de-Bassel, Vic-sur-Seille, Dordhal, Donnelay, Guermange, Bourdonnay, Bénestroff, Virming, Saint-Quirin, Laudange, Oberstinzel, Fénétrange, Hérange, Hilbesheim, Rhéding, Buhl, Lhor, Bébing (couvent de Renting), Xouaxange, Berthelming, Gosselming, Azoudange, Blanche-Église, Heming, Juvelise, Lagarde, Lixheim, Loudrefing, Maizières-lès-Vic, Rhodes, Saint-Georges, Saint-Oury, Vittersbourg. — Cf. n° 28873.]

28876. Guérin (Raoul). — Recherches sur les bracelets de l'antiquité, *pl.*, p. 72.

28877. Benoît (A.). — Sur les ouvertures que l'on remarque à l'abside d'anciennes églises, p. 77.

28878. Pinoux père. — Israël Sylvestre [1621 † 1691], p. 81.

28879. Joly (Alexandre). — Dominique Pergaut, peintre [1729 † 1808], p. 89.

28880. Anonyme. — Vers de M. le président de Rufflev [adressés au roi Stanislas], p. 97.

28881. Olry (E.). — Notice sur la chapelle de Notre-Dame-des-Gouttes [vers Housselmont], *pl.*, p. 103.

28882. Barbier (L'abbé). — Anciennes sépultures [mérovingiennes] découvertes à Mittelbronn et à Romelfing en mars 1867, p. 109.

28883. Despautaines. — Relation de ce qui s'est trouvé dans les caveaux de l'église collégiale du château de Joinville au mois de mars 1738 [sépultures des ducs de Guise], p. 114.

28884. Lepage (Henri). — Entrée de l'empereur Charles-Quint à Toul le 9 juillet 1544, p. 123.

28885. Benoît (A.). — Accord entre la communauté de Gondrexange et son seigneur, le comte de Réchicourt [Adolphe-Jean, duc de Bavière], en 1667, p. 127.

28886. Guillaume (L'abbé). — Épigraphie archéologique [épitaphes de l'église Saint-Gengoult de Toul], p. 141.

28887. Benoît (L.). — Le prieuré et la croix expiatoire d'Insming, *pl.*, p. 154.

28888. Benoît (A.). — Note sur le baron de Hompesch, dernier commandeur de Saint-Jean-de-Bassel [1744 † 1803], p. 163.

28889. Guillaume (L'abbé). — Épigraphie religieuse [les commandements de Dieu], p. 164.

28890. Guillaume (L'abbé). — Translation des restes mortels de Charles de Lorraine, cardinal de Vaudémont, 81e évêque de Toul, et des princes de Mercœur dans le caveau de famille, sous la chapelle ducale, le 30 octobre 1867, p. 171.

28891. Benoît (A.). — Liste des membres de l'Académie

des Arcades de Rome. M. de Cogolin et M. de Klinglin, p. 178.

28892. Bourgon (Dieudonné). — Jugement ordonnant rectification de l'extrait de baptême du poète Saint-Lambert (1761), p. 179.

28893. René. — Sur une découverte de monnaies du XVIe ou XVIIe siècle à Battigny, p. 184.

28894. Digot (Aug.). — Le paganisme du Roi-Boit, p. 189.

XVII. — Journal de la Société d'archéologie et du Comité du Musée lorrain, 17e année, 1868. (Nancy, 1868, in-8°, 240 p.)

28895. Laprevote (Ch.). — Note sur quelques médailles gravées par Ferdinand de Saint-Urbain [XVIIIe s.], *pl.*, p. 6.

28896. Quintard (Léopold). — Sur un méreau inédit du chapitre de la collégiale Saint-Georges de Nancy [XVe ou XVIe s.], *pl.*, p. 11.

28897. Chapellier. — Note sur un manuscrit de la Bibliothèque d'Épinal [quatrains sur les mois; XVe s.], p. 15.

28898. Anonyme. — Discours adressé à Mgr le prince Charles par Mgr l'évêque de Toul lorsqu'il commença le convoi funèbre de S. A. R. Léopold Ier, p. 17.

28899. Guérin (Raoul). — Les tombelles antéhistoriques de la côte de Malzéville, *pl.*, p. 28.

28900. Anonyme. — Sur un plan de Nancy (1617), p. 40.

28901. Bretagne. — Découverte d'un dépôt de monnaies [du XVIIe s.] à Sarrebourg, p. 44.

28902. Benoît (A.). — Accord entre les seigneurs de Gosselming (1555), p. 48.

28903. Benoît (A.). — Liste des Lorrains admis à l'Institut en 1796, p. 53.

28904. Lepage (Henri). — Chartes inédites relatives à la ville de Vic [XIIIe s.], p. 62.

28905. Schmit (J.-A.). — La carte d'un dîner de Charles IV pendant la campagne de 1634 en Franche-Comté, p. 74.

28906. Lang (A.). — Trouvailles faites à Essey-lès-Nancy, *pl.*, p. 76.

28907. Olry (E.). — Un épisode des brigandages dont la Lorraine fut le théâtre au XVIIe siècle, p. 78.

28908. Schmit (J.-A.). — Une relique bibliographique de l'abbaye de Salival conservée à la Bibliothèque impériale [édition *princeps* de l'*Optica regularium... auctore Servatio de Lairuelz*], p. 82.

28909. Benoît (A.). — Le couvent des Capucins de Phalsbourg (1626-1790), p. 87.

28910. Coutal (Edmond). — Fête civique [à Vézelise; brumaire an II], p. 95.

28911. Benoît (A.). — Inscription funéraire d'un officier du régiment du roi blessé à l'affaire de Nancy [Louis-Errard-Victor de Nazelles, † 1815], p. 100.

28912. Chapellier. — Le prieuré de Bénédictins de Saint-Nicolas [d'après un manuscrit de la Bibliothèque d'Épinal], p. 108.

[28875]. Benoît (A.). — Inscriptions lapidaires dans quelques localités des vallées de la Seille et de la Sarre, p. 131 et 149.

28913. Olry (E.). — Note sur la chapelle de Notre-Dame du Refuge, ban de Toul, p. 138.

28914. Quintard (L.). — Une relique de Stanislas [os de la cuisse], p. 140.

28915. Lepage (Henri). — Note sur deux peintres verriers [Julien Gilbert et Michel Le Maire, 1548], p. 163.

28916. Lepage (Henri). — Les caveaux de Notre-Dame de Bon-Secours et procès-verbaux relatifs à la conservation des restes mortels de Stanislas [XIXe s.], p. 169.

28917. Barthélemy (Édouard de). — Le mobilier de Mesdames de France [Adélaïde et Victoire], filles de Louis XV, à Plombières [1761], p. 211.

28918. Benoît (L.). — La Vénus de Scarponne, *pl.*, p. 215.

28919. Benoît (A.). — Note sur les plans de Nancy, p. 217.

28920. Olry (E.). — La Croix Sainte-Marguerite (Saxon-Sion) [vers 1622], p. 218.

28921. Anonyme. — Découverte d'une statue d'Hercule à Mittersheim, p. 222.

28922. Fontaine. — Inscriptions conservées dans l'église de l'ancienne abbaye d'Étival [XVIIIe s.], p. 230; et XVIII, p. 14.

XVIII. — Journal de la Société d'archéologie et du Comité du Musée lorrain, 18e année, 1869. (Nancy, 1869, in-8°, 224 p.)

28923. Benoît (A.). — Pastorelle [de Louis Papon] sur la victoire obtenue contre les Allemands, reytres, lansquenetz et François, rebelles à Dieu et au Roy Très Chrestien en 1587, représentée le 27e février 1588 à Montbrison, p. 5.

[28922]. Fontaine. — Inscriptions de l'église d'Étival, p. 14.

28924. Quintard (Léopold). — Médaille commémorative de l'affaire de Nancy [1790]. Le sou Thuillié [1796], *pl.*, p. 28. — Cf. n° 28937.

28925. Bretagne. — Sur les seigneurs de Florennes, leurs sceaux et leurs monnaies, XIVe siècle, p. 32.

28926. Schmit (J.-A.). — Quelques vers et un peu de prose sur le prince Charles de Lorraine [pour l'inauguration de sa statue à Bruxelles, 1775], p. 44.

28927. Joly (A.). — Ruines gallo-romaines découvertes dans l'ancien parc du château d'Einville en 1868 [murs, poteries, médailles, etc.], p. 53.

28928. Olry (E.). — Prise de possession d'un domaine en Lorraine au commencement du XVIIIe siècle [seigneurie de Tumejus et Bulligny], p. 55.

28929. Olry (E.). — Le Saut-de-la-Pucelle (Vaudémont) [tradition concernant une princesse de Vaudémont], p. 56.

28930. Chapellier. — Sur le meurtre de Suffron de Baschier par ordre du duc de Bourgogne (1476), p. 57.

28931. Guérin (Raoul). — Sur le tombeau d'Henriette de Lorraine d'Elbeuf à Soissons [† 1669], p. 60. — Cf. n° 28950.

28932. Barthélemy (Édouard de). — Mémoires du sieur Balthazard Guillerme, conseiller secrétaire de Son Altesse, anobli en octobre 1589, pour servir à l'histoire de la Lorraine depuis 1580 jusques en 1628, p. 67. — Cf. n° 29153.

28933. Ancelon. — Sur la découverte d'un squelette à Dieuze, p. 85.

28934. Roxard de la Salle (Henri). — Sur des carreaux de terre cuite, à émail, de fabrication lorraine, découverts à Nomeny, p. 85.

28935. Olry (E.). — Quelques recherches sur l'époque celtique dans la plaine sud de Toul. Découverte de tumuli dans le bois de Vagneux [Crézilles, Allain, Bagneux], *carte*, p. 91.

28936. Benoît (A.). — Souvenirs lorrains à Fribourg-en-Brisgau. La dalle tumulaire de Catherine de Lorraine, comtesse de Fribourg, landgrafline du Brisgau [xive s.], p. 97.

28937. Quintard (Léopold). — Le sou Thuillié. Note complémentaire, p. 99. — Cf. n° 28924.

28938. Anonyme. — Inventaire et déclaration des pièces d'artillerie des villes et places de Monseigneur [Charles III, duc de Lorraine, 1571], p. 107.

28939. Chapellier. — Voyage de S. A. R. le duc Léopold à Paris, en 1718, p. 123.

28940. Chapellier. — Ode à la princesse régente Élisabeth-Charlotte de Lorraine (1729), p. 128.

28941. Benoît (A.). — Deux inscriptions tumulaires lorraines à Cambrai [d'Hennezel, chanoine, † 1756; général Morant, † 1654], p. 130.

28942. Guérin (Raoul). — Une sépulture préhistorique [près du village de Pierre], *pl.*, p. 139.

28943. Barbier de Montault (L'abbé X.). — Notes pour servir à l'histoire ecclésiastique de la Lorraine [décrets de la Congrégation des Rites, xviie et xviiie s.], p. 144 et 174.

28944. Guillaume (L'abbé). — Épigraphie tumulaire [inscriptions et épitaphes des églises de Nancy], p. 153. — Cf. n° 28964.

28945. Joly (A.). — Statistique monumentale de l'arrondissement de Lunéville. Les croix des grands chemins, Hoéville [xvie s.], *pl.*, p. 172.

28946. Anonyme. — Notes écrites sur le plat intérieur de la couverture de registres de paroisses [Dommartemont, 1778; Lay-Saint-Christophe, 1776-1783], p. 177.

28947. Lepage (Henri). — Un épisode de la dernière session des États généraux de Lorraine [procès intenté à Henri de Ludres, 1629], p. 188.

28948. Quintard (Léon). — Note sur quelques débris antiques trouvés à Scarponne et donnés au Musée lorrain par M. Bretagne [inscriptions romaines], p. 195.

XIX. — Journal de la Société d'archéologie et du Comité du Musée lorrain, 19e année, 1870. (Nancy, 1870, in-8°, 188 p.)

28949. Fischer (Dagobert). — Le Schacheneck [histoire du domaine de Fischbach], p. 9.

28950. Barbey. — Sur la statue d'Henriette de Lorraine, p. 22. — Cf. n° 28931.

[28875]. Benoît (A.). — Inscriptions lapidaires dans quelques localités des vallées de la Seille et de la Sarre, p. 28 et 44.

28951. Guérin (Raoul). — Objets préhistoriques de la côte de Boudonville, *pl.*, p. 34.

28952. Duhamel. — La cérémonie du Tour du Bain à Plombières [publication annuelle des franchises], p. 55.

28953. Deblaye (L'abbé). — Sur l'ancien village de la Rue-devant-Dompaire, p. 59.

28954. Divers. — Notices historiques rédigées par des instituteurs de la Meurthe [histoire de Lironville, de Tremblecourt, de Bayonville], p. 69.

28955. Chapellier. — Traité pour l'enseignement de la chirurgie fait à Darney en 1634, p. 78.

28956. Benoît (A.). — Les abbesses lorraines de l'abbaye de Notre-Dame de Soissons, p. 80.

28957. Lepage (Henri). — Note à propos des offices des duchés de Lorraine et de Bar, p. 91.

28958. Benoît (A.). — Une lettre inédite du R. P. Benoît Picart sur le prieuré de Saint-Quirin [1718], p. 94.

28959. Guérin (Raoul). — Une borne à Champigneulles [xviiie s.], p. 98.

28960. L[epage] (Henri). — Notes bibliographiques [Jean Appier Hanzelet, Jean Bernard et Guilleré, imprimeurs, xviie s.], p. 99.

28961. Du Hautoy (Henry). — Sur quelques erreurs commises par M. Joly dans son mémoire sur les pierres tombales [Gérard d'Haraucourt et Jacob d'Haraucourt de la branche de Magnières], p. 101. — Cf. n° 28363.

28962. Schmit (J.-A.). — Un volume aux armes de Lorraine à la Bibliothèque nationale [*Catechismi Novitiorum authore... Servatio de Lairuelz...*, 1623], *pl.*, p. 108.

28963. Quintard (L.). — Lettres de François III [duc de Lorraine], au président Lefebvre [1734-1735], p. 123.

28964. Guillaume (L'abbé). — Épigraphie tumulaire [cathédrale de Toul, Malzéville, Maxéville], p. 142. — Cf. n° 28944.

28965. Guillaume (L'abbé). — Notes sur quelques épîtres et sur la vie de Philippe de Gheldres, duchesse de Lorraine [xvie s.], p. 156.

28966. Bourgon (Dieudonné). — Élection d'un maître d'école à Vallois [Meurthe, 1705], p. 166.

IMPRIMERIE NATIONALE.

28967. Benoît (A.). — Inscriptions lapidaires lorraines à Saar-Union (Bas-Rhin), p. 173.

28968. Benoît (A.). — Note sur les réfugiés [protestants] lorrains dans le pays de Nassau (département du Bas-Rhin) [xviiie s.], p. 176.

28969. Benoît (A.). — Un souvenir bibliographique de la bataille de Nancy à la Bibliothèque royale de Bruxelles [*Histoire de Cyrus* ayant appartenu à Charles le Téméraire], p. 178.

28970. Guérin (Raoul). — Station [préhistorique] du Grand-Revaux [Meurthe-et-Moselle], *pl.*, p. 181.

28971. Olry (E.). — Une inscription [1730] et un groupe sculpté à Saint-Epvre, près de Toul, p. 183.

XX. — Journal de la Société d'archéologie et du Comité du Musée lorrain, 20e année, 1871. (Nancy, 1871, in-8°, 240 p.)

28972. Renauld (Jules). — Charmes-sur-Moselle [pillage, xviie s.], *fig.*, p. 6.

28973. Guérin (Raoul). — Matériaux pour servir au répertoire archéologique des environs de Nancy (partie préhistorique). [État des découvertes jusqu'au 31 mai 1871], p. 12 et 92.

28974. Lepage (Henri). — L'Austrasie et le royaume de Lorraine, p. 18.

28975. Anonyme. — Relation du voyage de la reine [Marie Leszinska, de Strasbourg à Metz (1725), par le chevalier Daudet], p. 41.

28976. Lepage (Henri). — La croix de Frouard [xive s.], *pl.*, p. 60.

28977. Benoît (A.). — Vieille prédiction lorraine [prophétie de Nostradamus et de sainte Brigide copiée en 1741], p. 64.

28978. H. L. [Lepage (Henri)]. — Note sur une statue de César Bayard conservée au Musée lorrain [Jean des Porcelets de Maillane, évêque de Toul, 1679], p. 69.

28979. Lepage (H.). — Nécrologie [Jean-Baptiste-Eugène-Alexandre de Bonneval, † 1871], p. 72.

28980. Anonyme. — Nécrologie [Alexandre-François-Dieudonné de Metz-Noblat, † 1871; Jules Monnet, † 1871], p. 75.

28981. Anonyme. — Sur un manuscrit du *Héraut d'armes de Lorraine et Barrois*, de Dominique Callot, p. 78.

28982. Quintard (Léon). — Note sur des substructions romaines à Sénoncourt (Meurthe), p. 87.

28983. Benoît (A.). — Souvenirs lorrains à Saint-Omer [Guillaume Fillâtre, † 1473; le général Custine à Saint-Omer en 1793], p. 89. — Cf. id. n° 29002.

28984. Marchal (L'abbé). — Petit supplément aux recherches de bibliographie lorraine [ouvrages imprimés à Pont-à-Mousson, Nancy, Toul et Verdun, xvie-xviie s.], p. 103.

28985. Fischer (Dagobert). — Recherches sur le village détruit de Neustadt près de Dabo (Dagsbourg), p. 139.

28986. Schmit (J.-A.). — Un temoin de la peste de 1630 à Château-Salins [tombe du F. Élie, carme], *pl.*, p. 173.

28987. Benoît (A.). — Tombe du poète Saint-Lambert au Père-Lachaise, p. 179.

28988. Schmit (J.-A.). — Le maître démolisseur de l'ancienne statue du prince Charles de Lorraine à Bruxelles [Charles Jaubert, 1792], p. 181.

28989. Benoît (A.). — Liste des gouverneurs français de la forteresse de Sarrelouis (1680-1790), p. 183.

28990. Chapellier. — Acte de naissance de Stanislas Bogeslas Leszynski, roi de Pologne (1677), p. 188.

28991. Lepage (Henri). — Nécrologie [l'abbé Louis Clouet, 1807 † 1871; le docteur Jean-Baptiste Simonin père, † 1871], p. 194.

28992. Courajod (Louis). — Sur un portrait de Henri de Lorraine, marquis de Mouy, à Reims (1631), p. 199.

28993. Ancelon. — Messire Guillaume-René Lefébure, baron de Saint-Ildephont, docteur en médecine, médecin de Monsieur, frère du Roi [† 1809], p. 202.

28994. Robert (Louis). — Note sur un établissement métallurgique gallo-romain à Jezainville, canton de Pont-à-Mousson, p. 210.

28995. H. L. [Lepage (Henri)]. — Nécrologie [l'abbé Laurent Marchal, † 1871], p. 214.

28996. Guillaume (L'abbé). — Un riche présent [tenture d'appartement, 1725], p. 223.

28997. Guillaume (L'abbé). — Découverte rétrospective [monnaies, statuettes romaines, etc. découvertes à Tarquimpol en l'an iii], p. 232.

XXI. — Journal de la Société d'archéologie et du Comité du Musée lorrain, 21e année, 1872. (Nancy, 1872, in-8°, 228 p.)

28998. Anonyme. — Pierre tombale dans l'église de Froville (Meurthe) [1551], *pl.*, p. 11.

28999. Anonyme. — Une table du château de Manonville [attribuée à Ligier Richier], *pl.*, p. 12.

29000. Benoît (A.). — Une lettre du général de Custine (1790), p. 13.

29001. Chautard (J.). — Un jeton du chevalier d'Aumale [Claude de Lorraine, abbé du Bec, 1583], *fig.*, p. 31.

29002. Benoît (A.). — Souvenirs lorrains à Saint-Omer [Guillaume Fillâtre, † 1473; le général Custine à Saint-Omer en 1793], p. 52. — Cf. id. n° 28983.

29003. Pierson (L'abbé). — Sur la decouverte de sépultures antiques à la Haute-Récourt, ban de Lezey, p. 55.

29004. Schmit (J.-A.). — Deux bornes de la Route-de-France [1661], *pl.*, p. 67.

29005. Benoît (A.). — Note sur les deux derniers abbés commendataires de l'abbaye de Saint-Mansuy de Toul, p. 70.

[Henri-Constance de Lort de Sérignan de Valras, évêque de

Mâcon, † 1763; Louis-Augustin Bertin; Étienne-François-Xavier de Champorcin, évêque de Toul.]

29006. Lepage (Henri). — Le drapeau lorrain, *pl.*, p. 78.

29007. Benoît (A.). — Pierre tombale de Louis de Bassompierre, évêque de Saintes, dans l'église des Pères de la Mission, à Paris [† 1676], p. 92.

29008. Godron (D.-A.). — Notice historique sur le musée d'histoire naturelle de Nancy, p. 103 et 116.

29009. E. de B. [Barthélemy (Édouard de)]. — Du mariage de Louis XV avec une princesse lorraine [mémoire du premier président Le Febvre, 1724], p. 126.

29010. Schmit (J.-A.). — Pièces nouvelles sur l'enlèvement du cheval de bronze de Nancy [1670 et 1671], p. 135.

29011. Lepage (Henri). — Sur le droit d'asile en Lorraine [droits des chapitres de Bouxières au village de Mangonville (Meurthe), 1565], p. 160. — Cf. n° 28606.

29012. Benoît (A.). — Armorial de quelques abbayes de l'ordre de Prémontré en Lorraine, p. 163. — Cf. n° 29031.

[Étival, Sainte-Marie-Majeure de Pont-à-Mousson, Salival, Wadgasse.]

29013. Lepage (Henri). — Sur des cyrographes conservés aux Archives de la Meurthe [xii° et xiii° s.], 2 *pl.*, p. 165. — Cf. n° 29230.

[Chartes concernant les abbayes d'Hugoncourt, Haute-Seille, Salival, Beaupré, Sainte-Marie-aux-Bois, Senones, Andlau, Bouxières, etc.; les évêques de Metz et les ducs de Lorraine.]

29014. Bastien. — Extraits des archives transférés à la préfecture des Vosges, à Épinal [usages divers; joueurs d'instruments, etc., xviii° s.], p. 187.

29015. Guérin (Raoul). — La vigne à Scarponne (Meurthe), station gallo-romaine, p. 190.

29016. Divers. — Sur l'épitaphe de dom Calmet [† 1757], p. 198.

29017. Renauld (Jules). — Le chef-lieu administratif et judiciaire du département de la Meurthe en l'année iv° de la République française (Nancy-Lunéville), 1790-1796, p. 205.

29018. Anonyme. — Nécrologie [l'abbé Antoine-Eugène Klein, 1817 † 1872], p. 212.

29019. Quintard (Léopold). — Notice sur un sceau de l'abbaye de Saint-Mansuy de Toul [xv° s.], *fig.*, p. 220.

XXII. — Journal de la Société d'archéologie lorraine et du Musée historique lorrain, 22° année, 1873. (Nancy, 1873, in-8°, 232 p.)

29020. Schmit (J.-A.). — Une neuvaine pour la paix, à Nancy, en mars 1650 [par le P. Jean Jacquinot, jésuite], p. 12.

29021. Renauld (Jules). — L'enseignement libre de la médecine à Nancy après la suppression de l'Université [en 1792], p. 30.

29022. Lepage (Henri). — Nécrologie. M. Chatelain [Charles-François, architecte, † 1873], M. Geny [† 1873], p. 43.

29023. Benoît (A.). — Procès-verbaux de la gruerie du couvent de Reuting [1723-1790], p. 54.

29024. Guérin (Raoul). — Notes archéologiques [objets gallo-romains, etc.], p. 57.

29025. Divers. — Sur une pièce d'or de l'empereur Sigismond, vers 1416; agrafe du xv° s., p. 61.

29026. Deblaye (L'abbé). — Véritable épitaphe de dom Calmet, p. 69.

29027. Renauld (Jules). — L'affaire de Nancy, grand tableau historique peint par Le Barbier [troubles de 1790], p. 80.

29028. Morey (P.). — Sur une clef antique en bronze découverte à Tulmont (Meurthe-et-Moselle), p. 87.

29029. Schmit (J.-A.). — Sur la découverte à Gerbécourt de monnaies des xvi° et xvii° siècles, p. 88.

29030. Guérin (Raoul). — De quelques procédés de conservation applicables aux objets d'archéologie, p. 93.

29031. Benoît (A.). — Armorial de quelques monastères lorrains, *pl.*, p. 116. — Cf. n° 29012.

[*Bénédictins* : Bouzonville, Longeville-lès-Saint-Avold, Moyen-Moutier, Saint-Avold, Senones, Fricourt, Saint-Quirin, Saint-Christophe de Vic. *Bénédictines* de Saint-Avold. *Ordre de Saint-Bernard* : Villers-Bettnach, Sturzelbronn. *Dominicaines* de Vic. *Chanoines réguliers* d'Autrey.]

29032. Benoît (A.). — Nécrologie [l'abbé Joseph Masson, 1806 † 1873], p. 120.

29033. Guérin (Raoul). — Sur des squelettes humains trouvés à Nancy, rue Sainte-Catherine, et les inscriptions de la chapelle des Frères de Saint-Jean-de-Dieu (xvii° s.), p. 123.

29034. Renauld (Jules). — Lettre de Nicolas-François [de Lorraine] sur la mort de Ferdinand de Lorraine [à la suite de la taille, 1659], p. 132.

29035. Benoît (Arthur). — Notes sur quelques localités anciennes [de la Lorraine] citées dans les *Acta Sanctorum* [dans les vies des saints Adelphe et Agilus], p. 138.

29036. Schmit (J.-A.). — Un cénotaphe du xvi° siècle à Nancy [Henri de Rantzaw, 1557 † 1587], p. 148.

29037. Cournault (Ch.). — Refuge de Tincry, p. 152.

29038. Cournault (Ch.). — Trouvailles faites à Sion [murs antiques, etc.], p. 154.

29039. Benoît (L.). — Les pierres tombales de l'église paroissiale de Vic-sur-Seille, p. 156.

[Marguerite de Bar, épouse de David de Gaignières, † 1602; Claude Dogoz, peintre, † 1636.]

29040. Lepage (Henri). — Sur la date de la mort de Christine de Danemark [† 1590], p. 161. — Cf. n° 29045.

29041. Renauld (Jules). — Mlle de Chartres, fiancée du

duc Léopold [portrait d'Élisabeth-Charlotte d'Orléans, attribué à Mignard, 1698], p. 172.

29042. Benoît (A.). — Bernard, le calligraphe lorrain [xviiie s.], p. 183.

29043. Barthélemy (Édouard de). — Note autographe du premier président [Nicolas-Joseph] Le Febvre, relatant ses services [1729], p. 196.

29044. Schmit (J.-A.). — Sur une découverte de substructions romaines à Jallaucourt, p. 206.

29045. Renauld (Jules). — La date précise de la mort de Christine de Danemark [10 septembre 1590], p. 214. — Cf. n° 29040.

29046. Chapellier. — Sur l'usage du tabac [statuts synodaux de Toul, 1678 et 1702], p. 219.

XXIII. — Journal de la Société d'archéologie lorraine et du Musée historique lorrain, 23e année, 1874. (Nancy, 1874, in-8°, 228 p.)

29047. Lepage (Henri). — La léproserie de Ménaumont [Moselle, xiiie s.], p. 6.

29048. Renauld (J.). — L'auberge de la Chartreuse à Nancy [1753-1868], p. 21.

29049. Lepage (Henri). — Une rectification à la *Notice de la Lorraine* [de D. Calmet. Lire *Claude de Darnuelle* au lieu de *Claude d'Aruvelle*], p. 28.

29050. Anonyme. — Sur une inscription découverte près du vieux château de Vic (1545), p. 29 et 37.

29051. Olry (E.). — Une trouvaille sur le territoire de Punerot (Vosges) [monnaies romaines, etc.], p. 30.

29052. Schmit (J.-A.). — Andreu de Bilistein et la censure française [1763], p. 41.

29053. Benoît (A.). — Quelques détails biographiques inédits sur le général Houchard [1740 † 1793], p. 44.

29054. Clarinval (A.). — Notice sur des ruines qui existent dans le département de la Meurthe [à Vieux-Château, sur la montagne de Kanslée et dans le bois de Saveu; statue de Mercure; château; couvent, etc.], p. 48.

29055. Lepage (Henri). — Le château de Belfort, fief de Lorraine [xiiie-xive s.], p. 56.

29056. Renauld (J.). — Coutumes et usages de Lorraine [le broc, la nappe et les francs-vins], p. 63.

29057. Cournault (Charles). — A propos d'une acquisition faite par le Comité du Musée lorrain [objets en bronze : faucilles, tubes, haches, anneaux, cistres, bracelets, etc.], p. 77.

29058. A. B. [Benoît (A.)]. — Nécrologie [l'abbé Joseph-Auguste Charlot, 1804 † 1874], p. 84.

29059. Benoît (A.). — Iconographie lorraine. Sainte Menne. Les chanoinesses de Poussay, p. 87.

29060. Bourgon (Dieudonné). — Les savetiers de Nancy [1773], p. 92.

29061. Schmit (J.-A.). — Un compte de tailleur de Charles IV [duc de Lorraine, 1661], p. 97.

29062. Anonyme. — Nécrologie [L. Christophe, imprimeur, † 1874], p. 100.

29063. Cournault (Charles). — Les autels [romains] de Deneuvre, p. 105.

29064. Benoît (A.). — La piscine de Viviers ou Weyerstein [couvent dans la commune de Hoff près Sarrebourg, 1605], *pl.*, p. 108.

29065. H. L. [Lepage (H.)]. — Sur un sceau du couvent de Viviers, *pl.*, p. 110.

29066. L. W. [Wiener (L.)]. — Sur les sculptures en bois attribuées à Bagard [César et son fils Toussaint, xviie et xviiie s.], p. 119.

29067. Benoît (A.). — Notes sur Domèvre-sur-Vesouse [abbaye des chanoines réguliers de la congrégation de Lorraine], p. 129.

29068. Barthélemy (P. de). — Chanson sur la prise de Bude par Charles V [duc de Lorraine (1689)], p. 131.

29069. Lepage (Henri). — Trois nouvelles planches de Callot, p. 135.

29070. Schmit (J.-A.). — Un épisode de la chasse aux religieux lorrains après l'invasion de 1670 [dans l'ordre de Prémontré], p. 138.

29071. Fischer (Dagobert). — Donation de Charles IV, duc de Lorraine, en faveur de l'hôpital de Saverne [1634], p. 143.

29072. Renauld (Jules). — Coutumes et usages lorrains. La table des princes; le cérémonial des grands couverts, *pl.*, p. 149 et 201.

29073. Meaume (E.). — Médailles gravées par Pierre Woeirot de Bouzey [1572], p. 171.

29074. H. L. [Lepage (H.)]. — Extraits de comptes relatifs à Woeirot (1567-1579), p. 175.

29075. H. L. [Lepage (H.)]. — Drapeau lorrain sous Charles III [duc de Lorraine, 1557], *pl.*, p. 176.

29076. Marchal (Dr). — Sur des objets romains, monnaies, statuette, table ronde, découverts à Héming, p. 177.

29077. Angelon (A.). — Où ont succombé les deux légions romaines de Julien surprises par les Germains? Près de Tarquimpol, p. 183.

29078. Thomas (Stanislas). — Inscriptions dans l'église de Nomeny [xvie-xviiie s.], p. 187.

29079. Dieudonné. — Sur la découverte des ruines d'un oratoire dans la forêt de Poncel, p. 191.

29080. H. L. [Lepage (H.)]. — Nécrologie. M. Louis Benoit [Marie-Louis-Victor, 1826 † 1874], p. 215.

29081. Anonyme. — Nécrologie [M. Zégut, maître de forges, † 1874], p. 220.

XXIV. — Journal de la Société d'archéologie lorraine et du Musée historique lorrain, 24e année, 1875. (Nancy, 1875, in-8°, 240 p.)

29082. Benoît (A.). — Iconographie lorraine. Saint

Goëric, évêque de Metz [† 647]; les chanoinesses d'Épinal, p. 7.

29083. Schmit (J.-A.). — La thèse doctorale de Louis de Ramberviller [1619], p. 12.

29084. Meaume (E.). — Note sur les différents tirages des planches du livre intitulé : *Austrasiæ reges et duces*, Cologne, 1591 [de Clément de Trèles], p. 20.

29085. Benoit (A.). — Note sur un blason attribué à tort à la ville de Verdun, p. 30.

29086. Renauld (Jules). — Mœurs épulaires de la Lorraine [vie privée et menus bourgeois, etc.], p. 36, 52 et 193.

29087. Anonyme. — Nécrologie [Antoine-Achille Henriot, juge de paix, † 1875], p. 47.

29088. Lepage (Henri). — Le duc René II et Améric Vespuce [d'après la *Cosmographiæ introductio*... de Martin Waltzemüller, 1507], p. 58.

29089. Anonyme. — Sur l'usine de Saint-Quirin, p. 68.

29090. Lepage (Henri). — Sur l'auteur d'une vie de René II imprimée à Saint-Dié en 1510 [*Johannes Aluysius Crassus Calaber* ou *Jehan Loys*], p. 76.

29091. Anonyme. — Lettres patentes de René II autorisant des quêtes en faveur de l'Hôtel-Dieu de Paris (25 mars 1495, v. st.), p. 92.

29092. Guillaume (L'abbé). — Vie de René II, duc de Lorraine, par Jehan Loys, avec la traduction, *fig.*, p. 103 et 152.

29093. Renauld (Jules). — Le testament de Stanislas [roi de Pologne, 1761], p. 141.

29094. A. B. [Benoit (A.)]. — Nécrologie [l'abbé François-Gustave Pierson, 1842 † 1875], p. 151.

29095. Cahen. — Note sur quelques pierres tumulaires avec inscriptions hébraïques existant au Musée lorrain [xive ou xve s.], p. 163.

29096. J. R. [Renauld (J.)]. — Nécrologie [François Mengin, avocat, 1814 † 1875], p. 169.

29097. Meaume (E.). — Médailles avec belière servant de décoration [remarques sur des portraits de Callot], p. 179.

29098. Schmit (J.-A.). — La *route de France* et les défrichements de 1701 [en Lorraine], p. 202.

29099. Chapellier. — Procès-verbal au sujet du cri de la fête à l'abbaye de Haute-Seille [1707], p. 205.

29100. Thomas (Stanislas). — Formalités à remplir en 1730 pour obtenir l'autorisation de planter de la vigne, p. 214.

29101. Olry (E.). — Aventure [rencontre d'un loup] arrivée, au siècle dernier, à l'ermite de Notre-Dame-des-Gouttes (Housselmont), p. 218.

29102. J. R. [Renauld (J.)]. — Nécrologie [Gabriel-Henry-Jules Simonnet, 1824 † 1875; l'abbé Jean-Benoist-Désiré Cochet, 1812 † 1875; Chanzy, magistrat, † 1875], p. 221.

29103. Bonnabelle (Cl.). — Deuxnouds-devant-Beauzée ou Deuxnouds-sur-Aire [étude historique], p. 230.

XXV. — Journal de la Société d'archéologie lorraine et du Musée historique lorrain, 25e année, 1876. (Nancy, 1876, in-8°, 208 p.)

29104. E. de B. [Barthélemy (Édouard de)]. — Passage du roi [Stanislas] et de la reine de Pologne en Champagne [1737], p. 7.

29105. Hyver (L'abbé). — Un épisode de l'invasion française à Saint-Nicolas (1635) [pillage, promesse forcée de 100,000 livres], p. 31.

29106. Schmit (J.-A.). — De Vic à Marsal en 1671 [procès intenté aux habitants de Vic par Georges d'Aubusson de La Feuillade, évêque de Metz], p. 34.

29107. Fischer (Dagobert). — Note sur l'ancien village de Dirschbach, p. 38.

29108. Cournault (Charles). — Claude Callot, peintre de la cour de Pologne (1623-1687) [épitaphe et testament; traduction d'un article d'Alwin Schultz], p. 46.

29109. Chapellier. — Documents sur les guerres dans le comté de Salm au xviie siècle [impôts, garnison de Badonviller, etc.], p. 52.

29110. Lepage (Henri). — Inventaire des tableaux provenant des maisons religieuses supprimées dans le district de Lunéville [abbaye de Beaupré, Béchamp, carmes de Lunéville, 1793], p. 62.

29111. Fischer (Dagobert). — Mémoire des frais d'un voyage de Saverne à Nancy en 1628 [Marc Roech, greffier de la ville de Saverne], p. 76.

29112. Hyver (L'abbé). — Lettre du duc de Choiseul à M. l'évêque de Metz exposant les motifs qui ont décidé le roi à transporter à Nancy l'Université de Pont-à-Mousson [1768], p. 79.

29113. Benoit (A.). — La peine du tourniquet à Saar-Union (1743), p. 81.

29114. A. B. [Benoit (A.)]. — Nancy et Lunéville. Notes de voyage par le jésuite Feller (1765-1777), p. 92.

29115. Thomas (Stanislas). — Une très courte excursion dans la chapelle de l'hospice Saint-Julien de Nancy [pierres tombales; Gérard Mareschaudel, curé de la Ville-Neuve de Nancy, † 1618], p. 98. — Cf. n° 29120.

29116. Anonyme. — Le *Journal de Nancy* de 1778 à 1787, p. 103.

29117. Chapellier. — Dates des naissances, morts et mariages de plusieurs princes et princesses de Lorraine [et éphémérides historiques, 1572-1577], p. 108.

29118. Petitjean. — Sur des tombes, de date inconnue, découvertes à Frouard, p. 119.

29119. Laprevote (Ch.). — Notes biographiques sur le sculpteur Lupot, de Mirecourt [1684 † 1749], p. 126.

29120. Thomas (Stanislas). — Sur l'inscription tumulaire de Gérard Mareschaudel, p. 128. — Cf. n° 29115.

29121. Anonyme. — Un serment d'ivrogne [promesse de ne plus s'enivrer, 1791], p. 130.

29122. Pernot (Th.). — Notes sur les noms de Beuvezin

et de Pleuvezain et sur Frédéric de Pluvoise, évêque de Metz, né à Pleuvezain [† 1179], p. 138.

29123. Schmit (J.-A.). — Petite promenade lorraine parmi les papiers de Colbert, 1670-1671 [d'après les lettres de M. de Choisy, intendant des Trois-Évêchés et de M. de Caumartin, intendant de Champagne], p. 145. — Cf. n° 29136.

29124. Benoit (A.). — Souvenirs lorrains à Rome. Claude Gelée (1664), *pl.*, p. 161. — Cf. n°s 29128 et 29133.

29125. Thomas (Stanislas). — Quelques recherches dans les archives d'Emberménil [Meurthe; confrérie; fondations, etc., xviie-xixe s.], p. 165.

29126. Lepage (Henri). — Des grands et des petits chevaux de Lorraine, p 172. — Cf. n° 29131.

29127. Meaume (E.). — Sur les peintres Drevet et Claude Deruet, p. 192.

29128. Meaume (E.). — Claude Gellée. Un mot sur ses tableaux en réponse à M. A. Benoit. Reproduction de ses eaux-fortes par M. Armand Durand, p. 198. — Cf. n°s 29124 et 29133.

XXVI. — Journal de la Société d'archéologie lorraine et du Musée historique lorrain, 26e année, 1877. (Nancy, 1877, in-8°, 240-50 p.)

29129. Benoit (A.). — Épisode des rapports de la ville de Strasbourg avec le duc René II en 1478 [rapport de Gaspard Michel, envoyé de Strasbourg], p. 7.

29130. Duprikz (R.). — Deux mots sur une récente découverte faite au Hiéraple [camp romain; poterie, médailles, inscriptions romaines], p. 9.

29131. Meaume (E.). — Les grands et les petits chevaux [réponse à M. Lepage], p. 23. — Cf. n° 29126.

29132. Courbe. — Sur l'emprisonnement de Ferry III à Maxéville, xiiie siècle, p. 45.

29133. Benoit (A.). — Claude Gellée. Un de ses tableaux au Musée de Bordeaux. Courte réponse à M. E. Meaume, p. 60. — Cf. n° 29128.

29134. Meaume (E.). — [Ferdinand de] Saint-Urbain. Date précise de son emprisonnement [21 février 1720]. Mme Vaultrin, sa fille; sa présence à Nancy en 1769, p. 61.

29135. Dupriez (E.). — Trouvaille de Holz [près Sarrebrück, monnaies lorraines du xive s.], p. 65.

29136. Mangenot. — Rectification à l'article : *Petite promenade lorraine*, p. 66. — Cf. n° 29123.

29137. Olry (E.). — Note sur l'église d'Autreville (Vosges) [consécration de l'autel, 1594], p. 76.

29138. Benoit (A.). — Note sur un tableau du Musée de Nancy. Sixte-Quint et Alexandre VII [par André Sacchi], p. 84.

29139. Du Hautoy. — Sur le groupe d'Angélique et Médor, œuvre du sculpteur lorrain Nicolas Adam [1705 † 1778], p. 87.

29140. Schmit (J.-A.). — Notice d'une *Histoire de Lorraine* inédite conservée à la Bibliothèque de la ville de Tours [composée vers 1631], p. 91.

29141. Thomas (Stanislas). — Quelques notes sur la paroisse Saint-Nicolas de Nancy [inscriptions tumulaires, xviiie-xixe s., etc.], *pl.*, p. 99.

29142. [Rouyer (Jules)]. — Les *Mémoires* de Mme de La Guette dans leur rapport avec l'histoire du duc de Lorraine Charles IV, en 1652, p. 108.

29143. Dupriez (R.). — Du Hiéraple à Bousbach [monnaie romaine], p. 124.

29144. Dupriez (R.). — La chapelle Sainte-Anne du Creutzberg, près Forbach, p. 126.

29145. Vincent (Henry). — Opinion de M. Vincent sur la légende de Maxéville [emprisonnement du duc Ferry III, au xiiie s.], p. 132.

29146. Lepage (Henri). — Jean Perrin et son poème. Histoire d'une recherche restée infructueuse [l'identification de ce Jean Perrin], p. 158. — Cf. n° 29155.

29147. Courbe (Ch.) et Thomas (Stanislas). — Callot et la chapelle Saint-Louis de Nancy [bâtie sous Louis XIV], p. 169.

29148. Benoit (A.). — Une rectification un peu tardive [reconnaissance d'enfants par François de Lorraine-Chaligny, 1633], p. 171. — Cf. n° 28826.

29149. Renauld (Jules). — Nécrologie. M. Ch. Gérard [Charles-Alexandre-Claude, avocat, 1814 † 1877], p. 173.

29150. Schmit (J.-A.). — Une entrevue princière à Château-Salins en 1708 [Léopold, duc de Lorraine, et l'Électeur de Bavière], p. 177.

29151. Barthélemy (Édouard de). — Deux lettres du duc de Lorraine [Charles IV, 1652], p. 185.

29152. Fischer (Dagobert). — Une consultation de l'Université de Fribourg (Brisgau) au sujet d'une créance réclamée à l'évêché de Strasbourg par le duc Charles IV de Lorraine [1631; conséquence de la guerre dite épiscopale], p. 190.

29153. Benoit (A.). — Mémoires du sieur Balthazard Guillerme, conseiller secrétaire des ducs Charles III et Henri II. Addition au travail de M. Édouard de Barthélemy, p. 192. — Cf. n° 28932.

29154. [Bretagne]. — Destruction des œuvres d'art conservées dans le bâtiment de l'Université [1792], p. 205.

29155. Lepage (Henri). — Encore un mot sur Jean Perrin, p. 211. — Cf. n° 29146.

29156. Morey (P.). — Trouvailles faites à Nancy. Ancienne église Saint-Epvre [canaux, statues, etc.], p. 213.

29157. Anonyme. — Nécrologie [Louis-Gabriel-Jules Thilloy, conseiller à la cour d'appel de Nancy, † 1877], p. 214.

29158. [Bretagne]. — Iconographie lorraine [catalogue de portraits de la famille ducale de Lorraine], p. 222.

29159. Germain (L.). — Relique de saint Gérard, évêque de Toul et ex-voto du cardinal Louis de Bar dans la cathédrale de Langres, p. 225.

29160. [Fischer (Dagobert)]. — Procès-verbal de l'incendie de la maison de M. le comte de Lutzelbourg à Sarrebourg [1725], p. 226.

29161. Merciol (L'abbé). — Sur la découverte de monnaies romaines et gauloises, d'une plaque en bronze avec inscription romaine, etc., à Morville-lès-Vic, p. 228.

29162. Benoît (Arthur). — Table des dix derniers volumes du *Journal* (de 1868 à 1877), p. 1 à 50.

XXVII. — Journal de la Société d'archéologie lorraine et du Musée historique lorrain, 27e année, 1878. (Nancy, 1878, in-8°, 263 p.)

29163. Schmit (J.-A.). — Un programme des cours de l'ancienne Université de Nancy [1774], p. 6.

29164. Golbéry (Gaston de). — Quelques pierres tombales de l'abbaye de Beaupré [d'après une copie de dom Calmet], p. 15. — Cf. n° 29168.

29165. Benoît (A.). — Kerprich-aux-Bois. Les registres de paroisse [xviie-xviiie s.], p. 18.

29166. Des Robert (F.). — Notice sur quelques sépultures [franques] découvertes près de Dommartin par un habitant de Dampvitoux, p. 22 et 45.

29167. Germain (L.). — Charte d'affranchissement de Cons-la-Grandville [1248], p. 29. — Cf. n° 29200.

29168. Germain (L.). — Note complémentaire sur les pierres tombales de l'abbaye de Beaupré, p. 41. — Cf. n° 29164.

29169. Anonyme. — M. de Guérard [famille lorraine établie en Allemagne au xviiie s.], p. 44.

29170. H. L. [Lepage (Henri)]. — Nécrologie. M. Charles-Gabriel de Morlet, colonel du génie [† 1878], p. 45.

29171. Dupriez (Raymond). — Notice historique sur les monuments de l'ancienne église collégiale de Saint-Arnual, près Sarrebruck, p. 52.

29172. Merciol (L'abbé). — Sur des sépultures gallo-romaines découvertes à Juvrecourt, p. 62.

29173. Benoît (A.). — Sur les sceaux et les armoiries de Sarrebourg, *pl.*, p. 69.

29174. Renauld (Jules). — La mappemonde de Charles IV, ciboire de Notre-Dame de Sion [du milieu du xvie s.], p. 74.

29175. Germain (L.). — Note relative aux armoiries de Vic, p. 77.

29176. Guérin (Raoul). — Le verre à boire du nain Bébé [Nicolas Ferry], p. 78.

29177. Des Robert (F.). — Une erreur commise par dom Pelletier [armes et généalogie de l'abbé Melchior-François de Malvoisin, né en 1736], p. 80.

29178. Merciol (L'abbé). — Sur de nouvelles sépultures gallo-romaines trouvées à Juvrecourt et la découverte de médailles romaines, etc., p. 83.

29179. Morey (P.). — Note sur plusieurs anciens édifices de la ville de Nancy [porte de la Craffe; salle de spectacle; église de Bon-Secours], p. 93.

29180. Ancelon (A.). — *Salina de Brede* [emplacement de cette saline], p. 100. — Cf. n° 29183.

29181. Favier. — Sur la généalogie de Jean des Porcelets, évêque de Toul (1608), p. 103 et 152.

29182. Pernot (Th.). — Inscriptions dans l'église d'Aouze (Vosges) [xviie-xviiie s.], p. 105.

29183. Schmit (J.-A.). — Encore les ruines de Bride. Réponse à M. le docteur Ancelon, p. 118. — Cf. n° 29180.

29184. Benoît (A.). — Note sur l'étendard suédois déployé en Lorraine en 1631, p. 124.

29185. Courbe (Ch.). — Une œuvre apocryphe attribuée à dom Calmet. La *Réponse* aux attaques de Chevrier [l'auteur serait dom Ambroise Collin], p. 134. — Cf. n° 28720.

29186. Rouyer (J.). — Les jetons de jeu représentant des sujets tirés des *Métamorphoses* d'Ovide que Ferdinand de Saint-Urbain fut autorisé, en 1731, à faire frapper à la monnaie de Nancy, sont-ils de lui ou sont-ils de Jérôme Roussel? p. 156.

29187. Germain (Léon). — Une rectification à la *Notice de Lorraine* [de dom Calmet, t. I, col. 15] à propos d'Amance, p. 165.

29188. Gaspard (E.). — Reliquaire de Girovillers [(Vosges), 1722], p. 167.

29189. Lahache. — [Acte de décès de Jean Claude Sommier, historien, 5 octobre 1737], p. 171.

29190. Anonyme. — Sur Charles-Emmanuel Dumont, magistrat (1802 † 1878), p. 172.

29191. Auguin (E.). — Le portrait du peintre [Claude] Deruet par Louis XIII, récemment acquis par le Musée lorrain [1632], p. 177.

29192. Guérin (R.). — Quelques épaves lorraines rencontrées dans les expositions rétrospectives des beaux-arts [de 1873 à 1876; tableaux, miniatures, coffrets, tapisseries, etc.], p. 192.

29193. Schmit (J.-A.). — Le lieu d'origine des meules gallo-romaines du bassin de la Petite-Seille [Andernach], *carte*, p. 197.

29194. Renauld (J.). — La nourrice de Louis XIV à Nancy [monopole des transports en Lorraine accordé à Perrette Dufour Amelin, 1655], p. 201.

29195. Fischer. — Le baron Alexandre de Lorraine [xviie-xviiie s.], p. 202.

29196. Lepage (Henri). — La ferme de Saint-Pancrace [commune de Bures (Meurthe-et-Moselle)], p. 214.

29197. Germain (Léon). — Iconographie lorraine. Portraits peints par Van Dyck, p. 224.

29198. Benoît (A.). — Achat de la faïencerie de Niederwiller par le comte de Custine en 1770, p. 226.

29199. Dufresne. — Archives de l'évêché de Toul à Vaudémont [1561-1566], p. 229.

29200. Germain (L.). — Note complémentaire sur la charte d'affranchissement de Cons-la-Grandville (1248) [suivie de trois chartes mentionnant des affranchissements accordés par Mathieu II, duc de Lorraine, 1245-1248], p. 237. — Cf. n° 29167.

29201. L. H. [Lepage (Henri)]. — Une rectification à la *Notice de Lorraine* [de dom Calmet] à propos de l'abbaye de Saint-Martain devant Metz, p. 250.

29202. H. L. [Lepage (H.).] — Acte de baptême de Valentin Jamerai-Duval [24 avril 1695], p. 250.

29203. Benoit (A.). — La bibliothèque des Capucins de Toul (1794), p. 251.

29204. Merciol (L'abbé). — Sur de nouvelles découvertes de monnaies romaines et d'objets préhistoriques à Morville-lès-Vic, p. 255.

29205. Anonyme. — [Sur la découverte d'un trésor du XVIe siècle à Laveline (Vosges). Le tilleul de Saint-Livier, près de Château-Salins, planté en 1152], p. 257.

XXVIII. — Journal de la Société d'archéologie lorraine et du Musée historique lorrain, 28e année, 1879. (Nancy, 1879, in-8°, 252 p.)

29206. Lallement (Louis). — Le traitement royal de Stanislas [2 millions], p. 6.

29207. Marlot (Hippolyte). — Note sur l'âge de la pierre polie aux environs de Tantonville (Meurthe-et-Moselle), p. 16.

29208. Schmit (J.-A.). — Vers de Voltaire adressés à Léopold, duc de Lorraine (vers 1719), p. 19.

29209. J. R. [Renauld (J.).] — Nécrologie. M. Schmit [Joseph-Alexandre, 1819 † 1879], p. 19.

29210. Benoit (A.). — Le monastère de la congrégation Notre-Dame à Toul [1638-1790], p. 32.

29211. Des Robert (F.). — Notes sur deux régiments lorrains au service de France [XVIIe-XVIIIe s.], p. 42.

29212. Schmit (J.-A.). — Les armes de Nicolas Parfait, abbé de Bouzonville [de 1642 à 1690], p. 44.

29213. Favier (J.). — Restes d'une chapelle romane à Landremont, dans le Scarponais, *pl.*, p. 54.

29214. Germain (L.). — Donation faite par Hugues II, comte de Vaudémont, à l'abbaye de Saint-Mihiel, du four banal de Courcelles en 1221, p. 58.

29215. Anonyme. — Sur les curés de Malzéville, p. 60.

29216. Anonyme. — Découverte d'objets mérovingiens au cimetière de Pompey, p. 61.

29217. A. B. [Benoit (A.).] — Nécrologie. M. Dagobert Fischer [1808 † 1879], p. 62.

29218. Lallement (Louis). — Les mutilations de l'œuvre de Stanislas [à Nancy], p. 70.

29219. Benoit (A.). — Souvenirs lorrains au Musée de Reims [Claude de Guise, abbé de Cluny], p. 86.

29220. Guillaume (L'abbé). — Un contrat de mariage du duc Charles IV [avec Anne-Marie-Françoise Pageot, † 1662], p. 97.

29221. Renauld (J.). — Les armes de Philippe de Gueldres et le lit du duc Antoine [conservé au Musée lorrain, XVe-XVIe s.], p. 105. — Cf. n° 29226.

29222. Anonyme. — Inscription dans l'ancien monastère des dames du Saint-Sacrement de Nancy [fondation du roi Stanislas, 1754], p. 109.

29223. Laprevote (Ch.). — Sur le chardon de Nancy et les armes de Philippe de Gueldres, p. 117.

29224. [Germain (L.).] — La procession dansante d'Echternach, p. 121.

29225. Olry (E.). — Une trouvaille à Selaincourt (canton de Colombey) [ustensiles de cuisine en étain, XVIIe s.], p. 130.

29226. Renauld (J.). — Les armes de Philippe de Gueldres, p. 141. — Cf. n° 29221.

29227. Schmit (J.-A.). — Les fêtes du mariage de la princesse Renée de Lorraine [d'après des imprimés de 1568], p. 142.

29228. Germain (L.). — Note sur les armoiries de Diane de Dommartin, marquise d'Havré, sculptées dans la chapelle castrale de Fénétrange, *fig.*, p. 149.

29229. Bourgon (Dieudonné). — Sur les propriétés de l'eau de Hongrie, affiche de 1777, p. 156.

29230. Lepage (Henri). — Un nouveau cyrographe aux Archives de Meurthe-et-Moselle [accord entre Sehère, abbé de Saint-Léon de Toul, et un nommé Karles, vers 1108; diplôme de Henri V, 1107], p. 165. — Cf. n°s 29013 et 29237.

29231. Germain (L.). — Sceau de Geoffroy, premier prieur de Saint-Nicolas-des-Prés de Verdun [XIIIe s.], p. 169.

29232. Lepage (Henri). — Le Sauvoy [domaine près de Nancy; notice historique], p. 177.

29233. Maxe-Werly (L.). — Numismatique lorraine [monnaies des ducs bénéficiaires], p. 185.

29234. Guillaume (L'abbé). — Manifeste de la princesse Nicole de Lorraine à l'occasion de la captivité du duc Charles IV en Espagne [1655], p. 188.

29235. Germain (L.). — Charte de Jean, sire de Joinville, concernant la vente, à l'abbaye de Saint-Mihiel, de vingt setiers de grain sur le village de Bure au mois de mars 1275 [v. st.], p. 196.

29236. Jacob (A.). — Trois chartes inédites des sires de Joinville : Simon, 1228; Robert, sire de Sailly, 1258; Jean, 1303 [février, v. st.], p. 200 et 228.

29237. H. L. [Lepage (H.).] — Diplôme de l'empereur Henri V [observations de M. de Wailly sur la date du commencement du règne de ce prince], p. 206. — Cf. n° 29230.

29238. Guérin (R.). — Le vase de Pompey [flacon en verre gallo-romain contenant du liquide], *fig.*, p. 215.

29239. Favier. — Note sur l'instruction primaire au commencement du xviiie siècle [lettre de Jean-François Boyer, évêque de Mirepoix, 1753], p. 218.

29240. Lallement (Louis). — Inscription gravée sur une pierre placée dans la cour de la maison des Filles de la Charité (sœurs de Saint-Vincent-de-Paul), rue de la Charité, à Nancy [agrandissement de cette maison, 1665], p. 220 et 246.

29241. Lepage (H.). — Nécrologie. M. Domergue de Saint-Florent [Jacques-François, 1785 † 1879], p. 221.

29242. Lepage (H.). — Une petite addition au nobiliaire de dom Pelletier [blason de la famille Lallemand, 1730], p. 235.

29243. Schmit (J.-A.). — Les fêtes du mariage d'Élisabeth-Thérèse de Lorraine [1737], p. 241.

29244. Benoît (A.). — Note sur le portrait de la princesse de Phalsbourg [Henriette de Lorraine, 1634], par Van Dyck, p. 244.

29245. Benoît (A.). — La saline de Brède, p. 245.

XXIX. — Journal de la Société d'archéologie lorraine et du Musée historique lorrain, 29e année, 1880. (Nancy, 1880, in-8°, 260 p.)

29246. Fischer (Dagobert). — Le rocher du saut du prince Charles et la côte de Saverne [légende lorraine], p. 7.

29247. Des Robert (F.). — Les tapisseries du château de Bar [dissertation sur le chardon], p. 19 et 83.

29248. Lepage (Henri). — Encore un mot sur les armoiries de Nancy, p. 34.

29249. Barthélemy (Édouard de). — Lettres de M. de Callières sur la cour de Lorraine [1700], p. 39 et 92.

29250. Benoît (A.). — Note sur le vicomte Stanislas Desandrouin [† 1821], p. 46.

29251. Lepage (Henri). — Destruction de l'église de Scarponne [1819; le P. Le Bonnetier, † 1804], *pl.*, p. 52.

29252. Anonyme. — Inscription dans l'ancien couvent des Capucins de Nancy [xviie s.], p. 71.

29253. Anonyme. — Nécrologie [l'abbé Weiss, 1796 † 1880], p. 71.

29254. Germain (L.). — Note biographique sur dom Maugérard [1733 † 1815], p. 77.

29255. Lallement (Louis). — Quelques inscriptions extérieures à Nancy [xviie-xviiie s.], p. 80 et 134.

29256. H. L. [Lepage (H.).] — Nécrologie. M. Georges-Aimé Boulangé, ingénieur en chef des ponts et chaussées en retraite [† 1880], p. 85.

29257. Benoît (A.). — Quelques notes sur le palais ducal de Nancy (1516-1731), p. 97.

29258. H. L. [Lepage (H.).] — Une œuvre de l'enlumineur François Oudet, de Metz [xvie s.], p. 101.

29259. Germain (L.). — Épitaphe de Louis de Nettancourt, comte de Vaubecourt, à Verceil (Italie) [1705], p. 104.

29260. Lallement (Louis). — Inscription gravée dans une maison de la Ville-Neuve de Nancy, p. 105.

29261. Anonyme. — Nécrologie [Louis-Charles-Albert-Hippolyte de Widranges, † 1880], p. 107.

29262. Lepage (Henri). — Deux registres de l'église collégiale Saint-Georges de Nancy, paroisse de la cour [baptêmes et mariages, xviie-xviiie s.], p. 112.

29263. Meaume (E.). — Sur le livre d'heures du duc Antoine, p. 129.

29264. Favier (J.). — Sur l'élection de Charles-Joseph de Lorraine à l'évêché d'Osnabruck [1698], p. 132.

29265. Lallement (Louis). — Tableau représentant l'intérieur de l'église Saint-Roch [de Nancy] en 1766, p. 134.

29266. Courbe (Charles). — De quelques inscriptions à Nancy [xviie-xixe s.], p. 144 et 192.

29267. Germain (L.). — Médailles de Christine de Lorraine, grande-duchesse de Toscane [xvie s.], p. 156.

29268. Wiener (L.). — Sur un denier du duc Antoine portant un chardon au-dessous de l'écu de Lorraine, [xvie s.], p. 160.

29269. Benoît (A.). — Les princes de la maison de Lorraine abbés de Cluny, p. 168.

29270. Germain (L.). — Épitaphe de Robert de Vaubecourt, écuyer, à Nantois (Meuse) [1620], p. 171.

29271. Benoît (A.). — Une miniature peinte par le duc de Lorraine, François-Étienne, p. 173.

29272. H. L. [Lepage (H.).] — Nécrologie [Dominique-Alexandre Godron, doyen honoraire de la Faculté des sciences de Nancy], p. 178.

29273. Rouyer (J.). — Numismatique. Le jeton du règne de Louis XIII n° 620 du Catalogue de la collection Monnier, concerne-t-il la Lorraine? [1632], p. 181.

29274. Favier. — Un droit singulier des femmes de Châtel-sur-Moselle au moyen âge, p. 187.

29275. Germain (L.). — Plaque de cheminée aux armes de Diane de Dommartin, marquise d'Havré, p. 199.

29276. Delorme (Paul). — Un legs fait au Musée lorrain. Les Bernay-Favancourt [généalogie], p. 202.

29277. Germain (L.). — Note sur une miniature du bréviaire du roi René (bibliothèque de l'Arsenal), p. 216.

29278. Beauzée-Pinsart. — Inscription trouvée dans une maison de la ville de Stenay [1322, v. st.], p. 223.

29279. Morey (P.). — Inscriptions à Nancy, p. 224.

29280. Authelin (L.-E.). — Notice sur les ruines romaines existant sur le territoire de Mailly, p. 225.

29281. Courbe (Ch.). — Le portail des sœurs grises [de Nancy], 2 *pl.*, p. 234.

XXX. — Journal de la Société d'archéolo-

gie lorraine et du Musée historique lorrain, 30e année, 1881. (Nancy, 1880, in-8°, 220 p.)

29282. Des Robert (Ferdinand). — Un jeton de la Chambre des comptes de Lorraine [xvie s.], *fig.*, p. 9.
29283. Thomas (Stanislas). — Quelques mots à propos de l'ouverture récente des caveaux de l'église Notre-Dame de Bon-Secours, p. 12.
29284. Anonyme. — Encore un mot sur les grands chevaux, p. 17.
29285. Germain (L.). — Deux chartes du xiiie siècle, en langue vulgaire, provenant de l'abbaye de Châtillon (communication de M. le docteur Nic. van Werveke, de l'Institut royal grand-ducal de Luxembourg [1241 et 1266], p. 28.
29286. Authelin (E.-L.). — Recherches sur les ruines de Sanzey et des environs, p. 33.
29287. Favier (J.). — Le collège Saint-Béning, de la cité d'Aoste, dirigé par des professeurs lorrains (1643-1718), p. 40.
29288. Chapellier. — La langue française dans le bailliage d'Allemagne [1482], p. 51.
29289. Lepage (Henri). — Bayard, lieutenant de la compagnie de lances du duc Antoine, son séjour à Nancy [1511-1521], p. 56.
29290. Benoit (A.). — Souvenirs lorrains à Rome. La pierre tombale de la veuve du professeur Guillaume Barclai [1628], p. 77.
29291. J. F. [Favier (J.).] — Sur un mot de l'épitaphe du duc Raoul, p. 79.
29292. Germain (L.). — Charte d'affranchissement de Rupt-sur-Othain (Meuse) [1285], p. 80.
29293. Anonyme. — Réception d'un maître chirurgien et barbier [Nancy, 1685], p. 82.
29294. Courbe (Ch.). — Une tragédie inconnue [*Charles le Téméraire ou le siège de Nancy*, par Dubois] représentée pour la première fois sur le théâtre de Nancy, le 7 février 1785, et le *Journal littéraire de Nancy*, p. 89.
29295. Chapellier. — Confirmation de franchise pour Simon de Meaulx, peintre-verrier [1521], p. 98.
29296. Germain (L.). — Charte d'affranchissement à la loi de Beaumont du ban d'Aulnois (septembre 1302), p. 103.
29297. Anonyme. — Annonce de charlatan [eau de Hongrie, 1776], p. 113.
29298. Courbe (Ch.). — De quelques inscriptions à Nancy [xviie-xixe s.], p. 119.
29299. Braux (De). — La première édition de la *Vie du B. P. Fourrier*, par le P. Bédel [1645], p. 126.
29300. Wiener (Lucien). — Les vases de la pharmacie de Saint-Charles au Musée lorrain, p. 138.
29301. Anonyme. — Séminaire de filles pauvres à Nancy [1701], p. 146.
29302. Deblaye (L'abbé). — Sur les documents lorrains transportés de Lorraine à Florence et à Vienne au xviiie siècle, p. 148.
29303. Favier (J.). — Quelques mots sur l'école royale militaire de Pont-à-Mousson (1776-1793), p. 153.
29304. J. R. [Renauld (J.).] — Nécrologie [Paul Delorme, † 1881; Pierre Barthélemy, † 1881], p. 173.
29305. Rouyer (J.). — Les inscriptions de la porte de la Craffe à Nancy de l'époque de René II, p. 181.
29306. Germain (L.). — Inventaire de la collection de sceaux du Musée lorrain, p. 187.
29307. Des Robert (F.). — Inventaire de l'arsenal de Nancy [1624], p. 197.
29308. Chapellier. — Notes relatives à Bayard, p. 215; et XXXI, p. 16.

XXXI. — Journal de la Société d'archéologie lorraine et du Musée historique lorrain, 31e année, 1882. (Nancy, 1882, in-8°, 212 p.)

29309. L. L. [Lallement (L.).] — Le renvoi d'une juridiction à une autre pour cause de suspicion légitime au xve siècle, p. 5.

[Différend entre Yolande d'Anjou et le seigneur de Valengin au sujet de la seigneurie de Beaufremont, avril 1481, v. st.]

29310. Marlot (Hippolyte). — Découverte d'un cimetière mérovingien à Courcelles-sous-Châtenois (Vosges), p. 11.
[29308]. Chapellier. — Notes relatives à Bayard, p. 16.
29311. H. L. [Lepage (H.).] — Nécrologie. Pierre-Louis Lacroix [professeur, † 1882], p. 16.
29312. Chapellier. — Portrait de Marguerite de Savoie à l'hôtel de ville de Ligny [xvie s.], p. 19.
29313. L. G. [Germain (L.).] — Anoblissement par l'empereur François Ier d'une famille d'origine lorraine, p. 25.

[Pierre-Emmanuel Graniau de Dosme, 1765.]

29314. H. L. [Lepage (H.).] — Acte de mariage du sculpteur Jacob-Sigisbert Adam [1699], p. 27.
29315. Lambert (E.). — Une inscription hébraïque du moyen âge au Musée lorrain, p. 28.
29316. Anonyme. — Nécrologie [M. Augustin-Francis de Chanteau, 1848 † 1882], p. 33.
29317. Malhorty. — Sur deux lettres de Bou Amema, p. 34.
29318. Anonyme. — [Lettres de maîtrise pour un apothicaire de Nancy, 1721], p. 39.
29319. Lepage (Henri). — Les *Mémoires* de Michel de La Huguerye [xvie s.], p. 43.
29320. Anonyme. — Sur les manuscrits lorrains conservés à Vienne, p. 58.
29321. Germain (L.). — Note sur l'origine de Florentin Le Thierrat, p. 68.
29322. Chapellier. — Doit-on écrire Jeanne d'Arc ou

Jeanne Darc? Quelques mots sur le père de l'héroïne, p. 75.

29323. Des Robert (F.). — Document inédit concernant les fortifications de Nancy [1632], p. 82.

29324. H. L. [Lepage (H.).] — Nécrologie. M. Laurent Leclerc, premier président honoraire de la cour d'appel de Nancy [† 1882], p. 83.

29325. Fournier (Dr A.). — Pourquoi raille-t-on les habitants de Rambervillers? p. 88.

29326. Germain (L.). — Plaque funéraire dans l'ancienne église Saint-Epvre [de Nancy] récemment découverte, p. 93. — Cf. n° 29332.

[Claude-Georges de Barbarat de Mazirot, président au Parlement de Metz, † 1747.]

29327. Des Robert (F.). — Sur le château de Gombervaut en Barrois [xviie s.], p. 97 et 124.

29328. Favier (J.). — Les livres de Nicolas Vassart à la Bibliothèque publique de Nancy [xviie s.], *fig.*, p. 104.

29329. Germain (L.). — Origine de la famille Le Pois, p. 111 et 197.

29330. Braux (De). — Note sur un manuscrit de Pierre Gringore et sur le poème de Jean de Marigny, p. 118.

29331. Germain (L.). — Anneau mérovingien en or trouvé près de Compiègne et attribué à Leudinus-Bodo, évêque de Toul [viie s.], *fig.*, p. 128.

29332. L. G. [Germain (L.).] — Plaque funéraire de l'ancienne église Saint-Epvre [famille de Ponze], p. 132. — Cf. n° 29326.

29333. Sailly (De). — Anne de Malavillers, femme de Bernard-Guillaume Barclay. Rome et Malavillers. Malavillers anciens. Malavillers par succession utérine, p. 147 et 188.

29334. Olry (Étienne). — Sobriquets et dictons appliqués aux noms et aux habitants de quantité de villages du pays [lorrain], p. 157.

29335. Germain (L.). — Plaque de foyer aux armes de François Taafe, comte de Carlinford [xviiie s.], *pl.*, p. 179.

29336. Guyot (Ch.). — Un cercle à Metz au xve siècle. La maison de Ville-Franche, p. 193.

29337. Braux (G. de). — Traité de mariage entre Gaucher de Châtillon, connétable de France, et Isabelle de Rumigny, veuve de Thibaut II de Lorraine [mars 1312, v. st.], p. 215.

29338. Bretagne. — Nécrologie [Antoine-François Dufresne, † 1882], p. 220.

XXXII. — Journal de la Société d'archéologie lorraine, etc., 32e année, 1883. (Nancy, 1883, in-8°, 212 p.)

29339. Lepage (Henri). — Un soldat de fortune au xvie siècle [Claude de La Bourlotte], p. 6. — Cf. id. n° 29497.

29340. Merciol (L'abbé). — Sur des sépultures franques trouvées près de Marsal, p. 15.

29341. Chapellier. — Note sur quelques armoiries [Bauffremont, Ruppes, la Fauche et Reynel], p. 21.

29342. Renauld (J.). — Nécrologie [Auguste-Prosper-François Guerrier de Dumast, 1796 † 1883], p. 24.

29343. Germain (L.). — Du lieu de naissance du frère Guillaume, peintre-verrier du xvie siècle [Saint-Mihiel], p. 41.

29344. Benoît (A.). — Petite note sur la monnaie de Diane de Dommartin, p. 49.

29345. Chapellier. — Mariage de Charles III et de Claude de France [1559], p. 58.

29346. Anonyme. — Inscriptions commémoratives nancéiennes, p. 63.

29347. Sauer (Édouard). — La maison de Ville-Franche, à Metz, p. 66.

29348. Germain (L.). — Sceau de [Louis], cardinal de Bar [1409], *pl.*, p. 72.

29349. Benoît (A.). — Note sur les statues des quatre docteurs de l'ancien tombeau du cardinal de Vaudémont aux Cordeliers [de Nancy], p. 80.

29350. Anonyme. — Ce que coûtait autrefois un exemplaire de la *Pompe funèbre* [de Claude de La Ruelle, 1611], p. 82.

29351. S. T. [Thomas (S.).] — Nécrologie. M. l'abbé Antoine Lallemand [† 1883], p. 83.

29352. Bretagne. — Nécessité de l'étude de l'épigraphie, p. 88.

29353. Lepage (H.). — Quelques nouvelles rectifications au nobiliaire de dom Pelletier, p. 91.

29354. Heitz. — Sur le baptême de deux Turcs en 1689, p. 96.

29355. Barthélemy (Édouard de). — Visite du comte de Bellisle à la duchesse régente de Lorraine en 1733, p. 105.

29356. Chapellier. — Mariage de Catherine de Bourbon avec Henri, duc de Bar [1599], p. 110.

29357. Husson (C.) et Benoît (P.). — Note au sujet des fouilles faites au canton du Haut-de-Fossé, territoire de Royaumeix (*Regia mansio*) [bains romains], p. 121.

29358. Olry (Étienne). — Une trouvaille à Autreville (Vosges) [monnaies françaises du xiiie s.], p. 126. — Cf. n° 29398.

29359. Lepage (Henri). — Auxonne [près Nancy]. Étymologie de son nom; ses anciens possesseurs, p. 133.

29360. Germain (L.). — Document sur Agnès de Langstein, femme d'Herman, premier comte de Salms-en-Vosges [1138], p. 147.

29361. A. de G. [Gironcourt (A. de).] — Trois générations successives d'Albert le Noir dans l'office de prévôt de la monnaie de Lorraine [xviie-xviiie s.], p. 150.

29362. Olry (Étienne). — Une tour d'angle de l'enceinte extérieure du château de Ruppes (Vosges), *pl.*, p. 152.

29363. Courbe (Ch.). — Le mortier des remparts de la citadelle de Nancy, p. 156.

29364. Anonyme. — Un des mortiers en marbre du Musée lorrain, p. 159.

29365. Chapellier. — État de l'artillerie au château de Ligny [xv°-xvi° s.], p. 159.
29366. Lepage (Henri). — Réhabilitation d'un maître des hautes et basses œuvres [en Lorraine, 1733], p. 168.
29367. H. L. [Lepage (H.).] — Nécrologie [Claude-Jules Renauld, magistrat, † 1883; Félix-Arthur Ballon, avocat, † 1883], p. 174.
29368. L. de M. [Le Mercier de Morière.] — Testament de Henri, fils aîné du premier comte de Salms-en-Vosges [1228], p. 188.
29369. W. et F. [Wiener et Favier.] — Une revendication du P. Willemain [prospectus d'une *Histoire iconographique et scénographique de la maison de Lorraine*, 1763], p. 193.
28370. L. de M. [Le Mercier de Morière.] — Notes hagiographiques et bibliographiques sur saint Livier, *fig.*, p. 195.
29371. H. L. [Lepage (H.).] — Nécrologie [l'abbé Guillaume, † 1883; Victor Servais, † 1883], p. 200 et 204.

XXXIII. — Journal de la Société d'archéologie lorraine, etc., 33° année, 1884. (Nancy, 1884, in-8°, 244 p.)

29372. Warren (L. de). — Paul-Louis Cyfflé [1724 † 1806], p. 7.
29373. Bretagne (Ferdinand). — La mosaïque de Grand (Vosges), p. 12.
29374. Guyot (Ch.). — Quelques contrats d'apprentissage au xvi° siècle [maçon, huilier, etc.], p. 21.
29375. Des Robert (F.). — Pèlerinage de Philippe-Emmanuel de Ligniville à Notre-Dame de Benoîte-Vaux (Meuse) [1651], p. 27.
29376. Germain (L.). — Inscription d'autel du xv° siècle à Marville (Meuse) [et note philologique sur les terminaisons en *y*], p. 33.
29377. L. de M. [Le Mercier de Morière.] — Documents relatifs à l'origine de la maison de Ludre [1283], p. 46.
29378. Germain (L.). — Un sculpteur normand d'origine lorraine [Antoine Duparc, † 1755], p. 51.
29379. Benoît (A.). — Les tapisseries de Nancy, à propos du travail de M. Eugène Müntz, p. 55.
29380. Courbe (Ch.). — Les cellules de Saint-Julien [hôpital de Nancy, 1703], p. 56.
29381. A. B. [Benoît (A.).] — Nécrologie [l'abbé J.-F. Deblaye, 1816 † 1883; Ludovic de Boursier, † 1883; l'abbé Bégel, † 1883], p. 58.
29382. Germain (L.). — Philippe-Emmanuel de Ligniville. Renseignements bibliographiques, p. 69. — Cf. n° 29385.
29383. Chapellier. — Sur la nomination de François de Luxembourg et du président de Blancmesnil pour traiter de la paix avec le duc de Lorraine (1592), p. 75.
29384. Olry (Étienne). — Note au sujet des mares dans la région sud-ouest du département de Meurthe-et-Moselle, p. 83.
29385. Des Robert (F.). — Sur les renseignements bibliographiques concernant Ph.-Em. de Ligniville, p. 95. — Cf. n° 29382.
29386. J. F. et L. de M. [Favier (J.) et Le Mercier de Morière.] — Un livre de liturgie du xv° siècle ayant appartenu au château de Gombervaux, p. 101.
29387. Germain (L.). — Les armoiries de Gérardmer, *fig.*, p. 109.
29388. Benoît (A.). — Acte de naissance du comte de Frimont [Jean-Marie, 1759], p. 114.
29389. Courbe (Ch.). — Un état de la noblesse de Nancy en 1772, p. 120.
29390. Arbois de Jubainville (H. d'). — Sur l'inscription funéraire de Thévenin de Raigecourt à Grand (Vosges), 1483, p. 143.
29391. Anonyme. — Sur Antoine Rhemond, imprimeur à Nancy (1681), p. 144.
29392. Briard (E.). — Jeton inédit de Stanislas [gravé par Claude-François Nicole], *fig.*, p. 153.
29393. Collignon (A.). — Sur la grammaire dite de saint Colomban, donnée, en 1840, à la Bibliothèque de Nancy par M. Beaupré [viii° s.], p. 161.
29394. Anonyme. — Nécrologie [Joseph Piroux, créateur de l'institution des sourds-muets de Nancy, 1800 † 1884], p. 164.
29395. L[e Mercier] de Morière. — Nouvelles données sur l'origine de la maison de Ligniville, p. 165.
29396. Des Robert (F.). — Ex-voto de Charles V, duc de Lorraine, dans l'église de Todmoos (Brisgau) [1678], *pl.*, p. 172.
29397. Souhesmes (R. de). — Note sur la borne armoriée du bois de Champigneulles, p. 183.
29398. Olry (Étienne). — A propos de la trouvaille d'Autreville (Vosges) [monnaies françaises des xiii° et xiv° s.], p. 186. — Cf. n° 29358.
29399. Anonyme. — La sépulture de Mme de Saint-Balmont [à Neuville-en-Verdunois], p. 189.
29400. Germain (L.). — Don de sept plaques de foyer [au Musée lorrain, xv°-xviii° s.], p. 193.
29401. R. V. — Note sur la maison de Rarécourt-la-Vallée-Pimodan, à propos d'une plaque de cheminée aux armes de cette maison, donnée au Musée lorrain, p. 200.
29402. Germain (L.). — Un portrait de Marguerite de Lorraine, duchesse d'Alençon, au Musée lorrain [† 1522], p. 204.
29403. Cournault (Charles). — Note sur les sépultures antiques trouvées à Tarquimpol en 1884 et quelques fragments de monuments [inscriptions romaines, bas-reliefs, etc.], p. 211.
29404. L. de M. [Le Mercier de Morière.] — Nécrologie. M. le colonel de Sailly [† 1884], p. 217.
29405. Lepage (Henri). — Nouvelle note sur l'auteur de

la Vie de René II imprimée à Saint-Dié en 1510 [*Johannes Aluysius Crassus*]. Le poète Jean Perrin, *pl.*, p. 227.

XXXIV. — Journal de la Société d'archéologie lorraine, etc., 34ᵉ année, 1885. (Nancy, 1885, in-8°, 280 p.)

29406. Favier (J.). — Note sur les mémoires inédits de Chantereau-Lefebvre [xviiᵉ s.], p. 6.
29407. Lallement (Louis). — Une histoire du Parlement de Nancy. Prérogatives particulières de cette compagnie [Henry, avocat, 1784], p. 9.
29408. Anonyme. — Découverte d'une enceinte préhistorique aux environs de Nancy [entre Maxéville et Champigneulles], p. 12.
29409. H. L. [Lepage (H.)]. — Nécrologie. Laurent-Marie-Joseph Le Mercier de Morière [1852 † 1885], p. 15.
29410. Lepage (Henri). — Une petite addition au nobiliaire de dom Pelletier [Didier de Marimont], p. 26.
29411. Germain (L.). — La famille de La Bourlotte, p. 31.
29412. Bonvalot (Ed.). — Documents inédits sur le village de Boulaincourt [1610-1611], p. 38.
29413. Lamasse. — Sur les inscriptions de la chapelle de l'ermitage de Sainte-Anne près Lunéville (xviiᵉ siècle), et de la ferme de la Rochotte, près de Baccarat (1752), p. 43. — Cf. n° 29419.
29414. Des Robert (F.). — Lettre de Claude Deruet (1614), p. 45.
29415. Anonyme. — Nécrologie. Charles-Joseph-Stanislas Courbe [† 1885], p. 46.
29416. Germain (L.). — De la collaboration de Ligier Richier au tombeau de Claude de Lorraine, duc de Guise, à Joinville (1550), p. 56.
29417. Gillant (L'abbé). — Acte de naissance et de baptême de dom Maugérard [Jean-Baptiste, 29 avril 1735], p. 62.
29418. Braux (G. de). — Note bibliographique sur une pièce de vers d'Alphonse de Ramberviller [1597], p. 64.
29419. A. de G. [Gironcourt (A. de).] — Sur l'inscription de l'ancien ermitage de la Rochotte, p. 68. — Cf. n° 29413.
29420. Lepage (H.). — Sur la date et le lieu de naissance de Claude de Lorraine, duc de Guise [Condé-sur-Moselle, novembre 1496], p. 76.
29421. Germain (L.). — La seconde femme de Thibaut Iᵉʳ, comte de Bar [Hermance de Bar-sur-Seine, xiiiᵉ s.], p. 83.
29422. Favier (J.). — Note sur les livres que M. l'abbé Guillaume a légués au trésor de la cathédrale [de Nancy. Missels du xviᵉ siècle, etc.], p. 86.
29423. Briard (Em.). — Le comté de Falkenstein dans la maison de Lorraine, p. 92.
29424. Germain (L.). — Épitaphe de Claude-Éléonore de Lorraine [à Oyron, † 1654], p. 105.
29425. Anonyme. — Nécrologie. Giorné Viard [sculpteur, 1824 † 1885], p. 108.
29426. Lallemand (Paul). — Un manuscrit retrouvé. Guerre de Metz en 1324, p. 117.
29427. Germain (L.). — Anoblissement des enfants de Ferri de Calabre par le duc de Lorraine en 1529, p. 123.
29428. Seillière (Frédéric). — Un manuscrit de dom Pelletier, p. 131.
29429. Haillant (N.). — Plan, division et table d'une Bibliographie vosgienne, p. 132.
29430. H. L. [Lepage (H.).] — Nécrologie. Étienne-Dominique Olry [† 1885], p. 142.
29431. Barbier de Montault (X.). — Les moules à bibelots pieux du Musée lorrain, *pl.*, p. 149.
29432. Germain (L.). — Anciennes cloches lorraines, *pl.*, p. 164.
29433. Cournault (Charles). — La cité d'Afrique [près Messein, retranchement gaulois], p. 183.
29434. Lepage (Henri). — Quelques environs de Nancy. La Trinité, la Gueule-le-Loup, Sainte-Geneviève [notice historique et archéologique], p. 193.
29435. L. W. [Wiener (L.).] — Collin fils, peintre en miniature [xviiiᵉ s.], p. 230.
29436. Gillant (L'abbé). — Notes sur le *Nobiliaire de Saint-Mihiel* [de Dumont]. Erreurs généalogiques, p. 234.

[Familles Bournon, Gervaise et Le Mosleur.]

29437. Gouy (Jules). — Note sur Jacob Richier [1585 † 1641], p. 238.
29438. Germain (L.). — Inscriptions à Saint-Mihiel [xviᵉ-xviiᵉ s.], p. 244.
29439. Barbier de Montault (X.). — Inscription commémorative d'un gouverneur de Clermont-en-Argonne, à Angers [Hercule de Charnacé, 1621], p. 250.
29440. Chapellier. — Étude sur la véritable nationalité de Jeanne d'Arc, *plan*, p. 263.

RECUEIL DE DOCUMENTS.

I. — Recueil de documents sur l'histoire de Lorraine. (Nancy, 1855, in-8°, II-210-II-67-5 p.)

29441. Beaupré. — La généalogie ducale de Lorraine, d'après les titres de l'église de Saint-Dié. Extrait des manuscrits de l'abbé de Riguet, grand prévôt de cette église, dans la seconde moitié du xviiᵉ siècle, p. 1.
29442. Lepage (Henri). — Mariage de Yolande de Lorraine avec Guillaume, landgrave de Hesse [1497], p. 23.

29443. Lepage (Henri). — Négociations entre Charles IX, roi de France, et Charles III, duc de Lorraine, touchant les droits de régale et de souveraineté dans le Barrois mouvant [1570], p. 43.

[Rapport du président Bournon.]

29444. Bourcier de Montureux. — Mémoire sur les négociations qui ont précédé la cession de la Lorraine et du Barrois, par Bourcier de Montureux, procureur général près la Cour souveraine [1736], p. 85.

29445. Lallement (Louis). — Harangue au duc François III, au sujet du bruit de la cession des duchés de Lorraine et de Bar à la France, attribuée à M. Bourcier de Montureux, procureur général [1736], p. 117.

29446. Lepage (Henri). — Extrait des comptes du receveur général de Lorraine relatifs à la seconde guerre entre René Ier et Antoine de Vaudémont [1438-1441], p. 129.

29447. Lepage (Henri). — Mémoire présenté au duc de Lorraine Charles III touchant la confirmation des privilèges de la noblesse [probablement par Bertrand Le Hongre, 1562], p. 163.

29448. Lepage (Henri). — Discours sur la souveraineté du duché de Lorraine avec une exhortation à Monseigneur [Charles III, par Thierry Alix, 1564], p. 181.

29449. Lepage (Henri). — Situation politique de la Lorraine vis-à-vis de l'Empire [xvie s.], p. 195.

29450. Digot (Aug.). — Mémoire présenté par Charles III, duc de Lorraine, aux États de la Ligue et rédigé par Thierry Alix, sieur de Veroncourt et président de la Chambre des comptes [1593], p. I-II et 1 à 67.

II. — Recueil de documents sur l'histoire de Lorraine. (Nancy, 1856, in-8°, IV-331 p.)

29451. Anonyme. — Relation de la guerre des Rustauds par Nicole Volcyr (1525), p. 1 à 331. — Cf. n° 29458.

III. — Recueil de documents sur l'histoire de Lorraine. (Nancy, 1857, in-8°, 266 p.)

29452. [Lepage (H.).] — Inventaire des titres enlevés de la Mothe [1634], p. 5 à 266.

IV. — Recueil de documents sur l'histoire de Lorraine. (Nancy, 1859, in-8°, 127-52-95 p.)

29453. Anonyme. — Journal de Pierre Vuarin, garde-notes à Étain (1587-1666), p. 1 à 117.

29454. Anonyme. — Extraits du Blanc-Livre [d'Étain, 1667-1700], p. 119.

29455. [Lepage (H.).] — *L'origine de bataille et chevalerie*, par Emond Du Boullay, héraut d'armes de Lorraine [1543], p. 1 à 52.

29456. [Marchal (L'abbé).] — Mémoire sur l'état de la Lorraine à la fin du xviie siècle, p. 1 à 94.

[Mémoire dressé par M. de Vaubourg des Marêts, 1697.]

V. — Recueil de documents sur l'histoire de Lorraine. (Nancy, 1859, in-8°, XV-368 p.)

29457. [Marchal (L'abbé)?] — La chronique de Lorraine [se terminant en 1544], p. 1 à 368.

VI. — Recueil de documents sur l'histoire de Lorraine. (Nancy, 1861, in-8°, XXII-281 p.)

29458. [Lepage (Henri).] — Documents inédits sur la guerre des Rustauds [1525], p. 1 à 281. — Cf. n° 29451.

VII. — Recueil de documents sur l'histoire de Lorraine. (Nancy, 1862, in-8°, VIII-256 p.)

29459. [Marchal (L'abbé).] — Voyage de dom Thierry Ruinart en Lorraine et en Alsace [1696], p. 1 à 256.

VIII. — Recueil de documents sur l'histoire de Lorraine. (Nancy, 1863, in-8°, XIII-256 p.)

29460. Lepage (Henri). — Pouillé du diocèse de Toul, rédigé en 1402, publié pour la première fois d'après la copie conservée à la Bibliothèque impériale, p. 1 à 256.

IX. — Recueil de documents sur l'histoire de Lorraine. (Nancy, 1864, in-8°, VIII-338 p.)

29461. Lepage (Henri). — Lettres et instructions de Charles III, duc de Lorraine, relatives aux affaires de la Ligue, publiées pour la première fois, p. 1 à 338.

X. — Recueil de documents sur l'histoire de Lorraine. (Nancy, 1865, in-8°, VIII-328 p.)

29462. Bonneval (Alexandre de). — Lettres d'Élisabeth-Charlotte d'Orléans, duchesse de Lorraine, à la marquise d'Aulède (1715-1738), p. 1 à 328.

XI. — Recueil de documents sur l'histoire de Lorraine. (Nancy, 1866, in-8°, XIX-271 p.)

29463. Schmit (J.-A.). — Pièces originales sur la guerre de Trente ans jusqu'à la destruction de la Mothe (1632-1645), p. I à XIX et 1 à 271 [t. I]; XII, p. 1 à 294; et XIII, p. 295 à 510 [t. II].

XII. — Recueil de documents sur l'histoire de Lorraine. (Nancy, 1867, in-8°, 294 p.)

[29463]. SCHMIT (J.-A.). — Pièces originales sur la guerre de Trente ans [t. II], p. 1 à 294.

XIII. — Recueil de documents sur l'histoire de Lorraine. (Nancy, 1868, in-8°, paginé 295 à 510 et 1 à 89.)

[29463]. SCHMIT (J.-A.). — Pièces originales sur la guerre de Trente ans [fin du t. II], p. 295 à 510.

29464. MORY D'ELVANGE. — Extraits d'anciennes chroniques lorraines, p. 1.

XIV. — Recueil de documents sur l'histoire de Lorraine. (Nancy, 1869, in-8°, x-262 p.)

29465. [MARCHAL (L'abbé)?] — Journal de dom Cassien Bigot, prieur de l'abbaye de Longeville (Saint-Avold) [1606-1654], p. 1 à 206.

29466. [MARCHAL (L'abbé)?] — Appendice [fragments d'un *Abrégé d'histoire de Lorraine*, par un jésuite au commencement du XVIIIe s.], p. 207.

XV. — Recueil de documents sur l'histoire de Lorraine. (Nancy, 1870, in-8°, XIV-264 p. et 8 p. d'errata.)

29467. H. L. et A. DE B. [LEPAGE (H.) et BONNEVAL (A. DE).] — Dénombrement du duché de Lorraine en 1594 par le président Alix, p. 1 à 262.

MEURTHE-ET-MOSELLE. — NANCY.

SOCIÉTÉ DE GÉOGRAPHIE DE L'EST.

La *Société de géographie de l'Est*, fondée en 1879, publie un *Bulletin* dont le septième volume a paru en 1885.

I. — Bulletin de la Société de géographie de l'Est, publié par les soins et sous le contrôle du Comité de rédaction, t. I, année 1879. (Nancy, 1879, in-8°, 548 p.)

II. — Bulletin de la Société de géographie de l'Est, etc., t. II, année 1880. (Nancy, 1880, in-8°, 784 p.)

29468. GODRON (D.-A.). — Des divers modes de prononciation du nom de la ville de Briey (Meurthe-et-Moselle), p. 114.

29469. DELAVAUD (Louis). — Un voyage au Brésil au XVIe siècle (1555) [le commandeur Nicolas de Villegaignon], p. 609.

29470. MAGGIOLO (L.). — Simples notes pour servir à l'histoire de la cartographie en Lorraine du XVIe au XIXe siècle, p. 621.

29471. VIANSSON. — Notes pour servir à l'histoire du canal de l'Est, p. 630.

29472. BARBIER (J.-V.). — Le livre d'or de la géographie dans l'est de la France [explorateurs et géographes nés dans cette région, X^e-XIXe s.], p. 657; III, p. 90, 454, 577; IV, p. 84 et 327.

III. — Bulletin de la Société de géographie de l'Est, etc., t. III, année 1881. (Nancy, 1881, in-8°, 696 p.)

[29472]. BARBIER (J.-V.). — Le livre d'or de la géographie dans l'est de la France, p. 90, 454 et 577.

29473. ADAM (Lucien). — Les patois lorrains, *carte*, p. 296.

29474. OLRY (Étienne). — Excursion de Nancy à la côte de Sion-Vaudémont par les collines, 2 *cartes*, p. 301, 414 et 590.

IV. — Bulletin de la Société de géographie de l'Est, etc., t. IV, année 1882. (Nancy, 1882, in-8°, 800 p.)

[29472]. BARBIER (J.-V.). — Le livre d'or de la géographie dans l'est de la France, p. 84 et 327.

29475. FOURNIER (A.). — Pourquoi appelle-t-on ballons certains sommets vosgiens? p. 133. — Cf. n° 29477.

29476. GOGUEL (E.). — La Méditerranée des anciens, p. 313, 511, 703; et V, p. 655.

29477. FOURNIER (A.). — Sur la signification du nom de ballon, p. 741. — Cf. n° 29475.

V. — Bulletin de la Société de géographie de l'Est, etc., t. V, année 1883. (Nancy, 1883, in-8°, 752 p.)

29478. Olry (Étienne). — Excursion de Nancy au mont Saint-Michel près de Toul, *carte*, p. 64 et 345.
29479. Fournier (A.). — Comment l'on voyageait en France au siècle dernier, p. 134.
29480. Anonyme. — Quels sont les vrais découvreurs du Sénégal? p. 141.
29481. Basset (René). — Mission scientifique en Algérie et au Maroc, p. 303, 558; et VII, p. 293.
29482. Basset (René). — Documents géographiques sur l'Afrique septentrionale, traduits de l'arabe, p. 651; VI, p. 98 et 623.
[29476]. Gogúel (E.). — La Méditerranée des anciens, p. 655.

VI. — Bulletin de la Société de géographie de l'Est, etc., t. VI, année 1884. (Nancy, 1884, in-8°, 721 p.)

29483. Peiffer. — Petit glossaire pour servir à la lecture des cartes topographiques de la Corse, p. 38.
29484. Blaise (A.). — Notice sommaire sur la commune de Saint-Michel-sur-Meurthe [Vosges], *carte*, p. 83, 291 et 485.
[29482]. Basset (R.). — Documents géographiques sur l'Afrique septentrionale, p. 98 et 623.
29485. H. V. — Relation d'un voyage au Tong-King, (1650-1670), par Jean-Baptiste Tavernier, 4 *pl.*, p. 161 et 355.
29486. Lhuillier (E.). — Izernore-en-Bugey (Ain), autrefois Alésia, *carte*, p. 443. — Cf. n° 29490.
29487. Olry (Étienne). — Recherches sur les phénomènes météorologiques de la Lorraine, p. 493, 665; VII, p. 99 et 405.

VII. — Bulletin de la Société de géographie de l'Est, etc., t. VII, année 1885. (Nancy, 1885, in-8°, 823 p.)

29488. Metz-Noblat (A. de). — Dix jours en Corse, p. 47 et 381.
29489. Bonnabelle (C.). — Petite étude sur la commune de Nubécourt, canton de Triaucourt (Meuse), p. 84.
[29487]. Olry (Étienne). — Recherches sur les phénomènes météorologiques de la Lorraine, p. 99 et 405.
29490. Lhuillier (E.). — Note supplémentaire sur Izernore-en-Bugey, *carte*, p. 138. — Cf. n° 29486.
[29481]. Basset (René). — Mission scientifique en Algérie et au Maroc, p. 293.

MEURTHE-ET-MOSELLE. — PONT-À-MOUSSON.

SOCIÉTÉ PHILOTECHNIQUE DE PONT-À-MOUSSON.

La *Société philotechnique de Pont-à-Mousson*, fondée en 1874, disparut en 1878, après avoir publié 2 volumes de *Mémoires*.

I. — Mémoires de la Société philotechnique de Pont-à-Mousson, t. I. (Pont-à-Mousson, 1874, in-8°, 201-16-XVI p.)

29491. Grellois (Eugène). — Notice sur le docteur Thouvenel, médecin et député. Ses travaux scientifiques et sa vie politique [1782 † 1837], p. 5.
29492. Hyver (Charles). — Le doyen Pierre Grégoire de Toulouse et l'organisation de la Faculté de droit à l'Université de Pont-à-Mousson (1582-1597), p. 47.

[Appendice : œuvres de Pierre Grégoire de Toulouse, paginées de 1 à 16. — Pièces inédites, paginées 1 à XVI; sceaux, *pl.*]

29493. Lepage (H.). — Le patriotisme lorrain, p. 113.

[Arrêt du Conseil souverain de Lorraine du 10 juin 1637 relatif aux jésuites.]

29494. Ory (Eugène). — Étude sur la *Pyrotechnie* de Jean Appier Hanzelet [imprimée en 1630 à Pont-à-Mousson], 4 *pl.*, p. 125.
29495. Deblaye (A.). — Étude sur la *Récréation mathématique* du P. Jean Levrechon, jésuite [XVIIe s.], *pl.*, p. 171.
29496. Gérardin (Alfred). — De quelques éditions des œuvres de Jean Barclay [1582 † 1608], p. 183.

II. — Mémoires de la Société philotechnique de Pont-à-Mousson, t. I [*lisez* II]. (Pont-à-Mousson, 1878, in-8°, 228 p.)

29497. Lepage (H.). — Un soldat de fortune au XVIe siècle [le colonel La Bourlotte], p. 5. — Cf. id. n° 29339.
29498. Grellois (Eugène). — Un épisode de l'histoire

de la Faculté de médecine de Pont-à-Mousson [1659], p. 13.

29499. Schmit (J.-A.). — Notices bibliographiques pour servir à l'histoire de la typographie mussipontaine, p. 23.

29500. Hyver (Charles). — L'église de la commanderie de Saint-Antoine de Pont-à-Mousson, p. 39.

[Pièces justificatives (1335-1790), paginées I à X, *sceau*.]

29501. Ruche. — Tableau analytique des antiquités retrouvées jusqu'à ce jour sur les territoires des communes [du canton] de Pont-à-Mousson, p. 87.

29502. Hyver (Charles). — Les agonothètes ou les donateurs de prix à l'Université de Pont-à-Mousson, p. 103.

[Pièces justificatives (XVIIe s.), paginées I à IX.]

29503. Ory (Eugène). — Une restitution bibliographique pour servir à l'histoire de l'imprimerie mussipontaine, *fig.*, p. 149.

[Combat d'honneur concerté par les IIII éléments sur l'heureuse entrée de la duchesse de La Valette en la ville de Metz, en 1624.]

MEUSE. — BAR-LE-DUC.

SOCIÉTÉ DES LETTRES, SCIENCES ET ARTS.

La *Société des lettres, sciences et arts de Bar-le-Duc,* fondée au commencement de 1870, a été autorisée le 8 mars de la même année. Elle a commencé au mois de décembre 1871 la publication de ses *Mémoires* dont le 15e volume a paru en 1885.

I. — Mémoires de la Société des lettres, sciences et arts de Bar-le-Duc, t. I. (Bar-le-Duc, 1871, in-8°, 155 p.)

29504. SERVAIS (Victor). — Fragment des annales historiques du Barrois ou histoire politique, civile, militaire et ecclésiastique du duché de Bar sous le règne d'Édouard III, duc de Bar (de 1411 à 1415), p. 43; et II, p. 130. — Cf. nos 29522 et 29540.

29505. WIDRANGES (Hippolyte DE). — Observations sur un document du XVIe siècle qui rappelle le don fait par Philippe de Gueldres, reine de Sicile, duchesse de Lorraine et de Bar, d'une relique de saint Pierre aux dames religieuses de Sainte-Claire de Bar-le-Duc, p. 74.

[Attestation délivrée par les religieuses de Sainte-Claire, 20 mars 1585.]

29506. SERVAIS (Victor). — Recherches sur la situation de la librairie, l'établissement et l'état de l'imprimerie à Bar-le-Duc et dans quelques autres parties du Barrois pendant les XIVe, XVe, XVIe, XVIIe et XVIIIe siècles, p. 80. — Cf. no 29554.

29507. BIRGLIN. — Entretien sur Victor Orsel, peintre lyonnais [1795 † 1850], p. 98.

29508. LABOURASSE (H.). — Le camp de la Woëvre (*Castrum Vabrense*) [sur un mamelon auprès de Montsec], p. 137.

29509. WIDRANGES (Hippolyte DE). — Découverte d'objets antiques faite à Nubécourt au mois de septembre 1867, 8 *pl.*, p. 143.

[Épée, boucles de ceinturon et bracelet de l'époque franque.]

II. — Mémoires de la Société des lettres, sciences et arts de Bar-le-Duc, t. II. (Bar-le-Duc, 1872, in-8°, 272 p.)

29510. BAILLOT (Dr). — Notice historique et statistique sur les établissements de bienfaisance du département de la Meuse, p. 19; et III, p. 121.

29511. WIDRANGES (Hippolyte DE). — Découvertes d'antiquités faites en 1859 et en 1869 dans les contrées de Sorbey et de la Horne, anciennes localités détruites dépendant du village de Ménil-la-Horgne, arrondissement de Commercy, canton de Void (Meuse), *pl.*, p. 88.

[Fibule gallo-romaine; clef; statuette de reliquaire.]

29512. BONNABELLE (Cl.). — Notice sur la commune de Châtillon-sous-les-Côtes et sur l'emplacement du *Castrum Vabrense*, p. 109.

29513. LEMAIRE (P.-A.). — Démêlés des moines de Beaulieu avec les comtes de Bar (1286-1312), p. 119.

[29504]. SERVAIS (Victor). — Suite des principaux événements qui se sont produits dans le Barrois sous le règne d'Édouard III, duc de Bar (année 1415), p. 130.

29514. SERVAIS (Victor). — Notice sur une monnaie inédite de René II, duc de Lorraine et de Bar, récemment découverte à Bar-le-Duc, *pl.*, p. 195.

29515. BONNABELLE (Cl.). — Notice historique et statistique sur la ville de Damvillers (Meuse), *plan*, p. 203.

29516. SERVAIS (Victor). — Recherches historiques sur la pierre sépulcrale provenant du tombeau de Guy de Joinville donnée au Musée de Bar-le-Duc en 1850 et sur le personnage qu'elle représente [XIVe s.], *pl.*, p. 222.

29517. LABOURASSE (H.). — Une visite aux ruines [gallo-romaines] de Grand, *pl.*, p. 229.

29518. SERVAIS (Victor). — Notice sur un don fait au Musée de Bar-le-Duc en 1871 et sur son auteur [François-Marcien Mangin, 1798 † 1871], p. 240.

[Manuscrit de l'auteur sur la Lorraine et le Barrois.]

29519. COLLIGNON (A.). — Note sur les comédies en patois meusien de M. F.-S. Cordier, p. 245.

29520. TASSY DE MONTLUC. — Notice sur Eugène Richard [dessinateur, 1825 † 1872], p. 250.

29521. BONNE (L.-Ch.). — Nomenclature des communes perdues par la France à la suite de la guerre de 1870, p. 257.

III. — Mémoires de la Société des lettres, sciences et arts de Bar-le-Duc, t. III. (Bar-le-Duc, 1873, in-8°, 299 p.)

29522. SERVAIS (Victor). — Annales historiques du Barrois; règne du cardinal de Bar, année 1420, p. 105. — Cf. no 29504.

[29510]. Baillot (Dr). — Notice historique et statistique sur les établissements de bienfaisance du département de la Meuse, p. 121.

29523. Bonnabelle (Cl.). — Notice historique sur le bourg d'Ancerville (Meuse), *fig.*, p. 181.

29524. Birglin. — Notice sur M. Achille Colson, de Commercy [1815 † 1856] et sur le don fait au Musée de Bar-le-Duc par la veuve du docteur Colson, de Commercy, p. 211.

[Histoire naturelle; archéologie; chartes relatives au Dauphiné et autographes.]

29525. Tassy de Montluc. — Notice sur l'abbé Victor-Emmanuel Tibay, doyen de Condé-en-Barrois [1812 † 1873], p. 223.

29526. Widranges (Hippolyte de). — Recherches sur plusieurs voies romaines partant de Nasium, antique ville gallo-romaine détruite, aujourd'hui Naix, village du département de la Meuse, avec l'indication des antiquités découvertes sur leur parcours ou à leur proximité, notamment dans les arrondissements de Bar-le-Duc et de Commercy, *carte*, p. 227.

IV. — Mémoires de la Société des lettres, sciences et arts de Bar-le-Duc, t. IV. (Bar-le-Duc, 1875, in-8°, 160 p.)

29527. Bonnabelle (Cl.). — Notice historique sur Euville et ses seigneurs, p. 23.

29528. Baillot (Dr). — De la mendicité et de l'inefficacité des mesures, tant anciennes que modernes, prises pour la combattre, p. 55.

29529. Jacob (Alfred). — Note sur quelques monnaies [du XVIe et du XVIIe s.] trouvées à Burey-la-Côte, p. 84.

29530. Nicolas (Auguste). — Notice sur Renaud de Bar, soixante-neuvième évêque de Metz [† 1316], p. 113.

29531. Nicolas (Auguste). — Mémoire concernant la formation de la garde nationale de Bar-le-Duc et la fête de la Fédération sur le mont de Frumières, le 24 mai 1790, p. 119.

29532. Bonne (L.-Ch.). — Notice biographique sur Jean Thiriot, de Vignot, architecte du roi Louis XIII [vers 1590 † 1649], p. 124.

29533. Servais (Victor). — Extrait d'un rapport sur quelques objets et fragments historiques découverts dans les fouilles entreprises, en 1873, pour la construction de la nouvelle route de la ville haute à la ville basse [de Bar-le-Duc], p. 141.

[Bracelets de bombardes; inscription commémorative de la mort héroïque d'un bourgeois, 1589.]

V. — Mémoires de la Société des lettres, sciences et arts de Bar-le-Duc, t. V. (Bar-le-Duc, 1876, in-8°, 320 p.)

29534. Jacob (Alfred). — Chronique concernant le prieuré de Breuil, manuscrit inédit du milieu du XVIIe siècle, p. 47.

29535. Bala. — Un mot sur la chimie à la fin du XVIIe siècle, Jean-Nicolas Lémery (1696), p. 107.

29536. Fourot (L'abbé A.). — Notice biographique sur la famille de Me Ant.-Henry Aubry, seigneur d'Osches, syndic de Bar [XVIIIe-XIXe s.], p. 121.

29537. Fourot (L'abbé A.). — Le siège de Saint-Dizier [1544], p. 126.

29538. Bonnabelle (Cl.). — Notice historique sur la ville de Stenay, p. 143.

29539. Baillot (Dr). — Notice historique sur l'hospice de Bar-le-Duc, p. 195; et VI, p. 23.

[Pièces justificatives (XIIe-XVIIIe s.); bulles d'Innocent III et d'Honorius III; lettres de Henri III et de Louis XIV.]

VI. — Mémoires de la Société des lettres, sciences et arts de Bar-le-Duc, t. VI. (Bar-le-Duc, 1870, in-8°, 344 p.)

[29539]. Baillot (Dr). — Notice historique sur l'hospice de Bar-le-Duc, p. 23.

29540. Servais (Victor). — Annales historiques du Barrois; règne de René Ier, année 1429, p. 113. — Cf. n° 29504.

29541. Maxe-Werly (Léon). — Études sur les différents *pagi* qui au Xe siècle formèrent le comté du Barrois, *carte*, p. 151.

29542. Tassy de Montluc. — L'homme préhistorique; état de la question, p. 239.

VII. — Mémoires de la Société des lettres, sciences et arts de Bar-le-Duc, t. VII. (Bar-le-Duc, 1877, in-8°, 312 p.)

29543. Bonnabelle (Cl.). — Les comtes de Chissy et la ville de Montmédy, *pl.*, p. 17.

29544. Bonne (L.-Ch.). — Étude sur la condition des étrangers en France depuis l'origine de la monarchie jusqu'à nos jours, p. 69; VIII, p. 158; et IX, p. 165.

29545. Servais (Victor). — Recherches historiques et biographiques sur les châtelains de Bar [XIe-XVe s.], p. 99.

[Liste des châtelains de diverses châtellenies du duché de Bar.]

29546. Fourot (L'abbé A.). — Saint-Dizier; l'incendie du 19 août 1775, p. 145.

29547. Baillot (Dr). — L'assistance à domicile dans la ville de Bar-le-Duc [étude historique], p. 247.

VIII. — Mémoires de la Société des lettres, sciences et arts de Bar-le-Duc, t. VIII. (Bar-le-Duc, 1879, in-8°, 184 p.)

29548. Bonnabelle (Cl.). — Notice sur la ville de Vaucouleurs (Meuse), p. 15.

29549. Baillot (Dr). — Historique des établissements de bienfaisance de Vaucouleurs, p. 87.

29550. Servais (Victor). — Instructions de René Ier, roi de Sicile, duc d'Anjou et de Bar, aux délégués des officiers de Bar, pour le gouvernement du Barrois, en l'absence de ce prince et de Jean d'Anjou, duc de Calabre, son fils aîné, données à Angers le 3 septembre 1454, p. 124.

29551. Royer. — Notes pour servir à l'histoire de l'ancienne châtellenie de Pierrefitte, p. 139.

[Généalogie de la famille Du Châtelet.]

29552. Baillot (Dr). — Du droit dont jouissaient anciennement les habitants de la ville de Bar de prendre des mais dans le bois du Petit-Juré pendant l'octave de la Fête-Dieu, p. 151.

[29544]. Bonne (L.-Ch.). — Étude sur la condition des étrangers en France, p. 158.

29553. Servais (Victor). — Note sur M. Louis-Claude Bouillard, de Laimont [chirurgien militaire, † 1809], p. 168.

IX. — Mémoires de la Société des lettres, sciences et arts de Bar-le-Duc, t. IX. (Bar-le-Duc, 1880, in-8°, 224 p.)

29554. Servais (Victor). — Nouvelles recherches sur la situation de la librairie, l'établissement et l'état de l'imprimerie à Bar-le-Duc pendant les xive, xve, xvie, xviie et xviiie siècles, p. 19. — Cf. n° 29506.

29555. Bonnabelle (Cl.). — Étude sur les seigneurs de Ligny de la maison de Luxembourg, la ville et le comté de Ligny, p. 33. — Cf. n° 29560.

[29544]. Bonne (L.-Ch.). — Étude sur la condition des étrangers en France, p. 165.

29556. Gabriel (L'abbé). — Note sur les objets trouvés dans la Meuse, à Verdun, en 1876, p. 195.

[Armes et objets militaires; plombs; cuillers; clefs; monnaies, etc.]

29557. Maxe-Werly (Léon). — Études sur les monnaies au type altéré de Henri l'Oiseleur; trouvaille de Longeaux, *pl.*, p. 201.

X. — Mémoires de la Société des lettres, sciences et arts de Bar-le-Duc, t. X. (Bar-le-Duc, 1881, in-8°, 320 p.)

29558. Péroche. — L'homme et les temps quaternaires au point de vue des glissements polaires et des influences précessionnelles, p. 17.

29559. Jacob (Alfred). — Notice biographique et bibliographique sur M. L.-C.-H., comte de Widranges [1800 † 1880], *pl.*, p. 92.

29560. Bonnabelle (Cl.). — Notice sur Ligny-en-Barrois p. 113. — Cf. n° 29555.

29561. Bonnabelle (Cl.). — Notice sur Lachaussée (Meuse), *plan*, p. 193.

29562. Jacquot (F.). — Histoire de Hugues Métel [écrivain (xie-xiie s.)], p. 220.

29563. Baillot (Dr). — Notice sur les établissements de bienfaisance de Ligny-en-Barrois, p. 238.

29564. Anonyme. — Nécrologie [Alexandre-Édouard Mennehand, professeur, 1822 † 1881], p. 308.

XI. — Mémoires de la Société des lettres, sciences et arts de Bar-le-Duc, 2e série, t. I. (Bar-le-Duc, 1882, in-8°, xxxii-260 p.)

29565. Jacob (Alfred). — Cartulaire de l'abbaye de Sainte-Hoïlde [1225-1442], p. xxv-xxxii et 1-113.

29566. Gabriel (L'abbé). — Les campagnes dans le Verdunois au xie siècle, p. 115.

29567. Maxe (A.). — Études d'architecture religieuse dans la Meuse; églises de Tremont [xiie-xve s.], de Revigny [xve s.], de Saint-Michel de Saint-Mihiel [xie, xiiie et xviie s.], p. 205.

29568. Bonnabelle (Cl.). — Pierrefitte et les seigneurs de la maison du Châtelet, *fig.*, p. 221.

29569. Anonyme. — Nécrologie [Louis-Charles Bonne, 1819 † 1881], p. 247.

XII. — Mémoires de la Société des lettres, sciences et arts de Bar-le-Duc, 2e série, t. II. (Bar-le-Duc, 1883, in-8°, 379 p.)

29570. Bécourt (E.). — Note sur deux documents relatifs à l'instruction primaire dans le Barrois (1756-1805), p. 65.

[Engagement d'un maître d'école à Nançois-le-Grand (1756) et à Nant-le-Grand (1805).]

29571. Dannreuther. — Ligier Richier et la Réforme à Saint-Mihiel [xvie s.], p. 91.

29572. Bonnabelle (Cl.). — Notice sur Sampigny (Meuse), p. 113.

29573. Giraud (Albert). — Fragments d'histoire de la folie; la sorcellerie au moyen âge, une épidémie de délire de nos jours, p. 161.

29574. Maxe-Werly (Léon). — L'*Enfant à la crèche* [sculpture attribuée à Ligier Richier], p. 195.

29575. Maxe-Werly (Léon). — Les stalles de l'église de Ligny [1631], p. 203.

29576. Maxe-Werly (Léon). — Collection des monuments épigraphiques [gallo-romains] du Barrois, *pl.* et *fig.*, p. 205.

[Monuments sur pierre; plaques métalliques; verre et sigles figulins; bagues et fibules; cachets.]

29577. Konarski (Wladimir). — Conjectures sur l'origine champenoise de Florentin Thierriat, avocat au bailliage de Vosge [xvie-xviie s.], p. 299.

29578. Jacob (Alfred). — Notice sur M. Francis de Chanteau, archiviste paléographe [1848 † 1882], p. 347.
29579. Konarski (Wladimir). — Notice nécrologique sur M. C.-E. Perronne [ingénieur, 1821 † 1882], p. 353.

XIII. — Mémoires de la Société des lettres, sciences et arts de Bar-le-Duc, 2e série, t. III. (Bar-le-Duc, 1884, in-8°, xxi-492 p.)

29580. Florentin. — M. Paulin Gillon [1796 † 1878]. Notice biographique, *pl.*, p. 1.
29581. Germain (Léon). — Monuments funéraires de l'église Saint-Étienne à Saint-Mihiel [xive-xixe s.], *fig.*, p. 67.
29582. Germain (Léon). — La date de la mort d'Édouard Ier, comte de Bar [11 novembre 1336], p. 119.
29583. Servais (Victor). — Notice sur Jean Errard de Bar-le-Duc, ingénieur du roi Henri IV [vers 1554 † avant 1620], p. 137.
29584. Smyttere (Dr de). — Les ducs de Bar ou seigneurs et dames de Cassel de la maison ducale de Bar [xive-xve s.], p. 151.

XIV. — Mémoires de la Société des lettres, sciences et arts de Bar-le-Duc, 2e série, t. IV. (Bar-le-Duc, 1885, in-8°, xxviii-334 p.)

29585. Maxe-Werly (Léon). — Étude du tracé de la chaussée romaine entre *Ariola* et *Fines;* documents à consulter dans la recherche des voies antiques du *Pagus Barrensis*, *carte*, p. 11; et XV, p. 123.
29586. Bécourt (E.). — Les cahiers de Tremont et de Neuville-sur-Orne aux États généraux de 1789, p. 47.
29587. Collignon (A.). — Une visite du comte de Bismarck au lycée de Bar-le-Duc (26 août 1870), p. 87.
29588. Germain (Léon). — La famille de Richier d'après les travaux les plus récents [xvie-xviie s.], p. 93.
29589. Maxe-Werly (Léon). — Note sur quelques graffites découverts dans la région du Barrois, *fig.*, p. 121.
29590. Maxe-Werly (Léon). — Étude sur les bornes anciennes et examen des monuments mégalithiques du Barrois, p. 131.
29591. Dannreuther (H.). — Pierre Jénin, de Jametz, et son *Almanach astronomique pour l'an* MDCIX, *pl.*, p. 143.
20592. Bonnabelle (Cl.). — Notes sur Condé-en-Barrois, p. 149.
29593. Colin (J.). — Description bibliographique des factums, mémoires, placets, arrêts, lettres patentes, etc., qui font partie de la bibliothèque de Saint-Mihiel et concernent la Lorraine, le Barrois et les Trois-Évêchés, p. 175.
29594. Le Mercier de Morière. — Note sur la date du décès de Thiébaut II, comte de Bar, et sur l'une de ses filles fiancée à Albert de Habsbourg, p. 231.
29595. Konarski (Wladimir). — Notice sur Nicolas-Victor Servais [1805 † 1883], p. 235.
29596. Bergez. — M. le colonel de Sailly [1820 † 1884], p. 317.

MEUSE. — BAR-LE-DUC.

SOCIÉTÉ DU MUSÉE DE BAR-LE-DUC.

Cette société a été fondée le 17 avril 1846 et s'est éteinte vers le milieu de 1849, après trois années d'existence. Reconstituée le 30 août 1865, elle a publié un seul *Bulletin* paru en décembre 1867 et qui n'a pas été terminé.

Bulletin de la Société du Musée de Bar-le-Duc, t. I. (Bar-le-Duc, 1867, in-8°, 72 p.)

29597. Servais (Victor). — Rapport sur la translation des cendres des princes de Bar et de Lorraine de la collégiale de Saint-Maxe dans celle de Saint-Pierre, p. 1.
29598. Widranges (Hippolyte de). — Notice sur M. Le Paige de Darney et description de sa collection [monnaies et antiquités], p. 34.
29599. Widranges (Hippolyte de). — Trouvaille de monnaies et d'objets antiques à Pont-sur-Meuse [époque gallo-romaine], p. 48.
29600. Widranges (Hippolyte de). — Trouvaille de grands écus faite à Vavaincourt en 1866 [monnaies allemandes du xvie s.], p. 52.
29601. Godefroid. — Sur un portrait de M. de Champorcin, évêque de Toul, p. 59.
29602. Florentin. — Nécrologie [Notice biographique et bibliographique sur M. Bellot], p. 61.

MEUSE. — VERDUN.

SOCIÉTÉ PHILOMATHIQUE DE VERDUN.

La *Société philomathique de Verdun*, fondée le 1er août 1822, a été autorisée par un arrêté ministériel du 25 août 1834. Elle commença seulement en 1840 la publication de *Mémoires* dont le 9e volume a paru en 1884. En outre, elle a fait éditer l'ouvrage suivant :

29603. Liénard (Félix). — Archéologie de la Meuse; description des voies anciennes et des monuments aux époques celtique et gallo-romaine, *pl.* (Verdun, in-4°, t. I, 1881, VII-125 p. et 41 *pl.;* t. II, 1884, 191 p. et 43 *pl.;* t. III, 1885, 144 p. et 40 *pl.*)

I. — Mémoires de la Société philomathique de Verdun (Meuse), t. I. (Verdun, 1840, in-8°, 262 p.)

29604. Clouët (François). — Mémoire sur les faussaires modernes qui ont contrefait les médailles antiques, p. 19.

29605. Gourneau. — Recherches sur quelques camps anciens dans la Lorraine, *plan*, p. 67.

[Camps de Vitry et de Saint-Mihiel.]

29606. Tihay (L'abbé V.). — Aperçus historiques sur les animaux réduits en domesticité chez les peuples anciens, p. 131.

29607. Clouët (François). — Recherches sur l'invention et le perfectionnement des moulins et sur les pierres meulières des anciens, p. 163.

29608. Tihay (L'abbé V.). — Note extraite d'un travail sur le poème de la Moselle d'Ausone, p. 251.

II. — Mémoires de la Société philomathique de Verdun (Meuse), t. II. (Verdun, 1843, in-8°, VII-272 p.)

29609. Dupré (Prosper). — Analyse des opinions des archéologues récents sur l'origine des vases peints en Étrurie, p. 1.

29610. Digot (Auguste). — Mémoire sur l'épiscopat de saint Eulaire [† 362] et la translation du siège épiscopal de Gran dans la ville de Toul, p. 73.

29611. Clouët (L'abbé). — Essai sur les idées qui ont régné aux diverses époques de l'histoire, relativement à l'origine des droits du pouvoir souverain, p. 131.

29612. Clouët (François). — Les muses et leurs attributs sur les médailles antiques, p. 181.

29613. Clouët (François). — Sur un monument funéraire gallo-romain découvert dans la commune de Manheulle, p. 187.

29614. Widranges (Hippolyte de). — Notice sur quelques monnaies gauloises, *pl.*, p. 253.

III. — Mémoires de la Société philomathique de Verdun (Meuse), t. III. (Verdun, 1846, in-8°, VI-352 p.)

29615. Clouët (L'abbé). — De l'église et de sa discipline en France pendant la période mérovingienne, p. 1.

29616. Widranges (Hippolyte de). — Sépultures antiques découvertes à Remennecourt et sur la côte de Venise, territoire de Varney (Meuse) [et à Scrupt (Marne)], 9 *pl.*, p. 199.

[Boucles de ceinturon, boucles d'oreilles, vases, haches, fers de lance, bracelets gallo-romains ou francs.]

29617. Digot (Auguste). — Étude historique et littéraire sur Hugues Métel, chanoine régulier de l'abbaye Saint-Léon, de Toul [XIe-XIIe s.], p. 255.

29618. Clouët (L'abbé). — Charte mérovingienne inédite, avec préambule et notes, p. 329.

[Testament d'Adalgise, 634.]

IV. — Mémoires de la Société philomathique de Verdun (Meuse), t. IV. (Verdun, 1850, in-8°, II-502 p.)

29619. Clouët (L'abbé). — De l'origine des droits seigneuriaux et régaliens des églises, p. 1.

[Avoués des seigneuries ecclésiastiques; droits du roi par rapport aux avoueries des églises; institutions monastiques.]

29620. Tihay (L'abbé V.) et Liénard (Félix). — Le mont Saint-Hilaire [à Marville], 17 *pl.*, p. 83.

[Église romaine de Saint-Hilaire; monuments funéraires du cimetière.]

29621. Neucourt (F.). — Du mouvement de la population dans la ville de Verdun, d'après les registres de l'état civil, p. 165.

29622. Clouët (F.). — Recherches sur les monnaies frappées à Verdun-sur-Meuse depuis l'époque celtique ou histoire de la monnaie verdunoise et de celle de quelques autres lieux du département de la Meuse [Dun, Mouson, Nasium, etc.], *pl.*, p. 195.

29623. Liénard (Félix). — Notice biographique sur M. Hubert Lucas [naturaliste, 1799 † 1850], p. 487.

V. — Mémoires de la Société philomathique de Verdun (Meuse) [t. V]. (Verdun, 1853, in-8°, XXII-353 p.)

29624. Buvignier (Charles). — Recherches historiques sur les maladies épidémiques et contagieuses qui ont régné dans le Verdunois [IXe-XVIIe s.], p. 3.

29625. Liénard (Félix). — Notice sur un camp romain et quelques antiquités gallo-romaines de l'Argonne, *fig.*, p. 157.

29626. Buvignier (Charles). — La harouille et le lundi gras au prieuré de Cons, p. 181.

29627. Jeannin (L'abbé H.). — Notice biographique. François Humbert, médecin orthopédiste, fondateur de l'établissement de Morley (Meuse) [1776 † 1850], p. 199.

VI. — Mémoires de la Société philomathique de Verdun (Meuse), t. VI. (Verdun, 1863, in-8°, 446 p.)

29628. Liénard (Félix). — Compte rendu des travaux de la Société philomathique et revue des collections composant, en 1863, le Musée de Verdun, p. 35.

[Capitulation de Damvillers (1637), p. 39. — Lettre de Charles de Lorraine, évêque de Verdun, à la duchesse de Nemours (1691), p. 44. — Musée, p. 71. — Le docteur Marcé († 1854), p. 115. — François Clouët († 1856), p. 116. — Adolphe Briot de Monremy († 1858), p. 117. — L'abbé Hippolyte Jeannin († 1862), p. 118. — L'abbé Henriou († 1863), p. 118. — Le docteur Remy († 1863), p. 119. — Claude-Louis-Nicolas Petitot, colonel du génie († 1863), p. 119. — Prosper-Sylvain Denis († 1863), p. 120.]

29629. Clouët (L'abbé). — De la truste chez les anciens Germains et de son influence sur les institutions qui se développèrent en Europe après les conquêtes germaniques, p. 123.

29630. Lévy (Isaac). — Les Samaritains (secte juive), p. 175.

29631. Tihay (L'abbé V.). — Le maréchal de Marillac, gouverneur de Verdun (1630-1632), p. 203.

VII. — Mémoires de la Société philomathique de Verdun (Meuse), t. VII. (Verdun, 1872, in-8°, 418 p.)

29632. Liénard (Félix). — Verdun à l'époque celtique et sous la domination romaine, p. 9.

29633. Liénard (Félix). — Les émaux verdunois aux XIe et XIIe siècles; maître Nicolas de Verdun, p. 69.

[Retable de Klosterneubourg, 4 *pl.*; châsse de Notre-Dame de Tournai, *pl.*]

29634. Didiot (L'abbé Jules). — Nicolas Arnou, verdunois, philosophe et théologien du XVIIe siècle [1629 † 1692], *pl.*, p. 137.

29635. Petitot-Bellavène. — Étude sur les inondations de la Meuse à Verdun et sur les travaux qui ont été exécutés pour en diminuer la fréquence et l'intensité, 5 *plans*, p. 179.

29636. Didiot (L'abbé Jules). — Souilly et sa prévôté en 1649, p. 297.

VIII. — Mémoires de la Société philomathique de Verdun (Meuse), t. VIII. (Verdun, 1877, in-8°, 350 p.)

29637. Liénard (Félix). — L'homme de Cumières pendant l'époque néolithique (âge du renne), p. 5.

29638. Didiot (J.). — Jean Baleycourt, écrivain et historien verdunois, p. 61.

29639. Liénard (Félix). — Les faïenceries de l'Argonne, p. 111.

29640. Liénard (Félix). — Les cartes à jouer, industrie verdunoise au XVIIe siècle, p. 225.

29641. Mazilier. — Note sur quelques édifices de l'arrondissement de Verdun, p. 241.

IX. — Mémoires de la Société philomathique de Verdun (Meuse), t. IX. (Verdun, 1884, in-8°, 312 p.)

29642. Liénard (Félix). — Le tumulus de Plaisance, p. 261.

29643. Liénard (Félix). — Le peigne de l'empereur Henri II [XIe s.], *pl.*, p. 267.

29644. Dony (Pierre). — Deux sceaux de Henri d'Apremont, évêque de Verdun (1312-1349), p. 275.

29645. Liénard (Félix). — Joseph Christophe de Verdun, membre de l'Académie royale de peinture (1662 † 1748), p. 279.

MORBIHAN. — VANNES.

SOCIÉTÉ POLYMATHIQUE DU MORBIHAN.

La *Société polymathique du Morbihan*, fondée en 1826, a été reconnue le 5 juillet 1877 comme établissement d'utilité publique. De 1857 à 1860, elle prit le titre de *Société archéologique du Morbihan*. Cette association a fait paraître, de 1827 à 1833, 7 *Comptes rendus* annuels de ses séances; puis après avoir cessé toute publication pendant près de vingt-cinq ans, elle commença en 1857 à faire paraître un *Bulletin* qui formait 31 volumes en 1885. Une table des 19 premiers volumes a été publiée en 1874. (Voir notre n° 29844.) Plusieurs ouvrages scientifiques dont nous n'avons pas à parler ici ont en outre été publiés sous les auspices de la Société ainsi que les deux volumes suivants :

29646. Kersaho (L'abbé). — Dictionnaire hébraïque. (Vannes, 1878, in-8°, II-70 p.)

29647. Le Mené (Joseph-M.). — Catalogue du Musée archéologique [de la Société polymathique du Morbihan]. (Vannes, 1881, in-8°, 72 p. avec *pl.*)

I. — **Compte rendu des travaux de la Société polymathique du département du Morbihan**, pendant l'année 1826-1827, par M. Mauricet, D. M. P., secrétaire. (Vannes, 1827, in-8°, 27 p.)

29648. Mauricet. — Compte rendu des travaux de la Société polymathique du département du Morbihan pendant l'année 1826-1827, p. 1 à 27.

[Histoire de Vannes, p. 15. — Antiquités homériques, p. 19.]

II. — **Compte rendu des travaux de la Société polymathique**, etc., pendant l'année 1827-1828, etc. (Vannes, 1828, in-8°, 28 p.)

29649. Mauricet. — Compte rendu des travaux de la Société polymathique du département du Morbihan pendant l'année 1827-1828, p. 1 à 21.

[Pierres de Carnac, p. 12. — Histoire de Vannes, p. 14. — Antiquités homériques, p. 15.]

29650. Luczot. — Compte rendu de l'état du Musée à la séance du 29 mai 1828, p. 22.

III. — **Compte rendu des travaux de la Société polymathique**, etc., pendant l'année 1828-1829, etc. (Vannes, 1829, in-8°, 41 p.)

29651. Mauricet. — Compte rendu des travaux de la Société polymathique du département du Morbihan pendant l'année 1828-1829, p. 1 à 41.

[Antiquités homériques, p. 27.]

IV. — **Compte rendu des travaux de la Société polymathique**, etc., pendant l'année 1829-1830, etc. (Vannes, 1832, in-8°, 17 p.)

V. — **Compte rendu des travaux de la Société polymathique**, etc., pendant l'année 1830-1831, etc. (Vannes, 1832, in-8°, 13 p.)

29652. Mauricet. — Compte rendu des travaux de la Société polymathique du département du Morbihan pendant l'année 1830-1831, p. 1 à 13.

[La fée Méleusine, p. 4.]

VI. — **Compte rendu des travaux de la Société polymathique**, etc., pendant l'année 1831-1832, par M. G. Monnier, secrétaire. (Vannes, 1833, in-8°, 38 p.)

29653. Monnier (G.). — Compte rendu des travaux de la Société polymathique du département du Morbihan pendant l'année 1831-1832, p. 1 à 38.

[L'abbé Mahé, né en 1760, p. 3.]

VII. — **Compte rendu des travaux de la Société polymathique**, etc., pendant l'année 1832-1833, par M. Cayot-Délandre, secrétaire. (Vannes, 1833, in-8°, 30 p.)

29654. Cayot-Délandre. — Compte rendu des travaux

de la Société polymathique du département du Morbihan pendant l'année 1832-1833, p. 1 à 25.

[Ruines d'une ville venète à Locmariaquer, p. 8.]

29655. Taslé. — Anecdote du règne de l'empereur Ching-Ifu [à propos des astrologues], p. 26.

I. — **Bulletin de la Société archéologique du Morbihan,** année 1857. (Vannes, 1858, in-8°, 112 p.)

29656. Jaquemet (H.). — Essai sur les historiens de la Bretagne, p. 17.

[Analyse d'un mémoire de M. l'abbé Mouillard.]

29657. Rozensweig (L.). — Le dîner du chevalier (xv° et xvii° s.) [aveux et autres documents sur cette redevance féodale], p. 28.

29658. Rozensweig (L.). — Les potiers du pays de Rieux [déclaration de 1681], p. 35.

29659. Rozensweig (L.). — Bataille navale de Conflans [1759], p. 37.

29660. Fouquet. — Le château du diable, p. 39.

[Ruines sur le coteau de Manné-penn-enn-Drainfve.]

29661. Rozensweig (L.). — Le pays de Questembert, ses antiquités, ses croix sculptées, p. 43.

29662. Fréminville (De). — Grottes de Plouharnel, *pl.*, p. 45.

29663. Fréminville (De). — Découverte d'une grotte sépulcrale dans le tumulus de Tumiac, *pl.*, p. 47.

29664. Galles (J.-M.). — Monument gallo-romain de Saint-Galles en Arradon, p. 50.

29665. Fréminville (De). — Établissement gallo-romain découvert en 1842 au village de Saint-Christophe dans la commune d'Elven, *pl.*, p. 51.

29666. Fréminville (De). — Restes d'un établissement gallo-romain découvert en 1856 au Lodo, commune d'Arradon, 3 *pl.*, p. 52.

[Légendes des planches, p. 55. — Description de monnaies romaines, p. 68.]

29667. Fréminville (De) et Grégoire. — Établissement gallo-romain découvert en 1857 à Saint-Symphorien, près Vannes, *pl.*, p. 68.

29668. Taslé (Amand). — Église de Taupont, arrondissement de Ploermel [d'après une notice de l'abbé Mouillard, xv° s.], p. 74.

29669. Rozensweig (L.). — Chapelle de Saint-Avé (bourg d'en bas) [d'après un mémoire de M. Galles, xv° s.], p. 76.

29670. Taslé (A.). — Église paroissiale de Saint-Léry, arrondissement de Ploermel [d'après un mémoire de M. Galles, xv° s.], p. 78.

29671. Lallemand (Alfred). — Histoire de la cathédrale de Saint-Pierre de Vannes [xiii° à xviii° s., extrait d'un mémoire inédit de l'abbé Mouillard], p. 80.

29672. Fouquet (Dr A.). — Chapelle de Saint-Fiacre en Radenac [xvi° s.] et l'église de Lantillac [cloche de 1206, d'après des notes de M. de Bréhier], p. 93.

29673. Fréminville (De). — Relevé de l'inscription fixant la date de la dédicace et de l'achèvement de la chapelle de Kernascleden en Saint-Caradec-Trégonel [1453], *pl.*, p. 95.

29674. Jaquemet (H.). — Inscription, monnaie et médaille trouvées dans les fondations de l'ancien port de Palais, à Belle-Isle [fin du xvii° s.], p. 96.

29675. Rozensweig (L.). — Le château de Tréfaven, près Lorient [d'après M. Le Bayon-Gérard, xvi° s.], p. 100.

29676. Lallemand. — Sceau du chapitre de Vannes, p. 102.

29677. Fouquet (Dr A.). — Les noms des rues et les armes de la ville de Vannes [analyse d'un mémoire inédit de M. Lallemand], p. 103.

II. — **Bulletin de la Société archéologique du Morbihan,** année 1858. (Vannes, 1860, in-8°, 80 p.)

29678. Le Joubioux (Mgr). — Théâtre breton, p. 1.

29679. Le Joubioux (Mgr). — Proverbes bretons [texte et traduction], p. 4.

29680. Rosenzweig (L.). — Fragment d'un roman de chevalerie [peut-être de Mélyadus le Léonais], p. 7.

29681. Le Joubioux (Mgr). — Chants bretons, p. 16.

29682. Galles (L.). — Prieuré de Saint-Martin de Josselin, O. S. B., membre de Marmoutiers, d'après les chartes existant aux archives du Morbihan et celles données par dom Morice, p. 18.

29683. Rosenzweig (L.). — Du droit de quintaine [xvii° s.], p. 31.

29684. Rosenzweig (L.). — Le jubilé de 1652. La médecine de nos pères (notes extraites des archives du présidial de Vannes), p. 33.

29685. Lallemand (Alfred). — Souvenirs historiques [relatifs à Vannes, visites de souverains, fontaines, etc.], p. 35.

29686. Mouillard (L'abbé). — Essai sur les monuments druidiques, p. 41.

29687. Fouquet (A.). — Des pierres à bassins, *pl.*, p. 55.

29688. La Fruglaye (De). — Tumulus en Moustoir-Ac [vases funéraires], *pl.*, p. 60.

29689. Rosenzweig (L.). — Borne [romaine] de Mériadec en Plumergat, p. 64.

29690. La Fruglaye (De). — Découverte de sept vases funéraires au Resto en Moustoir-Ac, *pl.*, p. 65.

29691. Galles (L.). — Notes sur les pierres tombales du chœur de l'église de Saint-Gildas de Rhuys [xiii° s.], *pl.*, p. 65.

29692. Mouillard (L'abbé). — Notice archéologique sur Taupont [église et manoir], p. 67.

29693. Kerdaffret (L'abbé). — Église paroissiale de la Trinité-Langonnet [xve s.], p. 70.
29694. Augustin (L.). — Notice archéologique sur le village de Coet-Leu-de-Bas en Saint-Congard [d'après un mémoire du docteur Fouquet], p. 71.

III. — **Bulletin de la Société archéologique du Morbihan**, année 1859. (Vannes, 1860, in-8°, 152 p.)

29695. Fouquet (Dr A.). — De Vannes à Josselin [excursion archéologique], p. 1.
29696. Lallemand (Alfred). — Les institutions de saint François de Sales en Bretagne [la Visitation de Vannes, etc.], *fig.*, p. 10.
29697. Rosenzweig (L.). — Quelques ordonnances de police à Vannes (1650 à 1735) et particulièrement celles qui concernent les murailles, les fontaines, les écoliers, p. 15.
29698. Lallemand (Alfred). — Notice sur Notre-Dame de la Tronchaye, p. 36.
29699. Dulaurens de la Barre. — Deux récits bretons [les pierres de Plessé; le revenant de la Grève], p. 39.
29700. Le Joubioux (Mgr). — L'homme d'Ilis-Margo [ermite, xviiie s.], p. 47.
29701. Mouillard (L'abbé). — Origine de certaines croyances et pratiques qui ont cours en Bretagne et ailleurs [de la religion des Celtes avant et après la conquête romaine], p. 49.
29702. Bréhier (De) et Jaquemet. — Manuscrit en vers du sieur de Caillon et notice sur René de Tournemine [† 1609], p. 70.
29703. Fouquet (Dr A.). — Des voies romaines dans la commune d'Arradon, p. 77.
29704. Anonyme. — Fouilles d'un établissement gallo-romain au village de l'Elvéno, en Noyal-Muzillac, 2 *pl.*, p. 80.
29705. Anonyme. — Établissement gallo-romain découvert en 1857 à Tréalvé, commune de Saint-Ave, p. 80.
29706. Jaquemet. — Notice sur les vitraux de l'église de Beignon et sur les travaux de restauration qu'on va y exécuter, p. 81.
29707. Rosenzweig (L.). — Statistique archéologique de l'arrondissement de Lorient, p. 84. — Cf. n°s 29712, 29722 et 29729.

IV. — **Bulletin de la Société polymathique du Morbihan**, année 1860. (Vannes, 1861, in-8°, 148 p.)

29708. Lallemand (Alfred). — Le beffroi et l'hôtel de ville de Vannes [xvie s.], p. 1.
29709. Pontvallon-Hervouet (L'abbé). — Relation du siège de Lorient par les Anglais en 1746, p. 5.
29710. Galles (René). — Fouille d'un dolmen à Locmariaker, p. 12.
29711. Villemeureuil (De). — Grotte située dans la lande de Grooch, près de Kerlescant, au nord des alignements de Carnac, *pl.*, p. 13.
29712. Rosenzweig (L.). — Statistique archéologique de l'arrondissement de Napoléonville, p. 15. — Cf. n° 29707.
29713. Fouquet. — La Croix-Jégoux, le Pont-Rouiller, Notre-Dame du Pont-d'Ars et le château des Aunais. Légendes, p. 123.
29714. Dulaurens de la Barre. — La pierre tremblante de Trégunc [légende], p. 129.

V. — **Bulletin de la Société polymathique du Morbihan**, année 1861. (Vannes, 1862, in-8°, 148 p.)

29715. Piéderrière (L'abbé). — Lettres patentes de François II, duc de Bretagne [1487; sauvegarde accordée à la maison de Jean Le Guennego, à Questembert], p. 1.
29716. Piéderrière (L'abbé). — Étude sur l'ancienne abbaye de Prières, au diocèse de Vannes, p. 3; VII, p. 30; et IX, p. 57.
29717. Closmadeuc (Dr G. de). — La pharmacie à Vannes avant la Révolution, p. 15.
29718. Fouquet (Dr A.). — Promenade archéologique sur la lande de Lanvaux [menhirs et dolmens], p. 17.
29719. Guyot-Jomard (A.). — Notice sur la vie et l'ouvrage de M. l'abbé Mahé [† 1831], p. 51.
29720. Rosenzweig (L.). — Ordres religieux militaires du Temple et de l'Hôpital, leurs établissements et leurs églises observés dans le département du Morbihan, p. 54.
29721. Arrondeau. — Un mot sur la tour d'Elven [château de la fin du xve s.], p. 61.
29722. Rosenzweig (L.). — Statistique archéologique de l'arrondissement de Vannes, p. 65. — Cf. n° 29707.
29723. Fouquet (Dr A.). — De la population dans le Morbihan, p. 133.

VI. — **Bulletin de la Société polymathique du Morbihan**, année 1862. (Vannes, 1863, in-8°, 132 p.)

29724. Fouquet (Dr A.). — Rapport sur la découverte d'une grotte sépulcrale dans la butte de Tuniac [époque celtique], *fig.*, p. 1.
29725. Galles (René). — Rapport sur les fouilles du mont Saint-Michel en Carnac faites en septembre 1862, p. 7.
29726. Closmadeuc (Dr G. de). — Rapport sur les divers objets [couteaux celtiques, etc.] et particulièrement sur

les ossements provenant des fouilles du tumulus du mont Saint-Michel de Carnac, p. 18.

29727. Closmadeuc (Dr G. de). — Une visite à Carnac et description d'un second caveau funéraire découvert au fond de la crypte principale, p. 28.

29728. Malaguti (F.). — Analyse des ossements et terres trouvés dans les tumulus de Tuniac et du mont Saint-Michel en Carnac, p. 40.

29729. Rosenzweig (L.). — Statistique archéologique de l'arrondissement de Ploermel, p. 45. — Cf. n° 29707.

VII. — **Bulletin de la Société polymathique du Morbihan**, 1er semestre 1863. (Vannes, 1863, in-8°, 70 p.)

29730. Fouquet (Dr A.). — Un kilomètre en Crach [chapelle de Sainte-Marie-Madeleine et motte de Castellic], p. 1.

29731. Taslé (Amand). — Le trésor de Jean Guennégo, découvert à Questembert au mois de mai 1863 [monnaies des ducs de Bretagne au xve s.], p. 8.

29732. Closmadeuc (Dr G. de). — Note et considérations archéologiques sur les bronzes gaulois découverts aux environs de Questembert, 2 *pl.*, p. 10.

[29716]. Piéderrière (L'abbé). — Étude sur l'ancienne abbaye de Prières, p. 30.

VIII. — **Bulletin de la Société polymathique du Morbihan**, 2e semestre 1863. (Vannes, 1864, in-8°, 72 p.)

29733. Fouquet (Dr A.). — Une tournée départementale en 1863 [dolmen du village de Kergantic], p. 1.

29734. Galles (René). — Note sur un dolmen découvert sous la tombelle de Kercado en Carnac, p. 5.

29735. Closmadeuc (Dr G. de). — Note sur la sépulture du dolmen tumulaire de Kercado (Carnac), p. 10.

29736. Galles (René). — Manné-er-H'roëk. Dolmen découvert sous un tumulus à Locmariaquer, 6 *pl.*, p. 18.

29737. Galles (René). — Note sur le Manné-Lud [tumulus à Locmariaquer], p. 33. — Cf. n° 29741.

IX. — **Bulletin de la Société polymathique du Morbihan**, année 1864. (Vannes, 1864, in-8°, 170-II p.)

29738. Closmadeuc (Dr G. de). — Fouille et découverte d'un dolmen tumulaire à Crubelz, commune de Belz, arrondissement de Lorient, p. 6.

29739. Jehan, de Saint-Julien (L.-F.). — Les monuments primitifs de la Bretagne-Armorique comparés à ceux de la même période en Angleterre, en Irlande, en Danemark, etc., p. 14.

29740. Arrondeau. — Biographie. Moquin-Tandon [† 1863], p. 24.

[29716]. Piéderrière (L'abbé). — Étude sur l'ancienne abbaye de Prières, p. 57.

29741. Galles (René) et Mauricet (Alphonse). — Étude sur le Manné-Lud en Locmariaquer, *pl.*, p. 79. — Cf. n° 29737.

29742. Galles (René) et Mauricet (Alphonse). — Découverte d'un dolmen sépulcral sous le tumulus de Kergonfals en Bignan (Morbihan), *pl.*, p. 90.

29743. Fouquet (Dr A.). — Compte rendu de quelques fouilles opérées sur Lanvaux en Pluherlin [dolmens], p. 97.

29744. Fouquet (Dr A.). — Compte rendu de quelques fouilles opérées en septembre 1864 au pied de cinq menhirs en Pleucadeuc, p. 105.

29745. Galles (René). — Fouilles du tumulus du Moustoir-Carnac, *pl.*, p. 117. — Cf. n° 29749.

29746. Closmadeuc (Gustave et Alphonse de). — Fouilles des dolmens de Kerrock (Locmariaquer), p. 126.

29747. Guyot-Jomard (A.). — Coup d'œil sur les analogies de la langue bretonne avec le français, l'anglais, le gallois, le latin et le grec, p. 130.

X. — **Bulletin de la Société polymathique du Morbihan**, année 1865. (Vannes, 1865, in-8°, 108 p.)

29748. Jégou. — Le port de Blavet et Jérôme d'Arradon, seigneur de Quinipily [xvie s.], p. 4.

29749. Mauricet. — Étude des ossements trouvés dans le tumulus du Moustoir-Carnac, p. 24. — Cf. n° 29745.

29750. Closmadeuc (Dr G. de). — Une question d'hygiène publique traitée dans une petite ville de Bretagne au xviiie siècle [à la Roche-Bernard, sépultures dans les églises], p. 30.

29751. Closmadeuc (Dr G. de). — Tombeau découvert au Manné-Beker-Noz (butte du hurleur de nuit) à Quiberon, *pl.*, p. 39.

29752. Closmadeuc (Dr G. de). — Découverte d'un bracelet celtique en or à Besné (Loire-Inférieure), p. 50.

29753. Fouquet (Dr A.). — Campagnes archéologiques en 1865 [fouilles en Saint-Congar, en Plœmeur, Pluherlin, Plaudren], p. 56.

29754. Galles (L.). — Rapport sur les fouilles de l'établissement gallo-romain de Kerhan (Arradon), *pl.*, p. 73.

XI. — **Bulletin de la Société polymathique du Morbihan**, année 1866. (Vannes, 1866, in-8°, 160 p.)

29755. Closmadeuc (Dr G. de). — Le passage de la Vilaine de la voie antique de Portus-Namnetum à Dartoritum. Situation de Duretie, *carte*, p. 7.

29756. Fouquet (Dr A.). — Fouilles à la Grée-Mahé en Pluherlin [camp romain], 2 *pl.*, p. 34.

29757. Closmadeuc (Dr G. de). — Mémoires d'un député de la noblesse aux États de Bretagne de 1720 à 1724, p. 40.

29758. Rosenzweig (L.). — Lettre d'un soldat breton à sa mère [devant Philippeville au pays de Liège, 1682], p. 57.

29759. Jégou. — Annales lorientaises, p. 63, 125; XII, p. 59, 186; XIII, p. 41; XIV, p. 38, 129; et XV, p. 83.

[Ile Saint-Michel, prieuré et lazaret; choix d'un port par la compagnie des Indes orientales; fondation de Lorient; le Jacuédic, Tréfaven et Ploemeur en 1666.]

29760. Cussé (L. de) et Galles (L.). — Fouille du tumulus nommé Er Hourich ou la Vigie, situé dans la commune de la Trinité-sur-Mer, *pl.*, p. 81.

29761. Cussé (L. de) et Galles (L.). — Les dolmens de la Trinité-sur-Mer, p. 83.

29762. Closmadeuc (Dr A. de). — Note sur des fouilles opérées en 1866 dans les dolmens de Ksu, à Park-er-Guérèn, commune de Crach, p. 89.

29763. Closmadeuc (Dr G. de). — Rapport sur les fouilles faites dans les communes de Carnac et de Plouharnel, *pl.*, p. 91.

29764. Carado (l'abbé). — Note sur Mgr Amelot, évêque de Vannes en 1790, p. 109.

29765. [Guyot-Jomard (A.).] — Enlèvement de Mgr de Pancemont, évêque de Vannes, raconté par lui-même. Jugement des coupables [1806-1807], p. 112.

XII. — Bulletin de la Société polymathique du Morbihan, année 1867. (Vannes, 1867, in-8°, 216 p.)

29766. Guyot. — Une promenade par la lande de Lanvaux en Plaudren, Colpo et Saint-Jean-Brévelay [dolmens et menhirs], p. 16.

29767. Fouquet (Dr A.). — De quelques tumulus sans monuments intérieurs, p. 19.

29768. Taslé (Amand). — Fouilles d'un dolmen à Bilgroeis près Port-Navalo, commune d'Arzon [et enceinte retranchée], p. 21.

29769. Closmadeuc (Dr G. de). — Découverte d'un cromlech dans l'île d'El-Lanic (Morbihan), p. 28.

29770. Desmars. — Note sur une voie romaine allant de Blain (Loire-Inférieure) à Port-Navalo (Morbihan) [suivie d'observations par le docteur G. de Closmadeuc], p. 30.

29771. Galles (L.). — Notice sur une sépulture trouvée sous un lech bas, à Arradon [monnaies des XIIIe et XIVe s.], p. 41.

29772. Rosenzweig (L.). — Note relative à la sépulture ancienne trouvée dans le cimetière d'Arradon, p. 43.

29773. Piéderrière (L'abbé). — Seigneurie de Largouet en Elven, p. 47.

29774. Fouquet (Dr A.). — Petite histoire d'une petite rue de Vannes [rue Saint-François], p. 53.

[29759]. Jégou. — Annales lorientaises, p. 59 et 186.

29775. Arrondeau. — Fouilles à Kerandrun en Theix, p. 81.

29776. Fouquet (Dr A.). — Trois âges en Pleucadeuc [tumulus], p. 84.

29777. Fouquet (Dr A.). — Réfutation d'une critique archéologique [au sujet de la ferrure des chevaux chez les Gaulois], p. 93.

29778. Lukis (W.-C.). — Rapport sur un tumulus de l'âge de bronze au Rocher, commune de Plougoumelen, p. 110.

29779. Caradec (Amb.). — Saint Vincent Ferrier, sa statue et la procession du 6 septembre à Vannes (1630-1867-1793), p. 113.

29780. Galles (L.). — Études de géographie féodale. Les arrière-fiefs de la seigneurie de Guémené, p. 121.

29781. Périer de Lahitolle (E.). — D'une forme particulière de la propriété foncière en Bretagne. Les domaines congéables; études d'histoire et d'économie agricoles, p. 167.

XIII. — Bulletin de la Société polymathique du Morbihan, année 1868. (Vannes, 1868, in-8°, CVIII-208 p.)

29782. Anonyme. — Procès-verbaux [janvier 1866-décembre 1868], p. I à CVIII.

29783. Closmadeuc (Dr G. de). — Découverte de sept tombeaux en pierre à Quiberon [époque celtique], p. 9.

29784. Guyot-Jomard (A.). — Étude historique. Arthur de Richemont, p. 16, 152; et XIV, p. 55.

29785. Guillotin de Corson (L'abbé). — Notices historiques sur l'ancienne paroisse de Carentoir (Morbihan), p. 27 et 151.

[Appendice : la bienheureuse Françoise d'Amboise, dame de La Gacilly, XVe s.]

[29759]. Jégou. — Annales lorientaises, p. 41.

29786. Closmadeuc (Dr G. de). — Chirurgie et barberie en Bretagne avant la Révolution, p. 61.

29787. Burgault (Émile). — Origine du domaine congéable et des communs en Bretagne expliquée par l'état du pays avant César comparé à celui des siècles qui ont suivi, p. 124. — Cf. n° 29811.

29788. Rosenzweig (L.). — Note sur une fouille faite sous le grand lec'h de la commune de Plouharnel, p. 169.

29789. Closmadeuc (Dr G. de). — Rapport sur les fouilles [dolmens] et les découvertes récentes de M. l'abbé Collet, vicaire de Saint-Pierre-Quiberon, p. 171.

29790. Euzenot (L'abbé). — Note sur une fouille faite au dolmen de Lez-Variel en Guidel, p. 176.

XIV. — Bulletin de la Société polymathique du Morbihan, année 1869. (Vannes, 1869, in-8°, 169 p.)

29791. Guyot-Jomard (A.). — Procès-verbaux [26 janvier-25 décembre 1869], p. 1 à 16 et 93 à 108.

[Le couvent des Cordeliers de Vannes, p. 14. — Le droit de joyeux avènement, p. 97.]

[29759]. Jégou. — Annales lorientaises, p. 38 et 129.
[29784]. Guyot-Jomard (A.). — Arthur de Richemont, *pl.*, p. 55.
29792. Galles (L.). — Les murailles de Vannes depuis 1573, p. 89.
29793. Galles (L.). — Fouilles faites par l'abbé Lavenot dans la commune de Carnac [dolmens], p. 109.
29794. Galles (L.). — Compte rendu sur la fouille du tumulus de Beg-en-Aud, Saint-Pierre-Quiberon, p. 112.
29795. Kerviler (René). — Note sur les monuments celtiques d'Angleterre, d'Écosse et d'Irlande et sur les collections du British Museum, 10 *pl.*, p. 116.
29796. Euzenot (L'abbé). — Les feux de la Saint-Jean, p. 123.

XV. — Bulletin de la Société polymathique du Morbihan, année 1870. (Vannes, 1870, in-8°, 155 p.)

29797. Guyot-Jomard (A.). — Procès-verbaux [25 janvier-31 mai 1870], p. 1 à 16.

[Monnaies d'or découvertes à Vannes, XIV° siècle, p. 14.]

29798. Euzenot (L'abbé). — Brittones et Britanni [théorie sur le nom de Bretagne], p. 20. — Cf. n° 29803.
29799. Caradec (Ambroise). — Une élection d'évêque dans la cathédrale de Vannes au mois de mars 1791 [l'abbé Le Masle, évêque du Morbihan], p. 27.
29800. Guillotin de Corson (L'abbé). — Histoire de la commanderie du temple de Carentoir, p. 33.
[29759]. Jégou. — Annales lorientaises. La fondation de Lorient, p. 83.
29801. Burgault (Émile). — Aperçus historiques sur les origines et les religions des anciens peuples de l'Espagne et des Gaules, p. 94.

XVI. — Bulletin de la Société polymathique du Morbihan, année 1871. (Vannes, 1871, in-8°, 203 p.)

29802. Guyot-Jomard (A.). — Procès-verbaux [28 juin 1870-26 décembre 1871], p. 1 à 26 et 69 à 86.

[Foyer gaulois de Mané-Belec au sud du village de Kergroix, p. 5. — Trésor de la cathédrale de Vannes, p. 7. — Statue de la Vierge provenant de la chapelle de Notre-Dame de Quelven, p. 7. — Dolmens de Mulabri en Caurel, de la Madeleine à Cléguérec et camps gallo-romains de Caurel et de Castelfinans, p. 9. — Bornes milliaires à Lomeltro en Guern, p. 19. — Fouilles à Kergonvo et à Mané-Pleuriq en Plœmel, p. 72. — Colonne romaine votive de Saint-Christophe en Elven, p. 82 et 84.]

29803. Burgault (E.). — Réflexions sur le mémoire de M. l'abbé Euzenot, relatif aux Brittones et Britanni, p. 29. — Cf. n° 29798.
29804. Euzenot (L'abbé). — Les peuples constructeurs de monuments mégalithiques, p. 32. — Cf. n° 29805.
29805. Burgault (E.). — Observations sur le mémoire de M. l'abbé Euzenot intitulé : *Les peuples constructeurs de monuments mégalithiques*, p. 40. — Cf. n° 29804.
29806. Collet (L'abbé). — Tumulus de Mané-Botgade, p. 49.
29807. Collet (L'abbé). — Origine des falaises de Quiberon et d'Erdeven, p. 50.
29808. Rosenzweig (L.). — Fragments manuscrits d'un roman de chevalerie [se rapportant aux romans de *Mélusine* et de *Geoffroy à la Grant-Dent*, XIV° s.], p. 53.
29809. Closmadeuc (Dr G. de). — La conspiration de Pontcallec en Bretagne sous la Régence [extrait d'un mémoire contemporain], p. 87.
29810. Rosenzweig (L.). — Excursion archéologique à Saint-Gildas de Rhuys [tombes des ducs de Bretagne, 1249-1388, et diverses], 2 *pl.*, p. 124.
29811. Burgault (Émile) et Bourdonnay (Hippolyte). — A M. Aurélien de Courson, à Paris [lettre sur les domaines congéables], p. 134. — Cf. n° 29787.
29812. Galles (L.). — La maison d'un seigneur de Guéméné en 1542 [Louis V de Rohan], p. 138.
29813. Rosenzweig (L.). — Les cacous de Bretagne, p. 140.
29814. Rosenzweig (L.). — Les prévôts féodés en Bretagne, p. 165.

XVII. — Bulletin de la Société polymathique du Morbihan, année 1872. (Vannes, 1872, in-8°, 286 p.)

29815. Burgault (Émile). — Les Aryens en Orient et les Celtes en Italie, p. 21 et 145.
29816. Closmadeuc (Dr G. de). — Étude sur le crucifix antique, style byzantin, découvert dans l'île de Gavr'inis [attribué au XII° s.], *pl.*, p. 85.
29817. Galles (L.). — Découverte d'un dolmen de l'époque du bronze au Rocher en Plougoumelen, 4 *pl.*, p. 119.
29818. Galles (L.). — Découverte de deux sépultures de l'époque du bronze au Rocher, p. 125.
29819. Fouquet (Dr Alfred). — Des ossements incinérés contenus dans une urne en cuivre découverte au Rocher en 1872, p. 127.
29820. Platel de Ganges. — Étude sur les monuments de la lande du Rocher [époque du bronze], p. 130.

29821. Euzenot (L'abbé). — Le tombeau de saint Mériadec à Noyal-Pontivy [VIIe s.], p. 137.
29822. Rosenzweig (L.). — Le prieuré de Locmaria en Plumelec, p. 140.
29823. Rosenzweig (L.). — Découvertes archéologiques dans la commune de Guer [l'abbaye, le château de Couëdor, le prieuré de Saint-Étienne], p. 141.
29824. Piéderrière (L'abbé). — Essai sur la généalogie des comtes de Porhoet, p. 234.
29825. Chauffier (L'abbé). — Bulle inédite d'Innocent III du 12 mai 1200 [interprétation de la sentence d'interdit fulminée contre la Bretagne en 1199], p. 241.
29826. Closmadeuc (Dr G. de). — Un mandement d'évêque de Vannes jugé et condamné par le Parlement de Bretagne au XVIIIe siècle (1744), p. 249.

XVIII. — Bulletin de la Société polymathique du Morbihan, année 1873. (Vannes, 1873, in-8°, 206 p.)

29827. Closmadeuc (Dr G. de). — Les celtæ ou haches en pierre des dolmens armoricains, p. 21.
29828. Galles (L.). — Comment les dolmens pourraient bien avoir été construits par les Gaulois, p. 50.
29829. Galles (L.). — Étude sur les peuples constructeurs des dolmens, p. 55.
29830. Rosenzweig (L.). — Étude sur les anciennes circonscriptions paroissiales du Morbihan, p. 75.
29831. Arrondeau. — Une excursion à El-Lanig [cromlech], p. 125.
29832. Arrondeau. — L'homme fossile. Résumé des connaissances acquises sur l'existence de l'homme dans l'Europe occidentale et principalement en France pendant les temps géologiques qui ont précédé l'époque actuelle, p. 129.
29833. Euzenot (L'abbé). — Le gui et l'aguilaneuf, p. 177.

XIX. — Bulletin de la Société polymathique du Morbihan, année 1874. (Vannes, 1874, in-8°, 244 p.)

29834. Le Mené. — Entrée d'un évêque de Vannes en 1404 [Hugues Le Stoquer], p. 22.
29835. Luco (L'abbé). — Pèlerinage de Tro-Breiz, p. 27.
29836. Luco (L'abbé). — Pierre de Saint-Martin, évêque de Vannes, 1572 à 1574, p. 32.
29837. Luco (L'abbé). — Organisation de l'ancien personnel ecclésiastique du diocèse [de Vannes, du XVIe s. à 1790; histoire des paroisses], p. 41, 150; XX, p. 110; XXI, p. 73; XXIII, p. 3, 113; XXIV, p. 5, 155; XXV, p. 47, 119; XXVI, p. 25; XXVIII, p. 78, 109; XXIX, p. 88 et 165.
29838. Chauffier (L'abbé). — Essai sur un coffret du XIIe siècle appartenant à la cathédrale de Vannes [costume civil et militaire du XIIe s.], 2 *pl.*, p. 95.
29839. Fouquet (Dr A.). — Cromlec'h-tombeau découvert près la Haye en Saint-Gravé, 2 *pl.*, p. 122.
29840. Closmadeuc (Dr G. de). — Le pont de César sur la rivière d'Auray [à Rosnarho en Crach], *pl.*, p. 124. — Cf. n° 29903.
29841. Euzenot (L'abbé). — Note sur des vestiges d'une voie romaine à Guidel, p. 130.
29842. Jégou. — La dame de Tronchâteau [statue de femme en pierre du XIIIe ou du XIVe s., à Cléguer], p. 133.
29843. Kerviler (René). — Étude historique et biographique sur Jean-François-Paul Lefebvre de Caumartin, abbé de Buzai, évêque de Vannes, etc. (1668-1733), et sur plusieurs membres de sa famille, en particulier ceux qui furent commissaires du Roi aux États de Bretagne [documents sur les États de Bretagne en 1701], p. 142; XX, p. 17 et 230.
29844. Anonyme. — Table générale des matières contenues dans les Bulletins de la Société polymathique du Morbihan, de 1857 à 1874, p. 227.

XX. — Bulletin de la Société polymathique du Morbihan, année 1875. (Vannes, 1875, in-8°, 302 p.)

[29843]. Kerviler (René). — Étude historique et biographique sur Jean-François-Paul Lefebvre de Caumartin, p. 17 et 230.
29845. Burgault (E.). — Notice sur les peuples armoricains, p. 44.
29846. Luco (L'abbé). — Construction de l'église de Notre-Dame de Paradis à Hennebont [fin du XVIe s.], p. 93.
29847. Luco (L'abbé). — Mort et funérailles de Mgr de Rosmadec, évêque de Vannes [† 1646], p. 99.
[29837]. Luco (L'abbé). — Les paroisses du diocèse de Vannes avant 1789, p. 110.
29848. Burgault (E.). — Discours [prononcé sur la tombe du docteur Fouquet, † 1875], p. 140.
29849. Le Mené (L'abbé). — Monastère du Père-Éternel de Vannes, p. 213.

XXI. — Bulletin de la Société polymathique du Morbihan, année 1876, 1er semestre. (Vannes, 1876, in-8°, XVI-168 p.)

29850. Lallemand. — Historique de la Société polymathique, p. 9.
29851. Mauricet (A.). — Société laïque des dames de charité à Vannes au XVIIe siècle, p. 24.
29852. Le Cointre. — Note sur le percement de l'isthme de Suez, p. 30.

29853. MAURICET (Jean-Joseph). — Le collège de Vannes en 1812; souvenirs d'un vieux collégien, p. 42.

29854. GUESDON. — Notice biographique sur Alain-René Le Sage [1668 † 1747], p. 51.

29855. ROSENZWEIG (L.). — Discours au décès de M. Taslé [Amand, 1800 † 1876], p. 70.

29856. PIÉDERRIÈRE (L'abbé). — Lettre de M. l'abbé Mahé [1826], p. 72.

[29837]. LUCO (L'abbé). — Les paroisses du diocèse de Vannes avant 1789, p. 73.

29857. LUCO (L'abbé). — Note sur la régale, p. 101.

29858. DIVERS. — Fouilles du dolmen tumulaire de Creigou, commune de Plovan (Finistère), 4 pl., p. 105.

29859. CLOSMADEUC (Dr G. DE). — Dolmen du Couëdic (Lockmikel-Baden); fouilles par M. John Harney, 1876, p. 106.

29860. EUZENOT (L'abbé). — Les instruments de bronze de Kerhar en Guidel, p. 109.

29861. EUZENOT (L'abbé). — Les instruments de bronze de Kergal en Guidel, p. 110.

29862. CLOSMADEUC (Dr G. DE). — Les musées archéologiques de Nantes, Angers, Tours, Poitiers, Bordeaux, Niort, comparés à celui de Vannes, p. 112.

29863. GUYOT-JOMARD (A.). — Étude de géographie celtique suivie d'une esquisse de théogonie celto-hellénique, p. 132; et XXII, p. 97.

XXII. — Bulletin de la Société polymathique du Morbihan, année 1876, 2e semestre. ([Vannes, 1876,] in-8°, paginé 73 à 145 plus 2 p. de tables.)

[29863]. GUYOT-JOMARD (A.). — Étude de géographie celtique, p. 97.

29864. EUZENOT (L'abbé). — Fouilles à Triec, en Guidel, p. 104.

29865. LAHITOLLE (DE). — Note sur le combat des Trente [XIVe s.], p. 112.

XXIII. — Bulletin de la Société polymathique du Morbihan, année 1877. (Vannes, 1878, in-8°, 204 p.)

[29837]. LUCO (L'abbé). — Les paroisses du diocèse de Vannes avant 1789, p. 3 et 113.

29866. LE MENÉ (L'abbé J.-M.). — La chapelle de la Madeleine près Vannes, p. 67.

29867. MAURICET (A.). — L'Isle-aux-Moines. Ses mœurs et ses habitants, p. 83.

29868. MAURICET (A.). — L'Isle-aux-Moines. Ses monuments mégalithiques [dolmens], pl., p. 89.

29869. CUSSÉ (L. DE). — Note sur une nécropole gallo-romaine découverte à Vannes en 1876, pl., p. 98.

29870. LE MENÉ (L'abbé J.-M.). — Voie romaine de Vannes à Locmariaquer, nouveau tracé, p. 102.

29871. CADOUDAL (G. DE). — Anciens ateliers de taille de silex dans le chott de Ouargla (Sahara occidental), p. 104.

XXIV. — Bulletin de la Société polymathique du Morbihan, année 1878. (Vannes, 1878-1879, in-8°, 70-268 p.)

[29646]. KERSAHO (L'abbé). — Dictionnaire hébraïque. (Vannes, 1878, in-8°, II-70 p.)

[29837]. LUCO (L'abbé). — Les paroisses du diocèse de Vannes avant 1789, p. 5 et 155.

29872. DU CHÂTELLIER. — Oppidum gallo-romain de Tronoen [en Saint-Jean-Trolimont], p. 98.

29873. CLOSMADEUC (Dr G. DE). — Urne cinéraire en verre [époque gallo-romaine, don au Musée de Vannes, pl., p. 100.

29874. CLOSMADEUC (Dr G. DE). — Carnac. Fouilles et découvertes de M. James Miln [tombelle du Nignol, les alignements], 2 pl., p. 102.

29875. PRULHIÈRE. — Rapport sur les fouilles exécutées les 12, 13 et 14 décembre 1878 à l'île de Boëd et au dolmen de Gornevèze en Séné, p. 121.

29876. LIMUR (Le comte DE). — Note sur les gisements de l'étain en Bretagne au point de vue de son commerce à la période dite du bronze, p. 124.

29877. LE MENÉ (L'abbé J.-M.). — Généalogie des seigneurs d'Hennebont, p. 139.

29878. LE MENÉ (L'abbé J.-M.). — Généalogie des barons de Lanvaux [comté de Vannes], p. 142.

29879. LE MENÉ (L'abbé J.-M.). — Généalogie des sires de Rochefort [diocèse de Vannes], p. 145.

29880. LE GALL DE KERLINOU. — Études héraldiques [l'écusson de Poher, la famille de Lestrelin], p. 148.

XXV. — Bulletin de la Société polymathique du Morbihan, année 1879. (Vannes, 1879, in-8°, 278 p.)

29881. LE MENÉ (L'abbé J.-M.). — Généalogie des sires de Rieux [diocèse de Vannes], p. 3.

[29837]. LUCO (L'abbé). — Les paroisses du diocèse de Vannes avant 1789, p. 47 et 119.

29882. CLOSMADEUC (Dr G. DE). — Prise de possession de la haute et ancienne baronnie de la Roche-Bernard par le comte de Boisgelin, marquis de Cucé, en 1744, p. 199.

29883. LE MENÉ (L'abbé J.-M.). — Généalogie des barons de la Roche-Bernard, p. 213.

29884. LE MENÉ (L'abbé J.-M.). — Volute de crosse en ivoire conservée à la cathédrale de Vannes [attribuée au XIIe s.], pl., p. 218.

XXVI. — Bulletin de la Société polymathique

du Morbihan, année 1880. (Vannes, 1880, in-8°, 194-48 p.)

29885. Piercy. — Redoute [romaine] découverte près du château d'Erech, commune de Questembert, *pl.*, p. 4.

29886. Piercy. — Quelques mots sur Latour d'Auvergne Corret, premier grenadier de France [† 1800], p. 6.

29887. Le Mené (L'abbé J.-M.). — Généalogie des sires de Malestroit, p. 11.

[29837]. Luco (L'abbé). — Les paroisses du diocèse de Vannes avant 1789, p. 25.

29888. Guyot-Jomard (A.). — Notes historiques extraites des archives municipales de Vannes [la porte Saint-Vincent], p. 155; XXVII, p. 13.

XXVII. — Bulletin de la Société polymathique du Morbihan, année 1881. (Vannes, 1881, in-8°, 126-46 p.)

29889. Miln (James). — Dolmens de Mané-er-Gongre et Mané-er-Gragueux, 5 *pl.*, p. 5.

[29888]. Guyot-Jomard (A.). — Notes historiques extraites des archives municipales de Vannes [la porte Saint-Vincent], p. 13.

29890. Galles (René). — Un souvenir de Kabylie, à propos des alignements de Carnac [pierres levées chez les Beni-Raten], p. 23.

29891. Luco (L'abbé). — Dolmen de Pénéreau, à l'île d'Arz, et excursion archéologique à Ilur, *pl.*, p. 26.

29892. Luco (L'abbé). — Exploration de plusieurs dolmens à Nostang, *pl.*, p. 35.

29893. Luco (L'abbé). — Les enfants d'Alain-René Le Sage [auteur du Gil Blas] et la maison où il est mort à Boulogne-sur-Mer [en 1747], p. 45.

29894. Luco (L'abbé). — Sépultures circulaires explorées par James Miln [à Parc-er-Huré ou Nignol, Toul-Prieu ou Coet-a-Touse, Kerhouant], 2 *pl.*, p. 55.

29895. Luco (L'abbé). — Dolmens Er-Pointe de Saint-Philibert en Locmariaquer, explorés par feu James Miln, *pl.*, p. 71.

29896. Luco (L'abbé). — Exploration de Mané Canapleye, près de Saint-Philibert, par feu James Miln, *pl.*, p. 76.

29897. Le Mené (L'abbé J.-M.). — Église cathédrale de Vannes [histoire et archéologie], *pl.* et *fig.*, p. 81.

29898. Le Mené (L'abbé J.-M.). — Tapisserie de saint Vincent Ferrier [à l'église de Vannes, XVI° s.], p. 115.

29899. Fontès. — Fouille à Carnac. Tombe circulaire, *pl.*, p. 121.

29900. Fontès. — Fouille au champ Robel près Ambon (Morbihan) [dolmens], p. 123.

XXVIII. — Bulletin de la Société polymathique du Morbihan, année 1882. (Vannes, 1883, in-8°, 192-48 p.)

29901. Closmadeuc (Dr G. de). — Le cromlech d'Er-Lanic et le golfe du Morbihan à l'époque dite celtique, *pl.* et *carte*, p. 8.

29902. Closmadeuc (Dr G. de). — Le président de Robien, archéologue [† 1756; sa vie et ses œuvres sur les antiquités armoricaines], *plan* de Locmariaker, p. 25.

29903. Closmadeuc (Dr G. de). — Une rectification à propos du pont dit de César sur la rivière d'Auray, p. 61. — Cf. n° 29840.

29904. Miln (James). — Explorations du Mané-Roullarde auprès de la Trinité-sur-Mer (Morbihan), *plan* et 2 *pl.*, p. 70.

[29837]. Luco (L'abbé). — Les paroisses du diocèse de Vannes avant 1789, p. 78 et 109.

29905. Miln (James). — Dolmens de Grah-Tri-Men et de Runn-Mori en Carnac, 2 *pl.*, p. 145.

29906. Closmadeuc (Dr G. de). — La découverte des grottes de Plouharnel en 1849 d'après les sources et documents authentiques, p. 174.

29907. Leroux. — Notice sur la vie et les œuvres du célèbre artiste Suc [1802 † 1855, sculpteur], p. 179.

XXIX. — Bulletin de la Société polymathique du Morbihan, année 1883. (Vannes, 1883, in-8°, 252-50 p.)

29908. Gaillard. — Rapport sur les fouilles des dolmens de Port-Blanc, 6 *pl.*, p. 6.

29909. Luco (L'abbé). — Quelques explorations archéologiques de M. Miln, p. 20.

[Dolmens du Mané-er-Roc'h-Feutet, de Mané-Coh-Clour, de Er-Gradouresse, de Mané-er-Ouah-Téhir, de Mané-Runmeur, du Gadouéric en Erdeven, de Lann-Poudèque en Carnac, de Mané-er-Layeu en Carnac, de Keriaval en Carnac; allée de menhirs à Mané-er-Luffang; constructions gallo-romaines dans le tumulus du Moustoir-Carnac; roches moutonnées et à cupules.]

29910. Miln (James). — Exploration de trois monuments quadrilatères publiée par l'abbé Luco [monuments de Mané-Pochat en Uieu, Mané-Clud-er-Yer, Mané-Tyec], 3 *pl.*, p. 36.

29911. Gaillard (F.). — Une étymologie [bretonne] entre mille [Rock-Guyon, Tal Rondossec], p. 72.

29912. Gaillard (F.). — Er Fouseu. Les fosses ou les tombeaux [près du village de Portivy en Saint-Pierre-Quiberon, dolmen], p. 76.

29913. Gaillard (F.). — Dolmen de Bekour-Noz en Saint-Pierre-Quiberon, p. 78.

[29837]. Luco (L'abbé). — Les paroisses du diocèse de Vannes avant 1789, p. 88 et 165.

29914. Closmadeuc (Dr G. de). — A la mémoire de Henri Martin [† 1883], p. 157.

29915. Gaillard (F.). — Fouilles du quatrième dolmen du Mané-Remor (Ploubarnel), p. 223.

29916. Gaillard (F.). — Les deux cists [dolmens fermés] du Mané-Groh' et de Bovelane à Erdeven, p. 225.

29917. Gaillard (F.). — Une exploration archéologique à l'île de Téviec, p. 226.

29918. Gaillard (F.). — Les cists des bois du Puço à Erdeven, p. 229.

29919. Gaillard (F.). — Rapport sur les fouilles du cimetière celtique de l'île Thinic, 4 *pl.*, p. 231.

29920. Gaillard (F.). — Le dolmen de Rogarte près de la Madeleine et le coffre de pierres du dolmen de la Madeleine en Carnac, p. 241.

XXX. — Bulletin de la Société polymathique du Morbihan, année 1884. (Vannes, 1884, in-8°, 220-38 p.)

29921. Galles (R.). — Grandeur et décadence de la statue d'un saint [saint Vincent Ferrier, à l'Ile-aux-Moines], p. 4.

29922. Caradec (Ambroise). — Un drame à la caserne d'infanterie de Vannes, 6 décembre 1836 [le porte-drapeau Sévcrac], p. 27.

29923. Cussé (L. de). — Compte rendu complet de la découverte et de la fouille de chambres souterraines à Tréhuinec en la commune de Vannes, en 1872 [poteries], *pl.*, p. 35.

29924. Du Chatellier (A.). — Les Laënnec sous l'ancien et le nouveau régime, de 1763 à 1836 [Théophile-Marie Laënnec, 1747 † 1836], p. 41.

29925. Closmadeuc (Dr G. de). — M. de Penhouët, à propos d'un vieux manuscrit [de ce savant, 1813], p. 164.

29926. Closmadeuc (Dr G. de). — Dolmen tumulaire du Rohello en Baden, *pl.*, p. 169.

29927. Cussé (L. de). — Tumulus dit la Garenne situé dans la lande de Keruzun en Saint-Jean-Brévelay, fouillé en 1884 par MM. Bassac et de Cussé [armes et poteries], 3 *pl.*, p. 172.

29928. Le Mené (L'abbé J.-M.). — Fouilles à Colpo [poteries], p. 178.

29929. Closmadeuc (Dr G. de). — Gavr'inis, fouilles et découvertes récentes, *fig.*, p. 180.

29930. Closmadeuc (Dr G. de). — Compte rendu des fouilles des dolmens de Pen-Liousse (île d'Arz), *pl.*, p. 188.

29931. Galles (René). — Rosenzweig [Louis-Théophile]. Notice biographique [1830 † 1884], p. 195.

29932. Huchet (L.). — Procès-verbaux [29 janvier 1884-13 janvier 1885], p. 1 à 27.

[Capitale des Venètes et golfe du Morbihan, p. 7. — Les Doudart de Lagrée, p. 16. — Sépulture à Véla, p. 23.]

XXXI. — Bulletin de la Société polymathique du Morbihan, année 1885. (Vannes, 1886, in-8°, 164-50 p.)

20933. Galles (R.). — Un document contemporain et inédit sur le tremblement de terre d'Alep en 1822 au consulat de France [lettre de Dercher, drogman du consulat d'Alep], p. 3.

29934. Closmadeuc (Dr G. de). — Les sorciers de Lorient. Procès criminel devant la sénéchaussée d'Hennebont (1736), p. 11.

29935. Cussé (Fernand de). — Une sépulture sous roche [au Men-Guen, commune de Plandren], *pl.*, p. 57.

29936. Galles (R.). — La légende de saint Tanguy, p. 58.

29937. Closmadeuc (Dr G. de). — Dalle de granit présentant des sculptures mégalithiques découverte à Kerpenhir (Locmariaquer), 1885, *pl.*, p. 69.

29938. Closmadeuc (Dr G. de). — Éloge de M. Du Chatellier [Armand Maufras Du Chatellier, 1797 † 1885], p. 71.

29939. Lavenot (L'abbé). — Les îles d'Hœdic et d'Houat et la presqu'île de Quiberon. Étude géographique et archéologique, 2 *plans*, p. 97.

29940. Closmadeuc (Dr G. de). — Le dolmen du Rutual (Locmariaquer) [monnaies et statuettes gallo-romaines], *pl.*, p. 112.

29941. Cussé (Henri et Fernand de) et Lallement (Léon). — Rapports sur les fouilles faites au frais de la Société dans les communes de Plumelec et de Colpo [dolmens et tumulus], p. 120.

29942. Du Chatellier (P.). — Pierre sculptée recouvrant une sépulture sous tumulus à Tréogat (Finistère), *pl.*, p. 128.

29943. Closmadeuc (Dr G. de). — Découverte d'un autel votif gallo-romain (Locmariaquer), p. 132.

29944. Closmadeuc (Dr G. de). — Fouilles et découvertes nouvelles dans l'île de Gavr'inis (Morbihan) [tombeaux], 3 *pl.*, p. 134.

29945. Kerlinou (E. de). — Une inscription allemande en Bretagne et les *Étrennes* de Clément Marot [à Baden, xvie s.], p. 146.

29946. Euzenot (L'abbé). — La seigneurie de Kerhorlay et ses prééminences à Guidel, p. 150.

MOSELLE. — METZ.

ACADÉMIE DE METZ.

Le 22 avril 1757 fut fondée à Metz, par M. Dupré de Geneste, une *Société royale des sciences et des arts* à laquelle le duc de Belle-Isle accorda, en 1760, son utile patronage. Ses travaux se poursuivirent jusqu'en 1792, mais il ne semble pas qu'elle ait rien publié.

Dispersée par la Révolution, elle ne fut reconstituée qu'en 1819, sous le titre de *Société des lettres, sciences et arts de Metz*. Une ordonnance royale du 5 septembre 1828 l'autorisa à substituer à ce nom celui d'*Académie de Metz* qu'elle a toujours conservé depuis lors. On trouvera des renseignements détaillés sur l'histoire de cette société dans les articles mentionnés sous les nos 30009, 30283 et 30322.

L'*Académie de Metz* a commencé, en 1821, à publier les comptes rendus de ses séances annuelles; ces comptes rendus se transformèrent, en 1828, en *Mémoires* dont un volume paraît chaque année. L'ensemble de la collection formait, à la fin de 1885, 70 volumes divisés en trois séries. Une table des deux premières séries a été publiée en 1873 [voir notre n° 30306].

Enfin on doit rattacher à l'Académie de Metz la *Société des Amis des arts de la Moselle*, fondée en 1834 dans le but d'organiser des expositions qui se tiendraient à Metz tous les deux ans. Cette société se mit sous le patronage de l'Académie de Metz, vers la fin du règne de Louis-Philippe, et organisa, d'accord avec elle, l'exposition de 1850. Vers la fin de cette année, elle se fondit avec d'autres associations artistiques dans une *Société de l'Union des arts* [voir ci-après, p. 358] qui organisa l'exposition de 1852. Mais l'*Union des arts* s'étant bientôt dissoute, la *Société des Amis des arts* se reconstitua sous le patronage de l'Académie de Metz et organisa, avec son concours, les expositions de 1856, 1858, 1861, 1865 et 1867. Nous ne croyons pas qu'elle ait survécu aux événements de 1870 ni qu'elle ait publié autre chose que le catalogue de ses expositions.

I. — **Société des lettres, sciences et arts de Metz**, années 1819-1820. Séance générale du 15 avril 1821. (Metz, 1821, in-8°, 79 p.)

[Une réimpression de ce volume a paru à Metz en 1859. Elle est identique, page pour page, à la première.]

29947. Macherez. — Éloge historique de M. le comte Razout, lieutenant général, mort en 1820, commandant la 3e division militaire [simple analyse], p. 67.

II. — **Société des lettres, sciences et arts de Metz**, années 1821-1822. Séance générale du 14 avril 1822. (Metz, 1822, in-8°, 141 p.)

29948. Teissier. — Note sur *Ricciacum*, station ou lieu de gîte militaire sur la voie de Metz à Trèves, p. 73.

29949. Devilly. — Notice historique sur le général Legrand [Claude-Juste-Alexandre, 1762 † 1815], p. 82.

III. — **Société des lettres, sciences et arts de Metz**. Séance générale du 29 mai 1823, IVe année, 1822-1823. (Metz, 1823, in-8°, 204 p.)

29950. Herpin. — Compte rendu des travaux de la Société pendant l'année 1822-1823, p. 19.

[Autel gallo-romain à Havange, p. 39. — Monument romain de Jœuf, p. 41. — Tombeaux du moyen âge à Scarpone, p. 43. — La Croatie militaire, p. 46.]

29951. Devilly. — Rapport sur les antiquités découvertes en 1822 à la citadelle de Metz [inscriptions romaines], p. 72.

IV. — **Société des lettres, sciences et arts de Metz**. Séance générale du 24 mai 1824, ve année, 1823-1824. (Metz, 1824, in-8°, 117 p.)

29952. Poncelet. — Discours [sur la culture des lettres et des sciences à Metz], p. 3.

29953. Devilly. — Compte rendu des travaux de la Société pendant l'année 1823-1824, p. 38.

[Tombes et antiquités gallo-romaines à Montois, p. 58; à Héraple, p. 59; à Longwy, p. 61.]

29954. Renault. — Notice biographique sur feu M. le comte Emmery, pair de France [1742 † 1823], p. 84.

29955. Teissier. — Note sur un pavé en mosaïque découvert à Audun-le-Tiche, avec digression sur l'ancienneté probable de ce village et d'Audun-le-Roman [monnaie mérovingienne], *pl.*, p. 96.

V. — Société des lettres, sciences et arts de Metz. Séance générale du 9 juin 1825, VIe année, 1824-1825. (Metz, 1825, in-8°, 111 p.)

29956. Devilly. — Compte rendu des travaux de la Société pendant l'année 1824-1825, p. 15.

[Découvertes d'objets gallo-romains : clef, médailles, fibules, vache en bronze, etc.]

29957. [Teissier]. — Charte d'affranchissement de la ville de Thionville octroyée le 15 août 1239, par Henri II, comte de Luxembourg, p. 71.

VI. — Société des lettres, sciences et arts et d'agriculture de Metz. Séance générale du 15 mai 1826, VIIe année, 1825-1826. (Metz, 1826, in-8°, 190 p.)

29958. Renault. — Compte rendu des travaux de la Société pendant l'année 1825-1826, p. 20.

[Antiquités gauloises et statuettes gallo-romaines au Hiéraple et à Sainte-Fontaine.]

VII. — Société des lettres, sciences et arts et d'agriculture de Metz, VIIIe année, 1826-1827. (Metz, 1827, in-8°, 218 p.)

29959. Bergery. — Précis des travaux de la Société pendant l'année 1826-1827, p. 54.

[Notes sur *dixain*, l'expression *entre quatre yeux*, l'adjectif *garant*, la prononciation des mots qui se terminent en *ir*, p. 132. — Le pont de Trèves et la porte de Mars à Trèves, p. 136.]

29960. Dosquet. — Notice sur M. Gorcy [médecin militaire, † 1826], p. 163.

VIII. — Mémoires de la Société des lettres, sciences et arts et d'agriculture de Metz, IXe année, 1827-1828. (Metz, 1828, in-8°, 320 p. et 15 p. pour le règlement.)

29961. Bergery. — Précis des travaux de la Société pendant l'année 1827-1828, p. 9.

[Étymologie du nom de Thionville, p. 87.]

29962. [Bergery]. — [Jean-Louis Woisard, mathématicien, né en 1798], p. 119.

29963. Marchant (Le baron). — Dissertation sur une médaille unique et inédite des Gaulois-Éduens, *pl.*, p. 291.

IX. — Mémoires de l'Académie royale de Metz. Lettres, sciences, arts, agriculture, X^e année, 1828-1829. (Metz, 1829, in-8°, 387-159-VII p.)

29964. Anonyme. — Extraits des procès-verbaux, p. 41-59.

[Jeton de l'ancienne Académie de Metz, p. 47.]

29965. Teissier. — Lettre sur des monnaies anciennes trouvées à Bouzonville en avril 1825 [XIVe-XVIe s.], p. 345.

29966. Teissier. — Des monnaies frappées à Sierck sous les ducs de Lorraine, p. 349.

29967. Altmayer. — Observations sur les ruines du Hiéraple; la voie romaine qui y aboutit et les traditions fabuleuses du pays [Moselle], p. 355.

29968. Cæmmerer. — Description d'un monument d'antiquité situé dans la partie nord-ouest du département de la Moselle [autel gallo-romain près d'Havange], p. 366.

X. — Mémoires de l'Académie royale de Metz, etc., XIe année, 1829-1830. (Metz, 1830, in-8°, 430 p.)

XI. — Mémoires de l'Académie royale de Metz, etc., XIIe année, 1830-1831. (Metz, 1831, in-8°, 223 p.)

29969. Blanc. — Lettre sur Metz [notes archéologiques], p. 96.

XII. — Mémoires de l'Académie royale de Metz, etc., XIIIe année, 1831-1832. (Metz, 1832, in-8°, 234 p.)

29970. Dosquet (Charles). — Précis des travaux de l'Académie pendant l'année 1831-1832, p. 24.

[Colonne milliaire de Saint-Marcel (Moselle), p. 38. — Antiquités romaines de Beuvillers (Moselle), p. 40.]

29971. Saulcy (Caignart de). — Notes sur quelques antiquités trouvées à Dieulouard, département de la Meurthe [vases cinéraires et médailles de l'époque romaine], p. 186.

XIII. — Mémoires de l'Académie royale de Metz, etc., XIVe année, 1832-1833. (Metz, 1833, in-8°, 320 p. et 16 p. pour le règlement.)

29972. Saulcy (Caignart de). — Recherches sur les monnaies des évêques de Metz [Xe-XVIIIe s.], 3 *pl.*, p. 1 à 95 et 319. — Cf. n° 29978.

29973. Dosquet (Ch.). — Précis des travaux de l'Académie pendant l'année 1832-1833, p. 124.

[Antiquités de Metz, de la Cheppe, de la plaine du Sablon; tumulus.]

29974. Saulcy (F. de). — Notice sur quelques monnaies du moyen âge trouvées à Tronville, département de la Moselle, en juin 1832, p. 203.

[Monnaies épiscopales de Verdun et de Toul; deniers municipaux de Metz, XIe-XIIe s.]

XIV. — Mémoires de l'Académie royale de Metz, etc., XVe année, 1833-1834. (Metz, 1834, in-8°, 364-76 p.)

29975. Thiel. — Notice sur M. Teissier, membre correspondant [Guillaume-Ferdinand, 1779 † 1834], p. 50.
29976. Dosquet (Charles). — Notice sur M. le baron Marchant, membre titulaire [Nicolas-Damas, 1767 † 1833], p. 60.
29977. Huguenin jeune. — Brunechild et les Austrasiens, p. 121.

XV. — Mémoires de l'Académie royale de Metz, etc., XVIe année, 1834-1835. (Metz, 1835, in-8°, 499 p.)

29978. Saulcy (F. de). — Supplément aux recherches sur les monnaies des évêques de Metz, 6 *pl.*, p. 1 à 99. — Cf. n° 29972.
29979. Gosselin. — Compte rendu des travaux de l'Académie pendant l'année 1834-1835, p. 125.

[Épée ancienne; monnaies romaines et modernes; édifice romain à Thionville; inscriptions romaines à Metz.]

29980. Simon (Victor). — Note sur des instruments [romains] en fer trouvés près de Grosyeux, commune d'Augny près Metz, p. 425.
29981. Simon (Victor). — Note sur quelques antiquités trouvées à Metz [poteries et médailles romaines], p. 425.
29982. Anonyme. — Extrait d'une lettre écrite le 27 mars 1835 par M. Louis, procureur du roi à Briey, à M. Victor Simon, p. 432.

[Pièces d'or trouvées dans un chêne au bois de Neslock, près d'Avril (Moselle), XVe-XVIIe s.]

29983. Huguenin jeune. — Notice sur deux monuments romains [pierres tumulaires trouvées à Metz], p. 434.
29984. Saulcy (De). — Notice sur l'oratoire des Templiers de Metz, *pl.*, p. 436.
29985. Saulcy (De). — Peintures à fresque du XIVe siècle existant à la citadelle de Metz, p. 446.

XVI. — Mémoires de l'Académie royale de Metz, etc., XVIIe année, 1835-1836. (Metz, 1836, in-8°, 402 p.)

29986. Saulcy (De). — Recherches sur les monnaies de la cité de Metz, 3 *pl.*, p. 1 à 120.
29987. Bergère (P.). — Discours [sur les embellissements de Metz; le maréchal Fabert], p. 121.
29988. Audoy. — Note sur quelques sépultures antiques découvertes dans le terrain du polygone du génie à Metz et présentées à l'Académie royale de cette ville, p. 249.
29989. Bergère (P.). — Note sur un monument antique existant à Metz [bas-relief gallo-romain], p. 252.
29990. Huguenin jeune. — Chlothar II et Dagobert, p. 273.

XVII. — Mémoires de l'Académie royale de Metz, etc., XVIIIe année, 1836-1837. (Metz, 1837, in-8°, 173-272 p.)

29991. Macherey. — Compte rendu des travaux de l'Académie pendant l'année 1836-1837, p. 23.

[Bas-reliefs du moyen âge, p. 58. — Statuette représentant un druide et une druidesse, *pl.*, p. 59. — Aqueduc romain de Jouy, p. 60.]

29992. Gerson-Lévy. — Rapport sur le mémoire relatif à une médaille [hébraïque trouvée à Lyon] en l'honneur de Louis le Débonnaire, par M. Carmoly, grand rabbin de Bruxelles, p. 163.
29993. Simon (Victor). — Rapport sur une notice de M. Gérard, receveur de douanes à Jametz (Meuse), concernant un vase trouvé à Montmédy, p. 174.

[Vase antique représentant le combat des Centaures et des Lapithes aux noces de Pirithoüs et d'Hippodamie.]

29994. Anonyme. — Éloge du maréchal Fabert [1599 † 1662], couronné par l'Académie, p. 211.

XVIII. — Mémoires de l'Académie royale de Metz, etc., XIXe année, 1837-1838. (Metz, 1838, in-8°, 403-82 p.)

29995. Bégin (Émile). — Nécrologie [dom Grappin, 1737 † 1834; le docteur Thouvenel; Charles-Frédéric Cœmmerer, né en 1785], p. 61.
29996. Soleirol (J.-F.). — Rapport sur les travaux de la cathédrale [de Metz], p. 308.
29997. Soleirol (J.-F.) et Simon (Victor). — Rapport de MM. Soleirol et Victor Simon, commissaires chargés de surveiller les réparations de l'aqueduc romain de Jouy, p. 315.
29998. Simon (Victor). — Rapport sur les monuments anciens du département de la Moselle [époque gallo-romaine et moyen âge], p. 322.
29999. Bégin (E.-A.). — Notice sur Mandeure et divers objets d'antiquités [gallo-romaines], p. 333.

30000. Simon (Victor). — Rapport sur les archives de l'Académie pour l'année 1837-1838 [catalogue d'antiquités gallo-romaines], p. 341.
30001. Simon (Victor). — Notice sur deux mosaïques composées de pierres dures et d'émaux en petites plaques, *pl.*, p. 351.

XIX. — Mémoires de l'Académie royale de Metz, etc., xxe année, 1838-1839. (Metz, 1839, in-8°, 431 p.)

30002. Rodolphe (F.-T.). — Notice sur M. Munier, Dominique-Nicolas [chef d'escadron, 1790 † 1838], p. 43.
30003. Mézières. — Notice critique sur la continuation de l'*Histoire d'Angleterre* de Hume et Smollett, par M. Nughes, p. 47.
30004. Bégin (Émile). — Hoche et Debelle à l'armée de la Moselle [1793-1794], p. 86.
30005. Simon (Victor). — Notice sur les matériaux employés à Metz dans les temps antiques, tant pour la construction que pour la décoration des monuments, p. 265.
30006. Simon (Victor). — Notice sur quelques antiquités trouvées à Metz et dans ses environs [hache celtique, Mars gaulois, cachet d'oculiste trouvé à Daspich, ruines du château de Preny, *pl.*, etc.], p. 276.
30007. Didion (I.). — Notice sur une petite bombarde trouvée en 1838 au château de Mensberg (canton de Sierck, département de la Moselle), p. 303.
30008. Bégin (Émile). — Rapport sur la cathédrale de Metz [étude historique], p. 305.
30009. Didion (I.). — Notice sur l'Académie royale de Metz, p. 381.
30010. Robespierre. — [Discours de M. de Robespierre sur l'origine de l'opinion qui étend sur tous les individus d'une même famille la honte attachée aux peines infamantes que subit un coupable, 1784], p. 387.

XX. — Mémoires de l'Académie royale de Metz, etc., xxie année, 1839-1840. (Metz, 1840, in-8°, 78-423 p.)

30011. Simon (Victor). — Rapport sur les archives de l'Académie (1839-1840) [inscriptions romaines], p. 71.
30012. Bégin (Émile). — Lettres sur l'histoire médicale du nord-est de la France, p. 1 à 134.

[Culte de Rosmerta, d'Hygie, des Déesses-Mères, des nymphes, des fontaines, d'Épona, inscriptions romaines, cachets d'oculistes, 9 *pl.*]

30013. Saulcy (F. de). — Recherches sur l'écriture celtibérienne ou essai de classification des monnaies autonomes de l'Espagne, *carte* et 7 *pl.*, p. 135.
30014. Simon (Victor). — Notice sur une médaille de Valens trouvée dans la maçonnerie de l'aqueduc de Gorze à Metz, en septembre 1839, p. 329.
30015. Malherbe (Alfred). — Notice sur le papyrus, p. 386.

XXI. — Mémoires de l'Académie royale de Metz, etc., xxiie année, 1840-1841. (Metz, 1841, in-8°, 336 p.)

30016. Desains. — Notice nécrologique sur M. F. Savart [physicien], p. 33.
30017. Malherbe (Alfred). — Ascension à l'Etna, p. 96.
30018. Labastide. — Table analytique des Chroniques de Metz [chroniques de Praillon et de Philippe de Vigneulle], p. 122.
30019. Maréchal (L'abbé). — Notice sur le Pentateuque samaritain et la prononciation des noms propres hébreux, *pl.*, p. 134.
30020. Simon (Victor). — Notice archéologique sur Metz et ses environs, *pl.*, p. 145. — Cf. nos 30028, 30033, 30044, 30116 et 30155.

[Objets gallo-romains découverts à l'aqueduc de Jouy, au Hiéraple, à Thionville; statuettes, etc.; inscriptions romaines et du moyen âge.]

30021. Simon (Victor). — Notice sur le Hiéraple situé près de Forbach [antiquités gallo-romaines], *pl.*, p. 164.
30022. Lapène (Édouard). — Opérations militaires avant et depuis la découverte de la poudre, comparées, p. 173.

XXII. — Mémoires de l'Académie royale de Metz, etc., xxiiie année, 1841-1842. (Metz, 1842, in-8°, 318 p.)

30023. Mézière (L.). — Discours [sur les bévues littéraires], p. 1.
30024. Lapène (Édouard). — Tableau historique de la province d'Oran depuis le départ des Espagnols en 179[illegible] jusqu'à l'élévation d'Abd-el-Kader en 1831, p. 41.
30025. Bégin (Émile). — Physionomie architecturale de villes lorraines, p. 93.
30026. Huart (Emmanuel d'). — Notice sur le comté de Forbach et le domaine de Ditschwiller, p. 112.
30027. Simon (Victor). — Notice sur l'aqueduc romain qui conduisait les eaux de Gorze à Metz, p. 131.
30028. Simon (Victor). — Notice archéologique notamment sur Metz et ses environs, *pl.*, p. 136. — Cf. n° 30020.

[Antiquités gallo-romaines découvertes à Metz, Lessy, etc.]

30029. Bégin (Émile). — Rapport sur les membres de l'Académie royale de Metz auxquels il conviendrait de décerner un hommage durable et solennel, p. 157.

[Barbé-Marbois; François de Neufchâteau; l'abbé Grégoire; le comte de Lacépède; Lacretelle aîné; Lacuée de Cessac; François Le Masson; Parmentier; Jean-Adolphe-Perronet; le comte Pierre-Louis Rœderer; Georges-Simon Sérullas.]

30030. Du Coëtlosquet. — Éloge de M. le comte de Cessac [Gérard-Jean Lacuée, † 1841), p. 178.

XXIII. — Mémoires de l'Académie royale de Metz, etc., XXIVe année, 1842-1843, 1re partie. (Metz, 1843, in-8°, 443 p.)

30031. Culmann. — Discours prononcé le 30 octobre 1842 à l'inauguration de la statue de Fabert, p. 47.
30032. Bégin (Émile). — Histoire des Juifs dans le nord-est de la France, 12 *pl.* et *fig.*, p. 111.
30033. Simon (Victor). — Notice archéologique sur Metz et ses environs, 2 *pl.*, p. 337. — Cf. n° 30020.

[Inscriptions et statuettes romaines, etc.; église et tombeaux de Norroy-le-Veneur; église de Pachten.]

30034. Simon (Victor). — Recherches sur l'usage du fer chez les anciens, p. 356.
30035. Bégin (Émile). — Pierre Perrat [† 1400], chronique extraite d'une *Histoire des rues de Metz*, p. 381.
30036. Bergère (P.). — Note sur une inscription [romaine] trouvée à Marsal, *pl.*, p. 386.
30037. Barthélemy (L'abbé). — Note des antiquités [gallo-romaines] recueillies sur le territoire de la commune de Bettelainville et offertes à l'Académie, p. 393.

XXIV. — Mémoires de l'Académie royale de Metz, etc., XXIVe année, 1842-1843, 2e partie. (Metz, 1843, in-8°, 436 p.)

XXV. — Mémoires de l'Académie royale de Metz, etc., XXVe année, 1843-1844. (Metz, 1844, in-8°, 599-88 p.)

30038. Malherbe (Alfred). — Discours [sur le rôle des oiseaux chez les anciens et chez les modernes], p. 1.
30039. Maréchal (L'abbé). — Dissertation sur les chérubins, p. 98.
30040. Lapène (Édouard). — Tableau historique de l'Algérie depuis l'occupation romaine jusqu'à la conquête par les Français en 1830, p. 158; et XXVI, p. 107.
30041. Simon (Victor). — Notice sur les sépultures des anciens, *pl.*, p. 245.
30042. Clercx (Joseph), Dufresne (A.) et Huart (Emmanuel d'). — Daspich, annexe de Florange, canton et arrondissement de Thionville, département de la Moselle, p. 267.

[Antiquités, monnaies, statuettes romaines.]

30043. Huart (Emmanuel d'). — Rapport sur deux aqueducs romains découverts sur les bans de Chazelles, de Scy et de Lessy, p. 281.
30044. Simon (Victor). — Notice archéologique sur Metz et ses environs, p. 285. — Cf. n° 30020.

[Restes romains à Metz, Rentgen, Batilly, près de Sierck; sépultures gallo-romaines de Longuyon, etc.]

30045. Huart (Emmanuel d'). — Les Faust d'Aschafemburg descendants du célèbre Jean Faust [XVe-XVIIe s.], p. 294.
30046. Gerson-Lévy. — Notice sur l'origine des chiffres dits arabes, *pl.*, p. 297.
30047. Simon (Victor). — Notice nécrologique sur M. [Pierre] Deny, sculpteur à Metz [né en 1789], p. 545.
30048. Bégin (Émile). — Notice nécrologique sur le docteur Chaumas [1790 † 1844], p. 549.

XXVI. — Mémoires de l'Académie royale de Metz, etc., XXVIe année, 1844-1845. (Metz, 1845, in-8°, 482 p.)

30049. Bergère (P.). — Discours [sur les principaux événements militaires dans lesquels Metz a joué un rôle], p. 1.
30050. Huart (Emmanuel d'). — Notice nécrologique sur M. Charles de Velcourt [né en 1771], p. 72.
30051. Bégin (Émile). — Rabelais à Metz, p. 75.
30052. Huart (Emmanuel d'). — Notice sur les anciennes forges de Gustal et sur celles de Hayange (Moselle), p. 83.
30053. Munier (F.). — Chronique de quelques rues à Metz, p. 102.
[30040]. Lapène (Édouard). — Tableau historique de l'Algérie, p. 107.

XXVII. — Mémoires de l'Académie royale de Metz, etc., XXVIIe année, 1845-1846. (Metz, 1846, in-8°, XL-314 p.)

30054. Robert (Charles). — Rapport sur l'ouvrage ayant pour titre : *Examen sur l'histoire des monnaies royales de France*, par M. Carpentin, p. 117.
30055. Huart (Emmanuel d'). — Communication faite à l'Académie sur les fresques découvertes à Sillegny [arbre de Jessé, XVIe s.], p. 123.
30056. Gérard. — Recherches sur l'emplacement de Caranusca [Heidenfeld] et notice sur les antiquités découvertes à Elzing, arrondissement de Thionville [monnaies romaines], p. 127.
30057. Anonyme. — Questionnaire archéologique. Questions adressées par l'Académie royale de Metz, à MM. les maires des communes du département de la Moselle, p. 135.
30058. Du Coëtlosquet. — Études sur quelques mots

de la langue française [la date de leur apparition], p. 149.

30059. Lapène (Édouard). — Tableau historique, moral et politique sur les Kabyles, p. 227.

XXVIII. — Mémoires de l'Académie royale de Metz, etc., xxviiie année, 1846-1847. (Metz, 1847, in-8°, l-457 p.)

30060. Michel (Emmanuel). — Discours [le maréchal de Belle-Isle, gouverneur de Metz, 1733-1761], p. i.

30061. Malherbe (Alfred). — Notice sur Dominique-Henri-Louis Fournol, professeur d'histoire naturelle [né en 1813], p. 1.

30062. Cazalas (D^r). — Éloge de L[éonard]-F[ulcrand] Gasté, médecin en chef de l'armée d'Afrique [né en 1791], p. 8.

30063. Maréchal (L'abbé). — Dissertation sur le Cantique de Débora, p. 29.

30064. Paquet (Victor). — Éloge historique de Louis-Joseph Pirolle, horticulteur français, né à Metz en 1773 et mort à Paris en 1845, p. 67.

30065. C. R. [Robert (Charles)]. — Découvertes numismatiques faites aux environs de Metz [xve-xvie s.], p. 100.

30066. Clercx (Joseph). — Mémoire sur quelques villages indiqués dans l'histoire de Metz et qui sont maintenant inconnus [Vercly], p. 106.

30067. Michel (Emmanuel). — Extraits des registres des paroisses de la ville de Metz [notes historiques, xviie s.], p. 109.

30068. Munier (F.). — Notice sur le calendrier républicain et sur les fêtes décadaires, p. 114.

XXIX. — Mémoires de l'Académie nationale de Metz. Lettres, sciences, arts, agriculture, xxixe année, 1847-1848. (Metz, 1848, in-8°, 624 p.)

30069. Malherbe (Alfred). — Discours [sur l'institution des académies], p. 1.

30070. Maréchal (L'abbé). — Mémoire sur les enchantements des serpents, p. 65.

30071. Prost (Auguste). — Notice sur quelques manuscrits concernant l'histoire de Metz et de la province qui se trouvent dans les bibliothèques de Coblentz, Stuttgart, Munich, Vienne, Dresde et Berlin, p. 90.

30072. Clercx (Joseph). — Notice sur d'anciennes constructions romaines découvertes en 1847 au village de Senon, département de la Meuse, à 28 kilomètres de Verdun, sur la route qui conduit à Longwy [hypocauste], p. 145.

30073. Clercx (Joseph). — Notices historiques sur l'étymologie du nom de quelques anciennes rues de Metz, p. 147.

30074. Saint-Vincent (De). — Histoire sur les échevins de Metz [élection et installation du maître échevin], p. 154.

30075. Reischensperger. — Peintures murales dans la salle du chapitre de la ci-devant abbaye des Bénédictins à Brauweiler près Cologne, 4 *pl.*, p. 165.

30076. Michel (Emmanuel). — Notice sur l'ancienne orfèvrerie messine, p. 173.

30077. Worms (Justin). — Histoire de la ville de Metz depuis l'établissement de la république [xiie s.] jusqu'à la Révolution française, p. 206.

XXX. — Mémoires de l'Académie nationale de Metz, etc., xxxe année, 1848-1849. (Metz, 1849, in-8°, 543 p.)

30078. Michel (Emmanuel). — Discours [sur l'état de l'industrie à Metz au xive s.], p. 1.

30079. Faivre. — Une silhouette [physionomie de Metz], p. 38.

30080. Simon (Victor). — Notice sur le Sablon près Metz et sur les sépultures [gallo-romaines] qui y ont été découvertes [inscriptions romaines], p. 46.

30081. Munier (F.). — Notice sur la Grange-aux-Dames et origine du mot Queuleu, nom d'une commune près de Metz, p. 61.

30082. Prost (Auguste). — Mémoires sur les moulins de la Moselle, *pl.*, p. 66.

30083. Saint-Vincent (De). — Budgets comparés de la ville de Metz pour les années 1744 et 1849, p. 187.

30084. Boulangé (Georges). — Note sur une trouvaille de monnaies lorraines du xiiie siècle, faite en 1849 à Montigny, canton de Baccarat, département de la Meurthe, p. 196.

30085. Dufresne (A.). — Notice sur quelques antiquités trouvées dans l'ancienne province Leuke (évêché de Toul) depuis 1832 jusqu'en 1847, 8 *pl.*, p. 201.

[Toul; Mont-Saint-Michel; Francheville; camp de Jaillon; Blénod; Gondreville; Pierre; Rogeville; Boucq; Savonnières; Scarpone; Nasium; Boviolles; Soulosse; Gran. — Bas-reliefs, chapiteaux, statuettes, monnaies, inscriptions, armes, etc. de l'époque romaine et mérovingienne; fauteuil de saint Gérard, etc.]

30086. Dufresne (A.). — État de la dépense de la maison du duc de Bourgogne [Charles le Téméraire] le mercredi, 25e jour d'octobre, l'an 1475, en son siège devant la ville de Nancy, p. 263.

[Recherches sur la valeur des monnaies de Flandre en 1475.]

30087. Michel (Emmanuel). — Extrait des mémoires du chevalier de Belchamps, recueillis et mis en ordre [la compagnie des cadets à la citadelle de Metz, 1726-1732], p. 293.

XXXI. — Mémoires de l'Académie nationale

de Metz, etc., XXXIe année, 1849-1850. (Metz, 1850, in-8°, 432 p.)

30088. MALHERBE (Alfred). — Discours [sur la musique], p. 1.
30089. MUNIER (F.). — Question grammaticale [l'interjection], p. 39.
30090. MARÉCHAL (L'abbé). — Dissertation sur le bonheur des élus et notes sur le Cantique des cantiques, p. 46.
30091. ROBERT (Charles). — Note sur des monnaies de Postume découvertes en 1848 [vers Pont-à-Mousson], p. 205.
30092. ULRICH [*lisez* UHRICH] (Le colonel). — Notice sur quelques monnaies anciennes trouvées récemment près de la Petite-Pierre (Bas-Rhin) [monnaies de Metz et de Strasbourg], *pl.*, p. 208.
30093. CLERCX (Joseph). — Réflexions sur le sceau d'or apposé en 1552 par François, duc de Guise, au bas d'un brevet accordé à l'abbaye de Saint-Arnould, p. 215.
30094. SIMON (Victor). — Documents historiques sur le verre, p. 217.

XXXII. — Mémoires de l'Académie nationale de Metz, etc., XXXIIe année, 1850-1851. (Metz, 1851, in-8°, 520 p.)

30095. ÉMY (Charles). — Discours [sur l'art de la serrurerie], p. 1.
30096. MUNIER (F.). — L'*Art poétique* [de Boileau] corrigé par un écolier [1703], p. 72.
30097. SIMON (Victor). — Notice sur les postes chez les anciens et chez les modernes, sur l'origine des messageries et sur plusieurs monuments inédits attribués à des relais de poste gallo-romains, *pl.*, p. 121.
30098. SIMON (Victor). — Observations sur des sépultures antiques découvertes dans diverses contrées des Gaules et sur l'origine qui paraît devoir leur être attribuée [gallo-romaines ou germaines?], *pl.*, p. 143.
30099. BOULANGÉ (Georges). — Note sur la découverte de deux inscriptions tumulaires et d'un fragment de monument funéraire du XIVe siècle dans l'église Saint-Martin de Metz [Ponce le Gronnaix, † 1435; Jennate de Heu, † XIVe siècle; adoration des Mages], p. 159.
30100. BOULANGÉ (Georges). — Note sur diverses trouvailles de monnaies du moyen âge, 2 *pl.*, p. 164.

[Trouvailles de Hombourg-l'Évêque et de Betting-lès-Saint-Avold; monnaies diverses (XIVe-XVIe s.); vases gallo-romains.]

30101. ROBERT (Charles). — Rapport sur une fibule antique en bronze portant traces d'émaux découverte au pied du mont Saint-Quentin, *fig.*, p. 189.
30102. UHRICH (Le colonel). — Empreinte d'une bague romaine de femme, *fig.*, p. 193.
30103. UHRICH (Le colonel). — Notice sur quelques monuments funéraires romains et gallo-romains trouvés près de Phalsbourg (Meurthe) et de Saverne (Bas-Rhin), 4 *pl.*, *plan* et *fig.*, p. 194.
30104. PROST (Auguste). — Notice sur les chroniques de Metz publiées par M. Huguenin [Chroniques de Ph. de Vigneulles et de Praillon], p. 208.
30105. VIRLET. — Note sur l'origine de la poudre à canon et son premier emploi dans les armes à feu, p. 286.
30106. CREUTZER (P.). — Aperçu géologique et statistique, historique, industriel et agricole du canton de Sarralbe, arrondissement de Sarreguemines, département de la Moselle, mémoire accompagné de sept tableaux synoptiques, p. 391.

XXXIII. — Mémoires de l'Académie nationale de Metz, XXXIIIe année, 1851-1852. Première partie : lettres, histoire, archéologie. (Metz, 1852, in-8°, 364 p.)

30107. FAIVRE (B.). — Notice nécrologique sur M. le marquis de Pange [1770 † 1850], p. 60.
30108. ÉMY (Ch.). — Notice nécrologique sur M. Rodolphe, chef d'escadron d'artillerie [1797 † 1851], p. 65.
30109. JACQUOT (E.). — Notice nécrologique sur M. le colonel Bouchotte [1770 † 1851], p. 70.
30110. LANGLOIS. — Notice nécrologique sur M. Henot, chirurgien principal [né en 1796], p. 72.
30111. BOUCHOTTE (Émile). — De l'origine de l'homme, p. 147.
30112. GANDAR (Eugène). — D'Orchomènes à Thèbes, 21-23 mars 1849. Fragment emprunté à la Relation familière d'un voyage en Béotie, p. 164.
30113. GERSON-LÉVY. — Note sur un passage de Martial communiquée par M. Hallet [sens du mot *Anchialus*], p. 192.
30114. FAIVRE (B.). — Un mot sur la variabilité de l'adverbe *tout*, p. 197.
30115. SIMON (Victor). — Notice sur un monument de la déesse Isis [provenant de Lorry-Vigneulles], *pl.*, p. 207.
30116. SIMON (Victor). — Notice sur Metz et ses environs, *pl.*, p. 214. — Cf. n° 30020.

[Metz; Ancy; Novéant; Jœuf; Boulange; antiquités romaines : bas-reliefs, inscriptions, etc.]

30117. SIMON (Victor). — Mémoire sur des antiquités trouvées près de Vaudrevange, *pl.*, p. 231.

[Épée, hache, cercle, etc. en bronze; recherches sur les haches.]

30118. GRELLOIS (Eugène). — Études archéologiques sur Ghelma (ancienne Calama), 11 *pl.*, p. 259.

[Inscriptions et monuments romains; monuments libyques.]

30119. GRELLOIS (Eugène). — Archéologie d'Hammam-Meskoutin [Algérie], p. 313.

30120. Huart (Emmanuel d'). — Rapport sur une communication faite par M. Namur, conservateur-secrétaire de la Société d'archéologie du grand-duché du Luxembourg, concernant des statuettes et des inscriptions votives [romaines] trouvées à Géromont et des tombes gallo-franques découvertes à Wecker, p. 324.
30121. Robert (Charles). — Souvenirs numismatiques du siège de [Metz] 1552, *pl.*, p. 331. — Cf. n° 30235.
30122. Boulangé (Georges). — Notice sur l'église prieurale de Thicourt (Moselle), 2 *pl.* et *fig.*, p. 341.
30123. Boulangé (Georges). — Note sur une trouvaille de monnaies du xve siècle faite à Berg (département de la Moselle), *fig.*, p. 347.
30124. Boulangé (Georges). — Note sur les indications des ateliers monétaires des Romains inscrites sur les monnaies trouvées à Metz et dans les environs, p. 354.
30125. Boulangé (Georges). — Description d'une monnaie échevinale de Metz frappée aux armes du maître échevin, Claude Noblet, en 1600, *fig.*, p. 357.

XXXIV. — Mémoires de l'Académie impériale de Metz, xxxiiie année, 1851-1852. Deuxième partie : sciences, économie politique, statistique, agriculture. (Metz, 1853, in-8°, 551 p.)

30126. Creutzer (P.). — Statistique du canton de Bitche, arrondissement de Sarreguemines (Moselle). Mémoire accompagné de sept tableaux synoptiques et de dessins représentant quelques monuments historiques du canton, p. 83 à 369.

XXXV. — Mémoires de l'Académie impériale de Metz, xxxive année, 1852-1853; 2e série, Ire année. Première partie : économie, sciences, archéologie. (Metz, 1853, in-8°, 424 p.)

30127. Simon (Victor). — Discours [sur la civilisation première du pays messin], p. 1.
30128. Simon (Victor). — Notice sur le comte du Coëtlosquet [Charles-Paul, 1794 † 1852], p. 48.
30129. Virlet. — Notice sur le lieutenant-colonel d'artillerie F. Cailly [1784 † 1852], p. 59.
30130. Grellois (Eugène). — Notice sur M. Chuster [né en 1797], p. 87.
30131. Simon (Victor). — Notice sur les dieux lares et sur quelques statuettes qui doivent leur être attribuées, 3 *pl.*, p. 259.
30132. Jeantin. — Notice sur un champ d'incinération scandino-suévique [à Géromont], p. 275.
30133. Boulangé (Georges). — Notes pour servir à la statistique monumentale de la Moselle, 4 *pl.* et *fig.*, p. 287; XXXVII, p. 295; et XXXVIII, p. 524.

[Zetting, p. 287. — Trittelíng, p. 296. — Faulquemont, p. 299. — Créhange, mémoires et dénombrement, p. 301. — Elvange, p. 388. — Longeville-lès-Saint-Avold, p. 390. — Raville, p. 392. — Bionville, p. 407. — Morlange, p. 410. — Bannay, Varize, p. 411. — Conné-Northen, p. 417.

Mont-Saint-Martin, XXXVII, p. 295. — Aube, p. 302. — Barouville, p. 305. — Walmunster, p. 309. — Morhange, p. 315. — Jarny, p. 318. — Gravelotte, p. 324. — Doncourt-lès-Conflans, p. 326.

Lorry-devant-le-Pont, Mardigny, XXXVIII, p. 524. — Arry, p. 531.]

XXXVI. — Mémoires de l'Académie impériale de Metz, xxxive année, 1852-1853; 2e série, Ire année. Deuxième partie: histoire, lettres. (Metz, 1853, in-8°, 284 p.)

30134. Van der Straten Ponthoz. — Charles le Bon [comte de Flandre]; causes de sa mort, ses vrais meurtriers. Thierry d'Alsace, des comtes de Metz, seigneur de Bitche et comte de Flandre [xiie-xiiie s.], p. 1.
30135. Worms (Justin). — Note sur les valeurs de l'or et de l'argent depuis l'antiquité, p. 40.
30136. Prost (Auguste). — Notice sur le maître-échevinat à Metz, p. 131.
30137. Larchey (Lorédan). — Notice sur l'hôpital Saint-Nicolas de Metz [xiie-xixe s.], p. 173.
30138. Maréchal (L'abbé). — Commentaire sur le livre d'Esther, p. 229.
30139. Chabert (F.-M.). — Documents historiques, p. 291.

[Lettres de Claude de Bretagne, premier président du Parlement de Metz, 1643; et de Henri de Bourbon, évêque de Metz, 1628.]

30140. Malherbe (Alfred). — Notice sur les bibliothèques publiques de l'Europe et des États-Unis, p. 306.
30141. [Munier (F.)]. — Question grammaticale [accord du verbe avec son sujet], p. 311.

XXXVII. — Mémoires de l'Académie impériale de Metz, xxxve année, 1853-1854; 2e série, IIe année, agriculture, sciences, économie, histoire, archéologie, lettres. (Metz, 1854, in-8°, 428 p. et 24 p. pour le règlement.)

30142. Gandar (Eugène). — Notice sur Victor-François Desvignes, musicien-compositeur, fondateur de l'école de musique et membre titulaire de l'Académie impériale de Metz [1805 † 1853], p. 54.
30143. Mardigny (Paul de). — Notice nécrologique sur M. le baron de Gargan [1791 † 1853], p. 83.
30144. Virlet. — Notice sur le général baron Jean Thomas [1770 † 1853], p. 87.
30145. Chastellux (De). — Coup d'œil sur le régime des douanes intérieures en France au xviiie siècle, p. 270.

IMPRIMERIE NATIONALE.

[30133]. Boulangé (Georges). — Notes pour servir à la statistique monumentale de la Moselle, 15 *pl.*, p. 295.
30146. Jeantin. — Notice archéologique [tombeaux découverts dans l'abbaye de Saint-Pierremont], p. 328.
30147. Maréchal (L'abbé). — Dissertation sur le saint nom de Jésus, p. 332.
30148. Gerson-Lévy. — Rapport sur le projet tendant à introduire l'orientalisme primitif dans l'enseignement des facultés des lettres de l'Université française, p. 342.
30149. Munier (F.). — Dissertation sur le nombre septenaire, p. 366.

XXXVIII. — Mémoires de l'Académie impériale de Metz, XXXVIe année, 1854-1855; 2e série, IIIe année, etc. (Metz, 1855, in-8°, 600-50 p.)

30150. Bouchotte (Émile). — Observations sur le calendrier grégorien, p. 139.
30151. Maréchal (L'abbé). — Considérations sur l'épître de saint Paul à Tite et dissertation sur la hiérarchie ecclésiastique, p. 385.
30152. Mardigny (Paul de). — Dénombrement des villages et gagnages des environs de Metz au commencement du XVe siècle, *carte*, p. 431.
[30133]. Boulangé (Georges). — Notes pour servir à la statistique monumentale de la Moselle, 7 *pl.*, p. 524.
30153. Dufresne (A.). — Notice sur des sépultures gallo-franques trouvées en 1854 à Farebersviller (Moselle, canton de Saint-Avold), *pl.*, p. 539.
30154. Soleirol (J.-F.). — Notice sur les chiffres romains, p. 544.
30155. Simon (Victor). — Notice archéologique sur Metz et ses environs, 2 *pl.*, p. 561. — Cf. n° 30020.

[Antiquités romaines et franques découvertes à Metz, Laquenexy, Pontois, Flévy, Sarrelouis, Roden, Vaudrevange et Rumigny; meules antiques.]

30156. Blanc (F.). — Les Savart [Gérard et ses deux fils, Nicolas et Félix, XVIIIe-XIXe s.], p. 585.

XXXIX. — Mémoires de l'Académie impériale de Metz, XXXVIIe année, 1855-1856; 2e série, IVe année, industrie, agriculture, économie, sciences, archéologie, histoire, littérature. (Metz, 1856, in-8°, 420 p.)

30157. Jacquot (E.). — Discours [sur la Moselle avant les temps historiques], p. 1.
30158. Chabert (F.-M.). — Notice sur les bas-reliefs du XVIe siècle qui se voient près de la porte des Allemands de la ville de Metz, *pl.*, p. 251.
30159. Simon (Victor). — Notice sur des sépultures découvertes au Sablon près de Metz probablement du moyen âge], *pl.*, p 259.
30160. Simon (Victor). — Notice sur quelques objets d'art antiques, *pl.*, p. 266.

[Statuettes d'aigle, de dragon, de sphinx, de sanglier, etc.]

30161. Guépratte (L'abbé). — La paix de Dieu et la trêve de Dieu (fragment), p. 277; et XL, p. 414.
30162. Nicot. — Vie du maréchal Molitor [Gabriel-Jean-Joseph, 1770 † 1849], p. 317.
30163. Mézières (L.). — Coup d'œil sur la littérature anglo-américaine, p. 359.

XL. — Mémoires de l'Académie impériale de Metz, XXXVIIIe année, 1856-1857; 2e série, V^e^ année, etc. (Metz, 1857, in-8°, 592 p.)

30164. Woirhaye. — Discours [sur les origines nationales], p. 1.
30165. Blanc (F.). — Notice sur feu Charles Gautrez, architecte [1809 † 1856], p. 55.
30166. Chabert (F.-M.). — Notice biographique sur M. Jean-François-Xavier Bournier, inspecteur vétérinaire en retraite, chevalier de la Légion d'honneur [1784 † 1856], p. 67.
30167. Susane (Le colonel). — La Champagne pouilleuse [camp d'Attila], p. 181.
30168. Saint-Martin (De). — Extrait de notes historiques sur les routes impériales et départementales de la Moselle au 1er janvier 1856, p. 271.
30169. Grellois (Eugène). — Impressions de voyage. Excursion dans la Troade, septembre 1854, p. 349.
[30161]. Guépratte (L'abbé). — La paix de Dieu et la trêve de Dieu, p. 414.
30170. Chabert (F.-M.). — Mélanges de numismatique messine [Xe-XVIIe s.], *fig.*, p. 473.

[Jeton de Roger de Commenge, sieur de Saubole, etc.]

30171. Simon (Victor). — De l'art chez les anciens et au moyen âge, p. 489.

XLI. — Mémoires de l'Académie impériale de Metz, XXXIXe année, 1857-1858; 2e série, VIe année, agriculture, beaux-arts, littérature, histoire, archéologie, sciences. (Metz, 1858, in-8°, 738 p.)

30172. Susane (Le colonel). — Discours [sur les académies], p. 1.
30173. Blanc (F.). — Notice sur feu M. Macherez [Dominique, professeur, 1785 † 1857], p. 47.
30174. Salmon. — Étude sur M. de Caumont, ancien recteur de l'Académie de Metz [Pierre-Henri, 1781 † 1855], p. 321.
30175. Klein Ch.). — Mémoire sur quelques inscriptions médiomatriciennes, p. 359.
30176. Robert (Charles). — Note sur des débris an-

tiques recueillis en 1855 à Kustendje (Dobrudja) [inscriptions antiques grecques et romaines], p. 377. — Cf. n° 30177.

30177. Saulcy (Ernest de). — Rapport sur la note relative aux inscriptions recueillies par M. Robert dans la Dobrudja, p. 383. — Cf. n° 30176.

30178. Simon (Victor). — Notice sur une statuette [romaine] trouvée près de Gorze, *pl.*, p. 387.

30179. Simon (Victor). — Notice sur un bas-relief [mérovingien] découvert à Metz en 1856, *pl.*, p. 391.

30180. Simon (Victor). — Notice sur un monument antique élevé au dieu Proxsumus, p. 396.

30181. Simon (Victor). — Rapport à l'Académie impériale de Metz au nom de la commission chargée de surveiller les fouilles faites au Sablon par M. Ismeur [débris romains et mérovingiens], *pl.*, p. 401.

30182. Humbert (G.-A.). — Du régime nuptial des Gaulois, p. 407. — Cf. n° 30209.

30183. Saulcy (Ernest de). — Rapport sur quatre statuettes [égyptiennes] en bronze données par M. Legénissel, capitaine du génie au service de S. A. le pacha d'Égypte, p. 443.

30184. Bouteiller (E. de). — Notice sur l'arsenal d'artillerie de Metz, *fig.*, p. 451.

30185. Dufresne (A.). — Dissertation sur l'origine des sceaux et sur leur usage, principalement dans l'évêché de Toul, p. 471.

30186. Chabert (F.-M.). — Notice sur une planche gravée par Sébastien Le Clerc [*Sanctus Bercharius*, xviie s.], *pl.*, p. 507.

30187. Chabert (F.-M.). — Origine probable du placement des pierres antiques incrustées dans la pile du moulin du Therme, à Metz, *pl.*, p. 511.

30188. Chabert (F.-M.). — Description et gravures de médailles commémoratives de plusieurs événements intéressant la ville de Metz [xvie-xviiie s.], 2 *pl.*, p. 515. — Cf. n°s 30224 et 30235.

30189. Jacquot (E.). — Notice géologique et historique sur les mines de plomb et de cuivre des environs de Saint-Avold, de Hargarten et de Sarrelouis [inscriptions romaines], p. 531.

XLII. — Mémoires de l'Académie impériale de Metz, xle année, 1858-1859; 2e série, viie année, etc. (Metz, 1859, in-8°, 615 p.)

30190. Le Joindre. — Notice biographique sur M. Le Masson [Louis-Charles-Théodore], inspecteur général des ponts et chaussées [1789 † 1858], p. 93.

30191. Bodin. — Notice biographique sur M. Glavet [Noël, 1770 † 1858], mécanicien, p. 99.

30192. Thiel. — Notice biographique sur M. Charles Dosquet, secrétaire général de la préfecture de la Gironde [1796 † 1859], p. 105.

30193. Prost (Auguste). — Notice sur deux chroniques messines des xve et xvie siècles, p. 215.

[Chroniques de Jacomin Husson et de N. (Regnault?) Le Gournaix.]

30194. Chabert (F.-M.). — Création des notaires royaux dans la ville de Metz; suppression des amans ou notaires du pays messin (1552-1728), p. 243.

30195. Chabert (F.-M.). — Note sur deux écus de 1551 et 1552 à l'effigie de Robert de Lenoncourt, évêque de Metz, *fig.*, p. 281.

30196. Clercx (Joseph). — Description de quelques pierres tumulaires [gallo-romaines] trouvées à Metz au mois de juillet 1858, *fig.*, p. 283.

30197. Soleirol (J.-F.). — Un monument de Divodurum [édifice romain à Metz], 2 *pl.*, p. 291.

30198. Simon (Victor). — Notice sur un marbre antique [romain] sur lequel une mesure est inscrite, p. 301.

30199. Simon (Victor). — Notice sur une partie de l'aqueduc romain découverte dans le vallon de Parfondval, près de Gorze, p. 303.

30200. Scoutetten (H.). — Rapport sur des momies d'Égypte et sur la pratique des embaumements depuis les temps anciens jusqu'à nos jours, p. 313.

30201. Abel (Charles). — Recherches historiques sur les origines de la commune de Metz, p. 337.

30202. Maréchal (L'abbé). — Commentaire sur la prophétie de Sophonie [dans la Bible], p. 383.

30203. Salmon. — Étude sur Gilbert [Nicolas-Joseph-Florent, poète, 1750 † 1780], p. 417.

XLIII. — Mémoires de l'Académie impériale de Metz, xlie année, 1859-1860; 2e série, viiie année, lettres, sciences, arts, agriculture. (Metz, 1860, in-8°, 564 p.)

30204. Susane (Le colonel). — L'invention de la poudre, p. 63.

30205. Didion (Le général). — Notice biographique sur M. Ardant [Paul-Joseph], général de brigade, membre du Comité des fortifications [1800 † 1858], p. 105.

30206. André. — Notice nécrologique sur M. Simon-Louis jeune [horticulteur, 1804 † 1859], p. 121.

30207. Thiel. — Notice biographique sur M. l'abbé [François] Maréchal, professeur d'écriture sainte, de langues orientales et d'astronomie au grand séminaire [1796 † 1860], p. 127.

30208. Abel (Charles). — Recherches historiques sur les plus anciennes chartes de Metz [1180-1214], p. 303.

30209. Humbert (G.-A.). — Du régime nuptial des Germains, p. 365. — Cf. n° 30182.

30210. Simon (Victor). — Notice sur les pierres antiques, p. 383.

30211. Simon (Victor). — Notice sur deux inscriptions antiques [romaines] découvertes à Metz, *fig.*, p. 397.

30212. Simon (Victor). — Notice sur des antiquités découvertes à Metz et dans ses environs, *pl.*, p. 403.

[Médailles, meule, statues, bas-reliefs, etc. romains trouvés à Hettange, à Metz, à Higny; tombeau du moyen âge.]

30213. Bouchotte (Émile). — Étude sur la valeur du stade, de la coudée et de quelques autres mesures anciennes, *fig.*, p. 413.

30214. Saulcy (Ernest de). — Notice sur une statuette égyptienne, *fig.*, p. 449.

30215. Bouteiller (E. de). — Notice sur les Grands-Carmes de Metz [XIIIe-XVIIIe s.], 3 *pl.*, p. 455.

30216. Chabert (F.-M.). — M. [Napoléon-Victor] Lepetit [statuaire, né en 1806] et MM. Casimir Oulif père et fils [photographes], p. 507.

XLIV. — Mémoires de l'Académie impériale de Metz, XLIIe année, 1860-1861; 2e série, IXe année, etc. (Metz, 1862, in-8°, 528 p.)

30217. Bouchotte (Émile). — Notice sur M. A.-L.-J. Colle [agriculteur, 1784 † 1861], p. 51.

30218. Simon (Victor). — Note concernant des antiquités celtiques antédiluviennes découvertes à Abbeville, p. 197.

30219. Humbert (G.-A.). — De l'organisation de la justice criminelle chez les Romains, p. 201.

30220. Abel (Charles). — Un chapitre inédit de l'histoire de la comtesse Mathilde [† 1115], p. 219.

30221. Bouchotte (Émile). — Notice sur la coudée babylonienne, p. 269.

30222. Chabert (F.-M.). — Étude historique sur Pierre Maujean, dernier maître échevin de la ville de Metz [1725 † 1816], p. 281.

30223. Chabert (F.-M.). — Deux lettres inédites du maréchal duc de Belle-Isle, touchant l'établissement définitif de la Société royale des sciences et des arts de la ville de Metz [1760], *pl.*, p. 471.

30224. Chabert (F.-M.). — Description de différentes médailles intéressant la ville de Metz [XVIIIe s.], *pl.* et *fig.*, p. 477. — Cf. n° 30188.

XLV. — Mémoires de l'Académie impériale de Metz, XLIIIe année, 1861-1862; 2e série, X^e année, etc. (Metz, 1862, in-8°, 640 p.)

30225. Leclerc (L.). — Discours. Éloge du maréchal de Belle-Isle [Louis Foucquet, comte de Belle-Isle, 1684 † 1761], p. 1.

30226. Thilloy (Jules). — Les ruines du comté de Bitche, p. 153.

[Topographie de cinquante-huit localités disparues.]

30227. Susane (Le colonel). — Notice sur M. le colonel Gosselin [Théodore-François, 1791 † 1862], p. 233.

30228. Woirhaye. — Introduction à des études sur l'histoire universelle, p. 339.

30229. Susane (Le colonel). — Louis XI et ses contemporains, p. 403.

30230. Chabert (F.-M.). — Documents pour servir à l'histoire de Metz, avec notes explicatives, p. 437.

[Abraham Fabert, notaire à Metz, † 1638; extrait des délibérations du Grand Conseil de la cité de Metz, 1636-1640.]

30231. Bouteiller (E. de). — Notice sur le couvent des Célestins de Metz [XIVe-XIXe s.], 7 *pl.*, p. 467.

[Extraits de la chronique du monastère des Célestins de Metz, de 1371 à 1469.]

30232. Bouteiller (E. de). — Note sur une bombarbe en fer trouvée dans la cour de la caserne du génie [XVIe s.], *pl.*, p. 537.

30233. Chabert (F.-M.). — Médailles commémoratives intéressant Thionville, chef-lieu d'arrondissement de la Moselle [1643 et 1846], *fig.*, p. 541.

30234. Chabert (F.-M.). — Exposition universelle de Metz de 1861. Médaille commémorative, *fig.*, p. 549.

30235. Chabert (F.-M.). — Appendice aux souvenirs numismatiques du siège de Metz en 1552, p. 555. — Cf. n° 30121.

XLVI. — Mémoires de l'Académie impériale de Metz, XLIVe année, 1862-1863; 2e série, XIe année, lettres, sciences, arts et agriculture. Première partie. (Metz, 1863, in-8°, 305 p.)

30236. Mézières (L.). — Discours. Notice littéraire sur Sydney Smith, créateur de la *Revue d'Édimbourg* [† 1845], p. 1.

30237. Chabert (F.-M.). — Notice sur M. Alexandre Huguenin, professeur à la Faculté des lettres de Nancy [1810 † 1862], p. 241.

30238. Thiel. — Notice biographique sur M. J.-F. Soleirol, chef de bataillon du génie en retraite, ancien professeur de constructions à l'École d'application de l'artillerie et du génie [né en 1781], p. 257.

XLVII. — Mémoires de l'Académie impériale de Metz, XLIVe année, 1862-1863, 2e série, XIe année, etc. Deuxième partie. (Metz, 1864, in-8°, 535 p.)

30239. Bouteiller (E. de). — Notice sur les anciennes abbayes de Saint-Pierre et de Sainte-Marie de Metz et sur la collégiale royale de Saint-Louis, 4 *pl.*, p. 25.

30240. Chabert (F.-M.). — Lettres du maréchal duc de Belle-Isle, protecteur de la Société royale des sciences et des arts de Metz, adressées à MM. les membres de cette Société [1760], *fig.*, p. 129.

30241. Chabert (F.-M.). — Pièce d'essai de l'an VIII à l'effigie du général Bonaparte, *fig.*, p. 133.

30242. Chabert (F.-M.). — Vocabulaire topographique, historique et étymologique des rues, places, ponts et quais de la ville de Metz, p. 135.
30243. Susane (Le colonel). — Les fusées de guerre, p. 203.
30244. Saulcy (Ernest de). — Étude sur la série des rois [d'Égypte] inscrits à la salle des ancêtres de Thouthmès III [à Karnac], 2 *pl.* et 13 *tabl. synopt.*, p. 257.

XLVIII. — Mémoires de l'Académie impériale de Metz, XLVe année, 1863-1864; 2e série, XIIe année, etc. (Metz, 1865, in-8°, 918 p.)

30245. Gérando (Le baron de). — Discours. Souvenirs épistolaires de Mme Récamier et de Mme de Staël, p. 1. — Cf. n° 30275.
30246. Thiel. — Notice biographique sur M. F. Munier [professeur, 1783 † 1863], p. 109.
30247. Salmon. — Étude biographique et littéraire sur M. de Serre [Pierre François-Hercule, 1776 † 1824], p. 127.
30248. Leclerc (L.). — Notice sur Mme la maréchale duchesse de Belle-Isle [Marie-Casimire-Thérèse-Geneviève-Emmanuelle de Béthune, 1709 † 1755], p. 209.
30249. Chabert (F.-M.). — Notice sur D.-N.-H.-L. Bardou Duhamel [1734 † 1811] et publication de ses Éloges du maréchal Fabert, du maître échevin Lançon et du naturaliste Becœur, avec notes historiques, bibliographiques, etc., p. 263.

[Jean-Baptiste Becœur, apothicaire et naturaliste, 1718 † 1777, p. 269. — Abraham Fabert, maréchal de France, 1599 † 1662, p. 277. — Nicolas-François Lançon, maître échevin de Metz, 1694 † 1767, p. 298.]

30250. Chabert (F.-M.). — Note sur un médaillon de La Valette, duc d'Épernon, gouverneur et lieutenant général des villes et citadelles de Metz, Verdun, Toul et Marsal, des pays messins et verdunois (1583-1613), *fig.*, p. 309.
30251. Chabert (F.-M.). — Nouvelles recherches sur les monnaies, médailles et jetons frappés à Metz, *pl.*, p. 313.
30252. Raillard. — Les principaux ponts du moyen âge à Metz, *pl.*, p. 335 à 434.
30253. Abel (Charles). — Les populations rurales de la Moselle avant les communes, p. 435.
30254. Ancelon. — Note sur l'origine de Dieuze, p. 543.
30255. Michel (Emmanuel). — Les *Tournois de Chauvancy-sur-Chier,* poème du XIIIe siècle, de Jacques Bretex, p. 553.
30256. Maréchal (L.-C.). — Rapport sur les œuvres d'Auguste Rolland [peintre, XIXe s.], p. 827.

XLIX. — Mémoires de l'Académie impériale de Metz, XLVIe année, 1864-1865; 2e série, XIIIe année, etc. (Metz, 1865, in-8°, 344 p.)

30257. Puymaigre (Le comte de). — Discours. Souvenirs littéraires du pays messin [note sur Rabelais], p. 1.
30258. Thiel. — Notice biographique sur M. Gerson-Lévy [né en 1784], p. 103.
30259. Prost (Auguste). — Antiquités découvertes aux environs de Merlebach [statuettes, tombes, bas-reliefs, gallo-romains], p. 127.
30260. Dommanget. — Notice biographique sur Hubert Lemaître [1751 † 1825], p. 145.
30261. Thiel. — Note sur l'abbé [Nicolas] Jany, natif de Metz [1749 † 1822], p. 153.
30262. Babinet (Léon). — Notice sur Pilatre de Rozier [Jean-François, 1754 † 1785], p. 161.

L. — Mémoires de l'Académie impériale de Metz, XLVIIe année, 1865-1866; 2e série, XIVe année, etc. (Metz, 1866, in-8°, 446 p.)

30263. Bouteiller (E. de). — Discours. Souvenirs artistiques du pays messin, p. 1.
30264. Scoutetten (H.). — Notice biographique sur Maximilien-Joseph Ibrelisle, docteur en médecine [1786 † 1865], p. 127.
30265. Salmon. — Notice biographique sur M. Alfred Malherbe [magistrat et naturaliste, né en 1804], p. 139.
30266. Mézières (L.). — De l'impartialité dans l'histoire militaire [critique d'histoires anglaises], p. 163.
30267. Prost (Auguste). — Notice sur M. Victor Simon et sur ses travaux [Charles-François-Victor, 1797 † 1865], p. 189.
30268. Dommanget. — Notice sur le premier président baron Gérard d'Hannoncelles [Jean-François-Gilbert, 1758 † 1838], p. 239.
30269. Bouteiller (E. de). — Notice sur la commanderie de Saint-Jean de Jérusalem à Metz [XIIe-XVIIIe s.], p. 265.
30270. Abel (Charles). — Du monnayage des Gaulois à propos de deux trouvailles faites dans le département de la Moselle [rouelles métalliques], *pl.*, p. 295.

LI. — Mémoires de l'Académie impériale de Metz, XLVIIIe année, 1866-1867; 2e série, XVe année, etc. (Metz, 1867, in-8°, 518 p.)

30271. Dommanget. — Discours. Lamoignon de Malesherbes [Christophe-Guillaume, 1721 † 1794], p. 1.
30272. Chabert (F.-M.). — Notice biographique sur M. J.-A. Lasaulce, directeur de l'école normale primaire du département de la Moselle [1799 † 1865], p. 125.
30273. Salmon. — Des usages du comté de Dabo, p. 151,

30274. Thilloy (Jules). — Le comte [Jean-Louis-Claude] Emmery en 1804, p. 161.

30275. Gérando (Le baron de). — Appendice aux Souvenirs épistolaires de Mme Récamier et de Mme de Staël, p. 175. — Cf. n° 30245.

30276. Bouteiller (E. de). — Notice sur des sépultures franques [découvertes à Puxieux, commune de Mars-la-Tour], p. 257.

30277. Ledain (L'abbé). — Les feux et la roue flamboyante de la Saint-Jean à Sierck, sur la Moselle, p. 267.

LII. — Mémoires de l'Académie impériale de Metz, XLIXe année, 1867-1868; 2e série, XVIe année, etc. Première partie. (Metz, 1869, in-8°, 410 p.)

30278. Prost (Auguste). — Notice sur Eugène Gandar [professeur, 1825 † 1868], p. 97.

30279. Blanc (F.). — Notice sur M. Champouillon, professeur, 1792 † 1867], p. 153.

30280. Bouchotte (Émile). — Notice sur L.-I. Bardin [Libre-Irmond, mathématicien, 1794 † 1867], p. 161.

30281. Dommanget. — Le baron Voysin de Gartempe [Jean-Baptiste, magistrat, 1759 † 1840], p. 187.

30282. Prost (Auguste). — Claudius Cantiuncula [Chansonnette, jurisconsulte, † vers 1560], p. 215.

30283. Dommanget. — Documents biographiques concernant l'ancienne Société royale des sciences et des arts de Metz, p. 241.

[Victor Riquetti, marquis de Mirabeau; Jean-Paul Grandjean de Fouchy; Louis-Élisabeth de Lavergne, comte de Tressan; dom François; dom Nicolas Casbois; dom Jean-Baptiste Maugérard; Charles-René Fourcroy de Ramecourt; Jean-Louis Lombard; Nicolas Beauzée; Vicq d'Azir; l'abbé Philippe-André Grandidier; Antoine-Augustin Parmentier; l'abbé Jean-Louis-Giraud Soulavie; Claude-Emmanuel-Joseph-Pierre de Pastoret; Bernard-Germain-Étienne de Laville, comte de Lacépède.]

30284. Grellois (Eug.). — Météorologie religieuse et mystique [dans l'antiquité], p. 291; et LIV, p. 215.

LIII. — Mémoires de l'Académie impériale de Metz, XLIXe année, 1867-1868; 2e série, XVIe année, etc. Deuxième partie. (Metz, 1869, in-8°, 482 p.)

30285. Scoutetten (H.). — Notice biographique et scientifique sur le professeur Schœnbein [Christian-Frédéric, chimiste, 1799 † 1868], p. 3.

30286. Bouteiller (E. de). — Notice sur les monastères de l'ordre de Saint-François à Metz, 2 *plans*, p. 235.

[Cordeliers; Récollets; bureau de bienfaisance; frères Baudes; Capucins, XIIIe-XVIIIe s.]

30287. Michel (Émile). — Étude historique et critique sur le musée de peinture de la ville de Metz, p. 381.

LIV. — Mémoires de l'Académie impériale de Metz, Le année, 1868-1869; 2e série, XVIIe année, etc. (Metz, 1870, in-8°, 712 p.)

30288. Didion (Le général). — Notice sur la vie et les ouvrages du général J.-V. Poncelet [Jean-Victor, 1788 † 1867], p. 101.

30289. Virlet (Le colonel). — Notice biographique sur M. J.-F.-A. Thiel [professeur, 1787 † 1869], p. 161.

30290. Michel (Émile). — Notice sur la vie et les œuvres d'Émile Faivre [Paul-Émile-Denis, peintre, 1821 † 1868], p. 175.

[30284]. Grellois (Eugène). — Météorologie religieuse et mystique, p. 215.

30291. Cuvier (O.). — Notice sur Paul Ferry, l'un des pasteurs de Metz (1612-1669), p. 473.

30292. Gérando (Le baron de). — Note sur Véron de Fortbonnais, conseiller au Parlement de Metz [XVIIIe s.], p. 511.

30293. Ledain (L'abbé). — Notice sur quelques découvertes archéologiques récentes, p. 513.

[Bas-reliefs romains; pont antique et hypocauste à Metz; monnaies romaines et gauloises, etc.]

30294. Abel (Charles). — Rabelais, médecin stipendié de la cité de Metz [1547. Étude sur les médecins stipendiés de Metz], p. 543.

LV. — Mémoires de l'Académie impériale de Metz, LIe année, 1869-1870; 2e série, XVIIIe année, etc. (Metz, 1870, in-8°, 740 p.)

30295. Grellois (Eugène). — Discours. Éloge de M. le sénateur baron Ch. de Ladoucette [né en 1809], *fig.*, p. 1.

30296. Delphis de la Cour. — Étude sur les grands orateurs contemporains [Jean-Baptiste-Henri Lacordaire, né en 1802], p. 79.

30297. Lemaire (A.). — Essai archéologique sur l'église de Chazelles [Moselle, XIIe s.], *pl.*, p. 135.

30298. Salmon. — Étude sur M. le colonel Cournault [Henry, 1783 † 1856], p. 193.

30299. Grellois (Eugène). — Notice [historique et scientifique sur les eaux de la ville de Metz], p. 235.

30300. Bonvarlet (A.) et Thilloy (Jules). — Journal de Henri Messer [texte. *Journal de la course faitte en la campagne de 1712 par un détachement de cavallerie commandée par S. E. Monsieur de Grovestin* aux portes de Metz], p. 391.

30301. Abel (Charles). — Des institutions communales dans le département de la Moselle, p. 439; et LX, p. 515.

30302. Ledain (L'abbé). — Quelques observations sur le travail préparatoire de la *Carte itinéraire de la Gaule* au commencement du Ve siècle [voies romaines de la Moselle], *fig.*, p. 565.

LVI. — Mémoires de l'Académie de Metz, LIIe année, 1870-1871; 2e série, XIXe année. Lettres, sciences, arts et agriculture. (Metz, 1871, in-8°, 129 p.)

30303. Jacquet (A.). — Lecture [sur Lucien et son époque, IIe-IIIe s.], p. 1.
30304. Petsche. — Notice sur M. P. André [1787 † 1870], p. 37.
30305. Bouteiller (E. de). — Notice biographique sur M. Félix Maréchal, docteur en médecine, maire de Metz [1798 † 1871], p. 49.

30306. Thilloy (Jules). — Mémoires de l'Académie de Metz. Tables générales des deux premières séries, 1819-1871. (Metz, 1873, in-8°, II-299 p.)

LVII. — Mémoires de l'Académie de Metz, LIIIe année, 1871-1872; 3e série, Ire année, etc. (Metz, 1873, in-8°, 455 p.)

30307. Isnard (J.-A.). — Notice biographique sur le professeur Scoutetten [Robert-Henri-Joseph, 1799 † 1871], p. 77.
30308. Abel (Charles). — La Bulle d'or à Metz; étude sur le droit public d'Allemagne au moyen âge [Charles IV de Luxembourg, empereur d'Allemagne, et ses rapports avec Metz, XIVe s.], p. 131.
30309. Grellois (Eugène). — Étude historique sur la connaissance des vents dans l'antiquité, *pl.*, p. 297.

LVIII. — Mémoires de l'Académie de Metz, LIVe année, 1872-1873; 3e série, IIe année, etc. (Metz, 1874, in-8°, 496 p.)

30310. Grellois (Eugène). — Notice sur M. Herpin (Jean-Charles), le dernier des fondateurs de l'Académie de Metz [1798 † 1872], p. 101.
30311. Virlet (Le colonel). — Notice sur M. Mézières, ancien recteur de l'Université [Marie-Louis, 1793 † 1872], p. 115.
30312. Petsche. — Notice sur M. de Saint-Martin, conducteur principal des ponts et chaussées [Laurent-Barthélemy, 1790 † 1872], p. 151.
30313. Viansson. — Notice sur M. Mathieu-Lambert Polain [professeur à Liège, 1808 † 1872], p. 165.
30314. Puymaigre (Le comte de). — Lamartine; souvenirs particuliers, p. 171.
30315. Viansson. — Histoire du premier collège de Metz [fondé par les Jésuites en 1622], p. 197.
30316. Abel (Charles). — Les vignobles de la Moselle et les nuages artificiels [recherches historiques sur les gelées], p. 273.
30317. Abel (Charles). — Deux bas-reliefs gaulois du Musée de Metz [représentant un jeune homme et une femme], *fig.*, p. 323.
30318. Muller. — Notice historique sur les aurores polaires, p. 371.

LIX. — Mémoires de l'Académie de Metz, LVe année, 1873-1874; 3e série, IIIe année, etc. (Metz, 1875, in-8°, 569 p.)

30319. Frécot (H.). — Notice nécrologique sur M. P[aul-Georgin] de Mardigny, ingénieur en chef des ponts et chaussées [1812 † 1873], p. 255.
30320. Abel (Charles). — Recherches sur les points obscurs de l'histoire de Metz [les trois mairies, les paraiges], *pl.* et *fig.*, p. 291.
30321. Abel (Charles). — Spécimens de l'orfèvrerie mosellane au Xe siècle [pendants d'oreilles, fibules, croix pattée, monnaies trouvées à Ébange], *pl.*, p. 363.
30322. Anonyme. — Société royale des sciences et des arts de Metz fondée le 22 avril 1757 par Dupré de Geneste et reconstituée en juillet 1760 par le duc de Belle-Isle, p. 419.

[Liste générale et par ordre de réception des membres ayant fait partie de la Société royale (1757-1793), p. 419. — Table générale des travaux de la Société de 1757 à 1793, p. 442.]

LX. — Mémoires de l'Académie de Metz, LVIe année, 1874-1875; 3e série, IVe année, etc. (Metz, 1876, in-8°, 755 p.)

30323. Meaume (E.). — Sébastien Le Clerc et son œuvre [graveur, 1637 † 1714], 2 *pl.*, p. 53.
30324. Blanc (F.). — Notice nécrologique sur L.-F.-M. Bodin [artiste-mécanicien, 1798 † 1872], p. 393.
30325. Lorrain (Charles). — Glossaire du patois messin, p. 415.
30326. Dosda (Justin). — Le père Francisse ou petiat ouvreige renfermant les règnes d'un bouen patois, ausbenne que tot plien dé bouen conseils èdrassiet ez hébitants de nos veleiges, p. 473.
[30301]. Abel (Charles). — Des institutions communales dans le département de la Moselle, p. 515.
30327. Anonyme. — Société des Philathènes de Metz fondée en 1759 par M. Emmery, p. 653.

[Liste générale et par ordre de réception des membres ayant fait partie de la Société des Philathènes (1759-1775), p. 653. — Table générale des travaux de la Société des Philathènes, de 1761 à 1773, p. 657.]

30328. Anonyme. — Société d'études fondée le 22 janvier 1770 [à Metz], p. 671.

LXI. — Mémoires sur l'Académie de Metz, LVIIe année, 1875-1876; 3e série, V^e année, etc. (Metz, 1877, in-8°, 601 p.)

30329. Abel (Charles). — De la mission remplie par l'Académie de Metz, p. 3.

30330. Maguin (Henri). — Notice nécrologique sur M. Lapointe de Maizery [Eugène, agronome, xixe s.], p. 257.
30331. Bérard (L'abbé A.). — Sur l'origine d'une des fables de La Fontaine [*Les animaux malades de la peste;* Jean Raulin, xve s.; François Habert, xvie s.], p. 295.
30332. Cailly (Ch.). — Rapport sur un ouvrage intitulé : *La guerre de Metz en 1324*, poème du xive siècle, publié par E. de Bouteiller, *pl.*, p. 309.
30333. Saulcy (E. de). — Rapport sur une brochure de M. J. Lieblein, ayant pour titre : *Recherche sur la chronologie égyptienne, d'après les listes généalogiques*, p. 329.
30334. Prost (Auguste). — Les fouilles de Metz en 1875, 2 *pl.*, p. 373.

[Murs romains; aliénation du mur d'enceinte, 1234 et 1235.]

30335. Abel (Charles). — Notice historique sur l'église et le château de Colombey [Moselle], *pl.*, p. 397.

LXII. — Mémoires de l'Académie de Metz, lviiie année, 1876-1877; 3e série, vie année, etc. (Metz, 1878, in-8°, 229 p.)

30336. Abel (Charles). — Notice sur Henri Maguin [avocat, 1830 † 1876], p. 73.
30337. Schneider (Félix). — Notice nécrologique sur M. Alexis Poulmaire [né en 1807], p. 97.
30338. Clarinval (Le colonel A.). — Olympie en 1833, p. 123.
30339. Meaume (E.). — Sujets de tapisseries gravés par Sébastien Le Clerc. Exposition des Champs-Élysées de 1876, p. 143.

LXIII. — Mémoires de l'Académie de Metz, lixe année, 1877-1878; 3e série, viie année, etc. (Metz, 1879, in-8°, 471 p.)

30340. Ancelon (Dr E.-A.). — Historique de l'exploitation du sel en Lorraine, p. 153.
30341. Orbain. — Notice sur Louis-Gabriel-Jules Thilloy [magistrat, 1821 † 1877], p. 233.
30342. Dupriez (Raymond). — Note sur un cimetière gallo-romain, découvert au Sablon, près de Metz, en 1877 [monnaies et poteries], *pl.* et *fig.*, p. 255.
30343. Dupriez (Raymond). — Notice historique sur l'ancienne abbaye de Viller-Betnach, d'après les archives de cette abbaye, conservées à la préfecture de Metz [xiie-xviiie s.], *pl.*, p. 263.
30344. Dujardin (A.). — Notes sur la cathédrale de Metz [ses transformations successives], p. 293.
30345. Prost (Auguste). — Note sur le monument de Merten [(Moselle); colonne élevée en souvenir d'une victoire romaine], p. 331. — Cf. n° 30346.
30346. Dujardin (A.). — Rapport sur le monument découvert à Merten en 1878, p. 335. — Cf. n° 30345.
30347. Prost (Auguste). — Note sur la bibliothèque de M. le docteur Félix Maréchal [manuscrit du xve s. sur lequel le maître échevin de Metz prêtait serment], p. 351.

LXIV. — Mémoires de l'Académie de Metz. Seconde période, lxe année; 3e série, viiie année, etc., 1878-1879. (Metz, 1881, in-8°, 271 p.)

30348. Virlet (Le colonel). — Notice sur la vie et les travaux du général Didion [Isidore, 1798 † 1878], p. 41.
30349. Dupriez (Raymond). — Notice historique sur l'ancienne église collégiale de Hombourg-l'Évêque [xiiie-xviiie s.], p. 113.
30350. Anonyme. — Hennocque (Le colonel Pierre-François) [1788 † 1878], p. 261.
30351. Anonyme. — Mircher (Hippolyte-Étienne-Alphonse), général de brigade [1820 † 1878], p. 265.

LXV. — Mémoires de l'Académie de Metz. Seconde période, lxie année; 3e série, ixe année, etc., 1879-1880. (Metz, 1882, in-8°, 319 p.)

30352. Bérard (L'abbé A.). — Compte rendu des travaux de l'Académie pendant l'année 1879-1880, p. 3.

[Marques de fabrique de potiers gallo-romains conservées au Musée lapidaire de Metz, p. 9. — Sceau d'une landfriede, xive s., p. 12. — Colonne de Merten et monument de Seltz, p. 15.]

30353. Des Robert (Ferdinand). — Un vocabulaire messin du xvie siècle, latin-français-allemand, imprimé par Gaspard Hochfeder, de Nuremberg [1515], *fig.*, p. 79.
30354. Benoit (A.). — Souvenirs de la première révolution dans le pays messin et dans le diocèse de Metz, *fig.*, p. 103.

[La Bastille de Palloy; inscriptions révolutionnaires; nouveaux noms de quelques communes.]

30355. Prost (Auguste). — L'hôtel du Voué à Metz [son emplacement], *plan*, p. 123.
30356. Dufresne (A.). — Notice sur l'usage des signatures apposées au bas des actes, leurs diverses formes et leur valeur, p. 167.
30357. Tresca (H.). — Discours prononcé aux funérailles du général Morin [† 1880], p. 307.

LXVI. — Mémoires de l'Académie de Metz. Seconde période, lxiie année; 3e série, xe année, etc., 1880-1881. (Metz, 1884, in-8°, 696 p.)

30358. Prost (Auguste). — Notice sur le baron de Salis [1803 † 1880], p. 369.

[Cathédrale de Metz : manuscrits messins, etc.]

30359. Robert (P.-Charles). — Saulcy, son œuvre et les

hommages rendus à sa mémoire [Louis-Félicien-Joseph Caignart de Saulcy, numismate, 1807 † 1880], p. 455.

30360. Benoit (A.). — Le Breitenstein (grande pierre) [menhir du pays de Bitche], *carte*, p. 485.

30361. Abel (Charles). — Divinités gauloises [Cissonius, Icovellauna, Moguntia], p. 495.

30362. Gandelet (Albert). — Histoire de la Congrégation de Notre-Dame [fondée par Pierre Fourrier, xvii-xviiie s.], p. 499.

30363. Daubrée. — Discours prononcé aux funérailles de M. Achille Delesse, p. 685.

LXVII. — Mémoires de l'Académie de Metz. Seconde période, lxiiie année; 3e série, xie année, 1881-1882. (Metz, 1885, in-8°, 485 p.)

30364. Bérard (L'abbé A.). — Compte rendu des travaux de l'Académie pendant l'année 1881-1882, p. 3.

[Reliquaire de Somsois (Marne); cimetière gallo-romain à Homécourt; statue de la Victoire trouvée au Sablon.]

30365. Chatelain (L'abbé). — Notice sur le château et les sires de Warsberg [Moselle, xii-xixe s. Monnaies romaines et sceaux], 5 *tableaux généalogiques* et *pl.*, p. 51.

30366. Prost (Auguste). — Notice sur le comte Durutte [musicien, 1803 † 1881], p. 171.

30367. Poulmaire. — Le procès de Jean-Baptiste-Nicolas Flosse, né à Boulay, le 7 décembre 1757, condamné à mort par le tribunal révolutionnaire de Paris, le 17 floréal an ii (6 mai 1794), exécuté le lendemain, 18 floréal, sur la place de la Révolution, p. 259.

30368. Abel (Charles). — De l'origine des gargouilles et du culte aérien de saint Michel, p. 331.

30369. Abel (Charles). — A propos de l'érection d'une lanterne au-dessus de la cathédrale de Metz, p. 347.

30370. Abel (Charles). — L'ancien portail d'angle de la cathédrale de Metz [1868], p. 361.

LXVIII. — Mémoires de l'Académie de Metz. Seconde période, lxive année; 3e série, xiie année, 1882-1883. (Metz, 1886, in-8°, 185 p.)

30371. Benoit (A.). — Souvenirs de Pilatre de Rozier à Boulogne-sur-Mer [† 1785], p. 65.

30372. Jacquemin (R.). — Comparaison de hauteur entre les deux édifices les plus élevés de la ville de Metz [l'église évangélique de la garnison et la cathédrale], p. 87.

LXIX. — Mémoires de l'Académie de Metz. Seconde période, lxve année; 3e série, xiiie année, 1883-1884. (Metz, 1887, in-8°, 339 p.)

30373. Abel (Charles). — Notice biographique sur Ernest de Bouteiller, ancien capitaine d'artillerie [1826 † 1883], p. 125.

30374. Bérard (L'abbé). — Les animaux dans les poèmes épiques de l'antiquité [Iliade], p. 177.

30375. Auricoste de Lazarque. — Note sur la formation probable du second imparfait usité dans quelques patois lorrains, p. 221.

30376. Abel (Charles). — Le testament inédit de Gabriel, doyen de l'ancien barreau messin [1772], p. 231.

LXX. — Mémoires de l'Académie de Metz. Seconde période, lxvie année; 3e série, xive année, 1884-1885. (Metz, 1888, in-8°, 290 p.)

30377. Bérard (L'abbé A.). — Compte rendu des travaux de l'Académie pendant l'année 1884-1885, p. 3.

[Signification du mot hypocauste, p. 13.]

30378. Abel (Charles). — Notice sur M. le président Orbain [Joseph, 1800 † 1884], p. 53.

30379. Abel (Charles). — Notice sur Me Dommanget, le dernier bâtonnier des avocats messins [Jacque-Philibert, 1786 † 1877], p. 79.

30380. Box. — Étymologie de Sarreguemines, déduite de sa situation topographique entre Steinbach et Rilching, p. 141.

30381. Des Robert (Ferdinand). — Les seigneurs de Xonville [Meurthe-et-Moselle, xive-xviiie s.], p. 155.

30382. Bellevoye (Ad.). — Ouvrages de la bibliothèque de M. Chartener achetés en 1885 pour la ville de Metz [principalement des ouvrages imprimés à Metz], p. 171.

30383. Bellevoye (Ad.). — Note sur quelques marques de potiers de la période gallo-romaine, *pl.*, p. 191.

30384. Gérard (L.). — Le véritable emplacement du village appelé Petit-Fa en 1550 [Facq, commune d'Atton], *carte*, p. 195.

30385. Huber (Émile). — Découvertes numismatiques [à Grosbliederstroff, Rouhling et Tenteling (Moselle); monnaies lorraines et françaises, xive-xviie s.], p. 199.

MOSELLE. — METZ.

SOCIÉTÉ D'ARCHÉOLOGIE ET D'HISTOIRE DE LA MOSELLE.

La *Société d'archéologie et d'histoire de la Moselle* a été fondée en 1858. Elle a publié un *Bulletin* dont le tome XV et dernier a paru en 1874 et des *Mémoires* qui comprenaient 14 volumes en 1885. Elle a édité à part l'ouvrage suivant :

30386. Abel (Ch.) et Bouteiller (E. de). — Journal de Jean Bauchez, greffier de Plappeville au xviie siècle, publié pour la première fois d'après le manuscrit original. (Metz, 1868, in-8°, xxiii et 546 p.)

I. — Bulletin de la Société d'archéologie et d'histoire de la Moselle, 1re année. (Metz, 1858, in-8°, 100 [*lisez* 116] p.)

[Il y a une double pagination de la p. 49 à 68.]

30387. Sauer. — Sur un sceau d'Adalbéron Ier, évêque de Metz (943), p. 11.
30388. Abel (Charles). — Sur les voies romaines du département de la Moselle, p. 12.
30389. Pètre. — Sur le cloaque romain découvert à Metz, rue des Bons-Enfants, p. 13.
30390. Anonyme. — Chronique archéologique, p. 15, 31 et 60.

[Poteries et médailles romaines et gauloises; monnaies du xvie s.; inscriptions romaines.]

30391. Bouteiller (E. de). — Sur les peintures de l'église de Sillegny, p. 19.
30392. Abel (Charles). — Sur les objets antiques découverts dans les fouilles de la rue Mazelle à Metz, p. 21.
30393. Cailly (Ch.). — Sur les premières ordonnances de justice qui ont suivi l'établissement de l'autorité française à Metz, p. 26.
30394. Weyand. — Sur les objets antiques et modernes trouvés dans les fondations de l'ancien hôtel Fabert à Metz, p. 29.
30395. Goullon (L'abbé). — Sur l'église de Rozérieulles [xiiie-xvie s.], p. 34.
30396. Schnabel (L'abbé). — Rapport sur les peintures murales de Sillegny (Moselle) [xvie s.], p. 36.
30397. Abel (Charles). — Sur les anciennes Sociétés savantes de Metz, p. 51.
30398. Dufresne (A.). — De l'origine de l'intendance dans les Trois-Évêchés, p. 61.
30399. Cochet (L'abbé). — Sur les sépultures gallo-romaines découvertes à Barentin, p. 50.
30400. Bouteiller (E. de). — Sur des peintures murales découvertes dans l'église Saint-Eucaire de Metz (xvie s.), p. 53.
30401. Noeggerath. — Sur les marbres des constructions romaines de Trèves, p. 67.
30402. Simon (Victor). — Sur les principaux matériaux dont les débris ont été retrouvés à Metz, p. 71.
30403. Jaunez. — Sur le Pont-des-Morts à Metz, p. 74.
30404. Abel (Charles). — Sur les sépultures gallo-franques découvertes à Kirschnaumen, p. 75.
30405. Bouteiller (E. de). — Sur Frantz de Sickingen (xvie siècle), p. 81 et 90.
30406. Simon (Victor). — Sur des *armilles* et un *torque* découverts près d'Ell (Bas-Rhin), p. 86.
30407. Michel (L'abbé). — Sur les derniers abbés commendataires de Sturzelbronn [xviiie s], p. 93.

II. — Bulletin de la Société d'archéologie et d'histoire de la Moselle, 2e année. (Metz, 1859, in-8°, 231 p.)

30408. Abel (Charles). — Sur des bas-reliefs antiques découverts à Saint-Pierremont, Sainte-Barbe et Hettange-Grande, p. 3.
30409. Chricque (L'abbé). — Sur Marguerite de Bavière, duchesse de Lorraine [† 1434], p. 7.
30410. [Sauer]. — Documents inédits, p. 14.

[Lettres de Bossuet (7 novembre 1658) et de Mabillon (29 juillet 1699). — Testament d'Adalgise Grimon, évêque de Verdun (1634).]

30411. Weyand. — Sur des médailles romaines et lorraines trouvées à Montigny-la-Grange, p. 19.
30412. Cailly (Ch.). — Sur le cinquième volume des *Mémoires* de la Société philomathique de Verdun [droit du watillon à Metz], p. 22.
30413. Anonyme. — Sur le passage du Dauphin à Haucon-court (1744), p. 39.
30414. Simon (Victor). — Sur les vases employés au moyen âge dans les funérailles, p. 41.
30415. Abel (Charles). — Sur des inscriptions du moyen

âge découvertes à Chérisey, Pierrevillers, Lessy, Saint-Pierremont, Schorbach et Rodernack, p. 42 et 164.

30416. Anonyme. — Sur l'origine du nom de la rue Mazelle à Metz, p. 66.

30417. Bouteiller (E. de). — Sur le tombeau du cardinal de Givry et sur des inscriptions du moyen âge à la cathédrale de Metz, p. 69.

30418. Baudot. — Sur une mesure anglaise trouvée à Many (1660), p. 90.

30419. Dupont des Loges (Mgr). — Histoire du chant religieux à Metz [extrait de l'un de ses mandements], p. 101.

30420. Anonyme. — Document inédit [lettre de dom Calmet, 18 août 1739], p. 111.

30421. Bach (Le R. P. Julien). — Sur les antiquités celtiques, druidiques et romaines, p. 115, 146; et III, p. 201. — Cf. n° 30448.

30422. Ledain (L'abbé). — Sur l'oratoire des Templiers de Metz, p. 135.

30423. Ledain (L'abbé). — Sur l'église de la Montagne, près de Sarralbe, p. 143.

30424. Dufresne (A.). — Sur une bague romaine en or, p. 151.

30425. Dufresne (A.). — Sur la ville de Boulay, p. 151.

30426. Bouteiller (E. de). — Sur des statues du xvie siècle trouvées au Sablon, p. 153.

30427. Denis. — Sur les antiquités romaines découvertes à Bliescastel, p. 156.

30428. Dufresne (A.). — Lettre de la reine Marie à Charles-Quint (29 octobre 1552), p. 157.

30429. Simon (Victor). — Sur des inscriptions romaines découvertes à Metz, *fig.*, p. 161.

30430. Bouteiller (E. de). — Sur Preny et l'abbaye de Sainte-Marie-aux-Bois, 2 *pl.*, p. 176.

30431. Prost (Auguste). — Sur les arcades qui entourent la base de la cathédrale de Metz, p. 181. — Cf. n°s 30439, 30452 et 30453.

30432. Anonyme. — Sur des monnaies messines et allemandes découvertes à Rémering, p. 188.

30433. Michel (L'abbé). — Sur les tombeaux de deux abbés de Sturzelbronn, *pl.*, p. 196.

30434. Abel (Charles). — Sur la chapelle de Coin-lès-Cuvry et l'église de Gaudren, *fig.*, p. 202.

30435. Bouteiller (E. de). — Sur l'autel des Grands-Carmes de Metz, p. 205.

30436. Simon (Victor). — Sur la porte antique de Metz, p. 207.

30437. Simon (Victor). — Sur les monnaies et les objets d'art antiques fabriqués par des faussaires, p. 208.

30438. Abel (Charles). — Lettre de Colbert relative à la Bible de Charles le Chauve (11 septembre 1676), p. 210.

30439. Racine. — Sur les arcades qui entourent la partie inférieure de la cathédrale de Metz, p. 211. — Cf. n° 30431.

III. — Bulletin de la Société d'archéologie et d'histoire de la Moselle, 3e année. (Metz, 1860, in-8°, 239 p.)

30440. Bouteiller (E. de). — Sur les objets antiques et modernes découverts dans les fouilles de la citadelle, p. 6.

30441. Clercx (Joseph). — Sur la collégiale de Saint-Sauveur de Metz [xie-xviiie s.], p. 8.

30442. Maguin (Henry). — Sur le château de Louvigny, *pl.*, p. 11.

30443. Des Robert (Ferdinand). — Sur l'abbaye de Notre-Dame des Clairvaux, *fig.*, p. 15.

30444. Abel (Charles). — Sur les antiquités gallo-romaines trouvées à Klein-Bliderstroff, Grosbliderstroff et Rouling, p. 23.

30445. Maguin (Henry). — Sur l'église de Cheminot, 2 *pl.*, p. 32.

30446. Maguin (Henry). — Sur l'ancienne disposition des bâtiments qui occupaient la place Napoléon à Metz, p. 34.

30447. Abel (Charles). — Sur l'église collégiale de Notre-Dame-la-Ronde à Metz, p. 40.

30448. Bach (Le R. P. Julien). — Sur l'établissement du christianisme en Gaule et la religion druidique, p. 47, 66. — Cf. n° 30421.

30449. Bollemont (De). — Sur les églises d'Ancy, de Waville et de Gorze, *fig.*, p. 50.

30450. Schroeter et Thilloy (Jules). — Sur les ruines du pont de la Bliese, p. 72.

30451. Simon (Victor). — Sur les antiquités antédiluviennes découvertes dans la Somme par M. Boucher de Perthes, p. 75.

30452. Prost (Auguste). — Sur les arcades de la cathédrale de Metz, p. 78. — Cf. n° 30431.

30453. Maguin (Henry). — Sur les arcades de la cathédrale de Metz, p. 88. — Cf. n° 30431.

30454. Hallez d'Arros (Olivier). — Sur l'histoire de Longeville-lès-Metz, p. 103.

30455. Thilloy (Jules). — Sur les abbés et les sépultures de Sturzelbronn, p. 108.

30456. Anonyme. — Sur l'histoire de Ramstein et de Muterhausen, p. 116.

30457. Guérin (Le lieutenant). — Marbres et autres objets recueillis à Rome et en Afrique, p. 126.

30458. Curicque (L'abbé). — Sur des objets gallo-romains découverts à Flastroff, p. 130.

30459. Simon (Victor). — Sur des objets antiques trouvés dans des sépultures franques à Délut (Meuse), p. 147.

30460. Bouteiller (E. de). — Sur un manuscrit de M. Denys père, relatif à l'arrondissement de Sarreguemines, p. 153.

30461. Simon (Victor). — Sur l'aqueduc romain près de Jouy et les ruines de Châtel-Saint-Blaise, p. 164.

30462. Cailly (Ch.). — Sur l'origine du château d'Urville et la source de la Bonne-Fontaine, près de Plappeville, p. 167.

30463. Anonyme. — Sur une statue de saint Martin à l'église de ce nom à Metz, p. 186.

30464. Divers. — Sur des objets du moyen âge découverts à la citadelle de Metz, p. 188.

30465. Anonyme. — Documents inédits, p. 193.

[Tableau de l'ordre des avocats de Metz, 1634 ; lettre de Louis XIV et de Schomberg, 1644.]

30466. Jeandel (Le capitaine). — Sur l'épitaphe de Benigne Chazot [† 1738], p. 197.

30467. Lepage. — Sur François Oudet, enlumineur [1537], p. 199.

[30421]. Bach (Le R. P. Julien). — Sur les antiquités celtiques, druidiques et romaines, p. 201.

30468. Fidrici. — Sur une hache celtique et une monnaie des Pictons, p. 213.

30469. Daras. — Sur la prononciation du *ki* grec, p. 216.

IV. — **Bulletin de la Société d'archéologie et d'histoire de la Moselle**, 4e année. (Metz, 1861, in-8°, 281 p.)

30470. Bussy (Le comte de). — Sur l'origine des armes de Navarre, *fig.*, p. 9 et 141.

30471. Abel (Charles). — Sur la station *ad fines* de la route de Metz à Verdun, p. 11.

30472. Clercx (Joseph). — Sur les chroniques messines de Jean Herbillon et Guillaume Rogier, p. 16.

30473. Simon (Victor). — Sur les instruments de l'industrie primitive de l'homme, p. 23.

30474. Bussy (Le comte de). — Sur l'ancienneté des hachures héraldiques, p. 33.

30475. Aubertin (L'abbé). — Sur des inscriptions de l'abbaye de Saint-Pierremont, p. 39 et 136.

30476. Bouteiller (E. de). — Sur l'église de Saint-Arnoald, près de Sarrebruck, p. 41.

30477. Vieillard. — Sur des monnaies messines découvertes à Étain, p. 45.

30478. Bouteiller (E. de). — Sur des tombeaux découverts près de l'oratoire des Templiers de Metz, p. 46.

30479. Braux (De). — Sur une gravure antérieure au milieu du xve siècle [gravure des neuf preux], *pl.*, p. 62. — Cf. nos 30481, 30492, 30499, 30540 et 30553.

30480. Anonyme. — Sur un registre de compte de l'hôtel de ville de Metz (1460), p. 64.

30481. Cailly (Ch.). — Sur la gravure des neuf preux, p. 65. — Cf. n° 30479.

30482. Bach (Le R. P. Julien). — Sur l'origine celtique du nom de Metz, p. 68.

30483. Hallez d'Arros (Olivier). — Sur les ermites du mont Saint-Quentin, *pl.*, p. 96.

30484. Simon (Victor). — Sur l'emploi de la céramique dans les constructions anciennes, p. 131.

30485. Thilloy (Jules). — Sur les tombes de l'église de Saint-Arnoald, p. 141 et 164.

30486. Michel (L'abbé). — Sur les derniers abbés de Sturzelbronn, p. 143.

30487. Clercx (Joseph). — Sur des découvertes de monnaies des xve et xviie siècles, p. 144.

30488. Bouteiller (E. de). — Sur deux pierres tombales trouvées aux Récollets de Metz (xive et xve s.), p. 151.

30489. Clercx (Joseph). — Sur la tombe du provincial de l'ordre du Temple en Lorraine (xive s.), p. 163.

30490. Ledain (L'abbé). — Sur des monnaies lorraines, p. 165.

30491. Abel (Charles). — Sur les églises de Terville et de Weymerange, p. 176.

30492. Van der Straten. — Sur la gravure des neuf preux, p. 180 et 215. — Cf. n° 30479.

30493. Cailly (Ch.). — Sur une promenade archéologique à Gorze, p. 189.

30494. Emel (L'abbé). — Sur la crypte de l'église de Saint-Eucaire, p. 217.

30495. Sailly (H. de). — Sur l'hypogée de Jœuf, p. 220.

30496. Brizion. — Sur l'emplacement du *castrum Wabrense* (côte d'Ur), p. 222.

30497. Haro (Auguste). — Traduction de la dissertation du docteur de Mattheis sur le culte rendu à la déesse Fièvre, p. 224.

30498. Sailly (H. de). — Des armes de Navarre et de la gravure héraldique, p. 245. — Cf. n° 30504.

30499. Bouteiller (E. de). — Sur la gravure des neuf preux, p. 253. — Cf. n° 30479.

30500. Jacquemin. — Sur l'église de Bousse (xive s.), *pl.*, p. 256.

30501. Bouteiller (E. de). — Sur les principaux faits relatifs aux monuments anciens de la ville de Metz en 1861, p. 259.

V. — **Bulletin de la Société d'archéologie et d'histoire de la Moselle**, 5e année. (Metz, 1862, in-8°, 269 p.)

30502. Bouteiller (E. de). — Sur une bombarde en fer trouvée à Metz (xve s.), p. 2.

30503. Lousteau. — Sur une inscription romaine provenant du Hiéraple, p. 43.

30504. Bouteiller (E. de). — Sur l'origine des hachures héraldiques, p. 49. — Cf. n° 30498.

30505. Abel (Charles). — Des antiquités étrusques de la Moselle, *pl.*, p. 51.

30506. Abel (Charles). — Des vestiges de l'ancienne liturgie dans la Moselle, p. 53. — Cf. nos 30522 et 30529.

30507. Robert (Charles). — Sur les monnaies italiennes à propos d'un ouvrage d'Agostino Olivieri, p. 54.

30508. Bussy (De). — Sur les marges, margelles ou mardelles, p. 62.

0509. Jeantin. — Sur des tombes gallo-romaines découvertes dans l'arrondissement de Montmédy, au lieu dit Sous-les-Vignes, p. 75.

30510. SIMON (Victor). — Sur les dieux lares, *fig.*, p. 79.

30511. BOUTEILLER (E. DE). — Sur les religieux bénédictins qui ont marqué dans l'histoire littéraire de Metz, p. 81.

30512. PURNOT (Paul). — Sur les églises de Fèves et de Norroy, p. 99.

30513. ABEL (Charles). — Sur des églises de la Moselle dans lesquelles l'axe de la nef et celui des chœurs forment une ligne brisée au transept, p. 112.

30514. BÉGIN (Émile). — Sur dom Tabouillot [XVIIIe s.], p. 114.

30515. ANONYME. — Description des limites du comté de Bitsch [charte de 1196], p. 137.

30516. BACH (Le R. P. Julien). — Sur les antiquités de Corseul et tombeau gallo-romain près de Cons-la-Grandville (Ardennes), p. 140.

30517. BUSSY (DE). — Sur une inscription d'Ennery (1526), p. 141.

30518. SIMON (Victor). — Sur des objets antiques découverts à Roden, près de Sarrelouis, 142.

30519. DES ROBERT (Ferdinand). — Sur une promenade archéologique à Vremy, Sainte-Barbe, Vry et Vigy, p. 146.

30520. BERGMANN (L'abbé). — Notice historique et archéologique sur Gorze, *pl.* et *fig.*, p. 164.

30521. BOUTEILLER (E. DE). — Sur un boulet de fer (1518), p. 178.

30522. REMY (L'abbé). — Sur des vestiges de l'ancienne liturgie dans la Moselle. Réponse à M. Abel, p. 182. — Cf. n° 30506.

30523. CORICQUE (L'abbé). — Sur des vestiges de l'ancienne liturgie dans la Moselle, p. 186.

30524. ABEL (Charles). — Sur les basiliques, p. 194.

30525. ABEL (Charles). — Sur Norroy-le-Veneur, p. 201.

30526. ABEL (Charles). — Sur le Moyen Pont de Metz, p. 214.

30527. GUEREY. — Sur le village de Vaux, p. 230.

30528. ABEL (Charles). — Sur le couvent des Madeleines de Metz, p. 240.

30529. ABEL (Charles). — Sur la coutume de donner du vin aux communiants à Pâques, p. 245. — Cf. n° 30506.

VI. — Bulletin de la Société d'archéologie et d'histoire de la Moselle, 6e année. (Metz, 1863, in-8°, 199 p.)

30530. LANG (Adolphe). — Sur le tombeau de Pierre l'Ermite à Huy (Belgique), p. 2.

30531. SIMON (Victor). — Sur des médailles à inscriptions hébraïques, p. 8.

30532. LAMBERT (Éliézer). — Sur une médaille hébraïque découverte à Bousse, *pl.*, p. 9. — Cf. n° 30548.

30533. ABEL (Charles) et PROST (Auguste). — Sur d'anciens architectes messins (XIIIe-XVe s.), p. 24.

30534. ABEL (Charles). — Sur les noms de Rémilly, p. 32.

30535. ABEL (Charles). — Sur les derniers descendants de Ligier Richier, sculpteur lorrain, p. 37.

30536. LAMBERT (Éliézer). — Sur les voies romaines du pays rhénan d'après le mémoire du lieutenant Schmidt, p. 40. — Cf. n° 30545.

30537. BELLEVOYE. — Sur des lettres ornées du XVIe siècle, *pl.*, p. 50.

30538. ABEL (Charles). — Sur la *voie Scarponaise* à Metz, p. 51.

30539. DIVERS. — Sur les arches de Jouy, p. 65.

30540. VALLET DE VIRIVILLE. — Sur l'estampe des neuf preux, p. 69. — Cf. n° 30479.

30541. ABEL (Charles). — Sur une liste des principaux monuments historiques de la Moselle, p. 72.

30542. LANG (Adolphe). — Sur une trouvaille numismatique à Lang (XVIe s.), p. 80.

30543. ABEL (Charles). — Sur un autel portatif conservé dans le Trésor du chapitre de Metz, p. 82.

30544. BENOIT (Louis). — Sur des fragments de carrelage découverts à Sarrebourg et à Fénétrange, *pl.*, p. 83.

30545. DENIS. — Sur les voies romaines du pays rhénan, p. 84. — Cf. n° 30536.

30546. SIMON (Victor). — Sur des vases étrusques provenant du Musée Campana et donnés à la ville de Metz, p. 92.

30547. DURAND (Anatole). — Sur une promenade archéologique à Ancerville, p. 103.

30548. WEYANT. — Sur la médaille hébraïque trouvée à Bousse, p. 131. — Cf. n° 30532.

30549. ABEL (Charles). — Sur un rocher du Taunus appelé le *lit de Brunechilde* (*Brunilitdis Betstein*), p. 142.

30550. DIVERS. — Sur l'origine du nom de la rue *Jurue* à Metz, p. 148.

30551. MICHEL (L'abbé). — Sur la seigneurie de Bérus, p. 152.

30552. DIVERS. — Sur le cimetière de Basse-Yutz, p. 155.

30553. ABEL (Charles). — Sur l'estampe des neuf preux, p. 157. — Cf. n° 30479.

30554. BOUTEILLER (E. DE). — Sur l'église de Queuleu, 3 *pl.*, p. 160.

30555. PROST (Auguste). — Sur l'ancien hôtel du Voué à Metz, p. 166.

30556. BELLEVOYE. — Sur l'autel portatif de la cathédrale de Metz, *pl.* et *fig.*, p. 178.

VII. — Bulletin de la Société d'archéologie et d'histoire de la Moselle, 7e année. (Metz, 1864, in-8°, 176 p.)

30557. AUBERTIN (L'abbé). — Sur l'église de Bousse, p. 4.

30558. Abel (Charles). — Sur les distributions gratuites de blé dans l'antiquité à Metz, p. 10.

30559. Viançon. — Sur le domaine de Neuvion (Moselle), p. 15.

30560. Simon (Victor). — Sur des poids antiques en terre cuite, p. 18.

30561. Couët (De). — Sur deux seigneurs d'Ennery, p. 21.

[Regnault de Goz et Mangin des Hazards (xviie s.).]

30562. Bouteiller (E. de). — Sur les voies romaines du département de la Moselle, p. 23.

30563. Abel (Charles). — Sur une lettre de dom Hubert Becker à dom Tabouillot (1777), p. 28.

30564. Abel (Charles). — Sur l'amphithéâtre romain de Metz, *pl.*, p. 30.

30565. Abel (Charles). — Sur une station postale romaine à Metz et la *Pierre bourderesse* [inscriptions romaines], p. 47.

30566. Simon (Victor). — Sur l'abbé Gilbrin († 1864), p. 66.

30567. Divers. — Sur le village de Sainte-Ruffine, p. 68.

30568. Bertrand (Alexandre). — Sur les voies romaines du département de la Moselle, p. 71.

30569. Benoit (Louis). — Sur une divinité celtique à Sturzelbronn, p. 75.

30570. Simon (Victor). — Sur une inscription romaine découverte à Metz, p. 87.

30571. Demoget. — Sur la chapelle de Morlange, p. 94.

30572. Strème. — Sur Alise-Sainte-Reine (Côte-d'Or), p. 97.

30573. Dommanget. — Sur une borne milliaire trouvée en Tunisie, des médailles romaines et le testament de saint Remy, p. 102.

30574. Faultrier (Gaston de). — Sur une promenade archéologique à Luttange, Hombourg-sur-Caner, Bousse et Ennery, p. 111.

30575. Maréchal (Félix). — Sur les hôpitaux de Metz, p. 122.

30576. Prost (Auguste). — Sur les statues et les objets gallo-romains découverts à Betting et à la Sainte-Fontaine et aux environs de Merlebach, p. 131 et 144.

30577. Abel (Charles). — Sur les monuments antiques trouvés à la Sainte-Fontaine et la divinité *Feronia* ou *Dirona*, p. 135 et 154.

30578. Bouteiller (E. de). — Sur une tombe mérovingienne découverte à Montigny, p. 143.

30579. Prost (Auguste). — Sur des inscriptions de l'oratoire des Templiers à Metz, p. 146.

30580. Bouteiller (E. de). — Sur l'oratoire des Templiers à Metz, p. 151.

VIII. — Bulletin de la Société d'archéologie et d'histoire de la Moselle, 8e année. (Metz, 1865, in-8°, 120 p.)

30581. Cailly (Ch.). — Sur les droits à la noblesse de Jeanne Malechar, fille d'un conseiller au Parlement de Metz (1781) et la liste des lettres de noblesse enregistrées au Parlement de Metz (1674-1789), p. 16.

30582. Durand (Anatole). — Liste des nobles reçus aux Trois-Ordres de la ville de Metz [1655-1789]; lettres de noblesse enregistrées au bureau des finances de la généralité de Metz [1680-1777], p. 21.

30583. Prost (Auguste). — Sur un monument gallo-romain trouvé à la Sainte-Fontaine et représentant peut-être un *Eraste* avec ses *Eromènes*, *pl.*, p. 30 et 56.

30584. Lambert (Éliézer). — Sur une inscription hébraïque du Musée de Metz, p. 34.

30585. Tinseau (De). — Sur les peintures murales de l'église de Sillegny, 3 *pl.*, p. 35.

30586. Lousteau. — Sur des objets gallo-romains en bronze trouvés au Hiéraple, p. 41.

30587. Bach (Le R. P. Julien). — Sur les vases acoustiques au moyen âge, p. 57.

30588. Benoit (Louis). — Sur Antoine de Lutzelbourg, seigneur lorrain du xvie siècle, p. 65.

30589. Lorrain (Charles). — Sur une tombe romaine découverte à Metz, p. 68.

30590. Abel (Charles). — Sur les poteries acoustiques des églises, p. 73.

30591. Abel (Charles). — Sur des monnaies lorraines découvertes à Metz, p. 77.

30592. Abel (Charles). — Sur des tronçons de voies romaines du département de la Moselle, p. 81.

30593. Abel (Charles). — Sur la tombe de Georges de Lellich, dans l'église de Richemont (xviie s.), p. 87.

30594. Abel (Charles). — Sur des mortiers romains découverts à Metz, p. 92.

30595. Lorrain (Charles). — Sur les fouilles exécutées à Metz, p. 93; IX, p. 13, 47, 78, 109, 136, 151; X, p. 65, 87, 119, 134, 157, 204; XI, p. 84 et 155.

[Monnaies et inscriptions romaines; marques de potiers; monnaies, instruments et débris divers du moyen âge.]

30596. Abel (Charles). — Sur une monnaie gauloise trouvée à Guénetrange, p. 97.

30597. Bouteiller (E. de) et Durand (Anatole). — Sur des sceaux et des médaillons relatifs à la Lorraine et provenant de la collection de l'abbé de Jobal (xiiie-xviiie s.), p. 102; et IX, p. 122.

IX. — Bulletin de la Société d'archéologie et d'histoire de la Moselle, 9e année. (Metz, 1866, in-8°, 173 p.)

30598. Bouteiller (E. de). — Sur la seigneurie de Lorry-lès-Metz, p. 6.

30599. Prost (Auguste). — Sur la chronique d'Ennery, p. 11.

[30595]. Lorrain (Charles). — Sur les fouilles exécutées à Metz, p. 13, 47, 78, 109, 136 et 151.

30600. Bouteiller (E. de). — Sur des pierres tombales du Musée de Metz (xv° s.), p. 24.
30601. Sailly (H. de). — Sur la porte d'Anglemur à Metz, p. 35.
30602. Lambert (Éliézer). — Sur les principales monnaies romaines de la collection du docteur Elberling, à Luxembourg, p. 36.
30603. Divers. — Sceau des capucins de Metz et inscriptions de cloches, p. 42.
30604. Bouteiller (E. de). — Sur les restes de l'abbaye de Notre-Dame des Clairvaux à Metz, *fig.*, p. 64.
30605. Abel (Charles). — Sur une épitaphe de l'église Saint-Nicolas (1466), p. 66.
30606. Couet [de Lorry] (De). — Sur un titre concernant Plappeville, p. 67.
30607. Cailly (Ch.). — Sur des peintures murales dans l'abbaye de Notre-Dame des Clairvaux à Metz (xv° s.), p. 74.
30608. Jacquot. — Sur une lettre de l'abbé Sautré, déporté à Sinnamary (1800), p. 84.
30609. Divers. — Sur l'ancienne synagogue des juifs à Metz, *fig.*, p. 89.
30610. Curicque (L'abbé). — Sur des monnaies et un cachet trouvés dans le château du Mensberg, p. 90.
30611. Bouteiller (E. de). — Sur le château d'Ottange, p. 92.
30612. Abel (Charles). — Sur les seigneurs d'Ottange, p. 96.
30613. Faultrier (Gaston de). — Sur une promenade archéologique autour de l'ancienne enceinte de Metz, *fig.*, p. 98.
30614. Anonyme. — Sur les objets mérovingiens du pays messin, *fig.*, p. 103.
30615. Lorrain (Charles). — Sur une inscription romaine du Sablon, p. 104.
30616. Lorrain (Charles). — Sur deux tombes gallo-romaines de Metz, p. 113.
30617. Dégoutin (Alphonse). — Sur l'église Saint-Gengoulf de Briey, p. 117.
[30597]. Bouteiller (E. de) et Durand (Anatole). — Sur des sceaux et des médaillons relatifs à la Lorraine et provenant de la collection de l'abbé de Jobal, p. 122.
30618. Abel (Charles). — Sur la date de la chapelle de Morlange, p. 148.

X. — Bulletin de la Société d'archéologie et d'histoire de la Moselle, 10° année. (Metz, 1867, in-8°, 223 p.)

30619. Sailly (H. de). — Sur Jean de Haas, sculpteur messin (xvi° s.), p. 4.
30620. Bouteiller (E. de). — La bourse d'un Messin au xvi° siècle [trouvailles de monnaies à l'arsenal de Metz], p. 6.
30621. Curicque (L'abbé). — Sur le village de Flastroff, *fig.*, p. 13.
30622. Lorrain (Charles). — Sur une inscription romaine trouvée à Metz en 1724, p. 18.
30623. Sailly (H. de). — Sur des mortiers romains découverts à Metz, p. 24. — Cf. n° 30628.
30624. Cailly (Ch.). — De la bourgeoisie messine au xv° siècle et de l'origine des paraiges, p. 27.
30625. Preschac. — Sur des monnaies du xvi° siècle trouvées à Briey, p. 42.
30626. Michel (Emmanuel). — Sur une lettre de Gevehard, archevêque de Salzbourg (xi° s.) et un manuscrit du *Roman de Garin le Loherans* conservés à Montpellier, p. 43.
30627. Bouteiller (E. de). — Sur le cabinet d'antiques de M. Paguet, de Metz, p. 49.
30628. Lorrain (Charles). — Sur des mortiers romains découverts à Metz, p. 52. — Cf. n° 30623.
30629. Anonyme. — Sur les inscriptions historiques à placer dans les rues de Metz, p. 54.
30630. Lorrain (Charles). — Sur la légende funéraire de saint Grégoire le Grand reproduite à Saint-Maximin de Metz, p. 59.
30631. Bouteiller (E. de). — Sur des sépultures franques découvertes à Puxieux, p. 62. — Cf. n°° 30637, 30646 et 30661.
[30595]. Lorrain (Charles). — Sur les fouilles exécutées à Metz, p. 65, 87, 119, 134, 157 et 204.
30632. Abel (Charles). — Sur l'église de Sancy-le-Bas, p. 72.
30633. Jacob (Victor). — Sur des monnaies épiscopales messines trouvées près de Marsal, p. 73. — Cf. n° 30663.
30634. Dégoutin (Alphonse). — Sur les enceintes antiques des plateaux qui dominent la vallée de l'Orne, p. 75.
30635. Abel (Charles). — Sur quelques pièces de théâtre représentées par les élèves des Jésuites à Pont-à-Mousson ou à Nancy, p. 79.
30636. Sailly (H. de). — Sur Anuce Foës, traducteur d'Hippocrate [1528 † 1596], p. 96.
30637. Faultrier (Gaston de). — Sur les sépultures découvertes à Puxieux, p. 97. — Cf. n° 30631.
30638. Lorrain (Charles). — Sur l'*Expositio fructuosa symboli Athanasii*, imprimée à Metz au xv° siècle, p. 99.
30639. Van der Straten. — Sur une carte armoriale de la Lorraine (xvi° s.), p. 101.
30640. Ledain (L'abbé). — Sur l'origine du pallium, p. 104.
30641. Bouteiller (E. de). — Sur une erreur de dom Calmet qui a confondu le château de Saulcy avec celui de Sancy, p. 116.
30642. Bach (Le R. P. Julien). — Notice sur quelques pièces dramatiques représentées dans l'ancien collège de Metz [xvii° s.], p. 124.
30643. Nicolas. — Sur Claude Famuel, professeur de mathématiques à Metz († vers 1713), p. 130.

30644. Abel (Charles). — Sur le vieux portail d'angle de la cathédrale de Metz, p. 133.

30645. Anonyme. — Sur des sépultures du XVe siècle conservées à Arrancy (Meuse), p. 144.

30646. Naudot. — Sur des sépultures découvertes à Puxieux, p. 147. — Cf. n° 30631.

30647. Bouteiller (E. de). — Sur le portrait de Charles Le Goullon attribué à Rembrandt, p. 150.

30648. Lointier. — Sur les objets romains trouvés dans les forêts de la Houve et de Hargarten-aux-Mines, p. 156 et 176.

30649. Preschac. — Sur la famille de Briey, p. 162.

30650. Jacquot (E.). — Sur Bossuet considéré comme éducateur, p. 163.

30651. Divers. — Sur les rouelles gauloises, p. 173 et 179.

30652. Durand (Anatole). — Sur la maison habitée à Metz par Bossuet, p. 175.

30653. Dufresne (A.). — Sur des monnaies romaines trouvées à Metz, p. 180.

30654. Rousselle. — Sur l'église Saint-Vincent de Metz, p. 184.

30655. Abel (Charles). — Sur une peinture à fresque de l'église Saint-Vincent de Metz (XIVe s.), *fig.*, p. 193.

30656. Lorrain (Charles). — Sur l'histoire de la rue des Augustins de Metz, p. 205.

XI. — Bulletin de la Société d'archéologie et d'histoire de la Moselle, 11e année. (Metz, 1868, in-8°, 182 p.)

30657. Leroy. — Sur les objets antiques découverts à Sainte-Fontaine, p. 2.

30658. Faultrier (Gaston de). — Sur les maisons de Gardeur Le Brun et de Cormontaigne à Metz et sur la rue des Prisons-Militaires, p. 6.

30659. Thiel. — Sur la maison habitée à Metz par Bossuet, p. 8.

30660. Divers. — Sur des haches en bronze et le *crepitaculum* antique, p. 10.

30661. Divers. — Sur les sépultures antiques de Puxieux, p. 12 et 57. — Cf. n° 30631.

30662. Abel (Charles). — Sur un portrait d'Éginard, découvert dans un manuscrit de la Bibliothèque de Metz, p. 15 et 40. — Cf. n° 30665.

30663. Jacob (Victor). — Sur de nouvelles monnaies épiscopales messines trouvées près de Marsal, *fig.*, p. 19. — Cf. n° 30633.

30664. Bouteiller (E. de). — Sur la sépulture de Mgr d'Aubusson de la Feuillade, évêque de Metz [† 1697], p. 25.

30665. Sailly (H. de). — Sur le prétendu portrait d'Éginard conservé dans un manuscrit de la Bibliothèque de Metz, p. 27 et 92. — Cf. n° 30662.

30666. Jacob (Victor). — Sur un florin d'or du cardinal de Lenoncourt, évêque de Metz, p. 63.

30667. Sailly (H. de). — Sur la ferrure du cheval à l'origine de l'ère moderne, *fig.*, p. 73.

30668. Jacob (Victor). — Sur d'anciennes cartes à jouer, *pl.*, p. 76.

[30595]. Lorrain (Charles). — Sur les fouilles exécutées à Metz, p. 84 et 155.

30669. Prost (Auguste). — Sur un hypocauste antique trouvé à Metz, dans la rue aux Ours, *pl.*, p. 87.

30670. Preschac. — État descriptif des monnaies [romaines] trouvées à Mont (Moselle), p. 99 et 135.

30671. Van der Straten. — Sur Bernard de Fontaines, général des armées impériales (XVIIe s.), p. 109. — Cf. n° 30676.

30672. Gardeur-Le Brun. — Sur la famille Lebrun, p. 110.

30673. Prost (Auguste). — Sur un ancien pont découvert à Metz, p. 115.

30674. Sailly (H. de). — Sur l'abbaye de Saint-Arnould de Metz, p. 125.

30675. Duplessis. — Sur un *sufflamen* ou sabot en fer pour retenir les roues des chars, *pl.*, p. 127.

30676. Sailly (H. de). — Sur Bernard de Fontaines, général des armées impériales (XVIIe s.), p. 149. — Cf. n° 30671.

30677. Couët de Lorry (De). — Sur une lettre de sauvegarde du grand Condé (1644), p. 154.

30678. Bach (Le R. P. Julien). — Sur les habitations gauloises, p. 169.

XII. — Bulletin de la Société d'archéologie et d'histoire de la Moselle, 12e année. (Metz, 1869, in-8°, 164 p.)

30679. Bathias. — Sur les monnaies trouvées à Coume, près de Boulay [XVe-XVIe s.], p. 4.

30680. Bouteiller (E. de). — Sur le tombeau de Pierre Perrat, architecte messin, p. 9.

30681. Schlincker. — Sur des sépultures gallo-romaines découvertes à Creutzwald, p. 11.

30682. Lang (Adolphe). — Sur la sépulture de Catherine de Heu († 1543), p. 13.

30683. Maréchal. — Sur les dénominations historiques des rues de Metz, p. 15.

30684. Bouteiller (E. de). — Sur la topographie de Metz, p. 23.

30685. Abel (Charles). — Sur les inconvénients juridiques et historiques à changer les noms des rues de Metz, p. 28.

[Notes sur les architectes de la cathédrale de Metz.]

30686. Lang (Adolphe). — Sur les anciennes compagnies des francs-tireurs des Trois-Évêchés, p. 37.

30687. Jacob (Victor). — Sur l'étymologie du nom de Metz, p. 40.

30688. Vautrin. — Sur des remarques anecdotiques

trouvées dans les anciens registres des paroisses de Metz (maladie de Louis XV, etc., XVIIe-XVIIIe s.), p. 47.

30689. EMEL (L'abbé). — Sur le village de Rouhling, p. 54.

30690. COUËT DE LORRY (DE). — Sur les papiers de la famille Le Goulon, p. 74.

30691. SAUÈR. — Sur les titres du marquis de Faulquemont, p. 76.

30692. LORRAIN (Charles). — Sur une colonnette gallo-romaine, déposée au Musée de Metz, p. 78.

30693. ABEL (Charles). — Sur la famille Poerson, p. 79. — Cf. n° 30695.

30694. BOUTEILLER (E. DE). — Sur Lallemant, l'auteur du jeu de dames à trois personnages, p. 82.

30695. SAILLY (H. DE). — Sur la famille Poerson, p. 85. — Cf. n° 30693.

30696. SOFFELS (Ch.). — Sur le sceau d'une châtelaine de Warsberg (XIVe s.), p. 88.

30697. DIVERS. — Sur des ruines trouvées dans la forêt de Seingbousse, p. 100.

30698. ABEL (Charles). — Sur une trouvaille d'antiquités gallo-romaines faite à Fleury, p. 103 et 126.

30699. ABEL (Charles). — Sur le mot *macher*, radical du nom de plusieurs localités de la Moselle, p. 106.

30700. ABEL (Charles). — Sur le blé conservé dans l'ancienne citadelle de Metz depuis le siège de 1552, p. 115.

30701. ABEL (Charles). — Sur un fragment de statue gallo-romaine découverte dans la vallée de Merlebach, p. 125.

30702. DEMOGET. — Sur des peintures murales de la Renaissance trouvées à Metz, p. 128.

30703. ABEL (Charles). — Sur une portion de voie romaine au delà de Thionville, p. 140.

XIII. — Société d'archéologie et d'histoire de la Moselle. Bulletins de l'année 1870. (Metz, 1870, in-8°, 107 p.)

30704. JACOB (Victor). — Sur deux monnaies frappées dans le Limbourg par Hermann Friederich (1586-1611), p. 4.

30705. COUËT DE LORRY (DE). — Sur la généalogie de la famille Lecoq, p. 16.

30706. LORRAIN (Charles). — Sur un poids du XIVe siècle, p. 16.

30707. GRELLOIS (D^r). — Sur des sépultures gallo-franques découvertes près de Pagny-Preny, p. 23.

30708. PROST (Auguste). — Sur un ancien aqueduc découvert au bas de la côte de Lessy, vers Châtel-Saint-Germain et des monnaies romaines trouvées à Cocheren, p. 29.

30709. LANG (Adolphe). — Sur le *Miroir des Français*, pamphlet politique de la fin du XVIe siècle, p. 35.

30710. SAILLY (H. DE). — Sur les enseignes des anciennes hôtelleries de Metz, p. 41.

30711. LORRAIN (Charles). — Sur une sépulture antique trouvée au Sablon et un tiers de sou d'or découvert à Scey, p. 44 et 45.

30712. DU SOUICH. — Sur le château de Moulins (Moselle), *fig.*, p. 46.

30713. CUVIER (Le pasteur). — Sur Louis Desmazures, poète et pasteur protestant à Metz (XVIe s.), p. 54.

30714. ABEL (Charles). — Sur un fragment de pierre tombale trouvé à Metz, p. 61.

30715. FAULTRIER (Gaston DE). — Sur des fragments archéologiques épars dans les rues et vieilles maisons de Metz, p. 65.

30716. JACQUOT. — Sur une lettre de Ferrand à dom Calmet (4 mai 1747), p. 69.

30717. DOMMANGET. — Sur les Vierges de Verdun, épisode de la Terreur, p. 71.

30718. ABEL (Charles). — Sur des colonnes antiques découvertes à Metz, p. 78.

30719. PROST (Auguste). — Sur une inscription romaine existant à Metz et une plaque de cheminée du XVIIe siècle, p. 81.

30720. ABEL (Charles). — César sur le Rhin, p. 84.

XIV. — Société d'archéologie et d'histoire de la Moselle. Bulletins des années 1871 et 1872. (Metz, 1872, in-8°, 111 p.)

30721. PROST (Auguste). — Sur la salle peinte de Sainte-Marie, à Metz, p. 35.

30722. LORRAIN (Charles). — Sur deux autels romains détruits dans l'incendie de la Bibliothèque de Strasbourg, p. 36.

30723. PROST (Auguste). — Sur l'église de Saint-Étienne-le-Dépanné de Metz et la tombe d'un membre de la famille Gourdat (XIVe s.), p. 41.

30724. LORRAIN (Charles). — Sur les privilèges des Sept délégués à la guerre, de la cité de Metz (1429), p. 46.

[30595]. LORRAIN (Charles). — Sur les fouilles exécutées à Metz, en 1869 et 1870, p. 53 et 63.

30725. RÉGNIER (D^r). — Sur une trouvaille de monnaies françaises faite à Mandren (XIIIe-XIVe s.), p. 61.

30726. JACOB (V.). — Sur des monnaies françaises trouvées dans la Moselle, devant Corny (XVIe-XVIIe s.), p. 94.

30727. PROST (Auguste). — Sur les armoiries du paraige du commun de Metz, p. 99.

30728. LORRAIN (Charles). — Sur le nom celtique de la ville de Metz, p. 104.

XV. — Société d'archéologie et d'histoire

IMPRIMERIE NATIONALE.

de la Moselle. Bulletins des années 1873 et 1874. (Metz, 1874, in-8°, 80 p.)

30729. Abel (Charles). — Sur la nécessité de faire de l'archéologie locale, p. 5.
30730. Faultrier (Gaston de). — Sur les églises de Labeuville et de Tantelainville, p. 16.
30731. Migette. — Une trouvaille d'antiquités romaines au Sablon [bouteille en verre, etc.], p. 18.
30732. [Abel (Charles)]. — Objets gaulois trouvés à Thionville [hache, etc.], p. 38.
30733. [Abel (Charles)]. — Monnaie d'or mérovingienne trouvée à Thionville, p. 39.
30734. [Abel (Charles)]. — Monnaies [espagnoles et brabançonnes] trouvées dans le cimetière de l'église d'Usselkirch, p. 42.
30735. Abel (Charles). — Note sur le musée de l'Institut Saint-Joseph à Beauregard, p. 54.
30736. Lorrain (Charles), père. — Notice [philologique] sur Wahl, p. 59.
30737. Abel (Charles). — Sur des monnaies romaines et françaises (xviie s.), trouvées à Metz, p. 62.
30738. Lorrain (Charles), père. — Les mortiers en pierre du Musée de Metz, p. 72.

I. — Mémoires de la Société d'archéologie et d'histoire de la Moselle, année 1858. (Metz, 1859, in-8°, 109 p.)

30739. Sauer (E.). — Notice sur un sceau épiscopal messin du xe siècle [de l'évêque Adalbéron], p. 1.
30740. Abel (C.). — Les voies romaines dans le département de la Moselle [inscriptions], p. 5.
30741. Bouteiller (E. de). — Restauration de la chapelle des évêques à la cathédrale de Metz, p. 36.
30742. Dufresne (A.). — De l'origine de l'intendance dans les Trois-Évêchés, p. 42.
30743. Cailly. — Études historiques sur les ordonnances publiées à Metz en 1555, p. 47.
30744. Abel (C.). — Histoire des anciennes Sociétés savantes du pays messin, p. 69.
30745. Dufresne (A.). — Tabellions et notaires [en Lorraine], p. 82.
30746. Bouteiller (E. de). — Siège de Metz par Frantz de Sickingen en 1518, p. 89.

II. — Mémoires de la Société d'archéologie et d'histoire de la Moselle, année 1859. (Metz, 1860, in-8°, 95-64-61 p.)

30747. [Van der Straten]. — La maison de Heu et le *Miroir des nobles* de Hesbaie, *fig.*, p. 1.
30748. [Dupont des Loges (Mgr)]. — Histoire du rite de l'église de Metz, p. 36.
30749. Simon (Victor). — Documents archéologiques sur le département de la Moselle, p. 57.

[Menhirs, tumulus; voies, murs, aqueducs et monuments romains; abbayes, églises, châteaux, etc. du moyen âge et des temps modernes.]

30750. Noel (L'abbé). — Les catacombes [de Rome], p. 76.
30751. [Huguenin]. — Notice historique sur l'église Sainte-Ségolène de Metz [construite vers 1250], *pl.*, p. 1 à 64.
30752. [Huguenin]. — Essai historique sur la vie de la bienheureuse princesse Marguerite de Bavière, palatine du Rhin, fille de l'empereur Robert III, épouse de Charles II, duc de Lorraine, morte à Sierck, en odeur de sainteté, le 27 août 1434, p. 1 à 60.

III. — Mémoires de la Société d'archéologie et d'histoire de la Moselle, année 1860. (Metz, 1861, in-8°, 195 p.)

30753. Cailly (Ch.). — Notice historique sur une lettre inédite de Henry IV à Bernard d'Arros [8 juin 1573], p. 1.
30754. Maguin (Henry). — Notice sur Louvigny [Moselle], p. 17.
30755. Maguin (Henry). — Notice sur Cheminot [Moselle], p. 31.
30756. Dufresne (A.). — *Traité de l'officialité de Toul*, de Jean Dupasquier [xviie s.], p. 41.
30757. Abel (Charles). — Notice sur la naumachie de Metz, *fig.*, p. 49.
30758. Robert (Charles). — Notes sur des monnaies austrasiennes inédites, *fig.*, p. 61.
30759. Abel (Charles). — Notice sur la chapelle Sainte-Reinette [à Metz], p. 69.
30760. Bouteiller (E. de). — Note sur un voyage à Metz fait à la fin du xvie siècle, traduit du latin de Jodocus Sincerus, p. 77.
30761. Lang (Adolphe). — Notice historique sur Théodore Ley de Pungelscheid, baron de Neuhof, roi de Corse et de Caprée, aventurier messin [1690 † 1755], *tableau généalogique*, p. 89.
30762. Larchey (Lorédan). — Les maîtres bombardiers, canonniers et couleuvriniers de la cité de Metz, *fig.*, p. 107.

IV. — Mémoires de la Société d'archéologie et d'histoire de la Moselle. (Metz, 1862, in-8°, 293 p.)

30763. Maguin (Henry). — Droit spécial aux Trois-Évêchés, p. 1.
30764. Simon (Victor). — Notice sur des chênes enfouis dans la vallée de la Moselle, p. 15.
30765. Lambert (Éliézer). — De l'influence des Phéni-

ciens sur la civilisation grecque et de leur origine nationale, p. 27.

30766. Lang (Adolphe). — Notice sur les ordres de chevalerie des états de Lorraine et de Bar, p. 63.

[Ordre militaire d'Austrasie, du Croissant; ordre de saint Hubert.]

30767. Thilloy (Jules). — Dictionnaire topographique de l'arrondissement de Sarreguemines, p. 75 à 202.

30768. Simon (Victor). — Notice sur un bas-relief représentant deux figures humaines dont le corps se termine en forme de poisson, p. 203.

30769. Simon (Victor). — Notice sur le jeu de dés et sur trois dés antiques, p. 207.

30770. Abel (Charles). — César dans le nord-est des Gaules, p. 217.

V. — **Mémoires de la Société d'archéologie et d'histoire de la Moselle.** (Metz, 1863, in-8°, 285 p.)

30771. Ledain (L'abbé Ad.). — Notice précédée de deux lettres sur les antiquités des Musées de Mayence et de Wiesbaden et sur quelques autres antiquités des bords du Rhin et de ceux de la Moselle inférieure, p. 1.

[Spire, Worms; Trèves, Coblentz; porte de la Craffe à Nancy; hameau de Calembourg (canton de Sierck).]

30772. Van der Straten. — Un procès au xive siècle devant la cour de Vy. Jean de Toullon [seigneur de Morey], p. 79.

30773. Bouteiller (E. de). — Notice sur Ennery [Moselle], p. 103.

30774. Bach (Le R. P. Julien). — Étude sur les origines de Metz, de Toul et de Verdun, p. 141.

30775. Abel (Charles). — De la représentation artistique de l'assomption de la sainte Vierge Marie à Metz durant le moyen âge, *pl.*, p. 253.

30776. Robert (Charles). — Sceau et monnaies de Zuentibold, roi de Lorraine (895-900); monnaie de son successeur Louis, fils d'Arnould (900-911), *pl.*, p. 273.

30777. Anonyme. — Antiquités égyptiennes du cabinet de M. Victor Simon, p. 277.

VI. — **Mémoires de la Société d'archéologie et d'histoire de la Moselle.** (Metz, 1864, in-8°, 233 p.)

30778. Bouteiller (E. de). — Hannès Krantz, ennemi de la cité de Metz (1485-1493), p. 1.

30779. Bach (Le R. P. Julien). — Essai philologique sur les origines gauloises de quelques villes, p. 39.

30780. Thilloy (Jules). — Sur un passage du testament de saint Remy [domaines de Coslo et de Gleni], p. 65.

30781. Simon (Victor). — Notice sur l'anneau de saint Arnould, évêque de Metz, *pl.*, p. 75. — Cf. n° 30791.

30782. Simon (Victor). — Notice sur une villa romaine découverte dans la forêt de Cheminot, *pl.*, p. 79.

30783. Simon (Victor). — Notice sur des vases de terre cuite appartenant aux premiers temps chrétiens, p. 83.

30784. Thilloy (Jules). — Agnès, comtesse de Deux-Ponts, dame de Bitche en 1297, p. 87.

30785. Durand (Anatole). — Les bords de l'Orne, 2 *pl.* et *fig.*, p. 120.

[Notes historiques et archéologiques sur Moutiers, Tichémont et Hatrize (Moselle).]

30786. Sailly (H. de). — De la classification des armoiries, p. 165.

30787. Abel (Charles). — L'œuvre du peintre-verrier Hermann à la cathédrale de Metz [xive s.], p. 195.

VII. — **Mémoires de la Société d'archéologie et d'histoire de la Moselle.** (Metz, 1865, in-8°, 283 p.)

30788. Bouteiller (E. de). — Robert II de La Marck, pensionnaire de la cité de Metz [† 1536], *fig.*, p. 1.

30789. Michel (Emmanuel). — Recherches sur la cathédrale carlovingienne de Metz, *fig.*, p. 149.

30790. Thilloy (Jules). — Frauenberg [(Moselle), notice historique], p. 159.

30791. Chaussier (L'abbé). — Seconde notice sur l'anneau de saint Arnould, évêque de Metz; défense de la première, p. 205. — Cf. n° 30781.

30792. Bouteiller (E. de). — Notice sur Lorry-lès-Metz, p. 219.

30793. Faultrier (Gaston de). — Note sur une charte de 1458 concernant Thionville, p. 257.

30794. Lorrain (Charles). — Notice sur les fouilles exécutées depuis mois de juin jusqu'au mois de novembre 1865 dans les rues des Prisons-Militaires, du Four-du-Cloître, des Piques, Mazelle et de Saint-Charles [à Metz], p. 265. — Cf. n° 30595.

[Table de bronze, statuettes, monnaies romaines, etc., avec inscriptions.]

VIII. — **Mémoires de la Société d'archéologie et d'histoire de la Moselle**, 8e vol. (Metz, 1866, in-8°, 181 p.)

30795. Jacob (Victor). — Notice sur les archives de la ville de Metz, p. 1.

30796. Abel (Charles). — Le dit des Trois Morts et des Trois Vifs dans le département de la Moselle, *pl.*, p. 21.

30797. Faultrier (Gaston de). — Notice historique sur Chambley [Moselle], *tableau généalogique*, p. 33.

[Pièces justificatives: testament de Ferry de Chambley, 1435, etc.]

30798. Robert (Charles). — Inscriptions [romaines] de Troesmis expliquées par Léon Renier, p. 75.

30799. Bach (Le R. P. Julien). — Mémoire sur les habitations gauloises et sur les vestiges qu'on en trouve dans les provinces de l'Est, p. 83.

30800. Jacob (Victor). — Catalogue des monnaies municipales et des médailles messines de la collection de la ville [de Metz], 3 *pl.*, p. 97. — Cf. n°s 30822 et 30832.

30801. Chanteau (De). — De la corporation des imprimeurs-libraires de la ville de Metz, p. 143.

IX. — Mémoires de la Société d'archéologie et d'histoire de la Moselle, 9e vol. (Metz, 1867, in-8°, 211 p.)

30802. Cailly (Ch.). — Des conférences publiques à Metz et à Paris au xviiie siècle, p. 1.

30803. Bouteiller (E. de). — Châtel-Saint-Germain [(Moselle). Notice historique et archéologique], p. 7.

30804. Abel (Charles). — Étude sur le pallium et le titre d'archevêque jadis portés par les évêques de Metz, *pl.*, p. 53.

30805. Jacob (Victor). — Documents historiques sur les anciennes sociétés de tir, notamment sur celles de Metz et de Nancy, p. 131.

30806. Bach (Le R. P. Julien). — Recherches philologiques sur les forêts des Gaules et sur les origines qui s'y rapportent, p. 139.

30807. Preschac. — Le château fort et l'église de Sancy [xiie s.], *pl.* et *fig.*, p. 153.

30808. Viansson. — Plappeville [(Moselle). Notice historique], p. 167.

30809. Bach (Le R. P. Julien). — Histoire d'un interrègne à Metz, 1652-1669 [vacance du siège épiscopal], p. 199.

X. — Mémoires de la Société d'archéologie et d'histoire de la Moselle, 10e vol. (Metz, 1868, in-8°, 261 p.)

30810. Dommanget. — Un autographe du conseiller Bénigne Bossuet, père de l'évêque de Meaux [achat d'une maison pour l'établissement du séminaire de Sainte-Anne], p. 1.

30811. Bach (Le R. P. Julien). — Recherches sur la faune des Gaules et sur les origines qui s'y rapportent, p. 15.

30812. Durand de Distroff. — Notice historique sur Mardigny [Moselle], 3 *pl.* et *fig.*, p. 55.

30813. Couet de Lorry (De). — Notes historiques sur quelques anciennes familles messines à l'occasion d'un tableau attribué à Rembrandt [familles de Goullon et de Blair], *tableaux généalogiques*, p. 89; et XI, p. 1.

30814. Dommanget. — Dom Tabouillot [Nicolas, 1734 † 1799], p. 111. — Cf. n° 30815.

30815. Dommanget. — Appendice à l'étude sur dom Nicolas Tabouillot. Claire Tabouillot; Barbe Henri [affaire de la capitulation de Verdun], p. 129. — Cf. n° 30814.

30816. Sailly (H. de). — Première excursion dans le Barrois mosellan, *pl.* et *fig.*, p. 161.

[Notes historiques et archéologiques sur le bois d'Avril, Homécourt et Moutiers.]

30817. Abel (Charles). — Essai sur d'anciens ivoires sculptés de la cathédrale de Metz, *pl.*, p. 207.

XI. — Mémoires de la Société d'archéologie et d'histoire de la Moselle, 11e vol. (Metz, 1869, in-8°, 287 p.)

[30813]. Couet de Lorry (De). — Notice historique sur la terre des Étangs, faisant suite aux notes historiques sur quelques anciennes familles messines, à l'occasion d'un tableau attribué à Rembrandt, p. 1.

30818. Viansson. — Borny [(Moselle). Notice historique], p. 23.

30819. Boulangé (Georges). — Boppart sur le Rhin et le monastère de Marienberg [tombes, 5 *pl.*], p. 33.

30820. Bach (Le R. P. Julien). — Les cités armoricaines, essai de géographie ancienne, p. 55.

30821. Cailly (Ch.). — Origine des hallebardiers espagnols, p. 71.

30822. Jacob (Victor). — Catalogue des monnaies mérovingiennes de la collection de la ville de Metz, p. 81. — Cf. n° 30800.

30823. Sailly (H. de). — Deuxième excursion dans le Barrois mosellan, 3 *pl.*, *carte* et *fig.*, p. 99.

[Voies gallo-romaines; Roncourt; Saint-Privat; Saint-Marie-aux-Chênes; famille Du Mont.]

30824. Duplessis. — Étude historique et archéologique sur les civilisations de la Gaule au ve siècle, p. 195.

30825. Bach (Le R. P. Julien). — Études pour servir à l'histoire de l'abbaye de Saint-Clément [de Metz] depuis sa fondation jusqu'à nos jours, p. 215.

30826. Bach (Le R. P. Julien). — Notice historique sur la grotte de Saint-Clément-au-Sablon, p. 231.

30827. Duplessis. — Des menhirs, origine et but de leur édification, p. 243.

30828. Duplessis. — Les écoles de la Gaule romaine et ses rhéteurs jusqu'à la chute de l'empire romain, p. 257.

XII. — Mémoires de la Société d'archéologie et d'histoire de la Moselle, 12e vol. (Metz, 1872, in-8°, xiii-255 p.)

30829. Clesse. — Histoire de l'ancienne châtellenie et prévôté de Conflans-en-Jarnisy, *tableau généalogique*, 3 *pl.* et *fig.*, p. 1 à xiii et 1 à 224.

30830. Bouteiller (E. de). — Notes pour servir à la biographie de quelques Messins des siècles passés [Pierre Joly, procureur général à Metz, xvie-xviie s.], p. 225.

XIII. — Mémoires de la Société d'archéologie

et d'histoire de la Moselle, 13ᵉ vol. (Metz, 1874, in-8°, 255 p.)

30831. [LORRAIN (Charles)]. — Musée de la ville de Metz [antiquités gréco-étrusques et gallo-romaines; moyen âge], p. 1 à 104; et XIV, p. 1 à 58.

30832. JACOB (Victor). — Catalogue des monnaies gauloises de la collection de la ville de Metz, p. 105. — Cf. n° 30800.

30833. PROST (Auguste). — Le tombeau de Louis le Débonnaire, 3 *pl.*, p. 133.

30834. COUËT de LORRY (DE). — Notice sur Haye, Lue et Marivaux [Moselle], p. 141.

30835. V. J. [JACOB (Victor)]. — Catalogue des manuscrits de la Bibliothèque de Metz [dressé en 1841 par M. Jules Quicherat], p. 165 à 338.

30836. ABEL (Charles). — Origines de la commune de Briey [1263], *pl.*, p. 339.

XIV. — Mémoires de la Société d'archéologie et d'histoire de la Moselle, 14ᵉ vol. (Metz, 1876, in-8°, 357 p.)

[30831]. [LORRAIN (Charles)]. — Musée de la ville de Metz [moyen âge], p. 1 à 58.

30837. JACOB (Victor). — Catalogue des incunables de la Bibliothèque de Metz, accompagné d'une table alphabétique et suivi des marques des imprimeurs messins, 7 *pl.*, p. 59 à 341.

30838. PROST (Auguste). — Les paraiges messins, p. 343.

XV. — Mémoires de la Société d'archéologie et d'histoire de la Moselle, 15ᵉ vol. (Metz, 1879, in-8°, 288 p.)

30839. LEDAIN (L'abbé). — Plusieurs notices d'archéologie et de numismatique suivies d'une table générale des matières, p. 1 à 288.

[Nous donnons ici sous les nᵒˢ 30840 à 30852 l'indication des notices comprises sous le titre précédent.]

30840. Découvertes numismatiques. Monnaies espagnoles des XVᵉ et XVIᵉ siècles, p. 3.

30841. Une découverte numismatique dans le département des Vosges [à Maconcourt, commune de Vicherey]. Monnaies romaines, p. 21.

30842. Découvertes curieuses et inédites dans les départements de la Moselle et du Bas-Rhin de monnaies d'or, d'argent et de billon frappées aux deux époques du moyen âge et de la Renaissance, pour des rois de France et d'Angleterre, des ducs de Bar, de Luxembourg et de Juliers, des comtes de Ligny et de Hollande, et pour les cités de Metz, de Bâle et de Francfort-sur-le-Mein, p. 29.

30843. Découverte, en 1873, près de Sarrebruck, de monnaies d'argent du moyen âge, des duchés de Lorraine, de Luxembourg et de Juliers, du comté de Nassau-Sarrebruck, de l'archevêché de Trèves, de l'évêché de Metz, et de la cité de Strasbourg, p. 51.

30844. Découverte, en 1855, à Bligny, près d'Arcy-sur-Aube, de deniers d'argent des rois carlovingiens, p. 79.

30845. Découverte de monnaies d'argent carlovingiennes impériales et épiscopales du Xᵉ siècle, à Ébange, annexe de Florange, près de Thionville, p. 99.

30846. Découverte à Saint-Wendel, près de Sarrebruck, de monnaies d'argent du moyen âge, des duchés de Lorraine et de Luxembourg, du comté de Nassau-Sarrebruck, de l'archevêché de Trèves, des évêchés de Toul et de Metz, et de la cité de Strasbourg, p. 137.

30847. Découverte, en 1874 et en 1875, à Metz, d'objets divers de terre cuite de l'époque gallo-romaine [inscriptions], 2 *pl.*, p. 161.

30848. Appendice, p. 199. — Cf. n° 30849.

[Enceintes et topographie de Metz au moyen âge. Cérémonial de Saint-Arnould de Metz.]

30849. Extraits [du *Cérémonial de Saint-Arnould*], p. 217. — Cf. n° 30848.

30850. Notes, p. 235.

[L'antique église de Saint-Pierre-aux-Nonnains. — Le mur d'architecture romane. — Inscriptions sur des carreaux de terre cuite. — Le nouveau temple de la Confession évangélique. — La chapelle des Templiers. — L'ancienne église Saint-Jean.]

30851. Variétés, p. 257.

[Épitaphe de Pierre Du Pont, abbé de Saint-Martin de Laon, XIVᵉ s. — Antiquités celtiques trouvées à Ancy-sur-Moselle et Lessy (Moselle). — Antiquités romaines trouvées à Louvigny. — Découverte de monnaies romaines à Bourbonne-les-Bains (Haute-Marne).]

30852. Un sceau de la cathédrale de Metz à Édimbourg en Écosse, *fig.*, p. 275. — Cf. n° 30855.

XVI. — Mémoires de la Société d'archéologie et d'histoire de la Moselle, 16ᵉ vol. (Metz, 1885, in-8°, 699 p.)

30853. ABEL (Charles). — Une explication historique des antiquités trouvées à Merten [monument romain élevé en souvenir d'une victoire sur les Germains], 9 *pl.*, p. 1 à 39.

30854. BELLEVOYE (Ad.). — Catalogue du musée Migette [à Metz. Peinture et dessins], p. 41 à 172.

[Biographie d'Auguste Migette, né en 1802.]

30855. [LEDAIN (L'abbé)]. — Note supplémentaire sur le sceau de la cathédrale, *fig.*, p. 173. — Cf. n° 30852.

30856. ANONYME. — Court aperçu de Marienflosse, près de la ville de Sierck, p. 207.

30857. PROST (Auguste). — Cathédrale de Metz. Étude sur ses édifices actuels et sur ceux qui les ont précédés ou accompagnés depuis le Vᵉ siècle, p. 217 à 699.

MOSELLE. — METZ.

SOCIÉTÉ DE L'UNION DES ARTS.

La *Société de l'Union des arts*, fondée à la fin de l'année 1850, disparut en 1852 et avec elle la *Revue* qu'elle avait fondée.

I. — **L'Union des arts**, revue littéraire et artistique publiée sous les auspices de la Société de l'Union des arts. (Metz, s. d. [1851], in-8°, 464 p.)

30858. Huguenin (A.). — Étude sur la musique religieuse dans les premiers siècles de l'église, p. 15 et 73.

30859. Prost (Auguste). — Les arts à Metz il y a trois siècles [Philippe de Vigneulles, xvi° s.], p. 126.

30860. Puymaigre (Th. de). — Procès de condamnation et de réhabilitation de Jeanne d'Arc, dite la Pucelle, p. 157.

30861. Boulangé (Georges). — Archéologie. Église Saint-Martin de Metz [découverte de tombeaux, xiv°-xv° s.], p. 181.

30862. Huguenin (A.). — Notice historique sur la porte Serpenoise [à Metz], p. 265.

30863. Gandar (E.). — Paysages historiques. Naples et Virgile, *pl.*, p. 277.

30864. Humbert (G.-A.). — L'École du bel esprit. Étude d'histoire littéraire [l'hôtel de Rambouillet], p. 333.

30865. Abel (Charles). — La Haute-Pierre (histoire d'un hôtel de Metz], p. 361.

II. — **L'Union des arts**, etc. (Metz, 1852, in-8°, 364-14 p.)

30866. Huguenin (A.). — Notice historique sur les ordres militaires et religieux dans la ville de Metz [Hospitaliers et Templiers], *pl.*, p. 25.

30867. Boulangé (G.). — Promenade archéologique aux environs de Metz, p. 41.

[Le Ban-Saint-Martin et l'abbaye de Saint-Martin, sceaux, *pl.*, Plappeville, *pl.*]

30868. Abel (Ch.). — Le tribunal de conciliation sous la République messine, p. 111.

30869. Anonyme. — Voyage en Grèce [lettres de M. Vincent, 1849], p. 118.

30870. Prost (Aug.). — Observations sur un projet de restauration de la cathédrale de Metz [par M. Danjoy], p. 149.

30871. Boulangé (G.). — Notes archéologiques, p. 154.

[Le palais des Treize à Metz, *pl.*; chapiteau gallo-romain à Sentry, *fig.*; anneau gallo-romain; église d'Helstroff; église de Macker, *fig.*]

30872. Prost (Aug.). — Le Passetemps [histoire d'un hôtel de Metz], 2 *pl.*, p. 249.

NIÈVRE. — CLAMECY.

SOCIÉTÉ SCIENTIFIQUE ET ARTISTIQUE DE CLAMECY.

La *Société scientifique et artistique de Clamecy* a été fondée en 1876. Elle a entrepris la publication d'un *Bulletin* dont il n'a paru que 4 livraisons.

I. — **Bulletin de la Société scientifique et artistique de Clamecy,** n° 1 à 3. (Clamecy, 1879, in-8°, 99-XVIII p.)

30873. Sonnié-Moret. — Des écrivains et documents divers à consulter sur l'histoire de Clamecy, p. 53. — Cf. n° 31141.

30874. [Courot]. — Notice historique sur l'église Saint-Martin de Clamecy, *pl.*, p. 99.

[Lettre de l'abbé Lebeuf.]

30875. Bougier (Louis). — Charte d'affranchissement donnée à la commune d'Asnois par Renaut Rougefert, sire d'Asnois (1304), p. I à XVIII.

II. — **Bulletin de la Société scientifique et artistique de Clamecy,** année 1880-1881, n° 4. (Clamecy, s. d., in-8°, 144 p.)

30876. Courot. — [M. Alexandre Sonnié-Moret, † 1878], p. 9.

30877. Alapetite. — Notice sur la Société scientifique et artistique de Clamecy (Nièvre), p. 38.

30878. Guéneau (Victor). — Causerie sur Saint-Benin-d'Azy [Nièvre], p. 61.

30879. [Mongin.] — Une page d'histoire [minorité de Louis XV], p. 113.

NIÈVRE. — NEVERS.

SOCIÉTÉ ACADÉMIQUE DU NIVERNAIS.

La *Société académique du Nivernais* a été fondée au mois de juin 1883 et approuvée en 1884. Le premier volume de ses *Mémoires*, qui renferme les procès-verbaux et les travaux de la Société de 1883 à 1887, a commencé à paraître en 1886. Il n'est pas encore achevé.

I. — **Mémoires de la Société académique du Nivernais.** (Nevers, 1886-1887, in-4°, 202 p. parues.)

30880. Jacquinot (Dr H.). — L'oppidum du Fou de Verdun [près de Frétoy (Nièvre); de l'époque gauloise], 4 *pl.*, p. 24.

30881. Bernault (L'abbé). — Le P. Vincent de Nevers, capucin (1634) [peste à Blois], p. 34.

30882. Massillon-Rouvet. — Une ruine à conjurer [église Saint-Étienne de Nevers], 2 *pl.*, p. 36.

30883. Guéneau (Lucien). — Us et coutumes du Morvan [naissances, baptêmes et mariages à Luzy], p. 39 et 94.

30884. Guéneau (Victor). — Brèves [(Nièvre). Notice historique et archéologique], p. 61.

[Familles de Thianges, Damas, Savary. — Village de Sardy-les-Forges.]

30885. Jacquinot (Dr H.). — La sépulture gauloise de Sauvigny-les-Bois, p. 89.

30886. Remond (Auguste). — Inscription romaine de Monceaux-le-Comte, *pl.*, p. 134.

30887. Guéneau (Lucien). — Deux mots sur nos sorciers [coutumes locales], p. 138.

30888. Jacquinot (Dr). — Les monuments mégalithiques de la Nièvre, 22 *pl.*, p. 167.

30889. Massillon-Rouvet. — Les musées de Nevers, 3 *pl.*, p. 192.

NIÈVRE. — NEVERS.

SOCIÉTÉ NIVERNAISE DES LETTRES, SCIENCES ET ARTS.

La *Société nivernaise des lettres, sciences et arts* a été fondée en 1851. Elle publie un *Bulletin* dont le 12e volume a paru en 1886. Elle a fait paraître, en outre, les ouvrages suivants :

30890. Crosnier (L'abbé). — Monographie de la cathédrale de Nevers. (Nevers, 1854, in-8°, vi et 422 p. avec *pl.* et *fig.*)

30891. Crouzet (Henri). — Archives communales de Nevers. Droits et privilèges de la commune de Nevers. (Nevers, 1858, in-8°, iii et 220 p.)

30892. Crosnier (Mgr). — Hagiologie nivernaise ou vies des saints et autres pieux personnages qui ont édifié le diocèse de Nevers par leurs vertus. (Nevers, 1858, in-8°, xxx et 593 p.)

30893. Du Broc de Segange (L.). — La faïence, les faïenciers et les émailleurs de Nevers. (Nevers, 1863, in-4°, 305 p. et 21 *pl.*)

30894. Soultrait (Georges de). — Inventaire des titres de Nevers et de l'abbé de Marolles, suivi d'extraits des titres de Bourgogne et de Nivernois, d'extraits des inventaires des archives de l'église de Nevers et de l'inventaire des archives des Bordes. (Nevers, 1873, in-4°, xxii et 1056 p., avec un appendice non paginé de 4 p. et 3 *cartes.*)

30895. [Crosnier (Mgr)]. — *Sacramentarium ad usum aecclesiae Nivernensis.* (S. l. n. d. [Nevers, 1873], in-4°, xlvi-405 p. et 1 *pl.*). — Cf. n° 31031.

30896. Soultrait (Georges de). — Armorial historique et archéologique du Nivernais, 2 vol. avec *pl.* (T. I, Nevers, 1879, in-4°, xxxv et 282 p.; t. II, Nevers, 1879, in-4°, 313 p.)

30897. Crosnier (Mgr). — Les congrégations religieuses dans le diocèse de Nevers. T. I, congrégations d'hommes. (Nevers, 1877, in-8°, 602 p.). T. II, congrégations de femmes. (Nevers, 1881, in-8°, 450 p.)

30898. Boutillier (L'abbé). — La verrerie et les gentilshommes verriers de Nevers, avec un appendice sur les verriers du Nivernais. (Nevers, 1885, in-8°, x et 167 p. et 9 *pl.*) — Cf. id. n° 31190.

I. — Bulletin de la Société nivernaise des sciences, lettres et arts, 1er vol. (Nevers, 1854, in 8°, x-436 p.)

30899. Morellet. — Sur des tombeaux francs découverts à Moussy, p. 8 et 14.

30900. Crosnier (L'abbé). — Sur l'église des Places, *pl.*, p. 15.

30901. Crosnier (L'abbé). — Sur les monuments druidiques du bas Morvan, *pl.*, p. 26.

30902. Gallois. — Sur des statues romaines découvertes à Avril-sur-Loire, *pl.*, p. 33.

30903. Crosnier (L'abbé). — Sur l'église de Mars-sur-Allier (xiie s.), p. 36.

30904. Clément (L'abbé). — Sur des objets gallo-romains découverts à la Motte-Pasquier, commune de Dampierre-sous-Bouhy, p. 38.

30905. Barat. — Sur les statues romaines trouvées à Brèves, *pl.*, p. 44.

30906. Morellet. — Sur le monument celtique de la Segangeotte, commune de Cizely, p. 45.

30907. Gallois. — Sur des briques romaines portant le nom du potier, p. 46.

30908. Bizy (G. de). — Sur des vases romains trouvés dans l'étang de Bizy, p. 47.

30909. Crosnier (L'abbé). — Sur des figurines de l'église d'Ainay, à Lyon (xiie s.), p. 48.

30910. Barat. — Sur un bas-relief provenant du tombeau d'un abbé de Cluny de la famille de La Tour d'Auvergne, conservé à Cluny, *pl.*, p. 49.

30911. Crosnier (L'abbé). — Sur le décès de Mgr de Séguiran, évêque de Nevers [† 1789], p. 56.

30912. Crosnier (L'abbé). — Sur le portail de l'église de Conques en Rouergue, p. 59.

30913. Morellet. — Sur le dolmen du bois d'Arnoud, près de Tannay, p. 62.

30914. Morellet. — Sur l'abbaye de Corbigny, p. 64.

30915. Crosnier (L'abbé). — Sur les caractères des différentes écoles archéologiques, p. 70 et 79.

30916. Crosnier (L'abbé). — Sur l'église de Souvigny-aux-Bois (xiie s.), p. 76.

30917. Crosnier (L'abbé). — Histoire symbolique et iconographique du lion, p. 88.

30918. Divers. — Rapport de la commission chargée de l'examen des travaux à exécuter pour la restauration et l'assainissement de l'église Saint-Étienne de Nevers, *pl.* et *fig.*, p. 109.

[Prieuré de Saint-Étienne de Nevers; description de l'église; pièces justificatives, 1063-1606.]

30919. Baudoin. — Rapport à la Société nivernaise des lettres, sciences et arts sur les travaux ordonnés par la Société française pour la conservation des monuments, dans les ruines gallo-romaines de Saint-Révérien, p. 179.

30920. Morellet. — Sur un tombeau gallo-romain découvert à Nevers, p. 191.

30921. Morellet. — Des tapisseries de haute lisse qui étaient ou sont encore dans la cathédrale de Saint-Cyr à Nevers, p. 193.

30922. Charleuf (G.). — Notice historique et archéologique sur Semelay, p. 200.

30923. Delaroche. — Sur Jean II de Clamecy, comte de Nevers (xve s.), p. 208.

30924. Grandmotet. — Étude sur la tragédie d'*Adonis* de Guillaume Le Breton, seigneur de La Fon (1569), p. 211.

30925. Millet (L'abbé). — Sur une charte concernant La Nocle, p. 231.

30926. Crosnier (L'abbé). — [Le prieuré de] Saint-Gildard et les sœurs de la charité de Nevers, 2 *pl.*, p. 233.

30927. Charleuf (G.). — Notices sur l'église d'Alluy [xiie s.], p. 321.

30928. Morellet. — Sarcophage chrétien et autels votifs consacrés à Mars, trouvés à Bouhy-le-Tertre, p. 326 et 370.

30929. Cougny. — Notice sur une pierre antique trouvée dans les ruines de Saint-Révérien, p. 336.

[Lettres d'Éloi Johanneau et de Freugel.]

30930. Crosnier (L'abbé). — Mémoires sur les cachets de médecins oculistes romains, à l'occasion d'un de ces cachets récemment découvert à Alluy (Nièvre) [lettre de Adrien de Longpérier], p. 352.

30931. Crosnier (L'abbé). — Sur les eaux thermales de Saint-Honoré en Morvan, p. 371.

30932. Morellet. — Discours [sur les hommes illustres du Nivernais], p. 380.

30933. Morellet. — M. Jacques Gallois, fondateur du Musée de l'hôtel de ville de Nevers [1790 † 1852], p. 394.

30934. Millet (L'abbé). — Une messe de minuit à Uxeloup, en 1793 [condamnation de Claude-Laurent Chambrun, seigneur d'Uxeloup], p. 400.

30935. Millet (L'abbé). — La confrérie des Plats à Nevers, au xiiie siècle, p. 402.

30936. Millet (L'abbé). — Dimanche des Brandons, p. 406.

30937. Morellet. — Sur la vente d'un terrain situé à Chevenon (xiiie s.), p. 410.

30938. Demerger. — Sur un mortier en bronze, p. 414.

30939. Morellet. — École de Decize [xive-xviiie s.], p. 416.

30940. Morellet. — Note sur la confrérie des arbalétriers de Decize [xve-xviiie s.], p. 420.

30941. Morellet. — Note sur Decize, p. 423.

II. — **Bulletin de la Société nivernaise**, etc., 2e vol. (Nevers, 1855, in-8°, xii-408 p.)

30942. Crosnier (L'abbé). — Sur une statuette et une lampe romaines trouvées auprès de Château-Chinon, *pl.*, p. 2.

30943. Morellet. — Sur les couleurs héraldiques de la ville de Nevers, p. 4.

30944. Soultrait (Georges de). — Sur les différences qui existent entre les monuments du Bourbonnais et ceux du Nivernais, p. 7.

30945. Cougny. — *Les Bocages*, comédie pastorale par le sieur de La Charnays [xviie s.], p. 12.

30946. Maumigny (V. de). — Sur les inventaires dressés par l'abbé de Marolles, p. 35.

30947. Anonyme. — Notice sur le P. Paschal Rapine de Sainte-Marie, récollet, lecteur en théologie et définiteur de son ordre [xviie s.], p. 37.

30948. Crosnier (L'abbé). — Sur les peintures de la crypte de l'église d'Alluy (xiiie s.), p. 41.

30949. Crosnier (L'abbé). — Promenade archéologique à Saint-Benoît-sur-Loire et dans les environs, *fig.*, p. 43.

[Germigny-des-Prés, mosaïque et inscription (806), *pl.*, p. 71. — Les cryptes d'Orléans, p. 74.]

30950. Millet (L'abbé). — Territoire du Nivernais, p. 82.

30951. Crosnier (L'abbé). — Sur les limites du Nivernais, p. 86.

30952. Crosnier (L'abbé). — Sur le siège de Gergovie, p. 93.

30953. Crosnier (L'abbé). — L'Immaculée conception de Marie proclamée par les iconographes du moyen âge, *pl.*, p. 96; IV, p. 247; et V, p. 96.

30954. Millet (L'abbé). — Usages et faits religieux dans le Nivernais, p. 118.

[Procession des Rameaux à Decize, le Jeudi saint (1794).]

30955. Millet (L'abbé). — L'abbé Berthier, curé de Saincaize, poète nivernais au xviie siècle, p. 121.

30956. Clément (L'abbé). — Lettre sur des bornes dîmales, p. 134.

30957. Morellet. — Sur Florimond Gaulron [1827 † 1855] et le recueil de titres qu'il avait formé [xiie-xviie s.], p. 140.

30958. Crosnier (L'abbé). — Médailles et monnaies trouvées dans la commune de Saint-Germain-Chassenoy [xve s.], p. 155.

30959. Du Broc [de Segange]. — Charte de 1315 relative à un incendie de Nevers en 1308, p. 164.

30960. Roubet (Louis). — Titres sur l'histoire locale de Decize [1585, 1647, 1656; lettre de Fouché (1793)], p. 165.

30961. Rosemont (Adolphe de). — Poésies nivernaises du xvie siècle, p. 168.

[Marie de Clèves, princesse de Condé; siège de la Charité, 1577.]

30962. Delaroche. — Sur le siège de la Charité en 1577, p. 193.

[Réimpression du *Discours du siège tenu devant la Charité*, 1577.

30963. Morellet. — *Essai de numismatique nivernaise*, par M. de Soultrait [compte rendu critique], p. 199. — Cf. n° 30969.

30964. Crosnier (L'abbé). — Croisade prêchée à Nevers au xvii° siècle [1612-1625]. Fondation de l'ordre [militaire] de l'Immaculée conception [1617], p. 225.

[Poème latin de Billard de Courgenay.]

30965. Roubet (Louis). — Sur un discours adressé au duc de Nivernois à son entrée à Donzy (1769), p. 300.

30966. Morellet. — Copie des actes de baptême des enfants d'Adam Billaud [1642, 1643, 1648], p. 305.

30967. Morellet. — Sur des médailles grecques trouvées à Decize, p. 309.

30968. Crosnier (L'abbé). — Nouvelle maison mère des sœurs de la Charité de Nevers [inaugurée en 1856. — Les sœurs grises à Decize en 1711. — Arrêté de rétablissement de l'ordre en l'an ix], p. 313.

30969. Soultrait (Georges de). — Réponse au rapport de M. Morellet sur la *Numismatique nivernaise*, p. 352. — Cf. n° 30963.

30970. Crosnier (L'abbé). — Le symbolisme, ses causes, ses développements, p. 369.

30971. Delaroche. — Discours et traité de la prise [en 1588] des ville et château de Mauléon [Châtillon-sur-Sèvre, depuis 1737], p. 391.

30972. Crosnier (L'abbé). — Bataille de Fontenay en 841, p. 397.

III. — Bulletin de la Société nivernaise, etc., 2° série, t. I. (Nevers, 1863, in-8°, iv-506 p.)

30973. Leblanc-Bellevaux (Félix). — Inventaire après le décès de François de Clèves (1566) [vaisselle d'or et d'argent, et autres meubles et ustensiles du château de Nevers], p. 17.

30974. Meyniel (L'abbé F.). — Lettre [sur la légende du serpent de saint Pélerin], p. 37.

30975. Crosnier (L'abbé). — Coup d'œil sur les sépultures dans l'antiquité et au moyen âge [sarcophages trouvés à Corbigny; note de M. Gautherot], p. 42.

30976. Maumigny (V. de). — Sur le baron Amédée de Bar († 1857), p. 63.

30977. Crosnier (L'abbé). — Séances archéologiques à Avallon et Vézelay, p. 69.

[Saint-Lazare d'Avallon; Saint-Père-sous-Vézelay; Sainte-Madeleine de Vézelay.]

30978. Crosnier (L'abbé). — Sur l'origine de la fête du bœuf gras, p. 85.

[Procès-verbal de la corporation des bouchers de Saint-Pierre-le-Moûtier (1663).]

30979. Roubet (Louis). — Sur la terre des Ryaux [commune d'Apremont. — Foi et hommage, 1284], p. 95.

30980. Crosnier (L'abbé). — Sur le mont Beuvray, p. 98.

30981. Du Broc de Segange. — Extraits des anciens registres paroissiaux de la ville de Nevers relatifs aux enfants d'Adam Billiot et de Charles Ier de Gonzague (xvii° s.), p. 119.

30982. Du Broc de Segange. — Mission diplomatique [à Rome] confiée [en 1623] par Louis XIII à François Du Broc, seigneur du Nozet, etc., p. 125.

30983. Crosnier (L'abbé). — Dernier mot sur le coq [superposé à la croix, symbolisme], p. 140.

30984. Crosnier (L'abbé). — Résumé de ses observations au sujet d'un rapport de M. Ruprich-Robert, architecte de la cathédrale [de Nevers], p. 157.

30985. Millet (L'abbé). — Épisode de 1793, à Saint-Amand-en-Puisaye [fermeture de l'église], p. 167.

30986. Cibodde (Alfred). — Note relative à une borne trouvée sur les Sables, commune de Nevers [xviii° s.], *fig.*, p. 173.

30987. Crouzet (H.). — Contrat d'échange de la justice du bourg de Saint-Étienne de Nevers [1585], p. 228.

30988. Crosnier (L'abbé). — Sur une mosaïque trouvée dans l'église de Coulanges-lès-Nevers, et un carrelage [xii°-xiii° s.] provenant de la cathédrale de Nevers, 2 *pl.*, p. 242.

30989. Du Broc de Segange. — Fouché à Nevers [1793], p. 245.

30990. Crosnier (L'abbé). — Recherches sur l'origine de la soutane rouge que portent, pendant l'été, les chanoines de Nevers, aux fêtes solennelles [procès-verbaux de cérémonies religieuses, 1742], p. 253.

30991. Crosnier (L'abbé). — La maison de Flandre à Nevers [1271-1361], p. 278.

30992. Anonyme. — Copie d'une charte d'affranchissement de droit de servitude et de mainmorte, donnée par noble Guiot de Révillon, écuyer, seigneur d'Apremont [27 mars 1326, a. st.], p. 288.

30993. Crouzet (H.). — Essai géographique et historique sur la bataille catalaunique (21 juin 451), p. 296.

30994. Crosnier (L'abbé). — Appréciation de M. Léop. Delisle sur l'*Hagiologie nivernaise*. Réponse à M. Delisle. Recherches sur les auteurs liturgiques du diocèse de Nevers, p. 312, 317 et 327.

30995. Bornet. — Symbolisme des roses par M. le baron de Roisin, p. 342.

30996. Linas (De). — Chappe symbolique de Nevers [xvi° s.], p. 362.

30997. Laugardière (R. de). — Sur des monnaies baronales trouvées à Saint-Aubin-des-Forges, p. 368.

30998. Anonyme. — Le comte de Nevers à Montenoison [ballade, 1463], p. 371.

30999. [Crosnier (L'abbé)]. — Jean Régnier [bailli d'Auxerre, poète, † après 1463], p. 377. — Cf. n° 31018.

31000. Crosnier (L'abbé). — Notice archéologique et iconographique sur l'église de Clamecy, p. 381.

31001. Laugardière (R. de). — Sur des peintres nivernais (1576), p. 391.

31002. Roubet (Louis). — Les coustres ou gardiens de l'église de Saint-Cyr [à Nevers, 1317 à 1764], p. 393.

31003. Riffé (P.). — Réflexions inscrites sur les registres paroissiaux de Pougues [1766-1770], par le curé Poincet, p. 400.

31004. Laugardière (R. de). — Sur des inondations de la Loire au xvii° siècle, p. 405.

31005. Crosnier (L'abbé). — Compte rendu d'une promenade archéologique dans les départements de l'Yonne et de Saône-et-Loire [Avallon, les grottes d'Arcy, Vermanton, Montréal, Saint-Andoche de Saulieu et Saint-Lazare d'Autun], p. 438.

31006. Chambrun de Rosemont (De). — Sur une statuette en bronze trouvée à Sainte-Marie de Flageolles, p. 451.

31007. Boutillier (L'abbé F.). — Des custodes ou coutres de l'église Saint-Cyr [à Nevers, 1252-1499], p. 455.

31008. Laugardière (R. de). — Sur les chartes du château des Bordes, commune d'Urzy [inventaire, 1249-1702], p. 461.

31009. Crosnier (L'abbé). — Sarcophage en plomb découvert dans la cathédrale de Nevers [probablement celui de l'évêque Gilles Spifame, † 1578], p. 464.

31010. Jobert (L'abbé). — Pierrefiche, près Châteauvert (Nièvre) [menhir], p. 472.

31011. Crosnier (L'abbé). — Nouvelles études sur les comtes et ducs de Nevers, p. 477.

IV. — Bulletin de la Société nivernaise, etc., 2° série, t. II. (Nevers, 1867, in-8°, iv-496 p.)

31012. [Crosnier (L'abbé)]. — Sur le procès-verbal de consécration de l'église de Saint-Jean-aux-Amognes [1529], p. 2.

31013. [Roubet (Louis)]. — Registre notulaire de Claude Marion [notaire à Nevers de 1574 à 1580], p. 5.

31014. Crosnier (L'abbé). — Monographie de la croix, 6 *pl.*, p. 17 et 126.

31015. Bornet. — Note sur les charrues antiques [d'après Hésiode et Virgile], *pl.*, p. 56.

31016. Charleuf (G.). — Quelques mots sur Alise-Sainte-Reine, 2 *pl.* [monnaies, fibules, inscriptions romaines, etc.], p. 108, 299 et 413.

31017. Jobert (L'abbé). — De l'église collégiale de Sainte-Eugénie de Varzy [extraits des manuscrits de dom Viole], p. 129.

31018. Challe. — Rectifications concernant Jean Régnier, p. 156. — Cf. n° 30999.

31019. Roubet (Louis). — Sur la généalogie des comtes et ducs de Nevers, p. 161.

31020. Bégat (Prosper). — Notice sur l'imprimerie à Nevers, p. 162 et 246.

[30953]. Crosnier (L'abbé). — L'Immaculée conception de Marie proclamée par les iconographes du moyen âge, p. 247.

31021. Crosnier (L'abbé). — Sur une mosaïque découverte à Thiers (Puy-de-Dôme), p. 251.

31022. Crosnier (L'abbé). — Dévergondage iconographique [sur les règles iconographiques], p. 256.

31023. Crosnier (L'abbé). — Évêques de Bethléem, p. 261.

31024. Laugardière (R. de). — Sur des chartes relatives au Nivernais [xiii°-xv° s.], inventaire provenant de la bibliothèque de feu M. Ernest Clerc de Landresse, p. 274.

31025. Bogros (L.). — Fouilles opérées à Château-Chinon [monuments et objets gaulois, romains et du moyen âge], p. 293.

31026. Charleuf (G.). — Inscription romaine de l'église de Saint-Honoré-les-Bains (Nièvre), p. 297.

31027. Jobert (L'abbé). — Chapelle de Saint-Marc et de Saint-Georges à Corvol-l'Orgueilleux, p. 298.

31028. Clément (L'abbé). — Sur la pierre tombale de Jean de Châtillon [† 1370], *pl.*, p. 307.

31029. Crosnier (L'abbé). — Sur les peintures murales de l'église de Héry, p. 309.

31030. Charleuf (G.). — Aquis Nisinæi. Étude archéologique sur les sources thermales de Saint-Honoré, p. 318.

31031. Crosnier (L'abbé). — Sur un sacramentaire nivernais du xi° siècle conservé à la Bibliothèque nationale, p. 337. — Cf. n° 30895 et 31032.

31032. Crosnier (L'abbé). — Sur un sacramentaire nivernais du x° siècle conservé au British Museum, p. 351.

31033. Boëre (L'abbé). — Sur l'inscription romaine trouvée à Mesves, p. 370.

31034. Subert (Dr Émile). — Notice bibliographique sur les eaux de Pougues, p. 372.

31035. Roubet (Louis). — Des rois inconnus [confréries à Saint-Maurice de Cuffy, et à Notre-Dame de Tendron], p. 392.

31036. Boëre (L'abbé). — Sur une inscription chrétienne trouvée à Mesves (vi° siècle), p. 408.

31037. Crosnier (L'abbé). — Sur des statuettes gallo-romaines découvertes à Entrains, p. 419.

31038. Roubet (Louis). — Droits féodaux sur la Loire dans le détroit de la châtellenie de Nevers, p. 440.

V. — Bulletin de la Société nivernaise, etc., 2° série, t. III. (Nevers, 1869, in-8°, viii-470 p.)

31039. [Boyer]. — Lettres patentes pour le transfert de la Monnaie de Bourges (1592), p. 8.

31040. Roubet (Louis). — Un manuscrit [*Livre d'exemples* par Joseph Portraict, 1740], p. 11.

31041. Crosnier (L'abbé). — Sur la découverte d'un cimetière souterrain à Saint-Benin-d'Azy [xii° s.], p. 21.

31042. Laugardière (R. de). — Le peintre Paul Liébault [† 1652], p. 24.

31043. Roubet (Louis). — Du faict de la gabelle [étude sur le commerce du sel], p. 32.

31044. CROSNIER (L'abbé). — La chaire de saint Pierre [à Rome], p. 70.

31045. BOUTILLIER (L'abbé F.). — Monitoire [sur un assassinat commis à Nevers, 1669], p. 77.

31046. CLÉMENT (L'abbé). — Sur une médaille de François Ier découverte près de Châtillon-en-Bazois, p. 80.

31047. CROSNIER (L'abbé). — Une séance archéologique au Musée de Latran, *pl.*, p. 83.

[30953]. CROSNIER (L'abbé). — L'Immaculée conception de Marie proclamée par les iconographes du moyen âge, p. 96.

31048. LESPINASSE (René DE). — Hervé de Donzy, comte de Nevers [† 1222], p. 101.

31049. BOUTILLIER (L'abbé F.) — Les pierres crapaudines [d'après un inventaire de 1492], p. 186.

31050. BOUTILLIER (L'abbé F.). — Dépenses faites à Nevers pour le passage de saint Vincent Ferrier en 1417, p. 188.

31051. BONVALLET (Adrien). — Notice sur le château de Villemenant et ses seigneurs [près Nevers], *pl.*, p. 218 et 416.

[Familles de Carroble, de Sarre, de Veaulce, d'Autry, de Bréchard, d'Anglure, de Lange, Babaud de La Chaussade, etc.]

31052. BONVALLET (Adrien). — Le château des Bordes et ses seigneurs, 6 *pl.*, p. 245.

[Familles des Bordes, de La Plasière, d'Aussienville, de La Grange d'Arquian et de Maligny, de Béthune-Pologne, de La Tour du Pin, Alvizet de Maisières; pièces justificatives.]

31053. SONNIÉ-MORET (A.). — Notice sur la suite chronologique des anciens seigneurs d'Asnois de 1258 à 1737, p. 422.

31054. BOUTILLIER (L'abbé F.). — État des dépenses de la construction de la porte du Croux, au XIVe siècle, d'après les anciens comptes des receveurs de la ville de Nevers, p. 435.

VI. — Bulletin de la Société nivernaise, etc., 2e série, t. IV. (Nevers, 1870, in-8°, 460 p.)

31055. [LESPINASSE (René DE)]. — Registre terrier de l'évêché de Nevers, rédigé en 1287 [introduction et pièces annexes], p. 14 et 210.

31056. ROUBET (Louis). — Pierre de Frasnay, auteur dramatique [† 1753; sa vie, ses œuvres], p. 219.

31057. POT (L'abbé). — Notes relatives à différentes trouvailles faites à Magny-Cours [monnaies, ossements, etc.], p. 260.

31058. BOUTILLIER (L'abbé F.). — Notes manuscrites sur l'évêque Jacques Spifame et sa famille, par Mme d'Aunay, née Marguerite Spifame, en 1669, p. 263.

31059. BONVALLET (Adrien). — Notice historique sur la commune de Saincaize-Meauce, p. 268.

31060. ANONYME. — Inscription tumulaire de Regnault de Champnivernois découverte à Rome, p. 345.

31061. CORBIER (Claude). — Notice historique sur les forges impériales de la Chaussade à Guérigny (Nièvre), p. 350.

31062. SUBERT (Émile). — Une excursion à Autun et au mont Beuvray, p. 461.

VII. — Bulletin de la Société nivernaise, etc., 2e série, t. V. (Nevers, 1872, in-8°, VIII-564 p.)

31063. [LESPINASSE (René DE)]. — Chronique ou histoire abrégée des évêques et des comtes de Nevers [texte latin du XVIe siècle et introduction], p. 10.

31064. CROSNIER (L'abbé). — Tableau synoptique de l'histoire du Nivernais et du Donziais, mise en rapport avec l'histoire ecclésiastique et l'histoire de France, p. 107.

31065. CHAVANTON (L'abbé). — Sur une plaque votive en cuivre jaune trouvée à Entrains [inscription romaine, *pl.*], p. 244.

31066. BOËRE (L'abbé). — Sur une mosaïque découverte à Crux-la-Ville, *pl.*, p. 245.

31067. BOUTILLIER (L'abbé F.). — Passage de troupes à Nevers au XVIe siècle (1521-1522) [extraits des comptes des receveurs de l'hôtel de ville], p. 257.

31068. ROUBET (Louis). — Des mines d'argent au pays du Nivernois, p. 267.

31069. VILLENAUT (A. DE). — Les cessions territoriales dans notre histoire, p. 276 et 299. — Cf. n° 31070.

31070. MAUMIGNY (V. DE). — Réponse au mémoire de M. de Villenaut, p. 284. — Cf. n° 31069.

31071. BOUTILLIER (L'abbé F.). — Mémoire sur les anciens vocables des autels et chapelles de la cathédrale de Nevers [pièces justificatives], p. 294.

31072. ROUBET (Louis). — Éphémérides [évasion de frère Antoine-Marceau Dobinet, prieur du couvent des Jacobins de Nevers, 30 août 1679], p. 406.

31073. ROUBET (Louis). — Le trésor du Veuillin [vase, denier de Louis le Débonnaire, croix], *pl.*, p. 407.

31074. ROUBET (Louis). — Des anciens orfèvres de Nevers, *pl.*, p. 421.

31075. ANONYME. — Mgr René-Nicolas Sergent [évêque de Quimper, 1802 † 1872], p. 444.

31076. ANONYME. — M. de Romanet [Gabriel Marny, † 1872], p. 453.

VIII. — Bulletin de la Société nivernaise, etc., 2e série, t. VI. (Nevers, 1874, in-8°, X-582 p.)

31077. CHAMBRUN DE ROSEMONT (Arthur DE). — Récits et impressions de voyage au XVIe siècle. Montaigne en Suisse, en Allemagne et en Italie (1580-1581), p. 5.

31078. MORLON. — Sur le château du Marais, p. 64.

31079. [BOUTILLIER (L'abbé F.) et SUBERT (Dr Émile).] — Catalogue du Musée lapidaire de la porte du Croux [précédé d'une notice sur son fondateur le commandant Barat, † 1855], p. 81.

31080. Roubet (Louis). — Épigraphie historiale du canton de la Guerche, 8 *pl.*, p. 161.

31081. Villenaut (Ad. de). — La légende de Clèves au château ducal de Nevers [le chevalier du Cygne], p. 366.

31082. Jacquinot (Dr H.). — Note sur une sépulture gauloise, antérieure à l'époque gallo-romaine [commune de Sauvigny-les-Bois], p. 378. — Cf. n° 31086.

31083. Pierredon de Ferron (Henry de). — Note sur les sépultures présumées gallo-romaines trouvées à Decize en janvier 1873, p. 387.

31084. Boutillier (L'abbé F.). — Requête d'un maître ès arts aux échevins de Nevers, en 1689, accompagnée d'un acrostiche latin, p. 392.

31085. Roubet (Louis). — Belna [Baulne-lès-Cuffy, paroisse de Veuillin], p. 397.

31086. Jacquinot (Dr H.). — Note sur quelques sépultures éduennes de l'époque gallo-romaine [commune de Sauvigny-les-Bois], p. 399. — Cf. n° 31082.

31087. Boutillier (L'abbé F.). — Sur le tribunal criminel révolutionnaire à Nevers [1793-1794], p. 410.

31088. Morlon (A.-L.). — Une excursion dans le Morvan, p. 417.

[Prémery, Saint-Révérien, Chitry-les-Mines, Corbigny, Lormes, Vésigneux, Chastellux, Saint-Germain-des-Champs, Quarré-les-Tombes, Pierre-qui-Vire, Dun-les-Places, Châtillon-en-Bazois, Saint-Saulge, etc.]

31089. Boutillier (L'abbé F.). — Requête de l'imprimeur de Nevers [Jean Millot] aux échevins, en 1662, p. 490.

31090. Guéneau (Victor). — Notes pour servir à l'histoire de la commune de Vandenesse (Nièvre), p. 498.

IX. — Bulletin de la Société nivernaise, etc., 2e série, t. VII. (Nevers, 1876, in-8°, XII-448 p.)

31091. Crosnier (L'abbé). — Sur les écoles monacales en architecture, p. 12.

31092. Clément (L'abbé). — Sur des sarcophages du moyen âge trouvés à Alluy, p. 16.

31093. Roubet (Louis). — Un compte rendu du congrès de Châteauroux [sciences préhistoriques, 1873], p. 20.

31094. Roubet (Louis). — Une question de céramographie [poteries découvertes à Nevers], *pl.*, p. 36.

31095. Boutillier (L'abbé F.). — Deux épisodes inédits de l'histoire des émailleurs de Nevers [Jean Alasseur et Claude Dupont Saint-Pierre, XVIIe s.], p. 43.

31096. Roubet (Louis). — Numismatique [monnaies d'Antonin et des comtes de Nevers], p. 51.

31097. Pierredon de Ferron (Henry de). — Extrait du Dictionnaire de Prudhomme relatif aux Nivernais condamnés à mort par le tribunal révolutionnaire, p. 54.

31098. Anonyme. — Relation purement historique d'un voyage de soixante et un prêtres du département de la Nièvre, de Nevers à Brest (1794), p. 69.

31099. Monier (A.). — Sur trois sépultures gallo-romaines des bords de l'étang de Thau (Hérault), 2 *pl.*, p. 115.

31100. Roubet (Louis). — Documents inédits pour servir à l'histoire du Nivernais [ville de Decize, 1787-1790], p. 123 et 265.

31101. Roubet (Louis). — Extrait du terrier de la châtellenie de Châteauneuf-sur-Allier, commencé en 1607, p. 130.

31102. Chambrun de Rosemont (Adolphe de). — Sur des poteries et médailles romaines découvertes à Lurcy-le-Châtel, p. 141.

31103. Guéneau (Victor). — Notes pour servir à l'histoire de la commune de Montaron (Nièvre), p. 145.

31104. Jacquinot (Dr H.). — Les temps préhistoriques dans la Nièvre. — Découverte d'un gisement de la pierre taillée dans la commune de Sauvigny-les-Bois, suivie d'observations sur l'anthropologie, 16 *pl.*, p. 213.

31105. Roubet (Louis). — Céramographie [noms de potiers gallo-romains], p. 263.

31106. Crosnier (L'abbé). — Notre-Dame de l'Orme et Notre-Dame du Four-de-Vaux [près Nevers], p. 272.

31107. Crosnier (L'abbé). — Cimetière carlovingien à Saint-Parize-le-Châtel, *pl.*, p. 288.

31108. Darlet (Octave). — Notes sur deux dolmens à Châteauvert, près Clamecy, p. 292.

31109. Darlet (Octave). — Note sur des tumuli de l'âge de bronze [à Saligny et Beaulieu], p. 293.

31110. Guéneau (Victor). — Sur une enquête faite à Larochemillay pendant les guerres de religion [1579], p. 299.

31111. Jacquinot (Dr H.). — Les sciences préhistoriques au congrès de Châlons-sur-Marne, p. 309.

31112. Roubet (Louis). — Note sur la Chapelle-aux-Chats [prieuré], p. 337.

31113. Crosnier (L'abbé). — Excursion de la Société nivernaise dans les vallées de la Nièvre, du Beuvron, de l'Yonne, de la Cure et du Nohain, 4 *pl.*, p. 339.

[A Beaumont-la-Terrière, Varzy, Clamecy, Vézelay, Pontaubert, Avallon, Arcy, Vermenton, Auxerre, Druye-les-Belles-Fontaines, Entrains, Donzy, la Charité, etc.]

31114. Jacquinot (Dr H.). — Sur les monuments celtiques de la Nièvre, p. 432.

X. — Bulletin de la Société nivernaise, etc., 2e série, t. VIII. (Nevers, 1880, in-8°, XII-576 p.)

31115. Guéneau (Victor). — Notes sur les découvertes faites aux environs de Luzy [monnaies et poteries romaines], p. 9.

31116. Roubet (Louis). — Un mot de céramographie [poteries romaines découvertes à Gimouille], p. 19.

31117. Ruby. — Étude sur le parcours des anciennes voies romaines dans la partie nord du département de la Nièvre et particulièrement dans l'arrondissement de Clamecy, *carte*, p. 23.

31118. Darlet (Octave). — Les temps préhistoriques

dans la Nièvre. Note sur une station de l'âge de pierre à Basseville, près Clamecy (Nièvre), 5 *pl.*, p. 37.

31119. Subert (E.). — Préjugés du centre de la France relatifs aux maladies des enfants, p. 43.

31120. Boutillier (L'abbé F.). — Note [sur Imbert d'Anlezy, seigneur de Dumflun, vers 1560], p. 74.

31121. Boutillier (L'abbé F.). — Lettres d'affaires du duc de Nivernais [1766-1790], p. 77, 243, 271 et 549.

31122. Roubet (Louis). — La question de Gergovia, p. 84.

31123. Crosnier (L'abbé). — Étude sur la géographie de la Nivernie pendant les cinq premiers siècles de notre ère, et principalement sur la Gergovie des Boïens, p. 94.

31124. Beglot. — Lettre [sur un vitrail de l'église de Puiseux (arrondissement de Réthel), concernant Henriette de Clèves, † 1601], p. 133.

31125. Roubet (Louis). — Sépulcrologie. Cercueils de pierre trouvés à Cuffy, p. 135.

31126. Boutillier (L'abbé F.). — Mystères et moralités du moyen âge joués par personnages ou simplement figurés aux entrées des princes dans la ville de Nevers [xive-xvie s.], p. 144.

31127. Guéneau (Victor). — Sur les prieurs de Saint-Christophe de Château-Chinon, p. 170.

31128. Darlet (Octave). — Note sur la pierre, le bronze et le fer dans les environs de Clamecy, p. 172.

31129. Boutillier (L'abbé F.). — Concordat entre le curé de Saint-Père de Nevers et ses paroissiens (1494), p. 179.

31130. Boutillier (L'abbé F.). — Sur le caveau de la chapelle de Notre-Dame de Lourdes à la cathédrale de Nevers, p. 193.

31131. Crosnier (L'abbé). — Sur l'inscription de la tour de Saint-Michel, à Nevers [1767], p. 196.

31132. Chastellux (De). — Charte [de 1487 relative aux Frères mineurs de Nevers], p. 199.

31133. Jacquinot (Dr H.). — Considérations sur les différents âges de la pierre taillée [au sujet du classement des silex de Sauvigny], p. 202.

31134. Boutillier (L'abbé F.). — Rapport sur l'inscription romaine récemment trouvée à Monceaux-le-Comte, *pl.*, p. 214 et 546.

31135. Jacquinot (Dr H.). — Promenades archéologiques dans le département de la Nièvre, p. 225, 282, 418, 528 et 537.

[Arzembouy; Arthel; Saint-Honoré; Préporché; sépultures antiques découvertes auprès de Pougues-les-Eaux, 4 *pl.*; Oisy; Billy, près Clamecy; Imphy.]

31136. Jacquinot (Dr H.). — Notice nécrologique sur M. Benjamin Laroche [† 1878], p. 253.

31137. Boutillier (L'abbé F.). — L'auteur des fresques de l'église Saint-Pierre de Nevers [J.-B. Sabatiny, vers 1687], p. 255.

31138. Subert (Dr Émile). — Habitation gallo-romaine à Seuilly, commune de Challuy, p. 262.

31139. Roubet (Louis). — *Pistillus globulus* [pilon romain], p. 265.

31140. Ruby. — Notes historiques sur l'arrondissement de Clamecy [extraits relatifs aux guerres de religion, de la Fronde, et à la période révolutionnaire à Entrain], p. 292.

31141. Sonnié-Moret (A.). — Notice sur les écrivains de Clamecy et leurs publications, p. 299. — Cf. n° 30873.

31142. Guéneau (Victor). — Le marquisat d'Espeuilles [histoire de ce marquisat et fiefs en dépendant], p. 323.

31143. Boutillier (L'abbé F.). — Anciennes marques des boulangers de Nevers, p. 406.

31144. Jacquinot (D^r) et Usquin (Paul). — Notice des sépultures antiques découvertes auprès de Pougues-les-Eaux (Nièvre) [vases, épingles en bronze, etc.], 4 *pl.*, p. 418.

31145. Boutillier (L'abbé F.). — Drames liturgiques et rites figurés, ou cérémonies symboliques dans l'église de Nevers, p. 441.

31146. Roubet (Louis). — Une estèque [outil de potier] de l'époque gallo-romaine [découverte près le bourg du Gravier], p. 542.

31147. Roubet (Louis). — Notice biographique. Michel Despréfays [† après 1769], p. 544.

31148. Camuset (Georges). — Un nouveau cachet d'oculiste gallo-romain, p. 553.

31149. Guéneau (Victor). — Lettre [sur le fief de] Moulins-Engilbert [au xiiie s.], p. 561.

XI. — Bulletin de la Société nivernaise, etc., 3e série, t. I, 11e vol. de la collection. (Nevers, 1883, in-8°, xii-xlviii-504 p.)

31150. Boutillier (L'abbé F.). — Notice sur la vie et les œuvres de Mgr Crosnier, protonotaire apostolique, vicaire général de Nevers, fondateur et premier président de la Société nivernaise, etc. [1804 † 1880], *portrait*, p. v.

31151. Boutillier (L'abbé F.). — Sur la feuille en forme de cœur des inscriptions antiques et chrétiennes jusqu'au ixe siècle, p. 3.

31152. Roubet (Louis). — Le châtel de Bois-Rozerain. Les mottes féodales [ferme des Barres], *pl.*, p. 5.

31153. Boutillier (L'abbé F.). — Des anciens prédicateurs de la ville de Nevers pendant l'Avent et le Carême et de leur rétribution par les échevins et habitants, de 1395 à 1790, p. 41.

31154. Jullien (Amédée). — Discours prononcé sur la tombe de l'abbé Baudiau († 1880), p. 74.

31155. Roubet (Louis). — Les dragons à Germigny [1693], p. 85.

31156. Massillon-Rouvet. — Joyaux carlovingiens trouvés à Alluy (Nièvre), *pl.*, p. 100.

31157. Roubet (Louis). — Découverte de monnaies romaines à Millay (Nièvre), p. 104.

31158. Léonard (Victor). — Sur les fouilles opérées dans la commune de Luthenay [chapelle d'Uxeloup], p. 110.

31159. Boutillier (L'abbé F.). — L'auteur de la méridienne de la cathédrale de Nevers [Théodore de Bouys des Brosses], p. 120.

31160. Boutillier (L'abbé F.) et Roubet (Louis). — Les livres de famille dans le Nivernais [fermes de Corbigny et de Fradel], p. 141.

31161. Anonyme. — Sur une inscription lapidaire (1644), et un denier du comte Hervé découverts au château d'Apremont, p. 166.

31162. Toytot (Ern. de). — Une oraison funèbre au xvie siècle. Louis de Gonzague, duc de Nevers [par le P. Possevino], p. 169.

31163. Boutillier (L'abbé F.). — Extrait du registre des comptes de Nevers [relatif aux obsèques du comte de Nevers, Philippe de Bourgogne, et du duc de Brabant son frère, † 1415], p. 183.

31164. Roubet (Louis). — Essai de quelques rectifications, p. 197.

[Porte du Croux, à Nevers; buste de Jean Rouvet, à Clamecy.]

31165. Boutillier (L'abbé F.). — Examen de quelques documents relatifs à la cathédrale de Nevers du xie siècle, p. 209.

31166. Roubet (Louis). — Le cachet d'oculiste romain d'Alluy, p. 226.

31167. Boutillier (L'abbé F.). — Documents inédits relatifs aux États généraux de 1560 à 1651 et conservés aux archives communales de Nevers, p. 228.

31168. Canat (H.). — Note au sujet de silex ouvrés provenant d'une station de la pierre taillée [commune d'Oudry, Saône-et-Loire], p. 254.

31169. Roubet (Louis). — Notice historiale. Sermoise [fief ayant appartenu successivement aux familles Girard de Pacy de Chevenon, Chassaignes, Villaines, Chantelot, Girard de Vannes, Choiseul, Sérent], *pl.*, p. 257. — Cf. n° 31176.

31170. Duminy (E.). — Causes du transfert de l'Université d'Orléans à Nevers et de son retour à Orléans [1316 à 1320], p. 358.

31171. Roubet (Louis). — Un Mercure assis [petite statuette en pierre de l'époque gallo-romaine trouvée à Nevers], p. 374.

31172. Guéneau (Victor). — Le prieuré de la Fermeté [ou la Ferté, canton de Saint-Benoît-d'Azy], p. 378.

31173. Toytot (Ernest de). — L'accord de la science et de la Bible au sujet des six jours de la création, p. 431.

31174. Flamare (Henri de). — Du nom de Sermoise et de ses anciens seigneurs, p. 448.

31175. Boutillier (L'abbé F.). — Inventaire des meubles précieux de Mgr Arnould Sorbin, évêque de Nevers, en 1606, et des biens meubles de Claude Gascoing, bourgeois de Nevers en 1608, p. 482.

31176. Massillon-Rouvet. — Visite à l'église de Sermoise à la suite de la notice historiale de Sermoise, *pl.*, p. 491. — Cf. n° 31169.

XII. — Bulletin de la Société nivernaise, etc., 3e série, t. II, 12e vol. de la collection. (Nevers, 1886, in-8°, xvi-479 p.)

31177. Anonyme. — Séances [du 26 avril 1883 au 31 décembre 1885], p. 1, 12, 31, 46, 58, 62, 73, 79, 96, 281 et 349.

[Sceaux d'Hugues de Noyers et de Jean de Lorris, p. 23. — Poésie de Bertier, curé de Saint-Caise (1664), p. 68. — Bronze gallo-romain, p. 85. — Éditions de la *Coutume de Nevers*, p. 352. — Jetons, p. 356.]

31178. Roubet (Louis). — Un mot sur la céramique [fabrique de Pierre de Fresnay, seigneur de Neuvy-le-Barrois, 1736], p. 3.

31179. Boutillier (L'abbé F.). — Les jeux de paume à Nevers, p. 5.

31180. Pot (L'abbé). — Notice sur M. l'abbé Laborde [Edmond-César, 1808 † 1883], p. 24.

31181. Boutillier (L'abbé F.). — Une signature d'Adam Billault, le Virgile au rabot [1657], *pl.*, p. 35.

31182. Toytot (Ernest de). — Un archéologue nivernais à Alexandrie [le Père Méchin, jésuite; vases et marteaux ou polissoirs antiques découverts à Alexandrie], p. 40.

31183. Boutillier (L'abbé). — Rapport sur le tombeau d'Yolande de Bourgogne, comtesse de Nevers, récemment déposé au musée lapidaire de la porte du Croux [xiiie s.], p. 49.

31184. Roubet (Louis). — Decize. Fondation de la chapelle dite des Sallonnier, en l'église des Minimes [1632], p. 55.

31185. Savigny de Moncorps (De). — Quelques mots sur les fables inédites de M. de Savigny, p. 65.

31186. Canat (H.). — Note sur une hache à sillons trouvée à Challuy (Nièvre), appartenant à M. le Dr Subert, p. 76.

31187. Subert. — Notice nécrologique sur M. le Dr Thomas [Edmond], p. 87.

31188. Roubet (Louis). — La verrerie d'Apremont, p. 89.

31189. Boutillier (L'abbé F.). — Recueil de différentes pièces curieuses sur divers objets [manuscrit du xviiie s. contenant des documents relatifs principalement au Nivernais et des poésies de l'abbé Cassier], p. 99.

31190. Boutillier (L'abbé F.). — Histoire des gentilshommes verriers et de la verrerie de Nevers, 9 *pl.*, p. 113 à 281. — Cf. id. n° 30898.

31191. Teste. — Inventaire de quelques chartes [relatives au Nivernais (1469-1553)], p. 298.

31192. Gadoin (Léon). — Le caveau de l'église Saint-Jacques de Cosne, p. 300.

31193. Roubet (Louis). — Le trésor de Neuzy [commune de Saint-Père (Nièvre), monnaies romaines impériales], p. 302.

31194. Roubet (Louis). — Perrières d'Apremont et du Veuillin, villa des Ryaux [objets gallo-romains], *pl.*, p. 304.

31195. Boutillier (L'abbé F.). — *Le Desly de la mort ou la manière de bien mourir et de ne craindre pas trop la mort corporelle*, par M. Arnauld Sorbin, évesque de Nevers, conseiller et prédicateur du roy [1586], notice et extraits, p. 317.

31196. [Boutillier (L'abbé F.)]. — Ivoire latin du Musée de Nevers [d'après un mémoire de Mgr Barbier de Montault], *pl.*, p. 323.

31197. Toytot (Ernest de). — Le faïencier nivernais, étude monographique des ouvriers des deux mondes suivant la méthode de M. Le Play, p. 333.

31198. Boutillier (L'abbé F.). — M. l'abbé Lebrun, chanoine honoraire du diocèse de Nevers, ancien proviseur du lycée, décédé à Paris le 7 juillet 1885 [né en 1807], p. 360.

31199. Roubet (Louis). — Notice historique sur les forges et fourneaux du canton de la Guerche, p. 364.

31200. Flamare (Henri de). — La cinquième croisade et les chevaliers teutoniques en Nivernais, p. 413.

31201. Anonyme. — Lettre de l'abbé Lebeuf au président Bouhier; lettre du président Bouhier à l'abbé Lebeuf [1734, inscription romaine], *pl.*, p. 435 et 437.

31202. Roubet (Louis). — L'inscription de l'église de Myennes [René de Viel-Bourg, † 1626], p. 440.

31203. Flamare (Henri de). — Une bulle d'Honorius III relative à l'hôpital de Bethléem à Clamecy [28 avril 1218], p. 442.

31204. Boutillier (L'abbé F.). — Le reliquaire de l'abbesse de Notre-Dame de Nevers, Gabrielle Ancrault de Langeron [1667], 3 *pl.*, p. 453.

31205. Toytot (Ernest de). — Le déluge biblique et les races antédiluviennes, p. 469.

NORD. — AVESNES.

SOCIÉTÉ ARCHÉOLOGIQUE DE L'ARRONDISSEMENT D'AVESNES.

La *Société archéologique de l'arrondissement d'Avesnes* paraît s'être formée vers 1830, mais ses statuts ne furent approuvés que le 20 novembre 1851. Elle publie, depuis 1864, des *Mémoires* dont il n'avait encore paru que trois volumes à la fin de 1885.

I. — Mémoires de la Société archéologique de l'arrondissement d'Avesnes (Nord), t. I. (Avesnes, 1864, in-8°, 230 p.)

31206. Bourgeois (A.-L.). — Notice sur le chapitre de Saint-Nicolas d'Avesnes, p. 21.
31207. Bourgeois (A.-L.). — Le vin de Guersignies, p. 45.
31208. Bourgeois (A.-L.). — La tour d'Avesnes et les orages, p. 48.
31209. Chevalier (Pierre). — Notice sur le retable de Fontaine [xvi° s.], p. 51.
31210. Michaux aîné (Adrien). — Notice sur les principaux monuments funéraires de l'église paroissiale d'Avesnes, p. 58.
31211. Michaux aîné (Adrien). — Le feu de Saint-Antoine, p. 73.

[Lettres du commandeur de Saint-Antoine-lez-Bailleul prenant les religieux de Maroilles sous la protection de l'ordre de Saint-Antoine (1533).]

31212. Michaux aîné (Adrien). — Modifications apportées à partir du xvi° siècle au calendrier Julien, p. 79.
31213. Michaux aîné (Adrien). — Les nains comme objets d'amusement et de curiosité, p. 87.

[Nains d'Anne de Rolin, dame d'Aymeries (1600).]

31214. Michaux aîné (Adrien). — Une singulière redevance, p. 93.

[Offrande d'une bourse faite chaque année par le magistrat de Maubeuge aux religieux de Saint-Pierre d'Hautmont.]

31215. Michaux aîné (Adrien). — Le général baron Mandeville [1780 † 1850], p. 103.
31216. [Michaux aîné (Adrien)]. — Charte communale de Favril [1174], p. 112.
31217. Michaux aîné (Adrien). — Une ordonnance de Louise d'Albret, dame d'Avesnes [dépenses d'écurie, 1510], p. 119.
31218. Bigarne (Charles). — Notice descriptive sur quelques édifices de Solre-le-Château, p. 122.
31219. Michaux aîné (Adrien). — Épitaphe dans l'ancienne église des Récollets à Bavay [xvii°-xviii° s.], p. 131.
31220. Caverne (Éliacin). — Découverte d'anciennes sépultures [gallo-romaines] à Avesnelles, 4 *pl.*, p. 136.
31221. Beneyton (Charles). — Note sur des fonts romans [église d'Hautmont], p. 140.
31222. Caverne (Éliacin). — Statuette [antique] en bronze trouvée à Fayt-le-Grand, *pl.*, p. 153.
31223. Michaux aîné (Adrien). — Découverte d'un écusson nobiliaire à Dourlers [François Rolin, seigneur d'Aymeries], *pl.*, p. 153.
31224. Caverne (Éliacin). — Pierres tombales provenant de l'église des Récollets à Avesnes [xvi°-xviii° s.], p. 156.
31225. Caverne (Éliacin). — Monnaies de Marie de Bourgogne trouvées à Avesnes, p. 167.
31226. Tordeux (Émile). — Notice sur des monnaies romaines trouvées dans la forêt de Mormal en 1862, p. 169.
31227. Michaux aîné (Adrien). — Quelques feuillets détachés de l'histoire d'Avesnes [cession d'Avesnes à la France (1659-1660)], p. 183.
31228. Michaux aîné (Adrien). — Anciens péages établis à Étrœungt et aux alentours [xv° s.], p. 195.
31229. Michaux aîné (Adrien). — Quelques épisodes de l'histoire d'Avesnes [xv° s.], p. 202.

[Avesnes et Louis XI (1461); sac d'Avesnes (1477).]

II. — Mémoires de la Société archéologique de l'arrondissement d'Avesnes, t. II. (Avesnes, 1866-1874, in-8°, v-72-124 p.)

31230. Renon (Célestin). — Sur des objets antiques découverts à Aibes, p. 24.
31231. Boniface (L'abbé Charles-Louis). — Sur dom Etton Larivière [1758 † 1793], p. 49.

Deuxième partie :

31232. Michaux aîné (Adrien). — Un ancien scel de Liessies [1543], *pl.*, p. 1.
31233. Michaux aîné (Adrien). — Délimitation et abornement de la banlieue d'Avesnes (1558), p. 2.

31234. Michaux aîné (Adrien). — Antoine Dewinghe, 28e abbé de Liessies en Hainaut (1610-1637), p. 8.
31235. Michaux aîné (Adrien). — Cession faite par Philippe de Croy, duc d'Arschot, et son fils, à Charles-Quint, des ville, château, terre et seigneurie de Landrecies (avril 1545), p. 14.
31236. [Devillers (L.)]. — Notice sur un cartulaire de l'abbaye d'Hautmont [et analyse des actes, XIIe-XIIIe s.], p. 20 et 125.
31237. Anonyme. — Cyr Colinet [† 1865], p. 102.
31238. Devillers (L.). — Un octroi accordé à la ville d'Avesnes en 1647, p. 103.
31239. Caverne (Éliacin). — Discours prononcé sur la tombe de M. Cabaret [Frédéric-Claude, né en 1792], président de la Société archéologique d'Avesnes, p. 105.
31240. Cabaret (Frédéric-Claude). — Note sur deux gravures, 2 *pl.*, p. 117.

[Nouveau tombeau de Fénelon; vierge de Cambrai dite Notre-Dame-de-Grâce.]

31241. Fourdin (Émile). — Documents historiques existant aux Archives communales d'Ath et concernant les villes d'Avesnes et du Quesnoy, p. 119. — Cf. id. n° 31243.

[Approvisionnements d'Avesnes (1552); les Écorcheurs devant le Quesnoy (1437-1438); incendie du Quesnoy (1443).]

III. — Mémoires de la Société archéologique de l'arrondissement d'Avesnes, t. III. (Avesnes, 1876, in-8°, 254 p.)

31242. Bécar (B.). — Recherches sur la tour du château de Bousies, p. 80.
31243. Fourdin (Émile). — Documents historiques pour servir à l'histoire des villes d'Avesnes et du Quesnoy; extraits d'anciens registres de la ville d'Ath (Belgique), p. 83. — Cf. id. n° 31241.
31244. Michaux aîné (Adrien). — Biographie locale, p. 94.

[Le général Nicolas-Joseph Desenfant (1765 † 1808); Noël-Joseph Desenfant, consul et amateur de peinture (1744 † 1807); Pierre-François Bourgeois, peintre (1756 † 1811); Marguerite Desenfant, née Morris († 1813); notice sur le collège de Dulwich (Angleterre).]

31245. Boniface (L'abbé). — Pierres de fiefs à Recquignies, Ostergnies, Avesnelles et Marpent, p. 124.
31246. Caverne (Éliacin). — L'ancienne porte Mauvinage à Avesnes, p. 131.
31247. Boniface (L'abbé). — Dissertation sur le mot *Martinas* employé par Baldéric au livre Ier, chapitre XIVe, de sa Chronique [Marpent en France], p. 137.
31248. Michaux aîné (Adrien). — Des gouvernements et des gouverneurs de villes [Avesnes, Landrecies, le Quesnoy et Maubeuge], p. 144.
31249. Michaux aîné (Adrien). — La Cense-du-Parc [ferme de l'abbaye de Maroilles à Noyelles], p. 244.
31250. Lebeau (Auguste). — Anciens canons trouvés à Avesnes [XVe s.], p. 249.

NORD. — BERGUES.

SOCIÉTÉ DE L'HISTOIRE ET DES BEAUX-ARTS DE LA FLANDRE MARITIME DE FRANCE.

La *Société de l'histoire et des beaux-arts de la Flandre maritime*, autorisée le 28 février 1856, a publié deux volumes de *Mémoires*.

I. — Mémoires de la Société de l'histoire et des beaux-arts de la Flandre maritime de France. (Bergues, 1857, in-8°, II-14-272 p.)

31251. Gasmann (Émile). — La bataille d'Hondschoote [1793], épisode des guerres de la Révolution en Flandre, traduit de l'allemand par Émile Gasmann, p. 1 à 14.
31252. Baecker (Louis de). — Sagas du Nord, p. 1 à 272.

[Appendice : des runes; traité de musique du XIIe au XIIIe s.; origine des armes à feu.]

II. — Mémoires de la Société de l'histoire et des beaux-arts de la Flandre maritime, etc. (Bergues, 1857 [*lisez* 1858], in-8°, II-129-79-8-62-2-1 p.)

31253. Baecker (Louis de). — Histoire de l'agriculture flamande en France depuis les temps les plus reculés jusqu'en 1789, p. 1 à 129.
31254. Baecker (Louis de). — Analogie de la langue des Goths et des Francs avec le sanscrit, p. 1 à 79.

[Appendice : lettres sur un bijou anglo-saxon, par MM. Louis de Baecker et Ferdinand de Lasteyrie.]

31255. Baecker (Louis de). — Lettre au R. P. dom Pitra, bénédictin de l'abbaye de Solesmes, sur l'auteur de l'*Imitation de Jésus-Christ*, p. 1 à 8.

31256. Bertrand (Raymond de). — Excursion dans le vieux Dunkerque, 2 *pl.*, p. 1 à 21.

31257. Bertrand (Raymond de). — M. Dewulf et la rue des Vieux-Quartiers, p. 22 à 37.

31258. Bertrand (Raymond de). — Notice biographique et bibliographique sur l'avocat Poirier, de Dunkerque [1753 † 1818], p. 38 à 62.

31259. Tournay (Arnould de). — Minariacum, ancienne station romaine, *carte*, p. 1 à 2.

NORD. — CAMBRAI.

SOCIÉTÉ D'ÉMULATION DE CAMBRAI.

La *Société d'émulation de Cambrai* s'est constituée le 16 octobre 1804. On peut consulter sur son histoire les notices publiées sous nos n°s 31337, 31359 et 31520. Jusqu'en 1851, elle comprenait une section d'agriculture qui s'en détacha alors pour former une compagnie indépendante sous le nom de *Comice agricole*. Les premières publications de la Société d'émulation de Cambrai remontent à 1808, mais en 1847, elle fit réimprimer un rapport de M. Farez, son premier secrétaire, sur ses travaux depuis son établissement jusqu'en 1806 (voir notre n° 31261). Les quatre premiers volumes de la Société ne portent pas le titre de *Mémoires* et ont paru à des intervalles très irréguliers. Depuis 1825, elle a publié un volume tous les deux ans, mais depuis 1835, ces volumes ont été le plus souvent divisés en deux et même trois parties. Il en a paru des tables partielles que nous avons indiquées sous nos n°s 31309, 31338, 31427 et 31536. La Société d'émulation de Cambrai a publié, en outre, l'ouvrage suivant :

31260. Le Glay (Dr). — Chronique d'Arras et de Cambrai par Balderic, chantre de Thérouanne au XIe siècle, revue sur divers manuscrits et enrichie de deux suppléments avec commentaires, glossaire et plusieurs index, *pl.*, Paris, 1834, in-8°, XXX-640 p.

31261. Farez. — Rapport de M. Farez, secrétaire perpétuel de la Société d'émulation de Cambrai, sur les travaux de cette société, depuis son établissement jusqu'au renouvellement des officiers du bureau, opéré le 4 janvier 1806. (Réimprimé à Cambrai, 1847, in-8°, 16 p.)

I. — Séance publique de la Société d'émulation de la ville de Cambrai du 12 mai 1808. (Cambrai, s. d., in-8°, 98 p.)

31262. Farez. — Rapport sur les travaux de la Société depuis la séance solennelle du 18 janvier 1806 jusqu'au 12 mai 1808, p. 1.

[Tombeaux francs découverts à Reumont; statues d'airain de l'hôtel de ville de Douai; origine de Cambrai.]

31263. Bocquet. — Sur Étienne Dervieux [né en 1767], p. 15.

31264. Servois (L'abbé J.-P.). — Échantillon de la justice des Turcs ou plutôt des Mamelucks en Égypte, traduit de l'anglais [d'Antes], p. 54.

31265. Préfontaine. — Éloge de François de Vander-Burch, archevêque de Cambrai, prince du Saint-Empire [1567 † 1644], p. 63.

31266. Dumersan. — Précis historique sur Enguerrand de Monstrelet, prévôt de Cambrai au XVe siècle [† 1453], p. 76. — Cf. n° 31267.

31267. Farez. — Rapport [sur le précis précédent], p. 85. — Cf. n° 31266.

II. — Séance publique de la Société d'émulation de la ville de Cambrai tenue le 13 novembre 1809. (Cambrai, s. d., in-8°, 24 p.; plus huit suppléments : A, 28 p.; B, 10 p.; C, 38 p.; D, 14 p.; E, 14 p.; F, 4 p.; G, 3 p.; H, 5 p.)

31268. Farez. — Notice des travaux de la Société d'émulation de la ville de Cambrai depuis la séance publique du 12 mai 1808 jusqu'au 13 novembre 1809, p. 1.

[Canal de l'Escaut; notes sur la cathédrale.]

31269. Douay-Frémicourt. — Notice sur feu M. de Neuflieu [1729 † 1809], suppl. F, p. 3.

31270. Desenne. — Notice nécrologique sur M. Bouly [Léopold-Thomas-Joseph, 1778 † 1809], suppl. G, p. 3.

31271. Béthune-Houriez. — Notice nécrologique sur M. Le Creux [1769 † 1809], suppl. H, p. 3.

III. — Société d'émulation de la ville de

Cambrai. Séance publique du 15 septembre 1817. (Cambrai, 1817, in-8°, 104 et 49 p.)

31272. Dubot. — Notice nécrologique sur MM. Étienne Le Roy, Jean-Baptiste Raparlier et François Legendre, p. 53.

31273. Latour de Saint-Igest (De). — Observations recueillies dans un voyage en Italie [habitudes des Toscans], p. 60.

31274. Servois (L'abbé J.-P.). — Observations sur le soleil d'or offert par Fénelon à l'église métropolitaine de Cambrai, p. 1 à 15. — Cf. n° 31442.

31275. Hurez (A.-F.). — Précis historique sur Balagny, gouverneur de Cambrai [† 1603] et ses deux femmes, p. 33 à 46.

IV. — Société d'émulation de Cambrai. Séance publique du 17 août 1818. (Cambrai, 1818, in-8°, 217 p.)

31276. Latour de Saint-Igest (De). — Dissertation sur un vase antique, traduite de l'italien de Domenico Sestini, de Florence, p. 85.

31277. Leroy (H.). — Notice nécrologique sur M. Defrémery [François-Joseph, 1755 † 1818], p. 103.

31278. Dibos (Émile). — Précis historique sur la ville de Cambrai, p. 155.

V. — Mémoires de la Société d'émulation de Cambrai (agriculture, sciences et arts). Séance publique du 16 août 1820. (Cambrai, 1820, in-8°, 271 p.)

31279. Leroy (H.). — Notice nécrologique sur MM. Bocquet [Nicolas, né en 1767], P.-J. Douay et Richard-Démaret, p. 134.

31280. Pascal-Lacroix. — Notice biographique sur Jacques-Christophe Ruffin, abbé de Vaucelles (diocèse de Cambrai) [1704 † 1780], p. 161.

31281. Le Glay. — Indication des principales recherches à faire sur les antiquités et l'histoire de cet arrondissement [Cambrai], p. 250.

VI. — Mémoires de la Société d'émulation de Cambrai. Séance publique du 16 août 1821. (Cambrai, 1821, in-8°, 249 p.)

31282. Delcroix (Fidèle). — Le tombeau du roi Stanislas à Nancy, p. 96.

31283. Servois (L'abbé J.-P.). — Des Spartiates anciens et modernes, p. 103.

31284. Duthillœul (H.-R.). — Éloge historique de Pierre de Franqueville, né à Cambrai en 1548, premier sculpteur des rois Henri IV et Louis XIII, p. 133.

VII. — Mémoires de la Société d'émulation de Cambrai. Séance publique du 16 août 1822. (Cambrai, 1823, in-8°, 357 p.)

31285. Gaston-Robert. — Quelques souvenirs de Naples (1806), p. 129.

31286. Servois (L'abbé J.-P.). — Observations de M. Antes sur la peste en Égypte, p. 159.

31287. Dinaux (Arthur). — Bibliographie cambrésienne, ou catalogue raisonné des livres et brochures imprimés à Cambrai, suivant l'ordre chronologique des imprimeurs de cette ville, suivi d'une liste alphabétique des ouvrages imprimés et manuscrits qui traitent de l'histoire de Cambrai et du Cambrésis, et précédé d'un discours préliminaire, p. 209 à 357.

[En appendice : Manuscrits de la bibliothèque de Bourgogne, à Bruxelles, intéressant la Flandre.]

VIII. — Mémoires de la Société d'émulation de Cambrai. Séance publique du 16 août 1823. (Cambrai, 1824, in-8°, 391 p.)

31288. Pascal-Lacroix. — Notice nécrologique sur M. le chevalier Dupuy, chef de bataillon au corps royal du génie [Pierre Dupuy, né en 1773], p. 92.

31289. Duthillœul (H.-R.). — Notice sur François Vander-Burch, archevêque-duc de Cambrai [1567 † 1644], p. 149.

31290. Tribou (Auguste). — Recherches historiques sur les anciennes monnaies des souverains, prélats et seigneurs du Cambrésis, avec les médailles dont cette province a été l'objet, 11 *pl.*, p. 199 à 291. — Cf. n° 31291.

31291. Le Glay. — Remarques et observations sur le précédent mémoire [règlements monétaires], p. 292. — Cf. n° 31290.

31292. Le Glay. — Notice sur *Hermoniacum*, station romaine située entre Cambrai et Bavai, *pl.*, p. 346. — Cf. n° 31294.

IX. — Mémoires de la Société d'émulation de Cambrai. Séance publique du 16 août 1824. (Cambrai, 1825, in-8°, 465 p.)

31293. Dinaux (Arthur). — Notice historique et littéraire sur le cardinal Pierre d'Ailly, évêque de Cambrai au XVe siècle [† 1422], p. 207.

31294. Le Beau. — Lettre à M. Le Glay [sur *Hermoniacum*], p. 321. — Cf. n° 31292.

31295. Le Glay. — Le captif du Forestel, nouvelle historique du XIVe siècle [Charles le Mauvais, roi de Navarre], p. 395.

[Notes historiques sur Arleux et l'abbaye du Verger.]

X. — Mémoires de la Société d'émulation

de Cambrai. Séance publique du 16 août 1825. (Cambrai, 1826, in-8°, 324 p.)

31296. C. H. [CLÉMENT-HÉMERY (Mme)]. — Notice sur les communautés de femmes établies à Cambrai avant la Révolution, p. 141.

[Abbaye de Prémy; Clarisses; Béguines; Bénédictines anglaises; Filles dévotaires de Saint-Antoine de Padoue; Sœurs-Noires; hôpitaux.]

31297. HAUTEROCHE (DE). — Mémoire sur une médaille anecdote de Polémon Ier, roi de Pont, *pl.*, p. 221.

31298. SERVOIS (L'abbé J.-P.). — De l'empire du Maroc et des princes qui l'ont gouverné jusqu'aujourd'hui [traduit de l'anglais de J. Buffa], p. 243.

31299. FENEULLE (H.). — Analyse des monnaies d'argent romaines trouvées à Famars, p. 282.

31300. ANONYME. — Note sur un livre d'heures qui fut à l'usage de Marie Stuart, p. 290.

XI. — Mémoires de la Société d'émulation de Cambrai. Séance publique du 18 août 1827. (Cambrai, 1828, in-8°, 283 p.)

31301. DU ROSOIR (Charles). — Notice sur les historiens de Flandre, p. 15.

[Froissart; Monstrelet; Comines; Molinet, etc.]

31302. ANONYME. — Extraits du *Mémoire sur les historiens de la Flandre*, par M. Lebon, p. 126.

31303. LE GLAY. — Lettre sur l'étude du grec dans les Pays-Bas, avant la renaissance des lettres, p. 186 et 268.

XII. — Mémoires de la Société d'émulation de Cambrai. Séance publique du 16 août 1829. (Cambrai, 1830, in-8°, II-519 p.)

31304. PASCAL-LACROIX. — Sur la presqu'île de Sermione [Italie]. Extrait d'un ouvrage inédit sur les critiques de Bayle, p. 21.

[Erreur de l'abbé Joly relative au lac *Benacus*.]

31305. SERVOIS (L'abbé J.-P.). — Dissertation sur le lieu où s'est opérée la transfiguration de Notre-Seigneur, p. 59.

31306. LE GLAY. — Nouvelles conjectures sur l'emplacement du champ de bataille où César défit l'armée des Nerviens, p. 81.

31307. LE GLAY. — Catalogue descriptif et raisonné des manuscrits de la Bibliothèque de Cambrai, p. 119 à 368.

31308. LE GLAY. — Programme des principales recherches à faire sur l'histoire et les antiquités du département du Nord, p. 411.

31309. ANONYME. — Table générale des articles contenus dans les douze volumes de *Mémoires* publiés jusqu'à ce jour par la Société d'émulation, p. 500. — Cf. n°s 31338, 31427 et 31536.

XIII. — Mémoires de la Société d'émulation de Cambrai. Séance publique du 18 août 1831. (Cambrai, 1833, in-8°, 88 p.)

31310. ANONYME. — Notice sur l'abbé Servois [Jean-Pierre, 1764 † 1831], p. 77.

XIV. — Mémoires de la Société d'émulation de Cambrai. Séance publique du 16 août 1833. (Cambrai, 1833, in-8°, 384 p.)

31311. LE GLAY (Edward). — Complainte romane sur la mort d'Enguerrand de Créqui, annotée et précédée de quelques documents sur cet évêque de Cambrai [XIIIe s.], p. 129.

31312. LE GLAY (Edward). — Incendie de l'abbaye d'Origni, épisode du poème de Raoul de Cambrai, p. 145.

31313. TORDEUX (Émile). — Notice sur des monnaies anciennes trouvées à Avesnes, en 1832 [XIIe-XVe s.], 4 *pl.*, p. 203.

31314. REIFFEMBERG (DE). — Mémoire sur Jehan Molinet, historien et poète [† 1507], p. 213.

31315. DELCROIX (Fidèle). — Fragmens d'un journal écrit à la Guiane par Gilbert-Démolières, déporté après le 18 fructidor (1798), *carte*, p. 235.

31316. LE GLAY. — Notice sur le village d'Esne en Cambrésis; suivie de la charte ou loi octroyée à cette commune en 1193, p. 311.

31317. LE GLAY. — Galerie historique des conquêtes de Louis XIV par J. La Fontaine et le baron de Vuoerden, p. 337.

XV. — Mémoires de la Société d'émulation de Cambrai. Séance du 9 septembre 1835. (Cambrai, 1837, in-8°, 135 et XII-397 p.)

31318. DELCROIX (Fidèle). — Notice nécrologique sur M. Pascal-Lacroix [Jean, lieutenant-colonel en retraite, 1771 † 1836], p. 63.

31319. WILBERT (Alcibiade). — Du gouvernement des provinces et de l'organisation des municipalités romaines, p. 97.

Deuxième partie :

31320. TAILLIAR. — De l'affranchissement des communes dans le nord de la France et des avantages qui en sont résultés, p. I à XII et 1 à 397.

XVI. — Mémoires de la Société d'émulation de Cambrai. Séance publique du 17 août 1837, t. XVI. (Cambrai, 1840, in-8°, 128 p.)

31321. DELCROIX (Fidèle). — Une promenade dans le Cambrésis, p. 55.

[Masnières; Honnecourt; abbaye de Vaucelles, *pl.*]

XVII. — Mémoires de la Société d'émulation de Cambrai. Séance publique du 17 août 1839, t. XVII. (Cambrai, 1841, in-8°, 219 p.)

31322. Miel. — Notice sur Garat, célèbre chanteur [Pierre-Jean, 1764 † 1823], p. 83.

31323. Thibault (J.-B.). — Une élection à Cambrai sous la domination espagnole, en 1598 [François Buisseret, élu à l'archiépiscopat de Cambrai], p. 117.

XVIII. — Mémoires de la Société d'émulation de Cambrai. Séance publique du 17 août 1839, t. XVII, 2ᵉ partie. (Cambrai, 1841, in-8°, xxxvi-396 p.)

31324. Wilbert (Alcibiade). — Rapport sur l'histoire, l'état de conservation et le caractère des anciens monuments de l'arrondissement de Cambrai, fait à la Société d'émulation [*plan* ancien de Cambrai], 6 *pl.* et *fig.*, p. 1 à xxxvi et 1 à 396.

XIX. — Mémoires de la Société d'émulation de Cambrai. Séance publique du 17 août 1841. (Cambrai, 1843, in-8°, 352 p.)

31325. Coussemaker (Edmond de). — Notice sur les collections musicales de la Bibliothèque de Cambrai et des autres villes du département du Nord [Dunkerque, Douai, Lille et Valenciennes, *pl.* et 40 p. de musique], p. 59 à 236.

[Chansons des xiiiᵉ et xivᵉ siècles de la Bibliothèque de Cambrai; *Dicta magistri Simonis de semitonio platonico;* Laurent de Vos; Nicolas Dequesnes; règlement pour des musiciens.]

31326. Le Roy. — Notions sur l'origine de l'agriculture et de la médecine vétérinaire, p. 307.

XX. — Mémoires de la Société d'émulation de Cambrai. Séance publique du 18 août 1843, t. XIX, 1ʳᵉ partie. (Cambrai, 1844, in-8°, 554 p.)

31327. Wilbert (Alcibiade). — Rapport sur une notice ainsi intitulée : *Des monnaies obsidionales de Cambrai, de leur rareté et de leur valeur présumée au 1ᵉʳ octobre 1844*, par E.-J. Failly, inspecteur des douanes, membre de la Commission historique du Nord, 3 *pl.*, p. 337. — Cf. n° 31332.

31328. Esclaibes (E. d'). — Notice sur la vie et les ouvrages de M. Fidèle Delcroix [1789 † 1843], p. 393.

31329. Bruyelle (Ad.). — Précis chronologique et statistique sur la ville du Câteau-Cambrésis, *plan* et *pl.*, p. 407.

31330. Bruyelle (Ad.). — Rapport sur les fouilles opérées au village d'Esne, le 11 juin 1844 [tombes gauloises], p. 469.

31331. Tordeux (A.-J.). — Notice sur des objets trouvés dans une tombe antique au village d'Esne près Cambrai [boucle, vase, etc.], *pl.*, p. 477.

31332. Wilbert (Alcibiade). — Monnaies obsidionales de Cambrai. Note additionnelle, p. 507. — Cf. n° 31327.

XXI. — Mémoires de la Société d'émulation de Cambrai. Séance publique du 18 août 1843, t. XIX, 2ᵉ partie. (Cambrai, 1849, in-8°, xxii, lxix et 213 p.)

31333. Le Glay. — Glossaire topographique de l'ancien Cambrésis, suivi d'un recueil de chartes et diplômes pour servir à la topographie et à l'histoire de cette province, avec annotations et remarques, 2 *cartes*, p. 1 à xxii, 1 à lxix et 1 à 213.

[Bulles de Pascal II, Innocent II et Eugène III; diplômes et actes de Charles le Simple, de Philippe Iᵉʳ, de l'empereur Otton, des évêques de Cambrai, des comtes de Flandre, etc.; chartes de commune d'Esne, Solesmes, Niergny et Haucourt (911-1280). — Inventaire des principaux diplômes cambrésiens déjà publiés (640-1226).]

XXII. — Mémoires de la Société d'émulation de Cambrai. Séance publique du 17 août 1845. (Cambrai, 1847, in-8°, 517 p.)

31334. Wilbert (Alcibiade). — Rapport sur le concours d'éloquence [Mᵍʳ Belmas, évêque de Cambrai, † 1841], p. 123.

31335. Filhol (L'abbé). — Extraits de la correspondance intime de M. Belmas, communiqués et traduits par M. le chanoine Filhol [poésies en patois carcassonnais], p. 146.

31336. Bruyelle (Ad.). — Notice sur l'ancienne ville de Crèvecœur, ses dépendances et l'abbaye de Vaucelles, p. 311.

31337. Wilbert (Alcibiade). — Notice sur l'origine, la constitution et les travaux de la Société d'émulation de Cambrai, p. 401. — Cf. nᵒˢ 31359 et 31520.

31338. Anonyme. — Table générale des articles contenus dans les neuf volumes de Mémoires publiés depuis 1829 jusqu'à ce jour par la Société d'émulation, p. 479. — Cf. nᵒˢ 31309.

XXIII. — Mémoires de la Société d'émulation de Cambrai. Séance publique du 17 août 1847. (Cambrai, 1848, in-8°, 236 et 282 p.)

31339. Contencin (Al. de). — Quelques observations sur l'architecture gréco-romaine, à l'occasion d'une dissertation sur les arcs de triomphe du midi de la France, et principalement sur l'arc d'Orange, p. 91.

31340. Bruyelle (Ad.). — Notice historique sur la ville de Bapaume, p. 119.
31341. Baraille (A. de). -- Lettre sur l'église de Lesdain, p. 145.
31342. Lasalve (L.). — Éloge historique de M. Louis Belmas, dernier évêque de Cambrai [1757 † 1841], 2 *pl.*, p. 1 à 282.

XXIV. — Mémoires de la Société d'émulation de Cambrai. Séance publique du 17 août 1849, t. XXII. (Cambrai, 1850, in-8°, 678 p.)

31343. Lefebvre (Charles-Aimé). — Biographie cambrésienne, xvi° siècle. Le capitaine Charles Herauguier, p. 107.
31344. Facon. — Biographie de M. Leroy, médecin-vétérinaire, p. 243.
31345. Combier (Amédée). — Un mot sur Loys de Berlaymont, archevêque et duc de Cambrai [xvi° s.], p. 355.
31346. Bruyelle (Ad.). — Notice sur les rues de Cambrai, *plan*, p. 379.
31347. Lefebvre (Ch.-A.). — Vander-Burch, archevêque de Cambrai. Notice sur sa vie et les fondations de charité dont il a doté la ville de Cambrai [1567 † 1644], 3 *pl.*, p. 567.

[Discours de M. Lenglet, maire de Lille et de Mgr Giraud, archevêque de Cambrai. -- Titres constitutifs de la fondation Vander-Burch.]

XXV. — Mémoires de la Société d'émulation de Cambrai. Séance publique du 27 octobre 1850, t. XXIII, 1re partie. (Cambrai, s. d., in-8°, 83 p.)

XXVI. — Mémoires de la Société d'émulation de Cambrai. Séance publique du 18 août 1851, t. XXIII, 2e partie. (Cambrai, 1852, in-8°, 491 et 13 p.)

31348. Bruyelle (Ad.). — Un procès curieux au xvi° siècle. Les deux Martin Guerre [procès pour supposition de nom et de personne], p. 93.
31349. Esterhazy (W.). — La daya des Oulad-Bou-Kreradj. Souvenir d'Afrique, p. 125.
31350. Le Glay. — Notice sur les *Mémoriaux* de l'abbaye de Saint-Aubert [xv° s.], p. 151.
31351. Wilbert (Alcibiade). — Première loi de Crèvecœur et transmission de la baronnie de ce nom, p. 171.
31352. Lefebvre (Ch.-A.). — Un procès séculaire. Matériaux pour l'histoire du Cambrésis, p. 197.

[Procès engagé par les descendants d'Antoine de La Roche, grand bâtard de Bourgogne, au sujet de la seigneurie de Crèvecœur, xvi°-xvii° s.]

31353. Lefebvre (Ch.-A.). — Notes sur les manuscrits de la Bibliothèque de Bourgogne à Bruxelles [concernant la Flandre], p. 225.
31354. Lefebvre (Ch.-A.). — Une erreur judiciaire au xix° siècle [Maximilien Flament, garde de Noyelles, 1810], p. 239.
31355. Bruyelle (Ad.). — Chronologie de l'histoire de Cambrai, p. 281.
31356. Berger (A.). — Musée de Cambrai, p. 339.
31357. Baralle (A. de). — Considérations sur l'architecture. De l'architecture rationnelle au xix° siècle, p. 353.
31358. Wilbert (Alcibiade). — Acquisition des Pierres jumelles [de Cambrai, monument celtique], p. 385.
31359. Wilbert (Alcibiade). — Société d'émulation de Cambrai. Notice historique, p. 461. — Cf. n° 31337.

XXVII. — Mémoires de la Société d'émulation de Cambrai. Séance publique du 17 août 1853, t. XXIV, 1re partie. (Cambrai, 1854, in-8°, 266 p.)

31360. Wilbert (Alcibiade). — Considérations sur la monnaie à l'époque romane, adressées à M. Ch. Robert, p. 101.
31361. Wilbert (Alcibiade). — Notice historique sur l'hôpital général de la Charité de Cambrai, p. 125.

XVIII. — Mémoires de la Société d'émulation de Cambrai. Procès-verbaux des séances tenues en 1855, t. XXIV, 2e partie. (Cambrai, 1856, in-8°, 26 p.)

XXIX. — Mémoires de la Société d'émulation de Cambrai. Séance publique du 18 août 1856, t. XXV, 1re partie. (Cambrai, 1857, in-8°, 336 p.)

31362. Dowa. — Notice sur le peintre Antoine Saint-Aubert [† 1854], p. 29.
31363. Lefebvre (Ch.-A.). — Biographie cambrésienne. Laurent Vos, chef de la maîtrise des enfants de chœur de l'église métropolitaine de Cambrai (1579-1580), p. 51.
31364. Feneulle. — Analyse d'un métal de cloche trouvé sur l'emplacement de l'ancienne église métropolitaine de Cambrai [xii° s.], p. 185.
31365. Lefebvre (Ch.-A.). — Le peintre-échevin, matériaux pour servir à l'histoire des arts dans le Cambrésis, p. 207.

[Convention pour la confection du tableau de Messieurs du magistrat, 1628.]

31366. Diegerick (J.). — Documents relatifs à l'histoire de Cambrai, p. 227.

[Lettre de Marie de Hongrie, régente des Pays-Bas, 1552.]

31367. Gomart (Ch.). — Tombeau de Pierre d'Estourmel [† 1528], *fig.*, p. 239.

31368. Combier (Amédée). — Statistique religieuse, administrative, militaire, agricole, industrielle et commerciale de Cambrai à la fin du xviiie siècle, extraite d'un mémoire sur l'étendue de la direction des fermes générales de Valenciennes et le commerce qui s'y fait, p. 245.

31369. Le Glay. — Lettres inédites de Fénelon [1695-1710], p. 255.

XXX. — Mémoires de la Société d'émulation de Cambrai. Comptes rendus des séances tenues depuis le 9 janvier 1856 jusqu'au 31 décembre 1858, t. XXV, 2e partie. (Cambrai, s. d., in-8°, 152 p.)

XXXI. — Mémoires de la Société d'émulation de Cambrai. Séance publique du 18 août 1858, t. XXVI, 1re partie. (Cambrai, 1858, in-8°, 427 p.)

31370. [Wilbert (Alcibiade)]. — Note sur les diverses expositions qui ont eu lieu à Cambrai, p. 16.

31371. Renard. — Notice sur Rose Vanderper, de Cambrai [xixe s.], p. 33.

31372. Houzé (Victor). — Documents relatifs à l'histoire de Cambrai [lettre du duc d'Albe, 21 janvier 1567], p. 87.

31373. Vendegies (Ch. de). — Un épisode de l'histoire de Cambrai [fuite de la reine Marguerite de Navarre, 1577], p. 89.

31374. Bruyelle (Ad.). — Entrée solennelle à Cambrai de l'archevêque Rosset de Fleury [1775], p. 93.

31375. Durieux (A.). — Excursion photographique [et archéologique] à Vaucelles et à Honnecourt, *pl.*, p. 101.

31376. Houzé (Victor). — Notice historique sur la châtellenie de Cantimpré, aujourd'hui section de ce nom [à Cambrai], 2 *plans*, p. 111.

31377. Vendegies (Ch. de). — Un mot sur le château d'Esnes, *pl.*, p. 155.

31378. Divers. — Organisation du Musée de la ville de Cambrai, p. 163.

31379. Wilbert (Alcibiade). — Notice sur l'ancienne façade de l'hôtel de ville de Cambrai, *pl.*, p. 169.

31380. Bruyelle (Ad.). — Des chaussées romaines du Cambrésis, *pl.*, p. 187.

31381. Houzé (Victor). — Sur les voies romaines dans l'arrondissement d'Avesnes, *carte*, p. 197.

31382. Lefebvre (Ch.-A.). — Un repas au xve siècle [banquet donné à Gand par Josse de Trazegnies, 1483], p. 227.

31383. Durieux (A.). — Une frayeur sous la Terreur, souvenir [perquisition au village d'Anneux], p. 237.

31384. Wilbert (Alcibiade). — Louis-Marie-Joseph Cambray, médecin honoraire de l'hôpital [de Cambrai, 1780 † 1859], p. 283.

31385. Lefebvre (Ch.-A.). — Notice sur M. Facon [Casimir, vétérinaire, 1815 † 1855], p. 287.

31386. Lefebvre (Ch.-A.). — Notice nécrologique sur M. Henri Feneulle [pharmacien, né en 1797], p. 291.

31387. Wilbert (Alcibiade). — Jean-Baptiste-Antoine Lassus, architecte de l'église Notre-Dame de Paris et de la Sainte-Chapelle du Palais, membre du Conseil général des Bâtiments civils [1807 † 1857], p. 297.

31388. Lefebvre (Ch.-A.). — Notice sur M. J.-L. Lassaigne [chimiste, 1800 † 1859], p. 321.

31389. Bruyelle (Ad.). — Notice sur M. Lequenne [Henri-Théodore, professeur, 1799 † 1859], p. 327.

31390. Renard. — Discours que M. Renard devait prononcer sur la tombe de M. Henri Le Roy [avocat], p. 337.

31391. Renard. — Discours prononcé sur la tombe de M. Ruelle [médecin, † 1857], p. 343.

31392. [Wilbert (Alcibiade)]. — Notice sur M. Tordeux [1786 † 1859], p. 347.

31393. Houzé (Victor). — Notice biographique sur M. Saignez (Emmanuel-Joseph) [1775 † 1823], p. 351.

31394. Lefebvre (Ch.-A.). — Notice sur le général Walsin-Esterhazy [Marie-Joseph-Ferdinand, 1807 † 1857], p. 363.

31395. Lefebvre (Ch.-A.). — Biographie cambrésienne, xve siècle. Guillaume Dufay [† 1474], *fig.*, p. 381.

31396. Divers. — Découverte d'objets gallo-romains [à Cambrai; monnaies, chevalière, peigne, etc.], 2 *pl.*, p. 401.

31397. Bruyelle (Ad.). — Note sur un fragment de chapiteau roman trouvé sur l'emplacement de l'ancien hôpital de Saint-Jacques-le-Mineur [à Cambrai], *pl.*, p. 405.

XXXII. — Mémoires de la Société d'émulation de Cambrai. Comptes rendus des séances tenues depuis le 2 février 1859 jusqu'au 31 janvier 1861, t. XXVI, 2e partie. (Cambrai, 1862, in-8°, 122 p.)

XXXIII. — Mémoires de la Société d'émulation de Cambrai. Séance publique du 20 août 1860, t. XXVII, 1re partie. (Cambrai, 1860, in-8°, 377 p.)

31398. Bruyelle (Ad.). — Eligius, orfèvre-émailleur au viie siècle [saint Éloi], *pl.*, p. 19.

31399. Lefebvre (Ch.-A.). — Le Congrès des plaisirs (1720-1725) [Congrès de Cambrai], p. 129.

31400. Durieux (A.). — Les Pierres jumelles [monument celtique], légende, *pl.*, p. 171.

31401. Durieux (A.). — Les miniatures des manuscrits

de la Bibliothèque de Cambrai, avec catalogue des volumes à vignettes et un album de 18 planches in-4°, p. 223.

31402. HOUZÉ (Victor). — Fragments historiques, p. 347.

[Villars à Paillencourt (1711). — Construction des chaussées d'Arras et de Bapaume (1714). — Fontaine Notre-Dame de Cambrai. — Mort de Fénelon et de Louis XIV.]

XXXIV. — Mémoires de la Société d'émulation de Cambrai, t. XXVII, 2ᵉ partie. (Cambrai, 1862, in-8°, XXI-639 p.)

31403. BRUYELLE (Ad.). — Dictionnaire topographique de l'arrondissement de Cambrai, p. I à XXI et 1 à 369.

31404. HOUZÉ (Victor). — L'intendance et le Parlement de Flandre à Cambrai [XVIIIᵉ s.], p. 371.

31405. HOUZÉ (Victor). — Notice sur les arbres des promenades [de Cambrai, plantés en 1714], p. 389.

31406. HOUZÉ (Victor). — Communication de diverses lettres trouvées en classant les archives de la ville, p. 391.

[Lettres de Vander-Burch (1631 et 1641), de Vauban (1702), du duc de Boufflers (1722), du prince de Montmorency-Tingry (1712).]

31407. LEFEBVRE (Ch.-A.). — Catalogue descriptif et analytique de la 2ᵉ série des manuscrits de la bibliothèque communale de Cambrai (nᵒˢ 1047 à 1156), avec un aperçu des principaux incunables que possède cet établissement, 2 *pl.*, p. 401.

31408. WILBERT (Alcibiade). — Notice historique sur l'ancien hôpital Saint-Jean de Cambrai, p. 489.

31409. GOMART (Ch.). — Le château de Bohain et ses seigneurs [familles de Châtillon et de Luxembourg], *fig.*, p. 545.

31410. BRUYELLE (Ad.). — Découverte de deux médailles d'or gauloises [à Viesly], p. 583.

31411. BRUYELLE (Ad.). — Église de Ligny en Cambrésis, 2 *pl.*, p. 586.

31412. DURIEUX (A.) et BRUYELLE (Ad.). — Excursion archéologique à Caudry et à Beauvois, *pl.*, p. 595.

31413. WILBERT (Alcibiade). — Rapport [sur une pierre sculptée de l'église de Beauvois], *pl.*, p. 599.

31414. WILBERT (Alcibiade). — Note sur un agnus d'Urbain VI trouvé en 1861 dans la tour du clocher de Saint-Martin, p. 605.

XXXV. — Mémoires de la Société d'émulation de Cambrai. Comptes rendus des séances tenues depuis le 8 janvier 1862 jusqu'au 12 août 1864 (4ᵉ fascicule des Comptes rendus), t. XXVII, 3ᵉ partie. (Cambrai, 1865, in-8°, 158 p.)

31415. LEFEBVRE (Ch.-A.). — Sur le prix des denrées à Cambrai pendant le siège de 1581, p. 11.

31416. WILBERT (Alcibiade). — Sur les ouvrages historiques et philologiques publiés depuis dix ans dans l'arrondissement de Cambrai, p. 54.

31417. BRUYELLE (Ad.). — Sur deux statues trouvées à Viesly [XIVᵉ s.], p. 131.

XXXVI. — Mémoires de la Société d'émulation de Cambrai. Séance publique du 18 août 1863, t. XXVIII, 1ʳᵉ partie. (Cambrai, 1864, in-8°, 484 p.)

31418. LEFEBVRE (Ch.-A.). — Le poète Libert [Jules, XIXᵉ s.], p. 23.

31419. DURIEUX (A.). — Un trésor, souvenir anecdotique [relatif à l'abbaye de Vaucelles], p. 39.

31420. VENDEGIES (Ch. DE). — Quelques lignes à propos de la manière d'écrire l'histoire, p. 51.

31421. BRUYELLE (Ad.). — Le Gobelin, anecdote du siècle dernier [un revenant à Cambrai, 1785], p. 57.

31422. VENDEGIES (Ch. DE). — Une visite au Musée de Madrid, p. 135.

31423. WILBERT (Alcibiade). — Fragments du roman de Tristan du Léonois, découverts dans les archives des hospices de Cambrai [avec une lettre de M. Paulin Paris], p. 149.

31424. WILBERT (Alcibiade). — La pieuse Alouet ou la conversion de saint Valérien et de saint Tiburce, mystère à trois personnages et en 17 strophes de 8 vers, de la première moitié du XVIIᵉ siècle, découvert dans les archives des hospices de Cambrai, p. 171.

31425. DURIEUX (A.) et BRUYELLE (Ad.). — Chants et chansons populaires du Cambrésis (avec les airs notés), 32 *pages* de musique, p. 181; et XLI, p. 175.

31426. WILBERT (Alcibiade). — Notice sur les travaux du docteur Le Glay, comme membre, secrétaire perpétuel et président de la Société d'émulation de Cambrai, p. 405.

31427. ANONYME. — Table alphabétique des matières contenues dans les 27 recueils de la Société d'émulation, p. 441. — Cf. n° 31309.

XXXVII. — Mémoires de la Société d'émulation de Cambrai, t. XXVIII, 2ᵉ partie. (Cambrai, 1865, in-8°, 500 p.)

31428. WILBERT (Alcibiade). — *Numismatique de Cambrai*, par C. Robert. Compte rendu, p. 1.

31429. WILBERT (Alcibiade). — Périmètre de Cambrai à l'époque de la domination romaine, p. 47.

31430. BRUYELLE (Ad.). — Bulletin archéologique de l'arrondissement de Cambrai, p. 67.

[Découvertes archéologiques faites principalement de 1860 à 1864.]

31431. BRUYELLE (Ad.). — Découverte de haches celtiques [à Besaing, commune de Fontaine-au-Pire]. Notice, p. 81.

31432. Wilbert (Alcibiade). — Situation et caractère du *pagus Cameracensis* ou du Cambrésis primitif au commencement du v° siècle, p. 85.

31433. Lefebvre (Ch.-A.). — Spécimen d'un abrégé de l'*Histoire de Cambrai et du Cambrésis* pouvant servir de livre de lecture dans les collèges, institutions, etc., p. 121.

31434. Wilbert (Alcibiade). — Substruction de la seconde église de Vaucelles érigée au xiii° siècle sur les plans et sous la direction de Villars d'Honnecourt, 2 *pl.*, p. 137.

31435. Lefebvre (Ch.-A.). — Les mires [médecins] cambrésiens du xiv° au xvi° siècle, p. 163.

31436. Durieux (A.). — Note sur l'église de Cuvillers, *fig.*, p. 177.

31437. Bruyelle (Ad.). — Châsse de sainte Maxellende à Caudry [xiv° s.], 2 *pl.*, p. 183.

31438. Durieux (A.). — Les Martins de l'horloge de Cambrai, p. 189.

[Statues du campanile de l'horloge.]

31439. Bruyelle (Ad.). — Documents inédits sur la façade de l'hôtel de ville de Cambrai [xviii° s.], p. 215.

31440. Durieux (A.). — Serrure du xvi° siècle (ancien hôpital Saint-Julien [de Cambrai], p. 241.

31441. Houzé (Victor). — Notice sur le passage à Cambrai de Charles II, roi d'Angleterre (en 1649), p. 245.

31442. Carondelet (Le baron de). — Lettre concernant l'ostensoir donné par Fénelon à sa métropole, p. 251. — Cf. n° 31274 et 31449.

31443. Roth (Charles). — Découverte d'une monnaie d'or gauloise à Crèvecœur, p. 255.

31444. Bruyelle (Ad.). — Notice sur les feux de joie allumés à Cambrai, depuis 1511 jusqu'à nos jours, p. 263.

31445. Hattu (A.). — Notes sur un drapeau et une décoration ayant appartenu à la compagnie des archers de Saint-Sauveur, 2 *pl.*, p. 291.

31446. Lefebvre (Ch.-A.). — Notice sur M. H.-D. Pety, sous-intendant militaire [1772 † 1861], p. 297.

31447. Gomart (Ch.). — Jeanne d'Arc au château de Beaurevoir, *pl.* et *fig.*, p. 305.

31448. Durieux (A.). — Pyxide ou custode romane [de la collection de l'abbé de Kercadio], *pl.*, p. 461.

31449. [Vendegies (Ch. de)]. — Sur l'ostensoir donné par Fénelon à sa métropole, p. 485. — Cf. n° 31442.

XXXVIII. — Mémoires de la Société d'émulation de Cambrai. Séances publiques des 16 août 1865 et 21 août 1866, t. XXIX, 1re partie. (Cambrai, 1867, in-8°, 217 p.)

31450. Durieux (A.). — Le martyre de saint Quentin, sculpture du xvi° siècle [de la collection de l'abbé de Kercadio], 2 *pl.*, p. 137.

31451. Durieux (A.). — La dernière cloche de l'ancienne église métropolitaine de Cambrai, p. 145.

31452. Durieux (A.). — La cloche de l'église de Neuville-Saint-Remy, p. 159.

31453. Vendegies (Ch. de). — Une journée à Pompeï, p. 165.

XXXIX. — Mémoires de la Société d'émulation de Cambrai. Séance publique du 21 août 1866, t. XXIX, 2° partie. (Cambrai, 1867, in-8°, 179 p.)

31454. Durieux (A.). — Le biau Noël (épave historique) [troubles à Cambrai en 1791], p. 39.

31455. Bruyelle (Ad.). — Bulletin archéologique de l'arrondissement de Cambrai, présentant les découvertes faites dans la ville et l'arrondissement de 1864 à 1867 et les faits intéressants de l'histoire des monuments, p. 57. — Cf. n° 31468, 31479, 31485, 31495 et 31504.

31456. Durieux (A.). — Le *ferme* de l'hôtel de ville de Cambrai [local servant de dépôts d'archives], *pl.*, p. 69.

31457. Hattu. — Notice sur M. le docteur de Beaumont [Émile-Henri, né en 1795], p. 77.

31458. Durieux (A.). — La tour des Arquets [à Cambrai], p. 85.

31459. Wilbert (Alcibiade). — Notice historique sur le bureau de bienfaisance de Cambrai, p. 93.

XL. — Mémoires de la Société d'émulation de Cambrai. Comptes rendus des séances tenues depuis le 10 novembre 1864 jusqu'au 18 décembre 1867 (5° fascicule des Comptes rendus), t. XXIX, 3° partie. (Cambrai, 1867, in-8°, 130 p.)

XLI. — Mémoires de la Société d'émulation de Cambrai. Séance publique du 19 août 1867, t. XXX, 1re partie. (Cambrai, s. d., in-8°, 496 p.)

31460. Durieux (A.). — Les tours de l'ancien boulevard des Amoureux [à Cambrai], *pl.*, p. 109.

31461. Roth (C.). — Description de plusieurs atlas de plans des domaines du clergé de Cambrai dans le Cambrésis et la Picardie avant 1789, p. 117.

31462. Bruyelle (Ad.). — Le château de Thun-l'Évêque, *plan*, p. 129.

31463. Durieux (A.). — Une serrure de 1541, *pl.*, p. 139.

31464. Bruyelle (Ad.). — La ferme du Flos [à Marcoing], p. 141.

31465. Vendegies (Ch. de). — Biographie et fragments extraits des manuscrits du baron Michel-Ange de Vuoerden, chevalier du Conseil souverain siégeant à Tournay, bailli des états de Lille, etc. [1629 † 1699], p. 143; et XLII, p. 437.

31466. Bruyelle (Ad.). — La ferme de Rambourlieux [à Neuvilly], p. 159.

31467. Lefebvre (Ch.-A.). — Procès auxiliaires de l'histoire, p. 163.

[Revendication par Mgr de Choiseul, archevêque de Cambrai, des droits de souveraineté temporelle; procès dit du fief de la Feuillie, XVIIIe s.]

[31425]. Durieux (A.). — Chants et chansons populaires du Cambrésis, 2e série (avec les airs notés), 11 *pages* de musique, p. 175.

31468. Bruyelle (Ad.). — Bulletin archéologique de l'arrondissement de Cambrai, résumant les découvertes faites dans la ville et l'arrondissement, en 1867-1868, et les faits intéressants de l'histoire des monuments, p. 299. — Cf. n° 31455.

31469. Wilbert (Alcibiade). — Les corps des métiers et le commerce de Cambrai du XIIe au XIXe siècle, p. 311.

31470. Bruyelle (Ad.). — Le château d'Élincourt, *plan*, p. 375.

31471. Durieux (A.) et Bruyelle (Ad.). — Inscriptions tumulaires antérieures à 1793, encore existantes dans l'arrondissement de Cambrai, 4 *pl.*, p. 383; XLII, p. 297 et 645. — Cf. n° 31486.

XLII. — Mémoires de la Société d'émulation de Cambrai. Séance publique du 18 août 1868, t. XXX, 2e partie. (Cambrai, s. d., in-8°, 664 p.)

31472. Fegueux. — Ruines de la Quemada [Mexique], p. 55.

[Haciendas ou exploitation; aguas-calientes; zacatécas.]

31473. Durieux (A.). — Un village de l'ancien Cambrésis [Quéant; fonts baptismaux (XVIe s.), et pierre tumulaire (1358)], 2 *pl.*, p. 111.

31474. Durieux (A.). — Vaux. Tombe de Jean de Longueval [1555], p. 129.

31475. Blin (J.-B.). — Examen critique d'une notice de Carpentier [notice sur les seigneurs d'Élincourt, dans l'*Estat de la noblesse du Cambrésis*], p. 133.

31476. Durieux (A.). — La disette à Cambrai en 1789, d'après des documents inédits, p. 147.

31477. Wilbert (Alcibiade). — Cambrai sous la domination espagnole, p. 221.

31478. Durieux (A.). — Une arme à feu du XVe siècle [canon à main], *pl.*, p. 291.

[31471]. Durieux (A.) et Bruyelle (Ad.). — Inscriptions tumulaires antérieures à 1793, encore existantes dans l'arrondissement de Cambrai, p. 297 et 645.

31479. Bruyelle (Ad.). — Bulletin archéologique de l'arrondissement de Cambrai, *pl.*, p. 401. — Cf. n° 31455.

[31465]. Vendegies (Ch. de). — Biographie et fragments extraits des manuscrits du baron Michel-Ange de Vuoerden, p. 437.

XLIII. — Mémoires de la Société d'émulation de Cambrai. Séance publique du dimanche 21 novembre 1869, t. XXXI, 1re partie. (Cambrai, 1870, in-8°, 488 p.)

31480. Ruffin (Victor). — Essai sur l'histoire de la ville et de l'abbaye de Solesmes en Hainaut, p. 73.

31481. Durieux (A.). — Les dîners de Monsieur l'évêque du Nord à Cambrai (1791) [Claude-François-Marie Primat], p. 191.

31482. Durieux (A.). — Une alerte à Cambrai en 1791 [inhumation de la sœur Magniez], p. 229.

31483. Lefebvre (Ch.-A.). — Matériaux pour l'histoire des arts dans le Cambrésis [principalement d'après les comptes de la ville de Cambrai et les registres capitulaires, XIVe-XVIIIe s.], p. 241.

31484. Durieux (A.). — Saint-Druon. Chapelle, enseigne d'archers, reliquaire, pèlerinage [à Cambrai], 2 *pl.*, p. 283.

31485. Bruyelle (Ad.). — Bulletin archéologique rétrospectif de l'arrondissement de Cambrai [1800-1858], p. 301. — Cf. n° 31455.

31486. Durieux (A.). — Pierres tumulaires de l'ancienne église Saint-Nicolas [de Cambrai], *pl.*, p. 379.

31487. Wilbert (Alcibiade). — Histoire de Cambrai à l'époque féodale, p. 407.

XLIV. — Mémoires de la Société d'émulation de Cambrai. Séance publique du 19 novembre 1871, t. XXXI, 2e partie. (Cambrai, 1872, in-8°, 324-35 p.)

31488. Faber (J.-Paul) [Lefebvre (Ch.-A.)]. — Bourgeoisie cambrésienne au XVIe siècle [inventaire de la succession de Hutin Beauvarlet (1526)], p. 33.

31489. Durieux (A.). — Les armoiries de la ville de Cambrai, *pl.*, p. 53.

31490. Bruyelle (Ad.). — Statuts de l'hôpital Saint-Jean à Cambrai (1531), p. 81.

31491. Roth (Ch.). — Médaille de Notre-Dame-de-Grâce [1649], *pl.*, p. 115.

31492. Blin (J.-B.). — Notice historique sur Walincourt, *pl.*, p. 119.

31493. Durieux (A.). — Les lampadaires votifs de l'église métropolitaine de Cambrai, p. 195.

31494. Durieux (A.). — Sépultures gallo-romaines découvertes à Beauvois [poteries, verres, objets en bronze et monnaies], 2 *pl.*, p. 217.

31495. Bruyelle (Ad.). — Bulletin archéologique de l'arrondissement de Cambrai [1869-1872], p. 237. — Cf. n° 31455.

31496. Wilbert (Alcibiade). — Les États du Cambrésis, p. 247.

XLV. — Mémoires de la Société d'émulation de Cambrai. Comptes rendus des séances tenues depuis le 23 janvier 1868 jusqu'au 20 juillet 1870 (6ᵉ fascicule des Comptes rendus), t. XXXI, 3ᵉ partie. (Cambrai, 1871, in-8°, 130 p.)

31497. Anonyme. — Sur un scapulaire du xviᵉ siècle, p. 97.

XLVI. — Mémoires de la Société d'émulation de Cambrai. Séance publique du 24 novembre 1872, t. XXXII, 1ʳᵉ partie. (Cambrai, 1873, in-8°, 606 p.)

31498. Bulteau (J.). — Exposition artistique de Valenciennes [exposition rétrospective], p. 79.

31499. Wilbert (Alcibiade). — Établissement du christianisme; sa marche et ses progrès. Influence qu'il a exercée dans l'histoire de Cambrai et dans celle du nord de la France, p. 107.

31500. Boissonnet. — Une excursion à Lambèse (Algérie) [archéologie et épigraphie], 2 *pl.*, p. 187.

31501. Durieux (A.). — L'Escaut et ses moulins, 2 *pl.*, p. 229.

31502. Berger (A.). — Note sur le peintre Prudhon, p. 273.

31503. Douchez (C.). — Notice historique sur Beauvois, p. 283.

31504. Bruyelle (Ad.). — Bulletin archéologique de l'arrondissement de Cambrai [1872], p. 555. — Cf. n° 31455.

[Hôtel de ville et carillon de Cambrai; caveau funéraire de l'ancien couvent des Carmes, etc.]

XLVII. — Mémoires de la Société d'émulation de Cambrai. Séance publique du 16 novembre 1873, t. XXXII, 2ᵉ partie. (Cambrai, s. d., in-8°, 661 p.)

31505. Durieux (A.). — Les artistes cambrésiens (ixᵉ-xixᵉ s.) et l'école de dessin de Cambrai, 11 *pl.*, p. 5 à 474.

31506. Wilbert (Alcibiade). — Rôle du Tiers état dans l'histoire de Cambrai, p. 517.

XLVIII. — Mémoires de la Société d'émulation de Cambrai. Comptes rendus des séances tenues depuis le 7 juin 1871 jusqu'au 18 décembre 1873 (7ᵉ fascicule des Comptes rendus), t. XXXII, 3ᵉ partie. (Cambrai, 1874, in-8°, 147 p.)

XLIX. — Mémoires de la Société d'émulation de Cambrai. Séance publique du 15 novembre 1874, t. XXXIII, 1ʳᵉ partie. (Cambrai. 1875, in-8°, 370 p.)

31507. Berger (A.), Durieux (A.) et Wilbert (Alc.). — Rapport sur l'exposition d'objets d'art religieux ouverte à Lille, le 14 juin 1874, p. 103.

31508. Durieux (A.). — Lettres de noblesse de Jean de Bologne [1588], p. 143.

31509. Durieux (A.). — Les argenteries de la ville de Cambrai [xviiᵉ-xviiiᵉ s.], p. 157.

31510. Blin (J.-B.). — Étude sur la vallée de la Sensée, p. 165.

31511. Berger (A.). — Étude sur trois peintures décoratives de Louis Watteau (*dit* Watteau de Lille), p. 175.

31512. Durieux (A.). — Agrandissement de l'esplanade de la citadelle de Cambrai en 1679, p. 183.

31513. Wilbert (Alcibiade). — Histoire de Cambrai aux époques celtique et gallo-romaine, p. 193.

L. — Mémoires de la Société d'émulation de Cambrai. Séance publique du 14 novembre 1875, t. XXXIII, 2ᵉ partie. (Cambrai, 1876. in-8°, 331 p.)

31514. Durieux (A.). — Une saisie de tableaux en 1643 [sur un marchand d'Anvers], p. 41.

31515. Blin (J.-B.). — Un mot sur la bataille de Denain, *plan*, p. 47.

31516. Durieux (A.). — Fêtes à Cambrai pour la naissance des dauphins de France (1729-1781), p. 85.

31517. Bulteau (L'abbé M.-J.). — Étude iconographique sur les calendriers figurés du moyen âge, p. 109.

31518. Wilbert (Alcibiade). — Cambrai à l'époque de sa conquête sous Louis XIV, pendant la durée du règne de ce monarque et sous ses successeurs jusqu'à la Révolution de 1789, p. 125.

31519. Durieux (A.). — Charges et revenus de Cambrai il y a un siècle, p. 209.

31520. Anonyme. — Additions aux notices historiques sur la Société d'émulation publiées dans le tome XX et le tome XXIII (2ᵉ partie), p. 261. — Cf. nᵒˢ 31337 et 31359.

LI. — Mémoires de la Société d'émulation de Cambrai. Séances publiques des 5 novembre 1876 et 16 août 1877, t. XXXIV. (Cambrai. 1878, in-8°, 436 p.)

31521. Bulteau (L'abbé M.-J.). — Étude archéologique

sur le sarcophage [gallo-romain] de saint Piat à Seclin, *pl.*, p. 47.

31522. Vendegies (Ch. de). — Le Carpentier, généalogiste [étude critique; famille d'Esclaibes], p. 59.

31523. Boissonnet (C.). — Une page d'histoire de la Picardie et du Cambrésis en 1552 [invasion de la Picardie par le comte de Rœux], p. 85.

31524. Durieux (A.). — La pudeur échevinale, p. 155.

[Amende infligée à un échevin de Cambrai, 1679.]

31525. Vendegies (Ch. de). — L'archevêque de Cambrai et les grenadiers du régiment de Piémont [poésie de circonstance, 1764], p. 159.

31526. Durieux (A.). — Une lettre de Fénelon [23 février 1695], *pl.*, p. 163.

31527. Durieux (A.). — Renseignements sur la localité de Cambrai [d'après un mémoire de 1786], p. 189.

31528. Bulteau (L'abbé M.-J.). — Étude sur les sept arts libéraux au moyen âge en France, p. 207.

31529. Durieux (A.). — Les logements de la Paix des dames, p. 223.

[Logements de la cour de François Ier et de Charles-Quint à Cambrai, 1529.]

31530. Croos (P. de). — Flandre et Artois. Paupérisme, mendicité; organisation de la bienfaisance publique au XVIe siècle, p. 263.

31531. Durieux (A.). — Adieux prononcés sur la tombe de M. Adolphe-Martial Bruyelle, receveur des hospices [1811 † 1875], p. 283.

31532. Durieux (A.). — Adieux prononcés sur la tombe de M. Alcibiade-Auguste-Napoléon-Aristide Wilbert, avocat [1802 † 1876], p. 289.

31533. Durieux (A.). — A la mémoire du docteur Hardy [† 1876], p. 297.

31534. Blin (J.-B.). — Adieux prononcés sur la tombe de M. Alexandre Dumont [† 1877], p. 301.

31535. Blin (J.-B.). — Cambrai il y a un siècle, coup d'œil rétrospectif, p. 319.

31536. Durieux (A.). — Table alphabétique des matières contenues dans les douze derniers recueils des *Mémoires* de la société, t. XXVIII à XXXIV inclus, p. 397. — Cf. n° 31309.

LII. — Mémoires de la Société d'émulation de Cambrai. Séance publique du 16 août 1878, t. XXXV. (Cambrai, 1879, in-8°, 523 p.)

31537. Cardevacque (A. de). — Notice historique et archéologique sur la citadelle de Cambrai (1543-1876), 2 *pl.*, p. 143.

31538. Cailliez (L'abbé). — Notice historique sur Villers-Outréaux et l'ancienne seigneurie de Mondétour, p. 333.

31539. Petit (C.). — Notice historique sur la consolidation du clocher et sur les cloches de l'église Saint-Géry à Cambrai, p. 443.

LIII. — Mémoires de la Société d'émulation de Cambrai. Séance publique du 16 août 1879, t. XXXVI. (Cambrai, 1880, in-8°, 404 p.)

31540. Bulteau (L'abbé M.-J.). — La châsse ou fierte [de sainte Maxellende] de Caudry, p. 33.

31541. Durieux (A.). — L'aristocratie du magistrat de Cambrai et le cumul [XVIIIe s.], p. 65.

31542. Vendegies (Ch. de). — De Cadix chez Ben-Achache [voyage au Maroc], p. 75.

31543. Blin (J.-B.) — Le four chapitre, p. 105.

[Boulangerie du chapitre de Cambrai, XVIIIe s.]

31544. Bulteau (L'abbé M.-J.). — Note sur les *Analectes historiques* de M. le docteur Reusens [liste des documents relatifs au diocèse de Cambrai], p. 121.

31545. Durieux (A.). — Les derniers bourgeois de Cambrai [XIXe s.], p. 143.

31546. Blin (J.-B.). — Notice historique sur le chapitre cathédral et métropolitain de Cambrai, p. 149.

31547. Durieux (A.). — Les tableaux des ci-devant établissements religieux de Cambrai (1789-1806), p. 185.

31548. Bélot. — Liste des ouvrages imprimés à Cambrai depuis 1823, p. 237.

31549. Durieux (A.). — Charles-Quint et son fils Philippe à Cambrai (1549), p. 311.

31550. Jacquart (A.). — Erreurs, préjugés, coutumes et légendes du Cambrésis, p. 315.

LIV. — Mémoires de la Société d'émulation de Cambrai. Séance publique du 17 août 1880, t. XXXVII. (Cambrai, 1881, in-8°, 352 p.)

31551. Cardevacque (A. de). — Oisy et ses seigneurs depuis l'origine de ce bourg jusqu'à l'époque de sa réunion à l'Artois, p. 53.

31552. Desilve (L'abbé I.). — Prise et démantèlement du Câteau-Cambrésis par Charles-Quint (1543-1544), p. 213.

31553. Blin (J.-B.). — Un mot sur l'enseignement de la géographie [relevé d'erreurs concernant le département du Nord], p. 259.

31554. Blin (J.-B.). — Les populations du Cambrésis et la banalité des moulins seigneuriaux au XVIIIe siècle, p. 285.

31555. Anonyme. — Bibliographie cambrésienne [1880-1884], p. 309; LV, p. 321; LVI, p. 445; et LVII, p. CLXXI.

LV. — Mémoires de la Société d'émulation de Cambrai. Séance publique du 16 août 1881, t. XXXVIII. (Cambrai, 1882, in-8°, LXXXIV-323 p.)

31556. Blin (J.-B.). — Les voyageurs français en Afrique, p. XV.

31557. Durieux (A.). — Le collège de Cambrai [XIIIe-XIXe s.], *pl.*, p. 5 et 270.

31558. Durieux (A.). — Les souterrains de Sailly-lez-Cambrai, *pl.*, p. 271.

31559. Deloffre (A.). — Notice biographique sur Dupleix [Joseph-François, 1697 † 1763], gouverneur général des établissements français dans l'Inde, né à Landrecies p. 281.

31560. Delattre (V.). — Joseph Dumont, maître écrivain, pensionnaire de Messieurs les magistrats de la ville de Cambrai [XVIIIe s.], p. 307.

[31555]. Anonyme. — Bibliographie cambrésienne (1881-1882), p. 321.

LVI. — Mémoires de la Société d'émulation de Cambrai. Séance publique du 16 août 1882, t. XXXIX. (Cambrai, 1883, in-8°, C-448 p.)

31561. Durieux (A.). — Le théâtre à Cambrai avant et depuis 1789, p. 5 et 241.

31562. Cardevacque (A. de). — Les serments de la ville de Cambrai [canonniers, archers et arbalétriers, XVe-XVIIIe s.], p. 245 et 426.

31563. Deloffre (A.). — Le conventionnel Cochet et son catéchisme cambrésien [1748 † 1807], p. 427.

[31555]. Anonyme. — Bibliographie cambrésienne, p. 445.

LVII. — Mémoires de la Société d'émulation de Cambrai. Séances publiques des 19 août 1883 et 9 novembre 1884, t. XL. (Cambrai, 1885, in-8°, CLXXII-230 p.)

31564. Deloffre (A.). — Les vingt années de la vie de Fénelon à Cambrai, p. XLIX.

[31555]. Anonyme. — Bibliographie cambrésienne, p. CLXXI.

31565. Deloffre (A.). — Les aventures de Bouchard d'Avesnes, récit historique [XIIIe s.], p. 1.

31566. Douay fils (Marc). — Le monument de Fénelon et la Société d'émulation de Cambrai [1823], 3 *pl.*, p. 15.

31567. Durieux (A.). — La foire de saint Simon et saint Jude [à Cambrai], p. 25.

31568. Deloffre (A.). — Les infortunes de Jacqueline de Bavière, comtesse de Hainaut [1400 † 1436], p. 49.

31569. Durieux (A.). — La chapelle de l'abbaye du Saint-Sépulcre [église métropolitaine de Cambrai, 1695-1700], 2 *plans*, p. 77.

31570. Durieux (A.). — Les corps de métiers à Cambrai avant le XVIe siècle, p. 131.

31571. Berger (A.). — Notice sur le lieu de réunion et d'exercices de la compagnie des canonniers au XVIIIe siècle, *plan*, p. 161.

31572. Durieux (A.). — Lettres de David d'Angers pour la statue de Fénelon [1822-1825], p. 177.

31573. Bontemps (L'abbé). — Note sur les fouilles du «Champ d'honneur» à Iwuy [poteries, monnaies, fragments de chapiteau gallo-romain, etc.], *pl.*, p. 189. — Cf. n° 31576.

31574. Durieux (A.). — Adieux prononcés aux funérailles de M. Renard (1883), p. 223.

LVIII. — Mémoires de la Société d'émulation de Cambrai. Séance publique du 13 décembre 1885, t. XLI. (Cambrai, 1886, in-8°, CVIII-386 p.)

31575. Durieux (A.). — [Causerie sur] les chants populaires du Cambrésis, p. XIX.

31576. Bontemps (L'abbé). — Fouilles d'Iwuy. La villa des quarante [ruines gallo-romaines], *plan*, p. 11. — Cf. n° 31573.

31577. Douay fils (Marc). — Notes rétrospectives sur la Société d'émulation, p. 27. — Cf. n° 31337.

31578. Durieux (A.). — [Récit de la prise de Constantinople par Blanchin et Jacques de Celdy (1453); lettre d'Hunyade relative au siège de Belgrade (1456)], p. 101.

31579. Durieux (A.). — Les États provinciaux du Cambrésis, p. 131.

31580. Douay fils (Marc). — Souvenirs cambrésiens [séjour de Louis XVIII à Cambrai (1815)], p. 247.

31581. Durieux (A.). — Les drapiers cambrésiens, p. 255.

31582. Durieux (A.). — Le grand marché de Cambrai un jour de carnaval (1765), *pl.*, p. 377.

NORD. — DOUAI.

SOCIÉTÉ CENTRALE D'AGRICULTURE, SCIENCES ET ARTS DU DÉPARTEMENT DU NORD.

Cette Société a été fondée par l'autorité départementale le 27 avril 1799 en exécution d'une circulaire ministérielle du 22 avril 1798. Elle ne fit que végéter jusqu'au 22 mars 1805, époque à laquelle elle s'adjoignit la *Société libre d'amateurs des sciences et arts*, constituée à Douai depuis le 12 février 1800. En vertu d'une instruction ministérielle du 4 août 1819, le préfet du Nord l'institua *Société du chef-lieu du département*; une ordonnance du 12 juillet 1829 la reconnut comme *Société royale*. On peut trouver des renseignements sur son histoire dans les notices indiquées sous nos n°s 31588, 31647, 31718 et 31727. Pendant les vingt-cinq premières années de son existence, cette Société ne fit paraître d'autres publications que les comptes rendus d'un certain nombre de ses séances publiques. Nous ne sommes point absolument certains d'avoir pu retrouver la série complète de ces comptes rendus; nous nous sommes seulement assurés qu'il n'en existe pas d'autres que ceux indiqués ici, ni à la Bibliothèque de Douai, ni dans aucune de nos grandes bibliothèques de Paris. En 1826, la Société commença à publier des *Mémoires*. La 1re série comprend 13 volumes, avec une table générale; la 2e série, 15 volumes; le premier volume de la 3e série a paru en 1885. La Société édite, en outre, depuis 1846, un *Bulletin agricole*; et, depuis 1874, elle publie les *Souvenirs de la Flandre wallone*. Enfin elle a fait paraître un volume de documents historiques, ainsi que le catalogue de sa bibliothèque.

31583. Société centrale d'agriculture, sciences et arts du département du Nord séant à Douai. Procès-verbal de la séance du 13 juillet 1827. Distribution des prix obtenus par les élèves du cours de géométrie et de mécanique appliquée aux arts, professé à Douai par M. Chenou. (Douai, s. d. [1827], in-8°, 36 p.)

31584. Brassart. — Catalogue des livres qui composent la bibliothèque de la Société royale et centrale d'agriculture, sciences et arts du département du Nord, séant à Douai. (Douai, 1841, in-8°, 110 p.)

31585. Tailliar. — Recueil d'actes des XIIe et XIIIe siècles en langue romane wallone du nord de la France, publié avec une introduction et des notes. (Cambrai, 1849, in-8°, CCCXXVIII-528 p.)

[Essai sur le droit public et privé du nord de la France. — 268 actes en langue romane (XIIe s.-1297), dont les principaux sont : bulles d'Alexandre III (1160) et de Célestin III (1191-1198); chartes et lois de Tournai (1187), d'Arras (1211), d'Hesdin (1215), d'Oisy (1216), de Gysoin (1219), de Cambrai (1227), de Gouy-en-Ternois (1228), d'Hénin-Liétard (1229), de Valincourt (1237), de Vi et d'Ecaupont (1238). de Marquion (1238); coutumes des francs hommes du Cambraisis et des bourgeois de Cambrai (XIIIe s.); coutumes d'Hénin (XIIIe s.); tarifs du tonlieu d'Hénin, de Douai, de Cambrai, de Mortagne et de la Scarpe. La plupart des autres actes se rapportent à Douai et à Lille.]

31586. Talon. — Notice biographique sur M. Leroy de Béthune, avocat, agronome, économiste [Emmanuel-Charles-Alexandre (1790 † 1861)]. (Douai, 1862, in-8°, 61 p.

I. — Société d'agriculture, sciences et arts du département du Nord, séant à Douai. (Douai, s. d., in-8°, 40 p.)

31587. Moucheron (C.). — Exposé analytique des travaux de la Société libre d'amateurs des sciences et arts de la ville de Douay, département du Nord, depuis ventôse an XI, lu à la séance publique et anniversaire, tenue le 28 germinal an XII (mercredi 18 avril 1804), p. 1.

II. — Séance publique de la Société d'agriculture, etc., séant à Douai, tenue le 24 juillet 1806, au local des ci-devant Capucins, lieu ordinaire de ses séances. (Douai, s. d., in-8°, 36 p.)

31588. Taranget. — Sur les origines de la Société d'agriculture du Nord, p. 1.

31589. Guilmot. — Sur les manufactures anciennes de Douai, p. 25.

III. — Séance publique de la Société d'agriculture, etc., séant à Douai, tenue le 29 novembre 1812. (Douai, 1813, in-8°, 132 p.)

31590. Thomassin. — Sur les armoiries de Douai, p. 23.

31591. Boinvilliers. — Notice nécrologique sur G.-M.-J. Le Gouvé [† 1812], p. 76.

31592. Guilmot. — Mémoire historique sur le wède ou pastel employé autrefois dans les teintureries de la ville de Douai, p. 83.

IV. — Précis analytique des travaux de la Société d'agriculture, etc., séant à Douai, pendant les années 1812 et 1813. (Douai, 1814, in-8°, 95 p.)

31593. Taffin de Sorel. — Discours [historique sur l'agriculture], p. 1.

31594. Boinvilliers. — Notice nécrologique sur M. Claude-Louis-Samson Michel [né en 1754], p. 70.

I. — Mémoires de la Société centrale d'agriculture, sciences et arts du département du Nord séant à Douai. Séance publique du 11 juillet 1826. (Douai, s. d., in-8°, 1re partie, 110 p.; 2e partie, 322 p.)

31595. Lebeau. — Antiquités de l'arrondissement d'Avesnes, p. 116.

31596. Bruneau. — Rapport sur Samarobriva, ancienne ville de la Gaule, p. 156.

31597. Bruneau. — Notice sur Vassalli-Eandi, secrétaire

perpétuel de l'Académie royale des sciences de Turin, etc. [1761 † 1824], p. 269.

II. — Mémoires de la Société centrale d'agriculture, etc., séant à Douai, 1827-1828. (Douai, s. d., in-8°, 265 p.)

III. — Mémoires de la Société royale et centrale d'agriculture, etc., séant à Douai, 1829-1830. (Douai, s. d., in-8°, 303 p.)

31598. Quenson. — Notice historique sur quelques monuments des environs d'Arras. Pierres d'Acques [menhirs], p. 109.

IV. — Mémoires de la Société royale et centrale d'agriculture, etc., séant à Douai, 1831-1832. (Douai, s. d., in-8°, 406 p.)

31599. Tailliar. — Notice sur l'origine et l'organisation des communes dans le nord de la France, p. 145.
31600. Quenson. — Notre-Dame de Saint-Omer [débats avec l'abbaye de Saint-Bertin], p. 169.
31601. Bruneau. — Intérêt dramatique des anciens usages coutumiers, féodaux et judiciaires, p. 283.
31602. Bruneau. — Les moines de la Grande Chartreuse, p. 357.

V. — Mémoires de la Société royale et centrale d'agriculture, etc., séant à Douai, 1833-1834. (Douai, 1834, in-8°, 510 p.)

31603. Tailliar. — Notice sur les institutions gallo-franques (420-752), p. 125.
31604. Quenson. — La Croix pèlerine, notice historique sur un monument des environs de Saint-Omer, p. 307.
31605. Pronnier (Ch.). — Notices nécrologiques [Pierre-Antoine-Samuël-Joseph Plouvain, magistrat (1754 † 1832); Pierre-Joseph Guilmot, bibliothécaire (1753 † 1834)], p. 384.

VI. — Mémoires de la Société royale et centrale d'agriculture, etc., séant à Douai, 1835-1836. (Douai, 1837, in-8°, 450 p.)

31606. Lebon. — Mémoire sur l'histoire de la Flandre wallone, depuis le commencement des troubles, en 1566, jusqu'à la paix d'Aix-la-Chapelle, conclue en 1668, p. 123.
31607. Leroy (Émile). — Extraits du mémoire intitulé : Fragment d'histoire ou notes historiques sur la ville de Bailleul et ses environs [sorcellerie au XVII° s.], p. 253.
31608. Pilate. — Notice historique sur l'hôtel de ville et le beffroi de Douai [pièces justificatives, 1213-1733], *pl.*, p. 285.
31609. Durand d'Elecourt. — Notice nécrologique sur M. Dubois de Néhaut [commissaire des guerres, 1770 † 1834], p. 381.
31610. Quenson. — Notice sur M. Dhaubersaert, décédé président honoraire à la cour royale de Douai [1755 † 1834], p. 387.
31611. Quenson. — Notice sur M. Fougeroux de Campigneulles, décédé conseiller à la cour royale de Douai [3 ventôse an IV † 1836], p. 393.
31612. Pilate. — Notice sur M. Potiez-Defroom [1779 † 1835], p. 405.
31613. Bruneau. — Notice sur M. Pronnier [1795 † 1835], p. 419.

VII. — Mémoires de la Société royale et centrale d'agriculture, etc., séant à Douai, 1837-1838. (Douai, 1838, in-8°, 375 p.)

31614. Leroy de Béthune (Emmanuel). — Notice nécrologique sur M. Bruneau [avocat, 1801 † 1837], p. 269.
31615. Durand d'Elecourt. — Notice sur M. Becquet de Mégille [1777 † 1837], p. 297.
31616. Maugin. — Notice sur M. Taranget [médecin, 1752 † 1837], p. 309.
31617. Preux. — Notice sur M. Fouquay [professeur, né en 1770], p. 361.

VIII. — Mémoires de la Société royale et centrale d'agriculture, etc., séant à Douai, 1837-1838. (Douai, 1838, in-8°, 596 p.)

31618. Tailliar. — Des lois historiques et de leur application aux cinq premiers siècles de l'ère chrétienne ou notice analytique sur l'empire romain, le christianisme et les barbares jusqu'à la fondation des sociétés modernes au V° siècle, p. 179.
31619. Derbigny. — Voyage archéologique à Bavai (1833) [mosaïque et inscriptions romaines], p. 405.
31620. Quenson. — Notice historique sur le Géant de Douai et sa procession, p. 481.

IX. — Mémoires de la Société royale et centrale d'agriculture, etc., séant à Douai, 1839-1840. (Douai, 1841, in-8°, 498 p.)

31621. Foucques [de Vagnonville]. — Quelques chansons inédites de Marguerite de Navarre et du XVI° siècle, p. 157.
31622. Coussemaker (E. de). — Hucbald, moine de Saint-Amand, et ses traités de musique [† vers 930], 11 *pl.* et *fig.*, p. 171.

[Appendice : doctrine musicale des Grecs; neumes; instruments de musique, 4 *pl.* et pièces justificatives.]

31623. Tailliar. — Notice sur la langue romane d'oil et sur son état dans le nord de la France aux XIIe et XIIIe siècles, p. 397.

[Appendice : lettres de Marguerite, comtesse de Flandre, qui instituent des apaiseurs à Douai (1268); traité entre le châtelain et la ville de Lille pour l'établissement d'un canal de la Bassée à Lille (1271), etc.]

31624. Warenghien (De). — Notice nécrologique sur M. Delcroix [Ignace-Joseph, 1763 † 1840], maire de Douai, p. 473.

X. — Mémoires de la Société royale et centrale d'agriculture, etc., 1841-1842. (Douai, 1843, in-8°, 499 p.)

31625. Tailliar. — Essai sur l'histoire des institutions des principaux peuples. Essai sur les anciennes théocraties, p. 205.

31626. Jouggla. — M. Delplanque [Pierre-François-Joseph, vétérinaire, 1793 † 1839], p. 461.

31627. Hibon. — M. Delepouve [Engelbert-Justin-Joseph, magistrat, 1787 † 1840], p. 469.

XI. — Mémoires de la Société royale et centrale d'agriculture, etc., 1843-1844. (Douai, 1844, in-8°, 474 p.)

31628. Tailliar. — Notice de manuscrits concernant la législation du moyen âge [conservés dans la Bibliothèque de Douai], p. 223.

31629. Parmentier. — M. Lambrecht [Pierre-Gustave-Adolphe, magistrat, 1813 † 1842], p. 363.

31630. Cahier (Auguste). — M. Lefebvre de Troismarquets [magistrat, 1784 † 1843], p. 377.

31631. Rouland. — M. Hibon [Marie-Joseph-Célestin, magistrat, 1797 † 1843], p. 393.

XII. — Mémoires de la Société royale et centrale d'agriculture, etc., 1845-1846. (Douai, 1846, in-8°, 639 p.)

31632. Duthilloeul (H.-R.). — Notice sur une pierre tumulaire qui se trouve au Musée de la ville de Douai [Jean de Hinguettes, XVe s.], *pl.*, p. 281.

31633. Escallier. — Notice sur l'origine et l'établissement de l'abbaye de la bienheureuse vierge Marie de Beaulieu, à Sin-le-Noble, et description d'un ancien sceau du chapitre de cette abbaye [XIIIe s.], *pl.*, p. 287.

31634. Dancoisne. — Recherches historiques sur Hénin-Liétard [pièces justificatives de 1146 à 1708], 13 *pl.* et *fig.*, p. 309 à 584.

31635. Duthilloeul. — Notice nécrologique sur M. le comte de Guerne [1785 † 1845], p. 585.

31636. Pastey. — Notice nécrologique sur M. le colonel Dussaussoy [1778 † 1846], p. 601.

XIII. — Mémoires de la Société royale et centrale d'agriculture, etc., 1847. (Douai, 1847, in-8°, 499 p.)

31637. Duthilloeul (H.-R.). — Voyage d'Énée aux Enfers et aux Champs-Élysées, selon Virgile, par le chanoine André de Joris, traduit de l'italien, *carte*, p. 85.

31638. Brassart (Félix). — Notice historique et généalogique sur l'ancienne et illustre famille des seigneurs et comtes du nom de Lalaing, *pl.*, p. 251 à 377. — Cf. n° 31646.

[Loi de Lalaing (1300); pièces justificatives (1243-1518).]

31639. Cahier (Auguste). — Un procès criminel à la fin de l'Empire [Augustin-Joseph Werbrouck, maire d'Anvers, 1811-1813], p. 385.

31640. Jouggla. — Notice nécrologique sur M. Estabel [Auguste-François, 1798 † 1846], p. 419.

31641. Minart. — Notice historique sur M. le président Lambert [Pierre-Joseph-Marie, 1761 † 1845], p. 429.

XIV. — Mémoires de la Société nationale d'agriculture, sciences et arts séant à Douai, centrale du département du Nord, 1848-1849. (Douai, 1849, in-8°, 529 p.)

31642. Pillot. — Documents sur l'Université de Douai de 1699 à 1704, extraits des Mémoires inédits de Monnier de Richardin, p. 167.

31643. Duthilloeul (H.-R.). — Cris de Douai, p. 273.

31644. Cahier (Auguste). — Notice historique sur une famille d'artistes douaisiens [la famille Bra, XVIIe-XIXe s.], *pl.*, p. 295.

31645. Tournaire (Le colonel). — Notice sur M. le général de brigade d'artillerie Marion [1777 † 1847], p. 327.

31646. Le Glay. — Lettre au sujet d'une erreur échappée à M. Brassart, dans sa *Notice historique sur les comtes de Lalaing*, p. 343. — Cf. n° 31638.

31647. A. C. [Cahier (Auguste).] — Table des matières contenues dans la 1re série des *Mémoires* de la Société nationale et centrale d'agriculture, sciences et arts du département du Nord, séant à Douai, p. 373.

XV. — Mémoires de la Société nationale d'agriculture, etc., 2e série, t. I, 1849-1851. (Douai, 1852, in-8°, 632 p.)

31648. Minart. — Discours [sur l'histoire de la Société], p. 90.

31649. Escallier. — Remarques sur le patois [wallon], p. 105.

31650. [Escallier]. — Vocabulaire latin-français de G. Briton (XIVe s.), p. 193.

IMPRIMERIE NATIONALE.

31651. Tailliar. — Essai sur l'histoire des institutions dans le nord de la France, 4 *pl.*, p. 241.

[Institutions, topographie et archéologie.]

31652. Capelle (L'abbé). — Éloge historique de M. Édouard-Nicolas-Joseph de Forest de Lewarde [1765 † 1838], p. 501.

31653. Bigant. — Notice nécrologique sur M. de Forest de Quartdeville [1762 † 1839], premier président de la cour royale de Douai, p. 579.

31654. Merklein. — Notice sur M. le colonel d'artillerie Tournaire [1790 † 1849], p. 601.

XVI. — Mémoires de la Société impériale d'agriculture, sciences et arts séant à Douai, centrale du département du Nord, 2e série, t. II, 1852-1853. (Douai, 1854, in-8°, 348 p.)

31655. Meurant. — Mémoire sur les travaux de restauration exécutés au beffroi de la ville de Douai, en 1850 et 1851, *pl.*, p. 83.

31656. Nutly (Léon). — Biographie de Pierre Lecomte, fondateur de l'Académie de musique de Douai [1761 † 1829], *pl.*, p. 95.

[Maîtrises des collégiales de Saint-Pierre et Saint-Amé.]

31657. Le Glay. — Mémoire sur les archives de l'abbaye de Marchiennes, p. 127.

[Inventaire des titres antérieurs au XIIIe s.; coutume de la ville de Marchiennes (XIVe s.); pièces justificatives (1038-1157).]

31658. Cahier (A.). — Coup d'œil sur quelques parties du Musée de Douai, 11 *pl.* et *fig.*, p. 195.

[Inscriptions romaines; poteries gallo-romaines; bronzes; curiosités du moyen âge; chapelet en ivoire sculpté, etc.]

31659. Brassart (Félix). — Nouveaux souvenirs à l'usage des habitants de Douai, p. 271.

[Inventaire après décès de Jean Haut-de-Cœur et de sa femme Katheline de Fressing (1331); compte de dépenses pour les écoles gratuites de filles (1632-1633); hôpital du petit Saint-Jacques; le séminaire du Roi.]

31660. Preux. — Notice nécrologique de M. Gratet-Duplessis, ancien recteur de l'Académie de Douai [1792 † 1853], p. 311.

XVII. — Mémoires de la Société impériale d'agriculture, etc., 2e série, t. III, 1854-1855. (Douai, 1855, in-8°, 448 p. [*lisez* 464 p.].)

[On a intercalé une feuille entre les pages 312 et 313.]

31661. Demarquette (A.). — Précis historique sur la maison de Harnes (963 à 1230), suivi d'une version romane, attribuée à Michel de Harnes, de la Chronique de Turpin [XIIIe s.], 5 *pl.*, p. 67.

[Pièces justificatives du Xe au XIIIe s.]

31662. Tailliar. — Recherches et documents pour l'histoire des communes du nord de la France, p. 313. — Cf. n° 31667.

31663. Asselin (Alfred). — Essai sur la peinture religieuse et notice sur l'art flamand, p. 337.

31664. Duthilloeul (H.-R.). — Notice nécrologique sur M. le baron de Warenghien, ancien commissaire des guerres, ancien sous-intendant militaire, ancien maire de la ville de Douai [1771 † 1854], p. 407.

XVIII. — Mémoires de la Société impériale d'agriculture, etc., 2e série, t. IV, 1856-1857. (Douai, 1858, in-8°, 486 p. et un appendice de 47 p.)

31665. Le Glay. — Mémoire sur les archives du chapitre de Saint-Amé, à Douai, p. 113.

31666. Courtin. — Notice sur le siège et le bombardement de Valenciennes [1793], p. 131.

31667. Tailliar. — Essais sur l'histoire des communes du nord de la France, p. 165. — Cf. n° 31662.

31668. Nutly (Léon). — Biographies artistiques ou documents pour servir à l'histoire musicale de Douai, p. 303.

[Éloy de Vicq (1777 † 1856); Jean-Baptiste-Joseph Willent-Bordogni (1809 † 1852).]

31669. Fleury. — Des races qui se partagent l'Europe, p. 341.

Appendice.

31670. Foucques de Wagnonville. — Un mot sur la rasière, ancienne mesure de grains de l'arrondissement de Douai, p. 9. — Cf. n° 31671.

31671. Tailliar. — Notes. Anciennes mesures de l'Artois : rasière, p. 17. — Cf. n° 31670.

31672. Cahier (Auguste). — Un vieux tableau du Musée de Douai. *L'Immaculée Conception de la Sainte-Vierge*, honorée à Douai à la fin du XVe siècle [par Memmlinck?], p. 21; et XIX, p. 366.

XIX. — Mémoires de la Société impériale d'agriculture, etc., 2e série, t. V, 1858-1859, 1re partie. (Douai, s. d., in-8°, 368 p.)

31673. Leroy (Émile). — Notice nécrologique sur M. Pilate-Prévost [Henri-Joseph, 1795 † 1857], p. 58.

31674. Cahier (Auguste). — Notice nécrologique sur M. Augustin Petit, ingénieur des ponts et chaussées [1818 † 1858], p. 68.

31675. Lemarle (Gustave). — Notice nécrologique sur M. Alexandre Bommart [1780 † 1858], p. 82.

31676. Dupont (Alfred). — Notice nécrologique sur

M. Durand d'Elecourt, conseiller honoraire à la cour impériale de Douai [1781 † 1859], p. 92.

31677. PREUX fils (Auguste). — L'Université de Douai à la prise de cette ville en 1710, p. 133.

31678. TAILLIAR. — Des lois historiques ou providentielles qui régissent les nations et le genre humain et de leur application à quelques États de l'antiquité, p. 158. — Cf. n° 31700.

31679. CAHIER (Auguste). — Observations relatives à un travail inséré dans le tome IV (2e série) [erratum], p. 366. — Cf. n° 31672.

XX. — Mémoires de la Société impériale d'agriculture, etc., 2e série, t. V, 1858-1859 [2e partie]. (Douai, 1860, in-8°, 441 p.)

31680. LIÉGEARD. — Recherches sur la topographie ancienne de la ville de Douai, *plan*, p. 1.

31681. DEHAISNES (L'abbé C.). — De l'art chrétien dans la Flandre, 10 *pl.*, p. 57 à 441. — Cf. n° 31682.

[Étude sur l'école flamande primitive; monographie du retable d'Anchin; enluminure et peinture à l'huile; école de Cologne; les Van Eyck; Roger Van der Weyden; Hans Memling et ses successeurs.]

XXI. — Mémoires de la Société impériale d'agriculture, etc., 2e série, t. VI, 1859-1861. (Douai, s. d., in-8°, 510 p.)

31682. DEHAISNES (L'abbé C.). — Un dernier mot sur Hans Memlinc [XVe s.], p. 53. — Cf. n° 31681.

31683. MERKLEIN. — Notice nécrologique sur M. Gustave Lamarle [1803 † 1860], p. 61.

31684. NUTLY (Léon). — Biographies artistiques ou notes et documents pour servir à l'histoire musicale de Douai [Ildefonse Luce (1781 † 1853)], *portrait*, p. 88.

[Appendice : bibliographie musicale de Douai, p. 171.]

31685. DESJARDINS (Abel). — Augustin Thierry; sa vie, ses œuvres, p. 241.

[Lettres d'Augustin Thierry à M. Tailliar, p. 263.]

31686. TAILLIAR. — Notice sur l'origine et la formation des villages du nord de la France, p. 269 à 493.

XXII. — Mémoires de la Société impériale d'agriculture, etc., 2e série, t. VII, 1861-1863. (Douai, s. d., in-8°, 480 p.)

31687. DELANNOY (Dr). — Notice biographique sur M. Derbigny [1780 † 1862], p. 40.

31688. TALON. — Notice nécrologique sur M. Maugin [médecin, 1797 † 1863], p. 62.

31689. DELPLANQUE. — Notice nécrologique sur M. Jouggla [vétérinaire, 1799 † 1862], p. 108.

31690. DEHAISNES (L'abbé C.). — Le testament de Georges Colveneere, chancelier de l'Université de Douai [† 1649], p. 172.

31691. FOUCQUES DE WAGNONVILLE. — Diverses particularités sur les péripéties du commerce maritime dans les deux Indes vers la fin du XVIe siècle, p. 189.

[Itinéraires en Asie; Italiens au service de l'Espagne; géographie des régions indo-chinoises; Ferdinand Ier de Médicis.]

31692. CAHIER (Auguste). — Fragments de peinture du XVIe siècle placés en juillet 1863 au Musée de Douai. Notice, p. 281.

[Triptyque de l'église de Saint-Jean-en-Ronville, à Arras, attribué à Jean Bellegambe.]

31693. PREUX (Auguste). — Notice nécrologique sur M. Lagarde père [1768 † 1855], p. 307.

31694. TAILLIAR. — Fêtes religieuses à Douai au XVIIe siècle, *plan*, p. 333.

[Translation de reliques; étude sur Douai à cette époque.]

XXIII. — Mémoires de la Société impériale d'agriculture, etc., 2e série, t. VIII, 1863-1865. (Douai, 1866, in-8°, 575 p.)

31695. TALON. — Notice nécrologique sur M. Amédée Bommart [inspecteur général des ponts et chaussées, 1807 † 1865], p. 63.

31696. CAHIER (Auguste). — Notice sur M. le baron Amaury de La Grange [1788 † 1865], p. 87.

31697. COURTIN. — Notice nécrologique sur M. Copineau [Amédée, 1798 † 1866], p. 116.

31698. DESJARDINS (Abel). — Louis XII et l'alliance anglaise en 1514, p. 128.

31699. DEHAISNES (L'abbé C.). — L'Université de Douai en 1790 [lettres et mémoire de M. Placide de Baillieucourt], p. 213 et 553.

31700. TAILLIAR. — Les lois de Dieu dans l'histoire ou essai sur les lois providentielles qui régissent les nations et le genre humain, p. 405. — Cf. n° 31678.

XXIV. — Mémoires de la Société impériale d'agriculture, etc., 2e série, t. IX, 1866-1867. (Douai, 1868, in-8°, 717 p.)

31701. DUPONT (Alfred). — Notice nécrologique sur M. H. [*lisez* Adrien] Honoré [avocat, 1793 † 1866], p. 195.

31702. DEHAISNES (L'abbé C.). — Notice nécrologique sur M. l'abbé L. Capelle [1810 † 1867], p. 203.

31703. CORNE (H.). — Mœurs des Hébreux et des Arabes pasteurs d'après la Bible, p. 389.

31704. DEHAISNES (L'abbé C.). — Les origines des *Acta Sanctorum* et les protecteurs des Bollandistes dans le nord de la France, p. 429.

31705. PREUX (Auguste). — Quelques lettres inédites de Collot d'Herbois [1772-1774], *pl.*, p. 462.

31706. Dancoisne (L'abbé). — Mémoire sur les établissements religieux du clergé séculier et du clergé régulier qui ont existé à Douai avant la Révolution, p. 485; XXV, p. 433; XXVII, p. 367; et XXIX, p. 181.

[Collégiales de Saint-Amé et de Saint-Pierre; Templiers; Hospitaliers de Saint-Jean; Trinitaires; Franciscains; Dominicains; Jésuites; prieuré de Saint-Sulpice; Carmes; Augustins; Prémontrés; Minimes; Brigittins; Oratoriens; Chartreux; collège; Bénédictins et Récollets anglais; séminaire et Jésuites écossais.]

31707. Desjardins (Ernest). — Note sur quelques inscriptions latines du Musée de Douai, p. 644.

31708. Cahier (Auguste). — Essai sur les Musées de Douai. Leurs origines, leurs progrès, leurs bienfaiteurs, p. 653.

31709. Dehaisnes (L'abbé C.). — Quelques mots sur un triptyque du XVIe siècle conservé à Lille, p. 688.

XXV. — Mémoires de la Société d'agriculture, sciences et arts séant à Douai, centrale du département du Nord, 2e série, t. X, 1867-1869. (Douai, 1871, in-8°, 606 p.)

31710. Evrard. — Notice nécrologique sur M. Plazanet [Charles, 1773 † 1868], lieutenant-colonel du génie en retraite, p. 57.

31711. Farey. — L'homme préhistorique, p. 157.

31712. Tailliar. — Fragment d'une étude sur les Gaulois au temps de Jules César, p. 345.

[31706]. Dancoisne (L'abbé). — Mémoire sur les établissements religieux du clergé séculier et du clergé régulier qui ont existé à Douai avant la Révolution, p. 433.

XXVI. — Mémoires de la Société d'agriculture, etc., 2e série, t. XI, 1870-1872. (Douai, 1873, in-8°, 569 p.)

31713. Desjardins (Ernest). — Notice sur les monuments épigraphiques de Bavai et du Musée de Douai, 24 *pl.*, p. 79.

[Inscriptions; cachets d'oculistes; empreintes de potiers; voies romaines.]

31714. Montée (Pierre). — Essai sur *Attila*, tragédie de P. Corneille, p. 348.

31715. Desjardins (Abel). — Charles IX, deux années de son règne (1570-1572), p. 371.

31716. Ternas (Amédée de). — L'évêque d'Arras Moullart et sa famille [† 1600], p. 493.

31717. Favier (A.). — La croix de procession de Mouchin (Nord) [XVIe ou XVIIe s.], *pl.*, p. 504.

31718. Asselin (Alfred). — Notice nécrologique du président Auguste Cahier [1801 † 1871], p. 511.

31719. Brassart (Félix). — Renseignements bibliographiques sur les publications de la Société depuis l'année 1806, p. 521.

31720. Anonyme. — Liste chronologique des présidents et des secrétaires généraux depuis la fondation de la Société (1799-1873), p. 559.

XXVII. — Mémoires de la Société d'agriculture, etc., 2e série, t. XII, 1872-1874. (Douai, 1875, in-8°, 683 p.)

31721. Tailliar. — Défense du territoire de la Gaule au Ve siècle; villes de guerre et places fortes, p. 141.

31722. Desjardins (Abel). — La congrégation générale des cardinaux du 2 août 1595 [absolution de Henri IV par Clément VIII], p. 233.

31723. Asselin (Alfred). — Le beffroi de Douai (1387-1870), *pl.*, p. 249.

31724. Devémy (L.). — Notices biographiques sur François Souchon, peintre [1787 † 1857], et le P. Hyacinthe Besson, son élève [1816 † 1861], p. 289.

31725. Asselin (Alfred). — Promenade artistique dans l'église Saint-Pierre de Douai [la tour et l'église; les tableaux], p. 335.

[31706]. Dancoisne (L'abbé). — Mémoire sur les établissements religieux du clergé régulier et du clergé séculier, qui ont existé à Douai avant la Révolution, p. 367.

31726. Le Ricque de Monchy. — Croix de procession [XIIe ou XIIIe s.], *pl.*, p. 487.

31727. Hardouin (Henri). — M. Achille Fiévet [magistrat, 1815 † 1873], p. 625.

31728. Divers. — Réponse à la demande de renseignements sur les travaux de la Société adressée par M. le Ministre de l'instruction publique, p. 633.

XXVIII. — Mémoires de la Société d'agriculture, etc., 2e série, t. XIII, 1874-1876. (Douai, 1878, in-8°, 484 p.)

31729. Montée (Pierre). — Quelques mots sur le Cid de Corneille, p. 101.

31730. Desjardins (Abel). — Maximes d'un homme d'État du XVIe siècle : *Ricordi politici e civili di Francesco Guicciardini*, p. 123.

31731. Bréan. — Exploration du tumulus dit les Sept Bonnettes [à Sailly-en-Ostreven (Pas-de-Calais)], 3 *pl.*, p. 145.

31732. Dutilleul (Albert). — Aperçu sur l'emploi du legs Fortier [achat de tableaux de maîtres], p. 155.

31733. Dechristé (Louis). — Les tableaux, vases sacrés et autres objets précieux appartenant aux églises abbatiales, collégiales et paroissiales, chapelles des couvents, etc., de Douai et de son arrondissement au moment de la Révolution, d'après les pièces authentiques reposant aux archives du département du Nord, à Lille et aux archives communales de Douai, p. 169.

31734. Dupont père (Alfred). — Notice nécrologique de M. le sénateur Maurice [Jules, † 1876], ancien maire de la ville de Douai, p. 311.

31735. LEROY (Émile). — Notice nécrologique de M. Preux père, premier président honoraire de la cour d'appel de Douai [1795 † 1876], p. 327.

31736. DUPONT père (Alfred). — Notice nécrologique de M. Talon, ancien bâtonnier de l'ordre des avocats, professeur à la Faculté de droit de Douai [1802 † 1877], p. 345.

31737. DEHAISNES (L'abbé C.). — Notice sur M. Alfred Asselin [1824 † 1876], p. 353.

31738. MAURICE (Léon). — Notice nécrologique sur M. Pierre-Amédée Foucques de Wagnonville [né en 1807], p. 429.

XXIX. — Mémoires de la Société d'agriculture, etc., 2e série, t. XIV, 1876-1878. (Douai, 1879, in-8°, 466 p.)

31739. DUTILLEUL (Albert). — Un coup d'œil sur le Musée Foucques [à Douai, tableaux], p. 43.

31740. DUTILLEUL (Albert). — Souvenirs d'une collection douaisienne [galerie de M. Edmond Locoge], p. 75.

31741. DECHRISTÉ (Louis). — Le trépied de Bacchus du Musée de Douai, p. 119.

31742. BRASSART (Félix). — Gautier de Hainaut, abbé d'Hasnon (1207-1237); additions et rectifications au *Gallia christiana*, p. 131.

31743. LEROY (Émile). — Étude sur le combat de Denain (1712), p. 155.

[31706]. DANCOISNE (L'abbé). — Mémoire sur les établissements religieux du clergé séculier et du clergé régulier qui ont existé à Douai avant la Révolution, p. 181.

31744. MAURICE (Léon). — Notice nécrologique sur M. Louis Chappuy [né en 1814], p. 389.

31745. HARDOÜIN (Léon). — Notice nécrologique sur M. le président Tailliar [1803 † 1878], p. 397.

31746. HARDOÜIN (Léon). — Notice nécrologique sur M. le premier président Grandgagnage [† 1876], p. 431.

XXX. — Mémoires de la Société d'agriculture, etc., 2e série, t. XV, 1878-1880. (Douai, 1882, in-8°, 294 p.)

[La fin de ce tome, qui devait contenir la table générale de cette série, ainsi que de la 1re série des Souvenirs de la Flandre wallone (1861-1880), n'a pas encore paru.]

31747. CARDEVACQUE (Adolphe DE). — Le collège de Saint-Vaast à Douai (1619-1789), 2 *pl.*, p. 87.

31748. ANONYME. — Notice nécrologique sur M. Pierre Montée [1836 † 1879], p. 209.

31749. HARDOÜIN (Henri-René-Joseph). — Notice nécrologique sur M. le conseiller Minart [1795 † 1873], p. 233.

31750. LEROY (Émile). — Notice nécrologique sur M. Auguste Preux [1822 † 1879], p. 245.

31751. GRIMBERT. — Notice nécrologique de M. Jollivet-Castelot [1840 † 1880], p. 261.

31752. DUPONT fils (Alfred). — Notice nécrologique sur M. Charles Francoville [1837 † 1880], p. 275.

31753. DUPONT père (Alfred). — Notice nécrologique sur M. Constant Fiévet [né en 1813], p. 287.

XXXI. — Mémoires de la Société d'agriculture, etc., 3e série, t. I. (Douai, 1885, in-8°, 426 p.)

31754. FLEURY. — De la somme de bonheur répartie entre les diverses nations, p. 117.

31755. BRÉAN. — Notice sur Tacite, p. 179.

31756. CAMBIER (L.). — L'aïeul et le petit-fils. Étude historique [sur Louis XIV et Philippe II, roi d'Espagne], p. 197.

31757. DUTILLEUL (Albert). — Variations sur un thème donné [peintures d'Antoine Wiertz, XIXe s.], p. 220.

31758. BRÉAN. — Commentaire sur les aqueducs de Rome [d'après l'ouvrage de Frontin], p. 229.

31759. DUTILLEUL (Albert). — Revue des acquêts du Musée de Douai, p. 237.

31760. DUTILLEUL (Albert). — Le nouveau chemin de croix de l'église Saint-Pierre [de Douai, peintures de Joseph Blanc], p. 261.

31761. BRASSART (Félix). — Le lieu de naissance du premier président La Vacquerie et son rôle politique à Arras [XVe s.], *pl.*, p. 269.

31762. DECHRISTÉ (Louis). — Préludes de la Révolution à Douai d'après les pièces authentiques reposant aux archives de cette ville (1789-1790), p. 299.

31763. DUTILLEUL (Albert). — Un nom de rue à venir [Michel Storez, architecte contemporain], p. 347.

31764. MAURICE (Léon). — Notice nécrologique de M. le baron de Bouteville [1824 † 1884], p. 361.

31765. QUINION-HUBERT. — Notice nécrologique de M. Aimé Dubrulle [architecte, 1826 † 1884], p. 371.

31766. DUTILLEUL (Albert). — Notice nécrologique sur M. le commandant Durutte [1830 † 1884], p. 381.

31767. DUPONT père (Alfred). — Notice nécrologique de M. Vasse [professeur, † 1884], p. 401.

SOUVENIRS DE LA FLANDRE WALLONE.

Les *Souvenirs de la Flandre wallone* étaient, à l'origine, une revue publiée par l'éditeur Dechristé avec le concours d'un petit groupe d'amateurs et d'érudits. La *Société d'agriculture, sciences et arts du département du*

Nord n'a commencé à diriger cette publication qu'en 1874. Nous avons cru, néanmoins, devoir donner le dépouillement de toute la collection.

I. — Souvenirs de la Flandre wallone; recherches historiques et choix de documents relatifs à Douai et à la province, publiés par une réunion d'amateurs et d'archéologues, t. I. (Douai, s. d. [1861], in-8°, 191 p.)

31768. [Preux (Auguste)]. — Les bannis de Douai et la franchise de la Saint-Pierre d'août, p. 3.
31769. Anonyme. — Pompe funèbre d'un premier président au Parlement de Flandre en 1756 [Charles-Joseph de Pollinvoche], p. 9.
31770. Anonyme. — Notice sur un tableau du Musée de Douai représentant le Jugement dernier et attribué à un des Bellegambe, p. 15.
31771. Anonyme. — Gastronomie archéologique [banquets de la confrérie des arbalétriers de Douai aux XVIIe et XVIIIe s.], p. 28.
31772. J. L. [Lepreux (Jules).] — Un acte politique des échevins de Douai au XIIe siècle [accord avec Baudoin IX, comte de Flandre (1199)], p. 34.
31773. La Fons-Mélicocq (De). — L'histoire prouvée par les processions [à Douai] (1395-1519), p. 40 et 143.
31774. Anonyme. — La statistique de Douai en 1744, p. 51.
31775. Anonyme. — Justice sommaire du magistrat de Douai en 1476, p. 66.
31776. [Preux (A.)]. — Fragments d'épigraphie locale [quelques épitaphes de Douai, de Cuincy et de Waziers], p. 75; et V, p. 49. — Cf. n° 31834.
31777. [Preux (A.)]. — Le Gouvernement français et l'échevinage de Douai en 1669, p. 81.
31778. Anonyme. — Récit de la cérémonie de l'union, de fraternité et de patriotisme des citoyens et de la garnison de la ville de Douai, le 19 mai 1790, et des fêtes données à cette occasion les jours suivants, p. 94.
31779. [Preux (A.)]. — Le collier de Jean sans Peur [engagé en 1414], p. 98.
31780. Anonyme. — Présents offerts par la ville de Douai à Jean sans Peur et à sa suite lors de la joyeuse entrée de 1405, p. 107.
31781. Anonyme. — Splendeurs et désastres d'un munitionnaire douaisien, Pierre Valgra (1665-1715), p. 112.
31782. [Ternas (Amédée de), Brassart (Félix), etc.]. — Coup d'œil sur quelques anciennes seigneuries, p. 131, 170, 190; II, p. 62, 107; III, p. 76, 147, 185; V, p. 130; VI, p. 49, 180; VIII, p. 12, 180; X, p. 5; XI, p. 5; XII, p. 131; XIX, p. 5; XXII, p. 14 et 140.

[Château du Gonois; avouerie de Rumaucourt.]

31783. Anonyme. — Additions à la bibliographie douaisienne, p. 150.

[*L'année chrestienne*, par messire Nicolas de Montmorency (1604)].

31784. Anonyme. — Généalogie de la famille de La Verdure originaire du Boulonnais [XVIe-XVIIIe s.], p. 157.
31785. Anonyme. — Cérémonie expiatoire accomplie à Saint-Amé de Douai en 1316 [par Baudouin de Lonwez], p. 182.

II. — Souvenirs de la Flandre wallone, etc., t. II. (Douai, s. d. [1862], in-8°, 193 p.)

31786. Anonyme. — Jean Vendeville, professeur de droit à l'Université de Douai, mort évêque de Tournai (1527 † 1592), p. 4.
31787. Preux (A.). — Anciens artistes douaisiens. Peintres, sculpteurs, peintres-verriers, p. 23; III, p. 81; IV, p. 30; VI, p. 69; et XII, p. 114.
31788. Anonyme. — Journal d'un échevin de Douai pendant la disette de 1740 [Dubois de Hoves], p. 34; et III, p. 23.
[31782]. Anonyme. — Coup d'œil sur quelques anciennes seigneuries [Lauwin et Planque], p. 62 et 107.
31789. [Preux (A.)]. — Mélanges de numismatique. Médailles et méreaux inédits [Saint-Pierre de Lille, Louis XVI], *pl.*, p. 69.
31790. P[reux] (A.). — Résurrection d'un grand artiste. Jean Bellegambe, peintre du retable d'Anchin [XVIe s.], *pl.*, p. 81.
31791. Anonyme. — La prise de Marchiennes en 1712, p. 97.
31792. Anonyme. — Compliments en vers adressés au premier président de Calonne [1774], p. 118.
31793. [Preux (A.)]. — Souvenirs du siège de Douai en 1710, p. 123; III, p. 92; et IV, p. 68.
31794. Anonyme. — Cérémonies pour les publications de paix à Douai au XVIe et au XVIIe siècle, p. 137.
31795. Anonyme. — Pompe funèbre de Jacques de Blondel, chevalier, sieur des Deux-Cuincy, célébré à Saint-Albin, à Douai, en 1582, p. 157.
31796. [Preux (A.)]. — Un passeport périmé [1445], p. 163.
31797. Anonyme. — Le sceau du souverain bailliage de Lille, p. 170.
31798. Dehaisnes (L'abbé C.). — Documents inédits sur les origines de l'Université de Douai (1531-1534), p. 177; et III, p. 59.

III. — Souvenirs de la Flandre wallone, etc., t. III. (Douai, s. d. [1863], in-8°, 193 p.)

31799. Anonyme. — Gayant, sa véritable origine, sa mort (juin 1531-brumaire an III) [mannequin en osier], p. 1. — Cf. n° 31802.

31800. [Preux (A.)]. — Gilles Petit, écrivain lillois du xviie siècle, p. 8.

[31788]. Anonyme. — Journal d'un échevin de Douai en 1740, p. 23.

31801. Anonyme. — La chapelle de Garbigny dite Notre-Dame de Joye, au faubourg Morel lez Douai, p. 33.

31802. Anonyme. — Encore un mot sur Gayant. Naissance de sa femme (1564), p. 51. — Cf. n° 31799.

[31798]. Dehaisnes (L'abbé C.). — Documents inédits sur les origines de l'Université de Douai (1531-1534), p. 59.

[31782]. Anonyme. — Coup d'œil sur quelques anciennes seigneuries [les fiefs de Mégille et des Pourchelets], p. 76, 147 et 185.

[31787]. Preux (A.). — Anciens artistes douaisiens. Le graveur Guillaume Du Mortier [xviie s.], p. 81.

[31793]. [Preux (A.)]. — Souvenirs du siège de Douai en 1710, p. 92.

31803. [Preux (A.)]. — La pompe funèbre de Jean de Luxembourg, chevalier de la Toison d'or (29 septembre 1508), p. 110.

31804. [Preux (A.)]. — Jacques Lesaige, le pèlerin [xvie s.], p. 124.

31805. Brassart (Félix). — Jehan Bellegambe, auteur du tableau de l'Immaculée Conception (Musée de Douai), p. 162.

31806. [Preux (A.)]. — Gastronomie lilloise. Repas de noces de 1560, p. 173.

31807. Anonyme. — Compliments en vers au roi de Danemark [1768] et au comte d'Artois [1775], p. 181.

IV. — Souvenirs de la Flandre wallone, etc., t. IV. (Douai, 1864, in-8°, 191 p.)

31808. [Preux (A.)]. — Le nouvel an au temps jadis, p. 1.

31809. Anonyme. — Un procès politique à Douai en 1482 [Pierre Dufour, greffier de la Gouvernance], p. 19.

[31787]. [Preux (A.)]. — Anciens artistes de Douai. Jehan Molart, le peintre bigame [xve-xvie s.], p. 30.

31810. Anonyme. — Mahomet à Lille [représentation de *Mahomet II*, tragédie de Jean Sauvé de La Noue, 1739], p. 38.

31811. Anonyme. — Inventaire d'un bourgeois de Douai au xive siècle [Ailleaume d'Auberchicourt, 1367], p. 54.

[31793]. A. P. [Preux (A.).] — Souvenirs du siège de Douai en 1710, p. 68.

31812. A. P. [Preux (A.).] — Notes et documents sur le commerce et l'industrie de la Flandre wallone [manufactures de la châtellenie de Lille, vers 1764], p. 115; et VII, p. 101.

31813. Anonyme. — Les arts (architecture, peinture, sculpture), dans le couvent des Récollets-Wallons de Douai, p. 121.

31814. Anonyme. — Généalogie de la famille Payen [de La Bucquière], p. 145.

31815. Anonyme. — Trésor numismatique découvert en 1561 à Auberchicourt, près Douai, p. 168.

31816. Anonyme. — La châsse de Saint-Maurant [à Douai] (1636), p. 175.

31817. Anonyme. — Pièce de vers présentée au concours de la confrérie des Clercs-Parisiens de Douai en 1762, p. 181.

31818. Anonyme. — La liberté sous caution en Flandre [1520], p. 187.

V. — Souvenirs de la Flandre wallone, etc., t. V. (Douai, 1865, in-8°, 191 p.)

31819. Hillebrand (K.). — Sur le séjour du Dante à Douai, p. 1.

31820. Maurice (Léon). — Documents inédits pour servir à l'histoire de Jean le Bon, p. 7.

[Lettres de rémission pour Arras (1356); lettres confirmatives des promesses faites à Étienne Marcel (1357); rançon du roi.]

31821. Dehaisnes (L'abbé C.). — Inventaire du trésor de la collégiale Saint-Amé de Douai (1382 à 1627), p. 26; et VI, p. 38.

[31776]. A. P. [Preux (A.).] — Fragments d'épigraphie locale, p. 49.

[Monuments élevés en souvenir des Anglais réfugiés dans les Pays-Bas.]

31822. Dehaisnes (L'abbé Ch.). — Notes pour servir à l'histoire des archives de Douai pendant la seconde moitié du xviiie siècle, p. 68 et 146.

31823. Petit (Élie). — Notice sur le tombeau du seigneur et de la dame d'Haubourdin à Ailly-sur-Noye (1466), *pl.*, p. 81.

31824. [Preux (A.)]. — Petits problèmes d'histoire locale, p. 101.

[Un abbé d'Anchin qui se fit chartreux à Paris.]

31825. [Preux (A.)]. — Mathias de Mailly et sa correspondance [1536], p. 105.

31826. Anonyme. — Ducasses, kermesses et fêtes dans les Flandres [vers 1560], p. 114.

31827. A. A. [Asselin (A.).] — Une vente de livres au xvie siècle, p. 125.

[31782]. Ternas (De). — Coup d'œil sur quelques anciennes seigneuries [Cuincy], p. 130.

31828. Anonyme. — Miscellanées douaisiens, notes et documents, p. 180. — Cf. nos 31842, 31849, 31859, 31886, 31890, 31902, 31915, 31930, 31935, 31946 et 31954.

[Billet mortuaire du gouverneur de Douai, Alexandre de Pommereuil (1718); les compagnies de liesse de Douai, aux fêtes de Lille (1498); meurtre de Barthélemy Noël, jésuite (vers 1686); lettre du cardinal de Polignac (1723); les premiers réverbères à Douai (1536).]

31829. Advielle (Victor). — Un exemplaire unique d'une brochure douaisienne [pastorale d'Amyntas (1719)] p. 184.

VI. — Souvenirs de la Flandre wallone, etc., (Douai, 1866, in-8°, 192 p.)

31830. F. B. [Brassart (Félix).] — Relation de Flandres (1610) [cour et maison des archiducs], p. 4.
31831. A. P. [Preux (A.).] — La question au Parlement de Douai; une cause célèbre de Douai [meurtre d'un écolier], p. 26.
[31821]. Dehaisnes (L'abbé C.) — Inventaire du trésor de la collégiale Saint-Amé de Douai, p. 38.
[31782]. Ternas (Am. de) et F. B. [Brassart (Félix).] — Coup d'œil sur quelques anciennes seigneuries [Cuincy et Fenain], p. 49 et 180.
[31787]. A. P. [Preux (A.).] — Anciens artistes et amateurs douaisiens. Les Théry de Gricourt [xviii° s.], p. 69.
31832. F. B. [Brassart (Félix).] — Registres mémoriaux d'un ancien gouverneur de la Flandre wallone, Henri de Mortaigne *dit* d'Espière (1384-1411), p. 81; et VII, p. 75.
31833. Anonyme. — Histoire abrégée de la paroisse de Sainte-Marie-Magdelaine de la ville de Lille, depuis 1675 jusques et compris 1762 [par Ignace-François Ghesquière, seigneur de Millecamps et de Nieppe], p. 97.
31834. A. A. [Asselin (A.).] — Fragments d'épigraphie locale [Philippe-Henri, comte de Douglas († 1748)], p. 122. — Cf. n° 31776.
31835. Ternas (Am. de). — Généalogie de la famille Honoré du Locron, p. 130.
31836. A. P. [Preux (A.).] — Attentat à la vie du baron de Cuincy [Jacques-Ignace Blondel, 1677], p. 143.
31837. Anonyme. — Le triomphe de l'humilité dans la personne de saint Félix de Cantalice, de l'ordre des RR. PP. Capucins, représenté par la procession des écoliers de la Compagnie de Jésus, ornée de devises, inscriptions et autres pièces de poésie, célébrée en mémoire de sa canonisation [réimpression d'une plaquette de 1713], p. 149.
31838. [Dehaisnes (L'abbé C.)]. — Documents inédits sur l'abbaye de Flines [Jeanne de Boubain, abbesse, 1507; Mlle Du Châtel, abbesse, 1784], p. 165; et VIII, p. 97.

VII. — Souvenirs de la Flandre wallone, etc., t. VII. (Douai, 1867, in-8°, 195 p.)

31839. A. P. [Preux (A.).] — Notes pour servir à l'histoire de la Faculté de médecine de l'Université de Douai, p. 5.
31840. F. B. [Brassart (Félix).] — Fondation du couvent des Carmes déchaussés à Douai (1617), p. 27.
31841. A. de T. [Ternas (Am. de).] — Généalogie des Bérenger, commissaires ordinaires de l'artillerie, à Douai, de 1695 à 1820, p. 45.
31842. Anonyme. — Miscellanées douaisiens; notes et documents, p. 63. — Cf. n° 31828.

[Les Delecourt, fondeurs de cloches à Douai (xvi° s.); saisie de la *Vraie origine du Géant de Douai* (1743); lettre de Louvois (30 janvier 1674); verrière de l'abbaye de Sin (1627).]

31843. Anonyme. — Relation de la cérémonie de la Candouille à Saint-Amé de Douai, par un témoin oculaire (1768), p. 69.
[31832]. F. B. [Brassart (Félix).] — Registres mémoriaux d'un ancien gouverneur de la Flandre wallone, Henri de Mortaigne *dit* d'Espière (1384-1411), p. 75.
31844. Anonyme. — Mémoire de ce qui s'est passé dans la capitale d'Artois à l'occasion de l'attentat commis sur la personne sacrée du roi le 5 janvier 1757, p. 87, 186; et VIII, p. 36.
[31812]. A. P. [Preux (A.).] — Notes et documents sur le commerce et l'industrie de la Flandre wallone [extraits de statuts, etc.], p. 101.
31845. F. B. [Brassart (Félix).] — Note sur l'ancien béguinage de Sin-lez-Douai, p. 135.
31846. A. de T. [Ternas (Am. de).] — Généalogie de la famille Clicquet [xv°-xix° s.], p. 143.
31847. F. B. [Brassart (Félix).] — Chansons sur la prise de Bouchain (1676), p. 173.

VIII. — Souvenirs de la Flandre wallone, etc., t. VIII. (Douai, 1868, in-8°, 193 p.)

31848. A. P. [Preux (A.).] — Essai d'iconographie religieuse douaisienne, *pl.*, p. 1 et 104.

[Images de pèlerinages et de confréries; liste des reliques qui se trouvaient dans les églises de Douai (1789).]

[31782]. A. de T. et F. B. [Ternas (Am. de) et Brassart (Félix).] — Coup d'œil sur quelques anciennes seigneuries, p. 12 et 180.

[Erchin, Guesnain, Flecquières et Labaye; fief de l'Escuelier-le-Comte, à Douai.]

31849. Anonyme. — Miscellanées douaisiens, notes et documents, p. 18. — Cf. n° 31828.

[Mendicité à Douai (1740); fortifications de Lens (1655); hérétique brûlé à Tournai (1430); mœurs des échevins de Douai (xv° s.); lettre de M. de Pomereuil (1714); conquêtes de Louis XIV (1677); Gautier Marikiel, mécanicien (1389).]

31850. F. B. [Brassart (Félix).] — Cérémonial usité pour l'élection et l'installation des échevins de Sin-le-Noble [xvi° s.], p. 28.
[31844]. Anonyme. — Relation de ce qui s'est passé dans la capitale de l'Artois à l'occasion de l'attentat de Damiens (1757), p. 36.
31851. Ternas (Am. de) et F. B. [Brassart (Félix).] — Chronique douaisienne inédite, rédigée au xvi° siècle, p. 49.

[31838]. [Dehaisnes (L'abbé C.)]. — Documents inédits sur l'abbaye de Flines [nomination de Mme du Châtel comme abbesse (1784)], p. 97.
31852. F. B. [Brassart (Félix).] — Procès d'hérésie dans la châtellenie de Douai sous Charles-Quint (1545-1555), p. 122.
31853. Dehaisnes (L'abbé C.). — Notices sur des manuscrits de la bibliothèque de Douai, p. 135.
31854. Anonyme. — Fragments tirés de poètes douaisiens [Antoine de Blondel et Joyel], p. 158.
31855. F. B. [Brassart (Félix).] — Note sur l'ancien hôpital Saint-Samson de Douai, p. 167.

IX. — Souvenirs de la Flandre wallone, etc., t. IX. (Douai, 1869, in-8°, 194 p.)

31856. Ternas (Am. de). — Généalogie de la famille de Valicourt, seigneurs d'Ambrines, Ricametz, Séranvillers, Brunémont, Mesnil, Bécourt, Witremont, etc., p. 5.
31857. F. B. [Brassart (Félix).] — Compte de dépenses d'un procès de sorcellerie en 1599, p. 35.
31858. Bigarne (Charles). — Souvenirs gaulois du vallon de la Sensée, p. 62.
31859. Anonyme. — Miscellanées douaisiens, notes et documents, p. 67. — Cf. n° 31828.

[Lettre de Villars (1710); le Parlement de Flandre et M. Blondel d'Aubers (1756); ouvrage offert par Descartes au P. Seneschal, jésuite; calice de l'église de Wiers (1622); buffet de l'église de Billy-Montigny; M. de Visé au siège de Douai (1667); Douaisiens entrés en religion en 1628-1629.]

31860. F. B. [Brassart (Félix).] — Fêtes communales de Douai depuis les temps les plus reculés jusqu'à nos jours, p. 75.
31861. F. B. [Brassart (Félix).] — Une visite à l'abbaye de Flines en 1769 [par dom Quinsert], p. 112.
31862. Ternas (Amédée de). — Observations sur l'histoire de Lille de Tiroux, par M. de Courcelle, conseiller à la gouvernance de cette ville, p. 117.

[Notice sur la ville de la Bassée.]

31863. Anonyme. — Description des arcs de triomphe dressés à la gloire du roi Louis XV à son retour de sa campagne victorieuse le 5 septembre 1745 par le magistrat de la ville de Lille [réimpression d'une plaquette de 1745], p. 177.

X. — Souvenirs de la Flandre wallone, etc., t. X. (Douai, 1870, in-8°, 196 p.)

[31782]. F. B. [Brassart (Félix).] — Coup d'œil sur quelques anciennes seigneuries [Cantin], p. 5.
31864. F. B. [Brassart (Félix).] — Comment on entendait l'instruction obligatoire en 1589, p. 43.
31865. [Ternas (Am. de)]. — Généalogie de la maison de Tenremonde, p. 45 et 120. — Cf. n° 31868.
31866. A. P. [Preux (Auguste).] — Mémoires inédits de Ch. Caudron sur le siège de Douai en 1710, p. 100.
31867. Raux (Le P. Constant). — Éloge funèbre de Louis XV, roi de France et de Navarre, prononcé dans l'église de Saint-Pierre le 25 juin 1774, p. 149.
31868. Ternas (Am. de). — Notices sur plusieurs terres et seigneuries ayant appartenu à la famille de Tenremonde, p. 175. — Cf. n° 31865.

[Mérignies, la Hallerie, Hébuterne, le Becque, Bachy, Bercus, les Fremaux, Asck, Durmort, le Gars.]

XI. — Souvenirs de la Flandre wallone, etc., t. XI. (Douai, 1871, in-8°, 199 p.)

[31782]. F. B. [Brassart (Félix).] — Coup d'œil sur quelques anciennes seigneuries [Cantin], p. 5.
31869. F. B. [Brassart (Félix).] — Fêtes populaires au XVIe siècle dans les villes du nord de la France et particulièrement à Valenciennes [d'après l'ouvrage de Simon Le Boucq], p. 40 et 197. — Cf. n° 31884.
31870. Louise (Th.) et Auger (E.). — La ville franche et prévôté d'Haspres, *plan*, p. 75.
31871. F. B. [Brassart (Félix).] — Lettre inédite de don Juan d'Autriche au sujet de la persécution religieuse dans les Flandres (1577), p. 189.

XII. — Souvenirs de la Flandre wallone, etc., t. XII. (Douai, 1872, in-8°, 196 p.)

31872. F. B. [Brassart (Félix).] — Mémoire sur un point important de l'histoire de Douai. Établissement de la collégiale de Saint-Amé dans cette ville [vers 950], p. 5 et 75.

[Appendice : note sur le *Breve Chronicon S. Amati Duacensis.*]

31873. F. B. [Brassart (Félix).] — Dom Caffiaux, auteur du *Trésor généalogique*, et les Archives de la ville de Douai (1767), p. 63.
[31787]. A. P. [Preux (Auguste).] — Anciens artistes douaisiens [Antoine Prouveu, XVIe s.], p. 114.
31874. F. B. [Brassart (Félix).] — Document inédit sur la cérémonie de la Candouille en l'église Saint-Amé de Douai (1485), p. 126.
[31782]. [Ternas (Amédée de) et Brassart (Félix).] — Coup d'œil sur quelques anciennes seigneuries [Flers-en-Escrebieu, 972-1789], p. 131.
31875. Anonyme. — Une visite à l'abbaye de Verger-lez-Oisy en 1769 [par dom Quinsert], p. 190.

XIII. — Souvenirs de la Flandre wallone, etc., t. XIII. (Douai, 1873, in-8°, 191 p.)

31876. Anonyme. — Memento de la carrière d'un artiste

connu qui de paysan s'est fait peintre lui-même. Extraits de l'autobiographie d'Hilaire Ledru [1778-1787], p. 5.

31877. F. B. [Brassart (Félix).] — Quelques notes [historiques] tirées des archives de la maison du Temple de Douai et de l'hôpital Saint-Samson, p. 58.

31878. F. B. [Brassart (Félix).] — Comment un seigneur de Lalaing [Nicolas] fut guéri par l'intercession de saint Louis (1275), p. 83.

31879. Ternas (Am. de). — La châtellenie d'Oisy. Vente et dénombrement de son domaine par Henri IV [et généalogies des familles de Tournay dit Longhet de Tournay d'Assignies et de Plotho d'Ingelmunster], p. 95.

31880. F. B. [Brassart (Félix).] — Relation de la surprise tentée par les Gueux contre la ville de Douai le 16 avril 1579, écrite par le chef de l'entreprise [Jean-François Le Petit, de Béthune], p. 123.

31881. Anonyme. — L'Université de Douai et la bibliothèque des Jésuites en 1661, p. 137.

31882. Anonyme. — Une singulière redevance et la prévôté de Berclau (1389-1780) [obligation de faire la barbe aux religieux de la prévôté de Berclau], p. 145.

31883. Anonyme. — Représailles de la France contre l'Espagne à l'occasion du baron de Cuincy (1677), p. 150.

31884. F. B. [Brassart (Félix).] — L'ordre du Chapelet de Notre-Dame de le Sauch, fête populaire organisée à Valenciennes par Noël Le Boucq, le 8 juillet 1520. Additions et rectifications au P. Ménestrier et au P. Hélyot, p. 158. — Cf. n° 31869.

31885. F. B. [Brassart (Félix).] — Une élection municipale à Coutiches en 1554, p. 171.

31886. Anonyme. — Miscellanées douaisiens. Notes et documents, p. 184. — Cf. n° 31828.

[Un fils du grand Corneille blessé au siège de Douai en 1667; mariage fait par surprise entre Antoine Stuart et Jeanne-Françoise de Lande, dite Mortagne, 1692.]

XIV. — Souvenirs de la Flandre wallone; recherches historiques et choix de documents relatifs à Douai et aux anciennes provinces du nord de la France, publiés sous les auspices de la *Société d'agriculture, sciences et arts de Douai*, par un Comité historique et archéologique, t. XIV. (Douai, 1874, in-8°, 200 p.)

31887. Brassart (Félix). — Le pas du Perron Fée tenu à Bruges en 1463 par le chevalier Philippe de Lalaing [texte original], p. 5.

31888. Anonyme. — Détail du voyage de Mgr le comte d'Artois en Flandre [1775], p. 95.

31889. Anonyme. — Les vieilles cloches de l'église d'Ervillers en Artois, p. 103.

31890. Anonyme. — Miscellanées douaisiens. Notes et documents, p. 107 et 199. — Cf. n° 31828.

[Un livre d'heures douaisien du xve siècle; Pierre de Hornay, dit *Quia*, chroniqueur en vers (1576-1582); Douaisiens, moines de Saint-Bertin, au moyen âge; évasion d'un voleur allemand (1387); invitation à l'Université de Louvain pour l'installation de l'Université de Douai (1562); Guillaume de Faronville, prévôt de Saint-Amé de Douai (xiiie s.).]

31891. F. B. [Brassart (Félix).] — Pompe funèbre de Jean de Luxembourg, seigneur de Ville, chevalier de la Toison d'or, célébrée à Douai les 29 et 30 septembre 1508, p. 119.

31892. Legrand (de Douai). — Le chanoine Canquelain, auteur d'une histoire de la ville de Douai, et sa famille [xviiie s.], p. 138.

31893. F. B. [Brassart (Félix).] — Un procès de sorcellerie à la cour féodale de Douai en 1596; la question extraordinaire, p. 145.

31894. Ternas (Amédée de). — Simon de Maybelle, l'un des derniers recteurs de l'Université de Douai [† 1793], p. 165.

31895. F. B. [Brassart (Félix).] — Les capitulations de Lille et de Douai en 1297 et en 1300, p. 170.

31896. F. B. [Brassart (Félix).] — La fin d'une maîtresse de Philippe le Bon, Nicolle la Chastellaine, dite du Bosquel [xve s.], p. 186.

31897. Anonyme. — Compliment adressé par le docteur Taranget aux Carmélites de Douai à l'occasion du jour de l'an 1786, p. 196.

XV. — Souvenirs de la Flandre wallone, etc., t. XV. (Douai, 1875, in-8°, 199 p.)

31898. F. B. [Brassart (Félix).] — Une vieille chronique des comtes de Boulogne [*Chronique de Bauduin d'Avesnes, vers 1280*], p. 5.

31899. [Ternas (Am. de)]. — Généalogie de la famille Gosson, originaire de Provence, établie en Artois en 1435, p. 19.

31900. Anonyme. — Quelques notes sur d'anciennes villas douaisiennes [le Château-Plachy, Jéricho], p. 54.

31901. A. G. [Preux (Aug.).] — Correspondance de M. Le Febvre d'Orval, conseiller au Parlement de Flandre, avec MM. de Chamillart et Voisin, ministres de la guerre, depuis l'année 1706 jusqu'en 1712 inclusivement, p. 71.

31902. J. L. [Lepreux (Jules).] — Miscellanées douaisiens. Notes et documents, p. 130. — Cf. n° 31828.

[Sur la qualité de *sieur*; canal de Douai à Lille (1669); grades conférés par l'Université de Douai pendant l'occupation hollandaise (1710); l'abbé Lebeuf à Douai (1745); les chasseurs de Fischer à Douai (1759); école municipale de dessin (1770); le premier suisse ou pâtissier douaisien (1788).]

31903. F. B. [Brassart (Félix).] — Les Wallons à la cour amoureuse de France en 1415, p. 144.

31904. F. B. [Brassart (Félix).] — Désordres à Douai causés par la garnison espagnole (1553-1560), p. 177.

31905. F. B. [Brassart (Félix).] — Raoulet d'Auquetonville, assassin du duc d'Orléans, pensionnaire du duc Jean sans Peur, p. 193.

XVI. — Souvenirs de la Flandre wallone, etc., t. XVI. (Douai, 1876, in-8°, 196 p.)

31906. F. B. [Brassart (Félix).] — Les droits de l'ancien châtelain de Cambrai [1400], p. 5.

31907. F. B. [Brassart (Félix).] — Appendice concernant les privilèges du châtelain de Bapaume [1345], p. 21.

31908. Anonyme. — Une vieille généalogie de la maison de Wavrin. Les sénéchaux et les connétables de Flandre, p. 27.

[Anciennes familles de Flandre qui ont porté l'écusson en abîme, p. 158.]

31909. F. B. [Brassart (Félix).] — Les taverniers douaisiens au xive siècle, p. 174.

31910. F. B. [Brassart (Félix).] — La bibliothèque d'un comte de Saint-Pol [Waleran de Luxembourg] déposée en l'abbaye de Saint-Aubert (1380-1438), p. 179.

31911. F. B. [Brassart (Félix).] — Le baron d'Erre (Charles Du Chastel) et les états de la Flandre wallonne (1634), p. 187.

XVII. — Souvenirs de la Flandre wallone, etc., t. XVII. (Douai, 1877, in-8°, 195 p.)

31912. F. B. [Brassart (Félix).] — L'origine du comté de Flandre d'après des Chroniques inédites, p. 5.

31913. F. B. [Brassart (Félix).] — La mort du bailli de Douai, Méliador de Lalaing (15 août 1499), p. 41.

31914. F. B. [Brassart] (Félix). — Un manuscrit inédit du baron de Vuorden (1689-1690) [notes marginales sur l'ouvrage de Maurice : *Le blason des armoiries de tous les chevaliers de l'ordre de la Toison d'or*], p. 58.

31915. Anonyme. — Miscellanées douaisiens. Notes et documents, p. 89. — Cf. n° 31828.

[Bans sur les jeux défendus (xiiie s.); amende honorable pour l'attaque d'un bourgeois de Douai (1379); réconciliation de deux bourgeois de Douai (1396); installation du doyen de Saint-Amé (1441); évasion de prisonniers français (1543); mascarades interdites (1566); concours à l'arquebuse (1568); bâtonnier des *lostes* (xviie s.): duel entre bourgeois (1630).]

31916. Anonyme. — Le blason de Lalaing mis en vers par Luxembourg le Héraut, l'an 1509, publié avec des notes généalogiques et héraldiques sur l'ancienne et illustre maison de Lalaing, d'après les chartes et les sceaux, p. 111; et XVIII, p. 5.

31917. F. B. [Brassart (Félix).] — La pierre au Quéviron, borne de Germignie ou longue-borne plantée en 1288 à Flines au marais de Six-Villes, p. 160.

31918. F. B. [Brassart (Félix).] — Une émeute de gentilshommes à Douai en 1612 [d'après la continuation de la *Chronique douaisienne,* de Jacques Lhoste], p. 178.

XVIII. — Souvenirs de la Flandre wallone, etc., t. XVIII. (Douai, 1878, in-8°, 189 p.)

[31916]. Anonyme. — Le blason de Lalaing, p. 5.

31919. F. B. [Brassart (Félix).] — La pompe funèbre de messire Gérard de Mortagne, seigneur de Cavrines (Tournay, juillet 1391), p. 179.

XIX. — Souvenirs de la Flandre wallone, etc., t. XIX. (Douai, 1879, in-8°, 207 p.)

[31782]. Anonyme. — Coup d'œil sur quelques anciennes seigneuries [Belleforière (1076 à 1789) avec la généalogie de la famille du même nom (1344 à 1751)], *pl.*, p. 5.

31920. F. B. [Brassart (Félix).] — Quelques lettres adressées à Antoine de Gongnies, lieutenant d'une bande d'ordonnance et gouverneur du Quesnoy, par la duchesse de Parme, le duc d'Albe, le grand commandeur de Castille et le seigneur de Noircarmes (1566-1573), p. 85.

31921. F. B. [Brassart (Félix).] — Un seigneur d'Hénin-Liétard, bienfaiteur des Templiers (vers 1120); recherches sur les plus anciens seigneurs d'Hénin-Liétard; prétention de la famille d'Hénin d'être de la maison de Lorraine, p. 116.

31922. Anonyme. — Mélanges biographiques et littéraires, p. 139. — Cf. n° 31928.

[Jean Wauquelin, traducteur de Jacques de Guyse (1446-1452), p. 139. — Jean de Magnicourt, écuyer, seigneur de Verchin en Ternois, chroniqueur (1470), p. 156.]

31923. F. B. [Brassart (Félix).] — Auguste Preux (1822 † 1879), p. 202.

XX. — Souvenirs de la Flandre wallone, etc., t. XX. (Douai, 1880, in-8°, 195 p.)

31924. F. B. [Brassart (Félix).] — Compte des obsèques de la comtesse de Lalaing [Marguerite de Croy], décédée à Mons le 2 juillet 1550, p. 5.

31925. J. L. [Lepreux (Jules).] — Mémorial des bedeaux de l'Université de Douai (vers 1780), p. 37.

31926. Anonyme. — Deux lettres de l'archiduc Albert au magistrat de Cambrai pour la garnison espagnole (1598, 1603), p. 48.

31927. F. B. [Brassart (Félix).] — Marché pour la construction de la tombe d'un bourgeois de Douai [Guillaume Catel] (1325), p. 55.

31928. Anonyme. — Mélanges biographiques et littéraires, p. 65. — Cf. n° 31922 et 31952.

[Guillaume Fillastre, évêque de Tournai, chroniqueur (1461-1472), p. 65. — Jacques de Leussauch, dit *Lessabaeus,* poète et annaliste (1535), p. 76. — Jérôme de France, conseiller pensionnaire de Douai, ensuite président d'Artois, jurisconsulte (1559), p. 80. — Adrien d'Esclaibes, chevalier, seigneur de Clairmont, auteur de mémoriaux historiques (1537-1613), p. 93. — Jean-François Le Petit, greffier de la gouvernance de Béthune, historien des troubles des Pays-Bas (1569, 1578), p. 128. — Un bâtard du cardinal de Granvelle [Jehan Gillebert de Granvelle] (1555-1621), p. 144.]

31929. Lepreux (Jules). — Affaire Jean Raine (1366), p. 147.

31930. Anonyme. — Miscellanées douaisiens. Notes et documents, p. 155. — Cf. n° 31828.

[Douaisiens livrés en otages à Philippe Auguste (1213); beffroi et halles (1306); démolition du château d'Écaillon (1404); lettre des échevins de Douai à Charles le Téméraire (1468); coutumes de l'échevinage (1532); fraude d'un marchand punie par les échevins (1578); édit du magistrat sur l'observation du dimanche (1580); Estius et les Jésuites consultés par le magistrat (1602); la *Gallo-Flandria*, du P. Buzelin (1621); désordres dans l'orphelinat Bonnenuit (1645-1649).]

31931. Anonyme. — Une curiosité du xviie siècle [autobiographie du P. Arthur Bel; récollet anglais, † 1643], p. 193.

XXI. — Souvenirs de la Flandre wallone, etc., 2e série, t. I. (Douai, 1881, in-8°, 196 p.)

31932. Ternas (Am. de). — Généalogie de la famille Foucques de Wagnonville, originaire d'Abbeville, avec une notice sur M. de Wagnonville, le généreux donateur du Musée de Douai, p. 5.

31933. [Legrand.] — La vie intérieure dans nos anciens hôpitaux d'après les comptes, p. 19.

31934. J. L. [Lepreux (Jules).] — Inventaire du mobilier de l'église Notre-Dame de Douai en 1421, p. 60.

31935. Anonyme. — Miscellanées douaisiens. Notes et documents, p. 75. — Cf. n° 31828.

[Miracle de saint Amand (1066); testament d'Enguerran Brunamont (1261); mainlevée par le comte de Hainaut de l'arrêt mis dans son comté sur des biens appartenant à des Douaisiens (1313); guerre entre Douai et le sire d'Ecaussinnes (1352); souvenir de la campagne de Charles VI en Flandre (1382); cérémonial usité pour renoncer à la communauté (1379 et 1380); les Douaisiens exemptés du service militaire (1380); le sceau des archers *de serment* (1460); représentations théâtrales (1560 et 1565); démolition de la première enceinte (1568); impressions faites par Jean Bogard pour le gouvernement espagnol (1580); confrérie du pourpoint (1594); anciennes monnaies encore en usage en 1623; un trigame (1652); siège de Douai par Louis XIV, entrée du roi et de la reine (1667); punition d'étudiants duellistes (1737); trahison du capitaine Randeroth (1744).]

31936. F. B. [Brassart (Félix).] — La mission de Jeanne d'Arc résumée par un chroniqueur wallon contemporain [anonyme] (1429-1431), p. 143.

31937. Lepreux (Jules). — Bibliographie douaisienne. Impressions musicales au xviie siècle, p. 168.

31938. Anonyme. — Création de deux foires et d'un marché à Oisy par ordonnance royale de novembre 1489, p. 172.

31939. Lepreux (Jules). — Séquestration par un lieutenant de la gouvernance de Douai en 1425 [Guillaume Maître], p. 178.

XXII. — Souvenirs de la Flandre wallone, etc., 2e série, t. II. (Douai, 1882, in-8°, 185 p.)

31940. Brassart (Félix). — Amédée Le Boucq de Ternas, chevalier (1829 † 1882), p. 1.

[31782]. A. de T. [Ternas (Am. de)] et Prud'homme (Émile). — Coup d'œil sur quelques anciennes seigneuries, p. 14 et 140.

[Wagnonville (1162 à 1789) avec la généalogie de la famille Baudain de Mauville; le fief de Beausart à Curgies.]

31941. Anonyme. — Louis XI à Cambrai (1477-1478), p. 73.

31942. F. B. [Brassart (Félix).] — Mémoire sur les trois Arnoul qui ont possédé Douai au xe siècle, p. 89.

31943. F. B. [Brassart (Félix).] — Le prologue et la première partie des chroniques de Baudouin d'Avesnes, p. 129.

31944. Anonyme. — Répression par l'autorité ecclésiastique des abus commis par la comtesse de Flandre dans les fermes d'abbaye de la châtellenie de Douai (vers 1210), p. 147.

XXIII. — Souvenirs de la Flandre wallone, etc., 2e série, t. III. (Douai, 1883, in-8°, 201 p.)

31945. Du Chastel de la Howarderie-Neuvireul. — Le livre d'or du patriciat tournaisien ou mémoires de Pierre de la Hamayde, écuyer, seigneur de Warnave et de Gamaraige [xviie s.], p. 5.

31946. Anonyme. — Miscellanées douaisiens. Notes et documents, p. 111. — Cf. n° 31828.

[Guérison d'un Douaisien dans l'église des Bénédictines de Notre-Dame de Soissons (vers 1128); traités entre la couronne et la Flandre relativement à Douai (1225-1242); pension accordée à la suite d'une erreur judiciaire (1276); émeute des tisserands à Douai (1280); guerre privée entre un gentilhomme de Douai et un bourgeois d'Arras (vers 1318); émeute contre les marchands de blé (1322); travaux à l'hôtel de la Bassecourt (1399); entrée de la comtesse de Charolais (1439); Jean Aloyer, libraire et calligraphe (1450); un prêtre boucher (1457); création de l'office de bourreau (1459); incendie de l'hôtel de ville (1471); tours des remparts (1475); réjouissances à la naissance de Charles-Quint (1500); funérailles d'un bon bourgeois (1509); livre douaisien perdu : récit contemporain des miracles de la Vierge de Saint-Pierre (1535); incendie (1554); tempête (1606); prix des perruques (1673); inhumation d'un chanoine de Saint-Amé, janséniste (1737).]

31947. Anonyme. — Pompes funèbres des deux frères Michel et Adrien de Forvie, morts devant l'ennemi, célébrées à Cambrai du 21 au 23 septembre 1578, p. 184.

XXIV. — Souvenirs de la Flandre wal-

lone, etc., 2e série, t. IV. (Douai, 1884, in-8°, 212 p.)

31948. Anonyme. — Bans et arrière-bans de la Flandre wallone sous Charles le Téméraire et Maximilien d'Autriche [xve s.], p. 5.
31949. F. B. [Brassart (Félix).] — Une vieille épitaphe lilloise. Renseignements historiques et héraldiques sur Pierre de Haulteville, dit le prince d'Amour, et sur son bâtard Me Pierre de Haulteville, conseiller pensionnaire de Douai (1469-1486), p. 79.
31950. Anonyme. — Les clercs et les nobles à leur réception comme bourgeois de Douai, p. 106.
31951. F. B. [Brassart (Félix).] — Liste des bienfaiteurs du chapitre de la cathédrale de Cambrai dressée par un chanoine vers 1190, p. 139.
31952. Anonyme. — Mélanges historiques et littéraires, p. 192. — Cf. n° 31928.

[Armoiries de Jean Molinet, chroniqueur (1508); notes sur le roi d'armes Jean de Villers (1577) et sur plusieurs rois, hérauts et poursuivants; Gilbert Roy, chroniqueur anversois (1579).]

XXV. — Souvenirs de la Flandre wallone, etc., 2e série, t. V. (Douai, 1885, in-8°, 199 p.)

31953. [Fermaux]. — Histoire généalogique de la famille Ruffault, originaire de la Flandre wallone (1313 à 1631), *pl.*, p. 5.

[Donation à l'église Saint-Étienne de Lille de 314 aunes de tapisserie de haute lisse (1518); fondation de la chapelle de Jésus à Lille (1535); famille de Jean Sarrasin.]

31954. Anonyme. — Miscellanées douaisiens. Notes et documents, p. 168. — Cf. n° 31828.

[Original du bref du pape Eugène III envoyé aux Douaisiens (3 février 1153); querelle sur le marché entre des hommes d'armes et un bourgeois (1364); entrées de Jean sans Peur (1405) et de Philippe le Bon (1421); création de la garde nationale (1789).]

NORD. — DUNKERQUE.

COMITÉ FLAMAND DE FRANCE.

Fondé le 10 avril 1853, le *Comité flamand de France* a été autorisé par arrêté ministériel du 24 août de la même année. Il édite des *Annales* dont le quinzième volume porte la date de 1886. Autrefois il publiait aussi un *Bulletin* qui a cessé de paraître en 1878. Une table des 6 premiers volumes de ce *Bulletin* a paru en 1875 (voir notre n° 32282).

I. — Annales du Comité flamand de France, t. I, 1853. (Dunkerque, 1854, in-8°, 331 p.)

31955. Carlier (J.-J.). — Lettre à M. de Coussemaker, président du Comité flamand de France [sur le caractère flamand de Dunkerque], p. 97.
32956. Carnel (L'abbé D.). — T'Kribbetje ou la Nativité du Christ chez les Flamands de France [pastorale dramatique avec les *airs* notés dans le texte], p. 120.
31957. Ricour (Auguste). — Dernier chant [en flamand] de Nicolas-François Ricour, décédé à Godewaersvelde, le 20 octobre 1820, p. 149.
31958. Coussemaker (Edmond de). — Chants historiques, p. 162.

[Les Kerels (xive s.); chants sur la bataille de Gravelines (1558) et sur la mort du comte d'Egmont, avec les *airs* notés dans le texte.]

31959. Bertrand (Raymond de). — Dévotions populaires chez les Flamands de France de l'arrondissement de Dunkerque, p. 191.
31960. Baecker (Louis de). — Notice sur deux manuscrits flamands, un calendrier et un livre d'heures du xvie siècle, p. 236.
31961. [Coussemaker (Edmond de)]. — Chartes [acte de donation en faveur de l'église de Vaucelles, 1286], p. 244.
31962. [Coussemaker (Edmond de)]. — Sur des inscriptions flamandes conservées dans les églises de Bourbourg, Steenvoorde, Cassel et Millam], p. 248.
31963. [Coussemaker (Edmond de)]. — Bibliographie des Flamands de France, p. 257; II, p. 341; et IV, p. 413.

II. — Annales du Comité flamand de France, t. II, 1854-1855. (Dunkerque, 1855, in-8°, 392 p.)

31964. Coussemaker (Edmond de). — Instructions relatives aux dialectes flamands et à la délimitation du français et du flamand dans le nord de la France, p. 62. — Cf. nos 31975 et 31978.
31965. Carnel (L'abbé D.). — Noëls dramatiques des Flamands de France, p. 70.

31966. Baecker (Louis de). — Du calendrier chez les Flamands et les peuples du Nord, p. 88.

31967. Bertrand (Raymond de). — Dévotions populaires chez les Flamands de France de l'arrondissement d'Hazebrouck, *pl.*, p. 105.

31968. Carlier (J.-J.). — Les armoiries des anciennes institutions religieuses, féodales et civiles des Flamands de France, 9 *pl.*, p. 187. — Cf. n° 31980.

31969. Thélu (Constant). — Notes sur le carillon et les cloches de la tour de Dunkerque [XVIIIe-XIXe s.], p. 332.

[31963]. Coussemaker (Edmond de). — Bibliographie des Flamands de France, p. 341.

III. — Annales du Comité flamand de France, t. III, 1856-1857. (Dunkerque, 1857, in-8°, 407 p.)

31970. Carlier (J.-J.). — Ypres et Saint-Dizier; étude historique sur deux communes du moyen âge, p. 17. — Cf. n° 32036.

[Charte de Saint-Dizier et coutumes d'Ypres (1228); seigneurs de Saint-Dizier.]

31971. Bertrand (Raymond de). — Notice historique sur M. Joseph-Augustin Macquet [curé de Dunkerque, 1747 † 1811], p. 223.

31972. Thélu (Constant). — Noms de baptême avec leurs contractifs et diminutifs en usage chez les Flamands de France, p. 268.

31973. Baecker (Louis de). — De l'origine et de l'orthographe des noms de famille des Flamands de France, p. 292.

31974. Derode (Victor). — De la pénalité chez les Flamands de France et particulièrement à Dunkerque au XVIe siècle, 2 *pl.* et *fig.*, p. 304.

31975. Coussemaker (Edmond de). — Délimitation du flamand et du français dans le nord de la France, *carte*, p. 377. — Cf. n° 31964.

IV. — Annales du Comité flamand de France, t. IV, 1858-1859. (Dunkerque, 1859, in-8°, 453 p.)

31976. Baecker (Louis de). — Noordpeene, sa seigneurie, son église et son monastère, *pl.*, p. 17.

31977. Bonvarlet (Alexandre). — Généalogie de la famille de Bryaerde, p. 53.

31978. Coussemaker (Edmond de). — Quelques recherches sur le dialecte flamand de France, p. 79. — Cf. n° 31964.

31979. Carnel (L'abbé D.). — Proverbes et locutions proverbiales chez les Flamands de France, p. 132.

31980. Carlier (J.-J.). — Notice supplémentaire aux armoiries des anciennes institutions religieuses, féodales et civiles des Flamands de France, suivie des sceaux du couvent des Frères Prêcheurs de Bergues-Saint-Winoc et de l'abbesse des Conceptionnistes de Dunkerque, *fig.*, p. 145. — Cf. n° 31968.

31981. Laroière (Charles de). — Recherches sur la limite de la Flandre et de l'Artois, p. 192.

31982. Derode (Victor). — État de la Flandre maritime avant le Ve siècle, *carte*, p. 206.

31983. Laroière (Charles de). — Notice sur la fabrication des serges à Bergues [XVIe s.], p. 228.

31984. Coussemaker (Edmond de). — Notice sur les archives de l'abbaye de Bourbourg [extraits de l'inventaire de 1790], p. 257.

[Pièces justificatives : déclaration des revenus (1790); inventaire de la trésorerie et de l'église (1790 et 1793).]

31985. Bertrand (Raymond de). — L'industrie manufacturière à Hondschoote, du XIIe au XVIIIe siècle, 4 *pl.*, p. 346.

31986. Courtois (A.). — Communauté d'origine et de langage entre les habitants de l'ancienne Morinie flamingante et wallone, p. 390.

[31963]. Coussemaker (Edmond de). — Bibliographie des Flamands de France, p. 413.

V. — Annales du Comité flamand de France, t. V, 1859-1860. (Dunkerque, 1860, in-8°, 407 p.)

31987. Ricour (A.). — Notice nécrologique sur Prudent Van Duyse [1804 † 1859], p. 17.

31988. Carnel (L'abbé D.). — Les sociétés de rhétorique et leurs représentations dramatiques chez les Flamands de France, p. 29.

31989. Blommaert (P.). — Fragment d'un roman de chevalerie du cycle carlovingien, transcrit d'après un parchemin du XIIIe siècle [langue flamande], *pl.*, p. 89.

31990. Coussemaker (Edmond de). — Vitraux peints et incolores des églises de la Flandre maritime, 6 *pl.*, p. 104.

31991. Derode (Victor). — Bribes philologiques [mots français insérés dans des actes flamands aux XVIe et XVIIe s.], p. 121.

31992. Diegerick (J.-L.-A.). — Notes sur les chambres de rhétorique de la Flandre maritime (1517 à 1551). Lettre à M. de Coussemaker, président du Comité flamand de France, *pl.*, p. 134.

31993. Bertrand (Raymond de). — Les frères Cellites de Furnes [XIVe-XVIIIe s.], p. 155.

31994. Coussemaker (Edmond de). — Keure [coutume] de Bergues, Bourbourg et Furnes, traduite et annotée [1240], p. 180.

31995. Bonvarlet (Alexandre). — Notice nécrologique et historique sur les grands baillis de la ville et de la châtellenie de Bergues [XIVe-XVIIIe s.], p. 229.

31996. Robet (Léon). — Remarques sur quelques dialectes parlés dans l'Europe occidentale [frison, écossais des Basses-Terres, patois de l'Angleterre], p. 274.

31997. Coussemaker (Edmond de). — Documents relatifs à la Flandre maritime, extraits du cartulaire de l'abbaye de Watten [xie-xiiie s.], p. 297.

[Pièces justificatives : chartes de Philippe d'Alsace et de Baudouin, comtes de Flandre; affranchissement de Steinwerc et de Berkin (1160), etc.]

31998. Carlier (J.-J.). — Flamands et Normands; aperçus historiques présentés au Congrès scientifique de Cherbourg, séance générale du 8 septembre 1860 [rapports entre la Flandre et la Normandie], p. 384.

VI. — Annales du Comité flamand de France, t. VI, 1861-1862. (Dunkerque, 1862, in-8°, 471 p.)

31999. Smyttere (Dr P.-J.-E. de). — Notice historique sur les armoiries, scels et bannières de la ville de Cassel, de sa cour, de sa châtellenie et de ses seigneuries [pièces justificatives (1085-1805)], 12 *pl.*, p. 17.

32000. Carlier (J.-J.). — Origine des foires et des marchés publics en Flandre, p. 127.

32001. Derode (Victor). — Projet d'un programme d'études pour la monographie de la Flandre maritime, *carte*, p. 140.

32002. Deschamps de Pas (L.). — Ce que c'était qu'un overdrach. Note sur ces sortes d'ouvrages établis sur divers canaux de la Flandre et notamment à Wattendam, *pl.*, p. 210.

32003. Coussemaker (Edmond de). — Notice sur l'abbaye de Ravensberg, p. 223.

[Inventaire analytique des chartes concernant cette maison (xiie-xviie s.).]

32004. Derode (Victor). — Rôles des dépenses de la maison de Bourgogne [xve-xvie s.], p. 283; et VII, p. 383.

32005. Bonvarlet (Alexandre). — Épigraphie des Flamands de France, 39 *pl.*, p. 303; VII, p. 401; VIII, p. 344; XII, p. 360; et XIII, p. 327.

[Inscriptions funéraires et votives; légendes des cloches; textes divers.]

32006. Courtois (A.). — Sur l'origine du mot Ruthen [appliqué au littoral de la Flandre et du Calaisis], p. 387.

32007. Carnel (L'abbé D.). — Fragment manuscrit du *Spiegel historiael* de Maerlant [xiiie s.], *pl.*, p. 407.

32008. Van der Straeten (Ed.). — Notice sur Liévin Van der Cruyce, dit *Crucius*, instituteur flamand du xvie siècle [† 1590], p. 428.

VII. — Annales du Comité flamand de France, t. VII, 1863-1864. (Dunkerque, 1864, in-8°, 467 p.)

32009. La Roière (E. de). — De la nécessité de maintenir l'enseignement de la langue flamande dans les arrondissements de Dunkerque et d'Hazebrouck, p. 17.

32010. Smyttere (Dr P.-J.-E. de). — Mémoire sur l'apanage de Robert de Cassel (1320) [pièces justificatives, 1218-1437], 5 *pl.*, p. 27.

32011. Queux de Saint-Hilaire (Le marquis de). — Les fabulistes flamands et hollandais antérieurs au xviiie siècle, p. 73.

[Reinaert de Vos (xiie-xiiie s.); Juste Van den Vondel et Jacob Cat (xviie s.); anonymes.]

32012. Dufeutrel (H.). — Notes sur Steenvoorde et le couvent de Notre-Dame-des-Sept-Fontaines, p. 126.

32013. Desplanque (A.). — Des remaniements qu'a subis la province belge des Carmes durant les guerres de Louis XIV. Notes pour servir à l'histoire des couvents d'Ypres, de Rousbrugge et de Steenvoorde, p. 152.

32014. Coussemaker (Edmond de). — Élections aux États généraux de 1789 dans la Flandre maritime. Procès-verbaux, cahiers de doléances et autres documents, p. 182.

32015. Carlier (J.-J.). — Souvenirs de saint Thomas de Canterbury. Étude hagiographique [reliques, vêtements sacerdotaux et ustensiles à l'usage du saint], *fig.*, p. 319.

[32004]. Derode (Victor). — Rôles des dépenses de la maison de Bourgogne, p. 383.

[32005]. Bonvarlet (Alexandre). — Épigraphie des Flamands de France, p. 401.

VIII. — Annales du Comité flamand de France, t. VIII, 1864-1865. (Dunkerque, 1866, in-8°, 434 p.)

32016. Derode (Victor). — Les ancêtres des Flamands de France [étude historique et administrative depuis l'époque préhistorique jusqu'au xvie s.], p. 17.

32017. Carlier (J.-J.). — Les Trinitaires de la Rédemption; les maisons de la Trinité en Flandre, les rachats de captifs flamands, p. 149.

32018. Desplanque (A.). — Troubles de la châtellenie de Cassel sous Philippe le Bon (1427-1431), p. 218.

32019. Cordonnier (J.). — Chapelle et commanderie de Saint-Antoine-lez-Bailleul, p. 282.

32020. Coussemaker (Edmond de). — Maison de lépreux de Bourbourg [xiie-xviie s.], p. 297.

[Pièces justificatives (1139-1342); bulles des papes Eugène III, Adrien IV, Lucius III, Urbain III, Grégoire IX, Innocent IV, Alexandre IV, Jean XXII, Benoît XII, Clément VI; chartes des comtes de Flandre, etc.]

[32005]. Bonvarlet (Alexandre). — Épigraphie de Flamands de France, p. 344.

IX. — Annales du Comité flamand de France, t. IX, 1867. (Dunkerque, 1868, in-8°, 423 p.)

32021. Carlier (J.-J.). — La famille Faulconnier et les anciens grands baillis de Dunkerque; notice historique, biographique, anecdotique, p. 17.

32022. Coussemaker (Edmond de). — Hôpital et couvent de Saint-Jean à Bourbourg [xiii°-xviii° s.], p. 114.

32023. Bonvarlet (Alexandre). — Notice sur la commune de Pitgam au West-Quartier de Flandre, p. 183.

32024. Desplanque (A.). — Recherches sur l'abbaye de la Capelle en Calaisis [xi°-xviii° s.], p. 330.

[Pièces justificatives (1110-1472); bulles des papes Pascal II, Innocent III, Innocent IV, Alexandre IV, Clément VI, Urbain V et Sixte IV; mandement d'Arnoul II, comte de Guines (1206), etc.]

32025. David (C.). — Relevé du personnel des maisons religieuses du district de Bergues (aujourd'hui arrondissement de Dunkerque) en 1791 [Bergues, Bourbourg, Dunkerque, Gravelines, Hondschoote, Merkeghem], p. 383.

X. — Annales du Comité flamand de France, t. X, 1868-1869. (Dunkerque, 1870, in-8°, 465 p.)

32026. Carlier (J.-J.). — Robert de Cassel, seigneur de Dunkerque, Cassel, Nieppe, Warneton, Gravelines, Bourbourg [1265 † 1331], p. 17.

32027. Laroière (Charles de). — Étude sur le Sinus Itius, 3 *cartes*, p. 249.

32028. Coussemaker (Edmond de). — Documents historiques sur la Flandre maritime. Rapport et dénombrement des villes et châtellenies de Dunkerque, Bourbourg et Warneton, présenté par Louis de Luxembourg au comte de Flandre, en 1458, *carte*, p. 358.

XI. — Annales du Comité flamand de France, t. XI, 1870-1872. (Dunkerque, 1873, in-8°, 360 p.)

32029. Coussemaker (Ignace de). — Inscriptions funéraires qui existaient dans l'église Saint-Waast à Bailleul avant 1790 [xvii°-xviii° s.], p. 17.

32030. Carlier (J.-J.). — Les œuvres de Michel de Swaen [littérateur flamand, xvii°-xviii° s.], p. 127.

32031. Coussemaker (Edmond de). — Sources du droit public et coutumier de la Flandre maritime, p. 183; et XII, p. 157.

[Statut des enquêtes de Cassel et statut du *hoop* ou assemblée judiciaire d'Hazebrouck (xiii°-xiv° s.); changements introduits par le comte de Flandre dans les lois de Bruges et des autres villes de Flandre, vers 1324, etc.]

32032. Dehaisnes (L'abbé C.). — État général des registres de la Chambre des comptes de Lille relatifs à la Flandre, p. 291; et XII, p. 16.

XII. — Annales du Comité flamand de France, t. XII, 1873-1874. (Dunkerque, 1874, in-8°, 488 p.)

[32032]. Dehaisnes (L'abbé C.). — État général des registres de la Chambre des comptes de Lille relatif à la Flandre, p. 16.

[32031]. Coussemaker (Edmond de). — Sources du droit public et coutumier de la Flandre maritime, p. 157.

32033. [Coussemaker (Edmond de)]. — Monastère de Peene, dit la Maison-de-Paix [Nordpeene, histoire écrite au xviii° s.], p. 333.

[32005]. Bonvarlet (Alexandre). — Épigraphie des Flamands de France, p. 360.

XIII. — Annales du Comité flamand de France, t. XIII, 1875-1877. (Dunkerque, 1877, in-8°, 493 p.)

32034. Coussemaker (Edmond de). — Fiefs et feudataires de la Flandre maritime, p. 1.

[Fiefs de la châtellenie de Bourbourg (1297), de la châtellenie de Cassel (1320); fiefs dont les reliefs appartenaient à l'ordre du Temple (xiv° s.); listes de renouvellement des feudataires successifs dans les châtellenies de Cassel et de Bourbourg (1331-1394); dénombrement des terres d'Yolande de Flandre (1395).]

32035. Dehaisnes (L'abbé C.). — État des objets en or, en argent et en métal trouvés, en 1792, dans les églises et les communautés du district de Bergues et du district d'Hazebrouck, p. 158.

32036. Saupique. — Notes sur Ypres et Saint-Dizier, p. 231. — Cf. n° 31970.

32037. Coussemaker (Ignace de). — Keures [coutumes] de la ville de Bailleul [xvi° s.], p. 263.

[32005]. Bonvarlet (A.). — Épigraphie des Flamands de France, p. 327.

XIV. — Annales du Comité flamand de France, t. XIV, 1877-1883. (Dunkerque, 1883, in-8°, 504 p.)

32038. Bonvarlet (Alexandre). — Le livre du bailli de l'église de Dunkerque, réimprimé par les soins et avec les notes de A. Bonvarlet [xviii° s.], p. 17.

32039. Coussemaker (Ignace de). — Compte de la ville de Bailleul (1556-1557), p. 97.

32040. Bonvarlet (Alexandre). — Note sur J.-C. Pitilion, poète flamand de France [1775 † 1843], p. 146.

32041. Vancostenoble (L'abbé). — La famille Mac Mahon dans le nord de la France, p. 149.

32042. Coussemaker (Ignace de). — Comptes de l'église paroissiale de Saint-Vaast; analyse du 1er volume (1576 à 1600), p. 159.

32043. Bonvarlet (Alexandre). — Notice sur M. l'abbé P.-C. Blanckaert, curé de Wormhout, doyen de chrétienté du district de Bergues, élu député aux États généraux [1724 † 1799], *pl.*, p. 267. — Cf. n° 32045.

[Notice de M. Blanckaert sur une Vierge miraculeuse de Wormhout.]

32044. Bonvarlet (Alexandre). — Notes et documents pour servir à l'histoire des maisons religieuses et hospitalières et des églises de la Flandre maritime, p. 285; et XV, p. 313. — Cf. n° 32184.

[Les Sœurs grises et les Pénitentes récollectines de Dunkerque; les Jésuites de Dunkerque.]

32045. Bonvarlet (Alexandre). — Note supplémentaire sur l'abbé P.-C. Blanckaert, p. 461. — Cf. n° 32043.

XV. — Annales du Comité flamand de France, t. XV, 1883-1886. (Dunkerque, 1886, in-8°, xix-523 et vi p.)

32046. Coussemaker (Ignace de). — Notice sur la commanderie de Saint-Antoine de Bailleul, p. 3.
32047. Bonvarlet (Alexandre). — Notes sur la commune de Cappelle-Brouck, p. 153.
32048. Théry (H.). — Notes sur les Sœurs grises établies à Hazebrouck au xv° siècle, p. 187.
32049. Flahault (L'abbé R.). — Notes et documents relatifs aux Sœurs noires (Augustines) de Dunkerque depuis leur établissement dans cette ville [1682] jusqu'à nos jours, p. 217.
32050. Monteuuis (L'abbé G.). — Sainte Mildrède de Millam [† vers 725], p. 239.
32051. Van Costenoble (L'abbé). — Clergé de la Flandre maritime en 1791, p. 251 et 447.
[32044]. Bonvarlet (Alexandre). — Notes et documents pour servir à l'histoire des maisons religieuses et hospitalières et des églises de la Flandre maritime, p. 313.
32052. Flahault (L'abbé R.). — Notes relatives à la chapelle Saint-Bonaventure au hameau de la Cloche (paroisse de Zegers-Cappel), p. 335.
32053. Flahault (L'abbé R.). — Deux manuscrits de l'abbaye de Saint-Winoc, à Bergues [catalogue des abbés de Saint-Winoc; reliques], p. 351.
32054. Van Costenoble (L'abbé). — Dom Vincent du Bur, abbé de Saint-Jean-au-Mont [† 1627], p. 357.
32055. Coussemaker (Ignace de). — Le carillon de la ville de Bailleul [1717], *fig.*, p. 363.
32056. Bonvarlet (Alexandre). — Documents pour servir à l'histoire politique, administrative et financière de la Flandre maritime, p. 385.

[Mémoire sur l'état des villes et châtellenies de Furnes, Bergues, Dunkerque, Bourbourg et Gravelines (1638).]

I. — Bulletin du Comité flamand de France, t. I, 1857-1859. (Dunkerque, 1860, in-8°, 452 p.)

32057. Derode (Victor). — Notice sur l'argenterie et les autres valeurs enlevées aux églises de l'arrondissement de Dunkerque sous la Convention, p. 15.
32058. Van de Putte (L'abbé). — Jean Nevius et Érasme, p. 22.
32059. Carlier (J.-J.). — Note sur un livre d'heures [en flamand, xvi° s.], p. 24.
32060. Bonvarlet (Alexandre). — Inscriptions tumulaires [Rubrouck, xviii° s.], p. 31.
32061. Carnel (L'abbé D.). — Documents sur l'art dramatique chez les Flamands de France, p. 38.

[Représentations théâtrales dans les collèges de Jésuites, xvii° s.]

32062. Bertrand (Raymond de). — Nécrologie, p. 43.

[Benoît-Louis-Hyacinthe Barbez, imprimeur, † 1856; l'abbé Pierre-Jean-Joseph Gobrecht, 1796 † 1856; l'abbé Romain-Adolphe van Uxem, 1812 † 1857.]

32063. Baecker (Louis de). — Le père Jean Verniimmen [oratorien, xvii° s.], p. 66.
32064. Coussemaker (Edmond de). — Une lettre du comte d'Egmont [1556], p. 67.
32065. [Baecker (Louis de) et Derode (Victor).] — Livres permis et défendus au xvi° siècle, p. 69.
32066. Laroière (Ch. de). — Encore une lettre du comte d'Egmont [1564, 8 janvier, v. st.], p. 92.
32067. Bonvarlet (Alexandre). — Note sur un fragment de tapisserie en cuir [xviii° s.], p. 95.
32068. Possoz (Le P.). — Notices sur quelques Jésuites flamands, p. 96, 120 et 165.

[Œgidius de Conninck (1571 † 1633); Œgidius Carlier (né en 1613); François Gaulran (né en 1591); Jacques Schipman de Honschoot († 1576); Jean de Jonghe (1595 † 1669); Jean Deckers († 1619); Jean Woels († 1628); Jean Crase (né en 1597); Maximilien Ledent (né en 1619).]

32069. Bertrand (Raymond de). — Note sur les coutumes et les anciennes effigies judiciaires en Flandre, p. 115.
32070. E. de C. [Coussemaker (Edmond de)]. — Tableau chronologique et héraldique des bourgmestres de la ville et châtellenie de Bergues-Saint-Winoc depuis l'union en 1556, p. 138.
32071. Ricour (Auguste). — Quelques mots sur les concours de poésie flamande au xvi° siècle, p. 155.
32072. Carlier (J.-J.). — Documents en langue flamande qui existent à la Bibliothèque impériale de Paris, p. 162.
32073. David. — Inscriptions tumulaires dans l'église de Buysscheure [xvii° et xviii° s.], p. 164.
32074. Ricour (Auguste). — Complaintes et chansons inédites en langue flamande qui existent à la Bibliothèque de Douai, p. 174.

32075. La Roière (Ch. de). — Un ordre du duc d'Albe [au magistrat de Bergues, relatif aux hérétiques, 1567], p. 200.

32076. Derode (Victor). — La scolastrie à Dunkerque [xvie s.], p. 206.

32077. Carlier (J.-J.). — Manuscrits de la Bibliothèque de l'Arsenal à Paris [intéressant la Flandre flamande], p. 210, 246 et 316.

32078. La Roière (Ch. de) et Bonvarlet (Alexandre). — Entrée solennelle du nouveau seigneur d'Hondschoote et prise de possession de sa seigneurie le 24 août 1749 [Jacques-Josse Coppens, seigneur de Coupigny, Hersin, etc.], p. 220.

32079. Carlier (J.-J.). — Nécrologie. M. Victor-Louis-Marie Gaillard, docteur en droit à Gand [† 1856], p. 225.

32080. Gaillard (Victor). — Des ateliers monétaires anciennement établis dans les villes des Flamands de France, p. 228.

32081. Baecker (Louis de). — Livres flamands qui ont appartenu aux rois de France et aux ducs de Bourgogne, de 1340 à 1477, p. 232.

32082. Bonvarlet (Alexandre). — Généalogie de la famille de Brier, p. 234.

32083. Baecker (Louis de). — Origine du blason, p. 239.

32084. Bertrand (Raymond de). — Argenterie enlevée aux Pauvres Clarisses anglaises de Gravelines pendant la Révolution, p. 240.

32085. Baecker (Louis de). — La langue flamande usitée au xvie siècle dans la Flandre wallone, p. 254.

32086. Derode (Victor). — Vase trouvé dans le terrain de l'hospice civil de Dunkerque [portant une inscription de 1585], p. 255. — Cf. n° 32095.

32087. Carlier (J.-J.). — Comédiens flamands à Dunkerque [1757], p. 257.

32088. Bonvarlet (Alexandre). — Liste des bourgeois de la ville de Bergues en 1389, p. 257.

32089. Anonyme. — Chapitre de Saint-Pierre à Cassel, p. 262.

32090. Bloeme (L'abbé). — Une vieille enseigne à Bergues, p. 264.

32091. Possoz (Le R. P.). — Notice biographique sur le P. Corneille Beudin, de la Compagnie de Jésus [1615 † 1650], p. 272.

32092. Bertrand (Raymond de). — Les Flamands de l'abbaye de Saint-Bertin, p. 279.

32093. Bonvarlet (Alexandre). — Nécrologie. M. J.-B. Waeles [1761 † 1822], p. 287.

32094. Bertrand (Raymond de). — Nécrologie. M. le curé Treutenaere [Louis, 1803 † 1858], p. 323.

32095. Vitse (Le P.). — Note sur les inscriptions publiées dans le *Bulletin*, p. 326. — Cf. n° 52086.

32096. Thélu (Constant). — Les représentations théâtrales chez les Flamands de France [au xixe s.], p. 328.

32097. Bonvarlet (Alexandre). — Document relatif aux Dominicains de Bergues [liste des anniversaires], p. 330.

32098. Le Glay. — Tableau de la population des châtellenies de Cassel, Bergues et Bailleul en 1469, p. 344.

32099. Ricour (Auguste). — Anthonis de Roover, poète de Bruges au xve siècle, p. 347.

32100. Possoz (Le P.). — Sœur Ignace de Bourbourg [1600 † 1673], p. 355.

32101. Possoz (Le P.). — Note sur le R. P. Lanssel [1580 † 1632], p. 359.

32102. David (C.). — Note relative aux représentations dramatiques [à Rubrouck, xviiie s.], p. 360.

32103. Coussemaker (Edmond de). — Ancien inventaire de chartes et titres relatifs à la ville de Bailleul [1502], p. 368.

32104. Carnel (L'abbé D.). — Notes sur l'ancien diocèse d'Ypres [tableau des paroisses], p. 373.

32105. Derode (Victor). — Spécimen de la langue flamande au viie siècle et antérieurement [tiré de la Vie de sainte Gertrude], p. 376.

32106. Bertrand (Raymond de). — Note sur les chartes et documents de la ville d'Ypres, p. 380.

32107. Derode (Victor). — Le hontslagher [ou *Tuechiens* de Dunkerque au xvie s.], p. 381.

32108. Coussemaker (Edmond de). — Liste de chartes et titres relatifs à la ville de Bailleul [1252-1470], p. 391.

32109. Possoz (Le P.). — Notice biographique et bibliographique sur le R. P. Gautran [1591 † 1669], p. 393.

32110. Ricour (Auguste). — Quelques chansons flamandes, p. 395.

32111. Coussemaker (Edmond de). — Note sur une signature autographe de Michel de Swaen, p. 399.

32112. Ricour (Auguste). — Note sur quelques sociétés de rhétorique [de Bailleul], p. 401.

32113. Bonvarlet (Alexandre). — Une lettre de Catherine de Médicis [17 novembre 1577], p. 404.

32114. Le Glay. — Tableaux de la population des châtellenies de Bourbourg et de Courtrai en 1469, p. 407.

32115. Bonvarlet (Alexandre). — Notice sur l'obituaire de l'ancien doyenné de Cassel [xviie s.], p. 418.

32116. Thélu (Constant). — Liste des chambres de rhétorique d'après M. Diegerick, p. 424.

32117. Anonyme. — Table alphabétique des noms de lieux mentionnés dans l'Inventaire des Archives de la ville de Bailleul, p. 426.

32118. Bertrand (Raymond de). — Le curé Grimminck [Charles-Louis, 1676 † 1728], p. 428.

32119. Carlier (J.-J.). — Le poète Salomon Faber [xvie s.] et Notre-Dame-de-Thune à Ypres, p. 435.

32120. Vitse (Le P.). — Michel Drieux et le collège qu'il fonda à Louvain [1492 † 1559], p. 441.

II. — Bulletin du Comité flamand de

France, t. II, 1860-1861-1862. (Lille, 1862, in-8°, 471 p.)

32121. Verly. — Note sur quelques sceaux relatifs à la Flandre maritime, p. 10.

[Matrice du sceau de l'église collégiale de Saint-Pierre de Cassel, etc.]

32122. Coussemaker (Edmond de). — Fabrication des draps à Cassel et à Saint-Omer au xive siècle, p. 12.

32123. Diegerick (J.). — La châtellenie de Cassel en 1638 et 1639, p. 14.

32124. Carlier (J.-J.). — Den Sot. Le valet des cartes à jouer, p. 17.

32125. Anonyme. — Inscriptions flamandes à Steenwerck, p. 35.

32126. Carnel (L'abbé D.). — Notes sur l'ancien diocèse d'Ypres, p. 36; III, p. 111 et 192.

[Décret synodal concernant l'observation du dimanche (1633).]

32127. Anonyme. — Liste des empreintes de sceaux offertes au Comité [par MM. Gaillard et Verly], p. 56 et 214.

32128. Possoz (Le R. P.). — Notre-Dame-de-Grâce à Caestre, p. 59.

32129. Bonvarlet (Alexandre). — État officiel de l'émigration du clergé français dans la châtellenie de Cambrai vers le 20 octobre 1792, p. 64.

32130. Carlier (J.-J.). — Une lettre de Marguerite d'Autriche [1522], p. 69.

32131. Coussemaker (Edmond de). — La fête des Innocents à l'abbaye de Watten au xiiie siècle, p. 71.

32132. Bernaert (H.). — Sur quatre programmes de représentations théâtrales en flamand [xviiie s.], p. 78.

32133. Possoz (Le P.). — Quelques mots sur l'établissement des anciens pères jésuites à Bailleul, p. 94.

32134. Bonvarlet (Alexandre). — Notice sur la seigneurie de Coudecasteele en Coudekerque, p. 100.

32135. Bonvarlet (Alexandre). — Un bâton de général [avec inscription flamande], p. 119. — Cf. n° 32140.

32136. Bertrand (Raymond de). — Lettre sur la nécessité pour les professeurs d'hydrographie, à Dunkerque, avant 1789, de savoir la langue flamande, p. 130.

32137. Kervyn de Lettenhove. — Lettre sur la famille de Briarde, p. 135.

32138. Carlier (J.-J.). — Quelques rectifications au *Cameracum christianum* [liste des curés du diocèse de Cambrai], p. 138.

32139. David (C.). — Liste des curés des paroisses du diocèse d'Ypres formant aujourd'hui le canton de Bergues, p. 154.

32140. Anonyme. — Note sur l'inscription du bâton de commandement, p. 167. — Cf. n° 32135.

32141. Coussemaker (Edmond de). — Un rayon de ma bibliothèque [manuscrits et poésies en flamand], p. 178 et 205.

32142. Vitse (Le R. P.). — Notice sur le R. P. Vincart [1593 † 1679], p. 212.

32143. Ricour (Auguste). — Simple remarque concernant la biographie de Simon Stévin [1548 † 1640], p. 234.

32144. Bonvarlet (Alexandre). — Documents pour servir à l'histoire de la chrétienté de Dunkerque, p. 243 et 276.

[Chronologie des curés de Dunkerque; supplique de Jean Lain, curé de Dunkerque (1329).]

32145. Carlier (J.-J.). — Le congrès scientifique de Bordeaux et la question des pèlerinages, p. 258.

32146. Coussemaker (Edmond de). — Épitaphes espagnoles [à Dunkerque et à Gravelines, xviie s.], p. 285.

32147. Derode (Victor). — Un concours de rhétorique dans un village flamand de France en 1681 [à Eecke], p. 294.

32148. Ricour (Auguste). — Note sur la présence des Gueux à Boescrèpe [1562], p. 308.

32149. David (C.). — Curés de Pitgam, doyenné de Watten, diocèse de Saint-Omer, p. 311.

32150. Carlier (J.-J.). — De la briqueterie allemande, p. 318.

32151. Courtois. — Lettre sur le hoop [assemblées judiciaires], p. 325.

32152. Vitse (Le R. P.). — Le sanctuaire de Notre-Dame-de-la-Visitation à Bollezeele, p. 330.

32153. David (C.). — Jean Bertram, lauréat du collège Driutius, à Louvain, et premier conseiller pensionnaire à Cassel [† 1734], p. 333.

32154. Coussemaker (Edmond de). — Institution d'une chapelle dans l'église paroissiale de Bourbourg par Robert de Fiennes, connétable de France [1376], p. 334.

32155. Bonvarlet (Alexandre). — Un mot sur ce que la *Biographie des hommes remarquables de la Flandre occidentale* contient au point de vue des Flamands de France, p. 340.

32156. Coussemaker (Edmond de). — Analectes historiques sur la Flandre maritime, p. 357; III, p. 131; V, p. 90, 101, 175, 269, 294; VI, p. 36 et 66.

[Tombeaux de Robert le Frison à Cassel et de Thierry d'Alsace à Watten; extrait de l'inventaire des chartes conservées à la Bibliothèque du séminaire épiscopal de Bruges.]

32157. Coussemaker (Edmond de). — États généraux de 1789. Procès-verbaux constatant l'élection des députés et la rédaction des cahiers de doléance par les trois ordres de la Flandre maritime, p. 373.

32158. Possoz (Le P.). — Le P. François Baert [1651 † 1719] et le P. Urbain de Sticker [1717 † 1733], p. 381.

32159. David (C.). — Curés d'Ekelsbeke, doyenné de Bergues, diocèse d'Ypres, p. 383.

III. — Bulletin du Comité flamand de

France, t. III, 1863-1864-1865. (Lille, 1865, in-8°, 584 p.)

32160. Carnel (L'abbé D.). — Les poètes flamands de la décadence, Nicolas Posture [xviii° s.], p. 14; [et Schoonaert] V, p. 167.

32161. Carlier (J.-J.). — D'un soldat du guet qui avait féru un Flamand à Senlis en 1383, p. 21

32162. Possoz (Le P.). — Pierre Pintaflour [évêque de Tournai, † 1580] et Jean Waels [jésuite, 1567 † 1628], p. 37.

32163. David (C.). — Note sur les Vierschaeres [circonscriptions administratives de la châtellenie de Cassel [1743], p. 46.

32164. Carlier (J.-J.). — Notice nécrologique sur C. Thélu [médecin, 1796 † 1863], p. 60.

32165. Bertrand (Raymond de). — Note sur une gravure du xvii° siècle [saints martyrs du Japon], *pl.*, p. 64. — Cf. n° 32245.

32166. Bonvarlet (Alexandre). — Notice sur un scel des seigneurs de Millam et de Seneghem [xvii° s.], p. 99.

32167. Anonyme. — Pèlerinage de Saint-Folquin à Ekelsbeke, *pl.*, p. 104.

[32126]. Carnel (L'abbé D.). — Notes sur l'ancien diocèse d'Ypres, p. 111 et 192.

32168. Derode (Victor). — Analogies de la langue quichée et du flamand, à propos de la Grammaire de la langue quichée, publiée par M. l'abbé Brasseur de Bourbourg, p. 120.

32169. Carlier (J.-J.). — Documents autographes : quittance d'un bourreau de Dunkerque [1690], p. 124.

32170. Possoz (Le P.). — Remi Driutius, second évêque de Bruges [† 1594], p. 128.

[32156]. Coussemaker (Edmond de). — Analectes historiques sur la Flandre maritime, p. 131.

32171. Van der Straeten (E.). — Notes recueillies aux Archives du royaume, à Bruxelles, p. 136.

[Envoi d'une députation à Bourbourg vers le comte de Gavre, seigneur de Fiennes, 1521.]

32172. Bertrand (Raymond de). — Sur les archives d'Hondschoote, p. 160.

32173. Anonyme. — Nécrologie. Le docteur Le Glay [1785 † 1863], Jacob Grimm [1785 † 1863], le chanoine Carton [1802 † 1863], p. 162.

32174. Ricour (Auguste). — Notice sur les ouvrages de P.-J. Thiry [1769 † 1847], p. 167.

32175. Dezitter (Alfred). — Notes sur l'église d'Hondschoote, *pl.*, p. 178.

32176. Derode (Victor). — La procession à Dunkerque, p. 195.

32177. Bonvarlet (Alexandre). — Nécrologie. Raymond de Bertrand [1802 † 1864], p. 201.

32178. Coussemaker (Edmond de). — Notes sur des verrières qui existaient autrefois dans les églises de la Flandre maritime, p. 204 et 233.

[Bergues; Bourbourg; Dunkerque; Godsvelde; Oxelare; Pradelles; Steene; Steenvoorde; West-Cappel.]

32179. Burbure (Léon de). — Notice sur les auteurs de l'ancien jubé de l'église de Saint-Jean-Baptiste, à Bourbourg [Mathieu Keldermans et Jean de Bourgogne, xv° s.], p. 223. — Cf. n° 32255.

32180. Carlier (J.-J.). — Un imprimé d'invitation à prier pour un condamné à mort [xviii° s.], p. 239.

32181. Bonvarlet (Alexandre). — Note à propos d'une gravure concernant le monastère du Préavin, *pl.*, p. 242.

32182. Smyttere (Dr P.-J.-E. de). — Notes sur d'anciens registres et archives de la cour et de la ville de Cassel, p. 257.

32183. Van der Straeten (E.). — Notes sur les sociétés de rhétorique de la Flandre maritime recueillies aux Archives du royaume à Bruxelles, p. 271.

32184. Bonvarlet (Alexandre). — Notes pour servir à l'histoire des maisons religieuses ou hospitalières et des églises de la Flandre maritime, p. 288, 320; IV, p. 126, 154; V, p. 228, 541; VI, p. 16 et 274. — Cf. n° 32044.

[Minimes à Hazebrouck; hôpital Saint-Jean à Bergues. — Abbayes de Beaupré et de Bergues, V, p. 228 et 541. — Capucins de Bailleul; maison des Jésuites et collège de Bergues, *pl.*, VI, p. 16 et 274.]

32185. Anonyme. — Pèlerinage de saint Corneille à Hazebrouck, *pl.*, p. 309.

32186. Hémart du Neufpré (Henri). — Notice sur la seigneurie de Couthof, p. 328.

32187. Bonvarlet (Alexandre). — Note sur Couthof, p. 331.

32188. David (C.). — Octrois de 1587 et 1653 en faveur de la ville d'Hazebrouck, p. 336.

32189. Van der Straeten (E.). — Transport de la ville de Bourbourg au roi de France en 1383, p. 340. — Cf. n° 32192.

32190. La Roière (Ch. de). — La ville de Bergues port de mer, p. 349, 466; et IV, p. 492. — Cf. n° 32240.

32191. [Delmotte]. — Lettres de rémission en faveur de Francequin van Bierst ayant asséné un coup de couteau à un individu qui l'avait traité injurieusement de flamand [1413], p. 370.

32192. E. de C. [Coussemaker (E. de)]. — Note à propos de l'acte de 1383, p. 372. — Cf. n° 32189.

32193. Carlier (J.-J.). — Deux rectifications aux *Opera diplomatica* de Miraeus, p. 386.

[Arrêt du Parlement adjugeant le comté de Flandre à Louis, comte de Nevers, 1322; fondation de la maison des Trinitaires de Préavin, 1393.]

32194. Vitse (Le P.). — Note sur quelques tableaux de l'église de Bollezeele [par François Décanter, xviii° s.], p. 392.

32195. David (C.). — Curés du doyenné de Bailleul, diocèse d'Ypres, p. 395 et 415.

32196. Coussemaker (Edmond de). — Documents historiques relatifs à la ville de Bergues, p. 425.

[Louis de Nevers installé comme seigneur de Bergues (1350); confirmation des privilèges de Bergues (1350 et 1384).]

32197. Carlier (J.-J.). — Notes [sur les vestiges de la nationalité flamande], p. 430; IV, p. 169, 237; et V, p. 170.

32198. David (C.). — Curés du doyenné de Poperinghe, diocèse d'Ypres (partie française), p. 447.

32199. Coussemaker (Edmond de). — La musique dans l'église paroissiale de Bourbourg au xvi° siècle, p. 455.

32200. Coussemaker (Edmond de). — État des villes et villages composant la châtellenie de Cassel avant 1789, p. 469.

32201. David (C.). — Curés du doyenné de Cassel, diocèse d'Ypres, p. 480.

32202. Preux (Auguste). — Inventaire faict et scellé apposé à l'abbaye de Saint-Winocq à Berghues le 17 d'apvril 1685, p. 507.

IV. — Bulletin du Comité flamand de France, t. IV, 1866-1867-1868. (Lille, 1870, in-8°, 516 [*lisez* 608] p.)

32203. Coussemaker (Edmond de) — Sur le jubé de l'église de Bourbourg, p. 10,

32204. Coussemaker (Edmond de). — Couvent des pères Capucins à Bourbourg [inventaires divers], *fig.*, p. 17.

32205. La Roière (L'abbé de). — Réception de Mgr l'évêque d'Ypres [Félix-Joseph-Hubert de Wavrans, 1763] à Bergues, p. 43.

32206. Godefroy-Ménilglaise (De). — Transmission de la châtellenie de Bourbourg [1310], p. 65. — Cf. n° 32207.

32207. Coussemaker (Edmond de). — Note sur la communication précédente [Philippe de Bourbourg, xiv° s.], p. 71. — Cf. n° 32206.

32208. Possoz (Le R. P.). — Établissement des Jésuites anglais à Saint-Omer et à Watten, p. 90.

32209. Coussemaker (Edmond de). — Un combat judiciaire à Cassel en 1396 [règlement de combat], p. 105.

32210. Coussemaker (Edmond de). — Franche-Vérité [assises judiciaires] rétablie dans la châtellenie de Bailleul en 1434, p. 116.

32211. David (C.). — Octroi de 1532 en faveur de la ville d'Hazebrouck, p. 123.

[32184]. Bonvarlet (Alexandre). — Notes et documents pour servir à l'histoire des maisons religieuses ou hospitalières et des églises de la Flandre maritime, p. 126 et 154.

32212. Bonvarlet (Alexandre). — Destruction de la ville de Bergues en 1558, p. 140.

32213. David (C.). — État des juridictions ayant haute, moyenne et basse justice dans la châtellenie de Bergues avec les noms de leurs baillis, p. 143.

[32197]. Carlier (J.-J.). — Notes sur les vestiges de la nationalité flamande, p. 169 et 237.

[Tapissiers flamands à Maincy (xvii° s.), etc.]

32214. Coussemaker (Edmond de). — Cloches et carillon de Bourbourg, p. 175.

32215. Bonvarlet (Alexandre). — Note à propos du peintre G.-D.-J. Doncre [† 1820], p. 183.

32216. David (C.). — Liste des curés titulaires et canoniques des paroisses de la Flandre maritime faisant partie de l'ancien diocèse de Saint-Omer, p. 186, 372; V, p. 114, 161, 239, 255; et VII, p. 87.

32217. Mahieu (L'abbé A.). — De la signification des noms de lieux, p. 206 et 415.

32218. Desplanque (A.). — Batailles et guerres privées dans le pays de l'aleu au xiv° siècle (1382-1395), p. 209.

32219. Derode (Victor). — Le procès Boudeloot (1602-1629) [à Dunkerque; célébration de messes], p. 230.

32220. Desplanque (A.). — Projet de défense de la Flandre maritime après le traité d'Utrecht, p. 252.

32221. Coussemaker (Ignace de). — Note historique sur Bailleul, p. 270.

32222. Godefroy-Ménilglaise (Le marquis de). — Vente de Gravelines au comte de Saint-Pol, Valéran de Luxembourg, par le duc de Bar son beau-père (1er février 1399, v. st.), p. 287.

32223. Cordonnier (J.). — Notice généalogique concernant la noble et ancienne maison Van Zuutpeene au pays de Flandre, p. 295.

32224. Van den Bussche. — Bibliographie des Flamands de France, p. 311.

32225. Godefroy-Ménilglaise (De). — Capitainerie de Bourbourg [1482], p. 330.

32226. David (C.). — Note sur l'église de Sainte-Marie-Cappel, p. 334.

32227. La Roière (L'abbé de). — Notice sur le couvent des Dominicains à Bergues (Saint-Winoc) avec des notes par A. Bonvarlet, *fig.*, p. 348.

32228. Godefroy-Ménilglaise (De). — Plainte contre un bourgmestre de Bourbourg [1648], p. 384.

32229. Derode (Victor). — Les Flamands aux croisades, p. 395.

32230. Coussemaker (Edmond de). — Croix de chanoinesse de l'abbaye de Bourbourg, p. 420.

32231. Carlier (J.-J.). — Imprimés en langue flamande relevés sur le catalogue de la Bibliothèque impériale à Paris, p. 425.

32232. Anonyme. — Bailleul et ses châtelains, p. 429.

32233. Desplanque (A.). — Notice sur la vie et les travaux de feu Victor Derode, vice-président du Comité [1797 † 1867], *pl.*, p. 440.

32234. Coussemaker (Edmond de). — La Madeleine, maison de lépreux lez Bergues (Saint-Winoc) [xiii°-xvi° s.], p. 455.

32235. Carlier (J.-J.). — Du Cid de Pierre Corneille,

traduit en langue flamande par Michel de Swaen, de Dunkerque, p. 476.

32236. Apollinaire (Le P.). — Sur des religieux flamands de l'ordre des Capucins, p. 488. — Cf. n° 32239.

[32190]. La Roière (Ch. de). — Bergues port de mer, p. 492.

32237. Carlier (J.-J.). — La *Chronique de Monstrelet*, publiée pour la Société de l'Histoire de France, par M. L. Douet d'Arcq, notes, p. 508.

32238. Anonyme. — Un mot sur Wondel [† 1679], *pl.*, p. 526.

V. — Bulletin du Comité flamand de France, t. V, 1869-1870-1871. (Lille, 1873, in-8°, 642 p.)

32239. Bonvarlet (A.). — Réponse à une lettre du R. P. Appollinaire de Valence, capucin, sur quelques religieux flamands et artésiens de son ordre, p. 16. — Cf. n° 32236.

32240. Carlier (J.-J.). — Bergues port de mer, p. 24. — Cf. n° 32190.

32241. Pinchart (Alex.). — Document touchant Gravelines [1626], p. 40.

32242. Borgnet. — Lettre sur la bataille de Gravelines en 1558, p. 61.

32243. Coussemaker (Edmond de). — Documents historiques de la Flandre maritime extraits du Grand cartulaire de Saint-Bertin [analyse de chartes, xi°-xviii° s.], p. 64 et 134.

[32156]. Coussemaker (Edmond de). — Analectes sur l'histoire de la Flandre maritime, p. 90, 101, 175, 269 et 294.

[Notices sur Cassel et Bergues-Saint-Winoc; accroissement des États des comtes de Flandre; fondations pieuses.]

32244. Coussemaker (Edmond de). — Démolition de Thérouanne [1553], p. 96.

[32216]. David (C.). — Liste des curés titulaires et canoniques des paroisses de la Flandre maritime faisant partie de l'ancien diocèse de Saint-Omer, p. 114, 161, 239 et 255

32245. Carlier (J.-J.). — Gravure des martyrs du Japon, p. 129. — Cf. n° 32165.

32246. Cordonnier (J.). — Une inscription funéraire [d'un bailli de Bailleul, † 1514], p. 131.

32247. Coussemaker (Edmond de). — Le château de Bourbourg, sa démolition en 1528, p. 150.

32248. E. de C. [Coussemaker (Edmond de)]. — Privilège octroyé par Charles-Quint aux arbalétriers, archers et arquebusiers de Bourbourg en 1520, p. 155.

[32160]. Carnel (L'abbé D.). — Les poètes flamands de la décadence : Schoonaert [xviii° s.], p. 167.

[32197]. Carlier (J.-J.). — Notes sur les vestiges historiques des Flamands, p. 170.

32249. Verbeke (B.). — Notice historique sur la commune de Wylder, arrondissement de Dunkerque (Flandre maritime), p. 197.

[32184]. Bonvarlet (Alexandre). — Notes et documents pour servir à l'histoire des maisons religieuses ou hospitalières et des églises de la Flandre maritime, p. 228 et 541.

32250. Carlier (J.-J.). — Michiel de Swaen et sa famille [1654 † 1707], p. 246.

32251. Cordonnier (J.). — Léonard-Louis Van Raveschot, peintre natif de Bailleul [xviii° s.], p. 263.

32252. Carlier (J.-J.). — Mélanges, p. 264.

[Documents flamands conservés aux Archives nationales et à la Bibliothèque de Dunkerque; la légende de Jean Beinaud.]

32253. Divers. — Alexandre Desplanque [† 1871], discours prononcés sur sa tombe, p. 343.

32254. Coussemaker (Edmond de). — Liste de sceaux relatifs à la Flandre maritime, p. 356 et 432.

32255. Burbure (Léon de). — Jubés de Bourbourg et de Bergues, p. 378. — Cf. n° 32179.

32256. Anonyme. — Liste de ceux de la châtellenie de Cassel qui ont pris le parti de Philippe le Bel contre Gui de Dampierre, p. 381.

32257. Carlier (J.-J.). — Loisirs d'exil. Courtes notices sur quelques membres des ordres religieux nés au pays dunkerquois, p. 389 et 436.

32258. Coussemaker (Edmond de). — Documents historiques sur la Flandre maritime, p. 426.

[Maisons confisquées à Dunkerque après la bataille de Cassel, 1328; bataille de Gravelines, 1558.]

32259. Cordonnier (J.). — Filiation des seigneurs de Catsberg, p. 464.

32260. Coussemaker (Ignace de). — Fondation de l'école dominicale des filles [xvii° s.] et du collège des Jésuites à Bailleul, p. 469.

32261. Coussemaker (Edmond de). — Ancien tabernacle de l'église Saint-Jean-Baptiste à Bourbourg [1537], p. 476.

32262. Coussemaker (Edmond de). — Seigneurie et famille du Wez [pièces justificatives, 13[?]8-1386], 2 *pl.*, p. 487.

VI. — Bulletin du Comité flamand de France, t. VI, 1872-1875. (Lille, 1875, in-8°, 580 p.)

32263. Preux (Auguste). — L'abbé Palmaert fut-il député aux États généraux? p. 12.

[32184]. Bonvarlet (Auguste). — Notes et documents pour servir à l'histoire des maisons religieuses ou hospitalières et des églises de la Flandre maritime, p. 16 et 274.

32264. Carlier (J.-J.). — Nouvelle démonstration de l'utilité de la langue flamande [ses affinités avec l'allemand], p. 28.

[32156]. Coussemaker (Edmond de) — Analectes historiques sur la Flandre maritime, p. 36 et 66.

[Château de Bourbourg; relations entre la Flandre et l'Angleterre à la fin du xive siècle; un émissaire de Philippe d'Artevelde, 1386; nécessité de mettre en état de défense Dunkerque, Gravelines et Bourbourg, xve s.; nomination d'un garde général, 1334; droits sur les dunes au profit du comte de Flandre, 1240-1457.]

32265. Coussemaker (Ignace de). — Recueil analytique de documents relatifs à la ville et à la châtellenie de Bailleul [xiiie-xvie s.], p. 52.

32266. Carlier (J.-J.). — Les colonies belges en Hongrie, p. 63.

32267. Coussemaker (Ignace de). — Liste des bourgmestres ou avoués de la ville de Bailleul, de 1638 à 1776, p. 89.

32268. Coussemaker (Edmond de). — Confiscations dans la Flandre maritime sous Philippe le Bel, p. 104.

32269. Bonvarlet (Alexandre). — Bribes héraldiques et généalogiques [le généalogiste Kerkof et Ph. de l'Espinoy], p. 166.

32270. Rigaux (Henri). — Étude sur la topographie de l'arrondissement de Dunkerque antérieurement au xiie siècle; golfes de Sangatte et de l'Yser, p. 192.

32271. Dehaisnes (L'abbé C.). — Note sur les archives de la Flandre maritime depuis 1790 jusqu'à nos jours, p. 234.

32272. Laroière (Ch. de). — Notice sur les hôpitaux Saint-Jean et Saint-Jacques à Bergues, p. 251.

32273. Bonvarlet (Alexandre). — La collection [bibliothèque] Serrure au point de vue des Flamands de France, p. 327.

32274. Bonvarlet (Alexandre). — Un cuivre provenant de l'abbaye de Bergues [immersion de la châsse de saint Winoc dans la Colme], *pl.*, p. 368.

32275. Coussemaker (Ignace de). — Notes sur la dévotion en l'honneur de la sainte Vierge à Bailleul, p. 373.

32276. Detournay (H.-Arnould). — Notes et documents pour servir à l'histoire de l'Hôtel-Dieu de Merville, p. 386.

32277. Rigaux (Henri). — Sur l'exposition d'objets d'art religieux faite à Lille [en 1874], p. 442.

32278. Swarte (Ernest de). — Les archives communales de Bailleul antérieures à 1790; recherches sur les locaux dans lesquels les documents ont été conservés, p. 448.

32279. Coussemaker (Edmond de). — Fondations de chapelles et de chapellenies dans la Flandre maritime, p. 461.

[Chapelle fondée par Eustachie, recluse, 1333; chapellenies instituées dans le château de la Motte-au-Bois, à Cassel et à Bergues, xiiie-xive s.]

32280. Carlier (J.-J.). — Note à propos d'un manuscrit de la Bibliothèque nationale [journal de bord du navire *le Harlem*, 1628], p. 487.

32281. Dujardin (L'abbé). — Notice nécrologique sur M. l'abbé Markant, doyen-curé de Morbecque [† 1875], p. 488.

32282. Anonyme. — Tables des six tomes du *Bulletin du Comité flamand de France* (1857 à 1875), p. 489.

VII. — Bulletin du Comité flamand de France, t. VII, n°s 1 et 2. (Lille et Dunkerque, 1878, in-8°, 88 p.)

32283. Bonvarlet (Alexandre). — Paroles prononcées à Bourbourg, le 14 janvier 1876, sur la tombe de M. Charles-Edmond-Henri de Coussemaker, p. 6.

32284. Bonvarlet (Alexandre). — Paroles prononcées à Bergues, le 1er avril 1876, sur la tombe de M. Charles-Louis-Benoît de Laroière, p. 9.

32285. [David (C.)]. — Concordat fait et passé en 1208, par-devant commissaires apostoliques, entre les abbé et religieux de Saint-Winoc à Berghes et le chapitre de Notre-Dame à Cassel, p. 35.

32286. Preux (Auguste). — Extrait d'un manuscrit intitulé : Estat de la cour de parlement estably en la ville de Tournay au mois d'avril 1688, p. 39.

[Bailleul; Bergues-Saint-Winoc; Cassel; Furnes; Gorgue; Ypres; Merville; Poperinghe; Warneston.]

32287. Bonvarlet (Alexandre). — La collection [bibliothèque] Capron au point de vue des Flamands de France, p. 76.

[32216]. David (C.). — Liste des curés titulaires et canoniques des paroisses de la Flandre maritime faisant partie de l'ancien diocèse de Saint-Omer, p. 87.

NORD. — DUNKERQUE.

SOCIÉTÉ DUNKERQUOISE POUR L'ENCOURAGEMENT DES SCIENCES, DES LETTRES ET DES ARTS.

La *Société dunkerquoise pour l'encouragement des sciences, des lettres et des arts*, fondée le 16 février 1851, a été reconnue le 13 février 1883 comme établissement d'utilité publique. Ses publications comprennent un *Bulletin*, dont il n'a paru que deux fascicules, et des *Mémoires* qui formaient, en 1885, une série de 24 volumes.

Elle a aussi tiré à part l'*Histoire de la Société dunkerquoise* que nous avons mentionnée sous le n° 32389 et qui renferme une table alphabétique des noms d'auteurs.

Société dunkerquoise pour l'encouragement des sciences, des lettres et des arts, 1er et 2e Bulletins. (Dunkerque, 1852, in-8°, 81 p.)

I. — Mémoires de la Société dunkerquoise pour l'encouragement des sciences, des lettres et des arts. (Dunkerque, 1853, in-8°, 236 p.)

32288. Perot. — Rapport sur les travaux de la Société [1852-1853], p. 10.

[François-Jean-Constant Darras, magistrat († 1852); Jean-Baptiste de Cuyper, statuaire (1807 † 1852); Jacques-Louis Kesteloot, médecin (1778 † 1852); Charles Coquelin, économiste (1803 † 1852).]

32289. Carlier (J.-J.). — Don Louis de Velasco [xvie-xviie s.], p. 52.

32290. Charles. — Fragment d'un mémoire de M. Charles sur l'état de la civilisation au xixe siècle, p. 71.

32291. Carlier (J.-J.). — Lettre sur quelques autographes [provenant de la succession du marquis de Châteaugiron], p. 133.

[Mme Méric-Lalande, le lieutenant-général Guilleminot; le peintre Descamps (xviiie s.), etc.]

32292. Bobilier. — Souvenirs de Morée [expédition de 1828], p. 160.

32293. Derode (Victor). — Notice sur le blason, p. 173.

32294. Derode (Victor). — Rapport sur les questionnaires [historiques et archéologiques] adressés par M. le sous-préfet Paillard aux maires, curés, percepteurs de l'arrondissement de Dunkerque et retournés par eux à ce fonctionnaire, p. 204.

II. — Mémoires de la Société dunkerquoise, etc., 1853-1854. (Dunkerque, 1855, in-8°, 430 p.)

32295. Carlier (J.-J.). — Notice historique sur le scel communal, les armoiries et les cachets municipaux de la ville de Dunkerque, *fig.*, p. 146.

32296. Bertrand (Raymond de). — Notice historique sur Zuydcoote, p. 215.

32297. Le Glay (Dr). — Mémoire sur les archives des chanoinesses de Bourbourg, p. 343.

[Pièces justificatives (1113-1790); bulle de Pascal II; actes des comtes de Flandre et des ducs de Bourgogne, etc.]

32298. Diegerick (J.). — Analectes historiques concernant la ville de Dunkerque, p. 359.

[Prise de Dunkerque par le vicomte de Chamoy, 1582-1583.]

32299. Derode (Victor), Dubois et Baecker (L. de). — Documents sur Jean Bart et sa famille, p. 374.

32300. Derode (Victor) et Cousin (Louis). — Documents historiques concernant Dunkerque et son arrondissement, p. 382.

[Extraits de l'inventaire des chartes des comtes de Flandre du château de Rupelmonde, actuellement à Gand, et de l'inventaire des archives des chambres des comptes de la Belgique.]

III. — Mémoires de la Société dunkerquoise, etc., 1855. (Dunkerque, 1856, in-8°, 235 p.)

32301. Bergerot. — Vie de saint Folquin [† 855], p. 90.

32302. Derode (Victor). — Notice sur la topographie de Dunkerque depuis son origine jusqu'à nos jours et plus particulièrement sous la domination espagnole aux xvie et xviie siècles, *plan*, p. 132.

32303. Ortille (A.-F.). — Un coup d'œil sur la vallée de la Lys [topographie et histoire naturelle], p. 169.

32304. Laroière (Charles de). — Droit d'issue [en Flandre], p. 198.

32305. Cousin (Louis). — Rapport sur les fouilles archéologiques faites à Wissant en 1855 [cimetière ancien], p. 210.

IV. — Mémoires de la Société dunkerquoise, etc., 1856. (Dunkerque, 1857, in-8°, 377 p.)

32306. Petit. — Notice sur les monuments anciens de l'hippodrome à Constantinople, p. 35.

32307. Derode (Victor). — Saint-Gilles, Saint-Éloi, Dunkerque, p. 95.

32308. Le Glay (Dr). — Mémoire sur les archives de l'abbaye de Beaupré, p. 103.

[Appendice : notice sur le monastère de Beaupré par Jean de La Barre.]

32309. Ortille (A.-F.). — Une page de l'histoire d'Armentières : capitulation de 1645; peste de 1646, p. 124.

32310. Ottmann et Ortille (A.-F.). — Notes sur Fagny (écart de Dreux, arrondissement de Montmédy, Meuse), *pl.*, p. 133.

32311. Ottmann. — Une habitation gallo-romaine entre le village de Breux (Meuse) et son écart le hameau de Fagny, *pl.*, p. 145.

32312. Coussemaker (E. de). — Document inédit pour servir à l'histoire des guerres de Flandre et à celle de la ville et de la châtellenie de Bourbourg au xviie siècle [histoire de la ville de Bourbourg par un anonyme, 1635-1685], p. 166.

32313. Anonyme. — Chanson populaire sur Jean Bart, p. 321.

32314. Derode (Victor). — Requête des Dunkerquois à la dame de Vendôme [1532], p. 230.

32315. Cousin (Louis). — Notice historique sur les anciens seigneurs de Capple, p. 245.

32316. Flament (A.). — Essai sur la nomenclature des grandes productions de l'architecture depuis la naissance de cet art jusqu'au xviie siècle, p. 289.

32317. [Alard (Ph.)]. — Documents historiques concernant Dunkerque et le nord de la France, extraits du Catalogue des cartes, plans et dessins (géographie ou topographie) du British Museum de Londres, n° 3021, p. 346.

32318. Cousin (Louis). — Notice sur une découverte de médailles [xive s.] à Wormhout, p. 352.

32319. Derode (Victor). — Sur le mouvement commercial du port de Dunkerque de 1755 à 1855, p. 355.

32320. Conseil et Derode (Victor). — Annales dunkerquoises. Naufrage du navire *Les Trois-Sœurs* sur la plage à l'ouest de Dunkerque le 29 janvier 1857, p. 362.

V. — Mémoires de la Société dunkerquoise, etc., 1857. (Dunkerque, 1858, in-8°, 356 p.)

32321. Derode (Victor). — Quelques mots sur les Jacobsen [famille de marins de Dunkerque, xvie-xviie s.], p. 65.

32322. Carlier (J.-J.). — Henri d'Oisy, fragments d'études historiques sur les seigneurs de Dunkerque, de Bourbourg, de Gravelines, de Cassel, de Nieppe, etc. [xive s.], p. 81.

32323. Bonvarlet (A.). — Chronique de l'abbaye des dames de Saint-Victor, dite du Nouveau-Cloître, à Bergues [1248-1668], p. 260.

32324. Derode (Victor). — Les ghildes dunkerquoises, p. 278.

32325. Ortille (A.-F.). — Note sur la découverte de vieux titres en parchemin concernant le commerce de la ville d'Armentières [xve-xvie s.], p. 317.

VI. — Mémoires de la Société dunkerquoise, etc., 1858-1859, VIe vol. (Dunkerque, 1859, in-8°, 459 p.)

32326. Pigault de Beaupré. — Reconnaissance des voies locales existantes au ve siècle, *carte*, p. 75.

32327. Ottmann. — Esquisse archéologique et historique de l'église Notre-Dame d'Avioth [xive s.], *plan* et 12 *pl.*, p. 92 à 229.

32328. Bertrand (Raymond de). — Monographie de la rue David-d'Angers, à Dunkerque, p. 230.

[Couvent des Capucins; Théophile-Malo Corret de La Tour d'Auvergne; David d'Angers; loge maçonnique; Société Saint Joseph; histoire du Comité flamand de France; Orphéon dunkerquois; congrégation des Rédemptoristes.]

32329. Cousin (Louis). — Trois voies romaines du Boulonnais, *carte*, p. 400.

32330. Thélu (Constant). — Promenade archéologique dans la ville de Dunkerque, 31 *pl.*, p. 424.

VII. — Mémoires de la Société dunkerquoise, etc., 1860-1861, VIIe vol. (Dunkerque, 1861, in-8°, 496 p.)

32331. Laroière (Charles de). — Chronique de Bergues-Saint-Winoc, traduite et analysée en partie [de 421 à 1647], p. 358.

32332. Detournay (Arnould). — Petite chronologie pour l'histoire d'Estaires, p. 396.

32333. Bertrand (Raymond de). — Notice biographique sur le docteur Thibault [Pierre-Joseph-Willebald, 1755 † 1804], p. 412.

32334. Queux de Saint-Hilaire (Le marquis de). — Essai historique sur le sujet d'*Amphitryon*, p. 432.

VIII. — Mémoires de la Société dunkerquoise, etc., 1861-1862, VIIIe vol. (Dunkerque, 1862, in-8°, 479 p.)

32335. Cousin (Louis). — Discours [sur les astronomes illustres qui ont séjourné à Dunkerque, Philippe de La Hire, Jacques Cassini, etc.], p. 6.

32336. Gervoson (Jules). — Discours de réception [esquisse sur Bernardin de Saint-Pierre], p. 158.

32337. Alard (Ph.). — Mémoire sur le lieu de débarquement de Jules César dans la Grande-Bretagne, par le révérend E. Cardwell, analysé et traduit par Ph. Alard, p. 205.

32338. Bertrand (Raymond de). — Notice historique sur Antoine-Alexis Périer de Salvert, chef d'escadre, natif de Dunkerque [1691 † 1757], p. 229.

32339. Carlier (J.-J.). — Pierre Simon, de Bayeux, membre fondateur de la Société littéraire *Le Petit Couvert de Momus*, membre associé de la Société dunkerquoise [1784 † 1860], p. 264.

32340. Smyttere (Dr P.-J.-E. de). — Fragments historiques sur les Pères Récollets de Cassel, avec un sommaire de leurs archives, *fig.*, p. 294.

32341. Bertrand (Raymond de). — Note et document inédit sur le vice-amiral François-Corneille Bart [1752], p. 350.

32342. Bertrand (Raymond de). — Annales dunker-

IMPRIMERIE NATIONALE.

quoises. Relation du naufrage de l'*Elizabeth* dans la rade de Dunkerque [1810], p. 357.

IX. — Mémoires de la Société dunkerquoise, etc., 1862-1864, IXe vol. (Dunkerque, 1864, in-8°, 630 p.)

32343. Bertrand (Raymond de). — Note sur les Brochery, graveurs à Dunkerque, et sur une carte de l'ancien diocèse d'Ypres [xviiie-xixe s.], p. 61.

32344. Derode (Victor). — Des poids et mesures en Flandre, p. 68.

32345. Derode (Victor). — L'agriculture dans la Flandre, p. 77.

32346. Bertrand (Raymond de). — Le port et le commerce maritime de Dunkerque au xviiie siècle, p. 112; et X, p. 69.

32347. Cousin (Louis). — Nouveaux éclaircissements sur l'emplacement de Quentowic, p. 430. — Cf. n° 32366.

32348. Carlier (J.-J.). — Victor Dourlen, compositeur, professeur au Conservatoire [1780 † 1864], p. 512.

X. — Mémoires de la Société dunkerquoise, etc., 1864-1865, X^e vol. (Dunkerque, 1865, in-8°, 477 p.)

[32346]. Bertrand (Raymond de). — Le port et le commerce maritime de Dunkerque au xviiie siècle, p. 69.

XI. — Mémoires de la Société dunkerquoise, etc., 1865-1866, XIe vol. (Dunkerque, 1866, in-8°, 416 p.)

32349. Derode (Victor). — [Compte rendu annuel], p. 13.

[Jean-Vaust de Laroière, 1793 † 1865.]

32350. Derode (Victor). — La marine dunkerquoise avant le xviie siècle, p. 156.

32351. Cousin (Louis). — Notice sur des antiquités celtiques ou gallo-romaines du nord de la France, *pl.*, p. 279. — Cf. n° 32367.

[Tumulus de Merkeghem; Noires-Mottes de Sangatte; tumulus de Sangatte et d'Escalles; haches en silex d'Hervelingen et de Wimille; cavernes de Rinxent; monument druidique de Tubersent.]

32352. Alard (Ph.). — Notice sur le peintre espagnol Goya, traduit de l'espagnol, p. 310.

XII. — Mémoires de la Société dunkerquoise, etc., 1866-1867, XIIe vol. (Dunkerque, 1867. in-8°, 414 p.)

32353. Derode (Victor). — Le sol de la Flandre maritime. Étude topographique, p. 52.

32354. Derode (Victor). — Étude linguistique [flamand et roman], p. 91.

32355. L'Hôte. — Philosophie de l'art, p. 120; XIII, p. 199; XIV, p. 117; et XV, p. 110. — Cf. n° 32361.

32356. L'Hôte. — Improvisateurs français au xixe siècle [Eugène de Pradel], p. 183.

32357. Godefroy-Ménilglaise (De). — Chartes inédites concernant les villes de Dunkerque et de Gravelines, p. 195.

[Réclamations à propos de l'expédition de Louis, fils de Philippe Auguste, en Angleterre, 1216 et 1228; Robert de Cassel, 1329; Jean de La Rue, pensionnaire de Dunkerque, 1511; droit de tonnelier à Dunkerque, 1538.]

32358. Laroière (Charles de). — Étude sur la dignité de la femme, p. 214.

32359. Carlier (J.-J.). — Étude historique sur l'ancienne rivalité maritime entre Bergues et Dunkerque, p. 245.

32360. Güthlin (Philippe). — Michel de Swaen, remarquable poète dunkerquois du règne de Louis XIV [† 1707], p. 323.

XIII. — Mémoires de la Société dunkerquoise, etc., 1867-1868, XIIIe vol. (Dunkerque, 1868, in-8°, 436 p.)

32361. L'Hôte. — Histoire de l'art : l'art romain dans les Gaules; les bains antiques; quelques basiliques de Saintonge [Saint-Eutrope de Saintes, Marennes et Moëze], p. 161. — Cf. n° 32355.

32362. Güthlin (Philippe). — Un épisode judiciaire au xive siècle [meurtre commis à Commines par des habitants d'Ypres, 1326], p. 173.

32363. Delègue. — Étude sur la dernière conversion de Pascal, p. 183.

[32355]. L'Hôte. — Philosophie de l'art, p. 199.

32364. Güthlin (Philippe). — Victor Derode [1797 † 1867]; notice sur sa vie et ses travaux, p. 325.

XIV. — Mémoires de la Société dunkerquoise, etc., 1868-1869, XIVe vol. (Dunkerque, 1869, in-8°, 384 p.)

32365. Derode (Victor). — La littérature dramatique en 1866, son influence. Molière, Scribe, p. 77.

32366. Cousin (Louis). — Derniers éclaircissements sur l'emplacement de Quentowic, p. 97. — Cf. n° 32347.

[32355]. L'Hôte. — Philosophie de l'art, p. 117.

32367. Cousin (Louis). — Excursions et fouilles archéologiques faites en 1868 dans l'arrondissement de Boulogne-sur-Mer, *pl.*, p. 173. — Cf. n° 32351.

[Monuments gaulois, romains et du moyen âge, découverts à Sangatte, Escalles, Wissant, Hervelingen, Saint-Inglevert, Audembert, Bazinghen, Beuvrequent, Leulinghen, Ferques, Réty, Wyerre-Effroy, Conteville, Alincthun, Les Attaques, Marck.]

32368. L'Hôte. — Erreurs et préjugés historiques [la mer a-t-elle baigné les murs d'Aigues-Mortes?], p. 203.

32369. Derode (Victor). — Bribes historiques. De quelques fonctionnaires et agents publics à Dunkerque [notes sur Dunkerque au XVIe s.], p. 209.

32370. L'Hôte. — Les femmes de l'antiquité [Cléopâtre], p. 222.

32371. L'Hôte. — Voyages : les Ardennes françaises, p. 253.

XV. — Mémoires de la Société dunkerquoise, etc., 1869-1870, XVe vol. (Dunkerque, 1870, in-8°, 394 p.)

32372. Carlier (J.-J.) et Bonvarlet (A.). — La famille Tugghe de Dunkerque, p. 65.

[32355]. L'Hôte. — Histoire et philosophie de l'art, p. 110.

32373. L'Hôte. — Histoire littéraire, histoire de l'art. Weimar, Coppet, Ferney, Munich, p. 136.

32374. Lebleu (Adolphe). — Jean Bart, son influence, son époque, p. 145.

32375. Cousin (Louis). — Le monastère de Steneland. Étude sur le nom actuel des communes où ce monastère et ses nombreux domaines étaient situés, p. 277.

32376. Queux de Saint-Hilaire (De). — Notice sur une comédie grecque moderne intitulée : *Le pouvoir des femmes*, composée par M. D.-C. Byzantios, p. 336.

XVI. — Mémoires de la Société dunkerquoise, etc., 1870-1871, XVIe vol. (Dunkerque, 1872, in-8°, 376 p.)

32377. Mordacq (L.). — Histoire de Dunkerque racontée à la jeunesse des écoles primaires et des cours d'adultes, *carte* et *plan*, p. 21.

32378. Mannier (E.). — Commanderie de Caestre (ordre de Malte), p. 206.

32379. Cousin (Louis). — Un itinéraire au Xe siècle. Étude sur les chemins suivis en 944 dans un voyage de Boulogne-sur-Mer (France) à Gand (Belgique) et sur les localités où ils passaient, p. 220.

[Translation des reliques des saints Wandrille, Ansbert et Wulfran.]

XVII. — Mémoires de la Société dunkerquoise, etc., 1871-1872, XVIIe vol. (Dunkerque, 1873, in-8°, 461 p.)

32380. Mordacq (L.). — Notes pour servir à l'histoire de l'instruction primaire dans le département du Nord, p. 36.

32381. Zandyck et Bonvarlet (A.). — Privilèges que la ville de Dunkerque tient de sa coutume qui fait la loi fondamentale de sa constitution [mémoire composé vers 1768], p. 66.

32382. Bonvarlet (A.). — Analectes et documents pour servir à l'histoire de Dunkerque, p. 90; et XVIII, p. 1.

[Extraits des registres des résolutions du magistrat et des délibérations de l'administration municipale, 1678-1814.]

32383. Bouchet (Émile). — Guillaume Beauvais, notice biographique sur ses ouvrages [1698 † 1773], p. 253.

32384. Carlier (J.-J.). — Souvenirs des Espagnols à Dunkerque (1575-1658), p. 270.

XVIII. — Mémoires de la Société dunkerquoise, etc., 1873-1874, XVIIIe vol. (Dunkerque, 1874, in-8°. XLVI-585 p.)

[32382]. Bonvarlet (A.). — Analectes et documents pour servir à l'histoire de Dunkerque, p. 1.

32385. Carlier (J.-J.). — Notice historique, biographique, anecdotique sur Jean-Jacques Fockedey, docteur en médecine, député du département du Nord à la Convention nationale [1758 † 1853], p. 174.

32386. Verbeke. — Notice historique sur la commune de Petite-Synthe, arrondissement de Dunkerque (Nord), 4 *pl.*, p. 276.

32387. Queux de Saint-Hilaire (De). — Littérature dramatique de la Grèce moderne. Notice sur la comédie intitulée : *La Tour de Babel* ou *la corruption de la langue grecque dans les différents pays de la Grèce*, par M. D.-K. Bysantios, p. 325.

32388. Bertherand (A.). — Nécrologie. Le docteur Auguste Vital [1810 † 1874], p. 371.

XIX. — Mémoires de la Société dunkerquoise, etc., 1874-1875, XIXe vol. (Dunkerque, 1876, in-8°, LIV-531 p.)

32389. Mordacq (L.). — Histoire de la Société dunkerquoise (1851-1875), p. 1 à 236.

[Table alphabétique des noms d'auteurs contenus dans les publications de la Société.]

32390. Bouchet (Émile). — Colbert, Louvois et Vauban à Dunkerque, p. 237.

XX. — Mémoires de la Société dunkerquoise, etc., 1875-1876, XXe vol. (Dunkerque, 1877, in-8°, LXXIII-342 p.)

32391. Decroos (P.). — Le droit civil au XVIIe siècle dans l'arrondissement actuel de Dunkerque, p. 192.

32392. Landon (Jérémie). — Le trésor de Ledringhem (or gaulois) [monnaies], *pl.*, p. 252.

XXI. — Mémoires de la Société dunkerquoise, etc., 1877-1880, XXI° vol. (Dunkerque, 1880, in-8°, XLIV-219 p.)

32393. Decroos (P.). — Étude sur la noblesse flamande (XVI°-XVIII° s.), p. 1.

XXII. — Mémoires de la Société dunkerquoise, etc., 1881-1883, XXII° vol. (Dunkerque, 1881, in-8°, CXCII-437 p.)

32394. Défossé. — Les batailles de Bouvines, de Denain et d'Hondschoote, p. 68.
32395. [Vanstenberghe]. — Histoire de la ville et de la seigneurie d'Hondschoote, 7 *pl.* et *fig.*, p. 139 à 410.
32396. Toulouze (E.). — Découverte d'outils d'artisans, monnaies et poteries de l'époque gallo-romaine, à Lutèce, *fig.*, p. 411.

XXIII. — Mémoires de la Société dunkerquoise, etc., 1884, XXIII° vol. (Dunkerque, 1885, in-8°, LXXIV-687 p.)

XXIV. — Mémoires de la Société dunkerquoise, etc., 1885, XXIV° vol. (Dunkerque, 1887, in-8°, 416-VI p.)

32397. Verbeke. — Notice historique sur la commune de Drincham, arrondissement de Dunkerque (Nord), p. 137.
32398. Haigneré (L'abbé D.). — Un épisode de l'histoire de Spicker au XIII° siècle [procès entre le curé et les paroissiens], p. 183.
32399. Haigneré (L'abbé D.). — Procès-verbal de la bénédiction solennelle de dom Anselme Lammin, abbé de Bergues-Saint-Winoc [1677], p. 195.
32400. Valabrègue (Antony). — Notice sur Jean de Reyn [peintre, 1610 † 1678], p. 199.
32401. Toulouze (E.). — Recherches historiques et archéologiques sur divers points du vieux Paris, *pl.* et *fig.*, p. 235.

[Collégiale de Saint-Marcel; église Saint-Martin; cimetière près de Saint-Hippolyte; sépultures chrétiennes; biberons antiques; trousse de médecin romain; fouilles du collège Sainte-Barbe; champ et sépultures de l'Arbalète; sépultures gallo-romaines; habitation gauloise. — Préface de Frédéric Loliée, p. I-VI.]

NORD. — LILLE.

ASSOCIATION LILLOISE POUR L'ENCOURAGEMENT DES LETTRES ET DES ARTS DANS LE DÉPARTEMENT DU NORD.

Autorisée par arrêté préfectoral du 17 septembre 1836, cette Société a cessé de donner signe de vie vers 1860. Elle a publié une vingtaine de pièces, plaquettes ou fascicules, ne contenant, pour la plupart, que des rapports sur l'état de ses finances, des programmes de prix ou des comptes rendus de séances publiques. Grâce à l'obligeance de M. Finot, archiviste du département du Nord, et de M. Debièvre, bibliothécaire de la ville de Lille, nous avons pu nous procurer l'indication de tout ce que l'Association Lilloise a fait imprimer. Nous en avons extrait le petit nombre d'articles qui rentrent dans notre cadre, nous y joignons (n° 32412) la mention d'un ouvrage, qui est probablement une publication individuelle, mais qui se rattache directement aux travaux de l'Association.

Association Lilloise pour l'encouragement des lettres et des arts dans le département du Nord. [Séances du 17 décembre 1836 au 2 octobre 1837]. (Lille, 1836-1837, in-8°, 200 p.)

32402. Brun-Lavainne. — De la condition des femmes dans l'ancienne châtellenie de Lille, p. 20.
32403. Gachet (Ed.). — Notice sur Victor Lefebvre [musicien, 1811 † 1835], p. 98.
32404. Bruneel (Henri). — Les bains d'Arles (Pyrénées-Orientales), p. 104.
32405. Chon (F.). — Notice biographique sur Benvenuto Cellini [1500 à 1571], p. 113.
32406. Anonyme. — Catalogue de l'exposition annuelle, juin 1837, p. 137.

Association Lilloise, etc. Discours d'introduction aux conférences sur l'histoire du nord de la France prononcé en séance générale, le 28 mars 1838, par le docteur Le Glay. (S. l. n. d. [Lille, 1838], in-8°, 8 p.)

32407. Le Glay. — Discours [sur l'histoire du nord de la France], p. 1 à 8.

Association Lilloise, etc. (S. l. [Lille], 1838, in-8°, 32 p.)

32408. Anonyme. — Catalogue des ouvrages de peinture, sculpture, dessin, gravure et lithographie exposés dans les salons de l'Association, rue Sainte-Catherine, n° 60, à Lille, depuis le 24 juin jusqu'au 24 juillet 1838, p. 1 à 32.

Association Lilloise, etc. Séance générale du 6 novembre 1838. (Lille, s. d., in-8°, 56 p.)

Association Lilloise, etc. Séance annuelle du 10 juin 1839. (Lille, s. d. [1839], in-8°, 16 p. chiffrées 57 à 72.)

Association Lilloise, etc. Ouverture des conférences hebdomadaires de 1844. (Lille, 1844, in-8°, 36 [*lisez* 60] p.)

[Les pages 57 à 60 sont paginées par erreur 33 à 36.]

32409. Nera. — De l'imprimerie et de l'industrie dans leurs rapports avec le christianisme, p. 3.

32410. Deligne (Jules). — Éloge de Jeanne de Constantinople, comtesse de Flandres et de Hainaut [v. 1188 † 1244], p. 25.

Association Lilloise, etc. Séance du 24 avril 1844. Lettre de M. Le Glay, président de l'Association, adressée au vice-président et lue par M. Ed. Dumon, membre du Comité. (Lille, s. d. [1844], in-8°, 15 p.)

Association Lilloise, etc. Soirée du 21 décembre 1859. (Lille, 1860, in-12, 12 p.)

32411. Lefebvre (Henri). — Causerie sur le Musée historique, p. 1 à 12.

32412. Mars (Frédéric). — Conférences littéraires et philosophiques données aux séances de l'Association Lilloise, 1844-1845. (Lille, 1845, in-8°.)

NORD. — LILLE.

COMMISSION HISTORIQUE DU DÉPARTEMENT DU NORD.

La *Commission historique du département du Nord* a été créée par arrêté préfectoral en date du 14 novembre 1839. Elle publie un *Bulletin* dont le 16e volume a paru en 1883. On remarquera que le tome XV de ce *Bulletin*, dont une partie doit être occupée par la table des quinze premiers volumes, n'a pas encore paru. Mais, grâce à l'obligeance de Mgr Dehaisnes, nous avons pu en indiquer le contenu. Outre son *Bulletin*, la Commission historique du département du Nord a encore publié l'ouvrage suivant formé par la réunion d'une série d'articles que nous avons indiqués à leur ordre sous le n° 32517 :

32413. Anonyme. — Statistique archéologique du département du Nord, avec *cartes*. (Lille, 1867, 2 vol. in-8°, cxi-386 p. et 387-1039 p.) — Cf. id. n° 32517.

I. — Bulletin de la Commission historique du département du Nord, t. I. (Lille, 1843, in-8°, 446 p.)

32414. Contencin (Al. de). — Rapport à M. le préfet du Nord [sur les édifices historiques qui existent ou ont existé dans la ville et l'arrondissement de Lille], p. 10.

32415. Contencin (Al. de). — Notice sur le beffroi de Bergues, *pl.*, p. 25.

32416. Le Glay (Dr). — Mémoire sur quelques inscriptions historiques du département du Nord, p. 37.

[Inscriptions romaines, du moyen âge, modernes; lettre de Du Fresnoy, 1697.]

32417. Le Glay (Dr). — Sur la *Flandria illustrata*, p. 87.

32418. Delcroix (F.) et Baralle (A. de). — Souterrain du Ferme à Cambrai, *fig.*, p. 90.

32419. Vallez. — Sur le tabernacle de l'église de Marquette [vers 1648], p. 93.

32420. Derode (Victor) et Contencin (Al. de). — Notice sur l'église de Saint-Maurice, à Lille [xve ou xvie s.], 6 *pl.*, p. 96 et 167.

32421. Delcroix (F.) et Baralle (A. de). — Lettre sur le château d'Esne, p. 110.

32422. Anonyme. — Nouvelles et faits archéologiques, p. 118.

[Vases romains; armes et monnaies du moyen âge.]

32423. Contencin (Al. de). — Rapport présenté à M. le préfet du Nord sur les travaux de la Commission historique de son département pendant l'année 1840-1841, p. 129.

[Fonts baptismaux de Chéreng, XIIe s.; église de Baisieux, XVe s.; monnaies du moyen âge; maison du XVIe siècle à Valenciennes; bas-reliefs des frères Marsy, XVIIe s.]

32424. Le Glay (D^r). — Ordonnance du magistrat de Lille au sujet des toits en chaume et des murs en paillotis, précédée de quelques remarques [1674], p. 206.

32425. Baralle (A. de) et Delcroix (F.). — Lettre sur Bermerain, commune du canton de Solesme [église et cimetière], p. 211.

32426. Contencin (Al. de). — Notice sur l'église de Wasquehal [1511], *fig.*, p. 216.

32427. Anonyme. — Nécrologie. Henri-Joseph-Gaspard Vallez, architecte [1782 † 1841], p. 223.

32428. Mille. — Sur des manuscrits conservés à la mairie de Roubaix, p. 234.

32429. Delcroix (F.) et Baralle (A. de). — Lettre sur la cathédrale actuelle de Cambrai, *fig.*, p. 237.

32430. Le Glay (D^r). — De l'arsin et de l'abatis de maison dans le nord de la France, p. 248.

32431. Contencin (Al. de). — Notice sur l'ancienne porte Saint-Pierre de Lille, 2 *pl.* et *fig.*, p. 280.

32432. Bollaert. — Sur des tombeaux découverts à l'entrée de la forêt de Mormal, p. 322.

32433. Contencin (Al. de). — Notice sur deux statuettes en bronze trouvées à Bavai et faisant partie du cabinet de M. Crapez, maire de cette ville, *pl.*, p. 337.

32434. Lebeau. — Notice sur l'église d'Avesnes, p. 345.

32435. Baralle (A. de). — Lettre concernant la restauration de l'hôtel de ville du Cateau, *pl.*, p. 350.

32436. Delcroix (F.). — Lettre sur une ancienne épée exhumée au faubourg de Cambrai le 2 février 1842, p. 363.

32437. Grimault. — Lettre sur l'église de Marquette, arrondissement de Valenciennes [XVIe s.], p. 368.

32438. Contencin (Al. de). — Notice sur l'ancienne église de Gondecourt et quelques mots sur celle d'Houplin, 2 *pl.*, p. 413.

32439. Baralle (A. de). — Lettre sur l'église de la ville du Cateau, *pl.*, p. 422.

II. — **Bulletin de la Commission historique du département du Nord**, t. II. (Lille, 1844, in-8°, 311 p.)

32440. Lebeau. — Sur la chasuble de sainte Aldegonde [à Maubeuge], p. 20.

32441. Contencin (Al. de). — Note sur une danse des morts [gravée sur une cloche de l'église de Chéreng], *pl.*, p. 37.

32442. Derode (Victor). — Sur la carte de délimitation du français et du flamand dans le département du Nord et dans celui du Pas-de-Calais, *carte*, p. 51.

32443. Duthilloeul. — Extrait d'une lettre adressée à M. le docteur Le Glay [inscription romaine], p. 56.

32444. Baralle (A. de). — Sur le clocher d'Avesnes-le-Sec, *pl.*, p. 61.

32445. Wilbert (Alcibiade). — Lettre [sur des pierres tumulaires existant à Cambrai, XVe-XVIIe s.], p. 61.

32446. Derode (Victor). — Notice sur la Motte-Madame, p. 78.

32447. Robert [Charles]. — Description d'une monnaie gauloise trouvée à Lewarde, près Douai, *pl.*, p. 90.

32448. Anonyme. — Notice sur M. Delcroix [Fidèle-Marie-Joseph, 1792 † 1843], p. 94.

32449. Failly (E.-J.). — Essai archéologique sur l'image miraculeuse de Notre-Dame-de-Grâce de la cathédrale de Cambrai et sur la possibilité que saint Luc en soit l'auteur, ainsi que d'autres images de la vierge Marie honorées en Grèce, en Italie et en France, 2 *pl.*, p. 103. — Cf. n° 32459.

32450. Anonyme. — Nouvelles archéologiques, p. 137.

[Antiquités romaines découvertes à Bavai.]

32451. Le Glay (Edward). — Lettre sur les sceaux, p. 166.

32452. Le Glay (D^r). — Lettre sur les mémoriaux, p. 169.

32453. Divers. — Église de Notre-Dame d'Esquermes [XIIe s.], p. 171.

32454. Le Glay (D^r). — Recherche du lieu appelé dans quelques anciens titres : *Villa Colonia in pago Cameracensi*, p. 175.

32455. Duthilloeul. — Brillon et le Loire [château fortifié], p. 180.

32456. Coussemaker (E. de). — Lettre sur l'ancienne abbaye de Bourbourg et sur quelques églises de l'arrondissement de Dunkerque, *fig.* et 4 *pl.*, p. 187.

[Tombeaux; crosse d'abbesse; église de Cappellebrouck.]

32457. Develle. — Notice sur l'église de Bissezeele (arrondissement de Dunkerque) [XIe s.], 2 *pl.*, p. 201.

32458. Baralle (A. de). — Notice sur l'ancienne église des Jésuites à Cambrai [XVIIe s.], p. 205.

32459. Baralle (A. de). — Lettre sur l'image miraculeuse de Notre-Dame-de-Grâce, p. 216. — Cf. n° 32449.

32460. Contencin (Al. de). — Lambersart, son fief et son église. Notice historique et archéologique, p. 236.

32461. Derode (Victor). — Léproseries ou maladreries [à Lille], p. 259.

32462. Bruneel (Henry). — La pyramide de Cysoing [monument commémoratif de la bataille de Fontenoy], *pl.*, p. 274.

32463. Anonyme. — Description du local de la bibliothèque de l'abbaye de Loos, p. 281.

32464. Vincent (Charles). — Notice nécrologique sur M. Marissal [Louis-Edmond, juge de paix, 1780 † 1845], p. 285.
32465. Contencin (Al. de). — Tableau présentant le résumé des travaux de la Commission historique du département du Nord pendant les années 1840, 1841 et 1842 (conservation et description des monuments), p. 288.

III. — Bulletin de la Commission historique du département du Nord, t. III. (Lille, 1847, in-8°, 338 p.)

32466. Le Glay (Dr). — Sur le Perron d'Annappes, p. 16.
32467. Duthilloeul. — Lettre sur les carreaux trouvés aux Chartreux de Douai; les Montmorency à Douai, *pl.*, p. 52.
32468. Le Glay. — En quel lieu du Cambrésis a été détenu le roi de Navarre Charles le Mauvais? p. 59.
32469. Benezech de Saint-Honoré. — Notice abrégée sur les archives de l'ancienne abbaye de Château, près de Mortagne (Nord) [analyse de chartes, 1155-1299], p. 61.
32470. Le Glay (Dr). — Le champ de bataille de Fontenoy; lettre de Dionis Du Séjour, avec quelques notes [1745], p. 70.
32471. Le Glay (Dr). — Notice sur la démolition juridique du château d'Écuillon [xve s.], p. 78.
32472. Duthilloeul. — Notice sur Delattre (Pierre) [mécanicien, † 1709], p. 84.
32473. Gentil-Descamps. — Notice sur les billets de confiance du département du Nord [1791], p. 86.
32474. Melun (Le vicomte de). — Notice sur l'hôtel de Soubise, à Lille, p. 93.
32475. Bruneel (Henry). — Le musée de Lille, p. 103.
32476. Benezech [de Saint-Honoré]. — Note sur les tombeaux des princes de la maison de Croy déposés en 1845 sous le calvaire du cimetière de Vieux-Condé (Nord), p. 111.
32477. Wilbert (Alcibiade). — Notice historique sur le Mont-de-piété de Cambrai [fondé en 1625], p. 114.
32478. Anonyme. — Nouvelles archéologiques, p. 145 et 321.

[Médailles romaines trouvées à Notre-Dame-aux-Bois et à Valenciennes; fouilles à Saint-Amand.]

32479. Le Glay (Dr). — Notice sur l'origine du comté de Flandre, p. 181.
32480. Coussemaker (Edmond de). — Voyage historique de M. Bethmann dans le nord de la France, traduit de l'allemand et précédé d'une introduction [1840], p. 189.

[Notes tironiennes, *pl.*]

32481. Taillian. — Notice sur l'ancienne collégiale de Saint-Pierre de Lille dans ses rapports avec les institutions féodales et communales, p. 264.
32482. Le Glay. — Rectification au sujet de la naissance de Philippe de Lalaing, p. 326.

IV. — Bulletin de la Commission historique du département du Nord, t. IV. (Lille, 1851, in-8°, 478 p.)

32483. Caloine (P.). — Considérations sur l'art architectonique, p. 28.
32484. Wilbert (Alcibiade). — Sur les Pierres jumelles de Cambrai, p. 36.
32485. Gachet (E.). — Lettre à M. Le Glay sur deux artistes du moyen âge nés dans le département du Nord [Colart de Douai et Jacquemon de Nivelles, orfèvres, xiiie s.], p. 53.
32486. Legrand (Pierre). — Antiquités des rues de Lille, p. 58.
32487. Divers. — Armes de Lille, p. 78.
32488. Robert (Charles). — Monnaie de Bourbourg, *fig.*, p. 93.
32489. Le Glay (Dr). — Rapport sur quelques planches gravées de la *Flandria illustrata*, de Sanderus, 2 *pl.*, p. 96. — Cf. n° 32503.
32490. Meurans. — Beffroi de Douai, *pl.*, p. 104.
32491. Le Glay (Dr). — Mémoire sur la tenue des registres de l'état civil dans la circonscription du département du Nord avant 1792, p. 112.
32492. Le Glay (Dr). — Mémoire sur les archives des églises et maisons religieuses du Cambrésis, p. 154.

[Analyse de pièces (xe-xviie s.); lettres et mémoires de Fénelon, *fac-similé;* loi de commune pour Busigny (1201); pièces concernant l'abbaye de Cantimpré et les Bénédictines anglaises; lettres de Louis de Blois (1565), de Constantin Suyskens (1769); testament de Robert Wyart (1607); sceaux, *pl.*]

32493. Bouly (Eugène). — Notice sur les constructions et voies antiques découvertes dans le bois de Busigny en 1847, 1848 et 1849, p. 241. — Cf. id. n° 32502.
32494. Le Glay (Dr). — Mémoire sur les archives de l'abbaye de Liessies, p. 270.

[Loi commune de Ramousies (1193); lettres de Charles, duc de Bourgogne (1474), de Jean Baccart (1474), de Louis de Blois (1556), d'Antoine de Winghe (1630).]

32495. Le Glay (Dr). — Mémoire sur les archives de l'abbaye de Maroilles, p. 317.

[Loi de commune de Salesches (1202), de Maroilles (1245); lettres du cardinal de Granvelle (1567-1580) et de Frédéric d'Yve (1580).]

32496. Legrand (Pierre). — Dictionnaire du patois de Lille et de ses environs, p. 353 et 459.
32497. Coussemaker (Edmond de). — Notice sur la bibliothèque communale de Bourbourg, p. 420.

[Monnaies et poids de Bohême au xve s.]

32498. Grar. — Lettre concernant les artistes du pays

[suivie d'une note sur quelques peintures relatives à la quatrième croisade], p. 431.

V. — Bulletin de la Commission historique du département du Nord, t. V.
(Lille, 1857, in-8°, 360 p.)

32499. Godefroy de Ménilglaise (Ch. de). — Observations recueillies dans le chartrier de l'abbaye de Cisoing [précis historique], p. 19.

[Lettres de M. de Bernières et Doujat au maréchal de Villars, 1716.]

32500. La Phalecque (Imbert de). — De la gravure du blason [invention des hachures], p. 71. — Cf. n° 32515.
32501. La Phalecque (Imbert de). — Armes de la collégiale de Saint-Pierre de Lille, p. 75.
32502. Bouly (Eugène). — Notice sur les constructions et voies antiques découvertes dans le bois de Busigny en 1847, 1848 et 1849, p. 77.

[Reproduction de l'article n° 32493.]

32503. Preux (Auguste). — Lettre à M. le docteur Le Glay sur les gravures sur cuivre de l'ouvrage de la *Flandria illustrata*, de Sanderus, p. 86. — Cf. n° 32489.
32504. Dinaux (Arthur). — Sur un cachet d'oculiste romain, p. 98.
32505. Le Glay (Jules). — Recherches historiques sur les anciennes maisons hospitalières rurales du nord de la France, p. 138.
32506. Derveaux (L'abbé). — La ville aux beaux clochers [Comines]. Son beffroi, sa maison communale, *pl.*, p. 214.
32507. Derveaux (L'abbé). — Tombeau d'un seigneur à Bousbecque [Gilles, seigneur de Bousbecque, † 1504], p. 227. — Cf. n° 32512.
32508. Van Hende (Ed.). — Note sur la découverte d'un méreau de la collégiale de Saint-Pierre et deux louis d'or frappés à Lille, *pl.*, p. 230.
32509. Le Glay (Dr). — Nouveau mémoire sur les archives départementales du Nord, p. 245; et VI, p. 30.
32510. Coussemaker (Edmond de). — Quelques épitaphes des églises de Comines, Cambrai, Condé, Esne, Estaires, Halluin, Solre-le-Château et Valenciennes, p. 297.
32511. La Phalecque (Imbert de). — Des armoiries de Roubaix à propos d'une notice de M. Leuridan, p. 343.

VI. — Bulletin de la Commission historique du département du Nord, t. VI.
(Lille, 1862, in-8°, 289 p.)

32512. La Phalecque (Imbert de). — Sur la tombe de Gilles, seigneur de Bousbecque, p. 3. — Cf. n° 32507.
32513. Fretin. — Notice sur l'ancienne église de Quesnoy-sur-Deule, p. 23.
32514. Bonvarlet (A.). — Sépultures à Caestre [xvie s.], p. 28.
[32509]. Le Glay (Dr). — Nouveau mémoire sur les archives départementales du Nord, p. 30.
32515. La Phalecque (De). — Deuxième lettre sur la gravure du blason, p. 86. — Cf. n° 32500.
32516. Carnel (L'abbé D.). — Notice sur un tableau tryptique du commencement du xvie siècle, monument funèbre de Hugues Le Cocq en l'église collégiale de Saint-Pierre, à Lille, *pl.*, p. 91.
32517. Anonyme. — Statistique archéologique du département du Nord, 2 *cartes*, p. 101; VII, p. 145; VIII, p. 19, 233; et IX, p. 35. — Cf. id. n° 32413.

[Arrondissements de Lille et de Dunkerque, VI, p. 101. — Arrondissements d'Hazebrouck et de Cambrai, VII, p. 145. — Arrondissements de Valenciennes et de Douai, VIII, p. 19 et 233. — Arrondissement d'Avesnes, IX, p. 35.]

VII. — Bulletin de la Commission historique du département du Nord, t. VII.
(Lille, 1863, in-8°, 353 p.)

32518. Le Glay (Dr). — Mémoire sur les archives de l'abbaye de Saint-Aubert [analyse de chartes, 1057-1250], p. 1.
32519. Van Hende (Ed.). — Numismatique lilloise. Note sur quelques jetons de la Chambre des comptes, *pl.*, p. 97.
32520. Brassart (Félix). — Hospices de la ville de Douai. Salle des archives, p. 104.
32521. Melun (De). — Souvenirs historiques applicables aux nouvelles rues de Lille, p. 108.
32522. Le Glay (Dr). — Notice nécrologique sur M. A. de Contencin, l'un des fondateurs et ancien président de la Commission historique [1802 † 1862], p. 117.
[32517]. Anonyme. — Statistique archéologique du département du Nord [arrondissements d'Hazebrouck et de Cambrai], 2 *cartes*, p. 145.

VIII. — Bulletin de la Commission historique du département du Nord, t. VIII.
(Lille, 1865, in-8°, 455 p.)

[32517]. Anonyme. — Statistique archéologique du département du Nord [arrondissements de Valenciennes et de Douai], 2 *cartes*, p. 19 et 233.
32523. Desplanque (A.). — Rapport sur une communication de documents faite à la Commission historique du Nord par M. le baron de Girardot, p. 169.

[Halluin; états provinciaux; réception de l'évêque de Tournai (1714); lettres du comte de Nicolaï (xviiie s.), de Tabourreau (1768), du duc d'Aiguillon (1773), du comte de Muy (1773), du comte de Robecq (1775 et 1781); tournée du comte d'Artois en Flandre (1775); requête du maréchal de Castries (1789).]

32524. Brun-Lavainne. — Analyse d'un compte de dépense de la maison du duc Charles de Bourgogne [1470], p. 189.

IX. — Bulletin de la Commission historique du département du Nord, t. IX. (Lille, 1866, in-8°, 404 p.)

32525. Chon (F.). — Monument de Bouvines, *pl.*, p. 21.
32526. Coussemaker (Edmond de). — Poteries [gallo-romaines] découvertes à Bourbourg et à Capellebrouck, *pl.*, p. 25.
32527. Asselin (A.). — Un souvenir de la Flandre dans les montagnes du Rouergue (Aveyron) [hôpital d'Aubrac], p. 27.
[32517]. Anonyme. — Statistique archéologique du département du Nord [arrondissement d'Avesnes], *carte*, p. 35.
32528. Leuridan (Th.). — Rapport sur une trouvaille de monnaies [de Philippe le Bon, duc de Bourgogne] à Roubaix, p. 273.
32529. Chon (F.). — Chansons et vaudevilles sur la bataille de Denain, p. 279.
32530. Melun (De). — Christine de Lallain, princesse d'Épinoy [xvi° s.], p. 286.
32531. Smyttere (Dr P.-J.-E. de). — Recherches historiques sur les seigneurs, châtelains et gouverneurs de Cassel des xi°, xii° et xiii° siècles, p. 299.
32532. Desplanque (A.). — Épigraphie cambrésienne, p. 345.

[Rapport sur les inscriptions funéraires et monumentales appartenant à la collection cambrésienne de M. Victor Delattre.]

X. — Bulletin de la Commission historique du département du Nord, t. X. (Lille, 1868, in-8°, 570 p.)

32533. Desplanque (A.). — Sur des inscriptions de l'abbaye de Vaucelles, p. 34.
32534. Desplanque (A.). — De la réunion par Louis XIV à la France d'une partie de la Flandre et du Hainaut [1667], p. 57.
32535. Leuridan (Th.). — Notes sur l'origine du nom des Bleuets de Lille, sur les fondations de Louis de Croix [1660] et sur la famille du fondateur, *pl.*, p. 75.
32536. Brun-Lavainne. — Inventaire des reliques et autres objets précieux de l'église collégiale de Saint-Pierre de Lille à la fin du xiv° siècle, p. 83.
32537. Van Hende (Ed.). — Un plomb des Innocents et deux jetons inédits trouvés en 1866, *pl.*, p. 91.
32538. Desplanque (A.). — Notice sur les Archives départementales, communales et hospitalières du Nord, p. 97.
32539. Pabile. — Archives communales de Lille, p. 108.
32540. Dehaisnes (L'abbé) et Caffiaux. — Archives communales de Douai et de Valenciennes, p. 145 et 175.
32541. Norguet (A. de). — Anne Dubois, fondatrice des Brigittines de Lille [1574 † 1618], *pl.*, p. 193.
32542. Brun-Lavainne. — Lettre de Charles, dauphin de Viennois, au duc de Bourgogne [1418], *pl.*, p. 293.
32543. Brassart (Félix). — Sur l'emplacement de la collégiale de Saint-Remi mentionnée dans la Chronique de Baldéric, p. 336. — Cf. n° 32549.
32544. Brassart (Félix). — État de la collation des cures des villages de l'arrondissement de Douai en 1790, p. 339.
32545. [Wilbert (Alcide)]. — Noms des paroisses et des collèges du comté de Hainaut, par doyennés, au xii° siècle, p. 345.
32546. Brun-Lavainne. — Note sur les anciennes coutumes de Lille, p. 360.
32547. Desplanque (A.). — Mémoires des intendants de la Flandre et du Hainaut français sous Louis XIV, p. 367; et XI, p. 251. — Cf. n° 32573.

[Le Pelletier de Souzy, intendant de la Flandre wallone, 1683; Du Gué de Bagnols, intendant de la même province, 1698; de Madrys, intendant de la Flandre maritime.]

XI. — Bulletin de la Commission historique du département du Nord, t. XI. (Lille, 1871, in-8°, 412 p.)

32548. Van Hende (Ed.). — Sur la découverte d'une sépulture gallo-romaine à Ronchin, *pl.*, p. 10.
32549. Brassart (Félix). — Sur l'emplacement de la collégiale de Saint-Remi, p. 25. — Cf. n° 32543.
32550. Brassart (Félix). — Sur les biens du chapitre de Cambrai situés en Artois, p. 26.
32551. Brassart (Félix). — Sur les papiers de dom Queinsert et une coutume de la seigneurie d'Hasnon relative au mariage, p. 28.
32552. Anonyme. — Sépultures anciennes, tumulus. Recherches à faire, instructions, *fig.*, p. 40.
32553. Leuridan (Th.). — Statistique féodale du département du Nord. Première partie : la châtellenie de Lille (limitée à l'arrondissement actuel), p. 45; XII, p. 169; et XIII, p. 73.
32554. Caffiaux (H.). — Les francs des cinq offices des feux (xiii°, xiv° et xv° s.) [les pompiers à Valenciennes), p. 133.
32555. Tailliar. — Sur le village de Lambres, p. 202.
32556. Tailliar. — Sur le village de Vitry-sur-la-Scarpe, p. 204.
32557. Bergerot. — Sur une lettre de Louis XIV (septembre 1704), p. 209.
32558. Cousin (Louis). — Sur les mottes des environs de Cassel, p. 211.
32559. [Tailliar]. — Saint Amé, archevêque de Sens [† 690], p. 213.
32560. [Brassart (Félix)]. — Notice sur le couvent des Augustines de Marchiennes, p. 221.

IMPRIMERIE NATIONALE.

32561. [Brassart (Félix)]. — Note sur la ville de Marchiennes en 1770, p. 225.

32562. [Bonvarlet (A.)]. — État des terriers anciens existant dans les communes de l'arrondissement d'Hazebrouck au 1er juillet 1860, p. 226.

32563. Anonyme. — Inventaire des objets d'art et d'archéologie contenus dans les églises, chapelles et établissements hospitaliers du département [Lille, Douai et Tourcoing], 4 pl. et *fig.*, p. 228.

[32547]. Desplanque (A.). — Mémoires des intendants de la Flandre et du Hainaut français sous Louis XIV, p. 251.

32564. [Brassart (Félix)]. — Tableau des patrons des anciennes églises paroissiales de l'arrondissement de Douai, p. 361.

32565. [Tailliar]. — Notes sur plusieurs collégiales du Nord de la France, p. 365.

32566. [Tailliar]. — Condé-sur-Escaut [collégiale de Notre-Dame et chapitre de chanoines], p. 367.

32567. Lebeau (Auguste). — Lettre sur l'emplacement de *Duronum;* découverte d'un milliaire romain à Étrœungt (arrondissement d'Avesnes), p. 375.

32568. Lebeau (Auguste). — Lettre sur la découverte d'un milliaire romain et de sépultures gallo-romaines à Godin, commune de Haut-Lieu (arrondissement d'Avesnes), p. 379.

XII. — Bulletin de la Commission historique du département du Nord, t. XII. (Lille, 1873, in-8°, 562 p.)

32569. Fontaine de Resbecq (De). — La sainte et noble famille de Lille (1686-1793). Familles de Flandre, Artois, Hainaut français, p. 25.

[Maison d'éducation destinée aux jeunes filles nobles et pauvres.]

[32553]. Leuridan (Th.). — Statistique féodale du département du Nord. Première partie : la châtellenie de Lille, p. 169.

32570. Desilve (L'abbé I.). — Sur des inscriptions et des objets romains découverts à Wallers, p. 245.

32571. [Van de Castelle]. — Annotations concernant certain maître Jacques Jocquet, auteur de pièces théâtrales représentées par les élèves du séminaire Saint-Pierre de Lille, de 1630 à 1636, p. 258.

32572. [Lahoussois]. — Renseignements demandés selon les ordres du contrôleur général par M. d'Haffrengues, subdélégué de M. l'intendant de Flandre et d'Artois, aux échevins d'Orchies sur l'état de juridiction de cette ville (8 avril 1766), p. 261.

32573. [Coussemaker (Edmond de)]. — J.-A. Hue de Caligny, auteur du mémoire sur l'intendance de la Flandre maritime [publié par M. Desplanque sous le nom de Madrys], p. 268. — Cf. n° 32547.

[Lettre de Vauban, 1698.]

32574. Cousin (Louis). — Sur la collection gallo-romaine de M. Herrewyn, p. 301.

32575. Coussemaker (Edmond de). — Sur les armoiries de la ville de Bailleul, p. 305.

32576. Coussemaker (Edmond de). — Manuscrit du couvent de Sainte-Catherine-de-Sienne de Douai. Notice descriptive, 2 *pl.*, p. 309.

[Miniatures de Vaast Bellegambe et Bon Lenglet (XVIIe s.); histoire du couvent.]

32577. Houdoy (Jules). — La joyeuse entrée des altesses sérénissimes Albert et Isabelle (février 1600). Lille au XVIe siècle, p. 399.

32578. Derveaux (L'abbé). — Mémoire pour servir à la revendication du coffret renfermant les principales reliques de saint Chrysole, confié en dépôt par les chanoines de Comines au chapitre de Saint-Donatien, aujourd'hui Saint-Sauveur de Bruges, p. 514.

32579. Lebeau (Auguste). — Découverte d'un cimetière gallo-romain sur l'ancien territoire d'Avesnes; origine de cette ville, p. 523.

32580. Coussemaker (Edmond de). — Notice nécrologique sur M. Louis Cousin, président du sous-comité historique de Dunkerque [† 1872], p. 541.

XIII. — Bulletin de la Commission historique du département du Nord, t. XIII. (Lille, 1877, in-8°, 415 p.)

32581. Houdoy (Jules). — Abbaye de Marquette. Documents archéologiques [comptes extraits d'un Mémorial, XIVe-XVIe s.], p. 65.

[32553]. Leuridan (Th.). — Statistique féodale du département du Nord. Première partie : la châtellenie de Lille, p. 73.

32582. Fontaine de Resbecq (De). — Note sur l'origine du nom des Bleuets de Lille et sur la fondation de Jacques Imbert, seigneur de Mello, bourgeois de Lille [1650], p. 167.

32583. Derveaux (L'abbé). — Biographie d'Auger Ghisselin de Bousbecques, né à Comines en 1522, ambassadeur près des cours de Londres, de Constantinople, de Madrid et de Paris, savant érudit, naturaliste distingué [† 1592], p. 177.

32584. Delattre (Victor). — Recherches historiques sur la villa de l'abbé du Saint-Sépulcre, le faubourg Saint-Gilles et la seigneurie du Plat-Fornières, à Cambrai, 2 *pl.* et *fig.*, p. 247.

32585. [Dehaisnes (L'abbé)]. — Rapport sur les monuments historiques du département du Nord, p. 383.

XIV. — Bulletin de la Commission historique du département du Nord, t. XIV. (Lille, 1879, in-8°, IV-473 p.)

32586. Fontaine de Resbecq (De). — Histoire de l'enseignement primaire avant 1789 dans les communes qui ont formé le département du Nord, p. 1 à 425.

32587. Dehaisnes (L'abbé). — L'Espagne a-t-elle exercé une influence artistique dans les Pays-Bas? p. 427.

32588. Caffiaux (H.). — La ville de Valenciennes avait-elle guerre civile ou paix profonde, quand elle reçut, en 1114, la charte dite *de la paix*? p. 451.

XV. — Bulletin de la Commission historique du département du Nord, t. XV. (Lille, in-8°, *sous presse.*)

32589. Van Hende (Ed.). — Notice sur Guillaume Le Blanc, seigneur de Houchin, maître de la Chambre des comptes de Lille, et sur un jeton frappé à ses armes, p. 5.

32590. Durieux (A.). — Les Archives communales de Cambrai, p. 37.

32591. Dehaisnes (L'abbé). — Notice sur la vie et les travaux de M. Edmond de Coussemaker [1805 † 1876], p. 97.

32592. Leuridan (Th.). — Les seigneurs de Comines, p. 161.

[Ce travail doit être suivi de la table des quinze premiers volumes.]

XVI. — Bulletin de la Commission historique du département du Nord, t. XVI. (Lille, 1883, in-4°, 408 p.)

32593. Bulteau (L'abbé). — Étude historique et archéologique sur les abbayes d'Honnecourt et de Vaucelles, 6 *pl.*, p. 1 à 111.

32594. Leuridan (Th.). — Histoire de Linselles, p. 113.

32595. Ozenfant (Aug.). — Notes sur les anciens établissements hospitaliers de la ville de Lille et les curiosités qu'ils renferment, 6 *pl.* et *fig.*, p. 345.

32596. Van Hende (Ed.). — Notice sur Jean Wouters, seigneur de Hallebast et de Brouck, président de la Chambre des comptes de Lille [† 1516], et sur deux jetons frappés à ses armes, *pl.*, p. 375.

32597. Scrive-Bertin. — Les origines de la bourse commune des pauvres à Lille au xvie siècle, p. 391. — Cf. n° 32777.

32598. Van Costenoble (L'abbé). — Anciens vitraux de Flêtre, p. 403.

NORD. — LILLE.

SOCIÉTÉ DES FOUILLES DU PALAIS DE JUSTICE DE LILLE.

Lors des grands travaux exécutés au Palais de justice de Lille vers 1835, une société se constitua pour les surveiller et enregistrer les renseignements archéologiques qu'ils pourraient fournir. Elle fit paraître, en 1836, un compte rendu dont voici le titre :

32599. Brun-Lavainne. — Rapport présenté à la Société des fouilles du Palais de justice de Lille au nom de la Commission chargée de la direction des travaux [monnaies du moyen âge, etc.]. (S. l. n. d. [Lille, 1836], in-8°, 24 p. et 3 *pl.*)

NORD. — LILLE.

SOCIÉTÉ DES SCIENCES, DE L'AGRICULTURE ET DES ARTS DE LILLE.

Fondée en 1802 sous le titre de *Société d'amateurs des sciences et des arts de la ville de Lille*, et autorisée le 11 février 1803, la *Société des sciences, de l'agriculture et des arts de Lille* a pris, en 1825, la dénomination qu'elle porte actuellement. Elle a été reconnue comme établissement d'utilité publique le 13 décembre 1862. Sans parler de ses *Notices agricoles*, elle a publié successivement 5 cahiers de *Séances publiques*, 4 volumes intitulés *Recueil des travaux de la Société des sciences*, etc., et enfin des *Mémoires* dont la quatrième série comprenait en 1885 14 volumes. Il existe des tables des trois premières séries (voir nos nos 32676, 32709 et 32771). Cette compagnie a fait paraître, en outre, les ouvrages suivants :

32600. Anonyme. — Catalogue de la bibliothèque de la Société royale des sciences, de l'agriculture et des arts de Lille. (Lille, 1839, in-8°, 95 p.)
32601. [Verly (C.).]. — Catalogue du Musée archéologique et numismatique de la ville de Lille. (Lille, Danel, 1860, in-8°, iv et 637 p.)

[En second titre : Verly (C.). — Catalogue des médailles du Musée de Lille.]

32602. [Coussemaker (E. de)]. — Inventaire analytique et chronologique des archives de la Chambre des comptes, à Lille, publié par les soins et aux frais de la Société impériale des sciences, de l'agriculture et des arts de Lille, 2 vol. (Paris et Lille, 1865, in-4°, t. I, xii et 464 p.; t. II, paginé 465 à 954.)
32603. [Norguet (A. de)]. — Catalogue de la bibliothèque de la Société impériale des sciences, de l'agriculture et des arts de Lille. (Lille, 1870, in-8°, 426 p.)
32604. Coussemaker (E. de). — Œuvres complètes du trouvère Adam de la Halle (poésies et musique) publiées sous les auspices de la Société des sciences, des lettres et des arts de Lille. (Paris, 1872, in-8°, lxxiv-440 p. et *pl.*)

I. — Séances publiques de la Société d'amateurs des sciences et arts de la ville de Lille, Ier cahier. (S. l. n. d. [Lille, 1806], in-8°, 62 p.)

32605. Bottin. — Sur les sociétés littéraires et scientifiques de Lille, p. 3
32606. Poret. — Sur *Lille ancienne et moderne* de Regnault-Warin, p. 10; et II, p. 55.
32607. Van Bavière. — Sur les Bohémiens, p. 20.
32608. Féron. — Sur la Chaude-Rivière, p. 21.
32609. Bottin. — Sur la vie d'Agathon Fourmantel [1772 † 1806], p. 26.
32610. Boulet. — Sur la chronologie de quelques auteurs grecs antérieurs aux temps historiques, p. 52.
32611. Van Bavière. — Sur l'étymologie de Cats-berg, monticule entre Bailleul et Cassel, p. 54.

II. — Séances publiques de la Société d'amateurs des sciences et arts, etc., IIe cahier. (S. l. n. d. [Lille, 1807], in-8°, 65 p.)

[32606]. Poret. — Sur *Lille ancienne et moderne* de Regnault-Warin, p. 55.
32612. Silvy. — Sur le droit de cité et de bourgeoisie à Lille, p. 63.

III. — Séances publiques de la Société d'amateurs des sciences et arts, etc., IIIe cahier. (S. l. n. d. [Lille, 1808], in-8°, 85 p.)

32613. Bottin. — Sur la vie de Jean-Baptiste Coget [1733 † 1808], p. 45.
32614. Silvy. — Sur la vie de Pierre-Éloi-Joseph Faubert, né en 1767, p. 51.

IV. — Séances publiques de la Société d'amateurs des sciences et arts, etc., IVe cahier. (S. l. n. d. [Lille, 1811 ou 1812], in-8°, 160 p.)

32615. Drapiez. — Sur les travaux de la Société, p. 6.

[Tombeaux romains et autres à Bouvignies, Saint-Amand, Antreuil et Lille, p. 79. — Statuette romaine trouvée à Bavai, p. 84. — Mont de Varroïte, près Comines, p. 85. — Alain de Lille, p. 89. — Margotaine Delos, sorcière († 1589), p. 97. — Fête des meules, p. 99.]

32616. Bottin. — Extrait d'un mémoire sur les monuments celtiques du département du Nord, p. 131.
32617. Drapiez. — Notice nécrologique sur M. le docteur Tonnelier [Aimable-François, 1773 † 1809], p. 151.

V. — Séances publiques de la Société d'amateurs des sciences et arts, etc., Ve cahier. (S. l. n. d. [Lille, 1819 ou 1820], in-8°, 147 p.)

32618. Bottin. — Sur les cachots du château de Montigny et de l'abbaye d'Anchin, p. 63.
32619. Bottin. — Sur Anne de Lavaux, héroïne de Lomme [xviie s.], p. 65.
32620. Roux (G.). — Sur le népenthès d'Homère, p. 96.
32621. Lafuite. — Sur l'art de la fortification chez les anciens, p. 101.
32622. Sachon. — Fragment d'un voyage dans les Alpes [1790], p. 113.
32623. Delezenne. — Notice nécrologique sur M. Scolbert [Jean-Baptiste-Auguste, 1777 † 1818], p. 120.

VI. — Recueil des travaux de la Société d'amateurs des sciences, de l'agriculture et des arts de Lille, années 1819, 1820, 1821 et 1822. (Lille, 1823, in-8°, 436 p.)

VII. — Recueil des travaux de la Société d'amateurs des sciences, etc., années 1823 et 1824. (Lille, 1826, in-8°, 395 p.)

32624. Verly fils (C.). — Description d'un aqueduc romain situé dans la plaine de Luynes, à 2 lieues de Tours (Indre-et-Loire), 5 *pl.*, p. 293.

32625. Verly fils (C.). — Sur les antiquités du département du Nord, p. 296.

[Liste des villages du Nord où l'on a découvert des antiquités, de 1801 à 1823; tombeau celtique de Charwatte, *pl.*]

32626. Verly fils (C.). — Antiquités trouvées dans le département du Nord, 27 *pl.*, p. 300; X, p. 617; XI, p. 373; XIV, p. 83; XV, p. 374; XVI, p. 592; et XVII, p. 351.

[Statuettes, vases, bagues, lampes, figurines, pierres gravées, médailles et monnaies romaines.]

32627. Bottin. — Notice biographique [Jean-Baptiste Lestiboudois, médecin, 1715 † 29 ventôse an XII], p. 357.

32628. Vaidy (J.-V.-F.). — Notice biographique et littéraire sur Alexandre-Henri-Joseph Rousseau, docteur en médecine [1796 † 1824], p. 362.

VIII. — Recueil des travaux de la Société des sciences, de l'agriculture et des arts de Lille, année 1825. (Lille, 1825, in-8°, 562 p.)

32629. Marteau. — Notice sur Pétrarque, p. 531.

IX. — Recueil des travaux de la Société des sciences, de l'agriculture et des arts de Lille, année 1826 et 1er semestre de 1827. (Lille, 1827, in-8°, 451 p.)

32630. Fée (A.-L.-A.). — Éloge de Pline le naturaliste, p. 340.

X. — Mémoires de la Société royale des sciences, de l'agriculture et des arts de Lille, 2e semestre de 1827 et année 1828. (Lille, 1829, in-8°, 788 p.)

32631. Longer. — Recherches sur quelques antiquités de la ville de Lille [établissements religieux, écoles, fêtes, etc.], p. 582.

[32626]. Verly fils (C.). — Antiquités trouvées dans le département du Nord, p. 617.

32632. Bégin (Émile-Auguste). — Considérations sur l'origine des langues méridionales, p. 647.

XI. — Mémoires de la Société royale des sciences, ... de Lille, années 1829 et 1830. (Lille, 1831, in-8°, 554 p.)

[32626]. Verly fils (C.). — Antiquités trouvées dans le département du Nord, p. 373.

XII. — Mémoires de la Société royale des sciences, ... de Lille, année 1832 [*lire* 1831], 1re partie. (Lille, 1832, in-8°, XI-379 p.)

32633. Fée (A.-L.-A.). — Vie de Linné, rédigée sur les documents autographes laissés par ce grand homme, et suivie de l'analyse de sa correspondance avec les principaux naturalistes de son époque [1707 † 1778], 6 *pl.*, p. 1 à XI et 1 à 379.

XIII. — Mémoires de la Société royale des sciences, ... de Lille, années 1831 et 1832, 2e partie. (Lille, 1832, in-8°, 257 p.)

32634. [Fée (A.-L.-A.)]. — Flore de Théocrite, p. 123.

XIV. — Mémoires de la Société royale des sciences, ... de Lille, années 1831 et 1832, 3e partie. (Lille, 1832, in-8°, 218 p.)

[32626]. Verly fils (C.). — Antiquités trouvées dans le département du Nord, p. 83.

32635. Dourlen fils et Moulas. — Du pain et des taureaux. Discours prononcé en 1796 [par Gaspard-Melchior de Jovellanos] dans le cirque de Madrid pour dépeindre l'état florissant de l'Espagne, p. 150.

XV. — Mémoires de la Société royale des sciences, ... de Lille, année 1833. (Lille, 1834, in-8°, 539 p.)

32636. Clère (J.-F.). — Notice sur une carrière antique située près Bavay, arrondissement d'Avesnes, département du Nord, p. 369.

[32626]. Verly fils (C.). — Antiquités trouvées dans le département du Nord, p. 374.

32637. Macquart. — Hommage à la mémoire de M. Latreille, de l'Académie des sciences [naturaliste], p. 460.

32638. Anonyme. — Nécrologie. [J.-B. Wicar, peintre, † 1834], p. 531.

XVI. — Mémoires de la Société royale des sciences, ... de Lille, année 1834. (Lille, 1834, in-8°, 699 p.)

32639. Robet (J.-B.-C.). — Des amulettes corporelles considérées dans leur influence sur la conservation des animaux, p. 541.

32640. Le Glay (Dr). — Notice sur les archives de la Chambre des comptes de Lille, p. 564.

[Diplôme de Childebert, 706.]

[32626]. Verly fils (C.). — Antiquités trouvées dans le département du Nord, p. 592.

XVII. — Mémoires de la Société royale des sciences, . . . de Lille, année 1835. (Lille, 1836, in-8°, 487 p.)

32641. Bloüet. — De l'importance de la marine militaire, p. 306.

32642. Le Glay (Dr). — Recherches sur les premiers actes publics rédigés en français, *pl.*, p. 329.

[32626]. Verly fils (C.). — Antiquités trouvées dans le département du Nord, p. 351.

32643. Benvignat. — Utilité de la collection de dessins du legs de Wicar, p. 375.

32644. Anonyme. — Legs fait à la Société par feu M. le chevalier Wicar. Pièces relatives à ce legs, p. 382.

XVIII. — Mémoires de la Société royale des sciences, . . . de Lille, années 1836, 1837 et 1re partie de 1838. (Lille, 1838, in-8°, 425 p.)

XIX. — Mémoires de la Société royale des sciences, . . . de Lille, année 1838, 2e partie. (Lille, 1838, in-8°, 529 p.)

32645. Le Glay (Dr). — Analectes historiques ou documents inédits pour servir à l'histoire des faits, des mœurs et de la littérature, 4 *fac-similés*, p. 229. — Cf. n° 32662.

[Lettres de Jean Lemaire, Michel Colombe, Jacob Le Duchat, du P. André, de Secousse, dom Carpentier, J.-F. Foppens, Bréquigny et Bertin; bref du pape Innocent (1250); ordonnance sur les gages et appels de bataille (vers 1230); arsin et abatis de maison (XIIIe et XIVe s.); royaume des Estimaux dans la châtellenie de Lille; pièces historiques concernant Philippe de Navarre, Yolande, comtesse de Bar, Jean, duc de Berry, Charles le Téméraire, Charles VIII, Marguerite d'Autriche, Henri VIII, Charles-Quint, François Ier, Coligny et Sixte-Quint (XIVe-XVIe s.); duel de Julian Romeo et Antonio Moro (1546); attentats de Châtel et de Ravaillac; Michel-Ange; Claude d'Espense; Angelo Vergesio et Dorat; don Denis de Portugal, XIVe s.]

XX. — Mémoires de la Société royale des sciences, . . . de Lille, année 1838, 3e partie. (Lille, 1839, in-8°, 492 p.)

XXI. — Mémoires de la Société royale des sciences, . . . de Lille, année 1839. (Lille, 1839, in-8°, 555 p.)

XXII. — Mémoires de la Société royale des sciences, . . . de Lille, année 1839, 2e partie. (Lille, 1840, in-8°, 527 p.)

32646. Le Glay (Dr). — Mémoire sur les bibliothèques publiques et les principales bibliothèques particulières du département du Nord, p. 5 à 482.

[Lille, Cambrai, Douai, Valenciennes, Dunkerque, Saint-Amand, Bergues, le Cateau, Avesnes.]

XXIII. — Mémoires de la Société royale des sciences, . . . de Lille, année 1840. (Lille, 1841, in-8°, 604 p.)

32647. Heegmann (Alphonse). — Sur l'ancien système de crédit public en France, p. 425.

32648. Debode (Victor). — Considérations sur les lois de la progression des langues, p. 473.

32649. Vincent (A.-J.-H.). — Considérations sur la position géographique du *Vicus Helena*, p. 545. — Cf. n° 32650.

32650. Le Glay (Dr). — Lettre à l'auteur du mémoire précédent [sur le *Vicus Helena*], p. 557. — Cf. n° 32649.

XXIV. — Mémoires de la Société royale des sciences, . . . de Lille, année 1841, 1re partie. (Lille, 1842, in-8°, 358 p.)

XXV. — Mémoires de la Société royale des sciences, . . . de Lille, année 1841, 2e partie. (Lille, 1842, in-8°, 354 p.)

32651. Roisin (Ferdinand de). — Essai sur les cours d'amour, par Frédéric Diez, professeur de belles-lettres à l'Université de Bonn, traduit de l'allemand et annoté par le baron Ferdinand de Roisin, p. 147.

32652. Legrand (Pierre). — Discours prononcé le 13 décembre 1839 sur la tombe du docteur Hautrive, p. 273.

XXVI. — Mémoires de la Société royale des sciences, . . . de Lille, année 1842. (Lille. 1843, in-8°, 523 p.)

XXVII. — Mémoires de la Société royale des sciences, . . . de Lille, année 1843. (Lille, 1844, in-8°, 509 p.)

32653. Dufay. — Notice sur la vie et les ouvrages de Wicar [Jean-Baptiste-Joseph, peintre, 1762 † 1834], *pl.*, p. 314.

23654. Legrand (Pierre). — De Lille au mont Blanc par le Rhin, p. 378.

XXVIII. — Mémoires de la Société royale des sciences, . . . de Lille, année 1844. (Lille, 1845, in-8°, 385 p.)

XXIX. — Mémoires de la Société royale des sciences, ... de Lille, année 1845. (Lille, 1845, in-8°, 336 p.)

XXX. — Mémoires de la Société royale des sciences, ... de Lille, année 1846. (Lille, 1847, in-8°, 437 p.)

32655. Legrand (Pierre). — Une promenade à Bouvines, p. 349.
32656. David, d'Angers. — Notice sur la vie et les ouvrages de Roland [Philippe-Laurent, 1786 † 1816], statuaire, p. 366.

XXXI. — Mémoires de la Société royale des sciences, ... de Lille, année 1847. (Lille, 1847, in-8°, 263 p.)

32657. Le Glay (Dr). — Études biographiques sur Mercurino Arborio di Gattinara, chef du conseil privé des Pays-Bas, premier président du Parlement de Bourgogne, chancelier de l'empereur Charles-Quint et cardinal [1465 † 1530], *portrait*, p. 183 à 260.

XXXII. — Mémoires de la Société des sciences, de l'agriculture et des arts de Lille, année 1848. (Lille, 1849, in-8°, 499 p.)

XXXIII. — Mémoires de la Société des sciences, ... de Lille, année 1849. (Lille, 1850, in-8°, 911 p.)

32658. Legrand (Pierre). — Législation des portions ménagères [ou parts de marais dans le nord de la France], p. 175 à 307.
32659. Dupuis (Albert). — Notice sur la vie, les écrits et les doctrines d'Alain de Lille [† vers 1202], p. 709.
32660. Deligne (Jules). — Analyse de *Li Romans de Raoul de Cambrai et de Bernier*, publié pour la première fois d'après le manuscrit unique de la Bibliothèque nationale, par Edw. Le Glay, p. 777.
32661. Le Glay (Dr). — De Thomson et de ses traducteurs, p. 834.

XXXIV. — Mémoires de la Société nationale des sciences, ... de Lille, année 1850. (Lille, 1851, in-8°, 500 p.)

32662. Le Glay (Dr). — Nouveaux analectes ou documents inédits pour servir à l'histoire des faits, des mœurs et de la littérature, 2 *pl.*, p. 304. — Cf. n° 32645.

[Bulle de Calixte II; du droit d'avoir des cygnes sur la Scarpe (XVIe s.); lettres de Jean Lemaire, Jean Perréal, Cornélius Agrippa, H. Olzignano, Bucho Aytta, Georges Colvenère, Jean Caramuel, Jean Foucart; épître dédicatoire par le cardinal de Fleury; lettres de Denis Secousse et Bréquigny; notice sur un traité d'iconographie chrétienne par Jean Lheureux ou Macaire.]

32663. Legrand (Pierre). — Une nuit chez les Trappistes du mont des Kattes, p. 468.
32664. Legrand (Pierre). — Contrebande littéraire [pseudonymes lillois à propos des *Supercheries littéraires dévoilées*, de Quérard], p. 487.

XXXV. — Mémoires de la Société nationale des sciences, ... de Lille, année 1851. (Lille, 1852, in-8°, 628-xxx p.)

32665. Heegmann (Alphonse). — Examen de la théorie musicale des Grecs, p. 31 et 626.
32666. Le Glay (Dr). — Documents pour servir à l'histoire du comté d'Ostrevant [acte de foi et d'hommage, XIVe s.], *carte*, p. 531.

XXXVI. — Mémoires de la Société impériale des sciences, ... de Lille, année 1852. (Lille, 1853, in-8°, 635 p.)

32667. Lestiboudois (Dr). — Voyage en Algérie ou études sur la colonisation de l'Afrique française, p. 179 et 568.
32668. Anonyme. — [Lettres du peintre J.-B. Wicar, 1786], p. 620.

XXXVII. — Mémoires de la Société impériale des sciences, ... de Lille, année 1853. (Lille, 1854, in-8°, 574 p.)

32669. Dupuis (Albert). — Anthoinette Bourignon [écrivain, 1616 † 1680], p. 344. — Cf. n° 32782.
32670. Jeanron. — Rapport sur le musée Wicar et le musée de peinture de la ville de Lille, 2 *plans*, p. 396.
32671. Le Glay (Dr). — Mémoire sur les archives de l'abbaye de Cysoing, p. 492.

[Pièces justificatives (1149-1530); loi de Sommaing (1219); lettres de Philippe le Bon (1429), etc.]

32672. Anonyme. — [Lettre du physicien Malus, 8 germinal an XII], *pl.*, p. 531.
32673. Le Glay (Dr). — Discours prononcé [sur la tombe de J.-B. Lestiboudois, 1796 † 1853], p. 532.

XXXVIII. — Mémoires de la Société impériale des sciences, ... de Lille. Supplément à l'année 1853 et table générale de la 1re série. (Lille, 1856, in-8°, 144 p.)

32674. Legrand (Pierre). — Discours prononcé le 13 avril 1851 sur la tombe de Théodore Barrois, p. 1.

32675. Bailly. — Discours prononcé le 14 août 1852 sur la tombe de Romain Peuvion, p. 4.

32676. Anonyme. — Table des matières contenues dans les Mémoires de la Société des sciences, de l'agriculture et des arts de Lille, ainsi que dans les Notices agricoles publiées par la même Société, p. 33.

XXXIX. — Mémoires de la Société impériale des sciences, ... de Lille, année 1854, 2e série, Ier vol. (Lille, 1855, in-8°, 475 p.)

32677. La Fons Mélicocq (De). — Monnaies qui avaient cours dans les villes de Lille et de Douai aux xive, xve et xvie siècles; leurs variations diverses, p. 366.

32678. Cannissié. — Essai sur l'analyse et la synthèse des éléments phonétiques des langues et sur l'écriture, p. 386.

32679. Legrand (Pierre). — Une journée à Mons-en-Pévèle, p. 415.

XL. — Mémoires de la Société impériale des sciences, ... de Lille, année 1855, 2e série, IIe vol. (Lille, 1856, in-8°, 479 p.)

32680. Chon. — Essai sur Georges Washington et sur la révolution d'Amérique, p. 1; et XLVIII, p. 83.

32681. La Fons Mélicocq (De). — Coutumes de la ville d'Estaires au xve siècle, p. 93.

32682. Le Glay (Dr). — Spicilège d'histoire littéraire ou documents pour servir à l'histoire des sciences, des lettres et des arts dans le nord de la France, p. 409; XLII, p. 199; XLIII, p. 83; XLIV, p. 81; et XLV, p. 141.

[Antoine Pouvillon, abbé de Saint-Aubert à Cambrai (1560 † 1620); lettre de Bollandus (1649); débats entre Pierre Ruffin, abbé de Vaucelle, et le bollandiste Constantin Suyskens au sujet d'un manuscrit de la Chronique de Sigebert de Gembloux (1769); mission historique de dom Bévy (1776-1780), XL, p. 409.

Lettre de Joachim Hoppers touchant les monnaies (1560); représentations théâtrales à Lille (1573 et 1585); les catholiques anglais aux Pays-Bas; cortège funèbre de Jean-Sauveur de Calvo (1690); Jean Carpentier et sa fuite en Hollande (xviie s.); pamphlets poétiques contre François Ier; livre publié par Nicolas Calcan sous une approbation fausse (1646); publication des Mémoires de Michel de Castelnau (1731); lettre d'Adrien Kluit (1775), XLII, p. 199.

Lettres de Balthasar Moretus, imprimeur (1632-1634); rectifications à la *Bibliotheca belgica*, de Foppens; Charles Walmesley, évêque de Rama (1722 † 1797), XLIII, p. 83.

Lettre de Léon X à Marguerite d'Autriche (1513); Jean Stiltingh, bollandiste (1703 † 1762); Denis Mutte, doyen du chapitre de Cambrai († 1774); Jean Le Veau et Paul de Lande, chargés de mission auprès de Louis XII; collège anglais de Douai; Louis Foulon, secrétaire de Vander Buch (xvie s.); fragments biographiques pour servir à l'histoire littéraire de Lille (xviie et xviiie s.), XLIV, p. 81.

Fragments biographiques pour servir à l'histoire littéraire de Lille (xviie-xviiie s.), XLV, p. 141.]

XLI. — Mémoires de la Société impériale des sciences, ... de Lille, année 1856, 2e série, IIIe vol. (Lille, 1857, in-8°, 508 p.)

32683. Le Glay (Dr). — Mémoire sur les archives du chapitre de Saint-Pierre de Lille, p. 137.

[Pièces justificatives, 1128-1779; représentations théâtrales dans le collège du chapitre, 1779.]

32684. Dupuis (Albert). — Esquisse d'une histoire de l'enseignement philosophique à Lille, p. 289.

32685. Bachy (Ch.). — Notice historique sur le Musée industriel et agricole de Lille, p. 331. — Cf. n° 32794.

32686. Violette. — Notices nécrologiques, p. 469.

[Justin Maquart, entomologiste, † 1855; Côme-Damien Degland, ornithologiste, † 1856.]

XLII. — Mémoires de la Société impériale des sciences, ... de Lille, année 1857, 2e série, IVe vol. (Lille, 1858, in-8°, 426 p.)

32687. Frossard (C.-L.). — Essai sur la vie et les écrits de saint Paul, p. 97.

[32682]. Le Glay (Dr). — Spicilège d'histoire littéraire, p. 199.

32688. Godefroy-Ménilglaise (De). — Documents sur l'histoire du nord de la France [Sanderus, 1606], p. 391.

XLIII. — Mémoires de la Société impériale des sciences, ... de Lille, année 1858, 2e série, Ve vol. (Lille, 1859, in-8°, 500-LXXV p.)

[32682]. Le Glay (Dr). — Spicilège d'histoire littéraire, p. 83.

32689. Dupuis (Albert). — Études sur quelques philosophes scholastiques lillois du xie et du xiie siècle, p. 261.

[Lietbert, abbé de Saint-Ruf; Gauthier, évêque de Maguelonne; Lambert, évêque d'Arras; Jean, évêque de Thérouanne; Clarembauld, archidiacre d'Arras; Gauthier, dit de Châtillon; Alain.]

XLIV. — Mémoires de la Société impériale des sciences, ... de Lille, année 1859, 2e série, VIe vol. (Lille, 1860, in-8°, 434-XCIV p.)

32690. Vincent. — Réponse à M. Fétis et réfutation de son mémoire sur cette question : les Grecs et les Romains ont-ils connu l'harmonie simultanée des sons? En ont-ils fait usage dans leur musique? 5 *pl.*, p. 5.

[32682]. Le Glay (Dr). — Spicilège d'histoire littéraire, p. 81.
32691. Van Hende (E.). — Documents relatifs à l'histoire de la Société [collège des Philalèthes de Lille, année 1789], *pl.*, p. 207.
32692. Guiraudet. — Rapport sur des papiers provenant de l'abbé Bossut et communiqués à la Société par M. Le Glay, p. 213. — Cf. n° 32693.

[Mémoire sur la construction des voûtes; xviiie s.]

32693. Bossut (L'abbé). — Mémoire sur la figure et la construction des voûtes (1766), *pl.*, p. 217. — Cf. n° 32692.

XLV. — Mémoires de la Société impériale des sciences... de Lille, année 1860, 2e série, VIIe vol. (Lille, 1861, in-8°, 290-CLI p.)

32694. Davaine. — Canal de la Deule, p. 61.
[32682]. Le Glay (Dr). — Spicilège d'histoire littéraire, p. 141.
32695. Verly (C.). — Rapport sur les ouvrages de numismatique de M. E. Van Hende [monnaies lilloises], 3 *pl.*, p. 231. — Cf. nos 32730 et 32766.
32696. Melun (Comte de). — Histoire des États de Lille, p. 237; L, p. 239; LI, p. 693; LIII, p. 75; LV, p. 375; et LVI, p. 273.

XLVI. — Mémoires de la Société impériale des sciences... de Lille, année 1861, 2e série, VIIIe vol. (Lille, 1862, in-8°, 497-CXCIV p.)

32697. Eschenauer. — Saint Jean-Chrysostôme considéré comme orateur populaire, p. 1.
32698. Hinstin (G.). — L'île d'Ios et le tombeau d'Homère, p. 47.
32699. Dubeau. — Étude littéraire. Saint-Marc Girardin, p. 85.
32700. Coussemaker (Edmond de). — Essai historique sur la hoop [assemblée générale des échevins de plusieurs communes], p. 185.
32701. Houzé de l'Aulnoit (Aimé). — Études sur la découverte de la vapeur et l'histoire de la législation des appareils à vapeur en France, *pl.*, p. 243.

XLVII. — Mémoires de la Société impériale des sciences... de Lille, année 1862, 2e série, IXe vol. (Lille, 1863, in-8°, 654-CXVIII p.)

32702. Hinstin (G.). — Horace à Athènes, p. 321.
32703. Dupuis (Albert). — Études sur l'ambassade d'Auger de Bousbecques en Turquie [1554], p. 439.

XLVIII. — Mémoires de la Société impériale des sciences... de Lille, année 1863, 2e série, Xe vol. (Lille, 1864, in-8°, 606 p.)

[32700]. Chon. — Essai sur Washington, p. 83.
32704. Hinstin (G.). — En Arcadie [récit de voyage], p. 209.
32705. Derode (Victor). — L'instruction publique dans la Flandre wallone et plus particulièrement à Lille, p. 253.
32706. Melun (Comte de). — Notice sur l'*Art au Morier*, impression xylographique du xve siècle, *pl.*, p. 309.
32707. Guiraudet. — Leibnitz et Newton, p. 325.
32708. Pajot (Henri). — Catalogue raisonné des écrits de feu André Le Glay, archiviste du département du Nord [1785 † 1863], p. 563.

XLIX. — Mémoires de la Société impériale des sciences... de Lille, année 1863, 2e série, Xe vol., supplément. (Lille, 1864, in-8°, 243 p.)

32709. Chrestien (Dr). — Table des matières contenues dans la deuxième série (années 1854 à 1863) des *Mémoires de la Société impériale des sciences, de l'agriculture et des arts de Lille*, p. 199.

L. — Mémoires de la Société impériale des sciences ... de Lille, année 1864, 3e série, Ier vol. (Lille, 1865, in-8°, 488 p.)

[32696]. Melun (Comte de). — Histoire des États de Lille, p. 239.
32710. Houzé de l'Aulnoit (Aimé). — Notice sur un tableau de Van Dyck appartenant aux hospices de Lille [l'*Adoration des Bergers*], p. 277.
32711. Anonyme. — Notice biographique sur M. Bailly [Aimé-Augustin-Placide, médecin, 1797 † 1864], p. 447.
32712. Anonyme. — Notice biographique sur M. A. Deplanck [1817 † 1864], p. 450.
32713. Anonyme. — Notice biographique sur M. David [Charles-Alexandre, professeur, 1811 † 1864], p. 452.

LI. — Mémoires de la Société impériale des sciences ... de Lille, année 1865, 3e série, IIe vol. (Lille, 1866, in-8°, 868 p.)

32714. Hinstin (G.). — Souvenirs d'Athènes, p. 29.
32715. Houzé de l'Aulnoit (Aimé). — De l'assistance publique à Lille. L'hôpital Saint-Sauveur, 2 *pl.*, p. 171.
32716. Barré de Saint-Venant. — Notice sur la vie et les ouvrages de Pierre-Louis-Georges, comte Du Buat, colonel du génie, brigadier lieutenant-de-roi, chevalier de Saint-Louis et de Malte, correspondant de l'Institut,

auteur des *Principes d'hydraulique* [1734 † 1809], *carte* et 2 *pl.*, p. 609; et LXXVII, p. 337.

[32696]. Melun (Comte de). — Histoire des États de Lille, p. 693.

32717. Mottez. — Lettre sur la peinture à fresque, p. 721.

LII. — Mémoires de la Société impériale des sciences ... de Lille, année 1866, 3e série, IIIe vol. (Lille, 1867, in-8°, 679 p.)

32718. Chon. — Souvenirs des premières années du XIXe siècle. Mme Récamier et Mme de Staël, p. 59.

32719. Benvignat. — Musée Wicar à Lille. Recherches sur l'authenticité d'un livre de croquis attribué par Wicar à Michel-Ange Buonarotti, *pl.*, p. 95.

32720. Van Hende (Édouard). — Aquilius Sabinus et Mirabeau; description de deux médailles, *pl.*, p. 107.

32721. Girardin (J.). — Discours prononcé aux funérailles de M. Ch. Delezenne, membre de la Société et correspondant de l'Institut, le 22 août 1866 [1776 † 1866], *pl.*, p. 493.

32722. Gripon (E.). — Notice sur les travaux de M. Delezenne, p. 509.

LIII. — Mémoires de la Société impériale des sciences ... de Lille, année 1867, 3e série, IVe vol. (Paris, 1868, in-8°, 694 p.)

[32696]. Melun (Comte de). — Histoire des États de Lille, p. 75.

32723. Mossot (E.). — Étude sur Pascal et La Rochefoucauld, moralistes, p. 237.

32724. Leuridan (Th.). — Précis de l'histoire de Lannoy, *pl.*, p. 253.

32725. Derode (Victor). — Quelques documents pour servir à l'histoire de l'industrie à Lille [maîtrises, jurandes, hanses], p. 381.

32726. Dupuis (Albert). — Note sur les œuvres posthumes d'Emile Gachet [1809 † 1857], p. 537.

32727. Mathias (Ferdinand). — Notice biographique sur M. le baron Meunier [Jean-Claude-Albert-Jules, 1813 † 1867], p. 543.

32728. Desplanque (Alexandre). — Notice sur la vie et les travaux de M. Victor Derode [1797 † 1867], *pl.*, p. 551.

LIV. — Mémoires de la Société impériale des sciences ... de Lille. Mémoires couronnés ou publiés par décision spéciale de la Société, année 1867, 3e série, Ve vol. (Lille, 1868, in-8°, 618 p.)

32729. Dancoisne (L'abbé). — Monographie du couvent des Pauvres-Claires de Lille (1453-1792), *pl.*, p. 465.

LV. — Mémoires de la Société impériale des sciences ... de Lille, année 1868, 3e série, VIe vol. (Lille, 1869, in-8°, 679 p.)

32730. Van Hende (Édouard). — Supplément à la partie monétaire de la numismatique lilloise [monnaies frappées à Lille], 3 *pl.*, p. 1. — Cf. no 32695.

32731. Telliez. — Associations ouvrières [anciennes corporations, etc.], p. 65.

[32696]. Melun (Comte de). — Histoire des États de Lille, p. 375.

32732. Delerue (Victor). — Lille nommant des députés aux États généraux [1789], p. 477.

32733. Fontaine de Resbecq (De). — Notice sur la vie et les travaux de feu M. Vincent [Alexandre-Joseph-Hidulphe, 1797 † 1868], membre de l'Institut, conservateur honoraire de la Bibliothèque des Sociétés savantes, etc., p. 561.

32734. Anonyme. — Notice nécrologique sur M. Lyon [Myrtille, 1817 † 1868], inspecteur des forêts, p. 571.

LVI. — Mémoires de la Société impériale des sciences ... de Lille, année 1869, 3e série, VIIe vol. (Lille, 1870, in-8°, 561 p.)

32735. Chon. — Étude sur le *Journal* de Narbonne, premier commissaire de police de Versailles sous Louis XIV et Louis XV, publié par M. Le Roi, archiviste de la ville de Versailles, p. 1.

32736. Delerue (V.). — Premiers désordres à Lille et dans ses environs (mars à décembre 1789), p. 257.

[32696]. Melun (Comte de). — Histoire des États de Lille, p. 273.

32737. Desilve (L'abbé I.). — Notice sur Noyelles-sur-Selles et ses barons, *pl.*, p. 379.

32738. Dombret. — Remarques sur les fouilles de l'ancien cimetière situé à Ferrière-la-Grande, lieu-dit Trieux des Poteries, 22 *pl.*, p. 421.

LVII. — Mémoires de la Société des sciences, de l'agriculture et des arts de Lille, année 1870, 3e série, VIIIe vol. (Lille, 1870, in-8°, 663 p.)

32739. Bacuy (Ch.). — Observations sur le tam-tam des Chinois, p. 45.

32740. Dupuis (Albert). — Quelques notes bibliographiques pour servir à l'étude des ouvrages de Philippe de Comines et d'Auger de Bousbecques, 2 *pl.*, p. 57.

32741. Faidherbe (Le général). — Collection complète des inscriptions numidiques (libyques), avec des aperçus ethnographiques sur les Numides, 7 *pl.*, p. 361. — Cf. nos 32747 et 32759.

LVIII. — Mémoires de la Société des sciences ... de Lille, année 1871, 3ᵉ série, IXᵉ vol. (Lille, 1871, in-8°, 738 p.)

32742. Leuridan (Th.). — Le droit de sennc dans la châtellenie de Lille [délits de mœurs], p. 153.
32743. Leuridan (Th.). — Le droit du seigneur dans la châtellenie de Lille, p. 165.
32744. Leuridan (Th.). — Des franches-vérités, plaids généraux et timaux dans la châtellenie de Lille, p. 209.
32745. Delerue (Victor). — Étude sur le mouvement révolutionnaire à Lille de 1789 à 1795, p. 233.
32746. Desplanque (Alexandre). — Étude sur un poème inédit de Milon, moine de Saint-Amand d'Elnon, au IXᵉ siècle [poème sur la sobriété], p. 273.
32747. Faidherbe (Le général). — Inscriptions numidiques; réponse au docteur Judas, p. 483. — Cf. n° 32741.
32748. Dehaisnes (L'abbé Ch.). — Notice sur la vie et les travaux de M. Desplanque [Alexandre-Joseph, 1835 † 1871], archiviste du Nord, *pl.*, p. 553.
32749. Anonyme. — Notice bibliographique sur M. H.-C. Verly [archiviste, 1794 † 1871], p. 591.
32750. Van Hende (Édouard). — Biographie de Érasme-Auguste-Victor Delerue [1793 † 1871], p. 593.

LIX. — Mémoires de la Société des sciences ... de Lille, année 1872, 3ᵉ série, Xᵉ vol. (Lille, 1873, in-8°, 810 p.)

32751. Houdoy (Jules). — Chapitres de l'histoire de Lille. Le libre roisin [1296-1369], le privilège de non-confiscation; les comptes de la ville, p. 33.
32752. Norguet (A. de). — Malus, fondateur de la Société des sciences de Lille, *pl.*, p. 225.
32753. Faidherbe (Le général). — Épigraphie phénicienne, *pl.*, p. 293.
32754. Houdoy (Jules). — L'impôt sur le revenu au XVIᵉ siècle. Les États de Lille et le duc d'Albe, p. 299.
32755. Casati (Charles). — Traduction en vers inédite de la *Divine Comédie* de Dante, d'après un manuscrit du XVᵉ siècle de la bibliothèque de l'Université de Turin [peut-être par Christine de Pisan], p. 447.
32756. Leuridan (Th.). — Les châtelains de Lille, p. 481; et LXI, p. 109.
32757. Vandenbergh (E.). — Principes fondamentaux de l'architecture, p. 577.
32758. Dehaisnes (L'abbé Ch.). — Note sur la bataille de Saucourt [881], p. 625.
32759. Faidherbe (Le général). — Nouvelles inscriptions numidiques de Sidi-Arrath, *pl.*, p. 641. — Cf. n° 32741.
32760. Corenwinder. — Discours prononcé sur la tombe de M. Blanquart-Évrard, le 28 avril 1872, p. 665.

LX. — Mémoires de la Société des sciences, de l'agriculture et des arts de Lille et publications faites par ses soins, année 1872, 2ᵉ partie, 3ᵉ série, XIᵉ vol. (Lille, 1873, in-8°, 538 p.)

32761. Godefroy-Ménilglaise (De). — Voyage d'un Hollandais en France (1713-1714), p. 33.
32762. Casati (Charles). — Coup d'œil sur les musées de Madrid et notamment sur le musée du Fomento, p. 423.
32763. Casati (Charles). — Note sur les faïences de Talaveyra la Reyna, 2 *pl.*, p. 429.
32764. Debray (L.). — Étude géologique et archéologique de quelques tourbières du littoral flamand et du département de la Somme, 13 *pl.*, p. 433.

LXI. — Mémoires de la Société des sciences ... de Lille, année 1873, 3ᵉ série, XIIᵉ vol. (Lille, 1874, in-8°, 636 p.)

32765. Houdoy (Jules). — L'instruction gratuite et obligatoire depuis le XVIᵉ siècle [à Lille], p. 1.
32766. Van Hende (Édouard). — Supplément à la numismatique lilloise [méreaux capitulaires], 5 *pl.*, p. 45; et LXVI, p. 35. — Cf. n° 32695.
[32756]. Leuridan (Th.). — Les châtelains de Lille, p. 109.

[Cartulaire des châtelains de Lille (Xᵉ-XVIᵉ s.).]

32767. Casati (Charles). — Note sur la lettre ⋀ dans l'alphabet étrusque, à propos d'une inscription récemment découverte, p. 507.

LXII. — Mémoires de la Société des sciences ... de Lille, 3ᵉ série, XIIIᵉ vol. (Lille, 1874, in-8°, 528 p.)

32768. Dehaisnes (L'abbé Ch.). — Les archives départementales du Nord pendant la Révolution, p. 1.
32769. Dépret (Louis). — Les jubilés de Shakspeare, p. 145.
32770. Leuridan (Th.). — Notice historique sur Annappes [Nord], p. 489.

LXIII. — Mémoires de la Société des sciences, de l'agriculture et des arts de Lille, année 1874, 3ᵉ série, XIVᵉ vol. (Lille, 1877, in-8°, 271 p.)

32771. Norguet (A. de). — Table des matières contenues dans la troisième série (années 1864 à 1874) des *Mémoires de la Société des sciences, de l'agriculture et des arts de Lille*, p. 231.

LXIV. — Mémoires de la Société des sciences, de l'agriculture et des arts de Lille et publications faites par ses soins, 4ᵉ série, t. I. (Lille, 1876, in-8°, 589 p.)

32772. Houdoy (Jules). — *Renart-le-Nouvel*, roman satirique composé au XIIIᵉ siècle par Jacquemars Giélée de Lille, précédé d'une introduction historique et illustré d'un fac-similé d'après le manuscrit La Vallière de la Bibliothèque nationale, *pl.*, p. 1 à 204.

32773. Dehaisnes (L'abbé Ch.). — Étude sur les registres des chartes de l'audience conservés dans l'ancienne chambre des comptes de Lille. Guerres et pillages, crimes et malheurs, mœurs et usages dans les Pays-Bas, du XIVᵉ au XVIIᵉ siècle, p. 329.

[Pièces justificatives, 1448-1532; renouvellement des privilèges de Maubeuge, 1487; rémission aux habitants d'Ostende, 1499; franche-foire pour Wervicq, 1527.]

32774. Dépret (Louis). — Charles Dickens (1812 † 1870), p. 423.

32775. Casati (Charles). — Notice sur les faïences de Diruta d'après des documents nouveaux, *pl.*, p. 471; et LXVI, p. 75.

LXV. — Mémoires de la Société des sciences . . . de Lille, 4ᵉ série, t. II. (Lille, 1876, in-8°, 504 p.)

32776. Dépret (Louis). — La poésie en Amérique. Henry-Wadsworth Longfellow [né en 1807], p. 293.

32777. Dehaisnes (L'abbé Ch.). — Notice sur la vie et les travaux de M. E. de Coussemaker [Charles-Edmond-Henri, 1805 † 1876], correspondant de l'Institut, p. 343. — Cf. n° 32591.

LXVI. — Mémoires de la Société des sciences . . . de Lille, 4ᵉ série, t. III. (Lille, 1877, in-8°, 586 p.)

[32766]. Van Hende (Édouard). — Supplément à la numismatique lilloise [plommés des Innocents], 4 *pl.*, p. 35.

[32775]. Casati (Charles). — Faïences de Diruta, *pl.*, p. 75.

32778. Casati (Charles). — Lettres royales et lettres missives inédites notamment de Louis XI, Louis XII, François Iᵉʳ, Charles-Quint, Marie Stuart, Catherine de Médicis, Henri IV, Bianca Capello, Sixte-Quint, etc., relatives aux affaires de France et d'Italie, tirées des archives de Gênes, Florence et Venise, *fig.*, p. 77.

[En outre : lettres de la reine Élisabeth, Henri II, Charles IX, Henri III, Philippe II, Frédéric de Prusse; Serguidi; dépêches diplomatiques des empereurs Maximilien Iᵉʳ et Charles-Quint; documents sur Savonarole, Léonard de Vinci, etc.]

32779. Houdoy (Jules). — Études artistiques. Artistes [flamands] inconnus des XIVᵉ, XVᵉ et XVIᵉ siècles; Académie des arts de Lille [XVIIIᵉ s.]; Charles-Louis Corbet, sculpteur [1758 † vers 1808], *pl.* et *fig.*, p. 193.

[Inventaire des tableaux et estampes provenant des communautés, maisons religieuses et d'émigrés, déposés aux Récollets de Lille, 1ᵉʳ prairial an III.]

32780. Faidherbe (Le général). — Le zénaga des tribus sénégalaises. Contribution à l'étude de la langue berbère, p. 389; et LXVII, p. 101.

LXVII. — Mémoires de la Société des sciences, de l'agriculture et des arts de Lille, 4ᵉ série, t. IV. (Lille, 1878, in-8°, 417 p.)

32781. Dépret (Louis). — Charles Lamb [1775 † 1835]. De l'*humour* littéraire en Angleterre, p. 1.

[32780]. Faidherbe (Le général). — Le zénaga des tribus sénégalaises, p. 101.

32782. Dupuis (Albert). — Note sur Antoinette Bourignon, p. 305. — Cf. n° 32669.

32783. Meurein. — Discours prononcé aux funérailles de M. Benvignat [Charles-César, architecte, 1805 † 1877], p. 315.

LXVIII. — Mémoires de la Société des sciences, de l'agriculture et des arts de Lille et publications faites par ses soins, 4ᵉ série, t. V. (Lille, 1878, in-8°, 485 p.)

LXIX. — Mémoires de la Société des sciences, de l'agriculture et des arts de Lille, 4ᵉ série, t. VI. (Lille, 1879, in-8°, 553 p.)

32784. Henry (Victor). — Les trois racines du verbe *être* dans les langues indo-européennes, p. 355.

32785. Lavainne. — Discours prononcé aux funérailles de M. Edmond Cox [† 1879], p. 461.

LXX. — Mémoires de la Société des sciences . . . de Lille, 4ᵉ série, t. VII. (Lille, 1880, in-8°, 439 p.)

32786. Houdoy (Jules). — Histoire artistique de la cathédrale de Cambrai, ancienne église métropolitaine Notre-Dame. Comptes, inventaires et documents inédits, avec une vue et un plan de l'ancienne cathédrale, 2 *pl.*, p. 1 à 439.

LXXI. — Mémoires de la Société des

sciences ... de Lille, 4e série, t. VIII (Lille, 1880, in-8°, 622 p.)

32787. Casati (Charles). — Notice sur le musée du château de Rosenborg [Danemark], 9 *pl.* et *fig.*, p. 99.

[Musée du moyen âge du Prinzen-Palais; faïences danoises, 2 *pl.*; hanaps et vidrecomes du Grüne-Gewölbe à Dresde et vases à boire en France aux XIVe et XVe siècles; anciennes montres et horloges, *pl.*, passage de la mer sur la glace par l'armée suédoise sous Charles X.]

32788. Dépret (Louis). — La question du pessimisme, p. 187.

32789. Dépret (Louis). — Souvenirs du Congrès littéraire de Londres [récit de voyage], p. 235.

32790. Norguet (A. de). — Discours prononcé sur la tombe de M. Reynart [† 1879], p. 501.

32791. Parise. — Discours prononcé sur la tombe de M. Roussel-Defontaine [† 1879], p. 503.

LXXII. — Mémoires de la Société des sciences ... de Lille, 4e série, t. IX. (Lille, 1881, in-8°, 493 p.)

32792. Van Hende (Ed.). — Jacques Louchart, bienfaiteur des pauvres. Considérations sur une rente de cent livres parisis léguée en 1284, *pl.*, p. 1.

32793. Houdoy (Jules). — Notice sur deux nouveaux tableaux du Musée de Lille, p. 19.

[Portrait de J. Neudorf, par Nicolas Neufchâtel dit Lucidel; portrait de la femme et des enfants d'Holbein.]

32794. Bachy (C.). — Quelques mots sur le Musée industriel et agricole de Lille, p. 59. — Cf. n° 32685.

LXXIII. — Mémoires de la Société des sciences ... de Lille, 4e série, t. X. (Lille, 1882, in-8°, 581 p.)

32795. Gosselet. — Discours prononcé sur la tombe de M. Kulmann [Charles-Frédéric, 1803 † 1881], p. 175.

32796. [Casati (Charles).] — Petits musées de Hollande et grands peintres ignorés, *fig.*, p. 181.

[Musée du Bargello, à Florence; exposition rétrospective de Bruxelles en 1880.]

32797. Gosselet. — Discours prononcé sur la tombe de M. Kuhlmann fils [† 1881], p. 487.

32798. Gosselet. — Discours prononcé sur la tombe de M. Paeile [Charles-Louis-Eusèbe, 1823 † 1881], p. 491.

32799. Deligne (Jules). — Discours prononcé sur la tombe de M. Émile-Louis Salomé [† 1881], p. 495.

LXXIV. — Mémoires de la Société des sciences ... de Lille, 4e série, t. XI. (Lille, 1883, in-8°, 451 p.)

32800. Houzé de l'Aulnoit (Aimé). — Essai sur les faïences de Douai dites grès anglais, 2 *pl.* et *fig.*, p. 1.

32801. Deligne (Jules). — Causerie sur les Mémoires de la Société des sciences, de l'agriculture et des arts de Lille, p. 143.

32802. Deligne (Jules). — Discours prononcé le 8 août 1882 sur la tombe de M. Georges Cannissié, p. 187.

32803. Desrousseaux (A.). — Brûle-Maison. Étude biographique [François Cotigny, dit Brûle-Maison, chansonnier, 1678 † 1740], p. 235.

32804. Terquem (A.). — Discours prononcé sur la tombe de M. Jules Houdoy [† 1882], p. 267.

32805. Leuridan (Th.). — Deux épisodes de l'histoire des châtelains de Lille [XIIe s.], p. 273.

32806. Deligne (Jules). — Discours prononcé sur la tombe de M. Alfred Houzé de l'Aulnoit, le 23 novembre 1882, p. 321.

32807. Leuridan (Th.). — La prévôté d'Halluin, p. 325.

LXXV. — Mémoires de la Société des sciences ... de Lille, 4e série, t. XII. (Lille, 1883, in-8°, 95 et VI-441 p.)

32808. Henry (Victor). — «De sermonis humani origine et natura M. Terentius Varro quid senserit, disquisivit et apud Facultatem litterarum Parisiensem disputavit, ad doctoris gradum promovendus, V. Henry, jam doctor in jure civili, bibliothecæ Insulensis procurator». (Lille, 1883, in-8°, 95 p.)

32809. Henry (Victor). — Étude sur l'analogie en général et sur les formations analogiques de la langue grecque. (Paris, 1883, in-8°, VI-441 p. et un erratum de 6 p. non pag.)

LXXVI. — Mémoires de la Société des sciences ... de Lille, 4e série, t. XIII. (Lille, 1885, in-8°, 722 p.)

LXXVII. — Mémoires de la Société des sciences ... de Lille, 4e série, t. XIV. (Lille, 1885, in-8°, 614 p.)

32810. Boussinesq (J.). — Notice sur la vie et les travaux de M. Édouard Roche, professeur à la Faculté des sciences de Montpellier, correspondant de l'Institut [1820 † 1883], *portrait*, p. 17.

32811. Terquem (A.). — La science romaine à l'époque d'Auguste. Étude historique d'après Vitruve, *pl.*, p. 73.

32812. Henry (Victor). — Trente stances de Bhâmini-Vilâsa, accompagnées de fragments du commentaire inédit de Manirâma [XVIe s.], p. 261.

[32716]. [Barbé] de Saint-Venant. — Pierre-Louis-Georges, comte Du Buat (1734 † 1809). Supplément, p. 337.

32813. Colas (Alphonse). — Discours prononcé sur la tombe de M. Jules Dutilleul le 19 août 1883, p. 379.

32814. Colas (Alphonse). — Discours prononcé sur la tombe de M. Benjamin Corenwinder le 23 juillet 1884, p. 381.

32815. Vandenbergh. — Discours prononcé sur la tombe de M. Victor Meurein le 16 août 1885, p. 383.

32816. Norguet (A. de). — Discours prononcé sur la tombe de M. Jean Parise le 26 décembre 1885, p. 387.

NORD. — ROUBAIX.

SOCIÉTÉ D'ÉMULATION DE ROUBAIX.

La *Société d'émulation de Roubaix* a été fondée le 12 novembre 1868; elle a été approuvée par arrêté préfectoral du 24 mars 1869. Le huitième volume de ses *Mémoires* a paru en 1886. Elle a publié, en outre, l'ouvrage suivant :

32817. Leuridan (Th.). — Sources de l'histoire de Roubaix publiées sous les auspices de la Société d'émulation de cette ville. (Roubaix, 1882, in-4°, vi et 295 p.)

[Documents analysés ou publiés *in extenso*, de 881 à 1502.]

I. — Mémoires de la Société d'émulation de Roubaix, t. I, 1868-1869. (Roubaix, 1871, in-8°, viii et 290 p.)

32818. Bonnier. — Galerie historique roubaisienne, p. 46 et 167.

[Notice historique sur sainte Thècle, ix° s.]

32819. Leuridan (Th.). — Notice sur M. l'abbé Libert, mort en chaire à Roubaix en 1840 [Édouard Joseph, 1785 † 1840], p. 159.

32820. Leuridan (Th.). — Essai sur l'histoire religieuse de la Flandre wallone, p. 187; III, p. 61; IV, p. 105; et V, p. 31.

II. — Mémoires de la Société d'émulation de Roubaix, t. II, 1870-1871. (Roubaix, 1871, in-8°, 404 p.)

32821. Faidherbe (Aristide). — Réforme de l'orthographe française d'après M. Firmin Didot, p. 49.

32822. Liagre (Dr). — Notice nécrologique de M. le docteur Paquet [Félix-Louis-Joseph, 1813 † 1870], p. 97.

32823. Faidherbe (Aristide). — Notice nécrologique de M. Frédéric-Emmanuel Laumonnier [1849 † 1870], p. 105.

32824. Brun-Lavainne. — Charles de Bourgogne, dit le Téméraire; son caractère, sa politique, son gouvernement, p. 109.

32825. Legrand (L.). — Étude historique sur les corporations d'arts et métiers, p. 207; et III, p. 175.

III. — Mémoires de la Société d'émulation de Roubaix, t. III, 1872-1873. (Roubaix, 1874, in-8°, 424 p.)

32826. Faidherbe (Alexandre). — Notice nécrologique sur M. Pierre Motte [1825 † 1871], p. 1.

32827. Scrépel-Chrétien (L.). — Notice nécrologique sur M. le docteur Liagre [Édouard-Jean-Baptiste-Pierre, 1814 † 1872], p. 49.

[32820]. Leuridan (Th.). — Essai sur l'histoire religieuse de la Flandre wallone, p. 61.

[32825]. Legrand (L.). — Étude historique sur les corporations d'arts et métiers, p. 175.

IV. — Mémoires de la Société d'émulation de Roubaix, t. IV, 1873-1875. (Roubaix, 1876, in-8°, 288 p.)

[32820]. Leuridan (Th.). — Essai sur l'histoire religieuse de la Flandre wallone, p. 105.

32828. Wibaux-Motte. — Notice nécrologique sur M. Louis Legrand, président de la Société [1845 † 1874], p. 265.

V. — Mémoires de la Société d'émulation de Roubaix, t. V, 1876-1878. (Roubaix, 1879, in-8°, 394 p.)

32829. Jenniaux (Jules). — Notice nécrologique sur M. Brun-Lavainne [Élie, 1791 † 1875], p. 1.

[32820]. Leuridan (Th.). — Essai sur l'histoire religieuse de la Flandre wallone, p. 31.

32830. Leuridan (Th.). — Sur une statuette chinoise du Musée de Roubaix. La déesse Pou-ssa, p. 299.

VI. — Mémoires de la Société d'émulation de Roubaix, t. VI, 1879-1882. (Roubaix, 1882, in-8°, 507 p.)

32831. Leuridan (Th.). — Croix et ses seigneurs, 2 *pl.*, p. 1.

32832. Leuridan (Th.). — La bibliothèque publique de Roubaix en 1877, p. 75.

32833. Faidherbe (Alexandre). — Bluette grammaticale; le trait d'union, p. 115.

VII. — Mémoires de la Société d'émulation de Roubaix, t. VII, 1883-1884. (Roubaix, 1884, in-8°, 120 et 273 p.)

32834. Faidherbe (Alexandre). — Bluette grammaticale à propos du patois. Causerie humouristique, p. 1.

32835. Leuridan (Th.). — Notice historique sur Annapes, p. 33.

VIII. — Mémoires de la Société d'émulation de Roubaix, 2e série, t. I, 1885. (Roubaix, 1886, gr. in-8°, 291 p.)

32836. Leuridan (L'abbé). — La table des pauvres à Roubaix, p. 5.

32837. Leuridan (Th.). — Notes pour servir à l'histoire de Wasquehal, *fig.*, p. 117.

32838. Leuridan (L'abbé). — Notice historique sur Noyelles-lez-Seclin, p. 189.

NORD. — VALENCIENNES.

SOCIÉTÉ D'AGRICULTURE, DES SCIENCES ET DES ARTS DE L'ARRONDISSEMENT DE VALENCIENNES.

La *Société d'agriculture, des sciences et des arts de l'arrondissement de Valenciennes,* fondée en 1831, approuvée le 7 décembre 1832, a été reconnue comme établissement d'utilité publique le 12 juin 1851. Elle a fait paraître, de 1833 à 1849, une suite de *Mémoires* formant 9 volumes et qu'il ne faut pas confondre avec la collection des *Mémoires historiques* composée de 6 volumes qui ont paru de 1865 à 1879. Elle publie aussi depuis 1849 une *Revue agricole, industrielle et littéraire.* En tête du premier volume des *Mémoires historiques*, se trouve la table générale des documents historiques insérés soit dans les *Mémoires*, soit dans la *Revue* de 1831 à 1865. Enfin cette Société a organisé diverses expositions qui ont fait l'objet de comptes rendus que nous indiquons sous les nos 32839 à 32841.

32839. Anonyme. — Exposition d'objets d'arts et d'industrie à Valenciennes (1833). Compte rendu par la Commission chargée de l'exposition. (Valenciennes, 1833, in-8°, 132-5 p.)

32840. Anonyme. — Exposition d'objets d'art et d'industrie à Valenciennes (1835). Compte rendu de la Commission chargée de l'exposition. (Valenciennes, 1835, in-8°, 151 p.)

32841. Anonyme. — Exposition publique des arts et de l'industrie de Valenciennes en 1838. Compte rendu par M. Arthur Dinaux, président de la Société d'agriculture, l'un des membres de la Commission d'exposition. (Valenciennes, 1838, in-8°, 96 p.)

I. — Mémoires de la Société d'agriculture, des sciences et des arts de l'arrondissement de Valenciennes, t. I. (Valenciennes, 1833, in-8°, 343 p.)

32842. Leroy (Onésime). — La province et Paris; extrait d'un ouvrage inédit sur la philosophie de notre littérature dramatique, p. 65.

32843. Vinet-Pajon. — Considérations sur les déipnosophistes d'Athènes, p. 84.

II. — Mémoires de la Société d'agriculture, des sciences et des arts de l'arrondissement de Valenciennes, t. II. (Valenciennes, 1836, in-8°, 357 p.)

32844. Castiaux (Ad.). — Notice historique sur l'introduction en France des premières machines à vapeur, p. 218.

32845. Lorin (Théodore). — Notice sur feu M. Charles de Pougens [1755 † 1833], p. 241.

32846. Dinaux (Arthur). — Notice biographique sur Mlle Duchesnois [Catherine-Joséphine Rafin, actrice, 1777 † 1835], *pl.*, p. 265.

III. — Mémoires de la Société d'agriculture, des sciences et des arts de l'arrondissement de Valenciennes, t. III. (Valenciennes, 1841, in-8°, 407 p.)

32847. Dinaux (Arthur). — Notice biographique sur M. Gabriel-Antoine-Joseph Hécart [1755 † 1838], *pl.*, p. 25.

32848. Hécart (G.-A.-J.). — Bibliographie parémiographique ou revue alphabétique des recueils de proverbes, p. 36.

32849. Hécart (G.-A.-J.). — Notice biographique sur Jean Molinet, poète et historien au xve siècle, chanoine à Valenciennes [suivie de quelques poésies inédites], *pl.*, p. 82.

32850. Vinet-Pajon. — Fragments d'un essai de traduction de l'histoire romaine de Zosime, p. 117.

32851. Courtin. — Térouanne, souvenirs de 1828, *pl.*, p. 145.

32852. Mangeart (J.). — Lettre de Scipion Maffei à Voltaire, traduite pour la première fois par M. J. Mangeart, p. 155.

32853. Lorin (Théodore). — Quelques observations littéraires sur le conte de la *Matrone d'Ephèse*, p. 237.

IV. — Mémoires de la Société d'agriculture, des sciences et des arts de l'arrondissement de Valenciennes, t. IV. (Valenciennes, 1832, in-8°, 408 p.)

32854. Lorin (Théodore). — Essai sur le haschisch, composition enivrante en usage dans l'Orient, p. 229.

32855. Grar (Édouard). — Note [historique] sur la découverte de la houille dans l'arrondissement de Valenciennes [*portrait* de J. Désandrouin], p. 256.

32856. Dartrey (C.-J.-V.). — Extrait d'un ouvrage inédit intitulé : *Considérations sur l'origine et les progrès des Ligues helvétiques*, p. 365.

V. — Mémoires de la Société d'agriculture, des sciences et des arts de l'arrondissement de Valenciennes, t. V. (Valenciennes, 1846, in-8°, 411 p.)

32857. Lorin (Louis). — Essai sur la locution : Bâtir des châteaux en Espagne, p. 163.

VI. — Mémoires de la Société d'agriculture, des sciences et des arts de l'arrondissement de Valenciennes, t. VI. (Valenciennes, 1846, in-8°, IV et 355 p.)

32858. Stiévenart (Abel). — Topographie historique et médicale de Valenciennes, 4 *pl.*, p. 1 à 355.

VII. — Mémoires de la Société d'agriculture, des sciences et des arts de l'arrondissement de Valenciennes, t. VII. (Valenciennes, 1846, in-8°, 384 p.)

32859. Cornu (Henri). — Notice historique sur le duc de Croy, prince du Saint-Empire et de Solre-le-Château, grand veneur héréditaire du pays et comté de Hainaut, baron et gouverneur de Condé, grand d'Espagne de première classe, chevalier et commandeur des ordres du roi, maréchal de France [1718 † 1784], 2 *pl.*, p. 117.

32860. Bouton (Ernest). — Esquisse sur Claude Lejeune, natif de Valenciennes, surnommé le phénix des musiciens, compositeur de la musique de la chambre des rois Henri III et Henri IV, *pl.* et 12 *pages* de musique, p. 161.

32861. Lorin (Théodore). — Essai sur l'origine du sobriquet de cornard, p. 202.

32862. Martin (Adolphe). — Notice historique sur Henri Lemaire, statuaire valenciennois, grand prix de Rome, officier de la Légion d'honneur, membre de l'Institut [né en 1798], p. 209.

VIII. — Mémoires de la Société d'agriculture, des sciences et des arts de l'arrondissement de Valenciennes, t. VIII. (Valenciennes, 1847, in-8°, 384 p.)

32863. Martin (Adolphe). — Esquisse biographique sur Pierre-Louis Bécar [1792 † 1847], p. 172.

IX. — Mémoires de la Société d'agriculture, des sciences et des arts de l'arrondissement de Valenciennes, t. IX. (Valenciennes, 1849, in-8°, 201 et 292 p.)

32864. Dinaux (Arthur). — Nomenclature des personnages qui se sont fait remarquer dans l'arrondissement de Valenciennes, p. 68.

32865. Anonyme. — Catalogue des objets de peinture, de sculpture, gravures, lithographies, dessins, pastels et aquarelles, objets de curiosité, antiquités, etc., et d'arts mécaniques déposés dans les salles du Musée de l'hôtel de ville de Valenciennes, du 15 septembre au 15 octobre 1849, p. 97.

32866. Clément fils. — Tables générales des actes de l'état civil de la ville de Valenciennes, du 1er janvier 1700 au 20 septembre 1792, *pl.*, p. 133.

X. — Mémoires de la Société impériale d'agriculture, des sciences et des arts de l'arrondissement de Valenciennes, t. IX, 2e partie. (Valenciennes, 1853, in-8°, 292 p.)

I. — Mémoires historiques sur l'arrondissement de Valenciennes, publiés par la Société impériale d'agriculture, sciences et arts, t. I. (Valenciennes, 1865, in-8°, XVIII et 389 p.)

32867. [Lecat (J.).] — Table alphabétique des documents historiques publiés par la Société impériale d'agriculture, sciences et arts de l'arrondissement de Valenciennes, soit dans ses *Mémoires*, soit dans sa *Revue*, depuis la fondation de cette Société (1831) jusqu'au 1er janvier 1865, p. IX.

32868. Desilve (L'abbé). — L'abbaye de Saint-Amand pendant la prélature de Gérard Cultelli, 65e abbé (1455-1486), p. 1.

32869. Bouton (Ernest). — La corporation des chirurgiens-barbieurs à Valenciennes (1592-1760), p. 35.

32870. Lejeal (A.). — La princesse de Condé à Valenciennes (1653-1654), p. 69.

32871. Caffiaux (H.). — Nicole de Dury, maître clerc de la ville de Valenciennes (1361-1373), p. 87.

32872. Auger (E.). — Charte de Beuvrages (1473), p. 215.

32873. Desailly (Benjamin). — Biographie amandinoise. La famille Gosse [XVIIIe-XIXe s.], p. 259.

32874. Desailly (Benjamin). — *Essai sur la ville de Saint-Amand*, suivi de *Les eaux de Saint-Amand*, par dom Floride Gosse, avec prolégomènes et annotations, p. 291.

II. — Mémoires historiques sur l'arrondissement de Valenciennes, t. II. (Valenciennes, 1868, in-8°, VIII et 378 p.)

32875. Bébin (J.). — Documents pour servir à l'histoire du collège de Valenciennes depuis sa fondation [XVIe s.] jusqu'à la Révolution de 1789, p. 1.

32876. Grar (Édouard). — Famille des seigneurs de Trith, pairs de Valenciennes du XIIe au XIVe siècle, p. 57.

32877. Lejeal (Gustave). — Essai sur l'introduction du christianisme dans le Hainaut, p. 85.

32878. Cellier (L.). — Chartes communales de Valenciennes [XIe et XIIe s.], p. 127.

32879. Bouton (Ernest). — Les vignobles de Valenciennes, p. 197.

32880. Cellier (L.). — Trois autographes historiques [siège de Valenciennes en 1793], p. 207.

[Lettres du duc d'York et du général de Cammelier; capitulation.]

32881. Lejeal (A.). — Lettre de Henri IV aux Valenciennois [1595], p. 219.

32882. Caffiaux (H.). — Commencements de la régence d'Aubert de Bavière [en Hainaut] (1357-1362), p. 225.

32883. [Grar (Édouard)]. — Biographies valenciennoises, p. 327. — Cf. n° 32893.

[Jean de Valenciennes, chevalier croisé (XIIIe-XIVe s.); Jean de Valenciennes, chantre de l'église d'Aire (XIIe-XIIIe s.); Jean Martin, dominicain († 1495); Jean Baillehaut, trouvère (XIIIe s.); Philippe Petit, historien (1598 † 1661); Jean-Baptiste Carpentier, historien (1606 † 1670); Philippe de Lamine, premier abbé mitré de Saint-Jean († 1635); Désiré Tricot, poète (1812 † 1850).]

III. — Mémoires historiques sur l'arrondissement de Valenciennes, publiés par la Société d'agriculture, sciences et arts, t. III. (Valenciennes, 1873, in-8°, VII et 391 p.)

32884. Caffiaux (H.). — Le beffroi et la cloche des ouvriers en 1358, p. 1.

32885. Cellier (L.). — Une commune flamande. Recherches sur les institutions politiques de la ville de Valenciennes, p. 27 à 390.

[Inventaire du trésor de l'église Saint-Pierre; inscriptions funéraires, etc.]

IV. — Mémoires historiques sur l'arrondissement de Valenciennes, etc., t. IV. (Valenciennes, 1876, in-8°, VI et 351 p.)

32886. Anonyme. — Documents pour servir à l'histoire de l'arrondissement de Valenciennes depuis sa réunion à la France jusqu'à la Révolution, p. 1.

[Extraits des mémoires de Le Pelletier de Souzy (1683), de Dugué de Bagnols (1698) et de la *Nouvelle description de la France*, par Piganiol de La Force (1715).]

32887. Duhem (Dr). — Notice biographique sur les demoiselles Fernig, nées à Mortagne (Nord), volontaires de 1792, adjoints aux adjudants généraux sous Dumouriez, p. 97.

32888. Cellier (L.). — Les prévôts de Valenciennes; notes chronologiques, p. 127.

[Appendice : Placitum de 693; sépultures des comtes de Hainaut, de Jean Party (1404); institution de l'école dominicale (1584); réunion de Valenciennes à la France (1677); extrait de l'armorial du Hainaut, etc.]

V. — Mémoires historiques sur l'arrondis-

sement de Valenciennes, etc., t. V. (Valenciennes, 1878, in-8°, 425 p.)

32889. Caffiaux (H.). — Essai sur l'organisation militaire de Valenciennes (1067-1789), p. 1.

32890. Paillard (Charles). — Papiers d'État et documents inédits pour servir à l'histoire de Valenciennes pendant les années 1566 et 1567, p. 149; et VI, p. 1.

VI. — Mémoires historiques de l'arrondissement de Valenciennes, etc., t. VI. (Valenciennes, 1879, in-8°, xv et 359 p.)

[32890]. Paillard (Charles). — Papiers d'État et documents inédits pour servir à l'histoire de Valenciennes pendant les années 1566 et 1567, p. vii à xv et 1 à 359.

I. — Revue agricole, industrielle et littéraire du Nord, publiée sous le patronage de la Société d'agriculture, sciences et arts de Valenciennes, t. I, 1re année. (Valenciennes, s. d. [1849-1850], in-8°, 383 p.)

32891. Duchataux (V.). — Esquisse biographique sur Henri Cornu, membre titulaire et ancien président de la Société [1813 † 1869], p. 13.

32892. Anonyme. — Coup d'œil rétrospectif sur les sociétés agricoles, scientifiques, littéraires, etc., établies à Valenciennes, p. 26, 90 et 270.

32893. [Grar (Édouard).] — Biographie valenciennoise, p. 29, 54, 92, 153, 184, 211, 247; II, p. 21, 58, 93, 124, 158, 268, 297, 350, 367; III, p. 44, 60, 221, 244, 297, 334, 360; IV, p. 160, 173, 201, 308, 331, 353; V, p. 362; VI, p. 241, 268, 346; VII, p. 161, 208, 230, 272, 350; VIII, p. 72, 354, 375, 400; IX, p. 33, 69, 116, 140, 271, 312, 395; X, p. 94, 175, 269, 293; XI, p. 31, 53, 79, 112, 159, 192, 222, 289, 351; XII, p. 16, 46, 94, 122, 187, 221, 300; XIII, p. 52, 199, 227, 329; XIV, p. 270, 372; XV, p. 259, 322, 364; XVI, p. 167, 247, 388, 422; XVII, p. 30, 81, 294; XVIII, p. 55, 132, 159, 165, 282, 324; XIX, p. 94, 167, 207, 229, 343, 457, 490; XX, p. 92, 255; XXVI, p. 254; XXVIII, p. 16, 127, 195; et XXIX, p. 75. — Cf. n° 32883.

[Isabelle de Hainaut, reine de France (1170 † 1189), I, p. 29. — Baudouin, comte de Flandre, empereur de Constantinople (1171 † 1206), p. 54. — Henry de Hainaut, empereur de Constantinople (1177 † 1216), p. 92. — Renier de Trith, duc de Philippopoli († 1205), p. 94. — Jeanne de Constantinople, comtesse de Flandre et de Hainaut (1180 † 1244), p. 153. — Marguerite de Constantinople, comtesse de Flandre et de Hainaut (1202 † 1279), p. 184. — Jean Ier d'Avesnes, comte de Hainaut (1214 † 1257), p. 211. — Baudouin d'Avesnes, seigneur de Beaumont et de Raismes (1215 † 1289), p. 213. — Gilles Minave, prévôt-le-comte à Valenciennes († 1254), p. 213. — Baudouin de Condé († 1260), p. 247. — Jehan de Condé, trouvère († 1325), p. 247.

Jean II d'Avesnes, comte de Hainaut († 1304), II, p. 21. — Henri de Luxembourg, empereur d'Allemagne (1272 † 1313), p. 58. — Béatrix d'Avesnes, comtesse de Luxembourg († 1320), p. 93. — Wallerand de Luxembourg, seigneur de Doulers († 1311), p. 94. — Baudouin de Luxembourg, archevêque de Trêves (1285 † 1353), p. 124. — Jean Bernier, grand bailli de Hainaut († 1341), p. 125. — Philippa, reine d'Angleterre († 1369), p. 158. — Froissard, historien (1337 † 1410), p. 268. — Jean Party, prévôt de Valenciennes († 1404), p. 297. — Jean de La Fontaine, poète et mathématicien (1378 † 1431), p. 298. — Jean Boutillier, jurisconsulte, lieutenant du grand bailliage de Tournai (xive-xve s.), p. 298. — Jacques de Lalaing, dit *le bon Chevalier* (1421 † 1453), p. 350. — Simon Marmion, peintre († 1489), p. 352. — Pierre Du Préau, sculpteur (xive-xve s.), p. 367. — Jérôme de Moyenneville, orfèvre (xve s.), p. 367. — Otelin, peintre (xve-xvie s.), p. 368.

Philippe Blocquel, conseiller du duc de Bourgogne (1435 † 1504), III, p. 44. — Gobert Morel, héraut d'armes de Valenciennes (1487 † 1571), p. 45. — Jean de Robert, abbé de Saint-Aubert († 1471), p. 45. — Josquin Desprez, musicien compositeur (xve s. † xvie s.), p. 46. — Brisselot, archevêque et primat de Sardaigne († 1520), p. 60. — Charles de Lannoy, vice-roi de Naples (1487 † 1527), p. 61. — Jean Doye, recteur de l'Université de Louvain († 1549), p. 64. — Robert Maqueriau, chroniqueur (xve-xvie s.), p. 221. — Jean Rasoir, chanoine († 1538), p. 244. — Michel Herlin, gouverneur de Valenciennes († 1567), p. 245. — Noël Leboucq, grand-maître de l'artillerie de Valenciennes († 1567), p. 297. — Jean Berot, historien (xvie s.), p. 298. — Jean Cartény, poète († 1578), p. 299. — Jean Leboucq, peintre et généalogiste († 1573), p. 300. — Hubert Cailleau, peintre (1520 † xviie s.), p. 300. — Jean Bonmarché, musicien compositeur († 1520), p. 301. — Louis de Lafontaine, historien (1522 † 1587), p. 302. — Philippe de Lamine, premier abbé mitré de Saint-Jean († 1635), p. 334. — Jacques Jappin, quarante-sixième abbé d'Hasnon († 1639), p. 335. — Érasme Dautel, abbé de Cysoing (xvie-xviie s.), p. 336. — Jean Pitpan, généalogiste et prévôt de Valenciennes († 1641), p. 360. — François Doye, traducteur († 1643), p. 361.

Pierre Maillart, musicien littérateur (1550 † 1622), IV, p. 160. — Henri d'Outreman, historien et prévôt de Valenciennes (1546 † 1605), p. 173. — Georges de Bertoul, gouverneur des forts de l'Escaut (1550 † 1638), p. 201. — Jean Le Prévost, poète (1550 † xviie s.), p. 202. — Jean Pesin, échevin de Valenciennes (xvie s. † 1628), p. 204. — Philippe de Lalaing, grand bailli du Hainaut (1551 † 1582), p. 308. — Emmanuel-Philibert de Lalaing, grand bailli du Hainaut (1557 † 1590), p. 331. — Philippote de Lalaing (xvie-xviie s.), p. 334. — Adam Lottman, sculpteur (xvie-xviie s.), p. 353. — Pierre Scleiff, architecte et sculpteur († 1641), p. 354. — Nicolas Desquesnes, musicien compositeur († 1632), p. 357.

Isaac et Jacques Lemaire (xvie-xviie s.), V, p. 362.

Antoine Pater, sculpteur (1670 † 1747), VI, p. 241. — Jean-Antoine Watteau, peintre (1684 † 1721), p. 268. — Julien Watteau, peintre (1672 † 1718), p. 346.

François Milhomme, sculpteur (1758 † 1843), VII, p. 161. — Claire Leris de La Tude (Clairon), tragédienne (1723 † 1803), p. 208. — Bertaut, violoncelliste et compositeur (xviiie s.), p. 230. — Augustin-François Bisiaux (1799 † 1835), p. 232. — Adrien-Joseph Sandeur, général de brigade (1764 † 1813), p. 272. — François Delcroix, curé de Ruesnes (1760 † 1831), p. 350. — Ignace Delcroix, jurisconsulte et administrateur (1763 † 1840), p. 353.

Jean-Baptiste Dumas (né en 1800), VIII, p. 72. — Charles Eisen, dessinateur (1720 † 1778), p. 354. — Albert Duhot, député au Corps législatif (1767 † 1851), p. 375. — Onésime Leroy, littérateur (né en 1788), p. 400.

Jean Bourgeois, précepteur de l'empereur Maximilien (1510 † 1558), IX, p. 33. — Jean Bayart, mathématicien et astronome (1580 † xviie s.), p. 33. — Marie de Bonne, sœur de Saint-François († 1471), p. 70. — Isabeau Carpentier (xve-xvie s.), p. 70.

— Charles Giraud, manufacturier (1757 + 1827), p. 116. — Philippa, reine d'Angleterre (+ 1369), p. 140. — Henri Stuart, cardinal, dernier abbé de Saint-Amand (1725 + 1807), p. 271. — Roland Girard, poète (XVIe-XVIIe s.), p. 312. — Charles de Fresnes, pair de Valenciennes (+ 1244), p. 395.

François-Antoine Alard, prieur des Dominicains (1575 + 1628), X, p. 94. — Thomas Foriez, bourgeois de Valenciennes (XIVe-XVe s.), p. 175. — Enguerant Le Franc, héraut d'armes de Valenciennes (XIVe s.), p. 269. — Laurent de Champagne, échevin de Valenciennes (XIIe-XIIIe s.), p. 293.

Jean Aurigny de Castres, historien (1712 + 1743), XI, p. 31. — Jean Lussigny, orfèvre (1690 + 1758), p. 53. — André Pluyère, horloger (1734 + 1773), p. 54. — Jean Coppin, poète (XVe s.), p. 79. — Jeanne et Agnès de Hélin, fondatrices de Fontenelle (XIIe-XIIIe s.), p. 112. — Joachim Tue-Pain, bourgeois (XIIe-XIIIe s.), p. 113. — Jacques Vairier, bourgeois de Valenciennes (+ 1522), p. 159. — Grégoire de Saint-Martin, assistant provincial des Carmes (1630 + 16..), p. 192. — Dom Philippe Caffiaux, historien (1712 + 1777), p. 222. — Jean de Valenciennes, peintre et tailleur d'images (XIVe s.), p. 289. — Célestin Cellier, peintre (1744 + 1793), p. 351.

Henri Wallon, historien (né en 1812), XII, p. 16. — François Cellier, peintre et poète (1768 + 1849), p. 46. — Guillaume de Sains, chanoine de la Salle-le-Comte (1768 + 1849), p. 94. — Jean de Liège, imprimeur (XVe-XVIe s.), p. 122. — Marie-Françoise Bultez, premier prix Monthyon (1773 + 1860), p. 187. — Dom Albéric Boulit, trente-sixième abbé de Loos (1631 + 1704), p. 221. — Guillaume Rousseau, bourgeois de Valenciennes (XIIe-XIIIe s.), p. 300.

Guillaume Rousseau, prévôt de Valenciennes (XIIIe-XIVe s.), XIII, p. 52. — Nicaise de La Croix, abbé de Saint-Jean (+ 1569), p. 54. — Philippe de La Croix, professeur en théologie (XVIe s.), p. 199. — Alexandre-Denis-Joseph de Pujol de Mortry, baron de La Grave, prévôt de Valenciennes (1757 + 1816), p. 227. — Abel de Pujol, peintre, *pl.* (1785 + 1861), p. 329.

Étienne Barrière, violoniste et compositeur (1748 + 1818), XIV, p. 270. — Roimondis, Franques de Chausmes et Sohiers, croisés (XIIe-XIIIe s.), p. 271. — Jean-Baptiste Réposte (1723 + 1787), p. 271. — Olivier Le May, peintre (1734 + 1797), p. 372.

Charles de Lannoy et Pierre Maillart, valenciennois et non tournésiens, Jean Bouteillier (XVe s.), XV, p. 259. — Philogène Duponchel, entomologiste (1774 + 1846), p. 322. — André Dufresnoy, médecin en chef de l'armée du Nord (1733 + 1800), p. 364.

Nicolas de La Croix, abbé de Maroilles (+ 1627), XVI, p. 167. — Hubert d'Assonleville, prieur de l'abbaye d'Hautmont (1553 + 1633), p. 247. — Laurent Lebloud, généalogiste et peintre (1590 + 1654), p. 388. — Michel de Raismes, quarante-cinquième abbé d'Hasnon (+ 1630), p. 422.

Alard Macqueriau, croisé (XIIe-XIIIe s.), XVII, p. 30. — Antoine Gilis, sculpteur et peintre (1702 + 1781), p. 81. — Jean-Michel Gilis, peintre (1735 + 1788), p. 294.

Quesnay de Saint-Germain, magistrat (1751 + 1805), XVIII, p. 55. — François Delacroix, jésuite (1582 + 1644), p. 56. — Jean Party, prévôt de Valenciennes (+ 1404), p. 58. — Léon de Lebrande ou de Brande, soixante-quatrième abbé de Saint-Amand (1432-1455), p. 132. — Jean Bérot, historien (XVIe s.), p. 137. — Joseph Delacroix, carme (+ 1670), p. 139. — Landelin Delacroix, historien (+ 1710), p. 140. — Le médecin Héroguelle (XVIIe s.), p. 159. — Georges Charlet, poète et grammairien (XVIe-XVIIe s.), p. 165. — Emmanuel-Napoléon Davaine, ingénieur en chef des ponts et chaussées (1804 + 1864), p. 282. — Jean de Condé, théologien (XIVe s.), p. 286. — Nicolas Lecreux, sculpteur (1734 + 1799), p. 324.

Simon Marmion, peintre (+ 1489), XIX, p. 94. — Michel de Rains, architecte (XVe s.), p. 167 et 207. — Hubert Cailleau, peintre (1525 + XVIIe s.), p. 229. — Antoine Gilis, sculpteur et peintre (1702 + 1781), p. 343 et 490. — Arthur Dinaux, écrivain (1795 + 1864), p. 457. — J.-Michel Gilis, peintre (XVIIIe s.), p. 490.

Henri Bougenier, photographe (1799 + 1866), XX, p. 92. — Lyenars de Hélesmes, croisé (XIIIe s.), p. 255.

Pierre-Joseph-Michel Lorquin, naturaliste (1797 + 1873), XXVI, p. 254.

Onésime Leroy, écrivain (1788 + 1875) et Jean-Baptiste-Charles-Joseph Bélonger, ingénieur (1790 + 1874), XXVIII, p. 16. — Émile Boulanger (1801 + 1875), p. 127. — Timothée Trim (Antoine-Joseph-Napoléon Lespès, 1815 + 1875), p. 195.

Jules Maurice, sénateur (1808 + 1876), p. XXIX, p. 75.]

32894. Lorin (Théodore). — Notice sur un monument littéraire très connu mais peu apprécié [la chanson de Marlborough], p. 61.

II. — Revue agricole, industrielle et littéraire du Nord, etc., t. II, 2e année. (Valenciennes, s. d. [1850-1851], in-8°, 379 p.)

[32893]. [Grar (Édouard).] — Biographie valenciennoise, p. 21, 58, 93, 124, 158, 268, 297, 350 et 367.

32895. Bracquemont (De). — Notice biographique sur Jean-Marie-François Méhu [1089 + 1851], p. 282.

III. — Revue agricole, industrielle et littéraire du Nord, etc., t. III, 3e année. (Valenciennes, s. d. [1851-1852], in-8°, 367 p.)

[32893]. [Grar (Édouard).] — Biographie valenciennoise, p. 44, 60, 221, 244, 297, 334 et 360.

32896. Grar (Édouard). — Note [sur quelques œuvres d'artistes valenciennois en Angleterre], p. 52.

IV. — Revue agricole, industrielle et littéraire du Nord, etc., t. IV, 4e année. (Valenciennes, s. d. [1852-1853], in-8°, 363 p.)

32897. A. D. [Dinaux (Arthur)]. — Réconciliation de la ville de Valenciennes avec le roi d'Espagne (1579), p. 23.

32898. Grar (Édouard). — De l'utilité des recherches historiques sur les anciens artistes du Nord et sur leurs œuvres, p. 70.

32899. Grar (Édouard). — Peintures relatives à la quatrième croisade, p. 72.

32900. Leroy (Onésime). — Sur l'auteur de l'*Imitation de Jésus-Christ*, p. 79.

[32893]. [Grar (Édouard)]. — Biographie valenciennoise, p. 160, 173, 201, 308, 331 et 353.

32901. Crombak. — Notice sur un manuscrit de la vie de sainte Aldegonde et sur une gravure représentant l'abbaye de Saint-Amand, p. 307.

32902. Anonyme. — Note sur quelques objets d'art relatifs au siège de Valenciennes en 1656, p. 334.

V. — Revue agricole, industrielle et litté-

raire du Nord, etc., t. V, 5ᵉ année. (Valenciennes, s. d. [1853-1854], in-8°, 395 p.)

32903. Courtin (E.). — Notice biographique sur Alfred Lusardi [1821 † 1853], p. 56.

32904. Divers. — Rapport sur une pierre commémorative élevée en 1689 dans l'hospice de l'*Hôtellerie* de Valenciennes en l'honneur du seigneur Michel de Maulde, premier conseiller pensionnaire de cette ville, *pl.*, p. 330.

[32893]. [Grar (Édouard)]. — Biographie valenciennoise, p. 362.

VI. — Revue agricole, industrielle et littéraire du Nord, etc., t. VI, 6ᵉ année. (Valenciennes, s. d. [1854-1855], in-8°, 382 p.)

32905. Le Glay (Dʳ). — Mémoires sur les archives de l'abbaye de Saint-Amand, p. 1.

[Pièces justificatives : diplômes de Louis le Débonnaire (822 et 831); confirmation des loix de commune de Dechy et de Férin (1205); lettre de Fénelon (1708); mémoires divers.]

32906. Cromback. — Rapport sur l'auteur de l'*Histoire la terre et vicomté de Sebourg*, le sieur Pierre Le Boucq, escuyer, licencié-ès-droits valentinois [xviiᵉ s.], p. 198.

32907. Courmaceul (V. de). — Étude sur quelques parties des archives conservées à Saint-Amand (Nord), p. 225.

[32893]. [Grar (Édouard)]. — Biographie valenciennoise, p. 241, 268 et 346.

32908. Lorin (Théod.). — Essai sur la locution populaire : *il y a de l'oignon*, p. 271.

32909. Martin (A.). — Rapport sur un tableau de Jacques-Albert Gérin, peintre valenciennois [1691], découvert dans la chapelle de l'hôpital général de Valenciennes le 11 juillet 1853, p. 320.

32910. Cellier (L.). — Note sur une pierre sépulcrale trouvée à Onnaing, canton de Valenciennes [Jehans Damons, † 1408], *pl.*, p. 342.

VII. — Revue agricole, industrielle et littéraire du Nord, etc., t. VII, 7ᵉ année. (Valenciennes, s. d. [1855-1856], in-8°, 385 p.)

32911. Cellier (L.). — Rapport sur les objets d'art reposant dans les églises Notre-Dame et du faubourg de Paris à Valenciennes, p. 53 et 94.

[32893]. [Grar (Édouard)]. — Biographie valenciennoise, p. 161, 208, 230, 272 et 350.

32912. Cellier (L.). — Note sur les ouvrages d'art de l'église Saint-Géry à Valenciennes, p. 182.

32913. Lepreux (Jules). — Note sur un registre des archives de la ville de Valenciennes [statistique de Valenciennes, 1700], p. 199.

32914. Lepreux (Jules). — Notes sur les corps de métiers de la ville de Valenciennes, p. 200.

32915. Cellier (L.). — Notice sur l'église Saint-Nicolas à Valenciennes et sur les œuvres d'art qu'elle renferme, p. 203.

32916. [Cellier (L.)]. — Notice sur l'hôpital général, l'oratoire de la prison et la chapelle de la citadelle de Valenciennes, p. 263.

32917. Collet (C.). — Éclaircissements sur quelques particularités ignorées de la vie de Jehan Molinet, poète et historien, chanoine à Valenciennes au xvᵉ siècle, p. 268.

32918. Divers. — Tour de l'abbaye de Saint-Amand, p. 303.

32919. Cellier (L.). — Notice sur l'église d'Aubry, près Valenciennes [1548], 2 *pl.*, p. 307.

32920. Cellier (L.). — Note sur les églises de Beuvrages et de Saint-Saulve, près Valenciennes, et sur les objets d'art que ces églises renferment, 2 *pl.*, p. 341.

VIII. — Société impériale d'agriculture, sciences et arts de Valenciennes. Revue agricole, industrielle et littéraire, t. VIII, 8ᵉ année. (Valenciennes, s. d. [1856-1857], in-8°, 440 p.)

32921. Anonyme. — Henri VIII, empereur d'Allemagne, né à Valenciennes en 1272, p. 1.

32922. Bonaini (F.). — Mémoire en réponse à certaines demandes que le Gouvernement français a adressées à celui de Toscane touchant le monument de l'empereur Henri VII, *pl.*, p. 5.

32923. Lepreux (Jules). — Corporation des serruriers à Valenciennes avant 1789, p. 31.

[32893]. [Grar (Édouard)]. — Biographie valenciennoise, p. 72, 354, 375 et 400.

32924. Cellier (L.). — Préseau sur les ruisseaux dits *les Walh* [notice historique], p. 91.

32925. Anonyme. — Copie d'une lettre [du cardinal Henri d'York, xviiiᵉ s.], p. 251.

32926. Cellier (L.). — Rapport sur le troisième volume de la *Flandria illustrata*, de Sanderus, p. 252.

32927. Cellier (L.). — Crespin, entre les rivières de Haine et de Honneau [notice historique], p. 314.

32928. Cellier (L.). — Thiant sur l'Écaillon [notice historique], p. 370.

IX. — Revue agricole, industrielle et littéraire, t. IX, 9ᵉ année. (Valenciennes, s. d. [1857-1858], in-8°, 399 p.)

32929. Cellier (L.). — Raismes [notice historique], p. 24 et 56.

[32893]. [Grar (Édouard)]. — Biographie valenciennoise, p. 33, 69, 116, 140, 271, 312 et 395.

32930. Frenck (R.-C.). — Mémoire sur le tombeau de la reine Philippa [d'Angleterre], *pl.*, p. 151. — Cf. n° 32931.

32931. Cellier (L.). — Note additionnelle [sur la reine Philippa], p. 153. — Cf. n° 32930.
32932. Cellier (L.). — Avesnes-le-Sec [notice historique], p. 198.
32933. Cellier (L.). — Marquette [notice historique], p. 306.
32934. Louise (Th.). — Documents relatifs à l'occupation de Valenciennes par les Autrichiens (1er août 1793-1er septembre 1794), p. 331.
32935. Caffiaux (Henri). — Hypéride. Oraison funèbre des Athéniens morts dans la guerre lamiaque, p. 378. — Cf. n° 32943.

X. — Revue agricole, industrielle et littéraire, t. X, 10e année. (Valenciennes, s. d. [1858-1859], in-8°, 596 p.)

[32893]. [Grar (Édouard)]. — Biographie valenciennoise, p. 94, 175, 269 et 293.
32936. Grar (Édouard). — Sur l'origine de la langue française, p. 98 et 138.
32937. Cellier (L.). — Glossaire topographique de l'arrondissement de Valenciennes, p. 301.

XI. — Revue agricole, industrielle et littéraire, t. XI, 11e année. (Valenciennes, s. d. [1859-1860], in-8°, 397 p.)

[32893]. [Grar (Édouard)]. — Biographie valenciennoise, p. 31, 53, 79, 112, 159, 192, 222, 289 et 351.
32938. Bouton (E.). — Procès fait à un cadavre [de réformé] (1691), p. 48.
32939. Bouton (E.). — Un bigame en 1592 [Phillippe de Le Broye], p. 51.
32940. Bouton (E.). — Testament de Jehan Molinet [13 août 1507], p. 106.
32941. Cellier (L.). — Exposition historique de Condé (octobre 1859) [catalogue], p. 147 et 191.
32942. Cellier (L.). — Froissart, couletier [ourdisseur] de toilettes à Valenciennes [vers 1370], p. 282.
32943. Caffiaux (H.). — Hypéride. Plaidoyer pour Euxénippe, p. 291. — Cf. n° 32935.
32944. Bouton (E.). — Le cheptel au xive siècle; les moissonneuses, le drainage, p. 334.
32945. Bouton (E.). — Le marguillier malgré lui (1763) [jugement du magistrat de Valenciennes], p. 336.

XII. — Revue agricole, industrielle et littéraire, t. XII, 12e année. (Valenciennes, 1861, in-8°, xvi et 304 p.)

32946. Bouton (E.). — Le tombeau de sire George Rollin en l'église Saint-Jehan [de Valenciennes] (1547), p. 7.
[32893]. [Grar (Édouard)]. — Biographie valenciennoise, p. 16, 46, 94, 122, 187, 221 et 300.
32947. Hamoir (G.). — Notice sur les travaux de M. Huart, médecin-vétérinaire, p. 78.
32948. Cellier (L.). — Une polémique à propos de Froissart [sur diverses circonstances de sa vie], p. 83.
32949. Grar (Édouard). — Les artistes nés dans l'arrondissement de Valenciennes qui ont exposé aux Salons de Paris, p. 212, 275; XIII, p. 21, 41, 223, 283, 322; XV, p. 32, 153 et 295.

XIII. — Revue agricole, industrielle et littéraire, t. XIII, 13e année. (Valenciennes, s. d. [1861], in-8°, 352 p.)

32950. [Grar (Édouard)]. — *La nouvelle Biographie générale.* Erreurs et omissions relatives à l'arrondissement de Valenciennes, p. 18.
[32949]. Grar (Édouard). — Les artistes nés dans l'arrondissement de Valenciennes qui ont exposé aux Salons de Paris, p. 21, 41, 223, 283 et 322.
[32893]. Grar (Édouard) et Cellier (L.). — Biographie valenciennoise, p. 52, 199, 227 et 329.
32951. D. (L'abbé). — Fouilles romaines dans les bois de l'Escaupont, p. 281.

XIV. — Revue agricole, industrielle et littéraire, t. XIV, 14e année. (Valenciennes, s. d. [1862], in-8°, 376 p.)

[32893]. Grar (Édouard). — Biographie valenciennoise, p. 270 et 372.
32952. Le Glay (Dr). — Mémoire sur les archives de l'abbaye de Saint-Jean de Valenciennes, p. 343.

[Analyse de 47 chartes (xiie-xiiie s.) et 5 pièces justificatives (xiie-xiiie s.).]

XV. — Revue agricole, industrielle, littéraire et artistique, t. XV, 14e année. (Valenciennes, s. d. [1862], in-8°, 372 p.)

[32949]. Grar (Édouard). — Les artistes nés dans l'arrondissement de Valenciennes qui ont exposé aux Salons de Paris, p. 32, 153 et 295.
32953. Louise (Th.). — Michel Herlin et ses fils [xvie s.], p. 91.
32954. Caffiaux (H.). — Choricius de Gaza. Éloge funèbre du sophiste Procope, p. 134.
32955. Desmasures (Jules). — Une course à travers le Musée royal de Bruxelles, p. 147.
32956. [Cellier (L.)]. — Galerie historique valenciennoise fondée par la Société impériale d'agriculture, sciences et arts de Valenciennes en 1847. Catalogue, p. 263.

[32893]. Grar (Édouard). — Biographie valenciennoise, p. 259, 322 et 364.

XVI. — Revue agricole, industrielle, littéraire et artistique, t. XVI, 15e année. (Valenciennes, s. d. [1863], in-8°, 452 p.)

32957. Dumont (Léon). — De la grâce et, en général, du mouvement dans les œuvres d'art, p. 94 et 144.

[32893]. Grar (Édouard). — Biographie valenciennoise, p. 167, 247, 388 et 422.

32958. Clément (E.). — [Note sur un] recueil d'extraits des registres de baptêmes, mariages et sépultures des paroisses de la ville de Valenciennes, p. 180.

32959. Desmasures (Jules). — Étude historique. Georges Chastelain [† 1475], Guillaume Ier de Mortagne [xiiie s.], les sires d'Audenarde aux xive et xve siècles, p. 184.

32960. Caffiaux (H.). — Explication nouvelle du fragment d'oraison funèbre attribué à Gorgias, p. 225.

32961. Cellier (H.). — La sainte Vraie croix d'Ouchy, *pl.*, p. 229.

32962. Caffiaux (H.). — Abatis de maisons à Gommegnies, à Crespin et à Saint-Saulve (1348-1382), p. 399.

XVII. — Revue agricole, industrielle, littéraire et artistique, t. XVII, 16e année. (Valenciennes, s. d. [1864], in-8°, 300 p.)

32963. Lejeal (A.). — Note sur le comte Guillaume de Rog[endorf, fondateur du château de l'Hermitage [xvi s.; document sur les îles d'Yères], p. 10.

[32893]. Grar (Édouard). — Biographie valenciennoise, p. 30, 81 et 294.

32964. Desailly (Benjamin). — L'abbaye de Saint-Amand au xviie siècle, p. 40.

32965. Desailly (Benjamin). — Coup d'œil sur l'administration de la justice à Saint-Amand, p. 61.

32966. Martin (A.). — Rapport sur un portrait de Mme d'Épinay [au Musée de Genève], p. 63.

32967. Lejeal (A.). — Entrée de Philippe II à Valenciennes (1549), p. 157.

32968. Desailly (Benjamin). — Notice sur le carillon de Saint Amand, p. 165.

32969. Martin (Ad.). — Corneille et l'anonyme [Jean-François-Martin de Boisville, évêque de Dijon, traducteur en vers de l'*Imitation de Jésus-Christ*], p. 220.

32970. Caffiaux (H.). — Ælius Aristide. Éloge du jeune Étéonée, traduit pour la première fois en français, p. 221.

32971. Dumont (Léon). — De l'origine et du développement de la poésie grecque, p. 236.

32972. Cellier (L.). — Va-Tost le boulanger [1475]; anecdote valenciennoise, p. 264.

32973. Grar (Édouard). — De quelques documents [manuscrits et imprimés] sur la quatrième croisade et ses suites, p. 270.

XVIII. — Revue agricole, industrielle, littéraire et artistique, t. XVIII, 16e année. (Valenciennes, s. d. [1864], in-8°, 331 p.)

32974. Lejeal (A.). — Note sur une pierre sculptée trouvée à Onnaing [Georges d'Autriche, 1601], p. 41.

32975. Auger (E.). — Sur un passeport valenciennois du xvie siècle, p. 43.

[32893]. Grar (Édouard), Lejeal (A.) et Desilve (l'abbé J.). — Biographie valenciennoise, p. 55, 132, 159, 165, 282 et 324.

32976. Grar (Édouard). — Sur les actes de l'empereur Henri VII [xive s.], p. 156.

32977. Desailly (Benjamin). — Titres nobiliaires de la famille Jocquet, de Valenciennes, p. 161.

32978. Dumont (Léon). — De l'origine et du développement de la poésie grecque, p. 209; XIX, p. 28, 158 et 198.

XIX. — Revue agricole, industrielle, littéraire et artistique, t. XIX, 17e année. (Valenciennes, s. d. [1865], in-8°, 495 p.)

[32978]. Dumont (Léon). — De l'origine et du développement de la poésie grecque, p. 28, 158 et 198.

[32893]. Grar (Édouard). — Biographie valenciennoise, p. 94, 167, 207, 229, 343, 457 et 490.

32979. Depasse (Hector). — Du réalisme dans les arts, p. 121.

32980. I. D. [Desilve (L'abbé I.)]. — Note sur le typtique de Rubens du Musée de Valenciennes, p. 467.

32981. Cellier (L.). — Watteau [Jean-Antoine, 1684 † 1721], son enfance, ses contemporains, p. 486; XX, p. 129, 154, 364, 394, 465; XXI, p. 99, 119, 188, 229; et XXII, p. 360.

XX. — Revue agricole, industrielle, littéraire et artistique, t. XX, 18e année. (Valenciennes, s. d. [1866], in-8°, 480 p.)

[32893]. Grar (Édouard). — Biographie alenciennoise, p. 92 et 255.

[32981]. Cellier (L.). — Watteau, son enfance, ses contemporains, p. 129, 154, 364, 394 et 465.

32982. Baudelet (L.). — Notice sur Macou [Nord], p. 282.

XXI. — Revue agricole, industrielle, littéraire et artistique, t. XXI, 19e année. (Valenciennes, 1867, in-8°, 415 p.)

32983. Lecat (J.). — Catalogue de la bibliothèque de la Société, p. 1; et XXXII, p. 35.

[32981]. Cellier (L.). — Watteau, son enfance, ses contemporains, p. 99, 119, 188 et 229; et XXII, p. 360.

XXII. — Revue agricole, industrielle, littéraire et artistique, t. XXII, 20ᵉ année. (Valenciennes, 1868, in-8°, 402 p.)

32984. Legrand (Louis). — Les débuts de Cicéron, p. 161.
32985. Martin (Hipp.). — Notice biographique [Pierre-François Mariage, médecin-vétérinaire, 18 vendémiaire an XI † 1866], p. 244.
[32981]. Cellier (L.). — Watteau en Angleterre; ses œuvres dans les collections de la Grande-Bretagne, en Belgique, etc., p. 360.

XXIII. — Revue agricole, industrielle, littéraire et artistique, t. XXIII, 21ᵉ année. (Valenciennes, 1869, in-8°, 334 p.)

32986. Cellier (L.). — Catalogue du médaillier de la Société impériale d'agriculture, sciences et arts de Valenciennes, p. 1.
32987. Cellier (L.). — La monnaie valenciennoise; réponse à M. R. Chalon, *fig.*, p. 246.
32988. Cellier (L.). — Saint Christophe et les fruitiers de Valenciennes, p. 305.
32989. Louise (Th.). — Les compagnies bourgeoises à Valenciennes [XVIᵉ s.], p. 325.

XXIV. — Revue agricole, industrielle, littéraire et artistique, t. XXIV, 22ᵉ et 23ᵉ année. (Valenciennes, 1871, in-8°, 363 p.)

32990. Cellier (L.). — Encore l'estaple [figure représentée sur les monnaies de Valenciennes], *fig.*, p. 58.

XXV. — Revue agricole, industrielle, littéraire et artistique, t. XXV, 24ᵉ année. (Valenciennes, 1872, in-8°, 495 p.)

XXVI. — Revue agricole, industrielle, littéraire et artistique, t. XXVI, 25ᵉ année. (Valenciennes, 1873, in-8°, 258 p.)

[32893]. A. de N. — Biographie valenciennoise, p. 254.

XXVII. — Revue agricole, industrielle, littéraire et artistique, t. XXVII, 26ᵉ année. (Valenciennes, 1874, in-8°, 247 p.)

XXVIII. — Revue agricole, industrielle, littéraire et artistique, t. XXVIII, 27ᵉ année. (Valenciennes, 1875, in-8°, 152 p.)

[32893]. Grar (Édouard). — Biographie valenciennoise, p. 16, 127 et 195.
32991. Crasquin (P.-J.). — Rapport sur la découverte de haches en silex et d'autres instruments [à Sebourg], p. 71.

XXIX. — Revue agricole, industrielle, littéraire et artistique, t. XXIX, 28ᵉ année. (Valenciennes, 1876, in-8°, 267 p.)

[32893]. É. G. [Grar (Édouard)]. — Biographie valenciennoise, p. 75.

XXX. — Revue agricole, industrielle, littéraire et artistique, t. XXX, 29ᵉ année. (Valenciennes, 1877, in-8°, 234 p.)

32992. Anonyme. — Nécrologie [Louis Renard, 1804 † 1877; Louis Cellier, † 1877; L. Dumont, † 1877], p. 18.

XXXI. — Revue agricole, industrielle, littéraire et artistique, t. XXXI, 30ᵉ année. (Valenciennes, 1878, in-8°, 280 p.)

32993. Martin (A.). — Biographie. Alker (Henri) [magistrat à New-York, né en 1817], p. 61.
32994. Thellier de Poncheville (Ch.). — Du contrat d'emmortgagement ou vente à titre de mortgage usité autrefois dans le pays de Saint-Amand, p. 69.
32995. Delorme (René). — Carpeaux [1827 † 1875], p. 80.
32996. Dubrunfaut. — Observations sur la mort de l'aéronaute Mosment en 1806, p. 221.
32997. Anonyme. — Nécrologie. Gouvion-Deroy [Désiré-Albert, 1795 † 1878], fabricant et raffineur de sucre, distillateur à Denain, p. 269.

XXXII. — Revue agricole, industrielle, littéraire et artistique, t. XXXII, 31ᵉ année. (Valenciennes, 1879, in-8°, 318 p.)

32998. Divers. — Nécrologie. M. Édouard Grar [avocat 1804 † 1878], p. 16.
32999. Lemaire (Henri). — Biographie. Charles Deulin [écrivain, 1827 † 1877], p. 30.
[32983]. [Lecat (Jules)]. — Catalogue de la bibliothèque de la Société, p. 35.
33000. Anonyme. — Généalogie de la famille Conrart [par Jean Blon ou Le Blond], p. 165.

XXXIII. — Revue agricole, industrielle, littéraire et artistique, t. XXXIII, 32e année. (Valenciennes, 1880, in-8°, 216 p.)

33001. Liesville (De). — Le céramiste Lévêque de Saint-Omer, p. 96.

33002. Anonyme. — Nécrologie. Abel Stiévenart [† 1880], p. 124.

XXXIV. — Revue agricole, industrielle, littéraire et artistique, t. XXXIV, 33e année. (Valenciennes, 1881, in-8°, 226 p.)

33003. Carpentier (Ern. de). — Quelques notes sur l'Algérie, p. 116.

33004. P. C. [Cromback (Paul)]. — Notice nécrologique [Charles Paillard, † 1880], p. 223.

XXXV. — Revue agricole, industrielle, littéraire et artistique, t. XXXV, 34e année. (Valenciennes, 1882, in-8°, 137 p.)

XXXVI. — Revue agricole, industrielle, littéraire et artistique, t. XXXVI, 35e année. (Valenciennes, 1883, in-8°, 318 p.)

33005. Lecat (Jules). — Siège de Valenciennes en 1793; récit contemporain, p. 195.

XXXVII. — Revue agricole, industrielle, littéraire et artistique, t. XXXVII, 36e année. (Valenciennes, 1884, in-8°, 266 p.)

33006. Anonyme. — Nécrologie. Valère Bultot [1821 † 1884], p. 34.

XXXVIII. — Revue agricole, industrielle, littéraire et artistique, t. XXXVIII, 37e année. (Valenciennes, 1885, in-8°, 322 p.)

OISE. — BEAUVAIS.

ATHÉNÉE DU BEAUVAISIS.

L'*Athénée du Beauvaisis*, fondé en 1843, a publié 5 volumes d'un *Bulletin* qui a cessé de paraître en 1854.

I. — Bulletin de l'Athénée du Beauvaisis, 1843-1844-1845. (Beauvais, s. d., in-8°, 409 [*lisez* 419] p.)

[Il y a une double pagination : 370-380.]

33007. Watripon (Antonio). — Hélinand, poète et chroniqueur [xiie et xiiie s.], p. 20.
33008. Dubos (Ernest). — Billon, horloger à Senlis (1789), p. 29.
33009. Dubos (Ernest). — Notice biographique sur Augustin Vandenberghe, peintre d'histoire [1756 † 1843], p. 78.
33010. Dubos (Ernest). — Une prière de nuit. [Légende historique et locale, xixe s.], p. 95.
33011. E. P. [Péron (Eugène)]. — Mathurin Régnier [1573 † 1613], p. 102.
33012. Pinchon. — La tragédie à Rome, p. 107.
33013. Gibon (J.-B.). — Impressions d'un voyage en Morée, p. 112.
33014. Magnien (Victor). — Étude biographique sur Gioachino Rossini [né en 1792], p. 159.
33015. Fabignon. — Réminiscence de la Jacquerie. Sentence du lieutenant-général du bailliage de Senlis, du 12 mars 1395 (n. st.), p. 207.
33016. Magnien (Victor). — Notice sur Nicolo Paganini [1784 † 1840], p. 226.
33017. Tremblay (Victor). — De l'établissement du système métrique des poids et mesures en France depuis son origine, des obstacles qui ont entravé en différents temps son entière adoption, etc., p. 300.
33018. Magnien (Victor). — Aperçu biographique sur les célébrités musicales du département de l'Oise et sur leurs compatriotes qui, par leurs talents, ont rendu des services à l'art et aux artistes, p. 338.
33019. Rathery (E.-J.-B.). — Documents inédits relatifs à l'histoire de Picardie et à celle de Beauvais au xvie siècle, p. 367.

[Lettres de Henri II, de Marivault et de François d'Auvergne, 1557.]

33020. Maréchal. — Lord Byron; particularités sur son séjour en Grèce, sa mort [† 1824], p. 376.
33021. Vitard (A.). — Fanatisme des Hindous, p. 374 [*lisez* 384].
33022. Mahu. — Commerce de Beauvais, p. 381 [*lisez* 391]; et III, p. 439.

II. — Bulletin de l'Athénée du Beauvaisis, 1846-1847. (Beauvais, s. d., in-8°, 451 p.)

33023. Mahu. — Une exécution à Beauvais en 1782, p. 9.
33024. Magnien (Victor). — Abrégé historique de la facture du piano depuis son origine jusqu'à nos jours, p. 40.
33025. Tremblaye (Victor). — Les maires de Beauvais [1175-1839], p. 56.
33026. Péron (Eugène). — De l'administration de M. le comte de Germiny, préfet de l'Oise, de 1817 à 1820, p. 142.
33027. Rathery (E.-J.-B.). — Charte inédite du xiiie siècle, p. 153.

[Donation d'une serve à Saint-Pierre de Troyes, 1229.]

33028. Baldt (A.-G.). — Bibliothèque de Mme de Sévigné, p. 197.
33029. Magnien (Victor). — Étude biographique sur Charles-Marie, baron de Weber [musicien, 1786 † 1826], p. 232.
33030. Tremblay (Victor). — Notice sur l'abbé Dubos, né à Beauvais en 1670 [† 1742], p. 268.
33031. Rayé (Ernest). — Une perruque en 1685. Épisode de l'histoire du diocèse de Beauvais, p. 374.
33032. Dottin (Henri). — Des œuvres dramatiques de M. Charles Rey, de l'Académie royale du Gard, p. 390.
33033. Moisand (Constant). — Notice biographique sur le marquis et la marquise de Mornay-Montchevreuil [xviie s.], p. 408.

III. — Bulletin de l'Athénée du Beauvaisis, 1848-1849-1850. (Beauvais, s. d., in-8°, 478 p.)

33034. Poujoulat (Baptistin). — Le Liban et le Carmel, p. 3.
33035. Tremblay (Victor). — Biographie des personnages remarquables du Beauvaisis [brève nomenclature], p. 119.
33036. Tremblay (Victor). — Biographie du duc de Saint-Simon [1675 † 1755], p. 141.
33037. Moisand (Constant). — Origine de la maison de Mornay, p. 151.

33038. Tremblay (Victor). — Notice sur Sarrazin [Jacques, 1590 † 1660], p. 161.
33039. Duranville (Léon de). — Littérature du moyen âge, p. 185.
33040. Tremblay (Victor). — Notice historique sur Charles Dupuis, de Trie-Château, ancien membre de l'Institut, professeur d'éloquence au Collège de France [1742 † 1809], p. 197.
33041. Dottin (Henri). — Notice biographique sur M. Ladoucette [Jean-François, né en 1772], p. 207.
33042. Magnien (Victor). — Étude biographique sur Mendelssohn-Bartholdy [1809 † 1847], p. 249.
33043. Mahu. — Coup d'œil sur le siège de Beauvais [1472] à propos d'un opuscule imprimé en 1848, p. 269.
33044. Morel (Auguste). — Étude sur l'abbé Dubos [Jean-Baptiste, 1670 † 1742], p. 283.
33045. Magnien (Victor). — Résumé historique de la musique en France, p. 413.
[33022]. Mahu. — Du commerce à Beauvais, p. 439.
33046. Duranville (Léon de). — Récits du moyen âge [fée, sorcière, revenants, etc.], p. 451.

IV. — Bulletin de l'Athénée du Beauvaisis, 1851-1852-1853. (Beauvais, s. d., in-8°, 476 p.)

33047. Pongerville (De). — Invasion d'Édouard III, année 1346, p. 11.
33048. Dottin (Henri). — Des festins chez les Romains, d'après les épigrammes de Martial, p. 27.
33049. Dubos (Ernest). — Notice sur Alexis-Casimir Dupuy [né en 1775], p. 39.
33050. La Rochefoucauld-Liancourt (Gaëtan de). — Vie de John Howard [1726 † 1790], p. 47.
33051. Duranville (Léon de). — Sur le blason, p. 71.
33052. Dottin (Henri). — Notice sur Préville [Pierre-Louis Dubus dit *Préville*, 1721 † 1800], p. 103.
33053. Morel (A.). — Étude historique sur les *Coutumes de Beauvaisis* de Philippe de Beaumanoir, p. 129.
33054. Duranville (Léon de). — Le diable et la mort au temps jadis, p. 225.
33055. Hennebert (E.). — La province de Reims, étude historique, *carte*, p. 245.
33056. Magnien (Victor). — Quelques mots sur l'ancienne musique des Grecs et sur la transformation qu'elle a subie dans le genre religieux jusqu'à nos jours, p. 267.
33057. Mareschal. — Notice sur Remy Belleau [1528 † 1577], p. 281.
33058. Moisand (Constant). — Histoire abrégée de la maison de Mornay [biographie de Jules de Mornay, 1807 † 1852], p. 307.
33059. Dottin (Henri). — Notice biographique sur Auguste Famin, sculpteur [1818 † 1852], p. 373.
33060. Le Roux. — Recherches sur l'origine et l'histoire des divers châteaux de Pierrefonds, *plan*, p. 405.
33061. Magnien (Victor). — Notice sur M. Marie-Louis-Stanislas Gaillard de Saint-Germain [1816 † 1852]; considérations générales sur ses lettres intitulées : *Archéologie musicale*, p. 449.

V. — Bulletin de l'Athénée du Beauvaisis, 2e semestre de 1853 et 1er semestre de 1854. (Beauvais, 1854, in-8°, 166 p.)

33062. Mahu. — Esprit des lettres de Guy Patin, p. 15.
33063. Chevallier et Lassaigne. — Mémoire sur les moyens à employer pour découvrir et rendre ostensibles certaines altérations produites frauduleusement sur les actes publics ou privés, p. 39.
33064. Duranville (Léon de). — Les Normands dans le Beauvaisis [IXe-XVe s.], p. 47.
33065. Le Roux. — Précis historique des institutions municipales de la ville de Beauvais, p. 91.
33066. Mareschal. — Analectes du chevalier de Cailly [1604 † 1673], p. 153.

OISE. — BEAUVAIS.

COMMISSION ARCHÉOLOGIQUE DU DIOCÈSE DE BEAUVAIS.

La *Commission archéologique du diocèse de Beauvais* a été créée par Mgr Cottret le 20 décembre 1839. Elle n'a publié que 2 volumes de *Bulletin*.

I. — Bulletin de la Commission archéologique du diocèse de Beauvais, t. I. (Beauvais, 1846, in-8°, II et 247 p.)

33067. Anonyme. — Sur la paroisse de Notre-Dame du Thil, *pl.*, p. 1.
33068. Barraud (L'abbé). — Sur la pierre tumulaire de Jean Legault [† 1521] dans l'église de Parnes, p. 6.
33069. Anonyme. — Sur des chartes des seigneurs de Bourg, p. 7.
33070. Anonyme. — Sur l'église de Lormaison, p. 8.
33071. Bazin (Charles). — Sur l'église de Tiverny, p. 9.

33072. Barraud (L'abbé). — Sur un Mercure gallo-romain du Musée de Beauvais, *pl.*, p. 10.

33073. Lesueur (L'abbé). — Sur la paroisse de Croutoy, p. 12.

33074. Jailliot (L'abbé). — Sur la fondation de l'abbaye de Chaalis, p. 16.

33075. Buée (L'abbé). — Biographie d'Alof de Vignacourt [grand-maître de l'ordre de Malte, † 1623], p. 20.

33076. Delettre (L'abbé). — Sur le confessionnal de Blacourt, p. 35.

33077. Barraud (L'abbé). — Sur les tombes des évêques de Beauvais à la cathédrale, p. 37.

33078. Lefèvre (L'abbé). — Sur des sépultures antiques découvertes à la Rue-Saint-Pierre et à Précy-sur-Oise, p. 40.

33079. Jaillot (L'abbé). — Sur la description de l'abbaye de Chaalis, par Jean de Montreuil, p. 43.

33080. Delettre (L'abbé). — Sur une découverte de médailles romaines, p. 50.

33081. Anonyme. — Sur les litres ou ceintures funèbres, p. 52.

33082. Domart (L'abbé). — Sur la paroisse de Bouvresse, p. 55.

33083. Lefèvre (L'abbé). — Sur une chapelle de Saint-Thibault construite dans la forêt de Hez, p. 60.

33084. Potier. — Sur les épitaphes de la cathédrale de Beauvais, p. 62.

33085. Martin (L'abbé). — Sur la paroisse de la Neuville-en-Hez et sur le couvent de Notre-Dame-de-la-Garde, p. 68.

33086. Anonyme. — Sur un dolmen de Trie-Château et un tombeau gaulois trouvé à Hérouval, près Montjavoult, *pl.*, p. 75.

33087. Godo (L'abbé). — Biographie de Philippe de Crèvecœur [xve s.], p. 78.

33088. Barraud (L'abbé). — Description de l'église de Saint-Thomas [de Beauvais], 2 *pl.*, p. 98.

33089. Lamarre (L'abbé). — Sur la charte de la commune de Bulles [1181], p. 106.

33090. Delettre (L'abbé). — Vêtement donné à la fabrique de l'église de Silly au décès de chaque chef de famille de cette paroisse, p. 114.

33091. Bulard (L'abbé). — Monuments de Neuilly-sous-Clermont [église et commanderie], p. 122.

33092. Bulard (L'abbé). — Monuments d'Auvillers [église et château (Oise)], p. 124.

33093. Anonyme. — Inscriptions des anciennes cloches de Beauvais, p. 125.

33094. Anonyme. — Ossuaire gaulois à Troissereux, p. 133.

33095. Biet (L'abbé F.-J.). — Notice sur les seigneurs et le château de Saintines [Pierre de Cuignières et sa famille], *pl.*, p. 135.

33096. Thémé (L'abbé). — Biographie de Fernel [médecin de Henri II, né en 1497], p. 152.

33097. Delettre (L'abbé). — Sur la consécration de l'église de Marigny-sur-Matz en 1510 (Oise), p. 167.

33098. Barraud (L'abbé). — Monuments celtiques [du département de l'Oise], *pl.*, p. 169.

33099. Almignana (L'abbé). — Note sur l'abbé Nollet [xviiie s.], p. 173.

33100. Domart (L'abbé). — Notes sur Boutavent-la-Grange, p. 174.

33101. Rouget (L'abbé). — Reliques de saint Josse à Parnes, p. 176.

33102. Anonyme. — Notice sur Saint-Crespin-aux-Bois, p. 179.

33103. Barraud (L'abbé). — Biographie de Jeanne Harvillers [empoisonneuse, † 1528], p. 183.

33104. Gervoise (L'abbé). — Sur la consécration de l'église de Berthecourt (1522), p. 192 et 200.

33105. Lamarre (L'abbé). — Description de l'église paroissiale de Bulles, *pl.*, p. 193.

33106. Peaucelle. — Inscriptions tumulaires [Robinet de Mailly, † 1530; Marie de Cornoaille, † 1596], p. 198.

33107. Plessier (L'abbé). — Pierre tombale de Nicolas Brocart et de sa femme [1621 et 1593], *pl.*, p. 202.

33108. Godo (L'abbé). — Église de la Rue-Saint-Pierre [xie-xvie s.], *pl.*, p. 203.

33109. Jailliot (L'abbé). — Culte des fontaines [à Montlognon], p. 206. — Cf. n° 33115.

33110. Anonyme. — Notice biographique sur M. Poullet [1810 † 1846], p. 209.

II. — Bulletin de la Commission archéologique du diocèse de Beauvais, t. II. (Beauvais, 1847, in-8°, 256 p.)

33111. Lefebvre (L'abbé). — Tombeau gaulois découvert à Courtieux (canton d'Attichy), p. 4.

33112. Barraud (L'abbé). — Traité de numismatique [antique], 3 *pl.*, p. 5, 68, 146 et 199.

33113. Delettre (L'abbé). — Sur la donation du corps de sainte Sarabimie à l'église d'Erlincourt [1260], p. 26.

33114. Heu (L'abbé). — Cloches de Villembray [1560], p. 27.

33115. Lamarre (L'abbé). — Culte des fontaines [à Bulles], p. 29. — Cf. n° 33109.

33116. Radde (L'abbé). — Notice sur la vie et les ouvrages de Marc-Antoine Hersan [1652 † 1724], p. 32.

33117. Louette (L'abbé). — Sur les obsèques de Louis d'Halluin, seigneur de Maignelay [1519], p. 51.

33118. Anonyme. — Sur les médailles romaines découvertes à Grandrû, p. 66.

33119. Anonyme. — Grotte sépulcrale de Séry [de l'époque celtique], *pl.*, p. 91.

33120. Loutte (L'abbé). — Érection du marquisat de Maignelay en duché-pairie [1587], p. 97.

33121. Lamarre (L'abbé). — Prieuré de Bulles, *pl.*, p. 106.

33122. Caillette l'Hervilleb (Edmond). — Notice historique sur l'ancien suaire de l'abbaye de Saint-Corneille de Compiègne, p. 116.

33123. Lefèvre (L'abbé). — Biographie de Vincent de Beauvais [† 1264], p. 166.

33124. Laffineur (L'abbé). — Consécration de l'église de Gannes [1603], p. 185.

33125. Anonyme. — Tombeau gaulois [découvert dans la commune d'Abbecourt en 1839], *pl.*, p. 186.

33126. Godo (L'abbé). — Mausolée d'Adrien de Wignacourt [† 1628], *pl.*, p. 190.

33127. Anonyme. — Découverte de médailles [romaines] dans la commune de Villeselve, p. 194.

33128. Plessier (L'abbé). — Pierre tombale de la veuve Bernier-Babouin, à Saint-Étienne de Beauvais [† 1300], *pl.*, p. 196.

33129. Paillard (L'abbé). — Vie de saint Germer, p. 224.

33130. Divers. — Culte des arbres [dans le Beauvaisis], p. 246.

33131. Anonyme. — Noms donnés aux rues de Beauvais pendant la Révolution, p. 247.

OISE. — BEAUVAIS.

SOCIÉTÉ ACADÉMIQUE D'ARCHÉOLOGIE, SCIENCES ET ARTS DU DÉPARTEMENT DE L'OISE.

La *Société académique d'archéologie, sciences et arts du département de l'Oise* a pris naissance, en 1847, par la transformation en compagnie indépendante du *Comité local d'archéologie* établi à Beauvais en 1841 par la *Société des Antiquaires de Picardie.* Un décret du 31 août 1867 l'a reconnue comme établissement d'utilité publique. Elle a publié, de 1847 à 1885, 12 volumes de *Mémoires* et un fascicule de *Bulletin;* elle fait paraître en outre, depuis 1881, le *Compte rendu* annuel de ses séances. Une table des articles contenus dans les dix premiers volumes des *Mémoires* a été éditée en 1881. Nous l'avons mentionnée sous le n° 33288.

I. — **Mémoires de la Société académique d'archéologie, sciences et arts du département de l'Oise**, t. I. (Beauvais, 1847 [-1851], in-8°, VIII et 520 p.)

33132. Dupont-White. — Les antiquaires de Beauvais [du XVIe au XIXe s.], p. 1.

33133. Daniel (D^r). — Notice et rapport sur le souterrain de la cour d'assises [à Beauvais], 2 *pl.*, p. 54.

33134. Danjou. — Vitraux de Saint-Étienne [de Beauvais], p. 62.

33135. Anonyme. — Note sur un calice de la fin de la Renaissance [à Hanvoile], *pl.*, p. 66.

33136. Dupont-White. — Le siège de Beauvais [1472], p. 105.

33137. Cayrol (De). — Observations sur les positions occupées successivement par l'armée romaine que commandait César depuis Durocortorum jusqu'à Bratuspantium pendant sa campagne contre les Belges, p. 160.

33138. Danjou. — Considérations sur l'origine des cryptes d'églises, 2 *pl.*, p. 173.

33139. Weil (B.). — Description des cryptes du département de l'Oise, p. 182.

[Montmille, 2 *pl.*; Pierrefonds, 2 *pl.*; Saint-Sanson, *pl.*]

33140. Weil (B.). — Notice sur le souterrain de Noyers-Saint-Martin, *pl.*, p. 191.

33141. Barraud (L'abbé). — Description des deux grandes rosaces de la cathédrale de Beauvais [XVIe s.], p. 225. — Cf. n°s 33175 et 33186.

33142. Des Courtils de Merlemont (Ad.). — Mémoire sur une voie ancienne allant par le marais et le terroir de Montreuil-sur-Thère, du gué de Bailleul-sur-Thérain aux larris de Hez, *carte*, p. 247.

33143. Danjou. — Notice sur la Procession de l'assaut à Beauvais, p. 254.

33144. Anonyme. — Remontrances, plaintes et doléances des habitants de Beauvais pour l'assemblée des États de Blois [1576], p. 264.

33145. Anonyme. — Compte des dépenses faites pour l'artillerie de la ville de Beauvais, avant, pendant et après le siège de 1472, p. 359.

33146. Leducte-Duflos. — Notice sur le mont de Catenoy

dit le camp de César [armes, vases, etc.], 4 *pl.*, p. 369.

33147. Danjou. — Notice sur M. John-Théodore Dupont-White [né en 1801], p. 395.

33148. Barraud (L'abbé). — Notice sur l'église de Saint-Martin-aux-Bois [stalles, XIIIe s.], 2 *pl.*, p. 404.

II. — Mémoires de la Société académique d'archéologie . . . de l'Oise, t. II. (Beauvais, 1852-1855, in-8°, 697 p.)

33149. Questier (L'abbé). — Notice biographique et nécrologique sur M. le docteur Mérat [François-Victor, 1780 † 1851], p. 1.

33150. Daniel (Dr). — De l'ancienne cité de Beauvais, 3 *pl.*, p. 9, 377 et 507.

33151. Hamel. — Rempart Saint-Nicolas, *pl.*, p. 54.

33152. Barraud (L'abbé). — Rapport sur les travaux exécutés dans l'année 1851 au portail du bas-côté septentrional de l'église Saint-Étienne de Beauvais, p. 57.

33153. Delacour (Ch.). — Le dernier des Cassini [Jean-Dominique Cassini V [1748 † 1845], p. 67.

33154. Danjou. — Notice sur M. Stanislas de Saint-Germain [né en 1815], p. 157.

33155. Barraud (L'abbé). — Notice sur les tapisseries de la cathédrale de Beauvais, p. 165.

33156. [Barraud (L'abbé)]. — Portrait de saint Mummolin, évêque de Noyon et de Tournai en 660, *pl.*, p. 257.

33157. Tremblay (Victor). — Notice biographique sur M. Desprey [Jean-Baptiste-Denis, † 1832], ancien conseiller de l'Université, p. 261.

33158. Barraud (L'abbé). — Description de deux nouvelles tapisseries exécutées pour la cathédrale de Beauvais par les ordres de Guillaume de Hellande [1460], *pl.*, p. 321.

33159. Barraud (L'abbé). — Iconographie de saint Nicolas, évêque de Myre [vitrail de Beauvais, *pl.*], p. 329.

33160. Danjou. — Notice sur Charles-Auguste Van den Berghe, peintre d'histoire [1798 † 1853], p. 345.

33161. Maillard (L'abbé Félix). — Notice biographique sur M. l'abbé Pinart [Désiré-Hippolyte, né en 1806], p 402.

33162. Danjou. — Note sur une enseigne de pèlerinage conservée au Musée de Beauvais [Saint-Leu d'Esserent, XIIIe s.], *fig.*, p. 410.

33163. Gomart (Ch.). — L'*Authentique*, manuscrit du martyre de saint Quentin [XIIe s.], *pl.*, p. 420.

33164. Mathon. — Le château de Verneuil (Oise), 2 *pl.*, p. 424.

33165 Barraud (L'abbé). — Autel portatif du Xe siècle [conservé à Beauvais au XVIIIe s.], p. 431.

33166. Barraud (L'abbé). — Description des vitraux de l'église Saint-Étienne de Beauvais [XVIe s.], p. 537.

33167. Barraud (L'abbé). — Châsse en cuivre émaillé de Saint-Étienne de Beauvais [XIe ou XIIe s.], p. 597.

33168. Danjou. — Notice sur M. l'abbé Félix Maillard [1809 † 1855], p. 599.

33169. Delacour (Ch.). — Notice sur M. Fabignon [1797 † 1855], p. 615.

III. — Mémoires de la Société académique d'archéologie . . . de l'Oise, t. III. (Beauvais, 1856[-1858], in-8°, 600 p.)

33170. Danjou. — Notice sur M. Lamothe, maire de Beauvais [† 1855], p. 1.

33171. Danjou. — Notice sur M. Ledicte-Duflos, président du tribunal civil de Clermont [1786 † 1855], p. 4.

33172. Danjou. — Note sur quelques antiquités mérovingiennes conservées au Musée de Beauvais, 3 *pl.*, p. 16.

33173. Mathon. — Sépultures gallo-romaines découvertes à Beauvais en 1844, 1854 et 1856, 2 *pl.*, p. 27.

33174. Mathon. — Épingle à cheveux de l'époque mérovingienne, p. 44.

33175. Barraud (L'abbé). — Description des vitraux des chapelles de la cathédrale de Beauvais, p. 50. — Cf. n° 33141.

33176. Barraud (L'abbé). — Pierre tombale de saint Arnoult, martyr et ermite [XIVe s.], *pl.*, p. 87.

33177. Barraud (L'abbé). — Tombe de Guillaume de Hellande, soixante-dix-huitième évêque de Beauvais [XVe s.], *pl.*, p. 93.

33178. Danjou. — Notice sur le vicomte Louis-François-Étienne Héricart de Thury, membre de l'Institut [1776 † 1854], p. 189.

33179. Devic (L'abbé). — Étude historique et littéraire sur Ive de Chartres [1040 † 1116], p. 205.

33180. Danjou. — Essai sur l'emploi des masses de verdure avec l'architecture, p. 246.

33181. Barraud (L'abbé). — Pierre tombale de Wittasse de La Tournelle, femme d'Ansoul d'Argenlieu [† 1291], *pl.*, p. 251.

33182. Mathon. — Notice sur une mître de Philippe de Dreux conservée au Musée de Beauvais [XIIIe s.], *pl.*, p. 257.

33183. Burges (William). — Note sur des étoffes anciennes fabriquées en Sicile, *fig.*, p. 266.

33184. Ponthieux. — Monnaies du XVe siècle [découvertes à Secqueville], *fig.*, p. 272.

33185. Barraud (L'abbé). — [La] pierre de la Roque, à Mogneville, p. 276.

33186. Barraud (L'abbé). — Description des vitraux des hautes fenêtres du chœur de la cathédrale de Beauvais, p. 277. — Cf. n° 33141.

33187. Barraud (L'abbé). — Fonts baptismaux du Hamel, canton de Grandvilliers, p. 314.

33188. Houbigant. — Notice sur le portique dit de Sarcus existant à Nogent-les-Vierges élevé au moyen de quelques débris provenant de l'ancien château de Sarcus abattu en 1833, 13 *pl.*, p. 369. — Cf. n° 33196.

[Médaillons de princes et autres personnages du XVIe s.]

33189. Voillemier. — Essai sur les monnaies de Beauvais, 10 *pl.*, p. 399.

33190. Ponthieux. — Découverte de monnaies des XIIe, XIIIe et XIVe siècles [à Goincourt], p. 543.

33191. Peigné-Delacourt. — Charte de Henri, comte d'Eu; donation et confirmation de dons à l'abbaye de Saint-Lucien de Beauvais, *pl.*, p. 550.

33192. Peigné-Delacourt. — Le théâtre [antique] de Champlieu (Oise), 9 *pl.*, p. 558; et IV, p. 375. — Cf. n° 33199.

33193. Barraud (L'abbé). — Description de l'église du Tronquoi, commune du Fréloy, canton de Maignelay [XIe s.], p. 590.

IV. — Mémoires de la Société académique d'archéologie ... de l'Oise, t. IV. (Beauvais, 1859[-1861], in-8°, 770 p.)

33194. Peigné-Delacourt. — Les miracles de saint Éloi [poème du XIIIe s.], 12 *pl.*, p. 1.

33195. Danjou. — Notice sur Louis Graves [1791 † 1857], p. 129.

33196. Houbigant. — Notice sur le château de Sarcus tel qu'il devait être en 1550 [précédée de la vie de Jean de Sarcus, † 1537], 7 *pl.* et *fig.*, p. 158. — Cf. n° 33188.

33197. Ponthieux. — Découverte de monnaies des évêques de Beauvais [à Thérines, Xe-XIIe s.], 2 *pl.*, p. 221.

33198. Magne (L'abbé). — Notice sur l'ancienne abbaye royale de Saint-Vincent de Senlis, 3 *pl.*, p. 249.

[Appendice : chartes de Philippe Ier, Louis VII et Philippe VI; bulles de Calixte II, Eugène III, Innocent IV, Innocent VIII et Alexandre IV, etc.]

[33192]. Peigné-Delacourt. — Supplément à la notice sur le théâtre de Champlieu, *pl.*, p. 375.

33199. Peigné-Delacourt. — Un dernier mot sur le théâtre de Champlieu, *fig.*, p. 384. — Cf. n° 33192.

33200. Caumont (De). — Opinion de M. de Caumont sur le théâtre de Champlieu, p. 403.

33201. Barraud (L'abbé). — Fonts de Saint-Just-en-Chaussée (Oise), p. 407.

33202. Houbigant. — Description des objets d'antiquités locales, celtiques, gallo-romaines et mérovingiennes renfermés dans le cabinet de M. Houbigant, de Nogent-les-Vierges, 12 *pl.*, p. 409.

33203. Mathon. — Notes descriptives sur quelques vases du Musée de Beauvais [époque franque et XVIe s.], *pl.*, p. 534.

33204. Danjou. — Notice sur Achille-Louis Gibert, ancien receveur général [1785 † 1860], p. 573.

33205. Bouchard. — Note sur un petit instrument pour les sacrifices trouvé à Beauvais, *pl.*, p. 587.

33206. Mathon. — Notice historique sur la ville de Creil et sur son ancien château, 3 *pl.*, p. 590.

[Extraits des comptes de l'église Saint-Médard de Creil (1496-1604); lettres de Louis VII et de Louis IX, etc.]

33207. Daniel (Dr). — Notice sur les fortifications de Beauvais extraite d'un manuscrit moderne intitulé : *La ville de Beauvais avant 1789*, *plan*, p. 683.

33208. Danjou. — Notice sur M. Lequesne, maire de Beauvais [1784 † 1861], p. 719.

33209. Barraud (L'abbé). — Description de l'ancienne église collégiale de Saint-Barthélemy de Beauvais, 6 *pl.*, p. 734.

33210. Mathon. — Un repas de noces au XVIe siècle et un dîner de MM. de ville, de Beauvais, en 1660, p. 748.

V. — Mémoires de la Société académique d'archéologie ... de l'Oise, t. V. (Beauvais, 1862[-1864], in-8°, 576 p.)

33211. Hamel. — M. Biot [† 1862], *pl.*, p. 5.

33212. Peigné-Delacourt. — Campagne de César contre les Bellovaques étudiée sur le terrain, *carte*, p. 22. — nos 33418 et 33554.

33213. Barraud (L'abbé). — Notice sur l'église et la paroisse de Saint-Gilles à Beauvais, 3 *pl.*, p. 44.

33214. Bon. — Lettre inédite de Loisel aux maire et pairs de Beauvais trouvée aux archives de l'hôtel de ville [1564], p. 100.

33215. Mathon. — Catalogue du Musée archéologique de Beauvais, 3 *pl.*, p. 103 et 595.

33216. Barraud (L'abbé). — Note sur un tronc en cuivre du XVIe siècle et sur un réchaud en fer de la même époque qui appartiennent à la cathédrale de Beauvais, 2 *pl.*, p. 157.

33217. Barraud (L'abbé). — Étude sur les tableaux de la cathédrale de Beauvais, p. 225.

33218. Coustant d'Yanville (H.). — Notice sur dom Pierre Coustant, bénédictin de la Congrégation de Saint-Maur [1654 † 1721], p. 299, 521; et VII, p. 30.

33219. Danjou. — Notice sur Armand-Gustave Houbigant [né en 1790], p. 321.

33220. Coustant d'Yanville (H.). — Guillaume d'Ercuis, précepteur de Philippe le Bel; son testament [1214], sa famille, p. 531.

33221. Barraud (L'abbé). — Note sur quelques émaux de la cathédrale de Beauvais, p. 564.

33222. Barraud (L'abbé). — Autel de Notre-Dame-de-la-Paix érigé dans la cathédrale de Beauvais conformément aux intentions de Louis XI, p. 575.

33223. Barraud (L'abbé). — Quelques mots sur l'abbaye de Gomerfontaine [fondée en 1207], *pl.*, p. 581.

33224. Plessier (Léon). — Notice sur l'existence d'un cimetière franc et sur quelques objets mérovingiens découverts à Cuignières, près Saint-Just-en-Chaussée (Oise), p. 614.

33225. Barraud (L'abbé). — Notice sur la paroisse et l'église Sainte-Madeleine de Beauvais, 2 *pl.*, p. 624.

33226. Barraud (L'abbé). — Testament de Guy Drappier, curé de Saint-Sauveur-de-Beauvaisis [1716], p. 637.

33227. Mathon. — Note sur le portail de l'église de Formerie, accompagnée de documents historiques concernant ce bourg, 2 *pl.*, p. 650.

VI. — Mémoires de la Société académique d'archéologie . . . de l'Oise, t. VI. (Beauvais, 1865[-1867], in-8°, 888 p.)

33228. Müller (L'abbé Eugène). — Quelques notes sur la royale abbaye de Saint-Lucien [près Beauvais], p. 27 et 505.

33229. Deladreue (L'abbé L.-E.). — Histoire de l'abbaye de Saint-Paul-lez-Beauvais, 2 *pl.*, p. 36 et 412.

[Pièces justificatives (XIIe-XVIIe s.); bulles de Nicolas Ier et Innocent IV; chartes de Louis VI et de Charles VI, etc.]

33230. Baecker (L. de). — Les Tables eugubines; étude sur les origines du peuple et de la langue d'une province d'Italie, p. 297.

33231. Barraud (L'abbé). — Mausolée du cardinal de Janson à la cathédrale de Beauvais [par Nicolas Coustou], *pl.*, p. 577.

33232. Danjou. — Beauvaisins, Beauvaisiens; recherches sur le véritable nom des habitants de Beauvais, p. 589.

33233. Marsy (Arthur de). — Le terrier de Clermont et les possessions ecclésiastiques dans ce comté en 1378, p. 600.

33234. Sabatier (L'abbé). — Abbaye de Marcheroux, de l'ordre de Prémontré, et de la filiation de Saint-Josse-au-Bois ou Dommartin, p. 614.

33235. Floury (Auguste). — Compte rendu de l'inventaire du dépôt judiciaire des Archives départementales de l'Oise, p. 624.

33236. Mathon. — Le droit de gîte du roi saint Louis à Beauvais [1248], *pl.* et *fig.*, p. 635.

33237. Müller (L'abbé Eugène). — Trois évêques de Senlis. Obsèques d'un évêque au XVe siècle, p. 646.

[Jean Fouquerelle, † 1429; Jean Raphanel, † 1448; Simon Bonnet, † 1496.]

33238. Baudon (Dr Aug.). — Notice sur diverses découvertes archéologiques [préhistoriques et gallo-romaines] du canton de Mouy et territoires voisins, 5 *pl.*, p. 724.

33239. Peigné-Delacourt. — L'hypocauste de Champlieu, *fig.*, p. 739.

VII. — Mémoires de la Société académique d'archéologie . . . de l'Oise, t. VII. (Beauvais, 1868, in-8°, 720 p.)

33240. Dupuis (D^r). — Le docteur Émile Bordes [† 1867], p. 21.

[33218]. Coustant d'Yanville (H.). — Notice sur dom Pierre Coustant, prêtre, religieux bénédictin, p. 30.

33241. Baudon (Dr Aug.). — Notice sur un cimetière franc découvert à Angy (Oise) en 1868, 10 *pl.*, p. 48 et 279.

33242. Bordier (H.-L.). — Philippe de Remi, sire de Beaumanoir, poète national et jurisconsulte du Beauvaisis [1246 † 1296], 5 *pl.*, p. 58. — Cf. n° 33248.

33243. Barraud (L'abbé). — Reliquaires de la cathédrale de Beauvais, 4 *pl.*, p. 221.

33244. Luçay (De). — Les droits seigneuriaux du comté de Clermont au XVIe siècle, p. 238.

33245. Deladreue (L'abbé L.-E.). — Les maisons canoniales du chapitre de Beauvais et leurs possesseurs, 6 *pl.*, p. 291.

33246. Barraud (L'abbé). — Compte rendu de l'exposition rétrospective de Beauvais [en 1869], p. 348.

33247. Deladreue (L'abbé L.-E.). — Notice sur l'abbaye de Froidmont (ordre de Cîteaux) [fondée en 1134], p. 469; et VIII, p. 11.

VIII. — Mémoires de la Société académique d'archéologie . . . de l'Oise, t. VIII. (Beauvais, 1871[-1873], in-8°, 792 p.)

[33247]. Deladreue (L'abbé L.-E.). — Notice sur l'abbaye de Froidmont (ordre de Cîteaux), *pl.*, p. 11.

[Pièces justificatives (1134-1203); bulles d'Eugène III, Louis III, Alexandre III et Innocent III; chartes de Louis VI et de Philippe-Auguste, etc.]

33248. Bordier (H.-L.). — Les poésies de Beaumanoir [texte], p. 79 et 386. — Cf. n° 33242.

33249. Danjou. — Nécrologie. Le docteur Daniel [1776 † 1871], le professeur Zoéga [Frédéric-Salvator, 1798 † 1871], p. 209.

33250. Deladreue (L'abbé L.-E.) et Mathon. — Histoire de l'abbaye royale de Saint-Lucien (ordre de Saint-Benoît) [fondée aux portes de Beauvais vers 583], 8 *pl.*, p. 257 et 541.

[Lettres de Bossuet, *fac-similé*.]

33251. Rendu (Armand). — D'un *castellum romanum stativum* à Montigny-lez-Maignelay (Oise), *plan*, p. 441.

33252. Baudon (Dr Aug.). — Mémoire sur les silex travaillés de l'atelier du Camp-Barbet à Janville, canton de Mouy (Oise), 8 *pl.*, p. 449.

33253. Mathon. — Vases en terre de l'époque gallo-romaine et franque trouvés à Beauvais, *pl.*, p. 705.

IX. — Mémoires de la Société académique d'archéologie . . . de l'Oise, t. IX. (Beauvais, 1874[-1876], in-8°, 848 p.)

33254. Lépinois (E. de). — Recherches historiques et critiques sur l'ancien comté et les comtes de Clermont en Beauvaisis du XIe au XIIIe siècle, p. 11, 277, 545; et X, p. 11.

33255. Deladreue (L'abbé L.-E.). — Notice sur l'église collégiale de Saint-Laurent de Beauvais, *pl.*, p. 123.
33256. Danjou. — Notice biographique sur l'abbé Barraud, chanoine de la cathédrale de Beauvais [Pierre-Constant, 1801 † 1874], *pl.*, p. 147.
33257. Barré (L.-N.). — Notice historique sur la commune de la Bosse, canton du Coudray-Saint-Germer (Oise), p. 157.
33258. Rendu (Armand). — Description d'une vue cavalière de Compiègne de 1671, *pl.*, p. 209.
33259. Deladreue (L'abbé L.-E.). — Auneuil; notice historique et archéologique, p. 389.
33260. Mathon. — Notice sur le pilori de Beauvais à laquelle on a joint : le Vray pourtraict de la ville de Beauvais en 1574 [par Raym. Rancurel], 2 *pl.*, p. 481.
33261. Deladreue (L'abbé L.-E.). — Auteuil (Oise). Notice historique et archéologique, p. 641.

[Familles de Boulainvilliers, Auteuil, Neufville, Gombauld.]

33262. Barré (L.-N.). — Le Vaumain. Notice historique et archéologique, p. 712.
33263. Mathon. — Statuts pour les apothicaires-épiciers de la ville de Beauvais [1628], p. 750.
33264. Mathon. — La famille de Molière était originaire de Beauvais, p. 762.
33265. Anonyme. — Deux lettres inédites de Georges Cuvier et une lettre de Lacépède, p. 843.

X. — Mémoires de la Société académique d'archéologie . . . de l'Oise, t. X. (Beauvais, 1877[-1879], in-8°, 854 p.)

[33254]. Lépinois (E. de). — Recherches historiques et critiques sur l'ancien comté et les comtes de Clermont en Beauvaisis du XI° au XIII° siècle, *carte* et *fig.*, p. 11.

[Pièces justificatives (1099-1269); chartes communales de Clermont (1197) et de Creil (1197), etc.]

33266. Renet (L'abbé). — Sépultures gallo-romaines découvertes à Saint-Jacques-lez-Beauvais, 2 *pl.*, p. 215.
33267. Sainte-Beuve (Eug. de). — La tombe de Vendeuil [Jean de Sainte-Beuve, † 1489], *pl.*, p. 234.
33268. Barré (L.-N.). — Notice sur le prieuré et la chapelle de Pommereux [fondé en 1128], p. 246.
33269. Charvet (Ernest). — Deux menuisiers de Beauvais au XVIII° siècle : Jean Pauchet et Pierre Lefebvre, p. 261.
33270. Malinguehen (Robert de). — Juvignies. Notice historique et archéologique, p. 298.
33271. Charvet (Ernest). — L'instruction publique à Beauvais pendant la Révolution, p. 360.
33272. Deladreue (L'abbé L.-E.). — Histoire de l'abbaye de Lannoy (ordre de Cîteaux) [fondé en 1135], *pl.*, p. 405, 569; XI, p. 156 et 289.

[Pièces justificatives (1136-1281); lettres de Louis IX et de Philippe le Hardy, etc.]

33273. Renet (L'abbé). — Prieuré de Villers-Saint-Sépulcre [fondé en 1060], *pl.*, p. 485.
33274. Malinguehen (Robert de). — Verderel. Notice historique et archéologique, p. 697.
33275. Charvet (Ernest). — L'annuaire civil de Nicolas Feuillet [réformation du calendrier, an X], p. 748.
33276. Charvet (Ernest). — Colin de Cayeux [compagnon de Villon, 1460], p. 761.
33277. Barré (L.-N.). — Flavacourt. Notice historique et archéologique, *pl.*, p. 765.

[Pierre tombale de Pierre de Chantemelle, sire de Flavacourt, † 1352.]

33278. Deladreue (L'abbé L.-E.). — Notice sur M. Pierre-Nicolas Danjou, président honoraire du tribunal civil de Beauvais, ancien membre du conseil général de l'Oise et du conseil municipal de Beauvais [1795 † 1878], *pl.*, p. 833.

XI. — Mémoires de la Société académique d'archéologie . . . de l'Oise, t. XI, 1re partie. (Beauvais, 1880[-1882], in-8°, 876 p.)

33279. Renet (L'abbé). — Les fouilles de Hermes (1878-1879) [sépultures franques], 6 *pl.*, p. 5.
[33272]. Deladreue (L'abbé L.-E.). — Histoire de l'abbaye de Lannoy (ordre de Cîteaux), p. 156 et 289.
33280. Charvet (Ernest). — Les dernières années de Loisel [1588-1615], 2 *pl.*, p. 237.
33281. Charvet (Ernest). — Recherches sur les anciens théâtres de Beauvais [XIV°-XVIII° s.], *plan*, p. 449 et 843.
33282. Couärd-Luys (E.). — Intervention royale dans l'élection d'Arthur Fillon, évêque élu de Senlis en 1522, p. 601.

[Inventaire des livres et objets de Jean Calveau (1522); domaines et revenus de l'évêché de Senlis (XVI° s.), etc.]

33283. Barré (L.-N.). — La chapelle de Sainte-Véronique et l'hôpital des vidames de Gerberoy à Beauvais, p. 636.
33284. Pihan (L'abbé L.). — Saint-Just-en-Chaussée. Étude historique et archéologique, *pl.*, p. 643; XII, p. 5, 281, 609 et 687.
33285. Marsy (Arthur de). — Montre de l'évêque de Beauvais à Amiens (9 septembre 1386), p. 787.
33286. Müller (L'abbé Eugène). — Jean Cholet, cardinal, † vers 1293], p. 790.
33287. Charvet (Ernest). — La pinte-étalon du Musée de Beauvais [XVIII° s.], p. 836.

33288. Anonyme. — Table générale des matières contenues dans les tomes I à X des *Mémoires* de la Société académique d'archéologie, sciences et arts du département de l'Oise. (Beauvais, 1881, in-8°, 39 p.)

XII. — Mémoires de la Société académique . . . de l'Oise, t. XII. (Beauvais, 1883[-1885], in-8°, 885 p.)

[33284]. Pihan (L'abbé L.). — Saint-Just-en-Chaussée. 5 *pl.*, p. 5, 281, 609 et 687.

[Fonts baptismaux (xv° s.); pièces justificatives (1107-1795); bulles des papes Eugène III, Alexandre III, Célestin III, Honorius III, Grégoire IX, Innocent IV, Nicolas III et Sixte IV; lettres des rois Philippe VI, Jean le Bon, Charles VIII et Louis XV, etc., René-Just et Valentin Haüy.]

33289. Coüard-Luys (E.). — Un frère condonné de l'abbaye de Saint-Martin-aux-Bois à la fin du xv° siècle, p. 120.

33290. Marsy (Arthur de). — Obituaire et livre des distributions de l'église cathédrale de Beauvais [xiii° s.], publié d'après un manuscrit des Archives de l'État, à Mons, p. 135 et 280.

33291. Deladreue (L'abbé L.-E.). — Notice sur M. Charles Delacour, juge honoraire [1795 † 1883], *pl.*, p. 195.

33292. Charvet (Ernest). — L'affaire de M° Raoul Foy [chanoine de Beauvais, 1685], p. 208.

33293. Charvet (Ernest). — Henri III et le château de Bresles [projet d'achat, 1576], p. 241.

33294. Coüard-Luys (E.). — Variétés, p. 428.

[Suicide et polygamie (xv° s.); certificat d'étudiant en l'Université de Paris (xv° s.); femme à barbe (1660), *pl.*; supplique des habitants de Marchemoret (xviii° s.); enlèvement de ballons à Beauvais (1784).]

33295. Renet (L'abbé). — Puits préhistoriques de Nointel, 3 *pl.*, p. 446.

33296. Deladreue (L'abbé L.-E.). — Berneuil. Notice historique et archéologique, p. 457.

33297. Luçay (De). — Le marché de Marseille-en-Beauvaisis et son tarif au xiv° siècle, p. 542.

33298. Charvet (Ernest). — Le drapeau de Jeanne Hachette et les armes de Beauvais, 2 *pl.*, p. 569.

33299. Bellou (A.). — Notice historique et archéologique sur le bourg de Formerie (Oise), 3 *pl.*, p. 688.

33300. Pihan (L'abbé L.). — Un épistolaire de la cathédrale [de Beauvais] (manuscrit de l'an 1700) [exécuté par le chanoine Molé], p. 756.

33301. Barré (L.-N.). — La commune ou la tribune aux harangues dans l'ancien cimetière de l'église Saint-Étienne de Beauvais, *pl.*, p. 764.

33302. Malinguehen (Robert de). — Blicourt. Notice historique et archéologique, p. 772.

[Notice sur la famille de Regnonval.]

33303. Renet (L'abbé). — Excursion archéologique du 25 novembre 1885 [tombes franques de Monceaux-lez-Bulles; église de Bulles], p. 858.

33304. Bourgeois (D[r]). — La lèpre du moyen âge appréciée avec nos connaissances actuelles, p. 867.

Bulletin de la Société académique d'archéologie, sciences et arts du département de l'Oise, n° 1, mars 1854. (Beauvais, 1854, in-8°, 32 p.)

I. — Compte rendu des réunions mensuelles, 1882-1883. (Beauvais, s. d., in-8°, 77 p.)

II. — Société académique d'archéologie, sciences et arts du département de l'Oise. Compte rendu des séances, 1884. (Beauvais, s. d., in-8°, 36 p.)

III. — Compte rendu des séances, 1885. (Beauvais, s. d., in-8°, 45 p.)

OISE. — COMPIÈGNE.

SOCIÉTÉ HISTORIQUE DE COMPIÈGNE.

La *Société historique de Compiègne*, fondée en 1868 et dont les statuts ont été approuvés par arrêté préfectoral en date du 15 juillet de la même année, publie un *Bulletin* qui formait 6 volumes en 1884. Elle a fait paraître sous ses auspices les ouvrages suivants :

33305. Divers. — Excursions archéologiques dans les environs de Compiègne, 1869-1874. (Compiègne, 1875, in-8°, 87 p.).

[Préface signée : A. de Marsy. — Comptes rendus, par P.-E. Delaroche, A. de Marsy et C. Méresse.]

33306. Magnienville (R. de). — Le maréchal d'Humières et le gouvernement de Compiègne (1648-1694). Documents pour servir à l'histoire d'une ville de l'Île-de-France sous le règne de Louis XIV, 5 *pl.* et *fig.* (Paris, Plon et Cie, 1881, in-8°, xi et 250 p.)

I. — Bulletin de la Société historique de Compiègne, t. I. (Compiègne, 1869-1872, in-8°, 358 p.)

33307. Roucy (Albert de). — Sur une découverte de monnaies impériales faite à la Chelle, p. 37.
33308. Du Lac (J.). — Sur le comte Paul Bégouen [1791 † 1869], p. 43.
33309. Demarsy (Arthur). — Sur diverses publications faites à Compiègne en 1652, p. 50.
33310. Roucy (Albert de). — Sur des médaillons gallo-romains en terre trouvés à Conchy-les-Pots [Oise], 2 *pl.*, p. 52.
33311. Woillez (Emmanuel). — Notes sur des sépultures gauloises découvertes près de Verneuil (Oise) au lieu dit le Tremblaye, 2 *pl.*, p 60.
33312. Roucy (Albert de). — Sur la police et le commerce de Compiègne au milieu du XVIII° siècle, p. 71.
33313. Plessier (Léon). — La pierre torniche ou Pierre-qui-Tourne du mont Saint-Mard (forêt de Compiègne), 3 *pl.*, p. 82.
33314. Aubrelicque. — État de vins de présent donnés par la ville de Compiègne au seizième voyage fait par le roi Louis XIV en 1658, p. 100.
33315. Labrunerie (Eug. de). — Tableau des bienfaiteurs et des fondateurs du collège de Compiègne [1608], p. 104.
33316. Le Proux (Fernand). — Fondation de la chapelle de la Salvation élevée à la Vierge en 1468 par Louis XI près la porte de Pierrefonds, p. 109.
33317. Du Lac. — Notes sur quelques médailles et jetons relatifs à la ville de Compiègne, *pl.* et *fig.*, p. 141.
33318. Aubrelicque. — Le cardinal d'Ailly [vers 1350 † vers 1425]. Étude biographique, *fig.*, p. 150.
33319. Demarsy (Arthur). — Le séjour de Louis XV à Compiègne en 1764 d'après un journal manuscrit, p. 159.
33320. Roucy (Albert de). — L'obituaire des Célestins de Saint-Pierre-en-Chastres (forêt de Compiègne), p. 185.
33321. Brécourt (De). — Notes sur l'état militaire et les gouverneurs de Compiègne depuis la fin du XVII° siècle, p. 194.
33322. Rendu (Z.). — Les vitraux byzantins de la cathédrale de Noyon, p. 205.
33323. Gordière (L'abbé). — Bellenglise [notice historique], p. 208.
33324. Du Lac. — Sur une trouvaille de monnaies et de bijoux du XVI° siècle à Vieux-Moulin, p. 216.
33325. Rendu (Z). — L'église de Ribécourt [XVII° s.], p. 220.
33326. Roucy (Albert de). — Notice sur des fouilles exécutées à Gury en 1869 [sépultures franques et débris gallo-romains], *plan* et 9 *pl.*, p. 223.
33327. Sorel (Alexandre). — Notice sur le changement de noms de la ville de Compiègne, de ses rues et des localités voisines pendant la période révolutionnaire, p. 232.
33328. Demarsy (Arthur). — Notice sur M. Emm. Woillez [1797 † 1871], p. 239.
33329. Aubrelicque. — Rues, hôtels et quartiers anciens de Compiègne, p. 245.
33330. Sorel (Alexandre). — La fête de l'Etre suprême à Compiègne (1794), p. 331.
33331. Demarsy (Arthur). — Sur un tableau du Musée Vivenel [à Compiègne, représentant la *Vie de Cébès*], p. 339.
33332. Roucy (Albert de). — Notice sur deux cachets d'oculistes [romains] trouvés dans les environs de Compiègne (Oise), p. 343.

II. — Bulletin de la Société historique de Compiègne, t. II. (Compiègne, 1875, in-8°, 415 p.)

33333. Rendu (Z.). — Sur la vie de Barbe Frémeau, professe du tiers-ordre à Compiègne [XVII° s.], p. 24.
33334. Sorel (Alexandre). — Notice sur les mystères représentés à Compiègne au moyen âge, p. 35.
33335. Du Lac. — Roscelin de Compiègne [XI°-XII° s.], p. 56.
33336. Leveaux (Alphonse). — Mague de Saint-Aubin [comédien]. Notice biographique [1746 † 1824], p. 71.
33337. Roucy (Francis de). — Notice sur les journaux à Compiègne, *pl.*, p. 82.
33338. Méresse. — Notice sur Pierre Lagnier [compilateur, XVI° s.], p. 97.
33339. Morin (Le général). — Note sur les appareils de chauffage et de ventilation employés par les Romains pour les thermes à air chaud, 3 *pl.*, p. 105.
33340. Rendu (Z.). — Extrait d'un inventaire des titres et pièces du trésor de l'église de Tracy-le-Mont [1739], p. 126.
33341. Pécoul (Auguste). — Les assemblées ecclésiastiques de Compiègne [665-1329], p. 137.
33342. Marsy (Arthur de). — Bibliographie compiégnoise, p. 166.
33343. Roucy (Albert de). — Notice sur la céramique sigillée de Compiègne et de ses environs sous la domination romaine, 3 *pl.*, p. 273.
33344. Sorel (Alexandre). — Note sur Philippe de Beaumanoir et Gautier Bordin [† 1305], *pl.*, p. 283 et 319.
33345. Laffolye. — Sur les mosaïques conservées en Béarn, p. 301.
33346. Sorel (Alexandre). — Notice biographique et littéraire sur Arnoul et Simon Gréban, auteurs du *Mystère des actes des apôtres* [XV° s.], p. 321.
33347. Aubert (Édouard). — Les reliquaires d'Élincourt [bras-reliquaires, XIV° s.], 2 *pl.*, p. 347.
33348. Paisant. — Note sur Grandfresnoy; ses monu-

ments, ses souvenirs et l'un de ses prieurs [Guy Loysel, † 1631], p. 355.

33349. Roucy (Albert de). — Notice sur des monnaies trouvées dans les tombes franques de Champlieu et de Chelles, *fig.*, p. 365.

33350. Coustant d'Yanville. — Dom François Coustant et les fêtes publiques célébrées à Compiègne les 27, 28 et 29 septembre 1744 [guérison de Louis XV], p. 376.

33351. Roucy (Albert de). — Notice sur une statue [gallo-romaine] trouvée en 1871 dans les fouilles de la forêt de Compiègne, p. 398.

III. — Bulletin de la Société historique de Compiègne, t. III. (Compiègne, 1876, in-8°, 325 p.)

33352. Le Proux (Fernand). — Sur une lettre adressée par les gouverneurs attournés de Compiègne aux officiers municipaux de Saint-Quentin (1589), p. 25.

33353. Constans. — Marie de Compiègne et l'*Évangile aux femmes* [xiiie s.], p. 33.

33354. Du Lac (J.). — Notice biographique sur Charles d'Humières, gouverneur de Compiègne et lieutenant général de Picardie [1567 † 1595], p. 119.

33355. Roucy (Francis de). — La cheminée du pavillon de Rethondes [xviie s.], *pl.*, p. 141.

33356. Marsy (Arthur de). — Extraits du registre mortuaire des religieuses du prieuré de Saint-Nicolas-au-Pont de Compiègne [xviie-xviiie s.], p. 147.

33357. Lecot (L'abbé). — Une page de la vie de Nollet; l'électricité dans les nuages; Franklin, p. 190.

33358. Morel (L'abbé). — Houdencourt; seigneurie et paroisse, 9 *pl.*, 2 *cartes*, 2 *tableaux généalogiques* et *fig.*, p. 200; IV, p. 43; et V, p. 119.

33359. Divers. — Liste des personnages nés dans l'arrondissement de Compiègne antérieurement au xixe siècle ou qui s'y sont distingués et fait connaître à un titre quelconque, p. 246.

33360. Marsy (Arthur de). — Les Frères des écoles chrétiennes à Compiègne; rapport sur un mémoire manuscrit des Frères Boniface et Benjamin, p. 262.

33361. Sorel (Alexandre). — Procès contre des animaux et insectes suivis au moyen âge dans la Picardie et le Valois [et en Bourgogne], *pl.*, p. 269.

IV. — Bulletin de la Société historique de Compiègne, t. IV. (Compiègne, 1878, in-8°, 317 p.)

33362. Méresse. — Discours prononcé sur la tombe de M. le baron de Bicquilley [† 1875], p. 25.

33363. Roucy (Albert de). — Notice sur des chaussures antiques trouvées dans le nord de la Gaule, *fig.*, p. 29.

33364. Bernhardt (Frédéric de) et Marsy (Arthur de). — Racine à Compiègne [lettre, 1695], *pl.*, p. 38 et 290.

[33358]. Morel (L'abbé). — Houdencourt; seigneurie et paroisse, p. 43.

33365. Sorel (Alexandre). — Les Carmélites de Compiègne devant le Tribunal révolutionnaire (17 juillet 1794), 3 *pl.*, p. 133.

33366. Marsy (Arthur de). — La population de Compiègne en 1627, p. 240.

33367. Du Lac (J.). — Numismatique locale; mélange [jetons et monnaies concernant Compiègne, Noyon, etc., xiie-xviiie s.], 2 *pl.*, p. 272.

33368. Plessier (Léon). — Sépultures gallo-romaines de Boulogne-la-Grasse, p. 286.

V. — Bulletin de la Société historique de Compiègne, t. V. (Compiègne, 1882, in-8°, 327 p.)

33369. Anonyme. — Sur un plan de Compiègne du xviiie siècle, *pl.*, p. 23.

33370. Montaiglon (Anatole de). — Sur l'inscription de la cloche de l'hôtel de ville de Compiègne [1303], p. 50.

33371. Lair (Charles). — Sur la tombe de Pierre Polet [xviie s.], p. 53.

33372. Barthélemy (Édouard de). — Sur les possessions de l'abbaye de Saint-Corneille de Compiègne à Cheminon-en-Perthois, p. 54.

33373. Juzancourt (Georges de). — Les camps de Compiègne, notes historiques [1666-1847], p. 56.

33374. Malte-Brun (V.-A.). — Notice historique sur le Mont Renaud, ancienne chartreuse de Noyon dite du Mont Saint-Louis [fondée en 1308], *carte* et *pl.*, p. 98.

[33358]. Morel (L'abbé). — Houdencourt; seigneurie [*carte*] et paroisse [*plan* de l'église], p. 119.

[Pièces justificatives (695-1696); actes de Childebert III, de Philippe-Auguste, de Philippe le Bel, de Philippe VI, de François Ier, de François II et de Henri III; bulle d'Innocent IV; inventaire du château de La Mothe-Houdencourt (1696), 2 *plans*; généalogies de la maison de Fouilleuse-Flavacourt et La Mothe-Houdencourt; tombe de l'église de Bazicourt, *pl.*, etc.]

33375. Marsy (Arthur de). — Note sur un anneau mérovingien en or trouvé près de Compiègne, *fig.*, p. 304.

VI. — Bulletin de la Société historique de Compiègne, t. VI. (Compiègne, 1884, in-8°, 319 p.)

33376. Anonyme. — Procès-verbaux des séances de 1879, p. 12 à 26.

[Aménagement des eaux pour le château de Compiègne (xviiie s.), p. 18. — Monuments représentant saint Martin, p. 20. — Peinture murale à Thourotte (xviie s.), p. 25.]

33377. Anonyme. — Procès-verbaux des séances de 1880, p. 32 à 46.

[Trouvaille de monnaies mérovingiennes, p. 39. — Inscription concernant François Godet Desoude (1684), p. 42. — Bague mérovingienne à inscription, p. 45.]

33378. Demonchy. — La chapelle d'argent de Jean Charmolue, doyen de Saint-Clément de Compiègne [1641-1793], p. 47.

33379. Barthélemy (Anatole de). — Note sur le concile de Compiègne de 1329, p. 52.

33380. Roucy (Albert de). — Figures de divinités gauloises en bronze trouvées à la Croix-Saint-Ouen près Compiègne (Oise), 4 *pl.*, p. 54.

33381. Sorel (Alexandre). — Envoi d'une pierre de la Bastille à la ville de Compiègne en 1792, p. 64.

33382. Pichon (Jérôme). — Analyse d'une correspondance des d'Humières provenant du château de Mouchy près Compiègne [1537-1646], p. 78.

33383. Boitel de Dienval (Adrien). — Notice sur les fiefs relevant du château de Pierrefonds situés à Compiègne, p. 141.

33384. Balny d'Avricourt (Fernand). — Avricourt; les fiefs, le château, les seigneurs, l'église, la commune, annales, statistique, 5 *pl.*, p. 152.

33385. Peyrecave (J.-J.-A.). — Élincourt-Sainte-Marguerite Notice historique et archéologique, 3 *pl.* et *fig.*, p. 204.

33386. Marsy (Arthur de). — Saint-Jacques de Compiègne [histoire de cette paroisse], p. 263.

33387. Roucy (Albert de). — Les premières découvertes préhistoriques faites dans les environs de Compiègne, p. 279.

33388. Anonyme. — Procès-verbaux des séances de 1881, p. 285 à 292.

[Épitaphes de Martin Charpentier († 1596) et de Pierre Juberge († 1586), p. 290.]

OISE. — NOYON.

COMITÉ ARCHÉOLOGIQUE DE NOYON.

Le *Comité archéologique de Noyon*, institué en 1856 par la *Société des antiquaires de Picardie*, a été autorisé au mois de février 1863. Il a publié, jusqu'en 1885, 7 volumes de *Comptes rendus et Mémoires*, ainsi que les ouvrages suivants :

33389. Boulongne (A.). — Inscriptions tumulaires de l'église Notre-Dame de Noyon, 22 *pl.* (Noyon, 1876, in-4°, II et 41 p.)

33390. Anonyme. — Cartulaire de Héronval publié par le Comité archéologique de Noyon. (Noyon, 1883, in-4°, XI et 110 p.)

I. — Comité archéologique de Noyon. Comptes rendus et mémoires lus aux séances, années 1856-1860. (Noyon, 1862, in-8°, VIII-344-XVI p.)

33391. Divers. — Séances [3 décembre 1856-1er décembre 1858], p. 2 à 64.

[Antiquités gallo-romaines, p. 2, 12, 13, 31, 53, 54 et 64. — Sur Ourscamp, p. 2. — Manuscrits concernant la Picardie conservés en Belgique, p. 4. — *La déploration de Noyon* (1452), p. 7. — Seigneurs du Plessis-Brion, p. 10. — Maladrerie de Cuts, p. 15. — Emplacement de *Casnum*, p. 15. — Seigneurs de Lassigny, p. 17 et 24. — M. Bataille (1795 † 1858), p. 20. — Tombeaux gaulois, p. 25 et 29. — Alouette en bronze, p. 25. — Château de Beaulieu, p. 30. — Bornes à Noyon (1784), p. 32. — Hospices de Noyon, p. 33. — Sur Quierzy, p. 46. — Verrière de l'église du Plessier-de-Roye (XVIe s.), p. 56. — Métairies royales, p. 61 et 65.]

33392. Divers. — Séances [8 février 1859-5 juin 1860], p. 65 à 211.

[Antiquités gallo-romaines, p. 72, 73, 109, 136, 206 et 211. — Château de Beauvoir, p. 74. — Évêques de Noyon, p. 74. — Les Moutoilliers de Salency, p. 81. — Dom François-Philippe Gourdin (1739 † 1825), p. 90. — Emplacement de *Duasdives*, p. 94. — Dieu gaulois, p. 102. — Emplacement de *Noviodunum*, p. 102. — *Truciacum*, p. 104. — Abraham Ravaud, poète (XVIIe s.), p. 108. — *Castrum Barrum*, p. 123. — Monnaies romaines trouvées à Gury, p. 136. — Nécrologie. M. Béguery († 1860), p. 136. — Plaques de pèlerinage, p. 142.]

33393. Carlet (L'abbé Th.). — Sur l'histoire de Quierzy, p. 87. — Cf. n° 33407.

33394. Mazière (Léon). — Découverte de cercueils antiques sur la montagne de Dreslincourt [sceau mérovingien], *pl.*, p. 95.

33395. Milet (Dr). — De la longueur des étapes romaines, p. 110.

33396. Bécu. — Du temps que César mit à franchir la distance qui séparait son camp des bords de l'Aisne de *Noviodunum*, p. 117.

33397. Baillencourt (De). — Sur la dernière campagne de César contre les Bellovaques, p. 131.

33398. Mazière (Léon). — Recherches historiques sur le canton de Ribécourt (Oise), p. 144; II, p. 98 et 291.

[Seigneuries de Bailly, de Cambronne et de Chiry.]

33399. Peigné-Delacourt. — Un dernier mot sur le théâtre [romain] de Champlieu (Oise), *plan* et *fig.*, p. 160.

33400. Du Lac. — Travail sur la numismatique locale [trouvailles faites aux environs de Compiègne], p. 184.

33401. Maillet (L'abbé). — Sur l'emplacement de *Bratuspantium*, p. 197.

33402. Maillet (L'abbé). — Une translation de reliques en l'année 1490 [chef de sainte Anne à l'abbaye d'Ourscamp], p. 231.

33403. Boulongne fils. — Coup d'œil archéologique sur Noyon et ses environs, p. 239.

33404. Colson (D^r^). — Notice sur les monnaies de la ville de Noyon, 3 *pl.*, p. 259.

33405. Peigné-Delacourt. — Notice sur quelques objets mobiliers d'églises, p. 272.

[Rouets de sonnerie à Ercheu et chariots porte-brasier à Noyon, *pl.*; vase funéraire trouvé à Cambronne, *pl.*; aiguières et bassins d'église à Cambronne, *pl.*]

33406. Marsy (Charles-Eugène de). — Notice biographique sur Antoine Le Conte [jurisconsulte, vers 1526 † 1583], *pl.*, p. 298.

33407. Carlet (L'abbé Th.). — Études sur Quierzy, p. 308. — Cf. n° 33393.

[Rivière d'Ailette; Protade tué à Quiery (605).]

33408. Marville (Martin). — Recherches [historiques] sur Trosly-Loire (Aisne), p. I à XVI.

II. — Comité archéologique de Noyon. Comptes rendus et mémoires, etc., t. II. (Noyon, 1867, in-8°, 415 p.)

33409. Divers. — Séances [4 décembre 1860-1er août 1865], p. 1, 88, 154, 260, 280 et 330.

[Antiquités gallo-romaines, p. 18, 32, 63, 154 et 285. — Poème sur saint Éloi, p. 25. — Monnaies, p. 26, 49 et 89. — Retable provenant peut-être de la chapelle de la Sainte-Famille à Noyon (XVIIe s.), p. 37. — Enterrement d'un protestant (1640), p. 50. — Statère de Philippe de Macédoine, p. 52. — Sur Coucy (1045), p. 58. — Villas mérovingiennes à Autreville et à Brétigny, p. 72. — Étymologie de Tarlefesse, p. 274. — Le cours de l'Oise supérieure, p. 276.]

33410. Peigné-Delacourt. — Notice sur Agnès Sorel [XVe s.], p. 2.

33411. Maillet (L'abbé). — Sur des cercueils anciens découverts à Élincourt-Sainte-Marguerite, p. 19.

33412. [Du Lac]. — Notice sur quelques monnaies frappées à Compiègne ou dans les environs, p. 38.

33413. [Lecot (L'abbé)]. — Biographie de M. Petit [Louis, 1781 † 1862], de Quierzy, p. 64.

33414. Carlet (L'abbé Th.). — Sur Brétigny et l'emplacement de *Brennacum*, p. 72.

33415. Lecot (L'abbé). — Biographie de M. de Marsy [Charles-Eugène, 1814 † 1862], procureur impérial à Compiègne, p. 81.

[33398]. Mazière (Léon). — Recherches historiques sur le canton de Ribécourt, arrondissement de Compiègne (Oise), p. 98 et 291.

33416. [Lecot (L'abbé)]. — Notice biographique sur M. Léon de Devise [Léon-Marie-Pierre Maigret de Devise, 1809 † 1863], p. 142.

33417. [Lecot (L'abbé)]. — Notice biographique sur M. Éric de Carbonnel [1836 † 1863], p. 148.

33418. Grattier (Ad. de). — Campagne de Jules César contre les Bellovaques [critique d'une étude de M. Peigné-Delacourt], p. 161; et III, p. 76. — Cf. n° 33212.

33419. Warmont (Auguste). — Notice sur les faïences anciennes de Sinceny, *fig.*, p. 180.

33420. [Marsy (Arthur de)]. — Armorial des évêques de Noyon (1188 à 1790), 2 *pl.*, p. 194.

33421. Marville (Martin). — Notice historique sur Rouy-Amigny [Aisne], p. 212.

33422. [Marville (Martin)]. — Essai sur le nom et l'origine de Prémontré, p. 228.

33423. Colson (Alex.). — Notice sur quelques monnaies impériales en or de la collection du docteur Colson, *pl.*, p. 231.

33424. Marsy (Arthur de). — Fête militaire à Noyon; épisode du camp de Compiègne de 1739, p. 255.

33425. [Bécu]. — Dissertation sur quelques dates et quelques faits contestés de la vie de saint Médard, p. 307.

33426. Marsy (Arthur de). — Sceaux des évêques de Noyon [933-1777], p. 321.

33427. Grattier (Ad. de). — Notice sur l'origine des testaments, sur un testament militaire du XVIe siècle et sur son auteur, p. 359.

[Testament d'Érich de Richoufz, blessé à Marignan, 1515.]

33428. Boulongne (Alphonse). — Les trouvailles; considérations archéologiques, p. 367.

33429. Peigné-Delacourt. — Les Normands dans le Noyonnais aux IXe et Xe siècles, p. 373; et IV, p. 1.

33430. Carlet (L'abbé Th.). — *Rofiacum* [son emplacement], p. 382. — Cf. n° 33447.

III. — Comité archéologique de Noyon. Comptes rendus et travaux lus aux séances, t. III. (Noyon, 1868, in-8°, 423 p.)

33431. Mazière (Léon). — Le Noyonnois [étude historique], p. 1.

[33418]. Grattier (Ad. de). — Campagne de Jules César contre les Bellovaques, p. 76.

33432. Maillet (L'abbé). — Rapport sur les fouilles faites à Gury [chaussée romaine et tombes mérovingiennes], p. 88.

33433. Anonyme. — Bruyères [(Oise); étude historique], p. 92.

33434. Pélassy de l'Ousle. — Biographie populaire de Jeanne d'Arc, p. 110.

33435. Divers. — Séances [7 août 1866-9 juin 1868],

p. 162, 169, 185, 188, 191, 327, 331, 336, 343, 347, 357 et 359.

[Noyon en 1760, p. 163. — Découverte préhistorique, p. 328. — Campements romains à Souppes, p. 329. — Notice historique sur Machemont, p. 332 et 347. — *Audriaca villa* et *Autreivilla*, p. 336. — Évangéliaire de la cathédrale de Noyon, p. 344 et 348.]

33436. Carlet (L'abbé Th.). — Saint Virgile à Quierzy. Querelle des antipodes [viiie s.], p. 173.

33437. Gordière (L'abbé). — Recherches sur la prédication de l'Évangile dans les Gaules au i^{er} siècle, p. 205.

33438. Demarsy (Arthur). — Note sur les registres criminels du Châtelet de Paris, p. 323.

33439. Peigné-Delacourt. — Le Guidon de Pont-l'Évêque [lieu-dit], p. 341.

33440. Marville (Martin). — Essai historique et philologique sur quelques parties de la basse forêt dite de Coucy, p. 363.

33441. Auger. — Une relique de saint Éloi [et les orfèvres de Toulouse, 1635], p. 376.

33442. Carlet (L'abbé Th.). — *Autreivilla* [Orville], p. 385.

IV. — Comité archéologique de Noyon. Comptes rendus et mémoires, etc., t. IV. (Noyon, 1872, in-8°, vi et 340 p.)

33443. Peigné-Delacourt. — Les Normands à Noyon et dans le Noyonnais [ixe et xe s.], *carte*, 4 *pl.* et *fig.*, p. 1 à 109. — Cf. n° 33429.

[Appendice : *Chronicon Francorum*, d'après le ms. n° 86 du fonds Colbert à la Bibliothèque nationale.]

33444. Divers. — Séances [11 août 1868-8 décembre 1869], p. 110, 153, 200 et 289.

[Abbaye d'Origny-Sainte-Benoîte, p. 111, 155 et 165. — Chartes concernant Chauny (xiiie, xve et xvie s.), p. 156 et 160. — Pièces intéressant Noyon, p. 165. — Tombes découvertes à Brétigny (xiie s.), p. 200 et 289.]

33445. Carlet (L'abbé Th.). — Saint Angilbert [abbé de Saint-Riquier, viiie-ixe s.], p. 114.

33446. Marville (Martin). — Note philologique sur Namptcel-le-Pertron, p. 171.

33447. Marville (Martin). — Réponse au *Rofiacum* de M. Carlet, p. 173. — Cf. n° 33430.

33448. Carlet (L'abbé Th.). — Étymologie de Chauny, p. 188.

33449. Carlet (L'abbé Th.). — Analyse et étymologie du nom de Noyon, p. 194.

33450. Blond (L'abbé H.). — Les Ursulines de Noyon [1628-1792], p. 204.

33451. Carlet (L'abbé Th.). — Antiquité et légitimité du nom *Ailette* appliqué à la rivière qui passe sous le pont d'Aile [entre Chailvet et Chavignon], p. 247.

33452. Devise (A. de). — Quelques mots sur Salency et ses anciens seigneurs, p. 251

33453. Carlet (L'abbé Th.). — Les saisons au ixe siècle, p. 298.

33454. Müller (L'abbé Eugène). — Évangéliaire de la cathédrale de Noyon [ixe s.], 8 *pl.*, p. 309.

V. — Comité archéologique de Noyon, Comptes rendus et mémoires, etc., t. V. (Noyon, 1874, in-8°, 451 p.)

33455. Müller (L'abbé Eugène). — Antiphonaire du Mont-Renaud [ixe s.], 5 *pl.*, p. 5.

[Grandes litanies; offices des saints Denis, Rustique, Éleuthère, Quentin, Fuscien, Victoric, Gentien, Nicaise et Éloi; neumes.]

33456. [Mazière (Léon)]. — Notice historique sur Ribécourt, p. 61.

33457. [Bréard (Ch.)]. — Les Vrevin, lieutenants-généraux au bailliage de Chauny [xviie s.], p. 196.

33458. Carlet (L'abbé Th.). — Examen de l'opinion de Walckenaer sur la position d'*Augustomagus* et de *Litanobriga*, p. 207.

33459. Poissonnier (J.). — Souvenirs de la Picardie; essai sur l'origine de la ville de la Fère, *pl.*, p. 221.

33460. Poissonnier (J.). — Commenchon [et l'abbaye de Saint-Éloi-Fontaine], p. 247.

33461. Carlet (L'abbé Th.). — Jehan de Noion [xiie-xiiie s.], p. 255.

33462. Carlet (L'abbé Th.). — Notes sur l'abbé Carlier [Claude, 1725 † 1787] et sur M. Hourdé, curé de Verberie [Nicolas-Louis, 1736 † 1794], p. 260.

33463. Bréard (Ch.). — Mort de Mgr de Broglie, évêque de Noyon [20 septembre 1777], p. 267.

33464. Poissonnier (J.). — L'abbaye de Saint-Éloi-Fontaine ou de Commenchon [xiie-xviiie s.], p. 269.

33465. Carlet (L'abbé Th.). — Un chapitre de l'*Histoire de France*, par Henri Martin : Saint Léger et Ébroïn, p. 304.

33466. Marsy (Arthur de). — Bibliographie noyonnaise, p. 330.

33467. Anonyme. — Procès-verbaux des années 1872, 1873, 1874, 1875 et 1876, p. 387 à 444.

[Four de potier romain découvert à Sempigny, p. 393. — Monnaies romaines, p. 397, 407 et 417. — Sceau en terre cuite de potier gallo-romain, p. 399. — Cachet d'oculiste gallo-romain, p. 400. — Sceau d'inquisiteur, p. 404. — Monnaies des archevêques de Vienne (ixe et xie s.), p. 404. — Épitaphe de l'écolâtre Jean Paris († 1525), p. 416. — Sceau de Jean de Beaupresac, p. 419. — Office de procureur du roi à Noyon (1690-1724), p. 421. — Sceau trouvé à Ourscamp (xive s.), p. 431. — Monnaies diverses du moyen âge, p. 438.]

VI. — Comité archéologique de Noyon, Comptes rendus et mémoires, etc., t. VI. (Noyon, 1880, in-8°, lxxiv et 334 p.)

33468. Anonyme. — Sur Noyon, p. xliii, liv et lix.

[Supplique d'un chevaucheur du Dauphin (1404); traité avec le chirurgien Philippon (1591); couronnement de Catherine Vassent (1788); sentence entre les marchands et les porteurs de grains (1649 et 1652); dépenses faites pour l'installation du maire (1286).]

33469. Carlet (L'abbé Th.). — Servais et Laonnois; capitulaire du 14 juin 877; interprétation de ce passage : *Silvacus cum toto Laudunensi*, p. 1.

33470. Anonyme. — Bezincourt [notice historique], p. 3.

33471. Poissonnier (J.). — La terre de Caumont donnée à l'abbaye de Saint-Bertin (Saint-Omer), p. 5.

33472. Poissonnier (J.). — Le livre des bourgeois de Chauny [xve-xviiie s.], p. 24.

33473. Poissonnier (J.). — Essai sur l'histoire de Viry, canton de Chauny [tombe et pixyde], 2 *pl.*, p. 53.

33474. [Dufour (A.)]. — Genvry [étude historique], p. 95.

33475. Müller (L'abbé Eug.). — Missel de Chauny [xive s.], 3 *pl.*, p. 102.

33476. Marsy (Arthur de). — Blasons des communautés religieuses et des corporations de la ville de Noyon, p. 130.

33477. Caron (L'abbé Jules). — Histoire de la Révolution de 93 à Chauny (Aisne), p. 135.

33478. [Poissonnier (J.)]. — Quelques chartes anciennes de la ville de Chauny [1282-1633], p. 253.

[Chartes et lettres de Philippe le Hardi, Philippe IV, Charles VI, Charles VII, Louis XII, François Ier, Henri II, Henri III, Henri IV et Louis XIII.]

VII. — Comité archéologique de Noyon.

Comptes rendus et mémoires, etc., t. VII. (Noyon, 1885, in-8°, xci et 227 p.)

33479. Chrétien (L'abbé). — Sur la nomination de l'abbé Tondu à la chapellenie de Saint-Éloi dans la cathédrale de Noyon [1710], p. xxxiii.

33480. Dufour (A.). — Sur des médailles gauloises et romaines trouvées à Guiscard, p. xxxviii.

33481. [Bécu]. — Sur l'établissement d'une promenade publique à Noyon (1625), p. l.

33482. [Bécu]. — Sur l'ordre de mobilisation des milices [1415] et la correspondance échangée entre les communes de Paris et de Noyon [1413], p. lii.

33483. Dufour (A.). — Villequier-Aumont [étude historique], p. 3.

33484. Chrétien (L'abbé). — Notice sur l'établissement des Frères des écoles chrétiennes à Noyon [1739], p. 61.

33485. Chrétien (L'abbé). — Confrérie de Notre-Dame des Joies [à Noyon], p. 81.

33486. Chrétien (L'abbé). — Confrérie de Notre-Dame de Bon-Secours [à Noyon], p. 89.

33487. Carlet (L'abbé Th.). — Où est né Charlemagne? p. 91.

33488. Anonyme. — Procès-verbal de l'exhumation des reliques de la cathédrale de Noyon le 23 août 1795 [suivi de diverses translations des reliques], p. 108.

33489. Anonyme. — Inventaire du mobilier de l'église cathédrale de Noyon [1790], p. 133.

33490. Poissonnier (J.). — Quelques chartes anciennes de la ville de Chauny, traduites [1269-1555], p. 143.

[Actes de Charles V, François Ier et Henri II, 3 *pl.* de sceaux.]

OISE. — SENLIS.

COMITÉ ARCHÉOLOGIQUE DE SENLIS.

Le *Comité archéologique de Senlis*, fondé le 29 novembre 1862, a été reconnu comme établissement d'utilité publique le 21 avril 1877. Il a publié deux séries de *Comptes rendus et mémoires* qui comprennent 10 volumes: une table générale de la première série a paru en 1885. Il a édité, en outre, les ouvrages suivants :

33491. [Vatin (C.)]. — Notice sur les arènes de Senlis découvertes en 1865, avec *pl.* (Senlis, 1870, in-8°, 15 p.)

33492. Vattier (L'abbé A.). — Cartulaire du prieuré de Saint-Christophe-en-Halatte, publié sous les auspices du Comité archéologique de Senlis. (Senlis, 1876, in-4°, xc et 75 p.)

33493. [Peigné-Delacourt]. — Cartulaire de l'abbaye de Morienval. (S. l. n. d., [1879], in-4°, xc et 76 p.)

33494. Müller L'abbé (Eugène). — Monographie des rues, places et monuments de Senlis :

Première partie. De Abattoir à Cordeliers. (Senlis, 1880, in-8°, vii et 1-144 p., 12 *pl.*)

Deuxième partie. De Cordonnerie à Hôpitaux. (Senlis, 1880, in-8°, vii et 145-336 p., 7 *pl.*)

Troisième partie. De Hôtel de Ville à Poulaillerie. (Senlis, 1882, in-8°, vii et 337-496 p., 9 *pl.*)

Quatrième partie. De La Présentation à Rue du Voyer. (Senlis, 1884, in-8°, iii et 497-743 p., *pl.*)

[Tirage à part du n° 33663.]

I. — Comité archéologique de Senlis.

Comptes rendus et mémoires, année 1862-1863. (Senlis, 1863, in-8°, XI, LXVII et 274 p.)

33495. Caix de Saint-Aymour (Amédée de). — Mémoire sur l'origine de la ville et du nom de Senlis, p. 3.

33496. Maricourt (René de). — Notice biographique sur Jean Deslyons, doyen et théologal de la cathédrale de Senlis [1615 † 1700], p. 21.

33497. Maricourt (René de). — Le journalisme à Senlis, à la fin du XVIII° siècle, p. 41.

33498. Legoix (L'abbé). — Premières recherches sur la date de l'apostolat de saint Rieul, p. 58.

33499. Gérin (L'abbé J.). — Notre-Dame de Senlis; la chapelle de la Vierge, p. 105.

33500. Maricourt (René de). — Portail occidental de la cathédrale de Senlis, p. 121. — Cf. n° 33501.

33501. Lefranc (M.). — Note en réponse à M. de Maricourt sur sa description du portail de Notre-Dame [de Senlis], p. 146. — Cf. n° 33500.

33502. Longpérier-Grimoard (De). — Note sur différents objets trouvés à Vaumoise, 2 *pl.*, p. 154.

[Attaches de ceinturons; chandelier du XIII° s.]

33503. Blond (L'abbé H.). — Note sur Garnier de Pont-Sainte-Maxence, poète du XII° siècle, p. 156.

33504. Peigné-Delacourt. — Recherches sur divers lieux du pays des Silvanectes; études sur les anciens chemins de cette contrée, gaulois, romains, gaulois romanisés et mérovingiens, *fig.*, p. 161.

[Senlis; Rhuis; Gouvieux; camp de César à Catenoy.]

33505. Anonyme. — *Carte* du diocèse de Senlis [1709], p. 272.

II. — Comité archéologique de Senlis. Comptes rendus et mémoires, année 1864. (Senlis, 1865, in-8°, VIII, LXXV et 300 p.)

33506. Magne (L'abbé). — Pierres tombales, 2 *pl.*, p. 3 et 297.

[Tombes de Notre-Dame de Senlis; pierres tombales des évêques de Senlis à Chaalis et à Senlis d'après Gaignières.]

33507. Caix de Saint-Aymour (Amédée de). — Note sur le sens que l'on doit attribuer à l'épithète de *Liberi*, donnée par Pline l'Ancien à plusieurs peuples de la Gaule, et en particulier aux Sylvanectes, p. 67.

33508. Lefranc (M.). — Étude sur un plan de Senlis de 1772, *pl.*, p. 83.

33509. Legoix (L'abbé). — Des monuments dits *celtiques*, à propos du dolmen de Chamant, près de Senlis (Oise), 2 *pl.*, p. 95.

33510. Gérin (L'abbé J.). — Le vitrail de saint Louis, peint par M. Cl. Lavergne pour Notre-Dame de Senlis, p. 115.

33511. Paisant. — Rapport sur le livre intitulé : *Essai historique sur les Preuves sous les législations juive, égyptienne*, etc., par M. Le Gentil, juge au tribunal d'Arras, p. 143.

[Les preuves à l'époque carlovingienne et pendant la féodalité.]

33512. Vattier (L'abbé Am.) et Dhomme (E.). — Recherches chronologiques sur les évêques de Senlis [Ier-XIV° s.], p. 156; et III, p. 60.

33513. Leguay (Louis). — Étude sur les sépultures de l'âge préhistorique de la pierre chez les *Parisii*, p. 183.

33514. Fontenu (L'abbé de). — Documents pour servir à l'histoire des camps de César dans sa campagne contre les Bellovaques. Camp de César à Gouvieux, p. 206.

[Extraits des *Mémoires de l'Académie royale des inscriptions et belles-lettres*, t. X (1736), p. 431.]

33515. Leguay (Charles). — Les armes de la ville de Creil et les familles nobles de ce nom, p. 210.

33516. Longpérier-Grimoard (De). — Mélanges héraldiques, p. 261.

[Cris de guerre, devises, écussons, couronnes, etc.]

III. — Comité archéologique de Senlis. Comptes rendus et mémoires, année 1865. (Senlis, 1866, in-8°, XXIV, LXXI et 164 p.)

33517. Divers. — Comptes rendus [des séances, 1865] p. I-LXXI.

[Vases (XIII°-XVI° s.), p. VIII. — Monuments druidiques et sépultures de Maintenon, p. XVIII.]

33518. Magne (L'abbé). — Notice sur M. le docteur Voillemier [Jean-Baptiste-Marie-Joseph, 1787 † 1865], *pl.*, p. 3.

33519. Voillemier (D^r). — Note sur la maison des Bouteillers de Senlis, p. 28.

33520. Longpérier-Grimoard (De). — Notice sur M. Lemaire, de Nanteuil [Théodore-Eugène, 1785 † 1865], p. 57.

[33512]. Dhomme (E.) et Vattier (L'abbé Am.). — Recherches chronologiques sur les évêques de Senlis, p. 60.

33521. Caudel (L'abbé L.). — Notice sur le prieuré de Bray, p. 109.

33522. Litonnois (L'abbé). — Le camp des Bellovaques à Gouvieux, p. 129.

33523. Blond (L'abbé H.). — Fouilles des arènes de Senlis en 1865, 3 *pl.*, p. 143.

IV. — Comité archéologique de Senlis. Comptes rendus et mémoires, année 1866. (Senlis, 1867, in-8°, XXIII, LX et 178 p.)

33524. Vatin (C.). — Siège de Senlis (1418) [et combat sous Senlis entre Charles VII et les Anglais, 1429], p. 3.

33525. Voillemier (Dr). — Essai sur les monnaies de Senlis, 6 *pl.*, p. 55.
33526. Blond (L'abbé H.). — Histoire de la cathédrale de Senlis [xiie s.], p. 113.
33527. Caudel (L'abbé L.). — Voies anciennes du pays des Silvanectes, p. 155; et V, p. 135. — Cf. nos 33539, 33556, 33557, 33568, 33583, 33584, 33597, 33612 à 33614, 33628 à 33630, 33640 à 33643 et 33682 à 33684.
33528. Legoix (L'abbé). — Les arènes de Senlis au 31 décembre 1866, p. 163. — Cf. n° 33542.

V. — Comité archéologique de Senlis. Comptes rendus et mémoires, année 1867. (Senlis, 1868, in-8°, xxix, xlix et 280 p.)

33529. Bourgeois (Dr). — Histoire de Crépy et de ses dépendances, de ses seigneurs, de ses châteaux et de ses autres monuments depuis l'époque la plus reculée jusqu'à nos jours, *tableaux généalogiques*, p. 3, 175; VI, p. 115; et VII, p. 59.
33530. Laffineur (L'abbé). — Les relations de saint Simon de Crépy et du pape saint Grégoire VII, d'après Carlier, historien du duché de Valois, p. 67.
33531. Laffineur (L'abbé). — Essai biographique sur Guillaume Rose, évêque de Senlis (1583-1602), p. 87 et 277.
[33527]. Caudel (L'abbé L.). — Voies romaines du pays des Silvanectes, p. 135.
33532. Magne (L'abbé). — Description de la cathédrale de Senlis, *pl.*, p. 143.
33533. Magne (L'abbé). — M. Guibourg [† 1867], p. 251.
33534. Divers. — M. Magne [l'abbé Jean-Louis-Fortuné Magne, vicaire général, 1820 † 1867], p. 254.

VI. — Comité archéologique de Senlis. Comptes rendus et mémoires, année 1868. (Senlis, 1869, in-8°, xxiv, lx et 166 p.)

33535. Dupuis (Ernest). — Sur les ruines romaines du village de La Chapelle, p. xviii.
33536. Longpérier-Grimoard (De). — Sur les chartes concernant Senlis conservées au Musée des Archives nationales, p. xl.
33537. Gérin (L'abbé J.). — Note sur une faïence patriotique, p. 17.
33538. Gérin (L'abbé J.). — La lanterne des morts de Comelles [xiiie s.], 2 *pl.*, p. 21.
33539. Caudel (L'abbé L.). — Continuation de la chaussée Brunehaut depuis Senlis jusqu'à Tourtevoie, p. 49. — Cf. n° 33527.
33540. Millescamps (Gustave) et Hahn. — Note sur la voie romaine de Senlis à Beauvais et l'emplacement de *Litanobriga*, p. 55. — Cf. n° 33550.
33541. Vattier (L'abbé Am.). — Histoire du prieuré de Saint-Christophe [fondé au xie s.], p. 67.
[33529]. Bourgeois (Dr). — Histoire de Crépy et de ses dépendances [église Saint-Thomas, *plan*], p. 115.
33542. Legoix (L'abbé). — Les arènes de Senlis (avril 1869), p. 157. — Cf. n° 33528.

VII. — Comité archéologique de Senlis. Comptes rendus et mémoires, année 1869-1871. (Senlis, 1872, in-8°, lxxxvi et 104 p.)

33543. Longpérier (Adrien de). — *Lapis Silvanectensis primus* [cachet d'oculiste], p. xxi.
33544. Longpérier (Adrien de). — Sur le sceau d'Élisabeth, abbesse de Sainte-Marie de Collinances [xiiie s.], p. xxv.
33545. Moreau (A.). — Sur l'emplacement du *Palatium Vernum*, p. xxxi.
33546. Longpérier-Grimoard (De). — Sur un bronze égyptien représentant Osiris, p. xxxv.
33547. Margry (Am.). — Sur deux monolithes de la forêt de Halatte, p. xxxvii.
33548. Petit. — Sur deux bas-reliefs romains, p. xlv.
33549. Margry (Am.). — Sur les sépultures antiques de Montépilloy, p. lx.
33550. Millescamps (Gustave). — Sur l'emplacement de *Litanobriga*, p. lxii. — Cf. n° 33540.
33551. Moreau (A.). — Sur des inscriptions tombales de Chaalis [xvie s.] et de Ver [xviiie s.], p. lxxii.
33552. Vattier (L'abbé Am.). — Notice sur l'abbé Prévost [Antoine-François Prévost d'Exiles, 1697 † 1763], p. lxxvii.
33553. Vattier (L'abbé Am.). — Sur l'inscription tumulaire de François Waroquier [† 1554] à Courteuil, p. lxxxiii.
33554. [Peigné-Delacourt]. — Étude nouvelle sur la campagne de Jules César contre les Bellovaques, 2 *cartes*, 4 *pl.* et *fig.*, p. 3. — Cf. n° 33212.

[Tombeau romain découvert à Brimont; poterie; pont romain des marais de Breuil-le-Sec.]

33555. [Laffineur (L'abbé)]. — Notice sur les conciles de Senlis [863-1326], p. 47.
[33529]. Bourgeois (Dr). — Monuments archéologiques de Crépy, p. 59.
33556. Caudel (L'abbé L.). — Chemin [romain] de Senlis à Beauvais, par Creil, p. 83. — Cf. n° 33527.
33557. Caudel (L'abbé L.). — Voie romaine de Senlis à Meaux, p. 87. — Cf. n° 33527.
33558. Caudel (L'abbé L.). — Recherches sur l'emplacement de *Litanobriga*, p. 91.
33559. Gérin (L'abbé J.). — Allocution [Louis Petit, † 1871], p. 98.

VIII. — Comité archéologique de Senlis. Comptes rendus et mémoires, année 1872. (Senlis, 1873, in-8°, XXIII, XCII et 127 p.)

33560. LONGPÉRIER-GRIMOARD (DE). — Sur M. Casimir Vatin [† 1872], p. XXIV.

33561. LONGPÉRIER-GRIMOARD (DE). — Sur un jeton allemand [XVIIe s.], un méreau français [XIIIe s.] et un affiquet de plomb aux armes d'Orléans [XVe s.], p. XXX.

33562. MOREAU (A.). — Sur des fragments de vases gallo-romains trouvés auprès de Ver, p. XXXIX.

33563. GÉRIN (L'abbé J.). — Sur divers monuments, *pl.*, p. L.

[Tombes provenant de Balagny et de Montlévêque, XVIe-XVIIe s.; sculptures provenant de Saint-Rieul; fonts baptismaux de Saint-Martin, de Saint-Étienne et de l'Hôtel-Dieu de Senlis, XIIe-XVIe s.]

33564. DEMARSY (Arthur). — Excursion de la Société historique de Compiègne à Pont-Sainte-Maxence, Pontpoint, Rhuis et Roberval, p. LXII.

33565. LONGPÉRIER-GRIMOARD (DE). — Sur M. l'abbé Laffineur [† 1872], p. LXXIX.

33566. CAUDEL (L'abbé L.). — Sur un monument romain trouvé dans la forêt de Halatte, p. LXXXI.

33567. CAIX DE SAINT-AYMOUR (Amédée DE). — Sur l'emplacement de *Litanobriga*, p. LXXXI.

33568. CAUDEL (L'abbé L.). — Voies gallo-romaines (chemins de Saint-Nicolas-d'Acy, de Saint-Leu et des Anglais), p. 3. — Cf. n° 33527.

33569. PUISSANT (J.) et GÉRIN (l'abbé J.). — L'ossuaire de la Charité [à Senlis], *pl.*, p. 9.

33570. VATTIER (L'abbé Am.). — Notes historiques sur la paroisse de Saint-Léonard, p. 15.

33571. CAIX DE SAINT-AYMOUR (Amédée DE). — La grande voie romaine de Senlis à Beauvais et l'emplacement de *Litanobriga* ou *Latinobriga*, *2 cartes*, p. 49.

33572. J. P. et J. G. [PUISSANT (J.) et GÉRIN (l'abbé J.). — Explication du sarcophage de Montépilloy, *pl.*, p. 119.

IX. — Comité archéologique de Senlis. Comptes rendus et mémoires, année 1873. (Senlis, 1874, in-8°, XXIV, LXXV et 172 p.)

33573. GÉRIN (L'abbé J.). — Comptes rendus [1873], p. III à LXXV.

[Fouilles du temple votif de Villers, p. V. — Voies romaines, p. XX et XXV. — Emplacements anciens de la forêt de Chantilly, p. XXXVIII et XLVII. — Monuments cypriotes, p. XL. — Tombe du XIVe siècle provenant de la cathédrale de Senlis, p. XLVI. — Chapelle de Chaalis, p. LX.]

33574. MARICOURT (René DE). — Les études préhistoriques, *pl.*, p. 3, 37 et 51.

33575. VATTIER (L'abbé Am.). — Question préhistorique [sur la création], p. 21. — Cf. n° 33576.

33576. MARICOURT (René DE). — Question préhistorique. Réplique à M. Vattier, p. 31. — Cf. n° 33575

33577. LONGPÉRIER-GRIMOARD (DE). — Sceau-matrice en argent d'un doyen d'Acy, canton de Betz [XVIe s.], p. 63.

33578. LONGPÉRIER (Adrien DE). — Poids de plomb [carlovingien] trouvé à Ermenonville par M. Martin, p. 65.

33579. GÉRIN (L'abbé J.). — Note sur le sarcophage trouvé à Chantilly, p. 69.

33580. LONGPÉRIER-GRIMOARD (DE). — M. de Caumont [† 1873], p. 71.

33581. CORBLET (L'abbé J.). — Les reliques de saint Vigor, p. 77.

33582. LONGPÉRIER-GRIMOARD (DE). — M. de Verneuil [Édouard, † 1873], p. 83.

33583. CAUDEL (L'abbé L.). — Chemin gaulois conduisant de Senlis au *palatium* de Clovis, à Angicourt, p. 89. — Cf. n° 33527.

33584. CAUDEL (L'abbé L.). — Chemin des Poissonniers, muettes et fosses, p. 93. — Cf. n° 33527.

33585. THOMAS (A.-J.-Louis). — Villa d'*Auræ*, p. 101.

33586. MOREAU (A.). — Note sur Ermenonville, p. 105.

33587. GÉRIN (L'abbé J.). — Excursion à Compiègne, p. 107.

33588. GÉRIN (L'abbé J.). — La police des cabarets au XVIIIe siècle, p. 115.

33589. MARSY (Arthur DE). — Quelques notes concernant Senlis et ses environs à l'époque de Charles VI, p. 127.

33590. LOUCHEZ (E.). — Étude sur la station préhistorique de Canneville, près Creil (Oise), 6 *pl.*, p. 151.

33591. DUTHOIT (L.). — Monuments historiques; église de Montataire (Oise) [XIIe s.], p. 159.

33592. GÉRIN (L'abbé J.). — Triptyque de Chauny [XVIIe s.], p. 163.

X. — Comité archéologique de Senlis. Comptes rendus et mémoires, année 1874. (Senlis, 1875, in-8°, XXV, LXXXIV et 171 p.)

33593. DIVERS. — Comptes rendus [1874], p. III à LXXXIV.

[Cimetière antique de Montgrésin, p. XIV. — Cadenas de Champlieu; *pl.*, p. XIV. — Silex du canton de Creil, p. LXVIII.]

33594. MARICOURT (René DE). — Les derniers outils en silex, p. XXVI.

33595. MARICOURT (René DE). — Figurines cypriotes, 2 *pl.*, p. XXXIII.

33596. GÉRIN (L'abbé J.). — Boinvilliers [Forestier, dit Jean-Étienne-Judith Boinvilliers, auteur de l'*Almanach du département de l'Oise et calendrier des Muses, pour l'an VII*], p. XXXVIII.

33597. CAUDEL (L'abbé L.). — Première étude sur la grande voie de Paris dans le nord de la Gaule passant par Senlis, p. 3. — Cf. n° 33527.

33598. MARICOURT (René DE). — Étude sur les sépultures indiennes comparées à celles de l'époque préhistorique chez nous d'après la Smithsonian Institution, p. 11.

33599. GALLIEN (E.). — Note sur la famille des ducs de Saint-Simon, gouverneurs et grands baillis de Senlis et de Pont Sainte-Maxence, p. 21.

33600. Boursier (L.). — Le Tremblay [commune de Verneuil-sur-Oise; débris gallo-romains], p. 27.

33601. Vattier (L'abbé Am.). — Note sur la *formation de l'homme et son excellence*, ouvrage posthume de Mgr Guillaume Parvi, évêque de Senlis [xvi° s.], *pl.*, p. 33.

33602. Vattier (L'abbé Am.). — Pluralité de l'espèce humaine; réponse à M. le docteur Millot, p. 61. — Cf. nos 33603 et 33604.

33603. Millot (Dr). — Pluralité de l'espèce humaine; réplique à M. Vattier, p. 75. — Cf. nos 33602 et 33604.

33604. Vattier (L'abbé Am.). — Pluralité de l'espèce humaine; réplique à M. le docteur Millot, p. 85. — Cf. n° 33603.

33605. Hayaux du Tilly. — Colonne de Pompée à Alexandrie, p. 105.

33606. Boursier (L.). — Oppidum de Verneuil, 2 *cartes*, p. 123.

33607. Louchez (E.). — Stations préhistoriques du canton de Creil (Oise), *fig.*, p. 129.

33608. Longpérier-Grimoard (De). — Les ex-libris, p. 151.

33609. Louchez (E.). — Les silex brisés, p. 157.

33610. Caix de Saint-Aymour (Amédée de). — Un sceau du prieuré de Bray-sur-Aunette [xiv° s.], *fig.*, p. 163.

XI. — Comité archéologique de Senlis. Comptes rendus et mémoires, 2e série, t. I, année 1875. (Senlis, 1876, in-8°, xxiv, cxxxii et 296 p.)

33611. Divers. — Comptes rendus [1875], p. iii à cxxxii.

[Ruines de l'abbaye de Saint-Nicolas d'Acy, p. xii. — *Litanobriga*, p. xix. — Monument romain près de Malassise, p. xxvi. — Le baron de Bicquilley († 1875), p. xlv. — Portrait de J. Garrel, dernier supérieur du séminaire Saint-Louis à Senlis, p. lxiii. — Armoiries de la maison d'Este, p. lxviii. — Voirie de Senlis, p. lxxxiii. — *Affiches du Beauvaisis*, etc. [1786], p. lxxxvii. — Beffroi de Senlis (1392) p. xciii. — Excursion à Pont-Levoy, p. xciii. — Maladrerie près de Creil, p. xcvii. — Actes concernant Morienval (1403-1786), p. ci. — Réparation des églises, p. cvii. — Excursion à Morienval, p. cxv. — Excursion à Cires et à Mello, p. cxxi. — Excursion à Creil, Montataire et Nogent-les-Vierges, p. cxxix.]

33612. Caudel (L'abbé L.). — Chemin mérovingien conduisant de Senlis au *palatium* de Clovis à Angicourt, p. 3. — Cf. n° 33527.

33613. Caudel (L'abbé L.). — Chemin [antique] de Senlis à Beauvais par Canneville, p. 7. — Cf. n° 33527.

33614. Caudel (L'abbé L.). — Chemin [antique] de Senlis à Baron par Montlévêque et Borest, p. 13. — Cf. n° 33527.

33615. Vattier (L'abbé Am.). — État de la question préhistorique, p. 19.

33616. Longpérier-Grimoard (De). — Une paysannerie au xviii° siècle [requête des habitants de Marchémoret à leur seigneur], *fig.*, p. 35.

33617. Longpérier (Adrien de). — Stèle votive de Carthage, p. 45.

33618. Thomas (A.-J.-Louis). — Laigneville [notice historique], p. 53.

33619. Dupuis (Ernest). — Jean Fouquerel, évêque de Senlis (1423-1429), p. 85.

33620. Luçay (Le comte de). — Angy en Beauvaisis; son histoire, ses privilèges, sa prévôté royale, p. 125.

33621. Flammermont (J.). — Les élections de 1789 à Senlis, p. 241.

33622. Vattier (L'abbé Am.). — La paroisse de Courteuil avant 1800, p. 255.

33623. Caix de Saint-Aymour (Amédée de). — Notice sur d'anciennes tombes [v°-xii° s.], 4 *pl.*, p. 269.

XII. — Comité archéologique de Senlis. Comptes rendus et mémoires, 2e série, t. II, année 1876. (Senlis, 1877, in-8°, xxviii, lxxxix et 91 p.)

33624. Divers. — Comptes rendus [1876], p. iii à lxxxix.

[Monnaie mérovingienne, p. xi. — Chapelle Saint-Évremond de Creil, p. xii. — Pierre Séguin (vers 1569 † 1636), p. xix. — Victor Offroy († 1876), p. xxxix. — Bas-relief de Ver (xvi° s.), p. xlv. — Peintures de Chaalis restaurées par M. P. Balze, p. xlviii. — Fouilles de Bologne, p. lxi. — Excursion archéologique à Barbery, Rully, Huleux, Néry, la vallée d'Autonne et Crépy, p. lxxix.]

33625. Flammermont (J.). — Étymologie de Senlis, p. 3.

33626. Flammermont (J.). — Sur la date du soulèvement des Jacques et de l'attaque de la ville de Senlis par les nobles [1358], p. 7.

33627. Dupuis (Ernest) et Flammermont (J.). — Recherches sur la date de l'enceinte de Senlis dite *la Cité*, p. 11.

33628. Caudel (L'abbé L.). — Voie romaine de Senlis à Meaux (*iter Fixtuinum*), p. 19. — Cf. n° 33527.

33629. Caudel (L'abbé L.). — Voie gallo-romaine de Meaux à Montdidier par Nanteuil, p. 25. — Cf. n° 33527.

33630. Caudel (L'abbé L.). — Voies romaines de Crépy à Château-Thierry, de la Ferté-Milon à Baray par Crépy, de Pont-Sainte-Maxence à Baron et Meaux par Montépilloy, p. 29. — Cf. n° 33527.

33631. Flammermont (J.). — Recherches sur les sources de l'histoire de l'abbaye de Chaalis, p. 35.

33632. Hayaux du Tilly. — Examen des localités où MM. Millescamps, Hahn et de Caix de Saint-Aymour placent *Litanobriga*, en face de Morancy, sur la rive gauche de l'Oise, p. 39.

33633. Hayaux du Tilly. — Chemin Vert derrière Morancy [voie antique], p. 45.

33634. Hayaux du Tilly. — Exploration du lit de l'Oise

pendant les basses eaux au bas de Morancy [pont antique], p. 49.

33635. Millescamps (Gustave). — Les monuments mégalithiques de Thimécourt près Luzarches (Seine-et-Oise), constructions contemporaines de l'âge de la pierre taillée, p. 53.

33636. Millet (Dr). — Découverte d'un cimetière mérovingien à Nanteuil-le-Haudouin, *pl.*, p. 61.

33637. Dupuis (Ernest). — Excursion de la Société historique de Compiègne à Royaumont, p. 71.

33638. Maindreville (P. de). — Les orgues de la cathédrale de Senlis, *pl.*, p. 75.

XIII. — Comité archéologique de Senlis. Comptes rendus et mémoires, 2e série, t. III, année 1877. (Senlis, 1878, in-8°, xxxi, lxxiv et 383 p.)

33639. Divers. — Comptes rendus [1877], p. iii à lxxiv.

[Itinéraires anciens, p. v. — Statuettes gallo-romaines et anneau carlovingien, p. xlii. — Fraser-Duff (✝ 1877), p. liv. — Écoles de l'hôpital général de Chantilly, p. lvi. — Monnaie de Senlis, *pl.*, p. lx. — Cimetière antique de Courteuil, p. lxii. — Nécrologie. M. Brusle (✝ 1877), p. lxxi.]

33640. Caudel (L'abbé L.). — Voie romaine de Senlis à Beauvais par Creil (chemin du Beauvaisis), p. 3. — Cf. n° 33527.

33641. Caudel (L'abbé L.). — Vieux chemins de la forêt d'Halatte, p. 9. — Cf. n° 33527.

33642. Caudel (L'abbé L.). — Chemin [antique] de Compiègne par Raray, Brasseuse, Villeneuve et Verberie, p. 15. — Cf. n° 33527.

33643. Caudel (L'abbé L.). — Chemin [antique] de Compiègne, p. 19. — Cf. n° 33527.

33644. Vattier (L'abbé Am.). — Un sermon à Notre-Dame de Senlis il y a deux cents ans [par Jean Deslions], p. 25.

33645. Gross (L'abbé). — Extrait d'une notice sur Levignen et sa seigneurie, 2 *pl.*, p. 37.

33646. Maricourt (René de). — Topographie préhistorique d'une partie de l'arrondissement de Senlis, *carte*, p. 59.

33647. Hayaux du Tilly. — Les gobelets de Vicarello ou Vases apollinaires, p. 81.

33648. Caudel (L'abbé L.). — Première campagne de César dans la Gaule Belgique, 2 *cartes*, p. 97; et XIV, p. 3. — Cf. n° 33706.

33649. Plessier (Léon). — Notice sur un phallus en silex trouvé dans le ru de Grivette près Betz (Oise), *pl.*, p. 103. — Cf. n° 33661.

33650. Müller (L'abbé Eugène). — Essai sur les sources hagiographiques de la vie de saint Lucien apôtre, évêque et patron du diocèse de Beauvais, p. 111.

33651. Longpérier-Grimoard (De). — Le reliquaire de Nantouillet [émail du xiie s.], 2 *pl.*, p. 209.

33652. Margry (Am.). — Notice sur deux anciennes maisons de Senlis, 2 *pl.*, p. 215.

33653. Margry (Am.). — Moulin de Saint-Étienne ou de Saint-Vincent [à Senlis; 2 *fac-similés* de chartes], p. 229.

33654. Margry (Am.). — Légende du plan ci-joint de la vallée de la Nonette, *plan*, p. 332.

33655. Maricourt (René de) et Guérin (R.). — Liste des monuments, gisements et découvertes connus dans le département de l'Oise pour servir à la carte préhistorique dressée et exposée par R. de Maricourt et R. Guérin, p. 361.

XIV. — Comité archéologique de Senlis. Comptes rendus et mémoires, 2e série, t. IV, année 1878. (Senlis, 1879, in-8°, xxxi, lxviii et 259 p.)

33656. Maricourt (René de). — Note sur quelques silex de Belgique, p. vi.

33657. Margry (Am.). — Les cartes du Congrès [archéologique de Senlis intéressant le territoire de Senlis, xviie et xviiie s.], p. xxvi.

33658. Boudin (L'abbé). — Sur les ruines gallo-romaines du Mont de Hermes, p. xxxiv.

33659. Gérin (L'abbé J.). — Hermes, p. xl.

33660. Thomas (A.-J.-Louis). — L'Exercice [lieu-dit de la commune de Mello; hypocauste romain], p. xliii.

33661. Martin (Emmanuel). — Rectification [à propos de la représentation du phallus sur les dolmens], p. lviii. — Cf. n° 33649.

[33648]. Caudel (L'abbé L.). — Première campagne de César dans la Gaule Belgique, p. 3.

33662. Vattier (L'abbé Am.). — Dispenses de mariage *propter angustum locum* [à Senlis, 1620], p. 41.

33663. Müller (L'abbé Eugène). — Essai d'une monographie des rues, places et monuments de Senlis, 11 *pl.* et *fig.*, p. 49; XV, p. 249; XVI, p. 1; XVII, p. 121; et XVIII, p. 229. — Cf. id. n° 33494.

33664. Vattier (L'abbé Am.). — Compte rendu du Congrès archéologique tenu à Senlis en 1877, p. 193; et XV, p. 199.

33665. Margry (Am.). — Tableau chronologique des maires de la commune de Senlis depuis son établissement [d'après Afforty], *pl.*, p. 213.

XV. — Comité archéologique de Senlis. Comptes rendus et mémoires, 2e série, t. V, année 1879. (Senlis, 1880, in-8°, xxxi, xxxix et 456 p.)

33666. Maricourt (René de). — Sur une sépulture néolithique découverte à Bray-sur-Marne, p. xi.

33667. Margry (Am.). — Sur les catalogues historiques d'Afforty, p. xiv.

33668. Génin (L'abbé J.). — Excursion archéologique d'Ormoyvillers, p. xxv.
33669. Longpérier-Grimoard (De). — Sur M. Hayaux du Tilly [† 1879], p. xxix.
33670. Marsy (Arthur de). — Les droits de l'abbaye de Chaalis dans la ville de Compiègne, 2 *pl.*, p. 13.
33671. Manuel (L'abbé Victor). — Étude sur le savant Bourdelin de Senlis [1668 † 1717], p. 33.
33672. Margry (Am.). — Notice sur le portrait d'Afforty et la maison canoniale qu'il habitait [à Senlis], *plan*, p. 39.
33673. Margry (Am.). — Inventaire après le décès de M. Afforty, doyen de Saint-Rieul [de Senlis], des 9 et 10 juin 1786, p. 51.
33674. Longnon (Auguste). — Conjecture sur l'emplacement de *Ratomagus*, chef-lieu des Silvanectes, p. 173.
33675. Vattier (L'abbé Am.). — Excursion dans la forêt de Chantilly, p. 185.
33676. Vattier (L'abbé Am.). — Les sires de Vieupont [xvii° s.], p. 189.
[33664]. Vattier (L'abbé Am.). — Compte rendu des travaux du Congrès archéologique tenu à Senlis en 1877, p. 199.
33677. Vattier (L'abbé Am.). — Les aventures de Gillot [conte populaire], p. 237.
[33663]. Müller (L'abbé Eugène). — Essai d'une monographie des rues, places et monuments de Senlis, 8 *pl.*, p. 249.
33678. Millescamps (Gustave). — Silex taillés et emmanchés de l'époque mérovingienne, *fig.*, p. 441. — Cf. n° 33681.
33679. Millescamps (Gustave). — Fouille d'une sépulture franque au Mont de Hermes (Oise), p. 449.

XVI. — Comité archéologique de Senlis. Comptes rendus et mémoires, 2° série, t. VI, année 1880. (Senlis, 1881, in-8°, xxxi, xlvi et 327 p.)

33680. Divers. — Procès-verbaux [1880], p. i à xlvi.

[Manuscrits inédits de Deslyons, p. xvii. — François-Désiré Herbet († 1880) et Albin-Nicolas Pommeret des Varennes († 1880), p. xix. — Ex-libris de M. de Nicolay, *pl.*, p. xxv. — L'abbé Jean-Baptiste Gross († 1880), p. xxxii. — Jean-Louis Thomas (1816 † 1880), p. xxxiii. — Boucles de ceinturon trouvées dans le cimetière mérovingien de Mermont, *plan* et *pl.*, p. xliv.]

[33663]. Müller (L'abbé Eugène). — Essai d'une monographie des rues, places et monuments de Senlis, 12 *pl.*, p. 1.
33681. Maricourt (René de). — Quelques mots sur les silex mérovingiens de M. Millescamps, p. 177. — Cf. n° 33678.
33682. Caudel (L'abbé L.). — Chemin [antique] de Reims à Paris par Villers-Cotterêts, p. 193. — Cf. n° 33527.
33683. Caudel (L'abbé L.). — Chemin de Saint-Germain ou vieux chemin de Senlis à Meaux, p. 197. — Cf. n° 33527.
33684. Caudel (L'abbé L.). — Voie [romaine] de Beauvais à Senlis par Saint-Martin-Longueau, p. 199. — Cf. n° 33527.
33685. Vattier (L'abbé Am.). — Notes historiques sur le prieuré de Saint-Nicolas d'Acy, *plan* et 3 *pl.*, p. 227; et XVIII, p. 61.
33686. Maricourt (René de). — Les silex de Beauvais et les contrefacteurs, p. 303.

XVII. — Comité archéologique de Senlis. Comptes rendus et mémoires, 2° série, t. VII, année 1881. (Senlis, 1882, in-8°, xlv et 332 p.)

33687. [Longpérier-Grimoard (De)]. — M. Peigné-Delacourt [Achille, 1797 † 1882], *pl.*, p. xxxv.
33688. Margry (Am.). — Baillis [de Senlis], p. 1.
[33663]. Müller (L'abbé Eugène). — Essai d'une monographie des rues, places et monuments de Senlis, p. 121.

XVIII. — Comité archéologique de Senlis. Comptes rendus et mémoires, 2° série, t. VIII, année 1882-1883. (Senlis, 1884, in-8°, xxxi, lxxxix, 228 et xxviii p.)

33689. Divers. — Procès-verbaux [1882], p. iii-lxxxix.

[Adam Souldoyer, peintre-verrier (xvi° s.), p. iv. — Ernest Turquet († 1881), p. iv. — Église de Vézelay, p. vii. — Adrien de Longpérier (1816 † 1882), p. ix. — Médailles trouvées dans la *Mer de Flines*, près de Douai, p. xvi. — Silex de Beauvais, p. xxiv. — Moulins de Courteuil (xvii°-xviii° s.), p. xxxv. — Ascension d'une montgolfière à Versailles (1784), p. xxxvii. — Pierre-Auguste-Raphaël Millot, médecin (1823 † 1882), p. lxii. — Monnaies du xvi° siècle découvertes à Montcel, p. lxxxiv. — Alexis Moreau, médecin († 1882), p. lxxxvii.]

33690. Maricourt (René de). — Quelques mots sur nos origines à propos de différentes notes américaines, anglaises, Smithsonian Institution, etc., p. xli.
33691. Vattier (L'abbé Am.). — *La Bible et les préhistoriens*, par le comte de Maricourt [étude critique], p. 3.
33692. Génin (L'abbé J.). — Excursion archéologique de Neuilly-en-Thelle, p. 29.

[Précy; Crouy-en-Thelle; Neuilly-en-Thelle; Fresnoy; Chambly.]

33693. Génin (L'abbé J.). — Église de Cinqueux [xi° ou xii° s.], p. 39.
33694. Génin (L'abbé J.). — Le vitrail moderne, p. 45.
33695. L. G. [Longpérier-Grimoard (De)]. — Un ex libris de l'abbaye de Chaalis, *fig.*, p. 55.
[33685]. Vattier (L'abbé Am.). — Notes historiques sur le prieuré de Saint-Nicolas d'Acy, p. 61.

33696. Gordière (L'abbé). — Chaalis [abbaye de l'ordre de Cîteaux fondée en 1136], p. 109.

33697. Morel (L'abbé). — Le dénombrement de la terre de Rhuis et de Saint-Germain-lez-Verberie (Oise) vers 1390, p. 139.

33698. Manuel (L'abbé Victor). — Documents sur Verberie [notice historique], p. 211.

[33663]. Müller (L'abbé Eugène). — Essai d'une monographie des rues, places et monuments de Senlis, p. 229.

XIX. — Comité archéologique de Senlis. Comptes rendus et mémoires, 2e série, t. IX, année 1884. (Senlis, 1885, in-8°, xxxi, xlvi et 98 p.)

33699. Longpérier-Grimoard (De). — Sur le comte Charles de Parseval [† 1884], p. xxiii.

33700. Vattier (L'abbé Am.). — Le presbytère de Saint-Aignan [à Senlis], p. xxvii.

33701. Maricourt (René de). — Coup d'œil sur la cathédrale de Lisieux, p. xxxvii.

33702. Divers. — Sur des fouilles faites à Senlis, *pl.*, p. xlii.

33703. Caudel (L'abbé L.). — M. le comte Louis-Amédée de Lavaulx [† 1884], p. xlv.

33704. Maricourt (René de) et Vinet (A.). — Quelques observations sur les ossements de notre musée [de Senlis], 3 *pl.*, p. 3.

33705. Müller (L'abbé Eugène). — Quelques notes de voyage [archéologie et histoire religieuses], 5 *pl.*, p. 25.

[Cuise-la-Motte, *pl.*; Chelles, *pl.*; Saint-Étienne près Pierrefonds, *pl.*; Berneuil-sur-Aisne, *pl.*; Lévignen; Betz; Acy-en-Multien, *pl.*; Cuvergnon, *pl.*; Rozoy, *pl.*; Brégy; Marolles; Autheuil-en-Valois, *pl.*; La Ferté-Milon, vitraux (xvie s.), *pl.*]

33706. Caudel (L'abbé L.). — Seconde campagne de Jules César contre les Bellovaques, *carte* et 2 *pl.*, p. 47. — Cf. n° 33648.

33707. Vattier (L'abbé Am.). — L'instruction à Senlis et dans le diocèse avant la Révolution, p. 84.

XX. — Comité archéologique de Senlis. Comptes rendus et mémoires, 2e série, t. X, année 1885. (Senlis, 1886, in-8°, xxxi, lxix et 95 p.)

33708. Manuel (Victor). — Notice biographique sur Saint-Gelais [Louis-François Du Bois, † 1737], p. xxxv.

33709. Maricourt (René de). — Rapport sur le fétichisme mystique des Zunis, d'après les travaux de l'Institut Smithson, p. xxxvii.

33710. Gérin (L'abbé J.). — Note sur le nouveau cimetière [de Senlis, débris gallo-romains], p. lxiv.

33711. Vattier (L'abbé Am.). — *Palatium Vernum* [son emplacement], p. 1.

33712. Vattier (L'abbé Am.). — Les conciles de Ver [viiie et ixe s.], p. 15.

33713. Vattier (L'abbé Am.). — Les chanoines de Notre-Dame [à Senlis] et le chanoine précepteur, p. 24.

33714. Dupille (L.). — Ermenonville [xviiie s.], p. 29.

33715. Vattier (L'abbé Am.). — Fondation de l'ordre de l'Étoile [1351], p. 37.

33716. Müller (L'abbé Eugène). — Trois planches pour servir à l'*Histoire du duché de Valois*, de Carlier, p. 49.

[Carte du duché de Valois; châteaux de Béthizy et de Pierrefonds.]

33717. Lefèvre-Pontalis (Eugène). — Notice archéologique sur l'église de Noël-Saint-Martin [xie-xiie s.], p. 59.

33718. Maricourt (René de). — Les gravures murales de Borest [xive ou xve s.], 3 *pl.*, p. 70.

33719. Müller (L'abbé Eugène). — Quelques églises romano-auvergnates, 2 *pl.*, p. 77.

[Ganhat; Riom; Mozat; Clermont-Ferrand; Chamalières; Royat; Coudes; Saint-Nectaire; Brioude.]

ORNE. — ALENÇON.

LYCÉE D'ALENÇON.

Une Société littéraire fut établie vers l'an IX au chef-lieu du département de l'Orne et prit le nom de *Lycée d'Alençon*. Elle ne semble pas avoir vécu longtemps et nous ne connaissons d'elle que la publication suivante :

33720. Anonyme. — Description abrégée du département de l'Orne, rédigée par le *Lycée d'Alençon*, sur la demande du citoyen Lamagdeleine, préfet, publiée par ordre du Ministre de l'Intérieur. (Paris, an IX, in-8°, 56 p.)

ORNE. — ALENÇON.

SOCIÉTÉ HISTORIQUE ET ARCHÉOLOGIQUE DE L'ORNE.

La *Société historique et archéologique de l'Orne*, fondée en 1882, publie un *Bulletin* dont le tome IV a paru en 1885. Elle a fait, en outre, imprimer l'ouvrage suivant :

33721. Anonyme. — Cartulaire de l'abbaye de la Trappe, ordre de Cîteaux. (Alençon, 1885, in-8°, VII-666 p.)

I. — Bulletin de la Société historique et archéologique de l'Orne, t. I. (Alençon, 1883, in-8°, 15, x et 11-351 p.)

33722. [Contades (Gérard de)]. — Catherine-Angélique d'Harcourt, baronne de Lougé [† 1651], p. 11.

33723. Rombault (L'abbé J.). — Guillaume du Merle, moine de Saint-Évroult [XIe s.], p. 29.

33724. Le Vavasseur (Gustave). — Briouze, p. 33.

[Observations à propos d'une donation de biens à l'église de Saint-Gervais et Saint-Protais de Briouze (1080).]

33725. L. D. [Duval (Louis)]. — Délibération des bourgeois d'Alençon du 7 décembre 1529 au sujet de la contribution imposée à la ville pour la rançon des enfants de François Ier, p. 37.

33726. Rombault (L'abbé J.). — Le prieuré de la Genevraye [fondé en 1160], *fig.*, p. 77.

33727. Duval (Louis). — Le point d'Alençon avant Colbert; la lutte des dentellières contre le monopole de la manufacture royale [XVIIe s.], p. 93. — Cf. n° 33736.

33728. [Guillemin]. — L'installation du présidial d'Alençon [1552], p. 152.

33729. Godet (L'abbé). — Les silex taillés des environs de Nogent-le-Rotrou, p. 190.

33730. Dallet (A.). — L'église de Saint-Cyr d'Estrancourt [XIe s.], *plan*, p. 195.

33731. Loriot (Florentin). — Richard, dessinateur alençonnais [1819 † 1882], p. 207.

33732. Marais (Louis-Paul). — Documents historiques, p. 213 et 302.

[Charte de Charles de Valois relative au douaire de sa femme Catherine de Courtenay (1301); lettres de Philippe le Bel au sujet de Bellême (1306); échange des fiefs de Chambois, Omméel, Avenelles et La Frénaie-Fatel contre les seigneuries de Luzarches et de Coye.]

33733. Anonyme. — Chronique, p. 218 et 332.

[Hache gauloise; disque en terre; meules antiques; l'abbé Gley et le P. Loriquet; Louis Du Bois (1773 † 1855) et *la Marseillaise*; atelier monétaire de Ciral ou Cérail.]

33734. La Sicotière (L. de). — La légende de Marie Amon [ou la dame du parc d'Alençon], p. 231.

33735. Godet (L'abbé). — De l'art préhistorique dans le Perche, p. 273.

33736. Duval (Louis). — Le point d'Alençon après Colbert, p. 277; et III, p. 181. — Cf. n° 33727.

II. — Bulletin de la Société historique et archéologique de l'Orne, t. II. (Alençon, 1883, in-8°, VIII et 406 p.)

33737. Sauvage (Hippolyte). — Verneuil pendant la Fronde, p. 1.

[Lettres du duc de Longueville, de César de Vendôme et de Louis XIV (1652-1653).]

33738. Appert (J.). — Les franchises des bourgeois de Domfront, *pl.*, p. 23.
33739. [La Sicotière (L. de)]. — Les Brie, abbés de Saint-Évroult, et le poète Sagon [xvie s.], p. 39.
33740. La Jonquière (Le marquis de). — La chapelle de Saint-Jean-l'Évangéliste à Mauves [1570], p. 43.
33741. Duval (Louis). — M. Gravelle-Desulis [Pierre-Jacques, 1795 † 1878], ancien archiviste de l'Orne, p. 49.
33742. Dallet (A.). — L'église de Douet-Artus, p. 59.
33743. L. D. [Duval (Louis)]. — Chronique, p. 66 et 164.

[Tombeaux mérovingiens de Contilly; la Carneille au xviie s.]

33744. Contades (Gérard de). — L'ermitage de la Héraudière à Magny-le-Désert [xiiie s.], p. 81.
33745. Le Neuf de Neufville (Martin). — Souvenirs d'un juge d'instruction [vols dans les églises de l'Orne en 1873], p. 101.
33746. Letellier. — Peut-on trouver du charbon de terre dans le département de l'Orne [travaux exécutés au xviiie s.], p. 110.
33747. Sevray (L'abbé H.). — Le camp de César de Montmerrey et la Pierre Tournoire, *plan*, p. 120.
33748. Chambay (D^r) et Duval (L.). — Documents historiques relatifs au couvent de Sainte-Claire d'Alençon dit de l'Ave-Maria, p. 130.

[Fragments d'une chronique de ce monastère (xviiie s.).]

33749. L. D. [Duval (Louis)]. — Nécrologie. Julien-Modeste Hurel, ancien principal du collège de Tinchebrai [1803 † 1883], p. 161.
[33736]. Duval (Louis). — Le point d'Alençon après Colbert, p. 181.
33750. Le Neuf de Neufville (Martin). — Les combats d'Alençon depuis le xie siècle jusqu'à l'invasion allemande de 1871, p. 205 et 342.
33751. Vaudichon (Gustave de). — Le château des Tourailles, p. 233.
33752. Contades (Gérard de). — Un équipage de cerf en 1760, p. 249.
33753. Dallet (A.). — L'église de Saint-Aubin-de-Bonneval [xiiie s.], p. 253.
33754. Pitou (Ch.). — Documents inédits relatifs à l'Hôtel-Dieu de Longni, p. 261.

[Mémoire et projet de règlement, 1763 et 1766.]

33755. La Jonquière (De). — De la division de la propriété territoriale dans le Perche [fief de Landres], *carte*, p. 303. — Cf. n° 33781.
33756. [Duval (Louis)]. — Les collèges de Céaucé et de Domfront [xviie s.], p. 330.
33757. L. S. [La Sicotière (L. de)]. — Édouard Bertre [avocat, 1816 † 1883], p. 377.
33758. Libert (Marcel). — Biographie du général Prévost [J.-Ferdinand, 1819 † 1883], p. 380.
33759. Libert (Marcel). — Le docteur Prévost [Honoré-Albert, 1822 † 1883], p. 387.

III. — Bulletin de la Société historique et archéologique de l'Orne, t. III. (Alençon, 1884, in-8°, viii et 598 p.)

33760. [La Sicotière (L. de)]. — Une muse normande inconnue, Mlle Cosnard, de Sées [xviie s.], p. 5.
33761. Rombault (L'abbé J.). — L'église de Saint-Saturnin des Ligneries et le baptême de Charlotte Corday, p. 51.
33762. Duval (Louis). — Les bibliothèques et les musées du département de l'Orne pendant la Révolution, p. 73 et 153.
33763. Rombault (L'abbé J.). — Le caveau de l'église Saint-François à Mortagne, p. 135.

[Cœur de René de Valois, duc d'Alençon, † 1492.]

33764. Thouin. — Fouilles de Buré, canton de Bazoches-sur-Hoëne [sépultures anciennes], 2 *pl.*, p. 140.
33765. Divers. — Chronique, p. 145, 234 et 388.

[Vases funéraires du moyen âge; villa romaine aux environs de Céton; sceau de la châtellenie de Bonmoulins; monnaies féodales; sceaux d'un sacristin de Bellême (xive s.) et du bureau des finances de la généralité d'Alençon.]

33766. Loriot (Florentin). — L'évolution en archéologie, p. 185.
33767. Vimont (Eugène). — Le camp [romain] de Bierre, *plan*, p. 198.
33768. Dallet (A.). — L'église du Sap [xiiie s.], p. 211.
33769. Contades (Gérard de). — Les ex-libris normands, *fig.*, p. 219.

[Jacques-Charles-Alexandre Lallemant, évêque de Séez, xviiie s.]

33770. Chollet (A.). — Découverte d'une nécropole gallo-romaine à Exmes, p. 239.
33771. Blanchetière (L.). — Le château féodal de Domfront [xie s.], 3 *pl.* et *fig.*, p. 269.
33772. La Sicotière (L. de). — Les rosières en basse Normandie, *pl.*, p. 397.
33773. Vimont (Eugène). — Goult, son antiquité, ses camps et les camps voisins, p. 483.

IV. — Bulletin de la Société historique et archéologique de l'Orne, t. IV. (Alençon, 1885, in-8°, viii et 264 p.)

33774. Salles (A.). — Le collège de Céaucé vers 1684, p. 1.
33775. Le Vavasseur (Gustave). — Philologie [expressions usitées dans le département de l'Orne], p. 41, 81 et 145.
33776. Du Motey (Henry). — Quelques mots sur un seigneur de La Boutonnière à Saint-Germain-de-Clairefeuille, au xviie siècle [Jacques Du Bouillonney, † 1638], p. 59.

33777. [Lefavrais]. — L'église de Notre-Dame-sur-l'Eau près Domfront [xie s.], p. 97.

33778. Dallet (A.). — L'église d'Orville [xiiie s.], p. 101.

33779. Du Motey (Henry). — Un officier normand au xviiie siècle [Jean-Alexandre Renault de Belle-Noë, sous-gouverneur de l'hôtel des Invalides, 1707 † 1795], p. 109.

33780. Divers. — Documents inédits, p. 121.

[Incendie du château de Longny, 1682; hôpital de Longny, 1766; fondation de l'école de Macé, 1743; testament de Claude Du Moulinet, abbé des Thuileries, 1728.]

33781. La Jonquière (De). — La propriété dans le Perche; la terre de Cherperrine, p. 161.— Cf. n° 33755.

33782. La Sicotière (L. de). — La conversion de Rancé [1664], p. 197.

33783. Rombault (L'abbé J.). — Mariage de Françoise de Farcy, petite-fille du grand Corneille avec Adrien de Corday [1701], p. 229.

33784. Godet (L'abbé H.). — Étude sur la villa romaine de la Mutte-en-Ceton (Orne) et procès-verbal des travaux qui y ont été exécutés dans les années 1883-1884, 2 *plans*, p. 241.

IMPRIMERIE NATIONALE.

PAS-DE-CALAIS. — ARRAS.

ACADÉMIE DES SCIENCES, LETTRES ET ARTS D'ARRAS.

L'*Académie des sciences, lettres et arts d'Arras* se rattache à la *Société littéraire* fondée dans cette ville en 1737 et que des lettres royales du mois de juillet 1773 avaient érigée en *Académie royale des belles-lettres*. Supprimée le 12 août 1793, elle ne se reconstitua qu'en 1816 sous le titre de *Société royale d'Arras pour l'encouragement des sciences, des lettres et des arts;* elle fut approuvée le 22 mars de l'année suivante, et par ordonnance du 24 septembre 1828, elle reçut la dénomination et les privilèges de *Société royale*. En 1831, elle reprit son nom primitif d'*Académie*. Son histoire a été écrite par l'abbé Van Drival (n° 33789). Elle a commencé en 1818 à publier des *Mémoires;* ils forment deux séries : la première comprend 38 volumes; la deuxième, en cours de publication, en comprenait 16 en 1885. Il a paru une table des 27 premiers volumes (n° 33865). L'Académie d'Arras a publié, en outre, sous le titre général de *Documents inédits concernant l'Artois*, les sept ouvrages suivants :

33785. Journal de dom Gérard Robert, religieux de l'abbaye de Saint-Vaast d'Arras, contenant plusieurs faits arrivés de son temps, principalement en la ville d'Arras et en particulier dans ladite abbaye [xv° s.]. (Arras, 1852, in-8°, xxi et 217 p.)

[Appendice : catalogue des abbés de Saint-Vaast; religieux de Saint-Vaast nés à Arras; entrée de Louis XI à Arras (1464); *plan* de l'abbaye au xvi° siècle. — En faux-titre : *Pièces inédites en prose et en vers concernant l'histoire d'Artois et autres ouvrages inédits publiés par l'Académie d'Arras.*]

33786. Bauduin (François). — Chronique d'Arthois par François Bauduin, né à Arras en 1520. (Arras, 1856, in-8°, xviii et 200 p.)

[Appendice : *Advis de François Bauduin, jurisconsulte, sur le faict de la réformation de l'Église.*]

33787. Héricourt (A. d'). — Ambassade en Espagne et en Portugal (en 1582) de R. P. en Dieu, dom Jean Sarrazin, abbé de Saint-Vaast, du Conseil d'Estat de Sa Majesté Catholique, son premier conseiller en Arthois, etc., par Philippe de Caverel, religieux de Saint-Vaast. (Arras, 1860, in-8°, lxiv et 413 p.)

[Notices sur Philippe de Caverel et Jean Sarrazin, par A. d'Héricourt et l'abbé Parenty.]

33788. Harbaville. — Observations sur l'échevinage de la ville d'Arras, par Charles de Wignacourt, conseiller de la ville [1608]. (Arras, 1865, in-8°, xxviii et 560 p.)

[Préface signée : Harbaville. — Chartes et documents concernant l'échevinage d'Arras (1190-1493), p. 85 à 543.]

33789. Van Drival (L'abbé E.). — Histoire de l'Académie d'Arras depuis sa fondation, en 1737, jusqu'à nos jours. (Arras, 1872, in-8°, vii et 334 p.)

33790. Van Drival (L'abbé). — Cartulaire de l'abbaye de Saint-Vaast d'Arras, rédigé au xii° siècle par Guimann et publié pour la première fois, au nom de l'Académie d'Arras, par M. le chanoine Van Drival, 4 *pl.* (Arras, 1875, in-8°, xxx et 488 p.)

[Appendice : Supplément au cartulaire de Guimann par le prieur Lambert, xii° s.; privilèges de Thierry III et de Charles le Chauve; documents divers, 1162-1189; Arras au xii° siècle, *plan.*]

33791. Van Drival (L'abbé). — Nécrologe de l'abbaye de Saint-Vaast d'Arras publié pour la première fois au nom de l'Académie d'Arras, par M. le chanoine Van Drival. (Arras, 1878, in-8°, xxiii et 501 p.)

[D'après un manuscrit du xviii° siècle; notes et commentaires; histoire littéraire de l'abbaye; blasons des religieux, 28 *pl.*]

I. — Mémoires de la Société royale d'Arras pour l'encouragement des sciences, des lettres et des arts, t. I. (Arras, 1818, in-8°, vi et 566 p.)

33792. Bergé de Vassenau. — Rapport sur l'ancienne Académie d'Arras, p. 39.

33793. Duchâteau. — Aperçu topographique et médical de la ville d'Arras, p. 106.

33794. Willaume. — Recherches sur les sépultures souterraines de quelques peuples anciens [Égypte, Grèce, Rome et Espagne] et description d'un cimetière de Madrid, p. 191.

33795. Bérin. — Notice sur l'origine et l'antiquité de la ville d'Arras, p. 209.

33796. Martin (P.-D.). — Description hydrographique des provinces de Beny-Soueyf et du Fayoum en Égypte, p. 231.

33797. Henry. — Notice sur un mallus ou sanctuaire druidique vulgairement nommé les *Danses* ou *Neuches*, situé dans la plaine ou commune de Landrethun et

Ferques, villages de l'arrondissement de Boulogne-sur-Mer, p. 331.

33798. Burdet (A.). — Description de l'île de Tino, située à l'entrée du golfe de la Spezzia, dans l'État de Gênes, p. 400.

33799. B. H. [Henry (B.).] — Étymologie du nom de Landrethun, p. 493.

II. — Mémoires de la Société royale d'Arras, etc., t. II. (Arras, 1819, in-8°, vi et 520 p.)

33800. Alexandre (A.). — Éloge historique de Pierre-Alexandre Monsigny [musicien, 1729 † 1817], p. 37.

33801. Anonyme. — Notice nécrologique sur Jean-Baptiste-Nicolas Courtalon, ingénieur en chef des ponts et chaussées [1754 † 1820], p. 94.

33802. Martin (P.). — Notice sur la topographie de l'Égypte, p. 214 et 310.

33803. [Cornille (T.)]. — Quelques mots prononcés le 26 mai 1820 sur la tombe de M. Buissart [magistrat], p. 381.

33804. Beurard (J.-B.). — Précis sur la ville de Hambourg, p. 429.

III. — Mémoires de la Société royale d'Arras, etc., t. III. (Arras, 1820, in-8°, vii et 288 p.)

33805. Sérel-Desforges. — Discours sur l'influence de l'instruction élémentaire du peuple, p. 53.

33806. Caffin. — Éloge de l'abbé Prévost [Antoine-François Prévost d'Exiles, 1697 † 1763; extrait], p. 131.

33807. Deschamps. — Précis sur l'île de Java (1796), p. 212.

IV. — Mémoires de la Société royale d'Arras, etc., t. IV. (Arras, 1821, in-8°, 196 p.)

33808. Thiébaut de Bernéaud. — Éloge historique de A.-M.-J.-F. Palisot de Beauvois, membre de l'Institut de France [1752 † 1820], p. 49.

33809. Hecart (G.-A.-J.). — Notice sur la vie et les ouvrages de Jean Molinet, poète et historien du xv° siècle, p. 177.

V. — Mémoires de la Société royale d'Arras, etc. Séance publique du 26 août 1822. (Arras, 1823, in-8°, 156 et 1 p.)

33810. Tourdes (J.). — Éloge historique de Pierre Coze, doyen et professeur de la Faculté de médecine de Strasbourg [1754 † 1821], p. 93.

VI. — Mémoires de la Société royale d'Arras, etc. Séance publique du 26 août 1823. (Arras, 1824, in-8°, 224 p.)

33811. Corne (H.). — Essai sur les romans et le genre romantique, p. 75.

33812. Harbaville. — Essai sur l'origine et l'antiquité des communes du département du Pas-de-Calais, p. 116.

VII. — Mémoires de la Société royale d'Arras, etc. Séance publique du 23 août 1824. (Arras, 1825, in-8°, 253 p.)

33813. Buissart (Ch.). — Notice sur le siège d'Arras par les Espagnols que les Français firent lever le 25 août 1654, p. 211.

VIII. — Mémoires de la Société royale d'Arras, etc. Séance publique du 29 août 1825. (Arras, 1826, in-8°, 204 p.)

33814. Toursel fils. — Paroles prononcées sur la tombe de M. Pochon [Emmanuel, 1764 † 1825] le 8 décembre 1825, p. 93.

33815. Siméon fils (Henri). — Statistique. Histoire civile et politique du département du Pas-de-Calais, p. 102.

IX. — Mémoires de la Société royale d'Arras, etc. Séance publique du 29 août 1826. (Arras, 1827, in-8°, 224 p.)

33816. Philis. — Réflexions sur les connaissances physiques des anciens et sur la marche des connaissances humaines en général, p. 190.

X. — Mémoires de la Société royale d'Arras, etc. Séance publique du 30 août 1827. (Arras, 1828, in-8°, 234 p.)

33817. Harbaville. — Recherches sur la température ancienne et moderne comparées de l'Europe, d'une partie de l'Asie et du nord de l'Afrique, pour servir à l'examen de la question du refroidissement de la terre, p. 146.

33818. Philis. — Des monnaies obsidionales et de celles frappées à Mayence en 1793 et à Anvers en 1814, p. 194.

XI. — Mémoires de la Société royale d'Arras, etc. Séance publique du 29 août 1828. (Arras, 1829, in-8°, 358 p.)

33819. Méric. — Discours sur cette question proposée : Les siècles les plus ignorants et les plus grossiers ont-ils toujours été les plus vicieux et les plus corrompus? p. 286.

XII. — Mémoires de la Société royale des sciences, des lettres et des arts d'Arras. Séance publique du 29 août 1829. (Arras, 1830, in-8°, 400 p.)

33820. Doublet de Boisthibault (J.-F.). — Éloge historique de François-Alexandre-Frédéric, duc de La Rochefoucauld-Liancourt, pair de France, membre de l'Institut (Académie des sciences) [1747 † 1827], p. 216.

XIII. — Mémoires de l'Académie d'Arras, Société royale des sciences, des lettres et des arts. Séance publique du 23 décembre 1831. (Arras, 1832, in-8°, 144 p. et *pl.*)

33821. Degeorge (F.). — Les femmes poètes du XIVe siècle, p. 101.

XIV. — Mémoires de l'Académie d'Arras, etc. Séance publique du 30 décembre 1833. (Arras, 1834, in-8°, 220 p.)

33822. Colin (Maurice). — Rapport sur quelques pièces de monnaies frappées à Arras, *fig.*, p. 100.
33823. Harbaville. — De la doctrine du nivellement dans les temps anciens et modernes, p. 107.
33824. Anonyme. — Mémoire sur la manière d'étudier et d'écrire l'histoire, p. 156.

XV. — Mémoires de l'Académie d'Arras, etc. Séance publique du 25 octobre 1834. (Arras, 1835, in-8°, 193 p.)

33825. Blanc (L.). — Éloge de Manuel [1775 † 1827], p. 139.
33826. Harbaville. — Notice nécrologique sur M. Leroux-Duchâtelet [Marie-Philippe-Onuphre-Désiré-Louis, 1763 † 1834], ancien député, p. 176.

XVI. — Mémoires de l'Académie d'Arras, etc. Séance publique du 25 août 1835. (Arras, 1836, in-8°, 257 p.)

33827. Luez. — Nécrologie. [Charles Letombe, architecte, 1782 † 1835], p. 245.

XVII. — Mémoires de l'Académie d'Arras, etc. Séance publique du 28 août 1836. (Arras, 1837, in-8°, 215 p.)

33828. E. T. — Notice nécrologique sur M. Lenglet [Étienne-Géry, 1757 † 1834], président à la cour royale de Douai, p. 131.

XVIII. — Mémoires de l'Académie d'Arras, etc. Séance publique du 29 août 1838. (Arras, 1839, in-8°, 224 p.)

33829. Clément-Hémery (Mme). — Extrait de la biographie des hommes célèbres du département du Pas-de-Calais par Mme Clément-Hémery [avec une table de toutes les notices biographiques], p. 54; et XIX, p. 11.

XIX. — Mémoires de l'Académie d'Arras, etc. Séance publique du 26 août 1840. (Arras, 1841, in-8°, 336 p.)

[33829]. Clément-Hémery (Mme). — Extraits de la biographie ecclésiastique de l'Artois, p. 11.
33830. Haigrené [*lisez* Haignéré]. — Mémoire sur les voies romaines du département du Pas-de-Calais (ancien pays des Atrébates et des Morins), *carte*, p. 157.
33831. Harbaville. — Études sur la période du moyen âge en Artois, p. 271.
33832. Thibault. — Historique de la législation sur la mendicité, p. 291.
33833. Colin (Maurice). — Paroles prononcées sur la tombe de M. Maïoul de Sus-Saint-Léger, le 26 décembre 1839, p. 324.
33834. Harbaville. — Nécrologie. [Marie-Toussaint Duwicquet, baron d'Ordre, 1778 † 1840), p. 327.

XX. — Mémoires de l'Académie d'Arras, Société royale des sciences, des lettres et des arts. (Arras, 1842, in-8°, 211 p.)

33835. Thibault. — Dissertation sur le dévouement d'Eustache de Saint-Pierre et de ses compagnons, au siège de Calais, en 1347, p. 83.

XXI. — Mémoires de l'Académie d'Arras, etc. (Arras, 1844, in-8°, 320 p.)

33836. Héricourt (Achmet d'). — Rapport sur les manuscrits de l'ancienne Académie d'Arras, p. 157.
33837. Berthod (Dom Claude). — Vie de François Richardot, évêque d'Arras [1507 † 1574], p. 170.
33838. Wartelle. — Paroles prononcées le 8 août 1843 sur la tombe de M. Stouder, p. 305.
33839. Harbaville. — Paroles prononcées sur la tombe

de M. Duchâteau [Auguste-Raphaël-Pacifique, 1787 † 1844], p. 309.

XXII. — Mémoires de l'Académie d'Arras, etc. (Arras, 1845, in-8°, 382 p.)

33840. Répécaud (Colonel). — Séance publique du 25 avril 1845. Discours d'ouverture, p. 1.

[Éloge du colonel Maillard-d'Ontot. — Cf. n° 33844.]

33841. Labourt (L.-A.). — Discours sur cette question : Quelles sont les institutions de bienfaisance les plus favorables pour recueillir et élever les enfants trouvés et quelles améliorations devraient subir, à cet égard, la législation de 1791 et les lois qui l'ont suivie? p. 45 à 283.

[Étude historique.]

33842. Parenty (L'abbé). — Rapport sur les excursions archéologiques dans l'arrondissement d'Arras, p. 317 à 334.

[Églises d'Oppy, Écoust-Saint-Mein, 3 *pl.*, Willerval; tombeau de Girard de Sains, *pl.*]

33843. Harbaville. — Une émeute en 1285, chronique artésienne, p. 335 à 357.

33844. Répécaud (Colonel). — Paroles prononcées sur la tombe de M. le colonel Maillard-d'Ontot, président de la Société académique d'Arras, le 31 mars 1845, p. 370. — Cf. n° 33840.

XXIII. — Mémoires de l'Académie d'Arras, etc. (Arras, 1846, in-8°, 472 p.)

33845. Proyart (L'abbé). — Notices historiques sur les établissements de bienfaisance anciens et modernes de la ville d'Arras et de sa banlieue, p. 247.

XXIV. — Mémoires de l'Académie d'Arras, t. XXIV. (Arras, 1849, in-8°, 227 p.)

33846. Parenty (L'abbé). — Rapport sur l'église du Saint-Sacrement [récemment construite à Arras], p. 42.

33847. Proyart (L'abbé). — Histoire de l'enseignement dans la ville d'Arras jusqu'à nos jours, p. 63.

33848. Répécaud (Colonel). — Napoléon à Ligny et le maréchal Ney aux Quatre-Bras [1815], p. 168.

33849. Thellier de Sars. — Notice biographique sur M. Lallart, ancien maire d'Arras, p. 213.

XXV. — Mémoires de l'Académie d'Arras, t. XXV. (Arras, 1851, in-8°, 374 et II p.)

33850. Thellier de Sars. — Notice nécrologique sur M. le vicomte Blin de Bourdon [† 1849], p. 70.

33851. Parenty (L'abbé). — Notice sur la vie et les ouvrages de Nicolas Ledé [abbé de Saint-André-au-Bois, 1600 † 1680], p. 105.

33852. Harbaville. — Dissertation sur l'établissement des échevinages, p. 120.

33853. [Héricourt (Achmet d') et Caron]. — Recherches sur les livres imprimés à Arras [1528-xix° s.], p. 206; XXVI, p. 415; XXVII, p. 279; XXVIII, p. 341; et XXX, p. 225.

XXVI. — Mémoires de l'Académie d'Arras, t. XXVI. (Arras, 1853, in-8°, 572 p.)

33854. Billet. — Étude sur l'administration de Turgot [† 1781], p. 20.

33855. Parenty (L'abbé). — Note sur Carausius [III° s.], p. 73.

33856. Répécaud (Colonel). — Hypothèses sur le cours primitif de l'Escaut, p. 77 et 301.

33857. Parenty (L'abbé). — Discours d'ouverture, suivi d'une notice nécrologique sur M. l'abbé Fréchon [Constant-Faustin, 1804 † 1852], p. 193.

33858. Billet. — Daunou (du Pas-de-Calais). Étude et résumé sur sa vie et ses écrits, composée avec des documents publiés et inédits jusqu'à ce jour [1761 † 1840], p. 229.

[33853]. [Héricourt (Achmet d') et Caron]. — Livres imprimés à Arras [1563-xviii° s.], p. 415.

XXVII. — Mémoires de l'Académie d'Arras, t. XXVII. (Arras, 1854, in-8°, 320 p.)

33859. Billet. — Notice nécrologique sur M. Philis [Jean-Joseph, 1781 † 1853], ancien secrétaire général de la préfecture du Pas-de-Calais, p. 61.

33860. Linas (Charles de). — Discours de réception [sur l'iconographie chrétienne], p. 81.

33861. Répécaud (Colonel). — Les poètes historiens : Châteaubriand, Waterloo, p. 177.

33862. Dinaux (Arthur). — Le Puy d'Arras [Société littéraire], p. 215.

33863. [Lecesne (E.)]. — Un procès criminel au xvii° siècle [François de Jussac d'Embleville, seigneur de Saint-Preuil, gouverneur d'Arras], p. 251.

33864. Parenty (L'abbé). — Paroles prononcées sur la tombe de M. l'abbé Dissaux [Bruno-Benjamin-Léopold-Joseph, 1792 † 1854], p. 271.

[33853]. [Héricourt (Achmet d') et Caron]. — Livres imprimés à Arras, p. 279.

33865. Anonyme. — Table des matières des *Mémoires de l'Académie d'Arras pour l'encouragement des sciences, des lettres et des arts*, depuis sa réorganisation en 1817 jusqu'en 1853. (S. l. n. d. [Arras, 1854], in-8°, 203 p.)

[Tomes I à XXVII; sujets mis au concours; listes des membres; documents concernant l'ancienne Académie.]

XXVIII. — Mémoires de l'Académie d'Arras, t. XXVIII. (Arras, s. d. [1855], in-8°, 422 p.)

33866. Héricourt (Achmet d'). — Notice sur Quènes de Béthune [poète, XIIe-XIIe s.], p. 57.

33867. Lecesne (E.). — Considérations historiques sur l'empire romain, p. 123.

33868. Héricourt (Achmet d'). — Notice sur M. le baron de Stassart [Goswin-Joseph-Augustin, né en 1780], p. 147.

33869. Billet. — Notice sur M. Lesueur, ancien vérificateur en chef du cadastre du département du Pas-de-Calais [Nicolas-Abraham, 1773 † 1854], p. 179.

33870. Lecesne (E.). — Notice sur Comius, chef des Atrébates, p. 195.

33871. [Caron]. — Notices et extraits de livres imprimés et manuscrits de la bibliothèque de la ville d'Arras, p. 225; XXIX, p. 269; XXX, p. 183; et XXXIII, p. 303.

[Pensées de Varon; pensées de Varon citées par Vincent de Beauvais. Préface des Annales de Philippe Meyer. Extraits du Trésor de Brunetto Latini. Les dix commandemens de le loy et le conseil du diable d'infer. Miracle de la Vierge. Les dis des philosophes. Vers sur la mort. Fragments de la traduction de Boëce par frère Renaud de Louhans. Chansons diverses du moyen âge, XXXIII, p. 335.

Sentences de Varon, XXIX, p. 269.

Pogius : *An seni sit uxor ducenda; qualiter pater familias debeat se habere.* Les dis des mors et des vis. Poésies du châtelain de Coucy et d'Adam le Bossu d'Arras, XXX, p. 183.

Poésie de Jehans Désirés. Miracle tiré de la vie des Pères en vers, XXXIII, p. 303.]

[33853]. [Héricourt (Achmet d') et Caron]. — Livres imprimés à Arras, p. 341.

XXIX. — Mémoires de l'Académie d'Arras, t. XXIX. (Arras, 1856, in-8°, 296 p.)

33872. Billet. — Notice biographique sur M. Martin [Pierre-Dominique, 1771 † 1855], ancien ingénieur des ponts et chaussées, p. 5.

33873. [Lecesne (E.)]. — Étude sur Nicolas Gosson, avocat, né à Arras en 1506 [† 1578], p. 19.

33874. Laroche (A.). — Discours de réception [MM. de Duisans et de Fosseux, XVIIIe s.], p. 169.

33875. Harbaville. — Paroles prononcées sur la tombe de M. le baron d'Herlincourt [Pierre-Joseph-Mathias Wartelle, 1773 † 1856], p. 255.

33876. Billet. — Paroles prononcées sur la tombe de M. Luez [Antoine-Philippe, 1788 † 1856], p. 261. — Cf. n° 33917.

[33872]. [Caron]. — Notices et extraits des livres imprimés et manuscrits de la bibliothèque d'Arras, p. 269.

XXX. — Mémoires de l'Académie d'Arras, t. XXX. (Arras, 1858, in-8°, 254 p.)

33877. Le Glay (D^r). — Notice sur les archives de l'abbaye d'Arrouaise [XIIe-XIIIe s.], p. 115.

33878. Parenty (L'abbé). — Extrait d'une histoire manuscrite ayant pour titre : *Antiquités plus remarquables de la ville et port de Callais et païs reconquis* [par Marin Bailleul. Le roi Jean, 1360], p. 131.

33879. Robitaille (L'abbé). — Courte notice sur l'Institut des Petits-Frères de Marie [dans le Pas-de-Calais], p. 179.

[33871]. [Caron]. — Notices et extraits des livres imprimés et manuscrits de la bibliothèque d'Arras, p. 183.

[33853]. [Héricourt (Achmet d') et Caron]. — Livres imprimés à Arras, p. 225.

XXXI. — Mémoires de l'Académie d'Arras, t. XXXI. (Arras, 1859, in-8°, 503 p.)

33880. Répécaud (Colonel). — Discours d'ouverture [sur les calendriers], p. 5.

33881. Billet. — Étude sur Montaigne suivie de quelques réflexions sur notre époque, p. 113.

33882. Sède [de Liéoux] (Gustave de). — Éloge d'Augustin Thierry [1795 † 1856], p. 131.

33883. Robitaille (L'abbé). — Observations sur l'éloge de M. Augustin Thierry par M. de Sède, p. 159.

33884. Tailliar. — Recherches pour servir à l'histoire de l'abbaye de Saint-Vaast d'Arras jusqu'à la fin du XIIe siècle, p. 171 à 501.

[En appendice : les traités de Guiman sur les privilèges, les immunités et les possessions de Saint-Vaast avec le texte de nombreuses bulles et de chartes royales.]

XXXII. — Mémoires de l'Académie d'Arras, t. XXXII. (Arras, 1860, in-8°, 352 p.)

33885. Laroche (A.). — Rapport sur le concours d'histoire [États d'Artois], p. 35.

33886. Robitaille (L'abbé). — Rapport sur Charles de Lécluse [botaniste, né à Arras, 1526 † 1609], p. 179.

33887. Lecesne (E.). — Les commentateurs de la coutume d'Artois, p. 190.

33888. Harbaville. — Mélanges historiques, deuxième période du moyen âge, p. 221.

[Vassaux de l'Ardrésis (XIIe s.); la kolvekerlie; serfs et droits seigneuriaux; privilèges des bourgeois; échevinages; les kiefmazuriers d'Écourt-Saint-Quentin; commerce et industrie.]

33889. Lecesne (E.). — Paroles prononcées sur la tombe de M. [le colonel] Répécaud, p. 319.

XXXIII. — Mémoires de l'Académie d'Arras, t. XXXIII. (Arras, 1861, in-8°, 412 p.)

33 890. Laroche (A.). — Rapport sur le concours d'histoire de 1860 [Conseil provincial d'Artois], p. 89.

33891. Laroche (A.). — Les suites d'une sentence de juge de paix rendue en 1791 [relative à Joseph Lebon], p. 159.

33892. [Héricourt (Achmet d')]. — Bauduin de fer, comte de Flandre, et les pierres d'Acq [notice historique, IXe s.], p. 183.

33893. Robitaille (L'abbé). — Étude sur la sépulture chrétienne à l'occasion d'un opuscule de M. l'abbé Cochet, p. 281.

33894. Lecesne (E.). — Paroles prononcées sur la tombe de M. Cornille, p. 299.

[33871]. [Caron]. — Notices et extraits des livres imprimés et manuscrits de la bibliothèque de la ville d'Arras, p. 303.

XXXIV. — Mémoires de l'Académie d'Arras, t. XXXIV. (Arras, 1861, in-8°, 274 p.)

33895. Van Drival (L'abbé). — Discours de réception [sur le symbolisme], p. 23.

33896. [Proyart (L'abbé)]. — Louis XI à Arras [1463], p. 101; et [1477, 1478 et 1479] XXXV, p. 69.

33897. Sède de Liéoux (Gustave de). — Des francs-fiefs et de l'annoblissement, p. 137.

XXXV. — Mémoires de l'Académie d'Arras, t. XXXV. (Arras, 1863, in-8°, 544 [*lisez* 562] p.)

[Il y a une double pagination : 245-262.]

[33897]. Proyart (L'abbé). — Louis XI à Arras [1477, 1478 et 1479], p. 69.

33898. Van Drival (L'abbé). — Étude sur les tapisseries d'Arras [conservées au musée de Cluny], p. 123. — Cf. nos 33899, 33900 et 33911.

33899. Proyart (L'abbé). — Recherches historiques sur les anciennes tapisseries d'Arras, p. 145. — Cf. nos 33898 et 33900.

33900. Van Drival (L'abbé). — Réponse aux observations dont sa première étude sur les tapisseries d'Arras a été l'objet, p. 177. — Cf. nos 33898 et 33899.

33901. Proyart (L'abbé). — Tableau des secours accordés aux pauvres de la ville d'Arras [avec des notes historiques sur les hôpitaux], p. 187; et XXXVI, p. 145.

33902. Van Drival (L'abbé). — Les textes sacrés et les sciences d'observation, p. 207.

33903. Robitaille (L'abbé). — Étude comparée des recherches de M. de Saulcy, sénateur, et de M. l'abbé Haigneré, archiviste de Boulogne, sur le *Portus Itius* de Jules César, p. 245 [*lisez* 263].

33904. Deschamps de Pas (Louis). — Enquête industrielle sur l'état de la manufacture des draps dans les Pays-Bas au commencement du XVIIe siècle, p. 303.

33905. Watelet (L.). — Notice biographique sur M. Antoine-Valery Bourguignon-Derbigny [1780 † 1862], p. 331.

33906. Anonyme. — Extraits des recueils du père Ignace, capucin, des Mercures et autres écrits du temps pour servir à l'histoire de l'ancienne Société littéraire d'Arras [1737-1793], p. 345.

XXXVI. — Mémoires de l'Académie d'Arras, t. XXXVI. (Arras, 1864, in-8°, 236 et 211 p.)

33907. Laroche (A.). — Notice biographique et littéraire sur A.-X. Harduin, secrétaire perpétuel de l'ancienne Académie d'Arras [1718 † 1785], p. 51.

33908. Parenty (L'abbé). — Étude sur le cartulaire de l'abbaye d'Auchy-les-Moines, p. 113.

33909. Proyart (L'abbé). — Notice sur Antoine Havet, premier évêque de Namur [vers 1513 † 1578], p. 123.

[33901]. Proyart (L'abbé). — Tableau des secours accordés aux pauvres de la ville d'Arras, p. 145.

33910. Le Gentil (Constant). — Discours de réception [sur les textes de droit rédigés en vers], p. 175.

33911. Van Drival (L'abbé). — Les tapisseries d'Arras, p. 1 à 193. — Cf. no 33898.

XXXVII. — Mémoires de l'Académie d'Arras, t. XXXVII. (Arras, 1865, in-8°, 627 p.)

33912. Le Gentil (Constant). — Essai sur Nicolas de Gosson, avocat au Conseil d'Artois [1506 † 1578], p. 93.

33913. Laroche (A.). — Une vengeance de Louis XI, p. 237.

[Substitution du nom de *Franchise* à celui d'*Arras*; expulsion des habitants, 1479.]

33914. Wicquot (Auguste). — Fr. Balduin d'Arras. Plan d'une histoire universelle; son alliance avec la jurisprudence; deux livres de prolégomènes traduits du latin [1561], p. 385.

XXXVIII. — Mémoires de l'Académie d'Arras, t. XXXVIII. (Arras, 1866, in-8°, 488 p.)

33915. Raffeneau de Lile. — Discours de réception [Raffeneau de Lile père; Crespel-Dellisse], p. 45.

33916. Luez. — Notice nécrologique sur M. Frédéric Degeorge [1797 † 1854], p. 107.

33917. Billet. — Discours prononcé sur la tombe de

M. Luez [Antoine-Philippe, 1788 † 1856], p. 125. — Cf. n° 33876.

33918. Divers. — Discours prononcés sur la tombe de M. Harbaville [† 1866], p. 131. — Cf. n° 33928.

33919. Linas (Charles de). — Les émaux champlevés de l'école lotharingienne; notice sur un reliquaire appartenant aux religieuses Ursulines d'Arras [XIIIe s.], *pl.*, p. 173.

33920. Proyart (L'abbé). — Jean de Rely, évêque d'Angers [vers 1435 † 1499], p. 229.

33921. [Cottel (H.-J.)]. — Rentes dues par les maisons, jardins et terres soumis à la juridiction des échevins de la ville d'Arras (en 1382) [texte], p. 273 à 486.

XXXIX. — Mémoires de l'Académie impériale des sciences, lettres et arts d'Arras, 2e série, t. I. (Arras, 1867, in-8°, 128 et 411 p.)

33922. Boulangé. — Discours de réception [sur les bulles d'argent et d'or], p. 51.

33923. Le Gentil (Constant). — Notice nécrologique sur M. Dutilleux [Henri-Joseph-Constant, peintre, 1807 † 1865], p. 1.

33924. Leuridan (Th.). — Essai sur les relations industrielles qui ont existé entre Roubaix et Arras de 1479 à 1786, p. 111.

33925. [Boutiot]. — Louis XI et la ville d'Arras; épisode de la guerre contre Marie de Bourgogne (2 juin 1479-13 octobre 1487), p. 133.

33926. Laroche (A.). — Notes sur le poète Joyel [XVIIe s.], p. 207.

33927. Robitaille (L'abbé). — Notice sur Mgr Parisis [Pierre-Louis, évêque d'Arras [1795 † 1866], p. 233.

33928. Laroche (A.). — Notice sur M. Harbaville [Louis-François, 1791 † 1866], p. 297. — Cf. n° 33918.

XL. — Mémoires de l'Académie impériale des sciences, lettres et arts d'Arras, 2e série, t. II. (Arras, 1868, in-8°, 365 p.)

33929. Robitaille (L'abbé). — Rapport sur le concours d'histoire [Chapitre de la cathédrale d'Arras], p. 51.

33930. Le Gentil (Constant). — Biographie de Dominique Doncre et appréciation de ses œuvres [Guillaume-Dominique-Jacques, peintre, 1743 † 1820], p. 87.

33931. Parenty (Aug.). — Notice sur M. Crespel-Dellisse [Louis-François-Xavier, 1789 † 1865], fondateur de la sucrerie indigène, p. 201.

33932. Le Gentil (Constant). — Henri-Augustin-Romain Billet, avocat [né en 1792], p. 315.

33933. Laroche (A.). — Paroles prononcées sur la tombe de M. Broy, le 4 avril 1868, p. 332.

33934. Laroche (A.). — Allocution prononcée le 4 mai 1868 sur la tombe de M. Thellier de Sars, p. 335.

33935. Lecesne (Ed.). — Discours prononcé sur la tombe de M. A. Parenty [1868], p. 341. — Cf. n° 33967.

XLI. — Mémoires de l'Académie impériale des sciences, lettres et arts d'Arras, 2e série, t. III. (Arras, 1869, in-8°, 358 p.)

33936. Paris (A.-J.). — La jeunesse de Robespierre (fragment), p. 39.

33937. Lecesne (E.). — Administration du cardinal de Granvelle dans les Pays-Bas [XVIe s.], p. 73.

33938. Anonyme. — Registre-mémorial de la ville d'Arras de 1354 à 1383 [texte], p. 201 à 324.

33939. Lecesne (Ed.). — Paroles prononcées sur la tombe de M. L. Watelet [né en 1802], p. 335.

XLII. — Mémoires de l'Académie des sciences, lettres et arts d'Arras, 2e série, t. IV. (Arras, 1871, in-8°, 312 p.)

33940. Watelet (Louis). — La Sainte-Chandelle d'Arras (1791-1803), p. 7.

33941. Le Gentil (Constant). — Notice sur les tableaux des églises d'Arras, p. 35.

33942. Linas (Charles de). — Le tombeau de Robert d'Artois et de Jeanne de Durazzo [XIVe s., à Naples], p. 78.

33943. Proyart (L'abbé). — Rapport sur diverses antiquités découvertes à Ervillers [ossements, armes celtiques, médailles romaines, etc.], p. 118.

33944. Lecesne (Ed.). — Le logement d'un gouverneur d'Arras [XVIIIe s.], p. 126.

33945. Proyart (L'abbé). — Discours prononcé sur la tombe de M. le docteur Ledieu, le 20 septembre 1870, p. 199.

33946. Paris (A.-J.). — Discours prononcé sur la tombe de M. Raffeneau de Lile, le 22 décembre 1870, p. 202.

33947. Sède de Liéoux (Gustave de). — M. le baron de Hauteclocque [Léopold-Valentin-François, né en 1797], p. 209.

33948. Van Drival (L'abbé E.). — Notice biographique de M. le comte A. d'Héricourt [Achmet-Marie de Servins d'Héricourt, 1819 † 1871], p. 276.

XLIII. — Mémoires de l'Académie des sciences, lettres et arts d'Arras, 2e série, t. V. (Arras, 1872, in-8°, 460 p.)

33949. Lecesne (Ed.). — L'abbé Prévost et ses principaux ouvrages [Antoine-François Prévost d'Exiles, 1697 † 1763], p. 77.

33950. Le Gentil (Constant). — Auguste Demory, artiste peintre [né en 1802], p. 158.
33951. Proyart (L'abbé). — La Sainte-Manne [tombée à Arras au IVe s.], p. 197.
33952. Van Drival (L'abbé). — Le lieu de naissance de saint Vaast; dissertation historique, p. 251.
33953. Van Drival (L'abbé). — Encore une énigme historique [*Fortune infortune fort une*, inscription de l'église de Brou], p. 261.
33954. Van Drival (L'abbé). — Le tombeau de Josué et les couteaux de pierre, p. 274.
33955. Lecesne (Paul). — Les armoiries dans les troupes romaines, p. 290.
33956. Lecesne (Paul). — Discours de réception [origine et développement de l'administration française], p. 406.

XLIV. — Mémoires de l'Académie des sciences, lettres et arts d'Arras, 2e série, t. VI. (Arras, 1873, in-8°, 519 p.)

33957. [Hauteclocque (G. de)]. — Arras et l'Artois sous le gouvernement des archiducs Albert et Isabelle-Claire-Eugénie (1598-1633), 13 *pl.*, p. 7.
33958. Robitaille (L'abbé). — Notice historique sur l'abbé Proyart [Liévin-Bonaventure, 1743 † 1808], p. 293.
33959. Lecesne (Ed.). — La trahison de Robert d'Artois [XIVe s.], p. 325.
33960. Lecesne (Paul). — Les administrations municipales des campagnes dans les derniers temps de l'Empire romain, p. 441.

XLV. — Mémoires de l'Académie des sciences, lettres et arts d'Arras, 2e série, t. VII. (Arras, 1875, in-8°, 334 p.)

33961. Divers. — Fêtes du centenaire [de l'Académie d'Arras], p. 87.
33962. Asselin (A.). — Quelques documents inédits sur la Société française dans le nord de la France, au commencement du XVIIIe siècle (1705-1725), p. 131.

[Le congrès de Cambrai (1720-1725); correspondance inédite de Mme la marquise d'Havrincourt, née Anne d'Osmond, et de Mlle d'Aumale (1721-1724).]

33963. Lecesne (Ed.). — Le congrès d'Arras en 1435, p. 237.
33964. Proyart (L'abbé). — Le cloître de Notre-Dame à Arras, *plan*, p. 274.

XLVI. — Mémoires de l'Académie des sciences, lettres et arts d'Arras, 2e série, t. VIII. (Arras, 1876, in-8°, 404 p.)

33965. Robitaille (L'abbé). — Notice sur Mathieu Moullart, évêque d'Arras [† 1600], p. 55.

33966. Lecesne (Ed.). — L'élection des députés du Pas-de-Calais à la Convention, p. 147.
33967. Van Drival (L'abbé). — Notice sur M. l'abbé Parenty [François-Joseph, 1799 † 1875], vicaire général, p. 189.
33968. Sède de Liéoux (Gustave de). — Étude historique sur les droits d'aubaine, p. 201.
33969. Proyart (L'abbé). — Nicolas Le Ruistre, évêque d'Arras [† 1509], p. 223.
33970. Van Drival (L'abbé). — Études sur les historiens de l'Artois [Hennebert et dom Devienne], p. 241.
33971. Van Drival (L'abbé). — La frégate *l'Artois*; lettres inédites de M. l'abbé L. de Bétancourt, annotées et accompagnées d'autres pièces [1780-1782], p. 267. — Cf. n° 33976.
33972. Asselin (A.). — L'art en Artois au moyen âge, p. 341.

[Extraits des comptes de la ville d'Arras et de l'abbaye de Saint-Vaast et du Trésor des chartes d'Artois, XVe-XVIe s.]

33973. Calonne (Albéric de). — Françoise-Madeleine de Forceville, maréchale de Schulemberg et comtesse de Montdejeux [1620 † 1675], *fac-similé*, p. 379.

XLVII. — Mémoires de l'Académie des sciences, lettres et arts d'Arras, 2e série, t. IX. (Arras, 1877, in-8°, 470 p.)

33974. Anonyme. — Recueil de tableaux, gravures, estampes, sculptures et objets destinés pour le Muséum par D. Doncre, peintre, commissaire nommé à cet effet par le district d'Arras [21 vendémiaire an III], p. 49.
33975. Le Gentil (Constant). — La prévôté de Saint-Michel [dépendant de l'abbaye de Saint-Vaast], p. 117.
33976. Van Drival (L'abbé). — Appendice au travail sur la frégate *l'Artois*, publié dans le volume précédent, p. 153. — Cf. n° 33971.
33977. Lecesne (Ed.). — Le comte de Montdejeux [Jean, 1598 † 1671], p. 257.
33978. Van Drival (L'abbé). — Documents concernant les tapisseries de haute lisse, extraits du registre aux bourgeois de la ville d'Arras [1423-1534], p. 315.
33979. E. V. [Van Drival (L'abbé E.)]. — Catalogue de la bibliothèque de l'Académie d'Arras telle qu'elle était en 1791, p. 326.
33980. Van Drival (L'abbé). — Catalogue des manuscrits de la bibliothèque de l'Académie d'Arras, p. 427.

XLVIII. — Mémoires de l'Académie des sciences, lettres et arts d'Arras, 2e série, t. X. (Arras, 1878, in-8°, 460 p.)

33981. Héricourt (Ch. d'). — Titres de la commanderie de Haute-Avesnes antérieurs à 1312 [depuis 1158], p. 7.

33982. Le Gentil (Constant). — Notice nécrologique de M. Émile Lenglet [Eugène-Émile, avocat, 1811 † 1878], p. 78.

33983. Hauteclocque (G. de). — Le président de Richardot et les États généraux des Pays-Bas de 1598, p. 138.

33984. Barbier de Montault (Mgr X.). — Inventaire descriptif des tapisseries de haute lisse conservées à Rome, *pl.*, p. 175.

[Monogrammes de tapissiers, *pl.*; mandement de 1313.]

33985. Lecesne (Ed.). — Plantation de l'arbre de la liberté à Arras en 1792, p. 285.

33986. Héricourt (Ch. d'). — Édouard Plouvier [auteur dramatique, 1820 † 1876]. Notice biographique, p. 303.

33987. Hauteclocque (G. de). — Bernard Boiardi, dix-huitième évêque d'Arras (1316-1320), p. 332.

33988. Cavrois (Louis). — Discours de réception; des rapports de l'ancien Conseil d'État avec la province d'Artois, p. 353.

33989. Paris (A.-J.). — Discours prononcé sur la tombe de M. Maurice Colin [1800 † 1878], p. 444.

XLIX. — Mémoires de l'Académie des sciences, lettres et arts d'Arras, 2ᵉ série, t. XI. (Arras, 1879, in-8°, 222 et 236 p.)

33990. Le Gentil (Constant). — Notice nécrologique de M. François-Maurice Colin [1800 † 1878], p. 7.

33991. Le Gentil (Constant). — Tapisseries et peintures décoratives à Arras [musée et maisons particulières], p. 57.

33992. Paris (A.-J.). — Notice historique sur le baron [Guillaume-François-Joseph] Liborel, avocat au Conseil d'Artois, etc. [1739 † 1829], p. 86.

33993. Terninck (Auguste). — Étude sur l'époque dite préhistorique [et ses caractères en Artois], p. 173.

33994. Héricourt (Ch. d'). — Notice biographique [Grégoire-François Du Rietz, médecin, 1607 † 1682], p. 1.

33995. Dancoisne (L.). — Les médailles religieuses du Pas-de-Calais, *fig.* et 39 *pl.*, p. 3 à 149; et L, p. 1 à 149.

[Médailles de saint Nazaire, saint Jacques le Majeur, saint Jean-Baptiste, saint Adrien, de la Sainte-Larme, du B. Labre, de saint Ignace, du Calvaire d'Arras, de la Sainte-Manne, de la Sainte-Chandelle, de la Sainte-Face, du Saint-Sacrement, de saint Marcou, saint Vaast, saint Éloi, sainte Berthe, de la Vierge, etc.

Id. de Notre-Dame-de-la-Forêt, Notre-Dame-de-Bonne-Fiu, Notre-Dame-de-Foi, Notre-Dame-du-Bois, Notre-Dame-des-Miracles, Notre-Dame-de-Bon-Lien, Notre-Dame-des-Vertiges, Notre-Dame-de-Saint-Amour, Notre-Dame-de-Bruchuire, Notre-Dame-des-Sept-Douleurs, Notre-Dame-Panetière, Notre-Dame-du-Perroi, Notre-Dame-Blendecque, Notre-Dame de Boulogne, Notre-Dame de Libercourt, Notre-Dame-des-Fleurs, sainte Apolline, sainte Vilgeforte, saint Quirin, saint Druon, Saint-Jean-au-Mont, saint Sulpice, saint Menne, saint Blaise, sainte Germaine, sainte Probe, saint Roch, sainte Isbergue, sainte Christine, saint Lambert, saint Vulcain, saint Maur, sainte Bertille, saint Liévin, saint Gengoul, saint Josse, saint Laurent, saint Omer, saint Bertin, le Sauveur flagellé, le Saint-Esprit, saint Venant, le Rédempteur, saint Quentin.]

L. — Mémoires de l'Académie des sciences, lettres et arts d'Arras, 2ᵉ série, t. XII. (Arras, 1881, in-8°, 432 p.)

[33995]. Dancoisne (L.). — Les médailles religieuses du Pas-de-Calais, p. 1 à 149.

33996. Linas [Charles de). — Sur l'*Antichitati scythice* [de M. Odobesco], p. 197.

33997. Wicquot (Auguste). — Le collège de Saint-Vaast à Douai et son enseignement philosophique en 1773, p. 216.

33998. Lecesne (Ed.). — L'assassinat de Guillaume d'Orange (1584), p. 254.

33999. Van Drival (L'abbé). — De l'origine et de la constitution intime du langage; études de philologie comparée, p. 273.

LI. — Mémoires de l'Académie des sciences, lettres et arts d'Arras, 2ᵉ série, t. XIII. (Arras, 1882, in-8°, 420 p.)

34000. Van Drival (L'abbé). — Discours prononcé sur la tombe de M. le chanoine Herbet [Alexandre-Joseph, 1796 † 1881], p. 64.

34001. Linas (Charles de). — L'art et l'industrie d'autrefois dans les régions de la Meuse belge; souvenirs de l'exposition rétrospective de Liège en 1881 [orfèvrerie et étoffes], 11 *pl.*, p. 69 à 222.

34002. Hauteclocque (G. de). — L'enseignement primaire dans le Pas-de-Calais avant 1789, p. 223. — Cf. nᵒˢ 34007 et 34019.

34003. Paris (A.-J.). — J.-B. Dauchez, avocat au Conseil d'Artois, etc. (1751 † 1823), p. 316.

34004. Cavrois (Louis). — Notice sur la délimitation des anciennes paroisses d'Arras, *carte*, p. 377.

LII. — Mémoires de l'Académie des sciences, lettres et arts d'Arras, 2ᵉ série, t. XIV. (Arras, 1883, in-8°, 360 p.)

34005. Mallortie (H. de). — Une après-midi chez Mᵐᵉ Récamier, p. 30.

34006. Cardevacque (A. de). — Rapport sur le concours d'histoire, p. 52.

[Les Charitables de Saint-Éloi de Béthune; la jeunesse de Caïus Gracchus Babeuf; histoire de Bapaume.]

34007. Hauteclocque (G. de). — L'enseignement secondaire dans le Pas-de-Calais avant 1789, p. 83. — Cf. nᵒˢ 34002 et 34019.

34008. Le Gentil (Constant). — Épigraphie arrageoise [sur les inscriptions conservées à Arras], p. 195.

34009. Van Drival (L'abbé). — De la vraie prononciation du grec; étude historique et littéraire, p. 219.

34010. Cardevacque (Adolphe de). — Voyage autour de mon fauteuil à l'Académie d'Arras, p. 247.

[Galhaut l'aîné (1704 † 1776); Jean-Guillaume-Philippe Fruleux de Souchez (1729 † 1793); Benoît-Joseph-Charles Terninck (1779 † 1840); Anatole-Henri-Ernest Lamarle (1806 † 1875); Eustache-Édouard Broy (1802 † 1868); Coinca, né en 1836; Théophile-Joseph Coffinier, né en 1831; le général Barthélemy-Alexandre Véron dit de Bellecourt (1814 † 1881).]

34011. Richard (J.-M.). — Testament d'une bourgeoise d'Arras (1410) [Jeanne Sacquelle], p. 301.

34012. Van Drival (L'abbé). — Mémoire liturgique et historique sur saint Maxime, p. 312.

34013. Richard (J.-M.). — Note sur un registre de la confrérie des clercs de Saint-Nicolas à Bapaume [xve-xviie s.], p. 335.

34014. Cardevacque (Adolphe de). — Notice biographique sur M. Davaine [Emmanuel-Napoléon, ingénieur, 1804 † 1864], p. 340.

LIII. — Mémoires de l'Académie des sciences, lettres et arts d'Arras, 2e série, t. XV. (Arras, 1884, in-8°, 530 p.)

34015. Cardevacque (Adolphe de). — Rapport sur le concours de dentelles, et histoire de la dentelle d'Arras, p. 77.

34016. Ledru (Ph.). — Séjour de Jeanne de Bourgogne au château d'Avesnes-le-Comte en 1309, p. 135.

34017. Lefebvre (L'abbé Théodose). — Saint Léger, évêque d'Autun; son martyre; sa première sépulture à Lucheux; traditions locales et souvenirs historiques qui s'y rattachent [† 678], p. 147.

34018. Delvigne (L'abbé). — L'oraison funèbre des souverains aux Pays-Bas; souvenirs artésiens, p. 158.

34019. Hauteclocque (G. de). — L'enseignement dans le Pas-de-Calais, de 1789 à 1804, p. 177. — Cf. n°s 34002 et 34007.

34020. Cavrois (Louis). — Histoire de mon fauteuil, vingt-troisième de l'Académie d'Arras, p. 321.

[Antoine-Guillaume Dubois de Duisans (1706 † 1788); Jean-Guillaume-Joseph de Thieulaine d'Hauteville (1738 † 1819); Auguste-Raphaël-Pacifique Duchâteau (1787 † 1844); Georges-Alexandre Godin (1810 † 1873); Louis-André Brémard (1814 † 1875).]

34021. Van Drival (L'abbé). — De l'origine et des sources de l'idolâtrie, p. 441.

34022. Lecesne (Ed.). — Paroles prononcées sur la tombe de M. Henri Colin, p. 518.

LIV. — Mémoires de l'Académie des sciences, lettres et arts d'Arras, 2e série, t. XVI. (Arras, 1885, in-8°, 438 p.)

34023. Cardevacque (Adolphe de). — La musique à Arras depuis les temps les plus reculés jusqu'à nos jours, p. 43.

34024. Le Gentil (Constant). — Arras et sa banlieue vus à vol d'oiseau au xviie siècle, p. 277.

34025. Richard (Jules-Marie). — Cartulaire et comptes de l'hôpital Saint-Jean-en-l'Estrée d'Arras [xiie-xive s.], p. 321.

[Bulles d'Alexandre III, Honorius III et Grégoire IX; lettres de Philippe-Auguste, etc.]

34026. Lecesne (Ed.). — Paroles prononcées sur la tombe de M. Grandguillaume, p. 426.

PAS-DE-CALAIS. — ARRAS.

COMMISSION DES ANTIQUITÉS DÉPARTEMENTALES DU PAS-DE-CALAIS.

La *Commission des antiquités départementales du Pas-de-Calais* a été instituée par arrêté préfectoral en date du 3 mars 1846 afin de remplacer les Commissions historiques créées le 15 juin 1843 dans chaque arrondissement, pour la conservation des monuments archéologiques. Elle a pris, vers 1880, le nom de *Commission départementale des monuments historiques*. Elle a commencé en 1849 à publier un *Bulletin* paraissant à intervalles fort irréguliers et qui comptait 6 volumes en 1885; elle a donné de plus un *Dictionnaire historique du Pas-de-Calais* et elle poursuit la publication d'une *Statistique monumentale du Pas-de-Calais* et d'une *Épigraphie départementale.* Enfin, elle a entrepris récemment — depuis 1885 — la publication d'une série de *Mémoires* dont nous donnerons le dépouillement dans notre supplément.

I. — Bulletin de la Commission des antiquités départementales (Pas-de-Calais). (Arras, 1849[-1860], in-8°, 421 et 15 p.)

34027. Divers. — Séances [1846-1847], p. 8 à 58.

[Cryptes de l'ancienne cathédrale d'Arras, p. 15. — Fouilles de la place de la Préfecture, p. 17. — Dolmen de Fresnicourt, p. 20. — Fonts baptismaux et fondation funéraire à Blessy, p. 21. — Église de Frencq (XIe ou XIIe s.), p. 22. — Fenêtres du XVIe siècle dans l'église de Saint-Saulve, à Montreuil, p. 22. — Liste de quelques monuments historiques du Pas-de-Calais, p. 23. — Notice archéologique sur le canton de Vimy, p. 23. — Église de Fampoux, p. 28. — Tombeau de Gui de Brimeu († 1476), *pl.*, p. 34. — Tombes de l'église de Willerval (XIIe-XVIIe s.), p. 37 (cf. nos 34045 et 34121). — Église de Planques (XVIe s.), p. 43. — Tumulus de la Motte-Vireul, près Rouvroy, p. 52. — Châteaufort, près Bouquehaut, p. 55.]

34028. Divers. — Séances [1848-1852], p. 58 à 164.

[Cercueils trouvés dans l'abbaye de Saint-Vaast (XVIe-XVIIIe s.), p. 64. — Le Couronnement de la Vierge, sculpture sur bois trouvée à Ligny-Saint-Flochel (XVIe s.), p. 74. — Chasuble du XVIIe siècle à Ligny-Saint-Flochel, p. 74. — Tombes gallo-romaines de Méricourt, p. 76. — Histoire de Wismes, p. 80. — Projet de construction d'une chapelle et de fonts baptismaux à Béthune, p. 86. — Cave du XIIIe siècle à Arras, *pl.*, p. 128. — Refuge Saint-Éloi à Arras, p. 135. — Tombeau de Guillaume Fillastre à Saint-Omer, p. 155. — Souterrains-refuges du Pas-de-Calais, p. 156. — Église de Givenchy-en-Gohelle : tour du XVIe siècle, p. 163.]

34029. Harbaville. — Un mot sur les ruines de Saint-Bertin à Saint-Omer, p. 112.

34030. Parenty (L'abbé). — Rapport sur les communes de Ferques et de Réty, p. 142.

34031. Héricourt (Achmet d'). — Notice sur l'église de Saint-Jean-Baptiste à Arras [XVIe-XVIIIe s.], p. 146.

34032. Dancoisne (L.). — Quelques mots sur les monnaies gauloises de l'Atrébatie, *pl.*, p. 158 et 186.

34033. Divers. — Séances [1853-1854], p. 164 à 239.

[Tombes gallo-romaines de Camblain-Châtelain, p. 169 et 171. — Croix de Divion (XVIIe s.), *pl.*, p. 170 et 198. — Église d'Étaples, *pl.*, p. 176 et 187. — Église de Lacouture (XVIe s.), p. 177. — Église de Fauquembergue (XIIe s.), p. 183. — Chapelle funéraire de l'église de Fressin (XVe s.), p. 184 et 185. — Dolmen de Tubersent, p. 188. — Croix de Souchez (XIVe s.), p. 189 et 191. — Autel de l'église de Brunembert (XVIe s.), *pl.*, p. 195. — Tombeaux de l'église de Willerval (XIIe-XVIIe s.), p. 196. — Porte Ronville à Arras, *pl.*, p. 200, 206 et 233. — Chapelle découverte à Bapaume (XIIe s.), *pl.*, p. 203, 212 et 220. — Château et église de Coulers, p. 204. — Églises de Robecq et de Fléchin (XVIe s.), p. 209. — Ancienneté de l'église d'Arras, p. 237.]

34034. Van Drival (L'abbé). — Église de Camblain-l'Abbé [XIIe s., charpente ornée et voûte en bois], p. 226.

34035. Divers. — Séances [1854-1859], p. 241 à 421.

[Croix de Demencourt, *pl.*, p. 241. — Portrait de Nicaise Ladam, roi d'armes († 1547) et sa Chronique rimée, p. 243 et 275. — Tombes gallo-romaines de Ruitz, p. 246. — Caves anciennes à Arras, p. 251. — Alexandre-Louis-Érard-Henry Pigault de Beaupré (1782 † 1855), p. 261. — Anciens monuments d'Arras, p. 274 et 327. — Église de Beuvry (XVIe s.), p. 303. — Vase en grès trouvé à Arras (XVIe s.), p. 333. — Inscription de Gauchin (1258), p. 335. — Reliquaire de la dent de Saint-Nicolas d'Arras (XIVe s.), p. 341. — Église d'Ablain-Saint-Nazaire, p. 373. — Bas-relief de l'église de Sorrus, *pl.*, p. 409.]

34036. Robitaille (L'abbé). — Sur la Sainte-Chandelle de Séninghem, p. 262.

34037. Van Drival (L'abbé). — Sur une excursion archéologique dans le canton de Marquion, p. 268.

[Statue de la Vierge à Quéant (XIVe s.), *pl.* (cf. n° 34039); statues à Sains-lez-Marquion et à Hermies.]

34038. Dancoisne (L.). — Notice sur deux agrafes carlovingiennes [ornées de bustes et de légendes], *pl.*, p. 272.

34039. Van Drival (L'abbé). — Sur une nouvelle excursion archéologique dans le canton de Marquion, p. 277.

[Statues et tableau du XVe siècle à Baralle, *pl.*; statue de la Vierge à Quéant (cf. n° 34037); abbaye de Notre-Dame du Verger, à Oisy.]

34040. Linas (Charles de). — Notice sur l'église paroissiale de Lestrem, canton de Laventie [XVIe s.], *pl.*, p. 296.

34041. Dancoisne (L.). — Quelques mots à propos d'une prétendue trouvaille de statuettes du moyen âge, p. 308.

34042. Grigny. — Aperçu général sur la construction des églises dans ce pays depuis le XIe siècle jusqu'à nos jours, p. 310.

34043. Dancoisne (L.). — Souvenirs métalliques du pèlerinage d'Ablain-Saint-Nazaire, *pl.*, p. 317.

34044. Van Drival (L'abbé). — Sur les statues conservées à Avesnes-le-Comte, p. 319.

34045. Héricourt (Achmet d'). — Pierres tombales de Willerval [XIIIe s.], 2 *pl.*, p. 321. — Cf. n° 34121.

34046. Robitaille (L'abbé). — Pierres tombales de Ricametz [XVIe s.], p. 325.

34047. Dancoisne (L.). — Monnaie communale d'Arras au XIIIe siècle, *pl.*, p. 326.

34048. Héricourt (Achmet d'). — Sur une excursion archéologique à Gauchin et au château d'Ollehain, p. 336.

34049. Dancoisne (L.). — Bénédiction de Jean Breton, trentième abbé d'Hénin-Liétard, en 1456 [sculpture sur bois], *pl.*, p. 343.

34050. Robitaille (L'abbé). — Excursion archéologique dans l'arrondissement de Saint-Pol, p. 345.

[Wavrans; Blangy; Anvin; Tramecourt, église (XVIIe s.), fonts baptismaux (XIIe s.) et tombeaux (XVIe-XVIIIe s.); Heuchin, église (XIIe s.); Febvin-Palfart, église (XVe et XVIe s.).]

34051. Terninck (Auguste). — Excursion archéologique dans le canton de Vimy, p. 353.

[Arleux; Willerval; Vimy, inscription de 1517; mottes et souterrains de Givenchy; château et souterrain de Carency.]

34052. Lamort (L'abbé). — Sur Jean de Montmirail [xiie-xiiie s.], p. 358.

34053. Dancoisne (L.). — Rapport sur une trouvaille de neuf mille petits bronzes romains faite à Ficheux, près d'Arras, *pl.*, p. 360.

34054. Harbaville. — Sur les voies romaines partant d'Arras, p. 368.

34055. Van Drival (L'abbé). — Histoire du chef de Saint-Jacques-le-Majeur, relique insigne conservée dans l'église cathédrale d'Arras, avec explication d'une peinture murale sur le même sujet conservée dans l'église de Saint-Pierre d'Aire-sur-la-Lys [xviie s.], *pl.*, p. 380.

34056. Grigny. — Note sur les anciennes constructions en briques [en Artois], p. 405.

34057. Dancoisne (L.). — Tombeau gallo-romain découvert à Oisy-le-Verger, *pl.*, p. 415.

34058. Dancoisne (L.). — L'atelier monétaire d'Arras sous le roi Lothaire, *pl.*, p. 417.

II. — Bulletin de la Commission des antiquités départementales du Pas-de-Calais, t. II. (Arras, 1862 [*lisez* 1860-1867], in-8°, 420 [*lisez* 430] p.)

[Il y a une double pagination 317-326.]

34059. Divers. — Séances [1860-1867], p. 9 à 411.

[Tombe de Croix (1611), p. 153. — Plaque d'argent attribuée à Charles-Quint, p. 153. — Cloche d'Héricourt (1569), p. 157. — Famille de Longueval, p. 157. — Villa romaine vers Rouvroy, p. 169. — Tours de Mont-Saint-Éloy, p. 172. — Sceau du prieuré de Lucheux, p. 181. — Tombe trouvée au château de Gorre (xvie s.), p. 185. — *Histoire de Lille*, par Montlinot, et observations sur cette histoire par Wartel, p. 186. — L'Inquisition à Béthune, p. 203. — Église de Sains-en-Gobelle (xiiie s.), p. 267 et 317. — Caveau romain découvert à Lespesses, p. 319 *bis* et 397.]

34060. Harbaville. — Date de l'église d'Étaples [xie s.], p. 12 et 347. — Cf. id. n° 34110.

34061. Linas (Charles de). — Crosse funèbre de Frémant, évêque d'Arras (1174-1183), *fig.*, p. 13.

34062. Van Drival (L'abbé). — Le groupe de Notre-Dame-des-Ardents à la grande procession du 15 juillet 1860, p. 22.

34063. Parenty (L'abbé). — Statues de la chapelle de Saint-Vaast dans la cathédrale d'Arras, 3 *pl.*, p. 26 et 246.

[Tombeaux de Philippe de Caverel († 1636), 2 *pl.*, et de Jean Sarrazin, abbés de Saint-Vaast († 1598), *pl.*]

34064. Héricourt (Achmet d'). — Description des ruines de l'ancienne abbaye de Mont-Saint-Éloi, *fig.*, p. 30.

34065. Robert (L'abbé). — Sur des tombeaux antiques découverts près de Gouy-Saint-André, p. 46.

34066. Cardevacque (Adolphe de). — Découvertes à Sains-lez-Marquion [substructions gallo-romaines], p. 49.

34067. Héricourt (Achmet d') et Godin (Alexandre). — Rapport sur les pierres tombales trouvées en 1860 dans l'ancien couvent des Carmes, maintenant occupé par les Dames Ursulines [à Arras, xvie-xviiie s.], p. 53.

34068. Souquet (Gustave). — Excursion historique et archéologique dans le canton d'Étaples, p. 62.

[Rombly; Lefaux; Fromessent; Frencq; Rosamel; Longvillers; Attin; Camiers; Cormont; Estréelles.]

34069. Souquet (Gustave). — Sur une tombe découverte à Étaples [xiiie ou xive s.], *fig.*, p. 89.

34070. Souquet (Gustave). — Sur des noms de potiers gallo-romains trouvés à Étaples, p. 92.

34071. Danvin. — Croix en grès de Vacquerie-le-Boucq [1628], *pl.*, p. 93.

34072. Rheims (De). — Tour de l'église Saint-Pierre-lez-Calais [ixe-xive s.], *pl.*, p. 97.

34073. Parenty (L'abbé). — Abbaye de Ham, *pl.*, p. 103.

34074. Robert (L'abbé). — Notes historiques sur Beaurain-Château, p. 105.

34075. Van Drival (L'abbé). — Reliquaire d'une dent de saint Nicolas reposant en l'église de Saint-Nicolas-en-Cité, à Arras [xiie s.; et reliquaire d'Amettes, xvie s.], 2 *pl.*, p. 109.

34076. Héricourt (Achmet d'). — Manuscrit de François de Boffles, seigneur de Souchez [xvie s.], p. 112.

[Correspondance de famille et copies de pièces du temps; les *Douze vertus de noblesse*, poésie. — Notice sur le village de Souchez.]

34077. Robitaille (L'abbé). — La chapelle de Notre-Dame du Saint-Sang à Boulogne-sur-Mer, p. 120.

34078. Grigny. — Sur l'ancienne église de Neuville-Vitasse, p. 129.

34079. Cardevacque (Adolphe de). — Description de l'ancien refuge de l'abbaye de Mont-Saint-Éloi, à Arras, jadis hôtel de Chaulnes [xve-xvie s.], *pl.*, p. 133.

34080. Ledru (D^r). — Rapport sur les découvertes faites à Avesnes-le-Comte [sépultures franques], *plan*, p. 143 et 175.

34081. Héricourt (Achmet d'). — Rapport sur la porte Saint-Pry à Béthune [xive s.], p. 155.

34082. Ledru (D^r). — Tombeau gallo-romain de Villers-Châtel, *fig.*, p. 159.

34083. Héricourt (Achmet d'). — Église d'Ablain-Saint-Nazaire [1525], p. 162.

34084. Héricourt (Achmet d'). — Encensoir de Canlers [xvie s.], *pl.*, p. 173.

34085. Grigny. — Maître-autel de la paroisse Saint-Géry à Arras [xviiie s.], *pl.*, p. 178.

34086. Héricourt (Achmet d'). — Château d'Ablain-Saint-Nazaire [xviie s.], fort de Saint-Philippe, tour de Carency, *pl.*, p. 181.

34087. Terninck (Auguste). — Sépultures anciennes [préhistoriques dans le Pas-de-Calais], p. 187. — Cf. n° 34098.

34088. Grigny. — Souterrains de la place de la Préfecture à Arras, *fig.*, p. 197.

34089. Terninck (Auguste). — Rapport sur l'église de Ruisseauville [1664, et l'église de Canlers, 1684], p. 207.

34090. Lamort (L'abbé). — Oisy et ses seigneurs; l'abbaye du Verger [fondée en 1227], p. 212.

34091. Ledru (Dr). — Découverte de poteries romaines à Noyelles-Vion, p. 214.

34092. Robert (L'abbé). — Notes sur les anciens seigneurs de Beaurainville, p. 215.

34093. Cardevacque (Adolphe de). — La croix du Metz [auprès d'Aubigny-en-Artois, 1595], *fig.*, p. 219.

34094. Harbaville. — Rapport sur la question des frontières de l'Atrébatie, p. 223.

34095. Dancoisne (L.). — Notice biographique et nécrologique sur M. Félix Lequien [1798 † 1862], *pl.*, p. 225.

34096. Cardevacque (Adolphe de). — Rapport sur les tours de l'ancienne abbaye de Mont-Saint-Éloi, p. 240.

34097. Robitaille (L'abbé). — Pèlerinage de Notre-Dame-de-Pitié, à Bapaume, p. 250.

34098. Terninck (Auguste). — Les sépultures romaines et gallo-romaines de l'Atrébatie, p. 254. — Cf. n° 34087.

34099. Ledru (Dr). — Note sur quelques peintures murales nouvellement découvertes dans l'église d'Avesnes-le-Comte [xvie s.], p. 262.

34100. Souquet (Gustave). — Rapport sur des fouilles faites au château d'Étaples [cimetière gallo-romain], *pl.*, p. 270.

34101. Héricourt (Achmet d'). — Vases gallo-romains trouvés à Souchez, canton de Vimy, *pl.*, p. 274.

34102. Ledru (Dr). — Cimetière gallo-romain à Avesnes-le-Comte, p. 282.

34103. Terninck (Auguste). — Étude sur le camp [romain] d'Étrun, p. 286.

34104. Cardevacque (Adolphe de). — Le château [féodal] de Bailleulval, *pl.*, p. 291.

34105. Linas (Charles de). — La crosse abbatiale d'Étrun [xve s.], 2 *pl.*, p. 297.

[Inventaire des objets d'art de l'abbaye d'Étrun, 1790.]

34106. Van Drival (L'abbé). — Fouilles faites à Rouvroy [tombes gallo-romaines], p. 306.

34107. Grigny. — Tombeaux découverts à Marquion [xiiie s.; *plan* de l'église], *fig.*, p. 311.

34108. Grandguillaume. — Caveau et cercueils découverts à Arras le 25 juillet 1848 dans l'aile gauche des bâtiments de Saint-Vaast [xvie-xviie s.], *fig.*, p. 314. — Cf. n° 34028.

[Roger de Montmorency († 1572), Thomas Parenty († 1576), Jean Sarrazin († 1598), Philippe de Caverel († 1638), abbés de Saint-Vaast; Philippe de Torcy, gouverneur d'Arras († 1706); Suzanne d'Humières († 1644).]

34109. Souquet (Gustave). — Histoire et description des églises d'Étaples, 4 *pl.* et *fig.*, p. 320 *bis*.

34110. Harbaville. — Date de l'église d'Étaples [xie s.], p. 347.

[Réimpression du n° 34060 avec lettres de MM. Parenty et Wykeham-Martin.]

34111. Van Drival (L'abbé). — Notice sur un tableau de l'église Saint-Nicolas d'Arras [xvie s.], *pl.*, p. 357.

34112. Robert (L'abbé). — Notice sur l'église de Busnes [xiie ou xiiie s.], *pl.*, p. 362.

34113. Lamort (L'abbé). — Écourt-Saint-Quentin, souvenirs épigraphiques, p. 373.

[Chronogrammes latins rappelant la construction de l'église d'Ecourt, xviie s.]

34114. Terninck (Auguste). — Sépultures mérovingiennes d'Ambrines et de Coullemont, p. 375.

34115. Van Drival (L'abbé). — Notice sur les anciens monuments du Musée d'Arras, 2 *pl.*, p. 385.

[Tombes des Walois, *pl.*, et des Sakespée (xve s.), *pl.*]

34116. Ledru (Dr). — Note sur un four de potier gallo-romain [à Noyelle-Vion], p. 391.

34117. Boulangé. — Cromlech de Landrethun-le-Nord, p. 396.

34118. Ternas (Amédée de). — Notice sur le village de Le Forest, son château [1558] et ses seigneurs, *pl.*, p. 399.

III. — Bulletin de la Commission des antiquités départementales du Pas-de-Calais, t. III. (Arras, 1869[-1874], in-8°, 418 p.)

[Il y a une double pagination 169-196; par contre, on passe de la page 200 à la page 229.]

34119. Terninck (Auguste). — Notice sur le village d'Houdain, p. 4.

34120. Cardevacque (Adolphe de). — Notice sur la prévôté de Gorre [et une tombe du xvie s.], 2 *pl.*, p. 7.

34121. Héricourt (Achmet d'). — Pierres tombales de Willerval, p. 13 et 18. — Cf. n° 34045.

[Tombe de Jean Mullet († 1622) et de Barbe Rumault, sa femme, *pl.*]

34122. Héricourt (Achmet d'). — Calvaire de Souchez [1787], *fig.*, p. 19.

34123. Senlecq. — Sur un souterrain découvert à Fauquembergues [xiie s.], *pl.*, p. 23.

34124. Dancoisne (L.). — Un nouveau type de la monnaie d'Arras au xiiie siècle, p. 27.

34125. Dancoisne (L.). — Découverte de tombeaux romains à Noyelle-Godault [vases et urnes en verre], 2 *pl.*, p. 28.

34126. Robert (L'abbé). — Notice historique sur Bomy, (canton de Fauquembergues), p. 30.

34127. Héricourt (Achmet d'). — Trouvailles faites à Villers-au-Bois [coupe gallo-romaine], p. 32.

34128. Coffinier (J.). — Notice sur M. Auguste Parenty [1823 † 1868], *pl.*, p. 34.

34129. Coffinier (J.). — Notice sur M. Gustave Souquet [1805 † 1867], p. 39.

34130. Terninck (Auguste). — [Étude sur les] ateliers de céramique gallo-romaine, p. 41.

34131. Terninck [Auguste). — Instruments de l'époque quaternaire [voies gauloises de l'Atrébatie], *carte*, p. 44.

34132. Deschamps de Pas (Louis). — Sépultures [gallo-romaines] découvertes à Wizernes, p. 56.

34133. Lecesne (Paul). — Cimetière ancien [franc] découvert à Marœuil, p. 60.

34134. Normand (Clovis). — Notice sur l'église de Dommartin [XII° s.], *pl.*, p. 65.

34135. Dancoisne (L.). — Rapport sur la découverte de cent quatre-vingt-quatre coins de l'atelier monétaire d'Arras [XIII°-XVII° s.], 3 *pl.* et *fig.*, p. 68.

34136. Dancoisne (L.). — Monnaies et jetons trouvés à Béthune [XIV°-XVII° s.], p. 77.

34137. Héricourt (Achmet d'). — Notice nécrologique sur M. le docteur Danvin [Bruno, 1808 † 1867], *pl.*, p. 79.

34138. Cardevacque (De). — Notice sur la prévôté de Saint-Michel [dépendant de l'abbaye de Saint-Vaast], *plan*, p. 110.

34139. Héricourt (Charles d'). — Souvenirs d'une visite aux tombeaux des comtes d'Eu [à Houdain, XIV°-XV° s.], p. 115.

34140. Van Drival (L'abbé). — Notice biographique de M. le comte A. d'Héricourt [Achmet-Marie, 1819 † 1871], p. 129.

34141. [Dancoisne (L.).] — Note sur un méreau de l'abbaye d'Avesnes-lez-Bapaume [XIV° s.], *fig.*, p. 150.

34142. [Terninck (Auguste).] — Considérations sur les âges dits anté-historiques, p. 151.

33143. Terninck (Auguste). — Caractères et classement des bijoux mérovingiens, *pl.*, p. 166.

34144. Cardevacque (Adolphe de). — Notice sur la prévôté de Berclau [dépendant de l'abbaye de Saint-Vaast], *pl.*, p. 173.

34145. Deschamps de Pas (Louis). — Note sur les découvertes récentes faites à Andres [tombes du XIII° s.], p. 182.

34146. Terninck (Auguste). — Ruines du *Castrum Nobiliacum* [à Arras], *pl.*, p. 188.

34147. Héricourt (Charles d'). — Cimetière du Petit-Atre, à Arras, *pl.*, p. 170 [*lisez* 198].

34148. Van Drival (L'abbé). — Le bailliage d'Aire [institution et édifice], 3 *pl.* et *fig.*, p. 172 [*lisez* 200].

34149. [Le Gentil (Constant).] — Église de Vaulx; pierre funéraire de Jehan de Longueval [† 1555]; caveau sépulcral de sa famille, *pl.*, p. 199 [*lisez* 227].

34150. Terninck (Auguste). — Découverte d'un monument gallo-romain [*sacellum* ou *columbarium* entre Hamblain, Biache et Vitry], p. 242.

34151. Calonne (Albéric de). — Inscription de la cloche de Planques (canton de Fruges) [1510], p. 247.

34152. Le Gentil (Constant). — Commanderie des Templiers à Haute-Avesnes, 2 *pl.*, p. 249.

34153. Cardevacque (Adolphe de). — Église de Gouy-en-Artois [1500 et 1775; pierres tombales de la famille de Cardevacque, XVIII° s.], 2 *pl.*, p. 271.

34154. Cardevacque (Adolphe de). — La tour de Villers-Châtel [XIV° s.], *pl.*, p. 278.

34155. Van Drival (L'abbé). — De quelques noms de lieux à forme étrangère qui se rencontrent dans le département du Pas-de-Calais, p. 294.

34156. Cardevacque (Adolphe de). — Rapport sur le classement des tours de l'abbaye de Mont-Saint-Éloi [terminées en 1761] comme monument historique, *pl.*, p. 302.

34157. Van Drival (L'abbé). — Notice sur M. Alexandre Godin, archiviste du département du Pas-de-Calais [Georges-Alexandre, 1810 † 1873], *pl.*, p. 306.

34158. Terninck (Auguste). — Du commencement de l'architecture ogivale dans la contrée du Nord, p. 312.

34159. Cardevacque (Adolphe de) et Van Drival (l'abbé). — Anciennes maisons d'Arras [XIV° et XVI° s.], 4 *pl.*, p. 320.

34160. Divers. — Sur les édifices du Pas-de-Calais à classer comme monuments historiques, p. 328.

34161. [Cardevacque (Adolphe de).] — Notice historique sur le château de La Buissière [XIV° s., et l'église, 1523], 3 *pl.*, p. 335.

34162. Le Gentil (Constant). — La Maison-Rouge [à Arras, XV° s.], 2 *pl.*, p. 386.

34163. Le Gentil (Constant). — Une ancienne porte de la cité [à Arras, XV° ou XVI° s.], *fig.*, p. 390.

34164. Le Gentil (Constant). — Chapelle dite du Temple [à Arras, XIII° s.], *pl.*, p. 397.

34165. Linas (Charles de). — Notice nécrologique de MM. Auguste-[Maximilien-Louis] Deschamps de Pas [1813 † 1870] et Henri de Laplane [1806 † 1872], 2 *pl.*, p. 402.

IV. — Bulletin de la Commission des antiquités départementales du Pas-de-Calais, t. IV. (Arras, 1875[-1878], in-8°, 431 p.)

34166. [Van Drival (L'abbé)]. — Historique abrégé de la Commission des monuments historiques du Pas-de-Calais, p. 5.

34167. Terninck (Auguste). — Sur un cimetière franc découvert à Saint-Nicolas-lez-Arras, p. 28.

34168. Richard (Jules-Marie). — Un banquet à Arras en 1328 [pour la fete de l'évêque], p. 41.

34169. Van Drival (L'abbé). — Notice sur M. Harbaville [Louis-François, 1791 † 1866], *pl.*, p. 47.

34170. Cardevacque (Adolphe de). — Maison rue de Beaudimont; ancien hôtel de ville de la cité [à Arras, XVII° s.], *pl.*, p. 66.

34171. Richard (Jules-Marie). — Vente après décès des

meubles de Jehan Le Caron, dit Caronchel, bâtard et usurier à Arras [vers le milieu du XIVe s.], p. 90.

34172. Van Drival (L'abbé). — La topographie et les noms des villages de l'Artois étudiés du VIIe au XIIe siècle dans les titres de propriété de l'abbaye de Saint-Vaast, p. 99.

34173. Cardevacque (Adolphe de). — Description archéologique de l'ancienne abbaye de Cercamp, près Frévent, 2 *pl.* et *fig.*, p. 111.

34174. Cavrois (Louis). — Notice sur les antiquités du cloître Notre-Dame à Arras [moyen âge], *plan* et *pl.*, p. 126.

34175. Richard (Jules-Marie). — Deux lettres de dom Vandendriesche, prévôt de Saint-Michel-lez-Arras, relatives à la construction de l'église de Saint-Vaast [1774], p. 140.

34176. Terninck (Auguste). — Rapport sur les fouilles exécutées au bastion n° 24 [à Arras, constructions romaines], *pl.*, p. 159.

34177. Richard (Jules-Marie). — Le Trésor de la collégiale de Notre-Dame de Lens au XVe siècle, *pl.*, p. 169.

[Appendice : office du coustre (1239); translation du chef de saint Lambert (1445); représentation de mystères (1471).]

34178. Héricourt (Ch. d'). — Épitaphe de Thierri d'Hireçon, évêque d'Arras [† 1328], p. 211.

34179. Le Gentil (Constant). — Sur trois bagues en or, l'une grecque et les autres du moyen âge, p. 214.

34180. Terninck (Auguste). — Cimetière mérovingien de Marœuil, près d'Arras, 2 *pl.*, p. 219.

34181. Van Drival (L'abbé). — Décorations murales de l'époque gallo-romaine trouvées à Arras en 1875, *pl.*, p. 230.

34182. Van Drival (L'abbé). — Inventaire des objets d'art conservés dans le trésor de l'église de Montreuil-sur-Mer [1790], p. 237.

34183. Calonne (Albéric de). — Les anciennes cloches du canton de Norrent-Fontes [XVe-XVIIIe s.], p. 245.

34184. Cavrois (Louis). — Notice biographique sur M. le chanoine Parenty [François-Joseph, 1799 † 1875], *pl.*, p. 248.

34185. Richard (Jules-Marie). — Étude sur quelques clochers romans du Pas-de-Calais, 2 *pl.*, p. 269.

[Lumbres; Coquelles; Ferques.]

34186. Terninck (Auguste). — Les *pagi* atrébates, p. 278.

34187. Robert (L'abbé). — Sur une urne cinéraire gallo-romaine trouvée à Grigny, p. 290.

34188. Richard (Jules-Marie). — Sur une estampe représentant le tombeau de M. de Brunes de Montlouet, évêque de Saint-Omer († 1765), p. 299.

34189. Normand (Clovis). — Sur les ruines de la station romaine de Brimeux, p. 304.

34190. Van Drival (L'abbé)]. — Sur une statue de la cathédrale de Saint-Omer provenant de Térouanne [XIIe s.], p. 306.

34191. Héricourt (Charles d'). — Noms des villages et hameaux d'Artois ravagés pendant la guerre de 1537 à 1544, d'après deux enquêtes faites à Arras par les élus de la province, p. 311.

34192. Calonne (Albéric de). — Tombeau de Girard Blassel, abbé de Dommartin [† 1385], *pl.*, p. 326.

34193. Anonyme. — Divers procédés pour l'estampage, p. 331.

34194. Héricourt (Charles d'). — Notice sur le marbre qui recouvrait le cœur d'Eustache de Croy, évêque d'Arras [† 1538], *pl.*, p. 336.

34195. Héricourt (Charles d'). — Note sur une pierre trouvée à Mont-Saint-Éloy [moyen âge ou Renaissance], p. 341.

34196. Terninck (Auguste). — Cimetières antiques de Saint-Nicolas-lez-Arras [romains et mérovingiens], p. 348.

34197. Cavrois (Louis). — Note sur Wissant et ses environs [église romane de Wissant], p. 367.

34198. Le Gentil (Constant). — Notre-Dame-du-Bois, p. 373.

[Chapelle appartenant à l'abbaye de Saint-Vaast située à Saint-Laurent, près Arras, XIIe s.]

34199. Le Gentil (Constant). — Porte Saint-Michel [à Arras, XIIe s.], *fig.*, p. 385.

34200. Calonne (Albéric de). — Sur des délibérations de l'échevinage d'Amiens intéressant Arras au XVe siècle, p. 395.

34201. Dancoisne (L.). — Chapelle de Saint-Roch [bâtie à Billy-Montigny par Grigny, XIXe s.], p. 400.

34202. Le Gentil (Constant). — Chapelle de Saint-Liévin au cimetière Saint-Nicaise [d'Arras], p. 403.

[Traité passé pour sa construction, 1498.]

34203. Le Gentil (Constant). — Érection en baronie du château de La Brayelle [1588], p. 409.

34204. Richard (Jules-Marie). — Marques de notaires artésiens des XIVe et XVe siècles, *pl.*, p. 420.

V. — Bulletin de la Commission des antiquités départementales du Pas-de-Calais, t. V. (Arras, 1879[-1884], in-8°, 432 p.)

34205. Goër (De). — Découverte archéologique [armes franques trouvées dans le parc de Vélu], p. 19.

34206. Goër (De). — Ancien clavecin [d'Andréas Ruckers, d'Anvers], p. 22.

34207. Richard (Jules-Marie). — Note sur les sceaux de Mahaut, comtesse d'Artois (1302-1329), *fig.*, p. 27.

34208. Van Drival (L'abbé). — Pierre tumulaire trouvée dans les travaux de la porte Saint-Michel [à Arras, 1259], p. 35.

34209. Richard (Jules-Marie). — Les fonts baptismaux de Samer [XIIe s.], *pl.*, p. 41.

34210. Van Drival (L'abbé). — Sur Maurice Colin [† 1878], l'abbé Guillaume [† 1878] et l'abbé Robert [† 1878], p. 47.

34211. Terninck (Auguste). — Répertoire des monuments et objets gaulois, gallo-romains et francs qui se trouvent dans le Pas-de-Calais, indiqués par communes, p. 55.

34212. [Deschamps de Pas (Louis).] — Quelques souvenirs de l'abbaye d'Andres [pierres tombales et sceau du XIIIe s.], *pl.*, p. 85.

34213. Le Gentil (Constant). — Pèlerinage à Saint-Jacques de Compostelle [lettres de recommandation, XVIIe s.], p. 95.

34214. Le Gentil (Constant). — Hospice Saint-Jean [à Arras], chapelle [1683], p. 98.

34215. Richard (Jules-Marie). — Deux plans de Thérouanne [XVIe s.], 3 *pl.*, p. 103.

34216. Cappe de Baillon. — Sur la chapelle de Notre-Dame-de-Bon-Secours à Bouret-sur-Canche, p. 139.

34217. Terninck (Auguste). — Sur le dolmen de Fresnicourt, p. 140.

34218. Van Drival (L'abbé). — Note sur la restauration du dolmen de Fresnicourt, p. 145.

34219. Cavrois (Louis). — Sur une excursion archéologique à Fresnicourt et au château d'Olhain [XVe s.], p. 148.

34220. Cappe de Baillon. — Sur une inscription de l'église de Nuncq [1616], p. 155.

34221. Le Gentil (Constant). — Sur la pierre commémorative de la construction de la prévôté de Saint-Michel (XVIIe s.), p. 160.

34222. Cappe de Baillon. — Sur une tombe de l'église d'Œuf (XVe s.), p. 161.

34223. Héricourt (Charles d'). — Sur les pierres tombales de l'abbaye d'Étrun, Marguerite et Jeanne de Ranchicourt, abbesses d'Étrun, etc. (XIVe et XVe s.), *fig.*, p. 171.

34224. Le Sergeant de Monnecove (Félix). — Sur le tombeau de Maximilien Ier, à Innsbruck (XVIe s.), p. 176.

34225. Haigneré (L'abbé D.). — Le tombeau de Matthieu Ier, comte de Boulogne, au Musée de cette ville [1173], *pl.*, p. 178.

34226. Van Drival (L'abbé). — Note relative au bailliage d'Aire, p. 186.

[Prétendue date de construction de la bretèche du bailliage d'Aire, 1595.]

34227. Van Drival (L'abbé). — Notice sur M. le baron de Goër de Hervé [Ignace-François-Xavier, 1801 † 1881], p. 189.

34228. Le Gentil (Constant). — Sur une construction du moyen âge découverte près de la porte Saint-Michel, à Arras, p. 199.

34229. Hauteclocque (G. de). — Sur la pierre tombale de Jean du Plouich, évêque d'Arras [† 1602], p. 214.

34230. Loriquet (Henri). — Sur des pierres tombales existant à Tincques, à Pénin, à Montreuil et à Villers-au-Bois [XIIIe-XVIIe s.], p. 215.

34231. Terninck (Auguste). — Mer de Flines [monnaies gauloises et romaines trouvées dans cet étang], p. 232.

34232. Ledru (D^r). — Puits anciens de l'Artois, p. 243.

34233. Dancoisne (L.). — Sceau d'or mérovingien [trouvé à Vitry], *fig.*, p. 254.

34234. Cavrois (Louis). — La colonne milliaire de Tongres, *pl.*, p. 261.

34235. Loriquet (Henri). — Sur l'inscription de l'église d'Étaples, p. 277.

34236. Loriquet (Henri). — Sur les inscriptions du cimetière Saint-Nicaise à Arras [XIIe s.], p. 286.

34237. Loriquet (Henri). — Sur des inscriptions d'Anzin-Saint-Aubin [XVIIIe s.], p. 287.

34238. Terninck (Auguste). — Sur deux sépultures gallo-romaines trouvées le long de la voie romaine de Saint-Pol à Bapaume, p. 296.

34239. Hauteclocque (G. de). — Ruines du château de Wignacourt, 2 *pl.*, p. 299.

34240. Van Drival (L'abbé). — Notice sur une pierre tombale de grand-chantre conservée au Musée d'Arras, *pl.*, p. 305.

[Lambert Damidde († 1646); bâtons de grands-chantres, *pl.*]

34241. Van Drival (L'abbé). — Les calices funéraires du Musée d'Arras [en étain, XVe-XVIIIe s.], p. 311.

34242. Bellon. — Sépultures gallo-romaines. Fouilles de Saint-Nicolas [d'Arras] en 1879, *pl.*, p. 316.

34243. Le Gentil (Constant). — Cloches de Saint-Laurent [XVIIIe s.], p. 321.

34244. Terninck (Auguste). — Communications archéologiques, p. 329.

[Cimetières gallo-romains de Thérouanne; hipposandale trouvée à Lens; substructions antiques de Bellone; tombes gallo-romaines de Marœuil et de Noyelles-Godault. — Cf. n° 34245.]

34245. Terninck (Auguste). — Sur des sépultures gallo-romaines à Noyelles-Godault, Marœuil et Roclincourt, p. 344. — Cf. n° 34244.

34246. Bellon. — Note sur les jouets d'enfants déposés dans les tombes, p. 366.

34247. Cavrois (Louis). — La vingt-troisième et la vingt-quatrième maison canoniale du cloître Notre-Dame à Arras [puits funéraire gallo-romain], p. 370.

34248. Le Gentil (Constant). — Notre-Dame-du-Bois [inscriptions funéraires, XVIIe s.], p. 379; et VI, p. 238.

34249. [Loriquet (Henri).] — La place Saint-Vaast et la croix dite de Saint-Bernard [1447], 2 *pl.*, p. 383.

34250. [Loriquet (Henri).] — Note sur les tentures de haute lisse possédées par l'abbaye de Saint-Vaast, suivie d'une lettre de M. Guesnon à l'auteur sur la décadence de la tapisserie d'Arras, p. 403.

[La lettre de M. Guesnon n'a pas été publiée.]

34251. Haigneré (L'abbé D.). — Stèle funéraire [trouvée à Boulogne-sur-Mer], p. 416.
34252. Vaillant (V.-J.). — Inscription latine [romaine] découverte à Marquise, *pl.*, p. 418.

VI. — Bulletin de la Commission des antiquités départementales ou monuments historiques du Pas-de-Calais, t. VI. (Arras, 1885[-1888], in-8°, 401 p.)

34253. Ledru (D[r]). — Quelques objets gallo-romains trouvés à Sus-Saint-Léger [urnes, vases, médailles, etc.], p. 11.
34254. Dancoisne (L.). — Poids monétaires d'Arras [XVIe-XVIIe s.], *pl.*, p. 17.
34255. Dancoisne (L.). — Les plombs des draps d'Arras [XIVe-XVIIIe s.], 2 *pl.* et *fig.*, p. 26.
34256. Dancoisne (L.). — Une pierre tombale de Béthune [Nicolas Colart, sergent d'armes, et Catherine d'Amette, son épouse, XIVe s.], *pl.*, p. 44.
34257. Terninck (A.). — Arras gallo-romain, p. 69.

[Fouilles et découvertes d'antiquités; puits funéraires.]

34258. Vaillant (V.-J.). — Le cimetière franco-mérovingien de Nesles-lez-Verlincthun, canton de Samer, arrondissement de Boulogne-sur-Mer, 4 *pl.*, p. 105, 121 et 196.
34259. Terninck (A.). — Le cimetière franc de Chérisy, p. 128.
34260. [Ledru (D[r])]. — Château d'Avesnes-le-Comte; la chapelle de Sainte-Marguerite [XIIIe-XVIe s.], p. 131.
34261. Vaillant (V.-J.). — Dalle [funéraire] de Marguerite de Nielles [† 1275] à Andres. Carreaux émaillés, p. 139.
34262. Vaillant (V.-J.). — Deux souvenirs de l'occupation anglaise dans le Calaisis et l'Ardrésis, p. 142.

[Tombe de John Halle et de Catherine sa femme (XVe s.) dans l'église de Rodelinghem; épitaphe de Nicolas Forhay Baker et de sa femme à Calais (1505).]

34263. Richard (J.-M.) et Loriquet. — Note sur les pèlerinages à Saint-Jacques de Compostelle [certificat de pèlerinage, 1321], p. 183.
34264. Vaillant (V.-J.). — Note sur une fibule à devise trouvée à Étaples (Pas-de-Calais), *fig.*, p. 187.
34265. Vaillant (V.-J.). — A propos des vases pastillés et épigraphiés de l'époque gallo-romaine trouvés dans le Boulonnais, p. 203.
34266. Haigneré (L'abbé D.). — Le sarcophage [gallo-romain] du Musée de Boulogne, p. 231.
[34248]. Le Gentil (Constant). — Notre-Dame-du-Bois [analyse de documents, 1349-1792], p. 238.
34267. Anonyme. — Notice sur M. l'abbé Van Drival [Eugène-François, 1815 † 1887], *portrait*, p. 263.
34268. Vaillant (V.-J.). — Étude sur un jeu de poids antiques trouvés à Brimeux (département du Pas-de-Calais) et sur ses inscriptions, *pl.*, p. 292.
34269. Vaillant (V.-J.). — Classis Britannica, classis Samarica, cohors I Morinorum; recherches d'épigraphie et de numismatique, *pl.* et *fig.*, p. 307.

I. — Statistique monumentale du département du Pas-de-Calais, publiée par la Commission des antiquités départementales [t. I]. (Arras, 1850, in-4° formé de 22 articles à pagination distincte comprenant en tout XIV, 170 p. et 35 *pl.*)

34270. Harbaville. — Introduction, p. 1 à XIV.
34271. Harbaville. — Monuments des périodes celtique et romaine [*carte* des voies romaines], p. 1 à 9.
34272. Linas (Charles de). — Description de l'église collégiale, aujourd'hui paroissiale, de Lillers [XIe-XIIe s.], 3 *pl.*, p. 1 à 6.
34273. Dancoisne (L.) et Van Drival (l'abbé). — Fonts baptismaux de Saint-Venant [X[e] ou XIe s.], 2 *pl.*, p. 1 à 8.
34274. Terninck (Auguste). — Le tumulus de Vimy, *pl.*, p. 1 à 4.
34275. Parenty (L'abbé). — Portail de l'église de Saint-Michel du Vaast [XIe s.], 2 *pl.*, p. 1 à 4.
34276. Beugny-d'Hagerue (A. de). — Guarbecque [église du XIIe s.], 2 *pl.*, p. 1 à 6.
34277. Héricourt (Achmet d'). — Tour et église d'Oppy [XIIIe s.], 2 *pl.*, p. 1 à 8.
34278. Laplane (Henri de). — L'église de Fauquembergue, arrondissement de Saint-Omer [XIIe et XIIIe s.], 3 *pl.*, p. 1 à 8.
34279. Hermand (Alex.). — Notice sur la cathédrale de Saint-Omer [XIe-XVIe s.], 3 *pl.*, p. 1 à 12.
34280. Linas (Charles de). — Crosse dite de Sainte-Julienne de Pavilly, conservée dans l'église de Saint-Saulve à Montreuil-sur-Mer [XIIIe s.], *pl.*, p. 1 à 7.
34281. Linas (Charles de) et Deschamps de Pas (Louis). — Tour et église Saint-Denis à Saint-Omer [XIIe et XIIIe s.], *pl.*, p. 1 à 4.
34282. Deschamps de Pas (Louis). — L'ancien hôtel de ville de Saint-Omer, *pl.*, p. 1 à 7.
34283. Rheims (De). — Description de l'église Notre-Dame de Calais, 2 *pl.*, p. 1 à 10. — Cf. n° 34284.
34284. Rheims (De). — Le rétable et le tableau du maître-autel de l'église de Notre-Dame de Calais, 2 *pl.*, p. 1 à 8. — Cf. n° 34283.

[Sculptures d'Adam Lottmann; tableau de Gérard Seghers représentant l'*Assomption de la Vierge*, XVIIe s.]

34285. Henneguier (Charles). — Saint-Saulve à Montreuil [XIIIe-XVe s.], 2 *pl.*, p. 1 à 5.

34286. Terninck (Auguste). — Château de Bours-Maretz, arrondissement de Saint-Pol [XIIe s.], *pl.*, p. 1 à 7.
34287. Héricourt (Achmet d'). — Beffroi de Béthune [XIVe s.], *pl.*, p. 1 à 10.
34288. Morand (François). — Saint-Léonard [Pas-de-Calais, église, XIIe-XVIe s.], *pl.*, p. 1 à 7.
34289. Colin (Maurice) et Godin (Alexandre). — Notice historique sur le beffroi et l'hôtel de ville d'Arras [XVe-XVIe s.], *pl.*, p. 1 à 15.
34290. Héricourt (Achmet d'). — Église d'Ablain-Saint-Nazaire [XVIe s.], 2 *pl.*, p. 1 à 8.
34291. Linas (Charles de). — Notice sur l'église d'Avesnes-le-Comte [XIIe et XVIe s.], 2 *pl.*, p. 1 à 11.

[Reliquaire de saint Nicolas, XVe s.]

II. — **Statistique monumentale du département du Pas-de-Calais**, publiée par la Commission des antiquités départementales [t. II]. (Arras, 1860-1873, in-4°, contenant 19 notices à pagination distincte plus 1 p. pour la table de classement des notices et 3 p. pour la liste des membres, soit en tout 200 p. et 39 *pl.*)

34292. Van Drival (L'abbé). — Introduction, p. 1 à 3.
34293. Van Drival (L'abbé). — De l'emplacement primitif de la ville d'Arras [5 *plans* d'Arras de l'époque gauloise au XVIIIe s.], p. 1 à 14.
34294. Linas (Charles de). — Notice sur La Beuvrière [prévôté, église, XIIe-XVIIIe s.], *pl.*, p. 1 à 16.

[Tombe de G. de Beaulaincourt, XVIIe s., *pl.*]

34295. Héricourt (Achmet d'). — Notice archéologique sur les églises d'Aix, de Souchez et de Vimy [XIIIe s.], *pl.*, p. 1 à 9.
34296. Lequette (L'abbé). — Notice sur Henchin et son église [XIe-XVIIe s.], *pl.*, p. 1 à 6.
34297. Dancoisne (L.). — Description de l'église d'Hénin-Liétard [XIe-XVIIe s.], 2 *pl.*, p. 1 à 11.
34298. Terninck (Auguste). — Notice sur l'abbaye et l'église d'Auchy-lez-Hesdin [XIe s.], 2 *pl.*, p. 1 à 14.
34299. Quenson. — Notice historique et archéologique sur l'église de Wismes [XVe s.], 2 *pl.*, p. 1 à 20.
34300. Terninck (Auguste). — Château et église de Fressin, 3 *pl.*, p. 1 à 12.
34301. Héricourt (Achmet d'). — Hôtel d'Artois à Paris [XVe s.], *pl.*, p. 1 à 8.
34302. Robitaille (L'abbé). — Notice sur le château [et l'église] d'Anvin, 2 *pl.*, p. 1 à 7.

[Église d'Aix-Noulette, *pl.*]

34303. Héricourt (Achmet d'). — Notice sur l'église de Béthune [XVIe s.], 3 *pl.*, p. 1 à 8.
34304. Normand. — Notice sur l'église de Willeman [XIIIe s.], 2 *pl.*, p. 1 à 4.
34305. Cardevacque (Adolphe de). — Château de Remy [XVIe s.], *pl.*, p. 1 à 8.
34306. [Rheims (De)]. — Ancien palais des ducs de Guise à Calais [XIVe s.], 2 *pl.*, p. 1 à 3.
34307. Deschamps de Pas (Louis). — Les églises des Jésuites à Saint-Omer et à Aire-sur-la-Lys [XVIIe s.], 3 *pl.*, p. 1 à 18. — Cf. n° 35122.
34308. Deschamps de Pas (Louis). — Le bailliage d'Aire-sur-la-Lys [1600], *pl.*, p. 1 à 4.
34309. Le Gentil (Constant). — Note sur l'abbaye d'Arrouaise, *pl.* et *fig.*, p. 1 à 5.
34310. Van Drival (L'abbé). — Monographie de l'église des Dames Ursulines d'Arras [XIXe s.], 4 *pl.*, p. 1 à 28.

[Reliquaire du XIIIe siècle, *pl.*]

III. — **Statistique monumentale du département du Pas-de-Calais**, t. III. (1877-?, *sous presse*, in-4°.)

34311. Van Drival (L'abbé). — L'abbaye de Saint-Vaast d'Arras. Description et histoire des bâtiments, 5 *pl.*, p. 1 à 86.
34312. Van Drival (L'abbé). — La croix de Clairmarais [XIIIe s.] et autres monuments analogues dans le Pas-de-Calais, *pl.*, p. 1 à 7.
34313. Van Drival (L'abbé). — La frise de l'église de La Couture, 4 *pl.*, p. 1 à 3.
34314. Van Drival (L'abbé). — Mosaïque de l'évêque Frumauld, XIIe s.; musée d'Arras, *pl.*, p. 1 à 4.
34315. Le Gentil (Constant). — La porte Saint-Nicolas à Arras, 2 *pl.*, p. 1 à 26.
34316. Cardevacque (Adolphe de). — Notice sur les vieilles enseignes d'Arras, 3 *pl.*, p. 1 à 39.
34317. Cardevacque (Adolphe de). — Le bas-relief de l'église de Saint-Léger [arrondissement d'Arras; XVIIe s.], 2 *pl.*, p. 1 à 3.
34318. Quesnon (A.). — La porte Saint-Pry à Béthune et son inscription [XIVe s.], 2 *pl.*, p. 1 à 20.
34319. Loriquet (H.). — La pyxide d'Annezin et la boucle d'Avesnes-le-Comte, *pl.*, p. 1 à 10.

Dictionnaire historique et archéologique du département du Pas-de-Calais, publié par la Commission départementale des monuments historiques.

34320. Arrondissement d'Arras, 2 vol. (Arras, t. I, 1873, in-8°, VIII et 328 p.; t. II, 1874, in-8°, 360 p.)
34321. Arrondissement de Béthune, 3 vol. (Arras, t. I, 1875, in-8°, III et 423 p.; t. II, 1878, in-8°, 397 p.; t. III, 1879, in-8°, 325 p.)

34322. Arrondissement de Boulogne, 3 vol. (Arras, t. I, 1880, in-8°, 398 p.; t. II, 1882, in-8°, 447 p.; t. III, 1882, in-8°, II et 423 p.)

34323. Arrondissement de Montreuil. (Arras, 1875, in-8°, III et 418 p.)

34324. Arrondissement de Saint-Omer, 3 vol. (Arras, t. I, 1877, in-8°, VII et 355 p.; t. II, 1879, in-8°, 353 p.; t. III, 1883, in-8°, 229 p.)

34325. Arrondissement de Saint-Pol, 3 vol. (Arras, t. I, 1879, in-8°, II et 315 p.; t. II, 1880, in-8°, 395 p.; t. III, 1884, in-8°, 348 p.)

[Préfaces signées par l'abbé Van Drival. — *Arrondissement d'Arras* : Notices par E. et Paul Lecesne, l'abbé Van Drival, Coffinier, Terninck, Ad. de Cardevacque, N. Cavrois, A. Godin, Louis Cavrois-Lantoine. — *Arrondissement de Béthune* : Notices par Achmet d'Héricourt, Ad. de Cardevacque, E. Dramard, L. Dancoisne, Ch. d'Héricourt, N. et L. Cavrois, l'abbé Robert, de Beugny d'Hagerue, l'abbé Parenty et l'abbé Van Drival. — *Arrondissement de Boulogne* : Notices par l'abbé D. Haigneré. — *Arrondissement de Montreuil* : Notices par A. de Calonne et l'abbé Robitaille. — *Arrondissement de Saint-Omer* : Notices par le baron Dard, Deschamps de Pas, Félix Le Sergeant de Monnecove et l'abbé Van Drival. — *Arrondissement de Saint-Pol* : Notices par A. de Cardevacque, le docteur Ledru, G. de Hautecloque et l'abbé Robert.]

34326. Épigraphie du département du Pas-de-Calais, ouvrage publié par la Commission départementale des monuments historiques, t. I, 6 *pl.* (Arras 1883-[1887], in-4°, VII et 469 p. — T. II et III, *sous presse*.)

[*Arrondissement d'Arras* : Notices signées par l'abbé Van Drival, C. Le Gentil, Louis Cavrois, Ad. de Cardevacque, H. Loriquet.]

PAS-DE-CALAIS. — BOULOGNE-SUR-MER.

SOCIÉTÉ ACADÉMIQUE DE L'ARRONDISSEMENT DE BOULOGNE-SUR-MER.

La *Société académique de l'arrondissement de Boulogne-sur-Mer,* fondée au commencement de 1864, a été approuvée le 15 juin de la même année. Elle publie des *Mémoires* dont le 13e volume a paru de 1882 à 1886 et un *Bulletin* dont le tome IV, commencé en 1885, n'a été achevé qu'en 1890. Elle a aussi édité les ouvrages suivants :

34327. Dramard (E.). — Bibliographie géographique et historique de la Picardie ou Catalogue raisonné des ouvrages tant imprimés que manuscrits, titres, précis et documents de toute nature relatifs à la géographie et à l'histoire de cette province. I. Boulonnais et Pays reconquis. (Paris, 1881, in-8°, 494 p.)

34328. Deseille (Ernest). — L'Année boulonnaise. Éphémérides historiques intéressant le pays boulonnais. (Boulogne-sur-Mer, 1885-1886, in-8°, 788 p.)

[Tirage à part du n° 34353.]

34329. Deseille. — Le pays Boulonnais; études historiques. (Paris 1879, in-8°, 152, 438 et XVI p.)

[Tirage à part du t. IX des *Mémoires*.]

I. — Mémoires de la Société académique de l'arrondissement de Boulogne-sur-Mer, 1864-1865. (Boulogne-sur-Mer, 1866, in-8°, 205 p.)

34330. Haigneré (L'abbé D.). — Quatre cimetières mérovingiens du Boulonnais, 17 *pl.*, p. 5.

[Cimetières de Pincthun ou Échinghen, du Pont-Feuillet ou Hocquinghen, des Yeulles ou d'Hardenthun, et d'Uzelot, à Leulinghen.]

34331. Platrier (R.). — Les lectures publiques dans l'antiquité, p. 77.

34332. Rosny (Hector de). — Godefroi de Bouillon [1100], p. 95.

34333. Lefebvre (Alphonse). — Étude sur les plombs ou enseignes de pèlerinage et en particulier sur ceux de Notre-Dame de Boulogne-sur-Mer, à propos de quelques nouveaux types et d'un moule découverts récemment dans cette ville, 2 *pl.*, p. 133.

II. — Mémoires de la Société académique de l'arrondissement de Boulogne-sur-Mer, 1866-1867. (Boulogne-sur-Mer, 1868, in-8°, 404 p.)

34334. Deseille (Ernest). — Histoire-revue du journalisme boulonnais depuis son origine [1806], p. 153 à 396.

III. — Mémoires de la Société académique de l'arrondissement de Boulogne-sur-Mer,

1868-1869. (Boulogne-sur-Mer, 1869, in-8°, 316 p.)

34335. [Deseille (Ernest).] — Histoire de la pêche à Boulogne-sur-Mer d'après les documents officiels déposés aux Archives communales, etc., p. 85 à 305. — Cf. n° 34342.

IV. — Mémoires de la Société académique de l'arrondissement de Boulogne-sur-Mer, 1870-1872, t. IV. (Boulogne-sur-Mer, s. d., in-8°, VII et 288 p.)

34336. Magnier (Edmond). — Essai sur l'histoire de Boulogne-sur-Mer pendant la première moitié du XVIII° siècle, 2 *pl.*, p. VIII et 1 à 207.

34337. Hamy (Dr Ernest-T.). — Rapport sur les fouilles exécutées pour la Société académique de Boulogne-sur-Mer dans le tumulus dit la Tombe-Fourdaine à Équihen (Pas-de-Calais), 3 *pl.*, p. 209.

34338. Hofberg (Herm.). — Sur des vestiges de l'âge de pierre en Égypte trouvés par MM. F. Lenormant et E.-T. Hamy, p. 229.

34339. Hamy (Théodore). — Précis historique des campagnes de son bataillon (15 janvier 1792-26 octobre 1795), par P.-N. Delacre, de Boulogne, lieutenant à la 29° demi-brigade, annoté et précédé d'une courte notice sur l'auteur, p. 241.

34340. Sauvage (Émile). — Essai sur la pêche pendant l'époque du renne, p. 267.

V. — Mémoires de la Société académique de l'arrondissement de Boulogne-sur-Mer, t. V. (Boulogne-sur-Mer, 1873-1876, in-8°, 440 p.)

34341. Le Petit (Eugène) et Deseille (Ernest). — Recherches historiques sur les écoles primaires de la ville de Boulogne avant, pendant et depuis la Révolution, p. 5.

34342. Deseille (Ernest). — Étude sur les origines de la pêche à Boulogne-sur-Mer (932-1550) d'après les chartes, les comptes de deniers et autres documents officiels, p. 73. — Cf. n° 34335.

[Appendice : *Vie de saint Harenc, glorieulx martyr*, XV° s.]

34343. Pinart (Alphonse). — La chasse aux animaux marins et les pêcheries chez les indigènes de la côte nord-ouest d'Amérique, p. 137.

34344. Lejeune. — Fouilles exécutées dans la plus grande des trois Noires-Mottes [tumulus] de Sangatte (Pas-de-Calais), *pl.*, p. 151.

34345. Rosny (Hector de). — Sur l'histoire de l'abbaye d'Auchy, p. 186.

34346. Cat (Édouard). — Note sur le passage d'Annibal en Gaule, p. 248.

34347. Richard (J.-M.). — Accord sur les droits de justice respectifs des comtes d'Artois et de Boulogne et des échevins de Boulogne-sur-Mer [1285], p. 269.

34348. Hamy (Théodore). — Onze jours aux îles Gambier, par L.-J. Ducorps, commis de marine à bord de l'*Astrolabe;* récit annoté et précédé d'une courte introduction [1838], p. 299.

34349. Rosny (Eugène de)]. — Le livre provincial des blasons d'armes du Boulonnais, etc. [XIV° ou XV° s.], p. 331.

[Annexe : fiefs du Boulonnais et d'Étaples, 1360 ou 1361.]

34350. Lefebvre (Alphonse). — Notice sur des vestiges de constructions romaines trouvés dans le cimetière de l'Est à Boulogne-sur-Mer, *pl.*, p. 365.

VI. — Mémoires de la Société académique de l'arrondissement de Boulogne-sur-Mer, t. VI. (Boulogne-sur-Mer, 1876-1878, in-8°, 468 p.)

34351. Lipsin (A.). — Martyrologes des églises de Thérouanne et Boulogne et partition de l'ancien diocèse de la Morinie d'après les manuscrits des Archives communales, etc., p. 1 à 468.

VII. — Mémoires de la Société académique de l'arrondissement de Boulogne-sur-Mer, t. VII. (Boulogne-sur-Mer, 1882, in-8°, 269 p.)

34352. [Dupont (Edmond).] — Registre des recettes et dépenses de la ville de Boulogne-sur-Mer (1415-1416), *pl.*, p. 1 à 269.

VIII. — Mémoires de la Société académique de l'arrondissement de Boulogne-sur-Mer, t. VIII. (Boulogne-sur-Mer, s. d., in-8°, VIII et 788 p.)

34353. Deseille (Ernest). — L'année Boulonnaise; éphémérides historiques intéressant le pays Boulonnais, p. I à VIII et 1 à 788. — Cf. id. n° 34328.

IX. — Mémoires de la Société académique de l'arrondissement de Boulogne-sur-Mer, t. IX. (Boulogne-sur-Mer, 1878-1879, in-8°. 152, 438 et XVI p.) — Cf. id. n° 34329.

34354. [Deseille (Ernest).] — Introduction à l'histoire du pays boulonnais, p. 1 à 152.

34355. Deseille (Ernest). — Antiquitez de Boulongne-sur-Mer, par Gme Le Sueur (1596), p. 1 à 212.

[Notes comprenant entre autres un catalogue d'actes concernant le Boulonnais (873-1568), p. 53 à 212.]

34356. Deseille (Ernest). — Documents [intéressant Boulogne, 1203-1359], p. 213 à 412.

[Actes des comtes de Boulogne; privilèges; états généraux, (1308); généalogie des comtes de Boulogne; revenus du comté de Boulogne, xive s.; Eustache Le Moine, xiiie s.]

34357. Deseille (Ernest). — Boulogne en 1415; étude sur les relations des communes du Nord lors du désastre d'Azincourt, p. 413.

X. — Mémoires de la Société académique de l'arrondissement de Boulogne-sur-Mer, t. X. (Boulogne-sur-Mer, 1879, in-8°, 295 p.)

34358. Rosny (Eugène de). — Terrier de l'abbaye de Saint-Wulmer en Boulogne-sur-Mer (1505), p. 1 à 284.

XI. — Mémoires de la Société académique de l'arrondissement de Boulogne-sur-Mer, t. XI. (Boulogne-sur-Mer, 1881, in-8°, cxli et 392 p.)

34359. Haigneré (L'abbé D.). — Dictionnaire topographique de France comprenant les noms de lieux anciens et modernes. Arrondissement de Boulogne-sur-Mer, p. i à cxli et 1 à 392.

XII. — Mémoires de la Société académique de l'arrondissement de Boulogne-sur-Mer, t. XII. (Boulogne-sur-Mer, 1880, in-8°, 252 p.)

34360. Haigneré (L'abbé D.) — Deux chartes inédites du chapitre de Thérouanne de 1119 et 1157, p. 49.

[Bulles de Calixte II et d'Adrien IV.]

34361. Haigneré (L'abbé D.). — Quelques chartes de l'abbaye de Samer recueillies et publiées avec un commentaire onomastique et topographique [1107-1299], p. 89. — Cf. n° 34364.

[Bulles d'Alexandre III, Célestin III et Innocent III; chartes des comtes de Boulogne, etc.]

XIII. — Mémoires de la Société académique de l'arrondissement de Boulogne-sur-Mer, t. XIII, 1882-1886. (Boulogne-sur-Mer, s. d., in-8°, 493 p.)

34362. Haigneré (L'abbé D.) et Deseille (Ernest). — Cartulaire [factice] de l'hôtel de ville de Boulogne-sur-Mer [1203-1348, sceaux, *fig.*], p. 5. — Cf. n° 34367.

34363. Haigneré (L'abbé D.). — Cartulaire [factice] de l'église abbatiale Notre-Dame de Boulogne-sur-Mer, ordre de Saint-Augustin (1067-1567), recueilli, annoté et commenté, *fig.*, p. 89 à 360.

[Bulles d'Innocent II, Innocent III, Clément IV et Martin V, lettres des rois Philippe le Bel, Jean le Bon, Charles V, Charles VI, Louis XI, Henri II, François II et Charles IX, etc.]

34364. Haigneré (L'abbé D.). — Supplément au recueil des chartes de Samer [1207-1323], p. 361. — Cf. n° 34361.

34365. Haigneré (L'abbé D.). — Les chartes de l'abbaye de Beaulieu, ordre de Saint-Augustin de la congrégation d'Arrouaise (1137-1574), p. 377.

[Bulles d'Eugène III, Adrien IV, Innocent IV, Urbain IV, Grégoire X et Jean XXI.]

34366. Haigneré (L'abbé D.). — Quelques chartes inédites concernant les abbayes, les prieurés ou les paroisses de l'ancien Boulonnais [1132-1399], p. 413.

[Lettres de Charles VI et de Philippe le Hardi, duc de Bourgogne; actes des comtes de Boulogne, des évêques de Thérouanne, etc.]

34367. Haigneré (L'abbé D.). — Supplément au cartulaire de l'hôtel de ville de Boulogne-sur-Mer, p. 479. — Cf. n° 34362.

[Quatre pièces concernant l'exercice de la juridiction municipale à la fin du xiiie s.]

I. — Bulletin de la Société académique de l'arrondissement de Boulogne-sur-Mer, t. I, 1864-1872. (Boulogne-sur-Mer, 1873, in-8°, xii et 584 p.)

34368. Anonyme. — Fondation de la Société, p. 1.

34369. Haigneré (L'abbé D.). — Note sur une inscription romaine trouvée à Boulogne, *fig.*, p. 17. — Cf. n° 34396.

34370. Haigneré (L'abbé D.). — Notice sur la vie et les travaux de M. Bouchard-Chantereaux [Nicolas-Robert, géologue, 1802 † 1864], p. 31.

34371. Haigneré (L'abbé D.). — Sur des enseignes de pèlerinage [xve s.], p. 59.

34372. Haigneré (L'abbé D.). — Notice sur M. l'abbé L. Clabaut [1813 † 1865], p. 89.

34373. Hamy (Dr Ernest-T.). — La charte de commune d'Ambleteuse [1209], p. 139.

34374. Haigneré (L'abbé D.). — Note sur les instruments en silex trouvés dans le département du Pas-de-Calais conservés au Musée de Boulogne, p. 184.

34375. Haigneré (L'abbé D.). — Note sur le cimetière mérovingien de Waben, p. 193.

34376. Anonyme. — M. Narcisse Delye, juge de paix [1793 † 1866], p. 200.

34377. Hamy (Dr Ernest-T.). — Étude sur l'ancienneté de l'espèce humaine dans le département du Pas-de-Calais, p. 217.

34378. Haigneré (L'abbé D.). — Le *Portus Itius* à Boulogne-sur-Mer, p. 263.

34379. Courtois (C.). — Étude sur l'âge de la pierre dans le Boulonnais, et en particulier sur les silex polis, p. 299.

34380. Haigneré (L'abbé D.) et Sauvage (Émile). — Note sur la découverte d'une sépulture de l'âge de la pierre polie dans les garennes d'Équihen, p. 318.

34381. Haigneré (L'abbé D.). — Quelques lettres inédites de Henri IV [1586-1592], p. 352.

34382. Haigneré (L'abbé D.). — Trois chartes inédites des comtes de Boulogne [1120, 1121 et 1231], p. 367.

34383. Deseille (Ernest). — Le Journal de J.-F. Cavillier [de Boulogne, 1755-1796], p. 403 et 475.

34384. Haigneré (L'abbé D.). — Boulogne sous l'occupation anglaise en 1549, p. 432.

34385. Hamy (Dr Ernest-T.). — Découverte du renne à l'état fossile dans le Boulonnais, p. 467.

34386. Bénard (Louis). — Souvenir consacré à MM. Louis Cousin [† 1872] et Charles Henneguier [† 1872], p. 538.

34387. Bénard (Louis). — Déclaration des biens et revenus des religieux de l'abbaye de Samer-aux-Bois, ordre de Saint-Benoît [1751], p. 545.

34388. Joncquel (L'abbé). — Étude sur les supputations géologiques de l'âge du genre humain, p. 559.

II. — Bulletin de la Société académique de l'arrondissement de Boulogne-sur-Mer, t. II [1873-1878]. (Boulogne-sur-Mer, 1873-[1878], in-8°, 604 p.)

34389. Henneguier (Ch.). — Mesures aux grains de Boulogne et du Boulonnais, qualité et payement des grains de rentes et redevances, par Sébastien Gressier et Dominique Nassiet, hommes d'affaires à Boulogne (1728), p. 11.

34390. Bénard (Louis). — Liste des notaires de Boulogne depuis 1512, p. 41.

34391. Bénard (Louis). — Lettre à un ami sur ce qui s'est passé à Boulogne au sujet de l'accident arrivé au roi [attentat de Damiens, 1757], p. 46.

34392. Haigneré (L'abbé D.). — M. Charles Marmin [1806 † 1873], p. 74.

34393. Deseille (Ernest). — Antoine Obert et ses écrits [xive s.], p. 89.

34394. Deseille (Ernest). — MM. Faverot [† 1874], Émile Hénin [1826 † 1874] et Ernest Serret [1821 † 1874], p. 148.

34395. Deseille (Ernest). — Sur M. Guillaume-Benjamin-Amant Duchenne, docteur en médecine [† 1875], p. 191.

34396. Desjardins (Ernest). — Sur l'inscription romaine du portail de l'ancienne cathédrale de Notre-Dame à Boulogne, p. 226. — Cf. n° 34369.

34397. Dubarle (Achille). — Une demi-heure avec Tennyson, le poète-lauréat de l'Angleterre, p. 256.

34398. Cat (Édouard). — Une querelle théologique au xvie siècle : Érasme et Lefebvre d'Étaples, p. 271.

34399. Rosny (Eugène de). — Introduction aux *Recherches généalogiques et historiques sur le Boulonnais*, p. 294.

34400. Lefebvre (Alphonse). — Restauration de la tombe de l'historien J.-F. Henry [1755 † 1819] au cimetière de l'Est, à Boulogne. Rapport, p. 312. — Cf. n° 34420.

34401. Lefebvre (Alphonse). — Nouveaux gisements de silex taillés de l'âge de la pierre polie, sur la commune de Wimille (Pas-de-Calais), *fig.*, p. 321.

34402. Bénard (Louis). — Inventaire des munitions du Mont-Hulin (aoust 1645), p. 367.

34403. Bénard (Louis). — Déclaration des biens et revenus de l'abbaye de Notre-Dame de Longvilliers (15 décembre 1728), p. 393.

34404. Haigneré (L'abbé D.). — La division du chapitre de Boulogne à l'occasion de la bulle *Unigenitus* [poème héroïque, par Charles-Louis de Tresvillon, xviiie s.], p. 465.

[Appendice : Chapitre de la cathédrale (1717-1724); attentat des habitants de Quernes contre l'évêque de Boulogne (1720); remontrances du chapitre (1722).]

34405. Haigneré (L'abbé D.). — Mémoires historiques et anecdotiques de Pierre Maslebranche, chapelain de la cathédrale de Boulogne (1619-1635), p. 507.

III. — Bulletin de la Société académique de l'arrondissement de Boulogne-sur-Mer, t. III [1879-1884]. (Boulogne-sur-Mer, 1879 [-1884], in-8°, 578 p.)

34406. Dubarle (Achille). — Sur les académies de province, p. 13.

34407. Olagnier. — De l'éducation publique aux États-Unis, p. 29.

34408. Haigneré (L'abbé D.). — Recueil des chartes du xiie et du xiiie siècle concernant l'histoire ecclésiastique du Boulonnais [analyse], p. 51 et 121.

34409. Bénard (Louis). — M. Eugène de Rosny [Louis-Eugène, † 1879], p. 58.

34410. Bénard (Louis). — Un ami de Boulogne; souvenir donné à la mémoire de M. Merridew [Henry-Melville, 1836 † 1879], p. 62.

34411. Haigneré (L'abbé D.). — Répartition d'un impôt de 81,740 livres sur les communautés civiles du Boulonnais en 1657, p. 81.

34412. Anonyme. — Sur Edme Janin [1800 † 1879], p. 103.

34413. Haigneré (L'abbé D.). — Une curiosité bibliographique [les *Cronica cronicorum*, imprimés par Jean Petit en 1521], p. 116.

34414. Croos (P. de). — Réorganisation des droits de pâturage dans les forêts du Boulonnais (1724), p. 129.

34415. Deseille (Ernest). — Sur Eugène-Hubert Bénard [1834 † 1879], p. 137.

34416. Sauvage (Pierre). — Sur Frédéric Sauvage, p. 186.

34417. [Bernaert (A.).] — Notice sur un tableau de P. Lastman au Musée de Boulogne-sur-Mer [*Laban et Rachel*, 1622], p. 199.

34418. Réveillez (H.). — La musique à Boulogne-sur-Mer, p. 213.

34419. Dramard (Eugène). — Sur un billet de Danton (1788), p. 262.

34420. Anonyme. — Sur la restauration de la tombe de l'historien Henry, p. 289 et 308. — Cf. n° 34400.

34421. Bénard (Louis). — Sur Pierre Sauvage [† 1883], p. 296.

34422. Bénard (Louis). — Hommage à la mémoire de MM. Henri Martin, de Boyer de Sainte-Suzanne et Félix Cousin [† 1884], p. 328.

34423. Deseille (Ernest). — Les magisters ou clercs-lais dans l'ancien diocèse de Boulogne, p. 346.

34424. Deseille (Ernest). — Les pèlerinages populaires du pays boulonnais, p. 368.

34425. Pagart d'Hermansart. — Sur le revenu de la charge de président lieutenant-général de la sénéchaussée de Boulogne (1777-1790), p. 385.

34426. Haigneré (L'abbé D.). — Sur une inscription romaine, p. 392.

34427. Deseille (Ernest). — Sur une charte de Baudouin, comte de Flandre, en faveur de l'abbaye de Saint-Bertin (1056), p. 393.

34428. Deseille (Ernest). — Anatole Boucher de Crèvecœur [1828 † 1884], p. 397.

34429. Lefebvre (Alphonse). — J.-F. Henry, météorologue [et historien], p. 401.

34430. Deseille (Ernest). — Un livre de famille, p. 410.

[Livre d'heures (1401); familles de ses différents possesseurs, Blondin, Duhamel, etc.]

34431. Hamy (Dr Ernest-T.). — Rapport verbal sur une communication adressée à l'Académie des inscriptions et belles-lettres par M. Héron de Villefosse et relative à un autel aux Junons Sulèves découvert à Marquise, p. 426. — Cf. nos 34432, 34433 et 34434.

34432. Vaillant (V.-J.). — L'autel aux Junons Sulèves de Marquise, p. 430. — Cf. n° 34433.

34433. Hamy (Dr Ernest-T.). — Quelques observations à propos de l'inscription de Marquise, p. 434. — Cf. n° 34431.

34434. Héron de Villefosse. — L'inscription de Marquise, lettre à M. E.-T. Hamy, p. 436. — Cf. n° 34433.

34435. Hamy (Dr Ernest-T.). — Calais et Boulogne en 1792, impression de voyage de l'abbé Rudemare, de Paris, p. 441.

34436. Hamy (Dr Ernest-T.). — Sur un fragment d'inscription romaine découvert à Boulogne, p. 450.

34437. Deseille (Ernest). — Sur les ruines de l'abbaye de Saint-Wulmer, p. 451.

34438. Deseille (Ernest). — Sur l'histoire de Boulogne, de 1472 à 1544, p. 460.

34439. Bénard (Louis). — B. Gosselin [Bertulphe-Augustin-François, † 1884], p. 484.

34440. Hamy (Dr Ernest-T.). — Quelques mots sur un américaniste inconnu, le frère Michel de Boulogne [xvie s.], p. 491.

34441. Deseille (Ernest). — M. l'abbé Émile Louchet [1835 † 1884], p. 506.

34442. Deseille (Ernest). — Quelques pages d'histoire contemporaine, p. 512.

[Démonstrations successives à Boulogne en l'honneur de Louis XVIII et de Napoléon Ier (1814-1815); la *Beaumontéide*, poème de Charles-Antoine-Germain Tamelier sur l'émeute de 1814.]

IV. — Bulletin de la Société académique de l'arrondissement de Boulogne-sur-Mer, t. IV, 1885-1890. (Boulogne-sur-Mer, 1885-1890, in-8°, 543 p.)

34443. Hamy (Dr Ernest-T.). — Notice sur une inscription romaine du Musée de Picardie, relative à une expédition en Bretagne, *fig.*, p. 37.

34444. Bénard (Louis). — Quelques notes éparses sur l'histoire de Boulogne; une excursion au *British Museum*, p. 44.

34445. Bénard (Louis). — Liste des plans existant au *British Museum*, à Londres, et qui intéressent la ville de Boulogne, le Boulonnais, la ville de Calais, le Calaisis, Guines, etc., p. 53.

34446. Lefebvre (Alphonse). — Jules Bertin [1830 † 1884], p. 58.

34447. Pagart d'Hermansart. — Le dernier président, lieutenant-général de la sénéchaussée du Boulonnais, p. 64.

34448. Deseille (Ernest). — A propos du siège d'Ardres publié par M. V.-J. Vaillant, p. 74.

34449. Haigneré (L'abbé D.). — Un problème de diplomatique, p. 101.

[Indications tirées d'un livre de famille et montrant, dès l'année 1506, l'usage de l'année datant du 1er janvier.]

34450. Haigneré (L'abbé D.). — Quel est le nom du fondeur de la cloche d'Estourmie [cloche du beffroi de Boulogne, xvie s.], p. 104.

34451. Haigneré (L'abbé D.). — Simon de Villers, sénéchal du Boulonnais, p. 107.

34452. Bénard (Louis). — Restitution, par l'Angleterre, de la ville de Boulogne à la France en 1550. Notes recueillies au *British Museum* sur les préliminaires de la négociation du traité de paix, p. 118.

34453. Caudevelle (E.-J.). — État des avances faites à Pilâtre de Rozier pour la première montgolfière enlevée à Versailles en 1784, p. 128.

34454. Bénard (Louis). — Jean-Paul Huret [1864 † 1885], p. 136.

34455. Haigneré (L'abbé D.). — Sur l'étymologie du nom de la ville de Desvres, p. 147.

34456. Haigneré (L'abbé D.). — Récit du siège de Boulogne en 1588 adressé au Roi par les mayeur et échevins, p. 150.

34457. Lecat (Jules). — Liste des notaires de Marquise. Un mobilier rural au xviie siècle, p. 154.

34458. Lecat (Jules). — L'assassinat de Martin, notaire à Marquise (1786), p. 236.

34459. Lecat (Jules). — Délibération du 4 juin 1770 par les propriétaires et habitants du bourg et paroisse du Waast, p. 240.

34460. Enlart (Camille). — L'église de Marquise, p. 144.

34461. Lecat (Jules). — Le blanchissage de l'eau-de-vie à Boulogne au xviiie siècle, p. 250.

34462. Bénard (Louis). — Hommage à la mémoire de M. Debayser, ancien architecte de la ville [1803 † 1886], p. 261.

34463. Bénard (Louis). — Souvenir à la mémoire d'Abel d'Hautefeuille, ancien champion de France, p. 264.

34464. Haigneré (L'abbé D.). — Rapport d'un espion français en 1549 sur les moyens à employer pour s'emparer des forts de la Tour-d'Ordre et de Montlambert, ainsi que de la ville de Boulogne, p. 274.

34465. Bénard (Louis). — Hommage à la mémoire de M. Ignace Brunet [1804 † 1887]; M. Alfred Charles [1840 † 1887]; Charles Marchand, dernier souvenir à un jeune poète boulonnais [1864 † 1887], p. 295.

34466. Bénard (Louis). — Hommage à la mémoire de M. Henry, ancien maire de Boulogne [1823 † 1888], p. 327.

34467. Bénard (Louis). — John Hopkins, artiste [sculpteur] boulonnais, p. 343.

34468. Deseille (Ernest). — L'antipathie des races au xie siècle, d'après un auteur contemporain [l'auteur de la légende de sainte Godeleine], p. 349.

34469. Farjon (F.). — Voyage de Lavoisier à Boulogne (1770), p. 356.

34470. Deseille (Ernest). — Un transport de grains en 1347 d'après un document contemporain [ravitaillement des places de Boulogne et de Calais], p. 367.

34471. Héron de Villefosse. — Épitaphe d'un marin de la flotte britannique trouvée à Boulogne-sur-Mer, p. 374.

34472. Maury (A.). — Hommage à la mémoire de M. Edmond Dupont de Boulogne-sur-Mer; discours prononcé à ses obsèques, p. 379.

34473. Bénard (Louis). — Hommage à la mémoire de M. Ernest Deseille, décédé secrétaire annuel de la Société académique de Boulogne-sur-Mer [1835 † 1889], suivi d'un indice bibliographique des travaux historiques et littéraires d'Ernest Deseille et de la relation de ses obsèques, p. 393, 425 et 437.

34474. Haigneré (L'abbé D.). — Une note de Philippe Luto sur la monnaie, les poids et les mesures de Boulogne et du Boulonnais, p. 456.

34475. Haigneré (L'abbé D.). — La guerre au temps passé; douloureux épisode de l'histoire du Boulonnais [ravages par les troupes du roi en 1710], p. 458.

34476. Haigneré (L'abbé D.). — La cloche d'Alincthun et les fondeurs de Lorraine, p. 473.

34477. Haigneré (L'abbé D.). — Jean Ducrocq, échevin, puis doyen de Boulogne [1694 † 1770], p. 479.

34478. Haigneré (L'abbé D.). — Donation par Guillaume de Fiennes d'un domaine nommé Larronville, en 1227, à l'abbaye du Parc, p. 486.

34479. Haigneré (L'abbé D.). — Note sur les Dominicains de Desvres, p. 494.

34480. Haigneré (L'abbé D.). — Topographie boulonnaise. Les origines et le nom primitif du bourg du Waast, p. 503.

PAS-DE-CALAIS. — BOULOGNE-SUR-MER.

SOCIÉTÉ D'AGRICULTURE, DU COMMERCE, DES SCIENCES ET DES ARTS.

La *Société d'agriculture, du commerce et des arts de Boulogne-sur-Mer* a été fondée le 8 floréal an v (27 avril 1797). Elle a successivement porté le nom de *Société d'agriculture et des arts* (1797), *Société d'agriculture, du commerce et des arts* (1802), *Société d'agriculture, du commerce, des sciences et des arts* (1835). Depuis de longues années cette Société se renferme exclusivement dans l'étude des questions agricoles. Elle a publié une série de *Procès-verbaux* de ses séances publiques, quelques volumes de *Mémoires*, un *Bulletin agri-*

cole qui se continue jusqu'à présent, mais dont nous n'avons pas à nous occuper ici, et les deux opuscules suivants :

34481. Anonyme. — Notice sur la colonne de la Grande-Armée. (Boulogne-sur-Mer, s. d., in-4°, 5 p.)

34482. Anonyme. — Étrennes boulonnaises pour la treizième année de la République française. (Boulogne-sur-Mer, 1805, in-8°, 45 p.)

[Henry. — Recherches historiques sur le Boulonnais, p. 18.]

I. — **Procès-verbal de la première séance de la Société d'agriculture et des arts de Boulogne-sur-Mer**, tenue le 8 floréal an VII. (Boulogne-sur-Mer, an VII, in-8°, 8 p.)

II — **Procès-verbal de la deuxième séance de la Société d'agriculture ... de Boulogne-sur-Mer**, du 1er fructidor an VIII. (Boulogne-sur-Mer, an VIII, in-8°, 8 p.)

III. — **Procès-verbal de la troisième séance de la Société d'agriculture ... de Boulogne-sur-Mer**, du 3 floréal an X. (Boulogne-sur-Mer, an X, in-8°, 12 p.)

IV. — **Procès-verbal de la quatrième séance de la Société d'agriculture, de commerce et des arts de Boulogne-sur-Mer**, du VIII floréal an XI. (Boulogne-sur-Mer, an XI, in-8°, 8 p.)

V. — **Procès-verbal de la séance publique de la Société d'agriculture ... de Boulogne-sur-Mer**, du 29 juin 1818. (Boulogne-sur-Mer, 1818, in-8°, 26 p.)

VI. — **Procès-verbal de la séance publique de la Société d'agriculture ... de Boulogne-sur-Mer**, du 24 mars 1819. (Boulogne-sur-Mer, 1819, in-8°, 44 p.)

VII. — **Procès-verbal de la séance publique de la Société d'agriculture ... de Boulogne-sur-Mer**, tenue le 3 juillet 1821. (Boulogne-sur-Mer, 1821, in-8°. 56 p.)

VIII. — **Procès-verbal de la séance publique de la Société d'agriculture ... de Boulogne-sur-Mer**, tenue le 15 juillet 1822. (Boulogne-sur-Mer, 1822, in-8°, 78 p.)

IX. — **Procès-verbal de la séance publique de la Société d'agriculture ... de Boulogne-sur-Mer**, tenue le 28 juillet 1823. (Boulogne-sur-Mer, 1823, in-8°, 70 p.)

34483. Hédouin (P.). — Essai sur la vie et les ouvrages de Gresset, p. 40.

34484. Marguet. — Notice sur Pilâtre de Rozier, p. 37.

X. — **Procès-verbal de la séance publique de la Société d'agriculture ... de Boulogne-sur-Mer**, tenue le 12 juillet 1824. (Boulogne-sur-Mer, 1824, in-4°, 64 et 12 p., 4 *pl.*)

34485. Marguet. — Sur les antiquités [romaines] découvertes au fort du Châtillon et à Dannes, 3 *pl.*, p. 41.

34486. Hédouin (P.). — Notice sur M. Dumont, baron de Courset [correspondant de l'Institut, 1746 † 1824], *portrait*, p. 49.

XI. — **Procès-verbal de la séance publique de la Société d'agriculture ... de Boulogne-sur-Mer**, tenue en 1825. (Boulogne-sur-Mer, s. d., in-8°, 85 p. et 4 *pl.*)

34487. Demarle. — Antiquités. Fouilles au faubourg de Bréquerecque et monument de Pilâtre de Rozier et Romain, p. 24 et 26. — Cf. nos 34488 et 34489.

XII. — **Procès-verbal de la séance publique de la Société d'agriculture ... de Boulogne-sur-Mer**, tenue le 27 novembre 1826. (Boulogne-sur-Mer, 1827, in-8°, 72 p.)

34488. [Demarle]. — Sur les antiquités gallo-romaines trouvées à Bréquerecque, p. 31. — Cf. n° 34487.

XIII. — **Procès-verbal de la séance publique de la Société d'agriculture ... de Boulogne-sur-Mer**, tenue le 9 juillet 1827. (Boulogne-sur-Mer, 1828, in-8°, 64 p.)

XIV. — **Procès-verbal de la séance publique**

de la Société d'agriculture ... de Boulogne-sur-Mer, tenue le 16 décembre 1828. (Boulogne-sur-Mer, 1829, in-8°, 91 p.)

34489. Demarle. — Fouilles faites au faubourg de Bréquerecque. Camp du Drap-d'Or, p. 39 et 45. — Cf. n° 34487.

34490. Marmin (Alexandre). — Sur divers fragments de lames de bronze provenant du revêtement extérieur d'un petit coffret romain dont les débris ont été trouvés dans les fouilles faites à Bréquerecque en 1826, *pl.*, p. 53.

XV. — Procès-verbal de la séance publique de la Société d'agriculture ... de Boulogne-sur-Mer, tenue le 28 octobre 1830. (Boulogne-sur-Mer, 1831, in-8°, 68 p.)

34491. Marmin (Alexandre). — Sur un mémoire de M. le chevalier Allent, *Notions d'hydrographie générale*, etc. État ancien du littoral du Pas-de-Calais, p. 30.

XVI. — Procès-verbal de la séance publique de la Société d'agriculture ... de Boulogne-sur-Mer, tenue le 19 septembre 1832. (Boulogne-sur-Mer, 1833, in-8°, 244 p.)

34492. Gaillon (A.). — Analyse du cours monumental de M. de Caumont, p. 61.

34493. Hédouin (P.). — Dissertation sur le lieu de naissance de Godefroy de Bouillon [Boulogne-sur-Mer], p. 171.

34494. Gérard. — Notice nécrologique sur MM. Dutertre et Wissocq [† 1832], p. 181.

34495. Gérard. — Éloge historique de M. Yvart, membre de l'Institut [Jean-Augustin-Victor, 1764 † 1831], p. 186.

XVII. — Procès-verbal de la séance publique de la Société d'agriculture ... de Boulogne-sur-Mer, tenue le 24 septembre 1834. (Boulogne-sur-Mer, 1835, in-8°, 324 p.)

34496. Marmin-Pamart. — Dissertation sur un bas-relief du moyen âge, *pl.*, p. 255.

[Bas-relief appartenant au Musée de la ville et représentant une fête de chevalerie. L'auteur prétend y voir divers épisodes de la vie de Matthieu d'Alsace, comte de Boulogne.]

I. — Mémoires de la Société d'agriculture, du commerce, des sciences et des arts de Boulogne-sur-Mer, 2ᵉ série, Iᵉʳ vol., travaux du 25 septembre 1834 au 12 décembre 1836. (Boulogne-sur-Mer, 1837, in-8°, 326 p.)

34497. Morand (François). — Notice sur J.-B. Bertin-Aloy [1773 † 1836], p. 263.

II. — Mémoires de la Société d'agriculture, du commerce ... de Boulogne-sur-Mer, 2ᵉ série, IIᵉ vol., travaux du 12 décembre 1836 au 11 décembre 1839. (Boulogne-sur-Mer, 1840, in-8°, 205 p.)

34498. Hédouin (P.). — Annotations historiques et descriptives sur le grand bréviaire de l'évêché de Thérouanne, p. 88.

34499. Morand (François). — Notice historique sur M. Merlin-Lafresnoy [Jacques, 1760 † 1838], p. 112.

34500. Cousin (Louis). — Notice sur des tombeaux [gallo-romains] découverts en 1839 au Châtillon, commune de Boulogne-sur-Mer (Pas-de-Calais), p. 126.

34501. Marquet (P.-J.). — Notice sur la méthode employée dans le Boulonnois pour mesurer le bois, etc., p. 151.

Société d'agriculture, du commerce, des sciences et des arts de Boulogne-sur-Mer. Compte rendu des séances semestrielles des 21 mai et 12 novembre 1842. (Boulogne-sur-Mer, 1843, in-8°, 48 p.)

Séance semestrielle du 7 octobre 1843. (Boulogne-sur-Mer, 1843, in-8°, 43 et 8 p.)

Séance publique du 17 janvier 1846. (S. l. n. d., in-8°, 74 p.)

34502. Mariette (A.). — Histoire de la Société d'agriculture depuis sa première organisation jusqu'en 1830, p. 5.

PAS-DE-CALAIS. — CALAIS.

SOCIÉTÉ D'AGRICULTURE, DU COMMERCE, SCIENCES ET ARTS DE CALAIS.

Créée le 23 février 1799, la *Société d'agriculture, du commerce, sciences et arts de Calais* n'a publié que 3 volumes de *Mémoires* et un *Almanach* dont la collection complète comprend 15 volumes. Nous doutons toutefois que les tomes VIII à XV de cet *Almanach* soient l'œuvre de la Société d'agriculture de Calais, car nous n'avons pu trouver de preuves certaines de son existence après 1852.

I. — Mémoires de la Société d'agriculture, du commerce, sciences et arts de Calais, années 1839-1840. (Calais, 1841, in-8°, 398 p.)

34503. Le Beau (Ernest). — Compte rendu des travaux de la Société [histoire de la Société], p. 9.

34504. Le Beau (Auguste). — Dissertation sur le dévouement d'Eustache de Saint-Pierre et de ses compagnons au siège de Calais en 1347, *pl.*, p. 21 à 252. — Cf. nos 34509 et 34510.

34505. Dufaitelle (A.-F.). — Le port de Calais au XVIe siècle, p. 353.

34506. Le Beau (Ernest). — Notice sur Louis Francia, peintre de marines [1772 † 1839], p. 371.

II. — Mémoires de la Société d'agriculture, du commerce, sciences et arts de Calais, années 1841, 1842, 1843. (Calais, 1844, in-8°, 311 p.)

34507. Morel-Disque. — Le *Portus Itius* revendiqué par les Calaisiens [mémoire de Morel-Disque suivi de notes par H.-J. de Rheims], p. 51.

34508. H.-J. D. [Rheims (H.-J. de).] — Pièces extraites de l'inventaire chronologique des Archives des anciens comtes d'Artois, déposées à Arras, dressé en vertu d'une ordonnance royale par M. Godefroy, de l'Académie de Besançon, garde des Archives des anciens comtes de Flandre, à Lille [Calais et le Calaisis, XIIe-XIIIe s.], p. 107.

34509. Piers (H.). — Dernières notes sur Eustache de Saint-Pierre, p. 185. — Cf. n° 34504.

34510. [Le Beau (Ernest)]. — Observations et documents à propos des dernières notes de M. H. Piers sur la question du dévouement d'Eustache de Saint-Pierre, p. 215. — Cf. n° 34509.

34511. Le Beau (Ernest). — Notice sur M. Raffeneau de Lile [Adrien, 1773 † 1843], inspecteur général des ponts et chaussées, p. 257. — Cf. n° 34530.

III. — Mémoires de la Société d'agriculture, du commerce, des sciences et des arts de Calais, années 1844 à 1851. (Calais, 1851, in-8°, 416 p.)

34512. Le Beau (Ernest). — Notice sur Pierre Duval, capitaine de vaisseau, né à Calais [1752 † 1793], p. 201.

34513. Mareschal. — Sur les sièges soutenus par Calais, p. 257.

34514. Mareschal. — Note sur un canon en fonte de fer, du calibre 10, trouvé, en 1846, sur le bord de la mer, à 200 mètres ouest de l'embouchure du ruisseau de Wissant dit du Moulin [XVe s.], p. 270.

34515. Morel-Disque. — Dissertation sur le Pas-de-Calais, p. 276.

34516. Morel-Disque. — Notice historique sur la deuxième formation de la vieille ville de Calais par les Caletes Césariens, avec le développement de l'origine de ces Caletes qui était commune avec celle des premiers Cauchois, p. 298.

34517. Anonyme. — Document pour servir à l'histoire monétaire de la ville de Calais (1371), p. 303.

[Convention passée entre Édouard III et le maître de ses monnaies à Calais.]

34518. Le Beau (Ernest). — Projet d'une statue de bronze à élever à Eustache de Saint-Pierre [histoire de ce projet], p. 385.

34519. Quenson. — Rapport fait au conseil général du Pas-de-Calais pour faire classer l'église Notre-Dame de Calais parmi les monuments historiques, p. 386.

I. — Almanach de la ville et du canton de Calais pour 1843, publié sous les auspices de la Société d'agriculture, du commerce, des sciences et arts de Calais. (Calais, 1843, in-12, 225 p.)

34520. Anonyme. — Événements mémorables arrivés à Calais [éphémérides, XIIIe-XIVe s.], p. 7; II, p. 30; III, p. 32; IV, p. 34; V, p. 32; VI, p. 30; VII, p. 28; VIII, p. 28; IX, p. 28; X, p. 28; XI, p. 29; XII, p. 29; XIII, p. 29; et XV, p. 29.

34521. Anonyme. — Notice sur la ville de Calais, p. 99.

34522. Anonyme. — Notice sur Saint-Pierre-lez-Calais, p. 107.

34523. Say. — Extrait de la notice nécrologique sur M. Henri-Charles Emmery [né en 1789], inspecteur divisionnaire des ponts et chaussées, etc., p. 115.

34524. Anonyme. — Éloge de Georges Mareschal [1658 † 1736], p. 120.

34525. Anonyme. — Veillées d'un marin. Notice sur la vie et le naufrage de La Pérouse [Jean-François Galaup de La Pérouse, 1741 † 1788], p. 185.

34526. Anonyme. — Entreprise des Anglais sur Calais [1628; réimpression d'une brochure de l'époque], p. 202.

II. — Almanach de la ville et du canton de Calais pour 1844, etc., 2e année. (Calais, 1844, in-8°, 251 p.)

[34520]. Anonyme. — Événements mémorables arrivés à Calais [éphémérides, XVIe-XIXe s.], p. 30.

34527. Anonyme. — Notices sur les communes du canton de Calais, p. 42; et III, p. 44.

[Les Attaques; Bonningues; Coquelles; Coulogne; Escalles; Fréthun.]

34528. Anonyme. — Le comte de Béthune-Charost [Armand-Louis-François-Edme, comte de Béthune-Charost, 1770 † 1794], p. 89.

34529. Anonyme. — Fêtes calaisiennes pour la prise de la Bastille [d'après les Mémoires de Pigault de Lépinoy], p. 123.

34530. Le Beau (Ernest). — A. Raffeneau de Lile [1773 † 1843], p. 146. — Cf. n° 34511.

34531. Anonyme. — Fête pour la plantation de l'arbre de la liberté à la citadelle [de Calais] en place de la colonne qui supportoit le buste du cardinal de Richelieu [1792], p. 244.

III. — Almanach de la ville et du canton de Calais pour 1845, etc., 3e année. (Calais, 1845, in-12, 192 p.)

[34520]. Anonyme. — Événements mémorables arrivés à Calais [éphémérides, xviiie s.], p. 32.

[34527]. Anonyme. — Notice sur les communes du canton de Calais, p. 44.

[Marck; Nielles-lez-Calais; Peuplingues; Saint-Tricat; Sangatte.]

34532. Ern. L. [Lebeau (Ernest).] — Inauguration de l'écluse de chasse [et améliorations successives du port de Calais, xive-xixe s.], p. 92.

34533. Legros-Devot. — Des divers projets conçus et exécutés pour donner à la ville de Calais une eau saine et potable [1599-1844], p. 101.

IV. — Almanach de la ville et du canton de Calais pour 1846, etc., 4e année. (Calais, 1846, in-12, 201 p.)

34534. Anonyme. — Éphémérides locales, p. 34.

[Élection de magistrats à Calais (1742); élection de marguillier et de platelets à Notre-Dame de Calais (1711); fête républicaine (1795); délibération du corps de ville sur une question de cérémonial (1743); lettres de Girault de Mauléon, seigneur de Gourdun, et du comte de Mansfelt (1593); commissaires nommés pour répartir la contribution accordée par le Calaisis et Pays-Reconquis aux États généraux des Provinces-Unies (1711); anniversaire de la prise de la Bastille (1790); établissement des religieux de Saint-François à Calais (1619); assassinat à Saint-Inglevert (1723); proclamation de la Constitution à Calais (1791); dépenses et octrois de Calais (1717); donation par la duchesse de Kingston (1786).] — Cf. n° 34520.

34535. Piers (H.). — Note historique sur Guines, p. 53.

34536. Anonyme. — Notice sur la commune d'Andres, canton de Guines, p. 62.

34537. Le Beau (Ernest). — Notice sur P.-M.-H. Duval, capitaine de vaisseau, né à Calais [1752 † 1793], p. 108.

V. — Almanach de la ville et du canton de Calais pour 1847, etc., 5e année. (Calais, 1847, in-12, 227 p.)

34538. Anonyme. — Éphémérides locales, p. 32.

[Privilège de spectacle accordé au sieur Plante (1791); J.-L. Anselin, graveur (1790); bénédiction des drapeaux de la garde nationale (1792); changement de la garnison (1783); titre de citoyen accordé à Poncet de La Grave (1783); projet d'un port à Sangatte (1794); réception des députés qui avaient été envoyés à la fédération de Lille (1790); troubles au spectacle (1795); chemin de Calais à Gravelines (1772); règlement pour les artistes du théâtre (1795); Comité de sûreté générale (1793); ordonnance royale touchant le renouvellement du magistrat (1772); prise du vaisseau anglais *la Sophia* (1778).] — Cf. n° 34520.

34539. Anonyme. — 1729-1794. Deux fêtes calaisiennes, p. 72.

[Naissance du Dauphin; fête de l'Être suprême.]

34540. Lebeau (Ernest). — Duguay-Trouin [1673 † 1736], p. 94.

VI. — Almanach de la ville et du canton de Calais pour 1848, etc., 6e année. (Calais, 1848, in-12, 215 p.)

34541. Anonyme. — Éphémérides locales, p. 30.

[Réjouissances à l'occasion de la prise de Toulon et des victoires sur le Rhin (1794); réparations de l'église Notre-Dame (1735); dégagement de l'hôtel de ville (1789); écoles chrétiennes des sœurs (1712); règlement pour la réception en bourgeoisie (1621); administrateurs du Pas-de-Calais (1790); consigne du poste du Bleu (1791); extrait du journal de P. Anquier, de Calais, sur les faits de guerre (1635); Pierre-Louis Voisin, chansonnier (1775 † 1825); délibération touchant un mémoire pour la conservation du district de Calais (1790); délibération touchant la quarantaine (1712); délimitation des territoires de Calais et de Gravelines (1565).] — Cf. n° 34520.

34542. [Rheims (H.-J. de).] — Pièces pour servir à l'histoire de Calais, p. 49.

[Ordonnance pour la garde de Calais (1365); la garnison de Calais sous la domination anglaise.]

34543. [Piers (H.).] — Tournehem [notice historique], p. 56.

34544. Rheims (H.-J. de). — Traversée en ballon du détroit du Pas-de-Calais effectuée en 1785 par Blanchard et le docteur Jeffreys, p. 91.

34545. [Rheims (H.-J. de).] — Notes sur Calais en 1802, 1803 et 1804, p. 103.

34546. E.-J. P. — Croquis de la vie d'Algérie; le chaouch [histoire de Bouboun, officier de justice à Orléansville (xixe s.)], p. 141.

VII. — Almanach de la ville et du canton

de Calais pour 1849, etc., 7ᵉ année. (Calais, 1849, in-12, 224 p.)

34547. Anonyme. — Éphémérides locales, p. 28.

[Serment constitutionnel prêté par le clergé de Calais (1791); délibération du corps de ville touchant l'obligation de porter le dais de l'église Notre-Dame (1727); réparations à la ville et au port (1620); convocation pour l'élection des juges et consuls (1711); inscription du cours Berthois (1792); fédération de la ligne et des gardes nationales (1790); remontrance pour le sieur Bridault, échevin (1729); insurrection relative au sieur Fialdès (1791); délibération touchant l'élection d'un député à la Convention, la suppression des emblèmes de la féodalité et le don patriotique d'un fusil de munition (1792); dédicace de l'église Notre-Dame (1727); lettres de citoyen à P.-F. Gossin (1790); droits à percevoir sur les navires dans le port de Calais (1623).] — Cf. n° 34520.

34548. Gobert. — Éloge funèbre de Gavet et Mareschal, citoyens de Calais, morts le 18 octobre 1791 en voulant sauver des malheureux naufragés, p. 74.

34549. H. G. — Notice sur la colonisation de l'Algérie, p. 80.

34550. Ern. L. [Lebeau (Ernest).] — Lettre inédite de l'aéronaute Blanchard écrite huit jours avant sa traversée de Douvres à Calais en ballon [1784], p. 88.

34551. Le Beau (Ernest). — Encore deux artistes, enfants d'ouvriers et fils de leurs œuvres; Alexandre Grigny, d'Arras, architecte; François-Nicolas Chifflart, de Saint-Omer, peintre [xixᵉ s.], p. 137.

VIII. — Almanach de la ville et du canton de Calais pour 1851, 8ᵉ année. (Calais, 1851, in-12, 180 p.)

34552. Anonyme. — Éphémérides locales, p. 28.

[Plainte contre le curé de Notre-Dame (1680); remontrance pour le fermier du minck (1725); établissement d'une Chambre des pauvres (1659); délibération touchant la Bourse de commerce (1818); réception de l'Empereur et de l'Impératrice (1810); bonnet de la liberté arboré sur le mont Blanenez (1793); discussion avec le marquis de Mézières, commandant de la ville, au sujet du logement de Mᵐᵉ la duchesse de Newchastel (1748); insurrection (1791); *Te Deum* et manifestation publique pour la levée du siège de Dunkerque (1793); installation des Frères de la doctrine chrétienne (1812); navires échoués (1795); changements opérés par Joseph Le Bon dans la municipalité et dans le conseil général de la commune (1793).] — Cf. n° 34520.

34553. Rheims (Jean de). — Les almanachs [notice sur les almanachs de Calais et du Pas-de-Calais], p. 45 et 172.

34554. Anonyme. — Fête célébrée à Calais (10 août 1793). Extrait du registre des délibérations du conseil général de la commune, p. 90.

34555. Rheims (Jean de). — Biographie de Marc-Nicolas de Foucault, dit le Calaisien [1630 † 1683], p. 98.

IX. — Almanach de la ville et du canton de Calais pour 1852, 9ᵉ année. (Calais, 1852, in-12, 192 p.)

34556. Anonyme. — Éphémérides locales, p. 28.

[Installation de la Bourse du commerce (1819); établissement de la nouvelle municipalité de Guines (1766); plantation d'un arbre de la liberté (1794); confirmation des armoiries de la ville (1817); établissement d'une fabrique de tulle (1819); demande adressée à Napoléon Iᵉʳ de visiter Calais (1810); règlement touchant le spectacle (1817); délibération touchant les statues de Charlemagne et de saint Louis placées dans le chœur de Notre-Dame (1794); dénonciation faite contre des citoyens par la Société populaire (1793); changement du nom des rues (1792-1793); arrestation d'officiers municipaux et notables du conseil général de la Commune (1793); le duc d'Angoulême à Calais (1818).] — Cf. n° 34520.

34557. Anonyme. — Calais en 1814, 1815 et 1816 [1814 seulement], p. 45.

34558. Derheims (Jean). — Coulogne [Pierre lis Frérons, seigneur de Coulogne, 1251], p. 88.

34559. D. de St-L. — La ferme des Marmousets [mort tragique de Claudine Baladier, Edme Viard et Charles-Philippe Lecomte, à Calais, 1739], p. 98.

34560. Devot (Louis). — Des watteringues dans le Calaisis avant 1809, p. 104. — Cf. n° 34564.

X. — Almanach de la ville et du canton de Calais pour 1854, 10ᵉ année. (Calais, 1854, in-12, 180 p.)

34560. Anonyme. — Éphémérides locales, p. 28.

[Établissement d'un collège à Calais (1618); Cl. Rault, procureur-syndic et avocat de la ville (1618); arcades devant l'hôtel de ville (1606); mort de J.-B. Sambor, sergent du 106ᵉ de ligne (1800); de La Rivière, nommé lieutenant du gouvernement de la ville de Calais et Pays-Reconquis (1631); billet de Le Chapelier, président de l'Assemblée nationale (1790); feux de joie de la Saint-Jean et de l'anniversaire de la reprise de Calais (1631-1632); réception d'Adrien Treffert comme régent du collège (1618); insurrection pour l'embarquement des piastres (1791); M. d'Applincour nommé commandant de la ville (1631); Salembier, grenadier, député pour se rendre au couronnement de Napoléon (1804); droit de bourgeoisie dans la ville de Calais (1618); deux séances de la Société populaire et montagnarde (1793); rôle de l'appel des bourgeois pour l'élection d'un mayeur et quatre échevins (1606).] — Cf. n° 34520.

34562. Derheims (Jean). — Cê qu'il en coûtait à Calais au xviᵉ siècle pour être perruquier-barbier, p. 55.

34563. Morel-Disque. — Description figurative de l'ancien emplacement du port de Calais, p. 71.

34564. Devot (Louis). — Documents et pièces justificatives [1613-1714] à l'appui de la notice historique sur les watteringues insérée dans l'Almanach de 1852, p. 78. — Cf. n° 34560.

34565. Morel-Disque. — Notice sur l'origine de la pêche du hareng à Calais et sur tout ce qui la concerne, p. 103.

XI. — Almanach de la ville et du canton de Calais pour 1858, 11ᵉ année. (Calais, 1858, in-12, 196 p.)

34566. Anonyme. — Éphémérides locales, p. 29.

[Claude Rault, substitut du procureur-syndic (1618); ordonnances pour les sergents à verge de l'hôtel de ville (1605-1606); la ville de Calais mise à la garde des bourgeois (1620); députation des corps et communautés d'artisans (1767); enregistrement des lettres de l'office de receveur alternatif de Calais (1606); enregistrement de l'octroi et don fait à la ville de Calais par le roi Louis XIII (1617); naissance de Pierre-Louis-Dominique Réal, de Calais (1770); mort du général de Laubadère (1799); naissance de Louis-Marie Berger, de Guines (1765); ouverture du collège des Minimes et règlement (1726); enregistrement de la commission du citoyen Joseph Le Bon (1793); condamnation de deux quêteurs de Notre-Dame (1617).] — Cf. n° 34520.

34567. Anonyme. — Ce qu'était le budget de la ville de Calais il y a cent cinquante ans! [1709-1711], p. 51.

34568. Morel-Disque. — Notice sur les anciennes fondations des différents hôpitaux [1262-1740, et sur l'établissement de l'arsenal de la marine, rue du Soleil, fondé en 1377], p. 67.

34569. L. D. [Devot (Louis).] — Notes pour servir à l'histoire poétique de la reprise de Calais, p. 89.

34570. Fournier (Édouard). — L'entrevue d'Erfurth, p. 104.

34571. Derheims (Jean). — Ce que se payait, au XIIe siècle, une friture dans le comté de Guines [poursuites pour délit de pêche], p. 115.

XII. — Almanach de la ville et du canton de Calais et de Saint-Pierre pour 1861, 12e année. (Calais, 1861, in-12, 176 p.)

34572. Anonyme. — Éphémérides locales, p. 29.

[Retour de Honoré d'Albert, duc de Chaulnes, ambassadeur près le roi d'Angleterre (1621); tempête de 1767; condamnation d'un pêcheur pour être allé à la pêche le jour de saint Mathias (1617); discussion avec le marquis de Mézières, commandant la ville (1748); délibération pour les écoles de la Doctrine chrétienne (1784); marché aux herbes (1784); emploi des deniers du nouvel octroi (1720); Mareschal, médecin, appelé à venir exercer à Calais (1660); milice bourgeoise (1772); eaux à l'usage des brasseurs (1599); obligation pour les navires venant de Rotterdam de garder la mer pendant vingt et un jours (1660); insurrection des 16 et 17 août 1791; commission de messager de la ville, accordée à Jacques Cordier (1573); P. Duclos reçu maître d'école (1574); partage des quartiers de la ville entre les médecins (1741); arrestation des Anglais, Écossais, Irlandais et Hanovriens (1793); fixation du poids du baril de harengs (1765); enlèvement de la croix sur la place (1765); présent à M. de Belloy (1765); acte pour les pères Capucins (1716); lettre de cachet pour la continuation des mayeur et vice-mayeur de l'année 1719 (1718).] — Cf. n° 34520.

34573. Anonyme. — *Moralité nouvelle de la prinse de Calais* [réimpression de l'édition de 1552], p. 58.

XIII. — Almanach de la ville et du canton de Calais et de Saint-Pierre pour 1863, 13e année. (Calais, 1863, in-12, 191 p.)

34574. Anonyme. — Éphémérides locales, p. 29.

[Exemptions et privilèges accordés au tireur qui abat l'oiseau à la Saint-Pierre (XVIIIe s.); conflit entre les vicaires généraux de Boulogne et les maire et curé de Calais relativement à la nomination d'un chantre (1743); droits à prendre sur les navires entrant à Calais (1687); liste des individus qui paraissent désignés par la loi du 21 germinal an II (1795); réfection de la halle de Calais (1614); état des frais faits par ordre de Mgr de Bercy à Calais (1687); honneurs rendus à de grands personnages (1756); séances de la Société populaire (1793); enregistrement de la confirmation des privilèges de la ville de Calais octroyée en 1610 par Louis XIII (1611); loi relative à la circonscription des paroisses du district de Calais (1791); excursions militaires (1670 et 1671); accord entre le magistrat et un professeur de langue latine (1617).] — Cf. n° 34520.

34575. Anonyme. — Usages locaux du canton de Calais rédigés en 1862, p. 62.

XIV. — Almanach de la ville et du canton de Calais et de Saint-Pierre pour 1865, 14e année. (Calais, 1865, in-12, 195 p.)

34576. Noël (Léon). — Autrefois et aujourd'hui, p. 37.

[Étude sur les peines, principalement au XVIIIe siècle.]

XV. — Almanach de la ville et du canton de Calais et de Saint-Pierre pour 1866, 15e année. (Calais, 1866, in-12, 199 p.)

34577. Anonyme. — Éphémérides locales, p. 29.

[Assemblée générale pour subvenir aux besoins des indigents (1741); commission d'Armand de Saint-Lo, major de la ville (1680); nomination d'un organiste à Notre-Dame (1703); enseignement à Calais, par ordre du Roi, de la langue anglaise (1701); vol commis au faubourg de Calais (1634); trait de dévouement de Charles Moore, officier anglais (1817); déclaration d'Édouard III relative au traité de Brétigny : cession de Calais à l'Angleterre (1360); paix de Vervins (1598); lettre du duc de Guise à Étienne de Roibours, président de la Justice de Calais (1560); réparations de la tour du guet (1617); installation du théâtre dans la salle de l'hôtel de ville (1720); pêche du hareng (1780); procès-verbal contre Me Crespin, notaire, et autres (1747); location des fermes politiques et biens patrimoniaux (1747); confirmation des privilèges de la ville de Calais (1643); forage d'un puits artésien devant l'hôtel de ville (1751); suppression de la butte et du moulin à vent situés sur le Front-Sud, terrain de Bebague (1769); emprunt de 3,000 livres sur la caisse des 24 sols (1765); hôpital des pauvres (XVIIe s.); bornage des terres du roi de France et du roi d'Espagne entre Calais et Gravelines (1565); délimitation de la frontière (1565).] — Cf. n° 34520.

34578. L. N. [Noël (Léon).] — Un autographe [lettre du capitaine Réal, an VII], p. 65.

34579. Ern. L. [Le Beau (Ernest).] — Découverte des noms des quatrième et cinquième compagnons d'Eustache de Saint-Pierre, p. 67.

34580. L. N. [Noël (Léon).] — De la justice de paix dans le canton de Calais depuis l'origine de l'institution, p. 75.

34581. Deseille (Ernest). — De l'action des députés du Pas-de-Calais dans le procès de Louis XVI, p. 82.

34582. Anonyme. — Note sur les anciennes communautés religieuses établies à Calais [religieuses dominicaines et bénédictines], p. 95.

PAS-DE-CALAIS. — SAINT-OMER.

SOCIÉTÉ DES ANTIQUAIRES DE LA MORINIE.

La *Société des antiquaires de la Morinie*, fondée au mois de septembre 1831 et autorisée par lettre ministérielle en date du 19 janvier 1832, reçut sa constitution définitive le 21 avril 1833, époque à laquelle une ordonnance royale la reconnut comme établissement d'utilité publique. Elle organisa des sections à Aire, à Boulogne (1838), à Cassel (1838), à Calais (1839), à Dunkerque et à Saint-Pol. Dans cette dernière ville, le Comité avait pour organe une publication périodique nommée le *Puits artésien*. L'histoire de la *Société des antiquaires de la Morinie* a été écrite par M. Dramard (cf. n° 34590). La Société publie des *Mémoires* et un *Bulletin* dont une table générale a paru en 1883 (cf. n° 34591). Elle a aussi édité les ouvrages suivants :

34583. Laplane (Henri de). — Les abbés de Saint-Bertin d'après les anciens monuments de ce monastère, 2 vol. avec *pl.* (Saint-Omer, t. I, 1854, in-8°, III, XXXIII et 400 p.; t. II, 1855, in-8°, 724 p.)

34584. Godefroy-Ménilglaise (Le marquis de). — Chronique de Guines et d'Ardre, par Lambert, curé d'Ardre (918-1203), revue sur huit manuscrits, avec notes, cartes géographiques, glossaires et tables, par le marquis de Godefroy-Ménilglaise, 2 *cartes* et *fac-similé*. (Paris, 1855, in-8°, XXXVI et 543 p.)

34585. TaillIar et Courtois. — Le livre des usaiges et anciennes coustumes de la conté de Guysnes, avec une introduction et des notes, par M. Tailliar, conseiller à la cour de Douai, et un aperçu historique sur le comté de Guines, par M. Courtois, avocat. (Saint-Omer, 1856, in-8°, LXXXIV, 225 et XLV p.)

[*Vue* du château de Guines au XV° s.]

34586. Hermand (A.) et Deschamps de Pas (L.). — Histoire sigillaire de la ville de Saint-Omer, avec *pl.* (Paris, 1860, in-4°, XVIII et 159 p.)

34587. Deschamps de Pas (L.). — Recherches historiques sur les établissements hospitaliers de la ville de Saint-Omer depuis leur origine jusqu'à leur réunion sous une seule et même administration en l'an V (1797). (Saint-Omer, 1877, in-8°, 494 p.)

34588. Backer (Louis de). — L'extrême-Orient au moyen âge, d'après les manuscrits d'un Flamand de Belgique, moine de Saint-Bertin à Saint-Omer, et d'un prince d'Arménie, moine de Prémontré à Poitiers. (Paris, 1877, in-8°, 502 p.)

[Le *Livre des merveilles du monde*, contenant les relations du frère Odéric de Frioul et de Hayton, prince d'Arménie; le récit du voyage de frère Bieul (Ricold de Monte-Crocc), l'état du grand Khân par l'archevêque de Sultavych, les lettres du grand Khân au pape Benoît XII (1328) et la réponse.]

34589. Duchet (Th.) et Giry (A.). — Cartulaires de l'église de Thérouanne [XI°-XV° s.]. (Saint-Omer, 1881, in-4°, 437 p.)

[En appendice, obituaire de cette église.]

34590. Dramard (E.). — Notice historique sur la Société des Antiquaires de la Morinie et sur ses travaux. (Saint-Omer, 1882, in-8°, 239 p.)

34591. Dramard (E.). — Tables des *Bulletins* et *Mémoires* publiés par la Société des antiquaires de la Morinie. (Saint-Omer, 1883, in-8°, 1883, 124 p.)

I. — Mémoires de la Société des antiquaires de la Morinie, t. I, année 1833. (Saint-Omer, 1834, in-8°, 371 p.)

34592. [Monteuuis (L'abbé).] — Notice biographique sur M. Deron, curé-doyen de Notre-Dame à Saint-Omer [François, 1765 † 1832], *pl.*, p. 56.

34593. [Lambin]. — Mémoire sur les questions suivantes : [maison de ville, église Saint-Martin et institutions d'Ypres], p. 76.

34594. [Derheims (Jean)]. — De l'utilité de la Société des antiquaires de la Morinie, p. 138.

34595. Hermand (Alexandre). — Essai sur la mosaïque de Saint-Bertin [XII° s.], *pl.*, p. 147.

34596. Hermand (Alexandre). — Notice sur Serques, p. 185.

34597. Deneuville (Édouard). — Méditation sur les ruines de Saint-Bertin, 2 *pl.*, p. 198.

34598. Deschamps [de Pas] (Louis et Auguste). — Notices sur deux médailles d'argent [Conan IV, duc de Bretagne, et Mathieu, comte de Boulogne, XII° s.], p. 218.

34599. Pigault de Beaupré. — Notice sur le château de Tournehem, p. 229.

34600. Pigault de Beaupré. — Notice sur des bulles et chartes trouvées à Saint-Bertin [liste de bulles, 1087-1271], p. 232.

34601. Pigault de Beaupré. — Notice sur le château de Hâmes [inventaire de 1560], p. 235.

34602. Pigault de Beaupré. — Notice sur une ancienne pièce d'artillerie [du xiv° s.] trouvée en mer près Calais, *pl.*, p. 240.

34603. Pigault de Beaupré. — Notice sur le château de Sangatte, près Calais, p. 249.

34604. Deschamps (Dr). — Dissertation sur le *Sinus Itius*, p. 251.

34605. Hermand (Alexandre). — Observations sur les armoiries données à Terrouane par l'auteur de l'Histoire de cette ville [H. Piers], p. 265. — Cf. n° 34606.

34606. Piers (H.). — Observations sur la notice de M. Hermand, p. 283. — Cf. n° 34605.

34607. Eudes. — Relation du Pas d'armes près de la Croix-Pèlerine [à Saint-Martin-au-Laert; 1449], *pl.*, p. 302.

34608. Piers (H.). — Tournois [au xv° s.], p. 322.

34609. Piers (H.). — Dissertation sur cette expression de Virgile : *extremi hominum Morini*, p. 352.

II. — Mémoires de la Société des antiquaires de la Morinie, t. II, année 1834. (Saint-Omer, 1835, in-8°, 1re partie, xvii et 371 p.; 2e partie, 209 p.)

34610. Ledon. — Mémoire sur les forestiers de Flandre, p. 29. — Cf. n° 34611.

34611. Loys (Le chevalier de). — Deuxième mémoire sur les forestiers de Flandre, p. 83. — Cf. n° 34610.

34612. Schayes (A.-G.-B.). — Mémoire sur le *Castellum Morinorum* [Cassel en Flandre], p. 107.

34613. Hermand (Alexandre). — Recherches sur les monnaies, médailles et jetons dont la ville de Saint-Omer a été l'objet, suivies de quelques observations sur l'origine et l'usage des méreaux, particulièrement dans les chapitres ou collégiales, 9 *pl.*, p. 203.

34614. Deschamps (Dr). — Sac de Saint-Omer en 1071; épisode de l'histoire de cette ville, p. 333.

34615. Hermand (Alexandre). — «Genealogia nobilissimorum Francorum ymperatorum et regum, dictata a Karolo rege, et sancta prosapia domini Arnulfi comitis gloriosissimi filiique ejus Balduini» [d'après le ms. 776 de la bibliothèque de Saint-Omer], *pl.*, p. 349. — Cf. n° 34616.

34616. Piers (H.). — Notice sur le document publié ci-dessus, p. 361. — Cf. n° 34615.

34617. Givenchy (L. de). — Notice biographique sur M. le baron de Baert [Charles-Alexandre-Balthasar-François de Paule, baron de Baert du Hollandt, 1751 † 1825], p. 364.

Deuxième partie :

34618. Eudes. — Recherches étymologiques, ethnographiques et historiques sur la ville de Saint-Omer, p. 3.

34619. Givenchy (L. de). — Notice sur quelques monuments celtiques, romains et du moyen âge existant dans la Morinie, p. 170.

[Dolmens; autel gallo-romain d'Halinghen, *pl.*; château d'Olhain, *pl.*]

34620. Piers (H.). — Les îles flottantes [entre Saint-Omer et Clairmarais], p. 187.

34621. Piers (H.). — L'abbaye de Saint-Augustin-lez-Thérouanne [fondée en 1131], p. 199.

III. — Mémoires de la Société des antiquaires de la Morinie, t. III, année 1836. (Saint-Omer, 1836, in-8°, xix et 432 p.)

34622. Bolard (Auguste-Clovis). — Dissertation sur le dévouement d'Eustache de Saint-Pierre et de ses compagnons au siège de Calais en 1347, p. 26.

34623. Hermand (Alexandre). — Description de cinq figurines antiques trouvées à Terrouane, 2 *pl.*, p. 73.

34624. Piers (H.). — Description des manuscrits nos 15, 60, 127, 178 et 660, 249, 750, 764 [10 *pl.* — Cf. n° 34657], 769, 776, 820, 837 de la bibliothèque de Saint-Omer, p. 97.

34625. Piers (H.). — Le tombeau de saint Omer, p. 159.

34626. Eudes. — Dissertation sur le tombeau de saint Omer, p. 170.

34627. Woillez (Emmanuel). — Notice sur les fonts baptismaux de Saint-Venant (Pas-de-Calais) [xi° s.], 4 *pl.*, p. 183.

34628. Cousin (Louis), de Boulogne. — Notice sur la commune de Saint-Inglevert, p. 194.

[Tournoi de 1389, *pl.*]

34629. Tailliar. — Coup d'œil sur les destinées du régime municipal romain dans le nord de la Gaule, p. 235.

34630. Terninck (Auguste). — Recherches sur les souterrains d'Ervillers [v° s.], *pl.*, p. 314. — Cf. n° 34631.

34631. Deneuville (Édouard). — Rapport sur la *Notice relative au souterrain d'Ervillers*, p. 327. — Cf. n° 34630.

34632. Hermand (Alexandre). — Dissertation sur les armoiries de la ville de Saint-Omer, les armoiries de l'abbaye de Saint-Bertin et celles du chapitre, p. 343.

34633. Laplane (Ed. de). — Dissertation sur une médaille attribuée à Néron et sur quelques autres médailles trouvées près de Sisteron (Basses-Alpes), *pl.*, p. 415.

IV. — Mémoires de la Société des antiquaires de la Morinie, t. IV, 1837-1838. (Saint-Omer, 1839, in-8°, xx, 466 et cxxiii p.)

34634. Le Glay (Dr). — Mémoire sur les actes relatifs à l'Artois qui reposent aux Archives du département du Nord, p. 19.

IMPRIMERIE NATIONALE.

34635. Eudes. — Notice sur le Neuf-Fossé, p. 33.

34636. Hermand (Alexandre). — Notice historique sur Watten, 2 *pl.*, p. 51 à 205.

34637. Terninck (Auguste). — Recherches sur l'abbaye de Mont-Saint-Éloy [fondée au xe s.], p. 207.

34638. Cousin (Louis). — Notice sur le château fort de Mont-Hulin (Pas-de-Calais), 3 *pl.*, p. 237.

34639. Eudes. — Notice sur le château d'Heldequines ou Édequines, les Franches-Véritez de Saint-Omer et la chapelle de Notre-Dame-de-Lorette sur les bruyères de cette ville, p. 267.

34640. Deschamps [de Pas] (Louis). — Essai historique sur l'hôtel de ville de Saint-Omer [pièces justificatives, 1151-1381], 6 *pl.*, p. 281 à 377.

34641. Deschamps (D^r). — Précis historique sur Ardres, p. 379.

34642. Hermand (Alexandre). — Notice sur les monnaies trouvées à Saint-Omer en 1838 [xiiie-xive s.], p. 397.

34643. Givenchy (L. de). — Essai sur les chartes confirmatives des institutions communales de la ville de Saint-Omer, 2 *pl.*, p. 419.

[Pièces justificatives (1127-1440), parmi lesquelles des lettres de Charles VII (1440), p. 1 à cxii.]

V. — **Mémoires de la Société des antiquaires de la Morinie**, t. V, 1839-1840. (Saint-Omer, 1841, in-8°, xxi et 416 p.)

34644. Bolard (Auguste-Clovis). — Une élection de magistrat à Saint-Omer, en 1638, p. 45.

34645. Legrand (Albert). — Recherches historiques sur l'origine de Thérouanne et les développements de cette cité sous la période romaine, p. 61.

34646. Hermand (Alexandre). — Notice historique et archéologique sur les dalles sculptées qui servaient de pavé dans l'église de Notre-Dame, ancienne cathédrale de Saint-Omer, 2 *pl.*, p. 75 à 159. — Cf. n° 34657.

[Pierres votives, xiiie s.; notes sur les châtelains de Saint-Omer, les familles de Sainte-Aldegonde et Wasselin.]

34647. Eudes. — Notice sur Bomy, p. 161.

34648. Leys. — Notice sur une monnaie byzantine de Basile Ier, *pl.*, p. 169. — Cf. n° 34657.

34649. Deschamps [de Pas] (Louis). — Notice sur un manuscrit [n° 764] de la bibliothèque de Saint-Omer [saint Wandrille; saint Ansbert; généalogie des rois de France; histoire des Normands; vie de saint Winnoc], p. 173.

34650. Terninck (Auguste). — Quelques notes archéologiques, p. 209.

[Monuments celtiques, romains et francs aux environs d'Arras.]

34651. Hermand (Alexandre). — Notice sur le château de Riboult [pièces justificatives, xiie-xive s.], p. 233.

34652. Pagart [d'Hermansart] (Ch.). — Notice sur un monument funèbre [gallo-romain] découvert en 1839 dans la commune de Blendecques, arrondissement de Saint-Omer, précédée de quelques considérations sur les substructions gallo-romaines qui se trouvent dans cet arrondissement, 2 *pl.*, p. 279. — Cf. n° 34657.

34653. Eudes. — Revue de diverses coutumes et anciens usages de l'arrondissement de Saint-Omer; recherches sur leur origine, p. 299.

34654. Deschamps (D^r). — Mahaud, comtesse d'Artois [† 1329], p. 331.

34655. Pagart [d'Hermansart] (Ch.). — Notice sur une statuette antique [un Hercule] découverte à Calais en 1839, p. 351.

34656. Legrand (Albert). — Notice explicative d'un plan d'un siège de Thérouanne découvert aux Archives militaires de la tour de Londres [1553], p. 367. — Cf. n° 34657.

34657. Atlas des *Mémoires de la Société des antiquaires de la Morinie*, t. V, 1839-1840. (Saint-Omer, 1841, in-fol., 16 *pl.*)

[Manuscrit de Saint-Omer n° 764, 10 *pl.* (cf. n° 34624); dalles sculptées de Notre-Dame de Saint-Omer, 2 *pl.* (cf. n° 34646); monument funèbre de Blendecques, 2 *pl.* (cf. n° 34652); monnaie byzantine de Basile Ier et statuettes antiques, *pl.* (cf. n° 34648); siège de Thérouanne, *plan* (cf. n° 34656.]

VI. — **Mémoires de la Société des antiquaires de la Morinie**, t. VI, 1841-1843. (Saint-Omer, 1845, in-8°, xlvii, 249, lxxxvii, 148 [*lisez* 172], 8, 50, 24, xxiv et iv p.)

34658. Du Tertre (Le général). — Discours [Valentin Eudes, 1787 † 1840], p. 1.

34659. Prince (D^r). — Notice historique sur M. Allent, fondateur de la Société des antiquaires de la Morinie [1772 † 1838], p. 1.

34660. Fréchon (L'abbé). — Mémoire sur l'introduction du christianisme dans la Morinie, p. 11.

34661. Roisin (Ferdinand de). — Critique allemande. Les Romans des cycles de la Table ronde et de Charlemagne, par J.-W. Schmidt, inséré dans l'*Annuaire de Vienne* (*Wiener Jahrbücher der Litteratur*), 1825, traduit de l'allemand et annoté, p. 35.

34662. [Marguet.] — Rapport sur les fouilles faites en 1841 à Étaples [constructions gallo-romaines], 2 *pl.*, p. 191. — Cf. n° 34670.

34663. Deschamps [de Pas] (Louis). — Notice sur l'église paroissiale de Saint-Denis, à Saint-Omer [xiie s.], 4 *pl.*, p. 217. — Cf. n° 34670.

34664. Vallet de Viriville. — Essai sur les archives historiques du chapitre de l'église cathédrale de Notre-Dame, à Saint-Omer (Pas-de-Calais), p. 1 à lxxxvii.

[Catalogue des archives (xie-xviiie s.); histoire du chapitre de Notre-Dame.]

34665. Tailliar. — Précis de l'histoire des institutions

des peuples de l'Europe occidentale au moyen âge. (Saint-Omer, 1845, in-8°), p. 1 à 148 [*lisez* 172].

34666. Vénem. — Rapport sur les fouilles de Cassel [ancien château], p. 1 à 8.

34667. Fréchon (L'abbé). — Notice sur Lambert de Guines, évêque d'Arras [† 1115], p. 1 à 50.

34668. Hermand (Alexandre). — Notice sur les souterrains-refuges, p. 1 à 14.

34669. Rouyer (Jules). — Note sur les dalles de l'église du village de Blaringhem [XIII° s.], *pl.*, p. 16 à 24. — Cf. n° 34670.

34670. Atlas des *Mémoires de la Société des antiquaires de la Morinie*, t. VI, 1841-1843. (Saint-Omer, 1845, in-fol., 9 *pl.*)

[Église de Saint-Denis à Saint-Omer, 4 *pl.* (cf. n° 34663); dalles de l'église de Blaringhem, 3 *pl.* (cf. n° 34669); 2 *plans* d'Étaples et des fouilles faites à Étaples (cf. n° 34662).]

VII. — Mémoires de la Société des antiquaires de la Morinie, t. VII, 1844-1846. (Saint-Omer, 1847, in-8°, 1re partie, XXXI et 310 p.; 2e partie, 260 p.)

34671. Du Tertre (Le général). — Discours [le général Férey né en 1772], p. XIX.

34672. Laplane (Henri de). — Saint-Bertin ou compte rendu des fouilles faites sur le sol de cette ancienne église abbatiale (1844), p. 1, 119, 259 et 287.

[Églises successives; cryptes; tombeaux et monuments divers, 6 *pl.* (cf. n° 34682).]

34673. Mallet. — Opinion de M. Mallet sur Athala [comtesse de Flandre au X° s.], dont le tombeau a été découvert dans la partie souterraine de la grande nef de l'église de l'ancienne abbaye de Saint-Bertin, p. 303.

Deuxième partie :

34674. Cousin (Louis). — Notice sur le château de Tingry, p. 1.

34675. Terninck (Auguste). — Souchez et Ablain-Saint-Nazaire, arrondissement d'Arras, canton de Vimy [notice archéologique], p. 33.

34676. Hermand (Alexandre). — Notice historique sur Seninghem, p. 61.

24677. Bolard (L'abbé A.-Clovis). — Notice sur M. le docteur Desmarquoy [François-Fidèle-Xavier, né en 1757], p. 123.

34678. Courtois (Aimé). — Coup d'œil sur Saint-Omer à la fin du XVII° siècle, p. 137.

34679. Legrand (Albert). — Réjouissances des écoliers de Notre-Dame de Saint-Omer, le jour de Saint-Nicolas, leur glorieux patron (6 décembre 1417), p. 159.

34680. Lamort (L'abbé). — Notice sur les vitraux peints de l'église du Locon [XVI° s.], 2 *pl.*, p. 203. — Cf. n° 34682.

34681. Rouyer (Jules). — Aperçu historique sur deux cloches du beffroi d'Aire [XV° s.], p. 233.

34682. Atlas des *Mémoires de la Société des antiquaires de la Morinie*, t. VII, 1844-1845. (Saint-Omer, 1847, in-fol., 8 *pl.*)

[Abbaye de Saint-Bertin : ruines, motifs de décoration, tombeaux, etc., 6 *pl.* (cf. n° 34672); vitraux de l'église du Locon, 2 *pl.* (cf. n° 34680).]

VIII. — Mémoires de la Société des antiquaires de la Morinie, t. VIII, 1849-1850. (Saint-Omer, 1850, in-8°, XIX, 14 et 622 p.)

34683. Rouyer (Jules). — Observations sur le chronogramme commémoratif de la fondation de l'église collégiale de Saint-Pierre d'Aire, p. 1 à 14.

34684. Woillez (Emmanuel). — Mémoires sur les causes auxquelles on doit attribuer le grand nombre de monuments religieux, élevés du XII° au XV° siècle, dans les provinces situées au nord de la Loire, comparativement au petit nombre de ces monuments, construits pendant la même période, dans les provinces au sud de ce fleuve, p. 1 à 177.

34685. Bolard (L'abbé A.-Clovis). — Rapport sur cette question d'art monumental : Pourquoi, du XI° au XV° siècle, le nombre des monuments religieux est-il plus considérable au nord de la Loire qu'au sud de ce fleuve, p. 179.

34686. Garnier (Édouard). — Biographie de Robert de Fiennes, connétable de France [vers 1308 † vers 1385], p. 191 et 470. — Cf. n° 34687.

34687. Hermand (Alexandre). — Rapport sur la notice biographique de Robert, dit Moreau de Fiennes, connétable de France de 1356 à 1370 [pièces justificatives], *pl.*, p. 273. — Cf. n° 34686.

34688. Hagerue (Amédée d'). — Notice archéologique et historique sur l'ancienne collégiale de Lillers [fondée en 1043], p. 343.

34689. Deschamps [de Pas] (Louis). — Rapport sur une découverte d'objets gaulois et gallo-romains dans les jardins du faubourg de Lyzel, près de Saint-Omer [bracelets et torques], 2 *pl.*, p. 401.

34690. Leclercq de Neufville (Félix). — Notice sur Surques, p. 419.

34691. Robert (L'abbé). — Mémoire sur l'église paroissiale du nouvel Hesdin [1565], p. 435.

34692. Cousin (Louis). — Rapport sur Mardyck et sur les recherches dont il a été l'objet, p. 491.

34693. Robert (L'abbé). — Mémoire sur Quantovic, p. 509.

34694. Courtois (Aimé) et Delmotte (J.). — Rapport sur les fouilles faites en 1847 et en 1848 au Mouflon, territoire de Surques [tumulus, notice historique], p. 535.

34695. Hermand (Alexandre). — Quelques monnaies frappées à Saint-Omer; notice [XIIe-XIVe s.], *pl.*, p. 583.

IX. — Mémoires de la Société des antiquaires de la Morinie, t. IX, 1851-1854. 1re partie (Saint-Omer, 1851, in-8°, XXVII et 316 p.). 2e partie (Saint-Omer, 1854, in-8°, 402 p.).

34696. Deschamps de Pas (Louis). — Notice sur un traité relatif à la peinture au moyen âge, par Pierre de Saint-Omer, inséré dans le manuscrit [fonds latin] n° 6741 de la Bibliothèque nationale, p. 1.

34697. Lefebvre (L'abbé F.). — Notice sur la miniature d'un manuscrit de la bibliothèque de Boulogne-sur-Mer [apothéose de Lambert, quarantième abbé de Saint-Bertin, XIIe s.], *pl.*, p. 33. — Cf. n° 34709.

34698. Hermand (Alexandre). — Recherches sur la question d'antériorité et de paternité entre les deux monastères primitifs de la ville de Saint-Omer dans ses rapports avec l'histoire des commencements de cette ville, p. 47 à 192.

34699. Courtois (Aimé). — Lecture et publication d'un placard de Charles-Quint à la bretceque de la Maison royale de Saint-Omer, en l'an de grâce 1531, p. 193.

34700. Rouyer (Jules). — Notice historique sur quelques médailles de Notre-Dame de Boulogne [XVe-XVIe s.], *pl.*, p. 229.

34701. Lepreux (Jules). — Notice sur les manuscrits de la bibliothèque de Bergues, p. 249.

Deuxième partie :

34702. Haigneré (L'abbé D.). — Notice historique et archéologique sur le prieuré de Saint-Michel du Wast, ordre de Cluny, diocèse de Boulogne [XIIe s.], p. 1.

34703. [Courtois (Aimé).] — Recherches historiques sur la *Leulene* [voie romaine de Térouane à Sangate et à Wissant], p. 59.

34704. Baecker (Louis de). — La Flandre maritime avant et pendant la domination romaine, p. 135.

34705. Deschamps de Pas (Louis). — Essai sur l'art des constructions à Saint-Omer à la fin du XVe et au commencement du XVIe siècle, p. 159.

[Construction de la tour de la cathédrale, *plan* (cf. n° 34709).]

34706. Cousin (Louis). — Emplacement de Quentowic, *plan* d'Étaples, p. 253. — Cf. n° 34709.

34707. Anonyme. — Fouilles du Beaumarais et de Marck, dans le canton de Calais [monuments gallo-romains], p. 341. — Cf. n° 34709.

34708. Courtois (Aimé). — Rapport sur la crypte de la nouvelle église de Boulogne, 3 *pl.*, p. 355. — Cf. n° 34709.

34709. Atlas des *Mémoires de la Société des antiquaires de la Morinie*, t. IX, 1854. (Saint-Omer, 1854, in-fol., 10 *pl.*)

[Apothéose de Lambert, abbé de Saint-Bertin (XIIe s.), *pl.* (cf. n° 34697); tour de Notre-Dame de Saint-Omer, *plan* (cf. n° 34705); Étaples, *plan* (cf. n° 34706); poterie gallo-romaine trouvée aux environs de Calais, 4 *pl.* (cf. n° 34707); crypte de Notre-Dame de Boulogne-sur-Mer, 3 *pl.* (cf. n° 34708).]

X. — Mémoires de la Société des antiquaires de la Morinie, t. X, 1858. 1re partie (Saint-Omer, 1858, in-8°, XXXIV, 225, XV, 34, 24 et 99 p.). 2e partie (Saint-Omer, 1858, in-8°, 27 et 427 p.).

34710. Quenson. — Discours [sur l'histoire et les travaux de la Société des antiquaires de la Morinie], p. III.

34711. Parenty (L'abbé). — Guillaume, abbé d'Andres, et sa chronique [† 1234], p. 49.

34712. Dinaux (Arthur). — Anciennes modes flamandes, p. 59.

34713. Toursel (L'abbé Z.). — Les pastorales du P. Guillaume Grumsel (1662-1663), p. 91.

34714. Deschamps de Pas (Louis). — Attaque de la ville de Saint-Omer par la porte Sainte-Croix en 1594, p. 117.

[Description de deux bas-reliefs du Musée de Saint-Omer.]

34715. Courtois (Aimé). — Biographie poétique de Simon Ogier d'après lui-même [XVIe s.], p. 141.

34716. Lefebvre (L'abbé F.). — Notice sur les fonts baptismaux de Wierre-Effroy [XIIe s.], *pl.*, p. 199.

34717. Vincent (A.-J.-H.). — Fondation d'Hesdinfert. Conseils politiques adressés à la princesse Marie, régente des Pays-Bas pour Charles-Quint, sur les moyens d'accroître en peu de temps la population d'Hesdinfert (Nouvel-Hesdin), *pl.* (Saint-Omer, 1857, in-8°, XV et 34 p.)

34718. Deschamps de Pas (Louis). — Notice biographique sur Alexandre Hermand [1801 † 1858], p. 1 à 24.

34719. Laplane (Henri de). — Renty en Artois; son vieux château et ses seigneurs, 5 *pl.*, p. 1 à 98.

Deuxième partie :

34720. Laplane (Henri de). — Éloge de Louis-Alexandre César [Taffin] de Givenchy [1781 † 1858], *portrait*, p. 1 à 27.

34721. Paillard (Alp.). — Histoire des invasions des Northmans dans la Morinie, p. 1 à 64.

34722. Rouyer (Jules). — Recherches historiques sur le

chapitre et l'église collégiale de Saint-Pierre d'Aire [fondé en 1059], p. 65 à 387.

[Pièces justificatives (1075-1678); bulles de Calixte II, Alexandre III, Célestin III, Honoré III, Grégoire IX, Alexandre IV; chartes de Philippe Ier et de Louis VIII, etc.; entrées de personnages, etc.; sceaux et méreaux, 4 *pl.*]

34723. Linas (Charles de). — Antoine de Beaulaincourt, lieutenant du gouverneur de Lille et roi d'armes de la Toison d'Or [1533-1559], p. 389.

XI. — Mémoires de la Société des antiquaires de la Morinie, t. XI, 1861-1864. (Saint-Omer, 1864, in-8°, lvi et 413 p.)

34724. Laplane (Henri de). — L'abbaye de Clairmarais, d'après ses archives. (Saint-Omer, 1863, in-8°, lvi et 413 p., 16 *pl.*)

XII. — Mémoires de la Société des antiquaires de la Morinie, t. XII, 1864-1868. (Saint-Omer, 1868, in-8°, viii et 890 p.)

34725. Laplane (Henri de). — Les abbés de Clairmarais (Saint-Omer, 1868, in-8°, viii et 890 p., 10 *pl.*)

XIII. — Mémoires de la Société des antiquaires de la Morinie, t. XIII, 1864-1869. (Saint-Omer, 1869, in-8°, 77, xxxii, 308 et 163 p.)

34726. Delmotte (J.). — Notice historique sur la vie et les ouvrages de M. A. Courtois, avocat [1811 † 1864], *portrait*, p. 3 à 77.

34727. Courtois (Aimé). — Dictionnaire géographique de l'arrondissement de Saint-Omer avant 1789, p. i à xxxii et 1 à 308.

34728. Courtois (Aimé). — L'ancien idiome audomarois, le roman et le théotiste belge, p. 1 à 69.

34729. Courtois (Aimé). — Communauté d'origine et de langage entre les habitants de l'ancienne Morinie flamingante et wallone, p. 71 à 94.

34730. Courtois (Aimé). — La paroisse Saint-Martin hors les murs (ancien faubourg de Saint-Omer), p. 95 à 133.

34731. Courtois (Aimé). — Quelques mots sur le droit d'arsin reconnu aux Audomarois dans leurs chartes communales, et sur la loi du talion, p. 135 à 162.

XIV. — Mémoires de la Société des antiquaires de la Morinie, t. XIV, 1872-1874. (Saint-Omer, 1874, in-8°, vii et 706 p.)

34732. Laplane (Henri de). — Éperlecques (Pas-de-Calais) [notice historique et archéologique], vii et 196 p.

34733. Deschamps de Pas (Louis). — Notice descriptive des limites de la banlieue de Saint-Omer, *plan*, p. 197.

[Procès-verbaux de 1247, 1409 et 1566.]

34734. Lauwereyns de Roosendaele (L. de). — Rapport à la Société des antiquaires de la Morinie sur les documents du manuscrit de Des Lyons de Noircame, relatif à la lieutenance du bailliage de Saint-Omer, p. 245.

34735. Moland (Louis). — Jules Chifflet : Saint-Omer assiégé et délivré l'an 1638, traduit par Louis Moland, p. 301.

34736. Deschamps de Pas (Louis). — Registre aux résolutions prinses en halle eschevinale de la ville et cité de Saint-Omer pendant et au subject du siège mis devant icelle par une puissante armée françoise en l'an 1638, p. 407 à 528.

34737. L. D. de P. [Deschamps de Pas (Louis).] — Correspondance du maréchal de Châtillon, commandant l'armée française au siège de Saint-Omer, en 1638, p. 529.

XV. — Mémoires de la Société des antiquaires de la Morinie, t. XV, 1874-1876. (Saint-Omer, 1876, in-8°, 593 p.)

34738. Deschamps de Pas (Louis). — Éloge funèbre de M. Henri de Laplane [1806 † 1873], p. 3.

34739. Cavrois (Louis). — Les mayeurs et les maires de la ville d'Aire, notice suivie de notes biographiques sur les hommes remarquables nés à Aire, *pl.*, p. 21.

34740. Giry (Arthur). — Analyse et extraits d'un registre des Archives municipales de Saint-Omer (1166-1778) [ordonnances, accords, privilèges, etc.], p. 65 à 317.

34741. Lauwereyns de Roosendaele (L. de). — Idées, mœurs et institutions à Saint-Omer au xve siècle, étudiées dans les divers épisodes d'une sédition bourgeoise (1467), p. 319.

34742. Robert (L'abbé). — Histoire de l'abbaye de Chocques, ordre de Saint-Augustin, au diocèse de Saint-Omer [fondée au xie s.], 4 *pl.*, p. 335.

[Pièces justificatives (1120-1776); bulles d'Eugène III et Adrien VI; observations sur les commendes et les pensions dans les abbayes des Pays-Bas.]

XVI. — Mémoires de la Société des antiquaires de la Morinie, t. XVI, 1876-1879. (Saint-Omer, 1879, in-8°, v et 744 p.)

34743. Pagart d'Hermansart (E.). — Les anciennes communautés d'arts et métiers à Saint-Omer, avec un appendice sur quelques médailles et plombs leur ayant appartenu, par L. Deschamps de Pas, 4 *pl.*, p. i à v et 1 à 744; XVII, p. 3 à 405.

XVII. — Mémoires de la Société des antiquaires de la Morinie, t. XVI [*lisez* XVII], 1879-1881. (Saint-Omer, 1881, in-8°, 426 p.)

[34743]. PAGART D'HERMANSART (E.). — Les anciennes communautés d'arts et métiers à Saint-Omer [pièces justificatives, XIe-XVIIIe s.], p. 3 à 405.

XVIII. — Mémoires de la Société des antiquaires de la Morinie, t. XVIII, 1882-1883. (Saint-Omer, 1883, in-8°, 504 p.)

34744. DECROOS (P.). — Une ville artésienne avant la Révolution [Béthune, XVIIe et XVIIIe s.], p. 1 à 115.

34745. BLED (L'abbé O.). — Un épisode des élections échevinales à Saint-Omer (1764-1767), p. 116.

[Contestation entre le mayeur et le conseiller-député du bailliage de Saint-Omer.]

34746. PAGART D'HERMANSART (E.). — Convocation du Tiers-État de Saint-Omer aux États généraux de France ou des Pays-Bas en 1308, 1346, 1420, 1427, 1555 et 1789, p. 165.

34747. ROBERT (L'abbé). — Histoire de l'abbaye des Bénédictins de Saint-Jean-au-Mont lez Thérouanne, son transfert à Ypres, ses phases diverses sous la domination de la France et de l'Autriche, p. 223 à 440.

[Pièces justificatives (XVIe-XVIIIe s.); bulles des papes Jules II, Léon X, Paul III et Innocent XI; poésies latines.]

34748. BAILLIENCOURT (R. DE). — Notice biographique sur M. le président Quenson [François-Louis-Joseph, 1794 † 1879], p. 441.

34749. PAGART D'HERMANSART (E.). — L'Artois réservé; son conseil, ses états, son élection à Saint-Omer, de 1640 à 1677, p. 455.

XIX. — Mémoires de la Société des antiquaires de la Morinie, t. XIX, 1884-1885. (Saint-Omer, 1885, in-8°, 540 p.)

34750. BRASSART (Félix). — Le duel judiciaire du comte de Fauquembergue et du seigneur de Sorel (Mons, 29 juin 1372), avec des notes sur les comtes de Fauquembergue, p. 1.

34751. DESCHAMPS DE PAS (Louis). — Notice biographique sur M. Albert Legrand, président honoraire de la Société des antiquaires de la Morinie [1807 † 1883], p. 43.

34752. PAGART D'HERMANSART (E.). — La ghisle ou la coutume de Merville (1451), p. 61 à 144.

34753. BLED (L'abbé O.). — Le zoene ou la composition pour homicide à Saint-Omer jusqu'au XVIIe siècle [pièces justificatives, XIIIe-XVIe s.], p. 145 à 345.

34754. BRANDT DE GALAMETZ (DE). — Le prieuré de Saint-André-lès-Aire au diocèse de Térouane, ses prieurs, son temporel, son obituaire (1202 à 1793), suivi d'un fragment généalogique sur les sires de Crésecque, ses fondateurs, p. 347 à 485.

34755. HAIGNERÉ (L'abbé D.). — Documents pour servir à l'histoire de l'ancienne Morinie. État récapitulatif des décimateurs dans les paroisses du diocèse de Boulogne qui font partie des arrondissements de Béthune, de Montreuil, de Saint-Omer et de Saint-Pol [XIIIe s.], p. 487.

I. — Société des antiquaires de la Morinie. Bulletin historique trimestriel contenant les cinq premières années, de 1852 à 1856, Ier vol. (Saint-Omer, s. d., in-8°, 1re année, IX et 128 p.; 2e et 3e années, 266 p.; 4e et 5e années, 276 p., et 7 p. pour la table quinquennale.)

Première année (1852).

34756. LEGRAND (Albert). — Nouvelles archéologiques, p. 11.

[Cachet d'oculiste romain trouvé à Thérouanne; antiquités mérovingiennes d'Arques, Soyécques et Blendecques; poids anciens de Saint-Omer.]

34757. COURTOIS (Aimé). — Annales et privilèges de l'église de Watten [manuscrits récemment découverts], p. 17 et 67.

34758. BOLARD (L'abbé A.-Clovis). — Nécrologie. M. l'abbé Fréchon [Constant-Faustin, 1804 † 1851 ou 1852], p. 28.

34759. DESCHAMPS DE PAS (Louis). — Sur un cul-de-lampe de l'ancien couvent de Notre-Dame-du-Soleil, *fig.*, p. 32.

34760. QUENSON. — Sur des bracelets gaulois en or trouvés près de Merck-Saint-Liévin, p. 46.

34761. DURAND (A.). — Découvertes de quelques monnaies anglaises, flamandes et françaises à Calais (mars 1852) [XVe-XVIIIe s.], p. 48.

34762. HAIGNERÉ (L'abbé D.). — Restauration du chœur de l'église de Belle; autel votif gallo-romain, p. 50.

34763. HAIGNERÉ (L'abbé D.). — Ceinture funèbre [litre] aux armes d'Estrées dans l'église de Parenty (1628), p. 51.

34764. LAPLANE (Henri DE). — Le cartulaire de Simon, quarante-deuxième abbé de Saint-Bertin (de 1100 à 1136), p. 53.

34765. LAPLANE (Henri DE). — Ancien graduel romain imprimé sur vélin [à Anvers] en 1590, p. 55.

34766. COURTOIS (Aimé). — Rapports, déclarations et reliefs des fiefs et arrière-fiefs mouvans de la chastellenie de Tournehem [vers 1545], p. 58.

34767. DESCHAMPS DE PAS (Louis). — Récentes acquisitions du musée de Saint-Omer [armes; cachet, XVe s.], p. 65.

34768. Legrand (Albert). — Description du sceau de Béatrix, dame de Beaumanoir [XIIIe s.], p. 81.

34769. Peuple (J.-B.). — Tombeau, monnaies, poteries et autres objets gallo-romains [trouvés près de Saint-Omer], *fig.*, p. 85.

34770. Laplane (Henri de). — Encensoir du moyen âge [trouvé à Renty], p. 87.

34771. Laplane (Henri de). — Sur une pièce d'or de Charles d'Egmont, duc de Gueldres [XVIe s.], p. 88.

34772. Bolard (L'abbé A.-Clovis). — Le jubilé de Saint-Omer en l'honneur de Sainte-Aldegonde [à Saint-Omer, 1663], p. 89.

34773. Laplane (Henri de). — Sur une histoire inédite du collège des Jésuites à Saint-Omer, p. 97.

34774. Pigault de Beaupré. — Tumulus gallo-romains à Étaples; les Cronquelets, p. 112.

34775. Deschamps de Pas (Louis). — Translation à Saint-Omer du portail de la cathédrale de Thérouanne [1553], p. 117.

34776. Laplane (Henri de). — La tour de Saint-Bertin, p. 127.

Deuxième et troisième années (1853-1854).

34777. Hermand (Alexandre). — Grand denier de la ville de Saint-Omer au Xe siècle, *fig.*, p. 9.

34778. Rouyer (Jules). — Note sur deux anciennes impressions d'Ypres [des presses de Josse Destrée, XVIe s.], p. 18.

34779. Dubois. — Découverte de deux chandeliers du XIIIe siècle à Villenauxe (Aube), p. 21.

34780. Deschamps de Pas (Louis). — Note sur les vitraux peints de l'église Notre-Dame de Saint-Omer [XIIIe ou XIVe s.], p. 24.

34781. Legrand (Albert). — Statuettes et médaillons de Saint-Adrien découverts à Thérouanne, p. 38.

34782. Courtois (Aimé). — Manifestes de François Ier, de Charles-Quint et de Henri VIII [1542 et 1543], p. 46.

34783. Laplane (Henri de). — Ancien compte du trésorier de l'hôpital Saint-Jean à Saint-Omer (1440), p. 56.

34784. Liot de Norbécourt (E.). — Manuscrit du XVe siècle provenant du chapitre de Saint-Pierre d'Aire [cérémonial], p. 62.

34785. Laplane (Henri de). — Ruines du château d'Éperlecques, p. 68.

34786. Quenson. — Sur les ossements humains trouvés à Vaudringem, p. 83.

34787. [Haigneré (L'abbé D.)]. — Testament de Jehan de Lannoy, escuier, sieur de Hardecourt-lès-Térouane [vers 1532], p. 87.

34788. Legrand (Albert). — Documents inédits sur l'histoire d'Artois, p. 92.

[Rapport des députés de la ville de Saint-Omer sur l'arrivée à Arras de l'archiduc Albert et de l'archiduchesse Isabelle (1600).]

34789. Mallet. — Notice sur un missel de l'ancien diocèse des Morins du commencement du XVIe siècle, *fig.*, p. 103.

34790. Deschamps de Pas (Louis). — Fonts baptismaux de Samer [XIe s.], p. 110.

34791. Deschamps de Pas (Louis). — Sur des médailles romaines découvertes dans les marais de Salpervick, p. 111.

34792. Bolard (L'abbé A.-Clovis). — Hagiographie [inventaire des reliques de la collégiale de Saint-Pierre d'Aire, 1590], p. 118.

34793. Courtois (Aimé). — Sur la surprise de la ville de Saint-Omer par les Français (1594), p. 121.

34794. Deschamps de Pas (Louis). — Le petit clocher sur la croisée de la nef et des transepts de la cathédrale de Saint-Omer [1486], p. 130.

34795. La Phalecque (Imbert de). — Liste des seigneurs de Renescure, p. 134 et 190. — Cf. n° 34796.

34796. Hermand (Alexandre). — Note supplémentaire sur la chronologie des seigneurs de Renescure, p. 138 et 192. — Cf. n° 34795.

34797. Souquet (G.). — Une pêche archéologique [vases romains pêchés dans les bas-fonds du Vergoyer], *fig.*, p. 140. — Cf. nos 34806 et 34832.

34798. Laplane (Henri de). — Un mot sur les fouilles faites à Vaudringhem près Nielles-lez-Bléquin, canton de Lumbres, en juin 1853 [tumulus funéraire du XIIIe ou XIVe s.], p. 164.

34799. Deschamps de Pas (Louis). — Note sur un manuscrit relatif à la confrérie de Notre-Dame des Miracles [à Saint-Omer], p. 169.

34800. Hazard (Alfred). — Nouveau cachet d'oculiste romain [trouvé à Fontaine-Valmont (Belgique)], p. 175.

34801. Souquet (G.). — Documents pour servir à l'histoire d'Étaples [revenus de la ville au XVIIe s.], p. 177.

34802. Legrand (Albert). — Bataille de Marignan [testament d'Éric de Richoufz, 1515], p. 182.

34803. Rouyer (Jules). — Lettre de Marguerite d'Autriche, gouvernante des Pays-Bas, intéressant l'histoire de Thérouanne [1512], p. 187.

34804. Quenson. — Incendie de Thérouanne par les Anglais [complainte, 1513], p. 204.

34805. Toursel (L'abbé Z.). — L'Immaculée Conception à Saint-Omer en 1657 [fête votive], p. 210.

34806. Souquet (G.). — Deuxième pêche archéologique [vase romain], p. 214. — Cf. n° 34797.

34807. Laplane (Henri de). — Catalogue [ancien] inédit de l'ancienne bibliothèque de l'abbaye de Clairmarais, p. 216. — Cf. n° 34819.

34808. Liot de Nortbécourt (Edmond). — Obituaire de l'église de Sainte-Aldegonde [à Saint-Omer, XVe s.], p. 244.

34809. Quenson. — Complainte de Thérouene [XVIe s.], p. 260. — Cf. n° 34822.

Quatrième et cinquième années (1855-1856).

34810. Dufeutrel (G.). — La complainte du povre pays d'Arthois [XVIe s.], p. 11.

34811. Souquet (G.). — Compte municipal rendu à Étaples en 1621, p. 19.

34812. La Fons Mélicocq (A. de). — Dépense de vin pour les mystères représentés à Béthune en 1561, p. 24.

34813. Pigault de Beaupré. — Chanson ancienne sur la destruction de la ville de Térouane en 1553, p. 43.

34814. Deschamps de Pas (Louis). — Note sur un manuscrit relatif à la hanse de Saint-Omer [xive s.], p. 49.

34815. Diegerick (J.). — Le prieuré de Nieppe, p. 61.

34816. Gosselin (B.). — Une émeute à Boulogne en 1656 et 1657 à propos de la gabelle, p. 74.

34817. Laplane (Henri de). — Description de la villa Sithiu en vers latins, par A. Tassard [xviie s.], p. 83.

34818. Quenson. — Térouane détruite (20 juin 1553) [poésie du xvie siècle], p. 101.

34819. Laplane (Henri de). — La bibliothèque de l'ancien monastère de Clairmarais, p. 106. — Cf. n° 34807.

34820. Deschamps de Pas (Louis). — Pièces historiques extraites d'un manuscrit de la bibliothèque communale de Lille, p. 122.

[Ravages des Anglais dans le Boulonnais (1543); siège de Thérouanne (1537).]

34821. Deschamps de Pas (Louis). — Un plomb des évêques des Innocents [trouvé en Belgique, xve s.], p. 129.

34822. Laplane (Henri de). — Autre complainte de Thérouene [xvie s.], p. 146. — Cf. n° 34809.

34823. Legrand (Albert). — Loteries en faveur de la confrérie de Saint-Georges en la ville de Malines et de l'église de Saint-Pierre de Louvain (1519 et 1520), p. 155.

34824. Quenson. — La malice des femmes advenue en 1532 à Arras [mutinerie populaire], p. 163.

34825. Courtois (Aimé). — La conjuration des Ramburcs; siège d'Ardres de 1657, p. 170.

[Extrait du *Dialogue criti-comique* de M. D. B.]

34826. Laplane (Henri de). — Le château de Rihoult; sa destruction décrite en vers latins par un moine de Clairmarais [xviiie s.], p. 178.

34827. Deschamps de Pas (Louis). — Inventaire de l'argenterie qui se trouvait dans les églises de Saint-Omer en 1792, p. 183.

34828. Laplane (Henri de). — Demande formée par les habitants des communes d'Éperlecques, Rhuminghem, Muncq-Nieurlet, Recques, Nordausque et Bayenghem-lez-Éperlecques pour la destruction des cerfs qui dévastaient les récoltes du voisinage [xviiie s.], p. 196.

34829. Laplane (Henri de). — Règlement pour les hospitaulx Notre-Dame-de-l'Escoterie et de Saint-Loys, dit du Queval-d'Or, à Saint-Omer, au xve siècle, p. 222.

34830. Courtois (Aimé). — Voyage de Saint-Omer à Bruges à la fin du xvie siècle, par Simon Ogier [poème en vers latins rimés, avec traduction], p. 235.

34831. Haigneré (L'abbé D.). — Compte et recepte de la fabrique de l'église Nostre-Dame de Thérouenne [1534], p. 252.

34832. Souquet (G.). — Troisième pêche archéologique [vase gallo-romain], p. 261. — Cf. n° 34797.

34833. Quenson. — «S'ensuit la mauvaise perdition et séduction, vendition de la bonne ville de Saint-Omer aux Franchois» [sous Maximilien d'Autriche, poésie anonyme], p. 263.

II. — Bulletin historique trimestriel, années 1857 [*lisez* avril 1856] à 1861, IIe vol. (Saint-Omer, 1861, in-8°, 277-1108 p.)

34834. Laplane (Henri de). — Le droit des arsins à Saint-Omer (19 novembre 1405); peinture de mœurs au xve siècle, p. 305.

34835. Deschamps de Pas (Louis). — Note sur un manuscrit relatif à l'abbaye de Watten [état des biens de l'abbaye vers 1545], p. 307.

34836. La Fons Mélicocq (A. de). — Pertes éprouvées par l'abbaye de Saint-Bertin pendant les guerres des xve et xvie siècles, p. 318.

34837. Courtois (Aimé). — Poligraphie audomaroise ou génie zétesien, par Guillaume de Le Nort, audomarois, maître ès arts libéraux [poème sur l'origine de Saint-Omer; réimpression de l'imprimé, 1663], p. 326.

34838. Laplane (Henri de). — Sur le programme d'une pièce jouée au xviie siècle par les élèves du collège des Jésuites de Saint-Omer, p. 358.

34839. Liot de Nortbécourt (Edmond). — Obituaire de la cathédrale d'Arras au xiiie siècle, p. 374.

34840. Quenson. — Réduction de la ville de Saint-Omer le 11 février 1488 [poésie du xve s.], p. 389.

34841. Legrand (Albert). — Rapport sur un manuscrit de l'ancien chapitre de l'église Notre-Dame de Thérouenne [bulles papales, statuts capitulaires, comptes, inventaires, etc., xve s.], p. 395 et 528.

34842. Deschamps de Pas (Louis). — Les obsèques de Jehan de Saint-Omer, seigneur de Morbecque, gouverneur d'Aire [1580], p. 405.

34843. Deschamps de Pas (Louis). — Note sur l'église de Morbecque [tombeaux; fonts baptismaux, xve s.], p. 410.

34844. La Fons Mélicocq (A. de). — La meschine à l'eaue de l'abbaye de Saint-Bertin [xvie s.], p. 412.

34845. La Fons Mélicocq (A. de). — Calendrier à l'usage des maçons, charpentiers, verriers, etc. de l'abbaye de Saint-Bertin [1570], p. 416.

34846. La Fons Mélicocq (A. de). — Mises pour les exèques et funérailles de feu monseigneur mons. le rév. Gérard de Haméricourt, premier évesque de Saint-Omer et abbé de Saint-Bertin († le 17 mars 1577), p. 419.

34847. La Fons-Mélicocq (A. de). — Les jeunes écoliers et les novices de Saint-Bertin [xive, xve et xvie s.], p. 421.

34848. Derheims (J.). — Remarques sur les deux sièges de la ville d'Aire, l'an 1641, p. 424.

34849. Laplane (Henri de). — Mesures légales pour les bleds à Saint-Omer au xviiie siècle, p. 450.

34850. Liot de Nortbécourt (Edmond). — La complainte d'Arras [attribuée à Jean Molinet], p. 471. — Cf. n° 34857.

34851. Souquet (G.). — Sur un buste gallo-romain en bronze trouvé à Étaples, p. 487.

34852. La Fons Mélicocq (A. de). — Funérailles des abbés et religieux de Saint-Bertin; obsèques des souverains, p. 490.

[Prix de quelques pierres tombales, blasons, etc., xive-xvie s.]

34853. La Fons Mélicocq (A. de). — Artistes qui ont construit ou réparé les orgues de l'abbaye de Saint-Bertin [xvie s.], p. 494.

34854. Deschamps de Pas (Louis). — Note sur un sceau [anonyme] découvert dans les environs de Saint-Omer [xive s.], p. 497.

34855. Liot de Nortbécourt (Edmond). — Lamentation du château de Hesdin [poème attribué à Nicaise Ladan, xvie s.], p. 515.

34856. Courtois (Aimé). — La justice criminelle en Artois au xve siècle, p. 576.

[Jugement de Colin Claye et Marie Foye, accusés d'assassinat (1424).]

34857. La Fons Mélicocq (A. de). — Documents inédits sur certains personnages qui figurent dans la complainte de la ville d'Arras, p. 591. — Cf. n° 34850.

34858. La Fons Mélicocq (A. de). — Documents inédits sur la prise de Thérouanne (1553), p. 596.

34859. La Fons Mélicocq (A. de). — Documents inédits sur la prise du Vieil-Hesdin en 1552, p. 601.

34860. Deschamps de Pas (Louis). — Entrée de Philippe d'Espagne à Saint-Omer, le 31 juillet 1549, et cérémonies qui s'ensuivirent, p. 605.

34861. Laplane (Henri de). — Les baillis de Saint-Omer [1193-1702], p. 611 et 1007.

34862. Liot de Nortbécourt (Edmond). — Épitaphe du maréchal d'Esquerdes [† 1494], par Jehan Molinet, p. 632 et 865.

34863. Laplane (Henri de). — Tarif pour les mises et façon d'une tonne de bière au xviiie siècle, p. 660.

34864. Courtois (Aimé). — Quelques mots sur l'ancienne abbaye de Licques, p. 682.

34865. La Fons Mélicocq (A. de). — L'abbaye de Saint-Bertin et les compagnies françaises et normandes [de bateliers] au xvie siècle, p. 689.

34866. Laplane (Henri de). — Lettre autographe de Napoléon Ier à l'âge de seize ans (25 novembre 1785), p. 695.

[Lettres de Bonaparte père, 1783, et de Joseph Bonaparte, 1785.]

34867. Legrand (Albert). — Correspondance inédite des généraux de l'armée de l'empereur Charles-Quint avec les mayeur et échevins de la ville de Saint-Omer à l'occasion du siège, prise et destruction de Thérouanne en 1553, p. 719, 778 et 865.

34868. Le Glay (Jules). — Histoire abrégée du prieuré de Saint-Georges-lez-Hesdin, dépendant de l'abbaye de Saint Sauveur d'Anchin, p. 738.

34869. La Fons Mélicocq (A. de). — Documents inédits relatifs à Jean de Feucy, successivement abbé d'Hénin-Liétard et du Mont-Saint-Éloi [1522 et 1523], p. 752.

34870. Deschamps de Pas (Louis). — Cession de la prévôté de Watten à Gérard d'Haméricourt par le dernier prévôt [1564], p. 757.

34871. Deschamps de Pas (Louis). — Cession du monastère de Watten aux Jésuites anglais en 1608, p. 762.

34872. Laplane (Henri de). — Manuscrit n° 270 de la bibliothèque de Saint-Omer, p. 766.

[Donation de deux psautiers par Gillebert de Sainte-Aldegonde (1323).]

34873. Courtois (Aimé). — Notes sur l'Osterwic, nom présumé de l'ancien port de Sangate et du *Portus superior* de César, p. 791.

34874. Diegerick (J.). — Documents concernant la cession de la prévôté de Watten (1577), p. 799.

34875. Laplane (Henri de). — Conflit entre l'abbaye de Saint-Bertin, l'église de Saint-Omer et les maire et échevins de cette ville au sujet du tonlieu [xvie s.], p. 806.

34876. Deschamps de Pas (Louis). — Fondation de la maison du Bon Pasteur [à Saint-Omer, 1738], p. 810.

34877. Laplane (Henri de). — Les mayeurs de Saint-Omer d'après les archives et divers manuscrits inédits, p. 832.

34878. Legrand (Albert). — Note historique sur une inscription lapidaire découverte dans l'église Saint-Sépulcre à Saint-Omer, p. 941.

[Fondation d'une chapelle en souvenir d'un pèlerinage à Jérusalem (1423).]

34879. Laplane (Henri de). — Arques près de Saint-Omer [notice historique], p. 964.

34880. Laplane (Henri de). — L'ancienne chapelle Saint-Louis [à Guémy]; testament du xviiie siècle et découvertes archéologiques indiquant sa construction, p. 971.

34881. Couvelaire. — S. Audmer; extrait du *Théâtre et des cités du monde*, par Georges Braun de Cologne au xvie siècle, p. 975.

34882. La Fons Mélicocq (A. de). — Hames sous les abbés de Saint-Bertin, p. 978.

34883. La Fons Mélicocq (A. de). — L'abbé de Saint-Bertin, le connétable de Fienne et les échevins de Lille, en 1361-1367, p. 986.

34884. Duchet. — Notice du manuscrit 729 de la bibliothèque communale de Saint-Omer [œuvres de Jacques de Vitry], p. 1015.

34885. Ben-Hamy. — Archéologie [urnes funéraires trouvées à Fiennes], p. 1037.

34886. Diegerick (J.). — Saint-Omer après le traité de paix de 1482, p. 1057.

IMPRIMERIE NATIONALE.

34887. Deschamps de Pas (Louis). — Fondation de l'hôpital des Apôtres [à Saint-Omer, 1619], p. 1068.

34888. Bonvarlet (A.). — Un mot sur Elnard de Seninghem [xiiie s.], p. 1085.

34889. La Fons Mélicocq (A. de). — Fiefs et droits féodaux de l'abbaye de Saint-Bertin à Poperingues, p. 1089.

34890. Diegerick (J.). — Les cygnes de Saint-Omer [xve s.], p. 1094.

III. — Bulletin historique trimestriel, années 1862 [*lisez* 1861] à 1866, IIIe vol. (Saint-Omer, 1866, in-8°, 64 et 606 p.)

Première partie (janvier-mai 1861) :

34891. Duchet. — Note sur Omerville, commune du département de Seine-et-Oise, p. 15.

34892. Duchet. — Note sur Béatrix, dame de Beaumanoir, connue par un sceau du xiiie siècle, p. 19.

34893. Diegerick (J.). — Quelques lettres et autres documents concernant Thérouanne et Saint-Omer (1486-1537), p. 23.

[Lettres des magistrats de Saint-Omer, de Douai, de Lille et d'Aire, de Maximilien d'Autriche, de Marguerite d'Autriche, de Marie, reine de Hongrie, etc.]

34894. La Fons Mélicocq (A. de). — Le dernier rituel de Thérouanne [1557], p. 50.

34895. Laplane (Henri de). — L'abbaye de Saint-Léonard de Guines, p. 57.

34896. Laplane (Henri de). — Sigillographie [sceau du tiers-ordre de Saint-François à Saint-Omer, xviie ou xviiie s.], p. 62.

Deuxième partie (juin 1861-avril 1866) :

34897. Laplane (Henri de). — Les arbalétriers, les arquebusiers et les archers; leurs services à Saint-Omer et les environs; correspondance inédite à ce sujet [xve s.], p. 28.

[Lettres de Jean et de Philippe le Bon, ducs de Bourgogne.]

34898. Carlier (J.-J.). — Grand denier de Saint-Omer au xe siècle, p. 42.

34899. La Fons Mélicocq (A. de). — Charles le Bon, comte de Flandre, et Jean II (de Furnes), quarante et unième abbé de Saint-Bertin (1124-1131), p. 52.

34900. H. de L. [Laplane (Henri de)]. — Découvertes récentes [vases gallo-romains trouvés à la Calotterie], p. 56.

34901. Revillion (Ch.). — Notice sur la rue du Poirier, à Saint-Omer, p. 89.

34902. Imbert de La Phalecque. — Note sur le changement de l'écusson des comtes de Flandre, p. 95.

34903. Deschamps de Pas (Louis). — Décadence de la manufacture de draps à Saint-Omer au commencement du xviie siècle et moyens proposés pour y remédier, p. 98.

34904. Detournay (Arnould). — Quelques règlements de police pour la ville d'Estaires en 1602, p. 105.

34905. Laplane (Henri de). — Un repas de noce aux xvie et xviiie siècles, p. 124.

34906. Deschamps de Pas (Louis). — Les fiefs et arrière-fiefs de la châtellenie de Saint-Omer qui doivent le service militaire au duc de Bourgogne en 1474, p. 166.

34907. Laplane (Henri de). — La franche foire d'Audruick (Pas-de-Calais), p. 183.

34908. La Fons Mélicocq (A. de). — Documents inédits pour servir à l'histoire du commerce des draps dans le nord de la France aux xve et xvie siècles [Lille et Béthune], p. 189.

34909. Laplane (Henri de). — Numismatique et archéologie [médailles, orfèvrerie et ivoirerie du cabinet de M. Dewismes], p. 194.

34910. Hémart (Henri). — Chronologie des grands baillis ou capitaines de la ville d'Aire (1202-1789), p. 247.

34911. Preux (Auguste). — Inventaire des sceaux relatifs à Saint-Omer qui se trouvent aux archives départementales à Arras, p. 261.

34912. Preux (Auguste). — Chartes relatives à la collégiale de Lillers [xiiie-xviie s.], p. 268.

[Bulle du pape Jules II, etc.]

34913. La Fons Mélicocq (A. de). — Document inédit pour servir à l'histoire des coutumes et des lois dans le nord de la France au xive siècle, p. 277.

[Procédure à Béthune à propos d'un larcin.]

34914. Laplane (Henri de). — Événement tragique à Saint-Omer [assassinat de Mlle de Croix, 1638], p. 283.

34915. Godefroy-Ménilglaise (Le marquis de). — Notes sur le gouvernement de Mahaut, comtesse d'Artois, recueillies dans l'inventaire des chartes d'Artois (1304-1320), p. 303.

34916. Laplane (Henri de). — Jubé de l'église abbatiale de Saint-Bertin; devis passé en 1619 par Guillaume Loemel, soixante douzième abbé, p. 330.

34917. La Fons Mélicocq (A. de). — Lettres de contremarque de Charles-Quint accordant à l'abbaye de Saint-Bertin et au seigneur de Hauteclocque le droit de percevoir le revenu des terres sises en Artois et en Flandre appartenant à l'abbaye de Corbie et à des partisans du roi de France [1543], p. 338.

34918. Courtois (Aimé). — Est-ce à Boulogne que Jules César s'est embarqué? N'est-ce pas Wissant qui répond le mieux à la situation du *Portus Itius?* p. 375.

34919. Deschamps de Pas (Louis). — Engagement des Trois-États de la ville de Saint-Omer d'observer les stipulations du traité de paix d'Arras en 1482, p. 439.

34920. La Fons Mélicocq (A. de). — Conflit entre les échevins de Béthune et le chapitre Saint-Barthélemy de cette ville [1352], p. 452.

34921. La Fons Mélicocq (A. de). — Lettre de la comtesse de Flandre à l'évêque d'Arras au sujet du chapitre de Saint-Barthélemy de Béthune, sans date [et lettres de sauvegarde, 1361], p. 455.

34922. La Fons Mélicocq (A. de). — Document inédit pour servir à l'histoire de l'instruction publique et à celle des mœurs au xve siècle [chapitre de Saint-Barthélemy de Béthune], p. 460.

34923. Deschamps de Pas (Louis). — Une charte concernant le droit d'arsin exercé par la ville de Saint-Omer en 1321, p. 466.

34924. Laplane (Henri de). — Découverte archéologique [cuirasse du xviie s.], p. 472.

34925. Lecouvet (F.-F.-J.). — Claude d'Ausque [écrivain et érudit, 1566 † 1644], p. 493.

34926. La Fons Mélicocq (A. de). — Document inédit pour servir à l'histoire des usages et des mœurs, p. 524.

[Plaintes du chapitre de Saint-Barthélemy de Béthune, à propos d'une distribution de vin.]

34927. Cavrois (Louis). — O'Connel et le collège anglais à Saint-Omer. Notice historique [1791-1792], p. 529.

34928. Laplane (Henri de). — Découverte historique et archéologique [calice du xvie s.], p. 537.

34929. Diegerick (J.). — Lettres inédites de quelques membres de la maison de Saint-Omer d'après les archives de la ville d'Ypres, p. 557.

[Lettres de Jeanne de Bailleul et de Denis, Philippe, Charles et Jean de Morbecque (1488-1578); généalogie de la maison de Saint-Omer.]

34930. La Fons Mélicocq (A. de). — Complainte des Bolonois composée sur le psaume *Deus, venerunt gentes*, par Nicaise Ladam [et complainte des povres laboureurs du Boulonnois sur *Da pacem*], p. 582.

34931. Pottier (L'abbé F.). — Rapport sur les découvertes des cavernes de Bruniquel (Tarn-et-Garonne); âge de la pierre ébauchée, p. 590.

34932. Advielle (Victor). — Récolte de la soie, à Saint-Omer, au xviiie siècle, p. 594.

34933. Laplane (Henri de). — La rue *au vent* ou *du filet* à Saint-Omer, p. 595.

34934. Laplane (Henri de). — Acte de vente du 9 octobre 1389; spécimen de la langue écrite et parlée à Saint-Omer à cette époque, p. 597.

34935. Laplane (Henri de). — Archéologie [croix des chanoinesses du chapitre de la Reine, à Bourbourg, xviiie s.], p. 599.

34936. Laplane (Henri de). — Découverte d'un reliquaire du xiie siècle provenant de l'abbaye de Clairmarais, p. 600.

IV. — Bulletin historique trimestriel, années 1867 [juin 1866] à 1871 [mai 1872], IVe vol. (Saint-Omer, 1872, in-8°, 657 p.)

34937. Lion (J.). — Récit de la bataille d'Azincourt, p. 41.

[Extrait du ms. 2621, nouv. f. fr., à la Bibliothèque nationale.]

34938. Deschamps de Pas (Louis). — Note sur un manuscrit provenant de la corporation des poissonniers de Saint-Omer [comptes de 1574 à 1657], p. 28.

[Extrait du ms. 2621, nouv. f. fr. à la Bibliothèque nationale.]

34939. La Fons Mélicocq (A. de). — Documents inédits pour servir à l'histoire des villes d'Artois et de Picardie, p. 48.

[Lits fournis par Lille au mariage d'Isabelle de France et de Richard II, roi d'Angleterre (1396); lits transportés à Saint-Omer.]

34940. Laplane (Henri de). — Sur une cassolette trouvée dans la tombe d'un moine de Saint-Bertin, p. 51.

34941. Laplane (Henri de). — Abbaye de Saint-Jean-au-Mont par Philippe Luto [notice historique], p. 69.

34942. Laplane (Henri de). — Commission du sous-bailli de Saint-Omer en 1520, p. 79.

34943. Laplane (Henri de). — Lettres de non-préjudice de la ville d'Arras pour une aide à elle accordée pour la fortification d'icelle ville (1303), p. 82.

34944. Laplane (Henri de). — Limite de Flandre et d'Artois (1271), p. 83.

34945. Laplane (Henri de). — Complainte de la ville d'Aire sur la ruine de la tour de l'église Saint-Pierre qui tomba dans la nuit du 20 au 21 février 1711, p. 85.

34946. Laplane (Henri de). — Variation du prix des céréales à Saint-Omer, de 1750 à 1783, p. 89.

34947. Laplane (Henri de). — Concordat entre le chapitre de Saint-Omer et le monastère de Saint-Bertin (1586), p. 99.

34948. Laplane (Henri de). — Vente d'une forteresse à Montreuil au roi Louis VIII (1224), p. 106.

34949. Laplane (Henri de). — Requête au roy et au parlement d'Angleterre pour qu'il ne soit accordé de permission de porter ailleurs qu'à l'étaple de Calais les marchandises qui avaient coutume d'y être portées, avec la réponse du roy (1398), p. 107.

34950. Lauwereyns de Roosendaele (L. de). — Un mot sur les lieutenants premiers et généraux du bailliage de Saint-Omer, p. 124.

34951. Deschamps de Pas (Louis). — Note sur quelques chartes concernant l'hôpital d'Aire-sur-la-Lys [1309-1604], p. 135.

34952. Robert (L'abbé). — Copie du titre original de la fondation du chapitre de Lillers [1043], p. 158.

34953. Laplane (Henri de). — Les Frères des écoles chrétiennes; leur établissement à Saint-Omer [1719], p. 160.

34954. Laplane (Henri de). — L'arsenal de Saint-Omer, son établissement; devis et adjudication des travaux (1781), p. 187.

34955. Dubois (N.). — Journal du siège de la ville d'Aire (1710), touchant ce qui s'y est passé de plus remarquable et les principaux désordres qui y sont arrivés, p. 198.

34956. Rosny (Eugène de). — Extraits des titres de Quercamp [1473-1672], p. 232.

34957. Liot de Nortbécourt (Edmond). — Une acquisition chez le chiffonnier, p. 257.

[Gravure représentant la confédération des départements du Nord (6 juin 1790); acte d'accusation contre Pierre Lenglé de Schoebeque (1793).]

34958. Laplane (Henri de). — Écrits inédits de dom Jean Ballin, moine de Clairmarais au xvie siècle, p. 284.

[Chronique de 1576 à 1583.]

34959. Quenson. — Requête adressée par l'abbé de Ruisseauville à l'évêque de Boulogne pour la vente d'une maison de refuge dans la ville d'Aire (1729), p. 298.

34960. Henneguier (Ch.). — Sur l'emplacement de *Quentowic*, p. 308.

34961. Héricourt (Achmet d'). — Notice sur un manuscrit artésien, p. 318.

[Vie de saint Thomas de Cantorbéry par Claude d'Ausque; le P. Thomas Turpin et la bibliothèque du couvent des Dominicains de Saint-Omer (xviiie s.).]

34962. Fricourt (L'abbé). — Extrait de la chronique de Pierre Leprêtre, abbé de Saint-Riquier [xve s.], p. 326.

34963. Coussemaker (Edmond de). — Inventaire fait en 1790 des objets se trouvant au refuge de Saint-Bertin à Bourbourg, p. 336.

34964. Dard (Le baron). — *Hesdinum, Hisdinum, Hesdinium castrum ad flumen Quantiæ (charta Phil. Aug. a. 1191), Helena vicus* (?), Hesdin, ville forte de France, sur la Canche (Pas-de-Calais), p. 339.

[Origine de l'imprimerie à Hesdin.]

34965. Deschamps de Pas (Louis). — Charte concernant la confrérie des sayetteurs d'Arras [lettres d'institution, 1500], p. 342.

34966. Giry (A.). — Le Boulonnois et le Ternois, p. 347.

34967. Beaulaincourt (A. de). — Du *vicus Helena* de Sidoine Apollinaire, p. 380.

34968. Liot de Nortbécourt (Edmond). — Saint Trevorius à Thérouanne vers l'an 520, p. 396 et 428.

34969. Robert (L'abbé). — Documents inédits touchant les limites de la ville d'Hesdin et du bourg de Marconne [1583], p. 445.

34970. [Brandt de] Galametz (De). — Pièces diverses concernant Térouane et Boulogne [actes de notoriété, baux, procurations, etc., 1470, 1553 et 1554], p. 448.

34971. Anvin de Hardenthun (D'). — Charte d'Anselme, comte de Saint-Pol [xiie s.], p. 452.

34972. Deschamps de Pas (Louis). — Notes sur des découvertes récentes faites à Andres [tombes du xiiie s.], p. 476.

34973. Fromentin (L'abbé). — Alexandre Desplanque [Alexandre-Joseph, 1835 † 1871], archiviste en chef du département du Nord, son œuvre et sa vie, p. 483.

34974. Lion (J.). — Extrait du nouveau terrier de la terre et seigneurie de Floyecques [notes généalogiques], p. 499.

34975. Laplane (Henri de). — Charte de Milon, évêque des Morins (1153) [et lettres de Henri IV, roi d'Angleterre, au sujet de Thomas Shirburn, 1402], p. 509.

34976. Laplane (Henri de). — Découverte archéologique [sépultures gallo-romaines à Monnecove], p. 511.

34977. Laplane (Henri de). — MM. de Valbelle, 15e, 16e et 17e évêques de Saint-Omer, bienfaiteurs des pauvres de cette ville, de 1684 à 1754, p. 521.

34978. Apollinaire (Le P.). — Essai sur les Franciscaines hospitalières et gardes-malades depuis le xiiie siècle jusqu'à la Révolution française, p. 564.

34979. Laplane (Henri de). — Établissement d'un hôpital général en la ville de Saint-Omer (1699, 1700, 1703), p. 610.

34980. Bonvarlet (A.). — Note sur les documents que possédait Alexis Monteil relativement à l'Artois et à la Basse-Picadie, à la Flandre et aux autres provinces des Pays-Bas, p. 624.

34981. Deschamps de Pas (Louis). — Note sur un manuscrit provenant du couvent de Sainte-Catherine à Saint-Omer, p. 633.

[Antiphonaire (1602); charte de fondation du couvent (1441).]

34982. Laplane (Henri de). — L'abbaye de Saint-André-aux-Bois, p. 648.

[Antoine Boubert, vingt-sixième abbé (1660 † 1736); donation des sires de Brimeu (1204).]

34983. Laplane (Henri de). — Déclaration de Charles VIII, roi de France, au sujet de l'assiette de l'impôt en Artois (1489), p. 654.

V. — **Bulletin historique trimestriel,** années 1872 à 1876, V^e vol. (Saint-Omer, 1877, in-8°, 608 p.)

34984. Deschamps de Pas (Louis). — Note sur une monnaie gallo-belge, *pl.*, p. 18.

34985. Giry (A.). — Relation du siège de Saint-Omer (1638) [d'après la lettre du procureur général A. Brun], p. 21.

34986. Laplane (Henri de). — Chronique de Jacques Genelle, xviie siècle, p. 25 et 179. — Cf. n° 34995.

[Sièges de Thérouanne et de Hesdin au xvie siècle, etc.]

34987. Laplane (Henri de). — Les officiers du bailliage de Saint-Omer contre les mayeurs et échevins de cette ville en 1556; règlement de police, juridiction, attribution, etc., p. 54.

34988. Laplane (Henri de). — Fressin, Créquy et leurs seigneurs, p. 84.

[Chevaliers français tués à Azincourt.]

34989. Deschamps de Pas (Louis). — Siège de Bapaume en 1543, p. 110.

34990. Robert (L'abbé). — Maison de Robecq, p. 119.

34991. Rosny (Eugène de). — L'ancien terrier de Tournehem [1542], p. 153.

34992. Laurent (L'abbé). — [Emplacement de] Quentowic, p. 163 et 255.

34993. [Le Sergeant] de Monnecove (Félix). — Numismatique [notice sur des monnaies gauloises], p. 175.

34994. Le Sergeant de Monnecove (Félix). — Inventaire sommaire des registres de l'abbaye de Saint-Bertin, à Saint-Omer, existant au dépôt des archives départementales du Pas-de-Calais [xve-xviiie s.], p. 217.

34995. Le Sergeant de Monnecove (Félix). — La chronique de Jacques Genelle, p. 249. — Cf. n° 34986.

34996. [Henneguier (Ch.).] — Notes sur Bellefontaine [bailliage royal du Boulonnais], p. 253.

34997. Robert (L'abbé). — Plainte adressée par les religieux de l'abbaye de Saint-Jean-au-Mont, près Thérouanne, contre Danois de Chocques [1384], p. 289.

34998. Le Sergeant de Monnecove (Félix). — Sur des statères atrébates et des monnaies mérovingiennes trouvés à Étaples, à Frévent et à Gennes-Iverny, p. 298.

34999. Deschamps de Pas (Louis). — Sur l'exposition d'objets d'art religieux à Lille en 1874, p. 308.

35000. Van Robais (A.). — Les comtes de Ponthieu ont-ils battu monnaie à Quentowic? p. 317.

35001. [Le Sergeant] de Monnecove (Félix). — Note sur une trouvaille de monnaies faite à Renty [xve et xvie s.], p. 321.

35002. Pagart d'Hermansart (E.). — Seninghem; foire établie en 1333; Baudouin de Renty, seigneur de Seninghem, p. 349.

35003. Pagart d'Hermansart (E.). — Lettres royales de confiscation du xve siècle; Philippe de Croy, seigneur de Seninghem; Philippe de Crèvecœur, maréchal d'Esquerdes, p. 355.

[Confiscation de Renty et de Seninghem (1477).]

35004. [Le Sergeant] de Monnecove (Gaston). — Description de quelques sculptures en albâtre, œuvre du sculpteur Jacques Dubrœucq, à Saint-Omer [xviie s.], p. 359.

35005. Vallée (Georges). — Sur François de Noyelle, le premier gouverneur de Hesdin [† 1562], p. 368.

35006. [Le Sergeant] de Monnecove (Gaston). — Sur des haches en silex trouvées à Batavia, près d'Arques, p. 382.

35007. Deschamps de Pas (Louis). — Sur une fondation faite par Wallerand Peppin dans la chapelle de Notre-Dame-des-Miracles à Saint-Omer [1487], p. 383.

35008. Robert (L'abbé). — Notice ou étude sur les cloches, leur origine, leur destination, les souvenirs qu'elles rappellent [inscriptions de cloches du Pas-de-Calais], p. 389. — Cf. n° 35009.

35009. Deschamps de Pas (Louis). — Appendice [sonnerie de la tour de la cathédrale de Saint-Omer, xve s], p. 401. — Cf. n° 35008.

35010. Marsy (Arthur de). — Trois chartes sur l'Artois tirées de la collection de M. A. de Marsy, p. 417.

[Approbation par Guillaume II, comte de Boulogne, d'une cession faite à l'abbaye de Beaulieu par Aitrope (xiie s.); sentence rendue par Thibault d'Heilly, évêque d'Amiens, sur la querelle née entre l'abbaye de Cercamps et la maison de Saint-Ladre de Doullens (1186); vente faite par Ogrin, vavasseur de Verton à Garnier Arondal (1222).]

35011. Vallée (Georges). — Extraits des manuscrits n°s 885 et 886 de la bibliothèque de Douai, intitulés : le premier, *Recueil d'épitaphes et d'armoiries de France et des Pays-Bas;* le deuxième, *Recueil des anciens tombeaux, épitaphes et des sépultures de la pluspart des églises des provinces d'Artois, Flandres, Hainaut* (1740), et autres extraits du manuscrit n° 888 de la même bibliothèque, p. 423.

[Épitaphes tirées des Chartreux à Saint-Omer et hors de Saint-Omer, Saint-Bertin, Aire, Bapaume, Béthune, Gonnehem, Montbernachon, Saint-André-lez-Aire, Tramecourt, Ruisseauville, Chocque-lez-Béthune, Bois-Bernard, Faucquemberghe, Mamez, Witre, Thérouanne.]

35012. Vallée (Georges). — Sur dom Joseph Doye, prieur de Saint-Georges-lez-Hesdin (1676 et 1692), p. 442.

35013. [Le Sergeant] de Monnecove (Félix). — Sur une gravure représentant le siège de Thérouanne en 1537, p. 447.

35014. Preux (Auguste). — Sur l'inscription de la cloche de Grigny (1442), p. 452.

35015. Lion (J.). — Sur le sceau de Jehan Le Vasseur, sergent au bailliage de Hesdin, vers 1390, p. 454.

35016. Vallée (Georges). — Sur le chanoine Charles-Joseph Hennebert [xviiie s.], p. 455.

35017. Deschamps de Pas (Louis). — Sur les armes d'Antoine Fiué de Brianville, abbé de Clairmarais [xviiie s.], p. 457.

35018. Vallée (Georges). — Testament de Jacques Blazœus, sixième évêque de Saint-Omer [1616], p. 461.

35019. Deschamps de Pas (Louis). — Sur diverses inscriptions relatives à la famille d'Averhoult dans l'église de Saint-Denis, à Saint-Omer [xvie et xviie s.], p. 476. — Cf. n°s 35029 et 35031.

35020. Vallée (Georges). — Inscriptions des dalles funéraires qui se trouvaient autrefois dans l'église d'Auchy-les-Moines, ancienne chapelle de l'abbaye, et quelques mots sur la cloche [xviiie s.], p. 482.

35021. [Le Sergeant] de Monnecove (Gaston). — Sur une seille de l'époque franque, p. 485.

35022. Barthélemy (Ed. de). — Sur le passage du duc d'Orléans à Saint-Omer en 1440, p. 489.

35023. Bailliencourt (G. de). — Rapport sur le mémoire de M. J. Lion concernant d'anciennes voies de communication de la Morinie, p. 495.

35024. Beaulaincourt (A. de). — Note sur quelques découvertes faites à Vaudricourt, près de Béthune [haches celtiques et débris d'une habitation romaine], p. 501.

35025. Legrand (Albert). — Sur des plumes métalliques romaines et du moyen âge, p. 514.

35026. Vallée (Georges). — Note sur Mᵉ Nicole de Bours (*Bursius*), auteur de l'*Aggrégatoire de Monstroeul*, imprimé à Hesdin en 1512 et 1517, p. 521.

35027. Vallée (Georges). — Règlement au sujet du siège de la ville d'Hesdin, du 24ᵉ de may 1639, p. 527.

35028. Brécourt (De). — Petit abrégé de chronique de la ville de Saint-Venant, par Jean Beaudelle, prêtre dudit Saint-Venant [réimpression de l'imprimé de 1688], p. 533.

35029. Imbert de La Phalecque. — Sur la généalogie de la famille d'Averhoult, p. 543. — Cf. n° 35019.

35030. Deschamps de Pas (Louis). — Extraits du manuscrit n° 799 de la bibliothèque de Saint-Omer, p. 561 et 585.

[«Promptuaire de tout ce qui est advenu plus digne de mémoire depuis l'an 1500, recueilli par fr. Jean Ballin, religieux à Clermaretz, 1588.»]

VI. — **Bulletin historique trimestriel**, années 1877 à 1881, VIᵉ vol. (Saint-Omer, 1882, in-8°, 735 p.)

35031. Robert (L'abbé) et Imbert de La Phalecque. — Sur la généalogie de la famille d'Averhoult, p. 15. — Cf. n° 35019.

35032. Deschamps de Pas (Louis). — Indication des localités comprises dans l'étendue du bailliage de Saint-Omer au commencement du xviiiᵉ siècle, p. 23.

35033. Bonvarlet (A.). — Saint Liévin et l'âme de l'imprimeur audomarois Charles Boscard, p. 33.

35034. Vallée (Georges). — Bénédiction de deux cloches de la paroisse de Saint-Georges-lez-Hesdin [1730], p. 35.

35035. Legrand (Albert). — Ancien hôtel de la prévôté du chapitre de Saint-Omer, sa distribution intérieure, ses meubles, son argenterie, sous l'administration de François de Melun, évêque de Thérouanne et prévôt dudit chapitre en 1521, p. 45.

35036. Lauwereyns de Roosendaele (L. de). — Discussions entre l'échevinage et le châtelain de Pernes (1768-1773), p. 67.

35037. Cordonnier (J.). — Sur un accord de prières conclu entre l'abbaye de Saint-Jean-au-Mont et le prieuré de Saint-André-lez-Aire (1590), p. 76.

35038. Brécourt (De). — Sur le récit de la bataille d'Azincourt contenu dans le manuscrit dit de Tramecourt, p. 78 et 212.

35039. Richard (J.-M.). — Confrérie des archers de Saint-Sébastien de Fauquembergues [xvᵉ-xviiiᵉ s.], p. 81.

35040. Le Sergeant de Monnecove (Félix). — Privilèges accordés aux habitants de Fauquembergues (mai 1222), p. 103.

35041. Legrand (Albert). — Sur une tombe gallo-romaine découverte au milieu des marais de Saint-Omer, p. 111.

35042. Fromentin (L'abbé). — Sur des poteries et des médailles gallo-romaines trouvées à Brimeux, p. 118.

35043. Vallier (G.). — Sur un traité de blason par Jean Fauchet de Saint-Omer [xviᵉ s.], p. 121.

35044. Haigneré (L'abbé D.). — Charte communale de la ville de Desvres [1383], p. 127.

35045. Legrand (Albert). — Sur la médaille de Saint-Benoît, p. 149.

35046. Deschamps de Pas (Louis). — Sur deux plans de Thérouanne conservés aux Archives départementales (xviᵉ s.), p. 154.

35047. Deschamps de Pas (Louis). — Sur deux sceaux matrices, p. 156 et 274.

[Couvent de Notre-Dame-du-Soleil de Saint-Omer (1599); Terveren (xvᵉ s.).]

35048. Brécourt (De). — Note sur une pierre tombale de l'église de Saint-Venant [Pierre Renac de Figeac, † 1731], p. 173.

35049. [Brandt de] Galametz (De). — Lettres d'accord sur le traité de mariage de Jean, fils du comte de Rethel, et de Marie, fille d'Arnould d'Audenarde [1241], p. 175.

35050. Sagot (D.). — Sur l'inscription de la cloche de Bléquin (1728), p. 181.

35051. Marsy (Arthur de). — La famille de Nesle du Metz à Saint-Venant, p. 187.

35052. Marsy (Arthur de). — Trois documents inédits concernant les évêques de Thérouanne [1228, 1377 et 1384], p. 193.

35053. Vallée (Georges). — Inscriptions diverses, p. 195.

[Églises de Saint-Georges, de Marconne et de Fressin (xviiᵉ et xviiiᵉ s.); épitaphe d'Élisabeth de Vermandois († 1182).]

35054. Fromentin (L'abbé). — Arrêt du Grand-Conseil de Malines qui ordonne à Georges de Lattre, fermier des moulins de l'abbaye de Saint-Bertin, de payer une pension de 1,000 florins à Gonzalès de Alveda, abbé d'Auchy et régent du collège de Saint-Omer, jusqu'à ce qu'il soit possesseur paisible de son abbaye [1653], p. 201.

35055. Fromentin (L'abbé). — Billet mortuaire de dom Frevier, abbé d'Auchy (14 mai 1774), p. 207.

35056. Le Sergeant de Monnecove (Félix). — Siège de Thérouanne et trêve de Bomy en 1537 [lettres de John Hutton], p. 217.

35057. Deschamps de Pas (Louis). — Le pape Urbain V concède à Jean V d'Ypres, cinquante-huitième abbé de Saint-Bertin, le droit de se servir d'un autel portatif (1366), p. 259.

35058. Lion (J.). — Sur les inscriptions de l'église d'Auchy [xviiᵉ et xviiiᵉ s.], p. 275.

35059. Deschamps de Pas (Louis). — Quelques monnaies inédites [du moyen âge; ateliers de Saint-Omer et de Montreuil; monnaies de Béthune et des comtes de Guines], *pl.*, p. 281.

35060. LION (J.). — Les mayeurs d'Hesdin-Fort, p. 298.

35061. DECROOS (P.). — Droits féodaux et état d'un domaine féodal en 1707 [terre d'Houdain], p. 321.

35062. HÉRICOURT (Ch. D'). — Pourject pour dresser les escolles dominicalles à Sainct-Omer [XVIe s.], p. 329.

35063. LION (J.). — Listes des gouverneurs et grands baillis d'Hesdin, p. 331.

35064. BEAULAINCOURT (A. DE). — Sur les villages de Houdain, Aix-Noulette et Lestrem, p. 336.

35065. LEGRAND (Albert). — Chute du campanile de l'église cathédrale de Saint-Omer sur la voûte du chœur, en 1606, et conséquences fâcheuses qui en résultent pour le monument, p. 350.

35066. SAGOT (D.). — Sur une inscription de Lottinghem [1711], p. 368 et 442.

35067. BUTOR. — Sur les monnaies d'or impériales et royales trouvées à Audincthun (XIVe s.), p. 369.

35068. ROBERT (L'abbé). — Notice historique sur l'ancien refuge de l'abbaye de Saint-André-au-Bois à Hesdin [XVIIe s.], p. 385.

35069. RICHARD (J.-M.). — Pièces relatives aux suites de la révolte des bourgeois de Saint-Omer contre la comtesse d'Artois, en 1306, p. 397.

35070. VAN DER ELST (C.). — Recherches d'un port inconnu : *Æpatiacus*, p. 399.

35071. DESCHAMPS DE PAS (Louis). — Une planche gravée représentant sainte Berthe, fondatrice de l'abbaye de Blangy [1723], p. 407 et 483.

35072. LE SERGEANT DE MONNECOVE (Félix). — Trouvailles de monnaies d'or [XVe et XVIe s.] aux environs de Guines, p. 416.

35073. LE SERGEANT DE MONNECOVE (Félix). — Sur le monument de Maximilien Ier dans l'église des Franciscains d'Innsbrück (XVIe s.), p. 418.

35074. IMBERT DE LA PHALECQUE. — Des quartiers de noblesse, p. 423.

35075. BAILLIENCOURT (G. DE). — Sur l'inscription funéraire d'Isabelle-Jeanne-Charlotte Boudens Van der Burg [† 1821], p. 438.

35076. HAIGNERÉ (L'abbé D.). — Le port *Æpatiacus*, p. 451.

35077. BRASSART (Félix). — La sénéchaussée de Saint-Omer d'après un ancien compte du domaine (1355), p. 461.

35078. BRASSART (Félix). — Un compte du fief de la châtellenie de Saint-Omer (1391), p. 465.

35079. DECROOS (P.). — Droit féodal; un procès à l'occasion des droits honorifiques [à Savy, XVIIe s.], p. 495.

35080. DESCHAMPS DE PAS (Louis). — L'enceinte fortifiée de Saint-Omer d'après un document de 1341, p. 501.

35081. LION (J.). — Deux pièces relatives à l'église d'Hesdin, p. 513.

[Patente de l'empereur Charles V pour la construction de la nouvelle église (1554); mémoire pour les paroissiens d'Hesdin contre le chapitre de Saint-Martin de la même ville.]

35082. PAGART D'HERMANSART (E.). — Statistique de Saint-Omer en 1730, p. 529.

35083. LION (J.). — Sur un tumulus situé à Zeauvis, commune du Quesnoy, p. 561.

35084. LAUWEREYNS [DE ROOSENDAELE] (L. DE). — *Habeas corpus* de la bourgeoisie de Saint-Omer au XIVe siècle, étudié dans les épisodes d'un différend entre le bailli Henri Le Maisier et les échevins (1378), p. 565.

35085. LION (J.). — La chaussée Brunehaut d'Amiens à Boulogne, p. 571.

35086. [BRANDT DE] GALAMETZ (DE). — Du commerce du port de Calais en 1320, p. 577.

35087. DESCHAMPS DE PAS (Louis). — Trois pièces inédites, p. 581.

[Siège de Thérouanne (1553); démarches pour l'établissement d'un siège épiscopal à Saint-Omer (1558); lettre de M. de Vendôme au sujet de la terre d'Oye (1558).]

35088. DRAMARD (E.). — Un compte de Beuvry [1302], p. 601.

35089. LAUWEREYNS [DE ROOSENDAELE] (L. DE). — Une lettre de Louis XII aux maire et échevins de Saint-Omer après les États généraux tenus à Tours en 1506, p. 610. — Cf. n° 35100.

35090. PICARD (Ch.). — Rapport sur les sépultures [gallo-romaines] découvertes à Louches, p. 630.

35091. LAUWEREYNS [DE ROOSENDAELE] (L. DE). — Relations du magistrat de Saint-Omer avec le duc de Marlborough campé devant Douai (1710), p. 641.

35092. BUTOR. — Sur la tombe de Jean Desplancques, religieux de Saint-Bertin [† 1599], p. 651.

35093. LE SERGEANT DE MONNECOVE (Félix). — Chartes inédites du prieuré de Renty [1168-1295], p. 663.

35094. LION (J.). — Serment pour les bourgeois [d'Hesdin, 1607], p. 698.

35095. DESCHAMPS DE PAS (Louis). — Note sur une découverte de monnaies d'or [à Fontaine-lez-Boulans, XVIe s.], p. 703.

35096. LAUWEREYNS DE ROOSENDAELE (L. DE). — La gazette d'un échevin de Saint-Omer [Marissal], député des États d'Artois à la Haye pendant les conférences de Gertruydenberg en 1710, p. 711.

VII. — Bulletin historique trimestriel, années 1882 à 1886, VIIe vol. (Saint-Omer, 1887, in-8°, 736 p.)

35097. [DESCHAMPS DE PAS (Louis).] — Note sur le lieu de naissance de Suger, p. 15.

35098. LAUWEREYNS DE ROOSENDAELE (L. DE). — Cinq lettres tirées de la correspondance du magistrat de Saint-Omer et relatives aux funérailles de la reine Marie-Thérèse, épouse de Louis XIV [1683], p. 19.

[Lettres de Louis XIV, Louvois et de Breteuil.]

35099. DESCHAMPS DE PAS (Louis). — La porte Sainte-Croix à Saint-Omer, p. 23.

35100. LAUWEREYNS DE ROOSENDAELE (L. DE). — Note explicative sur la lettre de Louis XII aux maire et échevins de Saint-Omer après les États généraux tenus à Tours en 1506, p. 30. — Cf. n° 35089.

35101. Lauwereyns de Roosendaele (L. de). — Le prévôt de Notre-Dame et le magistrat dans le gouvernement des écoles publiques à Saint-Omer en 1366, p. 51.

35102. Deschamps de Pas (Louis). — Attaque de Saint-Omer en 1594; extrait du *Diarium* des Jésuites wallons de Saint-Omer, p. 59.

35103. Lauwereyns de Roosendaele (L. de). — Trois copies de lettres (de Henri IV, de M. du Perron et de M. du Plessis) et une relation sous forme de note de la dispute théologique de Fontainebleau, du 4 mai 1600, p. 77.

35104. Bled (L'abbé O.). — Trois lettres extraites de la correspondance du magistrat de Saint-Omer, ayant trait au commencement des troubles des Pays-Bas, p. 85.

[Lettres de Robert Borne, Anglais arrêté à Calais (1570-1572).]

35105. Deschamps de Pas (Louis). — Réception faite par les chanoines de Saint-Omer aux chanoines de Thérouanne après la chute de cette ville [1554], p. 91.

35106. Deschamps de Pas (Louis). — Sur la tombe d'un moine de Bergues-Saint-Winnoc dans l'église de Wemaërs-Cappel (xve s.), p. 99.

35107. Bled (L'abbé O.). — Notice sur la cloche de l'église de Saint-Denis à Saint-Omer [1765], p. 114.

35108. Pagart d'Hermansart (E.). — Les montgolfières à Saint-Omer en 1784, p. 130.

35109. Bled (L'abbé O.). — La bancloque de Saint-Omer [cloche de l'échevinage], *pl.*, p. 149. — Cf. n° 35112.

35110. Lauwereyns [de Roosendaele] (L. de). — L'imprimerie à Saint-Omer [François Boscart et François Bellet, xvie-xviie s.], p. 177, 198 et 234.

35111. Du Hamel. — Coutume des habitants des faubourgs du Haut-Pont et de Lyzel [à Saint-Omer] jusque vers 1825, p. 183.

35112. La Prairie (De). — Au sujet de la bancloque de Saint-Omer, p. 191. — Cf. n° 35109.

35113. Pagart d'Harmansart (E.). — Note sur les anciennes archives des greffes criminel, de police et des vierschaires à Saint-Omer, p. 192.

35114. Bled (L'abbé O.). — Sur l'imprimeur François Bellet à Saint-Omer [xviie s.], p. 194.

35115. Lepreux (Jules). — Note sur un fragment d'épistolaire [farci] du xiiie siècle, p. 196.

35116. Pagart d'Hermansart (E.). — L'ancienne chapelle de Saint-Omer dans l'église Notre-Dame de Saint-Omer et le chanoine Guilluy [clôtures de la chapelle, xviie s.], p. 205.

35117. Lepreux (Jules). — Note sur la cloche de Notre-Dame-des-Miracles [à Saint-Omer, xiiie s.], p. 226.

35118. [Bled (L'abbé O.).] — Une lettre de Méchain, membre de l'Académie des sciences [8 pluviôse an xi], p. 230.

35119. Deschamps de Pas (Louis). — Le missel d'Odoard de Bersaques [xvie s.], p. 240.

35120. Bled (L'abbé O.). — Une bibliothèque de chanoine au xve siècle [Jacques de Houchain, chanoine de Saint-Omer, † 1480], p. 265.

35121. Dramard (E.). — Le cartulaire de Gosnay [xve-xvie s.], p. 282.

35122. Deschamps de Pas (Louis). — Une rectification [inscription dans l'église des Jésuites à Saint-Omer relative aux saints Disole et Recesse, xvie s.], p. 291. — Cf n° 34307.

35123. Bled (L'abbé O.). — Cérémonial de la réparation pour *burgaige* [offense contre un bourgeois] à Saint-Omer en 1318, p. 309.

35124. Brandt de Galametz (De). — Rapport fait au roi par l'abbesse de l'abbaye de Sainte-Colombe de Blandecques [revenus de l'abbaye au xve s.], p. 313.

35125. Brandt de Galametz (De). — Une élection d'abbé à Saint-Augustin-lez-Térouane en 1755, p. 316.

35126. Deschamps de Pas (Louis). — Le trépas du bon duc Philippe de Bourgogne en sa ville de Bruges [15 juillet 1467], p. 320.

35127. Marsy (Arthur de). — Sur une ancienne cloche de l'église de Cavron (1631), p. 342.

35128. Loriquet (Henri). — Règlement du xiiie siècle sur la Madeleine de Saint-Omer, p. 347.

35129. Rougé (Hervé de). — Saint-Omer-en-Chaussée, canton de Marseille (Oise), p. 354.

35130. Argoeuves (X. d'). — Relation sommaire de la bataille de Cassel, le 11 avril 1677, p. 357.

35131. Haigneré (L'abbé D.). — Deux actes inédits de l'officialité de Thérouanne [xiiie s.], p. 373.

35132. Deschamps de Pas (Louis). — Le reliquaire du chef de Saint-Omer dans l'église collégiale de ce nom, aujourd'hui église de Notre-Dame à Saint-Omer [1463], p. 377.

35133. Baecker (L. de). — Lettre du P. Pelletier, chanoine régulier des Deux-Amans, au P. Maran, bénédictin, pour prouver que saint Prudence n'est pas l'auteur des Annales de Saint-Bertin, p. 387.

35134. Deschamps de Pas (Louis). — Titre de fondation de la chapelle de Rihoult [1189], p. 391.

35135. Enlart (Camille). — Note sur le cimetière gallo-romain et le cimetière franc d'Airon-Saint-Vaast, près Montreuil, p. 412.

35136. Deschamps de Pas (Louis). — Troubles excités à Saint-Omer par les patriotes en 1578 [d'après le *Diarium* des Jésuites de Saint-Omer], p. 416.

35137. Lion (J.). — Sur une cloche de Cavron [1508], p. 427.

35138. Janvier. — Sur un cachet des francs-maçons de Saint-Omer, p. 431.

35139. Van Zeller d'Oosthove. — Sur la tombe d'Adrien de Lières [xviie s.], p. 435.

35140. Bled (L'abbé O.). — Un dernier mot sur Simon Ogier [xvie s.], *tableau généalogique*, p. 437.

35141. Bled (L'abbé O.). — Un reliquaire de l'ancienne cathédrale de Thérouane [xive s.], *pl.*, p. 477.

35142. [Pagart d'Hermansart (E.).]. — Les lieutenants généraux au bailliage d'Ardres (1568-1790), p. 481.

35143. [Brandt de] Galametz (De). — Extrait du registre des sommes payées aux officiers de la comté d'Artois, gens d'armes et autres y demeurants (1296-1298), p. 509.

35144. Dard (Le baron). — Biographie artésienne [Robert de Grospré, médecin, xvie s.], *pl.*, p. 513.

35145. Haigneré (L'abbé D.). — Deux chartes inédites des évêques de Thérouanne [xiie s.], p. 519.

35146. Pagart d'Hermansart (E.). — Le sol de Thérouanne de 1553 à 1776, p. 525.

35147. Deschamps de Pas (Louis). — Note sur l'envoi à la monnaie de Lille, en 1690, des pièces d'argenterie provenant de la cathédrale et de la chapelle de Notre-Dame-des-Miracles, p. 529.

35148. Lion (J.). — Sur des inscriptions tumulaires du cimetière de Hesdin [xixe s.], p. 550.

35149. Bled (L'abbé O.). — Trois lettres de Philippe II [1575 et 1579], p. 554.

[Départ de don Juan; promesse de défendre Saint-Omer.]

35150. [Le Sergeant] de Monnecove (Félix). — Inventaires des objets existant en 1383 dans les châteaux d'Aire, de Tournehem et de la Montoire, p. 561.

35151. Deschamps de Pas (Louis). — Louis XV à Saint-Omer; sa réception à la cathédrale (1744), p. 565.

35152. Bled (L'abbé O.). — Sur l'église d'Acquin, ancien prieuré de Saint-Bertin [xive ou xve s.], p. 588.

35153. Coyecque (Ernest). — Comptes du xive siècle concernant quelques terres situées en Artois [Remy, Tournehem et la Montoire], p. 591 et 634.

35154. Legrand (Ch.). — La statue en argent de la confrérie de Notre-Dame-des-Miracles à Saint-Omer [1617], p. 617.

35155. Deschamps de Pas (Louis). — Cession du collège des Bons-Enfants à Saint-Omer [1699], p. 657.

35156. Argoeuves (X. d'). — Sur l'épitaphe de Louis de Renty [† 1539], p. 665.

35157. Pagart d'Hermansart (E.). — Hospice de Blessy et de Liettres dans l'ancien bailliage d'Aire-sur-la-Lys, p. 676.

35158. Haigneré (L'abbé D.). — Donation à l'abbaye d'Arrouaise d'une terre située à Vieille-Église par la reine Mathilde, comtesse de Boulogne [1141], p. 682.

35159. Deschamps de Pas (Louis). — Le bréviaire de Saint-Omer; adoption en 1767 du bréviaire parisien, p. 686.

35160. Bled (L'abbé O.). — Mise en commande de l'abbaye de Saint-Bertin (1763-1764), p. 705.

IMPRIMERIE NATIONALE.

PUY-DE-DÔME. — CLERMONT-FERRAND.

ACADÉMIE DES SCIENCES, BELLES-LETTRES ET ARTS.

La *Société des sciences, belles-lettres et arts de Clermont-Ferrand*, ou *Société littéraire*, fut fondée en 1747, et l'on peut suivre ses travaux, année par année, grâce à une série de petits catalogues qu'elle a publiée et que possède la Bibliothèque de Clermont-Ferrand. Elle fut autorisée, par lettres patentes de mai 1780, à prendre le titre de *Société royale;* elle fut dissoute à la Révolution.

Au commencement du XIXe siècle, on essaya de la ressusciter en fondant la *Société d'agriculture et des arts.* Cette nouvelle compagnie fut reconstituée par arrêté préfectoral du 21 février 1818 sous le nom de *Société d'encouragement des belles-lettres, sciences et arts de la ville de Clermont.*

En 1823, se forma, à Clermont, une autre société savante sous le titre de *Société académique de géologie, minéralogie et botanique de l'Auvergne.* Mais, dès l'année suivante, un arrêté préfectoral du 12 juillet 1824 fondit en une seule compagnie l'ancienne *Académie* qui n'existait plus que de nom, la *Société d'encouragement* et la *Société académique* sous le titre de *Société libre des sciences, belles-lettres et arts de Clermont-Ferrand.* Une ordonnance royale du 11 février 1829 conféra à cette société le titre d'*Académie des sciences, belles-lettres et arts de Clermont-Ferrand.*

La Société des sciences n'a publié jusqu'à la Révolution qu'un petit nombre de dissertations ou d'éloges sous forme de pièces isolées; nous donnons sous les nos 35161 à 35165 l'indication de celles de ces pièces que nous avons pu retrouver.

L'Académie de Clermont ne paraît avoir rien fait paraître antérieurement au mois de mars 1829. A cette date, elle prit la direction des *Annales scientifiques, industrielles et statistiques de l'Auvergne* dont la publication avait été entreprise en 1828 par M. H. Lecoq, secrétaire de la section des sciences de l'Académie. La collection des *Annales* comprend 31 volumes et s'arrête à 1858. Depuis 1859, les publications de l'Académie portent le titre de *Mémoires.* Cette nouvelle série comptait 27 volumes à la fin de 1885. En outre, l'Académie de Clermont fait paraître, depuis 1881, un *Bulletin historique et scientifique*, qui formait 5 volumes en 1885. Enfin, pour ne rien omettre, nous avons indiqué sous les nos 35166 à 35169, plusieurs ouvrages importants publiés sous les auspices de l'Académie ou tirés à part de ses *Mémoires.*

Sur l'histoire de cette société avant la Révolution, on peut consulter le no 35392.

35161. Dufraisse. — Dissertation sur les anciens monuments qui se trouvent à Bains, village du Mondor en Auvergne. (Clermont, 1748, pet. in-8°, 10 p. et 2 *pl.*)

35162. Micolon de Blanval (L'abbé). — Éloge de M. de Moras, ministre d'État, lu dans l'assemblée publique de la Société des sciences, belles-lettres et arts de la ville de Clermont-Ferrand, le 25 août 1771. (Clermont, s. d. [1771], pet. in-8°, 42 p.)

35163. Micolon de Blanval (L'abbé). — Éloge de M. Tournardre, avocat, et du P. Sauvade, minime, lu dans l'assemblée publique de la Société des sciences, etc. le 25 août 1772. (Clermont, 1772, in-8°, 35 p.)

35164. Micolon de Blanval (L'abbé). — Éloge du P. Guerrier, prêtre de l'Oratoire, et de M. Garmages, curé de Saint-Pierre, lu dans l'assemblée publique de la Société des sciences, etc., le 25 août 1773. (Clermont, 1773, pet. in-8°, 24 p.)

35165. Micolon de Blanval (L'abbé). — Éloge de messire François-Marie Lemaistre de La Garlaye, évêque de Clermont, comte de Lyon, etc., lu dans l'assemblée publique de la Société des sciences, etc., le 25 août 1777. (Clermont, 1777, in-8°, 27 p.)

35166. Doniol (Henri). — Cartulaire de Brioude [*Liber de honoribus Sancto Juliano collatis*], publié par l'Académie des sciences, belles-lettres et arts de Clermont-Ferrand, avec des notes et des tables. (Clermont-Ferrand et Paris, 1863, in-4°, 385 p.)

[Tirage à part des *Mémoires de l'Académie de Clermont-Ferrand.* — Cf. id. no 35324.]

35167. Doniol (Henri). — Cartulaire de Sauxillanges, publié par l'Académie des sciences, belles-lettres et arts de Clermont-Ferrand, avec des notes et des tables. (Clermont-Ferrand et Paris, 1864, in-4°, 740 p.)

[Tirage à part des *Mémoires de l'Académie de Clermont-Ferrand.* — Cf. id. no 35325.]

35168. Olleris (A.). — Œuvres de Gerbert, pape sous le nom de Sylvestre II, collationnées sur les manuscrits, précédées de sa biographie, suivies de notes critiques et historiques. (Clermont-Ferrand et Paris, 1867, in-4°, ccv et 607 p. avec *pl.*) — Cf. n° 35330.

35169. Mège (Francisque). — Documents inédits sur la Révolution française. Correspondance de Georges Couthon, député du Puy-de-Dôme à l'Assemblée législative et à la Convention nationale (1791-1794), suivie de l'*Aristocrate converti*, comédie en deux actes de Couthon. (Paris, Aubry, 1872, in-8°, 391 p.)

[Tirage à part des *Mémoires de l'Académie de Clermont-Ferrand*. — Cf. id. n° 35393.]

35170. Bouillet (J.-B.). — Description archéologique des monuments celtiques, romains et du moyen âge du département du Puy-de-Dôme, classés par arrondissements, cantons et communes. (Clermont-Ferrand, 1874, in-8°, 268 p.)

[Tirage à part des *Mémoires de l'Académie de Clermont-Ferrand*. — Cf. id. n° 35405.]

I. — **Annales scientifiques, industrielles et statistiques de l'Auvergne**, par H. Lecoq, t. I, 1828. (Clermont-Ferrand, s. d., in-8°, 592 p.)

35171. Bouillet (J.-B.). — Notice lue à la section des sciences de l'Académie de Clermont, le 12 mars 1827, p. 97.

[Découverte de médailles romaines à Saint-Beauzire (Puy-de-Dôme).]

35172. Bouillet (J.-B.). — Numismatique, p. 194.

[Découverte de monnaies françaises du XVe et du XVIe s. près de Blanzat.]

35173. Berthier. — Analyse de la poterie [rouge antique] de Gergovia, p. 357.

II. — **Annales scientifiques, littéraires et industrielles de l'Auvergne**, publiées par l'Académie des sciences, belles-lettres et arts de Clermont-Ferrand sous la direction de M. H. Lecoq, t. II, 1829. (Clermont-Ferrand, s. d., in-8°, 584 p.)

35174. Blanqui (Adolphe). — Extrait de la relation d'un voyage dans le midi de la France pendant les mois d'août et de septembre 1829, p. 1.

35175. Chasteau du Breuil. — Éloge historique de M. [Antoine] Bergier, ancien jurisconsulte [1742 † vers 1826], p. 117.

35176. Gattier. — Notes sur la Guyane française, les mœurs et les habitudes des indigènes, p. 534.

III. — **Annales scientifiques, littéraires et industrielles de l'Auvergne**, etc., t. III, 1830. (Clermont-Ferrand, s. d., in-8°, 576 p.)

35177. Peghoux (Dr A.). — Rapport sur un fossile humain trouvé dans un travertin, près des Martres de Veyre, et sur deux notices envoyées à ce sujet, à l'Académie, par MM. Bravard et l'abbé Croizet, p. 1. — Cf. n° 35178.

35178. Croizet (L'abbé). — Note additionnelle sur le sujet précédent, *pl.*, p. 19. — Cf. n° 35177.

35179. Lecoq (H.). — Description de la montagne de Puy-de-Dôme, p. 481 et 529. — Cf. n° 35180.

IV. — **Annales scientifiques, littéraires et industrielles de l'Auvergne**, etc., t. IV, 1831. (Clermont-Ferrand, s. d., in-8°, 572 p.)

35180. Lecoq (H.). — Description de la vallée de Royat et de Fontanat, faisant suite à la description du Puy-de-Dôme, p. 1. — Cf. n° 35179.

35181. Tournal fils. — Observations sur les ossements humains et les objets de fabrication humaine confondus avec des ossements de mammifères appartenant à des espèces perdues, p. 209.

[Cavernes à ossements de Bise, près Narbonne (Aude).]

35182. Gonod (B.). — Notice sur le château de Tournoelle [commune de Volvic (Puy-de-Dôme)], p. 224.

35183. Gonod (B.). — Trois mois de l'histoire civile de Clermont en 1481, p. 385.

[Droit de consulat accordé à la ville; gouvernement de Jean de Doyat; prédications d'Antoine de Bosco.]

35184. Bouillet (J.-B.). — Itinéraire minéralogique et historique de Clermont-Ferrand à Aurillac, par Massiac, Saint-Flour, Chaudesaigues et Murat, p. 433, 481 et 529.

[Inscription de 1605 en l'église de Carlat.]

V. — **Annales scientifiques, littéraires et industrielles de l'Auvergne**, etc., t. V, 1832. (Clermont-Ferrand, s. d., in-8°, 483 p.)

35185. Gonod (B.). — Éloge de M. Paul-François Lacoste, de Plaisance, professeur des sciences physiques, conservateur du cabinet de minéralogie et directeur du jardin botanique, à Clermont [1755 † 1826], p. 257.

VI. — **Annales scientifiques, littéraires et industrielles de l'Auvergne**, etc., t. VI, 1833. (Clermont-Ferrand, s. d., in-8°, 504 p.)

35186. Lecoq (H.). — Description du volcan de Pariou, 3 *pl.*, p. 26 et 65.

35187. [Peghoux (Dr A.)]. — Promenade au Cantal [de Clermont à Mauriac et aux principaux sommets du Cantal], p. 321.

35188. Gonod (B.). — Note sur une inscription tumulaire [auprès de Notre-Dame du Port, viie s.], p. 486.

35189. Missoux (Dr). — Note sur une voie romaine [passant sur les hauteurs du Mont-Fournols], p. 489. — Cf. n° 35192.

VII. — Annales scientifiques, littéraires et industrielles de l'Auvergne, etc., t. VII, 1834. (Clermont-Ferrand, s. d., in-8°, 576 p.)

35190. Lecoq (H.). — Promenade à Vaucluse, p. 18.

35191. Lecoq (H.). — Itinéraire de Clermont au Mont-Dore et promenades aux environs des bains, p. 43, 97, 399, 549; VIII, p. 1 et 113. — Cf. n° 35209.

35192. Mathieu (P.-P.). — Observations sur la note envoyée à l'Académie de Clermont par M. Missoux, docteur-médecin à Fournols, au sujet d'une route ancienne découverte dans les montagnes de Saint-Germain l'Herm, p. 331. — Cf. n° 35189.

35193. Culhat-Chassis (C.). — Notice sur les chenilles qui apparurent sur les chanvres en 1826, p. 385.

[Jugements contre des chenilles au xviie s.]

35194. Bayle-Mouillard. — Note sur les premiers papiers timbrés employés en Auvergne [xviie s.], p. 397.

VIII. — Annales scientifiques, littéraires et industrielles de l'Auvergne, etc., t. VIII, 1835. (Clermont-Ferrand, s. d., in-8°, 772 p.)

[35191]. Lecoq (H.). — Itinéraire de Clermont au Mont-Dore et promenades aux environs des bains, p. 1 et 113.

35195. [Lecoq (H.)]. — L'indicateur d'Auvergne ou guide du voyageur aux lieux et monuments remarquables situés dans les départements du Puy-de-Dôme, du Cantal et de la Haute-Loire, p. 241.

35196. [Lecoq (H.)]. — Catalogue des divers ouvrages, mémoires, cartes ou dessins relatifs à l'Auvergne, p. 279.

35197. Mathieu (P.-P.). — Statue romaine découverte, en 1833, entre Veyre et Anthezat, avec une tête de Mercure; notice, *pl.*, p. 364.

35198. Bayle-Mouillard. — Notice sur Emmanuel, baron d'Aubier [1749 † 1835], p. 386.

35199. P. [Peghoux (Dr A.)]. — Sur les épidémies qui ont ravagé l'Auvergne depuis le commencement de l'ère chrétienne jusqu'à nos jours, p. 417.

35200. Thibaud (E.). — De la peinture sur verre ou notice historique sur cet art, dans ses rapports avec la vitrification, 2 *pl.*, p. 667 à 695.

IX. — Annales scientifiques, littéraires et industrielles de l'Auvergne, etc., t. IX, 1836. (Clermont-Ferrand, s. d., in-8°, 572 p.)

35201. Mathieu (P.-P.). — Note sur des pièces d'or trouvées dans les environs de la Sauvetas [xive et xve s.], p. 12.

35202. Thévenot. — Recherches historiques sur la cathédrale [de Clermont-Ferrand], suivies d'un plan de restauration de ses vitraux, 2 *pl.*, p. 14.

35203. Lecoq (H.). — Vichy et ses environs, ou description des eaux thermales et des sites pittoresques qui les entourent, avec quelques considérations sur l'action médicale des eaux, p. 57, 129, 268, 356, 444 et 519.

35204. Roy (J.). — Le tirage ou les sorciers, poème en langue auvergnate [xixe s.], p. 104.

35205. Lecoq (H.). — Chaudesaigues et ses eaux thermales, p. 285.

35206. Allemand. — Essai sur Domat [Jean, jurisconsulte, 1625 † 1696], p. 381.

35207. Croizet (L'abbé). — Courte notice sur la vie et la mort de M. Dubois [Antoine, 1754 † 1836], curé de Saint-Nectaire, p. 481.

X. — Annales scientifiques, littéraires et industrielles de l'Auvergne, etc., t. IX [*lisez* X], 1837. (Clermont-Ferrand, s. d., in-8°, 563 p.)

35208. Missoux (Dr). — Collection de proverbes patois, avec la traduction française au-dessous, p. 5.

35209. Mercier (F.-M.). — Observations [historiques et archéologiques] concernant le canton de Rochefort, sur l'itinéraire de M. H. Lecoq au Mont-Dore et dans les environs, p. 36. — Cf. n° 35191.

35210. Thévenot. — Essai historique sur le vitrail ou observations historiques et critiques sur l'art de la peinture sur verre, considéré dans ses rapports avec la décoration des monuments religieux depuis sa naissance au xiie siècle jusqu'au xixe siècle inclusivement, p. 385.

XI. — Annales scientifiques, littéraires et industrielles de l'Auvergne, etc., t. X [*lisez* XI], 1838. (Clermont-Ferrand, s. d., in-8°, 615 p.)

35211. G. [Gonod (B.)]. — Mémoires de Jehan de Vernyes (1589) [sur l'état de l'Auvergne], p. 15.

35212. Bertrand (P.). — Voyage aux eaux des Pyrénées, p. 188.

[Bordeaux, Pau, Biarritz, les Pyrénées, Eaux-Bonnes, Eaux-Chaudes, Cauterets, Barèges, Bagnères, Luchon, etc.]

XII. — Annales scientifiques, littéraires et industrielles de l'Auvergne, etc., t. XII, 1839. (Clermont-Ferrand, s. d., in-8°, 568 p.)

35213. Mathieu (P.-P.). — Notes sur des objets antiques récemment découverts à Clermont et aux environs [aqueduc, mosaïque, vases, torse], p. 5.

35214. Gonod (B.). — Notice historique de la cathédrale de Clermont [commencée en 1248], p. 32.

[Trésor, ornements et bibliothèque de la cathédrale vers l'an 1000.]

35215. Gonod (B.). — Notice historique du château de Villeneuve [Puy-de-Dôme], p. 102.

[Rigault d'Oureille, baron de Villeneuve (xve-xvie s.); fresques et inscriptions du xvie s.]

35216. Stièvenart. — Harangue de Démosthène pour la Couronne [traduction, notes et variantes], p. 127.

35217. Chasteau du Breuil. — Les guerres religieuses d'Auvergne et le chancelier de l'Hospital (xvie s.), p. 305.

[Entrée de Charles IX à Aigueperse (1566); livrées royales et couleurs nationales.]

35218. [Chasteau du Breuil]. — Notices sur quelques Auvergnats d'élite et sur quelques historiens, p. 471 à 566.

[Le baron de Barante; le premier président Lizet (xvie s.); Anne Du Bourg (1521 † 1559]; Gui Du Faur, seigneur de Pibrac († 1584); Arnoul Du Ferrier († 1585); Jean de Lastic (xvie s.); famille de Lafayette; Christophe de Chavagnac (xvie s.); Jean-Louis de La Rochefoucauld, comte de Randan (xvie s.); Gilbert Génebrard († 1597); Jean Basmaison-Pougnet (xvie s.); Guillaume-Michel Chabrol (1714 † 1792); famille de Chabannes; Raymond Chapt de Rastignac, seigneur de Massillac (xvie s.); Antoine de Chazeron (xvie s.); de Chappes († 1592); Jacques de Villelume, seigneur de Barmontès (xvie s.); de Florac (xvie s.); Jean Arnaud, sieur de Lamothe et de La Besse († 1592); Gilbert Coëffier, marquis d'Effiat († 1595); Jean III, vicomte d'Estaing († 1621); Gilbert de Vény, seigneur d'Arbouze († 1590); famille Chauvigny de Blot; Louis de La Souchères, seigneur de Périgères († 1590); famille Lasalle de Rochemore; de Lavillatte († 1590); le père Sirmond (1559 † 1651); Jean Savaron (1550 † 1622); Sidoine Apollinaire (ve s.); l'abbé Delille (1738 † 1813); Blaise Pascal (1623 † 1662); Jean Domat (1625 † 1696); Agrippa d'Aubigné; Jacques-Auguste de Thou; Palma-Cayet († 1610); Jean de Vernyes (xvie s.); le chanoine Majour (xviiie s.); Dulaure (1755 † 1835); Audigier (xviiie s.)].

XIII. — Annales scientifiques, littéraires et industrielles de l'Auvergne, etc., t. XIII, 1840. (Clermont-Ferrand, s. d., in-8°, 542 p.)

35219. Chasteau du Breuil. — Éloge historique de Marmontel [1723 † 1799], prononcé à l'inauguration de son buste, à Bort, sa ville natale, le 29 septembre 1839, p. 5.

35220. Nivet (V.). — Essai sur les erreurs populaires relatives à la médecine et aux personnes qui exercent l'art de guérir, p. 93.

35221. Le Camus. — Éloge de M. Dutour de Salvert [† 1838], p. 214.

35222. Bouillet (J.-B.). — Notice nécrologique sur M. Culhat-Chassis [Claude, 1744 † 1839], p. 239.

35223. Mathieu (P.-P.). — Documents historiques sur Vic-le-Comte, p. 407.

[Nombre de feux (1380-1401); enquête sur les sièges de 1589 et de 1591; exemption de tailles (1596).]

XIV. — Annales scientifiques, littéraires et industrielles de l'Auvergne, etc., t. XIV, 1841. (Clermont-Ferrand, s. d., in-8°, 471 p.)

35224. Baudin. — Précis historique sur les mines de houille de Brassac depuis leur ouverture jusqu'en 1836, p. 13.

35225. Gonod (B.). — *Notitia de consuetudine precum quas pro successoribus suis apud capitulum facere solent canonici ecclesiæ S. Juliani Brivatensis* [d'après l'imprimé de 1600 environ], p. 185.

35226. Gonod (B.). — Lettre de Henri IV [à M. de Saignies, 23 mars 1589], p. 191.

35227. [Bayle-Mouillard]. — Notice sur la vie et les travaux de M. le baron Grenier [Jean, 1753 † 1841], p. 224.

35228. Anonyme. — [Poésies en patois moderne], p. 308.

[Histoire de saint Benoît; compliment du sauvage à la nymphe et réponse de la nymphe.]

35229. Thévenot. — Rapport sur les monuments historiques du département du Puy-de-Dôme à M. le Ministre de l'intérieur [classement; réparations], p. 452.

XV. — Annales scientifiques, littéraires et industrielles de l'Auvergne, etc., t. XV, 1842. (Clermont-Ferrand, s. d., in-8°, 486 p.)

35230. Barante (Le baron de). — Notice sur la vie et les ouvrages de M. le comte de Montlosier, pair de France, p. 129.

35231. Le Camus. — Note sur une fable de Lafontaine [*Le meunier, son fils et l'âne;* chanson de Nicolas et Jeanne, *pl. de musique*], p. 162.

35232. Cohadon (L'abbé). — Éloge funèbre de Mgr C.-A.-H. Duvalk de Dampierre, évêque de Clermont [1746 † 1833], p. 230; et XVI, p. 300.

35233. Mallay (A.). — Rapport sur les cryptes romanes [origine et disposition], p. 297.

35234. Le Camus. — Mémoire sur l'ordre chronologique

à attribuer à la composition des trois épîtres du IIe livre d'Horace, p. 345. — Cf. n° 35235.

35235. Gonod (B.). — Réponse au mémoire de M. Le Camus sur l'ordre chronologique à attribuer à la composition des trois épîtres du IIe livre d'Horace, p. 367. — Cf. n° 35234.

35236. Thévenot. — Rapport spécial sur l'église de Montferrand à M. le Ministre de l'intérieur, p. 415.

35237. Boutarel (Jules). — Danse macabre de Tallende [panneau sculpté, xive s.], p. 439.

XVI. — Annales scientifiques, littéraires et industrielles de l'Auvergne, etc., t. XVI, 1843. (Clermont-Ferrand, s. d., in-8°, 556 p.)

35238. [Baudin]. — Statistique minérale du département du Cantal, p. 17 à 184.

[Détails historiques sur les mines de fer, d'argent, etc., et sur les verreries.]

35239. Nivet (V.). — Notice biographique sur le docteur J.-B. Fleury [1777 † 1843], p. 215.

[35232]. Cohadon (L'abbé). — Éloge funèbre de Mgr de Dampierre, évêque de Clermont, p. 300.

35240. Caillat. — Notice historique sur le collège de Clermont-Ferrand, p. 320.

35241. Mallay (A.). — Note sur [la restauration de] l'église de Notre-Dame-du-Port de Clermond-Ferrand, p. 353.

35242. Mallay (A.). — Description de la cathédrale du Puy, p. 381.

35243. Allemand. — Essai sur le général Desaix [Louis-Charles-Antoine, 1768 † 1800], p. 443.

35244. [Bertrand (Michel)]. — Note sur des antiquités découvertes au Mont-d'Or [piscine gauloise; mosaïque et ruines gallo-romaines], p. 488.

35245. Mathieu (P.-P.). — Bourg franco-gaulois découvert, près de Mauriac, en 1843, par M. Clodomir Despériers; note, p. 503.

XVII. — Annales scientifiques, littéraires et industrielles de l'Auvergne, etc., t. XVII, 1844. (Clermont-Ferrand, s. d., in-8°, 560 p.)

35246. G.-DB. [Garnier-Dubourgneuf]. — *Le tombeau de hault et puissant seign. Jean Lois de La Rochefoucault, comte de Randan*, par N. Le Digne [réimpression d'un poème imprimé en 1600], p. 109.

35247. Mazure (A.). — Tableau historique de l'Auvergne depuis le commencement de l'invasion des Anglais jusqu'à leur entière expulsion de cette province, au xive siècle, p. 177.

35248. Dulaure. — Dissertation sur l'authenticité d'une lettre publiée par Voltaire, relative à la conduite d'un gouverneur d'Auvergne lors des massacres de la Saint-Barthélemy [prétendue lettre de Montmorin, gouverneur de l'Auvergne], p. 528.

XVIII. — Annales scientifiques, littéraires et industrielles de l'Auvergne, etc., t. XVIII, 1845. (Clermont-Ferrand, s. d., in-8°, 576 p.)

35249. Peghoux (Dr A.). — Recherches sur les hôpitaux de Clermont-Ferrand, p. 17 à 300.

[Pièces justificatives : lettres de Charles IX (1564); extrait du testament de Pascal; donation de Jean Domat (1670), etc.]

35250. Bertrand (Dr) père. — Note sur l'orthographe du nom du village du Mont d'Or, p. 354.

35251. Nivet (V.). — Dictionnaire des eaux minérales du département du Puy-de-Dôme, p. 481; et XIX, p. 17.

35252. Tailhand. — Pièces relatives à la condamnation de G. Boyer, curé de Saint-Babel [1665], p. 569.

XIX. — Annales scientifiques, littéraires et industrielles de l'Auvergne, etc., t. XIX, 1846. (Clermont-Ferrand, s. d., in-8°, 576 p.)

[35251]. Nivet (V.). — Dictionnaire des eaux minérales du département du Puy-de-Dôme, p. 17.

35253. Mallay (A.). — Le rocher de la Servante [en face de Saint-Julien-du-Tournel], légende populaire du Gévaudan, p. 220.

35254. Delzons (Le baron). — Études sur les noms propres des villages et des familles dans le haut pays de l'Auvergne, p. 233.

35255. Conchon (H.). — Études historiques et littéraires sur J. Savaron [1550 † 1622], p. 273.

XX. — Annales scientifiques, littéraires et industrielles de l'Auvergne, etc., t. XX, 1847. (Clermont-Ferrand, s. d., in-8°, 576 p.)

35256. Esquirou de Parieu. — Souvenirs d'un voyage en Suisse, p. 67.

[Abbayes bourgeoises de Berne; Hofwyl.]

35257. Gonod (B.). — Recherches sur la maison où Blaise Pascal est né et sur la fortune d'Étienne Pascal, son père, 2 *pl.*, p. 531.

XXI. — Annales scientifiques, littéraires et industrielles de l'Auvergne, etc., t. XXI, 1848. (Clermont-Ferrand, s. d., in-8°, 496 p.)

35258. Lecoq (H.). — Le sacre de l'archevêque de Milan et le congrès scientifique de Venise en 1847; promenade en Italie, p. 55.

35259. Mazure (A.). — Étude philosophique sur Dante et la *Divine Comédie*, p. 99 et 289.
35260. Martha-Beker (Le comte). — Extrait de la brochure allemande intitulée : *Guide pour la science des antiquités du Nord*, publiée à Copenhague par la Société royale des antiquaires du Nord, *pl.*, p. 388.
35261. Anonyme. — Procès-verbal constatant l'invasion des Huguenots dans la ville de Thiers, le 12 janvier 1568, p. 488.

XXII. — Annales scientifiques, littéraires et industrielles de l'Auvergne, etc., t. XXII, 1849 (Clermont-Ferrand, s. d., in-8°, 400 p.)

35262. Fabre (Euryale). — De l'origine et de l'institution du notariat, précis historique, p. 17.
35263. Fabre (Euryale). — Notice nécrologique sur M. le docteur Bertrand, du Pont-du-Château [Charles-Alexandre-Hippolyte-Amable, 1777 † 1849], p. 357.
35264. Croizet (L'abbé). — Observations générales sur les monuments de l'ancienne Assyrie, p. 370.

XXIII. — Annales scientifiques, littéraires et industrielles de l'Auvergne, etc., t. XXIII, 1850. (Clermont-Ferrand, s. d., in-8°, 560 p.)

35265. Cohendy (Michel). — Remonstrance faicte au roy [Henri IV] et à nosseigneurs de son conseil par la ville de Clermont [rédigée par Jean Savaron, à propos de désordres causés par des masques], p. 17.
35266. Conchon (H.). — Éloge biographique de M. J.-B. Tailhand, président de chambre à la Cour d'appel de Riom [1771 † 1849], p. 44.
35267. Bedel (Alexandre). — Éloge historique de Benoît Gonod, professeur de rhétorique au lycée de Clermont, etc. [1792 † 1849], p. 97.
35268. Carbuccia (Le colonel). — Travail archéologique sur le Madrazen, dit tombeau de Syphax [en Algérie], *pl.*, p. 172.
35269. Cohendy (Michel). — Note historique sur les bains de la Bourboule [1463], p. 208.
35270. Mallay (A.). — La fête de saint Georges à Désertines, p. 231.
35271. Mathieu (P.-P.). — Marcus Cornelius Fronton professa-t-il à l'école de Clermont? p. 235.
35272. Matussières (L'abbé). — Notice sur l'abbaye de Montpeyroux, de l'ordre de Cîteaux, dans la commune de Puy-Guillaume [xiie s.], p. 266.
35273. Anonyme. — Donation [de ses biens] faite par Mme Marguerite, reine, duchesse de Valois, à Mgr le Dauphin, fils du roi Henri IV [1606], p. 445.

XXIV. — Annales scientifiques, littéraires et industrielles de l'Auvergne, etc., t. XXIV, 1851, (Clermont-Ferrand, s. d., in-8°, 472 p.)

35274. Vial (Le capitaine). — Mémoire sur Gergovia, *plan*, p. 198.
35275. Conchon (H.). — Éloge biographique de M. Chasteau-Dubreuil [Pierre-Charles, 1791 † 1851], conseiller à la Cour d'appel de Riom, p. 309.

XXV. — Annales scientifiques, littéraires et industrielles de l'Auvergne, etc., t. XXV, 1852. (Clermont-Ferrand, s. d., in-8°, 464 p.)

XXVI. — Annales scientifiques, littéraires et industrielles de l'Auvergne, etc., t. XXVI, 1853. (Clermont-Ferrand, s. d., in-8°, 512 p.)

35276. Peghoux (Dr A.). — Notice sur une inscription [xe s.] découverte dans le faubourg de Saint-Allyre et sur l'église de Notre-Dame-d'Entre-Saints où cette inscription était autrefois placée, 2 *pl.*, p. 247.
35277. Mathieu (P.-P.). — Notice sur Égliseneuve-de-Liards (Puy-de-Dôme) [église du xive ou xve s.], p. 356.
35278. Murat (Le comte de). — Notice sur Georges Onslow, membre de la Légion d'honneur et de l'Institut [musicien, † 1852], p. 467.
35279. Anonyme. — Lettre du cardinal de Bourbon [à la ville de Clermont, 23 juillet 1590], p. 482.
35280. Croizet (L'abbé). — Note sur une statuette égyptienne en bronze découverte à Corent en 1853, p. 483.

XXVII. — Annales scientifiques, littéraires et industrielles de l'Auvergne, etc., t. XXVII, 1854. (Clermont-Ferrand, s. d., in-8°, 484 p.)

35281. Sartiges d'Angles (De). — Notice sur des lettres de créance, émanées de Louis XII, concernant Rigaud d'Aurelle, Tristan de Salazar et Florimond Robertet, ses contemporains, p. 39.
35282. Cohendy (Michel). — Bulle du pape Urbain II par laquelle il ratifie et confirme les privilèges et immunités de l'église d'Auvergne, de l'évêque et de ses successeurs (1097), *pl.*, p. 47.
35283. Martha-Beker (Le comte). — Concile de Clermont en 1095, p. 257.
35284. Mathieu (P.-P.). — Un châtelain de Murol au xive siècle [Guillaume de Murol, 1348 † 1413], p. 289.
35285. Grellet (Félix). — Notice biographique sur M. Allemand, doyen et ancien bâtonnier de l'ordre des avocats à la Cour impériale de Riom [1773 † 1851], p. 331.

35286. Cohendy (Michel). — Inventaire de toutes les chartes antérieures au XIIIe siècle qui se trouvent dans les différents fonds d'archives du dépôt de la préfecture du Puy-de-Dôme, p. 353.

35287. Mallay (A.). — Légende de sainte Agathe, p. 460.

XXVIII. — Annales scientifiques, littéraires et industrielles de l'Auvergne, etc., t. XXVIII, 1855. (Clermont-Ferrand, s. d., in-8°, 516 p.)

35288. Conchon (H.). — Éloge biographique de Degeorge [Christophe-Thomas, peintre, 1786 † 1854], p. 44.

35289. Mallay (Émile). — Note sur les peintures murales exécutées dans l'église de Notre-Dame-du-Port [à Clermont-Ferrand], par M. Anatole Dauvergne, peintre d'histoire, p. 77.

35290. Mathieu (P.-P.). — Des colonies romaines en Auvergne et principalement de celle qui a donné naissance à Clermont, 9 *pl.*, p. 81, 273, 429; XXIX, p. 281, 505; et XXX, p. 83.

[Pateix; Liards; Roche; Clermont; monnaies gauloises; routes.]

35291. [Largé]. — Ordonnance du roy pour faire fournir des recruës d'infanterie par les paroisses des provinces et generalitez du royaume aux troupes de ses armées d'Italie et d'Espagne, du 30 octobre 1704, p. 163.

35292. Mallay (Émile). — Ancienne province d'Auvergne. Études historiques et archéologiques sur les châteaux féodaux, p. 177 et 417.

[Usson; Ybois; Vodable; Nonette.]

35293. Peghoux (Dr A.). — Note sur des colonnes itinéraires nouvellement découvertes dans le trajet de la voie romaine de Clermont à Lyon, par Vichy, p. 260.

35294. Cohendy (Michel). — Chroniques d'Auvergne. Entrée des évêques [à Clermont, XVIIe s.], p. 378. — Cf. n° 35302.

35295. Fischer (Achille). — Encore Gergovia, *plan*, p. 399.

35296. Mioche (François). — Notice sur une pierre gravée [gauloise] trouvée à Gergovia, p. 482.

XXIX. — Annales scientifiques, littéraires et industrielles de l'Auvergne, etc., t. XXIX, 1856. (Clermont-Ferrand, s. d., in-8°, 607 p.)

35297. Conchon (H.). — Éloge biographique de Vaissière [Jean-Joseph-Basile, an VI † 1855], p. 17.

35298. Jusseraud (Eugène). — Note sur quelques vestiges d'époque gallo-romaine trouvés près de Brassac en 1855 [voie romaine, monnaie], p. 138.

[35290]. Mathieu (P.-P.). — Les colonies romaines en Auvergne, p. 281 et 505.

[Enquête sur Vic-le-Comte, 1592.]

XXX. — Annales scientifiques, littéraires et industrielles de l'Auvergne, etc., t. XXX, 1857. (Clermont-Ferrand, s. d., in-8°, 583 p.)

35299. Théry. — Histoire de l'éducation en France, p. 17.

[35290]. Mathieu (P.-P.). — Des colonies romaines en Auvergne, p. 83.

35300. Peghoux (Dr A.). — Essai sur les monnaies des Arverni, 3 *pl.*, p. 219.

35301. Nourrisson. — Biographie d'Ozanam [Frédéric, 1813 † 1853], p. 483.

35302. Cohendy (Michel). — Chroniques d'Auvergne, p. 527. — Cf. n° 35294.

[Lettres et pièces adressées à M. de Canillac par le cardinal Mazarin, Louis de Bourbon, prince de Condé, le maréchal de Turenne et Charles-Emmanuel, duc de Savoie (1615-1659).]

XXXI. — Annales scientifiques, littéraires et industrielles de l'Auvergne, etc., t. XXXI, 1858. (Clermont-Ferrand, s. d., in-8°, 539 p.)

35303. Enjubault. — L'art céramique et Bernard Palissy [vers 1500 † 1589], p. 17.

35304. Nourrisson. — Abélard [1079 † 1142], p. 103.

35305. Aigueperse. — Éloge de M. Jean-Louis-Paul de Rancillac de Chazelles [né en 1791], p. 204.

35306. Mioche (François). — Dissertation sur les monnaies frappées en Auvergne à toutes les époques et recueillies par l'auteur, 6 *pl.*, p. 221.

35307. Ancelot. — Étude comparative sur Pascal et Leibnitz, p. 263 et 369.

35308. Mathieu (P.-P.). — Rapport sur le mémoire de M. Camille Allard intitulé : Étude historique sur les ruines de Kustendjé et sur les fossés dits de Trajan [en Crimée], p. 337.

35309. Imbert-Gourbeyre. — Éloge historique de J.-B. Achard-Lavort [médecin, né en 1778], p. 435.

XXXII. — Mémoires de l'Académie des sciences, belles-lettres et arts de Clermont-Ferrand, nouvelle série, t. I (32e volume de la collection des *Annales*), 1859. (Clermont-Ferrand, s. d., in-8°, 562 p.)

35310. Grellet (Félix). — Éloge biographique de M. Édouard Rodde de Chalaniat [Annet-Édouard, 1812 † 1858], p. 1.

35311. [Desbouis (G.)]. — Procès-verbal d'évaluation

des terres du comté d'Auvergne, baronnie de La Tour (1674), p. 21.

35312. Blatin-Mazelhier. — Éloge historique de M. Desnanot [Pierre, 1777 † 1857], ancien recteur, p. 141.

35313. Mathieu (P.-P.). — De la position d'*Aquis Calidis* (Eaux-Chaudes) sur la Table de Peutinger, p. 181.

35314. Doniol (Henri). — Vente sous forme d'échange entre les Mosnerias, communs en biens, habitant au village des Mignot, en la paroisse de Peschadoires, et les Barytel, aussi communs en biens, habitant au village de Barytel, paroisse de Thiers, du 14 mars 1569, p. 239.

35315. Anonyme. — Narration historique et topographique des convens de l'ordre S. François et monastères Saincte-Claire, érigez en la province anciennement appellée de Bourgongne, à présent Sainct-Bonaventure, par le R. P. Jacques Foderé [réimpression de l'édition de 1619], p. 316.

35316. Anonyme. — Mélanges de biographie [extraits d'imprimés], p. 494.

[Antoine de Courtin (1622 † 1685); Michel Rolle (1652 † 1719); l'abbé François Feu († 1761); Antoine Danchet (1671 † 1748); l'abbé Antoine Bonier (1673 † 1741); Michel Pellissier, seigneur de Féligonde (1729 † 1767); Victor Pellissier de Féligonde (1726 † 1783.)]

XXXIII. — Mémoires de l'Académie ... de Clermont-Ferrand, nouvelle série, t. II (33e volume de la collection des *Annales*), 1860. (Clermont-Ferrand, s. d., in-8°, 540 p.)

35317. Imbert-Gourbeyre. — Éloge de Michel Bertrand [médecin, 1774 † 1857], *portrait*, p. 1.

35318. Desbouis (G.). — Procès-verbal de la tournée faite par M. Meulan, receveur-général des finances d'Auvergne, en exécution des ordres de Mgr le contrôleur général dans l'année 1740 [commerce, industrie, impositions], p. 243.

35319. [Desbouis (G.)] — Mémoire sur la vie de M. Pascal, contenant aussi quelques particularités de celle de ses parents, p. 323 à 462.

[Extrait du *Recueil de plusieurs pièces pour servir à l'Histoire de Port-Royal* (Utrecht, 1740, in-12).]

35320. Mallay (A.). — Le château de l'ours [légende du moyen âge], p. 463.

35321. Lalaubie (Henry de). — Discours servant d'introduction à un essai sur les guerres des Anglais dans le haut pays d'Auvergne, p. 469.

35322. Bouillet (J.-B.). — Note sur différents objets antiques découverts à Clermont [statuette, bracelets, monnaies, etc.], p. 526.

XXXIV. — Mémoires de l'Académie ... de Clermont-Ferrand, nouvelle série, t. III (34e volume de la collection des *Annales*), 1862. (Clermont-Ferrand, s. d., in-8°, 1211 p.)

35323. Olleris (A.). — Examen des diverses opinions émises sur le siège de Gergovia, *carte*, p. 1.

35324. Doniol (Henri). — Liber de honoribus Sancto Juliano collatis (Chartularium Brivatense) [Cartulaire de Brioude, IXe-XIe s.], p. 53 à 436. — Cf. nos 35166 et 35326.

35325. Doniol (Henri). — Cartulaire de Sauxillanges (Chartularium Celsiniense) [IXe-XIIe s.], p. 465 à 1199. — Cf. nos 35167 et 35326.

[Géographie du Cartulaire, par Ant. Houzé.]

XXXV. — Mémoires de l'Académie ... de Clermont-Ferrand, nouvelle série, t. IV (35e volume de la collection des *Annales*), 1862. (Clermont-Ferrand, s. d., in-8°, 527 p.)

35326. Doniol (Henri). — Note relative à la publication des cartulaires de Brioude et de Sauxillanges, p. 21. — Cf. nos 35324 et 35325.

35327. Delafoulhouze (A.). — Notice sur Prosper Marilhat, peintre de paysage [1811 † 1847], p. 27.

35328. Mautha-Beker (Le comte). — Coutellerie de Thiers, p. 50.

35329. Delzons (Le baron). — Origine de la ville d'Aurillac, p. 73.

35330. Olleris (A.). — Gerbert; Aurillac et son monastère, p. 161. — Cf. n° 35168.

35331. Aucler (C.). — Note sur les ruines découvertes sur le plateau de Gergovia [débris de constructions antiques et monnaies], *carte* et 3 *plans*, p. 191.

35332. Cohendy (Michel). — Note sur la papeterie d'Auvergne antérieurement à 1790 et les marques de fabrique des papeteries de la ville et baronnie d'Ambert et de ses environs, 4 *pl.*, p. 196.

35333. Ancelot. — Éloge de Marie-Joseph de Lapoix de Fréminville, conseiller à la cour impériale de Riom [1796 † 1861], p. 218.

35334. Sartiges d'Angles (De). — Pièces, p. 234 et 477.

[Acte de Jean IV d'Armagnac en faveur de l'église Notre-Dame de Murat (1422); enfants d'Astorg Cambafort, d'Aurillac (XVIe s.); mémoire de M. de Marle : aliénations et usurpations sur les domaines du roi en Auvergne (1674); exemptions des francs-fiefs et nouveaux acquêts en Auvergne (1672); le *Pater* en patois auvergnat (vers 1798).]

35335. Boudet (Marcellin). — Un chapitre de chanoinesses. Chronique de l'abbaye de Lavesne [fondée au XIe s.], *fig.*, p. 249.

35336. Olleris (A.). — Examen critique de la lettre de M. Augustin Thierry sur l'expulsion de la seconde dynastie franke, p. 375.

35337. Baret. — Matériel et public du théâtre espagnol vers la fin du XVIe siècle, p. 399.

IMPRIMERIE NATIONALE.

35338. Rouffy. — Introduction de la réforme au monastère de Mauriac de 1627 à 1666, p. 407.

XXXVI. — Mémoires de l'Académie . . . de Clermont-Ferrand, nouvelle série, t. V (36ᵉ volume de la collection des *Annales*), 1863. (Clermont-Ferrand, s. d., in-8°, 498 p.)

35339. Grellet-Dumazeau. — Notice biographique sur Pierre-Dominique-Auguste Peghoux [médecin, 1796 † 1858], p. 31.

35340. Mallay père (A.). — Notes sur la montagne de Jonas (commune de Saint-Pierre-Colamines, canton de Besse) [grottes et chapelle], 5 *pl.*, p. 65.

35341. Mallay père (A.). — Notre-Dame du Beau-Pommier, légende [à Bulhon], p. 71.

35342. Houzé (Ant.). — Indications pour servir à une carte géographique de l'Auvergne au moyen âge, d'après les cartulaires de Brioude, de Sauxillanges et de Cluny, p. 79.

35343. Grellet (Félix). — Éloge biographique de M. l'abbé Croizet [Jean-Baptiste, 1787 † 1859], p. 381.

35344. Aigueperse (P.). — Éloge de M. Étienne-Hormisdas Thévenot, chef d'escadron, peintre sur verre [1797 † 1862], p. 407.

35345. Mallay père (A.). — Notre-Dame-de-Valcivières [pèlerinage], p. 423.

35346. Mathieu (P.-P.). — Colonne milliaire d'Auterive, p. 429.

XXXVII. — Mémoires de l'Académie . . . de Clermont-Ferrand, nouvelle série, t. VI (37ᵉ volume de la collection des *Annales*), 1864. (Clermont-Ferrand, s. d., in-8°, 698 p.)

35347. Mathieu (P.-P.). — Nouvelles observations sur les camps romains de Gergovia, 3 *plans*, p. 13.

35348. Mathieu (P.-P.). — Souterrains et dolmen découverts près du domaine de Gergovia, *plan*, p. 41.

35349. Chaix [de Lavarène] (L'abbé L.-A.). — Saint Sidoine Apollinaire et son siècle [vᵉ s.], p. 49, 313; XXXVIII, p. 127, 213; XXXIX, p. 63, 453; XL, p. 13 et 339.

35350. Blatin-Mazelhier. — Quelques jours en Galice (Espagne) en 1859, p. 231; et XLVII, p. 340.

35351. Doniol (Henri). — Familles rurales en communauté [à Fontcuberte (1813)], p. 251.

35352. Bouillet (J.-B.). — Notice sur les estampilles ou noms de potiers observés sur les vases gallo-romains découverts en Auvergne, p. 423.

35353. Sartiges d'Angles (De). — Notice historique sur les ban et arrière-ban de la province d'Auvergne [xvᵉ-xviiiᵉ s.], p. 489 à 577; et XXXVIII, p. 49.

35354. Grellet-Dumazeau. — Note sur les noms propres chez les Romains, p. 639.

35355. Bardoux (A.). — Note sur la correspondance de Thomas avec Ducis, p. 655.

XXXVIII. — Mémoires de l'Académie . . . de Clermont-Ferrand, nouvelle série, t. VII (38ᵉ volume de la collection des *Annales*), 1865. (Clermont-Ferrand, s. d., in-8°, 620 p.)

[35353]. Sartiges d'Angles (De). — Notice historique sur les ban et arrière-ban de la province d'Auvergne, p. 49.

[35349]. Chaix [de Lavarène] (L'abbé L.-A.). — Saint Sidoine Apollinaire et son siècle, p. 127 et 213.

35356. Mège (Francisque). — Les fondateurs du *Journal des Débats* en 1789, p. 183.

[Jean-François Gaultier de Biauzat; Jacques-Antoine Huguet; Jean-Baptiste Grenier.]

35357. Bouillet (J.-B.). — Notice sur le papier-monnaie émis en Auvergne de 1790 à 1793, *fig.*, p. 415.

35358. Cohendy (Michel). — De la valeur des manuscrits au moyen âge et de la coutume d'enchaîner les livres sur place à propos d'un manuscrit légué au monastère d'Issoire par Robert du Boys, évêque de Mendes [1405], p. 429.

35359. Mège (Francisque). — Notes biographiques sur les députés de la Basse-Auvergne (département du Puy-de-Dôme); dom Gerle, prieur de la Chartreuse du Port-Sainte-Marie, député du clergé d'Auvergne à l'Assemblée constituante en 1789 [1736 † vers 1805], p. 437; XLI, p. 81, 339; et XLIII, p. 119. — Cf. nᵒˢ 35368, 35393 et 35413.

35360. Chaix [de Lavarène] (L'abbé L.-A.). — Des origines des Arvernes, p. 469.

35361. Baret (Eugène). — Notice historique et littéraire sur le publiciste espagnol don Mariano de Larra (1832-1837), p. 488.

35362. Cohendy (Michel). — De l'importance des anciennes minutes des notaires au point de vue historique, p. 519.

35363. Bouillet (J.-B.). — Recherches sur l'hôtel des Monnaies de Clermont, p. 555.

XXXIX. — Mémoires de l'Académie . . . de Clermont-Ferrand, nouvelle série, t. VIII (39ᵉ volume de la collection des *Annales*), 1866. (Clermont-Ferrand, s. d., in-8°, 564 p.)

35364. Grellet-Dumazeau. — Notice biographique sur M. Hippolyte Conchon, conseiller à la cour impériale de Paris [1794 † 1865], p. 13.

[35349]. Chaix [de Lavarène] (L'abbé L.-A.). — Saint Sidoine Apollinaire et son siècle, p. 63 et 453.

35365. Blatin-Mazelhier. — Pièce communiquée à l'Académie [donation faite par Marguerite de Valois à Jean de Beaufort, marquis de Canillac (1588)], *pl.*, p. 202.

35366. Rigodon (L'abbé). — Notice biographique sur M. l'abbé Cohadon [Léger, 17 fructidor an v † 1861], p. 222.

35367. Mathieu (P.-P.). — Rapport sur un mémoire de M. Adrien Morin et sur trois lettres de M. Bertrandy concernant Uxellodunum, p. 244.

35368. Mège (Francisque). — Chroniques et récits de la Révolution dans la ci-devant Basse-Auvergne (département du Puy-de-Dôme). L'assemblée provinciale d'Auvergne (1787-1790), p. 273. — Cf. nos 35359, 35375, 35402 et 35434.

35369. Mathieu (P.-P.). — Temple de Mercure découvert au pied du Puy-de-Dôme, 4 *pl.*, p. 504.

XL. — Mémoires de l'Académie ... de Clermont-Ferrand, nouvelle série, t. IX (40e volume de la collection des *Annales*), 1867. (Clermont-Ferrand, s. d., in-8°, 572 p.)

[35349]. Chaix [de Lavarène] (L'abbé L.-A.). — Saint Sidoine Apollinaire et son siècle, p. 13 et 339.

35370. Grellet-Dumazeau. — Quelques mots sur les anciennes académies [principalement en Italie], p. 222.

35371. Bardoux (A.). — Note sur la correspondance de Mirabeau et de Chamfort, p. 239.

35372. Aigueperse (P.). — Le château de Claviers, légende du xive siècle, p. 256.

35373. Mallay (Émile). — Mémoire sur l'architecture en Auvergne pendant le moyen âge, p. 269 à 337.

35374. Mallay (Émile). — Note sur les armes de la ville de Clermont-Ferrand, p. 405.

35375. Mège (Francisque). — Chroniques et récits de la Révolution dans la ci-devant Basse-Auvergne (département du Puy-de-Dôme). Les fabriques d'armes (1791-1796), p. 415. — Cf. n° 35368.

XLI. — Mémoires de l'Académie ... de Clermont-Ferrand, nouvelle série, t. X (41e volume de la collection des *Annales*), 1868. (Clermont-Ferrand, s. d., in-8°, 446 p.)

35376. Moulin (G.). — Notice biographique sur M. le baron de Barante [Amable-Guillaume-Prosper Brugière de Barante, 1782 † 1866], p. 13.

[35359]. Mège (Francisque). — Révolution française. Notes biographiques sur les députés de la Basse-Auvergne (département du Puy de-Dôme), p. 81 et 339.

[Jean-Claude-Marie de Laqueuille (1742 † 1810); l'abbé Antoine Mathias (1753 † 1828); l'abbé Antoine Bourdon (1752 † 1815); l'abbé Louis Bonnefoy (1748 † 1797); l'abbé François Brignon (1738 † 1795).]

35377. Doniol (Henri). — Éloge de M. Francisque Jusseraud [1797 † 1863], p. 125.

35378. Rouffy. — Grands-Jours d'Auvergne en 1556; un prieur de Saint-Pourçain au xvie siècle [Jacques Collin, abbé de Saint-Ambroise], p. 173.

35379. Maury (F.). — Essai sur la traduction des poètes classiques en vers français, p. 275.

35380. Ledru (Agis). — Note sur la mise au jour d'une partie de l'établissement thermal romain du Mont-Dore, p 329.

XLII. — Mémoires de l'Académie ... de Clermont-Ferrand, nouvelle série, t. XI (42e volume de la collection des *Annales*), 1869. (Clermont-Ferrand, s. d., in-8°, 418 p.)

35381. Sartiges d'Angles (De). — Traité intervenu entre les sires de Mercœur et le chapitre noble de Brioude [1292], p. 13.

35382. Ancelot. — Éloge de M. Mathieu-Émile Enjubault, président à la cour impériale de Riom [1803 † 1869], p. 26.

35383. Tallon (Eugène). — La presse en 1631, p. 71.

35384. Mège (Francisque). — Documents inédits pour l'histoire de l'Auvergne, p. 97 et 183.

[Fortifications de Clermont-Ferrand (1738); situation financière de cette ville (1788).]

35385. Cohendy (Michel). — Notice sur les entreprises de dessèchements des lacs et marais dans la généralité d'Auvergne, p. 142.

35386. Mège (Francisque). — Notes biographiques sur Rabusson-Lamothe [Antoine, 1756 † 1821], député du Puy-de-Dôme à l'Assemblée législative (1791-1792), p. 193. — Cf. nos 35359 et 35387.

35387. [Mège (Francisque)]. — Lettres sur l'Assemblée législative (1791-1792), adressées à la municipalité de Clermont-Ferrand par Antoine Rabusson-Lamothe, député du Puy-de-Dôme, p. 229. — Cf. n° 35386.

35388. Vannaire (Dr). — Souvenirs archéologiques, p. 386.

[Ruines gallo-romaines de Champeereix; chapelle de Saint-Domp; la motte d'Ennezat.]

XLIII. — Mémoires de l'Académie ... de Clermont-Ferrand, nouvelle série, t. XII (43e volume de la collection des *Annales*), 1870. (Clermont-Ferrand, s. d., in-8°, 804 p.)

35389. Grellet-Dumazeau. — Un détracteur de Titus [réfutation d'une étude de M. Beulé], p. 75.

35390. Bardoux (A.). — Un mot sur M. de Fos [né en 1797], p. 111.

[35359]. Mège (Francisque). — Révolution française. Notes biographiques sur les députés de la Basse-Auvergne (département du Puy-de-Dôme), p. 119 à 173.

[Gilbert Riberolles des Martinanches (1749 † 1828); Amable-Gilbert Dufraisse du Cheix (1756 † 1807); Pierre Andrieu (1735

† 1809); Limon, auteur de la déclaration du duc de Brunswick (1792).]

35391. Mallay père (A.). — Classification des églises du diocèse de Clermont, p. 593 à 781.

XLIV. — Mémoires de l'Académie ... de Clermont-Ferrand, nouvelle série, t. XIII (44e volume de la collection des *Annales*), 1871. (Clermont-Ferrand, s. d., in-8°, 479 p.)

35392. Cohendy (Michel). — Les constitutions de l'Académie des sciences, belles-lettres et arts de Clermont-Ferrand, p. 17.

35393. Mège (Francisque). — Correspondance inédite de Georges Couthon, député du Puy-de-Dôme à l'Assemblée législative et à la Convention nationale (1791-1794), p. 63 à 450. — Cf. nos 35169, 35359 et 35413.

[Appendice : *L'Aristocrate converti*, comédie en prose en deux actes.]

XLV. — Mémoires de l'Académie ... de Clermont-Ferrand, nouvelle série, t. XIV (45e volume de la collection des *Annales*), 1872. (Clermont-Ferrand, s. d., in-8°, 709 p.)

35394. Aigueperse (P.). — Éloge de M. Vincent Largé [1792 † 1871], p. 17.

35395. Cohendy (Michel). — Céramique arverne et faïence de Clermont, p. 145.

35396. Doniol (H.). — [Notice sur] le terrier de la seigneurie de Ravel [xvie s.], p. 189.

35397. Boudet (Marcellin). — Les conventionnels d'Auvergne. Dulaure [Jacques-Antoine, 1755 † 1835], p. 199 à 581.

[Appendice : *Hercule dans l'Olympe*, divertissement lyrique en deux actes; Couthon; lettre du bourreau Samson à Dulaure (1795); Maignet et ses mémoires inédits.]

XLVI. — Mémoires de l'Académie ... de Clermont-Ferrand, nouvelle série, t. XV (46e volume de la collection des *Annales*), 1873. (Clermont-Ferrand, s. d., in-8°, 596 p.)

35398. Bouillet (J.-B.). — Antiquités gallo-romaines découvertes au village de Manson le 12 janvier 1873 [bracelets, haches, fers de lance, etc.], 6 *pl.*, p. 43.

35399. Rouffy. — Pièces relatives à l'histoire d'Auvergne, p. 47.

[Viguiers d'Aurillac au xiiie siècle, juges et bourreaux; lettres adressées par M. de Vic à Jean de Vernhyes (1589-1599); Guillaume Imbert, sorcier (1472); Jacques et Antoine de Murat, appelant de deux causes du seigneur de Montrodez (1481).]

35400. Mathieu (P.-P.). — Marmite [romaine] de campement trouvée à Gondole, p. 82.

35401. Mathieu (P.-P.). — L'Auvergne anté-historique, p. 85.

35402. Mège (Francisque). — Chroniques et récits de la Révolution dans la ci-devant Basse-Auvergne (département du Puy-de-Dôme). Formation et organisation du département du Puy-de-Dôme (1789-1800), p. 175 à 509. — Cf. n° 35368.

[Appendice : lettres de Monestier, Dijon, Bancal des Essarts, Gaultier de Biauzat, Romme, Brugière de Barante, Sablon, etc.]

XLVII. — Mémoires de l'Académie ... de Clermont-Ferrand, nouvelle série, t. XVI (47e volume de la collection des *Annales*), 1874. (Clermont-Ferrand, s. d., in-8°, 687 p.)

35403. Dulier. — Notes sur les chemins conduisant au sommet du Puy-de-Dôme [voies romaines], p. 46.

35404. Doniol (H.). — Les fouilles du Puy-de-Dôme [construction romaine], p. 92.

35405. Bouillet (J.-B.). — Description archéologique des monuments celtiques, romains et du moyen âge du département du Puy-de-Dôme, classés par arrondissements, cantons et communes, p. 101 à 334. — Cf. n° 35170.

35406. Doniol (H.). — Communication [sur l'ancienne église de Saint-Pierre à Clermont-Ferrand], p. 335.

[35350]. Blatin [-Mazelhier]. — Quelques jours en Galice (Espagne) en 1859, p. 340.

35407. Plakat (Félix). — Note archéologique sur le grun de Chiniore [refuge gaulois], p. 636.

XLVIII. — Mémoires de l'Académie ... de Clermont-Ferrand, nouvelle série, t. XVII (48e volume de la collection des *Annales*), 1875. (Clermont-Ferrand, s. d., in-8°, 738 p.)

35408. Mallay (A.). — Rapport sur les fouilles archéologiques exécutées au sommet du Puy-de-Dôme [débris d'une construction romaine], p. 17.

35409. Bouillet (J.-B.). — Nouvelles observations sur la montagne de Gergovia [liste de monnaies gauloises], p. 41.

35410. Chaix [de Lavarène] (L'abbé L.-A.). — Bullaire de l'Auvergne depuis les origines de la diplomatique pontificale dans cette province jusqu'à la fin du xviiie siècle, p. 65, 621; XLIX, p. 393; L, p. 23, 275 et 447.

35411. Mathieu (P.-P.). — Le Puy-de-Dôme; ses ruines; Mercure et les matrones, p. 227 et 345.

35412. Renaud (Francisque). — Les formules arverniennes, p. 682; et LI, p. 564.

XLIX. — Mémoires de l'Académie ... de Clermont-Ferrand, nouvelle série, t. XVIII

(49e volume de la collection des *Annales*), 1876. (Clermont-Ferrand, s. d., in-8°, 851 et 44 p.)

35413. Mège (Francisque). — Chroniques et récits de la Révolution dans la ci-devant Basse-Auvergne. Le Puy-de-Dôme en 1793 et le proconsulat de Couthon, p. 33 et 457. — Cf. nos 35359 et 35393.

[35410]. Chaix [de Lavarène] (L'abbé L.-A.). — Bullaire de l'Auvergne, p. 393.

35414. Guillemot (A.). — Documents inédits du XVIe siècle relatifs à l'industrie thiernoise [papeterie et coutellerie 1567-1584], p. 793. — Cf. nos 35420 et 35464.

L. — Mémoires de l'Académie ... de Clermont-Ferrand, nouvelle série, t. XIX (50e volume de la collection des *Annales*), 1877. (Clermont-Ferrand, s. d., in-8°, 790 p.)

35415. Aubergier. — Allocution prononcée aux obsèques de M. de Chazelles, président de l'Académie, le 9 décembre 1876, p. 17.

[35410]. Chaix [de Lavarène] (L'abbé L.-A.). — Bullaire de l'Auvergne depuis les origines de la diplomatique pontificale dans cette province jusqu'à la fin du XVIIIe siècle, p. 23, 275 et 447.

35416. Ancelot (A.). — Notice biographique sur M. T. Grellet-Dumazeau, président honoraire à la cour d'appel de Riom [Étienne-André-Théodore, 1804 † 1876], p. 135.

35417. Cohendy (Michel). — La mégalithe et les tombelles de Mons, près Saint-Flour (Cantal) [bracelets gaulois], *pl.*, p. 161.

35418. Aiguepersе (P.). — Éloge de M. de Sartiges [Jean-François de Sartiges d'Angles, né en 1789], p. 169.

35419. Jaloustre (Élie). — La famine de 1694 dans la Basse-Auvergne, p. 341.

35420. Guillemot (A.). — Nouveaux documents relatifs à l'industrie thiernoise, p. 372. — Cf. n° 35414.

[Réformation des statuts de la coutellerie en 1614 et 1615.]

35421. Mathieu (P.-P.). — Chartes de fondation du prieuré de Médagues (1094-1113), p. 411.

35422. Boyer (Fr.). — Documents inédits sur l'histoire d'Auvergne, p. 432.

[Traité pour assurer la pacification de la province fait par les députés des trois États de la province d'Auvergne (1360).]

LI. — Mémoires de l'Académie ... de Clermont-Ferrand, nouvelle série, t. XX (51e volume de la collection des *Annales*), 1878. (Clermont-Ferrand, s. d., in-8°, 639 et 49 p.)

35423. Jaloustre (Élie). — Les privilèges de Moissat [1406], p. 102.

35424. Jaloustre (Élie). — Étude historique sur l'abbaye royale de la Vassin près de la Tour-d'Auvergne [fondée au XIIe s.], p. 151.

35425. Mallay (Émile). — Études sur l'antiquité, Athènes, Rome, l'architecture, les travaux publics, les artistes et les artisans, p. 263.

35426. Julien (A.) et Bleynie de Chatauvieux (F.-E.). — Mémoire sur les villages en ruine de Villars et des Chazaloux, p. 429.

35427. Bouillet (J.-B.). — Camp des Chazaloux [découverte d'objets gaulois], p. 451.

35428. Marchegay (P.). — Minute d'une lettre missive (non datée) de Charles VIII en faveur de son médecin Jean Michel, p. 555.

35429. Mathieu (P.-P.). — Excursion à Montribeyre, commune d'Olby [monnaies et poteries gallo-romaines], p. 556.

[35412]. Renaud (Francisque). — Formules arverniennes, p. 564.

35430. Chaumette (L'abbé). — Origine de l'écriture; premières bibliothèques, bibliothèques nationales, p. 582.

LII. — Mémoires de l'Académie ... de Clermont-Ferrand, nouvelle série, t. XXI (52e volume de la collection des *Annales*), 1879 (Clermont-Ferrand, s. d., in-8°, 648 p.)

35431. Borson (Le général). — La nation gauloise et Vercingétorix, p. 191.

35432. Faucon (Maurice). — La rédaction de la coutume d'Auvergne en 1510 d'après un rôle des archives nationales (P. 1189) [frais d'enquête], p. 247.

35433. Maury (F.). — Éloge de M. l'abbé Mazagot, p. 277.

35434. Mège (Francisque). — Chroniques et récits dans la ci-devant Basse-Auvergne (département du Puy-de-Dôme). Les bataillons de volontaires (1791-1793), p. 289. — Cf. n° 35368.

[Fuite de Louis XVI; lettres de Gaultier de Biauzat et de Charles Sauvat; Jean-Pierre-François, comte de Chazot, etc.]

35435. Cohendy (Michel). — Découvertes à Chamalières d'un denier d'argent de Lothaire frappé à Clermont et d'un cimetière mérovingien à Saint-Mart, p. 553.

LIII. — Mémoires de l'Académie ... de Clermont-Ferrand, nouvelle série, t. XXII (53e volume de la collection des *Annales*), 1880 (Clermont-Ferrand, s. d., in-8°, 386 p.)

[Entre les pages 246 et 247 se trouve en plus une demi-feuille paginée I-VIII.]

35436. Chotard. — Percement de l'isthme de Panama [notes historiques et géographiques], p. 17.

35437. Dourif (H.). — Note sur des objets antiques découverts à La Sauvetat [tête et fragment de marbre sculpté], p. 76.

35438. Reigneaud (Paul). — Notice sur le poète Danchet [Antoine, 1671 † 1748], de l'Académie française, p. 94.

35439. Cohendy (Michel). — Lettres missives, la plupart autographes, inédites, de la reine Marguerite de Valois [adressées à Jacques de La Fin], p. 182.

35440. Truchot. — Les instruments de Lavoisier; relation d'une visite à la Carrière (Puy-de-Dôme), où se trouvent réunis les appareils ayant servi à Lavoisier, *fig.*, p. 209.

35441. Boyer (Fr.). — Variante inédite d'un document sur le sacre de Charles VII, p. 239.

[Lettre de trois gentilshommes de la suite du roi aux reines de France et de Sicile.]

35442. Boyer (Fr.). — Arrêt des Grands-Jours de Clermont contre les contumaces (30 janvier 1666), p. I à VIII et 247 à 271.

35443. Le Blanc (Paul). — *Les travaux surmontez par G. de Roux;* mémoires d'un prisonnier de Gaston d'Orléans en 1632 [réimpression de l'imprimé en 1632], p. 272.

LIV. — Mémoires de l'Académie ... de Clermont-Ferrand, nouvelle série, t. XXIII (54e volume de la collection des *Annales*), 1881 (Clermont-Ferrand, s. d., in-8°, 688 p.)

35444. M. C. [Cohendy (Michel).] — Introduction à la note descriptive de M. Mowat, sur le cachet d'oculiste trouvé en Auvergne, p. 29. — Cf. n° 35445.

35445. Mowat (Robert). — Un nouveau cachet d'oculiste romain trouvé à Collanges (Puy-de-Dôme), p. 32. — Cf. n° 35444.

35446. Jaloustre (Élie). — Les anciennes écoles de l'Auvergne, p. 35 à 560.

35447. Reigneaud (Paul). — L'Académie royale de Riom [école d'éducation militaire (XVIIe s.)], p. 561.

35448. Boudet (Marcellin). — *Plumberiæ;* les plomberies de Pontgibaud d'après les chartes du moyen âge, p. 580.

35449. Guélon (L'abbé P.-F.). — Documents inédits concernant le village et le chapitre du Crest, p. 642. — Cf. n° 35463.

[Fondation du chapitre (1259); réduction à 12 chanoines (1403).]

LV. — Mémoires de l'Académie ... de Clermont-Ferrand, nouvelle série, t. XXIV (55e volume de la collection des *Annales*), 1882 (Clermont-Ferrand, s. d., in-8°, 734 p.)

35450. Guélon (L'abbé P.-F.). — Découverte d'un canal renfermant des poteries et autres objets gallo-romains à Clermont-Ferrand, p. 17.

35451. Chaix de Lavarène (L'abbé L.-A.). — Monumenta pontificia Arverniæ sub Innocentio III (1198-1216) [bulles], p. 33. — Cf. n° 35467.

35452. Dourif (H.). — Un chapitre de céramique arverne [liste de potiers gallo-romains], p. 120.

35453. Dourif (H.). — Le trésor de Villeneuve [pièces royales et baronnales (XIIe-XIVe s.)], p. 129.

35454. Cohendy (Michel). — Correspondances, décisions, ordonnances et autres œuvres inédites de Jean-Baptiste Massillon, évêque de Clermont, p. 145 à 320.

35455. Teilhard (Emmanuel). — Montferrand avant sa charte de commune, p. 321.

35456. Guélon (L'abbé P.-F.). — Un reliquaire romano-byzantin [à Augnat], 2 *pl.*, p. 341.

35457. Randanne (L'abbé). — Étude historique sur l'ancienne mission diocésaine de Clermont et ses quatre maisons : l'Hermitage, Salers, Banelle et la Chasse, p. 347 à 731.

[Trésor de Notre-Dame de Banelle (1680); meubles, livres et ornements de Notre-Dame de l'Hermitage (1688), etc.]

LVI. — Mémoires de l'Académie ... de Clermont-Ferrand, nouvelle série, t. XXV (56e volume de la collection des *Annales*), 1883 (Clermont-Ferrand, s. d., in-8°, 480 p.)

35458. Guélon (L'abbé P.-F.). — Notice biographique; François de Bonal, 92e évêque de Clermont [1734 † 1800], p. 41.

35459. Busseuil (Baptiste). — L'émigration en Auvergne; les diverses catégories d'émigrants, p. 66.

[Étude sur les émigrations périodiques d'habitants de l'Auvergne.]

35460. Éparvier. — Examen comparatif de deux romans des XVIIe et XIXe siècles : *La Princesse de Clèves* et *Le Lys dans la vallée*, p. 79.

35461. Dourif (H.). — Le tombeau de Jean Deschamps [examen des ossements], *pl.*, p. 96.

35462. Jaloustre (Élie). — Le beffroi de Besse [XVe s.; notice historique sur le bourg], p. 113.

35463. Guélon (L'abbé P.-F.). — Nouveaux documents inédits sur le Crest (1787 à 1800-1883), p. 225. — Cf. n° 35449.

[Histoire du Crest, principalement pendant la Révolution.]

35464. Guillemot (Antoine). — Nouveaux documents inédits sur la ville de Thiers, p. 291. — Cf. n° 35414.

[Entrée des Huguenots à Thiers (1568); apothicaires (1605); traité d'apprentissage en chirurgie (1755); compagnie des garçons et jeu de l'oiseau (1718); statuts des maîtres tailleurs d'habits (1727); règlement des teinturiers (1711 et 1728); réception à la maîtrise des gainiers (1738); fondation de l'office de saint Éloy d'hiver (1691); châsse de saint Éloy (1714); sommation des échevins aux maîtres couteliers (1723); réclamation des fabricants de couteaux et des marchands en gros contre le règlement de 1743; réception à la maîtrise des couteliers (1754); grève des compagnons papetiers (1735); destitution d'un échevin (1700); protestation des chanoines contre les usurpateurs de leurs stalles (1718); prieuré de Grandmont (1769); augmentation du prix du sel (1772); boit du poids de la ville (1786).]

35465. Dourif (H.). — Notes sur l'église de Cournon [bas-relief antique, reliquaire, xve s.], p. 361.

35466. Anonyme. — Pièces relatives à l'histoire d'Auvergne, p. 371.

[Extraits des Grands-Jours d'Auvergne : le seigneur de Tournoelle et les consuls de Volvic (1481); les chanoines de Clermont et le cardinal de Bourbon, évêque de cette ville (1481); foires et marchés de Clermont et de Montferrand (1586).]

35467. Chaix de Lavarène (L'abbé L.-A.). — Monumenta pontificia Arverniæ sub Honorio III (1116-1227) [bulles], p. 389. — Cf. n° 35451.

LVII. — Mémoires de l'Académie ... de Clermont-Ferrand, nouvelle série, t. XXVI (57e volume de la collection des *Annales*), 1884 (Clermont-Ferrand, s. d., in-8°, 613 p.)

35468. Bostbarge (L'abbé G.). — Le dauphiné d'Auvergne; Montaigut-le-Blanc et Ludesse, p. 17.

[Procès soulevé par Yves, marquis d'Alègre, au sujet de la mouvance de Ludesse (xviiie s.).]

35469. Boyer (François) et Vernière (Antoine). — Journal de voyage de dom Jacques Boyer (1710-1714), *pl.*, p. 65 à 602.

[Voyage d'érudition à travers les diocèses de Clermont, Bourges, Autun, Tulle, Limoges, Cahors, Toulouse, Sarlat, Périgueux, Bazas, Bordeaux, Angoulême, Saintes, la Rochelle, Luçon, Angers et Poitiers. — Lettres de D. Boyer à Mabillon, Ruinart, Montfaucon, Massuet, Martène et Lebeuf.]

35470. Plicque (Dr A.-E.). — Un talisman gallo-romain [terre-cuite trouvée à Lezoux], *pl.*, p. 603.

LVIII. — Mémoires de l'Académie ... de Clermont-Ferrand, nouvelle série, t. XXVII (58e volume de la collection des *Annales*), 1885 (Clermont-Ferrand, s. d., in-8°, 531 p.)

35471. Ancelot. — Notice biographique sur M. le président Rouffy [Pierre-Félix, 1815 † 1884], p. 17.

35472. Jaloustre (Elie). — Histoire d'un village de la Limagne (Gerzat), p. 31 à 296.

[Charte de commune (1298); enquête pour l'établissement des foires (1425).]

35473. Vignancour (J.-M.). — Notice sur l'établissement de la sénéchaussée et du siège présidial de Clermont [xvie s.], p. 321.

35474. Dourif (H.). — Les fêtes de saint Gal à Saint-Amant, *pl.*, p. 345.

35475. Chaix de Lavarène (L'abbé A.-C.). — Histoire de Mgr de Bonal et du diocèse de Clermont pendant son épiscopat [1776-1789], p. 401.

I. — Bulletin historique et scientifique de l'Auvergne, publié par l'Académie des sciences, belles-lettres et arts de Clermont-Ferrand [n°s 1 à 6, année 1881]. (S. l. n. d., in-8°, 184 p.)

35476. Vimont (E.). — Débris de murs vitrifiés, trouvés aux environs de Châteauneuf-les-Bains, p. 26.

35477. Divers. — Chronique, p. 43, 87, 103, 135 et 166.

[Substructions romaines découvertes au terroir de Palma, commune d'Aigueperse; dom Antoine-Gabriel Marcland (1642 † 1727); œuvres de Jean de Boyssières (xvie s.); Martial-Alphonse Chazaud († 1880); Oscar de Lafayette (1815 † 1881); acte de naissance de Chamfort (1740); billet d'enterrement de Pascal (1662); Pierre-Antoine Grenier (1893 † 1881); Louis Jarrier (1829 † 1881); mandement de l'église cathédrale de Clermont à la mort de Massillon (1742); découverte de monnaies près de Saint-Anthème (xve-xviie s.); Jacques-Amédée Thierry († 1881); une station gallo-romaine à Saint-Flour; remontrances faites au Roy par Savaron; Antoine Fontainas († 1881).]

35478. Boudet. — Note sur les papiers Delpech [Pierre et Paul Delpech, receveurs généraux de la généralité d'Auvergne, 1681-1751], p. 159.

II. — Bulletin historique et scientifique de l'Auvergne, etc. [n°s 7 à 14, année 1882]. (S. l. n. d., in-8°, 208 p.)

35479. Plicque (Dr A.-E.). — Les Troglodytes arvernes, p. 4.

35480. Divers. — Chronique, p. 13 et 39.

[Abbaye des Prémontrés de Saint-André près Clermont; sépulture gallo-romaine à Clermont-Ferrand; Régis Cély († 1882); épine de la couronne du Christ, à Mende.]

35481. De L. [Lacombe (De).]. — Note sur les deux colonnes du narthex de l'église de Chamalières, p. 57.

35482. Tardieu (Ambroise). — Fouilles à Beauclair, commune de Voingt [édifice gallo-romain], p. 59.

35483. R. C. (L'abbé). — Sur le portail de l'hôpital Saint-Barthélemy de Clermont-Ferrand construit par Guillaume Duprat, p. 62.

35484. Divers. — Nécrologie [Arthur de Doubet de Villossanges, † 1882], p. 74 et 77.

35485. R. C. (L'abbé). — Sur le cœur de Massillon enseveli à Beauregard-l'Évêque, p. 84.

35486. E. J. [Jaloustre (Élie)]. — Notes et documents inédits concernant l'histoire de l'Auvergne, p. 85, 108 et 124.

[Notes extraites des registres de baptême de Besse (xviie s.), de Bort (xviiie s.), de Vollorre (xviiie s.), de Courpière (xviie-xviiie s.), de Paslières (xviiie s.), de Saint-Pierre de-Lezoux (xviiie s.), d'un registre du chapitre cathédral (xviie s.); budget de Clermont (1667).]

35487. Anonyme. — Histoire des sciences. Lettres de M. Fuss sur les grands objectifs en usage dans l'astronomie, p. 92.
35488. F. B. [Boyer (Fr.).] — Lettre de Guillaume Poyet relative au mariage de Michel de l'Hospital [18 juin 1537], p. 128.
35489. Anonyme. — Sur d'anciennes constructions dépendant des annexes de la cathédrale de Clermont, p. 143.
35490. Anonyme. — Lettre (inédite) écrite par Mgr de Bonal aux chanoines de la cathédrale de Clermont, lors de sa nomination à l'évêché de Clermont, en 1776, p. 149.
35491. Divers. — Sur M. François Maury (1807 † 1882), p. 158.
35492. Anonyme. — Sur les vestiges de l'ancien mur d'enceinte de Clermont-Ferrand, p. 183.
35493. Anonyme. — La muraille des Sarrasins à Clermont, p. 191.
35494. Bruel (Alexandre). — Note sur le tombeau d'Odilon, sire de Mercœur [conservé à Turin, XIIe s.], p. 194.
35495. Anonyme. — Ville de Clermont. Premier plan d'alignement et population en 1688, p. 207.

III. — Bulletin historique et scientifique de l'Auvergne, etc. [nos 15 à 20, année 1883], (S. l. n. d., in-8°, 176 p.)

35496. Huguet. — Sur M. Martial Lamotte (1820 † 1883), p. 6.
35497. M. C. [Cohendy (Michel).] — Curiosités bibliographiques, p. 24.

[Obituaire du monastère de Saint-André de Clermont; prospectus de Jean Queriau, marchand à Clermont (1690).]

35498. Anonyme. — Le point d'Aurillac [dentelle], p. 27.
35499. Anonyme. — Nécrologie [l'abbé Hebert, † 1883], p. 30.
35500. Riant (Le comte). — Un récit perdu de la première croisade, p. 40.
35501. Anonyme. — Notes et documents inédits concernant l'histoire d'Auvergne, p. 44, 67, 91 et 128. — Cf. nos 35507 et 35514.

[Journal de Jean Téalier, avocat à Clermont (1775-1789), p. 44 et 69. — Privilèges d'Issoire (1535), p. 48, 73 et 109. — Les maisons de campagne des environs de Clermont, à la fin du XVIIe siècle, p. 67. — Fortifications de Saint-Amant-Lachière et de Tallende (1464), p. 91. — Lettres de consulat pour la ville de Thiers (1567), p. 93. — Fortifications de Romaignac (1456) et Cournon (1497 et 1525), p. 128.]

35502. D. L. F. — Une statue de L'Hospital à Riom, p. 71.
35503. Anonyme. — Notice historique sur Notre-Dame de la Font-Sainte, près d'Égliseneuve-d'Entraigues [XVIIe s.], p. 96; et V, p. 156.
35504. Anonyme. — Observations présentées à M. l'Intendant d'Auvergne par M. Tournadre, subdélégué, au sujet de la reconstruction de l'église paroissiale de Blanzat (1756), p. 132.
35505. G. B. — Une famille noble et l'échevinage de Clermont au XVIIe siècle, p. 161; et IV, p. 35.

[Procès intenté par la ville à Géraud de Crespat pour refus de contribution.]

IV. — Bulletin historique et scientifique de l'Auvergne, etc. [nos 21 à 28, année 1884]. (S. l. n. d., in-8°, 216 p.)

35506. D. L. F. — Questionnaire archéologique, p. 14.
35507. Anonyme. — Notes et documents inédits concernant l'histoire d'Auvergne, p. 27, 57, 94, 122 et 163. — Cf. n° 35501.

[Mémoire sur l'église Saint-Paul d'Issoire (1754), p. 27. — Fondation de la maison de l'Oratoire à Effiat (1627), p. 32. — Oraison à saint Longison, abbé, patron de Cébazat, p. 57. — Miracle arrivé à Cébazat (1708), p. 58. — Golphier de Jaligny et les chanoines de la cathédrale de Clermont (1120), p. 62. — La procession de Notre-Dame du Port en 1614, p. 94. — Lettre de Gilbert de Langeac, comte de Dallet (1654), p. 100. — Monastère de l'étroite observance de l'Ave-Maria de Sainte-Claire d'Aigueperse, p. 122. — Vœu de la paroisse d'Orcet à saint Roch (1750), p. 128. — Horloge de Cébazat (1754), p. 129. — Coup de main du sieur de Canillac contre le monastère des Bénédictines de Courpière (1466), p. 163. — Concession d'un consulat à la ville de Saint-Pourçain (1481).]

[35505]. G. B. — Une famille noble et l'échevinage de Clermont au XVIIe siècle, p. 35.
35508. Anonyme. — Sur l'ancienne église de Malintrat, p. 56.
35509. Anonyme. — Hector Aubergier (1810 † 1884), p. 66 et 79.
35510. Anonyme. — *Nouvelles ecclésiastiques* du 13 juin 1740 [mission du P. Bridaine à Clermont], p. 101.
35511. Divers. — Sur M. le président Pierre-Félix Rouffy [1815 † 1884], p. 112.
35512. [Fouilloux (L'abbé)]. — Gilbert de Veny d'Arbouze [évêque de Clermont en 1664], p. 130.
35513. D. L. F. — Deux inscriptions tumulaires [trouvées à Clermont-Ferrand et relatives à des grands-prieurs du prieuré d'Auvergne (XIIIe s.)], p. 169.

V. — Bulletin historique et scientifique de l'Auvergne, etc. [nos 29 à 37, année 1885]. (S. l. n. d., in-8°, 244 p.)

35514. Anonyme. — Notes et documents inédits concernant l'histoire d'Auvergne, p. 7, 37, 63, 83, 111, 133, 152 et 229. — Cf. n° 35501.

[Exécution capitale en 1590, p. 7. — Vente de la chartreuse du Port-Sainte-Marie (1793), p. 37. — Examen des ossements de saint Abraham, conservés dans l'église Saint-Eutrope, p. 63. — Procès-verbal de chevauchée pour 1655, p. 83. — Procès-verbal de la publication de la paix avec le roi d'Espagne et du mariage de Louis XIV avec Marie-Thérèse (1660), p. 111. — Droits de l'église Saint-Amable de Riom sur celle du Marthuret (1778), p. 133. — État du chapitre de Notre-Dame du Marthuret, p. 140. — Extinction des chapitres du Marthuret et d'Artonne (1774), p. 142. — Projets de règlements de police pour la ville de Clermont (XVe s.), p. 152. — État des dépôts et archives de la province d'Auvergne, dressé par dom Fonteneau, p. 229.]

35515. Doniff (H.). — Le trésor de Sauzet-le-Froid [monnaies royales d'or du XIVe s.], p. 67.
35516. D. L. F. — La châsse de Moissat-Bas [XIIe s.], p. 70.
35517. Doniff (H.). — Les potiers [gallo-romains] des Martres-de-Veyre], p. 92.
35518. G. — A travers Riom; cueillette d'épigraphes [XVIIe-XVIIIe s.], p. 119.
35519. Anonyme. — Une page de l'histoire de la Révolution à Clermont, p. 122.

[Proposition d'abattre la cathédrale.]

[35503]. Anonyme. — Notice historique sur Notre-Dame de la Font-Sainte, p. 156.
35520. A. G. — Origine des Torlonia de Rome, p. 240.
35521. Anonyme. — Nécrologie [M. de La Faye de l'Hospital], p. 243.

PUY-DE-DÔME. — CLERMONT-FERRAND.

SOCIÉTÉ D'ÉMULATION DE L'AUVERGNE.

La *Société d'émulation de l'Auvergne* a été fondée en 1884; elle a commencé, la même année, la publication d'un recueil intitulé *Revue d'Auvergne* dont un volume doit paraître chaque année.

I. — **Revue d'Auvergne**, publiée par la Société d'émulation d'Auvergne, t. I, 1884. (Clermont-Ferrand, 1884, in-8°, 255 p.)

35522. Vimont (Ed.). — Notice sur un portrait exposé au Musée de Clermont-Ferrand, p. 15 et 164.

[Portrait de M. de Saint-André et non pas de Du Prat.]

35523. Chotard (H.). — Le Tong-King, p. 22 et 108.
35524. Mège (Francisque). — Pascal Grimaud [Pascal-Antoine, 1736 † 1799]; histoire d'un prêtre révolutionnaire, p. 47 et 127.
35525. Vimont (Ed.) et Pommerol (F.). — Sur une muraille vitrifiée aux environs de Châteauneuf-les-Bains, p. 68. — Cf. n° 35528.
35526. Anonyme. — Nécrologie, p. 76.

[Guillaume-Jean Narjot (1818 † 1883); le comte de Chabrol-Pouzol († 1883); Francisque-Charlemagne-Godefroy Rudel-Dumiral (1812 † 1884).]

35527. Vernière (A.). — Un voyageur en Auvergne au XVIIe siècle; extrait de l'*Ulysses Belgico-gallicus*, d'Abraham Goelnitz, p. 81.
35528. Pommerol (F.). — Une visite aux murailles vitrifiées de Châteauneuf, p. 103. — Cf. n° 35525.
35529. Anonyme. — Nécrologie, p. 167.

[Eugène Rouher (1814 † 1884); Antoine Blatin-Mazelhier (1820 † 1884); Pierre-Hector Aubergier (1809 † 1884).]

35530. Malet (Albert). — Delille; le poème de la *Conversation*, p. 177; et II, p. 89.
35531. Maire (A.). — Objets antiques découverts dans le territoire de la commune de Saint-Ours (Puy-de-Dôme) [céramique et monnaies du moyen âge], p. 185.
35532. Mège (Francisque). — Le lieutenant-colonel Perrier [Jules, 1816 † 1884]; récit contemporain, p. 194.
35533. Pommerol (F.). — L'homme tertiaire; les silex de Thenay, p. 220. — Cf. n° 35546.
35534. Vimont (Ed.). — Un autographe de Marguerite de Valois [donation à Jean de Beaufort, marquis de Canillac, 1588], p. 230.
35535. Anonyme. — Sur Marcellin-Hercule Bompart, médecin [1594 † 1633), p, 240.
35536. Divers. — Nécrologie, p. 244.

[L'abbé Pierre Gannat (1815 † 1844); Antoine-Léonce Guyot-Montpayroux (1839 † 1884); Durand-Michel-Agénor Altaroche (1811 † 1884); Mgr Bouange, évêque de Langres (1814 † 1884).]

II. — **Revue d'Auvergne**, etc., t. II, 1885. (Clermont-Ferrand, 1885, in-8°, x et 467 p.)

35537. Chabrol (Ulysse). — Un artiste auvergnat contemporain, Morel-Ladeuil [sculpteur, né en 1820], p. 1.
35538. Vimont (Ed.). — Sur quelques expressions topographiques usitées en Auvergne : *puy, suc, suquet, cheire, buge, couderc*, p. 7 et 113.
35539. F. M. [Mège (Francisque)]. — Les principales villes d'Auvergne d'après une description de la fin du XVIIe siècle, p. 15.

[Extrait de : *Les Délices de la France ou description des provinces et villes capitales d'icelle, depuis la paix de Ryswick.*]

35540. Ed. V. [Vimont (Ed.).] — Le Folk-lore, p. 25.
35541. Gaidoz (H.) et Sébillot (Paul). — Bibliographie des traditions et de la littérature populaire de l'Auvergne et du Velay, p. 31.
35542. Vimont (Ed.). — Note sur les restes d'anciennes fortifications [antérieures au Xe s.] près du lac Servières (Mont-Dore), p. 67.

35543. Anonyme. — Nécrologie, p. 82.

[Le général Gabriel-André Faye (1803 † 1884); Gabriel-Annet Barbalat-Dumas, dit Dumas-Aubergier, médecin († 1885); Gabriel Guillemot (1833 † 1885).]

[35530]. Malet (Albert). — Delille; le poème de la *Conversation*, p. 89.

35544. Anonyme. — Bibliographie de M. Chassaing, archiviste-paléographe, p. 147.

35545. Anonyme. — Nécrologie, p. 155.

[Guillaume-Ferdinand de Douhet de Romananges (1811 † 1884); François-Édouard Lagout (1820 † 1884); Jean-François-Hippolyte Vimal-Dupuy (1792 † 1884); Jules Vallès (1833 † 1885).]

35546. Pommerol (F.). — L'homme tertiaire; recherches en Auvergne, p. 182. — Cf. n° 35533.

35547. Rouchon (G.). — Grèves des ouvriers papetiers de Thiers au xviiie siècle, p. 191.

35548. Anonyme. — François de Murat [1766 † 1838], p. 210.

35549. Vazeilles. — Découverte d'une fabrique de poterie gallo-romaine aux Martres-de-Veyre, p. 216.

35550. Divers. — Nécrologie, p. 224 et 291.

[Joseph de Pierre (1807 † 1885); Jean-Baptiste Bayle-Mouillard (1800 † 1885); Paulin Durieu (1812 † 1885); Jean-Louis Charbonnel, peintre.]

35551. Mège (Francisque). — Un litige canonique au xviiie siècle; l'avocat Quériau et le miracle de la Sainte-Épine, p. 233.

35552. Vimont (Ed.). — Correspondance de Voltaire avec une famille d'Auvergne [MM. de Champflour; réimpression], p. 252 et 297.

35553. Maire (A.). — Les fêtes nationales sous la Révolution dans le département du Puy-de-Dôme, p. 268, 306 et 413.

35554. Mège (Francisque). — Les évêques constitutionnels d'Auvergne [1791-1801], p. 281 et 365.

[Michel-Joseph Dufraisse (1728 † 1802); Antoine Huguet (1757 † 1796); François-Xavier Laurent (1740 † 1821); Antoine Butaud-Dupoux (1750 † 1805); Jean-Joseph Brival (1727 † 1802); Anne-Alexandre-Marie Thibaut († 1812); Louis Bertin (né en 1751); Jean-François Périer (1740 † 1824); Étienne Delcher (1731 † 1806).]

35555. Vimont (Ed.). — Gabriel Simeoni et les eaux de Royat [xvie s.], p. 287.

35556. Mège (Francisque). — Paul Ardier [xvie-xviie s.], p. 348.

35557. G. — Sur les œuvres de Milon d'Arlanc, poète auvergnat, p. 371.

35558. Divers. — Nécrologie, p. 372 et 449.

[Francisque Mandet (1811 † 1885); Jean-Baptiste Bargoin (1813 † 1885); Pierre Bertrand (1812 † 1885); l'abbé Eugène-Jean-Marie Chaumette ou Chomette (1816 † 1885); Agis Ledru (1816 † 1885); Félix-Victor Martha-Beker (1808 † 1885); Achille Moisson (1816 † 1885).]

35559. Pommerol (F.). — La station préhistorique de Cébazat, p. 387.

35560. Mège (Francisque). — Originaux et excentriques d'Auvergne; un faux Louis XVII [Auguste-Victor Persat, 1790 † vers 1860], p. 435.

PUY-DE-DÔME. — RIOM.

SOCIÉTÉ DU MUSÉE.

La *Société du Musée* de Riom a été fondée le 1er novembre 1860 et autorisée le 29 du même mois. Son but principal était de doter la ville de Riom d'un Musée d'art et d'archéologie; mais elle a insensiblement agrandi son cadre primitif et elle a publié plusieurs ouvrages dont nous donnons l'indication sous les n°s 35561 à 35564. Il faut ajouter à ces publications une série de rapports rédigés par M. Francisque Mandet et contenant la description des objets acquis par le Musée dans le courant de chaque exercice.

35561. Gomot (H.). — Monuments historiques de l'Auvergne. Abbaye royale de Mozat (ordre de saint Benoît). (Riom, 1873-1874, in-8°, xiv et 282 p.)

[Pièces justificatives : Chartes de Pépin, Philippe Ier, Louis VII et Philippe VI; bulle d'Alexandre III, etc.]

35562. Gomot (H.). — Chroniques de Riom. La peste noire de 1631. (Riom, 1874, in-12, 102 p.)

35563. Gomot (H.). — Histoire du château féodal de Tournoël (en Auvergne), *pl.* (Clermont-Ferrand, 1881, in-8°, vii et 229 p.)

35564. Gomot (H.). — Marilhat et son œuvre [1811 † 1847]. (Clermont-Ferrand, 1884, in-8°, 101 p.)

35565. Mandet (Francisque). — Rapport adressé à messieurs les membres de la Société du Musée de Riom et lu dans la séance du 10 février 1862. (Riom, 1862, in-8°, 22 p.)

[Marie-Joseph de Lapoix de Fréminville, magistrat (1796 † 1861); p. 16. — L'abbé Cohadon (an v † 1861), p. 19.]

35566. Mandet (Francisque). — Rapport ... lu dans la séance du 21 décembre 1863. (Riom, 1864, in-8°, 32 p.)

[Notice biographique sur M. Francisque Jusseraud (1797 † 1863), p. 12. — Lot de la collection Campana attribué au Musée, p. 23.]

35567. Anonyme. — Inauguration du Musée de la ville de Riom à l'hôtel Chabrol, le 23 décembre 1866. (Riom, 1866, in-8°, 24 p.)

35568. Mandet (Francisque). — Rapport ... lu dans la séance du 26 décembre 1867. (Riom, 1868, in-8°, 38 p.)

[Charles-Antoine-Claude de Chazerat (1728 † 1824), p. 20. — Catalogue des peintures du Musée, p. 23.]

35569. Mandet (Francisque). — Rapport ... lu dans la séance du 15 décembre 1868. (Riom, 1868, in-8°, 54 p.)

35570. Mandet (Francisque). — Rapport ... lu dans la séance du 2 décembre 1869. (Riom, 1869, in-8°, 54 p.)

[Henri Blatin, médecin (1806 † 1869), p. 38.]

35571. Mandet (Francisque). — Rapport ... lu dans la séance du 27 décembre 1871. (Riom, 1872, in-8°, 59 p.)

[Étude sur Jacques Delille, p. 38. — Henri Barbat du Closel († 1871), p. 46.]

35572. Mandet (Francisque). — Rapport ... lu dans la séance du 25 janvier 1873. (Riom, 1839, in-8°, 70 p.)

[Gaspard-Antoine Verny, magistrat (1801 † 1872), p. 49.]

35573. Mandet (Francisque). — Rapport ... lu dans la séance du 3 décembre 1873. (Riom, 1873, in-8°, 64 p.)

[Notice sur François-René Archon-Despérouses (xix° s.), par Marc de Vissac, p. 37.]

35574. Mandet (Francisque). — Rapport ... lu dans la séance du 27 novembre 1874. (Riom, 1874, in-8°, 79 p.)

35575. [Mandet (Francisque)]. — Musée de Riom, 1874 [catalogue général]. (S. l. n. d., in-8°, 38 p.)

[Publié comme supplément au rapport de 1874.]

35576. Mandet (Francisque). — Rapport ... lu dans la séance de novembre 1875. (Riom, 1876, in-8°, 88 p.)

35577. Mandet (Francisque). — Rapport ... lu dans la séance de novembre 1876. (Riom, 1876, in-8°, 104 p.)

[Privilèges de la ville de Besse (1270), p. 47. — Évasion de Marie-Joseph-François Bouyonnet de La Villatte (1798), p. 64.]

35578. Mandet (Francisque) et Gomot (H.). — Rapport à la Société du Musée de Riom ... suivi du compte rendu des séances (1876-1877). (Riom, 1877, in-8°, 88 p.)

[Anneau sigillaire attribué au prince de Galles (xiv° s.), p. 42. — Grellet-Dumazeau, magistrat, 1804 † 1876, p. 48. — Le poète Danchet, académicien, 1671 † 1748, p. 61.]

35579. Mandet (Francisque) et Gomot (H.). — Rapport à la Société du Musée de Riom ... suivi du compte rendu des séances (1877-1878). (Riom, 1878, in-8°, 70 p.)

[Vestiges gallo-romains découverts à Riom, p. 58. — Pierre Flotte, chancelier de France (1302), p. 62.]

35580. Mandet (Francisque) et Gomot (H.) — Rapport à la Société du Musée de Riom .. suivi du compte rendu des séances (1879-1880). (Riom, 1880, in-8°, 102 p.)

PYRÉNÉES (BASSES-). — BAYONNE.

SOCIÉTÉ DES SCIENCES ET DES ARTS DE BAYONNE.

La *Société des sciences et des arts de Bayonne* a été fondée en 1874; elle publie un *Bulletin* dont la collection comprenait 7 volumes à la fin de 1885.

I. — Bulletin de la Société des sciences et arts de Bayonne [1874-1877]. (Bayonne, 1874[-1878], in-8°, 303 et LXIII p.)

35581. Menjoulet (L'abbé). — Introduction à la vie de saint Léon, apôtre de Bayonne, p. 3.
35582. Vinson (Julien). — Sur la méthode de la science du langage et de ses applications à l'étude de la langue basque, p. 37 et 49.
35583. Luchaire (A.). — Sur le nom de Baigorry, p. 99.
35584. Abbadie (Antoine d'). — Légende du Tartaroa ou Tartarua, p. 133.
35585. Du Boucher (Henry). — Le chapitre V de la Genèse [généalogie des patriarches], et l'archéologie préhistorique, p. 169.
35586. Vinson (Julien). — La science de la mythologie, p. 195.
35587. Détroyat (Arnaud). — Le père Loriquet à l'église Saint-Étienne d'Arribe-Labourd [notice sur le général Conroux de Pépinville, 1770 † 1813], p. 213.
35588. Cuzacq (P.). — Légendes landaises [arbres fatidiques, pierres guayantes, loups-garous], p. 221.
35589. Vinson (Julien). — Les Basques et les Ibères, p. 235.

II. — Bulletin de la Société des sciences et arts de Bayonne, 1878-1879. (Bayonne, 1879, in-8°, XIX et 88 p.)

35590. Cuzacq (P.). — Description des voies romaines dans les Landes de Gascogne, *carte*, p. 1.
35591. Châteauneuf. — Les vieux textes gascons et la règle de l'*s*, p. 33.
35592. Détroyat (Arnaud). — Notice sur les stations de l'âge de la pierre découvertes jusqu'à ce jour autour de Bayonne, p. 61.
35593. Webster (Wentworth). — Quelques notes sur les pastorales [jouées dans la Soule au XIX° s.], p. 69.

III. — Bulletin de la Société des sciences et arts de Bayonne, 1880[-1881]. (Bayonne, 1880[-1881], in-8°, VIII et 123 p.)

35594. Bernadou (Charles). — M. Dulaurens [1804 † 1880] et les archives de Bayonne, p. 3.
35595. Dulaurens. — Lettre inédite du vicomte d'Orthe [au capitaine Belsunce, gouverneur de Dax, 1562], p. 39.
35596. Ducéré (E.). — Recherches historiques sur le siège de Fontarabie en 1638, p. 41.
35597. Vinson (Julien). — Les fables de La Fontaine en vers gascons [traduites en 1776], p. 77.
35598. Ducéré (E.). — Sur un projet d'attaque [de Bayonne] attribué aux Hollandais unis aux Espagnols en 1674, p. 109.

IV. — Bulletin de la Société des sciences et arts de Bayonne, 1882. (Bayonne, 1882, in-8°, XI et 133 p.)

35599. Cuzacq (P.). — Du droit d'aînesse et du partage de succession dans les Landes, p. 3.
35600. Ducéré (E.). — Documents pour servir à l'étude du gascon bayonnais, p. 49.

[Inventaires de Saubat de Haramboro, argentier bayonnais (1521); d'Augerot de La Garde, seigneur de Mente (1518); de Johannot Du Verger, boucher (1521); de Jehan de Garat, homme d'armes (1522); et de Pes de Le Lande, marchand et armateur (1528).]

35601. Vinson (Julien). — Cahier des vœux des Basques souletins, 1789 (Tiers-État), p. 87.
35602. Ducéré (E.). — Documents pour servir à l'histoire de la marine basque, bayonnaise et gasconne, *pl.*, p. 103; et V, p. 149.

[Siège de l'île de Ré, 1627; équipement de pinasses, 1650; une canonnière blindée au XVI° siècle.]

35603. Webster (Wentworth). — Notes sur quelques constructions dans le département des Basses-Pyrénées, *pl.*, p. 131.

[Masures servant à emmagasiner les châtaignes.]

V. — Bulletin de la Société des sciences et

arts de Bayonne, 1883. (Bayonne, 1883, in-8°, VI, VIII et 156 p.)

35604. Ducéré (E.). — Les correspondants militaires de la ville de Bayonne, p. 1, 85; et VI, p. 1.

[Analyse des lettres adressées à la ville de Bayonne, 1607-1789; publication de lettres de Marie de Médicis, Louis XIII, comtesse de Guiche, comte de Gramont, amiral de Montmorency, duc de Mayenne, duc d'Épernon, Henri de Bourbon, marquis de Sourdis, Louis XIV, César de Vendôme, maréchal d'Albret, Faucon de Ris, La Bourdonnaye, maréchal de Montrevel, de Maurepas, duc de Choiseul, etc.]

35605. Webster (Wentworth). — Simon de Montfort et le Parlement anglais (1248-1265), p. 65.

[35602]. Ducéré (E.). — Documents pour servir à l'histoire de la marine basque, bayonnaise et gasconne, *pl.*, p. 149.

VI. — Bulletin de la Société des sciences et arts de Bayonne, 1884. (Bayonne, 1884, in-8°, X, XIII et 231 p.)

[35604]. Ducéré (E.). — Les correspondants militaires de la ville de Bayonne [1607-1789], p. 1.

35606. Barrère (Emmanuel). — Étude sur le costume moderne (1797-1884), p. 115.

35607. Vinson (Julien). — Bibliographie du folk-lore basque, p. 135.

35608. Ducéré (E.). — L'artillerie et les arsenaux de la ville de Bayonne, 4 *pl.*, p. 199; VII, p. 1 et 65.

[Événements militaires (XVIe-XVIIIe s.); inventaires de l'arsenal (XIIIe-XVIIIe s.).]

VII. — Bulletin de la Société des sciences et arts de Bayonne, 1885. (Bayonne, 1885, in-8°, VII, XIV et 142 p.)

[35608]. — Ducéré (E.). — L'artillerie et les arsenaux de la ville de Bayonne, p. 1 et 65.

35609. Webster (Wentworth). — Quelques notes archéologiques sur les mœurs et les institutions de la région pyrénéenne, p. 46.

[Régime de la propriété; condition de la femme; usages locaux.]

PYRÉNÉES (BASSES-). — PAU.

SOCIÉTÉ DES AMIS DES ARTS DE PAU.

La *Société des amis des arts de Pau* a été fondée le 29 avril 1863. Son objet principal est d'organiser des expositions artistiques; elle n'a publié jusqu'ici qu'une série de livrets pour les expositions qu'elle a préparées. En voici la liste complète jusqu'à 1885 inclus :

35610. Anonyme. — Société des amis des arts de Pau. Exposition de 1864, séance du 17 mai : discours prononcé à l'ouverture de la séance par M. Ch. Le Cœur, président de la Société. (Pau, s. d., in-16, 16 p.)

35611. Anonyme. — Livret explicatif des ouvrages d'art admis à l'exposition de la Société des amis des arts de Pau. Exposition de 1865, du 25 janvier au 15 mars. (Pau, s. d., in-16, 64 p.)

35612. Anonyme. — Livret explicatif des ouvrages d'art admis à l'exposition de la Société des amis des arts de Pau. Exposition de 1866, du 16 janvier au 15 mars. (Pau, s. d., in-16, 64 p.)

35613. Anonyme. — Livret explicatif des ouvrages d'art admis à l'exposition de la Société des amis des arts de Pau. Exposition de 1867, du 10 janvier au 6 mars. (Pau, s. d., in-16, 71 p.)

35614. Anonyme. — Livret explicatif des ouvrages d'art admis à l'exposition de la Société des amis des arts de Pau. Exposition de 1868, du 27 février au 27 avril. (Pau, s. d., in-16, 81 p.)

35615. Anonyme. — Livret explicatif des ouvrages d'art admis à l'exposition de la Société des amis des arts de Pau. Exposition de 1869, du 18 janvier au 18 mars. (Pau, s. d., in-16, 95 p.)

35616. Anonyme. — Livret explicatif des ouvrages d'art admis à l'exposition de la Société des amis des arts de Pau. Exposition de 1870, du 25 janvier au 25 mars. (Pau, s. d., in-16, 79 p.)

35617. Anonyme. — Livret explicatif des ouvrages d'art admis à l'exposition de la Société des amis des arts de Pau. Exposition de 1872, du 18 janvier au 18 mars. (Pau, s. d., in-16, 72 p.)

35618. Anonyme. — Livret explicatif des ouvrages d'art admis à l'exposition de la Société des amis des arts de Pau. Exposition de 1873, du 1er mars au 1er mai. (Pau, s. d., in-16, 76 p.)

35619. Anonyme. — Livret explicatif des ouvrages d'art admis à l'exposition de la Société des amis des arts de Pau. Exposition de 1874, du 16 mars au 16 mai. (Pau, s. d., in-16, 60 p.)

35620. Anonyme. — Livret explicatif des ouvrages d'art admis à l'exposition de la Société des amis des arts de Pau. Exposition de 1875, du 12 janvier au 12 mars. (Pau, s. d., in-16, 80 p.)

35621. Anonyme. — Livret explicatif des ouvrages de peinture, sculpture, dessin et gravure admis à l'exposition de la Société des amis des arts de Pau. Exposition de 1876, du 6 janvier au 6 mars. (Pau, s. d., in-8°, 80 p.)

35622. Anonyme. — Explication des ouvrages de peinture, dessin, gravure des artistes vivants, exposés dans les salons de la Société des amis des arts de Pau, au Musée de la ville, le 8 janvier 1877; 13e exposition annuelle, 1877. (Pau, s. d., in-8°, 84 p.)

35623. Anonyme. — Société des amis des arts de Pau. Livret du salon, 1877, avec 11 eaux-fortes ... (Pau, s. d., in-8°, 97 p.)

35624. Anonyme. — Explication des ouvrages de peinture, dessin, gravure des artistes vivants, exposés dans les salons de la Société des amis des arts de Pau au Musée de la ville le 15 janvier 1878, 14e exposition annuelle. (Pau, s. d., in-8°, 75 p.)

35625. Anonyme. — Société des amis des arts de Pau. Livret du salon, 1878. (Pau, s. d., in-8°, 87 p.)

35626. Anonyme. — Société des amis des arts de Pau. Catalogue des ouvrages exposés dans les salons de l'exposition au Musée de la ville, 1879. (Pau, s. d., in-8°, 85 p.)

35627. Anonyme. — Société des amis des arts de Pau. Catalogue des ouvrages exposés dans les salons de l'exposition au Musée de la ville. (Pau, s. d., in-8°, 96 p.)

35628. Anonyme. — Société des amis des arts de Pau. Catalogue des objets exposés dans les salons de l'exposition au Musée de la ville, 1881. (Pau, s. d., in-8°, 94 p.)

35629. Anonyme. — Société des amis des arts de Pau. Catalogue des objets exposés dans les salons de l'exposition au Musée de la ville, 1882. (Pau, s. d., in-8°, 99 p.)

35630. Anonyme. — Société des amis des arts de Pau. Catalogue des objets exposés dans les salons de l'exposition, place Bosquet, 1883. (Pau, s. d., in-16, 83 p.)

35631. Anonyme. — Société des amis des arts de Pau. Catalogue des objets exposés dans les salons de l'exposition, place Bosquet, 1883-1884. (Pau, s. d., in-16, 77 p.)

35632. Anonyme. — Société des amis des arts de Pau. Catalogue des objets exposés dans les salons de l'exposition, place Bosquet, 1885. (Pau, s. d., in-16, 70 p.)

PYRÉNÉES (BASSES-). — PAU.

SOCIÉTÉ DES BIBLIOPHILES DU BÉARN.

La *Société des bibliophiles du Béarn,* fondée en 1876, ne donne plus signe de vie depuis 1880. Elle a publié les ouvrages suivants :

35633. Anonyme. — La société béarnaise au XVIIIe siècle; historiettes tirées des mémoires inédits d'un gentilhomme béarnais. (Pau, 1876, in-8°, III et 303 p.)

35634. Lespy (V.) et Raymond (P.). — Récits d'histoire sainte en béarnais, traduits et publiés pour la première fois sur le manuscrit du XVe siècle, 2 vol. (Pau, t. I, 1876, in-8°, III, LXXI et 249 p.; t. II, 1877, in-8°, III, VII et 384 p.)

35635. Anonyme. — Liste des suspects du département des Basses-Pyrénées (1793), dressée par le Comité de salut public de Pau. (Pau, 1877, in-8°, III, II et 109 p.)

35636. Anonyme. — L'éducation du maréchal de Castellane; notes écrites par sa mère [Adelaïde de Rohan-Chabot]. (Pau, 1877, in-8°, III, VIII et 120 p.)

35637. [Lespy (V.) et Raymond (P.)]. — Lettres du maréchal Bosquet à sa mère (1829-1858), avec un *portrait,* 4 vol. (Pau, t. I, 1877, in-8°, III, X et 328 p.; t. II, 1878, in-8°, III, III et 353 p.; t. III, 1878, in-8°, III, IV et 357 p.; t. IV, 1879, in-8°, III, VIII et 323 p.) — Cf. n° 35638.

[Préfaces signées : V. L. et P. R.]

35638. [Lespy (V.)]. — Lettres du maréchal Bosquet à ses amis (1837-1860), 2 vol. (Pau, t. I, 1879, in-8°,

IV, III et 173 p.; t. II, 1879, in-8°, V, V et 218 p.) — Cf. n° 35637.

[Préface signée : V. LESPY.]

35639. LESPY (V.) et RAYMOND (P.). — Un baron béarnais au XV° siècle [Gaston de Foix, seigneur de Coarraze]. Textes en langue vulgaire, traduits et publiés par V. Lespy et P. Raymond pour la Société des bibliophiles du Béarn. Textes béarnais. (Pau, 1878, in-8°, III et 141 p.) — Traduction. (Pau, 1878, in-8°, III, X et 85 p.)

35640. LACAZE (Louis). — Notice sur la place royale de Pau (1688-1878). (Pau, 1879, in-8°, III, II et 108 p.)

35641. LESPY (V.). — Un curé béarnais au XVIII° siècle; correspondance de l'abbé Tristan, 2 vol. (Pau, t. I, 1879, in-8°, IV, II et 239 p.; t. II, 1880, in-8°, IV, II et 242 p.)

[Lettres de l'abbé Tristan, de l'évêque de Lescar, de M. de Monségu, de Mme de La Rye, etc., 1723-1743.]

PYRÉNÉES (BASSES-). — PAU.

SOCIÉTÉ DES SCIENCES, LETTRES ET ARTS DE PAU.

La *Société des sciences, lettres et arts de Pau* a été fondée en 1841. Elle entreprit la publication d'un *Bulletin* dont le quatrième volume parut en 1844; puis elle disparut pendant un quart de siècle. Elle fut reconstituée en 1871 et recommença à publier un *Bulletin*. On trouvera, sous notre n° 35660, des renseignements détaillés sur l'histoire de cette Compagnie.

I. — **Bulletin de la Société des sciences, lettres et arts de Pau**, année 1841. (Pau, s. d., in-8°, 249 p.)

35642. BADÉ. — Notice archéologique sur l'église de Lembeye [XV° s.], *pl.*, p. 40.

35643. LESPÈS (J.-M.-L.). — Notice historique sur Saint-Sever Cap-de-Gascogne, p. 119.

35644. DUVOISIN (L'abbé). — Notice sur la chapelle de Sainte-Magdeleine [à Ustaritz], p. 209.

35645. DUVOISIN. — Origine des Basques depuis les temps fabuleux jusqu'à l'arrivée des Romains en Espagne, en l'an 535 de Rome, p. 223; et II, p. 275.

II. — **Bulletin de la Société des sciences, lettres et arts de Pau**, année 1842. (Pau, s. d., in-8°, 392 p.)

35646. BADÉ. — Origines de la littérature française : influences de la culture romaine sur la Gaule, p. 28.

35647. SAMAZEUILH (J.-F.). — Tableau chronologique de l'établissement des coutumes en Gascogne, p. 47.

35648. DUCONDUT (J.-A.). — De l'étude des désinences et en particulier de celles de la langue française, p. 59.

35649. BASCLE DE LAGRÈZE (G.). — Meurtre du baron d'Ossun à Vic-Bigorre [1580], p. 72.

35650. BATAILLARD (Paul). — Essai sur les Bohémiens, à propos d'une nouvelle [intitulée : *Une tribu de Bohémiens*], p. 87.

[35645]. DUVOISIN. — Origine des Basques, p. 275.

35651. PICOT. — Préface pour un vocabulaire béarnais, p. 306.

35652. DEVILLE. — Babile de Castelbajac; chronique du commencement du XVI° siècle, p. 312.

[Démêlés de Louis XII avec Jean II, roi de Navarre.]

35653. BADÉ. — Extrait d'un rapport adressé à M. le Ministre de l'intérieur, 2 *pl.*, p. 349. — Cf. n° 35655.

[Dolmen et tumuli; mosaïque et vestiges d'une maison romaine à Bielle; église de Navaille (XI°-XII° s.).]

III. — **Bulletin de la Société des sciences, lettres et arts de Pau**, année 1843. (Pau, s. d., in-8°, 383 p.)

35654. BARTHE (Marcel). — Excursion dans le désert de la Guiane, p. 178.

[Anecdotes sur la sœur Javouhey et les nègres de la Guiane.]

35655. BADÉ. — Rapport adressé à M. le Ministre de l'intérieur, p. 202. — Cf. n° 35653.

[Monuments gaulois aux environs d'Arudy; mosaïque et sarcophage gallo-romains de Taron; église byzantine de Sauvelade; église romane de Taron.]

35656. Lansalot (L'abbé). — Extraits d'une notice sur l'église de Saint-Vincent de Salies [xiᵉ s.], p. 209.

35657. Sacaze (Gaston). — Chansons populaires de la vallée d'Ossau, p. 219.

35658. Hatoulet. — Chartes [apocryphes] de la ville de Mont-de-Marsan traduites de la langue romane [xiᵉ-xiiᵉ s.], p. 290.

IV. — Bulletin de la Société des sciences, lettres et arts de Pau, année 1844. (Pau, s. d., in-8°, 96 p.)

[Ce volume n'a jamais été achevé.]

35659. Samazeuilh (J.-F.). — Notice historique sur le château de Nérac, p. 5.

V. — Bulletin de la Société des sciences, lettres et arts de Pau, 1871-1872, 2ᵉ série, t. I. (Pau, s. d., in-8°, 272 p.)

35660. François-Saint-Maur. — Allocution [histoire des sociétés littéraires à Pau], p. 7.

35661. Luchaire (A.). — Une révolte de paysans contre Alain, sire d'Albret [1510], p. 37.

35662. Clément-Simon. — Documents [sur Alain d'Albret et sur une assemblée des deux ordres de la vicomté de Limoges, 1513], p. 41.

35663. P. R. [Raymond (Paul)]. — Extraits des registres de la chambre des comptes de Pau [xviᵉ-xviiᵉ s., d'après un manuscrit appartenant au baron de Laussat], p. 60, 83, 127, 163, 254; VI, p. 87, 138; XVIII, p. 181; et XIX, p. 141.

35664. Raymond (Paul). — Compte de la ville de Pau (1547-1548), p. 78.

35665. Raymond (Paul). — Un règlement pour la saison thermale des Eaux-Chaudes en 1576, p. 111.

35666. Luchaire (A.) et Marion. — Exposé critique des études sur l'origine des Basques; état de la question, p. 196.

35667. Barthety (Hilarion). — Les tumuli des environs de Garlin, p. 206.

35668. Nadaillac (Le marquis de). — Note sur le squelette de la grotte de Menton, p. 208.

35669. Raymond (Paul). — Note sur des peintures murales du xvᵉ siècle à Boeil, près Nay [la Passion du Christ], p. 235.

35670. Arrentières (Dieudonné d'). — Lettre sur un monument mégalithique situé dans la vallée d'Aspe, p. 252.

VI. — Bulletin de la Société des sciences, lettres et arts de Pau, 1872-1873, 2ᵉ série, t. II. (Pau, s. d., in-8°, 593 p.)

35671. Barthety (Hilarion). — Notes sur des constructions féodales du canton de Garlin, p. 19.

[Carrère; Balirac; Roquefort-de-Tursan.]

35672. Luchaire (A.). — Notice sur les origines de la maison d'Albret (977-1270), p. 24 et 99.

35673. Barthety (Hilarion). — Fouille d'un tumulus à Garlin (Basses-Pyrénées) [vases, armes et bijoux], *pl.*, p. 73.

35674. Lespy (V.). — D'où viennent quelques diminutifs français, p. 81.

[35663]. Raymond (Paul). — Extraits des registres de la Chambre des comptes de Pau [xviᵉ-xviiᵉ s.], p. 87 et 138.

35675. Proszinski. — Sondage d'un tumulus situé à Pontacq, p. 131.

35676. Barthety (Hilarion). — Le menhir de Sarron (Landes) ou la Pierre du diable [légende], p. 132.

35677. Raymond (Paul). — Description des sceaux conservés aux Archives départementales des Basses-Pyrénées, p. 147 à 530.

35678. Clément-Simon. — Le droit de marque ou représailles dans les fors de Béarn; épisode de guerres privées entre les vallées de Baretous et de Roncal [xvᵉ s.], p. 538.

VII. — Bulletin de la Société des sciences, lettres et arts de Pau, 1873-1874. (Pau, s. d., in-8°, 491 p.)

35679. Luchaire (A.). — Un épisode de l'histoire du Béarn (décembre 1518), p. 9.

[Enlèvement d'un habitant de Morlaas.]

35680. Soulice (L.). — Augier Gaillard et sa traduction de l'Apocalypse [en dialecte albigeois, 1589], p. 22.

35681. Raymond (Paul). — Exploration d'un tumulus à Andrein (Basses-Pyrénées) [vases gallo-romains], p. 45.

35682. Luchaire (A.). — Étymologie du nom d'Ossau, p. 66.

35683. Lespy (V.). — Dictons du pays de Béarn, p. 75.

35684. Barthety (Hilarion). — Pratiques de sorcellerie et superstitions populaires du Béarn, p. 104.

35685. Raymond (Paul). — Notes pour servir à l'histoire des artistes en Béarn [peintres, architectes, sculpteurs, musiciens et comédiens; devis et marchés, xivᵉ-xviiiᵉ s.], p. 125 et 283.

35686. Cazenave de La Roche (Dʳ). — Coup d'œil sur l'ethnologie et l'anthropologie des cagots des Pyrénées, p. 209.

35687. Seurier (Le vicomte). — De l'instruction primaire dans la région des Pyrénées occidentales et spécialement en Béarn depuis la fin du XIVe siècle jusqu'en 1789, p. 224.

35688. Yox. — La conversation en France au moyen âge, p. 456.

VIII. — Bulletin de la Société des sciences, lettres et arts de Pau, 1874-1875, 2e série, t. IV. (Pau, s. d., in-8°, 598 p.)

35689. Rochas (Dr V. de). — Note sur les colliberts, p. 8.
35690. Luchaire (A.). — Du mot basque *iri* et de son emploi dans la composition des noms de lieux de l'Espagne et de l'Aquitaine antiques, p. 18.
35691. Lespy (V.). — Les sorcières dans le Béarn (1393-1672), p. 28.
35692. Soulice (L.). — Documents pour l'histoire du protestantisme en Béarn. Bernard, baron d'Arros, et le comte de Gramont (1573), p. 87.
35693. Piche (A.). — Question sur la couvade [usage des pays basques], p. 132. — Cf. n° 35714.
35694. Mérimée. — La réforme de l'Université de Paris sous Henri IV, p. 150.
35695. Lespy (V.). — Sur le nom des habitants de Pau, p. 171.
35696. Duboué (D^r^). — Fragments inédits d'un manuscrit de Bordeu intitulé : Observations sur les eaux minérales de la généralité d'Auch [XVIIIe s.], p. 200.
35697. Lespy (V.). — Les marionnettes à Pau [XVIIIe s.], p. 227.
35698. Cerquand. — Légendes et récits populaires du pays basque, p. 233; IX, p. 183; X, p. 450; et XV, p. 101.
35699. Lespy (V.). — Remarques sur la toponymie du Béarn, p. 320.
35700. Bouillé (Roger de). — Note sur un cimetière mérovingien en Nivernais [à Saint-Parize-le-Châtel; sarcophages], p. 340.
35701. Rochas (Dr V. de). — Les parias de France et d'Espagne, chrestians, cagots, gahets et cacous, avec un appendice sur les bohémiens du pays basque, p. 351, 545; IX, p. 47, 122 et 291.
35702. Rivarès (F.). — Pau et les Basses-Pyrénées pendant la Révolution, p. 405; IX, p. 367; et X, p. 4.

IX. — Bulletin de la Société des sciences, lettres et arts de Pau, 1875-1876, 2e série, t. V. (Pau, 1876, in-8°, 395 p.)

[35701]. Rochas (Dr V. de). — Les parias de France et d'Espagne, p. 47, 122 et 291.
35703. Marrast (Aug.). — Alexandrie sous les Ptolémées, p. 162.
[35698]. Cerquand. — Légendes et récits populaires du pays basque, p. 183.
[35702]. Rivarès (F.). — Pau et les Basses-Pyrénées pendant la Révolution, p. 367.

X. — Bulletin de la Société des sciences, lettres et arts de Pau, 1876-1877, 2e série, t. VI. (Pau, 1877, in-8°, 547 p.)

[35702]. Rivarès (F.). — Pau et les Basses-Pyrénées pendant la Révolution, p. 4.
35704. Marrasт (Aug.). — Bagdad sous les khalifes, p. 125.
35705. Marseillon (L'abbé). — Histoire du Montanérez, p. 149.
35706. Raymond (Paul). — Exploration d'un tumulus à Balansun (Basses-Pyrénées) [haches en pierre], p. 229.
35707. Soulice (L.). — Notice historique sur les Eaux-Chaudes et les Eaux-Bonnes, p. 231.
35708. Crozals (J. de). — La faculté philosophique dans une université allemande [à Gœttingue], p. 257.
35709. Raymond (Paul). — Notice sur la famille de Jean-Paul de Lescun, membre du Conseil souverain de Béarn [XVIe-XVIIe s.], p. 293.
35710. Luchaire (A.). — Les origines linguistiques de l'Aquitaine, p. 349.
35711. Raymond (Paul). — Documents divers, p. 424.

[Secours accordés par la reine de Navarre à Samuel de Saint-Hilaire, 1571; Corisande d'Andoins, comtesse de Gramont et son fils, XVIIe s.]

35712. Viguier. — Note sur une hache en pierre trouvée à Jurançon, p. 430.
[35698]. Cerquand. — Légendes et récits populaires du pays basque, p. 450.

XI. — Bulletin de la Société des sciences, lettres et arts de Pau, 1877-1878, 2e série, t. VII. (Pau, 1879, in-8°, 328 p.)

35713. Lyon. — Serenus et Sénèque. Étude sur le *De tranquillitate animi*, p. 1.
35714. Lochard. — Notes relatives à la couvade, p. 74. — Cf. n° 35693.
35715. Barthety (Hilarion). — L'ancien évêché de Lescar; renseignements historiques et descriptifs à propos d'un plan en relief du palais épiscopal, *pl.*, p. 78.
35716. Caradec (D^r^ Th.). — Le musée don Sébastien à Pau [tableaux], p. 97.
35717. Raymond (Paul). — Enquête sur les serfs du Béarn [XIVe s.], p. 121 à 312.

XII. — Bulletin de la Société des sciences,

lettres et arts de Pau, 1878-1879, 2ᵉ série, t. VIII. (Pau, 1880, in-8°, 247 p.)

35718. Divers. — Paul Raymond [† 1878], p. 7.
35719. Rivarès (F.). — Mémoire sur la ville et la communauté de Pau à la fin du XVIIᵉ siècle, p. 24.
35720. Barthélemy (E. de). — Lettres inédites du connétable de Luynes sur l'insurrection du Béarn [1620-1621], p. 68.
35721. Barthety (Hilarion) et Soulice (L.). — Notice historique sur la famille de Fondeville [XVIᵉ-XVIIIᵉ s.], p. 73.

[Appendice : *Calvinisme de Béarn, divisat en seys eglogues*, par Jean-Henri de Fondeville, XVIIᵉ s..]

XIII. — Bulletin de la Société des sciences, lettres et arts de Pau, 1879-1880, 2ᵉ série, t. IX. (Pau, 1880, in-8°, 290 p.)

35722. Soulice (L.). — Création d'un musée d'histoire naturelle et d'archéologie à Pau; rapport, p. 13.
35723. Barthety (Hilarion). — L'hôpital et la maladrerie de Lescar, p. 17. — Cf. n° 35724.
35724. Lamaignère père (J.). — Observations sur le travail de M. Barthety relatif à l'ancien hôpital de Lescar, p. 43. — Cf. n° 35723.
35725. Lamaignère père (J.). — Notice sur un ouvrage de Jean de Bordenave, chanoine de Lescar, p. 56.

[*L'État des églises cathédrales et collégiales*, 1643.]

35726. Lacaze (Louis). — Recherches sur la ville de Pau [portail de l'Horloge et hôpital], p. 87.
35727. Rivarès (F.). — Documents pour servir à l'histoire des temps révolutionnaires dans le Sud-Ouest, p. 118. — Cf. n° 35736.

[Jean-Baptiste Dulaut, agent national, et Monestier (du Puy-de-Dôme).]

35728. Soulice (L.). — Documents pour l'histoire du protestantisme en Béarn [synodes de 1670, 1671 et 1681], p. 173. — Cf. n° 35741.

XIV. — Bulletin de la Société des sciences, lettres et arts de Pau, 1880-1881, 2ᵉ série, t. X. (Pau, 1881, in-8°, 334 p.)

35729. Soulice (L.). — Notes pour servir à l'histoire de l'instruction primaire dans les Basses-Pyrénées (1385-1880), p. 1.
35730. Gorse (André). — Étude sur les tapisseries du château de Pau [XVᵉ-XVIIIᵉ s.], p. 85.
35731. Malan (Louis). — Excursion au dolmen de Buzy, p. 108.
35732. Recurt. — Dolmen de Buzy [pointes de flèches, couteaux, etc.], *plan* et 4 *pl.*, p. 113.
35733. Mendez (Élisée). — Présentation d'une pointe de lance en silex trouvée à Pontacq, p. 127.
35734. Ducéré (E.). — L'armée des Pyrénées occidentales. Éclaircissements historiques sur les campagnes de 1793, 1794, 1795, p. 145 à 309.
35735. Piche (Albert). — Plan d'organisation d'un Musée départemental, p. 310.

XV. — Bulletin de la Société des sciences, lettres et arts de Pau, 1881-1882, 2ᵉ série, t. XI. (Pau, 1882, in-8°, 401 p.)

35736. Rivarès (F.). — Documents pour servir à l'histoire de la Révolution dans le Sud-Ouest, p. 1. — Cf. n° 35727.

[Correspondance des suspects avec le comité de surveillance des Basses-Pyrénées.]

[35698]. Cerquand. — Légendes et récits populaires du pays basque, p. 101.
35737. Flourac (Léon). — Jean Iᵉʳ, comte de Foix, vicomte souverain de Béarn, lieutenant du roi en Languedoc; étude historique sur le sud-ouest de la France pendant le premier tiers du XVᵉ siècle, p. 295 à 383; et XVI, p. 285 à 498.

XVI. — Bulletin de la Société des sciences, lettres et arts de Pau, 1882-1883, 2ᵉ série, t. XII. (Pau, 1883, in-8°, 519 p.)

35738. Rivarès (F.). — Pau et le parlement de Navarre en 1788, p. 201.
[35737]. Flourac (L.). — Jean Iᵉʳ, comte de Foix, vicomte souverain de Béarn, lieutenant du roi en Languedoc, p. 285 à 498.

XVII. — Bulletin de la Société des sciences, lettres et arts de Pau, 1883-1884, 2ᵉ série. t. XIII. (Pau, 1884, in-8°, 428 p.)

35739. Lacaze (Louis). — Les imprimeurs et les libraires en Béarn (1552-1883), 9 *pl.* et *fig.*, p. 1 à 244.
35740. Cadier (Léon). — Cartulaire de Sainte-Foi de Morlaas [XIᵉ-XIIᵉ s.], p. 289 à 365.

[Bulles de Gélase II et Lucius II; actes des comtes de Béarn, etc.]

XVIII. — Bulletin de la Société des sciences, lettres et arts de Pau, 1884-1885, 2ᵉ série, t. XIV. (Pau, 1885, in-8°, 371 p.)

35741. Soulice (L.). — Documents pour l'histoire du protestantisme en Béarn; l'intendant Foucault et la Révocation, 1684-1685, p. 1 à 151. — Cf. n° 35728.

35742. Rivarès (F.). — Les Pénitents bleus et les Pénitents blancs à Pau en 1717, p. 153.

[35663]. Raymond (P.). — Extrait des registres de la Chambre des comptes de Pau [xviie s.], p. 181.

35743. Planté (Adrien). — Documents pour servir à l'histoire de l'Université protestante du Béarn [à Lescar et à Orthez, xvie-xviie s.], p. 185 à 333.

35744. Picot. — Le droit du seigneur [en Béarn], p. 341.

XIX. — Bulletin de la Société des sciences, lettres et arts de Pau, 1885-1886, 2e série, t. XV. (Pau, 1886, in-8°, 531 p.)

35745. Lacaze (Louis). — L'ancienne église Saint-Martin [à Pau], *plan* et 2 *pl.*, p. 1.

[35663]. [Raymond (Paul)]. — Extrait des registres de la Chambre des comptes de Pau, p. 141.

35746. Dubarat (L'abbé V.). — La commanderie et l'hôpital d'Ordiarp, dépendance du monastère de Roncevaux-en-Soule (Basses-Pyrénées), p. 153 à 499.

[Pièces justificatives, 1189-1793; statuts de Roncevaux, 1282; bulles de Martin V et Sixte IV; lettres de Henri IV, etc.; seigneurs d'Abetze et de Genteiu, xive-xviiie s.]

PYRÉNÉES (HAUTES-). — BAGNÈRES-DE-BIGORRE.

SOCIÉTÉ RAMOND.

La *Société Ramond* a été fondée en 1865; elle publie un *Bulletin* dont le vingtième volume a paru en 1885. Ce volume contient la table de tous les articles publiés dans les volumes précédents (voir notre n° 35850). Elle a fait paraître, en outre, l'ouvrage suivant :

35747. Cordier (Eugène). — Étude sur le dialecte du Lavedan. (Bagnères, 1878, in-8°, II et 86 p.)

I. — **Explorations pyrénéennes.** Ascensions des hautes cimes et des régions de difficile accès; observations météorologiques; recherches scientifiques et archéologiques. **Bulletin trimestriel de la Société Ramond,** 1re année, 1866. (Bagnères-de-Bigorre, s. d., in-8°, 170 p.)

35748. Ramond (Le baron). — L. Ramond [1755 † 1827], p. 43.

35749. Cordier (Eugène). — Les cagots des Pyrénées, p. 51 et 107. — Cf. nos 35756 et 35758.

35750. Soutras (Frédéric). — Nécrologie [M. Philippe], p. 81.

35751. Soutras (Frédéric). — Ramond [L.] et les Pyrénées, p. 83.

35752. [Frossard (Émilien)]. — Les lacs des Pyrénées, p. 91.

35753. Deville (L.). — Le feu de la Saint-Jean à Tarbes, p. 102.

35754. Vaussenat (C.-X.). — Quelques coups de pioche dans le sol de Bagnères [tombes gallo-romaines et du moyen âge], p. 142.

II. — **Explorations pyrénéennes... Bulletin trimestriel de la Société Ramond,** 2e année, 1867. (Bagnères-de-Bignorre, s. d., in-8°, 172 p.)

35755. Cordier (Eugène). — Croyances des anciens Basques, p. 20.

35756. Webster (Wentworth). — Quelques observations sur les cagots des Pyrénées, p. 59. — Cf. n° 35749.

35757. Vaussenat (C.-X.). — Bibliographie pyrénéenne, p. 87, 123; III, 38, 86, 127, 174; IV, p. 39, 132, 177; V, p. 89; VI, p. 37, 54, 75 et 167.

35758. Cordier (Eugène). — Sur les cagots des Pyrénées, p. 113. — Cf. n° 35749.

35759. Cordier (Eugène). — Superstitions et légendes des Pyrénées, p. 125.

35760. Soutras (Frédéric). — Nécrologie [Louis Deville], p. 170.

III. — **Explorations pyrénéennes ... Bulletin trimestriel de la Société Ramond,** 3e année, 1868. (Bagnères-de-Bigorre, s. d., in-8°, 176 p.)

35761. Cordier (Eugène). — Les crétins des Pyrénées, p. 18.

[35757]. Vaussenat (C.-X.). — Bibliographie pyrénéenne, p. 38, 86, 127 et 174.

35762. Frossard (Émilien). — Ramond considéré au point de vue de la science [par le baron Cuvier], p. 41.

35763. Webster (Wentworth). — Justin Larrebat [poète gascon, † 1868], p. 57.

35764. Avezac (D'). — Sur des traditions pyrénéennes relatives à saint Missolin et aux Templiers de Gavarnie, p. 81. — Cf. n° 35765.

35765. Cordier (Eugène). — Sur des traditions pyrénéennes relatives à saint Missolin et aux Templiers de Gavarnie, p. 113. — Cf. n° 35764.

35766. Irrigoya (D'). — Culte mozarabe, p. 169.

IV. — **Explorations pyrénéennes ... Bulletin trimestriel de la Société Ramond,** 4e année, 1869. (Bagnères-de-Bigorre, s. d., in-8°, 180 p.)

35767. Hurt (Philippe-A.). — Épigraphie pyrénéenne, p. 21.

[Inscription romaine dans la vallée de la Saison, pays de Soule.]

35768. Cordier (Eugène). — *Desiderata :* les goîtres, les cagots, la couvade, p. 24.

[35757]. Vaussenat (C.-X.). — Bibliographie pyrénéenne, p. 39, 132 et 177.

35769. Cordier (Eugène). — Usages basques relatifs aux naissances, aux mariages et aux enterrements, p. 50.

35770. Soutras (Frédéric). — Nécrologie [François Soubies, † 1869], p. 75.
35771. Cordier (Eugène). — De l'organisation de la famille chez les Basques, p. 89.

V. — Explorations pyrénéennes ... Bulletin trimestriel de la Société Ramond, 5e année, 1870. (Bagnères-de-Bigorre, s. d., in-8°, 180 p.)

35772. Letrone père. — Note sur quatre-vingt-dix-huit tombelles découvertes en octobre 1869 dans le département des Hautes-Pyrénées [à Bartrès], *carte*, p. 3.
35773. Frossard (Émilien). — Note sur une grotte renfermant des restes humains, découverte à Bagnères-de-Bigorre, le 4 mai 1869, p. 10.
35774. Frossard (Ch.-L.). — Restes d'industrie humaine trouvés dans la grotte d'Aurensan (inférieure) à Bagnères-de-Bigorre [marteaux, haches, polissoirs, etc.], *pl.*, p. 25.
35775. Soutras (Frédéric). — Nécrologie [Eugène Cordier, né en 1823], p. 75.
[35757]. Vaussenat (C.-X.). — Bibliographie pyrénéenne, p. 89.
35776. Nansouty (Le général Ch. de). — Tumuli de Bartrès et d'Ossun, p. 121. — Cf. nos 35790 et 35792.
35777. Frossard (Ch.-L.). — Tumuli des environs de Pau [poteries et débris d'armes], p. 125.
35778. Letrone (Ludovic). — L'abbaye de Roncevaux [description], p. 144.
35779. Nansouty (Le général Ch. de). — Caverne Saucet [commune de Saint-Pé, ossements humains], p. 148.
35780. Frossard (Ch.-L.). — Le paganisme dans les Hautes-Pyrénées; petits monuments ibéro-romains de Montsérié [stèles], p. 163; et VI, p. 24.

VI. — Explorations pyrénéennes ... Bulletin trimestriel de la Société Ramond, 6e année, 1871. (Bagnères-de-Bigorre, s. d., in-8°, 170 p.)

[35780]. Frossard (Ch.-L.). — Petits monuments ibéro-romains de Montsérié, p. 24.
35781. Bladé (J.-F.). — Étude sur l'origine des Basques, p. 26.
[35757]. Vaussenat (C.-X.). — Bibliographie pyrénéenne, p. 37, 54, 75 et 167.
35782. Frossard (Ch.-L.). — Restes de l'époque de la domination romaine à Bagnères [poteries], p. 51.
35783. Frossard (Ch.-L.). — Le dieu Erge, p. 74.
35784. Dinet. — Brique peinte de l'Escaledieu [xve s.], p. 100.
35785. Soutras (Frédéric). — Nécrologie [le docteur Costallat], p. 151.

VII. — Explorations pyrénéennes ... Bulletin de la Société Ramond, 2e série, 1872. (Bagnères-de-Bigorre, s. d., in-8°, 208 p.)

35786. Barry (Edward). — *Narbo Martius.* Les origines de la ville [de Narbonne], p. 25.
35787. Petit-Pellet. — Nécrologie [le docteur Louis Company, né en 1781], p. 51.
35788. Webster (Wentworth). — Note au sujet de l'ouvrage de M. J.-F. Bladé sur l'origine des Basques, p. 55.
35789. Nansouty (Le général Ch. de). — Fortifications antiques formées à l'aide d'une moraine [près d'Istatzou], p. 105.
35790. Nansouty (Le général Ch. de). — Note sur l'exploration des tumuli des landes de Bartrès [urnes], p. 141 et 204. — Cf. n° 35776.
35791. Cadier (Alfred). — Les origines et l'histoire de l'église réformée d'Osse jusqu'à la révocation de l'édit de Nantes, p. 145.

VIII. — Explorations pyrénéennes ... Bulletin de la Société Ramond, 2e série, 1873. (Paris, s. d., in-8°, 168 p.)

35792. Vaussenat (C.-X.). — Tumuli des landes de Bartrès, p. 114. — Cf. n° 35776.
35793. Frossard (Émilien). — Cippe romain découvert à Tarbes, p. 163.

IX. — Explorations pyrénéennes ... Bulletin de la Société Ramond, 2e série, 1874. (Paris, s. d., in-8°, 210 p.)

35794. Webster (Wentworth). — Sur le culte antéchrétien de la Madeleine à Tardets, de Sarrance et de Bétharram, p. 97.

X. — Explorations pyrénéennes ... Bulletin de la Société Ramond, 3e série, 1875. (Paris, s. d., in-8°, 190 p.)

35795. Soutras (Frédéric). — Archéologie pyrénéenne [liste de noms dérivés du latin], p. 9.
35796. Killough (H. Russel). — Nécrologie [Chapelle, chasseur de chamois], p. 44.
35797. Barry (Edward). — Inscription romaine de Tarbes, *fig.*, p. 57.
35798. Divers. — Notes et communications, p. 82.

[Travaux de castramétation entre Lézignan et les Angles; monuments romains de Montsérié; croix latines de Baudéan (xviie s.); lettre de Wilhelm Humboldt (1801); tumulus de Bernac.]

XI. — Explorations pyrénéennes ... Bulletin de la Société Ramond, 11e année, 1876. (Paris, s. d., in-8°, 148 p.)

XII. — Explorations pyrénéennes ... Bulletin de la Société Ramond, 12e année, 1877. (Paris, s. d., in-8°, 122 p.)

35799. Dumoret (J.-J.). — Henry Cordier [† 1877], p. 75.
35800. Guilbeau. — Les Agoths [du pays basque], p. 399.

XIII. — Explorations pyrénéennes ... Bulletin de la Société Ramond, 3e série, 1878. (Paris, s. d., in-8°, 132 p.)

35801. Curie-Seimbres (A.). — Recherches sur une voie antique des Pyrénées à Bordeaux tracée en partie sur la crête qui sépare les deux bassins de l'Adour et de la Garonne, et connue sous les noms de voie de César, Césarée, Ténarèse, p. 57.
35802. Assier (Adolphe d'). — Recherches étymologiques sur le mot *Adour*, p. 109.
35803. Anonyme. — Monuments de la montagne d'Espiau [alignements et enceintes de pierres], p. 115.
35804. Divers. — Notes et communications, p. 124.

[Cagots, goitreux et crétins; vestiges de l'âge préhistorique au Pic du Midi.]

XIV. — Explorations pyrénéennes ... Bulletin de la Société Ramond, 1879. (Paris, s. d., in-8°, 178 p.)

35805. Frossard (C.-L.). — L'homme préhistorique au Pic du Midi [silex taillés], p. 12.
35806. Vinson (Julien). — La légende de saint Léon, patron de Bayonne [et le poème de Feuga en l'honneur de ce saint, 1650], p. 54.
35807. Gourdon (Maurice). — Les sépultures [antiques] de la vallée d'Aran (Espagne), p. 79.
35808. Anonyme. — Tumuli du plateau de Ger [vases et hache en pierre polie], p. 114.
35809. Divers. — Edward Barry [professeur d'histoire, † 1879], p. 125.

XV. — Explorations pyrénéennes ... Bulletin de la Société Ramond, 15e année, 1880. (Paris, s. d., in-8°, 184 p.)

35810. Abbadie (A. d'). — Arago [Dominique-François, 1786 † 1853], p. 12.
35811. Anonyme. — Archéologie pyrénéenne, p. 27.

[Stations préhistoriques vers Bayonne et vers les étangs d'Hourtin et de Lacanau (Gironde); tumuli des landes de Bartrès.]

35812. Frossard (Émilien). — Ariste Pambrun [1799 † 1879], p. 50.
35813. Vaussenat (C.-X.). — Les Gallo-Romains dans la vallée du Louron [inscriptions], p. 97.
35814. Webster (Wentworth). — Le premier vocabulaire basque [d'après un ms. du xiie s.], p. 102.
35815. Soutras (Frédéric). — Froissart en Bigorre, p. 113. — Cf. n° 35818.
35816. Webster (Wentworth). — Toponymie basque, p. 135.
35817. Saint-Saud (A. de). — Les tumulus [préhistoriques] des landes de Bartrès, Ossun et Ger (Hautes-Pyrénées); tumulus de La Halade et de Pouy-Mayou, *pl.* et *fig.*, p. 137.
35818. Soutras (Frédéric). — Froissart à la cour de Gaston Phœbus, p. 153. — Cf. n° 35815.
35819. Vaussenat (C.-X.). — Nécrologie [Alphonse Cazes, † 1880], p. 177.

XVI. — Explorations pyrénéennes ... Bulletin de la Société Ramond, 16e année, 1881. (Bagnères-de-Bigorre, s. d., in-8°, 166 p.)

35820. Butenval. — Notice sur la restauration des sources Pierra [à Bagnères], p. 1.
35821. Montaiglon (Anatole de). — Tombes basques du cimetière d'Itxassu, *fig.*, p. 45.
35822. Vaussenat (C.-X.). — Le Mont-Perdu; deux lettres inédites de Ramond [1797 et 1802], p. 60.
35823. Faur (J.-C.). — Notice historique sur Saint-Lizier et le Couserans, p. 97.
35824. Vaussenat (C.-X.). — Émilien Frossard [1802 † 1881], fondateur de la Société Ramond, *pl.*, p. 429.
35825. Saint-Saud (A. de). — Le tombeau des premiers rois d'Aragon; excursion au couvent de Saint-Jean-de-la-Peña, p. 153.

XVII. — Explorations pyrénéennes ... Bulletin de la Société Ramond, 17e année, 1882. (Paris, s. d., in-8°, 186 p.)

35826. Assier (Adolphe d'). — Sur l'étymologie de *Ariège*, p. 13.
35827. Soutras (Frédéric). — Un procès criminel à Bagnères en 1325, p. 32.

[Raymond Deus Frays condamné à mort pour meurtre.]

35828. Curie-Seimbres (A.). — La légende [du château] de Lourdes au xiiie siècle, p. 47.
35829. Soutras (Frédéric) et Dejeanne. — Fors et coutumes de Bagnères-de-Bigorre [1251], p. 105.

XVIII. — Explorations pyrénéennes ... Bulletin de la Société Ramond, 18e année, 1883. (Paris, s. d., in-8°, 148 p.)

35830. Raulin (Victor). — Essai d'une division de l'Aquitaine en pays, *carte*, p. 5.
35831. Dejeanne. — Affièvement d'un moulin à Vic (1280), p. 38.
35832. Gourdon (Maurice). — Note sur deux inscriptions [romaines] inédites du val d'Aran, p. 43.

35833. Gourdon (Maurice). — Sur quelques sépultures des montagnes de la Haute-Garonne, p. 49.

[Anciennes tombes de San-Tritous, du Prat de Joueou et de Saint-Pé d'Ardet.]

35834. Vaussenat (C.-X.). — Question sur l'ancienne administration de la justice dans les pays pyrénéens [droit de haute justice au XVIIIe s.], p. 57.

35835. Dejeanne et Soutras (Frédéric). — Règlement municipal de Bagnères (30 mai 1260), p. 69.

35836. Frossard (Ch.-L.). — Contribution à l'étude des objets en bronze trouvés dans les Pyrénées centrales [haches, poignards, pointes de lance], p. 123.

35837. Frossard (Ch.-L.). — Esquisse de l'épigraphie d'Asté [inscriptions romaines du moyen âge et modernes], p. 129.

35838. Gourdon (Maurice). — Quelques jours dans le Couserans (octobre 1880) [notes archéologiques], p. 142.

XIX. — Explorations pyrénéennes ... Bulletin de la Société Ramond, 19e année, 1884. (Paris, s. d., in-8°, 188 p.)

35839. Vaussenat (C.-X.). — La vulgarisation scientifique des Pyrénées. Un journal scientifique inédit [de La Beaumelle, 1796], p. 5.

35840. Gourdon (Maurice). — Monographie de Saint-Béat et de ses environs, p. 99.

35841. Dejeanne. — Nécrologie [Frédéric Soutras, 1814 † 1884], p. 173.

35842. Frossard (Ch.-L.). — Notes et communications, p. 181.

[Poids de Bagnères, XIIIe s.]

XX. — Explorations pyrénéennes ... Bulletin de la Société Ramond, 20e année. 1885. (Paris, s. d., in-8°, 238 p.)

35843. Frossard (Ch.-L.). — Inscription de l'Escaledieu [XIIe s.], *pl.*, p. 113.

35844. Delorme (Emmanuel). — Poids anciens de Toulouse, p. 114.

35845. Frossard (Ch.-L.). — La grotte de Lourdes dite l'Espélunge ou les Espélugues [vestiges de l'âge du renne], *pl.*, p. 117.

35846. Frossard (Ch.-L.). — Épigraphie romaine de Bagnères-en-Bigorre, *pl.*, p. 140.

35847. Anonyme. — Formation territoriale du département des Hautes-Pyrénées, p. 151.

[Observations présentées à l'Assemblée nationale par Barère de Vieuzac.]

35848. C.-X. V. [Vaussenat (C.-X.).] — La grotte de Campan en 1696 [extrait d'une lettre de P. Seignette], p. 163.

35849. Gourdon (Maurice). — Aux rives de l'Embalire (ou ce que j'ai vu en Andorre), 1878-1881-1883 [traditions populaires], p. 165.

35850. [Frossard (Ch.-L.)]. — Répertoire des matières traitées dans les vingt premières années du Bulletin de la Société Ramond, p. 213.

PYRÉNÉES (HAUTES-). — TARBES.

SOCIÉTÉ ACADÉMIQUE DES HAUTES-PYRÉNÉES.

La *Société académique des Hautes-Pyrénées,* constituée en 1853, n'a pas donné signe de vie de 1873 à 1889. Elle laisse, comme souvenir de ses travaux pendant la première période de son existence, un *Bulletin* qui compte 13 volumes et des *Mémoires* dont il n'a paru qu'un fascicule.

I. — Bulletin de la Société académique des Hautes-Pyrénées [1re année, 1853-1854, n°s 1-3]. (Tarbes, 1854-1855, in-8°, 32, 31 et 32 p.)

35851. Mortemart-Boisse (Le baron de). — Notice sur les landes en général et sur celles du bassin d'Arcachon en particulier, n° 2, p. 5.

II. — Bulletin de la Société académique des Hautes-Pyrénées [2e année, 1854-1855. n°s 4-5]. (Tarbes, 1855-1856, in-8°, 31 et 31 p.)

III. — Bulletin de la Société académique des Hautes-Pyrénées [3e année, 1855-1856, n°s 6-7]. (Tarbes, 1856, in-8°, 51 et 40 p.)

35852. Rességuier (H. de). — La grotte de Bétharram. n° 6, p. 35.

35853. Roziès (L'abbé) et Guthmann. — Observations de M. l'abbé Roziès sur les monuments historiques du département et description par M. Guthmann des antiquités que possède la commune de Larreule, p. 36.

[Église abbatiale de Larreule et sarcophages.]

IV. — Société académique des Hautes-Pyrénées, 4e année, 1856-1857. **Bulletin.** (Tarbes, 1857, in-8°, 301 p.)

35854. Abbadie. — État social de la Bigorre au moyen âge; charte de Bernard II (an 1098), p. 100.

35855. Batsère (B.). — Excursion dans les Hautes-Pyrénées, de Cauterets à Lourdes, p. 265.

V. — Société académique des Hautes-Pyrénées, 5e année, 1857-1858. **Bulletin.** (Tarbes, 1858[-1859], in-8°, 328 p.)

35856. Couaraze de Laa (F.). — Notice archéologique et historique sur deux monuments de l'époque gauloise et de l'époque gallo-romaine dans la vallée d'Ossau, en Béarn, p. 139.

[Mosaïque et ruines d'une villa romaine à Bielle; dolmen.]

VI. — Société académique des Hautes-Pyrénées, 6e année, 1858[-1861]. **Bulletin.** (Tarbes, 1859[-1862], in-8°, 537 p.)

35857. Dupouey (Charles). — Rapport sur les réponses faites au questionnaire archéologique [envoyé par la Société], p. 19 et 451.

[Renseignements historiques et archéologiques sur cinquante-huit communes.]

35858. Lejosne (L.-A.). — Mémoire sur l'origine des Basques, p. 71.

35859. Couaraze de Laa (F.). — Une légende béarnaise [relative à l'église Saint-Michel d'Arudy], p. 109.

35860. Deville (L.). — Études historiques sur Tarbes, p. 155.

35861. Couaraze de Laa (F.). — Les chants du Béarn et de la Bigorre ou introduction à l'étude de la langue vulgaire et de sa littérature, p. 199.

35862. Leymerie (A.). — Mémoire sur le terrain diluvien de la vallée de l'Adour et sur les gîtes ossifères des environs de Bagnères-de-Bigorre, p. 301.

35863. Savard (Félix). — Biographie du baron Larrey [Jean-Dominique, 1766 † 1842] chirurgien en chef des armées du premier Empire, p. 389.

35864. Berrens (L'abbé). — De l'état moral et physique de la population des Hautes-Pyrénées et des améliorations dont cet état serait susceptible, p. 405.

35865. Lejosne (L.-A.). — Épigraphie des Hautes-Pyrénées [inscriptions de toute époque], p. 489.

VII. — Société académique des Hautes-Pyrénées, 7e année, 1862-1863-1864. **Bulletin.** (Tarbes, 1864[-1865], in-8°, 245 p.)

35866. Soubies. — Lettre sur le Pic du Midi, p. 27.

35867. Deville (L.). — Croyances populaires [fées, esprit follet], p. 37.

35868. Batsère (B.). — Extrait de la relation d'un voyage de Lourdes à Bétharram, p. 73.

35869. Rességuier (H. de). — Notice sur l'église de Maubourguet [XIe s.], p. 145.

35870. Batsère (B.). — Tarbes et ses environs, p. 151.

35871. Batsère (B.). — Notice biographique sur le lieutenant-général baron Maransin [sous Napoléon Ier], p. 159.

VIII. — Société académique des Hautes-Pyrénées, 8e année, 1865. (Tarbes, 1865, in-8°, 47 p.)

35872. Batsère (B.). — Un jour d'automne dans la vallée de Campan; excursion au col d'Aspin, p. 9.

35873. Rességuier (H. de). — Souvenirs du jeune âge; Aix, Marseille, Toulon et les îles d'Hyères, p. 25.

35874. Vaussenat (C.-X.). — Observations sur la poterie d'Ordizan, précédées de quelques considérations géologiques, p. 37.

IX. — Société académique des Hautes-Pyrénées, 9e année, 1866. (Tarbes, 1866, in-8°, 69 p.)

35875. Frossard (Émilien). — Les Bohémiens, p. 23.

35876. Soubies. — Les illustrations artistiques à Bagnères et les artistes bagnerais à l'étranger, p. 33.

[Dancla; Sarniguet; Lays; Alfred Roland; Lafont; Rossini.]

35877. Batsère (B.). — La vallée de Lesponne, p. 45.

35878. Des Francs. — Une conspiration au IVe siècle; chute du Frank Silvanus (355 ap. J.-C.), p. 51.

X. — Société académique des Hautes-Pyrénées, 10e année, 1867. **Bulletin unique.** (Tarbes, 1868, in-8°, 184 p.)

35879. Du Pouey (Charles). — Notice biographique sur Cyprien d'Espourrin [chansonnier, 1698 † vers 1755], p. 53.

35880. Curie-Seimbres (Alcide). — Monographie du château fort de Mauvesin (Hautes-Pyrénées), p. 85.

XI. — Société académique des Hautes-Pyrénées, 11e année, 1868. Bulletin unique. (Tarbes, 1870, in-8°, 46 p.)

35881. Curie-Seimbres (Alcide). — Capbern historique; ses antiquités, son état actuel, ses eaux thermales, p. 3. — Cf. nos 35884 et 35885.

35882. Anonyme. — Nouvelles artistiques, littéraires et archéologiques, p. 41. — Cf. n° 35888.

[Tapisseries de Charles le Téméraire à Nancy.]

XII. — Société académique des Hautes-Pyrénées, 12e année, 1869-1870. Bulletin unique. (Tarbes, 1872, in-8°, 75 p.)

35883. Lô. — Notice historique sur le Magnoac et sur la ville de Castelnau, p. 3.

35884. Des Francs. — Analyse du mémoire intitulé : *Capbern historique*, p. 21. — Cf. nos 35881 et 35885.

35885. Curie-Seimbres (Alcide). — Réponse à l'analyse de son mémoire faite par M. Des Francs, p. 27. — Cf. n° 35884.

35886. Des Francs. — Un épisode inédit des guerres de Vendée [massacre de Vendéens à Thescoualle, 1794], p. 37.

35887. Clesse (Antoine), de Mons. — Notice [historique] sur la chanson, p. 55.

35888. Anonyme. — Nouvelles littéraires, artistiques et archéologiques, p. 69. — Cf. n° 35882.

[Tapisseries de Charles le Téméraire à Nancy; gargouilles du moyen âge.]

XIII. — Société académique des Hautes-Pyrénées, 13e, 14e et 15e années, 1870-1871-1872. (Tarbes, 1872, in-8°, 89 p.)

35889. Taylor (Le baron). — Chants traditionnels des Pyrénées, p. 31.

35890. Jubinal (Achille). — Napoléon et M. de Sismondi ou une entrevue au palais de l'Élysée en 1815, p. 47.

35891. Gerdebat. — Le marquis de Pombal [1699 † 1782], p. 65.

I. — Mémoires de la Société académique des Hautes-Pyrénées, fascicule I. (Tarbes, 1855, in-4°, 24 p.)

35892. Taylor (Le baron). — Notice sur les Pyrénées; leurs légendes, leurs traditions, Roland et son souvenir, p. 3.

35893. Dartiguenave. — Notice sur deux chapiteaux sculptés trouvés à Larreule; marbre blanc [XIIe s.], p. 7.

PYRÉNÉES (HAUTES-). — TARBES.

SOCIÉTÉ DES BEAUX-ARTS DE TARBES.

Cette Société a été fondée en 1876 et s'est dissoute le 11 juin 1882. Elle ne paraît avoir fait d'autre publication que celle dont le titre suit :

35894. Durier (Charles). — Cartulaire des Bénédictins de Saint-Savin en Lavedan (945-1175), publié sous les auspices de la Société des beaux-arts de Tarbes. (Tarbes, 1880, in-8°, VIII-48 p.)

PYRÉNÉES-ORIENTALES. — PERPIGNAN.

COMMISSION ARCHÉOLOGIQUE DES PYRÉNÉES-ORIENTALES.

Cette *Commission*, fondée sous le règne de Louis-Philippe, ne paraît avoir eu qu'une existence éphémère; elle a disparu sans avoir publié autre chose que l'opuscule suivant :

35895. Anonyme. — Instructions à MM. les correspondants, 2 *pl.* (S. l. n. d., in-8°, 10 p.)

PYRÉNÉES-ORIENTALES. — PERPIGNAN.

SOCIÉTÉ AGRICOLE, SCIENTIFIQUE ET LITTÉRAIRE DES PYRÉNÉES-ORIENTALES.

Une Société d'agriculture fut fondée à Perpignan en 1779 et disparut à la Révolution sans avoir rien publié. On tenta de la faire revivre en l'an XI, mais sans succès. On la reconstitua au mois de novembre 1814, mais les événements politiques la firent disparaître. Cinq ans après elle renaissait sous le titre de *Société d'agriculture, arts et commerce des Pyrénées-Orientales*, pour s'éteindre encore au bout de trois ou quatre ans (voir ci-après p. 551), et c'est seulement en 1833 qu'on réussit à fonder à Perpignan une association scientifique assez solidement établie pour durer. Cette dernière reçut d'abord le nom de *Société philomathique*. Dans la séance du 6 février 1839, elle changea sa dénomination en celle de *Société des Pyrénées-Orientales, sciences, belles-lettres, arts industriels et agricoles*, qu'elle conserva jusqu'en 1843, époque à laquelle fut adopté le titre qu'elle porte maintenant. Elle obtint, en 1841, la reconnaissance comme établissement d'utilité publique. Elle publie un *Bulletin* qui formait, en 1885, une collection de 27 volumes.

I. — Bulletin de la Société philomathique de Perpignan (1834), 1re année de sa fondation, t. I. (Perpignan, 1835, in-8°, 96 et 148 p.)

Deuxième partie.

35896. Jaubert de Réart. — Le conte de la vieille, p. 24.
35897. Julia (Alexandre). — Saint-Michel de Cuxa [description des ruines de cette abbaye], p. 29.
35898. Horbourg (L. d'). — Assassinat du duc d'Orléans [1407], p. 37.
35899. Jaubert de Réart. — La Mahut [description de ruines antiques dans les Pyrénées], p. 55.
35900. Horbourg (L. d'). — Pietro Fitili [esclave maltais devenu capitaine sous Napoléon Ier], p. 59.
35901. Jaubert de Réart. — Le grand beiram des Bohémiens, p. 72.

II. — Pyrénées-Orientales. Deuxième bulletin de la Société philomathique de Perpignan. (Perpignan, 1836, in-8°, 243 p.)

35902. Grosset. — Des établissements monétaires de Catalogne et de leur influence sur la guerre de 1808, 5 *pl.*, p. 125. — Cf. n° 35918.
35903. Ayméricu. — Mémoire [économique] sur le Port Vendres, p. 153.
35904. Sirven (Joseph). — Nécrologie [Jaubert de Réart, 1792 † 1836], p. 169.
35905. Jaubert de Réart. — Le vallon de Montbram [notice historique et archéologique], *pl.*, p. 171.
35906. Jaubert de Réart. — Souvenirs pyrénéens [menhirs et dolmens], p. 187.
35907. Jaubert de Réart. — Découverte d'un gîte romain [près de Perpignan; poteries], p. 198.

III. — Troisième bulletin de la Société philomathique de Perpignan. (Perpignan, 1837, in-8°, 190 et 132 p.)

35908. Itier. — Sur le calcaire et les cavernes à ossements de Villefranche-en-Conflent et de Vicdessos, 2 *pl.*, p. 77.

35909. Grosset. — Des pièces coulées ou altérées qui sont en circulation comme monnaies d'argent, p. 167.

Deuxième partie.

35910. Henry (D.-M.-J.). — Rectification de quelques erreurs au sujet des monuments de Perpignan [castillet et porte de la citadelle], *pl.*, p. 1.

35911. Sirven (Joseph). — Coup d'œil sur la *France pittoresque*, le *Guide pittoresque du voyageur en France* et l'*Annuaire de France*, publié par les rédacteurs du *Journal des connaissances utiles* [réfutation], p. 19.

35912. Jaubert de Réart. — Monument druidique sur la montagne de Teulis [autel], p. 33.

35913. Jaubert de Réart. — Souvenirs celtiques en Roussillon [à Mirmande; légendes], p. 36.

35914. Jaubert de Réart. — Monument celtique au col de Prunet, p. 42.

35915. Sirven (Joseph). — Note sur une meule de moulin à bras [gallo-romaine] trouvée à Ruscino par MM. Fortaner et Sirven, p. 45.

35916. Farines. — Notice archéologique [aqueduc romain à Peyrestortes], p. 47.

IV. — Quatrième bulletin de la Société philomathique de Perpignan. (Perpignan, 1839, in-8°, 384 p. dont 12 p. pour le Règlement.)

35917. Paillette (A.). — Notice sur un local *dit* Moli-d'Aram, près Prats-de-Mollo; conséquences qu'on peut en tirer pour l'histoire des mines dans le Roussillon, p. 47.

35918. Grosset. — Note sur un établissement monétaire en Catalogne et considérations sur la refonte des espèces décimales non affinées [Barcelone, XIXe s.], *pl.*, p. 142. — Cf. n° 35902.

35919. Fortaner (L'abbé). — Mémoire sur les débordements des rivières de la plaine du Roussillon, p. 157.

35920. Henry (D.-M.-J.). — Sur l'ancienne constitution militaire de Perpignan, résultante de son droit de guerre ou privilège de la *main-armée* [1197-1634], p. 231.

35921. Sirven (Joseph). — Voyage aux bains de La Preste (deuxième arrondissement des Pyrénées-Orientales, 16 juillet 1835), p. 255.

35922. Méric (F.). — [Séverin] Polycarpe, l'acteur; esquisse dramatique [XIXe s.], p. 294.

V. — Cinquième bulletin de la Société des Pyrénées-Orientales, sciences, belles-lettres, arts industriels et agricoles. (Perpignan, 1841, in-8°, 500 p.)

35923. Paillette (A.). — Notes pour servir à l'histoire de l'art des mines dans le département des Pyrénées-Orientales, p. 53.

35924. Henry (D.-M.-J.). — Histoire de la constitution municipale de la ville de Perpignan, p. 176.

35925. Grosset. — De la valeur monétaire en France et en Catalogne jusqu'au traité des Pyrénées et rapport sur quelques types de monnaies roussillonnaises, *pl.*, p. 267 et 479.

VI. — Société agricole, scientifique et littéraire des Pyrénées-Orientales, VIe vol. (Perpignan, 1843-1845, in-8°, 72 et 331 p.)

35926. Soucaille. — Note sur quelques fragments de poterie et autres objets antiques, trouvés dans les fouilles exécutées à l'entrée du village de Jonset, pour l'élargissement de la route royale de Perpignan à Mont-Louis et en Espagne, p. 309.

35927. Divers. — Ile Sainte-Lucie (département de l'Aude) [médaillon en terre cuite et débris romains], p. 314.

35928. Puiggari (P.). — État où se trouvait la Loge de mer de Perpignan lors de son érection en salle de spectacles [1752], p. 320.

[Tableau attribué à Girard de Bologne.]

VII. — Société agricole, scientifique et littéraire des Pyrénées-Orientales, VIIe vol. (Perpignan, 1848, in-8°, XVI et 371 p.)

35929. Renard de Saint-Malo. — Notice sur le commerce catalan de la côte de Barbarie [XIIIe-XIVe s.], p. 73.

35930. Puiggari (P.). — Notices sur l'ancienne abbaye de Saint-Martin-de-Canigo, tirées de documents authentiques et particulièrement d'un inventaire des titres de cette abbaye dressé en 1586 par le visiteur apostolique, don Jean d'Agullana, 3 *pl.*, p. 119.

35931. Renard de Saint-Malo. — Notice sur une pierre tumulaire trouvée derrière l'ancienne chapelle de la confrérie de Saint-Georges, dépendance du couvent des Frères-Prêcheurs à Perpignan, *pl.*, p. 256.

[Bernard de So, vicomte d'Évol, 1385.]

35932. Puiggari (P.). — Archéologie locale, *pl.*, p. 261.

[Inscription romaine de Saint-Hippolyte (Pyrénées-Orientales); pierres tombales du couvent de Saint-François de Perpignan (XIIIe-XIVe s.).]

35933. Renard de Saint-Malo. — Notice sur l'ancienne culture de la garance en Roussillon, p. 269.

35934. Guiraud de Saint-Marsal. — Note sur les bâtiments de la Loge [de mer, à Perpignan], *pl.*, p. 326.

VIII. — Société agricole, scientifique et lit-

téraire des Pyrénées-Orientales, VIIIe vol. (Perpignan, 1851, in-8°, 427 p.)

35935. Renard de Saint-Malo. — Quelques pages de nos annales industrielles. Première atteinte portée aux fabriques de lainage en Roussillon [xve s.], p. 34.

35936. Jaubert-Campagne (A.). — Le vieux Roussillon [administration et coutumes], p. 53.

35937. Bonnefoy (Louis de). — Autel [romain] de Pézilla, *pl.*, p. 175.

35938. Renard de Saint-Malo. — Les volcanisations occitaniques et les volcanisations du pays de Bas, en Catalogne, p. 220 et 362.

[Liste chronologique des tremblements de terre.]

35939. Morer. — Notice historique sur le rétablissement de l'Université de Perpignan sous la domination française [xviie s.], p. 261.

35940. Bonnefoy (Louis de). — Notes archéologiques sur Saint-Genis-des-Fontaines, p. 271.

[Linteau, xie s., *pl.*; autel, viiie s.; tombes, xiie-xviie s.; retable, xviie s.]

35941. Puiggari (P.). — Mode d'élections municipales anciennement établi à Rivesaltes [1409], p. 362.

35942. Sirven (Joseph). — Saint-Antoine-de-Galamus et Notre-Dame-de-Consolation [ermitages du Roussillon], p. 378.

IX. — Société agricole, scientifique et littéraire des Pyrénées-Orientales, IXe vol. (Perpignan, 1854, in-8°, 575 p.)

35943. Colson. — Recherches sur les monnaies qui ont eu cours en Roussillon [à partir des Gaulois; mereaux, médailles et jetons], 4 *pl.*, p. 29.

35944. Morer. — Recherches historiques sur l'ancienne exploitation des mines du Roussillon [xiie-xviiie s.], p. 290.

35945. Renard de Saint-Malo. — Études historiques sur l'art roussillonnais, p. 324.

[Description d'un missel de 1492.]

35946. Renard de Saint-Malo. — La renaissance des lettres et leur propagation par la typographie, p. 336.

[Bibliothèques et imprimeries en Roussillon et en Catalogne (xve-xvie s.).]

35947. Guiraud de Saint-Marsal. — Aperçu historique sur l'horticulture, p. 352.

35948. Morer. — Note historique sur les prisonnières d'État du château de Villefranche [complices de la marquise de Brinvilliers, xviie s.], p. 372.

35949. Renard de Saint-Malo. — L'infant don Ferrand de Mayorque [† 1316], p. 376.

35950. Alart (Bernard). — Apparition des Routiers dans le Conflent (1364), p. 392.

35951. Sirven (Joseph). — Deux anecdotes, p. 479.

[Le *Christ* de Rigaud; Raymond Gaychet à la bataille de Marengo.]

35952. Fabre (Louis). — Aphorismes ruraux . . . composés par M. Narcisse Fages de Roma, traduits du catalan en français par M. Louis Fabre, p. 515.

X. — Société agricole, scientifique et littéraire des Pyrénées-Orientales, X^e vol. (Perpignan, 1856, in-8°, 652 p.)

35953. Barthélemy (Édouard de). — Élisabeth de France, reine d'Espagne; son mariage, sa cour, ses relations avec la France (1559-1568), p. 21.

35954. Alart (Bernard). — Bérenger de Palazol (1150) [troubadour], p. 56.

35955. Alart (Bernard). — Géographie historique du Conflent, *carte*, p. 67.

35956. Alart (Bernard). — Les Trinitaires de Corbiach (épisode de l'histoire du Conflent au xvie siècle), p. 113.

35957. Aussel. — De la poésie épique; infériorité de la France dans l'épopée, p. 138.

35958. Guiraud de Saint-Marsal. — Mémoire sur les inondations occasionnées par les crues de la Tet et de la Basse aux environs de Perpignan, p. 223.

35959. Bonnefoy (Louis de). — Épigraphie roussillonnaise ou recueil des inscriptions du département des Pyrénées-Orientales, 6 *pl.* et *fig.*, p. 433; XI, p. 1; XII, p. 1; XIV, p. 33; et XVII, p. 101.

35960. Morer. — Étude historique sur le président Sagarre [François de Sagarra, xviie s.], p. 489.

35961. Fines (L'abbé). — Gui de Terrena, p. 502.

35962. Carrère (De). — Carrère [Joseph-Barthélemy-François, 1740 † 1803], p. 504.

35963. Sirven (Joseph). — Duchalmeau [Jean-Baptiste, 1770 † 1804], p. 508.

35964. Sirven (Joseph). — Valant [Joseph-Honoré, 1763 † 1829], p. 510.

35965. Sirven (Joseph). — Carbonell [Antoine-Jacques, 1778 † 1834], p. 512.

35966. Sirven (Joseph). — Artus [Pierre, 1761 † 1846], p. 513.

35967. Sirven (Joseph). — Vialar [François, 1754 † 1850], p. 515.

35968. Sirven (Joseph). — Capdebos [Pierre-François, 1797 † 1836], p. 516.

35969. Sirven (Joseph). — Bousquet [Ange *dit* Georges, 1818 † 1854], p. 518.

35970. Sirven (Joseph). — Laforge [Pierre, 1785 † 1853], p. 518.

35971. Morer. — Pierre Puiggari [1768 † 1854], p. 520.

35972. Faure (Dr Louis). — Emmanuel Bonafos [1774 † 1854], p. 523.

35973. Sirven (Joseph). — Le donjon de la citadelle de Perpignan [xiiie s.], p. 540.

35974. Sirven (Joseph). — Notice sur la fondation de l'hôpital Saint-Jean, de l'hospice de la Miséricorde et du dépôt de charité de Perpignan, p. 544.

XI. — Société agricole, scientifique et littéraire des Pyrénées-Orientales, XIe vol. (Perpignan, 1858, in-8°, XXIV et 700 p.)

[35959]. Bonnefoy (Louis de). — Épigraphie roussillonnaise, 2 *pl.* et *fig.*, p. 1 à 64.
35975. Faure (Dr Louis). — La Bible devant la vraie science et recherches sur les emprunts qui lui ont été faits par la philosophie ancienne, p. 129.
35976. Alart (Bernard). — Les patronnes d'Elne [sainte Eulalie de Mérida et sainte Julie; sceaux, XIIIe-XVIIe s.], *pl.*, p. 261
35977. Alart (Bernard). — Monastères de l'ancien diocèse d'Elne [Sainte-Marie de Jau ou de Clariana, XIIe-XVIIIe s.], p. 278.
35978. Sirven (Joseph). — Éphémérides de l'hôpital Saint-Jean et de l'hospice de la Miséricorde de Perpignan, de l'année 1116 à 1850, p. 309; XII, p. 195; et XIII, p. 129.
35979. Mattes (J.). — Notice biographique de François Jaubert de Passa, membre correspondant de l'Institut de France [1784 † 1856], p. 426.
35980. Bouis. — Vallée de la Tet; affluents et itinéraire, p. 481.
35981. Morer. — De la réunion du Roussillon à la France [1659], p. 581.

XII. — Société agricole, scientifique et littéraire des Pyrénées-Orientales, XIIe vol. (Perpignan, 1860, in-8°, XXXII et 318 p.)

[35959]. Bonnefoy (Louis de). — Épigraphie roussillonnaise, *fig.*, p. 1 à 66.
35982. Alart (Bernard). — Géographie historique des Pyrénées-Orientales, p. 67 et 273.
35983. Alart (Bernard). — La voie romaine de l'ancien Roussillon, p. 131.
[35978]. Sirven (Joseph). — Éphémérides de l'hôpital Saint-Jean et de l'hospice de la Miséricorde de Perpignan [chartes des XIIe et XIIIe s.], p. 195.

XIII. — Société agricole, scientifique et littéraire des Pyrénées-Orientales, XIIIe vol. (Perpignan, 1863, in-8°, 436 p.)

35984. Delhoste (L'abbé). — Une procession au XVe siècle [à Perpignan en l'honneur de saint Gaudéric], p. 125.
[35978]. Sirven (Joseph). — Fin du supplément aux éphémérides de l'hôpital Saint-Jean et de l'hospice de la Miséricorde de Perpignan, p. 129.
35985. Ratheau (A.). — Les ruines de Cabrenç, avec *plan* à l'appui [château féodal près de Serralonga], p. 159.
35986. Sirven (Joseph). — Chronique perpignanaise, p. 201.

[Cérémonie funèbre à Perpignan à la mort de Philippe III, roi d'Espagne, 1621.]

35987. Fouchier (E. de). — Sphragistique roussillonnaise. Iconographie de certains sceaux autrefois en usage dans les comtés de Roussillon et de Cerdagne [XIIe-XIXe s.], 7 *pl.* et *fig.*, p. 205.

[Évêché d'Elne et offices ecclésiastiques; rois de Majorque et d'Aragon; officiers royaux.]

35988. Guiter (A.). — Notice sur l'isthme de Suez [et découverte d'antiquités dans l'isthme], p. 293.
35989. Guiter (A.). — Exploration en Tunisie, p. 298.
35990. Tolra de Bordas (L'abbé J.). — Biographies roussillonnaises, p. 303; et XIV, p. 145.

[François Ximenez, évêque d'Elne (1400-1415); Michel Pontich, évêque de Gérone (1632 † 1699); le R. P. Méliton de Perpignan, capucin (1680 † 1755). — Le vénérable Ange del Pas (1540 † 1596).]

35991. Sirven (Joseph). — Vigarosy [Antoine-Benoit, † 1857], p. 371.

XIV. — Société agricole, scientifique et littéraire des Pyrénées-Orientales, XIVe vol. (Perpignan, s. d. [1866], in-8°, 256 p.)

[35959]. Bonnefoy (Louis de). — Épigraphie roussillonnaise, *fig.*, p. 33.
35992. Sirven (Joseph). — Assassinat de Constant Ier, troisième fils de Constantin le Grand, à Elne (350), p. 113.
35993. Sirven (Joseph). — Les saludadors [secte espagnole] (1830), esquisse de mœurs, p. 117.
[35990]. Tolra de Bordas (L'abbé J.). — Biographies roussillonnaises. Le vénérable Ange del Pas [1540 † 1596], p. 145.
35994. Ratheau (A.). — Notes sur un monument celtique du département [dans la vallée du Tech], *pl.*, p. 169.
35995. Delhoste (L'abbé). — Noëls catalans [épître farcie de saint Étienne, XIVe ou XVe s.], 2 *pl.* et *fig.*, p. 174.
35996. [Méric (François)]. — Notice biographique sur le maréchal comte de Mailly, lieutenant-général du Roussillon et commandant en chef de cette province [1708 † 1794], p. 201.

XV. — Société agricole, scientifique et littéraire des Pyrénées-Orientales, XVe vol. (Perpignan, 1867, in-8°, 304 p.)

35997. Alart (Bernard). — Suppression de l'ordre du Temple en Roussillon [XIVe s.], p. 25 à 115.

XVI. — Société agricole, scientifique et littéraire des Pyrénées-Orientales, XVIe vol. (Perpignan, 1868, in-8°, 328 p.)

35998. Bertran (B.). — Jurisprudence en matière de desséchement, p. 83.

35999. Fabre (Louis). — La rue de l'Ange de la ville de Perpignan [cantique catalan, 1683], p. 259.

XVII. — Société agricole, scientifique et littéraire des Pyrénées-Orientales, XVIIe vol. (Perpignan, 1868, in-8°, 223 p.)

36000. Delhoste (L'abbé). — Histoire de l'harmonie religieuse aux XVe et XVIe siècles en Roussillon, p. 61.

36001. Alart (Bernard). — Les d'Armagnac en Roussillon sous Louis XI, p. 87.

[35959]. Bonnefoy (Louis de). — Épigraphie roussillonnaise, p. 101 à 168.

36002. Borça (F.-A. de). — Note sur quatre documents en langue hébraïque conservés aux archives du département des Pyrénées-Orientales, 2 *pl.*, p. 169.

[Contributions imposées aux juifs de Perpignan, XVe s.; testament de Auro, femme de En Samuel Rimoch, XVe s.]

36003. Delamont (Ernest). — Pierre Orseolo, doge de Venise, mort moine à Saint-Michel-de-Cuxa (918 † 987), p. 203.

XVIII. — Société agricole, scientifique et littéraire des Pyrénées-Orientales, XVIIIe vol. (Perpignan, 1870, in-8°, 522 p.)

36004. Ménétrier. — Notice sur la voie romaine dans le Roussillon, indiquée dans les itinéraires d'Antonin et de Peutinger, *carte*, p. 245.

36005. Anonyme. — Tumulus de Saint-Nazaire, p. 271.

36006. Anonyme. — Le munt de la terre d'Alénya [construction militaire ancienne], p. 274.

36007. Brieudes (Thomas). — Notice sur Jacques Ier le Conquérant [roi d'Aragon, XIIIe s.], p. 276.

36008. Alart (Bernard). — L'hôpital [XIIIe-XVIIe s.] et la commune de la Perche, p. 285.

36009. Bauby (Justin). — Étude biographique sur Joseph Jaume [Joseph-Jean-Michel, 1731 † 1809], p. 337 à 392.

XIX. — Société agricole, scientifique et littéraire des Pyrénées-Orientales, XIXe vol. (Perpignan, 1872, in-8°, 412 p.)

36010. Fabre (Louis). — Biographie de Louis Companyo, docteur-médecin et savant naturaliste [1781 † 1871], *pl.*, p. 7.

36011. Alart (Bernard). — Note sur une inscription romaine de Cornella du Bercol, p. 196.

36012. Alart (Bernard). — Notes historiques sur la peinture et les peintres roussillonnais [XIIe-XIVe s.], p. 199.

36013. Rouffiandis. — Monuments celtiques de la Porteilla et de las Clausas, situés sur la montagne de Molitg, *pl.*, p. 238.

36014. Delamont (Ernest). — Hyacinthe Rigaud [peintre, 1659 † 1743], p. 321.

XX. — Société agricole, scientifique et littéraire des Pyrénées-Orientales, XXe vol. (Perpignan, 1873, in-8°, 392 p.)

36015. Roumeguère (Casimir). — Florule des Pyrénées-Orientales. Itinéraire de Pierre Barréra; autographes inédits des botanistes méridionaux [1803], p. 49. — Cf. n°s 36016 et 36023.

36016. Roumeguère (Casimir). — Ramond et Picot de Lapeyrouse; leurs démêlés à propos de l'histoire naturelle des Pyrénées expliqués par des correspondances inédites [1795 et 1797], p. 71. — Cf. n° 36015.

36017. Alart (Bernard). — L'ancienne industrie de la verrerie en Roussillon [XIIIe-XVIe s.], p. 307.

36018. Alart (Bernard). — Jugement inédit de l'an 865 concernant la ville de Prades. Examen critique des documents relatifs à l'origine des possessions de l'abbaye de La Grasse en Roussillon et Cerdagne et à l'histoire de la maison comtale de Cerdagne et de Barcelone, 3 *pl.*, p. 323.

XXI. — Société agricole, scientifique et littéraire des Pyrénées-Orientales, XXIe vol. (Perpignan, 1874, in-8°, 502 p.)

36019. Roumeguère (Casimir). — Glossaire mycologique. Étymologie et concordance des noms vulgaires ou patois avec les noms français et scientifiques des principaux champignons alimentaires et vénéneux du midi de la France, p. 217.

36020. Alart (Bernard). — Rapport sur l'ancien cimetière [ibérien] de la *Vila vella* de Banyuls-dels-Aspres, p. 260.

36021. Delhoste (L'abbé). — De la musique religieuse, p. 305.

36022. Delamont (Ernest). — France et Aragon. La croisade de 1285, ses causes, ses résultats et ses suites; étude historique, p. 394.

XXII. — Société agricole, scientifique et littéraire des Pyrénées-Orientales, XXIIe vol. (Perpignan, 1876, in-8°, 660 p.)

36023. Naudin (Ch.) et Roumeguère (Casimir). — Nouveaux documents sur la botanique pyrénéenne. Correspondances scientifiques inédites échangées par Picot de Lapeyrouse, Pyr. de Candolle et Léon Dufour avec P. de

Barrera, Coder et Xatart, mises en lumière et annotées par M. C. Roumeguère, précédées d'une introduction par M. Ch. Naudin [XVIIIe-XIXe s.], 3 *pl.*, p. 90 à 248. — Cf. n° 36015.

36024. Delhoste (L'abbé). — Le manuscrit de la prose de Montpellier ou chant du dernier jour, étude musicale, *fig.*, p. 460.

36025. Alart (Bernard). — Documents sur la géographie historique du Roussillon, p. 505 à 601.

[Rôles d'aides, XIVe s.; livre de voyage des quêteurs de la confrérie de Santa-Barbara de Prunères, 1395; revenus et droits royaux des comtés de Roussillon et de Cerdagne, 1395; subside levé sur le clergé du diocèse d'Elne, 1435.]

36026. Alart (Bernard). — Note sur une inscription romaine découverte à Saint-Nazaire (canton est de Perpignan), p. 602.

XXIII. — Société agricole, scientifique et littéraire des Pyrénées-Orientales, XXIIIe vol. (Perpignan, 1878, in-8°, 388 p.)

36027. Fabre de Llaro (Léon). — Un chapitre curieux de l'histoire des beaux-arts en Roussillon; biographie de Boher [François, 1771 † 1825), p. 285.

XXIV. — Société agricole, scientifique et littéraire des Pyrénées-Orientales, XXIVe vol. (Perpignan, 1880, in-8°, 416 p.)

36028. Fabre (Louis). — Bulle du pape Sergius IV pour le monastère du Mont Canigou [1011], p. 297.

36029. Divers. — Nécrologie, p. 377.

[Bernard Alart, 1824 † 1880; le docteur Warion, † 1880.]

XXV. — Société agricole, scientifique et littéraire des Pyrénées-Orientales, XXVe vol. (Perpignan, 1881, in-8°, 332 p.)

36030. Bach (Le colonel). — Observation sur un ancien proverbe catalan, p. 103.

[«Los dias crexen per santa Liussa d'un pas de pussa, per Nadal d'un pas de pardal.»]

36031. Pépratx (Justin). — Tableau des noms géographiques employés dans l'idiome catalan, avec leur signification française et latine, p. 295.

XXVI. — Société agricole, scientifique et littéraire des Pyrénées-Orientales, XXVIe vol. (Perpignan, 1884, in-8°, 400 p.)

36032. Crouchandeu. — Résumé général des travaux de la Société, p. 128.

[Paul Massot, 1800 † 1883; Louis Fabre, 1795 † 1883.]

36033. Pépratx (Justin). — Comparaisons populaires les plus usitées dans l'idiome catalan, p. 345.

36034. Divers. — Nécrologie, p. 348.

[Antoine Siau, † 1882; Jean-Baptiste Alzine, † 1883; Antoine Tastu, † 1883; Numa Lloubes, † 1884; Raymond Lassaire, † 1884.]

XXVII. — Société agricole, scientifique et littéraire des Pyrénées-Orientales, fondée en 1833, reconnue comme établissement d'utilité en 1841, XXVIIe vol., I. (Perpignan, 1885, in-8°, 166 p.)

36035. Anonyme. — Édit du roy pour la construction d'un canal de communication des deux mers Océane et Méditerranée, pour le bien du commerce et autres avantages y contenus (octobre 1666), p. 88.

36036. Donnezan (Charles). — Note sur les sépultures découvertes à Perpignan entre la porte Saint-Martin et les remparts de la citadelle [XVIIe s.], *plan*, p. 123.

XXVIII. — Société agricole, scientifique et littéraire des Pyrénées-Orientales, XXVIIe vol. II. (Perpignan, 1886, in-8°, 352 p.)

36037. Brutails (Auguste). — Étude archéologique sur le castillet Notre-Dame de Perpignan [XIVe s.], 2 *plans*, p. 101.

36038. Vidal (Pierre). — Recherches relatives à l'histoire des beaux-arts et des belles-lettres en Roussillon depuis le XIe siècle jusqu'au XVIIe [les peintres], p. 173.

36039. Vidal (Pierre). — Les ancêtres d'Arago, p. 304.

PYRÉNÉES-ORIENTALES. — PERPIGNAN.

SOCIÉTÉ D'AGRICULTURE, ARTS ET COMMERCE DES PYRÉNÉES-ORIENTALES.

La *Société d'agriculture, arts et commerce des Pyrénées-Orientales* fut établie par un arrêté préfectoral en date du 3 novembre 1819. Dans le courant de 1821, elle prit le titre de *Société royale*. Elle se rattachait aux trois sociétés d'agriculture qui s'étaient déjà succédé à Perpignan et dont nous avons parlé ci-dessus (p. 546). Il ne semble pas que la Société d'agriculture, arts et commerce ait vécu plus de trois ou quatre ans.

Société d'agriculture, arts et commerce des Pyrénées-Orientales. Bulletin [nos 1-11; 1820 à 1829]. (Perpignan, 1820-1829, in-8°, 434 p.)

36040. Anonyme. — Sur le comte Joseph-Augustin de Mailly, maréchal de France et gouverneur du Roussillon [1708 † 1794], p. 127.

36041. Pons-Pellissier (B.). — Rapport ou notice historique sur l'établissement des bêtes à laine mérinos dans le département des Pyrénées-Orientales (importation Gilbert), p. 231.

[Lettres de Gilbert, membre de l'Institut, 1798.]

RHIN (BAS-). — STRASBOURG.

SOCIÉTÉ DES AMIS DES ARTS.

La *Société des Amis des arts de Strasbourg* a été autorisée par une décision du Ministre de l'intérieur en date du 12 juillet 1832. Afin de rendre ses efforts plus féconds, elle ne tarda pas à entrer en relations avec les sociétés artistiques de Darmstadt, Mayence, Carlsruhe et Mannheim, et, dans le courant de l'année 1836, ces diverses compagnies formèrent l'*Association rhénane* dont la durée fut fixée à une période de cinq années. A l'expiration des deux premiers termes, les sociétés de Stuttgard et de Fribourg entrèrent dans cette alliance. L'*Association rhénane* fut dissoute à la fin de 1865. La *Société des Amis des arts* n'a publié que des comptes rendus administratifs sans intérêt pour nous et des *Catalogues* d'expositions que nous croyons inutile d'énumérer. Elle entreprit, en 1859, la publication d'un *Album* dont il n'a paru qu'une seule livraison :

Album de la Société des Amis des arts de Strasbourg pour 1859. (Strasbourg, s. d., lithographie E. Simon, 7 planches in-folio.)

[Reproductions de tableaux modernes.]

RHIN (BAS-). — STRASBOURG.

SOCIÉTÉ POUR LA CONSERVATION DES MONUMENTS HISTORIQUES D'ALSACE.

La *Société pour la conservation des monuments historiques d'Alsace* a été fondée en 1855 sur l'initiative de l'administration préfectorale. On trouvera une notice sur cette compagnie savante au n° 36261. Elle publie un *Bulletin* qui n'a pas cessé de paraître malgré les événements de 1870, et dont le 29ᵉ volume a été achevé en 1886. Il existe une table des volumes I à IV publiée en 1862 (voir n° 36121) et une autre pour les tomes V à XII publiée en 1866 (voir n° 36191). Il faut joindre à ce recueil les ouvrages suivants :

36042. Straub (L'abbé A.). — *Hortus deliciarum*, par l'abbesse Herrade de Landsperg. Reproduction héliographique d'une série de miniatures calquées sur l'original de ce manuscrit du XIIᵉ siècle, avec texte explicatif. (Strasbourg, 1879-1884, 4 livraisons gr. in-fol., *pl.* 1-37; en plus *pl.* 11 *bis*, 11 *ter* et 12 *bis*.)

36043. Straub (L'abbé A.). — Le cimetière gallo-romain de Strasbourg, avec 3 *cartes*, 1 *pl.* lithographiée, 16 *pl.* photoglyptiques et de nombreuses gravures sur bois intercalées dans le texte. (Strasbourg, 1881, in 8°, 136 p.) — Cf. n° 36299.

I. — Bulletin de la Société pour la conservation des monuments historiques d'Alsace, Iᵉʳ vol. (1856-1857). (Strasbourg, 1857, in-8°, 329 p.)

36044. Divers. — Séances [5 décembre 1855-18 septembre 1856], p. 1, 49, 55, 61, 65, 72, 82, 83 et 88.

[Inscription romaine à Gundershoffen, p. 51. — Château de Frankenbourg, p. 52. — Demeure des Sigelmann à Niedermodern, p. 52. — Tumulus de Benfeld, p. 58. — Cloches d'Ammerswihr (XIVᵉ et XVᵉ s.), p. 59. — Chapelle de Sainte-Marguerite, dans le cimetière d'Epfig (XIᵉ s.), p. 59. — Cloches de Saint-Georges, à Haguenau (XIIᵉ s.), p. 64. — Chapelle de Neuwiller (Xᵉ s.), p. 67. — Châteaux d'Ottrott, p. 67. — Inscription de l'église de la Robertsau, 1545, *fig.*, p. 69. — Baptistère de Zellwiller et antiquités romanes diverses, p. 70. — Cachet en fer trouvé dans l'ancien couvent de Sainte-Odile, *fig.*, p. 72. — Bracelet antique trouvé à Wilwisheim, p. 74. — Inscription romaine de Mertzweiler, p. 76. — Inscriptions romaines de Mietesheim, p. 79. — Fronton de l'église d'Altenstadt (XIᵉ s.), p. 84. — Antiquités romaines de la forêt de Haguenau, p. 87.]

36045. [Spach (Louis).] — Le château de Hohkoenigsbourg, p. 15.

36046. Levrault (L.). — Les châteaux de Luzelbourg-Rathsamhausen, p. 91.

36047. Straub (L'abbé A.). — Notice sur les verrières de

IMPRIMERIE NATIONALE.

l'église, aujourd'hui paroissiale, de l'ancien couvent de Sainte-Marie-Magdeleine à Strasbourg [1481], p. 100.

36048. Jung. — Notice sur Rheinzabern et ses antiquités [liste de potiers gallo-romains], p. 117.

36049. [Jung.] — Le château de Loewenstein, p. 129.

36050. Spach (Louis). — L'abbaye de Wissembourg, p. 149.

36051. Divers. — Séances [6 octobre 1856-2 février 1857], p. 234, 243, 252, 263 et 266.

[Antiquités romaines de Langensoultzbach, p. 235. — Église et baptistère d'Avolsheim, p. 236. — Inscription romaine de Morschwiller, p. 238. — Inscription de Rosheim, 1622, p. 240. — Monuments historiques du canton de Drulingen, p. 244. — Château de Hoheukönigsbourg, p. 246. — Inscription de Balbronn, 1564, p. 248. — Tombeaux anciens de Lunenwasen, p. 249. — Cuve baptismale romane près de Meistratzheim, p. 253. — Église (XIIIe s.) et inscriptions de Niederhaslach (XIVe-XVIe s.), *fig.*, p. 256. — Objets gallo-romains découverts auprès de Schlestadt, p. 260. — Girouettes de l'ancienne douane de Strasbourg, p. 265.]

36052. Levrault (L.). — Le château de Guirbaden, p. 269.

36053. Siffer (L'abbé J.-A.). — Mémoire sur un autel païen, découvert en septembre 1850, près de Niedermodern, p. 296.

36054. Guerber (L'abbé V.). — Coup d'œil sur l'architecture religieuse en Alsace, comparée à celle de l'Allemagne; constructions et restaurations, p. 300.

36055. Straub (L'abbé A.) et Petit-Gérard. — Note sur les procédés d'estampage, p. 325.

II. — Bulletin de la Société pour la conservation des monuments historiques d'Alsace, IIe vol. (1857-1858). (Strasbourg, 1858, in-8°, 337 p.)

36056. Ring (Max. de). — Les tombes celtiques situées près d'Heidolsheim, *fig.*, *plan* et 2 *pl.*, p. 13.

36057. Dartein (Félix de). — Notice sur le château de Bernstein, *plan*, p. 29.

36058. Morin. — Ancienne chapelle de Saint-Pierre et Saint-Paul de Wissembourg, *pl.*, p. 43.

36059. Divers. — Procès-verbaux [2 mars-8 juin 1857], p. 44, 47, 56 et 62.

[Tombe de Jean de Dratt, près de Bobenthal (1503), p. 44. — Sceau de Wissembourg, p. 45. — Église de Lautenbach, p. 49. — Caveau romain de Mertzwiller, p. 51. — Tombes gallo-romaines du canton de Drulingen, p. 52. — Tumuli de la forêt de Schlestadt, p. 58. — Beffroi de l'église de Wissembourg, p. 60. — Inscription romaine de Mertzwiller, p. 61. — Pierre tombale de Caspar Bollingart à Strasbourg (1504), p. 64. — Monnaies romaines découvertes à Altenstadt, p. 66.]

36060. Spach (Louis). — Daniel Specklé [architecte de la ville de Strasbourg, XVIe s.], p. 71.

36061. Dartein (Félix de). — Notice sur le château de Thanvillé, p. 79.

36062. Ring (Max. de). — Les tombes celtiques de la forêt de Brumath [bracelets], 2 *pl.*, p. 88.

36063. Morin (Ch.). — Note sur une pierre trouvée dans les caves du château impérial [de Strasbourg, XVe s.], *fig.*, p. 96.

36064. Anonyme. — Procès-verbaux [6 juillet-2 novembre 1857], p. 100, 106, 113 et 129.

[Prieuré de Froidefontaine, p. 100. — Débris gallo-romains découverts à Sandstreng, p. 105. — Château de Lichtenberg, p. 106. — Réfectoire de l'abbaye de Neuwiller (XIe ou XIIe s.), p. 107. — Châteaux de Bernstein et d'Ortenberg, 2 *pl.*, p. 109. — Gaufrier (1606), p. 112. — Épitaphe de Théobald Ziegler († 1556), p. 112. — Château de Hohkœnigsbourg, p. 115. — Bas-reliefs antiques de Preuschdorf, p. 120. — Pierre commémorative de la mort de Turenne, p. 121. — Mur païen du Tœnnichel, près de Ribeauvillé, p. 122. — Tumuli d'Heidolsheim, p. 124. — Tumuli d'Elsenheim, p. 131. — Pierre tumulaire trouvée à Brumath (1600), p. 132.]

36065. Straub (L'abbé A.). — Note sur un reliquaire du XIIe siècle appartenant à l'église de Molsheim et conservé au presbytère de cette ville, 2 *pl.*, p. 135.

36066. Ring (Max. de). — Butte de Saint-Georges près de Soultz (Haut-Rhin), *plan*, p. 141.

36067. Matuczinski. — Sur la chapelle de Schlettenbach, p. 146.

36068. Levrault (L.). — Un dernier mot sur sainte Odile et nos souvenirs alsatiques du VIIe siècle, p. 147.

36069. Straub (L'abbé A.). — Énumération des monuments historiques des cantons de Molsheim et de Rosheim, p. 162.

36070. Guerber (L'abbé Victor). — Énumération des monuments historiques de la ville et du canton de Haguenau, p. 172.

36071. Arth. — Énumération des monuments historiques de l'arrondissement de Saverne, p. 183.

36072. Anonyme. — Procès-verbaux [7 décembre 1857-19 juillet 1858], p. 203, 210, 214, 220, 227, 309, 316, 328 et 333.

[Substructions romaines dans les environs de Heidolsheim, p. 204. — Tuyaux en terre cuite trouvés à Bernardswiller, p. 205. — Sceau de l'abbaye d'Ebersmünster, p. 206. — Mur d'enceinte de Strasbourg, p. 206. — Tumulus de Harthausen, p. 208. — Statue antique trouvée à Schweighausen, p. 209. — Château de Guirbaden, p. 211. — Verrières de l'église Saint-George, à Schlestadt (XVe et XVIe s.), p. 215. — Antiquités gallo-romaines trouvées à Oberbronn, p. 218. — Antiquités gallo-romaines découvertes aux environs de Mertzwiller, p. 221. — Camp romain à l'entrée du val de la Lauch, p. 223. — Anciennes fortifications de Strasbourg, p. 225. — Autel romain trouvé à Langensoultzbach, p. 228. — Buttes de Herbsheim, p. 312. — Inscription romaine trouvée près de Seltz, p. 313. — Église d'Eschau (XIe s.) et épitaphe de F.-C. de Rathsamhausen († 1706), p. 330. — Antiquités romaines de Langensoultzbach, p. 333.]

36073. Ring (Max. de). — Les tombes celtiques de la forêt communale d'Ensisheim et du Hubelwældele, 6 *pl.*, p. 235.

36074. Spach (Louis). — Le château d'Oberbronn, p. 260.

36075. Coste. — Rapport sur l'état des travaux concernant la topographie de la Gaule dans l'arrondissement de Schlestadt, p. 277.

36076. Jung. — Inscriptions du monastère de Saint-Étienne à Strasbourg [1300-1511], p. 286.

III. — Bulletin de la Société pour la conservation des monuments historiques d'Alsace, IIIe vol. (1858-1860). Première partie, procès-verbaux. (Strasbourg, 1860, in-8°, 171 p.) — Deuxième partie, mémoires. (Strasbourg, 1860, in-8°, 276 p.)

Première partie.

36077. Anonyme. — Séances [2 août 1858-3 janvier 1859], p. 1 à 35.

[Tombes anciennes à Lohr, p. 5. — Ruines de la chapelle Saint-Jacques, près de Niedermünster, p. 8 — Tombeaux celtiques à Herbsheim, p. 11. — Autel romain de Langensoultzbach, p. 12. — Enceinte fortifiée auprès de Diemeringen, p. 13. — Antiquités gallo-romaines aux environs de Herbsheim, p. 16. — Fortifications sur les hauteurs de Saverne, p. 19. — Mur païen de Sainte-Odile, p. 20. — Inscription romaine trouvée à Langensoultzbach, p. 25. — Inscriptions tumulaires de la famille de Fleckenstein à Dagstuhl (XVIe s.), p. 28. — Substructions romaines découvertes près de Mertzwiller, p. 32. — Antiquités gallo-romaines d'Ingwiller, p. 34.]

36078. Anonyme. — Séances [7 février-27 octobre 1859], p. 37 à 106.

[Église d'Altenstatt, p. 39. — Aigle gallo-romaine en bronze trouvée au Mont-Terrible, p. 41. — Antiquités gallo-romaines de Domfessel, p. 44. — Bas-relief de Mercure trouvé à Oberbronn, p. 46. — Prieuré de Notre-Dame de Thierbach, p. 53. — Guillaume de Diest, évêque de Strasbourg (XVe s.), p. 63, 67 et 108. — Urnes cinéraires trouvées à Morsbronn, p. 74. — Bas-reliefs romains découverts à Kalkœfen, p. 75. — Château de Hohkœnigsbourg, p. 88. — Château de Ribeauvillé, p. 89. — Château de Landsberg, p. 90. — Château d'Andlau, p. 92. — Château de Guirbaden, p. 94. — Église de Niedermünster, p. 95. — Chapelle romane de Saint-Jacques, près de Niedermünster, p. 96.]

36079. Anonyme. — Séances [7 novembre 1859-21 avril 1860], p. 106 à 170.

[Villa romaine du Hemst, près Mackwiller, p. 113. — Pierre d'Epfich, prévôt de Saint-Pierre-le-Vieux (XVe s.), p. 135. — Sculpture gallo-romaine, représentant un lion, trouvée à Brumath, p. 140. — Tuileries romaines découvertes sur le Butterberg, p. 141. — Temple antique de Mackwiller, p. 142. — Sculptures gallo-romaines trouvées à Langensoultzbach et à Niederbronn, p. 143. — Inscription romaine trouvée à Colmar, p. 146. — Hypocaustes romains de Buscherhof, p. 150. — Substructions gallo-romaines de Heidenbübel, p. 152. — Tumulus de Reguisheim, p. 153. — Abbaye de Saint-Étienne à Strasbourg, p. 154. — Église des Dominicains de Guebwiller, p. 165. — Château de Saint-Ulrich, p. 167.]

Deuxième partie.

36080. Spach (Louis). — Le comté de Hanau-Lichtenberg [pièces justificatives, XIVe-XVe s.], 3 *pl.*, 2 *cartes* et *tab. gén.*, p. 1.

36081. Ring (Max. de). — Les tombes celtiques des bois de Niedernai, p. 59.

36082. Schauenburg (Baron de). — Note sur une aigle [gallo-romaine] en bronze, présentée au Comité, p. 65. — Cf. n° 36083.

36083. Oppermann (C.-F.). — Analyse du bronze d'une aigle romaine trouvée au Mont-Terrible (Jura), p. 73. — Cf. n° 36082.

36084. Merck. — Description d'un cimetière romain [près de Brumath] découvert dans le courant de l'hiver de 1853 à 1854, *pl.*, p. 75.

36085. Ringeisen. — Rapport sur le château de Saint-Ulrich, p. 77.

36086. Petit-Gérard (Baptiste). — Note sur les vitraux d'Alsace et sur un ancien vitrail de l'église abbatiale de Wissembourg [XIIIe s.], *pl.*, p. 81.

36087. Morlet (Le colonel de). — Note sur une colonne [pierre milliaire] découverte dans la forêt de Weitbruch (Bas-Rhin) sur la voie de *Brocomagus* à *Saletio* (de Brumath à Seltz), *pl.*, p. 87.

36088. Morlet (Le colonel de). — Note sur une statuette [gallo-romaine] en bronze, trouvée sur l'emplacement de l'ancien monastère de Saint-Étienne à Strasbourg, *pl.*, p. 91.

36089. Zimberlin (L'abbé). — Inscriptions qui se trouvent sur les quatre colonnes qui supportent la tribune de l'église paroissiale de Bergholtz-Zell, p. 96.

36090. Zimberlin (L'abbé). — Inscriptions qui se trouvent sur le sarcophage des sept moines massacrés par les Huns, dans l'église de Murbach, p. 97.

36091. Straub (L'abbé A.). — Statistique monumentale des cantons de Kaysersberg et de Ribeauvillé (Haut-Rhin), p. 99.

36092. Goldenberg (Alfred). — Castrum gallo-romain du Gross-Limmersberg [statues, bas-reliefs, etc.], 2 *pl.* et *plan*, p. 127.

36093. Goldenberg (Alfred). — Les Heidenmauern de la forêt de Haberacker (territoire de Rheinhards-Münster), *pl.*, p. 138.

36094. Ring (Max. de). — Les tombes celtiques situées près de Réguisheim (Haut-Rhin), *pl.*, p. 145.

36095. Fries. — Église et abbaye de Saint-Étienne [à Strasbourg, XIe s.], *plan*, p. 150.

36096. Oppermann (C.-F.). — Les antiquités du Ziegenberg, aux environs de Niederbronn [statue et menhir], 2 *pl.*, p. 155.

36097. Spach (Louis). — Une charte de 1187 concernant le moulin à trois roues à Eckbolsheim, p. 158.

36098. Spach (Louis). — Bulle de Martin V (du 15 octobre 1420), émise dans l'intention de faciliter à Guillaume de Diest, évêque de Strasbourg, la cérémonie de la consécration, p. 163.

36099. Ringel. — Rapport sur les bains romains découverts à Mackwiller, en 1859, 2 *pl.* et *fig.*, p. 166. — Cf. n° 36100.

36100. Jung. — Rapport sur les découvertes de ruines romaines à Mackwiller par M. le pasteur Ringel, p. 177. — Cf. n° 36099.

36101. Stoeber (Aug.). — Notes sur la vallée antérieure de l'Ill, le camp romain du Britzgyberg et le petit château de Küppelé (département du Haut-Rhin, arrondissement de Mulhouse), p. 182.

36102. Knoll (Ch.). — Statistique monumentale du canton de Soultz (Haut-Rhin), p. 194.

36103. Levrault (L.). — Le château de Hohenack (commune de Labaroche, Haut-Rhin), p. 211.

36104. Ring (Max. de). — Les tombes celtiques de la forêt communale de Hatten (Bas-Rhin), 2 *pl.*, p. 219.

36105. Spach (Louis). — L'abbaye de Münster, p. 226.

[Pièces justificatives, xve-xvie s.]

IV. — Bulletin de la Société pour la conservation des monuments historiques d'Alsace, IVe vol. (1860-1861). Première partie, procès-verbaux. (Strasbourg, 1861, in-8°, 140 p.) — Deuxième partie, mémoires. (Strasbourg, 1861, in-8°, 251 p.)

Première partie.

36106. Divers. — Séances [7 mai-17 décembre 1860], p. 1 à 70.

[Pierre-borne trouvée à Saverne (1685), p. 7. — Inscription de la rue des Bouchers à Strasbourg (1417), p. 8. — Tombeau du général Reinbold de Rosen, à Dettwiller (xviie s.), p. 11. — Inscriptions, dont l'une du xive siècle, et peintures de l'ancienne église des Dominicains de Guebwiller, *fig.*, p. 18. — Ruines du château de Hugstein, p. 20. — Vieille tour d'Alt-Schloss, près de la vallée d'Orschwyhr, p. 21. — Édifice gallo-romain de Hartmannswiller, p. 22. — Tombeau franc trouvé à Biederthal, p. 23. — Tumuli et ruines gallo-romaines dans la forêt de Haguenau, p. 28. — Bas-reliefs et autels gallo-romains découverts près du hameau de Geilershof, p. 32. — Église de Saarwerden (xvie s.), p. 69.]

36107. Divers. — Séances [7 janvier-17 juin 1861], p. 71 à 120.

[Tombelles celtiques découvertes dans la forêt de Haguenau, au canton de Mægstub, p. 74. — Église d'Obersteigen dans la paroisse d'Engenthal (xiiie s.), p. 80. — Topographie de la vallée de la Bruche, p. 84. — Bas-relief romain trouvé à Altorf, p. 84. — Cénotaphe de Michel Reintlin (+ 1608) dans l'hôpital des Orphelins de Strasbourg, p. 86. — Château de Kastelgraben et croix d'Ensisheim (xve s.), p. 99. — Inscription du moulin de la Zorn, à Strasbourg (xvie s.), p. 104. — Ruines du château de Husenburg, p. 106. — Sépultures gallo-romaines de Reichshoffen, p. 108 (cf. n° 36216). — Remarques sur la charte de Sindelsberg, p. 109 (cf. n° 36115). — Antiquités celtiques et romaines découvertes dans les travaux du chemin de fer de Haguenau à Niederbronn, p. 112. — Restauration de l'église d'Andlau au-Val, p. 114. — Châteaux de Dreistein, p. 117.]

Deuxième partie.

36108. Petit-Gérard (Baptiste). — Quelques remarques sur les artistes verriers strasbourgeois du xve siècle, à propos de la réparation d'un vitrail de l'église de Sainte-Madeleine, *pl.*, p. 1.

36109. Guerber (L'abbé Victor). — Cimetières celtiques de la forêt de Haguenau, p. 11.

36110. Spach (Louis). — [Remarques au sujet du] mémoire sur l'architecture militaire pendant les premiers siècles du moyen âge de M. Krieg de Hochfelden, p. 15.

36111. Morlet (Le colonel de). — Notice sur l'enceinte d'*Argentoratum* restituée d'après les fouilles exécutées en 1859 et 1860 dans l'ancien couvent de Saint-Étienne, 2 *pl.*, p. 29.

36112. Morlet (Le colonel de). — Notice sur les voies romaines du département du Bas-Rhin (arrondissements de Strasbourg, de Saverne et de Wissembourg), *carte* et *fig.*, p. 38.

[Recueil d'inscriptions romaines.]

36113. Schauenburg (Baron de). — Zix [graveur et dessinateur strasbourgeois, xviiie-xixe s.], p. 105.

36114. Ring (Max. de). — Les tombes celtiques de la forêt de Schirrhein, p. 112.

36115. Spach (Louis). — L'abbaye de Marmoutier et le couvent de Sindelsberg, *pl.*, p. 117. — Cf. n° 36107.

[*Fac-similé* d'une charte du xiie s. contenant un dessin de l'église du couvent; liste des abbés de Marmoutier.]

36116. Spach (Louis). — Les collonges de la vallée rhénane supérieure d'après M. Burckardt, de Bâle, p. 145.

36117. Petit-Gérard (Baptiste). — La croix processionnelle de Rouffach [1662], *pl.*, p. 178.

36118. Schauenburg (Baron de). — Château de Jungholtz, p. 185.

36119. Spach (Louis). — Conrad de Bussnang, évêque de Strasbourg, à Rouffach [1439-1445], p. 189.

36120. Guerber (L'abbé Victor). — Note sur une pierre trouvée dans l'ancienne commanderie des chevaliers de Saint-Jean-de-Jérusalem à Haguenau [bas-relief du xiie s.], p. 245.

36121. Eissen (Dr E.). — Répertoire des travaux de la Société pour la conservation des monuments historiques d'Alsace, indiquant, par ordre alphabétique, tout ce qui a fait l'objet des études de la Société (1re partie) et les noms de tous les collaborateurs bénévoles ayant pris une part active à ces travaux (2e partie) et résumant les Ier, IIe, IIIe et IVe volumes du *Bulletin*. (Strasbourg, 1862, in-8°, xxiv p.)

V. — Bulletin de la Société pour la conservation des monuments historiques d'Alsace, 2e série, Ier vol. (1862-1863). Première partie, procès-verbaux. (Strasbourg, 1863, in-8°, 167 p.)

Première partie.

36122. Divers. — Séances [1 juillet-5 décembre 1861], p. 1 à 53.

[Peintures murales de Rosenviller (xiiie s.), p. 10. — Tombes découvertes près de Soultz-les-Bains, p. 16. — Antiquités trouvées entre Mertzwiller et Reichshoffen, p. 16. — Tombes gallo-romaines découvertes près de Saverne, p. 20. — Statue de Mercure trouvée dans le château des comtes de Strahlenheim, p. 25. — Châteaux d'Eguisheim, de Saint-Ulrich, de Landsberg et de Hohen-Kœnigsbourg, p. 43 à 45.]

36123. DIVERS. — Séances [6 janvier-5 mai 1862], p. 55 à 82.

[Collégiale de Colmar, p. 57. — Instruments en silex trouvés à Saint-Acheul, p. 59. — Antiquités gallo-romaines découvertes près d'Avolsheim, p. 61. — Voies romaines passant à Bourgogne et près de Bartenheim, *fig.*, p. 62. — Retranchement appelé Heidenberg dans la forêt de Leutenheim, p. 67. — Château de Bourgogne (XVIe s.), *pl.*, p. 68. — Antiquités romaines recueillies dans les environs du Heidenhübel, p. 69. — Sépultures antiques de Lorentzen, p. 70. — Inscriptions concernant Hoger, chanoine de Strasbourg († 1521), p. 71. — Château de Hugstein, p. 75. — Églises fortifiées du Haut-Rhin, p. 76. — Dalle de l'église d'Ainay à Lyon, représentant l'autel de Lyon, p. 79. — Lion sculpté gallo-romain de Brumath, p. 81. — Bas-relief représentant Junon trouvé à Schweighausen, p. 81.]

36124. DIVERS. — Séances [2 juin-4 août 1862], p. 82 à 116.

[Statues du fronton du portail principal de la cathédrale de Strasbourg, p. 86. — Inscription romaine provenant de Horbourg, p. 93. — Ruines d'un établissement industriel gallo-romain situé au Heidenhübel; bouteille, *fig.*, p. 100. — Porte de Dachstein (XVIIIe s.), p. 104. — Église d'Avolsheim, p. 105. — Château de Jungholz et origines de la famille de Schauenburg, p. 106. — Inscription du couvent de Luppach (1520), *fig.*, p. 110. — Sceaux alsaciens (XIIIe-XVIIIe s.), p. 111. — Peintures murales de l'église Saint-Pierre et Saint-Paul à Wissembourg (XIVe et XVe s.), p. 113.]

36125. DIVERS. — Séances [6 octobre-17 novembre 1862], p. 116 à 166.

[Ancienne église des Récollets de Colmar, p. 118 et 132. — Caveau sépulcral de la nouvelle église de Guebwiller, p. 119. — Épitaphe de Pierre Mor, prieur des Dominicains de Guebwiller († 1466), *fig.*, p. 121. — Château de Hugstein, *fig.*, p. 122. — Ancien château de Ilusenburg, p. 123. — Château de Saint-Paul, à Wissembourg, *fig.*, p. 124. — Station d'*Argentouaria*, p. 125 et 163. — Poteries romaines trouvées dans la forêt de l'Arsot, p. 125. — Épitaphe de Wolfgang-Théodoric Branscheid († 1613) à la Wanzenau, p. 126. — Chapelle de la Sainte-Vierge à Hüttenheim (XVe s.), p. 131. — Châteaux de Saint-Ulrich, de Landsberg, de Kœnisbourg et du Grand-Geroldseck, p. 141 à 144.]

Deuxième partie.

36126. EISSEN (D^r). — Observations sur le niveau du sol de l'ancien *Argentoratum* romain (première enceinte de Strasbourg), p. 1.

36127. RING (Max. DE). — Tertre funéraire situé près de Balgau (Haut-Rhin), p. 5.

36128. KRAMER (L'abbé J.). — Rectification des erreurs topographiques sur quelques endroits de la vallée de la Bruche, *carte*, p. 8.

36129. BENOIT (Louis). — La pierre tombale d'Ulrich de Rathsamhausen et de Marie d'Andlau, dans l'église de Fénétrange [1543], *pl.*, p. 23.

36130. MOSSMANN (X.). — Recherches sur l'ancienne constitution de la commune à Colmar, p. 26.

36131. RING (Max. DE). — Fouilles exécutées dans les tombelles celtiques de la forêt de Haguenau près de Schirrhein, et dans les deux cantons forestiers du Schirrheinerweg et du Fischerhübel, pendant les 28, 29, 30 et 31 octobre 1861, *fig.*, p. 81.

36132. FRIES. — Église de Saint-Thomas [à Strasbourg, XIIIe s.], p. 93.

36133. BARDY (Henri). — Note sur l'église d'Étueffont-le-Haut et sur celle de Saint-Dizier, *pl.* et *fig.*, p. 97.

[Famille de Sperbach; tombe à Faverois, XVIIIe s.]

36134. SPACH (Louis). — L'abbaye de Neubourg au moyen âge et la navigation du Rhin, p. 102.

[Liste des abbés de Neubourg; privilèges d'empereurs d'Allemagne, XIIIe-XIVe s.]

36135. SPACH (Louis). — L'archéologue J.-J. Oberlin [1735 † 1806], p. 121.

36136. RING (Max. DE). — Le Schimmelrain près de Hartmannswiller (Haut-Rhin) [villa gallo-romaine], 3 *pl.* et *fig.*, p. 134.

36137. [INGOLD]. — L'Ochsenfeld; ses antiquités, ses traditions, p. 138.

36138. STOFFEL (A.). — Le cimetière fortifié de Dörrenbach, p. 145.

36139. FRIES. — Églises de Sainte-Madeleine [XVe s.], de Saint-Louis [XIXe s.] et de Sainte-Catherine [XIVe s.] à Strasbourg, *fig.*, p. 149.

36140. MORLET (Le colonel DE). — Notice sur quelques monuments de l'époque gallo-romaine trouvés sur les sommités des Vosges près de Saverne (Bas-Rhin) [bas-reliefs et stèles funéraires], 3 *pl.* et *fig.*, p. 159.

36141. GUERBER (L'abbé Victor). — L'église abbatiale de Saint-Pierre et Saint-Paul de Wissembourg et ses peintures murales [XIVe et XVe s.], p. 169.

36142. OPPERMANN (C.-F.). — Notice sur quelques antiquités de la montagne de Sainte-Odile et de ses environs, p. 178.

[Monuments druidiques, *fig.*; voie romaine; enceinte celtique de Landsperg; chapelle de la vallée de la Kirneck, *fig.*]

36143. SPACH (Louis). — Lettre d'indulgence en faveur du chapitre de Surbourg [1493], *pl.*, p. 186.

36144. RING (Max. DE). — Fouilles exécutées dans les tombelles celtiques de la forêt communale de Dessenheim, pendant les 18, 19, 20 et 21 août 1862, *carte* et *fig.*, p. 192.

36145. SIFFER (L'abbé Jér.-Ans.). — Note sur l'ancienne commanderie teutonique de Dhan, près de Zinswiller, canton de Niederbronn, p. 198.

36146. MORLET (Le colonel DE). — Note sur les tumuli de la forêt de Brumath, *plan*, p. 200.

VI. — Bulletin de la Société pour la conservation des monuments historiques d'Alsace, 2e série, IIe vol. (1863-1864). Première partie, procès-verbaux. (Strasbourg, 1864, in-8°, 149 p.) — Deuxième partie, mémoires. (Strasbourg, 1864, in-8°, 203 p.)

Première partie.

36147. Divers. — Séances [5 janvier-18 mai 1863], p. 1 à 41.

[Sépultures antiques découvertes au bord de la forêt de Reubberg, p. 5. — Ruines gallo-romaines de Bavilliers, p. 7. — Anneaux de bronze découverts à Lingolsheim, p. 14. — Puits à bascule en Alsace, p. 20. — Fibules et vases gallo-romains trouvés à Gerstheim, p. 25. — Château d'Engelbourg, près de Thann, p. 33. — Monnaies alsaciennes recueillies à Saint-Léonard (XIIe-XIIIe s.), p. 35. — Église romane de Bermont, p. 37. — Châtenois, près Bermont, p. 37. — Tombes anciennes découvertes près de Molsheim, p. 41.]

36148. Divers. — Séances [1 juin 1863-14 mars 1864], p. 42 à 148.

[Camp présumé romain de Heidenberg, près de Leutenheim, p. 44. — Inscription sur une maison de la rue des Bouchers, à Strasbourg (1417), p. 47. — Monnaies épiscopales trouvées à Ottrott, *fig.*, p. 47. — Bijoux francs trouvés à Odratzheim et à Gerstheim, *pl.*, p. 50. — Fresques et restauration de l'église Saint-Pierre et Saint-Paul de Wissembourg, p. 81 et 90. — Peintures murales romanes de l'église d'Altorf, p. 85. — Sépulture romaine découverte à Bernolsheim, p. 96. — Jung, professeur († 1863), p. 104. — Châteaux d'Eguisheim, de Hohlandsberg, de Plixbourg, du Petit-Kœnigsbourg et de Frankenbourg, p. 119 à 124. — Dalle épigraphique romaine représentant Mars et Pallas, p. 127. — Pierre aux armes de Jean Hammerer trouvée à Strasbourg (XVIe s.), p. 140 (cf. n° 36159). — Étymologies de villages alsaciens, p. 141. — Vases, anneaux et cercueils gallo-romains trouvés à Stephansfeld, 8 *pl.*, p. 145.]

Deuxième partie.

36149. Morlet (Le colonel de). — Notice sur quelques découvertes archéologiques effectuées dans les cantons de Saar-Union et de Drulingen, *carte* et *fig.*, p. 1.

[Enceintes fortifiées; sépultures gallo-romaines et mérovingiennes de Lorentzen et de Diemeringen; tombes de Ratzwiller attribuées au Xe siècle.]

36150. Levrault (Louis). — Découverte de sépultures antiques à Obernai [vases et objets divers], *pl.*, p. 7.

36151. Siffer (L'abbé Jér.-Ans.). — Mémoires sur la grande voie romaine de Brumath à Seltz pour la portion de Weitbruch à Kaltenhausen, p. 14.

36152. Coste. — *Argentovaria*, station gallo-romaine retrouvée à Grussenheim (Haut-Rhin), *carte* et *fig.*, p. 18.

36153. Gyss (L'abbé). — Notice historique sur l'hôtel de ville d'Obernai [1523] et sur les anciens emplacements judiciaires dits *Seelhof* et *Laube*, p. 25.

36154. Sabourin de Nanton. — Les fortifications d'Huningue [XVIIe s.], *fig.*, p. 44.

36155. Mossmann (X.). — Lettre de frère Sigismond à l'abbé Barthélémy d'Andlau sur les anciennes tapisseries de l'abbaye de Murbach [1464], p. 49.

36156. Spach (Louis). — Une excommunication de Mulhouse au XIIIe siècle [par Henri, évêque de Bâle, 1266], p. 55.

36157. Thilloy (Jules). — Herbitzheim (Bas-Rhin) [notice historique], *carte*, p. 69.

36158. Straub (L'abbé A.). — L'église de Walbourg [1456, vitraux, 1461, *fig.*, fresques, custode, *fig.*, pierres tombales, XVe-XVIe s.], *fig.*, p. 97.

36159. Schauenburg (Baron de). — Note sur la pierre aux armes de Jean Hammerer [XVIe s.], *fig.*, p. 106. — Cf. n° 36148.

36160. Siffer (L'abbé Jér.-Ans.). — Notes sur les ruines de villas romaines près d'Oberbronn, p. 109.

36161. Nicklès (Napoléon). — Helvetus et ses environs (Ehl, près Benfeld) au Ve siècle, *carte*, p. 113.

36162. Spach (Louis). — Saint Léon IX, le pape alsacien [† 1054], p. 159.

36163. Ristelhuber (P.). — La marche d'Aquilée [ou marche de Marmoutier, en Alsace], p. 184.

36164. Morlet (Le colonel de). — Notice sur les cimetières gaulois et germaniques découverts dans les environs de Strasbourg, *pl.*, p. 188.

36165. Siffer (L'abbé Jér.-Ans.). — Analyse d'une charte datée du 26 mai 1415, faisant mention, entre autres, de Ramshardt, de Cronenbruch et de Buchhurst, trois lieux habités dans le canton de Woerth, qui n'existent plus, p. 200.

VII. — Bulletin de la Société pour la conservation des monuments historiques d'Alsace, 2e série, IIIe vol. (1864-1865). Première partie, procès-verbaux. (Strasbourg, 1865, in-8°, 145 p.) — Deuxième partie, mémoires. (Strasbourg, 1865, in-8°, 202 p.)

Première partie.

36166. Divers. — Séances [11 avril 1864-13 février 1865], p. 1 à 78.

[Helvetus et ses environs, p. 3. — Sépultures romaines de Bernolsheim, *pl.*, p. 10. — Châteaux de Plixbourg et de Hoh-Landsberg, 2 *plans*, p. 17. — Peintures murales de l'église de la Petite-Pierre (XVe s.), p. 42. — L'abbé Schirr, vicaire-général († 1864), p. 45. — Bornes milliaires dans les environs de Schlestadt, p. 60. — Encensoir en bronze trouvé à Windstein, p. 65. — Peintures murales des églises de Saint-Jean et de Saint-Pierre et Saint-Paul à Wissembourg (XIVe et XVe s.), p. 68. — Ruines du château de Morimont, *plan*, p. 74. — Urnes cinéraires déterrées dans la forêt de Haguenau, p. 77.]

36167. Divers. — Séances [13 mars-26 juin 1865], p. 78 à 143.

[Médailles romaines trouvées à Ehl, *fig.*, p. 79, 87 et 102 (cf. n° 36205). — Carte des environs de Niederbronn (1602), p. 81. — Tombes et voie antiques à Hirschland, p. 82. — Notice sur Saarwerden, p. 82. — Ventes diverses faites par les Clarisses du Marché-aux-Chevaux de Strasbourg, (XVe et XVIe s.), p. 94 et 98. — Tombes antiques découvertes à Wasselonne, p. 95. — Monnaies trouvées à Niederbronn et à Offendorf (XVIe s.), p. 100. — Antiquités de Stephansfeld, p. 103. — Château de Wineck, p. 108. — Antiquités gallo-romaines trouvées dans la banlieue de Türckheim, p. 110. — Ruines du château de Morimont, p. 116. — Promenade de Colmar à Alspach, ancienne abbaye de Clarisses, p. 121.]

Deuxième partie.

36168. Spach (Louis). — Découverte d'une villa romaine à Trèves, p. 1.

36169. Spach (Louis). — Bruno (Braun) de Ribeaupierre et les délégués de Strasbourg prisonniers à Schwanberg [1395], p. 9.

36170. Huot (P.). — Rapport sur l'ancienne cloche de Lauttenbach (xve s.), détruite en 1863, p. 54.

36171. Siffer (L'abbé Jér.-Ans.). — Notice sur une pierre épigraphique consacrée à deux divinités, trouvée à Niederbronn dans le quartier de la Nouvelle-Avenue, en 1842, p. 61. — Cf. n° 36172 et 36173.

36172. Siffer (L'abbé Jér.-Ans.). — Description de deux monuments romains faisant partie de la statuaire, retrouvés, l'un en 1842 à Niederbronn, l'autre en 1844 à Langensoultzbach, où l'on voit figurées deux divinités, Vénus et Abondance, p. 63. — Cf. n° 36171.

36173. Siffer (L'abbé Jér.-Ans.). — Note sur deux bas-reliefs, figurant Pallas, découverts tous deux à Niederbronn, l'un en 1842, l'autre vers 1760, p. 65. — Cf. n° 36171.

36174. Quiquerez (A.). — Notice sur le château de Liebstein, p. 67.

36175. Heitz (F.-C.). — Ancienne gravure [d'Isaac Brunn] représentant la cathédrale et l'horloge astronomique de Strasbourg, *pl.*, p. 70.

36176. Sabourin de Nanton. — L'abbaye de Saint-Apollinaire [près de Bâle], p. 73.

36177. Morlet (Le colonel de). — Les cromlech's de Mackwiller [objets en bronze], *carte*, *pl.* et *fig.*, p. 81.

36178. Siffer (L'abbé Jér.-Ans.). — Notice sur une baignoire romaine à eau chaude et à transpiration, existant à Niederbronn, dans le quartier de la Nouvelle-Avenue, p. 93.

36179. Siffer (L'abbé Jér.-Ans.). — Notice sur un autel épigraphique d'origine païenne consacré aux dieux mânes, découvert à Niederbronn vers le milieu de la seconde décade du siècle courant, p. 95.

36180. Spach (Louis). — Le moine Otfrit et l'abbaye de Wissembourg au ixe siècle, p. 98.

36181. Klotz (G.). — Note sur une médaille offerte à la ville de Strasbourg, pour sa collection historique, par M. le doyen F. Sachs de Carlsruhe [xviie s.], p. 113.

36182. Lehr (Ernest). — Notice sur la famille de Rosen, 3 *pl.*, p. 119.

[Tombe du général Reinhold de Rosen, † 1667.]

36183. Spach (Louis). — Un extrait de la chronique de Wissembourg de Balthazar Boell [mission auprès du margrave Louis de Bade, 1705], p. 136.

36184. Huot (P.). — Frédéric II et ses fils en Alsace [xiiie s.], p. 140.

36185. Siffer (L'abbé Jér.-Ans.). — Note sur deux anciens monastères, vulgairement désignés sous les noms de Frauenkirch et de Thierkich, p. 150.

36186. Gyss (L'abbé). — Le château impérial des Hohenstauffen à Obernai, p. 152.

36187. Spach (Louis). — Donation de terres faite à l'abbaye de Marbach par le comte Albert d'Eguisheim [xie s.], p. 163.

36188. Coste. — Recherches archéologiques concernant la station de *Gramatum*, *carte*, p. 167.

36189. Benoît (Louis). — [Abbaye de] Craufthal (*Claustriacum*), *pl.*, p. 170.

36190. Siffer (L'abbé Jér.-Ans.). — Notice sur quelques monuments lapidaires [bas-reliefs] d'origine païenne, conservés à Walbourg, p. 199.

36191. Straub (L'abbé A.). — Bulletin de la Société pour la conservation des monuments historiques d'Alsace, deuxième série. Répertoire des volumes I, II et III par ordre alphabétique : 1° des matières; 2° des noms propres, avec une liste des collaborateurs et de leurs communications littéraires. (Strasbourg, 1866, in-8°, 33 p.).

VIII. — Bulletin de la Société pour la conservation des monuments historiques d'Alsace, 2e série, IVe vol. (1865-1866). Première partie, procès-verbaux. (Strasbourg, 1866, in-8°, 149 p.) — Deuxième partie, mémoires. (Strasbourg, 1866, in-8°, 136 p.)

Première partie.

36192. Divers. — Séances [7 juillet-30 décembre 1865], p. 1 à 56.

[Épitaphe de Burchard de Gueberschwihr († 1131), p. 1, 12 et 17. — Enceinte celtique sur la montagne de Frankenbourg, p. 4. — Châteaux de Fleckenstein, Hohbourg et Wasenstein, p. 6. — Statuette de Mercure et autel gallo-romain découverts à Kœnigshoffen, *fig.*, p. 8. — Bas-reliefs et zodiaque gallo-romains de la collection du docteur Rauch, à Oberbronn, p. 14. — Anciennes chapelles de cimetière en Alsace, p. 15. — Ruines de l'abbaye de Neubourg, p. 21. — Monnaies romaines du moyen âge et du xvie siècle trouvées à Saverne, Œrmingen et Ohlungen, p. 22. — Sentence contre les fils de Cuntzeman, de Wibersheim (1435), p. 25. — Tombes antiques découvertes à Stephansfeld, p. 27. — Vase en argent découvert sur le plateau des Trois-Épis (xviie s.), p. 52. — Tombes antiques trouvées à Kientzheim, p. 53.]

36193. Anonyme. — Catalogue [de la bibliothèque de la Société], p. 77.

36194. Divers. — Séances [8 janvier-14 juin 1866], p. 103 à 147.

[Éloge de M. Coste, p. 103. — Étymologie de quelques villages d'Alsace, p. 106. — Épitaphe de Jean de Kaysersberg († 1483), p. 109. — Fontaine de l'abbaye de Neubourg et autel romain de l'église d'Obersteingen, p. 113 et 115. — Demeure des nobles de Bruchkirch (xiiie s.), p. 116. — Tombes antiques de Stephansfeld, p. 117 et 120. — Léproseries de Weyersheim et de Reichshoffen, p. 119. — Monnaies romaines trouvées au Mont-Terrible, p. 121. — Autels votifs de Kœnigshoffen, *fig.*, p. 133. — Administration de Colmar depuis 1408, p. 137. — Charte concernant l'abbaye d'Andlau (1345), p. 139. — Inscription romaine découverte à Mittelwyhr, *fig.*, p. 145.]

Deuxième partie.

36195. QUIQUEREZ (A.). — Objets d'antiquité provenant de l'abbaye de Moutier-Grand-Val, *pl.* et *fig.*, p. 1.

[Sandales et bas de saint Germain, abbé de Grand-Val, † 677; crosse ancienne.]

36196. SIFFER (L'abbé Jér.-Ans.). — Notice sur une idole sans nom, scellée dans les murs de l'ancienne église de Gebolsheim, et sur d'autres antiquités de ce lieu, aujourd'hui annexe de Wittersheim, canton de Haguenau, p. 12.

36197. SPACH (Louis). — Une ligue contre l'évêque [de Strasbourg] Guillaume de Diest [XVe s.], p. 14.

36198. GUERBER (L'abbé Victor). — Chapelle de Saint-Jacques à l'église de Saint-George de Haguenau [1496], p. 36.

36199. MOSSMANN (X.). — Murbach et Guebwiller. Histoire d'une abbaye et d'une commune rurale d'Alsace, p. 39.

36200. QUIQUEREZ (A.). — Morimont (Haut-Rhin, près d'Oberlarg), p. 84.

36201. INGOLD (A.). — Wittelsheim, vicus gallo-romain, p. 101.

36202. INGOLD (A.). — Mandeure, p. 107.

36203. SPACH (Louis). — *Augusta Rauracorum* (Augst); son fondateur et ses ruines, p. 111.

36204. QUIQUEREZ (A.). — Château de la Bury, *plan*, p. 121.

36205. COLIN (J.). — Examen des documents numismatiques insérés au Bulletin de la Société pour la conservation des monuments historiques d'Alsace, p. 129. — Cf. n° 36167.

[Rectifications au sujet des attributions des monnaies romaines découvertes à Ehl.]

IX. — Bulletin de la Société pour la conservation des monuments historiques d'Alsace, 2e série, V^e vol. (1866-1867). Première partie, procès-verbaux. (Strasbourg, 1868, in-8°, 125 p.) — Deuxième partie, mémoires. (Strasbourg, 1868, in-8°, 127 p.)

Première partie.

36206. DIVERS. — Séances [9 juillet-13 décembre 1866], p. 1 à 50.

[Église de Saint-Pierre et Saint-Paul de Wissembourg, p. 4. — Chapelle de pèlerinage à Kientzheim et grosse cloche d'Ammerschwihr (1471), p. 10 et 16. — Sceau du cardinal de Rohan, évêque de Strasbourg (1779), p. 12. — Autel romain de Geilershof, p. 16. — Tombes anciennes trouvées à Herrlisheim, p. 16. — Église de Singrist (XIIIe s.), p. 18. — Cloche d'Ebersmünster (1691), p. 20. — Châteaux de Kaysersberg, de Frankenbourg, de Hoh-Kœnigsbourg et de Fleckenstein; églises de Hunawihr et d'Ebersmünster, p. 31 à 37. — Description du Musée de la Société, par M. Merck, p. 39.]

36207. DIVERS. — Séances [14 janvier-28 décembre 1867], p. 51 à 124.

[Cloche de l'ancienne chapelle de Saint-Remi, près du Willerhof (XIVe s.), p. 52. — Monuments classés du Haut-Rhin, p. 54. — Construction de l'église de Saint-Martin de Colmar (1449), p. 55. — Lettres d'indulgence relatives à l'église de Herrlisheim (1338 et 1489), p. 57. — Tuile romaine portant l'empreinte de la IVe légion, *fig.*, p. 57. — Litres funéraires en Alsace, p. 61. — Inscription romaine trouvée à Brumath, *fig.*, p. 64. — Maison du XVIe siècle à Strasbourg, p. 65. — Château de Kaysersberg, p. 78. — Heitz († 1867), p. 84. — Édouard Gerhard († 1867), p. 85. — Église de Gueberschwihr, p. 89. — Église romane de Saint-Jean-des-Choux, p. 95. — Église de Westhoffen (1250), p. 97. — Église de Bermont (XIIe s.), p. 99. — Poteries et monnaies romaines trouvées à Bergheim, p. 101. — Sceau de Conrad Spengl (XIVe s.), p. 106. — L'abbé Kramer († 1867), p. 107. — Tombes mérovingiennes trouvées près du domaine de Schoppenwihr, p. 121. — Monnaies romaines découvertes à Haut-Eguisheim, p. 123.]

Deuxième partie.

36208. FISCHER (Dagobert). — L'abbaye de Saint-Jean-des-Choux [près de Saverne, 1123], *pl.*, p. 1.

36209. SPACH (Louis). — Charte de l'évêque Guebhard, confirmant les privilèges de l'abbaye de Baumgarten [1133], p. 29.

36210. SPACH (Louis). — Charte de l'évêque Guebhard de Strasbourg, confirmant les privilèges accordés à l'abbaye de Sainte-Walpurge (Walbourg) par l'empereur Henri V, le duc Frédéric de Souabe ou de Hohenstaufen et le comte Pierre de Lützelbourg [1133], p. 32.

36211. SIFFER (L'abbé Jér.-Ans.). — Note sur quelques antiquités de l'ère celtique, de l'époque gallo-romaine et du moyen âge, déposées à l'hôtel de ville de Niederbronn [haches; monnaies; épée, etc.], p. 36.

36212. LEVRAULT (Louis). — A propos d'une fibule trouvée à Finhey près Obernai, p. 40.

36213. MATUSZYNSKI (A.). — Note sur les fragments d'architecture trouvés à Eschau [chapiteaux sculptés du XIe ou XIIe s.], *pl.*, p. 46.

36214. SIFFER (L'abbé Jér.-Ans.). — Mémoire sur un cimetière chrétien de l'époque mérovingienne, découvert à Morschwiller, au lieu dit Bühn, p. 49.

36215. STRAUB (L'abbé Victor). — Tapisseries de Neuwiller (Bas-Rhin) [XVe s.], p. 54.

36216. SIFFER (L'abbé Jér.-Ans.). — Mémoire supplémentaire sur le cimetière gallo-romain de Reichshoffen, présenté à l'occasion de nouvelles découvertes, p. 66. — Cf. n° 36107.

36217. GUERBER (L'abbé A.). — La basilique de Saint-Clément à Rome (San-Clemente) et les récentes découvertes qu'on y a faites, *fig.*, p. 74.

36218. SIFFER (L'abbé Jér.-Ans.). — Notice sur un ancien cimetière et particulièrement sur un monument épigraphique d'origine romaine, découverts l'un et l'autre au pied du Reubberg ou Rebberg, vis-à-vis de l'ancienne commanderie teutonique de Dahn, p. 91.

36219. MOSSMANN (X.). — La guerre des six deniers à Mulhouse [XVe s.], p. 95.

36220. Guerber (L'abbé Victor). — La Burg impériale de Haguenau et sa basilique, *pl.* et *fig.*, p. 119.

X. — Bulletin de la Société pour la conservation des monuments historiques d'Alsace, 2e série, VIe vol. (1868). Première partie, procès-verbaux. (Strasbourg, 1869, in-8°, 77 p.) — Deuxième partie, mémoires. (Strasbourg, 1869, in-8°, 181 p.)

Première partie.

36221. Divers. — Séances [1868], p. 1 à 76.

[Poteries romaines trouvées près de Beonwihr, p. 4. — Église de Mundolsheim (xiie s.), p. 23. — Château de Landsberg, p. 27. — Inscription gallo-romaine trouvée à Lüpberg, *fig.*, p. 29. — Peintures murales de l'église de Saint-Pierre et Saint-Paul de Wissembourg, p. 41. — Sceau du moyen âge trouvé à Strasbourg, *fig.*, p. 42. — Cimetière franc de Niederbronn, p. 44. — Épitaphe de Jérôme Gebweiler, directeur de l'école de la cathédrale de Strasbourg (xvie s.), p. 47. — Sceau de la famille de Steincallenfels, p. 48. — Fer à cheval sur quelques portes d'église, p. 49. — Ruines du château de Bleckmont, *fig.*, p. 52. — Voies antiques traversant Pulversheim, p. 62. — Objets gallo-romains trouvés à Türckheim, p. 68.]

Deuxième partie.

36222. Straub (L'abbé A.). — Peintures anciennes découvertes dans l'église de Rouffach [xiiie s.], p. 1.

36223. Sabourin de Nanton. — [Emplacement de] *Concordia* et *Tribuni*, p. 5.

36224. Spach (Louis). — L'île et l'abbaye de Reichenau, *pl.*, p. 8.

36225. Siffer (L'abbé Jér.-Ans.). — Notice sur diverses antiquités découvertes à Gumbrechtshoffen et particulièrement sur un cimetière à ustion, sur une villa romaine, sur plusieurs statues équestres, et sur deux sculptures attestant la viticulture dans cette région sous les Romains, p. 41.

36226. Spach (Louis). — Le palais [du bey] de Constantine, p. 46.

36227. Spach (Louis). — Une villa romaine à Nennig (près de Trèves); ses inscriptions expliquées par M. de Wilmowski, p. 51.

36228. Quiquerez (A.). — Le Loup à l'École; chapiteaux historiés de l'église collégiale de Saint-Ursanne [près de Porrentruy, xiiie s.], p. 55.

36229. Lehr (Ernest). — La seigneurie de Hohengeroldseck et ses possesseurs successifs; étude historique et généalogique, *carte*, *tab. généal.* et *fig.*, p. 62.

36230. Dietrich. — Rapport sur des antiquités trouvées aux environs de Colmar [vases et objets en bronze], *pl.* et *fig.*, p. 94.

36231. Spach (Louis). — Les deux Schweighæuser [Jean, l'helléniste, 1742 † 1830, et Jean-Geoffroy, l'antiquaire, 1776 † 1842], p. 103.

36232. Huot (Paul). — Rapport sur un mémoire [de M. Cestre] concernant les antiquités gallo-romaines du Haut-Rhin, p. 113.

[Lac légendaire d'Alsace; Ello-Rhenus; Thalweg romain; champ de bataille d'Arioviste; voies et camps romains.]

36233. Siffer (L'abbé Jér.-Ans.). — Mémoire sur un autel épigraphique d'origine romaine consacré au soleil et à la lune sous les figures d'Apollon et de Diane, p. 125.

36234. Spach (Louis). — Charte émise par l'empereur Henri IV, en 1065, contenant une donation de deux villages d'Alsace et de la forêt sainte de Haguenau à un comte Eberhard, p. 134.

36235. Spach (Louis). — Le péage de Seltz [1391-1395], p. 137.

36236. Guerber (L'abbé Victor). — Ancien trésor de l'église Saint-George de Haguenau [inventaire de 1492], p. 145. — Cf. n° 36238.

36237. Spach (Louis). — Origine des villes et des châteaux dans le sud-ouest de l'Allemagne, p. 152.

36238. Guerber (L'abbé Victor). — L'église de Saint-George à Haguenau [xiie s.], 2 *pl.*, p. 162. — Cf. n° 36236.

36239. Spach (Louis). — Le château et la famille de Landsberg, p. 173.

XI. — Bulletin de la Société pour la conservation des monuments historiques d'Alsace, 2e série, VIIe vol. (1869). Première partie, procès-verbaux. (Paris, 1870, in-8°, 73 p.) — Deuxième partie, mémoires. (Strasbourg, 1870, in-8°, 135 p.)

Première partie.

36240. Anonyme. — Séances [18 janvier-20 septembre 1869], p. 1 à 45.

[Poupée du couvent d'Ensisheim, p. 4. — Inscriptions du pont de Soultz-les-Bains et du château de Dachstein (xvie s.), p. 10. — Croix processionnelle d'Eschentzwiller (xive s.), p. 11. — Peintures murales de l'église de Saint-Pierre et Saint-Paul de Wissembourg, p. 18. — Médaille commémorative de la famine de l'Erzgebirg saxon (1771), p. 24. — Stèle romaine trouvée dans les défrichements du Rothlæublé, p. 25. — Monnaies romaines trouvées à Michelfeld, p. 36. — Autel romain de Lauterbourg, p. 42. — Sarcophage franc de Wasselonne, p. 43.]

36241. Anonyme. — Séances [18 octobre-20 décembre 1869], p. 45 à 73.

[Cimetière franc de Niederbronn, p. 46. — Ivoire historié du musée du petit séminaire de Strasbourg (xie s.), p. 48. — Épitaphe de Marie-Ève de Reinach Steinbrunn (1796), p. 48. — Collier mérovingien trouvé à Kintzheim, p. 62. — Pompe de Kertzfeld, prétendue de l'époque gallo-romaine, *fig.*, p. 63. — Tombeaux anciens de Zellwiller, p. 65. — Tombe de Burgheim (xive s.), p. 67.]

Deuxième partie.

36242. Sabourin de Nanton. — Les Hadstatt de Soultzbach, p. 1.

IMPRIMERIE NATIONALE.

36243. Sabourin de Nanton. — Les tombes de Saint-Pierre-le-Vieux, à Strasbourg [xviie et xviiie s.], p. 8.

36244. Lehr (Ernest). — Les dynastes de Geroldseck-ès-Vosges, *carte, tab. généal.* et *fig.*, p. 22. — Cf. n° 36258.

36245. Spach (Louis). — Les thermes [gallo-romains] de Badenweiler, *fig.*, p. 65.

36246. Lippmann (Auguste). — Essai sur un manuscrit du xve siècle découvert dans la bibliothèque de la ville de Strasbourg [musique], *pl.*, p. 73.

36247. Ristelhuber (P.). — Les abbés de Seltz, p. 77.

36248. Guerber (L'abbé Victor). — La vallée supérieure du Rhin, excursion archéologique [à Fribourg, Bâle, Reichenau, Constance et Coire], p. 80.

36249. Spach (Louis). — Le château de Bernstein, p. 89.

36250. Spach (Louis). — Une maison à Strasbourg [histoire de la maison sise n° 3, quai Saint-Thomas, xive-xixe s.], p. 96.

36251. Guerber (L'abbé Victor). — Les burgmänner de Haguenau et la burg des Hohenstaufen, *plan* et *pl.*, p. 113.

36252. Chaix (Eugène). — Médailles gauloises trouvées à Strasbourg, *fig.*, p. 127.

36253. Quiquerez (A.). — Notice sur les tours primitives dans l'ancien évêché de Bâle, *fig.*, p. 130.

XII. — Bulletin de la Société pour la conservation des monuments historiques d'Alsace, 2e série, VIIIe vol. (1871). Première partie, procès-verbaux. (Strasbourg, 1872, in-8°, 37 p.) — Deuxième partie, mémoires. (Strasbourg, 1872, in-8°, 303 p.)

Première partie.

36254. Anonyme. — Séances [10 janvier 1870-3 avril 1871], p. 1 à 36.

[Sceau d'Élisabeth de Géroldseck, dame de Pacy (xive s.), p. 4. — Tombeau romain découvert à Aspach, p. 6. — Église et prieuré de Feldbach (xiie s.), p. 7. — Anneaux en serpentine et couteau en silex trouvés à Schiltigheim, p. 10 et 14. — Sceau du chapitre de Saint-Pierre-le-Vieux (1491), p. 10. — Chapelle romane de Saint-Nicolas, à Ottrott-le-Bas (xie s.), p. 10. — Antiquités romaines découvertes près de Sainte-Odile et voie romaine conduisant au Purpurkopf, p. 12 et 24. — Urne cinéraire trouvée dans la forêt de Greifenstein, *fig.*, p. 18. — Monnaies françaises, allemandes, suisses, etc., des xve et xvie siècles, trouvées à Minversheim, p. 14. — Réparations au château de Kaysersberg, p. 29. — Monnaies et sépulture romaines trouvées à Horbourg, p. 32.]

Deuxième partie.

36255. Spach (Louis). — Deux hommes d'armes de Strasbourg à Bamberg (1512-1513), p. 1 à 61.

[Melchior Hoffer et Bastien Heydelberger; expédition contre Jean de Selbitz.]

36256. Spach (Louis). — Prise de Rheinfelden par le chevalier Jean de Rechberg (1448); correspondance à ce sujet entre le magistrat de Strasbourg et celui de Bâle, p. 62.

36257. Mossmann (X.). — *Addimenta quædam ad Regesta imperii* [par Bœhmer], p. 96.

[Analyse des actes impériaux conservés aux archives de Mulhouse, 1315-1378.]

36258. Lehr (Ernest). — Note complémentaire sur plusieurs membres de la famille de Geroldseck [xiiie-xive s.], p. 113. — Cf. n° 36244.

36259. Lehr (Ernest). — Note sur l'ancienne généalogie de la famille Rœder de Diersburg [xiiie-xve s.], p. 116.

36260. Reuss (Rodolphe). — La chronique strasbourgeoise de Jean-Jacques Meyer, l'un des continuateurs de Jacques de Kœnigshoven [xve-xvie s., avec des continuations jusqu'en 1711], p. 121 à 299.

XIII. — Bulletin de la Société pour la conservation des monuments historiques d'Alsace, 2e série, IXe vol. (1874-1875). Première partie, procès-verbaux. (Strasbourg, 1876, in-8°, 112 p.) — Deuxième partie, mémoires. (Strasbourg, 1876, in-8°, 266 p.)

Première partie.

36261. Anonyme. — Séances [19 juillet 1871-14 décembre 1874], p. 1 à 60.

[Notice sur la *Société pour la conservation des monuments historiques d'Alsace*, p. 7. — Tour de Strasbourg appelée *Guldenthurm* (xive s.), *pl.*, p. 22. — Peintures du moyen âge dans l'église Saint-Pierre et Saint-Paul de Wissembourg, p. 30. — Bas-relief en bois sculpté trouvé à Andlau et représentant la mort de saint Jean, apôtre (xvie s.), p. 32. — Sceau-matrice du bailliage de Saverne, p. 33. — Peintures murales de la chapelle de la Vierge de Hüttenheim, p. 35. — Statue de la Vierge à Schweinheim (xiie ou xiiie s.), p. 35. — Église ogivale de Rosenwiller, p. 49. — Peintures décoratives de la chapelle de Hüttenheim (xve s.), p. 50 et 56. — Chapelle Sainte-Marguerite au pied d'Epfig (viiie-xie s.), p. 52. — Tombe antique découverte près de Romanswiller, p. 56. — Chapelle mortuaire des Zorn dans l'église de Saint-Pierre-le-Vieux, p. 58.]

36262. Anonyme. — Séances [1875], p. 61 à 108.

[Manuscrit de l'*Hortus deliciarum*, p. 61. — Monuments celtiques du mont Sainte-Odile, p. 63. — Monuments d'Alsace classés comme monuments historiques, p. 65. — Inscription romaine trouvée près de Reinhardsmünster, p. 66. — Sarcophage mérovingien de Benfeld, p. 68. — Note sur l'architecte Erwin et sa famille (xiiie-xive s.) par C. Schmidt, p. 69. — Église de Saint-Pierre-le-Jeune à Strasbourg (xie-xive s.), p. 88 et 92. — Tombe de Marie-Ursule de Reinach († 1699) à Rudolfzell, p. 95. — Peintures du moyen âge et cloches, dont une du xve s., de l'église de Zillis en Suisse, p. 97. — *Bannœrthütte* ou maison des gardes-vignes de Thann, p. 98 et 103 (cf. n° 36281). — Porte de l'église de Zimmerbach, recouverte de fers à cheval, p. 100. — Étalons de mesures anciennes et dessins de couteaux sur des murs d'églises, p. 101. — Couvertures du toit de la cathédrale de Strasbourg et inscriptions y relatives (1759 et 1824), p. 101. — Inscriptions du buffet d'orgue de la cathédrale de Strasbourg (1716), p. 102. — Peintures dans la chapelle du collège de Haguenau (xve s.),

p. 107. — Stalles de l'église de Haguenau faites par Jean de Haguenau (XVIe s.), p. 108.]

Deuxième partie.

36263. SPACH (Louis). — Emprunt fait à Strasbourg par les républiques de Berne et de Zurich, à l'occasion d'une guerre de Genève avec le duc de Savoie (1589-1590), p. 1.

36264. SPACH (Louis). — Négociations de Strasbourg avec Zurich et Berne au sujet de la restitution d'un dépôt d'argent et de céréales (1687-1688), p. 21.

36265. GUERBER (L'abbé Victor). — Coup d'œil sur l'architecture religieuse régionnaire de France, p. 43.

36266. GUERBER (L'abbé Victor). — Ruines de l'abbaye de Stürzelbronn, p. 67.

36267. STRAUB (L'abbé A.). — Autels portatifs en Alsace, p. 73.

[Autels portatifs de l'abbaye de Haslach, XVe s., *pl.*, de l'église de Steinbourg et de l'église de Diebolsheim, XVe s.]

36268. STRAUB (L'abbé A.). — Notes généalogiques sur une ancienne famille patricienne de Strasbourg [la famille Schott], *fig.*, p. 80.

[Tableau de l'église Sainte-Marguerite de Strasbourg, 1661.]

36269. STRAUB (L'abbé A.). — La première pierre de l'ancienne église des Dominicains à Strasbourg [1254], *pl.* et *fig.*, p. 89.

[Inscriptions commémoratives du commencement des travaux des églises de Guebwiller, Benfeld, Fribourg en Brisgau, Thann, Hochfelden, Bruchsal, Kaysersberg, Osthausen, Gengenbach, Wilwisheim et Obernai, XIVe et XVe s.]

36270. STRAUB (L'abbé A.). — L'église de Vieux-Thann [XVe-XVIe s.] et ses vitraux [XVe s.], *fig.*, p. 98.

[Lettres d'indulgence, 1399; donation faite par Jean Erhart de Reinach, 1488.]

36271. FISCHER (Dagobert). — Notice historique sur le couvent de la congrégation de Notre-Dame de Saverne [XVIIe-XVIIIe s.], p. 111.

36272. GYSS (L'abbé). — Note sur quelques monuments funéraires à Obernai, p. 120.

[Épitaphe de Pierre Heldung, † 1561.]

36273. KRAUS (F.-X.). — Épitaphe d'un général strasbourgeois [*Mattheus Argentinas*, † 1506], enterré à Pise, *fig.*, p. 126.

36274. FRIES. — Église des Dominicains [de Strasbourg], aujourd'hui Temple-Neuf et bibliothèque [XIIIe-XIVe s.], 3 *pl.*, p. 128.

36275. FISCHER (Dagobert). — Notice historique sur l'ancien couvent des Récollets de Saverne [XIVe-XIXe s.], 2 *pl.*, p. 135.

36276. SCHMIDT (Charles). — Note sur un recueil d'inscriptions fait par Thomas Wolf, de Strasbourg, au commencement du XVIe siècle, p. 156.

[Inscriptions antiques et autres recueillies principalement en Italie.]

36277. SCHMIDT (Charles). — Notice sur le couvent et l'église des Dominicains de Strasbourg jusqu'au XVIe siècle, *fig.*, p. 161.

36278. SALOMON (E.). — Notice sur l'ancien Temple-Neuf et l'ancien gymnase de Strasbourg, 5 *pl.* et *fig.*, p. 225. — Cf. n° 36279.

[Pots acoustiques; tête d'Apollon en bronze; vases antiques; tuyaux et poteries du moyen âge.]

36279. STRAUB (L'abbé A.). — Poteries acoustiques de l'ancienne église des Dominicains (Temple-Neuf) de Strasbourg, *pl.*, p. 231. — Cf. n° 36278.

36280. KLOTZ (G.). — Recherches sur un bas-relief en bronze attribué aux anciennes portes de la cathédrale, faites à l'occasion de l'établissement des nouveaux vantaux, 2 *pl.*, p. 235.

[Plaque en bronze représentant le lai d'Aristote, XIIIe s.]

XIV. — Bulletin de la Société pour la conservation des monuments historiques d'Alsace, 2e série, Xe vol. (1876-1878). Première partie, procès-verbaux. (Strasbourg, 1879, in-8°, 153 p.) — Deuxième partie, mémoires. (Strasbourg, 1879, in-8°, 356 p.)

Première partie.

36281. ANONYME. — Séances [1876], p. 1 à 47.

[Église des Récollets à Rouffach (1250) : chaire extérieure, tableau, monuments funéraires (XVIe-XVIIe s.), p. 1. — Puits dans une des tours des Ponts-Couverts, près du *Wasserzoll*, p. 4. — *Bannwarthhütte* de Thann, p. 17 (cf. n° 36262). — Sarcophage mérovingien trouvé du côté d'Ell, p. 20. — Réparation des stalles du chœur d'Ebersmünster, p. 20. — Chapelle Sainte-Marguerite d'Epfig, p. 21 (cf. n° 36282). — Vues de Strasbourg tirées, l'une de la Chronique de Hartmann Schedel (1493), l'autre du *Heiligenleben* de Sébastien Brand (1502), p. 29. — Médaille de l'empereur Galba, p. 29. — Bas-relief de Mercure trouvé à Lohr, p. 32. — Sceau de la commune de Westhofen (1637), p. 33. — L'abbé Deharbe († 1876), p. 34. — Sur la construction de la cathédrale de Strasbourg (XIVe-XVe s.), p. 36. — Pierres funéraires du monastère de Truttenhausen (XIVe-XVIe s.), p. 37. — Parties anciennes de l'église Saint-Georges et peintures du moyen âge de l'église Sainte-Foi de Schlestadt, p. 41 et 115. — Peintures du moyen âge dans l'église de Niederbetschdorf, p. 42. — Jacques de Kœnigshoffen, chroniqueur, p. 43. — Ancien bras de l'Ill, comblé, p. 45.]

36282. ANONYME. — Séances [1877], p. 47 à 100.

[Tombeaux (XVe-XVIe s.) et sculptures de l'église paroissiale de Saverne, p. 48. — Chapelle Sainte-Marguerite d'Epfig, p. 66 (cf. n° 36281). — Tableau de Sébastien Stosskopf conservé à Prague (XVIIe s.), p. 70. — Bracelets francs en or trouvés à Heidolsheim, p. 72. — Tableaux de Martin Schöngauer, p. 74. — Monnaies d'argent trouvées près de Bischheim-am-Berg (XVIe-XVIIe s.), p. 75. — Rétable d'autel à Luemschwiller, peint par un artiste de l'école de Holbein, p. 75. — Porte d'Austerlitz à Strasbourg (1543), p. 75. — Sépultures gallo-romaines trouvées auprès de Durstel, urnes cinéraires et pendant de collier, p. 76. — Mémoire de l'abbé Gyss sur l'origine des noms patronymiques à propos d'une charte du XVe siècle, p. 83. — Monnaie d'argent de Jean, évêque élu de

Strasbourg (XVIe s.), p. 93. — Bas-relief romain trouvé à Lohr, p. 96. — Restauration de l'église Saint-Pierre et Saint-Paul de Wissembourg, p. 98.]

36283. Anonyme. — Séances [1878], p. 100 à 147.

[Coffrets en bois (XVIe et XVIIe s.), p. 101. — Mur romain découvert à Strasbourg, p. 104. — Colonne romaine provenant de Kaisergarten, p. 105 et 118. — Démolition de l'église de Bolsenheim, en partie romane, p. 105. — Petite loge placée sur la maison municipale de Colmar (XVIe s.), p. 116. — État du château de Fleckenstein en 1425, p. 121. — Tombe d'un soldat romain trouvée à Königshofen, *fig.*, p. 130. — Croix sépulcrale trouvée à Strasbourg (1694), *fig.*, p. 132. — Lettre de *Johann Wildraffe zu Thun* (1664), p. 137. — Tombe découverte dans la cathédrale de Strasbourg (1316), p. 138. — Fragment de sculpture romaine trouvée à Seltz, *pl.*, p. 140. — Église de Hunawihr (XVe et XVIe s.), p. 142.]

Deuxième partie.

36284. Spach (Louis). — Lettres écrites à la cour par M. d'Angervilliers, intendant d'Alsace de 1716 à 1724, p. 1 à 162.

36285. Fischer (Dagobert). — Notice historique sur l'ancienne église collégiale, aujourd'hui paroissiale de Saverne [tour du XIIe s.], 2 *pl.*, p. 163.

[Chaire par Hans Hammerer (1486); tombes (XVe-XVIIIe s.).]

36286. Bernhard (J.). — [Établissement de] Saint-Marc et ses environs à Strasbourg, *plan* et *fig.*, p. 193.

[Tableaux (XIVe-XVe s.); bustes (XVe-XVIe s.); diptyque avec portrait de Maurice Ueberheu (1609), 2 *pl.*, etc.]

36287. Salomon (E.). — Notice sur une ancienne maison de Strasbourg [maison canoniale de Saint-Thomas, XVe s.], *pl.*, p. 202.

36288. Guerber (L'abbé Victor). — Les églises fortifiées [étude générale], p. 207.

36289. Hückel. Notices sur l'ancien Hattgau, p. 215.

[Comté de Hattgau au XIIIe siècle; Westhofen ou Westheim, Rentershofen et Osterndorf au XIVe siècle.]

36290. Schmidt (Charles). — Notice sur l'Église rouge [démolie en 1531] et la léproserie de Strasbourg, p. 236.

36291. Kraus (F.-X.). — Documents pour l'histoire de l'art et de la civilisation en Alsace [*Urkundliches zur Elsässischen Kunst- und Culturgeschichte*, 1408-1652], p. 270.

[Lettres des bourgeois de Lindau au Conseil de Strasbourg relatives au vol de deux manuscrits, 1408; lettre de Frédéric, marquis de Bade, au même Conseil relative à la même affaire, 1482; rapport sur l'entretien de l'horloge de la cathédrale de Strasbourg, XVe s.; procès entre des bourgeois de Ribeauvillé, 1498; exécution d'une femme coupable d'infanticide, 1654.]

36292. Kindler von Knobloch. — Contribution à l'histoire de la noblesse d'Alsace [*Beiträge zur Geschichte des Elsässischen Adels*], p. 275.

[Généalogies des familles d'Albe, de Jungholz et de Twinger de Kœnigshofen, blasons, *pl.*]

36293. Schlosser (H.). — Notice sur un cadran solaire antique découvert à Bettwiller (canton de Drulingen), p. 291.

36294. Benoit (A.). — Le Sattelfelsen, limite des communes de Dabo, d'Engenthal et de Reinhardmünster, *fig.*, p. 307.

36295. Gyss (L'abbé J.). — Encore un mot sur les origines alsatiques, p. 311.

[Études sur les ducs ou comtes d'Alsace aux VIIIe et IXe siècles, et sur la légende de sainte Odile.]

36296. [Straub (L'abbé A.)]. — **Rapport sur des antiquités romaines découvertes à Kœnigshofen près Strasbourg, notamment en mars et avril 1878**, *carte*, p. 330.

[Monuments funéraires, *pl.*; tête en marbre, 2 *pl.*; vases et urnes, *fig.*; autels et bas-reliefs, *fig.*, etc.]

36297. Divers. — Nécrologues, p. 347.

[Louis Levrault, † 1876; Charles-Gabriel Beaudet de Morlet, colonel, 1796 † 1878; G. Wilmanns, 1845 † 1878; Pierre-Reille de Schauenburg, 1793 † 1878.]

XV. — Bulletin de la Société pour la conservation des monuments historiques d'Alsace, 2e série, XIe vol. (1879-1880). Première partie, procès-verbaux. (Strasbourg, 1881, in-8°, XVI et 110 p.) — Deuxième partie, mémoires. (Strasbourg, 1881, in-8°, 211 p.)

Première partie.

36298. Anonyme. — Séances [1879], p. 1 à 52.

[Lampe antique chrétienne trouvée à Kœnigshofen, p. 4. — Tombe trouvée à Strasbourg (XIVe s.), inscription commémorative (XVIe s.) et autres antiquités locales, p. 6. — Travaux de restauration du château du Hohkœnigsbourg, p. 24. — Peintures murales romanes de l'église de Sainte-Foi à Schlestadt, p. 26. — Peintures murales de l'église d'Epfig (XVe-XVIIe s.), p. 27. — Église des Récollets de Schlestadt, bâtie en 1281 et peintures murales du XVe siècle, p. 29. — Antiquités romaines trouvées à Kœnigshofen, p. 35 et 38. — Peintures murales restaurées de l'église de Hunawihr, p. 39 et 40. — Sépulture ancienne près de Strasbourg, p. 41.]

36299. Anonyme. — Séances [1880], p. 52 à 110.

[Ignace Chauffour († 1879), p. 53. — Tombe romaine trouvée à Strasbourg, p. 56. — Châteaux de Fleckenstein et de Schœneck, p. 77. — Château de Kœnigsbourg, p. 78. — Porte de Benfeld (1620), p. 79. — Diptyque du XVe siècle à Ober-Bergheim, p. 80. — Porte du XVIe siècle à Haguenau, p. 80. — Poteries romaines trouvées à Hochfelden, p. 89 et 91. — Peintures murales du Kapelthurm d'Obernai (XIIIe-XVIIe s.), p. 89. — Tombes anciennes chrétiennes trouvées à Strasbourg et vases en verre, p. 89, 91 et 94. — Inscription romaine trouvée à Strasbourg, p. 103.]

Deuxième partie.

36300. Straub (L'abbé A.). — Le cimetière gallo-romain de Strasbourg, 3 *plans*, 6 *pl.* et *fig.*, p. 1 à 135.

[Médailles; inscriptions; poteries; vases en verre; coupe historiée sur laquelle sont représentés le sacrifice d'Abraham et le miracle de Moïse frappant le rocher dans le désert.]

36301. Müllenheim-Rechberg (Von). — L'ancienne chapelle de Tous-les-Saints à Strasbourg [*Das alte Bethaus Allerheiligen zu Strassburg*, 1327], 4 *pl.*, p. 136.

[Généalogie de la famille de Müllenheim.]

36302. Salomon (E.). — Un coin du vieux Strasbourg, p. 196.

[Maisons Ernest Lauth, *fig.*, Hertzog, Borst, Redslob, de la rue de l'Épine, n° 1, de la rue de la Douane, n° 3, *pl.*]

36303. Euting (J.). — Excursion archéologique dans le comté de Dabo [*Archäologischer Ausflug ins Dagsburgische*], *fig.*, p. 206.

XVI. — Bulletin de la Société pour la conservation des monuments historiques d'Alsace, 2e série, XIIe vol. (1881-1884). (Strasbourg, 1886, in-8°, XVI, 132 et 186 p.)

Première partie; mémoires.

36304. Schlosser (H.). — Notice sur les tumulus de Schalbach, canton de Fénétrange, 2 *pl.*, p. 1.

36305. Martin (Ernest). — Les fouilles du goethhügels [tumulus] à Sesenheim [*Die Aufgrabung des Goethhügels bei Sesenheim*], *pl.*, p. 19. — Cf. n° 36306.

[Bracelet en or; monnaie frappée à Pavie sous le règne de Totila.]

36306. Waldeyer. — Appendice [*Nachtrag*; étude du squelette trouvé dans le tumulus de Sesenheim], p. 27. — Cf. n° 36305.

36307. Benoit (A.). — Les ex-libris de Schœpflin, *fig.*, p. 30.

36308. Schmidt (Charles). — Notice sur un manuscrit du xe siècle [évangéliaire] qui jadis a fait partie de la bibliothèque de la cathédrale de Strasbourg, p. 34.

36309. Apell (C. von). — *Argentoratum* [mémoire sur les fortifications romaines de Strasbourg], 2 *plans*, p. 43.

36310. Lehr (Ernest). — Guldenthaler alsacien à l'effigie de Ferdinand Ier, empereur, *fig.*, p. 84.

36311. Salomon (E.). — Notice sur le Breuscheckschlösslein [tour et pavillon près de Strasbourg], *pl.* et *fig.*, p. 86.

36312. Dacheux (L'abbé L.). — La chronique de la maison de l'OEuvre Notre-Dame à Strasbourg [étude du manuscrit], 4 *pl.*, p. 90.

36313. Schlosser (H.). — Notice sur un sarcophage [mérovingien] découvert dans l'ancienne église de Diedendorf, *pl.* et *fig.*, p. 100.

[Sarcophage construit à l'aide de monuments romains sculptés, avec inscriptions; ancienne église de Diedendorf.]

36314. Winkler (G.). — Notes sur le château de Girbaden au point de vue purement technique, 3 *pl.*, p. 130.

Deuxième partie; procès-verbaux.

36315. Anonyme. — Séances [1881], p. 1 à 48.

[Casque du monument du général Desaix, p. 2. — Pierres tombales juives à Strasbourg (XIIIe-XIVe s.), p. 3. — Sculptures romanes provenant de l'église de Mutzig, p. 6. — Excavations découvertes dans l'ancienne commanderie de Saint-Jean à Strasbourg, p. 7, 11 et 14. — Monnaies trouvées à Osenbach (XIVe et XVe s.), p. 15. — Tour de l'ancien hôtel de ville de Sainte-Marie-aux-Mines, p. 27. — Château de Kœnigsbourg, p. 28. — Maison de Schlestadt dite le Poêle des Tonneliers et des Bateliers, p. 30. — Sépulture franque à Ernolsheim, p. 35. — Échantillons d'étoffes de diverses époques au musée de Strasbourg, p. 35. — Cunradus, architecte de l'église de Kaysersberg, p. 35. — Inscription de la flèche de l'église de Thann (1516), p. 37. — Cloche de l'église de Saint-Pierre-sur-l'Hate (1536), p. 38. — Écuelles de bronze du XIIe siècle et hallebarde du XVe siècle, p. 43. — Vases et lampe antiques trouvés à Strasbourg, p. 45.]

36316. Anonyme. — Séances [1882 et 1883], p. 48 à 134.

[Tombe de Benoît Rutt, curé de Bærendorf, à Saverne († 1529), p. 50. — Triptyque provenant de Ribeauvillé (1512), p. 55. — Pierre tombale de la famille Offenburg, à Strasbourg (XVe s.), p. 58. — Peintures murales dans l'ancienne maison Spielmann, à Strasbourg (XVIIe s.), p. 58. — Armes de la *Bauhütte* [l'OEuvre Notre-Dame] de Strasbourg (XVIIe s.), p. 76. — Peinture murale de l'église de Wattwiller (XIIIe s.), p. 79. — Rochers avec cuvettes de l'époque païenne situés sur le Molsbacherkopf, p. 82 et 84. — Peintures murales de la Fausse-Porte de Schlestadt (XVIe s.), p. 106. — Cimetière ancien d'Obernai, p. 107. — Têtes antiques encastrées dans la façade de l'église d'Asswiller, p. 125. — Bas-relief de Vulcain trouvé près de Rexingen, p. 125. — Maison place des Grandes-Boucheries, à Strasbourg (XVIe s.), p. 128. — Ancienne route commerciale des Flandres en Italie par l'Alsace, p. 132.]

36317. Anonyme. — Séances [1884], p. 135 à 184.

[Médailles concernant Strasbourg (XVIIe et XVIIIe s.), p. 136. — Église de Fénétrange (XVe s.), p. 137. — Tombes mérovingiennes trouvées à Rixheim, p. 139. — Tombes du pasteur David Hiemeier et de sa famille à Domfessel (XVIIe s.), p. 145. — Épitaphe de Jean-Jacques Bertome, curé de Willgottheim († 1771), p. 148. — Tombe de Burckard, comte de Lützelstein et de sa femme († 1418) à la Petite-Pierre, p. 149. — Tombe de Jacques de Hattstatt († 1514) à Roppwiller, p. 151. — Tombe de Jacques de Hattstatt... à Soultzbach, p. 151. — Ruines du château de Horbourg, p. 160, 164 et 177. — Emplacement de *Argentouaria*, p. 167. — Sculptures et objets divers du moyen âge trouvés à Sainte-Odile, p. 172. — Tombeau de saint Morand, dans l'église de Saint-Morand, près Altkirch (XIIe s.), p. 173. — Peintures murales de l'église Saint-Thomas de Strasbourg (XIVe et XVe s.), p. 176. — Ruines de l'église de Birsbach, p. 176. — Inscription romaine trouvée à Kœnigshofen, p. 180. — Fabrication de la monnaie à Strasbourg (1702), p. 182.]

RHIN (BAS-). — STRASBOURG.

SOCIÉTÉ LITTÉRAIRE.

La *Société littéraire* fut fondée en 1861 sous le patronage de la *Société des sciences, agriculture et arts du Bas-Rhin*, dont elle formait en quelque sorte une section. Elle a disparu à la suite de la guerre de 1870, laissant 5 volumes de *Bulletins* et un volume de *Lectures publiques*.

I. — Bulletin de la Société littéraire de Strasbourg, t. I. (Strasbourg, 1862, in-8°, VII et 406 p.)

36318. Spach (Louis). — Le minnesinger Godefroy de Strasbourg (*Meister Gotfrit von Strasburc*) [XII°-XIII° s.], p. 69. — Cf. n°s 36319, 36324, 36328 et 36339.
36319. Spach (Louis). — Études sur les poètes alsaciens et allemands du moyen âge. Wolfram von Eschenbach (1180 † 1225), p. 173. — Cf. n° 36318.
36320. Goguel (Ed.). — L'Odyssée d'Homère, essai de critique littéraire, p. 233.
36321. Bergmann (F.-G.). — Dante et sa Comédie, p. 307.
36322. Matter. — Le surnaturel et la critique du XVIII° siècle, p. 342.

[Étude sur des faits de la vie de Swedenborg, de la comtesse de Marteville et de la reine Louise-Ulrique de Suède.]

36323. Spach (Louis). — Burkard Waldis [XV°-XVI° s.], p. 396.

II. — Bulletin de la Société littéraire de Strasbourg, t. II. (Strasbourg, 1865, in-8°, 346 p.)

36324. Spach (Louis). — Les minnesinger : Walther von der Vogelweide (1190 † 1240), p. 29. — Cf. n° 36318.
36325. Goguel (Ed.). — Les banquets chez les Grecs, p. 63.
36326. Bergmann (F.-G.). — L'unité de l'espèce humaine et la pluralité des langues primitives, p. 127.
36327. Spach (Louis). — Sur M. Matter († 1864), p. 159.
36328. Spach (Louis). — Les minnesinger : Hartmann von Aue [XII°-XIII° s.], p. 177. — Cf. n° 36318.
36329. Goguel (Ed.). — Le vaincu de Zama [Annibal] à Carthage et sur la terre d'exil, p. 291.

III. — Bulletin de la Société littéraire de Strasbourg, t. III. (Strasbourg, 1867, in-8°, 418 p.)

36330. Spach (Louis). — Éloge de M. Colin [1801 † 1865], p. 11.
36331. Spach (Louis). — Éloge de MM. Lereboullet et Paul Lehr [† 1865], p. 21.
36332. Spach (Louis). — Les poètes didactiques allemands du moyen âge (XII°-XV° s.), p. 39.

[Henri le Laïc, vers 1150; Hartmann; l'auteur du *Winsbeck*; Thomasin de Zirclaere; le *Freidank*; Hugues de Trymberg.]

36333. Beck (Ph.-H.). — Des sermons de Bossuet, p. 68.
36334. Goguel (Ed.). — Le commerce d'Athènes après les guerres médiques, p. 89.
36335. Spach (Louis). — Le moine Lamprecht et son poème d'Alexandre le Grand [XII° s.], p. 217.
36336. Raulin (T.). — Le sire de Créqui, pseudo-poème du XIII° siècle [composé par Arnaud de Bacular], p. 241.
36337. Spach (Louis). — Euloge Schneider, comme poète et écrivain [1756 † 1794], p. 281.
36338. Goguel (Ed.). — Sénèque le philosophe, écrivain moraliste, p. 308.

IV. — Bulletin de la Société littéraire de Strasbourg, t. IV. (Strasbourg, 1869, in-8°, 544 p.)

36339. Spach (Louis). — Les minnesinger : Henri de Veldegke (1150 † 1189), p. 93. — Cf. n° 36318.
36340. Goguel (Ed.). — Les Juifs d'Égypte avant l'ère chrétienne, p. 106.
36341. Spach (Louis). — Cola Rienzi et l'unité de l'Italie [XIV° s.], p. 191.
36342. Bergmann (F.-G.). — Les prétendues maîtresses de Dante, p. 306.

[Beatrice de Portinari; la Pitié (*Pietade*); la Petite (*Pargoletta*); la *Gentucca*; l'Alpigène (*Alpigna*) ou la Montagnarde (*Montanina*); la Pietra; la Lisetta.]

36343. Spach (Louis). — Les derniers Hohenstauffen [XIII° s.], *carte*, p. 382.
36344. Goguel (Ed.). — Les gladiateurs romains, p. 426.
36345. Campaux (Antoine). — Une lecture publique à Suze, l'an 519 avant Jésus-Christ, ou les trois gardes du corps du roi Darius, p. 482.

V. — **Bulletin de la Société littéraire de Strasbourg**, t. V, 1re livraison. (Strasbourg, 1870, in-8°, 199 p.)

36346. SPACH (Louis). — Tegnèr [Isaïe, poète suédois, 1782 † 1846], p. 29.
36347. GOGUEL (Edmond). — Les éléments germaniques dans la langue française, p. 84.
36348. CAMPAUX (Antoine). — Xavier Thiriat, p. 141.
36349. FÉE (A.). — Origine de l'homme, p. 169.

Société littéraire de Strasbourg. Lectures publiques (avril, mai et juin 1864). (Strasbourg, 1864, in-8°, VIII et 185 p.)

36350. BERGMANN (F.-G.). — La vie et les œuvres de Shakespeare, p. 1.
36351. WADDINGTON (Ch.). — De l'amour platonique, p. 17.
36352. SCHNITZLER. — Catherine II, impératrice de Russie, et sa cour, p. 36.
36353. GRANDSARD (Ch.). — Étude sur l'*Œdipe roi*, de Sophocle, p. 64.
36354. CAMPAUX (Antoine). — La question des femmes au XVe siècle, p. 84.
36355. SPACH (L.). — Lenz, le rival de Gœthe, p. 117.
36356. GOGUEL (Edmond). — L'oracle de Delphes, son importance nationale, p. 145.

RHIN (BAS-). — STRASBOURG.

SOCIÉTÉ DES SCIENCES, AGRICULTURE ET ARTS DU BAS-RHIN.

Trois sociétés savantes se formèrent successivement à Strasbourg, à la fin de la Révolution : la première fut fondée le 17 juin 1799, sous le titre de *Société libre des sciences et des arts;* la seconde, le 29 juin 1800, sous le nom de *Société libre d'agriculture et d'économie intérieure du département du Bas-Rhin;* et la troisième, le 12 janvier 1802, sous la dénomination de *Société de médecine.* Ces trois compagnies se réunirent en une seule, le 21 septembre 1802, sous le nom de *Société d'agriculture, sciences et arts du département du Bas-Rhin.* Les premiers comptes rendus des travaux de ces associations avaient paru en 1801 et 1802 dans la *Feuille décadaire du Bas-Rhin.* La Société des sciences, agriculture et arts du Bas-Rhin inaugura la série de ses publications par l'impression d'une *Feuille de correspondance,* rédigée en français et en allemand, qui parut en 1803 et en 1804 et comprend 8 numéros consacrés exclusivement à l'agriculture, sauf le n° 8 où se trouve une notice des travaux de la société depuis le 22 frimaire an XII jusqu'au 28 germinal an XIII. En 1805, elle commença à publier à part le procès-verbal de ses *Séances publiques* ou le *Tableau analytique* de ses travaux sous forme de minces fascicules paraissant à des dates irrégulières. En 1811, elle entreprit de publier une série de *Mémoires,* mais cette série ne comptait encore que 2 volumes quand elle fit place, en 1824, à un *Journal* qui parut régulièrement jusqu'en 1828. Interrompu à cette époque, le *Journal* fut remplacé, en 1832, par de *Nouveaux Mémoires* qui cessèrent de paraître en 1842 et furent repris en 1859 pour disparaître définitivement en 1870. La société publia encore, de 1845 à 1857, un *Bulletin agricole* qui ne forme en tout qu'un volume et ne renferme que deux études historiques, déjà insérées dans le compte rendu des *Séances publiques* de 1848 et de 1849, et dont nous donnons l'indication sous les nos 36403 et 36404.

Les tristes événements de 1870 ont obligé la Société à changer son nom en celui de *Société des sciences, agriculture et arts de la Basse-Alsace.* Elle publie depuis lors un *Bulletin trimestriel* presque exclusivement consacré aux questions agricoles. Il a paru deux tables partielles des publications de cette société; nous ne connaissons la première, qui date de 1821, que par l'indication donnée par M. Oscar Berger-Levrault dans ses *Alsatica,* t. VI, p. 137; la deuxième a été publiée en 1877 (voir n° 36412). Sur l'histoire de cette société, consulter les nos 36303, 36405 et 36413. En outre, la société a fait paraître l'ouvrage suivant :

36357. ANONYME. — Société des sciences, agriculture et arts du département du Bas-Rhin. Catalogue de la bibliothèque, 1870. (S. l. n. d., in-8°, 142 p.; lithographie.)

Extrait des procès-verbaux des séances de la Société libre des sciences et des arts de Strasbourg [séance du 1er thermidor an VII]. (S. l. n. d., in-8°, 12 p.)

Premiers travaux de la Société libre d'agriculture et d'économie intérieure du département du Bas-Rhin séante à Strasbourg. (Strasbourg, thermidor an VIII, in-8°, 41 p.)

[Il en a paru une édition allemande sous ce titre : «Erste Verhandlungen der freyen Landwirthsschafts-Gesellschaft des Niederrheinischen Departementes zu Strasburg im Thermidor VIII», 38 p.]

I. — Séance publique de la Société d'agriculture, sciences et arts du département du Bas-Rhin, établie à Strasbourg, du 22 frimaire an XII. (S. l. n. d., in-8°, 50 p.)

36358. Oberlin. — Rapport sur les travaux de la Société des sciences et arts de la ville de Strasbourg, de celle d'agriculture et d'économie intérieure et de celle de l'École de médecine du département du Bas-Rhin, jusqu'à l'époque de leur réunion, p. 7.

36359. Gerboin. — Notice sur les travaux de la Société d'agriculture, sciences et arts du département du Bas-Rhin, p. 31.

II. — Séance publique de la Société d'agriculture, sciences et arts du département du Bas-Rhin, séante à Strasbourg, du 28 germinal de l'an XIII. (S. l. n. d., in-8°, 52 p.)

36360. Saint-Mihiel (J.-B.-S.). — Discours sur les voyelles, les adjectifs, les interjections, le verbe et sur l'exécution de l'épargne d'action dans l'exercice de la parole, lu à la Société d'agriculture, des sciences et des arts du département du Bas-Rhin, séante à Strasbourg, le 28 nivôse an XIII (18 janvier 1805). (Strasbourg, 1805, in-8°, 104 p.)

III. — Tableau analytique des travaux de la Société des sciences, agriculture et arts du département du Bas-Rhin, depuis le 28 germinal an XIII jusqu'au 17 mars 1807 inclusivement. (Strasbourg, 1807, in-8°, 51 p.)

36361. Cadet. — Rapport sur les travaux de la Société des sciences, agriculture et arts du département du Bas-Rhin depuis le 28 germinal an XIII jusqu'au 17 mars 1807, p. 21.

[Éloges d'Oberlin, Garand, Robinot et Winckler.]

IV. — Tableau analytique des travaux de la Société des sciences, agriculture et arts du département du Bas-Rhin, depuis le 18 mars 1807 jusqu'au 7 mai 1808 inclusivement. (Strasbourg, 1808, in-8°, 43 p.)

V. — Tableau analytique des travaux de la Société des sciences, agriculture et arts du département du Bas-Rhin, depuis le 8 mai 1808 jusqu'au 17 juillet 1809 inclusivement. (Strasbourg, 1809, in-8°, 40 p.)

36362. Koch. — Sur l'ancienne académie de Strasbourg, fondée au XVIe siècle, p. 3.

I. — Mémoires de la Société des sciences, agriculture et arts de Strasbourg, partie des sciences, t. I. (Strasbourg, 1811, in-8°, 479 p.)

36363. Anonyme. — Introduction, p. 1.

[Histoire de la Société; notes sur les littérateurs alsaciens célèbres; société littéraire établie à Strasbourg, XVe-XVIe s.; nouvelle manière d'imprimer la musique; code espagnol de canons exécuté sur les ordres de l'évêque Rachion, 787.]

36364. Anonyme. — Nécrologe, p. 171.

[Jean Hermann, 1740 + 1803; Arbogast, 1759 + 1803; Richard-François-Philippe Brunck, 1730 + 1803.]

II. — Mémoires de la Société des sciences, agriculture et arts de Strasbourg, économie intérieure, littérature et arts, t. II. (Strasbourg, 1823, in-8°, LXXV et 449 p.)

36365. Hugot (Henri). — Rapport sur les travaux de la Société des sciences, agriculture et arts de Strasbourg, depuis le mois d'avril 1819 jusqu'au 30 juillet 1821, p. I à XLVIII. — Cf. n° 36372.

36366. Oberlin (Jérémie-Jacques). — Mémoire sur le polytypage de M. Hoffmann, p. 73.

36367. Oberlin (Jérémie-Jacques). — Mémoire sur des monuments d'Attila, roi des Huns [médaille, bas-relief, etc.], p. 98.

36368. Gopp (J.-J.). — Mémoire sur le dialecte allemand en usage dans la ci-devant Alsace, p. 207.

36369. Malus. — Notice sur quelques antiquités de la Basse-Egypte [ruines de Bubaste et de Tanis], p. 234.

36370. Schweighæuser fils (J.-G.). — Mémoire sur les antiquités romaines de Strasbourg ou sur l'ancien *Argentoratum*, p. 240.

36371. Golbéry (P. de). — Mémoire sur quelques anciennes fortifications que l'on voit au sommet des Vosges [au-dessus de Ribauvillé], *carte*, p. 334.

36372. Hugot (Henri). — Tableau analytique des travaux de la Société des sciences, agriculture et arts du département du Bas-Rhin, depuis le mois d'avril 1819, époque de sa restauration, jusqu'au 30 juillet 1821. (Strasbourg, 1821, in-8°, 64 p.)

[Deuxième édition plus développée du n° 36365.]

I. — Journal de la Société des sciences, agriculture et arts du département du Bas-Rhin, séant à Strasbourg, t. I. (Strasbourg, 1824, in-8°, 544 p.)

36373. Schweighæuser fils (J.-G.). — Antiquités départementales. Sur quelques découvertes d'antiquités romaines et gauloises, faites depuis la notice sur les monuments de ce genre insérée dans l'*Annuaire du Bas-Rhin* de l'an 1822, p. 9.

[Fours de potier; tombeau; inscription funéraire; bas-reliefs; voie romaine.]

36374. Schweighæuser fils (J.-G.). — Notice sur quatre vases antiques donnés à la Société par M. le général Montrichard, *pl.*, p. 22.

36375. Henry. — Notice sur la hauteur de la tour de Strasbourg, p. 39.

36376. Matter (J.). — Des travaux littéraires des Alsaciens, p. 121 et 265.

36377. Foderé (F.-E.). — Extrait d'un voyage au Ban-de-la-Roche (département du Bas-Rhin) et visite au pasteur Oberlin, ministre protestant de cette vallée, lu à la séance de la Société le 23 juillet 1824 par M. Amédée Tourette; suivi d'une notice sur quelques curés catholiques de l'Alsace [François-Félix Pierron, curé de Belfort, † 1780], p. 285.

36378. Reiner. — Fragments d'un journal de voyage [en Italie] (juin 1823); excursion le long de la voie Appienne, visite aux Catacombes, etc., p. 405.

II. — Journal de la Société des sciences, agriculture et arts du département du Bas-Rhin, etc., t. II. (Strasbourg, 1825, in-8°, 587 p.)

36379. Cuntz (Dr). — Don Diego Hurtado de Mendoza [1500 † 1575], p. 5 et 145.

36380. R. [Ristelhueber]. — Nécrologie [Henri-Germain Hugot, † 1824], p. 136.

36381. Ristelhueber. — Nécrologie [Pierre-François Percy, membre de l'Institut, 1754 † 1825], p. 287.

36382. Gros. — Essai sur les numérations des différents peuples de la terre depuis les temps les plus reculés jusqu'à nos jours, p. 321.

36383. Rigonneau. — Esquisse des règnes de Nerva, Trajan, Adrien, Antonin et Marc-Aurèle et depuis Commode jusqu'à Dioclétien, p. 459.

36384. Reiner fils. — Observations sur le style propre aux constructions publiques du département du Bas-Rhin et sur les convenances locales auxquelles elles peuvent être soumises, p. 485.

III. — Journal de la Société des sciences, agriculture et arts du département du Bas-Rhin, etc., t. III. (Strasbourg, 1826, in-8°, 508 p.)

36385. Lollier (Dr). — Essai topographique sur la ville de Belfort, avec des notes par M. l'abbé Descharrières, p. 5.

36386. Larsé (L.-J. de). — Notice sur la Fortune, considérée comme être mythologique, p. 125.

36387. Matter. — Voyage littéraire en Alsace par dom Ruinart, traduit du latin par M. Matter, *pl.*, p. 134, 261, 381; et IV, p. 363.

36388. Bedel (J.). — Notice sur la vie et les ouvrages de Kramp [Chrétien, 1760 † 1826], p. 252.

36389. Matter. — Extraits de l'ouvrage intitulé : Le temple d'Apollon à Bassæ, près de Phigalée, en Arcadie, et les sculptures trouvées dans les fouilles qui s'y sont faites en 1812, dessinés et expliqués par M. le baron de Stackelberg, p. 399.

IV. — Journal de la Société des sciences, agriculture et arts du département du Bas-Rhin, etc., t. IV. (Strasbourg, 1827, in-8°, 466 p.)

36390. Reiner fils. — Notice sur l'ancienne église d'Avolsheim [xie s.], 2 *pl.*, p. 173.

36391. Schwilgué. Projet pour la réparation, le perfectionnement ou la construction à neuf de l'horloge astronomique de la cathédrale de Strasbourg, p. 200.

36392. Anonyme. — Nécrologie [Pierre Ménissier, chef de bataillon du génie, 1773 † 1826], p. 245.

36393. Stiévenart (J.-F.). — Poésies lyriques d'Horace. Traduction nouvelle, accompagnée d'études analytiques et du texte collationné sur les meilleures éditions critiques et sur un manuscrit du xie siècle non encore consulté, p. 249.

36394. S. — Extrait d'une lettre de Saint-Dié, adressée à M. le président [fortification antique dite *Château sarrasin*, vers Saint-Dié], p. 291.

[36387]. Matter. — Voyage littéraire en Alsace de dom Ruinart, p. 363.

V. — Journal de la Société des sciences,

agriculture et arts du département du Bas-Rhin, etc. (Strasbourg, 1828, in-8°, 449 p.)

36395. Delcasso. — Notice sur la vie et les ouvrages de Ronsard [1525 † 1585], p. 141.

36396. Golbéry (Ph. de). — Mémoire sur *Argentouaria*, ville des Séquaniens, p. 208.

36397. Malle (P.). — Rapport sur les travaux de la Société des sciences, agriculture et arts du Bas-Rhin depuis le mois de juillet 1821 jusqu'à sa séance publique du 18 avril 1833. (Strasbourg, 1833, in-8°, 192 p.)

[A la fin, 2 pages non paginées contenant les éloges de Schweighæuser et de Kentzinger.]

I. — **Nouveaux mémoires de la Société des sciences, agriculture et arts du département du Bas-Rhin**, t. I. (Strasbourg, 1832, in-8°, 284 et 258 p.)

36398. Stiévenart (J.-F.). — Éloge historique de M. Jean Schweighæuser [1742 † 1830], p. 1.

Deuxième partie :

36399. Genin (F.). — Essai sur les Atellanes d'après E. Schober, p. 193 à 243.

II. — **Nouveaux mémoires de la Société des sciences, agriculture et arts du département du Bas-Rhin**, t. II, première partie. (Strasbourg, 1834, in-8°, 239 p.) — Deuxième partie. (Strasbourg, 1836, in-8°, 262 p.)

Deuxième partie.

36400. Malle (P.). — Éloge du colonel Laurent, p. 259.

III. — **Nouveaux mémoires de la Société des sciences, agriculture et arts du département du Bas-Rhin**, t. III, première partie. (Strasbourg, 1838, in-8°, 140 p.) — Deuxième partie. (Strasbourg, 1842, in-8°, 219 p.)

Deuxième partie.

36401. Lehr (Paul). — Quelques mots sur Pfeffel [Théophile-Conrad, 1736 † 1809], p. 66.

36402. Lereboullet. — Esquisses géologiques sur l'homme, p. 107.

I. — **Séance publique de la Société des sciences, agriculture et arts du département du Bas-Rhin**, tenue à Strasbourg le 27 décembre 1846. (Strasbourg, 1847, in-8°, 47 p.)

II. — **Séance publique de la Société des sciences, agriculture et arts du département du Bas-Rhin**, tenue à Strasbourg le 26 décembre 1847. (Strasbourg, 1848, in-8°, 55 p.)

III. — **Séance publique de la Société des sciences, agriculture et arts du département du Bas-Rhin**, tenue à Strasbourg le 26 décembre 1848. (Strasbourg, 1848, in-8°, 59 p.)

36403. Spach (Louis). — Discours sur l'influence de l'administration de Lézay-Marnésia [préfet du Bas-Rhin, 1810-1814] sur l'agriculture du Bas-Rhin, p. 12.

IV. — **Séance publique de la Société des sciences, agriculture et arts du département du Bas Rhin**, tenue à Strasbourg le 30 décembre 1849. (Strasbourg, 1850, in-8°, 60 p.)

36404. Spach (Louis). — Discours sur Oberlin [Jean-Frédéric, † 1826], civilisateur du Ban-de-la-Roche, p. 14.

V. — **Séance publique de la Société des sciences, agriculture et arts du département du Bas-Rhin**, tenue à Strasbourg le 16 août 1856. (Strasbourg, 1856, in-8°, 23 p.)

36405. Spach (Louis). — Compte rendu des travaux de la Société des sciences, agriculture et arts du Bas-Rhin, depuis son origine jusqu'à ce jour [histoire de la Société], p. 8. — Cf. n° 36406.

I. — **Nouveaux mémoires de la Société des sciences, agriculture et arts du département du Bas-Rhin**, t. I. Premier fascicule. (Strasbourg, 1859, in-8°, 175 p.) — Deuxième et troisième fascicules. (Strasbourg, 1860, in-8°, 153 p.)

Premier fascicule.

36406. Spach (Louis). — Compte rendu des travaux de

la Société des sciences, agriculture et arts du Bas-Rhin depuis son origine jusqu'à ce jour [histoire de la Société], p. 3. — Cf. n° 36413.

[Reproduction du n° 36405.]

36407. Oppermann (Eugène). — Mémoire sur la question mise au concours par la Société des sciences, agriculture et arts du Bas-Rhin en 1858, p. 94.

[Progrès de l'agriculture depuis 1789 en Alsace et plus spécialement dans le Bas-Rhin.]

Deuxième et troisième fascicules.

36408. Kirschleger (Fréd.). — Histoire de l'introduction des plantes exotiques en Alsace, p. 17.

36409. Dartein (Félix de). — Notice sur Schwerz [Jean-Népomucène, † 1814], p. 110.

II. — Nouveaux mémoires de la Société des sciences, agriculture et arts du Bas-Rhin, t. II [3 fascicules]. (Strasbourg, 1862-[1864], in-8°, 402 p.)

36410. Woelflé. — Mémoire sur les biens communaux dans le département du Bas-Rhin, p. 48.

III. — Nouveaux mémoires de la Société des sciences, agriculture et arts du Bas-Rhin, t. III [3 fascicules]. (Strasbourg, 1865-[1867], in-8°, 404 p.)

IV. — Nouveaux mémoires de la Société des sciences, agriculture et arts du Bas-Rhin, t. IV. Premier fascicule. (Strasbourg, 1868, in-8°, 83 p.) — Deuxième fascicule. (Strasbourg, 1869, in-8°, 224 p.) — Troisième fascicule. (Strasbourg, 1869, in-8°, 216 p.) — Troisième [*lisez* quatrième] fascicule. (Strasbourg, 1870, in-8°, 227 p.)

36411. Oppermann (Ad.). — État de l'agriculture du département du Bas-Rhin et moyens de l'améliorer; mémoire couronné par la Société dans sa séance du 2 décembre 1868, 3e fasc., p. 1 à 216.

V. — Société des sciences, agriculture et arts du Bas-Rhin. Bulletin trimestriel de la Société et de la station agronomique, t. V, nos 1 et 2, 1870. (Strasbourg, s. d., in-8°, 94 et 96 p.)

VI. — Société des sciences, agriculture et arts de la Basse-Alsace. Bulletin de la Société et de la station agronomique du 1er juin 1870 au 31 décembre 1872, t. VI. (Strasbourg 1873, in-8°, 130 p.)

VII. — Société des sciences, agriculture et arts de la Basse-Alsace. Bulletin de la Société et de la station agronomique du 1er janvier au 31 décembre 1873, t. VII. (Strasbourg, 1874, in-8°, 234 p.)

VIII. — Société des sciences, agriculture et arts de la Basse-Alsace. Bulletin de la Société et de la station agronomique du 1er janvier au 31 décembre 1874, t. VIII. (Strasbourg, 1875, in-8°, 330 p.)

IX. — Société des sciences, agriculture et arts de la Basse-Alsace. Bulletin de la Société et de la station agronomique du 1er janvier au 31 décembre 1875, t. IX. (Strasbourg, 1876, in-8°, XI et 322 p.)

X. — Société des sciences, agriculture et arts de la Basse-Alsace. Bulletin trimestriel de la Société et de la station agronomique, t. X, 1876. (Strasbourg, 1876, in-8°, 252 p.)

36412. Anonyme. — Société des sciences, agriculture et arts de la Basse-Alsace. Table générale des matières contenues dans les tomes VI à X des *Bulletins* de la Société. (Strasbourg, 1877, in-8°, 16 p.)

XI. — Société des sciences, agriculture et arts de la Basse-Alsace. Bulletin trimestriel, t. XI, 1877. (Strasbourg, 1877 in-8°, 376 p.)

36413. Oschmann. — Note additionnelle sur l'historique de la Société, p. 15. — Cf. n° 36406.

XII. — Société des sciences, agriculture

et arts de la Basse-Alsace. Bulletin trimestriel, t. XII, 1878. (Strasbourg, 1878, in-8°, 468 p.)

XIII. — Société des sciences, agriculture et arts de la Basse-Alsace. Bulletin trimestriel, t. XIII, 1879. (Strasbourg, 1879, in-8°, 536 p.)

XIV. — Société des sciences, agriculture et arts de la Basse-Alsace. Bulletin trimestriel, t. XIV, 1880. (Strasbourg, 1880, in-8°, 536 p.)

XV. — Société des sciences, agriculture et arts de la Basse-Alsace. Bulletin trimestriel, t. XV, 1881. (Strasbourg, 1881, in-8°, 509 p.)

XVI. — Société des sciences, agriculture et arts de la Basse-Alsace. Bulletin trimestriel, t. XVI, 1882. (Strasbourg, 1882, in-8°, 396 p.)

XVII. — Société des sciences, agriculture et arts de la Basse-Alsace (Gesellschaft zur Beförderung der Wissenschaften, der Ackerbaues und der Künste im Unter-Elsass). **Bulletin mensuel** paraissant vers le 25 de chaque mois, t. XVII, 1883. (Strasbourg, 1883, in-8°, 624 p.)

36414. Dietz. — Notice sur le voyage et la correspondance de feu Auguste Stahl, de Sainte-Marie-aux-Mines, attaché à l'expédition française du Gabon (Afrique équatoriale) [1880-1881], *carte*, p. 234, 276, 313 et 357.

XVIII. — Société des sciences, agriculture et arts de la Basse-Alsace... Bulletin mensuel, etc., t. XVIII, 1884 (t. II de la nouvelle série). (Strasbourg, 1884, in-8°, 712 p.)

36415. Musculus. — Notice nécrologique sur les membres de la Société morts en 1883, p. 2.

[Louis Führer; Jacques-Guillaume Freyss; Joseph-Frédéric Flaxland; Chrétien-Laurent Ostermann; Jean-Jacques Wolbüter.]

XIX. — Société des sciences, agriculture et arts de la Basse-Alsace... Bulletin mensuel, etc., t. XIX, 1885 (t. III de la nouvelle série). (Strasbourg, 1885, in-8°, 488 p.)

36416. Wagner. — Notice nécrologique sur les membres de la Société des sciences, agriculture et arts de la Basse-Alsace morts pendant l'année 1884, p. 42.

[Daniel Ruhlmann, 1824 † 1884; Jules-Aimé Kopp; Charles-Henri Helbig; Louis Henry; Robert Schmitten; Édouard Franck; Eugène Prècheur; François Michel Miltenberger, 1785 † 1884; Jean-Augustin Barral, 1819 † 1884.]

36417. Zündel (Aug.). — Notice nécrologique sur J.-G. Zweifel [† 1885], p. 144.

36418. Kopp (Ad.). — La vie de M. Würtz [1817 † 1884] et l'influence de ses travaux sur la chimie, p. 151.

RHIN (HAUT-). — BELFORT.

SOCIÉTÉ BELFORTAINE D'ÉMULATION.

La *Société belfortaine d'émulation*, fondée le 10 mars 1872, a été autorisée le 25 du même mois; elle publie un *Bulletin* dont le septième volume a paru en 1885.

I. — Bulletin de la Société belfortaine d'émulation, 1872-1873. (Belfort, 1873, in-8°, 113 p.)

36419. Descharrières (L'abbé). — Pierre de la Miotte, p. 15.

[Pyramide du XVe siècle, qui paraît avoir d'abord servi de borne et plus tard de signal, *fig.*]

36420. Dietrich (J.-J.). — Un fragment de tapisserie [conservé au musée de Colmar, XVe s.], *pl.*, p. 21.

36421. Stoffel (G.). — L'assise de Belfort, p. 23.

[Statuts (XVIe-XVIIIe s.) et jugement de 1495.]

36422. Cestre (A.). — Du champ de bataille de César et d'Arioviste, *carte*, p. 33.

36423. J. D. [Dietrich (J.-J.)]. — Le neveu du maréchal de Bassompierre [le marquis de Bassompierre], p. 53.

[Lettres du maréchal de Bassompierre et Henriette de Tornielle, mère du marquis, 1634 et 1636.]

36424. Frantz. — Attirail de guerre au château de Belfort en 1585, p. 56.

[Procès-verbal d'inspection du 22 août 1585.]

36425. Ménétrez (G.). — Voltaire et l'église de Belfort, p. 57.

36426. J. J. — Une pierre tombale à l'église de Brasse, p. 59.

[Épitaphe de Simon Camus de Morton, gouverneur de Belfort, † 1712.]

36427. J. J. — Une charte de 1291 concernant le fief de Rougemont, p. 65.

[Charte française d'Othon IV, comte de Bourgogne.]

36428. Dietrich (J.-J.). — Les classes latines à Belfort au XVIIIe siècle, p. 67.

[Mémoires sur l'établissement d'un collège à Belfort.]

36429. Voulot (F.). — Un mot sur les environs de Rosemont dans l'antiquité, p. 76.

[Monnaies romaines en or; tumuli.]

36430. Dietrich (J.-J.). — Le château de Weckenthal [*vue* du château en 1521], p. 81.

II. — Bulletin de la Société belfortaine d'émulation, 2e année, 1874. (Belfort, 1875, in-8°, XXII et 131 p.)

36431. Viellard (Léon). — Un contrat de mariage en 1335, *fig.*, p. 1.

[Mariage de Horry, *dit* Maillard, écuyer, et de Catherine, fille de Vernier Bachelaire, d'Altkirch.]

36432. J. D. [Dietrich (J.-J.).] — Schœpflin et l'avocat Gérard, p. 15.

[Mémoire de Gérard sur la ville et le comté de Belfort, 1752.]

36433. Anonyme. — Correspondance des généraux Kléber et Rapp [2 lettres], p. 39. — Cf. n° 36446.

36434. Cestre. — Urnes cinéraires [gauloises] trouvées à Alg Elzè (Algolsheim), 2 *pl.*, p. 43.

36435. Dietrich (J.-J.). — Le siège de Belfort en 1633, p. 44.

36436. Anonyme. — La vaisselle d'argent de Jeanne de Montbéliard, p. 73.

[Traduction d'un inventaire, en allemand, de 1346.]

36437. Anonyme. — Les embauchages en Alsace pour l'armée du roi de Navarre, p. 77.

[Lettre du directeur des mines de Giromagny, 1586.]

36438. Anonyme. — Formation d'une compagnie de tireurs à Belfort en 1662, p. 79.

36439. Barthélemy (Anatole de). — Les tombeaux de l'église de Saint-Dizier [à Belfort, VIIIe et XIIe s.], *fig.*, p. 81.

[*Plan* et *coupe* de l'église.]

36440. J. D. [Dietrich (J.-J.).] — Un étendard historique, p. 94.

[Étendard qui aurait appartenu à Louis XI.]

36441. Frantz. — Les résultats de la guerre de Trente ans en Alsace, p. 97.

[État de la seigneurie de Ribeaupierre.]

36442. Dietrich (J.-J.). — La vierge des Trois épis, p. 99.

[Gravure du XVIe siècle, *fac similé*.]

36443. J. J. — Trois remèdes contre les sortilèges, p. 110.

36444. Viellard (Léon). — Les anciennes franchises de la ville de Delle [1358], p. 113.

III. — Bulletin de la Société belfortaine d'émulation, 3e année, 1875-1876. (Belfort, 1877, in-8°, II et 256 p.)

36445. Viellard (Léon). — La défense de la trouée de Belfort pendant le moyen âge, *carte*, p. 1.

36446. Anonyme. — Correspondance inédite des généraux Boyer et Kléber [2 lettres, an V et an II], p. 17. — Cf. n° 36433.

36447. Dietrich (J.-J.). — La principauté de Bénévent et son gouverneur [Louis de Beer, † 1823], p. 21.

36448. Parisot (L.). — Description [géographique] géologique et minéralogique du territoire de Belfort, 2 *pl.*, p. 33 à 256.

IV. — Bulletin de la Société belfortaine d'émulation, 4e année, 1877-1879. (Belfort, 1880, in-8°, 127 p.)

36449. Anonyme. — La ville et le château de Belfort en 1731, p. 40.

36450. J. D. [Dietrich (J.-J.)]. — Une statuette de Mandeure [Vénus en albâtre], *pl.*, p. 69.

36451. Anonyme. — Ce qu'ont coûté les deux sièges de Belfort de 1632 et de 1634, p. 79.

36452. [Frantz]. — Une lettre inédite de Grandidier [à Haillet de Couronne, 1777], p. 83.

36453. Dietrich (J.-J.). — Un diptyque [conservé à l'hôpital de Belfort, XVe s.], p. 87.

36454. Anonyme. — Ce qu'était un régiment de cavalerie au XVIIe siècle [compte de 1610], p. 95.

36455. Cestre (A.). — Edeburg, ancienne station romaine, en aval du Mons-Brisiacus sur le Rhin, p. 99.

V. — Bulletin de la Société belfortaine d'émulation, 5e année, 1881-1882. (Belfort, 1882, in-8°, 232 p.)

36456. Benoit (Hégésippe). — Le siège de Belfort [en 1870 et 1871] au point de vue médico-chirurgical, p. 33.

36457. Anonyme. Les exigences du recteur de l'école latine de Belfort, au XVIIIe siècle [au sujet des rétributions scolaires, 1765], p. 117.

VI. — Bulletin de la Société belfortaine d'émulation, 6e année, 1883-1884. (Belfort, 1883, in-8°, 112 p.)

36458. Poly. — Études topographiques et militaires sur le premier livre des *Commentaires* de César, p. 9; et VII, p. 7 à 204.

[*Première partie :* Guerre d'Arioviste contre les Gaulois. — *Deuxième partie :* Campagne de César contre les Helvètes.]

36459. Ruhlmann. — Notice biographique sur J.-J. Dietrich, secrétaire général de la préfecture de Belfort (Haut-Rhin) [1820 † 1881], p. 105.

VII. — Bulletin de la Société belfortaine d'émulation, n° 7, 1884-1885. (Belfort, 1885, in-8°, 211 p.)

[36458]. Poly. — Études topographiques et militaires sur le premier livre des *Commentaires* de César, p. 7 à 204.

RHIN (HAUT-). — COLMAR.

SOCIÉTÉ D'ÉMULATION DU HAUT-RHIN.

La *Société libre d'émulation du Haut-Rhin*, fondée le 19 ventôse an IX (10 mars 1801), tint sa première séance publique le 26 mai 1802. Elle disparut à la fin de l'Empire, et c'est en vain qu'en 1820 l'administration préfectorale essaya de la relever. Elle s'occupa peu de belles-lettres ou d'études historiques; elle dirigea ses efforts surtout du côté des sciences, de l'économie domestique et des manufactures. Les procès-verbaux imprimés de la Société et les rapports forment 10 fascicules in-8° auxquels il faut joindre deux rapports sur des questions agricoles. M. X. Mossmann a publié une notice sur cette Société dans le *Bulletin* de la Société d'histoire naturelle de Colmar, 4e année, 1863, p. 163.

I. — Procès-verbal de la séance publique de la Société libre d'émulation établie à Colmar, tenue le 6 prairial an X. (S. l. n. d., in-4°, 8 p.)

II — Extrait du procès-verbal de la séance de la Société d'émulation de Colmar, du 15 frimaire an XI. (S. l. n. d., in-8°, 21 p.)

III. — Procès-verbaux de la Société d'émulation de Colmar [séances des 1er et 15 nivôse et du 1er pluviôse an XI]. (S. l. n. d., in-8°, 32 p.)

36460. BUTENSCHOEN. — Sur un manuscrit de la bibliothèque de l'École centrale de Colmar intitulé : *Libri quatuor fabularum moralium*, p. 30.

IV. — Procès-verbal de la Société d'émulation de Colmar [séance du 15 pluviôse an XI]. (S. l. n. d., in-8°, 14 p.)

V. — Procès-verbaux de la Société d'émulation de Colmar [séances du 2 et 17 ventôse an XI]. (S. l. n. d., in-8°, 23 p.)

36461. BUTENSCHOEN. — Sur Jean et Gauthier Rœselmann, prévôts de Colmar au XIIIe siècle, p. 19.

VI. — Procès-verbal de la Société d'émulation de Colmar [séance du 29 floréal an XI]. (S. l. n. d., in-8°, 47 p.)

36462. BUTENSCHOEN. — Sur l'expédition des Croisés du Haut-Rhin sous la conduite de Martin, abbé de Pairis (1202 et 1203), p. 24.

VII. — Procès-verbaux de la Société d'émulation de Colmar [séances du 3 et du 15 messidor an XI]. (S. l. n. d., in-8°, 8 et 15 p.)

VIII. — Procès-verbal de la Société d'émulation de Colmar [séance du 17 thermidor an XII]. (S. l. n. d., in-8°, 62 p.)

IX. — Extrait du procès-verbal de la séance de la Société d'émulation de Colmar, du 2 janvier 1806. (S. l. n. d., in-8°, 8 p.)

X. — Extrait du registre des délibérations de la Société d'émulation de Colmar [séance du 1er juin 1811]. (S. l. n. d., in-8°, 24 p.)

RHIN (HAUT-). — COLMAR.

SOCIÉTÉ LITTÉRAIRE.

La *Société littéraire de Colmar* fut fondée en 1839 et approuvée le 22 mai 1840. Elle s'est dissoute en 1849. Nous ne connaissons d'elle que l'opuscule suivant :

36463. MOBELLET (J.-N.). — Analyse des travaux de la Société littéraire de Colmar depuis janvier 1844 jusqu'en avril 1845, présentée en séance publique le 13 avril 1845, suivie du procès-verbal de la séance. (Colmar, s. d., in-8°, 24 p.)

RHIN (HAUT-). — COLMAR.

SOCIÉTÉ SCHOENGAUER.

La *Société Schöngauer*, formée à Colmar en 1847, a été reconstituée vingt années plus tard, en 1867. Elle s'est appliquée et elle s'applique encore presque exclusivement à administrer et à développer le Musée qu'elle a installé dans l'ancien couvent des religieuses dominicaines, connu sous le nom de *Unterlinden*. Cette Société ne publie pas de *Mémoires*, mais seulement les comptes rendus annuels de ses assemblées générales, dans lesquels sont signalés les accroissements successifs des diverses collections du Musée. Elle a fait paraître en plus les catalogues suivants :

36464. [Hugot (L.).] — Livret indicateur du musée de Colmar. (Colmar, 1860, in-12, 107 p.)

36465. Goutzwiller (Ch.). — Catalogue du musée de Colmar, 2e édition. (Colmar, 1866, petit in-8°, VIII et 148 p.)

RHIN (HAUT-). — COLMAR.

TABAGIE LITTÉRAIRE.

En 1785, fut fondée à Colmar, sous le nom de *Tabagie littéraire*, une société ayant le caractère d'un cercle plutôt que d'une association scientifique. Elle fut supprimée le 4 frimaire an II (26 novembre 1793) par un arrêté du représentant du peuple, Hérault de Seychelles, envoyé extraordinaire de la Convention dans le département du Haut-Rhin. Elle ne paraît pas avoir publié autre chose que l'opuscule suivant :

36466. Anonyme. — Catalogue des livres qui se trouvent dans la bibliothèque de la Tabagie littéraire de Colmar. (Colmar, 1787, in-12, 40 p.)

RHIN (HAUT-). — MULHOUSE.

SOCIÉTÉ INDUSTRIELLE DE MULHOUSE.

Les premières bases de la *Société industrielle de Mulhouse* furent jetées en 1825; l'année suivante cette association se constitua définitivement, et le 28 avril 1832 elle obtint sa reconnaissance comme établissement d'utilité publique. Depuis sa création elle n'a cessé d'exercer son activité dans presque toutes les branches des connaissances humaines. Ainsi, elle a fondé et elle administre un musée d'histoire naturelle, un musée de dessin industriel, un musée de peinture et d'estampes, un musée archéologique, un musée d'ethnographie et un musée technologique; en même temps elle organisait une école supérieure de chimie, une école de gravure, une école supérieure de dessin industriel et une école de filature et de tissage mécanique dont les services sont très appréciés. C'est à elle aussi qu'est dû le Musée historique devenu la propriété de la ville sans cesser d'être sous la haute direction de la Société industrielle; l'administration en est confiée à un Comité permanent qui publie, depuis 1876, un *Bulletin* spécialement consacré à l'histoire de Mulhouse (nos 36595 à 36656). M. Achille Penot a composé une notice historique sur la Société industrielle (voir n° 36550). Cette compagnie édite un *Bulletin* qui comptait 55 volumes en 1885 et dont on trouvera les tables indiquées aux nos 36496, 36518, 36529 et 36554, et elle a publié, en outre, les ouvrages mentionnés sous les nos 36467 à 36477.

Une *Société des arts* a été créée en 1876 sous le patronage de la *Société industrielle*. Elle organise périodiquement des expositions de peinture, de sculpture, d'architecture, de gravure, de lithographie et d'arts industriels. En dehors des comptes rendus de gestion, elle n'a publié, jusqu'en 1885, que les deux catalogues des expositions de 1879 et de 1883.

36467. Penot (Achille). — Statistique générale du département du Haut-Rhin publiée par la Société industrielle de Mulhausen et mise en ordre par Achille Penot (Mulhouse, 1831, in-4°, 482 p.).

[A la suite : Tableaux synoptiques de la production industrielle et agricole et de l'état de l'instruction publique dans le département du Haut-Rhin, dressés d'après les renseignements recueillis dans chaque commune en 1828 (Mulhouse, 1832, in-4°, non paginé, 31 *tableaux*).]

36468. Anonyme. — Catalogue de la bibliothèque de la

Société industrielle de Mulhouse. (S. l. n. d. [Mulhouse, 1841], in-8°, 53 p.)

36469. Anonyme. — Chronologische Auszüge über Mülhausen, vom Jahr 1220 bis 1848, seinen Bewohnern angeboten den 15. März 1848, fünfzig Jahre nach Mülhausens Vereinigung mit Frankriech. [Abrégé chronologique sur Mulhouse, de l'an 1220 à 1848; dédié à ses habitants le 15 mars 1848, cinquante ans après la réunion de Mulhouse à la France.] (Mulhouse, 1848, in-8°, 184 p. avec *portrait.*)

36470. Anonyme. — Musée de peinture de Mulhouse [catalogue]. (Mulhouse, 1874, petit in-8°, 22 p.)

36471. Anonyme. — Société industrielle de Mulhouse. Exposition organisée à l'occasion du cinquantième anniversaire de la fondation de la Société, célébré le 11 mai 1876. Catalogue des objets exposés : section industrielle de l'exposition. (Mulhouse, 1876, petit in-8°, 39 p.)

36472. Anonyme. — Catalogue des ouvrages exposés à la Société industrielle de Mulhouse le 11 mai 1876, section des beaux-arts. (Mulhouse, 1876, petit in-8°, 24 p.)

36473. Hanauer (L'abbé A.). — Études économiques sur l'Alsace ancienne et moderne [monnaies, denrées et salaires], publiées sous les auspices de la Société industrielle de Mulhouse, 2 vol. (Strasbourg, 1876, in-8°, t. I, II, XXIII et 595 p.; t. II, XXXVI et 616 p.)

36474. Anonyme. — Catalogue de la partie de la collection d'estampes de la Société industrielle de Mulhouse classée par écoles et exposée d'une manière permanente dans son musée (Paris, 1878, in-16, 31 p.).

36475. [Thiéry (C.-E.).] — Notice des tableaux, dessins, gravures et sculptures exposés au musée de la Société industrielle de Mulhouse. (Mulhouse, 1879, petit in-8°, 63 p.)

36476. [Thiéry (C.-E.).] — Supplément à la notice des tableaux, dessins, gravures et sculptures exposés au musée de la Société industrielle de Mulhouse. (Mulhouse, 1883, petit in-8°, 25 p.)

36477. Anonyme. — Société industrielle de Mulhouse. Exposition des arts rétrospectifs, mai 1883. Catalogue. (Mulhouse, 1883, in-8°, 148 p. et 16 p. de supplément.)

I. — Bulletin de la Société industrielle de Mulhausen, t. I. (Mulhouse, 1828, in-8°, VIII, XVI et 347 p., et 1-12 p. pour le programme des prix.)

II. — Bulletin de la Société industrielle de Mulhausen, t. II. (Mulhouse, 1829, in-8°, VIII et 469 p.)

III. — Bulletin de la Société industrielle de Mulhausen, t. III. (Mulhouse, 1830, in-8°, VIII et 500 p.)

IV. — Bulletin de la Société industrielle de Mulhausen, t. IV. (Mulhouse, 1830, in-8°, XI et 606 p.)

36478. Koechlin (Édouard). — Note sur des médailles romaines trouvées dans la commune de Kingersheim, p. 391.

V. — Bulletin de la Société industrielle de Mulhausen, t. V. (Mulhouse, 1832, in-8°, VIII et 502 p.)

36479. Anonyme. — Notice sur les houillères d'Épinac (Saône-et-Loire), p. 251.

VI. — Bulletin de la Société industrielle de Mulhausen, t. VI. (Mulhouse, 1833, in-8°, VII et 666 p.)

36480. Engelmann. — Proposition sur la formation, dans la salle des collections de la Société, d'un musée industriel [suivie du rapport de la commission], p. 309.

36481. Bazaine. — Note statistique sur les routes royales et départementales qui traversent l'arrondissement d'Altkirch, p. 401.

VII. — Bulletin de la Société industrielle de Mulhausen, t. VII. (Mulhouse, 1834, in-8°, VIII et 545 p.)

36482. Bazaine. — Considérations générales sur les routes [note historique sur la construction et l'entretien des routes], p. 320.

VIII. — Bulletin de la Société industrielle de Mulhausen, t. VIII. (Mulhouse, 1835, in-8°, VIII et 520 p.)

IX. — Bulletin de la Société industrielle de Mulhausen, t. IX. (Mulhouse, 1836, in-8°, VIII et 504 p.)

X. — Bulletin de la Société industrielle de Mulhausen, t. X. (Mulhouse, 1837, in-8°, IX et 507 p.)

IMPRIMERIE NATIONALE.

XI. — Bulletin de la Société industrielle de Mulhausen, t. XI. (Mulhouse, 1838, in-8°, VIII et 547 p.)

XII. — Bulletin de la Société industrielle de Mulhouse, t. XII. (Mulhouse, 1839, in-8°, VIII et 611 p.)

36483. Penot (Achille). — Éloge de M. Godefroi Engelmann [imprimeur lithographe, 1788 † 1839], p. 425.

XIII. — Bulletin de la Société industrielle de Mulhouse, t. XIII. (Mulhouse, 1840, in-8°, VIII et 485 p.)

XIV. — Bulletin de la Société industrielle de Mulhouse, t. XIV. (Mulhouse, 1841, in-8°, 525 p.)

36484. Penot (Achille). — Premier mémoire pour servir à l'histoire du coton, p. 44. — Cf. n° 36485.

XV. — Bulletin de la Société industrielle de Mulhouse, t. XV. (Mulhouse, 1841, in-8°, 631 p.)

36485. Penot (Achille). — Deuxième mémoire pour servir à l'histoire du coton, p. 83. — Cf. n° 36484.

XVI. — Bulletin de la Société industrielle de Mulhouse, t. XVI. (Mulhouse, 1842, in-8°, 625 p.)

36486. Penot (Achille). — Recherches statistiques sur Mulhouse, p. 263 à 533.

XVII. — Bulletin de la Société industrielle de Mulhouse, t. XVII. (Mulhouse, 1843, in-8°, 570 p.)

XVIII. — Bulletin de la Société industrielle de Mulhouse, t. XVIII. (Mulhouse, 1844, in-8°, 438 p.)

XIX. — Bulletin de la Société industrielle de Mulhouse, t. XIX. (Mulhouse, 1845, in-8°, 375 p.)

XX. — Bulletin de la Société industrielle de Mulhouse, t. XX. (Mulhouse, 1847, in-8°, 477 p.)

36487. Haussmann (Aug.). — Culture du coton et industrie cotonnière en Chine, p. 5.

36488. Haussmann (Aug.). — Mémoire sur le commerce de Canton et de la Chine, p. 141.

XXI. — Bulletin de la Société industrielle de Mulhouse, t. XXI. (Mulhouse, 1848, in-8°, 466 p.)

36489. Divers. — Note chronologique sur les inventions, découvertes, progrès importants faits dans l'industrie, fondations ayant contribué à ces progrès et à l'amélioration de l'état physique et moral des ouvriers dans le département du Haut-Rhin, p. 249.

36490. Thierry-Kœchlin (Henri). — Notice nécrologique sur M. Josué Heilmann [industriel, 1796 † 1848], p. 440.

XXII. — Bulletin de la Société industrielle de Mulhouse, t. XXII. (Mulhouse, 1849, in-8°, 507 p.)

XXIII. — Bulletin de la Société industrielle de Mulhouse, t. XXIII. (Mulhouse, 1850, in-8°, 440 p.)

36491. — Kœchlin-Schouch (Daniel). — Notice nécrologique sur M. James Thomson [de la Société royale de Londres, 1779 † 1850], p. 182.

XXIV. — Bulletin de la Société industrielle de Mulhouse, t. XXIV. (Mulhouse, 1852, in-8°, 455 p.)

36492. Scheurer-Rott (A.). — Notice nécrologique sur M. Henri Schlumberger [chimiste, 1805 † 1852], p. 115.

36493. Penot (Achille). — Notice nécrologique sur M. Nicolas Kœchlin [industriel, 1781 † 1852], p. 193.

36494. Weber (D[r]). — Notice nécrologique sur M. Jean Zuber père [fabricant de papiers peints, † 1852], p. 269.

XXV. — Bulletin de la Société industrielle de Mulhouse, t. XXV. (Mulhouse, 1853, in-8°, 520 p.)

36495. Dollfus (Émile). — Notice nécrologique sur M. Jean Zuber fils [1799 † 1853], p. 111.

36496. Anonyme. — Table des matières des vingt-cinq premiers volumes du Bulletin de la Société industrielle de Mulhouse, p. 473.

XXVI. — Bulletin de la Société industrielle de Mulhouse, t. XXVI. (Mulhouse, 1854, in-8°, 450 p.)

36497. Dollfus (Émile). — Notice nécrologique sur M. Ferdinand Kœchlin père [1786 † 1854], p. 132.
36498. Sacc (Dr). — Esquisse de l'histoire de la pourpre, p. 305.

XXVII. — Bulletin de la Société industrielle de Mulhouse, t. XXVII. (Mulhouse, 1855, in-8°, 511 p.)

36499. Penot (Achille). — Notice nécrologique sur M. J.-J. Bourcart [industriel, 1801 † 1855], p. 297.
36500. Kœchlin-Ziegler. — Notice sur M. Risler-Heilmann [industriel, 1781 † 1856], p. 387.
36501. Dollfus (Émile). — Notes pour servir à l'histoire de l'industrie cotonnière dans les départements de l'Est, p. 435.

XXVIII. — Bulletin de la Société industrielle de Mulhouse, t. XXVIII. (Mulhouse, 1857, in-8°, 479 p.)

36502. Mieg (Georges). — Notice nécrologique sur M. Michel Spœrlin [fabricant de papiers peints, 1784 † 1857], p. 278.

XXIX. — Bulletin de la Société industrielle de Mulhouse, t. XXIX. (Mulhouse, 1858, in-8°, 568 p.)

36503. Penot (Achille). — Notice nécrologique sur M. Émile Dollfus [industriel, 1805 † 1858], p. 414.

XXX. — Bulletin de la Société industrielle de Mulhouse, t. XXX. (Mulhouse, 1859, in-8°, 580 p.)

XXXI. — Bulletin de la Société industrielle de Mulhouse, t. XXXI. (Mulhouse, 1861, in-8°, 579 p.)

36504. Penot (Achille). — Notice nécrologique sur M. Daniel Dollfus fils [1823 † 1860], p. 393.

XXXII. — Bulletin de la Société industrielle de Mulhouse, t. XXXII. (Mulhouse, 1862, in-8°, 574 p.)

36505. Penot (Achille). — Notice nécrologique sur M. Édouard Schwartz [industriel, 1798 † 1861], p. 287.

XXXIII. — Bulletin de la Société industrielle de Mulhouse, t. XXXIII. (Mulhouse, 1863, in-8°, 582 p.)

36506. Nicklès (J.). — Sur l'histoire du phosphore amorphe, p. 49.
36507. Coste. — Division géographique de l'Alsace en 1787, p. 53.
36508. Coste. — Circonscriptions administratives de l'Alsace en 1789, p. 281 et 362.
36509. Klenck (Auguste). — Rapport ... sur un mémoire de M. Rottmann relatif aux travaux d'un camp romain découvert par lui dans la banlieue de Battenheim, p. 471, 487 et 553.
36510. Weber (Dr). — Notice biographique sur M. Joseph Kœchlin-Schlumberger, maire de la ville de Mulhouse [1796 † 1863], p. 535.

XXXIV. — Bulletin de la Société industrielle de Mulhouse, t. XXXIV. (Mulhouse, 1864, in-8°, 560 p.)

36511. Zuber (Ernest). — Notice nécrologique sur M. Jacques-Gabriel Gros, p. 145.
36512. Rottmann. — Étude géographique des frontières de la Gaule celtique du côté de la Germanie à l'époque de la conquête par les Romains, p. 360.
36513. Engel-Dollfus. — Proposition au sujet de la création du musée de la ville et de la réduction de l'écolage à l'école de dessin de la Société industrielle, p. 531.

XXXV. — Bulletin de la Société industrielle de Mulhouse, t. XXXV. (Mulhouse, 1865, in-8°, 538 p. et 71 p. pour l'appendice.)

36514. Dollfus-Galline (Charles). — Rapport complémentaire sur l'historique des couleurs d'aniline, p. 127. — Cf. n° 36515.
36515. Schützenberger (P.). — Mémoire résumant l'histoire des couleurs d'aniline, p. 145. — Cf. n° 36514.
36516. Thierry-Mieg fils (Ch.). — Notice nécrologique sur J.-G. Mieg [1788 † 1864], p. 305.
36517. Penot (Achille). — Les cités ouvrières du Haut-Rhin, p. 385.
36518. Anonyme. — Table méthodique des matières contenues dans les trente-cinq premiers volumes du Bulletin de la Société industrielle de Mulhouse, p. 489.

XXXVI. — Bulletin de la Société industrielle de Mulhouse, t. XXXVI. (Mulhouse, 1866, in-8°, 583 p.)

36519. Engel-Dollfus. — Matériaux pour servir à l'histoire de l'industrie cotonnière dans le Haut-Rhin, p. 304.

[Extraits des arrêtés du magistrat de Colmar, 1432 et 1437; fabrication du coton à Constance, 1410.]

36520. Helling. — Note sur la méthode d'inscription des lecteurs et des livres en usage à la bibliothèque populaire de Mulhouse, p. 360.

36521. Klenck (Auguste). — Rapport sur les habitations lacustres et particulièrement sur celles du lac de Pfæffikon, p. 498.

36522. Grad (Charles). — Essai sur l'hydrologie du bassin de l'Ill, p. 529.

XXXVII. — Bulletin de la Société industrielle de Mulhouse, t. XXXVII. (Mulhouse, 1867, in-8°, 612 p.)

36523. Penot (Achille). — Les institutions privées du Haut-Rhin, p. 49 à 146.

XXXVIII. — Bulletin de la Société industrielle de Mulhouse, t. XXXVIII. (Mulhouse, 1868, in-8°, 956 p.)

36524. Ehrsam (Nic.). — Notice historique sur les armoiries de la ville de Mulhouse, p. 842.

XXXIX. — Bulletin de la Société industrielle de Mulhouse, t. XXXIX. (Mulhouse, 1869, in-8°, 708 p.)

36525. Engel-Dollfus. — Note sur la marche de l'école de dessin et les accroissements du musée de peinture de la ville, p. 453.

XL. — Bulletin de la Société industrielle de Mulhouse, t. XL. (Mulhouse, 1870, in-8°, 618 p.)

36526. Orioli (Z.). — Le papier et ses matières premières, p. 49.

36527. Klenck (Auguste). — Rapport présenté, au nom du Comité des beaux-arts, sur l'*Album illustré de la Foi chrétienne* [note sur l'histoire de la miniature], p. 264.

36528. Engel (Alfred). — L'industrie cotonnière aux États-Unis, p. 285.

36529. Anonyme. — Table méthodique des matières contenues dans les quarante premiers volumes du Bulletin de la Société industrielle de Mulhouse, p. 557.

XLI. — Bulletin de la Société industrielle de Mulhouse, t. XLI. (Mulhouse, 1871, in-8°, 472 p.)

36530. Weber (D^r^). — Notice biographique sur M. Daniel Dollfus-Ausset [1797 † 1870], p. 34.

36531. Penot (Achille). — Notice sur M. Jean Kœchlin-Dollfus [1801 † 1870], p. 52.

36532. Penot (Achille). — Notice sur M. Daniel Kœchlin [1785 † 1871], p. 237.

36533. Le Bas (Edm.). — Notes statistiques sur le département du Haut-Rhin, p. 434.

[Rapports de M. Félix des Portes, préfet du Haut-Rhin, 1805-1807.]

XLII. — Bulletin de la Société industrielle de Mulhouse, t. XLII. (Mulhouse, 1872, in-8°, 403 p.)

36534. Mossmann (X.). — Notice sur Dornach [Haut-Rhin], p. 20. — Cf. n° 36535.

36535. Schmidt (Ch.). — Lettre sur le travail de M. Mossmann, p. 40. — Cf. n° 36534.

36536. Voulot (F.). — Coup d'œil sur cette question : L'homme a-t-il habité les Vosges avant l'histoire? p. 156.

[Étude sur les monuments préhistoriques des Vosges.]

36537. Grad (Charles). — Rapport sur les travaux et les publications de M. Dollfus-Ausset sur les glaciers [bibliographie], p. 341.

36538. Mossmann (X.). — Un chef de bande des guerres de Bourgogne [Ulric Traber, 1477-1479], p. 357.

XLIII. — Bulletin de la Société industrielle de Mulhouse, t. XLIII. (Mulhouse, 1873, in-8°, 662 p.)

36539. Kœchlin (Eugène). — Notice nécrologique sur M. le docteur Weber [Jean, 1804 † 1872], p. 37.

36540. Goppelsroeder (Fr.). — La régénération et la restauration des peintures à l'huile d'après la méthode de M. de Pettenkofer, p. 260.

36541. Engel-Gros (F.). — Note sur les moyens de prévenir les chances de feu dans les établissements industriels et organisation du service d'incendie, p. 291.

[Notice historique sur les pompes à feu.]

XLIV. — Bulletin de la Société industrielle de Mulhouse, t. XLIV. (Mulhouse, 1874, in-8°, 639 p.)

36542. Engel-Dollfus. — Note sur le musée historique du Vieux-Mulhouse, p. 97.

36543. Klenck (Auguste). — Rapport annuel ... sur les collections du musée de dessin industriel, p. 106.

[A la suite : Inventaire général du Musée du dessin industriel pour l'année 1873.]

36544. Penot (Achille). — Notes pour servir à l'histoire de l'industrie cotonnière dans le département du Haut-Rhin, 1867-1868, p. 145.

XLV. — Bulletin de la Société industrielle de Mulhouse, t. XLV. (Mulhouse, 1875, in-8°, 640 p.)

36545. Dollfus (Aug.). — Notice nécrologique sur M. Édouard Vaucher [commerçant, 1801 † 1874], p. 81.

36546. Engel (Alfred). — Rapport sur la création à Mulhouse, à la fin du xviii° siècle, d'une école de commerce, p. 337.

XLVI. — Bulletin de la Société industrielle de Mulhouse, t. XLVI. (Mulhouse, 1876, in-8°, 303 p. et 131 p. pour les *Annexes*.)

Première partie.

36547. Goppelsroeder (Frédéric). — Notice nécrologique sur Charles-Émile Kopp [chimiste, 1817 † 1875], p. 250.

36548. Mossmann (X.). — Tablettes synoptiques et synchroniques de l'histoire de la République de Mulhouse jusqu'à sa réunion à la France en 1798, p. 287; XLVII, p. 745; et XLVIII, p. 805. — Cf. id. n° 36596.

Deuxième partie.

Bulletin spécial publié à l'occasion du 50° anniversaire de la fondation de la Société célébré le 11 mai 1876.

36549. Anonyme. — Procès-verbal de la séance solennelle du 11 mai 1876, p. 1.

[Coupe offerte à M. Auguste Dollfus, président de la Société, 2 *pl.*]

36550. Penot (Achille). — La Société industrielle de Mulhouse [notice historique], p. 1 à 136.

[Hôtel de la Société, 2 *pl.*; cercle mulhousien, *pl.*; école de dessin, école de filature et de tissage, *pl.*]

36551. Engel-Dollfus. — Mémoire sur l'épargne et la prévoyance dans leurs manifestations à Mulhouse, p. 209.

36552. Stoeber (Aug.). — Pages inédites pour servir à l'histoire des pénalités de l'ancienne République de Mulhouse aux xvi°, xvii° et xviii° siècles, p. 340. — Cf. id. n° 36597.

[Jugements rendus en matière criminelle par le Petit Sénat de l'ancienne république de Mulhouse.]

36553. Coudre (Jos.). — Inventaire inédit d'une imprimerie et imagerie populaire de Mulhouse, en 1559, publié avec une introduction et des notules bibliographiques, *fig.*, p. 378. — Cf. id. n° 36598.

[Inventaire du matériel de l'imprimerie de Pierre Schmidt et de Jean Schirenbrand, associés.]

36554. Michel (Auguste). — Table générale des matières contenues dans les quarante-cinq premiers volumes du Bulletin de la Société industrielle de Mulhouse. (S. l. n. d., in-8°, 136 p.)

XLVII. — Bulletin de la Société industrielle de Mulhouse, t. XLVII. (Mulhouse, 1877, in-8°, 764 p.)

36555. Mieg (Mathieu). — Note sur la collection d'empreintes de terrains houillers et d'ossements achetée à Vesoul pour le compte de la Société industrielle de Mulhouse, p. 28.

[Note sur la grotte d'Échenoz.]

36556. Stoeber (Auguste). — Notice biographique sur M. Jean-Auguste Michel [1818 † 1876], p. 76.

36557. Mieg (Mathieu). — Notice nécrologique sur M. Hartmann-Liebach [Jacques, 1794 † 1876], p. 214.

36558. Mieg (Mathieu). — Note sur la grotte de Cravanche [et ses monuments préhistoriques], p. 367.

36559. Schmidt (Charles). — Filigranes de papiers employés à Strasbourg de 1343 à 1525, *pl.*, p. 518.

36560. Zuber (Ernest). — Rapport sur la création de la Société des arts de Mulhouse, p. 561.

36561. Stoeber (Aug.). — Première institution des courtiers de Mulhouse; arrêt du directoire du commerce du 25 juin 1755, p. 685.

36562. Ehrsam (Nic.). — Prix de la main-d'œuvre à Mulhouse en 1457, extrait d'un *Zunftbuch* [anonyme] contemporain, p. 688. — Cf. id. n° 36605.

[Règlement du salaire des vignerons en 1479.]

[36548]. Mossmann (X.). — Tablettes synoptiques et synchroniques de l'histoire de la République de Mulhouse jusqu'à sa réunion à la France en 1798, p. 745.

XLVIII. — Bulletin de la Société industrielle de Mulhouse, t. XLVIII. (Mulhouse, 1878, in-8°, 997 et 114 p.)

36563. Mossmann (X.). — Note sur les droits d'entrée sur les cotons à Colmar, en 1533, p. 112.

36564. Mossmann (X.). — Rapport [critique] sur l'*Alsace avant 1789*, de M. Krug-Basse, p. 114. — Cf. id. n° 36606.

36565. Mieg (Mathieu). — Notes sur Bagnères-de-Luchon et ses environs, p. 123.

36566. Anonyme. — Enquête décennale sur les institutions d'initiative privée destinées à favoriser l'amélioration de l'état matériel et moral de la population dans la Haute-Alsace, 6 *pl.*, p. 357 à 666.

[Notes sur les musées de Mulhouse, de Colmar et de Dornach, les écoles, etc.]

[36548]. Mossmann (X.). — Tablettes synoptiques et synchroniques de l'histoire de la République de Mulhouse jusqu'à sa réunion à la France en 1798, p. 805.

36567. Klenck (Auguste). — Un nouveau volume sorti des presses de la première imprimerie établie à Mulhouse, p. 988.

[Œuvres médicales de *Aureolus Theophrastus ab Hohenheim* éditées par P. Schmidt, 1562.]

XLIX. — Bulletin de la Société industrielle de Mulhouse, t. XLIX. (Mulhouse, 1879, in-8°, 883 et 114 p.)

36568. Stoeber (Aug.). — Règlement du service de la poste de Mulhouse, arrêté par le Grand-Conseil dans sa séance du 18 février 1751, p. 407. — Cf. n°s 36624, 36569 et 36624.

36569. Stoeber (Aug.). — Règlement du service de la poste en 1798, p. 640. — Cf. n° 36568.

36570. Stoeber (Aug.). — Note sur les premières amidonneries de Mulhouse [XVIIIe s.], p. 641. — Suite au n° 36623.

36571. Penot (Achille). — Notice nécrologique sur M. Édouard Beugniot [ingénieur, 1822 † 1878], p. 645.

L. — Bulletin de la Société industrielle de Mulhouse, t. L. (Mulhouse, 1880, in-8°, 500 et 120 p.)

36572. Mieg (Mathieu). — Notes sur Spa, p. 127.

36573. Mandel. — Note sur le cheval préhistorique, *fig.*, p. 143.

36574. Dollfus (Auguste). — Rapport de la commission constituée pour étudier le projet de création d'un nouveau musée, p. 265. — Cf. n° 36588.

36575. Dollfus (Auguste). — Notice nécrologique sur M. Jean Mantz [industriel, 1803 † 1880], p. 291.

36576. Stoeber (Auguste). — Les droits de péage de l'ancienne république de Mulhouse (1634-1791), p. 392. — Cf. id. n° 36629.

36577. Stoeber (Auguste). — Note sur l'introduction de la houille à Mulhouse (1766), p. 478. — Cf. id. n° 36635.

LI. — Bulletin de la Société industrielle de Mulhouse, t. LI. (Mulhouse, 1881, in-8°, 448 et 104 p.)

36578. Schlumberger (Th.). — Notice nécrologique sur M. Camille Schœn [1835 † 1880], p. 142.

36579. Zuber (Iwan). — Notice nécrologique sur M. Amédée Rieder [fabricant de papier, 1807 † 1880], p. 273.

36580. Thierry-Mieg (Aug.). — Note sur la carte en relief du massif central des Vosges (section Guebwiller) et sur les travaux de M. Charles Foltz, de Colmar, p. 301.

LII. — Bulletin de la Société industrielle de Mulhouse, t. LII. (Mulhouse, 1882, in-8°, 548 p.)

36581. Mieg-Kroh (Mathieu). — Note sur la découverte d'un marteau en pierre perforé dans le diluvium rhénan à Rixheim, p. 157. — Cf. id. n° 36640.

36582. Mieg (Mathieu). — Notice nécrologique sur M. Joseph Delbos [professeur de sciences naturelles, 1824 † 1882], p. 537.

LIII. — Bulletin de la Société industrielle de Mulhouse, t. LIII. (Mulhouse, 1883, in-8°, 668 et 108 p.)

LIV. — Bulletin de la Société industrielle de Mulhouse, t. LIV. (Mulhouse, 1884, in-8°, 564 et 114 p.)

36583. Dollfus (Aug.). — Notice nécrologique sur M. Émile Kœchlin [1808 † 1883], p. 100.

36584. Hirn (G.-A.). — Notice biographique sur O. Hallauer [1842 † 1883], p. 139.

36585. Kessler (Fritz). — Études sur l'Alsace [le Bollenberg], p. 211.

[Géologie, flore, faune, histoire, antiquités celtiques et romaines, sarcophage, etc.]

36586. Zuber (Ernest). — Notice nécrologique sur M. Frédéric Engel-Dollfus [1818 † 1883], p. 267.

36587. Bourcart (Charles). — Étude sur les archives départementales ayant trait à l'industrie de l'Alsace, p. 296.

[Analyse de liasses concernant le commerce en général, les papeteries, l'industrie cotonnière, etc., XVIe-XVIIIe s.]

36588. Dollfus (Aug.). — Rapport sur la construction du nouveau musée de la Société industrielle, 5 *pl.*, p. 373. — Cf. n° 36574.

36589. Mieg (Mathieu). — Notice sur la découverte d'un cimetière de l'époque franque à Rixheim, *pl.*, p. 480.

[Armes, vases en verre, disque en bronze, fibules, poteries, etc.]

36590. Mieg (Mathieu). — Note sur la découverte de sépultures de l'époque gallo-romaine à Minversheim (Basse-Alsace) [urnes cinéraires; débris de poterie], p. 557. — Cf. id. n° 36656.

LV. — Bulletin de la Société industrielle de Mulhouse, t. LV. (Mulhouse, 1885, in-8°, 624 et 100 p.)

36591. Dollfus (Aug.). — Notice nécrologique sur M. Zweifel [J.-G., 1822 † 1885], p. 401.

36592. Favre (Alfred). — Notes sur le musée de tableaux de la Société industrielle, p. 409.

MUSÉE HISTORIQUE.

36593. Anonyme. — Catalogue du Musée historique de Mulhouse. (Mulhouse, 1874, in-8°, XVII et 164 p.)

36594. Anonyme. — Supplément au catalogue du Musée historique de Mulhouse. (Mulhouse, 1877, in-8°, 92 p.)

I. — Bulletin du Musée historique de Mulhouse, année 1876. (Mulhouse, 1876, in-8°, VIII, 40 et 17 p.)

36595. Ehrsam (Nic.). — Description topographique du Vieux-Mulhouse pour l'intelligence du plan de 1797, *plan* et 3 *pl.*, p. 1 à 40.

36596. Mossmann (X.). — Tablettes synoptiques et synchroniques de l'histoire de la République de Mulhouse jusqu'à sa réunion à la France en 1798, p. 1 à 17; II, p. 93; et III, p. 87. — Cf. id. n° 37548.

II. — Bulletin du Musée historique de Mulhouse, année 1877. (Mulhouse, 1877, in-8°, 119 p.)

36597. Stoeber (Aug.). — Pages inédites pour servir à l'histoire des pénalités de l'ancienne République de Mulhouse aux XVIe, XVIIe et XVIIIe siècles, p. 5. — Cf. id. n° 36552.

[Jugements rendus en matière criminelle par le Petit Sénat de l'ancienne république de Mulhouse.]

36598. Coudre (Jos.). — Inventaire inédit d'une imprimerie et imagerie populaire de Mulhouse (1557-1559), publié avec une introduction et des notules bibliographiques, *fig.*, p. 41. — Cf. id. n° 36553.

[Inventaire du matériel de l'imprimerie de Pierre Schmid et de Jean Schirenbrand, associés.]

[36596]. Mossmann (X.). — Tablettes historiques et synchroniques de l'histoire de la République de Mulhouse jusqu'à sa réunion à la France en 1798, p. 93.

III. — Bulletin du Musée historique de Mulhouse, année 1878. (Mulhouse, 1878, in-8°, 138 p.)

36599. Mossmann (X.). — Notice biographique sur M. Ch. Gérard [1814 † 1877], *portrait*, p. 5.

36600. Engel-Dollfus (F.). — Note sur la découverte de sépultures gallo-romaines à Lutterbach, près Mulhouse, *pl.*, p. 17.

36601. Stoffel (G.). — Le château de Butenheim; notice historique, *plan* de 1791, p. 21.

36602. Stoeber (Auguste). — Menus d'un dîner et d'un souper servis à la tribu des tailleurs, le 28 juin 1730, par Gaspard Weiss, hôtelier aux Trois-Rois [à Mulhouse], p. 25.

36603. Ehrsam (Nic.). — Notice historique sur les anciennes pierres-bornes banales de Mulhouse, p. 26.

[*Plan* des banlieues de Mulhouse et d'Illzach en 1761.]

36604. Stoeber (Auguste). — Capitulation militaire pour la levée d'une compagnie de 200 hommes de pied passée entre le capitaine français Stoppa et les députés de la ville de Mulhouse le 13 octobre 1671, p. 61.

36605. Ehrsam (Nic.). — Prix de la main-d'œuvre à Mulhouse en 1457; extrait d'un *Zunftbuch* [anonyme] contemporain, p. 70. — Cf. id. n° 36562.

[Règlement du salaire des vignerons en 1479.]

36606. Mossmann (X.). — Rapport [critique] sur l'*Alsace avant 1789*, de M. Krug-Basse, p. 78. — Cf. id. n° 36564.

[36596]. Mossmann (X.). — Tablettes synoptiques et synchroniques de l'histoire de la République de Mulhouse jusqu'à sa réunion à la France en 1798, p. 87.

IV. — Bulletin du Musée historique de Mulhouse, année 1879. (Mulhouse, 1879, in-8°, 148 p.)

36607. Stoeber (Auguste). — Recherches biographiques et littéraires sur les étudiants mulhousiens immatriculés à l'Université de Bâle, de 1460 à 1805, pouvant servir aussi de complément au Livre d'or de la bourgeoisie, *Bürgerbuch* de Mulhouse, p. 5 à 64.

[*Portrait* de Jean-Oswald de Gambsbardt, de Mulhouse, greffier et envoyé de la République de Mulhouse auprès du pape Jules II en 1512.]

36608. Mieg-Kroh (Mathieu). — Notice biographique sur le chroniqueur mulhousien, Mathieu Mieg, par son arrière petit-fils, Mathieu Mieg-Kroh [1756 † 1840], p. 65.

[*Portrait;* maison Mathieu Mieg à Mulhouse, 1675-1840, *pl.*]

36609. Stoeber (Auguste). — Redevances de douze maisons du Vieux-Mulhouse; extrait du censier, *Zinsbuch*, de la cour de Saint-Jean, 1567, p. 81.

36610. Stoeber (Auguste). — Mesures de précautions prises contre la peste par le magistrat de Mulhouse dans les années 1667, 1720, 1721 et 1722, p. 90.

36611. Ristelhüber (Paul). — La jeunesse de Charles Gérard, p. 91.

36612. Mossmann (X.). — La confrérie des charrons d'Alsace [au xviiie s.], p. 99.

36613. Mossmann (X.). — Propriétés des Clarisses de Mulhouse à Deinheim [1344], p. 124.

36614. Schmidt (C.). — Note sur deux reliquaires de saint Anastase qui ont existé jadis en Alsace et en Lorraine, p. 125. — Cf. n° 36636.

[Reliquaires auxquels font allusion Geiler de Kaysersberg et Conrad Pellicanus de Rouffach et conservés à Wittersdorf en Alsace et Widersdorf (Vergaville) en Lorraine.]

36615. Anonyme. — Les armoiries des comtes de Thierstein, anciens seigneurs du village de Riedisheim, p. 131.

36616. Mossmann (X.). — Notice nécrologique sur N. Ehrsam [Nicolas, 1819 † 1878], vice-président du comité d'administration du Musée historique, et D. Fischer [Dagobert, 1808 † 1879], membre correspondant, p. 133.

V. — Bulletin du Musée historique de Mulhouse, V, année 1880. (Mulhouse, 1880, in-8°, 126 p.)

36617. Mossmann (X.). — Étude sur l'histoire municipale de Bâle [d'après l'ouvrage d'Heinrich Boos : *Geschichte der Stadt Basel in Mittelalter*, 1877], p. 5.

36618. Stoeber (Auguste). — Deux voyages dans une partie de la Haute-Alsace (1779 et 1784), traduits de l'allemand et annotés, p. 29.

[Le premier récit est d'un anonyme, le second est dû à Marie-Sophie La Roche, née Gutermann.]

36619. Holtzwarth (J.-B.). — Essai sur l'idiome de Colmar, p. 43.

[En tête : notice historique sur Jean-Baptiste Holtzwarth, 1796 † 1875, par X. Mossmann.]

36620. Stoeber (Auguste). — Jérôme Gemuseus de Mulhouse, philologue, philosophe et médecin, 1505 † 1544, p. 65.

[Lettre de Gemuseus à J. Amerbach, 1543; épitaphe de Jérôme et Polycarpe Gemuseus, 1544 et 1572; ex-libris de J. Gemuseus, *pl.*]

36621. Mieg-Kroh (Mathieu). — Notice biographique sur le bourgmestre Jean-Henri Dollfus [1731 † 1804] et ses missions diplomatiques, p. 85.

[*Portrait* et ex-libris, 2 *pl.*]

36622. Burtz (Théodore). — Origine du hameau de Burtzwiller [xviiie s.], p. 93.

36623. Stoeber (Auguste). — Note sur les premières amidonneries de Mulhouse [xviiie s.], p. 99. — Cf. id. n° 36570.

36624. Stoeber (Auguste). — Service de la poste de Mulhouse dans la seconde moitié du xviiie siècle, p. 103. — Cf. id. n° 36568.

36625. K. F. [Franck (Karl).] — Notes sur deux anciens meubles de l'hôtel de ville appartenant aujourd'hui au Musée historique, p. 107.

[Lavabo, *pl.*, et buffet-crédence du xvie s.]

36626. Besson (Émile). — Notes sur deux anciens thermomètres construits à Mulhouse par un amateur de physique [A.-J. Zuber, xviiie s.], p. 111.

VI. — Bulletin du Musée historique de Mulhouse, VI, année 1881. (Mulhouse, 1881, in-8°, 167 p.)

36627. Reuss (Rodolphe). — Deux manuscrits de la bibliothèque municipale de Strasbourg relatifs à la révolution de Mulhouse en 1587, p. 5.

[Récits de David Zwinger et de Abraham Mæussli ou Musculus.]

36628. Mossmann (X.). — Un échec militaire de Henri IV en Alsace d'après des documents inédits, p. 25.

[Déroute, par le duc de Lorraine, des lansquenets levés en Suisse par M. de Sancy (1589); extraits des dépêches du nonce Ottavio Paravicino, etc.]

36629. Stoeber (Auguste). — Les droits de péage de l'ancienne République de Mulhouse (1634-1791), p. 53. — Cf. id. n° 36576.

36630. Meininger (Ernest). — Voyage en France fait en l'an 1663 par Jean-Gaspard Dolfuss, traduit de l'allemand original, p. 63.

36631. Anonyme. — Les vitraux peints de l'ancienne église Saint-Étienne de Mulhouse [xive s.], p. 95.

[Reproduction partielle d'un mémoire de M. de Schauenburg : *Énumération des verrières les plus importantes conservées dans les églises d'Alsace.*]

36632. [Dollfus (Auguste).] — Tableaux généalogiques des familles Dollfus et Kœchlin, p. 103.

36633. Mieg-Kroh (Mathieu). — Daniel Meyer, météorologiste mulhousien (1752 † 1824); notice biographique, *portrait* et *pl.*, p. 115.

36634. Ingold (A.). — Le comté de Thann et la prévôté de Traubach en 1759, p. 137.

[État dressé par J.-P. Marquair.]

36635. Stoeber (Auguste). — Introduction de la houille à Mulhouse (1766), p. 143. — Cf. id. n° 36577.

36636. Schmidt (Ch.). — Deux reliquaires de saint Anastase, p. 147. — Cf. n° 36614.

36637. Mossmann (X.). — Jean-Georges Stoffel [1819 † 1880], p. 153.

36638. Anonyme. — Émile Besson [† 1881], p. 158.

VII. — Bulletin du Musée historique de Mulhouse, VII, année 1882. (Mulhouse, 1882, in-8°, 96, 64 et 8 p.)

36639. Mossmann (X.). — L'élection d'un prince-abbé de Murbach en 1601 [Jean-Georges de Kalckariedt], p. 5.

36640. Mieg-Kroh (Mathieu). — Note sur la découverte d'un marteau en pierre perforé dans le diluvium rhénan à Rixheim, *pl.*, p. 37. — Cf. id. n° 36581.

36641. Aug. St. [Stoeber (Auguste).] — La croix de pierre de Pfastatt, *pl.*, p. 45.

36642. Liebenau (Théod. de). — Un épisode de l'histoire de Mulhouse, précédé d'une notice biographique sur le chroniqueur Th. Schilling [vers 1460 † 1517]; traduit de l'allemand par K. Fk. [Karl Franck], p. 47.

[Épisode de Hermann Klée et envoi d'une députation de Mulhouse à Berne et à Soleure, 1465, 2 *pl.*]

36643. Stoeber (Auguste). — Notice sur la Société pour la propagation du bon goût et des belles-lettres à Mulhouse, 1775-1789, p. 53.

[*Portrait* de Jean Spœrlin; signatures des membres, *pl.* et *fac-similé*.]

36644. Meininger (Ernest). — Vente des biens communaux de la ville de Mulhouse avant sa réunion à la France en 1798, p. 85.

36645. Mieg aîné (Mathieu). — Ventes des biens communaux [à Mulhouse] en 1798, p. 89.

36646. Aug. St. [Stoeber (Auguste).] — Analectes historiques et topographiques sur l'ancienne République de Mulhouse, p. 94; VIII, p. 46, 84 et 88.

[Analyse de vingt pièces, 1267-1453.]

36647. Lbjcm. [Coudre (Joseph).] — Mémoires de deux voyages et séjours en Alsace, 1674 et 1681, avec un itinéraire descriptif de Paris à Bâle et les vues d'Altkirch et de Belfort dessinées par l'auteur LDLSDL'HP, publié pour la première fois d'après le manuscrit original par LBJCM [le bibliophile Joseph Coudre, Mulhouse], 2 *pl.* (Mulhouse, 1886, in-8°, 264 p.)

[Cet ouvrage a été publié comme annexe aux *Bulletins* des années 1882, 1883, 1884, 1885.]

VIII. — Bulletin du Musée historique de Mulhouse, VIII, année 1883. (Mulhouse, 1883, in-8°, 109 p.)

36648. Schmidt (Ch.). — Documents inédits pour servir à la biographie de J.-D. Schœpflin, *portrait*, p. 5.

[Lettres de Schœpflin, 1738 et 1751; correspondance au sujet de Schœpflin entre le chancelier d'Aguesseau et Fr.-Jos. de Klinglin, préteur royal de Strasbourg.]

36649. Mossmann (X.). — Mulhouse au XIIIe siècle, p. 37.

[36646]. Aug. St. [Stoeber (Auguste).] — Analectes historiques et topographiques sur l'ancienne République de Mulhouse, p. 46, 84 et 88.

36650. Stoeber (Paul). — De la condition des manants [*Hintersassen*], à Mulhouse, p. 47.

36651. Ingold (A.). — Note sur une vue de Mulhouse en 1625, *pl.*, p. 85.

[Reproduction d'une gravure insérée dans le *Thesaurus philo-politicus*, de Daniel Meisner.]

36652. Stoeber (Auguste). — Une société de chant sacré à Mulhouse (1764-1774), p. 89.

IX. — Bulletin du Musée historique de Mulhouse, IX, année 1884. (Mulhouse, 1884, in-8°, 193 p.)

36653. Mossmann (X.). — Un industriel alsacien; vie de M. Frédéric Engel-Dollfus [1818 † 1883], *portrait*, p. 5 à 182.

X. — Bulletin du Musée historique de Mulhouse, X, année 1885. (Mulhouse, 1885, in-8°, 66 p.)

36654. Mossmann (X.). — Un fonctionnaire du Saint-Empire sous le règne de Wenceslas; Bernard de Bebelnheim [1381-1400], p. 5.

36655. [Liebenau (Th. de).] — Deux lettres inédites de [l'abbé] Grandidier [au général Zurlauben, 1786], p. 47.

36656. Mieg-Kroh (Mathieu). — Note sur la découverte de sépultures de l'époque gallo-romaine à Minversheim (Basse-Alsace) [urnes cinéraires; débris de poterie], p. 54.

IMPRIMERIE NATIONALE.

RHÔNE. — LYON.

ACADÉMIE PROVINCIALE.

L'*Académie provinciale* fut fondée au mois d'octobre 1826 dans un but de décentralisation littéraire. Pour publier ses actes et les communications de ses associés, elle emprunta, en 1826 et au commencement de 1827, les colonnes de l'*Indépendant*, *journal de la France provinciale*. Au mois de juin de cette dernière année, l'*Indépendant* se transforma en une revue mensuelle intitulée la *France provinciale* dont il ne parut que deux numéros. Il est probable que l'*Académie provinciale* s'éteignit en même temps que cette revue dans laquelle nous n'avons rien trouvé qui rentrât dans notre cadre.

RHÔNE. — LYON.

ACADÉMIE DES SCIENCES, BELLES-LETTRES ET ARTS.

L'Académie de Lyon fut instituée au commencement de l'année 1700; elle obtint en 1724 des lettres patentes l'autorisant à continuer ses assemblées sous le nom d'*Académie des sciences et des belles-lettres*. En 1758, elle se réunit à l'*Académie des beaux-arts*, fondée en 1724, et prit le titre d'*Académie des sciences, belles-lettres et arts*. L'Académie siégea à l'hôtel de ville jusqu'au moment où elle dut interrompre ses travaux en présence des dangers qui menaçaient la cité investie par l'armée de la Convention au mois d'août 1793. Elle n'a imprimé aucun de ses travaux, mais elle a laissé un recueil manuscrit de *Mémoires*, et ses membres ont publié isolément un nombre assez considérable d'ouvrages et de brochures dont on trouvera la liste à peu près complète dans le *Catalogue de la bibliothèque lyonnaise de M. Coste*, t. II, p. 495 et suiv.

L'Académie de Lyon fut reconstituée le 13 juillet 1800 sous le titre d'*Athénée;* elle conserva cette dénomination jusqu'en 1802, époque où elle fut réorganisée et reprit les règlements et le nom de l'ancienne Académie. Elle a été reconnue comme établissement d'utilité publique le 27 juillet 1867. Pendant longtemps elle ne publia que des *Comptes rendus* sommaires de ses travaux; mais en 1845 elle commença, et elle a continué depuis sans interruption, la publication d'une double série de *Mémoires*, la première consacrée aux lettres, et la deuxième aux sciences. Une table des matières contenues dans les *Mémoires* de 1845 à 1881 a été publiée par le docteur Saint-Lager (voir n° 36891). A ces publications, on doit joindre un *Recueil* de tirages à part des procès-verbaux de la *Commission archéologique* instituée en 1859 (n°s 36967 à 36975); un *Bulletin* dont il n'a paru que deux volumes (n°s 36976 à 36986); enfin, un certain nombre d'ouvrages ou de brochures publiées sous le patronage de l'Académie. Nous en donnons la liste par ordre chronologique sous les n°s 36657 à 36670. L'histoire de l'Académie de Lyon a été retracée par MM. J.-B. Dumas et Grandperret (voir n°s 36657 et 36703) et plus récemment [1892] par M. Bonnel (voir notre supplément).

36657. Dumas (J.-B.). — Histoire de l'Académie royale des sciences, belles-lettres et arts de Lyon, 2 vol. (Lyon, 1839, in-8°, t. I, xix, xliii et 468 p.; t. II, 640 p.)

36658. Guerre (J.). — Éloge historique de M. Bureaux-Pusy [Jean-Xavier, 1750 † 1806], successivement préfet des départements de l'Allier, du Rhône et de Gênes, etc., lu à l'Académie de Lyon dans sa séance du 31 juillet 1807 et compris dans le compte rendu par M. le président de cette Société, en séance publique, le 25 août suivant. (Lyon, 1807, in-8°, 72 p.)

36659. Martin aîné. — Éloge historique de J.-H.-Désiré Petetin, docteur en médecine, etc.; discours prononcé à la séance publique de l'Académie de Lyon le 23 août 1808. (Lyon, 1808, in-8°, 30 p.)

36660. Cochet. — Notice historique sur M. Loyer, architecte, membre de l'Académie de Lyon, lue dans une des séances de cette compagnie. (S. l. n. d. [Lyon, 1808], in-8°, 8 p.)

36661. Dugas-Montbel (J.-C.). — Éloge historique de M. J.-J. de Boissieu [graveur, 1736 † 1810], membre correspondant de l'Institut de France, etc., lu à la séance publique de l'Académie de Lyon le 28 août 1810. (Lyon, 1810, in-8°, 55 p.)

[En appendice : Catalogue de l'œuvre de J.-J. de Boissieu.]

36662. Dumas (J.-B.). — Hommage rendu à la mémoire de Marc-Antoine Petit [1766 † 1811], docteur en médecine, membre de l'Académie des sciences, belles-lettres et arts de Lyon. (Lyon, 1811, in-8°, 32 p.)

36663. Cartier. — Éloge de M. Marc-Antoine Petit, docteur en médecine, etc. [1766 † 1811], lu dans la séance publique de l'Académie de Lyon le 3 septembre 1811. (Lyon, 1811, in-8°, 31 p.)

36664. Revoil. — Éloge de M. Mayeuvre de Champvieux [Étienne, 1743 † 1812], lu à l'Académie des sciences, belles-lettres et arts de Lyon dans la séance publique du 16 août 1813. (Lyon, 1813, in-8°, 18 p.)

36665. Flachéron (Louis). — Éloge historique de Philibert de L'Orme, architecte lyonnais, etc., *pl.* (Lyon, s. d. [1814], in-8°, 32 p.)

[Édifice construit à Lyon, rue de la Juiverie, en 1536, par Philibert de L'Orme, *pl.*]

36666. Régny. — Notice nécrologique sur M. le comte de Fargues [Jean-Joseph de Méallet, 1778 † 1818], maire de Lyon, etc., lue dans la séance publique de l'Académie de Lyon le 26 mai 1818. (Lyon, 1818, in-8°, 32 p.)

36667. Dumas (J.-B.). — Éloge historique de N.-F. Cochard [1763 † 1834]. (Lyon, 1834, in-8°, 31 p.)

36668. Dumas (J.-B.). — Éloge historique de J.-C. Dugas-Montbel [1776 † 1834]. (Lyon, 1835, in-8°, 31 p.)

36669. Dumas (J.-B.). — Notice historique sur Laurent-Pierre Bérenger [1749 † 1822]. (Lyon, 1836, in-8°, 23 p.)

36670. Guigue (M.-C.). — Cartulaire lyonnais; documents inédits pour servir à l'histoire des anciennes provinces de Lyonnais, Forez, Beaujolais, Dombes, Bresse et Bugey, comprises jadis dans le *Pagus major Lugdunensis*. Tome I, documents antérieurs à l'année 1255. (Lyon, 1885, in-folio, IX et 686 p.)

[Bulles des papes Lucius II, Eugène III, Adrien IV, Alexandre III, Lucius III, Clément III, Célestin III, Innocent III, Honorius III, Grégoire IX et Innocent IV; actes des archevêques de Lyon, etc.]

I. — [Comptes rendus des travaux de l'Académie de Lyon]. (Lyon, s. d. [1806], in-8°, 61 p.)

36671. Dubois. — Compte rendu des travaux de l'Académie de Lyon pendant le premier semestre de l'an XII, p. 1.

36672. Delandine. — Compte rendu des travaux de l'Académie de Lyon pendant le second semestre de l'an XII, p. 21.

36673. Petit (Dr). — Compte rendu des travaux de l'Académie de Lyon pendant l'année 1805, p. 41.

II. — Compte rendu des travaux de l'Académie de Lyon, pendant l'année 1806, par M. Petetin, président de l'Académie, lu dans la séance publique du 26 août. (Lyon, 1806, in-8°, 24 p.)

36674. Petetin. — Compte rendu des travaux de l'Académie de Lyon pendant l'année 1806, p. 1.

III. — Compte rendu des travaux de l'Académie de Lyon, pendant l'année 1808, par M. Joseph Mollet, président de l'Académie, lu dans la séance publique du 23 août de la même année. (Lyon, 1808, in-8°, 31 p.)

36675. Mollet (Joseph). — Compte rendu des travaux de l'Académie de Lyon pendant l'année 1808, p. 1.

IV. — Compte rendu des travaux de l'Académie de Lyon, pendant l'année 1809, par M. L.-P. Bérenger, président. (Lyon, 1809, in-8°, VIII et 55 p.)

36676. Bérenger (L.-P.). — Compte rendu des travaux de l'Académie de Lyon pendant l'année 1809, p. 3.

V. — Compte rendu des travaux de l'Académie des belles-lettres, sciences et arts de la ville de Lyon, pendant le premier semestre de 1811, lu, dans la séance publique du 14 mai 1811, par M. Martin aîné, docteur en médecine, président. (Lyon, 1811, in-8°, 44 p.)

36677. Martin aîné. — Compte rendu des travaux de l'Académie ... de Lyon pendant le premier semestre de 1811, p. 3.

VI. — Compte rendu des travaux de l'Académie royale des sciences, belles-lettres et arts de Lyon, lu, dans la séance publique du 26 août 1813, par M. Paul-Émilien Béraud, président. (Lyon, 1822, in-8°, 46 p.)

36678. Béraud (Paul-Émilien). — Compte rendu, p. 5.

VII. — Compte rendu des travaux de l'Académie ... de Lyon, lu, dans la séance publique du 30 août 1814, par M. Parat, docteur-médecin, président de l'Académie. (Lyon, 1825, in-8°, 36 p.)

36679. Parat. — Compte rendu des travaux de l'Académie ... de Lyon, p. 5.

VIII. — Compte rendu des travaux de l'Académie ... de Lyon, pendant le premier semestre de 1815, par M. Cochet, président. (Lyon, 1822, in-8°, 15 p.)

36680. Cochet. — Compte rendu des travaux de l'Académie de Lyon pendant le premier semestre de 1815, p. 3.

IX. — Compte rendu des travaux de l'Académie ... de Lyon, pendant l'année 1816, par M. Ballanche, président. (Lyon, 1822, in-8°, 46 p.)

36681. Ballanche. — Compte rendu [antiquités et muséum de Lyon], p. 5.

X. — Compte rendu des travaux de l'Académie ... de Lyon, pendant l'année 1817, par M. J.-B. Dumas, président, lu dans la séance publique du 28 août de la même année. (Lyon, 1818, in-8°, 47 p.)

36682. Dumas (J.-B.). — Compte rendu des travaux de l'Académie ... de Lyon pendant l'année 1817, p. 5.

XI. — Compte rendu des travaux de l'Académie ... de Lyon, pendant le premier semestre de l'année 1818, par M. P.-B.-R. Desgaultière, docteur en médecine, président, lu dans la séance publique du 26 mai de la même année. (Lyon, 1819, in-8°, 32 p.)

36683. Desgaultière (P.-B.-R.). — Compte rendu des travaux de l'Académie ... de Lyon pendant le premier semestre de l'année 1818, p. 1.

[Clavier, membre de l'Académie des inscriptions et belles-lettres, 1765 † 1817; Philippon de La Magdeleine, littérateur; Dupont de Nemours.]

XII. — Compte rendu des travaux de l'Académie royale des sciences, belles-lettres et arts de la ville de Lyon, pendant le deuxième semestre de l'année 1818, lu, à la séance publique du 7 septembre de la même année, par N.-F. Cochard, président. (Lyon, 1819, in-8°, 74 p.)

36684. Cochard (N.-F.). — Compte rendu des travaux de l'Académie, p. 1.

[Culture des lettres à Lyon; Thomas de Gadagne, XVIe s.; Jacques Moyron, baron de Saint-Trivier, 1575 † 1656; Charles-Louis Dumas, médecin, né en 1765; Eugène-Melchior Patrin, naturaliste, né en 1742; Michel Carret, chirurgien, † 1818.]

XIII. — Comptes rendus des travaux de l'Académie royale des sciences, belles-lettres et arts de Lyon, pendant les deux semestres de l'année 1819, par M. Clerc, président du premier semestre, et par M. Guerre, président du second semestre. (Lyon, 1819, in-8°, 87 p.)

36685. Clerc. — Compte rendu des travaux de l'Académie ... de Lyon pendant le premier semestre de l'année 1819, p. 1.

36686. Guerre. — Compte rendu des travaux de l'Académie ... de Lyon pendant le second semestre de l'année 1819, p. 23.

XIV. — Compte rendu des travaux de l'Académie ... de Lyon, pendant le premier semestre de l'année 1820, par M. L.-F. Grognier, président, lu dans la séance publique du 2 mai 1820. (Lyon, 1820, in-8°, 65 p.)

36687. Grognier (L.-F.). — Compte rendu des travaux de l'Académie ... de Lyon pendant le premier semestre de l'année 1820, p. 5.

[Tombeau romain découvert à Savigni-sur-Beaune; Louise Labé; alliance du commerce avec les sciences et les arts; considérations sur l'histoire; la Gaule et Lyon avant la conquête romaine.]

XV. — Compte rendu des travaux de l'Académie ... de Lyon, pendant le deuxième semestre de 1820, par M. Poupar, président, lu dans la séance publique du 5 septembre de la même année. (Lyon, 1827, in-8°, 52 p.)

36688. Poupar. — Compte rendu des travaux de l'Académie ... de Lyon pendant le second semestre de 1820, p. 5.

XVI. — Compte rendu des travaux de l'Académie ... de Lyon, pendant l'année 1821, par Fleury-François Richard, peintre de S. A. R. Monsieur, membre de plusieurs académies, etc., président celle de Lyon. (Lyon, 1821, in-8°, 45 p.)

36689. Richard (Fleury-François). — Compte rendu des travaux de l'Académie ... de Lyon pendant l'année 1821, p. 5.

XVII. — Compte rendu des travaux de l'Académie ... de Lyon, depuis le 13 novembre 1821 jusqu'au 2 avril 1822, par E.-B. Guillemet, président. (Lyon, 1822, in-8°, 36 p.)

36690. Guillemet (E.-B.). — Compte rendu, p. 5.

XVIII. — Compte rendu des travaux de l'Académie ... de Lyon, pendant le premier semestre 1823, lu, dans la séance publique du .. juin 1823, par M. R. de La Prade, président de l'Académie. (Lyon, 1825, in-8°, 56 p.)

36691. La Prade (R. de). — Compte rendu des travaux de l'Académie ... de Lyon pendant le premier semestre de 1823, p. 5.

XIX. — Compte rendu des travaux de l'Académie ... de Lyon, pendant le premier semestre 1824, lu par M. Régny, président, dans la séance publique du 10 juin 1824. (Lyon, 1825, in-8°, 54 p.)

36692. Régny. — Compte rendu des travaux de l'Académie ... de Lyon pendant le premier semestre de 1824, p. 5.

XX. — Compte rendu des travaux de l'Académie ... de Lyon, pendant le deuxième semestre de 1824, par M. Achard-James, conseiller à la cour royale de Lyon, président de l'Académie. (Lyon, 1824, in-8°, 52 p.)

36693. Achard-James. — Compte rendu des travaux de l'Académie ... de Lyon pendant le deuxième semestre de 1824, p. 5.

XXI. — Compte rendu des travaux de l'Académie ... de Lyon, pendant le premier semestre de 1825, lu, dans la séance publique du 27 mai 1825, par M. Bugnard. (Lyon, 1825, in-8°, 36 p.)

36694. Bugnard. — Compte rendu des travaux de l'Académie ... de Lyon pendant le premier semestre de 1825, p. 5.

XXII. — Compte rendu des travaux de l'Académie ... de Lyon, pendant le second semestre de 1825, par M. C. Breghot du Lut, président, lu dans la séance publique du 31 août 1825. (Lyon, 1826, in-8°, 44 p.)

36695. Breghot du Lut (C.). — Compte rendu des travaux de l'Académie ... de Lyon pendant le second semestre de l'année 1825, p. 5,

XXIII. — Compte rendu des travaux de l'Académie ... de Lyon, pendant l'année 1826, par M. J.-B. Balbis, président, lu dans la séance publique du 30 août 1826. (Lyon, 1827, in-8°, 27 p.)

36696. Balbis (J.-B.). — Compte rendu des travaux de l'Académie ... de Lyon pendant l'année 1826, p. 5.

XXIV. — Compte rendu des travaux de l'Académie ... de Lyon, pendant l'année 1835, lu, dans la séance publique du 21 décembre 1835, par M. A. Boullée, président. (Lyon, 1836, in-8°, 88 p.)

36697. Boullée (A.). — Compte rendu des travaux de l'Académie ... de Lyon pendant l'année 1835, p. 1.

XXV. — Compte rendu des travaux de l'Académie ... de Lyon, pendant l'année 1836, lu dans la séance publique du 29 décembre 1836, par A.-P.-Isidore Polinière, président de l'Académie. (Lyon, 1837, in-8°, 240 p.)

36698. Polinière (A.-P.-Isidore). — Compte rendu des travaux de l'Académie ... de Lyon pendant l'année 1836, p. 1 à 201.

[Paul-Émilien Béraud, magistrat, p. 193. — Jean-Marie Pichard, médecin, p. 195.]

XXVI. — Compte rendu des travaux de l'Académie ... de Lyon, en l'année 1837 sous la présidence de M. Guerre. (Lyon, 1841, in-8°, 98 p.)

36699. Guerre. — Compte rendu des travaux de l'Académie ... de Lyon, p. 1.

XXVII. — Compte rendu des travaux de l'Académie ... de Lyon, pendant l'année 1839, lu dans la séance publique du 25 juin

1840, par M. Terme, président. (Lyon, s. d., in-8°, 64 p.)

36700. Terme. — Compte rendu des travaux de l'Académie ... de Lyon pendant l'année 1839, p. 5.

XXVIII. — Compte rendu des travaux de l'Académie ... de Lyon, pendant l'année 1840, lu dans la séance publique du 25 juin 1841, par M. J. Soulacroix, président. (Lyon, 1841, in-8°, 62 p.)

36701. Soulacroix (J.). — Compte rendu des travaux de l'Académie ... de Lyon pendant l'année 1840, p. 5.

XXIX. — Compte rendu des travaux de l'Académie ... de Lyon, pendant l'année 1841, lu dans la séance publique du 1er février 1843, par M. Achard-James, président à la cour royale de Lyon, président de l'Académie. (Lyon, 1843, in-8°, 62 p.)

36702. Achard-James. — Compte rendu des travaux de l'Académie ... de Lyon pendant l'année 1841, p. 5.

XXX. — Comptes rendus et extraits des procès-verbaux des séances de l'Académie royale des sciences, belles-lettres et arts de Lyon [1844-1849]. (Lyon, 1847[-1849], in-8°, 228 p.)

XXXI. — Comptes rendus des séances de l'Académie nationale des sciences, belles-lettres et arts de Lyon, année 1850. (Lyon, 1851, in-8°, 48 p.)

XXXII. — Comptes rendus des séances de l'Académie ... de Lyon, année 1851. (Lyon, 1852, in-8°, 80 p.)

XXXIII. — Comptes rendus des séances de l'Académie impériale des sciences, belles-lettres et arts de Lyon, année 1852. (Lyon, 1853, in-8°, 56 p.)

XXXIV. — Comptes rendus des séances de l'Académie ... de Lyon, année 1853. (Lyon, 1854, in-8°, 68 p.)

I. — Mémoires de l'Académie royale des sciences, belles-lettres et arts de Lyon. Section des lettres et arts, t. I. (Lyon, 1845, in-8°, 538 p.)

36703. Grandperret. — Histoire de l'Académie royale des sciences, belles-lettres et arts de Lyon [xviii°-xix° s.], p. 5 à 116.

36704. Bouillier (F.). — De l'origine du langage et de ses rapports avec la pensée, p. 117.

36705. Eichhoff (F.-G.). — Mémoire sur les Scythes, p. 137.

36706. Boullée (A.). — Étude comparative sur les états-généraux de France et les parlements d'Angleterre, p. 209.

36707. Chenavard (Ant.-M.). — Relation du voyage fait, en 1843-1844, en Grèce et dans le Levant, par A.-M. Chenavard, architecte, et E. Rey, peintre, professeur à l'Ecole royale des beaux-arts de Lyon, p. 246 et 427.

36708. Eichhoff (F.-G.). — Mémoire sur les Sarmates et les Venèdes, p. 334.

36709. Montherot (F. de). — Promenade dans les Alpes. Vallée d'Anzasca et de Macugnaga, Mont-Rose, p. 367.

36710. Eichhoff (F.-G.). — Mémoire sur les Slaves, p. 395.

36711. Eichhoff (F.-G.). — Éloge de M. Devillas [né en 1778], p. 504.

36712. Nolhac (J.-B.-M.). — De la hache sculptée au haut de plusieurs monuments funèbres antiques, p. 511.

II. — Mémoires de l'Académie ... de Lyon. Section des lettres, t. II. (Lyon, 1846, in-8°, 442 p.)

36713. François. — Démembrement de la Pologne [xviii° s.], p. 5.

36714. Eichhoff (F.-G.). — Malheurs des poètes épiques, p. 57.

36715. Dupasquier (Louis). — De l'enseignement de l'art et de l'architecture en particulier; du but que l'art doit se proposer, p. 69.

36716. Laprade (Victor de). — Ballanche, sa vie et ses écrits [Pierre-Simon, 1776 † 1847], p. 127.

36717. Dupasquier (L.). — Du moulage à la gélatine, p. 209.

36718. Bonnardet (L.). — Rapport [sur l'éloge de Benjamin Delessert, 1773 † 1847], p. 255.

36719. Lortet (Dr P.). — Unité de l'espèce et de la langue dans l'humanité, p. 377.

36720. Saint-Clair Duport. — Considérations sur l'histoire des métaux précieux, p. 421.

I. — Mémoires de l'Académie nationale des

sciences, belles-lettres et arts de Lyon. Classe des lettres, nouvelle série, t. I. (Lyon, 1851, in-8°, 265 p.)

36721. Eichhoff (F.-G.). — Essai sur la mythologie du Nord, p. 5.

36722. Rondelet (Antonin). — Éloge de Mme Récamier [Jeanne-Françoise-Julie-Adélaïde Bernard, 1777 † 1849], p. 95.

36723. Eichhoff (F.-G.). — Études sur Ninive et Persépolis, *pl.*, p. 151; et II, p. 1.

[Histoire; religion; monuments; inscriptions.]

36724. Comarmond (Dr). — Extrait du rapport sur les musées archéologiques de Lyon, p. 223.

II. — Mémoires de l'Académie impériale des sciences, belles-lettres et arts de Lyon. Classe des lettres, nouvelle série, t. II. (Lyon, 1853, in-8°, 279 p.)

[36723]. Eichhoff (F.-G.). — Études sur Ninive, supplément, p. 1.

36725. Bouillier (F.). — Du cartésianisme de Bossuet, p. 29.

36726. Comarmond (Dr). — Notice sur un Hercule enfant en bronze, découvert, en novembre 1848, sur le versant de la colline des Massues, au lieu dit de la Pomme [en face de Tassin], p. 72.

36727. Boissieu (Alphonse de). — Notice sur la vie et les travaux de Jean-Charles Grégorj [1797 † 1852], p. 84.

36728. Eichhoff (F.-G.). — Légende indienne sur la vie future, traduite du sanscrit et comparée aux légendes d'Homère et de Virgile, p. 157. — Cf. n° 36751.

36729. Polinière (De). — Rapport [sur l'éloge du maréchal Suchet, duc d'Albuféra, 1770 † 1826], p. 215.

III. — Mémoires de l'Académie ... de Lyon. Classe des lettres, nouvelle série, t. III. (Lyon, 1853, in-8°, 303 p.)

36730. Morin (J.). — Discours sur cette question : Lucius Munatius Plancus est-il le premier fondateur de la ville de Lyon? p. 33.

6731. Gaillard (Louis). — Éloge de Jean-François Terme [1791 † 1847], p. 52.

36732. Valentin-Smith. — Quelques mots sur l'histoire et la nécessité de la statistique, p. 110.

36733. Eichhoff (F.-G.). — Poésie héroïque des Indiens, p. 145; et IV, p. 56.

36734. Rougier (Dr). — Éloge du docteur Pravaz [Charles-Gabriel, 1791 † 1853], p. 201.

36735. Martin-Daussigny (E.-C.). — De l'alliance intime des beaux-arts et de l'archéologie, p. 227.

36736. Cap (P.-A.). — Mathieu Bonafous [1793 † 1852], p. 249.

IV. — Mémoires de l'Académie ... de Lyon. Classe des lettres, nouvelle série, t. IV. (Lyon. 1854, in-8°, 290 p.)

[36733]. Eichhoff (F.-G.). — Poésie héroïque des Indiens, supplément, p. 56.

36737. Durieu (Fleury). — Notice sur le baron Rambaud [Pierre-Thomas, 1754 † 1845], ancien procureur général, ancien maire de Lyon, p. 92.

36738. Lecoq (F.). — Éloge de Louis-Furcy Grognier, ancien professeur à l'école vétérinaire de Lyon [1774 † 1837], p. 112.

36739. Martin-Daussigny (E.-C.). — Description d'une voie romaine découverte à Lyon, dans le quartier du Jardin-des-Plantes, en octobre 1854, p. 133. — Cf. n° 36752.

36740. Perrin (Théodore). — De l'influence des doctrines et de la civilisation sur la musique, p. 190.

36741. Tisserant. — Histoire abrégée de la médecine vétérinaire depuis les temps anciens jusqu'à la création des écoles [xviiie s.], p. 225.

36742. Sauzet (Paul). — Discours prononcé ... sur la tombe de M. Menoux [† 1855], p. 281.

V. — Mémoires de l'Académie ... de Lyon. Classe des lettres, nouvelle série, t. V. (Lyon, 1856-1857, in-8°, 358 p.)

36743. Valentin-Smith. — Considérations sur la Dombes à propos du *Mémorial des Dombes*, de M. d'Assier de Valenches, *carte*, p. 5.

[Formation et état de la Dombes au moyen âge; armorial. Lettres de Charles VI au sujet des entreprises du sieur de Villars, 1398; testament de Guichard d'Oingt, 1297; enquête sur la monnaie fabriquée à Trévoux, vers l'an 1300, par Henri de Villars, archevêque de Lyon, 1438.]

36744. Aigueperse (A.-J.-B. d'). — Coup d'œil sur la décadence des belles-lettres, des sciences et des arts chez les Romains, p. 66.

36745. Jolibois (L'abbé). — Dissertation sur l'utilité de l'étude des antiquités ecclésiastiques, p. 86.

36746. Saint-Jean. — Notes et recherches sur l'authenticité du portrait de Jacques Stella [1596 † 1657], p. 99.

36747. Pétrequin (J.-E.). — Essai sur l'histoire de la chirurgie à Lyon, p. 102.

36748. Dareste de la Chavanne (C.). — La Turquie et les puissances occidentales au commencement du xvie siècle, d'après les correspondances du Levant, récemment publiées par M. Charrière, p. 155.

36749. Laprade (Victor de). — De la poésie et du style au xviiie siècle, p. 165.

36750. Desjardins (T.). — Qu'est-ce que l'archéologie? p. 194.

36751. Eichhoff (F.-G.). — Légende indienne sur la vie future, p. 224. — Cf. n° 36728.

36752. Martin-Daussigny (E.-C.). — Description de la voie romaine découverte à Lyon dans le quartier du Jardin-des-Plantes, en 1854, *plan* et *pl.*, p. 239. — Cf. n° 36739.

36753. Martin-Daussigny (E.-C.). — Notice sur le perfectionnement de la peinture à l'huile par Jean de Bruges, au xv° siècle, p. 264.

36754. Pétrequin (J.-E.). — Fragment sur l'histoire de la littérature au moyen âge. *Poema medicum* [xiii° s.], p. 274.

36755. Bouillier (F.). — L'Académie de Lyon au xviii° siècle, p. 291.

36756. Gilardin (Alph.). — De la philosophie de l'histoire, p. 318.

VI. — Mémoires de l'Académie ... de Lyon. Classe des lettres, nouvelle série, t. VI. (Lyon, in-8°, 1857-1858, 320 p.)

36757. Aiguepersе (A.-J.-B. d'). — Nouvelles et dernières recherches sur l'emplacement de *Lunna*, station romaine entre Lyon et Mâcon, p. 1. — Cf. n° 37498.

36758. Montherot (F. de). — Documents inédits sur la révolution de Suède en 1772 et sur les changements opérés dans le gouvernement par Gustave III, d'après les dépêches du comte de Vergennes, ministre de France à Stockholm, en 1772, p. 25.

36759. Morin (J.). — Lyon après le ix thermidor, p. 46.

36760. Martin-Daussigny (E.-C.). — Notice sur l'inscription de Sabinus Aquila, retrouvée le 14 juillet 1857, dans la maison Lempereur, rue Mercière, *pl.*, p. 89 et 127.

36761. Pétrequin (J.-E.). — Fragments de littérature médicale : Hippocrate, Galien, Paul d'Égine, p. 105 et 236.

36762. Bouillier (F.). — L'Institut et les académies de province, p. 130.

36763. Jolibois (L'abbé). — Dissertation sur l'importance de l'ancienne colonie de Lugdunum et l'étendue de son territoire, p. 155.

36764. Comarmond (D^r^). — Notice sur les ruines d'un monument gallo-romain qui a existé au Jardin des plantes de Lyon et dont les restes ont été pris jusqu'à présent pour ceux d'une naumachie, p. 167.

36765. Heinrich (G.-A.). — La légende de don Juan et ses diverses interprétations, p. 184.

36766. Aiguepersе (A.-J.-B. d'). — Notice sur la découverte d'une inscription [romaine] dans le lit de la Saône, p. 305.

VII. — Mémoires de l'Académie ... de Lyon. Classe des lettres, nouvelle série, t. VII. (Lyon, 1858-1859, in-8°, 336 p.)

36767. Perrin (Louis). — Des peintures qui décorent les anciens manuscrits, p. 17.

36768. D. [Dareste de La Chavanne (C.).] — Chronique archéologique, p. 105.

[Prieuré de Champdieu, en Forez; pied romain; inscription du vi° siècle.]

36769. La Saussaye (De). — Discours de réception [histoire littéraire de Lyon], p. 113, 238; et IX, p. 181.

36770. Aiguepersе (A.-J.-B. d'). — Notice sur Boscary de Villeplaine [Jean-Baptiste-Joseph, 1757 † 1827], p. 137.

36771. Sauzet (Paul) et Fraisse (D^r^). — Discours aux obsèques de M. le docteur Amédée Bonnet, p. 157.

36772. Tisseur (J.). — Des affinités de la poésie et de l'industrie dans l'antiquité grecque, p. 198.

36773. Valentin-Smith. — Considérations sur l'*Histoire de la ville et de l'abbaye de Nantua* [par M. Debombourg], *fig.*, p. 279.

VIII. — Mémoires de l'Académie ... de Lyon. Classe des lettres, nouvelle série, t. VIII. (Lyon, 1859-1860, in-8°, 330 p.)

36774. Aiguepersе (A.-J.-B. d'). — Notice biographique sur Ambroise Comarmond, membre de l'Académie de Lyon, conservateur des musées archéologiques de cette ville, etc. [1786 † 1857], p. 1.

36775. Soultrait (George de). — Considérations archéologiques sur les églises de Lyon, p. 30.

36776. Barrier (D^r^). — Éloge du docteur Amédée Bonnet [1809 † 1858], p. 51.

36777. [Martin-Daussigny (E.-C.)]. — Mémoire pour servir à une nouvelle recherche de la statue équestre antique à laquelle appartient la jambe de cheval en bronze trouvée en 1766, dans la Saône, près du couvent de Sainte-Claire, à Ainay [*plan* du couvent], p. 82.

36778. Gauthier (J.-P.). — Lettres inédites du connétable Artur de Richemont et autres grands personnages aux conseillers et habitants de la ville de Lyon [1425-1427], p. 105.

[Lettres de Jean VI, duc de Bretagne; d'Yolande d'Aragon, reine de Sicile; de Reynauld de Chartres, vicaire de l'archevêque de Reims, et des conseillers de Lyon.]

36779. Martin-Daussigny (E.-C.). — Notice sur les découvertes faites en 1859 lors de la démolition de l'ancien hôpital des Filles-Sainte-Catherine et de l'Aumône générale, devenus plus tard l'Hôtel du Parc [inscriptions romaines], *plan*, p. 129.

36780. Valentin-Smith. — Notions sur l'origine et le nom des Burgondes et sur leur premier établissement dans la Germanie, *carte*, p. 145. — Cf. n° 36784.

36781. Sauzet (Paul). — Éloge de M. de Chantelauze, p. 299.

IX. — Mémoires de l'Académie . . . de Lyon, Classe des lettres, nouvelle série, t. IX. (Lyon 1860-1861, in-8°, 338 p.)

36782. Pétrequin (J.-E.). — Un épisode de la querelle des anciens et des modernes [connaissances littéraires et scientifiques des anciens], p. 1.

36783. Aigueperse (A.-J.-B. d'). — Essai sur quelques chiffres de l'histoire romaine [*bis millies sestertium*, etc.], p. 49.

36784. Valentin-Smith. — Notions historiques sur le deuxième établissement des Burgondes dans la Germanie, p. 65. — Cf. n° 36780.

36785. Martin-Daussigny (E.-C.). — Éloge de Victor Vibert [1799 † 1860], p. 101.

36786. Dareste de La Chavanne (C.). — Procès-verbaux du comité d'histoire et d'archéologie de l'Académie impériale de Lyon [2 décembre 1859-3 août 1860], p. 123 à 145. — Cf. id. n° 36967.

[Amphores romaines trouvées à Lyon, p. 125. — *Colonia Allobrogum*, p. 126. — Inscriptions et ruines romaines de Luxeuil, p. 129. — Inscription relative à la conjuration de Libertat, à Marseille (1596), p. 132. — Station de *Mediolanum*, p. 134. — Chapelle des pèlerins de Saint-Jacques à Lyon, p. 135. — Truelle antique trouvée au Jardin des plantes de Lyon, p. 141.]

36787. Allmer (A.). — Note sur plusieurs monuments épigraphiques, p. 147.

[Inscription romaine de Tournon qui donne à l'empereur Tacite le surnom de Gothique; deux inscriptions romaines de Luxeuil; inscription romaine d'Albigny.]

36788. Pétrequin (J.-E.). — Études sur Hippocrate. Recherches historiques et critiques sur l'opuscule des *Hémorrhoïdes* et celui des *Fistules*, p. 161.

[36769]. La Saussaye (De). — Histoire littéraire de Lyon, p. 181.

36789. Martin-Daussigny (E.-C.). — Éloge de C. Bonnefond [1796 † 1860], p. 225.

36790. Onofrio (J.-B.). — Essai d'un glossaire des patois de Lyonnais, Forez et Beaujolais [introduction et spécimen], p. 247.

36791. Allmer (A.). — Découverte de colonnes et de tombeaux antiques [païens et chrétiens] dans l'église de Saint-Pierre à Vienne, p. 299.

X. — Mémoires de l'Académie . . . de Lyon. Classe des belles-lettres, nouvelle série, t. X. (Lyon, 1861-1862, in-8°, VIII et 366 p.)

36792. Desjardins (T.). — Notice sur l'hôtel de ville de Lyon et sur les restaurations dont il a été l'objet, p. 35.

36793. Anonyme. — Procès-verbaux du Comité d'histoire et d'archéologie de l'Académie impériale de Lyon [7 décembre 1860-2 août 1861], p. 115 à 131. — Cf. id. n° 36968.

[Monogramme AMR sur des monnaies, p. 117. — Lettres patentes de Charles VI concernant Villefranche, p. 119. — Sarcophage trouvé à la Burbanche (Ain), p. 123. — Statue et amphores antiques découvertes à Lyon, p. 124. — Médaille d'or offerte à Charles IX et à Catherine de Médicis par la ville d'Avignon, p. 127. — Banquet offert par Louis XII à César Borgia (1498), p. 129. — Funérailles de Philippe II d'Orléans, régent, à Villefranche (1724), p. 129.]

36794. Potton (F.-F.-A.). — Notice historique sur le docteur Jacques-Julien Richard de Laprade [1781 † 1860], p. 133.

36795. Morin-Pons (Henry). — Les Villeroy, p. 169.

36796. Divers. — Procès-verbaux du Comité d'histoire et d'archéologie de l'Académie impériale de Lyon [15 novembre-13 décembre 1861], p. 201 à 226. — Cf. id. n° 36969.

[Inscriptions romaines de Lyon, p. 201. — Mosaïque ancienne trouvée à Lyon, p. 203. — Écusson d'une famille lyonnaise (XVe s.), p. 203. — Zodiaque provenant de l'église de Sainte-Foy (VIIIe s.), p. 204. — Musée de Copenhague, p. 204 (cf. n° 36799). — Inscription romaine d'Aixme, p. 210. — Campagne de César contre les Helvètes, p. 215.]

36797. Pétrequin (J.-E.). — Recherches historiques sur les rapports de la chirurgie avec la médecine aux différentes époques de l'histoire médicale, p. 227.

36798. Gaillard (Léopold de). — Nicolas Bergasse, publiciste, avocat au parlement de Paris, député de Lyon à l'Assemblée constituante [1750 † 1832], p. 265.

XI. — Mémoires de l'Académie . . . de Lyon. Classe des lettres, nouvelle série, t. XI. (Lyon, 1862-1863, in-8°, VIII, 76, 60 et 308 p.)

36799. Anonyme. — Travaux de l'Académie [1862], p. 1 à 76.

[Musée de Copenhague, p. 4 (cf. n° 36796). — Pirogue gauloise, p. 25. — Le docteur Eynard (1779 † 1837), p. 53.]

36800. Anonyme. — Travaux de l'Académie [1863], p. 1 à 60.

[Antiquités de Lyon, p. 8.]

36801. Lortet (Dr L.). — Notice sur Charles Ritter, professeur de géographie à Berlin [1779 † 1859], p. 1.

36802. Genod. — Éloge de Pierre Révoil, peintre lyonnais [1776 † 1842], p. 19.

36803. Fraisse (D^r). — Dicours prononcé le 24 juillet 1862 sur la tombe de M. Genod [Michel-Philibert, peintre, 1795 † 1862], p. 39.

36804. Dareste de la Chavanne (C.). — Comité d'histoire et d'archéologie de l'Académie impériale [10 janvier-6 juin 1862], p. 61 à 72. — Cf. id. n° 36970.

[Tombe de Jean Keingherberg, bourgmestre à Lubeck (1356), p. 61. — Chevaliers tireurs de Villefranche, p. 62. — Vases murrhins, p. 68.]

36805. Gilardin (Alph.). — J.-B. Dumas et ses œuvres [1777 † 1861], p. 73.

36806. Martin-Daussigny (E.-C.). — Notice sur la découverte des restes de l'autel d'Auguste à Lyon, *plan* et 2 *pl.*, p. 111.

36807. Sauzet (Paul). — Discours prononcé le 7 mars 1863 aux obsèques de M. le docteur Rougier, p. 137.

36808. Lagrevol (A. de). — Notice sur saint Avite, évêque de Vienne [v^e-vi^e s.], p. 157.

36809. Guigue (M.-C.). — Note sur une inscription bilingue [grecque et latine], trouvée à Genay (Ain), *pl.*, p. 185. — Cf. n° 36813 et id. n° 36971.

36810. Pétrequin (J.-E.) — De l'intervention de la physiologie dans l'interprétation d'un passage fort controversé des églogues de Virgile [ive églogue], p. 193.

36811. Potton (F.-F.-A.). — Études historiques et critiques sur la vie, les travaux de Symphorien Champier et particulièrement sur ses œuvres médicales [1472 † 1540], p. 263.

XII. — Mémoires de l'Académie ... de Lyon. Classe des lettres, nouvelle série, t. XII. (Lyon, 1864-1865, in-8°, viii et 350 p.)

36812. Sauzet (Paul). — Éloge de Ravez [Auguste-Simon-Hubert-Marie, 1770 † 1849], p. 1.

36813. Allmer (A.). — Sur une inscription antique bilingue trouvée à Genay, dans le département de l'Ain, p. 63. — Cf. n° 36809.

36814. Christophe (L'abbé). — Voyage au Grand-Saint-Bernard (8 juillet 1863), p. 81.

36815. Reignier. — De l'intime relation des beaux-arts et de l'art industriel, p. 103.

36816. Martin-Daussigny (E.-C.). — Découvertes archéologiques dans le lit du Rhône à Lyon en décembre 1863, janvier et février 1864. Épigraphie [romaine et du moyen âge], p. 153.

36817. Ward (Jules). — A propos de liturgie [histoire de la musique religieuse], p. 163.

36818. Christophe (L'abbé). — M. Viennet et les Croisades [étude critique], p. 191.

36819. Martin-Daussigny (E.-C.). — Procès-verbaux du Comité d'archéologie institué par l'Académie de Lyon [4 juillet 1862-8 janvier 1864, p. 209 à 227. — Cf. id. n° 36972.

[Inscription romaine trouvée à Chanos, p. 209. — Médaillon romain en plomb trouvé à Lyon, p. 215. — Donations provenant du Musée Campana, p. 217. — Inscriptions romaine et chrétienne découvertes à Saint-Irénée, p. 221. — Inscription commémorative de l'ouverture du quai Villeroy à Lyon (1719), p. 225.]

36820. Meaux (Le vicomte de). — Étude sur les guerres de religion; fragment, p. 229.

36821. Christophe (L'abbé). — Pie II (Æneas Sylvius Piccolomini), écrivain [xve s.], p. 253.

36822. — Gilardin (Alph.). — Du rôle politique des Parlements d'après l'*Histoire du parlement de Bourgogne*, par M. le président de La Cuisine, p. 283.

XIII. — Mémoires de l'Académie ... de Lyon. Classe des lettres [nouvelle série], t. XIII. (Lyon, 1866-1868, in-8°, viii et 365 p.)

36823. Vicquesnel (Auguste). — Coup d'œil sur quelques points de l'histoire générale des peuples slaves et de leurs voisins les Turcs et les Finnois, p. 1 à 90.

36824. Sauzet (Paul). — M. Alexis de Jussieu [† 1865], p. 91.

36825. Potton (F.-F.-A.). — Étude sur la vie et les travaux de Jean-Jacques Ampère [1800 † 1864], p. 175.

36826. Onofrio (J.-B.). — Notice sur Jean-Claude Fulchiron, député du Rhône, pair de France [1774 † 1859], p. 239.

36827. Anonyme. — Comité d'histoire et d'archéologie; extraits des procès-verbaux des séances [3 février-2 décembre 1864], p. 296 à 318. — Cf. id. n° 36973.

[Alésia, p. 297. — Ancien couvent des Grands-Carmes de Lyon, p. 303. — Emplacement de la citadelle construite à Lyon en 1564, p. 307. — Épée romaine trouvée près de Saint-Bernard (Ain), p. 308. — *Ascia* en fer, p. 309. — Épitaphe relative à un préconisateur à Lyon (1224), p. 311. — Famille de Beaumont, p. 312. — Emplacement de la bataille de Varey, p. 314. — Monuments épigraphiques lyonnais disparus, p. 315. — Emploi du diamant dans l'antiquité, p. 317. — Bataille de *Vire-cul* (1587), p. 318.]

36828. Anonyme. — Séances [13 janvier 1865-2 mars 1866], p. 318 à 335. — Cf. id. n° 36974.

[Les représentations dramatiques et la troupe de Molière à Lyon, p. 319. — Plombs antiques et du moyen âge trouvés dans la Saône, p. 322. — Mosaïques romaines trouvées à Feurs, p. 326. — Échoppes adossées à l'église Saint-Bonaventure de Lyon, p. 327. — Archives communales de Lyon, p. 328. — Position d'*Aéria*, p. 330. — Alpes Cottiennes, p. 331. — Étymologie d'Ainay, p. 333. — Antiquités provenant de Cremma (Italie), p. 334. — Armoiries de Lyon, p. 334.]

36829. Anonyme. — Séances [13 avril 1866-8 décembre 1867], p. 335 à 358. — Cf. id. n° 36975.

[Monnaies romaines en or trouvées à Lentilly, p. 336. — Pièces archiépiscopales de Vienne, monnaies du roi Eudes, de Conrad le Pacifique et de Hugues, comte de Lyon, trouvées à la Villette-d'Anthon (xe s.), p. 337. — *Ager Gofiacensis*, p. 338. — Statuettes romaines découvertes à Vienne (Isère), p. 339. — Colonne romaine de Cossy (Saône-et-Loire), p. 341. — Ciboire du xvie siècle trouvé dans les décombres de l'église Saint-Pierre-le-Vieux, p. 341. — Figurine antique obscène, p. 341. — Enseigne du Cheval-Blanc, à Lyon, p. 342. — Lignes de pilotis dans le Rhône, à Lyon, p. 343. — Inscriptions antiques trouvées à Valence et à Néronde, p. 348. — Temple et autel d'Auguste, p. 351. — Figurines anciennes trouvées près de Marlieu, p. 353. — Chapelle du Pozzo à Lyon, p. 355. — Ruines romaines trouvées à Lyon, p. 355. — Emploi du porphyre rouge dans l'antiquité, p. 357. — Inscriptions antiques trouvées à Lyon, p. 357.]

36830. Guillard (Louis). — Note sur une petite lyre antique trouvée dans la Saône, *pl.*, p. 359.

36831. Perrin (Théodore). — Dicours prononcé sur la tombe de M. le président Durieu [Fleury], p. 362.

XIV. — Mémoires de l'Académie ... de

Lyon. Classe des lettres [nouvelle série], t. XIV. (Lyon, 1868-1869, in-8°, VIII et 383 p.)

36832. Pétrequin (J.-E.). — Nouvelles recherches historiques et critiques sur Pétrone et sur les découvertes successives des principaux manuscrits du *Satyricon*, avec la traduction en vers de quelques tirades de l'auteur, p. 1 à 192.
36833. Sauzet (Paul). — Allocution prononcée à l'ouverture de la séance publique du 28 juillet 1868 consacrée à l'inauguration du prix J.-J. Ampère fondé par M. et Mme Cheuvreux; traits distinctifs du caractère lyonnais, p. 193.
36834. Danguin. — Essai sur la gravure, p. 283.
36835. Guimet (Émile). — La musique populaire, p. 339.
36836. Bonnet (Guillaume). — Aperçu historique sur la gravure en médailles et pierres fines et sur les arts qui s'y rattachent, p. 367.

XV. — Mémoires de l'Académie des sciences, belles-lettres et arts de Lyon. Classe des lettres [nouvelle série], t. XV. (Lyon, 1870-1874, in-8°, VIII et 435 p.)

36837. Pétrequin (J.-E.). — Du transport des blessés chez les anciens d'après les poètes grecs et latins, p. 1.
36838. Hignard (Henri). — L'étude du grec dans l'éducation française, p. 97.
36839. Anonyme. — Dissertation sur l'origine des anciens peuples du Mexique, p. 115.
36840. Yemeniz (E.). — Les Anglais et la Grèce. Premier épisode, Parga, p. 121.
36841. Yemeniz (E.). — Poésie populaire de la Grèce moderne, p. 159.
36842. Desjardins (T.). — Souvenir d'un voyage à Rome; la catacombe Saint-Calliste, p. 181. — Cf. n° 36849.
36843. Sauzet (Paul). — Le cardinal Billet [† 1873], p. 219.
36844. Pétrequin (J.-E.). — Œuvres poétiques d'Eugène Faure, auteur des *Songes d'une nuit d'hiver*, précédées d'une notice biographique et littéraire [1803 † 1854], p. 225; et XVI, p. 1.
36845. Pétrequin (J.-E.). — Étude littéraire et lexicologique sur le *Dictionnaire de la langue française* de M. E. Littré, p. 321.
36846. Hignard (Henri). — Les peintures antiques relatives au mythe de Daphné d'après M. Wolfgang Helbig, p. 365.
36847. Yemeniz (E.). — Paysages grecs; la vallée de Lacédémone, p. 385.
36848. Martin-Daussigny (E.-C.). — Notice sur Morand [Jean-Antoine, né en 1727] et Perrache [† 1779], p. 403.
36849. Desjardins (T.). — Rome; le mont Palatin, p. 415. — Cf. n° 36842.

XVI. — Mémoires de l'Académie ... de Lyon. Classe des lettres [nouvelle série], t. XVI. (Lyon, 1874-1875, in-8°, VIII et 403 p.)

[36844]. Pétrequin (J.-E.). — Œuvres poétiques d'Eugène Faure, p. 1 à 188.
36850. Sauzet (Paul). — Hommage à la mémoire de Ludovic Vitet, p. 185.
36851. Onofrio (J.-B.). — Les lois positives contre le suicide, p. 253.
36852. Guillard (Louis). — Rapport sur le tableau de saint André, copié d'après le Dominiquin, donné par le cardinal Fesch à l'église de Saint-Jean, p. 313.
36853. Desjardins (T.). — Naples et ses environs, p. 345.
36854. Chabas (F.). — Sur l'usage des bâtons de main chez les Hébreux et dans l'ancienne Égypte, p. 385.

XVII. — Mémoires de l'Académie ... de Lyon. Classe des lettres [nouvelle série], t. XVII. (Lyon, 1876-1877, in-8°, VIII et 415 p.)

36855. Neyrat (L'abbé Stanislas). — Du chant du peuple à l'église; cantique et plain-chant, p. 51.
36856. Ferraz. — Un spéculatif au XIXe siècle ou Maine de Biran, sa vie et ses doctrines [François-Pierre Gonthier de Biran, 1766 † 1824], p. 73.
36857. Sauzet (Paul). — Allocution prononcée aux fêtes de l'inauguration de la statue de Lamartine à Saint-Malo, le 5 septembre 1875, p. 105.

[Lettre de Châteaubriand, 18 prairial an XI.]

36858. Desjardins (T.). — Ravenne [notice historique et archéologique], p. 115.
36859. Desjardins (T.). — Florence [notice archéologique], p. 163.
36860. Yemeniz (E.). — L'archimandrite [Dikaios, 1788 † 1821]; récit des guerres de l'indépendance grecque, p. 219.
36861. Morin-Pons (Henry). — La fille de Bayart, notes historiques et généalogiques [Jeanne Terrail, épouse de François de Bocsozel, seigneur du Châtelard de Champier, XVIe s.], p. 243.
36862. Teissier (D[r]). — Discours prononcé sur la tombe de M. Guillard [Jean-Louis, 1807 † 1876], p. 273.
36863. Teissier (D[r]). — Discours prononcé sur la tombe de M. Paul Sauzet [† 1876], p. 277.
36864. Humblot. — Le premier président Gilardin; sa vie, ses écrits, p. 311.
36865. Desjardins (T.). — Venise [description], p. 363.

XVIII. — Mémoires de l'Académie ... de Lyon. Classe des lettres [nouvelle série], t. XVIII. (Lyon, 1878-1879, in-8°, XII et 397 p.)

36866. Caillemer (E.). — L'établissement des Burgondes dans le Lyonnais au milieu du Ve siècle, p. 1.

36867. Hignard (Henri). — M. Théodore Dieu [† 1877], p. 23. — Cf. id. n° 36944.
36868. Yemeniz (E.). — Les ducs français d'Athènes [xiiie-xive s.], p. 27.
36869. Roux (Léon). — Sauzet [Paul, 1800 † 1876], p. 115.
36870. Bresson. — L'architecture religieuse du ive au xiiie siècle, p. 209.
36871. Hignard (Henri). — Quelques idées sur la Théogonie d'Hésiode, p. 259.
36872. Neyrat (L'abbé Stanislas). — Quelques jours en Dalmatie et au Monténégro, p. 295.

XIX. — Mémoires de l'Académie ... de Lyon. Classe des lettres [nouvelle série], t. XIX. (Lyon, 1879-1880, in-8°, xii et 359 p.)

36873. Perret de La Menue (Émile). — Coup d'œil sur quelques villes du midi de la France. Orange, p. 33.
36874. Charvériat (E.). — Les origines du journalisme en Allemagne [d'après l'ouvrage de Julius-Otto Opel], p. 97.
36875. Heinrich (G.-A.). — Notice sur l'abbé Noirot [Joseph-Mathias, 1793 † 1880], p. 123.
36876. Allmer (A.). — Note sur un fragment de colonne itinéraire [trouvée au camp de la Valbonne], p. 195.
36877. Bouchacourt (A.). — M. Blanc de Saint-Bonnet [Antoine-Rodolphe, 1815 † 1880], p. 235.
36878. Perret de La Menue (Émile). — Recherches historiques et archéologiques sur le bouclier, p. 239.
36879. Reuchsel (Léon). — Étude sur le rôle de la mélodie, du rythme et de l'harmonie dans la musique chez tous les peuples de l'Europe depuis le moyen âge jusqu'à l'époque actuelle, 24 *pl.*, p. 263.

XX. — Mémoires de l'Académie ... de Lyon. Classe des lettres [nouvelle série], t. XX. (Lyon, 1881-1882, in-8°, xii et 405 p.)

36880. Charvériat (E.). — L'éducation d'un prince allemand à la fin du xvie siècle [Ferdinand II, empereur d'Allemagne, né en 1578], p. 25.
36881. Caillemer (E.). — Notices et extraits de manuscrits [de droit] de la bibliothèque de Lyon, p. 39.

[*Canonum epitome hispana*, p. 41. — *Codex systematicus canonum ecclesiæ hispanæ*, p. 48. — *Codex canonum ecclesiæ hispanæ*, p. 61. — *Codex lugdunensis a Cheltenham*, recueil de canons de conciles, p. 66. — *Lex salica emendata*, p. 68. — *Digestum infortiatum lugdunense*, p. 75. — *Miscellanea*, entre autres, fragment d'une grammaire (xe s.), p. 83.]

36882. Jullien (E.). — Étude historique sur le plaidoyer de Cicéron pour Balbus, p. 89.
36883. Perret de La Menue (Émile). — Coutumes romaines; gourmandise chez les anciens, cuisines, repas, p. 113.
36884. Michel (Jules). — Notice sur Jean-Louis Guillard, fondateur de l'Institution du Verbe-Incarné [1807 † 1876], p. 137.
36885. Desjardins (T.). — La Ligurie, p. 165 à 257.
36886. Charvériat (E.). — Note sur une relation de la bataille de Wimpfen, 6 mai 1622 [imprimée à Lyon en 1622], p. 259.
36887. Guigue (M.-C.). — Les deux Ponce, évêques de Mâcon [xiie-xiiie s.], p. 263.
36888. Charvériat (E.). — Étude sur l'histoire de la constitution de Cologne au moyen âge, p. 287 à 342.
36889. Regnaud (P.). — Les traités de politique sanscrits et la principale vertu des Rois d'après les Brahmanes, p. 343.
36890. Caillemer (E.). — Rapport sur le concours ayant pour objet l'histoire des institutions municipales de Lyon, p. 359.

36891. Saint-Lager (D^r). — Académie des sciences, belles-lettres et arts de Lyon. Table des matières contenues dans les *Mémoires* publiés de 1845 à 1881, suivie d'un catalogue des recueils académiques reçus en échange. (Lyon, 1882, in-8°, 74 p.)

XXI. — Mémoires de l'Académie ... de Lyon. Classe des lettres [nouvelle série], t. XXI. (Lyon, 1885, in-8°, xii et 399 p.)

36892. Caillemer (E.). — L'abbé Nicaise et sa correspondance [xviie s.], p. 1 à 298.

[Lettres du cardinal Noris, de Leibnitz, Claude Michel, Jean II de Witt, Antoine Galland, Basnage, Bayle, Colista, Cuper, Grævius, Joachim Kühn, Augustin Nicolas, Perizonius, Saumaise, Spanheim, Suarez, Thomassin de Mazaugues, Michel Dégon, de l'abbé de Gondi et des PP. Bonjour et Pagi.]

36893. Caillemer (E.). — Lettres inédites du cardinal Mazarin au cardinal Alphonse de Richelieu, archevêque de Lyon [1644 et 1645], p. 299.
36894. Charvériat (E.). — Note sur un point relatif à la bataille de la montagne Blanche (Hohenlohe et Hollach) [1620], p. 305.
36895. Caillemer (E.). — Florus et Moduin, épisode de l'histoire de Lyon au ixe siècle, p. 367.

XXII. — Mémoires de l'Académie ... de Lyon. Classe des lettres [nouvelle série], t. XXII. (Lyon, 1884, in-8°, xii et 408 p.)

36896. Charvériat (E.). — Politique d'Urbain VIII pendant la guerre de Trente ans (1623-1644), p. 5.
36897. Neyrat (L'abbé S.). — A propos d'une messe inédite de Méhul, p. 17.

36898. Locard (Arnould). — Note sur une tombe romaine trouvée à Lyon et renfermant le masque d'un enfant, 2 *pl.*, p. 21.
36899. Pariset. — Note sur un drap d'or arabe du XIIIe siècle que possède le musée industriel de Lyon, p. 37.
36900. Soulary (Joséphin). — Une physionomie lyonnaise [François-Victor Labie, littérateur, 1803 † 1881], p. 45.
36901. Guimet (Émile). — Chants populaires du Lyonnais [rapport], p. 73.
36902. Rougier (J.-C.-Paul). — M. Paul Humblot [magistrat, † 1882], p. 109.
36903. Heinrich (G.-A.). — Notice biographique sur M. Dareste de La Chavanne [Antoine-Élisabeth-Cléophas, 1820 † 1882], p. 141.
36904. Caillemer (E.). — Un synode à Saint-Laurent-lès-Mâcon en 855, p. 185.
36905. Rougier (J.-C.-Paul). — Discours prononcé aux funérailles de M. Ducarre, ancien député du Rhône [† 1883], p. 199.
36906. Caillemer (E.). — Deuxième rapport sur le concours ayant pour objet l'histoire des institutions municipales de Lyon, p. 205.
36907. Rougier (J.-C.-Paul). — Discours prononcé aux funérailles de M. Jean Tisseur [† 1883], p. 227.
36908. Rougier (J.-C.-Paul). — Discours prononcé aux funérailles de Victor de Laprade, de l'Académie française [† 1883], p. 283.
36909. Rougier (J.-C.-Paul). — Discours prononcé aux funérailles de Marie-Antoine Chenavard, ancien architecte [† 1883], p. 287.
36910. Vachez (A.). — Du rôle de la charité à Lyon aux diverses époques de notre histoire, p. 329.
36911. Mollière (Antoine). — Discours prononcé aux funérailles de M. le docteur Marmy, p. 357.
36912. Berlioux (E.-F.). — Le livre de Polybe sur les terres équatoriales, p. 361.

XXIII. — Mémoires de l'Académie ... de Lyon. Classe des lettres [nouvelle série], t. XXIII. (Lyon, 1885-1886, in-8°, XII et 411 p.)

36913. Heinrich (G.-A.). — Notice sur M. Victor de Laprade, de l'Académie française [1812 † 1883], p. 1 à 114.

[En appendice : lettres de Saint-René Taillandier, entre autres sur la mort de Brizeux, 1858-1870, etc.]

36914. Charvériat (E.). — Brochures relatives à la guerre de Trente ans, p. 115.
36915. Rougier (J.-C.-Paul). — Institutions lyonnaises. Le comité général de secours mutuels du Rhône, p. 172.
36916. Valantin. — Jean Tisseur [littérateur, né en 1814], p. 251.
36917. Allmer (A.). — Découverte de monuments funéraires et d'objets antiques au quartier de Trion, *pl.* p. 281.
36918. Belot. — Benjamin Franklin, chef de la démocratie américaine, p. 355.
36919. Locard (Arnould). — Discours prononcé aux funérailles de M. Jean Reignier, peintre, conservateur des musées de Lyon [1815 † 1886], p. 403.

I. — Mémoires de l'Académie royale des sciences, belles-lettres et arts de Lyon. Section des sciences, t. I. (Lyon, 1845, in-8°, 368 p.)

II. — Mémoires de l'Académie ... de Lyon. Section des sciences, t. II. (Lyon, 1847, in-8°, 529 p.)

36920. Bonnet (Amédée). — Éloge d'Alphonse Dupasquier, p. 193.

I. — Mémoires de l'Académie nationale des sciences, belles-lettres et arts de Lyon. Classe des sciences, nouvelle série, t. I. (Lyon, 1851, in-8°, 364 p.)

II. — Mémoires de l'Académie ... de Lyon. Classe des sciences, nouvelle série, t. II. (Lyon, 1852, in-8°, XVI et 334 p.)

36921. Fraisse (Ch.). — Notice sur le docteur L.-Philibert-Aug. Gauthier [1792 † 1851], p. 1.
36922. Lortet (Dr P.). — Calendrier cophte, traduit de l'arabe et annoté, p. 25.
36923. Lortet (Dr P.). — De la superstition dans les sciences, p. 209.

III. — Mémoires de l'Académie impériale des sciences, belles-lettres et arts de Lyon. Classe des sciences, nouvelle série, t. III. (Lyon, 1853, in-8°, 383 p.)

IV. — Mémoires de l'Académie ... de Lyon. Classe des sciences, nouvelle série, t. IV. (Lyon, 1854, in-8°, 336 p.)

V. — Mémoires de l'Académie ... de Lyon. Classe des sciences [nouvelle série], t. V. (Lyon, 1855, in-8°, 317 p.)

VI. — Mémoires de l'Académie ... de Lyon. Classe des sciences [nouvelle série], t. VI. (Lyon, 1856, in-8°, 328 p.)

36924. Gasparin (Paul de). — Reconnaissance de l'aqueduc romain qui amenait à Lyon les eaux de la vallée du Giers, *4 plans*, p. 202.

VII. — Mémoires de l'Académie ... de Lyon. Classe des sciences [nouvelle série], t. VII. (Lyon, 1857, in-8°, xliv et 284 p.)

36925. Polinière (De). — Éloge de M. Viricel [Jean-Marie, médecin, 1773 † 1855], p. 1.

VIII. — Mémoires de l'Académie ... de Lyon. Classe des sciences [nouvelle série], t. VIII. (Lyon, 1858, in-8°, xxxii et 300 p.)

36926. Monfalcon (Dr J.-B.). — Éloge du docteur baron de Polinière [Augustin-Pierre-Isidore, 1790 † 1857], p. 1.

IX. — Mémoires de l'Académie ... de Lyon. Classe des sciences [nouvelle série], t. IX. (Lyon, 1859, in-8°, 335 p.)

36927. Lortet (Dr P.). — Notice historique sur le sucre de canne, p. 1.

X. — Mémoires de l'Académie ... de Lyon. Classe des sciences [nouvelle série], t. X. (Lyon, 1860, in-8°, 348 p.)

XI. — Mémoires de l'Académie ... de Lyon. Classe des sciences [nouvelle série], t. XI. (Lyon, 1861, in-8°, 400 p.)

36928. Poyet. — Documents pour servir à l'histoire des mines des environs de Lyon [xve-xixe s.], p. 141.

36929. Fournet (J.). — De l'influence du mineur sur les progrès de la civilisation d'après les données actuelles de l'archéologie et de la géologie, p. 217; et XIV, p. 1 à 280.

XII. — Mémoires de l'Académie ... de Lyon. Classe des sciences [nouvelle série], t. XII. (Lyon, 1862, in-8°, viii, 390, 76 et 16 p.)

[36929]. Fournet (J.). — De l'influence du mineur sur les progrès de la civilisation d'après les données actuelles de l'archéologie et de la géologie, p. 1 à 280.

36930. Perrey (Alexis). — Documents sur les tremblements de terre et les phénomènes volcaniques au Japon, p. 281 à 390.

XIII. — Mémoires de l'Académie ... de Lyon. Classe des sciences [nouvelle série], t. XIII. (Lyon, 1863, in-8°, viii, 311 et 62 p.)

XIV. — Mémoires de l'Académie ... de Lyon. Classe des sciences [nouvelle série], t. XIV. (Lyon, 1864, in-8°, viii et 342 p.)

XV. — Mémoires de l'Académie ... de Lyon. Classe des sciences [nouvelle série], t. XV. (Lyon, 1865-1866, in-8°, viii et 350 p.)

XVI. — Mémoires de l'Académie ... de Lyon. Classe des sciences [nouvelle série], t. XVI. (Lyon, 1866-1867, in-8°, viii et 378 p.)

36931. Fournet (J.). — Esquisse géographique, ethnographique et géologique du département du Rhône, p. 277.

XVII. — Mémoires de l'Académie ... de Lyon. Classe des sciences [nouvelle série], t. XVII. (Lyon, 1869-1870, in-8°, viii et 318 p.)

36932. Bouchacourt (A.). — Éloge historique du docteur F. Devay [François-Marie-Antoine, 1813 † 1863], p. 147.

36933. Monin (F.). — Éloge du docteur L. Gabian [Louis, né en 1792], p. 205.

XVIII. — Mémoires de l'Académie des sciences, belles-lettres et arts de Lyon. Classe des sciences [nouvelle série], t. XVIII. (Lyon, 1870-1871, in-8°, vii et 441 p.)

36934. Pétrequin (J.-E.). — Notice historique sur le docteur Corneille Broeckx, d'Anvers, pour servir à l'histoire de la médecine belge [† 1869], p. 21.

XIX. — Mémoires de l'Académie ... de Lyon. Classe des sciences [nouvelle série], t. XIX. (Paris, 1871-1872, in-8°, vii et 351 p.)

36935. Michel (Louis-Jules). — Détermination de la longueur du pied gaulois à l'aide des monuments antiques de Lyon et de Vienne, *4 pl.*, p. 125.

36936. Mulsant (É.). — Notice sur J.-B. Guimet [1795 † 1871], *pl.*, p. 161.

XX. — Mémoires de l'Académie ... de Lyon. Classe des sciences [nouvelle série], t. XX. (Paris, 1873-1874, in-8°, VII et 359 p.)

36937. Falsan (A.). — Des progrès de la minéralogie et de la géologie à Lyon et de l'influence de Joseph Fournet sur l'avancement de ces sciences, p. 219.

XXI. — Mémoires de l'Académie ... de Lyon. Classe des sciences [nouvelle série], t. XXI. (Lyon, 1875-1876, in-8°, VII et 345 p.)

36938. Pariset. — Étude [historique] sur le régime économique intérieur de l'industrie de la soie à Lyon, p. 51.

36939. Pétrequin (J.-E.). — Chirurgie d'Hippocrate. Restitution et interprétation d'un chapitre, jusqu'ici incompris, d'Oribase, contenant un commentaire de Galien sur les luxations du coude d'après Hippocrate, p. 79.

36940. Perrin (Théodore). — De l'éducation supérieure [étude historique], p. 97.

XXII. — Mémoires de l'Académie ... de Lyon. Classe des sciences [nouvelle série], t. XXII. (Lyon, 1876-1877, in-8°, VII et 346 p.)

36941. Bonnel (Joseph). — La découverte des mouvements réels de la terre dans l'astronomie grecque, p. 15.

36942. Teissier (Dr). — M. le docteur Pétrequin. Discours prononcé aux funérailles de M. le docteur Pétrequin, le 5 juin 1876, p. 105.

36943. Teissier (Dr). — M. Dumortier [géologue, 1801 † 1876], p. 169.

XXIII. — Mémoires de l'Académie ... de Lyon. Classe des sciences [nouvelle série], t. XXIII. (Lyon, 1878-1879, in-8°, VII et 423 p.)

36944. Hignard (Henri). — M. Théodore Dieu [† 1877], p. 25. — Cf. id. n° 36867.

36945. Michel (Jules). — Essai sur les diverses mesures de longueur et de superficie employées en France avant l'adoption du système métrique, p. 117.

36946. Don (H.). — De l'évolution historique du sens des couleurs; réfutation des théories de Gladstone et de Magnus, p. 181.

36947. Rollet (J.). — Des applications du feu à l'hygiène dans les temps préhistoriques, p. 243.

36948. Bonnel (Joseph). — Étude sur l'histoire de l'astronomie occidentale au moyen âge, p. 275.

36949. Loir (A.). — Notes historiques sur la découverte de l'outremer artificiel [par J.-B. Guimet en 1826], p. 333.

XXIV. — Mémoires de l'Académie ... de Lyon. Classe des sciences [nouvelle série], t. XXIV. (Lyon, 1879-1880, in-8°, XII et 379 p.)

36950. Allégret. — Mémoire sur le calendrier, 2 *tableaux*, p. 15.

36951. Marmy (Dr J.). — Souvenirs de la Turquie d'Asie; études de mœurs orientales, p. 37.

36952. Heinrich (G.-A.). — Notice sur Ernest Faivre [Jean-Joseph-Augustin-Ernest, médecin et professeur, 1727 † 1879], p. 117.

36953. Dumont. — Fragments biographiques. Perrache [Antoine-Michel, † 1779], Craponne et de Montricher, p. 177.

36954. Falsan (A.). — Notice sur la vie et les travaux de Ch.-H.-Théophile Ebray [1823 † 1879], p. 207.

36955. Locard (Arnould). — Les sciences naturelles et les naturalistes lyonnais dans l'histoire, p. 325.

XXV. — Mémoires de l'Académie ... de Lyon. Classe des sciences [nouvelle série], t. XXV. (Lyon, 1881-1882, in-8°, L et 339 p.)

36956. Allégret. Sur l'ancienne Chine, p. 173.

36957. Allégret. — Utilité des périodes dans le calcul des éclipses de soleil mentionnées par les anciens historiens, p. 189.

36958. Locard (Arnould). — Étienne Mulsant, sa vie et ses œuvres [1797 † 1880], p. 259.

XXVI. — Mémoires de l'Académie ... de Lyon. Classe des sciences [nouvelle série], t. XXVI. (Lyon, 1883-1884, in-8°, XII et 365 p.)

36959. Loir (A.). — M. Saint-Clair Duport [1804 † 1882], p. 15.

36960. Desjardins (T.). — M. Ernest Faivre [† 1879], p. 19.

36961. Loir (A.). — M. Tony Desjardins [1814 † 1882], p. 23.

36962. Saint-Lager (Dr). — Des origines des sciences naturelles, p. 27.

36963. Aynard (Th.). — Histoire du quai Saint-Clair en la ville de Lyon depuis son origine jusqu'à nos jours et de quelques autres choses, p. 207.

36964. Locard (Arnould). — Correspondance inédite entre le comte d'Agenois, duc d'Aiguillon, le comte de Seignelay et le cardinal de Polignac sur la divisibilité de la matière [1720], p. 279.

XXVII. — Mémoires de l'Académie ... de Lyon. Classe des sciences [nouvelle série], t. XXVII. (Lyon, 1885, in-8°, XII et 409 p.)

36965. Locard (Arnould). — Histoire des mollusques dans l'antiquité, p. 75 à 312.

36966. Delocre. — Discours prononcé aux funérailles de M. Baudrier [magistrat], le 20 juin 1884, p. 319.

Travaux archéologiques extraits des Mémoires de l'Académie impériale des sciences, belles-lettres et arts de Lyon, 1859-1867 [extrait des tomes IX-XIV de la nouvelle série des *Mémoires*]. (Lyon, 1868, in-8°, 169 p.)

36967. Dareste de la Chavanne (C.). — Procès-verbaux du comité d'histoire et d'archéologie de l'Académie impériale de Lyon [2 décembre 1859-3 août 1860], p. 1 à 23. — Cf. id. n° 36786.

[Amphores romaines trouvées à Lyon, p. 3. — *Colonia Allobrogum*, p. 4. — Inscriptions et ruines romaines de Luxeuil, p. 7. — Inscription relative à la conjuration de Libertat, à Marseille (1596), p. 10. — Station de *Mediolanum*, p. 12. — Chapelle des pèlerins de Saint-Jacques à Lyon, p. 13. — Truelle antique trouvée au Jardin des plantes de Lyon, p. 19.]

36968. Anonyme. — Procès-verbaux [7 décembre 1860-2 août 1861], p. 25 à 41. — Cf. id. n° 36793.

[Monogramme AMR sur des monnaies, p. 27. — Lettres patentes de Charles VI concernant Villefranche, p. 29. — Sarcophage trouvé à la Burbanche (Ain), p. 33. — Statue et amphores antiques trouvées à Lyon, p. 34. — Médaille d'or offerte à Charles IX et à Catherine de Médicis par la ville d'Avignon, p. 37. — Banquet offert par Louis XII à César Borgia (1498), p. 129. — Funérailles de Philippe II d'Orléans, régent, à Villefranche (1724), p. 39.]

36969. Divers. — Procès-verbaux [15 novembre-13 décembre 1861], p. 41 à 66. — Cf. id. n° 36796.

[Inscriptions romaines de Lyon, p. 41. — Mosaïque ancienne trouvée à Lyon, p. 43. — Écusson d'une famille lyonnaise (XVIe s.), p. 43. — Zodiaque provenant de l'église de Sainte-Foy (VIIIe s.), p. 43. — Musée de Copenhague, p. 44. — Inscription romaine d'Aixme, p. 50. — Campagne de César contre les Helvètes, p. 55.]

36970. [Dareste de la Chavanne (C.)]. — Procès-verbaux [10 janvier-6 juin 1862], p. 67 à 78. — Cf. id. n° 36804.

[Tombe de Jean Keingherberg, bourgmestre à Lubeck (1356), p. 67. — Chevaliers tireurs de Villefranche, p. 68. — Vases murrhins, p. 74.]

36971. Guigue (M.-C.). — Lettre à M. Valentin-Smith sur une inscription bilingue trouvée à Genay (Ain), p. 79. — Cf. id. n° 36809.

36972. Martin-Daussigny (E.-C.). — Procès-verbaux [4 juillet 1862-8 janvier 1864], p. 87 à 106. — Cf. id. n° 36819.

[Inscription romaine trouvée à Chanos, p. 87. — Médaillon romain en plomb trouvé à Lyon, p. 93. — Donations provenant du Musée Campana, p. 95. — Inscriptions romaine et chrétienne découvertes à Saint-Irénée, p. 99. — Inscription commémorative de l'ouverture du quai Villeroy à Lyon (1719), p. 103.]

36973. Anonyme. — Procès-verbaux [3 février-2 décembre 1864], p. 107 à 128. — Cf. id. n° 36827.

[Alésia, p. 108. — Ancien couvent des Grands-Carmes de Lyon, p. 114. — Emplacement de la citadelle construite à Lyon en 1564, p. 118. — Épée romaine trouvée près de Saint-Barnard (Ain), p. 119. — *Ascia* en fer, p. 120. — Épitaphe relative à un préconisateur à Lyon (1224), p. 122. — Famille de Beaumont, p. 123. — Emplacement de la bataille de Varey, p. 125. — Monuments épigraphiques lyonnais disparus, p. 126. — Emploi du diamant dans l'antiquité, p. 128. — Bataille de *Vire-cul* (1587), p. 129.]

36974. Anonyme. — Procès-verbaux [13 janvier 1865-2 mars 1866], p. 129 à 146. — Cf. id. n° 36828.

[Les représentations dramatiques et la troupe de Molière à Lyon, p. 130. — Plombs antiques et du moyen âge trouvés dans la Saône, p. 133. — Mosaïques romaines trouvées à Feurs, p. 137. — Échoppes adossées à l'église Saint-Bonaventure de Lyon, p. 138. — Archives communales de Lyon, p. 140. — Position d'*Aëria*, p. 141. — Alpes Cottiennes, p. 142. — Étymologie d'Ainay, p. 144. — Antiquités provenant de Cremma (Italie), p. 145. — Armoiries de Lyon, p. 145.]

36975. Anonyme. — Séances [13 avril 1866-8 décembre 1867], p. 146 à 169. — Cf. id. n° 36829.

[Monnaies romaines en or trouvées à Lentilly, p. 147. — Pièces archiépiscopales de Vienne, monnaies du roi Eudes, de Conrad le Pacifique et de Hugues, comte de Lyon, trouvées à la Villette-d'Anthon, Xe s., p. 148. — *Ager Gofiacensis*, p. 149. — Statuettes romaines découvertes à Vienne (Isère), p. 150. — Colonne romaine de Cussy (Saône-et-Loire), p. 152. — Ciboire du XVIe siècle trouvé dans les décombres de l'église Saint-Pierre-le-Vieux, p. 152. — Figurine antique obscène, p. 152. — Enseigne du Cheval-Blanc, à Lyon, p. 153. — Lignes de pilotis dans le Rhône, à Lyon, p. 154. — Inscriptions antiques trouvées à Valence et à Néronde, p. 159. — Temple et autel d'Auguste, p. 162. — Figurines anciennes trouvées près de Marlieu, p. 164. — Chapelle du Pozzo à Lyon, p. 166. — Ruines romaines trouvées à Lyon, p. 166. — Emploi du porphyre rouge dans l'antiquité, p. 168. — Inscriptions antiques trouvées à Lyon, p. 168.]

Nota. — Les comptes rendus imprimés dans les volumes de *Mémoires* de 1868 à 1892 ont été tirés à part à 100 exemplaires pour être distribués aux auteurs (voy. Saint-Lager, *Table*, p. 35). Mais nous n'avons pu trouver nulle part, pas même au siège de l'Académie, la collection de ces tirages à part.

I. — Bulletin des séances de l'Académie impériale des sciences, belles-lettres et arts de Lyon, 1865. (Lyon, 1865, in-8°, 258 p.)

36976. Martin-Daussigny (E.-C.). — [Rapport sur le concours ouvert sur l'histoire des arts à Lyon, de la Renaissance jusqu'à nos jours], p. 24.

36977. Ward (Jules). — Aperçus généraux sur les origines de la musique, son introduction dans l'église et ses phases diverses jusqu'au xvie siècle inclusivement, p. 51.

36978. Dubois. — Sur Mlle Philis de La Tour du Pin de La Charce [† 1703], p. 80.

36979. Fraisse (D[r]). — [Discours prononcé sur la tombe de M. Louis Perrin, † 1865], p. 87.

36980. Teissier (D[r]). — La mission sociale de la médecine, p. 116.

36981. Martin-Daussigny (E.-C.). — Sur une inscription romaine trouvée à Lyon, p. 143.

36982. Martin-Daussigny (E.-C.). — Sur une collection de tessères du musée de Lyon, p. 179.

II. — Bulletin des séances de l'Académie impériale ... de Lyon, 1866. (Lyon, 1866, in-8°, 162 p.)

36983. Dieu. — Essai sur l'histoire des mathématiques, p. 83.

36984. Aynard (Th.). — Note historique sur l'art de fonder les ponts, p. 99.

36985. Dubieu (Fleury). — Sur M. Adrien-Charles-Adelin-Fromentin de Saint-Charles, officier (1777 † 1866), p. 138.

36986. Péricaud aîné (Ant.). — Sur Samuel Sorbières, médecin-littérateur (xviie s.), p. 155.

RHÔNE. — LYON.

COMMISSION DE STATISTIQUE.

Une *Commission de statistique* fut nommée à l'époque de la Restauration sur l'initiative du Conseil général du Rhône à l'effet de dresser une statistique complète du département. Elle désigna, en 1824, trois de ses membres, MM. Cochard, Grognier et Breghot du Lut, pour mettre en ordre les documents réunis par elle et les rédiger. Mais ils reconnurent que les éléments mis à leur disposition n'étaient point suffisants, et pour faciliter l'exécution du travail qui leur était confié, ils imaginèrent de publier, sous le titre d'*Archives historiques et statistiques du département du Rhône,* un recueil périodique paraissant deux fois par mois et formant, à la fin de chaque année, deux volumes in-8°. La première livraison parut le 1er novembre 1824. En 1831, on commença une deuxième série sous le titre de *Nouvelles archives.* La première série compte 14 volumes; la deuxième n'en forme que deux. Bien que cette publication semble être une entreprise privée, nous avons cru devoir en donner le dépouillement, d'abord pour conserver le souvenir des travaux de la *Commission de statistique*, et en second lieu parce que, à plusieurs reprises, des membres de l'Académie des sciences, belles-lettres et arts de Lyon et de la Société littéraire y ont inséré les lectures qu'ils faisaient aux séances ordinaires de ces deux compagnies.

I. — Archives historiques et statistiques du département du Rhône, par trois des membres de la Commission de statistique de ce département, t. I, du 1er novembre 1824 au 30 avril 1825. (Lyon, 1825, in-8°, 484 p.)

36987. G. [Grognier (L.-F.).] — Considérations sur la statistique du département du Rhône, p. 5.

36988. C. [Cochard (N.-F.).] — Sur l'origine du Franc-Lyonnais, p. 20.

[Petit pays aux environs de Lyon soumis à la juridiction de l'église de Lyon et jouissant de privilèges spéciaux.]

36989. B. [Breghot du Lut.] — Biographie lyonnaise; testament de Louise Labé [1565], p. 35. — Cf. pour la série des *Biographies lyonnaises* les n°s 36990, 36992, 36993, 37005, 37006, 37016, 37022, 37025, 37026, 37036, 37037, 37042, 37046, 37049, 37060, 37067, 37072, 37079, 37081, 37096, 37107, 37109, 37113, 37134, 37137, 37150, 37160, 37167, 37175, 37176, 37178, 37185, 37188, 37191, 37197, 37216, 37232, 37242, 37247, 37254 et 37262. — Cf. aussi n° 37625.

36990. A. [Péricaud aîné (Ant.).] — Biographie lyonnaise; notice sur Borde [Charles, poète, 1711 † 1781], p. 52. — Cf. n° 36989.

36991. C. [Cochard (N.-F.).] — Environs de Lyon : Saint-Alban-sur-la-Guillotière [inscription romaine], p. 81.

36992. G. [Grognier (L.-F.).] — Biographie lyonnaise; notice sur Alléon Dulac [Jean-Louis, naturaliste, † 1768], p. 94. — Cf. n° 36989.

36993. Dumas (J.-B.). — Biographie lyonnaise; l'abbé Antoine Lacroix (1708 † 1781), p. 118. — Cf. n° 36989.

36994. G. [Grognier (L.-F.).] — Cercle religieux et littéraire de Lyon [fondé en 1824], p. 134.

36995. M.-A. P. [Péricaud (Marc-Antoine).] — Siège de Lyon; note sur un passage de l'histoire de France pendant le xviiie siècle, p. 145.

36996. C. [Cochard (N.-F.).] — Observations sur la nécessité de réunir le département de la Loire à celui du Rhône, p. 161. — Cf. n° 37058.

36997. C. [Cochard (N.-F.).] — Omissions réparées [écrivains, etc., omis dans la *Description physique et politique du département du Rhône*, rédigée par ordre de M. Verninac, préfet], p. 175.

36998. Guerre. — Notice historique sur l'abbaye Saint-Pierre de Lyon, p. 181.

36999. Pichard (J.-M.). — Éloge de M. Bellay, médecin de la Charité [François-Philibert, 1762 † 1824], p. 221.

37000. Anonyme. — Copie d'une lettre [relative à Lyon], datée de Paris le 21 juillet 1793, l'an II de la République, écrite par Danton, président de la Convention nationale, à Dubois de Crancé, p. 239.

37001. C. [Cochard (N.-F.).] — Notice sur les voûtes souterraines appelées improprement aqueducs du Rhône [construites au moyen âge pour la défense du château de Mirebel], p. 241.

37002. Dumas (J.-B.). — Dons faits à l'Académie de Lyon, p. 269.

[Ouvrages inédits de Achard-James et Dulac de La Tour.]

37003. C. [Cochard (N.-F.).] — Première lettre sur la ville de Vienne (Isère), p. 286. — Cf. n°s 37010, 37038 et 37063.

37004. Tissier père. — Essai sur la géognosie du département du Rhône [études sur les rivières], p. 321.

37005. [Molard (E.).] — Biographie lyonnaise; notice sur M. Pierre Morel le grammairien, correspondant de l'Institut [1723 † 1812], p. 330. — Cf. n° 36989.

37006. A. [Péricaud aîné (Ant.).] — Biographie lyonnaise; notices sur Leidrade, Agobard et Amolon [archevêques de Lyon, VIIIe-IXe s.], p. 340. — Cf. n° 36989.

37007. B. [Breghot du Lut.] — Ancienne fête de l'île Barbe [poésie de Bonaventure des Périers], p. 357.

37008. C. [Cochard (N.-F.).] — Sainte-Foy-lès-Lyon, p. 401.

[Statues funéraires, XVe ou XVIe s.; extrait d'un rituel de Vienne concernant les lépreux, 1478.]

37009. Pichard (J.-M.). — Notice sur M. Blanchin [Pierre-Joseph, médecin, 1770 † 1824], p. 417.

37010. C. [Cochard (N.-F.).] — Deuxième lettre sur Vienne, p. 434. — Cf. n° 37003.

[Aqueduc et inscriptions anciennes.]

37011. Morel (Jean-Marie). — Mémoire sur la théorie des eaux fluantes, appliquée au cours du Rhône, depuis la pointe de la Pape jusqu'à la Mulatière [notes historiques sur le cours du Rhône], p. 441.

37012. C. [Cochard (N.-F.).] — Saint-Irénée [inscriptions antiques], p. 469; et II, p. 53. — Cf. n° 37074.

37013. Anonyme. — Mélanges, p. 473.

[Jean Huguetan, libraire lyonnais, XVIIe s.; inscription singulière sur la porte d'un monastère de Lyon; inscription à l'occasion d'une victoire de Napoléon Ier.]

II. — Archives historiques et statistiques du département du Rhône, ... t. II, du 1er mai au 30 octobre 1825. (Lyon, 1825, in-8°, 476 p.)

37014. B. [Breghot du Lut.] — Lettres lyonnaises, 1re lettre. Librairie de Lyon sous les Romains, p. 1. — Cf. pour la série des *Lettres lyonnaises* les n°s 37015, 37019, 37020, 37021, 37027, 37028, 37029, 37032, 37033, 37045, 37048, 37061, 37070, 37076, 37090, 37091, 37095, 37100, 37101, 37103, 37123, 37124, 37126, 37140, 37149 et 37158.

37015. B. [Breghot du Lut.] — Lettres lyonnaises; 2e lettre, origine et premiers essais de l'imprimerie de Lyon, p. 6. — Cf. n° 37014.

37016. Dumas (J.-B.). — Biographie lyonnaise; notice sur Jean-Marie Morel [architecte-paysagiste, † 1810], p. 49. — Cf. n° 36989.

[37012]. Cochard (N.-F.). — Saint-Irénée [inscriptions antiques], p. 53.

37017. [Cochard (N.-F.).] — Langage vulgaire [chanson attribuée à Revérony et composée à l'occasion du mariage du comte d'Artois, 1773], p. 72.

37018. Mongez (Antoine). — Mémoire sur une inscription trouvée à Lyon, gravée par Philippianus en mémoire de la soumission de cette ville à l'empereur Septime Sévère, p. 81.

37019. B. [Breghot du Lut.] — Lettres lyonnaises, 3e lettre. Inscription antique [grecque et latine] trouvée à Saint-Irénée, p. 113. — Cf. n°s 37014 et 37033.

37020. Amanton (C.-N.). — Lettres lyonnaises; 4e lettre, [les Hymnides], p. 120. — Cf. n°s 37014 et 37193.

37021. B. [Breghot du Lut.] — Lettres lyonnaises, 5e lettre. Sur deux anciennes éditions de Louise Labé, p. 123. — Cf. n° 37014.

37022. C. [Cochard (N.-F.).] — Biographie lyonnaise; sur Hugues Arthiaud, seigneur de Lissieu († vers 1593), p. 138. — Cf. n° 36989.

37023. Divers. — Mélanges, p. 142, 226, 315, 399 et 464.

[Borde et non Desbordes, poète lyonnais; Fabre d'Églantine, poète satirique; Louis de Puget, fabuliste; situation de Lyon à l'époque de Sénèque; description de Lyon par le chancelier de L'Hôpital; vers sur Lyon par Jules-César Scaliger; vers latins sur Lyon de Jacques Zévécotius, de J.-I. Pontanus et de Pierre de Marca.]

37024. C. [Cochard (N.-F.).] — Environs de Lyon; le château de la Pape [à Rillieux], p. 157.

37025. A. [Péricaud aîné (Ant.).] — Biographie lyonnaise; notice sur Sidoine Appollinaire [430 † vers 488], p. 169. — Cf. n° 36989.

37026. A. J. [Jurye (A.).] — Biographie lyonnaise;

notice sur Antoine Coysevox [sculpteur, 1640 † 1720], p. 220. — Cf. n° 36989.

37027. Gazzera (Costanzo). — Lettres lyonnaises, 6e lettre. Imprimerie lyonnaise au xve siècle, p. 242. — Cf. nos 37014 et 37028.

37028. B. [Breghot du Lut.] — Lettres lyonnaises, 7e lettre. Réponse à la lettre précédente, p. 251. — Cf. nos 37014 et 37027.

37029. Amanton (C.-N.). — Lettres lyonnaises, 8e lettre. Sur un point de biographie lyonnaise [Louis Marchand, organiste du roi, † 1732], p. 258. — Cf. n° 37014.

37030. [Cochard (N.-F.).] — Le Perron [château situé à Oullins], p. 278.

[Notes sur les familles de Gondy et d'Elbene, etc.]

37031. G. [Grognier (L.-F.).] — Recherches historiques et statistiques sur le mûrier, les vers à soie et la fabrication de la soierie, particulièrement à Lyon et dans le Lyonnais, p. 294, 317, 405; III, p. 1 et 81.

37032. Neufchâteau (François de). — Neuvième lettre lyonnaise [œuvres de Louise Labé], p. 311. — Cf. n° 37014.

37033. Dugas-Montbel. — Lettres lyonnaises; 10e lettre, [inscription antique de Saint-Irénée], p. 331. — Cf. nos 37014 et 37019.

37034. C. [Cochard (N.-F.).] — Usage lyonnais [charivaris et proverbes lyonnais], p. 340.

37035. A. [Artaud.] — Sur l'ancienne statue équestre de Louis XIV à Lyon [œuvre de Martin Desjardins], p. 348. — Cf. nos 37039, 37040, 37041, 37044, 37056 et 37062.

37036. T. [Trolliet]. — Biographie lyonnaise; notice sur Abascantus [médecin, † 180], p. 364. — Cf. n° 36989.

37037. Z. [Passeron.] — Biographie lyonnaise; notice sur Girard Audran [graveur, 1640 † 1703], p. 380. — Cf. n° 36989.

37038. C. [Cochard (N.-F.).] — Troisième lettre sur Vienne [aqueduc et inscriptions antiques], p. 391. — Cf. n° 37003.

37039. [Artaud]. — Sur la statue de Louis XIV par Lemot, p. 397. — Cf. n° 37035.

37040. [Artaud]. — Inauguration do l'ancienne statue équestre de Louis XIV [1713], p. 419. — Cf. n° 37035.

37041. [Artaud]. — Copie du procès-verbal de réception de la statue équestre de Louis XIV [par Lemot], destinée à la ville de Lyon [1825], p. 425. — Cf. n° 37035.

37042. T. [Trolliet.] — Biographie lyonnaise; notice sur Pierre Barra [médecin, xviie s.], p. 432. — Cf. n° 36989.

37043. Z. [Passeron.] — Nécrologie [Benoît Gingenne, 1755 † 1825], p. 455.

III. — Archives historiques et statistiques du département du Rhône, ... t. III, du 1er novembre 1825 au 30 avril 1826. (Lyon, 1825, in-8°, iv et 508 p.)

[37031]. Grognier (L.-F.). — Recherches historiques et statistiques sur le mûrier, les vers à soie et la fabrication de la soierie, particulièrement à Lyon et dans le Lyonnais, p. 1 et 81.

37044. [Artaud]. — Procès-verbal de l'inauguration de la statue équestre de Louis XIV à Lyon, p. 19. — Cf. n° 37035.

37045. Beuchot. — Onzième lettre lyonnaise; bibliographie lyonnaise [le *De Nuptiis* de *Richardus*], p. 35. — Cf. n° 37014.

37046. A. [Péricaud aîné (Ant.).] — Biographie lyonnaise; notice sur M. A. Blond [Marc-Antoine, avocat, 1730 † 1780], p. 38. — Cf. n° 36989.

37047. Borde (Charles). — Discours de Charles Borde à sa réception à l'Académie de Lyon [27 avril 1745], p. 40.

37048. Amanton (C.-N.). — Douzième lettre lyonnaise [Claude Patarin, premier président au Parlement de Dijon, xvie s.], p. 47. — Cf. nos 37014, 37076 et 37158.

37049. C. [Cochard (N.-F.).] — Biographie lyonnaise; sur Jean d'Arces, baron de Lyvarrot († 1590), p. 61. — Cf. n° 36989.

37050. B. [Breghot du Lut.] — Nécrologie [Étienne Mayet, directeur des manufactures de Prusse, 1755 † 1825], p. 65. — Cf. n° 37122.

37051. Anonyme. — Mélanges, p. 69, 152, 237, 256, 403 et 470.

[Poésies latines relatives à Lyon des PP. jésuites Commire et Vanière; lettre de Mme du Bocage à Borde (1758); vers latins des PP. jésuites Albert d'Augières et Vanière sur la statue de Louis XIV; projet d'inscription sur la nouvelle statue de Louis XIV; population de Lyon en 1586; curieux droit relatif aux obsèques (1604); éditions des *Masures de l'île Barbe*; *Almanach des Muses*; ouvrages d'Étienne Mayet; *Roman de Floriemont*, par Aimon de Varennes; *Triomphante entrée de ... Magdeleine de La Rochefocaud ... en la ville et université de Tournon*, par Honoré d'Urfé (1583); association charitable de dames de Lyon (xvie s.); Melchior Philibert, négociant (xviie-xviiie s.); le P. Girard, jésuite; statue par Coysevox (1676); anecdotes pour l'histoire de la manufacture : Octavio Mey, le peintre Revel, Camille Pernon; buste de Louis XVI (1778); portrait de Louise Labé; Bonaparte et l'Académie de Lyon; Charles de Brosses; le P. Bridaine à Lyon (1735); plantes cultivées par Louise Labé; bibliothèque de M. Coulon, Lyonnais; brochets du Rhône.]

37052. C. [Cochard (N.-F.)]. — Oullins, p. 93.

[Notice sur l'académicien Thomas, mort à Oullins en 1785; lettres de l'académicien Ducis.]

37053. Anonyme. — Bibliothèque Adamoli [léguée à l'Académie de Lyon], p. 120.

37054. Mongez (Antoine). — Extrait d'un mémoire [historique] sur le coton, p. 129.

37055. Dugas[-Montbel]. — Extrait d'un mémoire où l'on essaye d'établir que saint Ambroise est né à Lyon, p. 140.

37056. A. [Artaud.] — Sur la nouvelle statue équestre de Louis XIV à Lyon, p. 161. — Cf. n° 37035.

37057. Breghot du Lut. — Poème latin sur Lyon par Antoine Laisné, précédé d'une notice sur cet auteur [1668 † 1746], p. 206.

37058. C. [Cochard (N.-F.).] — Nouvelles observations sur la réunion du département de la Loire à celui du Rhône, p. 226. — Cf. n° 36996.

37059. Anonyme. — Bulletin historique [janvier-avril 1826], p. 252, 334, 410 et 498. — Cf. n°s 37083, 37106, 37136, 37165, 37194, 37211, 37229, 37248, 37266, 37284, 37301, 37312 et 37338.

[Résumé des événements survenus dans le mois : journaux, morts, etc.]

37060. I. [Idt.] — Biographie lyonnaise; notice sur Jean de Bussières, jésuite, p. 268. — Cf. n°s 36989 et 37081.

37061. Amanton (C.-N.). — Treizième lettre lyonnaise [Humbert de Villeneuve, baron de Joux, magistrat, † 1515], p. 275. — Cf. n°s 37014 et 37158.

37062. [Artaud]. — Sur les inscriptions de la statue de Louis XIV à Lyon; lettres de J.-B. Rousseau et de Brossette (1718-1721), p. 295. — Cf. n° 37035.

37063. C. [Cochard (N.-F.).] — Quatrième lettre sur Vienne [inscriptions antiques], p. 302. — Cf. n° 37003.

37064. Anonyme. — Inscription de la porte d'Ainay [1611], p. 311.

37065. Gay. — Des projets de restauration du Grand-Théâtre [critique], p. 314.

37066. Anonyme. — Extrait de l'ouvrage intitulé : *Mon séjour auprès de Voltaire*, etc., par Côme-Alexandre Collini [anecdotes sur le séjour de Voltaire à Lyon], p. 345. — Cf. n° 37075.

37067. [Breghot du Lut]. — Notice sur le P. Folard, jésuite, de l'Académie de Lyon [1683 † 1739], p. 358. — Cf. n°s 36989 et 37197.

37068. Pointe (J.-P.). — Coup d'œil sur l'enseignement des sciences médicales à Lyon, considéré dans les temps anciens et modernes; projet d'établissement d'une Faculté spéciale de médecine dans cette ville, p. 371.

37069. G. [Grognier (L.-F.).] — Notes [historiques] pour servir à l'histoire de la grande manufacture de Lyon, p. 381.

37070. Amanton (C.-N.). — Quatorzième lettre lyonnaise [Hugues Fournier, sieur de Grimats, † 1525], p. 397. — Cf. n°s 37014, 37158 et 37193.

37071. Clapasson (André). — Recherches sur la bataille de Brignais [1381], p. 413.

37072. [Breghot du Lut]. — Biographie lyonnaise; notice sur Benoît du Troncy [vers 1525 † vers 1600], p. 425. — Cf. n°s 36989, 37125, 37134 et 37145.

37073. Dumas (J.-B.). — Académie royale des sciences, belles-lettres et arts de Lyon [notice historique], p. 448.

37074. C. [Cochard (N.-F.).] — Inscriptions [antiques] de Saint-Irénée, p. 455. — Cf. n° 37012.

37075. Dumas (J.-B.). — Sur le séjour de Voltaire à Lyon, p. 459. — Cf. n° 37066.

37076. [Breghot du Lut]. — Quinzième lettre lyonnaise [Claude Patarin ou Paterin], p. 461 — Cf. n°s 37014 et 37048.

IV. — Archives historiques et statistiques du département du Rhône, ... t. IV, du 1er mai au 30 octobre 1826. (Lyon, 1826, in-8°, 568 p.)

37077. La Tourrette (De). — Rapport de MM. Delorme, Pernetti et de La Tourrette, nommés commissaires par délibération de l'Académie du 18 février 1766 pour examiner un fragment de bronze, représentant une jambe de cheval, trouvé dans la Saône au commencement de la même année, p. 5 et 465. — Cf. n° 37131.

[Inscription en l'honneur de Tiberius Antistius; lettres de Calvet et Séguier.]

37078. Anonyme. — Anecdotes [lyonnaises tirées des *Souvenirs et mélanges littéraires, politiques et biographiques*, par M. L. de Rochefort, 1826], p. 24.

37079. [Péricaud aîné (Ant.).]. — Biographie lyonnaise; notice sur saint Jubin, archevêque de Lyon [† 1082], p. 36. — Cf. n° 36989.

37080. N.-F. C. [Cochard (N.-F.).] — Lettre à M. de La Martine, à Mâcon, sur des monnaies des églises de Lyon et de Vienne découvertes à Lugny (Saône-et-Loire) [monnaies de Cluny], p. 43.

37081. Guillon de Montléon (L'abbé). — Biographie lyonnaise; supplément à la notice sur J. de Bussières, jésuite, p. 57. — Cf. n°s 36989 et 37060.

37082. Anonyme. — Sur Jean-François Los Rios, libraire (1728 † 1820), p. 69. — Cf. n° 37210.

37083. Anonyme. — Bulletin historique [mai-octobre 1826], p. 77, 171, 269, 359, 456 et 546. — Cf. n° 37059.

37084. Ozanam (Dr). — Notice sur le champ de bataille où Septime Sévère et Albin se disputèrent l'empire romain [aux environs de Lyon], p. 107.

37085. Grognier (L.-F.). — Notice sur l'école royale vétérinaire de Lyon [fondée en 1762], p. 112.

37086. N. [Servan de Sugny.] — A M***, un des rédacteurs des *Archives du Rhône* [critiques diverses], p. 129.

37087. C. [Cochard (N.-F.).] — Notice historique et statistique du canton de Saint-Symphorien-le-Château, p. 135, 220, 273, 388, 512; V, p. 30, 126, 192 et 253. — Cf. n°s 37118, 37127, 37132, 37138 et 37147.

[Tome IV : Parabole de l'enfant prodigue en patois.
Tome V : Pierre Girard, *dit* le cardinal du Puy (vers 1330 † 1415); Pierre Charpin, docteur en décrets († 1449); Benoît Court ou Lecourt, docteur en droit (xvie s.); Claude Champier (xve-xvie s.); André et Jacques Debais (xvie-xviie s.); famille Giraud.]

37088. Anonyme. — Mélanges, p. 154, 252 et 538.

[Bonaparte et l'Académie de Lyon; mort de M. Montazet, archevêque de Lyon (1788); octroi (1787); époque de l'introduction du blé noir ou sarrasin; exécutions à Lyon, de 1760 à 1770.]

37089. Dumas (J.-B.). — Éloge historique de Raymond Verninac, préfet du département du Rhône [1762 † 1822], p. 177.

37090. [Breghot du Lut]. — Seizième lettre lyonnaise [Guillaume Cretin et Louise Labé], p. 217. — Cf. n° 37014.

37091. A. P. [Péricaud aîné (Ant.).] — Dix-septième lettre lyonnaise [Jean Ricaud, auteur du *Discours du massacre de ceux de la religion réformée fait à Lyon* en 1572], p. 249. — Cf. n° 37014.

37092. [Jacques (L'abbé)]. — Sur saint Bernard de Menthon, p. 255.

37093. C. [Cochard (N.-F.).] — Sur le dôme des Chartreux [attribué à Soufflot ou à de La Monce], p. 256.

37094. B. [Breghot du Lut.] — Nécrologie [Jean-Baptiste Poidebard, médecin, † 1824], p. 291.

37095. A. P. [Péricaud aîné (Ant.).] — Dix-huitième lettre lyonnaise [sur les fausses citations], p. 298. — Cf. n° 37014, 37103 et 37246.

37096. Z. [Passeron.] — Biographie lyonnaise: notice sur Pierre-Édouard Lémontey [1762 † 1826], p. 303. — Cf. n° 36989.

37097. E. T. [Breghot du Lut]. — Sur M. Jean-Humbert Monier, avocat général, traducteur du *Pervigilium Veneris*, p. 317.

37098. Ozanam (D^r). — Description du mont Pilat, par Jean du Choul, traduction libre du latin [xvie s.], p. 369. — Cf. n° 37105.

37099. [Breghot du Lut]. — Sur l'institution des nouveaux poids et mesures et sur leurs dénominations, p. 407.

[Lettre de Berchoux; remarques grammaticales.]

37100. B. [Breghot du Lut.] — Dix-neuvième lettre lyonnaise [dévastation de Lyon par Attila], p. 430. — Cf. n° 37014.

37101. [Breghot du Lut]. — Vingtième lettre lyonnaise [Louise Labé et Clément Marot], p. 522. — Cf. n° 37014.

V. — Archives historiques et statistiques du département du Rhône, ... t. V, du 1er novembre 1826 au 30 avril 1827. (Lyon, 1827, in-8°, 480 p.)

37102. Neufchâteau (François de). — *L'Amour exilé*, poème lyrique imité d'un poème de Wielandt, précédé et suivi de nouvelles réflexions sur la mythologie, p. 5.

[37087]. Cochard (N.-F.). — Notice historique et statistique du canton de Saint-Symphorien-le-Château, p. 30, 126, 192 et 253.

37103. E. T. [Breghot du Lut]. — Vingt-unième lettre lyonnaise [sur les fausses citations], p. 37. — Cf. n°s 37014 et 37095.

37104. [Breghot du Lut]. — *Biographie universelle, ancienne et moderne*, tomes XLV et XLVI [(Tas-Try) extrait et critiques de biographies lyonnaises], p. 47 et 120. — Cf. n°s 37135, 37180 et 37217.

[Biographie de Pierre Tolet, médecin, xvie s.]

37105. Huzard. — Sur Jean du Choul; critiques diverses, p. 59. — Cf. n° 37098.

37106. Anonyme. — Bulletin historique [novembre 1826-avril 1827], p. 74, 157, 234, 319, 389 et 473. Cf. n° 37059.

37107. A. P. [Péricaud aîné (Ant.).] — Biographie lyonnaise; notice sur Charles-Emmanuel de Savoie, duc de Nemours [1567 † 1595], p. 81. — Cf. n° 36989.

37108. Sudan (L'abbé). — Notice sur quelques manuscrits de la Bibliothèque du roi, concernant l'histoire de Lyon et de la province, p. 145.

[Dépêches du roi à M. de Mandelot, gouverneur de Lyon, 1568-1582; recueils de MM. de Bellièvre et de dom Estiennot, etc.]

37109. Z. [Passeron.] — Biographie lyonnaise; notice sur Antoine Dubost [peintre, 1769 † 1825], p. 167. — Cf. n° 36989.

37110. Clapasson (André). — Observations sur un monument antique de la ville de Lyon [colonnes du temple d'Auguste], p. 184.

37111. Mermet. — Sur Postumus et son élévation à l'empire, p. 213.

37112. Anonyme. — Mélanges, p. 222, 317 et 459.

[Introduction de l'imprimerie à Lyon; épitaphe de Sébastien Gryphe († 1556); imitations inédites de l'anthologie par un Lyonnais; épitaphe d'Antoine Armand, médecin, par Claude Mermet (1585); ode de Malherbe à Du Périer; frénésie des filles de Lyon, vers 1495; épitaphe d'Anne Boleyn; Académie de Villefranche.]

37113. [Breghot du Lut]. — Biographie lyonnaise; notice sur Étienne Molard [instituteur, † 1825], p. 241. — Cf. n° 36989.

37114. [Breghot du Lut]. — Quelques additions et corrections pour le *Dictionnaire du mauvais langage corrigé*. de M. Molard, p. 246. — Cf. n°s 37133 et 37214.

37115. [Breghot du Lut]. — Sur les dames de Lyon au sujet d'un passage de Marot, p. 271. — Cf. n° 37144.

37116. Grognier (L.-F.). — Extrait d'un mémoire [historique] sur le mûrier blanc, mûrier à soie, lu par M. Mongez, p. 288.

37117. [Breghot du Lut]. — L'homme de la Roche [étude critique sur la biographie de Jean Cléberg, † 1546], p. 297.

37118. C. [Cochard (N.-F.).] — Aveyse et l'Argentière [la Chapelle en Vaudragon, Saint-Étienne de Coise], p. 321. — Cf. n° 37087.

[Prieuré de Notre-Dame de Coise à l'Argentière, fondé en 1273.]

37119. Pichard (J.-M.). — Notice sur Pierre Joannon, docteur-médecin [1778 † 1827], p. 340.

37120. Dumas (J.-B.). — Sur M. Étienne Molard, instituteur († 1825), p. 342.

37121. [Breghot du Lut]. — Lyonnaises dignes de mémoire, p. 347.

[Thalie Trechsel, xve-xvie s.; Claudine Perronne, xvie s.; les sœurs de Claude Perréal; Catherine de Vauzelles, xvie s.; Philiberte de Fuers, xvie s.; Louise Sarrazin, xvie s.; Julienne d'Espagne; Claudine, Françoise et Antoinette Boussonnet Stella, graveurs, xviie s.]

37122. Huzard. — Note à ajouter à l'article de M. Mayet, p. 356. — Cf. n° 37050.

37123. [Cochard (N.-F.)]. — Vingt-deuxième lettre lyonnaise [Jean Cléberg], p. 359. — Cf. nos 37014 et 37126.

37124. Amanton (C.-N.). — Vingt-quatrième [*lisez* vingt-troisième] lettre lyonnaise [Étienne Dolet], p. 375. — Cf. n° 37014.

37125. [Breghot du Lut]. — Sur Benoît du Troncy, p. 378. — Cf. n° 37072.

37126. Mono (G.). — Vingt-quatrième lettre lyonnaise [à propos de Jean Cléberg], p. 401. — Cf. nos 37014 et 37123.

37127. C. [Cochard (N.-F.).] — Duerne [et Grézieu-le-Marché], p. 403. — Cf. n° 37087.

37128. Greppo (L'abbé J.-B.). — Note sur la construction des murs et fortifications de cette ville [Lyon], p. 421.

37129. [Breghot du Lut]. — Notice sur M. l'abbé Jean-Nicolas Sudan [1761 † 1827], p. 455.

VI. — Archives historiques et statistiques du département du Rhône, ... t. VI, du 1er mai au 30 octobre 1827. (Lyon, 1827, in-8°, 484 p.)

37130. [Breghot du Lut]. — Prix du pain à Lyon dans le xvie siècle, p. 5.

37131. La Tourrette (De). — Deux notes [complémentaires de son rapport sur une jambe de cheval en bronze trouvée dans la Saône], p. 18. — Cf. n° 37077.

37132. [Cochard (N.-F.)]. — Saint-Martin-en-Haut ou des Anneaux, p. 26. — Cf. n° 37087.

37133. [Breghot du Lut]. — Nouvelles additions et corrections pour le *Dictionnaire du mauvais langage* et remarques de grammaire et d'étymologie sur quelques expressions qui sont ou qui ont été usitées à Lyon, p. 41. — Cf. nos 36989 et 37114.

37134. [Breghot du Lut]. — Biographie lyonnaise; nouvelle addition à la notice sur Benoît du Troncy, p. 50. — Cf. n° 37072.

37135. Breghot du Lut. — *Biographie universelle*, tomes XLVII, XLVIII et XLIX [lettres U et V, extraits et critiques], p. 56 et 347. — Cf. n° 37104.

37136. Anonyme. — Bulletin historique [mai-octobre 1827], p. 74, 154, 233, 313, 392 et 462. — Cf. n° 37059.

37137. Z. [Passeron.] — Biographie lyonnaise; notice sur Daniel Sarrabat [peintre, vers 1667 † 1747], p. 77. — Cf. n° 36989.

37138. C. [Cochard (N.-F.).] — Meys, p. 86. — Cf. n° 37087.

37139. [Breghot du Lut]. — Notice sur un manuscrit de feu Chardon de La Rochette [suite des *Mélanges de critique et de philologie*], p. 96.

37140. [Cochard (N.-F.)]. — Vingt-cinquième lettre lyonnaise [Lucrèce Capponi, femme de Philippe de Gondi; Sibylle et Marguerite Bullioud, xvie s.], p. 114. — Cf. n° 37014.

37141. [Breghot du Lut]. — Bibliothèque de Lyon; catalogue [notice], p. 117.

37142. M. — Sur les dépenses de la ville de Lyon, de 1647 à 1677, p. 134.

37143. B. [Breghot du Lut.]. — Inscription de la statue équestre de Louis le Grand, p. 136 et 195.

37144. [Breghot du Lut]. — Supplément à l'article sur les dames de Lyon [Julia Domna], p. 139. — Cf. n° 37115.

37145. Anonyme. — Mélanges, p. 145, 219, 374 et 437.

[Prost de Roger; imprimerie à Genève; origine du mot *canus*; étymologie du nom d'Ainay; jetons donnés par la ville à l'Académie de Lyon; extrait des poésies de Gilbert Ducher; Pierre Tolet et Dolet; l'abbé de Villeroi promu à l'archevêché de Lyon; livres de soie et livres de toile; habiles joueurs d'échecs; étymologie du nom de Fourvière; Benoît du Troncy (cf. n° 37072); Jacques Vergier, poète († 1720); fête de la Trinité au collège des Jésuites (1626); hauteurs de Fourvière et de la Croix-Rousse; compliment de M. Dugas à la comtesse de Toulouse (1750); Louise Labé et autres illustres Lyonnaises, d'après le *Fort inexpugnable de l'honneur féminin*, de François de Billon; séminaire de Saint-Irénée; Étienne Dolet et la faculté de Sorbonne; pièces relatives au tribunal révolutionnaire de Lyon.]

37146. M. — Budget d'un ouvrier en soie en 1744, p. 157.

37147. C. [Cochard (N.-F.).] — La Rajasse, p. 161. — Cf. n° 37087.

37148. Anonyme. — Remarques inédites du père de Colonia sur deux inscriptions [ve et vie s.] trouvées dans les ruines de l'ancienne église de Saint-Just en 1736, p. 176.

37149. Amanton (C.-N.). — Vingt-cinquième [*lisez* vingt-sixième] lettre lyonnaise [M. de Migieu, auteur du *Recueil des sceaux du moyen âge dits sceaux gothiques*], p. 181. — Cf. nos 37014 et 37162.

37150. Z. [Passeron.] — Biographie lyonnaise; notice sur François-Frédéric Lemot [statuaire, 1771 † 1827], p. 237. — Cf. n° 36989.

37151. [Breghot du Lut]. — Notice sur un manuscrit de l'abbé Pernetti [histoire de l'Académie de Lyon], p. 210.

37152. D. L. [Laizer (De).] — Lettre sur Sidoine Apollinaire, p. 268. — Cf. n° 37153.

37153. Bertrand. — Note sur l'habitation de Sidoine Apollinaire, p. 274. — Cf. n° 37152.

37154. Anonyme. — Discours de M. le président Dugas en quittant la place de prévôt des marchands, en 1751, p. 280.

37155. Guillon de Montléon (L'abbé Aimé). — Sur un tableau du *Christ mourant* attribué à Rubens, p. 284.

37156. Boucharlat. — Épître à Mathon de La Cour, p. 295.

[Notes de Breghot du Lut sur Charles-Joseph Mathon de La Cour (1738 † 1793), et sur divers autres Lyonnais.]

37157. [Breghot du Lut]. — Extrait du *Voyage littéraire de deux religieux bénédictins de la congrégation de Saint-Maur* [relatif à Lyon], p. 317.

37158. Cochard (N.-F.). — Vingt-sixième [*lisez* vingt-septième] lettre lyonnaise [Humbert de Villeneuve, Hugues Fournier, Claude Paterin], p. 324. — Cf. nos 37014, 37048, 37061 et 37070.

37159. Péricaud aîné (Ant.). — Notice sur la bibliothèque de la ville de Lyon, p. 413.

37160. Grognier (L.-F.). — Biographie lyonnaise; notice sur M. Rieussac [Pierre-François, magistrat, 1738 † 1826], p. 430. — Cf. n° 36989.

VII. — Archives historiques et statistiques du département du Rhône, ... t. VII, du 1er novembre 1827 au 30 avril 1828. (Lyon, 1827, in-8°, 480 p.)

37161. Parelle. — Sur les *Œuvres posthumes de Boileau*, p. 27.

37162. Amanton (C.-N.). — Sur l'auteur du *Recueil des sceaux du moyen âge dits sceaux gothiques*, p. 34. — Cf. n° 37149.

37163. [Breghot du Lut et Morel de Voleine]. — Liste des députés des provinces de Lyonnais, Forez et Beaujolais, du département du Rhône-et-Loire et du département du Rhône aux Assemblées législatives depuis 1789 jusqu'à 1827 inclusivement, p. 43. — Cf. nos 37177 et 37190.

37164. Anonyme. — Mélanges, p. 60, 154, 301 et 441.

[Livres enlevés à la bibliothèque de Lyon en 1793; emploi du vinaigre par Annibal pour rompre les rochers; Pierre Guérin, médecin (1740 † 1827); docteur Pomme fils (1760); chef-d'œuvre de teinture (XVIIe s.); destruction des vers qui rongent les livres; notice sur Proculus; Vietty, statuaire; Mme du Bocage à Lyon en 1758; château de Margnolas; lettres de François de Mandelot (1572); le jour de la Fête-Dieu à Lyon en 1802, par M. de Châteaubriand; lettre de Châteaubriand relative à Lyon (1803); Rabelais, médecin de l'hôpital de Lyon; traductions du distique de Martial sur la tachygraphie; buste de Louise Labé, par Foyatier.]

37165. Anonyme. — Bulletin historique [novembre 1827-avril 1828], p. 68, 158, 237, 315, 393 et 473. — Cf. n° 37059.

37166. Divers. — Essais historiques sur la ville de Lyon ou description par ordre alphabétique des quartiers, places, rues et monuments de cette ville, p. 81, 210, 241, 321, 401; VIII, p. 5, 81, 161, 241, 401; IX, p. 5, 81, 161, 249, 329; X, p. 5, 241, 311, 391: XI, p. 5, 81, 161, 337 et 399.

[Tome XI : Barthélemi Aneau, XVIe s. (cf. n° 37259); le P. Edmond Auger, jésuite, XVIe s. (cf. n° 37259); Christophe Milieu (*Mylœus*), XVIe s.; Gilbert Ducher, XVIe s.; Claude Bigotier, XVIe s.]

37167. A. [Péricaud aîné (Ant.).] — Biographie lyonnaise; notice sur le P. Edmond Auger, jésuite, 1530 † 1591], p. 100. — Cf. n° 36989.

37168. Rabanis (F.-J.). — Notice historique sur le collège royal de Lyon, d'après les documents authentiques et les pièces originales [XVIe-XIXe s.], p. 127.

37169. Anonyme. — Renseignements sur la paroisse de Vaise, donnés en 1697 par M. Veissire, curé de cette paroisse, à M. l'intendant d'Herbigny, p. 141.

37170. M. D. V. [Morel de Voleine.] — Notes sur l'origine des foires et du tribunal de la conservation à Lyon, p. 145.

37171. Pic (F.-A.). — Sur le lieu de naissance du médecin Bichat, p. 150.

37172. Anonyme. — Lyon au XIVe siècle; extrait de l'*Histoire des Français des divers états aux cinq derniers siècles*, par Amans-Alexis Monteil, p. 151.

37173. Anonyme. — De l'origine des étrennes [reproduction de l'ouvrage de J. Spon], p. 161.

37174. M. D. V. [Morel de Voleine.] — Poudrière de Lyon [XVIIIe s.], p. 183.

37175. [Breghot du Lut]. — Biographie lyonnaise, notice sur Julienne Morell ou Morelle [1594 † 1653; d'après les manuscrits du docteur Calvet], p. 186. — Cf. nos 36989 et 37193.

37176. Z. [Passeron.] — Biographie lyonnaise; notice sur J.-B.-J. Boscary de Villeplaine [1757 † 1827], p. 193. — Cf. n° 36989.

37177. M. D. V. [Morel de Voleine.] — Liste des députés de Lyon aux États généraux du royaume, p. 224. — Cf. n° 37163.

37178. [Breghot du Lut]. — Biographie lyonnaise; notice sur Amélie de Montendre [d'après M. de Surville], p. 260. — Cf. n° 36989.

37179. M. D. V. [Morel de Voleine.] — Communautés religieuses [de Lyon, XVIIIe s.], p. 267.

37180. [Breghot du Lut]. — *Biographie universelle*, tome L [Wa-Wim, extrait et critiques], p. 270. — Cf. n° 37104.

37181. Anonyme. — Orme planté anciennement sur la place des Minimes à Lyon, p. 276.

37182. Pic (A.-F.). — Dissertation sur la propriété littéraire et la librairie chez les anciens, p. 278.

37183. Z. [Passeron.] — La *Charité*, bas-relief, par M. Legendre-Héral [représentations diverses de la *Charité*], p. 294.

37184. [Breghot du Lut]. — Notes sur les armoiries de la ville de Lyon et particulièrement sur le lion qui y figure, p. 337.

37185. [Péricaud aîné (Ant.)]. — Biographie lyonnaise; notice sur François de Mandelot, gouverneur et lieutenant-général du Lyonnais, Forez et Beaujolais [1529 † 1588], p. 348. — Cf. n° 36989.

37186. Divers. — Siège de Lyon (1793), p. 381.

[Lettre du général de Précy (1793); anecdote sur le général de Précy.]

37187. [Breghot du Lut]. — Imprimerie lyonnaise [xvie-xviie s.], p. 420.

37188. Grognier (L.-F.). — Biographie lyonnaise; notice sur M. Hénon [Jacques-Marie, 1749 † 1809], professeur à l'École royale vétérinaire de Lyon, p. 424. — Cf. n° 36989.

37189. Anonyme. — Lyon en 1789 [d'après le *Voyage en France* d'Arthur Young], p. 434.

VIII. — Archives historiques et statistiques du département du Rhône, ... t. VIII, du 30 avril au 1er novembre 1828. (Lyon, 1828, in-8°, 495 p.)

[37166]. Divers. — Essais historiques sur la ville de Lyon ou description par ordre alphabétique des quartiers, places, rues et monuments de cette ville, p. 5, 81, 161, 241 et 401.

37190. C. [Cochard (N.-F.).] — Additions et corrections pour la liste des députés des provinces de Lyonnais, Forez et Beaujolais, p. 27. — Cf. n° 37163.

37191. [Breghot du Lut]. — Biographie lyonnaise; notice sur l'abbé de Faramant [xviie-xviiie s.], p. 34. — Cf. n°s 36989 et 37193.

37192. [Breghot du Lut]. — Sur Valerius Caton, grammairien et poète, p. 37.

37193. Anonyme. — Mélanges, p. 48, 148, 298 et 468.

[Jean Boulier, éditeur de classiques latins (xvie s.); droit singulier du chapitre de Lyon le jour de l'entrée de l'archevêque (xive s.); dégradation du capitaine Frauget ou Franget, gouverneur de Fontarabie (1523); journaux de Lyon; Jean Girard et Jacques Laverne, seigneur d'Athée (xvie s.); vers de Gonthier sur le Rhône; progrès de l'industrie dans le Rhône depuis 1790; cabinets de médailles à Lyon au xvie s.; Julienne Morelle (cf. n° 37175); l'abbé de Faramant (cf. n° 37191); lettre de l'abbé Barthélemy sur des objets antiques conservés à Lyon; inscriptions modernes à Lyon (cf. n° 37210); bibliothèque et cabinet d'antiquités des Jésuites de Lyon; Innocent IV et les femmes de Lyon; les Hymnides (cf. n° 37090); Hugues Fournier (cf. n° 37070); Mme de Sévigné à Lyon; impressions lyonnaises du xvie s.; Gaspard de Saillans, xvie s.]

37194. Anonyme. — Bulletin historique [mai-octobre 1828], p. 72, 155, 233, 372, 385 et 470. — Cf. n° 37059.

37195. [Morel de Voleine]. — [Lettres de La Hire (1432), et de Diane de Poitiers (27 janvier 1556), aux habitants de Lyon], p. 94.

37196. [Breghot du Lut]. — Catalogue de la bibliothèque de M. Adamoli [notice], p. 99.

37197. [Breghot du Lut]. — Biographie lyonnaise; additions à la notice sur le P. Folard, p. 126. — Cf. n°s 36989 et 37067.

37198. Anonyme. — Manufacture de soierie à Lyon [lettres patentes de Louis XI, 1466], p. 129.

37199. [Breghot du Lut]. — Nécrologie, p. 137.

[Claude-Hélène Morel-Voleine, archiviste municipal, † 1828; Michel-Alexandre Pelzin, imprimeur, vers 1750 † 1828; J.-F.-S.-F. Beaugeard, avocat, vers 1754 † 1828.]

37200. La Tourrette (De). — Examen des conjectures sur l'incendie de l'ancienne ville de Lyon, sous Néron, avec des observations sur cet événement, p. 173.

37201. Guillon de Montléon (L'abbé Aimé). — De la fraternité consanguine du peuple originairement lyonnais avec la nation vraiment milanaise, dissertation, p. 277; IX, p. 179 et 255.

37202. A. — Sur une lettre de Voltaire à Le Tourneur (1769), p. 330.

37203. [Grognier (L.-F.)]. — Rapport à l'Académie de Lyon sur le concours de statistique [histoire de la médecine à Lyon], p. 342.

37204. Divers. — Sur la traduction de l'*Art poétique* d'Horace, par M. Poupar; accusation de plagiat littéraire, p. 348, 353, 413 et 419. — Cf. n° 37206.

37205. Anonyme. — Intérieur de l'Afrique [d'après le voyage de Caillé], p. 464.

IX. — Archives historiques et statistiques du département du Rhône, ... t. IX, du 1er novembre 1828 au 30 avril 1829. (Lyon, 1828, in-8°, 472 p.)

[37166]. Divers. — Essais historiques sur la ville de Lyon ou description par ordre alphabétique des quartiers, places, rues et monuments de cette ville, p. 5, 81, 161, 249 et 329.

37206. Divers. — Nouvelles pièces relatives à la traduction de l'*Art poétique* d'Horace, publiée sous le nom de M. Poupar, p. 15 et 33. — Cf. n° 37204.

37207. Moyria (Gabriel de). — Sur les *Soirées provençales* de M. Bérenger, accusé de plagiat, p. 56.

37208. P. A. [Péricaud aîné (Ant.).] — Nécrologie [l'abbé Antoine Caille, 1766 † 1828], p. 61.

37209. Anonyme. — Lyon vers l'an 180 [extrait du *Voyage dans l'ancienne Helvétie*, de Miéville], p. 63.

37210. Anonyme. — Mélanges, p. 66, 356 et 432.

[Marcus Vetranius Maurus, jurisconsulte, xvie s.; mort du bailli de Suffren; anecdote relative à Lucius Plancus; édition des *Œuvres de Régnier*, 1828; Julienne Morelle; *Iter Gallicum*, de Jean Second; Claude Corneille, peintre lyonnais, xvie s.; Nicolas Flamel et les trésors des Juifs lyonnais; Los Rios, libraire (cf. n° 37082); le P. Vitry, jésuite; inscriptions modernes de Lyon (cf. n° 37193); saint Agobard et la magie; dizains de Maurice Scève sur les fours à chaux des faubourgs de Lyon, xvie s.; épitaphe de Julienne de Savoie, abbesse de Saint-André-de-Vienne, 1194 (cf. n° 37233); lettre de M. de Saconay, 1778; étymologie du mot *calembourg*; histoire de Thérèse et de Faldoni.]

37211. Anonyme. — Bulletin historique [novembre 1828-avril 1829], p. 72, 150, 233, 315, 387 et 462. — Cf. n° 37059.

37212. Parat (Dr). — Éloge historique de M. François Buylouzac, docteur en médecine [1743 + 1828], p. 93.

37213. Peignot (Gabriel). — Petite bibliothèque xéniographique, p. 114.

37214. [Breghot du Lut]. — Remarques de grammaire et d'étymologie [idiotismes lyonnais], p. 168; et X, p. 177. — Cf. n° 37114.

[37201]. Guillon de Montléon (L'abbé Aimé). — De la fraternité consanguine des peuples de Lyon et de Milan, dissertation, p. 179 et 255.

37215. Anonyme. — Testament du major-général Martin [fondateur de la Martinière, 1803], p. 197.

37216. Péricaud aîné (Ant.). — Biographie lyonnaise; notice sur Pierre d'Épinac [archevêque de Lyon, 1540 † 1599], p. 204. — Cf. n° 36989.

37217. [Breghot du Lut]. — *Biographie universelle*, ancienne et moderne, tomes LI et LII [Win-Yz; Za-Zy], p. 222. — Cf. n° 37104.

[Biographies de Scæva Memor et de Turnus, poètes latins du v° siècle.]

37218. [Breghot du Lut]. — *Blason et louenge de la noble ville et cité de Lyon*, par Pierre Grosnet [xvi° s.], p. 272.

37219. Anonyme. — Nécrologie, p. 305 et 370.

[L'abbé Linsolas, 1754 † 1828; Camille Boniver, avocat, † 1829; Joseph Mollet, professeur, † 1829; Barthélemy de Boesse, † 1829; Jacques-Antoine Révéroni Saint-Cyr, 1767 † 1829; Étienne Sainte-Marie, médecin, 1776 † 1829.]

37220. [Breghot du Lut, Duplessis et Péricaud aîné (Ant.)]. — *L'ordre tenu en la chevauchée faicte en la ville de Lyon* [chevauchée de l'âne en 1566, réimpression], p. 336 et 405. — Cf. n°s 37243 et 37253.

37221. Anonyme. — Sur la découverte de thermes et d'une Vénus Genitrix à Sainte-Colombe-lès-Vienne, p. 385.

37222. Anonyme. — Extrait [relatif à Lyon] de la *Relation d'un voyage au midi de la France*, par M. Adolphe Blanqui, p. 393.

X. — Archives historiques et statistiques du département du Rhône, ... t. X, du 1er mai au 30 octobre 1829. (Lyon, 1829, in-8°, 472 p.)

[37166]. Divers. — Essais historiques sur la ville de Lyon, p. 5, 241, 311 et 391.

37223. Jacquemont (L'abbé). — Sur l'auteur de l'*Abrégé des trois volumes de Montgeron sur les miracles de M. de Paris*, p. 31.

37224. Zehner (Charles). — Sur un fragment de la loi salique conservé à la bibliothèque de Lyon, p. 32.

37225. Vallot (Dr). — Origine du sobriquet de *salé* donné aux Bourguignons et de l'épithète de *salique* donnée à une loi des Francs, p. 34.

37226. Vallot (Dr). — Origine du nom de lune *rousse*, p. 36.

37227. Weiss. — Sur le lieu d'impression de la *Chronique des royaulmes d'Austrasie* et une lettre de Jean Le Maire, p. 38.

37228. Anonyme. — Mélanges, p. 40.

[Pradon; lettres de La Monnoye; inscription commémorative de la fondation du couvent des religieuses de Sainte-Marie de Bellecour, 1624; *la Triearite* de C. de Taillemont.]

37229. Anonyme. — Bulletin historique [mai-octobre 1829], p. 74, 157, 237, 298, 385 et 439. — Cf. n° 37059.

37230. Mermet aîné. — Remarques sur la nouvelle édition des *Recherches sur les antiquités de la ville de Vienne*, par Chorier [inscriptions romaines], p. 93. — Cf. n° 37250.

37231. E. D. — Sur les *Nouveaux récits* de Du Roc Sort Manne (Romannet du Cros, 1574), et les *Récréations literales* du P. Dobert, minime (1646), p. 124.

37232. A. P. [Péricaud aîné (Ant.).] — Biographie lyonnaise; notice sur Alphonse-Louis Du Plessis de Richelieu, archevêque de Lyon [1582 † 1563] p. 128. — Cf. n° 36989.

37233. Anonyme. — Mélanges, p. 146, 216 et 365.

[Inscriptions antiques trouvées à Lyon (cf. n°s 37256 et 37267); lettre de l'abbé Mercier de Saint-Léger sur l'usage du thé, du café et du chocolat, 1788; Philibert Bugnyon, † 1590; Julienne de Savoie, abbesse de Saint-André-de-Vienne (cf. n° 37210); l'*espée lyonnoise* du *Grand Testament* de Villon; Étienne Tabourot, † 1590; mosaïque antique trouvée dans l'église d'Ainay; lettre de Jean de Masso sur la Saint-Barthélemy à Lyon, 1572; peste à Lyon, 1694; Étienne Dolet; épigramme sur Paris, Rouen et Lyon; inscription antique trouvée à Seyssuel; prix de la viande et des chandelles à Lyon en 1560.]

37234. Anonyme. — Peste de Lyon en 1628 et 1629 [extrait du *Traité de la peste*, de J.-P. Papon, 1800], p. 161.

[37214]. [Breghot du Lut]. — Remarques de grammaire et d'étymologie, p. 177.

37235. Anonyme. — Compagnies de Jésus [extrait des *Souvenirs et portraits de la Révolution française*, de Ch. Nodier], p. 194. — Cf. n° 37240.

37236. Huzard. — Notes sur l'ouvrage de M. Étienne Sainte-Marie, intitulé : *Dissertation sur les médecins-poètes*, p. 203. — Cf. n° 37241.

37237. Lezay de Marnésia (Adrien). — Anecdotes et réflexions sur le siège de Lyon, novembre 1793, p. 210.

37238. Bonafoux (Mathieu). — Sur Laurent Pécheux, peintre (1727 † 1821), p. 225.

37239. [Breghot du Lut, Duplessis et Péricaud aîné (Ant.)]. — Dissertation sur l'usage de se faire porter la queue, par le P. Menestrier [réimpression critique], p. 246. — Cf. n° 37246.

37240. [Passeron]. — Sur la réaction thermidorienne et les compagnies de Jésus, p. 265. — Cf. n° 37235.

37241. Tirésie Granpor. — Sur les notes de M. Huzard, p. 326. — Cf. n° 37236.

37242. [Péricaud aîné (Ant.).]. — Biographie lyonnaise; notice sur Camille de Neufville de Villeroy, archevêque de Lyon et lieutenant général du Lyonnais [1606 † 1693], p. 341 — Cf. n° 36989.

37243. [Breghot du Lut, Duplessis et Péricaud aîné (Ant.)]. — *L'ordre tenu en la chevauchée faicte en la ville de Lyon* [chevauchée de l'âne, 1578, réimpression], p. 398. — Cf. n° 37220.

37244. Anonyme. — Nécrologie. p. 424.

[Jean Rondelet, architecte, † 1829: Vandeuvre, magistrat, † 1829.]

XI. — Archives historiques et statistiques du département du Rhône, . . . t. XI, du 1er novembre 1829 au 30 avril 1830. (Lyon, 1829, in-8°, 478 p.)

[37166]. Divers. — Essais historiques sur la ville de Lyon, p. 5, 81, 161, 337 et 399.

37245. Terrebasse (Alfred de). — Bayart à Lyon, p. 9.

37246. Anonyme. — Mélanges, p. 29, 188, 286 et 377.

[L'abbé Brigalier; histoire d'Aranthès et d'Aspasie; séjour de La Harpe à Lyon vers 1779; usage de se faire porter la queue (cf. n° 37239); chevauchée de l'âne; auteur du vers : *Indocti discant et ament meminisse periti* (cf. n° 37095); séjour de Castelvetro à Lyon, xvie s.; défense de Marie Stuart par Pomponne de Bellièvre; Jacques Faye, avocat du roi, 1586; projet de construction par l'architecte Fontaine d'un palais à Lyon pour Napoléon Ier.]

37247. [Breghot du Lut]. — Biographie lyonnaise; Guillaume Roville [*lisez* Rouillé, imprimeur, vers 1518 † 1589], p. 39. — Cf. n° 36989.

37248. Anonyme. — Bulletin historique [novembre 1829-avril 1830], p. 65, 150, 234, 312, 394 et 471. — Cf. n° 37059.

37249. Durand de Lançon. — Sur l'*Histoire de Pierre le Grand*, par Voltaire, p. 109.

37250. Cochard (N.-F.). — Sur des inscriptions romaines de Vienne, p. 115. — Cf. n° 37230.

37251. [Cochard (N.-F.) et Aigueperse (A.-J.-B. d')]. — Notice sur le canton de Beaujeu, p. 241; XII, p. 81; et XIV, p. 138.

[Notice sur Guillaume Paradin, XII, p. 92, et Jacques Severt, p. 93.

Les Ardillats; Avenas; Chenas; Chedoubles; Saint-Didier-sur-Beaujeu; Durette; Émeringes; les Étoux, XIV, p. 138.]

37252. Anonyme. — Sur le comte de La Bonninière de Beaumont († 1830), p. 249.

37253. Cochard (N.-F.). — Sur la chevauchée de l'âne, p. 254. — Cf. n° 37220.

37254. [Péricaud aîné (Ant.)]. — Biographie lyonnaise; notice sur saint Nizier, évêque de Lyon [vie s.], p. 274. — Cf. n° 36989.

37255. [Breghot du Lut]. — Voyage et séjour à Lyon en 1782 [extrait des *Mémoires* de Brissot], p. 345 et 427.

37256. [Ozanam (Dr)]. — Sur deux inscriptions antiques de Lyon, p. 357. — Cf. n° 37233.

37257. Anonyme. — Barnave et Bailly à Lyon [extrait des *Souvenirs et anecdotes*, de G. Audiger], p. 362.

37258. Anonyme. — Pièce inédite du xiiie siècle [compromis entre les chapitres de Saint-Jean et de Saint-Just, d'une part, et les habitants de Lyon, d'autre, 1270], p. 365.

37259. Guillon de Montléon (L'abbé Aimé). — Sur le P. Auger et Barthélemi Aneau, p. 409. — Cf. n° 37166.

37260. Anonyme. — Portrait de P.-E. Lémontey, p. 452.

XII. — Archives historiques et statistiques du département du Rhône, . . . t. XII, du 1er mai au 31 octobre 1830. (Lyon, 1830, in-8°, 488 p.)

37261. Anonyme. — Article Lyon, extrait du *Dictionnaire géographique universel*, p. 5.

37262. Boissy d'Anglas (De). — Biographie lyonnaise; notice sur Pierre-Antoine Barou du Soleil [vers 1740 † 1793], p. 26. — Cf. nos 36989 et 37264.

37263. Anonyme. — Lyon en 1776 [extrait du *Voyage d'Orléans à Genève*, par Grignon d'Auzouer], p. 35.

37264. Anonyme. — Mélanges, p. 53, 131, 193, 264, 356 et 429.

[Olivier de Magny et Louise Labé; Étienne Coral, imprimeur, xvie s.; vin d'absinthe fabriqué par les Minimes; inscription antique d'Anglefort; Saint-Vallier, père de Diane de Poitiers; opinion de Chelnet sur Suétone; Jean-B. Panthot, médecin, xviie s.; médecins à Lyon en 1681; Antoine Bougerol, auteur du *Triomphe de la manne céleste*, 1665, et les vers rétrogrades; *Contes* en vers, de Leriche, xviiie s.; extraits relatifs à Lyon de la *Description de la Limagne*, par Gabriel Syméoni, 1561; sépulture antique trouvée à Irigny, 1601; le P. Du Cerceau et le sieur de L'Hostal; représentation dramatique au collège des Jésuites de Lyon, 1607; éditions du *Parfait mareschal*, de Jacques de Solleysel; séjour de Pétrarque à Lyon; épitaphe d'Élizabeth Temple, belle-fille de Young, enterrée à Lyon, 1736; épitaphe d'Élizabeth Danby, à Lyon, 1785; la *Marseillaise;* Pierre-Antoine Barou du Soleil (cf. n° 37262); dépouille de crocodile à l'Hôtel-Dieu de Lyon.]

37265. [Breghot du Lut]. — Inscriptions [antiques] de Saint-Irénée, p. 61 et 189. — Cf. n° 37290.

37266. Anonyme. — Bulletin historique [mai-octobre 1830], p. 73, 149, 273, 289, 371 et 450. — Cf. n° 37059.

[37251]. Cochard (N.-F.) et Aigueperse (A.-J.-B. d'). — Notice sur le canton de Beaujeu, p. 81.

37267. [Breghot du Lut]. — Sur deux inscriptions antiques de Lyon, p. 104. — Cf. n° 37233.

37268. Jamme (L'abbé). — Notice sur M. Claude-François-Marie Primat, archevêque de Lyon [1746 † 1816], p. 115.

37269. Jorri Saint-Géran (P.-E.). — Sur l'origine lyonnaise du poète Gilbert, p. 128.
37270. Anonyme. — Notes inédites relatives à l'histoire de Lyon [1590-1614], p. 161.
37271. Anonyme. — Lyon en 1910 [extrait des *Voyages de Kang-Hi*, par M. de Lévis], p. 182.
37272. Anonyme. — Ancien Noël [en patois lyonnais], p. 231.
37273. A. P. [Péricaud aîné (Ant.).] — Sur une édition de Pétrarque, p. 233.
37274. Anonyme. — Lyon en 1776 [extrait du *Voyage de Paris en Corse en 1776*, de Regnaud de La Grelaye], p. 238.
37275. Anonyme. — Extrait de l'inventaire des chartres du Trésor du roy [concernant le Lyonnais, le Forez et le Beaujolais, 1208-1373], p. 242.
37276. Anonyme. — La ville de Lyon détruite [procès-verbal des premières démolitions en 1793], p. 262.
37277. Anonyme. — Siège de Lyon [extrait de la *Vie de Napoléon Buonaparte*, par Walter Scott], p. 328. — Cf. n° 37281.
37278. [Régny]. — Souvenirs d'un grenadier de la compagnie du Griffon sur la journée du 29 septembre 1793, pendant le siège de Lyon, p. 338.
37279. Dumas (J.-B.). — Éloge de M. l'abbé Claude-Antoine Roux [1750 † 1829], p. 409.

XIII. — Archives historiques et statistiques du département du Rhône, ... t. XIII, du 1er novembre 1830 au 30 avril 1831. (Lyon, 1830, in-8°, 464 p.)

37280. N.-F. C. [Cochard (N.-F.).] — Sur l'emplacement du nouveau palais de justice de Lyon, p. 16.
37281. L. — Sur le passage extrait de l'*Histoire de Napoléon Buonaparte*, par Walter Scott, p. 28. — Cf. n° 37277.
37282. O. [Ozanam (Dr).] — Antiquités lyonnaises [bas-reliefs qui ornent les pilastres des portes de l'église Saint-Jean], p. 31.
37283. [Breghot du Lut]. — Notice sur Pierre Rousselet [avocat et poète, † 1532], p. 37.
37284. Anonyme. — Bulletin historique [novembre 1830-avril 1831], p. 64, 206, 273, 292, 365 et 447. — Cf. n° 37059.
37285. Anonyme. — Revue politique de Lyon [en 1830], p. 81.
37286. [Péricaud aîné (Ant.)]. — *La prinse de Lyon par les fidèles, au nom du Roy, le dernier d'avril 1562* [réimpression], p. 93.
37287. Anonyme. — Mélanges, p. 105, 259, 348 et 425.

[Innocent Gentillet, écrivain né à Vienne, xvie s.; le *Blason des danses*, de Guillaume Paradin; extrait relatif à Lyon de l'*Histoire du commerce et de la navigation des anciens*, par Huet, évêque d'Avranches; tombeau de M. de Mandelot, gouverneur de Lyon au xvie s.; mandement de l'archevêque de Lyon prohibant le culte rendu aux ossements de Flavius Florentius, 1736; comédies de Molière jouées par des capucins, 1757; inscription antique trouvée près de Die; titres anciens de Lyon conservés, dit-on, aux archives de Bordeaux, xvie s.; bustes faits par René-Michel Slodtz; *Vengeance et cruauté admirable d'une jeune fille*, à la Boisse, près de Montluel, 1618; inscriptions antiques de Lyon d'après les *Illustres observations antiques*, de Gabriel Syméoni, 1558; construction du théâtre de Lyon, 1754.]

37288. Cochard (N.-F.). — Notice historique sur la vie de Claude de Chavanne [médecin, 1753 † 1804], p. 135.
37289. Anonyme. — Lyon en 1790 [extrait du *Voyage à Marseille et à Toulon*, par M. le M***], p. 159.
37290. [Breghot du Lut]. — Archéologie [inscription antique trouvée près de Saint-Irénée], p. 164. — Cf. n° 37265.
37291. Divers. — Sur les publications de la Parabole de l'Enfant prodigue en patois [patois de Beaujeu], p. 166.
37292. Anonyme. — Instruction adressée aux autorités constituées des départements de Rhône et Loire ... par la Commission temporaire de surveillance républicaine établie à Ville-Affranchie [26 brumaire an II], p. 172.
37293. Anonyme. — Tableau des chefs des administrations provinciales, départementales et municipales qui se sont succédé à Lyon depuis 1789 jusqu'à 1830 inclusivement, p. 225.
37294. [Péricaud aîné (Ant.)]. — *Histoire des triomphes de l'église lyonnoise avec la prinse de Montbrison* [1562, réimpression), p. 232.
37295. [Breghot du Lut]. — Notice sur un ouvrage de Claude Mermet [la *Pratique de l'orthographe françoise*, 1583], p. 239.

[Notes sur Lyon; formulaire de la dépense d'une maison, etc.]

37296. Anonyme. — Noël en patois lyonnais [extrait des *Noëls nouveaux*, 1730], p. 251.
37297. [Breghot du Lut]. — Inscriptions lyonnaises, p. 320.

[Inscriptions tumulaires de l'ancienne église des Grands-Augustins de Lyon, xvie et xviie s. : familles lucquoises; Benoît de Grivel, architecte, † 1683; Pierre Hodet, architecte, † 1687, etc.]

37298. [Péricaud aîné (Ant.)]. — *Cantique nouveau contenant le discours de la guerre de Lyon et de l'assistance que Dieu a faite à son église audit lieu, durant le temps de son affliction, en l'an 1562*, p. 331.

XIV. — Archives historiques et statistiques du département du Rhône, ... t. XIV, du 1er mai au 30 octobre 1831. (Lyon, 1831, in-8°, 394 p.)

37299. [Breghot du Lut]. — Extraits de l'*Histoire des sectes religieuses*, par M. Grégoire, p. 5 et 65. — Cf. n° 37323.
37300. [Péricaud aîné (Ant.)]. — Bulletin historique

[1789-1800], p. 28, 76, 149, 263, 268 et 336. — Cf. n° 37344.

37301. Anonyme. — Bulletin historique [mai-octobre 1831], p. 48, 121, 186, 282, 284, 313 et 367. — Cf. n° 37059.

37302. Anonyme. — Mélanges, p. 91 et 284.

[Le Franc de Pompignan et Voltaire; extrait du *Traité des dragons*, de J.-B. Panthot, 1691; Lyon en 1795; Roubillinc, sculpteur, XVII° s.; Maximilien Misson, voyageur; vins de Couson et de Millery; l'*Imitation*, publiée par Trechsel en 1489; Annius de Viterbe; Nizard, professeur de langue française en Italie, 1751.]

37303. Grognier (L.-F.). — Notice sur J.-B. Balbis [botaniste, 1765 † 1831], p. 129.

[37251]. [Cochard (N.-F.) et Aiguéperse (A.-J.-B. d')]. — Notice sur le canton de Beaujeu, p. 138.

37304. Collombet (F.). — Notre-Dame de Fourvières, p. 197.

37305. Anonyme. — Éloge de M. Le Clair [musicien, 1697 † 1764; extrait du *Nécrologe des hommes célèbres*, 1775], p. 278.

37306. Pointe (J.-P.). — Éloge historique de Jean-Baptiste Desgranges [chirurgien, 1751 † 1831], p. 325.

I. — **Nouvelles archives statistiques, historiques et littéraires du département du Rhône**, t. I. (Lyon, 1831, in-8°, 368 p.)

37307. Anonyme. — Règlement du 29 juillet 1540 qui fixe les droits d'entrée dans le royaume des draps d'or, d'argent et de soie, crêpes, etc., p. 14.

37308. Anonyme. — *Discours sur l'espouvantable et merveilleux desbordement du Rosne dans et à l'entour la ville de Lyon, et sur les misères et calamités qui y sont advenues le samedi 2 décembre 1570*, p. 20.

[Réimpression de l'imprimé à Lyon chez Benoist Rigaud, 1570.]

37309. Boissieu (Alph. de). — Poésie latine (manuscrit de 1530). Lyon, poème par Jacques Brunet, p. 29.

37310. Souchon (Fr.). — L'ancienne Aëria. Découverte d'un temple du paganisme à Saint-Restitut, petit village près de Saint-Paul-Trois Châteaux, p. 37.

37311. Savagner (Aug.). — Catalogue des pièces historiques contenues aux archives de la ville de Lyon [976-1685], p. 46, 89, 122, 157 et 215.

37312. Anonyme. — Bulletin politique [novembre 1831-juillet 1832], p. 91, 127, 156, 213, 281, 319 et 359. — Cf. n° 37059.

37313. Boissieu (Alph. de). — Servan de Sugny [Jules-François, littérateur, 1796 † 1831], p. 71.

37314. [Péricaud aîné (Ant.)]. — Sur le legs fait par Marc Perrachon à la bibliothèque du collège de la Trinité dirigé par les Jésuites à Lyon (1699), p. 81. — Cf. n° 37321.

37315. Anonyme. — Lettres patentes du roi Henri II qui ordonnent l'aliénation de terreaux et fossés qu'il possède à Lyon entre la porte de la Lanterne et le Rhône, afin de subvenir aux frais de construction d'une maison commune pour les marchands étrangers [1551], p. 101.

37316. Anonyme. — Lettre des consuls eschevins de Lyon au roy très catholique (Philippe II), 1590 [et réponse du roi], p. 104.

37317. Alph. de B. [Boissieu (Alphonse de).] — Principes de Soufflot, p. 107.

[Mémoire pour servir de solution à cette question : savoir si dans l'art de l'architecture le goût est préférable à la science des règles, ou la science des règles au goût; discours lu à l'Académie de Lyon par Soufflot le 9 septembre 1744.]

37318. Fleury D. [Durieux (Fleury).] —Villefranche en Beaujolais, p. 143.

37319. Anonyme. — Rafraîchissement du serment que les catholiques unis de cette ville de Lyon ont cy-devant fait pour la conservation de la Religion et de l'Estat [XVI° s.], p. 148.

37320. A. P. [Péricaud aîné (Antoine).] — Sur la peste de Lyon en 1577, p. 194.

37321. Dagier. — Sur le legs fait par Marc Perrachon à la bibliothèque du collège de la Trinité dirigé par les Jésuites à Lyon, p. 205. — Cf. n° 37314.

37322. [Montalembert (Charles de)]. — Lyon, p. 250.

37323. Jacquemont (L'abbé). — Réponse à un extrait de l'*Histoire des sectes religieuses*, par M. Grégoire, p. 274. — Cf. n° 37299.

37324. Anonyme. — Mélanges, p. 285, 361 et 363.

[La Société littéraire de Lyon; scène tirée des *Nudités du peuple*, sur la mort de M. Guillin; deux fragments de discours de M. Grognier sur la Martinière; emploi du legs Anatole Guichard par la Société d'agriculture de Lyon.]

37325. Anonyme. — Lyon en 1704, d'après Mme Du Noyer, p. 289.

37326. [Péricaud aîné (Antoine)]. — Séjour de Cagliostro à Lyon (1784-1785), p. 300.

37327. F.-F. R. [Richard (F.-F.).] — Joseph-Jean-Pascal Gay, architecte [1775 † 1832], p. 310.

37328. [D. R.]. — Joubert [statue du général], par M. Legendre-Héral, p. 329.

37329. Grognier (L.-F.). — Procès criminels intentés à des animaux [XV°-XVI° s.], p. 345.

37330. Bergasse (Alph.). — Sur Nicolas Bergasse (1750 † 1832), p. 351.

II. — **Nouvelles archives statistiques, historiques et littéraires du département du Rhône**, t. II. (Lyon, 1832, in-8°, 370 p.)

37331. Fleury D. [Durieux (Fleury).] — Tableaux du mouvement de la population de Lyon et de ses faubourgs [1750 à 1752 et 1828 à 1830], p. 5.

37332. Anonyme. — État des revenus, charges et nombre

des religieuses des dix-huit monastères de femmes à Lyon [1668], p. 12.

37333. Anonyme. — Documents pour servir à l'histoire des fêtes de la souveraineté du peuple [à Lyon], 30 ventôse an vii (20 mars 1799), p. 20.

37334. Gauthier (L.-P. Aug.). — Traduction d'une lettre de Théano, célèbre pythagoricienne, précédée d'une notice sur cette femme philosophe, p. 28.

37335. Ozm. [Ozanam (Dr).] — Sur l'exorcisation des insectes malfaisants, p. 49.

37336. Terrebasse (Alfred de). — Le tombeau de Narcissa [Élisabeth Temple, † 1736], p. 52.

37337. Divers. — Mélanges, p. 58.

[Rabelais, médecin à Lyon, 1535; découverte des tables de Claude, 1529; douane de Vienne et péage établi sur le Rhône au temps d'Henri IV; chapitre de l'église Saint-Jean de Lyon, 1570.]

37338. Anonyme. — Bulletin historique [juillet-décembre 1832], p. 63, 126, 206, 270, 271 et 363. — Cf. n° 37059.

37339. Boissieu (Alph. de). — Mémoire adressé à l'Académie de Lyon sur l'organisation de l'école de la Martinière, p. 68.

37340. Anonyme. — Remontrances d'un fidèle sujet du roi aux habitants de Lyon, le 15 mai 1590, p. 116. — Cf. n° 37345.

37341. Grognier (L.-F.). — Notes pour servir à l'histoire de la grande manufacture de Lyon [xve-xvie s.], p. 129.

[En appendice : lettres patentes de Louis XI en faveur de la fabrique des ouvrages de soie, or et argent établie à Lyon, 1466.]

37342. C. B. — Régime de la Terreur [extraits des jugements de la commission de justice populaire et du tribunal révolutionnaire de Lyon, 1793], p. 143.

37343. Boissieu (Alphonse de). — Éloge de l'abbé Rozier [François, agronome, 1734 † 1793], p. 154.

37344. A. P. [Péricaud aîné (Ant.).] — Tablettes chronologiques pour servir à l'histoire de Lyon [pendant les années 1801 à 1805], p. 187, 244 et 290. — Cf. n° 37300.

37345. Dupasquier (P.). — Sur l'auteur des *Remontrances d'un fidèle subject* et sur Mme Dunoyer, p. 204. — Cf. n° 37340.

37346. Anonyme. — Particularitez remarquées en la mort de MM. de Cinq-Mars et de Thou, à Lyon, un jour de vendredy 12 septembre 1642, p. 216.

37347. Dupin (J.-B.). — J.-B. Say [1767 † 1832], p. 261.

37348. [E. N.]. — Vimy ou une page de l'histoire de Lyon [fin de la Ligue dans le Lyonnais, 1593], p. 275.

RHÔNE. — LYON.

INSTITUT CATHOLIQUE DE LYON.

L'*Institut catholique de Lyon*, fondé en 1840, se proposait «de favoriser le développement et de nourrir le goût des études religieuses en particulier et de toutes les études graves en général». Ses membres étaient répartis en quatre sections : 1° sciences religieuses et philosophiques; 2° sciences historiques et sociales; 3° lettres et arts; 4° sciences physiologiques, mathématiques et naturelles. Cette association disparut vers 1848 après avoir publié 4 volumes d'une revue qui portait son nom.

I. — **L'Institut catholique**, revue religieuse, philosophique, scientifique, artistique et littéraire, t. I. (Lyon, s. d., in-8°, ii et 488 p.)

37349. Sainte-Foi (Ch.). — Tableau général des guerres de l'église, p. 1.

37350. Anonyme. — Bulletin artistique, p. 68, 150, 213, 290, 420 et 478. — Cf. n° 37362.

[Fresques du réfectoire de l'abbaye de Charlieu; autel d'Avonas; rétable de Saint-Symphorien-le-Château, xve s.; tabernacle de l'église de Taluyers, *pl.*; croquis d'une fresque de Cimabüe à Assise, *pl.*; travaux à l'église Saint-François-de-Sales de Lyon; restauration de Saint-Bonaventure, à Lyon; destruction d'une fenêtre du xve siècle dans l'église de Sainte-Agathe (Loire); collections de M. Didier Petit.]

37351. Audin. — Érasme en Italie, p. 95.

37352. Plantier (L'abbé). — Littérature biblique, p. 109 et 361. — Cf. n° 37360.

[Introduction; étude sur la langue hébraïque.]

37353. Faivre (A.). — Extrait des *Récognitions* de saint Clément, p. 161, 444; II, p. 57 et 171.

37354. Boué (L'abbé). — De l'importance des études archéologiques, p. 187.

37355. Rossignol (C.). — De l'authenticité des évangiles, p. 314; et IV, p. 65.

37356. Sainte-Foi (Ch.). — Les églises du moyen âge, p. 380.

37357. Ferrari (Le P. Hyacinthe de). — Dissertation

sur un manuscrit du XVe siècle relatif à l'histoire de la peinture française, p. 390.

[Description des miniatures qui ornent un manuscrit contenant les évangiles de l'année, conservé à Rome dans la bibliothèque *Casanatense*.]

37358. Marquis (Auguste). — Notice biographique sur M. Trouillard, président de la Société de Saint-Vincent de Paul de Grenoble [1811 † 1840], p. 400.

II. — **L'Institut catholique**, revue religieuse, philosophique, scientifique, artistique et littéraire, t. II. (Lyon, s. d., in-8°, 348 p.)

37359. Audin. — Les maîtres de Jean de Médicis (Léon X); Marsile Ficin, Pic de La Mirandole, Politien, p. 1.
37360. Plantier (L'abbé). — Littérature biblique; Moïse, p. 23. — Cf. n° 37352.
37361. Berthier (Vital). — Essai historique et monumentaire sur l'église de Saint-André-le-Bas de Vienne, p. 42.
[37353]. Faivre (A.). — Extrait des *Récognitions* de saint Clément, p. 57 et 171.
37362. Anonyme. — Bulletin artistique, p. 135, 191, 236 et 331. — Cf. n° 37350.

[Nouvelle église des Brotteaux; tombeaux chrétiens découverts dans l'église Saint-Irénée; considérations sur l'architecture religieuse; sculptures modernes du palais de justice de Lyon; épitaphe de *Johannes Ogii* [l. sans doute *Ogerii*] trouvée dans l'église Saint-Bonaventure, † 1328; église de Salles en Beaujolais, XIIe s., *pl.*; remarques sur les églises du Forez.]

37363. Savon (J.-N.). — Notice sur la vie et les œuvres d'Alexandre Manzoni [né en 1784], p. 209.
37364. Moyne (L'abbé). — Le symbolisme religieux, p. 248.
37365. Audin. — Giovanni Santi, le père de Raphaël, p. 273.
37366. Fabisch. — Histoire et philosophie de l'art chrétien depuis sa naissance dans les catacombes jusqu'à nos jours, p. 306; et III, p. 176.

III. — **L'Institut catholique**, revue religieuse, philosophique, scientifique, artistique et littéraire, t. II [*lisez* III]. (Lyon, s. d., in-8°, 386 p.)

37367. Jouve (L'abbé). — Aperçu historique et philosophique sur la musique chrétienne depuis le pape saint Grégoire le Grand jusqu'à nos jours, p. 1 et 143.
37368. Devay (Francis). — Du rôle que le clergé chrétien a joué dans l'histoire de la médecine, p. 65.
[37366]. Fabisch. — Histoire et philosophie de l'art chrétien depuis sa naissance dans les catacombes jusqu'à nos jours, p. 176.
37369. Colomb (Antoine). — Notice sur Mlle Élisa Mercœur [1809 † 1835], p. 191.
37370. Dauphin (L'abbé). — Souvenirs du Forez [notes sur le village de Crozet], p. 227.
37371. J. R. [Roux (L'abbé J.).] — Tribune gothique de Montbrison [œuvre de Bossan], p. 239.
37372. Jouve (L'abbé). — Esquisse historique sur l'architecture chrétienne depuis le 1er siècle de notre ère jusqu'à l'époque dite de la Renaissance, p. 309; et IV, p. 368.
37373. Thibaud (Em.). — Étude sur les vitraux de l'église métropolitaine de Saint-Jean, à Lyon [XIIIe s.], p. 358.

IV. — **L'Institut catholique**, revue religieuse, philosophique, scientifique, artistique et littéraire, t. IV. (Lyon, s. d., in-8°, 395 p.)

37374. Suchet (L'abbé). — Notice historique sur la ville d'Hippone, p. 1, 162 et 228.
37375. Lyonnet (L'abbé). — Monographie de saint Patient, évêque de Lyon [Ve s.], à l'occasion de la chapelle de secours érigée, sous son vocable, dans la banlieue de cette ville, p. 28.
37376. Maistre (Joseph de). — Lettres sur l'éducation publique en Russie adressées au comte de T. [Tatischeff, 1810], p. 41, 110, 253, 295 et 340.
[37355]. Rossignol (C.). — De l'authenticité de l'évangile, p. 65.
37377. Audin. — Sadolet, p. 86.
37378. Pacca (Le cardinal). — Relation du voyage de Pie VII à Gênes dans le printemps de 1815 et de son retour à Rome, traduite en français par Vincent Alessandri, p. 238.
37379. Alessandri (Vincent). — Notice nécrologique [Mgr Pino], p. 261.
37380. Audin. — Mathieu Schinner [évêque de Sion, vers 1470 † 1522], p. 329.
[37372]. Jouve (L'abbé). — Esquisse historique sur l'architecture chrétienne depuis le 1er siècle de notre ère jusqu'à l'époque dite de la Renaissance, p. 368.

RHÔNE. — LYON.

SOCIÉTÉ ACADÉMIQUE D'ARCHITECTURE DE LYON.

La *Société académique d'architecture de Lyon*, dont les premiers statuts portent la date du 18 décembre 1829, fut approuvée par le préfet du Rhône le 8 mai 1830. M. Charvet a écrit son histoire (cf. n° 37423). En 1855, cette Société commença à faire imprimer les *Comptes rendus* de ses travaux dont il parut 7 fascicules et auxquels succédèrent, en 1867, les *Annales*, publication qui continue encore. Des autres ouvrages qu'elle a édités, nous citerons seulement les suivants :

37381. Savy. — Observations sur les restaurations actuelles de nos églises, et nécessité de mettre au concours le projet de réédification de la façade de l'église de Saint-Nizier; mémoire lu à la Société académique d'architecture de Lyon, dans sa séance du 4 mars 1843. (Lyon, 1843, in-8°, 32 p.)

37382. Chenavard (A.-M.) et Couchaud (A.). — Recueil d'édifices publics et particuliers et fragments d'architecture de Lyon et de ses environs, publié par la Société académique d'architecture de Lyon; 1er cahier, contenant les plans et détails de l'église des Cordeliers de l'Observance. (Lyon, 1846, in-folio, 7 *pl.*)

37383. Dalgabio (J.-M.). — Société académique d'architecture de Lyon. Éloge historique de M. Baltard, président honoraire de la Société [Louis-Pierre, 1764 † 1846]. (Lyon, 1846, in-8°, 13 p.)

37384. Farfouillon (Jacques). — Éloge funèbre de Fleury Falconnet, décédé vice-président de la Société académique d'architecture [1785 † 1849]. (Lyon, 1850, in-8°, 12 p.)

37385. Chenavard (A.-M.). — Société académique d'architecture de Lyon. Notice biographique sur Jean-Michel Dalgabio [1788 † 1852]. (Lyon, 1854, in-8°, 11 p.)

37386. Perret [de La Menue] (Émile). — Recherches sur les armoiries placées au-dessus de la porte principale de l'hospice de l'Antiquaille et découvertes dans le mois de mai 1854; notice présentée à la Société académique d'architecture de Lyon le 7 février 1857, *pl.* (Lyon, 1858, in-8°, 27 p.)

37387. George (Gaspard). — Notes d'un voyage en Italie en 1857. (Lyon, 1859, in-8°, 74 p.)

37388. Perret [de La Menue] (Émile). — Recherches historiques sur l'ancienne boucherie de l'hôpital de Lyon, *pl.* (Lyon, 1860, in-8°, 45 p.)

37389. Feuga (Henri). — Société académique d'architecture de Lyon. Notice biographique sur François Pascalon, architecte [1804 † 1860]. (Lyon, 1861, in-8°, 11 p.)

37390. Perret [de La Menue] (Émile). — Société académique d'architecture de Lyon. Éloge de Sébastien-Bernard Seitz, architecte ... [1797 † 1860]. (Lyon, 1861, in-8°, 21 p.)

37391. Bissuel (J.-P.). — Rapport à la Société académique d'architecture de Lyon sur la responsabilité des architectes. (Lyon, 1864, in-8°, 10 p.)

37392. Fontaine (B.). — Éloge de M. Ambroise Catenod, architecte [† 1863]. (Lyon, 1864, in-8°, 10 p.)

I. — Société académique d'architecture de Lyon. Compte rendu des travaux de la Société, pendant les années 1853 et 1854, lu par M. le secrétaire dans la séance solennelle de janvier 1855. (Lyon, 1855, in-8°, 13 p.)

37393. Louvier (A.). — Sur les travaux de la Société pendant les années 1853 et 1854, p. 3.

II. — Société académique d'architecture de Lyon. Compte rendu du secrétaire sur les travaux de la Société, pendant les années 1855 et 1856. (Lyon, 1857, 16 p.)

37394. Bresson. — Sur les travaux de la Société pendant les années 1855 et 1856, p. 5.

III. — Compte rendu des travaux de la Société académique d'architecture de Lyon, pendant les années 1857 et 1858, par M. Émile Perret [de La Menue]. (Lyon, 1859, in-8°, 14 p.)

37395. Perret de La Menue (Émile). — Sur les travaux de la Société pendant les années 1857 et 1858, p. 5.

IV. — Compte rendu des travaux de la So-

ciété académique d'architecture de Lyon, durant les années 1860-1861 [*lisez* 1859-1860], lu, dans la séance du 6 mars 1861, par M. Clair Tisseur, secrétaire. (Lyon, 1861, in-8°, 15 p.)

37396. Tisseur (Clair). — Sur les travaux de la Société pendant les années 1859 et 1860, p. 5.

V. — Compte rendu des travaux de la Société académique d'architecture de Lyon, pendant les années 1861-1862, lu, dans la séance du 8 janvier 1863, par M. Casimir Échernier, secrétaire. (Lyon, 1863, in-8°, 23 p.)

37397. Échernier (Casimir). — Compte rendu des travaux de la Société académique d'architecture de Lyon pendant les années 1861 et 1862, p. 5.

VI. — Société académique d'architecture de Lyon. Compte rendu des travaux pendant les années 1863-1864, lu, dans la séance du 12 janvier 1865, par Gaspard George, secrétaire. (Lyon, 1865, in-8°, 42 p.)

37398. George (Gaspard). — Compte rendu des travaux pendant les années 1863 et 1864, p. 5.

VII. — Société académique d'architecture de Lyon. Compte rendu des travaux pendant les années 1865-1866, lu, dans la séance du 10 janvier 1867, par Casimir Échernier, secrétaire. (Lyon, 1867, in-8°, 28 p.)

37399. Échernier (Casimir). — Compte rendu des travaux pendant les années 1865 et 1866, p. 5. — Cf. id. n° 37400.

I. — Annales de la Société académique d'architecture de Lyon, t. I, exercice 1867-1868. (Lyon, 1869, in-8°, LV et 215 p.)

37400. Échernier (Casimir). — Compte rendu des travaux pendant les années 1865 et 1866, p. IX. — Cf. id. n° 37399.

37401. Chenavard (A.-M.). — Éloge de M. Raphaël Flacheron [1808 † 1866], p. 1.

37402. Desjardins (T.). — Éloge de M. Jean-Étienne-Frédéric Giniez [1813 † 1867], p. 4.

37403. George (Gaspard). — Éloge de M. Charles Frérot [1832 † 1867], p. 8.

37404. Dardel (R.). — Éloge de M. Ennemond Hotelard [1784 † 1867], p. 11.

37405. George (Gaspard). — Souvenirs d'Espagne [archéologie et architecture], p. 67.

37406. Charvet (Léon). — Sébastien Serlio (1475 † 1554) [architecte], p. 89.

[Baptisterie de Louis XIII, bains de François Ier et porte du cardinal de Ferrare à Fontainebleau, 3 *pl.*; projet de loge au change pour la ville de Lyon, *pl.*]

II. — Annales de la Société académique d'architecture de Lyon, t. II, exercice 1869-1870. (Lyon, 1871, in-8°, XLI et 195 p.)

37407. Desjardins (T.). — Hôtel de ville de Lyon, 5 *pl.*, p. 1.

37408. George (Gaspard). — Une visite à Pompéi, p. 131.

37409. Martin (Charles). — Notice sur l'église romane de Saint-André-de-Bagé (Ain), p. 177.

III. — Annales de la Société académique d'architecture de Lyon, t. III, exercice 1871-1872. (Lyon, 1873, in-8°, XXVII et 205 p.)

37410. Charvet (Léon). — René Dardel (1796 † 1871) [architecte], *pl.*, p. 1.

37411. Savoye (A.). — Éloge de Jean-Prosper Bissuel, architecte [1807 † 1872], *pl.*, p. 117.

37412. George (Gaspard). — Sur les monuments de l'époque anté-historique, *fig.*, p. 141.

37413. Charvet (Léon) et Monvenoux (A.). — Catalogue des dessins, estampes, lithographies et photographies conservés dans les archives de la Société, p. 189.

IV. — Annales de la Société académique d'architecture de Lyon, t. IV, exercice 1873-1874. (Lyon, 1875, in-8°, X et 295 p.)

37414. Charvet (Léon). — Jehan Perréal, Clément Trie, Édouard Grant [XVe-XVIe s.], 10 *pl.*, p. 1.

[Tombeau de François II, duc de Bretagne; église de Brou; pont du Rhône; médailles et tableau.]

37415. Desjardins (T.). — L'art des Étrusques et leur nationalité, p. 235.

V. — Annales de la Société académique d'architecture de Lyon, t. V, exercice 1875-1876. (Lyon, 1877, in-8°, LXIII et 191 p.)

37416. Savoye (A.). — M. Joseph Forest [architecte, 1806 † 1875], p. 1.

37417. Échernier (Casimir). — Notice biographique sur

Claude-Anthelme Benoit, architecte [1794 † 1876], *portrait*, p. 5.

37418. GEORGE (Gaspard). — Mémoire sur un passage obscur de Vitruve; explication des *Scamilli impares*, *pl.* et *fig.*, p. 91.

37419. PERRET DE LA MENUE (Émile). — Recherches historiques sur les bâtiments connus à Lyon sous le nom d'Hôpital des Catherines, et plus tard sous la dénomination d'Aumône générale et d'Hôtel du Parc, 4 *pl.*, p. 113.

37420. COQUET (A.). — Note sur les antiquités romaines en Afrique [Algérie], p. 133.

37421. PERRET DE LA MENUE (Émile). — Chapitre détaché du récit d'un voyage en Espagne; de Madrid à Grenade, p. 139.

37422. COQUET (A.). — Le Mont-Saint-Michel; notice, p. 183.

VI. — Annales de la Société académique d'architecture de Lyon, t. VI, exercice 1877-1880. (Lyon, 1880, in-8°, XCIII et 215 p.)

37423. CHARVET (Léon). — Historique de la *Société académique d'architecture de Lyon* [avec la liste des publications de la Société], p. XIV.

37424. TISSEUR (Clair). — Jean-Amédée Savoye [architecte, 1804 † 1878], *portrait*, p. 1.

37425. FALCOUZ (E.). — Jean-Jacques Farfouillon [architecte, 1823 † 1876], p. 19.

37426. JOURNOUD (Ét.). — Louis Rigoct [architecte, 1845 † 1879], p. 27.

37427. GEORGE (Gaspard). — De l'habitation dans les temps anciens [en Assyrie, en Babylonie et en Grèce], 6 *pl.*, p. 31.

37428. CHENAVARD (A.-M.). — Notice sur le tableau comparatif des grandeurs des théâtres antiques, *pl.*, p. 69.

37429. PERRET DE LA MENUE (Émile). — Avignon [cathédrale, ancien hôtel des Monnaies, palais des papes], p. 73.

37430. CHARVET (Léon). — Philibert de l'Orme [architecte, XVIe s.], p. 87.

[Galerie construite à Lyon, 2 *pl.*; extrait d'un plan de Lyon au XVIe siècle, *pl.*; *plan* du quartier Saint-Nizier; plan et portail de l'église Saint-Nizier, 2 *pl.*]

VII. — Annales de la Société académique d'architecture de Lyon, t. VII, exercice 1881-1882. (Lyon, 1883, in-8°, LXXXVIII et 197 p.)

37431. PERRET DE LA MENUE (Émile). — Tony Desjardins [architecte, 1814 † 1882], *portrait*, p. 17.

37432. SAGE. — Alexis Despierre [architecte, 1832 † 1880], p. 59.

37433. FALCOUZ (E.). — Benoit-Joseph Chatron [architecte, 1822 † 1882], p. 63.

37434. JOURNOUD (E.). — Un motif de l'église de Brou, 2 *pl.*, p. 79.

[Titre de la fondation faite par Marguerite d'Autriche aux religieux de Saint-Augustin pour leur maintien dans le couvent de Brou (1522), *fac-similé*.]

37435. COQUET (A.). — L'abbaye de Haute-Combe, p. 89.

37436. TISSEUR (Clair). — Benoît Poncet [† 1881] et sa part dans les grands travaux publics de Lyon, p. 105.

VIII. — Annales de la Société académique d'architecture de Lyon, t. VIII, exercices 1883-1884 et 1885-1886. (Lyon, 1887, in-8°, CXXXIII et 190 p.)

37437. LOUVIER (A.) et COQUET (A.). — Notice historique sur la vie et les œuvres d'Antoine-Marie Chenavard, architecte, membre correspondant de l'Institut de France [1787 † 1883], *portrait*, p. 1.

37438. DESPIERRE (Henri). — Henri Feuga [architecte, 1819 † 1884], *portrait*, p. 19.

37439. ÉCHERNIER (Casimir). — Étienne-Joseph Falcouz [architecte, 1823 † 1885], *portrait*, p. 27.

37440. LOUVIER (A.). — Philibert Bellemain [architecte, né en 1822], *portrait*, p. 31.

37441. GEORGE (Gaspard). — Étude et mémoire sur les caractères architectoniques, p. 51 à 150.

37442. COQUET (A.). — A travers l'Espagne; conférence faite au congrès des architectes de France, p. 153.

[Tolède, Cordoue, Grenade, Salamanque, Avila, Medina del Campo, Burgos, Valence, Valladolid, *fig.*]

RHÔNE. — LYON.

SOCIÉTÉ D'AGRICULTURE, HISTOIRE NATURELLE ET ARTS UTILES DE LYON.

Une *Société royale d'agriculture de la généralité de Lyon* fut établie le 12 mai 1761 par arrêté du Conseil d'État. Elle publia, avant la Révolution, un assez grand nombre de mémoires isolés sur des questions d'agriculture et quelques comptes rendus de ses séances publiques dans lesquels nous n'avons rien trouvé à relever. Elle disparut avec la Révolution.

Une nouvelle *Société d'agriculture et d'histoire naturelle de Lyon* se forma le 28 avril 1798 par la réunion des membres de l'ancienne *Société royale d'agriculture de la généralité de Lyon* et des adhérents de la *Société philosophique des sciences et des arts* fondée vers l'année 1785. Elle modifia bientôt son titre en y introduisant les mots *arts utiles*. Elle a publié, de 1806 à 1824, 17 volumes de *Comptes rendus;* nous croyons inutile de citer 4 autres fascicules parus de l'an x à l'an XIII et que le *Catalogue de la bibliothèque lyonnaise de M. Coste*, t. II, p. 509, appelle à tort *Comptes rendus;* ces fascicules ne contiennent en effet qu'une liste des membres de la Société, précédée d'une courte introduction. De 1825 à 1836, la Société d'agriculture de Lyon mit au jour 5 volumes de *Mémoires;* elle fait paraître depuis 1838 des *Annales* divisées en 5 séries qui formaient 49 volumes à la fin de 1885; on trouvera, sous les nos 37507 et 37512, l'indication des tables de la 1re et de la 2e série de ces *Annales*. Elle a fait imprimer, en outre, un certain nombre de rapports et mémoires agronomiques ou industriels, dont nous n'avons pas à parler, et un catalogue de sa bibliothèque (voir le n° 37444).

Nous ne croyons pas que la *Société philosophique* ait rien publié avant sa fusion avec la Société d'agriculture. M. Morel de Voleine a donné quelques renseignements sur cette association dans un court article de la *Revue du Lyonnais* (5e série, t. VIII, p. 204). Quant à la Société d'agriculture, on peut consulter sur ses origines le n° 37443.

37443. Anonyme. — Règlemens de la Société d'agriculture, histoire naturelle et arts utiles du département du Rhône, séante à Lyon (Lyon, 1808, in-8°, 39 p.).

[En tête, historique de la Société.]

37444. Anonyme. — État de la bibliothèque de la Société d'agriculture de Lyon au 1er décembre 1819. (Lyon, 1819, in-8°, 53 p.)

I. — Compte rendu des travaux de la Société d'agriculture, histoire naturelle et arts utiles de Lyon, pendant le cours de l'année 1806. (S. l., 1806, in-8°, 61 p.)

37445. [Mouton-Fontenille (J.-P.)]. — Compte rendu des travaux de la Société d'agriculture ... de Lyon, p. 5.

[Stanislas Couppier-de-Viry, botaniste († 1806), p. 51.]

II. — Compte rendu des travaux de la Société d'agriculture ... de Lyon, depuis le mois de décembre 1806 jusqu'au mois de septembre 1807. (Lyon, 1807, in-8°, 100 p.)

37446. [Mouton-Fontenille (J.-P.)]. — Compte rendu des travaux de la Société d'agriculture ... de Lyon, p. 5.

[Paul de Monspey, agronome (1741 † 1807), p. 78.]

III. — Compte rendu des travaux de la Société d'agriculture ... de Lyon, depuis le mois de décembre 1807 jusqu'au mois de septembre 1808. (Lyon, 1808, in-8°, 116 p.)

37447. [Mouton-Fontenille (J.-P.)]. — Compte rendu des travaux de la Société d'agriculture ... de Lyon, p. 5.

[Notes sur quelques ouvrages de botanique : *Botanicon Monspeliense*, de Magnol; *Anatomie des plantes*, de Grew; *Histoire des plantes d'Europe; Adversaria*, de Lobel; *Bibliotheca botanica*, de Séguier; *Commentaires* de Mathiole sur Dioscoride, p. 68.]

IV. — Compte rendu des travaux de la Société d'agriculture ... de Lyon, depuis le 7 décembre 1808 jusqu'au 15 septembre 1809. (Lyon, 1809, in-8°, 110 p.)

37448. [Mouton-Fontenille (J.-P.)]. — Compte rendu des travaux de la Société d'agriculture ... de Lyon, p. 5.

[Jars, ancien inspecteur des mines, p. 82. — Camille Pernon, ex-tribun, p. 82. — Couderc, commerçant, p. 83. — Jacques-Marie Hénon, professeur à l'École vétérinaire de Lyon (1749 † 1809), p. 85. — Philibert Jambon, mécanicien (1741 † 1809), p. 88.]

V. — Compte rendu des travaux de la Société d'agriculture ... de Lyon, depuis le 6 décembre 1809 jusqu'au 12 septembre 1810. (Lyon, 1810, in-8°, 171 p.)

37449. [Mouton-Fontenille (J.-P.)]. — Compte rendu des travaux de la Société d'agriculture ... de Lyon, p. 5.

[Joseph Dombey, botaniste (1742 † 1794), p. 37. — Jean-Baptiste-Antoine Rast de Maupas, médecin (1732 † 1810), p. 135. — Pierre-Claude-Catherin Willermoz, médecin (1767 † 1810), p. 139. — Barraband, peintre († 1809), p. 142.]

VI. — Compte rendu des travaux de la Société d'agriculture ... de Lyon, depuis le 5 décembre 1810 jusqu'au 11 septembre 1811, par M. J.-P. Mouton-Fontenille, secrétaire perpétuel. (Lyon, s. d., in-8°, 139 p.)

37450. Mouton-Fontenille (J.-P.). — Compte rendu des travaux de la Société d'agriculture . . . de Lyon, p. 5.

VII. — Compte rendu des travaux de la Société d'agriculture . . . de Lyon, depuis le 4 décembre 1811 jusqu'au 9 septembre 1812, par L.-F. Grognier, professeur à l'École impériale vétérinaire de Lyon, secrétaire adjoint. (Lyon, 1812, in-8°, 106 p.)

37451. Grognier (L.-F.). — Compte rendu des travaux de la Société d'agriculture . . . de Lyon, p. 3.

[Jean-Baptiste Deaudé (1740 † 1811), p. 80. — Pierre Cogell (1731 † 1812), p. 81. — Jean-Espérance-Blandine de Laurencin (1740 † 1812), p. 83. — Nicolas-Marie-Jean-Claude Fay, comte de Sathonnay (1762 † 1812), p. 87.]

VIII. — Compte rendu des travaux de la Société d'agriculture . . . de Lyon, depuis le 2 décembre 1812 jusqu'au 1er septembre 1813, par M. L.-F. Grognier, professeur vétérinaire, secrétaire adjoint. (Lyon, 1813, in-8°, 110 p.)

37452. Grognier (L.-F.). — Compte rendu des travaux de la Société d'agriculture . . . de Lyon, p. 5.

[Histoire de la ferrure des chevaux, p. 29. — Louis Bredin, vétérinaire (1738 † 1813), p. 81. — Denis du Rosier de Magnieu († 1813), p. 84. — Étienne de Vitri (1721 † 1812), p. 87. — George-Marie Giraud de Montbellet (1760 † 1813), p. 90.]

IX. — Compte rendu des travaux de la Société royale d'agriculture, histoire naturelle et arts utiles de Lyon, pendant le cours de l'année 1814, lu en séance publique, le mercredi 17 août de la même année, par M. Grognier, professeur vétérinaire, secrétaire de la Société. (Lyon, 1814, in-8°, 97 p.)

37453. Grognier (L.-F.). — Compte rendu des travaux de la Société royale d'agriculture . . . de Lyon, p. 5.

[Jean-Emmanuel Gilibert, médecin (1741 † 1813), p. 80.]

X. — Compte rendu des travaux de la Société royale d'agriculture . . . de Lyon, depuis le 7 décembre 1814 jusqu'au 6 septembre 1815, par L.-F. Grognier, professeur vétérinaire, secrétaire de la Société. (Lyon, 1817, in-8°, 137 p.)

37454. Grognier (L.-F.). — Compte rendu des travaux de la Société royale d'agriculture . . . de Lyon, p. 5.

[Henri-Gabriel-Benoît Dassier, baron de La Chassagne (1748 † 1816), p. 108. — Jean-Baptiste Jambon, mécanicien (1754 † 1816), p. 113.]

XI. — Compte rendu des travaux de la Société royale d'agriculture . . . de Lyon, pendant le cours de 1817, par L.-F. Grognier, professeur vétérinaire, secrétaire de la Société. (Lyon, 1818, in-8°, 212 p.)

37455. Grognier (L.-F.). — Compte rendu des travaux de la Société royale d'agriculture . . . de Lyon, p. 5.

[Éloge de Bernard de Jussieu (1699 † 1777), p. 138.]

XII. — Compte rendu des travaux de la Société royale d'agriculture . . . de Lyon, pendant le cours de 1818, par L.-F. Grognier, professeur vétérinaire, secrétaire de la Société. (Lyon, 1819, in-8°, 298 p.)

37456. Grognier (L.-F.). — Compte rendu des travaux de la Société royale d'agriculture . . . de Lyon, p. 5.

37457. Terme (Dr). — Sur la topographie du Haut-Bugey, p. 145.

37458. Cochard (N.-F.). — Sur Saint-Romain-en-Galles (Rhône), p. 155.

37459. Raynard. — Sur un mors de bride antique trouvé près du château de Verna (Isère), *pl.*, p. 192.

37460. Grognier (L.-F.). — Nécrologie [Jean-Joseph de Méallet, comte de Fargues, 1778 † 1818], p. 257.

XIII. — Compte rendu des travaux de la Société royale d'agriculture . . . de Lyon, depuis le 1er février 1819 jusqu'au 1er mars 1820, par L.-F. Grognier, professeur vétérinaire, secrétaire de la Société. (Lyon, 1820, in-8°, 258 p.)

37461. Grognier (L.-F.). — Compte rendu des travaux de la Société royale d'agriculture . . . de Lyon, p. 5.

37462. Cochard (N.-F.). — Sur la commune de Loire (Rhône), p. 12.

37463. Divers. — Nécrologie, p. 200.

[Claude-Marie-Philibert de Chavannes, médecin, 1754 † 1804; Jean-Baptiste Gohier, vétérinaire, 1776 † 1819; Claude Syonnest, naturaliste, 1749 † 1820.]

XIV. — Compte rendu des travaux de la So-

ciété royale d'agriculture ... de Lyon, depuis le 1er mars 1820 jusqu'au 1er mars 1821, par M. L.-F. Grognier, professeur à l'école royale d'économie rurale et vétérinaire de Lyon, secrétaire de la Société. (Lyon, 1821, in-8°, 271 p.)

37464. Grognier (L.-F.). — Compte rendu des travaux de la Société royale d'agriculture ... de Lyon, p. 5.

[Ouvrages de statistique agricole relatifs au département du Rhône, p. 8.]

37465. Cochard (N.-F.). — Sur Rive-de-Gier, Saint-Chamond et Saint-Étienne, p. 93.

37466. Grognier (L.-F.). — Nécrologie, p. 241.

[Jean-Louis Rast-Maupas, agronome, 1731 † 1821; François Tabard, 1746 † 1821.]

XV. — Compte rendu des travaux de la Société royale d'agriculture ... de Lyon, depuis le 1er mars 1821 jusqu'au 1er avril 1822, par M. L.-F. Grognier, professeur à l'école royale d'économie rurale et vétérinaire de Lyon, secrétaire de la Société. (Lyon, 1822, in-8°, 335 p.)

37467. Grognier (L.-F.). — Compte rendu des travaux de la Société royale d'agriculture ... de Lyon, p. 5.

[Pierre Dujat d'Ambérieux, agronome (1737 † 1821), p. 298. — André Margaron, industriel (1759 † 1820), p. 301. — Georges-Louis Frèrejean (1799 † 1822), p. 305. — Émile Perret de la Menue (1773 † 1822), p. 306. — Jean-Antoine Saissy (1756 † 1822), p. 308.]

XVI. — Compte rendu des travaux de la Société royale d'agriculture ... de Lyon, depuis le 1er avril 1822 jusqu'au 1er mars 1823, par M. L.-F. Grognier, professeur à l'école royale d'économie rurale et vétérinaire de Lyon, secrétaire de la Société. (Lyon, 1823, in-8°, 209 p.)

37468. Grognier (L.-F.). — Compte rendu des travaux de la Société royale d'agriculture ... de Lyon, p. 5.

37469. Cochard (N.-F.). — Sur les communes de Longes et de Trèves, p. 15.

XVII. — Compte rendu des travaux de la Société royale d'agriculture ... de Lyon, depuis le 1er mars 1823 jusqu'à la fin de 1824, par M. L.-F. Grognier, professeur à l'école royale d'économie rurale et vétérinaire de Lyon, secrétaire de la Société. (Lyon, 1824, in-8°, 319 p.)

37470. Grognier (L.-F.). — Compte rendu des travaux de la Société royale d'agriculture ... de Lyon, p. 5.

[Antoine de Jussieu (1686 † 1758), p. 184. — Joseph de Jussieu (1704 † 1779), p. 190. — François Barre, pharmacien (1751 † 1824), p. 294.]

37471. [Grognier (L.-F.)]. — Notice sur M. Deschamps [Nicolas-Ambroise-Martin, 1750 † 1823], pharmacien, trésorier de la Société royale d'agriculture, histoire naturelle et arts utiles de Lyon, par le secrétaire. (Lyon, 1824, in-8°, 16 p.).

37472. Terme (Dr). — Notice sur M. Willermoz [J.-B., médecin, 1730 † 1824], membre de la Société royale d'agriculture de Lyon. (Lyon, s. l. n. d., in-8°, 12 p.)

I. — Mémoires de la Société royale d'agriculture, histoire naturelle et arts utiles de Lyon, 1825-1827. (Lyon, 1828, in-8°, 147 p.)

37473. Grognier (L.-F.). — Notice sur M. Rieussec [Pierre-François, magistrat, 1738 † 1826], p. 94.

37474. Grognier (L.-F.). — Recherches historiques et statistiques sur le mûrier, les vers à soie et la fabrication de la soierie, particulièrement à Lyon et dans le Lyonnais, 72 p.

II. — Mémoires de la Société royale d'agriculture ... de Lyon, 1828-1831. (Lyon, 1832, in-8°, lxxxviii et 176 p. pour les *Mémoires;* 95 p. pour la *Séance publique.*)

Mémoires :

37475. Grognier (L.-F.). — Notice sur J.-B. Balbis [botaniste, 1765 † 1831], p. 136.

Séance publique :

37476. Grognier (L.-F.). — Notice sur M. Chancey [Antoine, agronome, 1746 † 1828], p. 54.

37477. Grognier (L.-F.). — Notice sur M. Leroy-Jolimont [Lambert-Pierre, 1757 † 1829], p. 66.

37478. Grognier (L.-F.). — Notice sur M. de Martinel [agronome, 1763 † 1829], p. 73.

III. — Mémoires de la Société royale d'agriculture ... de Lyon, 1832. (Lyon, 1833, in-8°, 140 et 147 p.)

Première partie :

37479. Grognier (L.-F.). — Notice sur M. Mathuon [Jacques-Marie, géologue et ingénieur, né en 1757], p. 51.

Deuxième partie :

37480. Gasparin (A.-E.-P. de). — Mémoire sur le métayage, p. 1.

37481. Trolliet (Dr). — Discours sur l'histoire de l'agriculture, lu dans la séance publique de la Société royale d'agriculture, histoire naturelle et arts utiles de Lyon, le 3 septembre 1832, imprimé par ordre de la Société. (Lyon, 1833; in-8°, 31 p.)

IV. — Mémoires de la Société royale d'agriculture ... de Lyon, 1833-1834. (Lyon, 1835, in-8°, lxviii, 185 et 143 [*lisez* 173] p.)

37482. Trolliet (Dr). — Discours sur l'agriculture de la Régence d'Alger, p. xxxi.
37483. Grognier (L.-F.). — Notice sur M. Gensoul [Ferdinand, mécanicien, 1766 † 1833], p. xlix.
37484. Hamon. — École de médecine vétérinaire d'Abou-Zabel (Égypte), p. 52.

V. — Mémoires de la Société royale d'agriculture ... de Lyon, 1835-1836. (Lyon, 1837, in-8°, 255 et 147 p.)

Première partie :

37485. Grognier (L.-F.). — Notice sur Jacquard, associé vétéran [Charles-Marie, mécanicien, 1752 † 1834], p. 23.
37486. Trolliet (Dr). — Extrait d'un voyage fait à Alger au commencement du mois de juillet 1836, p. 73.
37487. Mulsant (É.). — Fragment d'un voyage de quelques naturalistes dans le midi de la France [combat de taureaux], p. 119.
37488. Hénon (J.-L.). — Aqueduc antique, trouvé à la pépinière départementale du Rhône, p. 223.

Deuxième partie :

37489. Grognier (L.-F.). — Notice sur François-Nicolas Cochard [1763 † 1834], p. 41.

I. — Annales des sciences physiques et naturelles, d'agriculture et d'industrie, publiées par la Société royale d'agriculture, etc., de Lyon, t. I, mars 1838. (Lyon, s. d., in-8°, ii et 551 p.)

37490. Fournet (J.). — Études pour servir à la géographie physique et à la géologie d'une partie du bassin du Rhône, *2 cartes*, p. 1.

II. — Annales des sciences physiques et naturelles ... de Lyon, t. II, mars 1839. (Lyon, in-8°, xiv et 560 p.)

37491. Fournet (J.). — Premier mémoire sur les sources des environs de Lyon, p. 183.

III. — Annales des sciences physiques et naturelles ... de Lyon, t. III, mars 1840. (Lyon, s. d., in-8°, 559 et 86 p.)

37492. Mulsant (É.). — Notice sur C.-J. de Villers [physicien et naturaliste, 1724 † 1810], p. 243.
37493. Bottex (Dr). — Des causes de l'insalubrité de la Dombes, p. 255.
37494. Hombres-Firmas (Le baron d'). — Excursion à la montagne de Saint-Pierre ou Pietersberg, près de Maestricht, p. 347.
37495. Rey (Étienne). — Dissertation sur la peinture encaustique, p. 431.

IV. — Annales des sciences physiques et naturelles ... de Lyon, t. IV, 1841. (Lyon. s. d., in-8°, 577 et lxv p.)

37496. Mulsant (É.). — Dissertation sur le *Cossus* des anciens, p. 28.

V. — Annales des sciences physiques et naturelles ... de Lyon, t. V, 1842. (Lyon. s. d., in-8°, 385 et lxxxv p.)

VI. — Annales des sciences physiques et naturelles ... de Lyon, t. VI, 1843. (Lyon, s. d., in-8°, 352 et lxxi p.)

37497. Lortet (Dr P.). — Documents pour servir à la géographie physique du bassin du Rhône, p. 65.

VII. — Annales des sciences physiques et naturelles ... de Lyon, t. VII, 1844. (Lyon, s. d., in-8°, 433 et civ p.)

37498. Aigueperse (A.-J.-B. d'). — Recherches sur l'emplacement de *Lunna* et sur deux voies romaines traversant la partie nord du département du Rhône, p. 185. — Cf. n° 36757.
37499. Grandperret (C.-L.). — Notice sur M. Claude Guillard, inspecteur émérite de l'Académie de Lyon [1776 † 1845], p. 424.

VIII. — Annales des sciences physiques et

naturelles ... de Lyon, t. VIII, 1845. (Lyon, s. d., in-8°, 498 et cxxxv p.)

37500. Fournet (J.). — Sur l'invention du thermomètre centigrade à mercure, faite à Lyon par M. Christin [XVIIIe s.], p. 245.

37501. Perrey (Alexis). — Mémoire [historique] sur les tremblements de terre ressentis dans le bassin du Rhône, p. 265 et 496. — Cf. n° 37502.

37502. Fournet (J.). — Notes additionnelles aux recherches sur les tremblements de terre du bassin du Rhône, de M. A. Perrey, p. 347 et 496. — Cf. n° 37501.

IX. — Annales des sciences physiques et naturelles ... de Lyon, t. IX, 1846. (Lyon, s. d., in-8°, 736 p. et cxxvi p.)

37503. Lortet (P.). — Notice sur une excursion dans les Alpes françaises et sur la nécessité de les reboiser, p. 446.

37504. Hénon (J.-L.). — Notice sur le jardin de la marine royale à Toulon, p. 694.

X. — Annales des sciences physiques et naturelles ... de Lyon, t. X, 1847. (Lyon, s. d., in-8°, 626 et cxxiii p.)

37505. Perrey (Alexis). — Sur les tremblements de terre de la Péninsule ibérique], p. 461. — Cf. n° 37506.

37506. Fournet (J.). — Notes additionnelles [sur les tremblements de terre dans la Péninsule ibérique], p. 504. — Cf. n° 37505.

XI. — Annales des sciences physiques et naturelles, d'agriculture et d'industrie, publiées par la Société nationale d'agriculture, etc., de Lyon, t. XI, 1848. (Lyon, s. d., in-8°, 758 et cxxiv p.)

37507. Anonyme. — Table générale des matières contenues dans les onze volumes de la première série des Annales des sciences physiques et naturelles, d'agriculture et d'industrie, p. xcvii.

XII. — Annales des sciences physiques et naturelles ... de Lyon, 2e série, t. I. (Lyon, s. d., in-8°, 376 et cxxxi p.)

37508. Perrey (Alexis). — Sur les tremblements de terre dans les îles Britanniques, p. 115.

XIII. — Annales des sciences physiques et naturelles ... de Lyon, 2e série, t. II. 1850. (Lyon, s. d., in-8°, xv et 1104 p.)

XIV. — Annales des sciences physiques et naturelles ... de Lyon, 2e série, t. III, 1850-1851. (Lyon, s. d., in-8°, 456, cliv et c p.)

XV. — Annales des sciences physiques et naturelles, d'agriculture et d'industrie, publiées par la Société impériale d'agriculture, etc., de Lyon, 2e série, t. IV. 1852. (Lyon, s. d., in-8°, 446 et cxxx p.)

XVI. — Annales des sciences physiques et naturelles ... de Lyon, 2e série, t. V, 1853. (Lyon, in-8°, 588 et cxiv p.)

37509. Gros. — Études sur l'Azergues [rivière du département du Rhône], p. 343.

37510. Perrey (Alexis). — Études hydrauliques faites sur les ruisseaux de la Brévenne, l'Orgeol, l'Iseron, le Charbonnières, le Garon, le Mornantet et la Coise [dans le département du Rhône], p. 446.

XVII. — Annales des sciences physiques et naturelles ... de Lyon, 2e série, t. VI. 1854. (Lyon, s. d., in-8°, 446 et cxvi p.)

37511. Perrey (Alexis). — Documents relatifs aux tremblements de terre au Chili, p. 232.

XVIII. — Annales des sciences physiques et naturelles ... de Lyon, 2e série, t. VII, première partie, 1855. (Lyon, s. d., in-8°, 473 et cxxvii p.)

XIX. — Annales des sciences physiques et naturelles ... de Lyon, 2e série, t. VII, deuxième partie, 1854. (Lyon, s. d., in-8°, 346 p.)

XX. — Annales des sciences physiques et naturelles ... de Lyon, 2e série, t. VIII, 1856. (Lyon, s. d., in-8°, 539 et clxxvi p.)

37512. Anonyme. — Table alphabétique et analytique des matières contenues dans les huit volumes qui composent la 2e série des Annales des sciences physiques et naturelles, d'agriculture et d'industrie, p. xciii à clxxiii.

XXI. — Annales des sciences physiques et naturelles ... de Lyon, 3ᵉ série, t. I, 1857. (Lyon, s. d., in-8°, 443 et CVI p.)

37513. GRUNER (L.). — Description des anciennes mines de plomb du Forez, p. 1.

XXII. — Annales des sciences physiques et naturelles ... de Lyon, 3ᵉ série, t. II, 1858. (Lyon, s. d., in-8°, 414 et CXVIII p.)

XXIII. — Annales des sciences physiques et naturelles ... de Lyon, 3ᵉ série, t. III, 1859. (Lyon, s. d., in-8°, 430 et CIII p.)

37514. PARANDIER et DUHAMEL. — Détails sur la géographie physique et sur les nivellements des diverses parties du département du Doubs, p. 260.

XXIV. — Annales des sciences physiques et naturelles ... de Lyon, 3ᵉ série, t. IV, 1860. (Lyon, s. d., in-8°, 495 et CXLIII p.)

37515. PARADIN (Guillaume). — Description du Lyonnais et du Beaujolais, contenant des détails sur la situation du pays, les montagnes, les fleuves, les rivières, les mines et autres choses remarquables [précédée d'une introduction par J. Fournet], p. 81.

XXV. — Annales des sciences physiques et naturelles ... de Lyon, 3ᵉ série, t. V, 1861. (Lyon, s. d., in-8°, 625 et CXXXIV p.)

37516. POURIAU (A.). — Notice sur A.-M. Casanova [professeur d'agriculture, 1823 † 1861], p. 605.

XXVI. — Annales des sciences physiques et naturelles ... de Lyon, 3ᵉ série, t. VI, 1862. (Lyon, s. d., in-8°, 546 et CXLI p.)

XXVII. — Annales des sciences physiques et naturelles ... de Lyon, 3ᵉ série, t. VII, 1863. (Lyon, s. d., in-8°, 602 et CXII p.)

37517. EYMARD (Paul). — Historique du métier Jacquard, p. 34.

37518. EYMARD (Paul). — Notice nécrologique sur M. Méderic Gamot, directeur de la Condition des soies à Lyon [1795 † 1862], p. 60.

XXVIII. — Annales des sciences physiques et naturelles ... de Lyon, 3ᵉ série, t. VIII 1864. (Lyon, s. d., in-8°, 568 et CXLVII p.)

37519. PERREY (Alexis). — Documents sur les tremblements de terre et les phénomènes volcaniques dans l'archipel des Kouriles et au Kamtschatka, p. 209.

37520. GOBIN (A.). — Note sur des inscriptions et pierres antiques découvertes dans le lit du Rhône, en face de la place Grolier, à Lyon, p. 448. — Cf. n° 37523.

XXIX. — Annales des sciences physiques et naturelles ... de Lyon, 3ᵉ série, t. IX. 1865. (Lyon, s. d., in-8°, 537 et CXXXIII p.)

XXX. — Annales des sciences physiques et naturelles ... de Lyon, 3ᵉ série, t. X, 1866. (Lyon, s. d., in-8°, 753 et CLXXV p.)

37521. DELORME. — Le Rhône inférieur; de l'endiguement des cours d'eau, de son utilité pour la conservation des intérêts agricoles, de l'influence qu'il exerce sur le régime des eaux et sur le fond des fleuves. Études historiques sur le niveau normal des eaux du Rhône et sur la longueur du parcours de ce fleuve entre Arles et la mer, p. 466.

XXXI. — Annales des sciences physiques et naturelles ... de Lyon, 3ᵉ série, t. XI, 1867. (Lyon, s. d., in-8°, 934, XLIII et CLXXXVI p.)

XXXII. — Annales de la Société impériale d'agriculture, histoire naturelle et arts utiles de Lyon, 4ᵉ série, t. I, 1868. (Lyon. 1869, in-8°, 897 et CCC p.)

37522. MALINOWSKI. — Essai historique sur l'origine et le développement progressif de l'exploitation du charbon de terre dans le bassin houiller du Gard, p. 121.

XXXIII. — Annales de la Société d'agriculture, histoire naturelle et arts utiles de Lyon, 4ᵉ série, t. II, 1869. (Lyon, 1870, in-8°, 672 et CCLXII p.)

XXXIV. — Annales de la Société d'agriculture ... de Lyon, 4ᵉ série, t. III, 1870. (Lyon, 1871, in-8°, 540 et CXXX p.)

XXXV. — Annales de la Société d'agriculture ... de Lyon, 4ᵉ série, t. IV, 1871. (Lyon, 1872, in-8°, 356 et CXXIV p.)

37523. Gobin (A.). — Note sur des inscriptions et pierres antiques extraites du lit du Rhône en face de la place Grolier et en aval du pont de l'Hôtel-Dieu, à Lyon, 4 *pl.*, p. 1. — Cf. n° 37520.

37524. Mulsant (É.). — Notice sur Emmanuel Mouterde [industriel, 1801 † 1872], p. 52.

XXXVI. — Annales de la Société d'agriculture ... de Lyon, 4ᵉ série, t. V, 1872. (Lyon, 1873, in-8°, 368 et CLXXVI p.)

XXXVII. — Annales de la Société d'agriculture ... de Lyon, 4ᵉ série, t. VI, 1873. (Lyon, 1874, in-8°, 961 et CLXVI p.)

37525. Lafon. — Recueil de quelques observations météorologiques faites à Lyon pendant le XVIIIᵉ siècle, p. 869.

XXXVIII. — Annales de la Société d'agriculture ... de Lyon, 4ᵉ série, t. VII, 1874. (Lyon, 1875, in-8°, 965 et CXXXVI p.)

37526. Chantre (E.). — L'âge de la pierre et l'âge du bronze en Troade et en Grèce, *fig.*, p. 865.

XXXIX. — Annales de la Société d'agriculture ... de Lyon, 4ᵉ série, t. VIII, 1875. (Lyon, 1876, in-8°, 895 et CXXIV p.)

XL. — Annales de la Société d'agriculture ... de Lyon, 4ᵉ série, t. IX, 1876. (Lyon, 1877, in-8°, 763, 35, 5 et CXLIV.)

37527. Eymard (Paul). — La bible de saint Théodulfe du Puy en Velay et les étoffes qu'elle contient [VIIIᵉ s.], p. 721.

XLI. — Annales de la Société d'agriculture ... de Lyon, 4ᵉ série, t. X, 1877. (Lyon, 1878, in-8°, 958 et CVIII p.)

37528. Falsan (A.). — Notice sur la vie et les travaux de Vincent-Eugène Dumortier [1801 † 1876], p. 1.

37529. Chantre (Ernest). — Notes anthropologiques. Les nécropoles du premier âge du fer des Alpes françaises, *fig.*, p. 935.

[Groupes des vallées de l'Ubaye, de la Durance, du Drac et de la Maurienne.]

XLII. — Annales de la Société d'agriculture ... de Lyon, 5ᵉ série, t. I, 1878. (Lyon, 1879, in-8°, 892 et CXX p.)

37530. Falsan (A.) et Chantre (E.). — Étude sur les anciens glaciers et sur le terrain erratique de la partie moyenne du bassin du Rhône, *carte*, 5 *pl.* et *fig.*, p. 573 à 874; et XLIII, p. 205 à 474.

[Populations primitives du bassin du Rhône.]

XLIII. — Annales de la Société d'agriculture ... de Lyon, 5ᵉ série, t. II, 1879. (Lyon, 1880, in-8°, 1052 et CXXIV p.)

[37530]. Falsan (A.) et Chantre (E.). — Étude sur les anciens glaciers et sur le terrain erratique de la partie moyenne du bassin du Rhône, p. 205 à 474.

XLIV. — Annales de la Société d'agriculture ... de Lyon, 5ᵉ série, t. III, 1880. (Lyon, 1881, in-8°, 1273 et CXXX p.)

37531. Chantre (E.). — Recherches paléoethnologiques dans la Russie méridionale et spécialement au Caucase et en Crimée, 12 *pl.*, p. 1079.

[Nécropoles de Samthavro, de Koban et de Kazbek; tumulus de Corveissiat (Ain).]

37532. Pélagaud (E.). — La mer Saharienne, p. 1173.

XLV. — Annales de la Société d'agriculture ... de Lyon, 5ᵉ série, t. IV, 1881. (Lyon, 1882, in-8°, 894 et CXXIV p.)

37533. Léger (A.). — Le port de Carthage et le texte d'Appien, *pl.*, p. 125.

XLVI. — Annales de la Société d'agriculture ... de Lyon, 5ᵉ série, t. V, 1882. (Lyon, 1883, in-8°, 344 et CXLII p.)

XLVII. — Annales de la Société d'agriculture ... de Lyon, 5ᵉ série, t. VI, 1883. (Lyon, 1884, in-8°, 410 et CL p.)

37534. Léger (A.). — Eugène Locard, ancien ingénieur en chef du chemin de fer de Saint-Étienne à Lyon [1805 † 1883], p. 89.

XLVIII. — Annales de la Société d'agriculture ... de Lyon, 5e série, t. VII, 1884. (Lyon, 1885, 436 et CXXXVI p.)

XLIX. — Annales de la Société d'agriculture ... de Lyon, 5e série, t. VIII, 1885. (Lyon, 1886, in-8°, 394 et CXC p.)

RHÔNE. — LYON.

SOCIÉTÉ DES AMIS DES ARTS DE LYON.

Une *Société des amis des arts* fut créée à Lyon en 1808 ou 1809, mais elle n'eut qu'une existence éphémère. Une seconde Société portant le même nom fut fondée en 1821; elle fut réorganisée en 1836 et dura jusque vers 1888. Cette dernière a publié des rapports purement administratifs, le catalogue de ses expositions annuelles et les albums suivants :

I. — **Album de l'exposition de la Société des amis des arts de Lyon,** année 1865, 20 photographies. (Lyon, phot. A. Fatalot, in-folio.)

II. — **Album,** etc., année 1866, 20 photographies. (Lyon, phot. A. Fatalot, in-folio.)

III. — **Album,** etc., année 1867, 20 photographies. (Lyon, phot. A. Fatalot, in-folio.)

IV. — **Album,** etc., année 1868, 20 photographies. (Lyon, phot. A. Fatalot, in-folio.)

V. — **Album,** etc., année 1869, 20 photographies. (Lyon, phot. A. Fatalot, in-folio.)

VI. — **Album,** etc., année 1870, 20 photographies. (Lyon, phot. A. Fatalot, in-folio.)

VII. — **Album,** etc., année 1872, 20 photographies. (Lyon, phot. A. Fatalot, in-folio.)

VIII. — **Album,** etc., année 1873, 20 photographies. (Lyon, phot. A. Fatalot, in-folio.)

IX. — **Album,** etc., année 1874, 20 photographies. (Lyon, phot. A. Fatalot, in-folio.)

X. — **Album,** etc., année 1875, 20 photographies. (Lyon, phot. A. Fatalot, in-folio.)

XI. — **Album,** etc., année 1876, 20 photographies. (Lyon, phot. A. Fatalot, in-folio.)

XII. — **Album,** etc., année 1877, 20 photographies. (Lyon, phot. A. Fatalot, in-folio.)

XIII. — **Album,** etc., année 1878, 20 photographies. (Lyon, phot. A. Fatalot, in-folio.)

I. — **Musée de Lyon,** 11 livraisons, 1855-1870.)

[Reproduction de 66 tableaux du Musée de Lyon.]

RHÔNE. — LYON.

SOCIÉTÉ DES AMIS DU COMMERCE ET DES ARTS DE LYON.

Cette Société a été établie le 12 germinal an XII. Son objet était bien plutôt l'encouragement des arts utiles à l'industrie lyonnaise qu'un but littéraire. Elle n'a publié qu'un petit nombre de procès-verbaux de ses assemblées générales sous forme de pièces in-4° et de petits fascicules in-8°. Ceux des 1er messidor an XIII, 18 juillet 1806, 29 janvier et 15 novembre 1808, 27 juillet 1810, 20 décembre 1811, 18 décembre 1812, les seuls que nous ayons pu retrouver, ne contiennent rien qui rentre dans notre cadre. Il suffira donc de les indiquer ici pour mémoire.

RHÔNE. — LYON.

SOCIÉTÉ D'ANTHROPOLOGIE DE LYON.

La *Société d'anthropologie de Lyon* a été fondée le 10 février 1881. Elle publie un *Bulletin* dont le 4e volume a paru en 1885.

I. — Bulletin de la Société d'anthropologie de Lyon, t. I, 1881-1882. (Lyon, 1882, in-8°, 302 p.)

37535. Milloué (De). — Momie péruvienne de la nécropole d'Ançon au Musée Guimet, p. 41.
37536. Milloué (De). — Sur la date de l'âge de fer et de l'âge de bronze en Chine, p. 76.
37537. Lacassagne (A.). — Aperçu sur l'histoire de la sépulture chez les différents peuples, p. 76.
37538. Paulet. — La sépulture chez les peuples anciens et modernes, p. 77.
37539. Milloué (De). — Recherches sur les funérailles et en particulier sur les sacrifices humains au Japon et en Chine, p. 87.
37540. Lefébure. — Nécropole de Deir el-Bahari, p. 100.
37541. Lacassagne (A.). — Le tatouage [communication suivie de remarques diverses], p. 100 et 113.
37542. Cornevin. — Concordance de l'usage du bronze et de la domestication du cheval [et discussion de cette communication], p. 116, 137 et 144.
37543. Morel. — Découverte d'une épée en bronze à Orange (Vaucluse), p. 155.
37544. Rérolle (Léon). — Note sur les Galibis [peuplade de la Guyane], p. 159.
37545. Chantre (Ernest). — Aperçu sur les caractères ethniques des Anshariés et des Kurdes, *pl.*, p. 165.
37546. Sicard (Dr). — Notice biographique sur Charles Darwin [1809 † 1882], p. 187.
37547. Milloué (De). — Le Svâstika ou croix gammée, symbole religieux, p. 189.
37548. Chantre (Ernest). — Nouvelles observations sur l'âge de la pierre et l'âge du bronze dans l'Asie occidentale, Syrie, Haute-Mésopotamie, Kurdistan et Caucase, *pl.*, p. 206.
37549. Milloué (De). — Communication sur une Diane d'Éphèse du Musée Guimet, p. 226. — Cf. n° 37555.
37550. Rau (Dr). — Les rochers sculptés et les pierres à bassins de l'Amérique, p. 234.
37551. Charvet (Dr). — Armes et autres objets gaulois trouvés au plan de Rives (Isère) en 1893, *pl.*, p. 289. — Cf. n° 37554.
37552. Charvet (Dr). — Avant-bras droit de femme avec bracelets trouvé à Ornon en Oisan (Isère), p. 296.

II. — Bulletin de la Société d'anthropologie de Lyon, t. II, 1883. (Lyon, 1883, in-8°. 212 p.)

37553. Divers. — Présentations, p. 27 et 37.

[Anneau en or du pays des Achantis; silex taillés de Ouarglas (Algérie); statuette antique de la Haute-Mésopotamie; constructions lacustres du lac de Neufchâtel.]

37554. Divers. — Discussion sur la communication du docteur Charvet; sépulture d'un soldat gaulois, p. 28 et 35. — Cf. n° 37551.
37555. Divers. — Sur une statue antique du Musée Guimet [Diane d'Éphèse], p. 36. — Cf. n° 37549.
37556. Robert (Zéphirin). — Les tumulus de Gevingey (Jura), p. 37.
37557. Ollivier (Dr). — Nouveaux renseignements sur les nécropoles préhistoriques des Basses-Alpes [découverte de Saint-André de Mévilles, *pl.*], p. 48.
37558. Chantre (Ernest). — Ustensiles en silex actuellement en usage en Roumanie, p. 49.
37559. Mortillet (Gabriel de). — Les Grecs du bassin du Rhône [poteries, *fig.*], p. 50.
37560. Chantre (Ernest). — Notice nécrologique sur M. le docteur Bertillon [† 1883], p. 59.
37561. Chantre (Ernest). — Visite au musée d'antiquités de Bologne, p. 67.
37562. Chantre (Ernest). — Observations anthropométriques sur cinq Zoulous de passage à Lyon, p. 72.

[Armes et ustensiles du Zoulouland et du Zambèze, 2 *pl.*]

37563. Didelot (Léon). — La tribule chez les anciens, p. 75.
37564. Pigorini. — La terramare de Castione, p. 83.
37565. Chantre (Ernest). — La nécropole de Koban (Caucase), *fig.*, p. 92.
37566. Milloué (De). — Découverte de l'ossuaire de la carrière de Rousson (Gard), p. 107.
37567. Miniggio (Mlle E.). — La grotte du Farné, près Bologne (Italie), par M. Brizio, p. 123.
37568. Chantre (Ernest). — La nécropole hallstattienne de Corneto (Tarquinia), p. 152.
37569. Milloué (De). — Lettre sur l'antiquité de la connaissance des métaux en Chine, p. 158.
37570. Cartailhac (E.). — Les mines de silex à l'âge de la pierre, à Mur-de-Barrez (Aveyron), p. 171.
37571. Tischler (O.). — L'âge de la pierre dans le nord de l'Allemagne, p. 176.
37572. Klebs (Richard). — Les parures en ambre de l'époque de la pierre, p. 177.
37573. Chantre (Ernest). — La nécropole d'Este (Italie), 3 *pl.*, p. 179.
37574. Chantre (Ernest). — La nécropole de Watsch (Autriche), p. 195.

III. — Bulletin de la Société d'anthropologie de Lyon, t. III, 1884. (Lyon, 1884, in-8°, 302 p.)

37575. Salmon (Ph.). — Notice nécrologique de M. Henri Martin [1818 † 1882, portrait, *fig.*], p. 42.
37576. Debierre. — L'évolution de la famille et de la propriété, p. 133.
37577. Charvet (D[r]). — Découverte d'une station préhistorique dans les environs de Grenoble [hameau de Rochefort], p. 189.
37578. Chantre (Ernest). — Les nécropoles gréco-romaines du nord du Caucase, p. 191.
37579. Cornevin. — Station paléolithique de Châteauvieux (Ain), p. 202.
37580. Charvet (D[r]). — Freins de chevaux du Caucase, d'Osséthie et de Géorgie étudiés sous le rapport de l'embouchure; premier âge du fer, p. 268.

IV. — Bulletin de la Société d'anthropologie de Lyon, t. IV, 1885. (Lyon, 1885, in-8°, xv et 256 p.)

37581. Collomb (D[r]). — Sur les mœurs de la race bambara, p. 10.
37582. Chantre (Ernest). — L'industrie du silex dans le département de Loir-et-Cher, p. 18.
37583. Charvet (D[r]). — Observations sur un mors de bride byzantin comparé au mors du Caucase de l'époque hallstattienne, p. 32.
37584. Chantre (Ernest). — Notice nécrologique sur le comte Ouvaroff [1824 † 1885], p. 40.
37585. Cornevin. — Étude sur la ferrure des animaux domestiques chez les anciens, p. 47.
37586. Chantre (Ernest). — Les dernières découvertes dans les palafittes du lac de Paladru, p. 125.
37587. Charvet (D[r]). — Nouvelles découvertes au lac de Paladru (février et mars 1885), p. 126.
37588. Collomb (D[r]). — Contribution à l'étude de l'ethnologie et de l'anthropométrie des races du Haut-Niger, p. 145.
37589. Guigue (M.-C.). — Sur une poype à Trion, p. 188.
37590. Ollier de Marichard. — Fouilles d'une villa romaine aux Baraques près Saint-Montant, canton du Bourg-Saint-Andéol (Ardèche), p. 190.
37591. Chantre (Ernest). — Les menhirs du champ de la Justice ou alignement de Saint-Pantaléon près Autun (Saône-et-Loire), p. 194.
37592. Depéret (D[r]). — Sur des pièces arabes trouvées dans la forêt d'Alh-Ksar, p. 198.
37593. Charvet (D[r]). — Essai de reconstitution d'époque et d'origine d'un mors de cheval très ancien [trouvé à Verna], 4 *pl.*, p. 199.
37594. Collomb (D[r]). — Les races du Haut-Niger; ethnographie, anthropométrie, p. 207.
37595. Chantre (Ernest). — Nouvelles fouilles dans la grotte de Gigny, près Saint-Amour (Jura), p. 237.

RHÔNE. — LYON.

SOCIÉTÉ DES ARCHÉOLOGUES ET DES BIBLIOPHILES LYONNAIS.

Une Commission d'archéologie fut instituée en 1841 à l'Hôtel de Ville et reçut la mission d'étudier les objets d'antiquité découverts à Lyon et dans le département du Rhône. Ce Comité tint quelques séances et fut bientôt après dissous, sinon de droit, du moins de fait. Réorganisé sur des bases plus larges vers 1846, il devint le noyau d'une Société qui prit le titre de *Société des archéologues et des bibliophiles lyonnais*. Il ne semble pas que la durée de cette nouvelle association se soit prolongée au delà de l'année 1847.

S'il faut en croire des renseignements que nous tenons de bonne source, cette Société n'aurait rien publié et c'est à M. Monfalcon seul qu'il faut attribuer la publication des 7 volumes mentionnés ci-dessous et qui portent la rubrique : *Collection des bibliophiles lyonnais ou recueil d'ouvrages sur l'histoire politique et littéraire de Lyon.*

37596. [Monfalcon (J.-B.)]. — *Lugdunum priscum*, par le président Claude Bellièvre. (Lyon, 1846, in-8°, II et 185 p.)

[Réimpression. — La préface est signée J.-B. M.]

37597. [Monfalcon (J.-B.)]. — Mélanges sur l'histoire ancienne de Lyon; Gabriele Syméoni; Pierre l'Abbé; Jacques Pernetti; pièces relatives à l'inscription de Gaëte; Bachet de Méziriac. (Lyon, 1846, in-8°, 2, 55, 71, 39 et 7 p.)

[Réimpressions en partie. — Préface signée J.-B. M., 2 p. — Gabriele Syméoni. «L'origine e le antichita di Lione», 55 p. — Pierre l'Abbé. «Epistolæ duæ de ortu et situ primo Lugduni et dissertatio de itinere Annibalis ex Africa per Galliam in Italiam euntis, an venerit ad confluentem Araris et Rhodani; tumulus duorum amantium», 71 p. — Jacques Pernetti. Conjectures sur l'incendie de Lyon, p. 1-22. — Pièces relatives à l'inscription de Gaëte en l'honneur de Munatius Plancus : rapports de Tabard et de Luc-Vincent Thiéry, p. 23 à 39. — Claude-Gaspard Bachet, sieur de Méziriac. Remarques sur l'origine du mot *Lugdunum*, 7 p.]

37598. [Monfalcon (J.-B.)]. — Facéties lyonnaises. La ville de Lyon en vers burlesques, première et deuxième journées; le salamalec lyonnais; chansons lyonnaises; supplément aux *Lyonnais dignes de mémoire*. (Lyon, 1846, in-8°, II, 90, 84 et 43 p.)

[Réimpressions en partie. — Préface signée J.-B. M.]

37599. Artaud (Joseph-François). — Lyon souterrain ou observations archéologiques et géologiques faites dans cette ville depuis 1794 jusqu'en 1836. (Lyon, 1846, in-8°, II et 259.)

[Ouvrage posthume édité par J.-B. Monfalcon.]

37600. [Monfalcon (J.-B.)]. — Les antiquitez et la fondation de la métropole des Gaules ou de l'église de Lyon et de ses chapelles, avec les épitaphes que le temps y a religieusement conservé, par le sieur de Quincarnon, écuier, ancien lieutenant de cavalerie et commissaire de l'artillerie. (Lyon, s. d. [1846], in-8°, II et 115 p.)

[Réimpression de l'imprimé en 1678. — Préface signée J.-B. M.]

37601. [Monfalcon (J.-B.)]. — La fondation et les antiquités de la basilique collégiale, canonicale et curiale de Saint-Paul de Lyon, très auguste et digne de profonde vénération par son fondateur, par son sacre et par son patron, etc., par le sieur de Quincarnon. (Lyon, 1846, in-8°, 6, 112 et 8 p.)

37602. Breghot du Lut (C.). — Formulaire fort récréatif de tous contracts, donations, testamens, codicilles et autres actes qui sont faicts et passés par devant notaires et tesmoings, faict par Bredin le Cocu, notaire rural et contre-roolleur des Basses-Marches, au royaume d'Utopie, par lui depuis naguères reveu et accompagné, pour l'édification de tous bons compagnons, d'un Dialogue par lui tiré des œuvres du philosophe et poète grec Symonides de l'origine et naturel fœminini generis, par Benoît du Troncy. Nouvelle édition collationnée sur les anciennes, par C. Breghot du Lut. (Lyon, 1846, in-8°, 175 p.)

RHÔNE. — LYON.

SOCIÉTÉ DES BIBLIOPHILES LYONNAIS.

La *Société des bibliophiles lyonnais* a été fondée le 22 avril 1885. Le premier des ouvrages qu'elle a publiés ayant paru au commencement de l'année 1887, on en trouvera l'indication dans notre supplément.

RHÔNE. — LYON.

SOCIÉTÉ D'ÉCONOMIE POLITIQUE DE LYON.

La *Société d'économie politique de Lyon* a été fondée au commencement de l'année 1866. Elle commença, en 1878, la publication d'un *Compte rendu analytique* dont le 6ᵉ volume a paru en 1886. Nous n'avons pas trouvé dans ces premiers *Comptes rendus* d'article rentrant dans le cadre de notre publication.

RHÔNE. — LYON.

SOCIÉTÉ D'ÉMULATION POUR L'ÉTUDE DE LA LANGUE ITALIENNE.

Cette Société a été fondée vers 1807. Elle ne paraît pas avoir eu une longue existence, et ne semble avoir publié que les opuscules suivants :

37603. Rusca (P.). — Discorso letto alla Societa d'emulazione per la lingua e letteratura italiana, nell' anniversario della fondazione di essa Società [discours sur le langage]. (Lyon, 1809, in-8°, 24 p.)

37604. Rusca (P.). — Discorso letto alla Societa d'emulazione per la lingua e letteratura italiana di Lione, il dì 4 novembre 1810 [éloge de la langue italienne]. (Lyon, 1810, in-8°, 23 p.)

RHÔNE. — LYON.

SOCIÉTÉ D'ÉMULATION POUR L'ÉTUDE DE LA LANGUE LATINE.

Cette Société, dont l'existence paraît avoir été éphémère, fut fondée en 1815, à l'imitation de la Société d'émulation pour l'étude de la langue italienne, établie quelques années plus tôt. Nous ne connaissons d'elle que l'opuscule suivant :

37605. Rusca (P.). — Oratio in solemni inauguratione æmulæ latinæ Societatis, habita in ædibus ingenuarum artium, anno 1815, VIII cal. febr. [éloge de la langue italienne]. (Lyon, 1815, in-8°, 24 p.)

RHÔNE. — LYON.

SOCIÉTÉ DE GÉOGRAPHIE DE LYON.

La *Société de géographie de Lyon*, fondée définitivement le 5 mars 1874, publie un *Bulletin* dont le 5ᵉ volume a paru en 1885. Elle a édité, en outre, les *Comptes rendus des séances* de la quatrième session du Congrès national des Sociétés de géographie de France; on trouvera le dépouillement de ce volume avec celui des Comptes rendus des autres sessions à la suite des publications de la *Société de géographie* de Paris.

I. — **Bulletin de la Société de géographie de Lyon**, 1re année, 1875, t. I. (Lyon, 1875-[1877], in-8°, 671 p.)

37606. Tirant et Rebatel. — Voyage dans la régence de Tunis [en 1875], p. 35.

37607. Parmentier (Le colonel Th.). — Mémoire [sur l'origine des anciens peuples du Mexique], p. 98. — Cf. n° 37608.

37608. Guimet (Émile). — Improvisation [sur l'origine des anciens peuples du Mexique], p. 111. — Cf. n° 37607.

37609. Christophe (L'abbé). — Géographie d'Ammien Marcellin, p. 577; II, p. 193 et 573.

[Asie occidentale ancienne, *carte*; Gaule et Égypte, 1 *carte*.]

II. — **Bulletin de la Société de géographie de Lyon**, t. II. (Lyon, 1879, in-8°, 668 p.)

37610. Perrin (Charles). — Conférence de géographie historique sur la région des Alpes occidentales en 1799, p. 147.

[37609]. Christophe (L'abbé). — Géographie d'Ammien Marcellin, p. 193 et 573.

37611. Deloncle (François). — Le globe terrestre de la bibliothèque de Lyon [construit en 1701 par Henri Marchand, en religion le P. Grégoire, franciscain], p. 285. — Cf. n° 37614.

37612. Cordeiro (Luciano). — Les premières explorations dans l'Afrique centrale et la doctrine portugaise sur l'hydrographie africaine au xvie siècle, p. 291, 405 et 418.

37613. Champanhet de Sarjas (Le colonel). — L'Algérie ancienne, actuelle et future, *carte*, p. 326.

III. — **Bulletin de la Société de géographie de Lyon**, t. III. (Lyon, 1879-[1880], in-8°, 614 p.)

37614. Divers. — Rapport à la Société de géographie sur le globe terrestre de la bibliothèque de Lyon, achevé par les PP. Bonaventure et Grégoire, religieux du tiers-ordre de Saint-François à Lyon, en 1701, *carte*, p. 118. — Cf. n° 37611.

37615. Brucker (Le P.). — L'Afrique centrale des cartes du xvie siècle, p. 252.

37616. Brucker (Le P.). — Positions géographiques déterminées par deux missionnaires jésuites dans le Turkestan oriental et la Dzoungarie en 1756, d'après deux lettres inédites des PP. Amiot et Gaubil, p. 365.

37617. Perrin (Ch.). — Répartition du territoire européen au Traité de Paris et au Congrès de Vienne en 1814, p. 586.

IV. — **Bulletin de la Société de géographie de Lyon**, t. IV. (Lyon, 1881-[1883], in 8°, 599 p.)

37618. Desgrand (Louis et Mathieu). — Dessèchement du lac Fucino, *carte*, p. 3.

37619. Gaffarel (Paul). — Les îles fantastiques de l'Atlantique au moyen âge, p. 431.

37620. Desgrand (L.). — Notice nécrologique [le chanoine Christophe, † 1882], p. 479.

V. — **Bulletin de la Société de géographie de Lyon**, t. V. (Lyon, 1884-[1885], in-8°, 656 p.)

37621. Groffier (Valérien). — La civilisation européenne en Chine depuis le xiiie siècle, p. 278.

37622. Didelot. — Voyages rétrospectifs, p. 419 et 613.

[Voyage de Jean Second de Malines à Barcelone, 1534; voyage de Montaigne dans le sud de l'Allemagne et en Italie en 1580 et 1581.]

37623. Crescent. — L'industrie et le commerce français au moyen âge, p. 542.

37624. Le Ray (Mme). — Voyage aux ruines de Palmyre, p. 567.

RHÔNE. — LYON.

SOCIÉTÉ LITTÉRAIRE DE LYON.

La *Société littéraire de Lyon* fut fondée en 1778; dispersée à la Révolution, elle se reconstitua en 1807 sous le nom de *Cercle littéraire* qu'elle abandonna en 1831 pour reprendre sa dénomination primitive. On trouvera l'histoire de cette compagnie dans un volume qu'elle publia à l'occasion du centenaire de sa fondation et que nous avons indiqué sous le n° 37633 (voir aussi le n° 37640). Les premières publications de la Société littéraire de Lyon que nous connaissions remontent à 1839; la série régulière de ses *Mémoires* ne commence qu'en 1860 et elle comprenait 14 volumes en 1885. Elle a publié, en outre, les ouvrages suivants :

37625. Breghot du Lut (C.) et Péricaud aîné (Ant.). — Biographie lyonnaise. Catalogue des Lyonnais dignes de mémoire. (Lyon, 1839, in-8°, iv et 336 p.) — Cf. n° 36989.

37626. Martin-Daussigny (E.-C.). — Éloge d'André Couchaud, architecte, lu à la Société littéraire de Lyon le 14 novembre 1849. (Lyon, s. d., in-8°, 16 p.)

37627. Aigueperse (A.-J.-B. d'). — Éloge historique de M. Claude Breghot du Lut [1784 † 1849], conseiller à la cour d'appel de Lyon et membre de plusieurs sociétés savantes, prononcé à la Société littéraire de Lyon le 6 février 1850. (Lyon, 1850, in-8°, 19 p.).

37628. Fraisse (Dr Charles). — Notice historique sur J.-L.-A. Coste, de la Société des bibliophiles français [1784 † 1851] (Lyon, 1851, in-8°, 24 p.)

37629. Fraisse (Dr Charles). — Notice historique sur le docteur L.-P.-A. Gauthier [1792 † 1851]. (Lyon, 1852, in-8°, 14 p.)

37630. Guigue (M.-C.). — Polyptique de l'église collégiale de Saint-Paul de Lyon; dénombrement de ses tenanciers, possessions, cens et rentes en Lyonnais, Forez, Beaujolais, Maconnais, Bresse, Dombes, Bugey et Dauphiné au xiiie siècle, publié d'après le manuscrit original avec des documents inédits. (Lyon, 1875, in 4°, xxvii et 283 p.)

37631. Guigue (M.-C.). — Cartulaire municipal de la ville de Lyon; privilèges, franchises, libertés et autres titres de la commune; recueil formé au xive siècle par Étienne de Villeneuve, publié d'après le manuscrit original avec des documents inédits du xiie au xve siècle, 3 *pl.* et *fig.* (Lyon, 1876, in-4°, lxix et 526 p.)

37632. Guigue (M.-C.). — Registres consulaires de la ville de Lyon ou recueil des délibérations du conseil de la commune de 1416 à 1423, publiés d'après les procès-verbaux originaux [t. I]. (Lyon, 1882, in-4°, 4 p. paginées a-d, lxviii et 374 p.)

37633. Divers. — Le centenaire de la Société littéraire de Lyon, 1778-1878. (Lyon, 1880, in-8°, 303 p.)

[La Société littéraire de Lyon au xviiie siècle, par Léon Charvet; bibliographie de ses membres : Claude-Marie Andrieu-Poulet; Paul-Émilien Béraud; l'abbé Jean-Joseph Bourdelin; Antoine-François Delandine; Delphire, pseudonyme de Marguerite-Françoise-Clémence Peronnet de Gravanieux, épouse de Delandine; François-Urbain Domergue; le P. Estournel; Benjamin-Sigismond Frossard; Claude-Jean-Baptiste Geoffroy; Gerson; Le Maire; Thomas-Philibert Riboud; l'abbé Royer; François Tabard; Claude Brochet; Mathieu Chatellain-Dessertine; Joseph Dumas; L.-S. Mercier; *fac-similés* de signatures.]

Archives de la Société littéraire de Lyon, 1er numéro. (Lyon, 1847, in-8°, viii et 92 p.)

37634. [Aigueperse (A.-J.-B. d').] — Une visite à Gergovia (15 juillet 1840), p. 1.

37635. Martin-Daussigny (E.-C.). — De l'influence que les idées artistiques du xve et du xvie siècle ont eue sur le talent de Raphaël, p. 21.

37636. Grégori. — André Doria et Jean-Louis dei Fieschi [xvie s.], p. 29.

37637. M'Roe (Henri). — Michel Servan, avocat général au parlement de Grenoble [1739 † 1804], p. 49.

37638. Couchaud (André). — Montagnes et rivières de l'Attique, p. 73.

37639. Péricaud aîné (Ant.). — Biographie lyonnaise [Licinius; Benoît Court, xvie s.], p. 82.

Publications de la Société littéraire de Lyon, 1er vol., 1858-1860... Comptes rendus des travaux de la Société pour les années académiques 1857, 1858 et 1859. (Lyon, 1861. in-8°, 206 p.)

37640. Bellin (Antoine-Gaspard). — Notice historique sur la Société littéraire de Lyon, p. 1.

37641. Péricaud aîné (Ant.) et Bellin (Antoine-Gaspard). — Tableau statistique du personnel et des travaux de la Société littéraire de Lyon, p. 71.

37642. Bellin (Antoine-Gaspard). — Éloge historique de M. Édouard Servan de Sugny [Jean-Pierre-Marie-Édouard, magistrat, 2 floréal an vii † 1860], p. 165.

I. — Mémoires de la Société littéraire de Lyon, année académique 1860-1861. (Lyon, 1862, in-8°, viii et 291 p.)

37643. Martin-Daussigny (E.-C.). — Antiquités du moyen âge en Italie : le Campo-Santo à Pise, p. 57.

37644. Tuja d'Olivier (A.). — Humboldt à Berlin, d'après des renseignements puisés dans la *Vie de Humboldt*, par Bayard Taylor (en anglais), p. 83.

37645. Saint-Olive (Paul). — Souvenirs de Bélisaire à Rome [porte Pinciane, *pl.*], p. 89.

37646. Péricaud aîné (Ant.). — Quelques remarques sur le viie sonnet de Pétrarque et sur une traduction anonyme de Pétrone [par l'avocat Chalvet, 1689], p. 109.

37647. Péricaud aîné (Ant.). — Une réhabilitation [Chorier et l'*Aloysia Sygea*], p. 127.

37648. Saint-Olive (Paul). — Essai sur les vases murrhins, p. 139.

37649. Bausset-Roquefort (Le marquis de). — Étude historique sur la première prédication de l'Évangile en France, p. 151.

37650. Chastel (L.-F.). — Ange Politien, d'après Heeren [1454 † 1494], p. 251.

II. — Mémoires de la Société littéraire de Lyon, année académique 1861-1862. (Lyon, 1863, in-8°, 340 p.)

37651. Péricaud aîné (Ant.). — Notice sur Claude de Saint-Georges, archevêque et comte de Lyon (1693-1714), p. 43.

37652. [Péricaud aîné (Ant.).] — Notice sur François-Paul de Neufville, archevêque de Lyon (1714-1731), p. 61.

37653. [Péricaud aîné (Ant.).] — Notice sur Ch.-F. de Châteauneuf de Rochebonne, archevêque de Lyon (1731 à 1740), p. 77.

37654. Saint-Olive (Paul). — Emplacement du champ de bataille entre Albin et Sévère [vers Sathonay], p. 81.

37655. [Saint-Olive (Paul).]. — La colonne du méridien [élevée sur la place des Cordeliers, à Lyon, 1768], *pl.*, p. 87.

37656. Dufay (Charles-Jules). — Essai biographique sur Jehan Perréal, peintre et architecte lyonnais [xv°-xvi° s.], p. 105 à 200. — Cf. n° 37700.

[Lettre de Louis Barangier concernant l'église de Brou, 1512.]

37657. [Perret de La Menue (Émile).] — Essais biographiques. Ferdinand Delamonce, architecte à Lyon en 1731, p. 201.

37658. Lubac (Jules de). — Une poésie satirique du xvi° siècle, p. 234.

[La *Rescription des femmes de Paris aux femmes de Lyon* et la *Responce faicte par les dames de Lyon*.]

37659. Bausset-Roquefort (Le marquis de). — Notice historique sur l'invention de la navigation par la vapeur, p. 252.

37660. [Bausset-Roquefort (Le marquis de).] — Notice sur le marquis Achille de Jouffroy d'Abbans [Achille-François-Éléonore, 1785 † 1859], p. 315.

III. — Mémoires de la Société littéraire de Lyon, 2° série, 1er vol., première partie. (Lyon, 1865, in-8°, lxvii et 160 p.)

37661. Pallias (Honoré). — Comptes rendus des séances de la Société, année 1865, p. xxxvii à lxii.

[Représentations théâtrales à Lyon, p. xlii. — Peine infligée à Lyon aux banqueroutiers (xvi° s.), p. lv. — Lettre de Marguerite d'Autriche au sujet de l'église de Brou (1510), p. lvii. — Ambassade tartare au Concile de Lyon (1274), p. lx.]

37662. Valous (V. de). — Le domaine ordinaire de Lyonnais au commencement du xvi° siècle ou notice analytique des comptes domaniaux pendant les années 1523 à 1526, p. 1.

37663. Saint-Olive (Paul). — Archéologie romaine [statue d'Auguste trouvée à Rome; Rome au temps de Romulus], p. 33.

37664. Péricaud aîné (Ant.). — Notice sur Hippolyte d'Este, cardinal-archevêque de Lyon [1509 † 1572, et sur Cellini, 1500 † 1570], p. 41.

[Discours prononcé aux funérailles du cardinal d'Este par Marc-Antoine Muret.]

37665. Perret de La Menue (Émile). — Recherches historiques et philologiques sur les girouettes chez les anciens et les modernes, p. 69.

37666. Vachez (A.). — La bataille de Métrieux; épisode des guerres de religion dans le Lyonnais (9 décembre 1587), p. 89.

37667. Brouchoud (Claudius). — Recherches sur l'enseignement public du droit à Lyon, p. 107.

37668. Perret de La Menue (Émile). — Marsollier des Vivetières, auteur dramatique; lettres inédites [1750 † 1817], p. 127.

IV. — Mémoires de la Société littéraire de Lyon, littérature, histoire, archéologie, année 1866. (Lyon, 1867, in-8°, xlvii et 338 p.)

37669. Pallias (Honoré). — Comptes rendus des séances, année 1866, p. xvii à lxii.

[Les Ambarres, p. xviii. — Commanderie de Saint-Georges, p. xx.]

37670. Péricaud aîné (Ant.). — Benserade; diatribe sur un point d'histoire littéraire, p. 57.

[Stardin, auteur du célèbre rondeau : *A la fontaine où s'enyvre Boileau*...]

37671. Vachez (A.). — La Ligue dans le Lyonnais. Siège de Riverie en 1590, p. 67.

37672. George (G.). — Notes prises dans une excursion en Belgique et en Hollande, p. 79.

[Mons; Bruxelles; Gand; Anvers; Rotterdam; la Haye; Leyde; Amsterdam; Zaandam; Broeck.]

37673. Dulon. — Histoire littéraire de Lyon pendant la première partie du xvi° siècle, p. 123.

[Réceptions de Louis XII, François Ier et Henri II; mécènes lyonnais; imprimeries, sociétés littéraires, théâtre et bibliothèques; poésie latine et française, etc.]

37674. Debombourg (G.). — Allobroges, *carte*, p. 202.

37675. Vachez (A.). — Les tombeaux de Saint-Pierre-le-Vieux [à Lyon], *pl.*, p. 243 et 269.

[Généalogies des Laurencin et des Bellièvre.]

37676. Saint-Olive (Paul). — La maison de retraite et les Jésuites de Saint-Joseph de la rue Sainte-Hélène [à Lyon, xvii°-xviii° s.], p. 301.

V. — Mémoires de la Société littéraire de

Lyon . . ., année 1867. (Lyon, 1868, in-8°, XLII et 322 p.)

37677. Pallias (Honoré). — Comptes rendus des séances, année 1867, p. XV à XXXVII.

[Pierre-Châtel, p. XIX. — Description du bassin de Lagnieu, p. XXI. — Le général Dallemagne (1754 † 1813), p. XXII et XXIV. — Chartreuse d'Arvière, p. XXVII. — Antoine Péricaud aîné († 1867), p. XXX.]

37678. Perret de La Menue (Émile). — Recherches historiques sur le château du Perron à Oullins et sur les faits principaux relatifs aux familles qui le possédèrent, p. 55.

[Familles Besson, de Gondy et de Ponsaimpierre, etc.]

37679. Brouchoud (Claudius). — Notice historique sur les archives judiciaires de Lyon, *pl.*, p. 87. — Cf. n° 37690.

37680. Saint-Olive (Paul). — L'ancienne paroisse de Notre-Dame de la Platière [à Lyon], p. 129.

37681. Peladan (Adrien). — Recherches sur la zoologie mystique des églises de Lyon, p. 189.

37682. Péricaud aîné (Ant.). — Samuel Sorbière dans ses rapports avec Lyon [XVII° s.], p. 195.

37683. Vachez (A.). — L'*Ager Gofiacensis* ou le canton de Mornant (Rhône) aux X° et XI° siècles, *carte*, p. 211.

37684. Savy (C.). — La monographie de l'église de Brou par M. Didron; notes et observations, *pl.*, p. 255.

37685. Perret de La Menue (Émile). — Des moulins à blé chez les anciens, chez les modernes et particulièrement dans la ville de Lyon, *pl.*, p. 283.

37686. Hignard (Henri). — Mythologie homérique; du combat de Diomède contre Mars et Vénus, p. 299.

VI. — Mémoires de la Société littéraire de Lyon . . ., année 1868. (Lyon, 1869, in-8°, LXX et 160 p.)

37687. Pallias (Honoré). — Comptes rendus des séances, année 1868, p. XVII à LXIII.

[Le général Joubert (1769 † 1799), p. XXXII. — Sur la noblesse, p. XXXVII. — La bannière du lion, p. LVIII.]

37688. Vachez (A.). — Isabeau d'Harcourt [† 1443] et l'église de Saint-Jean [à Lyon; épitaphe et dispositions testamentaires], p. 1.

37689. Debombourg (G.). — *Gallia aurifera;* étude sur les alluvions aurifères de la France, p. 17.

37690. Brouchoud (Claudius). — Études historiques sur les anciennes archives judiciaires de Lyon; registres des insinuations, p. 49. — Cf. n° 37679.

37691. Soultrait (Georges de). — Notice sur les jetons de plomb des archevêques de Lyon, *pl.*, p. 65.

37692. Saint-Olive (Paul). — Les frères tailleurs de Lyon [XVI°-XVIII° s.], p. 89.

37693. Perret de La Menue (Émile). — Greniers et fours publics en France; recherches historiques sur ceux de la ville de Lyon, p. 99.

37694. Hignard (Henri). — Études mythologiques; le Minotaure, p. 121.

37695. Monin (Dr F.). — Abd-el-Kader littérateur et philosophe, p. 135.

VII. — Mémoires de la Société littéraire, historique et archéologique de Lyon, année 1869. (Lyon, 1870, in-8°, LVI et 302 p.)

37696. Pallias (Honoré). — Comptes rendus des séances, année 1869, p. XVII à LII.

[Église de Brou, p. XIX. — Notes sur la Savoie, p. XXXIII et XLI. — Grandrieu (Lozère), p. XLIII.]

37697. Vachez (A.). — Châtillon-d'Azergues; son château, sa chapelle et ses seigneurs, suivi d'une notice analytique sur la charte inédite de Châtillon [1260], par M. V. de Valous, 2 *pl.*, p. 1 à 95.

[Notes sur les familles d'Albon, d'Oingt, Camus, Jossard et Inguimbert de Pramiral.]

37698. Savy (C.). — Études sur les pignons gothiques des églises à toiture basse à propos des travaux entrepris à la cathédrale de Lyon en 1861, p. 97.

37699. Charvet (Léon). — François de Royers de La Valfenière [XVII° s.] et l'abbaye royale des Bénédictines de Saint-Pierre à Lyon, 6 *pl.* et *fig.*, p. 121 et 295.

37700. Dufay (Charles-Jules). — Jean Perréal dit Jehan de Paris [XV°-XVI° s.], p. 235. — Cf. n° 37656.

37701. Raverat (Le baron). — Château-Bayart [Savoie], p. 249.

37702. Hignard (Henri). — Études de mythologie grecque; les dieux de la mer, p. 261.

VIII. — Mémoires de la Société littéraire . . . de Lyon, années 1870-1871. (Lyon, 1872, in-8°, LXVIII et 236 p.)

37703. Savy (C.). — Comptes rendus des séances, années 1870-1871, p. XVII à LXIII.

[Hôtel-Dieu de Lyon, p. XXII. — Police des armoiries, p. XXIX. — Abbaye de Filly, dans le Chablais, p. XXVIII et LIII. — Charles Fraisse († 1870), p. XXXVIII. — Meuble-oratoire de Joachim de Mayol (1659), p. XLVII.]

37704. Vachez (A.). — Du droit italique à Lyon et de ses destinées dans les temps modernes, *pl.*, p. 1.

37705. La Saussaye (De). — Étude sur les *Tables claudiennes*, *pl.*, p. 37.

37706. Martin-Daussigny (E.-C.). — Étude sur la dédicace des tombeaux gallo-romains [*sub ascia*], *fig.*, p. 61.

37707. Guimet (Émile). — De l'ascia des Égyptiens, *pl.*, p. 139.

37708. Valous (Vital de). — Anoblissement d'un mineur lyonnais en 1398 [Hugues Jossard], p. 143.

37709. Hignard (Henri). — Le mythe d'Io, p. 165.

37710. Vachez (A.). — Achard-James, sa vie et ses écrits [Jean-Marie, 1780 † 1848], p. 209.

IX. — Mémoires de la Société littéraire ... de Lyon, années 1872-1873. (Lyon, 1874, in-8°, LXXX et 336 p.)

37711. George (G.). — Comptes rendus des séances [1872-1873], p. XIX à LXXVI.

[Voie romaine de Lyon à Vienne, p. XXXIII. — Étymologies de noms de lieux, p. XLV à XLVII, LVI, LIX et LXX. — Cordoue, p. LIV.]

37712. Aigueperse (A. d') et Vachez (A.). — Recherches sur les quatre grandes voies romaines de Lugdunum, p. 1.

37713. Piellat (Edmond de). — Épitres d'Ange Politien et de ses contemporains illustres avec des commentaires propres à éclaircir les endroits obscurs et l'histoire des savants du XVe siècle, p. 19.

[Généalogie de la maison de Rancé.]

37714. Vachez (A.). — Les fouilles du tumulus de Machezal (Loire) [tombeau vitrifié], p. 61.

37715. Vingtrinier (Aimé). — Notice biographique sur Maurice Simonnet [écrivain, 1785 † 1820], p. 67.

37716. Raverat (Le baron). — Lyon [étude étymologique], p. 81.

37717. Vingtrinier (Aimé). — Étienne-François Coignet [poète, 12 prairial an VI † 1866], p. 89.

37718. Raverat (Le baron). — Fourvières ou Fourvière; études étymologiques, p. 95.

37719. Charvet (Léon). — Étienne Martellange [jésuite et architecte, 1569 † 1641], p. 99 à 319. — Cf. n° 37724.

[Collège du Puy, *pl.*; collège de la Flèche, 2 *pl.*; noviciat des Jésuites de Paris, 2 *pl.*; collège de la Trinité à Lyon, 3 *pl.*; cartouches, 2 *pl.*]

X. — Mémoires de la Société littéraire ... de Lyon, années 1874 et 1875. (Lyon, 1876, in-8°, LXXXIV et 352 p.)

37720. Anonyme. — Compte rendu des séances [1874-1875] p. XIX à LXXVI.

[La Valbonne et ses seigneurs, p. XXVI. — Hospice de la Charité, à Lyon, p. XXIX. — Recherches étymologiques, p. XXXI, XXXIII, XXXVI, XLIII, L, LIV et LXVI. — Édicule romain découvert à Lyon, p. XLI. — Louis-Pierre Gras (1833 † 1873), p. XLVII. — *Scamilli impares* de Vitruve, p. LXIII.]

37721. [Vachez (A.).] — Les familles chevaleresques du Lyonnais, Forez et Beaujolais aux Croisades, *fig.*, p. 1 à 121.

[En appendice : généalogies des familles de Faverges et Charpin.]

37722. [Charvet (Léon).] — Le réfectoire de l'abbaye des dames de Saint-Pierre de Lyon [construit par Thomas Blanchet, 1681], p. 122.

37723. [Charvet (Léon).] — Les Stella [XVIe-XVIIIe s.], p. 140.

37724. [Charvet (Léon).] — Les Martellange [XVIe-XVIIe s.], *fig.*, p. 150. — Cf. n° 37719.

37725. [Guigue (M.-C.).] — Notre-Dame de Lyon; recherches sur l'origine du pont de la Guillotière et du grand Hôtel-Dieu et sur l'emplacement de l'hôpital fondé à Lyon, au VIe siècle, par le roi Childebert et la reine Ultrogothe, 3 *pl.*, p. 183 à 328.

37726. [Raverat (Le baron).] — Maures et Sarrasins; étude étymologique, p. 329.

XI. — Mémoires de la Société littéraire ... de Lyon, année 1876. (Lyon, 1877, in-8°, XLIX et 520 p.)

37727. Niepce (Léopold). — Nicolas, Claude et Georges de Bauffremont, barons de Sennecey; épisodes de la Ligue en Bourgogne et dans le Lyonnais, *fig.*, p. 1 à 225.

37728. Guigue (M.-C.). — Les voies antiques du Lyonnais, du Forez, du Beaujolais, de la Bresse, de la Dombes, du Bugey et de la partie du Dauphiné, déterminées par les hôpitaux du moyen âge; mémoire, 2 *cartes*, p. 227 à 365.

37729. Vachez (A.). — Lyon au XVIIe siècle; extrait de l'Itinéraire en France et en Belgique d'Abraham Golnitz, traduit et publié avec notes et éclaircissements. *plan*, p. 367 à 473.

37730. Raverat (Le baron). — Études étymologiques [Trion, Thunes], p. 475.

XII. — Mémoires de la Société littéraire ... de Lyon, années 1877 et 1878. (Lyon, 1879, in-8°, LX et 517 p.)

37731. Vaesen (J.). — La juridiction commerciale à Lyon sous l'ancien régime; étude historique sur la conservation des privilèges royaux des foires de Lyon (1463-1795) [pièces justificatives, 1532-XVIIIe s.], p. 1 à 270.

37732. Vachez (A.). — Destruction du château de Peyraud en Vivarais à la requête de la ville de Lyon (décembre 1350), p. 271.

37733. Niepce (Léopold). — Les manuscrits de Lyon, p. 297 à 484.

[Notice de M. L. Delisle sur une ancienne version latine inédite du Pentateuque, *pl.*; manuscrits des couvents de Lyon; manuscrits et objets d'arts enlevés sous la Convention; manuscrits lyonnais à Montpellier; manuscrits de l'abbé Deville à Aix, etc.]

37734. Vachez (A.). — Georges Debombourg, sa vie et ses écrits [1820 † 1877], p. 485.

XIII. — Mémoires de la Société littéraire . . . de Lyon, années 1879, 1880 et 1881. (Lyon, 1882, in-8°, LXXXIV et 274 p.)

37735. Raverat (Le baron). — Fourvière, Ainay et Saint-Sébastien sous la domination romaine; recherches archéologiques sur l'emplacement où les premiers chrétiens lyonnais souffrirent le martyre, *plan*, p. 1.
37736. Valous (Vital de). — Inventaire des biens d'un serrurier de Lyon en 1372, p. 39.
37737. Hedde (Isidore). — Statue de Marguerite de Valois à Angoulême, œuvre de M. Badiou de Latronchère, statuaire de la Haute-Loire [notice biographique, 1552 † 1615], p. 45.
37738. Niepce (Léopold). — M. Péricaud aîné, sa vie et ses ouvrages [Antoine, 1782 † 1867], p. 67 à 163.
37739. Charpin-Feugerolles (Le comte de). — Notice sur la famille Charpinel [x^e-xive s.], p. 165.
37740. Anonyme. — Rôle de la montre et revue faite le 24 décembre 1612 de la compagnie de cent hommes d'armes des ordonnances du Roy, commandée par messire Charles de Neufville, sieur d'Halincourt, lieutenant général pour Sa Majesté en la ville de Lyon, pays de Lyonnais, Forez et Beaujolais, p. 193.
37741. Vachez (A.). — La voie d'Aquitaine et la légende de saint Bonnet, p. 215.
37742. Vettard (Auguste). — Biographie de M. F. Dufieux [1837 † 1880], p. 251.
37743. Vettard (Auguste). — Biographie de M. A.-M. Berger [† 1881], p. 255.
37744. Vettard (Auguste). — Compte rendu des travaux de l'année 1883; liste des membres. (Lyon, 1884. in-8°, 24 p.).

XIV. — Mémoires de la Société littéraire . . . de Lyon, années 1882, 1883, 1884 et 1885. (Lyon, 1886, in-8°, LXXX et 499 p.)

37745. Guigue (Georges). — Récits de la guerre de Cent ans. Les Tard-Venus en Lyonnais, Forez et Beaujolais (1356-1369), 2 *pl.* et *carte*, p. 1 à LXXX et 1 à 423.

[83 pièces justificatives (1357-1368); lettres de rémission; arrêts du Parlement; rançon du roi Jean; don par Jeanne de Bourbon, comtesse de Forez, d'un reliquaire à la cathédrale de Lyon; succession de Pierre Foillet, maître d'école à Anse; bulle du pape Urbain V: extrait de comptes, etc.]

37746. Vachez (A.). — Vital de Valous, sa vie et ses œuvres [Jean-Vital, écrivain, 1825 † 1883], p. 427.
37747. Vettard (Auguste). — Alexis Rousset [Raymond-Victor-Alexis, écrivain, 1799 † 1885], p. 445.
37748. Vingtrinier (Aimé). — Alexis Rousset [Raymond-Victor-Alexis, écrivain, 1799 † 1885], p. 455.
37749. Conil (L'abbé F.). — Jean-Antoine Socquet. président de la Société littéraire [docteur en médecine, né en 1810], p. 487.
37750. Raverat (Le baron). — Révérend Germain Pont, chanoine de la cathédrale de Moutiers-en-Tarentaise [1803 † 1885], p. 491.

RHÔNE. — LYON.

SOCIÉTÉ DE TOPOGRAPHIE HISTORIQUE DE LYON.

La *Société de topographie historique de Lyon* a été fondée le 30 avril 1872 par M. Claudius Bouchard. Sa dernière publication date de 1886; nous ne croyons pas qu'elle ait survécu à la mort de son fondateur survenue en 1887. Elle a publié les ouvrages ou documents suivants :

37751. Mornand. — Plan général du bourg de la Guillotière, mandement de Béchevelin en Dauphiné, dédié à M. le marquis de Rochebonne, commandant pour le Roy dans le Lyonnois, Forez et Beaujolois, par son très humble serviteur Mornand, syndic dudit bourg, publié par la Société de topographie historique de Lyon, 1875. (Lyon, lith. Pelletier, *fac-similé* par G. Mermet.)
37752. Nicolay (N. de). — Description générale de la ville de Lyon et des anciennes provinces du Lyonnais et du Beaujolais, par N. de Nicolay, publiée et annotée par la Société de topographie historique de Lyon et précédée d'une notice sur N. de Nicolay [1517 † 1583], par M. Victor Advielle, 2 *plans* et *pl.* (Lyon, 1881. in-4°, XIX et 283 p.)
37753. Anonyme. — Plan scénographique de la ville de Lyon au xvie siècle, *fac-similé*, (Lyon, 1872-1876. in-folio, 1 feuillet et 26 *pl.*)
37754. Anonyme. — Plan figuré des châteaux de Grézieu, Pollionay, Iseron et Fautéon, d'après l'original dressé en 1589 (publié en 1881).

RHÔNE. — LYON.

UNION ARCHITECTURALE DE LYON.

L'*Union architecturale de Lyon* a été fondée le 24 janvier 1879. Elle publie, à intervalles irréguliers, des *Annales* lithographiées dont le 1er fascicule a paru en 1885.

Annales de la Société architecturale de Lyon, 1884-1885. (Lyon, s. d., in-4°, VI et 61 p.)

37755. Majorel (Georges). — Excursion à Saint-Chef (Isère), p. 1.

[Crémieu : église, halles, tour, château, etc., *fig.*; église de Saint-Chef, xe-xive s. : plan, vue, détails, *fig.*; portail, *pl.*; fondation par Girbertus de Momene, xiie s., *pl.*]

37756. Rogniat (Louis). — L'acropole d'Athènes, *plan* et nombreuses *fig.*, p. 17.

37757. Cumin (F.). — Une question classique [l'enseignement de l'architecture], p. 41.

37758. Bricod (Jean). — Le Puy, souvenirs de voyage, p. 47.

[Cathédrale : plan, façade, clocher, cloîtres, piliers, mosaïques, heurtoir, etc., *fig.*; chapelle de l'Aiguilhe, *fig.*; chapelle de Sainte-Claire, *fig.*, etc.]

RHÔNE. — VILLEFRANCHE.

ACADÉMIE ROYALE DES SCIENCES ET BEAUX-ARTS DE VILLEFRANCHE.

L'*Académie royale des sciences et beaux-arts de Villefranche* fut fondée en 1677. (Voir Trollieur de Laveaupierre, *Histoire du Beaujolais*, manuscrit de la Bibliothèque de Roanne.) Elle fut reconnue par lettres patentes de l'année 1695, confirmées par celles du mois de mars 1728. L'Académie avait pris pour emblème une rose de diamants avec ces mots à l'entour : *Mutuo clarescimus igne*. Elle institua un concours annuel d'éloquence et de poésie, et fit imprimer en 1689, à Villefranche, le recueil des pièces couronnées l'année précédente; nous ne croyons pas qu'elle ait publié d'autre ouvrage. L'Académie de Villefranche disparut pendant la tourmente révolutionnaire.

RHÔNE. — VILLEFRANCHE.

UNION PHILOMATHIQUE DE VILLEFRANCHE.

L'*Union philomathique de Villefranche*, fondée en 1874 et approuvée par arrêté préfectoral le 8 février 1875, cessa de se réunir après quelques années d'existence. Elle a publié un *Bulletin* qui compte 3 fascicules.

I. — **Bulletin de l'Union philomathique de Villefranche (Rhône),** 1re année, 1874. (Villefranche, 1875, in-8°, 54 p.)

II. — **Bulletin de l'Union philomathique de Villefranche (Rhône),** 2e année, 1875. (Lyon, 1876, in-8°, 47 p.)

37759. Melville-Glover. — Monuments et légendes préhistoriques des environs de Tarare, p. 5.

III. — **Bulletin de l'Union philomathique de Villefranche (Rhône),** 3e et 4e années. 1876 et 1877, renfermant deux mémoires envoyés par la Société des Amis des arts et des sciences de Tournus (Saône-et-Loire). (Lyon. 1878, in-8°, II et 55 p.)

37760. Le Grand de Mercey. — Note sur les gisements archéologiques des bords de la Saône [temps préhistoriques et période romaine], p. 11.

SAÔNE (HAUTE-). — VESOUL.

COMMISSION D'ARCHÉOLOGIE.

Une *Commission d'archéologie* avait été fondée à Vesoul en 1837; elle publia, en 1839, un premier fascicule de *Mémoires*, puis elle cessa de se réunir. En 1854, la Société d'agriculture de la Haute-Saône reconstitua une Commission spéciale et permanente d'archéologie. Le fascicule édité en 1839 fut réimprimé et forma, joint à trois autres livraisons, le premier volume des *Mémoires* de cette nouvelle Commission. Celle-ci continua jusqu'en 1867 à publier à intervalles irréguliers des fascicules dont la collection forme en tout quatre volumes.

I. — Département de la Haute-Saône. Mémoires de la Commission d'archéologie. (Vesoul, 1re livraison, 1839, in-8°, 55 p.; 2e, 3e et 4e livraisons, 1854-1860, in-8°, 52, 104 et 60 p.)

[La 1re livraison a été réimprimée en 1854 avec la même pagination.]

Première livraison.

37761. Pratbernon (Dr F.). — Restes des langues et coutumes anciennes et particulièrement des dialectes gaulois dans les noms propres des terres et des cantons parcellaires de la Haute-Saône, p. 5.

37762. F. P. [Pratbernon (Dr F.).] — Extraits de procédure contre une sorcière [1629], p. 30.

37763. F. P. [Pratbernon (Dr F.).] — Notice sur les restes de constructions romaines et particulièrement sur les mosaïques découvertes en 1838 entre Membrey et Seveux (Haute-Saône), p. 52.

Deuxième livraison.

37764. Andelarre (J. d') et Bossey (A.). — Circulaires [renfermant un questionnaire historique et archéologique], p. 3.

[Alphabets comparés du xe au xvie s., *pl.*]

37765. Dodelier (Ch.). — Monographie de l'église de Fondremand [xiie ou xiiie s.], 6 *pl.*, p. 14.

37766. Dodelier (Ch.). — Notice sur une tombe à Thiénans [Guillaume de Montbozon, † 1338], *pl.*, p. 34.

[A la suite, tombes de la chapelle de l'abbaye de Montigny-lez-Vesoul (1314-1570), 2 *pl.*]

37767. Dodelier (Ch.). — Notes sur le château, l'église et la croix de Montjustin [xve s.], *pl.*, p. 41.

37768. Dodelier (Ch.). — Rapport sur un reliquaire en argent de l'église de Mailley [1578] et sur un baptistère en pierre sculptée de l'église du Val Saint-Éloy [xvie s.], 2 *pl.*, p. 46.

Troisième livraison.

37769. Longchamps (Ch.). — Recherches historiques sur la ville de Vesoul dans les temps anciens, 2 *plans* et *pl.*, p. 1 à 63.

37770. Dodelier (Ch.). — Monographie de l'église de Montdoré, canton de Vauvillers [xve s.], 6 *pl.*, p. 65.

37771. Dodelier (Ch.). — Notice sur le ciborium de l'église de Varogne, arrondissement de Vesoul [xve s.], *pl.*, p. 76.

37772. Longchamps (Charles). — Inscriptions de cloches anciennes dans la Haute-Saône [xiiie, xvie, xviie et surtout xviiie s.], p. 84.

37773. Anonyme. — Note de la commission sur l'inscription [de la façade de l'église] d'Alaincourt [xve ou xvie s.], *pl.*, p. 97.

Quatrième livraison.

37774. Longchamps (Ch.). — Superstitions, préjugés et usages locaux dans la Haute-Saône, p. 1.

37775. Sallot (Dr). — Monnaies trouvées à Chantes en 1858 [xiiie-xve s.], 2 *pl.*, p. 39.

37776. Clerc (Ed.). — Sur des sceaux de la justice de Vesoul [xiiie-xve s.], p. 51.

37777. Travelet (P.-V.). — Sur la nomination d'un capitaine à Montjustin (1646), p. 53.

37778. Travelet (P.-V.). — Notes sur Bourguignon-lez-Morey, p. 54.

37779. Travelet (P.-V.). — Notes sur Molay, p. 58.

II. — Mémoires de la Commission d'archéologie, t. II. (Vesoul, s. d. [1860 et 1861], in-8°, 221 p.)

37780. Longchamps (Ch.). — Découvertes et observations archéologiques faites dans la Haute-Saône de 1842 à 1860, p. 1.

[Voies antiques de Vesoul; tombeaux et objets gallo-romains trouvés à Luxeuil; château de Rupt; sépultures antiques de Menoux; statue gallo-romaine trouvée à la Pisseure; notes sur Savoyeux, Fougerolles et Corre, etc.; objets antiques divers; monnaies du moyen âge, etc. etc.]

37781. Galmiche (Roger). — Rapport sur les recherches faites au camp de Chariez [pointe de flèche en silex], *fig.*, p. 55. — Cf. n° 37782.

37782. Déy (Aristide). — Quelques mots à l'occasion des fouilles faites au camp de Chariez, p. 61. — Cf. n° 37781.

37783. Sallot (Dr). — Monnaies trouvées au territoire d'Authoison, canton de Montbozon [xvie-xviie s.], p. 69.

37784. Sallot (Dr). — Médailles et monnaies en or, en argent et en bronze [gauloises, romaines et modernes], léguées à la Commission d'archéologie par M. le capitaine Leblond, p. 71.

37785. Sallot (Dr). — Statistique mortuaire de la ville de Vesoul [à partir du xviie s.], p. 81.

37786. Déy (Aristide). — Histoire de la sorcellerie au comté de Bourgogne, p. 1 à 122.

37787. Galmiche (Roger). — Biographie et bibliographie, p. 123.

[Notes sur seize écrivains originaires de la Haute-Saône : C.-F. Athalin; A.-J. Cordienne; F.-J. Cournot; J.-E. Dumonin; F.-E. de Toulongeon, etc.]

37788. Déy (Aristide). — Jean-Antoine Marc [1774 † 1845], p. 133.

37789. Halley (V.). — Notes sur les ruines et antiquités gallo-romaines de Beaujeu, 8 *pl.*, p. 145. — Cf. nos 37790, 37795 et 37796.

37790. Sallot (Dr). — Sur les monnaies romaines trouvées à Beaujeu, p. 155. — Cf. n° 37789.

37791. Gevrey. — Dissertation sur les haches celtiques, p. 159.

37792. Longchamps (Ch.). — Revue épigraphique dans la Haute-Saône [inscriptions de toute époque], 2 *pl.* et *fig.*, p. 165; et III, p. 35.

37793. [Longchamps (Ch.)]. — Une tombe à Savoyeux, *pl.*, p. 216.

[Claude de Fouchiers, xvie s.]

III. — Mémoires de la Commission d'archéologie et des sciences historiques, t. III. (Vesoul, s. d. [1862], in-8°, 215 p.)

37794. Déy (Aristide). — Mémoires pour servir à l'histoire de la ville de Luxeuil [administration municipale], p. 1; IV, p. 1 et 319.

[37792]. Longchamps (Ch.). — Revue épigraphique dans la Haute-Saône, p. 35.

37795. Halley (V.). — Antiquités [gallo-romaines] de Beaujeu, 20 *pl.*, p. 97. — Cf. n° 37789.

37796. Gevrey. — Catalogue des monnaies gauloises et romaines trouvées à Beaujeu, 2 *pl.*, p. 125. — Cf. n° 37789.

37797. Beauséjour (E. de). — Note sigillographique, p. 151.

[Sceaux de Pesmes, Jussey, Luxeuil, Lure, bailliage de Fougerolles, etc., *pl.*]

37798. Longchamps (Ch.). — Antiquités [statuette antique trouvée à La Motte, près Vesoul], *pl.*, p. 155.

37799. Anonyme. — Biographies, p. 157.

[Extraits de la *Galerie biographique de la Haute-Saône*, par L. Suchaux.]

37800. Galmiche (Roger). — Histoire locale; reddition de Vesoul en 1674, p. 187.

IV. — Mémoires de la Commission d'archéologie, t. IV. (Vesoul, s. d. [1865 et 1867], in-8°, 537 p.)

[37794]. Déy (Aristide). — Mémoires pour servir à l'histoire de la ville de Luxeuil, *pl.*, p. 1 à 88 et 319 à 361.

37801. Morey (L'abbé). — Notice sur la chapelle du Rosaire au Faubourg-Bas de Vesoul (1544-1862), *plan*, p. 89.

37802. Longchamps (Ch.). — Coup d'œil sur les institutions judiciaires qui se sont succédé à Vesoul depuis l'époque gallo-romaine jusqu'à nos jours [liste des baillis d'Amont et de leurs lieutenants-généraux], p. 105 à 252.

37803. Suchaux (L.). — Notice nécrologique : Charles Longchamps, avocat [né en 1814], p. 253.

37804. Déy (Aristide). — Armorial des villes, des communautés religieuses et des corporations civiles de la Franche-Comté [établi par Charles d'Hozier, 1698-1709], p. 261.

37805. Mouton (L'abbé). — Rapport sur Ales (*Ateu*), 6 *pl.*, p. 297.

[Ruines gallo-romaines, mosaïque, etc.]

37806. Brultey (L'abbé Hippolyte). — Notice sur la commune et la paroisse de Vars [Haute-Saône], p. 362.

37807. Brultey (L'abbé Hippolyte). — Étude d'histoire sur le cartulaire de l'ancienne abbaye de Clairefontaine-lez-Polaincourt, de l'ordre de Cîteaux [fondée au xiie s.], p. 373.

37808. Garnier (Joseph). — Lettres de grâce accordées par Philippe le Hardi, duc de Bourgogne, à un troupeau de cochons [1379], p. 525.

37809. Thirion (Dr). — Sur une sculpture antique représentant la déesse Brixia trouvée à Faucogney, *pl.*, p. 529.

37810. Suchaux (L.). — Étude bibliographique : M. Charles Weiss [1779 † 1866], p. 531.

SAÔNE (HAUTE-). — VESOUL.

SOCIÉTÉ D'AGRICULTURE, SCIENCES, COMMERCE ET ARTS DU DÉPARTEMENT DE LA HAUTE-SAÔNE.

Une *Société d'agriculture* fut établie à Vesoul en vertu d'un arrêté préfectoral en date du 24 germinal an IX, confirmé le 7 floréal suivant par le Ministre de l'intérieur. Elle prit, le 15 prairial an IX, le nom de *Société d'agriculture, commerce et arts*, qu'elle modifia légèrement le 1er fructidor an XII pour lui donner la forme qu'il a conservée jusqu'à maintenant. A la suite des événements de 1815, elle fut dissoute après avoir publié trois volumes de *Mémoires:* elle fut reconstituée le 14 mai 1819, mais pendant longtemps elle consacra toute son activité aux choses agricoles et fit seulement paraître un *Recueil agronomique*, en 9 volumes, où nous ne trouvons que peu de choses à prendre. En 1869, elle commença la publication d'un *Bulletin* où une place beaucoup plus grande est attribuée à l'histoire et à l'archéologie; à la fin de l'année 1885, ce *Bulletin* comprenait 16 numéros formant 10 volumes.

I. — Mémoires de la Société d'agriculture, sciences, commerce et arts du département de la Haute-Saône, t. I. (Vesoul. 1806, in-8°, 261 p.)

37811. Froissard. — Notice sur l'antiquité de la ville de Luxeuil, p. 83.

37812. Froissard. — Examen critique de la notice historique sur les Rauraques, publiée au *Journal du soir*, n° 2319, par M. Verneur, membre de la Société d'émulation du Haut-Rhin, sous-chef à la préfecture de la Seine, dans lequel on cherche plus particulièrement à reconnaître le champ de bataille d'Arioviste contre les Éduens et de Jules César contre Arioviste, p. 95.

37813. Marc (J.-A.). — Note sur le Port-Abucin [Port-sur-Saône], p. 115.

37814. Marc (J.-A.). — Dissertation sur les monuments d'antiquité du département de la Haute-Saône, p. 159.

[Voies romaines, bains, camps, pierres antiques, médailles, statues et inscriptions.]

37815. Froissard. — Tableau de l'histoire du département de la Haute-Saône, p. 203.

II. — Mémoires de la Société d'agriculture . . . de la Haute-Saône, t. II. (Vesoul. 1808. in-8°, 223 p.)

37816. Grappin (L'abbé). — Éloge historique de dom Berthod, bénédictin [1733 † 1788], p. 17.

37817. Marc (J.-A.). — Notes historiques sur la ville de Vesoul, chef-lieu du département de la Haute-Saône, p. 39.

37818. Weiss (Charles). — Notice sur les savants et les littérateurs nés dans le département de la Haute-Saône, p. 99 à 161.

III. — Mémoires publiés par la Société d'agriculture, sciences, commerce et arts du département de la Haute-Saône, t. III. (Vesoul, 1812, in-8°, XLVIII et 298 p.)

37819. Marc (J.-A.). — Essai historique et statistique sur l'agriculture du département de la Haute-Saône, p. 1 à 80.

37820. Weiss (Charles). — Notice sur M. Légier [Pierre, 1734 † 1791], p. 251.

37821. Weiss (Charles). — Éloge du père Chrysologue [Noël-Chrysologue André, 1728 † 1808], p. 261.

I. — Société d'agriculture, sciences, commerce et arts de la Haute-Saône. Séance d'installation tenue le 27 juin 1819. (Vesoul. 1819, in-8°, 37 p.)

II. — Procès-verbal de la séance publique de la Société d'agriculture, commerce et arts du département de la Haute-Saône [tenue le 31 août 1820]. (Vesoul, 1820, in-8°, 78 p.)

I.* — Recueil agronomique, publié par la Société centrale d'agriculture, sciences,

commerce et arts du département de la Haute-Saône, t. I. (Vesoul, 1844, in-8°, 328 p.)

37822. ANONYME. — Nécrologie, p. 319.

[Guy-Claude Junot, 1766 † 1821; Dupouchel, † 1821; Dumontet de La Terrade, premier président de la cour de Besançon, † 1821; Claude-Xavier Girault, magistrat (1764 † 1823).]

II. — Recueil agronomique, publié par la Société centrale d'agriculture du département de la Haute-Saône établie à Vesoul, t. II. (Vesoul, 1825, in-8°, 376 p.)

37823. [BOISSON]. — Nécrologie, p. 363.

[Docteur Humblot, † 1826; baron Pierre-François Percy, 1754 † 1825; Pierre-François Bressand, député, † 1826; docteur Louis-Jean Coillot, † 1827.]

III. — Recueil agronomique, etc., t. III. (Vesoul, 1829-1831, in-8°, 288 p.)

IV. — Recueil agronomique, industriel et scientifique, publié par la Société d'agriculture de la Haute-Saône, t. IV. (Vesoul, 1846, in-8°, 531 p.)

37824. ANONYME. — Catalogue de la bibliothèque de la Société, p. 469.

37825. ANONYME. — Collections scientifiques de la Société, p. 491.

V. — Recueil agronomique, industriel et scientifique, etc., t. V. (Vesoul, 1850, in-8°, 482 p.)

37826. FABERT (Le lieutenant-colonel DE). — Notice historique et descriptive sur divers monuments antiques trouvés à Luxeuil dans le mois de novembre 1845, 6 *pl.*, p. 108.

[Tombes, statues, fragments d'architecture.]

37827. MARNOTTE (P.). — Mémoire sur la chapelle dite de Résie dans l'église paroissiale de Saint-Hilaire, à Pesmes, p. 302.

VI. — Recueil agronomique, industriel et scientifique, etc., t. VI. (Vesoul, s. d., in-8°, 512 p.)

VII. — Recueil agronomique, industriel et scientifique, etc., t. VII. (Vesoul, s. d., in-8°, 607 p.)

VIII. — Recueil agronomique, industriel et scientifique, etc., t. VIII. (Vesoul, s. d., in-8°, 444 p.)

IX. — Recueil agronomique, industriel et scientifique, etc., t. IX [n°s 1 à 3]. (Vesoul, s. d., in-8°, 336 p.)

I. — Bulletin de la Société d'agriculture, sciences et arts du département de la Haute-Saône, 3e série, n°s I et II. (Vesoul, 1869, in-8°, 414 p.)

37828. MOUILLOT. — Découverte d'un cimetière antique à Vereux, p. 30.

37829. SUCHAUX (L.). — Maison conventuelle de Luxeuil, p. 35.

[État des revenus des Bénédictins de Luxeuil en 1791.]

37830. SUCHAUX (L.). — Notes historiques, p. 55.

[Analyse de l'*Almanach du Solitaire* pour l'année 1776.]

37831. GALMICHE (Roger). — Historique des fiefs de Fretigney, p. 62.

37832. SUCHAUX (L.). — Un fragment d'histoire locale, p. 66.

[Usages des habitants de Chassey, près Scey-sur-Saône, XVII s.]

37833. SUCHAUX (L.). — Ruines de Saint-Sulpice, canton de Villersexel, 6 *pl.*, p. 140.

[Médailles, haches, verreries et poteries gallo-romaines; objets divers.]

37834. DÉY (Aristide). — Étude historique sur la condition du peuple au comté de Bourgogne pendant le moyen âge, p. 169 à 266; II, p. 1 et 149.

[Pièces justificatives : inventaire des chartes communales du comté de Bourgogne; chartes de franchises d'Arlay (1276); Nozeroy (1283), Ablans (1297), La Chaux-des-Crotenay et Entre-Deux-Monts (1295), Saint-Hippolyte (1298), La Cluse et La Chapelle (1344); Les Fourgs (1368), Longwy (1383); Les Verrières-de-Joux (1396), Chargey (1660). II, p. 1 et 149.]

37835. SUCHAUX (L.). — Sur l'épitaphe de Philibert de Monrost († 1516), p. 376.

II. — Bulletin de la Société d'agriculture ... de la Haute-Saône, 3e série, n°s III et IV. (Vesoul, s. d., in-8°, 706 p.)

[37834]. DÉY (Aristide). — Étude historique sur la condition du peuple au comté de Bourgogne pendant le moyen âge, p. 1 à 99 et 149 à 307.

III. — Bulletin de la Société d'agriculture . . . de la Haute-Saône, 3e série, nos V et VI. (Vesoul, 1874, in-8°, 224 et 268 p.)

37836. Finot (Jules). — Recherches sur les incursions des Anglais et des Grandes Compagnies dans le duché et le comté de Bourgogne à la fin du xive siècle, précédées de considérations sur l'origine des Grandes Compagnies, leurs diverses dénominations, leur influence politique et militaire, etc., n° V, p. 69 à 200.

[Pièces justificatives (1359-1416) : préparatifs de défense du château de Jussey; remise accordée à l'abbaye de Luxeuil, etc.]

37837. Finot (Jules). — Diplômes de Louis IV d'Outremer, roi de France, et d'Othon Ier, empereur d'Allemagne, fixant les limites du comté de Bourgogne au xe siècle, n° V, p. 205.

37838. Finot (Jules). — Procès de sorcellerie au bailliage de Vesoul, de 1606 à 1636, n° VI, p. 1 à 71.

37839. Finot (Jules). — Un précis de géographie commerciale de l'empire romain au ive siècle; le géographe Junior et sa description de la terre, n° VI, p. 113 à 168.

37840. Lévy (Isaac). — L'agriculture chez les anciens Juifs, n° VI, p. 169.

37841. [Reboul de Neyrol]. — L'enseignement secondaire en Allemagne, n° VI, p. 189.

IV. — Bulletin de la Société d'agriculture . . . de la Haute-Saône, 3e série, nos VII et VIII. (Vesoul, 1877, in-8°, VII et 633 p.)

37842. Finot (Jules). — Un procès criminel au xve siècle; tentative d'empoisonnement sur la personne d'Antoine de Neufchâtel, évêque-comte de Toul et abbé de Luxeuil [1493], p. 37.

37843. Finot (Jules). — Enlèvement d'Antoine de La Baume-Saint-Amour, abbé de Luxeuil (23 novembre 1605), p. 70.

37844. Anonyme. — La ligue de Stellinga ou des Rénovateurs. Une page de l'histoire des pays saxons sous les petits-fils de Charlemagne, d'après Jæger, directeur de Schulpforta [ixe s.], p. 97.

37845. Finot (Jules). — Un document judiciaire concernant les dégâts commis par les troupes suédoises dans le bailliage d'Amont en Franche-Comté pendant la guerre de Trente Ans, p. 129.

[Enquête faite contre Jean-Georges Aymonnet, seigneur de Contréglise, relativement à la perception des revenus seigneuriaux en 1635 et 1636.]

37846. Finot (Jules). — Documents conservés aux Archives de la Haute-Saône concernant Héluyse de Joinville, dame de Faucogney, vicomtesse de Vesoul, sœur de Jean de Joinville, sénéchal de Champagne et historien de saint Louis (1264-1312), p. 164.

37847. Finot (Jules). — Étude de géographie historique sur la Saône, ses principaux affluents et le rôle qu'elle a joué comme frontière dans l'antiquité et au moyen âge, p. 397 à 557.

Annexes au Bulletin de l'année 1878. Travaux de la section d'archéologie. Annexe n° 1. Catalogues du musée. (Vesoul, 1879, in-8°, 37 p.)

37848. Petitclerc (Paul) et Travelet. — Catalogues du musée de la Société d'agriculture, sciences et arts de la Haute-Saône, p. 1 à 37. — Cf. nos 37855 et 37857.

Annexe n° 2. Esquisse préhistorique sur le département de la Haute-Saône. (Vesoul, 1879, in-8°, 71 p.)

37849. Chapelain (E.). — Esquisse préhistorique de la Haute-Saône, *carte* et 2 *pl.*, p. 1.

37850. Perron (Eugène). — L'atelier préhistorique d'Étrelles (Haute-Saône), 2 *pl.*, p. 63.

V. — Bulletin de la Société d'agriculture . . . de la Haute-Saône, 3e série, nos IX et X. (Vesoul, 1879, in-8°, VII et 826 p.)

37851. Poly. — Ernest le Fort, roi de Belfort; tradition légendaire franc-comtoise, p. 347.

37852. Finot (Jules). — Affranchissements inédits de la mainmorte dans le bailliage d'Amont en Franche-Comté (1260-1790), p. 449.

37853. Finot (Jules). — Les franchises municipales du bourg de Faverney (1260-1654), p. 491.

37854. Poly. — Études sur l'homme préhistorique dans la Haute-Saône, 2 *pl.*, p. 705; VI, p. 436; VII, p. 289; et X, p. 161.

Annexes au Bulletin de l'année 1879. Travaux de la section d'archéologie. Annexe n° 1. Catalogues du musée, 1er supplément. (Vesoul, 1880, in-8°, 45 p.)

37855. Petitclerc (Paul) et Travelet. — Catalogues du musée de la Société d'agriculture, sciences et arts de la Haute-Saône, 1er supplément, p. 1. — Cf. n° 37848.

37856. Travelet et Finot (Jules). — Pierre tombale trouvée à Chariez, p. 42.

[François de Plaisant, seigneur d'Aigrevaux, † 1542.]

Annexe n° 2. Catalogues du musée, 2e supplément. (Vesoul, 1880, in-8°, 36 p.)

37857. Petitclerc (Paul). — Catalogues du musée de la

Société d'agriculture, sciences et arts de la Haute-Saône, 2e supplément, p. 1. — Cf. n° 37848.

VI. — Bulletin de la Société d'agriculture ... de la Haute-Saône, 3e série, nos XI et XII. (Vesoul, 1881, in-8°, 516 p.)

37858. Bouillerot (Achille). — L'homme des cavernes et les animaux quaternaires autour de la montagne de Morey (Haute-Saône); mémoire d'archéologie préhistorique, 5 *pl.*, p. 13.

37859. Travelet. — La grotte de Frotey-lez-Vesoul [ossements], p. 135.

37860. Travelet. — Les races du Mont-Vaudois, p. 138. — Cf. n° 37862.

37861. Poly. — Dolmens du Japon, par Edouard S. Morse, p. 141.

37862. Bouillerot (Achille). — Quelques observations au sujet de la notice de M. l'ingénieur Travelet sur les races du Mont-Vaudois, p. 242. — Cf. n° 37861.

37863. Finot (Jules). — Études sur la mainmorte dans le bailliage d'Amont aux XIIIe, XIVe et XVe siècles, d'après des documents inédits provenant des Archives départementales et communales de la Haute-Saône, p. 269 à 435.

[Chartes d'affranchissement d'Anthoison, Rigny-sur-Saône, Semmadon, La Villeneuve, Neuvelle-lez-la Charité et Le Pont-des-Planches, Rupt, Broye-les-Loups et Verfontaine, Champvans-lez-Gray, Bonnevent, Noidans-lez-Vesoul et Ray-sur-Saône.]

[37854]. Poly. — Études sur l'homme préhistorique dans la Haute-Saône, p. 436.

VII. — Bulletin de la Société d'agriculture ... de la Haute-Saône, 3e série, n° XIII. (Vesoul, 1882, in-8°, 401 p.)

37864. Bouillerot (Achille). — Détermination des ossements de la caverne de Farincourt (Haute-Marne), p. 29.

37865. Reboul de Neyrol. — Notice biographique [Charles Dodelier, architecte, 1816 † 1882], p. 35.

37866. Bouillerot (Achille). — Éclaircissements que l'on peut tirer de la comparaison des armes préhistoriques avec celles des sauvages modernes, p. 46.

37867. Longin (Émile). — Instructions diplomatiques du parlement de Dôle à Jean d'Accoste (1638), p. 186.

37868. Dév (Aristide). — Vocabulaire pour servir à l'intelligence des chartes communales du comté de Bourgogne au moyen âge, p. 234; et VIII, p. 193.

[37854]. Poly. — Études sur l'homme préhistorique dans la Haute-Saône, p. 289.

37869. Gauthier (Jules). — Les tombes et les inscriptions de l'église abbatiale de Theuley (Haute-Saône) [XIIIe-XVIIe s.], 6 *pl.*, p. 333.

[Familles d'Autrey, de Beaumont, de Champlitte, de Crécy, de Mandre, de Saint-Seine, de Vergy, etc.]

37870. E. L. [Longin (Émile).] — Notes pour servir à la bibliographie franc-comtoise, p. 371; VIII, p. 401; IX, p. 263; X, p. 271; XI, p. 203; XII, p. 219; XIII, p. 229; et XIV, p. 279.

[Catalogue d'ouvrages relatifs à la Franche-Comté.]

VIII. — Bulletin de la Société d'agriculture ... de la Haute-Saône, 3e série, n° XIV. (Vesoul, 1883, in-8°, 448 p.)

37871. Longin (Émile). — Un épisode de la famine de 1638 en Franche-Comté, p. 172.

[Lettre des officiers du siège de Gray.]

[37868]. Dév (Aristide). — Vocabulaire pour servir à l'intelligence des chartes communales du comté de Bourgogne au moyen âge, p. 193 à 312.

37872. Morey (L'abbé J.). — Les Juifs et la peste noire à Vesoul en 1349, p. 326.

37873. Perchet (E.). — Pierre-François Percy [1754 † 1825]; notice historique, p. 356.

37874. Milliard (Alfred). — L'âge de la pierre à Fédry (Haute-Saône), *pl.*, p. 392.

[37870]. Longin (Émile). — Notes pour servir à la bibliographie franc-comtoise, p. 401.

IX. — Bulletin de la Société d'agriculture ... de la Haute-Saône, 3e série, n° XV. (Vesoul, 1884, in-8°, 330 p.)

37875. Boisselet (J.). — Vestiges d'une voie romaine à Quincey (Haute-Saône), p. 32.

37876. Longin (Émile). — Lettres de chevalerie de Louis de La Verne [1620], p. 73.

37877. Cardot de La Burthe (Louis). — M. Louis Suchaux [imprimeur et journaliste, 1799 † 1884], p. 83.

37878. Rossignot (L'abbé). — Les fouilles de Valleroy, p. 119.

[Monnaies, poteries et anneaux gallo-romains.]

37879. Anonyme. — Note sur une arme de jet et des monnaies anciennes [XIVe s.] trouvées par M. Boisselet, p. 126.

37880. Finot (Jules). — Notes historiques consignées sur d'anciens registres paroissiaux de la Haute-Saône [XVIIe-XVIIIe s.], p. 161.

[Registres paroissiaux d'Aillevillers, Apremont, Autet, Cerre-lez-Noroy, Champagney, Gray, Lure, Plancher-Bas, Vesoul, Villeparois, etc.]

37881. Floyd (James Gordon S.). — L'industrie des

mines et la métallurgie en Franche-Comté au XVIe siècle, p. 194.

37882. Rossignot (L'abbé). — Étude sur un terrier d'Argillières (1680), p. 238.

[37870]. Longin (Émile). — Notes pour servir à la bibliographie franc-comtoise, p. 263.

X. — **Bulletin de la Société d'agriculture ... de la Haute-Saône,** 3e série, n° XVI. (Vesoul, 1885, in-8°, 336 p.)

37883. Longin (Émile). — Note biographique, p. 46.

[Orthographe du nom de dom Couderet.]

[37854]. Poly. — Études sur l'homme préhistorique dans la Haute-Saône, p. 161.

37884. Morey (L'abbé J.). — La banque d'Élias (Hélyot), de Vesoul, au XIVe siècle, p. 201.

37885. Longin (Émile). — Notes historiques extraites d'un registre paroissial de Lure [1634], p. 225.

37886. Longin (Émile). — Une lettre de Jean Hepburne [1634], p. 238.

37887. Rossignot (L'abbé). — Atelier de l'âge de pierre à Argillières (Haute-Saône), p. 243.

37888. Longin (Émile). — Une émule de Joubert; Mlle de Beauchamp (1756 † 1852), p. 255.

[37870]. Longin (Émile). — Notes pour servir à la bibliographie franc-comtoise, p. 271.

SAÔNE-ET-LOIRE. — AUTUN.

SOCIÉTÉ ÉDUENNE.

Un arrêté du sous-préfet d'Autun du 25 brumaire an x avait institué une *Société libre d'agriculture, sciences et arts d'Autun.* Cette société n'eut qu'une existence éphémère; le registre de ses procès-verbaux, conservé à Autun dans les archives de la *Société éduenne,* s'arrête au 4 janvier 1808. Elle décida, le 20 ventôse an x, la publication d'un bulletin qui parut sous le titre de *Recueil de la Société libre d'agriculture, sciences et arts d'Autun,* imprimé chez Dejussieu à Autun. Nous ignorons la durée de ce Recueil dont nous ne connaissons que les premiers fascicules; il semble n'avoir contenu que des articles étrangers à ceux dont nous nous occupons. M. Dumay a écrit une notice historique sur cette Société (voir le n° 38064).

Un certain nombre de membres de la Société d'agriculture d'Autun se constituèrent, en 1820, en une *Commission des antiquités d'Autun* (voir n° 37924) qui ne semble avoir fait aucune publication, et se fondit plus tard dans la *Société éduenne.*

Celle-ci fut instituée au commencement de 1836 et approuvée le 6 mai de la même année; elle fut reconnue comme établissement d'utilité publique le 30 mai 1866. Elle commença, dès l'année 1839, à publier les travaux de ses membres dans un recueil qui comprend 6 volumes et qui parut à intervalles très irréguliers de 1837 à 1864, sous le titre de *Mémoires* ou d'*Annales.* En 1872, la Société éduenne entreprit une nouvelle série de *Mémoires* dont elle a régulièrement, depuis lors, donné un volume par an. On lui doit encore un certain nombre d'ouvrages dont voici la liste :

37889. Thomas (Edme). — Histoire de l'antique cité d'Autun par Edme Thomas, official, grand-chantre et chanoine de la cathédrale de cette ville, mort en 1660, illustrée et annotée. (Autun, 1846, in-4°, lxxi et 428 p., *pl.* et *fig.*)

[Édition annotée par l'abbé Devoucoux et M. Joseph de Fontenay; biographie d'Edme Thomas (1591 + 1660); étude sur la *gématrie* ou les rapports qui naissent des nombres fournis par les noms, etc.]

37890. [Devoucoux (L'abbé A.) et Fontenay (Joseph de)]. — Autun archéologique, par les secrétaires de la Société éduenne et de la Commission des antiquités d'Autun, *fig.* (Autun, 1848, in-8°, xv et 300 p.)

37891. Bulliot (J.-Gabriel). — Essai historique sur l'abbaye de Saint-Martin d'Autun, de l'ordre de Saint-Benoît. (Autun, 1849, 2 vol., in-8°, t. I, lxiv, 427 p., 23 *pl.* et *fig.;* t. II, vii et 449 p.)

[A la fin du t. I, notes sur le *Polyandre* d'Autun, l'abbaye de Saint-Symphorien et les superstitions du pays; plusieurs des *pl.* concernent les églises de Bragny, Anzy, Chenay et Thil-sur-Arroux. — Au t. II, pièces justificatives (858-1824), parmi lesquelles des bulles des papes Nicolas II, Alexandre III, Innocent IV, Alexandre IV, Clément IV, Grégoire X, Nicolas III, Jean XXII et Eugène IV; des diplômes et lettres des empereurs ou rois Charles le Chauve, Charles le Gros, Charles le Simple, Raoul, Louis d'Outre-Mer et Charles VII; chartes des ducs de Bourgogne et des comtes de Chalon; fragments du nécrologe de l'abbaye; lettre de l'abbé Lebeuf, etc.]

37892. Fontenay (Joseph de). — Nouvelle étude de jetons, *fig.* (Autun, 1850, in-8°, 184 p.)

37893. Rossignol (Cl.). — Des libertés de la Bourgogne d'après les jetons de ses États. (Autun, 1851, in-8°, 304 p., *pl.* et *fig.*)

37894. Landriot (L'abbé) et Rochet (l'abbé B.-J.). — Traduction des discours d'Eumène, accompagnée du texte, précédée d'une notice historique et suivie de notes critiques et philologiques sur le texte et d'un précis des faits généraux. (Autun, 1854, in-8°, 389 p.)

37895. Abord (Hippolyte). — Histoire de la Réforme et de la Ligue dans la ville d'Autun, précédée d'une introduction et suivie de pièces justificatives. (Paris et Autun, 3 vol. in-8°, t. I, 1855, xiii et 480 p., *pl.* et *fig.;* t. II, 1881, 575 p. et *pl.;* t. III, 1886, xv et 605 p., 3 *pl.* et *fig.*)

37896. Bulliot (J.-G.). — Essai sur le système défensif des Romains dans le pays éduen. (Paris et Autun, 1856, in-8°, vi et 256 p., 9 *pl.*)

37897. Bougaud (L'abbé Em.). — Étude historique et critique sur la mission, les actes et le culte de saint Bénigne, apôtre de la Bourgogne, et sur l'origine des églises de Dijon, d'Autun et de Langres. (Autun, 1859, gr. in-8°, xii et 481 p., 3 *plans* et 4 *pl.*)

37898. Grognot aîné. — Plantes cryptogames-cellulaires du département de Saône-et-Loire, avec des tableaux synoptiques pour les ordres, les familles, les tribus et les genres, et la description succincte de plusieurs espèces et de beaucoup de variétés nouvelles, reconnues par l'auteur. (Autun, 1863, in-8°, 296 p.)

37899. [Maron (Charles)]. — Musée d'Autun, peintures. (Autun, 1864, in-12, 24 p.)

37900. Charmasse (Anatole de). — Cartulaire de l'église d'Autun, première et deuxième parties [677-1299]. (Paris et Autun, 1865, in-4°, lxxxvi et 420 p., 3 *pl.* et *fig.*)

37901. Pignot (J.-Henri). — Histoire de l'ordre de Cluny depuis la fondation de l'abbaye jusqu'à la mort de Pierre le Vénérable (909-1157). (Autun et Paris, 3 vol. in-8°, t. I, 1868, lxxxiii et 543 p.; t. II, 1868, 579 p.; t. III, 1868, 620 p.)

37902. Fontenay (Harold de). — Notice des tableaux, dessins, estampes, lithographies, photographies et sculptures exposés dans les salles du musée de l'hôtel de ville d'Autun. (Autun, s. d. [1875], in-12, 94 p.)

[Tirage à part du n° 38010.]

37903. Charmasse (Anatole de). — Cartulaire de l'évêché d'Autun connu sous le nom de Cartulaire rouge, publié d'après un manuscrit du xiiie siècle [1100-1300], suivi d'une carte et d'un pouillé de l'ancien diocèse d'Autun d'après un manuscrit du xive siècle. (Autun et Paris, 1880, in-4°, lxxvii et 474 p., *fig.*)

37904. Fontenay (Harold de). — Épigraphie autunoise. Inscriptions du moyen âge et des temps modernes pour servir à l'histoire d'Autun, 45 *pl.* et *fig.*, 2 vol. parus. (Autun, t. I, 1883, in-4°, vi et 426 p., 33 *pl.* et *fig.*; t. II, 1886, in-4°, iii et 415 p., 12 *pl.* et *fig.*)

[Cf. id. et voir pour le détail n° 38034.]

I. — **Société éduenne. Compte rendu de ses travaux,** 1836 à 1837. (Autun, 1839, in-8°, vi et 160 p.)

37905. Devoucoux (L'abbé A.). — Sur l'histoire littéraire d'Autun, p. 29.

37906. Pitra (L'abbé). — Sur les sources de l'histoire de saint Léger, p. 42 et 159.

37907. Lavirotte (César). — Sur Robert de Martimpuis, capitaine de la ville d'Autun (xive s.), p. 57.

37908. [Devoucoux (L'abbé A.)]. — Charte de Louis d'Outre-Mer [relative au chapitre cathédral, 936], p. 63.

37909. Anonyme. — Mandement pour une levée d'hommes en Bourgogne en l'année 1417, p. 67.

37910. [Devoucoux (L'abbé A.).] — Le sculpteur Gislebert [auteur du bas-relief du portail de la cathédrale d'Autun, xiie s.], p. 71.

37911. Lavirotte (César). — Notice sur un dé à jouer romain fort curieux et sur un engin de pêche extraordinaire, p. 77.

37912. Devoucoux (L'abbé A.). — Le prieuré du Val-Saint-Benoît [xiiie s.], p. 150.

[Bas-relief représentant les funérailles de Gauthier de Sully (1239), *pl.*]

II. — **Mémoires de la Société éduenne,** 1844. (Autun, s. d., in-8°, vi et 339 [*lisez* 346] p.)

37913 Monard (L. de). — Numismatique des Éduens, 2 *cartes*, 16 *pl.* et *fig.*, p. 1 à 133. — Cf n° 37925.

[Monnaies gauloises, gallo-romaines et du moyen âge; évêques d'Autun; viergs; abbesses de Saint-Jean; médailles commémoratives; marques de potiers romains, etc.]

37914. Laureau de Thory (Jules). — Notice succincte sur deux tableaux enlevés à la ville d'Autun par ordre du gouvernement en 1798 ou 1799 et qui sont aujourd'hui au Musée royal, p. 134.

[Tableaux de Fra Bartholomeo di San Marco et de Jean de Bruges.]

37915. Devoucoux (L'abbé A.). — Notice chronologique sur les grands-chantres de l'église d'Autun, p. 137.

37916. Fontenay (Joseph de). — Notice sur les armes anciennes et nouvelles, *pl.*, p. 151.

[Machines et armes des anciens; artillerie et armes à feu portatives, etc.]

37917. Esterno (Le comte d'). — Mémoire sur un ancien canal dont les restes longent la grande route d'Autun à Château-Chinon, présenté avec les plans à l'appui, p. 161.

37918. Espiard (D'). — De la possibilité de trouver des médailles d'Othon en bronze de coins romains et réfutation de l'ouvrage de Henri-Thomas Chifflet (*Diss. de Otthonib. æn. ant.*, 1656, in-4°), p. 171.

37919. Lavirotte (César). — Notice relative à l'une des anciennes tombes en relief de l'église d'Anost (diocèse d'Autun), *pl.*, p. 187.

[Probablement la tombe d'Eudes de Roussillon, xiiie s.]

37920. [Devoucoux (L'abbé A.)]. — Archidiacres de l'église d'Autun, *pl.* et *fig.*, p. 194.

37921. Fontenay (Joseph de). — Fragments d'histoire métallique, 25 *pl.* et *fig.*, p. 202 à 318 et 343; et III, p. 65 à 208.

[Jetons et méreaux; médailles de Saint-Benoît; médaille de la Toison-d'Or; monnaies d'Alsace; méreaux théâtraux; méreau du Creusot, etc.; jetoirs d'abaque; de Besançon; de la Cour des monnaies; de la Chambre des comptes; du trésor royal; de la Chambre aux deniers; médaillon du roi de la Basoche; médaillon de Pierre Gassendi; famille Doyen, II, p. 202 et 343.

Méreaux divers; méreaux de Saint-Lazare d'Autun; de Crisenon; de l'abbaye du Tart; d'Alise; méreaux aux armes de Navarre; méreaux de l'église de Valence; de Genève; de Vevey; de Munster; de Notre-Dame de Montbrison; jetoirs de la Toison-d'Or; monnaies de Besançon; remarques sur les armes de France; jetoirs de la chambre des comptes de Dijon; médaille d'Antoine de Bourgogne, etc.; testament d'Élisabeth de Repas (1262); sceau de Nicolas de Brancas (xive s.), III, p. 65.]

37922. Charleuf (Gilbert). — Mémoire sur les fouilles de Saint-Révérien [temple antique; statuettes; monnaies], *pl.*, p. 319.

[Diplôme de Charles le Gros en faveur de l'église de Saint-Cyr de Nevers, 886.]

37923. Landriot (L'abbé). — Note sur quatre tonneaux pétrifiés [trouvés aux environs d'Autun], p. 337.

III. — **Mémoires de la Société éduenne, 1845.** (Autun, s. d., in-8°, 216 p.)

37924. Anonyme. — Préambule, p. 3 à 56.

[Notes sur les origines de la *Commission des antiquités d'Autun* et sur la *Société éduenne*; travaux de la Société.]

37925. Loydreau (Dr). — Addition à la numismatique des Éduens. Note [sur des monnaies frappées à Autun], *fig.*, p. 59. — Cf. n° 37913.

[37921]. Fontenay (Joseph de). — Fragments d'histoire métallique, p. 65 à 208.

IV. — **Annales de la Société éduenne, 1853 à 1857.** (Autun, 1858, in-8°, xvi et 424 p.)

37926. [Fontenay (J. de) et Devoucoux (L'abbé A.).] — Note sur cinq tombes de la cathédrale d'Autun, *fig.*, p. 17.

[Ferry de Cluny, xve s.; Nicole de Montholon, † 1555; Celse Morin, 1518; Jeanette Jaquin; Jean Dubreuil, 1455.]

37927. [Devoucoux (L'abbé A.)]. — Testament de Jeanne Poillot, d'Autun, épouse de Ferry Morin, châtelain de Cromey [1532], p. 27. — Cf. n° 37928.

37928. [Devoucoux (L'abbé A.)]. — Note pour faire suite au testament de Jeanne Poillot, p. 39. — Cf. n° 37927.

[Rôle de Lazare Morin de Cromey durant la Ligue.]

37929. [Devoucoux (L'abbé A.).] — Du livre intitulé : *le Manant et le Maheustre*, attribué à Lazare Morin de Cromey [1593], p. 69.

37930. Devoucoux (L'abbé A.). — M. Lauream de Thory [et ses travaux archéologiques, 1782 † 1853], p. 95.

37931. [Devoucoux (L'abbé A.).] — Le prince de Talleyrand [son séjour à Autun, 13 mars-12 avril 1789], *fig.*, p. 115.

37932. Bulliot (J.-G.). — Adrien Guignet [peintre, 1816 † 1854], p. 145. — Cf. n° 38036.

37933. Devoucoux (L'abbé A.). — Médaillier de M. Lauream de Thory [médailles gauloises et romaines], p. 151.

[Traité de numismatique de M. Chapet; vase antique en forme de poisson.]

37934. Devoucoux (L'abbé A.). — La colonne [gallo-romaine] de Cussy, p. 163.

37935. Devoucoux (L'abbé A.). — Origines de l'église éduenne, p. 179.

37936. Devoucoux (L'abbé A.). — Discours, p. 213.

[Peintures murales de l'église de Monthelon, xive s.]

37937. [Devoucoux (L'abbé A.) et Maron (Charles).] — Notice sur le tableau du martyre de saint Symphorien [par Ingres], p. 227.

37938. [Devoucoux (L'abbé A.).] — Du culte de saint Lazare à Autun, *fig.*, p. 249 à 391.

37939. Devoucoux (L'abbé A.). — Rapport, p. 393.

[Situation d'Alise; sarcophage antique du musée d'Autun; reliques et étoffe du xiie siècle à la cathédrale d'Autun.]

V. — **Annales de la Société éduenne, 1860 à 1862.** (Autun, s. d., in-8°, xii et 507 p.)

37940. Fontenay (Joseph de). — Notice sur J.-P.-C. Lavirotte [Justinien-Paul-César, 1773 † 1859], p. 3.

37941. Bulliot (J.-G.). — Notice biographique sur M. Joseph de Fontenay [né en 1811], p. 13.

37942. Maron (Charles). — Décoration d'un salon vers le milieu du xviie siècle; le vieux salon du château de Montjeu, p. 43.

37943. Bulliot (J.-G.). — Excursion au camp d'Attila [vers Châlons-sur-Marne], p. 51.

37944. Anonyme. — Épée offerte au maréchal de Mac Mahon par la ville et l'arrondissement d'Autun [œuvre de Schœnewerke], p. 81.

37945. Bulliot (J.-G.). — Société éduenne, séance du 10 mars 1861 [discours], p. 89.

[Inscription relative au monastère de Saint-Martin, xvie s.]

37946. Bulliot (J.-G.). — Note sur un anneau d'or à l'effigie de Tétricus trouvé à Autun, p. 121.

37947. Bulliot (J.-G.). — Discours [porte du Carrouge à Autun], p. 175.

37948. Charmasse (Anatole de). — Notice sur les anciens hôpitaux d'Autun, p. 185 à 264.

37949. Creuly (Le général). — Les descendants immédiats d'Eporedorix, d'après une inscription d'Autun et autres documents, *fig.*, p. 290.

37950. Maron (Charles). — Notes relatives à l'histoire de Montjeu, p. 305.

[Mariage d'Anne-Marie-Joseph de Lorraine, comte d'Harcourt avec Louise-Christine Jeannin de Castille, dame de Montjeu, xviiie s.]

37951. Anonyme. — Diptyques [consulaires] d'Autun faisant partie du cabinet des antiques de la Bibliothèque impériale, p. 317.

37952. Bulliot (J.-G.). — Notes sur quelques bronzes gaulois trouvés près d'Autun [à Savigny], p. 324.

37953. Maury (Alfred). — De l'Apollon gaulois, p. 331.

37954. Creuly (Le général). — Notes sur une inscription géographique [romaine] du musée d'Autun, *fig.*, p. 337.

37955. Anonyme. — Notice sur François Serpillon, lieutenant-général criminel et conseiller au bailliage, chancellerie et siège présidial d'Autun [† 1772], p. 349.

37956. Germain (L'abbé Bénigne). — Lettres sur les antiquités d'Autun, p. 371.

37957. Germain (L'abbé Bénigne). — Discours qui contient un jugement sur les historiens d'Autun par un chanoine de l'église de cette ville [l'abbé Bénigne Germain], p. 482.

37958. Anonyme. — Liste des recteurs et supérieures des anciens hôpitaux d'Autun [XIIIe-XVIIIe s.], p. 505.

VI. — Annales de la Société éduenne, 1862 à 1864. (Autun, s. d., in-8°, XV et 406 p.)

37959. Charmasse (Anatole de). — Saint Symphorien et son culte, avec tous les souvenirs historiques qui s'y rattachent, par M. l'abbé Dinet, p. 6.

[Note sur la famille de Clugny.]

37960. Anonyme. — Séance du 6 avril 1862, p. 18.

[Tuiles antiques avec inscriptions.]

37961. Anonyme. — Histoire véritable arrivée à Quemigny-sur-Seine, diocèse d'Autun, le 18 décembre 1698 [exorcisme d'une possédée], p. 22.

37962. Anonyme. — Note sur un fragment d'inscription romaine trouvé à Autun, p. 31.

37963. Pelet. — Note sur une inscription [gallo-romaine] du Musée de Nîmes, p. 34.

37964. Anonyme. — Note sur une inscription du Musée d'Autun, p. 36.

[Épitaphe de Jean et Nicolas Picard, XVIIe s.]

37965. Fontenay (Harold de). — Jehan de Vesvre, érudit et poète latin du XVIe siècle, p. 50.

37966. Guyton (Dr L.-M.). — Notice sur les maladies épidémiques, contagieuses et pestilentielles qui ont affligé Autun pendant les XVIe, XVIIe et XVIIIe siècles, p. 75.

37967. Bulliot (J.-G.). — Rapport sur la situation de la Société éduenne [inscriptions romaines], p. 134.

37968. Lacreuze (L'abbé). — Découverte d'un établissement de poterie romaine au hameau de Cervau, près Autun, p. 145.

37969. Bulliot (J.-G.). — Notice sur l'ancien réfectoire du chapitre d'Autun [XIVe s.], p. 151.

37970. Berger (Jules). — Notice sur Jules Carion, médecin naturaliste [1796 † 1863], p. 187.

37971. Fontenay (Harold de). — Deux lettres inédites de Jean Munier, avec une introduction et des notes [à propos des comtes d'Autun, XVIIe s.], p. 202.

37972. Bulliot (J.-G.). — Notice sur un sarcophage en marbre blanc, 3 *pl.* et *fig.*, p. 237.

37973. Bulliot (J.-G.). — Note sur les tombeaux [gallo-romains] de Morlet, p. 266.

37974. Charmasse (Anatole de). — Notice sur la correspondance littéraire de Bénigne Germain, chanoine théologal de l'église d'Autun [XVIIIe s.], p. 271 à 396.

[Lettres de l'abbé Le Beuf et mémoire du même sur Priscus, évêque de Lyon.]

I. — Mémoires de la Société éduenne, nouvelle série, t. I. (Autun, 1872, in-8°, XVI et 565 p.)

37975. Charmasse (Anatole de). — État de l'instruction primaire dans l'ancien diocèse d'Autun pendant les XVIIe et XVIIIe siècles, p. 1 à 106.

37976. Bulliot (J.-G.). — Notice sur la vie et les œuvres de Mgr Devoucoux, évêque d'Évreux, ancien président de la Société éduenne [1804 † 1870], p. 107.

37977. Fontenay (Harold de). — Mandrin et les contrebandiers à Autun (1754-1762), d'après des documents inédits, p. 133.

37978. [Bulliot (J.-G.).] — Fouilles du mont Beuvray (1868), *pl.*, p. 173 à 267. — Cf. nos 37991, 38005, 38012, 38021, 38033, 38043, 38056 et 38092.

[Boutique de forgeron; remparts gaulois; établissements d'utilité publique; monnaies; métallurgie.]

37979. Roidot (J.). — Origines d'Augustodunum; étude sur les textes d'Eumène et d'Ammien Marcellin, *pl.*, p. 269 à 324.

37980. Lacreuze (L'abbé). — Étude descriptive de quelques sculptures gallo-romaines des environs d'Autun, *fig.*, p. 325. — Cf. nos 38017, 38028 et 38038.

[Inscriptions romaines; bas-reliefs; taureau à trois cornes.]

37981. Bulliot (J.-G.). — Observations historiques et archéologiques sur les fouilles d'Augustodunum pratiquées en 1866 à l'intérieur de l'enceinte romaine pour l'établissement du chemin de fer de Chagny à Étang, accompagnées d'un plan général de la ville antique, 2 *pl.*, p. 349.

[Emplacement de Bibracte; voies romaines: hypocaustes; mosaïques et sculptures religieuses.]

37982. Roidot-Déléage et Fontenay (Harold de). — Légende détaillée du plan d'Augustodunum, *plan*, p. 372.

37983. Bulliot (J.-G.). — Statuette [gallo-romaine] de lutteur trouvée à Autun en 1869, *pl.*, p. 405.

37984. Fontenay (Harold de). — Observations critiques sur le mémoire de M. Le Maistre intitulé : *Saint Émilien et les Sarrasins en Bourgogne*, p. 413.

37985. Guyton (Dr L.-M.). — Recherches historiques sur les médecins et la médecine à Autun [avec des notes de MM. Harold de Fontenay et Anatole de Charmasse], p. 435 à 508; II, p. 1 à 147; et III, p. 1 à 137.

[Pièces justificatives (1300-1763) : testament de Pierre Bernard, chirurgien (1399) et de Jean Lalemant (1581); serment requis des lépreux; fondations pieuses de Pierre Roux (1700 et 1710); mesures contre la peste et le choléra; épizootie de 1763, etc., III, p. 105.]

37986. Anonyme. — Procès-verbaux des séances [14 août 1864-2 décembre 1867], p. 509 à 564.

[Ruines antiques découvertes à Autun, p. 517. — Fouilles de la butte aux Châtaigniers, p. 522. — Joseph de Mac Mahon (1799 † 1865), p. 526. — Haches en jadéite, p. 534. — Voies romaines d'Autun à Langres et d'Autun à Besançon, p. 534. — Antiquités gallo-romaines trouvées au lieu dit le Boulay, p. 535. — Monnaie gauloise, p. 542. — Inscription mutilée du XVIIe siècle relative à la fondation d'une messe, p. 543. — Fragment d'inscription antique, p. 547. — Rue antique d'Autun, p. 557.]

II. — Mémoires de la Société éduenne, nouvelle série, t. II. (Autun, 1873, in-8°, XVI et 506 p.)

[37985]. Guyton (Dr L.-M.). — Recherches historiques sur la médecine et les médecins à Autun, p. 1 à 147.

37987. Barthélemy (Anatole de]. — Étude sur les monnaies antiques [gauloises et romaines] recueillies au mont Beuvray de 1867 à 1872, *pl.*, p. 149.

37988. Longuy (Henri de). — L'âge de bronze à Santenay (Côte-d'Or) [haches, faucilles, bracelet, etc.], 2 *pl.*, p. 175.

37989. Charmasse (Anatole de). — Histoire d'une image ou note sur la condamnation et l'exécution de quatre protestants à Autun en 1642, *pl.*, p. 181.

[Protestants convaincus d'avoir profané l'église de Couches.]

37990. Perry (Le P. Claude). — La vie de M. André Guijon, prêtre, docteur en théologie, chanoine théologal de l'église cathédrale de Saint-Ladre d'Autun et grand vicaire de l'évêché, prieur de Saint-Sauveur en Bretagne [1548 † 1631], *portrait*, p. 193 à 308.

[En appendice : diverses pièces sur la noblesse et les sépultures de la famille Guijon.]

37991. Bulliot (J.-G.). — Fouilles du mont Beuvray (1869), p. 309 à 385. — Cf. n° 37978.

[Forges; émaillerie gauloise; orfèvrerie, etc.]

37992. Chappuis (C.). — Note sur les monnaies antiques [gauloises et romaines] trouvées à Autun dans la tranchée du chemin de fer, p. 397.

37993. Fontenay (Henri de). — Description de quelques bois gravés provenant des anciennes imprimeries d'Autun [XVIe-XVIIIe s.], 5 *pl.* et 17 *fig.*, p. 407.

37994. Charmasse (Anatole de). — Notice sur un manuscrit de la bibliothèque de la ville de Tournus, p. 445.

[Vie de saint Philibert et chronique de Tournus, IXe s.]

37995. Anonyme. — Procès-verbaux des séances [24 mai 1868-24 octobre 1872], p. 459 à 505.

[Monnaie mérovingienne trouvée à Autun, p. 462. — Poterie gauloise trouvée au mont Beuvray et poterie romaine trouvée à Autun, p. 463. — M. Grognot († 1869), p. 468. — Lettre de Levitte de Rigny rappelant l'édit de Henri II relatif aux femmes qui celaient leur grossesse (1762), p. 471. — Cordeliers de Beuvray, p. 478. — Xavier Faivre († 1869), p. 482. — Lettre de M. Aurès sur les mesures gauloises, p. 485. — *Sacellum* de Boiiorix, p. 490. — Sceaux du doyenné de Saint-Jean-de-Réoure et du prieuré de Thil-sur-Arroux, p. 493. — Ruines d'une villa gallo-romaine à Bost (Saône-et-Loire), p. 495. — Mosaïque gallo-romaine trouvée à Autun, p. 498. — Inscription romaine découverte à Santenay (Côte-d'Or), p. 499. — Mosaïque du Bellérophon découverte à Autun en 1830, p. 501.]

III. — Mémoires de la Société éduenne, nouvelle série, t. III. (Autun, 1874, in-8°, XVI et 494 p.)

[37985]. Guyton (Dr L.-M.). — Recherches historiques sur les médecins et la médecine à Autun, p. 1 à 137.

37996. Bulliot (J.-G.). — Le temple du mont de Sene à Santenay (Côte-d'Or), 21 *pl.*, p. 139.

[Statuettes; corniches; bélier en terre cuite; objets en os, en bronze et en fer; lampes; amphores; verres; graffiti; plans des temples du mont de Sene, de Montmarte et d'Essarois.]

37997. Roidot (J.). — Le docteur Guyton [Louis-Marie, 1784 † 1869]; notice sur sa vie et ses écrits, p. 163.

37998. Rigollot (J.). — Notice sur la céramique gauloise et sur sa provenance, p. 203.

37999. Charmasse (Anatole de). — Cahiers des paroisses et communautés du bailliage d'Autun pour les États généraux de 1789, p. 219 à 297; IV, p. 283 à 344; V, p. 65 à 153; VI, p. 153 à 216; VII, p. 315 à 380; et XIV, p. 115 à 139.

38000. Bulliot (J.-G.). — L'ex-voto de la Dea Bibracte, *pl.*, p. 299.

38001. Fontenay (Harold de). — Inscriptions céramiques gallo-romaines découvertes à Autun, suivies des inscriptions sur verre, bronze, plomb et schiste de la même époque, trouvées au même lieu, 44 *pl.* et *fig.*, p. 331 à 449; et IV, p. 137.

38002. Fontenay (Henri de). — Note sur les couleurs antiques trouvées à Autun et au mont Beuvray, p. 451.

38003. Anonyme. — Procès-verbaux des séances [23 janvier-16 novembre 1873], p. 480 à 492.

[Voie romaine partant de Saint-Honoré, p. 482. — Fragment d'un bassin en bronze trouvé à Curgy, p. 489.]

IV. — Mémoires de la Société éduenne, nouvelle série, t. IV. (Autun, 1876, in-8°, XVI et 497 p.)

38004. Charmasse (Anatole de). — Annales historiques du prieuré de Mesvres en Bourgogne et de ses dépendances, 8 *pl.*, p. 1 à 105; et VI, p. 321 à 394.

[Tête de Mercure; pierres tombales, XIVe s.; Pierre de Beaufort, depuis Grégoire XI, XIVe s.; les Grandes Compagnies; lettre de Bussy-Rabutin, 1690, etc.]

38005. Bulliot (J.-G.). — Le temple du mont Beuvray; fouilles de 1872-1873, *plan*, p. 107. — Cf. n° 37978.

[38001]. Fontenay (Harold de). — Inscriptions céramiques gallo-romaines découvertes à Autun, p. 137.

38006. Péquegnot (L'abbé F.). — Notice historique sur la paroisse de Couches, p. 143.

38007. Fontenay (Harold de). — Mémoires de Claude, Jacques et N* Dusson [tisserands] pour servir à l'histoire de Couches au XVIIe siècle [1658-1693], p. 173 à 282.

[En appendice : taux des fruits de la châtellenie royale de Couches à l'usage de Ségoillot, notaire, 1620 1767.]

IMPRIMERIE NATIONALE.

[37909]. Charmasse (Anatole de). — Cahiers des paroisses et communautés du bailliage d'Autun pour les États généraux de 1789, p. 283 à 344.

38008. Sebille (L'abbé). — Saint-Sernin-du-Bois et son dernier prieur, J.-B.-Augustin de Salignac-Fénelon [1714 † 1794], 10 *pl.*, p. 345 à 437.

[Pièces justificatives, 1353-1790 : acte de désaveu de la condition d'homme taillable du prieuré de Saint-Germain-des-Bois, 1367; inventaire des papiers du prieuré de Saint-Sernin-du-Bois en 1790, etc.]

38009. Bulliot (J.-G.) et Fontenay (Henri de). — L'art de l'émaillerie chez les Éduens avant l'ère chrétienne, d'après les découvertes faites au mont Beuvray, *plan* et 8 *pl.*, p. 439.

V. — Mémoires de la Société éduenne, nouvelle série, t. V. (Autun, 1876, in-8°, XIX et 535 p.)

38010. [Fontenay (Harold de).] — Notice des tableaux, dessins, estampes, lithographies, photographies et sculptures exposés dans les salles du musée de l'hôtel de ville d'Autun, p. 1 à 64 et 534. — Cf. id. n° 37902.

[37999]. Charmasse (Anatole de). — Cahiers des paroisses et communautés du bailliage d'Autun pour les États généraux de 1789, p. 65 à 153.

38011. Picard (E.). — Les forêts du Charollais sous les ducs de Bourgogne de la race royale [XIVe-XVe s.; sceaux des gruyers, *pl.*], p. 155.

38012. Bulliot (J.-G.). — Fouilles du mont Beuvray (1870), p. 185 à 231. — Cf. n° 37978.

38013. Charmasse (Anatole de). — Comptes de la viérie d'Autun de 1433 à 1439, p. 233.

38014. Dumay (Gabriel). — État des paroisses et communautés du bailliage d'Autun en 1645, d'après le procès-verbal de la visite des feux [faite par Gérard Richard, élu pour le roi], p. 269 à 484.

38015. Bulliot (J.-G.). — Colonne [localité disparue près de Saint-Aubin-en-Charollais], p. 485.

38016. Batault (Henri). — Note sur un denier inédit de Saint-Nazaire d'Autun, *fig.*, p. 497.

38017. Anonyme. — Procès-verbaux des séances [4 février-5 décembre 1875], p. 505 à 533.

[Le Creusot (1253), p. 506. — Inscriptions antiques provenant de l'église de Vendenesse, p. 510. — Alfred Desseilligny (1827 † 1875), p. 514. — Théâtre d'Autun (XVIIIe s.), p. 516. — Inscription romaine de Branges, près Autun, p. 521. — Gnomon trouvé à La Comelle, p. 523. — Lettre de M. Mowat sur des bas-reliefs antiques tricéphales, p. 527. — Sculptures gallo-romaines et objets ou inscriptions du moyen âge et modernes trouvés ou existant à Antully, Auxy, Curgy, Mesvres, Saint-Firmin, Saint-Pantaléon, Saint-Sernin-du-Bois et Sully, p. 528 (cf. n° 37980).]

VI. — Mémoires de la Société éduenne, nouvelle série, t. VI. (Autun, 1877, in-8°, XX et 550 p.)

38018. Roux (Eugène). — Le collège d'Autun sous les Oratoriens (1786-1792), p. 1 à 82.

38019. Charmasse (Anatole de). — Le prieuré de Saint-George-des-Bois, près Autun, p. 83.

[Monastère de religieuses bénédictines cité pour la première fois en 1225 et disparu en 1422.]

38020. Chabas (F.). — Notice de quelques statuettes antiques d'origine égyptienne trouvées à Autun, p. 101.

38021. Bulliot (J.-G.). — Fouilles du mont Beuvray; forum, *plan*, p. 113. — Cf. n° 37978.

[37999]. Charmasse (Anatole de). — Cahiers des paroisses et communautés du bailliage d'Autun pour les États généraux de 1789, p. 153 à 216.

38022. Picard (Étienne). — Compte de la gruerie des bailliages d'Autun et de Montcenis pour l'année 1419, p. 217 à 282.

[Pièces justificatives, XIIIe-XIXe s.; sceaux de l'officialité d'Autun, 1287, d'Hugues d'Arcy, évêque d'Autun, 1286-1298, et d'Alix de Brazey, abbesse de Saint-Jean-le-Grand d'Autun, 1407, *pl.*]

38023. Bulliot (J.-G.). — Les *Karres* de la voie romaine de Saint-Honoré au pied du Beuvray, p. 283.

38024. Bulliot (J.-G.). — Le général Changarnier [Nicolas-Anne-Théodule, 1793 † 1877], notice, p. 303.

[38004]. Charmasse (Anatole de). — Annales historiques du prieuré de Mesvres en Bourgogne et de ses dépendances, p. 321 à 394.

38025. Fontenay (Harold de). — La société d'Autun au milieu du XVIIIe siècle, d'après les mémoires de J.-M. Crommelin, de Saint-Quentin, et autres documents inédits, p. 395 à 479.

[Texte des mémoires de Crommelin; lettres de Crommelin sur les antiquités d'Autun; tombeaux de Saint-Pierre-l'Étrier et statuette antique trouvée à Autun, 2 *pl.*]

38026. Bigarne (Ch.). — Documents sur la famille du chancelier Rolin [XVe-XVIe s.], p. 481.

38027. Héry (Augustin). — Rapport sur les fouilles faites à la pierre de Couhard en mai 1877, p. 503.

38028. Anonyme. — Procès-verbaux des séances [1876], p. 529 à 548.

[Croix du cimetière de Saint Didier-sur-Arroux (1312), p. 533. — Hugues Nardon, gouverneur de la province de Cuença (1768 † 1812), p. 534. — Marbre romain représentant un chien trouvé à Autun, p. 535. — Dolmen de La Rochepot, p. 537. — Sculptures gallo-romaines à Mesvres, Saint-Firmin et Saint-Émiland, p. 538 (cf. n° 37980). — Sépultures chrétiennes de Saint-Pierre-de-Lestrier, près Autun, p. 542. — Prieuré de Saint-Germain-des-Bois en Brionnais et tombe de Sibylle de Luzy († 1298), p. 545.]

VII. — Mémoires de la Société éduenne,

nouvelle série, t. VII. (Autun, 1878, in-8°, XXII et 542 p.)

38029. Bulliot (J.-G.). — La foire de Bibracte, p. 1 à 104.

[Rentier de la chapelle Saint-Martin sur le mont Beuvray, 1454.]

38030. Charmasse (Anatole de). — État des possessions des Templiers et des Hospitaliers en Mâconnais, Charollais, Lyonnais, Forez et partie de la Bourgogne, d'après une enquête de 1333, p. 105.

38031. Fontenay (Harold de). — De la date et du lieu véritables de la mort du président Jeannin [Paris, 22 mars 1623], *portrait*, p. 149.

38032. Durand (Vincent). — Note sur les stations et voies antiques du pays éduen, p. 149.

38033. Bulliot (J.-G.). — Les loges des fondeurs nomades à la foire de Bibracte, *plan*, p. 175. — Cf. n° 37978.

38034. Fontenay (Harold de). — Épigraphie autunoise, moyen âge et temps modernes, p. 193 à 314; VIII, p. 333 à 432; IX, p. 463 à 498; X, p. 361 à 430; XI, p. 317 à 515; XII, p. 267 à 331; XIII, p. 291 à 412; XIV, p. 147 à 268; XV, p. 387 à 441; et XVI, p. 301 à 346.

[Cathédrale (516-1877), *plan* (XVIII° s.); parmi les épitaphes, celles de Nicolas de Toulon, évêque d'Autun († 1400); de Jean Du Breuil († 1455); du cardinal Rolin († 1483); de Jacques de La Boutière († 1507); d'Antoine de Chalon, évêque d'Autun († 1500); de Celse Morin († 1518); de Pierre Jeannin († 1623); d'Alphonse-Henri-Charles de Lorraine, prince d'Harcourt († 1719), 8 *pl.*, VII, p. 193.

Cathédrale Saint-Nazaire et Saint-Celse (XIV°-XVII° s.), *plan*. — Église Saint-Jean-de-la-Grotte (XVI° s.). — Église Saint-Pancrace (1484-fin XVIII° s.), *plan*. — Chapelle Sainte-Anne (XV°-XVI° s.), *plan*. — Église paroissiale et collégiale Notre-Dame (1461-1711), *plan* : épitaphes du chancelier Rolin († 1462); de Roger de Rabutin, comte de Bussy († 1693), etc.; testament de Philippe Tixier (1711), etc., VIII, p. 333.

Église Saint-Quentin (1573-1624). — Chapelle Saint-Blaise (XVII° s.), *plan*. — Saint-Pierre-Saint-Andoche (XVI°-XVIII° s.), *plan* et *fig.*, etc., IX, p. 463.

Église Saint-Jean-l'Évangéliste, *plan* : inscriptions (1465-1651); tombeau des Clugny (vers 1465), 2 *pl.* et *fig.*; tombe de Jean Le Maire et de Claude Martin, sa femme (1509-1540), *pl.*, etc. — Chapelle de la Bondue (XVIII° s.), *pl.* — Église de Saint-Jean-le-Grand, *plan*; épitaphe de Pierre de Montjeu († 1338). — Chapelle Saint-Martin. — Chapelle de Notre-Dame d'Arroux. — Église Saint-André (1470-1733), *plan*; note sur la famille de Ganay, etc. — Chapelle Saint-Nicolas (1639-1679), *plan*, etc., X, p. 361.

Abbaye de Saint-Martin (VII°-XVIII° s.), *plan* : tombeau de la reine Brunehaut, *pl.*; épitaphe de Letbald (IX° s.); tombe de Jean de Gomen, abbé de Saint-Martin († 1420), *pl.*; tombe du cardinal Rolin († 1483), *pl.*, etc. — Chapelle Saint-Martin (XIX° s.) : Christ miraculeux de Saint-Martin, *fig.* — Prieuré de Saint-Symphorien (XIV°-XVI° s.), *plan* : tombe de Milon de Sarrigny et de Marguerite de Gissey, sa femme († 1311), *pl.*; tombe du prieur Hugues de Gissey († 1340), *pl.*; tombe de Pierre du Brene († 1469) et de Girarde de Barney, sa femme († 1470), *pl.*, etc. — Prieuré de Saint-Racho, vulgairement Saint-Roch (1767), *plan*. — Abbaye de Sainte-Marie de Saint-Jean-le-Grand (XII°-XVIII° s.) : fragment de la tombe d'une abbesse (XIII° s.), de la tombe de l'abbesse Jeanne d'Oigney (XIV° s.) et tombe de Perrenette d'Oiselet († 1520), *pl.*, etc. — Abbaye de Saint-Andoche (1338-1778), *plan* : tombes de l'abbesse Guye de Drées († 1338), *pl.*; de l'abbesse Louise d'Alonne († vers 1486), *pl.*; d'Étiennette et Philiberte Bonesseaul, religieuses († 1509), *pl.*; de l'abbesse Huguette Bouton († 1541), *pl.*; inscription du cœur de la marquise de Polignac († 1654), *pl.*, etc. — Couvent des Cordeliers (1499-1729), *plan* : fondation faite par Nicolas de Chevanes (1647); testament d'Antoine Lamy et d'Esmée Bouffard, sa femme (1654); testament de Louise de Traves, dame de Vauthot (1657), etc., XI, p. 317.

Couvent des Capucins et communauté de la Retraite chrétienne (XIX° s.), *plan*. — Ursulines, *plan*. — Les Sainte-Marie, la congrégation du Sacré-Cœur, les Oblats (1628-1873). — Jacobines. — Dames de Saint-Julien, XII, p. 267.

Filles de la Charité, dites de la Marmite. — Sœurs de la Charité de Nevers. — Monastère de la Visitation (XIX° s.). — Congrégation du Saint-Sacrement (XIX° s.). — Communauté des Carmélites (XIX° s.). — Communauté du Tiers-Ordre du Carmel (XIX° s.). — Hôpital du Saint-Esprit du Châtel-d'Autun (XVII° s.). — La Maladière. ermitage Saint-Laurent. — Hôpital général Saint-Gabriel (1675-1849). — Hospice de la Providence. — Petites Sœurs des pauvres. — Grand séminaire hors les murs, petit séminaire (1593-1870) : testament de Bertrand de Senaux, évêque d'Autun (1709), etc. — Petit séminaire, rue Saint-Antoine, grand séminaire (1555-1830). — Chapelle du collège, église paroissiale Notre-Dame et Saint-Pancrace (XIV°-XIX° s.), *plan* du collège. — Frères de la doctrine chrétienne, XIII, p. 291.

Ponts d'Arroux et Saint-Andoche (XVIII° s.). — Murs de l'enceinte moderne (1584 et 1666). — Portes de la ville moderne (XVII°-XIX° s.), *fig.* — Hôtels de ville (1791 et 1832). — Palais épiscopal (XIV°-XVI° s.), *fig.* — Tribunal civil (XVIII°-XIX° s.). — Auditoire des consuls (XVI°-XVIII° s.), *fig.* — Salle de spectacle et halle au blé (XVIII°-XIX° s.). — Arquebuse (XVII° s.). — Fontaine Saint-Ladre, *pl.* (1543). — Horloge de Marchaux (1587-1641). — Maisons particulières (1473-1870). — Objets divers (1626-1860), XIV, p. 147.

Inscriptions de circonstance (XVI°-XIX° s.), XV, p. 387.

Inscriptions autunoises recueillies hors d'Autun (IX°-XIX° s.) : tombeau de Henri de Bourgogne, évêque d'Autun († 1178), dans l'église de Cîteaux, *pl.*; statuette représentant Antoine Borenet, official de l'église d'Autun (1579), *pl.*; tombe de Guillaume Virot dans l'église des Jacobins de Dijon († 1579), *pl.*, etc., XVI, p. 301.]

[37999]. Charmasse (Anatole de). — Cahiers des paroisses et communautés du bailliage d'Autun pour les États généraux de 1789, p. 315 à 380.

38035. Bigarne (Charles). — Notes sur la bourgade gallo-romaine de Bolar, près Nuits (Côte-d'Or), *plan* et 7 *pl.*, p. 381.

[Statuettes; stèles; cachet d'oculiste; bronzes; terres cuites; monnaies, etc.]

38036. Bulliot (J.-G.). — Le peintre Adrien Guignet, sa vie et son œuvre [1816 † 1854], *portrait*, p. 403 à 501; et VIII, p. 89 à 206. — Cf. n° 37932.

38037. Fontenay (Harold de). — Rapport sur la découverte d'un marbre chrétien du V° siècle [à Saint-Symphorien-lez-Autun], *pl.*, p. 503.

38038. Anonyme. — Procès-verbaux des séances [1877], p. 511 à 539.

[Marguerite de Montaigu, abbesse de Saint-Andoche (1361), p. 511. — Missels autunois imprimés en 1493 et 1518, p. 513. — *Capsa* funéraire soi-disant trouvée à Autun, p. 515. — Sceau du prieuré de Saint-Symphorien d'Autun (XVII° s.), p. 517. — Villa romaine de Ciry-le-Noble, p. 517. — Sculptures gallo-romaines et autres curiosités trouvées à Auxy, Broye et Laizy, p. 520 (cf. n° 37980). — Saint Symphorien, patron des chasseurs au faucon, p. 521. — Portrait de l'abbé Louis-François Toutain (XVIIIe s.), p. 523. — Barthélemy Baudau, calligraphe († 1857), p. 525. — Graduel d'Anzy-le-Duc conservé à Beaune (XIIIe ou XIVe s.), p. 527. — Sculptures et monnaies romaines provenant de Monthelon, p. 530. — Villa romaine située à Auxy, p. 535. — Peintures de Guillaume Boichot (1798), p. 537.]

VIII. — Mémoires de la Société éduenne, nouvelle série, t. VIII. (Autun, 1879, in-8°, XXII et 562 p.)

38039. Dumay (Gabriel). — Une session des États généraux de Bourgogne à Autun en 1763, p. 1 à 88.

[38036]. Bulliot (J.-G.). — Le peintre Adrien Guignet, sa vie et son œuvre, p. 89 à 206.

38040. Rossignol (C.). — Monnaies des Édues pendant et après la conquête de la Gaule, *pl.* et *fig.*, p. 207.

[En particulier étude des monnaies découvertes à Novillars près Bourbon-Lancy.]

38041. Picard (E.). — Le château de Riveau ou la citadelle d'Autun au XVe siècle, *pl.*, p. 235.

38042. Charmasse (Anatole de). — Les origines du régime municipal à Autun [XVe s.; pièces justificatives, 1440-1491], p. 257 à 332.

[38034]. Fontenay (Harold de). — Épigraphie autunoise, moyen âge et temps modernes, p. 333 à 432.

38043. Bulliot (J.-G.). — Fouilles du mont Beuvray; le Champlain, p. 433. — Cf. n° 37978.

38044. Charmasse (Anatole de). — Note sur un sacramentaire manuscrit de la bibliothèque du Vatican [VIIe s.], p. 477.

[Initiales tirées de ce sacramentaire et d'un évangéliaire de l'année 754 conservé au grand séminaire d'Autun, *pl.*]

38045. Doret (L'abbé). — Testament de Perrenet Rolin [1387], p. 485.

38046. Fontenay (Harold de). — Rapport sur les fouilles faites pendant les mois d'octobre et de novembre 1878 à la cathédrale d'Autun pour l'établissement d'un calorifère, p. 495.

[Tombeau de Nicolas de Toulon, évêque d'Autun († 1400); débris du jubé, etc.]

38047. Anonyme. — Procès-verbaux des séances [1878], p. 515 à 560.

[Édouard Delgrange, avocat († 1877), p. 505. — Inscription romaine trouvée à Montceaux-le-Comte, p. 517. — Manuscrit des *Chroniques du Hainaut,* traduites par Jean Vauquelin, conservé à Bruxelles, p. 518. — Oraison à saint Symphorien, patron des chasseurs au faucon (XVe s.), p. 520. — Adrien Crabeth, peintre sur verre, † à Autun en 1581, p. 520. — Joseph-Henry-Édouard d'Espiard (1791 † 1878), p. 523. — Quittance donnée par le chancelier Nicolas Rolin (1440), p. 527. — Stèles gallo-romaines trouvées au Bois-Saint-Jean, p. 529. — Sépulture romaine découverte auprès de Saint-Pierre-de-Lestrier, p. 530. — Arthur de Balorre († 1878), p. 532. — Épitaphe de Georges de La Trémoille à Dracy-Saint-Loup († 1526), p. 534. — Monnaie du pape Paul IV, p. 539. — Monnaies gauloises trouvées à Bourbon-Lancy, p. 539. — Tuiles romaines trouvées dans l'Arnétois, p. 539. — Peintures murales de l'église de Brion (XVe s.), p. 540. — Aqueduc ancien trouvé à Autun, p. 540. — Sceau de Jean Li Rous, de Bellenot, sergent (XIVe s.), p. 544. — Jean Roidot (1794 † 1878), p. 545. — Albert Albrier (1846 † 1878), p. 548. — Auguste Vény, musicien (1801 † 1878), p. 549. — Écoles de Moulins-Engilbert (1451), p. 556. — Épitaphe de la famille Rosier à Couhard (XVIIe s.), p. 558.]

IX. — Mémoires de la Société éduenne, nouvelle série, t. IX. (Autun, 1880, in-8°, XXII et 534 p.)

38048. Doret (L'abbé) et Monard (A. de). — Montjeu et ses seigneurs, 7 *pl.* et *fig.*, p. 1 à 274.

[Notes sur les seigneuries de l'Autunois ayant appartenu aux Oslun et aux Montjeu : Dracy-Saint-Loup, Montjeu-en-Autun, Montjeu-en-Montagne, Aisey et Raveloux, Antully, Sivry. — Pièces justificatives, 1243-1596.]

38049. Fontenay (Harold de). — Notice des bronzes antiques trouvés à la Comelle-sous-Beuvray, arrondissement d'Autun [statuettes, patères et objets divers], 4 *pl.*, p. 275.

38050. Picard (E.). — La vénerie et la fauconnerie des ducs de Bourgogne, *carte*, p. 297 à 418.

[Sceaux de veneurs et de fauconniers, 2 *pl.*; carreaux émaillés des châteaux de Bruzey et de Vergy et de l'hôtel de La Trémoille à Dijon (XVe s.), *pl.*]

38051. Bulliot (J.-G.). — Fouilles du quartier de la Genetoie et du temple dit de Janus [à Autun], *plan* et 2 *pl.*, p. 419.

[38034]. Fontenay (Harold de). — Épigraphie autunoise, moyen âge et temps modernes, p. 463 à 498.

38052. Charmasse (Anatole de). — Note sur le passage et le séjour des Grandes Compagnies dans la prévôté de Baigneux-les-Juifs en 1364 et 1365, p. 499.

38053. Anonyme. — Procès-verbaux des séances [1879], p. 509 à 532.

[Charte de Jean de Montaigu (1423), p. 510. — Sépultures modernes de Laizy, p. 511. — Épitaphe d'Émiland Drenot, à Couhard (1659), p. 511. — Sceau de Milon de Grancey, évêque d'Autun (1413), *fig.*, p. 512. — Hôtel de l'évêque d'Autun à Lisle-sur-le-Serein (Yonne), p. 512. — Objets antiques du cabinet de M. Moreau, d'Autun (1781), p. 513. — L'abbé Duchêne († 1879), p. 516. — Sépultures mérovingiennes trouvées à Génelard, p. 519. — Triens mérovingien autunois, p. 520. — Denier du XIe siècle relatif à Dijon, p. 521. — Prieuré d'Anzy-le-Duc en 1621, p. 521. — Fresque de l'église Saint-Éloi, à Naples, représentant trois chevaliers bourguignons (XVIe s.), p. 522. — Lettre de lord Brougham (1853), p. 523. — *Le Parnasse de la rhétorique françoise,* imprimé par Blaise Simonnot, à Autun (1642), p. 522. — Dessin d'un retable pour la chapelle des Ursulines d'Autun (XVIIe s.), p. 524. — Épitaphe de Jean de Bourbon-Montperroux, à Grury (XVe s.), p. 527. — L'abbé Claude-Joseph Faillard (1839 † 1879), p. 529. — L'abbé Alexandre Dupré († 1879), p. 530.]

X. — Mémoires de la Société éduenne,

nouvelle série, t. X. (Autun, 1881, in-8°, XXIII et 535 p.)

38054. Charmasse (Anatole de). — Le prieuré de Saint-Racho-lez-Autun de l'ordre de Cluny, *fig.*, p. 1 à 56 et 431 à 439.

[Notice sur Ragnobertus ou saint Racho, évêque d'Autun, VII° s.]

38055. Lacreuze (L'abbé). — Note sur les pratiques superstitieuses observées dans le Morvan, p. 57.

38056. Bulliot (J.-G.). — Fouilles du mont Beuvray; le parc aux chevaux, 2 *plans* et *pl.*, p. 75; XII, p. 93; et XIII, p. 141. — Cf. n° 37978.

38057. Courtois (Félix et Henri). — Notes sur le château de Montcenis et sur ses carreaux émaillés [du XIV° s.], *plan* et *pl.*, p. 119.

38058. Charmasse (Anatole de). — Note sur la guerre du Charollais en 1477 et 1478, p. 135.

38059. [Devoucoux (L'abbé A.).] — Les origines et les progrès du *Gallia christiana*, p. 163.

38060. Roidot (J.). — Rapport sur une excursion archéologique à Dront, près Anost [mur antique], p. 199.

38061. Grignard (L'abbé F.). — Note sur une divinité gauloise et une amulette chrétienne découvertes à Lantilly, près de Semur-en-Auxois (Côte-d'Or), *pl.*, p. 205.

38062. Fontenay (Harold de). — Notice sur la confrérie des Pénitents noirs de la ville d'Autun [XVIII° s.], *fig.*, p. 227.

38063. Picard (E.). — Les péages du comté de Charollais en 1449, p. 251.

38064. Dumay (Gabriel). — Notice historique sur la Société libre d'agriculture, sciences, arts et belles-lettres fondée à Autun en l'an X (1801), p. 269.

38065. Bulliot (J.-G.). — Jehan Drouot, curé de Saint-Quentin, chanoine de la collégiale de Notre-Dame du chastel d'Autun, et ses fondations [† 1481], *pl.*, p. 301 à 360.

[38034]. Fontenay (Harold de). — Épigraphie autunoise, moyen âge et temps modernes, p. 361 à 430.

38066. Clémencet (L'abbé). — Notice sur les découvertes archéologiques faites à Seurre (Côte-d'Or), *plan*, p. 441.

[Nécropole gallo-romaine; vases en terre; monnaies.]

38067. Anonyme. — Procès-verbaux des séances [1880], p. 451 à 533.

[Tableau représentant la Cène conservé à la cathédrale d'Autun, copie d'un tableau de Lambert Lombard, p. 452. — Monnaies romaines et modernes trouvées à Autun et aux environs, p. 454, 465, 472 et 492. — Philibert Ballard, chirurgien à Autun (XVII° s.), p. 454. — Borne milliaire trouvée à Prégilbert, p. 455. — Carreaux émaillés trouvés à Brazey-en-Plaine (XV° s.), p. 457. — Sur l'art de scier le marbre en tablettes, p. 458. — F.-B. Alloys, peintre (1815 † 1880), p. 460. — L'abbé Boudrot († 1880), p. 464. — Stèle gallo-romaine trouvée au Bois-Roux, p. 465. — La croix Charreault, à Antully (XVIII° s.), p. 466. — Aimé Bertrand, avocat († 1880), p. 470. — Temple d'Apollon à Autun, p. 475. — Plaque de cheminée provenant de Torcy (XVIII° s.), p. 477. — Charles-Ferdinand de Cossart d'Espiès (1820 † 1880), p. 478. — Jean-Prosper Berthenult de Noiron (1804 † 1880), p. 479. — Monnaies romaines et du moyen âge trouvées dans l'Autunois, p. 492. — Origine du Creusot, p. 494. — Carreaux émaillés trouvés à Dijon (XV° s.), p. 494. — Hôtel du chancelier Rolin, à Autun, *pl.*, p. 497. — Statue triptyque de l'église d'Anost, p. 514. — Jean Vauquelin, traducteur des *Chroniques du Hainaut*, offrant son ouvrage à Philippe le Bon accompagné du chancelier Rolin et son fils le cardinal Rolin, évêque d'Autun, *pl.*, p. 515. — François Gillot, directeur des domaines (1798 † 1880), p. 520. — Retable de l'abbaye de Liessies représentant le martyre de saint Léger (1530), p. 524. — Temples de Janus, de Pluton et de Proserpine à Autun, p. 527.]

XI. — Mémoires de la Société éduenne, nouvelle série, t. XI. (Autun, 1882, in-8°, XXVII et 575 p.)

38068. Charmasse (Anatole de). — Le prieuré de Champchanoux de l'ordre de Saint-Benoît, p. 1 à 74.

[Prieuré de religieuses bénédictines fondé au XII° siècle. — Pièces justificatives, 1228-1435.]

38069. Dumay (Gabriel). — État militaire et féodal des bailliages d'Autun, Montcenis, Bourbon-Lancy et Semur-en-Brionnais en 1474, d'après un procès-verbal de convocation du ban et de l'arrière-ban, p. 75 à 163.

38070. Picard (E.). — Les forêts de l'abbaye de Cîteaux, p. 165 à 232; XII, p. 207 à 255; et XV, p. 323 à 386.

[Pièces justificatives, 1098-1733 : chartes des ducs de Bourgogne, etc.; lettres du comte de Maurepas, etc.]

38071. Metman (Étienne). — Un oratorien laïque, Jacques Chapet [1754 † 1838], p. 233 à 300.

38072. Charmasse (Anatole de). — Note sur un usage singulier qui existait autrefois à Couches, en Bourgogne, p. 301.

[Le prieur de Saint-Georges de Couches devait envoyer chaque année, à la Noël, à chaque habitant de Couches un gâteau de farine et une pinte de vin.]

[38034]. Fontenay (Harold de). — Épigraphie autunoise; moyen âge et temps modernes, p. 317 à 515.

38073. Bulliot (J.-G.). — La stèle funéraire du gladiateur éduen Columbus, *fig.*, p. 517.

38074. Bénet (Armand). — Un acte inédit de Philippe-Auguste [concernant Anzy-le-Duc, décembre 1202], p. 527.

38075. Anonyme. — Procès-verbaux des séances [1881], p. 531 à 572.

[Maison de saint Symphorien, à Autun, p. 533. — Charles-Alexandre de Ganay, bibliophile (1803 † 1881), p. 541. — Portrait d'un membre de la famille Moreiet (1575), p. 552. — Inscription antique avec le *cognomen* Morvinnicus, p. 556. — Lettres du maréchal de Villeroy (1693), p. 556. — Domaine des Ragots, appartenant à l'hospice d'Autun, p. 557. — Monument mégalithique de Tazilly, p. 565. — Henry de Monard († 1881), p. 566. — Saint Évance, évêque d'Autun (IV° s.), et saint Racho (VII° s.), p. 567.]

XII. — Mémoires de la Société éduenne,

nouvelle série, t. XII. (Autun, 1883, in-8°, XXVII et 516 p.)

38076. Fontenay (Harold de). — *Les grandes et admirables merveilles descouvertes au duché de Bourgongne, près la ville d'Authun, au lieu dict la Caverne aux Fées*, par le seigneur dom Nicole de Gaulthières, gentilhomme espagnol; texte annoté, précédé d'une notice bibliographique et suivi d'une dissertation sur ce livre et ses origines [1582], p. 1.

38077. Bénet (Armand). — Les manuscrits des Minimes de La Guiche conservés aux Archives départementales de Saône-et-Loire [xive et xve s.], p. 39.

38078. Charmasse (Anatole de). — Une révolution à Saulieu en 1409 [contre l'évêque d'Autun; pièces justificatives, 1359-1410], p. 63.

[38056]. Bulliot (J.-G.). — Fouilles du mont Beuvray; le parc aux chevaux, *plan*, p. 93.

38079. Longuy (Henry de). — Notice archéologique sur Santenay (Côte-d'Or), 11 *pl.* et *fig.*, p. 125 à 206.

[Dolmens et sépultures antiques; haches en bronze; lame d'épée; faucilles; statuettes; pierres gravées antiques; cloche (1475), etc.]

[38070]. Picard (E.). — Les forêts de l'abbaye de Cîteaux, *carte*, p. 207 à 255.

[38034]. Fontenay (Harold de). — Épigraphie autunoise; moyen âge et temps modernes, p. 267 à 331.

38080. Lacreuze (L'abbé). — La chapelle de Saint-Michel de Perrière [près d'Étang], p. 333

38081. Anonyme. — La confrérie du Saint-Sacrement d'Autun (1416-1655), p. 337.

38082. Charmasse (Anatole de). — Note sur l'exploitation de la houille au Creusot au xvie siècle (1510-1511), p. 387.

38083. Grignard (L'abbé Fr.). — Nomination d'un curé sous l'ancien régime [à Grignon, 1737], p. 403.

38084. Anonyme. — Procès-verbaux des séances [1882 et 1883], p. 415 à 514.

[Jean Du Blé, prieur de Rully-en-Berry (1504), p. 420. — François-Joseph Chabas († 1882), p. 428. — Tombeau du cardinal de Richelieu dans l'église de la Sorbonne, p. 438. — Paul-Marie-Xavier Garenne et l'abbé Legros († 1882), p. 452. — Charles Hartmann († 1882), p. 461. — Léon Tremplier, journaliste (1844 † 1883), p. 461. — Sculpture gallo-romaine trouvée à Ciroy, p. 465. — Antiquités gallo-romaines de Cosne-sur-l'OEil, p. 466. — Sépulture gallo-romaine de Neuvy, p. 467. — Albert de La Chaise, ingénieur († 1883), p. 472. — Ferdinand-Charles-Honoré-Philippe d'Esterno (1805 † 1883), p. 476. — *Les Trois Parques*, dessin de Guillaume Boichot, p. 487. — Boîte en plomb renfermant le cœur d'Isabelle Esprit de La Baume de Montrevel, marquise de Polignac († 1654), p. 490 et 493. — Bornes armoriées provenant de la forêt de Planoise et du bois des Feuillies (xviie s.), p. 490. — Inscriptions romaines trouvées à Autun, p. 497. — Monuments antiques d'Autun, p. 507.]

XIII. — Mémoires de la Société éduenne, nouvelle série, t. XIII. (Autun, 1884, in-8°, XXVII et 558 p.)

38085. Charmasse (Anatole de). — Les Jésuites au collège d'Autun (1618-1763), *pl.* et *fig.*, p. 1 à 140.

[*Ludralia seu guerra Autunea*, par le R.-P. Ignace Jesselin, 1701; pièces dramatiques, etc.]

[38056]. Bulliot (J.-G.). — Fouilles du Beuvray (1883): le parc aux chevaux, p. 141.

38086. Fontenay (Harold de). — *La Roussillonade* et son véritable auteur [l'abbé Lenoble, xviiie s.], p. 167.

38087. Bulliot (J.-G.). — Notice biographique sur François-Eugène de Fontenay [ingénieur, 1810 † 1884], p. 205.

38088. Péquegnot (L'abbé F.). — Notice chronologique sur les théologaux de l'église d'Autun [xvie-xixe s.], p. 245.

38089. Charmasse (Anatole de). — Deux lettres inédites du président Jeannin [1607 et 1623], p. 279.

[38034]. Fontenay (Harold de). — Épigraphie autunoise; moyen âge et temps modernes, p. 291 à 412.

38090. Desveaux (Eugène). — Les chevaliers du noble et hardi jeu de l'arquebuse d'Autun [xvie-xviiie s.], *plan*, p. 413 à 490.

38091. Anonyme. — Procès-verbaux des séances [1884], p. 491 à 556.

[Épitaphe de Louis Doni d'Attichy, évêque d'Autun († 1664), p. 492. — Objets antiques trouvés à Autun, p. 503. — Excursion au mont Beuvray et aux environs d'Autun, p. 515. — Ernest-Marie-Barthélemy-Guillaume de Sermizelles († 1884), p. 529. — Mgr Bouange, évêque de Langres (1814 † 1884), p. 530. — Louis-Hippolyte Fyot († 1884), p. 532. — Pirogue ancienne trouvée dans la Bourbince, p. 547. — Épitaphes de Jean de Brasey († 1305) à Bar-le-Régulier et de Guillaume de Brasey († 1302) à Lucenay, p. 549. — Jean Ailleboust, médecin (xvie s.), p. 551. — Jophefz Sothin, verrier autunois (xve s.), p. 552. — Reliques de saint Symphorien à Trèves, p. 553.]

XIV. — Mémoires de la Société éduenne, nouvelle série, t. XIV. (Autun, 1885, in-8°, XXIX et 515 p.)

38092. Bulliot (J.-G.). — Fouilles du Beuvray; le Theurot de la Roche, *plan*, p. 1. — Cf. n° 37978.

38093. Grignard (L'abbé Fr.). — L'abbaye bénédictine de Flavigny en Bourgogne; ses historiens et ses histoires, p. 25 à 95.

[Dom Daniel-George Viole; dom Nicolas de La Salle; dom Jacques Amiens; dom André-Joseph Ansart, etc.]

38094. Charmasse (Anatole de). — La charte de Montceaux-le-Comte (1247-1274), p. 97.

[37999]. Charmasse (Anatole de). — Cahiers des paroisses et communautés du bailliage d'Autun aux États généraux de 1789, p. 115 à 139.

38095. Anonyme. — Note sur les anciennes faïenceries d'Apponay et de La Nocle [xviiie s.], p. 141.

[38034]. FONTENAY (Harold DE). — Épigraphie autunoise; moyen âge et temps modernes, p. 147 à 268.

38096. GILLOT (Dr). — Note sur des ossements recueillis dans la grotte de La Cozanne près Nolay (Côte-d'Or), p. 269.

38097. ANONYME. — Relation d'un voyage à Autun en 1646 par Du Buisson-Aubenay, p. 273.

38098. ROIDOT (J.). — Notice sur Joseph et Édouard Mounier [Joseph, 1758 † 1806; Édouard, † 1843], p. 295.

[En appendice : inventaire de papiers provenant de Joseph et Édouard Mounier.]

38099. LEFÈVRE-PONTALIS (Eugène). — Étude historique et archéologique sur l'église de Paray-le-Monial [XIe et XIIe s.], p. 333.

38100. BAZIN (J.-Louis). — Notice historique sur Saint-Martin-de-Laives; seigneurie, communauté, paroisse, p. 361 à 427.

38101. FONTENAY (Harold DE). — La croix et les chandeliers du grand-autel de la cathédrale d'Autun [œuvre de Jacques Renard, 1777], 2 *pl.*, p. 429.

38102. ANONYME. — Procès-verbaux des séances [1885], p. 451 à 513.

[L'abbé Georges Pannetier († 1884), p. 452. — François Delagrange, avocat († 1885), p. 453. — Donation faite par Richard de Sennecey à l'abbaye de La Ferté-sur-Grosne (1166), p. 459. — Joseph-Yves Levitte (1833 † 1884), p. 464. — Alexandre-Bénigne-Francis Toussaint (1852 † 1885), p. 475. — Eugène Moreau († 1885), p. 477. — Edmond Batault († 1885), p. 477. — L'abbé Bachelet (1822 † 1885), p. 478. — Ex-libris de Charles Ailleboust, évêque d'Autun (XVIe s.), p. 481. — Vitrail moderne de la chapelle Saint-Syagre à la cathédrale d'Autun, p. 484. — Substructions romaines à la Marolle, auprès du Creusot, p. 489. — Jean Lebon, médecin (XVIe s.), p. 495. — Joseph Espiard de Maisières († 1885), p. 497. — L'abbé Geoffroy († 1885), p. 498. — J.-B. Guignet, peintre (1810 † 1857), p. 502. — Demilly, ingénieur († 1885), p. 504. — Paul Foisset († 1885), p. 505. — Convocation des villes de Bourgogne à une réunion préparatoire aux États de Blois (1588), p. 509. — Panorama de Rome (XVIe ou XVIIe s.), p. 511. — Substructions anciennes à Cussy, p. 512.]

SAÔNE-ET-LOIRE. — CHALON-SUR-SAÔNE.

L'INFATIGABLE, SOCIÉTÉ SCIENTIFIQUE, ARTISTIQUE ET LITTÉRAIRE.

L'*Infatigable* a été fondée en 1883 et semble avoir disparu après avoir publié un *Bulletin* dont nous ne connaissons que trois fascicules.

I. — L'Infatigable, Société scientifique, artistique et littéraire, année 1883. Bulletin n° 1. (Chalon-sur-Saône, 1884, in-8°, II et 36 p.)

38103. PICOT (J.). — Réflexions sur la création du monde d'après la science et d'après la Bible, p. 22.

38104. DEMAIZIÈRE (E.). — Étude sur la colonisation française; Amérique septentrionale, p. 32.

II. — L'Infatigable . . ., année 1884. Bulletin n° 2. (Chalon-sur-Saône, 1885, in-8°, V et 31 p.)

38105. HUOT (L.). — Une excursion au camp [romain] de Chassey, p. 7.

38106. HUOT (L.). — Le livre dans l'antiquité, p. 26.

III. — L'Infatigable . . ., année 1885. Bulletin n° 3. (Chalon-sur-Saône, 1886, in-8°, 48 p.)

38107. HUOT (Louis). — Une visite au castel de La Rochepot, p. 12.

38108. THOMAS (Ch.). — Une excursion à Bourg et à Brou, p. 21.

SAÔNE-ET-LOIRE. — CHALON-SUR-SAÔNE.

SOCIÉTÉ D'HISTOIRE ET D'ARCHÉOLOGIE.

La *Société d'histoire et d'archéologie* de Chalon-sur-Saône a été fondée à la fin du mois d'août 1844 et a reçu l'autorisation ministérielle au mois de janvier de l'année suivante. Elle a publié, depuis son origine jusqu'en 1885, 7 volumes de *Mémoires* et plusieurs ouvrages isolés dont voici la liste :

38109. Bessy-Journet (F.) et Diard (Prosper). — Essai sur les monnaies françaises du règne de Louis XIV, par M. F. Bessy-Journet, revu par M. Diard. (Chalon-sur-Saône, 1850, gr. in-4°, viii et 20 p., 15 *pl.*)

38110. Des Marches (A.-S.). — Histoire du parlement de Bourgogne, de 1733 à 1790, complétant les ouvrages de Palliot et de Petitot et renfermant l'état du parlement depuis son établissement, selon l'ordre de la création et de la succession des charges. (Chalon-sur-Saône, 1851, gr. in-4°, viii et 252 p., *fig.*)

38111. Chabas (F.). — Le papyrus magique Harris, traduction analytique et commentée d'un manuscrit égyptien, comprenant le texte hiératique publié pour la première fois, un tableau phonétique et un glossaire. (Chalon-sur-Saône, 1860, in-4°, vi et 250 p., *pl.*)

38112. Canat (Marcel). — Documents inédits pour servir à l'histoire de Bourgogne, t. I. (Chalon-sur-Saône, 1863, in-8°, xxix et 496 p.)

[Coutumes et franchises de diverses communes de Saône-et-Loire; journal de Jean Denis, bourgeois de Mâcon, xv° s.; guerre entre le duc de Bourgogne et le duc de Bourbon, 1430-1435; les Écorcheurs en Bourgogne, 1436-1445.]

38113. Niepce (Léopold). — Histoire de Sennecey et de ses seigneurs. (Chalon-sur-Saône, 1866, in-8°, iv et 526 p., 4 *pl.*)

I. — Mémoires de la Société d'histoire et d'archéologie de Chalon-sur-Saône, années 1844-1845-1846. (Chalon-sur-Saône, 1846, in-8°, 396 p.)

38114. Dardenne (T.). — Rapports de ressemblance entre la marche de l'architecture et celle de la littérature, p. 15.

38115. Millard (Eugène). — Des armoiries de la ville de Chalon-sur-Saône et de ses différents noms, 2 *pl.*, p. 39.

38116. Niepce (Léopold). — Recherches historiques sur les libertés et franchises de la ville de Chalon-sur-Saône, *pl.*, p. 57 à 114.

38117. Cissey (Louis de). — Souvenirs historiques sur l'église Saint-Vincent de Chalon, 2 *pl.*, p. 115.

[Description des écussons qui ornent l'église.]

38118. Cazet (L'abbé). — Notice historique et archéologique sur l'église et l'abbaye de Saint-Marcel [depuis sa fondation jusqu'au xii° siècle], p. 139.

38119. Diard (Prosper). — Notice sur un sceau de lieutenance de chancellerie [à Couches, xv° s.], *pl.*, p. 193.

38120. Diard (Prosper). — Notice sur deux monuments gallo-romains existant à Saint-Marcel-lez-Chalon [Mercure et bas-relief chrétien], 2 *pl.*, p. 205.

38121. Dorey (L'abbé). — Description des vitraux de l'hôpital de Chalon-sur-Saône [xvi° s.], p. 215. — Cf. 7 *pl.* n°s 38122 et 38131.

38122. Millard (Eugène). — Encore quelques notes sur les vitraux de l'hôpital de Chalon-sur-Saône [xvi° s.], p. 226. — Cf. n° 38121.

38123. Chevrier (Jules). — Notice sur un vase byzantin trouvé dans la Saône en 1843, p. 235. — Cf. *pl.* n° 38131.

38124. Couturier (N.). — Sur la découverte de plusieurs tombeaux [anciens] à Saint-Jean-de-Vaux [aux *Teux blancs*], canton de Givry (Saône-et-Loire), p. 240. — Cf. n° 38125 et *pl.* n° 38131.

38125. Couturier (N.). — Rapport sur les fouilles exécutées à Saint-Jean-de-Vaux [sépultures anciennes], p. 246. — Cf. n° 38124.

38126. Bessy[-Journet] (Félix). — Notices sur divers médailles gauloises et mérovingiennes trouvées à Chalon-sur-Saône, 2 *pl.*, p. 253.

38127. Fontenay (Joseph de). — Lettre [sur les monnaies royales frappées à Chalon-sur-Saône], *fig.*, p. 281.

38128. Rossignol (Cl.). — Le trésor de Gourdon, p. 287. — Cf. *pl.* n° 38131.

[Vase et plateau en or massif de l'époque mérovingienne; médailles byzantines en or, v° ou vi° s.]

38129. Canat [de Chizy] (Marcel). — Note sur une statuette de bronze trouvée à Pierre, département de Saône-et-Loire [Diane chasseresse], p. 309. — Cf. *pl.* n° 38131.

38130. Canat [de Chizy] (Marcel). — Notice sur l'église de Saint-Dezert, ses fortifications et les peintures murales découvertes dans une de ses chapelles [xv° s.], p. 317 à 393. — Cf. 6 *pl.* n° 38131.

38131. Divers. — Mémoires de la Société d'histoire et d'archéologie de Chalon-sur-Saône. Album, années 1844, 1845 et 1846. (Chalon-sur-Saône, 1846, in-fol., 17 *pl.*)

[Vitraux de l'hôpital de Chalon-sur-Saône, 7 *pl.* (cf. n° 38121); vase byzantin en bronze, *pl.* (cf. n° 38123); vue et plan des *Teux blancs*, *pl.* (cf. n° 38124); vase et plateau d'or trouvés à Gourdon, *pl.* (cf. n° 38128); statuette de Diane, *pl.* (cf. n° 38129); église de Saint-Dezert, peintures murales, vue et plan, 6 *pl.* (cf. n° 38130.).]

38132. Niepce (Léopold). — Compte rendu des travaux de la Société d'histoire et d'archéologie de Chalon-sur-Saône pendant l'année 1846-1847. Séance publique du 23 août 1847. (Chalon-sur-Saône, s. d., in-8°, 32 p.)

II. — Mémoires de la Société d'histoire et

d'archéologie de Chalon-sur-Saône, années 1847-1848-1849. (Chalon-sur-Saône, 1850, in-4°, x et 219 p.)

38133. Niepce (Léopold). — Des diverses fortifications de Chalon, 2 *plans* et 4 *pl.*, p. 1 à 106.

[Débris de stèles et de chapiteaux gallo-romains.]

38134. Millard (Eugène). — Sceau de la régale de l'évêché d'Autun [xve s.], *pl.*, p. 107.

[Sceaux de la congrégation de Notre-Dame-de-l'Assomption du collège de Lyon, xviie s.; du chapitre de Saint-Vincent de Chalon et du doyen de Saint-Marcel de Chalon, xiiie s.; des Bénédictines de Notre-Dame de Lancharre, xviiie s.]

38135. Diard (Prosper). — Notice sur un sceau de Pierre de Paleau en 1260, p. 125.

[Histoire sommaire du prieuré de Paleau.]

38136. Canat [de Chizy] (Marcel). — Recherches historiques sur la corporation des Enfants de Ville de Chalon-sur-Saône, dite Abbaye des Enfants [xvie-xviiie s.], p. 135.

38137. [Canat de Chizy (Marcel).] — Quelques mots sur la société de la Mère folle ou des Gaillardons [à Chalon-sur-Saône, xviie s.], p. 163.

38138. Péquegnot (L'abbé F.). — Notice historique sur le village de Rully, p. 169.

38139. Bessy-Journet (Félix). — Tiers de sol d'or du monétaire Vintrio [et autres monnaies mérovingiennes], *pl.*, p. 187.

38140. Surigny (Alfred de). — Peintures murales à l'église de Saint-Vincent de Mâcon [xiie s.], 2 *pl.*, p. 197.

38141. Chevrier (Jules). — Notice sur différents objets antiques trouvés dans la localité, 2 *pl.*, p. 211.

[Vases; serpent et cheval en bronze; buste de Silène, etc.]

38142. Rousset. — Notes pour servir à l'histoire de la maison de Vienne, *tabl. généal.*, p. 217.

III. — Mémoires de la Société d'histoire et d'archéologie de Chalon-sur-Saône, t. III, 1re et [2e] parties, années 1851-1852-1853. (Chalon-sur-Saône, 1854, in-4°, xxxii et 345 p.)

38143. Batault (Henri). — Compte rendu des travaux de la Société d'histoire et d'archéologie de Chalon-sur-Saône de 1850 à 1853, p. v.

[Monnaies romaines et françaises.]

38144. Batault (Henri). — Notice historique sur l'abbaye des Bénédictines de Lancharre et le prieuré du Puley, 3 *pl.*, p. 1 à 128.

[En notes et en appendice nombreuses pièces justificatives, xiie-xviiie s.; plan et vues de l'église romane du Puley, plan de l'église de Lancharre, *pl.*; tombes de Marguerite de Germoles, de Geoffroy de Germoles, d'Isabelle de Vauvry et de Parelle de Saint-Clément dans l'église de Lancharre, xiiie-xive s., *pl.*]

38145. Canat (Paul). — Notice sur les pavés mosaïques [gallo-romains] trouvés à Sans et à Noiry, 2 *pl.*, p. 129.

38146. Niepce (Léopold). — Notice sur l'ancien hôtel de ville de Chalon-sur-Saône [xve-xixe s.], p. 139.

38147. Chabas (F.). — Études égyptiennes; note sur l'explication de deux groupes hiéroglyphiques, p. 169.

[Groupe de la femme jouant du tympanum; groupe hiéroglyphique qui signifie veuve.]

38148. Chabas (F.). — Une inscription historique du règne de Séti I, *pl.*, p. 180.

38149. Canat [de Chizy] (Marcel). — Inscriptions antiques de la ville de Chalon-sur-Saône [et inscriptions antiques de Mâcon], 5 *pl.*, p. 217 à 276.

38150. Chevrier (Jules). — Fouilles de Saint-Jean-des-Vignes, près de Chalon-sur-Saône, faites en décembre 1855 et janvier 1856, 4 *pl.*, p. 277. — Cf. n° 38165.

[Statues funéraires; sarcophages; statue d'Hercule et statuettes, etc.]

38151. Gaspard (B.). — Mémoire sur les routes romaines de la Bresse chalonnaise, *carte*, p. 305.

38152. Surigny (Alfred de). — Agrafes chrétiennes mérovingiennes, *pl.*, p. 335.

IV. — Mémoires de la Société d'histoire et d'archéologie de Chalon-sur-Saône, t. IV, 1re, [2e et 3e] parties. (Chalon-sur-Saône, 1860-[1863], in-4°, xvii et 474 p.)

38153. Chevrier (Jules). — Groupe antique [trouvé à Chalon] représentant un gladiateur terrassé par un lion; notice, *pl.*, p. 1.

38154. Protat. — Recherches sur deux estampilles de produits céramiques gallo-romains [trouvés à Dammartin], *fig.*, p. 11.

38155. Batault (Henri). — Notice sur une crosse en ivoire, une croix processionnelle et un chandelier en bronze de l'époque romane, 2 *pl.*, p. 16.

[Crosse en ivoire appartenant à l'église Saint-Vincent de Chalon; croix processionnelle de l'église Saint-Pierre de Chalon; chandelier trouvé à Pierre-en-Bresse.]

38156. Gaspard (B.). — Notices historiques sur la commune de Branges et sur celles du canton de Montret [pièces justificatives, 1200-1714], p. 32 à 120.

38157. Duparay (B.). — Études sur les mœurs monastiques au xiie siècle [Cluny et Pierre le Vénérable], p. 121. — Cf. n° 38159.

38158. Guillemin (Jules). — Glossaire explicatif, étymologique et comparatif du patois de l'ancienne Bresse chalonnaise et notamment du canton de Saint-Germain-du-Bois, p. 129 à 199.

IMPRIMERIE NATIONALE.

38159. Duparay (B.). — Pierre le Vénérable, abbé de Cluny [1094 † 1157]; étude historique, p. 201 à 372. — Cf. n° 38157.

38160. Surigny (Alfred de). — Deux mots sur le tombeau de Pierre le Vénérable [à Cluny, xii° s.], *pl.*, p. 373.

38161. Bugniot (L'abbé C.-F.). — Jean Germain, évêque de Chalon-sur-Saône (1436-1460), *pl.*, p. 377. — Cf. n° 38162.

38162. Bugniot (L'abbé C.-F.). — Notre-Dame-de-Pitié de l'église cathédrale de Saint-Vincent de Chalon-sur-Saône [chapelle fondée en 1450 par Jean Germain, évêque de Chalon], *pl.*, p. 402. — Cf. n° 38161.

38163. Bugniot (L'abbé C.-F.). — Vœu de la ville de Chalon à saint Charles-Borromée (1629) [à l'occasion d'une peste], p. 431.

38164. Chabas (F.). — Études égyptiennes, 2 *pl.*, p. 437.

[Inscriptions relatives aux mines d'or de Nubie; Séti I, inscriptions de Radesieh; Ramsès II, inscription de Kouban.]

V. — Mémoires de la Société d'histoire et d'archéologie de Chalon-sur-Saône, t. V. (Chalon-sur-Saône, in-4°. Première et deuxième parties, 1866 et 1869, xiv et 339 p. — Troisième partie, 1872, 147 p.)

Première et deuxième parties.

38165. Chevrier (Jules). — Fouilles de Saint-Jean-des-Vignes; note additionnelle, *pl.*, p. 1. — Cf. n° 38150.

[Lance; boucles de ceintures franques.]

38166. Gaspard (B.). — Notice historique sur la commune de Montrêt (arrondissement de Louhans), p. 5 à 68.

[Glossaire du patois de Montrêt.]

38167. Batault (Henri). — Catalogue des monnaies mérovingiennes [carlovingiennes et du moyen âge] comprises dans le médaillier du musée de la Société d'histoire et d'archéologie de Chalon-sur-Saône, *pl.* et *fig.*, p. 69; et VI, p. 203. — Cf. n° 38194.

38168. [Guillemin (Jules)]. — Dictionnaire topographique de l'arrondissement de Louhans, p. 85 à 176.

38169. Batault (Henri). — Étude sur la corporation des avocats de l'ancien bailliage de Chalon-sur-Saône, *pl.*, p. 177.

38170. Chevrier (Jules). — Fouilles de la Grange-Frangy [à Chalon-sur-Saône]; notice archéologique, 3 *pl.*, p. 221.

[Amphores; anneaux, monnaies gauloises; statuettes gallo-romaines, etc.]

38171. Flouest (Ed.). — Notice archéologique sur le camp de Chassey (Saône-et-Loire), 9 *pl.*, p. 237 à 337.

[Instruments et armes préhistoriques; monnaies, haches, statuettes etc. gallo-romaines.]

Troisième partie.

38172. Guillemin (Jules). — Guillaume Boichot [sculpteur, 1735 † 1814], p. 1 à 74.

38173. Beauvois (Eugène). — Une pénalité des lois Gombettes et les lumières qu'elle jette sur l'origine des Burgondes, p. 75.

[Supplice de la femme adultère.]

38174. Batault (Henri). — Sceau en plomb de Henri, comte de Flandre, empereur latin de Constantinople [xiii° s.], *fig.*, p. 85.

38175. Canat [de Chizy] (Marcel). — Notes historiques sur quelques évêques de Chalon-sur-Saône, p. 93.

[Stacteus, x° s.; Roclenus, 1072-1078; Pierre Ier de Saint-Marcel, 1153-1178; Étienne de Semur, 1405.]

38176. Bugniot (L'abbé C.-F.). — Marloux [maison-Dieu, chapelle et pèlerinage], p. 113.

38177. Chevrier (Jules). — Note sur une dague [du musée de Chalon] et sur différents couteaux-poignards du xiii° siècle, *fig.*, p. 139.

VI. — Mémoires de la Société d'histoire et d'archéologie de Chalon-sur-Saône, t. VI [1re et 2e parties]. (Chalon-sur-Saône, 1872-1876, in-4°, iii, iii et 298 p.)

38178. Batault (Henri). — Essai historique sur les écoles de Chalon-sur-Saône du xv° à la fin du xviii° siècle, p. i à iii, 1 à 168 et iii p. pour la table.

38179. Canat de Chizy (Marcel). — Notes historiques et topographiques sur quelques villages de la Bourgogne, p. 169.

[Mellecey, Saint-Sauveur, Boyer, Jully; chartes de Charles le Chauve et d'Adelaïde, duchesse de Bourgogne, etc.]

[38167]. Batault (Henri). — Catalogue des monnaies mérovingiennes [carlovingiennes et du moyen âge] du médaillier de la Société d'histoire et d'archéologie de Chalon-sur-Saône, p. 203.

38180. Méray (Charles). — Fouilles de la caverne de Germolles, commune de Mellecey [instruments et armes en silex et en os polis], *pl.* et *fig.*, p. 251. — Cf. n° 38181.

38181. Chabas (F.). — Notes sur la caverne de Germolles; lettre à M. Charles Méray, *fig.*, p. 267. — Cf. n° 38180.

VII. — Mémoires de la Société d'histoire et d'archéologie de Chalon-sur-Saône, t. VII [1re-4e parties]. (Chalon-sur-Saône, 1883-1888, in-4°, xxiv et 322 p.)

38182. Batault (Henri). — Compte rendu des travaux

de la Société d'histoire et d'archéologie de Chalon-sur-Saône (1880-1883), p. I.

[Jules Chevrier, 1816 † 1883.]

38183. H. B. [Batault (Henri).] — Suite du compte rendu, année 1885, p. XIII.

[Joseph-Nicéphore Niepce, 1765 † 1833, fac-similé de son écriture, *fig.*; mariage d'Étienne Alamartine et d'Anne Galoche, 1619; hommage de Louis-François de Lamartine, 1760.]

38184. Batault (Henri). — Note sur une traduction française du *Speculum humanæ salvationis* [et sur Jean Miélot, premier traducteur français du *Speculum*, XVe s.], *fig.*, p. 1.

38185. Charmasse (Anatole de). — Journal de Noé Lacroix [sergent royal], Chalonnais, de janvier 1610 à juillet 1631, publié d'après le manuscrit original, p. 25 à 89.

38186. Canat de Chizy (Marcel). — Note sur le pèlerinage de Notre-Dame-de-Grâce dans la paroisse de Savigny-sur-Grosne [XVe-XVIIIe s.], p. 90.

38187. Millot (G.). — Supplément à l'inventaire des archives communales de Chalon-sur-Saône [matières ecclésiastiques], p. 96.

38188. Chevrier (Jules). — Note sur une plaque en plomb commémorative de la fondation du pont de Cuisery (Saône-et-Loire) [1588], *pl.*, p. 116.

38189. Canat de Chizy (Marcel). — Quatre pièces concernant les métiers [à Chalon], p. 118.

[Conduite de l'horloge, 1445; contrats d'apprentissage pour le métier d'écrivain et de charpentier, 1444; ouvriers de menus fers, 1443.]

38190. Pérot (Francis). — Les pierres entaillées des foyers préhistoriques de Neusy et de la vallée de l'Arroux (Saône-et-Loire), 7 *pl.*, p. 121.

38191. Batault (Henri). — Note sur un inventaire du mobilier de l'hôpital Saint-Antoine de Mâcon de 1482, p. 137.

38192. Batault (Henri). — Note sur une inscription lapidaire d'Argrimus, évêque de Langres [Xe s., et sur le portrait de Philippe Machefoing, XVe s.], p. 151.

38193. Canat de Chizy (Marcel). — Les tupiniers de Sevrey [XIVe-XVIIIe s.], p. 156.

38194. Batault (Henri). — Catalogue des monnaies nouvellement acquises au médaillier de la Société d'histoire et d'archéologie de Chalon-sur-Saône [monnaies mérovingiennes, carlovingiennes et ducales; jetons et méreaux], *fig.*, p. 169 à 238. — Cf. n° 38167.

38195. Canat de Chizy (Marcel). — Fragment du contrôle de la dépense journalière d'Agnès, duchesse de Bourgogne, du 16 septembre 1316 au 8 janvier 1317, p. 239.

38196. Lex (Léonce). — Documents originaux antérieurs à l'an 1000 des Archives de Saône-et-Loire, 2 *héliog.*, p. 247.

[Diplômes de Louis le Pieux, de Charles le Chauve, de Boson, de Carloman, d'Eudes, de Raoul, de Louis d'Outremer et de Hugues Capet, etc.]

38197. Jeandet (J.-P.-Abel). — Pages inédites d'histoire provinciale. Fragment des Annales de la ville de Verdun-sur-Saône-et-Doubs en Bourgogne [1590-1592], p. 283.

SAÔNE-ET-LOIRE. — LOUHANS.

SOCIÉTÉ D'AGRICULTURE ET D'HORTICULTURE DE LOUHANS.

La *Société d'agriculture et d'horticulture de Louhans* a été fondée en 1838. Pendant près de quarante ans, elle s'est enfermée dans l'étude des questions agricoles dont nous n'avons pas à nous occuper ici. Mais en 1877 elle entreprit la publication d'un *Almanach* annuel qui a été remplacé, en 1889, par un *Bulletin* mensuel intitulé *La Bresse louhannaise*, et nous avons trouvé un petit nombre d'articles à relever dans le premier de ces recueils.

I. — Société d'agriculture et d'horticulture de Louhans, 39e année. **Almanach** pour 1877. (Louhans, 1876, in-12, 180 p.)

II. — Société d'agriculture et d'horticulture de Louhans, 40e année. **Almanach** pour 1878. (Louhans, 1877, in-12, 168 p.)

38198. Anonyme. — Notice biographique sur Jean Parradin, de Louhans; sa vie, ses œuvres [XVIe s.], p. 139.

III. — Société d'agriculture et d'horticulture de Louhans, 41e année. **Almanach** pour 1879. (Louhans, 1878, in-8°, 192 p.)

38199. Anonyme. — Jean de Louhans [XVe-XVIe s.], p. 49.

38200. Guillemaut (Lucien). — Notes et remarques sur la Bresse louhannaise; esquisse d'une topographie de l'arrondissement de Louhans; météorologie, agriculture, statistique, hygiène, p. 51; IV, p. 88; et V, p. 85.

38201. Anonyme. — Claude Bernard, dit le Pauvre prêtre [1588 † 1641], p. 145.

38202. Guillemaut (Lucien). — Décès de M. Boutelier-Moyne [Dominique, 1792 † 1878], président de la Société d'agriculture de Louhans; discours prononcé sur sa tombe, p. 185.

IV. — Société d'agriculture et d'horticulture de Louhans, 42e année. **Almanach** pour 1880. (Louhans, 1879, in-12, 192 p.)

[38200]. Guillemaut (Lucien). — Notes et remarques sur la Bresse louhannaise, p. 88.

V. — Société d'agriculture et d'horticulture de Louhans, 43e année. **Almanach** pour 1881. (Louhans, 1880, in-12, 152 p.)

38203. Anonyme. — Un Noël bressan de Barôzai, p. 76.

[38200]. Guillemaut (Lucien). — Notes et remarques sur la Bresse louhannaise, p. 85.

VI. — Société d'agriculture et d'horticulture de Louhans, 44e année. **Almanach** pour 1882. (Louhans, 1881, in-12, 152 p.)

VII. — Société d'agriculture et d'horticulture de Louhans, 45e année. **Almanach** pour 1883. (Louhans, 1882, in-12, 152 p.)

VIII. — Société d'agriculture et d'horticulture de Louhans, 46e année. **Almanach** pour 1884. (Louhans, 1883, in-12, 152 p.)

IX. — Société d'agriculture et d'horticulture de Louhans, 47e année. **Almanach** pour 1885. (Louhans, 1884, in-12, 152 p.)

X. — Société d'agriculture et d'horticulture de Louhans, 48e année. **Almanach** pour 1886. (Louhans, 1885, in-12, 152 p.)

SAÔNE-ET-LOIRE. — MÂCON.

ACADÉMIE DE MÂCON. SOCIÉTÉ DES ARTS, SCIENCES, BELLES-LETTRES ET D'AGRICULTURE.

Une *Société d'encouragement* fut fondée à Mâcon le 1er septembre 1805. Elle prit bientôt le titre de *Société des sciences, arts et belles-lettres de Mâcon*, qu'elle conserva pendant près de quarante ans. Elle changea ce nom entre 1840 et 1845 pour celui de *Société académique de Mâcon*. Enfin, depuis 1851, elle prit l'habitude de joindre à son ancien nom celui d'*Académie de Mâcon* sous lequel on la désigne habituellement aujourd'hui. Un décret du 11 juillet 1829 a reconnu cette Société comme établissement d'utilité publique. Son histoire a été écrite par M. Ch. Rolland (cf. n° 38292). Jusque en 1850 elle s'est contentée de publier des *Comptes rendus* de ses travaux. Depuis 1851, elle publie des *Annales* dont la série se continue toujours. Elle a de plus fait paraître les ouvrages suivants :

38204. Cucherat (L'abbé F.). — Cluny au xie siècle; son influence religieuse, intellectuelle et politique. (Mâcon, 1851, in-8°, viii et 200 p., *pl.*)

38205. Ragut (Camille). — Cartulaire de Saint-Vincent de Mâcon, connu sous le nom de Livre enchaîné [vie-xiiie s.]. (Mâcon, 1864, in-4°, cccxviii et 588 p.)

38206. Ferry (H. de), Arcelin (A.) et Pruner-Bey. — Le Mâconnais préhistorique; mémoire sur les âges primitifs de la pierre, du bronze et du fer en Mâconnais et dans quelques contrées limitrophes, ouvrage posthume par H. de Ferry, avec notes, additions et appendice par A. Arcelin, accompagné d'un supplément anthropologique par le docteur Pruner-Bey. (Mâcon et Paris, 1870, in-4°, viii, 136 et 63 p., *pl.*)

38207. Bénet (Armand) et Bazin (J.-L.). — Archives de l'abbaye de Cluny. Inventaire général publié d'après les manuscrits inédits des Archives départementales de Saône-et-Loire, 1re partie. (Mâcon, 1884, in-8°, xi et 187 p.)

I. — Observations sur la formation de la Société des sciences, arts et belles-lettres de Mâcon et **compte rendu** de ses travaux pendant l'an 1806, par le secrétaire perpétuel de la Société, à Mâcon, le 2 décembre 1806. (Mâcon, s. d., in-8°, 44 p.)

38208. Cortambert (P.-L.). — Observations sur la formation de la Société des sciences, arts et belles-lettres de Mâcon, p. 3.

II. — Compte rendu des travaux de la Société des sciences, arts et belles-lettres de Mâcon, depuis le 1er décembre 1807 jusqu'au 6 décembre 1808, par le secrétaire perpétuel. (Mâcon, s. d., in-8°, 95 p.)

38209. Cortambert (P.-L.). — Compte rendu des travaux de la Société des sciences, arts et belles-lettres de Mâcon, p. 3.

III. — Compte rendu des travaux de la Société des sciences, arts et belles-lettres de Mâcon, depuis le 6 décembre 1808 jusqu'au 14 décembre 1809, par P.-L. Cortambert, docteur-médecin, secrétaire perpétuel. (Mâcon, s. d., in-8°, 187 p.)

38210. Cortambert (P.-L.). — Compte rendu des travaux de la Société des sciences, arts et belles-lettres de Mâcon, p. 3.

38211. Cortambert (P.-L.). — Notice sur Mr Sigorgne [l'abbé Pierre Sigorgne, 1719 † 1809], p. 115.

IV. — Compte rendu des travaux de la Société des sciences, arts et belles-lettres de Mâcon, depuis le 14 décembre 1809 jusqu'au 4 décembre 1810, par le secrétaire perpétuel. (Mâcon, s. d., in-8°, 95 p.)

38212. Cortambert (P.-L.). — Compte rendu des travaux de la Société des sciences, arts et belles-lettres de Mâcon, p. 3.

[Claude Revillon, docteur en médecine, 1744 † 1801.]

V. — Compte rendu des travaux de la Société des sciences, arts et belles-lettres de Mâcon, depuis le 4 décembre 1810 jusqu'au 3 décembre 1811, par P.-L. Cortambert, docteur-médecin, secrétaire perpétuel. (Mâcon, s. d., in-8°, 95 p.)

38213. Cortambert (P.-L.). — Compte rendu des travaux de la Société des sciences, arts et belles-lettres de Mâcon, p. 3.

VI. — Compte rendu des travaux de la Société des sciences, arts et belles-lettres de Mâcon, le 17 décembre 1818, par le secrétaire perpétuel P.-L. Cortambert. (Mâcon, 1819, in-8°, 68 et 10 p.)

38214. Cortambert (P.-L.). — Compte rendu des travaux de la Société des sciences, arts et belles-lettres de Mâcon, p. 1.

[Tombe et médailles antiques; mosaïque des Chambrettes; pierres levées près de Tournus.]

VII. — Compte rendu des travaux de la Société des sciences, arts et belles-lettres de Mâcon, depuis le 17 décembre 1818 jusqu'au 7 septembre 1819, par le secrétaire perpétuel P.-L. Cortambert. (Mâcon, 1820, in-8°, 78 p.)

38215. Cortambert (P.-L.). — Compte rendu des travaux de la Société des sciences, arts et belles-lettres de Mâcon, p. 3.

[Étymologie du nom de la Saône, p. 35.]

VIII. — Compte rendu des travaux de la Société des sciences, arts et belles-lettres de Mâcon, depuis le 2 décembre 1819 jusqu'au 7 décembre 1820, par le secrétaire perpétuel P.-L. Cortambert. (Mâcon, 1820, in-8°, 54 p.)

38216. Cortambert (P.-L.). — Compte rendu des travaux de la Société des sciences, arts et belles-lettres de Mâcon, p. 3.

IX. — Compte rendu, le 6 décembre 1821, des travaux de la Société des sciences, arts et belles-lettres de Mâcon, pendant l'année 1821, par M. Chasle de Latouche, secrétaire perpétuel. (Mâcon, 1821, in-8°, 116 p.)

38217. Chasle de Latouche. — Compte rendu, le 6 décembre 1821, des travaux de la Société des sciences, arts et belles-lettres de Mâcon, p. 3.

[Tombeaux présumés gaulois trouvés aux environs de Tournus, p. 28.]

X. — Compte rendu, le 6 décembre 1822, des travaux de la Société des sciences, arts et belles-lettres, de Mâcon, pendant l'année 1822, par M. Chasle de La Touche, secrétaire perpétuel. (Mâcon, 1822, in-8°, 104 p.)

38218. Chasle de La Touche. — Compte rendu, le 6 décembre 1822, des travaux de la Société des sciences, arts et belles-lettres de Mâcon, p. 3.

XI. — Compte rendu, le 6 décembre 1823, des travaux de la Société des sciences, arts et belles-lettres de Mâcon, pendant l'année 1823, par M. Chasle de La Touche, secrétaire perpétuel. (Mâcon, 1823, in-8°, 138 p.)

38219. Chasle de La Touche. — Compte rendu, le 6 décembre 1823, des travaux de la Société des sciences, arts et belles-lettres de Mâcon, p. 3.

[Monuments druidiques de la Gaule, p. 107.]

XII. — Compte rendu des travaux de la Société d'agriculture, sciences et belles-lettres de Mâcon, pendant l'année 1824, par M. Alexandre Mottin, secrétaire perpétuel. (Mâcon, 1825, in-8°, 172 p.)

38220. Mottin (Alexandre). — Compte rendu des travaux de la Société d'agriculture, sciences et belles-lettres de Mâcon, p. 3.

XIII. — Compte rendu des travaux de la Société d'agriculture, sciences et belles-lettres de Mâcon, pendant l'année 1825, par M. Alexandre Mottin, secrétaire perpétuel. (Mâcon, 1826, in-8°, 156 p.)

38221. Mottin (Alexandre). — Compte rendu des travaux de la Société d'agriculture, sciences et belles-lettres de Mâcon, p. 3.

[Antoine Bauderon de Senecé, poète (xviie-xviiie s.), p. 116.]

XIV. — Compte rendu des travaux de la Société d'agriculture, sciences et belles-lettres de Mâcon, pendant l'année 1826, par M. Alexandre Mottin, secrétaire perpétuel. (Mâcon, 1827, in-8°, 182 p.)

38222. Mottin (Alexandre). — Compte rendu des travaux de la Société d'agriculture, sciences et belles-lettres de Mâcon, p. 3.

38223. Cochard (N.-F.). — Sur des monnaies de Vienne et de Lyon trouvées à Lugny, p. 80.

38224. Cochard (N.-F.). — Sur un sceau du xive siècle publié dans le tome XVIII de l'*Histoire de l'Académie des inscriptions*, p. 85.

38225. Lamartine (L. de). — Sur deux statuettes gallo-romaines en bronze, p. 88.

XV. — Compte rendu des travaux de la Société d'agriculture, sciences et belles-lettres de Mâcon, pendant l'année 1827, par M. Alexandre Mottin, secrétaire perpétuel. (Mâcon, 1828, in-8°, 191 p.)

38226. Mottin (Alexandre). — Compte rendu des travaux de la Société d'agriculture, sciences et belles-lettres de Mâcon, p. 3.

XVI. — Compte rendu des travaux de la Société d'agriculture, sciences et belles-lettres de Mâcon, pour l'année 1829 et les suivantes jusqu'à la fin de l'année 1832, par M. Alexandre Mottin, secrétaire perpétuel. (Mâcon, 1833, in-8°, 293 p.)

38227. Mottin (Alexandre). — Compte rendu des travaux de la Société d'agriculture, sciences et belles-lettres de Mâcon, p. 3.

38228. Anonyme. — Notice des tableaux, antiquités, médailles et objets de curiosité du Musée de la ville de Mâcon, commencé en 1825, sous les auspices de la Société, p. 249.

XVII. — Compte rendu des travaux de la Société d'agriculture, sciences et belles-lettres de Mâcon, pendant l'année 1833 et les suivantes jusqu'à la fin de l'année 1841, par M. Camille Ragut, secrétaire perpétuel. (Mâcon, 1841, in-8°, 476 p.)

38229. Ragut (Camille). — Compte rendu des travaux de la Société d'agriculture, sciences et belles-lettres de Mâcon, p. 3.

38230. Montherot (De). — Sur l'expédition des Anglais contre Constantinople en 1807, p. 303.

38231. Mottin (Alexandre). — Mœurs athéniennes à l'époque de la décadence, p. 309.

38232. Batilliat (Pierre). — Sur les haches celtiques en pierre, p. 362.

38233. Barjaud. — Sur des vestiges de bâtiments gallo-romains près du bourg de Saint-Laurent (Ain), p. 364.

38234. Barjaud. — Sur les ruines d'un château féodal à Suin, p. 365.

38235. Lacroix (Tony). — Sur des médailles romaines, mérovingiennes et du moyen âge offertes au musée de Mâcon, p. 376.

38236. Lacroix (Tony). — Sur des monnaies frappées à Mâcon, p. 378.
38237. Vinsac. — Sur des fragments de mosaïque gallo-romaine trouvés à Flacé, p. 381.
38238. Vinsac. — Sur des débris de marbre antique découverts à Bourbon-Lancy, p. 383.
38239. Lacretelle (Charles de). — Essai sur la condition actuelle des femmes en France, p. 429.

XVIII. — Société académique de Mâcon. Compte rendu des travaux (1841-1847), présenté le 28 juin 1847 et le 30 septembre 1850, par M. Charles Rolland. (Mâcon, 1851, in-8°, vii et 411 p.)

38240. Rolland (Charles). — Compte rendu des travaux de la Société académique de Mâcon, p. 1.
38241. Magne. — Sur l'histoire du ixe et du xe siècle, envisagée surtout au point de vue littéraire, p. 359.
38242. Dunand. — Sur l'histoire de l'instruction publique en France, p. 367.
38243. Lacroix (Tony). — Sur les *Amoynes*, région du Nivernais, p. 380.
38244. Rolland (Charles). — Discours [esquisse de l'histoire littéraire de la Bourgogne à partir de la Renaissance], p. 383.

I. — Annales de l'Académie de Mâcon. Société des arts, sciences, belles-lettres et d'agriculture, rédigées et mises en ordre par Léonce Lenormand, secrétaire perpétuel, t. I faisant suite aux *Comptes rendus* des travaux de la Société académique de Mâcon. (Mâcon, 1851, in-8°, iii et 366 p.)

38245. Soultrait (Georges de). — Sur une inscription romaine de Mâcon, p. 18.
38246. Surigny (Alfred de). — Sur un candélabre qui ornait l'église abbatiale de Cluny, p. 37.
38247. Ragut (Camille). — Sur des manuscrits conservés aux Archives départementales de Mâcon, p. 39.

[Chronique d'Orose; Livre des articles de la foy; Arbre des batailles d'Honoré Bonnet.]

38248. Ragut (Camille). — Sur une admission de familier à l'abbaye de La Ferté (1217) et l'inscription latine gravée sur la porte de l'église Saint-Étienne de Vienne [Autriche], p. 68.
38249. Anonyme. — Sur Marc-Antoine Puvis [† 1851], p. 87.
38250. Lenormand (Léonce). — Sur Pierre Batilliat [1788 † 1851], p. 155. — Cf. n° 38252.
38251. Soultrait (Georges de). — Notice archéologique sur l'église de Cuiseaux [xiie s.], p. 159.
38252. Lacroix (Tony). — Sur Pierre Batilliat [1788 † 1851], p. 288. — Cf. n° 38250.

II. — Annales de l'Académie de Mâcon, etc., t. II. (Mâcon, 1853, in-8°, 362 p.)

38253. Cucherat (L'abbé F.). — Abbaye de Saint-Rigaud, dans l'ancien diocèse de Mâcon; ses premiers temps, son esprit, sa fin, ses abbés, p. 9 à 76.

[Pièces justificatives (1065-1663); bulles d'Alexandre II et d'Innocent IV, etc.]

38254. Lenormand (Léonce). — Notice [sur Pierrette, dite Henriette Bierson, née en 1785], p. 81.
38255. Bournel. — Sur les progrès du pouvoir royal sous la troisième race, p. 92.
38256. Soultrait (Georges de). — Sur une monnaie de Mâcon [xie s.] et les manuscrits de Guichenon conservés à Montpellier, p. 122.
38257. Desjardins (Ernest). — Sur l'origine et le développement de l'esprit français, p. 125.
38258. Chasles (Émile). — Discours [sur les Académies littéraires], p. 173.
38259. Soultrait (Georges de). — Sur une maison de l'époque de la Renaissance située à Paray-le-Monial, p. 222.
38260. Ochier (Dr). — Discours [sur l'histoire de l'abbaye de Cluny], p. 224.
38261. Chasles (Émile). — Rapport sur quelques manuscrits [d'Antoine Bauderon] de Senecé, p. 256.

[Lettres de Bauderon de Senecé (1707 et 1716); étrenne à Mme de Ventadour et à Mme de La Ferté; fable d'Ixion; lettre du duc de Noailles (1716).]

38262. Anonyme. — Sur une lettre inédite du naturaliste Dombey, adressée à Thouin (vers 1782), p. 295.
38263. Ochier (Dr). — Description sur l'isle de Taïti [par Philibert Commerson, 1768], p. 329.

III. — Annales de l'Académie de Mâcon, etc., t. III. (Mâcon, 1855, in-8°, 410 p.)

38264. Desjardins (Ernest). — Voyage d'Horace à Brindes (satire v, livre I); dissertation géographique, 2 *cartes*, p. 5 à 68.
38265. Martigny (L'abbé). — Des symboles dans l'antiquité chrétienne, p. 69.

[Inscription grecque d'Autun; vase grec, *pl.*]

38266. Cucherat (L'abbé F.). — Notice sur un cercle de fer [instrument de pénitence] trouvé dans un tombeau à Charolles et sur l'origine de cette ville, p. 111.
38267. Desjardins (Ernest). — Notice sur Jules Joyant [peintre, 1803 † 1854], p. 157.
38268. Ragut (Camille). — Sur une lettre du cardinal de Bernis relative au peintre Prudhon (1785), p. 185.

38269. Desjardins (Ernest). — Parme; les antiquités; le Corrège; la Table alimentaire, p. 187 à 242.
38270. Le Normand (Léonce). — Notice biographique [Jean-Charles-Dominique de Lacretelle, 1766 † 1855], p. 255.
38271. Mounier. — Discours [sur la Gaule après la conquête romaine], p. 339.
38272. Parseval-Grandmaison (J. de). — Réponse [anecdotes sur Mâcon et Solutré], p. 352.
38273. Lacroix (Tony). — Notice [sur la tombe d'un évêque de Mâcon, XIIIe s.], p. 359.
38274. Martigny (L'abbé). — De l'usage du *flabellum* dans les liturgies antiques, 2 *pl.*, p. 370.

IV. — Annales de l'Académie de Mâcon. Société des arts, sciences, belles-lettres et d'agriculture, rédigées et mises en ordre par M. Charles Pellorce, secrétaire perpétuel, t. IV. (Mâcon, première partie, 1857, in-8°, 271 p. — Deuxième partie, 1858, in-8°, 316 p.)

Première partie.

38275. Pellorce (Charles). — Académie de Mâcon, procès-verbaux [1857], p. 5.
38276. Chavot. — Discours [sur l'histoire du Mâconnais d'après le cartulaire de Saint-Vincent de Mâcon], p. 12.
38277. Martigny (L'abbé). — De la représentation d'Orphée dans les monuments chrétiens primitifs, p. 44.
38278. Chavot. — Sur deux lettres inédites de Pierre le Vénérable, p. 77.
38279. Martigny (L'abbé). — Des anneaux chez les premiers chrétiens et de l'anneau épiscopal en particulier, p. 85.

Deuxième partie.

38280. Chavot. — Monastères de l'ordre de Cluny en Pologne au XVe siècle, p. 15.
38281. Lacroix (Tony). — Sur Guillaume, évêque de Mâcon [† 1308], p. 24.
38282. Reboul. — Sur l'histoire de l'agriculture, p. 28.
38283. Monnier (A.-E.). — Études sur l'invasion des Helvètes dans le pays éduen, p. 57 à 105.
38284. Surigny (Alfred de). — Greuze et Prud'hon, p. 137.
38285. Chavot. — Rapport sur l'*Annuaire du département du Jura* de 1858, p. 157.

[Abbaye de la Baume; Saint-Amour; Cuiseaux; abbaye du Miroir.]

38286. Chavot. — Sur la vente du Mâconnais à saint Louis (1239), p. 169.

V. — Annales de l'Académie de Mâcon, etc., t. V. (Mâcon, 1860, in-8°, 368 p.)

38287. Pellorce (Charles). — Sur Pontus de Thyard (XVIe s.), p. 9.
38288. Aubert (D^r). — Sur J.-B. Carteron, médecin (1776 † 1858), p. 23.
38289. Martigny (L'abbé). — Étude archéologique sur l'Agneau et le Bon Pasteur, suivie d'une notice sur les Agnus Dei, p. 44 à 145.
38290. Parseval-Grandmaison (J. de). — Sur le docteur Jean-Baptiste-Louis Ochier (1785 † 1860), p. 174.
38291. Simonnet (J.). — Essai sur la symbolique du droit. De l'usage de pendre la crémaillère, p. 207.
38292. Rolland (Charles). — Discours [sur l'histoire de l'Académie de Mâcon], p. 233.
38293. Lacroix (Tony). — Sur des pointes de flèches en silex trouvées sur les bords de la Saône, p. 285.
38294. Siraudin. — Discours [sur l'histoire de Mâcon], p. 290.
38295. Lacroix (Tony). — Sur une statuette et des monnaies gallo-romaines découvertes à Mâcon, p. 353.

VI. — Annales de l'Académie de Mâcon, etc., t. VI. (Mâcon, 1864, in-8°, 435 p.)

38296. Martigny (L'abbé). — Explication d'un sarcophage chrétien du musée lapidaire de Lyon, *pl.*, p. 5 à 60.
38297. Martigny (L'abbé). — Le poisson, considéré comme symbole chrétien, p. 170.
38298. Lacroix (Tony). — Sur l'histoire de Mâcon au XVe et au XVIe siècle, p. 241.
38299. Chavot. — Sur le testament de Symonet le pelletier (1272), p. 270.
38300. Rolland (Charles). — Sur Raclet [1781 † 1844], p. 320.
38301. Michon. — Discours [sur les historiens du Mâconnais], p. 345.

VII. — Annales de l'Académie de Mâcon, etc., t. VII. (Mâcon, 1865, in-8°, 371 p.)

38302. La Rochette (De). — Introduction [à son *Histoire des évêques de Mâcon*], p. 127.
38303. Rolland (Charles). — Étude historique sur les Germains primitifs, p. 156.
38304. Monnier (A.-E.). — Sur les ruines romaines découvertes à Chissey, p. 178.
38305. Martin-Rey. — Sur une inscription romaine trouvée à Mâcon et commentée par Éloi Johanneau, p. 276.

VIII. — Annales de l'Académie de Mâcon, etc., t. VIII. (Mâcon, 1867, in-8°, 511 p.)

38306. La Rochette (De). — Sur Étienne Hugonet, évêque de Mâcon (XVe s.), p. 43.

38307. Michon. — Introduction à l'histoire de Mâcon, p. 57.
38308. Saulnier. — Les incarnations de Scapin, p. 71.
38309. Malinowski (J.). — Casimir Ier, roi de Pologne, moine de Cluny au XIe siècle; étude historique, p. 97.
38310. Rolland (Charles). — Sur l'organisation intérieure de l'empire de Charlemagne, p. 167.
38311. Saulnier. — Sur le comte de La Rochette [† 1868], p. 223.
38312. Alexandre (Charles). — Souvenir de Bretagne [récit d'une excursion], p. 252.
38313. Ferry (H. de). — Sur l'archéologie préhistorique d'après les découvertes faites à Vergisson et à Solutré; p. 264.
38314. Chavot. — Sur la destruction de la basilique de Cluny, p. 288.
38315. Ferry (H. de). — Discours [sur l'archéologie préhistorique dans le Mâconnais], p. 309.
38316. Ferry (H. de). — Les gisements archéologiques des bords de la Saône, p. 345.
38317. Rolland (Charles). — Essai sur la révolution politique et religieuse de l'Europe occidentale vers le Xe siècle, p. 371.
38318. Arcelin (Adrien). — Les berges de la Saône; temps celtiques, fer, bronze, pierre polie, p. 392.
38319. Arcelin (Adrien) et Ferry (H. de). — L'âge du renne en Mâconnais; mémoire sur la station du Clos du Charnier à Solutré, 3 *pl.*, p. 432.

IX. — Annales de l'Académie de Mâcon, etc., t. IX. (Mâcon, 1870, in-8°, 288 p.)

38320. Pellorce (Charles). — Sur Alphonse de Lamartine, p. 5.
38321. Gaudier. — De l'éducation des femmes au XIVe siècle, p. 30.
38322. Alexandre (Charles). — Les funérailles de Lamartine (1869), p. 45.
38323. Malinowski (J.). — Une province de Cluny en Pologne [étude sur les monastères clunisiens en Pologne], p. 59.
38324. Arcelin (Adrien). — Discours [sur les origines européennes], p. 122.
38325. Arcelin (Adrien). — Industrie primitive en Égypte, p. 155.
38326. Arcelin (Adrien). — L'industrie primitive en Syrie; gisements de Beth-Saour, p. 182.
38327. Monnier (A.-E.). — Notes sur l'invasion des Sarrasins [au VIIIe s.], p. 233.

[Liste des communes de Saône-et-Loire qui ont conservé des traces de leur passage.]

X. — Annales de l'Académie de Mâcon, etc., t. X. (Mâcon, 1870, in-8°, 220 p.)

38328. Chavot. — Sur les comtes de Mâcon, p. 48.
38329. Laprade (Victor de). — Sur Lamartine, p. 64.
38330. Arcelin (Adrien). — Notice sur Henri Bernard-Alfred Testot-Ferry [ou de Ferry, 1826 † 1869], p. 73.
38331. Gaudier. — Sur des lettres inédites et sur les funérailles de Voltaire (1778), p. 118.
38332. Milfact (C.). — Discours [sur la vie et les travaux de Zoïle], p. 170.

XI. — Annales de l'Académie de Mâcon. Société des arts, sciences, belles-lettres et d'agriculture, rédigées et mises en ordre par M. Adrien Arcelin, t. XI. (Mâcon, 1873, in-8°, CII et 295 p.)

38333. Réty (H.). — Discours [sur Alexandre-Étienne Choron, musicien, 1771 † 1834], p. XII.
38334. Alexandre (Charles). — Sur M. Berthier, architecte († 1873), p. LXXV.
38335. Alexandre (Charles). — Sur M. J.-B. Pellorce († 1873), p. LXXVII.
38336. Dabancour. — Discours [sur la vie de M. Lorain, magistrat, 1795 † 1872], p. LXXIX.
38337. Monnier (A.-E.). — Notes pour servir à l'histoire du département de Saône-et-Loire par ses monuments; période celtique, p. 35 à 122.

[Dolmens, menhirs, etc.: divisions territoriales, circonscriptions diocésaines, etc.]

38338. Arcelin (Adrien). — La station préhistorique de Solutré; lettre à M. l'abbé Ducrost, p. 123.
38339. Martin (Paul). — Les artistes de Saône-et-Loire aux expositions de Paris depuis 1849 jusqu'en 1872, p. 153. — Cf. nos 38371, 38387 et 38397.
38340. Arcelin (Adrien). — L'âge de pierre et la classification préhistorique d'après les sources égyptiennes, p. 201 à 254.

XII. — Annales de l'Académie de Mâcon, etc., t. XII. (Mâcon, 1875, in-8°, 174 et 189 p.)

38341. Aubert (Dr). — Sur la vie du docteur Perrachon († 1873), p. 8.
38342. Divers. — Rapport de la commission chargée d'examiner l'incident de l'anneau de Solutré, p. 10.

[Prétendue découverte d'un doigt orné d'un anneau de bronze.]

38343. Putois (A.). — Étude sur Émile Deschamps [1791 † 1871], p. 105.
38344. Arcelin (Adrien). — Sur les silex découverts à Volgu (Saône-et-Loire), p. 147.

Deuxième partie :

38345. Arcelin (Adrien). — La chronologie préhistorique d'après l'étude des berges de la Saône, p. 3 à 54.

38346. Monnier (A.-E.). — Note sur la déesse Épona [à propos d'une sculpture gallo-romaine trouvée à Mellecey], p. 64.
38347. Ducrost (L'abbé). — L'âge du Moustier à Solutré, p. 91.
38348. Arcelin (Adrien). — La question anthropologique à Solutré, p. 102.

XIII. — Annales de l'Académie de Mâcon, etc., t. XIII. (Mâcon, 1876, in-8°, 86 et 221 p.)

38349. Ducrost (L'abbé). — Discours [sur l'archéologie préhistorique], p. 35.

Deuxième partie :

38350. Martin (Paul). — Étude sur l'œuvre d'Émile Galichon [critique d'art, † 1875], p. 86.
38351. Milfaut (C.). — Recherches sur le collège de Mâcon jusqu'à l'établissement des Jésuites [xve-xviie s.], p. 116.
38352. Lacroix (Tony). — Documents sur l'établissement de l'imprimerie à Mâcon [xviie-xviiie s.], p. 127.

XIV. — Annales de l'Académie de Mâcon, etc., t. XIV. (Mâcon, 1877, in-8°, 44 et 312 p.)

38353. Létienne (Étienne). — Sur des sépultures anciennes trouvées à Hurigny au lieu dit les Sarrazins, p. 3.

Deuxième partie :

38354. Martin (Paul). — La jeunesse de Pierre-Paul Prud'hon; étude [1758-1798], p. 63.
38355. Alexandre (Charles). — Souvenirs de Lamartine [1843], p. 85. — Cf. n°s 38366 et 38390.
38356. Desplace (J.-B.). — Note sur l'esclavage aux États-Unis d'Amérique, p. 99.
38357. Lacroix (Francisque). — Sur la vie de Louis-Victor Barraud, médecin [1800 † 1876], p. 248.
38358. Gloria (Henri). — Sur la vie et les œuvres de Michel Wenssler, imprimeur (xve s.), et l'établissement définitif de l'imprimerie à Mâcon (xviie-xviiie s.), *pl.*, p. 258. — Cf. n° 38373.

XV. — Annales de l'Académie de Mâcon, etc., t. XV. (Mâcon, 1877, in-8°, 234 p.)

38359. Quarré de Verneuil. — Le comté de Chalon, le Charollais et la ville de Paray-le-Monial; étude historique, *carte* et *pl.*, p. 3 à 200.
38360. Gloria (Henri). — La torture au bailliage du Mâconnais [xviie-xviiie s.], p. 201.

XVI. — Annales de l'Académie de Mâcon. Société des arts, sciences, belles-lettres et d'agriculture, 2e série, t. I. (Mâcon, 1878, in-8°, 516 p.)

38361. Arcelin (Adrien). — Les formations tertiaires et quaternaires des environs de Mâcon, 3 *pl.*, p. 3 à 95.

[Notes d'archéologie préhistorique.]

38362. Fréminville (L. de). — Les tombelles [antiques] d'Igé (Saône-et-Loire), 5 *pl.*, p. 97.

[Épées de fer, bracelets en bronze, poterie, etc.]

38363. Arcelin (Adrien). — Rapport à M. le maire de Mâcon, président de la commission du Musée, sur l'état des collections archéologiques, p. 277.
38364. Lacroix (Tony). — Notice archéologique sur quelques objets antiques du musée de Mâcon, *pl.*, p. 287.

[Statuettes, instruments de potier, disque, clef, etc.]

38365. Gloria (Henri). — Le comte de Montrevel [Melchior-Alexandre-Florent de Labaume, 1736 † 1794], p. 297.
38366. Alexandre (Charles). — Souvenirs de Lamartine; une lecture à Monteeau [1850], p. 330. — Cf. n° 38355.
38367. Ducrost (L'abbé). — Un poète mâconnais, l'abbé Maneveau [xixe s.], p. 344.
38368. Leriche (D^r). — La médecine et les supplices, p. 357.
38369. Tardy (Ch.). — Ancienneté des diverses civilisations, p. 381.
38370. Mignard (P.). — Coup d'œil sur le ministre d'État Colbert, p. 387.
38371. Martin (Paul). — Les artistes de Saône-et-Loire aux expositions de Paris (1873-1877), p. 401. — Cf. n° 38339.
38372. Milfaut (C.). — Lettre patente inédite de Louis XI [relative à la chancellerie de Bourgogne, 1468], p. 430.
38373. Gloria (Henri). — Michel Wenssler; note complémentaire, p. 435. — Cf. n° 38358.

XVII. — Annales de l'Académie de Mâcon, etc., 2e série, t. II. (Mâcon, 1880, in-8°, 552 p.)

38374. Arcelin (Adrien). — Les archives domestiques et les livres de famille [classement des archives; système pour la tenue d'un livre de famille], *pl.*, p. 33.
38375. Martin (Paul). — Greuze et Diderot, p. 77.
38376. Arcelin (Adrien). — Histoire du château de la Roche de Solutré [pièces justificatives, 926-1423], *pl.*, p. 106 à 157.
38377. Alexandre (Charles). — Un poète inconnu [Bouchard, médecin à Mâcon, 1802 † 1878], p. 158.

38378. Mignard (P.). — La muse de Lamartine ou le vrai génie de la poésie lyrique, p. 203.
38379. Alexandre (Charles). — Discours prononcé à Mâcon à la cérémonie d'inauguration de la statue de Lamartine, le 18 août 1878, p. 212.
38380. Arcelin (Adrien). — M. Alfred de Surigny [Marie-Alfred Desvignes de Surigny, 1805 † 1878], p. 319.
38381. Milfaut (C.). — De quelques anciens usages mâconnais, p. 341.

[Beuvettes mâconnaises; baptême; bourreau; carême; première entrée des évêques de Mâcon dans leur ville épiscopale; femmes de mauvais gouvernement; glacières; procession de Sainte-Symphorose; hôpital et pèlerins de Saint-Jacques de Galice; peines portées contre ceux qui ne se rendaient pas aux élections.]

38382. Martin (Paul). — Étude sur la vie et les œuvres de François Perrier, peintre-graveur du xviie siècle [† 1650], p. 377.
38383. Ducrost (L'abbé). — Rapport sur les fouilles exécutées à Solutré pendant le cours des années 1878-1879 [objets préhistoriques], *plan*, p. 406. — Cf. n° 38384.
38384. Ducrost (L'abbé). — Sur les fouilles exécutées à Solutré en 1877, p. 487. — Cf. n° 38383.

XVIII. — Annales de l'Académie de Mâcon, etc., 2e série, t. III. (Mâcon, 1881, in-8°, 462 p.)

38385. Biot (Dr). — Des inondations de la Saône, p. 3.
38386. Deton (Ch.). — Discours de réception : le journalisme, p. 22.
38387. Martin (Paul). — Les artistes de Saône-et-Loire depuis trente ans (1849-1879), p. 43. — Cf. n° 38339.
38388. Lacroix (Fr.). — Notice biographique sur Pierre Deschizaux, botaniste mâconnais [1690 † vers 1730], p. 66.
38389. Deton (Ch.). — Le parrain Blaise; essai sur les noëls mâconnais, p. 79.

[Le P. Lhuillès, capucin, auteur de noëls en patois mâconnais, xviiie s.]

38390. Alexandre (Charles). — Souvenirs de Lamartine; *Toussaint Louverture*, p. 93. — Cf. n° 38355.
38391. Sanvert (L'abbé P.-A.). — Étude sur Lamartine, p. 112.
38392. Arcelin (Adrien). — Explication de la carte géologique des deux cantons de Mâcon (nord et sud), *tabl.* et 3 *cartes*, p. 138 à 352.

[Géographie et notes d'archéologie préhistorique.]

XIX. — Annales de l'Académie de Mâcon, etc., 2e série, t. IV. (Mâcon, 1883, in-8°, 447 p.)

38393. Putois (A.). — Usages locaux du Mâconnais, p. 3 à 127.

[Gaulois; Francs et Bourguignons; Mâcon aux xve, xvie et xviie siècles; symboles; compagnies et sociétés mâconnaises; population; anciennes mesures, etc.]

38394. Deton (Ch.). — Une idylle au xvie siècle, p. 136.

[*La Camille, ensemble les Rêveries et Discours d'un amant désespéré*, par Pierre Boton, Mâconnais, 1573.]

38395. Gloria (Henri). — Notice bibliographique sur Philibert Bugnyon, jurisconsulte et poète mâconnais du xvie siècle [† vers 1590], p. 198.
38396. Ducrost (L'abbé). — L'homme quaternaire à Solutré, p. 215.
38397. Martin (Paul). — Les artistes de Saône-et-Loire aux expositions de Paris (1878-1881), p. 229. — Cf. n° 38339.
38398. Bénet (Armand). — Tournus et Paray; la retraite et la mort de Jean-Étienne Bouchu, ancien intendant du Dauphiné [† 27 octobre 1715 à Tournus]; contribution rectificative aux *Mémoires* de Saint-Simon, d'après des documents inédits, p. 261.
38399. Bénet (Armand). — Un atelier d'imprimeur et une boutique de libraire à Mâcon au xviiie siècle; inventaires dressés après la mort de Jean Desaint (1755), publiés d'après les documents originaux des Archives départementales de Saône-et-Loire, p. 309.
38400. Bénet (Armand). — Les Capucins et la poste aux lettres en l'an de grâce 1728, p. 332.

[Lettre du Fr. Chrysostôme, provincial, à Lyon défendant à ses religieux l'envoi de lettres inutiles.]

38401. [Jeandet (Abel).] — Un peintre mâconnais inconnu [Philibert Barbier, 1628 † 1687], p. 335.

XX. — Annales de l'Académie de Mâcon, etc., 2e série, t. V. (Mâcon, 1885, in-8°, 594 p.)

38402. Réty (H.). — Les religieux du mont Athos, p. 35.
38403. Deton (Ch.). — Un poète oublié; Trambly [1760 † 1845], p. 102.
38404. Jeandet (Abel). — Note sur les origines de la famille Lamartine [1544], p. 117.
38405. Martin (Paul). — Vivant Denon en Égypte [1798-1799], p. 119.
38406. Durand. — Discours de réception; M. Vitalis [fabuliste, xixe s.], p. 141.
38407. Bazin (J.-L.). — Réjouissances à Mâcon à l'occasion de la paix des Pyrénées (1660), p. 171.

38408. Alexandre (Charles). — Guillaume Le Jean, historien et voyageur breton [† 1871], p. 188 à 240.

38409. Jeandet (Abel). — Discours de réception; Mâcon au XVI° siècle; aperçu historique et littéraire, p. 241 à 313; et XXI, p. 287 à 330.

[Jean Fustaillier; Benoît Textor; Antoine Du Moulin; Pontus de Tyard; Philibert Bugnyon; Pierre Boton; Jacques Mollan; Pierre Tamisier; Brice Bauderon; Pierre de Saint-Julien de Balleure, XX, p. 241.

Pierre de Saint-Julien; réduction de Mâcon à l'obéissance du roi (1594); les frères Dagonneau, XXI, p. 287.]

38410. Alexandre (Charles). — Les amis d'automne [les amis de Lamartine, 1850], p. 342.

38411. Dabancour. — Bourbon-Lancy [les bains aux XVI°-XVIII° s.], p. 370.

38412. Martin (Paul). — Les fables de l'abbé Sigorgne, p. 382.

38413. Bazin (J.-L.). — Comment on chanta à Mâcon, en 1635, le *Te Deum* pour la victoire d'Avein, p. 386.

38414. Rousselot (A.). — La villa romaine et la mosaïque de Nennig, près de Trèves (Prusse Rhénane), p. 503.

38415. Dupasquier (François). — Sur le premier ouvrage imprimé à Mâcon par Simon Bonard (1654), p. 508.

38416. Alexandre (Charles). — Victor de Laprade [† 1883], p. 563.

38417. Alexandre (Charles). — Sur le général Pellissier [1811 † 1884], p. 530.

SAÔNE-ET-LOIRE. — TOURNUS.

SOCIÉTÉ DES AMIS DES ARTS ET DES SCIENCES.

La *Société des amis des arts et des sciences*, fondée le 4 février 1877, a été autorisée par arrêtés préfectoraux en date du 24 février 1877 et du 27 février 1879. Elle publie, à intervalles irréguliers, le recueil de ses travaux. Elle a aussi, en 1878, fait paraître deux mémoires dans le *Bulletin de l'Union philomathique de Villefranche* (cf. n° 37760).

I. — **Société des amis des arts et des sciences de Tournus.** (Tournus, 1879, in-8°, 45 p.)

38418. Legrand de Mercey. — L'*Ascia*, p. 8.

38419. Anonyme. — Notice biographique sur J.-B. Deschamps, sculpteur tournusien [1841 † 1867], p. 12.

38420. [Legrand de Mercey]. — Fouille des tumuli de Lacrost [découverte d'urnes cinéraires], p. 25. — Cf. n° 38422.

38421. [Legrand de Mercey]. — Nos ancêtres des bords de la Saône [étude de trois squelettes], p. 41. — Cf. n° 38423.

II. — **Société des amis des arts et des sciences de Tournus.** (Tournus, 1881, in-8°, 24 p.)

38422. [Legrand de Mercey]. — Note sur les tumulus [et fouilles des tumulus de Lacrost (Saône-et-Loire)], p. 9. — Cf. n° 38420.

III. — **Société des amis des arts et des sciences de Tournus.** (Tournus, 1882, in-8°, 24 p.)

38423. [Legrand de Mercey]. — Nos ancêtres des bords de la Saône [mœurs, mobilier et habitation], p. 9. — Cf. n° 38421.

38424. [Legrand de Mercey]. — Notice sur d'anciens cimetières du canton de Lugny, p. 13.

[Tombes gallo-franques de Fissy, commune de Lugny.]

IV. — **Annales de la Société des amis des arts et des sciences de Tournus,** concours de 1884. (Mâcon, 1884, in-8°, 83 p.)

38425. Bernard (Albert). — Recherches sur les chevaliers de l'arquebuse et les chevaliers de l'arc de Tournus, p. 1 à 83.

SARTHE. — LA FLÈCHE.

SOCIÉTÉ DES LETTRES, SCIENCES ET ARTS.

La *Société des lettres, sciences et arts de la Flèche,* fondée en 1835, a été réorganisée en 1857 et autorisée le 11 juillet de la même année. Elle a commencé en 1879 à publier un *Bulletin* dont 7 fascicules avaient paru en 1885.

I. — **Bulletin de la Société des lettres, sciences et arts de la Flèche,** 1re année. (La Flèche, 1879, in-8°, II et 50 p.; VI et 46 p.)

38426. Gebelin (Jacques). — Étude sur le recrutement des armées pendant les périodes mérovingienne et carlovingienne, n° I, p. 1.
38427. Brossier (A.). — Mme Pape-Carpentier [† 1879], n° I, p. 13.
38428. Montzey (C. de). — Siège de Girone, armée de Catalogne, 1809 (extrait d'un manuscrit du comte de Fournas), *pl.*, n° I, p. 31.
38429. Peine (L.). — Un exilé à la Flèche, Gresset, n° II, p. 11.
38430. Montzey (Ch. de). — Étude sur la Nouvelle-Calédonie, n° II, p. 25.

II. — **Bulletin de la Société des lettres, sciences et arts de la Flèche,** 2e année. (La Flèche, 1880, in-8°, II et 58 p.; III et 48 p.)

38431. Guillon. — L'Égypte contemporaine dans la question d'Orient, n° I, p. 23.
38432. Brossier (A.). — L'éducation de Gargantua, n° I, p. 43.
38433. Montzey (C. de). — Une légende sur l'église du Prytanée [construction du jubé, XVIIe s.], n° I, p. 57.
38434. Montzey (C. de). — Valençay et les princes d'Espagne (1808-1814), n° II, p. 13.
38435. Peine (L.). — Les successeurs de Molière; Regnard [1655 † 1710], n° II, p. 23. — Cf. nos 38436 et 38440.

III. — **Bulletin de la Société des lettres, sciences et arts de la Flèche,** 3e année. (La Flèche, 1881, in-8°, II et 101 p.; II et 73 p.)

38436. Peine (L.). — Collin d'Harleville [1755 † 1806], n° I, p. 19. — Cf. n° 38435.
38437. Lester (A.). — Les fortifications de Paris (1814-1881), *plan*, n° I, p. 47.
38438. Scherbeck. — Deux mois en Afrique, n° II, p. 7.
[Philippeville, Constantine, Batna, Biskra, etc., 1878-1879.]

IV. — **Bulletin de la Société des lettres, sciences et arts de la Flèche,** 4e année. (La Flèche, 1882, in-8°, II et 79 p.; II et 91 p.)

38439. Brossier (A.). — La chanson française, n° I, p. 1.
38440. Peine (L.). — Les successeurs de Molière; Destouches [1680 † 1754], n° I, p. 39. — Cf. n° 38435.
38441. Gebelin (J.). — Les milices provinciales de 1688 à 1789, n° I, p. 67.
38442. Scherbeck. — De Marseille en Laponie, n° II, p. 27.

V. — **Bulletin de la Société des lettres, sciences et arts de la Flèche,** 5e année. (La Flèche, 1883, in-8°, II et 47 p.; II et 100 p.)

38443. Nemo (E. de). — Lettres d'un touriste [Vienne et l'Autriche], n° I, p. 1; et VI, p. 1.

VI. — **Bulletin de la Société des lettres, sciences et arts de la Flèche,** 6e année. (La Flèche, 1884, in-8°, II et 119 p.)

[38443]. Nemo (E. de). — Lettres d'un touriste, p. 1.
38444. D. (Pierre). — Une caravane à la mer Morte et dans la vallée du Jourdain, p. 49.
38445. N. — Un petit voyage en Suisse, p. 78.

VII. — **Bulletin de la Société des lettres, sciences et arts de la Flèche,** 7e année. (La Flèche, 1885, in-8°, II et 65 p.; II et 57 p.)

38446. Babouot (E.). — Dupleix [1697 † 1763], n° I, p. 1.
38447. Babouot (E.). — Montcalm [Louis-Joseph, marquis de Montcalm, 1712 † 1759], n° I, p. 21.
38448. Braun (Gustave). — Rome antique, *plan*, n° II, p. 1.
38449. Bordier (J.). — L'architecture française aux différentes époques, *pl.*, n° II, p. 33.

SARTHE. — LE MANS.

SOCIÉTÉ D'AGRICULTURE, SCIENCES ET ARTS DE LA SARTHE.

Un arrêt du Conseil d'État du 24 février 1761 institua, dans la généralité de Tours, une *Société d'agriculture*, composée de trois bureaux établis à Tours, à Angers et au Mans. Cette Société, qui s'occupa exclusivement de travaux agricoles, fut dissoute en 1793. Elle avait publié, en 1763, le résumé de ses travaux pour l'année 1761 dans le *Recueil des délibérations et mémoires de la Société royale d'agriculture de la généralité de Tours* (voir notre n° 22107). C'est la seule publication officielle qu'on lui doive et elle traite uniquement d'agriculture.

En 1794, la municipalité du Mans créa une *Commission des arts*, puis le Directoire du district institua une *Commission bibliographique et du Muséum*, et, un an après, un *Bureau consultatif du commerce et de l'agriculture*. Ces diverses commissions se fondirent en l'an IV (1796), et, s'adjoignant quelques membres de l'ancien Bureau d'agriculture, formèrent la *Société centrale de correspondance des arts près la municipalité du Mans*. Trois ans après, cette association fut réorganisée et prit le nom de *Société libre des arts*, qu'elle changea, en 1814, pour celui de *Société royale des arts du Mans*. Nouveau changement en 1825, la Société prend alors le nom de *Société d'agriculture, sciences et arts du Mans* qu'elle modifie une fois encore, en 1839, pour celui de *Société d'agriculture, sciences et arts de la Sarthe*, qu'elle a toujours porté depuis cette époque. On peut consulter sur les origines de la Société nos n°s 38450, 38452 et 38463.

A ses débuts, la Société libre des arts n'eut pas d'organe officiel, et les travaux de ses membres furent imprimés pour la plus grande partie dans l'*Annuaire de la Sarthe*. De l'an IX à 1832, elle publia une notice sur son origine (voir le n° 38450), les procès-verbaux de quelques-unes de ses séances annuelles, formant en tout 7 fascicules (voir nos n°s 38453 à 38462), l'*Analyse* de ses travaux de 1794 à la fin de 1819 (n° 38452) et diverses publications se rapportant uniquement aux matières agricoles et dont nous n'avons pas à parler ici, entre autres les *Extraits des journaux et ouvrages périodiques concernant l'économie rurale et domestique*, dont il parut 5 volumes de 1817 à 1821. En 1833, la Société d'agriculture commença la publication d'un *Bulletin* qui s'est continuée régulièrement depuis lors; la collection complète se composait, en 1885, de 30 volumes. En 1855, elle voulut entreprendre une série de *Mémoires*, mais cette idée ne reçut qu'un commencement d'exécution et le tome Ier de cette nouvelle série s'arrêta à la page 96. Une vingtaine d'années plus tard, la Société réunit sous le même titre de *Mémoires* une suite de courtes notices sur la sigillographie du Maine qui avaient été publiées primitivement sous forme d'annexes aux *Bulletins* des années 1871 à 1878 (voir n°s 38741 et suiv.). Enfin elle a fait paraître le catalogue de sa bibliothèque (n° 38451).

38450. ANONYME. — Origine de la Société libre des arts du département de la Sarthe, séant au Mans. (S. l. n. d. [Le Mans, vers l'an IX], in-4°, 16 p.)

38451. BRIÈRE (Louis). — Catalogue de la bibliothèque de la Société d'agriculture, sciences et arts de la Sarthe. (Le Mans, 1877-1881, in-8°, II et 515 p.)

Analyse des travaux de la Société royale des arts du Mans, depuis l'époque de son institution en 1794 jusqu'à la fin de 1819. Première partie : sciences mathématiques et physiques, par A.-P. Ledru, bibliothécaire de la Société. (Le Mans, 1820, in-8°, 312 p.)

38452. LEDRU (A.-P.). — [Analyse des travaux de la Société royale des arts du Mans], p. 3 à 312.

[Notice sur la Société des arts du Mans, p. 11. — Observations sur le calendrier grégorien, p. 23. — La Sarthe et ses affluents, p. 48. — L'Huisne et ses affluents, p. 22. — Le Loir et ses affluents, p. 64 et 273. — Ponts et chaussées dans le Maine, p. 70. — Tremblements de terre et tempêtes, p. 87. — Liste des principaux mémoires qui devaient être analysés dans la section des sciences morales et économiques et dans celle de la littérature et des beaux-arts, p. 282.]

I. — Procès-verbal des séances publiques

de la Société libre des arts du département de la Sarthe, séant au Mans. (Le Mans, an XI, in-8°, II et 28 p.)

38453. [NIOCHE DE TOURNAY (Jean-Baptiste)]. — Première séance publique de la Société libre des arts [29 germinal an IX], p. 1.
38454. [NIOCHE DE TOURNAY (Jean-Baptiste)]. — Seconde séance publique de la Société libre des arts [15 prairial an X], p. 13.

II. — Séances publiques de la Société libre des arts du département de la Sarthe, séant au Mans. (Le Mans, 1806, in-8°, 42 p.)

38455. [NIOCHE DE TOURNAY (Jean-Baptiste)]. — Troisième séance publique de la Société libre des arts [27 thermidor an XI], p. 3.
38456. [NIOCHE DE TOURNAY (Jean-Baptiste)]. — Quatrième séance publique de la Société libre des arts [27 mars 1806], p. 23.

III. — Séance publique de la Société libre des arts, séant au Mans. (Le Mans, 1807, in-8°, 30 p.)

38457. [NIOCHE DE TOURNAY (Jean-Baptiste)]. — Séance publique de la Société des arts [30 mai 1807], p. 3.

IV. — Séance publique de la Société libre des arts du département de la Sarthe, séant au Mans, du 21 novembre 1808. (Le Mans, s. d., in-8°, 31 p.)

38458. NIOCHE DE TOURNAY (Jean-Baptiste). — Sixième séance publique de la Société libre des arts, p. 1.

V. — Séance publique de la Société libre des arts du département de la Sarthe, séant au Mans, du 20 novembre 1809. (Le Mans, 1810, in-8°, 27 p.)

38459. NIOCHE DE TOURNAY (Jean-Baptiste). — Septième séance publique de la Société libre des arts, p. 1.

VI. — Précis de la séance publique de la Société royale des arts du Mans [1821]. (Le Mans, 1822, in-8°, 38 p.)

38460. DESPORTES-GAGNEMONT. — Dispositions de l'homme aux arts et aux sciences, p. 3.

VII. — Séance publique de la Société royale d'agriculture, sciences et arts du Mans. Discours d'ouverture par M. Vétillart, président, suivi du compte rendu des travaux de la Société depuis juin 1824 jusqu'à juillet 1825, par M. Houdbert, secrétaire. (Le Mans, 1825, in-8°, 36 p.)

38461. VÉTILLART (M.-F.). — Discours d'ouverture, p. 3.
38462. HOUDBERT. — Compte sommaire des travaux de la Société, p. 23.

I. — Bulletin de la Société royale d'agriculture, sciences et arts du Mans, t. I. (Le Mans; première partie, 1833-[1834], in-8°, 232 p. — Deuxième partie, 1835, in-8°, 152 p.)

Première partie.

38463. ANONYME. — Notice sur la Société, p. 5.
38464. ÉTOC DEMAZY (F.). — Notice sur feu M. Daudin [Jean-Antoine, ingénieur, † 1832], p. 18.
38465. VALLÉE (P.). — Notice nécrologique sur M. Mortier-Duparc [avocat, 1748 † 1833], p. 45.
38466. DAGONEAU. — Notice nécrologique sur M. Hardouin [Julien-Pierre-Jean, avocat, 1753 † 1833], p. 59.
38467. ÉTOC-DEMAZY (F.). — Notice sur le baron Rousseau, maréchal de camp [Guillaume-Charles, 1722 † 1834], p. 204.

Deuxième partie.

38468. DESJOBERT. — Notice sur quelques médailles romaines trouvées à différentes époques dans le département de la Sarthe, p. 75. — Cf. n°s 38473, 38480, 38482, 38485, 38488, 38500, 38504, 38507, 38510, 38517, 38525, 38534 et 38537.
38469. JAUME SAINT-HILAIRE. — Histoire abrégée de la destruction des forêts de la France, p. 97.

II. — Bulletin de la Société royale d'agriculture, sciences et arts du Mans, publié sous la direction de M. F. Étoc-Demazy, 1836-1837, t. II. (Le Mans, 1837, in-8°, 388 p.)

38470. BOISSEAU. — Éloge historique de M. Dubois de Montulé [Édouard-René-Pierre-Charles, voyageur, 1792 † 1828], p. 30.
38471. ÉTOC-DEMAZY (F.). — Notice biographique sur M. Dubois de Montulé [Édouard-René-Pierre-Charles, voyageur, 1792 † 1828], p. 43.
38472. DAGONEAU. — Notice sur le colonel Coutelle [Jean-Marie-Joseph, 1748 † 1835], p. 67.
38473. DESJOBERT. — Deuxième notice sur des médailles

romaines trouvées à différentes époques dans le département de la Sarthe, p. 73. — Cf. n° 38468.

38474. Pesche (J.-R.). — Encore quelques mots sur Jublains, p. 93.

38475. Étoc-Demazy (F.). — Mort de M. Boisseau [Jean-Pierre, chef d'institution, 1796 † 1836], p. 100.

38476. Pesche (J.-R.). — De l'antiquité comparée de l'établissement romain d'Allonnes et de la cité du Mans, chez les Aulerces Cénomans, p. 110.

38477. Étoc-Demazy (F.). — Notice nécrologique sur M. Coudray [Julien, 1771 † 1836, conseiller de préfecture], p. 147.

38478. Étoc-Demazy (F.). — Notice sur M. M.-F. Vétillart [industriel, 1763 † 1835], p. 202.

38479. Pesche (J.-R.). — Sur les antiquités découvertes ou observées dans le département de la Sarthe pendant l'année 1836, *pl.*, p. 207.

[Vandœuvre, poteries et médailles romaines. — Saint-Julien-en-Champagne, briques romaines et médaillon de Louis XII. — Aigné, médailles romaines. — Oisseau, constructions romaines, etc.]

38480. Desjobert. — Troisième notice sur des médailles romaines découvertes à différentes époques dans ce département, p. 275. — Cf. n° 38468.

III. — **Bulletin de la Société royale d'agriculture ... du Mans,** publié sous la direction de M. Édouard Guéranger, 1838-1839, t. III. (Le Mans, 1840, in-8°, 428 p.)

38481. Ménard-Bournichon. — Parfait accord des paroles et de leur écriture indiqué par des tildes ou signes auxiliaires, sans nécessiter aucune modification dans l'orthographe, p. 9.

38482. Desjobert. — Quatrième notice sur des médailles romaines trouvées à différentes époques dans le département de la Sarthe, p. 95. — Cf. n° 38468.

38483. Vallée (Platon). — Notice sur M. le docteur Lespine [Victor-Timothée, 1773 † 1838], p. 148.

38484. Desjobert. — Notice ou rapport sur un vase [chrétien] antique, en verre, trouvé dans un terrain, commune de Noyen, département de la Sarthe, p. 205.

38485. Desjobert. — Cinquième notice sur des médailles [romaines] découvertes à différentes époques dans le département de la Sarthe, p. 297. — Cf. n° 38468.

38486. Drouet (Charles). — Notice sur des découvertes de monnaies françaises [carlovingiennes] et de médailles romaines [dans la Sarthe], *pl.*, p. 345.

IV. — **Bulletin de la Société d'agriculture, sciences et arts de la Sarthe,** rédigé par une Commission spéciale, année 1840, t. IV. (Le Mans, 1840, in-8°, 391 p.)

38487. Blavier. — Récit d'une ascension à la Maladetta, p. 32.

38488. Desjobert. — Sixième notice sur des médailles romaines découvertes à différentes époques dans le département de la Sarthe, p. 57. — Cf. n° 38468.

38489. Musset (Odille de). — Notice sur M. le marquis de Musset [Louis-Alexandre-Marie, 1753 † 1839], p. 73.

38490. Pallu (H.). — Dissertation sur l'antiquité de la ville du Mans, p. 78.

38491. Guéranger (Édouard). — Description d'un sceau trouvé à Aubigné, arrondissement de la Flèche, p. 115.

[Sceau aux contrats de Thorée, xve s.]

38492. Savardan. — Notice biographique de M. Vaidy [Jean-Vincent-François, † 1830], docteur en médecine, p. 118.

38493. Quentin [Le colonel]. — Observations sur l'art monétaire du moyen âge, fondées sur trois vitraux de la cathédrale du Mans, représentant un atelier monétaire [xiiie s.], *pl.*, p. 137.

38494. Salmon. — Notice biographique sur Mme la marquise de Sablé [1599 † 1678], p. 191.

38495. Étoc-Demazy (F.). — Notice sur M. François Laroche [1764 † 1840], p. 233.

38496. Étoc-Demazy (F.). — Dissertation sur les lanternes des morts et description de celle de Parigné-l'Évêque (Sarthe) [xiie s.], p. 278.

38497. Pallu (H.). — Dissertation sur la dix-septième question proposée au programme de la Société d'agriculture, sciences et arts de la Sarthe pour l'année 1840, p. 298.

[Installation des religieuses dans le monastère de Saint-Julien du Pré; assassinat de la reine Audovère par ordre de Frédégonde.]

V. — **Bulletin de la Société d'agriculture, sciences et arts de la Sarthe,** rédigé par une Commission spéciale, 1842-1843, t. V. (Le Mans, 1844, in-8°, 384 p.)

38498. Drouet (Charles). — Notice sur la découverte de neuf tombeaux ou sarcophages en pierre, faite le 8 décembre 1841, dans la commune d'Allonnes, près le Mans (Sarthe) [xie s.], p. 18.

[Liste des sarcophages trouvés dans la Sarthe.]

38499. Chorin (L'abbé). — Mémoire sur les antiquités du Petit-Oisseau, p. 51.

[Murs, poteries, briques et meules gallo-romaines.]

38500. Desjobert. — Septième notice sur des médailles romaines découvertes à différentes époques dans le département de la Sarthe, suivie d'un essai sur les poteries gallo-romaines trouvées au Mans, p. 118. — Cf. n° 38468.

38501. Desjobert. — Rapport sur une médaille romaine [de Claude le Gothique] trouvée dans la commune de la Chapelle-Gaugain, p. 133.

38502. Chorin (L'abbé). — Description du camp [romain] de Saint-Evroult, commune de Gesne-le-Gandelin [Sarthe], p. 202.

38503. Étoc-Demazy (F.). — Dissertation sur le pays des Diablintes, ancien peuple du Maine, *carte*, p. 257.

VI. — Bulletin de la Société d'agriculture, sciences et arts de la Sarthe, 1844-1845, t. VI. (Le Mans, 1845, in-8°, 383 p.)

38504. Desjobert. — Huitième notice sur des médailles romaines découvertes à différentes époques dans le département de la Sarthe, p. 11. — Cf. n° 38468.

38505. Pallu (H.). — Dissertation sur l'église de Saint-Julien, cathédrale du Mans [xi-xv° s.], p. 21.

38506. Voisin (L'abbé A.). — Les illustrations du Maine; esquisse [éloge du Maine et du Mans], p. 96.

38507. Desjobert. — Neuvième notice sur des médailles romaines découvertes à différentes époques dans le département de la Sarthe, p. 124. — Cf. n° 38468.

38508. Voisin (L'abbé A.). — Rapport sur les voies antiques [voie romaine du Mans à Jublains], p. 170.

38509. Voisin (L'abbé A.). — Dissertation sur le *Defensor civitatis* du Mans, p. 204.

38510. Desjobert. — Dixième notice sur des médailles romaines découvertes à différentes époques dans le département de la Sarthe, et sur une monnaie gauloise trouvée sur le territoire de la commune de Poncé, même département, p. 244. — Cf. n° 38468.

38511. [Mégret-Ducoudray]. — Légende de saint Calais, suivie du testament attribué à cet anachorète [vi° s.], p. 250.

38512. [Riobé]. — Réflexions sur l'histoire et l'importance de la procédure criminelle, p. 291.

38513. Voisin (L'abbé A.). — Mémoire pour servir à la statistique monumentale du département [de la Sarthe], p. 343. — Cf. n° 38545.

[Monuments celtiques; voies antiques.]

38514. [Landel]. — Notice historique sur l'ancien grand cimetière du Mans, nommé cimetière de Sainte-Croix, p. 353.

VII. — Bulletin de la Société d'agriculture, sciences et arts de la Sarthe, 1846-1847, t. VII. (Le Mans, 1846, in-8°, 384 p.)

38515. Étoc-Demazy (F.). — Notice sur la chapelle Saint-Crespin [commune de Sceaux, construite avant le xvii° s.], p. 29.

38516. Landel. — Joyeux avènement du comte Charles III en sa ville et cité du Mans [1471], p. 41.

38517. Desjobert. — Onzième notice sur des médailles romaines découvertes à différentes époques dans le département de la Sarthe, et sur une monnaie gauloise trouvée en la commune d'Allonnes, même département, p. 54. — Cf. n° 38468.

38518. Matussières (L'abbé). — Notice sur des vases gallo-romains trouvés, en 1845, à Saint-Hérent ou Hérem, canton d'Ardes (Puy-de-Dôme), p. 81.

38519. Diard (P.). — Notice sur l'origine de tombelles et de quelques anciennes forteresses, situées vers l'extrémité orientale du département de la Sarthe, avec une dissertation sur les erreurs de quelques auteurs relativement à l'emplacement de la villa franke de Matovall, p. 97 à 147.

[Camps retranchés ou châteaux de la Chartre; des Roches, à Poncé; de Sougé; de Bonnevau; de la Rue, à Savigny-sur-Braye; des Hédons, à Savigny-sur-Braye; de Savigny-sur-Braye; de Montjoie, à Rahay; d'Iverny, à Montmirail; de Brenaille, à Montaillé; de Saint-Calais; de Ruillé.]

38520. [Ménard-Bournichon]. — Moyen d'établir une prononciation uniforme, *tabl.*, p. 148.

38521. Boyer. — De l'harmonium; son histoire, ses progrès, p. 155.

38522. Voisin (L'abbé A.). — Éloge de M. Quentin, lieutenant-colonel [Jean-François-Joseph, 1770 † 1845], p. 203.

38523. Richelet (Charles). — Notice sur M. Cauvin [Thomas, professeur, 1762 † 1846], p. 208.

38524. Mordret. — Éloge funèbre de M. François Étoc-Demazy père [pharmacien, 1781 † 1846], p. 217.

38525. Desjobert. — Douzième notice sur des médailles romaines découvertes à différentes époques dans le département de la Sarthe [suivie d'un tableau analytique des douze notices], p. 232. — Cf. n° 38468.

38526. Bérard aîné. — Observations sur la navigation des Grandes-Indes par l'isthme de Suez, p. 303.

38527. Riobé. — Coup d'œil historique sur la formation successive des Sociétés savantes de France, p. 313.

38528. Pallu (H.). — Éloge historique de M. de La Fontenelle de Vaudoré, conseiller à la Cour royale de Poitiers, correspondant de l'Institut, etc. [1784 † 1847], p. 325.

38529. Boyer. — Notice sur les orgues du diocèse du Mans, avant et depuis 1793 [xvi°-xix° s.], p. 338. — Cf. n° 38760.

VIII. — Bulletin de la Société d'agriculture, sciences et arts de la Sarthe, 1848-1849, t. VIII. (Le Mans, 1848, in-8°, 427 p.)

38530. Espaulart (Ad. d'). — Notes sur les peintures murales de la chapelle de la Vierge, à Saint-Julien du Mans [xiii° et xiv° s.], et sur l'histoire de la peinture au moyen âge, p. 17. — Cf. n° 38538.

IMPRIMERIE NATIONALE.

38531. VOISIN (L'abbé A.). — Mémoire sur les divisions territoriales du Maine avant le Xe siècle, p. 111.

38532. ESPAULART (Ad. D'). — Notice biographique sur le général de Négrier [François-Marie-Casimir, 1788 † 1848], p. 153.

38533. L'ESTANG (G. DE). — Notices bibliographiques pour servir à l'histoire de la province du Maine, p. 184.

[Lettres de M. de Tessé en faveur de dom Laceron, historiographe du Maine, 1788; mort de dom Housseau, 1763.]

38534. DESJOBERT. — Médailles romaines découvertes à différentes époques dans le département, treizième notice, p. 250. — Cf. n° 38468.

38535. SALMON. — Recherches sur les anciens monuments des environs de Sablé [moyen âge], p. 263.

[*Oppida* gaulois et monuments druidiques; ruines gallo-romaines près de Saugé-en-Charnie; voie romaine d'Angers à Bayeux; châteaux de Sablé, de Thorigné, de Parcé, de Viré, de La Roche-Talbot, etc.; abbayes de Bellebranche et du Perrai-Neuf; prieuré de Notre-Dame d'Auvers, etc.]

38536. PATY (E.). — Études archéologiques sur Saint-Calais et son canton, p. 288.

[Saint-Calais; Conflans; Rahay; Marolles; Vic; La Chapelle-Huon; Courtenvaux; Bessé; Vancé; Cogners; Sainte-Osmane; Sainte-Cerotte; Écorpain et Montaillé.]

38537. DESJOBERT. — Médailles romaines découvertes à différentes époques dans le département, quatorzième notice, p. 370. — Cf. n° 38468.

38538. VOISIN (L'abbé A.). — Notes nouvelles sur les peintures de la chapelle du Chevet, dans la cathédrale du Mans [XIVe s.], p. 379. — Cf. n° 38530.

IX. — Bulletin de la Société d'agriculture, sciences et arts de la Sarthe, 2e série [t. I, 9e volume de la collection], années 1850-1851. (Le Mans, 1850, in-8°, 510 p.)

38539. LEPELLETIER (Alm.). — Considérations sur la révolution médicale du XIXe siècle et sur Broussais, principal auteur de cette révolution [1772 † 1838], p. 141.

38540. VALLÉE (Platon). — Notice biographique sur François Étoc-Demazy, ancien pharmacien, etc. [1781 † 1846], p. 173.

38541. CHÂTEAUNEUF (A. DE). — Le pianiste Hermann au couvent de l'Ermitage, p. 190.

38542. RIOBÉ. — Étude littéraire sur Bossuet; ses *Élévations sur les mystères*, p. 287.

38543. BOYER. — Notice biographique, musicale et littéraire sur François Marc, maître de chapelle de la cathédrale du Mans [1753 † 1819], p. 415.

38544. ANONYME. — Note biographique sur M. Bérard [† 1851], p. 458.

X. — Bulletin de la Société d'agriculture, sciences et arts de la Sarthe, 2e série, t. II, 10e volume de la collection, 1852-1853. (Le Mans, 1853, in-8°, 402 p.)

38545. VOISIN (L'abbé A.). — Mémoire sur les anciennes voies du Mans, p. 75. — Cf. n° 38513.

38546. ESPAULART (Ad. D'). — Rapport [critique] relatif au mémoire intitulé : *Dissertation sur les incursions normandes dans le Maine*, p. 98. — Cf. n° 38740.

38547. LEPELLETIER-DESLANDES. — Charles VI au Mans, étude historique [1392], p. 327.

38548. BILARD (Éd.). — Communication de titres relatifs à l'histoire des lépreux au moyen âge dans le diocèse du Mans [à Challes, 1490], p. 350.

38549. VOISIN (L'abbé A.). — Rapport sur la seconde séance des Assises scientifiques de Laval, p. 358.

[Notes sur l'ethnographie de la Gaule.]

38550. LETRÔNE (P.). — Visite aux ruines [gallo-romaines] dites du château de La Mote, en la commune de Ceton (Orne), *pl.*, p. 367.

XI. — Bulletin de la Société d'agriculture, sciences et arts de la Sarthe, 2e série, t. III, 11e volume de la collection, 1854-1855. (Le Mans, 1854, in-8°, 540 p.)

38551. VOISIN (L'abbé A.). — Sur les limites et l'organisation du comté du Maine, p. 224.

38552. DAVOUST (L'abbé Frédéric). — Sur une statue de sainte Anne conservée à Asnières (Sarthe) [XVIIe s.], p. 238.

38553. CHARLES (Léopold). — Sur les écoles de La Ferté-Bernard depuis 1449, p. 247.

38554. LOTTIN (L'abbé). — Mémoire sur l'ancienne école de peinture sur verre du Mans [XIe-XIIIe s.], p. 376.

38555. LESTANG (G. DE). — Quelle part les habitants de la province du Maine prirent-ils à la conquête de l'Angleterre par Guillaume le Conquérant, p. 390.

38556. GUÉRANGER (Éd.). — Extraits des procès-verbaux de la Société royale d'agriculture de la généralité de Tours, bureau du Mans, relatifs à l'établissement d'un bureau de charité dans la ville du Mans [1785], p. 406.

38557. CHARLES (Léopold). — Note [sur l'Hôtel-Dieu de La Ferté-Bernard, XVIe-XVIIIe s.], p. 435.

XII. — Bulletin de la Société d'agriculture, sciences et arts de la Sarthe, 2e série, t. IV, 12e volume de la collection, 1856. (Le Mans, 1856, in-8°, 204 p.)

38558. LETRÔNE (P.). — Notice sur les antiquités de la

Motte-de-Prez, de Mont-Gateau et de la forêt de Ceton, p. 14.

[Camps, retranchements et donjon anciens.]

38559. Boyer. — Notice biographique sur M. Marin Dagoneau, ancien juge de paix [† 1856], p. 77.

XIII. — Bulletin de la Société d'agriculture, sciences et arts de la Sarthe, 2ᵉ série, t. V, 13ᵉ volume de la collection, 1857-1858. (Le Mans, 1858, in-8°, 592 p.)

38560. Anjubault. — Notice bibliographique sur les dates, l'ordre et la division des publications de la Société depuis 1761 jusqu'en 1857, p. 31.

38561. David (A.-L.). — Notice historique sur l'ancienne seigneurie de la chapelle de la Faigne, commune de Pontvallain, p. 49.

38562. Édom. — Recherches historiques sur Cherbourg, sur la création de sa rade et de son port militaire, p. 69.

38563. Vergnaud-Romagnési (C.-F.). — Vases étrusques, romains et gallo-romains; note [sur leur teinte noire], p. 88.

38564. Hucher (Eugène). — Lettre à M. le marquis de Lagoy sur la numismatique gauloise, *pl.*, p. 97.

38565. Martin. — Recherches historiques et techniques sur le percement de l'isthme de Suez, p. 118.

38566. Étoc-Demazy (G.-F.). — Notice sur la vie de M. Platon Vallée [médecin, 1794 † 1856], p. 169.

38567. Capella (E. de). — Notice sur les dunes du golfe de Gascogne, p. 211.

38568. Richard. — Notice sur l'ancien grand cimetière du Mans [supprimé au xixᵉ s.], p. 294.

38569. Anjubault. — Notes et réflexions sur quelques manuscrits à consulter pour l'histoire de l'abbaye de l'Épau, p. 308.

[Archives départementales; manuscrits de Gaignières à la Bibliothèque nationale, etc.]

38570. David (A.-L.). — Ruines gallo-romaines du Port-à-l'Abbesse [au Mans], *plan*, p. 401.

38571. Pallu (H.). — Mémoire historique sur le palais de justice de Poitiers (Vienne) [en partie du moyen âge], p. 409.

38572. [Garnier (V.)]. — État des Gaulois après la conquête des Francs; examen de l'opinion émise par M. Augustin Thierry, p. 425.

38573. Vergnaud-Romagnési (C.-F.). — Notice sur l'ancienne terre seigneuriale du Grand-Perrai, département de la Sarthe, commune de La Bruère, canton du Lude, et particulièrement sur des redevances féodales singulières affectées à cette terre, p. 457.

38574. Lestang (G. de). — Extrait du Journal de Jean Bougard [relatif à l'histoire du Mans, 1588-1602], p. 499.

38575. Doublet de Boisthibault. — Notice sur l'hôpital des aveugles à Chartres [fondé en 1291], p. 507.

XIV. — Bulletin de la Société d'agriculture, sciences et arts de la Sarthe, 2ᵉ série, t. VI, 14ᵉ volume de la collection, 1859-1860. (Le Mans, 1859, in-8°, 378 p.)

38576. Hucher (Eugène). — Le grand couteau de Charles le Téméraire au musée du Mans, *pl.*, p. 27.

38577. Davoust (L'abbé Frédéric). — Note sur l'église d'Asnières [xᵉ s.], p. 48.

38578. Voisin (L'abbé A.). — Cité des Cénomans; nouvelles explorations sur les remparts du Mans, *plan*, p. 89.

38579. Pallu (H.). — Études historiques sur les anciennes coutumes de France et, en particulier, sur celles de la province du Maine, p. 131.

38580. Lestang (G. de). — Du nom de Cléopas que portait autrefois un des cantons de la forêt de Berçay, p. 195.

38581. Mégret-Ducoudray. — La Fronde à Saint-Calais, p. 202.

[Lutte entre les officiers du duc de Vendôme et les habitants au sujet de l'élection d'un principal du collège, 1648-1655.]

38582. Bailhache (L.). — Notice sur la vie et les travaux de Milton [1603 † 1674] pour servir d'introduction au *Paradis retrouvé*, traduit pour la première fois en français, p. 310.

38583. Charles (Léopold). — Lettres inédites de Béranger [à M. Bruson, 1848-1854], p. 324.

XV. — Bulletin de la Société d'agriculture, sciences et arts de la Sarthe, 2ᵉ série, t. VII, 15ᵉ volume de la collection, 1860. (Le Mans, 1860, in-8°, 362 p.)

38584. [Édom]. — Notice sur la vie et les écrits de M. Michel Boyer [1768 † 1858], p. 31.

38585. Lochet (L'abbé J.-L.-A.-M.). — Une prière à la sainte Vierge par un poète du xvᵉ siècle, poésie [latine] entièrement inédite, trouvée dans les archives de l'église de Notre-Dame de Torcé, p. 60.

38586. Capella (E. de). — Organisation de l'industrie avant la Révolution française, p. 89.

38587. Albin (L'abbé). — Sur des tapisseries de l'église cathédrale du Mans (1509), p. 147.

38588. Voisin (L'abbé A.). — Sur les lieux de sépulture de la ville du Mans avant qu'il fût permis d'enterrer dans les villes, p. 147.

38589. Divers. — Sur les fortifications du Mans, p. 156.

38590. Charles (Léopold). — La peinture sur verre au xviᵉ siècle et à notre époque; recherches sur les anciens procédés, p. 207.

38591. Voisin (L'abbé A.). — La commune du Mans, son origine et son histoire, p. 262.

38592. Espaulart (Ad. d'). — Le château de Vaux [commune d'Yvré-l'Évêque, Sarthe, fin du xve s.], p. 285 et 303.

XVI. — Bulletin de la Société d'agriculture, sciences et arts de la Sarthe, 2e série, t. VIII, 16e volume de la collection, 1861-1862. (Le Mans, 1862, in-8°, 948 p.)

38593. Mégret-Ducoudray. — Notes sur l'histoire féodale de Bessé [fief et marquisat de Courtenvaux, xve-xviiie s.], p. 62.

38594. Béraud (E.). — Du département de la Sarthe considéré sous le rapport forestier; 1° forêt de Perseigne, p. 104.

38595. Garnier (V.). — Nice et ses environs, p. 169.

38596. Lestang (G. de). — Documents topographiques sur la ville du Mans pour le xive et le xve siècle [d'après deux censiers, 1372 et 1394], p. 177 à 264.

38597. Mégret-Ducoudray. — Notes sur l'histoire féodale de Montaillé [xve-xixe s.], p. 289.

38598. David (A.-L.). — De quelques anciens autels récemment découverts dans les églises du haut et du bas Maine, p. 299.

[Villaines-sous-Lucé; Neuvy-en-Champagne; Saosne; Panon; Avesnières, xiiie s.]

38599. David (A.-L.). — Notice sur la Cassine, monument inédit du bas Maine, p. 305.

[Sanctuaire inachevé situé vers Entrammes, xiie s.]

38600. Capella (E. de). — Notice sur Jean-Pierre-Hyppolite-Aristide Lieussou, ingénieur hydrographe de la marine [1815 † 1858], p. 342.

38601. Lestang (G. de). — Martyrologe de l'abbaye de Saint-Julien-du-Pré, p. 463.

[Fragment de l'obituaire; les mentions les plus récentes sont du xviie s.]

38602. Espaulart (Ad. d'). — A propos d'un buste donné au musée du Mans, p. 608.

[Louise-Marie Bailly de Saint-Mars, épouse de M. de Fondville, et le sculpteur Defernex, xviiie s.]

38603. Richomme (Florent). — Étude littéraire des fables de Marie de France, poète du xiiie siècle, p. 642. — Cf. n° 38618.

38604. Édom. — Notice sur la vie de M. Frédéric Bourbon-Durocher [1778 † 1860], p. 748.

38605. Mégret-Ducoudray. — Les vêpres calaisiennes [1562], p. 757.

[Massacres de protestants et de catholiques; note sur Ronsard.]

38606. Charles (Léopold). — De l'administration d'une ancienne communauté d'habitants du Maine [La Ferté-Bernard], citée dans le *Tableau de la France municipale*, d'Augustin Thierry, p. 771 à 858.

[Pièces justificatives (1264-1663); charte de coutumes (1264); fortifications, etc.]

38607. Voisin (L'abbé A.). — Saint-Victeur du Mans [prieuré conventuel fondé par saint Julien, d'après la tradition], p. 911.

XVII. — Bulletin de la Société d'agriculture, sciences et arts de la Sarthe, 2e série, t. IX, 17e volume de la collection, 1863-1864. (Le Mans, 1863, in-8°, 599 p.)

38608. Jousset (D^r). — Chronique du Maine; un détail, p. 46.

[Prise de La Ferté-Bernard (1590); lettres de Henri IV, du cardinal de Bourbon, etc.]

38609. Pallu (H.). — Essais biographiques sur François Pallu, évêque d'Héliopolis et vicaire apostolique au Tong-King au xviie siècle [1625 † 1684], p. 85.

38610. Jousset (D^r). — Copie d'une lettre de Mme de Maintenon, p. 96.

38611. David (A.-L.). — Pèlerinage dans la commune de Domfront-en-Champagne [à la chapelle de Notre-Dame-de-l'Habit, xvie s.], p. 98.

38612. Voisin (L'abbé A.). — Origines ibériennes; *Sub-Dinnum* et la Vieille-Rome du Mans, p. 114.

38613. Voisin (L'abbé A.). — Mémoire sur la citadelle du Mans [xie-xve s.], p. 337.

38614. Davoust (L'abbé Frédéric). — Notice sur quelques médailles romaines trouvées dans le département de la Sarthe, p. 361. — Cf. n°s 38633 et 38667.

38615. Leguicheux (A.). — Chroniques sur Assé-le-Boisne [xiie-xixe s.], p. 437.

[Église d'Assé-le-Boisne, fin du xiie s.; généalogie de la famille de La Croix, xve-xviiie s., etc.]

38616. Pasquier (J.-B.). — Notice statistique et historique sur la commune de Roëzé, p. 477.

[Église romane; tombes du xviiie s., etc.]

38617. Lestang (G. de). — Noms et qualités des habitants du Maine et de l'Anjou qui, en l'année 1301, appelèrent au Parlement après avoir été condamnés par la cour de leur comte comme ayant refusé de fournir l'aide levée pour le mariage d'Isabelle de Valois, p. 504.

38618. Richomme (Florent). — Essai sur les lais de Marie de France, p. 524. — Cf. n° 38603.

38619. Charles (Léopold). — Note [sur la question : A l'époque où l'on inhumait dans les églises, n'y avait-il que les hommes distingués, les nobles et les prêtres qui pouvaient s'y faire enterrer?], p. 535. — Cf. n° 38620.

38620. Legeay (Fortuné). — Note [sur la question précédente], p. 537. — Cf. n° 38619.

[Inhumations faites dans l'église de Saint-Martin de Mayet, de 1632 à 1729.]

38621. Ogier d'Ivry. — Des souterrains et puits de refuge existant dans le département de la Sarthe [souterrain de Sillé-le-Philippe], p. 553.
38622. Hucher (Eugène). — Sur l'art gaulois et l'art mérovingien, p. 563.
38623. Hupier (Dr). — Sur un polissoir préhistorique trouvé à Mamers, p. 565.
38624. Villa. — Robert Garnier [poète, 1534 † 1590], p. 566.

XVIII. — Bulletin de la Société d'agriculture, sciences et arts de la Sarthe, 2e série, t. X, 18e volume de la collection, 1865-1866. (Le Mans, 1865, in-8°, 813 p.)

38625. Clouet (L.-C.). — De l'utilité du latin pour l'étude des langues vivantes, p. 68.
38626. Capella (E. de). — Impressions photographiques sur l'Angleterre, p. 81.
38627. Chardon (Henri). — Mamers et saint Mammès [culte de saint Mamès], p. 121.
38628. Lestang (G. de). — Analyses de quelques titres inédits concernant les possessions de l'abbaye de la Trappe aux environs de Ballon [xiie s.-1258], p. 143.
38629. Comont (De). — Note sur le Congrès archéologique tenu à Fontenay (Vendée) du 12 au 18 juin 1864, p. 156.

[Dolmens; buttes coquillières de Saint-Michel-en-l'Herm; églises de Nieul-sur-l'Autise, Maillezais, Vouvant et Foussais, xie et xiie s.]

38630. Jousset (Dr). — Archéologie percheronne, *pl.*, p. 175.

[Boucle et rosaces mérovingiennes trouvées à Saint-Hilaire-sur-Erre.]

38631. Davoust (L'abbé Frédéric). — Quelques vers trouvés dans les archives de la mairie de Brulon [épitaphes, xviie s.], p. 184.
38632. Mordret (Dr). — Notes prises à Cauterets; la ville, ses environs, ses eaux thermales, p. 305.
38633. Davoust (L'abbé Frédéric). — Deuxième notice sur des médailles romaines trouvées dans le département de la Sarthe, p. 335. — Cf. n° 38614.
38634. Chardon (Henri). — Histoire de la reine Bérengère, femme de Richard Cœur-de-Lion et dame douairière du Mans, d'après des documents inédits sur son séjour en France [† 1230], p. 376.
38635. Bailhache (L.). — Trait d'union entre les deux grandes familles des langues aryennes et sémitiques, p. 473 à 554. — Cf. n° 38646.
38636. Richard. — Sur la vie de Victor Houdbert [1800 † 1866], p. 565.
38637. Hébert. — De la parole et de l'écriture; considérations sur les éléments primordiaux du langage en général ou voix humaine, p. 614.
38638. Clouet (L.-C.). — Recherches sur l'accent vocal des Latins, p. 623.
38639. Leguicheux (A.). — Extrait des chroniques de Montreuil-le-Chétif [xiie-xviiie s.], p. 638.
38640. Leguicheux (A.). — Commanderie du Guéliant ou Guéliand, de l'ordre des chevaliers du Temple, plus tard appartenant à celui des chevaliers de l'ordre religieux, hospitalier et militaire de Saint-Jean-de-Jérusalem, située commune de Moitron (canton de Fresnay) [1194-1793], p. 647.
38641. Leguicheux (A.). — Ambroise de Loré [1396 † 1446], p. 664.
38642. Jousset (Dr). — Le châtellier de la forêt de Bellême [restes de constructions anciennes], p. 708.
38643. Clouet (L.-C.). — Des étymologies et particulièrement de celles du latin, p. 761.
38644. Houdbert (Victor). — Note sur la vie et les ouvrages de M. Pallu [François-Henri, né en 1792], p. 770.
38645. Lestang (G. de). — Vente de biens appartenant au clergé sous Charles IX [dans le diocèse du Mans], p. 781.

XIX. — Bulletin de la Société d'agriculture, sciences et arts de la Sarthe, 2e série, t. XI, 19e volume de la collection, 1867-1868. (Le Mans, 1867, in-8°, 884 p.)

38646. Hébert. — Quelques réflexions à propos du mémoire intitulé : *Trait d'union entre les langues aryennes et sémitiques* [par M. Bailhache], p. 35. — Cf. n° 38635.
38647. Jousset (Dr). — Les cercueils de Nocé [datant du moyen âge], p. 39.
38648. Trouillard. — Dislocation du pays des Diablintes; les seigneurs bretons à Mayenne, p. 43 et 405.

[Étude sur Bourg-Nouvel; sceau de la juridiction royale à Bourg-Nouvel, xiiie s., *fig.*]

38649. Voisin (L'abbé A.). — Note sur Notre-Dame des Champs ou Saint-Pavin, p. 65.
38650. Chardon (Henri). — Amateurs d'art et collectionneurs manceaux; les frères Fréart de Chantelou [xviiie s.], p. 72.
38651. Barbier de Montault (L'abbé X.). — Inscriptions françaises recueillies à Rome; diocèse du Mans [1428-1673], p. 526.

[Le cardinal Guillaume Fillastre († 1428); Jean Bodier, médecin († 1517); le cardinal Mathieu Cointrel ou Contarel († 1590), etc.]

38652. Vergnaud-Romagnési (C.-F.). — Le château de

l'île Bourdon, près d'Orléans, et l'inondation de la Loire en septembre 1866, p. 542.
38653. Petit. — Sur le *Clovis* de Desmarets, p. 698.
38654. Chardon (Henri). — Sur l'épopée et le poème épique, p. 719.
38655. Chardon (Henri). — Études sur les dialectes et les patois dans la langue française et spécialement sur le dialecte et le patois du Maine, p. 722.
38656. Bellée (A.). — Les anciennes communautés d'arts et métiers du Mans, p. 752; et XX, p. 113.
38657. Leguicheux (A.). — Sur l'histoire de Saint-Léonard-des-Bois (XIIIe-XVIIIe s.), p. 773.
38658. Voisin (L'abbé A.). — Mémoire sur l'*antemurale* de la cité du Mans et la rive gauche de la Sarthe, p. 780.
38659. Bellée (A.). — Recherches historiques sur le Maine, p. 836.

[Revenus de Marguerite de Bourgogne, femme de Charles d'Anjou, roi de Naples, XIIIe s.]

38660. [Clouet (L.-C.).] — Étude sur les origines latines de l'anglais, p. 857. — Cf. n° 38717.

XX. — Bulletin de la Société d'agriculture, sciences et arts de la Sarthe, 2e série, t. XI, 20e volume de la collection, 1869-1870. (Le Mans, 1869, in-8°, 728 p.)

38661. Chardon (Henri). — Les députés de la Sarthe à la Convention jusqu'au 31 mai 1793, p. 17.

[Joseph-Étienne Richard; René-François Primaudière; Gabriel-René-Louis Salmon; Pierre Philippeaux; Laurent-Martial-Stanislas Boutroue; René Levasseur; Jacques Chevalier; Louis Froger-Plisson; Emmanuel-Joseph Sieyès; Emmanuel-Pierre Letourneur.]

38662. Piolin (Dom Paul). — Observations sur une pierre celtique [monolithe trouvé à Solesmes], p. 63.
38663. [Manceau]. — Sur des médailles romaines recueillies aux environs de Philippeville, en Algérie, p. 67.
38664. Clouet (L.-C.). — Anomalies de la prononciation française du latin, p. 70.
38665. Dugué (E.). — Étude sur la science hiéroglyphique, p. 77.
38666. Voisin (L'abbé A.). — Les noms de lieux du Maine, p. 92.
[38656]. Bellée (A.). — Les anciennes communautés d'arts et métiers du Mans, p. 113.
38667. Davoust (L'abbé Frédéric). — Notice sur vingt-deux médailles romaines trouvées à Chevillé, p. 173. — Cf. n° 38614.
38668. Chardon (Henri). — Le sépulcre de la cathédrale du Mans et les iconoclastes [1793], p. 265.
38669. Hucher (Eugène). — Le jubé du cardinal Philippe de Luxembourg à la cathédrale du Mans décrit d'après un dessin d'architecte du temps et des documents inédits [XVe s.], *fig.*, p. 321.
38670. Voisin (L'abbé A.). — La cité du Mans; fortifications extérieures; documents et preuves, p. 388.
38671. Clouet (L.-C.). — Un témoin de 1760 dans la cause du libre échange, p. 441.

[Lettre de Joseph Baretti à ses frères à Turin, 1760.]

38672. Voisin (L'abbé A.). — Les maisons canoniales démolies en 1870 [au Mans], p. 486.
38673. Charles (Léopold). — Les sires de La Ferté-Bernard au Maine depuis le XIe siècle, p. 525.
38674. Hucher (Eugène). — Lettre à M. Paulin Paris, membre de l'Institut, sur les représentations de Tristan et d'Yseult dans les monuments du moyen âge, *fig.*, p. 633.
38675. Hucher (Eugène). — Gros parisis de Philippe de Valois, *pl.*, p. 681.

XXI. — Bulletin de la Société d'agriculture, sciences et arts de la Sarthe, 2e série, t. XIII, 21e volume de la collection, 1871-1872. (Le Mans, 1871, in-8°, 772 p.)

38676. Chardon (Henri). — Études biographiques sur la Révolution; un maratiste peint par lui-même [Paul-Isaïe Valframbert], p. 29.
38677. Gasté (Armand). — Un médecin normand en 1610; Sonnet de Courval [*Satire contre les charlatans et pseudo-médecins empyriques*], p. 109.
38678. Chardon (Henri). — Études historiques sur la sculpture dans le Maine; le *Saint-Martin*, de Château-du-Loir et d'Écommoy; l'*Hercule* et l'*Antée*, du château du Lude [œuvres de Barthélemy de Melo, XVIIe s.], *fig.*, p. 204.
38679. Hucher (Eugène). — Compte rendu des travaux de la Commission d'archéologie, *pl.*, p. 259 et 730.

[Maisons historiques du Mans; sceau trouvé au Mans, XIVe s.; poteries gauloises trouvées à Poillé; poteries carlovingiennes trouvées au Mans; poteries d'Héloup (Orne); tour gallo-romaine du Mans; tombeau de Charles IV, comte du Maine, à la cathédrale du Mans, 2 *pl.*, XVIe s.]

38680. Clouet (L.-C.). — De la nature et de la distinction des syllabes latines, p. 301. — Cf. n° 38681.
38681. Gasté (Armand). — Épellation et étymologie; réponse à M. le baron Clouet, p. 330. — Cf. n° 38680.
38682. Bellée (A.). — Maître Julien Bigot, curé de Montfort, et l'hôpital de Montfort et Pont-de-Gennes [XVIIIe s.], p. 358.
38683. Hucher (Eugène). — Découverte de médailles françaises de l'époque de Charles VI [près de La Suze], p. 381.
38684. Béraud (E.). — De la propriété forestière [étude historique et administrative], p. 448.
38685. Charles (Léopold). — Note sur les dates d'exé-

cution et les noms des artistes et des ouvriers qui ont travaillé aux diverses parties de l'église de La Ferté-Bernard [XVIe s.], *fig.*, p. 568.

38686. HUCHER (Eugène). — Note sur Nicole de L'Escluse, maître ès œuvres de la cathédrale du Mans en 1420, p. 740.

XXII. — Bulletin de la Société d'agriculture, sciences et arts de la Sarthe, 2e série, t. XIV, 22e volume de la collection, 1873-1874. (Le Mans, 1873, in-8°, 1008 p.)

38687. HUCHER (Ferdinand). — Le poêle de la corporation des maîtres fondeurs de Paris [dessin de Jacques Caffieri, 1715], *pl.*, p. 70. — Cf. n° 38704.

38688. PASQUIER (J.-B.). — Notice statistique et historique sur la commune de Douillet [XVIe-XIXe s.], p. 76.

38689. CHARDON (Henri). — Notice sur M. l'abbé Voisin [1813 † 1873], p. 108.

38690. MARQUET. — L'algèbre au XVIe siècle et Jacques Peletier, du Mans, p. 201.

38691. SURMOND (Armand). — Les Allemands dans la Sarthe [1870-1871], p. 211.

38692. CHARDON (Henri). — Noëls de Jean Daniel, dit maître Mitou, organiste de Saint-Maurice et chapelain de Saint-Pierre d'Angers (1520-1530), précédés d'une étude sur sa vie et ses poésies, p. 335 à 400.

38693. HUCHER (Eugène). — Compte rendu des travaux de la Commission d'archéologie, *pl.* et *fig.*, p. 401 et 557.

[Médailles gauloises trouvées près de Craon, sceaux de la juridiction du Bourg-Nouvel (XIVe s.); vitrail de Pruillé-l'Éguillé (XVIe s.); marque officielle pour les foires au Mans, XVIe s.]

38694. MENJOT D'ELBENNE (Samuel). — Notice sur une pierre tombale de l'église de Duneau (Sarthe), p. 410.

[Catherine d'Illiers, † 1415, *pl.*; généalogie de la famille Deshayes.]

38695. CHARDON (Henri). — Notice sur M. Boisseau [Jules, magistrat, 1822 † 1873], p. 433.

38696. CHARDON (Henri). — Noëls de frère Samson Bedouin, moine de l'abbaye de la Couture du Mans (1526-1563), précédés d'une étude sur les recueils de noëls manceaux du XVIe siècle, p. 490 à 556.

38697. CHARDON (Henri). — Les débuts au Mans de Marin Cureau de La Chambre, médecin de Louis XIII, de Louis XIV et du chancelier Séguier, membre de l'Académie française; ses relations de famille et les héritiers de son nom dans le Maine jusqu'au commencement de ce siècle, p. 603. — Cf. n° 38705.

38698. DENAIS (Joseph). — Olivier Lévêque et la fondation du collège de Sablé en 1602, p. 658.

38699. HUCHER (Eugène). — Statuette gauloise découverte à Roullé, commune de Mont-Saint-Jean (Sarthe), *pl.*, p. 755.

38700. CHARDON (Henri). — Une lettre inédite du duc de Saint-Simon à M. de Chamillart avec commentaires [1713], p. 760.

38701. BELLÉE (A.). — L'ancien chapitre cathédral du Mans, p. 775.

38702. DAVID (A.-L.). — Description d'un refuge découvert en 1864 dans le département de la Charente-Inférieure [à l'abbaye de Pleineselve], p. 941.

38703. MENJOT D'ELBENNE (Samuel). — Les sires de Braitel, de la famille Papillon, du XIIIe au XVe siècle, p. 957.

38704. HUCHER (Eugène). — Note additionnelle sur les Caffieri, p. 982. — Cf. n° 38687.

38705. HUCHER (Eugène). — Renseignements sur le portrait de Cureau de La Chambre, gravé par Nanteuil, p. 983. — Cf. n° 38697.

XXIII. — Bulletin de la Société d'agriculture, sciences et arts de la Sarthe, 2e série, t. XV, 23e volume de la collection, 1875. (Le Mans, 1876, in-8°, 439 p.)

38706. COLOMBIER (Le P. H.-M.). — Une satire janséniste et mancelle de l'an 1772 [à propos des prédications du P. Beurier, eudiste], p. 45.

38707. HUCHER (Eugène). — Trésor de monnaies romaines du IIIe siècle de l'ère chrétienne découvert à la Blanchardière, commune de Beaufay (Sarthe), *fig.*, p. 70, 160, 416; et XXIV, p. 76.

38708. LIZÉ. — Descartes et Leibnitz envisagés comme physiologistes et médecins, p. 119.

38709. BERTRAND (Arthur). — Documents inédits sur l'histoire du Maine au XVIe siècle, p. 133. — Cf. n° 38819.

[Rétablissement de Jean de Vignolles comme lieutenant particulier au siège du Mans, 1572; lettres du président Le Peltier, 1572, de Nicolas et Louis d'Angennes, 1575-1588.]

38710. PICHON (L'abbé). — Étude sur la vie et les ouvrages du T. R. P. Guéranger, abbé de Solesmes [Prosper, né en 1805], p. 186.

38711. CHARDON (Henri). — La troupe du *Roman comique* de Scarron dévoilée et les comédiens de campagne au XVIIe siècle, p. 252 à 415. — Cf. n° 38714.

XXIV. — Bulletin de la Société d'agriculture, sciences et arts de la Sarthe, 2e série, t. XVI, 24e volume de la collection, 1876. (Le Mans, 1876, in-8°, 240 p.)

38712. KERVILER (René). — Guillaume Bautru, comte de Serrant, l'un des fondateurs de l'Académie française [1588 † 1665], p. 14 et 123.

38713. CLOUT (L.-C.). — Étymologies latines; confidence d'une syllabe [*erc*], p. 71.

[38707]. HUCHER (Eugène). — Trésor de monnaies ro-

maines du IIIe siècle de l'ère chrétienne découvert à la Blanchardière, commune de Beaufay (Sarthe), *fig.*, p. 76.

38714. Chardon (Henri). — Un dernier renseignement sur Monchaingre, suivi de notes sur les comédiens de campagne au XVIIe siècle, p. 171. — Cf. n° 38711.

38715. Gentil (Amb.). — Notice sur M. Charault [professeur, 1828 † 1876], p. 193.

38716. Hucher (Ferdinand). — Trésor de Vallon (Sarthe), trouvé près la motte féodale et non loin de l'église de cette commune [XIIe s.], p. 201.

XXV. — Bulletin de la Société d'agriculture, sciences et arts de la Sarthe, 2e série, t. XVII, 25e volume de la collection, 1877. (Le Mans, 1878, in-8°, 159 p.)

XXVI. — Bulletin de la Société d'agriculture, sciences et arts de la Sarthe, 2e série, t. XVIII, 26e volume de la collection, 1878. (Le Mans, 1879, in-8°, 140 p.)

XXVII. — Bulletin de la Société d'agriculture, sciences et arts de la Sarthe, 2e série, t. XIX, 27e volume de la collection, 1879 et 1880. (Le Mans, 1880, in-8°, 347 p.)

38717. Clouet (L.-C.). — Inventaire des éléments latins de l'anglais, p. 75. — Cf. n° 38660.

38718. Lusson (F.). — Notice historique sur Lavardin, *plan*, p. 299.

XXVIII. — Bulletin de la Société d'agriculture, sciences et arts de la Sarthe, 2e série, t. XX, 28e volume de la collection, 1881 et 1882. (Le Mans, 1881, in-8°, 559 p.)

38719. Legeay (Fortuné). — Les artistes de la Sarthe, p. 337. — Cf. nos 38722, 38726, 38728, 38734 et 38738.

[Liste des artistes de la Sarthe au Salon de Paris de 1868 à 1881, et aux expositions des beaux-arts au Mans en 1836, 1842, 1854, 1857 et 1880.]

38720. Legeay (Fortuné). — Les deux Maulny, p. 509.

[Louis Maulny, historien 1680 † 1765; Louis-Jean-Charles Maulny, botaniste et numismate, 1758 † 1815.]

XXIX. — Bulletin de la Société d'agriculture, sciences et arts de la Sarthe, 2e série, t. XXI, 29e volume de la collection, 1883 et 1884. (Le Mans, 1883, in-8°, 780 p.)

38721. Bigot (Gustave). — Les grandes catastrophes financières; études historiques et comparatives, p. 17.

[Système de Law, 1715-1720; régime des assignats, 1790-1796; ère de l'Union générale, 1880-1882.]

38722. Legeay (Fortuné). — Les artistes de la Sarthe au Salon de 1882, p. 386. — Cf. n° 38719.

38723. Triger (Robert). — Les dessèchements subits de la Sarthe au Mans et à Fresnay en 820 et 1168, p. 421.

38724. Legeay (Fortuné). — Recherches historiques sur [l'ancienne commune de] Saint-Pavin des Champs, p. 449.

38725. Triger (Robert). — Rapport au nom de la Commission chargée d'examiner la restauration récente du bas-côté méridional de la nef de la cathédrale du Mans, p. 558.

38726. Legeay (Fortuné). — Les artistes de la Sarthe au Salon de 1883, p. 601. — Cf. n° 38719.

38727. Legeay (Fortuné). — Recherches historiques sur Saint-Georges du Plain, p. 681 à 745.

38728. Legeay (Fortuné). — Les artistes de la Sarthe au Salon de 1884, p. 746. — Cf. n° 38719.

XXX. — Bulletin de la Société d'agriculture, sciences et arts de la Sarthe, 2e série, t. XXII, 30e volume de la collection, 1885 et 1886. (Le Mans, 1885, in-8°, 532 p.)

38729. Faucon (A.). — Notice sur deux monuments préhistoriques du Maine, p. 17.

[Cercle mégalithique de Saint-Denis-de-Gastines, *plan*; sépultures gauloises des Miaules.]

38730. Legeay (Fortuné). — Recherches historiques sur Chemiré-le-Gaudin [XIIe-XIXe s.], p. 35.

38731. Gentil (Amb.). — Albert Guillier [conducteur des ponts et chaussées, 1839 † 1885], p. 133.

38732. Moulard (Pierre). — Enquête sur les principes religieux et la résidence des gentilshommes dans le diocèse du Mans en 1577, p. 136 à 188.

38733. Triger (Robert). — Le collège de Crannes et Thomas-François Dalibard [naturaliste, 1709 † 1779], p. 189.

38734. Legeay (Fortuné). — Les artistes de la Sarthe au Salon de 1885, p. 205. — Cf. n° 38719.

38735. Legeay (Fortuné). — Recherches historiques sur Malicorne [Xe-XIXe s.], p. 257 à 363.

38736. Thériot. — Note sur un exemplaire de la flore de N. Desportes [à la bibliothèque du Mans], p. 364.

38737. Triger (Robert). — Les prisonniers de Roeroy à l'abbaye de Saint-Vincent du Mans [1643], p. 413.

38738. Legeay (Fortuné). — Les artistes de la Sarthe au Salon de 1886, p. 460. — Cf. n° 38719.

38739. Hery (P.). — Une promenade à l'Exposition des beaux-arts au Mans en 1886, p. 509.

Mémoires de la Société d'agriculture, sciences et arts de la Sarthe, t. I. (Le Mans, 1855, in-8°, 96 p.)

38740. Lestang (G. de). — Dissertation sur les incursions normandes dans le Maine [aux IXe et Xe s.], p. 5 à 96. — Cf. n° 38546.

Mémoires de la Société d'agriculture, sciences et arts de la Sarthe; Commission d'archéologie et d'art. Sigillographie du Maine. (Le Mans, 1871-[1878], in-8°, IV, 11, 8, 4, 8, 7, 3, 3, 2, 4, 10 et 1 p. pour la table.)

38741. Hucher (Eugène). — Comtes du Maine. Sceau de Charles IV, comte du Maine [XVe s.], *pl.*, p. 1 à 6.

38742. Bellée (A.). — Évêques du Mans. Sceau de Guillaume de Passavant, évêque du Mans (1144-1187), 2 *fig.*, p. 7 à 11.

38743. Hucher (Eugène). — Évêques du Mans. Sceau de Hamelin, évêque du Mans (1190-1214), *fig.*, 8 p.

38744. Hucher (Eugène). — Sceaux des évêques du Mans. Sceau de Geoffroy de Laval (1231-1233) ou de Geoffroy de Loudun (1234-1255), *fig.*, 4 p.

38745. Brière (Louis). — Abbés et abbesses du Maine; ordre de Saint-Benoît. Sceau de Mme de Rabodanges, abbesse d'Étival-en-Charnie [XVIIIe s.], *pl.*, 8 p.

38746. Menjot d'Elbenne (Samuel). — Barons du Maine. Famille de Saint-Mars; sceaux de Saint-Georges-du-Rosay, arrière-fief de la Mousse [XVIe s.], *pl.*, 7 p.

38747. Hucher (Eugène). — Abbés et abbesses du Maine; ordre de Cîteaux. Abbaye de Champagne [sceau du XIIIe ou XIVe s.], *fig.*, 3 p.

38748. Hucher (Eugène). — Sceaux des évêques du Mans. Sceau de Geoffroy d'Assé (1270-1277), *fig.*, 3 p.

38749. Hucher (Eugène). — Sceaux des évêques du Mans. Sceau de Jean de Chanlay (1277-1291), *fig.*, 2 p.

38750. Menjot d'Elbenne (Samuel). — Barons du Maine. Sires de Braiteau, famille Papillon [sceaux du XIIIe et du XVe s.], *pl.*, 4 p.

38751. Hucher (Eugène et Ferdinand). — Barons du Maine. Sceaux des sires de Bueil, seigneurs de Saint-Calais; Jean III et Jean IV, sires de Bueil, seigneurs de Saint-Calais [XIVe et XVe s.], *pl.*, 10 p.

SARTHE. — LE MANS.

SOCIÉTÉ FRANÇAISE POUR LA CONSERVATION ET LA DESCRIPTION DES MONUMENTS HISTORIQUES (SUBDIVISION DU MANS).

La *Société française d'archéologie*, fondée à Caen par M. de Caumont (voir notre tome I, p. 223), eut de bonne heure des ramifications dans la plupart des départements. Les adhérents qu'elle comptait au Mans songèrent, en 1846, à former une section spéciale et entreprirent la publication d'un recueil distinct de ceux que faisait paraître la Société-mère. Cet essai ne fut pas couronné de succès et fut abandonné après la publication du volume suivant :

Société française pour la conservation des monuments historiques. Archives historiques de la Sarthe ou résumé, depuis le 4 juin 1846, des travaux des membres de la subdivision du Mans. (Le Mans, 1853, in-8°, 312 p.)

38752. Tournesac (L'abbé). — Rapport sur les travaux d'architecture religieuse exécutés depuis dix ans dans les départements de la Sarthe et de la Mayenne [1836-1846], p. 12.

38753. Livet (L'abbé). — Nouvelles recherches sur la reine Berthe [XIe s.], p. 21.

38754. Voisin (L'abbé A.). — Notice sur la maison monumentale nommée les Écoles de Saint-Benoît [au Mans, XVIe s.], p. 26.

38755. Guillois (L'abbé A.). — Extrait d'une notice sur l'église de Notre-Dame du Pré, p. 33.

[Découverte de tombeaux anciens; crosse du XIIe s., *pl.*, etc.]

38756. Landel. — Description de l'église du Grand-Saint-Pierre, telle qu'elle existait en 1741, extraite du procès-verbal d'enquête dressé par M. Samson de Lorchères pour la réunion de la chapelle du Gué-de-Maulny, p. 39.

38757. Drouet (Charles). — Sur les maisons anciennes du Mans, p. 43.

38758. Drouet (Charles). — Sur une trouvaille de monnaies romaines à Peray, p. 47.

38759. Livet (L'abbé). — Sur diverses chartes conservées dans les archives départementales de Maine-et-Loire, p. 50.

[Abbaye de Saint-Aubin d'Angers, 1097; dîme de la chapelle de Freté, 1266.]

38760. Boyer. — Notice sur les orgues existant dans les églises du Mans avant 1789 [xvie-xviiie s.], p. 57. — Cf. n° 38529.

38761. Voisin (L'abbé A.). — Notice sur les châteaux [détruits] de Ganes et la fondation de l'abbaye de Vaas, p. 64.

38762. Hucher (Eugène). — Maison d'Adam et Ève [au Mans, xvie s.], p. 76.

38763. Lottin (L'abbé). — Maison de Saint-Bertrand [au Mans, en partie du xie s.], p. 79.

38764. David (A.-L.). — Maison de Saint-Bertrand [au Mans] au moment de sa destruction, p. 81.

38765. Hucher (Eugène). — Pierre tombale de Saint-Ouen-en-Belin [André d'Averton, † 1329, et Isabeau de Breinville, † 1344], p. 84.

38766. Charles (Léopold). — Sur les principaux blasons de l'église de La Ferté-Bernard, p. 93.

38767. Pallu (L.). — Enterrement du marquis de La Varenne à La Flèche [1697], p. 97.

38768. Voisin (L'abbé A.). — Charte de fondation du prieuré de Vivoin (Sarthe) [994], p. 100.

38769. Drouet (Charles). — Sur les études historiques et archéologiques dans le Maine, p. 109.

[Comptes de l'argentier de l'église collégiale de Saint-Pierre-de-la-Cour du Mans, 1451; vente de la baronnie de Sillé-le-Guillaume, 1466.]

38770. David (A.-L.). — Rapport sur l'aqueduc [romain] nouvellement découvert dans les champs d'Isaac, près la ville du Mans, p. 116.

38771. Lochet (L'abbé). — Le palais de la Prévôté au Mans [xvie s.], p. 121.

38772. Rouyer. — Note sur une monnaie gauloise inédite du système dénarial romain, découverte à Alonnes, p. 129.

38773. Espaulart (Ad. d'). — Note sur le Grabatoire [au Mans, hôtel du xvie s.], p. 132.

38774. Bilard (Éd.). — Analyse des documents historiques conservés dans les archives du département de la Sarthe, p. 142 à 218.

[Abbayes de la Couture, du Gué-de-Launay et de Saint-Vincent du Mans, xiie-xive s.]

38775. Hucher (Eugène). — Catalogue raisonné des monnaies romaines trouvées dans le jardin du collège du Mans au cours de l'année 1848, p. 219.

SARTHE. — LE MANS.

SOCIÉTÉ HISTORIQUE ET ARCHÉOLOGIQUE DU MAINE.

La *Société historique et archéologique du Maine* a été fondée le 26 août 1875 et autorisée le 16 décembre de la même année. Elle publie la *Revue historique et archéologique du Maine* qui comptait déjà 18 volumes à la fin de l'année 1885. En outre, elle a édité les ouvrages suivants :

38776. [Beauchesne (Le marquis de).] — Essai historique sur la château de Lassay depuis son origine jusqu'à nos jours, par un membre de la Société historique et archéologique du Maine. (Le Mans, 1876, in-8°, vii et 172 p., *pl.*)

38777. Chevrier (P.-E.). — Inventaire analytique des archives de l'hospice de Sablé, suivi de notices historiques. (Sablé, 1877, in-8°, vi et 612 p.)

38778. Charles (Léopold) et Charles (l'abbé Robert). — Histoire de La Ferté-Bernard; seigneurs, administration municipale, église, monuments, hommes illustres, par Léopold Charles, publiée par l'abbé Robert Charles. (Le Mans, 1877, in-8°, 304 p., *pl.* et *fig.*)

38779. Esnault (L'abbé Gustave). — Mémoires de René-Pierre Nepveu de La Manouillère, chanoine de l'église du Mans [1759-1807], publiés et annotés par l'abbé Gustave Esnault. (Le Mans, 2 vol. in-8°, t. I, 1877, xv et 378 p.; t. II, 1878, 436 p.) — Cf. n° 38780.

38780. Esnault (L'abbé Gustave). — Table des noms de personnes et de lieux contenus dans les deux volumes des Mémoires de R.-P. Nepveu de La Manouillère, chanoine de l'église du Mans (1759-1807). (Le Mans, 1879, in-8°, 124 p.) — Cf. n° 38779.

38781. Montzey (Ch. de). — Histoire de la Flèche et de ses seigneurs. (Le Mans, 3 vol. in-8°, t. I, 1877, xvi et 286 p.; t. II, 1878, 356 p.; t. III, 1878, 377 p.)

38782. Cosnard (Ch.). — Histoire du couvent des Frères-Prêcheurs du Mans (1219-1792). (Le Mans, 1879, in-8°, xii et 336 p., *pl.*)

38783. Esnault (L'abbé Gustave). — Entrée solennelle du roi Louis XIII et de Marie de Médicis en la ville du

Mans, le 5 septembre 1614, nouvelle édition. (Le Mans, 1880, in-12, 78 p., *pl.*)

38784. Esnault (L'abbé Gustave). — Mémoires de J.-B.-H.-M. Le Prince d'Ardenay, avocat en Parlement, négociant, juge-consul et maire du Mans (1737-1815). (Le Mans, 1880, in-8°, XVI et 371 p., *pl.*)

38785. Fleury (Gabriel). — Cartulaire de l'abbaye cistercienne de Perseigne, précédé d'une notice historique [1145-1291]. (Mamers, 1880, in-4°, CCXVIII et 271 p., *pl.* et *fig.*) — Cf. n° 38836.

[En appendice : Notes sur la seigneurie d'Aillières, les familles de Courtilloles, de Frébourg, Paynel et Carrel.]

38786. Anonyme. — Cartulaire des abbayes de Saint-Pierre de la Couture et de Saint-Pierre de Solesmes, publié par les Bénédictins de Solesmes. (Le Mans, 1881, in-4°, XV et 536 p., *pl.*)

38787. Esnault (L'abbé Gustave). — Michel Chamillart, contrôleur général des finances et secrétaire d'État de la guerre (1699-1709); correspondance et papiers inédits. (Le Mans, 1884, 2 vol. in-8°, t. I, VIII et 416 p.; t. II, 352 p.)

38788. Triger (Robert). — Étude historique sur Douillet-le-Joly (canton de Fresnay-sur-Sarthe). (Mamers, 1884, in-4°, XVIII et 385 p., *pl.* et *fig.*)

38789. Moulard (Pierre). — Recherches historiques sur la châtellenie et la paroisse d'Assé-le-Boisne (canton de Fresnay-sur-Sarthe). (Le Mans, 1885, in-8°, III et 519 p.)

I. — Revue historique et archéologique du Maine, t. I. (Le Mans, 1876, in-8°, 651 p.)

38790. Le Fizelier (Jules). — Un épisode de la guerre des Anglais dans le Maine : la bataille de La Brossinière (septembre 1423), p. 28.

38791. Charles (L'abbé Robert). — Étude historique et archéologique sur l'église [XVI° s.] et la paroisse de Souvigné-sur-Même (Sarthe), *fig.*, p. 43.

38792. Chauvigny (René de). — Généalogie de la famille Gaucher [par Léger Bossé, XVI°-XVII° s.]; document original, *pl.*, p. 77.

38793. Piolin (Dom Paul). — Les prêtres déportés dans la rade de Rochefort en 1793 et 1794. Lettre de Simon Guilloreau à Pierre Hesmivy d'Auribeau [1817], p. 91.

38794. Anonyme. — Documents inédits, *fac-similés*, p. 109, 251, 443 et 638.

[Lettres de Louis de La Vergne de Tressan, évêque du Mans, 1701 et 1702; de L.-F. Belin de Béru, chanoine, 1765; de P.-Joseph-Odolant Desnos, 1792; de J.-J. Moutonnet de Clairfons, littérateur, 1788; de Louis Aubery Du Maurier, 1639; de J.-J. Garnier, 1775; de J.-B. Le Prince d'Ardenay, 1791; de Joseph Sauveur, physicien, XVIII° s.; de R.-Georges de Montécler, 1766; de Pitard, procureur du roi au siège présidial de Château-Gontier, 1662.]

38795. Divers. — Chronique, p. 130, 270, 385, 447, 527 et 642.

[Lettre de l'abbé Cochet sur les sépultures franques de Connerré, *fig.*, p. 138. — Statue en bois de Saint-Michel provenant de Villaines-la-Gosnais (XVI° s.), p. 140. — L'abbé Léon-Henri Beaulieu (1842 † 1875), p. 145. — Louis Bailhache, professeur (1806 † 1875), p. 145. — Monnaies du règne de Charles VI trouvées au Bailleul, p. 272. — Le sculpteur Chenillon († 1875), p. 273. — Louis-Antoine Lejosne, professeur (1818 † 1875), p. 278. — Trésor de Vallon, pièces de Henri II, roi d'Angleterre, p. 386. — Eugène-Henri Desportes, médecin († 1875), p. 392. — Église de la Couture, au Mans; note étymologique, p. 450. — Lettre de Timoléon Bazin à René Levasseur, 27 ventôse an II, p. 530. — Hector-François-Rodolphe de Monteynard (1833 † 1876), p. 644. — L'abbé Alexandre-Auguste-Louis-Pierre Tison (1808 † 1876), p. 645. — Épitaphe de Jean Hémery, abbé de Saint-Jean de Poitiers, dans l'église de Houssay († 1464), p. 645.]

38796. [Brière (Louis)]. — Bibliographie du Maine [1875], p. 147 et 284. — Cf. n°s 38824, 38838, 38860, 38881, 38904, 38922, 38940, 38955 et 38972.

38797. Persigan (L.). — Les Mersenne et l'hospice de Mansigné [XVIII° s.], p. 155.

38798. Ledru (L'abbé Ambroise). — Les Cordeliers de Notre-Dame de La Salle à Précigné [1610-1768], *pl.*, p. 168.

38799. Menjot d'Elbenne (Samuel). — Les sires de Braitel au Maine du XI° au XIII° siècle, d'après des documents pour la plupart inédits, *fig.*, p. 192 à 250.

38800. Charles (L'abbé Robert). — Les chroniques de la paroisse et du collège de Courdemanche au Maine, p. 287.

[Église du XVI° siècle, *pl.*]

38801. Alouis (Victor). — Études féodales : le fief de Chères et ses seigneurs [XII°-XVIII° s.], p. 321 à 384, 563 à 608; et II, p. 463 à 539.

[Notes généalogiques sur les familles Crespin, Vasse et Chouet.]

38802. Chevrier (P.-E.). — Notice sur les églises de Sablé [construites au XI° s.], p. 399.

38803. Varet (A.). — Les artistes du Maine au Salon de 1876, p. 425. — Cf. n°s 38825, 38840, 38865 38885, 38910, 38924 et 38943.

38804. F.-B. G. [Gourdelier (L'abbé F.-B.).] — Légende du pèlerin et de la Sainte-Épine d'Évron [sceau de l'abbaye d'Évron], *fig.*, p. 437.

38805. Le Fizelier (Jules). — Le Bas-Maine après la mort de Henri III [1589], p. 461.

38806. M. d'E. [Menjot d'Elbenne (Samuel).] — L'œuvre de Sainctot Chemin, sculpteur fertois (1530-1555), par M. l'abbé R. Charles [compte rendu critique], p. 485.

[Calvaire de Souvigné-sur-Même, *pl.*]

38807. Froger (L'abbé Louis). — Fondation du prieuré de Cellé, ancien diocèse du Mans (856-860), p. 490.

38808. Brière (Louis). — Dom Jean Colomb, bénédictin

de l'abbaye de Saint-Vincent du Mans, correspondance inédite [xviiie s.], *fig.*, p. 497; et II, p. 215. — Cf. n° 38835.

[Lettres de l'abbé Rangeard à dom Étienne Housseau, 1756-1758.]

38809. Lestang (G. de). — Ballon au xie siècle, p. 537.

38810. Broc (Hervé de). — De la qualité de baron au moyen âge, p. 551.

38811. Pointeau (Ch.). — Études biographiques. Deux capitaines manceaux de l'époque des guerres de religion, p. 609.

[Jean de Champagne, baron de Pescheseul, 1515 + 1576; Pirrhus Lenfant de La Patrière, + vers 1608.]

38812. M. d'E. [Menjot d'Elbenne (Samuel).] — Lettre inédite du maréchal de Lavardin au connétable de Montmorency (1599), p. 630.

38813. Bouet (Georges) et Charles (l'abbé Robert). — Croquis et dessins de monuments du Maine [Château-Gontier], 6 *pl.*, p. 636; II, p. 213 et 585. — Cf. n° 38830.

II. — Revue historique et archéologique du Maine, t. II. (Le Mans, 1877, in-8°, 712 p.)

38814. Kerviler (René). — Le Maine à l'Académie française, p. 26 à 78, 131 à 182, 343 à 377, 593 à 649; III, p. 29 à 96, 167 à 245; V, p. 28 à 74, 162 à 197, 259 à 329; et VI, p. 5 à 57.

[Tome II : Guillaume Bautru, comte de Serrant, 1588 + 1665; Marin Cureau de La Chambre, 1594 + 1669, *portrait*; Pierre Cureau de La Chambre, 1640 + 1693; Abel Servien, marquis de Sablé, 1593 + 1659, *portrait*.
Tome III : Abel Servien, marquis de Sablé.
Tomes V et VI : François de La Mothe Le Vayer, 1583 + 1672, *portrait* et *fac-similé* de sa signature.]

38815. Alouis (Victor). — Un bénéficier du Haut-Maine au xviie siècle [Jean Chapelain], p. 79.

[Lettres de Émery Marc de La Ferté, évêque du Mans, 1647 et 1648, *fac-similé*.]

38816. Duchemin (Victor). — Abbaye de Bellebranche; charte du roi Charles V (4 avril 1365), p. 112.

38817. Divers. — Chronique, p. 119, 267, 340, 436, 546 et 690.

[Monnaies des xiiie et xive siècles trouvées à Saint-Léonard-de-Louplande, p. 122. — Pierre-Émile Mahier, médecin, p. 123. — Gustave-Louis-Joseph Caillard d'Aillières (1816 + 1877), p. 124. L'abbé Victor-Jean Levrot (1829 + 1877), p. 691.]

38818. Froger (L'abbé Louis). — Les Camaldules au Maine. Saint-Gilles de Bessé [xviie-xviiie s.], p. 183. — Cf. n° 38900.

[38813]. Bouet (Georges) et Charles (l'abbé Robert). — Croquis et dessins de monuments du Maine [Château-Gontier], p. 213 et 585.

[38808]. Brière (Louis). — Dom Jean Colomb; correspondance inédite, p. 215.

38819. Bertrand (Arthur). — Documents inédits pour servir à l'histoire du Maine. Le Maine, l'Anjou et Bussy d'Amboise (1576-1579); pillage des faubourgs du Mans (1577), *fac-similé* et *fig.*, p. 275. — Cf. n°s 38709, 38871 et 38918.

[Lettres de Henri III (1577), etc.]

38820. Trouillard (Ch.). — Origines féodales et religieuses du Bas-Maine. La seigneurie et la chapelle de Saint-Jacques-dès-Lépreux de Mayenne [xiie-xviiie s.], p. 315.

38821. Ledru (L'abbé Ambroise). — La statue funéraire [anonyme] du Perray-Neuf [xiiie s.], *pl.*, p. 336.

38822. Denais (Joseph). — La Sainte-Chapelle royale du Gué-de-Maulny et son chapitre [fondée en 1329; sceau royal du Gué-de-Maulny, xviie s., *fig.*], p. 378.

38823. Courtilloles (E. de). — Un oppidum dans le Sonnois [château de Maulni à Ancinnes (Sarthe)], 2 *plans*, p. 427.

38824. [Brière (Louis)]. — Bibliographie du Maine (1876), p. 438. — Cf. n° 38796.

38825. Vabet (A.). — Les artistes du Maine au Salon de 1877, p. 449. — Cf. n° 38803.

[38801]. Alouis (Victor). — Le fief de Chères et ses seigneurs, p. 463 à 539.

38826. Divers. — Documents inédits, *fig.*, p. 540 et 699.

[Lettres de Dorat, 1774, et d'Odolant Desnos, 1782 et 1783; contrat de mariage de Honorat de Bueil, sieur de Racan, et de Madeleine Du Bois, 1628.]

38827. La Sicotière (Léon de). — La mort de Jean Chouan [1794] et sa prétendue postérité, p. 551. — Cf. n° 38876.

38828. Ledru (L'abbé Ambroise). — Urbain de Laval-Bois-Dauphin, marquis de Sablé, maréchal de France [1557 + 1629], p. 650; III, p. 122, 246, 371; et IV, p. 54.

[Portrait et armoiries d'Urbain de Laval-Bois-Dauphin, 2 *pl.*; château de Bois-Dauphin au xviiie siècle, 3 *pl.*; espagnolette, *fig.*; signatures diverses, *fig.*]

38829. Fromont (Paul de). — Découverte de tombeaux de l'époque mérovingienne à Contilly, *fig.*, p. 684.

III. — Revue historique et archéologique du Maine, t. III, année 1878, 1er semestre. (Le Mans, 1878, in-8°, 429 p.)

[38814]. Kerviler (René). — Le Maine à l'Académie française, p. 29 à 96 et 167 à 245.

38830. Charles (L'abbé Robert). — Notes archéologiques sur divers monuments de Château-Gontier, p. 97. — Cf. n° 38813.

[Chapelle du collège, ancienne église romane du prieuré de Notre-Dame-du-Geneteil, 2 *pl.*; histoire du collège de Château-

Gontier; ancienne église de Saint-Rémy, XIe-XVe s., *pl.*; église d'Azé, XIe ou XIIe s., *pl.*; épitaphe de Gishwalus à Bazouges, IXe s., *fig.*]

[38828]. Ledru (L'abbé Ambroise). — Urbain de Laval-Bois-Dauphin, marquis de Sablé, maréchal de France, p. 122, 246 et 371.

38831. Divers. — Chronique, p. 165, 304 et 421.

[L'abbé Louis-François Pommerais († 1878), p. 304. — Fresques découvertes dans l'église de Douillet-le-Joly (XIIIe s.), p. 305.]

38832. Triger (Robert). — Un coup de main d'Ambroise de Loré en Basse-Normandie (1431) [surprise des marchands réunis au Bourg-l'Abbé, sous les murs de Caen, pour la foire de la Saint-Michel], p. 279.

38833. Froger (L'abbé Louis). — Les établissements de charité à Saint-Calais, p. 309.

[Maison-Dieu fondée avant le XIVe siècle; maladrerie Saint-Marc, XIVe-XVIIe s.; Hôtel-Dieu fondé en 1656; épitaphe de Thomas Le Gac, † 1693, *pl.*]

38834. Marchegay (P.). — Chartes mancelles de l'abbaye de Saint-Florent, près Saumur (848-1200), p. 347.

[Diplômes de Charles le Chauve, etc.]

38835. Brière (Louis). — Documents inédits, p. 414.

[Lettre de dom Housseau, 20 mars 1756, et réponse de l'abbé Rangeard, 2 avril 1756 (cf. n° 38808).]

IV. — Revue historique et archéologique du Maine, t. IV, année 1878, 2e semestre. (Le Mans, 1878, in-8°, 426 p.)

38836. Fleury (Gabriel). — L'abbaye cistercienne de Perseigne [fondée au XIIe s.], p. 5 à 53 et 133 à 196. — Cf. n° 38785.

[Armoiries de l'abbaye et d'abbés, *pl.*; abbaye de Perseigne en 1695, *pl.*; ruines de l'église romane, 2 *pl.*; tombes diverses, XIIIe-XVIe s., 4 *pl.*; l'abbé Jean Du Tertre et Jean d'Alençon d'après des fragments de vitraux, 2 *pl.*; bénitier, *fig.*]

[38828]. Ledru (L'abbé Ambroise). — Urbain de Laval-Bois-Dauphin, marquis de Sablé, maréchal de France, p. 54.

38837. Divers. — Chronique, p. 110, 235 et 409.

[L'abbé Florent-Bonaventure Gourdelier, 1820 † 1878, p. 236. — Adrien-Augustin-Amalric de Mailly, 1792 † 1878, p. 236. — Armand-Pierre-Vincent Bellée, archiviste, † 1878, p. 409. — Vase antique trouvé dans une caverne à Voutré, *fig.*, p. 412. — Note sur les seigneurs de Carrouges, XIe-XIXe s., p. 414.]

38838. [Brière (Louis)]. — Bibliographie du Maine pendant l'année 1877, p. 121. — Cf. n° 38796.

38839. Pointeau (Ch.). — Les croisés de Mayenne en 1158 [d'après Jean, moine de Notre-Dame-de-la-Fustaye], p. 197 et 339.

[Pièces justificatives concernant les seigneurs de Goué, de Mayenne et la maison de Champagne, X^e-XIIe s.; sceau de Gilles de Gorram, XIIe s., *fig.*]

38840. Varet (A.). — Les artistes du Maine au Salon de 1878 et à l'Exposition universelle, p. 214. — Cf. n° 38803.

38841. Marchegay (Paul). — Quatre pièces tirées du chartrier de Thouars, p. 229.

[Quittance délivrée à Girart Chabot, sieur de Châteaugontier, par Maciot et Oudinet Pazdoe, bourgeois de Paris, 1275; gardes que doit Guillaume Chamaillart, sieur d'Antenaise, au château de Sablé, 1368; payements faits à des gens de guerre, 1435; repas donné le Jeudi-Saint au château de Craon à treize pauvres de la baronnie, 1514.]

38842. Piolin (Dom Paul). — Dom Claude Chantelou, bénédictin de la congrégation de Saint-Maur [1617 † 1664], p. 247.

38843. Charles (L'abbé Robert). — Saint Guingalois [† 504], ses reliques, son culte et son prieuré à Château-du-Loir, p. 262; et V, p. 75 et 330.

[Pièces justificatives, VIe-XVIIIe s.; portrait de Pierre de Rousart, prieur de Saint-Guingalois, XVIe s., *fig.*; sceaux divers, XIIe-XIIIe s., *fig.*; église, XIVe s., *pl.*; crypte, XIe s., *fig.*]

38844. Beauchesne (Le marquis de). — Le Passais, Domfront et les comtes de Montgommery depuis leur origine jusqu'au XVIe siècle, p. 294.

38845. Colombier (Le P. H.-M.). — Deux documents sur David Rivault, seigneur de Fleurance, p. 404.

[Lettres de David Rivault, 1608, et du nonce Ubaldini, 1613.]

V. — Revue historique et archéologique du Maine, t. V, année 1879, 1er semestre. (Le Mans, 1879, in-8°, 422 p.)

[38814]. Kerviler (René). — Le Maine à l'Académie française, *pl.*, p. 28 à 74, 162 à 197 et 259 à 329.

[38843]. Charles (L'abbé Robert). — Saint Guingalois, ses reliques, son culte et son prieuré à Château-du-Loir, p. 75 et 330.

38846. Joubert (André). — Documents relatifs à l'histoire du Maine sous la domination anglaise pendant la guerre de Cent ans, p. 110.

[Recettes et dépenses du comté du Maine, 1434; forteresse du Plessis-Buret, 1364 (cf. n° 38848); ballade de Robert Regnault sur la défaite des Anglais, 1449.]

38847. Chardon (Henri). — Les Greban et les mystères dans le Maine [XVe s.], p. 124.

38848. Divers. — Chronique, p. 148, 248 et 409.

[Tombeau de la recluse Ermecia dans l'ancienne église de Gourdaine, *fig.*, p. 150. — Forteresse du Plessis-Buret (cf. n° 38846), p. 250. — Étymologies des expressions *Labit, Labite*, p. 252 et 412. — Édouard-Arsène Joubert, magistrat (1830 † 1878), p. 409. — Tombe de Simon Guitton, abbé de Perseigne († 1416), p. 409.]

38849. Joubert (André). — Le puits de l'Ecoublère

[au château de l'Écoublère, près de Daon, 1570], *pl.*, p. 159.

38850. Ledru (L'abbé Ambroise). — A travers la France en 1422, p. 198.

[Enquête sur l'élection de l'abbé du Perray-Neuf.]

38851. Hucher (Eugène). — L'ex-voto de la dame de Courvalain au musée du Mans [xve s.], *fig.*, p. 220.

38852. Esnault (L'abbé Gustave). — Notice sur M. Armand Bellée et ses travaux [1827 † 1878], p. 232.

38853. Hucher (Eugène). — Sceau de la prévôté de l'abbaye de La Clarté-Dieu, près Saint-Paterne (Indre-et-Loire) [xiiie s.], *fig.*, p. 391.

[Sceau de Jean d'Alez ou d'Aluye, xiiie s.]

38854. [Marchegay (Paul)]. — Documents inédits et originaux tirés du chartrier de Thouars, p. 406.

[Lettres de Jacques de Daillon du Lude, 1511; de dames de La Trémoille, 1516 et 1552; et de Catherine Tierry, 1545.]

VI. — Revue historique et archéologique du Maine, t. VI, année 1879, 2e semestre. (Le Mans, 1879, in-8°, 396 p.)

[38814]. Kerviler (René). — Le Maine à l'Académie française, p. 5 à 57.

38855. Alouis (Victor). — Le Mans au mois d'octobre 1562, p. 58.

[Information sur la conduite d'André Guillart, sieur du Mortier.]

38856. Froger (L'abbé Louis). — Fondation du prieuré du Boulay dépendant du monastère d'Étival-en-Charnie [1193], p. 71.

38857. Le Fizelier (Jules). — Dolmen et polissoir de Montenay (Mayenne), p. 85.

38858. Charles (L'abbé Robert). — Notice sur M. G. de Lestang et ses travaux [1805 † 1879], p. 90.

38859. Divers. — Chronique, p. 94, 264 et 376.

[Léon Landeau († 1879), p. 99. — Édouard Le Monnier de Lorrière († 1879), p. 100. — Henri-Louis de Buor († 1879), p. 265. — Tableau d'un peintre nommé Lucas au musée du Mans (xve s.), p. 265.]

38860. [Brière (Louis)]. — Bibliographie du Maine, année 1878, p. 106. — Cf. n° 38796.

38861. Hucher (Eugène). — Iconographie du roi René, de Jeanne de Laval, sa seconde femme, et de divers autres princes de la maison d'Anjou, 7 *pl.*, p. 125. — Cf. n° 38875.

[Louis II, roi de Sicile et comte d'Anjou, et Yolande d'Aragon, sa femme; Charles IV, comte du Maine; Jean, duc de Calabre et de Lorraine; Ferry de Lorraine, comte de Vaudémont; Pietro di Milano et Francesco Laurana, médailleurs italiens, etc.]

38862. Antoine (H.). — Recherches sur la paroisse et sur l'église de Saint-Pierre-de-Montsort [en partie du xve s., *pl.*], p. 163; VII, p. 99 et 190.

38863. Salies (Alexandre de). — Notes critiques sur les trois Lavardin [localités] de l'ancien diocèse du Mans, p. 198.

38864. Chardon (Henri). — Rabelais, curé de Saint-Christophe-du-Jambet; ses relations avec le Maine et avec les frères Du Bellay, p. 228.

38865. Varet (A.). — Les artistes du Maines au Salon de 1879, p. 247. — Cf. n° 38803.

38866. Chaulnes (Le duc de). — Notice sur les vitraux de l'église Notre-Dame de Sablé [xve s.; vitraux, inscription et armoiries, *pl.*], p. 269.

38867. Hucher (Eugène). — Les sceaux de Guillaume Des Roches, sénéchal d'Anjou, du Maine et Touraine [xiie-xiiie s.], *fig.*, p. 292.

38868. Le Fizelier (Jules). — Les commencements d'Ambroise de Loré (1417-1420), p. 322.

38869. Piolin (Dom Paul). — Pèlerinage de Philippe de Luxembourg, évêque du Mans, en Terre Sainte, en l'année 1480, p. 337.

38870. Hucher (Eugène). — Inscription du xiiie siècle de l'église de Saint-Christophe-du-Jambet (Sarthe) [date de construction], *fig.*, p. 341.

38871. Bertrand (Arthur). — Documents inédits pour servir à l'histoire du Maine (1581-1589), p. 344. — Cf. n° 38819.

[Lettres de Henri III, du duc d'Alençon, de la duchesse de Montpensier et du maréchal de Bois-Dauphin; capitulation du Mans.]

VII. — Revue historique et archéologique du Maine, t. VII, année 1880, 1er semestre. (Le Mans, 1880, in-8°, 422 p.)

38872. Alouis (Victor). — Lucé et ses environs jusqu'au milieu du xive siècle, p. 30 à 84, 304 à 373; IX, p. 268 à 328; et X, p. 30 à 76. — Cf. n° 38923.

38873. Fleury (Gabriel). — Notes critiques sur les barons du Sonnois, vicomtes de Châtellerault au xiiie siècle [sceaux, xiiie-xive s., *fig.*], p. 85.

[38862]. Antoine (H.). — Recherches sur la paroisse et l'église de Saint-Pierre-de-Montsort, p. 99 et 190.

38874. Divers. — Chronique, p. 123.

[Guy-Charles-Henri d'Andigné († 1879), p. 126. — Considérations sur l'art rétrospectif, p. 128.]

38875. Heiss (Aloïss). — Iconographie du roi René et de Jeanne de Laval, sa seconde femme; lettre à M. Eugène Hucher, p. 145. — Cf. n° 38861.

38876. La Sicotière (Léon de). — René Chouan et sa prétendue postérité, p. 147. — Cf. n° 38827.

38877. Pottier (L'abbé C.). — La mission apostolique de saint Julien et la tradition de l'église du Mans avant 1645, p. 164. — Cf. n° 38896.

38878. Ledru (L'abbé Ambroise). — Épisodes de la Ligue au Mans (1589), p. 208.

38879. Hucher (Eugène). — Le trésor de Jublains [monnaies du IIIe s.], *fig.*, p. 221, 374; et VIII, p. 113.

38880. Lestang (G. de). — La châtellenie et les premiers seigneurs de Malicorne au XIe et au XIIe siècle, p. 247 à 303.

38881. [Brière (Louis)]. — Bibliographie du Maine, année 1879, p. 397. — Cf. n° 38796.

VIII. — Revue historique et archéologique du Maine, t. VIII, année 1880, 2e semestre. (Le Mans, 1880, in-8°, 348 p.)

38882. Le Fizelier (Jules). — Anne de Laval, princesse de La Trémoille (1505 † 1553), *portrait*, p. 5.

38883. Joubert (André). — Ramefort de Gennes et ses seigneurs au XVe siècle, d'après les archives inédites du château de La Sionnière, p. 38.

38884. Moulard (Pierre). — Inscriptions [existant autrefois sur les murailles du chœur de l'église] du Tronchet, p. 57.

[Notes sur les familles de Loudon et Morin de Loudon.]

38885. Varet (A.). — Les artistes du Maine au Salon de 1880, p 87. — Cf. n° 38803.

38886. Divers. — Chronique, p. 105, 181 et 328.

[Louis-Joseph-Gaston, comte Ogier d'Ivry († 1880), p. 181. — Monument celtique à La Sauvagère, p. 181. — Gaston-Félix-Charles-Victor de Lentilhac († 1880), p. 328. — Aymard-Marie-Christian de Nicolay († 1880), p. 329. — Antoine-Charles-Félix Eigendschenck († 1880), p. 330. — Acquisitions du musée de peinture du Mans, p. 331.]

[38879]. Hucher (Eugène). — Le trésor de Jublains, *fig.*, p. 113.

38887. Pointeau (Ch.). — Notes sur Jean et Joachim de Boisjourdan (1505 à 1577), p. 135.

38888. Colombier (Le P. H.-M.). — Rôle de la noblesse du comté du Perche payant l'aide pour le mariage de Jeanne d'Albret avec le duc de Clèves, en 1541, p. 152.

38889. Piolin (Dom Paul). — Deux lettres inédites de dom Edmond Martène [1693 et 1707], p. 172.

38890. Hucher (Eugène). — De l'art celtique à l'époque mérovingienne à l'occasion des agrafes mérovingiennes du musée archéologique du Mans, *fig.*, p. 193.

38891. Charles (L'abbé Robert). — Un diptyque d'ivoire du XIVe siècle [trouvé à La Ferté-Bernard], *pl.*, p. 211.

38892. Joubert (André). — Les négociations relatives à l'évacuation du Maine par les Anglais (1444-1448), d'après les documents anglais et français des Archives de Londres, p. 221.

38893. Joubert (André). — Deux attaques des Anglais contre Le Lude, en 1371, p. 241.

38894. Ledru (L'abbé Ambroise). — Les seigneurs de La Roche-Coisnon; notes et documents [XIVe-XIXe s., château, *pl.* et *fig.*], p. 255; et IX, p. 182.

38895. Chardon (Henri). — Les protestants au Mans en 1572, pendant et après la Saint-Barthélemy, p. 284.

38896. Pottier (L'abbé C.). — La tradition de l'église du Mans sur saint Julien et M. l'abbé de Meissas, p. 324. — Cf. n° 38877.

IX. — Revue historique et archéologique du Maine, t. IX, année 1881, 1er semestre. (Le Mans, 1881, in-8°, 384 p.)

38897. Menjot d'Elbenne (Samuel). — Essai sur la Fronde dans le Maine; le siège du Mans en 1652, p. 29 à 106.

[Lettres de Léon de Sainte-Maure, de René Potier, comte de Tresmes, du cardinal Mazarin, du maréchal d'Hocquincourt, de Réné Fouquet, etc.]

38898. Charles (L'abbé Robert). — L'enceinte gallo-romaine du Mans [dessins de Georges Bouet], 12 *pl.* et *fig.*, p. 107, 249; et X, p. 325.

38899. Divers. — Chronique, p. 154 et 365.

[Restauration de l'église d'Avesnières, p. 155. — Chapelle de l'ancien prieuré de Saint-Martin de Laval (XIe s.), p. 367.]

38900. Froger (L'abbé Louis). — Les Camaldules au Maine; Notre-Dame-de-la-Flotte [XVIIe-XVIIIe s.], p. 161. — Cf. n° 38818.

[38894]. Ledru (L'abbé Ambroise). — Les seigneurs de La Roche-Coisnon, p. 182.

38901. G. E. [Esnault (L'abbé Gustave).] — Notice sur le docteur A. Le Pelletier et ses travaux [1790 † 1880], p. 225.

[38872]. Alouis (Victor). — Lucé et ses environs jusqu'au milieu du XIVe siècle, p. 268 à 328.

38902. Triger (Robert). — Les étudiants manceaux à l'Université de Caen (1440-1567), p. 329.

X. — Revue historique et archéologique du Maine, t. X, année 1881, 2e semestre. (Le Mans, 1881, in-8°, 390 p.)

38903. Rochambeau (Le marquis de). — Renée de Vandômois la recluse [XVe s.], p. 5.

[Notes sur la famille de Vandômois; tombes, XVIIe s., 2 *fig.*]

[38872]. Alouis (Victor). — Lucé et ses environs jusqu'au milieu du XIVe siècle, p. 30 à 76.

38904. [Brière (Louis)]. — Bibliographie du Maine pendant l'année 1880, p. 77. — Cf. n° 38796.

38905. Le Fizelier (Jules). — Une lettre inédite de l'abbé Asseline sur Évron (1771), p. 95.

38906. Martonne (A. de). — Les constructions au pied du château de Laval [1634], p. 101.

[Lettre de Henri de La Trémoille.]

38907. Fleury (Gabriel). — Les puits funéraires de la

villa gallo-romaine des Terres-Noires à Saint-Rémy-des-Monts, près Mamers (Sarthe), *fig.*, p. 104.

38908. Joubert (André). — René de La Rouvraye, sieur de Bressault [† 1572], p. 129. — Cf. n° 38971.

38909. Froger (L'abbé Louis). — Ronsard ecclésiastique, p. 178 à 244. — Cf. n° 38949.

38910. Varet (A.). — Les artistes du Maine au Salon de 1881, p. 245. — Cf. n° 38803.

38911. Le Guicheux (A.). — Les églises de Saint-Christophe-du-Jambet et de Ségrie [XII°-XIII° s., 2 *fig.*], p. 260.

38912. Ponton d'Amécourt (De). — Les monnaies mérovingiennes du Cenomannicum, *carte* et *fig.*, p. 281 à 324; XI, p. 29 à 79, 129 à 180, 281 à 319; XII, p. 5 à 36, 121 à 157 et 229 à 262.

[38898]. Charles (L'abbé Robert). — L'enceinte gallo-romaine du Mans, p. 325.

38913. Triger (Robert). — Note sur Jean Lemaçon, maître des œuvres de la cathédrale du Mans, en 1397, p. 363.

38914. Esnault (L'abbé Gustave). — Convocation aux États généraux de 1651 [adressée par le bailli de Fresnay], p. 375.

XI. — Revue historique et archéologique du Maine, t. XI, année 1882, 1er semestre. (Le Mans, 1882, in-8°, 438 p.)

[38912]. Ponton d'Amécourt (De). — Les monnaies mérovingiennes du Cenomannicum, p. 29 à 79, 129 à 180 et 281 à 319.

38915. Ledru (L'abbé Ambroise). — Une page de l'histoire de Sablé (1567-1589), p. 80.

38916. Joubert (André). — Les seigneurs angevins et manceaux à la bataille de Saint-Denis-d'Anjou (1441), p. 103.

38917. Divers. — Chronique, p. 119 et 428.

[Découverte d'anciens cercueils à Écommoy, p. 119. — Découverte de tombeaux à Saint-Longis, près Mamers, p. 121. — Contrat entre Jérôme Muziano de Brescia, peintre, et le cardinal Mathieu Cointrel (1565), p. 122. — Denis Godefroy à Brûlon (1653), p. 125. — L'abbé Lamarre († 1881), p. 426. — Grotte habitée anciennement à Chemiré-le-Roi, p. 427. — Maison de Laval (XVII° s.), p. 427.]

38918. Bertrand (Arthur). — Documents inédits pour servir à l'histoire du Maine, p. 181 à 246. — Cf. n° 38819.

[Le Maine, 1593-1595; capitulation de Laval, 1594; reconnaissance de Henri IV par le maréchal de Bois-Dauphin, 1595.]

38919. Ledru (L'abbé Ambroise). — L'hôtellerie de l'Écu de France à Sablé [XV°-XIX° s.], p. 247.

38920. Cournil (L.) et Fleury (Gabriel). — Le testament de Marquentin de Closmorin, vicaire général de Saintes [1752, *fac-similé* de sa signature], p. 253.

38921. Hucher (Eugène). — Monuments funéraires et sigillographiques des vicomtes de Beaumont au Maine, p. 319.

[Tombes et sceaux des vicomtes de Beaumont, XII°-XV° s., *fig.*; tombe de Hugues Belon à Vivoin, XIII° s., *fig.*; sceau de Hugues de Juillé, 1287, *fig.*; sceau de Hildebert, évêque du Mans, XII° s., *fig.*; vitraux de la chapelle des vicomtes de Beaumont à l'abbaye d'Étival, XIII° s., *fig.*; sceau de la cour de La Flèche, 1329, *fig.*; donjon roman de Beaumont-le-Vicomte, *fig.*; vitraux de Vivoin et du Mans, XIII° s., 2 *pl.*, etc.]

38922. [Brière (Louis)]. — Bibliographie du Maine, année 1881, p. 409. — Cf. n° 38796.

XII. — Revue historique et archéologique du Maine, t. XII, année 1882, 2e semestre. (Le Mans, 1882, in-8°, 344 p.)

[38912]. Ponton d'Amécourt (De). — Les monnaies mérovingiennes du Cenomannicum, p. 5 à 36, 121 à 157 et 229 à 262.

38923. Alouis (Victor). — Les Coesmes, seigneurs de Lucé et de Pruillé [1370-1508], p. 37 à 93; XIII, p. 28 à 93; XIV, p. 256 à 290, 386 à 431; XV, p. 287 à 340; et XVI, p. 211 à 283. — Cf. n° 38872.

38924. Varet (A.). — Les artistes du Maine au Salon de 1882, p. 96. — Cf. n° 38803.

38925. La Bouillerie (Sébastien de). — Monographie de la paroisse et commune de Crosmières, p. 158 à 208.

[Église, en partie du XIII° s., *pl.*; maison des Moncréaux, *pl.*]

38926. Hucher (Eugène). — Jeton de Jehan III de Daillon, comte du Lude, baron d'Illiers [XV° s.], *fig.*, p. 209.

38927. Joubert (André). — Le pillage de l'abbaye de La Roë par les huguenots en 1562, p. 215.

38928. Piolin (Dom Paul). — René Desboys Du Chastelet [voyageur, XVII° s.], p. 263 à 327.

38929. Marquis (L'abbé). — La Motte de Dureteau à Lavardin, près le Mans, p. 328.

XIII. — Revue historique et archéologique du Maine, t. XIII, année 1883, 1er semestre. (Le Mans, 1883, in-8°, 384 p.)

[38923]. Alouis (Victor). — Les Coesmes, seigneurs de Lucé et de Pruillé, p. 28 à 93.

38930. Esnault (L'abbé Gustave). — Entrées et funérailles au Mans au XVIII° siècle, p. 94.

[Réceptions du marquis de Beauvau, 1759; du comte de Tessé, 1764; et du comte de Mellet, 1767; enterrements de M. de Lorchère, 1764; et de Mgr de Froullay, évêque du Mans, 1767.]

38931. Ledru (L'abbé Ambroise). — Un duel dans les bois de Pescheseul (1548), p. 118.

[Duel entre Georges de Vaiges et François de Bastard, seigneur de Voisins.]

38932. Palustre (Léon). — Sur l'épitaphe de Guillaume Crespin [† 1440] dans l'église de Tarascon, p. 142.

38933. Esnault (L'abbé Gustave). — Les livres de famille dans le Maine [armoiries, *fig.*], p. 147.

[Livre journal de Pierre-Henri de Ghaisne de Classé, conseiller au siège présidial du Mans, 1708-1782.]

38934. Triger (Robert). — La légende de la reine Berthe et la fondation des églises de Moitron, Ségrie, Saint-Christophe-du-Jambet et Fresnay, *carte*, p. 174.

38935. Bastard d'Estang (Vicomte de). — Mariage de Florent de Bastard et de Christophlette de La Rouvraye (3 juillet 1575), p. 202.

38936. Courtilloles (E. de). — Les tailles de l'élection de Château-du-Loir (1742-1756), p. 232.

38937. Chardon (Henri). — La vie de Rotrou, mieux connue [xviie s.], p. 249 à 311; XIV, p. 5 à 82 et 217 à 255.

38938. Joubert (André). — Le mariage de Henri VI [roi d'Angleterre] et de Marguerite d'Anjou, d'après les documents publiés en Angleterre (1444-1445), p. 312.

38939. Ledru (L'abbé Ambroise). — Note sur la Réforme dans le Maine (1560-1572), p. 333.

[Félix Le Chesne et sa famille, *tableau généal.*]

38940. Brière (Louis). — Bibliographie du Maine, année 1882, p. 343. — Cf. n° 38796.

38941. Esnault (L'abbé Gustave). — Notes historiques et bibliographiques sur le Maine [indication de plaquettes, de documents manuscrits et d'autographes, d'après les catalogues de ventes ou de libraires], p. 367; XIV, p. 127; XV, p. 145, 251, 383; XVI, p. 111, 285; XVII, p. 126, 240, 368; XVIII, p. 335, 473; XIX, p. 180; XX, p. 176 et 310.

XIV. — Revue historique et archéologique du Maine, t. XIV, année 1883, 2e semestre. (Le Mans, 1883, in-8°, 444 p.)

[38937]. Chardon (Henri). — La vie de Rotrou, mieux connue, p. 5 à 82 et 217 à 255.

38942. Ledru (L'abbé Ambroise). — Notes et documents sur Jean V de Champagne dit le Grand-Godet [xvie s.], p. 83.

38943. Varet (A.). — Les artistes du Mans au Salon de 1883, p. 113. — Cf. n° 38803.

[38941]. Esnault (L'abbé Gustave). — Notes historiques et bibliographiques sur le Maine, p. 127.

38944. Hucher (Eugène). — Trésor de Rennes trouvé dans le jardin de la préfecture [de Rennes] en septembre 1881 [monnaies romaines], *fig.*, p. 133.

38945. Triger (Robert). — La procession des Rameaux au Mans [xiie-xixe s.], p. 151 à 216 et 316.

[38923]. Alouis (Victor). — Les Coesmes, seigneurs de Lucé et de Pruillé, p. 256 à 290 et 386 à 431.

38946. Bastard d'Estang (Vicomte de). — Une lettre [de Eustache de Hardouin] sur la bataille de Craon, le 23 mai 1592, p. 293.

38947. Deschamps (L'abbé J.-B.). — Sur une inscription commémorative d'une donation de Simon Thévenier, curé de Commer (1500), p. 435.

XV. — Revue historique et archéologique du Maine, t. XV, année 1884, 1er semestre. (Le Mans, 1884, in-8°, 386 p.)

38948. La Bouillerie (Sébastien de). — Bazouges-sur-le-Loir, son église et ses fiefs, p. 27 à 89 et 157.

[Église, xiie-xve s., *pl.*; fresques, xve s., *pl.*; château, *pl.*]

38949. Froger (L'abbé Louis). — Nouvelles recherches sur la famille de Ronsard, p. 90 et 202. — Cf. n° 38909.

38950. Piolin (Dom Paul). — Testament du cardinal d'Angennes de Rambouillet, évêque du Mans (1556-1587), p. 135.

38951. Legeay (Fortuné). — Compagnie du jeu de papegault au Mans [xvie-xviie s.], p. 141.

[38941]. Esnault (L'abbé Gustave). — Notes historiques et bibliographiques sur le Maine, p. 145, 251 et 383.

38952. Esnault (L'abbé Gustave). — Le Mans en 1736 d'après le plan de César Aubry, *plan*, p. 242.

38953. Angot (L'abbé A.). — Monographie paroissiale : Brée [xii-xviiie s.; sceau de Gaudin de Brée, xiiie s., *fig.*], p. 253; et XVI, p. 5.

[38923]. Alouis (Victor). — Les Coesmes, seigneurs de Lucé et de Pruillé [1370-1508], p. 287 à 340.

38954. Joubert (André). — Le château seigneurial de Saint-Laurent-des-Mortiers, d'après les documents inédits (1356-1789), *fig.*, p. 341.

38955. Brière (Louis). — Bibliographie du Maine, année 1883, p. 358. — Cf. n° 38796.

38956. Anonyme. — Sur la découverte d'une sépulture antique à Argentré et de poteries mérovingiennes à Saint-Jean-sur-Erve, p. 381.

XVI. — Revue historique et archéologique du Maine, t. XVI, année 1884, 2e semestre. (Le Mans, 1884, in-8°, 400 p.)

[38953]. Angot (L'abbé A.). — Monographie paroissiale : Brée, p. 5.

38957. Ledru (L'abbé Ambroise). — Une émeute dans le Maine en 1675 [au Mans], p. 55.

38958. Moulard (Pierre). — Notice sur Souday, commune de Loir-et-Cher [ixe-xviiie s.], p. 64.

[38941]. Esnault (L'abbé Gustave). — Notes historiques et bibliographiques sur le Maine, p. 111 et 285.

38959. Beauchesne (Le comte de). — Guillaume Le Clerc, sieur de Crannes, capitaine de Laval (1574-1597), p. 113 à 181.

38960. Joubert (André). — La seigneurie de La Garaudière, dépendance de l'abbaye de La Roë, d'après les documents inédits (XIIIe-XVIIIe s.), p. 182.

[38923]. Alouis (Victor). — Les Coesmes, seigneurs de Lucé et de Pruillé [1370-1508], p. 211 à 283.

38961. Chardon (Henri). — La vie de Tahureau; documents inédits sur sa famille, son mariage et l'*Admirée* [XVIe s.], p. 297 à 368.

38962. La Bouillerie (Sébastien de). — La répression du blasphème dans l'ancienne législation, p. 369.

38963. Ledru (L'abbé Ambroise). — Damiens dans le Maine, p. 385.

XVII. — Revue historique et archéologique du Maine, t. XVII, année 1885, 1er semestre. (Le Mans, 1885, in-8°, 376 p.)

38964. La Sicotière (Léon de). — Les soumissions dans l'Ouest (janvier-février 1800), p. 27.

[Fragment de l'*Histoire de Frotté et des insurrections normandes*.]

38965. Joubert (André). — La démolition des châteaux de Craon et de Château-Gontier, d'après les documents inédits (1592-1657), p. 66.

38966. Froger (L'abbé Louis). — Philbert de Vanssay [1646 † 1697], p. 101.

38967. Anonyme. — Sur des sépultures de la famille de Lassay, à Lassay (XVIIIe s.), p. 125.

[38941]. Esnault (L'abbé Gustave). — Notes historiques et bibliographiques sur le Maine, p. 126, 240 et 368.

38968. La Bouillerie (Sébastien de). — L'abbé Auvé et la coterie littéraire du château de La Flèche (1715-1742), p. 139.

38969. Angot (L'abbé A.). — Monographie paroissiale : Saint-Pierre de Senonnes, p. 158.

38970. Ledru (L'abbé Ambroise). — Un paroissien de la Selle-Craonnaise au XVIe siècle [procès d'Antoine Le Moyne], p. 203.

38971. Joubert (André). — René de La Rouvraye, sieur de Bressault (1570-1571), p. 213. — Cf. n° 38908.

38972. Brière (Louis). — Bibliographie du Maine, année 1884, p. 218. — Cf. n° 38796.

38973. Fleury (Gabriel). — L'église Saint-Nicolas de Mamers [XIVe s.], 2 *pl.* et *fig.*, p. 241.

38974. Angot (L'abbé A.). — Les Bénédictines du couvent de Sainte-Scholastique de Laval [XVIIe-XVIIIe s.], *fig.*, p. 284.

38975. Joubert (André). — Le collège de Bequeil, d'après des documents inédits (1676-1793), p. 352.

XVIII. — Revue historique et archéologique du Maine, t. XVIII, année 1885, 2e semestre. (Le Mans, 1885, in-8°, 480 p.)

38976. Chardon (Henri). — Nouveaux documents sur les comédiens de campagne et la vie de Molière, p. 5, 129, 337; XIX, p. 125, 305; XX, p. 5 et 170.

38977. Triger (Robert). — Un bénédictin de Saint-Vincent du Mans, amateur d'art et collectionneur, en 1647, [dom Jacques Coignard], p. 64.

38978. Gillard (L'abbé J.). — Recherches historiques sur les Bénédictines de Lassay [XVIIe-XVIIIe s.], p. 82 et 226.

38979. Joubert (André). — Documents inédits pour servir à l'histoire du Maine, p. 114 et 452.

[Procuration donnée par Mme de Torcy, 1748; lettre de Ph.-Emm. de Beaumanoir de Lavardin sollicitant l'évêché du Mans, 1648.]

38980. Joubert (André). — Recherches historiques sur Châtelain (Mayenne), p. 296.

38981. Bertrand (A.). — Sur le premier mariage de Guillaume Langelier, sieur de La Martinais (1628), p. 334.

[38941]. Esnault (L'abbé G.). — Notes historiques et bibliographiques sur le Maine, p. 335 et 473.

38982. La Bouillerie (Sébastien de). — L'enlèvement de Françoise Rouillet de Beauchamps (10 juin 1638), p. 386.

38983. Esnault (L'abbé G.). — Notice sur M. V. Alouis et ses travaux [1824 † 1885], p. 459.

38984. Anonyme. — Sur la découverte d'objets de l'âge de bronze à Argentré et d'un vase mérovingien à Laval, p. 466.

SARTHE. — LE MANS.

SOCIÉTÉ PHILOTECHNIQUE DU MAINE.

La *Société philotechnique du Maine* a tenu sa première réunion le 12 mai 1880 et a reçu l'autorisation préfectorale le 5 août de la même année. Son *Bulletin* formait 4 volumes à la fin de l'année 1885.

I. — Bulletin de la Société philotechnique du Maine, 1er fascicule. (Le Mans, 1881, in-8°, 260 p.)

38985. Lavier (Linus). — La commune du Mans, p. 119.
38986. Desdevises du Dezert (G.). — La société égyptienne au XVIe siècle, p. 158.
38987. Desdevises du Dezert (G.). — Un chansonnier royaliste de 1816 [publié chez David et Locard, à Paris], p. 162.
38988. Guyon (Léon). — François Rabelais, p. 235.

II. — Bulletin de la Société philotechnique du Maine, 2e fascicule. (Le Mans, 1883, in-8°, XLV et 188 p.)

38989. L. D. [Dunan (L.).] — Deux magiciens du XVIe siècle [Henri-Corneille Agrippa et Giambattista della Porta], p. 21.
38990. Guyon (Léon). — Un journaliste d'autrefois (Daniel Defoë) [1661 † 1731], p. 49.
38991. Desdevises du Dezert (G.). — La grande pyramide [de Djizeh, d'après M. Piazzi Smith], p. 150.

III. — Bulletin de la Société philotechnique du Maine, 3e année. (Le Mans, 1883, in-8°, 120 p.)

38992. Guyon (Léon). — *Voyage aux Sapins* [étude sur un ouvrage manuscrit de Louis-Jacques Guyon, 1768 † 1842], p. 15.
38993. R. D. — Une semaine à Jaffa (notes de voyage), p. 37.
38994. Desdevises du Dezert (G.). — Les Français et les Anglais en Égypte [XVIIIe et XIXe s.], p. 57.

IV. — Bulletin de la Société philotechnique du Maine, 4e [et 5e] années. (Le Mans, 1884 [et 1885], in-8°, 180 p.)

38995. Hublin (Léon). — Le Mans pittoresque, *plan, pl.* et *fig.*, p. 19 à 146.
38996. Lemaire (Paul). — La Tour de Londres, p. 167.

SAVOIE. — CHAMBÉRY.

ACADÉMIE DES SCIENCES, BELLES-LETTRES ET ARTS DE SAVOIE.

En 1772 fut formée, à Chambéry, une *Société royale économique* dont les travaux devaient avoir principalement pour objet l'agriculture, le commerce et les arts et dont les règlements, approuvés par le roi Victor-Amédée III, furent imprimés en 1774. Elle disparut à la Révolution.

Elle fut remplacée ultérieurement par la *Société libre d'agriculture de Chambéry*, qui n'eut qu'une existence éphémère.

La *Société académique de Savoie* fut fondée en 1819; autorisée par lettre ministérielle du 29 avril 1820, elle interrompit ses travaux par suite des événements de 1821. Elle les reprit après l'avènement de Charles-Félix, et fut érigée en *Société royale* par lettres patentes du 23 juillet 1827; un décret royal en date du 3 avril 1848 lui conféra le titre d'*Académie royale;* elle a été reconnue comme établissement d'utilité publique le 14 juillet 1860. Enfin elle commença à prendre, vers 1862, le nom d'*Académie des sciences, belles-lettres et arts de Savoie*, dénomination qu'elle conserve encore. On peut consulter sur cette Société, outre l'article indiqué sous notre n° 38998, l'*Histoire de l'Académie des sciences, belles-lettres et arts de Savoie* publiée en 1891 par M. Louis Pillet. Elle commença à éditer ses travaux en 1825 sous le titre de *Mémoires;* la première et la seconde série de ce recueil comprennent chacune 12 volumes; le tome XI de la troisième série a paru en 1886. Il existe deux tables partielles de cette collection (voir n°s 39046 et 39108) et une table générale des trois premières séries qui forme la seconde partie de l'ouvrage de M. Louis Pillet cité plus haut. A côté de ses *Mémoires*, l'Académie fait paraître, à intervalles irréguliers, une collection de *Documents* qui comptait 5 volumes en 1883 (voir n°s 39142 à 39145). Nous mentionnerons en outre l'ouvrage suivant :

38997. Perrin (André). — Académie de Savoie. État des collections du Musée départemental au 1er août 1879. (Chambéry, 1879, in-8°, 16 p.)

I. — Mémoires de la Société académique de Savoie, t. I. (Chambéry, 1825, in-8°, viii et 304 p.)

38998. Raymond (G.-M.). — Notice préliminaire sur l'établissement et les premiers travaux de la Société, p. 1.

38999. Loche (Le général comte de). — Notice sur la recherche des monuments antiques en Savoie, p. 224.

[Inscription romaine de Grésy-sur-Aix; ruines romaines de La Ravoire, près Chambéry.]

39000. Loche (Le général comte de). — Notice sur la vallée d'Aoste, p. 237.

39001. Raymond (G.-M.). — Observations sur le système de Bailly touchant l'origine des sciences et des arts, p. 260.

II. — Mémoires de la Société académique de Savoie, t. II. (Chambéry, 1827, in-8°, viii, xxvi et 344 p.)

39002. Raymond (G.-M.). — Saint François de Sales considéré comme écrivain, p. 199.

39003. Raymond (G.-M.). — Notice sur la situation géographico-topographique de la ville de Chambéry, p. 269.

39004. Loche (Le général comte de). — Notice sur un caducée de bronze [antique] trouvé à Lémenc, *pl.*, p. 327.

III. — Mémoires de la Société royale académique de Savoie, t. III. (Chambéry, 1828, in-8°, viii, xviii et 468 p.)

39005. Raymond (G.-M.). — Mémoire sur la musique religieuse à l'occasion de l'établissement d'un bas-chœur et d'une maîtrise de chapelle dans l'église métropolitaine de Chambéry, p. 167.

39006. Dépommier (L'abbé). — Notice historique sur saint Bernard de Menthon [923 † 1008], p. 202.

39007. Billiet (Mgr Alexis). — Lettre au sujet des tombeaux et des monuments découverts en 1827, près du col de la Magdeleine, en Maurienne [IXe ou Xe s.], p. 234.

[A la suite, note sur des tombes semblables trouvées à Tolochenaz et Drumettaz.]

39008. Loche (Le général comte de). — Notice archéologique sur un antique baudrier de bronze [trouvé à Vers-les-Fours et supposé gaulois], *pl.*, p. 246.
39009. Raymond (G.-M.). — Note sur quelques pièces d'anciennes monnaies [de Genève] trouvées en 1828, dans la commune des Clefs, mandement de Thônes, p. 253.
39010. Vignet (Xavier de). — Mémoire sur Humbert aux Blanches-Mains [X^e-XIe s.], p. 259 à 398.
39011. Loche (Le général comte de). — Recherches historiques sur les monuments romains d'Aix en Savoie, *pl.*, p. 399.

[Bains; temples; arc de Campanus.]

39012. Loche (Le général comte de). — De quelques usages antiques, p. 446.

[Tas de cailloux apportés sur les Alpes; culte des fontaines.]

IV. — Mémoires de la Société royale académique de Savoie, t. IV. (Chambéry, 1830, in-8°, VII et 414 p.)

39013. Cibrario (Louis). — Lettre sur la route qui conduisait anciennement, par la vallée d'Usseil, de Piémont en Maurienne, p. 191.

[Voie romaine; inscription romaine de Bellacumba.]

39014. Loche (Le général comte de). — De l'abeille chez les anciens, p. 208.
39015. Raymond (G.-M.). — Notes historiques sur l'église de Lémenc, près de Chambéry [XVe-XVIe s.], à l'occasion de la restauration de cette église et de la translation des reliques de saint Concord qui a eu lieu le 1er juin 1828, p. 236.
39016. Raymond (G.-M.). — Quelques remarques sur les mots *savoisien* et *savoyard*, p. 256.
39017. Chuit (L'abbé). — Notice historique sur les Allobroges et les anciens habitants des contrées qui composent aujourd'hui le duché de Savoie, p. 275 à 375.

V. — Mémoires de la Société royale académique de Savoie, t. V. (Chambéry, 1831, in-8°, VIII et 400 p.)

39018. Loche (Le général comte de). — Mémoires sur les souterrains des anciens bains d'Aix en Savoie, 2 *pl.*, p. 184.
39019. Anonyme. — Mémoire sur le mouvement de la population dans le diocèse de Maurienne de 1810 à 1830, p. 255.

VI. — Mémoires de la Société royale académique de Savoie, t. VI. (Chambéry, 1833, in-8°, VIII et 307 p.)

39020. Chuit (L'abbé). — Notice historique sur la vie et les travaux du P. Claude Le Jay, natif d'Aïse, en Faucigny [1500 † 1552], p. 257.

VII. — Mémoires de la Société royale académique de Savoie, t. VII. (Chambéry, 1835, in-8°, VIII et 346 p.)

39021. Gouvert. — Notice sur les abîmes de Myans. p. 69.

[Chute du mont Grenier sur la ville de Saint-André. 1248.]

39022. Chuit (L'abbé). — Tableau numérique des personnes qui, nées en Savoie depuis l'an 1000 jusqu'en 1790 inclusivement, ont laissé des preuves de leur succès dans les lettres, les sciences et les arts, p. 125.
39023. Anonyme. — Notice sur le village de Briot où mourut Charles le Chauve, p. 265.
39024. Raymond (G.-M.). — Remarques sur quelques expressions et quelques tournures défectueuses employées même par de bons écrivains, p. 293.

VIII. — Mémoires de la Société royale académique de Savoie, t. VIII. (Chambéry, 1837, in-8°, XXIV et 326 p.)

39025. Despine (C.-M.-J.). — Essai sur les biens communaux du duché de Savoie, p. 1 à 89.
39026. [Billiet (Mgr Alexis)]. — Observations sur quelques anciens titres conservés dans les archives des communes de la province de Maurienne, p. 91.

[Reconnaissance de droits féodaux par les habitants de Saint-Julien, 1396; notes sur la valeur de la monnaie.]

39027. [Billiet (Mgr Alexis)]. — Notice sur la peste qui a affligé le diocèse de Maurienne en 1630, p. 191.
39028. Raymond (G.-M.) et Carena (Hyacinthe). — Notices élémentaires et abrégées sur le calendrier civil et ecclésiastique, traduites de l'italien de M. Hyacinthe Carena, correspondant de la Société, par M. G.-M. Raymond, p. 213 à 281.
39029. Raymond (G.-M.). — Rapport sur une communication faite par M. le président de Grégory [et relative à Gerson, auteur de l'*Imitation de Jésus-Christ*], p. 283.

IX. — Mémoires de la Société royale académique de Savoie, t. IX. (Chambéry, 1839, in-8°, LXVIII et 380 p.)

39030. Raymond (G.-M.). — Notice sur les poids et mesures du duché de Savoie, p. 1 à 99.

39031. Rendu (L'abbé). — Notice historique sur M. Georges-Marie Raymond [1769 † 1839], p. 177.
39032. Bonnefoy (L'abbé). — Notes inédites sur la guerre des Espagnols en Savoie pendant la campagne de 1742, p. 208.
39033. Ménabréa (Léon). — De la marche des études historiques en Savoie et en Piémont, depuis le xive siècle jusqu'à nos jours, et des développements dont ces études seraient encore susceptibles, p. 249 à 361.
39034. Jacquemond (J.). — Emmanuel-Philibert [duc de Savoie, 1528 † 1580], p. 363.

X. — Mémoires de la Société royale académique de Savoie, t. X. (Chambéry, 1841, in-8°, xvi et 792 p.)

39035. Ménabréa (Léon). — Les Alpes historiques, première étude. Montmélian et les Alpes; étude historique accompagnée de documents inédits, 5 *plans*, p. 159 à 792.

[Journal du siège de 1690; plans de la ville depuis le xvie s.]

XI. — Mémoires de la Société royale académique de Savoie, t. XI. (Chambéry, 1843, in-8°, iii, xciv et 384 p.)

39036. Gazzera (L'abbé Constance). — Lettre à M. N., membre de l'Institut de France, sur la fausse interprétation d'une inscription romaine découverte en Valachie, p. 113.

[Diplôme militaire d'Adrien.]

39037. Costa de Beauregard (Léon). — Matériaux historiques et documents inédits extraits des archives de la ville de Chambéry, p. 153.

[Requête de la ville de Chambéry contre le projet de transport à Bourg de la Chambre des comptes de Chambéry, 1397; duel d'Oton de Granson et de Gérard d'Estavayer, 1397; ressources de la ville de Chambéry au xive s.]

39038. Ménabréa (Léon). — L'abbaye d'Aulps, d'après des documents inédits; mémoire pour servir à l'histoire des monastères, p. 213 à 323.

[Légende de saint Guérin; pièces justificatives, 1094-1579, parmi lesquelles bulles de Jean XXII et Innocent VI, actes des comtes de Salins, etc.; inventaire de titres anciens.]

39039. Greppo (J.-G.-H.). — Sur le prétendu culte rendu par les anciens Égyptiens à quelques légumes, p. 325.
39040. Vignet (Xavier de). — Notice sur les voies romaines qui conduisaient de *Lemincum* à *Augustum* [Chambéry à Aoste], p. 353.

XII. — Mémoires de la Société royale académique de Savoie, t. XII. (Chambéry, 1846, in-8°, cxxii et 623 p.)

39041. Ménabréa (Léon). — Compte rendu des travaux de la Société royale académique de Savoie pendant les années 1844-1845 et 1845-1846, p. ix à cxxii.

[Notes de Marie Reynaud sur les premiers livres imprimés en Savoie, p. xiv. — Fondation de l'église du couvent de Saint-François de Chambéry (xve s.), p. xxxiii. — Médaille avec inscription en langue hébraïque, p. xlvi. — Monument druidique de Saint-Jean-de-Belleville, p. l. — Tête d'Hercule trouvée en Tarentaise, p. li. — Inscriptions romaines trouvées à Villette, p. li; — à Aime, p. lii; — à Lornay et à Saint-Pierre-d'Albigny, p. liv; — à La Ravoire, p. lv; — à Lucey, p. lvi; — à Hauteville, p. lvii; — conservée au musée de Chambéry, p. lvi. — Inscription de l'église de Saint-Jeoire (xiiie s.), *pl.*, p. lviii. — Fragment de tombe trouvé dans l'ancienne église Saint-Dominique de Chambéry, p. lx. — Compagnies de l'arc et de l'arquebuse en Savoie, p. lxii.]

39042. Billiet (Mgr Alexis). — Mouvement de la population dans le diocèse de Maurienne [1650-1829], p. 337.
39043. Billiet (Mgr Alexis). — Mémoire sur l'instruction primaire dans le duché de Savoie, p. 351.
39044. Ménabréa (Léon). — De l'origine, de la forme et de l'esprit des jugements rendus au moyen âge contre les animaux, avec des documents inédits, p. 399 à 557.

[*De l'excellence des monitoires*, par Gaspard Bally; actes des syndics de la paroisse de Saint-Julien, 1587.]

39045. Billiet (Mgr Alexis). — Dissertation sur les diptyques, suivie de la description d'un diptyque grec [chrétien] trouvé en Savoie, *pl.*, p. 559.

XIII. — Mémoires de l'Académie royale de Savoie, 2e série, t. I. (Chambéry, 1851, in-8°, cxix et 349 p.)

39046. Anonyme. — Table générale des matières contenues dans les 12 volumes de la 1re série des Mémoires de l'Académie royale de Savoie, p. xiii. — Cf. n° 39108.
39047. Ménabréa (Léon). — Compte rendu des travaux de l'Académie royale de Savoie (1847-1851), p. xxvii à cxix.

[Entrée des Espagnols en Savoie (1742), p. xxxiii. — Donation de biens par Rodolphe III, roi de Bourgogne, à la reine Hermengarde (1011), p. xl. — Franchises de Rumilly (1383), p. xlii. — Sur l'auteur de l'*Imitation de Jésus-Christ*, p. xliv. — Tombes antiques à Thyez et à Saint-Jean-d'Arvey, p. xlvii et xlviii. — Inscriptions romaines trouvées près d'Annecy, à Thénésol et à Allondaz, p. l, lxiii et lxiv. — Église des Dominicains de Chambéry (xve s.), p. li. — Statues du moyen âge trouvées à Aix-les-Bains, 2 *pl.*, p. lvi.]

39048. Rabut (François). — Notice sur quelques inscriptions funéraires trouvées en Savoie [xve-xviiie s.], 3 *pl.*, p. 141.

[Cathédrale de Chambéry, xve-xviiie s.; églises de Lémenc, xvie s.; de Saint-Jeoire, xve et xvie s.; de La Chambre, xvie s.; cathédrale et monuments divers de Saint-Jean-de-Maurienne, xve-xviiie s.]

39049. Rabut (François). — Notice sur quelques monnaies de Savoie, inédites, *pl.*, p. 159. — Cf. nos 39053, 39061, 39074 et 39306.

39050. Ménabréa (Léon). — De l'organisation militaire au moyen âge d'après des documents inédits, p. 179.

[Siège du château de Corbières par Amé V, 1321; occupation du Faucigny par le Comte-Vert, 1355; engins, *pl.*]

39051. Billiet (Mgr Alexis). — Mémoire sur les tremblements de terre ressentis en Savoie [ve-xixe s.], p. 245.

XIV. — Mémoires de l'Académie royale de Savoie, 2e série, t. II. (Chambéry, 1854, in-8°, LXIII et 416 p.)

39052. Ménabréa (Léon). — Compte rendu des travaux de l'Académie royale de Savoie (1852-1854), p. IX à LXIII.

[Inscriptions romaines de Villette et d'Aime, p. XIV. — Inscription de l'église de Veyrier (XVIe s.), p. XVII. — Chambres souterraines, inscriptions et antiquités romaines trouvées à Aix-les-Bains, p. XVII. — Mathieu Bonafous (1793 † 1852), p. XXXIII. — Le baron Charles-Humbert-Antoine Despines (1777 † 1852), p. XXXVI. — L'abbé Ambroise Angleys (1789 † 1852), p. XXXVII. — L'abbé Humbert Pillet (1810 † 1852), p. XXXIX. — Eugène Costa de Montgex († 1852), p. LII. — Charles-Benoît de Boigne († 1853), p. LIV. — Claude-Melchior Raymond (1804 † 1854), p. LV. — L'abbé Chuit († 1854), p. LXII.]

39053. Rabut (François). — Deuxième notice sur quelques monnaies de Savoie, inédites, 4 *pl.*, p. 47. — Cf. n° 39049.

39054. Costa de Beauregard (Léon). — Notes et documents sur la condition des juifs en Savoie dans les siècles du moyen âge, p. 81. — Cf. n° 39055.

39055. Pillet (L'abbé Humbert). — Rapport [critique] sur le mémoire qui précède, p. 127. — Cf. n° 39054.

39056. Guilland (Dr Louis). — Notice biographique sur le médecin Daquin [Joseph, 1732 † 1815], p. 171.

39057. Rabut (François). — Note sur une inscription existant à Saint-Jeoire, près de Chambéry [1501], *pl.*, p. 219.

39058. Rabut (François). — Notice sur une dalle funéraire existant dans l'église du Bourget, près de Chambéry [Odon de Luyrieux, † 1482], *pl.*, p. 223.

39059. Ménabréa (Léon). — Notice sur l'ancienne chartreuse de Vallon, en Chablais, avec des chartes inédites et des éclaircissements relatifs à la famille souveraine des sires de Faucigny, p. 241 à 307.

[Pièces justificatives (1103-1410); bulle de Lucius III (1174), etc.]

39060. Costa de Beauregard (Henri). — Quelques détails sur les circonstances de la suspension d'armes conclue à Cherasco dans la nuit du 26 au 27 avril 1796 entre le général Bonaparte et les commissaires du roi de Sardaigne, p. 309.

XV. — Mémoires de l'Académie royale de Savoie, 2e série, t. III. (Chambéry, 1859, in-8°, VIII et 452 p.)

39061. Rabut (François). — Troisième notice sur quelques monnaies de Savoie inédites, contenant une restitution à Amédée VIII des demi-gros attribués à Amédée VI, 2 *pl.*, p. 119. — Cf. n° 39049.

39062. Billiet (Mgr Alexis). — Notice historique sur quelques inondations qui ont eu lieu en Savoie [XVe-XVIIIe s.], p. 143 à 224.

39063. Magnin (L'abbé C.-M.). — Notice sur François de Bonivard, prieur de Saint-Victor, et sur ses chroniques de Genève [XVe-XVIe s.], p. 225 à 314.

39064. Glover (Melville). — L'abbaye du Beton en Maurienne [XIIe-XVIIIe s.], p. 315.

XVI. — Mémoires de l'Académie impériale de Savoie, 2e série, t. IV. (Chambéry, 1861, in-8°, LXX et 409 p.)

39065. Guilland (Dr Louis). — Introduction, p. IX à LXX.

[Léon-Camille Ménabréa († 1857), p. X. — Mgr Louis Rendu, évêque d'Annecy (1789 † 1859), p. XII. — Charles Menthon d'Aviernoz (1793 † 1858), p. XVII. — Auguste Huguenin, botaniste (1800 † 1860), p. XX. — Jean-Baptiste Peytavin, peintre († 1855), p. XXII. — Fabien Calloud, chimiste (1781 † 1855), p. XXIII. — Jean-Pierre Ducros (de Sixt) (1781 † 1855), p. XXVI. — Hyacinte-Fidèle Avet, magistrat (né en 1788), p. XXX. — Charles-Marie-Joseph Despine, ingénieur (1792 † 1859), p. LIV. — Frédéric Pillet-Will (1781 † 1860), p. LXIV. — Michel Saint-Martin, professeur de physique (1796 † 1859), p. LXV. — Aimé Rey, médecin (1784 † 1855), p. LXVI. — Jean-François Guilland, médecin (1773 † 1855), p. LXVII. — Pierre-Joseph Mongellaz, médecin (1795 † 1860), p. LXVII.]

39066. [Costa de Beauregard (Léon)]. — Souvenirs du règne d'Amédée VIII, premier duc de Savoie; guerre de Lombardie et mariage de Marie de Savoie avec le duc de Milan (1426-1427), p. 1 à 275.

[Parmi les pièces justificatives, liste des hommes d'armes accompagnant le comte de Nevers en Hongrie; fabrication d'une bombarde par un maître bombardier de Mâcon; trousseau de Marie de Savoie; procès d'Antoine de Sure *dit* le Galois, etc.]

39067. Billiet (Mgr Alexis). — Mémoire sur les premiers évêques du diocèse de Maurienne [IVe-XIIIe s.], p. 277 à 340.

[Bulle de Calixte II relative à l'église de Sainte-Marie de Suse, etc.]

39068. Billiet (Mgr Alexis). — Note relative à la mort du comte Humbert III [1189], p. 341.

39069. Pillet (Louis). — Inscription chrétienne du VIe siècle, trouvée à Grésy-sur-Aix, *pl.*, p. 345.

XVII. — Mémoires de l'Académie impériale

de Savoie, 2e série, t. V. (Chambéry, 1862, in-8°, LXXI, CLXVI et 229 p.)

39070. Pillet (Louis). — Compte rendu des travaux de l'Académie impériale de Savoie (1860-1861), p. XIII à LXXI.

[Chartreuses de Vallon et de Ripaille en Chablais, p. XVII. — Discours d'Alexis de Jussieu sur l'origine des archives départementales, p. XLVII.]

39071. Pillet (Louis). — Compte rendu des séances de l'Académie impériale de Savoie (1862), p. 1 à CXLIX.

[Inscriptions romaines trouvées à Albens, Sion, Braille, Hauteville, Seyssel, Artemart, Fréterive, Aime, au col de la Forclaz, au Bourg-Saint-Maurice et à Aix, 2 *pl.*, p. III, V, XL à LXVIII et LXXX. — Antiquités romaines de Détrier, p. VI. — Tombes anciennes à Bressieux-sur-Bassens, p. XIX. — Chansons patoises savoyardes, p. LIV. — Étude sur la littérature judiciaire du XIIe au XVIIe siècle, p. LXXXVII. — Bronzes celtiques découverts à Clarafond, p. CXLI.]

39072. Billiet (Mgr Alexis). — Notice biographique sur Philibert Simond [conventionnel, 1755 † 1794], p. 1 à 57.

39073. Costa de Beauregard (Léon). — Recherches sur le *Livre anonyme*, ouvrage inédit de Guichenon, p. 59.

39074. Rabut (François). — Quatrième notice sur quelques monnaies de Savoie, inédites, *pl.*, p. 105. — Cf. n° 39049.

39075. Sclopis (Frédéric). — Marie-Louise-Gabrielle de Savoie, reine d'Espagne; étude historique [1688 † 1714], p. 139.

39076. Pillet (Louis). — Utopie pour la réforme de la procédure civile, p. 179.

[Mémoire d'Antoine Fabre, XVIe s.]

39077. Pillet (Louis). — Ossements fossiles trouvés en Savoie de 1850 à 1862, p. 207.

XVIII. — Mémoires de l'Académie impériale de Savoie, 2e série, t. VI. (Chambéry, 1864, in-8°, XI, XI et 712 p.)

39078. Burnier (Eugène). — Histoire du Sénat de Savoie et des autres compagnies judiciaires de la même province, 3 *pl.*, p. 1 à XI et 1 à 712; et XIX, p. 1 à 581.

[Lettres de Louis XIV et de Joseph de Maistre, *pl.*; renseignements sur Mme de Warrens, etc., t. XIX.]

XIX. — Mémoires de l'Académie impériale de Savoie, 2e série, t. VII. (Chambéry, 1864, in-8°, XI et 581 p.)

[39078]. Burnier (Eugène). — Histoire du Sénat de Savoie et des autres compagnies judiciaires de la même province, p. 1 à 581.

XX. — Mémoires de l'Académie impériale de Savoie, 2e série, t. VIII. (Chambéry, 1866, in-8°, XII, CXIX et 357 p.)

39079. Anonyme. — Compte rendu des travaux de l'Académie impériale de Savoie [1863 et 1864], p. I à CXIX.

[Inscriptions romaines trouvées à Villette, Sion, Braille, Hauteville, Seyssel, Fréterive, la Forclaz et Gilly, p. VIII et XIII à XVIII. — Sépultures anciennes trouvées à la Bauche et à Marigny-Saint-Marcel, p. XX et XXIV. — Auguste de Juge († 1863), p. XXV. — Tombes anciennes trouvées au Petit-Barberaz, p. XXXIX. — Baptistère de Lémenc, p. XLVIII et LXII. — Monnaies romaines trouvées à Albertville, p. LXXVI. — Sépultures celtiques découvertes à Saint-Jean-de-Belleville, p. XCI. — Projet d'établissement d'un musée national à Chambéry, p. XCIV.]

39080. Onciéu de la Bathie (César d'). — Discours de réception, p. 1.

[Signification de la devise *Fert*; retable d'or de l'abbaye de Saint-Maurice; anneau de saint Maurice, etc.]

39081. Boileux (J.-M.). — Discours de réception [influence des femmes sur la civilisation], p. 41.

39082. Secrétan (Édouard). — Établissement et premières acquisitions de la maison de Savoie dans l'Helvétie romane [XIe-XIIIe s.], p. 89.

39083. Ripa di Meana. — Essai sur la vie et les écrits de Barthélemi Ruffin, auditeur des guerres à Tunis en 1574, suivi de deux sonnets inédits de Michel Cervantès, p. 133.

39084. Jussieu (A. de). — Mémoire sur la restauration de la chapelle de Lanslevillard en Maurienne, p. 237.

39085. Chapperon (Timoléon). — Jacques de Montmayeur; étude historique [XVe s.], p. 243.

39086. Anonyme. — Catalogue de l'exposition d'objets d'art ouverte à Chambéry le 10 août 1863 à l'occasion de la réunion du Congrès scientifique de France, p. 311.

[Tableaux, dessins, portraits, statues, manuscrits, autographes, imprimés, etc.]

XXI. — Mémoires de l'Académie impériale de Savoie, 2e série, t. IX. (Chambéry, 1868, in-8°, CLVI et 395 p.)

39087. Anonyme. — Compte rendu des travaux de l'Académie impériale de Savoie [1865 et 1866], p. XIII à CLVI.

[Fiefs de Savoie, p. XIII, XVI, XXVIII, XXX, XLI, XLVII, XLIX, LII, XCI, CIV, CX et CXV. — Comté de Chanaz, p. XVI. — Chapelle du cimetière de Lémenc mentionnée dès le XIVe siècle, p. XIX. — Inscriptions romaines trouvées sur la montagne de Sainte-Marguerite et à Albens, p. XXXVII et CXXXI. — Curiosités de la numismatique savoisienne, p. LIV. — Eugène-Nicolas Revel, médecin, p. LXVI. — Pie VII et le docteur Balthasar Claraz (1812), p. LXXV. — Litre funéraire dans l'église de Saint-Innocent, vers Chambéry, p. LXXXVI. — Inscription à Clarafond (XVIe s.), p. XC. — Cloche de Trévignin (XVe ou XVIe s.), p. XC. — Seigneurs de Briançon en Tarentaise (XIIIe s.), p. XCIV. — Ancien couvent des Dominicains de Chambéry, p. XCVIII. — Hôtel de ville de Saint-Jean-de-Maurienne, p. CI. — Cavernes de la Balme-sous-Pierre-Châtel, p. CXII.

— Anneau d'or mérovingien trouvé à Albens, p. cxxvi. — La *Cène*, par le peintre Godefroy (xve s.), p. cxxxv.]

39088. Burnier (Eugène). — Discours de réception, p. 1.

[Éloge de Pantaléon Costa de Beauregard, 1806 + 1864.]

39089. Ducis (L'abbé). — Discours de réception [origine des diocèses de la Savoie], p. 43.

39090. Trepier (L'abbé). — Discours de réception [origine des monastères et des prieurés de la Savoie], p. 203.

39091. Pillet (Louis). — Nouvelle carte de l'état-major en Savoie [rectifications], p. 313.

39092. Anonyme. — Un dernier mot sur le baptistère de Lémenc, 3 *pl.*, p. 327. — Cf. n°s 39093, 39094 et 39095.

39093. Saint-Andéol (De). — Mémoire [sur le baptistère de Lémenc], p. 329. — Cf. n° 39092.

39094. Oncieu de La Bathie (César d'). — Réplique [à propos du baptistère de Lémenc], p. 351. — Cf. n° 39092.

39095. Pillet (Louis). — Mémoire [sur le baptistère de Lémenc], p. 385. — Cf. n° 39092.

XXII. — Mémoires de l'Académie impériale de Savoie, 2e série, t. X. (Chambéry, 1869, in-8°, lxxxiv et 337 p.)

39096. Anonyme. — Compte rendu des travaux de l'Académie impériale de Savoie, année 1867, p. xiii à lxxxiv.

[Louis-François-Marie Domenget, médecin (1790 + 1867), p. xxiv. — Famille Du Laurens, p. xlii. — Finances savoyardes et leur organisation à diverses époques, p. xlvii. — Grottes de Savigny, p. liv.]

39097. Rabut (Laurent). — Habitations lacustres de la Savoie; deuxième mémoire, p. 1 à 64. — Cf. *pl.* n°s 39100 et 39278.

39098. Jussieu (A. de). — La Sainte-Chapelle du château de Chambéry [xve s.], *plan* et 9 *pl.*, p. 65 à 322.

[Pièces justificatives, xve-xviiie s. : bulles, inventaires de reliques, meubles et ornements, etc.]

39099. Naville (Ernest). — Notice sur les œuvres de Xavier de Maistre, p. 323.

39100. Rabut (Laurent). — Habitations lacustres de la Savoie; mémoire, album. (Chambéry, 1867, in-4°, 17 *pl.*) — Cf. n° 39097.

XXIII. — Mémoires de l'Académie impériale de Savoie, 2e série, t. XI. (Chambéry, 1869, in-8°, cxlii et 567 p.)

39101. Anonyme. — Compte rendu des travaux de l'Académie impériale de Savoie, année 1868, p. xiii cxlii.

[La *Vierge à l'œillet*, triptyque de Memlinck provenant du château de Villeneuve, p. xiv. — Vestiges de l'époque préhistorique au Salève, p. lxvi. — Sainte-Chapelle de Chambéry, p. lxxv. — Poteries antiques découvertes à Bassens, p. xc. — Tombes des églises de Chambéry (xve-xvie s.), p. xcv. — Débris antiques recueillis dans une excursion d'Aix à Chambéry par Saint-Ours, Arith, Lescheraine, le col du Pré et Thoiry, p. xc. — Tombes anciennes de Barby, p. cxviii.]

39102. Burnier (Eugène). — La chartreuse de Saint-Hugon-en Savoie [xiie-xviiie s.], 2 *pl.* et *fig.*, p. 1 à 567.

[En appendice : cartulaire de Saint-Hugon et pièces diverses; bulles de Célestin III, Innocent III et Jean XXII, etc.]

XXIV. — Mémoires de l'Académie de Savoie, 2e série, t. XII. (Chambéry, 1872, in-8°, cclvi et 368 p.)

39103. Chamousset (François). — Compte rendu des travaux de l'Académie de Savoie (janvier 1869-juillet 1871), p. xiii à cclvi.

[Jean de Murs ou un Savoyard méconnu au xive siècle, par l'abbé Trepier, p. lxxxi. — Un mot sur Albin, son nom, son étymologie et sa villa gallo-romaine, par l'abbé Trepier, p. civ. — Famille Grange de Chambéry, p. cviii. — Monnaies romaines trouvées à Francin, p. cxi. — État du musée départemental de Chambéry, p. cxii. — Chemin ancien dans la plaine de Saint-Laurent-du-Pont, p. cxix. — Inscriptions romaines trouvées à Margéria, Saint-Jean-Puy-Gauthier, La Chapelle-Blanche, Saint-Pierre-de-Saulcy, Brison-Saint-Innocent et La Côte-d'Aime, p. cxx, cxxii, cxxv et cxxix. — Mémoire de E.-L. Borrel sur des tombeaux romains trouvés dans le parcours de la route nationale n° 90, entre Villette et Aime, p. cxxviii (cf. id. n° 39380). — La balistique et la fortification chez les Grecs, mémoire de M. A. de Rochas d'Aiglun, p. cxxxvii.]

39104. Perrin (André). — Discours de réception [étude préhistorique sur la Savoie], p. 1.

39105. Tochon (Pierre). — Histoire de l'agriculture en Savoie, p. 35 à 289.

39106. Oncieu de La Batie (César d'). — Notice sur les constructions romaines et les mosaïques découvertes à Arbin, p. 291. — Cf. *pl.* n° 39109.

39107. Foras (Amédée de). — Franchises municipales de Cusy en Genevois [1288], p. 315.

39108. Anonyme. — Table générale des matières contenues dans les douze volumes de la 2e série des Mémoires de l'Académie de Savoie, p. 351. — Cf. n° 39046.

39109. Oncieu de La Bathie (César d'). — Académie des sciences, belles-lettres et arts de Savoie, t. XII de la 2e série des *Mémoires*. Album de la notice sur les constructions romaines et les mosaïques découvertes à Arbin, 5 *pl.* — Cf. n° 39106.

XXV. — Mémoires de l'Académie des

IMPRIMERIE NATIONALE.

sciences, belles-lettres et arts de Savoie, 3e série, t. I. (Chambéry, 1875, in-8°, XIV et 741 p.)

39110. Blanchard (Claudius). — Histoire de l'abbaye d'Hautecombe en Savoie, avec pièces justificatives inédites [XIIe-XVIIIe s.], p. 1 à 741.

[Bulles de Grégoire IX, Félix V et Jules II; lettres patentes de Henri II, etc.]

XXVI. — Mémoires de l'Académie de Savoie, 3e série, t. II. (Chambéry, 1875, in-8°, 638 p.)

39111. Barbier (P.-V.). — La Savoie industrielle, p. 1 à 638; et XXVII, p. 1 à 752.

XXVII. — Mémoires de l'Académie de Savoie, 3e série, t. III. (Chambéry, 1875, in-8°, 752 p.)

[39111]. Barbier (P.-V.). — La Savoie industrielle, p. 1 à 752.

XXVIII. — Mémoires de l'Académie des sciences, belles-lettres et arts de Savoie, 3e série, t. IV. (Chambéry, 1875, in-8°, XIV et 568 p.)

39112. Descostes (François). — Éloge de S. Ém. le cardinal Billiet, archevêque de Chambéry [Alexis, 1783 † 1873], p. 1.

39113. Jussieu (Alexis de). — Histoire de l'instruction primaire en Savoie, d'après les archives départementales, communales et paroissiales, p. 203.

39114. Blanchard (Claudius). — Discours [étude sur Timoléon Chapperon, né en 1808], p. 449.

39115. Guilland (Dr Louis). — Réponse [étude sur Timoléon Chapperon], p. 487.

XXIX. — Mémoires de l'Académie ... de Savoie, 3e série, t. V. (Annecy, 1879, in-8°, 544 p.)

39116. Dessaix (Joseph). — Étude historique sur la Révolution et l'Empire en Savoie; le général Dessaix, sa vie politique et militaire [Joseph-Marie, 1764 † 1834], p. 1 à 544.

[En tête, biographie de Joseph Dessaix (1817 † 1870), par André Folliet.]

XXX. — Mémoires de l'Académie ... de Savoie, 3e série, t. VI. (Chambéry, 1878, in-8°, XXXII et 798 p.)

39117. Trepier (L'abbé). — Recherches historiques sur le décanat de Saint-André (de Savoie) et sur la ville de ce nom ensevelie, au XIIIe siècle, sous les éboulis du mont Granier, p. XVII à XXXII, 1 à 798; XXXI, p. III à XVI et 1 à 394.

[Les *Pièces justificatives* forment le tome VI de la série des *Documents* publiés par l'Académie de Savoie. (Voir notre supplément.)]

XXXI. — Mémoires de l'Académie ... de Savoie, 3e série, t. VII. (Chambéry, 1885, in-8°, XVI et 394 p.)

[39117]. Trepier (L'abbé). — Recherches historiques sur le décanat de Saint-André (de Savoie) et sur la ville de ce nom ensevelie, au XIIIe siècle, sous les éboulis du mont Granier, *carte*, p. III à XVI et 1 à 394.

XXXII. — Mémoires de l'Académie ... de Savoie, 3e série, t. VIII. (Chambéry, 1880, in-8°, XVI et 512 p.)

39118. Vallier (Gustave). — Quelques mots sur les découvertes archéologiques et numismatiques de Francin, près Montmélian (Savoie), *pl.*, p. 1.

[Monnaies et fibules romaines, etc.]

39119. Dufour (Auguste) et Rabut (François). — Le père Monod et le cardinal de Richelieu; épisode de l'histoire de France et de Savoie du XVIIe siècle, *pl.*, p. 17 à 178. — Cf. n° 39125.

39120. Arcollières (D'). — Discours de réception, p. 203.

[Événements militaires en Savoie d'après les lettres de Guillaume-François de Chabod, 1593.]

39121. Carret (Dr Jules). — Notice historique sur les eaux de la Boisse, p. 257.

39122. Claretta (Gaudence). — La mission du seigneur de Barres, envoyé extraordinaire de François Ier, roi de France, à la cour de Charles III, duc de Savoie, d'après des documents inédits [1527-1528], p. 347.

39123. Loche (Comte de). — Notice sur la fabrique de faïence de La Forest [en Savoie, XVIIIe s.], *plan* et *pl.*, p. 377.

39124. Du Verger de Saint-Thomas. — Éloge de M. le comte Greyfié de Bellecombe, président de chambre à la cour d'appel de Chambéry [1811 † 1879], p. 427.

39125. Dufour (Auguste) et Rabut (François). — Notes diplomatiques inédites du père Monod, conseiller de S. A. Madame Royale, régente [XVIIe s.], p. 477. — Cf. n° 39119.

XXXIII. — Mémoires de l'Académie ... de Savoie, 3ᵉ série, t. IX. (Chambéry, 1883, in-8°, XLIV et 387 p.)

39126. [Pillet (Louis)]. — La chapelle du lycée de Chambéry [ancienne église de la Visitation, XVIIᵉ s.], p. XXXV.

39127. Barbier (P.-V.). — Monographie historique de la bibliothèque de Chambéry, p. 97 à 266.

39128. Duplan (A.). — Notes sur le trésor de Vinzier [monnaies du XVIᵉ s.], p. 267.

39129. Morand (L'abbé L.). — La Savoie et les Savoyards au XVIᵉ siècle; discours de réception, p. 339.

[Jean de Piochet et ses compositions littéraires; Louis Laurens; Marc-Claude de Buttet.]

XXXIV. — Mémoires de l'Académie ... de Savoie, 3ᵉ série, t. X. (Chambéry, 1884, in-8°, LXXXV et 493 p.)

39130. Descotes (François). — L'Académie de Savoie pendant les années 1883-1884; rapport présenté dans la séance solennelle et publique du 4 février 1885, p. XVII à LXXXV.

[Le barreau de Savoie, par Claudius Blanchard, p. XXV. — Don François de Bertrand de La Pérouse, doyen de la Sainte-Chapelle de Chambéry (1635 † 1694), p. XXVII. — Marguerite d'Autriche, femme de Philibert-le-Beau (1480 † 1530), par l'abbé L. Morand, p. XXXIV. — Couvent de Sainte-Marie-Égyptienne de Chambéry fondé au XVᵉ siècle, p. XL. — Jean de Tournes et le sieur de La Popellinière (XVIᵉ s.), p. XLI. — Le docteur Joseph Carret (1814 † 1883), p. LV. — Pierre-Antoine Bebert, pharmacien (1805 † 1884), p. LVII. — Le père Babaz, jésuite (1823 † 1883), p. LXI. — Louis Revon (1833 † 1884), p. LXII. — Joseph Gavard († 1883), p. LXIII. — Le docteur Ducrest († 1883), p. LXIV. — Félix Despine († 1883), p. LXIV.]

39131. Buet (Charles). — Les Savoyards chez eux et chez les autres, p. 89.

39132. Mareschal de Luciane (F.-C. de). — Antoine Champion, chancelier de Savoie, et sa famille [XVᵉ s.], 2 *tableaux généal.*, p. 117.

39133. Girod (Marie). — Les aliénés en Savoie, *pl.*, p. 145 à 345.

39134. Oncieu de La Batie (César d'). — Note sur les derniers moments du poète Marc-Claude de Buttet [1586]; extrait d'un livre de raison du XVIᵉ siècle, p. 347.

39135. Pillet (Louis). — Petite chronique (anonyme) d'un habitant d'Annecy de 1598 à 1628, p. 469.

XXXV. — Mémoires de l'Académie ... de Savoie, 3ᵉ série, t. XI. (Chambéry, 1886, in-8°, XCVII et 433 p.)

39136. Morand (L'abbé L.). — Compte rendu des travaux de l'Académie des sciences, belles-lettres et arts de Savoie en 1885, p. XVII à XCVII.

[Topographie de l'ancien Chambéry, par André Perrin, p. XXVII. — Mariage de Victor-Amédée Iᵉʳ et de Marie-Christine de France en 1619, par Claudius Blanchard, p. XXIX. — L'abbé Charles-François Arminjon (1824 † 1885), p. LXIII. — L'abbé Germain Pont (1803 † 1885), p. LXXI. — L'abbé Charles Tiollier (1810 † 1885), p. LXXII. — L'abbé Fleury († 1885), p. LXXII.]

39137. Carutti de Cantogno (Dominique). — Le comte Humbert Iᵉʳ (aux Blanches Mains); recherches et documents [vers 980 † avant 1050; étude résumée et annotée par le comte Amédée de Foras], *tableau généal.*, p. 1.

39138. Barbier (P.-V.). — Les mosaïques du hall du cercle d'Aix-les-Bains du docteur A. Salviati; monographie [et étude historique sur les mosaïques], p. 165 à 224.

39139. Fernex de Mongex (Régis). — M. l'abbé Martinet [† 1873], discours de réception, p. 241.

39140. Arminjon (Ernest). — Aperçu des institutions militaires de la maison de Savoie, de 1559 à 1796; discours de réception, p. 305 à 381.

39141. Mareschal de Luciane (F.-C. de). — États généraux de Savoie tenus à Chambéry le 19 mai 1546 (inédits), p. 403.

Documents publiés par l'Académie des sciences, belles-lettres et arts de Savoie, tomes I à V.

39142. Ménabréa (Léon). — Chroniques de Yolande de France, duchesse de Savoie, sœur de Louis XI; documents inédits recueillis et mis en ordre, par M. Léon Ménabréa. (Chambéry, 1859, in-8°, X et 312 p.)

[En tête : biographie de Léon-Camille Ménabréa (1804 † 1857). — En appendice : extraits des comptes des trésoriers généraux de Savoie et des trésoriers des guerres; procès de Louis de La Chambre; joyaux et bibliothèque de la duchesse (XVᵉ s.), etc.]

39143. Billiet (Mᵍʳ Alexis) et Albrieux (l'abbé). Chartes du diocèse de Maurienne; documents recueillis par Mᵍʳ Alexis Billiet, archevêque de Chambéry, et M. l'abbé Albrieux, chanoine à Saint-Jean de Maurienne. (Chambéry, 1861, in-8°, 446 p.)

[Chartes (887-1642); bulles des papes Callixte II, Alexandre III, Lucius III, Clément III, Célestin III, Innocent IV, Grégoire XI, Clément VII, Félix V, Nicolas V; diplôme du roi Boson; testaments, etc.; extraits de deux obituaires du chapitre de Saint-Jean-de-Maurienne (XIIᵉ-XVIᵉ s.); glossaire des mots de la basse latinité, etc.]

39144. Bonnefoy (J.-A.) et Perrin (André). — Le prieuré de Chamonix; documents relatifs au prieuré et à la vallée de Chamonix recueillis par M. J.-A. Bonnefoy, publiés et annotés par M. A. Perrin. (Chambéry, 2 vol. in-8°, t. I, 1879, xxxii et 386 p.; t. II, 1883, xxvii et 472 p.)

39145. Perrin (André). — Catalogue du médaillier de Savoie [au musée de Chambéry]; documents. (Chambéry, 1883, in-8°, 276 p., *pl.* et *fig.*)

SAVOIE. — CHAMBÉRY.

CONGRÈS DES SOCIÉTÉS SAVANTES SAVOISIENNES.

Les différentes Sociétés savantes de la Savoie se sont entendues depuis 1878 pour tenir des Congrès à intervalles irréguliers dans les principales villes de la province. Chambéry étant l'ancienne capitale du pays, nous donnons ici l'indication des publications de ces Congrès.

I. — Congrès des Sociétés savantes de la Savoie. Première session tenue à Saint-Jean-de-Maurienne, le 12 et le 13 août 1878, par l'abbé Truchet, chanoine honoraire. (Saint-Jean-de-Maurienne, 1879, in-8°, 109 p.)

39146. Vulliermet (Philibert). — Sur les temps préhistoriques en Maurienne, p. 16.

39147. Laymond (J.-B.). — Sur les peuples qui habitaient la Maurienne avant la conquête romaine, p. 24.

39148. Fivel (Théodore). — Sur la détermination de l'*Ocelum* de César, p. 27.

39149. Truchet (Florimond). — Sur les franchises accordées à la Maurienne [xive-xviie s.], p. 40.

39150. Ponnat (De). — Sur la deuxième édition du *Martyrologe* de Baronius, p. 51.

39151. Ducis (L'abbé). — Sur la Société florimontane d'Annecy, p. 57.

39152. Carret (Dr Jules). — Sur la distribution géographique des Antipodes, p. 62.

39153. Truchet (Florimond). — Sur un mystère de *la Passion* représenté à Saint-Jean-de-Maurienne en 1572 et un autre mystère, intitulé *la Dioclétiane*, représenté à Lanslevillard au xvie siècle, p. 71.

39154. Constantin (Aimé). — Sur Nicolas Martin, auteur des *Noelz et chansons* imprimés en 1555, p. 94. — Cf. n° 39937.

II. — Compte rendu de la deuxième session du Congrès des Sociétés savantes savoisiennes tenu à Annecy les 25 et 26 août 1879. (Annecy, 1880, in-8°, 192 p.)

39155. Duval (César). — Un mémoire du juge-mage de Saint-Julien relatif aux terres de Saint-Victor et Chapitre [1741], p. 47. — Cf. id. n° 39958.

39156. Ponnat (De). — Note critique sur l'origine du nom actuel de Saint-Julien-de-Maurienne (Savoie), p. 55. — Cf. id. n° 39959.

39157. Philippe (Jules). — Guillaume Fichet [xve s.], p. 73. — Cf. id. n° 39960.

39158. Perrin (André). — La justice criminelle dans les hautes vallées des Alpes au moyen âge, p. 77. — Cf. id. n° 39961.

39159. Vuy (Jules). — Une famille savoisienne d'origine cypriote [famille de Baillans], p. 87. — Cf. id. n° 39962.

39160. Bouchage (L'abbé Léon). — Notes inédites sur saint François de Sales, p. 90. — Cf. id. n° 39963.

[Liste des ordinations célébrées par ce saint.]

39161. Truchet (Florimond). — Note sur une pierre à godets trouvée à Mont-Denis (Maurienne), p. 104. — Cf. id n° 39964.

39162. Ducis (L'abbé). — La campagne de Louis XIII en Savoie [1630], p. 111. — Cf. id. n° 39965.

39163. Constantin (Aimé). — Coup d'œil sur certains usages et sur le patois de la vallée de la Dranse (Haute-Savoie) avant 1792, p. 177. — Cf. id. n° 39966.

III. — Compte rendu de la troisième session du Congrès des Sociétés savantes savoisiennes tenu à Chambéry les 9, 10 et 11 août 1880. (Annecy, 1881, in-8°, 154 p.)

39164. Vulliermet (Philibert). — Découvertes préhistoriques et gallo-romaines en Maurienne, p. 62. — Cf. id. n° 39976.

39165. Durandard (Maurice-Antoine). — Quatre sentences arbitrales rendues par Mgr Milliet de Challes [xviie s.], p. 67. — Cf. id. n° 39977.

[Abbaye de Sixt; différends entre le domaine royal et les familles d'Oncieu, de Châteauneuf et Gantellet de Beaufort.]

39166. Truchet (Florimond). — Les pierres à bassins ou à écuelles et le polissoir de Comborsière (Fontcouverte-en-Maurienne), p. 73. — Cf. id. n° 39978.

39167. Constantin (Aimé). — Mœurs et usages de la

vallée de Thones [relatifs au mariage], p. 81. — Cf. id. n° 39979.

39168. Barbier (P.-V.). — Manuscrits de la bibliothèque de Chambéry, p. 98. — Cf. id. n° 39983.

39169. Borrel (E.-L.). — Les constructions féodales de la Tarentaise, p. 124. — Cf. n° 39984.

[Châteaux de Feissons-sous-Briançon et de Briançon.]

39170. Vuy (Jules). — Martyre de la légion thébaine, p. 142. — Cf. id. n° 39986.

39171. Divers. — Monnaies à l'hippocampe, p. 152.

IV. — Compte rendu de la quatrième session du Congrès des Sociétés savantes savoisiennes tenu à Moutiers les 8 et 9 août 1881. (Moutiers, 1882, in-8°, 210 p.)

39172. Durandard (Maurice-Antoine). — Liste des hommes distingués de la Tarentaise du XIIe au XVIIIe siècle, p. 26.

39173. Truchet (Florimond). — Les couteaux en silex et les tombeaux de Piera-Grala ou grosses pierres à Fontcouverte (Maurienne), p. 32.

39174. Pillet (Louis). — Petit voyage philologique en Tarentaise et en Maurienne [étude des patois], p. 38.

39175. Alliaudi (L'abbé J.-F.). — La cinquième mission de Tarentaise pendant la Révolution ou l'arrondissement de Belleville, de 1795 à 1799, p. 50.

39176. Ducis (L'abbé). — Sur les origines de Moutiers et de Tarentaise, p. 74.

39177. Borrel (E.-L.). — Château-Saint-Jacques à Saint-Marcel (Savoie), p. 85.

39178. Foras (Amédée de). — Le péage de Briançon [XIIe-XIIIe s.], p. 113.

39179. Garin (L'abbé J.). — Suzeraineté des archevêques de Tarentaise sur la vallée de Bozel (Savoie) [XIIe-XVIIIe s.], p. 131. — Cf. n° 39406.

39180. Borrel (L'abbé Joseph-Émile). — Généalogie du patois de la Tarentaise, p. 161.

39181. Vulliermet (Philibert). — Renseignements sur les faïences de la Maurienne, p. 173.

39182. Blanchard (Claudius). — L'hospice ou l'Hôtel-Dieu de Moutiers [XIIe-XVIIIe s.], p. 177.

39183. Savarin (L'abbé). — Ce que l'on trouve dans les vieux testaments [à propos du testament de Jean-Pierre Perrod, chanoine de Saint-Pierre de Tarentaise, 1670], p. 135.

V. — Compte rendu de la cinquième session du Congrès des Sociétés savantes savoisiennes tenu à Aix-les-Bains le 25 et le 26 septembre 1882. (Aix-les-Bains, 1882, in-8°, 322 p.)

39184. Borrel (E.-L.). — Homélie prêchée par saint Avit au commencement du VIe siècle en la basilique de Saint-Pierre-en-Tarentaise à l'occasion de sa consécration, p. 61.

39185. Pillet (L'abbé A.). — Notice sur un manuscrit du XVe siècle attribué à un chanoine de la collégiale d'Aix en Savoie, p. 153.

[Livre d'heures écrit par Pierre Besson, chanoine du Puy-en-Velay, 1488.]

39186. Carret (Dr Jules). — Orthographe des noms géographiques de Savoie, p. 165.

39187. Tremey (L'abbé). — Notice sur un manuscrit de la collégiale d'Aix-les-Bains, p. 199.

[Censier de la collégiale d'Aix-les-Bains, 1660-1789.]

39188. Mugnier (François). — Rapport sur la création, l'organisation et les travaux de la Société savoisienne d'histoire et d'archéologie, p. 221.

39189. Rabut (Laurent). — Tombeau de Julia Vera, élevé par les soins de sa mère Maximilla Lucretia [à Détrier], p. 235.

39190. Truchet (Florimond). — Le théâtre en Maurienne au XVIe siècle; le mystère de la vie de saint Martin à Saint-Martin-de-la-Porte [1565], p. 241.

39191. Vulliermet (Philibert). — La crypte de la cathédrale de Saint-Jean-de-Maurienne [VIe s.], p. 263.

39192. Mouxy de Loche (De). — Dissertation sur l'origine du nom et de la ville d'Aix-les-Bains, p. 273.

39193. Mouxy de Loche (De). — Notice sur l'établissement de l'imprimerie à Aix-les-Bains [en 1858], p. 313.

VI. — Congrès des Sociétés savantes savoisiennes. Compte rendu de la sixième session tenue à Albertville le 20 et le 21 août 1883. (Albertville, 1883, in-8°, 216 p.)

39194. Mugnier (François). — État de l'abbaye de Tamié en 1707; élection de l'abbé dom Arsène de Jougla, p. 37.

39195. Garin (L'abbé J.). — Notice historique sur la famille seigneuriale de Chevron-Villette (Savoie) [XIe-XVIe s.], p. 51.

39196. Ducis (L'abbé). — Le château de Beaufort, p. 105.

39197. Miédan-Gros (L'abbé Vital). — Notes sur l'orthographe du nom de quelques communes de l'arrondissement de Moutiers et de celui d'Albertville, p. 113.

39198. Ducis (L'abbé). — Le bassin d'Albertville à l'époque romaine, p. 118.

39199. Truchet (Florimond). — Contribution à l'histoire de la ville de Saint-Jean-de-Maurienne pendant la période romaine (IIIe s.), p. 125.

39200. Lépine (L'abbé). — Albertville avant qu'elle eût ce nom, p. 132.

39201. Mugnier (François). — Trousseaux de mariées aux XVIe et XVIIe siècles en Savoie, p. 141.

39202. Pillet (Louis). — Note sur les publicains romains établis à Albertville, p. 155.

39203. Alliaudi (L'abbé J.-F.). — L'ancien collège de Conflans [xive s.], p. 164.

39204. Vuy (Jules). — Sur le baron d'Hermance († 1595), p. 168.

39205. Borrel (E.-L.). — Péage du pont de Briançon, p. 181.

39206. Borrel (E.-L.). — Les impôts en Tarentaise sous l'ancien régime, p. 184. — Cf. n° 39207.

39207. Garin (L'abbé J.). — Réponse à M. Borrel [sur les impôts en Tarentaise sous l'ancien régime], p. 201. Cf. n° 39206.

VII. — Congrès des Sociétés savantes savoisiennes tenu à Montmélian le 10 et le 11 août 1885. Compte rendu de la septième session, par M. Pierre Tochon. (Chambéry, 1885, in-8°, 252 p.)

39208. Mugnier (François). — Le carnet d'un capitaine recruteur [Aimé de Quoex] (bords du lac d'Annecy, 1672), p. 67.

39209. Vuy (Jules). — Une page de l'histoire de saint François de Sales, prévôt de Genève [1588-1598], p. 95.

39210. Vallier (Gustave). — Sur l'origine des noms de l'Isère et de la Tarentaise, p. 99.

39211. Coutem (J.-M.). — Organisation municipale des Allues au xive siècle, p. 111.

39212. Ducis (L'abbé). — Les impôts d'autrefois et ceux d'aujourd'hui, p. 117.

39213. Borrel (L'abbé Joseph-Émile). — Est-il vrai que nous payons deux fois et demie moins d'impôts aujourd'hui qu'en 1790, p. 123.

39214. Perrin (André). — Les Templiers et les Hospitaliers en Savoie, p. 143.

39215. Rabut (Laurent). — Sépulture par incinération découverte à Francin, p. 149.

39216. Durandard (Maurice-Antoine). — Notice historique sur M. de Loctier, général commandant la milice nationale de Tarentaise, lors de la guerre de 1536, en Savoie, p. 153.

39217. Constantin (Aimé). — Étymologie du mot *Huguenot*, p. 227.

39218. Guillot (L'abbé J.). — Légende et traditions sur l'église de Saint-Bon (Tarentaise), p. 239.

39219. Rabut (Laurent). — Notes pour servir à la bibliographie de Montmélian, p. 247.

SAVOIE. — CHAMBÉRY.

SOCIÉTÉ SAVOISIENNE D'HISTOIRE ET D'ARCHÉOLOGIE.

La *Société savoisienne d'histoire et d'archéologie* a été fondée à Chambéry le 6 avril 1855, autorisée le 6 août de l'année suivante et reconnue comme établissement d'utilité publique le 8 octobre 1881. On peut consulter sur sa création, son organisation et ses travaux, un rapport lu au cinquième Congrès des Sociétés savantes de la Savoie (voir n° 39188). Elle publie un recueil de *Mémoires et documents;* la table des 24 premiers volumes a paru en 1890. Elle a édité, en outre, l'ouvrage suivant :

39220. Mugnier (François). — Chronologies pour les études historiques en Savoie. (Chambéry, 1884, in-8°, 118 p.)

I. — Mémoires et documents publiés par la Société savoisienne d'histoire et d'archéologie, t. I. (Chambéry, 1856, in-8°, xlviii et 311 p.)

39221. Rabut (François). — Documents relatifs au couvent de Saint-Dominique de Chambéry [xve-xviiie s.], p. 1. — Cf. n° 39230.

[Catalogue des religieux et des prieurs; liste des prédicateurs du Sénat, etc.]

39222. Guillermin (Ch.). — Notice de M. de Couzié des Charmettes sur Mme de Warens et Jean-Jacques Rousseau, p. 73.

[Bail du domaine des Charmettes à Mme de Warens, 1738.]

39223. Rabut (François). — Liste, par ordre alphabétique des communes, des hameaux, châteaux, fermes et autres lieux habités quelconques portant un nom particulier de la province de Savoie-Propre, suivie de la même liste par ordre alphabétique de hameaux, châteaux, etc., p. 91 à 170. — Cf. n° 39240.

39224. Dessaix (Joseph). — Notice sur Jean-Marie Frère, docteur de Turin, ancien chanoine de Chambéry, curé de Collonges-sous-Salève, et sur les manuscrits qu'il a laissés [† 1777], p. 171.

39225. [Dessaix (Joseph)]. — *La Savoie* de Jacques Peletier du Mans [précédée d'une dissertation critique sur l'auteur et le poème, xvie s.], p. 197 à 299.

II. — Mémoires et documents publiés par la Société savoisienne d'histoire et d'archéologie, t. II. (Chambéry, 1858, in-8°, LVI et 311 p.)

39226. Anonyme. — Bulletin de la Société savoisienne d'histoire et d'archéologie (1857-1858), p. v à XLVII.

[Peintures murales d'une chapelle voisine de Lanslebourg en Maurienne (1619), p. VII. — Inscriptions gravées sur les croix de pierre de Moché (1467) et de Cognin (1517), p. VIII. — Passage des Alpes par Annibal, p. X. — Aumône de Lanslebourg (1397), p. XIII. — Objets gallo-romains trouvés à Aix-les-Bains et à Laffin, p. XX. — Échantillons de marbres antiques trouvés à Aix-les-Bains, p. XXI. — Inscription romaine trouvée à Mémart, p. XXIII. — Collège de Thonon, p. XXVIII.]

39227. Rabut (François). — Numismatique savoisienne, tiers de sol mérovingiens inédits trouvés en Savoie et appartenant à l'ancien royaume de Bourgogne, *pl.*, p. 3. — Cf. n°s 39238 et 39306.

39228. Mortillet (Gabriel de). — Note sur la voie romaine qui traversait Passy en Faucigny, p. 15.

39229. Rabut (Laurent). — Notice sur une découverte faite à Montagnole d'une urne cinéraire, p. 23.

39230. Rabut (François). — Documents relatifs au couvent de Saint-Dominique de Chambéry (2e série), p. 31 à 138. — Cf. n° 39231.

[Chronique du P. Pelin, 1600-1661; inventaire de la sacristie, 1651; le dîner des syndics; fondation d'une chapelle par Louis de Savoie, 1459.]

39231. Rabut (François). — Bulletin bibliographique de la Savoie, suivi d'une table des auteurs et imprimeurs savoisiens, 2e année (1857), p. 139 à 215. — Cf. n°s 39242, 39250, 39256, 39264, 39273, 39281, 39283, 39287, 39297, 39303 et 39578.

39232. Arve (Martin d'). — Sur l'ancienneté, les noms et la situation du diocèse de Maurienne; manuscrit du révérend Esprit Combet, p. 217.

39233. Huguenin (Joseph) et Rabut (François). — Franchises de Montmélian et d'Arbin, transcrites par M. Joseph Huguenin et précédées d'une note sur les franchises de la Savoie par François Rabut [1233-1380], p. 249.

39234. Foray (Camille-Gabriel). — Notice sur les Urtières, p. 275.

III. — Mémoires et documents publiés par la Société savoisienne d'histoire et d'archéologie, t. III. (Chambéry, 1859, in-8°, LXXXVI et 342 p.)

39235. Anonyme. — Extraits des procès-verbaux [1858-1859], p. v à LXXVIII.

[Inscriptions de l'église du Pont-Beauvoisin (xve-xviie s.), p. XVIII. — Fortifications de Chambéry en 1656, p. XXVI. — Inscriptions de l'église de Lémenc (xve et xvie s.), p. XLII et XLVII. — Le *mai* en Savoie, p. L. — Transaction entre les habitants de Montvernier et ceux de Saint-Avre (1393), p. LI. — Inscription de l'église de Cognin (1502), p. LVIII. — Inscription de l'abbaye d'Hautecombe (XIIIe s.), p. LXVII. — Pièces relatives à Aiguebelle (1566-1607), p. LXIX.]

39236. Rabut (François). — Protestations faites par Nicod de Menthon, gouverneur de Nice et capitaine des galères du duc de Savoie, contre le podestat et la ville de Chio qui retenaient par force les galères sur lesquelles il ramenait les ambassadeurs du concile de Bâle (10, 11 et 12 novembre 1437), avec des lettres du roi René d'Anjou relatives à l'armement de ces galères, du 20 février 1437, p. 3.

39237. Sevez (Laurent). — Notice sur l'Académie chimique, ducale, royale de Savoie, et sur Grimaldi de Copponay, son fondateur [1684], p. 33.

39238. Rabut (François). — Numismatique savoisienne; denier de l'évêché de Saint-Jean de Maurienne frappé à Aiguebelle au XIe siècle, *pl.*, p. 73. — Cf. n° 39227.

39239. Dufour (Auguste). — Documents inédits relatifs à la Savoie; extraits de diverses archives de Turin, p. 85. — Cf. n°s 39248, 39255, 39261, 39268, 39271, 39276, 39293, 39318 et 39356.

[Fours de Chambéry (1349); fondation d'une chapelle par Amé VI dans l'église de Saint-François de Chambéry (1374); guerre contre les Vallaisans (1384); fondation d'une messe dans l'église de Saint François de Chambéry par Amédée VII (1385); privilèges accordés à Chambéry (1392); duel de Gérard d'Estavayer et d'Oton de Granson (1397); franchises de Bourg-en-Bresse (1407); fondation pour envoyer douze franciscains savoyards étudier à Paris (1574); donation de 1,200 écus par an, pendant trois ans, à la ville de Chambéry par Charles Emmanuel Ier (1606), etc.]

39240. Rabut (François). — Liste, par ordre alphabétique de communes, des hameaux, châteaux, fermes et autres lieux habités quelconques portant un nom particulier de la province de la Haute-Savoie, suivie de la même liste par ordre alphabétique de hameaux, châteaux, etc., p. 129. — Cf. n° 39223.

39241. Dufour (Auguste). — État des bénéfices du décanat de Savoie, tiré du pouillé du diocèse de Grenoble de l'année 1488 et des visites des évêques, *carte*, p. 161 à 271.

[En appendice : Mémoire du président Gaud touchant les bénéfices de Savoie, XVIIIe s.; abbayes et autres bénéfices du patronage de Sa Majesté, 1719.]

39242. Rabut (François). — Bulletin bibliographique de la Savoie, suivi d'une table des auteurs et des imprimeurs savoisiens, 3e année (1858), p. 273 à 338. — Cf. n° 39231.

IV. — Mémoires et documents publiés par la Société savoisienne d'histoire et d'archéologie, t. IV. (Chambéry, 1860, in-8°, LXVIII et 336 p.)

39243. Anonyme. — Extrait des procès-verbaux [1859-1860], p. I à LXVII.

[Lettres de Mme de Chantal, p. x. — Auguste Le Prévost (1787 † 1859), p. XIV. — Inscription commémorative de la pose de la première pierre du monastère de la Visitation de Rumilly (1641), p. XVIII. — Lettre d'un abbé d'Aulps (XIVe s.), p. XX. — Confrérie de Saint-Concord, à Chambéry (XVIIe-XVIIIe s.), p. XXVIII. — Étymologies de quelques noms de lieux en Savoie, p. XXXI. — Lettres de M. Auguste Le Prévost (1831-1855), p. XXXVI. — Épitaphe de Jean de Montbel dans l'église du Pont-Beauvoisin († 1498), p. XLIII. — Inscriptions de l'église de Myans (XVe-XVIIe s.), p. XLVI. — Inscription romaine à Sion, p. LIII. — Cloches des églises des Molettes (1573), de Flumet (XVIIe s.) et de Saxel, p. LVI et LX.]

39244. Dufour (Auguste). — *Fragmentum descriptionis Sabaudiæ, authore Alphonso Delbene, an. 1593-1600*, p. 3 à 55.

[Inscriptions romaines trouvées à Vonglins, Viviers, Aix-les-Bains, Monfalcon et Saint-Innocent.]

39245. Rabut (François). — Fragments de l'histoire de Chambéry. Premier fragment, sur la place Saint-Léger, le 16 mars 1791 et le 25 septembre 1792 [troubles à Chambéry], p. 57.

39246. Dufour (Auguste). — Essai historique par le P. Pierre Monod, dans lequel il fait voir que la Savoie n'est point et n'a jamais été fief de l'empire [XVIIe s.], p. 81.

39247. Croisollet (J.-F.). — Mémoires pour la construction du fort de l'Annonciade [par Emmanuel-Philibert, duc de Savoie, 1658], p. 113.

39248. Dufour (Auguste). — Documents inédits relatifs à la Savoie, extraits de diverses archives de Turin, 2e et 3e décades. Franchises, p. 129 à 238. — Cf. n° 39239.

[Franchises de Saint-Genix, entre 1282 et 1257; du couvent des Portes en Rossillon, 1253 et 1324; de Saint-Symphorien d'Ozon, 1257; de Cruseille, 1282 et 1372; de Saint-Branchier en Vallais, 1322; d'Ambronay, 1522; de Grésy-sur-Isère, 1323; de la Côte en Viennois, 1323; de Saint-Georges-d'Espéranche, 1323; de Conthey en Vallais, 1324; d'Yvoire, 1324; de l'ordre des Chartreux, 1324; du Châtelard en Beauges, 1324; de *Aya*, 1324; du prieuré de Ternay, 1324; de Saint-Laurent-du-Pont, 1324; exercice de la justice en Tarentaise, 1324; franchises de Bagnes et de Vallège, 1328; du Bourget, s. d.]

39249. Y. — Petite chronique de frère Billard, chartreux, contenant le récit des incendies de la maison d'Aillon en Beauges, des détails sur quelques réparations et sur les bois possédés par cette maison en 1585, p. 239.

39250. Rabut (François). — Bulletin bibliographique de la Savoie, suivi d'une table des auteurs et des imprimeurs savoisiens, 4e année (1859), p. 257 à 319. — Cf. n° 39231.

39251. Camille, de Thonon (Le P.). — Trois chartes savoisiennes, p. 321.

[Donation au monastère de Saint-Pierre-de-Chamillac en Velay par Humbert aux Blanches-Mains des terres qu'il a conquises aux Échelles, 1042; charte de ligéité d'Aimon de Luringe, 1293; ordre de faire une enquête au sujet des droits que les bourgeois de Saint-Maurice prétendaient avoir de couper des bois dans les forêts de la vallée de l'Isère, 1331.]

V. — Mémoires et documents publiés par la Société savoisienne d'histoire et d'archéologie, t. V. (Chambéry, 1861, in-8°, LXIV et 462 p.)

39252. Anonyme. — Extrait des procès-verbaux (1860 1861), p. I à LXIII.

[Inscriptions des croix de Draillant et de Cervens (XVIe s.), p. VI. — Analyse de documents relatifs au Chablais (1410-1750), p. VII. — Inscriptions (XIVe et XVIIe s.) et chapiteau de Cléry-Frontenex (XIVe s.), *pl.*, p. XXVII. — Inscription romaine de Belmont-Tramonex, *pl.*, p. XXXIV et LI. — Inscriptions des cloches de Notre-Dame d'Annecy (XVIIe et XVIIIe s.), p. XXXVI et L. — Médaille de Claude de Seyssel (1472), p. XXXVII. — Inscription romaine trouvée près d'Aix-les-Bains, *pl.*, p. XLVII. — Comptes du receveur de Chanaz (1332), p. LIII. — Trousseau d'Anne-Marie de Coisiaz (1659), p. LV. — Lettre de Charles-Emmanuel II relative au *Theatrum Sabaudiæ* (1674), p. LVIII.]

39253. Philippe (Jules). — Notice historique sur l'abbaye de Talloires [Xe-XVIIIe s.], d'après des documents nouveaux et inédits, accompagnés des pièces justificatives [879-1446] et de l'inventaire historique et chronologique des archives de ce monastère [par dom François Serrasin, 1720], p. 1 à 288.

[Chartes de Boson, Rodolphe III, Bérold de Saxe, de la reine Ermengarde, etc.]

39254. Bebert (F.-J.). — Biographie de Michel Saint-Martin, professeur de physique au lycée de Chambéry [1796 † 1859], p. 289.

39255. Dufour (Auguste). — Documents inédits relatifs à la Savoie, extraits de diverses archives de Turin, 4e décade. Histoire féodale de Chambéry [1232-1423], *plan*, p. 313 à 402. — Cf. n° 39239.

39256. Rabut (François). — Bulletin bibliographique de la Savoie, suivi d'une table des auteurs et des imprimeurs savoisiens, 5e année (1860), p. 403 à 454. — Cf. n° 39231.

VI. — Mémoires et documents publiés par la Société savoisienne d'histoire et d'archéologie, t. VI. (Chambéry, 1862, in-8°, LVI et 540 p.)

39257. Anonyme. — Procès-verbaux des séances (1861-1862), p. I à XLVIII.

[Inscriptions romaines trouvées dans l'église de Saint-Sigismond et à Gilly, p. VI et VII. — Manuscrits intéressant la Savoie conservés à Lausanne, p. IX. — Découverte d'objets antiques à Ripaille en

1764, p. xi. — Inscription de la façade de l'église des Carmélites de Chambéry (1635), p. xv. — Lettre d'Amédée IX en faveur des Célestins de Lyon (1465), p. xx. — Objets antiques trouvés à la Rochette, p. xxi. — Lettre de saint François de Sales aux Augustins de Seyssel (1608), p. xxviii. — Habitations lacustres des bords du lac du Bourget, p. xliv.]

39258. Rabut (François). — Obituaire des Frères Mineurs conventuels de Chambéry de l'ordre de Saint-François, précédé d'un résumé historique et accompagné de notes et tables [1374-1783], p. 3 à 113.

39259. Fivel (Théodore). — Aperçu historique et artistique sur le château et la Sainte-Chapelle de Chambéry [xve s.], p. 115.

39260. Glover (Melville). — Liste chronologique de quelques baillis, gouverneurs, châtelains et juges du Chablais [xiiie-xviiie s.], p. 133.

39261. Dufour (Auguste). — Documents inédits relatifs à la Savoie, extraits de diverses archives de Turin, 5e décade. Histoire de Thonon [1429-1742], p. 151 à 243. — Cf. n° 39239.

39262. Sevez (Laurent). — Notice sur la bijouterie et l'iconographie religieuse des campagnes de la Savoie [parure des paysannes], 3 *pl.*, p. 245.

39263. Burnier (Eugène). — Le parlement de Chambéry sous François Ier et Henri II (1536-1559), p. 273 à 454.

39264. Rabut (François). — Bulletin bibliographique de la Savoie, suivi d'une table des auteurs et des imprimeurs savoisiens, 6e année (1861), p. 457 à 518. — Cf. n° 39231.

39265. Dufour (Auguste). — Description de la vallée de Maurienne; extrait d'un manuscrit du xviie siècle existant à la bibliothèque du roi à Turin, p. 521.

VII. — Mémoires et documents publiés par la Société savoisienne d'histoire et d'archéologie, t. VII. (Chambéry, 1863, in-8°, xliv et 479 p.)

39266. Anonyme. — Procès-verbaux des séances (1863), p. i à xliii.

[Bulle de Nicolas III relative au mariage de Guillaume Du Chatellard (1279), p. xv. — Inscriptions de l'église de Verel-Pragondran et d'Aillon-en-Beauges, *pl.*, p. xix. — Lettres du cardinal Gerdil (1799), p. xxi. — Sceau du chapelain de Saint-Étienne-de-Cuines (xive s.), p. xxv.]

39267. Perrin (André). — Notice historique sur l'église paroissiale de Saint-Léger à Chambéry, p. 3 à 113. — Cf. n° 39268.

39268. Dufour (Auguste). — Documents inédits relatifs à la Savoie, extraits de diverses archives de Turin, 6e décade. Église paroissiale de Saint-Léger à Chambéry [1415-1760], *plan*, p. 115 à 223. — Cf. n°s 39239 et 39267.

39269. Burnier (Eugène). — Les constitutions du cardinal Louis II de Gorrevod, évêque de Maurienne et prince (1506). Étude historique, p. 225.

39270. Glover (Melville). — Notice historique sur le prieuré de Belleaux-en-Chablais, de la filiation de l'abbaye d'Ainay et sur la commune de ce nom, département de la Haute-Savoie, p. 273.

39271. Dufour (Auguste). — Documents inédits relatifs à la Savoie, extraits de diverses archives de Turin, 7e décade. Ripaille et Félix V [1410-1702], p. 301 à 359. — Cf. n° 39239.

39272. Bonnefoy (J.-A.). — La crue des gages des gendarmes, épisode de l'histoire de la Savoie sous le règne du roi Henri II (1550); documents extraits des archives de la ville de Sallanches, p. 361.

[Lettres de Henri II et de François, duc d'Aumale, 1550.]

39273. Rabut (François). — Bulletin bibliographique de la Savoie, suivi d'une table des auteurs et des imprimeurs savoisiens, 7e année (1862), p. 385. — Cf. n° 39231.

39274. Rabut (François). — Les Antonins de Chambéri, glanes historiques [xiie-xviiie s.], *pl.*, p. 437.

VIII. — Mémoires et documents publiés par la Société savoisienne d'histoire et d'archéologie, t. VIII. (Chambéry, 1864, in-8°, xxxi et 302 p.)

39275. Anonyme. — Procès-verbaux des séances, p. v à xix.

[Analyse d'un factum de Jacques Albrieux, juge-courrier de la province de Maurienne (1713); des testaments de François-Hyacinthe de Valpergue († 1736) et d'Ignace-Marie Grisella de Cunico († 1756), évêques de Maurienne; et d'un placet présenté au roi d'Espagne par les habitants de la Savoie (1745), p. x. — Vase antique en verre fondu de Montagnole, 2 *pl.*, p. xviii.]

39276. Dufour (Auguste). — Documents inédits relatifs à la Savoie, extraits de diverses archives de Turin, 8e décade. Les Dominicains des états du duc de Savoie situés en deçà des monts [xive-xviie s.], p. 3. — Cf. n° 39239.

[Couvents de Montmélian, Genève, Lausanne, Annecy, des Voirons.]

39277. Perrin (André). — Les moines de la bazoche, les abbayes de la jeunesse, le tir du papegai et les compagnies de l'arc, de l'arbalète, de la coulevrine et de l'arquebuse en Savoie et dans les pays anciennement soumis aux princes de la maison de Savoie deçà les monts, *pl.*, p. 43 à 75; IX, p. 1 à 210; et X, p. 241 à 319.

39278. Rabut (Laurent). — Habitations lacustres de la Savoie, 1er mémoire, p. 77 à 145 avec album de 16 *pl.* — Cf. n° 39097.

39279. Rabut (François). — Histoire généalogique de l'illustre maison Milliet, de Chambéri, par M. Besson, curé de Chapeiri, éditée avec une notice sur Besson [xviiie s.], par François Rabut, *tableau généal.*, p. 147 à 205.

39280. Dufour (Auguste). — Le premier livre de l'*Amédéide*, par Alphonse Delbene, abbé d'Hautecombe, p. 207.

39281. Rabut (François). — Bulletin bibliographique de la Savoie, 8e année (1863), p. 257. — Cf. n° 39231.

[39278]. Rabut (Laurent). — Habitations lacustres de la Savoie; album. (Chambéry, 1864, in-4°, 16 *pl.*)

IX. — Mémoires et documents publiés par la Société savoisienne d'histoire et d'archéologie, t. IX. (Chambéry, 1865, in-8°, xxxii et 443 p.)

39282. Anonyme. — Procès-verbaux des séances [1864-1865], p. v à xxix.

[Inscription romaine trouvée à Seyssel, p. vi. — Inscription commémorative de la fondation d'une chapelle à Saint-Pierre-d'Albigny (1651), p. xii. — Gages de Pierre de Nemours, grand maître des chasses, eaux et forêts de Savoie (1452), p. xiii. — Trousseau d'une demoiselle de la famille de Duing (1588), p. xvii. — Verrière de l'église du Bourget (xive s.), *pl.*, p. xix.]

[39277]. Perrin (André). — Les moines de la bazoche, les abbayes de la jeunesse, le tir du papegai et les compagnies de l'arc, etc., p. 1 à 210.

39283. Rabut (François). — Bulletin bibliographique de la Savoie, 9e année (1864), p. 213. — Cf. n° 39231.

39284. Dufour (Auguste). — Adrianeo. Récit des cérémonies, tournois et autres réjouissances qui ont eu lieu à Ivrée à l'occasion du baptême du prince Adrien de Savoie (1522), manuscrit inédit [en italien] publié avec introduction et notes, p. 249 à 437.

X. — Mémoires et documents publiés par la Société savoisienne d'histoire et d'archéologie, t. X. (Chambéry, 1866, in-8°, xx et 349 p.)

39285. Anonyme. — Procès-verbaux des séances [1866], p. v à xv.

[Lettre du Comité de salut public relative à l'arrestation de Kellermann (an ii), p. ix.]

39286. Naz (Pierre-Antoine). — Notice historique sur la fondation de l'aumône de Pâques établie autrefois à Lanslebourg (Savoie), p. 3.

39287. Rabut (François). — Bulletin bibliographique de la Savoie, 10e année (1865), p. 33. — Cf. n° 39231.

39288. Burnier (Eugène). — Le château et le prieuré du Bourget; étude historique [pièces justificatives, xie-xviiie s.], p. 73.

39289. Pillet (Louis). — Un factum des Espagnols en Savoie (1743) [pour dom Joseph de Aviles, intendant des armées espagnoles contre les munitionnaires de ces armées], p. 209.

[39277]. Perrin (André). — Les moines de la bazoche, les abbayes de la jeunesse, le tir du papegai et les compagnies de l'arc, etc., *pl.*, p. 241 à 319.

39290. Albrier (Albert). — La noblesse savoisienne aux États de Bourgogne, p. 321.

XI. — Mémoires et documents publiés par la Société savoisienne d'histoire et d'archéologie, t. XI. (Chambéry, 1867, in-8°, xxv et 357 p.)

39291. Anonyme. — Travaux de la Société [1867], p. v à xvii.

[Inféodation des château et terre de Briançon en Tarentaise (1568), p. vi. — Analyse de documents relatifs à Chambéry (1336-1452), p. ix.]

39292. Dufour (Auguste) et Rabut (François). — Histoire de la commune de Flumet, *plan* et 3 *pl.*, p. 1 à 91. — Cf. n° 39293.

39293. Dufour (Auguste). — Documents inédits relatifs à la Savoie, extraits de diverses archives de Turin, 9e décade. Franchises de Flumet [1228-1752], p. 93 à 166. — Cf. n°s 39239 et 39292.

39294. Albrier (Albert). — Testament de Jean-François Berliet, archevêque de Tarentaise, baron du Bourget [1605], p. 169.

39295. Blanchard (Claudius). — Histoire de l'abbaye d'Hautecombe [fondée au xiie s.], p. 185.

39296. Naz (Pierre-Antoine). — Examen des franchises de Saint-Genix (1232-1257), p. 215 à 283.

39297. Rabut (François). — Bulletin bibliographique de la Savoie, 11e année (1866), p. 285. — Cf. n° 39231.

39298. Dufour (Auguste). — Rapports au roi Charles-Emmanuel III, en 1764, 1765 et 1766, sur l'établissement projeté d'une église paroissiale au faubourg Montmélian de Chambéry, p. 321.

XII. — Mémoires et documents publiés par la Société savoisienne d'histoire et d'archéologie, t. XII. (Chambéry, 1870, in-8°, lxxii et 382 p.)

39299. Anonyme. — Travaux de la Société [1868-1870], p. v à lxxii.

[Notes sur la Sainte-Chapelle du château de Chambéry, p. xvi. — Notice sur l'anneau de saint Maurice, *pl.*, p. xxvii. — Pensions accordées à Pierre et Jean *de Barbucio* (1375 et 1384), p. xxxviii. — Les eaux de la Caille au xve siècle, p. xlviii. — Étalon d'une mesure de capacité de Bagé (XIVe s.), *pl.*, p. LVIII. — Sarcophage antique trouvé à la Bastelicaccia, en Corse, p. LXIII.]

39300. DUFOUR (Auguste) et RABUT (François). — Notes pour servir à l'histoire des Savoyards de divers états. Les peintres et les peintures en Savoie du XIIIe au XIXe siècle, p. 3 à 303; et XV, p. 197 à 268. — Cf. n°s 39313, 39325, 39327, 39343 et 39351.

39301. ALBRIER (Albert). — Les anoblis de Bresse, Bugey et des pays de Gex et de Valromey sous les princes de la maison de Savoie [XVe-XVIIe s.], p. 305.

39302. BLANCHARD (Claudius). — Notice biographique sur Eugène Burnier [magistrat, 1831 † 1870], p. 327.

39303. RABUT (François). — Bulletin bibliographique de la Savoie, 12e année (1867), p. 345. — Cf. n° 39231.

39304. RABUT (François). — Lettres sur la sigillographie savoyarde, p. 377; XIV, p. 161; et XVII, p. 469.

[Sceaux d'Étienne de La Thuile (XIVe s.), du chapelain de Saint-Étienne-de-Cuines (XIVe s.) et de Pierre IV de Sonnaz, évêque d'Aoste, *pl.*, XII, p. 377.

Sceaux de Simon, évêque d'Aoste, XIIIe s., de la cour de justice du comte de Savoie, à Aoste, XIVe s., et d'Aimon Du Bois, XVe s., *pl.*, XIV, p. 161.

Sceau d'Amédée VIII, comte de Savoie, XIVe s., *pl.*, XVII, p. 469.]

XIII. — Mémoires et documents publiés par la Société savoisienne d'histoire et d'archéologie, t. XIII. (Chambéry, 1872, in-8°, LIX et 456 p.)

39305. ANONYME. — Travaux de la Société [1872], p. V à LI.

[Réfection du pont de Tresserve (1568), p. XIV. — La *Bergeronnette savoisienne*, chanson populaire du XVe siècle, p. XXIII. — Lettres de grâce en faveur de Benoît Gay (1678), p. XXVII. — Inscriptions de Miolans et Grésy-sur-Isère (XVIe et XVIIe s.), p. XXX. — Nouveau système de catalogue pour la bibliothèque de la Société savoisienne, p. XXXVII.]

39306. RABUT (François). — Cinquième notice sur quelques monnaies de Savoie inédites [XIIIe-XVIIe s.], *pl.*, p. 3. — Cf. n°s 39049 et 39227.

39307. PERRIN (André). — Le monnayage en Savoie sous les princes de cette maison, 3 *pl.*, p. 25 à 197.

39308. ALBRIER (Albert). — Les naturalisés de Savoie en Bourgogne (1508-1769), p. 199 à 254 et 454.

39309. RABUT (François). — Le mystère de Mgr saint Sébastien; première journée. Drame en vers joué à Lanslevillard en Maurienne au mois de mai 1567; transcrit du manuscrit original, p. 257 à 452.

XIV. — Mémoires et documents publiés par la Société savoisienne d'histoire et d'archéologie, t. XIV. (Chambéry, 1873, in-8°, XXXIX et 384 p.)

39310. DUFOUR (Auguste) et RABUT (François). — Notes pour servir à l'histoire des compagnies de tir en Savoie [XVIe-XVIIIe s.], p. 3 à 99.

[Chambéry, Annecy, Moutiers, Thonon, Évian, Montmélian, Rumilly et Allinges.]

39311. BLANCHARD (Claudius). — Les juges seigneuriaux en Savoie au milieu du XVIIIe siècle, p. 101 à 160.

[39304]. RABUT (François). — Lettres sur la sigillographie savoyarde, p. 161.

39312. DUFOUR (Auguste). — «Regalis Sabaudie domus preeminentiæ jura in magnum Hetruriæ ducem, augustissimi Emanuelis-Philiberti ducis jussu, a Philiberto Pingonio, barone de Cusy, a libellis primo magnæque cancellariæ præfecto, collecta, ad dominum de La Croix Sabaudiæ apud Cæsarem legatum missa, in solemnibus Imperii comitiis X kal. septembris MDLXXXII firmata», p. 169.

39313. DUFOUR (Auguste) et RABUT (François). — Notes pour servir à l'histoire des Savoyards de divers états. Les sculpteurs et les sculptures en Savoie du XIIIe au XIXe siècle, p. 181 à 278. — Cf. n° 39300.

39314. CARRET (Dr Jules). — Explorations à la grotte de Challes [ossements humains], *pl.*, p. 281 à 376.

XV. — Mémoires et documents publiés par la Société savoisienne d'histoire et d'archéologie, t. XV. (Chambéry, 1875, in-8°, XCVI et 330 p.)

39315. ANONYME. — Travaux de la Société [1874-1875], p. I à XCII.

[Chute de la tour des Juifs à Chambéry (1580), p. XXIX. — Fabrique de porcelaine de la Forest, en Savoie (XVIIIe s.), p. XXXVII. — Henry Murger († 1861), p. XXXVIII. — Noms à donner aux rues de Chambéry, p. XLIII. — Famille de Brosses, p. L (cf. n° 39317). — Chanson composée par frère Olivier Maillard, p. LXIV. — Poésie de Malingre, maître d'hôtel du prince de Morée, p. LXVIII. — Famille Puton, p. LXXVIII (cf. n° 39322). — Requête des habitants d'Apremont pour la reconstruction de leur église (1756), p. LXXXIII. — Pompe à incendie à Bonneville (1768), p. LXXXVIII. — Incendie de Mégève (1754), p. XCII.]

39316. DUFOUR (Auguste) et RABUT (François). — Louis de Nice, juif converti, filleul et médecin du duc Louis de Savoie et directeur des salines de Tarentaise au moment de l'éboulement de Salins (1445-1474); notes et documents inédits, p. 3.

39317. ALBRIER (Albert). — La famille de Brosses. Notes historiques et généalogiques, p. 53. — Cf. n° 39315.

39318. DUFOUR (Auguste). — Documents inédits relatifs à la Savoie, extraits de diverses archives de Turin, 10e décade. Topographie de Chambéry au XVe siècle, p. 75. — Cf. n° 39239.

39319. NAZ (Pierre-Antoine). — Obituaire de l'abbaye d'Aulps en Chablais [1546-1771], p. 117.

39320. RABUT (François). — Méreaux de la Sainte-Chapelle de Chambéry [xve s.] et de l'église de Belley, *pl.*, p. 161.

39321. Promis (Vincent). — Notice sur les jetons de Marguerite de Bourgogne, duchesse de Savoie, et complainte imprimée à Malines, à l'occasion de sa mort en 1530, 2 *pl.*, p. 177.

[39300]. Dufour (Auguste) et Rabut (François). — Notes pour servir à l'histoire des Savoyards de divers états. Les peintres et les peintures en Savoie du xive au xixe siècle, p. 197 à 268.

39322. Albrier (Albert). — Le baron Puton [Marc-Antoine-Joseph-Frédéric, 1779 † 1856], sa vie et sa famille; notes historiques et généalogiques, p. 269. — Cf. n° 39315.

39323. Promis (Vincent). — Inventaire fait au xve siècle des meubles, ornements religieux, vaisselle, tapisseries, etc., empruntés par le pape Félix V à l'hôtel de la maison de Savoie [1440], p. 297.

XVI. — Mémoires et documents publiés par la Société savoisienne d'histoire et d'archéologie, t. XVI. (Chambéry, 1877, in-8°, xxxv et 415 p.)

39324. Anonyme. — Travaux de la Société [1876-1877], p. xii à xxxv.

[Rapport de l'intendant général Vocca sur les eaux de la Boësse (1777), p. xxiv.]

39325. Dufour (Auguste) et Rabut (François). — Notes pour servir à l'histoire des Savoyards de divers états. L'imprimerie, les imprimeurs et les libraires en Savoie du xve au xixe siècle, 11 *pl.* et *fig.*, p. 5 à 415. — Cf. n° 39300.

XVII. — Mémoires et documents publiés par la Société savoisienne d'histoire et d'archéologie, t. XVII. (Chambéry, 1878, in-8°, xlii et 478 p.)

39326. Anonyme. — Travaux de la Société [1877-1878], p. v à xxxiv.

[Conventions entre la ville de Chambéry et le clerc de la paroisse de Saint-Léger (1358), p. xx. — Françoise d'Orléans, duchesse de Savoie († 1664), p. xxiv. — Deuxième édition du Martyrologe de Baronius, p. xxviii. — Jacques-Antoine-Charles-Albert Albrier (1846 † 1878), p. xxxii.]

39327. Dufour (Auguste) et Rabut (François). — Notes pour servir à l'histoire des Savoyards de divers états. Les musiciens, la musique et les instruments de musique en Savoie du xiiie au xixe siècle, p. 3 à 229. — Cf. n° 39300.

39328. Albrier (Albert). — Les naturalisés de Savoie en France de 1814 à 1848, p. 245 à 468.

[39304]. Rabut (François). — Lettre sur la sigillographie savoyarde, p. 469.

XVIII. — Mémoires et documents publiés par la Société savoisienne d'histoire et d'archéologie, t. XVIII. (Chambéry, 1879, in-8°, xxvii et 542 p.)

39329. Anonyme. — Travaux de la Société [1879], p. v à xx.

[La *Bergeronnette savoisienne*, avec musique, *pl.*, p. ix.]

39330. Dufour (Auguste) et Rabut (François). — Miolan, prison d'État; monographie précédée d'une introduction historique [pièces justificatives, xiie-xviiie s.], *plan* et *pl.*, p. 3 à 539.

XIX. — Mémoires et documents publiés par la Société savoisienne d'histoire et d'archéologie, t. XIX. (Chambéry, 1881, in-8°. xlix et 279 p.)

39331. Anonyme. — Travaux de la Société [1879-1880], p. v à xlii.

[Inscription trouvée à Grésy-sur-Isère commémorative de l'érection d'une chapelle (1645), p. vi. — Inscription de l'ancienne chapelle des Frères de la Miséricorde, à Chambéry (1629), p. xxxiv.]

39332. Dufour (Auguste) et Rabut (François). — Ode à Madame Marguerite de France, duchesse de Savoie, par Marc-Claude de Buttet, Savoisien; poème inédit publié avec une introduction [xvie s.], p. 1 à 55.

39333. Guilland (Dr Louis). — Bibliographie d'Aix-en-Savoie, p. 65 à 218. — Cf. n° 39338.

39334. Vallier (Gustave). — Glanures monétaires de Savoie (1188-1630), *pl.*, p. 221.

39335. Ponnat (De). — Réponse à M. l'abbé Ducis sur le martyre de la légion thébaine, p. 267. — Cf. n° 39337.

XX. — Mémoires et documents publiés par la Société savoisienne d'histoire et d'archéologie, t. XX. (Chambéry, 1882, in-8°, xxxvii et 387 p.)

39336. Dufour (Auguste) et Rabut (François). — Montmélian, place forte; sièges qu'elle a soutenus; série de ses gouverneurs, etc., d'après des documents officiels et inédits [xvie-xviiie s.], p. 1 à 270.

39337. Ponnat (De). — Réplique à M. l'abbé Ducis au sujet de la légion thébaine, p. 273. — Cf. n° 39335.

39338. Guilland (Dr Louis). — Addenda et corrigenda à la bibliographie d'Aix-en-Savoie, p. 287. — Cf. n° 39333.

39339. [Rabut (François)]. — Jeton de la Chambre des comptes de Chambéri aux armes de Hugues Michaud, seigneur de Corcelles et de Chandoré, etc. [1566], *fig.*, p. 301.

39340. Mugnier (François). — Une année de la vie municipale de Rumilly (1689-1690); délibérations du conseil de la ville de Rumilly du 10 mars 1689 au 24 mai 1691; extraits du registre des décès de 1688 à 1694, p. 313 à 363.

XXI. — Mémoires et documents publiés par la Société savoisienne d'histoire et d'archéologie, t. XXI. (Chambéry, 1883, in-8°, xxix et 403 p.)

39341. Anonyme. — Travaux de la Société [1882-1883], p. v à xxi.

[Plats d'étain gravés donnés en prix de tir au xviii° siècle, p. xviii.]

39342. Carret (Dr Jules). — Études [anthropologiques] sur les Savoyards, p. 1 à 108.

39343. Dufour (Auguste) et Rabut (François). — Notes pour servir à l'histoire des Savoyards de divers états. Les fondeurs de cuivre et les canons, cloches, etc., en Savoie [xiv°-xviii° s.], p. 109 à 251. — Cf. n° 39300.

39344. Gaillard (César) et Mugnier (François). — Documents sur l'abbaye de Talloires présentés par M. César Gaillard, suivis de notes par M. François Mugnier, p. 253.

[Profession de Claude-Louis-Nicolas de Quoëx, 1610; lettres patentes approuvant l'union du monastère de Talloires à la congrégation du Mont-Cassin, 1675.]

39345. Girod (Marie). — Notice sur la grande congrégation de Notre-Dame de l'Assomption, dite des Nobles ou des Messieurs, érigée dans le collège des Jésuites, à Chambéry, en 1611, p. 277 à 377.

39346. Mugnier (François). — Une charte inédite d'Amédée IV, comte de Savoie (1234) [vente de terrains, près de Chambéry], p. 379.

39347. Rabut (Laurent). — Anneaux-disques [préhistoriques] de la ferme des Combes, près de Chambéry, *pl.*, p. 395.

XXII. — Mémoires et documents publiés par la Société savoisienne d'histoire et d'archéologie, t. XXII. (Chambéry, 1884, in-8°, 41 et 395 p.)

39348. Anonyme. — Travaux de la Société [1883-1884], p. v à xliii.

[Nomination de François Soquet à la cure de Draillant (xv° s.), p. vi. — Inscription romaine trouvée à Saint-Martin-d'Aime, p. xi. — Acte de fidélité de Jean-François Du Pont (1517), p. xii. — Vente d'une maison à Saint-Alban par Louis Malabranshaz (1514), p. xiii. — Première pierre de la colonne départementale du Mont-Blanc, p. xv. — Lettres de noblesse accordées à Pierre Lucas (1688), p. xvi. — Testament de Jean Duclos (1513), p. xx. — Testament de Jean Galleys de Mouxy (1401), p. xxiv. — Bénantin Scève, chanoine (1610), p. xxvi. — Inféodation de la seigneurie d'Hauteville (1388), p. xxxii. — Lettres de noblesse pour Claude Duboin (1627), p. xxxix.]

39349. Mugnier (François). — Le prieuré de Peillonnex en Faucigny [xi°-xviii° s.], p. 1 à 64 et 389 à 391.

39350. Mugnier (François). — Le mariage d'Alphonse de Lamartine, Chambéry-Aix-les-Bains (1820), p. 67.

39351. Dufour (Auguste) et Rabut (François). — Notes pour servir à l'histoire des Savoyards de divers états. Les armuriers, les fabricants de poudre à canon et les armes de diverses espèces en Savoie du xiv° au xviii° siècle, p. 113 à 243. — Cf. n° 39300.

39352. Croisollet (J.-F.). — Extrait littéral et analytique d'un manuscrit intitulé : *Visitation, second volume des Annales du monastère de la Visitation Sainte-Marie-de-Rumilly, à commencer depuis l'année 1703 jusqu'à 1793*, p. 245.

39353. Girod (Marie). — Généalogie de la famille de Lescheraine [xii°-xix° s.], p. 365.

XXIII. — Mémoires et documents publiés par la Société savoisienne d'histoire et d'archéologie, t. XXIII. (Chambéry, 1885, in-8°, lxxii et 646 p.)

39354. Anonyme. — Travaux de la Société [1884-1885], p. v à lx.

[Patentes de bourgeois d'Annecy accordées à Pierre Mermier (1619), p. v. — Journal anonyme d'un habitant d'Annecy (1598), p. ix. — Louis Guilland, médecin (1820 † 1884), p. xiii. — Inscriptions romaines et objets antiques trouvés à Aix-les-Bains, p. xvi. — Vente et érection en comté du mandement de Clermont (1682), p. xx. — Lettre d'Amédée IX, prince de Piémont (1461), p. xxii. — Portrait du prince Amédée IX (xv° s.), p. xxiv. — Serment prêté devant le Conseil de Genevois par Pierre-Gaspard de Gros, avocat (1646), p. xxx. — Monnaies romaines trouvées à Meximieux, p. xxxviii. — Inscription romaine trouvée à Gilly, p. xlii. — Troupe de comédiens du duc de Savoie et de Mlle d'Orléans à Chambéry (1659), p. xlv. — Statuette en marbre de la Vierge provenant du château du Bourget (xv° s.), p. xlvi. — Testament de Françoise de La Chesnaye (xvi° s.), p. xlviii. — Payement des gages du président Favre (1601), p. lviii.]

39355. Mugnier (François). — Saint François de Sales, docteur en droit, avocat, sénateur; sa correspondance inédite avec les frères Claude et Philippe de Quoex, son sacre, ses funérailles. Lettres de Jean-François de Sales, du président Favre, de Mmes de Chantal et de Charmoisy, *fac-similé* et *sceau*, p. 1 à 163.

39356. Dufour (Auguste) et Rabut (François). — Deuxième centurie de documents historiques inédits. Chartes municipales des pays soumis à la maison de Savoie en deçà des Alpes : Savoie, Maurienne, Tarentaise,

Genevois, Chablais, Faucigni, Valais, Vaud, Bresse et Bugey, p. 165 à 514. — Cf. n° 39239.

[Fribourg, 1249; Bagé, 1250, 1336 et 1391; Pont-de-Vaux, 1251-1570; Saint-Michel-de-Maurienne, 1266-1561; Mégève, 1282-1578; Chaumont en Genevois, 1310-1492; Saint-Maurice en Valais, 1317-1371; Seyssel, 1285 et 1337; Moudon, 1341-1399; Allinges, 1349 et 1399; Beaufort, 1368; Saint-Jean-de-Novalaise, 1371; Romont, 1374-1399; La Chambre, 1391; Chambéry, 1391 et 1426; Évian en Chablais, 1392-1580; Genève, 1410; Villars, 1423; Loyes, 1424; Notre-Dame d'Abondance, 1424; Maché, 1426; Samoëns, 1431-1487; Leuz, 1431 et 1437; Yenne, 1433; Flumet, 1444; Albens, 1451; Montagni en Genevois, 1452; le Bois vers Pont-de-Vaux, 1454; Montverand, 1455; Liddes, 1455; Conthey, 1475; Montreux, 1484; La Tour-du-Peilz, 1484; Cluses, 1492 et 1557; Saint-Trivier-de-Cortoux, 1492-1569; Payerne, 1517; Yverdun, 1519; Sallanches, 1521; Bourg en Bresse, 1522 et 1570; Morges, 1532; Vevey, 1532; Estavayer, 1532; Taninges, 1543 et 1571; Bonneville, 1544; Faverges, 1562; Lagneux en Bugey, 1563; Ballon en Bugey, 1563; Alondaz et Cevins, 1563; Tossiaz, 1571; Mouetier, 1568; Saint-Jovre en Faucigny, 1570; Lullin, 1571, etc.]

39357. Tavernier (H.). — Les premières franchises de Saint-Jeoire (Faucigny); notice et documents [1565], p. 517.

39358. Mothon (Le P. Joseph-Pie). — Le couvent des Frères-Prêcheurs de Montmélian (1318-1792), p. 549 à 642.

SAVOIE. — MOUTIERS.

ACADÉMIE DE LA VAL D'ISÈRE.

L'*Académie de la Val d'Isère*, formée à Moutiers le 17 juillet 1865, fut approuvée le 7 septembre suivant et reconnue comme établissement d'utilité publique le 21 mai 1877. Elle a entrepris une double série de publications : un recueil de *Mémoires* et un recueil de *Documents*.

Une session du *Congrès* des Sociétés savantes savoisiennes a été tenue à Moutiers en 1881; on en trouvera le compte rendu avec celui des autres sessions de ce Congrès ci-dessus, p. 701.

I. — **Recueil des mémoires et documents de l'Académie de la Val d'Isère**, série des mémoires, Ier vol. (Moutiers, 1866, in-8°, VI, VI et 600 p.)

39359. Alliaudi (L'abbé J.-F.) et Miédan (l'abbé A.). — Hypsométrie de la province ecclésiastique de Savoie (Savoie et Haute-Savoie), p. 37 à 119.

39360. Million (L'abbé F.-M.). — Notice historique sur la chapelle de Notre-Dame de Pitié et de Grâce de l'ancienne métropole de Moutiers et sur l'origine de la dévotion à Notre-Dame des Sept-Douleurs, spécialement en Savoie et dans l'ancien diocèse de Tarentaise, p. 19 et 121.

39361. Million (L'abbé F.-M.). — Monographie d'un reliquaire du XIe siècle appartenant à la cathédrale de Moutiers, p. 135.

39362. Burnier (Eugène). — Les franchises de Moutiers en Savoie (22 janvier 1359), note historique, accompagnée d'un document justificatif, p. 163.

39363. Million (L'abbé F.-M.). — Les franchises [au moyen âge], p. 183.

39364. Brunet (L'abbé). — Essai sur les patois des arrondissements d'Albertville et de Moutiers, p. 185.

39365. Million (L'abbé F.-M.). — Chronique du Mont-Saint-Michel, dit des Cordeliers, à Moutiers, p. 213.

[Prieuré du Mont-Saint-Michel, XIIe-XVe s.; couvent des Cordeliers, XVe-XVIIIe s.]

39366. Garin (L'abbé J.). — Notices historiques sur Salins et ses eaux salino-thermales, p. 290 à 580.

II. — **Recueil des mémoires et documents de l'Académie de la Val d'Isère**, série des mémoires, IIe vol. (Moutiers, 1868, in-8°, XIII et 782 p.)

39367. Despine (Félix). — Souvenirs de 1793 et suivants, p. 25.

[Citoyens incarcérés à Moutiers; arrêtés relatifs aux détenus et aux émigrés; liste des émigrés.]

39368. Million (L'abbé F.-M.). — Note sur un demi-dolmen qui se trouve à Planvillard, près Moutiers, p. 59.

39369. Million (L'abbé F.-M.). — Note sur les litres ou ceintures funèbres que l'on remarque en quelques-unes de nos églises [entre autres à Séez, Chevron et Gilly], p. 65.

39370. Savarin (L'abbé). — Notice historique sur le prieuré de Bellentre, avec pièces justificatives [de 1651 à 1793], p. 91 à 198.

39371. Borrel (E.-L.). — Notes sur les sépultures antiques [du moyen âge et modernes] découvertes en Tarentaise, p. 229 à 364.

[Inscriptions antiques; tombeaux de comtes de Savoie et d'archevêques de Tarentaise, etc.]

39372. Vibert (L'abbé). — Mémoire sur l'église de Notre-

Dame de Celliers (Tarentaise), détruite par une avalanche le 14 février 1793; quelques notes sur ce pays, p. 365.

39373. Pont (L'abbé G.). — Archives municipales de Saint-Jean-de-Belleville (Tarentaise-Savoie); épisode révolutionnaire (1792-1793-1794-1797), p. 387.

[Occupation du pays par les troupes républicaines; escarmouches entre les Français et les Piémontais, etc.]

39374. Fleury (L'abbé). — Mémoire sur le missel appelé de Tarentaise, appartenant à la bibliothèque de la ville de Genève [xe s.], p. 417. — Cf. n° 39375.

39375. Fleury (L'abbé) et Million (L'abbé F.-M.). — Calendrier et obituaire du missel de Tarentaise, transcrit par M. Fleury et annoté par M. Million, p. 437. — Cf. n° 39374.

39376. Million (L'abbé F.-M.). — Sept lettres adressées à Thomas Blanc, historiographe de Savoie [au sujet de son histoire de Bavière, 1680-1682], p. 477.

39377. Borrel (E.-L.). — Terres cuites romaines trouvées à Aime en 1870, p. 485.

39378. Million (L'abbé F.-M.). — Rectification de quelques erreurs historiques concernant la Tarentaise, p. 493.

[Les Romains et les Centrons; imprimerie à Salins; destruction de Salins; le clergé savoyard et la peste de 1630.]

39379. Million (L'abbé F.-M.). — Une lettre autographe du président Favre [1622], p. 547.

39380. Borrel (E.-L.). — Découverte de tombeaux romains sur le parcours de la route nationale n° 90, entre Villette et Aime et aux Chapelles (Tarentaise-Savoie), p. 549. — Cf. id. n° 39103.

39381. Avet (A.). — Observations sur la période contemporaine [1801-1860] de l'*Histoire de Savoie* publiée en 1869 par M. Victor de Saint-Genis, p. 567 à 764.

III. — Recueil des mémoires et documents de l'Académie de la Val d'Isère, série des mémoires, IIIe vol. (Moutiers, 1875[-1883], in-8°, xxxi et 729 p.)

39382. Million (L'abbé F.-M.). — Le village de Saint-Germain-de-Séez et ses franchises [1259], p. 5.

39383. Garçon (L'abbé). — Notice sur le sanctuaire de Notre-Dame de Tout-Pouvoir, à Bozel [xviie-xixe s.], p. 43.

39384. Million (L'abbé F.-M.). — Notes sur les deux anciennes églises du Bourg-Saint-Maurice [églises Saint-Maurice, xve s., et Notre-Dame] et sur leurs insignes reliques, p. 55.

39385. Million (L'abbé F.-M.). — Extraits des mémoires inédits du seigneur de Capré [relatifs à la Savoie, 1658-1704], p. 101.

39386. Barbier de Montault (Mgr X.). — Notes archéologiques sur Moutiers et la Tarentaise, p. 125 à 338.

[Origine et nom du diocèse de Tarentaise. — Cathédrale de Moutiers (v^e, xie et xve s.); épitaphe de l'évêque Teutran (ixe s.); statues en bois peint (xiiie-xviie s.); mobilier de la cathédrale (xive, xve et xviie s.); inscriptions modernes; broderies (xviie et xviiie s.); bâton abbatial de saint Pierre II de Tarentaise (xiie s.); coffret à bijoux (xiie s.); pyxide émaillée (xiie s.); châsse émaillée (xiiie s.); psautier de saint Pierre III de Tarentaise (xiiie s.); gants pontificaux (xve s.); livre de saint Pie V (1571); statuette en ivoire (xviie s.). — Palais épiscopal de Moutiers; testaments de l'archevêque Rodolphe (1270) et de saint Pierre III (1283); procès-verbaux de visites pastorales (xviie et xviiie s.). — Église Sainte-Marie à Moutiers (xiiie s.). — Église Saint-Alban à Moutiers (xviie s.). — Sarcophage du vi^e siècle à Moutiers. — Églises et inventaires d'Aime (1489 et 1472). — Coffret et reliquaires de Bellentre (xie-xviie s.). — Statues, croix, calices, reliques (xiie-xviie s.), etc., de Brides-les-Bains, Landry, Montagny, Peisey, Saint-Bon, Sainte-Foy, Saint-Laurent-la-Côte, Salins, Versoie, Villette, Bannières et Conflans.]

39387. Fleury (L'abbé). — Thomas de Sur [archevêque de Tarentaise, † 1472], p. 361.

39388. Durandard (Maurice-Antoine). — Communication [tombeaux antiques découverts à Bellecombe, 1851], p. 373.

39389. Fleury (L'abbé). — Rapports entre le diocèse de Tarentaise et celui de Genève [xie-xve s.], p. 379.

39390. Borrel (E.-L.). — Découverte de deux tombeaux à Saint-Marcel, contenant l'un, une agrafe en bronze et une lame de couteau en fer, et l'autre, une urne en bronze, deux fioles en verre et un vase en terre cuite, p. 402.

39391. Borrel (E.-L.). — Découverte des ruines d'un édifice romain et de celles d'une église des premiers temps du christianisme dans l'église Saint-Martin, à Aime (Savoie), p. 409. — Cf. n° 39397.

39392. Vallier (Gustave). — Numismatique mérovingienne de la Tarentaise (Savoie), 2 *pl.*, p. 427.

39393. Durandard (Maurice-Antoine). — Notice historique sur la famille noble Fine ou Finas [dite] Primat de Salins en Tarentaise [xiie-xvie s.], p. 454.

39394. Fleury (L'abbé). — Mémoire [sur le diocèse de Tarentaise pendant la Révolution], p. 503.

39395. Alliaudi (L'abbé J.-F.). — Pouillé de l'archidiocèse de Tarentaise [xive s.], p. 527.

39396. Borrel (E.-L.). — Bénitiers de l'église de Saint-Marcel et de la chapelle de Centron [xiie et xive s.], p. 550.

39397. Borrel (E.-L.). — Église Saint-Martin d'Aime; rapport sommaire sur les fouilles opérées en 1876 et 1877, p. 555. — Cf. n° 39391.

[Ruines d'un édifice gallo-romain; église chrétienne primitive.]

39398. Alliaudi (L'abbé J.-F.). — Vieux parchemins de Marthod; les habitants de Marthod et la leyde à payer au marché de Conflans [xve et xvie s.], p. 562.

39399. Avet (A.). — Analyse du compte rendu de la session du Congrès scientifique de France réuni à Chambéry en 1863, p. 576 à 713.

[Invasion et soumission des Allobroges et des Centrons, p. 654 et 659. — Passage des Alpes par Annibal, p. 657. — Invasions diverses (IVe-IXe s.), p. 664. — Étendue de la *Sapaudia*, p. 671. — Éboulement du Mont-Grenier au XIIIe siècle, p. 677. — Prononciation et orthographe des noms propres de Savoie, p. 681.]

IV. — Recueil des mémoires et documents de l'Académie de la Val d'Isère, série des mémoires, IVe vol. (Moutiers, 1883[-1891], in-8°, 556 p.)

[Par suite d'une erreur de pagination, la page 458 suit immédiatement la page 405.]

39400. Turinaz (Mgr). — La patrie et la famille de Pierre de Tarentaise, pape sous le nom d'Innocent V [XIIIe s.], p. 5.
39401. Garin (L'abbé J.). — Mémoire sur la période révolutionnaire de 1792 à 1802 dans le canton de Bozel (Savoie), p. 56 à 121.
39402. Borrel (E.-L.). — Homélie prêchée par saint Avit, au commencement du VIe siècle, en la basilique de Saint-Pierre, en Tarentaise, à l'occasion de sa consécration, p. 122.
39403. Durandard (Maurice-Antoine). — Notice historique sur les différentes familles qui ont porté le nom de La Val d'Isère en Tarentaise, p. 151.
39404. Borrel (E.-L.). — Un document inédit concernant l'abbaye de Tamié, p. 170.

[Serment prêté par Guillaume V de Riddes, abbé de Tamié, 1645.]

39405. Laissus (Dr C.). — Notice sur le docteur Abondance [Joseph, 1731 † 1809], p. 176.
39406. Garin (L'abbé J.). — Notes complémentaires sur la suzeraineté des archevêques de Tarentaise dans la vallée de Bozel (Savoie), p. 190. — Cf. n° 39179.
39407. Savarin (L'abbé). — Le monastère du mont Sainte-Anne [à Villette, XVIIe et XVIIIe s.], p. 215.
39408. Borrel (E.-L.). — Vestiges de la voie romaine et des monuments élevés sur ses bords à travers le pays des Ceutrons, p. 255.
39409. Borrel (L'abbé Joseph-Émile). — L'instruction en Tarentaise avant la Révolution, p. 283.
39410. Borrel (E.-L.). — Notice historique sur les mines de la Savoie, p. 297 à 364.
39411. Revel. — Note sur des découvertes modernes déjà connues des anciens habitants des vallées de Tarentaise et de Chamonix, p. 365.

[Nuages artificiels pour protéger les vignes contre les gelées; premier relief représentant le mont Blanc, exécuté par Marie Deville, XIXe s.]

39412. Garin (L'abbé J.). — Notice biographique sur Mgr Claude-Humbert de Rolland, dernier archevêque-suzerain et comte de Tarentaise [1708 † 1770], p. 369.
39413. Borrel (L'abbé Joseph-Émile). — Patrie du pape Innocent V (réponse à M. le chanoine Béthaz), p. 405.
39414. Bernard (L'abbé C.-J.). — Anciens statuts pour le quartier de Villemartin, commune de Bozel [1755], p. 483.
39415. Durandard (Maurice-Antoine). — Donation d'ornements sacerdotaux à l'église métropolitaine de Tarentaise, du 24 octobre 1680, par Mgr Milliet de Challes, archevêque de Tarentaise, p. 493.
39416. Borrel (E.-L.). — Constitution de dot pour damoiselle Françoise, fille de noble Jean de Seyssel, comte de Civin [1664], p. 495.
39417. Borrel (L'abbé Joseph-Émile). — Les institutions de bienfaisance en Tarentaise avant la Révolution, p. 515.
39418. Couteur (L'abbé J.-M.). — Comment nos aïeux [de la Tarentaise] savaient conserver et défendre leurs franchises et leurs libertés [XIVe-XVIe s.], p. 523.
39419. Poncet (L'abbé). — Affranchissement et extinction de fiefs passés en 1771 en faveur de la communauté de Marthod située près d'Ugines, p. 529.

I. — Recueil des mémoires et documents de l'Académie de la Val d'Isère, série des documents, Ier vol. (Moutiers, 1866[-1881], in-8°, VI et 720 p.)

39420. Million (L'abbé F.-M.) et Miédan-Gros (L'abbé Vital). — Inventaire des titres essentiels de l'archevêché de Tarentaise [d'après l'original de 1665], p. 1 à 720.

[Analyse ou texte *in extenso* (Xe-XVIIe s.); actes et privilèges de Rodolphe, roi de Bourgogne, des empereurs Frédéric II et Henri VI, des comtes de Savoie, etc.; dîmes, reconnaissances de fief, transactions, etc.]

SAVOIE. — SAINT-JEAN-DE-MAURIENNE.

SOCIÉTÉ D'HISTOIRE ET D'ARCHÉOLOGIE DE LA MAURIENNE.

La *Société d'histoire et d'archéologie de la Maurienne* a été fondée le 3 janvier 1856 et autorisée le 18 novembre 1861. Elle a publié, en 1885, le sixième volume de ses *Travaux*. On trouvera indiquée, sous le n° 39484, la table des quatre premiers volumes.

Une session du *Congrès des Sociétés savantes savoisiennes* a été tenue, en 1878, à Saint-Jean-de-Maurienne; on en trouvera le compte rendu ci-dessus, p. 700, avec celui des autres sessions de ce Congrès.

I. — **Travaux de la Société d'histoire et d'archéologie de la province de la Maurienne.** (Chambéry, 1859[-1866], in-8°, VII et 443 p.)

39421. Truchet (L'abbé Saturnin). — Notice historique sur la commune de Valloires, p. 1 et 215.

39422. Mottard (Dr Antoine). — Notice nécrologique sur M. Marcoz (Pierre-Antoine) [né en 1764], p. 45.

39423. Grange (Joseph). — Notice historique sur le vignoble de Princens, p. 49.

39424. Couvert (L'abbé Alexandre) et Buttard (l'abbé Paul). — Notice sur le Fort-Sarrasin à Pontamafrey, extraite des archives de la commune, p. 57.

39425. Foray (Camille-Gabriel). — Monographie historique de la Basse-Maurienne en Savoie, p. 73 à 157, 185 à 214 et 221 à 360.

[Notices sur Aiguebelle, Randens et Les Urtières.]

39426. Truchet (L'abbé Saturnin). — Notes historiques sur la commune de Jarrier, p. 159.

39427. Arves (Ferdinand d'). — Ventes et inféodation de la Mestralie de Saint-Michel au baron de Saint-Michel, messire de Duing, dit Maréchal [1599], p. 167.

39428. Truchet (L'abbé Saturnin). — Doléances des communes de la Maurienne, adressées au duc Philippe; lettres patentes (1496), p. 361.

39429. Mottard (Dr Antoine). — Mémoire instructif pour la ville de Saint-Jean-de-Maurienne [XVIIIe s.], p. 373.

39430. Burnier (Eugène). — Pièces inédites, relatives à la province de Maurienne et tirées des archives du Sénat de Savoie, p. 391.

[Droit de nomination à la cure d'Avigliana, 1208; nomination d'un juge corrier, 1350; état du diocèse de Maurienne, XVIIIe s.]

39431. Arves (Martin d'). — Vidimus de confirmation faicte par Amed, comte de Savoye, des franchises et libertés concédées par les Révérends Seigneurs évesques de Maurienne aux hommes, nobles, bourgeois, habitants du pays et de la cité de Saint-Jean et du détroit de toute la terre de l'évesché et église de Maurienne... (1407), p. 397.

39432. Arves (Martin d'). — Note sur l'invasion des troupes espagnoles en Savoie [1742], p. 415

39433. Baillieux. — Placet présenté à Sa Majesté Catholique pour les peuples du duché de Savoie [1745], p. 421.

II. — **Travaux de la Société d'histoire et d'archéologie de la Maurienne (Savoie)**, IIe vol. (Chambéry, 1867[-1869], in-16, VIII et 441 p.)

39434. Mottard (Dr Antoine). — Testament de révérendissime et illustrissime seigneur évêque de Maurienne, prince du Saint Empire romain, abbé de Saint-Pierre de Châlons, comte de Masin et de Valperga, etc., p. 1.

[François-Hyacinthe de Valperga, comte de Masin, 1736.]

39435. Arves (Martin d'). — Mémoire inédit pour le chapitre de Maurienne [à propos d'une demande de subsides, 1578], p. 19.

39436. Daymonaz (Séraphin). — Notice sur la réception au canonicat à Saint-Jean-de-Maurienne de S. A. S. le prince Emmanuel-Philibert, duc de Savoie, le 18 juin 1564, p. 31.

39437. Truchet (L'abbé Saturnin). — Notes sur Philibert Milliet, Paul Milliet et Charles Bobba, évêques de Maurienne, extraites de titres inédits [XVIe-XVIIe s.], p. 41.

39438. Archange (Le Père). — Lettres patentes d'abolition des crimes d'usure et autres pour les étapes de Saint-Jean-de-Maurienne et de Modane [1611], p. 49.

39439. Mottard (Dr Antoine). — Testament de révérend Pierre Du Verney [1647], p. 55.

39440. Buet (Charles). — Étude sur les droits seigneuriaux des évêques de Maurienne, p. 71.

39441. Anonyme. — Extrait des registres de la Chambre des comptes, p. 99 à 179.

[Information sur des affranchissements de droits seigneuriaux consentis par l'évêque de Maurienne, 1769.]

39442. Arves (Martin d'). — Entrée et installation sur le siège épiscopal de Maurienne de Mgr Charles-Joseph Filippa de Martiniana, le 11 septembre 1757, p. 181.

39443. Assier (F.-C.-A.). — Notices historiques sur la commune de La Chapelle, canton de La Chambre, p. 189.

39444. Truchet (Florimond). — Franchises accordées par les évêques de Maurienne [aux habitants de Saint-Jean-de-Maurienne, XIVe s.], p. 197.

39445. Albane (Ernest d'). — Documents pour servir à l'histoire de la Maurienne, extraits d'un inventaire des archives de l'évêché de Saint-Jean-de-Maurienne dressé en octobre 1756, par Me Buisson, notaire [XIIe-XVIIIe s.], p. 221.

39446. Truchet (Florimond). — Documents pour servir à l'histoire de la domination des évêques de Maurienne. Essai historique sur l'Aumône du Carême, qui était faite par les évêques de Maurienne dans la ville de Saint-Jean, avec les preuves authentiques tirées des archives de la même ville (1343-1769), p. 263 à 356.

IMPRIMERIE NATIONALE.

39447. Mottard (Dr Antoine). — Délibérations du conseil communal de la ville de Saint-Jean-de-Maurienne [sur le salaire des ouvriers, 1794], p. 357.

39448. Mottard (Dr Antoine). — Détails sur des objets consacrés au culte dans les diverses églises, chapelles et établissements religieux de Saint-Jean-de-Maurienne enlevés en 1793 et 1794 au profit de la République française, p. 365.

39449. Truchet (Florimond). — Les noëls de Bessans (Maurienne); spécimens de poésies en patois, p. 377 à 441.

III. — Travaux de la Société d'histoire et d'archéologie de la Maurienne (Savoie), IIIe vol. (Chambéry, 1871, in-8°, viii et 248 [*lisez* 348] p.)

39450. Anonyme. — Institution papale de révérend Pierre-Antoine Albrieux [chanoine de Saint-Jean-de-Maurienne, 1729; et institution canonicale de révérend Claude Albrieux], p. 1.

39451. Mottard (Dr Antoine). — Extrait du relevé général des émigrés du département du Mont-Blanc, p. 17.

39452. Anonyme. — Briève notice du diocèse de Maurienne, pour Mgr Grisella de Rosignan (1741), par révérend Savey, vicaire général du diocèse, p. 37.

39453. Mottard (Dr Antoine). — Présentation à la cure de Saint-Martin-de-la-Porte, faite en faveur de révérend Antoine Albrieux, prêtre de la cité [1728], p. 85.

39454. Mottard (Dr Antoine). — Ordre de démolition des forts de Saint-Jean-de-Maurienne et des fortifications de Saint-Michel [1615], p. 89.

39455. Mottard (Dr Antoine). — Testament de Michel Allar, d'Hermillon [1609], p. 95.

39456. Mottard (Dr Antoine). — État succinct du diocèse de Maurienne, par révérend Esprit Combet [xviiie s.], p. 105.

39457. Anonyme. — Diplôme de Boson, roi de Provence et de Bourgogne, p. 125.

[Cession du château d'Hermillon à l'évêque de Maurienne.]

39458. Dufour (Auguste). — Les franchises de Bessans, en Maurienne [1567], p. 129.

[Pièces justificatives, 1333-1617.]

39459. Truchet (Florimond). — Les franchises de Bessans, octroyées par le prince cardinal de Savoie, le 16 juillet 1620, p. 191.

39460. Archange (Le Père). — Le château de Tournon-sur-l'Isère (Savoie); précis historique, p. 197.

39461. Durand (L'abbé Raoul). — Document découvert dans les archives paroissiales de Modane, p. 217.

[Interdit de l'église de Modane. 1709.]

39462. Mottard (Dr Antoine). — Quelques notes sur les cardinaux qui ont occupé le siège de Maurienne [xve-xviiie s.], p. 221.

39463. Boniface (L'abbé A.) et Mottard (Dr Antoine). — Biographie des membres du chapitre de Maurienne, avant la Révolution, par le chanoine A. Boniface, revue et annotée par le docteur Mottard, p. 231.

39464. Truchet (Florimond). — Documents pour servir à l'histoire de Maurienne, p. 199 [*lisez* 299].

[Donation au chapitre de Saint-Jean de Maurienne pour la célébration d'un banquet annuel, 1302; transaction en faveur des habitants d'Hermillon au sujet de droits féodaux, 1358; albergement du tiers de la plaine de Longefan, 1417; partage de la plaine de Longefan, 1417; fondation par Gabriel Vallin d'une chapelle dans son château de Fontcouverte, 1448; procédure entre Jean d'Albiez et Jeannette Daval comme tutrice de son fils au sujet d'une dette, 1457; transaction entre Aymon de La Chambre et les serfs des communes de Pontamafrey, Châtel et Hermillon, 1471; quittance par Philibert II, duc de Savoie, de certains droits dus par les habitants de Saint-Michel, 1499.]

39465. Mottard (Dr Antoine). — Appel fait au clergé de Maurienne par le roi Victor-Amédée II pour l'engager à concourir aux frais de création et d'entretien des cordons sanitaires à établir sur quelques frontières de la Savoie pour empêcher l'introduction de la peste qui avait envahi les provinces méridionales de la France [1721], p. 241 [*lisez* 341].

IV. — Travaux de la Société d'histoire et d'archéologie de la Maurienne (Savoie), IVe vol. (Saint-Jean-de-Maurienne, 1876, in-8°. ix et 407 p.)

39466. Durand (L'abbé Raoul). — Notes historiques sur la paroisse et commune d'Avrieux en Maurienne, p. 1.

39467. Foray (Camille-Gabriel). — Étude biographique. Raymond Rancurel de Montaimont, sculpteur, peintre-imagier, calligraphe (1519 † 1582), p. 17.

39468. Mottard (Dr Antoine). — Inventaire des biens meubles et immeubles pris au décès du seigneur Philibert de La Valdisère, baron de Saint-Michel, par demoiselle Anne de Cève, sa veuve... [1638], p. 35.

39469. Vallier (Gustave). — Numismatique mérovingienne de la Maurienne (Savoie), 2 *pl.*, p. 85 et 305.

39470. Vulliermet (Philibert). — Notes et documents sur les frères Dufour, de Saint-Michel-en-Maurienne, peintres des ducs de Savoie (1622-1715), p. 105.

39471. Tissot (E.). — Brun-Rollet, de Saint-Jean-de-Maurienne, voyageur en Égypte [xixe s.], p. 131.

39472. Mottard (Dr Antoine). — Documents sur le bienheureux Ayrald, évêque de Maurienne [† 1146], p. 141.

39473. Truchet (L'abbé Saturnin). — La peste à Saint-Sorlin d'Arves (Savoie), en 1588, p. 157.

39474. Truchet (L'abbé Saturnin). — La commune de Saint-Sorlin-d'Arves et les guerres de la fin du xvie siècle, p. 169.

39475. Truchet (L'abbé Saturnin). — La chapelle de

Bonne-Nouvelle, près Saint-Jean-de-Maurienne [1529], p. 191.

39476. Truchet (L'abbé Saturnin). — Transaction entre le comte de Maurienne Amédée VI, et le chapitre de Saint-Jean (14 mars 1344), p. 207.

39477. Truchet (L'abbé Saturnin). — Notes historiques sur le canton de Saint-Jean-de-Maurienne de 1795 à 1800, p. 215 à 300.

39478. Truchet (L'abbé Saturnin). — L'aumône de Pâques à Montdenis, p. 301.

39479. Truchet (L'abbé Saturnin). — Quelques notes sur la guerre de 1628-1630 : garde du Charmaix; Ennemond Martin, p. 313.

39480. Truchet (L'abbé Saturnin). — Les fiefs du chapitre de Saint-Jean-de-Maurienne [xie-xiie s.], p. 327.

39481. Truchet (Florimond). — Documents pour servir à l'histoire de la domination des évêques de Maurienne (1576), p. 335.

[Mémoire pour soutenir les droits du duc relativement à l'administration de la justice.]

39482. Truchet (L'abbé Saturnin). — Le bienheureux Ayrald, d'abord chartreux, ensuite évêque de Maurienne [xiie s.], p. 343.

39483. Mottard (Dr Antoine). — Notes biographiques sur quelques Mauriennais, dignes de mémoire, p. 377.

[Saint Landry, xe s.; saint Bénézet, xiie s.; le bienheureux Jean de Maurienne, 1548 + 1614; le P. Chérubin de Maurienne, + 1619; François-Emmanuel Fodéré, médecin, 1764 + 1835, etc.]

39484. Laymond (J.-B.). — Table alphabétique des matières contenues dans les quatre premiers volumes des *Mémoires* publiés par la Société d'histoire et d'archéologie de Maurienne (1859-1880), p. 401.

V. — Travaux de la Société d'histoire et d'archéologie de la Maurienne (Savoie), V^e vol. (Saint-Jean-de-Maurienne, 1881, in-8°, xii et 462 p.)

39485. Mareschal de Lucianne (François-Clément de). — Franchises et autres documents inédits relatifs à Lanslebourg, tirés des archives du Sénat de Savoie et des archives du département de la Savoie [xive-xviiie s.], p. 1.

39486. Truchet (L'abbé Saturnin). — Notes sur la commune de Montrond au xvie et au xviie siècle; pestes et guerres, p. 33.

39487. Truchet (L'abbé Saturnin). — Note sur l'église [xviiie s.], les chapelles et la cure de Villargondran, p. 51.

39488. Truchet (Florimond). — Sentence d'excommunication ... contre les voleurs et détenteurs des biens appartenant à noble Pierre Palluel, du Bourget, p. 73.

39489. Pascal. — Notice historique sur la percée du grand tunnel des Alpes, commune des Fourneaux, p. 81.

39490. Truchet (L'abbé Saturnin). — La famille des peintres Dufour, de Saint-Michel-en-Maurienne [xvie-xviiie s.], *tabl. généal.*, p. 93.

39491. Truchet (L'abbé Saturnin). — Le Montcenis et les projets de Napoléon Ier, p. 159.

39492. Mottard (Dr Antoine) et Guillaume (l'abbé P.). — Anciennes limites du diocèse de Maurienne, p. 171.

39493. Truchet (L'abbé Saturnin) et Buttard (l'abbé Paul). — Quelques notes sur la commune de Saint-André, p. 183.

39494. Truchet (Florimond). — Histoyre de la vie du glorieulx sainct Martin, évesque de Tours en Touraine, patron de la communaulté de Sainct-Martin-de-la-Porte en Maurienne, soit mystère en deux journées, en patois et en françois, représenté en icelle commune... en l'an de grâce 1565... [attribué à Nicolas Martin], p. 193 à 367.

39495. Truchet (L'abbé Saturnin). — L'insurrection des Arves, la châtellenie de Valloires et l'évêque Ogier de Conflans [xve s.], p. 369.

39496. Truchet (L'abbé Saturnin). — Notes sur les nobles Varnier et des Colonnes, de Saint-Pancrace [xve-xviie s.], p. 383.

39497. Truchet (L'abbé Saturnin). — Convention entre Aimon, évêque de Maurienne, et Jean de La Chambre (29 février 1284), p. 397.

39498. Villet (J.). — Notes sur les tremblements de terre ressentis à Saint-Jean-de-Maurienne [à partir de 1839], p. 441.

VI. — Travaux de la Société d'histoire et d'archéologie de la Maurienne (Savoie), VIe vol. (Saint-Jean-de-Maurienne, 1885 [-1892], in-8°, ix et 380 p.)

39499. Rambaud (L'abbé). — Histoire du collège Lambertin [à Saint-Jean-de-Maurienne, fondé au xvie s.], p. 1 à 253.

39500. Truchet (L'abbé Saturnin). — Quelques familles nobles de la Maurienne, p. 257 à 315.

[Familles d'Albert, Bérard, Du Villard, Chaudet, Fournier, Vallin, Testut, de La Botière, Des Colonnes, Varnier, Thovex, de Projordane, de Maraville et de Franc.]

39501. Viannay (L'abbé J.). — Notes sur Mgr Charles Bobba [évêque de Saint-Jean-de-Maurienne de 1619 à 1636], p. 316.

39502. Poingt (L'abbé). — Notes sur quelques familles nobles de Saint-Michel [familles Dufour et Broncin], p. 348.

39503. Truchet (L'abbé Saturnin). — Quelques notes sur Valloires, p. 354.

39504. Truchet (L'abbé Saturnin). — Le décime de guerre de 1589, p. 370.

39505. Arnaud. — Naturalisations communales [dans la Maurienne, xviie et xviiie s.], p. 372.

SAVOIE (HAUTE-). — ANNECY.

ACADÉMIE SALÉSIENNE.

L'*Académie salésienne* a été fondée le 21 août 1878; elle publie un recueil intitulé : *Mémoires et documents* dont le 8e volume a paru en 1885.

I. — [**Mémoires et documents de l'Académie salésienne**, t. I]. (Annecy, 1879, in-8°, VIII et 287 p.)

39506. Brasier (L'abbé V.). — Étude sur saint Germain, moine bénédictin, d'abord prieur de Talloires, ensuite solitaire [XIe s.], VIII et 287 p.)

II. — **Mémoires et documents de l'Académie salésienne**, t. II. (Annecy, 1880, in-8°, 296 p.)

39507. Anonyme. — Lettres inédites de saint François de Sales [1606-1612], p. 11.

39508. Anonyme. — Relation de la mort de saint François, arrivée à Lyon le 28 décembre 1622, p. 17.

[Extrait d'un journal manuscrit de M. le marquis de Cambis-Velleron.]

39509. Brasier (L'abbé V.). — Étude sur saint Ruph, d'abord moine, prieur de Talloires, ensuite solitaire [XIe s.], *pl.*, p. 43 à 93.

[En appendice : Vies des saints Ismius, Ismidon et Bompar, XIe-XIIe s.]

39510. Mercier (L'abbé J.). — Notice sur l'hôpital de la Providence d'Annecy, d'après des documents inédits [XVIIe-XVIIIe s.], p. 95.

39511. Pettex (L'abbé J.-M.). — Statistique historique du diocèse d'Annecy, p. 119.

39512. Brand (L'abbé Placide). — Les synodes dans l'ancien diocèse de Genève [XIIe-XVIIIe s.], p. 155 à 205.

39513. Chevalier (L'abbé J.-M.). — De la monographie des paroisses [*plan*], p. 206.

39514. Anonyme. — Documents, p. 211.

[États du diocèse de Genève, XVIe et XVIIe s.; bulles relatives à l'érection du diocèse d'Annecy, 1821-1825; notes destinées à servir de complément aux *Mémoires pour l'histoire ecclésiastique des diocèses de Genève, Tarentaise, Aoste et Maurienne et du décanat de Savoie*, par l'abbé Besson; Genevois convertis en 1598; biens ecclésiastiques incorporés à l'ordre des saints Maurice et Lazare, 1579 et 1607; bulle d'Alexandre III relative à l'abbaye d'Aulps, 1180; accord entre Amé de Savoie et l'abbé d'Abondance relatif à Vacheresse, 1360; concession d'Amédée VI en faveur de Megève, 1371; église de Brens, 1391; collège Saint-Nicolas d'Annecy à Avignon, 1533.]

III. — **Mémoires et documents de l'Académie salésienne**, t. III. (Annecy, 1881, in-8°, 675 p.)

39515. Brasier (L'abbé V.). — Glane salésienne, p. 1. — Cf. n° 39527.

[Lettres de saint François de Sales, 1615, et de Jean-François de Sales, 1632; oraison funèbre de saint François de Sales par le chanoine Artus de Lyonne, sieur d'Aouste, 1623.]

39516. Mercier (L'abbé J.). — Notice sur les Clarisses de Genève et d'Annecy, d'après des documents inédits [XVe-XVIIIe s.], p. 30 à 97.

39517. Gonthier (L'abbé J.-François). — Les châteaux et la chapelle des Allinges [construite au XIVe s.], p. 99 à 229.

39518. Brachet (L'abbé Adolphe-François). — Monographie de la paroisse d'Arthaz-Pont-Notre-Dame, *carte*, p. 230.

39519. H. C. — La voie romaine dans la vallée des Usses, essai historique, p. 257.

39520. Ducis (L'abbé). — Saint Maurice et la légion thébéenne, p. 268; et VI, p. 98.

39521. Brand (L'abbé Placide). — Pouillé du diocèse de Genève publié d'après un manuscrit de la Bibliothèque nationale [XIVe s.], p. 301.

39522. Brasier (L'abbé V.). — Bibliographie salésienne latine et française, p. 326.

[Première partie : ouvrages concernant la vie et les œuvres de saint François de Sales.]

39523. Foras (Amédée de). — Rd mre Aymon de Montfalcon, abbé de Hautcrêt, prieur de Douvaine, etc., fonde et dote une chapelle sous le vocable des saints Second, commandant, et Maurice, primicier de la légion thébéenne, dans le cimetière de l'église paroissiale de Douvaine ... (2 juin 1486), p. 359.

IV. — **Mémoires et documents de l'Académie salésienne**, t. IV. (Annecy, 1882, in-8°, VIII, XVIII et 215 p.)

39524. Tremey (Alexandre). — Lettre inédite de saint François de Sales [1614], p. VII.

39525. Falconnet (L'abbé Jean). — Vie, culte et miracles du bienheureux Jean d'Espagne, premier prieur de la chartreuse du Reposoir au diocèse d'Annecy [vers 1123 † 1160], 2 *pl.*, XVIII et 215 p.

V. — Mémoires et documents de l'Académie salésienne, t. V. (Annecy, 1882, in-8°, VIII, 413 et CLXXV p.)

39526. PICCARD (L.-E.). — Histoire de Thonon et du Chablais dès les temps les plus reculés jusqu'à la Révolution française, *carte*, *plan* et 3 *pl.*, VIII, 413 et CLXXV p.

[Pièces justificatives (XIIIe-XVIIIe s.); ministres protestants en Chablais; vallées d'Abondance et d'Aulps; Marclaz et *la Philotée;* famille de Blonay; exécution du prêtre catholique Fau à Vevey (1643); bulle de Clément VIII (1599), etc.]

VI. — Mémoires et documents de l'Académie salésienne, t. VI. (Annecy, 1883, in-8°, 328 p. et 7 p. de suppl.)

39527. V. B. [BRASIER (L'abbé V.).] — Glane salésienne, p. 1. — Cf. n° 39515.

[Lettres inédites de saint François de Sales, 1601-1620; mémoire en faveur de l'évêque de Genève, seul légitime prince souverain de Genève; lettre de sainte Jeanne-Françoise de Chantal; testament de Louis de Sales, 1618.]

39528. PONCET (L'abbé P.-F.). — Mémoire sur le plainchant en Savoie [suivi d'un supplément paginé 1 à 7], p. 37.

39529. MERCIER (L'abbé J.). — Le bienheureux Pierre Favre dit Lefèvre [1506 † 1546]; son culte et sa chapelle, p. 51.

39530. BURTIN et BRAND (l'abbé Placide). — Lettre du bienheureux Pierre Favre dit Lefèvre [1541], p. 87.

[39520]. DUCIS (L'abbé). — Saint Maurice et la légion thébéenne, p. 98.

39531. DUCRETTET (L'abbé.). — Monographie de Marlens, p. 127 à 221. — Cf. n° 39542.

39532. FLEURY (L'abbé). — Remarques sur les anciens missels de Genève [XIIIe-XVIe s.], p. 232.

39533. PETTEX (L'abbé J.-M.). — Notice biographique sur l'historien Besson [Joseph-Antoine, 1717 † 1763], p. 249.

[En appendice : archiprêtres du diocèse de Genève (XVIIIe s.), p. 297. — Visite du diocèse de Genève par Mgr Barthélemy, évêque de Corneto et de Montefiascone (1443), p. 300, etc.]

VII. — Mémoires et documents de l'Académie salésienne, t. VII. (Annecy, 1884, in-8°, II et 422 p.)

39534. ANONYME. — Lettre de saint François de Sales à Mme la présidente de Sautereau à Grenoble [1617], p. II.

39535. SAUTIER-THYRION (Maurice). — Un épisode de la Révolution. Le cœur de saint François de Sales sous la Terreur; sa préservation providentielle à Lyon et ses différentes stations en Italie et en Autriche (1791-1801). p. 1 à 88.

39536. LAVANCHY (L'abbé J.-M.). — Les châteaux de Duin, p. 89 à 191. — Cf. n° 39548.

[Pièces justificatives (1297-1673); actes des comtes de Savoie et de Genevois; testament de Louise de Savoie (1526), etc.]

39537. [LAVANCHY (L'abbé J.-M.)]. — Le château de Dérée [XVe s.], p. 192.

39538. PLANTAZ (L'abbé E.). — Monographie d'Araches. *fig.*, p. 205 à 270.

39539. PONCET (L'abbé P.-F.). — Étude historique et artistique sur les anciennes églises de la Savoie et des rives du lac Léman, p. 271 à 364; et VIII, p. 549 à 559.

[Cathédrale de Genève, XIe-XIIe s.; Abondance, XIIe s.; cathédrale de Lausanne, XIIIe s.; Le Bourget, XIIIe s.; Évian-les-Bains. XIIIe s.; Mélan, XIIIe s.; Haute-Combe, XIVe s.; la Sainte-Chapelle et la cathédrale de Chambéry. XVe s.; Notre-Dame-de-Liesse à Annecy, XVe-XVIe s., etc.]

39540. MONTAGNOUX (L'abbé Alexandre). — Précis de comput ecclésiastique, p. 365.

39541. FORAS (Amédée DE) et GONTHIER (l'abbé J.-F.). — Documents, p. 409.

[Le cardinal de Menthonay, 1391; mort d'Amédée VIII. duc de Savoie, à Genève, 1451; fondation de l'ermitage des Voirons. 1451; paroisse de Saint-Innocent dans le décanat de Sallanches: miracle de sainte Colette à Échissiex, 1425.]

39542. [DUCRETTET (L'abbé)]. — Corrections et additions à la monographie de Marlens, p. 415. — Cf. n° 39531.

VIII. — Mémoires et documents de l'Académie salésienne, t. VIII. (Annecy, 1885, in-8°, 568 p.)

39543. MERCIER (L'abbé J.) — L'abbaye et la vallée d'Abondance, p. 1 à 380.

[Pièces justificatives (1168-1793); bulles et brefs de Paul V et de Clément XIII; actes des ducs de Savoie, etc.]

39544. LAVANCHY (L'abbé J.-M.). — Sabbats ou synagogues sur les bords du lac d'Annecy; procès inquisitorial à Saint-Jorioz, en 1477, p. 381 à 440.

39545. FLEURY (L'abbé). — Monographie de la paroisse d'Annemasse, p. 441.

39546. CHEVALIER (L'abbé J.-M.). — Études historiques et critiques sur la *Défense de l'estendart de la Saincte Croix de Nostre Sauveur Jésus-Christ, divisée en quatre livres par François de Sales, prévost de l'église cathédrale de Sainct-Pierre de Genève*, p. 466 à 548.

[39539]. PONCET (L'abbé P.-F.). — Étude sur les anciennes églises de la Savoie; rectifications et additions. p. 549 à 559.

39547. ANONYME. — Lettre du pape Pie IX aux évêques de

la province ecclésiastique de Chambéry et à l'évêque de Nice, relative à l'extension du concordat de 1801 [1860], p. 560.

39548. [Lavanchy (L'abbé J.-M.)]. — Corrections à la Monographie des châteaux de Duin, p. 568. — Cf. n° 39536.

SAVOIE (HAUTE-). — ANNECY.

SOCIÉTÉ FLORIMONTANE.

La *Société florimontane* a été fondée le 11 juin 1851. Ses publications consistent en un *Bulletin*, contenant ses procès-verbaux, auquel elle substitua, en 1853, des *Annales*, et en 1855, la *Revue savoisienne* dont elle a fait paraître, en 1885, le vingt-sixième volume.

Association florimontane pour le progrès et l'encouragement des sciences et des arts. Séance du 17 novembre 1851 [et séances de l'année 1852]. (Annecy, 1851-1852, in-8°, 119 p.)

39549. Anonyme. — Deux lettres inédites du président Favre [relatives à son code, 1612], p. 6.

39550. Philippe (Jules). — Biographie militaire de la Savoie : le général Songeon [Jean-Marie, 1771 † 1834], p. 10.

39551. Bouvier (Dr Louis). — Biographie botanique de la Savoie : Jean-Jacques Perret d'Aix-les-Bains [botaniste, 1762 † 1836], p. 12.

39552. Miguet (L'abbé). — Sur l'acte de naissance de Joseph Michaud [né à Albens en 1767], p. 21.

39553. Delacroix (Maurice). — État des anciens peuples de la Savoie avant la conquête romaine, p. 23.

39554. Rosset. — Sur deux lettres autographes de Joseph Michaud [1790], p. 38.

Annales de l'Association florimontane d'Annecy. (Annecy, 1853, in-8°, 136 p.)

39555. Dessaix (Joseph). — Notice biographique sur Joseph-Louis Bonjean, naturaliste [1780 † 1846], *portrait*, p. 5.

39556. Bouvier (Dr Louis). — Trois lettres inédites de Berthollet [1772, 1774 et 1781], p. 30.

39557. Replat (J.). — Nouvelles observations sur le passage d'Annibal dans les Alpes, p. 35.

39558. Poncet (L'abbé). — Des principaux types d'architecture religieuse, p. 57.

39559. Philippe (Jules). — Rapport sur des documents inédits concernant l'abbaye de Talloires [suivi d'une étude historique sur cette abbaye], p. 81.

39560. Replat (J.). — Esquisse du vieux Annecy, p. 121.

Association florimontane pour le progrès et l'encouragement des sciences et des arts. Séance du vendredi 3 novembre 1854. (Annecy, 1854, in-8°, 32 p.)

I. — Bulletin de l'Association florimontane d'Annecy et **Revue savoisienne,** Ier vol., 1855. (Annecy, s. d., in-8°, 377 p.)

39561. Rabut (François). — Note sur trois jetons inédits du Genevois [xvie et xviie s.], *pl.*, p. 53.

39562. Rabut (François). — Archéologie [monnaies romaines et du moyen âge trouvées à Annecy et à Massingy], p. 62.

39563. Philippe (Jules). — Note sur le second monastère de la Visitation d'Annecy [d'après le livre de noviciat, 1634-1791], p. 92.

39564. Serand (Éloi). — Cippe romain trouvé dans les Fins d'Annecy, *fig.*, p. 111.

39565. Serand (Éloi). — Trouvailles de monnaies à Massingy [xiie et xiiie s.], p. 112.

39566. Serand (Éloi). — Note iconographique sur les monnaies des comtes de Genevois frappées à Annecy [xive s.], *pl.*, p. 133.

39567. Replat (J.). — Première lettre écrite par Antoine Favre à saint François de Sales [1593], p. 165.

39568. Philippe (Jules). — Extrait d'un manuscrit du xviiie siècle, p. 175.

[Journal anonyme des principaux événements qui se sont passés en Savoie de 1699 à 1713.]

39569. Replat (J.). — Note sur Mme de Warens [avec des lettres autographes de Mme de Warens, 1756-1758], p. 251.

39570. Mortillet (Gabriel de). — Mandrin et Échinard, p. 305.

39571. Mortillet (Gabriel de). — La Savoie avant l'homme, 4 *cartes*, p. 327.

II. — Bulletin de l'Association florimontane d'Annecy et **Revue savoisienne**, II° vol., 1856. (Annecy, s. d., in-8°, 401 p.)

39572. Anonyme. — Revue savoisienne, p. 10, 65, 109, 139 et 181. — Cf. n° 39579.

[Paul-François de Sales (1778 † 1850), p. 10. — Melchior Raymond (1804 † 1854), p. 10. — Médailles romaines trouvées à Nezin et près Chambéry, p. 13 et 141. — Musée lapidaire d'Annecy, p. 66. — Inscription romaine près Rumilly, p. 139. — Antiquités préhistoriques à Reignier, p. 143. — Étymologie de Ripaille, p. 189.]

39573. Replat (J.). — Voyage improvisé; une ascension au Semnoz, p. 75.

39574. Fleuret (L.). — Notice biographique sur M. Fabien Calloud [pharmacien, 1781 † 1855], *pl.*, p. 167.

39575. Rabut (François). — Un procès entre les Dominicains et les chanoines d'Annecy en 1733 [à propos de l'église des Dominicains], p. 215.

39576. Replat (J.). — Étude sur la poésie des Alpes, p. 241.

[Traditions, légendes ou superstitions.]

39577. Despine (Alphonse). — Notice historique sur le Saint-Sépulcre d'Annecy [fondé au xiv° s.], p. 281.

[Pièces justificatives : bulle de Martin V, etc.]

39578. Rabut (François). — Bulletin bibliographique de la Savoie, 1re année, 1856, p. 319. — Cf. n° 39231.

III. — Bulletin de l'Association florimontane d'Annecy et **Revue savoisienne**, III° vol., 1857-1858. (Annecy, s. d., in-8°, 206 p.)

39579. Anonyme. — Revue savoisienne, p. 15 et 74. — Cf. n° 39572.

[Habitations lacustres sur les bords du lac de Zurich, p. 15.]

39580. Boltshauser (J.-A.). — Notes climatologiques sur la ville d'Annecy [1773-1857], p. 25.

39581. Philippe (Jules). — Note sur la tour de Montfalcon et sur les antiquités [gallo-romaines] de la vallée d'Albens, p. 83.

39582. Replat (J.). — Voyage au long cours sur le lac d'Annecy (1857-1858), *carte*, p. 89.

[Inscription romaine d'Annecy-le-Vieux; Menthon; abbaye de Talloire; Châteauvieux, etc.]

I. — Revue savoisienne, journal publié par l'Association florimontane d'Annecy; histoire, sciences, arts, industrie, littérature, 1860, 1re année. (Annecy, 1860, in-4°, 108 p.)

39583. Rabut (François). — Médaille inédite d'Albert-Pio de Savoie, comte de Carpi [1535], p. 4.

39584. Replat (J.). — Hommage prêté à Amédée, comte de Savoie, par la noblesse du Genevois, le 24 février 1405, p. 5.

39585. Revon (Louis). — L'atelier de M. Vela [sculpteur, à Turin], p. 11.

39586. Philippe (Jules). — Savoyard! Allobroge! [étude sur le sens de ces mots], p. 19.

39587. Anonyme. — Inscriptions romaines à Rumilly, p. 22.

39588. Revon (Louis). — La Grande-Chartreuse, p. 27 et 34.

39589. Delafontaine (M.). — Une saison au Frazer-River [Californie], p. 30, 39, 46 et 78.

39590. Philippe (Jules). — Les gloires de la Savoie, p. 33, 41, 61, 81, 89, 97; II, p. 17, 41, 61, 85; III, p. 25, 37, 48, 65, 73, 89 et 101.

[Tome I : Guillaume Fichet, xv° s.; fondation de l'*Académie florimontane*, 1607; Claude-Fabre de Vaugelas, 1585 † 1650 (cf. n° 39603); biographies d'hommes d'église, etc.

Tome II : Hommes de guerre : Amé de Viry, † 1412; le général Dessaix, 1764 † 1834; le lieutenant-général Chastel, 1774 † 1826, etc.

Tome III : le lieutenant-général Decoux, 1775 † 1814; le lieutenant-général Curial, 1774 † 1829; le général Songeon, 1771 † 1834; le lieutenant-général Pacthod, 1764 † 1830; les généraux Pierre-Louis Dupas, 1761 † 1823, François-Louis Forestier, 1776 † 1814, Gaspard-François Forestier, 1767 † 1832, et Pierre Guillet, 1765 † 1836; Philibert Simond, 1755 † 1794; Joseph de Maistre, 1754 † 1821, etc.]

39591. Anonyme. — Les docteurs Carron Du Villars [† 1860] et Petit [Alexis, 1783 † 1860], p. 44.

39592. Replat (J.). — Fragments de la *Chronique du comte Rouge* [Amé VII, comte de Savoie, xv° s.], par Perrinet Dupin, p. 49, 62, 82; II, p. 9 et 77.

39593. Rabut (François). — Quelques inscriptions recueillies à Annecy [xvi°-xix° s.], p. 50, 64 et 83. — Cf. n° 39602.

39594. Bebert (F.-J.). — Auguste Huguenin [botaniste, 1800 † 1860], p. 69.

39595. Ducret (J.). — La question de l'homme fossile, p. 71.

39596. Mortillet (Gabriel de). — Les habitations lacustres en Lombardie, p. 77.

39597. Despine (Alphonse). — Notes historiques sur les châteaux et les localités de la Savoie appelés Châtelard, p. 99; et II, p. 25 et 43.

II. — Revue savoisienne ..., 1861, 2° année. (Annecy, 1861, in-4°, II et 104 p.)

39598. Calloud (Charles). — Note sur deux mots du récit de Tite-Live relativement au passage des Alpes par Annibal, p. 1.

39599. Rabut (François). — Correspondance, p. 2.

[Un voyage en Savoie au xviii° siècle.]

39600. Revon (Louis). — Gênes, p. 4, 22 et 36.

39601. Ducis (L'abbé). — Voies romaines [en Savoie], *fig.*, p. 7, 13, 23, 30, 35, 55, 71, 93, 101; III,

p. 23, 40, 60, 71, 98, 105; IV, p. 4, 13, 22, 28, 50, 57 et 65.

[39592]. Replat (J.). — Fragments de la *Chronique du comte Rouge*, p. 9 et 77.

[39590]. Philippe (Jules). — Les gloires de la Savoie, p. 17, 41, 61 et 85.

[39597]. Despine (Alphonse). — Notes historiques sur les châteaux et les localités de la Savoie appelés Châtelard, p. 25 et 43.

39602. Rabut (François). — Quelques inscriptions recueillies en Savoie [à La Chambre, Saint-Jean-de-Maurienne, chez le comte d'Arves, à Chambéry et à Annecy, xvie-xviiie s.], p. 29, 58, 66, 87; et III, p. 19. — Cf. n° 39593.

39603. Martin (L'abbé). — Correspondance, p. 60 et 75.

[Rectification aux *Gloires de Savoie* (cf. n° 39590) : Vaugelas; le cardinal Louis Allemand; saint Anthelme.]

39604. Anonyme. — Sur un sarcophage ancien trouvé à Bluffy et une inscription romaine découverte près de Monthoux, p. 68 et 75.

39605. Lecoy de La Marche (A.). — Note sur l'origine du nom d'Annecy, p. 69.

39606. Bouvier (Dr Louis). — Le père Baranzan, à Annecy, en 1615 [défenseur de la doctrine de Bacon], p. 72.

39607. Lecoy de La Marche (A.). — Deux chartes du prieuré de Vallon en Chablais [ventes de terre, 1274 et 1305], p. 78.

39608. Bouvier (Dr Louis). — Le nouveau cardinal de Chambéry [Mgr Alexis Billiet], p. 83.

III. — Revue savoisienne ..., 1862, 3e année. (Annecy, 1862, in-4°, ii et 108 p.)

39609. Ducis (L'abbé). — Gevrier [antiquités romaines, inscriptions, etc.], p. 9.

39610. Lecoy de La Marche (A.). — Les franchises de la ville de Thones [1350], p. 13.

[39602]. Rabut (François). — Quelques inscriptions recueillies en Savoie, p. 19.

[39601]. Ducis (L'abbé). — Voies romaines [en Savoie], p. 23, 40, 60, 71, 98 et 105.

[39590]. Philippe (Jules). — Les gloires de la Savoie, p. 25, 37, 48, 65, 73, 89 et 101.

39611. Revon (Louis). — Deux tombeaux gallo-romains de Pringy, p. 25.

39612. Ducis (L'abbé). — Cachet de Pompée [intaille du musée d'Annecy], p. 26.

39613. Bernard (Auguste). — Inscriptions antiques d'Aix-les-Bains, p. 31.

39614. Revon (Louis). — Antiquités [gallo-romaines] de Thonon, p. 38.

39615. Lecoy de La Marche (A.). — Une grande erreur archéologique [sens du mot *ogive*], p. 38.

39616. Revon (Louis). — Chez les Kebailes [Algérie], p. 42 et 50.

39617. Morlot (A.). — Cours sur la haute antiquité [histoire et archéologie des temps préhistoriques], p. 45 et 53.

39618. Philippe (Jules). — Gaspard Monge [originaire de Savoie par sa famille paternelle], p. 57.

39619. Ducis (L'abbé). — Les antiquités de Seyssel [inscriptions romaines], p. 66.

39620. Lecoy de La Marche (A.). — La légende de Marcellaz [le crime du sire d'Auteville], p. 74.

39621. Jacobus. — Les amours de la Joson, esquisse des mœurs du vieil Annecy, p. 76, 81 et 91.

[D'après le manuscrit de François Aubert, chanoine, 1757.]

39622. Rabut (François). — Correspondance, p. 87.

[Armoiries de la famille d'Auteville; Savoyards hommes de guerre; le P. Baranzano, † 1622.]

39623. Troyon (Fréd.). — Disque en bronze de Perroix sur le lac d'Annecy, p. 97.

39624. Calloud (Charles). — Antiquités et source minérale de La Bauche, p. 102. — Cf. n° 39625.

39625. Ducis (L'abbé). — Sur les antiquités gallo-romaines de La Bauche, p. 104. — Cf. n° 39624.

IV. — Revue savoisienne ..., 1863, 4e année. (Annecy, 1863, in-4°, ii et 100 p.)

39626. Lecoy de La Marche (A.). — Trésoriers généraux du Genevois et châtelains d'Annecy [xve-xviie s.], p. 4.

[39601]. Ducis (L'abbé). — Voies romaines [en Savoie], p. 4, 13, 22, 28, 50, 57 et 65.

39627. Rabut (François). — Causerie historique, p. 7, 23 et 43.

[Liste de documents relatifs au Genevois et à la Savoie; châtellenies du duc de Genevois en Savoie; chapelle de Notre-Dame-de-Lorette en Savoie; almanachs historiques de Savoie; église de Ripaille; armes de quelques villes et collégiales de la Savoie; épitaphe d'Eustache Chappuis, † 21 janvier 1556.]

39628. Lecoy de La Marche (A.). — Notice historique sur Ripaille en Chablais d'après plusieurs documents inédits, p. 9, 25, 33 et 45.

39629. Revon (Louis). — Les Troglodytes de la Savoie, p. 12 et 56.

39630. Revon (Louis). — Habitations lacustres du lac du Bourget, p. 20.

39631. Divers. — Sur des inscriptions romaines trouvées à Concise et à Sales, p. 31.

39632. Ducis (L'abbé). — Bautas et Annecy [inscriptions romaines], p. 38, 48 et 53.

39633. Anonyme. — Deux lettres inédites de saint François de Sales [1620], p. 42.

39634. Ducis (L'abbé). — Sur le prieuré de Saint-Clair (1501), p. 44.

39635. Philippe (Jules). — Sur l'église des Óllières (1508), p. 52.

39636. Revon (Louis). — Sur une inscription funéraire du viiie siècle trouvée à Gruffy, p. 60.

39637. Lecoy de La Marche (A.). — Testament d'Amédée III; l'église Notre-Dame d'Annecy; la monnaierie des comtes de Genevois [xive s.], p. 61.

39638. Despine (Félix). — Funérailles en Sardaigne [à Scanno; usages], p. 65.

39639. Replat (J.). — Bois et vallons, p. 69; V, 3, 13, 25, 37, 53, 65, 77, 89 et 101.

[Tome IV : Thônes; les Villards; l'abbaye de la Sainte-Maison d'Entremont.

Tome V : Metet; Crans; abbaye de Sainte-Catherine; Alby; Pontverre; Thorens, etc.]

39640. Ducis (L'abbé). — Une vallée en Savoie [la vallée de Beaufort], p. 73, 77, 89 et 96.

39641. Mattin (L'abbé). — Note sur Antoine Favre et sa famille [xvie s.], p. 84.

39642. Bouvier (Dr Louis). — Simon Bigex, secrétaire de Voltaire [1729 † 1806], p. 85.

39643. Lecoy de la Marche (A.). — Les franchises d'Alby [-en-Savoie, 1297], p. 88.

V. — Revue savoisienne ..., 1864, 5e année. (Annecy, 1864, in-4°, II et 136 p.)

39644. Troyon (Fréd.). — Fouilles de Concise sur le lac de Neuchâtel, en Suisse [emplacement lacustre], p. 2.

[39639]. Replat (J.). — Bois et vallons, p. 3, 13, 25, 37, 53, 65, 77, 89 et 101.

39645. Poulet (J.-B.). — Note sur l'abbaye de Talloires [transaction entre l'abbé et les religieux, 1767], p. 21.

39646. Bouvier (Dr Louis). — Coup d'œil sur l'histoire de la botanique savoyarde, p. 30, 45, 111 et 122.

39647. Marans (P. de) [Personnat (V.)]. — Aqueduc [romain] du Chatelard, p. 58.

39648. Charvet (L.). — Lettres sur l'architecture et les arts qui en dépendent au xixe siècle, p. 71, 82, 95, 113 et 125.

39649. Revon (Louis). — Fouilles de Gevrier [inscriptions romaines], p. 75.

39650. Morlot (A.). — Analyse des bronzes antiques du musée d'Annecy, p. 76.

39651. Valabrègues (Antoni). — Poésie chinoise à l'époque des Thang, p. 97, 104, 115 et 126.

39652. Personnat (V.). — Inscription romaine de la Forclaz de Saint-Gervais, p. 109. — Cf. n° 39653.

39653. Ducis (L'abbé). — Inscription [romaine] du Larioz, p. 117. — Cf. n° 39652.

39654. Despine (Alphonse). — Recherches sur les poésies en dialecte savoyard [xvie-xixe s.], p. 129; VI, p. 1, 13, 24, 38, 47, 54, 67, 71, 87; VIII, p. 104, 114; IX, p. 11, 55, 68, 86, 97, 107; X, p. 20 et 31.

39655. Ducis (L'abbé). — Tombeaux de Bel-Air, près Lausanne [v^{e}-ixe s.], p. 133.

VI. — Revue savoisienne ..., 1865, 6e année. (Annecy, 1865, in-4°, II et 100 p.)

[39654]. Despine (Alphonse). — Recherches sur les poésies en dialecte savoyard, p. 1, 13, 24, 38, 47, 54, 67, 71 et 87.

39656. Rabut (François). — Rapports historiques entre la Bourgogne et la Savoie, p. 3.

39657. Payen (H.). — L'inscription [romaine] de la Forclaz de Saint-Gervais, p. 6.

39658. Despine (Alphonse). — Un autographe de Henri IV [lettre à M. de Lambert, 6 décembre 1600], p. 8.

39659. Lullin (Paul). — Problème relatif à la famille de Faucigny [xiiie s.], p. 16.

39660. Philippe (Jules). — Les poètes de la Savoie, p. 18 et 33.

[Xavier de Maistre, 1763 † 1852; Jean-Pierre Veyrat, 1810 † 1844.]

39661. Serand (Éloi). — Les reliques de saint François de Sales sous la Terreur, p. 21.

39662. Revon (Louis). — Étude artistique et anatomique sur la tête de saint François de Sales, p. 29.

39663. Ducis (L'abbé). — Saint François de Sales en Tarentaise, p. 37.

39664. Ducis (L'abbé). — Les familles de Sales et de Villette-Chevron; Germonio et le président Favre, p. 45.

39665. Anonyme. — L'insurrection de Thônes (7 mai 1793), p. 50.

39666. Philippe (Jules). — Trépieds romains trouvés près de Thonon, p. 51.

39667. Lecoy de La Marche (A.). — Une demande de canonisation en faveur de saint François de Sales, p. 53.

[Lettre de Philippe Ier, duc d'Orléans, 1662.]

39668. Anonyme. — Documents, p. 58.

[Serment de F.-T. Panisset, évêque constitutionnel du Mont-Blanc, 1794; noms des rues d'Annecy sous la République.]

39669. Sainte-Beuve. — Jean-Pierre Veyrat [1810 † 1844], p. 61.

39670. Ducis (L'abbé). — Chemin et camp romains en Chablais, p. 69.

39671. Le Fort (Charles). — Un problème généalogique sur les maisons souveraines de Savoie et de Genève, p. 70.

[Mariage de Guillaume, comte de Genève, xiiie s.]

39672. Vuy (Jules). — Glanures historiques, p. 72, 98; VII, p. 26, 34, 112; VIII, p. 18, 72, 103; IX, p. 18, 99; X, p. 37, 60, 89; XI, p. 68; XII, p. 5; XIV, p. 18; et XVIII, p. 65. — Cf. n° 39710.

[Tome VI : lettres concernant la famille de saint François de Sales et celle du président Favre, xvie et xviie s.; Jérôme de Lambert, abbé d'Aulph, xvie s.

Tome VII : statuts de la Société de tir de Samoëns, 1608; terrier du mandement de Chaumont, xive s.; cession du comté de Genevois à la maison de Savoie, 1401; origine du mot *Ripaille*.

Tome VIII : terrier du mandement de Chaumont; église de Sainte-Marie-Madeleine à Genève; élection de François de Genève comme primicier de la Roche, 1720.

Tome IX : Pierre de La Baume, évêque de Genève, † 1544; famille Delestelley, de Samoëns, xve-xvie s.

Tome X : harangue de Pierre de Fenouillet, évêque de Montpellier, 1622; les *Faramanni* dans la loi Gombette; notes sur les familles Saultier et de Bellegarde, xvie s.; monitoire relatif à des vols commis au préjudice de la famille de Maillard, à Rumilly, 1584.

Tome XI : contrat de mariage de Nicolas Delafontaine, 1566.

Tome XII : extrait de la *Relation d'un voyage à Rome* fait par dom Edme, abbé de Clairvaux, 1521.

Tome XIV : testament de Claude Millot, seigneur du Carre, 1574; lettre de Marguerite de Vyry, dame du Carre, 1576.

Tome XVIII : notes sur l'instruction en Suisse et en Savoie.]

39673. Ducis (L'abbé). — Le Haut-Chablais à l'époque romaine, p. 77.

39674. Ducis (L'abbé). — Amphion, Abondance, Jules César et le Léman, p. 85.

39675. Ducis (L'abbé). — Nernier [notice historique], p. 90 et 97.

39676. Ducis (L'abbé). — La voie romaine de Genève au Simplon, p. 93.

39677. Bouvier (Dr Louis). — La chaîne des Aravis et ses vallées, p. 95; VII, p. 6, 14, 31, 46 et 61.

[Bréviaire de saint François de Sales; notice historique sur Thônes, etc.]

39678. Vuy (Jules). — M. Pierre Gand [1811 † 1865], p. 97.

39679. Revon (Louis). — Marques de fabrique sur les poteries gallo-romaines du musée d'Annecy, p. 98.

VII. — Revue savoisienne . . . , 1866, 7e année. (Annecy, 1866, in-4°, 116 p.)

39680. Ducis (L'abbé). — Le Faucigny à l'époque romaine, p. 5.

[39677]. Bouvier (Dr Louis). — La chaîne des Aravis et ses vallées, p. 6, 14, 31, 46 et 61.

39681. Ducis (L'abbé). — Les Ceutrons dans le Haut-Faucigny, p. 13. — Cf. n°s 39684, 39689, 39699 et 39702.

39682. Bouvier (Dr Louis). — Nouveau document sur Berthollet et Vichard de Saint-Réal, p. 18.

[Nomination au collège des Provinces, à Turin, 1766.]

39683. Lullin (Paul). — Une charte inédite [de Rodolphe, seigneur de Faucigny, 1168], p. 19.

39684. Ducis (L'abbé). — Encore les Allobroges et les Ceutrons en Faucigny, p. 21. — Cf. n° 39681.

39685. Piotom (L'abbé J.). — Le déluge de Viuz-en-Sallaz [1715], p. 23.

[39672]. Vuy (Jules). — Glanures historiques, p. 26, 34 et 112.

39686. Bouvier (Dr Louis). — M. Quétand, avocat [† 1866], p. 27.

39687. Thioly (F.). — Nouvelles fouilles dans la caverne de Bossey [objets préhistoriques], p. 29.

39688. Ducis (L'abbé). — La province viennoise, p. 32.

39689. Ducis (L'abbé). — Jules César et le petit Saint-Bernard; les Ceutrons et les Salasses, p. 37. — Cf. n° 39681.

39690. Philippe (Jules). — Chronique archéologique, p. 41 et 49.

[Sceau du couvent des Dominicains d'Annecy, xve s.; monnaies romaines trouvées dans la plaine d'Annecy; anneau d'or gallo-romain trouvé à la Balme-de-Sillingy.]

39691. Ducis (L'abbé). — Dolmen, camps celtiques, tumulus [en Savoie], p. 45.

39692. Revon (Louis). — Monnaies gauloises trouvées aux environs d'Annecy, p. 53.

39693. Trésio (L.). — La tour de Notre-Dame d'Annecy [xiie ou xiiie s.], p. 53.

39694. Ducis (L'abbé). — Découvertes archéologiques à Viuz-la-Chiésaz, p. 57.

[Voie romaine; cloche du xvie siècle.]

39695. Ducis (L'abbé). — Noms des mas consignés au cadastre d'Annecy-la-Ville de 1730, p. 59 et 84.

39696. J. P. [Philippe (Jules)]. — L'abbesse de Sainte-Claire, Louise Rambeau [xvie s.], p. 84.

39697. Bernard (Auguste). — Un peuple inconnu de la Gaule narbonnaise [les *Sebagini*], p. 91.

39698. Philippe (Jules). — Un moraliste savoyard au xvie siècle, Jean Menene, p. 93; VIII, p. 57, 64 et 93. — Cf. n° 39770.

39699. Ducis (L'abbé). — Le forum des Ceutrons, p. 95. — Cf. n° 39681.

39700. Revon (Louis). — Sépultures burgondes [du Noiret, commune de Cruseilles], p. 102.

39701. Philippe (Jules). — Éloge de Jacques Replat [1807 † 1866], p. 107; et VIII, p. 1.

39702. Ducis (L'abbé). — Un procès archéologique, p. 110; et VIII, p. 20. — Cf. n° 39681.

[Moutiers ou Aime, forum des Ceutrons.]

39703. Descotes (François). — Un mot sur d'anciens cimetières [à Rumilly et Marigny-Saint-Marcel], p. 113.

39704. Rabut (François). — Y avait-il une imprimerie à Albi en Savoie au xve siècle, p. 114.

VIII. — Revue savoisienne . . . , 1867, 8e année. (Annecy, 1867, in-4°, II et 116 p.)

[39701]. Philippe (Jules). — Éloge de Jacques Replat, p. 1.

39705. Ducis (L'abbé). — Le *Regeste genevois* [publié par la Société d'histoire et d'archéologie de Genève: rectifications], p. 5. — Cf. n° 39709.

39706. Mortillet (Gabriel de). — Les habitations lacustres du lac du Bourget à propos de la croix [le signe de la croix avant le christianisme], p. 8.

39707. Descotes (François). — Une complainte rumilienne de 1604 [à propos du suicide d'un usurier], p. 9.

39708. Anonyme. — Société Florimontane, séances [1867], p. 15, 32, 63, 76, 91, 100 et 107.

[Inscriptions romaines trouvées à Ville-la-Grand, Lornay et Groisy, p. 16.]

39709. Ducis (L'abbé). — Encore le *Regeste genevois*, p. 17. — Cf. n° 39705.

[Rectifications à propos de la charte de fondation du prieuré de Chamonix.]

[39672]. Vuy (Jules). — Glanures historiques, p. 18, 72 et 103.

[39702]. Ducis (L'abbé). — Un procès archéologique, p. 20.

39710. Vuy (Jules). — A propos de saint François de Sales, glanures historiques, p. 25, 84, 97; XII, p. 80; XIII, p. 12, 95; XIV, p. 100; et XXIV, p. 43. — Cf. n° 39672.

[Tome VIII : lettres de saint François de Sales, 1585 et 1622; Jeanne de Jussy et les sœurs de Sainte-Claire, XVIe s.

Tome XII : le baron d'Hermance, gouverneur des Allinges.

Tome XIII : lettres de l'État de Berne et du duc de Savoie à propos de saint François de Sales et du P. Chérubin, 1597 et 1599; transaction entre Charles-Auguste de Sales, évêque d'Annecy, et le chapitre de sa cathédrale, 1645.

Tome XIV : Henri de Savoie permet à l'association formée par le clergé de Cruseilles de se réunir au château de Cruseilles, 1622.

Tome XXIV : testament de Antoine de Mestral, veuve de Christophe de Sales, 1553; François de Sales, seigneur de Boisy, caution d'un emprunt, 1588.]

39711. Descotes (François). — L'ours Masco et le petit Savoyard, chronique lorraine [1709], p. 26.

39712. Vuy (Jules). — Une charte inédite du XIIIe siècle et un article du *Regeste genevois*, p. 33. — Cf. n°s 39715 et 39716.

[Sentence arbitrale rendue entre les religieuses de Benlieu et celles de Sainte-Catherine-du-Mont, 1242.]

39713. Ducis (L'abbé). — La *Sabaudia* et les *Sebagini*, p. 37, 41, 49, 67, 101; et IX, p. 1. — Cf. n° 39733.

39714. Ducis (L'abbé). — Inscriptions [romaines] de Saint-Jean-de-la-Porte, p. 38.

39715. Ducis (L'abbé). — Observations sur l'interprétation d'une charte du XIIIe siècle et d'un article du *Regeste genevois*, p. 45. — Cf. n° 39712.

39716. Vuy (Jules). — Courte réponse [à l'article précédent], p. 54. — Cf. n° 39712.

[39698]. Philippe (Jules). — Un moraliste savoyard au XVIe siècle, Jean Menenc, p. 57, 64 et 93.

39717. Mortillet (Gabriel de). — Archéologie préhistorique à l'Exposition [universelle de 1867], p. 59.

39718. Vallier (Gustave). — Un noël savoyard [XVIIIe s.], p. 73.

39719. Rabut (François). — Les grains de sable de l'histoire de Savoie, p. 74, 106; IX, p. 5, 74, 99 et 120.

[Tome VIII : livre d'heures imprimé par François Pomard à Annecy, XVIe s.; Robert Lyonnet, du Puy-en-Velay, etc.

Tome IX : épitaphe de Françoise de Riddes au Petit-Brogny, † 1629; armoiries d'Aillod, procureur de Béatrix de Portugal; lettre du prince Eugène de Savoie; épitaphe d'Anne d'Andacie à Chambéry, † 1519.]

39720. Vallier (Gustave). — Le trésor des Fins d'Annecy [monnaies romaines], *fig.*, p. 77. — Cf. n° 39723.

39721. Glover (Melville). — L'abbaye d'Abondance a-t-elle été fondée par saint Colomban? p. 99.

39722. Revon (Louis). — L'inscription [romaine] de Ley, *fig.*, p. 101.

[39654]. Despine (Alphonse). — Recherches sur les poésies en dialecte savoyard, p. 104 et 114. — Cf. n° 39720.

39723. Revon (Louis). — Le nouveau trésor des Fins d'Annecy [monnaies romaines], p. 109.

39724. Pictet (Adolphe) et Revon (Louis). — Deux inscriptions gauloises [trouvées à Ley et dans les Fins d'Annecy], *fig.*, p. 112.

IX. — Revue savoisienne ..., 1868, 9e année. (Annecy, 1868, in-4°, II et 122 p.)

[39713]. Ducis (L'abbé). — La *Sabaudia* et les *Sebagini*, p. 1.

39725. Dufour et Despine (Alphonse). — A propos de l'orthographe du patois, p. 2.

39726. Thioly (F.). — Une nouvelle station de l'âge du renne dans les environs de Génève [aux carrières de Veyrier], p. 4. — Cf. n° 39730.

[39719]. Rabut (F.). — Les grains de sable de l'histoire de Savoie, p. 5, 74, 99 et 120.

39727. Ducis (L'abbé). — Origine du nom de Savoie, p. 9.

[39654]. Despine (Alphonse). — Recherches sur les poésies en dialecte savoyard, p. 11, 55, 68, 86, 97 et 107.

39728. Rabut (François). — De quelle couleur étaient les yeux de la dame du poète M.-C. de Buttet, p. 15.

39729. Dufour. — Note [historique] sur la Chautagne et l'Albanais, p. 15.

[39672]. Vuy (Jules). — Glanures historiques, p. 18 et 99.

39730. Thioly (F.). — L'époque du renne au pied du mont Salève [à Veyrier], *fig.*, p. 21. — Cf. n° 39726.

39731. Revon (Louis). — Fouilles dans les Fins d'Annecy [poteries et inscriptions romaines], p. 24.

39732. Riondel (F.-D.). — Estat sommaire au vray des revenus de l'abbaye d'Hautecombe (1663), p. 27.

39733. Ducis (L'abbé). — Les origines de la *Supaudia*, p. 29 et 49. — Cf. n° 39713.

39734. Rutimeyer (Louis). — Les ossements de la caverne de V yrier, p. 31.

39735. Philippe (Jules). — Note sur Mlle de Lussan, fille naturelle du prince Thomas de Savoie [1688 † 1758], p. 32.

39736. Riondel (F.-D.). — Estat sommaire des revenus de l'abbaye d'Aux (1663) [Saint-Jean-d'Aulps], p. 35.

39737. Foras (Amédée de). — Sur une lettre de saint François de Sales, p. 36.

39738. Vallier (Gustave) et Despine (Alphonse). — Une charte du duc Louis de Savoie [relative à Annecy, 1445], p. 37.

39739. Vuy (Jules). — Les suites d'une condamnation prononcée contre un noble d'une haute lignée [Claude de Lucinge, xvie s.], p. 41 et 51.

39740. Descostes (François). — Une anecdote inédite sur Mgr de Rolland, archevêque de Tarentaise [xviiie s.], p. 43. — Cf. nos 39743 et 39746.

39741. F.-D. R. [Riondel (F.-D.)]. — Les erreurs de Grillet sur Samoëns, p. 57. — Cf. nos 39745, 39748, 39767, 39778, 39816 et 39893.

39742. Ducis (L'abbé). — Origine des Albanais, p. 67.

39743. Descostes (François). — Encore un mot sur Mgr de Rolland, archevêque de Tarentaise [xviiie s.], p. 70. — Cf. n° 39740.

39744. Ducis (L'abbé). — Origine des Allobroges [et passage d'Annibal], p. 75, 83 et 91.

39745. F.-D. R. [Riondel (F.-D.)]. — Le patois de Samoëns, p. 79. — Cf. n° 39741.

39746. Descostes (François). — Simple rectification au sujet de l'archevêque de Rolland, p. 80. — Cf. n° 39740.

39747. Revon (Louis). — Sur des fragments de poterie romaine découverts dans les Fins d'Annecy, p. 82.

39748. Riondel (F.-D.). — Un chapitre d'histoire sur Samoëns [xvie-xviiie s.], p. 87, 109 et 117. — Cf. n° 39741.

39749. Descostes (François). — Les chevaliers-tireurs de Rumilly, p. 94, 104, 112; X, p. 1, 11, 19 et 27.

39750. Ducis (L'abbé). — Brigantio en Tarentaise [d'après une inscription romaine], p. 103.

39751. Ducis (L'abbé). — Polybe et le Grand-Saint-Bernard, p. 111.

39752. Vuy (Jules). — Le dernier seigneur de Copponex [† 1791], p. 119.

39753. Martin (L'abbé). — Sur l'étymologie du nom de *Ripaille*, p. 121.

X. — Revue savoisienne ..., 1869, 10e année. (Annecy, 1869, in-4°, ii et 108 p.)

[39749]. Descostes (François). — Les chevaliers-tireurs de Rumilly, p. 1, 11, 19 et 27.

39754. Ducis (L'abbé). — Annibal et l'Alpe pœnine, p. 9.

39755. Mermillod (F.). — Une excursion à Saint-Martin-de-Belleville, p. 13.

39756. Ducis (L'abbé). — Polybe et le Rhône, p. 17.

[39654]. Despine (Alphonse). — Recherches sur les poésies en dialecte savoyard, p. 20 et 31.

39757. Philippe (Jules). — L'*Advis de mariage* de Claude Mermet [xvie s.], p. 22.

39758. Ducis (L'abbé). — Les Gésates, Hercule et Annibal, p. 25.

39759. Albrier (Albert). — La Savoie à la Société littéraire de Lyon, p. 35.

[Liste des Savoyards membres de cette Société savante.]

39760. Jond (Eugène). — Antoine Du Saix [écrivain, xvie s.], p. 35.

[39672]. Vuy (Jules). — Glanures historiques, p. 37, 60 et 89.

39761. Revon (Louis). — Inscriptions antiques de la Haute-Savoie, *fig.*, p. 41, 49, 57, 65, 73, 81 et 93. — Cf. n° 39775.

39762. Lullin (Paul). — Deux chartes du xive siècle [en français], p. 46.

[Chartes d'Agnès de Savoie relative à Guillaume d'Épagny, curé de Copponex, 1321, et de Guillaume III, comte de Genève, relatant la destruction de son château de Genève, 1320.]

39763. Dufour (L'abbé E.). — Un monument celtique à Abondance [monolithe], p. 48.

39764. Vuy (Jules). — Note sur la date de l'avènement de Guillaume III, comte de Genève [7 avril 1308], p. 51.

[Inféodation du moulin de Thiolloz en faveur de Laurent de Thiollaz, 1308.]

39765. Ducis (L'abbé). — A propos des bolides, un point de mythologie [le dragon volant], p. 54. — Cf. n° 39781.

39766. Ducis (L'abbé). — La pomme de terre en Savoie, p. 61.

39767. Riondel (F.-D.). — Les armoiries et le nom de Samoëns, p. 62. — Cf. n° 39741.

39768. Lochon (Dr). — Note sur deux squelettes de l'âge de pierre [trouvés à Séchy], p. 63.

39769. Ducis (L'abbé). — Les Allobroges sous la république romaine, p. 168.

39770. Philippe (Jules). — Un patriote savoyard au xvie siècle [Jean Menenc], p. 75, 90; et XI, p. 3. — Cf. n° 39698.

39771. F. R. [Rabut (François)]. — Une fête religieuse au château de Menthon en 1682 [canonisation de saint Bernard de Menthon], p. 76.

39772. Philippe (Jules). — Réparation d'une injustice envers la Savoie à propos de G. Fichet [xve s.], p. 79.

39773. Philippe (Jules). — Sainte-Beuve [1804 † 1869], p. 85.

39774. Ducis (L'abbé). — Promenade archéologique à Belleville-de-Haute-Luce, p. 104.

XI. — Revue savoisienne ..., 1870, 11e année. (Annecy, 1870, in-4°, ii et 102 p.)

39775. Mommsen (Théodore). — Note sur les inscriptions antiques de la Haute-Savoie, p. 1. — Cf. n° 39761.

39776. Ducis (L'abbé). — Vaugelas [baptisé le 6 janvier 1585], p. 1.

39777. Dufour. — Note sur les patois de la Savoie, p. 2.

[39770]. Philippe (Jules). — Un patriote savoyard au XVIe siècle [Jean Menenc], p. 3.
39778. Riondel (F.-D.). — La famille Bardy, de Samoëns [XVIIe-XVIIIe], p. 4. — Cf. n° 39741.
39779. Ducis (L'abbé). — Les archives historiques de Savoie [réintégrations à faire], p. 13 et 22.
39780. Gariel (H.). — Une chanson à la savoyarde [sur la paix, 1601], p. 17.
39781. Ducis (L'abbé). — Le bolide et la vouivre [croyance populaire], p. 18. — Cf. n° 39765.
39782. Ducis (L'abbé). — Mariage de Charles-Emmanuel II, duc de Savoie [1663], p. 24.
39783. [Serand (Éloi)]. — Incendie des archives de l'ordre des saints Maurice et Lazare, à Chambéry [1731], p. 25.
39784. Ducis (L'abbé). — Pasquinade diplomatique [à propos de la guerre pour la succession du Montferrat, 1615], p. 27.
39785. Serand (Éloi). — Sentence rendue par le jury militaire à Cluses [contre Charles Joguet, prêtre, 27 thermidor an II], p. 30.
39786. Ducis (L'abbé). — Antiquités de Gilly, près Albertville, p. 31.

[Substructions de villas gallo-romaines.]

39787. Ducis (L'abbé). — Mémoire secret sur la Savoie en 1745 [par M. de Bonnaire], p. 35, 47 et 62.
39788. Ducis (L'abbé). — Deux inscriptions romaines de la Savoie [trouvées à Saint-Jean-Puy-Gauthier et à La Chapelle-Blanche], p. 39. — Cf. n° 39791.
39789. Ducis (L'abbé). — Innocent V, pape, originaire de Tarentaise [† 1276], p. 43; et XII, p. 97.
39790. Perrin (André). — Le premier livre des parlements généraux des monnoyers du saint Empire romain, p. 44.

[Ateliers monétaires d'Annecy, du Genevois et du pays de Vaud, XIVe et XVe s.]

39791. Ducis (L'abbé). — Inscriptions romaines de la Savoie [trouvées à Saint-Pierre-de-Saulcy et au Villard de la Côte-d'Aime], p. 46 et 55. — Cf. n° 39788.
39792. Albrier (Albert). — Savoie et Bourgogne; Claude Bazile [1756 † 1841], p. 47.
39793. Albrier (Albert). — Un Savoisien à l'Institut d'Égypte [Pierre-Jean-Baptiste-François Arnollet, 1776 † 1857], p. 56.
39794. Ducis (L'abbé). — Noëls savoyards, p. 56, 66 et 74.
39795. Vuy (Jules). — Lettres inédites de Mme de Warens [1756-1757], p. 59.
39796. Ducis (L'abbé). — Antiquités d'Aime (Savoie), p. 67.

[Fragments de lampes, inscriptions romaines, etc.]

[39672]. Vuy (Jules). — Glanures historiques, p. 68.
39797. Ducis (L'abbé). — Notre-Dame-de-Liesse à Annecy [XIVe-XVIIIe s.], p. 69, 99; XII, p. 13, 21 et 38.
39798. Ducis (L'abbé). — Épisodes de la dernière occupation espagnole [1742-1748], p. 75.
39799. Morel-Fatio (A.). — Trouvaille monétaire de Rumilly, p. 77.

[Monnaies épiscopales de Genève et de Lausanne, XIIe et XIIIe s.]

39800. Ducis (L'abbé). — *Bergintrum* en Tarentaise (Savoie), p. 82.
39801. Serand (Éloi). — L'inondation de 1711 à Annecy, p. 83 et 92.
39802. Ducis (L'abbé). — La Maurienne [étude de géographie historique], p. 87 et 95.
39803. Buet (Charles). — La cession du Dauphiné à la France en 1343, p. 89 et 97.

XII. — Revue savoisienne . . ., 1871, 12e année. (Annecy, 1871, in-4°, II et 104 p.)

39804. Perrin (André). — Fonderies de bronze des palafittes du lac du Bourget, *pl.*, p. 1.
39805. Ducis (L'abbé). — Le *pagus* du bassin d'Albertville [inscriptions romaines], p. 2, 9 et 17.
[39672]. Vuy (Jules). — Glanures historiques, p. 5.
[39797]. Ducis (L'abbé). — Notre-Dame-de-Liesse d'Annecy, p. 13, 21 et 38.
39806. Revon (Louis). — Le peintre Adrien Guignet [1816 † 1854], p. 15.
39807. Vallier (Gustave). — Le nouveau trésor des Fins d'Annecy [monnaies romaines], p. 18.
39808. Ducis (L'abbé). — La voie romaine et la voie celtique du Chablais, p. 27.
39809. Morel-Fatio (A.). — Ferreyres; description de quelques monnaies du XIIe siècle trouvées dans cette localité, *pl.*, p. 33.

[Monnaies de Lausanne, de Genève, de Saint-Maurice d'Agaune, d'Orbe et de Lons-le-Saunier.]

39810. Hammann (H.). — Sur l'ornementation de la reliure, p. 41.
39811. Ducis (L'abbé). — Un épisode de l'occupation burgonde au Ve siècle [donation faite au diocèse de Tarentaise par Gondicaire], p. 43, 49 et 57.
39812. Ducis (L'abbé). — M. Martinet [l'abbé Antoine Martinet, 1802 † 1871], p. 46.
39813. Vigne (Jules-Charles de). — Causerie sur la Belgique, p. 50. — Cf. n° 39820.
39814. Seguin (F.). — Les moyens d'échanges employés par divers peuples, *pl.*, p. 52, 58 et 71.
39815. Revon (Louis). — Sur une inscription romaine trouvée à Thiez, p. 56.
39816. Riondel (F.-D.). — Les familles de Gex et de Grenaud à Samoëns [XVIe-XVIIIe s.], p. 63. — Cf. n° 39741.
39817. Ducis (L'abbé). — Les qualificatifs gaulois dans les inscriptions romaines, *fig.*, p. 69.
39818. Vuy (Jules). — Marie Armand [femme poète, 1844 † 1871], p. 77; et XIII, p. 41.

[39710]. Vuy (Jules). — A propos de saint François de Sales, p. 80.
39819. Ducis (L'abbé). — L'habitation du Chœur, le Saint-Sépulcre et Gevrier, p. 88.

[Inscription romaine trouvée à Gevrier.]

39820. Vigne (Jules-Charles de). — Bruxelles, p. 89. — Cf. n° 39813.
39821. Ducis (L'abbé). — Henri IV à Beaufort [1600], p. 94.
[39789]. Ducis (L'abbé). — Innocent V, pape, originaire de Tarentaise, p. 97.
39822. Ducis (L'abbé). — Dénombrement d'Annecy en 1561, p. 101.
39823. Serand (Éloi). — Le puits Saint-Jean à Annecy [1689], p. 102.
39824. Perrin (André). — Les palafittes du lac de Paladru (Isère) (station des Grands-Roseaux), par M. Ernest Chantre [compte rendu], *pl.*, p. 102.

XIII. — Revue savoisienne ..., 1872, 13ᵉ année. (Annecy, 1872, in-4°, II et 100 p.)

39825. Raverat (Le baron). — Les Alpes pennines, grecques et cottiennes [étymologie], p. 5.
39826. Vigne (Jules-Charles de). — La musique à Annecy [XVIIIᵉ-XIXᵉ s.], p. 9, 31 et 38.
[39710]. Vuy (Jules). — A propos de saint François de Sales, p. 12 et 95.
39827. Chantre (Ernest). — Découverte d'un trésor de l'âge de bronze à Réalon (Hautes-Alpes), *pl.*, p. 20.
39828. Ducis (L'abbé). — Les Alpes pœnines, graies et cottiennes [étude géographique], p. 25 et 37.
39829. Hammann (H.). — Les paroles ailées [les oiseaux considérés comme symboles], p. 27.
39830. Ducis (L'abbé). — Le faubourg Perrière et le pasquier du Tillier [à Annecy], p. 30.
[39818]. Vuy (Jules). — Marie Armand, p. 41.
39831. Ducis (L'abbé). — Polybe d'accord avec tous les historiens sur le passage d'Annibal, p. 45.
39832. Albrier (Albert). — Les naturalisés de la Haute-Savoie en France de 1815 à 1817, p. 56.
39833. Ducis (L'abbé). — Hôpital des pestiférés à l'extrémité des Marquisats, sous la Puyat [fondé en 1495 à Annecy], p. 57, 65 et 72.
39834. Ducis (L'abbé)]. — Les Allobroges sous la République romaine, p. 61. — Cf. n° 39850.
39835. Serand (Éloi). — Statistique minière de la province du Genevois par l'intendant de Passier [1752], p. 63.
39836. Papier (A.). — Instruments de musique algériens, p. 67.
39837. Ducis (L'abbé). — La campagne de Pomptinus chez les Allobroges, p. 69.
39838. Serand (Éloi). — Deux autographes de Charles-Emmanuel Iᵉʳ [à propos des trêves avec Genève, 1597], p. 71.
39839. Ducis (L'abbé). — Les Marquisats près d'Annecy; la maison de la Galerie, p. 77.
39840. Blavignac. — La bête du Gévaudan, p. 81.
39841. Ducis (L'abbé). — L'hôpital général de la Providence à Annecy [fondé en 1681], p. 85, 92; et XIV, p. 1.
39842. Grand. — Jacques Replat [1807 † 1866], p. 89.
39843. Ducis (L'abbé). — Le bienheureux Pierre Favre ou Lefèvre [1506 † 1546], p. 96.
39844. Blavignac. — Le fer à risôles [étude étymologique], p. 97.
39845. Anonyme. — Dénombrement de la population mâle d'Annecy en 1726, p. 99.

XIV. — Revue savoisienne ..., 1873, 14ᵉ année. (Annecy, 1873, in-4°, II et 104 p.)

[39841]. Ducis (L'abbé). — L'hôpital général de la Providence à Annecy, p. 1.
39846. Blavignac. — Le château de Rouelbeau [commune de Meynier, XIVᵉ s.], p. 4. — Cf. n° 39852.
39847. Chantre (Ernest). — Fonderies ou cachettes de fondeurs de l'âge du bronze dans la Côte-d'Or et la Savoie, p. 5.

[Albertville, *pl.*; Santenay; Anzy-le-Duc (Saône-et-Loire).]

39848. Perrin (André). — Palafittes du Bourget, *pl.*, p. 9, 28; et XV, p. 1.
39849. Raverat (Le baron). — Sur l'étymologie de *Rouelbeau*, p. 76.
39850. Ducis (L'abbé). — Les Allobroges sous la domination romaine, p. 17. — Cf. n° 39834.
[39672]. Vuy (Jules). — Glanures historiques, p. 18.
39851. Ducis (L'abbé). — Annecy et la maison de Genevois-Nemours [XVᵉ-XVIᵉ s.], p. 20 et 25.
39852. Blavignac. — Étymologie du nom de *Rouelbeau*, p. 23. — Cf. n° 39846.
39853. Ducis (L'abbé). — Le cardinal Billiet [Alexis, 1783 † 1873], p. 33.
39854. Serand (Éloi). — Ravages des fruits de la terre au siècle dernier, p. 36. — Cf. n° 39857.

[Bref de Benoît XIII au sujet des ravages des insectes, 1725.]

39855. Ducis (L'abbé). — Un *casus belli* entre Genève et la Savoie en 1667 [administration des sacrements à un malade], p. 41 et 54.
39856. Philippe (Jules). — Histoire populaire de la Savoie, p. 45, 49, 58, 66 et 74.
39857. Ducis (L'abbé). — Ravages des fruits de la terre au siècle dernier [1749], p. 47. — Cf. n° 39854.
39858. Ducis (L'abbé). — Culte religieux de nos contrées lors de la conquête romaine, p. 51.

39859. Ducis (L'abbé). — Transformations sociales sous la domination romaine, p. 57 et 73.
39860. Ducis (L'abbé). — Un pèlerinage de Turin à Annecy en 1668 [fait par la confrérie de l'oratoire de Saint-Laurent], p. 62.
39861. Ducis (L'abbé). — Pèlerinage de Paris à Annecy en 1630; transfert du Conseil souverain de Chambéry à Annecy [à cause de la peste, 1630], p. 65.

[Pèlerinage de deux Franciscains pour venir rendre le vœu de Louis XIII.]

39862. Ducis (L'abbé). — L'église du collège de Thonon [bâtie en 1429], p. 85.

[Chapelle funéraire construite par Gaspard de Genève, marquis de Lullin et Pancalier, 1617.]

39863. Ducis (L'abbé). — Une inscription romaine d'Annemasse, p. 89.
39864. Vallier (Gustave). — Une médaille de Tétricus et de Probus, *fig.*, p. 92.
39865. Gonthier (L'abbé J.-F.). — L'occupation espagnole au siècle dernier [d'après le journal de Guillaume Faucoz, 1742-1747], p. 94 et 101.
39866. Albrier (Albert). — Les anoblis de Savoie sous le premier Empire, p. 97; XV, p. 4; XVI, p. 22, 53, 67; XVII, p. 13, 28; et XIX, p. 28.
[39710]. Vuy (Jules). — A propos de saint François de Sales, p. 100.

XV. — Revue savoisienne ..., 1874, 15e année. (Annecy, 1874, in-4°, II et 112 p.)

[39848]. Perrin (André). — Palafittes du Bourget, p. 1.
[39866]. Albrier (Albert). — Les anoblis de Savoie sous le premier Empire, p. 4.
39867. Ducis (L'abbé). — Le prieuré et le pont Saint-Clair [XIIIe-XVIIIe s.], p. 17.
39868. Charvet (Léon). — Correspondance d'Eustache Chapuys et d'Henri-Cornélius Agrippa de Nettesheim [XVIe s.], *fig.*, p. 25, 33, 45, 53, 61, 85 et 93.
39869. Ducis (L'abbé). — Épigraphie [épitaphe de Philibert Jaquemier, † 1596, à Annecy], p. 31.
39870. Ducis (L'abbé). — Inscriptions romaines de Montgilbert, près d'Aiguebelle, p. 51.
39871. Bernardin. — Ethnographie, p. 51.

[Usages et mots communs à diverses peuplades de l'Amérique et de l'Océanie.]

39872. Perrin (André). — Un denier de Thomas de Savoie (1188-1232), *fig.*, p. 58.
39873. Ducis (L'abbé). — Testament du curé d'Arenthon au siècle dernier [Albert Baussand, 1759], p. 77.
39874. Ducis (L'abbé). — Les croix de la Roche [1488 et 1634]; l'église d'Étaux [inscriptions du XVIe s.], p. 80.
39875. Tavernier (H.). — Les sépultures de Flérier [du moyen âge], p. 100.
39876. Blavignac. — Les plats d'étain gravés; prix et distacts des anciens tirs [XVIIIe-XIXe s.], p. 107. — Cf. nos 39880 et 39925.

XVI. — Revue savoisienne ..., 1875, 16e année. (Annecy, 1875, in-4°, II et 108 p.)

39877. Revon (Louis). — La Haute-Savoie avant les Romains [archéologie préhistorique], *fig.*, p. 1, 13, 25, 33, 57, 65; XVII, p. 33, 45; XIX, p. 61, 77, 85 et 93.
39878. Tissot (E.). — Le jour de l'an au Caire, p. 2.
39879. Perrin (André). — Station de l'âge de la pierre polie, plateau de Saint-Saturnin, près Chambéry (Savoie), *pl.*, p. 4.
39880. Rabut (Laurent) et Raverat (Le baron). — Notes sur les plats d'étain gravés, p. 6. — Cf. n° 39876.
39881. Ducis (L'abbé). — Abbaye de Sainte-Catherine, près d'Annecy [fondée au XIIIe s.], p. 6, 19, 28 et 38.
[39866]. Albrier (Albert). — Les anoblis de la Savoie sous le premier Empire, p. 22, 53 et 67.
39882. Serand (Éloi). — Sur une lettre relative à une chanson contre l'évêque d'Annecy (1771), p. 23.
39883. Albrier (Albert). — Un Savoisien à la faculté de droit de Dijon (J.-B. Carrier) [1770 † 1841], p. 30.
39884. Blavignac. — Sur quelques locutions employées par Bonivard [XVIe s.], p. 35.
39885. Brand (L'abbé). — Sur un tombeau antique découvert à Doussard, p. 41.
39886. Marchand (François). — Les œuvres poétiques du docteur Andrevetan [XIXe s.], p. 41 et 49.
39887. Revon (Louis). — Le trésor monétaire de Sillingy [monnaies romaines], p. 43. — Cf. n° 39896.
39888. Bernardin. — Origine du mot *soupe*, p. 44.
39889. Tavernier (H.). — Morillon au XIVe et au XVe siècle, p. 50 et 62.
39890. Serand (Éloi). — Documents inédits sur le général comte de Boigne, p. 52.

[Lettres de missionnaires aux Indes, 1822 et 1825.]

39891. Henry (Paul). — Un fanatique partisan du tabac [Guillaume Trilleb, 1780], p. 54.
39892. Tavernier (H.). — Promenade archéologique à Saint-Jeoire, p. 61.
39893. Riondel (F.-D.). — Les familles et les personnes nobles à Samoëns, p. 68 et 74. — Cf. n° 39741.
39894. Ducis (L'abbé). — L'inondation de 1651 à Annecy, p. 73.
39895. Ducis (L'abbé). — L'auteur de l'*Imitation de Jésus-Christ* [Jean Gerson], p. 76 et 81.
39896. Revon (Louis). — Le second trésor monétaire de Sillingy [monnaies romaines], p. 83. — Cf. n° 39887.
39897. Albrier (Albert). — Galerie savoisienne. M. Tochon et ses travaux [relatifs à l'agriculture], p. 98.

39898. Tissot (E.). — Le niveau des anciennes inondations à Annecy, p. 101.
39899. Bernardin. — Étymologies : *almanach*, p. 102.

XVII. — Revue savoisienne ..., 1876, 17e année. (Annecy, 1876, in-4°, II et 132 p.)

39900. Ducis (L'abbé). — Le cardinal Chigi au tombeau de saint François de Sales en 1664, p. 1.
39901. Ducis (L'abbé). — La neutralité du nord de la Savoie [étude historique], p. 9, 17, 25, 57, 65, 83, 99, 116, 121; XVIII, p. 17, 25, 37, 45 et 57.
39902. Bernardin. — Les archives et les monnaies préhistoriques [bois de rennes entaillés, disques percés, etc.], p. 11.
[39866]. Albrier (Albert). — Les anoblis de Savoie sous le premier Empire, p. 13 et 28.
39903. Albrier (Albert). — Galerie savoisienne. M. Raffort et ses œuvres [Étienne Raffort, peintre, né en 1802], p. 20.
39904. Tissot (E.). — Les Savoyards en Égypte, p. 26, 58, 124; et XVIII, p. 58.

[Tome XVII : Jean-François Morel, ingénieur, 1770 † 1835; Jacques-Antoine Brun-Rollet, voyageur, 1807 † 1858; Joseph Biron, médecin, 1816 † 1866.
Tome XVIII : Alexandre Vaudey, 1818 † 1854.]

[39877]. Revon (Louis). — La Haute-Savoie avant les Romains, *fig.*, p. 33 et 45.
39905. Tissot (E.). — Jumel [Louis-Alexis, filateur, 1785 † 1823], p. 34.
39906. Giron (Marie). — L'asile public d'aliénés de Bassens, près Chambéry [xixe s.], p. 48.
39907. Tissot (E.). — Une lettre de Cuvier [à Pierre Laffin, 1821], p. 54.
39908. Bernardin. — Une mesure préhistorique [essai de détermination], p. 61.

XVIII. — Revue savoisienne ..., 1877, 18e année. (Annecy, 1877, in-4°, II et 114 p.)

[39901]. Ducis (L'abbé). — La neutralité du nord de la Savoie, p. 17, 25, 37, 45 et 57.
39909. Tissot (E.). — Le Darfour, d'après les notes du docteur Biron, p. 20.
39910. Constantin (Aimé). — Étude philologique sur le mot *tsar*, p. 31, 40 et 48.
39911. Revon (Louis). — Sur des fragments de poterie romaine découverts dans les Fins d'Annecy, p. 43.
[39904]. Tissot (E.). — Les Savoyards en Égypte, p. 58.
39912. Ducis (L'abbé). — Inscription romaine à Rumilly, p. 62.
39913. Ducis (L'abbé). — *Regichia* [sens et étymologie], p. 65. — Cf. n° 39916.
[39672]. Vuy (Jules). — Glanures historiques, p. 65.
39914. Papier (A.). — Deux jours à Constantine [notes historiques et archéologiques], *pl.*, p. 67, 77, 85, 93, 100, 110; XIX, p. 2 et 20.
39915. Constantin (Aimé). — Études sur le patois savoyard, p. 73, 81, 97, 105; XIX, p. 13 et 25.
39916. Vuy (Jules) et Morel-Fatio (A.). — Encore la *regichia*, p. 76. — Cf. n° 39913.
39917. Favre-Clavairoz (L.). — Note sur le nom du dieu des Fidjis [*Kalo*], p. 76.
39918. Ducis (L'abbé). — Les joyaux de la maison de Savoie, p. 83. — Cf. n° 39923.
39919. Vuy (Jules). — Quelques mots sur les ménaïdes [redevance féodale], p. 84.
39920. Ducis (L'abbé). — Les comtes et ducs de Genevois de la maison de Savoie [xive-xixe s.], p. 89.
39921. Vuy (Jules). — Imprimeurs et libraires de Savoie [notes critiques], p. 90, 99, 108; et XIX, p. 1. — Cf. n° 39924.
39922. Ducis (L'abbé). — Notre-Dame de Provins [chapelle élevée sur un plateau d'Annecy-le-Vieux], p. 91.
39923. Raverat (Le baron). — Sur les joyaux de la maison de Savoie, p. 95. — Cf. n° 39918.
39924. Rabut (François) et Dufour (Auguste). — Sur les imprimeurs et libraires de Savoie, p. 111. — Cf. n° 39921.

XIX. — Revue savoisienne ..., 1878, 19e année. (Annecy, 1878, in-4°, II et 116 p.)

[39921]. Vuy (Jules). — Imprimeurs et libraires de Savoie, p. 1.
[39914]. Papier (A.). — Deux jours à Constantine, p. 2 et 20.
39925. Rabut (Laurent). — Plats d'étain gravés, p. 7. — Cf. n° 39876.
[39915]. Constantin (Aimé). — Études sur le patois savoyard, p. 13 et 25.
39926. Tavernier (H.). — Le vallon des Vuavres; ancienne fabrique de faulx; les mines de charbon [xvie et xviie s.], p. 18 et 46.
39927. Vuy (Jules). — Une lettre inédite d'Henri II [au duc de Nemours, 1599], p. 19.
39928. Ducis (L'abbé). — Les juridictions du Genevois, p. 25.
[39866]. Albrier (Albert). — Les anoblis de Savoie sous le premier Empire, p. 28.
39929. Bernardin. — La légende des nuttons [farfadets] et l'homme de l'âge du renne, p. 29.
39930. Ducis (L'abbé). — Testament de François de La Perrière [1363], p. 45.
39931. Ducis (L'abbé). — A propos du doctorat de saint François de Sales, p. 53.

[Testament de saint François de Sales, 1617.]

39932. Ducis (L'abbé). — Les noëls de Scionzier [xvie s.], p. 56, 81 et 95.

[39877]. Revon (Louis). — La Haute-Savoie avant les Romains, *fig.*, p. 61, 77, 85 et 93.

39933. Dufour (Théophile). — Jean-Jacques Rousseau et Mme de Warens; notes sur leur séjour à Annecy, d'après des pièces inédites, *plan*, p. 65.

39934. Ducis (L'abbé). — Date de la naissance de Thomas Ier de Savoie [vers 1177], p. 73.

39935. Bernardin. — Explication du mot *staimbort*, p. 74.

39936. Revon (Louis). — Sur des inscriptions romaines trouvées à Gruffy, p. 83.

39937. Constantin (Aimé). — La muse savoisienne au xvie siècle, p. 96, 101, 109; XX, p. 1, 9 et 62. — Cf. n°s 39154 et 40029.

[*Noelz et chansons* de Nicolas Martin avec la musique, 1555.]

39938. Philippe (Jules). — Note bibliographique, p. 98.

[Ms. de la Bibl. nat., fonds fr., n° 25075, contenant un supplément de la règle des religieuses de la Visitation.]

39939. Philippe (Jules). — Guillaume Tardif [professeur à Paris, xve s.], p. 104.

XX. — Revue savoisienne ..., 1879, 20e année. (Annecy, 1879, in-4°, II et 144 p.)

[39937]. Constantin (Aimé). — La muse savoisienne au xvie siècle, p. 1, 9 et 62.

39940. Ducis (L'abbé). — Calendrier grégorien [adopté en Savoie en 1582], p. 1.

39941. Tavernier (H.). — L'auciège, fragment de droit coutumier [redevance due par les albergataires de pâturages dans les Alpes], p. 2.

39942. Ducis (L'abbé). — Fondation du prieuré de Chamonix [xie s.], p. 3 et 15.

39943. Revon (L.). — Société florimontane, séances [1879], p. 6, 18, 27, 38, 54, 70, 97, 130 et 142.

[Notaires en Savoie, p. 7. — Famille Alamand à Saint-Jorioz (xive et xve s.), p. 7 et 18. — Réparations de Notre-Dame-de-Liesse à Annecy (xve s.), p. 38. — François de Miossinge, traducteur des poésies de Battista Mantuano (xvie s.), p. 38. — Corporation des marchands à Annecy (xvie s.), p. 39. — Collège d'Annecy (1557), p. 54. — Sceau de l'église de Notre-Dame-de-Liesse (xive s.), p. 131. — Amphores romaines avec sigles trouvées à Champagneux, p. 148. — Inscriptions modernes à Contamines-sur-Arve et aux Ollières, p. 143.]

39944. Revon (Louis). — La cachette de fondeur de Menthon, p. 14.

39945. Raverat (Le baron). — Louis Ier de Savoie et Sibylle Cadière, de Lyon [1465], p. 15.

39946. Vuy (Jules). — Quelques mots sur l'étymologie du mot *auciège*, p. 16.

39947. Levet (E.). — Le duc de Chablais à Annecy en 1772, p. 16.

39948. Germain (Léon). — Sur Marguerite de Joinville et Pierre, comte de Genevois [xive s.], p. 17.

39949. Ducis (L'abbé). — Prose en l'honneur de saint Nicolas de l'abbaye de Talloires [avec la musique, xiie s.] p. 25.

39950. Ducis (L'abbé). — Les anciens comtes de Genevois [xive et xve s.], p. 32.

39951. Mortillet (Gabriel de). — Fabrique de poterie [gallo-romaine] de Banassac; commerce avec la Savoie, *pl.*, p. 34.

39952. Mortillet (Gabriel de). — La céramique [gallo-romaine] soumise aux méthodes des sciences naturelles, p. 50.

39953. Mortillet (Gabriel de). — Inventaire des sigles figulins du musée de Saint-Germain et le briquetier Clarianus, p. 57.

39954. Ducis (L'abbé). — Saint Martin de Tours [son culte en Savoie], p. 60.

39955. Mortillet (Gabriel de). — Les potiers allobroges, p. 73 et 94.

39956. Ducis (L'abbé). — Un épisode de l'histoire d'Annecy (1629-1630) [élection des syndics], p. 79.

39957. Ducis (L'abbé). — Camp celtique du Châtelard, p. 99; XXI, p. 37, 49, 66 et 77.

39958. Duval (César). — Un mémoire du juge-mage de Saint-Julien relatif aux terres de Saint-Victor et Chapitre [xviiie s.], p. 102. — Cf. id. n° 39155.

39959. Ponnat (Le baron de). — Note critique sur l'origine du nom actuel de Saint-Julien-de-Maurienne (Savoie), p. 104. — Cf. id. n° 39156.

39960. Philippe (Jules). — Guillaume Fichet [xve s.], p. 113. — Cf. id. n°s 39157 et 40020.

39961. Perrin (André). — La justice criminelle dans les hautes vallées des Alpes au moyen âge, p. 114. — Cf. id. n° 39158.

39962. Vuy (Jules). — Une famille savoisienne d'origine cypriote [famille de Baillans], p. 116. — Cf. id. n° 39159.

39963. Bouchage (L'abbé Léon). — Notes inédites sur saint François de Sales [liste des ordinations qu'il a faites], p. 117. — Cf. n° 39980 et id. n° 39160.

39964. Truchet (Florimond). — Note sur une pierre à godets trouvée à Mont-Denis (Maurienne), p. 120. — Cf. id. n° 39161.

39965. Constantin (Aimé). — Coup d'œil sur certains usages et sur le patois de la vallée de la Dranse, avant 1792, p. 121, 128; XXI, p. 6 et 14. — Cf. id. n° 39163.

39966. Ducis (L'abbé). — La campagne de Louis XIII en Savoie [1630], p. 125, 139; et XXI, p. 13. — Cf. id. n° 39162.

39967. Constantin (Aimé). — Nouveau système orthographique à l'usage du savoyard et des patois de la langue d'oïl, p. 160.

XXI. — Revue savoisienne ..., 1880, 21e année. (Annecy, 1880, in-4°, II et 136 p.)

39968. Bouchage (L'abbé Léon). — Lettres inédites de saint François de Sales [1599 et 1604], p. 5.

[39965]. Constantin (Aimé). — Coup d'œil sur certains usages et sur le patois de la vallée de la Dranse, avant 1792, p. 6 et 14.

39969. Revon (Louis). — Société florimontane; séances, p. 9, 20, 32, 45, 52, 69, 81, 110 et 118.

[Notes sur Annecy : écoles, orphelinats, etc., p. 10, 20, 32 et 45. — Sceau de Jean Ier de Clermont (xive s.), p. 21. — Parabole de l'Enfant prodigue traduite en patois (1807), p. 32. — Lettre de saint François de Sales, p. 46. — Le chanoine Jean Rex († 1670), p. 118.]

[39966]. Ducis (L'abbé). — La campagne de Louis XIII en Savoie [1630], p. 13.

39970. Tremey (L'abbé). — Note des officiers du régiment de Savoie [1736], p. 18 et 28.

39971. Comte (J.). — Notes historiques sur le bas Chablais; Ballaison et Beauregard, p. 25.

39972. Tremey (L'abbé). — Lettres inédites de saint François de Sales [1598-1622], p. 27, 43 et 79.

[39957]. Ducis (Louis). — Le camp celtique du Châtelard, p. 37, 49, 66 et 77.

39973. Riondel (F.-D.). — Anciennes mesures du Faucigny, p. 38.

39974. Ducis (L'abbé). — Chamonix [accensement des mines en 1772], p. 39.

39975. Dunant (C.). — Sur le docteur Andrevetan, né en 1802, p. 57.

39976. Vulliermet (Philibert). — Découvertes préhistoriques et gallo-romaines en Maurienne, p. 99. — Cf. id. n° 39164.

39977. Durandard (Maurice-Antoine). — Quatre sentences arbitrales rendues par Mgr Milliet de Challes, p. 102. — Cf. id. n° 39165.

[Abbaye de Sixt; différends entre le domaine royal et les familles d'Oncieu, de Châteauneuf et Gantellet de Beaufort, xviie s.]

39978. Trochet (Florimond). — Les pierres à bassins ou à écuelles et le polissoir de Comborsière (Fontcouverte en Maurienne), p. 105. — Cf. id. n° 39166.

39979. Tavernier (H.). — Vallée d'Aulps; les Jomarons ou Somarons (notes ethnographiques), p. 107. — Cf. n°s 39982, 39990 et 39993.

39980. Gonthier (L'abbé J.-F.). — Note sur les ordinations célébrées par saint François de Sales, p. 108. — Cf. n° 39963.

39981. Constantin (Aimé). — Mœurs et usages de la vallée de Thones [mariage], p. 113; et XXII, p. 42. — Cf. id. n° 39167.

39982. Vuy (Jules). — Les Somarons, p. 116. — Cf. n° 39979.

39983. Barbier (V.). — Manuscrits de la bibliothèque de Chambéry, p. 121. — Cf. id. n° 39168.

39984. Borrel (E.-L.). — Les constructions féodales de la Tarentaise, p. 127. — Cf. id. n° 39169.

[Châteaux de Feissons-sous-Briançon et de Briançon.]

39985. Loustau (G.). — Analyse des bronzes préhistoriques de Menthon, p. 131.

XXII. — Revue savoisienne ..., 1881, 22e année. (Annecy, 1881, in-4°, II et 124 p.)

39986. Vuy (Jules). — Martyre de la légion thébaine, p. 1. — Cf. id. n° 39170.

39987. Mortillet (Gabriel de). — Origine de l'homme; époque tertiaire, *fig.*, p. 3.

39988. Revon (Louis) et Tissot (E.). — Société florimontane; séances, p. 8, 33, 44, 73, 80, 98, 105 et 114.

[Publication du *Theatrum Sabaudiæ* (xviie s.), p. 8. — Érasme de Savoie, protonotaire apostolique (xvie s.), p. 9. — Réparations à Notre-Dame-de-Liesse d'Annecy (xive-xve s.), p. 33. — Notes sur Duingt (xvie s.), p. 33. — Lettre de Christine de Savoie relative à la fondation d'écoles (1676), p. 33. — Chapelle de la Bénite-Fontaine près de la Roche (1620), p. 45. — Lettre de Mme Leprince de Beaumont (xviiie s.), p. 45. — Grotte du mont Vuache, p. 45. — Porte du faubourg du Bœuf à Annecy (1646), p. 114.]

39989. Vuy (Jules). — Jeanne de Jussie et les sœurs de Sainte Claire de Genève [xvie s.], p. 13 et 25.

39990. Foras (Amédée de). — Les *Jomarones*, *fig.*, p. 19. — Cf. n° 39979.

39991. Ducis (L'abbé). — Le tombeau de M. Gojon à la Puyat [† 1658], p. 20.

39992. Tavernier (H.). — Noms de lieux terminés en *inge*, p. 20. — Cf. n° 39995.

39993. Ducis (L'abbé). — Encore les Jomarons, p. 32. — Cf. n° 39979.

39994. Duval (César). — La famille Paget; notice généalogique et biographique [xvie-xixe s.], p. 37, 72 et 77.

[39981]. Constantin (Aimé). — Mœurs et usages de la vallée de Thones, p. 42.

39995. Bernardin. — Noms de lieux terminés en *inge*, p. 44. — Cf. n° 39992.

39996. Ducis (L'abbé). — Le Père Baranzano [barnabite, 1590 † 1622], p. 85.

39997. Pissard (C.-E.). — Note sur l'établissement des Bernardines de la Roche à Annecy [1638-1639], p. 93.

39998. Ducis (L'abbé). — Discours d'ouverture des tribunaux d'Annecy (1618); Antoine et René Favre; un *mystère* au collège [*Daphnis*], p. 101.

39999. Ducis (L'abbé). — Tombeau de Mme Pfingrin-Lichholtz à Seyssel [† 1832], p. 103.

40000. Pissard (C.-E.). — Fragments tirés des registres du conseil de ville d'Annecy [1637-1642], p. 103. — Cf. n° 40016.

[Fabrique; entrée de Christine de France (1640); imprimeurs d'Annecy; porte du faubourg du Bœuf, etc.]

40001. Ducis (L'abbé). — Le poète Nouvellet, chanoine d'Annecy [† 1613]; la maison de Genevois-Nemours [xvie s.], p. 109 et 117.

40002. Serand (Éloi). — Vieux châteaux et noblesse du Genevois en 1732, d'après le sommaire des titres des fiefs avec juridiction, p. 111.

40003. Pissard (C.-E.). — Le prix des denrées à Annecy en 1599, p. 113.

XXIII. — Revue savoisienne ..., 1882, 23e année. (Annecy, 1882, in-4°, II et 104 p.)

40004. Ducis (L'abbé). — Henri de Savoie et Anne de Lorraine [XVIIe s.], p. 1, 13, 21, 29, 37, 61, 77, 85; et XXIV, p. 41.

40005. Constantin (Aimé). — Étymologie de quelques noms de lieux [les Clefs; la Lya], p. 3.

40006. Revon (Louis). — Société florimontane; séances, p 19, 27, 35, 74 et 103.

[Antiquités romaines de Viuz-la-Chiésaz, p. 17.]

40007. Tavernier (H.). — Les noms *Jore* et *Jorat*, p. 31. — Cf. n° 40009.

40008. Revon (Louis). — Maurice Borrel, graveur en médailles [1804 † 1882], p. 39.

40009. Ducis (L'abbé). — Les noms *Jore* et *Jorat*, p. 40. — Cf. n° 40007.

40010. Serand (Éloi). — Correspondance de l'historien Besson [1743-1750], p. 40, 46, 65, 71, 80, 90; XXIV, p. 36, 67, 78, 90, 96, 108; XXV, p. 9, 17 et 26.

[Lettres de Savey, dom Brice, Léonard Baulacre, etc.]

40011. D. [Ducis (L'abbé)]. — Une gageure au XVIe siècle [engagement de ne pas jouer], p. 41.

40012. Constantin (Aimé). — Étymologie des mots *mëuton* et *fià*, p. 45.

40013. Mugnier (François). — Patentes de grâce de noble François de Regard de Disonches [1702], p. 49.

40014. Ducis (L'abbé). — Charles-Emmanuel de Savoie, duc de Genevois et de Nemours [† 1595], p. 53.

40015. Revon (Louis). — Inscription romaine de Gruffy, p. 61.

40016. Pissard (C.-E.). — Extraits des registres du conseil de ville d'Annecy [1621-1633], p. 72. — Cf. n° 40000.

[Pompes à incendie, peste, etc.]

40017. Ducis (L'abbé). — Date de l'érection du diocèse d'Annecy [1822], p. 90.

40018. Revon (Louis). — Bernard Claris [peintre, 1815 † 1857], p. 97.

40019. Constantin (Aimé). — Jean Gacy [auteur de *la Déploration de la cité de Genefve*, XVIe s.], p. 101.

XXIV. — Revue savoisienne ..., 1883, 24e année. (Annecy, 1883, in-4°, II et 112 p.)

40020. Philippe (Jules). — Guillaume Fichet [1433 † après 1480], p. 1, 13, 21, 49, 57, 65, 73 et 85. — Cf. n° 39960.

40021. Ducis (L'abbé). — La date de la naissance de saint François de Sales [1566], p. 5, 33, 77, 86, 93 et 101.

40022. Nicard (Pol). — Louis Courajod, p. 6, 25, 51 et 59.

40023. Ducis (L'abbé). — Entrée de Jacques de Savoie et d'Anne d'Este à Annecy [1566], p. 16.

[40010]. Serand (Éloi). — Correspondance de l'historien Besson, p. 36, 67, 78, 90, 96 et 108.

[40004]. Ducis (L'abbé). — Henri de Savoie et Anne de Lorraine; date de la mort d'Anne d'Este [17 mai 1607], p. 41.

[39710]. Vuy (Jules). — A propos de saint François de Sales, p. 43.

40024. Serand (Éloi). — Sur la date de la naissance et de la mort de Berthollet [9 décembre 1748 † 6 novembre 1822], p. 45.

40025. Berlioz (Constant). — Légende; le château de Bramafan aux Perrouses (Rumilly), p. 60.

40026. Berlioz (Constant). — Légende de saint Maurice à Lornay, p. 77. — Cf. n° 40028.

40027. Ducis (L'abbé). — Sur Jacques de Savoie (1520 † 1567), p. 81.

40028. Ducis (L'abbé). — Rectifications [à la légende de saint Maurice], p. 89. — Cf. n° 40026.

40029. Constantin (Aimé). — La muse savoisienne au XVIIe siècle, p. 104; XXV, p. 4; et XXVI, p. 51. — Cf. n° 39937.

[La plaisante pronostiquation faite par un astrologue de Chambéry, 1603; moquerie savoyarde; noël.]

40030. Philippe (Jules). — Un incunable [*Le Doctrinal du temps présent*, compilé par maistre Pierre Michault...], p. 107.

40031. Ducis (L'abbé). — Les registres de l'état civil en Savoie [note historique], p. 107.

40032. Ducis (L'abbé). — Le roy des cordonniers [à Annecy, 1564], p. 109.

XXV. — Revue savoisienne ..., 1884, 25e année. (Annecy, 1884, in-4°, II et 108 p.)

40033. Perrin (André). — Pierres à bassins de la vallée de Chamonix, p. 2.

40034. Serand (Éloi). — État des maisons fortes possédées par différents seigneurs dans la province de Genevois et le bailliage de Ternier (1772), p. 3 et 14.

[40029]. Constantin (Aimé). — La muse savoisienne au XVIIe siècle, p. 4.

[40010]. Serand (Éloi). — Correspondance de l'historien Besson, p. 9, 17 et 26.

40035. Ducis (L'abbé). — Le gâteau des rois [à Annecy, XVIe s.], p. 9.

40036. Ducis (L'abbé). — Le château d'Annecy [appelé à tort château Nemours], p. 13.

40037. Philippe (Jules). — Les hommes de science de la Savoie; Amédée-François Frézier [ingénieur et architecte, 1682 † 1773], p. 21, 29, 57, 69 et 77.

40038. Ducis (L'abbé). — La copie des manuscrits avant l'imprimerie [prix de manuscrits, etc.], p. 23.

40039. Constantin (Aimé). — Catalogue des livres et plaquettes en patois savoyard de 1550 à 1650, p. 23.
40040. Serand (Éloi). — Tableau des nobles détenus dans les prisons d'Annecy en 1793-1794, p. 24, 33, 82 et 90.
40041. Ducis (L'abbé). — Quelques portraits de saint François de Sales, p. 31.
40042. Pascalein. — Le surnom du comte Humbert Ier [aux Blanches-Mains], p. 45.
40043. Dunant (C.). — Allocution prononcée [à l'occasion de la mort de Louis Revon, 1833 † 1884], p. 49.
40044. Mugnier (François). — Mémoires d'un bourgeois d'Annecy [nommé de Latour] au commencement du XVIIe siècle, p. 71, 87 et 104.

[Séjour de Henri IV à Annecy, 1600; funérailles de Claude de Granyer, évêque de Genève, 1602; Antoine Favre, premier président à Annecy, 1610.]

40045. Serand (Éloi). — Palafittes du lac d'Annecy, *fig.*, p. 93.
40046. D.B.-M. [Du Bois-Melly]. — Glossaire du XVIe siècle [fragment de la lettre C], p. 105; et XXVI, p. 91.

XXVI. — Revue savoisienne . . ., 26e année. (Annecy, 1885, in-8°, 392 p.)

40047. Constantin (Aimé). — Séances [1885], p. 5, 33, 65, 97, 153, 217 et 353.

[Famille de Laharpe, p. 8. — Ruines de l'église Saint-Étienne de *Bosco Dei*, p. 9. — Église de l'abbaye de Lieu (XVe s.), p. 9. — Inscriptions romaines trouvées à Gilly et à Saint-Jorioz, p. 34 et 99. — Charles-Emmanuel Du Coudray († 1617), p. 35. — Église romane du prieuré de Saint-Jorioz, p. 99. — Inscription chrétienne antique de Moutiers, p. 100. — Engagement de ne pas jouer (1548), p. 154. — Cimetière burgonde trouvé aux Petits-Salomons, p. 155. — Éditions des œuvres de saint François de Sales, p. 155. — Henri de Granson, évêque de Genève (XIIIe s.), p. 219.]

40048. Constantin (Aimé). — Chronique savoisienne, p. 12, 36, 69, 101, 129, 185, 220 et 249.

[Vallée d'Aoste (1032), p. 13. — Monnaies romaines trouvées à Avressieux, p. 13. — Artistes savoyards à Rome [XVe-XVIIe s.], p. 131. — Oboles de Louis le Débonnaire, p. 186.]

40049. Ritter (Eugène). — Notes sur saint François de Sales, p. 15.

[Saint François de Sales trichait-il au jeu?]

40050. Blanchard (Claudius). — A propos de Charles-Emmanuel Du Coudray, président du conseil de Genevois [1614], p. 21.
[40029]. Constantin (Aimé). — Muse savoisienne au XVIIe siècle, p. 51.
40051. Mugnier (François). — Lettres inédites de Jean-François et Charles-Auguste de Sales [XVIIe s.], p. 76.
40052. Pillet (Louis). — Notes sur l'état des juifs dans les états de Savoie du XIIe au XVe siècle, p. 82 et 376.
[40046]. Du Bois-Melly. — Glossaire du XVIe siècle, p. 91.
40053. Fleury (Jean). — Une étymologie controversée [*à tire l'arigot*], p. 108.
40054. Anonyme. — Lettre de Charles-Humbert-Antoine Despine, étudiant en médecine, au citoyen Brunier, maire d'Annecy [1802], p. 125.
40055. Levet (E.). — Note sur trois inscriptions savoisiennes à Avignon, p. 134.

[Jean-Claude Pelard, † 1580; Pierre *Nutrix*, † 1436; Clément VII, antipape, † 1394.]

40056. Mugnier (François). — Lettres de Jean d'Arenthon d'Alex, évêque de Genève [1692 et 1693], p. 168. — Cf. n° 40059.
40057. Bussat. — État des dîmes de Cranves-Sales vers 1715, p. 172.
40058. Fleury (Jean). — Le folklore, p. 192.
40059. Mugnier (François). — Lettres du marquis de Saint-Thomas à Mgr d'Aranthon d'Alex, évêque de Genève [1686-1688], p. 200. — Cf. n° 40056.
40060. Renevier (L.). — Une visite au musée d'Annecy, p. 224.
40061. Ritter (Eugène). — Une requête inédite de saint François de Sales au conseil du roi Louis XIII [1612], p. 254.

[Exécution de l'édit de Nantes dans le bailliage de Gex.]

40062. Constantin (Aimé). — Étymologie du mot *huguenot*, p. 270 et 315.
40063. Pascalein. — Date de la donation du prieuré Saint-Martin de Moutiers au monastère de Nantua [1116], p. 326.
40064. Ritter (Eugène). — Le *Regeste genevois*, rectifications [à propos de Cologny], p. 327.
40065. Constantin (Aimé). — Sillingy et Cossengy, p. 330.
40066. Forni (J.). — Claude Hugard [peintre, 1814 † 1885], p. 372.

TABLE DES MATIÈRES

CONTENUES

DANS LE TOME SECOND.

Pages.

HÉRAULT.

ILLE-ET-VILAINE.

INDRE.

INDRE-ET-LOIRE.

ISÈRE.

JURA.

LANDES.

LOIR-ET-CHER.

LOIRE.

LOIRE (HAUTE-).

LOIRE-INFÉRIEURE.

MARNE.

MARNE (HAUTE-).

MAYENNE.

MEURTHE-ET-MOSELLE.

MEUSE.

MORBIHAN.

MOSELLE.

NIÈVRE.

NORD.

OISE.

ORNE.

IMPRIMERIE NATIONALE.

PAS-DE-CALAIS.

PUY-DE-DÔME.

PYRÉNÉES (BASSES-).

PYRÉNÉES (HAUTES-).

PYRÉNÉES-ORIENTALES.

RHIN (BAS-).